Köhler/Bassenge (Hrsg.) **Anwalts-Handbuch Wohnungseigentumsrecht**

Anwalts-Handbuch
Wohnungs-eigentumsrecht

herausgegeben von

**RA Wilfried J. Köhler und
VorsRiLG a.D. Dr. Peter Bassenge**

bearbeitet von

RA Dr. Matthias Becker, Berlin
RA Johannes Drabek, Nürnberg
RA Rüdiger Fritsch, Solingen
RA Dr. David Greiner, Tübingen
Prof. Dr. Martin Häublein, Berlin
RiLG Dr. Johannes Hogenschurz, Köln
RA Bernd Klose, Friedrichsdorf
RA Wilfried J. Köhler, Köln
Notar Dr. Heinrich Kreuzer, München
RA Dr. Egbert S. Kümmel, Berlin
RA Dr. Arnold Lehmann-Richter, Berlin
RA Dr. Holger Reichert, Mainz
RAin Daniela Scheuer, Köln
RiAG Nicole Vandenhouten, Kleinmachnow
RA Dr. Christian Wendel, Freiburg i. Br.
RA Michael Wolicki, Frankfurt/M.

2. neu bearbeitete Auflage

2009

Verlag
Dr. Otto Schmidt
Köln

Zitierempfehlung:
Verfasser in Köhler/Bassenge (Hrsg.), Anwalts-Handbuch Wohnungseigentumsrecht, 2. Aufl. 2009, Teil ... Rz. ...

*Bibliografische Information
der Deutschen Nationalbibliothek*

Die Deutsche Nationalbibliothek verzeichnet diese Publikation in der Deutschen Nationalbibliografie; detaillierte bibliografische Daten sind im Internet über http://dnb.d-nb.de abrufbar.

Verlag Dr. Otto Schmidt KG
Gustav-Heinemann-Ufer 58, 50968 Köln
Tel. 02 21/9 37 38-01, Fax 02 21/9 37 38-943
info@otto-schmidt.de
www.otto-schmidt.de

ISBN 978-3-504-18070-6

©2009 by Verlag Dr. Otto Schmidt KG, Köln

Das Werk einschließlich aller seiner Teile ist urheberrechtlich geschützt. Jede Verwertung, die nicht ausdrücklich vom Urheberrechtsgesetz zugelassen ist, bedarf der vorherigen Zustimmung des Verlages. Das gilt insbesondere für Vervielfältigungen, Bearbeitungen, Übersetzungen, Mikroverfilmungen und die Einspeicherung und Verarbeitung in elektronischen Systemen.

Das verwendete Papier ist aus chlorfrei gebleichten Rohstoffen hergestellt, holz- und säurefrei, alterungsbeständig und umweltfreundlich.

Einbandgestaltung: Jan P. Lichtenford, Mettmann
Satz: Schäper, Bonn
Druck und Verarbeitung: Kösel, Krugzell
Printed in Germany

Vorwort

Der Verlag und wir Herausgeber hatten 2004 den Versuch gewagt, in der Reihe *Anwalts-Handbücher* ein besonders auf die Bedürfnisse der Rechtsberatung abgestelltes Werk zu dem durch eine fast unüberschaubare Flut gerichtlicher Entscheidungen und wissenschaftlicher Darstellungen geprägten Wohnungseigentumsrecht vorzulegen.

Insbesondere den Rechtsanwaltskolleginnen und -kollegen – aber auch Richtern und Juristen in Verwaltungsunternehmen – sollte ein Handbuch zur Verfügung gestellt werden, in dem die einzelnen Situationen rechtsberatender und prozessualer Tätigkeit unter Herausarbeitung der stets fortschreitenden und vielfach kontroversen Rechtsentwicklung behandelt werden.

Die gute Resonanz, die das Werk gefunden hat, und vor allem die von Gesetzgebung, Rechtsprechung und Literatur getriebene Fortentwicklung des Wohnungseigentumsrechts sind Anlass, jetzt die 2. Auflage des Handbuchs vorzulegen. In ihr sind insbesondere die materiell- und verfahrensrechtlichen Neuerungen verarbeitet, die die am 1. Juli 2007 in Kraft getretene Novelle zum WEG gebracht hat, wie insbesondere die jetzt auch gesetzlich anerkannte Teilrechtsfähigkeit der Wohnungseigentümergemeinschaft, die Erweiterung der Beschlusskompetenz der Wohnungseigentümer, die Einführung einer Beschluss-Sammlung, die Verlagerung der Streitigkeiten in den Zivilprozess und die Begründung eines begrenzten Vorrechts für Wohngeldforderungen in der Zwangsvollstreckung. Für „Altverfahren" ist im Hinblick auf die Übergangsvorschrift des § 62 der verfahrensrechtliche Teil der 1. Auflage immer noch von Bedeutung.

Die WEG-Novelle hat manche der bis dahin bestehenden Streitfragen nicht geklärt und zahlreiche neue geschaffen, die bisher kaum Eingang in die veröffentlichte Rechtsprechung gefunden haben. Die besondere Gliederung des Werks führt dazu, dass einzelne Probleme von verschiedenen Autoren unter unterschiedlichen Ansatz- und Schwerpunkten erörtert werden mussten und unterschiedlich beantwortet worden sind. Das ist gewünscht und gewollt, denn die anwaltliche Tätigkeit ist ganz wesentlich bestimmt von der Kraft der Argumente und um zu argumentieren und das (vielleicht) richtige Ergebnis zu finden, muss der Verlauf der unterschiedlichen Meinungslinien erkennbar sein.

Aus dem Kreis der Autoren sind Herr Rechtsanwalt Michael Drasdo und RiAG Joachim Rau ausgeschieden. Die vollständige Neubearbeitung des Teils „Das gerichtliche Verfahren in Wohnungseigentumssachen", die durch die Umstellung vom FGG-Verfahren in das ZPO-Verfahren notwendig geworden war, hat der Mitherausgeber Dr. Peter Bassenge aus Altersgründen nicht mehr übernommen; an seine Stelle ist Frau Rechtsanwältin Daniela Scheuer getreten. Als weiterer neuer Autor hat Herr Rechtsanwalt

Dr. Arnold Lehmann-Richter den Teil „Der Verwaltungsbeirat" mitbearbeitet.

Wir danken den Lektoren beim Verlag, Herrn Rüdiger Donnerbauer und Frau Elke Schlüter für die wiederum angenehme und zielorientierte Zusammenarbeit sowie ganz besonders auch allen Autoren. Wir hoffen, dass auch die Neuauflage Anklang bei den Rechtsanwendern finden wird und sind für Anregungen und Kritik dankbar.

Köln und Lübeck, im November 2008   Wilfried J. Köhler
                                                                                          Peter Bassenge

Inhaltsübersicht

	Seite
Vorwort	V
Abkürzungsverzeichnis	XV
Literaturverzeichnis	XIX

Teil 1
Mandatsübernahme in Wohnungseigentumssachen
(Köhler)

	Rz.	Seite
I. Einleitung	1	1
II. Mandatskonstellationen	2	1
III. Erstkontakt Mandant – Rechtsanwaltskanzlei	12	6
IV. Vereinbarung einer Beratungsgebühr	14	7
V. Unterlagen, die vor einem Beratungsgespräch angefordert werden sollten	16	8
VI. Hinweise an den Mandanten	39	16
VII. Streitwertvereinbarung	46	18
VIII. Rechtsschutzversicherung	52	20

Teil 2
Verwaltungsübernahme durch einen neuen Verwalter
(Köhler)

	Rz.	Seite
I. Bestellung des neuen Verwalters und Abschluss eines Vertrages zwischen WEG und Verwalter	2	23
II. Übernahmevorbereitung	3	24
III. Der 1. Tag der Verwaltungszeit	16	27
IV. Prüfung der vom Vorverwalter übergebenen Unterlagen auf Vollständigkeit	31	31
V. Herausgabe der Kontobestände	53	38
VI. Prüfung der vom Vorverwalter übergebenen Unterlagen auf brisante Themen	58	39
VII. Mitteilung der Prüfungsergebnisse an die Wohnungseigentümergemeinschaft und Vorbereitung weiterer Maßnahmen	71	44

Teil 3
Änderungen im Verhältnis der Wohnungseigentümer
(Kreuzer/Wendel/Becker)

	Rz.	Seite
I. Änderung von Teilungserklärungen und Gemeinschaftsordnung *(Kreuzer)*	1	48
II. Änderungsanspruch eines Miteigentümers *(Wendel)*	70	71
III. Die Änderung der Gemeinschaftsordnung durch Mehrheitsbeschluss *(Becker)*	104	83

Teil 4
Durchführung der Wohnungseigentümerversammlung und formelle Prüfung der gefassten Beschlüsse
(Vandenhouten)

I. Einleitung	1	125
II. Einberufung der Versammlung	2	126
III. Teilnahmerecht und Stimmrecht	107	172
IV. Beschlussfassung in der Wohnungseigentümerversammlung	208	221
V. Durchführung der Eigentümerversammlung und Niederschrift	262	254

Teil 5
Wirtschaftsplan
(Köhler)

I. Allgemeines	4	282
II. Bedeutung und Inhalt	5	283
III. Formaler Aufbau	26	291
IV. Verhältnis Wirtschaftsplan/Jahresabrechnung	42	297
V. Beschluss über den Wirtschaftsplan	50	300
VI. Beschlussinhalt	75	311
VII. Beschlussanfechtung	90	317
VIII. Anspruch des einzelnen Wohnungseigentümers auf Erstellung eines Wirtschaftsplanes	95	319
IX. Geschäftswerte	101	322
X. Beschwer	102	322

Teil 6
Erstellung/Prüfung einer Jahresabrechnung
(Köhler/Reichert)

		Rz.	Seite
I.	Grundsätzliches *(Köhler)*	1	327
II.	Die Gesamtabrechnung (1. Abrechnungsbestandteil)	14	333
III.	Die Einzelabrechnung (2. Abrechnungsbestandteil)	124	373
IV.	Die Darstellung der Instandhaltungsrücklage (Rückstellung) (3. Abrechnungsbestandteil)	200	406
V.	Die Girokontodarstellung/Kontoabstimmung (4. Abrechnungsbestandteil)	213	411
VI.	Informatorische Angaben	220	414
VII.	Prüfung der Jahresabrechnung durch den Verwaltungsbeirat	221	415
VIII.	Abrechnungsübergang vom Bauträger auf Verwalter („Werdende Wohnungseigentümergemeinschaft")	224	416
IX.	Beschlussfassung über die Jahresabrechnung	233	420
X.	Abrechnungsmuster	269	435
XI.	Abrechnungsansprüche gegenüber dem amtierenden und dem ausgeschiedenen Verwalter *(Reichert)*	270	440

Teil 7
Rechnungslegung
(Köhler)

I.	Allgemeines	1	465
II.	Inhalt der Rechnungslegung	6	466
III.	Anspruchsinhaber	17	471
IV.	Beschluss über den Rechnungslegungsanspruch	22	473
V.	Schuldner der Rechnungslegung	30	476
VI.	Fälligkeit der Rechnungslegung	33	477
VII.	Ort der Rechnungslegung	36	478
VIII.	Durchsetzung des Rechnungslegungsanspruches	38	479
IX.	Konsequenz einer Weigerung, Rechnung zu legen/fehlerhafte Rechnungslegung	45	480
X.	Streitwerte/Beschwer	47	481

Teil 8
Instandhaltung, Instandsetzung und bauliche Veränderungen mit Modernisierung und Anpassung an den Stand der Technik
(Drabek)

	Rz.	Seite
I. Begriffe und Abgrenzungen	1	486
II. Kontroll- und Handlungspflichten des Verwalters bei Instandhaltung und Instandsetzung	42	502
III. Verpflichtungen der Gemeinschaft und Pflichten der Eigentümer	63	510
IV. Ansprüche der Gemeinschaft gegen die einzelnen Wohnungseigentümer	89	520
V. Veränderungen bei der Kostenverteilung	132	535
VI. Ansprüche des Wohnungseigentümers	146	540
VII. Beschlussfassungen in der Versammlung	258	571
VIII. Ansprüche und Handlungsmöglichkeiten bei einem Notfall und Ansprüche eines Eigentümers nach Geschäftsführung ohne Auftrag	350	602
IX. Eingriff in das Sondereigentum zur Instandsetzung des gemeinschaftlichen Eigentums	400	616
X. Bauliche Veränderungen am gemeinschaftlichen Eigentum	435	628

Teil 9
Störungen im Verhältnis der Wohnungseigentümer untereinander
(Hogenschurz/Kümmel)

I. Bauliche Veränderungen durch einen Wohnungseigentümer *(Hogenschurz)*	1	671
II. Störender und unzulässiger Gebrauch des Sonder- und Gemeinschaftseigentums *(Kümmel)*	357	820

Teil 10
Die Entziehung des Wohnungseigentums
(Kreuzer)

I. Überblick zur Entziehung von Wohnungseigentum	1	897
II. Die materiellen Voraussetzungen zur Entziehung	4	899
III. Das Verfahren	25	907

Teil 11
Verhältnis Wohnungseigentümer – Verwalter
(Greiner)

	Rz.	Seite
I. Bestellung und Abberufung des Verwalters	1	919
II. Der Verwaltervertrag	204	979
III. Aufgaben und Befugnisse des Verwalters	270	1006
IV. Die Haftung des Verwalters	355	1030

Teil 12
Gewährleistungsprobleme
(Fritsch)

	Rz.	Seite
I. Das Mandat zur Verfolgung von Mängelansprüchen	1	1049
II. Ansprüche wegen anfänglicher Baumängel	4	1050
III. Ansprüche aus nachträglichen Baumängeln	155	1092
IV. Verwalterpflichten	157	1092

Teil 13
Die Haftungsverfassung der Gemeinschaft
(Köhler)

	Rz.	Seite
I. Die BGH-Entscheidung vom 2.6.2005	2	1099
II. Die gesetzliche Neuregelung	7	1103
III. Gegenüberstellung BGH-Entscheidung/Neue Regelung im WEG	15	1110
IV. Rechtsprechung zur Teilrechtsfähigkeit und Haftung	18	1111

Teil 14
Das gerichtliche Verfahren in Angelegenheiten nach dem neuen WEG
(Scheuer)

	Rz.	Seite
I. Wesentliche Neuerungen nach der Reform des WEG	1	1124
II. Übergangsvorschrift des § 62 Abs. 1 WEG	3	1124
III. Verfahrenshindernisse und vorbereitende Verfahren	8	1125
IV. Klageverfahren der 1. Instanz	54	1137
V. Vertretung des Beklagten oder anderer Beteiligter im Klageverfahren	248	1212

	Rz.	Seite
VI. Entscheidungsmöglichkeiten 1. Instanz	250	1213
VII. Verfahren 2. Instanz – Berufung	299	1232
VIII. Verfahren 3. Instanz – Revision	307	1235
IX. Streitwert	311	1237
X. Kostenfestsetzung gemäß § 50 WEG – Begrenzung der Kostenerstattung	315	1238
XI. Die Geltendmachung von Hausgeldansprüchen im Urkundenverfahren	318	1238
XII. Zwangsvollstreckungsverfahren	324	1243

Teil 15
Der Verwaltungsbeirat in der anwaltlichen Beratungspraxis
(Häublein/Lehmann-Richter)

	Rz.	Seite
I. Überblick	1	1251
II. Einrichtung des Verwaltungsbeirats – Begründung und Beendigung von Amts- und Anstellungsverhältnis	3	1252
III. Zusammensetzung des Beirats und persönliche Voraussetzungen der Mitgliedschaft	10	1255
IV. Der Verwaltungsbeirat als Gremium	21	1260
V. Aufgaben und Befugnisse des Beirats	25	1261
VI. Rechtsbeziehungen des Verwaltungsbeirats zum Verband und den einzelnen Eigentümern	41	1268
VII. Der Beirat als Vertreter im Rechtsverkehr	52	1276
VIII. Haftung für das Handeln des Beirats	59	1278

Teil 16
Das Wohnungseigentum in der Krise
(Wolicki/Klose)

	Rz.	Seite
I. Einführung *(Wolicki)*	1	1285
II. Die Hausgeldverpflichtung des Sondereigentümers	5	1287
III. Die gerichtliche Beitreibung	185	1335
IV. Zwangsvollstreckung aus Zahlungstiteln	333	1368
V. Versorgungssperre bei Hausgeldrückständen des Wohnungseigentümers	419	1393
VI. Zwangsversteigerung von Wohnungseigentum *(Klose)*	472	1408
VII. Insolvenz des Wohnungseigentümers	695	1480

	Rz.	Seite
VIII. Betreuungsrechtliche Fragen in Zusammenhang mit dem WEG	833	1518
IX. Der Tod eines Wohnungseigentümers *(Klose)*	894	1532

Teil 17
Veräußerung von Wohnungseigentum
(Fritsch)

	Rz.	Seite
I. Die Veräußerungsbeschränkung gem. § 12 WEG	1	1576
II. Gestaltungsvorschläge	83	1614
Stichwortverzeichnis		1617

Abkürzungsverzeichnis

(Für hier nicht aufgeführte Abkürzungen wird verwiesen auf *Kirchner/Butz*, Abkürzungsverzeichnis der Rechtssprache, 5. Aufl., 2003)

a.A.	anderer Ansicht
a.a.O.	am angegebenen Ort
a.F.	alte Fassung
AG	Amtsgericht
AGBG	Gesetz über die Allgemeinen Geschäftsbedingungen
AO	Abgabenordnung
BAnz.	Bundesanzeiger
BauGB	Baugesetzbuch
BayObLG	Bayerisches Oberstes Landesgericht
BayObLGZ	Entscheidungen des Bayerischen Obersten Landesgerichts in Zivilsachen
BB	Der Betriebs-Berater
BDSG	Bundesdatenschutzgesetz
BeckOK	Beck Online-Kommentar
BeUrkG	Beurkundungsgesetz
BewG	Bewertungsgesetz
BVerwG	Bundesverwaltungsgericht
BFH	Bundesfinanzhof
BGB	Bürgerliches Gesetzbuch
BGBl.	Bundesgesetzblatt
BGH	Bundesgerichtshof
BlGBW	Blätter für Grundstücks-, Bau- und Wohnungsrecht
BNotO	Bundesnotarordnung
BWNotZ	Zeitschrift für das Notariat in Baden-Württemberg
DNotZ	Deutsche Notar-Zeitschrift
DV	Durchführungsverordnung
DWE	Zeitschrift „Der Wohnungseigentümer"
EigZulG	Eigenheimzulagengesetz
EStDV	Einkommensteuer-Durchführungsverordnung
EStG	Einkommensteuergesetz
EStR	Einkommensteuerrichtlinien
FGG	Gesetz über die Angelegenheiten der freiwilligen Gerichtsbarkeit
FGPrax	Praxis der freiwilligen Gerichtsbarkeit
GBO	Grundbuchordnung
GmbHG	Gesetz betreffend die Gesellschaften mit beschränkter Haftung

Abkürzungsverzeichnis

GrEStG	Grunderwerbsteuergesetz
GVBl.	Gesetz- und Verordnungsblatt
HeizkV	Heizkosten-Verordnung
h.M.	herrschende Meinung
InsO	Insolvenzverordnung
JR	Juristische Rundschau
Justiz	Die Justiz
JZ	Juristen-Zeitschrift
KG	Kammergericht (Oberlandesgericht für Berlin)
Komm.	Kommentar
LG	Landgericht
MaBV	Makler- und Bauträgerverordnung
MDR	Monatsschrift für Deutsches Recht
MHRG	Gesetz zur Regelung der Miethöhe
MietRB	Der Mietrechts-Berater
MittBayNot	Mitteilungen des Bayer. Notarvereins, der Notarkasse und der Landesnotarkammer Bayern
MittRhNotK	Mitteilungen der Rheinischen Notarkammer
MünchKomm	Münchener Kommentar zum BGB
n.F.	neue Fassung (nach Gesetzesänderung)
NJW	Neue Juristische Wochenschrift
NJW-RR	NJW-Rechtsprechungs-Report
NotBZ	Zeitschrift für die notarielle Beratungs- und Beurkundungspraxis
NZM	Neue Zeitschrift für Mietrecht
OLG	Oberlandesgericht
OLGZ	Entscheidungen der Oberlandesgerichte in Zivilsachen
PiG	Partner im Gespräch (Schriftenreihe)
PuR	Zeitschrift „Praxis und Recht"
RG	Reichsgericht
Rpfleger	Der Deutsche Rechtspfleger
Rz.	Randziffer
UStG	Umsatzsteuergesetz
VerwG	Verwaltungsgericht
VGH	Verwaltungsgerichtshof
VOB	Verdingungsordnung für Bauleistungen

WE	Zeitschrift „Wohnungseigentum"
WEG	Wohnungseigentumsgesetz
WEM	Zeitschrift „Wohnungseigentümer-Magazin"
WiStG	Wirtschaftsgesetz
WKSchG	Wohnraumkündigungsschutzgesetz
WuH	Zeitschrift „Wohnung und Haus"
WuM	Wohnungswirtschaft und Mietrecht
ZMR	Zeitschrift für Miet- und Raumrecht
ZPO	Zivilprozessordnung
ZRP	Zeitschrift für Rechtspolitik
ZVG	Gesetz über die Zwangsversteigerung und Zwangsverwaltung
ZWE	Zeitschrift für Wohnungseigentum

Literaturverzeichnis

Abramenko, Andrik, Das neue WEG in der anwaltlichen Praxis, Bonn 2007

Bader, Aktuelle Fragen der Verwalterbestellung, FS für Seuß zum 60. Geburtstag, München 1987
Bärmann, Johannes / Pick, Eckhart/Merle, Werner, Wohnungseigentumsgesetz, 9. Aufl., München 2003, z.T. bereits als *Bärmann, Johannes,* Wohnungseigentumsgesetz, 10. Aufl., München 2008
Bärmann, Johannes / Pick, Eckhart, Wohnungseigentumsgesetz, 18. Aufl., München 2007
Bassenge, Peter/Herbst, Gerhard/Roth, Herbert, FGG/RPflG, 11. Aufl., Heidelberg 2007
Baumbach, Adolf/Lauterbach, Wolfgang/Albers, Jan/Hartmann, Peter, Zivilprozessordnung, 66. Aufl., München 2007
Belz, August, Handbuch des Wohnungseigentums, 3. Aufl., Stuttgart 1996

Deckert, Wolf, Die Eigentumswohnung, Loseblatt, München
Drasdo, Michael, Die Eigentümerversammlung nach WEG, 3. Aufl., München 2004

Fritsch, Rüdiger, Das neue Wohnungseigentumsrecht, Baden-Baden 2007

Greiner, David, Wohnungseigentumsrecht, Heidelberg 2007

Hartmann, Peter, Kostengesetze, 38. Aufl., München 2008
Häublein, Martin Günther, Sondernutzungsrechte und ihre Begründung im Wohnungseigentumsrecht, München 2003
Hofmann, Klaus, Der Verwaltungsvertrag von Wohnungseigentum, 5. Aufl., Frankfurt 2005
Hügel, Stefan, Grundbuchordnung, München 2007
Hügel, Stefan / Elzer, Oliver, Das neue WEG – Recht, München 2007
Hügel, Stefan / Scheel, Jochen, Rechtshandbuch Wohnungseigentum, 2. Aufl. Münster 2007

Jennißen, Georg, WEG-Verwalter, München 2007
Jennißen, Georg (Hrsg.), Wohnungseigentumsgesetz, Köln 2008

Kahlen, Hermann, Wohnungseigentumsgesetz, Köln 2008
Klaßen, Kurt / Eiermann, Urs, Das Mandat in WEG-Sachen, 3. Aufl., München 2008
Köhler, Wilfried J., Das neue WEG, Köln 2007
Köhler, Wilfried J./Bassenge, Peter, Anwalts-Handbuch Wohnungseigentumsrecht, Köln 2004
Kreuzer, Heinrich, Die Gemeinschaftsordnung nach dem WEG, Köln 2005

Müller, Horst, Instandhaltung und Instandsetzung, Partner im Gespräch Bd. 48, Hamburg 1995
Müller, Horst, Praktische Fragen des Wohnungseigentums, 3. Aufl., München 2007

Niedenführ, Werner/Kümmel, Egbert/Vandenhouten, Nicole, Wohnungseigentumsgesetz – Kommentar und Handbuch, 8. Aufl., Heidelberg 2007

Palandt, Kommentar zum BGB, 67. Aufl., München 2008
Putzo, Hans, Zivilprozessordnung, 29. Aufl., München 2008

RGRK, Das bürgerliche Gesetzbuch, Band III, 12. Aufl., Berlin/New York 1983
Riecke/Schmidt, Fachanwaltskommentar Wohnungseigentumsrecht, 2. Aufl., Neuwied 2008
Röll, Ludwig/Sauren, Marcel M., Handbuch für Wohnungseigentümer und Verwalter, 9. Aufl., Köln 2008

Sauren, Marcel M., Wohnungseigentumsgesetz, 5. Aufl., München 2008
Schmid, Michael J./Kahlen, Hermann, Wohnungseigentumsgesetz, München 2007
Seuß, Hanns, Die Eigentumswohnung, 12. Aufl., München 2008
Staudinger, Kommentar zum BGB (WEG, 2 Bände), Berlin, 2005

Weitnauer, Hermann, Wohnungseigentumsgesetz, 9. Aufl., München 2004
Wendel, Christian, Der Anspruch auf Zustimmung zur Änderung der Gemeinschaftsordnung, Berlin 2002
Winkler, Karl, Beurkundungsgesetz, 16. Aufl., München 2008

Zöller, Richard, Zivilprozessordnung, 26. Aufl., Köln 2007

Teil 1
Mandatsübernahme in Wohnungseigentumssachen

	Rz.		Rz.
I. Einleitung	1	V. Unterlagen, die vor einem Beratungsgespräch angefordert werden sollten	16
II. Mandatskonstellationen	2		
III. Erstkontakt Mandant – Rechtsanwaltskanzlei	12	VI. Hinweise an den Mandanten	39
IV. Vereinbarung einer Beratungsgebühr	14	VII. Streitwertvereinbarung	46
		VIII. Rechtsschutzversicherung	52

I. Einleitung

Die Bearbeitung von wohnungseigentumsrechtlichen Mandaten ist ganz grundlegend abhängig von den Informationen, die der Rechtsanwalt von seinen Mandanten erhält. Schon vor dem ersten Beratungsgespräch sollten „die Weichen" richtig gestellt werden, damit das Mandat erfolgreich bearbeitet werden kann. Es wird deshalb hier eine Darstellungsform gewählt, die sich an dem – idealisierten – Ablauf einer Mandatsübernahme orientiert. 1

II. Mandatskonstellationen

Beim Wohnungseigentumsrecht können mehrere Mandatskonstellationen entstehen. Mandanten können sein: 2

- **Verwalter einer Gemeinschaft der Wohnungseigentümer** 3
  Der Verwalter nach dem WEG könnte das Mandat erteilen wollen für den Verband (die Gemeinschaft der Wohnungseigentümer), für die „übrigen Wohnungseigentümer" (z.B. bei der Abwehr einer Beschlussanfechtungsklage eines Wohnungseigentümers) oder für sich selbst (z.B. wenn er von der Gemeinschaft der Wohnungseigentümer oder von einzelnen Wohnungseigentümern in Anspruch genommen wird). Im letzten Fall, Mandatierung für den Verwalter selbst, ergibt sich hinsichtlich der Mandatserteilung kein Problem.
  Will der Verwalter allerdings ein Mandat für den Verband oder für die „übrigen Wohnungseigentümer" erteilen, muss für die Prüfung, ob der Verwalter hierzu berechtigt ist, unterschieden werden zwischen einem **Mandat für ein Aktivverfahren** und einem **Mandat für ein Passivverfahren**.

4 Bei **Passiverfahren** bestehen für den Verwalter aufgrund der neuen gesetzlichen Lage keine durchgreifenden Probleme mehr, Vollmachten für ein Passivverfahren zu erteilen (vgl. zu der entsprechenden gesetzlichen Befugnis des Verwalters § 27 Abs. 2 Nr. 2, Abs. 3 Nr. 2 WEG iVm § 27 Abs. 2 Nr. 4, Abs. 3 Nr. 6 WEG); lediglich wenn eine **Interessenkollision** des Verwalters in Betracht kommt, muss geprüft werden, ob der Verwalter für die Gemeinschaft der Wohnungseigentümer (Verband) oder die „übrigen Wohnungseigentümer" einen Rechtsanwalt beauftragen darf[1]. Eine Interessenkollision kann z. B. bestehen, wenn Beschlüsse angefochten werden, in denen es um die Abberufung des Verwalters[2] (oder um die Ablehnung seiner Abberufung) geht, um Schadensersatzansprüche gegen den Verwalter[3], oder um die Geltendmachung von Gewährleistungsansprüchen gegen den Bauträger (wenn der Bauträger identisch mit dem Verwalter ist)[4].

5 Insbesondere bei **Passivverfahren** können **Erhöhungsgebühren**[5] entstehen. Durch die Anerkennung der Teilrechtsfähigkeit der Gemeinschaft der Wohnungseigentümer sind diese nicht in allen Fällen entfallen. Bei **Beschlussanfechtungsverfahren**, in denen der Rechtsanwalt **die übrigen Miteigentümer der Gemeinschaft der Wohnungseigentümer**[6] aufgrund einer Mandantserteilung durch den Verwalter vertritt, entstehen Erhöhungsgebühren. Wird in anderen Fällen ein Mandat **für den Verband** erteilt (Abwehr von Ansprüchen Dritter gegen die Gemeinschaft der Wohnungseigentümer), entsteht selbstverständlich keine Erhöhungsgebühr.

6 Bei **Aktivverfahren** gelten die gleichen Grundsätze wie bisher. Der Verwalter bedarf einer durch die Gemeinschaft der Wohnungseigentümer erteilten Vollmacht, um tätig werden zu können und um einem

---

1 Vgl. allgemein zu einer Interessenkollision eines Verwalters: KG, Beschl. v. 20. 4. 2007 – 24 W 12/07, ZMR 2007, 801 m.w.N.; OLG Hamm, Beschl. v. 27. 11. 2001 – 15 W 326/01, OLGReport Hamm 2002, 108 = ZMR 2002, 540 = NZM 2002, 295 = ZWE 2002, 234; OLG Düsseldorf, Beschl. v. 6. 7. 1994 – 3 Wx 456/92, ZMR 1994, 520 = WuM 1994, 717 = WE 1995, 375 = DWE 1994, 142. Zur Interessenkollision bei der nachträglichen Verbindung von Verfahren: BGH, Urt. v. 2. 7. 1998 – IX ZR 51/97, MDR 1998, 1090 = ZMR 1998, 789 = NJW 1998, 3279 = WuM 1998, 686; vgl. hierzu auch *Vollkommer*, Der Insichprozess der Wohnungseigentümergemeinschaft, ZMR 2000, 7.
2 KG, Beschl. v. 11. 6. 2003 – 24 W 77/03, KGR Berlin 2003, 263 = WuM 2003, 529 = NJW-RR 2003, 1234 = ZMR 2004, 142.
3 OLG Köln, Beschl. v. 17. 5. 2006 – 16 Wx 228/05, OLGReport Köln 2006, 669; ein Beschluss, mit dem ein Verwalter beauftragt wird, gebührenpflichtige Rechtsauskünfte über gegen ihn selbst gerichtete Schadensersatzansprüche einzuholen, widerspricht ordnungsmäßiger Verwaltung: KG, Beschl. v. 28. 1. 2004 – 24 W 3/02, KGR Berlin 2004, 204 = ZMR 2004, 458.
4 Vgl. zum letzten Fall aber OLG Frankfurt, Beschl. v. 13. 10. 2004 – 20 W 133/03, OLGReport Frankfurt 2005, 378.
5 Mehrvertretungsgebühr nach Nr. 1008 Vergütungsverzeichnis zum RVG.
6 Vgl. § 46 Abs. 1 WEG.

Rechtsanwalt seinerseits eine Vollmacht erteilen zu können. Eine Vollmacht für den Verwalter kann sich ergeben aus der **Gemeinschaftsordnung**, aus dem **Verwaltervertrag** oder aus einem **Beschluss einer Eigentümerversammlung**. Bei allen drei Vollmachtsgrundlagen muss sehr genau geprüft werden, welchen konkreten Umfang die Vollmachtserteilung hat. Ist die Vollmacht für den Verwalter umfassend, so dass er in allen gemeinschaftlichen Angelegenheiten und bei jeglichen Ansprüchen der Gemeinschaft der Wohnungseigentümer – sei es gegen Miteigentümer, sei es gegen Dritte – tätig werden kann oder bezieht sich die Vollmacht nur auf einen beschränkten Aufgabenbereich (z.B., dass der Verwalter im Rahmen von Angelegenheiten der „laufenden Verwaltung" tätig werden kann[1])? Wird durch den Verwaltervertrag oder durch Beschluss eine generelle Vollmacht für die Führung von Aktivverfahren erteilt, sollte auch geprüft werden, ob dies gegen beschränkende Bestimmungen in der Gemeinschaftsordnung verstößt[2].

Der Verwalter einer Gemeinschaft der Wohnungseigentümer kann in **gewillkürter Verfahrensstandschaft** tätig werden. Bei einer gewillkürten Prozessstandschaft wird das Recht eines anderen im eigenen Namen geltend gemacht. Für den Verwalter einer Gemeinschaft der Wohnungseigentümer ist diese Berechtigung seit langem anerkannt[3].

Ist in der Gemeinschaftsordnung nur eine Ermächtigung enthalten, Ansprüche der Gemeinschaft der Wohnungseigentümer gerichtlich geltend zu machen, und zwar ohne nähere Regelung darüber, ob in gewillkürter Prozessstandschaft oder als Vertreter der Gemeinschaft der Wohnungseigentümer, ist der Verwalter jedenfalls auch berechtigt, im Wege der Prozessstandschaft aufzutreten[4].

Dass der Verwalter in gewillkürter Prozessstandschaft handelt, muss bei Erhebung der Klage offengelegt werden[5]. Hierauf muss der Rechtsanwalt achten. Die Formulierung könnte lauten:

XY Verwalter-GmbH, vertreten durch..., in gewillkürter Prozessstandschaft für Gemeinschaft der Wohnungseigentümer Z-Straße in A.

---

1 Vgl. KG, Beschl. v. 11. 6. 2003 – 24 W 77/03, KGR 2003, 263; OLG Hamm, Beschl. v. 6. 3. 2001 – 15 W 320/00, OLGReport Hamm 2001, 323 = ZWE 2001, 393 = ZMR 2001, 839 = NJW-RR 2002, 156.
2 Vgl. OLG Köln, Beschl. v. 21. 11. 2001 – 16 Wx 185/01, OLGReport 2002, 136.
3 Ständige Rechtsprechung seit BGH, Urt. v. 2. 2. 1979 – V ZR 14/77, BGHZ 73, 302 = NJW 1979, 2391 = DWE 1979, 90 = Rpfleger 1979, 255.
4 Vgl. OLG Köln, Beschl. v. 20. 8. 1997 – 16 Wx 169/97, NZM 1998, 865.
5 KG, Beschl. v. 20. 7. 1994 – 24 W 3942/94, KGR Berlin 1994, 205 = ZMR 1994, 524 = WuM 1994, 714 = NJW-RR 1995, 147 = WE 1995, 119 = DWE 1995, 31; OLG Celle, Beschl. v. 15. 2. 2000 – 4 W 352/99, OLGReport Celle 2000, 237 = ZWE 2001, 34.

Bei der gewillkürten Prozessstandschaft ist **nicht die Gemeinschaft der Wohnungseigentümer**, sondern der Verwalter (als Prozessstandschafter) Mandant des Rechtsanwalts. Das bedeutet, dass der Rechtsanwalt seine Vergütungsansprüche nicht gegenüber der Gemeinschaft geltend machen kann, sondern diese Ansprüche sich gegen den Verwalter richten.

Der Verwalter ist **nicht verpflichtet**, Ansprüche der Gemeinschaft der Wohnungseigentümer in gewillkürter Prozessstandschaft geltend zu machen, wenn ein solches Vorgehen dem Verwalter nicht ausdrücklich durch die Gemeinschaftsordnung, evtl. auch durch den Verwaltervertrag oder einen Beschluss der Gemeinschaft der Wohnungseigentümer, aufgegeben worden ist. Der Verwalter muss nicht das Risiko eingehen, Gerichtskosten- und Rechtsanwaltskosten-Schuldner zu sein[1].

8 • **Wohnungseigentümer**

Ein einzelner oder auch mehrere Wohnungseigentümer könnten das Mandat erteilen wollen. Bei der Übernahme von Mandaten, die durch mehrere Eigentümer erteilt werden, ist besondere Sorgfalt notwendig. Es muss geprüft werden, ob die Interessen der einzelnen Eigentümer in allen Belangen gleichgerichtet sind, sonst kann leicht eine Interessenkollision für den Rechtsanwalt auftreten, die es eventuell sogar notwendig macht, das Mandat für einzelne Mandanten niederzulegen. Bei mehreren Eigentümern ist auch zu klären, ob Korrespondenz mit allen Mandanten geführt werden soll oder ob es ausreicht, wenn nur ein Mandant über die Vorgänge informiert wird. Wenn nur einer der Mandanten informiert werden soll, empfiehlt es sich, hierüber eine schriftliche Vereinbarung mit allen Mandanten zu treffen.

9 Zu beachten sind vom Rechtsanwalt verschiedene **Eigentumsverhältnisse: Ideelle Miteigentümer**, die an einer Eigentumswohnung in **Bruchteilsgemeinschaft** beteiligt sind (z. B. Eheleute), haben das Recht, jeweils **allein** zu handeln, können z. B. einen Beschlussanfechtungsantrag allein stellen[2] und damit auch allein den Rechtsanwalt für sich beauftragen. Bei den **Mitgliedern einer BGB-Gesellschaft** ist ein einzelnes Mitglied der Gesellschaft **nicht allein** zu Handlungen berechtigt, also auch nicht zur allein durchgeführten Beschlussanfechtung.

---

1 Vgl. LG Berlin, Beschl. v. 20. 6. 1989 – 82 T 284/89, Rpfleger 1989, 427 = AnwBl 1990, 632 = MDR 1989, 917; LG Köln, Beschl. v. 20. 6. 1990 – 30 T 91/90, Rpfleger 1991, 81; LG München I, Beschl. v. 23. 9. 1991 – 13 T 12951/91, AnwBl 1992, 92; KG, Beschl. v. 14. 4. 1993 – 24 W 829/93, ZMR 1993, 944 = WuM 1993, 932; OLG Köln, Beschl. v. 22. 4. 1998 – 17 W 136/98, OLGReport Köln 1999, 99; vgl. auch OLG Koblenz, Urt. v. 24. 3. 2000 – 10 U 675/99, JurBüro 2000, 529 = OLGReport Koblenz 2000, 543; OLG Düsseldorf, Beschl. v. 8. 6. 1990 – 3 Wx 93/90, JurBüro 1990, 1157; AG Kempen, Beschl. v. 9. 8. 2004 – 31 II 41/03, ZMR 2005, 155.
2 Vgl. KG, Beschl. v. 5. 5. 1993 – 24 W 3913/92, OLGZ 1994, 154 = ZMR 1993, 430 = WuM 1993, 427 = NJW-RR 1994, 278.

Die Rechte kann nur die Gesellschaft ausüben[1]. Anders ist es bei **Mitgliedern einer Erbengemeinschaft**. Hier ist jeder Miterbe berechtigt, allein tätig zu werden, kann also auch einen Eigentümerbeschluss **allein** anfechten[2].

- **Beiratsmitglieder**

    Auch Beiratsmitglieder treten häufig an Rechtsanwälte heran und wollen ein Mandat erteilen. Wenn dies in eigenem Namen erfolgt, besteht selbstverständlich kein Problem. Mitunter wird aber bei dem ersten Kontakt schnell erkennbar, dass die Vorstellung bei den Beiräten besteht, sie seien so etwas ähnliches wie ein Aufsichtsrat der Gemeinschaft der Wohnungseigentümer und könnten für die Gemeinschaft und auf deren Kosten handeln. Hier gilt es darüber aufzuklären, dass Beiratsmitglieder keinerlei Recht haben, im Namen der Gemeinschaft der Wohnungseigentümer oder im Namen eines Teils einer Gemeinschaft zu handeln, sondern bei einer Mandatserteilung für die anfallende Rechtsanwaltsvergütung persönlich in Anspruch genommen werden.

- **Nießbraucher**

    Mandanten können auch Nießbraucher sein. Allerdings haben diese weder Anspruch auf Teilnahme an einer Eigentümerversammlung[3] noch sind sie berechtigt, Beschlüsse einer Eigentümerversammlung anzufechten[4]. Dies können Nießbraucher regelmäßig nicht nachvollziehen, da sie – und nicht der Eigentümer – die Lasten und Kosten des Wohnungseigentums tragen. Hier wird der Rechtsanwalt Aufklärungsarbeit leisten müssen. Nießbraucher könnten allerdings nach meiner Auffassung in **gewillkürter Prozessstandschaft** für den wirklichen Eigentümer tätig werden; das für eine gewillkürte Prozessstandschaft erforderliche rechtliche Interesse wird man einem Nießbraucher nicht absprechen können. Dass in gewillkürter Verfahrensstandschaft gehandelt wird, muss, wie schon oben beim Verwalter dargestellt, aller-

---

1 Vgl. BayObLG, Beschl. v. 20. 5. 1998 – 2 Z BR 25/98, NJW-RR 1999, 164 = WE 1999, 33 = WuM 1998, 747 = NZM 1999, 286; BayObLG, Beschl. v. 27. 9. 1990 – 2 Z 47/90, ZMR 1991, 74 = NJW-RR 1991, 215 = WuM 1990, 618.
2 Vgl. BayObLG, Beschl. v. 20. 5. 1998 – 2 Z BR 25/98, ZMR 1998, 644 = NJW-RR 1999, 164 = WuM 1998, 747 = NZM 1999, 286.
3 Hans. OLG Hamburg, Beschl. v. 12. 5. 2003 – 2 Wx 1/01, OLGReport Hamburg 2004, 252 = ZMR 2003, 701.
4 BGH, Beschl. v. 7. 3. 2002 – V ZB 24/01, BGHZ 150, 109 = ZMR 2002, 440 = NJW 2002, 1647 = WuM 2002, 277; vgl. im Übrigen OLG Düsseldorf, Beschl. v. 5. 8. 2005 – 3 Wx 323/04, ZMR 2005, 897 = OLGReport Düsseldorf 2005, 525 = WuM 2005, 668 = WE 2005, 271. Das OLG Düsseldorf, Beschl. v. 8. 3. 2005 – 3 Wx 323/04, ZMR 2005, 469 = OLGReport Düsseldorf 2005, 297 = NZM 2005, 380 = DWE 2005, 41, hatte die Entscheidung dem BGH vorgelegt, der die Sache jedoch an das OLG zur eigenen Entscheidung zurückgab, BGH, Beschl. v. 23. 6. 2005 – V ZB 61/05, ZMR 2005, 798 = NZM 2005, 627 = DWE 2005, 146.

dings bei Erhebung der Klage offengelegt werden[1]. Außerdem könnte sich der Nießbraucher auch bevollmächtigen lassen, für den Eigentümer handeln und Aufträge an einen Rechtsanwalt erteilen zu können. In diesem Fall würde jedoch der Rechtsanwalt nicht im Namen des Nießbrauchers, sondern im Namen des Eigentümers tätig.

III. Erstkontakt Mandant – Rechtsanwaltskanzlei

12 Wendet sich ein neuer Mandant an die Rechtsanwaltskanzlei, erscheint es sinnvoll, sich vor dem ersten persönlichen Gespräch Unterlagen hereingeben zu lassen, um das Gespräch anhand der hereingegebenen Unterlagen konkret vorbereiten zu können. Dabei spielt es keine Rolle, ob es sich um Verwalter oder Wohnungseigentümer handelt. Die Materie Wohnungseigentumsrecht ist vielschichtig, kompliziert, von zahlreichen Gestaltungsmöglichkeiten in der Gemeinschaftsordnung und durch Versammlungsbeschlüsse bestimmt. Ein erstes Gespräch ohne vorbereitende Durchsicht von Unterlagen kann deshalb kaum zielgerichtet geführt werden. Schon beim ersten telefonischen Kontakt sollten von dem Büropersonal oder von dem anwaltlichen Sachbearbeiter die mögliche Zielrichtung der anwaltlichen Beratung ermittelt und die Unterlagen angefordert werden.

13 Abgefragt werden muss unbedingt schon bei der ersten Kontaktaufnahme, ob **Fristen** laufen. Es muss also insbesondere abgefragt werden, ob es sich bei dem erteilten Mandat um ein Beschlussanfechtungsverfahren handeln könnte. Eine Belehrung des Büropersonals über die **wichtigsten Fristen** ist deshalb notwendig und haftungsvermeidend. Die Frist für die Erhebung der Beschlussanfechtungsklage (**Beschlussanfechtungsfrist**) beträgt einen Monat ab Beschlussfassung in der Eigentümerversammlung; die **Begründungsfrist** für die Beschlussanfechtung beträgt zwei Monate ab Beschlussfassung in der Eigentümerversammlung, vgl. § 46 Abs. 1 Satz 2 WEG. Eine Verlängerung der beiden Fristen ist **nicht möglich**. Lediglich eine Wiedereinsetzung könnte bei einer unverschuldeten Fristversäumung in Betracht kommen.

Falls diese Anfechtungs- und Begründungsfristen nach Auskunft des Mandanten nicht relevant sind, muss weiter ermittelt werden, ob **gerichtliche Fristen** laufen oder eine **Verjährungsproblematik** im Raume steht.

---

[1] KG, Beschl. v. 20. 7. 1994 – 24 W 3942/94, KGR Berlin 1994, 205 = ZMR 1994, 524 = WuM 1994, 714 = NJW-RR 1995, 147 = WE 1995, 119 = DWE 1995, 31; OLG Celle, Beschl. v. 15. 2. 2000 – 4 W 352/99, OLGReport Celle 2000, 237 = ZWE 2001, 34.

IV. Vereinbarung einer Beratungsgebühr

Anhand der ersten Informationen kann regelmäßig auch schon abgeschätzt werden, welchen Aufwand eine Beratung mit sich bringen wird, und es sollte dann auch eine Beratungsgebühr vereinbart werden. Die Vereinbarung einer solchen Beratungsgebühr ist nach § 34 RVG notwendig und geboten.

§ 34 RVG:

(1) Für einen mündlichen oder schriftlichen Rat oder eine Auskunft (Beratung), die nicht mit einer anderen gebührenpflichtigen Tätigkeit zusammenhängen, für die Ausarbeitung eines schriftlichen Gutachtens und für die Tätigkeit als Mediator soll der Rechtsanwalt auf eine Gebührenvereinbarung hinwirken, soweit in Teil 2 Abschnitt 1 des Vergütungsverzeichnisses keine Gebühren bestimmt sind. Wenn keine Vereinbarung getroffen worden ist, erhält der Rechtsanwalt Gebühren nach den Vorschriften des bürgerlichen Rechts. Ist im Fall des Satzes 2 der Auftraggeber Verbraucher, beträgt die Gebühr für die Beratung oder für die Ausarbeitung eines schriftlichen Gutachtens jeweils höchstens 250 Euro; ...

(2) Wenn nichts anderes vereinbart ist, ist die Gebühr für die Beratung auf eine Gebühr für eine sonstige Tätigkeit, die mit der Beratung zusammenhängt, anzurechnen.

Bei der Vereinbarung sollte auch berücksichtigt werden, ob eine Anrechnung auf spätere Gebühren ausgeschlossen werden soll. Das Gesetz sieht eine solche Anrechung vor; die gesetzliche Regelung kann allerdings abbedungen werden.

Meine Erfahrung ist: Gerade bei einem ersten Beratungsgespräch müssen eine Vielzahl von unterschiedlichen Problemen und sogar Fehlvorstellungen der Mandanten angesprochen und erörtert werden, um überhaupt zu den relevanten Kernpunktem der späteren Fallbearbeitung zu gelangen. Dabei sind die Unterschiede zwischen „einfachen" Wohnungseigentümern und Verwaltern nur graduell. Wegen des fast immer sehr aufwendigen ersten Beratungsgesprächs vereinbare ich regelmäßig, dass die Beratungsgebühr für die erste Beratung nicht auf später anfallende Gebühren angerechnet wird.

Erfolgt keine Vereinbarung über die Höhe der Beratungsvergütung, beträgt bei „Verbrauchern" (§ 13 BGB) die Höchstgebühr 250 Euro, darüber hinaus ist die Beratungsgebühr auf spätere Gebühren gemäß § 34 Abs. 2 RVG anzurechnen.

Verbraucher (§ 13 BGB) ist jede natürliche Person, die ein Rechtsgeschäft zu einem Zweck abschließt, das weder ihrer gewerblichen noch ihrer selbstständigen beruflichen Tätigkeit zugerechnet werden kann. Der Verwalter einer Gemeinschaft der Wohnungseigentümer kann deshalb kein Verbraucher sein; er unterfällt dem § 14 BGB. Demgegenüber können Wohnungseigentümer, die nicht vermietet haben, regelmäßig Verbraucher sein. Vermietet der Wohnungseigentümer allerdings, ist – z. B., wenn er zur Umsatzsteuer optiert hat – davon auszugehen, dass er kein Verbraucher ist; im Übrigen wäre hier zu prüfen, ob die Vermietung von Wohnungseigentum zum Bereich seiner gewerblichen Tätigkeit gehört.

Dient Teileigentum einer gewerblichen Tätigkeit (z. B., wenn das Teileigentum für gewerbliche Zwecke vermietet werden kann oder vermietet worden ist oder der Eigentümer das Teileigentum selbst für gewerbliche Zwecke nutzt), kann der „Verbraucher"-Begriff ebenfalls nicht erfüllt sein.

Bei der Beratung einer gesamten Gemeinschaft der Wohnungseigentümer, in der auch **Nicht-Verbraucher** Miteigentümer sind, wird die Gemeinschaft in jedem Fall insgesamt nicht als Verbraucher zu behandeln sein.

V. Unterlagen, die vor einem Beratungsgespräch angefordert werden sollten

16 Zu den Unterlagen, die vor einem Beratungsgespräch von den Mandanten vorgelegt werden sollten, zählen jedenfalls:

Teilungserklärung, Gemeinschaftsordnung[1] **und Teilungsplan.** Sie sind die Urkunden, die für die Gemeinschaft der Wohnungseigentümer das „Grundgesetz" darstellen und die die Grundlagen der Rechtsbeziehungen der Eigentümer untereinander und der Eigentümer zum Verwalter bilden. Aus diesen Urkunden ergeben sich die grundsätzlichen Bestimmungen, die für das Betreiben eines Verfahrens notwendig sind.

17 Die **Teilungserklärung** ist die Erklärung des Grundstückeigentümers, mit der er das Grundstück in Wohnungseigentum aufteilt und das Grundbuchamt in die Lage versetzt, neue Grundbuchblätter anzulegen und das alte Einzelgrundbuch zu schließen. In der Teilungserklärung finden sich die Beschreibung der Wohnungs- und Teileigentumseinheiten („bestehend aus ... Zimmern, Küche, Bad ...") und die Zuordnung der Miteigentumsanteile.

18 Die **Gemeinschaftsordnung** regelt die Rechte und Pflichten der Wohnungseigentümer untereinander und gegenüber dem Verwalter, sowie auch die Rechte und Pflichten des Verwalters. In der Gemeinschaftsordnung finden sich u. a. die grundsätzlichen Kostenverteilungskriterien (wenn die Kostenverteilung nicht – nach neuem Recht – durch Beschluss einer Eigentümerversammlung geändert wurde), Bestimmungen über die Abhaltung von Eigentümerversammlungen, Protokollierungsvorschrif-

---
1 Zum Begriff TE/GO: BayObLG, Beschl. v. 7. 7. 1988 – 2 Z 7/88, BayObLGZ 1988, 238 = DWE 1989, 27 = DNotZ 1989, 426.

ten für die Versammlungsprotokolle usw. Teilungserklärung und Gemeinschaftsordnung werden regelmäßig zusammen beurkundet und finden sich deshalb regelmäßig in **einer** notariellen Urkunde. In der Praxis werden Bestimmungen der Gemeinschaftsordnung häufiger geändert, weshalb unbedingt nicht nur die ursprünglichen Urkunden, sondern auch spätere Ergänzungs- oder Abänderungsurkunden beigezogen werden müssen. Ganz wichtig ist für den Rechtsanwalt, in der Gemeinschaftsordnung zu prüfen, ob der ordentliche Rechtsweg durch eine **Schlichtungsvereinbarung** ausgeschlossen ist. In der Gemeinschaftsordnung kann bestimmt werden, dass unter Ausschluss des staatlichen Gerichts Streitigkeiten zwischen den Wohnungseigentümern und zwischen den Wohnungseigentümern (oder dem Verband) und dem Verwalter ein **Schiedsgericht** entscheidet. Das derzeit einzige auf Wohnungseigentumsrecht spezialisierte Schiedsgericht ist das **Deutsche Ständige Schiedsgericht für Wohnungseigentum** mit dem Sitz in Bonn[1].

Wird die Schiedsvereinbarung nicht beachtet und fehlerhaft vor dem örtlich „zuständigen" Amtsgericht geklagt, muss die Klage als unzulässig verworfen werden. Dieser Fehler kann bei **Beschlussanfechtungsklagen** wegen der abgelaufenen Beschlussanfechtungsfrist nicht mehr repariert werden, es sei denn, der anzugreifende Beschluss wäre nichtig. Leistungsklagen, die fälschlich vor dem staatlichen Gericht erhoben wurden, könnten zurückgenommen werden, und es könnte sodann das Schiedsgericht angerufen werden; allerdings sind beim staatlichen Gericht dann bereits vermeidbare Kosten entstanden.

Der **Teilungsplan** weist in zeichnerischer Form die Aufteilung des Gebäudes und die Lage und Größe der im Sondereigentum und im Gemeinschaftseigentum stehenden Gebäudeteile aus. Auf dem Teilungsplan muss sich notwendigerweise der sogenannte „**Grünstempel**" finden; das ist der Stempel, mit der die Baubehörde[2] die Abgeschlossenheit der Sondereigentumseinheiten bescheinigt (vgl. § 7 WEG). In dem Teilungsplan findet sich zeichnerisch wiedergegeben die in der Teilungserklärung vorgenommene Zuordnung von Räumen zum Sonder- oder Gemeinschaftseigentum, was von erheblicher Bedeutung für die rechtliche Beurteilung eines Falles sein kann. 19

Ohne die Einsichtnahme in die vorgenannten Urkunden kann ein Mandat gar nicht ordnungsgemäß betrieben werden.

Angefordert werden sollten auch das **Protokoll** über die **Verwalterbestellung** sowie der **Verwaltervertrag**. Bedeutungsvoll ist in allen Mandatsver- 20

---

1 Anschrift Neefestraße 2a, 53115 Bonn; weitere Kontaktinformationen, Satzung usw. sind zu finden unter http://www.schiedsgericht-wohnungseigentum.de.
2 Vgl. aber jetzt § 7 Abs. 4 Satz 3 WEG, wonach auch Sachverständige die Bescheinigung erteilen können, wenn die Landesregierung dies durch Rechtsverordnung bestimmt.

hältnissen, wann der Verwalter letztmalig bestellt worden ist, und zwar unabhängig davon, ob ein Mandat für die Gemeinschaft der Wohnungseigentümer (oder den Verwalter) oder gegen die übrigen Miteigentümer der Gemeinschaft der Wohnungseigentümer (oder den Verwalter) geführt werden soll.

21 Überraschend ist, wie häufig **Verwalterbestellungen** – ohne dass der Verwalter oder der Beirat oder die übrigen Eigentümer es bemerkt haben – zum Zeitpunkt der rechtsanwaltlichen Prüfung **bereits abgelaufen** sind und eine nicht berechtigte Person – nämlich der „Verwalter", dessen Bestellung abgelaufen ist – eine Eigentümerversammlung einberufen hat. Sollen Beschlüsse einer Eigentümerversammlung angefochten werden, verschafft die Kenntnis der Tatsache, dass die Eigentümerversammlung von dem nicht mehr amtierende Verwalter einberufen wurde, erhebliche prozessuale Vorteile für den anfechtenden Eigentümer und – umgekehrt – erhebliche Nachteile für die Anfechtungsbeklagten und den beteiligten Verwalter.

Wird ein Rechtsanwalt für eine Gemeinschaft der Wohnungseigentümer aufgrund eines Auftrages des Verwalters tätig (z. B. bei einer Klage auf Zahlung von Hausgeld), hängt seine Legitimation im Prozess davon ab, dass der Verwalter noch wirksam zum Verwalter bestellt ist. Ist die Verwalterbestellung bereits abgelaufen, kann der Verwalter keinen wirksamen Auftrag für die Gemeinschaft mehr erteilen. Der Rechtsanwalt verliert seinen Vergütungsanspruch und läuft Gefahr, auch noch die gesamten Kosten des Rechtsstreits auferlegt zu bekommen. Ein Rückgriff auf den auftragserteilenden Verwalter dürfte wohl nicht möglich sein, weil die Prüfung einer ordnungsgemäßen Bevollmächtigung zu der Aufgabe des Rechtsanwalts gehört.

22 Ab und zu ist bei der Prüfung der Verwalterbestellung festzustellen, dass eine **BGB-Gesellschaft** zum Verwalter bestellt worden ist oder dass zwei Verwalter für eine Gemeinschaft der Wohnungseigentümer (wenn das gemeinschaftliche Objekt aus mehreren Gebäuden besteht) bestellt wurden. Beides ist nicht zulässig. Dass die Bestellung einer BGB-Gesellschaft nichtig ist, hat der BGH mehrfach bestätigt[1]. Daran hat auch die Teilrechtsfähigkeit einer BGB-Gesellschaft nichts geändert.

23 Auch die Bestellung von **Eheleuten** zu gemeinsamen Verwaltern einer Gemeinschaft der Wohnungseigentümer ist unzulässig und nichtig[2].

24 Die Bestellung von **mehreren Personen** zu Verwaltern unterschiedlicher Gebäude einer einheitlichen Gemeinschaft der Wohnungseigentümer

---

1 Vgl. nur BGH, Beschl. v. 26. 1. 2006 – V ZB 132/05, MDR 2006, 981 = BGHReport 2006, 631 = NJW 2006, 2189 = WuM 2006, 166 = NZM 2006, 263; BGH, Beschl. v. 18. 5. 1989 – V ZB 4/89, BGHZ 107, 268 = MDR 1989, 897 = NJW 1989, 2059.
2 BGH, Urt. v. 11. 12. 1989 – II ZR 117/89, ZMR 1990, 188 = WuM 1990, 128.

(z. B. bei einer „**Mehrhausanlage**") ist ebenfalls nichtig[1]. Eine Bestimmung in der Gemeinschaftsordnung, dass für die verschiedenen Gebäude unterschiedliche Verwalter bestellt werden können, ist unwirksam[2].

Interessant ist auch, konkret nachzuprüfen, ob bei der Bestellung eines Verwalters der § 26 Abs. 2 WEG beachtet worden ist. Nach § 26 Abs. 2 WEG ist die **wiederholte Bestellung** zum Verwalter zulässig. Der Bestellungsbeschluss darf dann aber frühestens ein Jahr vor Ablauf der Bestellungszeit gefasst werden. Diese Vorschrift wird gelegentlich nicht beachtet, führt jedoch dazu, dass die **Verwalterbestellung nichtig** ist[3].

Neben dem Beschluss über die Verwalterbestellung ist selbstverständlich auch wichtig, den Inhalt des **Verwaltervertrages** zu kennen. Hier können Regelungen enthalten sein, die die Grundlage für die Führung eines Mandats bilden können. Im Verwaltervertrag kann eine Vollmacht enthalten sein, die den Verwalter berechtigt, Aktivverfahren für die Gemeinschaft der Wohnungseigentümer zu führen[4]. Vollmachten können aber auch durch die Gemeinschaftsordnung oder durch Beschlüsse einer Eigentümerversammlung[5] erteilt werden.

Eine weitere Informationsquelle für die rechtsanwaltliche Bearbeitung stellen die **Protokolle von Eigentümerversammlungen** dar. Einerseits kann anhand des Inhalts von Protokollen, insbesondere der Beschlussformulierungen und -protokollierungen, festgestellt werden, ob es sich um einen qualifizierten Verwalter handelt, andererseits müssen die Protokolle von Eigentümerversammlungen für die unterschiedlichsten rechtlichen Fragen geprüft und beurteilt werden. So kann sich aus den

---

1 Vgl. BayObLG, Beschl. v. 15. 6. 2000 – 2 Z BR 1/00, BayOLGReport 2000, 58 = WuM 2000, 509 = NZM 2000, 1240.
2 So auch *Bader*, Aktuelle Fragen der Verwalterbestellung, FS für Seuß zum 60. Geburtstag, S. 3; *Lüke* in Weitnauer, WEG, 9. Aufl., § 26 Rz. 2; *Merle*, Rechtsgrundsätze der Wohnungseigentumsverwaltung, WE 1992, 239 (242); AG Schleiden, Beschl. v. 23. 1. 2007 – 9a II 2/06 WEG, n. v.
3 Vgl. BGH, Urt. v. 23. 2. 1995 – III ZR 65/95, DWE 1995, 158; OLG Frankfurt, Beschl. v. 15. 3. 2005 – 20 W 153/03, OLGReport Frankfurt 2006, 46; OLGZ Zweibrücken, Beschl. v. 23. 6. 2004 – 3 W 65/06, ZMR 2005, 905; KG, Beschl. v. 30. 7. 1997 – 24 W 2316/96, ZMR 1997, 610.
4 Vgl. hierzu OLG Brandenburg, Beschl. v. 27. 11. 2007 – 13 Wx 9/07, MietRB 2008, 174. Zur Problematik einer Vollmacht in einem Verwaltervertrag, der vom Verwaltungsbeirat aufgrund eines bevollmächtigenden Beschlusses abgeschlossen wurde: OLG Düsseldorf, Beschl. v. 9. 1. 2007 – 3 Wx 137/06, OLGReport Düsseldorf 2007, 241 = ZMR 2007, 550; vgl. ergänzend auch OLG Köln, Beschl. v. 20. 9. 2002 – 16 Wx 135/05, OLGReport Köln 2003, 113 = ZMR 2003, 604 = NJW-RR 2003, 8 = NZM 2002, 1002.
5 Vgl. zu einem problematischen Fall, in dem der Versammlungsbeschluss über die Vollmachtserteilung an den Verwalter mit den Bestimmungen in der Gemeinschaftsordnung kollidierte: OLG Köln, Beschl. v. 21. 11. 2001 – 16 Wx 185/01, OLGReport Köln 2002, 136 = ZMR 2002, 972; vgl. aber auch OLG Köln, Beschl. v. 15. 10. 2003 – 16 Wx 137/03, ZMR 2004, 216.

Protokollen die Zulässigkeit von baulichen Veränderungen ergeben, wenn z. B. schon in einer früheren Eigentümerversammlung einer baulichen Veränderung zugestimmt wurde, oder es ergeben sich aus den früheren Protokollen Beschlüsse über die Entlastung des Verwalters. Schon allein aufgrund eines Entlastungsbeschlusses können Ansprüche der Gemeinschaft der Wohnungseigentümer gegen den Verwalter erloschen sein.

Durch die Neuregelung des Wohnungseigentumsgesetzes können die **Protokolle** der Eigentümerversammlung[1], die nach dem 1. 7. 2007 durchgeführt wurden, eine besondere Bedeutung erlangen; z. B. könnten die Kostenverteilungsschlüssel durch Beschluss wirksam verändert (vgl. § 16 Abs. 3 WEG), Regelungen über Zahlungen getroffen oder Modernisierungsmaßnahmen/Anpassungen an den Stand der Technik beschlossen (§ 22 Abs. 2 WEG) worden sein. Dies sollte vor der anwaltlichen Beratung geprüft und bei der Beratung berücksichtigt werden.

28 Geht es um die Anfechtung aktueller Beschlüsse einer Eigentümerversammlung, ist die **Einladung zur Eigentümerversammlung** von erheblicher Bedeutung. Es sind die Tagesordnungspunkte der Einladung mit den gefassten Beschlüssen zu vergleichen, um erkennen zu können, ob die in der Versammlung gefassten Beschlüsse überhaupt in der Einladung ausreichend bezeichnet worden sind oder ob ein Verstoß gegen § 23 Abs. 2 WEG vorliegt. Viele Verfahren können schon allein aufgrund von formellen Fehlern – die auch in der Inkongruenz zwischen Einladung und Beschlussfassung liegen – Erfolg haben.

29 Die Vorlage eines **Grundbuchauszuges** gehört ebenfalls zu den zentralen Informationsquellen bei der Mandatsübernahme. Aus dem **Bestandsverzeichnis** des Grundbuches ergeben sich die beteiligten anderen Grundbücher, so dass genau geprüft werden kann, aus wieviel Einheiten die Gemeinschaft der Wohnungseigentümer besteht. In den Bestandsverzeichnissen der Grundbücher finden sich z. B. Formulierung wie *„Das Miteigentum ist beschränkt durch die zu den anderen Miteigentumsanteilen gehörenden Sondereigentumsrechte, eingetragen in den Blättern 17401 bis 17420 (ausgenommen dieses Grundbuchblatt)."* In diesem Beispiel sind also 20 Einheiten vorhanden, die aus Wohnungen oder Teileigentumseinheiten (gewerbliche Einheiten, Garagen usw.) bestehen können.

30 Aus dem Bestandsverzeichnis ergeben sich weiter die Urkunden, die das Verhältnis der Eigentümer untereinander bestimmen, nämlich Teilungserklärung und Gemeinschaftsordnung mit eventuellen Änderungen. Die Formulierung kann z. B. lauten: *„Wegen Gegenstand und Inhalt des Sondereigentums Bezugnahme auf Bewilligung vom 13. Oktober 1994 und*

---

1 Wie auch die Beschluss-Sammlung nach § 24 Abs. 7 WEG.

2. Februar 1995." Teilweise werden auch noch die entsprechenden Urkundenrollen-Nummern (UR. Nr.) des Notars genannt. Aus dem vorstehenden Eintragungsbeispiel ergibt sich, dass die ursprüngliche Teilungserklärung/Gemeinschaftsordnung vom 13. 10. 1994 stammt und am 2. 2. 1995 geändert oder ergänzt worden ist. Um die spätere Änderungen der Teilungserklärung/Gemeinschaftsordnung nicht zu übersehen, ist also der Einblick in die Grundbuchkopien notwendig. Die Mandanten sollten unbedingt dazu angehalten werden, die Urkunden vollständig vorzulegen, damit man später nicht von Änderungsurkunden überrascht wird.

Aus der **Abteilung I des Wohnungsgrundbuches** ergibt sich der wirkliche Eigentümer. Dieser kann die Rechte in Bezug auf die Gemeinschaft der Wohnungseigentümer geltend machen. Die Rechtsfigur der „werdenden Wohnungseigentümergemeinschaft", die bisher umstritten war[1] und auch von mir abgelehnt wurde, ist nunmehr vom BGH[2] anerkannt worden. Das bedeutet, dass nicht nur der wirkliche (im Grundbuch Abteilung I eingetragene) Eigentümer auf Zahlung von Hausgeld in Anspruch genommen werden und an der Verwaltung des gemeinschaftlichen Eigentums durch Beschlussfassung teilnehmen kann, sondern auch der „werdende Wohnungseigentümer". Bei der Mandatierung durch den Verwalter ist die Vorlage des oder der betreffenden Grundbücher dringend geboten. 31

Aus der **Abteilung II** ergeben sich z.B. Dienstbarkeiten, die für das Verhältnis zu Nachbarn wichtig sein können (Wegerechte pp). Ganz wichtig sind auch die Eintragungen von Vormerkungen nach § 883 BGB in der Abteilung II des Grundbuches (Vormerkung zur Sicherung des Anspruchs auf Einräumung des Rechts an dem Grundstück – „Auflassungsvormerkung"). Im Hinblick auf die Anerkennung der Rechtsfigur der „werdenden Wohnungseigentümergemeinschaft" durch den BGH (vgl. oben zur „Abteilung I") ist der Einblick in die Abteilung II von erheblicher Bedeutung. 32

---

1 Vgl. OLG Frankfurt, Beschl. v. 24. 7. 2007 – 20 W 538/05, NJW-RR 2008, 395; OLG Hamm, Beschl. v. 10. 5. 2007 – 15 W 428/06, ZMR 2007, 712; OLG Brandenburg, Beschl. v. 9. 1. 2006 – 13 Wx 17/05, ZWE 2006, 447; OLG Köln, Beschl. v. 30. 11. 2005 – 16 Wx 193/05, OLGReport Köln 2006, 137 = ZMR 2006, 383 = NJW-RR 2006, 445 = WuM 2006, 217; OLG Saarbrücken, Beschl. v. 7. 5. 2002 – 5 W 368/01, OLGReport Saarbrücken 2002, 336 = NZM 2002, 610 = NJW-RR 2002, 610.
2 BGH, Beschl. v. 5. 6. 2008 – V ZB 85/07, MietRB 2008, 270 = NJW 2008, 2639 = WuM 2008, 511.

Die Rechtsfigur der **„werdenden Wohnungseigentümergemeinschaft"**:[1] Diese entsteht, sobald ein Käufer eine rechtlich verfestigte Erwerbsposition besitzt und aufgrund des vertraglich vereinbarten Übergangs von Lasten und Nutzungen der Wohnung ein berechtigtes Interesse daran hat, die mit dem Wohnungseigentum verbundenen Mitwirkungsrechte an der Verwaltung der Gemeinschaftsanlage vorzeitig auszuüben. Das setzt voraus

– einen wirksamen Erwerbsvertrag, der auf die Übereignung des Wohnungseigentums gerichtet ist,

– dass eine Vormerkung gemäß § 883 BGB („Auflassungsvormerkung") im Grundbuch eingetragen ist,

– dass Besitz, Nutzen und Lasten auf den Erwerber übergegangen sind.

Nicht erforderlich ist, dass auch schon die **Wohnungseigentums**grundbücher angelegt worden sind. Eine Eintragung der Vormerkung zur Einräumung des **Wohnungseigentums**rechts im Grundbuch des ungeteilten Grundstücks reicht aus.

Wird ein Erwerber in der Abteilung I des Grundbuches eingetragen, entsteht eine echte Eigentümergemeinschaft. Die bisherigen „werdenden Wohnungseigentümer" behalten jedoch ihre Rechte und Pflichten. Ungeklärt ist derzeit noch, welche Rechtsposition die Erwerber erlangen, die nach der Begründung der echten Eigentümergemeinschaft mit einer Vormerkung eingetragen werden und auf die Besitz, Nutzen und Lasten übergegangen sind. Bisher werden diese Erwerber nicht als mitwirkungsberechtigte oder zahlungsverpflichtete „Wohnungseigentümer" angesehen. In der zitierten Entscheidung des BGH werden jedoch schon Zweifel laut, ob dies richtig ist.

33 Aus der **Abteilung III** ergeben sich Grundpfandrechte, die Bedeutung haben können für die Zwangsversteigerung, einen Antrag nach § 18 WEG oder für die Frage einer Zustimmung eines Grundpfandgläubigers zur Kündigung von Feuerversicherungsverträgen (vgl. §§ 144, 148 VVG).

34 Nicht unbedingt für das erste Gespräch ist die Hereingabe der Wohnungsgrundbücher (oder der Einblick in die Wohnungsgrundbücher) **aller Eigentümer** notwendig. Bei manchen Mandatskonstellationen wird dies aber notwendig. Nur über den Einblick in die Grundbücher der anderen Miteigentümer kann nämlich rechtssicher festgestellt werden, wer die (richtigen) Eigentümer aller Einheiten sind.

35 Mitarbeiter der Grundbuchämter haben mitunter die Meinung, dass es für einen Einblick in die zu einer Gemeinschaft der Wohnungseigentümer gehörenden Wohnungsgrundbücher **nicht** ausreicht, Miteigentümer

---

[1] Vgl. BGH, Beschl. v. 5. 6. 2008 – V ZB 85/07, MietRB 2008, 270 = NJW 2008, 2639 = WuM 2008, 511.

der Gemeinschaft zu sein. Diese Auffassung ist allerdings falsch. Ein Miteigentümer kann selbstverständlich in sämtliche Grundbücher seiner Gemeinschaft der Wohnungseigentümer Einblick nehmen, ohne – über die Tatsache hinaus, dass er Miteigentümer ist – ein „berechtigtes Interesse" nachweisen zu müssen[1]. Auch der Verwalter hat aufgrund seiner Stellung als Organ der Gemeinschaft ein in jedem Fall berechtigendes Interesse an einer Grundbucheinsicht.

Der Inhalt von **Kaufverträgen** ist für das Verhältnis von Einzeleigentümern zur Gemeinschaft der Wohnungseigentümer grundsätzlich ohne jede Bedeutung; so ist auch eine Vereinbarung zwischen dem alten und neuen Eigentümer über die Verpflichtung zur Zahlung von Hausgeld für die Gemeinschaft und den Verwalter der Gemeinschaft der Wohnungseigentümer unerheblich – was allerdings auch viele Verwalter verkennen. **Baubeschreibungen** können u. U. von Bedeutung sein, wenn zu prüfen ist, ob ein Anspruch auf erstmalige ordnungsmäßige Herstellung des Gemeinschaftseigentums bestehen könnte. Geht es um Gewährleistungsansprüche gegenüber dem Bauträger, sind die kaufvertraglichen Regelungen und die Baubeschreibung selbstverständlich von grundsätzlicher Bedeutung.

36

Die **sonstige Korrespondenz** zwischen dem Mandanten und dem Verwalter oder anderen Eigentümern gibt häufig Aufschluss über die Interessen und Wünsche, aber auch über die rechtlichen und tatsächlichen Vorstellungen (oder Fehlvorstellungen!) der Mandanten und/oder der Gegenseite. Deshalb ist die Beiziehung der Korrespondenz wichtig, um den Fall richtig einschätzen zu können. Darum sollte auch die Korrespondenz angefordert werden und darauf hingewiesen werden, dass diese möglichst lückenlos vorgelegt wird.

37

Ist ein **gerichtliches Verfahren** bereits anhängig, ist besondere Vorsicht angebracht. Es sollte schon bei dem ersten Telefonat mit dem potentiellen Mandanten die Fristenproblematik angesprochen werden (zur Monats- und Zweimonatsfrist vgl. § 46 Abs. 1 Satz 2 WEG). Hat der Mandant Beschlüsse einer Eigentümerversammlung bereits angefochten und muss nunmehr die Begründung gefertigt werden, ist neben der Klärung der Frist auch die Hereingabe der geführten Korrespondenz zwischen Mandant und Gericht notwendig. Wurde von dem Mandanten die Begründung für seine Beschlussanfechtung bereits bei Gericht eingereicht und ist die Begründungsfrist von zwei Monaten nach Beschlussfassung schon abgelaufen, ist die Begründungsschrift des Mandanten von zentraler Bedeutung für den Prozessverlauf. Es kann nämlich sein, dass weitere

38

---

1 OLG Düsseldorf, Beschl. v. 15. 10. 1986 – 3 Wx 340/86, NJW 1987, 1651 = MDR 1987, 471 = Rpfleger 1987, 199 = JurBüro 1987, 422; vgl. auch *Böhringer*, Informationelles Selbstbestimmungsrecht kontra Publizitätsprinzip bei § 12 GBO, Rpfleger 1987, 181.

Begründungen, die über die Begründung des Mandanten hinausgehen (oder andere Begründungen als der Mandant sie vorgetragen hat), im Verfahren wegen Versäumung der Begründungsfrist abgeschnitten sind[1]. Dies sollte – jedenfalls ansatzweise – vor einem persönlichen Gespräch anhand der Unterlagen untersucht werden.

Andererseits ist auch für die Vertretung der „übrigen Wohnungseigentümer" wichtig, die Fristen zu betrachten und die gegnerischen Schriftsätze darauf zu prüfen, was vorgetragen wurde.

VI. Hinweise an den Mandanten

39 In den Gesprächen mit dem Mandanten sind von anwaltlicher Seite die Ziele des Mandanten zu ermitteln und – aufgrund der zuvor eingereichten Unterlagen – die strategischen Möglichkeiten zur Erreichung dieser Ziele zu besprechen. Es sind zahlreiche Hinweise zu erteilen und es hat eine umfassende Aufklärung des Mandanten zu erfolgen. Dies erfordert umfassende wohnungseigentumsrechtliche Kenntnisse und Erfahrungen.

Häufig stellt man bei der Durchsicht der hereingereichten Unterlagen fest, dass dort Vorstellungen des Mandanten zum Ausdruck kommen, die mit der Rechtswirklichkeit wenig zu tun haben oder die aufgrund eines juristischen Halbwissens gebildet wurden. Es gilt, dem Mandanten die tatsächlichen und rechtlichen Möglichkeiten und ihre Risiken realistisch darzustellen. Es ist immer besser, falsche Vorstellungen des Mandanten von vornherein zu korrigieren, als unerfüllbare Hoffnungen zu bestärken oder zu fördern. Der Mandant ist umfassend über die Risiken und Chancen seines Begehrens aufzuklären[2].

40 In dem Gespräch sollte angesprochen werden, dass eine **Miteigentümerliste** hereingegeben oder vom Verwalter angefordert werden muss, wenn ein gerichtliches Verfahren durchgeführt werden soll (vgl. § 44 Abs. 1 Satz 2, Abs. 2 WEG) oder wenn alle Wohnungseigentümer angeschrieben werden sollen. Eine Miteigentümerliste sollte auch dann angefordert werden, wenn die Vertretung für die Gemeinschaft der Wohnungseigentümer oder für die „übrigen Wohnungseigentümer" übernommen wird.

41 Gegenüber dem Verwalter hat der einzelne Wohnungseigentümer **Anspruch auf Auskunft** über die an der Gemeinschaft der Wohnungseigentümer beteiligten Eigentümer. Der Verwalter muss sich, wenn er die Na-

---

[1] Nachschieben von Anfechtungsgründen: *Niedenführ*, Erste Erfahrenung mit dem neuen WEG-Verfahrensrecht, NJW 2008, 1768, sieht dies als unzulässig an; dagegen aber *Dötsch*, Anfechtungsbegründungsfrist im Sinne des § 46 Abs. 1 Satz 2 WEG – Gebot einer einschränkenden Auslegung, ZMR 2008, 433.

[2] Vgl. z. B. OLG Celle, Urt. v. 7. 3. 2007 – 3 U 262/06, OLGReport Celle 2007, 388.

men und Anschriften der Eigentümer nicht bereits kennt, die Kenntnis auch über das Grundbuch verschaffen[1]. Kann der Wohnungseigentümer, z.B., weil kein Verwalter existiert oder dieser sich nachhaltig weigert, eine Miteigentümerliste herauszugeben, eine Miteigentümerliste ohne Grundbucheinsicht nicht bei Gericht einreichen, werden die Kosten für die Teilnahme am automatisierten Grundbuchabrufverfahren erstattungsfähig sein[2]. Mitunter beziehen sich Verwalter bei ihrer Weigerung, eine Miteigentümerliste herauszugeben, auf **Datenschutz**. Das ist falsch und zeigt nur an, dass der Verwalter keine ausreichende Sachkunde besitzt. Innerhalb einer Gemeinschaft der Wohnungseigentümer gibt es keinen Datenschutz[3].

Der Mandant sollte auch befragt werden, wer zum **Ersatzzustellungsvertreter** bzw. seinem Vertreter bestellt worden ist, damit diese Angabe in die Klageschrift aufgenommen werden kann (vgl. §§ 45 Abs. 2, 44 Abs. 1 WEG). Andererseits erbitten die Gerichte diese Angaben bei einer Zustellung an den Verwalter, um die formelle Zustellung an alle Wohnungseigentümer über den Ersatzzustellungsvertreter bewirken zu können, wenn der Verwalter nach Ansicht des Gerichts nicht als originärer Zustellungsvertreter in Betracht kommt. 42

Die Sach- und Rechtslage sollte mit dem Mandanten **umfassend erörtert werden**, soweit dies aufgrund der hereingegebenen Unterlagen und Informationen möglich ist. Diese umfassende Erörterung dient auch dazu, dem Rechtsanwalt die Entscheidung über die Annahme des weiterführenden Mandats (außergerichtliche Korrespondenz, Prozessvertretung usw.) zu ermöglichen. Aufgrund des Gesprächs kann der Rechtsanwalt nämlich meist sehr schnell erkennen, welcher Arbeitsaufwand für die Bearbeitung des weiteren Mandats erforderlich ist und welche Gebühren- oder Streitwertvereinbarung getroffen werden kann. 43

Grundsätzlich ist der Mandant über den Ablauf des weiteren Vorgehens zu informieren, nämlich über die **voraussichtliche Zeitdauer**, die benötigt wird, um das Ziel des Mandanten möglicherweise zu erreichen, über den **Streitwert**, der angesetzt wird und über die voraussichtlich **entstehenden Kosten**.

Die **voraussichtliche Zeitdauer** ist für den Mandanten häufig von großer Bedeutung, denn in der Regel erwarten die Mandanten – jedenfalls, wenn es „einfache" Wohnungseigentümer sind – eine schnelle Klägerung ihrer Probleme. Die Mandanten sollten darüber aufgeklärt werden, dass die 44

---

1 OLG Saarbrücken, Beschl. v. 29. 8. 2006 – 5 W 72/06, ZMR 2007, 141.
2 Vgl. (noch zur alten Rechtslage) KG, Beschl. v. 21. 10. 2004 – 1 W 331/04, KGR Berlin 2005, 211 = WuM 2005, 146 = NZM 2005, 199.
3 Vgl. OLG Frankfurt, Beschl. v. 16. 2. 1984 – 20 W 866/83, OLGZ 1984, 258; BayObLG, Beschl. v. 8. 6. 1984 – 2 Z 7/84, BayObLGZ 1984, 133 = MDR 1984, 850 = WuM 1984, 304; AG Köln, Beschl. v. 5. 10. 1998 – 204 II 135/98, ZMR 1999, 67.

Verfahrensdauer von der (üblicherweise hohen) Belastung der Gerichte abhängt und von dem Instanzenzug. In diesem Zusammenhang ist auch wichtig darauf hinzuweisen, dass nunmehr grundsätzlich in wohnungseigentumsrechtlichen Verfahren nur noch **zwei Instanzen** (nämlich Amtsgericht als Eingangsgericht[1], Landgericht als Berufungsgericht[2]) zur Verfügung stehen. Ein Hinweis darauf, dass aufgrund der Übergangsvorschrift des § 62 Abs. 2 WEG eine **Revison zum BGH** nur bei einer Zulassung durch das Landgericht möglich ist, kann eventuell auch schon im ersten Gespräch nützlich sein, um Fehlvorstellungen des Mandanten entgegenzuwirken.

45 Richtet sich die zu erhebende Gebühr nach einem **Gegenstandswert** (Geschäftswert/Streitwert), hat nach § 49b Abs. 5 BRAO der Rechtsanwalt vor Übernahme des Mandats hierauf hinzuweisen[3]. Es gibt die Auffassung[4], der Rechtsanwalt verliere seinen Vergütungsanspruch, wenn er seine Hinweispflicht verletzt. Der Mandant habe nämlich einen Schadensersatzanspruch in Höhe der anwaltlichen Vergütung gemäß § 280 Abs. 1 BGB[5]. Unklar ist, ob der Rechtsanwalt auch auf die Höhe des Gegenstandswertes hinweisen muss; dies meine ich nicht. Gleichwohl sollte auch auf die Höhe hingewiesen werden; hinweisen muss der Rechtsanwalt jedenfalls auf einen außergewöhnlich hohen Streitwert[6].

VII. Streitwertvereinbarung

Der **Streitwert** eines gerichtlichen Verfahrens wird nunmehr bestimmt durch **§ 49a GKG**. Dieser lautet:

46 (1) Der Streitwert ist auf 50 Prozent des Interesses der Parteien und aller Beigeladenen an der Entscheidung festzusetzen. Er darf das Interesse des Klägers und der auf seiner Seite Beigetretenen an der Entscheidung nicht unterschreiten und das Fünffache des Wertes ihres Interesses nicht überschreiten. Der Wert darf in keinem Fall den Verkehrswert des Wohnungseigentums des Klägers und der auf seiner Seite Beigetretenen übersteigen.

---

1 § 23 Nr. 2c) GVG.
2 § 72 Abs. 2 GVG – Vorsicht bei der Bestimmung des Landgerichts, das für die Berufung zuständig ist; vgl. hierzu *Elzer*, Die Zuständigkeit für Rechtsmittel in Wohnungseigentumssachen, MietRB 2008, 156.
3 Zur Beweislast, ob der Rechtsanwalt seiner Hinweispflicht nachgekommen ist, vgl. BGH, Urt. v. 11. 10. 2007 – IX ZR 105/06, MDR 2008, 235 = AnwBl 2008, 68 = NJW 2008, 371.
4 AG Köln, Urt. v. 18. 2. 2005 – 118 C 476/04, n. v.
5 BGH, Urt. v. 24. 5. 2007 – IX ZR 89/06, MDR 2007, 1046 = NJW 2007, 2332 = AGS 2007, 386 = AnwBl 2007, 628; vgl. hierzu auch OLG Brandenburg, Urt. v. 18. 3. 2008 – 6 U 86/07, JurBüro 2008, 364; LG Berlin, Urt. v. 7. 6. 2007 – 51 S 42/07, AGS 2007, 390; a. A. AG Altenkirchen, Urt. v. 13. 9. 2007 – 71 C 526/06, AGS 2007, 557 – nur berufsrechtliche Relevanz.
6 OLG Saarbrücken, Urt. v. 12. 9. 2007 – 1 U 676/06, OLGReport Saarbrücken 2008, 79 = NJW-RR 2008, 509 = AGS 2008, 110 = JurBüro 2008, 30.

(2) Richtet sich eine Klage gegen einzelne Wohnungseigentümer, darf der Streitwert das Fünffache des Wertes ihres Interesses sowie des Interesses der auf ihrer Seite Beigetretenen nicht übersteigen. Absatz 1 Satz 3 gilt entsprechend.

Diese Bestimmungen bedürfen einer genauen Betrachtung und Bestimmung durch den Rechtsanwalt, wenn mit dem Mandanten nach dem gesetzlichen Streitwert abgerechnet werden soll. Dieser Streitwert ist schwierig und für jedes Mandat individuell zu bestimmen.

Ich kann nur empfehlen, mit den Mandanten **Streitwertvereinbarungen** abzuschließen, um einen dem Arbeitsaufwand entsprechenden Wert sicherzustellen. Die Praxis der Gerichte bei der Festsetzung eines Streitwerts in Wohnungseigentumssachen nach der neuen Vorschrift des § 49a GKG ist nicht absehbar; es könnten Streitwerte festgesetzt werden, die zu ganz geringen Rechtsanwaltsvergütungen führen.

47

Der Verwalter einer Gemeinschaft der Wohnungseigentümer ist berechtigt, eine Streitwertvereinbarung mit dem Rechtsanwalt zu treffen, § 27 Abs. 2 Nr. 4, Abs. 3 Nr. 6 WEG. Diese Ermächtigung bezieht sich allerdings nur auf den Streitwert nach § 49a Abs. 1 Satz 1 GKG; der Wert darf also 50 % des Interesses der Parteien und aller Beigeladenen nicht überschreiten. Unabhängig von dieser Vorschrift könnte die Gemeinschaft der Wohnungseigentümer allerdings auch durch Beschluss eine Vereinbarung mit dem Rechtsanwalt billigen, die einen höheren Streitwert vorsieht.

Eine Vergütungsvereinbarungen muss **schriftlich** vom Mandanten erklärt werden, vgl. § 4 Abs. 1 Satz 1 RVG. Dies setzt eine eigenhändige Namensunterschrift voraus; eine Vereinbarung per Fax oder E-Mail erfüllt diese Voraussetzung nicht.

48

Weil grundsätzlich eine höhere als die gesetzliche Gebühr vereinbart werden soll (z.B. für ein gerichtliches Verfahren), darf die Vereinbarung **nicht in der Anwaltsvollmacht** enthalten sein. Die Streitwertvereinbarung wird regelmäßig vom Rechtsanwalt verfasst und muss deshalb auch als solche „Streitwertvereinbarung" bezeichnet werden; vorsorglich kann sie auch zusätzlich als „Gebührenvereinbarung" bezeichnet sein[1]. Sie muss von anderen Vereinbarungen, wie z.B. Haftungsbeschränkungen, deutlich abgesetzt sein. Wird diese Formvorschriften verletzt, tritt gleichwohl eine Heilung durch die freiwillige und vorbehaltlose Zahlung des Mandanten ein. Dabei muss dieser auch nicht wissen, dass der Rechtsanwalt wegen des Formfehlers keinen Anspruch auf höhere Gebühren hatte.

49

---

1 Nach meiner Auffassung muss die Streitwertvereinbarung nicht als „Vergütungsvereinbarung" bezeichnet werden.

Diese Formvorschriften müssen auch angewandt werden, wenn eine Vereinbarung zwischen dem Verwalter und einem Rechtsanwalt aufgrund des § 27 WEG erfolgt.

50 Bei einer Streitwertvereinbarung ist eine konkrete **Aufklärung** über die Höhe der entstehenden Gebühren notwendig[1]. Dies sollte in einem gesonderten Schreiben an den Mandanten erfolgen.

Bei der Vereinbarung eines Streitwerts ist auch eine Aufklärung des Mandanten notwendig, dass bei einem Obsiegen in einem Rechtsstreit nicht alle Gebühren erstattet werden. Erstattet werden von der unterliegenden Partei immer nur die gesetzlichen Gebühren, die sich nach dem vom Gericht festgesetzten Streitwert richten. Weicht also der gerichtlich festgesetzte Streitwert vom anwaltlich festgesetzten und mit dem Mandanten vereinbarten Streitwert ab, bleibt der Mandant auf einem Teil der Kosten „sitzen". Hierüber muss der Rechtsanwalt aufklären.

51 Bei der Vertretung von mehreren Personen sollte auch auf die **Mehrvertretungsgebühr**[2] (Erhöhungsgebühr) hingewiesen werden[3]. Entgegen der Auffassung vieler Mandanten ist die Entstehung einer solchen Gebühr nicht davon abhängig, dass dem Rechtsanwalt durch die Vielzahl der Mandanten eine messbare Mehrarbeit entsteht[4].

VIII. Rechtsschutzversicherung

52 Häufig haben Mandanten eine **Rechtsschutzversicherung**, und möchten, dass der Rechtsanwalt die Korrespondenz mit dem Versicherer führt. Hier muss der Rechtsanwalt rechtzeitig – nämlich vor dem ersten Beratungsgespräch bzw. vor einer weiteren Beauftragung – **entscheiden**, ob er die Korrespondenz mit dem Versicherer übernehmen will oder die Übernahme dieser Aufgabe generell ablehnt. Ein Rechtsanwalt ist zu der Übernahme eines Mandats nicht verpflichtet, also auch nicht zur Übernahme eines Mandats, das das Einholen der Deckungszusage betrifft. Wenn der Rechtsanwalt diese Aufgabe nicht übernehmen will – z. B. zur Vermeidung von Haftungsrisiken[5] – sollte er den Mandanten allerdings ausdrücklich hierauf hinweisen.

---

1 Zu weitgehend: OLG Düsseldorf, Urt. v. 19. 7. 2007 – 24 U 46/06, OLGReport Düsseldorf 2008, 130 = AGS 2008, 12 = FamRZ 2008, 622.
2 Gebühr nach Nr. 1008 Vergütungsverzeichnis zum RVG.
3 Vgl. schon oben „Mandatskonstellationen – Verwalter von Eigentümergemeinschaften".
4 Vgl. nur LG Hamburg, Beschl. v. 27. 11. 2002 – 314 T 20/02, ZMR 2003, 232.
5 Vgl. hierzu *Pabst*, Die Deckungsanfrage beim Rechtsschutzversicherer durch den Anwalt, AnwBl 2007, 136.

Das Einholen einer Deckungszusage bei einem Rechtsschutzversicherer stellt eine **gesonderte Angelegenheit** im Sinne des RVG dar, so dass hierfür eine **Geschäftsgebühr** anfällt[1]. Der **Geschäftswert** dieser Tätigkeit bemisst sich nach den voraussichtlichen Kosten, die anfallen können; bei einer gerichtlichen Tätigkeit sind also die eigenen und die gegnerischen Rechtsanwaltskosten, sowie die Gerichtskosten dem Geschäftswert zugrunde zu legen. Die Kosten für die Deckungsanfrage übernehmen die Rechtsschutzversicherer nicht, so dass der Mandant diese selbst zu tragen hat. Hierauf hat der Rechtsanwalt hinzuweisen[2]. 53

Für den Rechtsanwalt kann ein **Haftungsrisiko** entstehen, wenn er die Korrespondenz mit dem Rechtsschutzversicherer übernimmt und die Rechtsschutzdeckung nicht rechtzeitig einholt, bevor er Klage erhebt[3]. Der Rechtsanwalt ist allerdings nicht verpflichtet, eigenständige Ermittlungen anzustellen, wo der Mandant rechtsschutzversichert ist; er darf auf die Informationen seines Mandanten vertrauen[4]. Der Rechtsanwalt muss den Rechtsschutzversicherer ordnungsgemäß informieren, sonst entsteht für ihn das Risiko, die eventuellen Kosten eines vermeidbar gewesenen Deckungsprozesses tragen zu müssen[5]. Der Rechtsanwalt ist Wissensvertreter für den Mandanten[6]. 54

Wenn der Rechtsanwalt gegenüber dem Rechtsschutzversicherer tätig werden soll (und diesen Auftrag auch übernimmt), sollte er auch die **Versicherungspolice** prüfen[7]. 55

– Ist bei **selbstgenutztem** Wohnungseigentum die Versicherungspolice hierauf erstreckt worden? In einigen Fällen haben Mandanten bei Erwerb des Wohnungseigentums die Umstellung oder Erweiterung ihrer Versicherungspolice versäumt, so dass wohnungseigentumsrechtliche Streitigkeiten nicht abgedeckt sind.

– Ist bei **vermietetem** Wohnungseigentum eine gesonderte Versicherungspolice für die vermietete Eigentumswohnung abgeschlossen worden? Rechtsschutzversicherungen für vermietete Wohnungen sind re-

---

1 Völlig abwegig: OLG München, Urt. v. 4. 12. 1990 – 13 U 3085/90, JurBüro 1993, 163, das doch tatsächlich meint, ein Mandant dürfe darauf vertrauen, dass der Rechtsanwalt bei der Einholung einer Deckungszusage gebührenfrei tätig werde.
2 OLG Stuttgart, Urt. v. 6. 8. 2002 – 12 U 76/02, OLGReport Stuttgart 2003, 34 = AGS 2003, 68 = JurBüro 2003, 585.
3 Vgl. OLG Celle, Urt. 19. 3. 2008 – 3 U 242/07, OLGReport Celle 2008, 438.
4 OLG Celle, Urt. v. 7. 3. 2007 – 3 U 262/06, OLGReport Celle 2007, 388.
5 Vgl. OLG Köln, Urt. v. 22. 3. 2004 – 16 U 55/03, OLGReport Köln 2004, 305 = NJW-RR 2004, 1573.
6 OLG Köln, Urt. v. 23. 9. 2003 – 9 U 174/02, OLGReport Köln 2004, 129 = NJW-RR 2004, 181 = VersR 2004, 639.
7 Zu den Beratungspflichten des Rechtsanwalts vgl. auch *Pabst*, Die Deckungsanfrage beim Rechtsschutzversicherer durch den Anwalt, AnwBl 2007, 136.

lativ teuer, so dass die meisten vermietenden Mandanten keine Rechtsschutzversicherung für ihre vermietete Wohnung haben.

– Geprüft werden sollte auch, wann der Versicherungsvertrag abgeschlossen worden ist. Der Rechtsschutzfall muss außerhalb der Karenzfrist von – üblicherweise – drei Monaten eingetreten sein, damit der Versicherer überhaupt Deckung erteilt. Gelegentlich berufen sich Versicherer darauf, dass der Rechtsschutzfall vor Abschluss des Versicherungsvertrags eingetreten ist.

56 Bei Mandanten, die eine Rechtsschutzversicherung abgeschlossen haben, ist es notwendig, vor dem Abschluss einer Streitwertvereinbarung darauf hinzuweisen, dass die Rechtsschutzversicherung Rechtsanwaltsgebühren nur nach einer Höhe erstattet, die sich nach dem gerichtlich festgesetzten Streitwert richten. Der Mandant muss also auch darauf hingewiesen werden, dass er auf einem Teil der Gebühren „sitzen bleiben" kann[1].

---

1 Vgl. hierzu auch LG Darmstadt, Urt. v. 25. 10. 2006 – 21 S 101/06, JurBüro 2007, 424.

Teil 2
Verwaltungsübernahme durch einen neuen Verwalter

	Rz.		Rz.
I. Bestellung des neuen Verwalters und Abschluss eines Vertrages zwischen WEG und Verwalter	2	3. Kann der neue Verwalter die Verwaltungsunterlagen herausverlangen?	40
II. Übernahmevorbereitung	3	4. „Problem"-Unterlagen	42
III. Der 1. Tag der Verwaltungszeit	16	a) Bauunterlagen	42
IV. Prüfung der vom Vorverwalter übergebenen Unterlagen auf Vollständigkeit	31	b) Kontounterlagen	50
		V. Herausgabe der Kontobestände	53
		VI. Prüfung der vom Verwalter übergebenen Unterlagen auf brisante Themen	58
1. Welche Unterlagen sind vom Vorverwalter herauszugeben?	32	VII. Mitteilung der Prüfungsergebnisse an die Wohnungseigentümergemeinschaft und Vorbereitung weiterer Maßnahmen	71
2. Müssen die herausverlangten Unterlagen näher beschrieben werden?	39		

Unmittelbar vor und nach der Verwaltungsübernahme durch einen neuen Verwalter hat dieser erhebliche Vorbereitungs- und Übernahmearbeiten durchzuführen. Diese Tätigkeiten sollten der Verwalter und der ihn beratende Anwalt nicht unterschätzen, können sie doch schon zu Beginn der Tätigkeit die Weichen für eine ordnungsgemäße und optimale Verwaltung stellen. Je intensiver und genauer die Verwalter-Tätigkeit vorbereitet wird, desto geringer sind die Anlaufschwierigkeiten und desto einfacher ist die spätere laufende Verwaltertätigkeit. 1

Der beratende Anwalt sollte intensiv auf die sinnvolle Vorbereitung der Verwaltungsübernahme hinwirken.

I. Bestellung des neuen Verwalters und Abschluss eines Vertrages zwischen WEG und Verwalter

Bereits seine Bestellung und die Beschlussfassung über den Verwaltervertrag sollte der neuer Verwalter überwachen und zu steuern versuchen. Werden schon hier von der Eigentümergemeinschaft und dem früheren Verwalter Fehler gemacht, durchzieht dies die Anfangszeit der neuen Verwaltertätigkeit mit Schwierigkeiten. 2

II. Übernahmevorbereitung

3 Bereits unmittelbar nach der Bestellung durch die Eigentümergemeinschaft, jedenfalls aber vor dem Beginn der Verwaltertätigkeit, sollte der neue Verwalter Kontakt mit dem Verwaltungsbeirat aufnehmen, um eine Miteigentümerliste, Teilungserklärung/Gemeinschaftsordnung und Kopien der Versicherungspolicen zu erhalten[1]. Diese Unterlagen benötigt der Verwalter für die Vorbereitung der Verwaltertätigkeit; je früher er die Unterlagen erhält, desto ruhiger kann er die notwendigen Vorbereitungen treffen.

4 Ein neu bestellter Verwalter sollte nicht die Mühe scheuen, in die Grundbücher der Eigentümergemeinschaft zu schauen. Nach § 12 GBO und § 46 GBV hat er das Recht, in das Grundbuch und die Grundakten Einblick zu nehmen[2]. Er sollte sämtliche zur Eigentümergemeinschaft gehörenden Grundbücher und in den einzelnen Grundbüchern das **Bestandsverzeichnis, die Abteilungen I, II und III** durchsehen[3]. Die Mühe zahlt sich in jedem Falle aus, wobei nach meiner Auffassung hier auch eine Pflicht des Verwalters besteht, die Grundbücher zu prüfen[4]. Das bestätigt auch das LG Düsseldorf[5], das davon ausgeht, dass eine Pflicht des Verwalters besteht, sich regelmäßig über die Zusammensetzung der Gemeinschaft Kenntnis zu verschaffen. Falls der Verwalter dies unterlässt, kann das eine **grobe Fahrlässigkeit** darstellen. Im Hinblick auf § 49 Abs. 2 WEG n. F. dürfte ein solches Unterlassen für den Verwalter gefährlich sein.

5 Dass ein neu bestellter Verwalter das **Bestandsverzeichnis** im Grundbuch prüfen muss, hängt schon damit zusammen, dass sich aus dem Bestandsverzeichnis für den Verwalter ganz wichtige Informationen ergeben:

6 • Die an der Wohnungseigentümergemeinschaft beteiligten Grundbücher. Der Verwalter muss prüfen und wissen, welche Eigentümer-

---

[1] Zwar befinden sich die Verwaltungsunterlagen beim alten Verwalter, gleichwohl hat der Beirat in der Regel eine Vielzahl von Unterlagen-Duplikaten in seinem Besitz, mit denen der neue Verwalter bereits arbeiten und sich vorbereiten kann.

[2] Vgl. Bauer/Oefele-*Maaß*, Grundbuchordnung, 2. Aufl. 2006, § 12, Rz. 54; soweit dort Kritik geäußert wurde an der Entscheidung des OLG Düsseldorf, Beschl. v. 15. 10. 1986 – 3 Wx 340/86, MDR 1987, 417 = NJW 1987, 1651 = JurBüro 1987, 422 = Rpfleger 1987, 199, mit der Wohnungseigentümern ein Einblicksrecht zugestanden wurde, werden offensichtlich die Rechtsbeziehungen der Eigentümer untereinander grundlegend verkannt. Diese Kritik wird auch geteilt von *Schöner/Stöber*, Grundbuchrecht, 14. Aufl., München 2008, R7 525 zu Fn. 28, soweit es die Abt. III betrifft.

[3] Das bezieht sich auf die in Rz. 5–15 genannten Prüfungsgegenstände.

[4] Vgl. hierzu *Bielefeld*, DWE 2002, 50f.

[5] LG Düsseldorf, Beschl. v. 13. 12. 2000 – 19 T 442/00, ZWE 2001, 501.

gemeinschaft er verwaltet. Erstaunlicherweise gibt es aber immer wieder Fälle, bei denen mehrere Verwalter für eine Mehrhausanlage bestellt werden, obwohl es sich rechtlich um eine einheitliche Eigentümergemeinschaft handelt.

Die Bestellung mehrerer Verwalter für eine Anlage (Mehrhausanlage) ist ebenso wenig zulässig[1] wie die Bestellung einer BGB-Gesellschaft. Daran hat die neuere Rechtsprechung des BGH[2] zur Teilrechtsfähigkeit der BGB-Gesellschaft nichts geändert[3]; die entgegenstehenden Meinungen, die in der Literatur vertreten wurden[4], haben sich überholt und sind teilweise aufgegeben worden[5]. Auch die Bestellung von Eheleuten[6] zum Verwalter einer Eigentümergemeinschaft ist nicht möglich.

- Die der Grundbucheintragung zugrunde liegenden Urkunden, nämlich die Teilungserklärung/Gemeinschaftsordnung mit ihren Änderungen („... *unter Bezug auf die Bewilligung vom ...*"). Sind mehrere Bewilligungsdaten eingetragen, ist klar, dass es auch mehrere Urkunden mit möglichen Änderungen gibt. 7

- Die Miteigentumsanteile jeder Wohnungs- und Teileigentumseinheit; diese sind (wenn § 16 Abs. 2 WEG nicht abbedungen ist) wichtig für die spätere Abrechnung und eventuell für die Abstimmung in den Eigentümerversammlungen, wenn sich das Stimmrecht nach Miteigentumsanteilen richtet (in einigen Gemeinschaftsordnungen ist sogar bestimmt, dass eine Eigentümerversammlung nur dann beschlussfähig ist, wenn sowohl mehr als 50 % der Miteigentumsanteile als auch mehr als 50 % der Miteigentümer [Personen] in der Versammlung anwesend sind). Auch im Hinblick auf die neuen Vorschriften der §§ 16 Abs. 4, 22 Abs. 2 WEG n. F. sind die Miteigentumsanteile von großer Bedeutung. 8

Aufgrund der Prüfung der **Abteilung I der Wohnungsgrundbücher** ergibt sich, ob die vom Verwaltungsbeirat oder Vorverwalter erhaltene Miteigentümerliste mit den Grundbucheintragungen übereinstimmt. 9

---

1 BayObLG, Beschl. v. 28. 6. 1990 – 2 Z 59/90, WE 1991, 289.
2 BGH, Urt. v. 18. 2. 2002 – II ZR 331/00, NZM 2002, 271 = NJW 2002, 1207; BGH, Urt. v. 29. 1. 2001 – II ZR 331/00, BGHZ 146, 341 = MDR 2001, 459 = ZMR 2001, 338 = NZM 2001, 299 = NJW 2001, 1056.
3 BGH, Beschl. v. 26. 1. 2006 – V ZB 132/05, MDR 2006, 981 = ZMR 2006, 375 = WuM 2006, 166 = NZM 2006, 263 = NJW 2006, 2189.
4 Vgl. Palandt/*Bassenge*, 61. Aufl., § 26 WEG Rz. 1; *Lautner*, MittBayNot 2001, 425 (436); *Niedenführ/Kümmel/Vandenhouten*, WEG, 6. Aufl., § 26 Rz. 9; *Wangemann/Drasdo*, S. 15; *Drasdo*, NZM 2001, 258; *Drasdo*, ZMR 1999, 303.
5 Palandt/*Bassenge*, 67. Aufl., § 26 WEG Rz. 1; dort wird weiterhin – entgegen BGH – die Ansicht vertreten, dass eine GbR Verwalter sein kann.
6 BGH, Urt. v. 11. 12. 1989 – II ZR 117/89, ZMR 1990, 188 = WuM 1990, 128 = WE 1990, 84.

10 Überraschend ist die Tatsache, dass viele Verwalter mit Eigentümerlisten arbeiten, die nicht mit dem Grundbuch übereinstimmen oder die unvollständig sind. Selbstverständlich müsste es sein, dass der neu bestellte Verwalter, um überhaupt vernünftig arbeiten zu können, eine ordnungsgemäße Eigentümerliste erstellt, aus der sämtliche Wohnungseigentümer hervorgehen, bei Personenmehrheiten (z.B. Eheleuten) also auch alle Mitglieder dieser Personenmehrheit. Problematisch ist, wenn der Verwalter gleich seine Tätigkeit unter einem unglücklichen Stern beginnt und eine (vielleicht vom Vorverwalter erhaltene) fehlerhafte Eigentümerliste ungeprüft verwendet. Spätestens bei der Einladung zur ersten Eigentümerversammlung oder nach der Durchführung der Eigentümerversammlung wird die Verwendung einer fehlerhaften Eigentümerliste zum Problem.

11 Erhält ein Miteigentümer keine Einladung zur Eigentümerversammlung, so stellt dies einen möglichen Anfechtungsgrund dar. Vergleiche wegen der Einzelheiten Teil 5, Rz. 83, und die Rechtsprechung von BGH[1] und weiteren Obergerichten[2].

12 Die im Grundbuch ermittelten Eigentümer und die in der Miteigentümerliste enthaltenen Anschriften können unauffällig geprüft werden durch ein Vorstellungsschreiben des neuen Verwalters an alle Miteigentümer, in dem die Kontoverbindung, der Verwaltungsbeginn, der Termin für eine erste Hausbegehung mit dem Verwaltungsbeirat und interessierten Miteigentümern und die Möglichkeiten des Kontakts mit dem Verwalter (Telefonzeiten, Rufnummern und Faxnummern der Sachbearbeiter) beschrieben sind. Bei allen „Rückläufer"-Briefen müssen die Anschriften (z.B. durch Anfrage bei dem jeweiligen Einwohnermeldeamt

---

1 BGH, Beschl. v. 23. 9. 1999 – V ZB 17/99, MDR 2000, 21 = NJW 1999, 3713 = NZM 1999, 1101 = ZMR 1999, 834 = DWE 1999, 164 = WE 2000, 8 = WuM 2000, 28.
2 BayObLG, Beschl. v. 25. 5. 1999 – 2 Z BR 38/99, DWE 1999, 120; schon das RG und ihm folgend der BGH in gesellschaftsrechtlichen Entscheidungen, vgl. hierzu Münchener Handbuch des Gesellschaftsrechts, Bd. 3 (GmbH), 2. Aufl., § 40, Rz. 36 ff., haben die Auffassung vertreten, ein Anfechtungsantrag sei stets dann erfolgreich, wenn nicht feststehe, dass die versäumte Einladung keinerlei Einfluss auf das Abstimmungsergebnis gehabt habe. Vgl. im Übrigen auch OLG Düsseldorf, Beschl. v. 15. 8. 1997 – 3 Wx 147/97, ZMR 1998, 244 = DWE 1998, 88 = WE 1998, 308; OLG Hamm, Beschl. v. 18. 6. 1998 – 15 W 357/97, ZMR 1998, 720 = NZM 998, 875 = FGPrax 1998, 213; BayObLG, Beschl. v. 30. 4. 1999 – 2 Z BR 175/98, ZMR 1999, 574 = BayObLGR 1999, 75; nach OLG Köln, Beschl. v. 24. 10. 2001 – 16 Wx 192/01, OLGReport Köln 2002, 53 = ZMR 2002, 466, kann der nicht eingeladene Wohnungseigentümer die Beschlüsse der Versammlung anfechten, auch wenn seine Stimme in Anbetracht der konkreten Abstimmungsergebnisse rechnerisch ohne Belang ist, es sei denn, die Beschlüsse entsprechen ordnungsmäßiger Verwaltung und hätten auch unter Berücksichtigung seiner möglichen Einwände nicht anders gefasst werden dürfen.

oder durch Einblick in die Telefonbücher, auch im Internet) neu geprüft werden.

In der **Abteilung II** des Wohnungsgrundbuches[1] erkennt der neue Verwalter für die Verwaltungstätigkeit wichtige Dienstbarkeiten und/oder Verfügungsbeschränkungen. Hier sind auch Vormerkungen nach § 883 BGB eingetragen, die Bedeutung haben für eine „werdende Wohnungseigentümergemeinschaft" (vgl. hierzu Teil 1, Rz. 31 f.). 13

Durch einen Einblick in die **Abteilung III des Wohnungsgrundbuches** kann der Verwalter feststellen, welche Grundpfandrechte vorhanden sind. Diese Prüfung ist deshalb wichtig, weil die Kündigung eines Feuerversicherungsvertrages (oder eines verbundenen Gebäudeversicherungsvertrages, in dem auch die Feuerversicherung enthalten ist) regelmäßig der Zustimmung der Grundpfandgläubiger bedarf[2]. 14

Will die Gemeinschaft der Wohnungseigentümer[3] durch den Verwalter den Feuerversicherungsvertrag (Gebäudeversicherungsvertrag) kündigen, muss der Hypotheken- oder Grundpfandgläubiger, der seine Hypothek oder Grundschuld beim Versicherer angemeldet hat, der Kündigung zustimmen. Liegt die Zustimmung nicht spätestens einen Monat vor Ablauf des Versicherungsvertrages vor (oder hat der Versicherungsnehmer bis zu diesem Zeitpunkt nicht nachgewiesen, dass keine Belastung mit Hypothek oder Grundpfanderecht [mehr] besteht), ist die Kündigung des Feuerversicherungsvertrages unwirksam, §§ 144, 148 VVG. 15

III. Der 1. Tag der Verwaltungszeit

Am 1. Tag der Verwaltungszeit (dies sollte wegen der Wichtigkeit der Erstbegehung wörtlich verstanden werden) sollte der Verwalter unbedingt eine umfassende **Begehung des Objektes** zusammen mit dem Verwaltungsbeirat und interessierten Wohnungseigentümern vornehmen. Hierzu sollte er, wie schon oben erwähnt, frühzeitig einladen. Bei dieser Hausbegehung soll die optische und technische Aufnahme des Verwaltungsobjektes erfolgen und es sollen eventuelle Gefahrenquellen ermittelt werden, um sogleich oder doch zeitnah Abhilfe schaffen zu können. 16

Es ist empfehlenswert, eine Hausbegehung nicht schon vor dem Beginn der Verwaltung, sondern tatsächlich erst am 1. Tag der Verwalterzeit durchzuführen. Der **Grund** liegt in den (noch ganz üblichen) **Haftpflicht-** 17

---

1 Palandt/*Bassenge*, § 7 WEG, Rz. 9.
2 Vgl. hierzu *Köhler* bei Deckert, ETW, Gruppe 9 II, Rz. 93 ff.
3 Der Versicherungsvertrag wird zwischen dem Versicherer und „der Wohnungseigentümergemeinschaft als solcher" (also der Gemeinschaft der Wohnungseigentümer) geschlossen, vgl. hierzu auch OLG Hamm, Beschl. v. 3. 1. 2008 – 15 W 420/06, ZWE 2008, 133 = ZMR 2008, 401.

versicherungen für Wohnungseigentümergemeinschaften: Nach den allgemeinen Versicherungsbedingungen für Haus- und Grundbesitzerhaftpflichtversicherungen ist der Verwalter einer Eigentümergemeinschaft über den Vertrag der Gemeinschaft mitversichert. Dazu ist notwendig, dass die Versicherungspolice auf die Eigentümergemeinschaft ausgestellt ist. Mitversichert ist nur der *amtierende* Verwalter, nicht der zukünftige. Ein Haftpflichtschaden, den der Verwalter bei der Begehung verursacht, ist also nur dann mitversichert, wenn der Verwalter auch tatsächlich im Amt ist.

18 Die Frage ist, ob der Verwalter überhaupt zu einer Hausbegehung verpflichtet ist[1]. Ich bin der Auffassung, dass der Verwalter eine Verpflichtung hat, regelmäßig Begehungen durchzuführen[2], es im Übrigen aber auch aus Haftungsgesichtspunkten für den Verwalter angezeigt sein sollte, solche Begehungen zu machen.

19 Das Kammergericht hatte über einen Fall zu entscheiden, in dem der Verwalter einer WEG durch einen einzelnen Wohnungseigentümer in Anspruch genommen wurde. Durch ein verstopftes Regenwasserfallrohr wurde Wasser auf einen Balkon zurückgestaut und in die Wohnung des Wohnungseigentümer gedrückt[3]. In der Vorentscheidung hatte das Landgericht Berlin[4] ausgeführt, der Verwalter sei grundsätzlich nicht verpflichtet, zu Kontrollzwecken Begehungen selbst vorzunehmen.

20 Die Entscheidung des Landgerichts könnte dahingehend missverstanden werden, dass der Verwalter auch nicht verpflichtet ist, überhaupt Hausbegehungen durchzuführen. Das KG hat sich zwar nicht im Einzelnen mit der Frage einer grundsätzlichen Pflicht zur Begehung beschäftigt, jedoch an einer Stelle ausgeführt, der Verwalter könne sich zu seiner Entlastung durchaus darauf berufen, er habe in unterschiedlichen Abständen Hausbegehungen unternommen.

21 In dem Fall des KG wurde der Schadensersatzanspruch des einzelnen Wohnungseigentümers zurückgewiesen, weil dem Verwalter keine Pflichtverletzung nachgewiesen werden konnte.

22 Grundsätzlich ist der Verwalter zwar dafür zuständig, die Maßnahmen zur ordnungsgemäßen Instandhaltung und Instandsetzung des Gemeinschaftseigentums zu ergreifen (§ 27 Abs. 1 Nr. 2 WEG), dies bedeutet jedoch nur, dass der Verwalter die notwendigen Feststellungen über die Mängel treffen muss. Er muss dann den Eigentümern Gelegenheit geben, die notwendigen Maßnahmen ergreifen zu können. Er muss also die

---

1 Vgl. hierzu auch *Sauren*, PiG 48, S. 71 (76 ff.).
2 Allerdings nicht wöchentlich, wie *Sauren*, PiG 48, S. 77, meint.
3 KG, Beschl. v. 19. 10. 1998 – 24 W 4300/98, ZMR 1999, 207 = WE 1999, 68 = NZM 1999, 131 = WuM 1999, 184 = KGR Berlin 1999, 122.
4 LG Berlin, Beschl. v. 31. 3. 1998 – 85 T 1/98, n. v.

Wohnungseigentümer informieren und die notwendigen Beschlüsse vorbereiten.

Dazu ist aber zwingend erforderlich, dass er auch die notwendigen Begehungen durchführt, um überhaupt Mängel erkennen zu können. 23

Das BayObLG[1] konstatiert demgemäß auch eine Pflicht des Verwalters, das gemeinschaftliche Eigentum regelmäßig daraufhin zu kontrollieren, ob Maßnahmen zur Instandhaltung oder Instandsetzung erforderlich sind. Diese Pflicht muss er zwar nicht unbedingt in eigener Person erfüllen, gleichwohl bleibt es aber bei einer Begehungspflicht. 24

In diesem Zusammenhang ist es sinnvoll, an den brisanten Fall der Verwalterhaftung zu erinnern, den das OLG Düsseldorf[2] und der BGH zu entscheiden hatten. Hier war der Verwalter persönlich in Anspruch genommen worden, weil von dem Gebäude der WEG bei einem Sturm eine Dachpappe auf ein benachbartes Gewächshaus geweht worden war. Der BGH[3] und später nach Zurückverweisung des Rechtsstreits auch das OLG Düsseldorf[4] haben ausgeführt, dass derjenige, der für die Sicherheit eines Gebäudes zu sorgen hat, alle zumutbaren Maßnahmen treffen muss, um Gefahren rechtzeitig zu erkennen. 25

Gefahrenquellen kann der Verwalter aber nur bei einer Begehung erkennen. Ein fast lustiger Fall im Zusammenhang mit Begehungen ist der „Plakatwand-Fall". An der Außenwand eines Gebäudes einer Eigentümergemeinschaft wurde eine Plakatwand angebracht, für die monatlich ein Mietzins gezahlt wurde. Diesen Mietzins hatte der neue Verwalter nicht eingezogen, weil er die Plakatwand nie gesehen hatte. Im Verfahren der Wohnungseigentümergemeinschaft (Verband) gegen ihn hatte der Verwalter vorgetragen, er sei stets von der anderen Seite des Gebäudes gekommen, wenn er das Objekt besucht habe. Das nützte ihm jedoch nichts, das OLG Köln[5] hat den Verwalter (unter Berücksichtigung eines Mitverschuldens der Gemeinschaft) zur Tragung der Hälfte des Schadens verpflichtet. Bei einer Begehung sollte also das gesamte Gebäude (und von allen Seiten) betrachtet werden. 26

Am 1. Tag der Verwaltung sollte auch eine **Prüfung der Versicherungspolicen** erfolgen. Dabei sollte der Verwalter prüfen, welche Versicherun- 27

---

1 BayObLG, Beschl. v. 2. 6. 1999 – 2 Z BR 40/99, BayObLGR 1999, 57 = ZMR 1999, 654 = NZM 1999, 840 = DWE 1999, 119.
2 OLG Düsseldorf, Urt. v. 11. 6. 1992 – 10 U 178/91, OLGZ 1993, 107 = NJW–RR 1992, 1244 = MDR 1993, 27.
3 BGH, Urt. v. 23. 3. 1993 – VI ZR 176/92, MDR 1994, 45 = ZMR 1993, 322 = WuM 1993, 273 = NJW 1993, 1782 = DWE 1993, 66.
4 Nach Zurückverweisung durch den BGH: OLG Düsseldorf, Urt. v. 6. 1. 1995 – 10 U 178/91, MDR 1996, 470 = DWE 1996, 186.
5 OLG Köln, Beschl. v. 4. 5. 1988 – 16 Wx 34/88, DWE 1988, 106 = WE 1989, 31.

gen die Gemeinschaftsordnung vorschreibt und welche Versicherungspolicen vorhanden sind. Übliche Versicherungen sind:

- Feuer/Leitungswasser/Sturm/Hagel/Elementarschaden
- Grundbesitzer-Haftpflicht
- Öltankversicherung
- Glasversicherung.

28 Es muss weiter vom Verwalter geprüft werden, ob die Policen auf den ersten Blick ordnungsgemäß sind, nämlich ob der richtige Versicherungsnehmer genannt ist. Versicherungsnehmer muss die Wohnungseigentümergemeinschaft (Verband) sein, was sich jetzt auch aus der Teilrechtsfähigkeit der Eigentümergemeinschaft ergibt. Bei der Haftpflichtversicherung besteht an der richtigen Bezeichnung des Versicherungsnehmers ein Eigeninteresse des Verwalters, denn er ist in der Haftpflichtversicherung nur mitversichert, wenn die Eigentümergemeinschaft Versicherungsnehmer ist[1]. Es muss auch der im Versicherungsschein genannte Versicherungsort und die Versicherungssumme geprüft werden. Die Versicherungssumme für die Gebäudeversicherung kann der erfahrene Verwalter meist „über den Daumen" vorläufig prüfen, bei Unklarheiten sind aber Kontakte mit dem Versicherer dringend zu empfehlen. In Gebäude-Versicherungsverträgen wird stets der „Wert 1914" zur Ermittlung der Versicherungssumme verwendet. Dabei handelt es sich um den (fiktiven) Bauerstellungswert zum Zeitpunkt des Jahres 1914.

29 Der Verwalter ist m. E. berechtigt, bei fehlender Haftpflicht- und/oder Gebäudeversicherung unverzüglich eine vorläufige Deckung für solche Versicherungen einzuholen, was sich schon aus § 27 Abs. 3 Nr. 2 WEG ergibt.

30 Der Verwalter muss im Übrigen alle sofort notwendigen Maßnahmen zur Beseitigung von **festgestellten Gefahrenquellen** ergreifen. Soweit es sich um „dringende Fälle" im Sinne des § 27 Abs. 1 Nr. 3 WEG handelt, muss der Verwalter unverzüglich handeln und Maßnahmen einleiten, für die er nach § 27 Abs. 3 Nr. 4 WEG auch eine gesetzliche Vertretungsmacht für die Gemeinschaft der Wohnungseigentümer hat. Bei nicht dringenden Fällen ist die Entscheidung der nächsten Eigentümerversammlung herbeizuführen. Der Verwalter ist jedenfalls nicht befugt, umfassende Sanierungsmaßnahmen ohne Beschluss einer Eigentümerversammlung in Auftrag zu geben[2]. Der Verwalter muss also stets die Grenzen seiner Handlungsbefugnisse und Handlungspflichten beachten.

---

1 Vgl. *Köhler* bei Deckert, ETW, Gruppe 9 II, Rz. 128.
2 Vgl. OLG Hamm, Beschl. v. 17. 12. 1996 – 15 W 212/96, OLGReport Hamm 1997, 143 = DWE 1997, 84 = NJW–RR 1997, 908 = WE 1997, 354.

IV. Prüfung der vom Vorverwalter übergebenen Unterlagen auf Vollständigkeit

Ein wichtiger Gesichtspunkt nach der Verwaltungsübernahme ist die Prüfung, ob der Vorverwalter alle von ihm herauszugebenden Unterlagen auch tatsächlich vollständig übergeben hat[1]. 31

1. Welche Unterlagen sind vom Vorverwalter herauszugeben?

Der aus dem Amt ausgeschiedene Verwalter[2] muss sämtliche Verwaltungsunterlagen[3] herausgeben, weil diese im Eigentum der Gemeinschaft der Wohnungseigentümer stehen (vgl. § 10 Abs. 7 WEG). Die Unterlagen hält der Verwalter lediglich als **Organ** für die Gemeinschaft, solange er Verwalter ist. Auf die Eigentumsverhältnisse an den Unterlagen kommt es jedoch nicht an[4]. Anspruchsgrundlage für die Herausgabe sind bei einer wirksamen Verwalterbestellung die §§ 675, 667 BGB. Wurde der ehemalige Verwalter nicht wirksam bestellt, ergibt sich die Anspruchsgrundlage aus §§ 677, 681 Satz 2, 667 BGB. Auch auf die **Rechtskraft** des Abberufungsbeschlusses kommt es nach dem OLG Celle nicht an[5], ebensowenig auf eine **Entlastung** des Verwalters[6]. 32

Für die Herausgabeverpflichtung spielt es keine Rolle, wie und wodurch der ausgeschiedene Verwalter die Unterlagen erlangt hat. Er muss sowohl diejenigen Unterlagen herausgeben, die er aufgrund seiner Verwaltertätigkeit erlangt hat[7], als auch die, die aus der Geschäftsbesorgung entstanden sind[8], die er von seinem Vorgänger erhalten hat[9] und die, die während seiner Verwalterzeit angefallen sind und sich auf die Verwaltung des gemeinschaftlichen Eigentums beziehen[10]. 33

Hat der ehemalige Verwalter die Verwaltungsunterlagen an einen Dritten weitergegeben, so muss *er* sich die Unterlagen wieder besorgen und 34

---

1 Vgl. hierzu auch *Bielefeld*, DWE 2002, 50 ff.
2 Vgl. zu der Voraussetzung, dass der Verwalter aus dem Amt ausgeschieden sein muss: Hans. OLG Hamburg, Beschl. v. 18. 11. 1986 – 2 W 61/86, OLGZ 1987, 188.
3 BayObLG, Beschl. v. 11. 9. 2003 – 2 Z BR 146/03, BayObLGR 2004, 48.
4 OLG Frankfurt/Main, Beschl. v. 2. 9. 1998 – 20 W 49/97, WuM 1999, 61; BayObLG, Beschl. v. 5. 8. 1992 – 2 Z BR 55/92, WuM 1992, 644 = WE 1993, 288.
5 OLG Celle, Beschl. v. 14. 6. 2005 – 4 W 114/05, OLGReport Celle 2006, 161 = NZM 2005, 748.
6 BayObLG, Beschl. v. 11. 9. 2003 – 2 Z BR 146/03, BayObLGR 2004, 48.
7 BayObLG, Beschl. v. 11. 7. 1996 – 2 Z BR 45/96, WuM 1996, 661 = BayObLGR 1996, 74 = NJWE–MietR 1997, 14 = WE 1997, 117.
8 BayObLG, Beschl. v. 11. 7. 1996 – 2 Z BR 45/96, WuM 1996, 661 = BayObLGR 1996, 74 = NJWE–MietR 1997, 14 = WE 1997, 117.
9 BayObLG, Beschl. v. 5. 8. 1992 – 2 Z BR 55/92, WuM 1992, 644 = WE 1993, 288.
10 BayObLG, Beschl. v. 5. 8. 1992 – 2 Z BR 55/92, WuM 1992, 644 = WE 1993, 288.

sie sodann an die Gemeinschaft herausgeben[1]. Die Gemeinschaft muss sich nicht etwa auf eine Abtretung des Herausgabeanspruches einlassen oder verweisen lassen[2].

35 Die Herausgabeverpflichtung bezieht sich auf die Originalunterlagen[3], so dass also der ehemalige Verwalter nicht etwa nur Kopien herauszugeben braucht und die Originale behalten darf.

36 **Übersicht: Wichtige Verwaltungsunterlagen**

- Teilungserklärung/Gemeinschaftsordnung/Hausordnung
- Miteigentümerliste
- Versicherungspolicen
- Versicherungsschadensakten
- Technische Beschreibungen/Betriebsanleitung/Gewährleistungsunterlagen
- Wartungsbücher (Aufzug, Notstromaggregat usw.)
- Protokolle der Eigentümerversammlungen und die Beschluss-Sammlung
- Anwesenheitslisten/Stimmzettel[4] für die Wohnungseigentümerversammlungen
- Schlüssel für das Objekt/Schlüsselpläne[5]
- Korrespondenz mit Miteigentümern
- sämtliche alte und laufenden Verträge (mit Lieferanten, Serviceunternehmen, Versorgungsträgern)
- Korrespondenz mit Lieferanten/Dritten usw.
- Unterlagen über abgeschlossene und laufende gerichtliche Verfahren
- Arbeitsverträge mit Arbeitnehmern der WEG

---

1 Zum Verschaffungsanspruch vgl. aber auch OLG Frankfurt/Main, Beschl. v. 24. 4. 2006 – 20 W 517/05, ZWE 2006, 409 (LS).
2 OLG Frankfurt/Main, Beschl. v. 2. 9. 1998 – 20 W 49/97, WuM 1999, 61.
3 OLG Frankfurt/Main, Beschl. v. 2. 9. 1998 – 20 W 49/97, WuM 1999, 61; BayObLG, Beschl. v. 5. 8. 1992 – 2 Z BR 55/92, WuM 1992, 644 = WE 1993, 288.
4 Stimmzettel, die sich **nicht** auf namentliche Abstimmungen beziehen, müssen vom Verwalter nicht aufbewahrt werden, weil aus anonymen Stimmzetteln keinerlei Rückschlüsse nach Durchführung der kontrollierten Auszählungen gezogen werden können.
5 Der Bauträger = Erstverwalter muss auch den Generalschlüssel für das Objekt der Eigentümergemeinschaft herausgeben, selbst wenn der Schlüssel auf weitere Objekte passt, so das BayObLG, Beschl. v. 28. 6. 1985 – 2 Z 13/85, ZMR 1985, 306 = DWE 1985, 125 (LS).

- Sozialversicherungs- und Lohnsteuerunterlagen
- Buchhaltungsunterlagen (alte Jahre und laufendes Wirtschaftsjahr)
- Rechnungen
- Kontoblätter (Kreditoren/Debitoren)
- Mahnungen von Lieferanten/an Wohnungseigentümer
- Kontoauszüge
- Instandhaltungsrücklage-Belege
- frühere Jahresabrechnungen
- Wirtschaftspläne (alte Jahre und laufendes Wirtschaftsjahr)
- Rechnungslegungsunterlagen.

Diese Aufzählung stellt nur einen Anhaltspunkt für die Vielzahl von möglichen herauszugebenden Unterlagen dar, sodass der neu bestellte Verwalter sehr sorgfältig zusammen mit dem Verwaltungsbeirat überlegen muss, welche Unterlagen vorhanden gewesen sein könnten.

Bei der Übergabe der Verwaltungsunterlagen vom alten an den neuen Verwalter sollte ein Protokoll über die übernommenen Unterlagen geführt werden und es sollte der Verwaltungsbeirat der Gemeinschaft anwesend sein.

2. Müssen die herausverlangten Unterlagen näher beschrieben werden?

Gibt der ehemalige Verwalter die Verwaltungsunterlagen nicht heraus oder besteht die konkrete Vermutung, dass er die Unterlagen nur teilweise herausgegeben hat, so müsste der ehemalige Verwalter auf Herausgabe in Anspruch genommen werden. Anspruchsinhaberin ist die Gemeinschaft der Wohnungseigentümer, also der Verband. Bei der Geltendmachung der Ansprüche besteht die Schwierigkeit, dass die herauszugebenden Unterlagen nicht genau bezeichnet werden können. Die Rechtsprechung geht jedoch zu Recht davon aus, dass die herauszugebenden Unterlagen nicht genau bezeichnet werden müssen[1], weil die Herausgabe nach § 888 ZPO zu vollstrecken wäre und der ehemalige Verwalter nach § 260 Abs. 1 BGB ein Verzeichnis des Unterlagenbestandes anzufertigen hat. Bei Zweifeln über die Vollständigkeit der herausgegebenen Unterlagen könnte nach §§ 260 Abs. 2 BGB, 889 ZPO eine ei-

---

1 Hans. OLG Hamburg, Beschl. v. 20. 8. 2007 – 2 Wx 117/06, ZMR 2008, 148; OLG Frankfurt/Main, Beschl. v. 2. 9. 1998 – 20 W 49/97, WuM 1999, 61; BayObLG, Beschl. v. 9. 6. 1988 – 2 Z 1/88, WuM 1988, 323 = WE 1989, 63.

desstattliche Versicherung über die Richtigkeit und Vollständigkeit der Liste verlangt werden. Der ausgeschiedene Verwalter hat **kein Zurückbehaltungsrecht** an den Verwaltungsunterlagen wegen eigener Vergütungsansprüche gegen die Gemeinschaft[1].

3. Kann der neue Verwalter die Verwaltungsunterlagen herausverlangen?

40 Wie schon oben erwähnt (Rz. 39) ist Anspruchsinhaberin eines Herausgabeverlangens die Gemeinschaft der Wohnungseigentümer (Verband). Die Verwaltungsunterlagen stehen im Eigentum der Gemeinschaft. Der neue Verwalter hat jedoch ein Recht auf Besitzerlangung an den Verwaltungsunterlagen. Er muss mit diesen Unterlagen arbeiten und sie als **Organ** für die Gemeinschaft verwahren und verwalten[2]. Dies berechtigt nach meiner Auffassung den neuen Verwalter, den Herausgabeanspruch im eigenen Namen gegenüber dem ausgeschiedenen Verwalter geltend zu machen. Dies käme insbesondere dann in Betracht, wenn ein Teil der Verwaltungsunterlagen dringend gebraucht wird. In dringenden Fällen, so hatte das BayObLG[3] zum alten Recht entschieden, könnte der Anspruch auf Herausgabe (zumindest bezogen auf einen Teil der Unterlagen) auch im Wege der **einstweiligen Anordnung** verfolgt werden. Nach dem neuen WEG kann aufgrund der Geltung der ZPO eine **einstweilige Verfügung** beantragt werden. Das BayObLG hatte in der erwähnten Entscheidung allerdings nicht darüber zu befinden, ob **der Verwalter** den Anspruch selbstständig geltend machen darf. In einer neueren Entscheidung geht das BayObLG davon aus, dass die Wohnungseigentümer den Verwalter auch stillschweigend dazu bevollmächtigen können, die Unterlagen vom Vorverwalter herauszuverlangen[4].

41 Für den neuen Verwalter dürfte es, schon zur Vermeidung eines Kostenrisikos, sinnvoller sein, sich über einen Beschluss oder über den Verwaltervertrag bevollmächtigen oder ermächtigen zu lassen, das Herausgabeverlangen im Namen der Gemeinschaft der Wohnungseigentümer oder im eigenen Namen zu stellen, wenn nicht schon in der Gemeinschaftsordnung eine entsprechende Vollmacht enthalten ist.

---

1 OLG Hamm, Beschl. v. 22. 2. 2007 – 15 W 181/06, OLGReport Hamm 2007, 502 = ZMR 2007, 982.
2 Insoweit trifft den Verwalter eine Treuepflicht.
3 BayObLG, Beschl. v. 9. 2. 1965 – 2 Z 276/64, NJW 1965, 821.
4 BayObLG, Beschl. v. 28. 1. 2003 – 2 Z BR 126/02, NJW-RR 2003, 517.

4. „Problem"-Unterlagen

a) Bauunterlagen

Bauunterlagen muss der ehemalige Verwalter, wenn er diese von der Eigentümergemeinschaft oder von dem Vorverwalter erhalten hat, genauso herausgeben wie alle anderen Unterlagen.

Umstritten ist ganz allgemein im privaten Baurecht, ob der Bauträger die Bauunterlagen (wie Baupläne, Entwässerungspläne, Elektroinstallationspläne, Heizungspläne, statische Berechnungen, Bauantrag, Baugenehmigung usw.) an den Erwerber des Baus herausgeben muss. Dieser Streit schlägt, wie nicht anders zu erwarten, auch auf das Verhältnis zwischen dem Bauträger und der Eigentümergemeinschaft und/oder dem einzelnen Wohnungseigentümer durch.

Ist in den Erwerberverträgen eine Herausgabeverpflichtung des Bauträgers fixiert, wird dies der neue Verwalter im Falle eines Streits über die Herausgabeverpflichtung prüfen müssen oder zumindest eine solche Prüfung anregen; es besteht jedenfalls dann ein Herausgabeanspruch. Falls nicht alle Eigentümer eine solche Klausel im Vertrag haben, könnte dann nur problematisch sein, ob „Klausel"-Eigentümer verpflichtet sind, das Herausgabeverlangen zu stellen. Im Rahmen der gemeinschaftlichen Treuepflicht wird dies zu bejahen sein, wenn die Eigentümergemeinschaft sich zur Kosten- und Risikotragung gegenüber dem oder den Eigentümer(n) bereit erklärt hat.

Problematisch wird es, wenn keine vertragliche Grundlage besteht. Die Landgerichte Essen[1] und Detmold[2] geben dem Erwerber auch bei einer fehlenden vertraglichen Abrede einen Anspruch auf Herausgabe der Unterlagen und ziehen hierzu die Vorschrift des § 444 (a.F.) BGB analog heran. Demgegenüber verneint das OLG Karlsruhe[3] einen Herausgabeanspruch und meint, § 444 BGB (a.F.) könne nicht analog angewendet werden und der Erwerber habe auch kein schutzwürdiges Interesse, solche Unterlagen gerade vom Bauträger zu erhalten[4]. Das OLG Köln[5] wiederum gewährt zwar einen Herausgabeanspruch, meint aber, dieser An-

---

1 LG Essen, Urt. v. 25. 11. 1964 – 1 S 295/64, NJW 1965, 920.
2 LG Detmold, Urt. v. 14. 1. 1969 – 3 O 65/67, NJW 1969, 2144.
3 OLG Karlsruhe, Urt. v. 5. 7. 1974 – 10 U 222/73, NJW 1975, 694, mit Anm. *Koeble*.
4 Das AG Traunstein, Urt. v. 20. 4. 1988 – 310 C 224/88, NJW–RR 1989, 598, meint, der Erwerber könne die Bauunterlagen nicht von der Baubehörde erlangen, weil die Baupläne dem Urheberrecht unterlägen und somit die Behörde diese nicht zum Kopieren herausgebe. Aufgrund dessen billigt das AG einen Herausgabeanspruch gegenüber dem Bauträger zu.
5 OLG Köln, Beschl. v. 22. 11. 1979 – 16 Wx 111/79, WEM 1980, Heft 2, S. 82 = BauR 1980, 283 = ZMR 1981, 89 (LS) = DWE 1981, 48 (Entscheidungsbesprechung).

spruch erstrecke sich nicht auf die Originalunterlagen, sondern nur auf die Herausgabe von Kopien gegen Kostenerstattung. § 444 BGB (a. F.) sei analog anwendbar und es stelle ein Gebot von Treu und Glauben dar, die Unterlagen herauszugeben, weil diese für die ordnungsgemäße Erhaltung des Eigentums unentbehrlich seien.

46 Für eine Wohnungseigentümergemeinschaft sind die **Bauunterlagen** von außerordentlich hoher Bedeutung. Immer wieder wird der Verwalter oder die Gemeinschaft auf diese Unterlagen zurückgreifen müssen, um Gewährleistungsansprüche durchsetzen zu können oder Instandsetzungsaufträge zu erteilen. In dieser Weise hat auch das BayObLG[1] entschieden und der Eigentümergemeinschaft einen Anspruch zugesprochen auf **Herausgabe der Werkzeichnungen** und übrigen Ausführungsunterlagen sowie eines Handwerkerverzeichnisses.

47 Einen weiteren Aspekt bringt das OLG Hamm[2]; es billigt den Wohnungseigentümern jedenfalls dann einen Anspruch (aus § 402 BGB) auf Herausgabe der Bauunterlagen zu, wenn die Gewährleistungsansprüche des Bauträgers gegenüber den Bauhandwerkern an die einzelnen Wohnungseigentümer abgetreten sind. Das OLG Frankfurt billigt der Eigentümergemeinschaft generell einen Herausgabeanspruch gegen den Bauträger-Verwalter auf Herausgabe der Unterlagen zu, die dieser in seiner Eigenschaft als Bauträger und früherer Eigentümer erhalten hat[3].

48 Sowohl das OLG Köln[4] als auch das BayObLG[5] geben der Wohnungseigentümergemeinschaft einen Herausgabeanspruch gegen den Verwalter, wenn dieser mit dem Bauträger identisch ist und insofern die Bauunterlagen nicht von einem früheren Verwalter oder von der Gemeinschaft erhalten hat. Grundsätzlich muss von der Gemeinschaft der Nachweis erbracht werden, dass der in Anspruch genommene **Verwalter** mit dem **Bauträger identisch** ist (oder war). Ist der ehemalige Verwalter lediglich Mitglied einer BGB-Gesellschaft gewesen, die als Bauträgerin fungierte, kann der Anspruch nicht gegen ihn gerichtet werden, wenn von der Gemeinschaft nicht nachgewiesen wurde, dass er die Unterlagen auch tatsächlich in Besitz hatte[6].

---

1 BayObLG, Beschl. v. 23. 3. 2001 – 2 Z BR 6/01, ZWE 2001, 431 = ZMR 2001, 819 = NJW-RR 2001, 1667 = WuM 2001, 463 = NZM 2001, 469.
2 OLG Hamm, Beschl. v. 29. 10. 1987 – 15 W 361/85, OLGZ 1988, 29 = NJW–RR 1988, 268 = DWE 1988, 36.
3 OLG Frankfurt, Beschl. v. 24. 4. 2006 – 20 W 517/05, ZWE 2006, 409 (nur LS).
4 OLG Köln, Beschl. v. 22. 11. 1979 – 16 Wx 111/79, WEM 1980, Heft 2, S. 82 = BauR 1980, 283 = ZMR 1981, 89 (LS) = DWE 1981, 48 (Entscheidungsbesprechung).
5 BayObLG, Beschl. v. 23. 3. 2001 – 2 Z BR 6/01, ZWE 2001, 431 = ZMR 2001, 819 = NJW-RR 2001, 1667 = WuM 2001, 463 = NZM 2001, 469.
6 Vgl. hierzu die Entscheidung des OLG Frankfurt/Main, Beschl. v. 24. 4. 2006 – 20 W 517/05, ZWE 2006, 409 (LS).

Die analoge Anwendung des § 444 BGB (a.F.) halte ich im Verhältnis zwischen Bauträger und Erwerber (oder hier der Gemeinschaft) für richtig und meine darüber hinaus, dass der Bauträger alle notwendigen Bauunterlagen im Original herausgeben muss. Im BGB in der Fassung ab 1.1.2002 gibt es keine § 444 BGB a.F. entsprechende Vorschrift; man wird nunmehr eine Nebenpflicht aus dem Kaufvertrag annehmen müssen. Der Inhalt der Pflicht bleibt allerdings gleich.

b) Kontounterlagen

Häufig wurde von dem Verwalter einer Eigentümergemeinschaft das Konto, über welches die Zahlungen für die Gemeinschaft erfolgen, auf den Namen des Verwalters geführt. Damit „gehört" das Konto zwar formal dem Verwalter, für die Herausgabepflicht der Kontounterlagen kann dies nach meiner Auffassung jedoch keine Rolle spielen. Nach § 10 Abs. 7 WEG gehören das Verwaltungsvermögen und damit auch die eingenommenen Gelder der Gemeinschaft der Wohnungseigentümer. Damit ist – unabhängig davon, auf welchen Namen das Konto geführt wurde – klar, dass auch die Kontounterlagen der Gemeinschaft gehören.

Wie schon oben ausgeführt, muss der Verwalter alle Unterlagen herausgeben, die im Zusammenhang mit der Verwaltung der Eigentümergemeinschaft entstanden sind, wobei es gerade nicht auf die Eigentumsverhältnisse an den Unterlagen ankommt. Nach meiner Auffassung billigt deshalb das BayObLG[1] der Wohnungseigentümergemeinschaft zu Recht einen Anspruch auf Herausgabe der Kontoauszüge und der sonstigen Kontobelege zu.

Selbst wenn dem ehemaligen Verwalter Veruntreuungen oder sonstige Unregelmäßigkeiten vorgeworfen werden und er die Konto-Unterlagen für seine Rechtsverteidigung benötigte, hat er **kein Zurückbehaltungsrecht**[2]. Für seine Rechtsverteidigung reicht es aus, wenn er sich Kopien macht oder (worauf der ehemalige Verwalter Anspruch hat[3]) Einblick in die Unterlagen nimmt. Er kann auch dann kein Zurückbehaltungsrecht geltend machen, wenn er gegen die Eigentümergemeinschaft noch Zahlungsansprüche hat[4]. Ein ausgeschiedener Verwalter kann sich nicht darauf berufen, er sei nicht in der Lage, eine Rechnungslegung vorzuneh-

---

1 BayObLG, Beschl. v. 13. 9. 1993 – 2 Z BR 66/93, WuM 1994, 44 = WE 1994, 280.
2 OLG Frankfurt/Main, Beschl. v. 19. 5. 1994 – 20 W 488/93, OLGZ 1994, 538 = OLGReport Frankfurt 1994, 146 = ZMR 1994, 376 = DWE 1994, 116; BayObLG, Beschl. v. 5. 8. 1992 – 2 Z BR 55/92, WuM 1992, 644 = WE 1993, 288; BayObLG, Beschl. v. 9. 2. 1965 – 2 Z 276/64, NJW 1965, 821; vgl. auch LG Berlin, Urt. v. 6. 2. 1991 – 26 O 484/90, GE 1991, 683.
3 OLG Hamm, Beschl. v. 3. 3. 1975 – 15 W 183/73, OLGZ 1975, 157 = Rpfleger 1975, 255.
4 OLG Frankfurt/Main, Beschl. v. 19. 5. 1994 – 20 W 488/93, OLGZ 1994, 538 = OLGReport Frankfurt 1994, 146 = ZMR 1994, 376 = DWE 1994, 116.

men, weil er die Unterlagen schon an die Gemeinschaft übergeben habe. Er kann entweder von den Eigentümern verlangen, dass diese ihm Einsicht in die Unterlagen gewähren[1], zeitweise die Unterlagen überlassen oder – wenn die Gemeinschaft die Überlassung aus berechtigten Gründen verweigert – Kopien der Unterlagen zu erhalten, die ihn in die Lage versetzen, der Rechnungslegungspflicht nachzukommen[2]. Kann die Gemeinschaft berechtigte Gründe für die Verweigerung der zeitweisen Überlassung der Originalunterlagen benennen, wird der ehemalige Verwalter die Kosten der Kopien tragen müssen. Ein solcher, zur Verweigerung der Herausgabe berechtigender Grund läge dann vor, wenn der Verwalter wegen unberechtigter Entnahmen oder wegen des konkreten Verdachts auf Unterschlagung von Geldern abberufen wurde.

V. Herausgabe der Kontobestände

53 Der alte Verwalter hat an die Gemeinschaft, zu Händen des neuen Verwalters die Kontobestände von Girokonto und Instandhaltungsrücklagenkonto (Festgeldkonto) sowie die Barkasse herauszugeben.

54 In der Vergangenheit wurde das Girokonto häufig auf den Namen des Verwalters geführt[3]. In diesem Fall ist der Verwalter gegenüber der Bank auch Kontoinhaber und damit verantwortlich für einen eventuell aufgelaufenen Minussaldo auf diesem Konto. Bei einem negativen Kontostand empfiehlt es sich für den neuen Verwalter nicht, das Konto einfach zu übernehmen, selbst wenn dies banktechnisch ohne Probleme ginge. Es ist in jedem Falle sinnvoller, wenn der alte Verwalter die Minusstände auf dem Konto erst einmal ordnungsgemäß aufklärt und sodann zwischen dem alten Verwalter und der Eigentümergemeinschaft ein Ausgleich erfolgt[4].

---

1 Vgl. hierzu auch OLG Frankfurt/Main, Beschl. v. 29. 8. 2003 – 20 W 525/00, n. v.
2 OLG Düsseldorf, Beschl. v. 25. 8. 2003 – 3 Wx 217/02, OLGReport Düsseldorf 2004, 61 = ZMR 2004, 692 = NZM 2004, 110.
3 Ob nach neuen Recht Konten zwingend auf den Namen der Gemeinschaft der Wohnungseigentümer geführt werden müssen, ist nicht Gegenstand dieses Teils. § 10 Abs. 7 WEG zwingt nach meiner Auffassung nicht, **ausschließlich** Konten auf den Namen der Gemeinschaft der Wohnungseigentümer zu führen. Gleichwohl dürfte die Kontoführung auf den Namen der Gemeinschaft der Eigentümer einfacher werden, weil der Verwalter die Bank bei Kontoeröffnungen auf die gesetzliche Regelung des § 10 Abs. 7 WEG hinweisen kann.
4 Allein durch die Übergabe von Bankunterlagen für ein überzogenes Konto gerät die Eigentümergemeinschaft nicht in Verzug; der ehemalige Verwalter muss die Eigentümergemeinschaft zur Erstattung des Fehlbestandes auffordern, vgl. KG, Beschl. v. 16. 9. 1998 – 24 W 2514/98, KGR 1999, 38 = ZWE 2000, 277 = ZMR 1999, 62 = NZM 1999, 379 = DWE 1999, 172.

Wenn die Eigentümergemeinschaft (Verband) gegenüber dem ehemaligen Verwalter Zahlungsansprüche geltend macht, ist sie verpflichtet, diese Ansprüche schlüssig darzulegen. Sofern erforderlich, muss die Eigentümergemeinschaft im Einzelnen darlegen und beweisen, welche Beträge der ehemalige Verwalter von den Wohnungseigentümern erhalten oder durch die Verwaltung erlangt hat[1]. 55

Es empfiehlt sich deshalb für die Eigentümergemeinschaft, vom ehemaligen Verwalter **erst einmal Rechnungslegung** zu verlangen und dann erst (und gestützt auf die Rechnungslegungsangaben) Forderungen geltend zu machen. Allerdings ist ein Auszahlungsanspruch keineswegs abhängig von einer vorherigen Rechnungslegung, sondern kann auch ohne diese geltend gemacht werden, so der BGH[2]. Nach dem BGH muss der Verwalter in einem gegen ihn gerichteten Zahlungsverfahren darlegen und beweisen, dass die von ihm verauslagten Beträge in Erledigung des Auftrags (also bei der Wohnungseigentumsverwaltung) verbraucht wurden. 56

Wurde das Konto für die Eigentümergemeinschaft von dem ehemaligen Verwalter auf eigenen Namen geführt (verdecktes Treuhandkonto), ist der ehemalige Verwalter verpflichtet, den Gegenwert des Guthabens an die Gemeinschaft auszuzahlen. Zu einer Abtretung der gegenüber der Bank bestehenden Guthabensforderung ist der Verwalter nicht verpflichtet[3]. Bei Unklarheiten, ob abgehobene Beträge für die Verwaltung des gemeinschaftlichen Eigentums erforderlich waren, hat der ehemaliger Verwalter die Darlegungs- und Beweislast[4]. 57

VI. Prüfung der vom Vorverwalter übergebenen Unterlagen auf brisante Themen

Der Verwalter muss die vom Verwalter übergebenen Unterlagen auf brisante Themen prüfen. Dabei geht die Prüfungspflicht des neuen Verwalters nach der Rechtsprechung recht weit. Nach dem BayObLG[5] hat der neue Verwalter auf Verlangen der Wohnungseigentümergemeinschaft 58

---

1 BayObLG, Beschl. v. 16. 9. 1993 – 2 Z BR 55/93, WuM 1994, 43 = BayObLGR 1994, 2 = WE 1994, 283.
2 BGH, Urt. v. 6. 3. 1997 – III ZR 248/95, MDR 1997, 537 = WuM 1997, 294 = ZMR 1997, 308 = NJW 1997, 2106 = DWE 1997, 72 = WE 1997, 306.
3 BayObLG, Beschl. v. 26. 8. 1999 – 2 Z BR 53/99, NZM 1999, 1148 = ZMR 1999, 844 = NJW-RR 2000, 155.
4 Vgl. BGH, Urt. v. 6. 3. 1997 – III ZR 248/95, MDR 1997, 537 = WuM 1997, 294 = ZMR 1997, 308 = NJW 1997, 2106; BGH, Urt. v. 4. 2. 1991 – II ZR 246/89, NJW 1991, 1884 = MDR 1991, 1095; BGH, Urt. v. 13. 12. 1990 – III ZR 336/89, NJW-RR 1991, 575 = WM 1991, 514; BayObLG, Beschl. v. 26. 8. 1999 – 2 Z BR 53/99, NZM 1999, 1148 = ZMR 1999, 844 = NJW-RR 2000, 155.
5 BayObLG, Beschl. v. 11. 7. 1996 – 2 Z BR 45/96, WuM 1996, 661 = BayObLGR 1996, 74 = NJWE-MietR 1997, 14 = WE 1997, 117.

auch zu prüfen, ob Anhaltspunkte für **Unregelmäßigkeiten** des alten Verwalters vorliegen und Schadensersatzansprüche gegen diesen in Betracht kommen.

59 Dies ist eine weit reichende Verpflichtung des neuen Verwalters, die man, wenn man eine solche Pflicht nicht schon grundsätzlich verneint, wohl nur durch vertragliche Regelungen im Verwaltervertrag steuern oder ausschließen kann.

60 Nach dem OLG Köln[1] ist der Verwalter aber nicht verpflichtet, eine Auflistung der Gesamtrücklagen der vergangenen Jahre zu erstellen, wenn über die Arbeitsweise seines Amtsvorgängers bezüglich dieser Zeit in der Eigentümergemeinschaft Streit herrscht.

61 Der neue Verwalter muss auch überprüfen, ob der alte Verwalter ordnungsgemäß Rechnung gelegt hat über Einnahmen und Ausgaben der bisher noch nicht abgerechneten und beschlossenen Wirtschaftsjahre. Zu dem Inhalt einer Rechnungslegung vgl. Teil 7, Rz. 6 ff.

62 Der Verwalter muss weitere Prüfungen vornehmen, um möglichst bald handeln zu können:

– Stehen aus beschlossenen Jahresabrechnungen noch Beträge zur Auszahlung oder zur Anforderung offen?

– Existiert für die laufende Wirtschaftsperiode ein **Wirtschaftsplanbeschluss**/Können **Hausgeldforderungen** auf einer anderen Rechtsgrundlage geltend gemacht werden (z.B. aufgrund einer Bestimmung in der Gemeinschaftsordnung, dass Wirtschaftspläne bis zum Beschluss über einen neuen Wirtschaftsplan weitergelten)?

– Müssen gegenüber säumigen Wohnungseigentümern Ansprüche erhoben werden?

– Hat eine Eigentümerversammlung einen **Sonderumlagenbeschluss** gefasst, aus dem noch Forderungen offen stehen?

– Sind in früheren Versammlungen der Gemeinschaft Beschlüsse gefasst worden, die bisher noch nicht durchgeführt wurden?

– Welche Beschlüsse aus früheren Eigentümerversammlungen könnten für spätere Eigentümergenerationen Gültigkeit haben? Beschlüsse, die für spätere Eigentümergenerationen gelten sollen, sind nach objektiven Maßstäben wie Grundbucheintragungen (objektiv und normativ) auszulegen. Solche Beschlüsse müssen deshalb insbesondere aus sich selbst heraus verständlich und nachvollziehbar sein. Umstände außerhalb des protokollierten Beschlusses dürfen nur herangezogen werden,

---

1 OLG Köln, Beschl. v. 16. 12. 1999 – 16 Wx 180/99, ZWE 2000, 489 = OLGReport Köln 2000, 246.

wenn sie nach den besonderen Verhältnissen des Einzelfalles für jedermann ohne weiteres erkennbar sind, z. B. weil sie sich aus dem – übrigen – Versammlungsprotokoll ergeben[1].

- Laufen **Rechtsstreitigkeiten** oder außergerichtliche Auseinandersetzungen?

  1. Gibt es Aktivverfahren/Auseinandersetzungen gegen/mit Wohnungseigentümer(n)?
     - wegen ausstehender Hausgelder
     - wegen Unterlassung (Lärmbelästigung usw.)
     - wegen baulicher Veränderungen
     - wegen Entziehung des Eigentums

  2. Gibt es Passivverfahren/-Auseinandersetzungen?
     - Von Wohnungseigentümer(n) gegen die übrigen Wohnungseigentümer der Gemeinschaft oder die Gemeinschaft der Wohnungseigentümer(Beschlussanfechtung/Leistungsklagen/Beweisverfahren)
     - Von Lieferanten/Handwerkern gegen die Gemeinschaft der Wohnungseigentümer (Vergütungsklagen/Beweisverfahren)

  3. Gibt es Aktivverfahren gegen Dritte/Auseinandersetzungen mit Dritten?
     - Gemeinschaft der Wohnungseigentümer gegen Handwerker/Bauträger o. Ä.
     - Einzelne Wohnungseigentümer oder die Gemeinschaft der Wohnungseigentümer gegen Gemeinde (z. B. wegen Grundbesitzabgaben)[2]

  4. Muss/soll/kann der neue Verwalter in die Verfahren/Auseinandersetzungen eintreten oder diese übernehmen? Erlischt die Vollmacht des durch den bisherigen Verwalter beauftragten Rechtsanwalts?

In Beschlussanfechtungsverfahren ist der *neue* Verwalter vom Gericht zu beteiligen, weil er die Beschlüsse der Eigentümerversammlungen durch-

---

1 BGH, Beschl. v. 10. 9. 1998 – V ZB 11/98, BGHZ 139, 289 = MDR 1999, 28 = NJW 1998, 3713 = ZMR 1999, 41 = NZM 1998, 955 = DWE 1998, 177 = WuM 1998, 738 = WE 1999, 93.

2 Hier werden die Parteirollen dadurch bestimmt, wer auf Zahlung der Abgaben in Anspruch genommen worden ist; vgl. zum Problem die verwaltungsgerichtliche Rechtsprechung der letzten Zeit: VG Göttingen, Beschl. v. 27. 6. 2007 – 3 B 84/07, NJW 2008, 252; VG Stuttgart, Urt. v. 20. 6. 2007 – 2 K 3733/07, IR 2007, 313 = ZAP EN-Nr 8/2008; BVerwG, Beschl. v. 11. 11. 2005 – 10 B 65/05, NZM 2006, 146 = NJW 2006, 791 = ZMR 2006, 242 = DVBl 2006, 378; VGH Baden-Württemberg, Urt. v. 4. 10. 2005 – 2 S 995/05, ZMR 2006, 818.

führen muss und deshalb von dem Beschlussanfechtungsverfahren materiell-rechtlich betroffen ist; auch der *ausgeschiedene* Verwalter, der zum Zeitpunkt der angegriffenen Beschlussfassung amtierte, muss beteiligt werden, wenn der Anfechtungsgrund vom Verwalter zu vertreten ist[1].

64 In Hausgeldzahlungsverfahren oder sonstige Verfahren, die der bisherige Verwalter in gewillkürter Verfahrensstandschaft (jetzt gewillkürte Prozessstandschaft) geführt hat, kann der *neue* Verwalter anstelle des alten Verwalters eintreten, sofern ihm die erforderliche **Ermächtigung** der Eigentümergemeinschaft erteilt worden ist[2]. Auch wenn seit der Entscheidung des BGH zur Rechtsfähigkeit[3] klar ist, das die Gemeinschaft der Wohnungseigentümer (Verband) Gläubigerin des Hausgeldanspruches ist, kann der Verwalter weiterhin in gewillkürter Prozessstandschaft tätig werden.

65 Der *alte* Verwalter kann Hausgeldzahlungsverfahren oder andere Verfahren, welche er in gewillkürter Verfahrensstandschaft (Prozessstandschaft) eingeleitet hat, auch nach Beendigung seines Verwalteramtes fortführen, sofern die Eigentümergemeinschaft die Ermächtigung nicht ausdrücklich widerruft[4] oder der neue Verwalter das Verfahren nicht übernimmt[5] (bzw. nicht übernehmen will). Selbst wenn zwischen dem alten Verwalter und der Eigentümergemeinschaft Streit herrscht oder der alte Verwalter sogar fristlos abberufen worden ist, kann der alte Verwalter das Verfahren weiter fortführen[6]. Die Eigentümergemeinschaft muss ausdrücklich, und zwar per Mehrheitsbeschluss in einer Eigentümerversammlung, die Ermächtigung des alten Verwalters widerrufen[7].

66 Der neue Verwalter muss also ein Verfahren nicht übernehmen. Dem neuen Verwalter ist eine **genaue Prüfung** des zu übernehmenden Verfahrens dringend zu empfehlen, damit nicht ihm die schon früher im Verfahren begangenen Fehler des ehemaligen Verwalters angelastet werden.

---

1 BGH, Beschl. v. 9. 10. 1997 – V ZB 3/97, MDR 1998, 29 = DWE 1997, 159 = ZMR 1998, 171 = WE 1998, 105 = NZM 1998, 78.
2 BayObLG, Beschl. v. 21. 10. 1999 – 2 Z BR 93/99, ZWE 2000, 470 = ZMR 2000, 111 = NZM 2000, 298 = DWE 2000, 78.
3 BGH, Urt. v. 18. 2. 2002 – II ZR 331/00, NZM 2002, 271 = NJW 2002, 1207; BGH, Urt. v. 29. 1. 2001 – II ZR 331/00, BGHZ 146, 341 = MDR 2001, 459 = ZMR 2001, 338 = NZM 2001, 299 = NJW 2001, 1056.
4 OLG Düsseldorf, Beschl. v. 4. 2. 2000 – 3 Wx 448/99, ZWE 2000, 191 = OLGReport Düsseldorf 2000, 342 = ZMR 2000, 397 = NZM 2000, 503 = WuM 2000, 322 = NJW-RR 2000, 1180, m.w.N.
5 KG, Beschl. v. 10. 5. 1991 – 24 W 6578/90, OLGZ 1992, 57 = WuM 1991, 415 = NJW-RR 1991, 1363 = DWE 1992, 154; KG, Beschl. v. 10. 5. 1991 – 24 W 6395/90, WuM 1991, 628 = DWE 1991, 116.
6 BayObLG, Beschl. v. 10. 1. 1997 – 2 Z BR 126/96, ZMR 1997, 199 = WuM 1997, 297 = WE 1997, 318 = NJWE-MietR 1997, 116.
7 BayObLG, Beschl. v. 21. 11. 1999 – 2 Z BR 173/98, Grundeigentum 1999, 781 = WuM 1999, 189 (LS) = BayObLGR 1999, 50 (LS).

Übernimmt der neue Verwalter den vom Vorverwalter in gewillkürter 67
Verfahrensstandschaft (Prozessstandschaft) erstrittenen Titel und will er
aus diesem vollstrecken, muss der Titel umgeschrieben werden; die Umschreibung sollte auf die Eigentümergemeinschaft (als Verband) erfolgen[1]. Da der alte in gewillkürter Verfahrensstandschaft handelnde Verwalter im Interesse des Verbandes tätig wurde, kommt es nicht darauf
an, welche Mitglieder der Wohnungseigentümergemeinschaft zum Zeitpunkt des Vollstreckbarwerdens des Titels im Grundbuch eingetragen
waren. Aufgrund der Teilrechtsfähigkeit der Gemeinschaft sind die Verbandsansprüche von dem jeweiligen Mitgliederbestand der Gemeinschaft unabhängig.

Wurde der alte Verwalter durch einen früheren Beschluss einer Eigentü- 68
merversammlung bevollmächtigt, Hausgeldansprüche in gewillkürter
Prozessstandschaft geltend zu machen, so gilt diese **Ermächtigung nicht**
unbedingt auch für den ordnungsgemäß bestellten **Verwalternachfolger**.
Die Rechtsprechung hierzu ist nicht einheitlich und teilweise widersprüchlich. Einerseits meint das KG bei der Ermächtigung eines namentlich genannten früheren Verwalters, dieser Beschluss gelte auch für den
neue Verwalter[2], andererseits vertritt es aber in einer anderen Entscheidung[3] die Auffassung, nur aus der Gemeinschaftsordnung könne eine Ermächtigung zur Prozess- oder Verfahrensführung für den *jeweiligen* Verwalter hergeleitet werden, nicht jedoch aus einem Beschluss oder einem
Verwaltervertrag, den der Vorgänger im Amt mit der Gemeinschaft abgeschlossen habe. Das BayObLG[4] hat in einem Fall, in dem der frühere Verwalter im Versammlungsbeschluss über die Erteilung der Verfahrensbefugnis namentlich genannt wurde, angenommen, dass die Ermächtigung zur Verfahrensführung sich auch auf den Nachfolger im Amt
erstreckt. Ich meine, dass eine Ermächtigung zur Prozess- und Verfahrensführung sich entweder aus der Gemeinschaftsordnung ableiten lässt
oder aus einem Beschluss einer Eigentümerversammlung, der sich allgemein auf alle Verwalter bezieht. Um jedoch einen Streit über diese formale Seite zu verhindern, ist es dringend zu empfehlen, einen neuen Be-

---

1 OLG Düsseldorf, Beschl. v. 29. 1. 1997 – 6 W 469/96, OLGReport Düsseldorf
  1997, 167 = ZMR 1997, 315 = WuM 1997, 298 = DWE 1997, 125 = NJW-RR 1997,
  1035; nach LG Darmstadt, Beschl. v. 22. 6. 1995 – 5 T 625/95, WuM 1995, 679 =
  NJW-RR 1996, 398, kann der Titel nicht auf den neuen Verwalter umgeschrieben
  werden; vgl. im Übrigen auch Zöller/*Stöber*, ZPO, 27. Aufl. 2008, § 727 Rz. 13.
  Die Vollstreckungsprobleme bei Verwalterwechsel sprechen eher dafür, keine gewillkürte Verfahrensstandschaft zu empfehlen.
2 KG, Beschl. v. 6. 2. 1989 – 24 W 3531/88, NJW-RR 1989, 657 = GE 1989, 1007.
3 KG, Beschl. v. 20. 6. 2001 – 24 W 5302/00, ZWE 2001, 496 = KGR Berlin 2001,
  308 = WuM 2001, 627 = ZfIR 2002, 216.
4 BayObLG, Beschl. v. 10. 10. 1996 – 2 Z BR 76/96, ZMR 1997, 42 = WE 1997, 265 =
  FGPrax 1997, 19 = GE 1997 123 = NJWE-MietR 1997, 36.

schluss herbeizuführen (oder im Verwaltervertrag zu regeln), dass (auch) der neue Verwalter zur Verfahrensführung befugt ist.

69 Die Vollmacht, die einem Rechtsanwalt vom Vorverwalter im Namen der Gemeinschaft erteilt wurde, erlischt nicht. Voraussetzung ist selbstverständlich, dass der Vorverwalter selbst im Rahmen seiner Vollmacht handelte und einen Rechtsanwalt für die Eigentümergemeinschaft beauftragen durfte[1].

70 – Sind die von der Eigentümergemeinschaft beschäftigten Personen sozialversicherungsrechtlich und steuerrechtlich richtig behandelt worden?

Aufgrund fehlerhafter Behandlung der Sozialversicherungspflicht können erhebliche Nachzahlungen für die Gemeinschaft der Eigentümer anfallen[2].

VII. Mitteilung der Prüfungsergebnisse an die Wohnungseigentümergemeinschaft und Vorbereitung weiterer Maßnahmen

71 Nach der Übernahme der Verwaltungsunterlagen und der umfassenden Prüfung dieser Unterlagen muss der Verwalter die weiteren Schritte planen. Dazu ist erforderlich, dass er überlegt:

- welche **Vollmachten** hat er als neuer Verwalter, Ansprüche gegenüber Wohnungseigentümern, früherem Verwalter oder Dritten geltend zu machen?
- Beziehen sich die Vollmachten auf Aktiv- und Passivverfahren? Bei Passivverfahren gibt nunmehr § 27 Abs. 2 Nr. 2 und Abs. 3 Nr. 2 WEG dem Verwalter ein Vertretungsrecht. Für Aktivverfahren benötigt der Verwalter weiterhin eine Ermächtigung (§ 27 Abs. 2 Nr. 3 WEG).
- Ist (je nach Vollmacht) die **Zustimmung des Beirates** erforderlich?
- Ist die Durchführung einer Wohnungseigentümerversammlung und die Vorbereitung ordnungsgemäßer Beschlussfassungen zur Erlangung notwendiger Vollmachten erforderlich?

Dazu sind die mögliche Beschlussfassungen vorzubereiten (vgl. auch Teil 11, Rz. 208 ff.), nämlich über:

---

1 BayObLG, Beschl. v. 19. 8. 1999 – 2 Z BR 44/99, NZM 2000, 291 = BayObLGR 2000, 19 (LS).
2 Vgl. hierzu OLG Köln, Beschl. v. 27. 6. 2001 – 16 Wx 177/00, OLGReport Köln 2002, 4 = NZM 2001, 862 = ZMR 2001, 913; *Köhler*, ZMR 2001, 865.

1. Rechnungslegung

Der Verwalter XY (alter Verwalter) wird verpflichtet, für die Zeit vom ... bis ... Rechnung über die Einnahmen und Ausgaben der Eigentümergemeinschaft Z-Straße zu legen und aufgefordert, diese Rechnungslegung bis zum ... gegenüber dem neuen Verwalter A zu erbringen. Nach Ablauf der vorgenannten Frist ist der Verwalter A unter Einschaltung eines Rechtsanwaltes auf Kosten der Eigentümergemeinschaft berechtigt und verpflichtet, im eigenen Namen außergerichtliche und gerichtliche Schritte gegen den Verwalter XY zu ergreifen, um ihn zur Rechnungslegung zu zwingen.

(**Alternativ** kann der Verwalter beauftragt und bevollmächtigt werden, einen Rechtsanwalt zu beauftragen, im Namen des Verbandes Klage gegen den alten Verwalter zu erheben.)

2. Herausgabe von Unterlagen

Der Verwalter XY (alter Verwalter) wird verpflichtet, sämtliche Verwaltungsunterlagen der Eigentümergemeinschaft Z-Straße an den neuen Verwalter A bis zum ... herauszugeben. Nach Ablauf der vorgenannten Frist ist der Verwalter A unter Einschaltung eines Rechtsanwaltes auf Kosten der Eigentümergemeinschaft berechtigt und verpflichtet, im eigenen Namen außergerichtliche und gerichtliche Schritte gegen den Verwalter XY zu ergreifen, um ihn zur Herausgabe der Verwaltungsunterlagen zu zwingen.

(**Alternative** wie vor)

3. Auszahlung von Guthaben

Der Verwalter XY (alter Verwalter) wird verpflichtet, sämtliche Guthaben aus den für die Eigentümergemeinschaft Z-Straße geführten Konten und Kassen (Girokonto, Handkasse, Instandhaltungsrücklagenkonto) an den neuen Verwalter A, und zwar auf dessen Konto (oder das Konto des Verbandes) ..., bis zum ... herauszugeben. Nach Ablauf der vorgenannten Frist ist der Verwalter A unter Einschaltung eines Rechtsanwaltes auf Kosten der Eigentümergemeinschaft berechtigt und verpflichtet, im eigenen Namen außergerichtliche und gerichtliche Schritte gegen den Verwalter XY zu ergreifen, um ihn zur Auszahlung der Guthabenbeträge zu zwingen.

(**Alternative** wie vor)

4. Einleitung/Übernahme von Verfahren gegen Miteigentümer

75 Der neue Verwalter A wird beauftragt und bevollmächtigt, im eigenen Namen gegen die mit Hausgeldzahlungen säumigen Wohnungseigentümer K, L, M außergerichtlich und gerichtlich mit Hilfe eines Rechtsanwaltes vorzugehen (oder: die Verfahren gegen K, L und M zu übernehmen; dem alten Verwalter XY wird die Befugnis für die Führung dieser Verfahren entzogen. Der neue Verwalter soll sich des gleichen Anwalts bedienen wie der Vorverwalter).

Sofern der ehemalige Verwalter Klage im Namen des Verbandes geführt hat, ist dies bei der Beschlussfassung zu berücksichtigen.

5. Einleitung/Übernahme von Verfahren gegen Dritte

Analog der vorstehenden Beschlussfassung.

6. Beteiligung an Verfahren von Miteigentümern/Dritten gegen die Gemeinschaft

76 Der neue Verwalter A wird beauftragt und bevollmächtigt, sich über das Verfahren des ... (Miteigentümer oder Dritter) von dem alten Verwalter XY und dessen Rechtsanwalt informieren zu lassen und Einblick in die Verfahrensunterlagen zu nehmen.

Dieser Beschluss erfolgt nur vorsorglich, denn bei Verfahren eines Wohnungseigentümers gegen die übrigen Eigentümer der Gemeinschaft ist der neue Verwalter zu beteiligen.

Teil 3
Änderungen im Verhältnis der Wohnungseigentümer

	Rz.
I. Änderung von Teilungserklärungen und Gemeinschaftsordnung (*Kreuzer*)	
1. Ausgangssituation	1
2. Organisationszuständigkeit des Verwalters	3
3. Die Änderung	
a) Rechtsgrundlagen	5
b) Erster Teilschritt: Versammlung	6
c) Mitwirkungspflichten und -grenzen	17
4. Zustimmung der Grundbuchgläubiger	
a) Grundsatz	31
b) Unschädlichkeitszeugnis	36
c) Grundpfandrechts- und Reallastgläubiger	39
d) Gläubiger in Abt. II	42
e) Zustimmungsersetzung	44
5. Sonstige Eintragungsvoraussetzungen	46
6. Verfahrensfortgang	47
7. Kosten	57
a) Beratungskosten	58
b) Sachaufwand	61
8. Zusammenfassung unter Verfahrensaspekten	66
II. Änderungsanspruch eines Miteigentümers (*Wendel*)	70
1. Grundlagen des Änderungsanspruchs	
a) Einführung	71
b) § 10 Abs. 2 Satz 3 Satz WEG (neu)	73
c) Ergänzende Auslegung der Gemeinschaftsordnung	75
2. Änderungen des Kostenverteilungsschlüssels	78
a) Unsachgemäße Festlegung der Miteigentumsanteile	79
b) Fehlende Fertigstellung von Gebäudeteilen	81
c) Bauliche Veränderungen	84
d) Risikosphäre eines Wohnungseigentümers	89
e) Langfristiger Ausgleich der Kostenmehrbelastung	93
3. Prüfung des Änderungsanspruchs	95
4. Durchsetzung des Änderungsanspruches	96
a) Sachanträge	97
b) Zeitpunkt der Änderung	99
c) Rechtsschutzbedürfnis	100
5. Gerichtliche Entscheidung	101
6. Änderungen rechtskräftiger Entscheidungen	103
III. Die Änderung der Gemeinschaftsordnung durch Mehrheitsbeschluss (*Becker*)	
1. Grundlagen	
a) Die Beschlusskompetenz der Wohnungseigentümer	104
b) Bedeutung für die Beratungspraxis	110
2. Gesetzliche Beschlusskompetenzen	
a) Überblick	113
b) Die Änderung der Kostenverteilung (§ 16 Abs. 3 bis 5 WEG)	
aa) Allgemeines	118
bb) Betriebskosten	120
cc) Kosten der Verwaltung	124
dd) Kosten der Instandhaltung und Instandsetzung	126
ee) Abweichende Vereinbarungen	131
c) Beschlusskompetenzen gem. § 21 Abs. 7 WEG	133
3. Vereinbarte Beschlusskompetenzen (Öffnungsklausel)	
a) Bedeutung und Zulässigkeit	138
b) Bestimmtheitsgrundsatz und unbegrenzte Öffnungsklauseln	140

	Rz.		Rz.
c) Gestaltungsmöglichkeiten		b) Wirksamkeitsvoraussetzungen der Ermächtigungsgrundlage	169
aa) Sachlich unbegrenzte Öffnungsklauseln	144	c) Inhaltliche Schranken der Mehrheitsentscheidung	172
bb) Sachlich begrenzte Öffnungsklauseln	150	aa) Unverzichtbare Vorschriften	173
cc) Mehrheitserfordernisse	154	bb) Unentziehbare Rechte und Belastungsverbot	175
dd) Vereinbarung der Eintragungsbedürftigkeit?	156	cc) Sachlicher Grund und unbillige Benachteiligung	179
d) Die nachträgliche Vereinbarung einer Öffnungsklausel	157	dd) Grundsätze ordnungsmäßiger Verwaltung	183
aa) Folgen fehlender Grundbucheintragung	158	d) Zustimmung dinglich Berechtigter	185
bb) Zustimmung dinglich Berechtigter	160	e) Grundbucheintragung	189
e) Abgrenzungen	163	5. Das Verhältnis zum Abänderungsanspruch	191
4. Der Änderungsbeschluss			
a) Abgrenzung zur Vereinbarung	167		

I. Änderung von Teilungserklärungen und Gemeinschaftsordnung

1. Ausgangssituation

1 Die Änderung oder Reform der sachenrechtlichen Zuordnung gemäß Teilungserklärung oder/und der Gemeinschaftsordnung wirft geringe rechtliche und mitunter hohe organisatorische Probleme auf. Sie ist in der Praxis relativ selten.

Die meisten Änderungsbegehren zielen nämlich auf eine Verteilung von Lasten und Kosten ab, die von einer Bestimmung der Gemeinschaftsordnung oder der gesetzlichen Regelung des § 16 Abs. 2 WEG abweicht. Seit der WEG-Novelle 2007 ist das Verfahren zur Änderung der Kostenverteilung für die meisten Kostenarten vereinfacht. An die Stelle einer Änderung der Gemeinschaftsordnung tritt vielfach eine Regelung durch – gegebenenfalls qualifizierten – Beschluss.

So können nämlich die Wohnungseigentümer unter neuem Recht insbesondere für die **Kosten** der **Verwaltung** und für im Gesetz spezifizierte **Betriebskosten** grundsätzlich beschließen, dass sie nach Verbrauch oder Verursachung erfasst und nach diesem oder nach einem anderen Maßstab verteilt werden. Der Beschluss bedarf der einfachen Mehrheit und ist materiell möglich, wenn und soweit die Änderung ordnungsmäßiger Verwaltung entspricht, § 16 Abs. 3 WEG. Die Vorschrift ist zwingend mit der Folge, dass auch Bestimmungen der Gemeinschaftsordnung – gleich ob „alte" oder „neue", sprich ob aus der Zeit vor oder nach der Gesetzesnovelle herrührend – unter diesem Beschlussvorbehalt stehen und mithin nur vorläufigen Charakter haben. Diesem Änderungsvorbehalt unterstellt das Gesetz alle Betriebskosten des Gemeinschaftseigentums und solche Betriebskosten des Sondereigentums, die das Gesetz als „im Sinn des § 556 Abs. 1 BGB" definiert – was immer das unter der gegenüber dem Mietrecht anderen Interessenlage des Wohnungseigentums sein mag und bei Änderungen im Mietrecht werden mag –, soweit sie nicht unmittelbar gegenüber Dritten abgerechnet werden.

Darüber hinaus können die Wohnungseigentümer betreffend **Kosten** konkreter Maßnahmen der **Instandhaltung** oder **Instandsetzung** im Sinn des § 21 Abs. 5 Nr. 2 WEG oder zu **baulichen Veränderungen** oder **Aufwendungen** im Sinn des § 22 Abs. 1 und 2 WEG dann beschlussweise alternieren, wenn der abweichende Maßstab dem konkret geübten oder eröffneten Gebrauch Rechnung trägt. Ein solcher Beschluss bedarf einer besonderen und als doppelt charakterisierten Mehrheit, nämlich a) der von drei Vierteln aller stimmberechtigten Wohnungseigentümer im Sinn des § 25 Abs. 2 WEG – hier gilt also nicht die Stimmrechtskonkretisierung aus der Gemeinschaftsordnung. Vielmehr hat jeder Wohnungseigentümer und damit auch der mit zwei oder mehr Einheiten eine einzige Stimme – plus b) mehr als der Hälfte aller Miteigentumsanteile. Auch diese Änderungsmöglichkeit ist gesetzlich zwingend mit der Folge, dass auch Bestimmungen der Gemeinschaftsordnung – gleich ob „alte" oder „neue" – unter diesem Beschlussvorbehalt stehen und mithin nur vorläufigen Charakter haben.

Für die übrigen – wenigen – Fälle hat die WEG-Novelle 2007 die BGH-Entscheidung[1] zu den Grenzen beschlussweiser Regelung bestätigt. Danach kann ein Beschluss nur solche Angelegenheiten ordnen, über die die Wohnungseigentümer nach ihrer Gemeinschaftsordnung oder nach dem WEG durch Beschluss entscheiden dürfen, anderenfalls bedarf es einer Vereinbarung. Ein gleichwohl gefasster Beschluss ist nichtig. Dem Beschlussvorbehalt unterfallen dem Grunde nach – neu seit 2007 – die beschriebenen Kostenverteilungsänderungen und – „schon immer" – Regelungen des Gebrauchs (§ 15 WEG), der Verwaltung (§ 21 WEG) und der Instandhaltung oder Instandsetzung des gemeinschaftlichen Eigentums (§ 22 WEG). Überschreitet der Beschluss nur die materiellen Anwen-

---

1 BGH, Beschl. v. 20. 9. 2000 – V ZB 58/99, NJW 2000, 3500 = NZM 2000, 1184 = ZMR 2000, 771 = ZWE 2000, 518 = MittBayNot 2000, 546 = NotBZ 2000, 375 = WM 2000, 2350 = ZNotP 2000, 492 = MittRhNotK 2000, 390 = NZBau 2001, 19 = FGPrax 2000, 222 = NJ 2000, 655 L = WuM 2000, 620 = NJW-RR 2001, 298 L = RPfleger 2001, 19 = ZAP 2001, Fach 7 = *Niedenführ*, LM H. 2/2001 § 10 WohnungseigentumsG Nr. 17. Anm. *Belz*, FGPrax 2001, 14 L; *Lüke*, ZfIR 2000, 877; *Riecke*, MDR 2000, 1367; *Ott*, ZWE 2001, 99 L; *Rapp*, DNotZ 2000, 854.

dungsvoraussetzungen, entspricht er insbesondere „nur" nicht ordnungsgemäßer Verwaltung, ist er nur anfechtbar und nicht nichtig.

Auch der Rechtszustand seit 2007 bestätigt die Betonung des BGH von Gesetzesstringenz im Interesse der Transparenz von Beschlüssen für Wohnungseigentümer, ihr Rechtsnachfolger, ihre Gläubiger, neue Verwalter und andere später dazukommende Dritte.

2   Im Wesentlichen beschränkt sich der Änderungsbedarf
- auf die Korrektur missglückter Schaffung von Sondereigentum[1] und Fälle des Dachgeschossausbaus und sonstigen Neubaus;
- auf die Korrektur des Kostenverteilungsschlüssels, wenn und soweit – dazu schon Rz. 1 – die Bestimmungen des § 16 Absätze 3 und 4 WEG[2] nicht schon passen. Hier geht es also in der Begrifflichkeit des § 16 Abs. 2 WEG nur
  - um „Lasten des gemeinschaftlichen Eigentums", soweit sie nicht schon Betriebskosten im Sinn des § 16 Abs. 3 WEG sind,
  - um Kosten der Instandhaltung und Instandsetzung des gemeinschaftlichen Eigentums, die das Merkmal „ordnungsgemäß" aus §§ 16 Abs. 4, 21 Abs. 2 Nr. 2 WEG überschreiten,
  - um Lasten der sonstigen Verwaltung und
  - um Lasten eines gemeinschaftlichen Gebrauchs des gemeinschaftlichen Eigentums
- auf die Begründung von Sondernutzungsrechten etwa anlässlich Dachgeschoss-Ausbau, neuer Dachterrasse oder ähnlicher Maßnahmen, wenn und weil sich auch keine vertragliche Lösung über langfristige entgeltliche Gebrauchsüberlassung[3] findet.

2. Organisationszuständigkeit des Verwalters

3   Der Verwalter scheint zunächst unzuständig, denn § 20 WEG weist dem Verwalter die Verwaltung „nach Maßgabe der §§ 26 bis 28" WEG zu, und die Änderung der sachenrechtlichen Aufteilung oder der Gemeinschaftsordnung unterfällt verbal nicht dem Katalog des § 27 WEG. Um-

---

[1] Fallgestaltung in BGH, Beschl. v. 30. 6. 1995 – V ZR 118/94, BGHZ 130, 159; oder in BGH, Urteil v. 5. 12. 2003 – V ZR 447/01, NJW 2004, 1798 = DNotZ 2004, 371m Anm *Armbrüster*, ZfIR 2004, 108; BGH, Urteil v. 1. 10. 2004 – V ZR 210/03, MittBayNot 2005, 140 = ZMR 2005, 59. Ausführlicher: *Hügel*, Das unvollendete oder substanzlose Sondereigentum, ZMR 2004, 549.
[2] BGH, Beschl. v. 13. 7. 1995 – V ZB 6/94, BGHZ 130, 304 = NJW 1995, 2791.
[3] Zur Vermietung von Gemeinschaftseigentum an einen Wohnungseigentümer BGH, Beschl. v. 29. 6. 2000 – V ZB 46/99, BGHZ 144, 386 = NJW 2000, 3211 = DNotZ 2000 = ZWE 2001, 21 und aus der Literatur etwa *Armbrüster*, Mehrheitsbeschluss über die Vermietung von Gemeinschaftseigentum, ZWE 2001, 20.

gekehrt unterfiele mit diesem Argument die Änderung der Gemeinschaftsordnung auch nicht der (Verwaltungs-)Zuständigkeit der Wohnungseigentümer nach §§ 21 bis 25 WEG und auch nicht der des Beirats nach § 29 WEG.

Ohnehin aber ist zu trennen: Zwar ist Ziel der Aktion der Eintritt einer Rechtsänderung. Sie gehört nicht zur Verwaltung, sondern ist ein Akt der Eigengesetzgebung. Der Weg dazu ist aber eine Frage der Organisation und damit der Verwaltung. Da die Willensbildung der Gemeinschaft in der Versammlung erfolgt und da der Verwalter sie einzuberufen, § 24 Abs 1 WEG, und zu leiten, § 24 V WEG, gesetzlich beauftragt ist, hat er auch für Änderungen der Gemeinschaftsordnung Organisationsauftrag und -befugnis.

3. Die Änderung

a) Rechtsgrundlagen

Rechtliche Basis sind

- für die **Schaffung neuen Sondereigentums** z.B. an einem Dachgeschossraum oder für die **Aufhebung** von Sondereigentum im Zusammenhang mit einer Erweiterung eines Flurs und ähnliche Gestaltungen im räumlichen Bereich, welche die **sachenrechtliche Zuordnung** gemäß **Teilungserklärung** ändern: **§ 3 Abs. 1** WEG, wonach die Begründung neuen Raumeigentums der Einigung in der Form der Auflassung und Grundbucheintragung bedarf; und

- für die **Änderung des Kostenverteilungsschlüssels**, soweit sie nicht schon nach §§ 16 Abs. 3 oder 4 WEG beschlossen werden kann, oder für die **Schaffung**, Änderung oder Aufhebung eines **Sondernutzungsrechts** und ähnliche Gestaltungen im nur **rechtlichen Bereich**, welche die der **Gemeinschaftsordnung** ändern: **§ 10 Abs. 2 Satz 2 und Abs. 3 WEG**, wonach eine Einigung zwar ihre Partner bindet, Dritte hingegen erst ab Grundbucheintragung gebunden sind.

b) Erster Teilschritt: Versammlung

In der Praxis tragen ein oder mehrere Wohnungseigentümer dem Verwalter oder ihrem Anwalt ihren Änderungswunsch vor.

Inhaltlich muss die neue Regelung in sich stimmig sein und mit den vorhandenen Regelungen harmonieren. Alleine deswegen empfiehlt sich die frühzeitige Beiziehung eines juristischen Beraters. Fehlt es daran und kommt etwa der juristische Berater mit späteren Änderungsvorschlägen, erwachsen häufig Empfindlichkeiten ansonsten verdienstvoller Personen, die der Formulierungsverbesserung entgegenstehen, um – vermeintlich – ihr Gesicht zu wahren. Mit anderen Worten: Späte Änderungsvorschläge gefährden das Gelingen der Zielsetzung. Durch frühe Einbindung eines Fachmanns lassen sie sich oft vermeiden. In der Praxis sollen darum Verwalter und Anwalt/Notar/Berater vorab den Reformvorschlag erarbeiten.

7 Der Verwalter wird dann „seine" Wohnungseigentümer zur Aussprache bitten, und zwar zweckmäßig je nach Umständen schon unter Beiziehung eines Notars. Fristen und Ladungsvorschriften bestehen für dieses Treffen keine, da die Änderung ohnehin die Zustimmung aller voraussetzt. Gleichwohl empfiehlt sich Ladung wie zu einer ganz normalen Versammlung je nach Geschick unter Hinweis auf die Unmöglichkeit, die Angelegenheit durch Beschluss zu regeln. Zum generellen Ablauf einer Wohnungseigentümerversammlung siehe unten Teil 4.

8 **Einladung** (unter Vorgriff auf spätere Problematiken im Text)

> ..., mit diesem Schreiben lade ich ein zur Versammlung der Wohnungseigentümer des Hauses ... für folgenden Termin: ... und an folgenden Ort: ... Auf der Tagesordnung stehen:
>
> 1 – Aussprache zum Antrag einzelner Wohnungseigentümer auf Änderung der Gemeinschaftsordnung betreffend ... [z. B. Änderung im Bereich eines Gangs],
>
> 2 – Beschlussfassung über Anweisung an den Verwalter zu a) Koordinierung des Verfahrens in Zusammenarbeit mit einem Notar/mit RA ..., b) Einholung, u. U. klagweise Ersetzung fehlender Mitwirkungserklärungen, c) falls erforderlich: Einholung eines Unschädlichkeitszeugnisses, hilfsweise sonstiger Freigaben, d) Einholung sonstiger Durchführungserklärungen;
>
> 3 – Beschluss über Verwalter- (Sonder-) Honorar im Zusammenhang mit 2 wie folgt: ... [folgt Vorschlag des Verwalters je nach Einzelfall].
>
> Bitte beachten Sie: Die Rechtsänderung wird nicht durch Beschluss herbeigeführt, sondern erst durch Einigung aller Wohnungseigentümer, auch der nicht anwesenden. Darüber hinaus sind weitere Erfordernisse zu erfüllen, damit Drittwirkung eintreten kann. Wenn Sie in der Zeit bis zum Grundbuchvollzug veräußern, verpflichten Sie bitte Ihren Erwerber im Notarvertrag zur Zustimmung zur beabsichtigten Änderung und legen ihm die Pflicht auf, etwaige weitere Rechtsnachfolger ebenso zu binden und zwar wieder mit Weitergabepflicht.

9 Ergebnis der Teilaussprache werden die Zustimmung aller oder fast aller Anwesenden sein, die Handlungsanweisung an den Verwalter und vor allem die Überzeugungsfindung, dass Nein-Sager zur Zustimmung verpflichtet sind. Der Verwalter erstellt darüber Protokoll wie bei allen anderen Versammlungen auch.

Checkliste Protokoll

Das Protokoll folgt grundsätzlich dem Üblichen und sollte darüber hinaus enthalten:
- den Bericht, dass Aussprache über den Änderungsvorschlag erfolgt ist. Sofern die Satzung nichts anderes vorschreibt, genügt die bloße Feststellung. Es muss nicht der Verlauf der Diskussion geschildert werden;
- die Beschlussfeststellung, dass der Verwalter beauftragt wird, wie in der Einladung beantragt tätig zu werden, oder die Feststellung, dass keine Beschlussfassung dazu zustandegekommen ist. Es spricht nichts dagegen, über die in der Einladung genannten Punkte einheitlich abzustimmen;
- die Beschlussfeststellung über Kosten. Der Verwalter wird zu seinem eigenen berechtigten Wohl die Anträge geschickt verknüpfen; und
- den Hinweis aus der Ladung auf Sorgfaltspflichten in der Übergangszeit.

Kommt schon bei der Versammlung keine Verfahrenseinigung mit zumindest einfacher Mehrheit zustande, ist der Vorgang aus Sicht des Verwalters erledigt. Natürlich bleibt dem oder den einzelnen Wohnungseigentümern ein alleiniges Vorgehen vorbehalten. Im Fall BGH, 13. 7. 1995 – V ZB 6/94[1] hat etwa nur ein Einzelner, nämlich ein Bauträger, der nur den ersten, nicht aber den zweiten Bauabschnitt durchgeführt hat, ein Interesse zur Änderung der Kostenverteilung. Sein Anliegen findet zwar wohl nicht die Mehrheit, ist aber berechtigt.

Aus eigenem Erleben: Bei kleinen Gemeinschaften erfolgt die Einigung im Notariat, bei mittleren im Nebenzimmer einer Gastwirtschaft, bei meiner größten war sie im Münchner Hofbräuhaus. Die fehlenden „anderen Unterschriften", sprich Zustimmungserklärungen werden einzeln nachgeholt.

„Nur" die **Änderung der sachenrechtlichen Zuordnung** erfordert notarielle **Beurkundung**. Die Praxis löst das Erfordernis „gleichzeitiger Anwesenheit" (§§ 4 Abs. 2 Satz 1 WEG, 925 BGB) aller Beteiligten dadurch,

---

[1] BGH, Beschl. v. 13. 7. 1995 – V ZB 6/94, BGHZ 130, 304 = NJW 1995, 2791. Der entschiedene Fall würde sich seit der WEG-Novelle 2007 durch Beschluss nach § 16 Abs. 3 WEG regeln lassen. Der die Entscheidung prägende Rechtsgedanke ist grundlegender. Er bestimmt, dass einer materiell unbilligen Regelung der Gemeinschaftsordnung kein Einwand aus Treu und Glauben, § 242 BGB, oder einem ähnlichen Rechtsgedanken entgegengehalten werden kann. Vielmehr muss direkt Anpassung der Regelung verlangt werden. Nach aktuellem Rechtsstand bildet § 313 Abs. 2 BGB die einschlägige Rechtsgrundlage.

dass ein Beteiligter oder der Verwalter für alle vorbehaltlich nachträglicher Genehmigung nicht Anwesender auftritt. Unter „gleichzeitiger Anwesenheit" ist nicht „persönliche Anwesenheit" zu verstehen; eine Genehmigung wirkt zurück, § 184 Abs. 1 BGB.

13 Hingegen bedarf die bloße **Änderung nur der Gemeinschaftsordnung** keiner notariellen Beurkundung[1]; gerade bei kleineren Gemeinschaften organisiert vereinzelt ein Anwalt die – **formlose** – Einigung und schickt die Beteiligten für Zwecke des Grundbuchvollzugs, vgl. §§ 19, 29 GBO, zur notariellen Beglaubigung. Aus praktischer Sicht empfiehlt sich – „freiwillige" – Beurkundung auch eigentlich beurkundungsfreier Änderungen der Gemeinschaftsordnung, weil die Beurkundungskosten relativ niedrig sind, dazu unten Rz. 57 ff., der Notar unparteilich sein muss und in der Regel auch vom Rechtsverkehr so empfunden wird, sich die Einholung nachträglicher Zustimmungen durch die Zitierung „nur" der Notarurkunde mit Nummer, Datum und Notarnamen praktisch erleichtert und vor allem, weil die zustimmenden Wohnungseigentümer erst durch eine Regelung nach Maßgabe der §§ 877, 873 Abs. 2 BGB gebunden sind[2].

14 Einigungen über Änderungen wirken nach § 10 Abs. 3 WEG gegen den Sondernachfolger nur, wenn sie als Inhalt des Sondereigentums im Grundbuch eingetragen sind. Zur Vermeidung dieser Gefahr wird der Notar in der Praxis bei Beurkundungen (nicht: bei bloßer Unterschriftsbeglaubigung unter einen fremden Text) die Beteiligten auf ihre Sorgfaltspflicht während des laufenden Verfahrens hinweisen; in nicht beurkundungspflichtigen Verfahren empfiehlt sich ein entsprechender anwaltlicher Hinweis.

15 Ein Notar oder – wenn die Änderung nicht beurkundet wird, der Anwalt – mag einen solchen zweckmäßigen Hinweis formulieren wie folgt oder ähnlich:

Formulierungsvorschlag für einen Hinweis durch den Notar oder Anwalt:

Vereinbarungen im Sinn des WEG, also die Gemeinschaftsordnung, wirken zunächst und immer im Innenverhältnis der Personen, die bei Zustandekommen der Regelung Wohnungseigentümer sind beziehungsweise waren. Dasselbe gilt bei Änderungen der Gemeinschaftsordnung.

---

1 Für die Begründung eines Sondernutzungsrechts: BayObLG, Beschl. v. 28. 3. 2001 – 2 Z BR 138/00, BayObLGZ 2001, 73 = ZWE 2001, 430 = RPfleger 2001, 404 = ZMR 2001, 638 = NZM 2001, 529 = FGPrax 2001, 145 = NJW-RR 2001, 1164 = GE 2001, 1062 = WuM 2001, 402 unter Hervorhebung, dass die dingliche Einigung formfrei ist, aber Bindung an die Einigung nur nach Maßgabe der §§ 877, 873 Abs. 2 BGB besteht.
2 BayObLG, Beschl. v. 28. 3. 2001 – 2 Z BR 138/00, BayObLGZ 2001, 73 = ZWE 2001, 430 = RPfleger 2001, 404 = ZMR 2001, 638 = NZM 2001, 529 = FGPrax 2001, 145 = NJW-RR 2001, 1164 = GE 2001, 1062 = WuM 2001, 402.

Dritte, also Erwerber, sind an Änderungen aber erst ab Grundbucheintragung gebunden.

Ein Veräußerer (Verkäufer, Schenker, sonstiger Übergeber) muss daher bei Veräußerung nach Zustimmung zur Änderung, aber vor Grundbuch-Eintragung der Änderung seinen Sondernachfolger an seine Zustimmung binden, um nicht Gefahr zu laufen, sich gegenüber den übrigen Wohnungseigentümern schadensersatzpflichtig zu machen. Zweckmäßig geschieht dies dadurch, dass er den Notar, der den Kauf, die Schenkung oder sonstige Überlassung beurkunden soll, die Änderung und die Übernahmeerklärung des Käufers, Beschenkten oder sonstigen Erwerbers mit beurkunden lässt.

Die Zustimmung ist eine Willenserklärung, §§ 116ff., 133, 157, 242 BGB; Minderjährige bedürfen der Vertretung[1]; bei Betreuten und sonstigen Personen in Sondersituationen sind die entsprechenden relevanten Bestimmungen zu beachten. Vorsorglich empfiehlt sich Einholung einer Doppelvollmacht zur Mitteilung und Entgegennahme der z.B. vormundschaftsgerichtlichen Genehmigung. 16

c) Mitwirkungspflichten und -grenzen

Zur Einholung ausstehender „Unterschriften" schreibt der Notar oder der Verwalter die nicht anwesenden Wohnungseigentümer an und überreicht Einigungs- und Genehmigungsvorschlag. 17

Formulierungsvorschlag für Rundschreiben anlässlich Änderung durch notarielle Urkunde

… [Briefeingang], die mit Einladung vom … [Datum] angekündigte Versammlung hat mittlerweile stattgefunden. Zu Ihrer Information übersende ich Ihnen Abschrift der entsprechenden Urkunde. Ihre Zustimmung unterstellend lassen Sie bitte Ihre Unterschrift bei mir oder einem anderen Notar Ihrer Wahl beglaubigen. Ich werde von Ihrer Erklärung erst Gebrauch machen, wenn mir zu meiner Überzeugung die Zahlung Ihrer Beglaubigungskosten nachgewiesen ist. Für Rückfragen stehe ich Ihnen nach Kräften zur Verfügung; Sachbearbeiter ist aber …, Tel. … [Briefende. Anlage]

Formulierungsvorschlag für Genehmigungsvorschlag

Der/Die Unterfertigende hat Kenntnis von der Urkunde des Notars … [Name], … [Ort], UR … [Urkunde] betreffend Änderung der Gemeinschaftsord-

---
1 S. auch Staudinger/*Rapp*, 13. Bearbeitung 2005, § 4 WEG Rz. 22.

nung [Variante: Schaffung neuen Sondereigentums] innerhalb der Gemeinschaft nach dem WEG ... [] ... [Straße] und genehmigt alle in seinem/ihrem Namen abgegebenen Erklärungen. Die Kosten der Beglaubigung sind mit dem Verwalter abzurechnen; Anschrift: ... Ort, Datum, Unterschrift. (Folgt notarielle Beglaubigung).

18 Grundsätzlich muss ein Wohnungseigentümer einem Änderungsvorschlag nicht zustimmen[1]. Darin unterscheidet sich die Gemeinschaftsordnung von der Satzung einer Körperschaft, die in der Regel mehrheitlich änderbar ist, da Körperschaften anders strukturiert sind und eine andere Zielsetzung haben. Dort steht die Dynamik einer auf Erwerb oder andere Betätigung gerichteten juristischen Person im Vordergrund, der man durch Austritt, Anteilsverkauf[2] oder andere gesellschaftserhebliche Handlungen begegnen kann. Hingegen ist die Wohnungseigentumsgemeinschaft eher statisch von der Bedachtsamkeit des Grundstücksverkehrs geprägt.

19 Im Einzelfall können Änderungsansprüche erwachsen, dies im folgenden vertiefend: Wendel, Änderungsanspruch eines Wohnungseigentümers, Teil 3, Abschnitt II, auch wenn das WEG keine dem § 7 Abs. 3 ErbbauRG vergleichbare Zustimmungspflicht kennt.

Primär können sie sich schon durch Auslegung ergeben[3]. Auch Satzungen und Gemeinschaftsordnung sind natürlich der Auslegung fähig, wenn auch unter den besonderen Vorgaben für Grundbucherklärungen[4]. Danach ist zwar der „wirkliche Wille [des Erklärenden] zu erforschen", vgl § 133 BGB; für die Auslegung maßgebend sind aber nicht alle Kriterien, sondern nur solche, die im Grundbuchverkehr ersichtlich sind. Das sind Umstände, die aus der Erklärung selbst, aus der konkreten örtlichen Situation und aus allgemeinen Denkgesetzen folgen. Lassen sie den Schluss zu, dass anderes gemeint als buchstäblich geschrieben war, eröffnet sich die Möglichkeit der Auslegung. Als einfachstes Beispiel mag ein Rechenfehler oder Zahlendreher dienen.

Sekundär und durchaus der Auslegung ähnlich kann sich ein Anpassungsanspruch der „Reparaturpflicht" der clausula rebus sic stantibus, § 313 BGB, entnehmen lassen. Danach kann Anpassung verlangt wer-

---

1 Entscheidend ist die konkrete tatrichterliche Würdigung der Gesamtumstände des Einzelfalls und nicht allein das Maß der Kostenmehrbelastung des benachteiligten Wohnungseigentümer, BGH, Beschl. v. 7. 10. 2004 – V ZB 22/04, NJW 2004, 3413 = DNotZ 2005, 218 = NZM 2004, 870.
2 Dies heben *Weitnauer*, DWW 1979, 237 und *Bärmann*, Rpfleger 1977, 233 hervor.
3 BGH, Beschl. v. 7. 10. 2004 – V ZB 22/04, NJW 2004, 3413 = DNotZ 2005, 218 = NZM 2004, 870.
4 *Drabek*, Änderung und Auslegung von Gebrauchsregelungen, FS Seuß, 2007, S. 97 (104) hat die Charakterisierung „Willenserklärungen an die Allgemeinheit" gefunden.

den, wenn sich die Umstände, die Grundlage der Gemeinschaft sind, nach ihrer Begründung schwer wiegend verändern und die Wohnungseigentümer ihr Vertragswerk mit anderem Inhalt geschlossen hätten, hätten sie nur diese Veränderung vorausgesehen. Die Tatbestandsmerkmale folgen aus § 313 Abs 1 BGB; man darf von Fällen der „Erkrankung einer Situation" sprechen. Die Änderungspflicht geht so weit, als einem Teil unter Berücksichtigung aller Umstände des Einzelfalls, insbesondere der vertraglichen oder gesetzlichen Risikoverteilung, das Festhalten an der ursprünglichen Gestaltung oder Gemeinschaftsordnung nicht zugemutet werden kann.

Stellen sich wesentliche Vorstellungen, die zur Grundlage des Vertrags geworden sind, später als falsch heraus – „Geburtsfehler" –, gilt dasselbe, § 313 Abs. 2 BGB. Man wird darunter mehr als nur unbedeutende Rechenfehler, Zahlendreher bei Größenangaben, Stimmrecht und Nutzungsmöglichkeiten verstehen dürfen.

Herrschende Meinung und auch der BGH[1] leiten sie hingegen von der Treuepflicht gegenüber der Gemeinschaft ab, dazu Randnummer 20f.

Diese so gestufte Variabilität ist das Äquivalent zu dem hohen Bestandsschutz, der sich im Mitwirkungserfordernis ausdrückt. Haftet man am buchstäblichen Ausdruck könnte ein einzelner Wohnungseigentümer die Versteinerung der Gemeinschaft bewirken.

Für die Änderung der sachenrechtlichen Zuordnung gilt nichts anderes.

Umgekehrt widerspräche die Aufgabe des „Grundsatzes der Einstimmigkeit einer Änderung" der Eigenschaft der Gemeinschaft als teils freiwillige, teils eigengestaltete aber jedenfalls vorhandene Organisation einer Lebensform mit Elementen der Gemeinschaft, der GbR und des Vereins. Die Gestaltungs- und Vertragsfreiheit ist groß und vor allem gesetzlich anerkannt. Im Grund haben wir sogar eine staatliche Registrierung in Form der Grundbucheintragung – ein Aliud, aber kein Minus im Vergleich etwa zu Handelsregister, Standesamt oder Güterrechtsregister und hat zur Anerkennung der Gemeinschaft durch zunächst den BGH[2] und mittlerweile den Gesetzgeber, § 10 Abs. 6 WEG, als rechtsfähig geführt.

20

Die Einbindung in diese Gemeinschaft bewirkt Treue-, Schutz- und ähnliche Pflichten[3], wenn auch „nur" insoweit, als die Pflichten dem Be-

---

1 BGH, Beschl. v. 27. 6. 1985 – VII ZB 21/84, BGHZ 95, 137 = NJW 1985, 2832; BGH, Beschl. v. 7. 10. 2004 – V ZB 22/04, NJW 2004, 3413 = DNotZ 2005, 218 = NZM 2004, 870. Die Treue- und Rücksichtspflichten unter Aspekten des Ausgleichs gegenüber Wohnungseigentümer und Versicherer betonend: BGH, Urteil v. 10. 11. 2006 – V ZR 62/06, NJW 2007, 292 = ZMR 2007, 464.
2 BGH, Beschl. v. 2. 6. 2005 – V ZB 32/05, BGHZ 163, 154.
3 Die Thematik unter Aspekten „guter Sitten" würdigend: *Armbrüster*, Die guten Sitten im Wohnungseigentumsrecht, FS Bub, 2007, S. 1.

stand und Funktionieren der Gemeinschaft dienen, die einen Änderungsanspruch begründen können. In der neueren Rechtsprechung des BGH[1] findet sich – erneut – diese Erwägung, dass keiner sein Wohnungseigentum soll aufgeben können, würde sich diese Dereliktion nicht zuletzt unter Kostenaspekten nachteilig für die übrigen Wohnungseigentümer auswirken; das macht sie treuwidrig und damit unzulässig.

21 Wegen des Ausnahmecharakters besteht eine Zustimmungspflicht nicht schon bei jeder Unbilligkeit, sondern erst, wenn die Änderung dringend geboten ist und die Beibehaltung der Altregelung gegen Treu und Glauben verstößt.

Der BGH[2] hat für einen Anspruch auf Änderung des Kostenverteilungsschlüssels zum Rechtsstand vor der Novelle 2007 betont, dass nicht nur ein „strenger Maßstab" anzulegen ist. Zunächst ist die änderungsbedürftige Regelung auf ihre richtige Anwendung zu untersuchen und zwar unter Beachtung der Grundsätze für die Auslegung einer Grundbucheintragung; insbesondere sind also nur objektiv aus Regelung und örtlicher Situation entnehmbare Merkmale relevant. Kommt man auch dann „zu grob unbilligen, mit Treu und Glauben (§ 242 BGB) nicht zu vereinbarenden Ergebnissen", kommt ein Anpassungsanspruch in Betracht. Ob dies zutrifft, ist in der Regel nicht Rechts-, sondern tatrichterliche Frage.

Diese Grundsätze sind über die Änderung des Kostenverteilungsschlüssels hinaus verallgemeinerungsfähig und geben generell die Tatbestandsmerkmale für einen Änderungsanspruch vor.

22 **Zustimmungspflicht** besteht darum im Zweifel, wenn

- die wohnungseigentumsrechtliche Aufteilung[3] oder Unterteilung[4] misslingt oder die Miteigentumsanteile grob nicht passen und eine deutliche Wertverschiebung vorliegt[5]. Grundsätzlich allerdings kann Sondereigentum auch ohne Änderung des damit verbundenen Miteigentumsanteils im Umfang erweitert werden [6];

---

1 BGH, Beschl. v. 14. 6. 2007 – V ZB 18/07, BGHZ 172, 338 = NJW 2007, 2547 = DNotZ 2007, 845.
2 BGH, Beschl. v. 7. 10. 2004 – V ZB 22/04, NJW 2004, 3413 = DNotZ 2005, 218 = NZM 2004, 870.
3 BGH, Urteil v. 30. 6. 1995 – V ZR 118/94, BGHZ 130, 159 = DNotZ 1996, 289 = NJW 1995, 2851.
4 BGH, Urteil v. 1. 10. 2004 – V ZR 210/03, NZM 2004, 876, ZMR 2005, 59 = MittBayNot 2005, 140.
5 BayObLG, Beschl. v. 27. 8. 1998 – 2 Z BR 35/98, BayObLGZ 1998, 199 = NJW-RR 1999, 523 = ZMR 1999, 52 = NZM 1999, 31 = ZfIR 1999, 124.
6 BGH, Urteil v. 6. 6. 1986 – V ZR 264/84, DNotZ 1987, 208.

- die Wasserkosten grob anders anfallen, als im Verteilungsschlüssel gedacht[1]. Im entschiedenen Fall waren in einer großen Wohnanlage Wohnungen z.T. nicht bewohnt, z.T. überbelegt, z.T. von Prostituierten benutzt, die mit „Badespaß" geworben haben. Die Zustimmungspflicht bezieht sich dann nicht auf die Änderung im konkreten Abrechnungs- oder sonstigen Einzelfall, sondern auf die grundsätzliche Änderung der Vereinbarung[2]. Seit der Neufassung des § 16 WEG 2007 kann schon die Mehrheit eine Änderung beschließen, §§ 16 Abs. 3, 5 WEG.

- das Dachgeschoss gemäß der ursprünglichen Konzeption als Wohnung ausgebaut wird und die Änderung einem lange geduldeten tatsächlichem Zustand entspricht[3];

- das Gebäude anders als geplant erstellt wird[4];

- sich das Gesetz ändert, wie das z.B. anlässlich der Einführung der HeizkostenV[5] zutraf;

- wenn die Gemeinschaftsordnung eine sehr detaillierte Nutzung vorschreibt, diese aber auf Dauer nicht durchgeführt werden kann, z.B. Nutzung als Hotel mit einem bestimmten Betreiber, wenn es den Betreiber nicht mehr gibt und auch zumutbar kein Ersatzbetreiber mehr gefunden werden kann. Je enger die Vorgabe, desto eher entsteht ein Anpassungsanspruch. Eine enge Vorgabe kann aber nicht dazu führen, dass mit Wegfall des ursprünglichen Nutzungszwecks jede Nutzung zulässig würde.

Stützt sich das Änderungsbegehren auf Auslegung oder auf § 313 BGB, ergeben sich aus dem Gesetz selbst die Tatbestandsmerkmale.

Stützt sich das Änderungsbegehren auf Treu und Glauben, dazu oben Rz. 21, müssen die Umstände außergewöhnlich sein [6]. Darunter ist aber nicht erst der Wegfall der Geschäftsgrundlage gemäß § 313 BGB zu verstehen. Grundsätzlich ist jedes neue Ereignis geeignet, die Zustimmungspflicht auszulösen. Als neu können technische Verbesserungen, rechtliche und sonstige Änderungen gelten wie bei Altanlagen mit damals niedrigen Wasserpreisen der Umstand, dass die Wasserpreise gestiegen

---

1 OLG Düsseldorf, Beschl. v. 24. 4. 1985 – 3 W 32/85, NJW 1985, 2837; *Drasdo*, WE 1999, 42 für den Fall des nachträglichen Einbaus von Wasserzählern.
2 BGH, Beschl. v. 13. 7. 1995 – V ZB 6/94, BGHZ 130, 304 = NJW 1995, 2791 = MDR 1995, 1112 = WM 1995, 1763 = ZMR 1995, 483; Staudinger/*Bub*, 13. Bearbeitung 2005, § 16 Rz. 266 ff.
3 LG Wuppertal, Beschl. v. 19. 12. 1985 – 6 T 858/85, NJW-RR 1986, 1074.
4 BayObLG, Beschl. v. 6. 2. 1991 – BReg. 2 Z 148/90, NJW-RR 1991, 721.
5 Staudinger/*Bub*, 13. Bearbeitung 2005, § 16 WEG Rz. 239.
6 Dazu Nachweise oben bei Rz. 21. Aus der dem BGH vorausgehenden RSpr: siehe BayObLG, Beschl. v. 18. 7. 1996 – 2 Z BR 59/96, WuM 1997, 289; BayObLG, Beschl. v. 27. 8. 1998 – 2 Z BR 35/98, BayObLGZ 1998, 199 = NJW-RR 1999, 523 = ZMR 1999, 52 = NZM 1999, 31 = ZfIR 1999, 124.

sind und zusätzlich an sie teure Abwasserpreise gekoppelt wurden. Aus §§ 22 Abs. 1 S. 2, 14 lässt sich ableiten, dass desto eher Zustimmungspflicht entsteht, je geringer sich die Änderung auf den zustimmungspflichtigen Wohnungseigentümer konkret auswirkt oder wohl abstrakt auswirken wird. Das „neue Ereignis" muss zudem eine gewisse Erheblichkeitsschwelle erreichen, denn das WEG mutet zum Zweck leichterer Handhabung den Wohnungseigentümern eine gewisse Pauschalierung zu.

24 Das BayObLG[1] sieht unter Verwandten gesteigerte Rücksichts- und Duldungs-, möglicherweise auch Zustimmungspflichten nach § 1618a BGB; sie müssten daher auch Nachteile in Kauf nehmen, die ein Fremder nicht hinnehmen müsste (im entschiedenen Fall für beabsichtigten Speicherausbau aber verneint). Die Entscheidung dürfte nur einen Einzelfall betreffen, denn der Gedanke entbehrt einer Stütze im Gesetz.

25 **Keine Zustimmungspflicht** besteht **im Zweifel**, wenn nur

- das Stimmrecht nicht der tatsächlichen Nutzfläche entspricht[2], z. B. wenn vier Gewerbeeinheiten die Majorität haben, weil das Stimmrecht in 1/1000 Miteigentumsanteilen ausgeübt wird, obwohl dies nicht der tatsächlichen Nutzfläche entspricht. Anderes gilt, wenn die Kostenverteilung infolge eines Missverhältnisses zwischen der Größe von Flächen und Miteigentumsanteilen grob unbillig ist[3];
- Umstände im typischen Risikobereich einer Person liegen; zB entbindet Älterwerden nicht von der Schneeräumpflicht[4] oder zusätzlicher Raumbedarf entsteht bei Pflegebedürftigkeit[5].

26 **Formulierungsvorschlag für Erinnerung an ausstehende Genehmigung**

..., an mein Schreiben vom ... [Datum] mit Genehmigungsentwurf darf ich erinnern; zu Ihrer Information lege ich erneute Kopie anbei.

Ich bitte Sie erneut um die formgerechte Erteilung Ihrer Unterschrift und erlaube mir den Hinweis, dass Sie zur Abgabe der Unterschrift verpflichtet sein können, ihre rechtsgrundlose Verweigerung darum eine Pflichtverlet-

---

1 BayObLG, Beschl. v. 3. 12. 1992 – 2 Z BR 104/92, NJW-RR 1993, 336 = FamRZ 1993, 803 = MDR 1993, 342 = WuM 1993, 88 = ZMR 1993, 123; ebenso *Sauren*, § 14 Rz. 3.
2 OLG Karlsruhe, Beschl. v. 23. 7. 1986 – 11 W 8/86, NJW-RR 1987, 975.
3 BayObLG, Beschl. v. 18. 11. 1991 – BReg. 2 Z 124/91, NJW-RR 1992, 342.
4 BayObLG, Beschl. v. 25. 4. 1986 – 2 Z 114/85, ZMR 1986, 319.
5 OLG Hamm, Beschl. v. 10. 6. 1999 – 15 W 11/99, ZMR 2000, 244 = ZWE 2000, 44 = MittBayNot 1999, 561 L = MittRhNotK 1999, 344 = NZM 2000, 308 L.

zung gegenüber den übrigen Wohnungseigentümern sein kann, die Schadensersatzansprüche auslösen kann. Eine Zustimmungspflicht leitet die Rechtsprechung insbesondere aus der Treuepflicht der Wohnungseigentümer untereinander ab. Danach kann ein Wohnungseigentümer zur Mitwirkung bei der Änderung verpflichtet sein, wenn sie objektiv sachgerecht, subjektiv auf Sie bezogen nicht unbillig ist und auch etwaige Ihnen zustehende Sonder- oder Vorzugsrechte gemäß Gemeinschaftsordnung nicht beeinträchtigt oder gar aufhebt. Daneben kennt das Gesetz in § 313 BGB eine Pflicht zur Anpassung, wenn sich die Umstände, die Grundlage der Gemeinschaft sind, nach Vertragsschluss schwer wiegend verändert haben und die Wohnungseigentümer ihre Gemeinschaft mit anderem Inhalt geordnet hätten, wenn sie diese Veränderung vorausgesehen hätten; dann kann Anpassung verlangt werden, soweit einem Teil unter Berücksichtigung aller Umstände des Einzelfalls, insbesondere der vertraglichen oder gesetzlichen Risikoverteilung, das Festhalten an der aktuellen Regelung nicht zugemutet werden kann. Das Gesetz stellt einer Veränderung der Umstände gleich, wenn sich wesentliche Vorstellungen als falsch herausstellen, die Grundlage des Vertrags sind.

Bitte prüfen Sie darum sorgfältig, ob die vorliegenden Umstände Sie nicht doch zur Zustimmung verpflichten, um möglicherweise eine richterliche Entscheidung zu vermeiden.

Für Rückfragen stehe ich Ihnen nach Kräften zur Verfügung; Sachbearbeiter ist aber ..., Tel. ... [Briefende. Anlage]

Zuständig ist immer ausschließlich das Gericht, in dessen Bezirk das Grundstück liegt, § 43 Nr. 1 WEG.

Es gelten die Verfahrensgrundsätze der ZPO mit den Besonderheiten aus §§ 44 bis 48 WEG.

In beiden Fällen lässt sich in **einem einzigen Verfahren** gegen alle Wohnungseigentümer gleichzeitig vorgehen, die ihre Zustimmung verweigern. Hingegen wird sich nur ausnahmsweise die Verknüpfung mehrerer Anträge empfehlen.

Wer zustimmungsberechtigt ist, ergibt sich aus den Umständen.

Im Einzelfall mag dies ein einzelner Wohnungseigentümer sein, den isoliert eine Regelung benachteiligt, oder eine Gruppe von Wohnungseigentümern.

Gläubiger kann auch die Wohnungseigentümergemeinschaft sein. Da nämlich die Verpflichtungen eines jeden Wohnungseigentümers auf der meist Gemeinschaftsordnung genannten wohnungseigentumsrechtlichen Vereinbarung beruhen, und Partner dieses Vertrages sämtliche Wohnungseigentümer sind, steht jedem von ihnen grundsätzlich ein Anspruch darauf zu, dass der andere die ihn treffenden Pflichten erfüllt[1]. Diese Pflicht kann ein einzelner einklagen. Dann muss sie aber auch die Gemeinschaft auf sich überleiten können, wenngleich dies gerichtlich noch nicht entschieden ist und der Wortlaut des § 10 Abs. 6 WEG dazu schweigt. Eine ähnliche Konstellation findet sich für die Individualansprüche aus Bauträgervertrag des einzelnen kaufenden Noch-Nicht-Wohnungseigentümers bei Mängeln im Gemeinschaftseigentum. Sie verdichten oder wandeln sich mit Entstehen der Wohnungseigentümergemeinschaft zu einem Recht der Wohnungseigentümergemeinschaft: Die Gemeinschaft bestimmt, wie mit Mängeln umgegangen wird[2]. Ähnlich kraft – neuer, ob richtiger, sei dahingestellt – gesetzgeberischer Anordnung, wenn ein Wohnungseigentümer schwer und unerträglich „nur" einen anderen Wohnungseigentümer stört: § 18 Abs. 1 Satz 2 WEG weist die Ausübung des Entziehungsrechts und § 19 Abs. 1 Satz 2 seine klagweise Durchsetzung der Gemeinschaft der Wohnungseigentümer zu.

Verneint der Richter rechtskräftig die **Zustimmungspflicht**, ist nicht nur das gerichtliche Verfahren beendet, sondern zugleich die wohnungseigentumsrechtliche Änderung gescheitert. Der Richter hat kein eigenes Gestaltungsermessen, insbesondere gilt § 10 Abs. 4 WEG nicht; er kann nur Zustimmungspflicht feststellen und dann den Wohnungseigentümer zur Zustimmung verpflichten oder die Pflicht verneinen. Das zur Zustimmung verpflichtende Urteil ist nach § 894 ZPO vollstreckbar.

4. Zustimmung der Grundbuchgläubiger

a) Grundsatz

31 Daneben erfordert die Eintragung einer Änderung die Zustimmung aller im Recht betroffenen Grundbuchgläubiger, §§ 876 f. BGB[3], und zwar grundsätzlich aller. Das eröffnet dem Gläubiger nicht Willkür. Weil er sein Recht von dem des Wohnungseigentümers ableitet, muss er zustimmen, wenn auch der Wohnungseigentümer zustimmen muss.

Seit der Gesetzesnovelle 2007 erübrigt sich in vielen Fällen und gewissermaßen grundsätzlich die Zustimmung der Grundpfandrechts- und Reallastgläubiger. Ihre Mitwirkung erfordert das Gesetz nur in Situationen, in denen lediglich einzelnen Wohnungseigentümern ein Sondernutzungsrecht gewährt wird. Im Einzelfall – dazu § 5 Abs. 4 Sätze 2 und 3

---

1 So für die Personengesellschaften: BGH, Urteil v. 27. 6. 1957 – II ZR 15/56, BGHZ 25, 57. Die Berechtigung entstammt historisch römischem Recht und nennt sich auch heute lateinisch actio pro socio.
2 BGH, Urteil v. 27. 7. 2006 – VII ZR 276/05, lexetius 2006, 2133. Ausführlicher habe ich die Überlegung erarbeitet in „Der anwaltliche Vergleich über Baumängel im Gemeinschaftseigentum", FS Bub, 2007, S. 155 (161).
3 BGH, Urteil v. 14. 6. 1984 – V ZB 32/82, BGHZ 91, 343; zur Anwendung der §§ 876 f.: Meikel/*Morvilius*, Grundbuchrecht, 8. Aufl. 1997, I Einl C 90.

WEG – ist ihre Zustimmung erforderlich, wenn ein Sondernutzungsrecht begründet oder ein mit dem Wohnungseigentum verbundenes Sondernutzungsrecht aufgehoben, geändert oder übertragen wird. Wird ein Sondernutzungsrechts begründet, erübrigt sich dann die Gläubigerzustimmung, wenn das für den Gläubiger belastet Wohnungseigentum auch sondernutzungsberechtigt wird.

Rechtsgrund für die Zustimmungspflicht ist die rechtliche Änderung des belasteten Gegenstandes[1]. Die Zustimmung ist darum entbehrlich, wenn im Einzelfall keine Rechtsbetroffenheit vorliegt, so weil § 5 Abs. 4 Satz 2 WEG dies anordnet und im Übrigen insbesondere bei Gesamtbelastungen, die auf allen Einheiten lasten. Eine „nur" wirtschaftliche Benachteiligung begründet keine Zustimmungspflicht; es muss eine rechtliche Betroffenheit vorliegen. 32

Zustimmungsbedürftig ist darum im Zweifel 33

- die Änderung der Kostenverteilung, sofern kein Fall des § 16 Abs. 3 oder 4 WEG vorliegt;
- die Beschränkung der Nutzungsbefugnisse[2];
- die Begründung eines Sondernutzungsrechts[3], soweit kein Fall des § 5 Abs 4 Sätze 2 und 3 WEG vorliegt;
- die Umwidmung eines Raums von Wohnungs- in Teileigentum und umgekehrt[4] oder von Gemeinschafts- in Sondereigentum, auch wenn daran ein Sondernutzungsrecht eingeräumt war[5];
- die Einführung – nicht aber bei Aufhebung – einer Veräußerungsbeschränkung nach § 12,
- eine sonstige Änderung, die den Wert als Beleihungsobjekt mindert[6].

Kein Zustimmungserfordernis besteht darum im Zweifel 34

- wenn sich die Änderung nur als eine alternative Gestaltung aufgrund einer Vorbehalts- oder Mehrheitsklausel in der Gemeinschaftsordnung darstellt. Der Gläubiger ist nicht in seinem Recht betroffen, da die Änderung in der Gemeinschaftsordnung bereits angelegt ist und nur ausgeformt wird;

---

1 Soergel/*Stürner*, 12. Aufl., § 10 WEG Rz. 8; Weitnauer/*Lüke*, 12., 8. Aufl., § 10 WEG Rz. 50.
2 Palandt/*Bassenge*, 67. Aufl. 2008, § 10 WEG Rz. 6.
3 BGH, Beschl. v. 14. 6. 1984 – V ZB 32/82, BGHZ 91, 343 = NJW 1984, 2409 m. Anm. *Weitnauer*, JZ 1984, 113.
4 Staudinger/*Rapp*, 13. Bearbeitung 2005, § 1 WEG Rz. 13.
5 BayObLG, Beschl. v. 5. 9. 1991 – BReg. 2 Z 95/91, NJW-RR 1992, 208.
6 Palandt/*Bassenge*, 61. Aufl., § 10 WEG Rz. 4.

– wenn der Sondernutzungsberechtigte das Recht erhält, seinen oberirdischen Stellplatz als Carport oder Garage auszubauen[1];

– wenn nur eine Veräußerungsbeschränkung nach § 12 aufgehoben wird, da § 12 kein Recht von Gläubigern schützt. Ohnehin gestattet das Gesetz die Aufhebung schon durch Beschluss, § 12 Abs 4 Satz 1 WEG.

Anderes gilt bei Einführung einer Veräußerungsbeschränkung nach § 12; sie ist eine echte Belastung;

– wenn nur die Verwaltung neu geregelt wird[2].

35 Keiner Zustimmung bedarf auch die nur schuldrechtliche und nicht im Grundbuch eingetragene Änderungsvereinbarung, da sie nicht gegen den Erwerber in der Zwangsversteigerung wirkt.

b) Unschädlichkeitszeugnis

36 In der Praxis kann der Richter insbesondere bei kleineren Änderungen analog dem Unschädlichkeitszeugnis-Gesetz ein Unschädlichkeitszeugnis erteilen[3]. Das Unschädlichkeitszeugnis ist Landesrecht, siehe für Bayern Art. 120, 1 Abs. 2 EGBGB, unglücklicherweise nicht in allen Ländern vorhanden[4] und überdies noch landesrechtlich unterschiedlich. Es wird im Rahmen der freiwilligen Gerichtsbarkeit vom Amtsgericht des belegenen Grundbesitzes im Rahmen der freiwilligen Gerichtsbarkeit erteilt. Vor Erteilung des Zeugnisses soll der Richter die Beteiligten hören[5], was bei Unverhältnismäßigkeit, also bei nur geringer Höhe, wohl = 250 Euro des auf die einzelne Wohnung entfallenden Betrages zu Anberaumung eines Termins durch Veröffentlichung erfolgt, zu dem dann in der Praxis meist niemand kommt; weitere Voraussetzung ist, dass niemand Wertausgleich beansprucht (Art, 7 G vom 15. 6. 1898) und tatsächlich keine Belastung in Abt. II betroffen ist.

37 Weitere Voraussetzung ist, dass **alle Wohnungseigentümer** den Antrag auf Erlass eines Unschädlichkeitszeugnisses stellen. Muss also gericht-

---

1 OLG Hamm, Beschl. v. 11. 2. 1997 – 15 W 490/96, WE 1997, 382 = MittBayNot 1997, 229.
2 MünchKomm/*Röll*, 2. Aufl., Rz. 14, jedoch kann eine unlautere Benachteiligungsabsicht gegen die §§ 138, 242, 826 BGB verstoßen.
3 BayObLG, Beschl. v. 14. 1. 1988 – 2/16C/87, MittBayNot 1988, 175 betreffend nachträgliches Sondernutzungsrecht für Kfz-Stellplatz in einer Wohnanlage mit 166 Einheiten.
4 Für Bayern: Gesetz, das Unschädlichkeitszeugnis betreffend, v. 15. 6. 1898 – BayRS403–2-J; dazu *Sprau*, Justizgesetze in Bayern, Beck, 1988, XXXI. Für Baden-Württemberg s. §§ 22 – 28 AGBGB (GBl 1974, 498 ff.); dazu *Panz*, BWNotZ 1998, 16. Vollständige Auflistung bei Staudinger/*Mayer*, Art. 120 EGBGB, Neubearbeitung 2005, Rz. 52 bis 66.
5 BayVerfGH, Beschl. v. 21. 7. 1970 – Vf. 173-VI-67, MittBayNot 1970, 140.

lich gegen einen säumigen Wohnungseigentümer vorgegangen werden, wird sich empfehlen, auch gleich seine Zustimmung zu diesem Verfahren einzuklagen.

> **Formulierungsvorschlag für notariellen Antrag** 38
>
> In Angelegenheiten der WEGem ...-straße, die im Grundbuch Gemarkung ... Blätter ...ff vorgetragen ist, haben die Wohnungseigentümer folgende Änderung der Gemeinschaftsordnung vereinbart: ... [Beispiele: a) Ausbau eines Dachgeschosses und b) Schaffung eines Stellplatz-Sondernutzungsrechts an Freifläche].
>
> Ich versichere, von allen Eigentümern entsprechend ermächtigt zu sein und beantrage für sie, gemäß dem Unschädlichkeitszeugnis zur Vorlage beim Grundbuchamt festzustellen, dass die Änderung die Rechte der Gläubiger (... ggf: mit Ausnahme von ..., dessen Bewilligung ich separat einhole) rechtlich relevant nicht berührt. Dies ergibt sich aus der Überlegung, dass bei a) der Dachgeschossausbau nur einen kleinen Raum betrifft in der Summe und nach freier Einschätzung des Verwalters jährlich nur ... Euro beträgt und bei b) dass ein solcher Stellplatz mutmaßlich ... Euro Wert hat, sich also für die größte und die kleinste betroffene Einheit im Verhältnis der Miteigentumsanteile eine Änderung von jeweils unter 250 Euro ergibt.
>
> Ich beantrage auch, auf Einzelanhörung zu verzichten und vielmehr die Absicht der Zeugniserteilung zu veröffentlichen. Mir ist nicht bekannt, dass ein Wohnungseigentümer in diesem Verfahren Wertausgleich beansprucht hat oder beanspruchen will.

c) Grundpfandrechts- und Reallastgläubiger

Grundbuchgläubiger ist jeder, dem ein dingliches Recht zusteht, das von der Änderung rechtlich (und nicht nur wirtschaftlich) betroffen wird, sofern ihn nicht § 5 Abs 4 Sätze 2 und 3 WEG ausnimmt. 39

Zustimmungsgläubiger sind also im beschriebenen Umfang grundsätzlich auch Berechtigte in Abt. III – immer aber mit Ausnahme des Gesamtgläubigers, der an sämtlichen oder – bei nur teilweiser Auswirkung – an allen betroffenen Einheiten vorgetragen ist, da er unverändert das Grundstück als Ganzes zur Versteigerung bringen kann[1]. Ohnehin klingt die Einholung von Bankzustimmungen nach mehr Arbeit, als die Praxis konkret erfordert. Denn von Sonderfällen einer bundesweit vertriebenen Wohnungsanlage abgesehen sind meist „nur" die örtliche Sparkasse, die örtliche Raiffeisenbank, drei Großbanken, drei Bausparkassen und sonst 40

---

1 OLG Frankfurt/Main, Beschl. v. 26. 4. 1996 – 20 W 45/96, NJW-RR 1996, 918 = NJWE-MietR 1996, 204 L = FGPrax 1996, 139 – RPfleger 1996, 340.

fast niemand mehr eingetragen. Ist etwa die Sparkasse Gläubigerin an mehreren Einheiten, muss sie natürlich nur einmal zustimmen, denn sie stimmt nicht für jede Einheit gesondert zu, sondern einmalig der Änderung als solcher.

Den Grundpfandgläubigern stellt § 5 Abs 4 WEG den Reallast-Gläubiger gleich.

41 Bisweilen ergeben sich – teilweise eigentlich vermeidbare – Sondersituationen dadurch, dass ein Geldinstitut seine Erklärung ausdrücklich auf eine bestimmte Eigentumswohnung beschränkt, dass eine Grundschuld banktreuhänderisch abgetreten ist oder dass ein Grundschuldbrief verloren gegangen ist und im Aufgebotsverfahren kraftlos erklärt werden muss.

d) Gläubiger in Abt. II

42 Zustimmungsberechtigt sind neben den Banken und Reallastgläubigern auch sonstige Gläubiger in Abt. II des Grundbuchs, also Nießbrauchsgläubiger, ferner Berechtigte aus einer Vormerkung, wenn sie als spätere Eigentümer bei der Vereinbarung beteiligt wären[1], die Inhaber von Dienstbarkeiten aber nur, wenn ihr Recht konkret von der Änderung berührt wird, nicht also wenn eine Dienstbarkeit am ganzen Grundstück eingetragen ist[2].

43 Die Einholung der Zustimmung der Gläubiger in Abt. II ist in der Praxis viel unangenehmer als die der Grundpfandgläubiger. Meist handelt es sich um Nießbrauchsberechtigte mit oft erstaunlichem Alter und unbegrenzter Informationsbedürftigkeit, die vor allem zeitlich sehr aufwändig ist. Muss gar ein Betreuer bestellt werden, hemmt dies zeitlich das Verfahren darüber hinaus. Der Gesetzgeber der WEG-Novelle wollte auch hier eine Verfahrenserleichterung schaffen und auch für Nießbraucher eine Ausnahme von der Mitwirkungspflicht schaffen. Er hat diesen Vorschlag dann aber richtigerweise zum Schutz gerade der Privatpersonen zurückgezogen. Die Praxis muss mit diesem Umstand leben und gegebenenfalls, dazu nachstehend Rz. 44f., die Zustimmung ersetzen lassen. Der Einzelne hat es in der Hand und möge es ohnehin im wohl verstandenen Eigeninteresse auch tun, einer Vertrauensperson gerade für die Pflegesituation eine Vorsorgevollmacht zu erteilen.

e) Zustimmungsersetzung

44 Der Richter kann die fehlende Zustimmung eines Wohnungseigentümers ersetzen, siehe oben Rz. 17, 19 bis 23; das vollstreckbare Urteil er-

---

1 BayObLG, Beschl. v. 15. 10. 1998 – 2 Z BR 42/98, BayObLGZ 1998, 255 = DNotZ 1999, 667 = NZM 1999, 126 = ZfIR 1999, 40 = FGPrax 1999, 2 = ZMR 1999, 115 = Rpfleger 1999, 178; *Weitnauer*, DNotZ 1990, 381.
2 *Röll*, MittBayNot 1996, 77.

setzt die Zustimmung im Verfahren, oben Rz. 30. Im Verfahren gegen den Wohnungseigentümer ist Streitverkündigung an seinen Grundbuchgläubiger zweckmäßig.

Ebenso kann der Richter die **Gläubigerzustimmung ersetzen.** Da der Gläubiger sein Recht vom Wohnungseigentümer ableitet, ist er im Zweifel immer dann zur Mitwirkung verpflichtet, wenn auch der Wohnungseigentümer zustimmungspflichtig ist.

Verweigern Wohnungseigentümer und sein Gläubiger (beide) die Zustimmung, ist im Verfahren gegen den Wohnungseigentümer Streitverkündigung an den Gläubiger zweckmäßig oder gleich gegen beide zu klagen. 45

5. Sonstige Eintragungsvoraussetzungen

Die Änderung der sachenrechtlichen Zuordnung bedarf darüber hinaus je nach Umständen des Einzelfalls unter Umständen 46

– einer neuen Abgeschlossenheitsbescheinigung,

– der Unbedenklichkeitsbescheinigung des Finanzamts, insbesondere wenn sich die Miteigentumsquote ändert und

– in Sonderfällen einer behördlichen Genehmigung etwa nach § 22 Abs. 5 BauGB in besonderen Gebieten mit Fremdenverkehrsfunktion[1] oder nach § 144 BauGB in Sanierungsgebieten.

6. Verfahrensfortgang

Die Zustimmung eines Wohnungseigentümers hat Doppelfunktion: Sie ist eine zunächst **nur schwebend wirksame Erklärung** zu einer dinglichen Einigung vergleichbar einem Angebot und schuldrechtlich bindende Pflicht gegenüber den anderen Wohnungseigentümern, alles zu unterlassen, was das Gelingen hindert. Das neue Schuldrecht positiviert solche Handlungspflichten in Anerkennung der Grundsätze, die wir nach altem Recht als pVV – „positive Vertrags-" oder „Forderungsverletzung" – bezeichnen. Aus dieser Pflicht folgt konkret die Aufgabe, einem Rechtsnachfolger die Zustimmung abzufordern und zwar seinerseits mit Weitergabepflicht. 47

---

1 Zum Beispiel: (1) in Gebieten mit Fremdenverkehrsfunktion, § 22 BauGB. Hier kommt eine Genehmigungspflicht durch die Baubehörde in Betracht, § 22 Abs. 5 BauGB; oder (2) im Bereich einer Erhaltungssatzung, § 172 Abs. 1 Satz 3 BauGB i. V. m. Landesrecht, wobei nach § 172 Abs. 4 Nr. 6 BauGB die Genehmigung zu erteilen ist, wenn sich der Eigentümer verpflichtet, innerhalb von sieben Jahren ab der Begründung von Sondereigentum Wohnungen nur an Mieter zu veräußern.

48 Wie das Gesetz ohnehin zum ganzen Änderungsverfahren nichts sagt, sagt es auch nichts zur Bindungsdauer einzelner Zustimmungserklärungen. In Betracht kommt, Bindungswirkung anzunehmen, sobald die Voraussetzungen des § 873 Abs. 2 BGB vorliegen und ein Recht zum Widerruf dann zu geben, wenn sich die äußeren Umstände erheblich geändert haben, so insbesondere wenn keine Zustimmungspflicht mehr besteht oder sich das Verfahren ohne sachlichen Grund erheblich verzögert.

49 Die sachenrechtliche Änderung ist erst herbeigeführt mit Einigung aller Wohnungseigentümer in der erforderlichen Form, Vorliegen aller Eintragungsvoraussetzungen und Grundbucheintragung selbst sowie insbesondere bei Änderung der Teilungserklärung der sonstigen für die Grundbuchumschreibung nötigen Voraussetzungen. Insbesondere können sonstige Grundbuchanträge bei Änderung der sachenrechtlichen Zuordnung wie Pfandunterstellung und -freigabe nötig werden.

50 Die Änderung der Gemeinschaftsordnung liegt zwar **intern bindend schon mit Einigung** aller vor; die dingliche Wirkung tritt aber erst ein, wenn alle Eintragungsvoraussetzungen vorliegen und Grundbucheintragung erfolgt ist. Die interne Bindung verpflichtet den Wohnungseigentümer, bei Sonderrechtsnachfolge wie Verkauf, Übergabe an ein Kind oder ähnlicher Übertragung des Eigentums solche schwebenden Pflichten weiterzugeben, also den Sondernachfolger zu verpflichten, der Änderung zuzustimmen.

51 Schon der **Anspruch auf Eintragung der Gemeinschaftsordnung** ist durch **Vormerkung** sicherbar[1]. Auch der Anspruch auf Eintragung einer beschlossenen Vereinbarungs-Änderung kann durch Vormerkung gesichert werden[2]. Die Eintragung empfiehlt sich trotz der Kosten, wenn eine Änderung etwa bei zögerlicher Gläubigerzustimmung oder fehlender Abgeschlossenheitsbescheinigung nicht gleich eingetragen werden kann und die Gefahr des Erlöschens infolge rechtsgeschäftlichen Erwerbs eines Dritten besteht.

Die Vormerkung nimmt die Wirkung des Abs. 2 vorweg.

Bei der Änderung der Teilungserklärung gilt nichts anderes.

52 Gläubiger der Vormerkung ist, wer anspruchsberechtigt ist, also den Anspruch auf Änderung, oben Rz. 19 bis 23, geltend gemacht hat. Das kann ein einzelner oder eine Gruppe von Wohnungseigentümern oder die Gemeinschaft selbst sein, oben Rz. 30. Ersetzt eine gerichtliche Entscheidung die Zustimmung, § 894 ZPO, ergibt sich die Gläubigerschaft aus dem Titel.

---

[1] Staudinger/*Rapp*, 13. Bearbeitung 2005, Einl. WEG Rz. 41 und für Sondereigentum ebenda, § 4 WEG Rz. 13–18.
[2] H.M., Nachw. bei Staudinger/*Rapp*, 13. Bearbeitung 2005, § 4 WEG Rz. 13–18.

Scheitert die Änderung, ist es Aufgabe und Recht des Berechtigten, sie wieder für alle zur Löschung zu bewilligen. Ist die Gemeinschaft vorgemerkt, bewilligt der Verwalter die Löschung, § 27 Abs. 2 Nr. 3 WEG.

Betroffener der Vormerkung ist natürlich der Wohnungseigentümer, der der Änderung zustimmt und (!) die Vormerkung ausdrücklich in zumindest beglaubigter Form zur Eintragung bewilligt. 53

Insbesondere in Situationen, in denen die Beteiligten auf Kosten und Umständlichkeiten von Eintragung und späterer Löschung einer Vormerkung verzichten, wird es Aufgabe des Notars oder sonstigen Beraters sein, über die Wirkungen einer Vormerkung zu belehren und ihre Eintragung anzuraten sowie den Verwalter anzuhalten, diese Information allen Wohnungseigentümern weiterzugeben. 54

Der Verwalter hat keine eigene Belehrungspflicht, weil er keinen Rechtsrat geben darf; ihn trifft aber eine Informationspflicht, falls er so belehrt wird. 55

Im gerichtlichen Verfahren wird es Aufgabe vollständiger anwaltlicher Antragsstellung sein, nicht nur die Hauptsache einzuklagen, sondern auch zu beantragen, dass der Beklagte eine Vormerkung zur Sicherung in der Schwebezeit bewilligt und – soweit möglich und nötig – dem Erlass eines Unschädlichkeitszeugnisses zustimmt. In der Praxis habe ich das in noch keinem Fall erlebt. Ich glaube, dass der Haftungsmaßstab überfordert wird, wenn man solche Fragen der Zweckmäßigkeit anwaltlichen Handelns zur Leitschnur erheben würde. Anwalt und mit ihm der Prozessrichter müssen eine solche Breite rechtlicher und sonstiger Probleme abdecken, dass ich hier beim Notar einen strengeren Haftungsmaßstab sehe als beim Anwalt. 56

7. Kosten

Von der Tendenz her lassen sich die Kosten wie folgt beschreiben: Niedrige Beratungs-, aber hohe Sachaufwandskosten. 57

a) Beratungskosten

Notarkosten sind Wertkosten und ergeben sich aus dem sogenannten „Wert" der Änderung, der vielfach frei zu schätzen ist. 58

Beispiele:
- Wird ein Sondernutzungsrecht an einem oberirdischen Stellplatz geschaffen, mag das etwa 5000 Euro wert sein und löst dann grob 40 Euro an Gebühr aus.
- Wird ein Sondernutzungsrecht an einem Garten oder gar an einem ganzen Speicher begründet, wird die Gebühr entsprechend höher ausfallen.

- Wird nur ein Flur vergrößert oder verkleinert und Sondereigentum begründet oder aufgehoben, ist der wirtschaftliche Wert allenfalls einige tausend Euro und die Beurkundungsgebühr nur 25 bis 50 Euro.
- Wird die Kostenverteilung geändert, dürfte der Wert höher sein und etwa bei einem Haus mit einem Wert von 1 Mio Euro dann aber auch nur 250 bis 300 Euro betragen.

59 Die Kosten beim Grundbuchamt leiten sich aus demselben Gesetz ab wie die Notarkosten und betragen wohl jeweils 1/1 Gebühr, also nur halb so viel wie beim Notar.

60 Anwaltskosten werden in diesem Bereich meist als Stundenhonorar vereinbart und belaufen sich meist zwischen 150 und 600 Euro pro Stunde zuzüglich Umsatzsteuer.

b) Sachaufwand

61 Viel stärker zu Buch schlagen die Sachaufwandskosten:

62 aa) Die Vorbereitung erfordert Einsicht eines jeden betroffenen Grundbuchs. Kosten des Grundbuchamts: 10 Euro pro Einheit. Sie können zumindest im Bereich der moderneren Grundbuchämter die Kosten auch nicht durch persönliches Vorbeigehen senken, weil Grundbucheinsicht nur noch per EDV-Ausdruck möglich ist. Wenn wir unterstellen, dass eine Zwischeneinsicht und eine Schlussabschrift nötig sind, haben wir alleine da schon einen Sachaufwand von 30 Euro pro Einheit.

63 bb) Nicht anwesende Wohnungseigentümer müssen nachgenehmigen. Die Beglaubigungskosten richten sich nach dem sogenannten Gegenstandswert bezogen auf die jeweilige Wohnung. Gehen wir davon aus, dass der Wert meist etwas über dem Mindestwert sein wird, kommen wir zu grob 20 Euro pro Wohnungseigentümer.

64 cc) Grundsätzlich dieselben Kosten fallen für die Einholung der Gläubigerzustimmung an, also als Daumenregel 20 Euro pro Gläubiger. Ist die Mitwirkung einer Bank nötig, muss sie aber insgesamt nur ein Mal zustimmen. Häufig lassen die Banken den Notar ins Haus kommen, was zu einer Erhöhung der Kosten um grundsätzlich auf das Doppelte, höchstens aber um 30 Euro plus Umsatzsteuer führt. Daneben verlangen Banken oft eigene Bearbeitungsgebühren, die nach meiner Erfahrung meist das Zwei- bis Fünffache der Notargebühr ausmacht. Daumenregel bei Gläubigerzustimmungen also: 20 bis 200 Euro pro Gläubiger.

65 dd) Wird die Gläubigerzustimmung durch ein Unschädlichkeitszeugnis ersetzt, fallen wieder Gerichtskosten an. Sie sind vom Ob und Umfang einer Veröffentlichung abhängig. Daumenregel: 1500 Euro.

8. Zusammenfassung unter Verfahrensaspekten

Die Änderung der Gemeinschaftsordnung oder/und der Teilungserklärung birgt rechtliche und organisatorische Probleme. Sie sind aber in der Praxis wohl kleiner als vielfach befürchtet. 66

Ein Gelingen erfordert eine auch organisatorisch gute Zusammenarbeit zwischen Verwalter und Berater. Dies gilt sowohl für die inhaltliche Formulierung der Änderungen als auch für die praktische Organisation.

Rechtlich sind erforderlich: 67

- die Einigung aller Wohnungseigentümer. Bei Minderjährigen, Personen unter Betreuung und in ähnlichen Sondersituationen können Erfordernisse aus diesen Rechtsgebieten dazutreten;
- entweder die Zustimmung der Gläubiger, die in ihren Rechten betroffen sind, in grundbuchlicher Form oder – wenn möglich – ein richterliches Unschädlichkeitszeugnis. Für Banken, andere Grundpfandgläubiger und Reallast-Gläubiger gilt das nur im Rahmen des § 5 Abs. 4 WEG;

darüber hinaus:

- bei Änderungen der Gemeinschaftsordnung mindestens die Beglaubigung der Zustimmungserklärungen; beziehungsweise
- bei Änderungen der Teilungsordnung: Beurkundung in Form der Auflassung, Abgeschlossenheitsbescheinigung, grunderwerbsteuerliche Unbedenklichkeit, ergänzende Grundbucherklärungen wie z.B. Pfandunterstellung und in Sonderfällen die erforderliche Genehmigung.

Besteht Zustimmungspflicht, kann der Richter die Mitwirkung eines Wohnungseigentümers und eines zustimmungspflichtigen Gläubigers ersetzen. 68

Bindung tritt nur nach Maßgabe der §§ 877, 873 Abs. 2 BGB ein. 69

Der Änderungsanspruch lässt sich durch Vormerkung grundbuchlich an den Einheiten sichern, deren Eigentümer zugestimmt haben.

II. Änderungsanspruch eines Miteigentümers[1]

Einzelne Regelungen der Gemeinschaftsordnung erweisen sich im täglichen Zusammenleben der Wohnungseigentümer oft als unzweckmäßig und verursachen dadurch Unfriede in der Gemeinschaft. Wohnungseigentümer können diese Regelungen grundsätzlich nur durch **Vereinbarung** im Sinne von § 10 Abs. 2 Satz 2 WEG (neu) abändern. Der Ab- 70

---

[1] Vgl. *Wendel*, Der Anspruch auf Zustimmung zur Änderung der Gemeinschaftsordnung, S. 10 ff.

schluss dieser Vereinbarung bedarf nach dem Vertragsprinzip der Zustimmung sämtlicher Wohnungseigentümer. Eine Vereinbarung über die Änderung der Gemeinschaftsordnung kann aber gerade in größeren Wohnanlagen aufgrund der fehlenden Zustimmung einzelner Wohnungseigentümer häufig nicht herbeigeführt werden. Haben Wohnungseigentümer in diesen Fällen nicht die Möglichkeit einer Änderung der Gemeinschaftsordnung durch Mehrheitsbeschluss in einer sog. **Öffnungsklausel** vereinbart (vgl. hierzu das nächste Kapitel Rz. 105 ff.), droht die „Versteinerung" der Gemeinschaft. Weigern sich einzelne Wohnungseigentümer, einer Änderung der Gemeinschaftsordnung zuzustimmen, bleibt einem Wohnungseigentümer nur die Möglichkeit, sein Änderungsverlangen im gerichtlichen Verfahren durchzusetzen.

1. Grundlagen des Änderungsanspruchs

a) Einführung

71 Das Wohnungseigentumsgesetz sah bis zum Inkrafttreten der WEG-Novelle 2007 einen Anspruch auf Änderung der Gemeinschaftsordnung nicht vor. Nunmehr hat der Gesetzgeber in § 10 Abs. 2 Satz 3 WEG geregelt, dass *jeder Wohnungseigentümer eine vom Gesetz abweichende Vereinbarung oder die Anpassung einer Vereinbarung verlangen kann, soweit ein Festhalten an der geltenden Regelung aus schwerwiegenden Gründen unter Berücksichtigung aller Umstände des Einzelfalles, insbesondere der Rechte und Interessen anderer Wohnungseigentümer, unbillig erscheint.* Der Gesetzgeber hat damit einen Anspruch auf Änderung von Vereinbarungen ausdrücklich normiert.

72 Nach früherer Rechtsprechung[1] und Literatur[2] konnte ein Wohnungseigentümer die Zustimmung zur Änderung der Gemeinschaftsordnung

---

1 Ohne Anspruch auf Vollständigkeit seien genannt: BGH, Beschl. v. 13. 7. 1995 – V ZB 6/94, BGHZ 130, 305 (312); BayObLG, Beschl. v. 26. 7. 1978 – 2 Z BR 44/77, WEM 1979, 85 (87); BayObLG, Beschl. v. 15. 3. 1984 – 2 Z BR 75/83, BayObLGZ 1985, 50 (53); BayObLG, Beschl. v. 19. 2. 1987 – 2 Z BR 114/86, BayObLGZ 1987, 66 (69) = NJW-RR 1987, 714; BayObLG, Beschl. v. 21. 2. 1991 – 2 Z BR 7/91, WE 1992, 60; BayObLG, Beschl. v. 18. 11. 1991 – 2 Z BR 124/91, NJW-RR 1992, 342 (343); Beschl. v. 10. 11. 1994 – 2 Z BR 100/94, NJW-RR 1995, 529; BayObLG, Beschl. v. 27. 9. 1996 – 2 Z BR 80/96, WE 1997, 158 (160); BayObLG, Beschl. v. 18. 7. 1996 – 2 Z BR 59/96, WE 1997, 119; BayObLG, Beschl. v. 12. 8. 1999 – 2 Z BR 80/99, ZWE 2000, 171; KG, Beschl. v. 1. 10. 1990 – 24 W 184/90, NJW-RR 1991, 1169 (1170); OLG Köln, Beschl. v. 13. 2. 1995 – 16 Wx 6/95, NJW-RR 1995, 973 (974) = OLGReport Köln 1995, 194; OLG Hamm, Beschl. v. 3. 7. 1995 – 15 W 93/95, DWE 1995, 127 (128); OLG Düsseldorf, Beschl. 20. 5. 1998 – 3 Wx 96/98, WE 1999, 188 (188); OLG Zweibrücken, Beschl. v. 19. 2. 1999 – 3 W 24/99, WE 1999, 192 (193).
2 MüKo/*Röll*, § 10 WEG Rz. 61; *Pick* in Bärmann/Pick/Merle, § 10 WEG Rz. 42; Staudinger/*Kreuzer*, § 10 WEG, Rz. 84 ff.; Weitnauer/*Lüke*, § 10 WEG Rz. 52; *Hauger*, WE 1997, 211 (212).

nur verlangen, wenn außergewöhnliche Umstände ein Festhalten an der geltenden Regelung als **grob unbillig** und damit als gegen Treu und Glauben verstoßend erscheinen ließen. Der Änderungsanspruch wurde dogmatisch auf **Treu und Glauben** (§ 242 BGB) bzw. die **Treuepflicht** der Wohnungseigentümer gestützt. Zur Feststellung der „groben Unbilligkeit" sei ein **strenger Maßstab** anzulegen, da Wohnungseigentümern bei Erwerb des Wohnungseigentums die in der Gemeinschaft geltende Regelung bekannt gewesen sei und eine vorschnelle Änderung einer Vereinbarung aus Billigkeitsgründen den Rechtsgrundsatz aushöhle, dass einmal Vereinbartes grundsätzlich binde [1].

Eine „grobe Unbilligkeit" des gesetzlichen oder vereinbarten **Kostenverteilungsschlüssels** konnte nach früherer Rechtsprechung nicht schon bei einer geringfügigen Mehrbelastung eines Wohnungseigentümers gegenüber anderen Wohnungseigentümern angenommen werden[2]. Eine „grobe Unbilligkeit" sollte vielmehr nur dann vorliegen, wenn das **Zwei- bis Dreifache** dessen zu zahlen ist, was bei sachgerechter Kostenverteilung zu zahlen wäre[3]. Ob ein Kostenverteilungsschlüssel „grob unbillig" sei, beurteile sich insbesondere danach, in welchem Verhältnis die auf den einzelnen Wohnungseigentümer entfallenden Kosten zu den durch sein Wohnungseigentum verursachten Kosten stünden. Hierbei sei auf die **Wohn- und Nutzfläche** abzustellen[4]. Der BGH hat die Frage eines den Änderungsanspruch auslösenden Grenzwertes der Mehrbelastung offen gelassen[5].

b) § 10 Abs. 2 Satz 3 Satz WEG (neu)

Nunmehr hat der Gesetzgeber – einer Anregung aus Rechtsprechung[6] und Literatur[7] folgend – zwecks Erleichterung der Anpassung die bisher geltende Schwelle der „groben Unbilligkeit" einer Regelung gesenkt[8]. Die **Senkung der Eingriffsschwelle** wurde dadurch zum Ausdruck gebracht, dass statt auf die bislang erforderlichen „außergewöhnlichen Umstände" in § 10 Abs. 2 Satz 3 WEG (neu) nunmehr nur noch auf **„schwerwiegende Gründe"** abgestellt wird. Diese liegen eher vor als „außergewöhnliche Umstände".

---

1 BayObLG, Beschl. v. 19. 2. 1987 – 2 Z BR 114/86, BayObLGZ 1987, 66 (69).
2 OLG Köln, Beschl. v. 13. 2. 1995 – 16 Wx 6/95, NJW-RR 1995, 973 = OLGReport Köln 1995, 194.
3 OLG Zweibrücken, Beschl. v. 19. 2. 1999 – 3 W 24/99, WE 1999, 192 (193).
4 BayObLG, Beschl. v. 2. 2. 1995 – 2 Z BR 131/94, WE 1995, 378 (379); BayObLG, Beschl. v. 18. 11. 1991 – 2 Z BR 124/91, NJW-RR 1992, 342 (343).
5 BGH, Beschl. v. 7. 10. 2004 – V ZB 22/04, NJW 2004, 3413.
6 OLG Düsseldorf, Beschl. v. 13. 6. 2001 – 3 WX 132/01, NJW-RR 2002, 731; KG, Beschl. v. 14. 4. 2004 – 24 W 32/04, NZM 2004, 549.
7 *Deckert*, PiG, Bd. 63, S. 227 (247); *Müller*, ZWE 2001, 191 (192).
8 Begründung des Gesetzesentwurfs, BT-Drucks. 16/887, S. 11.

Zudem muss die bestehende Regelung in der Gemeinschaftsordnung nicht mehr „grob unbillig" sein und damit gegen Treu und Glauben verstoßen. Ausreichend ist jetzt vielmehr, dass ein Festhalten an der geltenden Regelung **„unbillig"** erscheint[1]. Durch das Absenken der Anpassungsschwelle ist der Gesetzgeber einem praktischen Bedürfnis nach einer einfacheren Änderung der Gemeinschaftsordnung gefolgt[2].

74 Die Neuregelung betrifft nach dem Willen des Gesetzgebers nur **schuldrechtliche Vereinbarungen**. Für die Normierung eines Anspruchs auf Zustimmung zur Änderung der **sachenrechtlichen Zuordnung** des Wohnungseigentums, also des Miteigentumsanteils, bestand nach Meinung des Gesetzgebers kein Bedürfnis, da es in den Fällen, in denen vor Gericht eine solche Zustimmung begehrt werde, letztlich fast immer um eine Änderung der schuldrechtlichen Kostenvereinbarung, also den Regelungsgehalt des § 10 Abs. 2 Satz 3 WEG (neu) gehe, nicht aber um die sachenrechtliche Zuordnung[3].

Konsequenz dieser gesetzgeberischen Entscheidung ist, dass in den seltenen Fällen, in denen ein Wohnungseigentümer ausnahmsweise doch explizit die **Änderung der Miteigentumsanteile** beansprucht, der Anspruch nach wie vor von den bisherigen, strengeren Voraussetzungen der „groben Unbilligkeit" abhängt. Dies erscheint auch sachgerecht, da durch die Änderung der Miteigentumsanteile viel tiefer und einschneidender in das Verhältnis der Wohnungseigentümer eingegriffen wird als durch die bloße Änderung einer Vereinbarung.

c) Ergänzende Auslegung der Gemeinschaftsordnung

75 Nach dem Willen des Gesetzgebers sollte auch nach Einführung des Änderungsanspruchs die Möglichkeit bestehen, in den Fällen, in denen sich in der Gemeinschaft der Wohnungseigentümer die Umstände maßgeblich geändert haben, eine **ergänzende Auslegung** der Gemeinschaftsordnung vorzunehmen[4]. Bereits mit seiner Entscheidung vom 07. 10. 2004 (V ZB 22/04)[5] hatte der BGH sich dafür ausgesprochen, dass unter Beachtung der Grundsätze für die Auslegung einer Grundbucheintragung auch eine ergänzende Auslegung der Gemeinschaftsordnung nicht ausgeschlossen sei. Diese könne im Einzelfall zu einem Anspruch auf Abänderung des in der Gemeinschaftsordnung festgelegten Kostenverteilungsschlüssels führen[6].

---

1 Begründung des Gesetzesentwurfs, BT-Drucks. 16/887, S. 19.
2 Begründung des Gesetzesentwurfs, BT-Drucks. 16/887, S. 18.
3 Begründung des Gesetzesentwurfs, BT-Drucks. 16/887, S. 19.
4 Begründung des Gesetzesentwurfs, BT-Drucks. 16/887, S. 19.
5 BGH, Beschl. v. 7. 10. 2004 – V ZB 22/04, NJW 2004, 3413 ff.
6 Vgl. hierzu: *Wendel*, Der Anspruch auf Zustimmung zur Änderung der Gemeinschaftsordnung, S. 11 ff.

Bei der Auslegung einer im Grundbuch eingetragenen Gemeinschaftsordnung ist – wie stets bei Auslegung einer Grundbucheintragung – auf den Wortlaut und Sinn abzustellen, wie er sich aus Sicht eines unbefangenen Betrachters als nächstliegende Bedeutung des Eingetragenen ergibt; Umstände außerhalb der Eintragung und der zulässig in Bezug genommenen Unterlagen dürfen nur herangezogen werden, wenn sie nach den besonderen Verhältnissen des Einzelfalles **für jedermann ohne weiteres erkennbar** sind[1]. Vorgenannte Grundsätze erfordern bei der hiernach möglichen ergänzenden Auslegung der Gemeinschaftsordnung, dass diese zu einem Ergebnis führt, das sich aus Sicht eines unbefangenen Betrachters als das **nächstliegende** darstellt. Dies sei nach Auffassung des BGH notwendig, aber auch ausreichend, um entsprechend dem Ziel des § 10 Abs. 2 WEG (alt) den Erwerber des Wohnungseigentums gegen ihm unbekannte Vereinbarungen zu schützen und dem sachenrechtlichen Bestimmtheitserfordernis Rechnung zu tragen[2].

⊃ **Praxistipp**

Der Änderungsanspruch eines Wohnungseigentümers kann sich somit aus einer ergänzenden Auslegung der Gemeinschaftsordnung ergeben, falls sich dieses Ergebnis als das für einen unbefangenen Betrachter „nächstliegende" darstellt. Bei Anwendung dieser Grundsätze ist allerdings aus anwaltlicher Sicht Vorsicht geboten: Selten wird sich der Änderungsanspruch und vor allem dessen Zielrichtung als das „nächstliegende" Ergebnis einer ergänzenden Auslegung der Gemeinschaftsordnung darstellen. Soll etwa für den Fall einer planwidrigen Regelungslücke in der Gemeinschaftsordnung der Änderungsanspruch darauf gerichtet sein, eine Kostenverteilung nach Wohn- und Nutzfläche oder nach Verbrauch vorzunehmen oder gar auf eine Änderung der Miteigentumsanteile? Auch wenn man letztere Möglichkeit im Regelfall wird ausschließen dürfen[3], verlangt doch nach Meinung des Verfassers der „sicherste Weg" anwaltlicher Beratung, dass der Änderungsanspruch und insbesondere dessen Zielrichtung für einen unbefangenen Dritten aus der Gemeinschaftsordnung **offenkundig** sind.

2. Änderungen des Kostenverteilungsschlüssels

Nachfolgend sollen **Fallgruppen** aufgezeigt werden, in denen die frühere Rechtsprechung eine „grobe Unbilligkeit" des gesetzlichen oder vereinbarten Kostenverteilungsschlüssels angenommen oder abgelehnt hat[4].

---

1 Ständige Rechtsprechung, vgl. BGH, Beschl. v. 7. 10. 2004 – V ZB 22/04, NJW 2004, 3413 ff. m.w.N.
2 A.A. *Wendel*, Der Anspruch auf Zustimmung zur Änderung der Gemeinschaftsordnung, S. 17, der **Offenkundigkeit des hypothetischen Willens verlangt.**
3 Ebenso BGH, Beschl. v. 7. 10. 2004 – V ZB 22/04, NJW 2004, 3413 ff.
4 Ausführlich *Wendel*, ZWE 2001, 408 ff.

Liegen die Voraussetzungen „grober Unbilligkeit" vor, dürfte regelmäßig ein Änderungsanspruch gegeben sein, da in diesen Fällen auch die (herabgesetzten) Anforderungen an eine „einfache" Unbilligkeit vorliegen. Insoweit kann die zum Änderungsanspruch bislang ergangene Rechtsprechung nach wie vor wertvolle Anhaltspunkte dafür liefern, ob die Merkmale des § 10 Abs. 2 Satz 3 WEG (neu), insbesondere „schwerwiegende Gründe" im Sinne dieser Vorschrift, vorliegen.

a) Unsachgemäße Festlegung der Miteigentumsanteile

79 In der Rechtsprechung ist anerkannt, dass Wohnungseigentümer in der Festlegung der Miteigentumsanteile grundsätzlich frei sind, da hierfür keine gesetzlichen Vorschriften existieren[1]. Da Miteigentumsanteile nicht in einem bestimmten Verhältnis zum Wert oder zum Umfang des damit verbundenen Sondereigentums stehen müssen, kann es vorkommen, dass diese bereits bei Errichtung der Gemeinschaftsordnung unsachgemäß festgelegt werden (**sog. Geburtsfehler**). Erweist sich der gesetzliche Kostenverteilungsschlüssel des § 16 Abs. 2 WEG als von Anfang an unzweckmäßig, so hat dies seinen Grund in der Regel darin, dass Miteigentumsanteile nicht sachgerecht festgelegt worden sind[2].

80 In einer Entscheidung des KG[3] hatte der Alleineigentümer das Eigentum am Grundstück in Wohnungs- und Teileigentum aufgeteilt, wobei 63 Einheiten auf Wohnungen, 12 Einheiten auf Läden und Hobbykeller und weitere 64 Einheiten auf im Tiefgaragenbereich befindliche Garagenstellplätze entfielen. In der Gemeinschaftsordnung war die Kostenverteilung nach Miteigentumsanteilen festgelegt worden. Durch Sanierung der Flachdächer der Tiefgarage entstanden Kosten von Euro 340 000. Hierbei entfielen auf die 64 Teileigentümer Kosten von 6 300 Euro sowie auf die 12 Teileigentümer der Läden von Euro 11 000. Den größten Teil der Kosten in Höhe von Euro 320 000 (= 94 %) hatten jedoch die 63 Wohnungseigentümer zu tragen. Aufgrund des geringen Kostenbetrages, der auf die Teileigentümer der Tiefgarage entfiel, nahm das KG im Verhältnis zu den Wohnungseigentümern ein auffälliges, diesen nicht mehr zumutbares Missverhältnis der Kostenverteilung an.

b) Fehlende Fertigstellung von Gebäudeteilen

81 Infolge fehlender Fertigstellung von Gebäudeteilen kann es zu **Wertverschiebungen** zwischen Miteigentumsanteilen und dem damit verbundenen Sondereigentum kommen.

---

1 BayObLG, Beschl. v. 14. 10. 1958 – 2 Z BR 119–127/58, NJW 1958, 116; BGH, Urt. v. 18. 6. 1976 – V ZR 156/75, NJW 1976, 1976; BGH, Urt. v. 6. 6. 1986 – V ZR 264/84, NJW 1986, 2759 (2760).
2 Staudinger/*Bub*, § 16 WEG Rz. 270.
3 KG, Beschl. v. 1. 10. 1990 – 24 W 184/90, NJW-RR 1991, 1169.

aa) In einem vom BayObLG entschiedenen Fall[1] gehörte den Antragstellern ein 76/1000 Miteigentumsanteil, der mit dem Sondereigentum an Kellerräumen verbunden war. Der Miteigentumsanteil von 76/1000 war im Hinblick darauf festgesetzt worden, dass aus ihm ein Anteil von 48/1000 abgespalten und mit dem Sondereigentum an einer noch zu errichtenden Tiefgarage verbunden werden sollte. Die Tiefgarage wurde jedoch nicht errichtet. Das BayObLG befand es als „grob unbillig", dass die Antragsteller bei Abrechnung der Kostenbeiträge mit einem Miteigentumsanteil von 76/1000 berücksichtigt wurden, obwohl für ihr Sondereigentum endgültig nur ein Miteigentumsanteil von 28/1000 vorgesehen war.

bb) In einer anderen Entscheidung des BayObLG[2] war das Sondereigentum eines Wohnungseigentümers mit einem Miteigentumsanteil von 750/1000 verbunden. In der Teilungserklärung war vorgesehen, dass auf das Sondereigentum 75 % der gesamten Wohn- und Nutzfläche der Wohnanlage entfallen. Da das Sondereigentum jedoch niemals im ursprünglich vorgesehenen Umfang errichtet wurde, konnte der Wohnungseigentümer letztendlich nur 40 % der gesamten Wohnfläche nutzen. Das BayObLG hielt es für „grob unbillig", dass der Wohnungseigentümer gleichwohl **75 %** der gemeinschaftlichen Kosten zu tragen habe.

c) Bauliche Veränderungen

In der Praxis wird der Kostenverteilungsschlüssel regelmäßig in einem frühen Stadium vom teilenden Alleineigentümer (Bauträger) mit der Teilungserklärung festgelegt. Diese hat gemäß §§ 8 Abs. 2, 5 Abs. 4, 10 Abs. 1 Satz 2 WEG für Wohnungseigentümer die Wirkung einer Vereinbarung. **Nachträgliche bauliche Veränderungen** infolge einer vom Teilungsplan abweichenden Bauausführung können zur „groben Unbilligkeit" des Kostenverteilungsschlüssels führen.

aa) Das BayObLG[3] hatte über einen Sachverhalt zu befinden, in dem sich aufgrund behördlicher Auflagen nachträgliche Veränderungen der Bauausführung und damit verbunden Änderungen der Wohnungsgrößen ergaben. Die ursprüngliche Festlegung der Miteigentumsanteile und dadurch (mittelbar) des Kostenverteilungsschlüssels erwiesen sich im Nachhinein als nicht mehr sachgerecht. Die für den Antragsteller hieraus resultierende **Kostenmehrbelastung von 22 %** hielt das BayObLG jedoch noch nicht für „grob unbillig".

bb) In einem anderen Fall[4] war der Antragsteller der Ansicht, dass er aufgrund seines zu hohen Miteigentumsanteils von 195,77/1000 zu hohe

---

1 BayObLG, Beschl. v. 19. 2. 1987 – 2 Z BR 114/86, BayObLGZ 1987, 66.
2 BayObLG, Beschl. v. 2. 2. 1995 – 2 Z BR 131/94, WE 1995, 378 (379).
3 BayObLG, Beschl. v. 10. 11. 1994 – 2 Z BR 100/94, NJW-RR 1995, 529 (530).
4 BayObLG, Beschl. v. 12. 8. 1999 – 2 Z BR 80/99, ZWE 2000, 171 (172).

Kosten trage. Er verlangte folglich die Festlegung seines Miteigentumsanteils auf 174,66/1000. Dieser Fall wies die Besonderheit auf, dass der Antragsteller nicht die Änderung des Kostenverteilungsschlüssels, sondern unmittelbar die Änderung der Miteigentumsanteile begehrte. Das BayObLG erachtete jedoch die **Mehrbelastung von 12 %**, die der Antragsteller gegenüber einer sachgerechten Festlegung der Miteigentumsquoten zusätzlich zu tragen hatte, als zu gering und daher als nicht „grob unbillig".

87 cc) Das OLG Zweibrücken[1] hat das Vorliegen einer „groben Unbilligkeit" in einem Fall abgelehnt, in dem die Speicherräume eines Gebäudes nachträglich zu Wohnungen ausgebaut worden waren. Auf die Wohnungseigentümer, die an den Speicherräumen und an den neu entstandenen Wohnungen Sondernutzungsrechte hatten, wäre bei einer Anpassung des Kostenverteilungsschlüssels an die erhöhte Nutzfläche ein **7 % höherer Kostenanteil** entfallen. Das OLG war der Ansicht, der geltende Kostenverteilungsschlüssel weiche nur geringfügig von einem sachgerechten Kostenverteilungsschlüssel ab und sei daher nicht grob unbillig.

88 dd) In einem Fall des BayObLG[2] war in der Gemeinschaftsordnung für den Fall einer wesentlichen Änderung des Wertes des Sondereigentums ausdrücklich ein Anspruch auf Abänderung der Miteigentumsanteile vorgesehen. In der Teilungserklärung waren die Miteigentumsanteile ursprünglich für den Antragsteller mit 827/1 000 und für den Antragsgegner mit 173/1 000 festgelegt worden. Der Wert des Sondereigentums des Antragstellers hatte sich von (tatsächlich) 548/1 000 im Jahre 1985 auf 492/1 000 im Jahre 1996 verringert, der des Antragsgegners im selben Zeitraum entsprechend von (tatsächlich) 452/1 000 auf 508/1 000 erhöht. Das BayObLG beschränkte den in der Gemeinschaftsordnung vorgesehenen Abänderungsanspruch auf den Fall, dass eine **deutliche Verschiebung** des Wertes des Sondereigentums vorliege, welche im konkreten Fall jedoch nicht gegeben sei. Die ursprüngliche Festlegung der Miteigentumsanteile in der Gemeinschaftsordnung sei daher nicht „grob unbillig", wenngleich die hierfür maßgebliche Grenze nahezu erreicht werde.

d) Risikosphäre eines Wohnungseigentümers

89 Nachträgliche Entwicklungen, die der alleinigen **Risikosphäre** eines Wohnungseigentümers zuzuordnen sind, können einen Anspruch auf Änderung des Kostenverteilungsschlüssels nicht begründen[3]. Ausfluss dieser Risikoverteilung ist etwa, dass jeder Wohnungseigentümer für die Betriebskosten des gemeinschaftlichen Eigentums auch dann aufkommen muss, wenn er bestimmte gemeinschaftliche Einrichtungen nicht

---
1 OLG Zweibrücken, Beschl. v. 19. 2. 1999 – 3 W 24/99, WE 1999, 192.
2 BayObLG, Beschl. v. 27. 8. 1998 – 2 Z BR 35/98, BayObLGZ 1998, 199.
3 Staudinger/*Bub*, § 16 WEG Rz. 271.

nutzt[1]. Zum Risiko eines Wohnungseigentümers gehört insbesondere dessen **Kenntnis** von dem zum Zeitpunkt des Erwerbs des Wohnungseigentums geltenden Kostenverteilungsschlüssel[2].

aa) In einer Entscheidung des BayObLG[3] hatten Wohnungseigentümer eine Änderung des gesetzlichen Kostenverteilungsschlüssels im Hinblick auf den geplanten Ausbau des Dachgeschosses bestandskräftig beschlossen[4]. Die Antragstellerin ging bei der Beschlussfassung davon aus, dass die übrigen Wohnungseigentümer ihren Plänen zum Ausbau des Dachgeschosses zustimmen würden. Ihr Bauantrag wurde jedoch nur mit Auflagen genehmigt; aus diesem Grund verweigerten die übrigen Wohnungseigentümer ihre Zustimmung zum Dachausbau. Das BayObLG argumentierte, dass die „grobe Unbilligkeit" nicht mit der Kostenverteilung als solcher begründet werden könne, da die Antragstellerin den Beschluss über die Änderung des Kostenverteilungsschlüssels selbst herbeigeführt und unangefochten gelassen habe. Sie habe dadurch **Kenntnis** vom geltenden Kostenverteilungsschlüssel gehabt. Es müssten daher weitere Umstände hinzukommen, die das Festhalten an der beschlossenen Kostenverteilung als Verstoß gegen Treu und Glauben erscheinen ließen. Diese könnten jedoch nicht darin erblickt werden, dass die Pläne nur mit behördlichen Auflagen genehmigt worden seien, da dieser Umstand in den Risikobereich der Antragstellerin fiele.

bb) In einem anderen Fall[5] hatte der Alleineigentümer die Gemeinschaftsordnung zusammen mit der Teilungserklärung nach § 8 WEG errichtet. Das OLG Düsseldorf entschied, dass jener als späterer Wohnungseigentümer gegen die übrigen Mitglieder der Gemeinschaft keinen Anspruch auf Änderung des Kostenverteilungsschlüssels habe, wenn er die ihm zugewiesenen Räumlichkeiten entgegen seiner ursprünglichen Planung nur wegen seines **fehlenden Nutzungswillens** nicht als Schwimmbad ausbaue. Ein Festhalten des Wohnungseigentümers an dem bisherigen Kostenverteilungsschlüssel erschien aus diesem Grunde nicht als „grob unbillig".

cc) In einem weiteren Fall[6] hatten Wohnungseigentümer in der Gemeinschaftsordnung eine Kostenverteilung nach dem Verhältnis der Wohn-/

---

1 BGH, Beschl. v. 28. 6. 1984 – VII ZB 15/83, BGHZ 92, 18 (22).
2 Das BayObLG geht in BayObLG, Beschl. v. 18. 11. 1991 – 2 Z BR 124/91, NJW-RR 1992, 342 (343), für den gesetzlichen Kostenverteilungsschlüssel ohne nähere Begründung davon aus, dass dieser dem Erwerber stets bekannt sei.
3 BayObLG, Beschl. v. 15. 3. 1984 – 2 Z BR 75/83, BayObLGZ 1984, 50.
4 Nach neuer BGH-Rechtsprechung ist ein derartiger Mehrheitsbeschluss aufgrund fehlender Beschlusskompetenz nichtig und kann nicht in Bestandskraft erwachsen. In einem solchen Fall gilt der gesetzliche Kostenverteilungsschlüssel des § 16 Abs. 2 WEG, der freilich ebenfalls grob unbillig sein kann.
5 OLG Düsseldorf, Beschl. v. 20. 5. 1998 – 3 Wx 96/98, WE 1999, 188 (189).
6 OLG Schleswig, Beschl. v. 17. 7. 1996 – 2 W 104/95, NJWE-MietR 1997, 32.

Nutzflächen vereinbart. Eine Wohnungseigentümerin nutzte ihre Wohnung höchstens drei Monate im Jahr, in der übrigen Zeit blieb ihre Wohnung **ungenutzt**. Das OLG Schleswig lehnte eine Abänderung des Verteilungsschlüssels für die Wasser- und Abwasserkosten ab, da die Wohnungseigentümerin zum Zeitpunkt des Erwerbes der Eigentumswohnung Kenntnis davon gehabt habe, dass sie die Wohnung nur in geringem Umfang nutzen werde und deshalb der ihr bekannte Kostenverteilungsschlüssel zu Unbilligkeiten führen könne.

e) Langfristiger Ausgleich der Kostenmehrbelastung

93 Die erhöhte Kostenbelastung eines Wohnungseigentümers, die etwa aufgrund einer Sanierung des Gebäudes anfällt, kann sich bei wirtschaftlicher Betrachtungsweise **langfristig wieder ausgleichen**. Dies hat zur Folge, dass einer einmaligen Kostenmehrbelastung eines Wohnungseigentümers bei langfristiger Betrachtung die „grobe Unbilligkeit" fehlen kann.

94 Das OLG Köln[1] hatte über eine Wohnanlage bestehend aus zwei Häusern zu entscheiden, von denen das eine Haus im Jahre 1962, das andere im Jahre 1971 erbaut worden war. Für das ältere der Gebäude waren erheblich höhere Sanierungskosten angefallen als für das jüngere. Die Sanierungskosten wurden nach dem Schlüssel der Miteigentumsanteile abgerechnet. Das OLG verneinte eine „grobe Unbilligkeit" der Kostenverteilung, da sich bei gebotener längerfristiger Betrachtung der Sanierungsbedarf beider Häuser angleiche. Die bei kurzfristiger Betrachtung unterschiedlichen Kosten der Sanierung begründeten keine „grobe Unbilligkeit" des Kostenverteilungsschlüssels, da Immobilien als langlebige Wirtschaftsgüter einer langfristigen Betrachtung zu unterziehen seien. Der Sanierungsbedarf für das neuere Gebäude stelle sich zwar mit zeitlicher Verzögerung ein, bei längerfristiger Betrachtung gleiche sich jedoch der Sanierungsbedarf beider Häuser an.

3. Prüfung des Änderungsanspruchs

95 Entsprechend dem klassischen Prüfungsaufbau sollten vertragliche vor gesetzlichen Ansprüchen geprüft werden. Erst wenn man verneint hat, dass nach den Grundsätzen der ergänzenden Vertragsauslegung ein Anspruch auf Zustimmung zur Änderung der Gemeinschaftsordnung besteht, kommt man dazu, die Voraussetzungen des gesetzlichen Änderungsanspruchs aus § 10 Abs. 2 Satz 3 WEG (neu) zu prüfen. Keinesfalls sollte man sich mit der Prüfung der gesetzlichen Anspruchsgrundlage begnügen und dabei Gefahr laufen, einen Änderungsanspruch, der sich unmittelbar aus der Gemeinschaftsordnung selbst ergibt, zu übersehen.

---

1 OLG Köln, Beschl. v. 8. 12. 1997 – 16 Wx 311/97, DWE 1998, 190.

4. Durchsetzung des Änderungsanspruches

Der Änderungsanspruch eines Wohnungseigentümers ist im zivilprozessualen Verfahren nach § 43 Abs. 1 Nr. 1 WEG zu verfolgen. 96

a) Sachanträge

Zunächst sind diejenigen Wohnungseigentümer, die eine Änderung der 97
Gemeinschaftsordnung im Wege der Vereinbarung ablehnen, zur Abgabe ihrer **materiell-rechtlichen Zustimmungserklärungen** zu verpflichten. Der entsprechende Antrag könnte lauten:

> Der Wohnungseigentümer X wird verurteilt, einer Änderung der Gemeinschaftsordnung vom ... dergestalt zuzustimmen, dass innerhalb der Gemeinschaft ... (Bezeichnung) die Kostenverteilung nach ... (Art der Kostenverteilung) durchzuführen ist.

Darüber hinaus müssen zur Eintragung der Änderungsvereinbarung ins 98
Grundbuch sämtliche Wohnungseigentümer zur Abgabe ihrer **verfahrensrechtlichen Eintragungsbewilligungen** (§§ 19, 29 GBO) verpflichtet werden[1]. Der materiell-rechtliche Zustimmungsanspruch auf Änderung der Gemeinschaftsordnung beinhaltet hierbei auch die Abgabe der grundbuchrechtlichen Bewilligungen[2]. Der entsprechende Antrag könnte lauten:

> Die Wohnungseigentümer X und Y werden verurteilt, die Eintragung der geänderten Gemeinschaftsordnung in der Fassung vom ... (Datum) in das Wohnungsgrundbuch von Z, Blatt Nr. ... (genaue Bezeichnung des Grundbuchs) zu bewilligen.

b) Zeitpunkt der Änderung

Sämtliche Willenserklärungen gelten gemäß § 894 Abs. 1 ZPO als **mit** 99
Rechtskraft der gerichtlichen Entscheidung abgegeben. Bis zur rechtskräftigen Entscheidung über die Änderung der „unbilligen" Regelung gilt diese fort. Es kann daher sein, dass bis zur rechtskräftigen Entscheidung über den geltend gemachten Änderungsanspruch eine geraume Zeit vergeht, in welcher der die Änderung verfolgende Wohnungseigentümer weiterhin „unbillig" benachteiligt wird. Daher kann zugleich im Wege

---
1 Vgl. hierzu BayObLG, Beschl. v. 11. 4. 2001 – 2 Z BR 121/100, NZM 2001, 671 (672).
2 Palandt/*Bassenge*, § 10 WEG Rz. 12.

der **einstweiligen Verfügung nach §§ 935, 940 ZPO** eine vorläufige Regelung der Gemeinschaftsordnung beantragt werden[1].

c) Rechtsschutzbedürfnis

100 Die Vereinbarung einer Öffnungsklausel eröffnet Wohnungseigentümern den Weg, Änderungen der Gemeinschaftsordnung auf Antrag eines Wohnungseigentümers in der Versammlung durch positiven Beschluss herbeizuführen (vgl. zu Änderungen aufgrund einer Öffnungsklausel nachfolgendes Kapitel Rz. 106 ff.). Da die Änderung der Gemeinschaftsordnung durch Mehrheitsbeschluss gegenüber der Durchführung eines gerichtlichen Verfahrens billiger, einfacher und effektiver ist, kann einem gerichtlichen Antrag eines Wohnungseigentümers ohne vorherige Antragstellung in der Versammlung das **Rechtsschutzbedürfnis** fehlen; dieser wäre unzulässig[2]. Allerdings ist die vorherige Antragstellung überflüssig, falls von vornherein feststeht, dass ein Antrag auf Änderung der Gemeinschaftsordnung in der Eigentümerversammlung abgelehnt werden wird. In diesen Fällen ist die Inanspruchnahme gerichtlicher Hilfe ausnahmsweise ohne vorherige Beschlussfassung zulässig[3].

5. Gerichtliche Entscheidung

101 Das Gericht hatte bis zum Inkrafttreten des Änderungsgesetzes zum WEG seine Entscheidung über die Änderung der Gemeinschaftsordnung gemäß § 43 Abs. 2 WEG (alt) **nach billigem Ermessen** zu treffen. Diese Vorschrift ist nun als Ausfluss des Verfahrens freiwilliger Gerichtsbarkeit ersatzlos weggefallen. Es fragt sich allerdings, wie das Gericht unter dem Verfahrensregime der ZPO über eine Änderung der Gemeinschaftsordnung zu entscheiden hat.

In Hinblick auf eine Änderung des Kostenverteilungsschlüssels war nach alter Rechtlage vom Gericht zu berücksichtigen, dass die vom zustimmungsberechtigten Wohnungseigentümer begehrte „billige" Kostenregelung sich unter Umständen für andere Wohnungseigentümer als „unbillig" erweisen konnte. Schließlich wird die Kostenlast in der Gemeinschaft durch eine Umverteilung der Kosten auf andere Wohnungseigentümer absolut gesehen nicht geringer. Da das Gericht grundsätzlich an Vereinbarungen und Beschlüsse der Wohnungseigentümer gebunden ist[4],

---

1 Vgl. hierzu BGH, Beschl. v. 13. 7. 1995 – V ZB 6/94, BGHZ 130, 305 (313); BayObLG, Beschl. v. 18. 11. 1991 – 2 Z BR 124/91, NJW-RR 1992, 342 (343).
2 Im Einzelfall abgelehnt von BayObLG, Beschl. v. 11. 4. 2001 – 2 Z BR 121/00, NZM 2001, 671 (672).
3 Ebenso OLG Hamburg, Beschl. v. 14. 3. 2001 – 2 Wx 35/97, ZMR 2001, 724 (725); OLG Düsseldorf, Beschl. v. 6. 7. 1994 – 3 Wx 456/92, ZMR 1994, 520 (523).
4 *Merle* in Bärmann/Pick/Merle, § 43 WEG Rz. 106; Staudinger/*Wenzel*, § 43 WEG Rz. 45; OLG Karlsruhe, Beschl. v. 28. 12. 1977 – 3 W 15/77, OLGZ 1978, 175 (176).

sprach dies nach der zur alten Rechtlage vertretenen Auffassung dafür, Änderungen einer Regelung durch das Gericht nach dem Grundsatz des geringstmöglichen Eingriffs nur im **unbedingt notwendigen Umfang** zuzulassen[1]. Eine „unbillige" Regelung konnte daher vom Gericht gerade noch so abgemildert werden, dass eine für die Gemeinschaft erträgliche Regelung entstand[2].

Es ist kein sachlicher Grund dafür ersichtlich, dass vorgenannte Grundsätze (zumindest im Hinblick auf eine Änderung des Kostenverteilungsschlüssels) nicht auch nach neuer Rechtlage, unter Anwendung der ZPO weiterhin gelten sollten. Denn das grundsätzliche Problem, dass durch eine Umverteilung der Kosten innerhalb der Gemeinschaft sich die Kostenlast nicht verringert, besteht auch unter dem Verfahrensregime der ZPO. Das Gericht wird sich also auch unter Anwendung der Verfahrensgrundsätze der ZPO die Auswirkungen seiner Entscheidung auf die Gemeinschaft der Wohnungseigentümer vor Augen zu halten haben und diese daher nach billigem Ermessen treffen.

102

6. Änderungen rechtskräftiger Entscheidungen

Begehrte ein Wohnungseigentümer die Änderung einer Regelung der Gemeinschaftsordnung, über die bereits rechtskräftig entschieden worden war, musste § 45 Abs. 4 WEG (alt) beachtet werden. Nach dieser Vorschrift konnte eine Regelung, über die bereits eine rechtskräftige gerichtliche Entscheidung vorlag, nur noch abgeändert werden, falls sich die tatsächlichen Verhältnisse nach dem Zeitpunkt der Entscheidung **wesentlich geändert** hatten und dies zur **Vermeidung einer unbilligen Härte** notwendig war. § 45 Abs. 4 WEG (alt) schränkte somit die Antragsbefugnis eines Wohnungseigentümers ein, um die Rechtskraft gerichtlicher Entscheidungen nicht auszuhöhlen. Die Regelung ist nunmehr aufgehoben.

103

III. Die Änderung der Gemeinschaftsordnung durch Mehrheitsbeschluss

1. Grundlagen

a) Die Beschlusskompetenz der Wohnungseigentümer

Die gesetzlichen oder vereinbarten Regelungen über das Verhältnis der Wohnungseigentümer untereinander sind grundsätzlich mehrheitsfest.

104

---

1 *Grebe*, Rechtsverhältnis, S. 143; OLG Karlsruhe, Beschl. v. 28. 12. 1977 – 3 W 15/77, OLGZ 1978, 175 (176).
2 *Grebe*, Rechtsverhältnis, S. 144; OLG Karlsruhe, Beschl. v. 28. 12. 1977 – 3 W 15/77, OLGZ 1978, 175 (176).

Zur Änderung der Gemeinschaftsordnung ist gemäß § 10 Abs. 2 Satz 2 WEG eine Vereinbarung aller Wohnungseigentümer erforderlich. Das **Einstimmigkeitsprinzip** schützt das Vertrauen des einzelnen Wohnungseigentümers in den Bestand der geltenden Gemeinschaftsordnung. Es hindert jedoch ihre Anpassung an die Bedürfnisse der Gemeinschaft, wenn einzelne Regelungen – etwa über die Verteilung gemeinschaftlicher Kosten – sich als unzweckmäßig oder lückenhaft erweisen. In der Praxis besteht daher vielfach das Bedürfnis, die Gemeinschaftsordnung durch Mehrheitsentscheidung abzuändern.

Beispiel:

105 Werden einzelne Wohnungseigentümer infolge einer genehmigten baulichen Veränderung – etwa im Falle eines Dachgeschossausbaus – vom Gebrauch des gemeinschaftlichen Eigentums ausgeschlossen, erscheint es interessengerecht, diese Wohnungseigentümer durch Mehrheitsentscheidung von den Folgekosten der baulichen Veränderung freizustellen.

106 Die Mehrheitsherrschaft der Wohnungseigentümer bedarf der Legitimation durch Zuweisung von Beschlusskompetenz[1]. Vor Inkrafttreten des Gesetzes zur Änderung des WEG (**WEG-Reform 2007**)[2] am 1. 7. 2007 konnten die Wohnungseigentümer ihre Gemeinschaftsordnung durch Mehrheitsbeschluss nur abändern, soweit sie hierzu durch Vereinbarung (sog. Öffnungsklausel) ermächtigt waren. Nunmehr ist ihnen in bestimmten Angelegenheiten kraft Gesetzes die Möglichkeit eingeräumt, die gesetzliche oder vereinbarte Grundordnung der Gemeinschaft durch Mehrheitsbeschluss abzuändern. Auf diese Weise kommt der Gesetzgeber insbesondere dem Bedürfnis der Praxis entgegen, eine als verfehlt angesehene Verteilung der Betriebs- und Verwaltungskosten abzuändern (§ 16 Abs. 3 WEG, s. dazu Rz. 120 ff.). Ergänzend zur bestehenden Gemeinschaftsordnung können die Wohnungseigentümer zudem generell die Zahlungsmodalitäten für Beiträge zur gemeinschaftlichen Lasten- und Kostentragung regeln und für eine besondere Nutzung oder für einen besonderen Verwaltungsaufwand zusätzliche Leistungspflichten begründen (§ 21 Abs. 7 WEG, s. Rz. 133 ff.). Schließlich können sie durch Mehrheitsbeschluss eine Veräußerungsbeschränkung nach § 12 Abs. 1 WEG aufheben (§ 12 Abs. 4 WEG).

107 Über die gesetzlich bestimmten Beschlussermächtigungen hinaus können Wohnungseigentümer die Gemeinschaftsordnung grundsätzlich nicht durch Mehrheitsentscheidung abweichend von den dispositiven gesetzlichen Vorschriften oder den bestehenden Vereinbarungen regeln. Mangels Beschlusskompetenz wäre ein gemeinschaftsordnungsändernder Mehrheitsbeschluss – ohne fristgerechte Beschlussanfechtung nach

---

[1] BGH, Beschl. v. 20. 9. 2000 – V ZB 58/99, ZWE 2000, 518 (519) = NJW 2000, 3500.
[2] Gesetz zur Änderung des Wohnungseigentumsgesetzes und anderer Gesetze v. 26. 3. 2007, BGBl. I, S. 370.

§ 23 Abs. 4 WEG – von Anfang an nichtig, sofern nicht eine Vereinbarung der Mehrheit die Möglichkeit zur Abänderung der Gemeinschaftsordnung „eröffnet". Als kompetenzbegründende Vereinbarung ist die sog. „**Öffnungsklausel**" Gültigkeitsvoraussetzung einer Mehrheitsentscheidung zur Änderung der Gemeinschaftsordnung.

Die **Zulässigkeit** kompetenzbegründender Öffnungsklauseln ergibt sich aus § 23 Abs. 1 WEG. Nach dieser Vorschrift unterliegen auch solche Angelegenheiten der Beschlussfassung der Wohnungseigentümer, die nach einer *Vereinbarung* durch Beschluss geordnet werden können. Durch Vereinbarung einer Beschlussermächtigung können die Wohnungseigentümer das Einstimmigkeitsprinzip abbedingen und Angelegenheiten der Gemeinschaftsordnung dem Mehrheitsprinzip zugänglich machen[1]. Allerdings lässt die Rechtsprechung eine Abänderung der Gemeinschaftsordnung durch Mehrheitsentscheidung aufgrund einer allgemeinen Öffnungsklausel nur zu, wenn sachliche Gründe vorliegen und einzelne Wohnungseigentümer gegenüber dem bisherigen Rechtszustand nicht unbillig benachteiligt werden (s. dazu Rz. 179 ff.)[2].

108

Die gesetzlichen oder vereinbarten Beschlusskompetenzen hindern die Wohnungseigentümer nicht, Vereinbarungen in Angelegenheiten der Gemeinschaftsordnung zu treffen. Insbesondere kann ein einzelner Wohnungseigentümer auch im Falle einer Öffnungsklausel die Zustimmung zur Änderung der Gemeinschaftsordnung verlangen, wenn die Änderung dringend geboten ist und die Beibehaltung der alten Regelung gegen Treu und Glauben verstößt (s. o. Rz. 70 ff.)[3].

109

b) Bedeutung für die Beratungspraxis

Bereits bei der Begründung von Wohnungseigentum stellt sich die Frage, ob über die gesetzlichen Beschlusskompetenzen hinaus mit der Errichtung der Teilungserklärung eine Öffnungsklausel aufgenommen werden soll (**Gestaltungsaufgabe**). Sinnvoll erscheint die Aufnahme einer Öffnungsklausel, soweit bei der Errichtung der Teilungserklärung bereits ein späterer Änderungsbedarf erkennbar ist, der nicht von den gesetzlichen Beschlussermächtigungen erfasst wird (zur Gestaltung einer Öffnungsklausel s. Rz. 144 ff.).

110

In der anwaltlichen Beratungspraxis ist oftmals zu klären, ob ein wirksamer Mehrheitsbeschluss der Wohnungseigentümer zur Abänderung

111

---

1 BGH, Beschl. v. 27. 6. 1985 – VII ZB 21/84, BGHZ 95, 137 (140); KG, Beschl. v. 19. 9. 2001 – 24 W 6354/00, ZWE 2002, 38 (39); OLG Köln, Beschl. v. 29. 10. 2001 – 16 Wx 180/01, NZM 2002, 29.
2 BGH, Beschl. v. 27. 6. 1985 – VII ZB 21/84, BGHZ 95, 137 (143); BayObLG, Beschl. v. 11. 4. 2001 – 2 Z BR 121/00, NZM 2001, 671.
3 BayObLG, Beschl. v. 11. 4. 2001 – 2 Z BR 121/00, NZM 2001, 671 zur Änderung der Zweckbestimmung.

der Gemeinschaftsordnung vorliegt (**Beschlusskontrolle**). Im Einzelnen stellen sich folgende Fragen:

112 **Checkliste: Wirksamkeit eines Mehrheitsbeschlusses zur Änderung der Gemeinschaftsordnung**

– **Ist der Inhalt des Beschlusses darauf gerichtet, das Gemeinschaftsverhältnis der Wohnungseigentümer abweichend von den gesetzlichen Vorschriften oder den Vereinbarungen zu regeln?** Nach den Grundsätzen einer objektiven, am Wortlaut des Beschlussprotokolls orientierten Auslegung ist zu ermitteln, ob der Beschluss seinem Inhalt nach – im Rahmen der gesetzlichen Beschlusskompetenz in Angelegenheiten des Gebrauchs und der Verwaltung gem. §§ 15 Abs. 2, 21 Abs. 3, 26 Abs. 1 Satz 1, 28 Abs. 5, 29 Abs. 1 Satz 1 WEG – lediglich im Einzelfall gegen die gesetzliche oder vereinbarte Grundordnung verstößt (**gesetzes- oder vereinbarungswidriger Beschluss**, Beispiel: Fehlerhafte Kostenverteilung in der Jahresabrechnung) oder ob er die Gemeinschaftsordnung dauerhaft für weitere Einzelfälle abändert (**gesetzes- oder vereinbarungsändernder Beschluss**, Beispiel: Änderung des Kostenverteilungsschlüssels)[1]. Gesetzes- oder vereinbarungsändernde Beschlüsse sind von Anfang an nichtig, es sei denn, den Wohnungseigentümern ist kraft Gesetzes oder durch Vereinbarung eine Beschlusskompetenz eingeräumt. Gesetzes- und vereinbarungswidrige Beschlüsse sind lediglich anfechtbar, d.h. sie erwachsen in Bestandskraft, wenn sie nicht innerhalb eines Monats im Wege der Beschlussanfechtungsklage angefochten werden. Problematisch sind Beschlüsse in Angelegenheiten des Gebrauchs (§ 15 Abs. 2 WEG), wenn eine Gebrauchsregelung – etwa eine Hausordnung im Sinne des § 21 Abs. 5 Nr. 1 WEG – formal in der Gemeinschaftsordnung geregelt ist und diese Regelungen durch Beschluss geändert werden sollen. Regelmäßig handelt es sich um unechte Bestandteile der Gemeinschaftsordnung, die im Rahmen der gesetzlichen Beschlusskompetenz durch Stimmenmehrheit geändert werden können.

– **Betrifft die Änderung der Gemeinschaftsordnung eine Angelegenheit, in der den Wohnungseigentümern kraft Gesetzes Beschlusskompetenz eingeräumt ist?** Gesetzliche Beschlusskompetenzen bestehen für folgende Änderungen: Aufhebung einer Veräußerungsbeschränkung (§ 12 Abs. 4 WEG), Verteilung von Betriebs- und Verwaltungskosten (§ 16 Abs. 3 WEG, s. Rz. 120 ff.), Zahlungsmodalitäten und Zahlungspflichten bei besonderer Nutzung und besonderem Verwaltungsaufwand (§ 21 Abs. 7 WEG, s. Rz. 133 ff.).

---

1 Zur Terminologie s. *Wenzel*, ZWE 2000, 2 f.; *Wenzel*, ZWE 2001, 226 f.; *Wenzel*, FS Hagen (1999), S. 231 f.

- **Wenn die Änderung nicht in den Anwendungsbereich einer gesetzlichen Beschlussermächtigung fällt: Enthält die Gemeinschaftsordnung eine Öffnungsklausel?** Zu klären ist die wirksame Vereinbarung einer Öffnungsklausel. Zur Wirksamkeit gegen Sondernachfolger muss sie gemäß § 10 Abs. 2 WEG als Inhalt des Sondereigentums in das Grundbuch eingetragen sein; s. dazu Rz. 158 f. Fehlt die Beschlussermächtigung, ist der Beschluss mangels Beschlusskompetenz nichtig.

- **Ist der Inhalt des Beschlusses von der Beschlussermächtigung gedeckt?** Bei einer vereinbarten Öffnungsklausel ist zu beachten, ob es sich um eine sachlich auf bestimmte Angelegenheiten der Gemeinschaftsordnung beschränkte Klausel handelt; s. dazu Rz. 150 ff. Überschreitet der Beschluss die Grenzen der Beschlussermächtigung, ist er mangels Beschlusskompetenz nichtig).

- **Sind die Mehrheitserfordernisse der Beschlussermächtigung gewahrt?** Sind die Mehrheitserfordernisse nicht gewahrt und stellt der Versammlungsleiter dennoch ein positives Beschlussergebnis fest, so kommt ein anfechtbarer Beschluss zustande[1]; s. dazu Rz. 171).

- **Sind die inhaltlichen Schranken einer Mehrheitsentscheidung gewahrt?** Wenn die beschlossene Änderung nicht durch sachliche Gründe gerechtfertigt ist oder einzelne Wohnungseigentümer unbillig benachteiligt, ist der Beschluss anfechtbar[2]; s. dazu Rz. 179 ff. Er ist unwirksam, wenn im Interesse des Individualrechtsschutzes Zustimmungsvorbehalte zugunsten einzelner Wohnungseigentümer bestehen und diese der Änderung nicht zugestimmt haben; s. Rz. 175 ff. Der Beschluss ist nichtig, wenn er gegen zwingende gesetzliche Vorschriften verstößt; s. Rz. 173).

- **Bedarf der Beschluss zu seiner Wirksamkeit der Zustimmung etwaiger Grundpfandgläubiger und sonstiger dinglich Berechtigter?** Nur wenn durch Mehrheitsbeschluss auf Grund einer vereinbarten Öffnungsklausel ein Sondernutzungsrecht begründet, aufgehoben, geändert oder übertragen wird, ist die Zustimmung der Grundpfandgläubiger erforderlich. Ihre Zustimmung ist nicht zur Begründung von Sondernutzungsrechten erforderlich, wenn gleichzeitig das zu ihren Gunsten belastete Wohnungseigentum mit einem Sondernutzungsrecht verbunden wird (§ 5 Abs. 4 WEG; zur Zustimmung sonstiger Berechtigter, etwa der Nießbraucher s. Rz. 185).

---

[1] BGH, Beschl. v. 23. 8. 2001 – V ZB 10/01, ZWE 2001, 530.
[2] BGH, Beschl. v. 27. 3. 1985 – VII ZB 21/84, BGHZ 95, 137 (143) = NJW 1985, 2832 (2833).

2. Gesetzliche Beschlusskompetenzen

a) Überblick

113 Die durch die WEG-Novelle 2007 neu geschaffenen Beschlusskompetenzen zur Regelung von Angelegenheiten der Gemeinschaftsordnung unterscheiden sich in ihrem Regelungsgehalt. Einzelne Kompetenznormen ermächtigen die Wohnungseigentümer zu einer echten **Änderung der Gemeinschaftsordnung**. So können sie etwa durch Mehrheitsbeschluss die Verteilung der Betriebs- und Verwaltungskosten auf Dauer abweichend vom Gesetz oder den Vereinbarungen regeln (§ 16 Abs. 3 WEG; s. Rz. 120 ff.). Die Änderung des Kostenverteilungsschlüssels hat zur Folge, dass der beschlossene Verteilungsmaßstab künftigen Jahresabrechnungen zugrunde zu legen ist.

114 Von der Beschlussermächtigung zur Änderung der Gemeinschaftsordnung sind Beschlusskompetenzen zu unterscheiden, die lediglich eine **Durchbrechung der Gemeinschaftsordnung** im Einzelfall ermöglichen. So können die Wohnungseigentümer etwa gem. § 16 Abs. 4 WEG die Kosten der Instandhaltung und Instandsetzung oder die Kosten einer baulichen Veränderung nur im Einzelfall abweichend vom gesetzlichen oder vereinbarten Kostenverteilungsschlüssel verteilen. Nur die Abrechnung der Kosten einer einzelnen Maßnahme richtet sich nach dem beschlossenen Verteilungsmaßstab. Weitere Maßnahmen sind nach dem allgemeinen Verteilungsschlüssel abzurechnen, es sei denn, die Wohnungseigentümer fassen erneut einen Beschluss zur abweichenden Verteilung der Kosten (s. Rz. 126).

115 Die Kompetenznorm des § 21 Abs. 7 WEG ermächtigt die Wohnungseigentümer zu einer **Ergänzung der Gemeinschaftsordnung**. Soweit sie die Art und Weise von Beitragszahlungen zur Lasten- und Kostentragung, deren Fälligkeit und die Folgen des Verzugs noch nicht durch Vereinbarung geregelt haben, können sie entsprechende Regelungen mit Stimmenmehrheit beschließen. Darüber hinaus können sie durch Mehrheitsbeschluss zusätzliche Leistungspflichten für eine besondere Nutzung oder für einen besonderen Verwaltungsaufwand begründen (s. Rz. 133).

116 Die gesetzlichen Beschlusskompetenzen zur Änderung der Gemeinschaftsordnung können **durch Vereinbarung** gem. § 10 Abs. 2 Satz 2 **WEG erweitert** werden. Hingegen können die Befugnisse aus § 12 Abs. 4 WEG (Aufhebung einer vereinbarten Veräußerungsbeschränkung) und § 16 Abs. 3 und 4 WEG (Regelung der Kostenverteilung) durch Vereinbarung nicht **eingeschränkt** oder **ausgeschlossen** werden. Das Verbot soll die Entscheidungsbefugnisse der Mehrheit insbesondere gegen abweichende Vereinbarungen absichern, die auf einer einseitigen Rechtsgestaltung des teilenden Eigentümers nach §§ 8 Abs. 2, 5 Abs. 4 WEG und nicht auf einer privatautonomen Entscheidung der Erwerber beruhen[1].

---

1 BT-Drucks. 16/887, S. 21 (25).

Vereinbarungen, die Beschlusskompetenzen verbotswidrig einschränken oder ausschließen, sind gem. § 134 BGB nichtig.

Übersicht: Gesetzliche Beschlusskompetenzen 117

Kompetenznorm	Angelegenheit	Regelungsgehalt, Abdingbarkeit	Verweis:
§ 12 Abs. 4 WEG	Aufhebung einer vereinbarten Veräußerungsbeschränkung gem. § 12 Abs. 1 WEG	– Änderung der Gemeinschaftsordnung (Dauerregelung) – keine Beschränkung durch Vereinbarung (§ 12 Abs. 4 Satz 2 WEG)	Teil 17 Rz. 1 ff.
§ 16 Abs. 3 WEG	Verteilung der Kosten des Betriebs und der Verwaltung abweichend von § 16 Abs. 2 WEG	– Änderung der Gemeinschaftsordnung (Dauerregelung) – keine Beschränkung durch Vereinbarung (§ 16 Abs. 5 WEG)	Rz. 120
§ 16 Abs. 4 WEG	Verteilung der Kosten von Instandhaltungs- und Instandsetzungsmaßnahmen sowie baulichen Veränderungen abweichend von § 16 Abs. 2 WEG	– Durchbrechung der Gemeinschaftsordnung (Einzelfall) – keine Beschränkung durch Vereinbarung (§ 16 Abs. 5 WEG)	Rz. 126
§ 21 Abs. 7 WEG	Art und Weise der Beitragszahlung, Fälligkeit, Folgen des Verzugs, Kosten besonderer Nutzung, Kosten eines besonderen Verwaltungsaufwands	– Änderung oder Ergänzung der Gemeinschaftsordnung – Durch Vereinbarung abdingbar (§ 10 Abs. 2 Satz 2 WEG)	Rz. 133

b) Die Änderung der Kostenverteilung (§ 16 Abs. 3 bis 5 WEG)

aa) Allgemeines

118 Die gesetzliche Beschlusskompetenz zur dauerhaften Änderung des Kostenverteilungsschlüssels beschränkt sich gem. § 16 Abs. 3 WEG auf die Verteilung von **Betriebs- und Verwaltungskosten**. Die Wohnungseigentümer können mit einfacher Stimmenmehrheit beschließen, dass diese Kosten abweichend von der gesetzlichen Kostenverteilung nach Miteigentumsanteilen (§ 16 Abs. 2 WEG) nach Verbrauch, Verursachung oder nach einem anderen Maßstab verteilt werden. Demgegenüber können sie die **Kosten der Instandhaltung und Instandsetzung** sowie die **Kosten** darüber hinausgehender **baulicher Veränderungen** iSv § 22 Abs. 1 und 2 WEG nur im Einzelfall abweichend von § 16 Abs. 2 WEG durch Mehrheitsbeschluss verteilen. Wegen der „besonderen Wichtigkeit" und der „erheblichen vermögensrechtlichen Bedeutung" derartiger Maßnahmen sollen die Wohnungseigentümer kraft Gesetzes nur die Möglichkeit haben, den gesetzlichen Verteilungsmaßstab im Einzelfall zu durchbrechen[1]. Der Beschluss über eine Durchbrechung des gesetzlichen Verteilungsschlüssels bedarf einer doppelt qualifizierten Mehrheit von drei Vierteln aller stimmberechtigten Wohnungseigentümer iSv § 25 Abs. 2 WEG und mehr als der Hälfte aller Miteigentumsanteile. Damit wird ein Gleichlauf mit § 22 Abs. 2 Satz 1 WEG hergestellt, wonach die Wohnungseigentümer über Modernisierungsmaßnahmen mit derselben qualifizierten Mehrheit beschließen können[2].

119 Die gesetzlichen Regelungen in § 16 Abs. 3 und 4 WEG ermächtigen die Wohnungseigentümer ausdrücklich zwar nur zu einer „von Absatz 2" abweichenden Kostenverteilung. Gleichwohl können sie im Rahmen ihrer gesetzlichen Beschlusskompetenz auch eine Kostenverteilung beschließen, die von den bestehenden Vereinbarungen abweicht. Diese Befugnis ergibt sich im Umkehrschluss aus § 16 Abs. 5 WEG, wonach die gesetzlichen Beschlusskompetenzen nicht durch Vereinbarung eingeschränkt oder ausgeschlossen werden können[3]. Ist vereinbart, dass die Kosten des Gebrauchs und der Verwaltung nach Wohn- oder Nutzfläche umzulegen sind, können die Wohnungseigentümer durch Mehrheitsbeschluss hiervon abweichen und beschließen, dass etwa die Kaltwasserkosten nach Verbrauch erfasst und auf die Eigentümer umgelegt werden.

bb) Betriebskosten

120 Die Beschlusskompetenz zur dauerhaften Änderung des Kostenverteilungsschlüssels erfasst gem. § 16 Abs. 3 WEG zunächst die Verteilung

---

[1] BT-Drucks. 16/887, S. 25.
[2] Zur Kritik der gesetzlichen Regelung siehe *Merle*, ZWE 2007, 217.
[3] *Elzer*, ZMR 2007, 430 (431); *Hinz*, ZMR 2005, 271 (275); *Schmid*, ZMR 2007, 844.

von **Betriebskosten** im Sinne von § 556 Abs. 1 BGB. Das Gesetz legt somit den im Mietrecht geltenden Begriff der Betriebskosten zugrunde, die im Katalog des § 2 BetrKV näher bestimmt sind. Nach den Vorstellungen des Gesetzgebers soll der Verweis auf das Mietrecht die Rechtsanwendung erleichtern[1]. Auf Grund der unterschiedlichen **Funktion** des Begriffs im Wohnungseigentumsrecht und im Mietrecht ist der Verweis jedoch nicht unproblematisch. Anhand des Katalogs des § 2 BetrKV soll im Mietrecht geklärt werden, „ob" der Vermieter Kosten auf seine Mieter umlegen kann. Im Wohnungseigentumsrecht geht es hingegen allein im die Frage, „wie" die umzulegenden Kosten des Betriebs von Gemeinschafts- und Sondereigentum im Verhältnis der Wohnungseigentümer zu verteilen sind. Die unterschiedliche Funktion ist bei der Auslegung des Begriffs „Betriebskosten" im Wohnungseigentumsrecht zu berücksichtigen.

Die Beschlusskompetenz erstreckt sich zunächst auf die Erfassung und Verteilung der **Betriebskosten des Gemeinschaftseigentums**. Nach dem Katalog des § 2 BetrKV gehören hierzu insbesondere folgende Kosten: 121

– Kosten der **Wasserversorgung** des Gemeinschaftseigentums, etwa die Kosten der Gartenbewässerung (Nr. 2),

– Kosten des Betriebs einer **Aufzugsanlage** (Nr. 7),

– Kosten der **Abfallbeseitigung**, soweit sie nicht dem Gebrauch des Sondereigentums zugeordnet werden können (Nr. 8),

– Kosten der **Straßenreinigung** (Nr. 8),

– Kosten der **Gebäudereinigung** (Nr. 8),

– **Allgemeinstromkosten** (Nr. 11),

– Kosten der **Sach- und Haftpflichtversicherung** (Nr. 13),

– **Hauswartskosten** (Nr. 4).

Darüber hinaus können die Wohnungseigentümer im Rahmen ihrer Beschlusskompetenz aus § 16 Abs. 3 WEG auch über die Erfassung und Verteilung der **Betriebskosten des Sondereigentums** beschließen, die **nicht unmittelbar gegenüber Dritten** abgerechnet werden. Es handelt sich um Betriebskosten, die beim Gebrauch des Sondereigentums anfallen, die aber auf Grund einer Verbindlichkeit der Gemeinschaft zunächst das Verwaltungsvermögen der Gemeinschaft belasten und deshalb auf die Eigentümer umgelegt werden müssen. Hierzu gehören insbesondere die folgenden Kosten: 122

– Kosten der **Kaltwasserversorgung** einschließlich der **Entwässerungskosten** (§ 2 Nr. 2, 3 BetrKV), wenn die Kosten auf Grund eines gemeinschaftlichen Liefervertrages mit dem Wasserversorger bei der Gemeinschaft anfallen: Sie sind im Verhältnis der Wohnungseigentümer zu

---
1 BT-Drucks. 16/887, S. 22; kritisch *Becker*, ZWE 2005, 136 (137).

verteilen, da sie zunächst aus den gemeinschaftlichen Geldern verauslagt werden. Sind keine Verbrauchserfassungsgeräte im Bereich des Sondereigentums vorhanden und ist in der Gemeinschaftsordnung kein besonderer Verteilungsschlüssel vereinbart, so sind die Kosten der Kaltwasserversorgung entsprechend § 16 Abs. 2 WEG im Zweifel nach Miteigentumsanteilen zu verteilen. Anknüpfend an die Rechtsprechung des BGH[1] stellt § 16 Abs. 3 WEG klar, dass die Wohnungseigentümer in diesem Fall beschließen können, die Betriebskosten des Sondereigentums nach Verbrauch zu erfassen und zu verteilen[2].

– Kosten der **Heiz- und Warmwasserversorgung** (§ 2 Nr. 4 ff. BetrKV): Über die Kosten des Betriebs einer zentralen Heiz- und Warmwasserversorgungsanlage können die Wohnungseigentümer nur nach Maßgabe der HeizkostenV beschließen. Die Vorschriften der HeizkostenV über die verbrauchsabhängige Kostenverteilung sind unabhängig von abweichenden Vereinbarungen und Beschlüssen der Wohnungseigentümer anzuwenden (§ 3 Satz 1 HeizkostenV). Gem. § 16 Abs. 3 können die Wohnungseigentümer erstmals eine verbrauchsabhängige Heizkostenabrechnung einführen, die den Grundsätzen der §§ 7 Abs. 1, 8 Abs. 1 HeizkostenV – mindestens zu 50 %, höchstens zu 70 % nach Verbrauch – Rechnung trägt[3].

– Kosten der **Abfallbeseitigung** im Bereich des Sondereigentums (§ 2 Nr. 8 BetrKV): Die Wohnungseigentümer können etwa beschließen, durch Zuordnung von abschließbaren Abfallbehältern den Abfall nach Sondereigentumseinheiten getrennt zu erfassen und die Kosten der Beseitigung nach Verursachung abzurechnen[4].

– Kosten des **Kabelanschlusses** im Bereich des Sondereigentums (§ 2 Nr. 15b BetrKV), soweit auf Grund eines gemeinschaftlichen Nutzungsvertrages der Kabelnetzbetreiber das Entgelt von der Gemeinschaft erhebt: Fehlt eine Vereinbarung über die Kostenverteilung, so sind die Kosten entsprechend § 16 Abs. 2 WEG grundsätzlich auch dann nach Miteigentumsanteilen im Verhältnis der am Kabelnetz angeschlossenen Wohnungseigentümer zu verteilen, wenn sich das Entgelt nach dem Nutzungsvertrag nach der Anzahl der angeschlossenen Wohneinheiten berechnet[5]. Die Wohnungseigentümer können gem. § 16 Abs. 3 WEG jedoch beschließen, dass die Kabelanschlusskosten

---

[1] BGH, Beschl. v. 25. 9. 2003 – V ZB 217/03, BGHZ 156, 192 = NJW 2003, 3476 = ZWE 2004, 66 m. Anm. *Ott*.
[2] Vgl. BT-Drucks. 16/887, S. 22.
[3] Zu den Einzelheiten siehe *Becker* in Bärmann, § 16 WEG Rz. 56 ff. m. w. N.
[4] OLG Oldenburg, Beschl. v. 5. 4. 2005 – 5 W 194/04, ZMR 2005, 814; *Greiner*, ZMR 2004, 319.
[5] BGH, Beschl. v. 27. 9. 2007 – V ZB 83/07, NJW 2007, 3492 = NZM 2007, 886 = ZMR 2007, 975; OLG München, Beschl. v. 11. 7. 2007 – 34 Wx 21/07, ZMR 2007, 811 m. Anm. *Elzer* = MietRB 2007, 265 m. Anm. *Becker*; a. A. OLG Hamm, Beschl. v. 4. 5. 2004 – 15 W 142/03, ZMR 2004, 774; *Hogenschurz*, ZMR 2003, 901 (902).

stattdessen nach der Anzahl der am Kabelnetz angeschlossenen Sondereigentumseinheiten zu gleichen Teilen zu verteilen sind.

Die Beschlusskompetenz nach § 16 Abs. 3 WEG erstreckt sich **nicht** auf Betriebskosten, die der einzelne Sondereigentümer **unmittelbar gegenüber Dritten** abrechnet. So können die Wohnungseigentümer nicht über die Verteilung der Kosten der Energieversorgung (Strom, Gas) beschließen, soweit jeder Sondereigentümer individuelle Verträge mit Versorgungsunternehmen, etwa zum Betrieb einer Gasetagenheizung abschließt. Auch **Erschließungsbeiträge** gem. § 134 Satz 4 Hs. 2 BauGB sind Kosten, die der einzelne als Teilschuldner unmittelbar im Verhältnis zum Hoheitsträger zu tragen hat. Entsprechendes gilt für **Kommunalabgaben**, soweit nach den Kommunalabgabengesetzen der Länder die einzelnen Wohnungseigentümer als Teilschuldner anzusehen sind[1]. Schließlich fällt auch die **Grundsteuer**, die im Mietrecht zu den umlagefähigen Betriebskosten gehört (§ 2 Nr. 1 BetrKV), nicht in den Anwendungsbereich der Beschlusskompetenz. Da die Grundsteuer auf dem einzelnen Wohnungseigentum lastet, ist der Sondereigentümer unmittelbar Steuerschuldner. Hier zeigt sich, dass der Betriebskostenbegriff des Mietrechts nicht unbesehen auf das Wohnungseigentumsrecht anzuwenden ist[2]. 123

cc) Kosten der Verwaltung

Gem. § 16 Abs. 3 WEG haben die Wohnungseigentümer auch die Kompetenz, die Kosten der Verwaltung abweichend vom gesetzlichen Verteilungsschlüssel zu regeln. Sie können etwa über die Verteilung der Kosten beschließen, die die Gemeinschaft zur Vergütung des Verwalters aufzuwenden hat. Als Vertragspartner des Verwalters schuldet die rechtsfähige Gemeinschaft die **Verwaltervergütung**. Soweit nichts anderes vereinbart ist, sind die Kosten der Verwaltervergütung gem. § 16 Abs. 2 WEG nach Miteigentumsanteilen im Verhältnis der Wohnungseigentümer zu verteilen. Dieser Verteilungsmaßstab gilt im Verhältnis der Wohnungseigentümer grundsätzlich auch dann, wenn der Verwaltervertrag die Vergütung nach der Anzahl der Wohneinheiten bemisst[3]. Gem. § 16 Abs. 3 WEG können die Wohnungseigentümer jedoch beschließen, dass die Verteilung der Verwalterkosten im Verhältnis der Wohnungseigentümer gleichfalls nach der Anzahl der Wohneinheiten erfolgen soll. 124

Die Beschlusskompetenz zur Verteilung der Verwaltungskosten beschränkt sich nicht auf die „Verwalterkosten". Auch die **sonstigen Kos-** 125

---

[1] Art. 5 Abs. 7 Satz 1 BayKAG; § 21 Abs. 2 BWKAG; *Becker*, DWE 1994, 52 (58); *Kirchhoff*, ZWE 2000, 562 ff.
[2] Zur Kritik siehe *Köhler*, ZMR 2005, 19 (20); *Becker*, ZWE 2005, 19 (20).
[3] BayObLG, Beschl. v. 23. 12. 2003 – 2 Z BR 189/03, ZMR 2004, 358; OLG Köln, Beschl. v. 24. 5. 2002 – 16 Wx 84/02, NZM 2002, 615; OLG Frankfurt/Main, Beschl. v. 27. 4. 2004 – 20 W 183/02, OLGReport 2005, 7.

ten der Verwaltung des Gemeinschaftseigentums sind von ihr erfasst, etwa die Kosten der Verwaltung gemeinschaftlicher Gelder (Kontoführungsentgelte), Aufwendungen für den Verwaltungsbeirat, oder die Kosten anwaltlicher Beratung in Verwaltungsangelegenheiten[1].

dd) Kosten der Instandhaltung und Instandsetzung

126 Hinsichtlich der Beschlusskompetenz sind die Kosten der Instandhaltung und Instandsetzung des gemeinschaftlichen Eigentums von den Betriebs- und Verwaltungskosten abzugrenzen. Für diese Kosten ist den Wohnungseigentümern keine Kompetenz eingeräumt, die Kostenverteilung generell für die Zukunft durch einfachen Mehrheitsbeschluss zu regeln. Instandhaltungs- und Instandsetzungskosten können sie wie die Kosten baulicher Veränderungen gem. § 16 Abs. 4 WEG nur im **Einzelfall** durch Beschluss abweichend von § 16 Abs. 2 WEG verteilen, wobei der Beschluss darüber hinaus einer **doppelt qualifizierten Mehrheit** von drei Vierteln aller stimmberechtigten Wohnungseigentümer und mehr als der Hälfte aller Miteigentumsanteile bedarf.

127 In der Praxis bereitet die **Abgrenzung der Instandhaltungs- und Instandsetzungskosten von den Betriebskosten** Schwierigkeiten. Bereits der Katalog des § 2 BetrKV führt umlagefähige Betriebskosten auf, die streng genommen zu den Kosten der Instandhaltung oder Instandsetzung gehören, etwa die Kosten der Pflege und Reinigung einer Aufzugsanlage (Nr. 7) oder die Kosten der Erneuerung von Pflanzen im Rahmen der Gartenpflege (Nr. 10). Entgegen einer in der Literatur vertretenen Ansicht kann daraus nicht die Konsequenz gezogen werden, dass die Kosten pflegender Maßnahmen ungeachtet der Bezeichnung als „Betriebskosten" als Kosten der Instandhaltung und Instandsetzung dem Anwendungsbereich des § 16 Abs. 4 WEG unterfallen[2]. Es leuchtet nicht ein, weshalb etwa die Kosten der Beleuchtung mehrerer Treppenhäuser einer Wohnanlage auf Grund eines einfachen Mehrheitsbeschlusses nach Treppenaufgängen getrennt erfasst und verteilt werden können, die Kosten für den Austausch einzelner defekter Leuchtmittel als Kosten der Instandsetzung aber nur „im Einzelfall" auf Grund eines qualifizierten Mehrheitsbeschlusses in gleicher Weise objektsbezogen verteilt werden können. Derartige Wertungswidersprüche lassen sich mit Rücksicht auf den Sinn und Zweck des § 16 Abs. 4 WEG vermeiden[3].

128 Nach den **Vorstellungen des Gesetzgebers** soll die auf den Einzelfall beschränkte Beschlusskompetenz und das qualifizierte Mehrheitserfordernis die Wohnungseigentümer vor den weitreichenden Folgen einer gene-

---

1 *Fritsch*, MietRB 2007, 244 (245); *Häublein*, ZMR 2007, 409 (416).
2 So Riecke/Schmid/*Elzer*, § 16 WEG Rz. 63 f.
3 Siehe dazu *Becker* in Bärmann, § 16 WEG Rz. 84.

rellen Entscheidung über die Verteilung der Kosten künftiger Instandhaltungs- und Instandsetzungsmaßnahmen schützen. Der Gesetzgeber geht von kostenintensiven baulichen Maßnahmen aus, deren finanzielle Tragweite sie im Zeitpunkt der Beschlussfassung nicht überblicken können[1]. Mit der Beschränkung auf den Einzelfall soll das Gesetz dem Umstand Rechnung tragen, dass die Wohnungseigentümer in der Praxis die Maßnahme und die Verteilung der Kosten als einheitlichen Lebenssachverhalt ansehen und zusammen darüber entscheiden[2].

Der Normzweck des § 16 Abs. 4 WEG erfasst von vornherein nicht die **Kosten laufender Instandhaltungs- und Instandsetzungsmaßnahmen**, die der Verwalter ohne eine besondere Beschlussfassung der Wohnungseigentümer gem. § 27 Abs. 3 Satz 1 Nr. 3 WEG vornehmen kann. Im Unterschied zu kostenintensiven Maßnahmen besteht hier kein Anlass, im Einzelfall über die Vornahme einer Maßnahme und über die Verteilung ihrer Kosten zu beschließen. Insoweit unterscheiden sich die Kosten einer laufenden Instandhaltung und Instandsetzung nicht von den Betriebs- und Verwaltungskosten, die ohne Rücksicht auf eine Einzelfallentscheidung bei der Gemeinschaft anfallen. Auf Grund der vergleichbaren Interessenlage ist anzunehmen, dass die Wohnungseigentümer die Verteilung der Kosten laufender Instandhaltungs- und Instandsetzungsmaßnahmen, etwa die Kosten von Kleinreparaturen und die Kosten der Ersatzbeschaffung von Kleinteilen, entsprechend § 16 Abs. 3 WEG generell mit einfacher Mehrheit beschließen können[3].

129

⊃ **Hinweis:**

Die im Einzelfall schwierige Abgrenzung laufender Maßnahmen der Instandhaltung und Instandsetzung zu kostenintensiven Maßnahmen erlangt beim Abschluss sog. **Vollwartungsverträge** Bedeutung, die über die laufenden Pflegemaßnahmen auch größere Instandsetzungsmaßnahmen zum Gegenstand haben. Hier empfiehlt sich, die Verteilung der durch diesen Vertrag verursachten Kosten zugleich mit dem Abschluss des Vertrages mit der nach § 16 Abs. 4 WEG erforderlichen qualifizierten Mehrheit zu beschließen. Der Abschluss des Vertrages betrifft einen Einzelfall im Sinne dieser Vorschrift, so dass für die Dauer des Vertragsverhältnisses die Kosten nach dem beschlossenen Verteilungsschlüssel zu verteilen sind.

130

Probleme bereitet die auf den Einzelfall beschränkte Beschlusskompetenz nach § 16 Abs. 4 EWG, wenn Wohnungseigentümer für die Kosten einer **Instandsetzung abgrenzbarer Gebäudeteile** (Fenster, Balkone) im Bereich ihres Sondereigentums abweichend von § 16 Abs. 2 WEG

130a

---
[1] BT-Drucks. 16/887, S. 25.
[2] BT-Drucks. 16/887, S. 23.
[3] So auch *Abramenko*, Das neue WEG, § 3 Rz. 20; *J.-H. Schmidt*, ZMR 2007, 913 (924 f.).

eine **individuelle Kostentragungslast** regeln wollen („*Jeder Wohnungseigentümer trägt die Kosten der Instandsetzung der Fenster im Bereich seines Sondereigentums selbst.*"). Sind etwa nur einzelne Fenster instandsetzungsbedürftig, so können die Wohnungseigentümer den Einzelfall nicht zum Anlass nehmen, mit qualifizierter Mehrheit nach § 16 Abs. 4 WEG auch für künftige Fälle eine individuelle Kostentragungslast zu beschließen. Mangels Beschlusskompetenz wäre ein solcher Beschluss nichtig[1]. Wenn die Wohnungseigentümer im Einzelfall die Kosten einer Fenstersanierung durch qualifizierten Mehrheitsbeschluss individuell den betroffenen Wohnungseigentümern auferlegen, so können die betroffenen Wohnungseigentümer allenfalls verlangen, dass sie von den Kosten einer künftigen Instandsetzung von Fenstern im Bereich anderer Wohnungen freigestellt werden[2]. Um eine Gleichbehandlung aller Wohnungseigentümer sicherzustellen, bietet sich an, den Beschluss einer individuellen Kostentragungslast im Einzelfall unter der auflösenden Bedingung einer hiervon abweichenden Kostenverteilung in anderen gleichartigen Fällen zu fassen.

Formulierungsvorschlag

130 b Die Kosten der Instandsetzung der Fenster im Vorderhaus gemäß Kostenangebot des Unternehmers X vom [Datum einfügen!] tragen allein die Eigentümer der Wohnungen im Vorderhaus. Die Kostenregelung erfolgt unter der auflösenden Bedingung, dass die Eigentümer des Vorderhauses von den Kosten der voraussichtlich in zwei Jahren anstehenden Instandsetzung der Fenster im Hinterhaus freigestellt werden.

ee) Abweichende Vereinbarungen

131 Die Beschlusskompetenzen gem. § 16 Abs. 3 und 4 WEG sind gem. § 16 Abs. 5 WEG unabdingbar. Sie können nicht durch Vereinbarung der Wohnungseigentümer eingeschränkt oder ausgeschlossen werden. Das **gesetzliche Verbot** soll die Entscheidungsbefugnisse der Wohnungseigentümer insbesondere gegen beschränkende Vereinbarungen sichern, die der teilende Eigentümer bei der Begründung von Wohnungseigentum gem. §§ 8 Abs. 2, 5 Abs. 4 WEG einseitig bestimmt[3]. Vereinbarungen, die gegen das gesetzliche Verbot verstoßen, sind gem. § 134 BGB nichtig. Durch Vereinbarung kann die Beschlussfassung über die Verteilung von

---

1 Riecke/Schmid/*Elzer*, § 16 WEG Rz. 99; *Becker* in Bärmann, § 16 WEG Rz. 118.
2 Vgl. OLG Hamm, Beschl. v. 20. 11. 2007 – 15 W 166/06, ZMR 2007, 296 (297); a.A. wohl AG Oldenburg, Urt. v. 19. 2. 2008 – 10 C 10016/07, NZM 2008, 495 (496).
3 BT-Drucks. 16/887, S. 21 (25).

Betriebs- und Verwaltungskosten nach § 16 Abs. 3 WEG etwa nicht von einer qualifizierten Mehrheit abhängig gemacht werden.

Nach zutreffender Ansicht sind auch Vereinbarungen über eine abweichende Regelung der **Stimmkraft** nichtig, soweit sie eine Beschlussfassung nach § 16 Abs. 3 oder 4 WEG erschweren[1]. Ist etwa abweichend vom gesetzlichen Kopfprinzip (§ 25 Abs. 2 WEG) ein Stimmrecht nach Miteigentumsanteilen oder nach Objekten vereinbart, so ist diese Regelung nur anzuwenden, wenn sie im konkreten Fall die Beschlussfassung erleichtert. Ein Beschluss zur Verteilung der Kosten kommt somit zustande, wenn sich entweder nach der dem gesetzlichen Kopfprinzip oder nach der abweichend vereinbarten Stimmkraft die erforderliche Stimmenmehrheit feststellen lässt.

132

c) Beschlusskompetenzen gem. § 21 Abs. 7 WEG

Gem. § 21 Abs. 7 können die Wohnungseigentümer die Regelung über die Art und Weise von Zahlungen, der Fälligkeit und der Folgen des Verzugs sowie der Kosten für eine besondere Nutzung des gemeinschaftlichen Eigentums oder für einen besonderen Verwaltungsaufwand mit Stimmenmehrheit beschließen. Die Beschlusskompetenz ermächtigt die Wohnungseigentümer auch, Zahlungsmodalitäten, Verzugsfolgen und besondere Leistungspflichten abweichend von anderslautenden Vereinbarungen zu regeln. Im Unterschied zu § 21 Abs. 5 WEG verweist § 21 Abs. 7 WEG nicht auf die allgemeine Vorschrift des § 21 Abs. 3 WEG, wonach die Beschlussfassung in Verwaltungsangelegenheiten unter dem Vorbehalt einer Vereinbarung steht[2]. Nach zutreffender Ansicht kann die Beschlusskompetenz aus § 21 Abs. 7 WEG jedoch durch Vereinbarung abgeändert oder ausgeschlossen werden[3]. Ein den §§ 12 Abs. 4 Satz 2, 16 Abs. 5, 22 Abs. 2 Satz 2 WEG entsprechendes Verbot hat der Gesetzgeber hier nicht angeordnet.

133

Auf Grund ihrer Beschlusskompetenz aus § 21 Abs. 7 WEG können die Wohnungseigentümer die **Art und Weise der Zahlungen**, der **Fälligkeit** und **die Folgen des Verzuges** durch Mehrheitsbeschluss regeln. Die Vorschrift gilt zunächst für Zahlungspflichten der Wohnungseigentümer gegenüber der Gemeinschaft im Rahmen der gemeinschaftlichen Lasten- und Kostentragung. Die Wohnungseigentümer können etwa beschließen, dass Beitragsforderungen aus Wirtschaftsplan und Jahresabrechnung

134

---

[1] *Häublein*, ZMR 2007, 409 (411); *Häublein.*, FS Bub (2007), S. 113 (123f.); *Becker* in Bärmann, § 16 WEG Rz. 102, 129; a.A. Riecke/Schmid/*Elzer*, § 16 WEG Rz. 81; Palandt/*Bassenge*, § 16 WEG Rz. 11.
[2] *Merle* in Bärmann, § 21 WEG Rz. 142; Niedenführ/Kümmel/Vandenhouten, § 21 WEG Rz. 112.
[3] *Merle* in Bärmann, § 21 WEG Rz. 145; *Merle*, ZWE 2007, 321 (322); a.A. Hügel/*Elzer*, Das neue WEG-Recht, § 8 Rz. 72; *B. Müller*, ZMR 2008, 177 (179).

im Wege des **Lastschriftverfahrens** zu erfüllen sind[1]. Ferner können sie generell die Fälligkeit von Beitragsvorschüssen durch Beschluss abweichend von § 28 Abs. 2 WEG regeln, indem sie bestimmte **Fälligkeitstermine** – etwa den jeweils Ersten eines Monats – festlegen. Ebenso können sie die Folgen des Verzuges regeln, etwa indem sie abweichend von § 288 Abs. 1 BGB **pauschalierte Verzugszinsen** beschließen. Als Verzugsfolge können sie auch eine sog. **Vorfälligkeitsregelung** beschließen, wonach die gesamten, für das Wirtschaftsjahr geschuldeten Beitragsvorschüsse zur Lasten- und Kostentragung jeweils fällig werden, wenn ein Wohnungseigentümer mit seinen monatlichen Vorschussleistungen in Verzug gerät[2]. Nach der Gesetzesbegründung können die Wohnungseigentümer auch eine **Vertragsstrafe** für den Fall beschließen, dass eine Wohnungseigentümer gegen eine vereinbarte Vermietungsbeschränkung verstößt[3].

135 Gem. § 21 Abs. 7 WEG können die Wohnungseigentümer durch Mehrheitsbeschluss die **Kosten einer besonderen Nutzung** des Gemeinschaftseigentums regeln. Unter einer „besonderen Nutzung" ist ein über die normale, gewöhnliche, übliche Nutzung hinausgehender Gebrauch des gemeinschaftlichen Eigentums zu verstehen, der zusätzliche Kosten – etwa Instandhaltungs- und Instandsetzungskosten oder Kosten des Verbrauchs – verursacht[4]. Voraussetzung ist, dass der Gemeinschaft durch die besondere Nutzung Einzelner Kosten entstehen. So können die Wohnungseigentümer etwa die Erhebung einer **Umzugskostenpauschale** beschließen, die der stärkeren Nutzung der Aufzüge, Hausflure und Treppenhäuser bei einem Ein- oder Auszug Rechnung trägt. Ein Entgelt als Gegenleistung für eine normale Nutzung gemeinschaftlicher Einrichtungen (z.B. Sauna, Schwimmbad, Waschmaschine) kann hingegen nicht nach § 21 Abs. 7 WEG beschlossen werden[5]. Eine entgeltliche Nutzung kann jedoch im Rahmen einer Gebrauchsregelung nach § 15 Abs. 2 WEG beschlossen werden, soweit eine Vereinbarung nicht entgegensteht[6].

136 Schließlich können die Wohnungseigentümer gem. § 21 Abs. 7 WEG die **Kosten eines besonderen Verwaltungsaufwands** mit Stimmenmehrheit beschließen. Ein „besonderer Verwaltungsaufwand" ist ein Aufwand, der

---

1 *Merle* in Bärmann, § 21 WEG Rz. 146; *B. Müller*, ZMR 2008, 177 (178).
2 *Merle* in Bärmann, § 21 WEG Rz. 148; anders noch BGH, Beschl. v. 2. 10. 2003 – V ZB 34/03, ZMR 2003, 943 (947) zur Verfallklausel nach alten Recht.
3 BT-Drucks. 16/887, S. 27; *Niedenführ/Kümmel/Vandenhouten*, § 21 WEG Rz. 114; kritisch *Abramenko*, Das neue WEG, § 2 Rz. 9; *Köhler*, Das neue WEG, Rz. 305.
4 So *Merle* in Bärmann, § 21 WEG Rz. 155; anders wohl *Häublein*, ZMR 2007, 409 (418 f.), nach dem die „besondere Nutzung" vom konkreten Nutzverhalten der übrigen Eigentümer derselben Gemeinschaft abhängen soll; s. auch *B. Müller*, ZMR 2008, 177 (179 f.).
5 *Abramenko*, Das neue WEG, § 2 Rz. 13; *Merle* in Bärmann, § 21 WEG Rz. 159; a. A. *Hügel/Elzer*, Das neue WEG-Recht, § 8 Rz. 65.
6 *Merle*, ZWE 2006, 128 ff.

über den normalen Aufwand bei der Verwaltung des gemeinschaftlichen Eigentums hinausgeht und zusätzliche Kosten verursacht. Der Gemeinschaft entstehen besondere Kosten, wenn sie im Verwaltervertrag eine Sondervergütung vereinbart, etwa für die Erteilung einer Veräußerungszustimmung, die Vornahme einer Abrechnung vor Amtsantritt, die Durchführung außerordentlicher Versammlungen oder für den Mehraufwand bei Nichtteilnahme am Lastschriftverfahren. Da es sich um Kosten der Verwaltung handelt, die im Verhältnis der Wohnungseigentümer zu verteilen sind, ergibt sich bereits eine Beschlusskompetenz zur Regelung der Kostentragung aus § 16 Abs. 3 WEG. Soweit das Verwaltungsvermögen mit Kosten für einen besonderen Verwaltungsaufwand belastet ist, überschneidet sich der Anwendungsbereich beider Vorschriften[1].

Eine eigenständige, über die Beschlusskompetenz nach § 16 Abs. 3 WEG hinausgehende Bedeutung hat die Beschlussermächtigung gem. § 21 Abs. 7 WEG, soweit besondere Kostenlasten durch Beschluss originär begründet werden sollen. Fehlt eine entsprechende Regelung im Verwaltervertrag, so können die Wohnungseigentümer etwa durch Beschluss die Erhebung einer **Mehraufwandspauschale** bei **Nichtteilnahme am Lastschriftverfahren** beschließen. Auf diese Weise können die Wohnungseigentümer unabhängig vom Inhalt des jeweiligen Verwaltervertrages zu Gunsten des Verwalters regeln, dass eine Mehraufwandspauschale unmittelbar an den Verwalter zu zahlen ist[2]. 137

3. Vereinbarte Beschlusskompetenzen (Öffnungsklausel)

a) Bedeutung und Zulässigkeit

Mangels einer allgemeinen gesetzlichen Beschlusskompetenz zur Änderung der Gemeinschaftsordnung besteht auch nach der WEG-Novelle 2007 mitunter ein Bedürfnis, die Beschlusskompetenzen der Wohnungseigentümer durch Vereinbarung einer Öffnungsklausel zu erweitern. Wollen die Wohnungseigentümer die **Kosten der Instandhaltung und Instandsetzung** von Gebäudeteilen – etwa Fenster oder Balkone – generell objektbezogen dem jeweiligen Nutzer auferlegen, so lässt sich ein Mehrheitsbeschluss nicht auf die gesetzliche Beschlussermächtigung gem. § 16 Abs. 4 WEG stützen, da die Beschlusskompetenz nach dieser Vorschrift auf den Einzelfall beschränkt ist (s.o. Rz. 126), bedarf es einer vereinbarten Öffnungsklausel, die Regelung über den Einzelfall hinaus ermöglicht. Einen derartige Vereinbarung kann die Beschlussfassung er- 138

---

1 *Hügel/Elzer*, Das neue WEG-Recht, § 8 Rz. 63; *Becker* in Bärmann, § 16 WEG Rz. 89; *Häublein*, ZMR 2007, 409 (418); *Merle*, ZWE 2007, 321 (325).
2 *Merle* in Bärmann, § 21 WEG Rz. 166; *Merle*, ZWE 2007, 321 (326); *Köhler*, Das neue WEG, Rz. 310; a.A. *Hügel/Elzer*, Das neue WEG-Recht, § 8 Rz. 70; *Häublein*, ZMR 2007, 409 (419): Beschränkung der Beschlusskompetenz auf Verwaltungsaufwand der Gemeinschaft.

leichtern, indem sie abweichend von § 16 Abs. 4 Satz 2 WEG eine einfache Stimmenmehrheit genügen lässt.

139 Die **Zulässigkeit** vereinbarter Öffnungsklauseln ergibt sich aus § 23 Abs. 1 WEG. Nach dieser Vorschrift können die Wohnungseigentümer in Angelegenheiten der Gemeinschaftsordnung durch Beschluss entscheiden, wenn ihnen hierzu durch Vereinbarung eine entsprechende Beschlusskompetenz eingeräumt ist. Die gesetzliche Regelung in § 10 Abs. 4 Satz 2 WEG stellt nach Inkrafttreten der WEG-Novelle ausdrücklich klar, dass die Wohnungseigentümer auf Grund einer Vereinbarung Beschlüsse fassen können, die vom Gesetz abweichen oder eine Vereinbarung ändern.

b) Bestimmtheitsgrundsatz und unbegrenzte Öffnungsklauseln

140 Die in der Gemeinschaftsordnung vereinbarte Öffnungsklausel muss eine subsumtionsfähige Ermächtigungsgrundlage für eine Mehrheitsentscheidung enthalten, die mit hinreichender Bestimmtheit erkennen lässt, in welchem Umfang die Gemeinschaftsordnung abgeändert werden kann[1]. Der **Bestimmtheitsgrundsatz** soll den Wohnungseigentümern und ihren Sondernachfolgern die Reichweite der Mehrheitskompetenz vor Augen führen. Anhand der im Grundbuch eingetragenen Beschlussermächtigung sollen sie erkennen können, in welchem Umfang die Gemeinschaftsordnung durch Mehrheitsbeschluss geändert werden kann[2].

141 Umstritten ist, ob auch **sachlich unbegrenzte Öffnungsklauseln** (*„Die Gemeinschaftsordnung kann durch Mehrheitsbeschluss der Wohnungseigentümer geändert werden"*) dem Bestimmtheitserfordernis genügen. Während die Rechtsprechung derartige Klauseln billigt[3], finden sich im Schrifttum Stimmen, die eine „Aushöhlung" des Wohnungseigentums befürchten und deshalb eine sachlich auf einzelne Beschlussgegenstände begrenzte Öffnungsklausel für erforderlich halten[4].

142 Dem Gesetz lässt sich eine Beschränkung auf einzelne Beschlussgegenstände nicht entnehmen. Nach § 23 Abs. 1 WEG steht den Wohnungseigentümern weit gehende Gestaltungsfreiheit zu; *sämtliche* Angelegenheiten, die nach einer Vereinbarung durch Beschluss geordnet werden können, unterliegen der Beschlussfassung. Zudem hätte das Erfordernis einer sachlichen Beschränkung zur Folge, dass sich die Gestaltungspraxis umfangreicher Kataloge bedient, um die abänderbaren Regelungen der Gemeinschaftsordnung abschließend zu bezeichnen. Umfangreiche Ka-

---

1 OLG Düsseldorf, Beschl. v. 27. 11. 1985 – 3 Wx 352/85, MDR 1986, 852; *Wenzel* in Bärmann, § 10 WEG Rz. 141.
2 Vgl. *Buck*, Mehrheitsentscheidungen, S. 60 ff.
3 BGH, Beschl. v. 27. 6. 1985 – VII ZB 21/84, BGHZ 95, 137 (140).
4 *Rapp*, DNotZ 2000, 864 (868); *Wudy*, MittRhNotK 2000, 387.

taloge sind jedoch oft unübersichtlich und auslegungsbedürftig, sodass sie weder der Rechtssicherheit dienen noch der Warnfunktion des Bestimmtheitsgrundsatzes gerecht werden[1]. An das Maß inhaltlicher Bestimmtheit einer Öffnungsklausel sind deshalb keine höheren Anforderungen zu stellen als an die gesetzlichen Ermächtigungsgrundlagen im Verbandsrecht, die einer qualifizierten Mehrheit die Beschlusskompetenz zur Satzungsänderung einräumen (vgl. § 33 BGB, § 53 Abs. 2 GmbHG, § 179 Abs. 2 AktG). Es ist damit grundsätzlich eine Frage der *Zweckmäßigkeit*, ob man bei der Gestaltung einer Öffnungsklausel sämtliche abdingbaren Regelungen der Gemeinschaftsordnung einem Änderungsvorbehalt unterwirft, oder ob man die Beschlussermächtigung auf einzelne Regelungen beschränkt.

Eine allgemeine Beschlussermächtigung legitimiert jedoch nicht die **Beschränkung von unentziehbaren Rechten** der Wohnungseigentümer. Aufgrund einer allgemeinen Öffnungsklausel braucht kein Wohnungseigentümer damit zu rechnen, dass sein **Sondernutzungsrecht** durch Mehrheitsbeschluss ganz oder teilweise entzogen wird. Entsprechendes gilt, wenn aufgrund einer allgemeinen Öffnungsklausel Sondernutzungsrechte zugunsten einzelner Wohnungseigentümer begründet werden sollen, die andere vom Mitgebrauch des gemeinschaftlichen Eigentums ausschließen [2]. Sondernutzungsrechte können durch Mehrheitsbeschluss nur begründet oder entzogen werden, wenn die Gemeinschaftsordnung bereits die antizipierte Zustimmung der betroffenen Wohnungseigentümer enthält (s. auch Rz. 177)[3].

c) Gestaltungsmöglichkeiten

aa) Sachlich unbegrenzte Öffnungsklauseln

Eine sachlich unbegrenzte Öffnungsklausel ermöglicht eine flexible Anpassung der Gemeinschaftsordnung an veränderte Umstände. Sie hat gegenüber einer sachlich auf bestimmte Regelungen beschränkten Öffnungsklausel den Vorteil, dass die Wohnungseigentümer auf zukünftige Umstände reagieren können, die im Zeitpunkt der Abfassung der Teilungserklärung nicht bedacht wurden. Auch soweit dispositive gesetzliche Vorschriften über das Gemeinschaftsverhältnis den Bedürfnissen der Gemeinschaft nicht gerecht werden, ermöglicht eine unbegrenzte Beschlussermächtigung eine Anpassung durch Mehrheitsbeschluss. Die Öffnungsklausel sollte deshalb klarstellen, ob die Ermächtigung nur zur Änderung der vereinbarten Gemeinschaftsordnung oder darüber hinaus

---

1 *Müller*, ZWE 2001, 191 (192); *Hügel*, ZWE 2001, 578 (579).
2 OLG Köln, Beschl. v. 10. 12. 1997 – 16 Wx 250/97, WE 1998, 193 (194).
3 *Buck*, PiG 48, S. 141 (147f.); *Kreuzer*, FS Merle, 2000, S. 203 (209); *Ott*, Sondernutzungsrecht, S. 98f., 168f.; vgl. auch OLG Stuttgart, Beschl. v. 12. 12. 1985 – 8 W 344/84, NJW-RR 1986, 815.

auch zur Abänderung der abdingbaren gesetzlichen Vorschriften berechtigt.

Formulierungsvorschlag

145 Die Wohnungseigentümer können ihr Verhältnis untereinander abweichend von den Bestimmungen dieser Gemeinschaftsordnung und von den gesetzlichen Vorschriften durch Beschluss regeln, soweit nicht gesetzlich etwas anderes bestimmt ist.

146 Bestimmt die Klausel lediglich, dass *„diese Gemeinschaftsordnung"* durch Beschluss geändert werden kann[1], ist durch Auslegung zu ermitteln, ob die Beschlussermächtigung auch eine Abänderung gesetzlicher Vorschriften erfasst. Sofern die Gemeinschaftsordnung ausdrücklich auf die gesetzlichen Vorschriften verweist (*„Für das Verhältnis der Wohnungseigentümer untereinander gelten die Bestimmungen des Wohnungseigentumsgesetzes, soweit nicht nachstehend etwas anderes vereinbart ist."*)[2], ist regelmäßig anzunehmen, dass auch von dispositiven gesetzlichen Vorschriften abweichende Regelungen beschlossen werden können.

147 Auch eine sachlich unbegrenzte Beschlussermächtigung ermöglicht keine grenzenlose Abänderung durch Mehrheitsbeschluss. Eine Abänderung der Gemeinschaftsordnung ist nach der Rechtsprechung nur möglich, wenn **sachliche Gründe** für eine Änderung vorliegen und einzelne Wohnungseigentümer gegenüber dem früheren Rechtszustand **nicht unbillig benachteiligt** werden (s. dazu Rz. 179ff.)[3]. Bei der Gestaltung einer Öffnungsklausel stellt sich mithin die Frage, ob man diese materiellen Schranken einer Mehrheitsentscheidung ausdrücklich bezeichnen sollte[4]. Die Bezeichnung der von der Rechtsprechung geforderten Kriterien weist die Wohnungseigentümer zwar darauf hin, dass die Mehrheitsherrschaft nicht schrankenlos gewährleistet ist. Zweifelhaft sind jedoch die Rechtsfolgen, wenn eine aufgrund der Öffnungsklausel beschlossene Änderung sachlich nicht gerechtfertigt ist oder einzelne Wohnungseigentümer unbillig benachteiligt. Nach der Rechtsprechung ist der Beschluss lediglich auf fristgerechte Anfechtung gemäß § 23 Abs. 4 Satz 2 WEG für

---

1 So der Vorschlag von *Hügel*, ZWE 2001, 578 (579).
2 Münchener Vertragshandbuch/*F. Schmidt*, Bd. 6, S. 264.
3 BGH, Beschl. v. 27. 6. 1985 – VII ZB 21/84, BGHZ 95, 137 (143); OLG Zweibrücken, Beschl. v. 30. 4. 1999 – 3 W 83/98, ZWE 2000, 47; BayObLG, Beschl. v. 21. 10. 1999 – 2 Z BR 126/99, ZWE 2000, 78 (Ls).
4 So die Vorschläge von *H. Müller*, Beck'sches Formularbuch Wohnungseigentumsrecht, D II 1, S. 96; *Casser*, NZM 2001, 514 (517); *Deckert*, NZM 2001, 613; *Hügel*, ZWE 2001, 578 (584); *Müller*, ZWE 2001, 191 (192); Beck'sches Notarhandbuch/*Rapp*, A III Rz. 122.

ungültig zu erklären[1]. Sind die materiellen Schranken einer Mehrheitsentscheidung jedoch in der Öffnungsklausel bezeichnet, so entsteht für einen unbefangenen Betrachter der Eindruck, dass die Kriterien – sachlicher Grund, keine unbillige Benachteiligung – als Bestandteil der Ermächtigungsgrundlage Voraussetzungen für die Gültigkeit eines Änderungsbeschlusses sind. Ein Änderungsbeschluss, der diese Kriterien nicht erfüllt, wäre demnach nicht von der Beschlussermächtigung gedeckt und mangels Beschlusskompetenz nichtig. Da eine derartige Beschränkung der Beschlusskompetenz regelmäßig nicht gewollt ist, sollte auf eine ausdrückliche Bezeichnung solcher Schranken verzichtet werden, deren Verletzung im konkreten Einzelfall lediglich die Anfechtbarkeit eines Beschlusses zur Folge hat[2]. Die Beschlussermächtigung hat lediglich die Aufgabe, zukünftige Mehrheitsentscheidungen in Angelegenheiten der Gemeinschaftsordnung formell zu legitimieren, ohne die Wirkungen einer konkreten Mehrheitsentscheidung gegenüber einzelnen Wohnungseigentümern inhaltlich-materiell zu rechtfertigen[3].

Einzelne Angelegenheiten der Gemeinschaftsordnung können ausdrücklich von der Beschlussermächtigung ausgenommen und einer **Vereinbarung** aller Wohnungseigentümer vorbehalten werden. Auch ist ein **Zustimmungsvorbehalt** zugunsten einzelner Wohnungseigentümer denkbar. Auf diese Weise wird klargestellt, dass etwa das Mitgebrauchsrecht nach § 13 Abs. 2 Satz 1 WEG sowie Sondernutzungsnutzungsrechte einzelner Wohnungseigentümer mehrheitsfest sind (s. Rz. 177).

Formulierungsvorschlag

Sondernutzungsrechte können ohne Zustimmung des Berechtigten durch Beschluss nicht beeinträchtigt werden. Die Begründung von Sondernutzungsrechten bedarf einer Vereinbarung aller Wohnungseigentümer.

bb) Sachlich begrenzte Öffnungsklauseln

Sachlich auf bestimmte Angelegenheiten der Gemeinschaftsordnung begrenzte Öffnungsklauseln empfehlen sich, wenn bereits bei der Errichtung der Gemeinschaftsordnung in der Teilungserklärung ein späterer Änderungsbedarf erkennbar ist. Ermächtigt etwa die Teilungserklärung den teilenden Alleineigentümer dazu, nachträglich bauliche Veränderun-

---

1 BGH, Beschl. v. 27. 6. 1985 – VII 21/84/84, BGHZ 95, 137 (143); a. A. *Hügel*, ZWE 2002, 503 (507), der Mehrheitsbeschlüsse aufgrund einer Öffnungsklausel als Vereinbarungen behandelt; s. dazu Rz. 167.
2 Kritisch auch Münchener Vertragshandbuch/*F. Schmidt*, Bd. 6, S. 297; *Häublein*, NZM 2001, 734 (736).
3 *Becker*, ZWE 2002, 341 (342 f.).

gen am gemeinschaftlichen Eigentum zugunsten einzelner Wohnungseigentümer vorzunehmen oder Sondernutzungsrechte zugunsten einzelner Wohnungseigentümer zu begründen, so ist schon bei der Errichtung der Teilungserklärung absehbar, dass derartige Veränderungen eine Verteilung der Kosten nach den im Grundbuch eingetragenen Miteigentumsanteilen (§ 16 Abs. 2 WEG) als unbillig erscheinen lassen können. Aufgrund einer begrenzten Beschlussermächtigung kann der Kostenverteilungsschlüssel im Hinblick auf den erhöhten Instandhaltungs- und Instandsetzungsbedarf den veränderten Umständen angepasst werden.

Formulierungsvorschlag

151 Die Wohnungseigentümer können im Rahmen der gesetzlichen Vorschriften eine andere Verteilung der Instandhaltungs- und Instandsetzungskosten beschließen.

Sofern in der Gemeinschaftsordnung eine Hausordnung oder eine sonstige Angelegenheit „vereinbart" ist, über die die Wohnungseigentümer kraft Gesetzes mit Stimmenmehrheit beschließen können, empfiehlt sich eine Klarstellung, dass die Regelung als „unechter" Bestandteil der Gemeinschaftsordnung durch Mehrheitsbeschluss geändert werden kann[1].

Formulierungsvorschlag

152 Die Bestimmungen dieser Hausordnung können durch Mehrheitsbeschluss der Wohnungseigentümer geändert werden.

153 Die Reichweite einer sachlich begrenzten Öffnungsklausel ist jeweils im Wege der objektiven **Auslegung** zu ermitteln. Maßgeblich sind Wortlaut und Sinn der Vereinbarung, der für einen unbefangenen Betrachters aus der Grundbucheintragung erkennbar ist. Bei Öffnungsklauseln, die vor Inkrafttreten der **WEG-Novelle 2007** vereinbart sind, orientiert sich die Auslegung insbesondere an der Systematik der vereinbarten Regelung und nicht an den begrifflichen Differenzierungen des neuen Rechts. Deshalb lässt sich eine Öffnungsklausel, die sich auf eine im vorangegangenen Absatz geregelte Kostenverteilung für „Betriebskosten" bezieht, ungeachtet der gesetzlichen Regelung in § 16 Abs. 3 und 4 WEG (s. o. Rz. 118 ff.) weiterhin dahin auslegen, dass sie sich auch auf die Instandsetzungskosten erstreckt[2].

---

[1] Vgl. dazu BayObLG, Beschl. v. 5. 12. 1991 – 2Z BR 154/91, BayObLGZ 1991, 421 (422); Bärmann/*Merle*, § 21 WEG Rz. 61.
[2] OLG Hamm, Beschl. v. 30. 6. 2003 – 15 W 151/03, ZMR 2005, 146 = MietRB 2004, 16 m. Anm. *Becker*.

cc) Mehrheitserfordernisse

Das gesetzliche Einstimmigkeitsprinzip schützt das Vertrauen der Wohnungseigentümer und ihrer Sondernachfolger in den Bestand der im Grundbuch eingetragenen Vereinbarungen zur Gemeinschaftsordnung. Auch soweit eine Öffnungsklausel das Einstimmigkeitsprinzip durch das Mehrheitsprinzip ersetzt, sollte dem Bestandsinteresse durch ein qualifiziertes Mehrheitserfordernis Rechnung getragen werden. Insbesondere bei einer sachlich unbegrenzten Beschlussermächtigung empfiehlt es sich, die Änderung der Gemeinschaftsordnung von einer qualifizierten Stimmenmehrheit – etwa einer 3/4-Mehrheit – abhängig zu machen[1]. Sofern die Ermächtigungsgrundlage nichts anderes bestimmt, genügt die qualifizierte Mehrheit der in der Versammlung anwesenden oder vertretenen Wohnungseigentümer. Damit der Bestand der Gemeinschaftsordnung nicht von einer zufälligen und wechselnden Versammlungsmehrheit abhängt, ist es ratsam, eine qualifizierte Mehrheit *aller* Wohnungseigentümer zu verlangen. Auch kann eine doppeltqualifizierte Mehrheit aller Wohnungseigentümer vorgesehen werden, die zugleich der Mehrheit aller Miteigentumsanteile entspricht.

154

Formulierungsvorschlag
Der Beschluss bedarf einer Mehrheit von ¾ der Stimmen aller Wohnungseigentümer.

Nach Inkrafttreten der **WEG-Novelle 2007** ist zu beachten, dass bestimmte gesetzlich eingeräumte Beschlusskompetenzen zur Änderung der Gemeinschaftsordnung nicht durch Vereinbarung einer Öffnungsklausel eingeschränkt oder ausgeschlossen werden können (§ 12 Abs. 4 Satz 2 WEG: Aufhebung einer Veräußerungsbeschränkung; § 16 Abs. 5 WEG: Regelung zur Kostentragung; s. o. Rz. 131). Bei Vereinbarung qualifizierter Mehrheitserfordernisse empfiehlt sich daher ein klarstellender Hinweis in der Öffnungsklausel[2].

155

Formulierungsvorschlag
Die gesetzlichen Beschlusskompetenzen werden durch diese Regelung nicht eingeschränkt.

---

1 So auch *Müller*, ZWE 2001, 191 (192); *Röll*, DNotZ 2000, 898 (902); *Schneider*, ZMR 2004, 286.
2 Vgl. *H. Müller*, Beck'sches Formularbuch Wohnungseigentumsrecht, D II 1, S. 96.

dd) Vereinbarung der Eintragungsbedürftigkeit?

156 Vereinbarungen wirken gemäß § 10 Abs. 3 WEG gegen den Sondernachfolger eines Wohnungseigentümers nur, wenn sie als Inhalt des Sondereigentums im Grundbuch eingetragen sind. Es fragt sich, ob dem Schutz der Sondernachfolger dadurch Rechnung getragen werden kann, dass die Öffnungsklausel die Eintragung des Änderungsbeschlusses im Grundbuch vorsieht[1]. Geht man mit einer im Schrifttum vertretenen Ansicht davon aus, dass auch die „Abänderung oder Aufhebung" einer Vereinbarung durch Mehrheitsbeschluss aufgrund einer Öffnungsklausel gemäß § 10 Abs. 3 WEG ohnehin der Eintragung in das Grundbuch bedarf[2], hätte die Bestimmung eines Eintragungserfordernisses nur klarstellende Funktion. Dieser Auffassung kann nach Inkrafttreten der **WEG-Novelle 2007** nicht mehr gefolgt werden, denn nunmehr bestimmt § 10 Abs. 4 Satz 2 WEG ausdrücklich, dass auf Grund einer Vereinbarung gefasste Beschlüsse nicht der Eintragung in das Grundbuch bedürfen, um gegen Sondernachfolger zu wirken. Vereinbarungsändernde Beschlüsse sind weder eintragungsbedürftig noch eintragungsfähig (s. dazu Rz. 189)[3]. Da die Wohnungseigentümer nicht vereinbaren können, was in das Grundbuch einzutragen ist, kann auch eine Öffnungsklausel nicht konstitutiv bestimmen, dass Mehrheitsbeschlüsse der Eintragung bedürfen.

d) Die nachträgliche Vereinbarung einer Öffnungsklausel

157 Regelmäßig wird eine Öffnungsklausel bereits bei der Begründung von Wohnungseigentum in die Gemeinschaftsordnung aufgenommen und in das Grundbuch eingetragen (§§ 8 Abs. 2, 5 Abs. 4, 10 Abs. 2 WEG). Fehlt eine Beschlussermächtigung in der Gemeinschaftsordnung, können die Wohnungseigentümer eine Öffnungsklausel nachträglich vereinbaren. Da eine Vereinbarung die **Zustimmung aller Wohnungseigentümer** erfordert, kommt die nachträgliche Vereinbarung einer Öffnungsklausel praktisch nur in kleinen Gemeinschaften in Betracht. Die vereinbarte Öffnungsklausel bedarf der **Eintragung im Grundbuch**, um auch gegenüber etwaigen Sondernachfolgern eine Legitimationsgrundlage zu schaffen

---

1 So Beck'sches Notarhandbuch/*Rapp*, A III Rz. 121; *Nath*, Formularbuch, 1995, S. 62.
2 *Weitnauer/Lüke*, § 10 WEG Rz. 51; *Staudinger/Kreuzer*, § 10 WEG Rz. 147; *Buck*, Mehrheitsentscheidungen, S. 98 ff.; *Grebe*, DNotZ 1987, 5 (18); *Hügel*, DNotZ 2001, 176 (189); *Hügel*, ZWE 2001, 578 (583); *Müller*, FS Bärmann/Weitnauer (1990), S. 505 (512); *Ott*, ZWE 2001, 466 (468 f.).
3 *Merle* in Bärmann, § 23 WEG Rz. 21; zur Rechtslage vor der WEG-Novelle BGH, Beschl. v. 16. 9. 1994 – V ZB 2/93, BGHZ 127, 99 (104); BayObLG, Beschl. v. 30. 10. 1984 – 2 Z BR 90/83, BayObLGZ 1984, 257 (267); Beschl. v. 4. 11. 1993 – 2 Z BR 89/93, WuM 1993, 750 (751); OLG Frankfurt/Main, Beschl. v. 15. 2. 1980 – 20 W 453/79, OLGZ 1980, 160 (161); *Belz*, Handbuch, Rz. 82; *Belz*, WE 1997, 254 (256); *Demharter*, DNotZ 1991, 28 (31).

(§ 10 Abs. 3 WEG)¹. Praktische Schwierigkeiten ergeben sich, wenn zur Grundbucheintragung die **Zustimmung dinglich Berechtigter** in öffentlich beglaubigter Form (§ 29 GBO) nachzuweisen ist (s. Rz. 40).

aa) Folgen fehlender Grundbucheintragung

Unterbleibt die Grundbucheintragung, wirkt die vereinbarte Öffnungsklausel lediglich im Verhältnis der an der Vereinbarung Beteiligten (sog. **„schuldrechtliche"** Öffnungsklausel). Die an der Vereinbarung beteiligten Wohnungseigentümer könnten zwar ihr Verhältnis untereinander gemäß § 23 Abs. 1 WEG durch Beschluss ordnen. Ein derartiger Beschluss ändert jedoch die Gemeinschaftsordnung nicht gemäß § 10 Abs. 4 WEG mit Wirkung gegen Sondernachfolger². Diese Vorschrift setzt voraus, dass die vereinbarte Mehrheitsherrschaft auch gegenüber Sondernachfolgern fortgilt³. Eine nicht gemäß § 10 Abs. 3 WEG im Grundbuch eingetragene Öffnungsklausel wirkt jedoch gegenüber Sondernachfolgern nicht als Legitimationsgrundlage einer Mehrheitsentscheidung. Die Grundbucheintragung soll dafür sorgen, dass Sondernachfolger bereits aus dem Grundbuch erkennen können, in welchem Umfang sich die Wohnungseigentümer dem Mehrheitsprinzip unterworfen haben⁴. Sofern Sondernachfolger der schuldrechtlichen Vereinbarung nicht beitreten, fehlt ihnen gegenüber die Beschlusskompetenz zur Änderung der Gemeinschaftsordnung⁵. Mehrheitsbeschlüsse aufgrund einer schuldrechtlichen Öffnungsklausel sind daher Sondernachfolgern gegenüber mangels Beschlusskompetenz unwirksam. Da eine relativ unwirksame Änderung der Gemeinschaftsordnung – etwa des Kostenverteilungsschlüssels – praktisch undurchführbar wäre, ist anzunehmen, dass die Änderung im Falle eines Eigentümerwechsels mangels Legitimationsgrundlage im Verhältnis aller Wohnungseigentümer unwirksam ist⁶.

158

---

1 *Wenzel* in Bärmann, § 10 WEG Rz. 145. Zu den Einzelheiten des Eintragungsverfahrens s. o. Rz. 31 ff.
2 So aber *Wangemann/Drasdo*, Eigentümerversammlung, Rz. 677; *Deckert*, NZM 2002, 414 (418); *Rau*, ZMR 2001, 241 (247).
3 *Kümmel*, ZWE 2002, 68 (69); *Schneider*, ZfIR 2002, 108 (113); *Wenzel*, FS Deckert, S. 517 (528 f.); *Becker*, ZWE 2002, 341 (343).
4 *Schneider*, ZfIR 2002, 108 (111).
5 Vgl. BGH, Beschl. v. 20. 9. 2000 – V ZB 58/99, NZM 2000, 1184 (1185); *Grebe*, DNotZ 1987, 5 (14); *Ott*, ZWE 2001, 466 (469).
6 Bärmann/*Wenzel*, § 10 WEG Rz. 145; *Wenzel*, FS Deckert, 517 (528 f.); zur absoluten Unwirksamkeit schuldrechtlicher Vereinbarungen s. BGH, Urt. v. 17. 5. 2002 – V ZR 149/01, ZWE 2002, 398 (399); BayObLG, Beschl. v. 10. 1. 2002 – 2 Z BR 180/01, NZM 2003, 321 (322); KG, Beschl. v. 6. 6. 1990 – 24 W 1227/90, NJW-RR 1991, 213; OLG Köln, Beschl. v. 2. 4. 2001 – 16 Wx 7/01, OLGReport 2001, 320 = NZM 2001, 1135 = ZMR 2002, 73 = DNotZ 2002, 223 (227) m. Anm. *Häublein*; *Demharter*, DNotZ 1991, 28 (34); *Kümmel*, ZWE 2000, 387 (390); *Volmer*, ZfIR 2000, 931 (940); *Wenzel*, ZWE 2001, 226 (227); a. A. wohl *Häublein*, ZMR 2000, 421 (432); *Rapp*, DNotZ 2000, 185 (194); *Rapp*, ZWE 2000, 392 (394).

◯ **Hinweis:**

159 Es empfiehlt sich, Mehrheitsbeschlüsse aufgrund einer nachträglich vereinbarten Öffnungsklausel erst zu fassen, nachdem die Klausel als Inhalt des Sondereigentums im Grundbuch eingetragen ist. Andernfalls wäre der Beschluss im Falle eines Eigentümerwechsels mangels Beschlusskompetenz unwirksam.

bb) Zustimmung dinglich Berechtigter

160 Ungeklärt ist die Frage, ob die gemäß § 10 Abs. 3 WEG „als Inhalt des Sondereigentums" im Grundbuch einzutragende Vereinbarung einer Öffnungsklausel entsprechend §§ 876, 877 BGB der Zustimmung dinglich berechtigter Dritter – etwa der Nießbraucher, Wohnungs- oder Dienstbarkeitsberechtigte bzw. der Auflassungsvormerkungsberechtigten – bedarf, die nicht unter § 5 Abs. 4 Satz 2 WEG fallen (s. o. Rz. 31 ff.). Nach verbreiteter Ansicht ändern die im Grundbuch eingetragenen Vereinbarungen unmittelbar den „Inhalt des Sondereigentums"[1]. Ist Wohnungseigentum mit dem Recht eines Dritten belastet, so bedarf die Inhaltsänderung entsprechend §§ 876, 877 BGB grundsätzlich seiner Zustimmung; sie ist nur entbehrlich, wenn die Änderung die dingliche Rechtsstellung des Dritten unberührt lässt[2].

161 Nach anderer Ansicht beeinträchtigt die im Grundbuch eingetragene Öffnungsklausel die dinglich Berechtigten nicht unmittelbar in ihren Rechten, da sie lediglich eine *Verfahrensregelung* enthalte[3]. Erst die aufgrund einer eingetragenen Öffnungsklausel getroffene Mehrheitsentscheidung ändere den Inhalt des Sondereigentums, sodass allenfalls diese, nicht aber die Vereinbarung der Klausel der Zustimmung der dinglich Berechtigten bedürfe[4]. Gegen diese Ansicht spricht, dass eine Öffnungs-

---

[1] BGH, Beschl. v. 15. 6. 1962 – V ZB 2/62, BGHZ 37, 203 (206); Beschl. v. 24. 11. 1978 – V ZB 11/77, BGHZ 73, 145 (148); Beschl. v. 14. 6. 1984 – V ZB 32/82, BGHZ 91, 343 (345); BayObLG, Beschl. v. 8. 5. 1974 – 2 Z BR 17/74, BayObLGZ 1974, 217 (220); Beschl. v. 5. 9. 1991 – 2 Z BR 95/91, BayObLGZ 1991, 313 (318); Beschl. v. 24. 10. 1974 – 2 Z BR 51/74, Rpfleger 1976, 22 (23); Beschl. v. 30. 6. 1989 – 2 Z BR 47/89, DNotZ 1990, 381 (382); OLG Düsseldorf, Beschl. v. 19. 7. 1995 – 3 Wx 201/95, Rpfleger 1996, 65; OLG Frankfurt, Beschl. v. 2. 3. 1998 – 20 W 54/98, WE 1998, 232 (233); OLG Hamm, Beschl. v. 5. 12. 1996 – 15 W 390/96, WE 1997, 196 (197); *Kreuzer*, FS Merle, S. 203 (204); *Merle*, System, S. 71 f.; *Merle*, Rpfleger 1978, 86 (87); *Röll*, Rpfleger 1980, 90 (91); *Röll*, FS Seuß (1987), 233 (238).

[2] BGH, Beschl. v. 14. 6. 1984 – V ZB 32/82, BGHZ 93, 343 (346) = NJW 1984, 2409 = MDR 1984, 830; BayObLG, Beschl. v. 30. 6. 1989 – 2 Z BR 47/89, DNotZ 1990, 381 m. Anm. *Weitnauer*.

[3] *Wenzel* in Bärmann, § 10 WEG Rz. 146; *Wenzel*, FS Deckert, 517 (528); *Ott*, ZWE 2001, 466 (470); *Schneider*, ZfIR 2002, 108 (122).

[4] OLG Düsseldorf, Beschl. v. 30. 1. 2004 – 3 Wx 329/03, ZMR 2004, 284 = DNotZ 2004, 640 m. krit. Anm. *Becker*; *Wenzel* in Bärmann, § 10 WEG, Rz. 146; *Gaier*, ZWE 2005, 39 (42); *Hügel*, ZWE 2002, 503 (505); *Ott*, ZWE 2001, 466 (467); *Schneider*, ZMR 2004, 286 (287).

klausel nicht lediglich das Verfahren zur Änderung der Gemeinschaftsordnung regelt, sondern die Wohnungseigentümer in Angelegenheiten der Gemeinschaftsordnung der Mehrheitsherrschaft unterwirft. Dinglich Berechtigte, die ihr Recht am Wohnungseigentum vom jeweiligen Wohnungseigentümer ableiten, wären ebenfalls der Mehrheitsherrschaft unterworfen, sofern die im Grundbuch eingetragene Vereinbarung zum „Inhalt" des belasteten Wohnungseigentums wird[1]. Die Zustimmung dinglich Berechtigter wäre allenfalls entbehrlich, wenn man mit einer im Schrifttum vertretenen Ansicht annimmt, dass die Grundbucheintragung gemäß § 10 Abs. 3 WEG lediglich die Wirkung der Vereinbarung auf *Sondernachfolger* erstreckt, ohne den Inhalt des Wohnungseigentums mit Wirkung gegenüber dinglich Berechtigten zu ändern[2].

⊃ **Hinweis:**

Da die Frage der Zustimmungsbedürftigkeit für die Praxis bislang nicht geklärt ist, sollten die Wohnungseigentümer vor der Vereinbarung einer Öffnungsklausel über den Meinungsstand aufgeklärt werden. Im Zweifel empfiehlt sich, die Zustimmung der dinglich Berechtigten in der Form des § 29 GBO einzuholen. Deren Zustimmung kann entsprechend den landesrechtlichen Vorschriften über das Unschädlichkeitszeugnis (Art. 120 EGBGB) ersetzt werden (s. Rz. 36)[3]. Ist Wohnungseigentum mit einer Hypothek, Grund- oder Rentenschuld bzw. mit einer Reallast eines Dritten belastet, so ist ihre Zustimmung gem. § 5 Abs. 4 WEG ohnehin nur erforderlich, wenn die Vereinbarung auch darauf gerichtet ist, Sondernutzungsrechte durch Beschluss zu begründen, aufzuheben, zu ändern oder zu übertragen (s. dazu Rz. 31 ff.).

162

e) Abgrenzungen

Die in der Gemeinschaftsordnung vereinbarte und im Grundbuch eingetragene Beschlussermächtigung räumt den Wohnungseigentümern originär die Beschlusskompetenz zur Änderung der Gemeinschaftsordnung ein, soweit ihnen gesetzlich keine Beschlusskompetenz zugewiesen ist. Derartige kompetenzbegründende Öffnungsklauseln (**konstitutive Öffnungsklausel**) sind von Vereinbarungen abzugrenzen, die lediglich die gesetzlich zugewiesene Beschlusskompetenz modifizieren (**modifizierende Öffnungsklausel**).

163

---

1 *Becker*, ZWE 2002, 341 (345).
2 So *Ertl*, DNotZ 1979, 267 (272); wohl auch *Hügel*, ZWE 2002, 503 (505); vgl. auch *Schnauder*, FS Bärmann/Weitnauer (1990), S. 567 (576); *Schneider*, ZfIR 2002, 108 (117); *Weitnauer/Lüke*, § 10 WEG Rz. 35, der allerdings in Rz. 50 ein Zustimmungserfordernis bejaht.
3 Vgl. BayObLG, Beschl. v. 14. 1. 1988 – 2 Z 160/87, Rpfleger 1988, 140 zur Rechtslage in Bayern.

Beispiel:

164 Die Gemeinschaftsordnung bestimmt abweichend von § 22 Abs. 1 WEG, dass „bauliche Veränderungen am gemeinschaftlichen Eigentum mit einer Mehrheit von zwei Drittel der in der Versammlung anwesenden und vertretenen Wohnungseigentümer beschlossen werden" können[1]. Das qualifizierte Mehrheitsprinzip ersetzt in diesem Fall das in § 22 Abs. 1 WEG angeordnete Zustimmungsprinzip. Dennoch wirkt die Klausel nicht kompetenzbegründend, da die Wohnungseigentümer über bauliche Veränderungen als Maßnahmen der Verwaltung des gemeinschaftlichen Eigentums bestandskräftige Beschlüsse fassen können.

165 Von einer **verdeckten Öffnungsklausel** spricht man, wenn die Gemeinschaftsordnung eine ausfüllungsbedürftige abstrakte Regelung enthält, die eine bestimmte Änderung vom Eintritt bestimmter Umstände abhängig macht. In diesem Fall liegt bereits eine aufschiebend bedingte Änderung der Gemeinschaftsordnung vor, deren Eintritt von tatsächlichen Umständen, nicht aber von einem Mehrheitsbeschluss der Wohnungseigentümer abhängig ist. Sofern die tatsächlichen Vorgaben für eine Änderung ausfüllungsbedürftig sind, können die Wohnungseigentümer durch Mehrheitsbeschluss feststellen, dass die Voraussetzungen für eine Änderung eingetreten sind[2].

Beispiel:

166 Die Gemeinschaftsordnung bestimmt, dass ein zum Dachausbau berechtigter Wohnungseigentümer verpflichtet ist, ab Baubeginn 50 % der auf seinen Miteigentumsanteil entfallenden Bewirtschaftungskosten zu tragen. Nach Ansicht des KG liegt darin eine ausfüllungsbedürftige Öffnungsklausel, die es den Wohnungseigentümern gestattet, den maßgeblichen Zeitpunkt des Baubeginns durch bestandskräftigen Mehrheitsbeschluss festzulegen[3].

4. Der Änderungsbeschluss

a) Abgrenzung zur Vereinbarung

167 Mehrheitsentscheidungen aufgrund einer gesetzlichen oder vereinbarten Beschlussermächtigung haben dieselbe Wirkung wie Vereinbarungen, durch die die Wohnungseigentümer ihr Verhältnis untereinander in Ergänzung oder Abweichung von den gesetzlichen Vorschriften oder den bestehenden Vereinbarungen regeln (§ 10 Abs. 3 WEG). Der „Vereinbarungsinhalt" rechtfertigt es aber nicht, diese Mehrheitsentscheidungen als Vereinbarungen (sog. „Mehrheitsvereinbarungen") anzusehen[4]. Ver-

---

1 Vgl. Münchener Vertragshandbuch/*F. Schmidt*, Bd. 6, S. 265; KG, Beschl. v. 21. 5. 2003 – 24 W 253/02, NZM 2003, 642.
2 KG, Beschl. v. 19. 9. 2001 – 24 W 6354/00, ZWE 2002, 38 (39f.).
3 KG, Beschl. v. 19. 9. 2001 – 24 W 6354/00, ZWE 2002, 38 (40).
4 *Wenzel* in Bärmann, § 10 WEG Rz. 147; *Wenzel*, FS Deckert, S. 517 (527); *Becker*, ZWE 2002, 509f. gegen *Hügel*, DNotZ 2001, 176 (187ff.); *Hügel*, ZWE 2002, 503 (508); *Kreuzer*, FS Seuß (2007), S. 155 (157); *Böttcher*, NotBZ 2007, 421 (428).

einbarungen sind Ausdruck des Einstimmigkeitsprinzips; sie kommen nur mit Zustimmung aller Wohnungseigentümer zustande. *Beschlüsse* sind hingegen Ausdruck des Mehrheitsprinzips; ein wirksamer Mehrheitsbeschluss wirkt auch gegen Wohnungseigentümer, die dem Beschluss nicht zustimmen. Gemäß § 23 Abs. 1 WEG können die Wohnungseigentümer aufgrund einer gesetzlichen oder vereinbarten Beschlussermächtigung über Änderungen der Gemeinschaftsordnung durch *Beschluss* entscheiden. Zustandekommen und Wirksamkeit des Änderungsbeschlusses richten sich grundsätzlich nach den allgemeinen Regeln über Beschlüsse (s. Teil 5). Insbesondere können fehlerhafte Änderungsbeschlüsse auf fristgerechte Anfechtung gemäß § 23 Abs. 4 WEG für ungültig erklärt werden[1]. Bestandskräftige Beschlüsse zur Änderung der Gemeinschaftsordnung wirken gem. § 10 Abs. 4 Satz 2 WEG gegen Sondernachfolger, ohne dass eine Eintragung im Grundbuch erforderlich ist.

Eine gesetzliche oder vereinbarte Beschlussermächtigung schließt nicht aus, dass die Wohnungseigentümer die Gemeinschaftsordnung durch Vereinbarung abändern[2]. Stimmen in einer Versammlung *alle* Wohnungseigentümer der Abänderung zu, ist anhand der Versammlungsniederschrift durch **Auslegung** zu ermitteln, ob die Wohnungseigentümer eine Vereinbarung treffen wollten[3]. Allein der Umstand, dass alle Wohnungseigentümer der Änderung zustimmen, lässt noch nicht auf eine Vereinbarung schließen. Eine Vereinbarung ist nur anzunehmen, wenn sich aus der Niederschrift oder aus besonderen Umständen des Einzelfalls für jedermann erkennbar ergibt, dass die Angelegenheit durch Vereinbarung geregelt werden sollte[4]. Im Zweifel ist davon auszugehen, dass die Wohnungseigentümer von ihrer Beschlusskompetenz Gebrauch machen und einen „Beschluss" zur Änderung der Gemeinschaftsordnung fassen. 168

b) Wirksamkeitsvoraussetzungen der Ermächtigungsgrundlage

Ein Beschluss zur Änderung der Gemeinschaftsordnung ist nur wirksam, wenn er die formellen und inhaltlichen Anforderungen der Ermächtigungsgrundlage erfüllt. Insbesondere bei den gesetzlichen Beschlussermächtigungen ist zu prüfen, ob die beschlossene Änderung der Gemeinschaftsordnung in sachlicher Hinsicht von der vereinbarten Beschlussermächtigung gedeckt ist. Überschreitet der Änderungsbeschluss die **sachlichen Grenzen der Beschlussermächtigung**, fehlt den Wohnungseigentümern die Beschlusskompetenz; der Beschluss ist wegen absoluter Beschlusszuständigkeit nichtig. 169

---

1 BGH, Beschl. v. 27. 6. 1985 – VII ZB 21/84, BGHZ 95, 137 (143); a. A. *Hügel*, ZWE 2002, 503 (507).
2 Vgl. BayObLG, Beschl. v. 11. 4. 2001 – 2 Z BR 121/00, NZM 2001, 671 f.
3 *Merle* in Bärmann, § 23 WEG, Rz. 25; *Wenzel*, FS Deckert, S. 517 (524 f.).
4 Vgl. BGH, Beschl. v. 10. 9. 1998 – V ZB 11/98, BGHZ 139, 288 (292).

Beispiel:

170 Mangels Beschlusskompetenz nichtig ist ein Beschluss, die Instandhaltungs- und Instandsetzungskosten generell abweichend vom geltenden Verteilungsschlüssel zu verteilen. Soweit die Wohnungseigentümer ihre Beschlusskompetenz nicht durch Vereinbarung erweitert haben, können sie gem. § 16 Abs. 4 WEG lediglich im Einzelfall eine abweichende Kostenverteilung beschließen (s. o. Rz. 126 ff.)[1].

171 Verlangt die Ermächtigungsgrundlage eine **qualifizierte Stimmenmehrheit**, kommt ein Änderungsbeschluss grundsätzlich nur zustande, wenn die erforderliche Mehrheit erreicht ist. Erreicht ein Beschlussantrag zur Änderung der Gemeinschaftsordnung nicht die erforderliche qualifizierte Stimmenmehrheit, stellt der Versammlungsleiter aber dennoch ein positives Beschlussergebnis fest, so kommt ein gemäß § 23 Abs. 4 WEG anfechtbarer Mehrheitsbeschluss zustande[2]. Der Beschluss ist nicht mangels Beschlusskompetenz nichtig, da die in der Öffnungsklausel bestimmten formellen Anforderungen an eine Mehrheitsentscheidung grundsätzlich nicht kompetenzbegründend wirken. Verlangt die Öffnungsklausel einen „einstimmigen Beschluss", so kann die Auslegung ergeben, dass nur die Zustimmung der in der Versammlung anwesenden oder vertretenen Wohnungseigentümer erforderlich ist[3]. Ein unangefochtener Mehrheitsbeschluss verstößt lediglich gegen das vereinbarte Erfordernis der Einstimmigkeit; nach Ablauf der Beschlussanfechtungsfrist wird der Beschluss bestandskräftig[4]. Absolute Nichtigkeit ist nur anzunehmen, wenn die Gemeinschaftsordnung eine von § 23 Abs. 4 WEG abweichende Regelung enthält[5].

c) Inhaltliche Schranken der Mehrheitsentscheidung

172 Ein Änderungsbeschluss auf der Grundlage einer Öffnungsklausel ist nicht ohne weiteres rechtmäßig, wenn er die Anforderungen der Ermächtigungsgrundlage erfüllt. Insbesondere zum Schutz der Minderheit sind inhaltliche Schranken der Mehrheitsentscheidung zu beachten. Je nach Eingriffsintensität und Schutzzweck der verletzten Norm hat ein Verstoß die *Nichtigkeit, Unwirksamkeit* oder *Anfechtbarkeit* des Änderungsbeschlusses zur Folge.

---

1 Vgl. OLG Düsseldorf, Beschl. v. 21. 10. 2005 – 3 Wx 164/05, ZWE 2006, 50 zu einer Öffnungsklausel, nach der die Instandsetzungskosten nur im Einzelfall abweichend durch Beschluss verteilt werden können.
2 Vgl. BGH, Beschl. v. 23. 8. 2001 – V ZB 10/01, ZMR 2001, 809 zur Bedeutung der Feststellung des Beschlussergebnisses.
3 BayObLG, Beschl. v. 31. 7. 2003 – 2 Z BR 125/03, NZM 2004, 659 (660) = ZMR 2003, 950 = MietRB 2004, 16 m. Anm. *Hügel*.
4 Vgl. die im Sachverhalt von BayObLG, Beschl. v. 28. 3. 2001 – 2 Z BR 1/01, ZMR 2001, 640 genannte Klausel.
5 Vgl. dazu *Merle* in Bärmann, § 23 WEG, Rz. 201.

aa) Unverzichtbare Vorschriften

Mehrheitsbeschlüsse zur Änderung der Gemeinschaftsordnung sind **nichtig**, wenn sie gegen ein gesetzliches Verbot (§ 134 BGB) oder gegen die guten Sitten (§ 138 BGB) verstoßen. Die Wohnungseigentümer können durch Mehrheitsbeschluss aufgrund einer Beschlussermächtigung keine Regelungen treffen, die bereits einer schuldrechtlichen Vereinbarung aller Wohnungseigentümer nicht zugänglich wären. Deshalb können die Wohnungseigentümer etwa keine von den zwingenden Vorschriften der Heizkostenverordnung (§§ 2, 3 HeizkostenVO) abweichende Verteilung der Heizkosten beschließen. Auf Grund der gesetzlichen Beschlussermächtigung gem. § 16 Abs. 3 WEG (s. o. Rz. 122) können die Wohnungseigentümer zwar gem. § 10 HeizkostenV durch Beschluss einen höheren Verbrauchsanteil als 70 % einführen[1]. Ihnen ist es aber verwehrt, durch Beschluss den Verbrauchsanteil entgegen §§ 7 Abs. 1, 8 Abs. 1 HeizkostenV auf weniger als 50 % abzusenken. Ein derartiger Beschluss ist nichtig, selbst wenn er auf Grund einer vereinbarten Öffnungsklausel gefasst wird[2].

173

Nichtig ist auch ein Beschluss, der aufgrund einer vereinbarten Öffnungsklausel Sondereigentum in Gemeinschaftseigentum umwandelt[3]. Die sachenrechtliche Zuordnung von Sonder- und Gemeinschaftseigentum (sog. *dinglicher „Kernbereich"*) kann nur durch Auflassung und Eintragung im Grundbuch (§§ 873, 925 BGB) geändert werden.

174

bb) Unentziehbare Rechte und Belastungsverbot

Der Mehrheitsentscheidung sind darüber hinaus Grenzen gesetzt, soweit die Änderung unentziehbare Rechte einzelner Wohnungseigentümer beeinträchtigt (sog. *unentziehbarer „Kernbereich"*) oder einzelnen Wohnungseigentümern zusätzliche Leistungspflichten auferlegt, die sich bisher weder aus dem Gesetz noch aus der Gemeinschaftsordnung ergeben (sog. *Belastungsverbot*). Insoweit besteht eine dem Verbandsrecht vergleichbare Interessenlage (vgl. § 35 BGB, § 53 Abs. 3 GmbHG, § 180 Abs. 1 AktG)[4].

175

---

1 *Becker* in Bärmann, § 16 WEG, Rz. 65; *Abramenko*, ZWE 2007, 61 (66); a. A. *Jennißen* in Jennißen, § 16 WEG Rz. 88; vgl. aber OLG Hamm, Beschl. v. 22. 12. 2005 – 15 W 375/04, ZWE 2006, 228 (230): Beschluss über 100 %ige Verteilung nach Verbrauch widerspricht ordnungsmäßiger Verwaltung und ist anfechtbar.
2 OLG Hamm, Beschl. v. 12. 12. 1994 – 15 W 327/94, NJW-RR 1995, 465; OLG Düsseldorf, Beschl. v. 16. 3. 2001 – 3 Wx 51/01, NZM 2001, 760 f.; *Becker*, ZWE 2006, 226 (228); a. A. BayObLG, Beschl. v. 30. 6. 2004 – 2 Z BR 118/04, ZMR 2005, 135 (136) = NZM 2004, 106 = ZWE 2005, 245 = MietRB 2004, 355 m. Anm. *Jennißen*; *Abramenko*, ZWE 2007, 61 (66).
3 Vgl. BGH, Urt. v. 4. 4. 2003 – V ZR 322/02, NZM 2003, 480 (481); OLG Düsseldorf, Beschl. v. 4. 1. 2002 – 3 Wx 293/01, ZWE 2002, 279 (280).
4 Vgl. Beck'sches Notarhandbuch/*Rapp*, A III Rz. 120; eingehend *Buck*, Mehrheitsentscheidungen, S. 79 f.

176 Ein einzelner Wohnungseigentümer braucht grundsätzlich nicht hinzunehmen, dass ihm durch Beschluss **originäre Leistungspflichten** – etwa die generelle Pflicht zur alleinigen Lasten- und Kostentragung anstelle der gemeinschaftlichen Lasten- und Kostentragung (§ 16 Abs. 2 WEG) – auferlegt werden[1]. Nur die Kosten für eine besondere Nutzung des Gemeinschaftseigentums oder für einen besonderen Verwaltungsaufwand können gem. § 21 Abs. 7 WEG durch Beschluss den Wohnungseigentümern auferlegt werden, die diese Kosten verursachen (s. o. Rz. 136).

177 Das Recht auf **anteilige Nutzungen** – etwa der Anteil an den Einnahmen aus der Vermietung von Gemeinschaftseigentum[2] – kann ohne Zustimmung des Berechtigten ebenfalls nicht beeinträchtigt werden (§ 10 Abs. 2 Satz 1 WEG iVm § 745 Abs. 3 Satz 2 BGB). Aufgrund einer allgemeinen Beschlussermächtigung können Mehrheitsbeschlüsse ohne Zustimmung des Berechtigten keine **Sondernutzungsrechte** entziehen[3]. Gleiches gilt, wenn aufgrund einer allgemeinen Öffnungsklausel Sondernutzungsrechte durch Mehrheitsbeschluss begründet werden sollen, da dadurch das Mitgebrauchsrecht jedes Wohnungseigentümers beeinträchtigt würde[4]. Der Mehrheitsbeschluss ist nur wirksam, sofern sich der Gemeinschaftsordnung eine antizipierte Zustimmung entnehmen lässt[5].

178 Fehlt die erforderliche Zustimmung einzelner Wohnungseigentümer, so ist ein beeinträchtigender Mehrheitsbeschluss **unwirksam**, ohne dass es einer gerichtlichen Ungültigerklärung nach § 23 Abs. 4 Satz 2 WEG bedarf. Sofern ein betroffener Wohnungseigentümer in der Versammlung gegen den Beschluss stimmt, ist der Beschluss wegen Verweigerung der Zustimmung von Anfang an nichtig[6]. Sein Veto ist nur unbeachtlich, wenn sich aus einer Treuebindung eine Zustimmungspflicht ergibt[7].

cc) Sachlicher Grund und unbillige Benachteiligung

179 Mehrheitsbeschlüsse aufgrund einer gesetzlichen oder vereinbarten Beschlussermächtigung sind darüber hinaus einer gerichtlichen Inhaltskontrolle unterworfen, die die Minderheit vor einer willkürlichen Ände-

---

1 Zu den Einzelheiten s. *Becker/Strecker*, ZWE 2001, 569 (575 f.).
2 Vgl. BGH, Beschl. v. 29. 6. 2000 – V ZB 46/99, ZWE 2001, 21 (22) zur Beschlusskompetenz der Wohnungseigentümer, die Vermietung von Gemeinschaftseigentum zu beschließen.
3 A. A. wohl *Ott*, ZWE 2001, 466 (467).
4 Vgl. OLG Köln, Beschl. v. 10. 12. 1997 – 16 Wx 250/97, WE 1998, 193 (194); zur Begründung von Sondernutzungsrechten durch Mehrheitsbeschluss ohne Öffnungsklausel vgl. BGH, Beschl. v. 20. 9. 2000 – V ZB 58/99, ZWE 2000, 518.
5 *Kreuzer*, FS Merle, 2000, S. 203 (209); *Ott*, Sondernutzungsrecht, S. 98 sowie S. 168 f. zu den Grenzen einer antizipierten Zustimmung.
6 Zur nachträglichen Zustimmung s. *Buck*, Mehrheitsentscheidungen, S. 84; *Becker/Strecker*, ZWE 2001, 569 (576 f.); *Häublein*, DNotZ 2002, 227 (230).
7 Vgl. *Wendel*, ZWE 2002, 545 (546).

rung der Gemeinschaftsordnung schützen soll. Die beschlossene Änderung der Gemeinschaftsordnung muss durch **sachliche Gründe** gerechtfertigt sein und darf einzelne Wohnungseigentümer gegenüber dem bisherigen Rechtszustand **nicht unbillig benachteiligen**[1]. Ob eine Änderung durch Mehrheitsbeschluss zulässig ist, hängt von den Umständen des Einzelfalls ab.

Die **Änderung des Kostenverteilungsschlüssels** durch Mehrheitsbeschluss ist insbesondere zulässig, wenn sich die Verhältnisse gegenüber früher in wesentlichen Punkten geändert haben oder sich die ursprüngliche Regelung nicht bewährt hat[2]. Werden einzelne Wohnungseigentümer durch eine genehmigte bauliche Veränderung – etwa im Falle eines Dachausbaus zugunsten eines Wohnungseigentümers – oder durch die Begründung von Sondernutzungsrechten vom Mitgebrauch des gemeinschaftlichen Eigentums ausgeschlossen, liegen sachliche Gründe vor, die es rechtfertigen, die nicht zum Gebrauch berechtigten Wohnungseigentümer insoweit von den Kosten des Gebrauchs sowie von den Instandhaltungs- und Instandsetzungskosten freizustellen. Eine Kostenfreistellung erscheint auch gerechtfertigt, soweit einzelne Wohnungseigentümer gemeinschaftliche Einrichtungen *tatsächlich* nicht nutzen können. Anders hat der BGH im Falle einer von Anfang an eingebauten Aufzugsanlage entschieden, wenn die Eigentümer der Erdgeschosswohnungen – entgegen dem vereinbarten „Aufzugsschlüssel" – erstmals an den Aufzugskosten beteiligt werden sollen[3]. Der Umstand, dass sie den Aufzug von Anfang an benutzen konnten, um in die Tiefgarage zu gelangen, rechtfertige keine Änderung des Kostenverteilungsschlüssels zu Lasten der Eigentümer im Erdgeschoss. 180

Nach der Gesetzesbegründung zur **WEG-Novelle 2007** gilt das Erfordernis eines sachlichen Grundes auch für Beschlüsse zur Änderung der Kostenverteilung, die die Wohnungseigentümer auf Grund ihrer **gesetzlichen Beschlusskompetenz** gem. § 16 Abs. 3 WEG zur Verteilung der Betriebs- und Verwaltungskosten fassen (s. o. Rz. 118 ff.)[4]. Die Anforderungen an das Vorliegen sachlicher Gründe dürfen jedoch nicht überspannt werden, soweit es um die erstmalige Abänderung des gesetzlichen Kostenverteilungsschlüssels geht. Angesichts der gesetzlichen Beschluss- 181

---

1 BGH, Beschl. v. 27. 6. 1985 – VII ZB 21/84, BGHZ 95, 137 (140) = NJW 1985, 2832 (2833); KG, Beschl. v. 16. 7. 2004 – 24 W 31/03, NZM 2004, 910 = ZMR 2005, 899 = MietRB 2005, 12 m. Anm. *Hügel*; OLG München, Beschl. v. 22. 12. 2006 – 32 Wx 165/06, NZM 2007, 364 (365); *Wenzel* in Bärmann, § 10 WEG, Rz. 148; *Becker*, ZWE 2002, 341 (344).
2 BGH, Beschl. v. 27. 6. 1985 – VII ZB 21/84, BGHZ 95, 137 (143).
3 BGH, Beschl. v. 27. 6. 1985 – VII ZB 21/84, BGHZ 95, 137 (143).
4 BT-Drucks. 16/887, S. 23; so auch *Abramenko*, Das neue WEG, § 3 Rz. 32; *Gottschalg*, DWE 2007, 40; kritisch Riecke/Schmid/*Elzer*, § 16 WEG Rz. 86; *Hügel/Elzer*, Das neue WEG-Recht, § 5 Rz. 22; *Häublein*, ZMR 2007, 409 (417); *Meffert*, ZMR 2007, 667 (668).

ermächtigung darf grundsätzlich kein Wohnungseigentümer darauf vertrauen, dass der gesetzliche Kostenverteilungsschlüssel Bestand hat. Haben die Wohnungseigentümer hingegen den gesetzlichen Verteilungsschlüssel bereits durch Vereinbarung oder Beschluss abgeändert, so bedarf die erneute Änderung des Verteilungsmaßstabs eines sachlichen Grundes, um eine willkürliche Änderung zu Lasten einzelner Wohnungseigentümer zu vermeiden[1].

182 Das Fehlen sachlicher Gründe sowie eine unbillige Benachteiligung einzelner Wohnungseigentümer hat nicht unmittelbar die Ungültigkeit des Änderungsbeschlusses zur Folge. Der Beschluss ist vielmehr nur ungültig, wenn er auf **fristgerechte Anfechtung** für ungültig erklärt ist (§ 23 Abs. 4 Satz 2 WEG)[2]. Unterbleibt die Anfechtung, wird der Änderungsbeschluss bestandskräftig. Die fristgerechte Anfechtung ist dem benachteiligten Wohnungseigentümer zumutbar, solange seine unentziehbaren Rechte aus dem Wohnungseigentum unangetastet bleiben.

dd) Grundsätze ordnungsmäßiger Verwaltung

183 Der Beschluss auf Grund einer gesetzlichen oder vereinbarten Beschlussermächtigung muss schließlich ordnungsmäßiger Verwaltung entsprechen[3]. Die gesetzliche Regelung in § 16 Abs. 3 WEG bestimmt ausdrücklich, dass die Wohnungseigentümer eine abweichende Verteilung der **Betriebs- und Verwaltungskosten** mit Stimmenmehrheit beschließen können, *„soweit dies ordnungsmäßiger Verwaltung entspricht."* Im Rahmen ordnungsmäßiger Verwaltung ist den Wohnungseigentümern ein **Ermessensspielraum** eingeräumt. Nach den Umständen des Einzelfalls kann sich jedoch eine Ermessensreduzierung ergeben mit der Folge, dass nur eine Entscheidung ordnungsmäßiger Verwaltung entspricht. Sind etwa Verbrauchserfassungsgeräte eingebaut, die eine verbrauchsabhängige Verteilung der Kaltwasserkosten im Bereich des Sondereigentums ermöglichen, so entspricht in der Regel nur eine verbrauchsabhängige Kostenverteilung ordnungsmäßiger Verwaltung[4]. Ein Beschluss über eine abweichende Verteilung der **Instandhaltungs- und Instandsetzungskosten** oder der **Kosten baulicher Maßnahmen** entspricht gem. § 16 Abs. 4 Satz 1 WEG nur ordnungsmäßiger Verwaltung, wenn die Kostenverteilung *„dem Gebrauch oder der Möglichkeit des Gebrauchs durch die Wohnungseigentümer Rechnung trägt".*

184 Der gesetzliche Vorbehalt einer ordnungsmäßigen Verwaltung ist kein Merkmal, das die Beschlusskompetenz der Wohnungseigentümer be-

---

1 Vgl. *Becker* in Bärmann, § 16 WEG Rz. 98.
2 BGH, Beschl. v. 27. 6. 1985 – VII ZB 21/84, BGHZ 95, 137 (143); *Staudinger/Kreuzer*, § 10 WEG Rz. 94; a. A. *Hügel*, ZWE 2002, 503 (508).
3 BayObLG, Beschl. v. 13. 11. 2003 – 2 Z BR 159/03, ZfIR 2004, 72.
4 Vgl. BGHZ 156, 192; *Becker* in Bärmann, § 16 WEG Rz. 95.

schränkt[1]. Ein Beschluss zur Änderung der Gemeinschaftsordnung, der gegen die Grundsätze einer ordnungsmäßigen Verwaltung verstößt, ist daher lediglich anfechtbar.

d) Zustimmung dinglich Berechtigter

Auch nach Inkrafttreten der **WEG-Novelle 2007** ist umstritten, ob die aufgrund einer vereinbarten Öffnungsklausel beschlossene Änderung der Gemeinschaftsordnung entspr. §§ 876, 877 BGB der Zustimmung der Inhaber dinglicher Rechte bedarf. Der gesetzlichen Regelung in § 5 Abs. 4 Satz 2 WEG lässt sich lediglich entnehmen, dass die Zustimmung der Grundpfandgläubiger sowie der aus einer Rentenschuld oder Reallast Berechtigten allenfalls erforderlich ist, wenn Sondernutzungsrechte begründet, aufgehoben, geändert oder übertragen werden (s. o. Rz. 31)[2]. In sonstigen Fällen stellt sich lediglich die Frage, ob der Beschluss zur Änderung der Gemeinschaftsordnung der Zustimmung der Nießbraucher sowie der Wohnungs- und Dienstbarkeitsberechtigten bedarf.

Eine verbreitete Ansicht geht von einem Zustimmungserfordernis aus[3]. Dieses knüpfe an eine Inhaltsänderung des Sondereigentums an und bestehe daher auch dann, wenn die Gemeinschaftsordnung durch Mehrheitsbeschluss abgeändert werde. Bedenklich ist jedoch, dass Drittberechtigte aufgrund des Zustimmungserfordernisses gegenüber den übrigen Wohnungseigentümern mehr Rechte hätten als der jeweilige Vollrechtsinhaber des belasteten Wohnungseigentums. Dieser ist aufgrund der „als Inhalt des Sondereigentums" im Grundbuch eingetragenen Öffnungsklausel der Mehrheitsherrschaft unterworfen[4]. Da Drittberechtigte ihr beschränktes dingliches Recht am Wohnungseigentum vom Vollrechtsinhaber ableiten, sind sie ebenfalls an eine Mehrheitsentscheidung der Wohnungseigentümer gebunden. Die Zustimmung dinglich Berechtigter ist daher nur erforderlich, soweit die Mehrheitsentscheidung in unentziehbare Rechte des Vollrechtsinhabers eingreift und damit zugleich Drittberechtigte rechtlich benachteiligt.

---

1 Vgl. *Becker* in Bärmann, § 16 WEG Rz. 94, 123; *J.-H. Schmidt*, ZMR 2007, 913 (920) zu § 16 Abs. 4 WEG.
2 Weitergehend *Wenzel* in Bärmann, § 10 WEG Rz. 150: Änderung der Zweckbestimmung und die Einführung einer Veräußerungsbeschränkung bedürfen der Zustimmung der Grundpfandgläubiger.
3 BGH, Beschl. v. 16. 9. 1994 – V ZB 2/93, BGHZ 127, 99 (105 f.); *Wenzel* in Bärmann, § 10 WEG Rz. 149 f.; *Weitnauer/Lüke*, § 10 WEG Rz. 51; *Bassenge*, PiG 25, S. 101 (112); *Buck*, Mehrheitsentscheidungen, S. 111; *Grebe*, DNotZ 1987, 5 (23); *Lüke*, PiG 54, S. 33 (38); *Müller*, FS Bärmann/Weitnauer (1990), S. 505 (512); *Ott*, ZWE 2001, 466 (470); *Schneider*, ZfIR 2002, 108 (121).
4 KG, Beschl. v. 16. 7. 2004 – 24 W 31/03, NZM 2004, 910 = ZMR 2005, 899 = MietRB 2005, 12 m. Anm. *Hügel*; *Schmack*, ZWE 2001, 89 (91); *Becker*, ZWE 2002, 341 (345); *Becker*, DNotZ 2004, 642 (643).

Beispiel:

187 Aufgrund einer ffnungsklausel soll ein *Sondernutzungsrecht* mit Zustimmung des Vollrechtsinhabers durch Mehrheitsbeschluss entzogen werden. Dadurch wird auch das Gebrauchsrecht eines Nießbrauchers beeinträchtigt, sodass neben der Zustimmung des Vollrechtsinhabers auch seine Zustimmung erforderlich ist.

188 Darüber hinaus bedarf die Änderung der Gemeinschaftsordnung durch Mehrheitsbeschluss auf Grund einer vereinbarten Öffnungsklausel nicht der Zustimmung dinglich berechtigter Dritter[1]. Für Mehrheitsbeschlüsse auf Grund einer vereinbarten Beschlussermächtigung gilt nichts anderes als im Fall der Änderung der Gemeinschaftsordnung auf Grund einer gesetzlichen Beschlussermächtigung.

e) Grundbucheintragung

189 Die auf Grund einer Vereinbarung (Öffnungsklausel) oder gesetzlich gefasster Beschlüsse zur Änderung der Gemeinschaftsordnung bedürfen gem. § 10 Abs. 4 Satz 2 WEG nicht der Eintragung in das Grundbuch, um gegen den Sondernachfolger eines Wohnungseigentümers zu wirken. Die im Rahmen der **WEG-Novelle 2007** in das Gesetz eingefügte Vorschrift stellt klar, dass die im Rahmen der Beschlusskompetenz gefassten Beschlüsse **nicht eintragungsbedürftig** sind. Damit erledigt sich die Diskussion über die Eintragungsbedürftigkeit von Beschlüssen mit Vereinbarungsinhalt[2]. Obgleich in § 10 Abs. 4 Satz 2 WEG nicht ausdrücklich erwähnt, bedürfen auch Beschlüsse auf Grund einer gesetzlichen Beschlussermächtigung nicht der Eintragung im Grundbuch.

190 Nach zutreffender Ansicht sind Beschlüsse zur Änderung der Gemeinschaftsordnung grundsätzlich weder eintragungsbedürftig noch eintragungsfähig[3]. Um das Grundbuch von überflüssigen Eintragungen freizuhalten, dürfen Eintragungen nur vorgenommen werden, wenn das Gesetz sie ausdrücklich vorschreibt oder Rechtswirkungen an die Eintragung oder Nichteintragung knüpft. Das Gesetz bestimmt lediglich in § 12 Abs. 4 Satz 3 WEG, dass eine Veräußerungsbeschränkung im Grundbuch gelöscht werden kann, wenn die Wohnungseigentümer deren Aufhebung beschließen. In anderen Fällen kommt eine Eintragung der

---

1 KG, Beschl. v. 16. 7. 2004 – 24 W 31/03, NZM 2004, 910 = ZMR 2005, 899 = MietRB 2005, 12 m. Anm. *Hügel*; *Merle* in Bärmann, § 23 WEG Rz. 20.
2 *Wenzel* in Bärmann, § 10 WEG Rz. 190; zur Diskussion s. 1. Aufl. sowie *Wenzel*, ZWE 2004, 130 (135f.); *Hügel*, ZWE 2002, 503 (505f.); *Becker*, ZWE 2002, 341 (343f.); *Schneider*, ZfIR 2002, 108 (112f.).
3 BT-Drucks. 16/887, S. 19; *Grziwotz/Jennißen* in Jennißen, § 10 WEG Rz. 48; Niedenführ/Kümmel/Vandenhouten, § 10 WEG Rz. 52; zur Rechtslage vor der WEG-Novelle siehe BGHZ 127, 99 (104); *Becker*, ZWE 2002, 341 (343f.); a. A. *Hügel*, DNotZ 2001, 176 (189); *Hügel*, ZWE 2002, 503 (505f.); *Müller*, FS Bärmann/Weitnauer (1990), S. 505 (512); *Ott*, ZWE 2001, 466 (469); *Schneider*, ZfIR 2002, 108 (112f.); *Wenzel*, FS Deckert (2002), S. 517 (529f.).

beschlossenen Änderung der Gemeinschaftsordnung im Wege der **Grundbuchberichtigung** nicht in Betracht, da sich die Rechtsänderung gem. § 10 Abs. 4 Satz 2 WEG außerhalb des Grundbuchs vollzieht[1]. Ein Erwerber von Wohnungseigentum darf nicht auf den Bestand der im Grundbuch eingetragenen Vereinbarungen vertrauen; ein gutgläubiger Erwerb gem. § 892 BGB scheidet aus. Nach den Wertungen des Gesetzes ist der Erwerber hinreichend dadurch geschützt, dass er sich durch Einsicht in die Beschluss-Sammlung Klarheit über vereinbarungsändernde Beschlüsse verschaffen kann[2].

5. Das Verhältnis zum Abänderungsanspruch

Die gesetzlichen und vereinbarten Beschlusskompetenzen lassen den Individualanspruch des einzelnen Wohnungseigentümers auf Änderung der Gemeinschaftsordnung aus § 10 Abs. 2 Satz 3 WEG unberührt (s. o. Rz. 70 ff.). Die gesetzlichen Vorschriften, die den Wohnungseigentümern die Beschlusskompetenz zur Änderung der Gemeinschaftsordnung einräumen, sind **nicht als lex specialis zu § 10 Abs. 2 Satz 3 WEG** anzusehen, da sie verschiedene Regelungsgegenstände haben[3]. Kompetenznormen regeln die Grenzen der Mehrheitsmacht, die naturgemäß weiter gesteckt sind als die Grenzen eines individuellen Anspruchs (schwerwiegende Gründe), gegen den Willen der Mehrheit eine Änderung der Gemeinschaftsordnung durchzusetzen.

191

➲ **Hinweis:**
Besteht für die Änderung der Gemeinschaftsordnung eine Beschlusskompetenz, sollte der Anspruchsteller zunächst die Eigentümerversammlung mit einer Beschlussfassung über sein Änderungsbegehren befassen. Erst wenn die Eigentümer den Beschlussantrag ablehnen, besteht ein **Rechtsschutzbedürfnis**, den Anspruch auf Änderung der Gemeinschaftsordnung gerichtlich durchzusetzen[4].

191a

Nach zutreffender Ansicht lässt sich § 10 Abs. 2 Satz 3 WEG über die Beschlusskompetenzen gem. §§ 12 Abs. 4, 16 Abs. 3, 21 Abs. 7 WEG hinaus **keine allgemeine gesetzliche Beschlusskompetenz** zur Änderung

192

---

1 Vgl. *Demharter*, DNotZ 1991, 28 (31 ff.); a. A. *Hügel/Elzer*, Das neue WEG-Recht, § 5 Rz. 44; *Hügel*, DNotZ 2007, 326 (355); Riecke/Schmid/*Elzer*, § 16 WEG Rz. 92; Palandt/*Bassenge*, § 16 WEG Rz. 7.
2 BT-Drucks. 16/887, S. 20 f.; *Merle* in Bärmann, § 23 WEG Rz. 21.
3 *Wenzel* in Bärmann, § 10 WEG Rz. 160; *Becker* in Bärmann, § 16 WEG Rz. 107; Niedenführ/*Kümmel*/Vandenhouten, § 10 WEG Rz. 44; Palandt/*Bassenge*, § 10 WEG Rz. 13; a. A. *Hügel/Elzer*, Das neue WEG-Recht, § 3 Rz. 123 und § 5 Rz. 51.
4 OLG Hamm, Beschl. v. 10. 9. 2007 – 15 W 358/06, ZMR 2008, 156 = MietRB 2008, 47 m. Anm. *J.-H. Schmidt*; *Wenzel* in Bärmann, § 10 WEG Rz. 164; *Becker* in Bärmann, § 16 WEG Rz. 108; Niedenführ/*Kümmel*/Vandenhouten, § 16 WEG Rz. 94; *Abramenko*, ZMR 2005, 22 (24).

der Gemeinschaftsordnung entnehmen[1]. Ihrem Wortlaut nach regelt die Vorschrift lediglich einen individuellen Anspruch eines Wohnungseigentümers (*„jeder Wohnungseigentümer kann ... verlangen"*). Der Anspruch ist auf Zustimmung zum Abschluss einer entsprechenden Vereinbarung gerichtet, der nicht durch Beschluss der Änderung erfüllt werden kann, soweit sich nicht aus anderen Vorschriften oder aus einer Vereinbarung eine Beschlusskompetenz der Wohnungseigentümer ergibt. Überdies hat sich der Gesetzgeber im Rahmen der WEG-Novelle 2007 lediglich für eine punktuelle Erweiterung der Beschlusskompetenzen in den gesetzlich ausdrücklich geregelten Fällen entschieden[2]. Es entspricht nicht dem Willen des Gesetzgebers, über § 10 Abs. 2 Satz 3 WEG hinaus eine allgemeine gesetzliche Öffnungsklausel einzuführen.

---

1 *Wenzel* in Bärmann, § 10 WEG Rz. 165f.; *Merle,* ZWE 2007, 472ff.; a.A. *Abramenko,* ZMR 2007, 424f.
2 Vgl. BT-Drucks. 16/887, S. 10f.

Teil 4
Durchführung der Wohnungseigentümerversammlung und formelle Prüfung der gefassten Beschlüsse

	Rz.
I. Einleitung	1
II. Einberufung der Versammlung	2
1. Bedeutung der Einberufung	2
2. Befugnis und Verpflichtung zur Einberufung der Versammlung	6
a) Verwalter	6
aa) Einberufungsbefugnis	6
(1) Von den Wohnungseigentümern bestellter Verwalter	7
(2) Gerichtlich bestellter Verwalter	8
(3) Scheinverwalter	9
bb) Einberufungsverpflichtung	11
(1) Ordentliche Versammlung der Wohnungseigentümer	12
(2) Außerordentliche Versammlung der Wohnungseigentümer	13
(a) Vereinbarung	14
(b) Minderheitenquorum	15
(c) Ordnungsmäßige Verwaltung	20
(d) Wiederholungsversammlung	21
b) Verwaltungsbeiratsvorsitzender oder sein Stellvertreter	22
aa) Einberufungsbefugnis	22
(1) Fehlen des Verwalters	24
(2) Pflichtwidrige Weigerung des Verwalters	25
bb) Einberufungspflicht	26
cc) Einladung	28
c) Wohnungseigentümer	29
d) Einberufung durch einen Unbefugten	30
3. Die Bezeichnung der Beschlussgegenstände	32
a) Bestimmungsrecht für die Aufnahme von Tagesordnungspunkten und deren Inhalt	33
aa) Verwalter	33
(1) Bestimmungsrecht	33
(a) Regelmäßig wiederkehrende Tagesordnungspunkte	34
(b) Besondere Tagesordnungspunkte	35
(2) Aufnahmeverpflichtung	36
(a) Minderheitenquorum	36
(b) Ordnungsmäßige Verwaltung	37
bb) Verwaltungsbeiratsvorsitzender oder sein Stellvertreter	38
cc) Wohnungseigentümer	40
dd) Bestimmung durch einen Unbefugten	42
b) Bezeichnung der Gegenstände der Beschlussfassung	43
aa) Gestaltung der Bezeichnung	43
bb) Verstoß gegen das Bezeichnungserfordernis	47
4. Einberufung der Versammlung	48
a) Form der Einberufung	48
b) Inhalt der Einberufung	49
c) Zugang der Einberufung	51
d) Mustertext für eine Einladung zu einer Eigentümerversammlung	54
e) Mängel der Einberufung	55
5. Ort und Zeitpunkt der Eigentümerversammlung	56
a) Ort der Eigentümerversammlung	57

	Rz.		Rz.
aa) Vereinbarung bzw. Gemeinschaftsordnung	58	bb) Bezeichnung der Beschlussgegenstände	87
bb) Verkehrsüblichkeit und Zumutbarkeit	59	cc) Form und Inhalt der Einberufung	88
(1) Lage	59	dd) Ort und Zeit der Wiederholungsversammlung	89
(2) Eignung	60	ee) Einberufungsfrist	90
b) Zeitpunkt der Eigentümerversammlung	61	ff) Einberufungsadressaten	91
aa) Vereinbarung bzw. Gemeinschaftsordnung	62	gg) Ordnungsgemäß einberufene Erstversammlung	91a
bb) Sachbedingter Zeitpunkt	63	b) Eventualversammlung	92
cc) Verkehrsüblichkeit und Zumutbarkeit	64	aa) Unzulässigkeit	93
c) Fehlerhafte Bestimmung von Ort und Zeit der Versammlung	65	bb) Abweichende Vereinbarungen	94
		c) Fortsetzungsversammlung	96
6. Einberufungsfrist	66	9. Teilversammlung	97
a) Regelmäßige Einberufungsfrist	67	a) Vereinbarung	98
b) Abgekürzte Einberufungsfrist	68	b) Gegenständlich beschränktes Stimmrecht	100
c) Vereinbarte Einberufungsfrist	69	aa) Verwaltungstrennung	101
d) Nichteinhaltung der Einberufungsfrist	70	bb) Mangelhafte Beschlussfassungen	106
7. Einberufungsadressaten	72	**III. Teilnahmerecht und Stimmrecht**	**107**
a) Wohnungseigentümer	72	1. Teilnahmerecht an der Eigentümerversammlung	107
aa) Im Grundbuch eingetragene Personen	72	a) Wohnungseigentümer	109
bb) Nicht im Grundbuch eingetragene Eigentümer	75	b) Dritte Personen	112
b) Dritte Personen	76	aa) Stimmrechtsvertreter	113
aa) Erwerber des Wohnungseigentums vor Vollendung des Rechtserwerbs	76	bb) Erwerber von Wohnungseigentum vor Vollendung des Rechtserwerbs	115
bb) Verwaltungsbefugte	78	cc) Verwaltungsbefugte	117
cc) Dinglich Berechtigte	79	dd) Dinglich Berechtigte	118
dd) Verwalter	80	ee) Verwalter	119
ee) Nichteigentümer als Verwaltungsbeiratsmitglied	81	ff) Nichtwohnungseigentümer als Verwaltungsbeiratsmitglied	120
ff) Sonstige dritte Personen	82	gg) Beistände und Berater im Interesse Einzelner	121
c) Nichteinladung eines Einberufungsadressaten	83	hh) Vereinbarungen	125
8. Zweitversammlung	85	c) Zuwiderhandlungen	126
a) Wiederholungsversammlung	85	2. Das Stimmrecht in der Eigentümerversammlung	128
aa) Einberufungsbefugnis	86	a) Rechtsnatur des Stimmrechtes	128

Rz.	Rz.
b) Stimmrechtsinhaber 129	bb) Wirkungen des Stimm-
aa) Wohnungseigentümer .. 129	rechtsausschlusses 189
bb) Dritte Personen 130	(1) Allgemeine Wir-
(1) Erwerber von Woh-	kungen 189
nungseigentum vor	(2) Wirkung bei Mit-
Vollendung des	berechtigung 192
Rechtserwerbs 130	(3) Wirkung bei mittel-
(2) Verwaltungsbefugte 134	barer Betroffenheit . 193
(a) Insolvenzverwalter . 135	(4) Wirkung bei Ver-
(b) Zwangsverwalter ... 136	tretung 194
(c) Nachlassverwalter,	cc) Nichtbeachtung des
Testamentsvoll-	Stimmrechtsaus-
strecker 138	schlusses 197
cc) Dinglich Berechtigte ... 139	f) Stimmrechtsmissbrauch ... 199
c) Ausübung des Stimm-	aa) Abstimmungsverhalten
rechte 141	im konkreten Einzelfall 199
aa) Stimmabgabe 141	bb) Rechtsfolgen der rechts-
bb) Stimmrechtsvertretung. 145	missbräuchlichen
(1) Rechtsgeschäftliche	Stimmrechtsausübung . 203
Vertretung 145	g) Stimmrechtsbindungs-
(2) Gesetzliche Ver-	verträge 207
tretung 160	**IV. Beschlussfassung in der**
(3) Beschränkung der	**Wohnungseigentümer-**
Vertretung 163	**versammlung** 208
(4) Delegierten-	1. Der Beschluss als Instrument
versammlung 168	der Willensbildung 208
d) Stimmrechtswertigkeit 169	a) Beschlusskompetenz 208
aa) Gesetzliches Kopf-	b) Rechtscharakter des
prinzip 169	Beschlusses 217
bb) Objekt- und Wert-	aa) Rechtsgeschäft 217
prinzip 170	bb) Abgrenzung zur
cc) Sonderfälle 174	Vereinbarung 219
(1) Stimmkraft bei	cc) „Einmannbeschluss" ... 223
Verbindung oder	(1) Kann bereits der
Unterteilung von	aufteilende Eigen-
Wohnungseigen-	tümer einen Be-
tumsrechten 174	schluss fassen? 223
(2) Stimmrecht bei	(2) Kann ein in der Ei-
mehrfacher Mit-	gentümerversamm-
berechtigung 178	lung alleine anwe-
e) Stimmrechtsausschlüsse ... 181	sender Wohnungs-
aa) Gesetzliche Ausschluss-	eigentümer einen
gründe (Stimmverbote) . 183	Beschluss fassen? ... 224
(1) Vornahme eines	c) Zweitbeschluss 225
Rechtsgeschäftes ... 184	aa) Zulässigkeit 225
(2) Einleitung eines	bb) Typen des Zweit-
Rechtsstreits 187	beschlusses 228
(3) Rechtskräftige	(1) Abändernder Zweit-
Verurteilung nach	beschluss 228
§ 18 WEG 188	

	Rz.
(2) Inhaltsgleicher Zweitbeschluss	229
(3) Ergänzender Zweitbeschluss	233
(4) Aufhebungsbeschluss	234
cc) Anspruch auf Zweitbeschluss	234a
2. Die Beschlussfähigkeit der Eigentümerversammlung	235
3. Zustandekommen eines Beschlusses der Wohnungseigentümer	241
a) Beschlussantrag	241
aa) Inhalt des Beschlussantrages	241
bb) Beschlussantragsrecht	242
b) Abstimmung über den Beschlussantrag	243
aa) Abstimmungsverfahren	243
bb) Ermittlung des Abstimmungsergebnisses	244
c) Feststellung des Beschlussergebnisses	248
aa) Annahme des Beschlussantrags	248
bb) Ablehnung eines Beschlussantrags	249
d) Verkündung des Beschlussergebnisses	251
aa) Unterbleiben der Verkündung	255
bb) Fehlerhafte Verkündung	256
e) Die Protokollierung des Beschlussergebnisses	258
f) Nichtiger Beschluss und Nicht-/Scheinbeschluss	259
V. Durchführung der Eigentümerversammlung und Niederschrift	**262**
1. Durchführung der Versammlung	262
a) Versammlungsvorsitzender	262
aa) Verwalter bzw. dessen Hilfspersonen	262

	Rz.
bb) Abdingbarkeit für den Einzelfall	266
cc) Generelle Abdingbarkeit	267
dd) Fehlen eines Vorsitzenden	268
b) Aufgaben des Versammlungsvorsitzenden	269
aa) Leitungs- und Ordnungsbefugnisse	271
bb) Einzelne Geschäftsordnungsmaßnahmen	275
(1) Eröffnung der Versammlung	275
(2) Bestimmung eines Protokollführers	276
(3) Tonbandaufzeichnungen	277
(4) Feststellung der ordnungsmäßigen Einberufung	278
(5) Feststellung der Beschlussfähigkeit	279
(6) Hausrecht	281
(7) Diskussionsleitung	282
2. Versammlungsniederschrift	290
a) Erstellungsverpflichtung	290
aa) Erstellungspflichtiger	291
bb) Form der Niederschrift	292
cc) Inhalt der Niederschrift	296
(1) Beweiskraft der Niederschrift	298
(2) Mustertext für eine Versammlungsniederschrift	299
dd) Erstellungsfrist	300
ee) Versendungspflicht	301
b) Aufbewahrungsverpflichtung	302
c) Einsichtsrecht	303
d) Folgen nicht ordnungsgemäßer Niederschriftserstellung	304
aa) Berichtigung der Niederschrift	304
bb) Unterbliebene und verspätete Erstellung	308

I. Einleitung

Die Verwaltung des gemeinschaftlichen Eigentums obliegt gemäß § 20 Abs. 1 WEG den Wohnungseigentümern, dem Verwalter und dem Verwaltungsbeirat. Die Verwaltung durch die Wohnungseigentümer erfolgt ganz überwiegend durch Beschlussfassung in der grundsätzlich vom Verwalter einberufenen und geleiteten Versammlung der Wohnungseigentümer nach § 23 Abs. 1 WEG und nur selten durch Beschlussfassung im schriftlichen Verfahren nach § 23 Abs. 3 WEG.

Die formellen Voraussetzungen für die Beschlussfassung in der Wohnungseigentümerversammlung sind in den §§ 23–25 WEG geregelt, die aber grundsätzlich durch Vereinbarungen der Wohnungseigentümer nach § 10 Abs. 2 Satz 2 WEG oder in ihren Wirkungen den Vereinbarungen gleichstehenden Regelungen der vertraglichen oder einseitigen Teilungserklärung nach §§ 5 Abs. 4, 8 Abs. 2 WEG durch Einführung strengerer oder geringerer Voraussetzungen abbedungen werden können. Unter Verletzung formeller Anforderungen bei der Vorbereitung und Durchführung der Versammlung zu Stande gekommene Beschlüsse sind zwar nicht nichtig, aber grundsätzlich mit einer Klage auf Ungültigerklärung nach §§ 43 Nr. 4, 46 Abs. 1 Satz 2 WEG anfechtbar[1] und diese Klage hat Erfolg, wenn nicht mit an Sicherheit grenzender Wahrscheinlichkeit feststeht, dass auch bei einer formell ordnungsgemäß einberufenen und durchgeführten Versammlung ein inhaltsgleicher Beschluss gefasst worden wäre[2].

Es liegt daher im Interesse der Wohnungseigentümer, dass die Vorbereitung und Durchführung der Eigentümerversammlung ordnungsgemäß erfolgt, damit die gefassten Beschlüsse nicht bereits aus formellen Gründen für ungültig erklärt werden. Zudem stellt eine gewissenhaft vorbereitete und fachkundig von einem umfassend informierten Verwalter durchgeführte Eigentümerversammlung die Visitenkarte eines jeden Verwalters dar. Versäumnisse in diesen Bereichen tragen dazu bei, dass die Wohnungseigentümer sich danach fragen, ob ihr Verwalter professionell genug ist, ihr Wohnungseigentum ordnungsgemäß zu verwalten.

Aufgabe des **den Verwalter beratenden Rechtsanwalts** ist es daher, ihn vor formellen Fehlern bei der Vorbereitung und Durchführung der Eigentümerversammlung zu bewahren oder in einem Verfahren auf Ungültigerklärung eines Beschlusses das Nichtvorliegen formeller Fehler darzu-

---
1 Z.B. BayObLG, Beschl. v. 6. 9. 2001 – 2 Z BR 107/01, ZWE 2001, 593.
2 KG, Beschl. v. 18. 11. 1998 – 24 W 4180/97, ZMR 1999, 426; OLG Celle, Beschl. v. 15. 1. 2002 – 4 W 310/01, ZWE 2002, 276; OLG Hamm, Beschl. v. 4. 6. 2002 – 15 W 66/02, ZWE 2002, 486; OLG Saarbrücken, Beschl. v. 28. 8. 2003 – 5 W 11/03-4, ZMR 2004, 67.

legen. Solche Fehler können dazu führen, dass dem Verwalter alle Kosten einer erfolgreichen Klage auf Ungültigerklärung eines auf ihnen beruhenden Beschlusses gemäß § 49 Abs. 2 WEG auferlegt werden[1] und die Wohnungseigentümer überdies Kosten einer dadurch notwendigen neuen Eigentümerversammlung sowie den Schaden, der ihnen durch eine erst zu einem späteren Zeitpunkt erfolgte fehlerfreie Beschlussfassung entstanden ist, als Schadensersatz gegen ihn geltend machen können. Schwere Fehler können auch seine vorzeitige Abberufung und die Kündigung des Verwaltervertrages rechtfertigen[2]. Aufgabe des **einen Wohnungseigentümer beratenden Rechtsanwalts** ist es vielfach, die formelle Rechtmäßigkeit eines schon gefassten Beschlusses zu prüfen, um je nach Interessenlage seines Mandanten die Ungültigerklärung des Beschlusses herbeizuführen oder den Antrag eines anderen Wohnungseigentümers auf Ungültigerklärung abzuwehren.

II. Einberufung der Versammlung

1. Bedeutung der Einberufung

2 Im Mittelpunkt der Vorbereitung einer Eigentümerversammlung steht deren Einberufung unter Bezeichnung der Beschlussgegenstände. **Fehlt** es bereits an der **Einberufung** einer Versammlung, handelt es sich bei den abgegebenen Willenserklärungen grundsätzlich wegen Fehlens einer für eine Beschlussfassung nach § 23 Abs. 1 WEG erforderlichen Eigentümerversammlung um sog. Nicht-/Scheinbeschlüsse (Rz. 260)[3], die bereits ohne Ungültigerklärung unwirksam sind[4].

---

1 Vgl. zum alten Recht: BGH, Beschl. v. 3. 7. 1997 – V ZB 2/97, BGHZ 136, 187 = NJW 1997, 2956 (Nichtbeachtung einer Form der Versammlungsniederschrift, die Wirksamkeitsvoraussetzung für einen Beschluss ist); vgl. BayObLG, Beschl. v. 22. 11. 2001 – 2 Z BR 140/01, ZWE 2002, 220 (vorsorgliche Beschlussanfechtung wegen verspäteter Protokollherstellung – beachte jetzt aber LG München, Beschl. v. 6. 2. 2008 – 1 T 22613/07, WuM 2008, 243, das auf die Einsichtnahmemöglichkeit in die Beschluss-Sammlung verweist), wobei eine Kostenentscheidung zum Nachteil des Verwalters nunmehr grobes Verschulden voraussetzt.
2 BayObLG, Beschl. v. 30. 4. 1999 – 2 Z BR 3/99, NZM 1999, 844 (für Verstoß gegen § 24 Abs. 1 WEG); OLG Düsseldorf, Beschl. v. 2. 2. 1998 – 3 Wx 345/97, ZflR 1998, 367 (für Verstoß gegen § 24 Abs. 2 2. Hs.); OLG Hamm, Beschl. v. 12. 12. 2000 – 15 W 109/00, NZM 2001, 297 = ZMR 2001, 383 (Ort und Zeit der Versammlung); Palandt/*Bassenge*, § 26 WEG Rz. 8 (Unterlassen oder wiederholte Verzögerung der Herstellung einer Versammlungsniederschrift oder deren bewusste Unrichtigkeit).
3 Bärmann/Pick/*Merle*, § 23 WEG Rz. 115, 116; Palandt/*Bassenge*, § 23 WEG Rz. 2.
4 Palandt/*Bassenge*, § 23 WEG Rz. 21.

Beispiele:

- Spontanes Zusammentreffen von einigen Wohnungseigentümern[1].
- Beschluss eines Teils der Wohnungseigentümer nach Versammlungsende[2].
- Einberufung durch einen beliebigen Dritten, der in keinerlei Beziehung zu den Wohnungseigentümern steht, d.h. weder Wohnungseigentümer, Verwaltungsbeiratsmitglied noch z.B. ehemaliger Verwalter ist[3].
- „Bewusste" Nichteinladung eines Wohnungseigentümers[4].
- Beschlussfassung in einer Gesamteigentümerversammlung mehrerer selbständiger Wohnungseigentümergemeinschaften[5].
- Beschlussfassung mittels einer „Telefonkonferenz"[6].
- Beschlussfassung in einer virtuellen Wohnungseigentümerversammlung[7].

Etwas anderes gilt, wenn es sich um eine **Vollversammlung** (= Universalversammlung) handelt, bei der alle Wohnungseigentümer ohne Einberufung anwesend und in Kenntnis des Einberufungsmangels mit Beschlussfassungen **einverstanden** sind[8]. Denn damit ist der Einberufungsmangel geheilt, da er sich nicht mehr auf das Beschlussergebnis auswirken kann. Für die Beschlussfassungen selbst genügt hier die nach ihrem Gegenstand erforderliche Mehrheit.

Eine Vollversammlung liegt aber nicht vor, wenn sich alle Wohnungseigentümer „zwanglos" ohne Einladung und ohne Anfertigung einer Niederschrift getroffen haben und dieses Treffen deshalb nicht als Eigentümerversammlung ansehen; dort allstimmig getroffene Regelungen können nur die Rechtsnatur einer Vereinbarung und nicht die eines Beschlusses haben[9].

---

1 OLG Celle, Beschl. v. 3. 3. 1983 – 4 W 24/83, DWE 1983, 62 (Ls); OLG Hamm, Beschl. v. 20. 11. 1989 – 15 W 308/89, WE 1993, 24; vgl. auch BayObLG, Beschl. v. 15. 4. 2004 – 2 Z BR 235/03, NZM 2004, 623.
2 BayObLG, Beschl. v. 30. 7. 1998 – 2 Z BR 54/98, NZM 1998, 1010ff.
3 Bärmann/Pick/*Merle*, § 23 WEG Rz. 116, § 24 WEG Rz. 25; weitergehend *Abramenko*, ZWE 2005, 25: Nichtigkeit auch bei Einberufung durch Wohnungseigentümer.
4 OLG Celle, Beschl. v. 15. 1. 2002 – 4 W 310/01, NZM 2002, 458 = ZWE 2002, 276; OLG Zweibrücken, Beschl. v. 21. 11. 2002 – 3 W 179/02, FGPrax 2003, 60 = ZMR 2004, 60.
5 OLG Düsseldorf, Beschl. v. 2. 4. 2003 – 3 Wx 223/02, ZMR 2003, 765.
6 AG Königstein i. Ts., Beschl. v. 27. 11. 2007 – 27 C 955/07, NZM 2008, 171.
7 Zur Zulässigkeit einer vereinbarten virtuellen Wohnungseigentümerversammlung. vgl. Staudinger/*Bub*, § 24 WEG Rz. 11a; *Huff*, FS Deckert (2002), S. 173, 175ff.; *Mankowski*, ZMR 2002, 246.
8 BayObLG, Beschl. v. 21. 10. 1996 – 2 Z BR 72/96, ZMR 1997, 93; Palandt/*Bassenge*, § 23 WEG Rz. 4.
9 BayObLG, Beschl. v. 14. 11. 2002 – 2 Z BR 107/02; WuM 2003, 162 = ZMR 2003, 363.

4 Gleiches gilt bei einer Vollversammlung für **alle anderen Einberufungsmängel**, etwa bei Einberufung durch eine unzuständige Person[1] oder bei unterbliebener Ankündigung eines Tagesordnungspunktes in der Einladung gemäß § 23 Abs. 2 WEG[2].

⊃ **Hinweis:**
Das Einverständnis mit Beschlussfassungen sollte durch den Versammlungsleiter in der Versammlungsniederschrift dokumentiert werden.

5 Eine Anfechtung kann aber auch rechtsmissbräuchlich sein[3] bzw. ihr kann das Rechtsschutzbedürfnis fehlen[4], wenn der anfechtende Wohnungseigentümer in Kenntnis des Einberufungsmangels zu Beginn der Versammlung keine Einwände erhoben hat.

2. Befugnis und Verpflichtung zur Einberufung der Versammlung

Voraussetzung einer ordnungsgemäß einberufenen Versammlung der Wohnungseigentümer ist zunächst, dass sie von einer zur Einberufung befugten Person einberufen wurde.

a) Verwalter

aa) Einberufungsbefugnis

6 Gemäß § 24 Abs. 1, 2 WEG ist in erster Linie der Verwalter befugt, eine Versammlung der Wohnungseigentümer einzuberufen. Diese Befugnis ist durch Vereinbarung bzw. Gemeinschaftsordnung abdingbar[5]; z.B. durch Übertragung auf den Vorsitzenden des Verwaltungsbeirats oder auf jeden Wohnungseigentümer. Der Verwalter darf die Befugnis durch einen bevollmächtigten Mitarbeiter ausüben lassen[6].

(1) Von den Wohnungseigentümern bestellter Verwalter

7 Die Befugnis des nach § 26 Abs. 1 WEG von den Wohnungseigentümern bestellten Verwalters zur Einberufung besteht, solange er **im Amt** ist. Entscheidend ist, dass er im Zeitpunkt der Einberufung noch bestellt

---

1 KG, Beschl. v. 6. 6. 1990 – 24 W 1227/90, OLGZ 1990, 421 ff.; OLG Stuttgart, Beschl. v. 18. 12. 1985 – 8 W 338/85, NJW-RR 1986, 315 f.
2 BayObLG, Beschl. v. 9. 7. 1987 – 2 Z BR 79/87, WE 1988, 67; OLG Celle, Beschl. v. 6. 9. 2004 – 4 W 143/04, NZM 2005, 308.
3 OLG Hamm, Beschl. v. 8. 12. 1992 – 15 W 218/91, NJW-RR 1993, 468; Bärmann/Pick/*Merle*, § 24 WEG Rz. 28; Staudinger/*Bub*, § 24 WEG Rz. 94.
4 BayObLG, Beschl. v. 2. 4. 1992 – 2 Z BR 4/92, WuM 1992, 331 (332); OLG Düsseldorf, Beschl. v. 15. 4. 1988 – 3 Wx 68/88, DWE 1989, 28.
5 BayObLG, Beschl. v. 25. 9. 1986 – 2 Z BR 81/86, NJW-RR 1987, 204; OLG Frankfurt/Main, Beschl. v. 6. 2. 1985 – 20 W 438/84, OLGZ 1985, 142.
6 Vgl. OLG Schleswig, Beschl. v. 4. 12. 1996 – 2 W 85/96, WE 1997, 388 (390); OLG Köln, Beschl. v. 4. 9. 2002 – 16 Wx 114/02, ZMR 2003, 380.

war¹. Ohne Bedeutung ist hingegen, ob diese Bestellung noch im Versammlungszeitpunkt besteht; denn die Versammlung kann auch ohne den einberufenden Verwalter abgehalten werden.

Hierher gehört auch der Fall, dass der **Beschluss über die Bestellung** (dasselbe gilt für jeden Wiederbestellungsbeschluss) des Verwalters noch anfechtbar ist², zwar **angefochten** ist, aber noch nicht rechtskräftig für ungültig erklärt ist³, oder der **Abberufungsbeschluss des Amtsvorgängers** angefochten ist, da der Bestellungsbeschluss bis zur rechtskräftigen (rückwirkenden!) Ungültigerklärung des Abberufungsbeschlusses wirksam bleibt. Erst mit seiner rechtskräftigen Ungültigerklärung ergibt sich zugleich rückwirkend, dass der Bestellungsbeschluss auf einen rechtlich unmöglichen Erfolg gerichtet⁴ und daher nichtig ist⁵. In diesem Fall bleiben jedoch die noch während der Dauer des Verfahrens veranlassten Maßnahmen – hier namentlich die Einberufung – in analoger Anwendung des § 32 FGG bzw. der Regeln der Anscheins- und Duldungsvollmacht wirksam⁶. Da § 32 FGG eine Vorschrift mit materiell-rechtlichem Inhalt ist, steht ihrer analogen Anwendung die Überführung der WEG-Sachen in das ZPO-Verfahren nicht entgegen.

(2) Gerichtlich bestellter Verwalter

Zur Einberufung der Eigentümerversammlung ist auch der vom Gericht als Maßnahme ordnungsmäßiger Verwaltung nach § 21 Abs. 4 WEG bestellte **ordentliche Verwalter** befugt, denn er hat die gleichen Rechte und Pflichten wie der durch die Wohnungseigentümer bestellte Verwalter⁷. Voraussetzung ist eine für die Eigentümer **verbindliche Bestellung durch das Gericht**. Hierfür bedarf es

– des **Einverständnisses des Verwalters** mit seiner Bestellung, die vom ordentlichen Verwalter gegenüber den Wohnungseigentümern zu erklären ist, sowie

---

1 OLG Düsseldorf, Beschl. v. 15. 4. 1988 – 3 Wx 68/88, DWE 1989, 28; OLG Köln, Beschl. v. 20. 3. 1998 – 16 Wx 27/98, NZM 1998, 920.
2 OLG Hamburg, Beschl. v. 13. 3. 2000 – 2 Wx 27/98, ZMR 2000, 478.
3 BayObLG, Beschl. v. 4. 12. 2002 – 2 Z BR 84/02, WuM 2003, 171; OLG Hamburg, Beschl. v. 13. 3. 2000 – 2 Wx 27/98, ZMR 2000, 478.
4 A.A. Bärmann/Pick/*Merle*, § 26 WEG Rz. 55, 207, der von einem auflösend bedingten Bestellungsbeschluss ausgeht.
5 OLG Zweibrücken, Beschl. v. 16. 12. 2002 – 3 W 202/02, FGPrax 2003, 62 = ZMR 2004, 63; Staudinger/*Bub*, § 26 WEG Rz. 466; *Häublein*, ZMR 2004, 723 (724).
6 BayObLG, Beschl. v. 13. 9. 1990 – 2 Z BR 100/90, NJW-RR 1991, 531; OLG Zweibrücken, Beschl. v. 16. 12. 2002 – 3 W 202/02, FGPrax 2003, 62 = ZMR 2004, 63; OLG Hamm, Beschl. v. 27. 9. 2006 – 15 W 98/06, ZMR 2007, 133 = FGPrax 2007, 71; *Gottschalg*, NZM 2001, 113.
7 BGH, Beschl. v. 6. 5. 1993 – V ZB 9/92, NJW 1993, 1924; BayObLG, Beschl. v. 12. 12. 1988 – 2 Z BR 49/88, NJW-RR 1989, 461; Palandt/*Bassenge*, § 26 WEG Rz. 6.

– des Eintritts der **Rechtskraft des Bestellungsurteils**[1]; nur wenn die Bestellung durch einstweilige Verfügung nach §§ 935 ff. ZPO vorgenommen wurde, entfällt das Erfordernis des Eintritts der Rechtskraft.

(3) Scheinverwalter

Ein so genannter **Scheinverwalter** hat keine Befugnis, eine Eigentümerversammlung einzuberufen. Die Figur des Scheinverwalters liegt in folgenden Fällen vor:

- Eine Bestellung ist niemals erfolgt, weil ein Bestellungsbeschluss der Wohnungseigentümer nach § 26 Abs. 1 WEG[2] oder ein wirksam gewordenes gerichtliches Bestellungsurteil nach § 21 Abs. 4 WEG fehlt.

- Die Bestellungszeit ist abgelaufen[3].

- Der Verwalter ist durch Beschluss der Wohnungseigentümer nach § 26 Abs. 1 WEG – selbst wenn dieser später für ungültig erklärt wird[4] – oder durch wirksam gewordenen gerichtlichen Beschluss nach § 21 Abs. 4 WEG aus seinem Amt abberufen worden.

- Der Verwalter hat sein Amt niedergelegt[5].

- Die Bestellung des Verwalters ist nichtig. Hierher gehören die Fälle, in denen eine Personenmehrheit ohne eigene oder verliehene Rechtsfähigkeit – wie z.B. Eheleute – zum Verwalter bestellt worden ist[6]. Aber auch die Gesellschaft bürgerlichen Rechts kann – trotz nunmehr anerkannter Rechtsfähigkeit[7] – nicht wirksam zur Verwalterin bestellt werden[8].

---

1 BayObLG, Beschl. v. 21. 10. 1996 – 2 Z BR 72/96, ZMR 1997, 93; OLG Düsseldorf, Beschl. v. 3. 3. 1989 – 3 W 50/89, ZMR 1989, 315; Palandt/*Bassenge*, § 26 WEG Rz. 6.
2 BayObLG, Beschl. v. 30. 1. 1990 – 2 Z BR 111/89, WuM 1990, 235.
3 BayObLG, Beschl. v. 2. 4. 1992 – 2 Z BR 4/92, BayObLGZ 92, 79; OLG Stuttgart, Beschl. v. 18. 12. 1985 – 8 W 338/85, NJW-RR 1986, 315.
4 KG, Beschl. v. 6. 6. 1990 – 24 W 1227/90, OLGZ 1990, 421; *Drasdo*, Rz. 40; a.A. Staudinger/*Bub*, § 24 WEG Rz. 36.
5 OLG Köln, Beschl. v. 20. 3. 1998- 16 Wx 27/98, NZM 1998, 920.
6 BGH, Urt. v. 11. 12. 1989 – II ZR 117/89, WE 1990, 84; BayObLG, Beschl. v. 28. 6. 1990 – 2 Z 59/90, WE 1991, 289; Bärmann/Pick/*Merle*, § 26 WEG Rz. 5; Palandt/*Bassenge*, § 26 WEG Rz. 1.
7 BGH, Urt. v. 29. 1. 2001 – II ZR 331/00, NJW 2001, 1056.
8 BGH, Beschl. v. 26. 1. 2006 – V ZB 132/05, WuM 2006, 166 = NZM 2006, 263 = FG Prax 2006,104; AG Hamburg, Beschl. v. 11. 4. 2001 – 102c II 559/00, ZMR 2001, 487; noch vor anerkannter Rechtsfähigkeit der (Außen-)GBR: BGH, Beschl. v. 18. 5. 1989 – V ZB 4/89, BGHZ 107, 268 = NJW-1989, 2059; BayOLG, Beschl. v. 12. 1. 1989 – 2 Z BR 129/88, NJW-RR 1989, 526; KG, Beschl. v. 7. 6. 1994 – 1 W 6026/93, WuM 1994, 499; a.A. OLG Frankfurt/Main, Vorlagebeschl. v. 18. 8. 2005 – 20 W 182/2005, NZM 2005, 867 = ZMR 2006, 146.

Einberufung der Versammlung | Rz. 13 **Teil 4**

⊃ **Hinweis:**
- oHG und KG sind gemäß § 124 Abs. 1 HGB, die Partnerschaft der freien Berufe ist gemäß § 7 Abs. 2 PartGG mit eigener Rechtsfähigkeit ausgestattet.
- Die Bestellung des Verwalters ist im Anfechtungsverfahren nach § 23 Abs. 4 Satz 1 WEG rechtskräftig für ungültig erklärt worden.

Etwas anderes gilt bei **Einverständnis der Wohnungseigentümer** mit der Einberufung durch den Scheinverwalter. Dies ist dann der Fall, wenn alle Wohnungseigentümer der Einberufung und der Tagesordnung zustimmen[1]. Das Einverständnis des selbst einberufungsberechtigten Beiratsvorsitzenden reicht dafür aber nicht aus[2]. 10

⊃ **Hinweis:**
Ein derartiges Einverständnis sollte in der Versammlungsniederschrift schriftlich dokumentiert werden.

bb) Einberufungsverpflichtung

Der Einberufungsverpflichtung kann sich der Verwalter nicht dadurch entziehen, dass er eine von ihm einberufene Eigentümerversammlung nach ihrer Eröffnung ohne sachlichen Grund sofort wieder auflöst oder sie durch mehrmaliges oder langfristiges Verschieben faktisch verhindert (Rz. 25). 11

(1) Ordentliche Versammlung der Wohnungseigentümer

Nach § 24 Abs. 1 WEG ist der Verwalter verpflichtet, **mindestens einmal im Jahr** eine Eigentümerversammlung einzuberufen[3]. Hierdurch soll die regelmäßige Einschaltung der Wohnungseigentümer als oberstes Verwaltungsorgan gewährleistet sein. Zudem ist – wie sich aus § 28 Abs. 1 und 3 WEG ergibt – die einmal jährliche Beschlussfassung über den Wirtschaftsplan und die Jahresabrechnung erforderlich. Diese Verpflichtung ist durch Vereinbarung bzw. Gemeinschaftsordnung abdingbar. Ihr wird durch die Einberufung einer außerordentlichen Eigentümerversammlung genügt, wenn dort alle notwendigen Informationen erteilt und alle erforderlichen Beschlüsse gefasst worden sind. 12

(2) Außerordentliche Versammlung der Wohnungseigentümer

Aus der Verpflichtung zur Einberufung einer außerordentlichen Eigentümerversammlung kann sich die Verpflichtung ergeben, in einem Jahr 13

---
1 OLG Stuttgart, Beschl. v. 18. 12. 1985 – 8 W 338/85, NJW-RR 1986, 315.
2 BayOLG, Beschl. v. 2. 4. 1992 – 2 Z BR 4/92, BayObLGZ 1992, 79.
3 Bärmann/Pick/*Merle*, § 24 WEG Rz. 6; Niedenführ/*Kümmel*/Vandenhouten, § 24 WEG Rz. 7.

mehrere Wohnungseigentümerversammlungen einzuberufen. Sofern der Verwaltervertrag keine abweichende Regelung enthält, umfasst die Verwaltervergütung auch die weiteren nach §§ 21 Abs. 4, 24 Abs. 2 WEG einzuberufenden Versammlungen[1].

(a) Vereinbarung

14 Nach § 24 Abs. 2 Hs. 1 WEG muss der Verwalter eine Eigentümerversammlung in den durch Vereinbarung der Wohnungseigentümer bzw. durch Teilungserklärung bestimmten Fällen einberufen[2]. Liegen die dort genannten Voraussetzungen vor, kann der Verwalter nicht mehr über das „Ob", sondern nur noch über das „Wie" (Zeitpunkt, Ort der Versammlung) einer Eigentümerversammlung entscheiden[3].

(b) Minderheitenquorum

15 Nach § 24 Abs. 2 Hs. 2 WEG muss der Verwalter eine Eigentümerversammlung einberufen, wenn mehr als ein Viertel der Wohnungseigentümer unter Angabe des Zwecks (Beschlussthemen; keine Beschlussanträge erforderlich[4]) und der Gründe (Tatsachen, welche die Einberufung dringend notwendig machen[5]) von ihm schriftlich die Einberufung einer Eigentümerversammlung verlangen.

16 Das erforderliche Quorum berechnet sich **nach Köpfen**. Dies gilt auch dann, wenn das Stimmrecht abweichend von § 25 Abs. 2 WEG nach dem Objekt- oder Wertprinzip geregelt ist. Steht eine Einheit dabei mehreren Eigentümern gemeinsam zu, so wird ihr Verlangen analog § 25 Abs. 2 Satz 2 WEG nur dann mitgerechnet, wenn es einheitlich erfolgt[6]. Auch Wohnungseigentümer, deren Stimmrecht ruht bzw. einem Verbot gemäß § 25 Abs. 5 WEG unterliegt, können sich an dem Verlangen beteiligten[7].

17 Das an den Verwalter zu richtende **empfangsbedürftige** Einberufungsverlangen ist **schriftlich** unter Beachtung der Formvorschrift der §§ 126 Abs. 1, 126a Abs. 1 BGB zu verfassen[8], d.h. es bedarf der eigenhändigen Unterschrift jedes einzelnen Wohnungseigentümers; Telefax oder Telegramm genügen diesen Anforderungen nicht[9], da abweichend von § 24 Abs. 4 Satz 1 WEG Textform nicht zugelassen ist.

---

1 LG Hamburg, Beschl. v. 1. 9. 1987 – 20 T 26/87, MDR 1988, 410; Bärmann/Pick/*Merle*, § 26 WEG Rz. 123.
2 Bärmann/Pick/*Merle*, § 24 WEG Rz. 17; Staudinger/*Bub*, § 24 WEG Rz. 65.
3 *Drasdo*, Rz. 116.
4 Staudinger/*Bub*, § 24 WEG Rz. 67.
5 Bärmann/Pick/*Merle*, § 24 WEG Rz. 13.
6 Palandt/*Bassenge*, § 24 WEG Rz. 2; Staudinger/*Bub*, § 24 WEG Rz. 68.
7 Bärmann/Pick/*Merle*, § 24 WEG Rz. 9; Staudinger/*Bub*, § 24 WEG Rz. 68.
8 Bärmann/Pick/*Merle*, § 24 WEG Rz. 13.
9 BGH, Beschl. v. 28. 1. 1993 – IX ZR 259/91, NJW 1993, 1126; KG, Beschl. v. 12. 9. 1988 – 24 W 5597/87, DWE 1990, 38 (Ls).

Liegen die formellen Voraussetzungen vor, kommt dem Verwalter in materieller Hinsicht nur noch ein **eingeschränktes Prüfungsrecht** insofern zu, ob das Einberufungsverlangen offensichtlich rechtsmissbräuchlich ist[1]. Bezüglich des Zeitpunktes steht dem Verwalter ein Ermessensspielraum zu, der von der Dringlichkeit der begehrten Beschlussfassung abhängig ist, nicht zu einer Vereitelung von Sinn und Zweck der Versammlung führen darf und nur von sachgerechten Gesichtspunkten geleitet sein darf[2]. Wird die Einberufung zum Zwecke der Abberufung des Verwalters verlangt, ist jedenfalls schon aus dem Rechtsgedanken des nicht unmittelbar anwendbaren § 626 Abs. 2 BGB ein zeitnaher Termin zu wählen[3].

18

⊃ **Hinweis:**
Der Fortbestand des Minderheitenquorums bis zur Versammlung ist nicht erforderlich. Es muss nur im Zeitpunkt des Zugangs des Einberufungsverlangens beim Verwalter erfüllt sein[4].

Durch Vereinbarung bzw. Teilungserklärung kann die gesetzliche **Minderheitenquote abgeändert** werden. Umstritten ist, ob die Einberufungsvoraussetzungen verschärft werden dürfen, sei es durch Anhebung des Quorums (z. B. auf 1/3), sei es durch ein Quorum von ¼ der Miteigentumsanteile oder der Sondereigentumseinheiten. Nach einer Ansicht dürfen diese verschärft werden; damit aber ein Minderheitenrecht erhalten bleibt, darf das Quorum nicht auf die Hälfte oder mehr heraufgesetzt werden[5]. Nach anderer Ansicht stellt die gesetzliche Grenze von 25 % eine unabdingbare Höchstgrenze dar, mit der Folge, dass jede abweichende Regelung nichtig ist, an deren Stelle die gesetzliche Regelung tritt[6]. Bedenken gegen eine Herabsetzung (z. B. Vereinbarung einer Quote von 1/5, 1/6, oder etwa 10 % [wie in den §§ 37 BGB, 50 GmbHG, 45 GenG geregelt] bzw. 5 % [wie in § 122 Abs. 1 Satz 1 AktG]) bestehen hingegen nicht[7].

19

---

1 BayObLG, Beschl. v. 20. 2. 2003 – 2 Z BR 1/03, ZMR 2003, 521 = NZM 2003, 317; Bärmann/Pick/*Merle*, § 24 WEG Rz. 14.
2 BayObLG, Beschl. v. 29. 11. 1990 – 2 Z BR 72/90, WE 1992, 51: 1 Monat; BayObLG, Beschl. v. 20. 2. 2003 – 2 Z BR 1/03, NZM 2003, 317 = WuM 2003, 349 = NJW-RR 2003, 874: nicht 2 ½ Monate.
3 BayObLG, Beschl. v. 17. 1. 2000 – 2 Z BR 120/99, NZM 2000, 341; OLG Düsseldorf, Beschl. v. 25. 8. 2003 – 3 Wx 217/02, NZM 2004, 110.
4 Niedenführ/*Kümmel*/Vandenhouten, § 24 WEG Rz. 10; *Gottschalg*, NZM 2005, 406
5 BayObLG, Beschl. v. 5. 10. 1972 – 2 Z BR 54/72, BayObLGZ 1972, 314; Palandt/*Bassenge*, § 24 WEG Rz. 1; Staudinger/*Bub*, § 24 WEG Rz. 31.
6 Bärmann/Pick/*Merle*, § 24 WEG Rz. 11; Weitnauer/*Lüke*, § 24 WEG Rz. 3; *Häublein*, ZMR 2003, 233.
7 Bärmann/Pick/*Merle*, § 24 WEG Rz. 10; *Müller*, Rz. 352; a. A. *Deckert*, ETW 4/388 unter Hinweis auf Missbrauchsgefahr.

(c) Ordnungsmäßige Verwaltung

20 Nach § 21 Abs. 4 WEG ist der Verwalter zur Einberufung einer Eigentümerversammlung verpflichtet, wenn dies aus Gründen ordnungsmäßiger Verwaltung angezeigt ist[1]. Dies ist etwa dann der Fall, wenn die Eigentümer zur Gewährleistung eben dieser ordnungsmäßigen Verwaltung Beschlüsse fassen müssen, wie bei einem plötzlichen Instandsetzungsbedarf, zur Deckung eines unvorhergesehenen Finanzbedarfs oder weil der Verwalter neu zu bestellen ist bzw. der bisherige Verwalter aus wichtigem Grund gekündigt werden soll[2].

(d) Wiederholungsversammlung

21 Nach § 25 Ab. 4 Satz 1 WEG ist der Verwalter verpflichtet, eine Wiederholungsversammlung einzuberufen, wenn eine einberufene Versammlung beschlussunfähig ist[3].

b) Verwaltungsbeiratsvorsitzender oder sein Stellvertreter

aa) Einberufungsbefugnis

22 Der Vorsitzende des Verwaltungsbeirats oder sein Stellvertreter (nur bei Verhinderung des Vorsitzenden oder nach Ermächtigung durch diesen[4]) dürfen unter den in § 24 Abs. 3 WEG genannten Voraussetzungen eine Eigentümerversammlung einberufen, auch wenn sie keine Mitglieder der Wohnungseigentümergemeinschaft sind. Hat der Verwaltungsbeirat keinen Vorsitzenden, so kann die Versammlung nur durch **alle Mitglieder des Gremiums** gemeinsam einberufen werden[5]; das einzelne Beiratsmitglied ist dem einzelnen Eigentümer gleichzustellen[6], der den Weg über die gerichtliche Ermächtigung (vgl. Rz. 29) einzuhalten hat.

➲ Hinweis:

Wenn zweifelhaft ist, ob ein Beiratsvorsitzender überhaupt oder wirksam bestellt ist, sollten alle Beiratsmitglieder gemeinschaftlich einberufen, da dann auch stets der Vorsitzende einberufen hat und beim Fehlen eines Vorsitzenden die Einberufung auch wirksam ist. Erfolgt die Einberufung aber durch das nach Amtsniederlegung der weiteren Mitglieder einzig verbliebende Beiratsmitglied, so bestellt es sich da-

---

1 Bärmann/Pick/*Merle*, § 24 WEG Rz. 16.
2 OLG Köln, Beschl. v. 15. 3. 2004 – 16 Wx 245/03, NJW-RR 2004, 733 = NZM 2004, 305.
3 Staudinger/*Bub*, § 24 WEG Rz. 55.
4 Bärmann/Pick/*Merle*, § 24 WEG Rz. 23; a. A. Staudinger/*Bub*, § 24 WEG Rz. 69, was die Gefahr einer Doppeleinberufung in sich birgt.
5 OLG Köln, Beschl. v. 29. 12. 1999 – 16 Wx 181/99, NZM 2000, 675 = ZWE 2000, 488.
6 LG Zwickau, Beschl. v. 20. 11. 2001 – 9 T 328/01, ZMR 2002, 307.

mit selbst zum Vorsitzenden des Verwaltungsbeirats; ein Ladungsmangel liegt dann nicht vor[1].

Die Vorschrift des § 24 Abs. 3 WEG kann in vollem Umfang durch Vereinbarung bzw. Teilungserklärung **abbedungen** werden[2], indem das Einberufungsrecht ausgeschlossen oder anderen Personen eingeräumt wird. 23

Das Einberufungsrecht besteht nach § 24 Abs. 3 WEG unter zwei **Voraussetzungen**:

(1) Fehlen des Verwalters

Das Einberufungsrecht besteht nach § 24 Abs. 3 Fall 1 WEG zum einen, wenn ein Verwalter fehlt. Hier sind folgende Fälle denkbar: 24

– Es ist **kein Verwalter bestellt** oder nur ein **Scheinverwalter** (vgl. Rz. 9) vorhanden.

– Der Verwalter ist aus rechtlichen Gründen an der Ausübung seines Amtes gehindert[3]; z. B. aus den Gründen des § 181 BGB.

– Der Verwalter ist aus tatsächlichen Gründen an der Ausübung seines Amtes auf Dauer gehindert[4]; z. B. durch längere Erkrankung, nicht aber durch Urlaub oder sonstige vorübergehende Unerreichbarkeit[5].

Dieser Grund kommt bei Gesellschaften nicht in Betracht, die für die nicht nur ganz vorübergehende Abwesenheit vertretungsberechtigter Personen Vorsorge treffen müssen; ist keine Vorsorge getroffen, so ist diese Verhinderung unter dem Gesichtspunkt einer pflichtwidrigen Weigerung (Rz. 25) zu betrachten[6].

(2) Pflichtwidrige Weigerung des Verwalters

Das Einberufungsrecht besteht nach § 24 Abs. 3 Fall 2 WEG zum anderen, wenn sich der Verwalter pflichtwidrig weigert, eine Eigentümerversammlung einzuberufen. Das ist insbesondere der Fall, wenn eine Einberufungspflicht des Verwalters nach §§ 24 Abs. 1 und 2, § 25 Abs. 4 Satz 1 WEG und auch nach § 21 Abs. 4 WEG[7] (Rz. 12 ff.) besteht und er trotz entsprechender Aufforderung eine Einberufung bewusst ganz unterlässt[8], unge- 25

---

1 OLG München, Beschl. v. 6. 9. 2005 – 32 Wx 60/05, NZM 2005, 750.
2 BayObLG, Beschl. v. 2. 8. 1990 – 2 Z 69/90, WE 1991, 297; OLG Frankfurt/Main, Beschl. v. 22. 9. 1987 – 20 W 147/87, OLGZ 1988, 43; OLG Köln, Beschl. v. 9. 1. 1996 – 16 Wx 214/95, WuM 1996, 246.
3 *Drasdo*, Rz. 73.
4 Bärmann/Pick/*Merle*, § 24 WEG Rz. 20.
5 *Drasdo*, Rz. 73; a. A. Staudinger/*Bub*, § 24 WEG Rz. 71a.
6 A. A. *Drasdo*, Rz. 73.
7 OLG Köln, Beschl. v. 15. 3. 2004 – 16 Wx 245/03, NJW-RR 2004, 733 = NZM 2004, 305; *Drasdo*, Rz. 82.
8 OLG Celle, Beschl. v. 15. 1. 2002 – 4 W 310/01, ZWE 2002, 276.

bührlich verzögert (z. B. mehr als 2 ½ Monate, nicht aber bei 1 Monat[1], eine Versammlung ohne gleichzeitige oder unmittelbar nachfolgende Neueinberufung absagt[2] oder durch mehrmaliges oder langfristiges Verschieben faktisch verhindert[3]. Die beabsichtigte Einberufung einer Eigentümerversammlung während der Schulferien steht grundsätzlich nicht einer pflichtwidrigen Weigerung des Verwalters zur Einberufung der Versammlung gleich[4].

⊃ **Hinweis:**
Die Einberufungsbefugnis des Verwalters umfasst auch das Recht, eine Eigentümerversammlung abzusagen bzw. zu verlegen[5]. Damit diese Maßnahme jedoch ordnungsmäßiger Verwaltung entspricht, darf sie nur aus sachlichem Grund erfolgen[6]; aus Gründen der Rechtssicherheit ist sie aber stets wirksam[7].

bb) Einberufungspflicht

26 Für den Verwaltungsbeiratsvorsitzenden bzw. seinen Stellvertreter besteht **keine Verpflichtung** zur Einberufung einer Eigentümerversammlung[8], so dass sie auch nicht gerichtlich erzwungen werden kann.

27 Durch Vereinbarung bzw. Gemeinschaftsordnung kann § 24 Abs. 3 WEG auch dahin **abbedungen** werden, dass eine Einberufungspflicht begründet wird.

cc) Einladung

28 Der Vorsitzende des Verwaltungsbeirats bzw. sein Stellvertreter muss wie der Verwalter alle Wohnungseigentümer zu einer Versammlung einladen (Rz. 72 ff.). Der Verwalter muss ihm daher eine aktuelle und vollständige **Liste der Wohnungseigentümer** mit deren Namen und Anschriften zur Verfügung stellen[9]. Aber auch jeder Wohnungseigentümer kann von dem Verwalter die Übergabe einer solchen Liste verlangen[10]. Dieser

---

1 BayObLG, Beschl. v. 20. 2. 2003 – 2 Z BR 1/03, NZM 2003, 317; OLG Düsseldorf, Beschl. v. 25. 8. 2003 – 3 Wx 217/02, NZM 2004, 110.
2 KG, Beschl. v. 11. 5. 1988 – 24 W 6454/87, GE 1988,1119; *Müller*, Rz. 360.
3 OLG Hamm, Beschl. v. 4. 7. 1980 – 15 W 177/79, OLGZ 1981, 24; Bärmann/Pick/*Merle*, § 24 WEG Rz. 21.
4 BayObLG, Beschl. v. 17. 4. 2002 – 2 Z BR 14/02, ZWE 2002, 526.
5 OLG Hamm, Beschl. v. 4. 7. 1980 – 15 W 177/79, OLGZ 1981, 24; Staudinger/*Bub*, § 24 WEG Rz. 54.
6 KG, Beschl. v. 11. 5. 1988 – 24 W 6454/87, GE 1988, 1119.
7 OLG Hamm, Beschl. v. 4. 7. 1980 – 15 W 177/79, OLGZ 1981, 24.
8 Bärmann/Pick/*Merle*, § 24 WEG Rz. 23; Niedenführ/*Kümmel*/Vandenhouten, § 24 WEG Rz. 2; a. A. Staudinger/*Bub*, § 24 WEG Rz. 75.
9 BayObLG, Beschl. v. 8. 6. 1984 – 2 Z BR 7/84, MDR 1984, 850; *Müller*, Rz. 359.
10 BayObLG, Beschl. v. 8. 6. 1984 – 2 Z BR 7/84, MDR 1984, 850; OLG Saarbrücken, Beschl. v. 29. 8. 2006 – 5 W 72/06, ZMR 2007, 141.

Anspruch ist Teil der allgemeinen Auskunftspflichten des Verwalters gemäß §§ 259, 260, 666, 675 BGB. Eine Beeinträchtigung des Rechts auf informationelle Selbstbestimmung[1] liegt nicht vor, denn mit dem Eintritt in die Wohnungseigentümergemeinschaft nimmt der Wohnungseigentümer hin, dass die Partner dieser Gemeinschaft Namen und Anschrift erfahren. Gibt der Verwalter die Eigentümerliste **nicht freiwillig** heraus, muss der Vorsitzende bzw. sein Vertreter einen Antrag auf Herausgabe im Verfahren nach § 43 Nr. 3 WEG stellen sowie ggf. ein vorläufiges Rechtsschutzverfahren einleiten. Zur Frage, ob in einem solchen Verfahren neben dem Kläger und dem beklagten Verwalter auch die anderen Wohnungseigentümer beizuladen sind, vgl. Teil 14, Rz. 160.

c) Wohnungseigentümer

Im WEG ist die Befugnis des einzelnen Wohnungseigentümers, eine Versammlung einzuberufen, nicht vorgesehen. Damit ist zunächst eine eigenmächtige Einberufung durch einen oder mehrere Wohnungseigentümer nicht zulässig[2]. Eine Ausnahme hiervon ist nur zu machen, wenn die Einberufung durch alle Eigentümer der Wohnungseigentümergemeinschaft erfolgt, da die Wohnungseigentümer vorrangig dazu berufen sind, ihre Angelegenheiten selbst zu regeln[3].

29

Bislang war zudem allgemein anerkannt, dass sich ein einzelner Wohnungseigentümer durch das Gericht zur Einberufung einer Versammlung ermächtigen lassen konnte, sofern

– der Verwalter die Einberufung pflichtwidrig verweigert und der Beiratsvorsitzende bzw. sein Stellvertreter die Einberufung nicht vornimmt

oder

– weder ein Verwalter noch ein Verwaltungsbeirat vorhanden ist[4].

Ein solcher Anspruch wurde ganz überwiegend aus einer analogen Anwendung der §§ 37 Abs. 2 BGB, 122 Abs. 3 AktG, § 45 Abs. 3 GenG[5] her-

---

1 Vgl. BVerfG, Urt. v. 15. 12. 1983 – 1 BvR 209/83 u. a., NJW 1984, 419.
2 Eine analoge Anwendung von § 50 Abs. 3 Satz 1 GmbHG ist nach h. M. abzulehnen, vgl. Palandt/*Bassenge*, § 24 WEG Rz. 4.
3 OLG Köln, Beschl. v. 4. 9. 2002 – 16 Wx 114/02, ZMR 2003, 380; Jennißen/*Elzer*, § 24 WEG Rz. 30; Palandt/*Bassenge*, § 24 WEG Rz. 4.
4 BayObLG, Beschl. v. 28. 3. 1990 – 1b Z 13/89, WE 1991, 226; OLG Hamm, Beschl. v. 13. 1. 1992 – 15 W 13/91, OLGZ 1992, 309; OLG Hamm, Beschl. v. 2. 9. 1996 – 15 W 138/96, ZMR 1997, 49; Bärmann/Pick/*Merle*, § 24 WEG Rz. 24; Palandt/*Bassenge*, § 24 WEG Rz. 2.
5 So die h. M.: BayObLG, Beschl. v. 27. 1. 1970 – 2 Z BR 22/69, BayObLGZ 1970, 1; KG, Beschl. v. 27. 8. 1986 – 24 W 1747/86, WE 1987, 18; OLG Hamm, Beschl. v. 13. 1. 1992 – 15 W 13/91, OLGZ 1992, 309; OLG Hamm, Beschl. v. 2. 9. 1996 – 15 W 138/96, ZMR 1997, 49.

leitet. Dieser Weg ist mit der WEG-Novelle nun nicht mehr gangbar, da kein FGG-Verfahren mehr stattfindet[1]. Dem einzelnen Wohnungseigentümer steht jedoch unter den oben genannten Voraussetzungen ein mit einer Klage gemäß § 43 Nr. 1 WEG durchsetzbarer **Anspruch** gegen die übrigen Wohnungseigentümer **auf Ermächtigung zur Einberufung** zu. Ein solcher ist a maiore ad minus jedenfalls gegeben, soweit ein Wohnungseigentümer gemäß § 21 Abs. 4, 8 WEG einen Anspruch auf Beschlussfassung über eine bestimmte Angelegenheit hat[2].

⊃ Hinweis:
Im Klageantrag sind ein einladungswilliger Wohnungseigentümer sowie ein Tagesordnungspunkt konkret zu bezeichnen.

Die erteilte Ermächtigung wird durch die Einberufung einer Versammlung verbraucht, unabhängig davon, ob die Versammlung tatsächlich durchgeführt wurde[3].

Schließlich kann ein einzelner Wohnungseigentümer die Einberufungspflicht des Verwalters mit einer **Klage gemäß § 43 Nr. 3 WEG** durchsetzen. Ergibt sich eine solche Verpflichtung aus einem Minderheitenquorum gemäß § 24 Abs. 2 Hs. 2 WEG, kann jeder Wohnungseigentümer den Einberufungsanspruch einklagen, auch wenn er nicht an dem Quorum beteiligt war[4].

d) Einberufung durch einen Unbefugten

30 Wurde die Eigentümerversammlung von einem Unbefugten einberufen und ist der Mangel nicht durch eine Vollversammlung geheilt (Rz. 3), so sind die in der Versammlung gefassten Beschlüsse nach ganz h. M. grundsätzlich wirksam, aber **anfechtbar**[5], wenn der Wohnungseigentümer an der Versammlung nicht teilgenommen hat, weil er die Einberufung für

---

1 Palandt/*Bassenge*, § 24 WEG Rz. 4; a.A. Jennißen/*Elzer*, § 24 WEG Rz. 33; Riecke/Schmid/*Riecke*, § 24 WEG Rz. 11.
2 Niedenführ/*Kümmel*/Vandenhouten, § 24 WEG Rz. 3; *Suilmann* in Jennißen, § 21 Rz. 150.
3 BayObLG, Beschl. v. 28. 3. 1990 – 1b Z BR 13/89, WE 1991, 226.
4 *Gottschalg*, NZM 2005, 406 (408).
5 BayObLG, Beschl. v. 17. 4. 2002 – 2 Z BR 14/02, ZWE 2002, 526 = ZMR 2002, 774; BayObLG, Beschl. v. 30. 6. 2004 – 2 Z BR 113/04, WuM 2004, 563 = NZM 2005, 308 = ZMR 2005, 559; OLG Frankfurt/Main, Beschl. v. 6. 2. 1985 – 20 W 438/84, OLGZ 1985, 142; OLG Düsseldorf, Beschl. v. 15. 4. 1988 – 3 Wx 68/88, DWE 1989, 28; OLG Köln, Beschl. v. 9. 1. 1996 – 16 Wx 214/95, WuM 1996, 246; OLG Hamm, Beschl. v. 2. 9. 1996 – 15 W 138/96, ZMR 1997, 49; LG Zwickau, Beschl. v. 20. 11. 2001 – 9 T 328/01, ZMR 2002, 307; Bärmann/Pick/*Merle*, § 23 WEG Rz. 113, § 24 WEG Rz. 25; Palandt/*Bassenge*, § 24 WEG Rz. 3; a.A. *Abramenko*, ZWE 2005, 25: Nichtigkeit bei Einberufung durch Wohnungseigentümer.

unwirksam gehalten hat[1]; zur ausnahmsweisen Nichtigkeit wegen Fehlens einer Eigentümerversammlung vgl. Rz. 2. Die Anfechtung hat keinen Erfolg, wenn ohnehin der angefochtene Beschluss hätte gefasst werden müssen, weil allein dieser ordnungsmäßiger Verwaltung entspricht[2].

Voraussetzung für eine erfolgreiche Anfechtung ist weiter, dass der Beschluss auf dem Mangel beruht. Da diese **Kausalität widerleglich vermutet** wird, muss mit an Sicherheit grenzender Wahrscheinlichkeit feststehen, dass ein gleicher Beschluss auch ohne den Mangel gefasst worden wäre[3]. Die Rechtsprechung legt hierbei einen strengen Maßstab an. Der Hinweis auf das Stimmverhältnis bei Nichtteilnahme eines Eigentümers reicht nicht. Es kann nämlich nicht ausgeschlossen werden, dass dieser die Versammlung durch seine Diskussionsbeiträge hätte beeinflussen können[4]. Allerdings darf die Möglichkeit der Beeinflussung nicht nur rein theoretisch sein. Davon dürfte bei Einstimmigkeit der Beschlussfassung ebenso wie bei bestehender „Gegnerschaft oder feindlicher Stimmung" auszugehen sein[5]. Die Darlegung und Feststellungslast hierfür hat derjenige, der sich für den Bestand des Beschlusses auf eine fehlende Kausalität des Mangels beruft[6].

Nach einer in der Literatur vereinzelt vertretenen Auffassung[7] fehlt es bei einer Einberufung durch einen Unbefugten stets an einer Eigentümerversammlung im Sinne von § 23 Abs. 1 WEG, sodass auch **keine wirksamen Beschlüsse** zustandekommen können. Dies soll nur dann nicht gelten, wenn die Wohnungseigentümer den Einberufenden für den Verwalter hielten. Zur Begründung beruft sich diese Auffassung auf eine entsprechende Anwendung des § 241 Nr. 1 AktG, die für diesen Fall ausdrücklich die Nichtigkeit der Beschlüsse anordnet. Dies vermag indes im Hinblick darauf, dass es eben im WEG eine solche Vorschrift nicht gibt und dass § 24 WEG abdingbar ist, nicht zu überzeugen[8]. Der Ausnahme-

31

---

1 OLG Düsseldorf, Beschl. v. 30. 5. 2006 – 1-3 Wx 51/06, ZMR 2006, 871 = NZM 2006 Heft 24 = NJW-Spezial 2006, 486.
2 BayObLG, Beschl. v. 17. 4. 2002 – 2 Z BR 14/02, ZMR 2002, 525 = NZM 2002, 794; OLG Köln, Beschl. v. 15. 3. 2004 – 16 W 245/03, NJW-RR 2004, 733.
3 BayObLG, Beschl. v. 18. 3. 1999 – 2 Z BR 151/98, NZM 1999, 672; KG, Beschl. v. 18. 11. 1998 – 24 W 4180/97, ZMR 1999, 426; OLG Köln, Beschl. v. 16. 12. 1987 – 16 Wx 92/87, WE 1989, 30; OLG Düsseldorf, Beschl. v. 15. 8. 1997 – 3 Wx 147/97, ZfIR 1998, 96; OLG Hamm, Beschl. v. 18. 6. 1998 – 15 W 357/97, NZM 1998, 875; OLG Hamm, Beschl. v. 4. 6. 2002 – 15 W 66/02, ZWE 2002, 486; OLG Celle, Beschl. v. 15. 1. 2002 – 4 W 310/01, ZWE 2002, 276; OLG Saarbrücken, Beschl. v. 28. 8. 2003 – 5 W 11/03-4, ZMR 2004, 67.
4 OLG Hamm, Beschl. v. 4. 6. 2002 – 15 W 66/02, ZWE 2002, 486.
5 OLG Celle, Beschl. v. 15. 1. 2002 – 4 W 310/01, ZWE 2002, 276.
6 OLG Köln, Beschl. v. 16. 12. 1987 – 16 Wx 92/87, WE 1989, 30; OLG Hamm, Beschl. v. 13. 1. 1992 – 15 W 13/91, OLGZ 1992, 309; OLG Hamm, Beschl. v. 19. 4. 1995 – 15 W 26/95, WE 1996, 33 (36).
7 Weitnauer/*Lüke*, § 23 WEG Rz. 15, 16; *Seuß*, WE 1995, 260.
8 Bärmann/Pick/*Merle*, § 24 WEG Rz. 25; Staudinger/*Bub*, § 24 WEG Rz. 155.

fall ist zudem von kaum objektiv nachprüfbaren, subjektiven Eindrücken abhängig, sodass diese Auffassung schon aus Gründen der Rechtssicherheit abzulehnen ist[1].

⊃ **Hinweis:**
Schon vor Abhaltung der Versammlung durch einen Unbefugten kann jeder Wohnungseigentümer im Verfahren nach § 43 Nr. 1 WEG die Durchführung der Versammlung gerichtlich untersagen lassen und insoweit auch einstweiligen Rechtsschutz beanspruchen[2].

3. Die Bezeichnung der Beschlussgegenstände

32 Nach § 23 Abs. 2 WEG ist für die Gültigkeit eines Beschlusses erforderlich, dass der Gegenstand der Beschlussfassung in der Einladung bezeichnet ist. Dies erfolgt in der Regel in der Form, dass die **Einladung** eine **Tagesordnung** beinhaltet, aus der sich die Themen und Gegenstände für die in der Versammlung vorgesehenen Erörterungen und Beschlussfassungen ergeben.

a) Bestimmungsrecht für die Aufnahme von Tagesordnungspunkten und deren Inhalt

Das Recht zur Bestimmung der Tagesordnung steht demjenigen zu, der zu der Einberufung der Versammlung berechtigt ist.

aa) Verwalter

(1) Bestimmungsrecht

33 Der Verwalter hat nach den **Grundsätzen ordnungsmäßiger Verwaltung** zu entscheiden, welche einzelnen Punkte aufgenommen werden. Hierbei sollten insbesondere bei den **einmal jährlich** stattfindenden Eigentümerversammlungen folgende Punkte in die Tagesordnung aufgenommen werden:

(a) Regelmäßig wiederkehrende Tagesordnungspunkte

34 – Begrüßung und Feststellung der Beschlussfähigkeit

– Genehmigung der Gesamt- und Einzelabrechnungen

– Genehmigung der Gesamt- und Einzelwirtschaftspläne

---

1 Staudinger/*Bub*, § 24 WEG Rz. 155.
2 KG, Beschl. v. 27. 8. 1986 – 24 W 1747/86, WE 1987, 18 = NJW 1987, 386; AG Braunschweig, Beschl. v. 29. 11. 2006 – 34 II 145/06, ZMR 207, 148 (zum alten Recht); AG Wangen, Beschl. v. 30. 1. 2008 – 4 C 36/08, ZMR 2008, 580.

– Bestimmung eines Wohnungseigentümers für die Unterzeichnung der Versammlungsniederschrift

Ob die **Entlastung** des Verwalters – Entsprechendes muss damit auch für die Mitglieder des Verwaltungsbeirats gelten – ordnungsmäßiger Verwaltung entspricht, ist umstritten. Nach einer vielfach vertretenen Ansicht gehört sie nicht dazu[1], so dass ein Tagesordnungspunkt „Entlastung" danach nicht aufzunehmen ist. Folgt man mit dem BGH[2] dieser Auffassung nicht, sollten Beschlüsse zur Entlastung immer separate Tagesordnungspunkte sein. Eine Verbindung z.B. mit der Genehmigung der Jahresabrechnung ist nicht zu empfehlen, da unter Umständen eine Ablehnung erfolgt, obwohl entweder nur der Jahresabrechnung und nur der Entlastung die Zustimmung versagt werden sollte. Abzuraten ist auch davon, nur eine Entlastung des Verwalters aufzunehmen, in der dann konkludent die Genehmigung der Jahresabrechnung enthalten sein soll. Die bloße Entlastung des Verwalters „für seine Tätigkeit" enthält nämlich in der Regel noch keinen Beschluss über die Jahresabrechnung[3]. Etwas anderes gilt zwar dann, wenn zuvor deren Erörterung erfolgte[4]. Hier kann es dann aber nachträglich zu Streitigkeiten kommen, da insbesondere nicht anwesende Eigentümer nicht wissen können, ob gelegentlich des Entlastungsbeschlusses auch die Jahresabrechnung diskutiert worden ist. Die bloße Entlastung des Beirates ohne Verwalterentlastung enthält aber keinesfalls die Genehmigung der Jahresabrechnung[5]. Umgekehrt ist mit dem die Jahresabrechnung genehmigenden Beschluss der Wohnungseigentümer dem Verwalter stillschweigend Entlastung für die von ihr erfassten Verwaltungshandlungen erteilt, wenn sich die Wohnungseigentümer die Entlastung nicht ausdrücklich oder schlüssig vorbehalten haben[6].

(b) Besondere Tagesordnungspunkte

In allen anderen Fällen hat sich die Entscheidung des Verwalters an den **sachlichen Notwendigkeiten** zu orientieren, wobei er sich primär am objektivierten Interesse der Gesamtheit der Wohnungseigentümer zu orientieren hat. Als besondere Tagesordnungspunkte kommen insbesondere in Betracht: 35

---

1 BayObLG, Beschl. v. 19.12.2002 – 2 Z BR 104/02, FGPrax 2003, 64 = NZM 2003, 154; *Köhler*, Teil 11, Rz. 402.
2 BGH, Beschl. v. 17.7.2003 – V ZB 11/03, NZM 2003, 764.
3 KG, Beschl. v. 18.6.1986 – 24 W 4940/85, NJW-RR 86, 1337; Palandt/*Bassenge*, § 28 WEG Rz. 16.
4 OLG Düsseldorf, Beschl. v. 19.5.1999 – 3 Wx 69/99, ZflR 2000, 212 = NZM 2000, 46 = ZMR 1999, 655.
5 OLG München, Beschl. v. 7.2.2007 – 34 Wx 147/06, NJW-RR 2007, 1095= ZMR 2007, 988.
6 OLG Düsseldorf, Beschl. v. 30.10.2000 – 3 Wx 92/00, ZWE 2001, 270.

- Instandsetzungs- und Modernisierungsmaßnahmen
- Bauliche Veränderungen
- Sonderumlagen
- Gebrauchsregelungen, wie z.B. Änderung der Hausordnung oder Genehmigung von Berufs-/Gewerbeausübung
- Neuwahl/Abwahl des Verwalters, Verwaltervertrag
- Neuwahl/Abwahl des Verwaltungsbeirates
- Änderung der Verwaltervergütung
- Verfahrensermächtigungen im Sinne von §§ 27 Abs. 2 Nr. 3, Abs. 3 Satz 1 Nr. 7 WEG

Soweit ein **Verwaltungsbeirat** vorhanden ist, ist es angezeigt, den Inhalt der Tagesordnung vorab mit diesem **abzusprechen**.

Auf die **Reihenfolge** der Tagesordnungspunkte ist ein besonderes Augenmerk zu richten. Sie sollte gründlich durchdacht sein. Insbesondere erscheint es nicht empfehlenswert, sogleich mit einem vermutlich viel Sprengstoff enthaltenen Tagesordnungspunkt zu beginnen.

(2) Aufnahmeverpflichtung

(a) Minderheitenquorum

36 Eine Verpflichtung, bestimmte Punkte in die Tagesordnung aufzunehmen, besteht entsprechend § 24 Abs. 2 WEG, wenn ein Viertel der Wohnungseigentümer (zur Berechnung vgl. Rz. 16) dies von dem Verwalter schriftlich unter Angabe des Zwecks und der Gründe verlangt hat[1]. Eine Zweckmäßigkeitsprüfung durch den Verwalter findet nicht statt.

(b) Ordnungsmäßige Verwaltung

37 Eine Verpflichtung zur Aufnahme bestimmter Tagesordnungspunkte besteht auch dann, wenn nur einer oder einzelne Wohnungseigentümer dies verlangen und die Aufnahme nach den Grundsätzen ordnungsmäßiger Verwaltung gemäß § 21 Abs. 4 WEG gerechtfertigt ist[2].

Die folgenden Fälle zeigen jedoch die **Grenzen** dieser Verpflichtung auf:

- Der Verwalter ist nicht verpflichtet, eine Vielzahl von Anträgen in einer Schriftrolle, die aus zwölf aneinandergeklebten DIN-A3 Seiten besteht, in die Tagesordnung aufzunehmen. Ein derartiges Verlangen

---

1 *Drasdo*, Rz. 183.
2 BayObLG, Beschl. v. 12. 7. 2001 – 2 Z BR 139/00, ZWE 2001, 539; BayObLG, Beschl. v. 20. 6. 2001 – 2 Z BR 12/01, ZWE 2001, 603.

wurde bereits deshalb als rechtsmissbräuchlich angesehen, weil allein durch diese Tatsache der ordnungsmäßige Ablauf der Versammlung gefährdet sei und Form und Inhalt die Vermutung nahelegten, alleiniges Ziel der antragstellenden Wohnungseigentümer sei es, den Ablauf der Versammlung zu stören. Auch sei es dem Verwalter nicht zuzumuten, aus der Vielzahl der Anträge diejenigen herauszusuchen, die aus sachlichen Gründen für eine Erörterung in der Versammlung in Betracht kommen[1].

– Der Verwalter ist grundsätzlich nicht verpflichtet, den Tagesordnungspunkt „Anbringung und fachgerechte Installation einer Parabolantenne auf dem Dach des Hauses zugunsten eines Eigentümers" auf die Tagesordnung zu setzen, wenn das Begehren nur von einem von 174 Eigentümern ausgeht, und auf der vorangegangenen Versammlung bereits beschlossen worden war, dass keine nach außen sichtbaren Parabolantennen installiert werden dürfen. Eine erneute Befassung entspricht nur dann ordnungsmäßiger Verwaltung, wenn eine Notwendigkeit für eine erneute Befassung besteht, insbesondere infolge veränderter Umstände[2].

Ein Eigentümerbeschluss, der für Beschlussanträge der Wohnungseigentümer die **Schriftform und eine schriftliche Begründung** vorschreibt, überschreitet schon die Beschlusskompetenz der Wohnungseigentümer, widerspricht aber jedenfalls den Grundsätzen ordnungsmäßiger Verwaltung[3].

bb) Verwaltungsbeiratsvorsitzender oder sein Stellvertreter

Das Bestimmungsrecht steht dem Vorsitzenden des Verwaltungsbeirats bzw. seinem Stellvertreter unbeschränkt für eine von ihm im Rahmen seiner aus § 24 Abs. 3 WEG folgenden Einberufungsbefugnis **selbst einberufene Eigentümerversammlung** zu.

38

Für eine **vom Verwalter einberufene Eigentümerversammlung** hat er ein Bestimmungsrecht nur, wenn der Verwalter die Aufnahme eines Tagesordnungspunkts pflichtwidrig verweigert. Eine pflichtwidrige Verweigerung liegt vor, wenn der Verwalter einem Minderheitenquorum (Rz. 15) nicht nachkommt[4]; sie ist aber auch zu bejahen, wenn der Verwalter einem ordnungsmäßiger Verwaltung entsprechenden Verlangen eines Wohnungseigentümers (Rz. 20) nicht nachkommt.

39

---

1 BayObLG, Beschl. v. 12. 7. 2001 – 2 Z BR 139/2000, ZWE 2001, 538.
2 OLG Frankfurt, Beschl. v. 1. 9. 2003 – 20 W 103/01, ZMR 2004, 288.
3 KG, Beschl. v. 26. 6. 2002 – 24 W 179/01, NZM 2002, 707 = ZMR 2002, 863.
4 OLG Düsseldorf, Beschl. v. 1. 9. 1980 – 3 W 189/80, DEW 1981, 25; OLG Düsseldorf, Beschl. v. 6. 9. 1985 – 3 W 145/85, NJW-RR 1986, 96.

○ **Hinweis:**
Die Bestimmung eines Tagesordnungspunkts darf sich nicht darin erschöpfen, dass er dem Verwalter mitgeteilt wird, sondern er muss – falls der Verwalter es nicht tut – vom Beiratsvorsitzenden bzw. seinem Stellvertreter den Einzuladenden unter Wahrung der Einberufungsfrist des § 24 Abs. 4 Satz 2 WEG mitgeteilt werden[1].

cc) Wohnungseigentümer

40 Da der einzelne Wohnungseigentümer nicht zur Einberufung einer Eigentümerversammlung berechtigt ist, steht ihm nur ein im Rechtsstreit nach § 43 Abs. Nr. 3 WEG durchsetzbarer und nach § 887 ZPO vollstreckbarer[2] **Anspruch gegen den Verwalter** – bei Einberufung durch den Beiratsvorsitzenden bzw. seinen Stellvertreter gegen diesen – auf Aufnahme eines bestimmten Tagesordnungspunktes in die Tagesordnung zu, wenn dies den Anforderungen **ordnungsmäßiger Verwaltung** im Sinne von § 21 Abs. 4 WEG entspricht, d. h. wenn sachliche Gründe dafür vorliegen, ihn auf einer Versammlung zu erörtern und zum Gegenstand einer Abstimmung zu machen[3].

41 Der einzelne Wohnungseigentümer kann sich aber auch unter den gleichen Voraussetzungen, unter denen er einen Anspruch auf Ermächtigung zur Einberufung hat (Rz. 29), gerichtlich einen **Anspruch auf Ermächtigung** zur Ankündigung eines bestimmten Tagesordnungspunktes geltend machen (Rechtsstreit gemäß § 43 Nr. 1 WEG)[4].

dd) Bestimmung durch einen Unbefugten

42 Wurden Tagesordnungspunkte von einem Unbefugten bestimmt und ist der Mangel nicht durch eine Vollversammlung geheilt (Rz. 3), so sind die dazu gefassten Beschlüsse wirksam, aber **anfechtbar**. Voraussetzung für eine erfolgreiche Anfechtung ist, dass der Beschluss auf dem Mangel beruht; für die Widerlegung der hierfür sprechenden Vermutung gilt Rz. 30 entsprechend.

---

1 OLG Düsseldorf, Beschl. v. 6. 9. 1985 – 3 W 145/85, NJW-RR 1986, 96.
2 Bärmann/Pick/*Merle*, § 24 WEG Rz. 37; *Drasdo*, Rz. 187.
3 BayObLG, Beschl. v. 23. 9. 1988 – 2 Z BR 97/87, BayObLGZ 1988, 287, 292f; BayObLG, Beschl. v. 12. 7. 2001 – 2 Z BR 139/00, ZWE 2001, 538; OLG Düsseldorf, Beschl. v. 6. 7. 1994 – 3 Wx 456/92, ZMR 1994, 520; OLG Frankfurt/Main, Beschl. v. 1. 9. 2003 – 20 W 103/01, ZMR 2004, 288; SaarlOLG, Beschl. v. 24. 3. 2004 – 5 W 268/03–63, ZMR 2004, 533.
4 Bärmann/Pick/*Merle*, § 24 WEG Rz. 38.

b) Bezeichnung der Gegenstände der Beschlussfassung
aa) Gestaltung der Bezeichnung

Gemäß § 23 Abs. 2 WEG muss der Gegenstand der Beschlussfassung bei der Einberufung einer Versammlung bezeichnet werden. Durch diese Regelung soll der Wohnungseigentümer **vor überraschenden Beschlüssen geschützt** werden. Er soll die Möglichkeit haben, sich anhand der Tagesordnung auf die Beratung und Beschlussfassung in der Versammlung vorzubereiten bzw. sich zu entscheiden, ob er an der Versammlung überhaupt teilnehmen will[1]. Umgekehrt folgt daraus, dass die Wohnungseigentümer außer bei dem Tagesordnungspunkt „**Sonstiges/Verschiedenes**" mit einer Beschlussfassung zu rechnen haben. Insoweit ist kein gesonderter Hinweis, dass über einen bestimmten Tagesordnungspunkt nicht nur beraten, sondern auch beschlossen werden soll, erforderlich[2]. Es ist auch ausreichend, wenn in der Einladung nur der Gegenstand als solcher bezeichnet wird, in der Versammlung aber zugleich auch über damit zusammenhängende Fragen durch Beschluss entschieden wird[3].

43

Welche Anforderungen konkret an die Bezeichnung des Beschlussgegenstandes zu stellen sind, hängt entscheidend vom **Informationsbedürfnis** der Wohnungseigentümer ab[4]. Folgende Fragen können als Hilfe zur Beantwortung dieser Problematik gestellt werden:

44

- Handelt es sich um einen leicht gelagerten Sachverhalt oder um einen schwierigen Themenkomplex?
- Sind die Auswirkungen des Beschlusses von einschneidender oder von untergeordneter Bedeutung für den einzelnen Wohnungseigentümer?
- Haben die Wohnungseigentümer bereits Informationen, etwa weil der Gegenstand schon auf einer früheren Versammlung thematisiert worden ist oder handelt es sich um eine völlig neue Problematik?
- Liegt ein regelmäßig wiederkehrender Beschlusspunkt vor?
- Ist der Adressat der Einladung neu in die Gemeinschaft eingetreten und noch nicht mit den „Problemen" der Gemeinschaft vertraut?

---

1 BayObLG, Beschl. v. 5. 10. 2000 – 2 Z BR 59/00, NJW-RR 2001, 374; BayObLG, Beschl. v. 12. 7. 2001 – 2 Z BR 139/00, ZWE 2001, 539; OLG Zweibrücken, Beschl. v. 16. 12. 2002 – 3 W 202/02, FGPrax 2003, 62; Bärmann/Pick/*Merle*, § 23 WEG Rz. 78.
2 OLG Frankfurt, Beschl. v. 8. 4. 1980 – 20 W 160/80, OLGZ 1980, 418; OLG Köln, Beschl. v. 18. 12. 2002 – 16 Wx 177/02, NZM 2003, 121; BayObLG, Beschl. v. 12. 2. 2004 – 2 Z BR 261/03, NJW-RR 2004,1092 = FG Prax 2004, 110.
3 BayObLG, Beschl. v. 12. 2. 2004 – 2 Z BR 261/03, NJW-RR 2004,1092.
4 Bärmann/Pick/*Merle*, § 23 WEG Rz. 79; Niedenführ/*Kümmel*/Vandenhouten, § 23 WEG Rz. 51.

45 Je nach Beantwortung kann man zu dem Ergebnis kommen, dass eine **schlagwortartige** Bezeichnung hinreichend ist oder aber dass **ausführliche Informationen** mitzuliefern sind, die auch im Anschluss an die Tagesordnung oder als Anlage erteilt werden können.

◯ **Hinweis:**

Werden **Jahresabrechnungen** oder **Wirtschaftspläne** zur Beschlussfassung gestellt, so ist der Entwurf des Gesamtplanes bzw. der Gesamtabrechnung sowie der den jeweiligen Wohnungseigentümer betreffende Einzelplan bzw. die Einzelabrechnung beizufügen[1]. Unterbleibt dies, stellt dies trotz bestehenden Einsichtsrechts in die Verwaltungsunterlagen einen Verstoß gegen § 23 Abs. 2 WEG dar[2]. Nicht zu übersenden sind hingegen Belege, Einzelpläne bzw. –abrechnungen der anderen Wohnungseigentümer oder Saldenlisten. Insoweit verbleibt es beim Einsichtsrecht[3].

46 **Geschäftsordnungsbeschlüsse**, die nur die Durchführung der einberufenen Versammlung betreffen, brauchen nicht vorher bezeichnet zu werden[4]. Dies gilt etwa auch für die beabsichtigte Hinzuziehung eines im Interesse der Gesamtheit der Wohnungseigentümer eingeladenen Beraters[5].

Beispiele ausreichender Bezeichnung aus der neueren Rechtsprechung:

„Verwaltervertrag" für Wiederbestellung[6]; „Verwalterbestellung" für Bestellung des Verwalters und Höhe der Vergütung[7]; „Erneuerung des Verwaltervertrages unter bestimmten Änderungen" für Erhöhung der Verwaltervergütung[8]; „ Diskussion und Beschlussfassung über die Abwahl der Firma C" für deren sofortige Abberufung als Verwalterin aus wichtigem Grund wegen in der Gemeinschaft bekannter Verfehlungen[9] „Wirtschaftsplan" wegen § 28 Abs. 1 Nr. 3 WEG für Erhöhung der Instandhaltungsrücklage[10]; „Abmeierungsklage" für Entziehung von

---

1 Bärmann/Pick/*Merle*, § 28 WEG Rz. 91; Staudinger/*Bub*, § 28 WEG Rz. 477 u. 527.
2 A. A. Palandt/*Bassenge*, § 28 WEG Rz. 3.
3 Riecke/Schmid/*Abramenko*, § 28 WEG Rz. 82; *Drasdo*, NZM 1998, 425; a. A. OLG Köln, Beschl. v. 4. 6. 1997 – 16 Wx 87/97, WuM 1998, 50.
4 BayObLG, Beschl. v. 9. 2. 1965 – 2 Z BR 276/64, NJW 1965, 821; OLG Düsseldorf, Beschl. v. 1. 9. 1980 – 3 W 189/80, DWE 1981, 25; OLG Köln, Beschl. v. 16. 8. 2000 – 16 Wx 87/00, NZM 2000,1017; Bärmann/Pick/*Merle*, § 23 WEG Rz. 80.
5 BayObLG, Beschl. v. 19. 2. 2004 – 2 Z BR 212/03, ZMR 2004, 603 = NZM 2004, 388 = NJW-RR 2004, 1312.
6 BayObLG, Beschl. v. 2. 4. 1992 – 2 Z BR 4/92, BayObLGZ 1992, 79.
7 BayObLG, Beschl. v. 24. 8. 2000 – 2 Z BR 25/00, ZMR 2000, 858; BayObLG, Beschl. v. 19. 12. 2002 – 2 Z BR 104/02, NZM 2003, 154 = WuM 2003, 168; OLG Schleswig, Beschl. v. 20. 1. 2006 – 2 W 24/05, ZMR 2006, 803 = NZM 2006, 822.
8 BayObLG, Beschl. v. 13. 12. 1984 – 2 Z BR 5/85, MDR 1985, 412.
9 OLG Zweibrücken, Beschl. v. 16. 12. 2002 – 3 W 202/02, FGPrax 2003, 62 = ZMR 2004, 63.
10 BayObLG, Beschl. v. 5. 10. 2000 – 2 Z BR 59/00, NZM 2000, 1239.

Wohnungseigentum nach § 18 Abs. 3 WEG[1]; „Erneuerung der Aufzugsinnentüren ..." für Instandsetzungsmaßnahme einschließlich Art der Finanzierung (Sonderumlage oder Instandhaltungsrücklage)[2]; „Finanzierung (bestimmter Maßnahme)" für Genehmigung der Maßnahme[3]; „Erklärungen zum Verwaltervertrag (Haftung)" für Einschränkung der Verwalterhaftung[4]; „Vorgehen wegen der Feuchtigkeitsschäden im Haus" für Beauftragung eines Sachverständigen zur Ermittlung der Schadensursachen[5]; „Wahl der die Sanierung ausführenden Firma" für Übertragung der Auswahl auf den Verwaltungsbeirat[6]; unter „Verschiedenes" sind den Anforderungen des § 23 Abs. 2 WEG entsprechende Beschlussgegenstände bezeichnet[7]; „Zaunanlage L/20a" Beschlussfassung über die finanzielle Beteiligung[8].

Beispiele nicht ausreichender Bezeichnung aus der neueren Rechtsprechung:

„Hausordnungsänderung" ist zu unbestimmt wegen der Vielzahl der möglichen Regelungen[9]; „Verwaltung/Verwalter" ist nicht ausreichend für die Abberufung des Verwalters[10]; „Jahresabrechnungen 1994 bis 1997" für gänzliches Absehen von deren Erstellung[11]; „Antrag der Stadt N. wegen diverser Umbauarbeiten" ist nicht aussagekräftig[12]; „Hausgeldabrechnung" für Änderung der Kostenverteilung[13]; „Information über das ... Projekt" für Beschlussfassung[14]; „Beschluss über ergänzende und weiterführende Beschlüsse zur Großsanierung" für Beschlussfassung über konkrete bauliche Einzelmaßnahmen[15]; „Verschiedenes" oder „Sonstiges" für Angelegenheiten nicht nur untergeordneter Bedeutung[16], wobei im Zweifel davon ausgegangen werden muss, dass keine Angelegenheit von untergeordneter Bedeutung vorliegt, so insbesondere bei Gebrauchsregelungen und baulichen Veränderungen.

bb) Verstoß gegen das Bezeichnungserfordernis

Wurde ein Beschlussgegenstand nicht ausreichend bezeichnet und ist der Mangel nicht durch eine Vollversammlung geheilt[17] (Rz. 3), so ist der 47

---

1 KG, Beschl. v. 22. 11. 1995 – 24 W 2452/95, DWE 1996, 30.
2 OLG Düsseldorf, Beschl. v. 4. 4. 2001 – 3 Wx 7/01, ZWE 2001, 499.
3 BayObLG, Beschl. v. 8. 8. 2002 – 2 Z BR 5/02, NZM 2002, 869.
4 BayObLG, Beschl. v. 23. 12. 2002 – 2 Z BR 89/02, FGPrax 2003, 66 = WuM 2003, 169.
5 OLG Köln, Beschl. v. 18. 12. 2002 – 16 Wx 177/02, NZM 2003, 121.
6 KG, Beschl. v. 10. 9. 2003 – 24 W 141/02, FGPrax 2003, 260 = ZMR 2004, 622.
7 BayObLG, Beschl. v. 30. 4. 1998 – 2 Z BR 23/98, ZMR 1998, 649.
8 BayObLG, Beschl. v. 12. 2. 2004 – 2 Z BR 261/03, NJW-RR 2004,1092.
9 OLG Köln, Beschl. v. 14. 10. 1987 – 16 Wx 60/87, DWE 1988, 24.
10 OLG Düsseldorf, Beschl. v. 6. 9. 1985 – 3 W 145/85, NJW-RR 1986, 96.
11 AG Tiergarten, Beschl. v. 16. 9. 2002 – 70 II 69/01 (n. v.).
12 OLG Düsseldorf, Beschl. v. 24. 11. 2003 – I-3 Wx 123/03, ZMR 2004, 282.
13 OLG Düsseldorf, Beschl. v. 28. 6. 2005 – I-3 Wx 79/05, ZMR 2005, 895.
14 AG Neubrandenburg, Beschl. v. 25. 8. 2005 – II (WEG) 2/05, ZMR 2006, 162.
15 OLG München, Beschl. v. 14.9. 2006 – 34 Wx 49/06, NZM 2006, 934.
16 BayObLG, Beschl. v. 5. 4. 1990 – 2 Z BR 14/90, NJW-RR 1990, 784; BayObLG, Beschl. v. 30. 4. 1998 – 2 Z BR 23/98, ZMR 1998, 649; OLG Hamm, Beschl. v. 8. 12. 92 – 15 W 218/91, NJW-RR 1993, 468; OLG Köln, Beschl. v. 3. 11. 1997 – 16 Wx 267/97, WuM 1998, 240; OLG München, Beschl. v. 19. 9. 2005 – 34 Wx 76/05, NZM 2005, 825.
17 OLG Celle, Beschl. v. 6. 9. 2004 – 4 W 143/04, NZM 2005, 308.

dazu in der Versammlung gefasste Beschluss wirksam, aber anfechtbar[1]. Voraussetzung für eine erfolgreiche Anfechtung ist, dass der Beschluss auf dem Mangel beruht; hierfür spricht eine Vermutung, für deren Widerlegung nach ganz h. M. Rz. 30 entsprechend gilt[2]. Vereinzelt wird eine unwiderlegliche Vermutung angenommen[3]; eine von den übrigen Einberufungsmängeln abweichende Behandlung ist aber nicht gerechtfertigt. Bei fehlender Bezeichnung des Gegenstandes der Beschlussfassung gelten die gleichen Grundsätze wie bei deren mangelhafter Bezeichnung.

◯ **Hinweis:**

Hat ein Wohnungseigentümer wegen eines Verstoßes gegen § 23 Abs. 2 WEG zu spät von einer Beschlussfassung erfahren, um diesen innerhalb der Monatsfrist gerichtlich anzufechten, so kommt gemäß § 46 Abs. 1 Satz 3 WEG eine **Wiedereinsetzung in den vorigen Stand** analog §§ 233 ff. ZPO in Betracht[4] (vgl. dazu Teil 14, Rz. 150).

4. Einberufung der Versammlung

a) Form der Einberufung

48 Wenn die Form der Einladung zur Eigentümerversammlung nicht durch Vereinbarung oder Teilungserklärung vorgeschrieben ist, muss sie nach § 24 Abs. 4 Satz 1 WEG in **Textform** im Sinne von **§ 126b BGB** erfolgen[5]. Dies erfordert, dass die Einladung in dauerhaft lesbarer Form (Papier, Diskette, CD-Rom, E-Mail, Fax; bei Texten, die nur in das Internet eingestellt werden [Homepage] ist § 126b BGB nur gewahrt, wenn es tatsächlich zu einem Download kommt[6]) abgegeben wird, der Aussteller der Erklärung genannt wird (auch im Kopf oder im Inhalt des Textes)[7] und der Abschluss der Erklärung durch Nachbildung der Namensunterschrift oder anders (durch Datum, Gruß oder Ähnliches)[8] deutlich erkennbar ist.

---

1 BayObLG, Beschl. v. 5. 4. 1990 – 2 Z BR 14/90, NJW-RR 1990, 784; KG, Beschl. v. 18. 11. 1998 – 24 W 4180/97, ZfIR 1999, 457; KG, Beschl. v. 19. 7. 2004 – 24 W 45/04, ZMR 2004, 858 = NZM 2004, 913; OLG Düsseldorf, Beschl. v. 15. 8. 1997 – 3 Wx 147/97, ZfIR 1998, 96; OLG Karlsruhe, Beschl. v. 10. 9. 1997 – 4 W 71/97, NZM 1998, 768; OLG Köln, Beschl. v. 18. 8. 2000 – 16 Wx 87/00, NJW-RR 2001, 88 = NZM 2000, 1017.

2 BayObLG, Beschl. v. 5. 4. 1990 – 2 Z BR 14/90, NJW-RR 1990, 784; KG, Beschl. v. 18. 11. 1998 – 24 W 4180/97, ZfIR 1999, 457; OLG Düsseldorf, Beschl. v. 15. 8. 1997 – 3 Wx 147/97, ZfIR 1998, 96; OLG Köln, Beschl. v. 18. 8. 2000 – 16 Wx 87/00, NJW-RR 2001, 88 = NZM 2000, 1017.

3 Bärmann/Pick/*Merle*, § 23 WEG Rz. 92; vgl. auch BayObLG, Beschl. v. 8. 4. 2004 – 2 Z BR 233/03, WuM 2004, 366 für eine Beschlussfassung unter „Sonstiges".

4 BayObLG, Beschl. v. 17. 1. 1989 – BReg 2 Z 67/88, NJW-RR 1989, 656.

5 Palandt/*Bassenge*, § 24 WEG Rz. 8.

6 KG, Urt. v. 18. 7. 2006 – 5 W 156/06, NJW 2006, 3215; OLG Hamburg, Urt. v. 24. 8. 2006 – 3 U 103/06, NJW-RR 2007, 839.

7 Palandt/*Heinrichs*, § 126b BGB Rz. 4.

8 Palandt/*Heinrichs*, § 126b BGB Rz. 5.

Erfolgt die Einladung in der **Schriftform** des § 126 BGB, so ist auch die Textform eingehalten[1].

⊃ **Hinweis:**
Die Übermittlung einer Einladung per Fax oder E-Mail genügt aber nur dann dem Erfordernis des § 130 BGB, wenn der Empfänger etwa durch Mitteilung seiner Fax-Nummer oder seiner E-Mail Adresse zu erkennen gegeben hat, dass er mit einer telekommunikativen Übermittlung von rechtserheblichen Erklärungen einverstanden ist[2]. Ein Einverständnis mit einer Übermittlung per SMS wird man hingegen noch nicht in der Mitteilung der Handynummer sehen können[3].

b) Inhalt der Einberufung

Die Einberufung muss **Ort und Zeitpunkt der Versammlung** (Rz. 56) genau angeben. Es steht einer Nichteinladung gleich, wenn ein Wohnungseigentümer zu einer Versammlung eingeladen wurde, in der die Nennung des Wochentages nicht mit dem zugleich angegebenen Datum der Versammlung korrespondiert und die Versammlung an dem Wochentag, nicht aber an dem Datum stattfindet[4]. Gleiches gilt – jedenfalls in einer Großstadt –, wenn der in der Einladung angegebene Versammlungsort, der in einem Restaurant stattfindet, zwar die richtige Adresse ausweist, das Restaurant jedoch einen anderen als den angegebenen Namen hat und einige Wohnungseigentümer daher erst nach Beendigung der Versammlung am Versammlungsort eintreffen.

49

Die **Gegenstände der Beschlussfassung** (Rz. 43) müssen nach § 23 Abs. 2 WEG in der Einberufung bezeichnet sein. Es genügt aber, wenn sie – wie das bei einer Ergänzung der Tagesordnung unvermeidlich ist – in einer besonderen Mitteilung den Einzuladenden bekannt gegeben werden, sofern auch diese Mitteilung noch die Einberufungsfrist des § 24 Abs. 4 Satz 2 WEG wahrt[5].

50

c) Zugang der Einberufung

Um wirksam zu sein, muss die Einberufung den Einberufungsadressaten (Rz. 72 ff.) zugehen, wobei sich der **Zugang** nach den allgemeinen Bestimmungen (§§ 130–132 BGB) richtet. Steht ein Wohnungseigentumsrecht mehreren gemeinschaftlich zu und sind alle oder einige von ihnen Einberufungsadressaten, so muss die Einladung jedem einzelnen Einberufungsadressaten zugehen[6].

51

---

1 Palandt/*Heinrichs*, § 126b BGB Rz. 2.
2 Palandt/*Heinrichs*, § 126b BGB Rz. 3.
3 Vgl. dazu *Häublein*, ZMR 2004, 723 (724).
4 AG Hamburg, Beschl. v. 11. 4. 2001 – 102c II 559/00, ZWE 2001, 487.
5 Palandt/*Bassenge*, § 24 WEG Rz. 9.
6 Bärmann/Pick/*Merle*, § 24 WEG Rz. 31.

Ist die Einladung mit einer falschen Anschrift adressiert worden und hat sie einen Wohnungseigentümer deshalb nicht erreicht, fehlt es hinsichtlich dieses Wohnungseigentümers am Zugang der nach § 24 Abs. 4 Satz 1 WEG erforderlichen schriftlichen Einberufung[1] mit der Folge einer Nichteinladung des Wohnungseigentümers (Rz. 83).

➲ **Hinweis:**

Die **Beweislast** für den Zugang der Einladung tragen im Fall der Anfechtung die Beklagten. Wurde der Zugang von einem Eigentümer bereits wiederholt bestritten, muss der Verwalter für einen rechtlich gesicherten **Nachweis** sorgen. Hier bietet sich die Zustellung durch Boten oder Gerichtsvollzieher an. Letzteres ist allerdings unangemessen kostspielig. Ersteres ist durchaus empfehlenswert, insbesondere wenn die Eigentümer im Objekt wohnen. Die Zustellung erfolgt dann durch Einwerfen der Einladungen unter Angabe der genauen Uhrzeit des Einwurfs und Unterschrift des Boten. Auf diese Art und Weise kann im Streitfall die Zustellung substantiiert dargelegt und durch Zeugen bewiesen werden. Bei einer Übersendung durch Einschreiben ist zu beachten, dass bei einer Einschreibesendung, die trotz schriftlicher Mitteilung über die Niederlegung nicht abgeholt wird, die Ladung nicht zugegangen ist[2].

52 Die Einberufung ist grundsätzlich an die **zuletzt mitgeteilte Anschrift** zu versenden. Die Nichtbekanntgabe der neuen Anschrift dürfte als Obliegenheitsverletzung des Eigentümers anzusehen sein, die eine auf diesen Mangel gestützte Beschlussanfechtung als rechtsmissbräuchlich erscheinen lässt[3].

53 Das Zugangserfordernis ist durch **Vereinbarungen** bzw. Gemeinschaftsordnung regelbar[4]. **Beispiele:**

– Vereinbarung einer **Zugangsfiktion**, etwa dergestalt, dass die Einladung als zugegangen gilt, wenn deren Absendung an die letzte dem Verwalter bekannte oder mitgeteilte Anschrift erfolgt, sodass der Verwalter nur die ordnungsgemäße Versendung (z. B. durch Führung eines Postausgangsbuchs) nachweisen muss[5].

➲ **Hinweis:**

Die Zugangsfiktion kann wegen § 10 Abs. 1 Satz 2 WEG weder mehrheitlich beschlossen werden[6] noch wegen Verstoßes gegen § 308 Nr. 6

---

1 LG Mönchengladbach, Beschl. v. 21. 2. 2002 – 5 T 468/01, ZMR 2002, 788.
2 BGH, Urt. v. 26. 11. 1997- VIII ZR 22/97, NJW 1998, 976; Staudinger/*Bub*, § 24 WEG Rz. 57a; a. A. Bärmann/Pick/*Merle*, § 24 WEG Rz. 32.
3 *Merle*, DWE 2001, 45.
4 Staudinger/*Bub*, § 24 WEG Rz. 17.
5 Staudinger/*Bub*, § 24 WEG Rz. 17a.
6 BGH, Beschl. v. 20. 9. 2000 – V ZB 58/99, ZMR 2000, 771 = NJW 2000, 3500.

BGB im Verwaltervertrag formularmäßig vereinbart werden[1]. Für Vereinbarungen bzw. Gemeinschaftsordnungen gelten die §§ 305 ff. BGB hingegen nach h. M. nicht[2].

– Vereinbarung, dass bei einem einer Personenmehrheit gehörenden Wohnungseigentumsrecht nur ein **Mitwohnungseigentümer** zu laden ist[3].

– Vereinbarung, dass die Einberufung per **Einschreiben** oder per Einschreiben mit Rückschein zu erfolgen hat und dass die Einberufung ohne Rücksicht auf den Zugang mit der Aufgabe zur Post als bewirkt anzusehen ist[4]. Nach anderer Auffassung[5] reicht eine Vereinbarung, wonach die Einberufung durch eingeschriebenen Brief zu erfolgen hat, da in analoger Anwendung von § 51 Abs. 1 GmbHG der Zugang mit der Absendung der Einladung bereits fingiert werde, ohne dass es der gesonderten Regelung einer Zugangsfiktion bedarf.

d) Mustertext für eine Einladung zu einer Eigentümerversammlung

Kuhn
Wohnungs- Verwaltungsgesellschaft in Berlin mbH

An alle Wohnungseigentümer
der Wohnanlage
Lehrter Straße 60

10559 Berlin

Berlin, den 16. Juni 2007

Einladung zur 3. ordentlichen Wohnungseigentümerversammlung der WEG Lehrter Straße 60 in 10559 Berlin

Sehr geehrter Eigentümer,

hiermit laden wir Sie als Verwalterin der vorgenannten Wohnanlage zu der am

Donnerstag, den 6. Juli 2007 um 18.00 Uhr
in der Aula der Eigenherd-Grundschule
Lessingstraße 25 in 10555 Berlin

---

1 BayObLG, Beschl. v. 2. 8. 1990 – 2 Z BR 40/90, WuM 1991, 312; Staudinger/*Bub*, § 24 WEG Rz. 17a.
2 BayObLG, Beschl. v. 11. 4. 1991 – 2 Z BR 28/91, NJW-RR 1992, 83; *Müller*, Rz. 362.
3 Palandt/*Bassenge*, § 24 WEG Rz. 4, *Müller*, Rz. 363.
4 Staudinger/*Bub*, § 24 WEG Rz. 17a, *Müller*, Rz. 362.
5 Bärmann/Pick/*Merle*, § 24 WEG Rz. 31; Weitnauer/*Lüke*, § 24 WEG Rz. 6; *Drasdo*, Rz. 98.

stattfindenden 3. Wohnungseigentümerversammlung der Wohnungseigentümergemeinschaft Lehrter Straße 60, 10559 Berlin ein.

Ich bitte um Ihr Erscheinen. Sollten Sie verhindert sein, können Sie einem Bevollmächtigten (*im Falle einer vereinbarten Beschränkung der zulässigen Bevollmächtigten [Rz. 163] sind hier diese Personen anzugeben*), wie z.B. einem anderen Wohnungseigentümer, ihrem Ehegatten oder der Verwalterin Stimmrechtsvollmacht erteilen. Ein Vollmachtsformular füge ich bei.

Ferner lege ich die Gesamtabrechnung sowie die Ihre Eigentumswohnung betreffende Einzelabrechnung für das Wirtschaftsjahr 2006 und den Gesamtwirtschaftsplan sowie den Ihre Eigentumswohnung betreffenden Einzelwirtschaftsplan 2008 bei.

Nach Begrüßung und Feststellung der Beschlussfähigkeit werden folgende Tagesordnungspunkte behandelt:

TOP 1 Bestimmung eines Wohnungseigentümers für die Unterzeichnung der Versammlungsniederschrift

TOP 2 Bericht des Verwalters

TOP 3 Bericht des Verwaltungsbeirates

TOP 4 Beschluss über die Jahresabrechnung 2006

TOP 5 Beschluss über den Wirtschaftsplan 2008

TOP 6 Beschluss über die Erneuerung der Klingelanlage

TOP 7 Beschluss über die Gartenpflegearbeiten

(Bei Zulässigkeit einer Eventualeinberufung kann Muster Rz. 95 angefügt werden)

Mit freundlichen Grüßen

Karl Kunz

e) Mängel der Einberufung

55 Entsprach die Einladung nicht der nach § 24 Abs. 4 Satz 1 WEG erforderlichen Form[1], wurden Ort oder Zeit der Versammlung nicht hinreichend bezeichnet oder wurden Wohnungseigentümer mangels Zugangs der Einberufung nicht eingeladen[2] und ist der Mangel nicht durch eine Vollversammlung geheilt (Rz. 3), so sind die in der Versammlung gefassten Beschlüsse wirksam, aber anfechtbar. Voraussetzung für eine erfolgreiche

---

1 BayObLG, Beschl. v. 2. 8. 1990 – 2 Z BR 69/90, WE 1991, 297.
2 Vgl. BayObLG, Beschl. v. 19. 12. 1985 – 2 Z BR 103/85, NJW-RR 1986, 813; OLG Hamm, Beschl. v. 18. 6. 1998 – 15 W 357/97, NZM 1998, 875.

Anfechtung ist, dass der Beschluss auf dem Mangel beruht; hierfür spricht eine Vermutung, für deren Widerlegung Rz. 30 entsprechend gilt[1].

5. Ort und Zeitpunkt der Eigentümerversammlung

Das WEG enthält bezüglich der Modalitäten – insbesondere Ort und Zeit – der Versammlung keine Bestimmungen.

⊃ **Hinweis:**
Mietet der Verwalter einen Versammlungsraum, so handelt es sich bei den hierdurch entstehenden Kosten um Kosten der Verwaltung im Sinne von §§ 16 Abs. 2 und 3 WEG[2].

a) Ort der Eigentümerversammlung

Die Wahl des Versammlungsortes entspricht nur dann ordnungsmäßiger Verwaltung, wenn die Auswahl von **billigem Ermessen** getragen ist[3]. Dabei sind folgende Einschränkungen zu beachten:

aa) Vereinbarung bzw. Gemeinschaftsordnung

Durch Vereinbarung bzw. Gemeinschaftsordnung kann der Ort der Versammlung festgelegt werden (Grenze: Versammlungsort im Ausland[4]). Die Wohnungseigentümer können den Ort aber auch durch Mehrheitsbeschluss bestimmen. Der Beschluss entspricht nur dann ordnungsmäßiger Verwaltung, sofern der Versammlungsort zumutbar ist (Rz. 59, 60)[5]. Auch aus dem Verwaltervertrag kann sich eine Vorgabe bezüglich des Versammlungsortes ergeben, die dann den Verwalter gegenüber allen Wohnungseigentümern zu deren Einhaltung verpflichtet.

bb) Verkehrsüblichkeit und Zumutbarkeit[6]

(1) Lage

Der Ort muss in erreichbarer **Nähe** der Wohnungseigentumsanlage liegen und mit zumutbarem Aufwand zu erreichen sein[7]. Dies setzt Ver-

---

1 BayObLG, Beschl. v. 19. 12. 1985 – 2 Z BR 103/85, NJW-RR 1986, 813; BayObLG, Beschl. v. 2. 8. 1990 – 2 Z BR 69/90, WE 1991, 297; OLG Hamm, Beschl. v. 18. 6. 1998 – 15 W 357/97, NZM 1998, 875.
2 Riecke/Schmid/*Riecke*, § 16 WEG Rz. 332.
3 Bärmann/Pick/*Merle*, § 24 WEG Rz. 48.
4 Vgl. OLG Hamburg, Beschl. v. 7. 5. 1993 – 2 Wx 55/91, WM 1993, 1186 für Hauptversammlung einer Aktiengesellschaft.
5 OLG Köln, Beschl. v. 18. 9. 1989 – 16 Wx 115/89, WE 1990, 171.
6 Palandt/*Bassenge*, § 24 WEG Rz. 11.
7 OLG Köln, Beschl. v. 18. 9. 1989 – 16 Wx 115/89, WE 1990, 171; OLG Köln, Beschl. v. 12. 9. 1990 – 16 Wx 101/90, NJW-RR 1991, 725; OLG Köln, Beschl. v.

kehrsangebundenheit, insbesondere die Erreichbarkeit mit öffentlichen Nahverkehrsmitteln voraus[1]. Dabei muss es sich nicht um dieselbe politische Gemeinde handeln[2]. Unbeachtlich ist dabei der Geschäftssitz des Verwalters[3] ebenso wie bei sog. Kapitalanlageobjekten der Wohnsitz der Mehrzahl der Eigentümer[4]. Dies gilt auch für Ferienobjekte, die von den Eigentümern nicht regelmäßig bewohnt werden.

(2) Eignung

60   Der **Versammlungsraum** muss für eine Wohnungseigentümerversammlung **geeignet** sein. Das erfordert insbesondere:

- die Zugangsmöglichkeit muss für jeden Wohnungseigentümer gewährleistet sein, z.B. Ungeeignetheit eines im 3. Stock eines Gebäudes ohne Aufzug belegenen Versammlungsraums bei gehbehindertem Wohnungseigentümer[5].

- Die **Nichtöffentlichkeit** der Versammlung[6], d.h. Nichtteilnahme fremder, nicht zur Vertretung zugelassener Personen, muss gewährleistet sein wie z.B. in Gaststätten oder Hotels mit einem gesonderten und abgetrennten Raum[7], in den Geschäftsräumen des Verwalters[8], im Sondereigentum eines Mitglieds der Gemeinschaft[9] oder in gemeinschaftlichen Räumen[10].

- Dass die Wohnungseigentümer in **störungsfreier Atmosphäre** ungehindert die Probleme der Gemeinschaft erörtern können[11], weil z.B.

---

  6. 1. 2006 – 16 Wx 188/05, NZM 2006, 227 = ZMR 2006, 384; OLG Düsseldorf, Beschl. v. 1. 12. 1989 – 3 Wx 499/89, DWE 1990, 116 (Ls); *Huff*, WE 1988, 51.
1 Riecke/Schmid/*Riecke*, § 24 WEG Rz. 16.
2 OLG Frankfurt, Beschl. v. 20. 6. 1984 – 20 W 602/83, OLGZ 1984, 333; OLG Düsseldorf, Beschl. v. 1. 12. 1989 – 3 Wx 499/89, DWE 1990, 116 (Ls).
3 AG Charlottenburg, Beschl. v. 1. 7. 1986 – 70 II 142/86, NJW-RR 1987, 1162; Staudinger/*Bub*, § 24 WEG Rz. 45.
4 OLG Köln, Beschl. v. 12. 9. 1990 – 16 Wx 101/90, NJW-RR 1991, 725; OLG Köln, Beschl. v. 1. 6. 2006 – 16 Wx 188/05, ZMR 2006, 384 = NJW-RR 2006, 520; Bärmann/Pick/*Merle*, § 24 WEG Rz. 49; Niedenführ/*Kümmel*/Vandenhouten, § 24 WEG Rz. 22; a.A. *Müller*, PiG 25, S. 23.
5 OLG Köln, Beschl. v. 3. 12. 2003 – 16 Wx 216/03, ZMR 2004, 299 = NZM 2004, 793.
6 BGH, Beschl. v. 11. 11. 1986 – V ZB 1/86, BGHZ 99, 90; BGH, Beschl. v. 29. 1. 1993 – V ZB 24/92, NJW 1993, 1329.
7 KG, Beschl. v. 30. 4. 1997 – 24 W 5809/96, NJW-RR 1997, 1171; OLG Frankfurt/Main, Beschl. v. 7. 4. 1995 – 20 W 16/95, FG Prax 1995, 147.
8 Staudinger/*Bub*, § 24 WEG Rz. 46; Niedenführ/*Kümmel*/Vandenhouten, § 24 WEG Rz. 23.
9 Staudinger/*Bub*, § 24 WEG Rz. 46.
10 Staudinger/Bub , § 24 WEG Rz. 46.
11 Staudinger/*Bub*, § 24 WEG Rz. 46.

kein Lärm von außen einwirkt[1] und jeder jeden verstehen kann (was ggf. durch eine Lautsprecheranlage zu bewerkstelligen ist)[2].

– Dass die Versammlung unter **akzeptablen Umständen** durchgeführt wird, was z. B. der Fall ist, wenn bei **längeren** Versammlungen Sitzgelegenheiten für jeden Teilnehmer vorhanden sind[3], eine Bewirtung, anderenfalls erforderliche Pausen, ermöglicht werden[4], der jeweiligen Jahreszeit angepasste Temperaturen herrschen[5]. Bei **kurzen** Versammlungen (bis ca. 1 ½ Stunden) kommt allerdings auch eine Waschküche[6], ein Souterrainraum[7] oder ein Kellerflur[8], nicht jedoch der Wohnwagen[9] des Verwalters als Versammlungsraum in Betracht.

b) Zeitpunkt der Eigentümerversammlung

Die Wahl des Versammlungszeitpunktes hinsichtlich Datum und Uhrzeit entspricht nur dann ordnungsmäßiger Verwaltung, wenn die Auswahl von **billigem Ermessen** getragen ist[10]. Dabei sind folgende Einschränkungen zu beachten:

aa) Vereinbarung bzw. Gemeinschaftsordnung

Durch Vereinbarung bzw. Gemeinschaftsordnung[11] können Vorgaben für den Zeitpunkt der Eigentümerversammlung gemacht werden. Auch aus dem Verwaltervertrag können sich solche Vorgaben ergeben, die dann den Verwalter gegenüber allen Wohnungseigentümern zu deren Einhaltung verpflichten[12].

bb) Sachbedingter Zeitpunkt

Das Datum der Versammlung kann durch die Art der Versammlung oder ihre Beschlussgegenstände bestimmt sein:

– Eine ordentliche Eigentümerversammlung ist einmal jährlich einzuberufen (Rz. 12).

---

1 Staudinger/*Bub*, § 24 WEG Rz. 46.
2 *Gottschalg*, NZM 1999, 825.
3 *Drasdo*, Rz. 113.
4 *Drasdo*, Rz. 113.
5 *Drasdo*, Rz. 114.
6 OLG Düsseldorf, Beschl. v. 1. 3. 1993 – 3 Wx 512/92, WuM 1993, 305.
7 OLG Hamburg, Beschl. v. 9. 6. 2004 – 2 Wx 14/04, ZMR 2004, 771.
8 OLG Hamm, Beschl. v. 28. 11. 1991 – 15 W 169/91, WE 1992, 136.
9 OLG Hamm, Beschl. v. 12. 12. 2000 – 15 W 109/00, ZMR 2001, 383.
10 Bärmann/Pick/*Merle*, § 24 WEG Rz. 48; Staudinger/*Bub*, § 24 WEG Rz. 47.
11 Staudinger/*Bub*, § 24 WEG Rz. 11.
12 *Drasdo*, Rz. 87.

– Bei einer Verpflichtung des Verwalters zur Einberufung einer außerordentlichen Eigentümerversammlung ist diese zeitnah einzuberufen (Rz. 13).

– Die Einberufung einer Eigentümerversammlung hat innerhalb von sechs Monaten nach Beendigung des Wirtschaftsjahres zu erfolgen, da es ordnungsmäßiger Verwaltung entspricht, innerhalb dieses Zeitraumes über den Wirtschaftsplan und die Jahresabrechnung zu beschließen[1].

cc) Verkehrsüblichkeit und Zumutbarkeit

64 – Bezüglich des **Datums** ist zu berücksichtigen, dass zwischen Weihnachten und Neujahr viele Wohnungseigentümer ortsabwesend sind[2]; ohne Einfluss sind demgegenüber der Urlaub einzelner Wohnungseigentümer[3], allgemeine Schulferien[4] und Veranstaltungen im allgemeinen Interesse wie nationale oder internationale Sportereignisse oder örtliche Veranstaltungen[5].

– Bezüglich der **Uhrzeit** der Versammlung ist Rücksichtnahme auf berufstätige Personen (werktags nicht am Vormittag oder am frühen Nachmittag[6]) und allgemeine Kirchgangszeiten (an Sonn- und Feiertagen nicht vor 11.00 Uhr[7], nicht am Karfreitagvormittag[8]). Zulässig sind hingegen Versammlungen an Samstagen[9].

---

1 Staudinger/*Bub*, § 24 WEG Rz. 48.
2 OLG Hamm, Beschl. v. 12. 12. 2000 – 15 W 109/00, NZM 2001, 297= ZMR 2001, 383.
3 AG Wuppertal, Beschl. v. 17. 2. 1993 – 98 UR II 157/92, WuM 1993, 711.
4 BayObLG, Beschl. v. 17. 4. 2002 – 2 Z BR 14/02, ZMR 2002, 525 = NZM 2002, 794; Riecke/Schmid/*Riecke*, § 24 WEG Rz. 24; Staudinger/*Bub*, § 24 WEG Rz. 49; einschränkend Niedenführ/*Kümmel*/Vandenhouten, § 24 Rz. 25 für den Fall, dass ein hoher Anteil der Eigentümer schulpflichtige Kinder hat.
5 Staudinger/*Bub*, § 24 WEG Rz. 49; a. A. *Seuß*, WE 1995, 260.
6 OLG Frankfurt, Beschl. v. 9. 8. 1982 – 20 W 403/82, OLGZ 1982, 418 (10.00 Uhr unzulässig); OLG Düsseldorf, Beschl. v. 1. 3. 1993 – 3 Wx 512/92, WuM 93, 305 (17.00 Uhr zulässig); OLG Köln, Beschl. v. 13. 9. 2004 – 16 Wx 168/04, WM 2004, 686 = ZMR 2005, 77 (bei überwiegend auswärtigen Wohnungseigentümern: 15.00 Uhr zulässig); AG Hamburg-Wandsbek, Beschl. v. 4. 9. 2003 – 715 II 91/02, ZMR 2004, 224 (14.00 Uhr unzulässig); Bärmann/Pick/*Merle*, § 24 WEG Rz. 51 (nicht vor 18.00 Uhr zulässig); a. A. *Drasdo*, Rz. 120; *Müller*, Rz. 142 (zu den üblichen Geschäftszeiten des Verwalters); vgl. auch Staudinger/*Bub*, § 24 WEG Rz. 50.
7 BayObLG, Beschl. v. 25. 6. 1987 – 2 Z BR 68/86, NJW-RR 87, 1362; OLG Stuttgart, Beschl. v. 18. 12. 1985 – 8 W 338/85, NJW-RR 1986, 315.
8 OLG Schleswig, Beschl. v. 6. 4. 1987 – 2 W 144/85, NJW-RR 87, 1362; LG Lübeck, Beschl. v. 28. 10. 1985 – 7 T 556/85, NJW-RR 86, 813 (auch für nachmittags).
9 OLG Zweibrücken, Beschl. v. 29. 11. 1993 – 3 W 133/93, WE 1994, 146 (für 20.00 Uhr an einem Samstag nach einem Feiertag).

– Auf **auswärts wohnende Wohnungseigentümer** ist keine besondere Rücksicht zu nehmen[1].

– Bei **sehr kleinen Gemeinschaften** ist auf die Verhinderung einzelner Mitglieder Rücksicht zu nehmen[2].

c) Fehlerhafte Bestimmung von Ort und Zeit der Versammlung

Entsprechen Auswahl von Ort und Zeitpunkt der Versammlung nicht ordnungsmäßiger Verwaltung und ist der Mangel nicht durch eine Vollversammlung geheilt (Rz. 3), so sind die in der Versammlung gefassten Beschlüsse wirksam, aber **anfechtbar**. Voraussetzung für eine erfolgreiche Anfechtung ist, dass der Beschluss auf dem Mangel beruht; hierfür spricht eine Vermutung, für deren Widerlegung Rz. 30 entsprechend gilt[3]. 65

Die bewusst pflichtwidrige Festlegung des Versammlungsortes durch den die Versammlung Einberufenden[4] steht ebenso wie die vorsätzliche Nichtmitteilung des geänderten Versammlungsortes[5] der vorsätzlichen Nichtladung des betroffenen Wohnungseigentümers mit den Folgen wie Rz. 2 dargelegt gleich.

6. Einberufungsfrist

Die Einberufungsfrist gilt für die Bekanntgabe von Zeit und Ort der Versammlung und für die Bekanntgabe der Beschlussgegenstände, und zwar auch für den Fall, dass sie nachgeschoben werden[6]. 66

a) Regelmäßige Einberufungsfrist

Die Frist zur Einberufung **soll** seit dem 1. 7. 2007 nach § 24 Abs. 4 Satz 2 **WEG mindestens zwei Wochen** betragen. Die bisher geltende Frist von einer Woche erschien unter den heutigen Lebensverhältnissen zu kurz. 67

Für die **Berechnung** gelten die **§§ 186 ff. BGB**. Die Frist beginnt mit dem Tag, der auf den Tag des auslösenden Ereignisses folgt (§ 187 Abs. 1 BGB) und endet an dem Tag, der dem entspricht, an welchem das auslösende

---

1 OLG Köln, Beschl. v. 12. 9. 1990 – 16 Wx 101/90, NJW-RR 1991, 725; AG Charlottenburg, Beschl. v. 1. 7. 1986- 70 II 142/86, NJW-RR 1987, 1162.
2 LG München I, Beschl. v. 19. 7. 2004 – 1 T 3954/04, NZM 2005, 591 (4 Wohneinheiten).
3 LG Lübeck, Beschl. v. 28. 10. 1985 – 7 T 556/85, NJW-RR 1986, 813; Palandt/*Bassenge*, § 23 WEG Rz. 20, § 24 WEG Rz. 10, 11.
4 OLG Köln, Beschl. v. 3. 12. 2003 – 16 Wx 216/03, ZMR 2004, 299 = NZM 2004, 793.
5 BayObLG, Beschl. v. 8. 12. 2004 – 2 Z BR 199/04, NZM 2005, 630 = ZMR 2005, 801.
6 Palandt/*Bassenge*, § 24 WEG Rz. 9; Staudinger/*Bub*, § 24 WEG Rz. 82.

Ereignis gelegen war (§ 188 Abs. 2 BGB). § 193 BGB findet keine Anwendung, weil weder eine Willenserklärung abzugeben noch eine Leistung zu bewirken ist[1]. Auslösendes Ereignis für die Fristberechnung ist der Zeitpunkt, ab dem bei dem letzten Adressaten das Schreiben tatsächlich zugegangen ist (§ 130 BGB)[2]. Eine Berechnung in Anlehnung an die Entscheidung des BGH zu § 51 Abs. 1 Satz 2 GmbHG[3], wonach auf den Zeitpunkt abzustellen ist, an dem mit dem Zugang des Schreibens unter Berücksichtigung allgemeiner Postlaufzeiten zu rechnen ist, ist im Hinblick auf den abweichenden Wortlaut der gesetzlichen Vorschriften abzulehnen[4].

◯ **Hinweis:**
Beim Einwurf in den Hausbriefkasten ist der Brief erst dann als zugegangen anzusehen, wenn nach der Verkehrsanschauung mit der nächsten Entnahme zu rechnen ist. Ein nach 18 Uhr eingeworfener Brief geht daher erst am nächsten Morgen bzw. mit Wiederbeginn der Geschäftsstunden zu[5].

b) Abgekürzte Einberufungsfrist

68   In Fällen besonderer Dringlichkeit kann die Einberufung unter Abkürzung der Ladungsfrist erfolgen (§ 24 Abs. 4 Satz 2 Hs. 2 WEG). Davon ist etwa dann auszugehen, wenn eine Entscheidung keinen Aufschub duldet und der Verwalter mangels bestehender Vollmachten nicht handlungsfähig ist. Das dem Verwalter diesbezüglich eingeräumte Ermessen ist nach den Grundsätzen ordnungsmäßiger Verwaltung gerichtlich überprüfbar[6].

c) Vereinbarte Einberufungsfrist

69   § 24 Abs. 4 Satz 2 WEG kann durch Vereinbarung bzw. Gemeinschaftsordnung abgeändert werden[7]. Beispiele:

– Verlängerung der Einberufungsfrist auf bis zu vier Wochen[8]; dafür besteht in der Praxis oftmals ein Bedürfnis, denn nicht selten benötigt die Organisation der Teilnahme an der Versammlung diese Zeit.

---

1 OLG Hamm, Urt. v. 14. 3. 2000 – 27 U 102/99, NJW-RR 2001, 105 zu § 51 Abs. 1 Satz 2 GmbHG; Bärmann/Pick/*Merle*, § 24 WEG Rz. 36; Palandt/*Heinrichs*, § 193 BGB Rz. 3; *Drasdo*, Rz. 102; a. A Staudinger/*Bub*, § 24 WEG Rz. 82.
2 Palandt/*Bassenge*, § 24 WEG Rz. 9; Staudinger/*Bub*, § 24 WEG Rz. 82; Bärmann/Pick/*Merle*, § 24 WEG Rz. 35.
3 BGH, Urt. v. 30. 3. 1987 – II ZR 180/86, BGHZ 100, 264 = NJW 1987, 2580.
4 Vgl. auch OLG Hamm, Beschl. v. 16. 4. 2007 – 15 W 108/06, ZMR 2007, 984.
5 Palandt/*Heinrichs*, § 130 BGB Rz. 6.
6 OLG Frankfurt/Main, Beschl. v. 9. 8. 1982 – 20 W 403/82, OLGZ 1982, 418.
7 BayObLG, Beschl. v. 8. 6. 1990 – BReg 1b Z 18/89, WE 1991, 261.
8 Bärmann/Pick/*Merle*, § 24 WEG Rz. 34; Staudinger/*Bub*, § 24 WEG Rz. 18.

- Verkürzung der gesetzlichen Einberufungsfrist[1].
- Ausgestaltung der gesetzlichen Einberufungsfrist als zwingend[2].

d) Nichteinhaltung der Einberufungsfrist

Sofern eine **Sollvorschrift** nicht beachtet wurde und der Mangel nicht durch eine Vollversammlung geheilt wurde (Rz. 3), sind die in der Versammlung gefassten Beschlüsse wirksam, aber **anfechtbar**. Voraussetzung für eine erfolgreiche Anfechtung ist, dass die Beschlüsse auf dem Mangel beruhen; hierfür spricht nach h. M. eine Vermutung, für deren Widerlegung Rz. 30 entsprechend gilt[3]. Andere folgern aus der Sollvorschrift, dass eine Ungültigerklärung nur bei festgestellter Ursächlichkeit des Mangels[4] oder wegen dieses Mangels gar nicht[5] erfolgt. 70

Beruht die Einberufungsfrist auf einer als **Muss-Vorschrift** ausgestalteten Vereinbarung und ist diese nicht eingehalten, so sind die gefassten Beschlüsse wirksam, aber **anfechtbar**. Voraussetzung für eine erfolgreiche Anfechtung ist, dass die Beschlüsse auf dem Mangel beruhen; hierfür spricht eine Vermutung, für deren Widerlegung Rz. 30 entsprechend gilt[6]. 71

➲ **Hinweis:**
Die Feststellung in der Versammlungsniederschrift, dass die gesetzliche Ladungsfrist eingehalten sei, ist mangels Regelungsgehaltes nicht mit einer Klage auf Ungültigerklärung anfechtbar[7].

7. Einberufungsadressaten

Zu einer Wohnungseigentümerversammlung sind alle Personen einzuladen, die ein Recht auf Anwesenheit in der Versammlung haben. Zum Sonderfall der Teilversammlung vgl. Rz. 97 ff.

---

1 Staudinger/*Bub*, § 24 WEG Rz. 18.
2 Staudinger/*Bub*, § 24 WEG Rz. 18.
3 BGH, Beschl. v. 7. 3. 2002 – V ZB 24/01, NJW 2002, 1647; BayObLG, Beschl. v. 28. 10. 1998 – 2 Z BR 137/98, NZM 1999, 130 = ZMR 1999, 186; KG, Beschl. v. 4. 9. 1996 – 24 W 6566/95, NJWE-MietR 1997, 134; OLG Hamburg, Beschl. v. 21. 6. 2006 – 2 Wx 33/05, ZMR 2006, 704; Staudinger/*Bub*, § 24 WEG Rz. 160; *Müller*, Rz. 364.
4 BayObLG, Beschl. v. 12. 5. 2004 – 2 Z BR 050/04, ZMR 2004, 766; Palandt/*Bassenge*, § 24 WEG Rz. 9; Staudinger/*Bub*, § 24 WEG Rz. 160.
5 OLG Hamm, Beschl. v. 23. 1. 1997 – 15 W 429+434/86, DWE 1987, 54; Weitnauer/*Lüke*, § 24 WEG Rz. 7; Bärmann/Pick/*Merle*, § 24 WEG Rz. 33.
6 BayObLG, Beschl. v. 8. 6. 1990 – 1b Z BR 18/89, WE 1991, 261; Bärmann/Pick/*Merle*, § 24 WEG Rz. 34; Palandt/*Bassenge*, § 24 WEG Rz. 9; Staudinger/*Bub*, § 24 WEG Rz. 161; *Müller*, Rz. 364.
7 BayObLG, Beschl. v. 19. 2. 2004 – 2 Z BR 219/03, ZMR 2005, 211.

a) Wohnungseigentümer

aa) Im Grundbuch eingetragene Personen

72 Die in Abteilung I des Wohnungsgrundbuchs eingetragenen Personen werden nach § 891 BGB als Wohnungseigentümer vermutet und diese Vermutung gilt auch für die Einberufung[1]. Dabei ist auf den Zeitpunkt der Versendung abzustellen[2]. Vollzieht sich bis zur Versammlung noch ein Eigentümerwechsel, ist aber derjenige, der im Zeitpunkt der Beschlussfassung als Eigentümer im Grundbuch eingetragen ist, stimmberechtigt und sollte daher möglichst noch eingeladen werden[3].

73 Auch Wohnungseigentümer, die nach § 25 Abs. 5 WEG vom **Stimmrecht ausgeschlossen** sind, sind einzuladen, da ihr Rede- und Teilnahmerecht durch den Stimmrechtsausschluss nicht beeinträchtigt wird[4].

74 Steht das **Wohnungseigentumsrecht einer Personenmehrheit** (Rz. 144) zu, so sind sie vorbehaltlich einer abweichenden Regelung durch Vereinbarung bzw. Gemeinschaftsordnung getrennt einzuladen[5].

Bei **rechtsfähigen Personengesellschaften** sind die vertretungsberechtigten Gesellschafter (Geschäftsführer) und bei **juristischen Personen** die gesetzlichen Vertreter einzuladen[6].

⭢ Hinweis:
Gemäß §§ 125 Abs. 2 Satz 3, 161 Abs. 2 (150 Abs. 2) HGB, § 35 Abs. 2 Satz 3 GmbHG, § 78 Abs. 2 Satz 2 AktG reicht die Einladung nur eines zur Vertretung der Gesellschaft Befugten aus.

bb) Nicht im Grundbuch eingetragene Eigentümer

75 Hat sich ein **Eigentümerwechsel außerhalb des Grundbuchs** vollzogen und wird dies dem Einberufenden so nachgewiesen, dass die Vermutung des § 891 BGB als widerlegt angesehen werden kann, so ist der wirkliche Eigentümer einzuladen.

⭢ Hinweis:
Die Widerlegung der Vermutung des § 891 BGB kann durch den Bucheigentümer mit allen im Zivilprozess zulässigen Beweismitteln geführt werden. Er ist nicht auf den Nachweis in der Form des § 29 GBO beschränkt[7].

---

1 BGH, Beschl. v. 1. 12. 1998 – V ZB 6/88, BGHZ 106, 113.
2 KG, Beschl. v. 8. 1. 1997 – 24 W 567/96, FGPrax 1997, 92.
3 Vgl. *Häublein*, ZMR 2004, 723 (725).
4 Palandt/*Bassenge*, § 24 WEG Rz. 5.
5 OLG Köln, Beschl. v. 16. 12. 1987 – 16 Wx 92/87, WE 1989, 30; Palandt/*Bassenge*, § 24 WEG Rz. 5.
6 Niedenführ/*Kümmel*/Vandenhouten, § 24 WEG Rz. 28.
7 OLG Stuttgart, Beschl. v. 8. 3. 2005 – 8 W 39/05, NZM 2005, 426.

- Wird ein Anteil an einer **nicht rechtsfähigen Personenvereinigung** übertragen (§§ 398 ff. BGB), geht damit auch die insoweit bestehende Beteiligung an dem Grundstück über. Der Eigentumsübergang vollzieht sich damit außerhalb des Grundbuchs[1] und das Grundbuch wird falsch. Daraus folgt, dass nicht zwingend derjenige einzuladen ist, der als (Mit-)Eigentümer aus dem Grundbuch ersichtlich ist. Vielmehr ist auf die tatsächliche Rechtslage abzustellen, die sich ausschließlich nach gesellschafts- oder gemeinschaftsrechtlichen Grundsätzen beurteilt[2] und durch Verträge nachgewiesen werden kann.

- Im **Erbfall** tritt der Eigentümerwechsel nach § 1922 Abs. 1 BGB bereits mit dem Tod des Erblassers ein, sodass der Erbe ab diesem Zeitpunkt zur Eigentümerversammlung einzuladen ist. Der Erbe hat den Nachweis durch Erbschein, Testament o. ä. zu führen[3].

- Im Falle der **Zwangsversteigerung** geht das Eigentum bereits mit dem Zuschlagsbeschluss nach § 90 Abs. 1 ZVG auf den Ersteher über, der ab diesem Zeitpunkt zur Eigentümerversammlung einzuladen ist[4]. Der Ersteher kann seine Rechtsstellung durch eine Ausfertigung des Zuschlagsbeschlusses nachweisen[5].

- Bei **unwirksamer Übereignung** eines Wohnungseigentumsrechts (z. B. infolge Anfechtung) verbleibt das Eigentum entgegen der Grundbuchlage beim Veräußerer und daher ist dieser zur Eigentümerversammlung einzuladen[6]. Ein Nachweis kann vor einer gerichtlichen Feststellung nur durch eine Bestätigung seitens des Erwerbers geführt werden.

⊃ **Hinweis:**
Hat der Verwalter von dem Eigentumswechsel **keine Kenntnis** und hat er daher die im Grundbuch als Eigentümer eingetragene Person eingeladen, so muss sich der wahre Eigentümer nach verbreiteter Ansicht die an den Scheineigentümer ergangene Ladung entsprechend dem Rechtsgedanken des § 893 BGB zurechnen lassen müssen, denn dem neuen Eigentümer obliegt es, den Verwalter über den Eigentümerwechsel zu informieren[7].

---

1 BGH, Urt. v. 18. 2. 1998 – XII ZR 39/96, NJW 1998, 1220 (für Mietrecht); OLG Köln, Beschl. v. 24. 11. 2000 – 16 Wx 123/00, NZM 2001, 146.
2 *Drasdo*, Rz. 125.
3 Staudinger/*Bub*, § 25 WEG Rz. 122.
4 BGH, Beschl. v. 27. 6. 1985 – VII ZB 16/84, BGHZ 95,118; BGH, Beschl. v. 22. 1. 1987 – V ZB 3/86, BGHZ 99, 358; OLG Düsseldorf, Beschl. v. 23. 6. 1995 – 3 Wx 167/95, WuM 1996, 119.
5 Staudinger/*Bub*, § 25 WEG Rz. 123.
6 Staudinger/*Bub*, § 25 WEG Rz. 117.
7 Bärmann/Pick/*Merle*, § 24 WEG Rz. 40; Niedenführ/*Kümmel*/Vandenhouten, § 24 WEG Rz. 30; Staudinger/*Bub*, § 24 WEG Rz. 158.

b) Dritte Personen

aa) Erwerber des Wohnungseigentums vor Vollendung des Rechtserwerbs

76 Nicht einzuladen ist bei einer in Vollzug gesetzten Wohnungseigentümergemeinschaft der **Erwerber eines Wohnungseigentumsrechtes** vor seiner Eintragung als neuer Eigentümer im Wohnungsgrundbuch (sog. „werdender Wohnungseigentümer"), und zwar auch dann nicht, wenn eine Auflassungsvormerkung eingetragen ist und ein Nutzen-/Lastenwechsel stattgefunden hat[1], da er nicht stimmberechtigt ist (Rz. 130).

↻ Hinweis:
Obwohl der Erwerber zur Stimmrechtsausübung ermächtigt werden kann (vgl. Rz. 131), ist der Erwerber nur bei eindeutiger Weisung (§§ 675 Abs. 1, 665 BGB) zu laden.

77 Einzuladen sind aber die Mitglieder einer **werdenden Wohnungseigentümergemeinschaft**, da sie stimmberechtigt sind (Rz. 133). Der noch im Grundbuch eingetragene Veräußerer ist daneben nicht einzuladen, da er nicht mehr stimmberechtigt ist (Rz. 133).

bb) Verwaltungsbefugte

78 Der vorläufige **Insolvenzverwalter**, dem gemäß § 22 Abs. 1 InsO die Verwaltungs- und Verfügungsbefugnis zusteht[2], sowie der endgültige Insolvenzverwalter[3] sind allein einzuladen, da ihnen und nicht dem Gemeinschuldner das Stimmrecht zusteht[4] (Rz. 135).

Im Falle der Anordnung von Zwangsverwaltung ist der **Zwangsverwalter** zur Eigentümerversammlung einzuladen. Daneben ist auch der Wohnungseigentümer einzuladen, sofern man der Auffassung folgt, dass dem Wohnungseigentümer neben dem Zwangsverwalter ein Stimmrecht für bestimmte Beschlussgegenstände verbleibt bzw. dem Wohnungseigentümer trotz fehlenden bzw. beschränkten Stimmrechtes ein Beschlussanfechtungsrecht verbleibt[5] (Rz. 136, 137).

Nachlassverwalter und **Testamentsvollstrecker**, nicht hingegen der Erbe sind einzuladen, da nur sie stimmberechtigt sind[6].

---

1 BGH, Beschl. v. 1. 12. 1998 – V ZB 6/88, BGHZ 106, 113.
2 A.A. Jennißen/*Elzer*, § 24 WEG Rz. 43; Niedenführ/*Kümmel*/Vandenhouten, § 24 WEG Rz. 27, die dem Wohnungseigentümer daneben weiterhin ein Teilnahmerecht zubilligen.
3 KG, Beschl. v. 24. 10. 1988 – 24 W 896/88, WE 1989, 28.
4 Staudinger/*Bub*, § 24 WEG Rz. 57.
5 Jennißen/*Elzer*, § 24 WEG Rz. 43; Niedenführ/*Kümmel*/Vandenhouten, § 24 WEG Rz. 27; Staudinger/*Bub*, § 24 WEG Rz. 57; *Häublein*, ZfIR 2005, 337.
6 Staudinger/*Bub*, § 25 WEG Rz. 144; *Hügel*, ZWE 2006, 174 (176); a.A. Jennißen/*Elzer*, § 24 WEG Rz. 43; Riecke/Schmid/*Riecke*, § 24 WEG Rz. 46; die dem Erben ein Teilnahmerecht zubilligen.

cc) Dinglich Berechtigte

Der Nießbraucher hat kein Stimmrecht in der Eigentümerversammlung (Rz. 139) und ist demzufolge nicht einzuladen. Gleiches gilt für Wohnberechtigte im Sinne von § 1093 BGB und für Dauerwohnrechtsberechtigte im Sinne von § 31 WEG (Rz. 140).

79

dd) Verwalter

Da dem Verwalter ein organschaftliches Teilnahmerecht zusteht (Rz. 119), ist er zu einer von ihm nicht einberufenen Eigentümerversammlung einzuladen.

80

ee) Nichteigentümer als Verwaltungsbeiratsmitglied

Sofern man dem nicht zu den Wohnungseigentümern zählenden Verwaltungsbeiratsmitglied ebenfalls ein organschaftliches Teilnahmerecht zubilligt (Rz. 120), ist auch dieser zu einer Eigentümerversammlung einzuladen. Seine Nichteinladung führt zu einem Einberufungsmangel[1].

81

ff) Sonstige dritte Personen

Sonstige dritte Personen, wie z. B. Mieter, Wohnungserbbaurechtsbesteller, Bauträger, Treuhänder, Makler und Grundpfandrechtsgläubiger sind nicht zur Eigentümerversammlung einzuladen. Ihnen ist der Zugang grundsätzlich wegen der Nichtöffentlichkeit der Versammlung verschlossen. Ein Teilnahmerecht kann sich nur im Rahmen zulässiger Vertretung und Beratung ergeben (Rz. 121).

82

c) Nichteinladung eines Einberufungsadressaten

Wurden einzelne Einberufungsadressaten **unbeabsichtigt** nicht eingeladen, so sind die in der Versammlung gefassten Beschlüsse wirksam, aber **anfechtbar**. Voraussetzung einer erfolgreichen Anfechtung ist, dass die Beschlüsse auf dem Mangel beruhen; für die Widerlegung der dafür sprechenden Vermutung gilt Rz. 30 entsprechend[2].

83

Ist die Einladung einzelner Einladungsadressaten **bewusst** unterblieben, fehlt es an einer Eigentümerversammlung, so dass es sich bei den

84

---

1 A. A. BayObLG, Beschl. v. 28. 10. 1987 – BReg 2 Z 124/87, NJW-RR 1988, 270.
2 BayObLG, Beschl. v. 30. 4. 1999 – 2 Z BR 175/98, ZMR 1999, 574; KG, Beschl. v. 1. 4. 1987 – 24 W 3131/86 NJW-RR 1987, 973; OLG Celle, Beschl. v. 15. 1. 2002 – 4 W 310/01, NZM 2002, 458 = ZWE 2002, 276; LG Berlin, Beschl. v. 20. 2. 2001 – 85 T 69/00, ZMR 2001, 738; LG Mönchengladbach, Beschl. v. 21. 2. 2002 – 5 T 468/01, ZMR 2002, 788; Palandt/*Bassenge*, § 24 WEG Rz. 5.

gefassten Beschlüssen um so genannte Nicht-/Scheinbeschlüsse handelt[1].

8. Zweitversammlung

a) Wiederholungsversammlung

85 War eine Eigentümerversammlung anfänglich nicht nach § 25 Abs. 3 WEG beschlussfähig oder wurde sie es in ihrem Verlauf, ist nach § 25 Abs. 4 Satz 1 WEG eine neue Versammlung mit dem gleichen Gegenstand einzuberufen, die dann ungeachtet der in ihr vertretenen Miteigentumsanteile beschlussfähig ist.

Die Einberufung muss nach Durchführung der beschlussunfähigen Versammlung erfolgen[2].

aa) Einberufungsbefugnis

86 Nach § 25 Abs. 4 Satz 1 WEG beruft der Verwalter eine neue Versammlung ein. Dabei geht diese Vorschrift davon aus, dass auch die beschlussunfähige Versammlung nach § 24 Abs. 1 oder 2 WEG vom Verwalter einberufen wurde. Es ist daher anzunehmen, dass derjenige, der die beschlussunfähige Versammlung befugterweise einberufen hat (z.B. der Vorsitzende des Verwaltungsbeirats nach § 24 Abs. 3 WEG), auch die Wiederholungsversammlung einberufen darf[3]; das schließt aber nicht aus, dass der Verwalter die Wiederholungsversammlung einberuft, wenn ein anderer Einberufungsbefugter die beschlussunfähige Versammlung einberufen hatte. Bei Verweigerung der Einberufung gelten Rz. 25, 26, 29.

bb) Bezeichnung der Beschlussgegenstände

87 Es müssen die Beschlussgegenstände bezeichnet werden, über die in der vorangegangenen Versammlung wegen deren Beschlussunfähigkeit keine Beschlussfassung erfolgte; bei dieser Bezeichnung kann auf die frühere Einberufung und deren Anlagen Bezug genommen werden, z.B.: *„Die Tagesordnungspunkte sind die gleichen wie in der Einberufung zur Eigentümerversammlung vom ...".*

⊃ Hinweis:
Es können auch **neue Tagesordnungspunkte** in die Einladung aufgenommen werden. Insoweit handelt es sich jedoch um eine Erstver-

---

1 BayObLG, Beschl. v. 8. 12. 2004 – 2 Z BR 199/04 NZM 2005, 630: nichtiger Beschluss; OLG Celle, Beschl. v. 15. 1. 2002 – 4 W 310/01, NZM 2002, 458 = ZWE 2002, 276; OLG Zweibrücken, Beschl. v. 21. 11. 2002 – 3 W 179/02, FGPrax 2003, 60 = ZMR 2004, 61; Palandt/*Bassenge*, § 24 WEG Rz. 5.
2 OLG Köln, Beschl. v. 30. 12. 1998 – 16 Wx 187/98, MDR 1999, 799.
3 Bärmann/Pick/*Merle*, § 25 WEG Rz. 86; Staudinger/*Bub*, § 25 WEG Rz. 257.

sammlung, sodass für die Beschlussfähigkeit zu diesen Punkten § 25 Abs. 3 WEG und nicht § 25 Abs. 4 Satz 2 Hs. 1 WEG gilt[1].

cc) Form und Inhalt der Einberufung

Für Form und Inhalt der Einberufung gelten Rz. 48, 50. Nach § 25 Abs. 4 Satz 2 Hs. 2 WEG muss die Einberufung zur Wiederholungsversammlung einen **Hinweis auf die stets gegebene Beschlussfähigkeit** der Wiederholungsversammlung enthalten.[2] Soweit vereinzelt die Auffassung vertreten wird, der Hinweis müsse schon in die Einberufung zur vorangegangenen Versammlung aufgenommen worden sein[3], widerspricht das der Stellung des § 25 Abs. 4 Satz 2 Hs. 2 WEG im Gesetz und seinem Sinn. 88

➲ Hinweis:
Bei einer Verlegung der Zweitversammlung ist ein erneuter Hinweis auf § 25 Abs. 4 Satz 2 WEG nicht erforderlich[4].

dd) Ort und Zeit der Wiederholungsversammlung

Für Ort und Zeit der Wiederholungsversammlung gelten Rz. 56 ff. Sie braucht nicht am gleichen Ort und zur gleichen Uhrzeit wie die beschlussunfähige Versammlung stattzufinden. Eine Wiederholungsversammlung am Vormittag eines Werktags ist unzumutbar. 89

ee) Einberufungsfrist

Für die Einberufungsfrist zu einer Wiederholungsversammlung gelten Rz. 66 ff. 90

ff) Einberufungsadressaten

Für die zur Wiederholungsversammlung einzuladenden Personen gelten Rz. 72 ff. 91

gg) Ordnungsgemäß einberufene Erstversammlung

Eine nicht ordnungsgemäß einberufene Erstversammlung macht die Wiederholungsversammlung nur dann unzulässig, wenn der Einberu- 91a

---

[1] OLG Köln, Beschl. v. 30. 12. 1998 – 16 Wx 187/98, MDR 1999, 799; OLG Frankfurt/Main, Beschl. v. 15. 10. 1982 – 20 W 626/82, OLGZ 1983, 29.
[2] Bärmann/Pick/*Merle*, § 25 WEG Rz. 85; Niedenführ/*Kümmel*/Vandenhouten, § 25 WEG Rz. 16; Weitnauer/*Lüke*, § 25 WEG Rz. 5.
[3] *Drasdo*, WuM 1995, 255.
[4] KG, Beschl. v. 25. 8. 2003 – 24 W 110/02, FGPrax 2003, 259 = NJW-RR 2003, 1596 = NZM 2003, 901 = ZMR 2004, 144.

fungsmangel (z.B. Unterschreitung der Einberufungsfrist gemäß § 24 Abs. 4 Satz 2 WEG, unzumutbarer Ort oder unzumutbare Tageszeit) kausal für die Beschlussunfähigkeit der Erstversammlung nach Maßgabe des § 25 Abs. 3 WEG war[1].

b) Eventualversammlung

92 Von einer Eventualversammlung spricht man, wenn mit der Einladung zur Erstversammlung eine Zweitversammlung mit gleicher Tagesordnung auf einen späteren Zeitpunkt (z.B. wenige Minuten oder auch eine Woche später[2]) für den Fall vorsorglich einberufen wird, dass die Erstversammlung beschlussunfähig ist[3].

aa) Unzulässigkeit

93 Nach ganz herrschender Meinung[4] sind Eventualversammlungen – vorbehaltlich einer abweichenden Vereinbarung (Rz. 94) – unzulässig, da sie dem Wortlaut des § 25 Abs. 4 Satz 1 WEG widersprechen. Die in ihr gefassten Beschlüsse sind, sofern der Mangel nicht in einer Vollversammlung geheilt ist (Rz. 3) wirksam, aber anfechtbar. Voraussetzung einer erfolgreichen Anfechtung ist, dass die Beschlüsse auf dem Mangel beruhen; für die Widerlegbarkeit der dafür sprechenden Vermutung gilt Rz. 30 entsprechend[5]. Die Rechtsprechung hat einer Anfechtung den Erfolg auch versagt, wenn der anfechtende Mehrheitseigentümer durch sein Fernbleiben die Beschlussunfähigkeit der ersten Versammlung bewusst herbeigeführt hat[6].

bb) Abweichende Vereinbarungen

94 Da die Vorschriften des § 25 Abs. 3 und 4 WEG abdingbar sind, kann durch Vereinbarung oder Gemeinschaftsordnung eine Eventualversammlung zugelassen werden[7].

Eine Einberufung auf den gleichen Tag ist jedoch unzulässig, wenn dies in der Vereinbarung nicht ausdrücklich geregelt wird (z.B. „Die Ein-

---

1 OLG Hamm, Beschl. v. 16. 4. 2007 – 15 W 108/06, ZMR 2007, 984.
2 Vgl. LG Berlin, Beschl. v. 19. 4. 1985 – 191 T 60/84, NJW-RR 1986, 97; Bärmann/Pick/*Merle*, § 25 WEG Rz. 87.
3 Staudinger/*Bub*, § 25 WEG Rz. 260.
4 OLG Bremen, Beschl. v. 25. 3. 1980 – 1 W 1/80, Rpfleger 1980, 295; OLG Frankfurt/Main, Beschl. v. 15. 10. 1982 – 20 W 626/82, OLGZ 1983, 29; OLG Köln, Beschl. v. 23. 8. 1989 – 16 Wx 79/89, NJW-RR 1990, 26; OLG Frankfurt/Main, Beschl. v. 24. 8. 2006 – 20 W 214/06 u. 20 W 215/06, NZM 2007, 806.
5 Staudinger/*Bub*, § 25 WEG Rz. 261.
6 KG, Beschl. v. 12. 7. 1985 – 24 W 288/85; KG, Beschl. v. 3. 10. 1985 – 2637/85; KG, Beschl. v. 10. 2. 1982 – 4051/86 (alle referiert von *Dittrich*, ZMR 1986, 189).
7 Bärmann/Pick/*Merle*, § 25 WEG Rz. 88; Staudinger/*Bub*, § 25 WEG Rz. 263.

ladung für beide Versammlungen kann im gleichen Schreiben erfolgen")[1].

⊃ **Hinweis:**

Ein Mehrheitsbeschluss über die Zulässigkeit der Eventualversammlung ist mangels Beschlusskompetenz der Wohnungseigentümerversammlung nichtig[2]. Beschlüsse, die in einer auf Grund dieser Zulassung einberufenen Versammlung gefasst wurden, sind aber nur anfechtbar[3], wobei für die Ungültigerklärung wegen dieses Mangels Rz. 30 gilt.

Die Zulassung einer Eventualversammlung ermöglicht es, zugleich mit der Erstversammlung eine Wiederholungsversammlung einzuberufen. Für die Einberufung gelten daher im Übrigen die gleichen Grundsätze wie für die selbständige Einberufung einer Wiederholungsversammlung (Rz. 85 ff.). Ort und Zeitpunkt der Eventualversammlung müssen eindeutig bestimmt werden; die Einberufung auf „denselben Tag im selben Lokal" soll bezüglich des Zeitpunktes auch dann nicht ausreichen, wenn durch Vereinbarung bzw. Gemeinschaftsordnung vorgesehen ist, dass die Versammlung „30 Minuten später" einberufen werden kann[4].

⊃ **Hinweis:**

Der Übergang in die zweite Versammlung ist vom Versammlungsleiter förmlich festzustellen[5].

Formulierungsvorschlag für eine Eventualeinberufung   95
(anzufügen an Einladungsschreiben Muster Rz. 54)

Für den Fall, dass die Versammlung nicht beschlussfähig ist, beginnt am gleichen Ort und am gleichen Tag um 19.00 Uhr die zweite Versammlung mit denselben Gegenständen der Beschlussfassung. Diese ist dann ohne Rücksicht auf die Höhe der in ihr vertretenen Miteigentumsanteile beschlussfähig.

---

c) Fortsetzungsversammlung

Ist eine Versammlung zwar noch beschlussfähig, entscheidet der Versammlungsleiter jedoch z. B. wegen der fortgeschrittenen Uhrzeit den

---

1 *Drado*, Rz. 240; a.A. Bärmann/Pick/*Merle*, § 25 WEG Rz. 88; Staudinger/*Bub*, § 25 WEG Rz. 263.
2 BGH, Beschl. v. 20. 9. 2000 – V ZB 58/99, NJW 2000, 3500; LG Mönchengladbach, Beschl. v. 28. 11. 2002 – 2 T 102/00, NZM 2003, 245; *Wenzel* ZWE 2001, 226 (236); a. A. noch KG, Beschl. v. 17. 5. 2000 – 24 W 3651/99, NZM 2001, 105.
3 Palandt/*Bassenge*, § 25 WEG Rz. 11.
4 BayObLG, Beschl. v. 11. 10. 1989 – 2 Z BR 65/89, WE 1991, 49; vgl. auch LG Offenburg, Beschl. v. 24. 8. 1993 – 4 T 42/93, WuM 1993, 710.
5 BayObLG, Beschl. v. 10. 5. 1989 – 2 Z BR 23/88, WE 1990, 140.

Abbruch der Versammlung, so hat der Versammlungsleiter zu einer Fortsetzungsversammlung einzuladen, die sich als Wiederholung der **Erstversammlung** darstellt und daher wie diese einzuberufen ist.

9. Teilversammlung

97 Wohnungseigentum kann nicht nur innerhalb eines Gebäudes, sondern auch an Wohnungen in mehreren Gebäuden auf einem Grundstück (**sog. Mehrhausanlagen**) begründet werden. Bei den Gebäuden kann es sich um solche mit mehreren Wohnungen, aber auch um Einfamilienhäuser handeln. Die Gebäude können dabei wie Reihenhäuser[1] oder Doppelhaushälften aneinander grenzen oder isoliert auf der Grundstücksfläche stehen[2]. Zudem müssen die Gebäude nicht gleichartig sein (z. B. Neu- und Altbau, Wohngebäude und Gewerbeeinheit), sodass die Interessen und Bedürfnisse recht unterschiedlich sein können. In diesen unter Umständen sehr großen Wohnanlagen kann sich ein praktisches Bedürfnis für die Abhaltung von Teilversammlungen ergeben.

a) Vereinbarung

98 Nach herrschender Meinung[3] können die Wohnungseigentümer einer Wohnungseigentümergemeinschaft, sofern eine Vereinbarung bzw. die Gemeinschaftsordnung dies vorsieht[4], gruppenweise zeitlich und örtlich getrennt, aber mit jeweils derselben Tagesordnung, über **Verwaltungsangelegenheiten, die sämtliche Wohnungseigentümer betreffen**, in Teilversammlungen beschließen. Die Zulässigkeit derartiger Teilversammlungen ergibt sich dabei aus der **Abdingbarkeit des § 23 Abs. 1 WEG**. Um die Möglichkeit, die Willensbildung aller Wohnungseigentümer durch überzeugende Argumente zu beeinflussen, nicht zu beschneiden, muss aber sichergestellt sein, dass **jeder Wohnungseigentümer** an jeder Teilversammlung sein **Teilnahmerecht** ausüben kann[5].

99 Für diese Teilversammlungen sind folgende **Besonderheiten** zu beachten: Die Wohnungseigentümer sind jeweils unter Beachtung der Ladungsfrist und unter Beifügung einer einheitlich gestalteten Tagesordnung zu der

---

1 Vgl. KG, Beschl. v. 10. 5. 1991 – 24 W 154/91, WE 1991, 324; OLG Hamm, Beschl. v. 29. 8. 1984 – 15 W 298/82, DNotZ 1985, 442.
2 *Drasdo*, Rz. 924.
3 OLG Stuttgart, Beschl. v. 15. 10. 1979 – 8 W 232/79, DWE 1980, 62; Bärmann/Pick/*Merle*, § 23 WEG Rz. 7; Palandt/*Bassenge*, § 23 WEG Rz. 3; Weitnauer/*Lüke*, § 23 WEG Rz. 6.
4 OLG Stuttgart, Beschl. v. 15. 10. 1979 – 8 W 232/79, DWE 1980, 62; OLG Stuttgart, Beschl. v. 9. 10. 1996 – 8 W 265/96, FGPrax 1997, 17; Bärmann/Pick/*Merle*, § 23 WEG Rz. 7; Palandt/*Bassenge*, § 23 WEG Rz. 3.
5 Bärmann/Pick/*Merle*, § 23 WEG Rz. 7; Staudinger/*Bub*, § 23 WEG Rz. 33; Weitnauer/*Lüke*, § 23 WEG Rz. 6.

Teilversammlung, in der sie stimmberechtigt sind und – wegen ihres Teilnahmerechtes – auch zu den übrigen Teilversammlungen einzuladen. Da hinsichtlich der Beschlussfähigkeit auf sämtliche Teilversammlungen abzustellen ist, kann sich eine Beschlussunfähigkeit unter Umständen erst auf der letzten Teilversammlung ergeben. Für die Berechnung der Stimmenmehrheit sind die Abstimmungsergebnisse aller Teilversammlungen zusammenzurechnen und das sich daraus ergebene Beschlussergebnis ist nach Abhaltung der letzten Teilversammlung von dem Verwalter festzustellen und zu verkünden[1].

b) Gegenständlich beschränktes Stimmrecht

Auch die Verwaltung einer **Mehrhausanlage** unterliegt grundsätzlich der **Gesamtverwaltungsbefugnis** aller Wohnungseigentümer. Sämtliche Wohnungseigentümer haben daher einen Anspruch, in gemeinsamen Versammlungen an den Verwaltungsentscheidungen durch Ausübung ihres Teilnahme- und Stimmrechtes an diesen mitzuwirken[2].

100

aa) Verwaltungstrennung

Eine Ausnahme ergibt sich aber dann, wenn sich der Gegenstand der Beschlussfassung bei einer Mehrhausanlage nur auf eine **Angelegenheit** beschränkt, **die ausschließlich ein bestimmtes Gebäude betrifft**, und zwar auch dann, wenn durch Vereinbarung bzw. Gemeinschaftsordnung keine Verwaltungstrennung vorgesehen ist[3]. Dies ist dann der Fall, wenn sich die jeweiligen Verwaltungsgegenstände rechtlich, wirtschaftlich und tatsächlich trennen lassen. In diesen Fällen sind in den gemeinsamen Versammlungen **nur die betroffenen Wohnungseigentümer stimmberechtigt**[4].

101

Damit kommt eine Verwaltungstrennung bei folgenden Maßnahmen **nicht** in Betracht:

102

– bei **kostenverursachenden Maßnahmen** wegen der aus § 16 Abs. 2 WEG folgenden gemeinschaftlichen Kostentragungspflicht aller Wohnungseigentümer[5]

---

1 OLG Köln, Beschl. v. 1. 2. 1993 – 16 Wx 16/93, DWE 1994, 43 (Ls): Addition der Beschlussergebnisse reicht nicht aus.
2 BayObLG, Beschl. v. 22. 13. 1983 – BReg 2 Z 9/83, Z 1983, 320; BayObLG, Beschl. v. 31. 3. 1994 – 2 Z BR 16/94, WE 1995, 96; BayObLG, Beschl. v. 17. 11. 2000 – 2 Z BR 107/00, ZMR 2001, 209 = DWE 2001, 35; OLG Hamm, Beschl. v. 3. 7. 1995 – 15 W 93/95, DWE 1995, 127.
3 OLG München, Beschl. v. 13. 12. 2006 – 34 Wx 109/06, WuM 2007, 34; RGRK/*Augustin*, § 23 WEG Rz. 22; a.A. Jennißen/*Elzer*, vor §§ 23–25 WEG Rz. 154; *Drasdo*, Rz. 927, 928.
4 BayObLG, Beschl. v. 29. 2. 1996 – 2 Z BR 142/95, NJW-RR 1996, 1101; Niedenführ/*Kümmel*/Vandenhouten, § 25 Rz. 20.
5 BayObLG, Beschl. v. 19. 2. 1999 – 2 Z BR 180/98, ZWE 2000, 529; OLG Celle, Beschl. v. 2. 11. 1989 – 15 W 520/88, OLGZ 1990, 168; OLG Köln, Beschl. v.

Beispiel:

Beschluss über Wirtschaftsplan und Jahresabrechnung[1], es sei denn, es gibt keinerlei Kosten des Gemeinschaftseigentums, die von allen Wohnungseigentümern gemeinsam zu tragen sind.

Eine Verwaltungstrennung kann in diesen Fällen aber durch eine Vereinbarung oder einen Beschluss gemäß § 16 Abs. 3 WEG herbeigeführt werden, die vorsehen, dass mit bestimmten Gegenständen des gemeinschaftlichen Eigentums zusammenhängende Kosten allein von bestimmten Wohnungseigentümern zu tragen sind, die im Gegenzug dann auch allein zur Nutzung berechtigt sind[2].

Beispiel für Vereinbarung:

Regelung, die die Instandhaltungsmaßnahmen den Wohnungseigentümern des jeweils betroffenen Gebäudes allein auferlegt, was insbesondere etwa bei in einer Wohnungseigentumsanlage vereinten Neu- und Altbauten sachlich geboten erscheint.

Beispiel für § 16 Abs. 3 WEG:

Gartenpflege- und Hausmeisterkosten werden einzelnen Häusern dauerhaft zugeteilt.

⊃ **Hinweis:**

Der Anspruch aller Eigentümer aus § 21 Abs. 4 WEG darauf, dass die zur Kostentragung verpflichteten Eigentümer auch das Erforderliche beschließen und veranlassen, bleibt bestehen[3]

– bei **Maßnahmen, die den Gesamtcharakter der Wohnungseigentumsanlage**, insbesondere deren äußeres Erscheinungsbild, **verändern**,

– bei der Bestellung und Entlastung des Verwalters und der Mitglieder des Verwaltungsbeirates[4].

103 Für eine gegenständlich beschränkte Verwaltungsbefugnis dürften mithin nur **Angelegenheiten von untergeordneter Bedeutung** in Betracht kommen.

Beispiel:

Gebrauchsregelung für eine Waschküche[5] bzw. einen Fahrradkeller[6], die nur von den Wohnungseigentümern eines Hauses einer Mehrhausanlage genutzt werden dürfen.

---

24. 9. 1997 – 16 Wx 36/97, WuM 1998, 177; Bärmann/Pick/*Merle*, § 25 WEG Rz. 77; Niedenführ/*Kümmel*/Vandenhouten, § 25 WEG Rz. 20; Palandt/*Bassenge*, § 25 WEG Rz. 2; Staudinger/*Bub*, § 23 WEG Rz. 36.

1 BayObLG, Beschl. v. 31. 3. 1994 – 2 Z BR 16/94, NJW-RR 1994, 1236; BayObLG, Beschl. v. 17. 11. 2000 – 2 Z BR 107/00, ZMR 2001, 209 = DWE 2001, 35; KG, Beschl. v. 8. 1. 1997 – 24 W 7385/96, ZMR 1997, 247; OLG Zweibrücken, Beschl. v. 23. 6. 2004 – 3 W 64/04, ZMR 2005, 908.
2 Staudinger/*Bub*, § 23 WEG Rz. 36.
3 Riecke/Schmid/*Riecke*, § 23 WEG Rz. 27.
4 OLG Zweibrücken, Beschl. v. 23. 6. 2004 – 3 W 64/04, ZMR 2005, 908.
5 Weitnauer/*Lüke*, § 23 WEG Rz. 10.
6 BayObLG, Beschl. v. 10. 11. 1961 – BReg 2 Z 153/61, BayObLGZ 1961, 322 = NJW 1962, 492 = MDR 1962, 216.

Letztlich kann die Frage, ob eine Verwaltungsentscheidung nur einen abgegrenzten Teil der Wohnungseigentümer betrifft, nur nach sorgfältiger Prüfung hinsichtlich aller Konsequenzen im Einzelfall entschieden werden.

⊃ **Hinweis:**
Angesichts der damit einhergehenden Auslegungsschwierigkeiten und Rechtsunsicherheiten erscheint es sinnvoller, die entsprechenden Tatbestände in der Gemeinschaftsordnung festzuschreiben und ohne eine solche Festschreibung im Zweifel davon auszugehen, dass keine Verwaltungstrennung vorliegt.

Nach herrschender Auffassung ist in den Fällen, in denen das Stimmrecht nur einem betroffenen Teil der Wohnungseigentümer zusteht, die Beschlussfassung auch in einer **Teilversammlung** zulässig[1]. Auch insoweit bedarf es keiner gesonderten Regelung durch Vereinbarung bzw. Gemeinschaftsordnung[2]. Zu dieser sind nur die stimmberechtigten Wohnungseigentümer einzuladen[3]. Die Modalitäten der Einberufung und der Durchführung richten sich nach den Vereinbarungen, im Übrigen nach dem Gesetz[4]. Die Beschlussfähigkeit nach § 25 Abs. 3 WEG bestimmt sich nur nach den stimmberechtigten Wohnungseigentümern[5]. Für die Berechnung der erforderlichen Mehrheiten (z.B. 16 Abs. 4 Satz 2, 22 Abs. 2 Satz 1 WEG) ist nur auf die der stimmberechtigten Wohnungseigentümer abzustellen.

Beispiel:
Sind von insgesamt 100 Wohnungseigentümern nur 40 Wohnungseigentümer betroffen, die 30/100 MEA vertreten, so ist die Teilversammlung beschlussfähig, wenn mindestens 16/100 MEA von den erschienenen betroffenen Wohnungseigentümern vertreten werden.

Nicht stimmberechtigte Wohnungseigentümer haben ein **Teilnahmerecht**. Ihnen steht zwar bei Nichtbetroffenheit kein Anfechtungsrecht zu, doch muss ihnen die Möglichkeit eröffnet sein zu überprüfen, ob sie von dem Gegenstand der Beschlussfassung nicht doch betroffen sein können[6].

---

1 BayObLG, Beschl. v. 12. 2. 2004 – 2 Z BR 261/03, NJW-RR 2004,1092.
2 BayObLG, Beschl. v. 25. 7. 1984 – 2 Z BR 57/84, DNotZ 1985, 414; Palandt/*Bassenge*, § 23 WEG Rz. 3; Riecke/Schmid/*Riecke*, § 23 WEG Rz. 27.
3 BayObLG, Beschl. v. 19. 2. 1999 – 2 Z BR 180/98, BayObLGZ 1999,40; BayObLG, Beschl. v. 17. 1. 2000 – 2 Z BR 99/99, ZWE 2000, 268; BayObLG, Beschl. v. 17. 11. 2000 – 2 Z BR 107/00, ZWE 2001, 269; Bärmann/Pick/*Merle*, § 25 WEG Rz. 78.
4 *Drasdo*, Rz. 9.
5 Bärmann/Pick/*Merle*, § 25 WEG Rz. 78; Staudinger/*Bub*, § 23 WEG Rz. 35.
6 Jennißen/*Elzer*, vor §§ 23–25 WEG Rz. 156.

bb) Mangelhafte Beschlussfassungen

106 Stimmen bei einem gegenständlich beschränkten Stimmrecht alle Wohnungseigentümer ab, so ist der Beschluss lediglich **anfechtbar**, sofern der Mangel für die Beschlussfassung kausal geworden ist, was etwa dann nicht der Fall ist, wenn bei einem Positivbeschluss dieser auch allein mit den Stimmen der stimmberechtigten Wohnungseigentümer zu Stande gekommen wäre.

Sind hingegen sämtliche Wohnungseigentümer stimmberechtigt, erfolgt die Beschlussfassung jedoch wegen eines vermeintlich bestehenden gegenständlich beschränkten Stimmrechtes in einer Teilversammlung, so ist der Beschluss **nichtig**, da die Entscheidung eines unzuständigen Organs vorliegt[1]. Er ist hingegen nur anfechtbar, wenn auf einer gemeinsamen Eigentümerversammlung wegen der Fehleinschätzung die vermeintlich nichtbetroffenen Wohnungseigentümer an der Abstimmung nicht teilgenommen haben[2] oder alle abgestimmt haben[3].

Bestand ein gegenständlich beschränktes Stimmrecht, so können **nur die betroffenen Wohnungseigentümer** den Beschluss **anfechten**. Eine Klage eines nicht betroffenen Wohnungseigentümers gemäß § 43 Nr. 4 WEG wäre mangels Rechtsschutzbedürfnisses unzulässig[4].

III. Teilnahmerecht und Stimmrecht

1. Teilnahmerecht an der Eigentümerversammlung

107 Der Kreis, der zur Anwesenheit in der Versammlung berechtigten, korrespondiert nicht mit denjenigen, die zur Ausübung eines Stimmrechts in der Versammlung berechtigt sind. Darüber hinaus besteht ein funktionaler Zusammenhang mit dem Beschlussanfechtungsrecht, denn anderenfalls könnte ein rechtmäßiges Zustandekommen der Beschlüsse nicht überwacht werden[5]. Aber es gibt noch weitere Gründe, die es gebieten, jemanden zur Teilnahme in der Eigentümerversammlung zuzulassen.

108 **Inhaltlich** umfasst das Teilnahmerecht grundsätzlich neben dem Anwesenheits- (passive Teilnahme) auch ein Rederecht (aktive Teilnahme).

---

1 OLG Schleswig, Beschl. v. 8. 3. 2000 – 2 W 57/99, WuM 2000, 370; OLG München, Beschl. v. 13. 12. 2006 – 34 Wx 109/06, WuM 2007, 34.
2 OLG Hamm, Beschl. v. 2. 11. 1989 – 15 W 520/88, WE 1990, 99; Weitnauer/*Lüke*, § 23 WEG Rz. 10.
3 BayObLG, Beschl. v. 30. 10. 1990 – BReg 2 Z 107/90, WE 1992, 26.
4 BayObLG, Beschl. v. 25. 7. 1984 – 2 Z BR 57/84, DNotZ 1985, 414.
5 Bärmann/Pick/*Merle*, § 24 WEG Rz. 57.

a) Wohnungseigentümer

Jeder Wohnungseigentümer, auch der nicht im Grundbuch Eingetragene (Rz. 75), hat ein Recht auf Teilnahme in der Versammlung[1]. Dies gilt auch für Wohnungseigentümer, die nicht stimmberechtigt sind[2]; denn auch sie behalten im Übrigen ihre Mitwirkungsrechte (Rz. 191).

109

Steht das **Wohnungseigentumsrecht einer Personenmehrheit** (Rz. 144) zu, sind sämtliche Mitwohnungseigentümer teilnahmeberechtigt, da sie ihr Stimmrecht nur einheitlich im Sinne von § 25 Abs. 2 Satz 2 WEG ausüben können[3].

110

Das Teilnahmerecht des Wohnungseigentümers an der Eigentümerversammlung gehört ebenso wie das Stimmrecht (Rz. 128) zum unabdingbaren Kernbereich des Wohnungseigentumsrechts und darf daher durch **Vereinbarungen** zwar näher geregelt werden, jedoch nicht substantiell entzogen werden[4].

111

Beispiel:
Eine Vereinbarung bzw. Regelung in der Gemeinschaftsordnung, die bei einem näher bestimmten Wohngeldrückstand neben dem Stimmrecht auch das Teilnahmerecht an der Versammlung entzieht, ist unzulässig[5].

In besonderen Ausnahmefällen kann das Teilnahmerecht auch durch **Geschäftsordnungsmaßnahmen** des Versammlungsleiters beschränkt werden (Rz. 281).

b) Dritte Personen

Dritte Personen sind **grundsätzlich nicht zur Teilnahme berechtigt**. Die Versammlung der Wohnungseigentümer ist nämlich nicht öffentlich[6]. Hierdurch sollen die Wohnungseigentümer zum einen in die Lage versetzt werden, Angelegenheiten der Gemeinschaft in Ruhe und ohne Einflussnahme Außenstehender zu erörtern[7] und zum anderen sollen ihre Angelegenheiten nicht nach außen getragen werden. Einer Teilnahme

112

---

1 Bärmann/Pick/*Merle*, § 24 WEG Rz. 54; Palandt/*Bassenge*, § 24 WEG Rz. 15.
2 BayObLG, Beschl. v. 31. 1. 1992 – 2 Z BR 143/91, NJW 1993, 603; Bärmann/Pick/ *Merle*, § 24 WEG Rz. 58; Palandt/*Bassenge*, § 24 WEG Rz. 15.
3 Bärmann/Pick/*Merle*, § 24 WEG Rz. 62.
4 Bärmann/Pick/*Merle*, § 24 WEG Rz. 59; Staudinger/*Bub*, § 23 WEG Rz. 19.
5 LG Stralsund, Beschl. v. 12. 5. 2004 – 2 T 516/03, NJW-RR 2005, 313; Bärmann/ Pick/*Merle*, § 24 WEG Rz. 59; a.A. LG München, Beschl. v. 13. 7. 1978 – 1 T 8163/78, Rpfleger 1978, 381.
6 BGH, Beschl. v. 29. 1. 1993 – V ZB 24/92, BGHZ 121, 236 = NJW 1993, 1329 = ZMR 1993, 287; BayObLG, Beschl. v. 10. 4. 1997 – 2 Z BR 125/96, WuM 1997, 568; Palandt/*Bassenge*, § 24 WEG Rz. 14.
7 BGH, Beschl. v. 11. 11. 1986 – V ZB 1/86, BGHZ 99, 90 = NJW 1987, 650; OLG Hamm, Beschl. v. 13. 10. 1989 – 15 W 314/89, OLGZ 1990, 57.

Dritter steht daher nichts entgegen, wenn diese Gefahr nicht besteht oder wenn besondere Umstände eine Ausnahme rechtfertigen.

aa) Stimmrechtsvertreter

113 Steht das Wohnungseigentumsrecht einer juristischen Person, einer rechtsfähigen Personengesellschaft oder einer nicht voll geschäftsfähigen natürlichen Person zu, so ist der **gesetzliche Vertreter** zur Teilnahme an der Versammlung berechtigt[1]. Es dürfen aber nur so viele Vertreter an der Versammlung teilnehmen, wie zur wirksamen Vertretung erforderlich ist. Dies bedeutet, dass bei Einzelvertretung (z. B. § 1629 Abs. 1 Satz 3 BGB) das Teilnahmerecht bereits mit der Teilnahme eines Vertreters verbraucht ist, bei Gesamtvertretung (z. B. Eltern gemäß § 1629 Abs. 1 Satz 2 BGB) sind hingegen alle Gesamtvertreter teilnahmeberechtigt[2].

114 Ebenso teilnahmeberechtigt sind alle diejenigen, die zur Ausübung des Stimmrechts **rechtsgeschäftlich** zulässigerweise ermächtigt bzw. bevollmächtigt worden sind (Rz. 145 ff.)[3]. Die gleichzeitige Teilnahme des Vollmachtgebers ist dann aber nicht mehr zulässig[4]. Bei einer Vereinbarung, die den Kreis der zulässigen Bevollmächtigten beschränkt (Rz. 163 ff.), ist jedoch ein Bevollmächtigter, der nicht zu dem bezeichneten Personenkreis gehört, grundsätzlich nicht teilnahmeberechtigt.

bb) Erwerber von Wohnungseigentum vor Vollendung des Rechtserwerbs

115 Kein Teilnahmerecht hat bei einer in Vollzug gesetzten Eigentümergemeinschaft der **Erwerber eines bestehenden Eigentumsrechtes** bis zu seiner Eintragung im Wohnungsgrundbuch als neuer Eigentümer[5], es sei denn, er ist zur Ausübung des Stimmrechts und damit des Teilnahmerechts durch den Veräußerer ermächtigt worden (Rz. 130). *Merle* räumt diesem wegen des funktionalen Zusammenhangs von Teilnahme- und Beschlussanfechtungsrecht weitergehend sogar ein eigenes Teilnahmerecht ab dem Zeitpunkt ein, ab dem ein Antrag auf Eintragung des Erwerbes beim Grundbuchamt gestellt worden ist, da ab diesem Zeitpunkt eine Eintragung des Erwerbers vor Ablauf der Anfechtungsfrist möglich erscheint.

---

[1] Bärmann/Pick/*Merle*, § 24 WEG Rz. 74.
[2] Bärmann/Pick/*Merle*, § 24 WEG Rz. 64; Niedenführ/*Kümmel*/Vandenhouten, § 24 WEG Rz. 34.
[3] OLG Saarbrücken, Beschl. v. 28. 8. 2003 – 5 W 11/03-4, ZMR 2004, 67.
[4] Bärmann/Pick/*Merle*, § 24 WEG Rz. 75.
[5] BGH, Beschl. v. 1. 12. 1988 – V ZB 6/88, BGHZ 106, 113 = NJW 1989, 1087; OLG Hamm, Beschl. v. 13. 10. 1989 – 15 W 314/89, OLGZ 1990, 57; Bärmann/Pick/*Merle*, § 24 WEG Rz. 68; Staudinger/*Bub*, § 23 WEG Rz. 91a, § 25 WEG Rz. 104 ff.

Ein Teilnahmerecht haben aber die Mitglieder einer **werdenden Wohnungseigentümergemeinschaft**; denn sie haben ein eigenes Stimmrecht (Rz. 133). Der noch im Grundbuch eingetragene Veräußerer ist daneben nicht teilnahmeberechtigt, da er nicht mehr stimmberechtigt ist (Rz. 133).

116

cc) Verwaltungsbefugte

Dem verwaltungs- und verfügungsbefugten Insolvenz-, dem Nachlassverwalter und dem Testamentsvollstrecker steht unter Ausschluss des Wohnungseigentümers ein Teilnahmerecht an der Versammlung zu[1], da sie und nicht der Wohnungseigentümer stimmberechtigt sind (Rz. 135, 138). Auch dem Zwangsverwalter steht ein Teilnahmerecht zu; ob man daneben dem betroffenen Wohnungseigentümer weiterhin ein eigenes Teilnahmerecht zubilligt, hängt davon ab, ob man der Auffassung folgt, dass dem Wohnungseigentümer neben dem Zwangsverwalter ein Stimmrecht für bestimmte Beschlussgegenstände verbleibt[2] bzw. dem Wohnungseigentümer trotz fehlenden bzw. beschränkten Stimmrechtes ein Beschlussanfechtungsrecht verbleibt[3] (Rz. 136, 137).

117

dd) Dinglich Berechtigte

Grundpfandrechtsgläubiger, Nießbraucher, Dauerwohnberechtigte nach § 31 WEG und Wohnungsberechtigte nach § 1093 BGB sind nicht zur Teilnahme an der Versammlung berechtigt, da ihnen kein Stimmrecht zusteht (Rz. 139, 140).

118

ee) Verwalter

Der Verwalter hat kein mitgliedschaftliches Teilnahmerecht, wenn er nicht zugleich Wohnungseigentümer ist. Ihm steht jedoch ein **organschaftliches Teilnahmerecht** zu. Dies folgt zunächst aus seiner grundsätzlichen Stellung als Versammlungsvorsitzender gemäß § 24 Abs. 5 WEG[4]. Ist dieses Amt einem anderen übertragen (Rz. 226), folgt ein Teilnahmerecht aus seiner Berechtigung, gemäß § 43 Abs. 1 Nr. 4 WEG Beschlüsse der Wohnungseigentümer anzufechten[5]. Auch muss er bei der ihm nach § 27 Abs. 1 Nr. 1 WEG obliegenden Durchführung der Beschlüsse der Wohnungseigentümer wissen, welche Erwägungen und Absichten den Beschlüssen zu Grunde liegen. In diesen Fällen beschränkt sich sein Teilnahmerecht aber auf ein bloßes Anwesenheitsrecht.

119

---

1 Bärmann/Pick/*Merle* § 24 WEG Rz. 72.
2 Jennißen/*Elzer*, § 24 WEG Rz. 43; Niedenführ/*Kümmel*/Vandenhouten, § 24 WEG Rz. 27; Staudinger/*Bub*, § 24 WEG Rz. 57.
3 *Häublein*, ZfIR 2005, 337.
4 *Drasdo*, Rz. 137.
5 Bärmann/Pick/*Merle*, § 24 WEG Rz. 89; Staudinger/*Bub*, § 23 WEG Rz. 82.

Ein **früherer Verwalter** hat selbst dann kein Teilnahmerecht, wenn in der Versammlung Beschlüsse gefasst werden können, deren Ungültigerklärung er beantragen könnte[1].

ff) Nichtwohnungseigentümer als Verwaltungsbeiratsmitglied

120 Ein Verwaltungsbeiratsmitglied hat ebenfalls kein mitgliedschaftliches Teilnahmerecht, wenn es nicht zugleich Wohnungseigentümer ist. Ob dieser Person ein **organschaftliches Teilnahmerecht** zusteht, ist umstritten. Nach einer Auffassung[2] steht ihm kein derartiges Teilnahmerecht zu, weil die Eigentümerversammlung nicht öffentlich ist und die dem Beirat nach § 29 Abs. 2 und 3 WEG obliegenden Aufgaben auch außerhalb der Versammlung wahrgenommen werden können[3]. Die Wahl stelle zudem keine konkludente Zustimmung zur Teilnahme dar. Nach anderer – vorzugswürdiger – Auffassung[4] steht ihm ein Teilnahmerecht in dem Umfang zu, in dem der Aufgabenbereich des Verwaltungsbeirats betroffen ist. Dieser ergibt sich aus § 29 Abs. 2 und 3 WEG. Danach kommt dem Verwaltungsbeirat die Aufgabe zu, den Verwalter zu unterstützen und seine Tätigkeit in bestimmten Bereichen zu überwachen und zu kontrollieren. Hierzu gehören etwa die Stellungnahme zu Wirtschaftsplan und Jahresabrechnung ebenso wie die Information der Wohnungseigentümer über Beanstandungen hinsichtlich der Tätigkeit des Verwalters, etwa um seine Abberufung zu ermöglichen[5]. Ein generelles Teilnahmerecht folgt daraus für den Beiratsvorsitzenden bzw. dessen Vertreter, der die Niederschrift gemäß § 24 Abs. 6 Satz 2 WEG unterzeichnen muss. Anderenfalls könnte er nämlich zumutbar keine Verantwortung für die inhaltliche Richtigkeit und Vollständigkeit der Niederschrift übernehmen[6]. Schließlich muss er ein Teilnahmerecht haben, wenn er gemäß § 24 Abs. 3 WEG selbst der Einberufende der Versammlung ist.

gg) Beistände und Berater im Interesse Einzelner

121 Die aktive Beteiligung eines Beistandes in Form der Abgabe von eigenen Erklärungen und Antragstellungen ist grundsätzlich ebenso **ausgeschlossen** wie die bloß passive Beteiligung eines Beraters, es sei denn, die Beiziehung eines Beistandes ist in der **Gemeinschaftsordnung** ausdrücklich

---

1 OLG Hamm, Beschl. v. 15. 1. 1999 – 15 W 444/97, NZM 1999, 229.
2 BayObLG, Beschl. v. 28. 10. 1987 – 2 Z BR 124/87, WuM 1988, 32 ff.
3 BayObLG, Beschl. v. 28. 10. 1987 – BReg 2 Z 124/87, NJW-RR 1988, 270.
4 OLG Hamm, Beschl. v. 27. 9. 2006 – 15 W 98/06, ZMR 2007, 133 = FGPrax 2007, 71; Bärmann/Pick/*Merle*, § 24 WEG Rz. 43; Riecke/Schmid/*Abramenko*, § 29 WEG Rz. 31; Palandt/*Bassenge*, § 24 WEG Rz. 15; *Drasdo*, Rz. 136.
5 OLG Hamm, Beschl. v. 27. 9. 2006 – 15 W 98/06, ZMR 2007, 133 = FGPrax 2007, 71.
6 Bärmann/Pick/*Merle*, § 24 WEG Rz. 90; Staudinger/*Bub*, § 23 WEG Rz. 83.

zugelassen[1] oder **aus Treu und Glauben** ergibt sich ein Anspruch auf Beiziehung eines Beistandes bei Vorliegen berechtigter Interessen, die gewichtiger sind als das Interesse der übrigen Wohnungseigentümer an einer ungestörten Versammlung[2]. Für das Ergebnis ist eine **Abwägung der gegensätzlichen Belange** im Einzelfall vorzunehmen[3]. Dabei dürfte das Interesse der Wohnungseigentümer, von äußeren Einflüssen ungestört beraten und abstimmen zu können, bei kleineren Gemeinschaften höher zu veranschlagen sein. Bejaht man ein berechtigtes Interesse, erstreckt sich das Anwesenheitsrecht **nur** auf die **betroffenen Tagesordnungspunkte**.

Ein berechtigtes Interesse kann sich ergeben: 122

– **Aus beachtlichen persönlichen Gründen.** Diese dürften insbesondere dann gegeben sein, wenn ein Wohnungseigentümer z. B. wegen unzureichender Deutschkenntnisse[4], körperlicher Behinderung, hohen Alters oder geistiger Gebrechlichkeit[5] nicht mehr in der Lage ist, der Versammlung zu folgen.

⊃ **Hinweis:**

Die Befugnisse des Beistandes sind durch den Beistandsgrund beschränkt, d. h. der Dolmetscher darf nur innerhalb der Versammlung Gesprochenes oder schriftlich Vorgelegtes übertragen, nicht hingegen eigene Stellungnahmen abgeben.

– **Wegen der rechtlichen Schwierigkeit** der Angelegenheit[6]. Dies dürfte dann der Fall sein, wenn besondere Fachkenntnisse erforderlich sind oder wenn schwerwiegende Eingriffe in die Rechte des Wohnungseigentümers (z. B. § 18 WEG) bevorstehen[7].

⊃ **Hinweis:**

Die Kosten des Beistandes hat der begünstigte Wohnungseigentümer zu tragen[8].

---

1 BGH, Beschl. v. 29. 1. 1993 – V ZB 24/92, BGHZ 121, 236 = NJW 1993, 1329.
2 BGH, Beschl. v. 29. 1. 1993 – V ZB 24/92, BGHZ 121, 236 = NJW 1993, 1329; BayObLG, Beschl. v. 10. 4. 1997 – 2 Z BR 125/96, WuM 1997, 568; BayObLG, Beschl. v. 16. 5. 2002 – 2 Z BR 32/02, ZMR 2002, 844 = ZWE 2002, 463; OLG Düsseldorf, Beschl. v. 24. 5. 1995 – 3 Wx 17/95, NJW-RR 1995, 1294; OLG Karlsruhe, Beschl. v. 8. 11. 1996 – 11 W 121/95, WuM 1997, 242.
3 BGH, Beschl. v. 29. 1. 1993 – V ZB 24/92, BGHZ 121, 236 = NJW 1993, 1329 = ZMR 1993, 287.
4 AG Hamburg-Altona, Beschl. v. 27. 6. 2005 – 303 II 8/05b, ZMR 2005, 823.
5 BayObLG, Beschl. v. 16. 5. 2002 – 2 Z BR 32/02, ZMR 2002, 844 = ZWE 2002, 463.
6 BayObLG, Beschl. v. 10. 4. 1997 – 2 Z BR 125/96, WuM 1997, 568, 569 = WE 1997, 436 verneint besondere rechtliche Schwierigkeiten bei baulichen Veränderungen und Fragen des Gebrauchs des gemeinschaftlichen Eigentums.
7 Staudinger/*Bub*, § 25 WEG Rz. 47.
8 AG Hamburg-Altona, Beschl. v. 27. 6. 2005 – 303 II 8/05b, ZMR 2005, 823.

123 Von einem berechtigten Interesse ist daher grundsätzlich nicht auszugehen:

- In **Angelegenheiten der laufenden Verwaltung** (z. B. Beschlussfassung über Wirtschaftsplan und Jahresabrechnung), da man sich über diese vor der Versammlung anhand der mitgeteilten Tagesordnung, übersandter Abrechnungen und ggf. durch Einsichtnahme in die Verwaltungsunterlagen umfassend informieren, vorbereiten und ggf. fachkundig beraten lassen kann[1].

- Bei **Zerstrittenheit** der Gemeinschaft, auch wenn diese im Zusammenhang mit einem der Beratungsgegenstände steht[2].

- Bei demjenigen, der einen **Rechtsbeistand** hinzuziehen will. Ein solches Recht folgt auch nicht aus § 3 Abs. 3 BRAO. Denn das Recht, sich in Rechtsangelegenheiten aller Art durch einen Rechtsanwalt eigener Wahl beraten zu lassen, umfasst nicht die anwaltliche Beratung unmittelbar in Versammlungen, die nach der gesetzlichen Konzeption nicht öffentlich sind[3]. Auch vermögen Vorschriften der BRAO, die das Verhältnis des Anwalts zu seinem Mandanten regeln, nicht in die Rechte dritter Personen, hier der übrigen Wohnungseigentümer, einzugreifen[4]. Da es beim Grundsatz der Nichtöffentlichkeit zudem um die von außen unbeeinflusste Meinungsbildung geht, kommt es nicht entscheidend darauf an, dass der hinzugezogene Berater von Berufs wegen (§ 43a Abs. 2 BRAO) zur Verschwiegenheit verpflichtet ist[5].

124 Auch bei Vorliegen eines überwiegenden berechtigten Interesses kann die **Beiziehung** eines aktiven wie passiven Beistandes **durch Vereinbarung** bzw. eine Regelung in der Gemeinschaftsordnung – nicht hingegen durch einen generellen Mehrheitsbeschluss[6] – **ausgeschlossen** sein[7]. Eine Vereinbarung, die den Zutritt von Besuchern untersagt (sog. „Besucherklausel"), reicht hierfür indes nicht aus[8]. Für den Ausschluss eines aktiven Beistandes reicht eine Vertretungsbeschränkung (Rz. 163) aus[9]. Diese er-

---

1 BayObLG, Beschl. v. 16. 5. 2002, – 2 Z BR 32/02, ZMR 2002, 844 = ZWE 2002, 463.
2 BayObLG, Beschl. v. 10. 4. 1997 – 2 Z BR 125/96, WuM 1997, 568 (569) = WE 1997, 436; BayObLG, Beschl. v. 16. 5. 2002 – 2 Z BR 32/02, NZM 2002, 616.
3 BayObLG, Beschl. v. 16. 5. 2002 – 2 Z BR 32/02, ZMR 2002, 844 = ZWE 2002, 463.
4 *Drasdo*, Rz. 312.
5 BayObLG, Beschl. v. 16. 5. 2002 – 2 Z BR 32/02, ZMR 2002, 844 = ZWE 2002, 463; a. A. Bärmann/Pick/*Merle*, § 24 WEG Rz. 83; Staudinger/*Bub*, § 23 WEG Rz. 173.
6 OLG Düsseldorf, Beschl. v. 24. 5. 1995 – 3 Wx 17/95, NJW-RR 1995, 1294.
7 Palandt/*Bassenge*, § 24 WEG Rz. 15.
8 Staudinger/*Bub*, § 23 WEG Rz. 24; a. A. KG, Beschl. v. 27. 11. 1985 – 24 W 1856/85, OLGZ 1986, 51; Weitnauer/*Lüke*, § 23 WEG Rz. 5.
9 BGH, Beschl. v. 29. 1. 1993 – V ZB 24/92, BGHZ 121, 236 = NJW 1993, 1329.

fasst hingegen nicht einen passiven Beistand, der lediglich eine beratende Funktion ausübt und damit nicht aktiv auf die Willensbildung einwirkt[1].

hh) Vereinbarungen

Dritten kann die Teilnahme – wegen des Grundsatzes der Nichtöffentlichkeit (Rz. 112) durch Vereinbarung bzw. Regelung in der Gemeinschaftsordnung oder durch die **Zustimmung aller**, nicht nur der anwesenden und vertretenen, Wohnungseigentümer –, nicht aber durch das Votum des Verwalters/Versammlungsvorsitzenden gestattet werden[2]. Der Widerspruch nur eines Wohnungseigentümers oder einer sonstigen stimmberechtigten Person reicht im letztgenannten Fall aus, um von der Anwesenheit der dritten Person in der Versammlung abzusehen[3]. 125

⊃ **Hinweis:**
Wird die Teilnahme eines Dritten **rügelos geduldet**, ist es den anwesenden Eigentümern aus Gründen von Treu und Glauben verwehrt, sich zu einem späteren Zeitpunkt auf einen Verstoß gegen den Grundsatz der Nichtöffentlichkeit zu berufen[4].

Ausnahmsweise kann die Teilnahme jedoch durch eine Geschäftsordnungsmaßnahme des Versammlungsvorsitzenden bzw. einen Geschäftsordnungsbeschluss der Wohnungseigentümer gestattet werden[5], wenn im Einzelfall der Grundsatz der Nichtöffentlichkeit nicht entgegensteht. Dies gilt etwa in den Fällen, in denen **Berater**, wie z.B. Rechtsanwälte, Steuerberater, Ingenieure und Architekten, zur sachgerechten Information der Wohnungseigentümer und zur Förderung des Willensbildungsprozesses **im Interesse der Gesamtheit der Wohnungseigentümer** beitragen können[6], und zwar auch dann, wenn ein Wohnungseigentümer von Anfang an ihrer Anwesenheit widerspricht[7]. Ihr Anwesenheitsrecht beschränkt sich aber auf den Tagesordnungspunkt, der von der Beratung betroffen ist[8].

⊃ **Hinweis:**
Ein Beschluss der Eigentümerversammlung, durch den der Verwalter ohne inhaltliche Vorgaben ermächtigt wird, für die Rechtsberatung

---

1 BGH, Beschl. v. 29. 1. 1993 – V ZB 24/92, BGHZ 121, 236 = NJW 1993, 1329.
2 Niedenführ/*Kümmel*/Vandenhouten, § 24 WEG Rz. 43f.; *Drasdo*, Rz. 320.
3 KG, Beschl. v. 15. 9. 2000 – 24 W 3301/00, GE (Berlin), 2000, 1693; Bärmann/Pick/*Merle*, § 24 WEG Rz. 91; a.A. Palandt/*Bassenge*, § 24 WEG Rz. 15.
4 OLG Hamburg, Beschl. v. 11. 4. 2007 – 2 Wx 2/07, ZMR 2007, 551.
5 Staudinger/*Bub*, § 24 WEG Rz. 96.
6 BayObLG, Beschl. v. 19. 2. 2004 – 2 Z BR 212/03, ZMR 2004, 603 = NZM 2004, 388 = NJW-RR 2004, 1312; Staudinger/*Bub*, § 23 WEG Rz. 21; *Drasdo*, Rz. 313.
7 Offen gelassen vom BayObLG, Beschl. v. 19. 2. 2004 – 2 Z BR 212/03, ZMR 2004, 603 = NZM 2004, 388 = NJW-RR 2004, 1312.
8 *Drasdo*, Rz. 313.

der Gemeinschaft in der Eigentümerversammlung einen Rechtsanwalt zu beauftragen, entspricht auch in einer zerstrittenen Eigentümergemeinschaft nicht ordnungsmäßiger Verwaltung[1].

c) Zuwiderhandlungen

◯ **Hinweis:**

Für die Frage, ob einzelne Wohnungseigentümer anlässlich einer Eigentümerversammlung an der Ausübung wesentlicher Teilhaberechte – etwa ihres Rederechts – unzulässig gehindert wurden, sind nicht Ankündigungen des Verwalters in der Einladung (wie z. B.: „Fragen zu Abrechnungen sind vor der Versammlung mit der Verwaltung zu erörtern, auf der Versammlung werden ausschließlich Beschlüsse gefasst") maßgeblich, sondern der **tatsächliche Versammlungsablauf**[2].

126 Verbleibt eine nicht teilnahmeberechtigte Person im Versammlungsraum, sind die **Beschlüsse** zu den einzelnen Tagesordnungspunkten nicht nichtig, sondern **anfechtbar**. Voraussetzung einer erfolgreichen Anfechtung ist, dass die Beschlüsse auf dem Mangel beruhen[3], wofür eine widerlegbare Vermutung besteht (Rz. 30).

127 Wird eine teilnahmeberechtigte Person von der Teilnahme zu Unrecht ausgeschlossen, so steht dies einer Nichteinladung zur Versammlung gleich. Beschlüsse sind nicht nichtig, sondern **anfechtbar**. Voraussetzung einer erfolgreichen Anfechtung ist, dass die Beschlüsse auf dem Mangel beruhen[4], wofür eine widerlegbare Vermutung besteht (Rz. 30). Gleiches gilt, wenn eine teilnahmeberechtigte Person die Versammlung wegen eines unzulässigen Vorgangs gerechtfertigt verlässt[5].

Wird die Teilnahme eines Wohnungseigentümers an einer Versammlung **vorsätzlich verhindert**, sind die auf dieser Versammlung gefassten Beschlüsse nichtig[6].

---

1 OLG Hamm, Beschl. v. 28. 10. 2003 – 15 W 203/02, ZMR 2004, 699.
2 OLG Düsseldorf, Beschl. v. 20. 4. 2007 – 3 Wx 127/06, NZM 2007, 569.
3 KG, Beschl. v. 30. 4. 1997 – 24 W 5809/96, NJW-RR 97,1171; Palandt/*Bassenge*, § 24 WEG Rz. 16; a. A. Bärmann/Pick/*Merle*, § 24 WEG Rz. 94: bei Verstoß stets Anfechtbarkeit.
4 BayObLG, Beschl. v. 13. 9. 1990 – BReg 2 Z 100/90, NJW-RR 1991, 531; OLG Köln, Beschl. v. 18. 12. 2002 – 16 Wx 177/02, NZM 2003, 121; LG Saarbrücken, Beschl. v. 17. 12. 2002 – 5 T 187/01, ZMR 2003, 297; LG Düsseldorf, Beschl. v. 31. 8. 2004 – 25 T 885/03, ZMR 2005, 231.
5 OLG Köln, Beschl. v. 16. 8. 2000 – 16 Wx 87/00, NZM 2000, 1017.
6 OLG Köln, Beschl. v. 17. 12. 2004 – 16 Wx 191/04, NZM 2005, 149 = ZMR 2005, 809 (vgl. hierzu aber die a. A. von AG Kerpen, Beschl. v. 9. 5. 2005 – 15 II 3/05, ZMR 2005, 824); LG Stralsund, Beschl. v. 12. 5. 2004 – 2 T 516/03, NJW-RR 2005, 313.

⊃ **Hinweis:**
Der Beschluss über den Verbleib bzw. Nichtverbleib der Person selbst ist grundsätzlich **nicht anfechtbar**, da es sich um einen bloßen **Geschäftsordnungsbeschluss** handelt, es sei denn, der Ausschluss bezöge sich über die gegenwärtige Versammlung hinaus auch auf zukünftige Versammlungen[1].

In Zweifelsfällen kann eine **Feststellungsklage gemäß § 256 ZPO** auf Hinzuziehung eines Beistandes für eine oder alle zukünftigen Versammlungen gerechtfertigt sein[2].

2. Das Stimmrecht in der Eigentümerversammlung

a) Rechtsnatur des Stimmrechtes

Das Stimmrecht ist das **bedeutsamste Mitgliedschaftsrecht** und gehört zum unabdingbaren Kernbereich des Wohnungseigentums[3]. Als Ausfluss der Mitgliedschaft des Wohnungseigentümers in der Wohnungseigentümergemeinschaft[4] ermöglicht es jedem Wohnungseigentümer, an der Gestaltung der rechtlichen Beziehungen der Wohnungseigentümer untereinander und zu Dritten sowie an der Verwaltung des Wohnungseigentums mitzuwirken. 128

Hieraus folgt:

- Eine dauerhafte **Abspaltung** des Stimmrechtes vom Mitgliedschaftsrecht (= Wohnungseigentumsrecht) ist **unzulässig**, da dies die sich aus dem Wohnungseigentum ergebende Rechtsstellung aushöhlen und den auch im Wohnungseigentumsrecht geltenden Grundsatz des Gleichlaufs von Herrschaft und Haftung zuwiderlaufen würde[5]. Das Stimmrecht kann daher nicht ohne den Miteigentumsanteil auf Dritte übertragen werden. Auch ein dauerhafter **Verzicht** auf das Stimmrecht ist daher unzulässig, weil der Wohnungseigentümer damit auf seine Handlungsfähigkeit verzichten würde[6]. **Zulässig** ist hingegen die Bevollmächtigung oder Ermächtigung eines Dritten zur **Ausübung des Stimmrechts** (Rz. 131, 145 ff.).

- Das Stimmrecht genießt einen **besonderen Bestandsschutz** (Rz. 181 ff.).

---
1 BayObLG, Beschl. v. 16. 5. 2002, – 2 Z BR 32/02, ZWE 2002, 463; LG Saarbrücken, Beschl. v. 17. 12. 2002 – 5 T 187/01, ZMR 2003, 297; a. A. OLG Düsseldorf, Beschl. v. 24. 5. 1995 – 3 Wx 17/95, NJW-RR 1995, 1294; OLG Karlsruhe, Beschl. v. 15. 4. 1986 – 11 W 2/86, WuM 1986, 229.
2 BGH, Beschl. v. 29. 1. 1993 – V ZB 24/92, BGHZ 121, 236 = NJW 1993, 1329; Bärmann/Pick/*Merle*, § 24 WEG Rz. 95.
3 Staudinger/*Bub*, § 25 WEG Rz. 100.
4 BGH, Beschl. v. 1. 12. 1988 – V ZB 6/88, BGHZ 106, 113 = NJW 1989, 1087.
5 Staudinger/*Bub*, § 25 WEG Rz. 101.
6 Offengelassen von OLG Frankfurt/Main, Beschl. v. 24. 8. 2006 – 20 W 214/06 u. 215/06, NZM 2007, 806.

b) Stimmrechtsinhaber

aa) Wohnungseigentümer

129 Inhaber des Stimmrechtes ist gemäß § 25 Abs. 2 Satz 1 WEG der **materiell berechtigte Wohnungseigentümer**. Dieser ergibt sich regelmäßig aus dem **Wohnungsgrundbuch**, doch ist zu beachten, dass dieses unrichtig (geworden) sein kann, z.B. infolge Erbfalls, Zwangsversteigerung, Gesellschafterwechsel innerhalb einer nichtrechtsfähigen Personenvereinigung oder einer unwirksamen Auflassung (Rz. 75). Die noch im Grundbuch eingetragenen früheren Wohnungseigentümer (**Scheineigentümer**) haben kein Stimmrecht.

⊃ Hinweis:

Entsprechend § 891 Abs. 1 BGB gilt die **Vermutung**, dass die im Grundbuch eingetragene Person Stimmrechtsinhaber ist. Der wirkliche Eigentümer muss sich in diesen Fällen die Stimmabgabe des Scheineigentümers zurechnen lassen – und zwar sowohl dann, wenn der Beschluss eine Verfügung über das Wohnungseigentum beinhaltet (z.B. Einräumung eines Sondernutzungsrechtes durch allstimmigen Beschluss als Vereinbarung) als auch dann, wenn er ein bloßes Verpflichtungsgeschäft betrifft (§ 893 2. Fall BGB analog)[1] – es sei denn, es ist ein Widerspruch gemäß § 53 Abs. 1 Satz 1 GBO im Grundbuch eingetragen[2] oder der Versammlungsvorsitzende bzw. sämtliche Wohnungseigentümer haben positive Kenntnis von der Unrichtigkeit des Grundbuchs (§ 892 Abs. 1 Satz 1 BGB anlog)[3].

⊃ Hinweis:

Der Umstand, dass das Sondereigentum, dessen Herstellung noch möglich ist, noch nicht errichtet worden ist, steht der Stimmrechtsinhaberschaft grundsätzlich ebenso wenig entgegen[4] wie derjenige, dass ein **isolierter Miteigentumsanteil** entstanden ist[5].

129a Ob der **Gemeinschaft der Wohnungseigentümer** als teilrechtsfähigem Verband ein Stimmrecht zusteht, sofern man der Auffassung folgt, dass sie Wohnungseigentum erwerben und damit ein sog. „Insichmitglied"

---

[1] Bärmann/Pick/*Merle*, § 25 WEG Rz. 6; a.A. Staudinger/*Bub*, § 25 WEG Rz. 118: keine Zurechnung bei bloßen Verpflichtungsgeschäften.
[2] KG, Beschl. v. 17. 5. 1989 – 24 W 5147/88, WuM 1989, 425 = OLGZ 1989, 425.
[3] Bärmann/Pick/*Merle*, § 25 WEG Rz. 5,7; a.A. Staudinger/*Bub*, § 25 WEG Rz. 118.
[4] OLG Hamm, Beschl. v. 4. 7. 2005 – 15 W 256/04, ZMR 2006, 60 = NZM 2006, 142; OLG Frankfurt/Main, Beschl. v. 24. 8. 2006 – 20 W 214/06 u. 215/06, NZM 2007, 806; Niedenführ/Kümmel/*Vandenhouten*, § 3 WEG Rz. 12.
[5] OLG Frankfurt/Main, Beschl. v. 24. 8. 2006 – 20 W 214/06 u. 215/06, NZM 2007, 806; Niedenführ/Kümmel/*Vandenhouten*, § 3 WEG Rz. 37.

werden kann[1], ist gerichtlich ungeklärt. Dabei dürfte wohl von einem Ruhen des Stimmrechts auszugehen sein[2].

bb) Dritte Personen

(1) Erwerber von Wohnungseigentum vor Vollendung des Rechtserwerbs

Der **Erwerber eines bereits bestehenden Wohnungseigentumsrechtes** (sog. werdender Wohnungseigentümer) hat bis zum Zeitpunkt seiner Eintragung als Eigentümer im Grundbuch kein eigenes Stimmrecht, auch wenn bereits eine Auflassungsvormerkung zu seinen Gunsten im Grundbuch eingetragen ist und ein Besitz-, Lasten- und Nutzenwechsel stattgefunden hat[3].

130

Möglich – und in vielen **Erwerbsverträgen** ab dem Tag des Lasten- und Nutzenwechsels enthalten – ist aber eine Regelung zwischen dem Veräußerer und dem Erwerber, dass der Erwerber den Veräußerer zur Ausübung seines Stimmrechtes im eigenen Namen ermächtigt[4] oder im fremden Namen bevollmächtigt. Bei Fehlen einer derartigen Regelung wird man zugunsten eines durch eine Vormerkung abgesicherten Erwerbers sogar von einer konkludenten **Ermächtigung/Bevollmächtigung** ausgehen können, es sei denn, der Veräußerer hat sich die Ausübung des Stimmrechtes ausdrücklich vorbehalten[5]. Denn mit diesem Zeitpunkt dürfte der Veräußerer regelmäßig sein Interesse an der Stimmrechtsausübung verlieren[6]. Bei einem noch nicht durch Vormerkung gesicherten Erwerber sind an eine schlüssig erteilte Ermächtigung/Bevollmächtigung des Veräußerers hingegen höhere Anforderungen zu stellen[7].

131

⊃ **Hinweis:**
Der Versammlungsvorsitzende ist in diesen Fällen nur bei **konkreten Zweifeln** oder bei Beanstandung durch die Wohnungseigentümer verpflichtet, die Stimmrechtsermächtigung zu überprüfen[8].

---

1 *Häublein*, FS Seuß (2007), S. 125 (134, 138).
2 Jennißen/*Elzer*, § 25 WEG Rz. 23; *Häublein*, FS Seuß (2007), S. 125 (134, 138).
3 BGH, Beschl. v. 1. 12. 1988 – V ZB 6/88, BGHZ 106, 113 = NJW 1989, 1087; BayObLG, Beschl. v. 11. 4. 1990 – 2 Z BR 7/90, NJW 1990, 3216; KG, Beschl. v. 20. 7. 1994 – 24 W 3942/94, NJW-RR 1995, 147 = ZMR 1994, 524; OLG Frankfurt/Main, Beschl. v. 14. 4. 1992 – 20 W 202/91, NJW 1992, 1170; Bärmann/Pick/*Merle*, § 25 WEG Rz. 1; Palandt/*Bassenge*, vor § 1 WEG Rz. 10.
4 KG, Beschl. v. 20. 7. 1994 – 24 W 3942/94, NJW-RR 1995, 147 = ZMR 1994, 524.
5 KG, Beschl. v. 20. 7. 1994 – 24 W 3942/94, NJW-RR 1995, 147 = ZMR 1994, 524; MünchKomm/*Engelhardt*, § 25 WEG Rz. 4.
6 KG, Beschl. v. 20. 7. 1994 – 24 W 3942/94, NJW-RR 1995, 147 = ZMR 1994, 524; kritisch dazu *Drasdo*, Rz. 284 ff.
7 KG, Beschl. v. 18. 2. 2004 – 24 W 126/03, WuM 2004, 229 = NZM 2004, 511 = NJW-RR 2004, 878.
8 Bärmann/Pick/*Merle*, § 25 WEG Rz. 10.

132 Eine durch Vereinbarung bzw. in der Gemeinschaftsordnung geregelte **Vertretungsbeschränkung** (Rz. 163) ist in diesem Fall ohne Bedeutung, da der werdende Wohnungseigentümer der Gemeinschaft faktisch schon angehört[1].

⊃ **Hinweis:**
Ist der Veräußerer Inhaber mehrerer Wohnungseigentumsrechte und gilt das Kopfprinzip, so ist eine Ermächtigung/Bevollmächtigung zur Stimmrechtsausübung unzulässig, da sie nicht zu einer **Vermehrung der Stimmkraft** führen darf[2].

133 Die **Mitglieder einer werdenden Wohnungseigentümergemeinschaft** haben ein eigenes Stimmrecht[3].

Eine werdende Wohnungseigentümergemeinschaft besteht im Zeitraum zwischen einer Teilung nach § 8 WEG[4] mit Bildung einer tatsächlichen Gemeinschaft durch tatsächliche Inbesitznahme des Wohn-/Teileigentums[5] durch mindestens einen Erwerber, mit dem ein wirksamer, auf die Übereignung von Wohnungseigentum gerichteter Erwerbsvertrag abgeschlossen wurde und dessen Auflassungsanspruch im Grundbuch – gleich ob im bereits angelegten Wohnungsgrundbuch oder aber im Grundbuch des ungeteilten Grundstücks – durch eine Vormerkung gesichert ist[6], bis zur Eintragung des ersten Erwerbers im Grundbuch.

Diejenigen Erwerber, die diese Voraussetzungen erfüllen, sind Mitglieder der werdenden Wohnungseigentümergemeinschaft. Das Stadium der werdenden Wohnungseigentümergemeinschaft kann sich über viele Jahre erstrecken, so dass ein praktisches Bedürfnis für eine gemeinschaftliche Verwaltung entsteht. Der entsprechende Handlungsrahmen wird dabei durch die entsprechende Anwendung der §§ 21 ff. WEG geschaffen. Hieraus folgt im Sinne eines „entweder-oder", dass der **noch im Grund-**

---

1 Bärmann/Pick/*Merle*, § 25 WEG Rz. 61; Staudinger/*Bub*, § 25 WEG Rz. 39; Gottschalg, NZM 2005, 95.
2 KG, Beschl. v. 5. 2. 1988 – 24 W 3582/87, WE 1988, 91.
3 BGH, Beschl. v. 5. 6. 2008 – V ZB 85/07, MietRB 2008, 270; KG, Beschl. v. 8. 5. 1979 – 1 W 4151/87, Rpfleger 1979, 316; Palandt/*Bassenge*, Überbl. vor § 1 WEG Rz. 7; Bärmann/Pick/*Merle*, Einl. vor § 1 WEG Rz. 41.
4 Nicht hingegen durch Teilung gemäß § 3 WEG, Palandt/*Bassenge*, Rz. 7 vor § 1 WEG.
5 BayObLG (Beschl. v. 6. 2. 2003 – 2 ZBR 13/02, NJW-RR 2003, 876 = ZMR 2003, 517) verlangt jetzt auch tatsächliche Inbesitznahme durch Bewohner.
6 BGH, Beschl. v. 5. 6. 2008 – V ZB 85/07, MietRB 2008, 270; BayObLG, Beschl. v. 18. 7. 2001 – 2 Z BR 25/01, NZM 2001, 1131; OLG Düsseldorf, Beschl. v. 2. 2. 1998 – 3 Wx 345/97, NZM 1998, 517; OLG Zweibrücken, Beschl. v. 18. 12. 1998 – 3 W 17/98, FGPrax 1999, 50; OLG Hamm, Beschl. v. 19. 10. 1999 – 15 W 217/99, FGPrax 2000, 11; OLG Hamm, Beschl. v. 10. 5. 2007 – 15 W 428/06, ZMR 2007, 712; Bärmann/Pick/*Merle*, vor § 43 Rz. 5; Jennißen/*Grziwotz*, § 10 Rz. 95; Weitnauer/*Lüke*, nach § 10 Rz. 3.

buch eingetragene Veräußerer daneben nicht mehr stimmberechtigt ist[1]. Mit der Entstehung der Wohnungseigentümergemeinschaft durch Eintragung des ersten Erwerbers – neben dem Aufteilenden – im Grundbuch kommt dies hingegen für künftige Erwerber nicht mehr in Betracht[2]. Diejenigen Erwerber, die ein Stimmrecht bereits erworben hatten, geht dieses aber nicht mehr wieder verloren[3].

(2) Verwaltungsbefugte

Hier wird auf der Grundlage der Amtstheorie davon ausgegangen, dass der Verwaltungsbefugte das Stimmrecht als eigenes ausübt und damit Stimmrechtsinhaber ist. Geht man mit der Organtheorie davon aus, dass er es als gesetzlicher Vertreter ausübt, so führt dies zu keinen abweichenden Ergebnissen[4], denn auch dann kann nur der Verwaltungsbefugte das Stimmrecht ausüben und wird von Vertretungsbeschränkungen durch Vereinbarung oder Regelung in der Gemeinschaftsordnung nicht betroffen. 134

(a) Insolvenzverwalter

Ist ein Antrag auf Eröffnung eines Insolvenzverfahrens gestellt und gemäß § 21 Abs. 2 InsO ein vorläufiger Insolvenzverwalter bestellt sowie dem Schuldner ein allgemeines Verfügungsverbot auferlegt worden, so geht die Verwaltungs- und Verfügungsbefugnis gemäß § 22 Abs. 1 InsO auf den **vorläufigen Insolvenzverwalter** über. Mit der Eröffnung des Insolvenzverfahrens geht die Verwaltungs- und Verfügungsbefugnis gemäß § 80 Abs. 1 InsO auf den **(endgültigen) Insolvenzverwalter** über. In beiden Fällen steht das Stimmrecht allein dem Insolvenzverwalter zu[5]. 135

(b) Zwangsverwalter

Nach einer Auffassung ist **nur der Zwangsverwalter** stimmberechtigt, weil mit der Anordnung der Zwangsverwaltung alle Verwaltungsrechte auf ihn übergehen (§ 152 Abs. 1 ZVG)[6]. 136

---

1 OLG Hamm, Beschl. v. 10. 5. 2007 – 15 W 428/06, ZMR 2007, 712, a.A. *Elzer*, ZMR 2007, 714; Riecke/Schmid/*Riecke*, § 25 WEG Rz. 5, 6: beschränkt auf die Geltung des Kopfprinzips.
2 Staudinger/*Bub*, § 25 WEG Rz. 116.
3 BayObLG, Beschl. v. 11. 4. 1990 – BReg 2 Z 7/90, BayObLGZ 1990, 101; OLG Köln, Beschl. v. 30. 11. 2005 – 16 Wx 193/05, NJW-RR 2006, 445 = FGPrax 2006, 60 = ZMR 2006, 383; Staudinger/*Bub*, § 25 WEG Rz. 116.
4 *Lotz-Störmer*, Stimmrechtsausübung und Stimmrechtsbeschränkung im Wohnnungseigentumsrecht, 1993, S. 58, 59.
5 KG, Beschl. v. 24. 10. 1988 – 24 W 896/88, WE 1989, 28.
6 OLG Hamm, Beschl. v. 23. 1. 1987 – 15 W 429 u. 434/86, DWE 1987, 54; OLG Karlsruhe, Beschl. v. 11. 1. 1990 – 11 W 167/89, DWE 1990, 106; Bärmann/Pick/*Merle*, § 25 WEG Rz. 23; Palandt/*Bassenge*, § 25 WEG Rz. 2; Staudinger/*Bub*, § 25 WEG Rz. 140; *Bornemann*, Das Stimmrecht im Wohnungseigentumsrecht, 1993, S. 181.

Nach anderer Auffassung[1] **hängt** das Stimmrecht **vom Gegenstand der Beschlussfassung ab**, da bestimmte Beschlussgegenstände nicht in den Aufgabenbereich des Zwangsverwalters fallen, der nur für die wirtschaftliche Verwertung des Objektes zu sorgen hat. Soweit es sich um Beschlussgegenstände handele, die die Substanz des Gebäudes (z. B. bauliche Veränderungen) oder das Grundverhältnis (z. B. Änderung der Gemeinschaftsordnung) betreffen, verbleibe das Stimmrecht daher beim Eigentümer, sofern die Entscheidung die Zwangsverwaltungsmasse nicht belaste. Betreffen hingegen die Beschlussgegenstände den Aufgabenbereich des Zwangsverwalters, so liege das Stimmrecht beim Zwangsverwalter, wofür eine Vermutung bestehe[2].

137 Die erstgenannte Ansicht ist **vorzugswürdig**, denn die Aufspaltung des Stimmrechts nach Beschlussgegenständen steht dem vom BGH statuierten Grundsatz[3] entgegen, dass dieses schon aus praktischen Erwägungen an eher formale Kriterien geknüpft werden muss. Dem Wohnungseigentümer verbleibt trotz fehlenden Stimmrechts ein Beschlussanfechtungsrecht[4]. Der Verwalter hat daher sowohl den Wohnungseigentümer selbst als auch den Zwangsverwalter zur Versammlung zu laden (Rz. 78).

⊃ **Hinweis:**
Steht nur ein Teil der Wohnungen unter Zwangsverwaltung und gilt das **Kopfprinzip**, so sind Eigentümer und Zwangsverwalter nach § 25 Abs. 2 Satz 2 WEG nur gemeinsam stimmberechtigt[5]. Ist ein Zwangsverwalter für mehrere Personen eingesetzt, so steht ihm für jede Person ein Stimmrecht zu, solange er sämtliche Wohneinheiten der Personen vertritt[6].

(c) Nachlassverwalter, Testamentsvollstrecker

138 Ihnen obliegt die Verwaltung des Nachlasses (§§ 1984, 2205 BGB), sodass sie an Stelle des Erben stimmberechtigt sind[7].

---

[1] OLG Hamm, Beschl. v. 3. 5. 1990 – 15 W 8/90, WuM 1991, 218; *Drasdo*, ZWE 2006, 68.
[2] BayObLG, Beschl. v. 5. 11. 1998 – 2 Z BR 131/98, BayObLGZ 1998, 288; KG, Beschl. v. 14. 3. 1990 – 24 W 4243/89, WE 1990, 206 = WuM 1990, 324; Riecke/Schmid/*Riecke*, § 25 WEG Rz. 11; *Häublein*, ZfIR 2005, 337.
[3] BGH, Beschl. v. 1. 12. 1988 – V ZB 6/88, BGHZ 106, 113 = NJW 1989, 1087.
[4] *Häublein*, ZfIR 2005, 337.
[5] Palandt/*Bassenge*, § 25 WEG Rz. 6; Staudinger/*Bub*, § 25 WEG Rz. 141; zweifelnd *Häublein*, ZfIR 2005, 337; a.A. Niedenführ/*Kümmel*/Vandenhouten, § 25 WEG Rz. 4: Stimmrechtsvermehrung.
[6] KG, Beschl. v. 19. 7. 2004 – 24 W 322/02, NZM 2004, 878 = WuM 2004, 625.
[7] Palandt/*Bassenge*, § 25 WEG Rz. 2; Staudinger/*Bub*, § 25 WEG Rz. 144 (145).

cc) Dinglich Berechtigte

Ist einem Dritten der **Nießbrauch** an einem Wohnungseigentumsrecht eingeräumt, so behält der Wohnungseigentümer das alleinige Stimmrecht, da das Stimmrecht ein nicht übertragbarer und nicht abspaltbarer wesentlicher Bestandteil des Wohnungseigentums ist[1]. 139

Wohnungsberechtigte im Sinne von § 1093 BGB[2] und **Dauerwohnrechtsberechtigte** im Sinne von § 31 WEG sind aus den gleichen Erwägungen wie Nießbrauchsberechtigte in der Eigentümerversammlung nicht stimmberechtigt[3]. 140

c) Ausübung des Stimmrechts

aa) Stimmabgabe

Das Stimmrecht wird durch einseitige, empfangsbedürftige, gegenüber den übrigen anwesenden Wohnungseigentümern abzugebene Willenserklärung (=Stimmabgabe) ausgeübt[4], wobei der Versammlungsvorsitzende nur Vertreter der Wohnungseigentümer ist[5]. Sie ist als Grundlage der Beschlussfassung auf die Herbeiführung einer Entscheidung der Wohnungseigentümer, einen Beschlussantrag anzunehmen oder abzulehnen, gerichtet[6]. 141

⊃ Hinweis:
Zur Erforschung des mutmaßlichen Willens der Wohnungseigentümergemeinschaft sind **Probeabstimmungen** zulässig[7]. Den Wohnungseigentümern fehlt in diesem Falle der für die Abgabe der Stimme erforderliche Rechtsfolgewillen, sodass kein Beschluss zu Stande kommt[8]. Bei Zweifeln ist durch Auslegung der tatsächliche Wille der anwesenden Wohnungseigentümer festzustellen. Hierbei ist auf den objektiven Erklärungswert der Abstimmung abzustellen, wobei aus der Niederschrift sich ergebene Umstände für die Auslegung herangezogen werden können. Eine Probeabstimmung sollte daher in der Niederschrift deutlich vermerkt werden.

Als Willenserklärung unterliegt die Stimmabgabe in der Eigentümerversammlung den **allgemeinen Regeln für Willenserklärungen**. So gelten ne- 142

---

1 BGH, Beschl. v. 7. 3. 2002 – V ZB 24/01, BGHZ 150, 109 = NJW 2002, 1647 = NZM 2002, 450 = ZWE 2002, 260.
2 OLG Hamburg, Beschl. v. 12. 5. 2003 – 2 Wx 1/01, ZMR 2003, 701.
3 Palandt/*Bassenge*, § 25 WEG Rz. 2; Staudinger/*Bub*, § 25 WEG Rz. 135,136; vgl. auch *Schießer*, ZMR 2004, 5; a.A. BGH, Urt. v. 26. 11. 1976 – V ZR 258/74, BNotZ 1978, 157 für Gebrauchsregelung.
4 BayObLG, Beschl. v. 2. 8. 2001 – 2 Z BR 144/00, NJW-RR 2002, 71.
5 *Bub*, ZWE 2000, 337.
6 BayObLG, Beschl. v. 16. 3. 2000 – 2 Z BR 168/99, ZWE 2000, 469.
7 LG Stuttgart, Beschl. v. 22. 11. 1999 – 2 T 458/90, WuM 1991, 213.
8 Bärmann/Pick/*Merle*, § 23 WEG Rz. 28.

ben den Vorschriften über das Wirksamwerden, die Geschäftsfähigkeit[1] und Sittenwidrigkeit[2] auch diejenigen über die Anfechtbarkeit[3]. Für den Anfechtungsgrund, der sich aus den §§ 119, 123 BGB ergeben kann, ist ein Irrtum über den Erklärungsinhalt erforderlich, wobei auf den Wissensstand jedes einzelnen Wohnungseigentümers abzustellen ist. Ein Rechtsfolgenirrtum berechtigt auch hier nicht zu einer Anfechtung[4]. Die Anfechtung hat innerhalb der Frist der §§ 121 Abs. 1, 124 Abs. 1 BGB gegenüber den anderen Wohnungseigentümern zu erfolgen, nicht hingegen gegenüber dem Verwalter oder dem Versammlungsvorsitzenden, da diese nicht die Empfänger der Willenserklärung sind[5]. Dies muss aber nicht ausschließlich durch Erklärung (gegebenenfalls durch Übersendung der Anfechtungserklärung) gegenüber den einzelnen Wohnungseigentümern geschehen, sondern kann auch gegenüber dem Verwalter erfolgen, der insoweit gemäß § 27 Abs. 2 Nr. 1 WEG als Empfangsvertreter für die Wohnungseigentümer auftritt[6]. Mit der wirksamen Anfechtung ist die Stimmabgabe nicht mehr existent. Der auf ihr beruhende Beschluss verliert jedoch nur dann seine Wirkung, wenn er im gerichtlichen Verfahren nach § 43 Abs. 1 Nr. 4 WEG für ungültig erklärt worden ist und die Stimmabgabe kausal für das Stimmergebnis gewesen ist. Ist die Anfechtungsfrist des § 23 Abs. 4 Satz 2 WEG bereits abgelaufen, bleibt der Beschluss trotz wirksamer Anfechtung bestandskräftig.

143 Stehen einem Wohnungseigentümer **mehrere Stimmrechte** zu (z.B. wenn ihm bei Geltung des Objektprinzips mehrere Wohnungseigentumsrechte gehören), so muss er diese **einheitlich** ausüben, d.h. er darf nicht teilweise mit „Ja" und teilweise mit „Nein" abstimmen; anderenfalls sind sämtliche von ihm abgegebene Stimmen unwirksam[7]. Übt ein Wohnungseigentümer hingegen sein eigenes Stimmrecht aus und/oder vertritt er andere Wohnungseigentümer bei der Stimmabgabe, so darf er – insbesondere bei Weisungen – unterschiedlich abstimmen[8].

144 Steht Wohnungseigentum im **Eigentum mehrerer Personen in nicht rechtsfähiger Personenmehrheit** (Miteigentümergemeinschaften [z.B. Ehegatten], Gesamthandsgemeinschaften [z.B. Erbengemeinschaften], nicht rechtfähiger Verein[9]), so können sie das ihnen gemeinschaftlich zu-

---

1 OLG Stuttgart, Beschl. v. 22. 4. 1985 – 8 W 68/85, OLGZ 1985, 259.
2 BayObLG, Beschl. v. 25. 3. 1998 – 2 Z BR 152/97, WE 1999, 149.
3 BayObLG, Beschl. v. 16. 3. 2000 – 2 Z BR 168/99, ZWE 2000, 469; BayObLG, Beschl. v. 2. 8. 2001 – 2 Z BR 144/00, NJW 2002, 71.
4 Staudinger/*Bub*, § 25 WEG Rz. 95; vgl. auch Palandt/*Heinrichs*, § 119 BGB Rz. 15.
5 *Bub*, ZWE 2000, 337; *Drasdo*, Rz. 596.
6 *Bub*, ZWE 2000, 337; wohl übersehen von *Drasdo*, Rz. 596.
7 Bärmann/Pick/*Merle*, § 25 WEG Rz. 69; *Bornheimer*, Das Stimmrecht im Wohnungseigentumsrecht, 1993, S. 136; a.A. Staudinger/*Bub*, § 25 WEG Rz. 212.
8 Bärmann/Pick/*Merle*, § 25 WEG Rz. 69; Staudinger/*Bub*, § 25 WEG Rz. 211.
9 Staudinger/*Bub*, § 25 WEG Rz. 164 unter Hinweis auf § 54 Satz 1 BGB; a.A. Bärmann/Pick/*Merle*, § 25 WEG Rz. 43.

stehende Stimmrecht gemäß § 25 Abs. 2 Satz 2 WEG nur **einheitlich** ausüben[1].

⊃ **Hinweis:**
Auf rechtsfähige Personengesellschaften (Außen-GbR, oHG, KG) findet § 25 Abs. 2 Satz 2 WEG hingegen keine Anwendung[2].

Sind die Mitglieder der Personenmehrheit nicht einer Auffassung, müssen sie sich auf der Grundlage der in ihrem **Innenverhältnis geltenden Vereinbarungen** einigen[3]. Damit kann dies in der Miteigentümergemeinschaft durch Mehrheitsbeschluss (§ 745 BGB) erfolgen, bei Gesamthandsgemeinschaften ist hingegen grundsätzlich Einstimmigkeit erforderlich. Eine uneinheitlich abgegebene Stimme ist **unwirksam** und wie eine Stimmenthaltung zu werten[4].

bb) Stimmrechtsvertretung

Die nachstehenden Ausführungen gelten entsprechend bei einer Ermächtigung zur Stimmrechtsausübung im eigenen Namen.

(1) Rechtsgeschäftliche Vertretung

Grundsätzlich kann sich jeder Stimmberechtigte bei der Stimmabgabe in der Eigentümerversammlung durch einen **Bevollmächtigten** vertreten lassen, mithin das Stimmrecht durch eine andere Person ausüben lassen[5]. Die Entsendung eines **Stimmrechtsboten** ist hingegen unzulässig, da die Willensbildung in der Eigentümerversammlung stattfinden soll. Möglich ist es aber, einem Vertreter Weisungen zu erteilen[6].

⊃ **Hinweis:**
Ein **Beschlussmangel** liegt weder dann vor, wenn der Vertreter von seinem Stimmrecht keinen Gebrauch macht[7] noch wenn er weisungswidrig abstimmt[8].

---

1 Bärmann/Pick/*Merle*, § 25 WEG Rz. 42; Palandt/*Bassenge*, § 25 WEG Rz. 6.
2 Bärmann/Pick/*Merle*, § 25 WEG Rz. 43; Staudinger/*Bub*, § 25 WEG Rz. 164.
3 BayObLG, Beschl. v. 30. 3. 1990 – 2 Z BR 22/90, WuM 1990, 322; Palandt/*Bassenge*, § 25 WEG Rz. 6.
4 OLG Köln, Beschl. v. 20. 1. 1986 – 16 Wx 111/85, NJW-RR 1986, 698; Bärmann/Pick/*Merle*, § 25 WEG Rz. 48; Palandt/*Bassenge*, § 25 WEG Rz. 6.
5 BGH, Beschl. v. 11. 11. 1986 – V ZB 1/86, BGHZ 99,90; BayObLG, Beschl. v. 7. 7. 1881 – BReg 2 Z 54/80, BayObLGZ 1981, 220 = MDR 1982, 58; KG, Beschl. v. 8. 5. 1979 – 1 W 4151/78, OLGZ 79, 290 = Rpfleger 1979, 316; OLG Düsseldorf, Beschl. v. 24. 5. 1995 – 3 Wx 17/95, NJW-RR 1995, 1294.
6 Bärmann/Pick/*Merle*, § 25 WEG Rz. 65; Staudinger/*Bub*, § 25 WEG Rz. 177.
7 KG, Beschl. v. 8. 1. 1997 – 24 W 4957/96, NJW-RR 1997, 776; Staudinger/*Bub*, § 25 WEG Rz. 175.
8 KG, Beschl. v. 8. 4. 1998 – 24 W 1012/97, NJW-RR 1998, 1385; Palandt/*Bassenge*, § 25 WEG Rz. 3.

145a Die Stimmabgabe durch einen **Vertreter ohne Vertretungsmacht** ist gemäß § 180 Satz 1 BGB unzulässig[1]. Eine Heilung dieses Mangels durch Genehmigung im Sinne der §§ 177–179 BGB kommt aber gemäß § 180 Satz 2 BGB dann in Betracht, wenn der Versammlungsvorsitzende die Stimmabgabe nicht entsprechend § 174 BGB zurückgewiesen hat oder wenn er sich in Kenntnis der fehlenden Vertretungsmacht mit der Stimmabgabe einverstanden erklärt hat[2]

146 Die **Person des Vertreters** kann der Wohnungseigentümer – vorbehaltlich einer abweichenden Vereinbarung oder Regelung in der Gemeinschaftsordnung (Rz. 163) – frei wählen. Ist der Vertreter jedoch ungeeignet, etwa weil er als ehemaliger Wohnungseigentümer nach § 18 WEG ausgeschlossen wurde oder ihm als ehemaliger Verwalter aus wichtigem Grund gekündigt worden ist, stellt die Bevollmächtigung einen Verstoß gegen Treu und Glauben dar, der zur Unwirksamkeit der Vollmachtserteilung führt[3].

⊃ **Hinweis:**

Der Verwalter ist hingegen als Vertreter auch dann weder ungeeignet noch unterliegt er einem Stimmrechtsverbot gemäß § 25 Abs. 5 WEG, wenn es bei der Abstimmung um seine eigene Bestellung zum Verwalter geht[4].

147 Ein Vertreter kann auch mehrere Personen gleichzeitig vertreten (sog. **Gruppenvertretung**)[5]; zur Frage, ob eine einheitliche Stimmabgabe für alle Vertretenen notwendig ist, vgl. Rz. 143.

148 • **Form der Bevollmächtigung**

Für die Erteilung der Vollmacht gelten die §§ 164 ff. BGB, so dass sie grundsätzlich **formlos** erteilt werden kann[6].

Durch Vereinbarung oder Regelung in der Gemeinschaftsordnung kann aber **Schriftform** gemäß § 126 f. BGB vorgeschrieben werden. Ihr kommt grundsätzlich Beweisfunktion zu und nur in Ausnahmefällen wird man hierin eine Wirksamkeitsvoraussetzung sehen können[7].

---

1 BayObLG, Beschl. v. 23. 12. 2002 – 2 Z BR 93/02, FGPrax 2003, 67 = WuM 2003, 173 = ZMR 2003, 283; BayObLG, Beschl. v. 13. 3. 2003 – 2 Z BR 85/02, NZM 2003, 444 = WuM 2003, 410; OLG Karlsruhe, Beschl. v. 27. 5. 2002 – 14 Wx 91/01, ZMR 2003, 289.
2 Bärmann/Pick/*Merle*, § 25 WEG Rz. 52.
3 OLG Düsseldorf, Beschl. v. 19. 10. 1998 – 3 Wx 332/98, NZM 1999, 271.
4 OLG Hamburg, Beschl. v. 16. 7. 2001 – 2 Wx 116/00, ZWE 2002, 483; OLG Zweibrücken, Beschl. v. 11. 3. 2002 – 3 W 184/01, NZM 2002, 345; Bärmann/Pick/*Merle*, § 26 WEG Rz. 9.
5 Bärmann/Pick/*Merle*, § 25 WEG Rz. 55.
6 Staudinger/*Bub*, § 25 WEG Rz. 188.
7 OLG Hamm, Beschl. v. 8. 2. 1990 – 15 W 583/88, WE 1990, 104; OLG München, Beschl. v. 1. 12. 2005 – 32 Wx 93/05, NZM 2006, 183 = ZMR 2006, 231= NJW-RR 2006, 730; a. A. *Lehmann-Richter*, ZMR 2007, 741(746).

◯ **Hinweis:**
Die Übersendung eines Vollmachtsformulars, in das der Verwalter eingetragen werden und das dem Verwalter in seiner Eigenschaft als Versammlungsleiter zugesandt werden konnte, stellt ein verbindliches Angebot für einen Vollmachtsvertrag dar[1].

• **Nachweis der Bevollmächtigung** 149

Der Nachweis der Bevollmächtigung muss dabei auch dann, wenn kein Schriftformerfordernis vereinbart ist, **durch schriftliche Vollmachtsurkunde** geführt werden[2], es sei denn der Versammlungsleiter hat die Vollmachtserteilung selbst gehört[3]. Dies bedeutet, dass die Vollmachtsurkunde im Original oder als nach § 47 BeurkG erstellte Ausfertigung[4] vorzulegen ist. Auch eine Hinterlegung beim Verwalter reicht nicht aus, was auch für **Dauervollmachten** gilt[5]. Ablichtung[6] (auch nicht bei notarieller Beglaubigung), Telefax[7] und Telegramm[8] reichen wegen der fehlenden Originalunterschrift nicht aus. Der **Prokurist** weist seine Vollmacht gemäß § 53 Abs. 1 Satz 1 HGB durch einen Handelsregisterauszug nach, der nicht neuesten Datums sein muss[9]. Eine **Blankettvollmacht** kann noch von dem Empfänger in der Eigentümerversammlung ausgefüllt werden[10].

Der Versammlungsvorsitzende hat stets das Recht und nur bei Zweifeln die Pflicht, den Bestand der Vollmacht zu **überprüfen**[11]. Auch jeder berechtigte Versammlungsteilnehmer[12] ebenso wie der Verwaltungsbeirat[13] – dieser erst recht wegen seiner aus § 29 Abs. 2 und 3 WEG folgenden Unterstützungs- und Kontrollfunktion – hat das Recht, den Bestand der Vollmacht zu überprüfen. 150

---

1 *J.H. Schmidt*, ZMR 2008, 749; a.A. AG Merseburg, Urt. v. 25. 4. 2008 – 21 C 4/07, ZMR 2008, 747.
2 Bärmann/Pick/*Merle*, § 25 WEG Rz. 51.
3 OLG Hamburg, Beschl. v. 28. 1. 2005 – 2 Wx 44/04, NZM 2005, 395.
4 Palandt/*Bassenge*, § 25 WEG Rz. 3.
5 BayObLG, Beschl. v. 2. 2. 1984 – BReg 2 Z 63/83, BayObLGZ 1984, 15 = MDR 1984, 495; Staudinger/*Bub*, § 25 WEG Rz. 193.
6 BGH, Urt. v. 10. 2. 1994 – IX ZR 109/93, NJW 1994, 1472.
7 Vgl. BGH, Urt. v. 28. 1. 1993 – IX ZR 259/91, BGHZ 121, 224.
8 KG, Beschl. v. 12. 9. 1988 – 24 W 5597/87, DWE 1990, 38 (Ls).
9 BayObLG, Beschl. v. 2. 2. 1984 – BReg 2 Z 63/83, BayObLGZ 1984, 15 = MDR 1984, 495.
10 KG, Beschl. v. 6. 6. 1990 – 24 W 1227/90, OLGZ 1990, 421, 424; Staudinger/*Bub*, § 25 WEG Rz. 195.
11 BayObLG, Beschl. v. 31. 3. 1994 – 2 Z BR 16/94, ZMR 1994, 338 = NJW-RR 1994,1236.
12 BayObLG, Beschl. v. 27. 1. 1994 – 2 Z BR 88/93, WE 1995, 30; OLG München, Beschl. v. 11. 12. 2007 – 34 Wx 91/07, ZMR 2008, 236 = NJW-RR 2008, 245 = WuM 2008,53 = MietRB 2008, 77.
13 OLG München, Beschl. v. 31. 10. 2007 – 34 Wx 60/07, GE 2007, 1637= Info M 2008, 76 = ZMR 2008, 657.

⊃ **Hinweis:**
Die Bevollmächtigung sollte schon im Zusammenhang mit der Feststellung der Beschlussfähigkeit zu Beginn der Versammlung geprüft werden.

151 Kann ein **Nachweis nicht erbracht werden**, ist analog § 174 BGB eine unverzügliche **Zurückweisung** des Vertreters durch den Versammlungsvorsitzenden oder einen Versammlungsteilnehmer möglich[1]. Der Vertreter ist dann von der Stimmabgabe ausgeschlossen. Eine gegenteilige Handhabung bedingt die Anfechtbarkeit der gefassten Beschlüsse, falls sich die Stimme auf das Beschlussergebnis ausgewirkt hat[2]. Ein Nachreichen der Vollmacht scheidet ebenfalls aus. Ist die Zurückweisung zu Unrecht erfolgt, ist ein Beschluss anfechtbar und für ungültig zu erklären, wenn die Zurückweisung der Stimmabgabe für das Abstimmungsergebnis kausal geworden ist[3]. Die Zurückweisung selbst ist als Geschäftsordnungsmaßnahme nicht anfechtbar[4].

152 Erfolgt **keine Zurückweisung** durch den Versammlungsleiter oder einen anderen Versammlungsteilnehmer, ist die Stimmabgabe wirksam, sofern eine Vollmacht – auch mündlich[5] (anders nur, wenn Schriftform als Wirksamkeitsvoraussetzung ausgestaltet ist[6]) – tatsächlich erteilt worden war oder die vollmachtslose Stimmabgabe nachträglich genehmigt wird (§§ 180 Satz 2, 177 Abs. 1 BGB)[7].

153 • **Umfang und Dauer der Vollmacht**

Der **Umfang der Vollmacht** erstreckt sich grundsätzlich neben dem Recht zur Stimmabgabe auch auf das Rede- und Antragsrecht[8]. Sie kann sich auf mehrere Versammlungen erstrecken (sog. Dauervollmacht)[9],

---

1 A.A. *Lehmann-Richter*, ZMR 2007, 741 (743), wonach das Zurückweisungsrecht allein den Wohnungseigentümern zusteht, es sei denn der Verband hat dieses Recht durch Beschluss an sich gezogen.
2 OLG München, Beschl. v. 11. 12. 2007 – 34 Wx 91/07, ZMR 2008, 236 = NJW-RR 2008, 245 = WuM 2008, 53 = MietRB 2008, 77.
3 BayObLG, Beschl. v. 11. 4. 2001 – 2 Z BR 27/01, ZMR 2001, 826; BayObLG, Beschl. v. 30. 6. 2004 – 2 Z BR 58/04, NJW-RR 2004, 1604.
4 BayObLG, Beschl. v. 11. 4. 2001 – 2 Z BR 27/01, ZMR 2001, 826.
5 BayObLG, Beschl. v. 2. 2. 1984 – BReg 2 Z 63/83, BayObLGZ 1984, 15 = MDR 1984, 495; BayObLG, Beschl. v. 8. 6. 1990 – BReg 1b Z 18/89, WE 1991, 261; OLG Hamm, Beschl. v. 8. 2. 1990 – 15 W 583/88, WE 1990, 104.
6 OLG Hamm, Beschl. v. 8. 2. 1990 – 15 W 583/88, WE 1990, 104: in diesen Fällen ist die Stimmabgabe auch ohne Zurückweisung unwirksam.
7 BayObLG, Beschl. v. 7. 7. 1881 – BReg 2 Z 54/80, BayObLGZ 1981, 220 = MDR 1982, 58; OLG Düsseldorf, Beschl. v. 19. 4. 2005 – I-3 Wx 317/04, ZMR 2006, 56.
8 BGH, Beschl. v. 29. 1. 1993 – V ZB 24/92, BGHZ 121, 236; KG, Beschl. v. 4. 5. 1992 – 24 W 5476/91, WE 1992, 287.
9 OLG Köln, Beschl. v. 15. 10. 2003 – 16 Wx 137/03, ZMR 2004, 216; Bärmann/Pick/*Merle*, § 25 WEG Rz. 56.

aber auch nur für einzelne Tagesordnungspunkte erteilt werden. Die Vollmacht muss ihren Umfang zweifelsfrei erkennen lassen. Wird die Tagesordnung nach Erteilung der Vollmacht, die nur für eine bestimmte Versammlung erteilt worden ist, ergänzt, so ist eine ergänzte Vollmacht auszustellen[1].

Die Stimmrechtsvollmacht kann gemäß § 168 BGB jederzeit formfrei **widerrufen** werden[2]. Bei mehreren erteilten Vollmachten gilt die jeweils zeitlich letzte Vollmacht als Widerruf der früher erteilten Vollmacht[3]. Der Widerruf einer Dauervollmacht kann für eine bestimmte Eigentümerversammlung konkludent im Erteilen einer für diese Versammlung erteilten Spezialvollmacht liegen[4]. Das Verlangen des Stimmrechtsinhabers, das Stimmrecht selbst auszuüben, stellt einen Vollmachtswiderruf dar[5]. Eine **verdrängende Vollmacht** dergestalt, dass der Vollmachtgeber mit Erteilung der Vollmacht gleichzeitig auf die Ausübung seines Stimmrechts verzichtet, ist ebenso unzulässig[6] wie die unwiderrufliche Vollmachtserteilung[7]. 154

⊃ **Hinweis:**
Der Widerruf beseitigt nicht die **legitimierende Wirkung** einer Vollmachtsurkunde oder der Vollmachtserteilung durch Erklärung gegenüber den anderen Wohnungseigentümern oder dem Versammlungsleiter, §§ 170, 171 Abs. 2, § 172 Abs. 2 BGB. Die Vertretungsmacht besteht damit bis zu den gesetzlich genannten Zeitpunkten fort. Die Stimmrechtsabgabe durch den Vertreter, dessen Vollmacht widerrufen wurde, kann in diesen Fällen weiterhin wirksam erfolgen.

Der Widerruf als einseitig empfangsbedürftige Willenserklärung des Vollmachtgebers kann unabhängig davon, ob die Vollmacht als Außen- oder Innenvollmacht erteilt worden ist, sowohl dem Bevollmächtigten (Innenvollmacht) als auch dem Dritten (Außenvollmacht), demgegenüber sie besteht, erklärt werden, §§ 168 Satz 3, 167 Abs. 1 BGB. Dritte sind hier die Wohnungseigentümer. Der Widerruf geht ihnen auch dann wirksam zu, wenn er gegenüber der Verwalter erklärt wird, § 27 Abs. 2 Nr. 1 WEG. 154a

---

1 OLG Hamm, Beschl. v. 8. 12. 1992 – 15 W 218/91, NJW-RR 1993, 468; AG Neuss, Beschl. v. 10. 9. 1992 – 27 II 158/92 WEG, WuM 1994, 505.
2 KG, Beschl. v. 12. 9. 1988 – 24 W 5597/87, DWE 1990, 38 (Ls).
3 OLG Düsseldorf, Beschl. v. 5. 5. 2003 – 3 Wx 391/02, NZM 2003, 645 = ZMR 2003, 766 = NJW-RR 2003, 1313 = WuM 2003, 526; Staudinger/*Bub*, § 25 WEG Rz. 185.
4 OLG Hamburg, Beschl. v. 28. 1. 2005 – 2 Wx 44/04, ZMR 2005, 395.
5 Staudinger/*Bub*, § 25 WEG Rz. 186.
6 LG München I, Beschl. v. 13. 7. 1978 – 1 T 8163/78, Rpfleger 1978, 381; Palandt/*Bassenge*, § 25 WEG Rz. 3; Staudinger/*Bub*, § 25 WEG Rz. 202.
7 Staudinger/*Bub*, § 25 WEG Rz. 185; a.A. Bärmann/Pick/*Merle*, § 25 WEG Rz. 57, wenn es dem besonderem Interesse des Vertreters dient.

155 Dem Verwalter erteilte Dauervollmachten erlöschen mit Ablauf seiner Bestellungszeit[1]. Im Falle seiner Wiederbestellung ist jedoch von einer Fortdauer der Vollmacht auszugehen[2].

156 • **Automatisierte Bevollmächtigung**

Die h. M. hält eine Vereinbarung für zulässig, nach der mit der Ausübung des Stimmrechts automatisch der Verwalter bevollmächtigt ist, wenn ein Mitglied auf der Versammlung weder anwesend noch vertreten ist (automatisierte Bevollmächtigung)[3]. Da eine vertretungsregelnde Vereinbarung zwischen Wohnungseigentümern[4] und eine Regelung, nach der jede Versammlung unabhängig von der Anzahl der erschienenen oder vertretenen Eigentümer beschlussfähig ist[5], zulässig sind, muss dies auch für die automatisierte Bevollmächtigung gelten; denn diese bezweckt ebenfalls, dass Beschlussfähigkeit auch dann vorliegt, wenn nur ein Mitglied der Gemeinschaft anwesend ist. Demgegenüber vertritt das BayObLG die Auffassung, dass dem Wohnungseigentümer die Freiheit genommen werde, entweder an der Versammlung teilzunehmen oder sich vertreten zu lassen[6]. Dies vermag angesichts der obigen Erwägungen nicht zu überzeugen.

⊃ **Hinweis:**

Eine auf Grund einer automatisierten Bevollmächtigung erzielte Allstimmigkeit führt nicht dazu, dass mit der Zustimmung zu einem Beschlussvorschlag eine Vereinbarung zustande gekommen ist, denn das Vertretungsrecht ermächtigt nicht zum Abschluss eben solcher[7].

157 • **Untervollmacht**

Die Erteilung einer **Untervollmacht** ist wegen des höchstpersönlichen Charakters der Vollmacht grundsätzlich unzulässig, es sei denn, dass in der Vollmachtsurkunde eine derartige Gestattung ausdrücklich vorgesehen ist, die Gemeinschaftsordnung eine entsprechende Regelung enthält[8] oder sich aus anderen Umständen ergibt, dass der Vertretene ein er-

---

1 Staudinger/*Bub*, § 25 WEG Rz. 187.
2 OLG Zweibrücken, Beschl. v. 13. 6. 1986 – 3 W 98/86, ZMR 1986, 369.
3 OLG Frankfurt/Main, Beschl. v. 27. 9. 1985 – 20 W 426/84, OLGZ 1986, 45; OLG Düsseldorf, Beschl. v. 10. 4. 2000 – 3 Wx 425/99, ZfIR 2000, 557; Staudinger/*Bub*, § 25 WEG Rz. 54.
4 BGH, Beschl. v. 11. 11. 1986 – V ZB 1/86, BGHZ 99, 90 = NJW 1987, 650; BGH, Beschl. v. 29. 1. 1993 – V ZB 24/92, BGHZ 121, 236 = NJW 1993, 1329.
5 OLG Hamburg, Beschl. v. 9. 1. 1989 – 2 W 37/88, OLGZ 1989, 318.
6 BayObLG, Beschl. v. 24. 3. 1994 – 2 Z BR 28/94, WuM 1994, 403.
7 OLG Düsseldorf, Beschl. v. 10. 4. 2000 – 3 Wx 425/99, ZfIR 2000, 557.
8 OLG Zweibrücken, Beschl. v. 8. 11. 1990 – 2 W 109/90, WE 1991, 357.

kennbares Interesse an der Unterbevollmächtigung hat[1]. Letzteres ist etwa dann der Fall, wenn ein Vertreter nach einer Vereinbarung der Wohnungseigentümer nur eine bestimmte Anzahl von Wohnungseigentümern vertreten darf und die Anzahl der ihm erteilten Vollmachten das zulässige Maß übersteigt oder wenn der Vertreter einem Stimmrechtsverbot (Rz. 195) unterliegt (nur weisungsungebunden!)[2]; denn hier würde der Vertretene seines Stimmrechts anderenfalls verlustig gehen[3].

⊃ **Hinweis:**
Wegen des schriftlichen Vollmachtsnachweises (Rz. 150) muss sich die Zulässigkeit der Unterbevollmächtigung zweifelsfrei aus der Vollmachtsurkunde entnehmen lassen[4].

Eine Stimmrechtsvollmacht, die dem Vertreter mit inhaltlicher Beschränkung erteilt worden ist, bindet auch einen Unterbevollmächtigten[5].

• **Vollmacht bei Personenmehrheiten nach Bruchteilen** 158

Da Personenmehrheiten ihr Stimmrecht gemäß § 25 Abs. 2 Satz 2 WEG nur einheitlich ausüben können (Rz. 144), müssen grundsätzlich alle Mitberechtigten bei der Ausübung des Stimmrechts mitwirken.

Stimmen nur ein einzelner oder mehrere, nicht aber alle Mitberechtigten ab, liegt eine einheitliche Ausübung nur vor, wenn deren Stimmabgabe für und gegen alle Mitberechtigten wirkt. Hierzu bedürfen die Abstimmenden einer Vertretungsmacht, die sich aus rechtsgeschäftlicher Erteilung oder gesetzlicher Vertretungsmacht ergeben kann[6]. Das Stimmrecht kann durch einzelne Mitglieder dieser Personenmehrheiten oder durch Dritte daher dann ausgeübt werden, wenn eine dahingehende **rechtsgeschäftliche Bevollmächtigung** (§ 167 BGB) vorliegt[7]. Die Bestellung dieses Vertreters hat intern nach den jeweiligen Gemeinschaftsregeln zu erfolgen[8]. Vorbehaltlich abweichender Regelungen ist hierfür bei Ge-

---

1 BayObLG, Beschl. v. 23. 12. 2002 – 2 Z BR 93/02, FGPrax 2003, 67 = WuM 2003, 173 = ZMR 2003, 283; Bärmann/Pick/*Merle*, § 25 WEG Rz. 53; Staudinger/*Bub*, § 25 WEG Rz. 199; *Gottschalg*, NZM 2005, 88 (95); a.A. OLG Zweibrücken, Beschl. v. 8. 11. 1990 – 2 W 109/90, WE 1991, 357.
2 OLG Karlsruhe, Beschl. v. 27. 5. 2002 – 14 Wx 91/01, ZMR 2003, 289.
3 BayObLG, Beschl. v. 5. 4. 1990 – 2 Z BR 14/90, NJW-RR 1990,784, das die Erteilung einer Untervollmacht grundsätzlich für zulässig erachtet.
4 OLG Zweibrücken, Beschl. v. 8. 11. 1990 – 3 W 109/90, ZMR 1992, 206 (Ls).
5 BayObLG, Beschl. v. 23. 12. 2002 – 2 Z BR 93/02, FGPrax 2003, 67 = WuM 2003, 173 = ZMR 2003, 283.
6 Palandt/*Bassenge*, § 25 WEG Rz. 6.
7 OLG Düsseldorf, Beschl. v. 19. 4. 2005 – 1-3 Wx 317/04, ZMR 2006, 56 = NZM 2005, 414= WuM 2005, 416; vgl. auch OLG Köln, Beschl. v. 28. 4. 2006 – 16 Wx 34/06, NZM 2007, 219.
8 BayObLG, Beschl. v. 30. 3. 1990 – 2 Z BR 22/90, WuM 1990, 322; Palandt/*Bassenge*, § 25 WEG Rz. 6.

samthandsgemeinschaften Einstimmigkeit (§ 2038 BGB) erforderlich. Bei Miteigentums- (Bruchteils-)gemeinschaften reicht hingegen grundsätzlich ein Mehrheitsbeschluss (§ 745 Abs. 1 BGB). Jedes Mitglied kann sich aber auch durch einen eigenen Bevollmächtigten vertreten lassen[1]. Eine **gesetzliche Vertretungsmacht** kann sich aufgrund eines das Stimmverhalten ausdrücklich regelnden Mehrheitsbeschlusses gemäß § 745 Abs. 1 BGB ergeben. Problematisch ist, ob in einer uneinheitlichen Abstimmung aller Mitbeteiligten in der Eigentümerversammlung zugleich ein konkludenter Mehrheitsbeschluss gemäß § 745 Abs. 1 BGB gesehen werden kann, der dahin auszulegen ist, dass eine einheitliche Abstimmung entsprechend dem Mehrheitsvotum erfolgt ist[2]. Fraglich ist auch, ob die Abgabe der Stimme durch einen Mitberechtigten, der die Mehrheit der Anteile hat, zugleich als Regelung des Stimmverhaltens durch Mehrheitsbeschluss gemäß § 745 Abs. 1 BGB gewertet werden kann[3]. Diese Möglichkeiten scheiden bei Zwei-Personen-Gemeinschaften, insbesondere Ehegatten, mit gleichen Anteilen aus.

Für nur einen in der Versammlung erschienenen Mitberechtigten, der nicht die Mehrheit der Anteile hat, spricht keine **Anscheins- oder Duldungsvollmacht**[4]. Das Stimmrecht darf durch einen einzelnen Mitberechtigten hingegen ausgeübt werden, wenn die Gemeinschaftsordnung eine dahingehende Verpflichtung zur Bevollmächtigung enthält[5].

159 Auf Verlangen ist die Bevollmächtigung nachzuweisen (Rz. 149 ff.), es sei denn, der Bestand einer gegenseitigen Bevollmächtigung ist durch Vereinbarung oder in der Gemeinschaftsordnung geregelt[6].

⊃ **Hinweis:**

Die in der Gemeinschaftsordnung enthaltene Regelung, wonach sich jeder Sondereigentümer in der Eigentümerversammlung mittels schriftlicher Vollmacht vertreten lassen kann, führt nicht dazu, dass jeder Mitberechtigte dem Vertreter eine schriftliche Vollmacht erteilen muss. Eine schriftliche, im Einverständnis mit dem anderen Mitberechtigten erteilte Vollmacht reicht aus[7].

Eine Ausnahme wird teilweise für **Ehegatten** vertreten: danach sollen Ehegatten auch ohne eine derartige Regelung jeweils einzeln berech-

---

1 AG Nürnberg, Beschl. v. 3. 11. 2005 – 1 UR II 307/05, ZMR 2006, 83.
2 So *Merle*, ZWE 2007, 125 (128).
3 So *Merle*, ZWE 2007, 125 (129).
4 OLG Düsseldorf, Beschl. v. 9. 7. 2003 – 3 Wx 119/03, ZMR 2004, 53; Bärmann/Pick/*Merle*, § 25 WEG Rz. 45; Riecke/Schmid/*Riecke*, § 25 WEG Rz. 54; Staudinger/*Bub*, § 25 WEG Rz. 205; a. A. *Merle*, ZWE 2007, 125 (131).
5 BayObLG, Beschl. v. 20. 2. 2003 – 2 Z BR 136/02, ZMR 2003, 519.
6 Staudinger/*Bub*, § 25 WEG Rz. 52.
7 OLG Düsseldorf, Beschl. v. 19. 4. 2005 – 1–3 Wx 317/04, ZMR 2006, 56 = NZM 2005, 414 = WuM 2005, 416; vgl. auch OLG Köln, Beschl. v. 28. 4. 2006 – 16 Wx 34/06, NZM 2007, 219.

tigt sein, das gemeinsame Stimmrecht auszuüben[1]. Wird eine gegenseitige Bevollmächtigung über mehrere Jahre toleriert, so greifen zudem die Grundsätze der **Duldungsvollmacht** ein[2].

⊃ Hinweis:
Bestehen an der Bevollmächtigung durch den/die Mitberechtigten Zweifel und wird eine Vollmacht nachträglich nicht vorgelegt, ist – trotz unterbliebener Zurückweisung – die Stimmabgabe ungültig[3].

(2) Gesetzliche Vertretung

Bei **natürlichen Personen**, die **geschäftsunfähig** sind, erfolgt die Ausübung des Stimmrechtes durch ihren gesetzlichen Vertreter. **Beschränkt Geschäftsfähige** können ihr Stimmrecht selbst ausüben, wenn es sich um ein lediglich rechtlich vorteilhaftes Geschäft handelt (§ 107 BGB), anderenfalls nur mit Einwilligung des gesetzlichen Vertreters (§ 111 BGB). Wird die Einwilligung auf Verlangen nicht in schriftlicher Form vorgelegt, und erfolgt aus diesem Grunde eine Zurückweisung durch den Versammlungsvorsitzenden, ist die Stimmabgabe unwirksam, es sei denn, der gesetzliche Vertreter hat den Versammlungsvorsitzenden von der Einwilligung in Kenntnis gesetzt (§ 111 BGB). Die Ausübung des Stimmrechtes für den beschränkt Geschäftsfähigen kann aber auch durch seinen gesetzlichen Vertreter erfolgen. 160

Bei **rechtsfähigen Personengesellschaften** (Außen-GbR, oHG, KG) erfolgt die Ausübung des Stimmrechtes durch ihren bzw. ihre vertretungsberechtigten Gesellschafter. Besteht nur eine Gesamtvertretungsbefugnis, müssen sie das Stimmrecht einheitlich ausüben; dies ergibt sich nicht aus § 25 Abs. 2 Satz 2 WEG, sondern aus der entsprechenden Regelung im Innenverhältnis der Gesellschaft (z.B. § 125 Abs. 2 HGB)[4]. Für Personenhandelsgesellschaften können nach h.M. auch **Angestellte** und sonstige Gesellschafter das Stimmrecht ausüben[5]; diese Vertretung richtet sich nach den Regeln über die rechtsgeschäftliche Vertretung (Rz. 145). 161

Bei **juristischen Personen** erfolgt die Ausübung des Stimmrechts durch die für ihre Vertretung vorgesehenen Organe (vgl. §§ 35 GmbHG, 78 162

---

1 OLG Frankfurt/Main, Beschl. v. 7. 8. 1996 – 20 W 543/95, DWE 1997, 80; *Deckert*, ETW 5, 20, mit Hinweis auf BayObLG, Beschl. v. 5. 7. 1984 – BReg 2 Z 61/83.
2 KG, Beschl. v. 14. 11. 1988 – 24 W 4304/88, WE 1989, 135.
3 OLG Düsseldorf, Beschl. v. 9. 7. 2003 – 3 Wx 119/03, ZMR 2004, 53.
4 Staudinger/*Bub*, § 25 WEG Rz. 171; a.A. Bärmann/Pick/*Merle*, § 25 WEG Rz. 63, der § 25 Abs. 2 Satz 2 WEG entsprechend anwendet.
5 BayObLG, Beschl. v. 7. 7. 1981 – 2 ZBR 54/80, MDR 1982, 58 (AktienG); OLG Frankfurt/Main, Beschl. v. 12. 12. 1978 – 20 W 692/78, OLGZ 1979, 134 (KommanditG); Bärmann/Pick/*Merle*, § 25 WEG Rz. 63; Staudinger/*Bub*, § 25 WEG Rz. 44.

AktG; 26 Abs. 2 BGB). Besteht für Mitglieder der Organe eine Gesamtvertretungsbefugnis, müssen sie das Stimmrecht einheitlich ausüben (Rz. 161). Für die Kapitalgesellschaften können nach h. M. auch **Angestellte** das Stimmrecht ausüben[1]; diese Vertretung richtet sich dann nach den Regeln über die rechtsgeschäftliche Vertretung (Rz. 145).

(3) Beschränkung der Vertretung

163 Die **Beschränkung des Kreises möglicher Vertreter** (sog. „Vertreterklausel", z.B. auf Ehegatten, andere Wohnungseigentümer und den Verwalter) ist grundsätzlich zulässig[2], da die Wohnungseigentümer ein berechtigtes Interesse daran haben, fremde Einflüsse von der Eigentümerversammlung als dem Ort gemeinsamer Willensbildung fern zu halten. Darin liegt auch kein dem Grundgedanken des § 137 Satz 1 BGB widersprechender Verzicht des Wohnungseigentümers auf seine rechtliche Handlungsfreiheit, die auch eine Vollmachtserteilung umfasst. Das rechtliche Können des Wohnungseigentümers wird nicht mit Außenwirkung gegenüber Dritten beschränkt, sondern lediglich im Verhältnis zwischen den Wohnungseigentümern in deren Versammlungen[3]. Eine Vertreterklausel bedarf jedoch einer Regelung durch Vereinbarung oder Gemeinschaftsordnung[4]; einem Mehrheitsbeschluss ist sie nicht zugänglich[5].

⊃ **Hinweis:**

Ein Beschluss ist nicht schon deshalb anfechtbar, weil der Verwalter mit der Einladung Stimmrechtsvollmachten verschickt hat, ohne auf die Beschränkung des Kreises möglicher Vertreter durch die Gemeinschaftsordnung hinzuweisen, und ein von einem Wohnungseigentümer daraufhin bevollmächtigter Dritter vom Verwalter bei der Stimmabgabe ausgeschlossen wird[6].

164 Sind gemeinschaftsfremde Einflüsse nicht zu befürchten, sind auch von der Vertretung ausgeschlossene Personen zuzulassen. Dies gilt insbeson-

---

1 BayObLG, Beschl. v. 7. 7. 1981 – 2 ZBR 54/80, MDR 1982, 58 (AktienG); OLG Frankfurt/Main, Beschl. v. 12. 12. 1978 – 20 W 692/78, OLGZ 1979, 134 (KommanditG); Bärmann/Pick/*Merle*, § 25 WEG Rz. 63; Staudinger/*Bub*, § 25 WEG Rz. 44.
2 BGH, Beschl. v. 11. 11. 1986 – V ZB 1/86, BGHZ 99, 90 = NJW 1987, 650; BGH, Beschl. v. 29. 1. 1993 – V ZB 24/92, BGHZ 121, 236 = NJW 1993, 1329 = ZMR 1993, 287; BayObLG, Beschl. v. 12. 12. 1996 – 2 Z BR 124/96; NJW-RR 1997, 463; KG, Beschl. v. 20. 7. 1994 – 24 W 3942/94, NJW-RR 1995, 147 = ZMR 1994, 524; OLG Zweibrücken, Beschl. v. 14. 5. 1998 – 3 W 40/98, NZM 1998, 671; OLG Düsseldorf, Beschl. v. 19. 10. 1998 – 3 Wx 332/98, NZM 1999, 271; a. A. Weitnauer/*Lüke*, § 25 WEG Rz. 16.
3 *Wenzel*, NZM 2005, 402.
4 Palandt/*Bassenge*, § 25 WEG Rz. 5.
5 BayObLG, Beschl. v. 29. 7. 1988 – 2 Z BR 43/88, DNotZ 1989, 428.
6 KG, Beschl. v. 26. 7. 2004 – 24 W 360/02, NZM 2004, 792 = WM 2004, 685 = ZMR 2005, 567.

dere, wenn der Personenkreis möglicher Vertreter allein aus Personen besteht, die bereits wegen ihrer Stellung als Wohnungseigentümer, Verwalter oder Verwaltungsbeiratsmitglied ohnehin an der Versammlung teilnehmen[1].

Beispiele:
- Unzulässig ist es damit, die Möglichkeiten der Vertretung **gänzlich auszuschließen** oder etwa auf die Person des Verwalters zu beschränken[2].
- Ist der Kreis auf Ehegatten, Wohnungseigentümer und den Verwalter beschränkt, ist gleichwohl die Bevollmächtigung eines sog. „**werdenden Wohnungseigentümers**" zulässig, da er der Wohnungseigentümergemeinschaft faktisch bereits angehört[3].

Gegenbeispiele:
- Sind nur Ehegatten als Vertreter zugelassen, so können ihnen Lebenspartner im Sinne des LPartG, nicht aber **nichteheliche Lebensgefährten** gleichgestellt werden, es sei denn die Regelung datiert aus einer Zeit, als diese Lebensform gesellschaftlich noch nicht toleriert war[4].
- Auch die Vertretung durch einen **Rechtsanwalt** kommt dann, wenn dieser nicht ausdrücklich benannt ist, als Vertreter grundsätzlich nicht in Betracht[5].

⊃ **Hinweis:**

Die Stimmabgabe durch einen an sich von der Vertretung ausgeschlossenen Dritten in der Versammlung ist auch dann unwirksam, wenn diese weder beanstandet noch zurückgewiesen wurde[6].

Eine Vertretungsbeschränkung findet keine Anwendung, wenn sie den zu Vertretenden nach **Treu und Glauben** unzumutbar benachteiligt[7].

165

---

1 Bärmann/Pick/*Merle*, § 25 WEG Rz. 62.
2 OLG Düsseldorf, Beschl. v. 24. 5. 1995 – 3 Wx 17/95, NJW-RR 1995, 1294; Staudinger/*Bub*, § 25 WEG Rz. 37.
3 Bärmann/Pick/*Merle*, § 25 WEG Rz. 61; Staudinger/*Bub*, § 25 WEG Rz. 39; *Wenzel*, NZM 2005, 402; a. A. *Drasdo*, ZMR 1995, 145.
4 BayObLG, Beschl. v. 12. 12. 1996 – 2 Z BR 124/96; BayObLGZ 1996, 297 = NJW-RR 1997, 463 (für den Fall einer Teilungserklärung von 1985); OLG Köln, Beschl. v. 8. 12. 2003 – 16 Wx 200/03, ZMR 2004, 378 = NZM 2004, 656 (für den Fall einer Teilungserklärung von 1962), mit krit. Anm. *Drasdo* in NJW-Spezial 2004, 194, dagegen im Ergebnis zustimmend, aber mit anderer Begründung *Wenzel*, NZM 2005, 402; Staudinger/*Bub*, § 25 WEG Rz. 40–42.
5 BayObLG, Beschl. v. 29. 7. 1988 – BReg 2 Z 43/88, WE 1988, 208; Staudinger/*Bub*, § 25 WEG Rz. 43.
6 BGH, Beschl. v. 29. 1. 1993 – V ZB 24/92, BGHZ 121, 236 = NJW 1993, 1329 = ZMR 1993, 287; Palandt/*Bassenge*, § 25 Rz. 5; a. A. KG, Beschl. v. 20. 7. 1994 – 24 W 3942/94, NJW-RR 1995, 147 = ZMR 1994, 524.
7 BGH, Beschl. v. 11. 11. 1986 – V ZB 1/86, BGHZ 99, 90; BGH, Beschl. v. 29. 1. 1993 – V ZR 24/92, BGHZ 121, 236; BayObLG, Beschl. v. 12. 12. 1996 – 2 ZBR 124/96, NJW-RR 1997, 463; KG, Beschl. v. 20. 7. 1994 – 22 W 3942/94, NJW-RR 1995, 147 = ZMR 1994, 527.

Beispiele:

- **Vertretungsbeschränkung auf Miteigentümer**, wenn eine kleine Gemeinschaft völlig zerstritten ist[1] oder wenn sämtliche Miteigentümer wegen Interessenkollision vom Stimmrecht ausgeschlossen sind[2].

- Übliche Vertreterklausel bei unverheiratetem und im Ausland lebendem Wohnungseigentümer in kleiner, völlig zerstrittener Gemeinschaft, deren Verwalter mit den anderen Wohnungseigentümern „identisch" ist[3].

- **Vertretungsbeschränkung auf nahe Angehörige**, wenn sämtliche Angehörige terminlich verhindert sind[4], wenn die einzig in Betracht kommende Person erkrankt ist[5] oder wenn keine nahen Angehörigen vorhanden sind[6].

- Seit Jahren **unbeachtete Vertretungsbeschränkung** ohne entsprechende Information vorab[7].

Gegenbeispiele:

- Versendung von Vollmachtsformularen für die Stimmrechtsabgabe durch den Verwalter, ohne Hinweis darauf, dass nach der Gemeinschaftsordnung nur ein bestimmter Personenkreis bevollmächtigt werden darf[8].

- Nichtzulassung des Mieters eines Wohnungseigentümers[9].

- kurzfristige erstmalige Ablehnung der Vertretung durch den Verwalter[10].

166 **Gesetzliche Vertreter** wie z. B. der Betreuer[11] oder der Vormund werden nicht von einer Vertretungsbeschränkung betroffen. Gleiches gilt für **Verwaltungsbefugte** wie z. B. den Insolvenz- und den Zwangsverwalter[12] sowie den Testamentsvollstrecker[13], sofern man ihnen nicht ohnehin ein eigenes Stimmrecht zuerkennt (vgl. Rz. 134).

---

1 OLG Düsseldorf, Beschl. v. 19. 10. 1998 – 3 Wx 332/98, NZM 1999, 271.
2 OLG Karlsruhe, Beschl. v. 21. 4. 1976 – 3 W 8/76, OLGZ 1976, 273.
3 OLG Hamburg, Beschl. v. 24. 1. 2007 – 2 Wx 93/06, ZMR 2007, 477; nicht überzeugend OLG Karlsruhe, Beschl. v. 16. 5. 2006 – 14 Wx 50/04, ZMR 2006, 795 bei nicht in der EU lebendem Wohnungseigentümer und Einberufungsfrist von 1 Woche.
4 LG Wuppertal, Beschl. v. 27. 10. 1994 – 6 T 735/94, ZMR 1995, 423.
5 OLG Düsseldorf, Beschl. v. 19. 10. 1998 – 3 Wx 332/98, NZM 1999, 271.
6 LG Wuppertal, Beschl. v. 27. 10. 1994 – 6 T 735/94, ZMR 1995, 423.
7 OLG Hamm, Beschl. v. 12. 12. 1996 –15 W 424/96, NJW-RR 1997, 846; OLG Hamm, Beschl. v. 4. 6. 2002 – 15 W 66/02, ZWE 2002, 486 = ZMR 2003, 51; OLG Köln, Beschl. v. 17. 12. 2004 – 16 Wx 191/04; NZM 2005, 149 = ZMR 2005, 809; a. A. AG Kerpen, Beschl. v. 9. 5. 2005 – 15 II 3/05, ZMR 2005, 824.
8 KG, Beschl. v. 26. 7. 2004 – 24 W 360/02, NZM 2004, 792 = WM 2004, 685 = ZMR 2005, 567.
9 *Häublein*, ZMR 2004, 723 (729).
10 AG Merseburg, Urt. v. 25. 4. 2008 – 21 C 4/07, ZMR 2008, 747.
11 AG Essen, Beschl. v. 8. 9. 1995 – 95 II 19/95 WEG, WuM 1995, 673; Staudinger/*Bub*, § 25 WEG Rz. 169.
12 BayObLG, Beschl. v. 14. 2. 1991 – 2 Z BR 4/91, NJW-RR 1991, 723; OLG Hamm, Beschl. v. 23. 1. 1987 – 15 W 429/86, DWE 1987, 54.
13 AG Essen, Beschl. v. 14. 7. 1995 – 95 II 5/95, NJW-RR 1996, 79.

Für **Handels- und Kapitalgesellschaften** können nach h. M. Angestellte das Stimmrecht selbst dann ausüben, wenn der Kreis möglicher Vertreter auf nahe Angehörige, andere Wohnungseigentümer und den Verwalter beschränkt ist, denn Angestellte seien im Wege der Auslegung einem nahen Familienangehörigen gleichzustellen[1].

(4) Delegiertenversammlung

Die **Zulässigkeit** einer Vereinbarung oder Regelung in der Gemeinschaftsordnung, wonach anstelle der einzelnen Wohnungseigentümer Vertreter in einer sog. Delegiertenversammlung die Stimmrechte ausüben, ist sehr umstritten. Die Rechtsprechung hat sich mit dieser Frage noch nicht beschäftigen müssen. Nach zutreffender Auffassung ist die Einführung eines derartigen Systems jedoch unzulässig und damit **nichtig**.

Die Befürworter[2] sehen zunächst insbesondere bei großen Gemeinschaften ein praktisches Bedürfnis für ein derartiges System, das deren Funktionsfähigkeit zu erhalten vermag. Danach sollen die Wohnungseigentümer gruppenweise **durch Mehrheitsbeschluss einen Vertreter wählen**, der dann als rechtsgeschäftlich bestellter Vertreter im Sinne von §§ 164 ff. BGB das Stimmrecht im Sinne der Mehrheit der Gruppe in der Versammlung ausübt. Auch rechtlich lasse sich eine derartige Konstruktion mit dem WEG vereinbaren, denn wegen der Abdingbarkeit von § 25 WEG könnten die Wohnungseigentümer eine andere Form der Stimmrechtsausübung vereinbaren. Den Wohnungseigentümern werde hierdurch nicht das Stimmrecht entzogen, sondern nur die Art der Ausübung geregelt, soweit der Vertreter weisungsgebunden ist und jederzeit wieder abberufen werden kann. Teilweise wird sogar davon ausgegangen, dass auch das Teilnahme- und Rederecht in der Versammlung eingeschränkt werden kann[3].

Das Delegiertensystem ist abzulehnen, da es dem **Grundgedanken des § 23 WEG** – dem effektiven Minderheitenschutz – **widerspricht**. Die Willensbildung erfolgt nicht mehr durch Meinungsaustausch und Einflussnahme aller Wohnungseigentümer in der Versammlung, sondern nur noch durch gewählte Repräsentanten[4]. Da die Gruppenvertreter mit Mehrheitsbeschluss gewählt werden, können die überstimmten Woh-

---

1 OLG Frankfurt/Main, Beschl. v. 12. 12. 1978 – 20 W 692/78, OLGZ 1979, 134; Staudinger/*Bub*, § 25 WEG Rz. 44, *Wenzel*, NZM 2005, 402; a. A. *Drasdo*, Rz. 273, der eine derartige Ungleichbehandlung für ungerechtfertigt erachtet.
2 Bärmann/Pick/*Merle*, § 25 WEG Rz. 67; *Gernhuber*, JZ 1995, 381, 390; *Drasdo*, Rz. 326 ff., der sich im Einzelnen mit formeller und inhaltlicher Ausgestaltung des Delegiertensystems beschäftigt.
3 *Hurst*, AcP 181, 169 ff.
4 Staudinger/*Bub*, § 23 WEG Rz. 28.

nungseigentümer die Willensbildung gar nicht mehr beeinflussen[1]. Zudem kann im Endergebnis die Abstimmung anders ausfallen, als wenn sich alle Wohnungseigentümer an der Willensbildung beteiligt hätten[2]. Auch ein „imperatives Mandat"[3] ist abzulehnen, da dies die Eigentümerversammlung in ihrer Bedeutung auf Stimmauszählungsvorgänge beschränken würde[4]. Das Aufzwingen eines Stellvertreters und der vollständige Entzug der Möglichkeit, in der Eigentümerversammlung durch Stimmabgabe ein Stimmrecht auszuüben, wirkt schließlich wie eine unzulässige verdrängende Vollmacht (Rz. 154).

d) Stimmrechtswertigkeit

aa) Gesetzliches Kopfprinzip

169 Nach § 25 Abs. 2 Satz 1 WEG steht **jedem Wohnungseigentümer eine Stimme** zu, und zwar unabhängig von der Anzahl der Wohnungseigentumsrechte, die ihm gehören, und der Größe und dem Wert seines Miteigentumsanteils. Veräußert ein Wohnungseigentümer, dem mehrere Wohnungseigentumsrechte gehören, einzelne davon an einen Dritten – etwa auch nahe Angehörige[5] –, so kommt es zu einer **Vermehrung** der Stimmrechte[6].

bb) Objekt- und Wertprinzip

170 Das Kopfprinzip des § 25 Abs. 2 Satz 1 WEG ist durch **Vereinbarung**, nicht hingegen durch Mehrheitsbeschluss[7], abdingbar.

– So ist es zulässig, **jedes Wohnungseigentumsrecht** mit einer Stimme zu verbinden (sog. Objektprinzip)[8]. Dies gilt auch dann, wenn die Größe der einzelnen Wohnungseigentumsrechte stark voneinander abweicht oder einem Wohnungseigentümer mehrere Wohnungseigentumsrechte zustehen, denen insgesamt nur einige wenige Miteigentumsanteile zugeordnet sind[9].

---

1 Staudinger/*Bub*, § 23 WEG Rz. 28.
2 Weitnauer/*Lüke*, § 23 WEG Rz. 7.
3 So *Tasche*, DNotZ 1974, 581.
4 *Schmidt*, DNotZ 1985, 138.
5 OLG München, Beschl. v. 23. 8. 2006 – 34 Wx 58/06, NZM 2007, 45.
6 BayObLG, Beschl. v. 19. 12. 2001 – 2 Z BR 15/01, ZMR 2002, 527; Bärmann/Pick/Merle, § 25 WEG Rz. 39; Staudinger/*Bub*, § 25 WEG Rz. 156.
7 BGH, Beschl. v. 20. 9. 2000 – V ZR 58/99, NJW 2000, 3500.
8 BayObLG, Beschl. v. 2. 3. 1989 – 2 Z BR 8/89, WuM 1989, 527; KG, Beschl. v. 27. 11. 1985 – 24 W 1856/85, OLGZ 1986, 51; KG, Beschl. v. 10. 1. 1994 – 24 W 4817/93, NJW-RR 1994, 525.
9 BayObLG, Beschl. v. 2. 3. 1989 – 2 Z BR 8/89, WuM 1989, 527.

– Es ist ebenfalls zulässig, den Wert des Stimmrechtes an die **Zahl der Miteigentumsanteile** zu koppeln[1], wobei die Wohnungseigentümer bei der Bemessung der Zahl frei sind[2] (sog. Wertprinzip).

– Schließlich ist eine **Kombination von Objekt- und Wertprinzip** zulässig: 50 Stimmen für ein bestimmtes Teileigentum (häufig Hotel oder Ladengeschäft) und eine Stimme für jedes Wohnungseigentum[3].

Ist das Objekt- oder Wertprinzip vereinbart, so gilt es – mit Ausnahme der Fälle, in denen das Kopfstimmrecht zwingend Anwendung findet (§§ 16 Abs. 4 mit Abs. 5, 18 Abs. 3 Satz 2 und 22 Abs. 2 WEG) – für sämtliche Beschlüsse, einschließlich der Geschäftsordnungsbeschlüsse[4], denn § 25 Abs. 2 WEG kennt nur eine Wertigkeit des Stimmrechts. 171

Die **Entscheidung für eine bestimmte Stimmrechtswertigkeit** hängt insbesondere von der Größe der Gemeinschaft und ihrer zu erwartenden Eigentümerstruktur ab. Ein Mehrheitseigentümer wird sich daher, sofern er etwa als teilender Eigentümer Einfluss auf die Gestaltung der Gemeinschaftsordnung nehmen kann, gegen das Kopfprinzip entscheiden, da er anderenfalls bereits nach zwei Abverkäufen überstimmt werden kann. Die Gestaltungsfreiheit bezüglich derartiger Vereinbarungen unterliegt lediglich den allgemeinen, für jedes Rechtsgeschäft geltenden Schranken, mithin insbesondere denen aus §§ 138, 242 BGB. Die **disproportionale Verteilung der Stimmkraft** an sich (d. h. es gilt weder das Kopfprinzip noch besteht eine Korrespondenz zur Lasten- und Kostentragungspflicht) überschreitet diese Schranken nach herrschender Ansicht noch nicht[5]. So sind folgende Regelungen von der Rechtsprechung überwiegend als **zulässig** angesehen worden: 172

– Die Teilungserklärung bewertet Gewerbeeinheiten gegenüber Wohneinheiten überproportional[6].

– Der Bauträger behält sich ein Vetorecht bei der Beschlussfassung vor, solange er mindestens noch ein Wohnungseigentum innehat[7].

---

1 BayObLG, Beschl. v. 2. 4. 1997 – 2 Z BR 36/97, BayObLGZ 1997, 139; KG, Beschl. v. 30. 10. 1985 – 24 W 6819/84, NJW-RR 1986, 642.
2 BGH, Urt. v. 18. 6. 1976 – V ZR 156/75, NJW 1976, 1976; OLG Düsseldorf, Beschl. v. 16. 5. 2003 – 3 Wx 107/03, WuM 2003, 592 = DWE 2003, 98.
3 OLG Zweibrücken, Beschl. v. 10. 7. 1989 – 3 W 72/89, OLGZ 1990, 186 = Rpfleger 1989, 453.
4 LG Berlin, Beschl. v. 3. 9. 1986 – 191 T 67/86, WuM 1989, 203.
5 KG, Beschl. v. 10. 1. 1994 – 24 W 4817/93, NJW-RR 1994, 525; OLG Karlsruhe, Beschl. v. 23. 7. 1986 – 11 W 8/86, NJW-RR 1987, 975 = WuM 1988, 325, 326; OLG Zweibrücken, Beschl. v. 10. 7. 1989 – 3 W 72/89, OLGZ 1990, 186 = Rpfleger 1989, 453;.
6 OLG Karlsruhe, Beschl. v. 23. 7. 1986 – 11 W 8/86, NJW-RR 1987, 975 = WuM 1988, 325, 326; OLG Zweibrücken, Beschl. v. 10. 7. 1989 – 3 W 72/89, OLGZ 1990, 186 = Rpfleger 1989, 453.
7 BayObLG, Beschl. v. 2. 4. 1997 – 2 Z BR 36/97, BayObLGZ 1997, 139; OLG Oldenburg, Beschl. v. 22. 10. 1996 – 5 W 153/96, NJW-RR 1997, 775.

- Die Vereinbarung des Wertprinzips bei Zweiergemeinschaften, deren Miteigentumsanteile unterschiedlich groß sind[1].
- Es stellt keine unzulässige Beschränkung der Bestellung oder Abwahl des Verwalters dar, wenn hierüber aufgrund wirksamer Vereinbarung nicht nach dem Kopfprinzip, sondern nach dem Wert- oder Objektprinzip abzustimmen ist[2].

⊃ **Hinweis:**

Gemäß § 10 Abs. 2 Satz 3 WEG können schwerwiegende Gründe unter Berücksichtigung aller Umstände des Einzelfalls, insbesondere der Rechte und Interessen der anderen Wohnungseigentümer, ein Festhalten an einer Vereinbarung als unbillig erscheinen lassen. Hieraus folgt nicht bereits die Unwirksamkeit der Vereinbarung, sondern lediglich ein gegenüber den übrigen Wohnungseigentümern ggf. im gerichtlichen Verfahren nach § 43 Nr. 1 WEG geltend zu machender **Anspruch auf Änderung** der Vereinbarung[3]. Ein Anspruch auf **vorübergehende Änderung** der Stimmrechtsvereinbarung ist aber nicht gegeben, wenn ein Bauträger noch nicht alle geplanten Wohnungseigentumseinheiten fertiggestellt hat[4].

173 Nach anderer Ansicht findet die Gestaltungsfreiheit bereits dort ihre Grenze, wo eine Vereinbarung die **Funktionstüchtigkeit der Eigentümergemeinschaft gefährdet** und eine vermehrte Inanspruchnahme der Gerichte zu befürchten ist[5]. Derartige Kriterien ermöglichen indes keine klare Handhabung, da bei ihnen die Grenze zwischen (gerade noch) zulässiger und unzulässiger Regelung der Stimmkraft jedenfalls fließend ist. Die übrigen Wohnungseigentümer sind zudem hinreichend durch die Möglichkeit der Beschlussanfechtung geschützt[6].

cc) **Sonderfälle**

(1) **Stimmkraft bei Verbindung oder Unterteilung von Wohnungseigentumsrechten**

174 Die Verbindung oder Unterteilung von Wohnungseigentumsrechten kann Auswirkungen auf die bestehenden Stimmrechte innerhalb der Wohnungseigentümergemeinschaft haben. Die Lösung der sich daraus ergebenden Probleme hat sich an dem Grundsatz zu orientieren, dass

---

1 BayObLG, Beschl. v. 28. 1. 1986 – BReg 3 Z 4/86, BayObLGZ 86, 10; KG, Beschl. v. 10. 1. 1994 – 24 W 4817/93, NJW-RR 1994, 525; Staudinger/*Bub*, § 25 WEG Rz. 23.
2 BGH, Beschl. v. 19. 9. 2002 – V ZB 30/02, NJW 2002, 3704 = ZMR 2002, 931.
3 BGH, Beschl. v. 13. 7. 1995 – V ZB 6/94, NJW 1995, 2791; vgl. auch Teil 3, Rz. 70 ff.
4 Staudinger/*Bub*, § 25 WEG Rz. 147; a.A. OLG Braunschweig, Beschl. v. 15. 8. 1994 – 3 W 6/94, zitiert bei Staudinger/*Bub*, § 25 WEG Rz. 147.
5 Bärmann/Pick/*Merle*, § 25 WEG Rz. 34.
6 Staudinger/*Bub*, § 25 WEG Rz. 32.

durch die Unterteilung bzw. Verbindung von Sondereigentum die **Rechte der anderen Wohnungseigentümer nicht nachteilig verändert** werden dürfen, sodass sich aus der Summe der neu geschaffenen Wohnungseigentumsrechte nicht mehr Befugnisse als aus dem ursprünglichen Wohnungseigentumsrecht ergeben dürfen[1]. Vorrangig sind aber stets Vereinbarungen zu beachten[2].

- Gilt das **Kopfprinzip**, so haben Verbindung oder Unterteilung ohne Änderung der Eigentumsverhältnisse keine Auswirkungen auf die vorhandene Stimmkraft, da sich die Anzahl der Wohnungseigentümer weder erhöht noch verringert. Werden **Wohnungseigentumsrechte verschiedener Wohnungseigentümer miteinander verbunden**, so entfallen Stimmen, denn darin liegt nur eine Begünstigung der anderen Wohnungseigentümer[3]. Wird eines der **durch Unterteilung entstandenen zusätzlichen Wohnungseigentumsrechte an einen Dritten veräußert**, so entfällt nunmehr auf jedes durch Unterteilung entstandene Wohnungseigentumsrecht eine Stimme, sodass sich die Stimmenanzahl um eine vermehrt[4]; dies findet seine Rechtfertigung in der Erwägung, dass auch beim Verkauf eines Wohnungseigentums durch einen Wohnungseigentümer, dem mehrere gehören, ebenfalls eine Stimme mehr entsteht. 175

- Ist das **Objektprinzip** vereinbart, so führen Verbindung und Unterteilung zu einer **Veränderung** der Stimmenanzahl. Werden **Wohnungseigentumsrechte miteinander verbunden**, so entfallen Stimmen, denn hierin liegt nur eine Begünstigung der anderen Wohnungseigentümer[5]. 176

---

1 BGH, Beschl. v. 24. 11. 1978 – V ZB 2/78, BGHZ 73, 150 = NJW 1979, 870; BayObLG, Beschl. v. 17. 1. 1991 – 2 Z BR 161/90, NJW-RR 1991, 910; KG, Beschl. v. 18. 11. 1998 – 24 W 4180/97, NZM 1999, 850; OLG Düsseldorf, Beschl. v. 24. 1. 1990 – 3 Wx 571/89, OLGZ 1990, 152 = NJW-RR 1990, 521; OLG Köln, Beschl. v. 27. 1. 1992 – 16 Wx 1/92, DWE 1992, 165; OLG Hamm, Beschl. v. 12. 3. 2002 – 15 W 358/01, ZMR 2002, 859.
2 BayObLG, Beschl. v. 17. 1. 1991 – 2 Z BR 161/90, NJW-RR 1991, 910; OLG Köln, Beschl. v. 27. 1. 1992 – 16 Wx 1/92, WE 1992, 259.
3 Bärmann/Pick/*Merle*, § 25 WEG Rz. 41.
4 KG, Beschl. v. 10. 1. 1994 – 24 W 4817/93, OLGZ 1994, 389 f.; KG, Beschl. v. 15. 9. 1999 – 24 W 4817/93, NZM 2000, 671; OLG Düsseldorf, Beschl. v. 3. 2. 2004 – I-3 Wx 364/03, NZM 2004, 234 = FGPrax 2004, 68 = WuM 2004, 230 = NJW-RR 2004, 589 = ZMR 2004, 696; Bärmann/Pick/*Merle*, § 25 WEG Rz. 39; Staudinger/*Bub*, § 25 WEG Rz. 156; Weitnauer/*Lüke*, § 25 WEG Rz. 13; *Gottschalg*, NZM 2005, 88 (89); a. A. *Lotz-Störmer*, Stimmrechtsausübung und Stimmrechtsbeschränkung im Wohnungseigentumsrecht, 1993, S. 135 f.: jeder hat eine ½ Stimme; so auch OLG Stuttgart, Beschl. v. 23. 2. 2004 – 8 W 475/03, WuM 2004, 734 = NZM 2005, 312 = ZMR 2005, 478; Palandt/*Bassenge*, § 25 WEG Rz. 6; *Drasdo*, Rz. 457: 1 Stimme, die gemäß § 25 Abs. 2 Satz 2 WEG analog einheitlich auszuüben ist.
5 Bärmann/Pick/*Merle*, § 25 WEG Rz. 40; Staudinger/*Bub*, § 25 WEG Rz. 161; a. A. *Drasdo*, Rz. 459, 460: 2 Stimmen, die gemäß § 25 Abs. 2 Satz 2 WEG einheitlich auszuüben sind.

Die Auswirkungen einer **Unterteilung** werden unterschiedlich bewertet: Nach überwiegender Auffassung entstehen jeweils zwei halbe Stimmen, die unabhängig von den zuvor bestehenden Verbindungen ausgeübt werden können[1]; nach Auffassung des BayObLG verbleibt es bei einer Stimme, die gemäß § 25 Abs. 2 Satz 1 WEG einheitlich auszuüben ist[2].

⊃ **Hinweis:**
Jedem Wohnungseigentumsrecht kann durch Vereinbarung eine volle Stimme zugewiesen werden. Dies ist auch durch einseitige Erklärung des teilenden Eigentümers möglich, sofern die Teilungserklärung diesen ermächtigt, einzelne Wohnungseigentumseinheiten nochmals zu teilen und in diesem Zusammenhang auch die Teilungserklärung, soweit erforderlich und zweckmäßig, zu ändern[3].

177 – Ist das **Wertprinzip** vereinbart, so haben Verbindung und Unterteilung keine Auswirkung auf die vorhandene Stimmkraft, da sich die Anzahl der Miteigentumsanteile weder erhöht noch verringert. Nach Unterteilung können die Stimmrechte, die auf die Miteigentumsanteile der entstandenen Wohnungseigentumsrechte entfallen, selbständig ausgeübt werden[4].

(2) Stimmrecht bei mehrfacher Mitberechtigung

178 In der Praxis kommt es gelegentlich vor, dass mehrere Wohnungseigentumsrechte in unterschiedlichen Verbindungen verschiedenen Personen zustehen. Die Bemessung der Stimmkraft ist hier problematisch, wenn die Wohnungseigentümer die Geltung des **Kopfprinzips** vereinbart haben.

179 Für die Lösung der sich daraus ergebenden Probleme ist darauf abzustellen, ob hinsichtlich der Eigentümerstellung an verschiedenen Wohnungseigentumsrechten jeweils **Personenidentität** gegeben ist. Personenidentität liegt dabei auch vor, wenn dieselben Mitberechtigten an verschiedenen Rechtsgemeinschaften mit unterschiedlichen rechtlichen Strukturen (z.B. Bruchteils-, Erbengemeinschaft oder GbR) beteiligt sind.

---

1 BGH, Beschl. v. 7. 10. 2004 – V ZB 22/04, NZM 2004, 870 = WuM 2004, 681 = NJW 2004, 3413; KG, Beschl. v. 18. 11. 1998 – 24 W 4180/97, NZM 1999, 850; OLG Düsseldorf, Beschl. v. 24. 1. 1990 – 3 Wx 571/89, OLGZ 1990, 152 = NJW-RR 1990, 521; OLG Hamm, Beschl. v. 12. 3. 2002 – 15 W 358/01, ZWE 2002, 489 = NZM 2003, 124; Bärmann/Pick/*Merle*, § 25 WEG Rz. 40; Palandt/*Bassenge*, § 25 WEG Rz. 7; Staudinger/*Bub*, § 25 WEG Rz. 159; *Gottschalg*, NZM 2005, 88 (89).
2 BayObLG, Beschl. v. 17. 1. 1991 – 2 Z BR 161/90, NJW-RR 1991, 910; *Drasdo*, Rz. 460.
3 OLG Köln, Beschl. v. 3. 9. 2004 – 16 Wx 167/04, NZM 2005, 148.
4 Bärmann/Pick/*Merle*, § 25 WEG Rz. 38; *Drasdo*, Rz. 453.

Handelt es sich danach um unterschiedliche Rechtsträger bzw. Rechtsgemeinschaften, sind sie als verschiedene Köpfe im Sinne von § 25 Abs. 1 Satz 1 WEG zu behandeln[1].

Beispiel	1	2	3	4	5	6	7
WE 1	A/B/C	A/B § 25 Abs. 2 Satz 2 WEG	A	A	A/B GBR	A/B § 25 Abs. 2 Satz 2 WEG	A (90 %) B (10 %)
WE 2	A/B/C	C/D § 25 Abs. 2 Satz 2 WEG	A/ Zwangsverwalter	A/B § 25 Abs. 2 Satz 2 WEG	A/B Ehegatten	A/C § 25 Abs. 2 Satz 2 WEG	A (90 %) C (10 %)
WE 3	A/B/C	E/F § 25 Abs. 2 Satz 2 WEG	A/ Zwangsverwalter		A/B Erbengemeinschaft	C	A (90 %) D (10 %)
Lösung	1 Stimme[2], § 25 Abs. 2 Satz 2 WEG	3 Stimmen[3]	1 Stimme[4], § 25 Abs. 2 Satz 2 WEG	2 Stimmen[5]	1 Stimme	3 Stimmen[6]	3 Stimmen[7]

Findet hingegen das **Objekt- bzw. Wertprinzip** Anwendung, verbleibt es bei mehreren Stimmen bzw. den vereinbarten Stimmanteilen unter Beachtung des § 25 Abs. 2 Satz 2 WEG.

180

---

1 KG, Beschl. v. 15. 6. 1988 – 24 W 2084/88, OLGZ 1988, 434; Bärmann/Pick/Merle, § 25 WEG Rz. 49; Palandt/*Bassenge*, § 25 WEG Rz. 6; Staudinger/*Bub*, § 25 WEG Rz. 149; *Happ*, WE 2005, 174S.
2 Bärmann/Pick/*Merle*, § 25 WEG Rz. 49; Staudinger/*Bub*, § 25 WEG Rz. 149; vgl. auch LG Bremen, Beschl. v. 9. 2. 2004 – 2 T 560/03, ZMR 2004, 535; AG Hamburg-St. Georg, Beschl. v. 23. 12. 2004 – 980 II 206/04, ZMR 2006, 81.
3 KG, Beschl. v. 15. 6. 1988 – 24 W 2084/88, WuM 1988, 324; Bärmann/Pick/*Merle*, § 25 WEG Rz. 50.
4 KG, Beschl. v. 12. 7. 1989 – 24 W 1063/89, NJW-RR 1989, 1162.
5 KG, Beschl. v. 15. 6. 1988 – 24 W 2084/88, OLGZ 1988, 434; OLG Frankfurt/Main, Beschl. v. 1. 8. 1996 – 20 W 555/95, ZMR 1997, 156; OLG Düsseldorf, Beschl. v. 3. 2. 2004 – I-3 Wx 364/03, NZM 2004, 234 = FGPrax 2004, 68 = ZMR 2004, 696.
6 Palandt/*Bassenge*, § 25 WEG Rz. 6 unter Hinweis auf OLG Schleswig, Beschl. v. 8. 3. 1988 – 2 W 44/86.
7 OLG Dresden, Beschl. v. 29. 7. 2005 – 3 W 0719/05, ZMR 2005, 894; *Drasdo*, Rz. 462; a.A. Bärmann/Pick/*Merle*, § 25 WEG Rz. 50; Staudinger/*Bub*, § 25 WEG Rz. 150.

e) Stimmrechtsausschlüsse

181 Einem Wohnungseigentümer kann das Stimmrecht nicht gänzlich entzogen werden[1]; Vereinbarungen und Regelungen in der Gemeinschaftsordnung sowie Mehrheitsbeschlüsse, die dies vorsehen, sind nichtig.

182 In § 25 Abs. 5 WEG sind aber **Einzelfälle** geregelt, in denen er von seinem **Stimmrecht ausgeschlossen** ist. Diese Vorschrift ist gemäß § 10 Abs. 2 Satz 2 WEG jedoch durch Vereinbarung oder Gemeinschaftsordnung (ein Mehrheitsbeschluss wäre nichtig) **abdingbar**. Die Gestaltungsfreiheit findet aber dort ihre Grenze, wo wichtige Rechte der Minderheit faktisch verloren gehen und damit die Funktionsfähigkeit der Eigentümergemeinschaft gefährdet wird[2].

- Die Wohnungseigentümer können die gesetzlichen Ausschlussgründe **einschränken**, z. B. das Stimmverbot nach § 25 Abs. 5 Fall 1 WEG ausschließen, soweit es nicht um eine Maßnahme aus wichtigem Grund gegen einen Wohnungseigentümer oder den Verwalter oder um eine Entlastung handelt[3] oder das Stimmverbot nach § 25 Abs. 5 Fall 3 WEG ausschließen[4], **nicht** aber das Stimmverbot nach § 25 Abs. 5 Fall 2 WEG[5].

- Die Wohnungseigentümer können die gesetzlichen Ausschlussgründe **erweitern**, wenn unter Berücksichtigung der besonderen Bedeutung des Mitgliedschaftsrechtes ein hinreichender Grund vorhanden ist; z. B. durch Regelungen, die als Ausschlussgrund auf ein schuldhaftes Verhalten des betroffenen Wohnungseigentümers abstellen[6], beispielsweise den Verzug mit mindestens zwei Wohngeldbeiträgen[7]. Grob unbillige Regelungen (§§ 134, 138, 242 BGB) sind unwirksam; z. B. Ruhen des Stimmrechts bereits mit Beschlussfassung nach § 18 Abs. 3 WEG[8] oder mit verschuldensunabhängigen Wohngeldrückstand von einem Monat[9].

---

1 BGH, Beschl. v. 11. 11. 1986 – V ZB 1/86, BGHZ 99, 90 = NJW 1987, 650; BayObLG, Beschl. v. 9. 2. 1965 – BReg 2 Z 276/64, BayObLGZ 1964, 34 = NJW 1965, 821; OLG Hamm, Beschl. v. 25. 2. 1986 – 15 W 406/85, DWE 1990, 70; OLG Hamm, Beschl. v. 22. 2. 2007 – 15 W 322/06, ZMR 2008, 60.
2 Bärmann/Pick/*Merle*, § 25 WEG Rz. 142.
3 Bärmann/Pick/*Merle*, § 25 WEG Rz. 142; Staudinger/*Bub*, § 25 WEG Rz. 73, 74.
4 Staudinger/*Bub*, § 25 WEG Rz. 69.
5 Bärmann/Pick/*Merle*, § 25 WEG Rz. 142; Staudinger/*Bub*, § 25 WEG Rz. 73.
6 BayObLG, Beschl. v. 9. 2. 1965 – BReg 2 Z 276/64, NJW 1965, 821 = ZMR 1965, 303; KG, Beschl. v. 10. 11. 1993 – 24 W 6075/92 u. 6297/92, NJW-RR 1994, 659; Staudinger/*Bub*, § 25 WEG Rz. 68.
7 Vgl. KG, Beschl. v. 15. 2. 1988 – 24 W 5246/87, GE 1989, 492; a. A. LG Stralsund, Beschl. v. 12. 5. 2004 – 2 T 516/03, NJW-RR 2005, 313
8 KG, Beschl. v. 27. 11. 1987 – 24 W 4858/85, OLGZ 1986, 179.
9 Vgl. aber BayObLG, Beschl. v. 20. 2. 2003 – 2 Z BR 136/02, ZMR 2003, 519.

aa) Gesetzliche Ausschlussgründe (Stimmverbote)

Die in § 25 Abs. 5 Fall 1 und 2 WEG geregelten Stimmverbote sind besondere Ausprägungen des **Selbstkontrahierungsverbotes**. Die Stimmverbote greifen daher in Anlehnung an die zu § 181 BGB ergangene Rechtsprechung dann nicht ein, wenn für die Wohnungseigentümer ein lediglich vorteilhaftes Rechtsgeschäft gegeben ist oder die Erfüllung einer Verbindlichkeit Gegenstand des Beschlusses ist[1]. Durch diese Stimmverbote soll die Willensbildung auf der Eigentümerversammlung vor den Sonderinteressen einzelner Wohnungseigentümer geschützt werden[2]. Dies bedeutet hingegen nicht, dass sich aus diesem Normzweck ein allgemeiner Rechtsgedanke herleiten ließe, wonach das Stimmrecht immer dann ausgeschlossen ist, wenn die Situation einer Interessenkollision gegeben ist[3].

183

(1) Vornahme eines Rechtsgeschäftes

Nach § 25 Abs. 5 Fall 1 WEG ist ein Wohnungseigentümer vom Stimmrecht ausgeschlossen, wenn die beabsichtige Beschlussfassung ein mit ihm vorzunehmendes Rechtsgeschäft betrifft. Unter den Begriff „**Rechtsgeschäft**" fallen zweiseitige und einseitige Rechtsgeschäfte (z. B. Ausübung von Gestaltungsrechten wie Kündigung, Rücktritt und Geltendmachung von Mängelrechten) sowie rechtsgeschäftsähnliche Handlungen (z. B. Mahnungen, Fristsetzungen, Aufforderungen).

184

Beispiele:
– Ermächtigung zur Vornahme eines Rechtsgeschäftes mit einem Wohnungseigentümer oder zur nachträglichen Genehmigung (§ 184 BGB) eines bereits mit einem Wohnungseigentümer getätigten Rechtsgeschäftes[4].
– Schuldanerkenntnis der Gemeinschaft zugunsten eines Wohnungseigentümers[5]

⊃ **Hinweis:**
Wird über Schuldanerkenntnisse zugunsten mehrerer Wohnungseigentümer nicht jeweils separat, sondern aus organisatorischen Gründen nur ein Beschluss gefasst, führt dies nicht zu der Beurteilung dass sich die Gesamtzahl der von den Begünstigen abgegebenen Stimmen auf die Beschlussfassung ausgewirkt hat[6].

– Verträge zugunsten Dritter, wenn der Wohnungseigentümer Begünstigter des Vertrages ist[7].

---

1 Bärmann/Pick/*Merle*, § 25 WEG Rz. 112; *Müller*, Rz. 386.
2 Bärmann/Pick/*Merle*, § 25 WEG Rz. 99.
3 Bärmann/Pick/*Merle*, § 25 WEG Rz. 137; a. A. *Müller*, Rz. 386.
4 Bärmann/Pick/*Merle*, § 25 WEG Rz. 111.
5 KG, Beschl. v. 7. 2. 2005 – 24 W 27/04, NZM 2005, 429 = ZMR 2005, 571.
6 OLG Düsseldorf, Beschl. v. 26. 5. 2008 – I-3 Wx 271/07, WuM 2008, 368.
7 Bärmann/Pick/*Merle*, § 25 WEG Rz. 124.

– Übernahme einer Bürgschaft für die Schuld eines Wohnungseigentümers[1].

– Beschluss über die Entlastung des Wohnungseigentümers (z.B. als Verwalter oder Beiratsmitglied), denn es handelt sich um ein negatives Schuldanerkenntnis im Sinne von § 397 Abs. 2 BGB und damit um ein Rechtsgeschäft mit ihm[2]. Wird in einem einheitlichen Verfahren zugleich über einen weiteren Gegenstand (z.B. Jahresabrechnung) abgestimmt, so erstreckt sich der Stimmrechtsausschluss auch auf die Abstimmung über diesen weiteren Gegenstand[3].

185 Nicht erfasst werden **mitgliedschaftliche Angelegenheiten**, wie

– **Organschaftliche Akte**, etwa die Bestellung und Abberufung als Verwalter[4] oder Beiratsmitglied oder die Wahl zum Vorsitzenden der Eigentümerversammlung[5]. Denn diese liegen regelmäßig im mitgliedschaftlichen Interesse aller Eigentümer, sodass ein typisches Sonderinteresse in diesen Fällen nicht vorhanden ist.

– Bei der **Bestellung und Abberufung des Verwalters** (gilt entsprechend für ein Beiratsmitglied) ist zwischen dem Bestellungs- bzw. Abberufungsbeschluss und dem Abschluss bzw. der Kündigung des Verwaltervertrages zu unterscheiden[6]. Danach kann ein Wohnungseigentümer, der als Verwalter bestellt bzw. abberufen werden soll, grundsätzlich über die **Bestellung bzw. Abberufung** selbst mit abstimmen[7]. Eine Ausnahme gilt nach allgemeiner Rechtsauffassung im Falle seiner Abberufung aus wichtigem Grund[8], denn der Stimmrechtsausschluss ergibt sich hier aus dem allgemeinen Rechtsgedanken der §§ 712 Abs. 1, 737 BGB, §§ 117, 127, 140 HGB, wonach ein Mitglied vom Stimmrecht ausgeschlossen ist, wenn über Maßnahmen zu entscheiden ist,

---

1 Bärmann/Pick/*Merle*, § 25 WEG Rz. 125.
2 BayObLG, Beschl. v. 18. 12. 1986 – 2 Z BR 81/85, NJW-RR 1987, 595 = WuM 1987, 101; OLG Zweibrücken, Beschl. v. 8. 11. 1990 – 3 W 109/90, ZMR 1992, 206 (Ls.); LG Lübeck, Beschl. v. 25. 2. 1985 – 7 T 15/83, DWE 1985, 93.
3 OLG Zweibrücken, Beschl. v. 7. 3. 2002 -3 W 184/01, NJW-RR 2002, 735; OLG Köln, Beschl. v. 18. 11. 2006 – 16 Wx 165/06, NZM 2007, 334 = NJW-RR 2007, 671= ZMR 2007, 715; Bärmann/Pick/*Merle*, § 28 WEG Rz. 124; MünchKomm/*Engelhardt*, § 25 WEG Rz. 16.
4 BayObLG, Beschl. v. 19. 9. 2001 – 2 Z BR 89/01, ZWE 2001, 590; Bärmann/Pick/*Merle*, § 25 WEG Rz. 102.
5 Bärmann/Pick/*Merle*, § 24 WEG Rz. 53, § 25 WEG Rz. 103; Staudinger/*Bub*, § 24 WEG Rz. 19.
6 Vgl. BGH, Beschl. v. 20. 6. 2002 – V ZB 39/01, NJW 2002, 3240 = NZM 2002, 788 = ZWE 2002, 570; *Bogen*, ZWE 2002, 289.
7 BayObLG, Beschl. v. 19. 9. 2001 – 2 Z BR 89/01, ZWE 2001, 590; KG, Beschl. v. 5. 11. 1986 – 24 W 1558/86, NJW-RR 1987, 268; OLG Zweibrücken, Beschl. v. 13. 6. 1986 – 3 W 98/86, ZMR 1986, 369.
8 BGH, Beschl. v. 19. 9. 2002 – V ZB 30/02, ZMR 2003, 931; OLG Düsseldorf, Beschl. v. 20. 7. 2001 – 3 Wx 174/01, NZM 2001, 992; Palandt/*Bassenge*, § 25 WEG Rz. 14; Staudinger/*Bub*, § 26 WEG Rz. 424.

die die Gemeinschaft ihm gegenüber aus wichtigem Grund vornehmen will[1]. Bei **Beschlüssen über den Verwaltervertrag** wie seinen Abschluss[2], seine Änderung[3] und seine Kündigung[4] ist der betroffene Wohnungseigentümer hingegen nicht stimmberechtigt[5].

- Beschluss nach § 28 Abs. 5 WEG über den von dem Wohnungseigentümer als Verwalter aufgestellten Wirtschaftsplan/Jahresabrechnung[6].

- Gebrauchsregelung, von der ein Wohnungseigentümer betroffen ist[7].

- Ermächtigung eines Wohnungseigentümers zur Prozessführung; es sei denn, der Wohnungseigentümer soll in seiner Eigenschaft als **Rechtsanwalt** tätig werden[8], denn in diesem Fall nimmt er nicht allein mitgliedschaftliche Interessen wahr, sondern der Tätigkeit liegt ein Geschäftsbesorgungsvertrag zugrunde[9].

- Beschluss, durch den ein Wohnungseigentümer zur Unterlassung eines Handelns oder Duldens aufgefordert wird, und zwar auch dann, wenn rechtliche Schritte angedroht werden[10].

- Beschluss über bauliche Veränderung, die ausschließlich oder überwiegend einem Wohnungseigentümer zugute kommt[11].

- Sonderumlagen für Sanierungskosten, die ausschließlich oder überwiegend einem Wohnungseigentümer zugute kommen. [12]

Nach bislang h.M. unterlag der betroffene Wohnungseigentümer auch dann einem Stimmrechtsausschluss, wenn eine **einheitliche Beschlussfassung** über eine mitgliedschaftliche Angelegenheit und ein Rechts-

---

1 Bärmann/Pick/*Merle*, § 25 WEG Rz. 107; Staudinger/*Bub*, § 26 WEG Rz. 424.
2 OLG Saarbrücken, Beschl. v. 10. 10. 1997 – 5 W 60/97, FG Prax 1998, 18.
3 BayObLG, Beschl. v. 15. 10. 1992 – 2 Z BR 75/92, NJW-RR 1993, 206; KG, Beschl. v. 30. 10. 1985 – 24 W 6819/84, NJW-RR 1986, 642.
4 OLG Düsseldorf, Beschl. v. 16. 9. 1998 – 3 Wx 366/98, NZM 1999, 285.
5 Palandt/*Bassenge*, § 25 WEG Rz. 14; MünchKomm/*Engelhardt*, § 25 WEG Rz. 17, Niedenführ/*Kümmel*/Vandenhouten, § 25 Rz. 22; a.A. Bärmann/Pick/*Merle*, § 25 WEG Rz. 105, 107, abgesehen vom Fall der Kündigung aus wichtigem Grund.
6 BayObLG, Beschl. v. 22. 6. 1995 – 2 Z BR 48/95, WE 1996, 234; Palandt/*Bassenge*, § 25 WEG Rz. 14; Bärmann/Pick/*Merle*, § 25 WEG Rz. 109.
7 BayObLG, Beschl. v. 22. 5. 1997 – 2 Z BR 15/97, NJWE-MietR 1997, 206; BayObLG, Beschl. v. 19. 1. 2005 – 2 Z BR 205/04, ZMR 2005, 561.
8 BayObLG, Beschl. v. 3. 11. 1994 – 2 Z BR 58/94, BayObLGZ 1994, 339 = NJW-RR 1995, 395.
9 Bärmann/Pick/*Merle*, § 25 WEG Rz. 111.
10 BayObLG, Beschl. v. 25. 3. 1998 – 2 Z BR 152/97, NZM 1998, 442.
11 BayObLG, Beschl. v. 25. 9. 2003 – 2 Z BR 161/03, FGPrax 2003, 261 = ZMR 2004, 209 unter ausdrücklicher Aufgabe seiner bisherigen Rechtsprechung, vgl. dazu BayObLG, Beschl. v. 20. 6. 1974 – 2 ZBR 22/74, Rpfleger 1974, 316.
12 OLG Düsseldorf, Beschl. v. 5. 12. 1997 – 3 Wx 443/97; NZM 1998, 523.

geschäft mit dem Verwalter erfolgte[1]; wie z. B. bei einem Beschluss über die Bestellung und Anstellung des Verwalters oder über die Abberufung und Kündigung des Verwaltervertrages. Der BGH[2] hat jetzt im Anschluss an die bislang vornehmlich in der Literatur vertretene Auffassung[3] entschieden, dass auch bei einheitlicher Abstimmung angesichts der Bedeutung des Stimmrechtes bei **überwiegend mitgliedschaftlichen Aspekten der Entscheidung** der betroffene Wohnungseigentümer nicht von seinem Stimmrecht ausgeschlossen ist.

◌ **Hinweis:**
Dies gilt nicht für eine einheitliche Beschlussfassung über Jahresabrechnung und Entlastung des Verwalters.

(2) Einleitung eines Rechtsstreits

187 Nach § 25 Abs. 5 Fall 2 WEG ist ein Wohnungseigentümer vom Stimmrecht ausgeschlossen, wenn sich die beabsichtigte Beschlussfassung auf die Einleitung oder Erledigung eines Rechtsstreits der anderen Wohnungseigentümer gegen ihn bezieht. Unter den Begriff „**Rechtsstreit**" fallen insbesondere streitige Zivilverfahren nach § 43 Nr. 1 bis 5 WEG einschließlich des Mahnverfahrens, des einstweiligen Rechtsschutzes, des Zwangsvollstreckungsverfahrens und des selbständigen Beweisverfahrens. Ebenso erfasst werden alle Beschlüsse, die mit der Einleitung des Verfahrens in Zusammenhang stehen[4], wie z. B. die Beauftragung eines Rechtsanwalts, die Einholung eines vorbereitenden Gutachtens oder die Erhebung einer Sonderumlage zwecks Finanzierung des gerichtlichen Verfahrens[5]. Die Erledigung des Rechtsstreits umfasst alle Maßnahmen, die den Fortgang (z. B. Rechtsmittel) oder die Beendigung (z. B. Rücknahme, Vergleich) des Verfahrens betreffen[6]. Die Erfolgsaussichten des angestrebten Verfahrens sind für den Bestand des Stimmverbotes ohne Bedeutung[7].

Beispiele:
– Geltendmachung von Ansprüchen gegen einen Wohnungseigentümer als Verwalter/Verwaltungsbeiratsmitglied[8];

---

1 BayObLG, Beschl. v. 11. 9. 1986 – 2 Z BR 35/86, NJW-RR 1987, 78; BayObLG, Beschl. v. 18. 12. 1986 – 2 Z BR 81/85, NJW-RR 1987, 595 = WuM 1987, 101; BayObLG, Beschl. v. 19. 12. 2001 – 2 Z BR 15/01, ZfIR 2002, 296; OLG Düsseldorf, Beschl. v. 16. 9. 1998 – 3 Wx 366/98, ZMR 1999, 60 OLG Zweibrücken, Beschl. v. 11. 3. 2002 – 3 W 184/01, NJW-RR 2002, 735.
2 BGH, Beschl. v. 19. 9. 2002 – V ZB 30/02, ZMR 2002, 862.
3 Bärmann/Pick/*Merle*, § 25 WEG Rz. 106; Staudinger/*Bub*, § 26 WEG Rz. 423.
4 Palandt/*Bassenge*, § 25 WEG Rz. 13.
5 BayObLG, Beschl. v. 9. 10. 1997 – 2 Z BR 84/97, NZM 1998, 161= NJW-RR 1998, 231.
6 Bärmann/Pick/*Merle*, § 25 WEG Rz. 118.
7 BayObLG, Beschl. v. 9. 10. 1997 – 2 Z BR 84/97, NJW-RR 1998, 231= NZM 1998, 161.
8 BGH, Beschl. v. 15. 12. 1988 – V ZB 9/88, BGHZ 106, 222.

– Geltendmachung von Mängelansprüchen[1] und Einleitung eines selbständigen Beweisverfahrens[2] gegen einen Wohnungseigentümer, der zugleich Bauträger ist;
– Einleitung eines Entziehungsverfahrens nach § 18 WEG[3].

(3) Rechtskräftige Verurteilung nach § 18 WEG

Nach § 25 Abs. 5 Fall 3 WEG ist ein Wohnungseigentümer vom Stimmrecht ausgeschlossen, wenn er gemäß § 18 WEG rechtskräftig zur Veräußerung seines Wohnungseigentums verurteilt worden ist. Das Stimmverbot **beginnt** mit der formellen Rechtskraft der Entscheidung gemäß § 705 ZPO[4] und betrifft im Unterschied zu den vorbehandelten Stimmverboten unabhängig vom konkreten Beschlussgegenstand alle Beschlussfassungen (daher spricht man hier auch von einem Ruhen des Stimmrechts). Das Stimmverbot **endet** im Wege teleologischer Reduktion des § 25 Abs. 5 Fall 3 WEG[5], wenn das Entziehungsverfahren nach § 18 Abs. 2 Nr. 2 WEG wegen ausstehender Zahlungen geführt wurde in dem Moment, in dem der Wohnungseigentümer – entsprechend dem Wortlaut des § 19 Abs. 2 WEG – vor Zuschlagserteilung die dort genannten Zahlungsverpflichtungen erfüllt[6].

188

bb) Wirkungen des Stimmrechtsausschlusses

(1) Allgemeine Wirkungen

Zunächst dürfen die Miteigentumsanteile von Wohnungseigentümern, die einem Stimmrechtsausschluss unterliegen, bei der Feststellung der **Beschlussfähigkeit** im Sinne von § 25 Abs. 3 WEG nicht mitgezählt werden (vgl. Rz. 237).

189

Sodann darf der vom Stimmrechtsausschluss Betroffene bei der betreffenden Beschlussfassung (Stimmverbote gemäß § 25 Abs. 5 Fall 1 und 2 WEG) bzw. bei allen Beschlussfassungen (Stimmrechtverbot gemäß § 25 Abs. 5 Fall 3 WEG) **nicht mitstimmen** und zwar ohne Rücksicht darauf, ob im konkreten Einzelfall eine Beschränkung des Stimmrechtes überhaupt erforderlich wäre[7]. Dabei ist es gleichgültig, ob eine Abstimmung nach dem Kopf-, Wert- oder Objektprinzip zu erfolgen hat, denn das

190

---

1 BayObLG, Beschl. v. 20. 2. 1978 – 2 Z BR 5/77, ZMR 1978, 248; BayObLG, Beschl. v. 31. 1. 1992 – BReg 2 Z 143/91, WE 1993, 27.
2 OLG Köln, Beschl. v. 10. 12. 1990 – 16 Wx 134/90, NJW-RR 1991, 850.
3 KG, Beschl. v. 22. 12. 1993 – 24 W 875/93, NJW-RR 1994, 855.
4 Bärmann/Pick/*Merle*, § 25 WEG Rz. 146.
5 Bärmann/Pick/*Merle*, § 25 WEG Rz. 148; Staudinger/*Bub*, § 25 WEG Rz. 320.
6 Bärmann/Pick/*Merle*, § 25 WEG Rz. 147; *Drasdo*, Rz. 486; a. A. Staudinger/*Bub*, § 25 WEG Rz. 320 erst mit Beseitigung der Vollstreckbarkeit der Entziehungsentscheidung gemäß § 767 ZPO.
7 Bärmann/Pick/*Merle*, § 25 WEG Rz. 98.

Stimmverbot knüpft an die Person des Wohnungseigentümers als Stimmrechtsinhaber an[1].

191 Unberührt vom Stimmrechtsverbot bleiben **Teilnahme-, Rede- und Antragsrechte** in der Eigentümerversammlung[2] sowie das **Beschlussanfechtungsrecht**.

(2) Wirkung bei Mitberechtigung

192 Im Falle einer **Mitberechtigung im Sinne von § 25 Abs. 2 Satz 2 WEG** ist umstritten, wie es sich auswirkt, wenn nur ein Mitberechtigter vom Stimmrecht ausgeschlossen ist. Nach der Rechtsprechung wirkt sich das bei einem Mitberechtigten angesiedelte Stimmverbot wegen der nur einheitlich bestehenden Möglichkeit der Stimmrechtsausübung auch auf das Stimmrecht der nicht unmittelbar betroffenen Mitberechtigten aus[3]. Dies kann indes nicht überzeugen, denn die Pflicht zur einheitlichen Stimmabgabe besagt nur, dass die Mitberechtigten ihr Stimmrecht nicht durch divergierende Stimmabgabe ausüben dürfen. In Teilen der Literatur wird daher die vorzugswürdigere Auffassung vertreten, dass sich ein derartiger Ausschluss nicht notwendig gegen alle richtet. Dies sei nur dann der Fall, wenn der vom Stimmrechtsausschluss Betroffene mindestens 50 % der Stimmen in der Mitberechtigtengemeinschaft hat und damit maßgeblichen Einfluss auf die interne Willensbildung hat, die ihm die Durchsetzung seiner Sonderinteressen ermöglicht oder wenn innerhalb der Gemeinschaft einstimmig zu entscheiden ist; anderenfalls wächst seine Stimme den Nichtbetroffenen zu[4].

(3) Wirkung bei mittelbarer Betroffenheit

193 Der Wohnungseigentümer ist grundsätzlich nur dann von einem Stimmverbot betroffen, wenn dessen Voraussetzungen in seiner Person vorliegen. Ausnahmsweise ist aber auch eine mittelbare Betroffenheit ausreichend, insbesondere dann, wenn eine **wirtschaftliche und personelle Verflechtung** zwischen dem betroffenen Wohnungseigentümer und einer dritten Person gegeben ist[5]. Ist der Wohnungseigentümer etwa Mitglied einer Personengesellschaft oder Organ einer juristischen Person, kommt

---

1 Bärmann/Pick/*Merle*, § 25 WEG Rz. 117.
2 BayObLG, Beschl. v. 31. 1. 1992 – 2 Z BR 143/91, NJW 1993, 603; Bärmann/Pick/*Merle*, § 25 WEG Rz. 140; Palandt/*Bassenge*, § 25 WEG Rz. 15.
3 BayObLG, Beschl. v. 15. 10. 1992 – 2 Z BR 75/92, NJW-RR 1993, 206; *Gottschalg*, NZM 2005, 88 (93).
4 Bärmann/Pick/*Merle*, § 25 WEG Rz. 128; Palandt/*Bassenge*, § 25 WEG Rz. 15; *Bassenge*, FS Seuß, 1987, S. 33; *Lotz-Störmer*, Stimmrechtsausübung und Stimmrechtsbeschränkung im Wohnungseigentumsrecht, 1993, S. 196 ff.
5 BayObLG, Beschl. v. 3. 11. 1994 – 2 Z BR 58/94, BayObLGZ 1994, 339 = NJW-RR 1995, 395; KG, Beschl. v. 30. 10. 1985 – 24 W 6819/84, WE 1987, 26 = NJW-RR 1986, 642.

es für die Frage, ob er einem Stimmverbot unterliegt, mithin darauf an, ob er entscheidenden Einfluss auf die Willensbildung ausüben kann. Dies ist etwa dann der Fall, wenn der betroffene Wohnungseigentümer Mehrheitsgesellschafter oder Geschäftsführer/Vorstand der dritten Person ist, mit der das Rechtsgeschäft abgeschlossen werden soll[1]. Enge **persönliche Verbundenheit** (auch Ehe) genügen hingegen nicht[2].

⊃ **Hinweis:**
Da der Versammlungsvorsitzende regelmäßig keine Kenntnis von der Beteiligung eines Wohnungseigentümers an einer Drittgesellschaft hat, obliegt es einem Wohnungseigentümer, der sich auf das Stimmverbot wegen dieser Beteiligung beruft, dieses nachzuweisen.

(4) Wirkung bei Vertretung

Ein Stimmverbot kann nicht durch eine rechtsgeschäftliche[3] oder gesetzliche[4] **Vertretung** umgangen werden. Dabei sind drei Fälle zu unterscheiden:

– Für den **Vertretenen bestehende Stimmverbote** erstrecken sich auch auf die Person des Vertreters[5]. Ein vom Stimmrecht ausgeschlossener Wohnungseigentümer kann daher nicht bei der Stimmrechtsausübung vertreten werden. Dies gilt allerdings nicht für Verwaltungsbefugte, sofern man ihnen nicht ohnehin ein eigenes Stimmrecht zuerkennt (Rz. 134)[6].   194

– Für den **Vertreter bestehende Stimmverbote** erstrecken sich auch auf die Stimmrechtsausübung für den Vertretenen, weil der Vertreter eine eigene Erklärung abgibt[7] und der von einem Stimmverbot Betroffene in keiner Weise Einfluss auf den Ablauf der Versammlung und das Beschlussergebnis nehmen können soll. Ein bei der Beschlussfassung über die Bestellung zum Verwalter nicht stimmberechtigter   195

---

1 OLG Oldenburg, Beschl. v. 17. 9. 1997 – 5 W 104/97, NZM 1998, 39; vgl. auch AG Dresden, Beschl. v. 2. 11. 2002 – 440 UR II 90/02, ZMR 2005, 232, das den Anschein einer maßgeblichen Einflussnahme ausreichen lässt.
2 OLG Saarbrücken, Beschl. v. 10. 10. 1997 – 5 W 60/97, FGPrax 1998, 18; Bärmann/Pick/*Merle*, § 25 WEG Rz. 119; Palandt/*Bassenge*, § 25 WEG Rz. 13.
3 OLG Zweibrücken, Beschl. v. 11. 3. 2002 – 3 W 184/01, NZM 2002, 345.
4 LG Frankfurt/Main, Beschl. v. 30. 10. 1987 – 2/9 T 1014/87, NJW-RR 1988, 596.
5 OLG Frankfurt/Main, Beschl. v. 28. 2. 1983 – 20 W 8/83, OLGZ 1983, 175; Bärmann/Pick/*Merle*, § 25 WEG Rz. 120.
6 Bärmann/Pick/*Merle*, § 25 WEG Rz. 123; Palandt/*Bassenge*, § 25 WEG Rz. 15.
7 BayObLG, Beschl. v. 19. 12. 2001 – 2 Z BR 15/01, ZfIR 2002, 296; KG, Beschl. v. 12. 9. 1988 – 24 W 5887/87, NJW-RR 1989, 144; OLG Zweibrücken, Beschl. v. 14. 5. 1998 – 3 W 40/98, NZM 1998, 671; OLG Düsseldorf, Beschl. v. 16. 9. 1998 – 3 Wx 366/98, NZM 1999, 285 = ZMR 1999, 60; OLG Düsseldorf, Beschl. v. 20. 7. 2001 – 3 Wx 174/01, NJW-RR 2001, 1668; Bärmann/Pick/*Merle*, § 25 WEG Rz. 121; MünchKomm/*Engelhardt*, § 25 WEG Rz. 21; Staudinger/*Bub*, § 25 WEG Rz. 282.

Wohnungseigentümer kann daher einen anderen (selbst stimmberechtigten) Wohnungseigentümer nicht bei der Stimmabgabe vertreten. In diesem Fall kann der Vertreter aber einem Dritten Untervollmacht (Rz. 157) erteilen, wenn diese nicht mit der Umgehung seines Stimmrechtsverbotes dienenden Weisungen verbunden ist[1].

196 – Ist der **Vertreter nicht Mitglied der Wohnungseigentümergemeinschaft**, so ist er gemäß § 181 BGB als Vertreter bei der Stimmrechtsausübung ausgeschlossen, wenn er als Mitglied einem Stimmverbot unterläge[2]. Hierfür kommt in erster Linie der **Verwalter**, der nicht selbst Wohnungseigentümer ist, in Betracht[3]. Dieser darf damit nicht in Vollmacht von Wohnungseigentümern etwa bei der Beschlussfassung über seine Entlastung[4] oder seinen Verwaltervertrag[5] abstimmen[6]. Soweit er dazu berechtigt ist (Rz. 157), kann der als Bevollmächtigte ausgeschlossene Verwalter jedoch eine weisungsfreie Untervollmacht erteilen, denn der Unterbevollmächtigte vertritt nicht den Bevollmächtigten[7].

➲ Hinweis:

Stimmt der Verwalter dennoch ab, hat er gemäß § 49 Abs. 2 WEG wegen des Vorliegens „groben Verschuldens" die Kosten einer hierdurch veranlassten Beschlussanfechtungsklage zu tragen[8].

cc) Nichtbeachtung des Stimmrechtsausschlusses

197 Wird die einem Stimmverbot unterliegende Stimme bei der Feststellung des Beschlussergebnisses mitgerechnet, so ist der Beschluss nicht nich-

---

1 OLG Karlsruhe, Beschl. v. 27. 5. 2002 – 14 Wx 91/01, ZMR 2003, 289; a. A. *Drasdo*, Rz. 304 unter Hinweis darauf, dass der Hauptbevollmächtigte sich nur denjenigen als Unterbevollmächtigten wählt, von dem er erwarten kann, in seinem Sinne abzustimmen.
2 BayObLG, Beschl. v. 21. 4. 1998 – 2 Z BR 36/98 u. 43/98, NZM 1998, 668; KG, Beschl. v. 12. 9. 1988 – 24 W 5887/87, NJW-RR 1989,144; OLG Düsseldorf, Beschl. v. 16. 9. 1998 – 3 Wx 366/98, NZM 1999, 285 = ZMR 1999, 60; OLG Hamm, Beschl. v. 20. 7. 2006 – 15 W 142/05, ZMR 2007, 63= NJW-RR 2007, 161= NZM 2007, 253; LG Lübeck, Beschl. v. 25. 2. 1985 – 7 T 15/83, DWE 1985, 93; Bärmann/Pick/*Merle*, § 25 WEG Rz. 121; Staudinger/*Bub*, § 25 WEG Rz. 284.
3 Vgl. OLG Düsseldorf, Beschl. v. 20. 7. 2001 – 3 Wx 174/01, ZMR 2002, 143.
4 OLG Zweibrücken, Beschl. v. 8. 11. 1990 – 3 W 109/80, WE 1991, 357; AG Neuss, Urt. v. 28. 1. 2008 – 101 C 442/07, WuM 2008, 242.
5 BayObLG, Beschl. v. 21. 4. 1998 – 2 Z BR 36,43/98, ZfIR 1998, 357.
6 Palandt/*Bassenge*, § 25 WEG Rz. 15.
7 OLG Zweibrücken, Beschl. v. 14. 5. 1998 – 3 W 40/98, NZM 1998, 671, BayObLG, Beschl. v. 21. 4. 1998 – 2 Z BR 36/98 u. 43/98, NZM 1998, 668; Palandt/*Bassenge*, § 25 WEG Rz. 15; a.A. *Drasdo*, Rz. 304 unter Hinweis darauf, dass der Hauptbevollmächtigte sich nur denjenigen als Unterbevollmächtigten wählt, von dem er erwarten kann, in seinem Sinne abzustimmen.
8 AG Neuss, Urt. v. 28. 1. 2008 – 101 C 442/07, WuM 2008, 242.

tig[1], sondern nur auf eine **Anfechtung** nach § 23 Abs. 4 WEG für ungültig zu erklären, wenn die Beschlussfassung auf dem Mangel beruht. Dies ist dann der Fall, wenn es ohne diese Stimme zu einem anderen Ergebnis der Beschlussfassung gekommen wäre[2].

Beruht die **Ablehnung eines Beschlussantrags** auf einem unberechtigten Stimmrechtsausschluss, so führt die Ungültigerklärung dieses Beschlusses nicht zur Antragsannahme[3]. Der Antrag auf Ungültigerklärung kann jedoch mit einem im Verfahren nach § 43 Nr. 1 WEG zu stellenden **Antrag auf Zustimmung** zu einer ordnungsmäßiger Verwaltung entsprechenden Maßnahme verbunden werden.

f) Stimmrechtsmissbrauch

aa) Abstimmungsverhalten im konkreten Einzelfall

Das WEG kennt keine Verpflichtung des einzelnen Wohnungseigentümers zu einem bestimmten Abstimmungsverhalten[4]. Dennoch sind bei der Ausübung des Stimmrechts – wie bei jeder anderen Rechtshandlung auch – die Grundsätze von Treu und Glauben gemäß § 242 BGB zu beachten[5], d.h. es besteht eine **Pflicht zur Rücksichtnahme auf die Interessen der Gemeinschaft**[6]. Dies bedeutet, dass die Stimmrechtsausübung den Vorwurf rechtsmissbräuchlichen Verhaltens bzw. der Verletzung der Grundsätze ordnungsmäßiger Verwaltung begründen kann, wenn der Wohnungseigentümer sein Stimmrecht bewusst zu gemeinschaftswidrigen Zwecken einsetzt.

Die Frage des Stimmrechtsmissbrauchs stellt sich häufig im Zusammenhang mit der so genannten **Majorisierung bei der Verwalterwahl**. Darunter versteht man die Ausnutzung eines bei Anwendung des Objekt- oder Wertprinzips vorhandenen Stimmenübergewichtes eines Wohnungseigentümers oder einer Gruppe wirtschaftlich eng verbundener Wohnungseigentümer zur eigenen Verwalterwahl oder zur Wahl eines Verwalters seines/ihres Vertrauens[7]. Eine vergleichbare Problematik stellt sich bei Geltung des gesetzlichen Kopfprinzips, wenn ein Wohnungseigentümer, dem mehrere Wohnungen gehören, einzelne davon

---

1 OLG Düsseldorf, Beschl. v. 5. 12. 1997 – 3 Wx 443/97, FGPrax 1998, 91.
2 KG, Beschl. v. 18. 11. 1998 – 24 W 4180/97, ZMR 1999, 426; OLG Karlsruhe, Beschl. v. 10. 9. 1997 – 4 W 71/97, NZM 1998,768; LG Berlin, Beschl. v. 13. 10. 2000 – 85 T 170/00, ZMR 2001, 146.
3 BayObLG, Beschl. v. 25. 5. 1999 – 2 Z BR 25/99, NZM 1999, 712.
4 Bärmann/Pick/*Merle*, § 25 WEG Rz. 163.
5 BayObLG, Beschl. v. 10. 3. 1994 – 2 Z BR 143/93, WuM 1994, 570; OLG Düsseldorf, Beschl. v. 21. 12. 1983 – 3 W 177/83, OLGZ 1984, 289; Weitnauer/*Lüke*, § 25 WEG Rz. 25.
6 BGH, Beschl. v. 19. 9. 2002 – V ZB 30/02, NJW 2002, 3704 = NZM 2002, 995.
7 Staudinger/*Bub*, § 25 WEG Rz. 228 f.

zwecks Vermehrung seiner Stimmrechte an nahe Angehörige übertragen hat[1].

Die Gefahr einer Majorisierung macht die vom Gesetz abweichende Stimmrechtsvereinbarung nicht bereits unzulässig bzw. führt nicht zum Stimmrechtsverbot, weil für die anderen Wohnungseigentümer durch die Möglichkeit der Anfechtung ausreichender Schutz vor rechtsmissbräuchlicher Stimmabgabe besteht[2].

Für ein rechtsmissbräuchliches Stimmverhalten reicht der Einsatz aller vorhandenen Stimmen als solcher nicht aus[3], denn im Unterschied zum Stimmverbot besteht trotz der Gefahr eines Stimmrechtsmissbrauchs immer noch die Möglichkeit, sich bei einer Abstimmung den Grundsätzen ordnungsmäßiger Verwaltung entsprechend zu verhalten[4]. Ein Stimmrechtsmissbrauch liegt auch in diesen Fällen nur dann vor, wenn weitere Umstände hinzutreten, aus denen sich ergibt, dass ein Stimmenübergewicht zur Herbeiführung einer eigennützigen, sachlich nicht gerechtfertigten oder gesetzeswidrigen Entscheidung eingesetzt wird[5]. Das Abstimmungsverhalten eines Wohnungseigentümers ist hingegen nicht rechtsmissbräuchlich, wenn für die Stimmabgabe nachvollziehbare und verständliche Gründe vorliegen[6].

201 **Beispiele für Rechtsmissbrauch**

– Bestellung eines dem Mehrheitseigentümer nahestehenden Verwalters zur Verschaffung unangemessener Vorteile[7].

– Bestellung eines Verwalters ohne persönliche und fachliche Eignung[8].

– Verhinderung der Abwahl eines dem Mehrheitseigentümer nahe stehenden Verwalters[9].

---

1 OLG München, Beschl. v. 23. 8. 2006 – 34 Wx 58/06, ZMR 2006, 950.
2 KG, Beschl. v. 10. 1. 1994 – 24 W 4817/93, OLGZ 1994, 389; OLG München, Beschl. v. 23. 8. 2006 – 34 Wx 58/06, ZMR 2006, 950.
3 BGH, Beschl. v. 19. 9. 2002 – V ZB 30/02, NJW 2002, 3704 = NZM 2002, 995; BayObLG, Beschl. v. 28. 1. 1986 – BReg 3 Z 4/86, BayObLGZ 1986, 10 = NJW-RR 1986, 566; KG, Beschl. v. 5. 11. 1986 – 24 W 1558/86, NJW-RR 1987, 268; Palandt/*Bassenge*, § 25 WEG Rz. 10; a.A. OLG Hamm, Beschl. v. 6. 2. 1978 – 15 W 345/346/77, OLGZ 1978, 184; OLG Düsseldorf, Beschl. v. 21. 12. 1983 – 3 W 177/83, OLGZ 1984, 289;.
4 BGH, Beschl. v. 19. 9. 2002 – V ZB 30/02, NJW 2002, 3704 = NZM 2002, 995; Bärmann/Pick/*Merle*, § 25 WEG Rz. 158.
5 BGH, Beschl. v. 19. 9. 2002 – V ZB 30/02, NJW 2002, 3704 = NZM 2002, 995; BayObLG, Beschl. v. 3. 5. 2005 – 2 Z BR 143/04, ZMR 2006,139.
6 BayObLG, Beschl. v. 3. 5. 2005 – 2 Z BR 143/04, ZMR 2006, 139.
7 BayObLG, Beschl. v. 2. 3. 2001, 2 Z BR 88/00, ZMR 2001, 719.
8 BayObLG, Beschl. v. 24. 1. 2001 – 2 Z BR 112/00, ZMR 2001, 366; KG, Beschl. v. 20. 3. 1989 – 24 W 4238/88, WE 1989,169; LG Berlin, Beschl. v. 20. 6. 2000 – 85 T 251/99, ZMR 2001, 143.
9 OLG Schleswig, Beschl. v. 16. 11. 2005 – 2 W 267/04, NJW-RR 2006, 594 = FGPrax 2006, 66.

– Bestellung eines Verwalters bei offenkundigen Interessengegensätzen.
– Sonderumlage mit der Stimmenmehrheit des illiquiden Bauträger-Eigentümers zur Erfüllung eigener Herstellungsverpflichtungen, die faktisch allein von den solventen Minderheitseigentümern aufzubringen ist[1].

Rechtsmissbrauch als selbständiger Beschlussmangel kommt dann in Betracht, wenn das WEG für die gerichtliche Überprüfung von Beschlüssen nicht bereits einen Maßstab bereithält, insbesondere bei Verstößen gegen **§§ 138, 242 BGB** oder bei **internen Organisationsregelungen**. 202

Beispiel:
Mehrheitseigentümer lässt sich durch einen Anwalt in der Eigentümerversammlung vertreten, wobei er die anwaltliche Vertretung der anderen Wohnungseigentümer mit seiner Stimmenmehrheit verhindert[2].

bb) Rechtsfolgen der rechtsmissbräuchlichen Stimmrechtsausübung

Rechtsmissbräuchlichkeit führt grundsätzlich zur **Unwirksamkeit (Nichtigkeit) der Stimmabgabe**, so dass die Missbrauchsstimmen bei der Feststellung des Abstimmungsergebnisses nicht zu berücksichtigen sind[3]. 203

⊃ **Hinweis:**
Der Verwalter ist berechtigt und verpflichtet, eine wegen Rechtsmissbrauchs nichtige Stimme des Mehrheitseigentümers nicht mitzuzählen.

War die Stimmabgabe hingegen rechtsmissbräuchlich und wurde dennoch – weil sie fälschlich bei der Feststellung des Abstimmungsergebnisses mitgezählt wurde – ein nicht gefasster Beschluss verkündet (Rz. 256, 257), ist dieser Beschluss grundsätzlich wirksam.

Erst auf seine **Anfechtung** hin ist er **für ungültig zu erklären**, wenn die Stimmenmehrheit ohne die Missbrauchsstimmen entfällt[4].

⊃ **Hinweis:**
Ausnahmsweise kann die rechtsmissbräuchliche Stimmabgabe aber auch bereits zur **Nichtigkeit des gefassten Beschlusses** gemäß § 138 BGB führen, etwa wenn der begünstigte Wohnungseigentümer treuwidrig mit dem Verwalter zusammenwirkend in sachwidriger Weise eigene Zwecke auf Kosten der übrigen Wohnungseigentümer verfolgt[5].

---

1 OLG Zweibrücken, Beschl. v. 22. 3. 2005 – 3 W 226/04, NZM 2005, 429.
2 LG Berlin, Beschl. v. 3. 9. 1986 – 191T 67/86, WuM 1989, 203.
3 BGH, Beschl. v. 19. 9. 2002 – V ZB 30/02, NJW 2002, 3704 = NZM 2002, 995.
4 BayObLG, Beschl. v. 27. 7. 2000 – 2 Z BR 112/99, NZM 2001, 672.
5 OLG Schleswig, Beschl. v. 16. 11. 2005 – 2 W 267/04, NJW-RR 2006, 594 = FGPrax 2006, 66 = ZMR 2006, 315.

204 Beruht die **Ablehnung eines Beschlussantrags** auf Missbrauchsstimmen, so führt die Ungültigerklärung dieses Beschlusses nicht zur Antragsannahme[1]. Der Antrag auf Ungültigerklärung kann jedoch mit einem im Verfahren nach § 43 Nr. 1 WEG zu stellenden **Antrag auf Zustimmung** zu einer ordnungsmäßiger Verwaltung entsprechenden Maßnahme verbunden werden.

205 Wegen des bestehenden Rechtsschutzes der übrigen Mitglieder der Gemeinschaft gegen ein rechtsmissbräuchliches Stimmverhalten besteht grundsätzlich keine **Schadensersatzpflicht** des einzelnen Wohnungseigentümers wegen des Gebrauchs seines Stimmrechts[2]. Ausnahmsweise wird eine solche jedoch dann in Betracht kommen, wenn unmittelbar mit dem Abstimmungsverhalten trotz der Ausschöpfung der Rechtsschutzmöglichkeiten, auch im Wege der einstweiligen Anordnung, nicht mehr veränderbare Tatsachen geschaffen worden sind. Den betroffenen Wohnungseigentümern steht darüber hinaus auch ein **Folgenbeseitigungsanspruch** zu[3].

Beispiel:
Ein Wohnungseigentümer lehnt ein günstiges Vertragsangebot aus unsachlichen Gründen ab und der Vertrag muss später dann zu schlechteren Konditionen abgeschlossen werden.

206 Die **Beschränkung des Stimmrechtes** auf einen bestimmten Anteil, z. B. 25 %, ist nach h. M. ebenso unzulässig wie eine gerichtlich verfügte Beschränkung für die Zukunft[4]. Denn hierdurch wird in den Kernbereich des Wohnungseigentums eingegriffen. Das Stimmrecht ist ein wesentliches Gestaltungsrecht, welches nur aufgrund Gesetzes oder Vereinbarung, nicht aber durch Beschluss oder durch den Richter eingeschränkt werden kann[5]. Durch das jedem Wohnungseigentümer zustehende Anfechtungsrecht wird den vermeintlich benachteiligten Mitgliedern hinreichender Schutz eingeräumt. Im Übrigen ist für einen Stimmrechtsmissbrauch immer auf den konkreten Einzelfall abzustellen, sodass schon aus diesem Grund eine generelle Beschränkung keine Rechtfertigung finden kann.

g) Stimmrechtsbindungsverträge

207 Dabei handelt es sich um Verträge der Stimmrechtsinhaber, in denen sich diese gegenüber dritten Personen (z. B. anderen Mitgliedern der Gemeinschaft, Nießbrauchern, Erwerbern, finanzierenden Banken) ver-

---

1 BayObLG, Beschl. v. 25. 5. 1999 – 2 Z BR 25/99, NZM 1999, 712.
2 Staudinger/*Bub*, § 25 WEG Rz. 240.
3 Staudinger/*Bub*, § 25 WEG Rz. 241.
4 BGH, Beschl. v. 19. 9. 2002 – V ZB 30/02, NJW 2002, 3704 = NZM 2002, 995.
5 Staudinger/*Bub*, § 25 WEG Rz. 237.

pflichten, von ihrem Stimmrecht nur in bestimmter Art und Weise allgemein oder im Einzelfall Gebrauch zu machen[1]. Ein solcher Vertrag wird gegenüber anderen Wohnungseigentümern oder dritten Personen **grundsätzlich** für **zulässig** erachtet, da sich seine Wirkung ausschließlich in einer als Auftrag im Sinne des § 662 BGB zu qualifizierenden schuldrechtlichen Verpflichtung erschöpft. Die anderen Wohnungseigentümer können sich durch eine Beschlussanfechtung hinreichend schützen. Zu beachten ist aber, dass ein Stimmrechtsverbot gemäß § 25 Abs. 5 WEG durchschlägt. Eine **Ausnahme** wird angenommen, wenn die Verpflichtung gegenüber dem **Verwalter** eingegangen wird, denn da der Verwalter von den Wohnungseigentümern kontrolliert wird und in einem Abhängigkeitsverhältnis zu ihnen steht, könne er diesen nicht gleichzeitig bindende Anweisungen erteilen[2].

Wird eine Stimme unter Verstoß gegen den Stimmrechtsbindungsvertrag abgegeben, hat dies auf die Ausübung des Stimmrechts keine Auswirkungen[3]. Der vertragswidrig Abstimmende kann sich lediglich gegenüber dem Vertragspartner schadensersatzpflichtig machen[4]. Die Einhaltung der vertraglich vereinbarten Stimmrechtsbindung kann nach allgemeinen Grundsätzen vor dem Zivilgericht (kein Fall des § 43 WEG!) geltend gemacht werden. Eine einstweilige Verfügung, die Stimme in einer bestimmten Form abzugeben, kommt wegen der Vorwegnahme der Hauptsache nicht in Betracht.

IV. Beschlussfassung in der Wohnungseigentümerversammlung

1. Der Beschluss als Instrument der Willensbildung

Die Willensbildung innerhalb der Wohnungseigentümerversammlung erfolgt im Wege der Beschlussfassung. Zentrale Frage ist die nach der Beschlusskompetenz.

a) Beschlusskompetenz

Das WEG unterscheidet zwischen Angelegenheiten, die die Wohnungseigentümer durch **Mehrheitsbeschluss oder allstimmigen Beschluss** regeln können, und solchen, die sie durch **Vereinbarung** regeln müssen.

---

1 Bärmann/Pick/*Merle*, § 25 WEG Rz. 70; Staudinger/*Bub*, § 25 WEG Rz. 214; *Drasdo*, Rz. 515.
2 Bärmann/Pick/*Merle*, § 25 WEG Rz. 72; Staudinger/*Bub*, § 25 WEG Rz. 216; *Drasdo*, Rz. 516.
3 OLG Frankfurt/Main, Beschl. v. 15. 10. 2004 – 20 W 370/03, OLGReport 2005, 423.
4 Staudinger/*Bub*, § 25 WEG Rz. 219.

Gemäß § 23 Abs. 1 WEG können durch Beschlussfassung in der Wohnungseigentümerversammlung nur solche Angelegenheiten geordnet werden, über die nach dem WEG oder einer Vereinbarung die Wohnungseigentümer durch Beschluss entscheiden können; anderenfalls bedarf es einer Vereinbarung im Sinne von § 10 Abs. 2 WEG, die auch außerhalb einer Wohnungseigentümerversammlung getroffen werden kann.

209 Dies ist Ausdruck des auch im Personengesellschaftsrecht vorherrschenden **Vertrags- (Einstimmigkeits-)prinzips**. Lediglich im Interesse der Handlungs- und Entscheidungsfähigkeit einer nicht rechtsfähigen Personenvereinigung, die wie die Wohnungseigentümergemeinschaft grundsätzlich unauflösbar ist, ist es geboten, das Vertragsprinzip durch das **Mehrheitsprinzip** abzuschwächen. Anderenfalls könnten selbst die notwendigsten Maßnahmen durch nur eine Gegenstimme verhindert werden.

210 Die besondere Bedeutung der Mehrheitsbeschlüsse des WEG liegt darin, dass sie

– gemäß §§ 23 Abs. 4, 46 Abs. 1 WEG trotz Verfahrens- und Inhaltsmängeln nach Ablauf der Anfechtungsfrist in Bestandskraft erwachsen und dauerhaft wirken,

– auch gegenüber denjenigen wirken, die gegen den Beschluss gestimmt haben, § 10 Abs. 5 WEG,

– gegenüber denjenigen Mitgliedern der Gemeinschaft wirken, die an der Beschlussfassung nicht mitgewirkt haben, § 10 Abs. 5 WEG,

– gegenüber Sonderrechtsnachfolgern auch ohne Eintragung im Grundbuch wirken, § 10 Abs. 4 WEG.

211 Die **Mehrheitsherrschaft bedarf der Legitimation durch Kompetenzzuweisung**. Sie ist nach dem gesetzlichen Vorbild die Ausnahme und wurde bis zum Inkrafttreten der Änderung des WEG zum 1. 7. 2007 vom Gesetz nur dort zugelassen, wo es um das der Gemeinschaftsgrundordnung nachrangige Verhältnis der Wohnungseigentümer untereinander geht[1]. Mehrheitsbeschlüsse waren danach in §§ 15 Abs. 2, 18 Abs. 3, 21 Abs. 3, 26 Abs. 1, 27 Abs. 2 Nr. 3, Abs. 3 Satz 1 Nr. 7, 28 Abs. 4 und 5 und 29 Abs. 1 WEG vorgesehen.

Nunmehr hat der Gesetzgeber zwecks Stärkung der Handlungsfähigkeit der Gemeinschaft auch Beschlusskompetenzen im Bereich des Gemeinschaftsverhältnisses geschaffen, nämlich in §§ 12 Abs. 4, 16 Abs. 3 und 4, 21 Abs. 7 WEG.

---

1 BGH, Beschl. v. 11. 7. 1991 – V ZB 24/90, BGHZ 115, 151 = NJW 1991, 2637.

Durch **Vereinbarung** bzw. Regelung in der Gemeinschaftsordnung kann bestimmt werden, dass Angelegenheiten, die nach dem Gesetz einer Vereinbarung oder eines allstimmigen Beschlusses bedürfen, durch Mehrheitsbeschluss geregelt werden können (sog. **Öffnungsklauseln**). Umgekehrt kann so bestimmt werden, dass Angelegenheiten, die nach dem Gesetz durch Mehrheitsbeschluss geregelt werden können, eines allstimmigen Beschlusses (oder einer qualifizierten Mehrheit) bedürfen. 212

Da das Gesetz die Mehrheitsmacht auf bestimmte Bereiche beschränkt, kann jeder Eigentümer darauf vertrauen, dass in sein Wohnungseigentum und seine aus dem Wohnungseigentum fließenden Rechte und Pflichten im Übrigen auch nicht durch Mehrheitsentscheidungen eingegriffen werden kann[1]. Ist daher eine Angelegenheit weder durch das WEG noch durch eine Vereinbarung dem Mehrheitsprinzip unterworfen, darf eine Regelung nicht durch Mehrheitsbeschluss getroffen werden. Die Wohnungseigentümerversammlung ist für eine derartige Beschlussfassung absolut unzuständig[2] und ein Mehrheitsbeschluss ist nicht nur anfechtbar, sondern **nichtig** und bedarf keiner Ungültigerklärung. Eine Beschlusskompetenz wird aber ausnahmsweise in folgenden Fällen bejaht: 213

- **Gebrauchsregelungen** 214
  Die Regelung des ordnungsmäßigen Gebrauchs des Sondereigentums und des gemeinschaftlichen Eigentums kann nach § 15 Abs. 2 WEG mit Stimmenmehrheit erfolgen, während eine Regelung, die die Grenzen des ordnungsmäßigen Gebrauchs überschreitet, nach § 15 Abs. 1 WEG einer Vereinbarung bedarf. Hier kann das Merkmal der Ordnungsmäßigkeit des Gebrauchs aus Gründen der Rechtssicherheit nicht kompetenzbegründend sein[3], sodass ein Mehrheitsbeschluss, der mehr als nur den ordnungsmäßigen Gebrauch regelt, nicht wegen fehlender Beschlusskompetenz nichtig ist, sondern der Ungültigerklärung bedarf.

- **Verwaltungsregelungen** 215
  Regelungen zur ordnungsmäßigen Verwaltung des gemeinschaftlichen Eigentums können nach § 21 Abs. 3 WEG mit Stimmenmehrheit beschlossen werden, während Regelungen, die die Grenzen ordnungsmäßiger Verwaltung überschreiten, eines allstimmigen Beschlusses bedürfen[4]. Hier kann das Merkmal der Ordnungsmäßigkeit der Ver-

---

1 *Häublein*, ZMR 2000, 423; *Wenzel*, ZWE 2000, 2.
2 BGH, Beschl. v. 11. 7. 1991 – V ZB 24/90, BGHZ 115, 151 = NJW 1991, 2637; Bärmann/Pick/*Merle*, § 23 WEG Rz. 160a; *Wenzel*, ZWE 2000, 2.
3 BGH, Beschl. v. 20. 9. 2000 – V ZB 58/99, BGHZ 145, 158 = NJW 2000, 3500 = ZWE 2000, 518; *Wenzel*, ZWE 2001, 226; a. A. *Häublein*, ZMR 2000, 423.
4 BGH, Beschl. v. 20. 9. 2000 – V ZB 58/99, BGHZ 145, 158 = NJW 2000, 3500 = ZWE 2000, 518; *Kümmel*, ZWE 2001, 516; *Wenzel*, ZWE 2001, 226; a. A. *Häublein*, ZMR 2000, 423.

waltung aus Gründen der Rechtssicherheit nicht kompetenzbegründend sein[1], sodass ein Mehrheitsbeschluss, der mehr als nur die ordnungsmäßige Verwaltung regelt, nicht wegen fehlender Beschlusskompetenz nichtig ist, sondern der Ungültigerklärung bedarf.

216 • **Bauliche Veränderungen und Aufwendungen**
Über bauliche Veränderungen und Aufwendungen, die sich im Rahmen ordnungsmäßiger Instandhaltung oder Instandsetzung halten, kann nach § 21 Abs. 3, Abs. 5 Nr. 2 WEG mit Stimmenmehrheit beschlossen werden, während es nach § 22 Abs. 1 WEG der Zustimmung aller nachteilig betroffenen Wohnungseigentümer bzw. nach § 22 Abs. 2 WEG der Zustimmung einer qualifizierten Mehrheit bedarf, wenn sie darüber hinausgehen. Hier kann das Merkmal der Ordnungsmäßigkeit der Instandhaltung oder Instandsetzung aus Gründen der Rechtssicherheit nicht kompetenzbegründend sein[2], so dass im Falle von § 22 Abs. 1 WEG ein mit Mehrheit und im Falle des § 22 Abs. 2 WEG ein mit nur einfacher Mehrheit gefasster Beschluss, der mehr als nur die ordnungsmäßige Instandhaltung oder Instandsetzung regelt, nicht wegen fehlender Beschlusskompetenz nichtig ist, sondern der Ungültigerklärung bedarf[3].

b) Rechtscharakter des Beschlusses

aa) Rechtsgeschäft

217 Ein Beschluss ist die Entscheidung eines kollektiven Organs oder Gremiums über einen zur Abstimmung gestellten Antrag. Er lässt sich als **rechtsgeschäftlicher Gesamtakt**, der sich aus den einzelnen gleichgerichteten, aber inhaltlich nicht notwendig übereinstimmenden Abstimmungserklärungen (Rz. 141) zusammensetzt[4], beschreiben. Es finden daher die Vorschriften über den Vertragsabschluss (§§ 145 ff. BGB) keine Anwendung.

218 Der Beschluss unterliegt aber den **für Rechtsgeschäfte geltenden Vorschriften**, insbesondere den Bestimmungen über die Nichtigkeit wie den §§ 134, 138, 139[5], 140 BGB sowie über die Auslegung gemäß §§ 133, 157 BGB. Beschlüsse können schließlich auch gemäß § 158 BGB unter einer

---

1 BGH, Beschl. v. 20. 9. 2000 – V ZB 58/99, BGHZ 145, 158 = NJW 2000, 3500 = ZWE 2000, 518; *Wenzel*, ZWE 2001, 226; a. A. *Häublein*, ZMR 2000, 423.
2 BGH, Beschl. v. 20. 9. 2000 – V ZB 58/99, BGHZ 145, 158 = NJW 2000, 3500 = ZWE 2000, 518; *Wenzel*, ZWE 2001, 226; a. A. *Häublein*, ZMR 2000, 423.
3 BGH, Beschl. v. 20. 9. 2000 – V ZB 58/99, BGHZ 145, 158 = NJW 2000, 3500 = ZWE 2000, 518; BayObLG, Beschl. v. 30. 11. 2000 – 2 Z BR 81/00, NZM 2001, 133; OLG Zweibrücken, Beschl. v. 21. 11. 2002 – 3 W 179/02, FGPrax 2003, 60.
4 BGH, Beschl. v. 10. 9. 1998 – V ZB 11/98, BGHZ 139, 288 = NJW 1998, 3710 = NZM 1998, 955.
5 OLG Köln, Beschl. v. 4. 1. 2007 – 16 Wx 232/06, ZMR 2008, 70.

Bedingung, die ein zukünftiges Ereignis jeder Art sein kann, gefasst werden[1].

Maßgeblich für die **Auslegung von Beschlüssen** ist das vom Versammlungsleiter festgestellte und verkündete Beschlussergebnis (Rz. 248, 251). Die Anwendung der §§ 133, 157 BGB ist jedoch dadurch beschränkt, dass Beschlüsse nach § 10 Abs. 4 WEG ohne Eintragung im Grundbuch für und gegen Sondernachfolger gelten. Deshalb sind Beschlüsse der Wohnungseigentümer wie im Grundbuch eingetragene Regelungen der Gemeinschaftsordnung „aus sich heraus" objektiv und normativ auszulegen, ohne dass es auf die subjektiven Vorstellungen der an der Beschlussfassung Beteiligten ankommt. Damit ist bei der Auslegung von Beschlüssen grundsätzlich nur auf den protokollierten Beschluss abzustellen[2]. Nur ausnahmsweise darf auch auf Umstände außerhalb des protokollierten Beschlusses, etwa das übrige Versammlungsprotokoll oder die örtlichen Gegebenheiten der Wohnanlage ergänzend abgestellt werden, nämlich wenn sie nach den besonderen Verhältnisses des Einzelfalls für jedermann erkennbar sind[3].

Beispiele:
– Bestimmbarkeit nach dem Einladungsschreiben, wenn Beschlussgegenstand eine einmalige, in Kürze durchzuführende Maßnahme ist[4].
– Nimmt ein Eigentümerbeschluss auf ein Ereignis oder einen Gegenstand Bezug, so reicht es aus, dass dieser mit genügender Bestimmtheit feststellbar ist[5].

Enthält der Inhalt des Beschlusses danach weder eine bestimmbare noch – wegen Widersprüchlichkeit – durchführbare Regelung, ist der Beschluss nichtig[6].

Beispiele:
– Eine Regelung, die das Singen und Musizieren außerhalb von Ruhezeiten nur in „nicht belästigender Weise und Lautstärke" gestattet[7].

---

1 OLG Köln, Beschl. v. 22. 9. 2004 – 16 Wx 142/04, ZMR 2005, 227; Bärmann/Pick/*Merle*, § 23 WEG Rz. 29.
2 BGH, Beschl. v. 10. 9. 1998 – V ZB 11/98, BGHZ 139, 288 = NJW 1998, 3713 = WE 1999, 93; BayObLG, Beschl. v. 11. 10. 1989 – 2 Z 71/89, WE 1991, 50, OLG Düsseldorf, Beschl. v. 26. 9. 2006 – 3 Wx 70/06, NJW-RR 2007, 1169; Niedenführ/*Kümmel*/Vandenhouten, § 23 WEG Rz. 47.
3 BGH, Beschl. v. 10. 9. 1998 – V ZB 11/98, BGHZ 139, 288 = NJW 1998, 3713 = WE 1999, 93; BayObLG, Beschl v. 24. 11. 2004 – 2 Z BR 156/04, ZMR 2005, 639.
4 BayObLG, Beschl. v. 19. 3. 2003 – 2 Z BR 150/01, ZMR 2003, 691.
5 BayObLG, Beschl. v. 24. 11. 2004– 2 Z BR 156/04, ZMR 2005, 639.
6 BGH, Beschl. v. 10. 9. 1998 – V ZB 11/98, NJW 1998, 3713; BayObLG, Beschl. v. 24. 11. 2004– 2 Z BR 156/04, ZMR 2005, 639; KG, Beschl. v. 3. 2. 1981 – 1 W 2823/80, OLGZ 1981, 307; OLG Hamburg, Beschl. v. 27. 3. 2001 – 2 Wx 149/00, ZMR 2001, 725; OLG Hamm, Beschl. v. 23. 9. 2004 – 15 W 129/04, ZMR 2005, 306; Palandt/*Bassenge*, § 23 WEG Rz. 14.
7 BGH, Beschl. v. 10. 9. 1998 – V ZB 11/98, BGHZ 139, 288 = NJW 1998, 3713 = WuM 1998, 738.

– Eine Regelung, nach der die Gartennutzung „weiterhin so bestehen bleibt wie bisher gehandhabt"[1].

Lässt der Beschluss eine durchführbare Regelung noch erkennen, ist er wirksam, aber anfechtbar[2].

Beispiele:
– Eine Regelung, die den Verwalter verpflichtet, die ordnungsgemäße Durchführung der Hausordnung und die damit verbundenen Arbeiten zu überwachen sowie „grobe Verstöße gerichtlich zu ahnden"[3].
– Eine Regelung in der Hausordnung, dass Kinderwagen „vorübergehend im Hausflur abgestellt werden dürfen"[4].
– Ein Eigentümerbeschluss, der eine Baumaßnahme wenig detailliert beschreibt[5].

bb) Abgrenzung zur Vereinbarung

219 Problematisch kann sich im Einzelfall die Abgrenzung von Vereinbarung zum allstimmigen Beschluss darstellen. Angesichts der unterschiedlichen Wirkungen von Beschluss (Rz. 210) und Vereinbarung ist eine Abgrenzung aber von erheblicher Bedeutung.

220 Die **Vereinbarung** ist ein schuldrechtlicher Vertrag, der die übereinstimmenden Willenserklärungen aller Wohnungseigentümer voraussetzt. Auf Vereinbarungen finden daher die allgemeinen Vorschriften für Rechtsgeschäfte gemäß §§ 104ff. BGB Anwendung[6]. Sie unterliegen nicht den Vorschriften über allgemeine Geschäftsbedingungen (§§ 305ff. BGB), jedoch der Inhaltskontrolle nach § 242 BGB[7].

Sie bindet zunächst nur die Personen, die an ihr mitgewirkt haben[8]. Eine Rechtswirkung entfaltet die Vereinbarung gegenüber Sondernachfolgern erst dann, wenn sie als Inhalt des Sondereigentums im Grundbuch eingetragen wird, § 10 Abs. 3 WEG. Anderenfalls sind nur diejenigen Eigentü-

---

1 KG, Beschl. v. 3. 2. 1981 – 1 W 2823/80, OLGZ 1981, 307.
2 BayObLG, Beschl. v. 13. 12. 2001 – 2 Z BR 156/01, NZM 2002, 171; KG, Beschl. v. 20. 10. 1999 – 24 W 9855/98, NZM 2000, 511; OLG Hamm, Beschl. v. 3. 7. 2001 – 15 W 444/00, ZWE 2002, 44; OLG Düsseldorf, Beschl. v. 2. 11. 2004 – I-3 Wx 234/04, ZMR 2005, 143; Bärmann/Pick/*Merle*, § 23 WEG Rz. 149; Niedenführ/*Kümmel*/Vandenhouten, § 23 WEG Rz. 63; Staudinger/*Bub*, § 23 WEG Rz. 257.
3 BayObLG, Beschl. v. 13. 12. 2001 – 2 Z BR 156/01, NZM 2002, 171
4 OLG Hamm, Beschl. v. 3. 7. 2001 – 15 W 444/00, ZWE 2002, 44.
5 OLG Düsseldorf, Beschl. v. 2. 11. 2004 – I-3 Wx 234/04, ZMR 2005, 143.
6 BGH, Beschl. v. 24. 2. 1994 – V ZB 43/93, NJW 1994, 2950; BayObLG, Beschl. v. 23. 5. 1990 – BReg 2 Z 46/90, NJW-RR 1990, 1102.
7 OLG Hamburg, Beschl. v. 14. 2. 1996 – 2 Wx 16/94, FGPrax 1996, 132; OLG Frankfurt/Main, Beschl. v. 2. 3. 1998 – 20 W 54/98, MittBayNot 1998, 345.
8 BayObLG, Beschl. v. 13. 6. 2002 – 2 Z BR 1/02, NZM 2002, 747; BayObLG, Beschl. v. 14. 11. 2002 – 2 ZBR 107/02, ZMR 2003, 364.

mer an die Vereinbarung gebunden, die zum Zeitpunkt des Vertragsabschlusses Mitglieder der Wohnungseigentümergemeinschaft waren, es sei denn, dass der Sondernachfolger rechtsgeschäftlich der schuldrechtlichen Vereinbarung beigetreten ist[1].

Der **allstimmige Beschluss** ist ein rechtsgeschäftlicher Gesamtakt, der sich aus den inhaltlich übereinstimmenden Abstimmungserklärungen aller Wohnungseigentümer zusammensetzt; er setzt daher voraus, dass alle Wohnungseigentümer in der Eigentümerversammlung oder bei der schriftlichen Beschlussfassung nach § 23 Abs. 3 WEG inhaltlich übereinstimmende Abstimmungserklärungen abgeben. Nehmen nicht alle Wohnungseigentümer an der Abstimmung teil, so kann ein allstimmiger Beschluss nicht gefasst werden: Geben die Abstimmenden in der Eigentümerversammlung übereinstimmende Abstimmungserklärungen ab, so liegt ein einstimmiger Beschluss vor, der immer nur ein Mehrheitsbeschluss sein kann. Kommt es bei der schriftlichen Beschlussfassung nach § 23 Abs. 3 WEG nicht zu einer Allstimmigkeit, dann ist kein Beschluss gefasst worden[2]. 221

Da auch eine Vereinbarung der Zustimmung aller Wohnungseigentümer bedarf, kann es fraglich sein, ob die Wohnungseigentümer mit ihren von allen abgegebenen übereinstimmenden Abstimmungserklärungen eine Regelung durch Vereinbarung oder durch Beschluss treffen wollten. Für die Abgrenzung ist auf den **Inhalt der Regelung** abzustellen[3]. Ist der Regelungsgegenstand einer Beschlussfassung zugänglich, handelt es sich im Zweifel um einen Beschluss. Ist Regelungsgegenstand die Änderung der Grundordnung der Gemeinschaft mit rechtsgestaltender Wirkung für die Zukunft, handelt es sich im Zweifel um eine Vereinbarung. Denn es spricht eine Vermutung dafür, dass die Wohnungseigentümer das richtige Regelungsinstrument für ihre Willensentschließung gewählt haben[4]. Ist trotz Erforderlichkeit einer Vereinbarung klar erkennbar, dass ein Beschluss mit seinen Rechtswirkungen gewollt ist, wofür die oft untechnisch gebrauchte Bezeichnung „Beschluss" nicht ausreicht, ist dieser 222

---

1 OLG Hamm, Beschl. v. 10. 9. 1996 – 15 W 236/96, WE 1997, 32 = FGPrax 1997, 15.
2 BayObLG, Beschl. v. 19. 9. 2001 – 2 Z BR 89/01, ZWE 2001, 590.
3 BayObLG, Beschl. v. 23. 1. 2001 – 2 Z BR 138/00, NJW-RR 2001, 1164; OLG Hamm, Beschl. v. 10. 9. 1996 – 15 W 236/96, WE 1997, 32 = FGPrax 97, 15; OLG Düsseldorf, Beschl. v. 14. 2. 2001 – 3 Wx 392/00, ZMR 2001, 649; OLG Zweibrücken, Beschl. v. 11. 6. 2001 – 3 W 218/00, ZMR 2001, 734; OLG Hamburg, Beschl. v. 26. 11. 2007 – 2 Wx 68/07, ZMR 2008, 154; Palandt/*Bassenge*, § 10 WEG Rz. 8; a. A. Staudinger/*Bub*, § 23 Rz. 163a; *Wenzel*, NZM 2003, 217, die auf den Willen der teilnehmenden Wohnungseigentümer abstellen.
4 BayObLG, Beschl. v. 13. 6. 2002 – 2 Z BR 1/02, NZM 2002, 747; OLG Zweibrücken, Beschl. v. 10. 2. 1997 – 3 W 200/96, WE 1997, 234; OLG Zweibrücken, Beschl. v. 11. 6. 2001 – 3 W 218/00, ZMR 2001, 734; OLG Düsseldorf, Beschl. v. 14. 2. 2001 – 3 Wx 392/00, ZMR 2001, 649.

mangels Beschlusskompetenz nichtig[1]. Möglich ist aber auch, dass die Wohnungseigentümer schon nach den äußeren Umständen (Zusammentreffen ohne den Charakter einer Vollversammlung, Rz. 3) mangels Eigentümerversammlung keinen Beschluss fassen wollten, sodass nur eine Vereinbarung in Betracht kommt[2].

cc) „Einmannbeschluss"

Unter dem Begriff des „Einmannbeschlusses" werden zwei unterschiedliche Fragestellungen diskutiert:

(1) Kann bereits der aufteilende Eigentümer allein einen Beschluss fassen?

223 Der aufteilende Eigentümer kann allein keine Beschlüsse mit den im WEG vorgesehenen Wirkungen fassen; im Gegensatz zur gesetzlich geregelten Einmann-GmbH gibt es keine Einmann-Wohnungseigentümergemeinschaft[3]. Ein von ihm gefasster Beschluss ist ein bloßer **Nichtbeschluss** (Rz. 260)[4], einer Ungültigerklärung bedarf es nicht. Zudem besteht für eine Beschlusskompetenz des teilenden Eigentümers kein Bedürfnis, da er bis zur Entstehung einer (werdenden) Wohnungseigentümergemeinschaft die alleinige Befugnis zur Gestaltung der Gemeinschaftsordnung hat[5]. Auch sind die künftigen Wohnungseigentümer schutzwürdig, denn Beschlüsse des teilenden Eigentümers würden – bei ihrer Zulassung – gemäß § 10 Abs. 4 WEG auch ohne Eintragung im Grundbuch ihnen gegenüber wirken[6]. Dies gilt auch dann, wenn der teilende Eigentümer, wie etwa bei einer Bauherrengemeinschaft in der Form einer Gesellschaft bürgerlichen Rechts, aus mehreren Personen besteht und sich nach Anlegung der Wohnungsgrundbücher jedes Wohnungseigentumsrecht in der Hand der aufteilenden Personenmehrheit befindet[7].

---

1 Palandt/*Bassenge*, § 10 WEG Rz. 8.
2 BayObLG, Beschl. v. 14. 11. 2002 – 2 Z BR 107/02, WuM 2003, 162 = ZMR 2003, 363.
3 Vgl. BGH, Beschl. v. 5. 6. 2008 – V ZB 85/07, MitRB 2008, 270 unter Hinweis auf § 10 Abs. 7 S. 4 WEG.
4 BGH, Beschl. v. 20. 6. 2002 – V ZB 39/01, NJW 2002, 3240; BayObLG, Beschl. v. 20. 2. 2003 – 2 Z BR 1/03, NZM 2003, 317 = WuM 2003, 349 = ZMR 2003, 521 = NJW-RR 2003, 874; BayObLG, Beschl. v. 9. 1. 2006 – 34 Wx 89/05, FGPrax 2006, 63; OLG Frankfurt, Beschl. v. 21. 6. 1985 – 20 W 145/85, OLGZ 1986, 40; OLG Düsseldorf, Beschl. v. 8. 7. 2005 – I-3 Wx 103/05, ZMR 2005, 896; OLG Köln, Beschl. v. 15. 1. 2008, 16 Wx 141/07, ZMR 2008, 478; Bärmann/Pick/*Merle*, § 23 WEG Rz. 27; Riecke/Schmid/*Drabek*, § 23 WEG Rz. 7; a.A. *Röll*, WE 1996, 370.
5 Bärmann/Pick/*Merle*, § 23 WEG Rz. 27.
6 Staudinger/*Bub*, § 23 WEG Rz. 93.
7 OLG Frankfurt/Main, Beschl. v. 21. 6. 1985 – 20 W 145/85, OLGZ 1986, 40; LG Frankfurt, Beschl. v. 16. 3. 1989 – 219 T 523/88, ZMR 1989, 351.

Beschlüsse können erst ab Entstehen einer werdenden Wohnungseigentümergemeinschaft (Rz. 133) von dem teilenden Eigentümer (sofern ihm noch ein Wohnungseigentumsrecht gehört) und den werdenden Wohnungseigentümern gefasst werden. Zur alleinigen Beschlussfassung ist der aufteilende Eigentümer dann nur unter den Voraussetzungen von Rz. 224 befugt.

(2) Kann ein in der Eigentümerversammlung allein anwesender Wohnungseigentümer einen Beschluss fassen?

Ein allein in der Eigentümerversammlung anwesender Wohnungseigentümer kann **wirksam** Beschlüsse fassen, wenn die **Einmannversammlung** beschlussfähig ist[1], etwa weil

– es sich um eine Wiederholungsversammlung (Rz. 85) handelt,

– die Beschlussfähigkeit nach einer Vereinbarung der Wohnungseigentümer immer gegeben ist (Rz. 239),

– es für die Beschlussfähigkeit auf die Anwesenheit der Mehrheit der Miteigentumsanteile ankommt und bereits der allein anwesende Wohnungseigentümer diese Mehrheit besitzt.

224

Bei fehlender Beschlussfähigkeit gilt Rz. 240.

◯ **Hinweis:**

Besonderheiten ergeben sich, wenn der einzige Wohnungseigentümer zugleich Versammlungsleiter ist, der personenverschiedene Versammlungsleiter abwesend ist oder dem allein anwesenden Versammlungsleiter nur von einem oder mehreren Wohnungseigentümern Stimmrechtvollmacht erteilt worden ist. In diesen Fällen entfällt zwar mangels weiterer Teilnehmer die Empfangsbedürftigkeit der Stimmabgabe[2]. Die **Kundgabe der Stimmabgabe** in der Wohnungseigentümerversammlung nach außen bleibt aber **unverzichtbar**[3]. Ebenso unverzichtbar ist die **Feststellung und Bekanntgabe des Beschlussergebnisses** durch den Versammlungsleiter (Rz. 251). Eine Protokollierung ist in Ermangelung einer abweichenden Vereinbarung – weil dann nicht Wirksamkeitsvoraussetzung für die Beschlussfassung – zwar nicht erforderlich[4]. Da die Kundgabe der Stimmabgabe ebenso wie die Feststellung und Bekanntgabe des Beschlussergebnis-

---

1 BayObLG, Beschl. v. 7. 12. 1995 – 2 Z BR 72/95, NJW-RR 1996, 524; Bärmann/Pick/*Merle*, § 23 WEG Rz. 27; Staudinger/*Bub*, § 23 WEG Rz. 94.
2 Staudinger/*Bub*, § 23 WEG Rz. 94.
3 BayObLG, Beschl. v. 7. 12. 1995 – 2 Z BR 72/95, NJW-RR 1996, 524; OLG München, Beschl. v. 11. 12. 2007 – 34 Wx 14/07, WuM 2008, 45 = FGPrax 2008, 58 = NZM 2008, 577.
4 BGH, Beschl. v. 23. 8. 2001 – V ZB 10/01, NJW 2001, 3339 = ZMR 2001, 807 = ZWE 2001, 530.

ses im Streitfall aber zu beweisen ist[1], ist dies aber sinnvoll. Auch eine vorläufige Aufzeichnung auf einem Ton- oder Datenträger bietet sich an. Das spätere Abfassen einer Niederschrift ohne vorherige Kundgabe reicht aber nicht mehr aus[2]. Ist der Versammlungsleiter abwesend, so ist zudem zu beachten, dass ein **Versammlungsleiter** unbedingt erforderlich ist, da ein Beschluss erst mit Feststellung und Bekanntgabe des Beschlussergebnisses durch diesen zu Stande kommt (Rz. 251). Dabei wird der Wohnungseigentümer nicht zwangsläufig zum Versammlungsleiter, sondern nur, wenn er dies beschließt[3].

c) Zweitbeschluss

aa) Zulässigkeit

225 Die Beschlusskompetenz der Wohnungseigentümer umfasst aus Gründen der Privatautonomie auch die Befugnis, über eine Angelegenheit, über die bereits durch Beschluss entschieden worden ist, erneut eine Entscheidung herbeizuführen[4]. Mit einem solchen so genannten Zweitbeschluss kann der Erstbeschluss daher aufgehoben, ergänzt, abgeändert oder bestätigt werden[5].

226 Der Zweitbeschluss muss sich dabei zunächst – unabhängig vom Erstbeschluss – für seine Wirksamkeit an den Regelungen des WEG und der Gemeinschaftsordnung messen lassen[6].

Beispiele:
– Bedarf ein Beschluss über eine bauliche Veränderung gemäß § 22 WEG der Einstimmigkeit (weil alle anderen Wohnungseigentümer beeinträchtigt sind), so gilt dies auch für den Zweitbeschluss, selbst wenn es sich bei dem Erstbeschluss um einen bestandskräftig gewordenen Mehrheitsbeschluss handelt.
– Genügt für einen Beschluss eine einfache oder qualifizierte Stimmenmehrheit, so gilt dies auch für den Zweitbeschluss, selbst wenn der Erstbeschluss einstimmig gefasst worden sein sollte.

---

1 Riecke/Schmid/*Drabek*, § 23 WEG Rz. 6; Staudinger/*Bub*, § 23 WEG Rz. 94.
2 BayObLG, Beschl. v. 7. 12. 1995 – 2 Z BR 72/95, NJW-RR 1996, 524; OLG München, Beschl. v. 11. 12. 2007 – 34 Wx 14/07, WuM 2008, 45 = FGPrax 2008, 58 = NZM 2008, 577; Staudinger/*Bub*, § 23 WEG Rz. 94.
3 Staudinger/*Bub*, § 24 WEG Rz. 89; a. A. *Röll*, MittBayNot 1996, 358.
4 BGH, Beschl. v. 20. 12. 1990 – V ZB 8/90, BGHZ 113, 197 = NJW 1991, 979 = ZMR 1991, 146; BGH, Beschl. v. 23. 8. 2001 – V ZB 10/01, NJW 2001, 3339 = ZMR 2001, 807 = ZWE 2001, 530; Bärmann/Pick/*Merle*, § 23 WEG Rz. 58.
5 BGH, Beschl. v. 20. 12. 1990 – V ZB 8/90, BGHZ 113, 197 = NJW 1991, 979 = ZMR 1991, 146; BayObLG, Beschl. v. 14. 11. 1991 – BReg 2 Z 140/91, NJW-RR 1992, 403; BayObLG, Beschl. v. 14. 3. 1996 – 2 Z BR 12/96, WuM 1996, 372; KG, Beschl. v. 20. 7. 1994 – 24 W 4748/93, WE 1995, 58; Staudinger/*Bub*, § 23 WEG Rz. 116.
6 OLG Saarbrücken, Beschl. v. 10. 10. 1997 – 5 W 60/97-23, WE 1998, 69; Bärmann/Pick/*Merle*, § 23 WEG Rz. 59; Staudinger/*Bub*, § 23 WEG Rz. 119.

Die erneute Beschlussfassung selbst muss zudem den Grundsätzen ord- 227
nungsmäßiger Verwaltung entsprechen[1].

– Dies ist etwa dann nicht der Fall, wenn durch einen abändernden Zweitbeschluss oder einen Aufhebungsbeschluss schutzwürdige Bestandsinteressen betroffen werden bzw. einzelne Wohnungseigentümer unbillig beeinträchtigt werden[2], wie z. B. bei Entziehung eines Gebrauchs- oder Veränderungsrechtes, auf dessen Bestand der Wohnungseigentümer vertrauen durfte[3] oder bei einer Änderung der Instandhaltungslast ohne Übergangsregelung für bereits durchgeführte Reparaturen[4], und nicht überwiegend sachliche Gründe für die neue Regelung sprechen[5], z. B. wenn besondere tatsächliche Umstände erst nach der ersten Beschlussfassung bekannt werden[6]. Derartige Interessen sind indes nicht ersichtlich, wenn durch einen Erstbeschluss zunächst gegen den Störer, durch den Zweitbeschluss nunmehr gegen den Sondereigentümer vorgegangen werden soll[7].

– Dies ist auch bei einer grundlosen inhaltsgleichen Beschlussfassung nicht der Fall, etwa wenn sich nach Beschlussanfechtung[8], erst recht nach erfolgreich durchgeführtem Anfechtungsverfahren[9] die tatsächlichen und rechtlichen Umstände nicht wesentlich geändert haben.

bb) Typen des Zweitbeschlusses

(1) Abändernder Zweitbeschluss

Ein abändernder Zweitbeschluss liegt vor, wenn eine Beschlussfassung 228
zu einer neuen, den Erstbeschluss abändernden Regelung führt.

Beispiel:

Die mit einem ersten Beschluss zunächst beschlossene Instandsetzung des vorhandenen Holzzauns wird durch einen späteren Beschluss dahingehend abge-

---

1 Palandt/*Bassenge*, § 10 WEG Rz. 19; Bärmann/Pick/*Merle*, § 23 WEG Rz. 62; Staudinger/*Bub*, § 23 WEG Rz. 117.
2 BGH, Beschl. v. 20. 12. 1990 – V ZB 8/90, BGHZ 113, 197 = NJW 1991, 979 = ZMR 1991, 146; BayObLG, Beschl. v. 14. 4. 1988 – BReg 2 Z 134/87, WE 1989, 56; BayObLG, Beschl. v. 26. 11. 1993 – 2 Z BR 75/93, NJW-RR 1994, 658; OLG Stuttgart, Beschl. v. 31. 10. 1989 – 8 W 37/89, OLGZ 1990, 175; a. A. *Elzer*, ZMR 2007, 337.
3 OLG Frankfurt, Beschl. v. 3. 9. 2004 – 20 W 34/02, MietRB 2005, 206.
4 OLG Hamm, Beschl. v. 20. 11. 2006 – 15 W 166/06, ZMR 2007, 296.
5 OLG Köln, Beschl. v. 1. 2. 2002 – 16 Wx 10/02, NZM 2002, 454; OLG Frankfurt/Main, Beschl. v. 24. 2. 2006 – 20 W 229/03, ZWE 2006, 358.
6 OLG Düsseldorf, Beschl. v. 1. 12. 2006 – 3 Wx 194/06, ZMR 2007, 380 = NZM 2007, 525.
7 BayObLG, Beschl. v. 14. 3. 1996 – 2 Z BR 12/96, WuM 1996, 372.
8 KG, Beschl. v. 20. 7. 1994 – 24 W 4748/93, NJW-RR 1994, 1358 = WE 1995, 58 = GE 1994, 1387.
9 AG Neukölln, Beschl. v. 2. 12. 2004 – 70 II 113/04 – ZMR 2005, 235, dass solche Beschlüsse sogar für nichtig erachtet; a. A wohl BayObLG, Beschl. v. 21. 9. 1995 – 2 Z BR 62/95, WE 1996, 395.

ändert, dass der vorhandene Holzzaum durch einen Metallzaun ersetzt werden soll.

(2) Inhaltsgleicher Zweitbeschluss

229 Ein inhaltsgleicher Zweitbeschluss liegt vor, wenn die Wohnungseigentümer einen Beschluss über eine Regelung fassen, die inhaltlich mit einem bereits vorliegenden Beschluss identisch ist, wobei es auf eine wörtliche Übereinstimmung nicht ankommt[1].

Mit einer solchen Vorgehensweise wird in der Regel bezweckt, eine eventuell vorliegende Nichtigkeit oder Anfechtbarkeit des Erstbeschlusses wegen formeller Mängel zu beseitigen[2].

Beispiel:
Die Einladung eines Wohnungseigentümers zu der Wohnungseigentümerversammlung des Erstbeschlusses war versehentlich unterblieben.

230 Ein inhaltsgleicher bestandskräftiger Zweitbeschluss vermag nämlich einen fehlerhaft zu Stande gekommenen Erstbeschluss zu heilen. Erwächst der Zweitbeschluss in Bestandskraft, so sind die Wohnungseigentümer an den Zweitbeschluss auch dann gebunden, wenn der Erstbeschluss wegen der ihm anhaftenden Mängel für ungültig erklärt wird[3]. Um die geschilderte **Heilungswirkung** vorerst zu verhindern, ist daher eine Anfechtung des bestätigenden Zweitbeschlusses erforderlich[4]. Ein nicht bestandskräftiger Zweitbeschluss vermag hingegen einen fehlerhaften Erstbeschluss nicht zu heilen, unabhängig davon, ob er unter einem anderen[5] oder unter demselben formellen Mangel leidet[6] wie der Erstbeschluss[7].

231 Fraglich ist, ob der inhaltsgleiche bestandskräftige Zweitbeschluss den noch nicht bestandskräftigen Erstbeschluss mit ex-tunc-Wirkung heilt[8]

---

1 Bärmann/Pick/*Merle*, § 23 WEG Rz. 65.
2 Bärmann/Pick/*Merle*, § 23 WEG Rz. 65; Staudinger/*Bub*, § 23 WEG Rz. 124.
3 BGH, Beschl. v. 1. 12. 1988 – V ZB 6/88, BGHZ 106, 113 = NJW 1989, 1087; BGH, Beschl. v. 23. 8. 2001 – V ZB 10/01, NJW 2001, 3339 = ZMR 2001, 807 = ZWE 2001,530; BayObLG, Beschl. v. 19. 8. 1977 – BReg 2 Z 52/76, BayObLGZ 1977, 226; BayObLG, Beschl. v. 7. 8. 1986 – BReg 2 Z 49/86, NJW-RR 1987, 9; BayObLG, Beschl. v. 24. 1. 2001 – 2 Z BR 112/00, ZMR 2001, 366; OLG Zweibrücken, Beschl. v. 17. 10. 1985 – 3 W 192/85, ZMR 1986, 63.
4 Bärmann/Pick/*Merle*, § 23 WEG Rz. 67.
5 BGH, Beschl. v. 1. 12. 1988 – V ZB 6/88, BGHZ 106, 113 = NJW 1989, 1087; OLG Hamm, Beschl. v. 19. 4. 1995 – 15 W 26/95, WE 1996, 33.
6 Bärmann/Pick/*Merle*, § 23 WEG Rz. 67.
7 Zu den Auswirkungen in Verfahren auf Ungültigkeit des Erst- oder Zweitbeschlusses vgl. Teil 14, Rz. 238.
8 BayObLG, Beschl. v. 19. 8. 1977 – BReg 2 Z 52/76, BayObLGZ 1977, 226; BayObLG, Beschl. v. 13. 2. 1997 – BReg 2 Z 77/78, ZMR 1979, 213; OLG Zweibrücken, Beschl. v. 17. 10. 1985 – 3 W 192/85, ZMR 1986, 63.

oder dieser Rechtswirkungen erst für die Zukunft entfaltet[1]. Überzeugender ist es in diesen Fällen analog § 144 BGB von einer Genehmigung des eventuell mangelhaften Erstbeschlusses durch den Zweitbeschluss auszugehen und damit im Ergebnis eine Wirksamkeit von Anfang an anzunehmen[2]. Denn der Erstbeschluss ist auch trotz der ggf. erfolgten Anfechtung ab dem Zeitpunkt der Erstbeschlussfassung bis zum Eintritt der Heilungserklärung wirksam gewesen, vgl. § 23 Abs. 4 Satz 1 WEG. Dem Zweitbeschluss kommt damit lediglich **unechte Rückwirkung** zu[3].

Ist der Erstbeschluss hingegen bereits bestandskräftig und wird sodann ein inhaltsgleicher Zweitbeschluss gefasst, so ist durch Auslegung zu ermitteln[4], ob der Erstbeschluss nur bestätigt und verstärkt (sog. **bestätigender Zweitbeschluss**)[5] oder unter Aufhebung des Erstbeschlusses durch eine Neuregelung (novatorisch) ersetzt werden sollte (sog. **ersetzender Zweitbeschluss**)[6], wobei zu beachten ist, dass eine Novation in der Regel nicht gewollt ist[7]. Im Fall des bestätigenden Zweitbeschlusses liegen zwei inhaltsgleiche Beschlüsse vor[8]. Im Fall des ersetzenden Zweitbeschlusses wird der Erstbeschluss mit der Bestandskraft des Zweitbeschlusses endgültig unwirksam. Wird der ersetzende Zweitbeschluss hingegen für ungültig erklärt, so ist der Erstbeschluss wieder maßgebend, denn mit dessen Aufhebung entfällt im Zweifel entsprechend § 139 BGB auch die Aufhebung des Erstbeschlusses[9]. 232

(3) Ergänzender Zweitbeschluss

Um einen ergänzenden Zweitbeschluss handelt es sich, wenn ein Beschluss inhaltlich auf einen anderen Beschluss Bezug nimmt oder von diesem in bestimmter Weise abhängig ist und zudem eine zusätzliche Regelung enthält[10]. 233

Beispiel:
Die mit dem ersten Beschluss zunächst beschlossene Neueindeckung des Daches mit blauen Ziegeln wird durch einen späteren Beschluss dahingehend ergänzt, dass die Arbeiten durch die Firma A ausgeführt werden sollen.

---

1 KG, Beschl. v. 15. 2. 1988 – 24 W 3582/87, DWE 1988, 136.
2 Bärmann/Pick/*Merle*, § 23 WEG Rz. 73; Staudinger/*Bub*, § 23 WEG Rz. 130.
3 Staudinger/*Bub*, § 23 WEG Rz. 131.
4 Bärmann/Pick/*Merle*, § 23 WEG Rz. 70; Palandt/*Bassenge*, § 10 WEG Rz. 19.
5 BayObLG, Beschl. v. 21. 4. 1988 – BReg 2 Z 24/88, WE 1989, 58; OLG Stuttgart, Beschl. v. 21. 7. 1988 – 8 W 476/87, OLGZ 1988, 437.
6 Z. B. BayObLG, Beschl. v. 25. 3. 1998 – 2 Z BR 152/97, NZM 1998, 442.
7 BGH, Urt. v. 10. 3. 1994 – IX ZR 98/93, NJW 1994, 1866.
8 Bärmann/Pick/*Merle*, § 23 WEG Rz. 72.
9 BGH, Beschl. v. 16. 9. 1994 – V ZB 2/93, BGHZ 127, 99 = NJW 1994, 3230; Palandt/*Bassenge*, § 10 WEG Rz. 19.
10 Bärmann/Pick/*Merle*, § 23 WEG Rz. 75; Staudinger/*Bub*, § 23 WEG Rz. 140.

(4) Aufhebungsbeschluss

234 Die Wohnungseigentümer sind schließlich nicht gehindert, in den Grenzen ordnungsmäßiger Verwaltung einen bestandskräftigen Beschluss aufzuheben[1]. Hierdurch wird der Erstbeschluss schwebend und mit Bestandskraft des Aufhebungsbeschlusses endgültig unwirksam und verliert damit seine Rechtswirkungen. Wird der Aufhebungsbeschluss hingegen für ungültig erklärt, entfallen diese Wirkungen rückwirkend und der Erstbeschluss ist dann von Anfang an wirksam geblieben[2].

cc) Anspruch auf Zweitbeschluss

234a Ein Anspruch eines Wohnungseigentümers auf Änderung oder Aufhebung eines Eigentümerbeschlusses durch einen Zweitbeschluss konnte nach altem Recht gemäß § 242 BGB nur verlangt werden, wenn außergewöhnliche Umstände das Festhalten an der bestehenden Regelung als grob unbillig und damit als gegen Treu und Glauben verstoßend erscheinen ließen[3]. Relevant waren nur Umstände, die bei der Beschlussfassung noch nicht berücksichtigt werden konnten[4].

Beispiel:

Die Jahresabrechnung beruht auf einem erst nach Bestandskraft erkannten Fehler der Messeinrichtung[5].

Nach neuem Recht folgt ein derartiger Anspruch nunmehr aus § 10 Abs. 2 Satz 3 WEG analog[6]. Danach kann die Änderung eines Beschlusses schon dann verlangt werden, wenn schwerwiegende Umstände das Festhalten an der bestehenden Regelung als unbillig erscheinen lassen. Relevant sind nach wie vor aber nur Umstände, die bei der Beschlussfassung noch nicht berücksichtigt werden konnten.

⊃ **Hinweis:**

Vor einer gerichtlichen Geltendmachung muss die Eigentümerversammlung mit dem Änderungsbegehren befasst werden. Anderenfalls fehlt das für eine Klage erforderliche Rechtsschutzbedürfnis. Lehnt diese eine Änderung ab, muss der Wohnungseigentümer seinen An-

---

1 OLG Frankfurt, Beschl. v. 24. 2. 2006 – 20 W 229/03, NJW-RR 2007, 304 = NZM 2007, 50.
2 Bärmann/Pick/*Merle*, § 23 WEG Rz. 71; Staudinger/*Bub*, § 23 WEG Rz. 137.
3 BayObLG, Beschl. v. 11. 9. 1997 – 2 Z BR 87/97, WE 1998, 318; OLG Düsseldorf, Beschl. v. 1. 12. 2006 – I-3 Wx 194/06, ZMR 2007, 379.
4 BayObLG, Beschl. v. 26. 11. 1993 – 2 Z BR 75/93, NJW-RR 1994, 658; OLG Düsseldorf, Beschl. v. 1. 12. 2006 – I-3 Wx 194/06, ZMR 2007, 379.
5 OLG Düsseldorf, Beschl. v. 20. 3. 2000 – 3 Wx 414/99, ZMR 2000, 475 = NZM 2000, 875.
6 *Abramenko*, ZWE 2007, 336.

spruch durch Klage gegen alle übrigen Wohnungseigentümer durchsetzen, in dem er den Negativbeschluss im Rechtsstreit nach § 43 Nr. 4 WEG anficht und den gewünschten Beschluss im Rechtsstreit nach § 43 Nr. 1 WEG ersetzen lässt. Dabei ist ein unbestimmter Klageantrag gemäß § 21 Abs. 8 WEG zulässig.

2. Die Beschlussfähigkeit der Eigentümerversammlung

Nach § 25 Abs. 3 WEG ist eine Versammlung, sofern sie keine Wiederholungsversammlung ist (Rz. 85), nur dann beschlussfähig, wenn die erschienenen stimmberechtigten Wohnungseigentümer **mehr als die Hälfte der** sich aus den Grundbüchern ergebenden **Miteigentumsanteile** repräsentieren.

Die Beschlussfähigkeit wird damit durch Vergleich zweier Zahlen bestimmt:

Die erste Zahl errechnet sich nach den von den erschienenen stimmberechtigen Wohnungseigentümern vertretenen Miteigentumsanteilen[1]. Die Anteile von Wohnungseigentümern, die zwar erschienen, aber nicht stimmberechtigt sind, werden nicht mitgezählt[2].

Die zweite Zahl ist das sog. „Quorum". Dies ist nach dem eindeutigen Wortlaut des § 25 Abs. 3 WEG ohne Rücksicht auf den jeweiligen Beschlussgegenstand eine generell feststehende Zahl, nämlich diejenige, die die Hälfte der im Grundbuch eingetragenen Miteigentumsanteile um eins übersteigt[3].

---

1 Bärmann/Pick/*Merle*, § 25 WEG Rz. 139; Niedenführ/*Kümmel*/Vandenhouten, § 25 WEG Rz. 14; Staudinger/*Bub*, § 25 WEG Rz. 247.
2 BayObLG, Beschl. v. 18. 12. 1986 – BReg 2 Z 81/85, NJW-RR 1987, 595; BayObLG, Beschl. v. 15. 10. 1992 – 2 Z BR 75/92, NJW-RR 1993, 206; OLG Frankfurt/Main, Beschl. v. 19. 7. 1989 – 20 W 190/89, OLGZ 1989, 429; OLG Düsseldorf, Beschl. v. 24. 7. 1991 – 3 Wx 99/91, WE 1992, 81; *Gottschalg*, NZM 2005, 88 (93); Niedenführ/*Kümmel*/Vandenhouten, § 25 WEG Rz. 15; a.A. KG, Beschl. v. 10. 5. 1974 – 1 W 809/72, OLGZ 1974; 419; KG, Beschl. v. 16. 9. 1988 – 24 W 3200/88, OLGZ 1989, 38.
3 BayObLG, Beschl. v. 18. 12. 1986 – BReg 2 Z 81/85, NJW-RR 1987, 595; BayObLG, Beschl. v. 15. 10. 1992 – 2 Z BR 75/92, NJW-RR 1993, 206; KG, Beschl. v. 10. 5. 1974 – 1 W 809/72, OLGZ 1974; 419; KG, Beschl. v. 16. 9. 1988 – 24 W 3200/88, OLGZ 1989, 38; OLG Frankfurt, Beschl. v. 19. 7. 1989 – 20 W 190/89, OLGZ 1989, 429; OLG Düsseldorf, Beschl. v. 24. 7. 1991 – 3 Wx 99/91, WE 1992, 81; Staudinger/*Bub*, § 25 WEG Rz. 247.; a.A. Niedenführ/*Kümmel*/Vandenhouten, § 25 WEG Rz. 15; *Häublein*, NZM 2004, 534; Riecke/Schmid/*Riecke*, § 25 WEG Rz. 47: Vergleichsgröße ist die Hälfte der „stimmberechtigten" Miteigentumsanteile.

235a **Erschienen** sind die Miteigentumsanteile derjenigen Wohnungseigentümer, die in der Versammlung anwesend oder vertreten[1] sind. Miteigentumsanteile derjenigen, die in der Versammlung nicht **ordnungsgemäß vertreten** sind, etwa weil die Vollmacht nicht oder nicht in der vereinbarten Form nachgewiesen ist oder dem Vertreter keine Vollmacht erteilt werden durfte, sind für die Feststellung der Beschlussfähigkeit nicht zu berücksichtigen[2]. Auch wenn ein Wohnungseigentümer zu Beginn der Versammlung erklärt hat, dass er sich trotz Teilnahme an der Versammlung an keiner Abstimmung beteiligen oder sich stets der Stimme enthalten wolle, sind seine Miteigentumsanteile für die Beschlussfähigkeit mit zu berücksichtigen[3].

236 Für die Größe der Miteigentumsanteile ist auf die **Eintragung in den Wohnungs- und Teileigentumsgrundbüchern** abzustellen, die auch insoweit gemäß § 891 Abs. 1 BGB öffentlichen Glauben genießen[4]. Kennen der Versammlungsvorsitzende[5] bzw. alle Wohnungseigentümer[6] die Unrichtigkeit des Grundbuchs, so ist aber die wahre Rechtslage maßgebend.

237 § 25 Abs. 3 WEG findet nach h. M. ausnahmsweise dann keine Anwendung, wenn das Stimmrecht von **mehr als der Hälfte** der repräsentierten Miteigentumsanteile einem **Stimmrechtsverbot** unterliegt[7] oder ruht. Denn anderenfalls wäre die erste Versammlung niemals beschlussfähig; die Notwendigkeit der Einberufung einer Zweitversammlung wäre eine überflüssige Förmelei[8]. Dies gilt indes nicht, wenn es sich um einen **behebbaren Mangel** handelt, der in einer Zweitversammlung behoben werden kann.

---

1 BayObLG, Beschl. v. 27. 10. 1993 – 2 Z BR 17/93, WuM 1994, 105; KG, Beschl. v. 10. 5. 1974 – 1 W 809/72, OLGZ 1974, 490.
2 BayObLG, Beschl. v. 7. 7. 1981 – BReg 2 Z 84/80, BayObLGZ 1981, 220 = MDR 1982, 58.
3 OLG Frankfurt/Main, Beschl. v. 24. 8. 2006 – 20 W 214/06 u. 215/06, NZM 2007, 806; Bärmann/Pick/*Merle*, § 25 WEG Rz. 82; Riecke/Schmid/*Riecke*, § 25 WEG Rz. 44; Staudinger/*Bub*, § 25 WEG Rz. 250.
4 Bärmann/Pick/*Merle*, § 25 WEG Rz. 83; Staudinger/*Bub*, § 25 WEG Rz. 243.
5 Bärmann/Pick/*Merle*, § 25 WEG Rz. 83; Staudinger/*Bub*, § 25 WEG Rz. 243.
6 *Drasdo*, Rz. 552.
7 BayObLG, Beschl. v. 15. 10. 1992 – 2 Z BR 75/92, NJW-RR 1993, 206; BayObLG, Beschl. v. 19. 12. 2001 – 2 Z BR 15/01, ZMR 2002, 527; KG, Beschl. v. 10. 11. 1993 – 24 W 6075/92 u. 6297/92, NJW-RR 1994, 659; KG, Beschl. v. 25. 8. 2003 – 24 W 110/02, FGPrax 2003, 259 = NJW-RR 2003, 1596 = NZM 2003, 901 = ZMR 2004, 144; OLG Düsseldorf, Beschl. v. 16. 11. 1998 – 3 Wx 393/98, NZM 1999, 269; Niedenführ/*Kümmel*/Vandenhouten, § 25 WEG Rz. 15; Staudinger/*Bub*, § 25 WEG Rz. 251.
8 A.A. Niedenführ/*Kümmel*/Vandenhouten, § 25 WEG Rz. 15; *Häublein*, NZM 2004, 534; Riecke/Schmid/*Riecke*, § 25 WEG Rz. 47: nicht stimmberechtigte Miteigentumsanteile bleiben auch bei der Ermittlung der Vergleichsgröße unberücksichtigt.

Beispiele:
– Die Mehrheit der Miteigentumsanteile war nicht ausreichend vertreten[1].
– Stimmrecht ruht infolge Zahlungsverzuges[2].

Da die Stimmberechtigung vom Gegenstand der Beschlussfassung abhängt (Rz. 235), ist die Beschlussfähigkeit vom Versammlungsvorsitzenden nicht für die gesamte Versammlung, sondern für jede einzelne Beschlussfassung gesondert zu beurteilen. Beschlussfähigkeit im Sinne von § 25 Abs. 3 WEG muss im **Zeitpunkt** jeder einzelnen Beschlussfassung vorliegen, so dass während der Versammlung Beschlussunfähigkeit ohne Rückwirkung (ex nunc) eintreten kann[3]. 238

Dies bedeutet aber grundsätzlich nicht, dass die Beschlussfähigkeit vor jeder Beschlussfassung erneut festzustellen ist[4]. Erforderlich ist jedoch eine fortlaufende Überwachung und Kontrolle. Erst wenn sich **begründete Zweifel am Fortbestand** der Beschlussfähigkeit ergeben, sei es aufgrund des Beschlussgegenstandes, sei es weil ein Teil der Wohnungseigentümer die Versammlung verlässt oder weil die Wohnungseigentümer solches anmelden, ergibt sich die Pflicht des Versammlungsvorsitzenden, die Beschlussfähigkeit erneut festzustellen[5].

Die Regelung des § 25 Abs. 3 WEG ist durch Vereinbarung bzw. Regelung in der Gemeinschaftsordnung, nicht hingegen durch einen – insoweit nichtigen – Mehrheitsbeschluss **abdingbar**[6]; z.B. durch eine Regelung, dass ungeachtet der anwesenden und vertretenen Wohnungseigentümer stets von Beschlussfähigkeit auszugehen ist[7] oder dass es für die 239

---

1 KG, Beschl. v. 25. 8. 2003 – 24 W 110/02, FGPrax 2003, 259 = NJW-RR 2003, 1596 = NZM 2003, 901 = ZMR 2004, 144; OLG Düsseldorf, Beschl. v. 9. 10. 1998 – 3 Wx 162/98, NZM 1999, 270 = ZMR 1999, 191.
2 OLG Düsseldorf, Beschl. v. 9. 10. 1998 – 3 Wx 162/98, NZM 1999, 270 = ZMR 1999, 191; a.A. noch KG, Beschl. v. 10. 11. 1993 – 24 W 6075/92 u. 6297/92, NJW-RR 1994, 659.
3 BayObLG, Beschl. v. 9. 6. 1988 – BReg 2 Z 40/88, WuM 1988, 329; OLG Köln, Beschl. v. 1. 10. 2002 – 16 Wx 13/02, ZMR 2003, 607.
4 OLG Köln, Beschl. v. 1. 10. 2002 – 16 Wx 13/02, ZMR 2003, 607; Bärmann/Pick/Merle, § 25 WEG Rz. 80; *Drasdo*, Rz. 547; a.A. OLG Zweibrücken, Beschl. v 11. 3. 2002 – 3 W 184/01, NZM 2002, 345.
5 Bärmann/Pick/*Merle*, § 25 WEG Rz. 80; Staudinger/*Bub*, § 25 WEG Rz. 253; *Drasdo*, Rz. 547.
6 BayObLG, Beschl. v. 2. 4. 1992 – 2 Z BR 4/92, BayObLGZ 1992, 79; OLG München, Beschl. v. 1. 12. 2005 – 32 Wx 93/05, NZM 2006, 183 = ZMR 2006, 231= NJW-RR 2006, 730; Palandt/*Bassenge*, § 25 WEG Rz. 10.
7 OLG Hamburg, Beschl. v. 9. 1. 1989 – 2 W 37/88, OLGZ 1989, 318; Bärmann/Pick/*Merle*, § 25 WEG Rz. 84; Staudinger/*Bub*, § 25 WEG Rz. 58; Weitnauer/*Lüke*, § 25 WEG Rz. 1.

Beschlussfähigkeit nicht darauf ankommt, ob die erschienenen Wohnungseigentümer im Einzelfall auch stimmberechtigt sind[1].

240 Fehlt es bei einer Beschlussfassung an der Beschlussfähigkeit, ist der Beschluss nicht nichtig, sondern nur **anfechtbar**.

3. Zustandekommen eines Beschlusses der Wohnungseigentümer

Das Zustandekommen eines Eigentümerbeschlusses in der Eigentümerversammlung setzt die Abstimmung über einen Beschlussantrag, die Feststellung des Abstimmungsergebnisses sowie die Feststellung und Verkündung des Beschlussergebnisses voraus.

a) Beschlussantrag

aa) Inhalt des Beschlussantrages

241 Der Beschlussantrag legt den Gegenstand der Beschlussfassung fest. Er muss **klar, verständlich und bestimmt** gefasst sein und muss sich grundsätzlich auf einen Beschlussgegenstand beziehen, der nach § 23 Abs. 2 WEG bei der Einberufung bezeichnet worden ist (Rz. 43).

bb) Beschlussantragsrecht

242 Als Inhalt des Rechts auf Teilnahme an der Eigentümerversammlung steht jedem **Wohnungseigentümer** ein Beschlussantragsrecht zu den angekündigten Tagesordnungspunkten zu[2]. Ein Stimmrechtsausschluss steht dem Recht auf Teilnahme an der Eigentümerversammlung und damit dem Beschlussantragsrecht nicht entgegen (Rz. 191). Wegen seines Beschlussanfechtungsrechts nach §§ 43 Nr. 4, 46 Abs. 1 WEG steht auch dem **Verwalter** ein Beschlussantragsrecht zu[3]. **Dritte** haben hingegen nur dann ein Beschlussantragsrecht, wenn ihnen ein von einem Wohnungseigentümer abgeleitetes Recht auf Teilnahme an der Eigentümerversammlung zusteht (Rz. 113)[4].

b) Abstimmung über den Beschlussantrag

Nach der Beratung über den Beschlussantrag erfolgt die Abstimmung.

---

1 BayObLG, Beschl. v. 27. 10. 1993 – 2 Z BR 17/93, WuM 1994, 105; BayObLG, Beschl. v. 8. 12. 2004 – 2 Z BR 080/04, WuM 2005, 145 = ZMR 2005, 641; OLG Frankfurt/Main, Beschl. v. 24. 8. 2006 – 20 W 214/06 u. 20 W 215/06, NZM 2007, 806.
2 Bärmann/Pick/*Merle*, § 23 WEG Rz. 33; § 24 WEG Rz. 58.
3 Bärmann/Pick/*Merle*, § 23 WEG Rz. 33; Weitnauer/*Lüke*, § 23 WEG Rz. 12.
4 Bärmann/Pick/*Merle*, § 23 WEG Rz. 33; Weitnauer/*Lüke*, § 23 WEG Rz. 12.

aa) Abstimmungsverfahren

Der Abstimmungsmodus wird, sofern hierzu kein vorrangig zu beachtender Geschäftsordnungsbeschluss gefasst wird oder Vereinbarungen bzw. Regelungen in der Gemeinschaftsordnung bestehen[1], von dem Versammlungsvorsitzenden festgelegt. Die Methoden müssen demokratischer Willensbildung entsprechen.

Beispiele:
- Handzeichen[2]
- Zuruf (Akklamation)[3]
- Stimmzettel, die nur mit „ja", „nein" oder „Enthaltung" beschriftet sein dürfen[4]
- Elektrische Zählmaschinen[5]
- Bei großen Gemeinschaften: Hammelsprung[6] (alle verlassen den Saal und betreten ihn wieder durch drei verschiedene Türen, je nachdem, ob sie mit „ja" oder „nein" stimmen oder sich der Stimme enthalten)
- Stillschweigen auf Fragen nach Gegenstimmen[7] und Enthaltungen
- Geheime Abstimmung, es sei denn, das jeweilige Abstimmungsverhalten der Wohnungseigentümer muss namentlich festgestellt werden[8] (vgl. Rz. 288)
- Blockabstimmung (zusammengefasste Abstimmung über mehrere Beschlussgegenstände, insbesondere bei der Wahl des Verwaltungsbeirats) zulässig, wenn nicht Einzelabstimmung verlangt wird[9].

bb) Ermittlung des Abstimmungsergebnisses

Sodann muss der Versammlungsvorsitzende **grundsätzlich** die Anzahl der Ja-Stimmen, der Nein-Stimmen und der Enthaltungen ermitteln, indem er die entsprechenden **Abstimmungsfragen** stellt und die dazu abgegebenen Stimmen auszählt.

Fehlt es an Regeln zur Ermittlung des tatsächlichen Ergebnisses der Abstimmung, wie sie sich aus einer Vereinbarung, der Gemeinschaftsord-

---

1 Vgl. BayObLG, Beschl. v. 10. 5. 1989 – 2 Z BR 23/88, WuM 1989, 459.
2 BayObLG, Beschl. v. 10. 5. 1989 – 2 Z BR 23/88, WuM 1989, 459; BayObLG, Beschl. v. 21. 6. 1990 – BReg 1b Z 36/89, WuM 1990, 403.
3 Staudinger/*Bub*, § 24 WEG Rz. 101.
4 Staudinger/*Bub*, § 24 WEG Rz. 101.
5 KG, Beschl. v. 28. 11. 1984 – 24 W 3678/84, ZMR 1985, 105.
6 Staudinger/*Bub*, § 24 WEG Rz. 101.
7 KG, Beschl. v. 28. 11. 1984 – 24 W 3678/84, ZMR 1985, 105.
8 BayObLG, Beschl. v. 10. 7. 1987 – BReg 2 Z 47/87, NJW-RR 1987, 1363; BayObLG, Beschl. v. 10. 5. 1989 – 2 Z BR 23/88, WuM 1989, 459.
9 KG, Beschl. v. 29. 3. 2004 – 24 W 194/02, ZMR 2004,775; OLG Hamburg, Beschl. v. 28. 1. 2005 – 2 Wx 44/04, ZMR 2005, 395; Palandt/*Bassenge*, § 25 WEG Rz. 1; *Niedenführ*/Kümmel/Vandenhouten, § 29 WEG Rz. 4; *Armbrüster*, ZWE 2001, 355, 358; a. A. LG Düsseldorf, Beschl. v. 6. 5. 2004 – 19 T 42/04, NZM 2004, 468.

nung oder einem Eigentümerbeschluss ergeben können[1], so kann sich der Versammlungsvorsitzende grundsätzlich auch der **Substraktionsmethode** bedienen, indem er bereits nach der Abstimmung über die Frage nach den Nein-Stimmen und den Enthaltungen auf die Ja-Stimmen zurückrechnet[2]. Dies gilt indes nur dann, wenn das tatsächliche Abstimmungsergebnis hinreichend verlässlich ermittelt werden kann, was nur dann der Fall ist, wenn für den Zeitpunkt der Abstimmung die Anzahl der anwesenden und vertretenen Wohnungseigentümer – bei Abweichung vom Kopfprinzip auch deren Stimmkraft – feststeht[3] und darauf geachtet wird, dass die Wohnungseigentümer bzw. ihre Vertreter, die einem Stimmverbot unterliegen, bei der Ermittlung des Abstimmungsergebnisses unberücksichtigt bleiben[4]. Unklarheiten führen im Fall der Beschlussanfechtung zu einer Ungültigerklärung des Beschlusses[5]. Ist der Verwalter – wie im Regelfall – Versammlungsleiter können ihm gemäß § 49 Abs. 2 WEG die Kosten des Anfechtungsrechtsstreits auferlegt werden[6].

⊃ **Hinweis:**

Da dem Schweigen nach der Substraktionsmethode Erklärungswert im Hinblick auf die Abgabe einer Ja-Stimme zukommt, ist es zur Vermeidung späterer Beschlussanfechtungen ratsam – aber nicht Voraussetzung für eine derartige Auslegung –, wenn der Versammlungsvorsitzende vor Beginn der Abstimmung auf die geschilderte Bedeutung des Schweigens hinweist[7].

Nur **ausnahmsweise** bedarf es keiner exakten Feststellung der Mehrheitsverhältnisse, nämlich wenn eindeutige Verhältnisse und klare Mehrheiten vorliegen[8].

245 **Ungültige Stimmabgaben** entfalten keine Wirkung. Eine Stimmabgabe ist z. B. ungültig, wenn keine eindeutige Willenskundgabe erfolgt ist[9], bei

---

1 KG, Beschl. v. 28. 11. 1984 – 24 W 3678/84, ZMR 1985, 105 = WuM 1985, 101; Bärmann/Pick/*Merle*, § 23 WEG Rz. 35.
2 BGH, Beschl. v. 19. 9. 2002 – V ZB 37/02, NJW 2002, 3629 = NZM 2002, 992; KG, Beschl. v. 28. 11. 1984 – 24 W 3678/84, ZMR 1985,105 = WuM 1985, 101; a. A. OLG Düsseldorf, Beschl. v. 3. 4. 2000 – 3 Wx 465/99, ZMR 2000, 550; *Drasdo*, Rz. 5: Rückrechnung nur bei Feststellung der nicht abgegebenen Stimmen.
3 BGH, Beschl. v. 19. 9. 2002 – V ZB 37/02, NJW 2002, 3629 = NZM 2002, 992; OLG Köln, Beschl. v. 21. 11. 2001 – 16 Wx 185/01, NZM 2002, 458; vgl. auch OLG Düsseldorf, Beschl. v. 29. 4. 2005 – 3 Wx 56/05, NZM 2005, 708.
4 *Drasdo*, Rz. 578.
5 *Drasdo*, Rz. 579.
6 Vgl. OLG Köln, Beschl. v. 18. 1. 2002 – 16 Wx 247/01, NZM 2002, 458 = ZMR 2002, 972; OLG Düsseldorf, Beschl. v. 29. 4. 2005 – I-3 Wx 56/05, ZMR 2006, 140 zum alten Recht.
7 BGH, Beschl. v. 19. 9. 2002 – V ZB 37/02, NJW 2002, 3629 = NZM 2002, 992.
8 BayObLG, Beschl. v. 10. 11. 2004 – 2 Z BR 109/04, NZM 2005, 262.
9 *Drasdo*, Rz. 588.

Teilnahme an der Abstimmung trotz Stimmrechtsausschlusses[1], bei uneinheitlicher Stimmabgabe im Falle des § 25 Abs. 2 Satz 2 WEG[2] und bei vor Beendigung der Stimmenauszählung wirksam angefochtener Stimmabgabe[3]. Wurde eine ungültige Stimme dennoch berücksichtigt, ist der auf ihr beruhende Beschluss **anfechtbar**, sofern sie für das Abstimmungsergebnis **kausal** geworden ist[4]. Ist die Anfechtungsfrist des § 23 Abs. 4 Satz 2 WEG bereits abgelaufen, so bleibt der Beschluss trotz ungültiger Stimmabgabe bestandskräftig.

Nach ganz herrschender Rechtsauffassung[5] sind die **Enthaltungen** als solche zu bewerten und nicht den Nein-Stimmen zuzurechnen, sofern nicht durch Vereinbarung oder Gemeinschaftsordnung bestimmt ist, dass Enthaltungen wie Nein-Stimmen gewertet werden[6]. Wer sich der Stimme enthält, will zum Ausdruck bringen, dass er einem Beschlussantrag weder zustimmen noch ihn ablehnen will. Dieser Wille würde, wenn man die Stimmenthaltung den Nein-Stimmen zurechnet, missachtet. Dies gilt auch dann, wenn für die Beschlussfassung eine qualifizierte Mehrheit erforderlich ist[7]. 246

Beispiel:
Sieht die Gemeinschaftsordnung in Abweichung von § 22 Abs. 1 WEG vor, dass bauliche Veränderungen einer 2/3 Mehrheit der in der Versammlung anwesenden Wohnungseigentümer bedürfen und ergibt das Abstimmungsergebnis 300/1 000 Ja-Stimmen, 140/1 000 Nein-Stimmen und 350/1 000 Enthaltungen, so ist ein positives Beschlussergebnis zu verkünden.

Dies gilt jedoch nicht, wenn die Beschlussfassung eine bestimmte Anzahl von Zustimmungen erfordert[8].

Beispiel:
Sieht die Gemeinschaftsordnung in Abweichung von § 22 Abs. 1 WEG vor, dass bauliche Veränderungen einer 2/3 Mehrheit aller Wohnungseigentümer bedürfen

---

1 Staudinger/*Bub*, § 25 WEG Rz. 324.
2 OLG Köln, Beschl. v. 20. 1. 1986 – 16 Wx 111/85, NJW-RR 1986, 698; Staudinger/*Bub*, § 25 WEG Rz. 162.
3 BayObLG, Beschl. v. 16. 3. 2000 – 2 Z BR 168/99, NJW-RR 2000, 1036 = NZM 2000, 499.
4 OLG Düsseldorf, Beschl. v. 28. 10. 1994 – 3 Wx 448/94, ZMR 1995, 84; Staudinger/*Bub* § 25 WEG Rz. 91.
5 BGH, Beschl. v. 8. 12. 1988 – V ZB 3/88, BGHZ 106, 179; BayObLG, Beschl. v. 11. 4. 1991 – 2 Z BR 28/91, NJW-RR 1992, 83; KG, Beschl. v. 13. 6. 1984 – 24 W 3937/83, WuM 1985, 102 = ZMR 1985, 64; Bärmann/Pick/*Merle*, § 25 WEG Rz. 93; Niedenführ/*Kümmel*/Vandenhouten, § 23 WEG Rz. 38; Palandt/*Bassenge*, § 25 WEG Rz. 9.
6 BayObLG, Beschl. v. 11. 4. 1991 – 2 Z BR 28/91, NJW-RR 1992, 83.
7 AG Köln, Beschl. v. 10. 10. 2007 – 202 II 122/07, WuM 2007, 645; Palandt/*Bassenge*, § 25 WEG Rz. 9; Staudinger/*Bub*, § 25 WEG Rz. 96; *Deckert*, ZMR 2008, 585; a. A. OLG Celle, Beschl. v. 16. 5. 1991 – 4 W 19/91, OLGZ 1991, 431.
8 *Drasdo*, Rz. 592.

und ergibt das Abstimmungsergebnis 300/1000 Ja-Stimmen, 140/1000 Nein-Stimmen und 350/1000 Enthaltungen, so ist ein negatives Beschlussergebnis zu verkünden. Für ein positives Beschlussergebnis sind 667/1000 Ja-Stimmen erforderlich.

Eine bewußt oder unbewußt nicht abgegebene Stimme (**Schweigen**) ist wie eine Stimmenthaltung zu bewerten[1].

247 Die **Ermittlung des Abstimmungsergebnisses** als des Verhältnisses der gültigen Ja-Stimmen zu den gültigen Nein-Stimmen der in der Versammlung Anwesenden bzw. Vertretenen[2] erfordert schließlich eine Bewertung der Stimmen **auf der Grundlage der Stimmrechtswertigkeit** (Rz. 169 ff.). Hat z. B. der Wohnungseigentümer X mit „Ja" gestimmt, so zählt seine Stimme einfach, wenn für Beschlussfassungen in dieser Wohnungseigentümergemeinschaft das Kopfprinzip gilt, und dreifach, wenn das Objektprinzip gilt und ihm drei Wohnungseigentumsrechte gehören.

c) Feststellung des Beschlussergebnisses

Der Versammlungsvorsitzende hat aus dem Abstimmungsergebnis nach den maßgeblichen rechtlichen Regeln das Beschlussergebnis herzuleiten, d. h. zu entscheiden, ob der Beschlussantrag angenommen oder abgelehnt wurde[3].

aa) Annahme des Beschlussantrags

248 Eine Antragsannahme (sog. positiver Beschluss) liegt vor, wenn nach dem Abstimmungsergebnis (Rz. 247) die für den konkreten Beschluss **erforderliche Mehrheit** (einfache oder qualifizierte Mehrheit, Allstimmigkeit) ergibt[4]. Die Mehrheitserfordernisse ergeben sich aus entsprechenden Vereinbarungen bzw. der Teilungserklärung, anderenfalls aus den Bestimmungen des WEG.

➲ **Hinweis:**

Für die Abstimmung bei der Verwalterbestellung ist gemäß § 26 Abs. 1 Satz 1, 4 WEG unabdingbar die einfache Stimmenmehrheit erforderlich. Eine relative Stimmenmehrheit genügt nicht[5].

Ein positiver Beschluss entfaltet mit der Beschlussfassung die in ihm vorgesehenen **Rechtswirkungen**, die nach § 23 Abs. 4 Satz 2 WEG nur

---

1 Staudinger/*Bub*, § 25 WEG Rz. 90.
2 OLG Hamburg, Beschl. v. 22.10. 2003 – 2 Wx 34/01, ZMR 2004, 139.
3 BGH, Beschl. v. 23. 8. 2001 – V ZB, ZMR 2001, 809 = NJW 2001, 3339.
4 BayObLG, Beschl. v. 13. 2. 1997 – 2 Z BR 115/96, WE 1997, 280; BayObLG, Beschl. v. 18. 5. 1998 – 2 Z BR 51/98, NZM 1998, 917; Bärmann/Pick/*Merle*, § 23 WEG Rz. 37; Palandt/*Bassenge*, § 23 WEG Rz. 9; Staudinger/*Bub*, § 23 WEG Rz. 147.
5 BayObLG, Beschl. v. 13. 3. 2003 – 2 Z BR 85/02, NZM 2003, 444 = WuM 2003, 410; *Deckert*, ZMR 2008, 585.

dann (rückwirkend) entfallen, wenn der Beschluss in einem Rechtsstreit nach § 43 Nr. 4 WEG für ungültig erklärt wird.

⊃ **Hinweis:**
Zur Verwalterwahl bzw. Beiratswahl bei nur relativer Mehrheit vgl. Teil 15, Rz. 4, Teil 11, Rz. 40.

bb) Ablehnung eines Beschlussantrags

Eine Antragsablehnung (sog. negativer Beschluss) liegt vor, wenn sich nach dem Abstimmungsergebnis (Rz. 247) die für den konkreten Beschluss **erforderliche Mehrheit nicht ergibt**. Dies bedeutet, dass bei einem **Gleichgewicht** von Zustimmungen und Ablehnungen ebenso wie beim **Überwiegen der Nein-Stimmen** der Beschlussantrag abgelehnt ist[1]. Den überstimmten Wohnungseigentümern bleibt dann nur die Möglichkeit, eine Zustimmung zu dem Beschlussantrag gemäß § 21 Abs. 4 WEG gerichtlich zu erzwingen. 249

⊃ **Hinweis:**
Enthalten sich sämtliche Wohnungseigentümer bei der Abstimmung über einen Beschlussantrag der Stimme, liegt kein Negativbeschluss, sondern ein Nichtbeschluss vor[2]

Nach neuer Ansicht[3] ist auch die **Antragsablehnung ein für ungültig erklärbarer Beschluss**, für dessen Ungültigerklärung ein Rechtsschutzinteresse besteht, wenn er mit einem Antrag nach § 21 Abs. 4 WEG auf Vornahme der abgelehnten Maßnahme verbunden ist[4]. Für diese Auffassung spricht, dass nicht anders als beim positiven Beschluss auch ein negatives Abstimmungsergebnis in Verwirklichung der Beschlusskompetenz der Eigentümerversammlung zu Stande kommt und daher das **Resultat einer verbindlichen Willensbildung** der Gemeinschaft aus mehreren Einzelwillen ist[5]. Es wird der Gemeinschaftswille festgelegt, dass die beantragte Änderung oder Ergänzung des Gemeinschaftsverhältnisses nicht eintreten soll[6]. Denn insoweit unterscheidet sich die Ablehnung eines Antrags in nichts von der – unzweifelhaft als Beschluss anzusehenden – 250

---
1 Bärmann/Pick/*Merle*, § 25 WEG Rz. 97; Staudinger/*Bub*, § 25 WEG Rz. 89.
2 OLG München, Beschl. v. 21. 2. 2007 – 34 Wx 100/06, NJW-RR 2007, 1096.
3 BGH, Beschl. v. 23. 8. 2001 – V ZB 10/01, ZMR 2001, 809 = NJW 2001, 3339; BayObLG, Beschl. v. 7. 2. 2002 – 2 Z BR 161/01, NZM 2002, 346; BayObLG, Beschl. v. 25. 7. 2002 – 2 Z BR 63/02, ZMR 2003, 50; OLG Düsseldorf, Beschl. v. 18. 2. 2002 – 3 Wx 406/01, NZM 2002, 613; Bärmann/Pick/*Merle*, § 23 WEG Rz. 160; *Niedenführ*/Kümmel/Vandenhouten, § 43 WEG Rz. 76; Palandt/*Bassenge*, § 23 WEG Rz. 12: *Wenzel*, FS Merle (2000), S. 353.
4 BGH, Beschl. v. 19. 9. 2002 – V ZB 30/02, NZM 2002, 995; BayObLG, Beschl. v. 25. 7. 2002 – 2 ZBR 63/02, ZMR 2003, 50.
5 *Bub*, ZWE 2000, 194; *Wenzel*, ZWE 2000, 382.
6 *Hadding*, ZWE 2001, 179.

Annahme eines negativen Antrags, eine bestimmte Handlung nicht vorzunehmen oder zu unterlassen[1].

d) Verkündung des Beschlussergebnisses

251 Die **Kompetenz zur Verkündung** des Beschlussergebnisses obliegt dem Versammlungsvorsitzenden[2].

Die Verkündung des Beschlussergebnisses hat grundsätzlich in der Weise zu erfolgen, dass der Versammlungsvorsitzende die Annahme oder Ablehnung des Beschlussantrags **ausdrücklich** bekannt gibt. Der Beschlussantrag kann etwa durch Bezugnahme auf seine bereits erfolgte Bekanntmachung (z.B. „der in der Einladung vom 12. 3. 2002 zu TOP XY mitgeteilte Antrag ist angenommen") oder durch Aufnahme in die Verkündung (z.B. „der Antrag, die Hauseingangstür von 22.00 Uhr bis 6.00 Uhr verschlossen zu halten, ist angenommen") bekanntgegeben werden. Auch auf der Grundlage des mit der WEG-Reform neu eingeführten § 24 Abs. 7 S. 2 Nr. 1 WEG, der ausdrücklich von „verkündeten" Beschlüssen spricht, bleibt grundsätzlich eine konkludente – aus einem anderen Umstand zu schließende – Verkündung möglich[3]. Die Bekanntgabe eines eindeutigen Abstimmungsergebnisses bzw. dessen bloße Wiedergabe im Versammlungsprotokoll als konkludente Verkündung des Beschlussergebnisses reicht dafür allein nicht aus[4]. Dies wäre letztlich eine Fiktion, aber kein Verhalten, aus dem sich eindeutig auf die Verkündung schließen ließe[5].

⊃ **Hinweis:**

Fehlt ein Versammlungsleiter[6] oder weigert er sich pflichtwidrig, ein Beschlussergebnis zu verkünden[7], so wird die Verkündung durch die Einigkeit der Versammlungsteilnehmer über das Beschlussergebnis ersetzt.

---

1 AG Kerpen, Beschl. v. 19. 3. 1991 – 15 (16) II 19/90, NJW-RR 1991, 1236; *Bub*, ZWE 2000, 194; *Hadding*, ZWE 2001, 179; *Wenzel*, ZWE 2000, 382.
2 BGH, Beschl. v. 23. 8. 2001 – V ZB 10/01, NJW 2001, 3339 = ZMR 2001, 809 = ZWE 2001, 530; Bärmann/Pick/Merle, § 23 WEG Rz. 43.
3 A.A. *Drasdo*, ZMR 2007, 501; *F. Schmidt*, NZM 2008, 431.
4 A.A. BGH, Beschl. v. 23. 8. 2001 – V ZB 10/01, NJW 2001, 3339 = ZMR 2001, 809 = ZWE 2001, 530; BayObLG, Beschl. v. 17. 7. 2003 – 2 Z BR 55/03, ZMR 2003, 860; BayObLG, Beschl. v. 29. 1. 2004 – 2 Z BR 153/03, ZMR 2004, 446; OLG Celle, Beschl. v. 6. 9. 2004 – 4 W 143/04, NZM 2005, 308; OLG München, Beschl. v. 15. 11. 2006 – 34 Wx 97/06, ZMR 2007, 221= NJW-RR 2007, 594 = NZM 2007, 365.
5 So zutreffend *F. Schmidt*, NZM 2008, 431.
6 BGH, Beschl. v. 23. 8. 2001 – V ZB 10/01, NJW 2001, 3339 = ZMR 2001, 809 = ZWE 2001, 530.
7 *Abramenko*, ZMR 2004, 789; *Becker*, ZWE 2006, 157.

Nach vormals herrschender Auffassung[1] kam der Verkündung des Beschlussergebnisses (Antrag angenommen, Antrag abgelehnt) durch den Versammlungsvorsitzenden lediglich **deklaratorische** Bedeutung zu, da das WEG für eine gegenteilige Kompetenz keine Grundlage enthalte und zudem ein entsprechendes Bedürfnis nicht bestehe. Nach anderer Auffassung[2] war eine Verkündung des Beschlussergebnisses für das Zustandekommen eines Beschlusses zwar nicht erforderlich; wenn sie aber erfolge, so sei sie zumindest **vorläufig verbindlich** und der erweckte Rechtsschein einer Beschlussfassung könne dann aus Gründen der Rechtssicherheit nur durch eine fristgerechte Anfechtung beseitigt werden[3]. 252

Nunmehr hat sich der BGH[4] einer dritten – in der Literatur vertretenen – Auffassung angeschlossen, nach der die **Verkündung des Beschlussergebnisses für die Beschlussfassung konstitutiv** ist. Dieser Auffassung sind Rechtsprechung und Literatur zu Recht überwiegend gefolgt[5]. Im gesamten Recht der Personenvereinigungen wird von dem Grundsatz ausgegangen, dass in den Fällen, in denen die Geltendmachung von Fehlern der Beschlussfassung in einem an eine Frist gebundenen gerichtlichen Verfahren erfolgen muss, für das Bestehen eines Beschlusses dessen Verkündung erforderlich ist. Nur so kann unter Vermeidung von Rechtsunsicherheit eindeutig festgestellt werden, ob eine Beschlussfassung vorliegt, die ggf. ein rechtliches Tätigwerden erforderlich macht. Die Möglichkeit rechtswidrigen Verhaltens steht dem nicht entgegen, da Manipulationen in allen Bereichen denkbar sind und diesen im Übrigen wirksam durch ein Anfechtungsverfahren begegnet werden kann. Auch für den **Beschlussinhalt** ist das vom Versammlungsvorsitzenden verkündete Ergebnis konstitutiv[6]. 253

---

1 BayObLG, Beschl. v. 30. 7. 1998 – 2 Z BR 54/98, WuM 1999, 125; KG, Beschl. v. 12. 7. 1989 – 24 W 1063/89, OLGZ 1989, 423; OLG Frankfurt/Main, Beschl. v. 7. 9. 1987 – 20 W 191/87, OLGZ 1988, 316; OLG Köln, Beschl. v. 16. 2. 2001 – 16 Wx 4/01, ZMR 2001, 387.
2 KG, Beschl. v. 18. 3. 1992 – 24 W 6007/91, OLGZ 1993, 52; OLG Schleswig, Beschl. v. 14. 5. 1986 – 2 W 123/85, DWE 1987,133; OLG Braunschweig, Beschl. v. 12. 10. 1988 – 3 W 2/88, OLGZ 1989,186; OLG Hamm, Beschl. v. 28. 12. 1989 – 15 W 441/89, OLGZ 1990,180; Staudinger/*Wenzel*, § 43 WEG Rz. 36; Weitnauer/*Lüke*, § 23 WEG Rz. 13; *Becker/Gregor*, ZWE 2001, 245.
3 KG, Beschl. v. 6. 6. 1990 – 24 W 1227/90, OLGZ 1990,421.
4 BGH, Beschl. v. 23. 8. 2001 – V ZB 10/01, NJW 2001, 3339 = ZMR 2001, 809 = ZWE 2001, 530.
5 BayObLG, Beschl. v. 29. 1. 2004 – 2 Z BR 153/03, ZMR 2004, 446; OLG Düsseldorf, Beschl. v. 29. 4. 2005 – I-3 Wx 56/05, NZM 2005, 708; OLG München, Beschl. v. 21. 2. 2007- 34 Wx 100/06, NJW-RR 2007, 1096; OLG Hamburg, Beschl. v. 21. 5. 2007 – 2 Wx 38/03, ZMR 2007, 635; OLG Hamm, Beschl. v. 29. 5. 2007- 15 W 16/07, NZM 2007, 839; Niedenführ/*Kümmel*/Vandenhouten, § 25 WEG Rz. 42.
6 BGH, Beschl. v. 23. 8. 2001 – V ZB 10/01, NJW 2001, 3339 = ZMR 2001, 809 = ZWE 2001, 530; Bärmann/Pick/*Merle*, § 23 WEG Rz. 46; Staudinger/*Bub*, § 23 WEG Rz. 172; *Becker/Gregor*, ZWE 2001, 245.

254 Aufgabe des Versammlungsvorsitzenden ist es, für eine korrekte Feststellung des Mehrheitswillens und dessen Umsetzung in die Form wirksamer Beschlüsse zu sorgen[1]. Hieraus folgt, dass der Feststellungskompetenz eine **Prüfungskompetenz** des Versammlungsvorsitzenden vorgelagert ist. Diese umfasst zunächst nur das Recht, den Beschluss zu überprüfen. Eine entsprechende Pflicht folgt für den Verwalter aus dem mit der Gemeinschaft der Wohnungseigentümer geschlossenen Verwaltervertrag. Welchen Umfang diese Kompetenz hat, ist aber fraglich. Die Prüfungskompetenz des Versammlungsvorsitzenden erstreckt sich nach zutreffender Auffassung umfassend auf sämtliche Rechtswirksamkeits- und Rechtmäßigkeitsvoraussetzungen. Denn mit der verbindlichen Beschlussverkündung wird der unterliegenden Minderheit die Anfechtungslast auferlegt. Die Beschlussverkündung soll aber nur der Rechtssicherheit der Wohnungseigentümer dienen[2]. Unter dieser Prämisse ist auch § 23 Abs. 4 Satz 2 WEG zu verstehen, wonach Beschlüsse nur ungültig sind, wenn sie durch das Gericht für ungültig erklärt werden, worauf gem. § 46 Abs. 1 Satz 1 WEG nur binnen eines Monats angetragen werden kann[3]. Daher hat der Verwalter als Versammlungsvorsitzender vor der Abstimmung nicht nur sorgfältig zu prüfen, ob der Beschluss ggf. nichtig, sondern auch ob er rechtswidrig wäre[4]. Hieraus folgt, dass er die Wohnungseigentümer **auf seine rechtlichen Bedenken hinweisen** muss[5]. Weiter ist fraglich, welche Anforderungen an diesen Hinweis zu stellen sind. Zu weitgehend erscheint, dass dieser neben der Anfechtbarkeit, auch daraus resultierende Folgen – wie Kosten für die Wohnungseigentümer bei vorprogrammiertem Unterliegen in einem Anfechtungsrechtsstreit und eine etwa mögliche zeitliche Verzögerung der Durchführung des Beschlusses durch eine Anfechtung – umfassen muss[6].

⊃ Hinweis:

Unterlässt er den Hinweis und war der Fehler für ihn erkennbar (z. B. Wahl eines Nichtwohnungseigentümers zum Mitglied des Beirats) bzw. von ihm verursacht (z. B. durch Nichtbezeichnung eines Beschlussgegenstandes bei der Einberufung), stellt die Verkündung des fehlerhaften Beschlusses eine Pflichtverletzung dar, die eine **Schadensersatzpflicht** des Versammlungsvorsitzenden nach § 280 Abs. 1 BGB begründet. Eine Erkennbarkeit wird überwiegend nur für solche Verstöße angenommen, die offensichtlich, zweifelfrei bzw. ohne juristisches Spezialwissen erkennbar sind[7]. Zu berücksichtigen ist da-

---

1 BGH, Beschl. v. 19. 9. 2002 – V ZB 30/02, BGHZ 152, 46.
2 *Becker*, ZWE 2006,162.
3 Niedenführ/*Kümmel*/Vandenhouten, § 23 WEG Rz. 42.
4 *Becker*, ZWE 2006, 162.
5 *Briesemeister*, ZWE 2004, 305; *Häublein*, NZM 2007, 758.
6 LG Köln, Beschl. v. 10. 3. 2008 – 29 T 159/07, WuM 2008, 299 = ZMR 2008, 485.
7 *Becker*, ZWE 2006, 163; *Deckert*, DWE 2005, 7; *Kümmel*, ZWE 2006, 283; *Müller*, DWE 2005, 8.

bei, dass auch von einem professionellen Verwalter nicht die Rechtskenntnisse eines Volljuristen erwartet werden können.

Eine hiervon zu trennende Frage ist, in welchen Fällen der Versammlungsvorsitzende die **Verkündung** eines positiven Beschlusses **unterlassen muss bzw. darf.** 254a

Weitgehend Einigkeit besteht dahin, dass der Versammlungsvorsitzende eine Antragsannahme nur verkünden darf, wenn sich nach dem Abstimmungsergebnis die für den Beschluss erforderliche Mehrheit (einfache oder qualifizierte Mehrheit, Allstimmigkeit) ergibt[1]. Hieraus folgt, dass eine Antragsablehnung zu verkünden ist, wenn sich nach der Abstimmung die für den konkreten Beschluss erforderliche Mehrheit nicht ergibt. Stimmenthaltungen ebenso wie ungültige Stimmen darf er nicht berücksichtigen[2]. Wird eine Stimmrechtsvollmacht nicht nachgewiesen und bestehen Zweifel an ihrer Erteilung, muss der Verwalter sein Recht zur Zurückweisung dieser Stimme gemäß § 174 BGB (vgl. dazu Rz. 150) ausüben[3]. Sofern dies im Einzelfall schwierige rechtliche Wertungsfragen aufwirft – etwa bei einem Stimmrechtsmissbrauch oder bei einem Streit über die Frage, ob eine qualifizierte Mehrheit (Maßnahme gemäß § 22 Abs. 2 WEG) oder nur einfache Mehrheit erforderlich ist (§§ 22 Abs. 3, 21 Abs. 3 WEG) –, ist er ausnahmsweise als befugt anzusehen, von einer verbindlichen Beschlussverkündung abzusehen[4].

Eine Beschlussverkündung durch den Versammlungsvorsitzenden hat hingegen stets zu unterbleiben, wenn die beabsichtigte Regelung (etwa aufgrund fehlender Beschlusskompetenz) nichtig ist[5].

Für die übrigen formellen (insbes. Ladungsmängel) und materiellen (Verstoß gegen den Grundsatz ordnungsmäßiger Verwaltung) Beschlussmängel ist hingegen umstritten, ob der Versammlungsvorsitzende einen positiven Beschluss verkünden darf, wenn er die Wohnungseigentümerversammlung auf seine rechtlichen Bedenken hinweist, die Wohnungseigentümer sich aber **über erkennbare Beschlussfehler hinwegsetzen** wollen. Dies wird nicht einheitlich beantwortet. Nach einer Auffassung[6] unterliegt der Versammlungsvorsitzende in diesen Fällen einem Verkündungsverbot. Der Versammlungsvorsitzende sei zuerst an das Gesetz und die Vereinbarungen der Wohnungseigentümer gebunden. Soweit 254b

---

1 Niedenführ/*Kümmel*/Vandenhouten, § 23 WEG Rz. 43; einschränkend *Häublein*, NJW 2005, 1468.
2 *Becker*, ZWE 2006, 162; *Kümmel*, ZWE 2006, 281; *Vandenhouten*, Rz. 245, 246.
3 *Merle*, ZWE 2007, 125 (133).
4 BGH, Beschl. v. 23. 8. 2001 – V ZB 10/01, NJW 2001, 3999 = ZMR 2001, 809 = ZWE 2001, 530; *Gottschalg*, ZWE 2005, 37.
5 Niedenführ/*Kümmel*/Vandenhouten, § 23 WEG Rz. 45; *Deckert*, ZMR 2008, 585.
6 *Kümmel*, ZWE 2006, 279.

diese ihm Befugnisse und Pflichten auferlegen, könne die Eigentümermehrheit ihm keine abweichenden Weisungen auferlegen. Nach der Gegenansicht[1] kann der Versammlungsvorsitzende in diesen Fällen die Abstimmung über einen Beschlussantrag bzw. die Beschlussverkündung nicht verweigern, wenn sich die Mehrheit über die vorgetragenen Bedenken hinwegsetzt. Nach den Wertungen des WEG sei der Mehrheitswille der Wohnungseigentümer grundsätzlich verbindlich und der Verwalter den Weisungen der Eigentümermehrheit unterworfen.

254c Vorzugswürdig ist die Ansicht, dass der Versammlungsvorsitzende in diesen Fällen die Verkündung eines positiven Beschlusses nicht verweigern kann, wenn die Mehrheit sich über die vorgetragenen Bedenken hinwegsetzen will. Entscheidungsträger in der Versammlung sind allein die Wohnungseigentümer. Im Rahmen der Beschlusskompetenz können sie wirksame Beschlüsse fassen, auch wenn sie inhaltlich rechtswidrig und anfechtbar sind. Findet der Antrag die erforderliche Mehrheit, darf der Versammlungsvorsitzende die positive Beschlussverkündung nicht verhindern. Der Verwalter ist nämlich als Versammlungsvorsitzender nur **Funktionsgehilfe der Wohnungseigentümer**[2]. Dies ergibt sich insbesondere auch daraus, dass im Falle des Fehlens eines Versammlungsvorsitzenden[3] oder bei dessen pflichtwidriger Weigerung, ein Beschlussergebnis zu verkünden[4], die Verkündung durch die Einigkeit der Versammlungsteilnehmer über das Beschlussergebnis ersetzt wird (Rz. 251). Ebenso besteht die Möglichkeit gemäß § 24 Abs. 5 WEG den Versammlungsvorsitz auf einen anderen Versammlungsteilnehmer zu übertragen (vgl. Rz. 266). Dann muss aber auch der oben beschriebene Weg zulässig sein.

⊃ **Hinweis:**

Die aus der Beschlussfeststellungskompetenz folgende umfassende Prüfungskompetenz des Versammlungsvorsitzenden ist für den Verwalter mit einem erheblichen Zuwachs an Verantwortung verbunden. Um Haftungsrisiken zu vermeiden, muss er auf rechtliche Bedenken hinweisen und zu seiner Absicherung in der Versammlungsniederschrift vermerken[5]. Setzen sich die Wohnungseigentümer über die geäußerten rechtlichen Bedenken hinweg, ist dies ggf. durch einen Geschäftsordnungsbeschluss zu dokumentieren. Zugleich sollte sich der Verwalter von möglichen Haftungsansprüchen gegenüber der Gemeinschaft für den Fall einer erfolgreich durchgeführten Anfechtungsklage freistellen lassen. Ein Haftungsrisiko lässt sich aber auch

---

1 *Becker*, ZWE 2006, 163; *Briesemeister*, ZWE 2004, 305; *Deckert*, ZMR 2008, 585; *Gottschalg*, ZWE 2005, 34; *J.-H. Schmidt*, DWE 2005, 10.
2 *J.-H. Schmidt*, DWE 2005, 10; *Becker*, ZWE 2006, 162.
3 BGH, Beschl. v. 23. 8. 2001 – V ZB 10/01, NJW 2001, 3999 = ZMR 2001, 809 = ZWE 2001, 530.
4 *Abramenko*, ZMR 2004, 789.
5 *Becker*, ZWE 2006, 163; *Deckert*, ZMR 2008, 585; *Gottschalg*, ZWE 2005, 34.

dadurch vermeiden, dass der Versammlungsvorsitz für einen bestimmten Tagesordnungspunkt von einem Dritten übernommen wird. Soweit der Versammlungsvorsitzende im Einzelfall bei schwierigen rechtlichen Wertungsfragen befugt ist, von einer Beschlussverkündung abzusehen, dürfte auch der folgende Weg gangbar sein: Der Versammlungsvorsitzende lässt die Eigentümer im Wege eines Geschäftsordnungsbeschlusses etwa darüber beschließen, ob sie die Stimmen eines Wohnungseigentümers als ungültig ansehen bzw. welche Mehrheit für eine Antragsannahme als erforderlich angesehen wird. Erst im Anschluss daran lässt er dann auf der Basis der sich danach ergebenden rechtlichen Anforderungen über den Beschlussantrag abstimmen[1].

Mit seiner Verkündung erlangt der Beschluss Verbindlichkeit und kann nur im Wege des Anfechtungsrechtsstreits nach § 43 Nr. 4 WEG für ungültig erklärt werden. Für die Frage, ob ein Beschluss gefasst wurde und welchen Inhalt er hat, kommt es mithin ausschließlich auf die Feststellung und Verkündung des Versammlungsvorsitzenden an[2]. 254d

aa) Unterbleiben der Verkündung

Unterbleibt eine Verkündung, so liegt ein „Nichtbeschluss" vor[3] und jeder Wohnungseigentümer kann durch eine nicht fristgebundene Gestaltungsklage[4] (deren Antrag auf Feststellung des Beschlussergebnisses durch das Gericht lautet) in einem Rechtsstreit nach § 43 Nr. 4 WEG klären lassen, ob und mit welchem Inhalt ein Beschluss zu Stande gekommen ist[5]; in diesem Verfahren sind aus prozessökonomischen Gründen bereits formelle und materielle Beschlussmängel zu prüfen[6]. Mit der Rechtskraft der Entscheidung gemäß § 705 ZPO, die das Zustandekommen feststellt, wird der Beschluss existent[7]. 255

bb) Fehlerhafte Verkündung

Ist vom Versammlungsvorsitzenden auf Grund fehlerhafter Feststellung des Abstimmungsergebnisses (z.B. weil die Unwirksamkeit einer 256

---

1 So auch *Briesemeister*, ZWE 2004, 305.
2 BGH, Beschl. v. 23. 8. 2001 – V ZB 10/01, NJW 2001, 3339 = ZMR 2001, 809 = ZWE 2001, 530.
3 Bärmann/Pick/*Merle*, § 23 WEG Rz. 50.
4 Jennißen/*Elzer*, vor §§ 23–25 WEG Rz. 68.
5 BGH, Beschl. v. 23. 8. 2001 – V ZB 10/01, NJW 2001, 3339 = ZMR 2001, 809 = ZWE 2001, 530; Bärmann/Pick/*Merle*, § 23 WEG Rz. 45.
6 OLG München, Beschl. v. 15. 11. 2006 – 34 Wx 097/06, ZMR 2007, 221; Jennißen/*Elzer*, vor §§ 23–25 WEG Rz. 67; Riecke/Schmid/*Abramenko*, § 43 WEG Rz. 22; *Abramenko*, ZMR 2004, 789; *Becker*, ZWE 2006, 157; a. A. *Deckert*, ZMR 2003, 153; *Drasdo*, Rz. 613; *Müller*, NZM 2003, 222; *Wenzel*, ZWE 2000, 382.
7 BayObLG, Beschl. v. 13. 3. 2003 – 2 Z BR 85/02, ZMR 2004, 125.

Stimmabgabe verkannt wurde) oder des Beschlussergebnisses (z. B. weil die erforderliche Mehrheit verkannt wurde) fälschlich Antragsannahme oder Antragsablehnung verkündet worden, so ist wegen der konstitutiven Wirkung der Ergebnisverkündung eine Ungültigerklärung nach § 23 Abs. 4 Satz 2 WEG erforderlich, wobei der Antrag auf Ungültigerklärung mit dem selbst nicht fristgebundenen Antrag auf Feststellung der Antragsannahme oder Antragsablehnung verbunden werden kann[1].

⊃ **Hinweis:**

Dies gilt auch für die Anfechtung eines Negativbeschlusses, der mit dem Antrag auf Feststellung, dass kein Beschluss gefasst wurde, verbunden wird. Hierbei ist das Rechtsschutzbedürfnis aber besonders zu prüfen[2].

257 Im Fall der fehlerhaften Verkündung ersetzt die Feststellungsentscheidung die falsche durch die richtige Beschlussverkündung. Zweifelhaft ist, ob in diesem Verfahren nur zu prüfen ist, ob das falsche oder richtige Beschlussergebnis verkündet worden ist, oder ob auch alle anderen formellen (z. B. Nichteinladung eines Wohnungseigentümers) und materiellen (z. B. Verstoß gegen § 21 Abs. 3 WEG) Beschlussmängel in diesem Verfahren zu prüfen sind, sodass der durch die Feststellungsentscheidung ersetzte Beschluss nicht mehr mit einem Antrag auf Ungültigerklärung angefochten werden kann[3].

e) Die Protokollierung des Beschlussergebnisses

258 Für das Zustandekommen eines Beschlusses hat die Protokollierung des Beschlussergebnisses in der Versammlungsniederschrift keine Bedeutung. Eine mündliche Feststellung und Verkündung des Beschlussergebnisses ist ausreichend[4]. Daher kann jederzeit die Antragsablehnung geltend gemacht werden, wenn der Versammlungsvorsitzende sie in der Versammlung feststellt und verkündet hat, im Protokoll aber fälschlich die Antragsannahme festgestellt worden ist[5].

Durch Vereinbarung bzw. Regelung in der Gemeinschaftsordnung kann aber die Gültigkeit eines Beschlusses von seiner Protokollierung in der Versammlungsniederschrift abhängig gemacht werden (sog. „**Ist-Vor-**

---

1 BGH, Beschl. v. 23. 8. 2001 – V ZB 10/01, NJW 2001, 3339 = ZMR 2001, 809 = ZWE 2001, 530; BGH, Beschl. v. 19. 9. 2002 – V ZB 30/02, NJW 2002, 3704 = NZM 2002, 995; Bärmann/Pick/*Merle*, § 23 WEG Rz. 47, 48.
2 OLG München, Beschl. v. 21. 2. 2007 – 34 Wx 100/06, NJW-RR 2007, 1096.
3 So überzeugend *Becker*, ZWE 2006, 157; *Müller*, NZM 2003, 222; *Suilmann* in Jennißen, § 46 Rz. 140 ff.; vgl. auch OLG München, Beschl. v. 15. 11. 2006 – 34 Wx 097/06, ZMR 2007, 221.
4 BayObLG, Beschl. v. 13. 10. 2004 – 2 Z BR 152/04, NJW-RR 2005, 456 = NZM 2005, 631.
5 OLG Düsseldorf, Beschl. v. 3. 4. 2000 – 3 Wx 465/99, FG Prax 2000, 140.

schrift"). Bestimmt die Regelung nicht die Rechtsfolgen einer fehlenden bzw. fehlerhaften Regelung, so ist diese durch eine an ihrem Zweck orientierte Auslegung zu ermitteln. Dabei ist zukünftig zu beachten, dass seit dem Inkrafttreten des neuen WEG-Rechts der Zweck der Niederschrift, insbesondere für Sondernachfolger, durch die Beschluss-Sammlung gemäß § 24 Abs. 7 WEG erreicht wird.

Beispiel 1:

„In Ergänzung des § 23 WEG wird bestimmt, dass zur Gültigkeit eines Beschlusses der Wohnungseigentümerversammlung außer den dort genannten Bestimmungen die Protokollierung des Beschlusses erforderlich ist. Das Protokoll ist vom Verwalter und von zwei von der Eigentümerversammlung bestimmten Wohnungseigentümern zu unterzeichnen."Ein Verstoß gegen diese Vorgaben führt – vergleichbar mit § 23 Abs. 2 WEG – zur **Anfechtbarkeit** des Beschlusses, nicht zu dessen Nichtigkeit[1].

Beispiel 2:

„Zur Wirksamkeit/Gültigkeit eines Beschlusses der Wohnungseigentümerversammlung ist die Protokollierung des Beschlusses erforderlich. Das Protokoll ist vom Verwalter und von zwei von der Eigentümerversammlung bestimmten Wohnungseigentümern zu unterzeichnen."

Ein Verstoß gegen diese Vorgaben führt zur **Nichtigkeit**, denn in diesem Fall ist davon auszugehen, dass die Protokollierung konstitutive Wirkung entfaltet.

Zur Gültigkeit des Beschlusses gehören dann auch die **Unterschriften** auf der Versammlungsniederschrift[2]. Die Niederschrift kann ggf. durch auf der jeweiligen Versammlung durch Mehrheitsbeschluss zu bestellende bestimmte Wohnungseigentümer zu unterzeichnen sein. Dieser Bestimmungsbeschluss ist dann ebenfalls zu protokollieren[3].

258a

Die fehlende, da verweigerte Unterschrift **des Verwalters** führt aber nicht zur Anfechtbarkeit/Nichtigkeit des Eigentümerbeschlusses, durch den er aus wichtigem Grund abberufen worden ist[4]. Ein zur Anfechtung berechtigender/Nichtigkeit führender Grund liegt auch nicht vor, wenn ein zur Unterzeichnung geeigneter Verwalter gar nicht zur Verfügung steht, etwa weil der bisherige Verwalter verstorben ist, an der Versammlung

---

1 BGH, Beschl. v. 3. 7. 1997 – V ZB 2/97, BGHZ 136, 187 = NJW 1997, 2956; BGH, Beschl. v. 9. 10. 1997 – V ZB 3/97, NJW 1998, 755; OLG Oldenburg, Beschl. v. 16. 3. 1984 – 5 W 41/83, ZMR 1985, 30; OLG Hamburg, Beschl. v. 7. 2. 2005 – 2 Wx 45/02, ZMR 2005, 397; OLG München, Beschl. v. 7. 8. 2007 – 34 Wx 003/05, ZMR 2007, 883; Bärmann/Pick/*Merle*, § 23 WEG Rz. 41, Niedenführ/*Kümmel*/Vandenhouten, § 24 WEG Rz. 56; a. A. KG, Beschl. v. 18. 8. 1993 – 24 W 1386/93, WuM 1993, 709 (Beschränkung auf bloße Beweisfunktion); *Bub*, ZWE 2007, 339 (347) (Nichtigkeit).
2 OLG München, Beschl. v. 7. 8. 2007 – 34 Wx 003/05, ZMR 2007, 883.
3 OLG Schleswig, Beschl. v. 24. 3. 2006 – 2 W 230/03, ZMR 2006, 721 = NZM 2007, 132.
4 OLG Hamm, Beschl. v. 27. 11. 2001 – 15 W 326/01, ZMR 2002, 540.

nicht teilgenommen hat oder im Laufe der Versammlung abberufen worden ist, und stattdessen der Versammlungsleiter unterschrieben hat[1].

⊃ **Hinweis:**
Fehlt eine notwendige Unterschrift, ist der Beschluss zunächst nur **schwebend unwirksam**. Die Unterschrift kann jedenfalls zeitnah, auch im gerichtlichen Verfahren, noch nachgeholt werden, da § 24 Abs. 6 Satz 2 WEG für die Herstellung der Versammlungsniederschrift und ihre Unterzeichnung keine Frist vorsieht[2]. Eine Nachholung ist jedoch ausgeschlossen, wenn die Vereinbarung vorsieht, dass die zur Unterschrift berechtigten Wohnungseigentümer in der Eigentümerversammlung zu bestimmen sind[3] und diese Bestimmung unterblieben ist.

Eine „konkludente" **Bestimmung** der zur Unterzeichnung berechtigten Wohnungseigentümer infolge einer ständigen Übung, wonach bislang der Beirat unterschrieben hat, kommt nicht in Betracht. Hingegen ist ein Verweis auf eine frühere Beschlussfassung, die vorsieht, dass der Beirat generell unterschreibt, zulässig. Dies ist kein vereinbarungsändernder und damit wirksamer Beschluss, sofern die Beiratsmitglieder entsprechend § 29 Abs. 1 WEG zugleich Wohnungseigentümer sind[4].

258b Ist lediglich eine **„Soll-Vorschrift"** vereinbart worden, folgt aus einem Verstoß **kein** Anfechtungsgrund.[5]

Beispiel:
„Das Protokoll soll vom Verwalter und einem Wohnungseigentümer, der an der Versammlung teilgenommen hat, unterzeichnet werden."

258c Die gleichen Grundsätze (Rz. 258–258b) gelten, wenn die Gemeinschaftsordnung bestimmt, dass Beschlüsse der Wohnungseigentümer nur wirksam bzw. gültig sind, wenn sie vom Verwalter in ein von ihm zu führendes „Beschlussbuch" bzw. „Protokollbuch" (Aktenordner, Hefter, Loseblattsammlungen werden dem nicht gerecht!)[6] oder die **„Beschluss-Sammlung"** gemäß § 24 Abs. 7 WEG einzutragen sind. Die fehlende Eintragung kann noch zeitnah durch nachträgliche Anlegung des Beschlussbuches verbunden mit dem Nachtrag vorangegangener Beschlüsse geheilt werden[7].

---

1 OLG Celle, Beschl. v. 6. 9. 2004 – 4 W 143/04, NZM 2005, 308.
2 OLG München, Beschl. v. 7. 8. 2007 – 34 Wx 003/05, ZMR 2007, 883.
3 So in dem vom BGH (BGH, Beschl. v. 3. 7. 1997 – V ZB 2/97, BGHZ 136, 187 = NJW 1997, 2956) entschiedenen Fall.
4 A. A. AG Köln, Beschl. v. 19. 3. 2002 – 202 II 132/01, ZMR 2002, 793.
5 OLG Celle, Beschl. v. 6. 9. 2004 – 4 W 143/04, NZM 2005, 308.
6 OLG Düsseldorf, Beschl. v. 1. 10. 2004 – I-3 Wx 207/04, ZMR 2005, 218 = NJW-RR 2005, 265= NZM 2005, 24; OLG Köln, Beschl. v. 9. 2. 2006 – 16 Wx 220/05, ZMR 2006, 711= NZM 2007, 133.
7 OLG Köln, Beschl. v. 14. 8. 2006 – 16 Wx 113/06, ZMR 2007, 388.

f) Nichtiger Beschluss und Nicht-/Scheinbeschluss

Ein **nichtiger Beschluss** liegt vor, wenn gegen zwingende Vorschriften (z.B. §§ 134, 138 BGB; §§ 12 Abs. 2 Satz 1, 26 Abs. 1 Satz 2 und 5, § 27 Abs. 4 WEG) verstoßen worden ist[1], wenn der Eigentümerversammlung die Beschlusskompetenz gefehlt hat (Rz. 208), wenn ein Beschluss völlig unbestimmt oder in sich widersprüchlich gefasst ist oder wenn er sachlich undurchführbar ist (Rz. 218).

259

Ein **Nicht- bzw. Scheinbeschluss** liegt vor, wenn die wesentlichen formellen Voraussetzungen einer Beschlussfassung fehlen.

260

Beispiele:
- Fehlen einer (zumindest werdenden) Eigentümergemeinschaft[2],
- Fehlen einer einberufenen Versammlung, die keine Vollversammlung ist (Rz. 3).
- Protokollierung eines Beschlusses, ohne dass eine Abstimmung stattgefunden hat[3].
- Abstimmung, ohne dass eine Feststellung und Verkündung eines Beschlussergebnisses erfolgt ist[4].
- Fehlende Allstimmigkeit im Falle eines schriftlichen Beschlussverfahrens gemäß § 23 Abs. 3 WEG[5].
- Gleichzeitige Versammlung verschiedener Wohnungseigentümergemeinschaften[6].
- Fehlen einer vereinbarten Wirksamkeitsvoraussetzung, z.B. Protokollierung eines Beschlusses[7].
- Keine Ja-, keine Nein- und keine oder ausschließlich Enthaltungsstimmen[8].

Nichtige Beschlüsse und Nicht-/Scheinbeschlüsse bedürfen **keiner Ungültigerklärung** gemäß § 23 Abs. 4 WEG[9]. Auf ihr Nichtbestehen kann man sich jederzeit berufen[10]; bei Vorliegen eines Feststellungsinteresses

261

---

1 Vgl. Palandt/*Bassenge*, § 23 WEG Rz. 14.
2 BayObLG, Beschl. v. 9. 1. 2006 – 34 Wx 89/05, FGPrax 2006, 63; OLG Düsseldorf, Beschl. v. 8. 7. 2005 – I-3 Wx 103/05, ZMR 2005, 896; Palandt/*Bassenge*, § 23 WEG Rz. 21.
3 BayObLG, Beschl. v. 7. 12. 1995 – 2 Z BR 72/95, BayObLGZ 1995, 407.
4 BGH, Beschl. v. 23. 8. 2001 – V ZB 10/01, NJW 2001, 3339 = ZMR 2001, 809 = ZWE 2001, 530; Bärmann/Pick/*Merle*, § 23 WEG Rz. 35,105.
5 BayObLG, Beschl. v. 19. 9. 2001 – 2 Z BR 89/01, ZWE 2001, 590.
6 BayObLG, Beschl. v. 6. 12. 2000 – 2 Z BR 103/00, NZM 2001, 143 = ZMR 2001, 294.
7 Bärmann/Pick/*Merle*, § 23 WEG Rz. 119.
8 Vgl. OLG München, Beschl. v. 21. 2. 2007 – 34 W 100/06, NZM 2007, 448 = ZMR 2007, 480.
9 Palandt/*Bassenge*, § 23 WEG Rz. 15, 21.
10 BGH, Beschl. v. 20. 9. 2000 –V ZB 58/99, NJW 2000, 3500 = ZWE 2000, 518.

kann ein Wohnungseigentümer das Nichtbestehen zum Gegenstand einer unbefristeten Feststellungsklage nach § 43 Nr. 4 WEG machen. Ist eine Ungültigerklärung beantragt, ist die deklaratorische Feststellung des Nichtbestehens, insbesondere zur Beseitigung des Rechtsscheins, im Rechtsstreit nach § 43 Nr. 4 WEG zulässig[1]; nach rechtskräftiger Abweisung des Antrags auf Ungültigerklärung kann das Nichtbestehen nicht mehr geltend gemacht werden[2].

V. Durchführung der Eigentümerversammlung und Niederschrift

1. Durchführung der Versammlung

Die §§ 23 ff. WEG enthalten keine umfassende Regelung für die Durchführung der Eigentümerversammlung.

a) Versammlungsvorsitzender

aa) Verwalter bzw. dessen Hilfspersonen

262 Nach § 24 Abs. 5 WEG führt grundsätzlich der **Verwalter** den Vorsitz in der Eigentümerversammlung. Streitig ist, ob dies auch gilt, wenn die Versammlung nicht durch den Verwalter, sondern durch eine **andere zur Einberufung berechtigte Person**, etwa den Vorsitzenden des Verwaltungsbeirates, seinen Stellvertreter oder durch einen gerichtlich dazu ermächtigten Wohnungseigentümer, einberufen wurde bzw. die Wohnungseigentümer zu einer Universalversammlung zusammengetreten sind[3]. Dafür spricht, dass der Versammlungsvorsitz nicht an die Person des Einberufenden gekoppelt ist. Der erhöhten Gefahr, dass der Verwalter in diesen Fällen den Vorsitz nicht pflichtgemäß ausüben wird, kann dadurch begegnet werden, dass die Eigentümerversammlung durch Beschluss eine andere Person für den Vorsitz bestimmt (Rz. 266). Eine ausdrückliche **gerichtliche Anordnung** zur Person des Vorsitzenden, wie sie insbesondere bei Ermächtigung eines Wohnungseigentümers zur Einberufung ergehen kann, ist stets vorrangig zu beachten[4].

263 Ist Verwalter eine **natürliche Person**, so hat er im Zweifel persönlich den Vorsitz zu übernehmen (§§ 664 Abs. 1 Satz 1, 613 Satz 1 BGB). Er kann sich jedoch zur Erfüllung seiner Aufgaben eines Erfüllungsgehilfen im

---

1 BayObLG, Beschl. v. 19. 9. 2001 – 2 Z BR 89/01, ZMR 2001, 294 = ZWE 2001, 590 (für Nichtbeschluss).
2 BayObLG, Beschl. v. 20. 9. 2001 – 2 Z BR 39/01, ZfIR 2002, 51.
3 So Staudinger/*Bub*, § 24 WEG Rz. 84; a.A. Bärmann/Pick/*Merle*, § 24 WEG Rz. 55; Weitnauer/*Lüke*, § 24 WEG Rz. 14.
4 KG, Beschl. v. 16. 9. 1988 – 24 W 3952/88, OLGZ 1989, 51 (52).

Sinne des § 278 BGB – etwa eines im Handelsgewerbe des Verwalters tätigen Angestellten – bedienen, der in diesem Rahmen untergeordnete Tätigkeiten wie das Führen des Protokolls und das Führen der Anwesenheitsliste ausübt[1]. Eine Übernahme des Vorsitzes durch den Erfüllungsgehilfen ist zulässig, wenn die Versammlung dies nicht rügt[2].

Ist Verwalter eine **juristische Person oder rechtsfähige Personengesellschaft**, so übernehmen ihre gesetzlichen Vertreter den Vorsitz. Sie können den Vorsitz im Wege rechtsgeschäftlicher Bevollmächtigung auf einen als Erfüllungsgehilfen tätigen Angestellten des Unternehmens übertragen, soweit sich der Verwalter bei der Erfüllung seiner Aufgaben anderer Personen bedienen darf[3]. Hiervon ist in Ermangelung abweichender Anhaltspunkte – z.B. Regelung im Verwaltervertrag – regelmäßig auszugehen[4]. 264

⊃ **Hinweis:**

Der Nachweis, dass ein Angestellter im Auftrag des Verwalters gehandelt hat, kann noch nachträglich erbracht werden, da weder die Regeln über die Stellvertretung (§§ 164 ff. BGB) gelten noch eine für die Vertretung der Wohnungseigentümer in der Eigentümerversammlung vereinbarte Schriftformklausel einschlägig ist[5].

Auf **außenstehende Dritte**, wie etwa einen Rechtsanwalt, darf der Vorsitz wegen der Nichtöffentlichkeit der Eigentümerversammlung nicht übertragen werden[6]. 265

⊃ **Hinweis:**

Kann der Dritte seine Befugnis zur Verfahrensleitung vom Verwalter ableiten, sind die Beschlüsse jedenfalls nicht nichtig[7].

---

1 KG, Beschl. v. 15. 9. 2000 – 24 W 3301/00, WuM 2001, 44; Palandt/*Bassenge*, § 24 WEG Rz. 14.
2 BayObLG, Beschl. v. 11. 4. 2001 – 2 Z BR 27/01, ZWE 2001, 490 (Ehemann); Niedenführ/*Kümmel*/Vandenhouten, § 24 WEG Rz. 49; Staudinger/*Bub*, § 24 WEG Rz. 87.
3 KG, Beschl. v. 15. 9. 2000 – 24 W 3301/00, WuM 2001, 44 = GE 2000, 1693; OLG Schleswig, Beschl. v. 4. 12. 1996 – 2 W 85/96, MDR 1997,821; Bärmann/Pick/*Merle*, § 24 WEG Rz. 5; Staudinger/*Bub*, § 24 WEG Rz. 86, 87a (Erfüllungsgehilfen); 4; a.A. Weitnauer/*Lüke*, § 24 WEG Rz. 16 (nur auf mit handelsrechtlichen Vollmachten ausgestattete Personen).
4 OLG München, Beschl. v. 11. 12. 2007 – 34 Wx 91/07, ZMR 2008, 236 = NJW-RR 2008, 245 = WuM 2008, 53 = MietRB 2008, 77.
5 OLG München, Beschl. v. 11. 12. 2007 – 34 Wx 91/07, ZMR 2008, 236 = NJW-RR 2008, 245 = WuM 2008, 53 = MietRB 2008, 77.
6 LG Berlin, Beschl. v. 3. 9. 1986 – 191 T 67/86, WuM 1989, 203; Staudinger/*Bub*, § 24 WEG Rz. 87a, *Drasdo*, Rz. 532.
7 OLG München, Beschl. v. 7. 6. 2005 – 32 Wx 32/05, NZM 2005, 588 = NJW-RR 2005, 964 = ZMR 2005, 728.

bb) Abdingbarkeit für den Einzelfall

266 Die Eigentümerversammlung kann durch Mehrheitsbeschluss eine andere Person zum Versammlungsvorsitzenden wählen. Gewählt werden können wegen der Nichtöffentlichkeit der Eigentümerversammlung nur Personen, die berechtigt sind, an der Versammlung teilzunehmen (Rz. 107)[1]. Der für den Vorsitz kandidierende Wohnungseigentümer ist bei seiner Wahl zum Vorsitzenden nicht von seinem Stimmrecht ausgeschlossen (Rz. 185). Der als Vorsitzender abgewählte Verwalter verliert, auch wenn er kein Mitglied der Gemeinschaft ist, nicht sein Recht auf Teilnahme an der Versammlung (Rz. 119)[2].

Die Wahl ist ohne besondere Ankündigung in der Tagesordnung zulässig. Denn zum einen eröffnet bereits das Gesetz die Möglichkeit, einen anderen Versammlungsvorsitzenden zu wählen[3]; zum anderen handelt es sich um einen nicht § 23 Abs. 2 WEG unterliegenden Geschäftsordnungsbeschluss (Rz. 46).

Ein einzelner Wohnungseigentümer kann gegen einen anderen Wohnungseigentümer regelmäßig nicht das zeitlich unbegrenzte Verbot der Leitung der Wohnungseigentümerversammlung durchsetzen; bei festgestelltem Missbrauch der Befugnisse als Versammlungsvorsitzender und Wiederholungsgefahr kann aber ein zeitlich (auf etwa ein Jahr) begrenztes Verbot ergehen[4].

cc) Generelle Abdingbarkeit

267 Die Vorschrift des § 24 Abs. 5 WEG ist abdingbar. Zunächst kann durch Vereinbarung bzw. Regelung in der Gemeinschaftsordnung – wegen fehlender Beschlusskompetenz aber nicht durch Mehrheitsbeschluss[5] – der Vorsitz dauerhaft dem Verwalter[6], dem Verwaltungsbeiratsvorsitzenden oder einem außenstehenden Dritten übertragen werden[7]. Auch in diesen Fällen kann aber für den Einzelfall eine andere Person für den Versammlungsvorsitz durch Beschluss bestimmt werden, es sei denn, eine Abänderbarkeit durch Mehrheitsbeschluss wird ausdrücklich ausgeschlossen[8].

---

1 Staudinger/*Bub*, § 24 WEG Rz. 19.
2 *Drasdo*, Rz. 529.
3 BayObLG, Beschl. v. 9. 2. 1965 – BReg 2 Z 276/64, NJW 1965, 821 = ZMR 1965, 303; Bärmann/Pick/*Merle*, § 24 WEG Rz. 53.
4 KG, Beschl. v. 15. 1. 2003 – 24 W 129/01, NZM 2003, 325 = NJW-RR 2003, 664 = FGPrax 2003, 113 = WuM 2003, 408.
5 Staudinger/*Bub*, § 24 WEG Rz. 20; *Drasdo*, Rz. 530.
6 Unwirksam wäre aber eine entsprechende formularmäßige Bestimmung im Verwaltervertrag, Jennißen/*Jennißen*, § 26 Rz. 76.
7 Staudinger/*Bub*, § 24 WEG Rz. 20.
8 AG Bielefeld, Beschl. v. 24. 2. 1995 – 3 II 104/94, ZMR 1996,154; Staudinger/*Bub*, § 24 WEG Rz. 20.

Durchführung der Eigentümerversammlung und Niederschrift Rz. 270 **Teil 4**

dd) Fehlen eines Vorsitzenden

In den Fällen, in denen ein Versammlungsvorsitzender fehlt, etwa weil kein Verwalter im Amt ist oder der Verwalter zur Versammlung nicht erschienen ist, können auf einer Eigentümerversammlung keine wirksamen Beschlüsse gefasst werden, denn ein Beschluss kommt erst mit der Feststellung und Verkündung des Beschlussergebnisses zu Stande und diese Aufgabe obliegt dem Versammlungsvorsitzenden (Rz. 246, 251)[1]. Damit ist die Wahl eines Versammlungsvorsitzenden unumgänglich, wenn Beschlüsse gefasst werden sollen. Der Beschluss über die Bestimmung eines Vorsitzenden wird in diesen Fällen wirksam, wenn derjenige, der die Initiative zu dieser Beschlussfassung ergriffen hat, das Ergebnis feststellt und verkündet. Gleiches muss gelten, wenn sich der Verwalter als geborener Vorsitzender weigert, das Beschlussergebnis über die Wahl eines anderen Vorsitzenden gemäß § 24 Abs. 5 WEG festzustellen und bekannt zu geben. Zu dem Sonderfall der Einmannversammlung vgl. Rz. 224.

268

b) Aufgaben des Versammlungsvorsitzenden

Über § 24 Abs. 6 Satz 2 WEG hinaus, wonach der Vorsitzende die Versammlungsniederschrift zu unterzeichnen hat, finden sich im WEG keine weiter gehenden gesetzlich verankerten Aufgaben. Die Wohnungseigentümer können jedoch formelle Regeln für die Durchführung einer Versammlung durch Vereinbarung, Gemeinschaftsordnung oder Mehrheitsbeschluss, etwa in Form einer **Geschäftsordnung**, im Einzelnen regeln[2]. Verstöße gegen diese Geschäftsordnung führen grundsätzlich nur dann zur Ungültigerklärung der in der Versammlung gefassten Sachbeschlüsse, wenn der Verstoß für die Beschlussfassung kausal geworden ist[3].

269

In Ermangelung formeller Regeln muss auf allgemeine Gesichtspunkte des Gesellschafts- und Vereinsrechtes zurückgegriffen werden. Danach obliegt dem Versammlungsvorsitzenden insbesondere die Leitung der Eigentümerversammlung. Sie muss darauf gerichtet sein, eine sachgemäße Erledigung der Tagesordnung durch eine ungestörte Willensbildung und Beschlussfassung in der Versammlung sicherzustellen[4], etwa auch durch Abstimmung über ein Rauchverbot[5]. Letztlich bedeutet dies, dass der Versammlungsvorsitzende **für ein rechtlich nicht zu beanstandendes Zustandekommen von Mehrheitsbeschlüssen zu sorgen** hat[6].

270

---

1 BGH, Beschl. v. 23. 8. 2001 – V ZB 10/01, NJW 2001, 3339 = ZMR 2001, 809 = ZWE 2001, 530.
2 Bärmann/Pick/*Merle*, § 24 WEG Rz. 97.
3 Bärmann/Pick/*Merle*, § 24 WEG Rz. 97.
4 KG, Beschl. v. 28. 11. 1990 – 24 W 1683/90, WuM 1991, 217.
5 OLG Köln, Beschl. v. 16. 8. 2000 – 16 Wx 87/00, NZM 2000, 1017.
6 KG, Beschl. v. 28. 11. 1984 – 24 W 3678/84, ZMR 1985, 105; Bärmann/Pick/*Merle*, § 24 WEG Rz. 96; Staudinger/*Bub*, § 24 WEG Rz. 90.

aa) Leitungs- und Ordnungsbefugnisse

271 Der Versammlungsvorsitzende hat das Recht und die Pflicht, alle erforderlichen **Geschäftsordnungsmaßnahmen** zu treffen, um die oben umschriebene Aufgabe erfüllen zu können. Hierbei muss er die Grundsätze ordnungsmäßiger Verwaltung gemäß § 21 Abs. 4 WEG ebenso beachten wie rechtsstaatliche und demokratische Grundregeln. Für erstere ist insbesondere Unparteilichkeit[1] zu nennen, für letztere der Gleichheitsgrundsatz, der Anspruch auf rechtliches Gehör sowie das Erforderlichkeits- und Verhältnismäßigkeitsprinzip[2].

272 Verlassen einzelne Wohnungseigentümer wegen fehlerhafter Geschäftsordnungsmaßnahmen des Vorsitzenden, durch die ihnen eine weitere Teilnahme an der Versammlung nicht mehr zumutbar ist (z. B. wegen Gesundheitsgefährdung durch Rauchen oder Zugluft), die Versammlung, so birgt das die Gefahr der Ungültigerklärung von danach gefassten Beschlüssen, da diese Wohnungseigentümer – wie bei ihrer Nichteinladung (Rz. 83) – nicht mehr auf die Willensbildung und Beschlussfassung einwirken können[3] und auch nicht verpflichtet sind, Bevollmächtigte zu bestellen.

273 Die Wohnungseigentümer können Geschäftsordnungsanträge stellen, über die – sofern das Stimmrecht nicht abweichend geregelt ist (Rz. 171) – mit einfacher Mehrheit zu beschließen ist[4], etwa um eine Maßnahme des Vorsitzenden zu bestätigen oder zu korrigieren. Derartige **Geschäftsordnungsbeschlüsse** gehen dann Geschäftsordnungsmaßnahmen des Versammlungsvorsitzenden vor, da der Vorsitzende seine Befugnisse von den Wohnungseigentümern herleitet[5]. Geschäftsordnungsanträge sind im Übrigen grundsätzlich vor den Sachanträgen zu behandeln[6], ihrer Ankündigung in der Einberufung bedarf es aber nicht (Rz. 46).

274 Einzelne Geschäftsordnungsbeschlüsse[7] sind ebenso wie Geschäftsordnungsmaßnahmen[8] wegen des regelmäßig **fehlenden Rechtsschutzbedürfnisses** nicht selbständig anfechtbar. Dies gilt wegen der Möglichkeit der jederzeitigen Beschlussfassung auch für gerichtliche Anträge, die zukünftige Geschäftsordnungsmaßnahmen betreffen[9].

---

1 Bärmann/Pick/*Merle*, § 24 WEG Rz. 96; Staudinger/*Bub*, § 24 WEG Rz. 92.
2 Bärmann/Pick/*Merle*, § 24 WEG Rz. 96; Staudinger/*Bub*, § 24 WEG Rz. 92.
3 OLG Köln, Beschl. v. 16. 8. 2000 – 16 Wx 87/00, NZM 2000, 1017.
4 KG, Beschl. v. 28. 11. 1984 – 24 W 3678/84, ZMR 85, 1205; OLG Hamm, Beschl. v. 14. 6. 1996 – 15 W 15/96, WE 97, 23.
5 Staudinger/*Bub*, § 24 WEG Rz. 92.
6 OLG Köln, Beschl. v. 16. 8. 2000 – 16 Wx 87/00, NZM 2000, 1017.
7 BayObLG, Beschl. v. 11. 4. 2001 – 2 Z BR 27/01, ZWE 2001, 490; OLG Hamm, Beschl. v. 14. 6. 1996 – 15 W 15/96; OLG München, Beschl. v. 19. 9. 2005 – 34 Wx 76/05, NZM 2005, 825; Bärmann/Pick/*Merle*, § 23 WEG Rz. 161.
8 Staudinger/*Bub*, § 24 WEG Rz. 92; a. A. BayObLG, Beschl. v. 2. 4. 1992 – 2 Z BR 4/92, WuM 1992, 331.
9 KG, Beschl. v. 19. 6. 1989 – 24 W 787/89, WuM 1989, 464; Staudinger/*Bub*, § 24 WEG Rz. 92.

bb) Einzelne Geschäftsordnungsmaßnahmen

(1) Eröffnung der Versammlung

Der Vorsitzende hat zu Beginn der Eigentümerversammlung ihre Eröffnung festzustellen, damit diese eindeutig von nicht beschlussfassungsberechtigten Vorgesprächen unterschieden werden kann.

275

(2) Bestimmung eines Protokollführers

Der Vorsitzende kann einen Protokollführer bestimmen (aber nur mit dessen Einverständnis), damit dieser vom Versammlungsablauf eine Mitschrift fertigt (Rz. 291). Die Eigentümergemeinschaft kann darüber vorrangig durch nicht anfechtbaren Geschäftsordnungsbeschluss entscheiden[1].

276

(3) Tonaufzeichnungen

Eine Aufzeichnung des Versammlungsverlaufs mit den einzelnen Wortbeiträgen auf Tonträger ist nur mit **Einverständnis aller anwesenden Wohnungseigentümer** zulässig und wenn ihnen zudem das Recht eingeräumt wird, jederzeit die sofortige Beendigung der Aufzeichnung verlangen zu können[2]. Anderenfalls stellt die Aufzeichnung einen erheblichen Eingriff in das allgemeine Persönlichkeitsrecht dar[3]. Eine Entscheidung hierüber durch Mehrheitsbeschluss kommt aus diesem Grunde nicht in Betracht[4]. Wird ohne Einverständnis trotz Abmahnung die Aufzeichnung durch einen Wohnungseigentümer fortgesetzt, kann der Aufzeichnende des Saales verwiesen werden. Nimmt der Versammlungsvorsitzende eine unzulässige Aufzeichnung vor, so kann dies zu einer Ungültigerklärung der gefassten Beschlüsse führen, wenn Wohnungseigentümer deswegen die Versammlung verlassen (Rz. 272) oder sich nicht mehr geäußert haben und dies für die Beschlussfassung kausal geworden ist.

277

Zulässig ist hingegen das Festhalten der einzelnen Beschlüsse oder Passagen einer Eigentümerversammlung durch den Vorsitzenden oder einen Teilnehmer auf einem **Diktiergerät**, da es sich insoweit um die Aufnahme persönlicher Eindrücke handelt, die einer Mitschrift vergleichbar ist[5].

Der Versammlungsvorsitzende kann **zu Unrecht gefertigte Tonaufzeichnungen** eines Versammlungsverlaufs von dem betreffenden Teilnehmer

---

1 BayObLG, Beschl. v. 19. 2. 2004 – 2 Z BR 219/03, NZM 2004, 794.
2 OLG Karlsruhe, Beschl. v. 18. 12. 1997 – 4 U 128/97, NJW-RR 1998, 1116; *Drasdo*, Rz. 635.
3 BGH, Urt. v. 19. 9. 1994 – II ZR 248/92, NJW 1994, 3094 zur Hauptversammlung der Aktiengesellschaft; Staudinger/*Bub*, § 24 WEG Rz. 107.
4 Staudinger/*Bub*, § 24 WEG Rz. 107.
5 Staudinger/*Bub*, § 24 WEG Rz. 106, 108.

herausverlangen[1] bzw. deren Löschung verlangen. Eine gewaltsame Wegnahme scheidet als verbotene Eigenmacht im Sinne von § 858 Abs. 1 BGB aus[2]. Unerlaubt vorgenommene Aufzeichnungen unterliegen einem prozessualen Verwertungsverbot[3]. Waren sie hingegen zulässig, können sie im Rahmen der Beweiswürdigung als Indiz berücksichtigt werden[4].

(4) Feststellung der ordnungsmäßigen Einberufung

278 Nach der Eröffnung der Versammlung sollte der Vorsitzende feststellen, ob die Eigentümerversammlung ordnungsgemäß einberufen wurde. Hierzu sollte er – soweit möglich – **prüfen**, ob

– die Versammlung durch eine zuständige Person einberufen worden ist,

– die Ladungsfrist eingehalten worden ist,

– die Einladung sämtlichen Wohnungseigentümern zugegangen ist.

Die beiden letztgenannten Voraussetzungen lassen sich mit hinreichender Sicherheit nur für die anwesenden Wohnungseigentümer feststellen, es sei denn, die Versendung der Einladungen erfolgte durch förmliche Zustellung gemäß § 132 BGB, §§ 191 ff. ZPO.

⊃ **Hinweis:**

Widersprechen **anwesende** Wohnungseigentümer der Feststellung ordnungsmäßiger Einberufung nicht, sind sie gehindert, eine Beschlussanfechtung mit ihnen bekannten Einberufungsmängeln zu begründen (Rz. 5).

Erkennt der Vorsitzende, dass die Eigentümerversammlung nicht ordnungsgemäß einberufen worden ist, sollte er die **Versammlung abbrechen**, da dann die in ihr gefassten Beschlüsse für ungültig erklärt werden können[5]. Dies gilt nach dem Vorgesagten indes nicht, wenn der nicht ordnungsgemäß Geladene anwesend ist und trotz Kenntnis des Mangels keinen Widerspruch gegen die Fortsetzung erhoben hat.

⊃ **Hinweis:**

Der Versammlungsvorsitzende sollte einen von ihm erkannten oder von einem Teilnehmer gerügten Mangel, der nur gegenüber anwesenden Teilnehmern besteht, sowie dessen Erörterung und die Nichterhebung eines Widerspruchs gegen die Fortsetzung der Versammlung in der Versammlungsniederschrift feststellen.

---

1 Staudinger/*Bub*, § 24 WEG Rz. 109.
2 *Drasdo*, Rz. 637.
3 OLG Köln, Urt. v. 15. 2. 1993 – 5 U 212/92, MDR 1994, 408.
4 Staudinger/*Bub*, § 24 WEG Rz. 110.
5 Staudinger/*Bub*, § 24 WEG Rz. 146.

Durchführung der Eigentümerversammlung und Niederschrift Rz. 281 **Teil 4**

(5) Feststellung der Beschlussfähigkeit

Sodann muss der Versammlungsvorsitzende – zweckmäßig anhand einer Liste, in die sich die Anwesenden beim Zutritt zur Versammlung eintragen, und der vorgelegten Vollmachtsurkunden – die Beschlussfähigkeit feststellen. 279

Mustertext für eine Teilnehmerliste

Teilnehmerliste der Eigentümerversammlung am 6. Februar 2008

WEG Nr.	Wohnungseigentümer	MEA	Vertreter	Unterschrift des Wohnungseigentümers bzw. Vertreters
1		10/100		
2		15/100		
3		20/100		
4		5/100		
5		5/100		
6		25/100		
7		10/100		
8		10/100		

Da Beschlussfähigkeit bei jedem zur Beschlussfassung anstehenden Tagesordnungspunkt gegeben sein muss (Rz. 235), ist ihre **fortlaufende Überwachung** und Kontrolle erforderlich. Eine nochmalige Feststellung der Beschlussfähigkeit braucht jedoch nur zu erfolgen, wenn wegen eines ständigen Wechsels der Anwesenden vermutet werden muss, dass Beschlussfähigkeit nicht mehr gegeben ist (Rz. 238). Tritt im Laufe der Versammlung Beschlussunfähigkeit ein, ist die Versammlung abzubrechen und diese ggf. als Wiederholungsversammlung (Rz. 85) fortzusetzen[1]. Dennoch gefasste Beschlüsse sind nicht nichtig, sondern nur anfechtbar (Rz. 240). 280

(6) Hausrecht

Da der Versammlungsvorsitzende für einen ordnungsgemäßen Verlauf der Versammlung Sorge zu tragen hat[2], muss ihm neben den Wohnungseigentümern das Hausrecht zustehen[3]; anderenfalls könnte ihm diese 281

---

1 BayObLG, Beschl. v. 27. 2. 1981 – BReg 2 Z 23/80, BayObLGZ 1981, 50 = ZMR 1981, 249; OLG Köln, Beschl. v. 23. 8. 1989 – 16 Wx 79/89, NJW-RR 1990, 26.
2 KG, Beschl. v. 28. 11. 1990 – 24 W 1683/90, WuM 1991, 217.
3 Niedenführ/*Kümmel*/Vandenhouten, § 24 WEG Rz. 50; weitergehend *Drasdo*, Rz. 646 (alleiniges Hausrecht des Vorsitzenden).

Aufgabe unerfüllbar werden. Der Vorsitzende hat daher unter Berücksichtigung der Nichtöffentlichkeit der Versammlung zu entscheiden, ob ein grundsätzlich **nicht teilnahmeberechtigter Dritter** (Rz. 112) – etwa ein Vertreter oder ein Berater eines Wohnungseigentümers – an der Versammlung teilnehmen darf[1], wenn nicht die Wohnungseigentümer hierüber mehrheitlich durch einen dann vorrangig zu beachtenden Beschluss entscheiden[2]. Wird die Teilnahme nicht gestattet, so hat der Versammlungsvorsitzende dafür zu sorgen, dass nicht teilnahmeberechtigte Personen den Versammlungsraum verlassen[3].

Der Vorsitzende ist daneben aber in besonderen Ausnahmefällen auch berechtigt, eine **teilnahmeberechtigte Person** des Saales verweisen, wie z. B. bei tätlichen Angriffen gegenüber anderen Teilnehmern, ständigen Zwischenrufen oder Missachtung des Wortentzuges[4]. Als schwerwiegendster Eingriff ist ein Saalverweis jedoch zuvor anzudrohen und nur als **ultima ratio** in Betracht zu ziehen[5]. Dies bedeutet, dass sich mildere Ordnungsmittel (z. B. Wortentzug, Unterbrechung der Versammlung) bereits als ungeeignet erwiesen haben müssen[6]. Da der Saalverweis den ordnungsgemäßen Ablauf der Versammlung gewährleisten soll und nicht der Disziplinierung des Teilnehmers dient, muss dem des Saales Verwiesenen Gelegenheit gegeben werden, einen **anderen Teilnehmer mit der Ausübung seines Stimmrechtes zu bevollmächtigen**; würde ihm dies versagt, käme das einem nicht vorgesehenen Stimmrechtsausschluss gleich, der zur Ungültigerklärung der nachfolgend gefassten Beschlüsse führen kann.

Ein **ungerechtfertigter Saalverweis** eines Teilnahmeberechtigten birgt die Gefahr der Ungültigerklärung von danach gefassten Beschlüssen, da der Betroffene wie bei einer Nichteinladung (Rz. 83) nicht mehr auf die Willensbildung und Beschlussfassung einwirken kann[7] und auch nicht verpflichtet ist, einen Bevollmächtigten zu bestellen.

Widersetzt sich ein Teilnehmer dem Saalverweis, hat der Vorsitzende die Versammlung zu unterbrechen, bis seine Anordnung – ggf. mit Hilfe der Polizei – durchgesetzt ist, oder gar abzubrechen.

---

1 KG, Beschl. v. 28. 11. 1984 – 24 W 3678/84, ZMR 1985,105; Staudinger/*Bub*, § 24 WEG Rz. 96; a. A. Bärmann/Pick/*Merle*, § 24 WEG Rz. 91, *Drasdo*, Rz. 320: nur die Wohnungseigentümer können hierüber verbindlich entscheiden.
2 BGH, Beschl. v. 29. 1. 1993 – V ZB 24/92, BGHZ 121, 236 = NJW 1993, 1329 = ZMR 1993, 287; OLG Karlsruhe, Beschl. v. 8. 11. 1996 – 11 Wx 121/95, WuM 1997, 242.
3 Staudinger/*Bub*, § 24 WEG Rz. 96.
4 Staudinger/*Bub*, § 24 WEG Rz. 100.
5 Bärmann/Pick/*Merle*, § 24 WEG Rz. 105.
6 OLG Saarbrücken, Beschl. v. 28. 8. 2003 – 5 W 11/03-4, ZMR 2004, 67; Staudinger/*Bub*, § 24 WEG Rz. 100; Bärmann/Pick/*Merle*, § 24 WEG Rz. 105.
7 BayObLG, Beschl. v. 10. 4. 2002 – 2 Z BR 97/01, NZM 2002, 616.

Durchführung der Eigentümerversammlung und Niederschrift   Rz. 284 **Teil 4**

(7) Diskussionsleitung

Dem Versammlungsvorsitzenden obliegt auch die Diskussionsleitung[1].

Ob Wohnungseigentümer bei der Ausübung wesentlicher Teilhaberechte gehindert wurden, richtet sich nicht nach der Ankündigung des Verwalters in der Einladung, sondern nach der in der Versammlung tatsächlich geübten Diskussionsleitung[2].

Beispiel:
„Fragen zu den Abrechnungen sind vor der Versammlung mit der Verwaltung zu erörtern, auf der Versammlung werden ausschließlich Beschlüsse gefasst."

• **Aufruf der Tagesordnungspunkte**   282

Damit die Versammlungsteilnehmer erkennen können, welcher Tagesordnungspunkt behandelt wird, muss der jeweilige Tagesordnungspunkt aufgerufen werden. Dabei ist die angekündigte **Reihenfolge einzuhalten** und ein neuer Tagesordnungspunkt erst aufzurufen, wenn der vorhergehende abgehandelt ist.

Eine **Änderung der Reihenfolge** kann durch eine Anordnung des Vorsitzenden oder einen vorrangigen Geschäftsordnungsbeschluss[3] bewirkt werden. Das birgt aber die Gefahr einer Ungültigerklärung nunmehr vorzeitig gefasster Beschlüsse, wenn sich dies auf einen im Hinblick auf die in der Einberufung angekündigte spätere Beschlussfassung bewusst erst später erschienenen Wohnungseigentümer wie eine Nichteinladung auswirkt[4].

• **Erteilung des Wortes**   283

Den Wohnungseigentümern ist in der **Reihenfolge der Wortmeldungen** das Wort zu erteilen; bei mehreren Wortmeldungen ist eine Liste zu führen, um die Reihenfolge einzuhalten und niemanden zu vergessen. Nach Beginn der Abstimmung ist für Wortmeldungen kein Raum mehr[5].

• **Die Redezeitbeschränkung**   284

Um den Einfluss des Wohnungseigentümers auf die Willensbildung zu gewährleisten, steht jedem Wohnungseigentümer ein Rederecht zu. Zur Vermeidung einer unzumutbaren Dauer der Versammlung, etwa über

---

1 Staudinger/*Bub*, § 24 WEG Rz. 97.
2 OLG Düsseldorf, Beschl. v. 20. 4. 2007 – I-3 Wx 127/06, ZMR 2008, 220.
3 Bärmann/Pick/*Merle*, § 24 WEG Rz. 96; Palandt/*Bassenge*, § 24 WEG Rz. 19.
4 Vgl. BayObLG, Beschl. v. 18. 3. 1999 – 2 Z BR 151/98, NZM 1999, 672; *Drasdo*, Rz. 559.
5 Staudinger/*Bub*, § 24 WEG Rz. 97a.

Mitternacht hinaus, kann die Redezeit aber auf Anordnung des Versammlungsvorsitzenden bzw. durch Mehrheitsbeschluss generell oder für den Einzelfall beschränkt werden[1]. Eine Redezeitbeschränkung hat sich daran zu orientieren[2],

- dass jeder Versammlungsteilnehmer Anspruch auf Gehör hat,
- dass allen Versammlungsteilnehmern unabhängig von ihren Miteigentumsanteilen eine zeitlich gleiche Redezeit zusteht,
- wie umfangreich und schwierig die Entscheidungsmaterie ist.

Eine ungerechtfertigte Redezeitbeschränkung hat die Folgen eines ungerechtfertigten Wortentzugs (Rz. 285).

285 • **Wortentzug**

Der Versammlungsvorsitzende darf einem Teilnehmer bei gegebenem Anlass und daher nicht grundlos[3] nach vorheriger Androhung[4] das Wort entziehen.

Beispiele:
- Nichteinhaltung einer berechtigten Redezeitbeschränkung[5]
- Äußerungen in beleidigender oder unsachlicher Form[6]
- Neben der Sache liegende Wortbeiträge[7]
- Unter Druck setzen anderer Versammlungsteilnehmer[8]

Ein ungerechtfertigter Wortentzug birgt die Gefahr der Ungültigerklärung danach gefasster Beschlüsse, da der Betroffene wie bei einer Nichteinladung (Rz. 83) nicht mehr durch Diskussionsbeiträge auf die Willensbildung einwirken kann.

286 • **Beendigung der Debatte**

Ist ein Diskussionsgegenstand **erschöpfend behandelt**, kann der Versammlungsvorsitzende das Ende der Debatte anordnen[9]. Weitere Wortmeldungen sind als Antrag auf Fortsetzung der Debatte zu verstehen, über den die Versammlung dann mehrheitlich zu beschließen hat. Dieser

---

1 OLG Stuttgart, Beschl. v. 30. 4. 1986 – 8 W 531/85, NJW-RR 1986, 1277.
2 Bärmann/Pick/*Merle*, § 24 WEG Rz. 101; Staudinger/*Bub*, § 24 WEG Rz. 98.
3 LG Hamburg, Beschl. v. 10. 2. 1986 – 20a T 1/85, WuM 1986, 153.
4 Bärmann/Pick/*Merle*, § 24 WEG Rz. 105; Staudinger/*Bub*, § 24 WEG Rz. 99.
5 Staudinger/*Bub*, § 24 WEG Rz. 99; vgl. LG Stuttgart, Urt. v. 27. 4. 1994 – 7 KfH O 122/93, WM 1994, 1754 (zur AG).
6 Bärmann/Pick/*Merle*, § 24 WEG Rz. 105; Staudinger/*Bub*, § 24 WEG Rz. 99.
7 Bärmann/Pick/*Merle*, § 24 WEG Rz. 105; Staudinger/*Bub*, § 24 WEG Rz. 99.
8 Staudinger/*Bub*, § 24 WEG Rz. 99.
9 A. A. Staudinger/*Bub*, § 24 WEG Rz. 99a: lediglich anregen.

Geschäftsordnungsbeschluss ist nur dann ordnungsgemäß, wenn einer Minderheit das Rederecht nicht ohne sachlichen Grund entzogen worden ist[1]; anderenfalls wirkt er wie ein ungerechtfertigter Wortentzug (Rz. 285).

• **Unterbrechung** 287

Der Versammlungsvorsitzende darf die Unterbrechung der Versammlung verbindlich anordnen, wenn dies für ihre ordnungsgemäße Fortführung erforderlich ist[2], z. B.[3] bei erkennbarem Nachlassen der Konzentration der Versammlungsteilnehmer oder wenn ein geordneter Ablauf wegen ständiger Auseinandersetzungen nicht mehr möglich ist.

• **Abstimmung** 288

Der Versammlungsvorsitzende muss über die vorliegenden **Beschlussanträge** aller Antragsberechtigten (Rz. 242) abstimmen lassen. Abwesende und nicht vertretende Antragsberechtigte können dem Vorsitzenden ihre Beschlussanträge zu ordnungsgemäß angekündigten Beschlussgegenständen übermitteln, die dieser dann in der Versammlung vorzutragen hat.

Liegen zu einem Tagesordnungspunkt mehrere Beschlussanträge vor, muss der Vorsitzende die **Reihenfolge der Abstimmung** festlegen. Dabei ist vor den Sachentscheidungen über Fragen der Geschäftsordnung abzustimmen[4] und bei mehreren sachlichen Beschlussanträgen zuerst der Vorschlag mit dem weitestgehenden Inhalt zur Abstimmung zu stellen, da sich dann weitere Abstimmungen erübrigen[5].

Der Versammlungsvorsitzende hat darauf zu achten, dass hinreichend deutlich wird, über welchen **Beschlussantrag** abgestimmt wird, und dass dieser so **eindeutig formuliert** ist, dass über ihn mit „Ja" oder „Nein" abgestimmt werden kann.

Die Abstimmung selbst erfolgt unter Beachtung des festgelegten **Abstimmungsmodus** (Rz. 243). Bei der anschließenden **Ermittlung des Abstimmungsergebnisses** (Rz. 244) hat der Versammlungsvorsitzende auf die Stimmrechtswertigkeit (Rz. 169) und auf Stimmrechtsausschlüsse (Rz. 181) zu achten, so wie darauf, ob ein Wohnungseigentümer sich an der Abstimmung nicht beteiligt hat.

---

1 LG Hamburg, Beschl. v. 10. 2. 1986 – 20a T 1/85, WuM 1986, 153.
2 Bärmann/Pick/*Merle*, § 24 WEG Rz. 103.
3 Staudinger/*Bub*, § 24 WEG Rz. 103.
4 OLG Köln, Beschl. v. 14. 10. 1987 – 16 Wx 60/87, DWE 1988, 24; Staudinger/*Bub*, § 24 WEG Rz. 101.
5 Staudinger/*Bub*, § 24 WEG Rz. 101.

Teil 4 Rz. 289 Durchführung der Wohnungseigentümerversammlung

⊃ **Hinweis:**

Bei der Abstimmung über einen Antrag, der eine bauliche Veränderung oder eine Aufwendung im Sinne von § 22 Abs. 1 WEG betrifft, ist es vielfach erforderlich, das Abstimmungsverhalten jedes einzelnen Wohnungseigentümers festzustellen, da einerseits alle nachteilig betroffenen Wohnungseigentümer zustimmen müssen und andererseits die nicht nachteilig betroffenen Wohnungseigentümer sich an den Kosten nach § 16 Abs. 3 WEG nur zu beteiligen haben, wenn sie zugestimmt haben.

Anhand des Abstimmungsergebnisses ermittelt der Vorsitzende nunmehr das **Beschlussergebnis** (Rz. 247), das er **festzustellen** (Rz. 248) **und zu verkünden** (Rz. 251) hat.

289 • **Beendigung, Vertagung und Auflösung der Versammlung**

Der Versammlungsvorsitzende hat die **Beendigung** der Versammlung festzustellen, wenn alle Tagesordnungspunkte abschließend behandelt worden sind. Möglich ist auch eine vorherige Beendigung durch **Vertagung, die zu einer Fortsetzungsversammlung führt**, oder eine Beendigung ohne Vertagung (**Auflösung**)[1]. Regt sich seitens der Versammlungsteilnehmer Widerstand, muss er über Vertagung/Auflösung abstimmen lassen. Er muss die Versammlung fortsetzen, wenn die Versammlung dies mit Mehrheit beschließt. Die Eigentümerversammlung kann zudem vorrangig über eine Vertagung/Auflösung beschließen[2].

Beispiele für Vertagungsgründe:
– Über einen Beschlussgegenstand kann aus sachlichen Gründen (z. B. weil ein Gutachten noch nicht vorliegt) noch nicht abgestimmt werden.
– Die Versammlung beginnt sich aufzulösen, sodass Beschlussunfähigkeit einzutreten droht.
– Die Dauer der Versammlung reicht über Mitternacht hinaus.

Verlassen einige Teilnehmer im Vertrauen auf eine – unberechtigte – Auflösung der Versammlung durch den Vorsitzenden den Saal, sind die weiterhin gefassten Beschlüsse im Falle einer danach erst beschlossenen Fortsetzung wie bei ihrer Nichteinladung (Rz. 83) anfechtbar[3].

⊃ **Hinweis:**

Der Versammlungsvorsitzende sollte die Beendigung der Eigentümerversammlung deutlich bekannt machen, um sie eindeutig von nicht mehr beschlussberechtigten **Nachgesprächen** abzugrenzen.

---

[1] A. A. OLG Celle, Beschl. v. 15. 1. 2002 – 4 W 310/01, ZWE 2002, 276; vgl. KG, Beschl. v. 16. 9. 1988 – 24 W 3952/88, NJW-RR 1989, 16 = OLGZ 1989, 51; Staudinger/*Bub*, § 24 WEG Rz. 104.
[2] Vgl. Staudinger/*Bub*, § 24 WEG Rz. 104.
[3] KG, Beschl. v. 16. 9. 1988 – 24 W 3952/88, NJW-RR 1989, 16 = OLGZ 1989, 51.

2. Versammlungsniederschrift

a) Erstellungsverpflichtung

Gemäß § 24 Abs. 6 WEG ist für jede Versammlung eine gesonderte Niederschrift aufzunehmen, die von den dort genannten Personen zu unterzeichnen ist[1]. Dies gilt etwa auch im Falle eines Abbruchs der Versammlung für die Fortsetzungsversammlung[2].

290

⊃ **Hinweis:**
Wegen der umfassenden Sammlung der Beschlüsse in der Beschluss-Sammlung gemäß § 24 Abs. 7 WEG hat die Niederschrift als Medium zur Dokumentation der Beschlussergebnisse und Information der Wohnungseigentümer über den Inhalt der gefassten Beschlüsse an **Bedeutung** verloren. Da in die Beschluss-Sammlung gemäß § 24 Abs. 7 WEG „nur" der Wortlaut aller Beschlüsse aufzunehmen ist, behält sie aber ihren Zweck, da sie darüber hinausgehende wichtige Informationen betreffend die Umstände ihrer Entstehung und Auslegung (Rz. 218) enthält (vgl. zum Inhalt Rz. 296), von denen der Erfolg einer Anfechtungsklage abhängen kann, wie etwa zur Frage der Beschlussfähigkeit bei einzelnen Tagesordnungspunkten, zu den jeweiligen Beschlussanträgen und Abstimmungsergebnissen sowie zum Versammlungsverlauf.

§ 24 Abs. 6 WEG ist durch Vereinbarung bzw. Gemeinschaftsordnung **abdingbar**; dies betrifft die Form, den Inhalt usw.[3] sowie die Möglichkeit, auf die Erstellung einer Niederschrift vollständig zu verzichten[4].

⊃ **Hinweis:**
Häufig ist vorgesehen, dass die Niederschrift von zwei von der Eigentümerversammlung bestimmten Wohnungseigentümern zu unterschreiben ist, sodass darauf zu achten ist, dass die unterschreibenden Wohnungseigentümer (durch Mehrheitsbeschluss) als Unterschreiber bestimmt worden sind[5].

aa) Erstellungspflichtiger

Wer die Verpflichtung zur Erstellung der Niederschrift zu erfüllen hat, lässt sich der Vorschrift des § 24 Abs. 6 WEG nicht entnehmen. Nach

291

---

1 Staudinger/*Bub*, § 24 WEG Rz. 112.
2 LG Köln, Beschl. v. 4. 5. 1984 – 11 T 113/84, MittRhNotK 1984, 121.
3 Zu den einzelnen Gestaltungsmöglichkeiten vgl. Staudinger/*Bub*, § 24 WEG Rz. 21 ff.
4 A. A. *Drasdo*, Rz. 859 unter Hinweis auf die Beweiskraft der Urkunde für die gefassten Beschlüsse, insbes. im Zusammenhang mit §§ 10 Abs. 3, 18 Abs. 3, 27 Abs. 2 Nr. 5, 26 Abs. 4 WEG.
5 Vgl. BGH, Beschl. v. 3. 7. 1997 – V ZB 2/97, BGHZ 136, 187 = NJW 1997, 2956; BGH, Beschl. v. 9. 10. 1997 – V ZB 3/97, NJW 1998, 755.

ganz h. M. obliegt diese Verpflichtung wegen des Regelungszusammenhangs mit § 24 Abs. 5 WEG dem **Versammlungsvorsitzenden**. Erfolgte ein **Wechsel im Vorsitz** während der Versammlung, sind beide Vorsitzende entweder verpflichtet, gemeinsam das Versammlungsprotokoll zu erstellen bzw. zu unterzeichnen, oder jeder von ihnen muss ein Teilprotokoll fertigen[1].

Hiervon zu unterscheiden ist die Befugnis des Versammlungsvorsitzenden[2], durch Geschäftsordnungsmaßnahme bzw. der Eigentümerversammlung durch Geschäftsordnungsbeschluss einen **Protokollführer** zu bestimmen (vgl. Rz. 276). Die Aufgabe zur Erstellung der Niederschrift verbleibt aber bei dem Versammlungsvorsitzenden[3].

bb) Form der Niederschrift

292 Der Formulierung von § 24 Abs. 6 Satz 1 WEG lässt sich für die Form zum einen entnehmen, dass die Niederschrift **schriftlich** zu erstellen ist.

293 Zum anderen bedarf die Niederschrift gemäß § 24 Abs. 6 Satz 2 WEG der **Unterschrift** durch den Vorsitzenden der Versammlung, einen Wohnungseigentümer sowie – im Falle ihres Vorhandenseins – durch den Vorsitzenden des Verwaltungsbeirates oder – bei Verhinderung des vorgenannten – dessen Vertreter. Führt der Vorsitzende des Verwaltungsbeirates den Versammlungsvorsitz, muss er die Niederschrift nur einmal unterschreiben[4]. Nimmt in diesem Fall der stellvertretende Beiratsvorsitzende an der Versammlung teil, so ist das Protokoll auch von diesem zu unterschreiben, da er hier seine Vertreterrolle ausübt[5]. Hat ein durch den Versammlungsvorsitzenden oder die Wohnungseigentümer bestimmter Protokollführer die Niederschrift erstellt, ist dessen Unterschrift nicht erforderlich.

294 Diese Personen bestätigen durch ihre Unterschriften die **inhaltliche Richtigkeit und Vollständigkeit** der Niederschrift[6]. Nehmen daher die vorgenannten Personen an der Versammlung nicht teil, müssen ihre Unterschriften entfallen, da sie nicht die Übereinstimmung von Beschlussfassung und Protokollierung bestätigen können[7]. In diesem Fall können auch nicht andere Mitglieder des Verwaltungsbeirates oder eine Mehrzahl von Eigentümern ersatz- oder vertretungsweise die Unterschrift leisten[8].

---

1 Staudinger/*Bub*, § 25 WEG Rz. 130; a. A. Bärmann/Pick/*Merle*, § 24 WEG Rz. 109 (nur der Letzte ist für die Erstellung verantwortlich).
2 Staudinger/*Bub*, § 24 WEG Rz. 105.
3 MünchKomm/*Engelhartl*, § 24 WEG Rz. 17; Staudinger/*Bub*, § 24 WEG Rz. 105.
4 LG Lübeck, Beschl. v. 11. 2. 1991 – 7 T 70/91, Rpfleger 1991, 309; Palandt/*Bassenge*, § 24 WEG Rz. 22.
5 LG Lübeck, Beschl. v. 11. 2. 1991 – 7 T 70/91, Rpfleger 1991, 309.
6 Bärmann/Pick/*Merle*, § 24 WEG Rz. 110; Staudinger/*Bub*, § 24 WEG Rz. 131.
7 Bärmann/Pick/*Merle*, § 24 WEG Rz. 110; Staudinger/*Bub*, § 24 WEG Rz. 132.
8 *Drasdo*, Rz. 867.

Eine **Beglaubigung der Unterschriften** unter der Niederschrift ist gesetzlich nicht vorgesehen, kann aber vereinbart werden[1]. Auch ohne Vereinbarung ergibt sich eine derartige Notwendigkeit, wenn auf Grund einer Vereinbarung bzw. Regelung in der Gemeinschaftsordnung im Sinne von § 12 Abs. 1 WEG etwa der Verwalter, der Verwaltungsbeirat oder die Wohnungseigentümer der Veräußerung eines Wohnungseigentums zustimmen müssen. Gemäß § 29 GBO ist nämlich gegenüber dem Grundbuchamt die Zustimmung durch öffentlich beglaubigte Urkunde nachzuweisen. Nach § 26 Abs. 4 WEG reicht für den Nachweis der Verwaltereigenschaft – und dies gilt entsprechend für den Nachweis der Eigenschaft als Beiratsmitglied[2] – aus, dass die Unterschriften der in § 24 Abs. 6 WEG genannten Personen unter der Niederschrift über den Bestellungsbeschluss öffentlich beglaubigt sind.

295

⊃ **Hinweis:**

Die Zustimmung des Verwalters bzw. des Verwaltungsbeirats selbst muss aber in der Form des § 29 GBO nachgewiesen werden.

Obliegt den Wohnungseigentümern die Zustimmung, so kann sie dadurch nachgewiesen werden, dass die Unterschriften der in § 24 Abs. 6 WEG genannten Personen unter der Niederschrift über den Zustimmungsbeschluss öffentlich beglaubigt worden sind[3].

cc) Inhalt der Niederschrift

In § 24 Abs. 6 Satz 1, 2 WEG ist der Inhalt der Niederschrift nur unvollständig geregelt. Als gesetzlichen Mindestinhalt ist ein sog. **Ergebnisprotokoll** vorgeschrieben[4].

296

Danach **müssen** in der Niederschrift folgende Angaben enthalten sein:

– Ort der Versammlung: politische Gemeinde, Versammlungsraum

– Zeitpunkt der Versammlung: Datum, Uhrzeit über Beginn und Ende der Versammlung

– Beschlussanträge (§ 24 Abs. 6 Satz 1 WEG) nebst jeweiligem Abstimmungsergebnis (Anzahl der Ja- und Nein- Stimmen, Enthaltungen) sowie die Ergebnisverkündung durch den Versammlungsvorsitzenden

– die gemäß § 24 Abs. 6 Satz 2 WEG erforderlichen Unterschriften

---

1 Staudinger/*Bub*, § 24 WEG Rz. 22.
2 *Drasdo*, Rz. 870.
3 BayObLG, Beschl. v. 3. 7. 1964 – BReg 2 Z 90/64, NJW 1964, 1962 = Rpfleger 1964, 373; Bärmann/Pick/*Merle*, § 24 WEG Rz. 114; Niedenführ/*Kümmel*/Vandenhouten, § 12 WEG Rz. 32.
4 BayObLG, Beschl. v. 15. 12. 1982 – BReg 2 Z 39/82, BayObLGZ 82, 445; KG, Beschl. v. 12. 9. 1988 – 24 W 2242/88, NJW 1989, 532; OLG Hamm, Beschl. v. 25. 4. 1989 – 15 W 353/87, OLGZ 1989, 314; Palandt/*Bassenge*, § 24 WEG Rz. 22.

Darüber hinaus **sollten** folgende Angaben enthalten sein:

- Bezeichnung der Eigentümergemeinschaft
- Person des Vorsitzenden
- Teilnehmer durch Bezugnahme auf die beigefügte Anwesenheitsliste
- Feststellung der ordnungsmäßigen Einberufung und Beschlussfähigkeit
- Bei Mehrheitsbeschlüssen nach § 22 Abs. 1 WEG die Namen der Zustimmenden bzw. Nichtzustimmenden (vgl. Rz. 288)

297 Daneben liegt es im Gestaltungsermessen des Verwalters im Rahmen ordnungsmäßiger Verwaltung, ein über diese Anforderungen hinausgehendes **Ablaufprotokoll**, das weitere Einzelheiten wie etwa Diskussionsbeiträge, rechtlich erhebliche Erklärungen[1] und besondere Ereignisse enthalten kann, zu erstellen[2].

Eine **Vereinbarung**, dass eine Niederschrift über die Versammlung und die darin gefassten Beschlüsse zu fertigen ist, geht über die gesetzliche Regelung des § 24 Abs. 6 Satz 1 WEG hinaus und erfordert eine Wiedergabe aller gestellten Anträge, auch wenn darüber nicht abgestimmt wurde; nicht hingegen die der Diskussionsbeiträge[3].

(1) Beweiskraft der Niederschrift

298 Mit der Versendung an die Wohnungseigentümer verlässt das Protokoll das Entwurfsstadium und erlangt Außenwirkung[4]. Die Feststellungen in der Niederschrift dienen der Beweisführung. Bei dem Protokoll handelt es sich um eine **Privaturkunde im Sinne von § 416 ZPO**, der für die Richtigkeit ihres Inhalts und ihrer Vollständigkeit keine gesetzliche Beweiskraft zukommt[5]. Durch die Unterzeichnung der Urkunde wird nur bewiesen, dass die Urkunde durch denjenigen ausgestellt worden ist, der die Unterschrift geleistet hat[6]. Auch die Beglaubigung der Unterschriften[7] oder die Genehmigung der Niederschrift durch die Wohnungseigentümer[8] ändert nichts an dem Charakter der Niederschrift als Privat-

---

1 Vgl. dazu LG Lüneburg, Beschl. v. 29. 8. 2007 – 5 T 68/07, ZMR 2007, 895.
2 BayObLG, Beschl. v. 15. 12. 1982 – BReg 2 Z 39/82, BayObLGZ 82, 445; OLG Hamm, Beschl. v. 25. 4. 1989 – 15 W 353/87, OLGZ 1989, 314; Bärmann/Pick/Merle, § 24 WEG Rz. 108.
3 BayObLG, Beschl. v. 3. 12. 2003 – 2 Z BR 188/03, ZMR 2004, 444.
4 BayObLG, Beschl. v. 3. 12. 2003 – 2 Z BR 188/03, ZMR 2004, 444.
5 BayObLG, Beschl. v. 27. 10. 1989 – 2 Z BR 75/89, NJW-RR 1990, 210; BayObLG, Beschl. v. 10. 4. 2002 – 2 Z BR 97/01, ZWE 2002, 469.
6 BayObLG, Beschl. v. 10. 4. 2002 – 2 Z BR 97/01, ZWE 2002, 469.
7 *Drasdo*, Rz. 894.
8 BayObLG, Beschl. v. 6. 2. 1987 – BReg 2 Z 129/86, WE 1988, 18.

urkunde. Der Inhalt der gefassten Beschlüsse ist durch Auslegung zu ermitteln. Dabei kommt der Niederschrift aber – entsprechend den zu § 286 ZPO entwickelten Grundsätzen – ein **erheblicher Beweiswert** – im Sinne einer Vermutung der Richtigkeit – zu[1]. Fehlt jedoch eine der erforderlichen Unterschriften, ist der Beweiswert der Urkunde gemindert[2]. Nur im Falle einer **notariellen Beurkundung** handelt es sich um eine öffentliche Urkunde im Sinne von § 415 ZPO, so dass die Urkunde den vollen Beweis für die Richtigkeit ihres Inhalts erbringt[3].

⊃ **Hinweis:**
Widersprechen sich die Beurkundungen in der Versammlungsniederschrift und der Beschluss-Sammlung kommt keiner ein höherer „Beweiswert" zu. Vielmehr mindert sich der Wert beider Urkunden, im Prozess etwas zu beweisen[4].

(2) Mustertext für eine Versammlungsniederschrift

Protokoll der 3. Ordentlichen Wohnungseigentümerversammlung der WEG Lehrter Straße 60 in 10559 Berlin am Donnerstag, den 6. Juli 2008 in der Aula der Eigenherd-Grundschule, Lessingstraße 25 in 10555 Berlin

Beginn der Versammlung um 18.00 Uhr

Teilnehmer: vgl. anliegende Anwesenheitsliste (Rz. 279)

Vorsitz: der Geschäftsführer der Verwalterin Herr Kuhn

Auf Nachfrage wurde nicht die Wahl eines anderen Vorsitzenden gewünscht.

Herr Kuhn bestimmte Frau Petersen, Angestellte der Verwalterin, zur Protokollführerin.

Der Vorsitzende begrüßte die Anwesenden und stellte fest, dass alle Wohnungseigentümer durch Schreiben vom 16. Juni 2008, das diesem Protokoll als Anlage beigefügt wird, zur heutigen Versammlung eingeladen worden sind.

Der Vorsitzende wies darauf hin, dass laut Anwesenheitsliste von insgesamt 20 Wohnungseigentümern 9 Wohnungseigentümer erschienen sind. Der

---

1 BayObLG, Beschl. v. 15. 12. 1982 – BReg 2 Z 39/82, BayObLGZ 1982, 445; BayObLG, Beschl. v. 27. 10. 1989 – BReg 2 Z 75/89, NJW-RR 1990, 210; Staudinger/*Bub*, § 24 WEG Rz. 118; kritisch dazu *Becker*, ZMR 2006, 489.
2 BGH, Beschl. v. 3. 7. 1997 – V ZB 2/97, BGHZ 136, 187 = NJW 1997, 2956; BayObLG, Beschl. v. 5. 12. 1989 – BReg 2 Z 121/89, WE 1991, 81.
3 *Bub*, WE 1997, 402.
4 Jennißen/*Elzer*, § 24 WEG Rz. 118.

Verwalter legte zudem die auf ihn lautende Vollmacht der Wohnungseigentümerin Müller und die auf den anwesenden Wohnungseigentümer Krause lautende Vollmacht des Wohnungseigentümers Meier vor; die Vollmachten werden diesem Protokoll als Anlagen beigefügt. Auf die erschienenen bzw. vertretenen Wohnungseigentümer entfallen 650/1000 Miteigentumsanteile, sodass die Versammlung beschlussfähig ist. Da das gesetzliche Stimmrecht nicht abbedungen ist, können 11 Stimmen abgeben werden.

Die Tagesordnung wurde wie folgt behandelt:

TOP 1: Bericht des Verwalters

ohne Beschlussfassung

TOP 2: Bericht des Verwaltungsbeirates

ohne Beschlussfassung

TOP 3: Beschluss über die Jahresabrechnung 2007

Antrag:

Die von der Verwaltung erstellte und vom Verwaltungsbeirat geprüfte und für sachlich und rechnerisch richtig befundene Jahresabrechnung 2007 (Anlage 2 der Einladung) wird genehmigt. Guthaben/Nachzahlungen aus den jeweiligen Einzelabrechnungen 2007 sind mit dem Hausgeldvorschüssen für den Monat August 2008 zu verrechnen/nachzuzahlen.

Abstimmungsergebnis:

Ja-Stimmen: 10

Nein-Stimmen: 0

Enthaltungen: 1

Der Beschlussantrag wurde somit angenommen.

TOP 4: Genehmigung des Wirtschaftsplans für 2009

Antrag:

Der mit der Einladung zugestellte Wirtschaftsplan 2009 (Anlage 3 der Einladung) wird genehmigt.

Abstimmungsergebnis:

Ja-Stimmen: 11

Nein-Stimmen: 0

Enthaltungen: 0

Der Beschlussantrag wurde somit angenommen.

TOP 5: Erneuerung der Briefkastenanlage

Antrag:

Die Erneuerung der Briefkastenanlage wird zurückgestellt.

Abstimmungsergebnis:

Ja-Stimmen: 10

Nein-Stimmen: 0

Enthaltungen: 1

Der Beschlussantrag wurde somit angenommen.

TOP 6: Vergabe des Auftrags für die in der Eigentümerversammlung vom 3. Februar 2008 unter TOP 6 beschlossenen Malerarbeiten für den Hausflur

Antrag:

Dem Malermeister Günter Sack wird der Auftrag zu den Bedingungen seines Angebots vom 1. Juni 2008 (Anlage 4 der Einladung) erteilt.

Der Vorsitzende wies darauf hin, dass Herr Sack mit einem Miteigentumsanteil von 100/1000 Mitglied der Wohnungseigentümergemeinschaft und damit nicht stimmberechtigt ist. Die Beschlussfähigkeit wird dadurch nicht beeinträchtigt.

Abstimmungsergebnis:

Ja-Stimmen: 8

Nein-Stimmen: 2

Enthaltungen: 0

Der Beschlussantrag wurde somit angenommen.

TOP 7: Verschiedenes

a) Die Wohnungseigentümerin Rühe beanstandete, dass der Hund des Wohnungseigentümers Meyer häufig unangeleint auf dem Grundstück herumläuft. Herr Meyer wurde auf den Leinenzwang (§ 8 der Hausordnung) hingewiesen und sagte künftige Beachtung zu. Ein Beschluss wurde nicht gefasst.

b) Die Wohnungseigentümerin Angelika Rühe wurde einstimmig dazu bestimmt, die Niederschrift über diese Versammlung zu unterschreiben.

Ende der Versammlung um 19.30 Uhr

Kunz	*Sammer*	*Rühe*
Versammlungsvorsitzender	Beiratsvorsitzender	Wohnungseigentümerin

dd) Erstellungsfrist

300 Durch Gesetz ist für die Erstellung der Niederschrift durch den Verpflichteten keine Frist bestimmt. Nach der Rechtsprechung zum alten Recht musste die Niederschrift wegen der durch § 46 Abs. 1 Satz 1 WEG befristeten Beschlussanfechtungsmöglichkeit spätestens **eine Woche vor Ablauf der Monatsfrist** erstellt und unterschrieben sein, damit die Wohnungseigentümer ihr Einsichtsrecht ausüben können[1]. Nach Einführung der Beschluss-Sammlung kommt dieser Argumentation angesichts ihres daneben fortbestehenden Zwecks (vgl. Rz. 290) weiterhin Bedeutung zu. Ein Gleichlauf mit der in § 24 Abs. 7 Satz 7 WEG für die Beschluss-Sammlung vorgeschriebenen unverzüglichen Erstellung, die sich nach bislang h. M. in der Regel auf eine Frist von 3 Tagen belaufen soll[2], kommt wegen der Beteiligung mehrerer Personen an der Herstellung der Niederschrift (vgl. Rz. 293) nicht in Betracht.

⊃ Hinweis:

Einem Wohnungseigentümer war unter Geltung des alten Rechts gemäß §§ 233 ff. ZPO analog Wiedereinsetzung in den vorigen Stand wegen Versäumung der Anfechtungsfrist zu gewähren, sofern die Niederschrift verspätet erstellt bzw. ihm eine rechtzeitige Einsichtnahme nicht ermöglicht wurde[3]. Zugleich stellte dies eine Pflichtverletzung des Verwalters gemäß § 280 BGB dar. Focht ein Wohnungseigentümer aus diesem Grund vorsorglich sämtliche in der Wohnungseigentümerversammlung gefassten Beschlüsse an, so rechtfertigte dies nach späterer Teilrücknahme, dem für die verspätete Fertigstellung verantwortlichen Verwalter einen Teil der Gerichtskosten aufzuerlegen[4]. Nach neuen Recht ist die Stattgabe eines Antrags auf Wiedereinsetzung in den vorigen Stand gemäß §§ 46 Abs. 1 Satz 3 WEG, 233 ff. ZPO ebenso wie eine kostenmäßige Privilegierung des Klägers indes nur noch dann geboten, sofern er nicht auch durch **Einsichtnahme in die Beschluss-Sammlung** Kenntnis von den gefassten Beschlüssen erlangen konnte[5].

---

1 BayObLG, Beschl. v. 20. 3. 2001 – 2 Z BR 101/00, NZM 2001, 754 = WuM 2001, 93; KG, Beschl. v. 27. 3. 1996 – 24 W 5414/95, NJW-RR 1996, 844; Bärmann/Pick/*Merle*, § 24 WEG Rz. 111; Niedenführ/*Kümmel*/Vandenhouten, § 24 WEG Rz. 59.
2 Jennißen/*Elzer*, § 24 Rz. 170; Riecke/Schmid-*Riecke*, § 24 Rz. 121.
3 BayObLG, Beschl. v. 17. 1. 2003 – 2 Z BR 130/02, WuM 2003, 352 = ZMR 2003, 435.
4 BayObLG, Beschl. v. 11. 4 1990 – 2 Z 35/90, WE 1991, 204 (229); BayObLG, Beschl. v. 20. 3. 2001 – 2 Z BR 101/00, ZMR 2001, 815 = NZM 2001, 754.
5 LG München I, Beschl. v. 6. 2. 2008 – 1 T 22613/07, WuM 2008, 243 = NZM 2008, 410.

ee) Versendungspflicht

Ohne ausdrückliche Vereinbarung[1] muss der zur Erstellung der Niederschrift Verpflichtete **nicht unaufgefordert** Kopien der Niederschrift an alle Wohnungseigentümer versenden[2], es sei denn, dies entspricht bei dem betroffenen Verwalter ständiger Übung[3] oder ist durch ein besonderes rechtliches Interesse gerechtfertigt[4] wie z.B. bei einer Beschlussfassung über einen nicht angekündigten Tagesordnungspunkt[5].

301

b) Aufbewahrungsverpflichtung

Zur Aufbewahrung der Niederschrift enthält das WEG keine Regelung. Da der Niederschrift neben der Beschluss-Sammlung weiterhin eigenständige Bedeutung für die in der Versammlung gefassten Beschlüsse zukommt (Rz. 290), müssen die Niederschriften **dauernd aufbewahrt** werden[6].

302

Auch sonstige Urkunden und Unterlagen, wie Anwesenheitslisten, Vollmachten und die Einladungsschreiben sollten wegen der Möglichkeit der Wiedereinsetzung in den vorigen Stand bei Versäumung der Antragsfrist des § 46 Abs. 1 S. 2 (vgl. Teil 14 Rz. 148) bis zu einem Jahr nach Ablauf der Frist (vgl. § 22 Abs. 2 Satz 4 FGG) und daher nicht vor Ablauf von dreizehn Monaten nach Versammlungsende vernichtet werden[7].

c) Einsichtsrecht

Als Sonderfall des Rechts der Wohnungseigentümer auf Einsicht in alle Verwaltungsunterlagen normiert § 24 Abs. 6 Satz 3 WEG das Einsichtsrecht in die Niederschrift. Das Einsichtsrecht steht **jedem Wohnungseigentümer** zu; ein besonderes Interesse muss nicht dargelegt werden[8]. **Außenstehende Dritte** dürfen nur dann die Niederschrift einsehen, wenn sie von einem Einsichtsberechtigten zur Ausübung seines Einsichtsrechts bevollmächtigt wurden und es sich bei dem Bevollmächtigten um eine zur Verschwiegenheit verpflichtete Person – wie etwa einen Rechtsanwalt oder Steuerberater – handelt oder dieser ein besonderes recht-

303

---

1 BayObLG, Beschl. v. 20. 3. 1991 – BReg 2 Z 8/91, WE 1992, 139; vgl. auch Staudinger/*Bub*, § 24 WEG Rz. 26.
2 BayObLG, Beschl. v. 5. 4. 1990 – BReg 2 Z 30/90, WE 1991, 229; BayObLG, Beschl. v. 20. 3. 1991 – BReg 2 Z 8/91, WE 1992, 139; BayObLG WE 1992, 139.
3 BayObLG, Beschl. v. 27. 1. 1998 – BReg 2 Z 67/88, NJW-RR 1989, 656; Bärmann/Pick/*Merle*, § 24 WEG Rz. 122; Staudinger/*Bub*, § 24 WEG Rz. 142.
4 Staudinger/*Bub*, § 24 WEG Rz. 142.
5 BayObLG, Beschl. v. 27. 1. 1998 – BReg 2 Z 67/88, NJW-RR 1989, 656.
6 Bärmann/Pick/*Merle*, § 24 WEG Rz. 120.
7 *Drasdo*, Rz. 919.
8 Bärmann/Pick/*Merle*, § 24 WEG Rz. 121.

liches Interesse an der Einsichtnahme – wie etwa ein Kaufinteressent – vorweisen kann[1].

Das Einsichtsrecht entsteht unabhängig davon, ob alle Unterschriften vorhanden sind[2], mit der Erstellung der Niederschrift. Es ist zeitlich unbefristet und grundsätzlich am Verwaltungssitz (§ 269 BGB)[3] auszuüben. Hat der Verwalter seinen Sitz weit entfernt von der Wohnungseigentumsanlage, so haben die Eigentümer ausnahmsweise auch Anspruch darauf, in die Niederschrift am Sitz der Wohnungseigentumsanlage Einsicht zu nehmen. Diese Einsichtnahme hat, um die Kosten der Verwaltung gering zu halten, grundsätzlich im Zusammenhang mit einer Wohnungseigentümerversammlung zu erfolgen. Wird die Einsichtnahme unabhängig von einer Versammlung verlangt, muss der die Einsichtnahme fordernde Wohnungseigentümer ein besonderes rechtliches Interesse für das außerordentliche Einsichtsverlangen darlegen[4]. Die Ausübung des Einsichtsrechts ist **spätestens eine Woche vor Ablauf der Antragsfrist** aus § 23 Abs. 4 Satz 2 WEG zu ermöglichen[5] (vgl. auch Rz. 300).

Das **Einsichtsrecht umfasst** die Inaugenscheinnahme der Niederschrift und das Recht, sich Abschriften zu fertigen[6] oder analog § 811 Abs. 2 Satz 2 BGB[7] Fotokopien gegen Kostenerstattung erstellen und sich aushändigen zu lassen[8]. Es findet seine Grenze im Schikane- und Missbrauchsverbot nach §§ 226, 242 BGB[9]. Ein Einsichtsrecht in vorbereitende Notizen besteht nicht[10].

Das Einsichtsrecht kann gegen den Verwalter im **gerichtlichen Verfahren** mit einem Antrag gemäß § 43 Nr. 3 WEG und gegen sonstige Versammlungsvorsitzende mit einem Antrag nach § 43 Nr. 1 WEG durchgesetzt werden.

---

1 Bärmann/Pick/*Merle*, § 24 WEG Rz. 121; Niedenführ/*Kümmel*/Vandenhouten, § 24 WEG Rz. 60; Staudinger/*Bub*, § 24 WEG Rz. 135.
2 Staudinger/*Bub*, § 25 WEG Rz. 143.
3 Palandt/*Bassenge*, § 24 Rz. 24.
4 OLG Köln, Beschl. v. 28. 2. 2001 – 16 Wx 10/01, ZMR 2001, 851.
5 BayObLG, Beschl. v. 20. 3. 2001 – 2 Z BR 101/00, NZM 2001, 754 = WuM 2001, 93.
6 OLG Zweibrücken, Beschl. v. 26. 10. 1990 – 3 W 79/90, WE 1991, 333; Palandt/*Bassenge*, § 24 WEG Rz. 24.
7 BayObLG, Beschl. v. 20. 11. 2003 – 2 Z BR 168/03, FGPrax 2004, 19.
8 OLG Zweibrücken, Beschl. v. 26. 10. 1990 – 3 W 79/90, WE 1991, 333; Staudinger/*Bub*, § 24 WEG Rz. 140; a. A. Palandt/*Bassenge*, § 24 WEG Rz. 24.
9 BayObLG, Beschl. v. 8. 4. 2004 – 2 Z BR 113/03, ZMR 2004, 839; OLG Hamm, Beschl. v. 9. 2. 1998 – 15 W 124/97, NZM 1998, 231; OLG Köln, Beschl. v. 28. 2. 2001 – 16 Wx 10/01, ZMR 2001, 851.
10 KG, Beschl. v. 12. 9. 1988 – 24 W 2242/88, NJW 1989, 532.

d) Folgen nicht ordnungsgemäßer Niederschriftserstellung

aa) Berichtigung der Niederschrift

Ist eine Niederschrift unrichtig erstellt worden, so kann sich zum einen ein **Anspruch auf Berichtigung** ergeben[1], der gegen den Verwalter im Verfahren gemäß § 43 Nr. 3 WEG und gegen sonstige Versammlungsvorsitzende im Verfahren gemäß § 43 Nr. 1 WEG durchgesetzt werden kann. Zum anderen kann eine **Klage** gemäß § 43 Nr. 4 **auf Feststellung des richtigen Beschlussinhaltes** gestellt werden. Nach herrschender Ansicht gilt sowohl für die auf Berichtigung von Beschlüssen gerichtete Klage als auch für die Klage auf Feststellung des richtigen Beschlussinhaltes aus Gründen der Rechtssicherheit ebenfalls die **Monatsfrist** des § 23 Abs. 4 WEG[2]. Berichtigungsanträge in Bezug auf andere Protokollinhalte unterliegen der Monatsfrist hingegen nicht[3].

304

Bei der Prüfung des **Rechtsschutzbedürfnisses** ist zunächst zu berücksichtigen, dass der Verfasser des Protokolls vor dessen Unterzeichnung den bislang nur vorliegenden **Protokollentwurf** jederzeit abändern kann. Nach Unterzeichnung kann eine Änderung jedoch nur noch mit Zustimmung aller Unterzeichner erfolgen. Zum anderen kann die Gemeinschaftsordnung eine Regelung vorsehen, nach der die Niederschrift in der folgenden Versammlung durch Beschlussfassung zu genehmigen ist. Ein derartiger **Genehmigungsbeschluss** steht einem Berichtigungsantrag selbst dann nicht entgegen, wenn er bestandskräftig geworden ist[4]. Vor einem derartigen Beschluss mangelt es aber an einem Rechtsschutzbedürfnis für einen Berichtigungsantrag[5]. Sieht die Gemeinschaftsordnung hingegen eine Genehmigungsregelung nicht vor, verstößt ein Beschluss, der dennoch die Niederschrift genehmigt, gegen die Grundsätze ordnungsmäßiger Verwaltung, weil er suggeriert, dass die Unrichtigkeit der Niederschrift nicht mehr geltend gemacht werden kann[6]. Schließlich ist ein Rechtsschutzbedürfnis nur dann zu bejahen, wenn sich die

305

---

1 BayObLG, Beschl. v. 21. 2. 1991 – BReg 2 Z 9/91, WE 1992, 86; KG, Beschl. v. 20. 3. 1989 – 24 W 3239/88, WE 1989,139.
2 KG, Beschl. v. 6. 6. 1990 – 24 W 1227/90, DWE 1991,72; OLG Hamm, Beschl. v. 24. 1. 1985 – 15 W 450/84, OLGZ 1985, 147; a.A. Bärmann/Pick/*Merle*, § 24 WEG Rz. 129; Niedenführ/*Kümmel*/Vandenhouten, § 24 WEG Rz. 64; Staudinger/*Bub*, § 24 WEG Rz. 124; *Abramenko*, ZMR 2003, 326; *Becker*, ZMR 2006, 489.
3 Staudinger/*Bub*, § 24 WEG Rz. 124.
4 Bärmann/Pick/*Merle*, § 24 WEG Rz. 128; Staudinger/*Bub*, § 24 WEG Rz. 128; a. A. *Drasdo*, Rz. 900.
5 BayObLG, Beschl. v. 9. 8. 1989 – BReg 2 Z 60/89, BayObLGZ 1989, 342; Bärmann/Pick/*Merle*, § 24 WEG Rz. 128.
6 BayObLG, Beschl. v. 10. 7. 1987 – BReg 2 Z 47/87, NJW-RR 1987, 1363; BayObLG, Beschl. v. 12. 9. 2002 – 2 Z BR 28/02, NJW-RR 2002, 1667; Bärmann/Pick/*Merle*, § 24 WEG Rz. 128.

Rechtsposition des Antragstellers durch die Berichtigung **rechtlich erheblich ändert.**

⊃ **Hinweis:**

Ein Beschluss, der eine Berichtigung der Versammlungsniederschrift zum Inhalt hat, ist wegen fehlender Beschlusskompetenz der Wohnungseigentümerversammlung nichtig[1].

306 Ein Berichtigungsanspruch des einzelnen Wohnungseigentümers kann sich zum einen aus den **Grundsätzen der ordnungsmäßigen Verwaltung gemäß § 21 Abs. 4 WEG** ergeben[2], wenn ein rechtlich bedeutsamer Inhalt in der Niederschrift falsch, unvollständig oder überhaupt nicht wiedergegeben worden ist. Im Einzelnen können damit Gegenstand eines Berichtungsverlangens sein:

- Der Beschluss selbst, wenn statt des tatsächlich gefassten ein anderer Inhalt in der Niederschrift wiedergegeben ist.

- Die unzutreffende Wiedergabe des Abstimmungsergebnisses (Anzahl der Ja- und Nein- Stimmen, Enthaltungen), soweit sie sich auf das Ergebnis tatsächlich auswirkt[3].

- Die unzutreffende Wiedergabe des verkündeten Beschlussergebnisses.

- Sonstige rechtlich erhebliche Erklärungen, wenn von der falschen Wiedergabe andere Rechtsfolgen als von der richtigen ausgehen.

- Aufzeichnungen, die nicht dem richtigen Geschehensablauf entsprechen, wenn sich dadurch Unrichtigkeiten oder Missverständnisse ergeben.

307 Zum anderen kann ein u. U. auch auf Löschung gerichteter Berichtigungsanspruch **aus den §§ 823, 1004 BGB** folgen, wenn das Persönlichkeitsrecht eines Beteiligten verletzt worden ist[4]. Dies ist denkbar bei bloßen Schmähungen – nicht hingegen bei sachlicher Kritik –, bloßstellenden und diskriminierenden Ausführungen. In diesem Fall kann zudem ein im Verfahren nach § 43 WEG geltend zu machender Anspruch auf Schadensersatz in Geld, Widerruf und Veröffentlichung bestehen[5].

---

1 AG Kassel, Beschl. v. 28. 4. 2004 – 800 II 114/2003, ZMR 2004, 711.
2 BayObLG, Beschl. v. 5. 12. 1989 – BReg 2 Z 121/89, WE 1991, 81 = WuM 1990, 173; KG, Beschl. v. 20. 3. 1989 – 24 W 3239/88, WE 1989, 139; OLG Hamm, Beschl. v. 25. 4. 1989 – 15 W 353/87, OLGZ 1989, 314.
3 BayObLG, Beschl. v. 28. 2. 1991 – BReg 2 Z 144/90, WuM 1991, 310; Bärmann/Pick/*Merle*, § 24 WEG Rz. 127.
4 BayObLG, Beschl. v. 15. 12. 1982 – BReg 2 Z 39/82, BayObLGZ 1982, 445; BayObLG, Beschl. v. 5. 12. 1989 – BReg 2 Z 121/89, WE 1991, 81 = WuM 1990, 173; BayObLG, Beschl. v. 20. 11. 2003 – 2 Z BR 168/03, NZM 2004, 509; KG, Beschl. v. 20. 3. 1989 – 24 W 3239/88, WE 1989, 139.
5 Staudinger/*Bub*, § 24 WEG Rz. 125.

○ **Hinweis:**
Für die Abwehr von Beleidigungen anderer Wohnungseigentümer oder des Verwalters außerhalb der Niederschrift ist das Prozessgericht zuständig.

Die **Beweislast** für den Berichtigungsanspruch obliegt nach den allgemeinen Grundsätzen des Beweisrechts demjenigen, der die Unrichtigkeit des Protokolls behauptet[1].

bb) Unterbliebene und verspätete Erstellung

Ein Verstoß gegen die Grundsätze zur ordnungsmäßigen Erstellung der Niederschrift – insbesondere die unterbliebenen oder verspäteten Erstellung bzw. Unterzeichnung – führt **weder zur Nichtigkeit noch zur Anfechtbarkeit** der auf der Versammlung gefassten Beschlüsse[2]. Eine Ausnahme gilt nur dann, wenn die Pflicht zur Protokollierung und Unterzeichnung in Ergänzung zu § 23 WEG als Wirksamkeitsvoraussetzung einer Beschlussfassung vereinbart wurde (Rz. 258).

308

Auch sind Versäumnisse bei der fristgerechten Protokollherstellung, Einsichtsgewährung bzw. bei der Versendung der Niederschrift auf den Ablauf der Anfechtungsfrist gemäß § 23 Abs. 4 Satz 2 WEG ohne Einfluss. Zur Wiedereinsetzung in den vorigen Stand vgl. Rz. 300 und Teil 14, Rz. 148).

---

1 AG Landshut, Beschl. v. 1. 2. 2008 – 14 UR II 40/05, ZMR 2008, 498; Bärmann/Pick/*Merle*, § 24 WEG Rz. 113; *Drasdo*, Rz. 911; *Becker*, ZMR 2006, 489.
2 BayObLG, Beschl. v. 21. 2. 1973 – BReg 2 Z 3/73, BayObLGZ 73,68 (75) = NJW 1973, 1086 = ZMR 1974, 59; BayObLG, Beschl. v. 2. 1. 1984 – BReg 2 Z 15/03, MDR 1984, 495; KG, Beschl. v. 18. 8. 1993 – 24 W 1386/93, WE 1994, 45 = ZMR 1993, 532; KG, Beschl. v. 19. 7. 2004 – 24 W 45/04, NZM 2004, 913; ZMR 2004, 858; Bärmann/Pick/*Merle*, § 24 WEG Rz. 115; Palandt/*Bassenge*, § 24 WEG Rz. 21.

Teil 5
Wirtschaftsplan

	Rz.		Rz.
I. Allgemeines	4	1. Zeitpunkt der Beschlussfassung/Vorlage des Wirtschaftsplanes	59
II. Bedeutung und Inhalt	5	2. Wirtschaftsjahrfestlegung	67
1. Finanzierungsinstrument	6	3. Beschluss durch Gesamtgemeinschaft	69
2. Kontroll-, Bindungs- und Ermächtigungsinstrument gegenüber dem (und für den) Verwalter	9	4. Beschluss bei Mehrhausanlage	70
3. Prognoseermittlung	17	5. Beiratsbeschluss (Kompetenzübertragung)	71
III. Formaler Aufbau	26	6. Beschluss-/Genehmigungsfiktion	73
1. Darstellung der prognostizierten Gesamt-Lasten und -Kosten (Gesamtwirtschaftsplan)	28	7. Ersetzung der Beschlussfassung durch das Gericht	74
2. Benennung der Verteilungsschlüssel	29	**VI. Beschlussinhalt**	75
3. Darstellung der Einzelbelastungen (Einzelwirtschaftspläne)	34	1. Geltungsdauer eines Wirtschaftsplanes	76
4. Vorschussliste	38	2. Fälligkeitsregelung	80
5. Einnahmen-Ausweis	39	3. Lastschrifteinzugsermächtigung	87
IV. Verhältnis Wirtschaftsplan/Jahresabrechnung	42	**VII. Beschlussanfechtung**	90
V. Beschluss über den Wirtschaftsplan	50	**VIII. Anspruch des einzelnen Wohnungseigentümers auf Erstellung eines Wirtschaftsplanes**	95
		IX. Geschäftswerte	101
		X. Beschwer	102

Rechtsanwälte werden von Verwaltern, Eigentümern oder Beiräten auch zu Beratungen im Zusammenhang mit der Erstellung und/oder Prüfung von Wirtschaftsplänen herangezogen. Hier gilt es, sowohl die grundsätzliche Struktur eines Wirtschaftsplanes zu kennen als auch seine Bedeutung für die Eigentümergemeinschaft und den Verwalter. **1**

Verkannt werden darf allerdings nicht, dass die über die Beratungstätigkeit des Anwalts hinausgehenden gerichtlichen Auseinandersetzungen über Wirtschaftspläne eher untergeordneter Natur sind. Dies hing in der Vergangenheit damit zusammen, dass aufgrund der früher in Literatur und Rechtsprechung vertretenen Auffassung **Ansprüche aufgrund von Wirtschaftsplanbeschlüssen** nach Beschluss über eine Jahresabrechnung nicht mehr geltend gemacht werden konnten. Der BGH hat aber be- **2** kanntlich dieser Meinung eine Absage erteilt[1]. Gleichwohl ergibt sich die auch heute noch zu erkennende relativ geringe Bedeutung in der gerichtlichen Praxis auch daraus, dass der Wirtschaftsplan ein „vorläufiges" Instrument ist und erst die Jahresabrechnung (besser gesagt: der Beschluss hierüber) die endgültige Festlegung der gemeinschaftsinternen Kostentragung beinhaltet. Streitigkeiten über Wirtschaftsplanbeschlüsse werden aufgrund der Praxiserfahrung häufig durch die Vorstellung eines oder mehrerer Eigentümer ausgelöst, sie würden fehlerhaft mit zu hohen Kosten belastet. Durch Anfechtung des Beschlusses über den Wirtschaftsplan kann dem regelmäßig aber nicht entgegengewirkt werden, weil der Beschluss über den Wirtschaftsplan so lange gilt, bis er vom Gericht für ungültig erklärt wurde (§ 23 Abs. 4 Satz 2 WEG); aus diesem Grunde können die aus dem Wirtschaftsplan resultierenden Zahlungsforderungen von der Gemeinschaft der Eigentümer (Verband) auch weiterhin geltend gemacht werden. Nur wenn absehbar ist, dass der Eigentümer aus der Eigentümergemeinschaft ausscheiden wird, kann die Aufhebung des Versammlungsbeschlusses Auswirkungen haben. Wird nämlich der Beschluss über den Wirtschaftsplan für ungültig erklärt, können Zahlungsansprüche der Gemeinschaft nicht mehr auf diesen Beschluss gestützt werden; der (ausgeschiedene) Eigentümer könnte für die Vergangenheit nicht mehr auf Zahlung in Anspruch genommen werden.

3 Daneben gibt es aber durchaus auch Miteigentümer, die durch die Anfechtung von Wirtschaftsplanbeschlüssen eine ordnungsmäßige Verwaltung erzwingen wollen; neben wirklich hervorragend aufgestellten Wirtschaftsplänen gibt es nämlich leider auch vom Verwalter schlampig zusammengebastelte Pläne, die weder den Grundsätzen der Rechtsprechung noch den (an ordnungsmäßiger Verwaltung zu orientierenden) Interessen der Eigentümergemeinschaft entsprechen. Schließlich gibt es auch noch Fälle, in denen der Verwalter zur Erstellung eines Wirtschaftsplanes gezwungen oder in denen der Rest der Gemeinschaft zur Zustimmung zu einem Wirtschaftsplan gebracht werden soll.

I. Allgemeines

4 Nach § 28 Abs. 1 WEG hat der **Verwalter** für jeweils ein Kalenderjahr einen Wirtschaftsplan aufzustellen, der die voraussichtlichen Einnahmen und Ausgaben bei der Verwaltung des gemeinschaftlichen Eigentums zu enthalten hat sowie die anteilmäßige Verpflichtung der Wohnungseigentümer zur Lasten- und Kostentragung und zu den Instandhaltungsrück-

---

1 BGH, Urt. v. 10. 3. 1994 – IX ZR 98/93, ZMR 1994, 256 = WuM 1994, 346 = NJW 1994, 1866 = DWE 1994, 104 = MDR 1994, 1113 = WE 1994, 210; BGH, Beschl. v. 30. 11. 1995 – V ZB 16/95, BGHZ 131, 228 = NJW 1996, 725 = DWE 1996, 27 = ZMR 1996, 215 = WuM 1996, 237 = WE 1996, 144 = MDR 1996, 897.

lagen. Wird der Wirtschaftsplan beschlossen, sind die Wohnungseigentümer verpflichtet, auf Anforderung des Verwalters Vorschüsse auf die anteilige Gesamtjahresschuld zu leisten. Mit dem Beschluss über den Wirtschaftsplan sollen die **wirklichen Wohnungseigentümer** berechtigt und verpflichtet werden. Ein Einzel-Wirtschaftsplan, der auf den noch nicht im Grundbuch eingetragenen Erwerber eines Wohnungseigentums ausgestellt ist, wirkt bei Beschlussfassung nur gegenüber dem eingetragenen Wohnungseigentümer[1]. Vgl. im Übrigen Rz. 50.

In der Literatur[2] wird erwähnt, dass die Aufstellung eines Wirtschaftsplans durch Vereinbarung (aber auch **nur** durch eine solche) dem Verwalter entzogen werden kann und andere Personen damit beauftragt werden könnten. Welchen Sinn das haben soll, ist nicht erkennbar. Dem Verwalter würden mit einer solchen Vereinbarung ganz wesentliche Aufgaben entzogen, was auch dazu führen kann, dass der Verwalter sich bei Finanzierungslücken darauf zurückziehen könnte, er sei für die Wirtschaftsplanansätze nicht verantwortlich. Von solchen Regelungen ist also dringend abzuraten.

II. Bedeutung und Inhalt

Der Wirtschaftsplan hat für die Verwaltung der Eigentümergemeinschaft und für das Verhältnis der Wohnungseigentümer untereinander Bedeutung als ein Finanzierungsinstrument für die Gemeinschaft und ein Instrument zur Kontrolle, Bindung und Ermächtigung gegenüber dem (und für den) Verwalter.

1. Finanzierungsinstrument

Der Wirtschaftsplan mit seinen angesetzten Beträgen dient der Ermittlung der gemeinschaftlichen Lasten und Kosten, die bei der Verwaltung des Gemeinschaftseigentums entstehen können, und damit der Finanzierung. Schon deshalb gehören alle Lasten und Kosten, die voraussichtlich im bevorstehenden Wirtschaftsjahr für die Eigentümergemeinschaft entstehen werden, in den Wirtschaftsplanansatz[3], also u.a. Kosten für Strom, Wasser, Müllabfuhr, Hausmeister, Verwalter, die schon vom Gesetz genannte Instandhaltungsrücklage, aber auch die Heizkosten[4].

---
1 LG Braunschweig, Beschl. v. 31. 3. 2005 – 6 T 726/04, ZMR 2005, 654. Vgl. nunmehr aber auch BGH, Beschl. v. 5. 6. 2008 – V ZB 85/07, MietRB 2008, 270 = NJW 2008, 2639 = WuM 2008, 511 – „werdende Wohnungseigentümergemeinschaft" (s. auch Teil 1, Rz. 31 f.).
2 Vgl. z.B. *Abramenko* in Fachanwaltskommentar Wohnungseigentumsrecht, § 28 Rz. 5.
3 Vgl. auch *Bub*, Finanz- und Rechnungswesen, II.5.b) und c).
4 BayObLG, Beschl. v. 30. 3. 1988 – 2 Z 80/87, NJW-RR 1988, 1170.

Ebenso gehören alle konkret zu erwartenden Einnahmen in den Wirtschaftsplan[1].

7 Demgegenüber gehören nicht in den Wirtschaftsplan „Rechnungsabgrenzungen" oder „Vorrats"-Positionen[2], weil solche Positionen keine zu erwartenden Einnahmen oder Ausgaben des Wirtschaftsjahres sind und weder Belastungen der Gemeinschaft zur Folge haben noch zur anteiligen Leistungspflicht der Wohnungseigentümer führen. Zu Recht weist Bub[3] darauf hin, dass der Wirtschaftsplan lediglich eine auf das Wirtschaftsjahr bezogene **Liquiditätsrechnung** darstellt. Es dürfen also nur solche Positionen im Wirtschaftsplan auftauchen, die auch tatsächlich die Liquidität der Gemeinschaft berühren[4]. „Forderungen" und „Verbindlichkeiten" sind nicht in den Wirtschaftsplan aufzunehmen, wenn während des Wirtschaftsjahres nicht damit zu rechnen ist, dass die Forderungen realisiert werden können oder die Verbindlichkeiten ausgeglichen werden müssen[5]. Überhaupt sind „Forderungen" und „Verbindlichkeiten" im Wirtschaftsplan fehl am Platze, wenn sie nicht näher definiert sind.

8 Der Wirtschaftsplan stellt auch die Finanzierungsnotwendigkeiten und -möglichkeiten der Eigentümergemeinschaft dar, nämlich durch

– seine Gesamtsumme,

– seine Verteilung der Lasten und Kosten auf die einzelnen Miteigentümer,

– die damit feststellbaren Leistungen, die der einzelne Wohnungseigentümer an die Gemeinschaft zu erbringen hat,

– die Ausweisung der zu erzielenden Einnahmen.

2. Kontroll-, Bindungs- und Ermächtigungsinstrument gegenüber dem (und für den) Verwalter

9 Der Wirtschaftsplan dient auch dazu, dem Verwalter den finanziellen Rahmen für die von ihm zu verausgabenden Beträge zu geben. Vom Grundsatz darf der Verwalter weder die Gesamtsumme des Wirtschaftsplanes noch die Summen der Einzelbeträge willkürlich überschreiten. Wird dem Verwalter beispielsweise für die Hausmeisterkosten ein bestimmter Betrag vorgegeben, darf er (unabhängig davon, dass er ohne be-

---

1 BayObLG, Beschl. v. 24. 6. 1999 – 2 Z BR 179/98, BayObLGZ 1999, 177 = ZMR 1999, 724 = NZM 1999, 868 = NJW-RR 2000, 17.
2 A. A. aber *Strobel*, DWE 1997, 49.
3 *Bub*, Finanz- und Rechnungswesen, II.1.
4 Vgl. BayObLG, Beschl. v. 19. 3. 1973 – 2 Z 5/73, BayObLZ 1973, 78 = MDR 1973, 584.
5 Vgl. BayObLG, Beschl. v. 10. 7. 1986 – 2 Z 41/86, BayObLGZ 1986, 263 = MDR 1986, 1031 = JMBl BY 1986, 182.

sondere Bevollmächtigung schon nicht zu Vertragsabschlüssen oder -veränderungen berechtigt ist) nicht die Vergütung des Hausmeisters eigenmächtig erhöhen und die angesetzte Planzahl überschreiten.

Die Einhaltung des im Wirtschaftsplan angesetzten Budgets kann der Verwaltungsbeirat (im Prinzip auch jeder Eigentümer) anhand der Buchhaltungsunterlagen beim Verwalter turnusmäßig überprüfen und hat somit ein Kontrollinstrument gegenüber dem Verwalter. 10

Sind in einem Wirtschaftsplan Kostenpositionen für bestimmte Maßnahmen (Instandsetzungen, Instandhaltungen, Anschaffungen pp) benannt, soll nach Ansicht des OLG Hamm[1] der Verwalter bei der Eingehung der entsprechenden Verbindlichkeiten mit Vertretungsmacht der Gemeinschaft handeln. Dies führt zu der Frage, inwieweit der Verwalter durch die Wirtschaftsplanansätze pauschal ermächtigt wird, die angesetzten Beträge für Zwecke der Gemeinschaft zu verbrauchen. Geht man von dem Grundsatz aus, dass in den Wirtschaftsplan alle voraussichtlichen Lasten und Kosten aufzunehmen sind, könnte sich schon hieraus ergeben, dass die hinter den Beträgen im Wirtschaftsplan stehenden zu erwartenden Maßnahmen, Vertragsbeziehungen und Verpflichtungen vom Verwalter erfüllt werden dürfen (**Wirtschaftsplan als Ermächtigungsgrundlage**). 11

Dies erscheint mir jedoch zu kurz gegriffen. Der Wirtschaftsplan dient zwar der Finanzierung aller voraussichtlich notwendigen Maßnahmen und der Mittelbeschaffung zur Finanzierung der Lasten und Kosten der Gemeinschaft. Gleichwohl muss aber der Verwalter im Laufe des Wirtschaftsplanes alle Maßnahmen ergreifen und Lasten und Kosten ausgleichen, die im Rahmen **ordnungsmäßiger laufender Verwaltung** liegen. Selbst wenn Beträge, die für Maßnahmen ordnungsmäßiger Verwaltung entstehen, im Wirtschaftsplan nicht enthalten sind, weil sie vergessen wurden, muss der Verwalter solche Beträge verauslagen. Andererseits darf er auch dann keine kostenauslösenden Maßnahmen ergreifen und Zahlungen leisten, wenn diese als nicht ordnungsmäßiger Verwaltung entsprechend angesehen werden können; dabei spielt es auch keine Rolle, wenn die Wirtschaftsplanposition, zu der die Kosten gehören, mit ausreichenden Mitteln angesetzt worden ist. 12

Die Ansätze im Wirtschaftsplan dienen also nicht dazu, dem Verwalter „automatisch" Vollmacht zu geben, die angesetzten Beträge verwenden zu dürfen, sondern bilden lediglich einen Rahmen, an dem sich die Handlungen des Verwalters ausrichten müssen[2]. Nur dann, wenn die Plan-Position, aus der der Verwalter Beträge entnimmt, mit einem ausdrück- 13

---

[1] OLG Hamm, Beschl. v. 10. 2. 1997 – 15 W 197/96, OLGReport Hamm 1997, 141 = ZMR 1997, 377 = DWE 1998, 39 = WE 1997, 314.
[2] Ähnlich wohl auch *Bub*, Finanz- und Rechnungswesen, II.1. Rz. 4.

lichen Verwendungszweck benannt wurde, aus dem sich deutlich erschließen lässt, dass die Eigentümergemeinschaft bei der Beschlussfassung über den Wirtschaftsplan den Willen hatte, den Verwalter auch zu der bestimmten Maßnahme zu bevollmächtigen, kann eine solche Vollmacht angenommen werden[1]. Gleichwohl muss auch hier der Verwalter bei jeder Maßnahme und finanziellen Transaktion eine Prüfung vornehmen, ob sie ordnungsmäßiger Verwaltung entspricht.

14 Problematisch sind in jedem Fall allgemeine Kostenansätze; hier muss aus den Planungsunterlagen, aus dem Protokoll der Versammlung, in der der Wirschaftsplan beschlossen wurde, oder aus sonstigen Unterlagen der Wille der Gemeinschaft zur selbstständigen Freigabe der Gelder durch den Verwalter abgeleitet werden können. Der beschließenden Eigentümerversammlung muss in diesem Zusammenhang aber auch **bewusst** sein, dass mit dem Beschluss über den Wirtschaftsplan und die allgemeine Position eine solche Freigabe verbunden sein soll.

15 Der Verwalter ist keinesfalls allein durch den Beschluss über den Wirtschaftsplan berechtigt, außergewöhnliche Maßnahmen zu ergreifen, selbst wenn ausreichende Geldmittel durch Ansatz einer „Luftposition" vorhanden sind, hinter dieser Position aber keine konkrete von der Gemeinschaft angenommene und beschlossene Maßnahmen-Notwendigkeit steht[2].

16 Probleme entstehen für den Verwalter stets dann, wenn der Wirtschaftsplan entweder in der Gesamtsumme oder in Einzelpositionen überzogen wurde oder die Eigentümer später zu der Ansicht kommen, die Ausgabenpolitik des Verwalters habe zwar im budgetierten Rahmen gelegen, sei aber gleichwohl falsch gewesen. Bei dieser Situation muss von dem Rechtsanwalt sehr genau untersucht werden, ob sich aus dem Wirtschaftsplan (und/oder aus zusätzlichen Unterlagen) eine ausdrückliche oder konkludente Bevollmächtigung des Verwalters ergeben könnte, dass der Verwalter die Beträge zu den Zwecken verauslagen durfte – und die Eigentümerversammlung dies auch erkennen konnte. Eine Betrachtung weiterer Unterlagen ist allerdings „grenzwertig", weil sich grundsätzlich alle Berechtigungen unmittelbar aus Beschlüssen ergeben müssten.

3. Prognoseermittlung

17 Der Ansatz der Lasten und Kosten im Wirtschaftsplan muss sich nach den Grundsätzen einer ordnungsmäßigen Verwaltung richten. Das heißt, es müssen solche Beträge angesetzt werden, die sicherstellen, dass sämt-

---

1 Vgl. auch *Bub*, II.1., Rz. 3.
2 Vgl. zur Frage der Vertragsabschlüsse durch den Verwalter in der 1. Aufl., *Rau*, Teil 10; vgl. jetzt auch *Greiner*, Teil 11, Rz. 270 ff.

liche Lasten und Kosten ohne finanzielle Engpässe im Laufe des Wirtschaftsjahres finanziert und vom Verwalter beglichen werden können. Es kann weder ordnungsmäßiger Verwaltung entsprechen, die Wirtschaftsplanansätze vom Verwalter aus so hoch anzusetzen, dass am Ende des Wirtschaftsjahres deutliche Überschüsse zu erwarten sind oder, andererseits, durch Beschluss der Eigentümerversammlung die Positionen so niedrig anzusetzen, dass eine Finanzierungslücke entstehen muss. Es widerspricht im Übrigen ordnungsmäßiger Verwaltung, im Wirtschaftsplan Lasten und Kosten anzusetzen, die nach bisherigen Erfahrungen nicht zu erwarten sind und nur bei Eintritt ganz besonderer, außergewöhnlicher Umstände entstehen können[1], Anderseits müssen solche Kosten, die noch offen und unbestimmt sind (z.B. noch nicht konkret absehbare Rechtsanwaltskosten), nicht im Wirtschaftsplan angesetzt werden[2]. Selbstverständlich dürfen die Wohnungseigentümer die vom Verwalter vorgeschlagenen Wirtschaftsplanansätze durch Beschluss kürzen[3]; eine solche Kürzung muss aber stets im Rahmen ordnungsmäßiger Verwaltung liegen. Auch der Verwalter darf bei seinen Prognosen nicht wohnungswirtschaftliche Grundsätze und Erfahrungen außer Acht lassen und den Wirtschaftsplan außer jeder Realität ansetzen.

Im Ergebnis müssen die Wirtschaftsplanansätze aufgrund der Lasten und Kosten, die in der Vergangenheit entstanden sind, geschätzt werden[4], wobei allerdings auch die allgemeine Preisentwicklung, z.B. bei den kommunalen Gebühren und Abgaben oder den Ölpreisen, sorgfältig beobachtet und im Wirtschaftsplan berücksichtigt werden muss. Der Wirtschaftsplan soll die geschätzten Einnahmen und Ausgaben des Wirtschaftsjahres möglichst vollständig enthalten[5]; zinspflichtige Kreditaufnahmen zu Lasten der Gemeinschaft sollen durch die Plansätze verhindert werden[6]. In den Wirtschaftsplan kann auch eine **Forderung gegen die Gemeinschaft** eingestellt werden, deren Realisierung zwar nicht sicher, aber ernsthaft zu erwarten ist[7]. Es sollen auch ein Liquiditätsengpass oder hohe Nachforderungen/Guthabenauszahlungen nach Ablauf des Wirtschaftsjahres vermieden werden. Stellt ein Verwalter stillschweigend eine **höhere Verwaltervergütung** in den Wirtschaftsplan ein, wird hierdurch keine wirksame Änderung seiner vertraglichen Ver- 18

---

1 Vgl. OLG Hamm, Beschl. v. 11. 8. 1970 – 15 W 232/69, OLGZ 1971, 96 = MDR 1971, 46 = Rpfleger 1970, 400.
2 LG Berlin, Beschl. v. 29. 11. 2005 – 55 T 152/04 WEG, ZMR 2006, 393.
3 KG, Beschl. v. 17. 5. 1989 – 24 W 1407/89, Grundeigentum 1989, 781.
4 Schätzung ist grundsätzlich zulässig: OLG Celle, Beschl. v. 17. 11. 1997 – 4 W 198/97, OLGReport Celle 1998, 46 = NZM 1998, 822 = NJW-RR 1998, 1706.
5 BayObLG, Beschl. v. 23. 8. 1990 – 1b Z 32/89, n.v.
6 AG Waiblingen, Beschl. v. 14. 12. 1995 – 1 GR I 76/95, WuM 1996, 115 = DWE 1996, 40.
7 BayObLG, Beschl. v. 20. 1. 2005 – 2 Z BR 117/04, BayObLGR 2005, 691 = ZMR 2005, 563.

gütungsansprüche herbeigeführt, selbst wenn die Eigentümergemeinschaft den Wirtschaftsplan beschließt[1].

19 Trotz dieser Grundsätze könnte neben dem Wirtschaftsplan auch eine einmalige Zahlung (**Sonderumlage**) zur Vermeidung von Liquiditätsengpässen beschlossen werden[2], wenn hierfür ein besonderer Anlass besteht[3]. Allerdings wird ein solcher relativ selten sein; erkennt der Verwalter nämlich bis zur Durchführung der Eigentümerversammlung, in der der Wirtschaftsplan beschlossen werden soll, einen zu erwartenden Liquiditätsengpass, kann (und muss) er die entsprechende Position im Wirtschaftsplan anpassen, notfalls die Eigentümer noch bei der Beratung des Wirtschaftsplanes in der Eigentümerversammlung über das Problem aufklären und ordnungsgemäße Ergänzungen beschließen lassen. Problematisch ist in diesem Zusammenhang lediglich die Frage der rechtzeitigen Ankündigung von Beschlussgegenständen gemäß § 23 Abs. 2 WEG. Das ist aber eine Frage des jeweiligen Einzelfalles.

20 Berücksichtigt der Verwalter zu finanzierende Lasten und Kosten nicht im Wirtschaftsplan, kann das u. U. zu einem Abberufungsrecht der Eigentümergemeinschaft führen[4].

21 Die Ansicht des BayObLG[5], ein Wirtschaftsplan verstoße *nur dann* gegen die Grundsätze ordnungsmäßiger Verwaltung, wenn er zu *wesentlich überhöhten* oder zu *erheblichen Nachzahlungspflichten* führe, teile ich nicht. Es gibt nach meiner Auffassung keinen generellen *weiten Ermessensspielraum* für eine Eigentümergemeinschaft, Wirtschaftsplanansätze knapp oder reichlich anzusetzen[6]; ein solcher Ermessensspielraum kann es nur bei der Instandhaltungsrücklage[7] und nicht etwa bei den sonstigen Lasten- und Kostenpositionen, insbesondere nicht bei Hausmeisterkosten[8] geben. Auch hinsichtlich der Festlegung der **Höhe der Hausgeldvor-**

---

1 Vgl. LG Mainz, Beschl. v. 29. 6. 2004 – 3 T 180/03, ZMR 2005, 153 = NZM 2004, 712.
2 KG, Beschl. v. 12. 8. 1994 – 24 W 2762/94, KGR Berlin 1994, 193 = ZMR 1994, 527 = NJW-RR 1995, 397 = WuM 1994, 721.
3 Z. B., wenn Kosten für ein gerichtliches Verfahren entstehen werden: KG, Beschl. v. 1. 2. 1994 – 2 Z BR 97/93, WuM 1994, 295 = WE 1995, 32, oder wenn ein Reparaturbedarf erkennbar wird: KG, Beschl. v. 19. 7. 2004 – 24 W 305/02, KGR Berlin 2005, 91 = FGPrax 2004, 277.
4 Vgl. zu einem besonderen Fall mit zusätzlichen Komponenten: BayObLG, Beschl. v. 16. 11. 1995 – 2 Z BR 108/95, WuM 1996, 116 = DWE 1997, 34 = WE 1996, 237.
5 BayObLG, Beschl. v. 9. 6. 1988 – 2 Z 40/88, WuM 1988, 329 = DWE 1988, 142; vgl. auch BayObLG, Beschl. v. 23. 8. 1990 – 1b Z 32/89, n. v.
6 A. A. KG, Beschl. v. 11. 2. 1991 – 24 W 4560/90, OLGZ 1991, 299 = ZMR 1991, 188 = NJW-RR 1991, 725 = WuM 1991, 224; *Müller*, Praktische Fragen, Rz. 278; differenziert: *Bub*, Finanz- und Rechnungswesen, II.5.a).
7 Vgl. OLG Düsseldorf, Beschl. v. 21. 6. 2002 – 3 Wx 123/02, NZM 2002, 959.
8 So aber BayObLG, Beschl. v. 20. 3. 2001 – 2 Z BR 101/00, ZWE 2001, 432 = ZMR 2001, 815 = NZM 2001, 754 = WuM 2001, 413.

schüsse hat die Eigentümerversammlung keinen weiten Ermessensspielraum[1], da mit den Hausgeldvorschüssen lediglich die notwendigen und im Wirtschaftsplan ausgewiesenen Lasten und Kosten zu finanzieren sind. Ordnungsmäßiger Verwaltung entspricht ein Wirtschaftsplan schon dann nicht, wenn die Planansätze nicht ordnungsgemäß kalkuliert und prognostiziert sind. Eine Bandbreite von +/- 5 % Abweichung zwischen den bei ordnungsgemäßer Ermittlung anzusetzenden Lasten und Kosten und den tatsächlich vom Verwalter im Wirtschaftsplan angesetzten Beträgen kann dabei allerdings akzeptiert werden.

Ich halte die Ansicht des BayObLG[2] für falsch, welches meint, ein Wirtschaftsplanbeschluss könne nicht für ungültig erklärt werden, wenn der Wirtschaftsplan zu einer bestimmten Position keinen Kostenansatz enthält, obwohl der Anfall von Kosten zu erwarten ist. Der Beschluss über einen solchen Wirtschaftsplan entspricht nach meiner Auffassung nicht ordnungsmäßiger Verwaltung und muss für ungültig erklärt werden. Werden zu erwartende Lasten und Kosten nicht im Wirtschaftsplan angesetzt, können (größere oder kleinere) Finanzierungslücken auftreten, was keinesfalls ordnungsmäßiger Verwaltung entsprechen kann. 22

Zu beachten ist allerdings: Wird ein Versammlungsbeschluss wegen eines solchen Fehlers im Wirtschaftsplan angegriffen, müsste der anfechtende Wohnungseigentümer auch beantragen, den Wirtschaftsplan vom Gericht höher festsetzen zu lassen, um ein Rechtsschutzbedürfnis für die gleichzeitige Ungültigerklärung des Versammlungsbeschlusses über den Wirtschaftsplan zu haben. Zu Recht weist auch das KG[3] darauf hin, dass eine Ungültigerklärung wegen **zu geringer Wirtschaftsplanansätze** nur dann in Betracht kommt, wenn zugleich ein Wirtschaftsplan mit höheren (also ordnungsgemäßen) Ansätzen gerichtlich festgesetzt wird. 23

Werden die Wirtschaftsplanansätze im Laufe des Wirtschaftsjahres durch neue Tatsachen überholt oder wird der Wirtschaftsplan aus anderen Gründen unrealistisch oder undurchführbar, kann die Eigentümergemeinschaft eine **Sonderumlage** beschließen[4]. Generell muss gesagt werden, dass der Verwalter, sobald er eine Finanzierungslücke bemerkt, dafür sorgen muss, dass die Gemeinschaft eine Sonderumlage oder eine Liquiditätsumlage beschließt. Eine Sonderumlage stellt einen Nachtrag zum Wirtschaftsplanansatz dar, sofern die Ansätze des Wirtschaftsplans generell unrichtig waren, durch neue Tatsachen überholt werden oder 24

---

1 A. A. BayObLG, Beschl. v. 25. 5. 1998 – 2 Z BR 22/98, NZM 1999, 34 = WE 1999, 35.
2 BayObLG, Beschl. v. 9. 8. 1990 – 2 Z 83/90, DWE 1991, 164 (nur LS).
3 KG, Beschl. v. 11. 2. 1991 – 24 W 4560/90, OLGZ 1991, 299 = ZMR 1991, 188 = NJW-RR 1991, 725 = WuM 1991, 224.
4 OLG Köln, Beschl. v. 2. 2. 2001 – 16 Wx 131/00, ZMR 2001, 574; BayObLG, Beschl. v. 8. 2. 1990 – 1b Z 8/90, NJW-RR 1990, 720 = DWE 1990, 64; LG Wuppertal, Beschl. v. 25. 11. 2002 – 6 T 781/99, ZMR 2003, 298; vgl. auch oben Rz. 19.

der Wirtschaftsplan aus anderen Gründen nicht durchführbar wird[1]. Auch für die Höhe des **Ansatzes einer Sonderumlage** soll der Gemeinschaft ein weiter Ermessensspielraum zustehen[2]. Dies halte ich grundsätzlich nicht für richtig, denn auch beim Ansatz einer Sonderumlage muss diese auf die notwendigen und absehbaren Lasten und Kosten begrenzt werden, die mit der Sonderumlage finanziert werden sollen. Der auf den einzelnen Wohnungseigentümer entfallende Anteil an der Sonderumlage muss **grundsätzlich** in dem Beschluss – oder jedenfalls in einer zu beschließenden Liste – ausgewiesen werden[3].

25 Ist schon von vornherein abzusehen, dass einzelne Hausgeldausfälle entstehen, müssen auch diese im Wirtschaftsplan als „Liquiditätsposition" berücksichtigt werden, wobei allerdings eine Verteilung auf alle Eigentümer erfolgen muss, somit auch auf die voraussichtlichen Hausgeldschuldner[4]. Dies bedeutet, dass die „Liquiditätsposition" so hoch anzusetzen ist, dass mathematisch eine Kostendeckung erreicht wird, auch wenn die erhöhte Umlage von den Hausgeldschuldnern nicht bezahlt wird. Beläuft sich z. B. der voraussichtliche Ausfallbetrag eines Wohnungseigentümers mit 500/10000 Miteigentumsanteilen auf einen Betrag von 8000 Euro, so muss die Liquiditätsumlage wie folgt berechnet werden:

$$\frac{8\,000\ (\text{Ausfallbetrag}) \times 10\,000\ (\text{GesamtMEA})}{9\,500\ (\text{MEA der restlichen WE})}$$

Die Liquiditätsposition beläuft sich also auf 8421 Euro, die von allen Wohnungseigentümern finanziert werden muss, wobei dann allerdings wegen des Ausfalls des einzelnen Miteigentümers nur die 8000 Euro der Gemeinschaft zufließen[5]. Diese Berechnungsmethode kann generell bei

---

1 LG München I, Beschl. v. 11. 1. 2006 – 1 T 13749/05, ZMR 2006, 648 = WE 2006, 246.
2 OLG Frankfurt/Main, Beschl. v. 14. 4. 2005 – 20 W 114/02, OLGReport Frankfurt 2006, 94, mit Anm. *Michael Schmid*, IBR 2005, 545; OLG Frankfurt/Main, Beschl. v. 19. 4. 2005 – 20 W 270/03, OLGReport Frankfurt 2006, 93; OLG Düsseldorf, Beschl. v. 17. 8. 2001 – 3 Wx 187/01, OLGReport Düsseldorf 2002, 1 = ZMR 2002, 144 = ZWE 2002, 90 = WuM 2005, 104 = NJW-RR 2002, 302 (geschätzter Finanzbedarf sei anzusetzen, die anfallenden Kosten seien jedoch großzügig zu bemessen); gleiche Argumentation bei BayObLG, Beschl. v. 11. 3. 1989 – 2 Z BR 12/98, BayObLGR 1998, 50 = WuM 1998, 305 = NJW-RR 1998, 1096 = WE 1999, 147 = NZM 1998, 337.
3 Vgl. BayObLG, Beschl. v. 17. 1. 2005 – 2 Z BR 200/04, n. v., m. w. N.; BayObLG, Beschl. v. 29. 12. 2004 – 2Z BR 112/04, BayObLGZ 2004, 374 = ZMR 2005, 384, vgl. auch AG Hannover, Beschl. v. 9. 12. 2003 – 71 II 288/03, ZMR 2005, 233.
4 Vgl. BGH, Beschl. v. 15. 6. 1989 – V ZB 22/88, BGHZ 108, 44 = MDR 1989, 898 = NJW 1989, 3018 = DWE 1989, 130; KG, Beschl. v. 2. 12. 2002 – 24 W 92/02, KGR Berlin 2003, 120 = ZMR 2003, 292 = NJW-RR 2003, 443.
5 Vgl. zur Methode auch: KG, Beschl. v. 26. 3. 2002 – 24 W 177/02, KGR Berlin 2003, 198 = ZMR 2003, 603 = NJW-RR 2003, 1020 = NZM 2003, 484.

Sonderumlagen verwendet werden, wenn Ausfälle durch zahlungsunfähige (oder zahlungsunwillige) Wohnungseigentümer eintreten, die kurzfristig nicht beigetrieben werden können.

III. Formaler Aufbau

Regelmäßig wird bei einer neu begründeten Eigentümergemeinschaft noch kein Wirtschaftsplan existieren, weil in den vom Bauträger entwickelten Gemeinschaftsordnungen lediglich pauschale Hausgeldvorschüsse (x Euro je Miteigentumsanteil oder qm[1]) für das erste (Rumpf-)Geschäftsjahr angesetzt werden. In einigen Gemeinschaftsordnungen[2] werden allerdings auch schon genaue Erst-Wirtschaftspläne festgelegt. Nach Ablauf des ersten Wirtschaftsjahres fertigt der Verwalter eine Jahresabrechnung mit einem bestimmten Aufbau. An dem Aufbau dieser Jahresabrechnung sollte sich dann auch der spätere Wirtschaftsplan hinsichtlich der Kosten-/Lastenarten orientieren, um eine Kontinuität und Vergleichbarkeit der Kostenarten über einen längeren Zeitraum zu gewährleisten. Die (erste) Jahresabrechnung bestimmt demnach in der Regel den formalen Aufbau des Wirtschaftsplanes[3], vorausgesetzt, der Aufbau dieser Jahresabrechnung ist selbst ordnungsgemäß.

26

Im Wirtschaftsplan[4] sind in jedem Fall die in der Gemeinschaftsordnung (bei den Kostenregelungen) ausdrücklich genannten Kostenpositionen aufzunehmen und als separate Wirtschaftsplan-Positionen auszuweisen. Darüber hinaus sind solche Positionen einzeln zu erwähnen, die in der Wohnungswirtschaft üblicherweise gesondert benannt werden. Anhaltspunkte können hier die Kostenpositionen der (mietrechtlichen) Betriebskostenverordnung bieten. Die Eigentümergemeinschaft kann aber auch zur besseren Kontrolle von einzelnen Kostenpositionen beschließen, die Darstellung von Kostenarten weiter zu untergliedern. Grundsatz ist: Je größer die Eigentümergemeinschaft und je höher das Plan-Volumen ist, desto datailierter muss auch der Wirtschaftsplan die einzelnen Kostenarten darstellen. Im Hinblick auf § 16 Abs. 3 WEG n. F., der auf § 556 BGB (und damit auf die Betriebskosten-Verordnung) Bezug nimmt, sollte sich der Wirtschaftsplanaufbau an der BetrKV orientieren.

27

---

1 Abhängig selbstverständlich von dem jeweiligen Kostenverteilungsschlüssel.
2 Beziehungsweise in einer Anlage zu der Teilungserklärung/Gemeinschaftsordnung.
3 Falsch deshalb *Strobel*, DWE 1997, 49.
4 Und in der Jahresabrechnung.

1. Darstellung der prognostizierten Gesamt-Lasten und -Kosten (Gesamtwirtschaftsplan)

28 Wie schon oben ausgeführt, muss der Wirtschaftsplan aussagekräftige Kostenarten aufweisen. Es muss aus dem Wirtschaftsplan ersichtlich sein, welche Lasten und Kosten im Wirtschaftsjahr insgesamt anfallen werden. Der den Miteigentümern zur Verfügung zu stellende Wirtschaftsplan muss den Gesamtplan enthalten, in dem alle voraussichtlichen Lasten- und Kostenpositionen mit ihren Gesamtsummen aufgeführt sein müssen.

2. Benennung der Verteilungsschlüssel

29 Aus dem Gesamtwirtschaftsplan ist der Einzelwirtschaftsplan zu entwickeln. Im Wirtschaftsplan sind deshalb die nach Gesetz oder nach der Gemeinschaftsordnung für die einzelnen Kostenarten anzuwendenden Kostenverteilungsschlüssel zu benennen[1]. Aus dem Wirtschaftsplan muss ersichtlich sein, welchen Hausgeldvorschuss der einzelne Wohnungseigentümer zu erbringen hat[2], weshalb es notwendig ist, die Verteilungskriterien aufzuführen. Eine Errechenbarkeit des zu zahlenden Hausgeldvorschusses reicht nach meiner Auffassung nicht aus[3]. Ein Wirtschaftsplan, der nur die Einnahmen und Ausgaben enthält, aber den Verteilungsschlüssel und die auf jeden Wohnungseigentümer entfallenden Hausgeldvorschüsse nicht nennt, darf nicht beschlossen werden; ein gleichwohl gefasster Beschluss ist, so das BayObLG, für ungültig zu erklären[4]. Ich meine, dass der „angreifende" Eigentümer hier **auch eine Ergänzung** verlangen **könnte** und eine Feststellung des auf jeden einzelnen Wohnungseigentümer entfallenden Hausgeldvorschusses; der Eigentümer **muss** dies jedoch nicht. Regelmäßig kann der angreifende Eigentümer die fehlenden Angaben, nämlich Verteilungsschlüssel und Hausgeldvorschuss, nicht ohne Mühe feststellen und benennen; ihm fehlen die notwendigen Fachkenntnisse. Darüber hinaus: Sind z.B. bei den Heizkosten Schätzungen vorzunehmen (vgl. sogleich folgende Ausfüh-

---

1 BayObLG, Beschl. v. 18. 3. 2004 – 2 Z BR 14/04, OLGReport München 2004, 283; AG Neukölln, Beschl. v. 27. 12. 2001 – 70 II 161/01 WEG, ZMR 2002, 474, mit Anm. *Häublein*, ZMR 2002, 475.
2 BayObLG, Beschl. v. 16. 7. 1990 – 1b Z 29/89, n. v.
3 A. A. (im Ausnahmefall): BayObLG, Beschl. v. 22. 1. 1998 – 2 Z BR 114/97, WE 1998, 396; BayObLG, Beschl. v. 30. 10. 1996 – 2 Z BR 103/96, WuM 1997, 61 = WE 1997, 269; BayObLG, Beschl. v. 10. 10. 1996 – 2 Z BR 76/96, ZMR 1997, 42 = WE 1997, 265 = NJWE-MietR 1997, 36; BayObLG, Beschl. v. 11. 1. 1990 – 1b Z 5/89, NJW-RR 1990, 720 = DWE 1990, 64.
4 BayObLG, Beschl. v. 12. 6. 1991 – 2 Z 49/91, WuM 1991, 443 = NJW-RR 1991, 1360.

Formaler Aufbau   Rz. 33 **Teil 5**

rungen), kann ohne die Unterlagen des Verwalters regelmäßig *keine* Ergänzung und Feststellung erfolgen.

Sind einzelne Kostenpositionen nach Verbrauch abzurechnen (z.B. Heizkosten), müssen diese Kostenpositionen nach den in der Vergangheit entstandenen Einzelbelastungen der Wohnungseigentümer insgesamt geschätzt und auf die Wohnungseigentümer verteilt werden[1]; sind beim Vergleich zwischen Verbrauchsprognose und einer Anwendung des gesetzlichen oder allgemeinen Verteilungsschlüssels (gemäß Gemeinschaftsordnung) nur geringe Abweichungen zu erwarten, können auch diese allgemeinen Verteilungsschlüssel im Wirtschaftsplan verwendet werden. 30

Die Gemeinschaftordnung kann vorsehen, was allerdings in der Praxis selten zu finden ist, dass ein Wirtschaftsplan nur die von den einzelnen Wohnungseigentümern zu entrichtenden Hausgeldvorschüsse benennen muss[2]. Durch Mehrheitsbeschluss einer Eigentümerversammlung, dies zur Klarstellung, kann eine solche Vorgabe jedoch nicht gemacht werden[3]; dies kann nur durch Vereinbarung geschehen. 31

Werden von einer Eigentümergemeinschaft die Kostenverteilungsschlüssel oder (wenn sich die Kostenverteilung nach diesen richtet) die Miteigentumsanteile durch **Änderung der Teilungserklärung/Gemeinschaftsordnung** verändert, müssen die geänderten Kostenverteilungskriterien erst dann berücksichtigt werden, wenn die Änderung in den Grundbüchern eingetragen wurde[4]. Im Falle einer Änderung gemäß § 16 Abs. 3 WEG n.F. gilt der im Beschluss genannte Änderungszeitpunkt; eine rückwirkende Änderung (z.B. aufgrund eines Beschlusses im Mai rückwirkend zum Beginn des Wirtschaftsjahres) wird regelmäßig nicht zulässig sein, weil die Wohnungseigentümer sich nicht auf die Änderung einstellen konnten. 32

Ohne weiteres einleuchtend ist, dass ein im Wirtschaftsplan fehlerhaft angesetzter Verteilungsschlüssel keine Bindung für die Jahresabrechnung haben kann, was sich schon aus der Rechtsprechung des BGH vom 20. 9. 2000[5] ergibt. 33

---

1 Vgl. BayObLG, Beschl. v. 7. 11. 1990 – 2 Z 116/90, n.v.
2 BayObLG, Beschl. v. 21. 5. 1999 – 2 Z BR 36/99, BayObLGR 1999, 75 = ZMR 1999, 723 = NZM 1999, 1058.
3 A.A. BayObLG, Beschl. v. 21. 5. 1999 – 2 Z BR 36/99, BayObLGR 1999, 75 = ZMR 1999, 723 = NZM 1999, 1058.
4 BayObLG, Beschl. v. 2. 9. 1999 – 2 Z BR 60/99, NZM 2000, 287 = DNotZ 2000, 208.
5 BGH, Beschl. v. 20. 9. 2000 – V ZB 58/99, BGHZ 145, 158 = ZWE 2000, 518 = MDR 2000, 1367 = NJW 2000, 3500 = ZMR 2000, 771 (keine Änderung des Kostenverteilungsschlüssels durch Mehrheitsbeschluss).

3. Darstellung der Einzelbelastungen (Einzelwirtschaftspläne)

34 Einzelwirtschaftspläne gehören zu den unabdingbaren Bestandteilen eines ordnungsmäßiger Verwaltung entsprechenden Wirtschaftsplanes[1], so dass stets Einzelwirtschaftspläne erstellt werden müssen. Werden keine Einzelwirtschaftspläne erstellt, ist die Beschlussfassung über den Wirtschaftsplan auf Antrag für ungültig zu erklären[2]. Allerdings kann die Gemeinschaftsordnung vorsehen, dass auf die Erstellung von Einzelwirtschaftsplänen verzichtet werden kann[3].

Aus den Gesamtwirtschaftsplanansätzen in Verbindung mit den Verteilungsschlüsseln sind die Einzelpläne und die Belastungen der einzelnen Miteigentümer zu entwickeln. Bei der 1 : 1 Übertragung von den Gesamtkosten über die Verteilungsschlüssel auf die Einzelbelastungen ergeben sich aber Ausnahmen.

35 Soweit die Eigentümergemeinschaft schon absehen kann, dass **Rechtsstreitigkeiten** entstehen werden, sind entsprechende Kostenansätze im Wirtschaftsplan vorzunehmen; allerdings dürfen Kostenansätze für Verfahren mit Wohnungseigentümern nicht zu Belastungen bei denjenigen Eigentümern führen, gegen die die Gemeinschaft Verfahren nach § 43 WEG führt. Diese Eigentümer müssen also bei der Verteilung dieser Kostenposition unberücksichtigt bleiben. Zu beachten ist jetzt aber **§ 16 Abs. 8 WEG n. F.** Kosten eines Rechtsstreits gehören dann zu den Kosten der Verwaltung, wenn es sich um **Mehrkosten** aufgrund einer Streitwertvereinbarung zwischen Verwalter und Rechtsanwalt gemäß **§ 27 Abs. 2 Nr. 4 und Abs. 3 Nr. 6 WEG n. F.** handelt. Sind solche Kosten zu erwarten, müssen die **Mehrkosten** in den Wirtschaftsplan aufgenommen werden und sind auch **auf alle Wohnungseigentümer** zu verteilen.

36 Ein Kostenverteilungsproblem tritt auch bei **baulichen Veränderungen** auf, denen einzelne Wohnungseigentümer nicht zugestimmt haben. Lasten und Kosten, die im Zusammenhang mit solchen baulichen Veränderungen stehen, dürfen den Eigentümern, die nicht zugestimmt haben, nicht belastet werden[4]. Gleiches gilt für die Kosten einer **Maßnahme, die nicht ordnungsgemäßer Verwaltung entspricht**, weil sie z.B. vom Verwalter ohne Beschluss der Eigentümerversammlung oder schon vor der

---

1 BayObLG, Beschl. v. 17. 8. 2005 – 2 Z BR229/04, NJW-RR 2006, 20 = NZM 2006, 62.
2 BGH, Beschl. v. 2. 6. 2005 – V ZB 32/05, BGHZ 163, 154 = MDR 2005, 1156 = ZMR 2005, 547 = NJW 2005, 2061 = WuM 2005, 530; BayObLG, Beschl. v. 17. 8. 2005 – 2 Z BR 229/04, NJW-RR 2006, 20 = NZM 2006, 62.
3 BayObLG, Beschl. v. 17. 8. 2005 – 2 Z BR 229/04, NJW-RR 2006, 20 = NZM 2006, 62.
4 Zu beachten ist aber § 16 Abs. 6 Satz 2 WEG; ist ein Beschluss gemäß § 16 Abs. 4 WEG gefasst worden, haben auch die Eigentümer, die nicht für die Maßnahme gestimmt haben, die Kosten zu tragen.

Beschlussfassung über den Wirtschaftsplan durchgeführt wurde, obwohl ein den Verwalter zur Auftragsvergabe berechtigender Beschluss notwendig gewesen wäre[1]. Dann muss geprüft werden, ob einzelne Wohnungseigentümer der baulichen Veränderung oder der jetzt im Wirtschaftsplan anzusetzenden Maßnahme nicht zugestimmt haben und von den Kosten zu befreien sind, falls die fehlende Zustimmung der Wohnungseigentümer nicht ersetzt werden kann.

Ein eher seltener Fall: Sieht die Gemeinschaftsordnung vor, dass sich ein **ausbauberechtigter Sondereigentümer** ab „Herstellung" der Wohnung an den Lasten und Kosten zu beteiligen hat, können die Beitragsvorschüsse in den Wirtschaftsplan eingestellt werden, wenn die Wohnung im Wesentlichen fertig gestellt ist[2].

37

4. Vorschussliste

Für die Jahresabrechnung wurde die Rechtsprechung des OLG Köln[3] dargestellt, wonach allen Eigentümern eine Saldenliste vorzulegen ist, die die insgesamt von jedem einzelnen Wohnungseigentümer zu tragenden Lasten und Kosten beinhalten muss, die gezahlten Hausgeldvorschüsse und die noch zu zahlenden Spitzenbeträge aus der Jahresabrechnung. Beim Wirtschaftsplan ist ebenfalls eine ähnliche Liste zu erstellen, nämlich eine Vorschussliste, aus der sich ergeben muss, welche Hausgeldvorschüsse jeder einzelne Wohnungseigentümer jährlich und monatlich[4] zu zahlen hat[5]. Aus dieser Liste ist dann auch zu entnehmen, ob alle Wohnungseigentümer ordnungsgemäß an den Lasten und Kosten beteiligt werden. Außerdem lassen sich hieraus auch die Gesamteinnahmen der Eigentümergemeinschaft ermitteln; die Gesamteinnahmen, die in der Regel (wenn alle Miteigentümer auch ordnungsgemäß zahlen würden) mit den Hausgeldvorschüssen übereinstimmen, müssen im Wirtschaftsplan jedenfalls ausgewiesen werden.

38

---

1 Vgl. hierzu auch KG, Beschl. v. 26. 9. 2005 – 24 W 123/04, ZMR 2006, 63 = NZM 2006, 108 = NJW-RR 2006, 383 = KGR Berlin 2006, 45; KG, Beschl. v. 5. 10. 2005 – 24 W 6/05, ZMR 2006, 224 = MDR 2006, 744 = KGR Berlin 2006, 85; Hans. OLG Hamburg, Beschl. v. 11. 4. 2007 – 2 Wx 2/07, ZMR 2007, 550.
2 KG, Beschl. v. 17. 10. 2001 – 24 W 140/01, ZWE 2002, 81.
3 Vgl. Teil 6, Rz. 127 ff.
4 Wenn nicht andere als monatliche Fälligkeiten festgelegt werden.
5 Nach AG Düsseldorf, Beschl. v. 28. 8. 2002 – 292 II 94/02 WEG, n. v., muss jedenfalls dann, wenn keine Einnahmen im Wirtschaftsplan ausgewiesen wurden, eine „Saldenliste" (also „Vorschussliste") gemäß der Rechtsprechung des OLG Köln vorgelegt werden; vgl. auch *Müller*, Praktische Fragen, Rz. 277, der ebenfalls verlangt, dass aus „*dem Eigentümerbeschluss*" zu entnehmen sein muss, welche Vorschüsse jeder Eigentümer zu zahlen hat, jedoch keine „*Vorschussliste*" fordert.

5. Einnahmen-Ausweis

39 Im Wirtschaftsplan sind sämtliche Einnahmen[1] auszuweisen, wozu auch die Hausgeldeinnahmen zählen[2]. Die Hausgeldeinnahmen sind schon deshalb aufzuführen, weil sie das Gegenfinanzierungsmittel für die gemeinschaftlichen Lasten und Kosten sind. Auf die Ausweisung von Einnahmen können die Eigentümer nicht durch Beschluss verzichten[3]; für einen solchen Beschluss hat die Gemeinschaft nach meiner Auffassung keine Beschlusskompetenz – jedenfalls entspricht aber ein solcher Beschluss nicht ordnungsmäßiger Verwaltung.

40 Dies bedeutet also, dass die (voraussichtlichen) Lasten und Kosten der Gemeinschaft dargestellt, aber auch die dafür erforderlichen Gegenfinanzierungsmittel (Hausgeldzahlungen) ausgewiesen werden müssen. Dies hat in der Regel durch die Darstellung zu erfolgen, was der einzelne Wohnungseigentümer an Hausgeldern (im gesamten Wirtschaftsplanzeitraum und monatlich[4]) aufzubringen hat, um die auf ihn anteilig entfallenden Lasten und Kosten zu finanzieren. Fehlt diese Darstellung, kann nach Ansicht des BayObLG die Lücke nachträglich nicht geschlossen werden, sondern der Beschluss über den Wirtschaftsplan ist für ungültig zu erklären[5]. Werden bei den Einnahmen solche Beträge nicht aufgeführt, die nur eine geringe Höhe aufweisen, verstößt ein Beschluss über die Genehmigung des Wirtschaftsplans nicht gegen die Grundsätze ordnungsmäßiger Verwaltung[6]. Voraussetzung ist allerdings, dass wirklich nur versäumt wurde, geringfügige Einnahmen einzustellen, so dass aus dieser Ausführung kein allgemeiner Grundsatz abgeleitet werden kann.

41 Problematisch erscheint, wie **Entnahmen** aus der **Instandhaltungsrücklage**, die für bestimmte Finanzierungszwecke erfolgen sollen, im Wirtschaftsplan zu behandeln sind. Konsequent dürfte nur sein, die voraussichtlichen Kosten für eine bestimmte Maßnahme in den Wirtschaftsplan einzustellen und als Einnahme den beabsichtigten Entnahmebetrag aus der Instandhaltungsrücklage auszuweisen – allerdings ohne die Beträge so zu saldieren, dass nur noch die Differenz erscheint[7].

---

1 Wie z.B. Einnahmen aus Vermietung von Flächen (für Plakatwände, Zigarettenautomaten), von gemeinschaftlichen Räumen, Zinseinnahmen usw.
2 Vgl. BayObLG, Beschl. v. 12. 6. 1991 – 2 Z 49/91, WuM 1991, 443 = NJW-RR 1991, 1360; BayObLG, Beschl. v. 10. 7. 1986 – 2 Z 41/86, BayObLGZ 1986, 263 = MDR 1986, 1031 = JMBl BY 1986, 182; BayObLG, Beschl. v. 19. 3. 1973 – 2 Z 5/73, BayObLGZ 1973, 78 = MDR 1973, 584; vgl. auch *Bub*, Finanz- und Rechnungswesen, II.5.b); Staudinger/*Bub*, WEG, § 28 Rz. 93.
3 KG, Beschl. v. 27. 5. 1987 – 24 W 5694/86, ZMR 1987, 386 = DWE 1987, 103.
4 Falls nicht andere Fälligkeitszeitpunkte festgelegt werden.
5 BayObLG, Beschl. v. 12. 6. 1991 – 2 Z 49/91, WuM 1991, 443 = NJW-RR 1991, 1360.
6 Vgl. OLG Hamm, Beschl. v. 4. 5. 2004 – 15 W 142/03, OLGReport Hamm 2005, 1 = ZMR 2004, 774 (dort ging es um Einnahmen von 67,50 Euro im Jahr).
7 So auch *Bub*, Finanz- und Rechnungswesen, II.5.c).

IV. Verhältnis Wirtschaftsplan/Jahresabrechnung

Nach Ansicht des BGH in seiner Entscheidung vom 23. 9. 1999 ist mit der Beschlussfassung über die Jahresabrechnung keine Novation des Wirtschaftsplanbeschlusses verbunden[1]; der V. Senat greift in dieser Entscheidung die Rechtsprechung des IX. Senats und seine eigene Rechtsprechung[2] auf. Mit dem Beschluss über die Jahresabrechnung werde also nicht etwa der frühere Beschluss über den Wirtschaftsplan im Sinne einer Schuldumschaffung ersetzt, sondern der Jahresabrechnungsbeschluss habe lediglich bestätigende oder rechtsverstärkende Wirkung hinsichtlich der offenen Vorschussforderung, so der BGH. Nur hinsichtlich des die Vorschüsse übersteigenden Spitzenbetrages der Jahresabrechnung begründe der Jahresabrechnungsbeschluss einen neuen (originären) Anspruchsgrund. Dabei bezieht sich der BGH auch auf eine Entscheidung des BayObLG. Bei der Zwangsverwaltung, meint das BayObLG[3] in der vom BGH herangezogenen Entscheidung, habe der Zwangsverwalter nur den Teil des Spitzenbetrages aus der Jahresabrechnung zu leisten, der nicht aus den früher fällig gewordenen (und vom Wohnungseigentümer nicht gezahlten) Hausgeldvorschüssen des Wirtschaftsplans resultiere.

42

Ich halte die Meinung des BGH und des BayObLG nur für bedingt richtig. Richtig ist nach meiner Auffassung, dass mit der Beschlussfassung über die Jahresabrechnung keine Novation verbunden ist. Die frühere Beschlussfassung über den Wirtschaftsplan wird nicht etwa ersetzt durch den Jahresabrechnungsbeschluss[4], sondern beide Beschlussfassungen bestehen nach meiner Auffassung nebeneinander und der Beschluss über den Wirtschaftsplan wirkt auch über den Zeitpunkt einer Beschlussfassung zur Jahresabrechnung hinaus *weiter*. Die einmal durch Beschluss festgelegten Zahlungsverpflichtungen aus dem Wirtschaftsplan enden

43

---

1 BGH, Beschl. v. 23. 9. 1999 – V ZB 17/99, ZMR 1999, 835 = NJW 1999, 3713 = NZM 1999, 1101 = DWE 1999, 164 = WuM 2000, 28 = ZWE 2000, 29.
2 BGH, Urt. v. 10. 3. 1994 – IX ZR 98/93, ZMR 1994, 256 = WuM 1994, 346 = NJW 1994, 1866 = DWE 1994, 104 = MDR 1994, 1113 = WE 1994, 210; BGH, Beschl. v. 30. 11. 1995 – V ZB 16/95, BGHZ 131, 228 = NJW 1996, 725 = DWE 1996, 27 = ZMR 1996, 215 = WuM 1996, 237 = WE 1996, 144 = MDR 1996, 897.
3 BayObLG, Beschl. v. 30. 4. 1999 – 2 Z BR 33/99, ZMR 1999, 578 = BayObLGZ 1999, 99 = NZM 1999, 715 = Rpfleger 1999, 408, dort auch Hinweise auf die eigene Rechtsprechung des BayObLG und anderer Obergerichte.
4 So die alte obergerichtliche Rechtsprechung, nach der bei erfolgter Beschlussfassung über die Jahresabrechnung ein Zahlungsanspruch nicht mehr auf den Wirtschaftsplan gestützt werden konnte, sondern ein etwaiges gerichtliches Zahlungsverfahren auf den Jahresabrechnungsbetrag umgestellt werden musste; vgl. OLG Frankfurt/Main, Beschl. v. 27. 6. 1978 – 20 W 210/78, Rpfleger 1978, 383; BayObLG, Beschl. v. 30. 4. 1986 – 2 Z 72/85, ZMR 1986, 452 = BayObLGZ 1986, 128 = MDR 1986, 853; BayObLG, Beschl. v. 15. 6. 1987 – 2 Z 104/86, NJW-RR 1987, 331.

nicht dadurch, dass die Jahresabrechnung beschlossen wird[1]. In diesem Zusammenhang hat das OLG Frankfurt zu Recht einen Anspruch auf Zahlung von Zinsen für ausgebliebene Hausgeldvorschüsse bejaht, die auf einem Wirtschaftsplan beruhen, auch wenn zwischenzeitlich die Jahresabrechnung beschlossen wurde[2].

44 Der Wirtschaftsplanbeschluss und der Jahresabrechnungsbeschluss sind aber zwei völlig unterschiedliche Vorgänge, weil auch Wirtschaftsplan und Jahresabrechnung nicht miteinander vergleichbar sind und eigentlich auch nicht, oder jedenfalls nur bedingt, miteinander in Verbindung stehen.

45 Bei den Zahlungsverpflichtungen, die aufgrund eines Wirtschaftsplanbeschlusses bestehen, handelt es sich um **Vorschüsse** (§ 28 Abs. 2 WEG). Diese Vorschüsse sind Zahlungen auf ungewisse Kostenpositionen. Zwar sind von den Verwaltern Wirtschaftspläne – wie dargestellt – so aufzustellen, dass die voraussichtlichen Lasten und Kosten des gemeinschaftlichen Eigentums durch die Einnahmen (Hausgeldzahlungen) möglichst ausgeglichen werden, gleichwohl sind die einzelnen Kostenpositionen insgesamt, also auch im Verhältnis zueinander, nur kalkulatorische Größen. Die Wirtschaftsplanansätze und die gezahlten Vorschüsse bestimmen nicht grundsätzlich die zulässige Inanspruchnahme gemeinschaftlicher Gelder und damit auch nicht grundsätzlich die tatsächlich anfallenden Lasten und Kosten. Die Unabhängigkeit der Jahresabrechnung von dem Wirtschaftsplan zeigt sich aber auch daran, dass in der Jahresabrechnung alle vom Verwalter verauslagten Beträge, auch die unberechtigten, aufzuführen sind[3]. Wie diese auf die einzelnen Wohnungseigentümer zu verteilen sind, ist eine Frage der Einzelabrechnungen.

46 Der Wirtschaftsplan dient in erster Linie der Festlegung einer Vorschusszahlung und damit der Beschaffung der notwendigen Finanzierungsmittel, in zweiter Linie wird dem Verwalter durch den Wirtschaftsplan ein

---

1 OLG Köln, Beschl. v. 16. 1. 2004 – 16 Wx 185/03, OLGReport Köln 2004, 143 (LS), führt aus, dass der Anspruch aus dem Wirtschaftsplan der Höhe nach auf den Betrag begrenzt wird, der aus der Jahresabrechnung geschuldet wird.
2 OLG Frankfurt/Main, Beschl. v. 19. 5. 2005 – 20 W 225/03, MietRB 2006, 71, mit Anm. *Becker* = OLGReport Frankfurt 2006, 277 (nur LS).
3 Vgl. BGH, Urt. v. 6. 3. 1997 – III ZR 248/95, MDR 1997, 537 = BGHR WEG § 28 Abs. 3 Jahresabrechnung 1 = ZMR 1997, 308 = NJW 1997, 2106; KG, Beschl. v. 26. 6. 2002 – 24 W 309/01, ZWE 2002, 409 (411) = ZMR 2002, 864; OLG Schleswig, Beschl. v. 23. 1. 2002 – 2 W 137/01, ZMR 2002, 382; BayObLG, Beschl. v. 25. 5. 2001 – 2 Z BR 133/00, ZWE 2001, 487 = ZMR 2001, 907 = NZM 2001, 1040 = NJW-RR 2001, 1231; OLG Köln, Beschl. v. 7. 12. 1998 – 16 Wx 177/98, OLGReport Köln 1999, 81 = WuM 1999, 306 = NZM 1998, 506; BayObLG, Beschl. v. 25. 6. 1992 – 2 Z BR 25/92, BayObLGZ 1992, 210 = BayObLGR 1992, 42 = WuM 1992, 448 = NJW-RR 1992, 1431; OLG Düsseldorf, Beschl. v. 26. 6. 1991 – 3 Wx 182/91, WuM 1991, 619; vgl. auch *Demharter*, ZWE 2001, 585; vgl. auch *Köhler*, Teil 6, Rz. 14 ff. (Geldflussprinzip).

Ausgabenrahmen vorgegeben, durch den er in gewissem Maße gebunden wird.

Demgegenüber legt der Beschluss über die Jahresabrechnung für jede *einzelne* Kostenposition verbindlich ihre Höhe (im Verhältnis der Wohnungseigentümer untereinander und zum Verwalter) fest und bestimmt die Gesamtsumme der endgültig zu verteilenden Lasten und Kosten eines Wirtschaftsjahres. 47

Die jeweiligen Beschlussfassungen beziehen sich demgemäß einerseits auf *noch nicht endgültig bestimmte* Positionen (Wirtschaftsplan), andererseits auf *konkret bestimmte* Positionen (Jahresabrechnung). 48

Das Verhältnis zwischen Wirtschaftsplan und Jahresabrechnung wird durch eine **Aufrechnungsbefugnis** des Wohnungseigentümers hinsichtlich seiner gezahlten Vorschüsse bestimmt. Der Wohnungseigentümer kann gegen Hausgeldforderungen stets nur mit anerkannten oder rechtskräftig festgestellten Gegenforderungen (oder mit Ansprüchen aus Notgeschäftsführung) aufrechnen[1]. Die Beschlussfassung über den Wirtschaftsplan und die von den einzelnen Wohnungseigentümern aufgrund dessen zu zahlenden Hausgeldvorschüsse bewirken ein Anerkenntnis der Wohnungseigentümergemeinschaft in Bezug auf die *Höhe* der Zahlungen. Weist der Wohnungseigentümer nach, dass er die aufgrund der Beschlussfassung über den Wirtschaftsplan geschuldeten Hausgelder auch tatsächlich gezahlt hat, so setzt sich dieses Anerkenntnis auch in Bezug auf die tatsächliche Leistung fort. Der Miteigentümer kann also den durch die Beschlussfassung über die Jahresabrechnung bestimmten Jahresabrechnungsforderungen seine Zahlung entgegensetzen und aufrechnen. Wenn der Verwalter in der Jahresabrechnung den tatsächlich gezahlten Betrag dem geschuldeten gegenüber stellt, so stellt dies lediglich eine Vereinfachung und Klarstellung dieses Forderungs- und Aufrechnungsvorganges dar. Ähnlich argumentiert auch das OLG Hamm[2]: Ein Beschluss über die Jahresabrechnung sei rechtsgeschäftliche Verrechnung der abschließenden Zahlungspflicht mit den in der Einzelabrechnung ausgewiesenen Wohngeldvorauszahlungen. 49

---

[1] BayObLG, Beschl. v. 11. 9. 1997 – 2 Z BR 20/97, WE 1998, 316 = ZMR 1998, 179; BayObLG, Beschl. v. 22. 5. 1998 – 2 Z BR 79/98, ZMR 1998, 646 = NZM 1998, 973; BayObLG, Beschl. v. 23. 4. 1998 – 2 Z BR 162/97, NZM 1998, 918; vgl. zur „Sachdienlichkeit" einer Aufrechnung und zum Problem der Aufrechnungserklärung in der zweiten Instanz: KG, Beschl. v. 11. 5. 2005 – 24 W 130/03, KGR Berlin 2005, 767 = MDR 2005, 1188 = ZMR 2006, 62 = NJW-RR 2005, 1608.
[2] OLG Hamm, Beschl. v. 15. 11. 1999 – 15 W 323/99, ZWE 2000, 540 = ZMR 2000, 246 = NZM 2000, 139 = DWE 2000, 123.

V. Beschluss über den Wirtschaftsplan

50 Über den Wirtschaftsplan, und zwar über den Gesamtwirtschaftsplan und die Einzelpläne[1], ist Beschluss zu fassen[2]. Erst mit dem Beschluss über den Wirtschaftsplan wird gemeinschaftsintern eine Verpflichtung der Eigentümer untereinander begründet[3], wodurch die Eigentümergemeinschaft gegenüber jedem einzelnen Wohnungseigentümer einen Anspruch erwirbt und eine Verpflichtung jedes einzelnen Wohnungseigentümers zur Zahlung der festgelegten Hausgeldvorschüsse entsteht[4]. Versäumt die Eigentümergemeinschaft, einen Wirtschaftsplan mit Vorschussverpflichtungen der Wohnungseigentümer aufzustellen, kann sie einen ausgeschiedenen Wohnungseigentümer weder aufgrund einer nach seinem Ausscheiden beschlossenen Jahresabrechnung noch aus ungerechtfertigter Bereicherung für die Lasten und Kosten in Anspruch nehmen, die vor seinem Ausscheiden entstanden sind[5]. Ein Beschluss über einen Wirtschaftsplan kann nur gegenüber demjenigen wirken, der zum **Zeitpunkt der Beschlussfassung** im Grundbuch als Eigentümer eingetragen war[6]. Ein Einzel-Wirtschaftsplan, der auf den noch nicht im Grundbuch eingetragenen Erwerber des Wohnungseigentums ausgestellt ist, wirkt deshalb auch nur gegenüber dem **wirklichen Eigentümer**, der zum Zeitpunkt der Beschlussfassung in der Eigentümerversammlung (noch) im Grundbuch eingetragen ist[7].

50a Grundsätzlich ist die Eigentümerversammlung dazu berufen, über den Wirtschaftsplan zu beschließen. Es gibt allerdings Gemeinschaftsordnun-

---

1 Vgl. BayObLG, Beschl. v. 17. 8. 2005 – 2 Z BR 229/04, NJW-RR 2006, 20 = NZM 2006, 62.
2 Vgl. zur Anfechtungsmöglichkeit, wenn nur über einen Gesamtwirtschaftsplan und nicht über die Einzelwirtschaftspläne beschlossen wird, oben unter Rz. 34, und insbesondere BGH, Beschl. v. 2. 6. 2005 – V ZB 32/05, BGHZ 163, 154 = MDR 2005, 1156 = ZMR 2005, 547 = NJW 2005, 2061 = WuM 2005, 530; BayObLG, Beschl. v. 17. 8. 2005 – 2 Z BR 229/04, NJW-RR 2006, 20 = NZM 2006, 62.
3 Zur Frage der Verjährung der Ansprüche aus dem Wirtschaftsplan vgl. BGH, Beschl. v. 24. 6. 2005 – V ZR 350/03, BGHR 2005, 1515 = MDR 2006, 85 = ZMR 2005, 884 = WuM 2005, 667 = NJW 2005, 3146 = NZM 2005, 747.
4 Vgl. BGH, Beschl. v. 23. 9. 1999 – V ZB 17/99, ZMR 1999, 835 = NJW 1999, 3713 = NZM 1999, 1101 = DWE 1999, 164 = WuM 2000, 28 = ZWE 2000, 29; BGH, Beschl. v. 30. 11. 1995 – V ZB 16/95, BGHZ, 131, 228 = ZMR 1996, 215 = NJW 1996, 725 = WuM 1996, 237 = DWE 1996, 27 = WE 1996, 144 = MDR 1996, 897; BGH, Urt. v. 20. 11. 1992 – V ZR 279/91, BGHZ 120, 261 = ZMR 1993, 176 = NJW 1993, 593 = MDR 1993, 342 = WuM 1993, 146; BayObLG, Beschl. v. 18. 7. 2002 – 2 Z BR 148/01, NZM 2002, 874; BayObLG, Beschl. v. 7. 8. 2001 – 2 Z BR 63/01, OLGReport München 2002, 21 = WuM 2002, 57.
5 OLG München, Beschl. v. 24. 5. 2007 – 34 Wx 27/07, OLGReport München 2007, 648 = MDR 2007, 1066 = ZMR 2007, 805 = NJW-RR 2007, 1607.
6 OLG Stuttgart, Beschl. v. 8. 3. 2005 – 8 W 39/05, OLGReport Stuttgart 2005, 738 = ZMR 2005, 578 = NZM 2005, 426 = NJW-RR 2005, 812.
7 LG Braunschweig, Beschl. v. 31. 3. 2005 – 6 T 726/04, ZMR 2005, 654.

gen – wenn auch nur ganz selten – die vorsehen, dass der **Beirat** anstelle der Eigentümerversammlung über den Wirtschaftsplan beschließen darf. Eine solche Bestimmung wäre wirksam. Ein Beschluss des Beirats über den Wirtschaftsplan ist zwar nicht anfechtbar; verstößt der Beschluss des Beirats aber gegen Verteilungsprinzipien in der Gemeinschaftsordnung, ist der **Beiratsbeschluss nichtig**[1]. Zahlungsansprüche können auf diesen nichtigen Beiratsbeschluss auch nicht gestützt werden. (Vgl. im Übrigen Rz. 71).

Wird nur der Gesamt-Wirtschaftsplan in der Versammlung beschlossen, weil die Eigentümer Wirtschaftsplanansätze in der Versammlung kürzen, ist ein solcher Beschluss (selbstverständlich) nicht nichtig[2], bewirkt aber keine Fälligkeit der Hausgeldzahlungsverpflichtung[3]. 51

Falsch ist in diesem Zusammenhang eine Entscheidung des OLG Düsseldorf[4]. In dem dieser Entscheidung zu Grunde liegenden Fall war über den Gesamtwirtschaftsplan beschlossen worden, jedoch nicht über die Einzelwirtschaftspläne. In der Gemeinschaftsordnung war die Weitergeltung des Wirtschaftsplans angeordnet. Das OLG Düsseldorf hat hier gemeint, dass auch bei einem Beschluss über den Gesamtwirtschaftsplan die Vorjahres-Einzelpläne weitergelten würden. Zu Recht hat *Drasdo*[5] aber darauf hingewiesen, dass durch den Beschluss über den neuen Gesamtwirtschaftsplan der alte Wirtschaftsplan komplett außer Kraft gesetzt worden ist. Eine Geltung des *neuen* Gesamtwirtschaftsplans und eine Weitergeltung der *alten* Einzelpläne kann es nicht geben. 52

Die Einzelwirtschaftspläne und ein Beschluss auch hierüber sind, wie schon erwähnt, Voraussetzung für das Entstehen einer Zahlungsverpflichtung der Wohnungseigentümer. Die Erstellung und Vorlage von Einzelwirtschaftsplänen (und die Beschlussfassung hierüber) gehört also zu einer ordnungsmäßigen Verwaltung. Der Beschluss nur über den Gesamt-Wirtschaftsplan muss als „nicht ordnungsgemäß" angesehen werden. Ist der Gesamt-Wirtschaftsplan korrekt, kann nach der Rechtsprechung (vgl. oben Rz. 34) ein Eigentümer darauf klagen, den Beschluss über den Wirtschaftsplan für ungültig zu erklären. Nach meiner Auffassung kann er aber **auch** darauf klagen, die **Einzelwirtschaftspläne durch das Gericht feststellen** zu lassen. Anträge eines Wohnungseigentümers können auf eine ordnungsmäßige Verwaltung gerichtet werden, ordnungsmäßig ist es, wenn auch die Einzelpläne Wirkung erlangen und so- 53

---

1 OLG Hamm, Beschl. v. 19. 3. 2007 – 15 W 340/06, OLGReport Hamm 2007, 615 = ZWE 2007, 350 = ZMR 2008, 63 = MietRB 2007, 239, mit Anm. *Köhler*.
2 KG, Beschl. v. 17. 5. 1989 – 24 W 1407/89, Grundeigentum 1989, 781.
3 BayObLG, Beschl. v. 10. 3. 2004 – 2 Z BR 268/03, ZMR 2005, 64 = NZM 2004, 789; vgl. auch *Greiner*, ZMR 2002, 647.
4 OLG Düsseldorf, Beschl. v. 24. 1. 2003 – 3 Wx 398/02, WuM 2003, 167, mit Anm. *Drasdo*.
5 *Drasdo*, Anm. zu OLG Düsseldorf, WuM 2003, 167.

mit eine Zahlungsfälligkeit eintreten kann. Bereits oben (Rz. 29[1]) wurde aber schon dargestellt, dass der Eigentümer fehlende Angaben nicht ohne Mühe feststellen kann und der Eigentümer regelmäßig auch nicht „vom Fach" ist, weshalb er nicht in der Lage sein wird, einen richtigen Antrag zu stellen. Deshalb **muss** der Wohnungseigentümer auch einen solchen Antrag nicht stellen[2].

53a Lehnt die Eigentümerversammlung mit der Mehrheit der Stimmen einen Beschluss über den Wirtschaftsplan ab, obwohl der Wirtschaftsplan insgesamt (also hinsichtlich des Gesamt-Wirtschaftsplanes und auch hinsichtlich der Verteilungskriterien der Einzel-Wirtschaftspläne) ordnungsmäßiger Verwaltung entspricht, kann ein einzelner Eigentümer die übrigen Eigentümer auf Zustimmung zu dem Beschlussantrag (Genehmigung des Wirtschaftsplanes) gerichtlich in Anspruch nehmen. Dazu sollte dann der ablehnende Beschluss angefochten und zusätzlich der Antrag auf Zustimmung gestellt werden. Die genauen Daten des Wirtschaftsplanes sind dabei im Antrag zu nennen, nämlich

– Datum des Wirtschaftsplanes

– Gesamtsumme des Wirtschaftsplanes

– Gesamtsumme der Einnahmen

– Einzelwirtschaftspläne

– Liste der monatlichen Hausgeldvorschüsse

– Fälligkeiten der Hausgeldzahlungen (sofern nicht in der Gemeinschaftsordnung geregelt).

Dieser Antrag kann sich nicht gegen den Verwalter richten, weil dieser seiner Verpflichtung zur Erstellung eines Wirtschaftsplanes und zur Vorlage in der Eigentümerversammlung nachgekommen ist, sondern – wie schon erwähnt – gegen die übrigen Wohnungseigentümer. In dem durchzuführenden Rechtsstreit wird es – wie bei einer Anfechtung des positiven Beschlusses über den Wirtschaftsplan – darum gehen, ob der vorgelegte Wirtschaftsplan in allen Punkten ordnungsmäßiger Verwaltung entspricht. Ist der Wirtschaftsplan in wesentlichen Punkten fehlerhaft, kann das Gericht die übrigen Miteigentümer auch nicht zu einer Zustimmung verurteilen.

54 Vor einer Eigentümerversammlung ist der Verwalter verpflichtet, den Wirtschaftsplan rechtzeitig zu übersenden[3], damit die Eigentümer sich auf die Versammlung vorbereiten können. Der Wirtschaftsplan mit allen

---

[1] Vgl. auch Rz. 68.
[2] Ähnlich auch *Müller*, PiG 39, S. 44; *Müller*, Praktische Fragen, Rz. 283.
[3] Nach Ansicht des LG Aachen, Beschl. v. 15. 2. 1996 – 2 T 162/95, ZMR 1997, 326 (LS), mindestens zwei Wochen vor der Versammlung.

Bestandteilen muss in angemessener und allgemein zugänglicher Weise vor der Versammlung ausliegen und dies muss auch den Miteigentümern mitgeteilt werden[1]. Den Eigentümern müssen somit ausreichende und angemessene Möglichkeiten zur Prüfung des Wirtschaftsplanes einschließlich der Einzelpläne gegeben werden[2]; dazu gehört auch die Möglichkeit, die für alle Miteigentümer vorgesehenen Beitragsverpflichtungen zu prüfen[3]. Ein Beschluss über einen Wirtschaftsplan, der zum Zeitpunkt der Beschlussfassung **nicht vorlag** oder der noch geändert werden muss (**antizipierte Beschlussfassung über Wirtschaftsplan**), entspricht nicht ordnungsmäßiger Verwaltung und kann angefochten werden, unabhängig davon, welche Punkte im Wirtschaftsplan geändert werden müssen. Es gehört zur ordnungsmäßigen Verwaltung, dass ein Wirtschaftsplan schriftlich in der Form vorgelegt wird, in der er genehmigt werden soll. Ein Wohnungseigentümer kann nur etwas billigen, was ihm auch vorgelegen hat. Muss ein Wirtschaftsplan aufgrund von Wünschen in der Eigentümerversammlung oder aus anderen Gründen geändert werden, darf auch nur über den neuen (geänderten) Wirtschaftsplan ein Beschluss herbeigeführt werden. Dem Verwalter darf nicht eine Befugnis zur nachträglichen Änderung des Wirtschaftsplans übertragen werden[4]. Grundsätzlich darf aber die Gemeinschaft in einer Eigentümerversammlung den vorgelegten Wirtschaftsplan ändern und anders als vorgelegt beschließen[5].

Bei der Beschlussfassung über einen Wirtschaftsplan genügt es, auf den vom Verwalter vorgelegten Wirtschaftsplan Bezug zu nehmen, wenn der Verwalter nur *einen* Wirtschaftsplan vorgelegt hat[6]. Empfehlenswert ist jedoch in jedem Fall, das Datum des Wirtschaftsplanes, die Gesamt-

---

1 OLG Köln, Beschl. v. 30. 12. 1998 – 16 Wx 187/98, OLGReport Köln 1999, 120 = MDR 1999, 799 = ZMR 1999, 282 = WuM 1999, 297, mit Anm. *Rau*, ZMR 1999, 283.
2 Vgl. hierzu auch BayObLG, Beschl. v. 30. 6. 2004 – 2 Z BR 58/04, BayObLGR 2004, 423 = NJW-RR 2004, 1602 = DWE 2005, 24.
3 Vgl. OLG Köln, Beschl. v. 30. 12. 1998 – 16 Wx 187/98, OLGReport Köln 1999, 120 = MDR 1999, 799 = ZMR 1999, 282 = WuM 1999, 297, mit Anm. *Rau*, ZMR 1999, 283; unrichtig ist aber die Ansicht des OLG, es müssten bei dem Wirtschaftsplan auch die „*einzelnen Guthaben*" geprüft werden können – „*Guthaben*" gibt es im Wirtschaftsplan nicht.
4 OLG Düsseldorf, Beschl. v. 7. 3. 2006 – 3 Wx 107/05, ZMR 2006, 544 = ZWE 2006, 246 (Gleiches gilt auch für den Beschluss über eine Jahresabrechnung); vgl. auch BayObLG, Beschl. v. 27. 4. 1989 – 2 Z 28/89, WuM 1989, 531 = WE 1990, 138; sowie LG Köln, Beschl. v. 31. 1. 2001 – 29 T 191/00, n. v., zur antizipierten Beschlussfassung über die Jahresabrechnung (vgl. hierzu auch den Teil 6, Rz. 235 „Jahresabrechnung".
5 OLG Celle, Beschl. v. 6. 9. 2004 – 4 W 143/04, OLGReport Celle 2004, 600 = NZM 2005, 308.
6 BayObLG, Beschl. v. 21. 10. 1999 – 2 Z BR 134/99, ZWE 2000, 264 = ZMR 2000, 112 = WuM 2000, 206 = NZM 2000, 683; vgl. auch OLG Frankfurt/Main, Beschl. v. 30. 8. 2004 – 20 W 225/02, OLGReport Frankfurt 2005, 21.

summe der Einnahmen und Ausgaben zu nennen und, falls nicht schon in der Gemeinschaftsordnung bestimmt, auch die Fälligkeitszeitpunkte für die Hausgeldvorschüsse zu benennen (vgl. Rz. 80). Hinsichtlich der Hausgeldfälligkeiten meint das KG[1], die Fälligkeiten für die Hausgeldzahlungen können auch durch einen mehrheitlich beschlossenen Verwaltervertrag festgelegt werden. Dies halte ich für falsch, weil der Verwaltervertrag nicht die gemeinschaftsinternen Beziehungen und die Rechte und Pflichten der Eigentümer untereinander regelt, sondern nur die Rechtsbeziehung zwischen der Gemeinschaft und dem Verwalter.

Beschlussvorschlag: Wirtschaftsplan

56 Der vom Verwalter vorgelegte Wirtschaftsplan für das Wirtschaftsjahr ..., datiert auf den ..., wird mit einer Gesamtsumme der Ausgaben und Einnahmen von ... Euro beschlossen, ebenso werden die den Eigentümern vorgelegten Einzelwirtschaftspläne datiert auf den ..., beschlossen. Die monatlichen Hausgeldzahlungen gemäß der vorgelegten Hausgeld-Vorschussliste, datiert auf ..., werden jeweils zum 3. Werktag eines Monats im Voraus fällig gestellt[2].

---

57 Wird unter dem Tagesordnungspunkt „Wirtschaftsplan" eine Erhöhung der Instandhaltungsrücklage beschlossen, so soll dieser Tagesordnungspunkt als Ankündigung im Sinne des § 23 Abs. 2 WEG ausreichend sein[3]. Dies dürfte zweifelhaft sein, wenn nicht schon in dem vor der Eigentümerversammlung übersandten Wirtschaftsplan die Erhöhung ausgewiesen worden ist.

58 Der Beschluss über einen Wirtschaftsplan setzt nicht voraus, dass zuvor eine Jahresabrechnung vorgelegt worden ist, um die möglichen Lasten und Kosten des nächsten Wirtschaftsjahres glaubhaft zu machen[4].

Die Wohnungseigentümerversammlung muss auch nicht stets die **Hausgeldvorschüsse** in neuer Höhe beschließen. Es reicht aus zu beschließen, dass die Hausgeldvorauszahlungen in der bisherigen Höhe beibehalten werden[5]. Die Eigentümergemeinschaft kann sich darauf beschränken, den Wirtschaftsplan und die Vorauszahlungen in der bisherigen Höhe

---

1 KG, Beschl. v. 15. 9. 2000 – 24 W 747/99, KGR Berlin 2001, 207 = ZWE 2000, 532 = ZMR 2000, 60 = NZM 2001, 238.
2 Fälligstellung nur dann, wenn in der Gemeinschaftsordnung nichts über die Zahlungsfälligkeit von Hausgeldern geregelt ist!
3 BayObLG, Beschl. v. 5. 10. 2000 – 2 Z BR 59/00, ZWE 2001, 68 = ZMR 2000, 54 = NZM 2000, 1239 = NJW-RR 2001, 374.
4 Vgl. BayObLG, Beschl. v. 6. 9. 2001 – 2 Z BR 86/01, ZMR 2002, 68 = WuM 2002, 41.
5 BayObLG, Beschl. v. 2. 8. 1990 – 2 Z 40/90, WuM 1991, 312.

auch für das weitere Geschäftsjahr für verbindlich zu erklären. Ob dieser Beschluss ordnungsmäßiger Verwaltung entspricht, hängt davon ab, ob die Höhe des bisherigen Wirtschaftsplans und die Einzelpositionen im Hinblick auf die zu erwartenden gemeinschaftlichen Lasten und Kosten angemessen waren. Berücksichtigt der bisherige Wirtschaftsplan zu erwartende Kostensteigerungen (oder Kostensenkungen) nicht, wäre ein „Fortsetzungs"-Beschluss mit dem geschilderten Inhalt anfechtbar. Vgl. auch unten Rz. 79.

1. Zeitpunkt der Beschlussfassung/Vorlage des Wirtschaftsplanes

Der Verwalter muss für jedes Wirtschaftsjahr einen Wirtschaftsplan aufstellen. Diese Pflicht bezieht sich auf den Verwalter, der zum Zeitpunkt des Eintritts der Fälligkeit dieser Leistung amtiert. Da nach dem Gesetz die voraussichtlichen Einnahmen und Ausgaben bei der Verwaltung des Gemeinschaftseigentums aufzunehmen sind, lässt sich hieraus schließen, dass die **Fälligkeit für die Erstellung** des Wirtschaftsplanes (spätestens) **am letzten Tag des Vorjahres** eintritt[1]. Bei der Entscheidung des LG Münster[2], dass der im Laufe eines Jahres aus dem Amt ausscheidende Verwalter keinen Wirtschaftsplan für dieses Jahr aufstellen müsse, wird also die Fälligkeit dieser Leistung verkannt. 59

Nach meiner Auffassung hat der Verwalter, wenn nichts anderes in der Gemeinschaftsordnung festgelegt wurde, einen Wirtschaftsplan so rechtzeitig vorzulegen, dass über ihn schon vor Beginn des Wirtschaftsjahres beschlossen werden kann[3]. 60

Eigentümerversammlungen finden bisher regelmäßig nur einmal im Jahr statt, sodass eine Beschlussfassung vor Beginn des Wirtschaftsjahres deshalb kaum möglich ist[4]. Es müssten also entweder zwei Versammlungen stattfinden oder aber es müsste für den jeweiligen Wirtschaftsplan eine Weitergeltung über das Ende des Wirtschaftsjahres hinaus bis zur nächsten ordentlichen Eigentümerversammlung beschlossen werden. 61

Ein Beschluss über den Wirtschaftsplan kann allerdings in einem Beschlussanfechtungsverfahren nicht mit dem Argument angegriffen wer- 62

---

1 Die Gegenmeinung von *Bub* in Staudinger, WEG, § 28, Rz. 81, die Fälligkeit trete „in den ersten Monaten des Jahres" ein, entbehrt der Begründung; nicht nachvollziehbar ist, warum einerseits das BayObLG, Beschl. v. 15. 3. 1990 – 2 Z 18/90, MDR 1990, 634 = NJW-RR 1990, 659 = DWE 1990, 67 = WuM 1990, 368, ausführt, der Wirtschaftsplan sei „vor oder doch jedenfalls zu Beginn" des Wirtschaftsjahres aufzustellen, dann aber ausführt, der Wirtschaftsplan sei „spätestens in den ersten Monaten eines Jahres" aufzustellen.
2 LG Münster, Beschl. v. 24. 8. 2001 – 3 T 62/01, NZM 2002, 459.
3 A. A. Hans. OLG Hamburg, Beschl. v. 5. 2. 1988 – 2 W 11/87, OLGZ 1988, 299.
4 Vgl. auch KG, Beschl. v. 27. 2. 2002 – 24 W 16/02, KGR Berlin 2002, 141 = ZWE 2002, 367 = ZMR 2002, 460 = NJW 2002, 3482.

den, der Beschluss hätte vor Beginn des Wirtschaftsjahres erfolgen müssen. Auch noch nach Beginn des Wirtschaftsjahres kann über den Wirtschaftsplan Beschluss gefasst werden, und dabei auch noch rückwirkend, sodass die Hausgelder für die bereits verstrichenen Kalendermonate auch noch fällig gestellt werden können.

63 Frage ist dann aber, ob bei einer Beschlussfassung **ohne ausdrückliche Erwähnung** der rückwirkenden Zahlungsverpflichtung ab Beginn des Jahres (hier unterstellt, es existiert eine monatliche Zahlungsverpflichtung) die Zahlungen „automatisch" für die abgelaufenen Monate mit der Beschlussfassung fällig werden. Dies scheinen jedenfalls *Bub*[1], *Greiner*[2] und *Müller*[3] anzunehmen. Deren Auffassung kann ich nicht teilen; nach meinem Dafürhalten muss der Beschluss bei einer monatlichen Zahlungsverpflichtung konkret festlegen, dass die Hausgeldraten für die bereits zurückgelegten Monate mit Beschlussfassung oder zu einem späteren Termin fällig werden.

Beschlussvorschlag (Ergänzung zum früheren Beschlussvorschlag – Rz. 56)

... zum 3. Werktag eines Monats im Voraus fällig gestellt. Die Hausgeldvorschüsse für die zum Zeitpunkt der Eigentümerversammlung bereits abgelaufenen Kalendermonate des Wirtschaftsjahres werden zum ... in einer Summe zur Zahlung fällig gestellt."

---

64 Nach Ansicht des KG kann sogar eine Beschlussfassung **im letzten Kalendermonat** des Wirtschaftsjahres erfolgen und dadurch die **gesamte Jahresschuld fällig** werden[4]. Das OLG Frankfurt führt aus[5], spätest möglicher Termin für die Erstellung eines Wirtschaftsplans sei das Ende des Wirtschaftsjahres. Demgegenüber meint das BayObLG[6], ein Beschluss über den Wirtschaftsplan im Dezember und damit kurz vor Ablauf des Wirtschaftsjahres entspreche grundsätzlich nicht ordnungsmäßiger Verwaltung. Ich bin der Auffassung, dass auch noch im letzten Wirtschaftsplanmonat eine Beschlussfassung über den Wirtschaftsplan erfolgen darf; es muss nämlich möglich sein, die Finanzierung der gemeinschaftlichen Lasten und Kosten sicher zu stellen. Dass ein solches Verfahren regel-

---

1 *Bub*, Finanz- und Rechnungswesen, II.4.
2 *Greiner*, ZMR 2002, 647.
3 *Müller*, Praktische Fragen, Rz. 290.
4 KG, Beschl. v. 22. 10. 1990 – 24 W 4800/90, OLGZ 1991, 180 = NJW-RR 1991, 463 = WuM 1990, 614.
5 OLG Frankfurt/Main, Beschl. v. 30. 8. 2004 – 20 W 225/02, OLGReport Frankfurt 2005, 21.
6 BayObLG, Beschl. v. 13. 12. 2001 – 2 Z BR 93/01, ZWE 2002, 360 = ZMR 2002, 525.

mäßig wenig sinnvoll ist und eher beim Verwalter darauf gedrängt werden sollte, unverzüglich die Jahresabrechnung zu erstellen und zu beschließen, dürfte einleuchtend sein. Sollte der Verwalter die Vorlage und Beschlussfassung des Wirtschaftsplanes schuldhaft verzögert haben, kann er von den Eigentümern für die entstehenden Schäden in Anspruch genommen werden.

Problematisch ist bei einer späten Beschlussfassung eine Festlegung der **Hausgeldschulden** gegenüber einem **Insolvenz-** und/oder **Zwangsverwalter**. Durch eine Beschlussfassung, die erst spät im Wirtschaftsjahr erfolgt und eine „Rückwirkung" beinhaltet, kann nicht die gesetzliche Haftungsbestimmung geändert werden. Weil erst mit der Beschlussfassung über den Wirtschaftsplan eine Fälligkeit der Hausgeldzahlungen eintritt, haften erst ab dem Beschlusszeitpunkt der Insolvenzverwalter und der Zwangsverwalter. Eine rückwirkende Fälligkeit für das gesamte Wirtschaftsjahr kann nicht erzeugt werden, abgesehen davon, dass die Zahlungsverpflichtung des Insolvenzverwalters und Zwangsverwalters auch erst ab dem Eröffnungsbeschluss (Insolvenzverwalter) bzw. dem Bestellungsbeschluss (Zwangsverwalter) entstehen kann. 65

Findet erst im Laufe des Wirtschaftsjahres eine Beschlussfassung über den Wirtschaftsplan statt, kann der Beschluss vorsehen, dass Hausgeldzahlungen für bereits abgelaufene Monate erhöht werden und die Beträge (z. B. Differenzbeträge zu weitergeltenden Hausgeldvorschussverpflichtungen) nachzuzahlen sind. Allerdings kann ein Beschluss keine rechtliche Wirksamkeit haben, der rückwirkend einen Wirtschaftsplan **für ein schon abgelaufenes Wirtschaftsjahr** in Kraft setzen soll; ein solcher Beschluss ist, wie das OLG Schleswig zu Recht ausführt, **nichtig**[1]. 66

2. Wirtschaftsjahrfestlegung

Das Wirtschaftsjahr entspricht dem Kalenderjahr, wenn nicht in der Gemeinschaftsordnung ein anderer Zeitraum bestimmt ist. Eine Festlegung des Wirtschaftsjahres abweichend von der gesetzlichen Regelung oder von der Bestimmung in der Gemeinschaftsordnung **durch Mehrheitsbeschluss** ist nichtig[2]. Das novellierte WEG gibt insoweit auch keine rechtliche Handhabe, das Wirtschaftsjahr durch Beschluss zu ändern. Hat die Eigentümergemeinschaft bisher für die Wirtschaftspläne und die 67

---

1 OLG Schleswig, Beschl. v. 13. 6. 2001 – 2 W 7/01, OLGReport Schleswig 2001, 366 = ZWE 2002, 141 = ZMR 2001, 855 = WuM 2001, 571; a. A. AG Saarbrücken, Beschl. v. 2. 8. 2004 – 1 WEG II 84/04, ZMR 2005, 319 (nur anfechtbar); demgegenüber „Wirtschaftsplan nach Ablauf des Wirtschaftsjahres sinnlos": AG Saarbrücken, Beschl. v. 25. 3. 2004 – 1 II 26/01 WEG, ZMR 2005, 409.
2 So auch *Greiner*, ZMR 2002, 647 (648); *Wenzel*, ZWE 2001, 226 (234); keine eindeutige Position, ob ein Mehrheitsbeschluss zulässig ist, nimmt Weitnauer/*Gottschalg*, WEG, 9. Aufl., § 28 Rz. 3a, ein.

Jahresabrechnung ein **falsches Wirtschaftsjahr** benutzt, kann auf jeden Fall durch Beschluss eine Umstellung des Wirtschaftsjahres auf das Kalenderjahr vorgenommen werden[1]. Meines Erachtens kann der Verwalter sogar ohne Beschluss den Abrechnungszeitraum dahingehend ändern, dass jetzt der richtige Zeitraum bei dem Wirtschaftsplan verwendet wird. Empfehlenswert ist ein solches eigenmächtiges Handeln jedoch nicht.

68 Das OLG Celle[2] meint, wenn von der Eigentümergemeinschaft seit Jahren ein **gesetzes- oder gemeinschaftsordnungswidriger Abrechnungszeitraum** verwendet worden ist, müsse ein Eigentümer eine Anpassung an den richtigen Abrechnungs- und Wirtschaftsplanzeitraum rechtzeitig vor Erstellung des Wirtschaftsplanes verlangen. Eine ohne ein vorheriges Verlangen durchgeführte Beschlussanfechtung verstoße gegen Treu und Glauben. Diese Ansicht überzeugt mich nicht; grundsätzlich ist nämlich der Verwalter für die ordnungsgemäße Erstellung eines Wirtschaftsplanes zuständig und ein Eigentümer wird in der Regel nicht die notwendigen Fachkenntnisse haben, um alle wohnungseigentumsrechtlichen Feinheiten erkennen und beurteilen zu können. Kommt ein Eigentümer nach einer Eigentümerversammlung zu einem Anwalt und lässt sich umfassend über die Frage beraten, ob eine Beschlussfassung über den Wirtschaftsplan ordnungsgemäß ist oder nicht, müssen sämtliche Punkte, die den Beschluss fehlerhaft machen, im Beschlussanfechtungsverfahren Anwendung finden können. Das Motto „das haben wir immer schon so gemacht und man hätte uns erst mal aufklären müssen" ist keine schützenswerte Position, insbesondere wenn ein entgeltlich tätiger Verwalter in Rede steht. Ein solches Motto darf nicht durch eine verfehlte Bezugnahme auf „Treu und Glauben" zum Rechtssatz hochstilisiert werden. Im Übrigen kann sich jeder Eigentümer jederzeit auf die Nichtigkeit eines Beschlusses, und erst recht auf die Unzulässigkeit einer praktischen Handhabung berufen. Falsch ist nach meiner Auffassung die Entscheidung des KG[3], in der ein **Vertrauensschutz** für Beschlüsse, die vor der Entscheidung des BGH vom 20. 9. 2000 gefasst worden sind, zugebilligt wurde. Es ging dabei darum, dass (u. a.) ein Wirtschaftsplan beschlossen wurde, der für einen anderen Zeitraum als das Kalenderjahr aufgestellt worden war. Niemand kann auf eine falsche Rechtsanwendung vertrauen.

3. Beschluss durch Gesamtgemeinschaft

69 Wenn nicht in der Gemeinschaftsordnung konkret etwas anderes bestimmt ist, muss stets die Gesamtgemeinschaft über einen Wirtschafts-

---
1 So auch LG Berlin, Beschl. v. 9. 11. 2001 – 85 T 155/01, ZMR 2002, 385.
2 OLG Celle, Beschl. v. 28. 5. 2002 – 4 W 60/02, GuT 2002, 188.
3 KG, Beschl. v. 27. 2. 2002 – 24 W 71/01, KGR Berlin, 2002, 143 = ZMR 2002, 462 = NJW-RR 2002, 879 = WuM 2002, 394.

plan Beschluss fassen, selbst wenn die Gemeinschaft aus mehreren Häusern besteht.

4. Beschluss bei Mehrhausanlage

Ist nach der Gemeinschaftsordnung eine Mehrhausanlagenabrechnung vorgesehen, darf gleichwohl nicht über getrennte Wirtschaftspläne abgestimmt werden[1]. Wirtschaftspläne enthalten stets Lasten und Kosten, die die Gesamtgemeinschaft betreffen – abgesehen davon, dass auch bei Mehrhausanlagen eine interne gemeinschaftliche Haftung entsteht, wenn für die Gemeinschaft (auch die Teil-Gemeinschaft) Aufträge vergeben werden.

70

5. Beiratsbeschluss (Kompetenzübertragung)

Über den Wirtschaftsplan haben die Eigentümer zu beschließen. Nach Ansicht des OLG Köln[2] soll ein **Beschluss** nicht nichtig sein, der die Aufstellung des Wirtschaftsplanes (gemeint ist wohl die Beschlussfassung über den Plan und damit das Wirksamwerden des Planes) dem Verwaltungsbeirat übertragen hat. Dies würde bedeuten, dass ein vor Jahren getroffener Beschluss, dass der Verwaltungsbeirat den Wirtschaftsplan festsetzen und beschließen kann, dauerhaft gilt. Dies halte ich für nicht richtig, weil hier in die Kernrechte der Wohnungseigentümer eingegriffen wird und Beschlusskompetenzen auf den Beirat übertragen werden. Die Ansicht des OLG Köln ist im Hinblick auf die Entscheidung des BGH vom 20. 9. 2000[3] nicht mehr vertretbar. Durch die Gemeinschaftsordnung kann eine solche Übertragung der Aufgaben der Eigentümerversammlung auf den Verwaltungsbeirat allerdings vorgenommen werden[4]. Nach Ansicht des OLG Naumburg[5] soll dann auch der Eigentümerversammlung die Entscheidungskompetenz für die Beschlussfassung über den Wirtschaftsplan fehlen. Es kommt hier sicherlich auf den genauen Wortlaut der Regelung in der Gemeinschaftsordnung an. Ist dort eine Formulierung gewählt, aus der sich ergibt, dass „ausschließlich der gewählte Verwaltungsbeirat an Stelle der Eigentümerversammlung den

71

---

1 BayObLG, Beschl. v. 17. 11. 2000 – 2 Z BR 107/00, ZWE 2001, 269 = ZMR 2001, 209 = NZM 2001, 771 = DWE 2001, 35; a. A. aber OLG Köln, Beschl. v. 30. 8. 1990 – 16 Wx 81/90, WuM 1990, 613.
2 OLG Köln, Beschl. v. 17. 12. 1997 – 16 Wx 291/97, ZMR 1998, 374 = WuM 1998, 179 = WE 1998, 312 = ZfIR 1998, 157.
3 BGH, Beschl. v. 20. 9. 2000 – V ZB 58/99, BGHZ 145, 158 = ZWE 2000, 518 = MDR 2000, 1367 = NJW 2000, 3500 = ZMR 2000, 771.
4 OLG Naumburg, Beschl. v. 10. 1. 2000 – 11 Wx 2/99, OLGReport Naumburg 2000, 329 = WuM 2001, 38.
5 OLG Naumburg, Beschl. v. 10. 1. 2000 – 11 Wx 2/99, OLGReport Naumburg 2000, 329 = WuM 2001, 38.

Wirtschaftsplan beschließt", kann eine Kompetenzverlagerung schon angenommen werden. Die Formulierung, die das OLG Naumburg zu beurteilen hatte, lautete allerdings nur „Neben den in § 29 WEG festgelegten Aufgaben obliegt dem Verwaltungsbeirat insbesondere die Beschlussfassung über den vom Verwalter aufgestellten Wirtschaftsplan". Diese bedeutet gerade nicht, dass der Beirat an die Stelle der Versammlung treten sollte, sondern kann auch dahin gehend ausgelegt werden, dass die gesetzliche Regelung (Beschluss über den Wirtschaftsplan durch die Eigentümerversammlung) gilt, jedoch eine **zusätzliche Voraussetzung** für die Wirksamkeit eines Wirtschaftsplanes geschaffen werden sollte – nämlich die **Beschlussfassung des Beirats**. Im Sachverhalt der Entscheidung wird nicht mitgeteilt, dass etwa in der Gemeinschaftsordnung steht, „die Eigentümerversammlung ist nicht für die Beschlussfassung über den Wirtschaftsplan zuständig". Anders jedoch in dem Fall des OLG Hamm[1], dort war in der Gemeinschaftsordnung geregelt: *„Der Verwalter hat jeweils für ein Kalenderjahr einen Wirtschaftsplan aufzustellen und nach Ablauf des Kalenderjahres eine Abrechnung vorzulegen. Über den Wirtschaftsplan und die Jahresabrechnung beschließt der Verwaltungsbeirat durch Stimmenmehrheit."* Eine solche Bestimmung in der Gemeinschaftsordnung ist wirksam. Ein Beschluss des Beirats über den Wirtschaftsplan ist dann nicht anfechtbar; verstößt der Beschluss des Beirats allerdings gegen Verteilungsprinzipien in der Gemeinschaftsordnung, ist der Beiratsbeschluss nichtig. Zahlungsansprüche können nicht auf den nichtigen Beiratsbeschluss gestützt werden. (Vgl. im Übrigen Rz. 50a).

72 Soll der Verwalter einen neuen von seinen Vorschlägen abweichenden Wirtschaftsplan aufstellen, hat die Eigentümergemeinschaft selbstverständlich ein Recht, ihrem Verwalter durch Mehrheitsbeschluss bestimmte Vorgaben für die Aufstellung dieses (neuen) Wirtschaftsplanes zu machen[2], immer vorausgesetzt, die Vorgaben entsprechen selbst ordnungsmäßiger Verwaltung.

6. Beschluss-/Genehmigungsfiktion

73 Bei der Beschluss- und Genehmigungsfiktion (in der Gemeinschaftsordnung ist enthalten, dass der Wirtschaftsplan als angenommen gilt, wenn ihm nicht innerhalb einer bestimmten Zeit vom Wohnungseigentümer widersprochen worden ist) kann auf die Ausführungen im Teil 6, Rz. 238 ff. verwiesen werden. Die dortigen Ausführungen zur Genehmigungsfiktion einer Jahresabrechnung gelten auch für die Genehmigungsfiktion eines Wirtschaftsplanes.

---

1 OLG Hamm, Beschl. v. 19. 3. 2007 – 15 W 340/06, OLGReport Hamm 2007, 615 = ZWE 2007, 350 = ZMR 2008, 63 = MietRB 2007, 239, mit Anm. *Köhler*.
2 BayObLG, Beschl. v. 22. 1. 1998 – 2 Z BR 114/97, WE 1998, 396.

7. Ersetzung der Beschlussfassung durch das Gericht

Kommt ein Wirtschaftsplanbeschluss nicht zustande, können die Gerichte einen angemessenen Wirtschaftsplan für das Wirtschaftsjahr festlegen und auch die Hausgeldvorschüsse sofort fällig stellen[1]. Auf eine solche Festsetzung durch die Gerichte kann jeder einzelne Wohnungseigentümer klagen, auch wenn eine vorherige Abstimmung über einen Wirtschaftsplan in einer Eigentümerversammlung noch nicht stattgefunden hat[2]. 74

VI. Beschlussinhalt

Bereits oben unter V. war der Inhalt einer Beschlussfassung dargestellt worden. In dieser Kurzform erschöpfen sich mitunter Beschlussfassungen über Wirtschaftspläne nicht. Von Verwaltern und von Eigentümern wird darüber hinaus gelegentlich eine Erweiterung des Beschlussinhalts angestrebt. 75

1. Geltungsdauer eines Wirtschaftsplanes

Ein Wirtschaftsplan gilt grundsätzlich nur für das jeweilige Wirtschaftsjahr, für das er beschlossen wurde[3]. Eine **„konkludente" Weitergeltung** des Vorjahres-Wirtschaftsplanes im neuen Wirtschaftsjahr oder eine „ständige Übung" innerhalb einer Eigentümergemeinschaft, von einer Weitergeltung auszugehen, gibt es nicht[4]. 76

Durch die Gemeinschaftsordnung (oder durch sonstige Vereinbarung im wohnungseigentumsrechtlichen Sinne) kann bestimmt werden, dass der Wirtschaftsplan über das Ende des Wirtschaftsjahres, für das er beschlossen wurde, hinaus Gültigkeit behält. 77

---

1 KG, Beschl. v. 22. 10. 1990 – 24 W 4800/90, OLGZ 1991, 180 = NJW-RR 1991, 463 = WuM 1990, 614.
2 KG, Beschl. v. 10. 3. 1992 – 24 W 1701/92, OLGZ 1994, 27 = WuM 1993, 303 = DWE 1993, 119.
3 OLG Frankfurt/Main, Beschl. v. 7. 6. 2005 – 20 W 135/05, OLGReport Frankfurt 2006, 327; BayObLG, Beschl. v. 12. 12. 2002 – 2 Z BR 117/02, ZMR 2003, 279; OLG Köln, Beschl. v. 30. 8. 1995 – 16 Wx 119/95, WuM 1995, 733 = WE 1996, 112.
4 Anders: Hans. OLG Hamburg, Beschl. v. 23. 8. 2002 – 2 Wx 4/99, WuM 2003, 105; OLG Köln, Beschl. v. 30. 8. 1995 – 16 Wx 119/95, WuM 1995, 733 = WE 1996, 112; zu OLG Köln vgl. *Köhler*, WE 1997, 134; offen gelassen von OLG Frankfurt/Main, Beschl. v. 7. 6. 2005 – 20 W 135/05, OLGReport Frankfurt 2006, 327; gegen OLG Hamburg: BayObLG, Beschl. v. 16. 6. 2004 – 2 Z BR 85/04, BayObLGZ 2004, 146 = ZMR 2004, 842 = NZM 2004, 711 = DWE 2005, 26.

78 Auch ein Beschluss einer Eigentümerversammlung kann bestimmen, dass ein Wirtschaftsplan über das Ende des Wirtschaftsjahres hinaus weiter gilt, bis ein neuer Wirtschaftsplan beschlossen wird[1]. Zwar kann jeder Eigentümer von dem Verwalter die Aufstellung eines aktuellen Wirtschaftsplanes fordern[2], gleichwohl bedeutet die Notwendigkeit, eine solche Forderung zu stellen und möglicherweise über das Gericht durchsetzen zu müssen, eine **erhebliche Verzögerung** der Erfüllung des Anspruches auf ordnungsmäßige Verwaltung. Dies halte ich für unzumutbar, sodass ein **Weitergeltungsbeschluss** als **ordnungsgemäß** anzusehen ist. Es muss nach meiner Auffassung allerdings eine Grenze genannt werden, eine endlose Gültigkeit kann es nicht geben[3]. Im Beschluss muss also z.B. genannt werden, dass der Wirtschaftsplan nur bis zum Zeitpunkt der nächsten ordentlichen Eigentümerversammlung gilt (wenn die ordentlichen Eigentümerversammlungen regelmäßig in einem bestimmten Monat stattfinden oder aber zeitnah zur Beendigung des Wirtschaftsjahres). Eine Dauerregelung, dass Wirtschaftspläne stets über das Ende des laufenden Wirtschaftsjahres hinaus gelten, kann nicht durch Beschluss getroffen werden[4]. Auch die neue Berechtigung, § 21 Abs. 7 WEG, über

---

1 Vgl. BayObLG, Beschl. v. 16. 6. 2004 – 2 Z BR 85/04, BayObLGZ 2004, 146 = ZMR 2004, 842 = NZM 2004, 711 = DWE 2005, 26, führt ausdrücklich aus, dass **jedenfalls** ein Beschluss notwendig ist; vgl. im Übrigen BayObLG, Beschl. v. 18. 8. 2004 – 2 Z BR 114/04, BayObLGR 2005, 3 = NZM 2005, 2005, 110 = DWE 2004, 138; OLG Düsseldorf, Beschl. v. 24. 1. 2003 – 3 Wx 398/02, WuM 2003, 167, mit kritischer Anm. *Drasdo* (dort weitere Hinweise auf den Streitstand); BayObLG, Beschl. v. 12. 12. 2002 – 2 Z BR 117/02, ZMR 2003, 279; KG, Beschl. v. 27. 2. 2002 – 24 W 16/02, KGR Berlin 2002, 141 = ZWE 2002, 367 = ZMR 2002, 460 = NJW 2002, 3482; OLG Hamm, Beschl. v. 19. 4. 1995 – 15 W 26/95, DWE 1995, 125 = WE 1996, 33; KG, Beschl. v. 11. 7. 1990 – 24 W 3798/90, OLGZ 1990, 425 = MDR 1990, 924 = NJW-RR 1990, 1298 = WuM 1990, 367; OLG Hamm, Beschl. v. 22. 6. 1989 – 15 W 209/89, MDR 1989, 915 = NJW-RR 1989, 1161; vgl. auch KG, Beschl. v. 27. 2. 2002 – 24 W 71/01, KGR Berlin 2002, 143 = ZMR 2002, 462 = NZM 2002, 447 = NJW-RR 2002, 879 = WuM 2002, 394; *Wenzel*, ZWE 2001, 226 (237), unter Hinweis auf KG, Beschl. v. 10. 3. 1993 – 24 W 1701/92, OLGZ 1994, 27 = WE 1993, 221 = WuM 1993, 303 = DWE 1993, 751, in diesem Fall hat das Gericht einen Wirtschaftsplan gerichtlich festgelegt; *Greiner*, ZMR 2002, 647; *Briesemeister* in Briesemeister/Drasdo, Beschlusskompetenz, S. 11.
2 Worauf *Häublein* in seiner Anm. zu LG Berlin, ZMR 2002, 221, zutreffend hinweist; vgl. auch OLG Hamm, Beschl. v. 19. 4. 1995 – 15 W 26/95, DWE 1995, 125 = WE 1996, 33.
3 A.A. offensichtlich LG Berlin, Beschl. v. 27. 4. 2001 – 85 T 384/00 WEG, ZMR 2001, 916, mit zustimmender Anm. *Häublein*, ZMR 2002, 221.
4 Vgl. insoweit auch BGH, Beschl. v. 2. 10. 2003 – V ZB 34/03, BGHZ 156, 279 = ZMR 2003, 943 = NJW 2003, 3550 = NZM 2003, 946 = DWE 2004, 135, zu der (nichtigen) Beschlussfassung über eine Jahresfälligkeit, die auch für die Folgejahre gelten sollte. Auch das OLG Frankfurt/Main, Beschl. v. 7. 6. 2005 – 20 W 135/05, OLGReport Frankfurt 2006, 327, meldet unter Hinweis auf die Rechtsprechung des BGH v. 20. 9. 2000 Zweifel an, ob der Beschluss einer Eigentümerversammlung ausreicht.

die Fälligkeiten von Hausgeldern beschließen zu können, eröffnet insoweit keine Beschlusskompetenz für eine Dauerregelung[1].

Die Eigentümergemeinschaft kann durch Beschluss der Eigentümerversammlung, anstatt einen völlig neuen Wirtschaftsplan zu beschließen, festlegen, dass die bisherigen Hausgeldvorschüsse weiterhin verbindlich sind[2]; dies setzt allerdings voraus, dass die bisherigen Hausgeldvorschüsse ausreichend waren und keine Deckungslücken entstanden sind. Nur dann entspricht ein solcher Beschluss ordnungsmäßiger Verwaltung (vgl. im Übrigen bereits oben Rz. 58). 79

2. Fälligkeitsregelung

Die Eigentümergemeinschaft kann durch einen Mehrheitsbeschluss über den Wirtschaftsplan oder im Zusammenhang mit diesem unterschiedlich hohe **monatliche Vorauszahlungen** für die Wohnungseigentümer festlegen[3], um die erfahrungsgemäß in den einzelnen Monaten zu erwartenden unterschiedlichen Zahlungsverpflichtungen abzudecken[4]. Die Eigentümerversammlung kann durch Mehrheitsbeschluss auch die einzelnen Fälligkeitstermine (z.B. Fälligkeit für monatliche Vorauszahlungen jeweils der 3. Werktag eines Monats) festlegen, wenn dies nicht in der Gemeinschaftsordnung erfolgt ist[5]. Dass die Entscheidungsmacht der Eigentümergemeinschaft nicht durch § 28 Abs. 2 WEG (Abruf der Vorschüsse durch den Verwalter) begrenzt wird, hat der BGH bereits in seiner Entscheidung vom 2. 10. 2003[6] klargestellt. Diese Rechtsprechung ist nunmehr auch in § 21 Abs. 7 WEG n. F. übernommen worden. 80

Die Eigentümerversammlung kann auch, selbst **wenn in der Gemeinschaftsordnung etwas anderes geregelt ist**, aufgrund § 21 Abs. 7 WEG n. F. durch einen Mehrheitsbeschluss festlegen, dass die Hausgeldzahlung als Jahresschuld zu entrichten ist[7]. Wenn der Eigentümer nach § 28 81

---

1 Anders wohl *Abramenko* in Fachanwaltskommentar Wohnungseigentumsrecht, § 28 Rz. 9 a. E.
2 BayObLG, Beschl. v. 2. 8. 1990 – 2 Z 40/90, WuM 1991, 312; LG Berlin, Beschl. v. 9. 11. 2001 – 85 T 155/01, ZMR 2002, 385; LG Berlin, Beschl. v. 27. 4. 2001 – 85 T 384/00 WEG, ZMR 2001, 916.
3 LG Frankfurt, Beschl. v. 4. 3. 1992 – 2/9 T 580,91, DWE 1992, 85.
4 So auch *Bub*, Finanz- und Rechnungswesen, II.6.e).
5 Die Ansicht von *Drasdo* in Briesemeister/Bub, Beschlusskompetenz, S. 27, der bei der Festlegung von Fälligkeitsterminen Probleme im Hinblick auf die Rechtsprechung des BGH sieht, ist aufgrund der Entscheidung des BGH, Beschl. v. 2. 10. 2003 – V ZB 34/03, BGHZ 156, 279 = ZMR 2003, 943 = NJW 2003, 3550 = NZM 2003, 946 = DWE 2004, 135, überholt, konnte sich im Übrigen aber auch nur darauf beziehen, dass in der GO bereits Fälligkeitstermine bestimmt waren.
6 BGH, Beschl. v. 2. 10. 2003 – V ZB 34/03, BGHZ 156, 279 = ZMR 2003, 943 = NJW 2003, 3550 = NZM 2003, 946 = DWE 2004, 135.
7 Bejahend schon für die alte Rechtslage für eine Beschlussfassung von Jahr zu Jahr: AG Bonn, Beschl. v. 2. 7. 1999 – 28 II 28/99 WEG, WE 2000, 8.

Abs. 2 WEG Vorschüsse „nach Abruf durch den Verwalter" zu entrichten hat und im Übrigen keine Fälligkeitsvorschriften im Gesetz genannt sind, muss es zulässig sein, für den Hausgeldvorschuss eine Jahresfälligkeit zu bestimmen. Eine solche **Jahresfälligkeitsbestimmung** könnte nach der gesetzlichen Regelung schon der Verwalter vornehmen, auch wenn es empfehlenswerter für ihn ist, eine solche Bestimmung durch die Eigentümerversammlung vornehmen zu lassen. Dass eine **monatliche Vorauszahlung** von Hausgeldern weitgehend **üblich** ist, hindert nicht, andere Fälligkeitstermine festzulegen. Ein Tagesordnungspunkt „Festsetzung des Hausgeldes gemäß beiliegendem Wirtschaftsplan" deckt allerdings nicht den Beschluss über die „Fälligstellung des Jahresbetrages bei Verzug mit einer Monatsrate" ab[1].

82 Ist in der Gemeinschaftsordnung der jeweilige **Fälligkeitstermin für Hausgeldvorschüsse** benannt, kann hiervon nach der neuen Rechtslage ab 1. 7. 2007 auch durch Mehrheitsbeschluss abgewichen werden. So kann bei einer in der Gemeinschaftsordnung festgelegten monatlichen Hausgeldfälligkeit jetzt auch mehrheitlich darüber beschlossen werden, dass Hausgeldvorschüsse als Jahresschuld zu entrichten sind, die Zahlungen jedoch solange gestundet werden und eine monatliche Zahlungsmöglichkeit eingeräumt wird, solange der Eigentümer nicht mit zwei Monatsraten in Verzug geraten ist (**Jahresfälligkeitsbeschluss mit Stundung**).

83 Das OLG Hamm[2] und ihm folgend das OLG Zweibrücken[3] hatten eine Nichtigkeit des Jahresfälligkeitsbeschlusses mit Stundung auch dann angenommen, wenn in der Gemeinschaftsordnung zur Fälligkeit der Hausgeldzahlungen gar nichts geregelt gewesen ist. Diese Auffassung teilte der BGH jedoch nicht und nahm schon zur alten Rechtslage an, dass eine Beschlussfassung ordnungsmäßiger Verwaltung entspricht[4]. Bereits in der 1. Aufl. konnte ich der Auffassung des OLG Hamm und des OLG Zweibrücken nicht folgen. Das OLG Hamm begründete seine Meinung mit dem durchaus schwachen Argument, über einen solchen Gegenstand könne die Gemeinschaft *schon ihrer Art nach* nicht beschließen und zog einen Vergleich zu dem völlig anders gelagerten Fall einer Beschlussfassung über den Verzugszins, den der BGH[5] entschieden hatte. Weiter begründete das OLG Hamm seine Meinung damit, dass an den Verzug eine vom Gesetz abweichende Schadensfolge, nämlich die nur den säumigen

---
1 OLG Köln, Beschl. v. 23. 1. 2002 – 16 Wx 176/01, NZM 2002, 169.
2 OLG Hamm, Beschl. v. 19. 4. 1995 – 15 W 26/95, DWE 1995, 125 = WE 1996, 33.
3 OLG Zweibrücken, Beschl. v. 5. 6. 2002 – 3 W 46/02, ZWE 2002, 543 = OLGReport Zweibrücken 2002, 422 = ZMR 2003, 135.
4 BGH, Beschl. v. 2. 10. 2003 – V ZB 34/03, BGHZ 156, 279 = ZMR 2003, 943 = NJW 2003, 3550 = NZM 2003, 946 = DWE 2004, 135.
5 BGH, Beschl. v. 11. 7. 1991 – V ZB 24/90, BGHZ 115, 151 = MDR 1991, 864 = ZMR 1991, 398 = NJW 1991, 2637.

Eigentümer treffende *zusätzliche Zahlungspflicht* und die Pflicht zur Einräumung *eines zinslosen Kredits*, geknüpft wird.

Diese Ansicht hat allerdings verkannt, dass die Gemeinschaft allen Wohnungseigentümern gegenüber auf die bestehende grundsätzliche Möglichkeit der Jahresvorauszahlung nur temporär „verzichtet" hat, solange sie auf eine regelmäßige Zahlung des Eigentümers vertrauen konnte. Insofern wird keineswegs eine „zusätzliche" Zahlungspflicht begründet, sondern die grundsätzlich schon vorhandene Bedingung einer Zahlungspflicht des Gesamtbetrages tritt ein[1]. Dies ist vergleichbar mit Ratenzahlungsvereinbarungen, bei denen der Schuldner zur Zahlung des gesamten Restbetrages verpflichtet ist, wenn er mit einer Rate in Verzug gerät. Der BGH spricht demgemäß auch von einer Stundung der Beitragsforderung und einer Verfallklausel[2]. 84

Diese Rechtsfrage „Zulässigkeit eines Mehrheitsbeschlusses" hat nichts mit der Frage zu tun, ob eine solche Fälligkeitsregelung überhaupt Sinn macht. Auf das Risiko der Gemeinschaft, gegenüber einem Rechtsnachfolger keine Ansprüche aus dem laufenden Wirtschaftsjahr mehr geltend machen zu können, wenn die Fälligkeit der Hausgelder schon vor dem Eigentumsübergang eingetreten ist, haben schon *Häublein*[3] und *Greiner*[4] hingewiesen. Ist nämlich einmal die Jahreshausgeldfälligkeit eingetreten, bevor der Hausgeldschuldner sein Eigentum veräußert hat (oder sein Eigentum zwangsversteigert worden ist!), kann nach dem Eigentümerwechsel keine erneute Fälligkeit der restlichen Hausgelder mehr eintreten. 85

Die Abweichung von der üblichen monatlichen Zahlungsfälligkeit beinhaltet demnach also durchaus Risiken. Dieses Risiko erwähnt auch der BGH in seiner Entscheidung vom 2. 10. 2003[5].

Einige Eigentümergemeinschaften meinen, über die oben beschriebene Jahresfälligkeit hinaus auch noch durch Mehrheitsbeschluss festlegen zu müssen, dass ein Hausgeldschuldner mit bestimmten Rückständen eine **Sicherheitsleistung wegen Hausgeldrückständen** oder eine **„Kaution"** oder ähnliches zu erbringen hat (in solchen Beschlüssen finden sich dann Beträge von drei Monatsraten bis zu einem kompletten Jahresbetrag der Hausgeldvorschüsse). Das AG Köln hat in einer Entscheidung vom 26. 10. 2001 (also zum alten Recht) unter Hinweis auf die Entscheidung des BGH vom 20. 9. 2000 ausgeführt[6], dass ein Beschluss über eine sol- 86

---

1 Ähnlich *Greiner*, ZMR 2002, 647 (651).
2 Vgl. auch OLG Frankfurt/Main, Beschl. v. 17. 1. 2005 – 20 W 30/04, OLGReport Frankfurt 2005, 736.
3 *Häublein*, Anm. zu LG Berlin v. 27. 4. 2001, ZMR 2002, 221.
4 *Greiner*, ZMR 2002, 647 (651).
5 BGH, Beschl. v. 2. 10. 2003 – V ZB 34/03, BGHZ 156, 279 = ZMR 2003, 943 = NJW 2003, 3550 = NZM 2003, 946 = DWE 2004, 135.
6 AG Köln, Beschl. v. 26. 10. 2001 – 202 II 244/00, n. v.

che Kaution nichtig ist, weil eine solche Sicherheitsleistung nur durch Vereinbarung festgelegt werden könnte. In dem vom AG Köln entschiedenen Fall hatte die Eigentümergemeinschaft im Jahr 1990 einen Beschluss gefasst, dass Wohnungseigentümer, bei denen ein Rückstand von mehr als zwei Hausgeldraten aufgelaufen ist, zusätzlich auch noch eine „Kaution" von sechs Hausgeldraten zu zahlen haben. Unklar war dabei u. a., ob diese Kaution dauernd im Vermögen der Eigentümergemeinschaft verblieb oder ob sie irgendwann als Hausgeldguthaben in eine Jahresabrechnung eingestellt wird.

86a Obwohl das neue WEG nunmehr auch eine beschlussweise Regelung der „Folgen des Verzugs" vorsieht, § 21 Abs. 7 WEG, sind solche Beschlüsse nach meiner Auffassung höchst problematisch und auch generell nicht zu empfehlen. Mit einem solchen Beschluss befände sich die Eigentümergemeinschaft sogleich in der Diskussion über die grundsätzliche Zulässigkeit von **Vereinsstrafen** (um „**Vertragsstrafen**" im Sinne von §§ 339 BGB ff. handelt es sich bei Regelungen innerhalb der Eigentümergemeinschaften nicht)[1].

86b In der Begründung zur Gesetzesänderung ab 1. 7. 2007 ist zwar auch von einer „Vertragsstrafe" die Rede[2], jedoch nicht bezogen auf die Einführung einer „Kautionsgestellung" für den Fall des Verzuges, sondern auf Verstöße gegen Vermietungsbeschränkungen. Der Gesetzgeber hat im Übrigen auch nicht erkannt, dass es sich – wie schon oben dargestellt – gar nicht um „Vertragsstrafen" handeln kann, sondern um rechtlich anders zu behandelnde „Vereinsstrafen". Die Diskussion bei solchen „Vereinsstrafen" – die in Beschlussanfechtungsverfahren zu führen wäre – würde sich um die Fragen drehen, ob der Strafbeschluss gegen die guten Sitten verstößt, die Bestrafung offenbar unbillig ist, ob das rechtliche Gehör gewährt wurde und ob für die Verhängung ein Verschulden notwendig ist[3].

---

1 Vgl. grundsätzlich zu Vereinsstrafen bei Eigentümergemeinschaften und zur Abgrenzung zur „Vertragsstrafe" BayObLG, Beschl. v. 24. 11. 1959 – 2 Z 164/59, BayObLGZ 1959, 457; BayObLG, Beschl. v. 10. 10. 1985 – 2 Z 2/85, BayObLGZ 1985, 345 = MDR 1986, 149 = ZMR 1985, 421 = NJW-RR 1986, 179; KG, Beschl. v. 21. 12. 1988 – 24 W 5948/88, OLGZ 1989, 174 = ZMR 1989, 188 = NJW-RR 1989, 329.
2 *Köhler*, Das neue WEG, Köln 2007, Rz. 296 ff.
3 Vgl. BayObLG, Beschl. v. 24. 11. 1959 – 2 Z 164/59, BayObLGZ 1959, 457; BayObLG, Beschl. v. 10. 10. 1985 – 2 Z 2/85, BayObLGZ 1985, 345 = MDR 1986, 149 = ZMR 1985, 421 = NJW-RR 1986, 179; KG, Beschl. v. 21. 12. 1988 – 24 W 5948/88, OLGZ 1989, 174 = ZMR 1989, 188 = NJW-RR 1989, 329; sowie allgemein: BGH, Urt. v. 2. 12. 2002 – II ZR 1/02, BGHR 2003, 282 = MDR 2003, 402; BGH, Urt. v. 3. 4. 21000 – II ZR 373/98, BGHZ 144, 146 = NJW 2000, 1713; BGH, Urt. v. 26. 2. 1959 – II ZR 137/57, BGHZ 29, 352 = MDR 1959, 354 = NJW 1959, 982; BGH, Urt. v. 4. 10. 1956 – II ZR 121/55, BGHZ 21, 370.

3. Lastschrifteinzugsermächtigung

Ist in der Gemeinschaftsordnung, was durchaus häufig ist, vorgesehen, dass die Wohnungseigentümer dem Verwalter eine Vollmacht zur Einziehung der Hausgelder durch Lastschriftverfahren zu erteilen haben, ist eine solche Bestimmung wirksam. Die Teilnahme an einem solchen Lastschriftverfahren kann gerichtlich erzwungen werden. § 21 Abs. 7 WEG, in der ab dem 1. 7. 2007 geltenden Fassung, eröffnet nunmehr generell die Möglichkeit, über die **Art und Weise von Zahlungen** einen Mehrheitsbeschluss zu fassen. Damit darf also auch ein **Beschluss** gefasst werden, der die Teilnahme am Lastschriftverfahren vorsieht.

87

Ist in der Gemeinschaftsordnung ausdrücklich geregelt, dass der Eigentümer die Hausgeldvorschüsse **auf seine Gefahr auf ein vom Verwalter bestimmtes Konto zu überweisen hat** oder existiert eine ähnliche Regelung, ist damit inhaltlich der Zahlungsweg bestimmt. Es ist vom Eigentümer eine Überweisung vorzunehmen, Barzahlungen darf der Verwalter nicht akzeptieren. Zwar könnte nach § 21 Abs. 7 WEG n. F. ein Beschluss gefasst werden, dass auch eine Barzahlung erfolgen darf, das entspräche aber sicher nicht ordnungsmäßiger Verwaltung.

88

Nach der bis zum 30. 6. 2007 geltenden Rechtslage war wegen §§ 28 Abs. 2 WEG, 270 Abs. 1 BGB zweifelhaft, ob durch Mehrheitsbeschluss eine Bestimmung getroffen werden kann, dass mittels Lastschrifteinzug gezahlt werden muss[1], wenn in der Gemeinschaftsordnung keine Bestimmung bezüglich des Zahlungsweges enthalten war. Ich habe schon bisher[2] einen Mehrheitsbeschluss für zulässig gehalten[3]; die gesetzlichen Bestimmungen wurden durch einen Mehrheitsbeschluss über den Lastschrifteinzug gerade nicht abgeändert, sondern nur ausgefüllt. Durch die neue Rechtslage, § 21 Abs. 7 WEG, hat sich der Streit jedoch erledigt.

89

VII. Beschlussanfechtung

Schon im „Vorspann" wurde darauf hingewiesen, dass die praktische Bedeutung von Anfechtungen der Wirtschaftsplanbeschlüsse gering ist[4]. Die Anfechtung eines Wirtschaftsplanbeschlusses ist, bis auf Ausnahmefälle, nur dann empfehlenswert,

90

– wenn der Wirtschaftsplan schon auf den ersten Blick derart **gravierende Überbelastungen** eines oder mehrerer Eigentümer ausweist,

---

1 Vgl. *Greiner*, ZMR 2002, 647 (650).
2 Vgl. *meine* Ausführungen in der 1. Aufl., Teil 6 Rz. 89.
3 Ebenso BayObLG, Beschl. v. 28. 6. 2002 – 2 Z BR 41/02, BayObLGR 2002, 412 = ZMR 2002, 850 = WuM 2002, 510 = NZM 2002, 743 = NJW-RR 2002, 1665; *Greiner*, ZMR 2002, 647 (651), mit Hinweisen zur Gegenmeinung; *Wenzel*, ZWE 2001, 226; *Riecke/Schmidt*, WE 2002, 126.
4 Vgl. hierzu auch *Müller*, PiG 39, S. 44.

dass man als Rechtsanwalt des Antragstellers das Gericht überzeugen kann, eine einstweilige Verfügung zu erlassen, aufgrund derer der Antragsteller geringere Zahlungen erbringen muss *oder*

– wenn ein konkreter Anhaltspunkt dafür besteht, dass mit dem Beschluss über den Wirtschaftsplan dem Verwalter gleichzeitig auch **Vollmacht** für die Beauftragung bestimmter **Maßnahmen** erteilt werden soll (vgl. oben Rz. 9 ff.) und diese Maßnahme als nicht ordnungsmäßiger Verwaltung entsprechend angesehen werden kann und/oder der Wohnungseigentümer auch nicht an den Kosten zu beteiligen ist (vgl. oben Rz. 36), *oder*

– wenn ein grundsätzliches Problem im Zusammenhang mit der Wirtschaftsplanaufstellung geklärt werden soll, *oder*

– wenn absehbar ist, dass der Rat suchende Eigentümer aus der Eigentümergemeinschaft ausscheidet und durch eine baldige Ungültigerklärung des Wirtschaftsplanbeschlusses (überhöhte) Zahlungen vermieden werden können.

91 Für den Rechtsanwalt bedeutet dies auf der einen Seite, den Mandanten eventuell davon überzeugen zu müssen, eine Beschlussanfechtung zu unterlassen und ihn darauf zu verweisen, dass es Sinn macht, auf den Beschluss über die Jahresabrechnung zu warten.

92 Auf der anderen Seite, wenn denn eine Beschlussanfechtung als sinnvoll angesehen wird, ergibt sich die Notwendigkeit, die Argumente für die Fehlerhaftigkeit der Beschlussfassung in formeller und materieller Hinsicht deutlich herauszuarbeiten. Dies ist mitunter schon deshalb schwierig, weil der Rechtsanwalt auf den Verständnishorizont des Gerichts hin argumentieren muss. Gerade bei Gerichten, deren Besetzung der Anwalt nicht gut kennt, sollte deshalb äußerste Sorgfalt auf die Begründung gelegt werden.

93 Im Sinne einer Gegenstrategie müssen von dem Anwalt der Gemeinschaft bei der Gefahr, dass der anfechtende Eigentümer aus der Gemeinschaft ausscheidet, die Hausgeldansprüche aufgrund des Wirtschaftsplanes **umgehend** gerichtlich geltend gemacht werden.

94 Entscheidend für die materielle Beurteilung der Beschlussfassung über den Wirtschaftsplan ist, genauso wie bei der Jahresabrechnung, die Sachlage zum Zeitpunkt der Beschlussfassung. So hat das BayObLG völlig zu Recht darauf hingewiesen, dass das Interesse eines anfechtenden Eigentümers an der Ungültigerklärung des Beschlusses über den Wirtschaftsplan nicht dadurch berührt wird, dass sich nachträglich Änderungen bei den umstrittenen Kostenpositionen ergeben[1]. Dies ergibt sich schon da-

---

[1] BayObLG, Beschl. v. 8. 8. 2002 – 2 Z BR 61/02, WuM 2002, 578.

raus, dass der **Beschluss** über den Wirtschaftsplan **Streitgegenstand des Beschlussanfechtungsverfahrens** ist und die gerichtliche Prüfung darauf gerichtet sein muss, ob der Versammlungsbeschluss zum Zeitpunkt seiner Fassung ordnungsmäßiger Verwaltung entsprach oder nicht. Falsch ist nach meiner Auffassung die Ansicht des Hans. OLG Hamburg[1] und des OLG Köln[2], dass mit der Beschlussfassung über die Jahresabrechnung das Rechtsschutzbedürfnis für die Anfechtung des Beschlusses über den Wirtschaftsplan entfällt. Die Ansicht beider Gerichte widerspricht der grundlegenden Position des BGH, dass der Jahresabrechnungsbeschluss keine Novationswirkung hat (vgl. oben Rz. 42). Das gleiche gilt für die Auffassung des OLG Hamm[3], dass das Rechtsschutzbedürfnis für die Anfechtung des Wirtschaftsplanbeschlusses entfällt, wenn die Jahresabrechnung bestandskräftig beschlossen wurde und der anfechtende Wohnungseigentümer seine Hausgeldvorschüsse in vollem Umfang gezahlt hat[4]. Die Zahlung der Hausgeldvorschüsse kann kein Kriterium für oder gegen ein Rechtsschutzbedürfnis sein, weil eine Verpflichtung zu einer solchen Zahlung besteht, solange der Beschluss über den Wirtschaftsplan nicht rechtkräftig für ungültig erklärt wurde. Auch der Ablauf des Wirtschaftsjahres hat keine Auswirkung auf ein gegen den Wirtschaftsplanbeschluss gerichtetes Beschlussanfechtungsverfahren[5].

Eine Anfechtung des Beschlusses über den Wirtschaftsplan kann jedenfalls nicht darauf gestützt werden, dass der **Verwaltungsbeirat** die Wirtschaftsplanansätze nicht vor der Beschlussfassung geprüft hat[6].

VIII. Anspruch des einzelnen Wohnungseigentümers auf Erstellung eines Wirtschaftsplanes

Legt der Verwalter nicht oder nicht rechtzeitig einen Wirtschaftsplan zur Beschlussfassung vor (eine solche zeitlich orientierte Verpflichtung kann sich auch aus der Gemeinschaftsordnung ergeben), kann jeder einzelne Wohnungseigentümer die Aufstellung eines Wirtschaftsplans gerichtlich

95

---

1 Hans. OLG Hamburg, Beschl. v. 11. 4. 2007 – 2 Wx 2/07, ZMR 2007, 550.
2 OLG Köln, Beschl. v. 20. 12. 2004 – 16 Wx 110/04, OLGReport Köln 2005, 226 = ZMR 2005, 649.
3 OLG Hamm, Beschl. v. 18. 5. 2006 – 15 W 25/06, OLGReport Hamm 2006, 823 = ZMR 2006, 879 = ZWE 2007, 34 = DWE 2006, 144.
4 Richtig demgegenüber LG München I, Beschl. v. 11. 1. 2006 – 1 T 13749/05, ZMR 2006, 648 = WE 2006, 246, das ausführt, dass der Wirtschaftsplan durch die Jahresabrechnung nicht aufgehoben wird.
5 BayObLG, Beschl. v. 20. 11. 2003 – 2 Z BR 168/03, BayObLGZ 2003, 318 = NZM 2004, 509 = NJW-RR 2004, 1090 = ZMR 2005, 134.
6 OLG Frankfurt/Main, Beschl. v. 8. 2. 2006 – 20 W 231/01, OLGReport Frankfurt 2005, 783 mit w. N.

erzwingen[1] und den Verwalter auf Erstellung und Vorlage eines Wirtschaftsplanes gerichtlich in Anspruch nehmen[2]. Jeder einzelne Wohnungseigentümer hat nämlich gegen den Verwalter einen Anspruch auf Erstellung eines Wirtschaftsplanes. Der Wohnungseigentümer muss für die Geltendmachung des Anspruches nicht von der Gemeinschaft bevollmächtigt worden sein[3]. Der Anspruch richtet sich – selbstverständlich – nur gegen den Verwalter, nicht gegen den Verband oder die übrigen Miteigentümer[4].

> **Beschlussvorschlag: Antrag auf Vorlage eines Wirtschaftsplanes**
>
> Der Antragsgegner (= Verwalter) wird verpflichtet, einen Wirtschaftsplan für die Eigentümergemeinschaft XY-Straße, und zwar für den Zeitraum 1. 1. bis 31. 12. XXXX, zu erstellen und in einer Eigentümerversammlung zur Beschlussfassung vorzulegen.

96 Die **Vollstreckung** des titulierten Anspruches soll nach herrschender Meinung als vertretbare Handlung nach § 887 ZPO erfolgen[5]. Ich halte jedoch eine Vollstreckung nach § 888 ZPO (unvertretbare Handlung) für möglich, da die Erstellung eines Wirtschaftsplanes spezifische Vorkenntnisse des Verwalters erfordert und Prognoseentscheidungen von ihm zu treffen sind.

97 **Spätester** möglicher **Termin** für die Erstellung eines Wirtschaftsplans ist das Ende des Wirtschaftsjahres[6]. Ein Anspruch auf Errichtung eines Wirtschaftsplanes besteht zwar auch noch im letzten Monat des Wirtschaftsjahres[7]. Die Durchsetzung des Anspruches scheitert aber daran, dass sich

---

1 BGH, Beschl. v. 24. 6. 2005 – V ZB 350/03, BGHR 2005, 2005, 1515 = MDR 2006, 85 = ZMR 2005, 884 = WuM 2005, 667 = NJW 2005, 3146 = NZM 2005, 747; OLG Celle, Beschl. v. 6. 9. 2004 – 4 W 143/04, OLGReport Celle 2004, 600 = NZM 2005, 308.
2 BayObLG, Beschl. v. 15. 3. 1990 – 2 Z 18/90, MDR 1990, 634 = WuM 1990, 368 = NJW-RR 1990, 659 = DWE 1990, 67.
3 Vgl. hierzu auch *Bub*, Finanz- und Rechnungswegen, II.3.
4 Vgl. hierzu auch *Abramenko* in Fachanwaltskommentar Wohnungseigentumsrecht, § 28 Rz. 7; soweit *Abramenko* auch davon spricht, dass ein „Anspruch auf Mitwirkung gegen die anderen Eigentümer in Betracht kommt", kann sich das nur auf den Fall beziehen, dass über einen Wirtschaftsplan negativ (ablehnend) beschlossen wird (vgl. zu diesem Problem oben Rz. 53a).
5 OLG Celle, Beschl. v. 6. 9. 2004 – 4 W 143/04, OLGReport Celle 2004, 600 = NZM 2005, 308; ohne Begründung: *Kahlen* in Schmidt/Kahlen, Wohnungseigentumsgesetz, München 2007, § 28 Rz. 10.
6 OLG Frankfurt/Main, Beschl. v. 30. 8. 2004 – 20 W 225/02, OLGReport Frankfurt 2005, 21.
7 KG, Beschl. v. 22. 10. 1990 – 24 W 4800/90, OLGZ 1991, 180 = NJW-RR 1991, 463 = WuM 1990, 614.

das gerichtliche Verfahren zwangsläufig in das nächste Wirtschaftsjahr hineinzieht, ein Wirtschaftsplan aber nicht mehr rückwirkend für das vergangene Wirtschaftsjahr festgelegt werden kann[1] (auch nicht durch das Gericht). Es können sich aber Konsequenzen für den Verwalter ergeben: Hat der Verwalter mehrfach nicht oder nicht rechtzeitig einen Wirtschaftsplan vorgelegt, kann dies dazu führen, dass er als Verwalter nicht mehr wiedergewählt werden darf und seine gleichwohl erfolgte Wahl den Grundsätzen ordnungsmäßiger Verwaltung widerspricht[2].

Wird in einer Eigentümerversammlung ein formell und materiell ordnungsgemäß erstellter Wirtschaftsplan nicht beschlossen, weil z.B. der Mehrheitseigentümer das Wirksamwerden eines Beschlusses über den Wirtschaftsplan (und damit die Fälligkeit von Hausgeldzahlungen) verhindert, kann jeder Wohnungseigentümer von den anderen Miteigentümern, die dem Beschlussantrag nicht zugestimmt haben, die Zustimmung verlangen[3]. Ein solcher Antrag bei Gericht ist darauf zu richten festzustellen, dass die (ablehnenden) Eigentümer verpflichtet sind, dem Antrag zuzustimmen. 98

Beschlussvorschlag: Zustimmung zum Wirtschaftsplan-Antrag

Die Antragsgegner (Rest der Eigentümergemeinschaft *oder* namentlich genannte Personen, die nicht zugestimmt haben) werden verpflichtet, dem Antrag auf Beschlussfassung über den Wirtschaftsplan (Gesamt- und Einzelpläne), Gesamtsumme der Einnahmen und Ausgaben in Höhe von … Euro, den der Verwalter mit Datum vom … vorgelegt hat, zuzustimmen.

Allerdings darf hier nicht verkannt werden, dass in einem solchen Verfahren die gesamte formelle und materielle Seite des Wirtschaftsplanes und der Eigentümerversammlung von dem (oder den) Eigentümer(n), die sich der Beschlussfassung verweigert haben, auf den Prüfstand gestellt werden könnte. Es muss deshalb sehr genau untersucht werden, 99

– ob die Eigentümerversammlung ordnungsgemäß einberufen wurde,
– ob der Wirtschaftsplan formell ordnungsgemäß ist und
– ob der Wirtschaftsplan auch inhaltlich korrekt ist.

---

1 Vgl. OLG Schleswig, Beschl. v. 13. 6. 2001 – 2 W 7/01, OLGReport Schleswig 2001, 366 = ZWE 2002, 141 = ZMR 2001, 855 = WuM 2001, 571; vgl. im Übrigen oben Rz. 66.
2 Vgl. LG Dortmund, Beschl. v. 10. 2. 2000 – 9 T 728/99 WEG, NZM 2000, 684.
3 Vgl. nur BGH, Beschl. v. 12. 7. 1984 – VII ZB 1/84, MDR 1985, 315 = ZMR 1984, 422 = NJW 1985, 912 = Rpfleger 1985, 23; BayObLG, Beschl. v. 15. 3. 1990 – 2 Z 18/90, MDR 1990, 634 = WuM 1990, 368 = NJW-RR 1990, 659 = DWE 1990, 67; vgl. zu einem besonders gelagerten Fall, bei dem der nicht zustimmende Eigentümer vom Stimmrecht ausgeschlossen war: OLG Köln, Beschl. v. 17. 1. 2003 – 16 Wx 112/02, ZMR 2003, 608.

Bei einem solchen Verpflichtungsantrag ist also höchste anwaltliche Sorgfalt gefordert. Nur wenn diese Fragen positiv beantwortet worden sind, bestand eine Verpflichtung zur Zustimmung zum Wirtschaftsplan, sodass nunmehr eine Zustimmungsersetzung verlangt werden kann.

100 Da die Beschlussfassungen in einer Eigentümversammlung Rechtsgeschäfte eigener Art sind, so genannte Gesamtakte[1] (Akte kollektiver Willensbildung[2]), die sich aus den abgegebenen Stimmen zusammensetzen und diese Willenserklärungen sind, greift § 894 ZPO ein. Danach gilt die Willenserklärung als abgegeben, wenn die Rechtskraft der Entscheidung eingetreten ist.

IX. Geschäftswerte

101 Hinsichtlich der Geschäftswerte kann auf die Ausführungen bei der Jahresabrechnung verwiesen werden. Die Festlegung des Geschäftswerts im Beschlussanfechtungsverfahren folgt den gleichen Regeln wie bei der Beschlussanfechtung einer Jahresabrechnung.

X. Beschwer

102 Wurde der Beschluss über den Wirtschaftsplan für ungültig erklärt, so richtet sich die Beschwer des Verwalters nach den voraussichtlichen Kosten, die ihm durch die Neuerstellung des Wirtschaftsplanes entstehen[3]. Im Übrigen richtet sich die Beschwer des unterliegenden anfechtenden Eigentümers nach seinem Interesse. Auch hier kann auf die Ausführungen zur Jahresabrechnung verwiesen werden. Nach dem Bayerischen Obersten Landesgericht[4] bestimmt sich bei der Anfechtung eines Wirtschaftsplans der Wert der Beschwer nach der behaupteten Mehrbelastung des Antragstellers zuzüglich eines angemessenen Betrags für das Interesse an einer ordnungsgemäßen Verwaltung. In dem entschiedenen Fall hat das BayObLG als maßgebend für den Beschwerdewert zunächst den Anteil der Antragsteller an den von ihnen angefochtenen Kostenpositionen in Höhe von insgesamt 751,74 DM (= 384,36 Euro) angese-

---

1 BayObLG, Beschl. v. 7. 12. 1995 – 2 Z BR 72/92, BayObLGZ 1995, 407 = ZMR 1996, 151 = NJW-RR 1996, 524.
2 *Merle* in Bärmann/Pick/Merle, § 23 Rz. 23.
3 BayObLG, Beschl. v. 26. 1. 1999 – 2 Z BR 134/98, ZMR 1999, 348 = NZM 1999, 847 = NJW-RR 1999, 1537.
4 BayObLG, Beschl. v. 28. 2. 2005 – 2 Z BR 119/04, WuM 2005, 481 = NZM 2005, 752.

hen. Daneben sei, so das BayObLG, das allgemeine Interesse der Antragsteller an einer ordnungsgemäßen Erstellung des Wirtschaftsplans durch den Verwalter zu beachten. Dieses finde nicht unmittelbar in einer veränderten Vermögenslage Ausdruck und sei daher im Wege der Schätzung[1] zu bemessen. Der Senat hat dieses Interesse mit einem Betrag von 200 Euro angesetzt (das ist lediglich ein „gegriffener" Betrag, der nicht ganz nachvollziehbar, aber selbstverständlich der Argumentation offen ist).

---

[1] Vgl. hierzu – und allgemein zur Beschwer – BGH, Beschl. v. 17. 3. 2003 – V ZB 11/03, BGHZ 156, 19 = BGHR 2003, 1189 = ZMR 2003, 750 = NJW 2003, 3124 = MDR 2003, 1222 = NZM 2003, 764.

Teil 6
Erstellung/Prüfung einer Jahresabrechnung

	Rz.
I. Grundsätzliches *(Köhler)*	1
1. Der „Lager"-Streit	4
2. Bestandteile einer Jahresabrechnung	6
II. Die Gesamtabrechnung (1. Abrechnungsbestandteil)	14
1. Das Geldflussprinzip	14
2. Zeitraum der Jahresabrechnung	18
3. „Abgrenzungen"	21
4. Durchbrechung des Geldflussprinzips	38
a) Instandhaltungsrücklage/Sonderumlage	39
aa) Instandhaltungsrücklage	39
bb) Sonderumlage	45
b) Heizkostenabrechnung	49
c) Ausweis von Forderungen und Verbindlichkeiten	56
d) Uneinbringliche Hausgeldforderungen	60
e) Auslagen eines Wohnungseigentümers für Angelegenheiten der Wohnungseigentümergemeinschaft	61
5. Grundsätze der Verteilung von Lasten und Kosten	62
a) Verteilung auf alle Miteigentümer/alle Einheiten	62
b) Besonderheiten	64
aa) Abwasserhebeanlage	64
bb) Fenster/Balkon- und Wohnungsabschlusstüren	65
cc) Folgekosten eines berechtigten Ausbaus	66
dd) Glasschäden	67
ee) Heizkosten/Warmwasserkosten	68
ff) Leer stehende/nicht fertig gestellte Wohnungen	79
gg) Thermostatventile	81
hh) Kaltwasser-Kosten	82
6. Mehrhausanlagen	87
7. Kosten von gerichtlichen Verfahren der Eigentümergemeinschaft	89
a) Rechtsstreitigkeiten mit gemeinschaftsfremden Dritten	90
b) Kosten eines Entziehungsverfahrens	92
c) Kosten eines Verfahrens nach § 43 WEG	95
aa) Alte und neuere Rechtsprechung zu § 16 Abs. 5 WEG a. F. (Kosten eines Verfahrens nach § 43 WEG)	96
bb) Die Differenzierung der Rechtsstreitkosten in § 16 Abs. 8 WEG n. F.	97
cc) Die Verteilung der Rechtsverfolgungskosten	103
dd) Beteiligung des Verwalters an den Kosten	108
ee) Behandlung der ausgeschiedenen Wohnungseigentümer	111
d) Kosten einer Information der Eigentümer durch den Verwalter	112
8. Aufteilung der Gesamtabrechnung in Kostenpositionen	113
9. Die Abrechnung eines Selbstbehalts bei Versicherungsschäden	119
10. Umsatzsteuer-Ausweis in der Abrechnung	120
11. Ausweis der Einnahmen	123
12. Ausweis von haushaltsnahen Dienstleistungen	123a
III. Die Einzelabrechnung (2. Abrechnungsbestandteil)	124

	Rz.		Rz.
1. Grundsätzliches	124	1. Inhalt einer Beschlussfassung und Willensbildung	233
2. Mitteilung aller Einzelabrechnungen an alle Miteigentümer (Saldenliste)	127	2. Genehmigungsfiktion in der Gemeinschaftsordnung/Kompetenzübertragung auf den Beirat	238
3. Vorjahressalden	149	a) Genehmigungsfiktion in der Gemeinschaftsordnung	238
4. Ausweis der Hausgeldvorschüsse in der Einzelabrechnung	152	b) Kompetenzübertragung auf den Beirat	249a
a) Der Normalfall	152	3. Zweitbeschluss über Jahresabrechnung	250
b) Ausnahme: Aufrechnung	157	4. Anfechtung des Jahresabrechnungsbeschlusses	253
c) Hausgeldvorschüsse bei Eigentümerwechsel (und im Falle der Zwangsverwaltung/Insolvenz)	166	5. Anfechtungsbefugnis	260
d) Problemfall: Sonderumlage	171	6. Anfechtung trotz vorheriger Zustimmung	262
5. Der Verteilungsschlüssel	182	7. Ersetzung der Beschlussfassung über die Jahresabrechnung durch das Gericht	266
a) Allgemeines	182		
b) Ausweis in der Jahresabrechnung	184	**X. Abrechnungsmuster**	269
c) Verteilungsschlüssel = Belastungsschlüssel	186	**XI. Abrechnungsansprüche gegenüber dem amtierenden und dem ausgeschiedenen Verwalter** *(Reichert)*	270
d) Angebliches Problem „Verteilung der Verwaltervergütung"	194	1. Typische Fallkonstellationen	270
e) Besonderheit: Bauliche Veränderung/Kosten nicht ordnungsmäßiger Verwaltung	197	2. Erster Schritt: Untersuchung der rechtlichen Wirksamkeit von Bestellung und Ausscheiden des Verwalters	271
f) Besonderheit: Kosten für den Bereich des Sondereigentums	198a	3. Der Abrechnungsanspruch gegenüber dem amtierenden Verwalter	272
6. Jahresabrechnung auf den Namen des Vorgängers	199	a) Der Primäranspruch	272
IV. Die Darstellung der Instandhaltungsrücklage (Rückstellung) (3. Abrechnungsbestandteil)	200	aa) Anspruchsgrundlagen	272
		(1) Gesetzlicher Anspruch	272
V. Die Girokontodarstellung/Kontoabstimmung (4. Abrechnungsbestandteil)	213	(2) Vertraglicher Anspruch	273
VI. Informatorische Angaben	220	bb) Anspruchsinhaber (Aktivlegitimation) und Anspruchsgegner (Passivlegitimation)	274
VII. Prüfung der Jahresabrechnung durch den Verwaltungsbeirat	221	cc) Anspruchsinhalt	275
VIII. Abrechnungsübergang vom Bauträger auf Verwalter („Werdende Wohnungseigentümergemeinschaft")	224	(1) Wesentlicher Gegenstand des Hauptleistungsanspruchs	275
IX. Beschlussfassung über die Jahresabrechnung	233	(2) Nebenrechte	276

	Rz.		Rz.
(a) Einsichtsrechte	277	a) Der Primäranspruch	314
(b) Auskunftsrechte	281	aa) Passivlegitimation des ausgeschiedenen Verwalters	314
dd) Fälligkeit	283	(1) Ausscheiden während des Wirtschaftsjahres	314
ee) Nachbesserungspflicht	284	(2) Ausscheiden zum Ende des Wirtschaftsjahres	318
ff) Verjährung	290	(3) Ausscheiden nach Ende des Wirtschaftsjahres, aber vor Fälligkeit des Abrechnungsanspruchs	321
gg) Verfahrensrechtliche Durchsetzung	291	(a) Meinungsstand und Kritik	321
(1) Erkenntnisverfahren	291	(b) Der Entstehungszeitpunkt der Abrechnungspflicht	324
(2) Vollstreckungsverfahren	294	(4) Ausscheiden nach Fälligkeit des Abrechnungsanspruchs	327
(a) Jahresabrechnung ohne vorherige Rechnungslegung über die Abrechnungsperiode	295	bb) Anspruchsinhalt	328
(b) Jahresabrechnung bei vorheriger Rechnungslegung über die Abrechnungsperiode	299	cc) Nachbesserungspflicht	330
(c) Der Einwand der Erfüllung im Vollstreckungsverfahren	300	dd) Rechte des ausgeschiedenen Verwalters	332
b) Sekundäransprüche	301	(1) Herausgabeanspruch	332
aa) Anspruchsgrundlagen	301	(2) Das Einsichtsrecht	333
(1) Verzug	301	ee) Verfahrensrechtliche Durchsetzung	336
(2) Schlechtleistung	304	b) Sekundäransprüche	337
bb) Anspruchsinhaber (Aktivlegitimation)	307	aa) Anspruchsgrundlagen	337
cc) Verjährung	311	bb) Anspruchsinhaber	339
dd) Verfahrensrechtliche Durchsetzung	312	5. Der Abrechnungsanspruch gegenüber dem „Scheinverwalter"	341
(1) Erkenntnisverfahren	312		
(2) Vollstreckungsverfahren	313		
4. Der Abrechnungsanspruch gegenüber dem ausgeschiedenen Verwalter	314		

I. Grundsätzliches

Jeder Rechtsanwalt, der wohnungseigentumsrechtliche Mandate übernimmt, wird schon mit der Frage konfrontiert worden sein, ob die Jahresabrechnung, die der Verwalter vorgelegt hat oder die der Verwalter der Eigentümergemeinschaft vorlegen will, ordnungsgemäß ist. Berät der Rechtsanwalt einen Verwalter, kann seine Aussage von erheblicher Be-

1

deutung für den Verwalter sein, gehört doch die Aufstellung der Jahresabrechnung zu der Hauptleistungspflicht eines Verwalters[1]. Für den Verwalter, und damit auch für den Rechtsanwalt, sind mit der fehlerhaften Erstellungen einer Jahresabrechnung erhebliche Risiken verbunden; erfüllt der Verwalter seine Pflicht nämlich nicht oder nicht in gehöriger Weise, so muss er mit der Anfechtung der Versammlungsbeschlüsse über die Jahresabrechnung und über seine Entlastung rechnen[2]. Für den Verwalter tritt zu dem „Gesichtsverlust" noch ein wirtschaftliches Risiko hinzu. Bei Angriffen auf Beschlussfassungen können nach der neueren Rechtsprechung des BGH dem Verwalter die Verfahrens- und außergerichtlichen Kosten auferlegt werden, wenn er das Beschlussanfechtungsverfahren verursacht hat[3]. Die Rechtsprechung des BGH, die noch in FGG-Verfahren erging, kam nicht überraschend, denn schon nach der älteren Rechtsprechung des BayObLG[4] konnten dem Verwalter Verfahrenskosten auferlegt werden, wenn dieser im eigenen Interesse oder schuldhaft gehandelt hatte[5]. Die Novellierung des Wohnungseigentumsgesetzes zum 1. 7. 2007 hat eine weitere Veränderung der Situation für den Verwalter gebracht. Nach § 49 Abs. 2 WEG können dem Verwalter nunmehr Prozesskosten auferlegt werden, soweit die Tätigkeit des Gerichts durch ihn veranlasst wurde und ihn ein grobes Verschulden trifft.

2   Wer als professioneller Verwalter die Grundsätze einer ordnungsgemäßen Jahresabrechnung nicht beherrscht, dem wird das Gericht schnell vorwerfen, die gerichtliche Tätigkeit veranlasst zu haben. Ein grobes Verschulden kann sicherlich nicht bei der ersten fehlerhaft vorgelegten Jahresabrechnung angenommen werden; bei der zweiten allerdings grundsätzlich schon. Die gerichtliche Entscheidung nach § 49 Abs. 2 WEG wird stets eine Einzelfallentscheidung sein, so dass es auf alle Umstände des jeweiligen Falles ankommt. Gleichwohl müssen der Verwalter und der beauftragte Rechtsanwalt das Risiko sehen. Der Rechtsanwalt sollte

---

1 OLG Karlsruhe (Senat in Freiburg), Beschl. v. 10. 9. 1997 – 4 W 71/97, WE 1998, 189 = WuM 1998, 240 = DWE 1998, 189 = NZM 1998, 768; BayObLG, Beschl. v. 13. 2. 1997 – 2Z BR 132/96, WE 1997, 391 = WuM 1997, 345 = NJWE–MietR 1997, 162 = FGPrax 1997, 136.
2 Das OLG Köln, Beschl. v. 8. 6. 2005 – 16 Wx 53/05, OLGReport Köln 2005, 658, sieht bei groben Mängeln in der Jahresabrechnung Veranlassung, *„ernsthaft an der fachlichen Geeignetheit des Verwalters zu zweifeln"*, so dass der Gemeinschaft eine weitere Zusammenarbeit mit dem Verwalter nicht zugemutet werden könne.
3 BGH, Beschl. v. 3. 7. 1997 – V ZB 2/97, BGHZ 136, 187 = MDR 1997, 919 = WuM 1997, 520 = ZMR 1997, 531 = NJW 1997, 2956; BGH, Beschl. v. 9. 10. 1997 – V ZB 3/97, MDR 1998, 29 = DWE 1997, 159 = ZMR 1998, 171 = NZM 1998, 78 = NJW 1998, 755 = WE 1998, 105; vgl. auch *Drasdo*, Die Haftung des Verwalters für die den Wohnungseigentümern entstandenen Verfahrenskosten, DWE 1998, 57.
4 BayObLG, Beschl. v. 1. 7. 1980 – 2Z 23/79, ZMR 1980, 381.
5 So auch schon AG Köln, Beschl. v. 11. 1. 1989 – 202 II 175/88, n. v.; LG Köln, Beschl. v. 31. 7. 1989 – 30 T 31/89, n. v.

im Übrigen daran denken, dass eine zügig und sorgfältig erstellte sowie klar durchschaubare Jahresabrechnung auch ein Marketinginstrument für den Verwalter darstellen kann. Unabhängig von der rechtlichen Verpflichtung zur Erstellung einer Jahresabrechnung kann dieser nämlich mit einer übersichtlichen und offenen Abrechnung das Vertrauen der Eigentümer und Beiräte gewinnen (**Datenschutz** gibt es in der Gemeinschaft nicht[1]) – böswilligen Miteigentümern wird es dann auch nicht gelingen, Misstrauen gegenüber den Handlungen des Verwalters zu schüren. Andererseits kann ein erkennbares Unvermögen oder eine erkennbare mangelnde Bereitschaft eines Verwalters, eine ordnungsgemäße Jahresabrechnung nach der üblichen und überwiegend von der Rechtsprechung und vom Schrifttum anerkannten Methode zu erstellen, einen wichtigen Grund für die Abberufung und Kündigung des Verwalters darstellen[2].

Für den Rechtsanwalt, der Wohnungseigentümer vertritt, ist die Beschäftigung mit den formellen und materiellen Kriterien einer Jahresabrechnung gleichfalls bedeutsam, kann er nämlich nur bei ausreichenden Kenntnissen über die Grundprinzipien der wohnungseigentumsrechtlichen Abrechnung erreichen, dass der Versammlungsbeschluss über eine von ihm als fehlerhaft beurteilte Jahresabrechnung gerichtlich für ungültig erklärt wird.

1. Der „Lager"-Streit

Eigentlich sollte man meinen, dass über 50 Jahre nach Schaffung des Wohnungseigentumsgesetzes Einigkeit über die richtige Form und Ausgestaltung einer Jahresabrechnung besteht. Dies ist jedoch nicht der Fall. In Fachkreisen wird bis heute über grundsätzliche Positionen gestritten. Im Wesentlichen sind zwei „Lager" feststellbar. Das eine Lager vertritt die Meinung, in einer wohnungseigentumsrechtlichen Abrechnung dürften **Abgrenzungen** vorgenommen werden. Dies bedeutet, dass nicht auf die reinen Zahlungsvorgänge geschaut wird, sondern vorliegende Rechnungen schon in die Abrechnung eingebucht werden, auch wenn sie noch nicht bezahlt sind. Dem gegenüber steht das andere „Lager" auf dem Standpunkt, dass Abgrenzungen in der wohnungseigentumsrechtlichen Abrechnung nichts zu suchen haben, sondern in die Abrechnung nur solche **Beträge** aufgenommen werden dürfen, die tatsächlich **in der**

---

1 Vgl. OLG Frankfurt, Beschl. v. 16. 2. 1984 – 20 W 866/83, OLGZ 1984, 258; so auch *Happ*, Rechtsgrundsätze, DWE 1997, 93; *Röll*, Verwalter und Datenschutz, WEM 1981, Heft 3, S. 7 ff., m.w.N.; a.A. *Gross*, Verwalter und Datenschutz, WEM 1981, Heft 4, S. 6 ff.
2 OLG Düsseldorf, Beschl. v. 12. 7. 2005 – 3 Wx 46/05, ZMR 2006, 293.

jeweiligen Abrechnungsperiode zu- oder abgeflossen sind[1]. Die letzte Position wird auch von der ganz herrschenden Rechtsprechung eingenommen.

5   Auf die Einzelheiten des Streits gehe ich im Rahmen des Abschnitts „Abgrenzungen" ein. Allerdings kann schon an dieser Stelle darauf hingewiesen werden, dass es wenig Sinn für einen Rechtsanwalt macht, sich bei der Beratung eines Verwalters oder bei der Verteidigung eines Jahresabrechnungsbeschlusses auf die Position der „Abgrenzler" zu stützen; die gesamte Rechtsprechung geht nämlich davon aus, dass die Jahresabrechnung keine Abgrenzungen aufweisen darf.

2. Bestandteile einer Jahresabrechnung

6   Der Verwalter muss die Jahresabrechnung erstellen und der Eigentümergemeinschaft zur Beschlussfassung vorlegen. Sind in der Gemeinschaftsordnung Abrechnungsvorschriften enthalten, so sind diese zu beachten.

7   Einig ist man sich, dass die WEG-Abrechnung eine Gesamtabrechnung (**1. Abrechnungsbestandteil**), eine Einzelabrechnung (**2. Abrechnungsbestandteil**) und die Darstellung der Instandhaltungsrücklagen (**3. Abrechungsbestandteil**) beinhalten muss. Unbekannt ist dann aber schon vielen Praktikern, dass die Jahresabrechnung auch eine Darstellung des Girokontos der Eigentümergemeinschaft (**4. Abrechnungsbestandteil**) enthalten muss, welche den Anfangsbestand, die Zugänge während des Abrechnungszeitraumes (also im Wesentlichen die Hausgeldzugänge), die Abgänge (im Wesentlichen Abgänge für gemeinschaftliche Lasten und Kosten) und schließlich den Endstand des Girokontos beinhalten muss. Das BayObLG[2] führt beispielsweise zu den Bestandteilen aus, die Jahresabrechnung müsse

– alle Einnahmen und Ausgaben der Wohnungseigentümergemeinschaft im betreffenden Rechnungsjahr enthalten,

– erkennen lassen, wofür die Ausgaben getätigt wurden,

– den Stand der für die Gemeinschaft geführten Bankkonten am Anfang und Ende des Rechnungsjahres ausweisen,

---

[1] Vgl. hierzu auch *Niedenführ*, Rechnungsabgrenzungen in der Jahresabrechnung, DWE 2005, 58; *Wilhelmy*, Die strikte Einhaltung des Einnahmen- und Ausgabenprinzips im Blickwinkel von § 28 WEG, NZM 2004, 921; beide lehnen die Abgrenzungstheorie, die von *Jenniβen* vertreten wird, ab.
[2] BayObLG, Beschl. v. 10. 3. 1994 – 2Z BR 11/94, WuM 1994, 498 = DWE 1994, 156 = WE 1995, 91; BayObLG, Beschl. v. 27. 1. 1994 – 2Z BR 88/93, WuM 1994, 230 = DWE 1994, 154 = WE 1995, 30; ähnlich die gesamte obergerichtliche Rechtsprechung, vgl. z.B. OLG Köln, Beschl. v. 8. 6. 2005 – 16 Wx 53/05, OLGReport Köln 2005, 658.

– die Entwicklung des Vermögens der Wohnungseigentümer (also insbesondere die Instandhaltungsrücklage) darstellen und

– die Einzelabrechnung für jeden Wohnungseigentümer enthalten, in denen nachvollziehbar dargestellt wird, ob und inwieweit die Hausgeldvorauszahlungen des betreffenden Wohnungseigentümers ausgereicht haben, seinen Anteil an den Gesamtausgaben zu decken, oder ob er eine Überzahlung geleistet hat.

Happ[1] meint, meines Erachtens zu Recht, dass die Jahresabrechnung den Namen des Abrechnenden (also des Verwalters) enthalten müsse, weil der Verwalter mit der Jahresabrechnung auch Rechenschaft über seine Verwaltung ablege. Weiter müsse auch der Name des jeweiligen Wohnungseigentümers, des Verwaltungsobjekts und der Abrechnungszeitraum ausgewiesen werden. Welche Konsequenz es hat, wenn diese Angaben nicht gemacht werden, lässt Happ allerdings offen. Nach meiner Ansicht sind dies formale Fehler, die wohl die Ungültigerklärung der Beschlussfassung über die Jahresabrechnung rechtfertigen.

Enthält die Abrechnung nicht den **Namen des Verwalters** oder einen **falschen Ausstellernamen** (was gelegentlich vorkommt), kann diese als Abrechnung und Rechnungslegung nicht dem Verwalter zugeordnet werden. Er hat mit einer anonymen oder namentlich falsch bezeichneten Abrechnung seine Pflicht zur Abrechnung und Rechnungslegung nicht erfüllt. Der (richtige) Verwalter muss die Abrechnung vorlegen und auch durch Namensnennung seine Verantwortung für den Inhalt übernehmen[2]. Der Beschluss über die namentlich nicht oder falsch bezeichnete Jahresabrechnung ist angreifbar; eine Ungültigerklärung ist gerechtfertigt.

Enthält die Jahresabrechnung nicht die **Bezeichnung des verwalteten Objekts**, fehlt die Zuordnung zu diesem. Es muss aber objektbezogen abgerechnet werden und der Verwalter muss gerade die Verantwortung für die Objektabrechnung übernehmen. Auch hier ist die Beschlussfassung angreifbar und eine Ungültigerklärung gerechtfertigt.

Gleiches gilt für die fehlende **Angabe des Abrechnungszeitraumes**, der ebenfalls Bestandteil der Jahresabrechnung sein muss.

Unproblematisch ist es nach Ansicht der Rechtsprechung[3], wenn die Einzelabrechnung noch den **Namen des Rechtsvorgängers** enthält und

---

1 *Happ*, Rechtsgrundsätze, DWE 1997, 93.
2 Vgl. hierzu auch OLG Hamm, Beschl. v. 3. 3. 1975 – 15 W 183/73, OLGZ 1975, 157 = Rpfleger 1975, 255, welches richtig darauf hinweist, dass der Verwalter die Verantwortung für die definitiven Zahlen der Abrechnung übernehmen (und auch die entsprechenden Belege vorweisen) muss.
3 BGH, Beschl. v. 23. 9. 1999 – V ZB 17/99, BGHZ 142, 290 = MDR 2000, 21 = ZWE 2000, 29 = ZMR 1999, 834 = NJW 1999, 3713 = NZM 1999, 1101; BGH, Beschl. v. 30. 11. 1995 – V ZB 16/95, BGHZ 131, 228 = MDR 1996, 897 = ZMR 1996, 216 =

wegen eines vor kurzem erfolgten Eigentumswechsel noch nicht umgestellt worden ist auf den Namen des neuen Eigentümers. Die Abrechnung sei objektbezogen; der Name des Voreigentümers in der Jahresabrechnung sei „**eine rechtlich unbeachtliche Falschbezeichnung**". Dies mag für eine kurze Übergangszeit zwischen Eigentumswechsel und Eigentümerversammlung richtig sein, nicht jedoch, wenn ein Zeitabstand von mehr als einer Woche zwischen Grundbuchumschreibung und Eigentümerversammlung liegt. Nach meiner Auffassung muss der Verwalter vor einer Eigentümerversammlung jedenfalls dann die Grundbücher überprüfen, wenn für Veräußerungen keine Verwalterzustimmung notwendig ist[1]. Die Jahresabrechnung ist dann fehlerhaft, weil sie den Schuldner (oder Gläubiger) nicht ausreichend individualisiert, damit ist auch die Beschlussfassung über die Abrechnung fehlerhaft.

12 Für die **Beurteilung der formellen und materiellen Rechtmäßigkeit** einer Jahresabrechnung ist der **Zeitpunkt der Beschlussfassung** in der Eigentümerversammlung maßgeblich. Nur diejenigen **zwingend zu den vier Bestandteilen einer Jahresabrechnung gehörenden Unterlagen**, die der Verwalter bis zu diesem Zeitpunkt vorgelegt hat, können bei einer Prüfung, ob der Abrechnungsbeschluss ordnungsgemäß ist, berücksichtigt werden[2]. Werden (z.B. in einem Beschlussanfechtungsverfahren) nach diesem Zeitpunkt Unterlagen nachgeschoben, die eine Abrechnung erst nachvollziehbar machen, sind diese unbeachtlich. Eine aus sich heraus verständliche Aufstellung der Einnahmen und Ausgaben liegt nicht schon dann vor, wenn sich Einnahmeposten oder Ausgabeposten erst aus anderweitigen Unterlagen ergeben, die zur Einsicht bereitgehalten werden, so zu Recht das BayObLG[3]. Erstellt der Verwalter erst für ein Beschlussanfechtungsverfahren eine Girokontendarstellung oder eine Saldenliste[4] oder legt er diese Unterlagen nur im Gerichtsverfahren vor,

---

NJW 1996, 725 = DWE 1996, 27; KG, Beschl. v. 18. 11. 1998 – 24 W 5437/98, KGR Berlin 1999, 211 = ZMR 1999, 352 = NJW-RR 1999, 665 = DWE 1999, 86; KG, Beschl. v. 17. 12. 1997 – 24 W 2520/96, ZMR 1998, 503 = WuM 1998, 503.

1 Bei in der Teilungserklärung vorgesehener Verwalterzustimmung zur Veräußerung erhält der Verwalter Kenntnis von einem bevorstehenden Eigentumswechsel und kann die Eintragung in Abteilung I gezielt prüfen; bei Zwangsversteigerungen ist die Gemeinschaft beteiligt. Risiko, dass der Verwalter von der Veräußerung keine Kenntnis erlangt, besteht bei nicht zustimmungspflichtigen Veräußerungen; deshalb ist auch insofern eine Grundbucheinsicht vor der Eigentümerversammlung geboten.

2 OLG Frankfurt/Main, Beschl. v. 15. 11. 2005 – 20 W 130/03, OLGReport Frankfurt 2006, 617 = ZWE 2006, 194; OLG Köln, Beschl. v. 23. 9. 1996 – 16 Wx 130/96, n. v.; OLG Köln, Beschl. v. 14. 10. 1985 – 16 Wx 77/85, n. v.; AG Köln, Beschl. v. 11. 12. 2001 – 202 II 37/01, n. v.; AG Köln, Beschl. v. 12. 3. 2001 – 202 II 149/00, n. v.

3 BayObLG, Beschl. v. 18. 7. 1989 – 2Z 66/89, BayObLGZ 1989, 310 = ZMR 1990, 63 = NJW-RR 1989, 1163 = WuM 1989, 530 = DWE 1990, 62.

4 Zum Begriff der Saldenliste: s. Rz. 130.

nachdem er sie vor der Eigentümerversammlung weder vorgelegt noch zur Einsicht angeboten hatte, kann dies den Beschluss über die Jahresabrechnung nicht mehr retten. Von solchen Unterlagen, die zwingend zu einer Jahresabrechnung gehören, sind Belege zu unterscheiden, die die Richtigkeit des Rechenwerkes belegen. Legt also der Verwalter in einem Beschlussanfechtungsverfahren Rechnungen und Zahlungsbelege vor, die die Richtigkeit einer angesetzten Position nachweisen, müssen diese Belege selbstverständlich im Rahmen der richterlichen Prüfung beachtet werden.

Alle vier von mir genannten Abrechnungsbestandteile greifen ineinander; fehlt einer der Bestandteile, so kann die Jahresabrechnung nicht auf Schlüssigkeit und Ordnungsmäßigkeit geprüft werden.

II. Die Gesamtabrechnung (1. Abrechnungsbestandteil)

1. Das Geldflussprinzip

Wie schon oben ausgeführt, muss die Gesamtabrechnung eine geordnete Darstellung der Einnahmen und Ausgaben sein, wobei es sich bei den Einnahmen und Ausgaben nur um solche handeln darf, die in dem betreffenden Wirtschaftsjahr zugeflossen oder abgeflossen sind (Geldflussprinzip)[1]. Zahlungen, die nicht in der abzurechnenden Abrechnungsperiode vorgenommen worden sind, sondern die schon in der vergangenen Abrechnungsperiode erfolgten oder die erst im nächsten Abrechnungszeitraum erwartet werden, dürfen nicht in die Abrechnung aufgenommen werden[2].

Andererseits beinhaltet dieses Prinzip den Zwang, auch solche Geldabflüsse oder Geldzuflüsse in die Jahresabrechnung aufzunehmen, die fehlerhaft vom Konto der Gemeinschaft abgeflossen oder diesem zugeflossen sind. Dies haben der BGH[3], das BayObLG[4] und andere Oberge-

---

1 Vgl. OLG Düsseldorf, Beschl. v. 16. 11. 1998 – 3 Wx 397/97, WE 1999, 227; OLG Hamm, Beschl. v. 21. 11. 1996 – 15 W 107/96, ZMR 1997, 251 = DWE 1997, 36 = WE 1997, 194; BayObLG, Beschl. v. 10. 3. 1994 – 2Z BR 11/94, WuM 1994, 498 = DWE 1994, 156 = WE 1995, 91.
2 Vgl. BayObLG, Beschl. v. 21. 12. 1999 – 2Z BR 79/99, ZWE 2000, 136 = ZMR 2000, 238 = NJW-RR 2000, 603 = NZM 2000, 280 = DWE 2000, 82.
3 BGH, Urt. v. 6. 3. 1997 – III ZR 248/95, MDR 1997, 537 = WuM 1997, 294 = ZMR 1997, 308 = NJW 1997, 2106 = DWE 1997, 72 = BGHR WEG § 28 Abs. 3 Jahresabrechnung 1.
4 BayObLG, Beschl. v. 25. 6. 1992 – 2Z BR 25/92, BayObLGZ 1992, 210 = BayObLGR 1992, 42 = WuM 1992, 448 = NJW-RR 1992, 1431; BayObLG; Beschl. v. 25. 5. 2001 – 2Z BR 133/00, ZWE 2001, 487 = ZMR 2001, 907 = NZM 2001, 1040 = NJW-RR 2001, 1231.

richte[1] in mehreren Entscheidungen zu Recht ausgeführt. Dies bedeutet auch, dass **Ausgaben, die der *Verwalter* unberechtigt tätigte**, ebenfalls in die Jahresabrechnung aufzunehmen sind[2]. Den Wohnungseigentümern soll eine einfache und leicht nachvollziehbare Überprüfung ermöglicht werden, welche Beträge im Abrechnungsjahr auf dem Konto der Gemeinschaft eingegangen und welche Ausgaben für welche Zwecke getätigt worden sind. Die Aufnahme auch solcher Geldabflüsse, die fehlerhaft erfolgten (z. B. Zahlungen, die keine gemeinschaftlichen Lasten und Kosten betrafen) ist notwendig, um überhaupt das Rechenwerk stimmig zu machen. Das BayObLG führt aus[3], dass bei der Aufnahme solcher Beträge den Eigentümern ermöglicht wird zu entscheiden, ob sie diese Ausgaben billigen oder vom Verwalter zurückverlangen wollen.

16 Missverständlich ist in diesem Zusammenhang eine Entscheidung des OLG Köln[4], welches hinsichtlich einer möglicherweise fehlerhaften Bezahlung einer Reparaturrechnung (sie betraf eine Gegensprechanlage) ausgeführt hat, wenn die Reparatur Sondereigentum betroffen habe, **hätten die entstandenen Kosten nicht in die Abrechnung eingestellt werden dürfen**. Aufgrund des geschilderten Prinzips hätten die entstandenen und vom Konto abgeflossenen Beträge sehr wohl in der Abrechnung aufgenommen werden müssen; nach meiner Ansicht wäre aber in der Abrechnung ein deutlicher Hinweis aufzunehmen gewesen, dass es sich nicht um Lasten und Kosten für das Gemeinschaftseigentum handelte und der Betrag erstattet werden muss. Nur wenn sich ein solcher Hinweis in der Abrechnung findet, kann die Entscheidung über die Genehmigung dieser Ausgabenposition oder die Inanspruchnahme des Verwalters oder des Sondereigentümers getroffen werden. Selbstverständlich, so auch das OLG Köln, durfte dem Verwalter bei einer fehlerhaften Entnahme aus dem Gemeinschaftskonto keine Entlastung erteilt werden.

Ist klar, dass Beträge für ein Sondereigentum verauslagt wurden und sie von einem Wohnungseigentümer zu erstatten sind, können (und müssen) die Beträge in der Einzelabrechnung auch dem Eigentümer (der Eigentumseinheit) belastet werden; sind mehrere Sondereigentumseinheiten betroffen, ist im Zweifel der Schlüssel des § 16 Abs. 2 WEG für die

---

1 Vgl. HansOLG Hamburg, Beschl. v. 21. 10. 2002 – 2 Wx 71/02, ZMR 2003, 129 = WuM 2003, 104; KG, Beschl. v. 26. 6. 2002 – 24 W 309/01, ZWE 2002, 409, 411 = ZMR 2002, 864; OLG Schleswig, Beschl. v. 23. 1. 2002 – 2 W 137/01, ZMR 2002, 382; OLG Köln, Beschl. v. 7. 12. 1998 – 16 Wx 177/98, OLGReport Köln 1999, 81 = WuM 1999, 306 = NZM 1998, 506; OLG Düsseldorf, Beschl. v. 26. 6. 1991 – 3 Wx 182/91, WuM 1991, 619; vgl. auch *Demharter*, ZWE 2001, 585.
2 Kritisch hierzu, jedoch falsch: *Sauren*, DWE 1990, 26.
3 BayObLG, Beschl. v. 25. 5. 2001 – 2Z BR 133/00, ZWE 2001, 487 = ZMR 2001, 907 = NZM 2001, 1040 = NJW-RR 2001, 1231.
4 OLG Köln, Beschl. v. 24. 9. 1996 – 16 Wx 86/96, DWE 1997, 78 = WE 1997, 232 = WuM 1997, 62.

Verteilung zu verwenden[1]. Insofern kann der Beschluss über die Jahresabrechnung auch mit dem Argument angegriffen werden, die Kostenverteilung in den Einzelabrechnungen sei falsch; es hätte nur der Eigentümer belastet werden dürfen, für dessen Sondereigentum die Beträge verauslagt worden sind.

In der Praxis greifen Antragsteller in einem Beschlussanfechtungsverfahren immer wieder Ausgabenpositionen einer Jahresabrechnung mit der Behauptung an, die Position sei ganz oder teilweise nicht in die Jahresabrechnung aufzunehmen, weil der Verwalter die Beträge nicht hätte verauslagen dürfen. Die obigen Ausführungen haben gezeigt: Die Aufnahme unberechtigter Ausgaben in der Jahresabrechnung (Gesamtabrechnung) rechtfertigt grundsätzlich nicht, den Beschluss über die Jahresabrechnung als nicht ordnungsmäßiger Verwaltung entsprechend anzusehen; lediglich die Einzelabrechnung kann angegriffen werden (vgl. hierzu unten Rz. 197). Rechtsanwälte sollten diese Argumentation deshalb auch meiden. Eine Beschlussfassung über die Jahresabrechnung entspricht diesbezüglich nur dann nicht ordnungsmäßiger Verwaltung, wenn die unberechtigten Ausgaben in „unverfänglichen" Positionen versteckt oder wenn die offensichtlich unberechtigten Ausgaben in der Abrechnung nicht mit einem deutlichen Hinweis auf Rückforderungsmöglichkeiten versehen werden oder wenn die Belastung in der Einzelabrechnung fehlerhaft ist. Nur in diese Richtung kann die rechtsanwaltliche Argumentation gehen. 17

Die Aufnahme unberechtigter Ausgaben kann und sollte zum Anlass genommen werden, den Verwalter in Anspruch zu nehmen; er darf aber insbesondere auch nicht entlastet werden.

2. Zeitraum der Jahresabrechnung

Selten finden sich in der Gemeinschaftsordnung konkrete Bestimmungen über die Abrechnungsperiode (z.B.: **Das Wirtschaftsjahr läuft vom 1. Januar bis zum 31. Dezember des Jahres**); gleichwohl wird in den Gemeinschaftsordnungen meist mittelbar der Zeitraum des Wirtschaftsjahres festgelegt. Eine solche mittelbare Bestimmung liegt darin, dass bestimmt wird, der Verwalter müsse nach Ablauf eines Kalenderjahres die Jahresabrechnung erstellen. Nach den gesetzlichen Vorstellungen ist das Wirtschaftsjahr das Kalenderjahr (vgl. § 28 Abs. 1 und 3 WEG)[2]. 18

Das Wirtschaftsjahr kann allerdings durch Vereinbarung der Wohnungseigentümer anders festgelegt werden, z.B. auf den Zeitraum vom 1.7. des einen Jahres bis zum 30. 6. des folgenden Jahres. Eine langjährige fak- 19

---

1 BayObLG, Beschl. v. 25. 6. 1992 – 2Z BR 25/92, BayObLGZ 1992, 210 = BayObLGR 1992, 42 = WuM 1992, 448 = NJW-RR 1992, 1431.
2 OLG Zweibrücken, Beschl. v. 1. 3. 2000 – 3 W 270/99, ZMR 2000, 868.

tische Handhabung, die Abrechnung für einen vom Kalenderjahr abweichenden Zeitraum zu erstellen, genügt nicht[1]. Ist in der Vergangenheit ein falscher Abrechnungszeitraum verwendet worden, muss einmalig ein Rumpfjahr abgerechnet werden, um wieder in den gesetzlichen oder vereinbarungsgemäßen Abrechnungszeitraum zu gelangen[2]. Ist in der Gemeinschaftsordnung ein vom Kalenderjahr abweichendes Wirtschaftsjahr festgelegt worden, **müssen** der Verwalter und die Eigentümer dies bei der Erstellung der Jahresabrechnung und der Beschlussfassung hierüber berücksichtigen. Die Eigentümer können auch nicht, wenn in der Gemeinschaftsordnung ein vom Kalenderjahr abweichender Wirtschaftszeitraum festgelegt wurde, durch Mehrheitsbeschluss auf den Abrechnungszeitraum „Kalenderjahr" umstellen[3].

20 Die Auffassung des KG[4], die Eigentümergemeinschaft könne stets von Jahr zu Jahr den Zeitraum einer Jahresabrechnung abweichend von der gesetzlichen Regelung festlegen, teile ich nicht. Der gesetzliche Zeitraum hat nicht nur Ordnungsfunktion, wie das KG meint, sondern auch Auswirkungen steuerlicher und mietrechtlicher Art.

3. „Abgrenzungen"

21 Ich bin mit der herrschenden Meinung in Literatur und Rechtsprechung der Auffassung, dass Abgrenzungen im Sinne einer kaufmännischen Buchführung in einer Jahresabrechnung nichts zu suchen haben. Beispiel: führt ein Handwerker im Wirtschaftsjahr 1 eine Reparatur am Gemeinschaftseigentum durch und leitet die entsprechende Rechnung auch in diesem Wirtschaftsjahr dem WEG-Verwalter zu, so entsteht zwar die Forderung des Handwerkers in diesem Wirtschaftsjahr, der Rechnungsbetrag darf aber nur dann in die Gesamtabrechnung des Wirtschaftsjahres 1 eingestellt werden, wenn auch der Zahlungsvorgang in diesem Wirtschaftsjahr gelegen hat. Erfolgt die Zahlung erst im Wirtschaftsjahr 2, so ist der Zahlungsbetrag auch in die Abrechnung des Wirtschaftsjahres 2 aufzunehmen. Es kommt nach meiner Auffassung näm-

---

1 OLG Düsseldorf, Beschl. v. 22. 12. 2000 – 3 Wx 378/00, ZWE 2001, 114 = OLGReport Düsseldorf 2001, 378 = ZMR 2001, 375 = DWE 2001, 151 = NZM 2001, 546; ebenso AG Köln, Beschl. v. 16. 9. 2004 – 202 II 170/04, n. v.; bestätigt durch LG Köln, Beschl. v. 23. 6. 2006 – 29 T 247/04, n. v.
2 AG Köln, Beschl. v. 16. 9. 2004 – 202 II 170/04, n. v.; **Beispiel:** falscher Abrechnungszeitraum jeweils 1. 8. bis 31. 7. des Folgejahres – Rumpfjahr 1. 8. bis 31. 12. des gleichen Jahres muss abgerechnet werden, sodann ist der Jahreszeitraum einzuhalten.
3 So aber wohl LG Berlin, Beschl. v. 27. 4. 2001 – 85 T 384/00 WEG, ZMR 2001, 916, mit Anm. *Häublein*, ZMR 2002, 221; LG Berlin, Beschl. v. 9. 11. 2001 – 85 T 155/01, ZMR 2002, 385.
4 KG, Beschl. v. 27. 2. 2002 – 24 W 71/01, ZMR 2002, 462 = DWE 2002, 63 = NZM 2002, 447.

lich allein auf den Geldfluss an und nicht auf eine Forderungsentstehung. In diesem Zusammenhang führt das OLG Karlsruhe[1] zu Recht aus, dass Ausgaben (Handwerkerrechnungen), die zwar in dem betreffenden Wirtschaftsjahr fällig geworden sind, jedoch noch nicht beglichen wurden, nicht in die Abrechnung des betreffenden Wirtschaftsjahres eingestellt werden dürfen. Dies gilt auch für Wasser-, Abwasser- und Stromkosten sowie für Hausmeister-Vergütungen und die damit verbundenen Zahlungsverpflichtungen hinsichtlich Sozialversicherung und Steuern[2].

Versicherungsprämien sind in Höhe der im Wirtschaftsjahr erbrachten Zahlungen in die Jahresabrechnung aufzunehmen; eine „periodengerechte" Abgrenzung ist nicht zulässig[3]. Dies bedeutet, dass die Zahlung für eine Prämienrechnung auch dann in voller Höhe in die Jahresabrechnung einzustellen ist, wenn der Prämienzeitraum zwei verschiedene Wirtschaftsjahre betrifft[4]. Die Abrechnung von Versicherungsprämien ist mit der nach der HeizkostenV zwingenden verbrauchsabhängigen Abrechnung von Heiz- und Warmwasserkosten nicht vergleichbar. 22

Wenn überhaupt Abgrenzungen zugelassen werden könnten, so das OLG Hamm, müssten die Abgrenzungen in der Jahresabrechnung offen ausgewiesen werden, sodass sie für jeden einzelnen Wohnungseigentümer erkennbar sind[5]. Ich halte allerdings auch bei einem offenen Ausweis Abgrenzungen für unzulässig. 23

Die kaufmännisch-buchhalterische Methode weicht von der wohnungseigentumsrechtlichen Buchungs- und Abrechnungstechnik ab und bereitet vielen Verwaltern Schwierigkeiten, sie ist aber konsequent, einfach und für Eigentümer nachvollziehbar, wenn das Geldzufluss- und Geldabflussprinzip streng beachtet wird. 24

Wir sind hier an dem Hauptstreitpunkt der beiden von mir oben erwähnten „Lager". Nachstehend sollen die wesentlichen Vertreter der einzelnen „Lager" mit ihren einschlägigen Veröffentlichungen erwähnt werden, um so eine Auseinandersetzung mit den Positionen zu ermöglichen: 25

---

1 OLG Karlsruhe (Senat in Freiburg), Beschl. v. 10. 9. 1997 – 4 W 71/97, WE 1998, 189 = WuM 1998, 240 = DWE 1998, 189 = NZM 1998, 768.
2 Vgl. hierzu auch BayObLG, Beschl. v. 13. 6. 2000 – 2Z BR 175/99, ZWE 2000, 407 = DWE 2001, 32; AG Köln, Beschl. v. 28. 7. 1998 – 202 II 19/98, ZMR 1998, 724 = *Deckert*, ETW, Gruppe 2, S. 3666.
3 BayObLG, Beschl. v. 10. 7. 1998 – 2Z BR 49/98, ZMR 1998, 792 = *Deckert*, ETW, Gruppe 2, S. 3600 = WuM 1998, 750 = NZM 1999, 133.
4 So auch schon OLG Celle, Beschl. v. 20. 5. 1985 – 4 W 38/85, DWE 1987, 104.
5 Vgl. OLG Hamm, Beschl. v. 3. 5. 2001 – 15 W 7/01, ZWE 2001, 446; Abgrenzungen auch dann fehlerhaft, wenn sie offen gelegt wurden: BayObLG, Beschl. v. 13. 6. 2000 – 2Z BR 175/99, ZWE 2000, 407 = DWE 2001, 32.

26 • **Vertreter der Rechtsprechungsmeinung (keine Abgrenzungen, jedenfalls grundsätzlich):**

Bader, Die Beschlussfassung über die Jahresabrechnung, DWE 1991, 51; *Bader*, Die Jahresabrechnung, DWE 1991, 86ff.; *Bub*, Das Finanz- und Rechnungswesen der Wohnungseigentümergemeinschaft, 2. Aufl., München 1996; *Bub*, Bedeutung der Wirtschaftsführung und Vermögensverwaltung für die Wohnungseigentümer, Partner im Gespräch Nr. 39, Hamburg 1993, S. 7ff.; *Deckert*, Muster einer Verwalterabrechnung nach § 28 WEG, NJW 1989, 1064ff.; *Deckert*, Die Abrechnung des Verwalters nach § 28 WEG, WE 1994, 222; *Drasdo*, Die Zulässigkeit von Abgrenzungen in der Jahresabrechnung, ZWE 2002, 166ff.; *Niedenführ*, Rechnungsabgrenzungen in der Jahresabrechnung, DWE 2005, 58; *Sauren*, Statement zur praxisgerechten Jahresabrechnung, Partner im Gespräch Nr. 39, Hamburg 1993, S. 169ff.; auch veröffentlicht in WE 1993, 62ff.; *Seuß*, Ordnungsgemäße Buchführung, Partner im Gespräch Nr. 27, Hamburg 1988, S. 13ff.; *Seuß*, Jahresabrechnung (Form und Inhalt), Partner im Gespräch Nr. 39, Hamburg 1993, S. 49ff.; veröffentlicht auch in WE 1993, 32ff. und 69ff.; *Wenzel*, Die Jahresabrechnung – Inhalt und Konsequenzen der Rechtsprechung des Bundesgerichtshofes, Festschrift für Seuß zum 70. Geburtstag, Bonn 1997, S. 313ff.; veröffentlicht auch in WE 1997, 124 ff; *Wilhelmy*, Die strikte Einhaltung des Einnahmen- und Ausgabenprinzips im Blickwinkel von § 28 WEG, NZM 2004, 921.

27 • **Vertreter der Gegenposition (Abgrenzungen möglich oder notwendig):**

Bertram, Abrechnung im Wohnungseigentum – Zu neuen Ufern?, ZMR 1986, 42; *Bertram*, Die Abrechnung des Verwalters: „Doppelte Buchführung" und „Rechnungsabgrenzung" sind unerlässlich, WE 1991, 246; *Giese*, Gedanken zur praxisgerechten Verwaltungsabrechnung in der Wohnungseigentumsverwaltung, Partner im Gespräch Nr. 39, Hamburg 1993, S. 175ff.; auch veröffentlicht in DWE 1992, 134ff. und WE 1993, 64ff.; *Happ*, Kosten und Ausgaben in Wohnungseigentumsabrechnungen, DWE 2002, 41ff.; *Jennißen*, Die Verwalterabrechnung nach dem Wohnungseigentumsgesetz, 5. Aufl., München 2004; *Jennißen*, Rechnungsabgrenzungen in der Verwalterabrechnung, ZWE 2002, 19ff.; *Jennißen*, Rechnungsabgrenzungen in der Verwalterabrechnung (Erwiderung zu *Drasdo*, ZWE 2002, 166), ZWE 2002, 169ff.; *Maul*, Abrechnungspflichten des Verwalters von Eigentumswohnungen, DB 1980, 937ff.; *Schröder/Münstermann-Schlichtmann*, Die Verwaltungsabrechnung im Wohnungseigentum eine „Milchmädchenrechnung"?, WE 1991, 174ff.; *Schröder/Münstermann-Schlichtmann*, Der immer währende Streit um die praxisbezogene Abrechnung von Wohnungseigentum, WE 1994, 65; *Stähling*, Dauerkonflikt Jahresabrechnung der Wohnungseigentümergemeinschaft, NZM 2005, 726 (der aber nur aus der Sicht des Verwalters schreibt); *Stein*, Die praxisgerechte Jahresabrechnung, Partner im Gespräch Nr. 39, Hamburg 1993, S. 187 ff.; auch veröffentlicht in WE 1993, 72 ff.

Ausgangspunkt der Argumentation des „Abgrenzungs-Lagers" scheint die Definition der im WEG verwendeten Begriffe als solche betriebswirtschaftlicher Art zu sein, speziell des Begriffes „Kosten" in § 16 WEG. Mit dieser betriebswirtschaftlichen Definition operieren immer noch *Jennißen*[1] und *Happ*[2]. Ich halte es für verfehlt, wenn *Jennißen* meint, der Gesetzgeber habe sich in § 16 Abs. 2 WEG für den Begriff „Kosten" entschieden und es sei nicht erkennbar, dass der Gesetzgeber diesen Begriff anders als in der Betriebswirtschaftslehre oder im Handelsrecht definieren wollte[3]. Nach meiner Auffassung werden hier die Gesetzesmaterialien[4] entweder übersehen oder verkannt. Man muss sehen, dass die „Schöpfer" des Wohnungseigentumsgesetzes keineswegs Betriebswirtschaftler, sondern Juristen waren. Dass die Verfasser des WEG sicher nicht als betriebswirtschaftlich orientiert anzusehen sind, erschließt sich schon bei einem Blick in die Bundestags-Drucksache 1/252[5], in dem als Antrag der Abgeordneten *Wirths* pp. vom 30. 11. 1949 der Entwurf eines Wohnungseigentumsgesetzes abgedruckt ist. Da findet sich tatsächlich in § 18 Abs. 2 die Formulierung, dass der „Eigenwohner" (so die ursprüngliche Bezeichnung für „Wohnungseigentümer") einen Beitrag **zu den Unkosten** zu tragen habe und in § 30 Abs. 1 Nr. 4, dass der Verwalter die **Unkosten** zu verteilen habe. Das sind Begriffe, die ein Betriebswirtschaftler wohl kaum verwenden würde.

Was man allerdings immer wieder im Zusammenhang mit einer Abrechnungspflicht des Verwalters findet, ist der Bezug auf die Begriffe „Rechnungslegung" oder „Rechenschaft". So taucht der Begriff „Rechnungslegung" in dem erwähnten Antrag der Abgeordneten *Wirths* pp. in § 27 auf, wenn davon die Rede ist, die „Eigenwohnerversammlung" sei zuständig für **die Anerkennung der jährlichen Rechnungslegung des Verwalters**. In § 30 Abs. 1 Nr. 6 ist fixiert, dass der Verwalter am Ende eines jeden Jahres **Rechenschaft über seine Geschäftsführung** ablegen müsse. In § 30 Abs. 2 wird bestimmt, dass der Verwalter **alle Zahlungen zu leisten** habe, die auf gemeinsame Rechnung der Wohnungseigentümer gehen. Im Sitzungsprotokoll des Deutschen Bundestages, 23. Sitzung vom 14. 12. 1949[6], spricht der Abgeordnete Dr. *Schneider* bei seiner Begründung des Gesetzesantrages ebenfalls von der **jährlichen Rechnungslegung des Verwalters.**

---
[1] *Jennißen*, ZWE 2002, 19 ff.
[2] *Happ*, DWE 2002, 41 ff.
[3] *Jennißen*, ZWE 2002, 19 ff., 22.
[4] Abgedruckt in PiG 8, Hamburg 1982.
[5] Abgedruckt in PiG 8, Hamburg 1982, S. 115 ff.
[6] Abgedruckt in PiG 8, Hamburg 1982, S. 141 ff.

30 Im Referentenentwurf des Bundesjustizministeriums vom 22. 9. 1950[1] findet sich die Bestimmung, dass der Verwalter zwei mal im Jahr **Rechenschaft über seine Geschäftsführung abzulegen** habe. Darüber hinaus ist im Rahmen der **Befugnisses des Verwalters**, § 14, erwähnt, dass der Verwalter Lasten- und Kostenbeiträge in Empfang nehmen und abführen könne und er im Namen aller Eigentümer **Zahlungen und Leistung** bewirken und entgegennehmen könne. Diese Formulierungen finden sich dann im eigentlichen Gesetzesentwurf und später im Wohnungseigentumsgesetz wieder.

31 Verfolgt man die Entwicklung der Vorstellungen der Gesetzgebungs-„Väter" des WEG, so muss man festhalten, dass sie offensichtlich davon ausgegangen sind, dass der Verwalter für die Gemeinschaft Zahlungen entgegennehmen und erbringen und hierüber Rechnung legen sollte. Diese Vorstellungen wurden zwar im Laufe des Gesetzgebungsvorganges in den Entwürfen und im Gesetz abstrakter formuliert, gleichwohl blieben die Vorstellungen über die eingehenden und ausgehenden Zahlungen und die damit verbundene Rechnungslegung bestehen. Die Bezugnahme auf „Rechnungslegung" weist darauf hin, dass abgestellt werden sollte auf die tatsächlichen Zahlungsflüsse, nicht auf zukünftige oder in anderen Rechnungsperioden vorgenommene Zahlungen. Auch eine Rechnungslegung stellt stets auf die tatsächlichen Zahlungen ab.

32 Das Gesetz will ein einfaches Rechnungssystem für die Gemeinschaft zur Verfügung stellen und zwar in einer Weise, die es den Wohnungseigentümern ermöglicht, die Handlungen des Verwalters im Zusammenhang mit den konkreten Zahlungsvorgängen in einfacher Weise zu überprüfen. Deshalb muss der Verwalter mit seiner Jahresabrechnung Rechnung legen über alle **tatsächlich eingegangenen und ausgegangenen Zahlungen** und er muss die von den einzelnen Wohnungseigentümern **tatsächlich erbrachten Vorschüsse** abrechnen; er darf keine für die Abrechnungsperiode „fiktiven" Zahlungen nennen.

33 Die von der Rechtsprechung und der herrschenden Meinung vertretene Ansicht, es dürfen nur die tatsächlichen Zahlungsvorgänge im Wirtschaftsjahr in der Abrechnung dokumentiert werden, ist demnach richtig[2].

34 Die hier gegen gerichteten Einwände sind nach meiner Auffassung nicht durchgreifend. Soweit sie z.B. darauf beruhen, dass durch eine wohnungseigentumsrechtliche Abrechnung eine Mieterabrechnung nicht ermöglicht werde, muss darauf hingewiesen werden, dass weder die Gemeinschaft noch der Verwalter gezwungen sind, das Verhältnis zwischen

---

[1] Abgedruckt in PiG 8, Hamburg 1982, S. 157 ff.
[2] Vgl. zur Auseinandersetzung mit den Vertretern des Abgrenzungs-Lagers insbesondere BayObLG, Beschl. v. 23. 4. 1993 – 2Z BR 113/92, BayObLGZ 1993, 185 = BayObLGR 1993, 50 = NJW-RR 1993, 1166 = DWE 1993, 159.

Wohnungseigentümer und seinem Mieter bei der Abrechnung zu berücksichtigen. Soweit darauf hingewiesen wird, es erfolge auch eine Durchbrechung des Geldflussprinzips bei der Heizkostenabrechnung, muss dem entgegengehalten werden, dass die HeizkostenV später als das WEG geschaffen und mit zwingender Wirkung (jedenfalls im Hinblick auf Abrechnungsfragen) ausgestattet wurde.

Das KG hat in einer Entscheidung vom 28. 1. 1994[1], um den Ausweis offener Verbindlichkeiten in der Abrechnung als zulässig zu begründen, ausgeführt: 35

„Dafür, dass ausnahmsweise auch die wegen der Nichtzahlung von Wohngeld in einer Wirtschaftsperiode offen gebliebenen Verbindlichkeiten in die Abrechnung eingestellt werden dürfen, spricht auch die Erwägung, dass es wirtschaftlich grob verfehlt und geradezu widersinnig wäre, wenn die Wohnungseigentümergemeinschaft durch das starre, ausnahmslose Festhalten am Prinzip tatsächlicher Ausgaben und Einnahmen gezwungen wäre, bei einem durch Nichterfüllung von Vorschusspflichten künstlich verringerten Ausgabevolumen trotz entsprechender offener Verbindlichkeiten die Jahresabrechnung auf die effektiven Ausgaben zu beschränken und die Zahlungspflichten für die Rechnungsperiode lediglich wegen des Zahlungsrückstandes einzelner Wohnungseigentümer nachträglich unter die Höhe der Vorschusspflichten zu senken, also die Probleme noch künstlich zu steigern."

Damit wird allerdings auch nach Ansicht des KG nur ganz beschränkt eine Möglichkeit eröffnet, das Geldzufluss-/Geldabflussprinzip zu durchbrechen.

Von dem von der Rechtsprechung angenommenen gesetzlichen Prinzip der Abrechnung nach tatsächlichen Geldzuflüssen oder -abflüssen kann die Eigentümergemeinschaft abweichen, allerdings nur durch eine wohnungseigentumsrechtliche Vereinbarung. Ein Mehrheitsbeschluss reicht für eine solche Abweichung nicht aus[2]. Ein Versammlungsbeschluss, der beinhaltet, dass bei „wichtigen" Abrechnungsposten Abgrenzungen vorgenommen werden dürfen, entspricht nicht ordnungsmäßiger Verwaltung[3]; er dürfte im Hinblick auf die Entscheidung des BGH vom 20. 9. 2000[4] wohl auch nichtig sein. 36

---

1 KG, Beschl. v. 28. 1. 1994 – 24 W 1145/93, WuM 1994, 400 = NJW–RR 1994, 1105 = WE 1994, 271.
2 BayObLG, Beschl. v. 13. 6. 2000 – 2Z BR 175/99, ZWE 2000, 407 = DWE 2001, 32; OLG Zweibrücken, Beschl. v. 3. 11. 1998 – 3 W 224/98, ZMR 1999, 66 = DWE 1999, 78; BayObLG, Beschl. v. 23. 4. 1993 – 2Z BR 113/92, BayObLGZ 1993, 185 = BayObLGR 1993, 50.
3 BayObLG, Beschl. v. 13. 6. 2000 – 2Z BR 175/99, ZWE 2000, 407 = BayObLGR 2001, 2 = ZMR 2000, 687 = DWE 2001, 32 = NJW-RR 2000, 1466.
4 BGH, Beschl. v. 20. 9. 2000 – V ZB 58/99, BGHZ 145, 158 = ZWE 2000, 518 = MDR 2000, 1367 = NJW 2000, 3500 = ZMR 2000, 771.

37 Durch eine Vereinbarung könnte in der Gemeinschaftsordnung festgelegt werden, dass eine Jahresabrechnung offene Forderungen und Verbindlichkeiten, Rechnungsabgrenzungen und einen Vermögensstatus (Bestands- und Erfolgsrechnung nach HGB) enthalten soll. In einem vom LG Berlin[1] entschiedenen Fall war in einer Gemeinschaftsordnung bestimmt worden, dass neben einer Gesamt- und Einzelabrechnung auch eine Bilanz oder Bestandsrechnung Bestandteil der Jahresabrechnung sein müsse. Hierdurch, so das LG Berlin zu Recht, sei eine Bilanz oder Bestandsrechnung zu einem zusätzlichen Bestandteil der Jahresabrechnung erhoben worden, obwohl eine solche sonst nicht gefordert werde. Einer solchen Bestimmung der Gemeinschaftsordnung muss der Verwalter und der ihn beratende Anwalt besonderes Augenmerk schenken, um einen Beschlussanfechtungsantrag zu verhindern.

4. Durchbrechung des Geldflussprinzips

38 Bei verschiedenen Abrechnungspositionen wird das reine Geldabfluss-/Geldzuflussprinzip nach ganz herrschender Meinung durchbrochen, so bei der Abrechnung der Instandhaltungsrücklage und bei der Abrechnung der Heizkosten; bei anderen Positionen ist nur nach einer Mindermeinung eine Durchbrechung des Prinzips möglich.

a) Instandhaltungsrücklage/Sonderumlage

aa) Instandhaltungsrücklage

39 Die Ansammlung einer **Instandhaltungsrücklage** gehört zu einer ordnungsmäßigen Verwaltung. Mit der Instandhaltungsrücklage wird Vorsorge getroffen, dass die erforderlichen Mittel bereitstehen, um erforderliche Instandhaltungsmaßnahmen zu finanzieren.

40 Bei der Instandhaltungsrücklage handelt es sich deshalb nicht um eine Ausgabe im üblichen Sinne. Es geht hier nicht darum, tatsächlich angefallene Lasten und Kosten abzurechnen, sondern um die Bildung eines für einen besonderen Zweck bestimmten Vermögens der Gemeinschaft, so zu Recht das BayObLG[2]. Deshalb hat es das BayObLG in seinen Ent-

---

1 LG Berlin, Beschl. v. 4. 7. 1997, 85 T 66/96, n. v.; Entscheidung wurde durch KG, Beschl. v. 19. 10. 1998 – 24 W 5613/97, n. v., bestätigt.
2 BayObLG, Beschl. v. 21. 12. 1999 – 2Z BR 79/99, ZWE 2000, 135 = DWE 2000, 82; BayObLG, Beschl. v. 9. 8. 1990 – 2 Z 79/90, WuM 1990, 459 = NJW-RR 1991, 15; zustimmend: OLG Köln, Beschl. v. 5. 4. 2001 – 16 Wx 101/00, OLGReport R 2001, 267; OLG Düsseldorf, Beschl. v. 16. 11. 1998 – 3 Wx 397/97, WE 1999, 227; vgl. auch schon BayObLG, Beschl. v. 6. 3. 1987 – 2 Z 26/86, BayObLGZ 1987, 86 = WuM 1988, 101 = NJW-RR 1988, 81 = WE 1987, 125; offen gelassen, ob es dieser Rechtsprechung folgt: OLG Hamm, Beschl. v. 21. 11. 1996 – 15 W 107/96, ZMR 1997, 251 = DWE 1997, 36 = WE 1997, 194; a. A. *Bub*, Finanz- und Rechnungswesen, III. Rz. 58.

scheidungen hingenommen, dass in die Gesamtabrechnung der Sollbetrag eingestellt wird, der im Wirtschaftsplan angesetzt worden war. Dies ist sinnvoll, weil bei Ansatz der vom Verwalter tatsächlich auf das Instandhaltungskonto gezahlten (und gegenüber dem Wirtschaftsplan geringeren) Beträge die Miteigentümer, die wegen ihrer Säumigkeit die Nichtabführung verursacht haben, noch belohnt würden. *Demharter* weist jedoch darauf hin, zu den damaligen Entscheidungen des BayObLG sei angenommen worden, dass die Jahresabrechnung den Wirtschaftsplan überholt habe und dieser nicht mehr Grundlage von Forderungen sein könne. Diese Ansicht sei aber durch die Entscheidung des BGH vom 30. 11. 1995[1] überholt. Aufgrund dieser Rechtsprechung seien Ansprüche auch noch auf den Wirtschaftsplan zu stützen. Deshalb sei es nicht mehr erforderlich, die Soll-Zahlen in die Jahresabrechnung aufzunehmen[2].

Diese Erwägungen sind grundsätzlich richtig. Allerdings geht das der WEG-Jahresabrechnung zu Grunde liegende Prinzip davon aus, dass die **abgeflossenen** Beträge in die Gesamtabrechnung einzustellen sind. Wenn *Demharter* mit dem Wirtschaftsplan argumentiert, kann er sich nur auf die anteilig **gezahlten** Instandhaltungsrücklagen (die über die Hausgeldvorschüsse geleistet werden) beziehen und damit auf die **zugeflossenen** Beträge. Die nur rechnerisch über die gezahlten Hausgelder zufließenden Anteile an der Instandhaltungsrücklage sind aber keine **Einnahmen**, die auf die Eigentümer zu verteilen sind. Wenn man bei der Instandhaltungsrücklage bei dem Geldabflussprinzip bleiben wollte, müsste man auf die tatsächlich auf ein gesondertes Instandhaltungsrücklagenkonto abgeflossenen Beträge abstellen; das wäre allerdings nicht richtig, weil es gerade darum geht, dass bestimmte Beträge angesammelt werden **sollen**. Im Ergebnis meine ich deshalb, bei der Instandhaltungsrücklage müsse es bei der Durchbrechung des Zufluss-/Abflussprinzips bleiben. In diesem Zusammenhang ist auch auf die Entscheidung des KG vom 13. 4. 1987[3] hinzuweisen, wonach der Verwalter ohne eine entsprechende Bestimmung in der Gemeinschaftsordnung nicht verpflichtet ist, die Instandhaltungsrücklage auf einem gesonderten Konto anzulegen. Deshalb gibt es in solchen Fällen gerade keinen Geldabfluss vom Girokonto.

Ich bin der Auffassung: Ist die Jahresabrechnung bis auf die Aufnahme der Instandhaltungsrücklage (und die Abrechnung der Heizkosten) nach dem Geldzufluss-/Geldabflussprinzip aufgestellt, kann der Jahresabrechnungsbeschluss nicht angegriffen werden. Die Jahresabrechnung muss als ordnungsgemäß beschlossen angesehen werden, und ein solcher Be- 41

---
1 BGH, Beschl. v. 30. 11. 1995 – V ZB 16/95, BGHZ 131, 228 = MDR 1996, 897 = ZMR 1996, 215 = NJW 1996, 725 = WuM 1996, 237.
2 Ebenso *Niedenführ/Kümmel/Vandenhouten*, § 28, Rz. 53.
3 KG, Beschl. v. 13. 4. 1987 – 24 W 5174/86, ZMR 1988, 108 = WuM 1988, 33 = NJW-RR 1987, 1160 = MDR 1987, 938.

schluss muss auch von einem einzelnen Eigentümer erzwungen werden können.

42 Ein Mehrheitseigentümer, der nicht gewillt ist, die Gemeinschaft als „Sparverein" zu betrachten, könnte sonst durch seine möglicherweise existierende Stimmenmehrheit dafür sorgen, dass nicht ausreichende Mittel in der Instandhaltungsrückstellung angesammelt werden. Er könnte stets gegen den Antrag stimmen, die Jahresabrechnung mit der „Soll"-Instandhaltungsrücklage zu beschließen. Umgekehrt könnte er eine Jahresabrechnung beschließen lassen, die nicht die anzusammelnden Instandhaltungsbeträge enthält. Die übrigen Miteigentümer wären letztlich machtlos, die Wirksamkeit einer Jahresabrechnung zu erzwingen oder einen Beschluss über eine Jahresabrechnung mit geringeren Ansammlungsbeträgen zu verhindern. Ich halte deshalb die Durchbrechung des Geldflussprinzipes bei der Instandhaltungsrückstellung nicht nur für zulässig, sondern für zwingend geboten. Eine Jahresabrechnung, die nicht die früher[1] bestimmten Instandhaltungsrücklagenbeträge ausweist – ohne Rücksicht auf die tatsächliche Abführung –, halte ich für fehlerhaft.

43 Ein Sonderproblem sind die aus der Instandhaltungsrücklage entnommenen Beträge für eine **bauliche Veränderung**. Hat ein Eigentümer einer baulichen Veränderung nicht zugestimmt, ist er nach § 16 Abs. 3 WEG nicht an den betreffenden Kosten zu beteiligen. Wurden die Kosten der baulichen Veränderung aus der Instandhaltungsrückstellung entnommen, hat jeder einzelne Eigentümer einen Anspruch darauf, dass die Instandhaltungsrücklage wieder aufgefüllt wird. Dabei sind die Zahlungen nur von denjenigen Eigentümern zu leisten, die der baulichen Veränderung zugestimmt haben. Die aus der Instandhaltungsrücklage entnommenen Beträge sind dann wie die „normale" Instandhaltungsrücklage in der Gesamtabrechnung aufzuführen, in den Einzelabrechnungen sind allerdings nur die Eigentümer zu belasten, die der baulichen Veränderung zugestimmt haben[2].

44 Zur Klarstellung: Wenn hier von „Soll"-Beträgen gesprochen wird, bedeutet dies nicht, dass in der **Darstellung der Instandhaltungsrücklage** ebenfalls Sollzahlen ausgewiesen werden dürften. Im 3. Abrechnungsbestandteil sind ausschließlich die tatsächlich vorhandenen Instandhaltungsrücklagen-Beträge auszuweisen. Sollzahlen sind dort völlig fehl am Platze.

---

1 Z.B. durch die Gemeinschaftsordnung oder, was auch möglich ist, durch gerichtliche Entscheidung über die Höhe der anzusammelnden Beträge.
2 OLG Hamm, Beschl. v. 14. 5. 2002 – 15 W 300/01, ZWE 2002, 600 = ZMR 2002, 965 = NZM 2002, 874; hier auch zum Anspruch des nicht zustimmenden Eigentümers auf Auffüllung der Instandhaltungsrücklage, wenn die bauliche Veränderung aus der Rücklage finanziert wurde.

bb) Sonderumlage[1]

Eine **Sonderumlage** kann von den Wohnungseigentümern beschlossen werden, um wegen eines unvorhergesehen Bedarfs der Gemeinschaft zusätzliche finanzielle Mittel zu erlangen[2], z. B. zur Beseitigung einer Liquiditätsschwierigkeit. Die Sonderumlage muss sich zwar am geschätzten Finanzbedarf ausrichten, es ist aber eine großzügige Handhabung zulässig[3]. Eine solche Sonderumlage soll nach Ansicht des BayObLG auch zu den **Kosten der Verwaltung des gemeinschaftlichen Eigentums** im Sinne des § 16 Nr. 2 WEG gehören[4]. 45

Wie bei der Instandhaltungsrücklage soll es nach Ansicht des BayObLG[5] nicht zu beanstanden sein, wenn der Sonderumlagen-Betrag in die Einzelabrechnung aufgenommen wird. Gemeint ist wohl vom BayObLG die Aufnahme dieser Position in die Gesamtabrechnung als „Kostenposition" und die Verteilung in den Einzelabrechnungen auf die Eigentümer. 46

Ich bin der Auffassung, dass eine Sonderumlage nur dann in die Jahresabrechnung (Gesamtausgaben-„Kostenposition" mit Übertragung auf die Einzelabrechnungen) aufgenommen werden darf, wenn die Sonderumlage ausschließlich einer Aufstockung der Instandhaltungsrücklage dient. Soll die Sonderumlage jedoch dazu dienen, einen Liquiditätsengpass bei der Finanzierung der allgemeinen Lasten und Kosten zu beseitigen, hat sie nichts auf der Ausgabenseite der Jahresabrechnung zu suchen. Sie müsste als Einnahme von Hausgeldern erscheinen, soweit sie von den einzelnen Eigentümern gezahlt wurden (und kein besonderer Verwendungsbeschluss vorliegt, der einen Ansatz als Hausgeldvorschuss – temporär – ausschließt). 47

Für falsch halte ich die Auffassung des OLG Saarbrücken[6], dass bei der Finanzierung von Hausgeldausfällen zur Vermeidung einer Sonderumlage die Inanspruchnahme der Instandhaltungsrücklage zulässig sei, wenn nicht eine „eiserne Reserve" angegriffen werde. Die Instandhal- 48

---

1 Vgl. zur Sonderumlage auch *Mundt*, Sonderumlagen: Grundlagen und Einzelfragen unter Berücksichtigung des neuen Wohnungseigentumsrechts, NZM 2007, 864.
2 OLG Düsseldorf, Beschl. v. 14. 2. 1997 – 3 Wx 588/96, OLGReport Düsseldorf 1997, 185 = MDR 1997, 820 = ZMR 1997, 245 = NJW-RR 1997, 900.
3 BayObLG, Beschl. v. 11. 3. 1998 – 2Z BR 12/98, BayObLGR 1998, 50 = WuM 1998, 305 = NZM 1998, 337 = NJW-RR 1998, 1096.
4 BayObLG, Beschl. v. 23. 3. 1982 – 2Z 31/81, WEM 1982, 112.
5 BayObLG, Beschl. v. 18. 2. 1998 – 2Z BR 134/97, NZM 1998, 334 = NJW-RR 1998, 1624 = WE 1998, 403, unter Hinweis auf BayObLG, Beschl. v. 9. 8. 1990 – 2Z 79/90, WuM 1990, 459 = NJW-RR 1991, 15, wo jedoch zu einer Sonderumlage nichts ausgeführt wird.
6 OLG Saarbrücken, Beschl. v. 20. 7. 1998 – 5 W 110/98, NJW-RR 2000, 87 = NZM 2000, 198, mit kritischer Anm. von *Deckert*, ETW, Gruppe 2, S. 3556; Vorentscheidung: LG Saarbrücken, Beschl. v. 12. 3. 1998 – 5 T 702/97, ZMR 1999, 360.

tungsrücklage ist nur für Maßnahmen der Instandhaltung und Instandsetzung gedacht; auch wenn die Instandhaltungsrücklage gut gefüllt ist, darf sie nicht für Zwecke des Hausgeldausgleiches verwendet werden. „Eiserne Reserve" ist im Übrigen kein brauchbarer rechtstechnischer Begriff.

b) Heizkostenabrechnung

49 Eine Durchbrechung des Geldabfluss-/Geldzuflussprinzips ist bei der Heizkostenabrechnung, in beschränktem Umfang, zu akzeptieren. Die Heizkostenabrechnung muss nach der HeizkostenV aufgestellt und sodann in die Gesamtabrechnung eingestellt werden.

50 Die HeizkostenV schreibt eine Abrechnung nach dem Verbrauch vor. Dies führt zu einer Kollision mit dem Geldflussprinzip im Wohnungseigentumsrecht. Nach der insoweit richtigen Rechtsprechung des BayObLG erfährt der Grundsatz, dass in einer WEG-Abrechnung nur die tatsächlichen Ausgaben eingestellt werden dürfen, hier eine Ausnahme[1]. Die erforderlichen Abgrenzungen sind in diesem Fall unabdingbar notwendig, weil sonst die in der HeizkostenV vorgegebenen gesetzlichen Anforderungen, eine verbrauchsabhängige Abrechnung vorzunehmen, nicht erfüllt werden könnten[2]. Die HeizkostenV ist zwingendes Recht[3] und deren Regelungen gehen den Regelungen in der Gemeinschaftsordnung vor[4]. In den nach der HeizkostenV erstellten Abrechnungen sind zulässigerweise auch Abrechnungskosten der Ablese- und Abrechnungsfirma aufgenommen worden, für die erst im nächsten Wirtschaftsjahr der Geldabfluss erfolgt. Dies muss hingenommen werden; insoweit durchbrechen die Bestimmungen der HeizkostenV die Prinzipien des Wohnungseigentums.

51 Es sei nicht verboten, so das BayObLG[5], den Gegenwert des im Abrechnungszeitraum **verbrauchten Öls** in die Gesamtabrechnung aufzunehmen, wie dies die Heizkosten-Abrechnungsfirmen praktizieren. Dieser Gegenwert ist der seinerzeit aufgewandte Kaufpreis des Öls, gleichgültig, wann die Kaufpreiszahlung erfolgte. Andererseits soll es nach Ansicht

---

1 Vgl. BayObLG, Beschl. v. 21. 12. 1999 – 2Z BR 79/99, ZWE 2000, 136 = DWE 2000, 82; OLG Düsseldorf, Beschl. v. 16. 11. 1998 – 3 Wx 397/97, WE 1999, 227; BayObLG, Beschl. v. 19. 6. 1991 – 2 Z 46/91, WE 1992, 175 = DWE 1991, 127 (LS); BayObLG, Beschl. v. 6. 3. 1987 – 2 Z 26/86, BayObLGZ 1987, 86 = WuM 1988, 101 = NJW-RR 1988, 81.
2 OLG Hamm, Beschl. v. 3. 5. 2001 – 15 W 7/01, ZWE 2001, 446; *Demharter*, Jahresabrechnung des Verwalters, ZWE 2001, 416.
3 Vgl. BayObLG, Beschl. v. 10. 7. 1998 – 2Z BR 49/98, ZfIR 1998, 545 = ZMR 1998, 793 = WuM 1998, 750 = NZM 1999, 133.
4 BayObLG, Beschl. v. 7. 3. 1996 – 2Z BR 136/95, BayObLGZ 1996, 58 = WuM 1996, 294 = NJW 1996, 2106 = MDR 1996, 789 = WE 1997, 34.
5 BayObLG, Beschl. v. 19. 6. 1991 – 2 Z 46/91, WE 1992, 175 = DWE 1991, 127 (LS).

Die Gesamtabrechnung   Rz. 54 **Teil 6**

des BayObLG[1] auch nicht zu beanstanden sein, die höheren Kosten für den Kauf von Heizöl in die Gesamtabrechnung einzustellen, wenn in dem Wirtschaftsjahr mehr Heizöl gekauft als verbraucht wurde.

Nach meiner Auffassung ist diese Ansicht problematisch, da es zu erheblichen Abrechnungsschwierigkeiten kommt, wenn zwischen den Abrechnungssystemen (Geldabfluss und Verbrauch) gewechselt wird. Bei einer Verbrauchsabrechnung im Sinne der HeizkostenV werden in einer Art Kontokorrent die vorhandenen Ölstände (**konkret ermittelter** Anfangsbestand ./. **konkret ermittelter** Endbestand = Verbrauch) mit berücksichtigt; damit werden entweder die im Vorjahr getätigten **höheren** Einkäufe nachträglich finanziert oder die im nächsten Jahr zu erwartenden **niedrigeren** Einkäufe vorfinanziert. Wird von einem System ins andere und sodann wieder zurück gewechselt, so wird das „Kontokorrent" durchbrochen, ohne dass im Laufe der Jahre ein Ausgleich stattfindet. Wenn der HeizkostenV gegenüber den Abrechnungsprinzipien des Wohnungseigentumsrechts Vorrang zukommt, dann ist das von der Heizkosten-Abrechnungsfirma ermittelte Ergebnis in die Jahresabrechnung einzustellen. In diesem Ergebnis findet sich dann der „**tatsächliche**" **Heizölverbrauch** des abgerechneten Jahres wieder. Die Heizkostenfirmen lassen sich nämlich den Heizölanfangsbestand und den Endbestand vom Verwalter der Gemeinschaft benennen und die Differenz findet Niederschlag in der Heizkostenabrechnung. 52

Ölstände haben nach meiner Auffassung in der Jahresabrechnung, außerhalb der eigentlichen Heizkostenabrechnung, deshalb nichts zu suchen. Grob fehlerhaft ist die von einigen Verwaltern praktizierte Aufnahme eines so genannten „**Öl-Verrechnungskontos**" in die Jahresabrechnung. Eine solche Position findet sich gelegentlich neben dem Gesamtbetrag der Heizkostenabrechnung, den die Abrechnungsfirma ermittelt hat, als Kostenposition in der Jahresabrechnung. Untersucht man dieses „Öl-Verrechnungskonto" näher, ergibt sich, dass es sich dabei um den ermittelten oder (noch häufiger) geschätzten **Restbestand an Heizöl im Heizöltank** handeln soll. Dieser Bestand hat aber nun gar nichts mit tatsächlichen Heizölkäufen im laufenden Wirtschaftsjahr zu tun und kann insbesondere auch nicht als „Kostenposition" angesehen werden. „Bestände" sind niemals Kostenpositionen. 53

Fehlerhaft ist die Jahresabrechnung auch dann, wenn die der Heizkosten-Abrechnungsfirma mitgeteilten **Heizöl-Stände am Anfang und Ende des Wirtschaftsjahres** nicht genau ermittelt, sondern von den Verwaltern geschätzt werden. Die jeweiligen Stände müssen genau aufgrund von geeichten Ölstandsanzeigern ermittelt werden. Gibt ein Verwalter ohne nähere Ermittlung die Stände an oder sind die an den Öltanks befindlichen Öl- 54

---

1 BayObLG, Beschl. v. 9. 8. 1990 – 2 Z 83/90, WE 1991, 360 = WE 1991, 164 (LS).

standsanzeiger nicht geeicht, ist das Ergebnis der Heizkostenabrechnung angreifbar und damit auch der Beschluss über die Jahresabrechnung. Eine Schätzung des Energieverbrauchs (Ölverbrauch) auf der Grundlage des Verbrauchs in früheren Zeiträumen halte ich für unzulässig[1].

55 Bei den **Ölstandsanzeigern** handelt es sich nach meiner Auffassung um Messgeräte für den „geschäftlichen Verkehr", da, wie oben dargelegt, die Ölstandsanzeiger unmittelbar der Ermittlung von Abrechnungszahlen dienen. Das BayObLG[2] hat zu Recht im Rahmen eines Ordnungswidrigkeitenverfahrens auch bei dem Heizölverbrauch einer Eigentümergemeinschaft einen „geschäftlichen Verkehr" und eine Eichpflicht nach § 2 EichG angenommen. § 2 EichG bestimmt: „Messgeräte, die im geschäftlichen oder amtlichen Verkehr... verwendet werden, müssen zugelassen oder geeicht sein, sofern dies zur Gewährleistung der Messsicherheit erforderlich ist." § 25 EichG bestimmt: „Es ist verboten, Messgeräte zur Bestimmung der Länge..., des Volumens, der Masse, der thermischen oder elektrischen Energie, der thermischen oder elektrischen Leitung, der Durchflussstärke von Flüssigkeiten oder Gasen oder der Dichte oder des Gehaltes von Flüssigkeiten... ungeeicht im geschäftlichen Verkehr zu verwenden...". Es dürfen deshalb nur geeichte Geräte verwendet werden. Wenn eine Eichpflicht wegen des „geschäftlichen Verkehrs" besteht, kann eine Schätzung nicht ordnungsmäßiger Verwaltung entsprechen.

c) Ausweis von Forderungen und Verbindlichkeiten

56 Aus dem Geldflussprinzip folgt auch, dass in einer Jahresabrechnung der Ausweis von Forderungen und Verbindlichkeiten fehl am Platze ist und solche Positionen in der Abrechnung nicht erscheinen dürfen[3] – jedenfalls soweit diese Angaben nicht nur informatorische Bedeutung haben und von der eigentlichen Abrechnung deutlich getrennt worden sind.

57 Ein Eigentümer hat aus diesem Grunde auch keinen Anspruch auf Ergänzung der Jahresabrechnung um einen **Vermögensstatus**, der die Forderungen und Verbindlichkeiten der Wohnungseigentümergemeinschaft aus-

---

1 A.A. BayObLG, Beschl. v. 20. 3. 2001 – 2Z BR 101/00, ZWE 2001, 432 = ZMR 2001, 815 = NZM 2001, 754 = WuM 2001, 413, Schätzung sei zulässig.
2 BayObLG, Beschl. v. 28. 4. 1982 – 3 Ob OWi 8/82, BayVBl. 1982, 507.
3 BayObLG, Beschl. v. 28. 2. 2002 – 2Z BR 171/01, ZMR 2002, 684 = NZM 2002, 455; OLG Düsseldorf, Beschl. v. 16. 11. 1998 – 3 Wx 397/97, WE 1999, 227; OLG Hamm, Beschl. v. 21. 11. 1996 – 15 W 107/96, ZMR 1997, 251 = DWE 1997, 36 = WE 1997, 194; BayObLG, Beschl. v. 10. 3. 1994 – 2Z BR 11/94, WuM 1994, 498 = DWE 1994, 156 = WE 1995, 91; BayObLG, Beschl. v. 27. 1. 1994 – 2Z BR 88/93, WuM 1994, 230 = DWE 1994, 154, WE 1995, 30; OLG Köln, Beschl. v. 23. 9. 1996 – 16 Wx 130/96, n. v.: Aufnahme von Sollbeträgen nicht statthaft, unbeglichene Verbindlichkeiten dürfen nicht aufgenommen werden; AG Köln, Beschl. v. 28. 7. 1998 – 202 II 19/98, ZMR 1998, 724 = *Deckert*, ETW, Gruppe 2, S. 3666.

weist. Eine solche Aufstellung gehört nicht zu den wesentlichen Bestandteilen einer Jahreabrechnung[1].

Das KG[2] hat allerdings den offenen Ausweis von Verbindlichkeiten nicht als Verstoß gegen die Grundsätze ordnungsmäßiger Verwaltung angesehen, wenn die Zahlungen auf die Verbindlichkeiten nur deshalb unterblieben sind, weil einzelne Wohnungseigentümer ihren fälligen Vorschusspflichten nicht nachgekommen sind[3]. Für eine solche Ausnahme von dem Geldflussprinzip sehe ich allerdings keine Notwendigkeit. In einer neueren Entscheidung hat das KG[4] darauf hingewiesen, dass der Ausweis von Abgrenzungspositionen (gemeint ist damit auch wieder der Ausweis „offener Verbindlichkeiten") nicht gegen den Mehrheitswillen durchgesetzt werden könne und im Übrigen auch wegen möglicher Eigentümerwechsel problematisch sei.

58

Soweit die Gemeinschaftsordnung eine Bilanz oder Bestandsrechnung vorsieht, können Forderungen und Verbindlichkeiten in der Jahresabrechnung ausgewiesen werden[5], jedoch nur dann. Die Ansicht des KG ist demnach abzulehnen. Für einen Ausweis von Verbindlichkeiten besteht im Gegensatz zu der Ansicht des KG gerade keine Notwendigkeit, insbesondere nicht mehr, seitdem aufgrund der Rechtsprechung des BGH[6] klar ist, dass Wirtschaftsplanansätze „weiterwirken" und Ansprüche aus dem Wirtschaftsplan auch noch nach Ablauf des Wirtschaftsjahres geltend gemacht werden können.

59

d) Uneinbringliche Hausgeldforderungen

Ein unspezifizierter Einnahmeausfall des Vorjahres darf nicht in die Jahresabrechnung als Soll-Position (Kostenposition) aufgenommen werden, so das Kammergericht[7]; Ausnahmeausfälle müssen genau definiert werden, damit die Eigentümer erkennen können, ob und weshalb die Ein-

60

---

1 BayObLG, Beschl. v. 21. 12. 1999 – 2Z BR 79/99, ZWE 2000, 135 = ZMR 2000, 238 = NZM 2000, 280 = DWE 2000, 82.
2 KG, Beschl. v. 28.1. 1994 – 24 W 1145/93, WuM 1994, 400 = NJW-RR 1994, 1105 = WE 1994, 271.
3 Vgl. hierzu die ablehnenden Ansicht des BayObLG, Beschl. v. 10. 3. 1994 – 2Z BR 11/94, WuM 1994, 498 = DWE 1994, 156 = WE 1995, 91; BayObLG, Beschl. v. 23. 4. 1993 – 2Z BR 113/92, BayObLGZ 1993, 185 = BayObLGR 1993, 50 = WuM 1993, 485 = NJW-RR 1993, 1166; offen gelassen, ob dem KG zu folgen ist: OLG Hamm, Beschl. v. 21. 11. 1996 – 15 W 107/96, ZMR 1997, 251 = DWE 1997, 36 = WE 1997, 194.
4 KG, Beschl. v. 3. 3. 1999 – 24 W 3566/98, KGR Berlin 1999, 267 = ZWE 2000, 40 = ZMR 1999, 509 = NZM 2000, 286.
5 LG Berlin, Beschl. v. 4. 7. 1997 – 85 T 66/96, n. v.
6 BGH, Beschl. v. 30. 11. 1995 – V ZB 16/95, BGHZ 131, 228 = MDR 1996, 897 = ZMR 1996, 215 = NJW 1996, 725 = WuM 1996, 237.
7 KG, Beschl. v. 11. 9. 2000 – 24 W 8413/99, ZWE 2001, 381 = KGR Berlin 2001, 209 WuM 2001, 355 = DWE 2001, 117.

nahmen nicht mehr realisiert werden können. Einnahmeausfälle können auch nur dann auf die Eigentümer umgelegt werden, wenn sich herausstellt, dass die Forderungen nicht nur dubios werden, sondern endgültig uneinbringlich sind. **Dubiose Forderungen** (auch „zweifelhafte Forderungen" genannt) liegen vor, wenn der Zahlungseingang unsicher ist und ein vollständiger oder teilweiser Forderungsausfall zu erwarten ist. Das kann der Fall sein, wenn der Schulder (Wohnungseigentümer) sich in Verzug befindet und der Eingang der Zahlung ungewiss ist und/oder über das Vermögen des Schuldners das Insolvenzverfahren eröffnet wurde und voraussichtlich mit einem Ausfall zu rechnen ist. **Uneinbringliche Forderungen** liegen erst dann vor, wenn die Forderung verjährt ist (wenn also der Verwalter versäumt hat, die Forderungen rechtzeitig geltend zu machen), wenn das Insolvenzverfahren mangels Masse eingestellt wurde, wenn der Schuldner eine Eidesstattliche Versicherung abgegeben hat, aus der sich ergibt, dass der Anspruch auch in absehbarer Zeit nicht realisiert werden kann, oder wenn der Schuldner auch nach intensiven Ermittlungen unauffindbar bleibt und damit die Forderung nicht realisiert werden kann[1]. Die oben erwähnte Entscheidung des KG ist richtig. Unrichtig ist jedoch nach meiner Auffassung die Entscheidung des BayObLG[2], wonach uneinbringliche Forderungen nicht in die Jahresabrechnung aufgenommen werden dürfen. Das Gericht meint, diese Beträge könnten als Sonderumlage auf die Eigentümer umgelegt werden. Es wird dabei jedoch offensichtlich verkannt, dass diese Sonderumlage auch bei einer Aufnahme im Wirtschaftsplan niemals abgerechnet werden kann, jedenfalls nicht als Hausgeldvorschuss, der den zahlenden Eigentümern zugerechnet werden könnte. Insofern muss nach meiner Auffassung auch bei solchen tatsächlich uneinbringlichen Hausgeldschulden eines Eigentümers eine Ausnahme von dem Geldzufluss-/Geldabflussprinzip gemacht werden. Die uneinbringlichen Hausgeldforderungen müssen als „Kostenposition" in die Jahresabrechnung aufgenommen und auf die Eigentümer umgelegt werden. Wird später doch noch der gesamte geschuldete Betrag oder ein Teil davon eingetrieben, müssen die Beträge wieder als Einnahmen in der Abrechnung ausgewiesen und auf die zahlenden Wohnungseigentümer umgelegt werden. Richtig ist in diesem Zusammenhang allerdings, dass zur Finanzierung solcher uneinbringlicher Forderungen (oder auch zum Zwecke der Finanzierung kurzfristig ausfallender Hausgeldbeträge) eine **Sonderumlage** eingefordert werden kann, die aber eine **Vorschusszahlung** darstellt[3], die auch als solche abgerechnet werden muss.

---

1 Der letzte Fall ist nur relevant, wenn auch nicht auf das Grundstück (Wohnungseigentum) des Schuldners zugegriffen werden kann.
2 BayObLG, Beschl. v. 10. 4. 2002 – 2Z BR 70/01, NZM 2002, 531.
3 Vgl. BGH, Beschl. v. 15. 6. 1989 – V ZB 22/88, BGHZ 108, 44 = MDR 1989, 898 = NJW 1989, 3018 = DWE 1989, 130 = Rpfleger 1989, 472.

e) Auslagen eines Wohnungseigentümers für Angelegenheiten der Wohnungseigentümergemeinschaft

Das KG[1] meint, obwohl eine Jahresabrechnung „grundsätzlich eine reine Einnahmen- und Ausgabenaufstellung" sei, könnten als Ausgaben auch solche Beträge aufgenommen werden, die als Auslagen eines Wohnungseigentümers für das Gemeinschaftseigentum anerkannt und mit dem von ihm geschuldeten Hausgeld verrechnet werden oder für die dem Wohnungseigentümer eine Gutschrift erteilt wird. Ich halte dies teilweise für fehlerhaft. Ein von der Gemeinschaft anerkannter Auslagenbetrag kann erst dann in die Gesamtabrechnung als Ausgabe eingestellt werden, wenn auch tatsächlich der Geldabfluss erfolgte. Nur, wenn der Wohnungseigentümer zu Recht[2] eine Aufrechnung mit seinen Hausgeldvorauszahlungen vorgenommen hat, kann dieser Aufrechnungsvorgang als Geldabfluss angesehen werden. Wird dagegen von der Eigentümergemeinschaft lediglich eine Auslage des Eigentümers **anerkannt**, kann der Betrag noch nicht in die Abrechnung aufgenommen werden[3].

61

5. Grundsätze der Verteilung von Lasten und Kosten

a) Verteilung auf alle Miteigentümer/alle Einheiten

Nach § 16 Abs. 2 WEG ist jeder Wohnungseigentümer verpflichtet, die Lasten des gemeinschaftlichen Eigentums und die Kosten der Instandhaltung, Instandsetzung, sonstigen Verwaltung und eines gemeinschaftlichen Gebrauchs des gemeinschaftlichen Eigentums nach dem Verhältnis seiner im Grundbuch eingetragenen Miteigentumsanteile zu tragen[4]. Selbst wenn der einzelne Wohnungseigentümer bestimmte Einrichtungen nicht nutzt, gilt diese Lasten- und Kostentragungsverpflichtung, so der BGH[5]. Der BGH nennt dabei beispielsweise Treppenhaus, Aufzug, Kinderspielplatz, Fahrradkeller, Waschmaschinen- und Tischtennisraum und führt aus, dass es keinen allgemeinen Grundsatz gebe, wonach ein Wohnungseigentümer keine Kosten für solche Einrichtungen zu tragen habe, die ihm persönlich keinen Nutzen bringen. Der BGH hat deshalb die Verteilung der Aufzugskosten auf alle Miteigentümer als richtig angesehen, selbst wenn sich ein Aufzug nur in einem Haus (von mehreren)

62

---

1 KG, Beschl. v. 24. 5. 1993 – 24 W 3698/92, WuM 1993, 429 = NJW-RR 1993, 1104 = DWE 1994, 83.
2 Z. B. weil er eine Notmaßnahme im gemeinschaftlichen Interesse finanziert hatte.
3 Unklar ist die Entscheidung des OLG Hamm, Beschl. v. 4. 3. 1993 – 15 W 295/92, OLGReport 1994, 32 = DWE 1993, 112 = NJW-RR 1993, 845, in der ausgeführt wird, in der Gesamtabrechnung könnten Leistungen gegenüber Dritten berücksichtigt und den jeweiligen Einzelabrechnungen gutgebracht werden.
4 Vgl. hierzu auch *Bub*, Finanz- und Rechnungswesen, V., Rz. 153.
5 BGH, Beschl. v. 28. 6. 1984 – VII ZB 15/83, BGHZ 92, 18 = MDR 1984, 928 = ZMR 1984, 420 = NJW 1984, 2576 = DWE 1984, 27.

befindet. Diese Ansicht des BGH ist nunmehr auch einheitliche Meinung der Obergerichte[1]. Das OLG Hamm[2] führt richtigerweise aus, die Bestimmung in der Gemeinschaftsordnung, dass die Abwesenheit eines Wohnungseigentümers oder die Nichtnutzung des Wohnungseigentums nicht von der Tragung der Lasten und Kosten entbindet, verstoße nicht gegen Treu und Glauben. Insbesondere, wenn gemeinschaftliche Ausgaben nicht für jede einzelne Wohnung aufgrund der Angaben von Messeinrichtungen, sondern pauschal nach einem Schlüsselverfahren abgerechnet werden, kann die Lastentragungspflicht nicht von der Benutzung oder Nichtbenutzung der Eigentumseinheit abhängig gemacht werden. Ist allerdings eine Regelung in einer Gemeinschaftsordnung enthalten, wonach nur die Nutzungsberechtigten die Lasten und Kosten für bestimmte Teile des Gemeinschaftseigentums tragen sollen, ist dies zu beachten[3].

62a Hinzuweisen ist aufgrund der Reform des Wohnungseigentumsgesetzes jetzt auf die seit dem 1. 7. 2007 bestehende Möglichkeit, die Kosten gemäß § 16 Abs. 3 und 4 WEG **durch Beschluss** abweichend von der generellen gesetzlichen Regelung des § 16 Abs. 2 WEG oder einer Regelung in der Gemeinschaftsordnung festzulegen. Einzelheiten hierzu in Teil 8, Rz. 132 ff.

63 Bestimmungen in Gemeinschaftsordnungen, die die Verteilung der Lasten und Kosten abweichend von § 16 Abs. 2 WEG regeln (sollen), müssen klar und eindeutig sein. Bleiben Zweifel, sind die Lasten und Kosten nach der gesetzlichen Regelung zu verteilen[4]. Regelt die Gemeinschaftsordnung, dass Kosten der Instandhaltung und Instandsetzung des Gemeinschaftseigentums nach Möglichkeit dem Verursacherprinzip entsprechend auf die Miteigentümer zu verteilen sind, gilt das nicht für den Fall, dass das Gemeinschaftseigentum bereits bei Bildung der Eigentümergemeinschaft mit Mängeln behaftet ist[5]. Werden in der Teilungserklärung Gebäudebestandteile, die zwingend Gemeinschaftseigentum

---

1 OLG Celle, Beschl. v. 28. 11. 2006 – 4 W 241/06, OLGReport Celle 2007, 8 = NZM 2007, 217 (unter Hinweis auch auf eine **mietrechtliche** Entscheidung des BGH, Urt. v. 20. 9. 2006 – VIII ZR 103/06, MDR 2007, 329); OLG Köln, Beschl. v. 13. 2. 1995 – 16 Wx 6/95, OLGReport Köln 1995, 194 = WuM 1995, 446 = NJW-RR 1995, 973 = DWE 1995, 72; keine Unbilligkeit des Kostenverteilungsschlüssels, wenn ein Wohnungseigentümer eine gemeinschaftliche Einrichtung nicht nutzt: OLG Schleswig, Beschl. v. 6. 8. 1997 – 2 W 89/97, OLGReport Schleswig 1997, 346 = NJW-RR 1998, 15 = WuM 1997, 697 = DWE 1998, 142; OLG Düsseldorf, Beschl. v. 18. 9. 1985 – 3 W 317/85, NJW-RR 1986, 95 = DWE 1986, 28 (zu Aufzugskosten).
2 OLG Hamm, Beschl. v. 29. 6. 1981 – 15 W 169/80, WEM 1981, Heft 4, 38, 43 f.
3 Vgl. BayObLG, Beschl. v. 12. 9. 2002 – 2Z BR 64/02, NZM 2003, 29.
4 OLG Köln, Beschl. v. 16. 11. 2001 – 16 Wx 221/01, OLGReport Köln 2002, 91 = ZMR 2002, 779.
5 OLG Köln, Beschl. v. 21. 9. 2001 – 16 Wx 153/01, ZMR 2002, 377.

sind, dem Sondereigentum zugeordnet, ist die Zuordnung nichtig; enthält aber die Gemeinschaftsordnung eine Regelung, dass die Kosten der Instandsetzung des Sondereigentums von dem jeweiligen Sondereigentümer zu tragen sind, kann dies zu einer Kostentragungspflicht hinsichtlich der fehlerhaft zugeordneten Teile des Gemeinschaftseigentums führen[1].

b) Besonderheiten
aa) Abwasserhebeanlage

Befindet sich eine Abwasserhebeanlage in einem gemeinschaftlichen Kellerraum, dient sie gleichwohl aber nur der Wasserentsorgung eines einzelnen Wohnungseigentums, gehört sie als „Gebäudebestandteil der Wohnung" zum Sondereigentum. Die Kosten für den Betrieb, für die Instandhaltung und die Instandsetzung sind von dem jeweiligen Sondereigentümer allein zu tragen[2]. 64

bb) Fenster/Balkon- und Wohnungsabschlusstüren

Ist in der Gemeinschaftsordnung bestimmt, dass Instandsetzungsarbeiten von dem betreffenden Wohnungseigentümer **ohne Rücksicht auf die Ursache des Schadens** zu veranlassen sind, bedeutet dies, dass auch die entsprechenden Kosten von dem Eigentümer zu tragen sind[3]. In der Jahresabrechnung können dann auch die betreffenden Kosten allein auf den Wohnungseigentümer umgelegt werden. Zu einer erstmaligen Herstellung eines ordnungsgemäßen Zustandes ist der Wohnungseigentümer jedoch auch dann nicht verpflichtet[4]. 65

cc) Folgekosten eines berechtigten Ausbaus

Hat ein Wohnungseigentümer Teile des Gebäudes berechtigt aufgrund einer Vereinbarung in der Gemeinschaftsordnung ausgebaut, hat er – falls in der Gemeinschaftsordnung nichts anderes geregelt ist – sowohl die Kosten des Ausbaus als auch die daraus für die Gemeinschaft entstehenden Folgekosten zu tragen. Die Regelung des § 16 Abs. 2 WEG greift dann nicht ein[5]. 66

---

1 OLG Karlsruhe, Beschl. v. 5. 5. 2000 – 11 Wx 71/99, NZM 2002, 220.
2 OLG Düsseldorf, Beschl. v. 30. 10. 2000 – 3 Wx 276/00, ZWE 2001, 223 = OLGReport Düsseldorf 2001, 199 = ZMR 2001, 216 = NZM 2001, 752 = DWE 2001, 28.
3 OLG Düsseldorf, Beschl. v. 23. 11. 1998 – 3 Wx 376/98, ZMR 1999, 279 = NZM 1999, 277 = WuM 1999, 350 = DWE 1999, 37; vgl. auch OLG Düsseldorf, Beschl. v. 15. 4. 1996 – 3 Wx 359/95, WuM 1996, 443 = OLGReport Düsseldorf 1996, 201 = ZMR 1997, 38 = DWE 1998, 46.
4 BayObLG, Beschl. v. 18. 7. 1996 – 2Z BR 63/96, ZMR 1996, 574 = WE 1996, 400 = WuM 1997, 187 = DWE 1998, 29.
5 BayObLG, Beschl. v. 16. 3. 2000 – 2Z BR 181/99, ZWE 2000, 526 = DWE 2000, 159 = ZfIR 2000, 378.

dd) Glasschäden

67 Ist nach der Gemeinschaftsordnung der einzelne Wohnungseigentümer verpflichtet, die Kosten für Glasschäden an Fenstern und Türen im Bereich seines Wohnungseigentums zu tragen, gehören dazu auch die Kosten für den Austausch blind gewordener Glasscheiben[1].

ee) Heizkosten/Warmwasserkosten

68 Bei **Heizkostenabrechnungen** kommt es mitunter zu Streitigkeiten, wenn ein einzelner Wohnungseigentümer seine **Heizkörper stillgelegt** hat oder sie dauernd abgesperrt hält. Auch wenn die Heizkörper ständig stillgelegt werden, kann der Wohnungseigentümer nicht verlangen, von den verbrauchsabängigen Kosten des Heizbetriebs völlig freigestellt zu werden – von den Heizkosten, die nach der Fläche berechnet werden, sowieso nicht. Bei den verbrauchsabhängigen Kosten sind ihm zumindest die niedrigsten Verbrauchskosten, die einem Eigentümer mit einer vergleichbaren Wohnung entstanden sind, anzulasten[2].

69 Die Kosten für einen **Nutzerwechsel** (Kosten für eine zusätzliche Messung zählen zu den Kosten nach § 7 Abs. 2, § 8 Abs. 2 HeizkostenV) dürfen auf alle Eigentümer umgelegt werden, weil der Vertrag mit der Ablesefirma von der Eigentümergemeinschaft abgeschlossen worden ist und es sich somit um gemeinschaftliche Kosten handelt[3].

Stellt die Gemeinschaftsordnung nicht **beheizbare Räume von Heizkosten frei**, kann daraus nicht geschlossen werden, dass diese Räume auch von allen sonstigen verbrauchsabhängigen Kosten (wie Müllabfuhr, Wasser, Abwasser und Strom) freigestellt werden sollten[4].

70 Auseinandersetzungen können in Eigentümergemeinschaften auch über die **verbrauchsabhängige Heizungs- und Warmwasserabrechnung** auftreten, insbesondere dann, wenn in der Gemeinschaftsordnung nicht vorgesehen ist, die Heizkosten und Warmwasserkosten nach Verbrauch abzurechnen, und die Gemeinschaft nach Einführung der HeizkostenV beschlossen hat, keine Ablesegeräte einbauen zu lassen.

71 Nach § 11 Abs. 1 Nr. 1 HeizkostenV ist die Anbringung von Ausstattungen zur Verbrauchserfassung oder Verteilung der Kosten des Wärmeverbrauchs dann nicht notwendig, wenn dies nur mit **unverhältnismäßig hohen Kosten** möglich wäre. Nach § 3 der HeizkostenV sind für Ent-

---

[1] BayObLG, Beschl. v. 3. 8. 2000 – 2Z BR 184/99, WuM 2000, 560 = NZM 2000, 1081.
[2] BayObLG, Beschl. v. 7. 4. 1988 – 2 Z 157/87, MDR 1988, 677 = WuM 1988, 334 = NJW-RR 1988, 1166 = DWE 1989, 26.
[3] Vgl. KG, Beschl. v. 26. 6. 2002 – 24 W 307/01, ZWE 2002, 409, 411.
[4] BayObLG, Beschl. v. 23. 8. 2001 – 2Z BR 114/01, ZWE 2001, 597 = ZMR 2002, 65 = NZM 2002, 389.

scheidungen nach §§ 9, 11 HeizkostenV die gesetzlichen oder in der Gemeinschaftsordnung enthaltenen Bestimmungen anzuwenden.

Die Klausel in § 3 HeizkostenV bedeutet, dass die Wohnungseigentümergemeinschaft durch Mehrheitsbeschluss darüber entscheiden kann, ob ein **Ausnahmetatbestand gemäß § 11 HeizkostenV** von der Gemeinschaft als gegeben angesehen wird[1]. Ein Mehrheitsbeschluss ist selbst dann nicht nichtig, sondern nur anfechtbar, wenn die Annahme der Voraussetzungen des § 11 nicht ordnungsmäßiger Verwaltung entsprochen hat (oder haben könnte). Das heißt, selbst wenn die Wohnungseigentümergemeinschaft fehlerhaft angenommen haben sollte, dass „unverhältnismäßig hohe Kosten" für den Einbau und Betrieb der Ablesegeräte notwendig sind, spielt dies für die Bestandskraft des Mehrheitsbeschlusses keine Rolle[2].

Allerdings sind Beschlüsse der Eigentümergemeinschaft, deren Beschlussgegenstand außerhalb der Regelungsbefugnis des § 3 HeizkostenV liegen, nichtig[3]. Ob solche Beschlüsse nunmehr von der Beschlusskompetenz des § 16 Abs. 3 WEG gedeckt sind, wird bei jedem Einzelfall zu prüfen und entscheiden sein.

Die Frage, wann unverhältnismäßig hohe Kosten im Sinne des § 11 HeizkostenV vorliegen, wird von der Rechtsprechung dahin gehend beantwortet, dass es auf den **Vergleich** der **Kosten für die Installation der Messgeräte sowie des Mess- und Abrechnungsaufwandes** mit der **möglichen Einsparung von Energiekosten** ankommt[4]. Solche unverhältnismäßig hohe Kosten liegen dann vor, wenn in einem **10-Jahres-Vergleich** die Kosten für die Installation der Messgeräte sowie deren Wartung und

---

1 Schmidt-Futterer/*Lammel*, § 3 HeizkostenV, Rz. 19; vgl. auch AG Kerpen, Beschl. v. 14. 11. 1984 – 16 II 29/84, NJW-RR 1986, 241.
2 Vgl. BayObLG, Beschl. v. 16. 9. 1993 – 2Z BR 91/93, WuM 1993, 753 = NJW-RR 1994, 145 = WE 1994, 282; BayObLG, Beschl. v. 9. 6. 1988 – 2 Z 12/88, ZMR 1988, 349 = WuM 1988, 332; BayObLG, Beschl. v. 21. 2. 1985 – 2 Z 105/84, WuM 1986, 27 = DWE 1985, 123; AG Duisburg, Beschl. v. 28. 4. 1988 – 45 II 72/87, DWE 1989, 35.
3 OLG Hamm, Beschl. v. 12. 12. 1994 – 15 W 327/94, OLGReport Hamm 1995, 86 = ZMR 1995, 173 = NJW-RR 1995, 465 = DWE 1995, 80.
4 Vgl. BGH, Urt. v. 30. 1. 1991 – VIII ZR 361/89, ZMR 1991, 170 = WuM 1991, 282 = NJW-RR 1991, 647; MDR 1991, 630; OLG Köln, Beschl. v. 23. 11. 2001 – 16 Wx 202/01, OLGReport Köln 2002, 164 = ZMR 2002, 780 (dazu auch Vorentscheidung: LG Köln, Beschl. v. 27. 6. 2001 – 29 T 7/99, n.v., sowie OLG Köln v. 24. 4. 1998); OLG Köln, Beschl. v. 24. 4. 1998 – 16 Wx 28/98, WuM 1998, 621 = NZM 1998, 919; BayObLG, Beschl. v. 16. 9. 1993 – 2Z BR 91/93, WuM 1993, 753 = NJW-RR, 1994, 145 = WE 1994, 282; KG, Beschl. v. 30. 11. 1992 – 24 W 3802/92, OLGZ 1993, 308 = ZMR 1993, 182 = NJW-RR 1993, 468 = WuM 1993, 300 = DWE 1993, 80; BayObLG, Beschl. v. 13. 4. 1989 – 2 Z 69/88, ZMR 1989, 317 = WuM 1989, 451; a.A. (aber falsch) OLG Düsseldorf, Beschl. v. 23. 11. 1988 – 3 Wx 422/88, DWE 1989, 29, wo nur auf die Kosten für die Verbrauchserfassung abgestellt wird.

Ablesung die voraussichtliche Einsparung von Energiekosten (üblicherweise geht man von 15 % aus) übersteigen.

75 Es stellt sich in diesem Zusammenhang die Frage, ob (z. B.) ein nach ergangenem Beschluss über die Nichtinstallation der Messgeräte eintretender Wohnungseigentümer verlangen kann, dass über die Frage des Einbaus erneut entschieden werden muss und ob er dies auch gerichtlich erzwingen könnte. Wenn dies richtig wäre, käme es nicht auf den damaligen Vergleich der Kosten, sondern auf die heutige Kostensituation an. Ich meine: Ist der im Rahmen des § 3 HeizkostenV gefasste Beschluss der Eigentümergemeinschaft einmal in Bestandskraft erwachsen, kann ein Eigentümer, auch wenn er später in die Gemeinschaft eintritt, nicht erneut eine Beschlussfassung über die schon entschiedene Frage verlangen und auch nicht gerichtlich eine Änderung durchsetzen[1]. Der eintretende Wohnungseigentümer kennt den in der Gemeinschaftsordnung vorgesehenen Kostenverteilungsschlüssel, und die Beschlüsse der Eigentümerversammlungen, soweit sie innerhalb der Beschlusskompetenz der Eigentümergemeinschaft liegen, wirken gegen den Erwerber, § 10 WEG. „Eine Praxis, die Versuche ermutigen würde, die vereinbarte Regelung ... in Frage zu stellen, könnte ständige Unruhe in den Gemeinschaften fördern ...", so zu Recht das BayObLG[2]. Es ist vom Gericht lediglich zu prüfen, ob der Beschluss wirksam ist.

76 Für die Abrechnung bedeutet dies, dass auch der später eintretende Eigentümer keine nachträgliche Abrechnung anhand von Messgeräten verlangen kann, abgesehen davon, dass eine Änderung des Kostenverteilungsschlüssels nicht im Rahmen eines Beschlussanfechtungsverfahrens verlangt werden kann.

77 In der Praxis kommt es immer wieder vor, dass Wohnungseigentümer den **Zugang zur Wohnung** und damit die **Ablesemöglichkeit** der Heizkostenverteilergeräte verhindern. Hier sollte der die Gemeinschaft der Wohnungseigentümer vertretende Rechtsanwalt, auch wenn nach der HeizkostenV eine Schätzung des Verbrauchs möglich ist, durch einstweilige Verfügung Zugang zur Wohnung erzwingen und durch ein eventuelles Hauptsacheverfahren dafür sorgen, dass dieses gemeinschaftswidrige Verhalten des Eigentümers zukünftig nicht mehr erfolgt.

---

1 A. A. AG Bergisch Gladbach, Beschl. v. 11. 11. 2003 – 35 II 54/01, n. v.; nachfolgend LG Köln, Beschl. v. 29. 5. 2006 – 29 T 10/04, n. v.; nachfolgend OLG Köln, Beschl. v. 5. 9. 2006 – 16 Wx 154/06, OLGReport Köln 2007, 171 = ZMR 2007, 389 = WuM 2007, 86; vgl. auch *Abramenko*, Heizkostenverteilung und Beschlusskompetenz nach bisherigem und künftigem Recht, ZWE 2007, 61.
2 BayObLG, Beschl. v. 16. 9. 1993 – 2Z BR 91/93, WuM 1993, 753 = NJW-RR, 1994, 145 = WE 1994, 282; vgl. auch OLG Köln, Beschl. v. 23. 11. 2001 – 16 Wx 202/01, OLGReport Köln 2002, 164 = ZMR 2002, 780 (dazu auch Vorentscheidung: LG Köln, Beschl. v. 27. 6. 2001 – 29 T 7/99, n. v.

Die Gesamtabrechnung | Rz. 80 **Teil 6**

Behauptet der Wohnungseigentümer die **Fehlerhaftigkeit der Ablesegeräte** oder die **fehlende Eichung** der Geräte[1], muss im gerichtlichen Verfahren der Nachweis ordnungsgemäßer Eichung und (hinsichtlich der fehlerhaften Funktion der Geräte) notfalls ein Sachverständigengutachten zur Überprüfung dieser Behauptung eingeholt werden. Arbeiteten nämlich ein oder mehrere Ablesegeräte fehlerhaft, können die abgelesenen Werte nicht der Abrechnung zu Grunde gelegt werden. Die Abrechnung und damit auch der Beschluss über die Jahresabrechnung ist insgesamt fehlerhaft. Daten ungeeichter Ablesegeräte dürfen einer Jahresabrechnung ebenfalls nicht zu Grunde gelegt werden; auch im Fall einer fehlenden Eichung ist die Jahresabrechnung und der Beschluss fehlerhaft. 78

ff) Leer stehende/nicht fertig gestellte Wohnungen

Auch bei leerstehenden Wohnungen/Teileigentumseinheiten besteht eine Verpflichtung der betreffenden Wohnungseigentümer, die gemeinschaftlichen Lasten und Kosten anteilig zu tragen. Es liegt in der Entscheidungsmacht des einzelnen Eigentümers, das Sondereigentum zu nutzen, zu vermieten, zu verkaufen oder leer stehen zu lassen, deshalb kann gegenüber der Eigentümergemeinschaft keine Kostenbefreiung in Betracht kommen. Entscheidend ist nämlich nicht die tatsächliche Nutzung, sondern die Nutzungsmöglichkeit. Bei den Kostenpositionen, die durch den Kostenverteilungsschlüssel verbrauchsabhängig ausgestaltet worden sind, ergibt sich eine „automatische" Reduzierung der Kosten wegen geringeren Verbrauchs. Alle anderen Kostenpositionen entstehen auch gegenüber dem Eigentümer, der sein Sondereigentum leerstehen lässt. Dies gilt auch für den Bauträger, dessen Sondereigentum jahrelang wegen Unverkäuflichkeit leer steht[2]; in einem solchen Fall kann es auch nach dem Grundsatz von Treu und Glauben, § 242 BGB, keine Kostenbefreiung geben. Treu und Glauben fordert nämlich auch die Berücksichtigung der Interessen aller anderen Miteigentümer und es ist nicht ersichtlich, warum diese Nachteile erleiden sollten, nur weil der Bauträger seine Objekte nicht verkaufen kann. 79

Bei **noch nicht errichteten Sondereigentumseinheiten** wird der Grundsatz von Treu und Glauben nur dann erfordern, dass die Eigentümer der nicht errichteten Sondereigentumseinheiten von den Lasten und Kosten 80

---

1 Vgl. hierzu schon oben Rz. 55 (Eichung).
2 So auch *Röll*, NJW 1976, 1473, unter IV; a. A. *Bub*, Finanz- und Rechnungswesen, V., Rz. 156 m.w.N.; *Zoebe*, DWE 1976, 7, stellt lediglich auf eine Kostenverteilung nach „billigem Ermessen" ab, ohne aber seine eigene Position klar darzulegen; vgl. auch BayObLG, Beschl. v. 28. 9. 1978 – 2 Z 21/77, BayObLGZ 1978, 270 = DWE 1980, 27 = Rpfleger 1978, 444 = DB 1979, 646; OLG Hamm, Beschl. v. 29. 6. 1981 – 15 W 169/80, OLGZ 1982, 20 = Rpfleger 1981, 440.

befreit werden, wenn die Einheiten endgültig nicht fertiggestellt werden sollen. Grundsätzlich haben nämlich die betroffenen Wohnungseigentümer (wie auch jeder andere Wohnungseigentümer) einen Anspruch auf Fertigstellung des **stecken gebliebenen Baus**, jedenfalls hinsichtlich des Gemeinschaftseigentums[1]. Besteht keine Bereitschaft, das Gemeinschaftseigentum fertig zu stellen und wird dies auch nicht gerichtlich erzwungen, können die betroffenen Eigentümer der nicht fertig gestellten Einheiten von den anderen Miteigentümern eine Zustimmung zur Änderung des Kostenverteilungsschlüssels verlangen[2]. Die Änderung bedurfte nach der bisherigen Rechtslage einer Vereinbarung, wie die Entscheidung des BGH vom 20. 9. 2000[3] deutlich macht. Diese Vereinbarung konnte schon bisher im Wege des gerichtlichen Vergleichs erfolgen[4], aufgrund dessen auch eine Grundbucheintragung bewirkt werden kann. Es konnte auch eine notarielle Beurkundung der Einigung aller Eigentümer erfolgen[5]. Nach der neuen Rechtslage ab dem 1. 7. 2007 kann eine Änderung auch durch Beschluss erfolgen (§ 16 Abs. 3 WEG), der eine Bindungswirkung für später eintretende Wohnungseigentümer hat. Sollen die nicht fertig gestellten Einheiten noch fertig gestellt werden oder ist dies unklar, sind die Eigentümer dieser Einheiten an den Lasten und Kosten zu beteiligen[6].

gg) Thermostatventile

81   Thermostatventile an den Heizkörpern in den Wohnungen gehören zum Gemeinschaftseigentum, weshalb die Kosten für die Reparatur und einen Austausch der Ventile zu den gemeinschaftlichen Kosten gehören[7]. Ist jedoch in der Gemeinschaftsordnung ausdrücklich geregelt, dass jeder ein-

---

1 Vgl. OLG Frankfurt/Main, Beschl. v. 15. 11. 1993 – 20 W 208/92, WuM 1994, 36; BayObLG, Beschl. v. 20. 2. 1992 – 2 Z 159/91, WuM 1992, 280; OLG Frankfurt/Main, Beschl. v. 15. 3. 1991 – 20 W 114/90, OLGZ 1991, 293 = ZMR 1991, 272 = WuM 1994, 35 = DWE 1991, 160; OLG Köln, Beschl. v. 10. 8. 1989 – 16 Wx 113/88, ZMR 1989, 384 = DWE 1989, 180; OLG Karlsruhe, Beschl. v. 8. 3. 1979 – 11 W 98/78, OLGZ 1979, 287 = NJW 1981, 466 = Justiz 1979, 336, mit Anm. *Röll*, NJW 1981, 467; LG Bonn, Beschl. v. 2. 7. 1984 – 5 T 46/84, ZMR 1985, 63.
2 Vgl. auch *Müller*, Praktische Fragen, S. 325 (Rz. 637).
3 BGH, Beschl. v. 20. 9. 2000 – V ZB 58/99, BGHZ 145, 158 = ZWE 2000, 518 = MDR 2000, 1367 = NJW 2000, 3500 = ZMR 2000, 771.
4 Im Rahmen eines gegen die übrigen Miteigentümer gerichteten Antrages auf Zustimmung zur Änderung des Kostenverteilungsschlüssels; eine Änderung der Miteigentumsanteile kann m. E. nicht verlangt werden.
5 Zum Stimmrecht bei nicht fertig gestellten Wohnungen: OLG Braunschweig, Beschl. v. 15. 8. 1994 – 3 W 6/94, OLGReport Braunschweig 1994, 257; die Entscheidung dürfte nicht richtig sein.
6 Vgl. zum Problem auch: BayObLG, Beschl. v. 19. 2. 1987 – 2 Z 114/86, BayObLGZ 1987, 66 = WuM 1988, 92 = NJW-RR 1987, 714; *Bub*, Finanz- und Rechnungswesen, V., Rz. 157.
7 OLG Hamm, Beschl. v. 6. 3. 2001 – 15 W 320/00, ZWE 2001, 393 = OLGReport Hamm 2001, 323 = ZMR 2001, 839 = NJW-RR 2002, 156.

zelne Wohnungseigentümer die Kosten hierfür zu tragen hat, besteht keine Veranlassung, diese Kosten als Gemeinschaftskosten zu betrachten.

hh) Kaltwasser-Kosten

Äußerst umstritten war, wie Wasserkosten verteilt werden müssen. Ich hatte in der 1. Aufl. die Auffassung vertreten, diese Kosten müssten nach dem allgemeinen Kostenverteilungsschlüssel des § 16 WEG oder nach dem in der Gemeinschaftsordnung festgelegten Schlüssel verteilt werden. 82

Bub hatte bei der ESW-Tagung in Fischen 2000 erstmalig bezweifelt, dass Kosten für den Verbrauch von Wasser in den einzelnen Wohnungen **gemeinschaftliche** Lasten und Kosten sind, weil der Wasserverbrauch in der Wohnung stets Kosten des Gebrauchs des Sondereigentums sei[1]. In der Folge ist dieses Problem von verschiedenen Autoren aufgegriffen worden[2]. 83

Tatsächlich werden Kosten, wie *Bub* ausführt, nicht deshalb zu gemeinschaftlichen Kosten, weil ein außenstehender Dritter nur einen Vertrag mit der Gemeinschaft abzuschließen bereit ist. Bei den Wasserkosten schließt in der Regel der Versorgungsträger über die Lieferung des Wassers nur mit der Gemeinschaft einen Vertrag, nicht mit den einzelnen Wohnungseigentümern. Ich hatte gleichwohl in der 1. Aufl. eine andere Meinung vertreten, weil ich die Gemeinschaft der Wohnungseigentümer als Vertragspartner des Versorgungsunternehmens angesehen habe. Einen Unterschied zwischen gemeinschaftlichen und individuellen Zwecken könne man nicht machen, so dass eine ähnliche Situation wie bei einer Vermischung, §§ 948, 947 BGB, entsteht. Die Diskussion hat aber durch eine Entscheidung des BGH vom 25. 9. 2003[3], die in der 1. Aufl. nicht mehr berücksichtigt werden konnte, ihr (vorläufiges) Ende gefunden. 84

---

1 Vgl. *Bub*, ZWE 2001, 457 = DWE 2001, 90.
2 *Drasdo*, DWE 2001, 137; *Jennißen*, ZWE 2001, 461; *Hogenschurz*, DWE 2002, 11; *Armbrüster*, ZWE 2002, 145.
3 BGH, Beschl. v. 25. 9. 2003 – V ZB 21/03, BGHZ 156, 193 = MDR 2004, 86 = ZMR 2003, 937 = NJW 2003, 3476 = DWE 2004, 131 = ZWE 2004, 66; vgl. hierzu auch *Bielefeld*, Die verbrauchsabhängige Wasserkostenabrechnung, DWE 203, 125; *Greiner*, Abfallgebühren als Kosten des Sondereigentums – oder – das Recht auf eine eigene Mülltonne, ZMR 2004, 319; *Hauger*, Einbau von Kaltwasserzählern keine bauliche Veränderung, sondern Maßnahme ordnungsmäßiger Verwaltung, ZfIR 2003, 1046; *Häublein*, Erfassung und Verteilung von Kaltwasserkosten in der Wohnungseigentumsanlage, NJW 2003, 3529; *Hogenschurz*, Die Abrechnung von Kabelanschluss- und Abfallgebühren nach der Entscheidung des BGH, ZMR 2003, 910.

85 Aus der Entscheidung des BGH, der die Rechtsprechung gefolgt ist[1], ergeben sich folgende Grundsätze:

- Die Kosten der Wasserversorgung von Sondereigentumseinheiten und die (damit verbundenen) Kosten der Abwasserentsorgung gehören nicht zu den Kosten des gemeinschaftlichen Eigentums.

- Ergibt sich aus der Gemeinschaftsordnung **keine konkrete Regelung**, dass auch die Kosten für den Kaltwasserverbrauch im Sondereigentum nach den Kostenverteilungskriterien der Gemeinschaftsordnung zu behandeln sind, bedarf es zur Einführung einer verbrauchsabhängigen Wasserabrechnung keiner Vereinbarung.

- Ein Beschluss über die verbrauchsabhängige Abrechnung entspricht im Allgemeinen ordnungsmäßiger Verwaltung (sie trägt dem Verursacherprinzip Rechnung und dient als Anreiz zur Sparsamkeit). Allerdings hat die Gemeinschaft aufgrund ihres Selbstorganisationsrechts einen Ermessensspielraum; es können alle für und gegen eine verbrauchsabhängige Abrechnung sprechenden Umstände abgewogen werden. Diese Umstände könnten u. a. sein:

- (dafür) Einbau von Wasserzählern würde gesetzlich vorgeschrieben,

- (dafür) jede andere Abrechnungsmethode (als die verbrauchsabhängige) erschiene grob unbillig,

- (dafür) Verbrauchserfassungsgeräte wären schon (vollzählig und gebrauchsfähig) vorhanden,

- (dagegen) die wirtschaftlichen Aufwendungen (für Nachrüstung, Wartung, Eichung, Ablesung, zusätzliche Abrechnungskosten) sind unverhältnismäßig hoch – **hier** kann ein 10-Jahres-Vergleich vorgenommen werden.

- Wäre allerdings in der Gemeinschaftsordnung **eine konkrete Regelung** bezogen auf den Verbrauch im Sondereigentum **enthalten**, besteht ein Änderungsanspruch (z. B. Wechsel von der bisherigen MEA-Verteilung zur verbrauchsorientierten Verteilung) nur dann, *„wenn außergewöhnliche Umstände ein Festhalten an der Regelung als grob unbillig und damit als gegen Treu und Glauben verstoßend erscheinen lassen"*. Eine Erwartung, dass innerhalb von zehn Jahren eine deutliche Kostenersparnis zu erzielen sein könnte, reicht hierfür allein nicht aus.

- Auch wenn keine gesetzliche Verpflichtung für die Nachrüstung bestehender Gebäude mit Kaltwasserzählern besteht, sind die Eigentümer

---

[1] Z. B. OLG Hamm, Beschl. v. 18. 10. 2005 – 15 W 424/04, ZMR 2006, 706 = ZWE 2006, 232, mit Anm. *Hügel*, ZWE 2006, 234; Hans. OLG Hamburg, Beschl. v. 29. 9. 2004 – 2 Wx 1/04, OLGReport Hamburg 2005, 152 = ZMR 2004, 936, mit Anm. *Ott*, MietRB 2005, 156.

gleichwohl durch einen gefassten Beschluss über die verbrauchsabhängige Verteilung der Wasserkosten zur Nachrüstung verpflichtet. Ohne Nachrüstung könnte der Beschluss nicht vollzogen werden.

– Ein Einbau von Kaltwasserzählern zum Zwecke der verbrauchsabhängigen Verteilung der Wasser- und Abwasserkosten kann dann eine Maßnahme ordnungsmäßiger Verwaltung darstellen (und keine bauliche Veränderung).

Die Entscheidung des BGH griff der Deutsche Bundestag (u. a.) im Rahmen der Novellierung des Wohnungseigentumsgesetzes auf. Deshalb ist bei Änderungswünschen, die sich auf Kaltwasser-Kosten und den Einbau von Kaltwasser-Zählern beziehen, auch stets § 16 Abs. 3 und 4 WEG n. F. zu berücksichtigen. 86

Zu Streitigkeiten über die Kostenbelastung bei selbst eingebauten Wasserzählern vgl. Rz. 186 ff.

6. Mehrhausanlagen

Manche Gemeinschaftsordnungen[1] sehen eine getrennte Abrechnung der einzelnen Häuser einer Eigentümergemeinschaft vor (Mehrhausanlagen-Abrechnung). Konkret einem Haus zuzuordnende Kosten sollen, so die Idee des Mehrhausanlagen-Abrechnungssystems, nur von den Eigentümern der betreffenden Häuser getragen werden. Aufzugskosten können als objektiv feststellbare und trennbare Kosten nur einem Haus zugeordnet werden, wenn eine entsprechende Regelung in der Gemeinschaftsordnung vorhanden ist[2]. Ein solches Mehrhaus-System bedeutet jedoch nicht, dass eine Gesamtabrechnung jeweils getrennt nach den Häusern vorgenommen werden darf[3]. Ganz im Gegenteil müssen alle gemeinschaftlichen Lasten und Kosten in einer Gesamtabrechnung zusammengefasst werden; es muss jedoch innerhalb der Gesamtabrechnung eine Kennzeichnung erfolgen, welche Kostenpositionen von welchem Haus getragen werden sollen. Allerdings kann eine solche gesonderte Abrechnung für die jeweiligen Untergemeinschaften **vereinbart** werden; das führt dann dazu, dass die Untergemeinschaften wie unabhängige Einhei- 87

---

1 Vgl. BayObLG, Beschl. v. 18. 5. 1995 – 2Z BR 2/95, WuM 1995, 556 = WE 1996, 150; Versammlungsbeschlüsse können nicht wirksam bestimmen, dass eine Mehrhausanlagen-Abrechnung erfolgen soll, so aber noch OLG Düsseldorf, Beschl. v. 29. 1. 1988 – 3 Wx 516/87, DWE 1989, 80 (LS).
2 Vgl. OLG Köln, Beschl. v. 17. 12. 2001 – 16 Wx 181/00, ZMR 2002, 379.
3 Ebenso *Bub*, Finanz- und Rechnungswesen, III., Rz. 109.

ten behandelt werden müssen[1]. Eine solche Vereinbarung halte ich allerdings für wenig sinnvoll, weil in zahlreichen Angelegenheiten Überschneidungen stattfinden, die eine gesonderte Behandlung der einzelnen Untergemeinschaften erschweren oder vielleicht auch unmöglich machen.

88 Eine getrennte Abstimmung über die Abrechnungen der einzelnen Häuser ist – wenn sie nicht durch **Vereinbarung** festgelegt ist – nicht zulässig[2]. Das OLG Köln[3] bezweifelt in diesem Zusammenhang zu Recht, dass über die Art einer Heizkostenabrechnung nur die Wohnungseigentümer eines einzelnen Wohnblockes einer Eigentümergemeinschaft abstimmen könnten[4]. Ein Blockstimmrecht ist nur in eng begrenzten Ausnahmefällen gegeben; die Wohnungseigentümer eines Wohnblockes innerhalb einer mehrere Blocks umfassenden Eigentümergemeinschaft bilden keine rechtlich verselbständigte Untergemeinschaft. Das BayObLG[5] meint, dass ein Anfechtungsantrag wegen einer hausweisen Abstimmung über die Jahresabrechnung dann keinen Erfolg haben könne, wenn die Beschlüsse über die anderen „Haus"-Abrechnungen nicht ebenfalls in der gesetzlichen Frist angefochten worden seien. Dabei verkennt das Gericht aber, dass solche hausweisen Beschlüsse nicht in Bestandskraft erwachsen können. Die Teilgemeinschaften haben keine Beschlusskompetenz, nur über einen Teil einer Jahresabrechnung abzustimmen. Solche Beschlüsse sind nichtig.

---

1 OLG Schleswig, Beschl. v. 26. 4. 2007 – 2 W 216/06, OLGReport Schleswig 2007, 883 = ZWE 2008, 42, mit Anm. *Demharter*, ZWE 2008, 46, sowie *Jennißen*, MietRB 2008, 52.
2 Vgl. OLG Zweibrücken, Beschl. v. 23. 6. 2004 – 3 W 64/04, OLGReport Zweibrücken 2004, 585 = ZMR 2005, 908 = NZM 2005, 751 = ZWE 2005, 111, mit Anm. *Röll*, ZWE 2005, 115; BayObLG, Beschl. v. 17. 11. 2000 – 2Z BR 107/00, ZWE 2001, 269 = DWE 2001, 35 = ZMR 2001, 209 = NZM 2001, 269 = WuM 2001, 149; BayObLG, Beschl. v. 17. 1. 2000 – 2Z BR 99/99, ZWE 2000, 268 = BayObLGR 2000, 42 = ZMR 2000, 319 = NZM 2000, 554; BayObLG, Beschl. v. 31. 3. 1994 – 2Z BR 16/94, BayObLGZ 1994, 98 = MDR 1994, 581 = NJW-RR 1994, 1236 = ZMR 1994, 338 = WE 1994, 96; BayObLG, Beschl. v. 27. 10. 1993 – 2Z BR 17/93, WuM 1994, 105 = WE 1994, 304; BayObLG, Beschl. v. 10. 2. 1993 – 2Z BR 116/92, ZMR 1993, 231 = WuM 1993, 297, DWE 1993, 161 = WE 1994, 148; zum Stimmrecht in Mehrhausanlagen allgemein vgl. *Göken*, Die Mehrhausanlage, WE 1998, 129; vgl. auch OLG Köln, Beschl. v. 24. 9. 1996 – 16 Wx 86/96, DWE 1997, 78 = WE 1997, 232 = WuM 1997, 62, zur Frage, ob getrennt über die Kostenverteilung zwischen Wohnungs- und Garageneinheiten abgestimmt werden darf.
3 OLG Köln, Beschl. v. 24. 9. 1997 – 16 Wx 36/97, WuM 1998, 177 = WE 1998, 190; vgl. auch OLG Köln, Beschl. v. 29. 10. 1997 – 16 Wx 274/97, WE 1998, 191.
4 Vgl. auch BayObLG, Beschl. v. 27. 10. 1993 – 2Z BR 17/93, WuM 1994, 105 = WE 1994, 304.
5 BayObLG, Beschl. v. 31. 3. 1994 – 2Z BR 16/94, BayObLGZ 1994, 98 = MDR 1994, 581 = NJW-RR 1994, 1236 = ZMR 1994, 338 = WE 1994, 96.

7. Kosten von gerichtlichen Verfahren der Eigentümergemeinschaft

Problematisch ist, ob Rechtsstreitkosten überhaupt als Kostenposition in die Jahresabrechnung aufgenommen werden dürfen. Dabei ist allerdings auch zu berücksichtigen, dass – selbst wenn die Entnahme von Beträgen zur Finanzierung von Rechtsstreitigkeiten fehlerhaft gewesen sein sollte – sämtliche Entnahmen eines Wirtschaftsjahres in die Gesamtabrechnung aufgenommen werden müssen.

a) Rechtsstreitigkeiten mit gemeinschaftsfremden Dritten

Kosten, die im Zusammenhang mit Rechtsstreitigkeiten gegen gemeinschaftsfremde Dritte (Handwerker, Lieferanten und **auch** ausgeschiedene Wohnungseigentümer[1]) entstehen, sind Gemeinschaftskosten nach § 16 Abs. 2 WEG. Deshalb sind sie in die Jahresabrechnung aufzunehmen und dort nach dem für die Gemeinschaft geltenden Verteilungsschlüssel auf die Wohnungseigentümer zu verteilen.

Auch die Kosten für die Durchführung eines **selbstständigen Beweisverfahrens** gegen den Bauträger sind Gemeinschaftskosten und damit in die Jahresabrechnung aufzunehmen, auch wenn sich als Ergebnis des Beweisverfahrens herausstellt, dass die Ursache des Mangels vermutlich nicht im Gemeinschaftseigentum, sondern im Nutzungsverhalten des Sondereigentümers liegt[2]. In diesem Fall muss nach meiner Auffassung in der Jahresabrechnung ein Hinweis auf einen möglichen Rückforderungsanspruch gegen den einzelnen Wohnungseigentümer aufgenommen werden, damit die Eigentümergemeinschaft entscheiden kann, ob sie auf diesen Wohnungseigentümer zurückgreifen will.

---

1 Ein Rechtsstreit gegen den vor Rechtshängigkeit aus der Gemeinschaft ausgeschiedenen Wohnungseigentümer war (vor der WEG-Novelle) nach der Rechtsprechung des BGH vor dem Zivilgericht zu führen, nicht vor dem Wohnungseigentumsgericht, vgl. BGH, Beschl. v. 24. 11. 1988 – V ZB 11/88, BGHZ 106, 34 = NJW 1989, 714 = Rpfleger 1989, 100 = MDR 1989, 342 = DWE 1989, 58 = WE 1989, 93; diese Auffassung ist jedoch (zu Recht) vom BGH später aufgegeben worden – vgl. BGH, Beschl. v. 26. 9. 2002 – V ZB 24/02, ZMR 2002, 941; nach dieser Entscheidung sind auch die Zahlungsansprüche gegen den ausgeschiedenen Wohnungseigentümer vor den nach dem FGG zuständigen Wohnungseigentumsgerichten zu verfolgen. Nach neuem Recht ist das Amtsgericht der belegenen Sache – Abt. für WEG-Sachen – für Ansprüche gegen ausgeschiedene Eigentümer zuständig.
2 Vgl. BayObLG, Beschl. v. 31. 1. 2002 – 2Z BR 57/01, ZWE 2002, 217 = BayObLGR 2002, 206 = ZMR 2002, 529 = NZM 2002, 448 = WuM 2002, 330.

b) Kosten eines Entziehungsverfahrens

92 Die Kosten eines Entziehungsverfahrens nach § 18 WEG gehören nach § 16 Abs. 7 WEG auch zu den Kosten der Verwaltung im Sinne des § 16 Abs. 2 WEG. Sie sind deshalb ebenfalls in der Jahresabrechnung aufzunehmen und nach dem für die Gemeinschaft geltenden Verteilungsschlüssel auf die Wohnungseigentümer – und zwar einschließlich des betroffenen Wohnungseigentümers![1] – zu verteilen.

93 Der prozessuale Kostenerstattungsanspruch des obsiegenden Wohnungseigentümers, gegen den der Entziehungsprozess geführt wird, bleibt davon unberührt. Der obsiegende Wohnungseigentümer kann also von der Eigentümergemeinschaft die Erstattung seiner entstandenen notwendigen Kosten der Rechtsverteidigung verlangen. Die dem Wohnungseigentümer erstatteten Kosten gehören dann auch zu den gemeinschaftlichen Kosten der Verwaltung und sind demnach auch auf den obsiegenden Miteigentümer anteilig zu verteilen[2]. Von diesem Grundsatz kann nach meiner Auffassung auch nicht im Rahmen einer „Billigkeitswägung" abgewichen werden; eine Kostenbefreiung des obsiegenden Miteigentümers kommt auch dann nicht in Betracht, wenn er keinerlei begründeten Anlass für die Einleitung des Entziehungsverfahrens gegeben hat[3]. Diese Position wird jetzt noch durch § 18 Abs. 1 Satz 2 WEG n. F. gestärkt, weil das Recht zur Ausübung des Entziehungsrechts dem **Verband** (Gemeinschaft der Wohnungseigentümer) zusteht.

94 Die Vorschrift des § 16 Abs. 7 WEG bezieht sich nur auf das Klageverfahren vor dem Amts- und Landgericht (Klage auf Veräußerung des Wohnungseigentums), nicht etwa auf die Beschlussanfechtungsklage, mit der der betroffene Wohnungseigentümer auf Ungültigerklärung des Entziehungsbeschlusses der Eigentümer klagt. Obsiegt der anfechtende Wohnungseigentümer, tragen die Beklagten, also die übrigen Eigentümer der Gemeinschaft, die Kosten des Rechtsstreits; an diesen Kosten ist der Kläger nicht beteiligt.

---

1 Vgl. OLG Düsseldorf, Beschl. v. 3. 5. 1996 – 3 Wx 356/93, ZMR 1996, 571 = WuM 1996, 586 = NJW-RR 1997, 13 = WE 1996, 423; OLG Stuttgart, Beschl. v. 25. 11. 1985 – 8 W 424/84, OLGZ 1986, 32 = NJW-RR 1986, 379 = WuM 1986, 152 = DWE 1986, 25; OLG Karlsruhe, Beschl. v. 25. 5. 1983 – 11 W 128/82, Justiz 1983, 416 = WEM 1984, Heft 5, 17 (dort unvollständiges Aktenzeichen und falsches Datum); BayObLG, Beschl. v. 28. 4. 1983 – 2 Z 44/82, BayObLGZ 1983, 109 = JMBl BY 1983, 170 = WEM 1984, Heft 4, 29.
2 OLG Düsseldorf, Beschl. v. 3. 5. 1996 – 3 Wx 356/93, ZMR 1996, 571 = WuM 1996, 586 = NJW-RR 1997, 13 = WE 1996, 423.
3 Wohl a. A. OLG Düsseldorf, Beschl. v. 3. 5. 1996 – 3 Wx 356/93, ZMR 1996, 571 = WuM 1996, 586 = NJW-RR 1997, 13 = WE 1996, 423.

Die Gesamtabrechnung   Rz. 97 **Teil 6**

c) Kosten eines Verfahrens nach § 43 WEG

Die Frage, ob die Kosten eines Wohnungseigentumsverfahrens nach § 43   95
WEG in die Jahresabrechnung aufgenommen werden dürfen und wie
diese dann zu verteilen sind, war wegen der Vorschrift des alten § 16
Abs. 5 WEG lange Zeit umstritten[1]. § 16 Abs. 5 WEG a. F. lautete: *„Kosten eines Verfahrens nach § 43 gehören nicht zu den Kosten der Verwaltung im Sinne des Abs. 2."*

Nach der Novelle des Wohnungseigentumsgesetzes lautet § 16 Abs. 8
WEG:

Kosten eines Rechtsstreits gemäß § 43 gehören nur dann zu den Kosten der Verwaltung im Sinne des Absatzes 2, wenn es sich um Mehrkosten gegenüber der gesetzlichen Vergütung eines Rechtsanwalts aufgrund einer Vereinbarung über die Vergütung (§ 27 Abs. 2 Nr. 4, Abs. 3 Nr. 6) handelt.

**aa) Alte und neuere Rechtsprechung zu § 16 Abs. 5 WEG a. F.
(Kosten eines Verfahrens nach § 43)**

Wegen der Darstellung der Rechtsprechung zum § 16 Abs. 5 WEG a. F.,   96
die sich mit der Frage beschäftigte, ob die Kosten überhaupt in die Jahresabrechnung aufgenommen werden durften, kann auf die Ausführungen in der 1. Aufl. verwiesen werden. Die ganz herrschende Rechtsprechung zum alten Recht geht davon aus, dass die Kosten eines Verfahrens nach § 43 WEG jedenfalls dann in die Jahresabrechnung aufzunehmen sind, wenn sie aus dem Konto der Gemeinschaft bezahlt wurden. Der BGH hat in seiner Entscheidung vom 15. 3. 2007[2] weiterhin offengelassen, ob es überhaupt zulässig ist, solche Rechtsstreitkosten aus den Mitteln der Gemeinschaft zu bestreiten.

bb) Die Differenzierung der Rechtsstreitkosten in § 16 Abs. 8 WEG n. F.

Die neue Bestimmung des § 16 Abs. 8 WEG erfordert in der Jahresabrech-   97
nung eine differenzierte Behandlung der Rechtsstreitkosten, wenn der Verwalter mit einem Rechtsanwalt eine Streitwertvereinbarung (§ 27 Abs. 2 Nr. 4, Abs. 3 Nr. 6 WEG) getroffen hat, die dem „Interesse der Parteien und aller Beigeladenen" entspricht. Nehmen wir an, dass der „gesetzliche"

---

1 Vgl. *Bader*, Die Jahresabrechnung, DWE 1991, 86 (90); *Bielefeld*, Der Wohnungseigentümer, 5. Aufl., 1995, S. 169; *Deckert*, Die Abrechnung des Verwalters nach § 28 WEG, WE 1994, 222 (227); *Drasdo*, Die Verteilung der Prozesskosten zwischen den Eigentümern, WuM 1993, 226; *Drasdo*, Die Verteilung der Verfahrenskosten in der Jahresabrechnung, WE 1995, 298; *Merle*, Zur Verteilung der Verfahrenskosten in Wohnungseigentumssachen unter den Wohnungseigentümern, WE 1991, 4; *Sauren*, Die Kosten von WEG-Verfahren in der Jahresabrechnung der Gemeinschaft, WE 1995, 272.
2 BGH, Beschl. v. 15. 3. 2007 – V ZB 1/06, BGHZ 171, 335 = BGHReport 2007, 543 = ZMR 2007, 623 = NZM 2007, 538 = NJW 2007, 1869 = ZWE 2007, 295.

(und vom Gericht festgesetzte) Streitwert in einer Beschlussanfechtungsklage (Wohnungseigentümer A gegen die übrigen Wohnungseigentümer) 2 000 Euro beträgt, 50 % „des Interesses der Parteien und aller Beigeladenen" (§ 49a GKG) demgegenüber aber 8 000 Euro, dann sind die Gebühren für die richtige Behandlung in der Jahresabrechnung sowohl nach dem vereinbarten Streitwert (hierüber ergeht die Liquidation des Rechtsanwalts) als auch fiktiv nach dem niedrigeren „gesetzlichen" Streitwert zu berechnen. Die Gebühren nach der fiktiven Berechnung würden allein auf die im Beschlussanfechtungsverfahren beklagten „übrigen Eigentümer" verteilt, die entstehenden **Mehrkosten aufgrund der Streitwertvereinbarung** sind aber auf alle Eigentümer, also auch auf den Kläger, zu verteilen.

98 Gewinnt der anfechtende Wohnungseigentümer A die Beschlussanfechtungsklage, tragen die Beklagten, also die übrigen Wohnungseigentümer, die gesetzlichen und vom Gericht festgesetzten Kosten des Rechtsstreits – und zwar unter Ausschluss des Klägers A. Die eigenen Kosten müssten die übrigen Eigentümer eigentlich ebenfalls alleine tragen. Aufgrund des § 16 Abs. 8 WEG ergibt sich aber die Besonderheit, dass der klagende Wohnungseigentümer auch an den Kosten der unterliegenden übrigen Eigentümer beteiligt sein kann. Dieser Umstand tritt ein, wenn der Verwalter mit dem Rechtsanwalt, der die übrigen Wohnungseigentümer vertritt, eine Streitwertvereinbarung gemäß § 27 Abs. 2 Nr. 4 WEG getroffen hat. Die durch die Vereinbarung entstehenden Mehrkosten (aber auch nur diese) sind in der Jahresabrechnung auf **alle Wohnungseigentümer** zu verteilen.

99 Verliert der anfechtende Wohnungseigentümer die Beschlussanfechtungsklage, hat er auch die Kosten der übrigen Wohnungseigentümer zu tragen. Allerdings setzt das Gericht lediglich die Kosten fest, die bei dem gesetzlichen Streitwert entstehen. Der zwischen dem Verwalter und dem Rechtsanwalt vereinbarte Streitwert ist für das Gericht unerheblich und kann keine Grundlage für die Kostenfestsetzung sein. Das heißt, die übrigen Eigentümer bekommen vom Kläger nicht alle ihnen entstandenen Kosten erstattet. Das ist vom Gesetzgeber auch so gewollt[1]. Die Mehrkosten aufgrund der Streitwertvereinbarung sind demnach endgültig in der Jahresabrechnung zu verteilen, und zwar wiederum **auf alle Wohnungseigentümer.**

100 Die neue Vorschrift des § 16 Abs. 8 WEG bedeutet demnach sowohl für den Verwalter als auch für den Rechtsanwalt einen zusätzlichen Aufwand. Ohne Hilfe des Rechtsanwalts kann der Verwalter regelmäßig die Mehrkosten gar nicht errechnen; die Berechnung muss also von dem Rechtsanwalt vorgenommen werden. Hierzu dürfte der Rechtsanwalt auch ohne zusätzliche Vergütung verpflichtet sein (Nebenpflicht aus dem Mandatsverhältnis z. B. zu den „übrigen Wohnungseigentümern").

---

1 Vgl. *Köhler*, Das neue WEG, Köln 2007, Rz. 237 (S. 72).

Die Gesamtabrechnung   Rz. 104 **Teil 6**

Wie die Kosten in der Jahresabrechnung zu behandeln sind, muss allerdings der Verwalter wissen, so dass eine diesbezügliche Beratung durch den Rechtsanwalt eine eigenständige vergütungspflichtige Tätigkeit darstellt, die mit dem ursprünglichen Mandat nichts zu hat. Das ergibt sich im Übrigen auch daraus, dass hier **der Verwalter selbst** beraten wird und nicht die „übrigen Eigentümer" (oder im Fall des § 27 Abs. 3 Nr. 2 WEG die Gemeinschaft der Wohnungseigentümer).

Einstweilen frei.   101–102

cc) Die Verteilung der Rechtsverfolgungskosten

Hinsichtlich der Verteilung von Kosten, die der Rechtsverfolgung innerhalb der Eigentümergemeinschaft dienten, bestand erheblicher Streit, nach welchem Kostenverteilungsschlüssel diese in der Jahresabrechnung verteilt werden müssten[1]. Dieser Streit ist nunmehr durch eine Entscheidung des BGH[2] beendet worden. Der BGH geht bei der Frage der Verteilung der Rechtsverfolgungskosten von einer **Stufenprüfung** aus. Ist in der Gemeinschaftsordnung eine Regelung darüber getroffen, wie die **Verwaltungskosten** zu verteilen sind, richtet sich die Verteilung der Rechtsverfolgungskosten nach diesem Verteilungsschlüssel. In seiner Entscheidung sieht der BGH den **gesetzlichen Kostenverteilungsschlüssel** (also nach Miteigentumsanteilen) als „*den natürlichen Maßstab*" für die Verteilung der Lasten und Kosten in einer Eigentümergemeinschaft an. Gleichwohl führt er auch aus: „*Wenn ... § 16 Abs. 2 WEG Ausdruck des natürlichen Ausgleichsmaßstabs unter den Wohnungseigentümern ist ... ist es folgerichtig, dieselbe Wirkung auch einer die gesetzliche Regelung ersetzende Vereinbarung zuzusprechen.*" Diese Ausführungen erfordern demnach folgende **Stufenprüfung:**   103

Der Verwalter einer Eigentümergemeinschaft muss zuerst die Gemeinschaftsordnung daraufhin prüfen, ob in ihr besondere Kostenverteilungsvorschriften bezüglich Rechtsverfolgungskosten enthalten sind (**1. Stufe**). Das können Vorschriften sein, in denen die Rechtsverfolgungskosten (bezeichnet als „Kosten eines Rechtsstreits" oder ähnlich) ausdrücklich genannt sind, oder aber auch allgemeinere Vorschriften, die sich „nur" auf Verwaltungskosten beziehen[3]. Ist also in der Gemeinschaftsordnung z.B. ausgeführt, „Verwaltungskosten" oder „Kosten, die mit der Verwaltung des Gemeinschaftseigentums in Verbindung stehen" usw. werden nach qm oder Miteigentumsanteilen oder Wohnungseinheiten verteilt, ist dieser Verteilungsschlüssel auch für die Rechtsverfolgungskosten anzuwenden.   104

---

1 Vgl. hierzu *meine* Ausführungen in der 1. Aufl., Teil 7, Rz. 103 ff.
2 BGH, Beschl. v. 15. 3. 2007 – V ZB 1/06, BGHZ 171, 335 = BGHReport 2007, 543 = ZMR 2007, 623 = NZM 2007, 538 = NJW 2007, 1869 = ZWE 2007, 295.
3 „Kosten des Verwalters" sind hiervon zu unterscheiden.

105 Finden sich in der Gemeinschaftsordnung keine einschlägigen Vorschriften zu „Verwaltungskosten", ist in einer **2. Stufe** zu prüfen, ob die Gemeinschaftsordnung einen Kostenverteilungsschlüssel enthält, der die gesetzliche Regelung des § 16 Abs. 2 WEG generell verdrängt. Beispiel: „Sämtliche gemeinschaftlichen Lasten und Kosten werden nach der Größe der Sondereigentumseinheiten verteilt. Die Abrechnung der Heizungs- und Warmwasserkosten nach der Heizkostenverordnung bleibt davon unberührt." In diesem Fall verdrängt die Bestimmung in der Gemeinschaftsordnung insgesamt den gesetzlichen Verteilungsschlüssel und auch die Rechtsverfolgungskosten sind nach dem in der Gemeinschaftsordnung genannten Schlüssel zu verteilen.

106 Findet sich in der Gemeinschaftsordnung keine Bestimmung, die die gesetzliche Regelung komplett verdrängt, sondern werden unterschiedliche Regelung getroffen, wie z.B. „Die Lasten und Kosten werden nach dem gesetzlichen Maßstab verteilt, soweit nachstehend nicht anderes besonders geregelt wird" (sodann folgen einzelne Bestimmungen, die sich aber nicht auf „Verwaltungskosten" beziehen), ist die **3. Stufe** erreicht. Die Rechtsverfolgungskosten werden nach dem „natürlichen Maßstab", nämlich der gesetzlichen Regelung, verteilt (Miteigentumsanteile).

107 Die Entscheidung des BGH ist zur Rechtssituation vor der WEG-Novelle ergangen. Gleichwohl kann diese Entscheidung auch für Fälle nach dem 1.7.2007 angewendet werden. § 16 Abs. 3 WEG n.F. eröffnet jetzt den Weg, durch Beschluss die „Kosten der Verwaltung" anders, nämlich nach Verbrauch oder Verursachung zu erfassen. Ich meine jedoch, dass bei den Rechtsverfolgungskosten eine Beschlussfassung zu Lasten eines Eigentümers nicht ordnungsmäßiger Verwaltung entsprechen kann. Nach meiner Auffassung läge dann eine krasse Abweichung von der gesetzlichen Regelung vor, wie der BGH sie nunmehr in seiner Entscheidung ausgelegt hat.

dd) Beteiligung des Verwalters an den Kosten

108 Die früher von *Drasdo* vertretene Meinung[1], bei Beschlussanfechtungsverfahren sei der Verwalter bei der Kostenverteilung mit zu berücksichtigen, weil dieser Beteiligter des Anfechtungsverfahrens ist, hat sich überholt. Nach der heutigen Rechtslage können dem Verwalter zwar nach § 49 Abs. 2 WEG die Kosten auferlegt werden, das hat jedoch mit der Jahresabrechnung nichts zu tun. Die dem Verwalter auferlegten Kosten können nicht in der Jahresabrechnung erscheinen, es sei denn, der Verwalter hätte – rechtswidrig – die ihm auferlegten Kosten aus dem Gemeinschaftskonto entrichtet. Dann wären diese Kosten allerdings offen auszuweisen.

109–110 Einstweilen frei.

---

1 *Drasdo*, WuM 1993, 226.

ee) Behandlung der ausgeschiedenen Wohnungseigentümer

Zu erörtern ist noch die Behandlung von ausgeschiedenen Wohnungseigentümern bei Verfahren, die nicht der „Verband" (Gemeinschaft der Wohnungseigentümer) geführt hat. Derjenige Eigentümer, der zu Beginn eines Klageverfahrens an dem Rechtsstreit beteiligt ist, bleibt auch bis zum Abschluss des Verfahrens Beteiligter (vgl. § 265 ZPO) und damit materieller Kostenschuldner gegenüber dem Gegner (soweit dem Gegner Kostenerstattungsansprüche zugebilligt werden). Sind die aufgewendeten Kostenbeträge in die Jahresabrechnung eingestellt und wird diese beschlossen, so haftet gegenüber der Eigentümergemeinschaft derjenige, der zum Zeitpunkt der Beschlussfassung über die Jahresabrechnung im Grundbuch als Eigentümer eingetragen ist. Dieser Wohnungseigentümer hat gegenüber seinem Rechtsvorgänger einen Kostenerstattungsanspruch, da dieser materieller Beteiligter des Verfahrens geblieben ist. Dieser Anspruch ist nur dann nicht gegeben, wenn im Kaufvertrag zwischen Rechtsvorgänger und neuem Eigentümer dieser Anspruch ausdrücklich ausgeschlossen ist. Letztlich müsste der Rechtsnachfolger aufgrund seiner kaufvertraglichen Beziehung mit seinem Verkäufer abrechnen. Allerdings können die Eigentümer auch beschließen, dass die Gemeinschaft gegenüber den ausgeschiedenen Wohnungseigentümern die Ansprüche auf Erstattung der anteiligen Kosten geltend macht.

111

d) Kosten einer Information der Eigentümer durch den Verwalter

Nach der zutreffenden Auffassung des BayObLG[1] gehörten schon bisher die Kosten, die der Verwalter für die Information der Miteigentümer über ein gerichtliches Verfahren aufwenden musste, nicht zu den außergerichtlichen Verfahrenskosten. Damit gehören diese Kosten zu den Lasten und Kosten nach § 16 Abs. 2 WEG. Der Verwalter kann neben der Verwaltervergütung nicht noch zusätzlich die Erstattung dieser Kosten verlangen, weil diese Information nunmehr zu seinen gesetzlichen Aufgaben gehört, § 27 Abs. 1 Nr. 7 WEG. Eine Regelung im Verwaltervertrag, dass der Verwalter für solche Informationen eine gesonderte Gebühr erhalten soll, entspricht nicht (mehr) ordnungsmäßiger Verwaltung.

112

8. Aufteilung der Gesamtabrechnung in Kostenpositionen

In der Gesamtabrechnung sind sinnvolle Kostenpositionen zu bilden, sodass die Wohnungseigentümer erkennen können, wofür die aufgeführten Beträge verwendet wurden[2].

113

---

1 BayObLG, Beschl. v. 25. 5. 2001 – 2Z BR 133/00, ZWE 2001, 487 = ZMR 2001, 907 = NZM 2001, 1040 = NJW-RR 2001, 1231.
2 So auch *Bub*, Finanz- und Rechnungswesen, III., Rz. 116 ff.

114 Kostenpositionen, die in der Gemeinschaftsordnung konkret genannt werden, müssen sich auch in der Jahresabrechnung wiederfinden. Allerdings sind auch noch weitere Kostenpositionen aufzuführen, wenn dies der Verständlichkeit der Abrechnung dient. In der Gesamtabrechnung müssen für die einzelnen Kostenpositionen auch die Kostenverteilungsschlüssel, die durch die Gemeinschaftsordnung oder durch einen nicht angefochtenen Versammlungsbeschluss festgelegt sind, ausgewiesen werden.

115 Die Positionen in der Abrechnung dürfen auch nicht zu global gefasst werden; so hat das LG Köln[1] einen Beschluss über eine Jahresabrechnung u. a. deshalb als nicht ordnungsmäßiger Verwaltung entsprechend aufgehoben, weil in der Abrechnung ohne weitere Unterteilung oder Erklärung Positionen als „Sonstige Versorgungskosten", „Sonstige Verwaltungskosten" und „Sonstige Aufwendungen" deklariert wurden. Das Besondere dabei war, dass diese Positionen insgesamt einen Betrag von ca. 24 000 DM ausmachten (ca. 1,7 % der Abrechnungssumme von 1,42 Mio. DM). Diese Anforderungen erscheinen etwas überzogen zu sein[2]. Allerdings müssen die Einnahmen und Ausgaben so weit aufgeschlüsselt werden, dass sich ihre Berechtigung überprüfen lässt[3].

116 Insbesondere, wenn einzelne Kostenpositionen aufgrund der Gemeinschaftsordnung nach bestimmten Schlüsseln zu verteilen sind, muss die Aufteilung in Kostenpositionen genau beachtet werden. Werden Kostenpositionen nämlich nicht nach dem richtigen Verteilungsschlüssel verteilt, ist der Jahresabrechnungsbeschluss auch dann im Beschlussanfechtungsverfahren für ungültig zu erklären, wenn die Verschiebung der anteiligen Kosten von der einen Kostenposition zur anderen für den einzelnen Wohnungseigentümer nur zu geringfügigen Änderungen führt[4].

117 Werden einzelne Wohnungseigentümer von bestimmten Kostenpositionen freigestellt, ist es selbstverständlich notwendig, dies in der Gesamtabrechnung auszuweisen und zu erklären.

118 Es darf **keine Saldierung zwischen Einnahmen und Ausgaben** erfolgen[5], selbst wenn sie **gleichartig** wären, wie z. B. bei Einnahmen und Ausgaben

---

[1] LG Köln, Beschl. v. 17. 7. 1997 – 29 T 86/97, n. v.
[2] Vgl. auch *Dürr*, ZMR 1985, 255 (256), der eine gesonderte Auflistung von Reparaturen für erforderlich hält, wenn diese etwa 20 % der Instandhaltungsrücklage oder der im Wirtschaftsplan angesetzten Reparaturkosten ausmachen (*diese* Grenze halte ich für zu hoch).
[3] *Dürr*, ZMR 1985, 255; AG Düsseldorf, Beschl. v. 28. 8. 2002 – 292 II 94/02 WEG, n. v.
[4] KG, Beschl. v. 11. 12. 1995 – 24 W 4594/95, ZMR 1996, 335 = WuM 1996, 171 = WE 1996, 270 = NJWE-MietR 1996, 87 = DWE 1996, 185.
[5] Vgl. OLG Hamm, Beschl. v. 3. 5. 2001 – 15 W 7/01, ZWE 2001, 446 = ZMR 2001, 1001.

für Saunabetrieb, bei Zinsbeträgen usw. Sonst leidet die Klarheit und Durchschaubarkeit der Jahresabrechnung darunter[1].

9. Die Abrechnung eines Selbstbehalts bei Versicherungsschäden

Selbstbehalte kommen vorwiegend bei den Wohngebäudeversicherungen vor. In der Klausel 0972 zu den VGB 88, den bisher üblichen Wohngebäude-Versicherungsbedingungen, wird formuliert: „Der bedingungsgemäß als entschädigungspflichtig errechnete Betrag einschließlich Aufwendungsersatz ... wird je Versicherungsfall um den vereinbarten Selbstbehalt gekürzt." Ist in der Gemeinschaftsordnung die Formulierung enthalten, dass „**das gesamte Grundstück**" zu versichern ist, bedeutet dies, dass die Gemeinschaft auch das Sondereigentum zu versichern hat. Wird in diesem Fall ein Selbstbehalt mit dem Versicherer vereinbart, gehören die bei Schadenfällen entstehenden Selbstbehalte zu den gemeinschaftlichen Lasten und Kosten. Sie sind dann nach dem Kostenschlüssel für Instandsetzungen/Instandhaltungen auf alle Miteigentümer zu verteilen[2].

119

10. Umsatzsteuer-Ausweis in der Abrechnung[3]

Nach § 4 Nr. 13 UStG sind Leistungen von Wohnungseigentümergemeinschaften an die Wohnungs- und Teileigentümer umsatzsteuerfrei, soweit die Leistungen in der Überlassung des gemeinschaftlichen Eigentums zum Gebrauch, seiner Instandhaltung, Instandsetzung und sonstigen Verwaltung sowie der Lieferung von Wärme und ähnlichen Gegenständen bestehen. Auf diese Steuerbefreiung kann die Eigentümergemeinschaft gemäß § 9 UStG verzichten. Zu einer solchen Umsatzsteuer-Option bedarf es allerdings mindestens eines Beschlusses der Eigentümergemeinschaft[4]. Liegt ein solcher Beschluss nicht vor, so darf die Umsatzsteuer nicht in der Abrechnung ausgewiesen werden.

120

---

1 Ebenso *Bub*, Finanz- und Rechnungswesen, III., Rz. 119.
2 Vgl. hierzu *Köhler*, Zwei WEG- und Versicherungsprobleme, ZMR 2002, 891; *Köhler*, Die Selbstbeteiligung bei Versicherungsschäden, Der Fachverwalter, Hamburg 1996, S. 39 ff.; AG Saarbrücken, Beschl. v. 29. 4. 2002 – 1 II 173/01 WEG, ZMR 2002, 980.
3 *Schirrmann*, Umsatzsteuer und Wohnungseigentum, WE 1998, 212 (Teil 1), WE 1998, 248 (Teil 2), WE 1998, 292 (Teil 3), WE 1998, 331 (Teil 4); *Röll/Sauren*, Abschn. D, Rz. 22 ff. – S. 522 (kurz und prägnant); vgl. auch *Jennißen*, Verwalterabrechnung, VII. Rz. 13 ff., Ausführungen sind teilweise missverständlich.
4 Vgl. BayObLG, Beschl. v. 13. 6. 1996 – 2Z BR 28/96, ZMR 1996, 574 = WuM 1996, 656 = NJW-RR 1997, 79 = WE 1997, 79 = DWE 1998, 23; OLG Hamm, Beschl. v. 12. 5. 1992 – 15 W 33/92, OLGZ 1993, 57 = BB 1992, 1308 = DWE 1992, 119 = NJW-RR 1992, 1232; diese Entscheidungen sind sämtlich vor der Entscheidung des BGH v. 20. 9. 2000 erfolgt; es erscheint zweifelhaft, einen Mehrheitsbeschluss für eine solche Umsatzsteuer-Option ausreichen zu lassen.

121 Ist in einer Abrechnung die Umsatzsteuer ausgewiesen, ohne dass die Eigentümergemeinschaft über die Umsatzsteuer-Option wirksam befunden hat, entspricht ein Versammlungsbeschluss über die Jahresabrechnung nicht ordnungsmäßiger Verwaltung. Die Eigentümergemeinschaft muss nämlich nach § 14 Abs. 3 UStG den ausgewiesenen Betrag an das Finanzamt abführen, auch wenn sie nicht optiert hat. Der einzelne Wohnungseigentümer kann aber wegen der fehlenden Option den ausgewiesenen Betrag nicht als Vorsteuer geltend machen. Der Ausweis der Umsatzsteuer stellt sich demnach als unnütze Position dar.

122 Ein einzelner Eigentümer kann nicht von der Eigentümergemeinschaft oder dem Verwalter verlangen, dass die Umsatzsteuer ausgewiesen wird, wenn keine Umsatzsteueroption beschlossen worden ist.

11. Ausweis der Einnahmen

123 Die Jahresabrechnung muss auch die Einnahmen ausweisen; in Bezug auf die Gesamtabrechnung bedeutet dies, dass z.B. auch die Einnahmen aus der Vermietung gemeinschaftlicher Räume (z.B. Keller) oder Flächen (Einstellplätze, Flächen für Zigarettenautomaten, Plakatwände usw.), die Einnahmen aus dem Betrieb gemeinschaftlicher Wasch- und Trockenmaschienen usw. aufgenommen werden müssen[1].

12. Ausweis von haushaltsnahen Dienstleistungen

123a Aufgrund des § 35a EStG können Wohnungseigentümer seit dem 1.1.2006 eine Steuerermäßigung bei Aufwendungen für haushaltsnahe Dienstleistungen geltend machen[2], auch soweit diese von der Gemeinschaft der Wohnungseigentümer aufgewendet wurden. Hierzu gibt es zwei „Anwendungsschreiben" des Bundesfinanzministeriums, und zwar vom 3.11.2006[3] und 26.10.2007[4], in denen Einzelheiten geregelt sind[5]. Diese „Anwendungsschreiben" stellen keine „gesetzliche" Regelungen

---

1 Zu den Hausgeldeinnahmen vgl. Rz. 152 ff.
2 Vgl. hierzu auch *Ludley*, Haushaltsnahe Dienst- und Handwerkerleistungen und deren Auswirkungen auf Betriebskostenabrechnungen und Jahresabrechnungen, ZMR 2007, 331; *Beck*, Haushaltsnahe Dienstleistungen nach EStG § 35a, ZWE 2008, 313.
3 Aktenzeichen IV C 4 – S 2296b-60/06; zu finden unter: http://www.bundesfinanzministerium.de/nn_58918/DE/BMF__Startseite/Aktuelles/BMF__Schreiben/Veroffentlichungen__zu__Steuerarten/einkommensteuer/174.html.
4 Aktenzeichen IV C 4 – S 2296-b/07/003; zu finden unter: http://www.bundesfinanzministerium.de/nn_58918/DE/BMF__Startseite/Aktuelles/BMF__Schreiben/Veroffentlichungen__zu__Steuerarten/einkommensteuer/001.html.
5 Vgl. auch *Schlüter*, Haushaltsnahe Dienstleistungen – Neue Klarstellungen durch das BMF, ZWE 2007, 485.

dar, die etwa auf das Verhältnis zwischen Gemeinschaft der Wohnungseigentümer und Verwalter einwirken könnten.

Der Verwalter ist nicht verpflichtet, solche haushaltsnahen Dienstleistungen in der Jahresabrechnung auszuweisen und differenziert darzustellen[1], wenn nicht zwischen ihm und der Gemeinschaft eine vertragliche Vereinbarung (die eine entgeltliche oder unentgeltliche Erstellung vorsieht) hierüber getroffen worden ist[2]. Das gilt auch, wenn der Ausweis in der Jahresabrechung „unschwer" erfolgen könnte[3]. Die vorgenannten Grundsätze gelten jedenfalls für Verwalterverträge, die vor der Einführung dieser steuerlichen Möglichkeit abgeschlossen worden sind[4]. Diese Verträge umfassten nicht – auch nicht konkludent – eine Verpflichtung des Verwalters, die sich auf die Darstellung und Ausweisung von haushaltsnahen Dienstleistungen bezieht. Bei den Verträgen, die nach der Einführung der steuerlichen Möglichkeit abgeschlossen worden sind, muss man allerdings davon ausgehen, dass diese Dienstleistung im Rahmen des üblichen Vertragsumfanges jetzt erbracht werden muss und der Verwalter sie auch in seine Vergütung einkalkuliert hat.

III. Die Einzelabrechnung (2. Abrechnungsbestandteil)

1. Grundsätzliches

Zu einer Jahresabrechnung gehört auch die Aufteilung der Ergebnisse der Gesamtabrechnung auf die einzelnen Wohnungseigentümer[5] – und damit die Erstellung von Einzelabrechnungen. Eine Jahresabrechnung, die ohne Einzelabrechnungen vorgelegt wird, ist unvollständig[6] und demnach auch nicht hinreichend nachprüfbar. Damit entspricht eine Jahresabrechnung **ohne** Einzelabrechnung nicht den Grundsätzen ordnungsmäßiger Verwal-

---

1 Vgl. LG Bremen, Beschl. v. 19. 5. 2008 – 4 T 438/07, n. v.; vgl. auch *Tank*, Anm. zu AG Bremen v. 3. 6. 2007, WuM 2007, 475 (Vorentscheidung zu LG Bremen); a. A. (jedoch nicht überzeugend) *Sauren*, Haushaltsnahe (Dienst-)Leistungen in der Wohnungseigentümergemeinschaft – eine Revolution für Verwalter, NZM 2007, 23; *Fritsch*, Neuregelung des Steuerabzugs für haushaltsnahe Dienst- und Handwerkerleistungen, ZMR 2006, 503; kritisch hierzu *Drasdo*, Die steuerliche Geltendmachung von Kosten haushaltsnaher Dienst- und Handwerkerleistungen im Bereich des Wohnungseigentums, ZMR 2006, 669; *Schlüter*, Haushaltsnahe Dienstleistungen – Ausweispflicht für den Verwalter?, ZWE 2006, 131.
2 AG Neuss, Beschl. v. 29. 6. 2007 – 74 II 106/07 WEG, NZM 2007, 736 = ZMR 2007, 898.
3 A. A. *Herrlein*, Haushaltsnahe Dienstleistungen als Problem der Nebenkosten- und Wohngeldabrechnung, WuM 2007, 54.
4 AG Hannover, Beschl. v. 29. 6. 2007 – 73 II 382/07, Info M 2007, 277.
5 BayObLG, Beschl. v. 2. 2. 1979 – 2 Z 11/78, BayObLGZ 1979, 30 = ZMR 1979, 148 = DWE 1979, 123 = WEM 1979, 127; BayObLG, Beschl. v. 13. 10. 1980 – 2 Z 71/79, WEM 1981, 60 = DWE 1982, 35 (LS).
6 BayObLG, Beschl. v. 24. 1. 1978 – 2 Z 45/77, Rpfleger 1979, 66 = WEM 1979, 38.

tung. Würde in einer Eigentümerversammlung nur die Gesamtabrechnung beschlossen, ohne dass die Einzelabrechnungen überhaupt vorliegen (und mitbeschlossen werden), muss dieser Beschluss über die Jahresabrechnung wegen eines Verstoßes gegen die Grundsätze ordnungsmäßiger Verwaltung bei einer Beschlussanfechtung vom Gericht für ungültig erklärt werden. Werden andererseits nur Einzelabrechnungen ohne eine Gesamtabrechnung vorgelegt, entspricht auch dies nicht ordnungsmäßiger Verwaltung[1]. Ich halte die Ansicht, dass das Fehlen von Einzelabrechnungen nicht zur Ungültigerklärung des Abrechnungsbeschlusses führen muss, sondern nur ein Ergänzungsanspruch besteht[2], für falsch. Wie nachfolgend dargestellt wird, gehört auch eine „Saldenliste"[3] zu einer ordnungsgemäßen Jahresabrechnung. Ohne eine solche Saldenliste kann die Jahresabrechnung nicht nachvollzogen werden. Immerhin enthält eine Jahresabrechnung gleichzeitig auch eine **Rechnungslegung**, weil mit der Jahresabrechnung Rechenschaft abgelegt werden muss über alle Einnahmen (hierzu gehören gerade für alle Eigentümer die Darstellung der Hausgeldzahlungen, die in einzelnen Summen aufgeführt werden müssen) und alle Ausgaben[4].

Aus der Gesamtabrechnung sind die Einzelabrechnungen aller Wohnungseigentümer zu entwickeln[5]. Inkonsequent ist das BayObLG in einer Entscheidung gewesen, wenn es in dem dort zu entscheidenden Fall für unschädlich hielt, dass die Gesamtabrechnung nach Sollzahlen erstellt wurde, die Einzelabrechnung dagegen nach Ist-Zahlen[6]. Eine Selbstverständlichkeit stellt das BayObLG[7] fest, wenn es ausführt, die Gesamt- und die Einzelabrechnung könne auf dem selben Blatt enthalten sein. Einige Verwalter fertigen Jahresabrechnungen an, die auf einem oder mehreren Blättern sowohl die Gesamtabrechnungspositionen als

---

1 BayObLG, Beschl. v. 3. 3. 1994 – 2Z BR 129/93, WuM 1994, 568 = WE 1995, 89.
2 OLG München, Beschl. v. 20. 3. 2008 – 34 Wx 46/07, MDR 2008, 620 = OLGReport München 2008, 362; BayObLG, Beschl. v. 12. 11. 1992 – 2Z BR 73/92, WuM 1993, 92; BayObLG, Beschl. v. 18. 7. 1989 – 2 Z 66/89, BayObLGZ 1989, 310 = ZMR 1990, 63 = NJW-RR 1989, 1163 = WuM 1989, 530 = DWE 1990, 62; vgl. auch *Bub*, Finanz- und Rechnungswesen, III., Rz. 176.
3 Zur Definition der Saldenliste s. Rz. 130.
4 Vgl. hierzu schon OLG Hamm, Beschl. v. 3. 3. 1975 – 15 W 183/73, OLGZ 1975, 157 = Rpfleger 1975, 255, welches richtig darauf hinweist, mit „Abrechung" nach § 28 Abs. 3 WEG sei nichts anderes als „Rechnungslegung" oder „Rechenschaft ablegen" gemeint.
5 BayObLG, Beschl. v. 3. 3. 1994 – 2Z BR 129/93, WuM 1994, 568 = WE 1995, 89; so auch LG Berlin, Beschl. v. 4. 7. 1997 – 85 T 66/96, n. v. (bestätigt durch KG, Beschl. v. 19. 10. 1998 – 24 W 5613/97, n. v.).
6 BayObLG, Beschl. v. 25. 5. 1999 – 2Z BR 38/99, DWE 1999, 120; dort war allerdings der Beschlussanfechtungsantrag auf die Einzelabrechnung des Eigentümers beschränkt worden.
7 BayObLG, Beschl. v. 28. 3. 2001 – 2Z BR 52/00, ZWE 2001, 375 = DWE 2001, 72.

auch die Einzelabrechnungen für alle Wohnungseigentümer enthalten. Dies ist grundsätzlich nicht zu kritisieren.

In die Einzelabrechnung dürfen keine Positionen eingestellt werden, die sich nicht aus der Gesamtabrechnung entwickeln lassen[1]. Sind Positionen nicht in der Gesamtabrechnung enthalten, dürfen sie auch nicht in der Einzelabrechnung auftauchen[2]. Die Einzelabrechnungen sind aus der Gesamtabrechnung dergestalt abzuleiten, dass der auf den einzelnen Wohnungseigentümer entfallende Anteil an den Gesamtausgaben festgestellt und diesem die von ihm geleisteten Hausgeldvorauszahlungen gegenübergestellt werden[3]. 125

Die **Schlüssel für die Verteilung der Lasten und Kosten** müssen demgemäß auch in den Einzelabrechnungen genannt werden; werden die Verteilerschlüssel teilweise falsch angegeben, so muss der Beschluss der Eigentümerversammlung über die Einzelabrechnungen (und die Gesamtabrechnung) in einem gerichtlichen Beschlussanfechtungsverfahren für ungültig erklärt werden[4]. Für falsch halte ich die Ansicht des BGH[5], die Ungültigerklärung einer Jahresabrechnung könnte auch bei einem fehlerhaften Verteilungsschlüssel wirksam bechränkt werden. Eine unzutreffende Kostenverteilung wirke sich, so der BGH, nämlich in der Regel nicht auf die Gesamtabrechnung, sondern nur auf die Einzelabrechnungen aus, und dies auch nur in dem Umfang der betroffenen Positionen. Selbstverständlich hat ein falscher Verteilungsschlüssel nichts mit der „Gesamtabrechnung" zu tun, aber der falsche Schlüssel wirkt sich auf alle Einzelabrechnungen aus, so dass sämtliche Einzelabrechnungen fehlerhaft sind. 126

2. Mitteilung aller Einzelabrechnungen an alle Miteigentümer (Saldenliste)

Hinsichtlich der Einzelabrechnungen sah die Praxis vielfach so aus, dass jeder Eigentümer seine Einzelabrechnung erhielt, von den Einzelabrechnungen der anderen Wohnungseigentümer jedoch keine Kenntnis bekam. 127

---

1 OLG Hamm, Beschl. v. 21. 11. 1996 – 15 W 107/96, ZMR 1997, 251 = DWE 1997, 36 = WE 1997, 194.
2 BayObLG, Beschl. v. 7. 5. 1992 – 2Z BR 26/92, WuM 1992, 395 = NJW-RR 1992, 1169 = DWE 1992, 128; BayObLG, Beschl. v. 23. 5. 1990 – 2 Z 44/90, NJW-RR 1990, 1107 = WuM 1990, 616 = DWE 1990, 91, 30.
3 BayObLG, Beschl. v. 18. 2. 1998 – 2Z BR 134/97, NZM 1998, 334 = WE 1998, 403 = NJW-RR 1998, 1624; BayObLG, Beschl. v. 10. 10. 1996 – 2Z BR 109/96, Juris = BayObLGR 1996, 81 (LS); BayObLG, Beschl. v. 23. 5. 1990 – 2 Z 44/90, NJW-RR 1990, 1107 = WuM 1990, 616 = DWE 1991, 30.
4 BayObLG, Beschl. v. 3. 3. 1994 – 2Z BR 129/93, WuM 1994, 568 = WE 1995, 89.
5 BGH, Beschl. v. 15. 3. 2007 – V ZB 1/06, BGHZ 171, 335 = BGHReport 2007, 543 = ZMR 2007, 623 = NZM 2007, 538 = NJW 2007, 1869 = ZWE 2007, 295.

128 Das OLG Köln hat in diesem Zusammenhang drei für die Rechts- und Verwaltungspraxis bedeutsame und grundlegende Entscheidungen zu Abrechnungsfragen getroffen, und zwar die Entscheidungen vom 29. 3. 1995[1] (**Einzelabrechnung I**), vom 24. 9. 1996[2] (**Einzelabrechnung II**) und schließlich die Entscheidung vom 4. 6. 1997[3] (**Einzelabrechnung III**).

129 Gerade die Entscheidung *Einzelabrechnung I* hat erheblichen Widerstand und Widerspruch bei den Verwaltern hervorgerufen[4]. Das OLG Köln hat es in dieser Entscheidung nicht als genügend angesehen, jedem Wohnungseigentümer nur seine eigene Einzelabrechnung zu übersenden. Der Verwalter müsse dem Wohnungseigentümer alles zusenden, was zur Abrechnung gehört – jedenfalls dann, wenn in der Gemeinschaftsordnung bestimmt wird, dass die „Abrechnung dem Wohnungseigentümer schriftlich mitzuteilen ist". Aufgrund dessen sei auch die Übermittlung aller anderen Einzelabrechnungen oder zumindest die Übermittlung einer „Saldenliste", die die Abrechnungsergebnisse erkennen lässt, an alle Miteigentümer notwendig.

130 **Saldenliste** im Sinne der Rechtsprechung des OLG Köln ist eine Liste aller Einheiten (Wohnungs- und Teileigentumseinheiten) mit zugeordneten Namen der Eigentümer, aus der sich (mindestens) die Gesamtbelastung jeder einzelnen Einheit ergibt, die für diese Einheit tatsächlich gezahlten Hausgeldvorschüsse und der sich aus der Saldierung von Gesamtbelastung und Hausgeldvorschuss ergebende Spitzenbetrag für die Einheit (restliche Zahlungsverpflichtung oder Auszahlungsanspruch des Eigentümers).

---

1 OLG Köln, Beschl. v. 29. 3. 1995 – 16 Wx 36/95, ZMR 1995, 324 = NJW-RR 1995, 1295 = WuM 1995, 450 = WE 1995, 222 = DWE 1995, 74 = OLGReport Köln 1996, 55; vgl. hierzu auch *Schuschke*, NZM 1998, 423.
2 OLG Köln, Beschl. v. 24. 9. 1996 – 16 Wx 86/96, DWE 1997, 78 = WE 1997, 232 = WuM 1997, 62; in einem Beschluss hat das OLG Köln, Beschl. v. 23. 9. 1996 – 16 Wx 130/96, n.v., daran festgehalten, dass die Saldenlisten jedem Wohnungseigentümer vor der Abstimmung zugänglich sein müssen, damit er Einsicht nehmen kann (in dem entschiedenen Fall kam es wegen der übrigen erheblichen Fehler in der Jahresabrechnung nicht darauf an, ob die Saldenlisten bei der Beschlussfassung vorgelegen haben oder nicht).
3 OLG Köln, Beschl. v. 4. 6. 1997 – 16 Wx 87/97, WuM 1998, 50 = OLGReport Köln 1997, 249.
4 Das AG Spandau, Beschl. v. 6. 12. 1995 – 70 II 12/95 WEG, n.v., weist darauf hin, dass die Vorlage sämtlicher Einzelabrechnungen Teil des Informationsinteresses jedes Wohnungseigentümers ist und bei fehlender Vorlage ein Anfechtungsgrund vorliegt; das Beschwerdegericht, LG Berlin, Beschl. v. 4. 7. 1997 – 85 T 66/96, n.v., meint demgegenüber, dass die mangelnde Aushändigung aller Einzelabrechnungen an alle Eigentümer die Genehmigung der Jahresabrechnung nicht anfechtbar macht. Die Wohnungseigentümer hätten die Möglichkeit, vor und während der Beschlussfassung die Einzelabrechnungen ihrer Miteigentümer einzusehen; das Gericht der sofortigen weiteren Beschwerde, KG, Beschl. v. 19. 10. 1998 – 24 W 5613/97, n.v., hat sich hierzu nicht geäußert.

In der Entscheidung **Einzelabrechnung II** hat das OLG Köln gegenüber 131
der Entscheidung **Einzelabrechnung I** ausgeführt, mangels einer entsprechenden Regelung in der Gemeinschaftsordnung habe in dem zu entscheidenden Fall keine Verpflichtung für den Verwalter bestanden, sämtliche Einzelabrechnungen an jeden einzelnen Wohnungseigentümer zu übersenden. Während der Wohnungseigentümerversammlung habe die Möglichkeit der Einsichtnahme in die Einzelabrechnungen sämtlicher Miteigentümer bestanden und auch danach hätten die Unterlagen noch in den Büroräumen des Verwalters eingesehen werden können.

Die Freude der Verwalter über diese Entscheidung dürfte etwas vorschnell gewesen sein, denn mit der Entscheidung **Einzelabrechnung III** macht das OLG Köln deutlich, dass es nicht etwa ausreicht, die Abrechnungsunterlagen im Verwalterbüro zur Einsichtnahme bereit zu halten oder in der Eigentümerversammlung zur Einsichtnahme auszulegen. Der Wohnungseigentümer habe einen Anspruch auf die Möglichkeit der sachgerechten Vorprüfung aller Gegenstände der Beschlussfassung einer Eigentümerversammlung und damit ein Auskunftsrecht. Damit korrespondiere die Auskunftspflicht des Verwalters entsprechend § 259 BGB. Der Verwalter müsse deshalb sowohl vor als auch während der Eigentümerversammlung auf Einsichtsmöglichkeiten hinweisen und auch gewährleisten, dass den Wohnungseigentümern eine **Chance zur durchgreifenden und sinnvollen Wahrnehmung des Auskunftsrechts** eingeräumt wird. Dem Verwalter steht ein Gestaltungsspielraum für die Einräumung der Prüfungsmöglichkeit zu, es muss jedoch ein effektiver Weg gewählt werden. Dazu können den einzelnen Eigentümern zusammen mit der Gesamtabrechnung alle Einzelabrechnungen vorab zur Verfügung gestellt werden; Mindestvoraussetzung für einen solchen „effektiven Weg" ist jedoch, dass vor und auch während der Eigentümerversammlung den Eigentümern uneingeschränkt und in zumutbarer Weise Gelegenheit gegeben wird, die Einzelabrechnungen sämtlicher Miteigentümer einzusehen[1]. Es reicht allerdings auch nicht aus, dass der Verwalter die Unterlagen in der Eigentümerversammlung lediglich mitführt, er muss auf das Vorhandensein und die Einsichtsmöglichkeit jedenfalls hinweisen; außerdem muss die Offenlegung der Unterlagen so zeitig erfolgen, dass der Wohnungseigentümer ausreichend Zeit für eine Prüfung hat[2]. Das Bereithalten im Büro des Verwalters reicht nicht aus. Die Möglichkeit der Einsichtnahme in die Abrechnungsunterlagen vor der Eigentümerversamm-

---
[1] OLG Köln, Beschl. v. 5. 4. 2001 – 16 Wx 101/00, OLGReport Köln 2001, 267; OLG Köln, Beschl. v. 24. 8. 2005 – 16 Wx 80/05, OLGReport Köln 2006, 457 = NJW-RR 2006, 19 = NZM 2006, 66.
[2] OLG Köln, Beschl. v. 11. 12. 2006 – 16 Wx 200/06, OLGReport Köln 2007, 365 = NJW-RR 2007, 808 = NZM 2007, 366.

lung ist demnach notwendige (Mindest-)Voraussetzung für eine Willensbildung in der Eigentümerversammlung über die Jahresabrechnung[1].

132 Das Amtsgericht Köln hat in einer Beschlussanfechtungsentscheidung[2] ausgeführt, eine Tischvorlage, die in der Eigentümerversammlung zur Verteilung komme, werde nicht Bestandteil einer Jahresabrechnung. Die Abrechnung müsse so abgefasst sein, dass jeder Wohnungseigentümer sie **aus sich heraus zunächst ohne Belegeinsicht überprüfen und nachvollziehen kann**. Eine Tischvorlage könne hierfür nicht ausreichen, weil Eigentümer, die nicht an der Versammlung teilnehmen könnten oder wollten, von einer solchen Vorlage nichts hätten. Die Abrechnung müsse vollständig an die Eigentümer versandt werden.

133 Ich meine, die erste Entscheidung des OLG Köln („Einzelabrechnung I") ist durchaus richtig gewesen, trotz der beachtlichen Kritik, die diese Entscheidung gefunden hat[3].

134 Die Kritik richtet sich lediglich an praktischen Gesichtspunkten aus. Es darf aber nicht verkannt werden, dass jeder Wohnungseigentümer auch Kenntnis darüber haben muss, ob die Verteilung der Kosten richtig erfolgte und – insbesondere –, ob die anderen Wohnungseigentümer auch ihren gemeinschaftsrechtlichen Verpflichtungen zur Zahlung von Hausgeldvorschüssen nachgekommen sind. Dies ist aber nur dann prüfbar, wenn der einzelne Wohnungseigentümer auch konkrete Zahlen und aussagefähige Unterlagen erhält. Mit diesen Unterlagen ist auch zu überprüfen, ob der Verwalter der Wohnungseigentümergemeinschaft seinen (vertraglichen) Verpflichtungen zur Geltendmachung von Hausgeldansprüchen nachgekommen ist; dies ist besonders wichtig, weil die Wohnungseigentümer im Innenverhältnis an allen Ausfällen anderer Eigentümer stets beteiligt sind und Dritten gegenüber (Lieferanten, Handwerkern pp) ebenfalls anteilig haften. Die Liquidität der Gemeinschaft muss außerdem stets gesichert sein.

135 Mit der **Saldenliste**[4] kann der Verwalter auch der Verpflichtung nachkommen, **sämtliche Einnahmen**, zu denen auch die **Hausgeldeinnahmen**

---

1 OLG Köln, Beschl. v. 25. 5. 2001 – 16 Wx 15/01, OLGReport Köln 2001, 267 = ZMR 2002, 152 = NZM 2001, 221; vgl. auch AG Bergisch Gladbach, Beschl. v. 23. 1. 2002 – 35 II 95/01, n.v., welches einen Beschlussanfechtungsantrag durchgreifen ließ, weil dem Ehemann einer Eigentümerin keine Belegeinsicht gewährt wurde.
2 AG Köln, Beschl. v. 15. 12. 1997 – 204 II 78/96, n.v.
3 Vgl. z.B. AG Kerpen, Beschl. v. 30. 10. 1996 – 15 II 27/95, WuM 1997, 124; AG Bergheim, Beschl. v. 27. 5. 1998 – 15 WEG 270/97, ZMR 1998, 724 (welches sich vehement gegen die Rechtsprechung des OLG Köln wendet und diese als theorieversessen und lebensfremd bezeichnet); *Bader*, DWE 1991, 51; *Drasdo*, PiG 48, Hamburg 1995, S. 193 ff.; *Drasdo*, NZM 1998, 425; *Seuß*, Anm. zu OLG Köln, Beschl. v. 29. 3. 1995 – 16 Wx 36/95, WE 1995, 223; *Deckert*, WE 1995, 228 ff.
4 Zur Saldenliste vgl. auch OLG Köln, Beschl. v. 24. 8. 2005 – 16 Wx 80/05, OLG-Report Köln 2006, 457 = NJW-RR 2006, 19 = NZM 2006, 66.

zählen, in der Jahresabrechnung auszuweisen. Es ist in der Rechtsprechung nicht festgelegt, wie und an welcher Stelle die (Hausgeld-)Einnahmen in der Jahresabrechnung auszuweisen sind, Einigkeit besteht jedoch darüber, dass auf jeden Fall die **Hausgeldeinnahmen** auszuweisen sind[1]. Es sind die tatsächlich im Wirtschaftsjahr zugeflossenen Einnahmen auszuweisen; Abgrenzungen[2] dürfen auch hier nicht vorgenommen werden.

Fehlt die Darstellung der Einnahmen, ist nach Auffassung des AG Düsseldorf[3] jedem Eigentümer eine Saldenliste zu übersenden, wobei das Gericht betont, grundsätzlich nicht der „Saldenlisten"-Rechtsprechung des OLG Köln[4] folgen zu wollen. Ohne eine solche Saldenliste seien die Eigentümer nicht in der Lage, sich auch nur einen groben Überblick über die von den anderen Eigentümern erbrachten Leistungen zu verschaffen. — 136

Eine genaue Darstellung der Einnahmen, die (bei den Hausgeld-Einnahmen) mindestens die Gesamtsumme des von jedem einzelnen Wohnungseigentümer im Abrechnungszeitraum gezahlten Hausgeldvorschusses erkennen lässt, ist nach meiner Auffassung notwendig[5]. — 137

Die Entscheidungen des OLG Köln können nicht etwa dahin verstanden werden, dass eine Verpflichtung bestünde, jedem einzelnen Wohnungseigentümer Kopien der Abrechnungen aller anderen Wohnungseigentümer zur Verfügung zu stellen, der einzelne Wohnungseigentümer muss aber aufgrund der ihm zur Verfügung gestellten Abrechnungsunterlagen in die Lage versetzt werden, die **vier Bestandteile einer Jahresabrechnung** (Gesamtabrechnung, Einzelabrechnungen mit Einnahmen aller Miteigentümer im Einzelnen, Girokontodarstellung und Instandhaltungsrücklage) insgesamt und ohne weiteres prüfen zu können. Diesem Missverständnis unterliegt auch das OLG Stuttgart[6], das nämlich ausführt, es sei nicht einzusehen, weshalb ein Beschluss über eine Jahresabrechnung aufzuheben sei, **wenn nicht jedem Eigentümer alle diese Abrechnungen** — 138

---

1 Ständige Rechtsprechung vgl. nur BayObLG, Beschl. v. 10. 4. 2002 – 2Z BR 70/01, BayObLGR 2002, 305 = NZM 2002, 531 = NJW-RR 2002, 1093; OLG Hamm, Beschl. v. 21. 11. 1996 – 15 W 107/96, ZMR 1997, 251 = DWE 1997, 36 = WE 1997, 194; OLG Düsseldorf, Beschl. v. 2. 1. 1995 – 3 Wx 195/92, WE 1995, 278; BayObLG, Beschl. v. 23. 4. 1993 – 2Z BR 113/92, BayObLGZ 1993, 185 = BayObLGR 1993, 50 = WuM 1993, 485 = NJW-RR 1993, 1166 = DWE 1993, 159; BayObLG, Beschl. v. 19. 6. 1991 – 2 Z 46/91, DWE 1991, 127 (LS); BayObLG, Beschl. v. 5. 10. 1988 – 2 Z 91/88, ZMR 1989, 28.
2 Vgl. hierzu auch Rz. 21 ff.
3 AG Düsseldorf, Beschl. v. 28. 8. 2002 – 292 II 94/02 WEG, n.v.
4 Vgl. OLG Köln, Beschl. v. 29. 3. 1995 – 16 Wx 36/95, ZMR 1995, 324 = NJW-RR 1995, 1295 = WuM 1995, 450 = WE 1995, 222 = DWE 1995, 74 = OLGReport Köln 1996, 55.
5 A.A. *Bub*, Finanz- und Rechnungswesen, III., Rz. 122, der meint, es reiche der Ausweis der Gesamtsumme.
6 OLG Stuttgart, Beschl. v. 9. 2. 1998 – 8 W 733/96, WE 1998, 383; vgl. hierzu auch *Armbrüster*, WE 1998, 408.

zugeleitet werden. Es müsse genügen, dass jeder Wohnungseigentümer, der wolle, sich umfassend informieren könne.

139 Die vier Bestandteile sind aber nur dann sinnvoll prüfbar, wenn der Wohnungseigentümer nicht nur eine Gesamtabrechnung, sondern neben seiner Einzelabrechnung auch noch eine Darstellung der Abrechnungen der übrigen Miteigentümer erhält. Diese muss lediglich die jeweilige Gesamtbelastung der anderen Miteigentümer ausweisen, deren gezahlte Hausgeldvorschüsse und die noch zu erbringenden Spitzenbeträge. Für die heutigen EDV-Systeme ist eine solche Übersicht auch völlig unproblematisch und wenig aufwendig. Eine Prüfung ohne Vorlage solcher Unterlagen ist nicht möglich; die Abrechnungsprüfung bedarf regelmäßig einer intensiven Durchsicht der Abrechnungsunterlagen, was weder unmittelbar vor und erst recht nicht in der Eigentümerversammlung möglich ist.

140 Wenn der Verwalter aber diese Darstellung nicht machen will, erschwert er sich die Vorbereitungen einer Eigentümerversammlung deutlich. Er wird nämlich entsprechend der Entscheidung **Einzelabrechnung III** des OLG Köln frühzeitig auf Prüfungsmöglichkeiten in seinem Verwalterbüro und auch vor der Versammlung hinzuweisen haben. Jeder Verwalter weiß, dass manche Eigentümer die Angewohnheit haben, sich im Verwalterbüro über Stunden „häuslich niederzulassen" und den Bürobetrieb bei der eingehenden Prüfung von Unterlagen auf Trab zu bringen. Da wird die Neigung, zu solchen Prüfungen auch noch gesondert einzuladen, recht gering sein. Vor der Versammlung wird eine Prüfungsmöglichkeit von einer halben oder auch einer ganzen Stunde sicher nicht ausreichen; in einer solchen kurzen Zeitspanne wird die Prüfung aller anderen Einzelabrechnungen kaum möglich sein.

141 Deshalb kann man als Rechtsanwalt den Verwaltern nur dringend raten, möglichst umfassende und einfach strukturierte Unterlagen zu versenden, damit die zusätzliche Belastung durch Prüfungen im Verwalterbüro und vor der Versammlung vermieden wird.

142 Betrachtet man ergänzend zum vorliegenden Problem noch die Rechtsprechung zur **Belegeinsicht**, stellt man fest, dass die wohl herrschende Meinung davon ausgeht, die Belege seien am Ort des Verwaltersitzes einzusehen. Erfüllungsort für die Einsichtnahme sei der Verwaltersitz[1]. Bei einem weit vom verwalteten Objekt residierenden Verwalter dürfte damit eine wirksame Kontrolle aller anderen (nicht übersandten) Einzelabrechnungen oder einer (nicht übersandten) Saldenliste nicht möglich

---

[1] KG, Beschl. v. 31. 1. 2000 – 24 W 601/99, KGR Berlin 2000, 188 = ZWE 2000, 226 = ZMR 2000, 401 = NZM 2000, 828; BayObLG, Beschl. v. 26. 7. 1988 – 1b Z 16/88, WuM 1988, 419 = DWE 1989, 79 (LS) = Juris; KG, Beschl. v. 17. 5. 1983 – 1 W 5856/82, WEM 1984, Heft 6, 29; OLG Karlsruhe, Beschl. v. 21. 4. 1976 – 3 W 8/76, MDR 1976, 758.

Die Einzelabrechnung   Rz. 144 **Teil 6**

sein. Nur ausnahmsweise billigt das OLG Köln[1] einem Eigentümer ein Einsichtsrecht am Sitz der Eigentümergemeinschaft zu, wenn der Verwalter weit entfernt vom Objekt seinen Sitz hat. Nach dem OLG Hamm ist einem zur Einsichtnahme berechtigten Miteigentümer nur bei der Gefahr körperlicher Angriffe durch den Verwalter nicht zuzumuten, die Unterlagen im Büro des Verwalters einzusehen[2]. Das Einsichtsrecht erstreckt sich zwar auch auf Unterlagen, die andere Wohnungseigentümer betreffen; datenschutzrechtliche Bestimmungen stehen nicht entgegen[3], das Einsichtsrecht beschränkt sich aber nur auf solche Unterlagen, die überhaupt existieren und hinreichend genau bezeichnet werden[4]. Der Verwalter ist nicht verpflichtet, Unterlagen (Listen, Aufstellungen usw.) für eine beabsichtigte Einsicht erst zu erstellen.

Was nutzt dem einzelnen Eigentümer sein Einsichtsrecht, wenn es u. U. tatsächlich gar nicht wahrgenommen werden kann. Eine solche Erschwerung seiner Kontrollrechte muss der einzelne Wohnungseigentümer aber nicht hinnehmen, weshalb mindestens eine Saldenliste als Bestandteil der Abrechnung vorgelegt werden muss. Nach meiner Auffassung gehört eine Saldenliste auch zu einer ordnungsgemäßen Jahresabrechnung, weil Bestandteil dieser Jahresabrechnung auch die Rechnungslegung über die von jedem einzelnen Miteigentümer gezahlten Hausgelder ist.   143

Das LG Aachen hat in einer Entscheidung vom 15. 2. 1996[5] zur Recht ausgeführt, dass allein die **rechtzeitige Übersendung der Jahresabrechnung** und der Wirtschaftspläne **vor der Eigentümerversammlung** den Grundsätzen ordnungsmäßiger Verwaltung entspricht. Das Gericht hat deshalb dem gegen den Verwalter gerichteten Verpflichtungsantrag eines Wohnungseigentümers stattgegeben. Wenn die Unterlagen nicht mindestens 14 Tage vor dem Versammlungstermin zur Verfügung gestellt würden, könne der einzelne Wohnungseigentümer nicht wirklich prüfen und kontrollieren, ob der Verwalter seinen vertraglichen Verpflichtungen nachgekommen ist und ob die Jahresabrechnung **eine geordnete und übersichtliche, inhaltlich zutreffende Gegenüberstellung** aller tatsächlichen Ein-   144

---

1 OLG Köln, Beschl. v. 28. 2. 2001 – 16 Wx 10/01, OLGReport Köln 2001, 220 = ZMR 2001, 851.
2 Vgl. OLG Hamm, Beschl. v. 12. 2. 1998 – 15 W 319/97, ZMR 1998, 587 = NZM 1998, 722 = NJW-RR 1999, 161 = DWE 1998, 132.
3 KG, Beschl. v. 31. 1. 2000 – 24 W 601/99, KGR Berlin 2000, 188 = ZWE 2000, 226 = ZMR 2000, 401 = NZM 2000, 828; OLG Hamm, Beschl. v. 12. 2. 1998 – 15 W 319/97, DWE 1998, 132.
4 OLG München, Beschl. v. 29. 5. 2006 – 34 Wx 27/06, OLG München 2006, 653 = ZMR 2006, 881 = NZM 2006, 512 = ZWE 2006, 501; OLG Hamm, Beschl. v. 12. 2. 1998 – 15 W 319/97, DWE 1998, 132; OLG Hamm, Beschl. v. 9. 2. 1998 – 15 W 124/97, DWE 1998, 134.
5 LG Aachen, Beschl. v. 15. 2. 1996 – 2 T 162/95 WEG, ZMR 1997, 326 (nur LS); ähnlich AG Pinneberg, Beschl. v. 23. 4. 2002 – 68 II 101/01, ZMR 2003, 461.

nahmen und Ausgaben in dem betreffenden Kalenderjahr und eine zutreffende Darlegung der Kontostände (Hausgeldkonto und Instandhaltungsrücklagekonto) unter Angabe der Anfangs- und Endbestände enthalte. Es erscheine nahezu undurchführbar, so zu Recht das LG Aachen unter Bezugnahme auf die Entscheidung des OLG Köln vom 29. 3. 1995[1] (**Einzelabrechnung I**), den Wohnungseigentümern erstmalig in der Versammlung die Möglichkeit zur Einsichtnahme zu gewähren und dabei eine umgehende Billigung der Gesamt- wie auch der jeweiligen Einzelabrechnungen zu fordern. Vgl. im Übrigen zur **antizipierten Beschlussfassung** über eine noch nicht vorliegende Jahresabrechnung die Rz. 235.

145 Dem Verwalter sollte vom Rechtsanwalt der Rat erteilt werden, die Abrechnungsunterlagen rechtzeitig vor der Eigentümerversammlung zu versenden. Der Verwalter sollte alternativ spätestens in der Einladung zur Eigentümerversammlung deutlich darauf hinweisen, dass sämtliche Jahresabrechnungsunterlagen, einschließlich der Einzelabrechnungen der anderen Eigentümer, nach Voranmeldung im Büro des Verwalters eingesehen werden können. Ein Hinweis darauf, dass „Belege" eingesehen werden könnten, genügt nicht, weil der Begriff „Belege" nicht die Einzelabrechnungen der übrigen Eigentümer umfasst[2].

Die Einhaltung einer 14-Tage-Frist (nach dem LG Aachen) ist jetzt im Hinblick auf die (neue) gesetzliche Einladungsfrist von 2 Wochen (§ 24 Abs. 4 WEG) unproblematisch.

146 Zu dem vom OLG Köln aufgeworfenen Problem der Übersendung einer Saldenliste haben andere Obergerichte außer dem OLG Stuttgart in entscheidungserheblicher Weise bisher noch nicht Stellung genommen; allerdings gibt es verschiedentlich (nicht entscheidungsrelevante) ablehnende Äußerung von Obergerichten[3]. Das BayObLG[4] hat offengelassen, ob die Meinung des OLG Köln richtig ist. Durch die Neuregelung des Verfahrensrechts kann jetzt auch nur noch ein Landgericht über die Rechtsfrage entscheiden und eventuell die Revision zum BGH zulassen, um eine grundsätzliche Entscheidung zu dem Problem zu veranlassen.

147 Das BayObLG[5] verneint eine Verpflichtung des Verwalters, eine Aufstellung der Wohngeldrückstände und -überzahlungen übersenden zu

---

1 OLG Köln, Beschl. v. 29. 3. 1995 – 16 Wx 36/95, ZMR 1995, 324 = NJW-RR 1995, 1295 = WuM 1995, 450 = WE 1995, 222 = DWE 1995, 74 = OLGReport Köln 1996, 55.
2 OLG Köln, Beschl. v. 11. 12. 2006 – 16 Wx 200/06, OLGReport Köln 2007, 365 = NJW-RR 2007, 808 = NZM 2007, 366.
3 Z. B. KG, Beschl. v. 26. 9. 2007 – 24 W 183/06, ZMR 2008, 67.
4 BayObLG, Beschl. v. 24. 6. 1999 – 2Z BR 179/98, BayObLGZ 1999, 177 = BayObLGR 1999, 83 (LS) = ZMR 1999, 724 = NJW-RR 2000, 17 = NZM 1999, 868.
5 BayObLG, Beschl. v. 21. 12. 1999 – 2Z BR 79/99, ZWE 2000, 135 = ZMR 2000, 238 = NZM 2000, 280 = NJW-RR 2000, 603 = DWE 2000, 82.

Die Einzelabrechnung   Rz. 149 **Teil 6**

müssen; der einzelne Wohnungseigentümer könne nicht verlangen, eine solche Aufstellung übersandt zu bekommen. Dem Verwalter bleibe es überlassen, in welcher Form er Auskünfte über Forderungen und Verbindlichkeiten erteilt.

Soweit sich die Aussage des BayObLG darauf bezieht, dass Forderungen und Verbindlichkeiten in der Jahresabrechnung nicht auszuweisen sind, ist diese richtig. Der Ausweis von Forderungen und Verbindlichkeiten hat aber nichts mit dem Anspruch des einzelnen Eigentümers auf ordnungsgemäße Abrechnung (und Rechnungslegung) zu tun. Dieser Anspruch beinhaltet nach meiner Auffassung auch den Anspruch auf eine „Saldenliste", die die von den Wohnungseigentümern insgesamt zu tragenden Lasten und Kosten beinhaltet, sowie die von den anderen Wohnungseigentümern entrichteten Hausgeldvorschüsse und die durch Verrechnung beider Positionen übrig bleibenden Spitzenbeträge. 148

3. Vorjahressalden

Häufig werden in Jahresabrechnungen auch die Salden aus den Vorjahren aufgenommen. Werden diese nicht als gesonderte und von der Ermittlung des Spitzenbetrages der Jahresabrechnung unabhängige Positionen aufgeführt, sondern bilden sie einen Bestandteil der Spitzenbetragsermittlung, ist dies fehlerhaft (vgl. aber Rz. 213). Bei Salden aus den Vorjahren handelt es sich nicht um Einnahmen oder Ausgaben des abzurechnenden Wirtschaftsjahres[1], sondern um Forderungen[2] oder Verbindlichkeiten, so dass sie in der Abrechnung nichts zu suchen haben[3]. Die Aufnahme von Vorjahressalden würde den bei einer Jahresabrechnung geltenden Grundsätzen widersprechen[4], nämlich dem Geldflussprinzip. Nach richtiger Ansicht des OLG Düsseldorf[5] ist damit die Einzelabrechnung unrichtig. Ein Beschluss über eine Jahresabrechnung, die einen nachgetragenen Saldo aus dem Vorjahr enthält, entspricht nicht ordnungsmäßiger Verwaltung[6]; ein fehlerhafter Beschluss erwächst aller- 149

---

1 BayObLG, Beschl. v. 7. 5. 1992 – 2Z BR 26/92, WuM 1992, 395 = DWE 1992, 128 = NJW-RR 1992, 1169; BayObLG, Beschl. v. 12. 6. 1991 – 2 Z 70/91, WE 1991, 175 = DWE 1991, 127 (nur LS); BayObLG, Beschl. v. 23. 5. 1990 – 2 Z 44/90, NJW-RR 1990, 1107 = WuM 1990, 616 = DWE 1991, 30.
2 BayObLG, Beschl. v. 12. 11. 1992 – 2Z BR 73/92, WuM 1993, 92.
3 BayObLG, Beschl. v. 3. 5. 2005 – 2Z BR 143/04, BayObLGR 2005, 567 = ZMR 2006, 139; BayObLG, Beschl. v. 7. 5. 1992 – 2Z BR 26/92, WuM 1992, 395 = DWE 1992, 128 = NJW-RR 1992, 1169; so auch LG Köln, Beschl. v. 17. 7. 1997 – 29 T 86/97, n. v.; AG Köln, Beschl. v. 28. 7. 1998 – 202 II 19/98, ZMR 1998, 724 = *Deckert*, ETW, Gruppe 2, S. 3666.
4 BayObLG, Beschl. v. 12. 11. 1992 – 2Z BR 73/92, WuM 1993, 92.
5 OLG Düsseldorf, Beschl. v. 1. 3. 1991 – 3 Wx 3/91, WuM 1991, 623.
6 LG Düsseldorf, Beschl. v. 19. 8. 1993 – 19 T 360/93, WuM 1994, 399.

dings in Bestandskraft[1]. Die Vorjahressalden können allenfalls zur Information[2] und Erinnerung zusätzlich mitgeteilt werden[3].

150 Nach Ansicht des BayObLG[4] soll bei einer Beschlussanfechtung des Abrechnungsbeschlusses dieser Mangel der Jahresabrechnung nur dazu führen, dass die Jahresabrechnung hinsichtlich dieser Position für ungültig erklärt wird, insgesamt könne „die Abrechnung" nicht für ungültig erklärt werden. Dies halte ich für nicht richtig. Angegriffen wird nämlich der **Beschluss der Eigentümerversammlung** und nicht die Jahresabrechnung selbst; der Beschluss entspricht, wenn auch nur ein Teil der Jahresabrechnung fehlerhaft ist, nicht ordnungsmäßiger Verwaltung. Der Beschluss der Versammlung, diese Abrechnung zu akzeptieren, muss für ungültig erklärt werden. Eine Beschlussanfechtung auf einzelne Posten der Jahresabrechnung zu beschränken, wie das BayObLG in der gleichen Entscheidung sagt, halte ich rechtlich nicht für möglich.

151 Wird eine von der Errechnung des Einzelabrechnungsergebnisses unabhängige Kontostandsmitteilung, aus der der Wohnungseigentümer entnehmen kann, welcher Gesamtbetrag an Hausgeldschulden (auch aus den Vorjahren) für ihn offen steht, der Jahresabrechnung beigefügt, ist dies unschädlich. Dem Verwalter ist nämlich nicht untersagt, den Saldo aus den Vorjahren in einer gesonderten Kontoübersicht auszuweisen[5]. Es muss sich aber um eine reine Information handeln und darf nicht zum Gegenstand des Beschlusses über die Jahresabrechnung gemacht werden. Der Vorjahressaldo darf erst nach der Feststellung des sich aus der Jahresabrechnung ergebenden Spitzenbetrages aufgeführt werden[6]. Dabei sollte sehr genau darauf geachtet werden, dass der Vorjahressaldo nicht mit dem Spitzenbetrag der Jahresabrechnung saldiert und so der Eindruck erweckt wird, der sich ergebende Saldo sei das Ergebnis der Jahresabrechnung. Ist diese Kontoübersicht (Darstellung der Vorjahres-Hausgeldschulden) deutlich getrennt von der Jahresabrechnung, erstreckt sich die Beschlussfassung der Eigentümerversammlung nicht auf diese Über-

---

1 OLG Düsseldorf, Beschl. v. 30. 4. 2004 – 3 Wx 65/04, ZMR 2005, 642 = DWE 2005, 42, zur Begründung von Zahlungsansprüchen.
2 Vgl. BayObLG, Beschl. v. 3. 5. 2005 – 2Z BR 143/04, BayObLGR 2005, 567 = ZMR 2006, 139.
3 BayObLG, Beschl. v. 4. 7. 2002 – 2Z BR 139/01, BayObLGR 2002, 369 = ZMR 2002, 946 = ZWE 2002, 578 = WuM 2002, 521.
4 BayObLG, Beschl. v. 12. 6. 1991 – 2 Z 70/91, DWE 1991, 127 = WE 1991, 175.
5 BayObLG, Beschl. v. 12. 11. 1992 – 2Z BR 73/92, WuM 1993, 92; BayObLG, Beschl. v. 7. 5. 1992 – 2Z BR 26/92, WuM 1992, 395 = NJW-RR 1992, 1169 = DWE 1992, 128.
6 BayObLG, Beschl. v. 23. 5. 1990 – 2 Z 44/90, NJW-RR 1990, 1107 = WuM 1990, 616 = DWE 1991, 30.

4. Ausweis der Hausgeldvorschüsse in der Einzelabrechnung

a) Der Normalfall

Die von dem Wohnungseigentümer gezahlten Hausgeldvorschüsse müssen selbstverständlich in der Einzelabrechnung des Wohnungseigentümers ausgewiesen sein. Eine Einzelabrechnung darf sich nämlich nicht darauf beschränken, nur den Anteil des einzelnen Wohnungseigentümers an den Gesamtkosten auszuweisen, sondern muss auch mit diesem Kostenanteil die von ihm gezahlten Hausgeldvorschüsse verrechnen, um das Guthaben oder die Nachzahlungspflicht des Wohnungseigentümers zu dokumentieren[3]. In den Einzelabrechnungen ist deshalb nachvollziehbar darzustellen, ob und inwieweit die Hausgeldvorauszahlungen des betreffenden Wohnungseigentümers ausgereicht haben, seinen Anteil an den Gesamtkosten zu decken, oder ob er eine zu niedrige Vorauszahlung oder eine Überzahlung geleistet hat[4]. Zu der Frage, welche Auswirkung die Nichtberücksichtigung von gezahlten Hausgeldvorschüssen oder die Berücksichtigung von nicht gezahlten Hausgeldvorschüssen bei Bestandskraft des Beschlusses über die Jahresabrechnung hat, vgl. Rz. 234a.

152

In der Einzelabrechnung des Wohnungseigentümers müssen alle Zahlungen des Wohnungseigentümers aufgeführt werden, unabhängig davon, ob sie gemäß § 366 BGB als Vorschüsse für dieses Jahr anzurechnen sind[5]. Allerdings dürfen Zahlungen, die für die Hausgeldsalden eines Vorjahres bestimmt sind, nicht als Hausgeld-Zahlungen für das abzurechnende Wirtschaftsjahr ausgewiesen werden, weil sonst höhere Zahlungen vorgespiegelt werden als tatsächlich für das abgerechnete Jahr erbracht wurden[6].

153

---

1 BayObLG, Beschl. v. 23. 5. 1990 – 2 Z 44/90, NJW-RR 1990, 1107 = WuM 1990, 616 = DWE 1991, 30.
2 BayObLG, Beschl. v. 24. 6. 1999 – 2Z BR 179/98, BayObLGZ 1999, 177 = NZM 1999, 868 = ZMR 1999, 724 = NJW-RR 2000, 17.
3 BayObLG, Beschl. v. 22. 6. 1989 – 2 Z 5/89, WuM 1989, 538 = BayObLGZ 1989, 266 = DWE 1990, 38.
4 BayObLG, Beschl. v. 10. 3. 1994 – 2Z BR 11/94, WuM 1994, 498 = DWE 1994, 156 = WE 1995, 91; BayObLG, Beschl. v. 27. 1. 1994 – 2Z BR 88/93, WuM 1994, 230 = DWE 1994, 154 = WE 1995, 30.
5 BayObLG, Beschl. v. 4. 7. 2002 – 2Z BR 139/01, BayObLGR 2002, 369 = ZMR 2002, 946 = ZWE 2002, 578 = WuM 2002, 521.
6 Vgl. OLG Köln, Beschl. v. 6. 2. 1998 – 16 Wx 12/98, OLGReport Köln 1998, 354 = NZM 1998, 874 = WuM 1998, 505 = ZMR 1998, 460, mit Anm. *Rau*, ZMR 1998, 462.

154 Die schon oben erwähnte Saldenliste soll dem einzelnen Wohnungseigentümer auch Aufschluss über die tatsächliche Hausgeldsituation geben; deshalb darf diese Saldenliste – wie auch jede andere Darstellung der gezahlten Hausgeldvorschüsse – keine Sollzahlen enthalten, sondern muss die tatsächlichen Zuflüsse an Hausgeldern ausweisen[1].

155 Hausgeldvorschüsse, die für ein Wirtschaftsjahr (Wirtschaftsjahr 1) bestimmt sind, die aber erst in der nächsten Abrechnungsperiode (Wirtschaftsjahr 2) gezahlt werden, dürfen nicht in die Abrechnung des Wirtschaftsjahres 1 als gezahlter Vorschuss eingestellt werden[2]. Dies ergibt sich ebenfalls aus dem Geldflussprinzip; nur die tatsächlich im Abrechnungszeitraum der Eigentümergemeinschaft zugeflossenen Hausgeldvorschüsse, die auf dem Girokonto der Gemeinschaft verbucht wurden, sind in der betreffenden Abrechnung aufzunehmen[3].

156 In die Jahresabrechnung dürfen keine Sollzahlen aufgenommen werden. Dies bedeutet, dass die Hausgeldzahlungen in der tatsächlich geleisteten Höhe aufzunehmen sind und nicht etwa die durch Beschluss festgelegten Hausgeldvorschüsse („vereinbarte Kostenvorschüsse"). Werden die tatsächlich geleisteten Hausgeldvorschüsse nur fehlerhaft als „vereinbarte Kostenvorschüsse" bezeichnet, berührt das die Richtigkeit der Jahresabrechnung nicht, wenn feststeht, dass die tatsächlichen Hausgeldvorschüsse Aufnahme in der Abrechnung gefunden haben[4].

b) Ausnahme: Aufrechnung

157 Kann der Wohnungseigentümer zu Recht gegen Ansprüche der Eigentümergemeinschaft auf Zahlung von Hausgeld die Aufrechnung mit eigenen Ansprüchen erklären, ist der aufgerechnete Betrag als Hausgeld-„Zahlung" (Vorschuss) in die Jahresabrechnung des Eigentümers einzustellen (und auch in der Saldenliste oder in den Gesamteinnahmen des Hausgeldes auszuweisen). Weiterhin müssen die entsprechenden Kosten gleichzeitig in die Gesamtkosten aufgenommen werden, um sie auf alle Wohnungseigentümer zu verteilen. Ich hatte oben, unter Rz. 61, auf die Entscheidung des KG[5] hingewiesen, wonach als Ausgaben auch solche Beträge in die Abrechnung aufgenommen werden dürften, die als **Auslagen eines Wohnungseigentümers** für gemeinschaftliche Angelegenheiten anerkannt und mit dem von ihm geschuldeten Hausgeld verrechnet werden oder für die dem Wohnungseigentümer eine Gutschrift erteilt

---

1 AG Köln, Beschl. v. 5. 2. 1999 – 202 II 167/98, n. v.
2 BayObLG, Beschl. v. 12. 11. 1992 – 2Z BR 73/92, WuM 1993, 92.
3 BayObLG, Beschl. v. 12. 11. 1992 – 2Z BR 73/92, WuM 1993, 92; BayObLG, Beschl. v. 21. 3. 1989 – 1b Z 14/88, NJW-RR 1989, 840.
4 BayObLG, Beschl. v. 26. 2. 2001 – 2Z BR 14/01, ZWE 2001, 492.
5 KG, Beschl. v. 24. 5. 1993 – 24 W 3698/92, WuM 1993, 429 = NJW-RR 1993, 1104 = DWE 1994, 83.

wird. Ein Wohnungseigentümer kann durchaus einen Aufwendungsersatzanspruch haben, der sich gegen die Gemeinschaft der Wohnungseigentümer richtet. Weil es sich um Ansprüche gegen den **Verband** handelt, kommt es nicht darauf an, dass die Aufwendungen zu einem Zeitpunkt getätigt wurden, als die Gemeinschaft sich aus anderen Personen zusammensetze[1]. Ich hatte darauf hingewiesen, dass nur, wenn der Wohnungseigentümer zu Recht eine Aufrechnung mit seinen Hausgeldvorschüssen vorgenommen hat, z.B. weil er eine Notmaßnahme im gemeinschaftlichen Interesse finanziert hatte, dieser Aufrechnungsvorgang als Geldabfluss angesehen werden könne. Der aufgerechnete Betrag muss deshalb in die Gesamtausgaben als „Geldabfluss" aufgenommen werden, weil auch der aufrechnende Wohnungseigentümer seinen Anteil an dem aufgewandten Betrag tragen muss. Die Aufnahme in den Hausgeldvorschüssen und die gleichzeitige Aufnahme unter den Lasten und Kosten erschwert die nachvollziehbare Darstellung aller Geldzu- und Geldabflüsse.

Ein Wohnungseigentümer – auch der ausgeschiedene Wohnungseigentümer[2] – kann gegen Hausgeldforderungen nur mit anerkannten oder rechtskräftig festgestellten Gegenforderungen[3] oder mit Ansprüchen aus Notgeschäftsführung[4] **aufrechnen**[5]. Auch ein **Zurückbehaltungsrecht** eines Wohnungseigentümers ist aufgrund der bestehenden Schutz- und Treuepflichten der Wohnungseigentümer ausgeschlossen, weil die pünktliche Zahlung von Hausgeldern und Sonderumlagen von existentieller Bedeutung für die Gemeinschaft ist. Gegenüber Hausgeldvorschüssen ist ein Zurückbehaltungsrecht völlig ausgeschlossen, weil „Vorschuss" Vorleistungspflicht bedeutet[6]. Gleiches gilt jedoch auch für Ansprüche aus einer Jahresabrechnung; auch dabei steht die Finanzierungsnotwendigkeit im

158

---

1 OLG Hamm, Beschl. v. 8. 10. 2007 – 15 W 385/06, OLGReport Hamm 2008, 135 = ZMR 2008, 228 = MDR 2008, 558 = DWE 2008, 23.
2 BayObLG, Beschl. v. 14. 3. 1996 – 2Z BR 138/95, WuM 1996, 298 = NJW-RR 1996, 1039.
3 Vgl. hierzu BayObLG, Beschl. v. 7. 6. 2001 – 2Z BR 32/01, ZWE 2001, 419, dort auch zur Frage, wann durch eine Aufrechnung eine Erledigung eintritt (bei Eintritt der Aufrechnungslage oder zum Zeitpunkt der Aufrechnungserklärung).
4 Auch dann, wenn der „Haftungsverband" sich durch Entritt neuer Eigentümer verändert hat: KG, Beschl. v. 29. 4. 2002 – 24 W 26/01, KGR Berlin 2002, 229 = ZWE 2002, 413 = ZMR 2002, 699 = NZM 2002, 745, in Abgrenzung zur „Haftungsverband"-Entscheidung des KG, Beschl. v. 29. 3. 1995 – 24 W 4812/94, KGR Berlin 1995, 158 = ZMR 1995, 264 = NJW-RR 1995, 975 = WuM 1995, 333.
5 BayObLG, Beschl. v. 22. 5. 1998 – 2Z BR 79/98, ZMR 1998, 646 = NZM 1998, 973; BayObLG, Beschl. v. 23. 4. 1998 – 2Z BR 162/97, NZM 1998, 918; BayObLG, Beschl. v. 11. 9. 1997 – 2Z BR 20/97, WE 1998, 316 = ZMR 1998, 179.
6 AG Königswinter, Urt. v. 29. 11. 2007 – 31 C 2/07, n.v.; vgl. im Übrigen AG Lübeck, Beschl. v. 15. 3. 2006 – 2 II 6/06, ZMR 2006, 651; OLG Frankfurt/Main, Beschl. v. 9. 12. 2002 – 20 W 428/02, n.v.; OLG Frankfurt/Main, Beschl. v. 8. 6. 1979 – 20 W 262/79, OLGZ 1979, 391; BayObLG, Beschl. v. 27. 10. 1971 – 2 Z 85/70, MDR 1972, 145 = BayObLGZ 1971, 313.

Vordergrund. Der Wohnungseigentümer ist darauf zu verweisen, seinen (vermeintlich aus dem gleichen rechtlichen Verhältnis bestehenden) fälligen Gegenanspruch in einem gesonderten Verfahren geltend zu machen.

159 Der Verwalter ist (selbstverständlich) nicht berechtigt, ohne Ermächtigung durch die Eigentümergemeinschaft Forderungen eines einzelnen Wohnungseigentümers anzuerkennen[1], er darf auch nicht auf Beitragsleistungen einzelner Eigentümer verzichten[2]. Hierüber haben die Eigentümer (im Rahmen einer Eigentümerversammlung oder durch schriftliche Beschlussfassung nach § 23 Abs. 3 WEG) zu beschließen.

160 **Notgeschäftsführungmaßnahmen** sind solche, die der Abwehr eines dem gemeinschaftlichen Eigentum unmittelbar drohenden Schadens dienen, ein mittelbarer Zusammenhang zwischen erforderlichen Maßnahmen und einem eintretenden Schaden reicht nicht aus[3]. Eine Notmaßnahme kann nur dann vorliegen, wenn es weder möglich ist, den Verwalter über bevorstehende oder eintretende Schäden zu informieren, noch eine Eigentümerversammlung mit der Beschlussfassung über die zu ergreifenden Maßnahmen zu befassen.

161 Soweit das OLG Celle[4] in einem Fall der angeblichen Notgeschäftsführung ausführt, die für eine Notgeschäftsführung erforderliche Eilbedürftigkeit liege regelmäßig nicht vor, wenn ein gefahrträchtiger Zustand schon längere Zeit bekannt ist oder die Wohnungseigentümer hierüber bereits Gespräche geführt haben, kann diese pauschale Sichtweise nicht überzeugen. Auch bei länger bekannten gefahrträchtigen Zuständen können Argumente dafür existieren, eine Notgeschäftsführung anzunehmen. Wird der Zustand durch Hinzutreten von Umständen objektiv so gefahrträchtig, dass jederzeit ein Schadenfall eintreten könnte, und würde ein vernünftiger Einzeleigentümer nicht zögern, (dann endlich) Maßnahmen zu ergreifen, kann eine Notgeschäftsführung nicht verneint werden[5]. Allerdings müssen bei langem Zuwarten des später handelnden Eigentümers schon erhebliche plötzlich eintretende Umstände für die Annahme einer Notmaßnahme sprechen.

---

1 BayObLG, Beschl. v. 6. 9. 2001 – 2Z BR 107/01, ZWE 2001, 593; BayObLG, Beschl. v. 27. 3. 1997 – 2Z BR 11/97, ZMR 1997, 325 = WuM 1997, 398 = WE 1997, 434 = NJWE-MietR 1997, 163; BayObLG, Beschl. v. 13. 12. 1983 – 2 Z 119/82, DWE 1984, 61 (LS).
2 BayObLG, Beschl. v. 22. 4. 2004 – 2Z BR 113/03, ZMR 2004, 839; OLG Hamm, Beschl. v. 15. 11. 1999 – 15 W 323/99, ZWE 2000, 540 = ZMR 2000, 246 = NZM 2000, 139 = DWE 2000, 123.
3 BayObLG, Beschl. v. 22. 5. 1998 – 2Z BR 79/98, ZMR 1998, 646 = NZM 1998, 973; BayObLG, Beschl. v. 13. 11. 1978 – 2 Z 92/77, WEM 1979, 128.
4 OLG Celle, Beschl. v. 20. 12. 2001 – 4 W 286/01, ZWE 2002, 369.
5 So zu Recht BayObLG, Beschl. v. 28. 8. 2001 – 2Z BR 50/01, ZWE 2002, 129, m.w.N. = WuM 2002, 105; vgl. auch BayObLG, Beschl. v. 11. 6. 2001 – 2Z BR 128/00, ZWE 2001, 418.

Ein der Notgeschäftsführung vergleichbarer Tatbestand liegt dann vor, 162
wenn ein außenstehender Dritter („Außengläubiger") die Aufrechnung gegenüber einem Miteigentümer erklärt und der Miteigentümer somit Verwaltungsschulden der Eigentümergemeinschaft begleicht[1]. So in dem Fall, dass die Eigentümergemeinschaft dem Bezirksamt die Erstattung von Ersatzvornahmekosten (aus dem Ankauf von Heizöl für die Wohnanlage und Beseitigung von Mängeln) schuldete. Als ein Wohnungseigentümer seine Einkommensteuererstattung vom Finanzamt verlangte, rechnete dieses als Vollstreckungsbehörde für das Bezirksamt auf. Im Hinblick auf die Teilrechtsfähigkeit des Verbandes erscheint eine solche Aufrechnungslage allerdings (jetzt) nicht mehr möglich zu sein.

Eine Aufrechnung des Wohnungseigentümers gegenüber den Ansprüchen der Eigentümergemeinschaft mit eigenen Ansprüchen, die er gegen den Verwalter hat, ist selbstverständlich nicht zulässig[2]. Es fehlt die erforderliche Gegenseitigkeit der Ansprüche. 163

Ansprüche auf Hausgeld stehen der Gemeinschaft der Wohnungseigentümer (Verband) zu. Gegen solche Ansprüche kann nur mit Forderungen aufgerechnet werden, die sich gegen den Verband und nicht nur gegen einzelne Wohnungseigentümer richten[3]. 164

Auch ein Eigentümer, der das Wohnungseigentum erst nach Entstehung 165
des Anspruches, aus dem die Aufrechnung hergeleitet wird, erworben hat, kann gegen Hausgeldforderungen aufrechnen. Dies ist jedoch dann nicht zulässig, wenn Ansprüche aus Notgeschäftsführung von einem in **Insolvenz** gefallenen Eigentümer geltend gemacht werden und diese Ansprüche in die Insolvenzmasse fallen. Der Gemeinschuldner hat dann nämlich keine Verfügungsbefugnis über die Forderung mehr, sondern nur der Insolvenzverwalter[4].

c) Hausgeldvorschüsse bei Eigentümerwechsel (und im Falle der Zwangsverwaltung/Insolvenz)

An dieser Stelle kann keine Auseinandersetzung mit dem Problem der 166
Haftung des Rechtsnachfolgers für Hausgeldschulden seines Vorgängers erfolgen (vgl. hierzu Teil 16, Rz. 665 ff.).

---

1 KG, Beschl. v. 29. 5. 2002 – 24 W 185/01, ZWE 2002, 363 = ZMR 2002, 861 = KGR Berlin 2002, 208 = MDR 2002, 1186 = WuM 2002, 391.
2 BayObLG, Beschl. v. 6. 9. 1979 – 2 Z 51/78, WEM 1979, 173.
3 OLG München, Beschl. v. 15. 1. 2008 – 32 Wx 129/07, OLGReport München 2008, 164 = ZMR 2008, 321 = DWE 2008, 33 = NJW-RR 2008, 534 = WuM 2008, 110.
4 BayObLG, Beschl. v. 22. 5. 1998 – 2Z BR 79/98, ZMR 1998, 646 = NZM 1998, 973.

167 Für die Behandlung der Hausgeldvorschüsse des Vorgängers müssen verschiedene Gesichtspunkte unterschieden werden.

168 Hat der Vorgänger keinerlei Schulden bei den Hausgeldvorschüssen, sind die tatsächlich gezahlten Hausgeldvorschüsse in die Abrechnung einzustellen. Es ergibt sich sodann die „normale" Abrechnungsspitze.

169 Hatte der Vorgänger allerdings die Hausgeldvorschüsse nicht in vollem Umfange geleistet, ergeben sich Probleme.

– Der Erwerb erfolgte in der **Zwangsversteigerung:** Hier wird allgemein angenommen, dass der Erwerber für die Hausgeldvorschüsse des Vorgängers nicht haftet, sodass in der Jahresabrechnung „fiktive" Hausgeldvorschüsse, die der Vorgänger zu zahlen gehabt hätte, aufgenommen werden müssen. Die Vorschüsse müssen so behandelt werden, als wenn sie ordnungsgemäß gezahlt worden wären. Allerdings ist in den einzelnen berührten Bestandteilen der Jahresabrechnung (also Einzelabrechnung und Darstellung Girokonto) deutlich darauf hinzuweisen, dass nur aus abrechnungstechnischen Gründen „fiktive" Hausgeldvorschüsse zur Errechnung des Spitzenbetrages des Neueigentümers aufgenommen worden sind. Ist allerdings in der Gemeinschaftsordnung eine Haftungsklausel enthalten (Veräußerer und Erwerber haften, auch bei Zwangsversteigerung, gesamtschuldnerisch für Hausgeldschulden des Veräußerers), kann nach meiner Auffassung durchaus eine Haftung des Erwerbers angenommen werden[1]. Somit müssten nur die tatsächlich gezahlten Hausgelder des Vorgängers in die Jahresabrechnung eingestellt werden, der Spitzenbetrag der Jahresabrechnung wird entsprechend höher und ist vom Erwerber zu begleichen.

– Der Erwerb erfolgte durch **normales Rechtsgeschäft:** Hier haftet der Nachfolger für die Hausgeldschulden des Vorgängers grundsätzlich nicht[2]; die Hausgeldzahlungen des Vorgängers müssen auch hier „fiktiv" in die Jahresabrechnung aufgenommen werden. Ist allerdings eine Haftungsklausel in der Gemeinschaftsordnung enthalten (vgl. vorher-

---

1 A. A. BGH, Beschl. v. 22. 1. 1987 – BGHZ 99, 358 = MDR 1987, 485 = NJW 1987, 1638 = ZMR 1987, 273; OLG Hamm, Beschl. v. 7. 3. 1996 – 15 W 440/95, ZMR 1996, 337 = NJW-RR 1996, 911 = WE 1996, 353; OLG Düsseldorf, Beschl. v. 23. 6. 1995 – 3 Wx 167/95, WuM 1996, DWE 1996, 33; **andererseits** meint der BGH, Beschl. v. 23. 9. 1999 – V ZB 17/99, BGHZ 142, 290 = MDR 2000, 21 = ZWE 2000, 29 = ZMR 1999, 834 = NJW 1999, 3713 = NZM 1999, 1101, zu Recht, dass § 56 Satz 2 ZVG einer Haftung des Erwerbers nicht entgegensteht und weist später auch darauf hin, dass eine Erwerberhaftung durch Vereinbarung möglich sei; die dieser Ansicht vermeintlich entgegenstehende Entscheidung des BGH, Beschl. v. 27. 6. 1985 – VII ZB 16/84, BGHZ 95, 118 = MDR 1985, 1017 = NJW 1985, 2717 = Rpfleger 1985, 409, beschäftigt sich nicht mit einer Haftungsklausel.

2 Vgl. BGH, Beschl. v. 23. 9. 1999 – V ZB 17/99, BGHZ 142, 290 = MDR 2000, 21 = ZWE 2000, 29 = ZMR 1999, 834 = NJW 1999, 3713 = NZM 1999, 1101.

gehenden Absatz), haftet der Nachfolger für die Hausgeldschulden des Vorgängers[1]. Dann sind wiederum die tatsächlich gezahlten Hausgeldvorschüsse des Vorgängers einzustellen, wodurch der Spitzenbetrag höher wird.

Kurz muss noch auf die Frage eingegangen werden, wie bei **Zwangsverwaltung** oder **Insolvenz** die Vorschüsse zu behandeln sind, wenn während des laufenden Wirtschaftsjahres die Zwangsverwaltung eingerichtet oder das Insolvenzverfahren eröffnet wurde. Ist in der Gemeinschaftsordnung keine Haftungsklausel enthalten, kann weder der Zwangsverwalter noch der Insolvenzverwalter auf die Rückstände bei den Hausgeldvorschüssen in Anspruch genommen werden. Unterscheiden muss man jedoch nach meiner Auffassung, wenn eine solche, oben beschriebene, Haftungsklausel vorhanden ist.

170

– Zwangsverwaltung: Hier nehme ich Bezug auf die Entscheidung des BGH vom 23. 9. 1999[2], in dem der BGH darauf hingewiesen hat, dass allein die Vorschrift des § 56 Satz 2 ZVG einer Haftung nicht entgegensteht, und später auf die Notwendigkeit einer Vereinbarung einer Haftung abstellte. Dies bestärkt mich in meiner Auffassung, dass der Zwangsverwalter bei vereinbarter Haftungsklausel auch für Rückstände haftet. Somit wären lediglich die tatsächlich gezahlten Hausgeldvorschüsse in die Jahresabrechnung einzustellen und der Zwangsverwalter hat aus der Verwaltungsmasse den höheren Spitzenbetrag zu zahlen[3].

– Insolvenzverfahren: Hier ergibt sich aus den Grundsätzen der Insolvenzordnung (gleichmäßige Behandlung aller Gläubiger), dass die nicht gezahlten Hausgeldvorschüsse einfache Insolvenzforderungen bleiben[4]. Damit ist wiederum, wie oben, eine „fiktive" Hausgeldzahlung in die Abrechnung einzustellen, um den „richtigen" Spitzenbetrag zu errechnen[5].

---

1 BayObLG, Beschl. v. 7. 3. 2002 – 2Z BR 151/01, BayObLGR 2002, 369 = NZM 2002, 492 = DEW 2002, 100, sowie BGH, Beschl. v. 23. 9. 1999 – V ZB 17/99.
2 BGH, Beschl. v. 23. 9. 1999 – V ZB 17/99, BGHZ 142, 290 = MDR 2000, 21 = ZWE 2000, 29 = ZMR 1999, 834 = NJW 1999, 3713 = NZM 1999, 1101.
3 Nach AG Kerpen, Beschl. v. 8. 12. 1998 – 15 II 44/98, ZMR 1999,126, haftet der Zwangsverwalter nicht für die Spitzenbeträge aus Jahresabrechnungen, die einen Zeitraum vor Bestellung als Zwangsverwalter betreffen; richtig hingegenüber OLG München, Beschl. v. 12. 3. 2007 – 34 Wx 114/06, OLGReport München 2007, 465 = ZMR 2007, 721 = NJW-RR 2007, 1025 = ZWE 2007, 356: Zwangsverwalter haftet für Spitzenbetrag – es kommt nicht darauf an, ob er für den Zeitraum, den die Einzelabrechnung umfasst, schon als Zwangsverwalter bestellt war.
4 OLG Düsseldorf, Beschl. v. 27. 9. 1995 – 3 Wx 197/94, OLGReport Düsseldorf 1996, 87 = WuM 1996, 173 = WE 1996, 273 = NJWE-MietR 1996, 89.
5 Soweit *Beutler/Vogel*, ZMR 2002, 802, die Behandlung des Spitzenbetrages durch die Rechtsprechung kritisieren, dürfte deren Ansicht wohl falsch sein.

d) Problemfall: Sonderumlage[1]

171 Immer wieder werden in Eigentümergemeinschaften Sonderumlagen für bestimmte durchzuführende Arbeiten beschlossen und zur Zahlung eingefordert[2]. Die Höhe der Sonderumlage soll sich, um ordnungsmäßiger Verwaltung zu entsprechen, am geschätzten Finanzbedarf ausrichten; allerdings ist eine großzügige Handhabung zulässig[3].

172 Wie eine Sonderumlage abrechnungstechnisch zu behandeln ist, nämlich hier im Rahmen der Hausgeldvorschüsse, hat die Rechtsprechung soweit ersichtlich nur in einzelnen Entscheidungen[4], die Literatur sehr wenig erörtert[5]. Die Sonderumlage ist jedoch deshalb problematisch, weil sie

---

1 Vgl. zur Sonderumlage auch *Mundt*, Sonderumlagen: Grundlagen und Einzelfragen unter Berücksichtigung des neuen Wohnungseigentumsrechts, NZM 2007, 864.
2 Sonderumlagen können auch zur Behebung von Liquiditätsengpässen, vgl. z. B. KG, Beschl. v. 26. 3. 2003 – 24 W 177/03, NJW-RR 2003, 1020; OLG Düsseldorf, Beschl. v. 17. 8. 2001 – 3 Wx 187/01, OLGReport Düsseldorf 2002, 1 = ZWE 2002, 90 = ZMR 2002, 144 = NJW-RR 2002, 302; LG Hamburg, Beschl. v. 30. 5. 2001 – 318 T 150/00, ZMR 2002, 787; AG Köln, Beschl. v. 30. 4. 2001 – 202 II 95/00, NZM 2001, 677, **oder** zur Finanzierung eines selbständigen Beweisverfahrens beschlossen werden; vgl. z. B. Thüringer OLG Jena, Beschl. v. 22. 10. 2001 – 6 W 482/01, OLGReport Jena 2002, 7 = MDR 2002, 511 = FGPrax 2002, 12 (auch wenn für den zu untersuchenden Bereich ein Sondernutzungsrecht bestellt ist, **oder** zur Finanzierung der Stellung einer Sicherheitsleistung für die Zwangsvollstreckung, vgl. BayObLG, Beschl. v. 11. 4. 2001 – 2Z BR 27/01, BayObLGR 2001, 57 = ZWE 2001, 490 = ZMR 2001, 826 = NZM 2001, 766, **oder** (zweifelhaft) zur Finanzierung erwarteter Verfahrenskosten für ein WEG-Verfahren: BayObLG, Beschl. v. 1. 2. 1994 – 2Z BR 97/93, WuM 1994, 295 = WE 1995, 32; ebenso BayObLG, Beschl. v. 18. 3. 1993 – 2Z BR 108/92, WuM 1993, 486 = WE 1994, 118 = DWE 1994, 29, **oder** weil die Ansätze des Wirtschaftsplanes unrichtig waren oder durch neue Tatsachen überholt sind: BGH, Beschl. v. 15. 6. 1989 – V ZB 22/88, BGHZ 108, 44 = MDR 1989, 898 = NJW 1989, 3018 = DWE 1989, 130 = Rpfleger 1989, 472; BayObLG, Beschl. v. 8. 2. 1990 – 1b Z 8/90, DWE 1990, 75 (LS) = Juris.
3 Vgl. BayObLG, Beschl. v. 11. 3. 1998, 2Z BR 12/98, BayObLGR 1998, 50 = WuM 1998, 305 = NZM 1998, 337 = NJW-RR 1998, 1096; vgl. auch OLG Düsseldorf, Beschl. v. 18. 1. 1999 – 3 Wx 394/98, OLGReport Düsseldorf 1999, 394 = NZM 1999, 766 = WuM 1999, 352.
4 KG, Beschl. v. 22. 11. 2004 – 24 W 233/03, KGR Berlin 2005, 443 = ZMR 2005, 309 = WuM 2005, 145 = DWE 2005, 31; KG, Beschl. v. 19. 7. 2004 – 23 W 305/02, KGR Berlin 2005, 91 = FGPrax 2004, 277, mit Anm. *Jennißen*, MietRB 2005, 75; AG Kerpen, Beschl. v. 18. 12. 1996 – 15 II 27/96, ZMR 1998, 376; die Entscheidung wurde vom LG Köln, Beschl. v. 1. 7. 1997 – 29 T 21/97, n. v., bestätigt; AG Bergheim, Beschl. v. 28. 1. 1991 – 15 WEG 8/90, n. v.; wenig aussagekräftig: KG, Beschl. v. 27. 6. 1997 – 24 W 2353/96, KGR Berlin 1997, 242 = ZMR 1997, 541 = WuM 1997, 578 = DWE 1998, 32.
5 *Drasdo*, ZMR 1998, 407, und *Köhler*, Anm. zu AG Kerpen, Beschl. v. 18. 12. 1996, ZMR 1998, 380; *Drasdo*, ZWE 2000, 248.

grundsätzlich einen Hausgeldvorschuss darstellt[1]. Somit müsste sie auch (unabhängig davon, ob der Zweck, für den sie eingefordert wurde, erfüllt ist oder nicht) mit dem jeweiligen Wirtschaftsjahr als Hausgeldzahlung des Eigentümers abgerechnet werden.

Um die Probleme aufzuzeigen, sollen folgende Fälle dargestellt werden: 173

– Die Sonderumlage wird im Wirtschaftsjahr 1 gezahlt und im gleichen Wirtschaftsjahr werden die Zahlungen an die Firmen, die die beschlossene Maßnahme durchführen, geleistet. Das ist unproblematisch; im Wirtschaftsjahr 1 können und müssen in der Jahresabrechnung sowohl die Kosten für die Maßnahme abgerechnet als auch die Sonderumlage als Hausgeldvorschuss eingestellt werden.

– Die Sonderumlage wird im Wirtschaftsjahr 1 von den Wohnungseigentümern gezahlt, die Rechnungen für die durchgeführten Maßnahmen werden jedoch erst im Wirtschaftsjahr 2 ausgeglichen. Dies ist im Hinblick auf das Geldflussprinzip problematisch. Die Sonderumlage müsste im Wirtschaftsjahr 1 als Hausgeldzahlung eingestellt werden, womit jedenfalls ein höherer Auszahlungsanspruch (oder eine niedrigere Nachzahlungsverflichtung) des Eigentümers entsteht; die Kosten für die Maßnahmen müssten im Wirtschaftsjahr 2 als Belastung in der Abrechnung auftauchen.

– Die Sonderumlage wird im Wirtschaftsjahr 1 von den Wohnungseigentümern gezahlt, im gleichen Jahr wird ein Teil der Maßnahmen durchgeführt und hierfür werden Zahlungen erbracht. Die restliche Maßnahme wird im Wirtschaftsjahr 2 bezahlt. Auch dies ist problematisch. Im Wirtschaftsjahr 1 dürfen nur die Beträge in der Abrechnung aufgenommen werden, die tatsächlich abgeflossen sind; die Sonderumlage müsste jedoch insgesamt als Hausgeldzahlung in die Abrechnung des Wirtschaftsjahres 1 eingestellt werden. Die restlichen Kosten wären dann in der Abrechnung des Wirtschaftsjahres 2 abzurechnen. Damit entstehen wiederum, wie bei Spiegelstrich 2, ungleichgewichtige Zahlungs- und Belastungsbeträge.

Diese Probleme können nur dadurch beseitigt werden, dass die Eigentümer schon bei der Beschlussfassung über die Maßnahme(n) und die damit verbundene Sonderumlage festlegen, dass die Sonderumlage als gesonderte und zweckgebundene Rücklage für die beschlossenen Maßnahmen gelten soll und so angesammelt wird. Ein entsprechender Beschluss könnte lauten: 174

---

1 BayObLG, Beschl. v. 20. 11. 2002 – 2Z BR 144/01, WuM 2003, 101; vgl. auch *Bub*, Finanz- und Rechnungswesen, III, Rz. 78; ähnlich OLG Köln, Beschl. v. 2. 2. 2001 – 16 Wx 131/00, ZMR 2001, 574, wenn es die Sonderumlage als **Nachtrag zum Jahreswirtschaftsplan der Gemeinschaft** bezeichnet.

> Die Eigentümergemeinschaft beschließt, den Verwalter zu beauftragen und zu bevollmächtigen, die folgenden Maßnahmen durchzuführen ... [genaue Beschreibung der Maßnahmen, voraussichtliche Kostenhöhe, Durchführung durch die Firma XY aufgrund deren Angebot vom[1] ..., Abnahme der Arbeiten soll erfolgen durch ...]. Die Maßnahmen sollen finanziert werden durch eine Sonderumlage in Höhe von ... Euro, die zum ... fällig gestellt wird[2]. Die Sonderumlage wird den einzelnen Eigentümern/Sondereigentumseinheiten gemäß der mit der Einladung zur Eigentümerversammlung versandten Verteilungsliste belastet[3]; die Liste wird dem Protokoll der Versammlung beigefügt. Die Sonderumlage wird als gesonderte und zweckgebundene Rücklage für die hier beschlossene Maßnahme angesammelt und als solche in der Jahresabrechnung auch gesondert aufgeführt.

175 Ist ein ähnlicher Beschluss nicht gefasst worden, und zieht sich die Maßnahme (wie bei den ersten beiden Unterpunkten von Rz. 173) über mehrere Wirtschaftsjahre hin, kann (hilfsweise) nur noch mit „ordnungsmäßiger Verwaltung" argumentiert werden, um die zwingende Einstellung der gezahlten Sonderumlage als Hausgeldzahlung zu verhindern[4]. Man muss dann (z.B. bei einer Abrechnungs-Beschlussanfechtung) versuchen, das Gericht davon zu überzeugen, dass der allgemeine Begriff

---

1 Ein Eigentümerbeschluss über die Durchführung von Maßnahmen, ohne dass zuvor Vergleichsangebote für die Maßnahme eingeholt worden sind, entspricht regelmäßig nicht ordnungsmäßiger Verwaltung: vgl. nur BayObLG, Beschl. v. 9. 9. 1999 – 2Z BR 54/99, ZWE 2000, 37 = ZMR 2000, 39 = DWE 1999, 166 = NZM 2000, 512 m.w.N.; BayObLG, Beschl. v. 13. 8. 1998 – 2Z BR 97/98, NZM 1999, 280 = NJW-RR 1999, 307 = WE 1999, 119.
2 Allein ein Beschluss über eine durchzuführende Maßnahme reicht für die Anforderung einer Sonderumlage **nicht** aus: BayObLG, Beschl. v. 23. 4. 1998 – 2Z BR 162/97, NZM 1998, 918 = WE 1999, 234; vgl. auch KG, Beschl. v. 21. 8. 2002 – 24 W 366/01, WuM 2002, 565 = NZM 2002, 873 = NJW-RR 2002, 1591; OLG Köln, Beschl. v. 27. 2. 1998 – 16 Wx 30/98, OLGReport Köln 1998, 335 = ZMR 1998, 463 = NZM 1998, 877 = WE 1998, 313.
3 Die Sonderumlage ist grundsätzlich als Gesamtbetrag zu beschließen und die von den einzelnen Wohnungseigentümern aufzubringenden Beträge zu benennen; auf die Rechtsprechung des BayObLG, Beschl. v. 23. 4. 1998 – 2Z BR 162/97, NZM 1998, 918 = WE 1999, 234; BayObLG, Beschl. v. 11. 3. 1998 – 2Z BR 7/98, ZMR 1998, 445 = WuM 1998, 306 = NZM 1998, 337 = NJW-RR 1998, 1386, wonach es ausnahmsweise ausreicht, wenn der von dem einzelnen Wohnungseigentümer zu zahlende Betrag ohne weiteres errechenbar ist, sollte der Rechtsanwalt sich bei der Beratung nicht verlassen; vgl. hierzu auch KG, Beschl. v. 21. 8. 2002 – 24 W 266/01, WuM 2002, 565 = NZM 2002, 873 = NJW-RR 2002, 1591; KG, Urt. v. 6. 2. 1991 – 24 U 5167/90, OLGZ 1991, 290 = MDR 1991, 968 = NJW-RR 1991, 912 = DWE 1991, 73.
4 Vgl. hierzu aber KG, Beschl. v. 26. 1. 2004 – 24 W 182/02, KGR Berlin 2004, 206 = ZMR 2004, 376 = NZM 2004, 263 = NJW-RR 2004, 588: Es entspreche nicht ordnungsmäßiger Verwaltung, bei mehrjährigen Bauarbeiten erst am Schluss abzurechnen.

Die Einzelabrechnung   Rz. 178 **Teil 6**

der ordnungsmäßigen Verwaltung erfordert, die im Wirtschaftsjahr 1 gezahlte Sonderumlage als zweckgebunden für die beschlossene Maßnahme anzusehen und sie deshalb nicht in die Jahresabrechnung eingestellt werden darf[1]. Besonders problematisch wird es, wenn (wie bei dem dritten Spiegelstrich von Rz. 173) nur Teile der Maßnahme bezahlt wurden. Es müssten dann die Teil-Zahlungen in die Abrechnung eingestellt werden; die Sonderumlage wäre mit einem prozentualen Anteil bei den Hausgeldeinnahmen zu berücksichtigen. Dabei könnte sich der Prozentanteil nach dem Verhältnis zwischen bereits abgeflossenen Teilzahlungen und dem zu erwartenden Gesamt-Betrag richten[2].

Unabhängig davon führt dies auch zu besonderen Darstellungserfordernissen im Rahmen der Darstellung des gemeinschaftlichen Girokontos. Dort muss nämlich gesondert ausgewiesen werden, welche Beträge als Sonderumlagen im Wirtschaftsjahr 1 gezahlt wurden und weshalb diese Beträge zurückgehalten werden. Im Wirtschaftsjahr 2 muss dann auf diese Position des Wirtschaftsjahres 1 hingewiesen werden. 176

Nach Ansicht des AG Kerpen[3] müsste für eine zweckgebundene Sonderumlage ein gesonderter und von der normalen Jahresabrechnung unabhängiger Abrechnungskreis gebildet werden. Gezahlte Sonderumlagen, die für bestimmte Sanierungsarbeiten beschlossen und eingefordert worden seien, dürften nicht als Hausgeldvorschuss in die Einzelabrechnungen eingestellt werden und auch die gezahlten Beträge für die Sanierungsarbeiten seien nicht als Kostenposition in die Jahresabrechnung aufzunehmen; die beschlossene Maßnahme und die gezahlten Sonderumlagen müssten gesondert abgerechnet werden. 177

Über diesen Ansatz hinaus meint das AG Kerpen allerdings auch, in der **Gesamtabrechnung** seien zwar alle Ausgaben einzustellen, also auch die schon für die Sanierungsarbeiten aufgewandten, in der **Einzelabrechnung** seien dagegen aber nur die **übrigen Betriebskosten** zu erfassen und auf die Wohnungseigentümer zu verteilen; diesen Kosten seien dann die 178

---

1 KG, Beschl. v. 27. 6. 1997 – 24 W 2353/96, KGR Berlin 1997, 242 = ZMR 1997, 541 = WuM 1997, 578 = DWE 1998, 32: Unterlassene Aufnahme von Ausgaben und gezahlter Sonderumlage nicht allein deshalb gerechtfertigt, weil die Baumaßnahme noch nicht abgeschlossen ist; unklar: KG, Beschl. v. 29. 3. 1995 – 24 W 4812/95, KGR Berlin 1995, 158 = ZMR 1995, 264 = NJW-RR 1995, 975 = WuM 1995, 333 = WE 1995, 213, wo an einer Stelle ausgeführt wird, Sonderumlagen könnten *zunächst bei dem Verwaltungsvermögen verbleiben, bis sie etwa nach Aufbringung der erforderlichen Mittel ausgezahlt werden können.*
2 Vgl. hierzu auch KG, Beschl. v. 27. 6. 1997 – 24 W 2353/96, KGR Berlin 1997, 242 = ZMR 1997, 541 = WuM 1997, 578 = DWE 1998, 32.
3 AG Kerpen, Beschl. v. 18. 12. 1996 – 15 II 27/96, ZMR 1998, 376; die Entscheidung wurde vom LG Köln, Beschl. v. 1. 7. 1997 – 29 T 21/97, n.v., bestätigt; vgl. hierzu *Drasdo*, ZMR 1998, 407, und *Köhler*, Anm. zu AG Kerpen, Beschl. v. 18. 12. 1996, ZMR 1998, 380; vgl. weiterhin *Drasdo*, ZWE 2000, 248.

(normalen) Vorauszahlungen gegenüberzustellen. **Diesem** Ansatzpunkt des AG Kerpen kann ich nicht folgen, weil er dem Grundsatz widerspricht, dass die Einzelabrechnungen aus der Gesamtabrechnung zu entwickeln sind[1].

179 Die Gegenposition zur gesonderten Abrechnung nimmt das AG Bergheim[2] ein, welches meint, eine isolierte Abrechnung über die mit einer Sonderumlage eingeforderten Dachsanierungskosten sei nicht zulässig, weil die Abrechnung alle gemeinschaftlichen Kosten und Einnahmen zu enthalten habe.

180 Beide Meinungen sind meines Erachtens problematisch. Die Meinung des AG Kerpen führt zu einer Durchbrechung des Prinzips, dass alle Einnahmen und Ausgaben des betreffenden Wirtschaftsjahres in der Abrechnung einzustellen sind (Geldflussprizip). Andererseits führte die konsequente Anwendung der Meinung des AG Bergheim dazu, dass die vom Wohnungseigentümer erbrachten Hausgeldvorschüsse (wozu auch die Sonderumlagen gehören) in die Abrechnung des Zahlungsjahres eingestellt werden müssten, unabhängig davon, ob bereits Zahlungen an Dritte im Zusammenhang mit den beschlossenen Maßnahmen erfolgten. Damit erhielte der Wohnungseigentümer über die Abrechnungsspitze die Sonderumlage wieder zurück und die Eigentümergemeinschaft hätte erneut die Finanzierungsprobleme, die sie mit der Erhebung der Sonderumlage beseitigen wollte.

181 Eine **Sonderumlage** zur Finanzierung **endgültiger oder kurzfristiger Hausgeldausfälle** ist ebenfalls zulässig[3]; eine solche muss als Vorschusszahlung in der Jahresabrechnung behandelt werden. Der Verteilungsschlüssel für die Sonderumlage muss angegeben werden, um überhaupt eine **Zahlungspflicht** auszulösen[4].

5. Der Verteilungsschlüssel

a) Allgemeines

182 Nach § 16 Abs. 2 WEG haben die Wohnungseigentümer die gemeinschaftlichen Lasten und Kosten nach dem im Grundbuch eingetragene Verhältnis ihrer Miteigentumsanteile zu tragen. Sind die Miteigentums-

---

1 BayObLG, Beschl. v. 7. 5. 1992 – 2Z BR 26/92, WuM 1992, 395 = DWE 1992, 128 = NJW-RR 1992, 1169; BayObLG, Beschl. v. 27. 1. 1994 – 2Z BR 88/93, WuM 1994, 230 = DWE 1994, 154 = WE 1995, 30; BayObLG, Beschl. v. 3. 3. 1994 – 2Z BR 129/93, WuM 1994, 568 = WE 1995, 89 = DWE 1995, 40.
2 AG Bergheim, Beschl. v. 28. 1. 1991 – 15 WEG 8/90, n. v.
3 BGH, Beschl. v. 15. 6. 1989 – V ZB 22/88, BGHZ 108, 44 = MDR 1989, 898 = NJW 1989, 3018 = DWE 1989, 130 = Rpfleger 1989, 472; vgl. auch KG, Beschl. v. 2. 12. 2002 – 24 W 94/02, WuM 2003, 106.
4 BayObLG, Beschl. v. 7. 11. 2002 – 2Z BR 97/02, WuM 2003, 103.

Die Einzelabrechnung | Rz. 183 **Teil 6**

anteile Grundlage der Kostenverteilung und ist dieser Verteilungsgrundsatz nicht durch die Gemeinschaftsordnung abgeändert, wird nicht selten von Miteigentümern Beschwerde darüber geführt, dass der Kostenverteilungsschlüssel unrichtig sei, weil die Miteigentumsanteile nicht nach der genauen Größe der Einheiten berechnet wurden und deshalb fehlerhaft seien. Daraus ergebe sich auch die Fehlerhaftigkeit der beschlossenen Jahresabrechnung. Diese Argumentation führt regelmäßig nicht zum Erfolg. Es gibt kein zwingendes Verhältnis zwischen der Flächengröße einer Einheit und den festgelegten Miteigentumsanteilen[1]. Der Bauträger kann bei der Aufstellung der Teilungserklärung ohne Rücksicht auf die Größe des Wohnungs- oder Teileigentums oder den Wert dieses Eigentums die Miteigentumsanteile festlegen[2]. Eine Änderung des Kostenverteilungsschlüssels kann nun allerdings nach § 10 Abs. 2 WEG n. F. gefordert werden. Die dort genannten Voraussetzungen müssen allerdings vorliegen.

Die Beschlussfassung über die Jahresabrechnung kann nicht mit dem Argument angegriffen werden, der Kostenverteilungsschlüssel sei „grob unbillig"[3] und nach § 10 Abs. 2 WEG zu ändern. Der „grob unbillig" benachteiligte Miteigentümer muss erst in einem gesonderten gerichtlichen Verfahren die Änderung des Kostenverteilungsschlüssels durchsetzen; Änderungen in der Jahresabrechnung können demgemäß auch erst nach rechtskräftiger Entscheidung über das Änderungsverlangen vor- 183

---

1 So schon die Materialien zum WEG, vgl. PiG Nr. 8; BGH, Beschl. v. 6. 6. 1986 – V ZR 264/84, MDR 1987, 41 = ZMR 1986, 365 = NJW 1986, 2759 = WuM 1986, 351; BGH, Beschl. v. 18. 6. 1976 – V ZR 156/75, MDR 1977, 41 = ZMR 1977, 81 = NJW 1976, 1976; das hat nichts mit der Frage zu tun, ob ein werkvertraglicher „Fehler" vorliegt, wenn die vertragliche von der tatsächlichen Wohnfläche abweicht, vgl. hierzu BGH, Urt. v. 11. 7. 1997 – V ZR 246/96, MDR 1997, 1012 = ZMR 1997, 633 = NJW 1997, 2874 = WuM 1997, 625; BGH, Urt. v. 30. 11. 1990 – V ZR 91/89, MDR 1991, 515 = NJW 1991, 912 = BauR 1991, 230.
2 BayObLG, Beschl. v. 18. 11. 1991 – 2 Z 124/91, BayObLGZ 1991, 396 = MDR 1992, 673 = WuM 1992, 83 = NJW-RR 1992, 342; BayObLG, Beschl. v. 10. 11. 1994 – 2Z BR 100/94, WuM 1995, 217 = NJW-RR 1995, 529 = DWE 1995, 26 = WE 1995, 343; BayObLG, Beschl. v. 2. 2. 1995 – 2Z BR 131/94, BayObLGR 1995, 33 = WuM 1997, 61; BayObLG, Beschl. v. 27. 9. 1996 – 2Z BR 80/96, BayObLGR 1997, 10 = WE 1997, 158; BayObLG, Beschl. v. 12. 8. 1999 – 2Z BR 80/99, ZWE 2000, 171 = ZMR 1999, 834 = DWE 2000, 33 = NZM 2000, 301.
3 Vgl. BGH, Beschl. v. 13. 7. 1995 – V ZB 6/94, BGHZ 130, 304 = MDR 1995, 1112 = ZMR 1995, 483 = NJW 1995, 2791 = WuM 1995, 725; KG, Beschl. v. 20. 3. 2002 – 24 W 10233/00, ZMR 2002, 464; BayObLG, Beschl. v. 23. 8. 2001 – 2Z BR 114/01, ZWE 2001, 597 = ZMR 2002, 65 = WuM 2002, 101 = NZM 2002, 389; OLG Hamburg, Beschl. v. 15. 3. 2001 – 2 Wx 88/97, OLGReport Hamburg 2001, 463 = ZWE 2002, 186 = ZMR 2001, 843 = NZM 2001, 1133; OLG Hamm, Beschl. v. 3. 7. 1995 – 15 W 93/95, DWE 1995, 127; KG, Beschl. v. 10. 7. 1992 – 24 W 111/92, OLGZ 1993, 47 = ZMR 1992, 509 = NJW-RR 1992, 1433 = DWE 1992, 156; OLG Celle, Beschl. v. 16. 7. 1998 – 4 W 134/98, NdsRpfl 1998, 271; BayObLG, Beschl. v. 20. 2. 1997 – 2Z BR 119/96, WuM 1997, 341 = WE 1997, 392.

genommen werden[1]. Das gilt auch im Rahmen des novellierten Wohnungseigentumsgesetzes.

b) Ausweis in der Jahresabrechnung

184 Die einschlägigen Kostenverteilungsschlüssel (aus dem Gesetz/aus der Gemeinschaftsordnung) sind in der Einzelabrechnung auszuweisen[2]. Andere Verteilungsschlüssel dürfen, selbst wenn diese nur zu geringfügigen Verschiebungen der anteiligen Lasten und Kosten führen, nicht verwendet werden; die Verwendung solcher Schlüssel wird einer Beschlussanfechtung zum Erfolg verhelfen[3]. Das KG hat wohl seine frühere strengere Rechtsprechung, wonach bei einem unrichtigen Verteilungsschlüssel stets **die Jahresabrechnung insgesamt** für ungültig erklärt werden muss[4], aufgegeben[5]. Die neue Ansicht des KG halte ich für falsch; immer dann, wenn sich Abweichungen in der Kostenverteilung ergeben, ist der Beschluss über die Jahresabrechnung insgesamt für ungültig zu erklären. Dabei ist es nach meiner Auffassung auch unerheblich, ob die Abweichungen gravierend oder nur gering sind. Wird ein in der Gemeinschaftsordnung festgelegter Verteilungsschlüssel fehlerhaft angewandt, hat dies allerdings nicht die Nichtigkeit des Versammlungsbeschlusses zur Folge[6].

185 Sieht die Gemeinschaftsordnung die Verteilung der gemeinschaftlichen Lasten und Kosten nach Wohn- und Nutzflächen vor und wird die genaue Vermessung der Flächen beschlossen, ist der aufgrund der Vermessung festgestellte Verteilungsschlüssel nach diesen Wohn- und Nutzflächen für die Jahresabrechnung zu verwenden[7].

---

1 BGH, Beschl. v. 13. 7. 1995 – V ZB 6/94, BGHZ 130, 304 = MDR 1995, 1112 = ZMR 1995, 483 = NJW 1995, 2791 = WuM 1995, 725; OLG Celle, Beschl. v. 16. 7. 1998 – 4 W 134/98, NdsRpfl 1998, 271; BayObLG, Beschl. v. 9. 8. 1984 – 2 Z 77/83, DWE 1985, 56.
2 BayObLG, Beschl. v. 26. 4. 1990 – 1b Z 23/89, n. v.
3 Vgl. aber BGH, Beschl. v. 15. 3. 2007 – V ZB 1/06, BGHZ 171, 335 = BGHReport 2007, 543 = ZMR 2007, 623 = NZM 2007, 538 = NJW 2007, 1869 = ZWE 2007, 295.
4 So noch KG, Beschl. v. 11. 12. 1995 – 24 W 4594/95, KGR 1996, 208 = ZMR 1996, 335 = WuM 1996, 171 = WE 1996, 270.
5 KG, Beschl. v. 17. 6. 1998 – 24 W 9047/97, ZWE 2001, 334 = WuM 2001, 357; mit Hinweis auf KG, Beschl. v. 27. 3. 1996 – 24 W 5414/95, KGR Berlin 1996, 162 = NJW-RR 1996, 844 = WuM 1996, 364 = WE 1996, 385.
6 So auch BayObLG, Beschl. v. 28. 6. 2002 – 2Z BR 41/02, NJW-RR 2002, 1665.
7 KG, Beschl. v. 26. 11. 2001 – 24 W 50/01, ZWE 2002, 224 = ZMR 2002, 376 = DWE 2002, 30.

c) Verteilungsschlüssel = Belastungsschlüssel

Bereits oben[1] war dargestellt worden, dass jeder Wohnungseigentümer anteilig die gemeinschaftlichen Lasten und Kosten tragen muss, selbst wenn er bestimmte Einrichtungen nicht nutzt[2]. 186

Gleichwohl entsteht bei manchen Bestimmungen von Gemeinschaftsordnungen Streit zwischen den Wohnungseigentümern über die Kostentragungsverpflichtung. So verlangte ein Miteigentümer die Freistellung von den Wasserkosten der übrigen Gemeinschaft, weil er für sein freistehendes Teileigentum eine eigene Wasseruhr angebracht hatte. Aufgrund seiner Wasseruhr könne er Kosten von lediglich 250 DM nachweisen, während er aufgrund der Verteilung aller in der Gemeinschaft angefallenen Wasserkosten nach Miteigentumsanteilen mit ca. 1 400 DM belastet werde. Die Mülltonnen der übrigen Gemeinschaft nutze er nicht, weil er eigene habe, deshalb müsse er auch für die gemeinschaftlichen Abfallbehälter nicht zahlen (vgl. auch Rz. 198a). Er stützte sich dabei auf eine Bestimmung in der Gemeinschaftsordnung, die folgenden Wortlaut hat:

> Die Wohnungseigentümer haben alle Betriebskosten gemeinsam zu tragen, wobei jedoch folgende Ausnahme gilt: Kosten, die sich ohne Zweifel einzelnen Miteigentümern zurechnen lassen, werden nur diesen belastet. Dies gilt insbesondere für außergewöhnliche Reparaturen, die auf Beschädigungen oder unsachgemäße Behandlung zurückzuführen sind oder für die Beseitigung von Verstopfungen in Leitungssträngen etc.

In allen drei Instanzen, angefangen beim AG Kerpen bis hin zum OLG Köln, war dieser Eigentümer jedoch erfolglos[3]. Zweck der Regelung in der Gemeinschaftsordnung ist es, einzelnen Wohnungseigentümern **zusätzliche** Kosten, die diesen Eigentümern zugerechnet werden können, auch gesondert auferlegen zu können[4]. Auch das Kammergericht[5] hat zu einer nahezu identischen Klausel zu Recht ausgeführt, es handele sich 187

---

1 In diesem Teil, Rz. 62.
2 Vgl. auch OLG Celle, Beschl. v. 28. 11. 2006 – 4 W 241/06, OLGReport Celle 2007, 8 = NZM 2007, 217; BayObLG, Beschl. v. 15. 6. 2000 – 2Z BR 1/00, ZWE 2000, 461 m. w. N.
3 AG Kerpen, Beschl. v. 16. 3. 1995 – 15 II 44/94, n. v.; LG Köln, Beschl. v. 7. 3. 1996 – 29 T 90/95, n. v.; OLG Köln, Beschl. v. 15. 7. 1996 – 16 Wx 100/96, n. v.; vgl. auch OLG Köln; Beschl. v. 16. 11. 2001 – 16 Wx 221/01, OLGReport Köln 2002, 91 = ZMR 2002, 779.
4 Zur Klausel „Eine überhöhte Sondernutzung verpflichtet zu erhöhter Kostentragung" vgl. BayObLG, Beschl. v. 13. 8. 1999 – 2Z BR 75/98, DWE 1999, 127, die nächstliegende Bedeutung dieser Regelung ist, dass die im Übermaß ausgeübte Sondernutzung zur Kostenbelastung führen soll, nicht die Sondernutzung selbst.
5 KG, Beschl. v. 24. 6. 1996 – 24 W 3110/95, DWE 1997, 161.

dabei um eine Schadensersatzklausel, die lediglich die Möglichkeit eröffne, einzelne Miteigentümer oder Miteigentümergruppen auf Ersatz derjenigen Kosten in Anspruch zu nehmen, die durch eine unsachgemäße Benutzung des gemeinschaftlichen Eigentums entstanden sind. Eine generelle Änderung des Verteilungsschlüssels für die Betriebskosten dergestalt, dass ein einzelner Miteigentümer von Kosten entlastet werden sollte, wenn er aus bestimmten Einrichtungen oder Aufwendungen der Gemeinschaft keinen unmittelbaren Vorteil hat, ist in dieser Gemeinschaftsordnungs-Klausel nicht zu sehen.

188 Die Entscheidung des BayObLG vom 15. 6. 2000[1] zur Klausel in der Gemeinschaftsordnung, dass laufende Kosten durch getrennte Messeinrichtungen oder auf andere Weise ermittelt werden können, kann nicht bedeuten, dass sich jeder Wohnungseigentümer einseitig einen Zähler (Wasserzähler o. ä.) anbringen darf und dann verlangen kann, von den gemeinschaftlichen Verbrauchskosten nur noch die bei ihm gemessenen Verbräuche zu zahlen.

189 Ist in einer Gemeinschaftsordnung bestimmt, dass **Kosten nach Wohnflächen** zu verteilen sind[2], ist der gesetzliche Kostenverteilungsschlüssel (Verteilung nach Miteigentumsanteilen, § 16 Abs. 2 WEG) wirksam abbedungen[3]. Existieren in der Gemeinschaft auch Teileigentumseinheiten, treten für die Lasten- und Kostenberechnung die Nutzflächen an die Stelle der Wohnflächen[4]. Sollen die Lasten und Kosten nach der Wohn- und Nutzfläche „gemäß DIN" zu tragen sein, sind – wegen fehlender gültiger DIN-Normen – die Lasten und Kosten nach einer Flächenberechnung aufgrund der II. BVO zu verteilen[5].

190 Der Begriff der Wohnfläche ist nicht allgemein definiert[6], sodass der allgemeine Sprachgebrauch mit dem Begriff der Wohnfläche auch keine bestimmte Berechnungsart verbindet. Bei der Auslegung wäre die Verkehrssitte zu berücksichtigen, jedoch sind unmittelbare Anhaltspunkte

---

1 BayObLG, Beschl. v. 15. 6. 2000 – 2Z BR 1/00, ZWE 2000, 461 m. w. N.
2 Vgl. hierzu auch OLG Schleswig, Beschl. v. 1. 3. 2007 – 2 W 196/06, OLGReport Schleswig 2007, 841 = WuM 2007, 471 = ZWE 2008, 28 = NJW-RR 2008, 754 = NZM 2008, 291.
3 BayObLG, Beschl. v. 24. 8. 2000 – 2Z BR 54/00, BayObLGR 2001, 18 = ZMR 2000, 781 = NZM 2001, 141 = NJW-RR 2001, 659.
4 BayObLG, Beschl. v. 24. 8. 2000 – 2Z BR 54/00, BayObLGR 2001, 18 = ZMR 2000, 781 = NZM 2001, 141 = NJW-RR 2001, 659; vgl. auch BayObLG, Beschl. v. 30. 4. 1982 – 2 Z 48/81, DWE 1982, 136 (nur LS) zur Nutzfläche eines Keller-Teileigentums.
5 Vgl. OLG Düsseldorf, Beschl. v. 17. 9. 2001 – 3 Wx 28/01, OLGReport Düsseldorf 2002, 97 = ZWE 2002, 88 = ZMR 2002, 215 = NZM 2002, 262.
6 BGH, Urt. v. 30. 11. 1990 – V ZR 91/89, MDR 1991, 515 = NJW 1991, 912 = DB 1991, 695 = DNotZ 1991, 673, zur Frage, ob „Wohnfläche" eine Beschaffenheitsangabe oder eine zugesicherte Eigenschaft darstellt.

für eine entsprechende Verkehrssitte nicht erkennbar[1]. Zurückgegriffen werden könnte auf die ehemalige, vom DIN-Ausschuss aber zurückgezogene DIN 283 und die (mietrechtliche) Zweite Berechnungsverordnung. In der DIN 283 war die Fläche von Loggien (Hauslauben), Balkonen und gedeckten Freisitzen mit einem Viertel dieser Fläche angesetzt worden; nicht gedeckte Freisitze wurden jedoch gar nicht berücksichtigt. Nach § 44 Abs. 2 der Zweiten Berechnungsverordnung werden Balkone, Loggien, Dachgärten oder gedeckte Freisitze bei der Ermittlung der Wohnflächen **bis zur Hälfte** angerechnet. Der BGH[2] hat allerdings in einer Entscheidung akzeptiert, dass das OLG Stuttgart[3] von einer Verkehrssitte ausgegangen ist, wonach die Wohnfläche **in Anlehnung an die DIN 283 und die 2. Berechnungsverordnung ermittelt wird.**

Das BayObLG[4] sah sich als berechtigt an, in die Wohnfläche auch Balkon-, Loggien- und Dachterrassenflächen einzubeziehen, allerdings nicht in vollem Umfang, sondern nur mit einem Viertel der Fläche[5]. Begründet wurde das damit, dass die ehemalige DIN 283 dies so vorgesehen habe und dieser Maßstab sich als Mittelwert aus der Zweiten Berechnungsverordnung darstelle. 191

Allerdings, hierauf soll deutlich hingewiesen werden, kann dies nur dann erfolgen, wenn die Fläche in der Teilungserklärung/Gemeinschaftsordnung nicht ausdrücklich bestimmt worden ist, gleichwohl aber nach den Bestimmungen der Gemeinschaftsordnung eine Verteilung der Kosten nach „Wohnfläche" erfolgen soll. Sind die Flächen (gleichgültig, ob Wohnfläche und/oder Nutzfläche) in der Teilungserklärung/Gemeinschaftsordnung festgelegt, kann eine abweichende Bestimmung durch Beschluss nicht erfolgen. 192

Stellt die Gemeinschaftsordnung unter Hinweis auf die HeizkostenV nicht beheizbare Räume von Heizkosten frei, ergibt sich daraus nicht, dass diese Räume auch von den sonstigen verbrauchsabhängigen Kosten (Müllabfuhr, Wasser, Abwasser, Strom) befreit sein sollten[6]. 193

---

1 BayObLG, Beschl. v. 7. 3. 1996 – 2Z BR 136/95, BayObLGZ 1996, 58 = WuM 1996, 294 = NJW 1996, 2106 = MDR 1996, 789 = WE 1997, 34.
2 BGH, Urt. v. 11. 7. 1997 – V ZR 246/96, BGHZ 136, 228 = ZMR 1997, 633 = NJW 1997, 2874 = MDR 1997, 1012 = WuM 1997, 625 = BauR 1997, 1030 = DNotZ 1998, 873.
3 OLG Stuttgart, Urt. v. 2. 7. 1996 – 10 U 63/95, n. v.
4 BayObLG, Beschl. v. 7. 3. 1996 – 2Z BR 136/95, BayObLGZ 1996, 58 = WuM 1996, 294 = NJW 1996, 2106 = MDR 1996, 789 = WE 1997, 34.
5 In einer mietrechtlichen Entscheidung hat das BayObLG, Beschl. v. 20. 7. 1983 – ReMiet 6/82, BayObLGZ 1983, 195 = ZMR 1983, 387 = WuM 1983, 254 = MDR 1983, 1027, auf die Lage des Objekts und damit den Wohnwert abgestellt, wobei es ausgeführt hat, dass eine Spanne zwischen „keine Berücksichtigung" der Balkonfläche bis zu „einem Viertel" und in Ausnahmefällen „bis zur Hälfte (als Höchstmaß)" besteht.
6 BayObLG, Beschl. v. 23. 8. 2001 – 2Z BR 114/01, ZWE 2001, 597 = ZMR 2002, 65 = NZM 2002, 389.

d) Angebliches Problem „Verteilung der Verwaltervergütung"

194 Für die Verteilung der Verwaltervergütung ist das Verteilungskriterium aus der Gemeinschaftsordnung maßgebend, nicht der Verwaltervertrag[1]. Bestimmt der Verwaltervertrag, dass für jedes Wohnungseigentum und Teileigentum eine bestimmte Vergütung zu zahlen ist, so wird damit lediglich das Außenverhältnis zwischen dem Verwalter und der Eigentümergemeinschaft geregelt, nicht jedoch das Innenverhältnis der Eigentümergemeinschaft über die Kostenverteilung. Der Verwaltervertrag kann nicht in die Gemeinschaftsordnung abändernd eingreifen. Trotzdem verteilen einige Verwalter fälschlich nicht nach der Gemeinschaftsordnung, sondern nach der Regelung des Verwaltervertrages.

195 Findet sich in einer Gemeinschaftsordnung die Klausel **Kosten, die sich ohne Zweifel einzelnen Miteigentümern zurechnen lassen, werden auch nur diesen belastet**, während nach dem in der Gemeinschaftsordnung ausgesprochenen Grundsatz die gemeinschaftlichen Kosten nach Miteigentumsanteilen umgelegt werden, so berechtigt die genannte Klausel nicht, vom Verwalter die Umlegung der Verwaltungskosten nach Wohneinheiten zu verlangen[2]. Die vorgenannte Klausel stellt nur eine zusätzliche Zurechnungsnorm nach dem Verursacherprinzip dar, die aber nicht den grundsätzlich anzuwendenden Kostenverteilungsschlüssel ersetzt[3].

196 Die vom abberufenen Verwalter nachträglich gegenüber der Eigentümergemeinschaft eingeklagte Verwaltervergütung für die Restlaufzeit seines Verwaltervertrages ist ein Anspruch nach §§ 611, 615 BGB (Vergütungspflicht bei Annahmeverzug der Wohnungseigentümergemeinschaft) und somit ein Erfüllungsanspruch, kein Schadensersatzanspruch[4]. Deshalb müssen die von der Eigentümergemeinschaft aufgewendeten Beträge auch nach dem Verteilungsschlüssel, der nach der Gemeinschaftsordnung für die Verteilung der Verwaltervergütung anzuwenden ist, auf die Miteigentümer verteilt werden.

e) Besonderheit: Bauliche Veränderung/Kosten nicht ordnungsmäßiger Verwaltung

197 Der Grundsatz, dass der in der Gemeinschaftsordnung (oder im Gesetz) festgelegte Kostenverteilungsschlüssel auch der Belastungsschlüssel zu sein hat, wird bei baulichen Veränderungen durchbrochen (vgl. hierzu

---

[1] Vgl. AG Aachen, Beschl. v. 25. 4. 2002 – 12 UR II 218/01, ZMR 2002, 790; vgl. hierzu auch *Müller*, Die Verteilung der Verwaltervergütung – Änderung des Kostenverteilungsschlüssels durch den Verwaltervertrag?, ZWE 2004, 333.

[2] AG Köln, Beschl. v. 3. 3. 1999 – 204 II 233/98, n. v.; bestätigt von LG Köln, Beschl. v. 3. 11. 1999 – 29 T 116/99, n. v.

[3] Vgl. aber die missverständlichen Ausführungen des BayObLG, Beschl. v. 15. 6. 2000 – 2Z BR 1/00, ZWE 2000, 461, über die Verteilung der Verwalterkosten bei Anwendung der hier zitierten Klausel.

[4] OLG Köln, Beschl. v. 24. 9. 1996 – 16 Wx 86/96, DWE 1997, 78.

auch Teil 9, Rz. 59, Rz. 88 ff.). Die Kosten, die für bauliche Veränderungen entstehen, muss nämlich derjenige nicht tragen, der dieser baulichen Veränderung nicht zugestimmt hat (§ 16 Abs. 6 WEG = § 16 Abs. 3 WEG a. F.)[1] und auch nicht zustimmen brauchte[2]. Dies ist in der Jahresabrechnung auch entsprechend kenntlich zu machen; bei der betreffenden Kostenposition muss dann ein anderer Verteilungsschlüssel, der den „Nichtzustimmenden" von der Verteilung ausnimmt, aufgeführt (und erklärt) werden[3]. Gleiches gilt auch, wenn ein Miteigentümer Maßnahmen nicht zugestimmt hat, die über die ordnungsgemäße Instandsetzung und Instandhaltung hinausgehen, die der Verwalter ohne einen (zwingend) notwendigen Beschluss einer Eigentümerversammlung durchgeführt hat oder die – ganz allgemein – nicht ordnungsmäßiger Verwaltung entsprechen. Haben einzelne Miteigentümer, z.B. der Beirat, diesen Maßnahmen zugestimmt, sind nur auf diese die Kosten umzulegen. Das OLG Hamm[4] meint allerdings, dass die Jahresabrechnung „ihrer Funktion nach grundsätzlich nicht geeignet" sei, „über die Berechtigung tatsächlich angefallener Ausgaben zu entscheiden". Das halte ich für falsch. In der Jahresabrechnung (Gesamtabrechnung) müssen zwar alle tatsächlich angefallenen Lasten und Kosten aufgenommen werden, in der Einzelabrechnung entscheidet sich aber dann, welche Eigentümer diese Lasten und Kosten zu tragen haben. Das kann nur danach entschieden werden, ob die Maßnahme ordnungsmäßiger Verwaltung entsprochen hat. Wie soll sonst ein Eigentümer sich gegen eine Kostenbelastung wehren können, als im Rahmen einer Beschlussanfechtungsklage, die sich auf die Beschlussfassung zur Jahresabrechnung bezieht? Wird nämlich die Beschlussfassung zur Jahresabrechnung bestandskräftig, wird ihm in einem Verfahren, in dem er die Erstattung der ihm (vermeintlich oder tatsächlich) unberechtigt angelasteten Kostenposition erstreiten will, entgegengehalten, dass die Jahresabrechnung **bestandskräftig** beschlossen wurde und er sich gegen die Kostenbelastung nicht mehr wehren könne. Der Wohnungseigentümer wäre ohne rechtlichen Schutz. Als richtig kann ich deshalb nur die Meinungen des OLG Hamburg[5] und des Kammergerichts[6] ansehen, dass in einer Beschlussanfechtungsklage auf eine entsprechende Rüge des Klägers zu prüfen ist, ob die in den **Einzelabrech-**

---

1 OLG Hamm, Beschl. v. 14. 5. 2002 – 15 W 300/01, ZMR 2002, 965 = ZWE 2002, 600 = NZM 2002, 874 = DWE 2003, 27.
2 BayObLG, Beschl. v. 23. 2. 2005 – 2Z BR 167/04, FGPrax 2005, 108.
3 OLG Hamm, Beschl. v. 24. 3. 1997 – 15 W 314/96, OLGReport Hamm 1997, 175 = ZMR 1997, 371 = NJW-RR 1997, 970 = DWE 1998, 41.
4 OLG Hamm, Beschl. v. 22. 2. 2007 – 15 W 322/06, OLGReport Hamm 2007, 582.
5 Hans. OLG Hamburg, Beschl. v. 11. 4. 2007 – 2 Wx 2/07, ZMR 2007, 550.
6 KG, Beschl. v. 26. 9. 2005 – 23 W 123/04, KGR Berlin 2006, 45 = ZMR 2006, 63 = NZM 2006, 108 (unter Aufgaben der Entscheidung KG, Beschl. v. 26. 3. 2003 – 24 W 189/02, ZMR 2003, 874); KG, Beschl. v. 5. 10. 2005 – 24 W 6/05, KGR Berlin 2006, 85 = MDR 2006, 744 = ZMR 2006, 224, mit Anm. *Kümmel*, MietRB 2006, 197.

nungen ausgewiesenen Lasten und Kosten dem betreffenden Wohnungseigentümer zu Recht aufgebürdet worden sind.

198 In diesem Zusammenhang kommt es nach meiner Auffassung auch nicht darauf an, ob der Wohnungseigentümer den Beschluss über die bauliche Veränderung oder die Maßnahme, die nicht mehr im Rahmen ordnungsmäßiger Verwaltung liegt, angefochten hat. Die Kostenbefreiung ist hiervon unabhängig[1]. An solchen Kosten kann der Miteigentümer jedoch u. U. nach den Grundsätzen der ungerechtfertigten Bereicherung beteiligt sein[2]. Im Übrigen ist hier noch darauf hinzuweisen, dass die Gemeinschaftsordnung eine Abweichung von der gesetzlichen Regelung vorsehen kann. Ist in der Gemeinschaftsordnung z. B. geregelt, dass auch der überstimmte oder an der Abstimmung nicht teilnehmende Miteigentümer an den Kosten für solche Maßnahmen zu beteiligen ist, die über ordnungsgemäße Instandhaltung und Instandsetzung im Sinne von § 22 WEG hinausgehen, ist diese Bestimmung wirksam. In einem solchen Fall muss der betroffene Wohnungseigentümer den betreffenden Beschluss anfechten, um die Kosten zu vermeiden. Gleiches gilt auch bei Beschlüssen nach § 16 Abs. 4 WEG n. F. Wird von den Wohnungseigentümern eine Einzelfallentscheidung im Sinne des § 16 Abs. 4 WEG bezüglich Maßnahmen nach § 22 Abs. 1 und 2 WEG (Maßnahmen, die über die ordnungsmäßige Instandhaltung und Instandsetzung hinausgehen) getroffen, muss der Wohnungseigentümer diese Beschlussfassung angreifen, wenn er die Kostenlast vermeiden will. Wird der Beschluss bestandskräftig, kann die Kostenverteilung, die auf diesem Beschluss beruht, nicht mehr im Rahmen der Anfechtung des Beschlusses über die Jahresabrechnung angegriffen werden.

f) Besonderheit: Kosten für den Bereich des Sondereigentums

198a Nach der „Kaltwasser"-Entscheidung des BGH vom 25. 9. 2005[3] wurden noch andere Kostenpositionen in den Jahresabrechnungen als „Nicht-Gemeinschaftskosten" entdeckt[4], so z. B. Müllkosten und Kabelanschlussgebühren.

Zu den damit verbundenen Kostenverteilungsproblemen hat der BGH in einer weiteren Entscheidung Stellung bezogen[5]:

---

1 Ebenso OLG Hamm, Beschl. v. 24. 3. 1997 – 15 W 314/96, OLGReport Hamm 1997, 175 = ZMR 1997, 371 = NJW-RR 1997, 970 = DWE 1998, 41.
2 BayObLG, Beschl. v. 22. 9. 1988 – 2 Z 82/88, WuM 1989, 41 = Juris.
3 BGH, Beschl. v. 25. 9. 2003 – V ZB 21/03, BGHZ 156, 193 = MDR 2004, 86 = ZMR 2003, 937 = NJW 2003, 3476 = DWE 2004, 131 = ZWE 2004, 66.
4 Vgl. *Greiner*, Abfallgebühren als Kosten des Sondereigentums – oder – das Recht auf eine eigene Mülltonne, ZMR 2004, 319; *Hogenschurz*, Die Abrechnung von Kabelanschluss- und Abfallgebühren nach der Entscheidung des BGH, ZMR 2003, 901.
5 BGH, Beschl. v. 27. 9. 2007 – V ZB 83/07, MDR 2007, 975 = ZMR 2007, 975 = NJW 2007, 3492 = WuM 2007, 644 = NZM 2007, 886.

Soweit die Eigentümergemeinschaft Kosten für die Versorgung oder den Gebrauch des Sondereigentums gegenüber einem Dritten zu tragen hat, sind derartige Kosten im Rahmen der Verteilung unter den Wohnungseigentümern früher ohne weiteres als nach § 16 Abs. 2 WEG zu verteilende Kosten des Gebrauchs des gemeinschaftlichen Eigentums angesehen worden. Dem ist der Senat im Beschluss vom 25. September 2003, BGHZ 156, 193 ff., entgegengetreten, weil es nicht von dem Verhalten außerhalb der Wohnungseigentümer stehender Dritter abhängig sein kann, ob in einer Wohnungseigentumsanlage anfallende Kosten der Verwaltung des Gemeinschaftseigentums oder der Nutzung des Sondereigentums zuzurechnen sind.

Damit ist jedoch nichts darüber gesagt, nach welchem Schlüssel Kosten unter den Mitgliedern der Wohnungseigentümergemeinschaft zu verteilen sind, die von der Eigentümergemeinschaft einem Dritten zu bezahlen sind, obwohl die Leistung des Dritten von den Wohnungseigentümern allein im Bereich des Sondereigentums genutzt werden kann. Soweit derartige Kosten nicht aufgrund von Messeinrichtungen, wie Wasser- oder Wärmeverbrauchszähler, individuell erfasst werden, kommen als Kriterien der Umlage die Anzahl der Wohnungen, die Anzahl der Nutzungsstellen, die Anzahl der Bewohner oder die Miteigentumsanteile an dem Grundstück in Betracht. Jeder dieser Schlüssel hat Vor- und Nachteile und kann zu einer Verteilung führen, die den tatsächlichen Vorteilen der Nutzung oder der Kostenverursachung innerhalb der Gemeinschaft nicht entspricht. Im Hinblick hierauf ist eine Verteilungsregelung in der Gemeinschaftsordnung sachgerecht.

Fehlt in der Gemeinschaftsordnung eine solche Regelung, verbleibt es bei dem von § 16 Abs. 2 WEG allgemein vorgesehenen Schlüssel. Das Beteiligungsverhältnis an dem Grundstück bildet den natürlichen Maßstab für den Ausgleich unter den Miteigentümern, der für das Innenverhältnis der Wohnungseigentümer grundsätzlich maßgebend ist. Das gilt auch für Kosten, die der Gemeinschaft für die Bereitstellung oder den Bezug von Leistungen im Bereich des Sondereigentums der Wohnungseigentümer von einem Dritten in Rechnung gestellt werden Hiervon geht **jetzt** § 16 Abs. 3 WEG aus.

Das bedeutet, dass auch bei Lasten und Kosten des Sondereigentums, die aufgrund von Vertragsbeziehungen mit Dritten über die Gemeinschaft abgewickelt werden müssen, das erste entscheidende Kriterium eine einschlägige Kostenverteilungs-Bestimmung in der Gemeinschaftsordnung ist und danach als Auffangbestimmung die gesetzliche Kostenverteilungsbestimmung herangezogen werden kann. Es erscheint zweifelhaft, ob – zur alten Gesetzeslage ergangene – Entscheidungen, die eine Beschlusskompetenz für solche „Nicht-Gemeinschaftskosten" angenommen hatten[1], wirklich richtig gewesen sind. Theoretisch kommt nach der neuen Rechtslage ab 1. 7. 2007 die Möglichkeit eines **Beschlusses nach § 16 Abs. 3 WEG** in Betracht. Allerdings dürfte es bei den **Müllkosten** schwierig sein, einen sinnvollen Kostenverteilungsschlüssel fest-

---

1 KG, Beschl. v. 6. 4. 2005 – 24 W 13/03, KGR Berlin 2005, 484 = WuM 2005, 354 = ZWE 2005, 340 = NZM 2005, 425 = NJW-RR 2005, 813 (zum Kabelanschlussvertrag), mit Anm. *Röll*, ZWE 2005, 344; OLG Oldenburg, Beschl. v. 5. 4. 2005 – 5 W 194/04, ZMR 2005, 814 (zu Müllkosten, Deichacht); OLG Zweibrücken, Beschl. v. 1. 3. 2000 – 3 W 270/99, ZMR 2000, 868 (zu Müllkosten).

zulegen, weil eine Trennung zwischen dem Müllaufkommen der Gemeinschaft und dem der Wohnungseigentümer kaum möglich sein wird[1].

6. Jahresabrechnung auf den Namen des Vorgängers

199 Vergleiche hierzu bereits die Darstellung unter Rz. 11. Wie dort gezeigt, akzeptiert die Rechtsprechung, wenn die Einzelabrechnung noch den Namen des Rechtsvorgängers des jetzigen Eigentümers trägt. Dies erscheint nur für eine Übergangszeit richtig zu sein.

IV. Die Darstellung der Instandhaltungsrücklage (Rückstellung) (3. Abrechnungsbestandteil)

200 Ein wesentlicher Vermögensbestandteil der Gemeinschaft der Wohnungseigentümer[2] ist die im Laufe der Zeit angesammelte Instandhaltungsrücklage. Die Ansammlung einer Instandhaltungsrücklage gehört zur ordnungsgemäßen Verwaltung, § 21 Abs. 5 Nr. 4 WEG; unterlässt die Eigentümergemeinschaft die Ansammlung, kann dies u. U. ein Verschulden darstellen, das die Eigentümergemeinschaft zum Schadensersatz gegenüber einzelnen Wohnungseigentümern verpflichtet[3]. Die Instandhaltungsrücklage dient der Finanzierung größerer Instandsetzungs- und Instandhaltungsmaßnahmen[4]. Es entspricht nicht ordnungsmäßiger Verwaltung, wenn die Eigentümergemeinschaft auch die Kosten für Kleinreparaturen ständig aus der Rücklage entnimmt, obwohl keine ausreichende Rücklage für große Instandhaltungs- und Instandsetzungsmaßnahmen angesammelt wurde und durch die ständige Entnahme eine an-

---

1 Vgl. OLG Köln, Beschl. v. 1. 3. 2006 – 16 Wx 223/05, OLGReport Köln 2006, 631 = ZMR 2007, 68 = NJW-RR 2006, 1023 = NZM 2006, 467; vgl. auch AG Hannover, Beschl. v. 14. 6. 2006 – 71 II 207/06, ZMR 2007, 75 (Müllkosten müssten nach MEA verteilt werden, weil es sich nicht um Gebrauchskosten handele).
2 Vgl. zum (wegen der Rechtsfähigkeit der Eigentümergemeinschaft überholten) Problem des gemeinschaftlichen Vermögens bei Rechtsnachfolge, *Hauger* in Weitnauer, WEG, 8. Aufl., München 1995, § 27, Rz. 30; aufgrund der Rechtsfähigkeit der Gemeinschaft ist der **Verband** unabhängig von seiner Zusammensetzung Rechtsinhaber.
3 Vgl. zu dem Fall, dass die Eigentümergemeinschaft nicht rechtzeitig für eine Instandhaltungsrücklage sorgt und die notwendige Mängelbeseitigung deshalb nicht vornimmt, obwohl sie durch Sachverständigengutachten darüber unterrichtet war, dass einzelne Wohnungseigentümer durch Feuchtigkeitsschäden infolge Undichtigkeit der Außenwand beeinträchtigt wurden: Hanseatisches OLG Hamburg, Beschl. v. 21. 3. 2000 – 2 Wx 56/96, ZMR 2000, 480.
4 Zum Begriff Instandhaltung/Instandsetzung vgl. Hans. OLG Hamburg, Beschl. v. 18. 3. 2006 – 2 Wx 115/05, WE 2007, 57; die Instandhaltungsrücklage darf nicht zur Finanzierung von Rechtskosten verwendet werden: OLG Köln, Beschl. v. 16. 5. 2003 – 16 Wx 76/03, OLGReport Köln 2003, 241.

gemessene Ansammlung einer solchen Rücklage verhindert wird[1]. Das Saarländische OLG[2] meint, es könne zum Ausgleich von Hausgeldrückständen auf die Instandhaltungsrücklage zugegriffen werden, anstatt eine Sonderumlage einzufordern, sofern nicht die „eiserne Reserve" angegriffen werde[3]. Dies halte ich für falsch[4]. Richtig ist die Auffassung des OLG Hamm, dass die Instandhaltungsrücklage nur für Instandhaltungen benutzt werden darf[5]. Auch wenn die Gemeinschaftsordnung keine besondere Vorgabe zur Gesamthöhe einer Instandhaltungsrücklage macht, unterliegt die von der Gemeinschaft angesammelte Instandhaltungsrücklage der oben erwähnten Zweckbestimmung und darf nicht für andere Zwecke verwendet werden[6]. Außerdem kann die Höhe der „eisernen Reserve" nicht ohne weiteres von der Gemeinschaft oder einem Gericht festgestellt werden; es müssten erst aufwendige Untersuchungen, möglicherweise durch einen Sachverständigen, erfolgen, um feststellen zu können, welche Instandhaltungs- und Instandsetzungsmaßnahmen in den nächsten Jahren zu erwarten sind. Fraglich ist dabei auch, ob man auf die nächsten 10, 15, 20 oder 30 Jahre abstellen soll. „Eiserne Reserve" ist kein brauchbarer rechtstechnischer Begriff. Deshalb kann es nicht ordnungsmäßiger Verwaltung entsprechen, wenn Hausgeldausfälle aus der Instandhaltungsrücklage gedeckt werden. Wenn die Eigentümer meinen, sie hätten genügend angespart, könnten sie lediglich die jährlich anzusammelnden Beträge angemessen reduzieren.

Dagegen können die Eigentümer nach pflichtgemäßem Ermessen darüber entscheiden, ob größere Reparaturarbeiten aus der Instandhaltungsrücklage gezahlt werden sollen oder ob insoweit eine Sonderumlage erhoben werden soll, um eine Erschöpfung der Rücklage zu verhindern. Es

---

1 So auch OLG Hamm, Beschl. v. 3. 5. 2001 – 15 W 7/01, ZWE 2001, 446 = ZMR 2001, 1001.
2 OLG Saarbrücken, Urt. v. 20. 7. 1998 – 5 W 110/95, NJW-RR 2000, 87 = NZM 2000, 198 = kritische Anm. von *Deckert*, ETW, Gruppe 2, S. 3556; Vorentscheidung hierzu: LG Saarbrücken, 12. 3. 1998 – 5 T 705/97, ZMR 1999, 360.
3 Einen unlimitierten Zugriff auf die Instandhaltungsrücklage bei Liquiditätsengpässen hält das LG Saarbrücken, 27. 4. 1999 – 5 T 691/98, NZM 1999, 870 = WE 1999, 7, zu Recht für unzulässig.
4 Vgl. zu einem ähnlichen Problem, nämlich dem Problem der „Verrechnung" der Hausgeldschulden eines einzelnen Wohnungseigentümerns mit „seinem" Guthabenanteil an der Instandhaltungsrücklage: OLG Hamm, Beschl. v. 22. 10. 1990 – 15 W 331/90, MDR 1991, 350 = OLGZ 1991, 175 = NJW-RR 1991, 212 = DWE 1991, 37, welches zu Recht darauf hinweist, dass ein Beschluss, der eine solche Verrechnung vorsieht, nichtig ist, weil die Versammlung für eine solche Beschlussfassung absolut unzuständig ist.
5 OLG Hamm, Beschl. v. 14. 5. 2002 – 15 W 300/01, ZMR 2002, 965 = ZWE 2002, 600 = NZM 2002, 874.
6 OLG Düsseldorf, Beschl. v. 4. 6. 1997 – 3 Wx 569/96, ZMR 1997, 485 = ZfIR 1997, 554 = WuM 1997, 572 = WE 1997, 426 = OLGReport Düsseldorf 1997, 319 (LS).

besteht allerdings kein Anspruch eines einzelnen Eigentümers darauf, immer zuerst die Instandhaltungsrücklage auszuschöpfen[1].

202 Hat ein Eigentümer einer baulichen Veränderung nicht zugestimmt und sind die Mittel zur Finanzierung der Maßnahme aus der Instandhaltungsrücklage entnommen worden, hat der nicht zustimmende Eigentümer gegenüber den anderen (zustimmenden) Eigentümern Anspruch auf Auffüllung der Instandhaltungsrücklage[2].

203 Zur Methode der Berechnung einer Instandhaltungsrücklage vergleiche von Hauff/Homann[3] und Peters[4].

204 Die **Darstellung der Entwicklung** der Instandhaltungsrücklage[5] darf nicht in der Jahresabrechnung fehlen[6]. Auszuweisen sind der Anfangsbestand am Beginn des Abrechnungszeitraumes, die Zuführungen, die Zinsgutschriften und die Entnahmen im Laufe des Abrechnungszeitraumes und schließlich der Endbestand.

205 Es muss in der Jahresabrechnung auch angegeben werden, wo und wie die Instandhaltungsrücklage angelegt ist (Bankinstitut, Kontonummer, Zinssatz pp)[7]; diese Angaben gehören zur ordnungsgemäßen Jahresabrechnung und Rechnungslegung. Die Wohnungseigentümer müssen eine Überprüfungsmöglichkeit haben, ob die als Rücklagen dienenden Gelder möglichst gewinnbringend angelegt sind[8]. Bei neu angelegten Beträgen muss auch konkret dargestellt werden, aus welchen Mitteln die Beträge stammen (z.B. Übertrag vom Girokonto, Ausgliederung aus der „allgemeinen" Instandhaltungsrücklage, die sich auf einem Sparbuch befindet, usw.); Un-

---

1 OLG Köln, Beschl. v. 30. 4. 1998 – 16 Wx 43/98, NZM 1998, 630.
2 OLG Hamm, Beschl. v. 14. 5. 2002 – 15 W 300/01, ZMR 2002, 965 = ZWE 2002, 600 = NZM 2002, 874.
3 von Hauff/Homann, DWE 1997, 16 ff.
4 Peters, WE 1980, 5 f.; Peters, PiG 7, S. 9; Peters, Instandhaltung und Instandsetzung, S. 143 ff.
5 Vgl. zur Ausweisung einer Instandhaltungsrücklage in der Jahresabrechnung auch Ott, Zu der Frage der Ausweisung von Instandhaltungsrücklagen in der Jahresabrechnung, ZWE 2007, 508; Wilhelmy, Die Instandhaltungsrücklage in der Jahresabrechnung, NZM 2006, 570.
6 Vgl. OLG Schleswig, Beschl. v. 26. 4. 2007 – 2 W 216/06, OLGReport Schleswig 2007, l 883 = ZWE 2008, 42; OLG Düsseldorf, Beschl. v. 14. 10. 2005 – 3 Wx 77/05, n.v.; BayObLG, Beschl. v. 21. 12. 1999 – 2Z BR 79/99, ZWE 2000, 135 = DWE 2000, 82; BayObLG, Beschl. v. 10. 3. 1994 – 2Z BR 11/94, WuM 1995 = DWE 1994, 156 = WE 1995, 91; BayObLG, Beschl. v. 27. 1. 1994 – 2Z BR 88/93, WuM 1994, 230 = DWE 1994, 154 = WE 1995, 30; BayObLG, Beschl. v. 9. 8. 1990 – 2 Z 79/80, WuM 1994, 460 = NJW-RR 1991, 15; BayObLG, Beschl. v. 18. 7. 1989 – 2 Z 66/89, ZMR 1990, 63 = WuM 1989, 530 = NJW-RR 1989, 1163 = DWE 1990, 62; Drasdo, Das Eigenkapital, DWE 1997, 14 ff.
7 Vgl. OLG Hamm, Beschl. v. 3. 3. 1975 – 15 W 183/73, OLGZ 1975, 157 = Rpfleger 1975, 255.
8 OLG Düsseldorf, Beschl. v. 12. 2. 1997 – 3 Wx 75/95, ZMR 1997, 323 = WuM 1997, 345 = DWE 1997, 76 = WE 1997, 313 = NJWE-MietR 1997, 252.

klarheiten stellen einen Verstoß gegen den Grundsatz ordnungsmäßiger Verwaltung dar[1]. Die Anlage von Geldern der Instandhaltungsrücklage auf einem **Bausparkonto** dürfte regelmäßig nicht ordnungsmäßiger Verwaltung entsprechen[2], weil bei niedriger Verzinsung nur geringe Erträge erwirtschaftet werden können und eine kurzfristige Auszahlung des Kapitals (wegen fehlender „Zuteilungsreife") regelmäßig nicht erfolgen kann.

Zinsen für die Instandhaltungsrücklage sind Einnahmen der Eigentümergemeinschaft und demnach als Einnahmen in der Jahresabrechnung auszuweisen[3]. Sie sind nur dann der Instandhaltungsrücklage unmittelbar zuzuführen und nicht als Einnahmen auszuweisen, wenn dies von der Gemeinschaftsordnung so vorgegeben ist oder wenn hierüber ein Beschluss einer Eigentümerversammlung vorliegt[4]. Dies halte ich für richtig. Die Meinung des LG Köln, dass ein solcher Beschluss konkludent auch in der Beschlussfassung über die Jahresabrechnung zu sehen sein soll[5], halte ich jedoch für falsch. Die „konkludente" Beschlussfassung würde bedeuten, dass der Jahresabrechnungsbeschluss trotz einer fehlerhaften Behandlung der Zinsen nicht mehr überprüft werden könnte. 206

Die Darstellung der angesammelten Instandhaltungsrücklage darf keine Sollzahlen enthalten, sondern muss die tatsächlich angesammelten Beträge ausweisen[6]. Hier unterscheiden sich Teil 1 einer Jahresabrechnung (Gesamtabrechnung) und Teil 3 einer Jahresabrechnung (Instandhaltungsrücklage). Während im Teil 1 die anzusammelnden Beträge aufgenommen werden dürfen, sind in der Darstellung der Instandhaltungsrücklage ausschließlich die **tatsächlich angesammelten Beträge** auszuweisen. 207

Dies muss insbesondere dann beachtet werden, wenn die Instandhaltungsrücklage nicht auf einem gesonderten Konto angesammelt wird, sondern – was zulässig ist[7] – auf dem Girokonto der Gemeinschaft. Gerade dann muss der Verwalter darauf achten, nicht über den „angesammelten" Betrag der Instandhaltungsrücklage zu verfügen; sollte er unzu- 208

---

1 OLG Düsseldorf, Beschl. v. 12. 2. 1997 – 3 Wx 75/95, ZMR 1997, 323 = WuM 1997, 345 = DWE 1997, 76 = WE 1997, 313 = NJWE-MietR 1997, 252.
2 OLG Düsseldorf, Beschl. v. 1. 12. 1995 – 3 Wx 322/95; OLGReport Düsseldorf 1996, 97 = WuM 1996, 112 = DWE 1996, 34 = WE 1996, 275 = NJWE-MietR 1996, 88.
3 Ebenso *Drasdo*, DWE 1997, 14.
4 LG Köln, Beschl. v. 18. 3. 2002 – 29 T 233/01, n. v.
5 LG Köln, Beschl. v. 18. 3. 2002 – 29 T 233/01, n. v.
6 BayObLG, Beschl. v. 5. 8. 1999 – 2Z BR 32/99, ZMR 1999, 778 = NZM 2000, 507 = NJW-RR 2000, 891 = DWE 2000, 121; falsch ist die Ansicht von *Hahn*, DWE 1996, 177, der meint, es könnte **ein Teil des Vermögens ... durchaus noch als Forderung an die Wohnungseigentümer** ausgewiesen sein.
7 OLG Köln, Beschl. v. 5. 4. 2001 – 16 Wx 101/00, OLGReport Köln 2001, 267; KG, Beschl. v. 13. 4. 1987 – 24 W 5174/86, MDR 1987, 938 = ZMR 1988, 108 = WuM 1988, 33 = NJW-RR 1987, 1160; a.A. scheint das OLG Hamm, Beschl. v. 3. 5. 2001 – 15 W 7/01, ZWE 2001, 446, zu sein.

lässigerweise über die auf dem Girokonto angesammelte Instandhaltungsrücklage verfügt haben, um allgemeine gemeinschaftliche Lasten und Kosten zu bestreiten, muss er dies in seiner Darstellung auch deutlich machen. Er darf nicht so tun, als sei ein bestimmter Betrag an Instandhaltungsrücklage vorhanden, obwohl sich aus den ausgewiesenen Girokontoständen ergibt, dass die Instandhaltungsrücklage nur auf dem Papier „existiert".

209 Bestehen die Instandhaltungsrücklagen aus **Bundesanleihen**, so erfordere die notwendige genaue Information der Miteigentümer über den Stand der Instandhaltungsrücklage, dass die Wertzuwächse der Papiere ausgewiesen werden, auch wenn diese keine Geldzuflüsse sind; es komme nicht auf die Nennwerte an, sondern auf die bei einem Verkauf zu erzielenden Preise, so das OLG Düsseldorf[1]. Gleiches gelte, wenn es sich um **Bundesschatzbriefe B** handele. Die Zinsen, die bei diesen Anlagepapieren nicht zur Auszahlung gelangten, sondern angesammelt würden, müssten ebenfalls als Wertzuwachs ausgewiesen werden. Ich halte dies für nicht richtig; nach meiner Auffassung genügt ein Hinweis auf die Anlageform, aus der die Art der Anlage hinreichend deutlich wird. Im Übrigen wird die Anlage in solchen Anleihen stets einen Eigentümerbeschluss voraussetzen; vor Beschlussfassung musste der Verwalter über die Möglichkeiten der Wertzuwächse und Zinsformen berichten.

210 Ein Beschluss der Wohnungseigentümer, die Einnahmen aus der Abgabe von Waschmünzen der Instandhaltungsrücklage zuzuführen, entspricht regelmäßig ordnungsmäßiger Verwaltung, weil damit eine Ansammlung für spätere Instandsetzungen der Waschmaschinen erfolgen kann[2].

211 Nach BayObLG vom 20. 12. 1994[3] soll der Verwalter verpflichtet sein, die Instandhaltungsrücklagenbeträge, „die nicht in naher Zukunft benötigt werden", verzinslich anzulegen. Nach meiner Auffassung ist der Verwalter verpflichtet, die Eigentümer um Entscheidung zu bitten, wie die Instandhaltungsrücklage anzulegen ist.

212 Der gesonderte Ausweis von Instandhaltungsrücklagen für einzelne Häuser ist grundsätzlich nur zulässig, wenn in der Gemeinschaftsordnung das „**Mehrhausanlagen**"-Prinzip festgelegt ist. Sofern die Gemeinschaftsordnung (Vereinbarung) keine gesonderte Darstellung und Ansammlung von Instandhaltungsrücklagen für einzelne Häuser einer Eigentümergemeinschaft oder für die Wohnungen und getrennt davon Garagen vorsieht (**Mehrhausanlagen-Abrechnung**), ist die Errichtung getrennter In-

---

1 OLG Düsseldorf, Beschl. v. 12. 2. 1997 – 3 Wx 75/95, ZMR 1997, 323 = WuM 1997, 345 = DWE 1997, 76 = WE 1997, 313 = NJWE-MietR 1997, 252.
2 BayObLG, Beschl. v. 21. 12. 1989 – 1b Z 38/88, DWE 1990, 75.
3 BayObLG, Beschl. v. 20. 12. 1994 – 2Z BR 106/94, BayObLGR 1995, 17 = WuM 1995, 341 = DWE 1995, 161 = NJW-RR 1995, 530.

standhaltungsrücklagen nicht zulässig[1]; über eine solche getrennte Ansammlung könnten die Eigentümer nur eine Vereinbarung treffen oder **aufgrund** einer Vereinbarung bestimmen[2]. Andererseits darf aber auch keine einheitliche Instandhaltungsrücklage ausgewiesen werden, wenn die Gemeinschaftsordnung eine getrennte Rücklage (z. B. bei einer Mehrhausanlage) vorsieht[3]. Sind allerdings in der Gemeinschaftsordnung für einzelne Häuser einer Eigentümergemeinschaft unterschiedliche Kostenverteilungskriterien bei Instandhaltungs- und Instandsetzungskosten genannt, soll daraus folgen, dass getrennte Rücklagen gebildet werden müssen[4].

V. Die Girokontodarstellung/Kontoabstimmung (4. Abrechnungsbestandteil)

Der 4. Bestandteil einer Jahresabrechnung ist die Darstellung des Girokontos (oder der Girokonten) mit dem Bestand zu Beginn und Ende des Abrechnungszeitraumes[5], weiter müssen aber auch die Zu- und Abgänge während des Abrechnungszeitraumes ausgewiesen werden[6], um die Entwicklung der gemeinschaftlichen Konten darzustellen[7]. Dazu gehört

213

---

1 Wohl eher falsch deshalb das Beispiel bei *Hahn*, DWE 1996, 177, wo ohne nähere Erläuterungen Instandhaltungsrücklagen für Hauptgebäude, Garage und Anbau getrennt dargestellt werden.
2 OLG Düsseldorf, Beschl. v. 21. 1. 1998 – 3 Wx 521/97, ZMR 1998, 308 = WuM 1998, 429 = WE 1998, 487; ähnlich OLG Köln, Beschl. v. 8. 12. 1997 – 16 Wx 311/97, WuM 1998, 174 = WE 1998, 311 = DWE 1998, 190.
3 BayObLG, Beschl. v. 10. 9. 1987 – 2 Z 52/87, NJW-RR 1988, 274.
4 BayObLG, Beschl. v. 11. 10. 2002 – 2Z BR 25/02, ZMR 2003, 213 = WuM 2002, 681.
5 Vgl. OLG Köln, Beschl. v. 5. 4. 2001 – 16 Wx 101/00, OLGReport Köln 2001, 267; OLG Düsseldorf, Beschl. v. 22. 12. 2000 – 3 Wx 378/00, OLGReport Düsseldorf 2001, 378 = ZWE 2001, 114 = ZMR 2001, 375 = NZM 2001, 546 = DWE 2001, 151; OLG Hamm, Beschl. v. 18. 6. 1998 – 15 W 357/97, ZMR 1998, 720 = NZM 1998, 875 = *Deckert*, ETW, Gruppe 2, S. 3579; OLG Köln, Beschl. v. 23. 9. 1996 – 16 Wx 130/96, n. v.; BayObLG, Beschl. v. 10. 3. 1994 – 2Z BR 11/94, WuM 1994, 498 = DWE 1994, 156 = WE 1995, 91; BayObLG, Beschl. v. 27. 1. 1994 – 2Z BR 88/93, WuM 1994, 230 = DWE 1994, 154 = WE 1995, 30; BayObLG, Beschl. v. 18. 7. 1989 – 2 Z 66/89, BayObLGZ 1989, 310 = ZMR 1990, 63 = WuM 1989, 530 = NJW-RR 1989, 1163 = DWE 1990, 62; OLG Hamm, Beschl. v. 3. 3. 1975 – 15 W 183/73, OLGZ 1975, 157 = Rpfleger 1975, 255; LG Aachen, Beschl. v. 15. 2. 1996 – 2 T 162/95, ZMR 1997, 326 (nur LS).
6 AG Köln, Beschl. v. 6. 12. 1996 – 202 II 173/96, n. v.; AG Köln, Beschl. v. 7. 1. 1997 – 202 II 201/96, n. v.; AG Köln, Beschl. v. 28. 7. 1998 – 202 II 19/98, ZMR 1998, 724 = *Deckert*, ETW, Gruppe 2, S. 3666; BayObLG, Beschl. v. 21. 12. 1999 – 2Z BR 79/99, ZWE 2000, 135 = DWE 2000, 82.
7 *Demharter*, ZWE 2001, 416.

auch die Darstellung und Erläuterung von **durchlaufenden Posten**[1]. Werden die Anfangs- und Endbestände des Kontos genannt und ergeben sich die tatsächlichen Einnahmen und Ausgaben des Wirtschaftsjahres aus der Jahresabrechnung, kann hiermit die zwingend notwendige rechnerische Schlüssigkeit der Gesamt- und Einzelabrechnungen dargelegt werden[2]. Die Angaben der Konten sind für diese Schlüssigkeitsprüfung erforderlich; nur so kann geprüft werden, ob nach dem „Geldflussprinzip" abgerechnet wurde[3]. Zu den hier auszuweisenden Zugängen und Abgängen gehören auch die Zahlungen von den Eigentümern oder an die Eigentümer für die Vorjahresabrechnung; diese **Vorjahressalden** müssen **hier** ausgewiesen werden (vgl. zum Ausweis in der Einzelabrechnung Rz. 149). Forderungen und Verbindlichkeiten (wie auch jede Art von „Soll"-Zahlen) haben in der Darstellung der Girokontoentwicklung nichts zu suchen. Missverständlich sind in diesem Zusammenhang die Ausführungen des BayObLG[4], welches nebenbei bemerkt, die Mitteilung von Zahlungen, die im Vorjahr eingegangen oder im nächsten Jahr erwartet werden, seien zur Kontrolle der Kontenstände **sinnvoll und teilweise sogar notwendig**. Da hier keine tatsächlichen Kontobewegungen im Wirtschaftsjahr erfolgten, wären solche Angaben sogar falsch und für eine Kontrolle schädlich; eine Kontrolle der Kontenstände des abzurechnenden Jahres kann nicht mit Bewegungen des vergangenen Jahres oder mit **zu erwartenden Zahlungen** des nächsten Jahres erfolgen.

214 Die vorgelegte Gesamtabrechnung und die Darstellung der Vermögenswerte (Instandhaltungsrücklage) mit den jeweiligen Kontoständen muss es den einzelnen Wohnungseigentümern möglich machen, die rechnerische Schlüssigkeit der Gesamtabrechnung nachzuvollziehen. Die Aufstellung der Einnahmen und Ausgaben in Verbindung mit der Darstellung der Kontostände und der Vermögensübersicht muss schon aus sich heraus nachvollziehbar und verständlich sein, sonst liegt keine ordnungsgemäße Jahresabrechnung vor[5]. Für den Wohnungseigentümer muss die Jahresabrechnung auch ohne Hinzuziehung eines Buchprüfers oder eines sonstigen Sachverständigen verständlich sein; deshalb darf der

---

1 OLG Schleswig, Beschl. v. 26. 4. 2007 – 2 W 216/06, OLGReport Schleswig 2007, 883 = ZWE 2008, 42, m. Anm. *Demharter*, ZWE 2008, 46, sowie *Jennißen*, MietRB 2008, 52.
2 OLG Hamm, Beschl. v. 3. 5. 2001 – 15 W 7/01, ZWE 2001, 446 = ZMR 2001, 1001.
3 OLG Köln, Beschl. v. 5. 4. 2001 – 16 Wx 101/00, OLGReport Köln 2001, 267, unter Hinweis auf OLG Köln, Beschl. v. 7. 12. 1998 – 16 Wx 177/98, OLGReport Köln 1999, 81 = WuM 1999, 306 = NZM 1998, 506, und eine nicht veröffentlichte Entscheidung des Senats: OLG Köln, Beschl. v. 23. 9. 1996 – 16 Wx 130/96.
4 BayObLG, Beschl. v. 21. 12. 1999 – 2Z BR 79/99, ZWE 2000, 136 = ZMR 2000, 280 = NZM 2000, 280 = NJW-RR 2000, 603 = DWE 2000, 82.
5 OLG Düsseldorf, Beschl. v. 16. 11. 1998 – 3 Wx 397/97, OLGReport Düsseldorf 1999, 373 = ZMR 1999, 275 = WuM 1999, 357 = WE 1999, 227.

Wohnungseigentümer nicht auf anderweitige Unterlagen verwiesen werden, die zur Einsicht bereitgehalten werden[1].

Die Darstellung des Girokontos stellt sich als ein ganz zentraler und wichtiger Bestandteil der Jahresabrechnung dar, weil mit ihr der Nachweis der Geldverwendung erbracht wird[2]. Bei einer korrekten Darstellung und einer genauen Prüfung dieser Darstellung und der damit zusammenhängenden Kontobewegungen kann es weitgehend ausgeschlossen werden, dass Gelder „verschwinden". Das OLG Köln führt richtig aus, dass die Angaben zu den Konten erforderlich sind, um die rechnerische Schlüssigkeit der Gesamt- und Einzelabrechnung darzulegen. Die Kontenabstimmung **indiziert** dann **die rechnerische Richtigkeit** der Gesamtabrechnung[3]. Den Verwaltungsbeirat trifft bei der Kontrolle der Jahresabrechnung eine besondere Verpflichtung, auch die Kontobewegungen auf dem Girokonto (und dem Instandhaltungsrücklagen-Konto) zu prüfen. Das Haftungsrisiko für den Verwaltungsbeirat, wenn die Zahlungsvorgänge nicht überprüft werden, zeigt exemplarisch die Entscheidung des OLG Düsseldorf vom 24. 9. 1997[4].

215

Das OLG Hamm[5] führt zu Recht aus, würden

„(...) die tatsächlichen Einnahmen und Ausgaben in der Abrechnungsperiode ... vollständig in die Abrechnung aufgenommen, so stimmt deren Differenz mit der Differenz der Anfangs- und Endbestände der Bankkonten und ggf. der Barkasse überein, über die diese Umsätze getätigt wurden. Die Angaben zu den Konten sind daher erforderlich, um die rechnerische Schlüssigkeit der Gesamt- und Einzelabrechnung darzulegen. Diese sog. Kontenabstimmung indiziert dann die rechnerische Richtigkeit der Gesamtabrechnung."

In diesem Zusammenhang halte ich es auch für falsch, dass bei einem Fehlen von Abrechnungsteilen (z.B. der Girokontodarstellung) der mangelfreie Teil der Jahresabrechnung nicht für ungültig erklärt werden kann, wie das BayObLG[6] meint. Das BayObLG verkennt zum einen, dass eine Jahresabrechnung nicht kontrollierbar ist, wenn auch nur ein Teil der hier genannten Teile fehlt, zum anderen verkennt das BayObLG

216

---

1 OLG Hamm, Beschl. v. 21. 11. 1996 – 15 W 107/96, ZMR 1997, 251 = DWE 1997, 36 = WE 1997, 194.
2 KG, Beschl. v. 26. 9. 2007 – 24 W 183/06, ZMR 2008, 67; vgl. auch *Jennißen*, Verwalterabrechnung, VII. Rz. 26ff.
3 OLG Köln, Beschl. v. 8. 6. 2005 – 16 Wx 53/05, OLGReport Köln 2005, 658.
4 OLG Düsseldorf, Beschl. v. 24. 9. 1997 – 3 Wx 221/97, MDR 1998, 35 = ZMR 1998, 104 = WuM 1998, 50 = NZM 1998, 36 = WE 1998, 265; vgl. auch die Besprechung von *Drasdo*, NZM 1998, 15; *Drasdo*, Der Verwaltungsbeirat, S. 75.
5 OLG Hamm, Beschl. v. 21. 11. 1996 – 15 W 107/96, ZMR 1997, 251 = DWE 1997, 36 = WE 1997, 194; vgl. dazu auch OLG Hamm, Beschl. v. 3. 5. 2001 – 15 W 7/01, ZWE 2001, 447.
6 BayObLG, Beschl. v. 18. 7. 1989 – 2 Z 66/89, BayObLGZ 1989, 310 = ZMR 1990, 63 = DWE 1990, 62 = NJW-RR 1989, 1163; ähnlich auch BayObLG, Beschl. v. 28. 10. 1998 – 2Z BR 116/98, ZMR 1999, 185 = WE 1999, 153.

auch, was **Streitgegenstand des Beschlussanfechtungsverfahrens** ist. Streitgegenstand ist nämlich die Beschlussfassung selbst, nicht etwa die Jahresabrechnung. Ist auch nur ein Teil der Beschlussfassung fehlerhaft, muss der Versammlungsbeschluss für ungültig erklärt werden. Richtig ist deshalb die Entscheidung des AG Erfurt[1], das eine Jahresabrechnung ohne die Angaben über den Stand und die Entwicklung der gemeinschaftlichen Konten als nicht ordnungsgemäß ansieht und dem BayObLG[2] widerspricht, das nur einen Anspruch auf Ergänzung gewähren will.

217 An der Darstellung des Girokontos kann auch abgelesen werden, ob der Verwalter das Geldflussprinzip beachtet hat. Die in der Darstellung des Girokontos ausgewiesenen Abgänge müssen sich nämlich in der Summe mit dem Betrag der gemeinschaftlichen Lasten und Kosten aus der Gesamtabrechnung decken. Allerdings sind dann aber in der Darstellung des Girokontos noch weitere Angaben zu machen, wenn das Geldflussprinzip durchbrochen wurde – also bei den Instandhaltungsrücklagen, bei den Abrechnungskosten für die Heizkosten und bei den oben erwähnten Aufrechnungsvorgängen.

218 Bei den Abgängen sind auch die an ein eventuell gesondert geführtes Instandhaltungsrücklagenkonto geflossenen Beträge zu finden, die ihrerseits wieder in der Entwicklung der Instandhaltungsrücklage aufgeführt sein müssen.

219 Die Zugänge für die Hausgelder des Abrechnungszeitraumes, die in der Girokontodarstellung ausgewiesen sind, müssen sich in der Einzelabrechnungsübersicht wiederfinden. Wird die oben erwähnte Saldenliste erstellt, enthält sie auch die von jedem einzelnen Wohnungseigentümer gezahlten Hausgeldvorschüsse und die Gesamtsumme der gezahlten Hausgeldvorschüsse.

VI. Informatorische Angaben

220 Lediglich informatorisch und deutlich getrennt von den eigentlichen vier Abrechnungsbestandteilen können noch Informationen über **Verbindlichkeiten** (noch zu erbringende Zahlungen an Handwerker, usw.) und **Forderungen** (insbesondere Forderungen an Wohnungseigentümer wegen Hausgeldrückständen) gegeben werden. Der Verwalter muss aber darauf achten, dass diese informatorischen Angaben nicht zum Bestandteil der Abrechnung gemacht oder mit den vier zwingenden Bestandteilen vermischt werden. Dies führt zu Unklarheiten und möglicherweise zur erfolgreichen Beschlussanfechtung.

---

1 AG Erfurt, Urt. v. 25. 4. 2008 – 10 C (WEG) 15/07, n. v.
2 BayObLG, Beschl. v. 30. 6. 2004 – 2Z BR 57/04, BayObLGR 2004, 423 = DWE 2005, 24 = NJW-RR 2004, 1602.

VII. Prüfung der Jahresabrechnung durch den Verwaltungsbeirat

Nach § 29 Abs. 3 WEG soll der Verwaltungsbeirat vor einem Beschluss einer Eigentümerversammlung über die Abrechnung diese prüfen und hierzu Stellung nehmen. Dieses Recht des Verwaltungsbeirates beschneidet jedoch nicht die Rechte der anderen Miteigentümer. Insbesondere wird dadurch nicht das Recht des einzelnen Wohnungseigentümers beseitigt, seine eigenen Prüfungsrechte geltend zu machen[1]. Die häufig in Beschlussanfechtungsverfahren anzutreffende Argumentation, die Jahresabrechnung sei richtig, weil der Beirat diese geprüft habe, und der einzelne Wohnungseigentümer könne wegen der Prüfung des Beirates die Abrechnungsunterlagen nicht mehr selbst prüfen, entbehrt jeglicher Grundlage. Richtig ist deshalb die Ansicht des OLG Hamm[2], dass jeder einzelne Wohnungseigentümer ein Einsichtsrecht in die Unterlagen des Verwalters hat und dass die Prüfung der den Jahresabrechnungen zugrundeliegenden Abrechnungsbelege Voraussetzung ist für eine **sinnvolle Beschlussfassung aller Wohnungseigentümer über die Richtigkeit der Abrechnungen nach § 28 Abs. 5 WEG**. Eine Bestätigung einer nicht nachprüfbaren Abrechnung sei niemandem zumutbar.

221

Lässt sich ein Miteigentümer zum Beirat bestellen, ergibt sich aus § 29 WEG für ihn auch eine Pflicht zur Kontrolle der Jahresabrechnung. Verletzt der Verwaltungsbeirat seine aus § 29 WEG gegenüber der Gemeinschaft bestehende Pflicht, haftete er bei schuldhaftem Verhalten hierfür auch[3]. Gegenüber dem einzelnen Wohnungseigentümer ist der Verwaltungsbeirat grundsätzlich nicht zu Auskunft verpflichtet. Eine Auskunftspflicht besteht nur gegenüber der Eigentümerversammlung[4].

222

Eine **unterlassene Prüfung** durch den Verwaltungsbeirat kann für die Gemeinschaft problematisch werden. Hat der Beirat nämlich seine Kontrollpflichten gar nicht oder nur oberflächlich und damit unzureichend ausgeübt, muss sich die Eigentümerversammlung so behandeln lassen, als hätte sie von den in der Jahresabrechnung dokumentierten Vorgängen

223

---

1 Vgl. LG Aachen, Beschl. v. 15. 2. 1996 – 2 T 162/95 WEG, ZMR 1997, 326 (nur LS).
2 OLG Hamm, Beschl. v. 29. 10. 1987 – 15 W 200/87, OLGZ 1988, 37 = MDR 1988, 321 = NJW-RR 1988, 597 = DNotZ 1988, 320.
3 Vgl. OLG Düsseldorf, Beschl. v. 24. 9. 1997 – 3 Wx 221/97, MDR 1998, 35 = ZMR 1998, 104 = WuM 1998, 50 = NZM 1998, 36 = WE 1998, 265; vgl. auch die Besprechung von *Drasdo*, NZM 1998, 15; *Drasdo*, Der Verwaltungsbeirat, S. 75.
4 KG, Beschl. v. 8. 1. 1997 – 24 W 7947/95, KGR Berlin 1997, 209 = ZMR 1997, 544 = WE 1997, 421; BayObLG, Beschl. v. 9. 6. 1994 – 2Z BR 27/94, ZMR 1994, 575 = WE 1995, 191 = WuM 1995, 66; BayObLG, Beschl. v. 3. 5. 1972 – 2 Z 7/72, BayObLGZ 1972, 161 = MDR 1972, 691 = ZMR 1972, 315 = NJW 1972, 1377.

Kenntnis gehabt und die Jahresabrechnung **mit dieser Kenntnis** gebilligt[1].

VIII. Abrechnungsübergang vom Bauträger auf Verwalter („Werdende Wohnungseigentümergemeinschaft")

224 Eine Wohnungseigentümergemeinschaft entsteht erst, wenn mindestens zwei Wohnungseigentümer im Grundbuch eingetragen sind. Der Bauträger, der bisher noch in allen für die Wohnungseigentümergemeinschaft angelegten Grundbüchern in der Abteilung I als Eigentümer eingetragen war, muss mindestens einmal sein Eigentum veräußert haben und ein neuer Eigentümer **in der Abteilung I** eines Grundbuches eingetragen worden sein[2]. Mit dieser Eintragung entsteht die Eigentümergemeinschaft.

225 Die Rechtsfigur einer „werdenden Wohnungseigentümergemeinschaft" existiert nach meiner Auffassung nicht[3]. Der BGH hat jedoch diese Rechtsfigur – wohl eher aus Praktikabilitätsgründen als aus Rechtsgründen – jetzt anerkannt[4]. Eine „werdende Wohnungseigentümergemeinschaft" soll nach der bisherigen überwiegenden Meinung in Literatur und Rechtsprechung[5] – und nun auch nach der Auffassung des BGH – dann entstehen, sobald ein Käufer eine rechtlich verfestigte Erwerbsposition besitzt und aufgrund des vertraglich vereinbarten Übergangs von Lasten und Nutzungen der Wohnung ein berechtigtes Interesse daran hat, die mit dem Wohnungseigentum verbundenen Mitwirkungsrechte an der Verwaltung der Gemeinschaftsanlage vorzeitig auszuüben. Das setzt voraus, dass

---

1 OLG Düsseldorf, Beschl. v. 9. 11. 2001 – 3 Wx 13/01, OLGReport Düsseldorf 2002, 111 = ZWE 2002, 82 = ZMR 2002, 294 = NZM 2002, 264; vgl. auch OLG Köln, Beschl. v. 27. 6. 2001 – 16 Wx 87/01, OLGReport Köln 2002, 4 = ZMR 2001, 913 = NZM 2001, 862; *Köhler*, ZMR 2001, 865.
2 OLG Hamm, Beschl v. 19. 10. 1999 – 15 W 217/99, OLGReport Hamm 2000, 52 = ZWE 2000, 86 = ZMR 2000, 128 = FGPrax 2000, 11; BayObLG, Beschl. v. 11. 4. 1990 – 2 Z 7/90, BayObLGZ 1990, 101 = NJW 1990, 3216 = NJW-RR 1991, 216 = WuM 1990, 617 = WE 1991, 202; KG, Beschl. v. 2. 3. 1987 – 24 W 4028/86, ZMR 1987, 277 = WuM 1988, 188 = DWE 1987, 97 = WE 1987, 121.
3 Ebenso OLG Saarbrücken, Beschl v. 7. 5. 2002 – 5 W 368/01, OLGReport Saarbrücken 2002, 336 = NZM 2002, 610 = NJW-RR 2002, 1236; OLG Saarbrücken, Beschl. v. 27. 2. 1998 – 5 W 252/97, OLGReport Saarbrücken 1998, 277 = ZMR 1998, 595 = NZM 1998, 518 = NJW-RR 1998, 1094; ablehnend auch mit umfassenden Nachweisen zur Literatur und Rechtsprechung: *Belz*, in FS für Werner Merle, S. 51 ff.; vgl. auch *Fink-Plücker*, ZfIR 2001, 862.
4 BGH, Beschl. v. 5. 6. 2008 – V ZB 85/07, WuM 2008, 511 = NJW 2008, 2639.
5 Vgl. insbesondere BayObLG, Beschl. v. 11. 4. 1990 – 2 Z 7/90, BayObLGZ 1990, 101 = NJW 1990, 3216 = NJW-RR 1991, 216 = WuM 1990, 617.

- zwischen dem Bauträger und dem Erwerber ein Erwerbsvertrag, der auf die Übereignung des Wohnungseigentums gerichtet ist, abgeschlossen wurde, aufgrund dessen

- eine Vormerkung gemäß § 883 BGB („Auflassungsvormerkung") im Grundbuch eingetragen wurde[1], und wenn weiterhin

- für das Sondereigentum Besitz, Nutzen[2] und Lasten übergegangen sind.

Umstritten war bisher, ob auch die Wohnungsgrundbücher angelegt worden sein müssen[3]. Der BGH hat hierzu entschieden, dass die Anlegung von **Wohnungseigentums**grundbüchern nicht erforderlich ist. Eine Eintragung der Vormerkung zur Einräumung des **Wohnungseigentums**rechts im Grundbuch des **ungeteilten** Grundstücks reicht aus.

Wird Wohnungseigentum nach § 3 WEG (Teilungsvertrag) begründet, kann keinesfalls eine „werdende Wohnungseigentümergemeinschaft" entstehen[4].

---

1 Vgl. BayObLG, Beschl. v. 18. 7. 2001 – 2Z BR 25/01, ZWE 2002, 78 = NZM 2001, 1131 = Rpfleger 2001, 587 = ZfIR 2002, 53, welches eine „werdende Wohnungseigentümergemeinschaft" vor Eintragung einer Auflassungsvormerkung verneint.

2 Nach richtiger Ansicht von OLG Saarbrücken, Beschl. v. 27. 2. 1998 – 5 W 252/97, OLGReport Saarbrücken 1998, 277 = ZMR 1998, 595 = NZM 1998, 518 = NJW-RR 1998, 1094, müssten, selbst wenn man die „werdende Wohnungseigentümergemeinschaft" anerkennt, Nutzungen nicht nur tatsächlich, sondern auch mit Rechtsgrund übergegangen sein; a. A. OLG Düsseldorf, Beschl. 2. 2. 1998 – 3 Wx 345/97, OLGReport Düsseldorf 1998, 197 = ZMR 1998, 449 = NZM 1998, 517 = NJW-RR 1999, 163.

3 Vgl. hierzu und zu den Einzelheiten einer „werdenden WEG": Thüringisches OLG Jena, Beschl. v. 12. 6. 2001 – 6 W 177/01, WuM 2001, 504; OLG Hamm, Beschl. v. 27. 1. 2000 – 15 W 318/99, WuM 2000, 319; OLG Hamm, Beschl v. 19. 10. 1999 – 15 W 217/99, OLGReport Hamm 2000, 52 = ZWE 2000, 86 = ZMR 2000, 128 = FGPrax 2000, 11, unter Ablehnung der Rechtsauffassung des OLG Saarbrücken v. 27. 2. 1998; OLG Köln, Beschl. v. 28. 1. 1999 – 16 Wx 3/99, NJW-RR 1999, 959 = NZM 1999, 765 = WuM 1999, 642; Pfälz. OLG Zweibrücken, Beschl. v. 8. 12. 1998 – 3 W 217/98, OLGReport Zweibrücken 1999, 147 = ZMR 1999, 358 = NZM 1999, 322 = WE 1999, 117; OLG Düsseldorf, Beschl. v. 2. 2. 1998 – 3 Wx 345/97, OLGReport Düsseldorf 1998, 197 = ZMR 1998, 449 = NZM 1998, 517 = NJW-RR 1999, 163; BayObLG, Beschl. v. 9. 10. 1997 – 2Z BR 86/97, ZMR 1998, 101 = WuM 1998, 178 = WE 1998, 157 = FGPrax 1998, 17; OLG Köln, Beschl. v. 27. 8. 1997 – 16 Wx 86/97, NZM 1998, 199 = NJW-RR 1998, 518; BayObLG, Beschl. v. 19. 6. 1997 – 2Z BR 35/97, ZMR 1998, 174 = NJW-RR 1997, 1443 = WE 1998, 114; OLG Frankfurt/Main, Beschl. v. 25. 4. 1997 – 20 W 433/96, OLGReport Frankfurt 1997, 277 = ZMR 1997, 609 = DWE 1998, 43; BayObLG, Beschl. v. 11. 4. 1991 – AR 2 Z 110/90, BayObLGZ 1991, 150 = MDR 1991, 866 = WuM 1991, 361 = NJW-RR 1991, 977; BayObLG, Beschl. v. 11. 4. 1990 – 2 Z 7/90, BayObLGZ 1990, 101 = NJW 1990, 3216 = NJW-RR 1991, 216 = WuM 1990, 617.

4 BayObLG, Beschl. v. 20. 4. 2000 – 2Z BR 22/00, ZWE 2001, 74 = ZMR 2000, 623 = NZM 2000, 665 = NJW-RR 2000, 1540.

227 Es besteht nach meiner Auffassung weiterhin kein Bedürfnis für die Rechtsfigur der „werdenden Wohnungseigentümergemeinschaft". In meiner Ansicht hatte ich mich bisher bestärkt gesehen durch Äußerungen des BGH. Der BGH[1] hatte auf Vorlage des Kammergerichts[2] darüber zu entscheiden, ob ein im Grundbuch nicht eingetragener Wohnungseigentümer berechtigt war, an einer Abstimmung in der Eigentümerversammlung mitzuwirken. Die Vorlage des KG war mit einer Abweichung von einer Entscheidung des BayObLG[3] begründet worden. Diese Entscheidung des BayObLG betraf die Beschlussanfechtungsbefugnis eines Wohnungseigentümers.

Obwohl also, dem Anschein nach, zwei unterschiedliche Rechtsfragen zu entscheiden waren, nämlich die Rechtsfrage des „Stimmrechts" einerseits und die Rechtsfrage der „Beschlussanfechtung" andererseits, hat der BGH ausdrücklich darauf hingewiesen, dass die Vorlage durch das KG zulässig sei, weil sich beide Rechtsfragen aus der Figur des „werdenden Eigentümers" herleiteten[4]. Der BGH hat in seiner Entscheidung die Vorlage des KG dahingehend beantwortet, dass ein Stimmrecht des nicht eingetragenen Wohnungseigentümers nicht existiert. Die Funktion des Grundbuches, Auskunft über den Inhaber des Wohnungseigentums zu geben, könne, so der BGH, **nicht eingeschränkt und der Grundsatz nicht aufgegeben werden, dass der Erwerb des Wohnungseigentums untrennbar mit der Eintragung im Grundbuch verbunden ist**. Die ablehnende Haltung des BGH ergab sich für mich auch aus seiner Bemerkung, die Voraussetzungen für die Annahme eines „werdenden" Wohnungseigentümers ließen sich nicht nur schwer feststellen. Seine Rechtsprechung hatte nach meiner Auffassung der BGH in einer weiteren Entscheidung[5] fortgesetzt. Aus seiner früheren Entscheidung (vom 1. 12. 1988) ergebe sich folgerichtig, so der BGH in der Entscheidung vom 18. 5. 1989, dass der „werdende" Eigentümer nicht für Verbindlichkeiten hafte, die vor seinem Eigentumserwerb begründet worden sind. In einer Entscheidung vom 6. 10. 1994 hat der BGH[6] darüber hinaus deutlich darauf hingewiesen, die Zugehörigkeit zur Eigentümergemeinschaft könne die fehlende

---

1 BGH, Beschl. v. 1. 12. 1988 – V ZB 6/88, BGHZ 106, 113 = MDR 1989, 435 = NJW 1989, 1087 = DWE 1989, 435 = WuM 1989, 453 = DNotZ 1989, 422.
2 KG, Beschl. v. 15. 2. 1988 – 24 W 3582/87, ZMR 1988 = WuM 1988, 188 = DWE 1988, 136.
3 BayObLG, Beschl. v. 27. 2. 1981 – 2 Z 23/80, BayObLGZ 1981, 50 = MDR 1981, 675 = ZMR 1981, 249.
4 Zu beachten ist allerdings, dass der BGH den Fall eines Eigentümers behandelte, der in eine vollständig und rechtlich in Vollzug gesetzte Eigentümergemeinschaft eintrat (Erwerb eines Eigentums nach Entstehen der Gemeinschaft).
5 BGH, Beschl. v. 18. 5. 1989 – V ZB 14/88, BGHZ 107, 285 = MDR 1989, 981 = ZMR 1989, 434 = NJW 1989, 2697 = WuM 1989, 525.
6 BGH, Beschl. v. 6. 10. 1994 – V ZB 2/94, MDR 1994, 1206 = ZMR 1995, 37 = NJW 1994, 3352 = WuM 1995, 51.

Rechtsstellung nicht ersetzen. Von diesen Positionen ist der BGH nunmehr abgewichen.

Wird ein Erwerber in der Abteilung I des Grundbuches eingetragen, entsteht eine echte Eigentümergemeinschaft. Die bisherigen „werdenden Wohnungseigentümer" behalten jedoch ihre Rechte und Pflichten. Ungeklärt ist derzeit noch, welche Rechtsposition die Erwerber erlangen, die nach der Begründung der echten Eigentümergemeinschaft mit einer Vormerkung eingetragen werden und auf die Besitz, Nutzen und Lasten übergegangen sind. Bisher werden diese Erwerber nicht als mitwirkungsberechtigte oder zahlungsverpflichtete „Wohnungseigentümer" angesehen. In der Entscheidung des BGH[1] werden jedoch schon Zweifel laut, ob dies richtig ist. 228

Jedenfalls mit der Entstehung der (echten) Eigentümergemeinschaft muss „die Eigentümergemeinschaft" (die Gemeinschaft der Wohnungseigentümer = Verband) die Lasten und Kosten im Sinne des § 16 Abs. 2 WEG tragen. Spätestens ab diesem Zeitpunkt sind die Lasten und Kosten also zwischen dem Bauträger und der Eigentümergemeinschaft zu trennen. Die Lasten und Kosten im Sinne des § 16 Abs. 2 WEG sind von den (echten) Eigentümern, die Kosten für die **Herstellung des Gemeinschaftseigentums** (und Sondereigentums) im Sinne eines vertragsgemäßen Zustandes sind von dem Bauträger zu übernehmen. Durch die Entscheidung des BGH zur „werdenden Wohnungseigentümergemeinschaft" wird dieser Zeitpunkt jedoch nach vorne verlagert. Konsequenterweise muss nunmehr mit dem Entstehen der „werdenden Wohnungseigentümergemeinschaft" die Kostentragungslast vom Bauträger auf die Gemeinschaft übergehen. 229

Für den (durch die Gemeinschaftsordnung) bestellten Verwalter bedeutet dies, dass er sehr genau untersuchen muss, welche Lasten und Kosten **ab wann** von der Gemeinschaft und nicht mehr vom Bauträger zu tragen sind. Bisher war es sinnvoll, erst mit der Entstehung der (echten) Eigentümergemeinschaft ein Girokonto für die Gemeinschaft zu eröffnen. Jetzt müsste der Verwalter auch für die „werdende Wohnungseigentümergemeinschaft" ein Konto eröffnen. Da werden, davon bin ich überzeugt, die Bankinstitute allerdings nicht ohne weiteres „mitspielen". Es wird Schwierigkeiten geben, ein Konto auf den Namen der Gemeinschaft der Wohnungseigentümer zu eröffnen, die in der Vorstellung und Wahrnehmung der Banken noch gar nicht existiert. 230

Der Bauträger hat gegenüber der Gemeinschaft („echter" oder „werdender") einen Ausgleichsanspruch, z.B. nach § 812 BGB, auf Erstattung der von ihm aufgewendeten Prämie für eine Wohngebäudeversicherung, wenn der Bauträger im Voraus die Prämie für einen Zeitraum entrichtet 231

---
1 BGH, Beschl. v. 5. 6. 2008 – V ZB 85/07, WuM 2008, 511 = NJW 2008, 2639.

hat, für den die Gemeinschaft der Wohnungseigentümer („echte" oder „werdende") Lasten und Kosten des gemeinschaftlichen Eigentums zu tragen hat[1]. Das bedeutet, dass die Prämie, die anteilig auf die Zeit nach Entstehung der Wohnungseigentümergemeinschaft entfällt, von der Gemeinschaft erstattet werden muss.

Ist eine „werdende Wohnungseigentümergemeinschaft" entstanden, ergibt sich auch eine Verpflichtung der „werdenden" Wohnungseigentümer zum **internen** Ausgleich der Beträge, die als Lasten und Kosten im Sinne des § 16 Abs. 2 WEG angesehen werden können. Diese Ausgleichsverpflichtung entsteht ab dem Beginn der „werdenden Wohnungseigentümergemeinschaft", wenn also bei dem ersten Käufer die oben genannten Voraussetzungen (Kaufvertrag, Auflassungsvormerkung pp) vorliegen. In einem solchen Fall ist vom Verwalter eine Jahresabrechnung ab der Entstehung der „werdenden Wohnungseigentümergemeinschaft" zu erstellen[2].

232 Abrechnungs**technisch** unterscheidet sich die Abrechnung aufgrund der Rechtsfigur der „werdenden Wohnungseigentümergemeinschaft" von der Abrechnung einer „echten" Wohnungseigentümergemeinschaft **nur im Hinblick auf das Datum, mit dem die Abrechnung beginnt**. Unabhängig von der „Datums-Linie" sind alle Lasten und Kosten darauf zu untersuchen, ob sie vor dem Stichtag entstanden sind (Geldflussprinzip!) und ob sie als notwendige Herstellungskosten vom Bauträger zu tragen sind. Auch und gerade wenn die „werdende Wohnungseigentümergemeinschaft" Grundlage der ersten Abrechnung bildet, ist der Bauträger auch verpflichtet, ab der Begründung der „werdenden Wohnungseigentümergemeinschaft" alle Lasten und Kosten der „Gemeinschaft" mitzutragen, insbesondere auch die Instandhaltungsrücklage. Insofern ist gerade auf die Jahresabrechnung für das erste Wirtschaftsjahr besondere Sorgfalt zu verwenden.

IX. Beschlussfassung über die Jahresabrechnung

1. Inhalt einer Beschlussfassung und Willensbildung

233 Die Jahresabrechnung wird in einer Eigentümerversammlung durch die Wohnungseigentümer beschlossen. Damit sie überhaupt beschlossen werden kann, muss sie den Eigentümern rechtzeitig vor der Versammlung zugegangen sein (vgl. hierzu auch in diesem Teil, Rz. 144); damit

---

1 OLG Celle, Beschl. v. 20. 5. 1985 – 4 W 38/85, DWE 1987, 104.
2 Hat sich der teilende Eigentümer in Absprache mit den Erwerbern zur vorläufigen Verwaltung des Gemeinschaftseigentums bereit erklärt, ist er auch zur Abrechnung verpflichtet, vgl. KG, Beschl. v. 15. 9. 2000 – 24 W 680/00, ZWE 2000, 583 = KGR Berlin 2001, 240 = ZMR 2000, 62 = NZM 2001, 591.

die Wohnungseigentümer die Jahresabrechnung vor der Versammlung überprüfen können[1]. An den Inhalt einer Beschlussfassung in der Wohnungseigentümerversammlung werden immer höhere Anforderungen gestellt. Beschlüsse müssen klar und verständlich sein, sodass auch zukünftige Eigentümergenerationen erkennen können, was in der Versammlung konkret beschlossen worden ist[2]. Bei der Beschlussfassung über die Jahresabrechnung handelt es sich zwar um einen Beschluss, der nur beschränkte temporäre Bedeutung hat; gleichwohl sind auch hier hohe Anforderungen an die Klarheit und Verständlichkeit des Beschlussinhaltes zu stellen. Schon bei der gerichtlichen Auseinandersetzung mit einem zahlungsunwilligen Wohnungseigentümer können sonst Probleme auftreten.

Zu beschließen sind die Gesamtabrechnung **und** die Einzelabrechnungen[3]; dabei sollten im Beschluss das Datum der vorgelegten Abrechnung und die Summen von Gesamtabrechnung und Abrechnungsspitze genannt werden: 234

> Auf Antrag des Verwalters beschließt die Eigentümergemeinschaft die mit Datum vom ... vorgelegte Jahresabrechnung für das Wirtschaftsjahr ..., und zwar mit einer Gesamtsumme aller Lasten und Kosten in Höhe von ... Euro. Die Einzelabrechnungen aller Wohnungseigentümer, die insgesamt mit einem Spitzenbetrag zu Gunsten der Eigentümergemeinschaft in Höhe von ... Euro abschließen, werden ebenfalls beschlossen.

Wird eine Jahresabrechnung beschlossen, müssen die tatsächlich gezahlten Hausgeldvorschüsse ausgewiesen werden. Macht der Verwalter jedoch Fehler und weist entweder **tatsächlich gezahlte** Hausgeldvorschüsse nicht aus oder weist der Verwalter Hausgeldvorschüsse aus, obwohl diese tatsächlich **nicht gezahlt** wurden, stellt sich bei Bestandskraft des Beschlusses über die Jahresabrechnung die Frage, welche Auswirkung dies auf den betroffenen Wohnungseigentümer hat. Nach dem OLG Köln soll sich ein Wohnungseigentümer nach der Bestandskraft eines Beschlusses über die Jahresabrechnung nicht mehr darauf berufen können, dass in der Jahresabrechnung eine unrichtige Berechnung der Vorschüsse vorgenommen wurde[4]. Diese Rechtsprechung schließt an die 234a

---

1 AG Pinneberg, Beschl. v. 23. 4. 2002 – 68 II 101/01, ZMR 2003, 461.
2 Vgl. BayObLG, Beschl. v. 9. 8. 1984 – 2 Z 77/83, DWE 1985, 56 = GE 1984, 969.
3 BayObLG, Beschl. v. 18. 7. 1989 – 2 Z 66/89, BayObLGZ 1989, 310 = ZMR 1990, 63 = NJW-RR 1989, 1163 = WuM 1989, 530 = DWE 1990, 62.
4 Vgl. OLG Köln, Beschl. v. 12. 9. 2003 – 16 Wx 156/03, OLGReport Köln 2004, 90 = NZM 2003, 806; OLG Köln, Beschl. v. 15. 1. 2001 – 16 Wx 140/00, OLGReport Köln 2001, 375 = ZMR 2001, 573; OLG Köln, Beschl. v. 21. 5. 1997 – 16 Wx 129/97, OLGReport Köln 1997, 217 = ZMR 1998, 194 = NJW-RR 1997, 1102 = WuM 1997, 395.

in der obergerichtlichen Rechtsprechung verbreitete Auffassung an, dass durch einen Beschluss der Eigentümer ein Anspruch selbständig begründet werden könne[1]. Das halte ich jedoch, wie auch *Wenzel*[2], für falsch[3]. Die Wohnungseigentümer haben keine Kompetenz, durch Beschluss eine eigenständige Anspruchsgrundlage zu schaffen. Der Beschluss der Wohnungseigentümer ist, soweit er die fehlerhaft in die Jahresabrechnung aufgenommenen Hausgeldvorschüsse betrifft, unwirksam. Weder die Gemeinschaft noch der betroffene Eigentümer können sich auf die Bestandskraft des Beschlusses berufen. Folgt man dieser Meinung nicht, ergäbe sich (im Fall der fehlerhaften Nichteinstellung von gezahlten Hausgeldvorschüssen) ein Schadensersatzanspruch des Wohnungseigentümers gegenüber dem Verwalter, wenn diesem ein Verschulden nachgewiesen werden kann. Im Fall der Einstellung nicht gezahlter Hausgeldvorschüsse[4] hätte die Gemeinschaft der Wohnungseigentümer einen verschuldensabhängigen Schadensersatzanspruch gegen den Verwalter, wenn der **richtige** Spitzenbetrag aus der Jahresabrechnung gegenüber dem einzelnen Wohnungseigentümer nicht mehr geltend gemacht werden kann. Ein bestandskräftiger Beschluss über die Entlastung des Verwalters hindert jedoch die Durchsetzung des Anspruchs der Gemeinschaft gegenüber dem Verwalter[5].

235 Eine Beschlussfassung über die vom Verwalter erstellten Einzelabrechnungen, **unter der Bedingung, dass diese richtig sind**, entspricht nicht ordnungsmäßiger Verwaltung. Der Beschluss ist für ungültig zu erklären, wie das BayObLG völlig zu Recht entschieden hat[6]. Eine nicht überprüfte Annahme, nämlich, ob die Jahresabrechnung richtig oder falsch ist, kann nicht zum Gegenstand einer Beschlussfassung gemacht werden. Ein Beschluss über eine Jahresabrechnung, die zum Zeitpunkt der Beschlussfassung **nicht vorlag** oder die noch geändert werden muss (**antizipierte Beschlussfassung über Jahresabrechnung**), entspricht nicht ordnungsmäßiger Verwaltung und kann angefochten werden, unabhängig davon, welche Punkte in der Jahresabrechnung geändert werden müssen. Es gehört zur ordnungsmäßigen Verwaltung, dass eine Jahresabrechnung

---

1 Vgl. hierzu OLG Köln, Beschl. v. 23. 6. 2003 – 16 Wx 121/03, OLGReport Köln 2003, 284 = ZMR 2004, 215; Hans. OLG Hamburg, Beschl. v. 4. 3. 2003 – 2 Wx 148/00, ZMR 2003, 447; BayObLG, Beschl. v. 15. 1. 2003 – 2Z BR 101/02, ZMR 2003, 433 = WuM 2003, 292 = NZM 2003, 239 = NJW-RR 2003, 587.
2 *Wenzel*, Anspruchsbegründung durch Mehrheitsbeschluss, NZM 2004, 542.
3 Vgl. aber auch *Riecke*, Zitterbeschluss über fehlerhafte Einzelabrechnungen, WE 2002, 31.
4 Das kann leicht geschehen, wenn der Verwalter fehlerhaft die Sollbeträge der Hausgeldvorschüsse in die Jahresabrechnung einstellt, statt die gezahlten Istbeträge.
5 Ein Entlastungsbeschluss hat jedoch keine Wirkung gegenüber dem Anspruch des einzelnen Eigentümers (im Fall der Nichteinstellung von Hausgeldvorschüssen).
6 BayObLG, Beschl. v. 27. 4. 1989 – 2 Z 28/89, WE 1990, 138 = WuM 1989, 531.

schriftlich in der Form vorgelegt wird, in der sie genehmigt werden soll. Ein Wohnungseigentümer kann nur etwas billigen, was ihm auch vorgelegen hat. Muss eine Jahresabrechnung aufgrund von Wünschen in der Eigentümerversammlung oder aus anderen Gründen geändert werden, darf auch nur über die neue (geänderte) Jahresabrechnung ein Beschluss herbeigeführt werden, wenn diese vorgelegt wurde. Dem Verwalter darf nicht eine Befugnis zur nachträglichen Änderung der Jahresabrechnung übertragen werden[1]. Eine solche antizipierte Beschlussfassung widerspricht den Informationsinteressen der Wohnungseigentümer[2].

Die Jahresabrechnung muss eine geordnete und übersichtliche, inhaltlich zutreffende Aufstellung der Einnahmen und Ausgaben in dem betreffenden Wirtschaftsjahr enthalten[3]. Sie muss für den einzelnen Wohnungseigentümer aus sich heraus und auch ohne Hinzuziehung eines Buchprüfers oder sonstigen Sachverständigen verständlich sein[4]. Nach meiner Auffassung darf nur dann ein Beschluss über die „Annahme" der Jahresabrechnung erfolgen, wenn diese Voraussetzungen vorliegen. 236

Auch bei einer **Mehrhausanlage**, bei der die Kosten nach einzelnen Häusern verteilt werden, muss die Gesamtgemeinschaft über die Jahresabrechnung beschließen, weil diese notwendigerweise Kosten enthält, die das Gemeinschaftseigentum insgesamt betreffen[5]. Vergleiche im Übrigen bereits oben unter Rz. 87f. 237

2. Genehmigungsfiktion in der Gemeinschaftsordnung/ Kompetenzübertragung auf den Beirat

a) Genehmigungsfiktion

In einigen Gemeinschaftsordnungen finden sich Formulierungen, wie **„Die Abrechnung gilt als anerkannt, wenn nicht innerhalb ... Wochen** 238

---

1 OLG Düsseldorf, Beschl. v. 7. 3. 2006 – 3 Wx 107/05, ZMR 2006, 544 = ZWE 2006, 246 (Gleiches gilt auch für den Beschluss über einen Wirtschaftsplan); vgl. auch LG Köln, Beschl. v. 31. 1. 2001 – 29 T 191/00, n. v.: „Einzelabrechnungen, die noch gar nicht erstellt und den Wohnungseigentümern zur Einsicht vorgelegt worden sind, können nicht gebilligt werden".
2 LG Köln, Beschl. v. 31. 1. 2001 – 29 T 191/00, n. v., unter Bezug auf die Rechtsprechung des OLG Köln, welches wegen des Informationsinteresses der Eigentümer die Übergabe von Saldenlisten fordert (vgl. Rz. 127ff.).
3 BayObLG, Beschl. v. 18. 7. 1989 – 2 Z 66/89, BayObLGZ 1989, 310 = ZMR 1990, 63 = NJW-RR 1989, 1163 = WuM 1989, 530 = DWE 1990, 62.
4 Vgl. OLG Hamm, Beschl. v. 25. 4. 1998 – 15 W 13/98, ZMR 1998, 715 = NZM 1998, 923; OLG Hamm, Beschl. v. 21. 11. 1996 – 15 W 107/96, ZMR 1997, 251 = DWE 1997, 36 = WE 1997, 194.
5 BayObLG, Beschl. v. 17. 11. 2000 – 2Z BR 107/00, ZWE 2001, 269 = DWE 2001, 35 = ZMR 2001, 209 = NZM 2001, 269 = WuM 2001, 149; BayObLG, Beschl. v. 17. 1. 2000 – 2Z BR 99/99, ZWE 2000, 268 = BayObLGR 2000, 42 = ZMR 2000, 319 = NZM 2000, 554.

nach Absendung dieser schriftlich widersprochen wird." Statt **Absendung** findet sich auch die Formulierung **nach Übersendung**. Es stellt sich die Frage, ob solche Klauseln wirksam sind.

239 Einigkeit besteht darüber, dass ein Verwalter sich nicht auf die Genehmigungsfiktion berufen kann, wenn die Jahresabrechnung trotz der Fiktion in der Gemeinschaftsordnung in einer Eigentümerversammlung zur Beschlussfassung gestellt wird[1]. In dem gegen die Beschlussfassung gerichteten gerichtlichen Anfechtungsverfahren wird der Verwalter nicht mehr damit gehört, er habe die Abrechnung nicht vorlegen müssen und das Beschlussanfechtungsverfahren gehe wegen der Genehmigungsfiktion ins Leere.

240 Der BGH[2] hat in einer auf Vorlage des Kammergerichts[3] ergangenen Entscheidung offengelassen, ob die oben zitierte „**Absendungs**"-Klausel dispositives Gesetzesrecht ändert und einer Inhaltskontrolle nach § 242 BGB standhält, weil es in diesem Fall seiner Ansicht nach um einen „Zweitbeschluss" ging. Der BGH meinte damit wohl, dass durch die Genehmigungsfiktion der „Erstbeschluss" zustandekomme und der Versammlungsbeschluss der (zulässige) „Zweitbeschluss" sei. Dieser sei anfechtbar. Der BGH hat die Klausel dabei als eine unwiderlegliche Zugangs- und Zustimmungsvermutung angesehen, die zur Verwaltungsvereinfachung die nach § 23 Abs. 3 WEG notwendige schriftliche Zustimmung aller Wohnungseigentümer ersetzt. In einer Entscheidung folgt das BayObLG dieser Auffassung[4] und meint ebenfalls, es liege eine Genehmigungsfiktion vor.

241 Die Auffassung des BGH und des BayObLG teile ich nicht. Zweifel, ob eine solche Genehmigungsfiktion wirksam ist, äußern auch das OLG Frankfurt[5] und das OLG München[6], ohne jedoch endgültig hierüber zu

---

1 Vgl. BGH, Beschl. v. 20. 12. 1990 – V ZB 8/90, BGHZ 113, 197 = MDR 1991, 517 = ZMR 1991, 146 = NJW 1991, 979 = DWE 1991, 70; KG, Beschl. v. 24. 4. 1991 – 24 W 6358/90, OLGZ 1992, 61 = MDR 1991, 1171 = ZMR 1991, 405 = NJW-RR 1991, 1042; KG, Beschl. v. 6. 9. 1993 – 24 W 4142/92, OLGZ 1994, 141 = MDR 1993, 1203 = ZMR 1994, 29 = NJW-RR 1994, 83; LG Aachen, Beschl. v. 15. 2. 1996 – 2 T 162/95, ZMR 1997, 326 (nur LS).
2 BGH, Beschl. v. 20. 12. 1990 – V ZB 8/90, BGHZ 113, 197 = MDR 1991, 517 = ZMR 1991, 146 = NJW 1991, 979 = DWE 1991, 70; zustimmend *Merle/Hausmann*, Zur Zustimmungsfiktion des Beschlusses der Wohnungseigentümergemeinschaft über eine Jahresabrechnung, JR 1991, 512.
3 KG, Beschl. v. 4. 7. 1990 – 24 W 1434/90, OLGZ 1990, 437 = ZMR 1990, 428 = WuM 1990, 407 = DWE 1990, 140.
4 BayObLG, Beschl. v. 20. 3. 2001 – 2Z BR 101/00, ZWE 2001, 432 ZMR 2001, 815 = NZM 2001, 754 = WuM 2001, 413.
5 OLG Frankfurt/Main, Beschl. v. 1. 3. 2005 – 20 W 350/03, OLGReport Frankfurt 2006, 3, mit Verweis auf die Vorentscheidung des LG Frankfurt, Beschl. v. 28. 8. 2003 – 2/9 T 62/03.
6 OLG München, Beschl. v. 20. 3. 2008 – 34 W 46/07, MDR 2008, 620 = OLGReport München 2008, 362.

entscheiden. Ich bin der Auffassung, dass die Vorschrift des § 23 Abs. 3 WEG nicht durch eine solche Fiktionsklausel abbedungen werden kann[1]. Schweigen kann nicht, auch nicht aufgrund einer Klausel in der Gemeinschaftsordnung, als Zustimmung gewertet werden[2].

Nach § 308 Nr. 5 BGB (früher § 10 Nr. 5 AGBG) ist eine Klausel in „**Allgemeinen Geschäftsbedingungen**" insbesondere dann unwirksam, wenn sie vorsieht, dass eine Erklärung des Vertragspartners des Verwenders bei Vornahme oder Unterlassung einer bestimmten Handlung als von ihm abgegeben oder nicht abgegeben gilt, wenn nicht eine angemessene Frist zur Abgabe einer ausdrücklichen Erklärung eingeräumt ist **und** der Verwender sich verpflichtet, den Vertragspartner bei Beginn der Frist auf die vorgesehene Bedeutung seines Verhaltens besonders hinzuweisen.

Ich bin der Auffassung, dass der Bauträger, der die Teilungserklärung und Gemeinschaftsordnung nach § 8 WEG gestaltet, „Verwender" im Sinne der vorgenannten Vorschrift ist. Verliert der Bauträger sein Alleineigentum und wird die Eigentümergemeinschaft begründet, wird auch die Eigentümergemeinschaft „Verwender"; es kommt nämlich nicht darauf an, ob die Klausel von einem Dritten übernommen worden ist.

242

In der Rechtsprechung finden sich nur wenige Entscheidungen dazu, ob auf eine Teilungserklärung/Gemeinschaftsordnung die Bestimmungen des BGB über Allgemeine Geschäftsbedingungen anwendbar ist[3]. Während das BayObLG noch in der Entscheidung vom 13. 11. 1978[4] ausführt, es stehe **außer Zweifel**, dass Bestimmungen in Gemeinschaftsordnungen unter das AGB-Gesetz fielen, blieb das Gericht in der nachfolgenden Zeit eher unbestimmt[5] oder meinte lapidar, **nach ständiger Rechtsprechung des Senats** unterlägen Gemeinschaftsordnungen nicht einer Kontrolle

243

---

1 Vgl. hierzu auch BayObLG, Beschl. v. 28. 10. 1980 – 2 Z 63/80, BayObLGZ 1980, 331 = MDR 1981, 320 = DWE 1981, 55 = OLGZ 1981, 384, welches selbst meinte, § 23 Abs. 3 WEG könne nicht, auch nicht durch Vereinbarung, abbedungen werden; ebenso OLG Köln, Beschl. v. 21. 8. 1979 – 16 Wx 80/79, Juris; *Röll/Sauren*, Rz. 361, meinen, Abrechnungsfiktionen seien immer unwirksam.
2 So auch AG Königstein, Beschl. v. 12. 2. 1979 – 7 UR II 16/78, MDR 1979, 760.
3 Vgl. zur Anwendung der AGB-Regelungen im Übrigen: BayObLG, Beschl. v. 12. 9. 2002 – 2Z BR 75/02, NZM 2002, 958 = WuM 2002, 635 (zur Vollmacht in Kaufverträgen über Änderung der Teilungserklärung); BayObLG, Beschl. v. 18. 10. 1994 – 2Z BR 55/94, BayObLGZ 1995, 302 = ZMR 1995, 38 = NJW-RR 1995, 209 = DWE 1995, 18 = WuM 1994, 708 (zur Vollmacht im Bauträgervertrag zur Änderung der Teilungserklärung); BayObLG, Beschl. v. 2. 8. 1990 – 2 Z 40/90, WuM 1991, 312 (zum Verwaltervertrag und der Beschlussfassung hierüber); LG Düsseldorf, Beschl. v. 14. 12. 1998 – 19 T 361/98, Rpfleger 1999, 217 (zur Vollmachtsklausel in Gemeinschaftsordnung und Erwerbsvertrag für bauliche Veränderungen); vgl. auch *Seuß* in Bärmann/Seuß, B 546 ff.
4 BayObLG, Beschl. v. 13. 11. 1978 – 2 Z 92/77, WEM 1979, 128 = DB 1979, 545 = BB 1979, 857.
5 BayObLG, Beschl. v. 23. 9. 1988 – 2 Z 97/87, BayObLGZ 1988, 287 = Rpfleger 1990, 160 = DNotZ 1989, 428, mit Anm. *Weitnauer*, DNotZ 1989, 430.

nach dem AGBG[1]. Das LG Magdeburg hatte in einer Entscheidung vom 22. 7. 1996[2] noch auf Bestimmungen in der Gemeinschaftsordnung das ABGB angewendet, dann jedoch, noch vor einer Kritik von *Röll*[3], die eigene Rechtsprechung wieder aufgegeben und ausgeführt, Gemeinschaftsordnungen unterlägen nicht der Inhaltskontrolle nach dem AGBG[4]. Das AGB-Gesetz finde, so das LG Magdeburg, nur auf Austauschverträge Anwendung, zudem habe die Gemeinschaftsordnung dingliche Wirkung und es mangele an einer unmittelbaren Unterwerfung.

244 Alle diese Erwägungen überzeugen m. E. nicht. Es werden durch Gemeinschaftsordnungen die Rechtsbeziehungen zwischen den Wohnungseigentümern, zwischen der Gemeinschaft und einzelnen Wohnungseigentümern oder dem Verwalter und zwischen Verwalter und einzelnen Wohnungseigentümern geregelt. Ein „Austauschverhältnis" fehlt hierbei keineswegs. Auch eine dingliche Wirkung der Gemeinschaftsordnung schließt die Anwendung von AGB-Regeln nicht aus. Schließlich unterwirft sich jeder Wohnungseigentümer beim Abschluss seines Erwerbsvertrages der Gemeinschaftsordnung, sonst könnte die Gemeinschaftsordnung nämlich keine Wirkung erzeugen.

245 Ich bin deshalb der Auffassung, dass, insbesondere nach der Neuregelung des BGB, die Bestimmungen über Allgemeine Geschäftsbedingungen auch auf Gemeinschaftsordnungen angewendet werden können und müssen. Aus diesem Grund ist die oben zitierte Klausel schon deshalb unwirksam, weil die Verpflichtung fehlt, den Wohnungseigentümer mit der Übersendung (Absendung) der Jahresabrechnung auf die in der Gemeinschaftsordnung vorgesehene Wirkung und Bedeutung der Zusendung hinzuweisen.

246 Auch wenn die Vorschriften über Allgemeine Geschäftsbedingungen nicht anwendbar wären, hielte nach meiner Auffassung eine solche Klausel aber auch einer Inhaltskontrolle nicht stand[5]. Eine Inhaltskontrolle

---

1 BayObLG, Beschl. v. 11. 4. 1991 – 2 Z 28/91, WuM 1991, 365 = DWE 1992, 162 = NJW-RR 1992, 83.
2 LG Magdeburg, Beschl. v. 22. 7. 1996 – 3 T 117/96, NJW-RR 1997, 969 = Rpfleger 1997, 108, mit Anm. *Röll*, Rpfleger 1997, 108.
3 *Röll*, Rpfleger 1997, 108.
4 LG Magdeburg, Beschl. v. 26. 8. 1996 – 3 T 481/96, WE 1997, 400 = Rpfleger 1997, 306.
5 So auch KG, Beschl. v. 4. 7. 1990 – 24 W 1434/90, OLGZ 1990, 437 = ZMR 1990, 428 = WuM 1990, 407 = DWE 1990, 140 (in KG, Beschl. v. 6. 9. 1993 – 24 W 4142/92, OLGZ 1994, 141 = MDR 1993, 1203 = ZMR 1994, 29 = NJW-RR 1994, 83, an Meinung festgehalten); BayObLG, Beschl. v. 23. 9. 1988 – 2 Z 97/87, BayObLGZ 1988, 287 = Rpfleger 1990, 160 = DNotZ 1989, 428; das OLG Frankfurt/Main, Beschl. v. 26. 11. 1996 – 20 W 286/95, OLGReport Frankfurt 1997, 26, deutet durch eine konkrete Bezugnahme auf die Entscheidung des BayObLG v. 23. 9. 1988 („*BayObLG ... für die Genehmigungsfiktion bei der Abrechnung*") an, auch eine Inhaltskontrolle bezüglich der Genehmigungsfiktion für möglich zu halten.

wird danach vorgenommen, ob der „Vertragspartner" des „Verwenders" entgegen den Geboten von Treu und Glauben unangemessen benachteiligt wird. Das wäre hier der Fall. Die Wohnungseigentümer werden bei der Mitwirkung an der Verwaltung und bei einer wirksamen gerichtlichen Kontrolle unzulässig beschränkt. Kennzeichen der Wohnungseigentümergemeinschaft ist es gerade, die gemeinschaftlichen Angelegenheiten in einer Eigentümerversammlung zu besprechen und durch die Vielzahl von persönlichen Beiträgen, in Form von Rede und Gegenrede, eine Meinungsbildung für die Gemeinschaft herbeizuführen[1]. Daran fehlt es jedoch, wenn eine Fiktionsklausel in der Gemeinschaftsordnung als wirksam angesehen würde. Die Tragweite der Klausel wird von den Eigentümern regelmäßig auch nicht erkannt, insbesondere dann, wenn keine weitere Belehrung mehr mit dem Übersendungsschreiben des Verwalters erfolgt[2].

Das BayObLG[3] meint, § 28 Abs. 5 WEG, der eine Beschlussfassung über den Wirtschaftsplan und die Jahresabrechnung vorsieht, sei abdingbar. Deshalb sei auch eine Bestimmung in der Gemeinschaftsordnung zwar „bedenklich", gleichwohl aber wirksam, nach der die Jahresabrechnung als festgestellt und anerkannt gilt, wenn sie vom Verwalter zu versenden ist und nicht innerhalb von 14 Tagen nach Versand vom Wohnungseigentümer Einspruch erhoben wird[4]. Es mag zwar sein, dass § 28 Abs. 5 WEG abdingbar ist, nicht jedoch § 23 Abs. 3 WEG.

247

Wäre eine in der Gemeinschaftsordnung enthaltene Genehmigungsfiktion wirksam, müsste die Jahresabrechnung nach einem formellen Widerspruch durch einen Wohnungseigentümer[5] in jedem Falle von einer Eigentümerversammlung beschlossen werden, um überhaupt eine Bestandskraftwirkung gemäß § 23 Abs. 4 WEG erzielen zu können.

248

Im Ergebnis halte ich also eine solche Genehmigungsfiktion in einer Gemeinschaftsordnung für unwirksam, sodass ich nur empfehlen kann, Jahresabrechnungen stets in einer Eigentümerversammlung beschließen zu lassen.

249

---

1 Kritisch auch *Seuß* in Bärmann/Seuß, Praxis, B 550, die personenrechtliche Gemeinschaftsstellung des Wohnungseigentümers werde ausgehöhlt.
2 Zu einer Anerkenntnisfiktion im Mietrecht vgl. OLG Düsseldorf, Urt. v. 20. 3. 2000 – 10 U 160/97, OLGReport Düsseldorf 2000, 277 = ZMR 2000, 452 = NZM 2001, 48, Anm. *Schmidt* ZMR 2000, 455.
3 BayObLG, Beschl. v. 13. 11. 1978 – 2 Z 92/77, WEM 1979, 128 = DB 1979, 545 = BB 1979, 857; BayObLG, Beschl. v. 23. 9. 1988 – 2 Z 97/87, BayObLGZ 1988, 287 = Rpfleger 1990, 160 = DNotZ 1989, 428; auch KG, Beschl. v. 4. 7. 1990 – 24 W 1434/90, OLGZ 1990, 437 = ZMR 1990, 428 = WuM 1990, 407 = DWE 1990, 140, vertritt die Auffassung, dass § 28 Abs. 5 WEG abdingbar ist.
4 Ebenso OLG Hamm, Beschl. v. 29. 6. 1981 – 15 W 169/80, OLGZ 1982, 30 = Rpfleger 1981, 440 = WEM, Heft 4, 38, 41 (dort ging es um eine 4-Wochen-Frist).
5 Vgl. BayObLG, Beschl. v. 20. 12. 1994 – 2Z BR 106/94, NJW-RR 1995, 530 = WuM 1995, 341 = DWE 1995, 161.

b) Kompetenzübertragung auf den Beirat

249a Im Teil „Wirtschaftsplan" (Teil 5, Rz. 50a und 71) habe ich bereits auf eine seltene Bestimmung in Gemeinschaftsordnungen hingewiesen, wonach der **Beirat** die Jahresabrechnung wirksam genehmigen kann. Auf die dortigen Ausführungen kann verwiesen werden[1].

3. Zweitbeschluss über Jahresabrechnung

250 Über eine schon beschlossene Jahresabrechnung soll nach wohl herrschender Meinung noch einmal beschlossen werden können, wenn schutzwürdige Belange aus Inhalt und Wirkung des Erstbeschlusses[2] berücksichtigt werden[3], insbesondere wenn sich die Jahresabrechnung infolge eines Irrtums oder unrichtiger Buchführung als fehlerhaft erweist[4]. Tatsächliche Vorteile aus dem Erstbeschluss müssen nicht, so das OLG Düsseldorf[5], erhalten bleiben[6]. Zweitbeschlüsse über eine Jahresabrechnung sollen eine ersetzende und nicht nur eine bestätigende Wirkung haben[7].

251 Es kann hier nicht zum umfassenden Problem des Zweitbeschlusses Stellung genommen werden[8]. Bei Jahresabrechnungsbeschlüssen bin ich jedoch der Auffassung, dass ein Zweitbeschluss nicht in Betracht kommen kann, hier sind die Interessen der einzelnen Eigentümer an der Bestandskraft des Abrechnungsbeschlusses stärker als das Interesse der Gemeinschaft oder Teile der Gemeinschaft an einer nachträglichen Abänderung.

252 Wird ein Zweitbeschluss gefasst, muss dieser gerichtlich angegriffen werden, will man die Bestandskraft **dieses** Beschlusses verhindern. Wird

---

1 Vgl. zusätzlich noch *Schmidt*, Jahresabrechnung und Wirtschaftsplan durch Verwaltungsbeirat (Anmerkung zu OLG Hamm, Beschluss v. 10. 3. 2008 – 15 W 340/06), ZWE 2007, 348; *Strecker*, Genehmigung der Jahresabrechnung durch den Verwaltungsbeirat?, ZWE 2004, 195.
2 Vgl. BGH, Beschl. v. 20. 12. 1990 – V ZB 8/90, BGHZ 113, 197 = MDR 1991, 517 = ZMR 1991, 146 = NJW 1991, 979 = WuM 1991, 216.
3 OLG Düsseldorf, Beschl. v. 20. 3. 2000 – 3 Wx 414/99, OLGReport Düsseldorf 2000, 258 = ZWE 2000, 368 = ZMR 2000, 475 = NZM 2000, 875.
4 OLG Düsseldorf, Beschl. v. 22. 10. 1999 – 3 Wx 141/99, OLGReport Düsseldorf 2000, 117 = ZWE 2000, 475 = ZMR 2000, 120 = DWE 2000, 40.
5 OLG Düsseldorf, Beschl. v. 20. 3. 2000 – 3 Wx 414/99, OLGReport Düsseldorf 2000, 258 = ZWE 2000, 368 = ZMR 2000, 475 = NZM 2000, 875.
6 Vgl. hierzu auch OLG Saarbrücken, Beschl. v. 10. 10. 1997 – ZMR 1998, 50 = WuM 1998, 243 = WE 1998, 69.
7 KG, Beschl. v. 31. 1. 2000 – 24 W 7617/99, KGR Berlin 2001, 228 = ZWE 2000, 274 = NZM 2001, 241, mit Anm. *Drabek*, ZWE 2000, 257.
8 Vgl. hierzu *Lüke*, ZWE 2000, 98 = PiG 58, S. 103.

der Erstbeschluss über die Jahresabrechnung angegriffen[1] und während des laufenden Beschlussanfechtungsverfahrens ein Zweitbeschluss gefasst, der ebenfalls gerichtlich angegriffen wird, muss jedenfalls das Erstbeschluss-Anfechtungsverfahren wegen Vorgreiflichkeit des Zweitbeschluss-Anfechtungsverfahrens ausgesetzt werden. Im Zweitbeschluss-Anfechtungsverfahren ist nämlich vorrangig zu prüfen, ob dieser formell richtig zustande gekommen ist, ob überhaupt ein Zweitbeschluss erfolgen durfte und ob der Zweitbeschluss auch materiell richtig ist.

4. Anfechtung des Jahresabrechnungsbeschlusses

Wird in einer Eigentümerversammlung positiv über eine Jahresabrechnung beschlossen, die fehlerhaft ist, muss der Eigentümer, wenn er diese Mängel geltend machen will, den Beschluss innerhalb eines Monats anfechten, § 46 Abs. 1 Satz 2 WEG.

253

Welcher Zeitpunkt für die Beurteilung der formellen und materiellen Rechtsmäßigkeit der Beschlussfassung maßgeblich ist – und welche Unterlagen in die Prüfung einbezogen werden können – wurde bereits oben, in Rz. 12, behandelt. Auf die Einzelheiten dieser Ausführungen kann verwiesen werden.

Benötigt der Eigentümer für die Beschlussanfechtung eine **Eigentümerliste** mit Namen und Anschriften aller Eigentümer[2], hat der Verwalter ihm diese auf Anforderung auszuhändigen[3]; zur Aushändigung einer solchen Eigentümerliste an einen Eigentümer ist der Verwalter sogar ohne konkreten Anlass verpflichtet. Einen Datenschutz gibt es in der Eigentümergemeinschaft nicht[4]. Die Berufung auf Datenschutz dient meist nur der Abwehr unangenehmer Fragen und der Abwehr von Ermittlungsmöglichkeiten; die Handlungen eines Verwalters, der sich hierauf stützt, soll-

---

[1] Wird der Erstbeschluss nicht angegriffen, besteht kein Anspruch eines Wohnungseigentümers auf Durchführung einer Zweitbeschlusses, auch wenn die Jahresabrechnung, die im Erstbeschluss beschlossen wurde, fehlerhaft war: OLG Düsseldorf, Beschl. v. 1. 12. 2006 – 3 Wx 194/06, OLGReport Düsseldorf 2007, 33 = ZMR 2007, 379 = NJW-RR 2007, 960 = NZM 2007, 525.
[2] Zum Verfahren auf Herausgabe vgl. die Einzelheiten bei Teil 17, Rz. 64, 67, 69, 78.
[3] BayObLG, Beschl. v. 8. 6. 1984 – 2 Z 7/84, BayObLGZ 1984, 133 = MDR 1984, 850 = WuM 1984, 304; OLG Frankfurt, Beschl. v. 16. 2. 1984 – 20 W 866/83, OLGZ 1984, 258; AG Köln, Beschl. v. 15. 8. 2002 – 204 II 118/02, n. v.; AG Köln, Beschl. v. 5. 10. 1998 – 204 II 135/98, ZMR 1999, 67, mit Anm. *Rau*, ZMR 1999, 68; AG Hamburg, Beschl. v. 22. 2. 1985 – 102a II Wo 12/85, DWE 1986, 62 (LS); vgl. auch LG Erfurt, Beschl. v. 30. 3. 1999 – 7 T 37/99, NZM 2000, 519, zum Geschäftswert (25 % des Geschäftswertes des Verfahrens, welches mit der Miteigentümerliste betrieben werden soll).
[4] OLG Frankfurt/Main, Beschl. v. 16. 2. 1984 – 20 W 866/83, OLGZ 1984, 258.

ten äußerst kritisch durchleuchtet werden. Die **Vollstreckung** des Anspruches auf Herausgabe einer Eigentümerliste erfolgt als vertretbare Handlung nach § 887 ZPO, sodass im Vollstreckungsverfahren auch die Vorauszahlung der Kosten nach § 887 Abs. 2 ZPO beantragt werden kann[1].

254 **Streitgegenstand des Beschlussanfechtungsverfahrens** ist die Ungültigkeitserklärung des Beschlusses über die Jahresabrechnung und nicht die Jahresabrechnung selbst. Die Beschlussfassung ist fehlerhaft, wenn in der Jahresabrechnung Fehler enthalten sind. Daneben kann die Beschlussfassung aber auch aus formellen Gründen fehlerhaft sein. Dies zeigt schon, dass Gegenstand der Beschlussanfechtung nicht die Abrechnung sein kann, sie bildet lediglich die Grundlage der Beschlussfassung, wonach diese auf Ordnungsmäßigkeit überprüft wird. Von der Beschlussfassung können nur die Jahresabrechnung und die Unterlagen erfasst werden, die zum Zeitpunkt der Beschlussfassung vorgelegt worden sind[2] (siehe bereits oben Rz. 12).

255 Werden im Beschlussanfechtungsverfahren innerhalb der Beschlussanfechtungsfrist, jetzt § 46 Abs. 1 Satz 2 WEG, nur **einzelne Positionen** aus einer Jahresabrechnung angegriffen, so sollen weitere Abrechnungspositionen außerhalb der Frist des § 46 Abs. 1 Satz 2 WEG nicht mehr beanstandet werden können, so das BayObLG[3] zu § 23 Abs. 4 WEG a. F. Nach BayObLG vom 7. 8. 2001[4] soll es unbedenklich sein, die Ungültigkeitserklärung der Jahresabrechnungsbeschlussfassung nur auf einzelne Abrechnungspositionen zu beschränken, bei denen Mängel vorliegen[5]. Das KG[6] meint, es liege im **Ermessen der Tatsacheninstanzen**, ob sie bei festgestellten Fehlern der Jahresabrechnung, insbesondere wegen der Schwere oder der Vielzahl der sich auf das Endergebnis auswirkenden Abrechnungsfehler, den Abrechnungsbeschluss insgesamt für ungültig erklären oder eine **Teilungültigkeit** aussprechen. Eine Teilungültigkeit

---

1 AG Köln, Beschl. v. 18. 11. 2002 – 204 II 184/02, n. v., hat einen Vorschuss von 300 Euro tituliert, damit die Antragsteller die Miteigentümerliste durch einen Rechtsanwalt aufgrund Grundbucheinsicht durch diesen anfertigen lassen können (Größe der Gemeinschaft: unter 10 Miteigentümer).
2 OLG Köln, Beschl. v. 23. 9. 1996 – 16 Wx 130/96, n. v.; OLG Köln, Beschl. v. 14. 10. 1985 – 16 Wx 77/85, n. v.; AG Köln, Beschl. v. 11. 12. 2001 – 202 II 37/01, n. v.; AG Köln, Beschl. v. 12. 3. 2001 – 202 II 149/00, n. v.
3 Vgl. BayObLG, Beschl. v. 10. 7. 1998 – Z BR 49/98, ZMR 1998, 793 = WuM 1998, 750 = NZM 1999, 133.
4 BayObLG, Beschl. v. 7. 8. 2001 – 2Z BR 38/01, ZWE 2002, 33 ZMR 2001, 996 = WuM 2001, 572 = DWE 2001, 143.
5 Vgl. auch BayObLG, Beschl. v. 25. 5. 1999 – 2Z BR 38/99, DWE 1999, 120, in welchem das Gericht eine Beschränkung der Beschlussanfechtung auf die Einzelabrechnung des Wohnungseigentümers für zulässig ansah und den Beschlussanfechtungsantrag zurückwies, weil Fehler nur in der Gesamtabrechnung (dort Abrechnung nach Sollbeträgen) vorlagen.
6 KG, Beschl. v. 17. 6. 1998 – 24 W 9047/97, ZWE 2001, 334 = WuM 2001, 334.

auszusprechen **sei nur dann zwingend geboten**, wenn ein Mangel vorliegt, der sich nicht auf die Festlegung der Gesamtkosten bezieht.

Diese Auffassungen sind nach meiner Ansicht falsch[1], auch wenn man die Ansicht des OLG München[2] berücksichtigt, dass ein wesentlicher Maßstab für die Abgrenzung zwischen vollständiger und teilweiser Ungültigerklärung von Jahresabrechnungen die Vollständigkeit und Nachvollziehbarkeit des Rechenwerks für den durchschnittlichen Wohnungseigentümer ist. Der **Beschluss** über die Jahresabrechnung ist **Streitgegenstand** und nicht die Jahresabrechnung selbst. Es können also auch noch außerhalb der Beschlussanfechtungsfrist weitere Einzelpositionen angegriffen werden, ohne dass damit das Anfechtungsrecht entfiele; in diesem Zusammenhang kann nach meiner Auffassung auch die Begründungsfrist für die Beschlussanfechtungsklage, § 46 Abs. 1 Satz 2 WEG, keine Grenze darstellen. Ebenso wenig darf die Beschlussfassung über die Jahresabrechnung nur hinsichtlich einzelner Teile der Jahresabrechnung für ungültig erklärt werden[3]. Durch die Fehlerhaftigkeit auch nur einer Position in der Jahresabrechnung wird der gesamte Beschluss fehlerhaft. Regelmäßig haben auch fehlerhafte Teile geringen Ausmaßes Auswirkungen auf andere Teile der Jahresabrechnung, z.B. haben Fehler durch Abgrenzungen Auswirkungen auf alle Einzelabrechnungen[4]. Die Rechtsprechung übersieht nach meiner Auffassung, dass bei der Ungültigkeitserklärung nur von Teilen der Jahresabrechnung eine Teilwirksamkeit der Beschlussfassung einträte. Das kollidiert jedoch mit dem Grundsatz, dass durch die Beschlussfassung über die Jahresabrechnung die Fälligkeit der gesamten Jahresabrechnung eintritt. Es kann nicht richtig sein, dass ein Teil einer Jahresabrechnung fehlerhaft ist, gleichwohl aber eine Fälligkeit eintritt.

256

Fehlen Bestandteile der Jahresabrechnung, die ohne Einfluss auf das Ergebnis der Einzelabrechnungen sind, so soll jeder Wohnungseigentümer eine entsprechende Ergänzung der Jahresabrechnung durch den Verwalter und eine Beschlussfassung über diese Ergänzungsabrechnung verlan-

257

---

1 So auch LG Frankfurt/Main, Beschl. v. 26. 3. 1990 – 2/9 T 1204/89, NJW-RR 1990, 1238 = DWE 1991, 124.
2 OLG München, Beschl. v. 20. 2. 2008 – 34 Wx 65/07, OLGReport München 2008, 366 = NZM 2008, 492.
3 Vgl. hierzu die richtige Entscheidung des LG Frankfurt/Main, Beschl. v. 26. 3. 1990 – 2/9 T 1204/89, NJW-RR 1990, 1238 = DWE 1991, 124; der BGH, Beschl. v. 15. 3. 2007 – V ZB 1/06, BGHZ 171, 335 = BGHReport 2007, 543 = ZMR 2007, 623 = NZM 2007, 538 = NJW 2007, 1869 = ZWE 2007, 295 m.w.N., vertritt allerdings jetzt auch die Auffassung, dass eine Jahresabrechnung teilweise für ungültig erklärt werden kann.
4 Das LG Frankfurt/Main, Beschl. v. 26. 3. 1990 – 2/9 T 1204/89, NJW-RR 1990, 1238 = DWE 1991, 124, führt richtig aus, dass „mit der Unwirksamkeit eines einzelnen Rechnungspostens die gesamte Jahresabrechnung in sich zusammenfällt".

gen können[1], wobei das Ergänzungsverlangen nicht innerhalb der Beschlussanfechtungsfrist von einem Monat nach Beschluss über die unvollständige Jahresabrechnung gestellt werden müsse. Dies erscheint problematisch, weil jeder fehlende Teil den Beschluss über die Jahresabrechnung insgesamt fehlerhaft macht.

258 Das OLG Hamm[2] meint, es läge kein Verstoß gegen die Grundsätze einer ordnungsgemäßen Verwaltung vor, wenn die Gesamtabrechnung gebilligt wird, obwohl wesentliche Bestandteile fehlen, die fehlenden Teile aber auf das Rechnungswerk an sich keinen Einfluss haben. In diesem Fall habe der Wohnungseigentümer nur einen **Ergänzungsanspruch** und einen Anspruch auf Beschlussfassung über die ergänzte Abrechnung. In dem vom OLG Hamm entschiedenen Fall fehlten Angaben über die tatsächlich geleisteten Hausgeldzahlungen, die Summen der sonstigen Einnahmen und Ausgaben sowie der angefallenen Heiz- und Wasserkosten wurden nicht genannt. Auch in der übrigen Rechtsprechung wird vertreten, dass das Fehlen von wesentlichen Teilen einer Jahresabrechnung nicht immer dazu führt, dass der Beschluss über die Genehmigung der Jahresabrechnung für ungültig erklärt werden muss; auch diese Rechtsprechung billigt nur einen Anspruch auf Ergänzung der Jahresabrechnung zu[3].

259 Die Meinung des OLG Hamm und der anderen Rechtsprechung kann ich nicht teilen; ich halte sie für grundlegend falsch[4]. Eine Jahresabrechnung muss alle **wesentlichen** Bestandteile enthalten. Bei dem Fehlen solch wesentlicher Bestandteile oder Angaben kann die gesamte Abrechnung nicht überprüft werden und ist deshalb nicht beschlussfähig. Das OLG Hamm weist immerhin selbst darauf hin, dass eine Jahresabrechnung **für einen Wohnungseigentümer aus sich heraus** verständlich sein muss. Es können gerade nicht, wie das OLG Hamm meint, **praktische Erwägungen** (das OLG weist darauf hin, dass bei einer fehlenden Beschlussfassung die aus der Jahresabrechnung resultierende Beitragspflicht **für unabsehbare Zeit in der Schwebe** gehalten werde) für die Zulässigkeit einer Beschlussfassung über die insoweit unvollständig Abrechnung herangezogen werden. Die Schwebezeit muss in der Praxis eben dadurch verkürzt werden, dass der Verwalter gezwungen wird, binnen kurzer Frist eine

---

1 KG, Beschl. v. 27. 6. 1997 – 24 W 2353/96, KGR Berlin 1997, 242 = ZMR 1997, 541 = DWE 1998, 32 = WE 1998, 64.
2 OLG Hamm, Beschl. v. 25. 4. 1998 – 15 W 13/98, ZMR 1998, 715 = NZM 1998, 923.
3 BGH, Beschl. v. 2. 6. 2005 – V ZB 32/05, BGHZ 163, 154 = MDR 2005, 1156 = ZMR 2005, 547 = NJW 2005, 2061 = ZWE 2005, 422; OLG Köln, Beschl. v. 24. 8. 2005 – 16 Wx 80/05, OLGReport Köln 2006, 457 = NJW-RR 2006, 19 = NZM 2006, 66; BayObLG, Beschl. v. 7. 5. 1992 – 2Z BR 26/92, WuM 1992, 395 = DWE 1992, 128 = NJW-RR 1992, 1169.
4 Zustimmend zur Rechtsprechung: *Abramenko*, Der Anspruch auf Ergänzung einer Jahresabrechnung, ZMR 2004, 91.

neue Eigentümerversammlung einzuberufen und dort die ordnungsgemäße Jahresabrechnung zu präsentieren.

5. Anfechtungsbefugnis

Ein Anfechtungsrecht (eine Anfechtungsbefugnis) kann nur derjenige haben, der von dem Jahresabrechnungsbeschluss betroffen ist. Deshalb hat der **ausgeschiedene Eigentümer** kein Anfechtungsrecht. Der ausgeschiedene Wohnungseigentümer kann kein Rechtsschutzbedürfnis für die nachträgliche Ungültigkeitserklärung des Beschlusses über die Jahresabrechnung haben[1], es sei denn, er ist **nach** der Beschlussfassung, aber **vor** Ablauf der Beschlussanfechtungsfrist aus der Gemeinschaft ausgeschieden. Das Verwaltungsvermögen stellt ein Zweckvermögen dar, über das allein die jeweils aktuelle Eigentümergemeinschaft zu bestimmen hat[2]. Nach Ansicht des AG Kerpen[3] hat der **Zwangsverwalter** kein Anfechtungsrecht, wenn eine Jahresabrechnung beschlossen wird, die einen Zeitraum vor seiner Bestellung zum Zwangsverwalter betrifft. Auch der **Nießbraucher** hat kein Beschlussanfechtungsrecht[4].

260

Wird einem Wohnungseigentümer Einblick in die Abrechnungsunterlagen verweigert, konnte dies im alten Recht dazu führen, dass auch ohne konkrete Einlassungen des Eigentümers zu Fehlern in der Gesamtabrechnung ein Beschlussanfechtungsverfahren erfolgreich war. Das BayObLG[5] hatte in diesem Zusammenhang darauf hingewiesen, bei einer verweigerten Einsichtnahme sei es möglich, dass ein substantiiertes Vorbringen von Beanstandungen nach der Einsichtnahme noch nachgeholt werden könnte. Nach neuem Recht ist die Beschlussanfechtung binnen zweier Monate nach Beschlussfassung in der Versammlung zu begründen, § 46 Abs. 1 WEG n. F[6]. Alle Anfechtungsgründe müssen dann vorgebracht werden; allerdings kann in der Begründung darauf verwiesen werden, dass einzelne zweifelhafte Positionen der Jahresabrechnung nicht näher

261

---

1 OLG Zweibrücken, Beschl. v. 12. 1. 2007 – 3 W 217/05, OLGReport Zweibrücken 2007, 149 = ZMR 2007, 398 = WE 2007, 200; OLG Düsseldorf, Beschl. v. 6. 6. 1997 – 3 Wx 420/96, ZMR 1997, 545 = WE 1997, 470 = DWE 1998, 86.
2 KG, Beschl. v. 31. 1. 2000 – 24 W 7617/99, KGR Berlin 2001, 228 = ZWE 2000, 275 = NZM 2001, 241, mit Anm. *Drabek*, ZWE 2000, 257; vgl. auch KG, Beschl. v. 31. 1. 2000 – 24 W 7323/98, KGR Berlin 2000, 169 = ZWE 2000, 224 = NZM 2000, 830 = WuM 2000, 326.
3 AG Kerpen, Beschl. v. 8. 12. 1998 – 15 II 44/98, ZMR 1999, 126; die Entscheidung dürfte nicht richtig sein.
4 BayObLG, Beschl. v. 25. 6. 1998 – 2Z BR 53/98, BayObLGR 1998, 145 = MDR 1999, 152 = ZMR 1998, 708 = NZM 1998, 815 = WuM 1999, 127 = NJW-RR 1999, 1535.
5 BayObLG, Beschl. v. 4. 7. 2002 – 2Z BR 139/01, BayObLGR 2002, 369 = ZMR 2002, 946 = ZWE 2002, 578 = WuM 2002, 521.
6 Vgl. hierzu auch AG Charlottenburg, Urt. v. 25. 10. 2007 – 74 C 84/07 WEG, ZMR 2008, 247 = NZM 2008, 534.

dargestellt werden können, weil die **Einsicht** verweigert wurde. Es müsste dann beantragt werden, dem Verwalter die Vorlage der Unterlagen aufzugeben, um näher vortragen zu können.

6. Anfechtung trotz vorheriger Zustimmung

262 Das Anfechtungsrecht, gerade bezogen auf den Beschluss über die Jahresabrechnung, dient nicht nur dem persönlichen Interesse des anfechtenden Eigentümers oder dem Minderheitenschutz, sondern auch dem Interesse der Eigentümergemeinschaft an einer ordnungsgemäßen Verwaltung. Deshalb kann der zustimmende Eigentümer sich nach der Eigentümerversammlung eines anderen besinnen und den Jahresabrechnungsbeschluss, dem er zugestimmt hat, gleichwohl gerichtlich anfechten[1]. Der Wohnungseigentümer wird, trotz einer ordnungsgemäßen Ankündigung in der Einladung zur Eigentümerversammlung, nicht alle Aspekte einer ordnungsgemäßen Jahresabrechnung erkennen können; wird er sodann von einem fachkundigen Rechtsanwalt über Fehler in der Jahresabrechnung aufgeklärt, kann es ihm nicht zugemutet werden, an der vorherigen positiven Abstimmung festgehalten zu werden.

7. Ersetzung der Beschlussfassung über die Jahresabrechnung durch das Gericht

263 Grundsätzlich könnten die Gerichte eine Beschlussfassung über eine Jahresabrechnung auf Antrag eines Miteigentümers ersetzen. Für einen solchen Antrag könnte dann ein Bedürfnis bestehen, wenn z.B. ein Mehrheitseigentümer die ihn belastende Beschlussfassung verhindert, um die Spitzenbeträge nicht fällig werden zu lassen[2]. Allerdings kann die Beschlussfassung über die Jahresabrechnung dann nicht vom Gericht ersetzt werden, wenn die Jahresabrechnung inhaltliche Mängel aufweist, formale Fehler bei der Einladung zur Eigentümerversammlung, in der die Jahresabrechnung nicht beschlossen werden konnte, vorlagen, und au-

---

1 BayObLG, Beschl. v. 15. 4. 2004 – 2Z BR 235/03, ZMR 2004, 688; BayObLG, Beschl. v. 20. 3. 2001 – 2Z BR 101/00, ZWE 2001, 432 ZMR 2001, 815 = NZM 2001, 754 = WuM 2001, 413; BayObLG, Beschl. v. 15. 10. 1992 – 2Z BR 44/92, WE 1993, 344 = DWE 1993, 166 (LS); OLG Düsseldorf, Beschl. v. 15. 4. 1988 – 3 Wx 68/88, DWE 1989, 28; BayObLG, Beschl. v. 7. 4. 1988 – 2 Z 156/87, WuM 1988, 331 = NJW-RR 1988, 1168 = DWE 1989, 27; OLG Celle, Beschl. v. 8. 10. 1984 – 4 W 181/84, MDR 1985, 145 = DWE 1984, 126 (LS); KG, Beschl. v. 4. 11. 1980 – 1 W 1559/80, MDR 1981, 407; *Suilman*, Beschlussmängel, S. 121 ff.; a.A.: OLG Köln, Beschl. v. 27. 1. 1992 – 16 Wx 1/92, OLGReport Köln 1992, 221 = DWE 1992, 165, wo ohne Begründung ein Anfechtungsrecht verneint wird; zweifelnd, ob dem Zustimmenden ein Anfechtungsrecht zusteht, allerdings ohne Begründung: OLG Stuttgart, Beschl. v. 27. 6. 1975 – 8 W 383/74, OLGZ 1976, 9.
2 Vgl. aber OLG Köln, Beschl. v. 17. 1. 2003 – 16 Wx 112/02, ZMR 2003, 608.

ßerdem die Chance besteht, dass in einer erneuten Versammlung nach Abstellung der Mängel die Abrechnung beschlossen werden könnte[1]. Die gerichtliche Ersetzung von Entscheidungen, die eine Wohnungseigentümerversammlung zu treffen hat, kann immer nur subsidiär sein und die Eigentümer müssen stets im Rahmen des Möglichen und Zumutbaren alles versuchen, um eine ordnungsgemäße Beschlussfassung der Eigentümerversammlung zu erreichen.

Einstweilen frei. 264–268

X. Abrechnungsmuster[2]

Eigentümergemeinschaft[3] 269
Musterstraße 100
50321 Köln

Verwalter: Max Musterverwalter
Verwalterstraße 1, 50123 Köln
Tel: 02 21-1 23 45

Jahresabrechnung 2007 (1.1.–31. 12. 2007)

A. Gesamtabrechnung[4]

1.	Betriebskosten	
1.1.1/2/3	Abfall/Abwasser/Straßenreinigung	16 722,71 Euro
1.2	Strom (ohne Heizungsstrom)	5 333,31 Euro
1.3.1/2	Wasser	12 981,88 Euro
1.4.1/2	Versicherungen	7 341,40 Euro
1.5.1/3/4	Hausmeistervergütungen	9 624,93 Euro
1.5.2.1/2	Hausreinigungskosten	9 653,75 Euro
1.6.1/2/3	Aufzugskosten	1 308,10 Euro
1.7	Antennenanlage	1 469,28 Euro
1.8.1/3	Kleinreparaturen	6 871,65 Euro
1.8.2	Instandsetzung über Sonderbeschluss	525,54 Euro
1.9	Gartenkosten	4 228,47 Euro
1.11	Garagenkosten	461,80 Euro
1.12	Sonstiges	557,59 Euro

---

1 KG, Beschl. v. 3. 3. 1999 – 24 W 3566/98, KGR Berlin 1999, 267 = ZWE 2000, 40 = ZMR 1999, 509 = NZM 2000, 286.
2 Unter Mitarbeit von *Jan Oliver Köhler*.
3 Die Jahresabrechnung muss die Bezeichnung der Eigentümergemeinschaft enthalten, den Namen des Verwalters und den Abrechnungszeitraum; vgl. oben Rz. 9f.
4 Die Gesamtabrechnung müsste grundsätzlich auch die Einnahmen und das Ergebnis der Jahresabrechnung (Saldierter Spitzenbetrag) enthalten, wenn nicht, wie hier, die vier Bestandteile zusammen dargestellt werden.

2.1.3	Heizung Reparatur	1 360,25 Euro
2.1.1/2/4	Heizung/Warmwasser (Heizungs-meta)	30 259,28 Euro
3.1/2/3	Verwaltungskosten[1]	13 859,10 Euro
4.	Instandhaltungsrückstellungen	26 047,20 Euro
5.2	Waschkasse (Einnahmen)	– 808,00 Euro

Summe Jahresabrechnung   **147 798,24 Euro**

B. Einzelabrechnungen (zugleich Saldenliste)[2]

Wohnung-/Garagen-Nr.	Eigen-tümer (Namen)	qm	Verteilung nach qm	Verwalter-Verg.	Heizungs-kosten/Warm-wasser gem. Abr. Heizungs-meta	Gesamt Spalten 4–6	Hausgeld-Vor-schüsse	Spitzen-betrag + Nach-zahlung – Guthaben
(Sp. 1)	(Sp. 2)	(Sp. 3)	(Sp. 4)	(Sp. 5)	(Sp. 6)	(Sp. 7)	(Sp. 8)	(Sp. 9)
01	WE …	76,92	2 759,56	359,10	1 037,14	4 155,80	3 962,61	193,19 +
02	WE …	76,92	2 759,56	359,10	1 045,22	4 163,88	3 962,61	201,27 +
03	WE …	77,41	2 777,13	359,10	868,80	4 005,03	4 088,46	83,43 –
04	WE …	90,32	3 240,29	359,10	948,93	4 548,32	4 088,38	459,94 +
05	WE …	76,92	2 759,56	359,10	620,32	3 738,98	3 903,00	164,02 –
06	WE …	76,92	2 759,56	359,10	742,34	3 861,00	3 960,00	99,00 –
07	WE …	77,41	2 777,13	359,10	758,98	3 895,21	3 962,61	67,40 –
08	WE …	90,32	3 240,29	359,10	1109,61	4 709,00	4 088,38	620,62 +
09	WE …	76,92	2 759,56	359,10	525,11	3 643,77	3 903,00	259,23 –
10	WE …	76,92	2 759,56	359,10	643,65	3 762,31	3 960,00	197,69 –
11	WE …	77,41	2 777,13	359,10	1180,04	4 316,27	4 088,38	227,89 +
12	WE …	90,32	3 240,29	359,10	889,26	4 488,65	4 560,00	71,35 –
13	WE …	76,92	2 759,56	359,10	813,73	3 932,39	4 088,38	155,99 –
14	WE …	76,92	2 759,56	359,10	870,00	3 988,66	3 868,80	119,86 +
15	WE …	77,41	2 777,13	359,10	686,02	3 822,25	3 925,44	103,19 –
16	WE …	90,32	3 240,29	359,10	827,00	4 426,39	4 483,20	56,81 –
17	WE …	76,92	2 759,56	359,10	815,37	3 934,03	4 088,38	154,35 –
18	WE …	76,92	2 759,56	359,10	557,72	3 676,38	3 903,00	226,62 –
19	WE …	77,41	2 777,13	359,10	777,46	3 913,69	3 891,24	22,45 +
20	WE …	90,32	3 240,29	359,10	968,71	4 568,10	4 517,40	50,70 +
21	WE …	76,92	2 759,56	359,10	884,34	4 003,00	3 868,80	134,20 +
22	WE …	76,92	2 759,56	359,10	740,60	3 859,26	3 962,61	103,35 –
23	WE …	77,41	2 777,13	359,10	917,31	4 053,54	3 962,61	90,93 +
24	WE …	90,32	3 240,28	359,10	813,32	4 412,70	4 517,40	104,70 –
25	WE …	76,92	2 759,56	359,10	605,60	3 724,26	4 088,38	364,12 –

---

1 Davon 13 710,14 Euro Verwaltervergütung.
2 Vgl. oben Rz. 152 ff. „Ausweis der Hausgeldvorschüsse in der Jahresabrechnung" und Rz. 127 ff. „Mitteilung aller Einzelabrechnungen an alle Miteigentümer (Saldenliste)"; zum notwendigen Ausweis der Verteilungsschlüssel siehe unten Buchstabe E.

Abrechnungsmuster

Wohnung-/ Garagen- Nr.	Eigentümer (Namen)	qm	Verteilung nach qm	Verwalter- Verg.	Heizungs- kosten/ Warm- wasser gem. Abr. Heizungs- meta	Gesamt Spalten 4–6	Hausgeld- Vor- schüsse	Spitzen- betrag + Nach- zahlung – Guthaben
(Sp. 1)	(Sp. 2)	(Sp. 3)	(Sp. 4)	(Sp. 5)	(Sp. 6)	(Sp. 7)	(Sp. 8)	(Sp. 9)
26	WE ...	76,92	2 759,56	359,10	765,66	3 884,32	3 903,00	18,68 –
27	WE ...	77,41	2 777,13	359,10	754,44	3 890,67	3 891,24	0,57 –
28	WE ...	90,32	3 240,28	359,10	867,30	4 466,68	3 962,61	504,07 +
29	WE ...	76,92	2 759,56	359,10	775,87	3 894,53	3 903,00	8,47 –
30	WE ...	76,92	2 759,56	359,10	950,46	4 069,12	4 088,38	19,26 –
31	WE ...	77,41	2 777,13	359,10	643,42	3 779,65	3 962,61	182,96 –
32	WE ...	90,32	3 240,28	359,10	757,32	4 356,70	4 088,38	268,32 +
33	WE ...	76,92	2 759,56	359,10	777,19	3 895,85	4 088,38	192,53 –
34	WE ...	76,92	2 759,56	359,10	864,48	3 983,14	3 891,24	91,90 +
35	WE ...	77,41	2 777,13	359,10	1 299,45	4 435,68	4 517,40	81,72 –
36	WE ...	90,32	3 240,28	359,10	1 157,11	4 756,49	3 962,61	793,88 +
37[1]	WE ...	.	.	35,57	.	35,57	.	35,57 +
38	WE ...	.	.	35,57	.	35,57	.	35,57 +
39	WE ...	.	.	35,57	.	35,57	.	35,57 +
40	WE ...	.	.	35,57	.	35,57	.	35,57 +
41	WE ...	.	.	35,57	.	35,57	.	35,57 +
42	WE ...	.	.	35,57	.	35,57	.	35,57 +
43	WE ...	.	.	35,57	.	35,57	.	35,57 +
44	WE ...	.	.	35,57	.	35,57	.	35,57 +
45	WE ...	.	.	35,57	.	35,57	.	35,57 +
46	WE ...	.	.	35,57	.	35,57	.	35,57 +
47	WE ...	.	.	35,57	.	35,57	.	35,57 +
48	WE ...	.	.	35,57	.	35,57	.	35,57 +
49	WE ...	.	.	35,57	.	35,57	.	35,57 +
50	WE ...	.	.	35,57	.	35,57	.	35,57 +
51	WE ...	.	.	35,57	.	35,57	.	35,57 +
52	WE ...	.	.	35,57	.	35,57	.	35,57 +
53	WE ...	.	.	35,57	.	35,57	.	35,57 +
54	WE ...	.	.	35,57	.	35,57	.	35,57 +
55	WE ...	.	.	35,57	.	35,57	.	35,57 +
56	WE ...	.	.	35,57	.	35,57	.	35,57 +
57	WE ...	.	.	35,57	.	35,57	.	35,57 +
58	WE ...	.	.	35,57	.	35,57	.	35,57 +
Summen		2 894,13	103 828,82	13 710,14	30 259,28	147 798,24	145 951,92	1 846,32

Summe „Verw. Verg." enthält 0,14 Euro Rundungsdifferenz

---

[1] Nr. 37 bis 58 sind Garageneinheiten. Gemäß Gemeinschaftsordnung sind die Garageneinheiten nur an den Verwalterkosten zu beteiligen. Hierfür ist nach der GO kein monatlicher Vorschuss zu zahlen, nur die Endabrechnungsbeträge sind zu zahlen.

C. Entwicklung Instandhaltungsrückstellung (Rücklage)[1]

[Konto 12 345 678 99, Dresdner Bank Köln][2]

Festgelegt auf Festgeldkonto mit 6 % p.a.

1. 1. 2007	Anfangsbestand		72 040,57 +
./. Instandsetzung über Sonderbeschluss			
Rg 020/02	Musterfirma 1	6 156,00	
Rg 107/02	Musterfirma 2	6 187,71	
Rg 150/02	Musterfirma 3	4 209,22	16 552,93 –
Instandhaltungsrückstellung 2007			
Rg 096/02	Überweisung	16 047,20	
Rg 149/02	Überweisung	10 000,00	26 047,20 +
Zinsen in 2007[3]			4 445,04 +
Bestand 31. 12. 2007/1. 1. 2008			**85 979,88 +**

D. Kontoabstimmung Postbank Köln (Konto Nr. 987654321)[4]

1. Kontostand 1. 1. 2007 — 7 792,16
2. Hausgelder — 145 951,92 +
3. Zahlungen auf die Jahresabrechnungen 2005 + 2006 — 5 812,74 +
4. Kosten, die in Abr. 2006 (gem. HeizkostenV) enthalten, aber in 2007 abgeflossen sind:
   Rg 056/07 Heizungsmeta — 827,97 –
5. Überweisung von Instandhaltungsrücklage[5] lt. Versammlungsbeschluss vom … für

---

1 Vgl. hierzu oben Rz. 200 ff. „Die Darstellung der Instandhaltungsrücklage (Rückstellung)".

2 Die hier gemachten Angaben (Konto, Bank, Zinssatz) sind nach OLG Hamm, Beschl. v. 3. 3. 1975– 15 W 183/73, OLGZ 1975, 157 = Rpfleger 1975, 255 und OLG Düsseldorf, Beschl. v. 12. 2. 1997– 3 Wx 75/95, ZMR 1997, 323 = WuM 1997, 345 = DWE 1997, 76 = WE 1997, 313 = NJWE-MietR 1997, 252, notwendig; vgl. oben Rz. 205.

3 Nach der Gemeinschaftsordnung müssen die aus der Instandhaltungsrücklage erzielten Zinsen in der Rücklage verbleiben und dürfen nicht an die Eigentümer ausgeschüttet werden. Vgl. im Übrigen wegen der Behandlung der Zinseinnahmen, die aufgrund der Anlage von Instandhaltungsrücklage-Geldern erzielt werden, vgl. oben Rz. 206.

4 Vgl. hierzu oben Rz. 213 ff. „Girokontodarstellung/Kontoabstimmung".

5 Ziffer 5. und 6. sind informatorisch darzustellende durchlaufende Posten des Girokontos. Gemäß einem Beschluss der Eigentümerversammlung sollte die Finanzierung der von den Rechnungen 020, 107 und 150 betroffenen Maßnahmen aus der Rücklage erfolgen; die Rechnungen finden deshalb keinen Eingang in die Gesamt- und Einzelabrechnungen, müssen jedoch auf jeden Fall bei der Instandhaltungsrücklage dargestellt werden.

Abrechnungsmuster Rz. 269 **Teil 6**

Rg 020/07 Musterfirma 1	6 156,00	
Rg 107/07 Musterfirma 2	6 187,71	
Rg 150/07 Musterfirma 3	4 209,22	16 552,93 +
6. Bezahlung der o. g. Rechnungen		16 552,93 –
7. Jahresabrechnungsbetrag	147 798,24	
./. Heizkosten-Abr. Heizungsmeta[1]	30 259,28	
+ tatsächliche Geldabflüsse für Heizung/ Warmwasser	29 455,40	
tatsächliche Geldabflüsse		146 994,36 –
Kontostand 31.12.2007/1.1.2008		**11 734,49 +**

E. Benennung und Berechnung des Verteilungsschlüssels[2]

Nach der Gemeinschaftsordnung sind die gemeinschaftlichen Lasten und Kosten nach den in der Teilungserklärung festgelegten qm-Zahlen (Wohnfläche insgesamt 2 894,13 qm) zu verteilen; ausgenommen sind von dieser Verteilung die Verwalterkosten (diese sind nach der GO je Wohnungs- und Garageneinheiten gemäß den Bestimmungen des Verwaltervertrages zu verteilen) und die Heiz- und Warmwasserkosten (diese sind nach der HeizkostenV zu verteilen).

Berechnung der Lasten und Kosten je qm Wohnfläche:

147 798,24 Euro	Gesamtbetrag der Jahresabrechnung
12 927,60 Euro	./. Verw.-Verg. (Verteilung nach Wohnungen = 359,10 Euro/Wohnung)
782,54 Euro	./. Verw.-Verg. (Verteilung nach Garagen = 35,57 Euro/Garage)
30 259,28 Euro	./. Heiz- und Warmwasserkosten (Verteilung gemäß gesonderter Heizkosten-Abrechnung)
103 828,82 Euro : 2 894,13 qm = 35,87565866 Euro je qm/Jahr	

F. Ergänzende Informationen

Es könnten nunmehr weitere ergänzende Informationen folgen, z. B. eine Einzelauflistung aller Zahlungsbelege mit Rechnungsnummer, Kurzbezeichnung des Beleginhalts, Zahlungsbetrag und Abbuchungsdatum vom Girokonto. Die Weitergabe einer solchen Information an alle Eigentümer ist jedoch nur dann sinnvoll, wenn es sich um eine kleine Eigentümergemein-

---

1 Die Heiz-/Warmwasserkosten müssen nach der HeizkostenV abgerechnet werden. Sie sind deshalb so in die Jahresabrechnung einzustellen, wie die ordnungsgemäße Abrechnung der Heizkosten-Abrechnungsfirma sie ausweist. Die hierdurch notwendigen „Abgrenzungen" (z. B. aufgrund von Abrechnungkosten, die erst im „Wirtschaftsjahr+1" bezahlt werden) sind hinzunehmen. Vgl. Rz. 50.
2 Zusätzliche Angabe zur Nachvollziehbarkeit der Einzelabrechnung, vgl. Rz. 184.

schaft handelt. Im Übrigen sind diese Informationen (oder andere geeignete Buchungsbelege) dem Beirat zur Verfügung zu stellen.

Weiterhin können hier als Information die noch ausstehenden Forderungen gegen Wohnungseigentümer oder Ansprüche von Eigentümern an die Gemeinschaft aus vergangenen Abrechnungsjahren aufgelistet werden[1].

Köln, Datum der Jahresabrechnung

XI. Abrechnungsansprüche gegenüber dem amtierenden und dem ausgeschiedenen Verwalter

1. Typische Fallkonstellationen

270 Die Beauftragung eines Rechtsanwalts erfolgt regelmäßig durch Wohnungseigentümer, den amtierenden, den ausgeschiedenen oder den „Schein-"Verwalter, weil

– der amtierende oder der ausgeschiedene Verwalter die **Abrechnung verzögert** haben soll

– die von dem amtierenden oder dem ausgeschiedenen Verwalter vorgelegte **Abrechnung** angeblich nicht nachvollziehbar, **falsch** oder unvollständig ist

– der amtierende Verwalter die Vornahme der Jahresabrechnung mit der Begründung verweigert, diese sei noch von seinem **Vorgänger** geschuldet, und/oder der ausgeschiedene Verwalter oder der „Scheinverwalter" keine Jahresabrechnung mehr erstellen will, weil er glaubt, hierzu **nicht** mehr **verpflichtet** zu sein

– der ausgeschiedene Verwalter behauptet, die Jahresabrechnung nicht mehr vornehmen zu können, da er bereits sämtliche **Unterlagen übergeben** hat

– und die Gemeinschaft der Wohnungseigentümer/ein einzelner Wohnungseigentümer

– den amtierenden, den ausgeschiedenen oder den „Schein"-Verwalter zur Abrechnung zwingen wollen

– und/oder von diesem einen **Schaden** ersetzt haben wollen.

2. Erster Schritt: Untersuchung der rechtlichen Wirksamkeit von Bestellung und Ausscheiden des Verwalters

271 Die erfolgreiche Geltendmachung eines Abrechnungsanspruchs der Wohnungseigentümer ist davon abhängig, ob Anspruchsgegner der am-

---

[1] Vgl. hierzu oben Rz. 220 „Informatorische Angaben" und Rz. 149 ff. „Vorjahressalden".

tierende, der ausgeschiedene oder ein Verwalter, dessen Bestellung sich als unwirksam herausgestellt hat (sog. „**Scheinverwalter**") ist. Die Frage, ob von einem angeblich bereits ausgeschiedenen Verwalter noch die Erstellung der Jahresabrechnung für das gerade abgelaufene Wirtschaftsjahr verlangt werden kann, ist unproblematisch zu bejahen, wenn der Gesamtakt der Abberufung unwirksam war. Da nach wohl h. M[1]. von einem sog. „Scheinverwalter" nur Rechnungslegung, nicht hingegen eine Jahresabrechnung verlangt werden kann, ist zusätzlich immer die Bestellung des Verwalters auf ihre Wirksamkeit hin zu untersuchen (siehe hierzu aber nachfolgend unter Rz. 341).

3. Der Abrechnungsanspruch gegenüber dem amtierenden Verwalter

a) Der Primäranspruch

aa) Anspruchsgrundlagen

(1) Gesetzlicher Anspruch

Gesetzliche Anspruchsgrundlage ist **§ 28 Abs. 3 WEG**. Danach hat der Verwalter nach Ablauf des Kalenderjahres eine Abrechnung aufzustellen. Durch Vereinbarung kann auch ein vom Kalenderjahr abweichendes Wirtschaftsjahr bestimmt werden.

272

(2) Vertraglicher Anspruch

Ein Abrechnungsanspruch folgt dann aus dem Verwaltervertrag, wenn die Erstellung der Jahresabrechnung einer ausdrücklichen vertraglichen Regelung zugeführt wurde. Teilweise wird vertreten, eine vertragliche Abrechnungspflicht des Verwalters folge auch ohne ausdrückliche Regelung im Verwaltervertrag aus § 666 BGB[2]. Der Wortlaut der Norm stützt diese Ansicht allerdings nicht[3].

273

---

[1] *Staudinger/Bub*, § 28 WEG Rz. 466.
[2] BayObLG, Beschl. v. 13. 2. 1997 – 2Z BR 132/96, WE 1997, 391 (indirekt, indem es die §§ 320 ff. BGB a. F. anwendet); *Merle* in Bärmann/Pick/Merle, § 26 Rz. 103.
[3] Nach § 666 BGB hat der Verwalter den Wohnungseigentümern die erforderlichen Nachrichten zu geben, woraus sich seine Informationspflicht ableitet. Daneben hat er auf Verlangen Auskunft zu erteilen, was seine Auskunftspflicht begründet und nach Beendigung des Verwaltervertrages Rechenschaft abzulegen. Eine darüber hinausgehende Verpflichtung zur Einzelabrechnung lässt sich dem Wortlaut der Norm hingegen nicht entnehmen. Sie lässt sich auch nicht aus der Rechenschaftspflicht durch einen „maiore ad minus"-Schluss herleiten, da sie umfassender ist. Der Streit hat jedoch wegen der gleichen rechtlichen Behandlung von gesetzlichem und vertraglichem Anspruch für die Praxis kaum Bedeutung.

bb) Anspruchsinhaber (Aktivlegitimation) und Anspruchsgegner (Passivlegitimation)

274 Der Abrechnungsanspruch kann als Teil des Individualanspruchs auf ordnungsgemäße Verwaltung (**§ 21 Abs. 4 WEG**) **von jedem einzelnen Wohnungseigentümer** gerichtlich geltend gemacht werden[1].

cc) Anspruchsinhalt

(1) Wesentlicher Gegenstand des Hauptleistungsanspruchs

275 Die Jahresabrechnung besteht im Wesentlichen aus einer **Gesamtabrechnung**, welche eine geordnete und übersichtliche, inhaltlich zutreffende Aufstellung sämtlicher Einnahmen und Ausgaben für das betroffene Wirtschaftsjahr enthalten muss[2], sowie aus einer **Einzelabrechnung** für jeden Eigentümer, durch welche sich dessen Beitragsverpflichtung ergibt[3]. Sie muss für die Wohnungseigentümer (den „objektiven Durchschnittseigentümer") auch ohne Zuziehung eines Sachverständigen verständlich sein[4].

(2) Nebenrechte

276 Den Wohnungseigentümern stehen zur Kontrolle der Erfüllung ihres Hauptleistungsanspruchs auf Erstellung einer Jahresabrechnung verschiedene Nebenrechte zu.

(a) Einsichtsrechte

277 **Jeder einzelne Wohnungseigentümer** hat ein **Recht auf Einsicht** in die Verwaltungsunterlagen. Dies betrifft alle **Einzelabrechnungen** sowie sämtliche Abrechnungsunterlagen[5]. Das BDSG steht dem nicht entgegen[6]. Er darf sich Kopien gegen Kostenerstattung anfertigen[7], ein Anspruch auf Abschriften besteht ohne ausdrückliche Regelung in der Ge-

---

1 BGH, Beschl. v. 12. 7. 1984 – VII ZB 1/84, NJW 1985, 912 (913); BayObLG, Beschl. v. 15. 3. 1990 – BReg. 2 Z 18/90, NJW-RR 1990, 659 (660); *Merle* in Bärmann/Pick/Merle, § 28 Rz. 59.
2 BayObLG, Beschl. v. 16. 11. 1995 – 2Z BR 108/95, WuM 1996, 116 (118); OLG Hamm, Beschl. v. 21. 11. 1996 – 15 W 107/96, ZMR 1997, 251 (252).
3 *Merle* in Bärmann/Pick/Merle, § 28 Rz. 67.
4 BayObLG, Beschl. v. 6. 3. 1987 – BReg. 2 Z 26/86, NJW-RR 1988, 81 (82); BayObLG, Beschl. v. 23. 4. 1993 – 2Z BR 113/92, BayObLGZ 1993, 185.
5 OLG Frankfurt/Main Beschl. v. 7. 12. 1971 – 20 W 155/71, NJW 1972, 1376; KG, Beschl. v. 22. 12. 1986 – 24 W 5516/86, NJW RR 1987, 462 (463); OLG Karlsruhe, Beschl. v. 21. 4. 1976 – 3 W 8/76, MDR 1976, 758.
6 OLG München, Beschl. v. 9. 3. 2007 – 32 Wx 177/06, MietRB 2007, 233.
7 OLG Hamm, Beschl. v. 9. 2. 1998 – 15 W 124/97, NZM 1998, 724; OLG Celle, Beschl. v. 25. 6. 1984 – 4 W 87/84, DWE 1985, 24; a.A. OLG Karlsruhe, Beschl. v. 21. 4. 1976 – 3 W 8/76, MDR 1976, 758.

meinschaftsordnung hingegen nicht[1]. Das Einsichtsrecht besteht grundsätzlich jederzeit, d.h. auch vor und nach Beschlussfassung gemäß § 28 Abs. 5 WEG und/oder Entlastung[2]. Eine Grenze bilden allein das Schikaneverbot und die Grundsätze von Treu und Glauben, §§ 226, 242 BGB[3].

Problematisch ist die Bestimmung des **Leistungsorts** für die Einsichtnahme in die Verwaltungsunterlagen. 278

Nach § 269 Abs. 1 BGB ist ohne ausdrückliche Regelung der Wohnsitz des Verwalters als Schuldner der Abrechnungspflicht Leistungsort auch der vertraglichen oder gesetzlichen Nebenpflicht[4].

Die Rechtsprechung geht jedoch teilweise bei überörtlich arbeitenden Verwaltungsgesellschaften davon aus, dass sich i.S.d. § 269 Abs. 1 BGB aus den Umständen etwas anderes ergebe, und verlangt, dass die Einsicht am Ort der jeweiligen Wohnanlage ermöglicht werden muss, da hier der Schwerpunkt der Tätigkeit des Verwalters liege[5]. Hiergegen wird jedoch eingewandt, dass etwa zwei Drittel der tatsächlichen Verwaltertätigkeit kaufmännische Tätigkeit darstellt, die im Büro des Verwalters ausgeübt wird. Richtigerweise wird man daher den **Tätigkeitsschwerpunkt auch örtlich im Büro des Verwalters** ansiedeln müssen[6]. 279

Nach h. M.[7] ist regelmäßig der **Geschäftssitz** des Verwalters nach § 269 Abs. 1 BGB als Leistungsort anzusehen. Nur in extremen Sonderfällen lässt die Rechtsprechung aus Billigkeitserwägungen Ausnahmen zu[8]. 280

---

1 OLG Karlsruhe, Beschl. v. 21. 4. 1976 – 3 W 8/76, MDR 1976, 758; *Niedenführ* in Niedenführ/Kümmel/Vandenhouten, § 28 WEG Rz. 120.
2 BayObLG, Beschl. v. 11. 7. 1996 – 2Z BR 45/96, WE 1997, 117; *Staudinger/Bub*, § 28 WEG Rz. 628.
3 *Niedenführ* in Niedenführ/Kümmel/Vandenhouten, § 28 WEG Rz. 65, 66.
4 *Merle* in Bärmann/Pick/Merle, § 28 Rz. 99.
5 OLG Karlsruhe, Beschl. v. 21. 8. 1969 – 3 W 47/69, NJW 1969, 1968.
6 *Jennißen*, Die Verwalterabrechnung nach dem WEG, 4. Aufl., S. 157, Rz. 15.
7 OLG Karlsruhe, Beschl. v. 21. 4. 1976 – 3 W 8/76, MDR 1976, 758; OLG Hamm, Beschl. v. 12. 2. 1998 – 15 W 319/97, NZM 1998, 722 (723).
8 So für einen drohenden tätlichen Angriff des Verwalters OLG Hamm, Beschl. v. 12. 2. 1998 – 15 W 319/97, NZM 1998, 722 (723). Bei extrem weiter Entfernung des Sitzes des Verwalters von der Wohnungseigentumsanlage haben die Wohnungseigentümer ausnahmsweise Anspruch darauf, die Verwaltungsunterlagen am Sitz der Wohnungseigentumsanlage in Einsicht zu nehmen. Die Einsichtnahme ist zeitlich allerdings auf Wohnungseigentümerversammlungen beschränkt. Im Übrigen bedarf es der Darlegung eines besonderen rechtlichen Interesses durch den einzelnen Wohnungseigentümer (OLG Köln, Beschl. v. 28. 2. 2001 – 16 Wx 10/01, NZM 2002, 221 für eine Entfernung von 700 km, a.A. *Jennißen*, WEG, § 28 Rz. 151).

(b) Auskunftsrechte

281 Der Verwalter hat über die vorgelegte Jahresabrechnung den Wohnungseigentümern vollständig und richtig Auskunft zu erteilen und gegebenenfalls hierüber nach § 260 Abs. 2 BGB eine **eidesstattliche Versicherung** abzugeben[1]. Die h.M. sieht als Rechtsgrundlage des Auskunftsanspruchs über die vorgelegte Jahresabrechnung die §§ 675, 666 BGB i.V.m. §§ 21 Abs. 1, Abs. 4, 28 Abs. 4 WEG an[2].

282 Nach h. M[3]. stehen **Auskunftsansprüche** grundsätzlich **nur der Gemeinschaft der Wohnungseigentümer** zu.

Von diesem Grundsatz werden jedoch Ausnahmen zugelassen. So kann etwa jeder Wohnungseigentümer Auskunft über die Namen und Adressen der übrigen Wohnungseigentümer (die sog. Eigentümerliste) verlangen[4]. Sieht man den Auskunftsanspruch über die vorgelegte Jahresabrechnung als ein Nebenrecht zum gesetzlichen Abrechnungsanspruch an, so ist dieser unabhängig von einer etwaigen vertraglichen Anspruchsgrundlage. Das gesetzliche Nebenrecht kann aber keiner anderen Person zustehen als das gesetzliche Stammrecht, dessen Kontrolle und Durchsetzung es dient. Es lässt sich daher vertreten, dass bei einer vorgelegten Jahresabrechnung jeder einzelne Wohnungseigentümer Auskunft über bestehende Unklarheiten verlangen kann, da die Aktivlegitimation des Nebenrechts aus § 28 Abs. 3 WEG mit der des Hauptrechts identisch sein muss. Insoweit ist eine weitere Ausnahme von obigem Grundsatz zuzulassen.

dd) Fälligkeit

283 Wann der Anspruch der Wohnungseigentümer auf Aufstellung und Vorlage der Jahresabrechnung fällig wird, regelt das WEG nicht. Übereinstimmend wird davon ausgegangen, dass die Fälligkeit nach Ablauf einer

---

1 *Staudinger/Bub*, § 28 WEG Rz. 630; *Merle* in Bärmann/Pick/Merle, § 28 Rz. 96.
2 KG, Beschl. v. 22. 12. 1986 – 24 W 5516/86, NJW-RR 1987, 462; OLG Celle, Beschl. v. 2. 2. 1983 – 4 196/82, OLGZ 1983, 177; *Merle* in Bärmann/Pick/Merle, § 28 Rz. 96.
3 KG, Beschl. v. 22. 12. 1986 – 24 W 5516/86, NJW-RR 1987, 462 (463); OLG Celle, Beschl. v. 2. 2. 1983 – 4 196/82, OLGZ 1983, 177 (178); BayObLG, Beschl. v. 7. 4. 1988 – BReg. 2 Z 157/87, NJW-RR 1988, 1166 (1167); *Merle* in Bärmann/Pick/Merle, § 28 Rz. 97; *Staudinger/Bub*, § 28 WEG Rz. 585 (Rechnungslegung); a.A. OLG Frankfurt/Main, Beschl. v. 16. 2. 1984 – 20 W 866/83, OLGZ 1984, 258 (259); OLG Köln, Beschl. v. 16. 1. 1984 – 16 Wx 76/83, OLGZ 1984, 162 (164); *Sauren*, Pflicht des Verwalters zur Auskunft und Herausgabe von Unterlagen, PiG 30, S. 69 (79).
4 OLG Frankfurt/Main, Beschl. v. 16. 2. 1984 – 20 W 866/83, OLGZ 1984, 258; BayObLG, Beschl. v. 8. 6. 1984 – BReg. 2 Z 7/84, BayObLGZ 1984, 133; AG Trier, Beschl. v. 21. 6. 1999 – UR II 12/99 WEG, WuM 1999, 482 (Anspruchsgrundlage Verwaltervertrag); *Drasdo*, NZM 1999, 542 (543).

Abrechnungsansprüche gegen den Verwalter   Rz. 286 **Teil 6**

angemessenen Frist von in der Regel **drei bis höchstens sechs Monaten** nach Ablauf des Kalenderjahres eintritt[1]. Für die Dauer der Frist sind im Einzelfall u. a. Umfang und Schwierigkeitsgrad der jeweiligen Abrechnung und die Zeit, die zur Beschaffung der notwendigen Daten erforderlich ist, maßgebend.

Im Verwaltervertrag kann eine Frist zur Vorlage der Jahresabrechnung ausdrücklich vereinbart werden. Der Verwalter kommt dann mit Fristablauf in Verzug, da die Leistungszeit kalendermäßig bestimmt ist, § 286 Abs. 2 Nr. 1 BGB[2].

ee) Nachbesserungspflicht

Nach h. M. ist der Anspruch auf Erstellung einer Jahresabrechnung erfüllt, wenn die Abrechnung den **formalen Erfordernissen** entspricht, also geordnet und übersichtlich Angaben über Einnahmen, Ausgaben, Rücklagen und Bankkonten der Gemeinschaft gibt[3]. Damit habe der Verwalter seine sich aus § 28 Abs. 3 WEG ergebende Abrechnungspflicht zunächst erfüllt. Als nächsten Schritt hätten die Wohnungseigentümer hierüber einen Beschluss nach § 28 Abs. 5 WEG zu fassen. Eine Berichtigung der Abrechnung soll durch einen Wohnungseigentümer erst verlangt werden können, wenn die Abrechnung in einer Eigentümerversammlung abgelehnt oder der die Abrechnung bestätigende Eigentümerbeschluss rechtskräftig für ungültig erklärt wurde. Erst dann würde wieder der rechtliche Zustand eintreten, dass der Verwalter seiner Verpflichtung aus § 28 Abs. 3 WEG noch nicht nachgekommen ist[4]. 284

Zutreffend ist zunächst, dass die Wohnungseigentümer nicht mehr Nachbesserung oder Neuherstellung der entsprechenden Abrechnung verlangen können, solange ein Beschluss nach § 28 Abs. 5 WEG besteht, da sie mit diesem Beschluss für sämtliche Wohnungseigentümer den Anspruch als erfüllt anerkannt haben. 285

Im Übrigen lässt sich gegen die h. M. aber anführen, dass der Beschluss über die Jahresabrechnung nach § 28 Abs. 5 WEG wie jeder Beschluss[5] Bindungswirkung nur für die Wohnungseigentümer entfaltet. Kommt 286

---

1 *Merle* in Bärmann/Pick/Merle, § 28 Rz. 58; *Niedenführ* in Niedenführ/Kümmel/Vandenhouten, § 28 Rz. 123.
2 *Jennißen*, WEG, § 28 Rz. 122.
3 *Merle* in Bärmann/Pick/Merle, § 28 Rz. 60.
4 BayObLG, Beschl. v. 5. 11. 1987 – BReg 2 Z 112/87, MDR 1988, 322.
5 Beschlüsse sind nur im Innenverhältnis für alle Mitglieder der Gemeinschaft bindend, regeln aber nicht das Verhältnis zu außerhalb der Gemeinschaft stehenden Dritten. Als solcher Dritter ist auch der (nicht Eigentümer-)Verwalter anzusehen. Eine Bindungswirkung wird für diesen erst über § 27 Abs. 1 Nr. 1 WEG für Beschlüsse, die eines Vollzugs bedürfen, herbeigeführt. Um einen solchen Beschluss handelt es sich bei dem nach § 28 Abs. 5 WEG jedoch nicht.

kein Beschluss zustande oder wird ein solcher für ungültig erklärt, so fehlt im Innenverhältnis der Wohnungseigentümer die Rechtsgrundlage zur Einziehung von Abrechnungsfehlbeträgen oder Auszahlung von Abrechnungsguthaben[1].

287 Allein entscheidend für den Verwalter ist jedoch, ob er den Abrechnungsanspruch tatsächlich erfüllt hat. Erfüllt wird der Anspruch aus § 28 Abs. 3 WEG entweder mit der Vorlage einer in allen Punkten ordnungsgemäßen Jahresabrechnung oder mit einer sämtlichen Wohnungseigentümern zurechenbaren Erklärung, dass sie die vorgelegte Jahresabrechnung als für sich ordnungsgemäß anerkennen. Bestreiten die Wohnungseigentümer ersteres, so müssen sie mit einer Klage nach § 43 Nr. 3 WEG den Sachverhalt gerichtlich klären und den Verwalter gegebenenfalls zur **Nachbesserung** gerichtlich verpflichten lassen. Allein das Nichtzustandekommen, die Aufhebung oder die gerichtliche Ungültigerklärung eines Beschlusses nach § 28 Abs. 5 WEG führt noch nicht zu einer Nachbesserungspflicht des Verwalters. Gleiches gilt erst recht für die Aufhebung eines Entlastungsbeschlusses. Entscheidend für eine Nachbesserungspflicht bleibt die Schlechterfüllung des Abrechnungsanspruchs durch den Verwalter. Neben einer Beschlussanfechtungsklage nach §§ 43 Nr. 4, 46 WEG sollte daher ein Verpflichtungsantrag gegen den Verwalter nach § 43 Nr. 3 WEG auf Nachbesserung der Jahresabrechnung gestellt werden[2]. Einen Automatismus dahingehend, dass der Verwalter bis zur absegnenden Beschlussfassung der Wohnungseigentümer die Jahresabrechnung aufzustellen oder nachzubessern hat, existiert nach hier vertretener Auffassung nicht.

288 Dem aufgehobenen oder für unwirksam erklärten **Beschluss nach § 28 Abs. 5 WEG** oder einem **Entlastungsbeschluss** kann daneben insofern Bedeutung zukommen, als die Wohnungseigentümer mit der Beschlussfassung die **Abrechnungspflicht** für sich **als erfüllt angenommen** haben, sodass es nunmehr zu einer **Umkehr der Beweislast** nach § 363 BGB kommt[3]. Sobald der Verwalter von dem tatsächlichen Vorgang der Beschlussfassung nach § 28 Abs. 5 WEG Kenntnis erlangt hat, müssen die

---

1 *Staudinger/Bub*, § 28 WEG Rz. 543.
2 Die hier vertretene Auffassung stellt allerdings eine Mindermeinung dar. Ein zusätzlicher Antrag gegen den Verwalter führt auch zu dem Nachteil, dass der Verwalter zum Beklagten im gerichtlichen Verfahren wird, ihm damit die Beschlussanfechtungsaklage nicht mehr als Vertreter der Wohnungseigentümer zugestellt werden kann.
3 Eine Annahme als Erfüllung liegt vor, wenn das Verhalten des Gläubigers bei und nach Entgegennahme der Leistung erkennen lässt, dass er sie als im Wesentlichen ordnungsgemäße Erfüllung gelten lassen will. Die Annahme als Erfüllung ist kein Rechtsgeschäft, sondern ein rein tatsächlicher Vorgang (*Palandt/Heinrich*, § 363 Rz. 2). Ein solch tatsächlicher Vorgang stellt aus Sicht des Verwalters auch der Beschluss nach § 28 Abs. 5 BGB dar, mit welchem die Wohnungseigentümer die Abrechnung als für sich verbindlich anerkennen.

Wohnungseigentümer unabhängig von einer späteren Aufhebung des Beschlusses nach § 363 BGB nunmehr beweisen, dass die Abrechnung unvollständig oder mangelhaft war.

Zweifelhaft ist letztendlich die **Aktivlegitimation des einzelnen Wohnungseigentümers** bei einem **Nachbesserungsverlangen.**

Sieht man den Nachbesserungsanspruch als modifizierten Erfüllungsanspruch an, so kann er bei der Jahresabrechnung von jedem einzelnen Eigentümer geltend gemacht werden.

Stellt er aber eine Tatbestandsvoraussetzung des Sekundäranspruchs nach § 281 Abs. 1 BGB dar, so steht er nach h. M. (siehe hierzu nachfolgend unter Rz. 308) nur der Gemeinschaft der Wohnungseigentümer (Verband) zu.

ff) Verjährung

Der Anspruch der Wohnungseigentümer aus § 28 Abs. 3 WEG sowie der diesbezügliche Nachbesserungsanspruch gegen den Verwalter verjährt nach § 195 BGB in **drei Jahren**. Entgegen dem Wortlaut des § 199 Abs. 1 BGB beginnt die Verjährung mit Schluss des Jahres, in dem der Anspruch fällig geworden ist, zu laufen. Bedeutung kann dem Abstellen auf die Fälligkeit des Anspruchs im Rahmen der Verjährung zukommen, wenn die Wohnungseigentümer ein vom Kalenderjahr abweichendes Wirtschaftsjahr vereinbart haben.

gg) Verfahrensrechtliche Durchsetzung

(1) Erkenntnisverfahren

Statthaft ist eine Klage der Wohnungseigentümer nach § 43 Nr. 3 WEG[1]. Ein solcher Antrag kann von jedem einzelnen Wohnungseigentümer gestellt werden.

Legt der Verwalter im Laufe des Erkenntnisverfahrens eine formelle Abrechnung vor, welche sich jedoch inhaltlich als (offensichtlich) nicht ordnungsgemäß herausstellt, ist fraglich, ob die Wohnungseigentümer das Verfahren dennoch für erledigt erklären, über die nunmehr vorgelegte Abrechnung zunächst einen Beschluss fassen und die Ordnungsmäßigkeit dieser Abrechnung dann gegebenenfalls mit einer Beschlussanfechtungsklage klären lassen müssen[2] (siehe hierzu bereits unter Rz. 286–288).

---

1 Ein solcher Antrag könnte etwa wie folgt aussehen: „Der Verwalter wird verpflichtet, die Jahresabrechnung für das Wirtschaftsjahr X aufzustellen."
2 So die wohl h. M. nach BayObLG, Beschl. v. 5. 11. 1987 – BReg 2 Z 112/87, MDR 1988, 322.

292 Ein Erledigungsereignis ist eine Tatsache, welche einen ursprünglich zulässigen und begründeten Antrag nachträglich unzulässig oder unbegründet macht[1]. Erfüllt wird der Anspruch aus § 28 Abs. 3 WEG entweder mit der Vorlage einer in allen Punkten ordnungsgemäßen Jahresabrechnung oder mit einer sämtlichen Wohnungseigentümern zurechenbaren Erklärung, dass sie die vorgelegte Jahresabrechnung als für sich ordnungsgemäß anerkennen. Durch die Vorlage einer fehlerhaften Jahresabrechnung wird der Abrechnungsanspruch aus § 28 Abs. 3 WEG jedoch nicht erfüllt, sodass **die Klage auf Erstellen einer (ordnungsgemäßen) Jahresabrechnung** zulässig und begründet bleibt. Für eine Erledigungserklärung ist damit mangels des Eintritts eines erledigenden Ereignisses kein Raum, das Verfahren ist weiter zu betreiben. Die Beurteilung der Ordnungsmäßigkeit der Abrechnung fällt in die Sachkompetenz des Gerichts.

293 Ein erledigendes Ereignis stellt bei einer nicht ordnungsgemäßen Jahresabrechnung aber der Beschluss nach § 28 Abs. 5 WEG über diese Abrechnung dar. In diesem Fall müsste der hiermit nicht einverstandene Kläger zunächst gegen diesen Beschluss nach §§ 43 Nr. 4, 46 WEG vorgehen. Das Verfahren nach § 43 Nr. 3 WEG wäre dann am sinnvollsten zum Ruhen zu bringen, § 251 ZPO.

(2) Vollstreckungsverfahren

294 Streitig ist, ob der Beschluss des Wohnungseigentumsgerichts, mit dem der Verwalter zur Abrechnung verpflichtet wird, nach § 45 Abs. 3 WEG i. V. m. § 887 ZPO oder gemäß § 45 Abs. 3 WEG i. V. m. § 888 ZPO zu vollstrecken ist, mithin also, ob die Jahresabrechnung eine vertretbare oder eine unvertretbare Handlung darstellt.

(a) Jahresabrechnung ohne vorherige Rechnungslegung über die Abrechnungsperiode

295 Hier spiegelt sich der Streit über den Rechtscharakter der Rechnungslegung im Rahmen der Abrechnung wider.

Die überwiegende Meinung[2] vertritt die Auffassung, die Rechnungslegung (und damit die Gesamtabrechnung) stelle eine Leistung dar, die jedem möglich sei, der über die notwendigen Kenntnisse verfügt und dem die Gemeinschaftsordnung und die in dem betreffenden Jahr angefallenen Zahlungsbelege zugänglich sind. Es handele sich nicht um eine

---

1 *Zöller/Vollkommer*, § 91a ZPO Rz. 3.
2 BayObLG, Beschl. v. 15. 11. 1988 – BReg. 2 Z 142/87, WE 1989, 220; LG Frankfurt/Main, Beschl. v. 8. 6. 1984 – 2/9 T 586/83, ZMR 1985, 348; OLG Hamm, Beschl. v. 3. 3. 1975 – 15 W 183/73, OLGZ 75, 157, 160; OLG Düsseldorf, Beschl. v. 8. 3. 1999 – 3 Wx 33/99, WuM 1999, 359 f.; *Merle* in Bärmann/Pick/Merle, § 28 Rz. 59; *Staudinger/Bub*, § 28 WEG Rz. 281.

lediglich vom im Rechnungszeitraum amtierenden Verwalter erbringbare höchstpersönliche Leistung, sondern vielmehr um eine vertretbare Handlung i. S. d. § 887 ZPO.

Die Gegenauffassung[1] beruft sich auf die ganz herrschende Ansicht in der vollstreckungsrechtlichen Rechtsprechung[2] und im vollstreckungsrechtlichen Schrifttum[3], wonach die Verpflichtung zur Rechnungslegung, ebenso wie die zur Auskunftserteilung, regelmäßig **als unvertretbare Handlung nach § 888 Abs. 1 ZPO** zu vollstrecken ist. Vertretbar sei eine Handlung nur dann, wenn das Erfüllungsinteresse des Gläubigers nicht dadurch berührt wird, dass die Handlung von einem Dritten statt vom Schuldner selbst vorgenommen wird[4]. Die Erfüllung der Pflicht, über eine mit Einnahmen und Ausgaben verbundene Verwaltung Rechenschaft abzulegen, schließe die konkludente Erklärung ein, dass die Angaben über Einnahmen und Ausgaben und ihre Verwendung vollständig und richtig sind. Diese Erklärung könne nur der Schuldner selbst, nicht aber ein vom Gläubiger beauftragter Dritter abgeben. Letzterer könne nur die vom Verwalter vorgelegten Belege auswerten, nicht aber etwa versichern, dass keine weiteren Einnahmen erzielt wurden. Die Vornahme der geschuldeten Handlung durch einen Dritten wäre somit mit der Erfüllung durch den Verwalter nicht gleichwertig.

296

Nur die Gegenauffassung dürfte dem Sinn und Zweck der Rechnungslegung (und damit der Gesamtabrechnung) als Kontrolle der abgeleisteten Tätigkeit gerecht werden.

297

Die Gesamtabrechnung stellt damit eine unvertretbare Handlung dar. Da mit der Einstandspflicht ein Großteil dieser Pflicht nur von dem während der Abrechnungsperiode amtierenden Verwalter erfüllt werden kann, ist die gesamte Pflicht zumindest dann, wenn die Gesamtabrechnung noch nicht erstellt wurde, als unvertretbare Handlung nach § 888 ZPO zu vollstrecken. Dass die Erfüllung der im Beschluss titulierten Verpflichtung mit den Einzelabrechnungen auch Handlungen einschließt, die von einem Dritten vorgenommen werden können, führt

298

---

1 KG, Beschl. v. 30. 6. 1972 – 1 W 1386/71, NJW 1972, 2093; OLG Stuttgart, Beschl. v. 19. 4. 1973 – 2 W 14/73, Rpfleger 1973, 311; OLG Köln, Beschl. v. 2. 3. 1998 – 2 W 201/97, WuM 1998 375 (377); OLG Frankfurt/Main, Beschl. v. 2. 9. 1998 – 20 W 49/97, WuM 1999, 61 (62); BayObLG, Beschl. v. 18. 4. 2002 – 2Z BR 9/02, NZM 2002, 489; RGRK/*Augustin*, § 28 WEG Rz. 15; *Nies*, NZM 1999, 832.
2 BGH, Beschl. v. 13. 11. 1985 – IVb ZB 112/82, MDR 1986, 657; BayObLG, Beschl. v. 22. 12. 1988 – BReg. 3 Z 157/88, BayObLGZ 1988, 413 (415); OLG Frankfurt/Main, Beschl. v. 17. 7. 1991 – 20 W 43/91, NJW-RR 1992, 171 (172); OLG Köln, Beschl. v. 9. 9. 1991 – 2 W 126/91, NJW-RR 1992, 633 (634); OLG München, Beschl. v. 14. 2. 1994 – 7 W 2072/93, OLGZ 1994, 485.
3 *Hartmann* in Baumbach/Lauterbach, § 887 ZPO Rz. 21; *Palandt/Heinrichs*, § 261 Rz. 28; *Stein/Jonas/Brehm*, § 887 ZPO Rz. 14, § 888, Rz. 5; *Thomas/Putzo*, § 888 ZPO Rz. 2; *Zöller/Stöber*, § 888 ZPO Rz. 3.
4 *Stein/Jonas/Brehm*, § 887 ZPO Rz. 6.

nicht zur Anwendung des § 887 ZPO. Dies ist vielmehr bei nahezu jeder unvertretbaren Handlung der Fall[1].

(b) Jahresabrechnung bei vorheriger Rechnungslegung über die Abrechnungsperiode

299 Ist der Verwalter seiner Rechnungslegungspflicht bereits nachgekommen und hat er über den Abrechnungszeitraum bereits Rechnung gelegt, so handelt es sich bei der noch verbliebenen Pflicht, auf der Grundlage dieser **Rechnungslegung** noch die Einzelabrechnung vorzunehmen, um eine **vertretbare Handlung**. Eine Vollstreckung hat dann gemäß § 45 Abs. 3 WEG i. V. m. § 887 ZPO zu erfolgen[2].

(c) Der Einwand der Erfüllung im Vollstreckungsverfahren

300 Wendet der Verwalter nach rechtskräftiger Titulierung im Vollstreckungsverfahren gegenüber dem nach § 888 ZPO anzuordnenden Zwangsmittel ein, er habe den Abrechnungsanspruch zwischenzeitlich erfüllt, so ist er nach einer neueren BGH-Entscheidung mit diesem Einwand im Vollstreckungsverfahren zu hören[3]. Befinden sich die den Wohnungseigentümern überlassenen Schriftstücke, welche der Verwalter als die geschuldete Abrechnung ansieht, in den Akten, soll das Gericht ohne weitere Beweiserhebung feststellen können, ob der Verwalter den titulierten Abrechnungsanspruch erfüllt hat oder nicht[4]. Im Falle der Erfüllung ist die Zwangsvollstreckung nicht mehr notwendig, der Antrag der Wohnungseigentümer ist abzuweisen.

b) Sekundäransprüche

aa) Anspruchsgrundlagen

(1) Verzug

301 Kommt der Verwalter seiner gesetzlichen Abrechnungspflicht nicht nach, so können die Wohnungseigentümer ihn durch **Mahnung** in Verzug setzen und unter den Voraussetzungen der §§ 280 Abs. 2, 286 BGB Ersatz ihres **Verzögerungsschadens** (etwa Rechtsanwaltskosten[5]) verlangen. Ob einem vermietenden Wohnungseigentümer durch eine verspä-

---

1 OLG Köln, Beschl. v. 2. 3. 1998 – 2 W 201/97, WuM 1998, 375 (377).
2 Auch für den amtierenden Verwalter, der über eine fremde Verwaltungsperiode abzurechnen hat, stellt dies immer eine vertretbare Handlung dar. Eine Einstandspflicht für die Richtigkeit und Vollständigkeit der von seinem Vorgänger vorgelegten Belege existiert nicht. Der amtierende Verwalter hat diese vielmehr im Rahmen der Erstellung der Einzelabrechnung auszuwerten. Diese Auswertung kann aber grundsätzlich auch von einem Dritten vorgenommen werden.
3 BGH, Beschl. v. 5. 11. 2004 – IX a ZB 32/04, BGHZ 161, 67.
4 BayObLG, Beschl. v. 18. 4. 2002 – 2Z BR 9/02, NZM 2002, 489 (491).
5 BayObLG, Beschl. v. 20. 11. 1997 – 2Z BR 122/97, NJW-RR 1998, 519.

tete Abrechnung des Verwalters ein Schaden entstehen kann, ist streitig. Nach Auffassung der Rechtsprechung kann der vermietende Wohnungseigentümer trotz Verstreichens der Zwölfmonatsfrist des § 556 Abs. 3 Satz 2 BGB noch gegen den Mieter abrechnen und den Nachzahlungsbetrag verlangen, da er die verspätete Geltendmachung nicht zu vertreten hat[1]. Hiergegen wird in der Literatur eingewandt, der vermietende Wohnungseigentümer müsse bei verspäteter Abrechnung eigene Initiativen unternehmen, um eine Verspätung nicht zu verschulden. So müsse er etwa den WEG-Verwalter zur fristgemäßen Abrechnung auffordern und ggf. versuchen, durch Akteneinsicht anhand der Belege des Verwalters selbst eine Betriebskostenabrechnung fristgemäß zu erstellen[2].

Daneben können sie gemäß §§ 280 Abs. 3, 281 BGB nach erfolgter Nachfristsetzung die **Abrechnung** von einem **Dritten** erstellen lassen und die hierdurch entstandenen Kosten als Schadensersatz vom Verwalter ersetzt verlangen[3]. 302

Wie bei jedem Schadensersatzanspruch muss jedoch auch bei Sekundäransprüchen im Hinblick auf eine mangelhafte Jahresabrechnung ein Schaden der Wohnungseigentümer tatsächlich eingetreten sein. Nicht ausreichend ist es insoweit, wenn die Wohnungseigentümer vortragen, die Jahresabrechnung müsse von einem Dritten neugefertigt werden, was einen Aufwand in der Größenordnung von X Euro erfordere, ohne jedoch einen **Auftrag** zur Neuerstellung bis zum Schluss der mündlichen Verhandlung überhaupt erteilt zu haben[4].

Sind lediglich die Einzelabrechnungen noch nicht erstellt, können die Wohnungseigentümer nach § 281 Abs. 1 Satz 2 BGB Schadensersatz statt der ganzen Leistung nicht verlangen, da sie an der Teilleistung Gesamtabrechnung aufgrund der Pflicht des Verwalters zu wahrheitsgemäßen Angaben ein Interesse haben. 303

(2) Schlechtleistung

Dass erhebliche Mängel der Jahresabrechnung zu Schadensersatzforderungen der Wohnungseigentümer führen können, ist grundsätzlich anerkannt[5]. 304

---

1 AG Singen, Beschl. v. 24. 2. 20043 – 7 URWEG 48/03, MietRB 2004, 295.
2 *Jennißen*, MietRB 2004, 295.
3 KG, Beschl. v. 16. 9. 1992 – 24 W 5725/91, WuM 1993, 142; *Staudinger/Bub*, § 28 WEG Rz. 282.
4 *Gottschalg*, Die Haftung von Verwalter und Beirat in der Wohnungseigentümergemeinschaft, Rz. 77 unter Berufung auf eine Entscheidung des OLG Düsseldorf – 3 Wx 325/2000 (n. v.).
5 BayObLG, Beschl. v. 6. 10.1975 – BReg 2 Z 67/75, MDR1976, 225; *Gottschalg*, Die Haftung von Verwalter und Beirat in der Wohnungseigentümergemeinschaft, Rz. 185 mit Verweis auf OLG Düsseldorf, Beschl. v. 16. 11. 1998 – 3 Wx 397/97, NZM 1999, 856 L.

305 Soweit die Abrechnung Fehler beinhaltet, ist ein Fall der Schlechterfüllung gegeben. Entsteht den Wohnungseigentümern durch die mangelhafte Abrechnung ein Schaden, haben sie einen Ersatzanspruch gegen den Verwalter nach §§ 280 Abs. 1, Abs. 3, 281 Abs. 1 BGB (kleiner Schadensersatz). Voraussetzung ist dabei nach § 281 Abs. 1 Satz 1 BGB grundsätzlich ein erfolgloses Nacherfüllungsverlangen der Wohnungseigentümer. Als Schadenspositionen der Wohnungseigentümer sind hier insbesondere die Kosten des den Genehmigungsbeschluss betreffenden Anfechtungsverfahrens[1] sowie die einer erneut erforderlichen, **zusätzlichen Eigentümerversammlung** oder **Gutachterkosten** denkbar.

306 Ist die erteilte Jahresabrechnung mit erheblichen Mängeln behaftet, können die Wohnungseigentümer nach erfolglosem Nachbesserungsverlangen gemäß § 281 Abs. 1 Satz 3 BGB die Abrechnung auch von einem **Dritten** vornehmen lassen und dessen Kosten sowie eventuell bereits aufgrund der fehlerhaften Abrechnung eingetretene Schäden als Schadensersatz statt der ganzen Leistung von dem Verwalter verlangen (großer Schadensersatzanspruch). Die Vornahme der gesamten geschuldeten Handlung durch einen Dritten stellt allerdings **keinen gleichwertigen Ersatz** dar. Sind lediglich die Einzelabrechnungen fehlerhaft, können die Wohnungseigentümer nach § 281 Absatz 1 Satz 2 BGB Schadensersatz statt der ganzen Leistung nicht verlangen, da sie an der Teilleistung Gesamtabrechnung aufgrund der Pflicht des Verwalters zu wahrheitsgemäßen Angaben ein Interesse haben.

bb) Anspruchsinhaber (Aktivlegitimation)

307 Wegen der gegebenen Einzelantragsbefugnis jedes Wohnungseigentümers im Hinblick auf die gerichtliche Durchsetzung des Primäranspruchs ist fraglich, ob eine derartige Antragsbefugnis jedes einzelnen Eigentümers auch zur Durchsetzung der die Jahresabrechnung betreffenden Sekundäransprüche gegen den Verwalter besteht.

308 Nach ständiger Rechtsprechung des BGH[2] kann ein einzelner Wohnungseigentümer grundsätzlich einen der Gemeinschaft der Wohnungseigentümer zustehenden Anspruch **nicht ohne** dahingehenden **Ermächtigungsbeschluss** geltend machen.

---

1 BGH, Beschl. v. 3. 7. 1997 – V ZB 2/97, NJW 1997, 2956; BGH, Beschl. v. 9. 10. 1997 – V ZB 3/97, NJW 1998, 755; Merle in Bärmann/Pick/Merle, § 47 Rz. 24.
2 BGH, Beschl. v. 15. 12. 1988 – V ZB 9/88, BGHZ 106, 222 (227); BGH, Beschl. v. 20. 4. 1990 – V ZB 1/90, BGHZ 111, 148 (151); BGH, Urt. v. 6. 3. 1997 – III ZR 248/95, NJW 1997, 2106.

Ein Ermächtigungsbeschluss der Wohnungseigentümer muss im Hinblick auf **Grund und Höhe des Anspruchs** hinreichend konkretisiert sein[1]. 309

Ohne Ermächtigungsbeschluss muss der einzelne Wohnungseigentümer vor Geltendmachung eines gemeinschaftlichen Anspruchs gegen den Verwalter zunächst gegen die sich weigernden Wohnungseigentümer nach § 21 Abs. 4 WEG vorgehen, um deren Zustimmung zur Geltendmachung des gemeinschaftlichen Anspruchs zu erlangen[2]. Ausnahmsweise soll der einzelne Wohnungseigentümer aber eine Antragsbefugnis haben, wenn durch die Pflichtverletzung des Verwalters einzig und allein nur ihm ein Schaden entstanden ist[3]. 310

cc) Verjährung

Nach § 195 BGB beträgt die Verjährungsfrist 3 Jahre und beginnt mit Schluss des Jahres, in welchem der Schaden für die Wohnungseigentümer eingetreten ist und sie von ihrem Ersatzanspruch Kenntnis haben, zu laufen, § 199 Abs. 1 BGB. Der Schaden ist dabei schon mit der Beauftragung des Dritten entstanden, da sich die Vermögenslage der Gemeinschaft bereits zu diesem Zeitpunkt dem Grunde nach verschlechtert hat[4]. 311

dd) Verfahrensrechtliche Durchsetzung
(1) Erkenntnisverfahren

Schadensersatzansprüche gegen den Verwalter aufgrund dessen Verwaltertätigkeit sind im Verfahren nach **§ 43 Nr. 3 WEG** geltend zu machen[5]. 312

(2) Vollstreckungsverfahren

Die Zwangsvollstreckung richtet sich nach §§ 803 ff. ZPO. 313

---

1 BayObLG, Beschl. v. 20. 12. 1989 – 24 W 2779/89, WE 1990, 89 (90).
2 KG, Beschl. v. 19. 4. 2000 – 24 W 1184/00, ZWE 2000, 360 (361).
3 BGH, Beschl. v. 2. 10. 1991 – V ZB 9/91, BGHZ 115, 253.
4 OLG Köln, Beschl. v. 6. 2. 1998 – 16 Wx 12/98, NZM 1998, 874 (875) für die Honorarverpflichtung eines Rechtsanwalts durch Auftrag als Schaden; *Ott* in Ott/Lüer/Heussen, Schuldrechtsreform, 2002, § 199 Rz. 34.
5 OLG Köln, Beschl. v. 6. 2. 1998 – 16 Wx 12/98, NZM 1998, 874 (875) für Verzugsschaden und Schäden aus Schlechterfüllung; BayObLG, Beschl. v. 20. 11. 1997 – 2Z BR 122/97, NZM 1998, 240 für Schäden aus Schlechterfüllung; BGH, Urt. v. 5. 6. 1972 – VII ZR 35/70, NJW 1972, 1318 (1319).

4. Der Abrechnungsanspruch gegenüber dem ausgeschiedenen Verwalter

a) Der Primäranspruch

aa) Passivlegitimation des ausgeschiedenen Verwalters

(1) Ausscheiden während des Wirtschaftsjahres

314 Findet ein **Verwalterwechsel** während des **Wirtschaftsjahres** statt, so bleibt der ehemalige Verwalter nach einhelliger Auffassung verpflichtet, die zum Zeitpunkt seines Ausscheidens bereits fälligen Jahresabrechnungen vorangegangener Abrechnungsperioden seiner eigenen Amtszeit zu erstellen[1]. Für das laufende Jahr ist er aber nur zur Rechnungslegung und nicht mehr zur Erstellung der Jahresabrechnung verpflichtet. Begründet wird dies damit, dass eine derartig erstellte „Jahresabrechnung" nicht zur Grundlage von Beschlüssen oder Wohngeldzahlungen der Gemeinschaft gemacht wird und eine solcher Anspruch dem Verwalter gegenüber damit unverhältnismäßig wäre.

315 Problematischer ist, ob der ausscheidende Verwalter auch noch **Jahresabrechnungen** erstellen muss, die aus der Amtszeit seines **Vorgängers** resultieren und damit fremde Abrechnungsperioden betreffen. Insoweit wird für den Fall, dass der Verwalter sich hierzu ausdrücklich vertraglich verpflichtet hatte, vertreten, es handele sich um einen Erfüllungsanspruch, dem der ausgeschiedenen Verwalter nicht mehr nachzukommen brauche. Dieser sei nur noch Schuldner von „**Abwicklungsansprüchen**", nicht aber von „**Herstellungsansprüchen**"[2].

316 Die Begriffe „Abwicklungsanspruch" und „Herstellungsanspruch" sind dem Gesetz fremd. Gesetzlich geregelt sind hingegen die Erfüllung entstandener Ansprüche (§§ 362 ff. BGB) sowie die Unmöglichkeit der Erfüllung (§ 275 BGB). Entscheidend muss daher immer sein, ob die Erfüllung eines bereits während seiner Amtszeit entstandenen Anspruchs dem ausgeschiedenen Verwalter noch tatsächlich und rechtlich möglich ist. Die Erfüllung von Abrechnungsansprüchen über fremde Abrechnungsperioden ist dem ausscheidenden Verwalter bei Vorhandensein der notwendigen Unterlagen genauso möglich wie die Erfüllung der Abrechnungsansprüche, welche die eigene Amtszeit betreffen. Auch bei letzterem Anspruch handelt es sich um einen Erfüllungsanspruch auf Herstellung der Jahresabrechnung. Die Begriffe „Abwicklungsanspruch" und „Herstellungsanspruch" sind überflüssig.

317 Eine ganz andere Frage ist allerdings, ob der **ausscheidende Verwalter** überhaupt **Schuldner** des Abrechnungsanspruchs der Wohnungseigentü-

---

1 *Merle* in Bärmann/Pick/Merle, § 28 Rz. 63.
2 LG Münster, Beschl. v. 24. 8. 2001 – 3 T 62/01, NZM 2002, 459.

mer geworden ist. Ohne ausdrückliche vertragliche Regelung trifft die gesetzliche Abrechnungspflicht aus § 28 Abs. 3 WEG nur den im Zeitpunkt der Entstehung des Anspruchs (siehe hierzu ausführlich nachfolgend unter den Rz. 323) amtierenden Verwalter[1]. Soweit der Verwalter im Zeitpunkt der Entstehung des Abrechnungsanspruchs sein Amt noch nicht inne hatte, ist er daher auch nach § 28 Abs. 3 WEG nicht verpflichtet, Jahresabrechnungen über fremde Abrechnungsperioden zu erstellen. Diese Pflicht trifft dann regelmäßig seinen Vorgänger[2].

(2) Ausscheiden zum Ende des Wirtschaftsjahres[3]

Umstritten ist die Rechtslage, wenn der Verwalter **zum Ende des Wirtschaftsjahres** ausscheidet. Hier ist zunächst zu untersuchen, ob in der Vereinbarung (Gemeinschaftsordnung) oder im Verwaltervertrag vorgesehen wurde, dass der ausscheidende Verwalter die Jahresabrechnung für das Jahr seines Ausscheidens noch zu erstellen hat, oder ob er diese Pflicht nachträglich durch Vertrag den Wohnungseigentümern gegenüber übernommen hat. Ist dies nicht der Fall, wird sowohl vertreten, dass nach dem Gesetz der ehemalige Verwalter verpflichtet bleibt, die Jahresabrechnung zu erstellen, als auch, dass dies nunmehr zum Pflichtenkreis seines Nachfolgers gehört. 318

Ein Teil der Literatur[4] beruft sich darauf, die Pflichten des Verwalters zur Erstellung von Wirtschaftsplan (§ 28 Abs. 1 WEG), Jahresabrechnung (§ 28 Abs. 3 WEG) und einer Rechnungslegung (§ 28 Abs. 4 WEG) seien jeweils als Bestandteile einer einheitlichen Abrechnungspflicht anzusehen, welche nicht aufgeteilt werden könne. Eine Jahresabrechnung könne naturgemäß erst nach Ablauf des Abrechnungszeitraumes erstellt werden, was aber nichts an der Person des hierzu Verpflichteten ändere. Die Jahresabrechnung sei eine Hauptpflicht des Verwalters, welche bei der Festlegung des Honorars Berücksichtigung gefunden habe. Erfülle er diese nicht, so habe er das ihm geschuldete Honorar komplett erhalten, ohne die von ihm geschuldete Gegenleistung voll erbringen zu müssen. Aus dem Gesichtspunkt der Verantwortlichkeit folge, dass nur der bishe- 319

---

1 *Reichert*, ZWE 2001, 92 (93).
2 Soweit allerdings im Zeitpunkt der Entstehung des Abrechnungsanspruchs kein Vorgänger vorhanden ist (also etwa dann, wenn der bisherige Verwalter zum 31. 12. des Vorjahres ausscheidet und der neue Verwalter erst im Laufe des nachfolgenden Jahres bestellt wird), wird man die Abrechnungspflicht als auf dem unbesetzten Amt ruhend ansehen müssen. Die Verpflichtung trifft dann den zu bestellenden Verwalter, welcher sich daher zwecks Vereinbarung einer Sondervergütung vor Amtsantritt informieren sollte, welche offenen Verpflichtungen noch ausstehen.
3 Beim Kalenderjahr als Wirtschaftsjahr zum 31. 12.
4 *Sauren*, ZMR 1985, 326 (327); *Jenißen*, WEG, § 28 Rz. 158f., *Röll*, WE 1987, 146 (150); *Röll*, Abrechnung nach Verwalterwechsel, WE 1986, 22.

rige Verwalter Rechenschaft über seine Arbeit ableisten könne, nicht aber der neue Verwalter für die Arbeit des ehemaligen. Letztlich sprächen vor allem auch praktische Erwägungen, wie etwa der für den neuen Verwalter erhöhte Arbeitsaufwand, für eine Verpflichtung des ausgeschiedenen Verwalters. Vereinzelt wird auch vertreten, dass die auf § 28 Abs. 3 WEG gestützte Verpflichtung, eine Abrechnung aufzustellen, bereits „mit" dem Ablauf des Kalenderjahres entsteht[1] oder fällig wird[2] und daher den Verwalter trifft, der zu dieser Zeit amtiert.

320   Eine solche Festlegung des Zeitpunkts der Entstehung der Verpflichtung ist jedoch mit dem Wortlaut des **§ 28 Abs. 3 WEG** unvereinbar, welcher ausdrücklich eine **Aufstellung** der Jahresabrechnung **„nach"** und **nicht „mit"** Ablauf des Kalenderjahres regelt. Nach ganz überwiegender Meinung befreit das Ende des Verwalteramtes während des Wirtschaftsjahres[3] von einer zu diesem Zeitpunkt weder entstandenen noch fälligen[4] Verpflichtung. Verwalter i. S. d. WEG ist nur der im Zeitpunkt der Entstehung einer gesetzlichen Berechtigung oder Verpflichtung amtierende[5]. Die Verpflichtung zur Abrechnung des Vorjahres wird erst im folgenden Jahr fällig, gehört zu den Obliegenheiten des Folgejahres und ist deshalb alleinige Aufgabe des neuen Verwalters[6].

---

1 *Jennißen*, Die Verwalterabrechnung nach dem WEG, 4. Aufl., S. 95, Rz. 102, vertritt im Rahmen von Nachzahlungsbeiträgen der Wohnungseigentümer aus einer beschlossenen Jahresabrechnung, dass der Anspruch bereits mit der theoretischen Abrechnungsmöglichkeit am 31. 12. eines Jahres entsteht (und daher ab diesem Zeitpunkt verjährt). Nichts anderes dürfte dieser Auffassung nach für den Anspruch der Wohnungseigentümer auf Aufstellung der Jahresabrechnung gelten.
2 KG, Beschl. v. 16.9. 1992 – 24 W 5725/91, NJW-RR 1993, 529.
3 Beim Kalenderjahr als Wirtschaftsjahr also bei einem Ausscheiden bis einschließlich zum 31. 12. des Jahres.
4 KG, Beschl. v. 4. 10. 1991 – 24 W 6659/90, zitiert bei *Dittrich*, ZMR 1992, 217 (222); KG, Beschl. v. 16. 9. 1992 – 24 W 5725/91, WE 1993, 82; BayObLG, Beschl. v. 20. 12. 1994 – 2Z BR 106/94, WuM 1995, 341; BayObLG, Beschl. v. 13. 9. 1993 – 2Z BR 66/93, WuM 1994, 44; Hans. OLG Hamburg, Beschl. v. 18. 11. 1986 – 2 W 61/86, WE 1987, 83; OLG Hamm, Beschl. v. 4. 3. 1993 – 15 W 295/92, WE 1993, 246 (248); OLG Hamm, Beschl. v. 17. 3. 1993 – 15 W 260/92, WE 1993, 248; *Staudinger/Bub*, § 28 WEG, Rz. 274; *Niedenführ* in Niedenführ/Kümmel/Vandenhouten, § 28 Rz. 126; *Müller*, Praktische Fragen, S. 429, Rz. 529; *Deckert*, Die Eigentumswohnung, 4/867 Rz. 1639.
5 *Reichert*, ZWE 2001, 92 (93).
6 LG Frankfurt/Main, Beschl. v. 8. 6.1984 – 2/9 T 586/83, MDR 1985, 59.

(3) Ausscheiden nach Ende des Wirtschaftsjahres, aber vor Fälligkeit des Abrechnungsanspruchs[1]

(a) Meinungsstand und Kritik

Die h. M.[2] hält den nach Ablauf des Kalenderjahres bei Eintritt der Fälligkeit amtierenden Verwalter für abrechnungspflichtig, wobei die Fälligkeit mit der Entstehung der Verpflichtung teilweise gleichgesetzt wird[3]. Der Zeitpunkt der Fälligkeit des Anspruchs aus § 28 Abs. 3 WEG ist im WEG nicht geregelt. Übereinstimmend wird davon ausgegangen, dass die Fälligkeit nach Ablauf einer angemessenen Frist von in der Regel **drei bis höchstens sechs Monaten** nach Ablauf des Kalenderjahres eintritt[4]. Für die Dauer der Frist sollen im Einzelfall u. a. Umfang und Schwierigkeitsgrad der jeweiligen Abrechnung und die Zeit, die zur Beschaffung der notwendigen Daten erforderlich ist, maßgebend sein.

321

Diese Ansicht führt in der Praxis zu dem großen Nachteil, dass der Zeitpunkt der Fälligkeit, da er von **Schwierigkeit und Umfang der Jahresabrechnung** abhängig ist, oftmals unklar bleibt und im Prinzip in jedem Einzelfall gesondert bestimmt werden muss. Zusätzlich wird die Einordnung des Schwierigkeitsgrades einer Jahresabrechnung auch dadurch erschwert, dass subjektive Leistungsfähigkeit und Erfahrung der Verwalter unterschiedlich sind, sodass auf einen sog. „objektiven Durchschnittsverwalter" abgestellt werden müsste. Scheidet ein Verwalter etwa zum 31. 3. eines Jahres aus, kann für das abgelaufene Kalenderjahr leicht Streit darüber entstehen, ob der alte oder der neue Verwalter die Jahresabrechnung zu erstellen hat[5]. Dieser Streit müsste durch Nachforschungen über Schwierigkeitsgrad, Umfang und sonstige erhebliche Umstände des zu beurteilenden Einzelfalls (vor Gericht womöglich jeweils durch ein Sachverständigengutachten) geklärt werden, damit der Zeitpunkt der Fälligkeit bestimmt werden kann.

322

---

1 Beim Kalenderjahr als Wirtschaftsjahr zwischen dem 1. 1. und 1. 3. bis 30. 6. des Folgejahres.
2 OLG Zweibrücken, Beschl. v. 11. 5. 2007 – 3 W 153/06, ZMR 2007, 887; KG, Beschl. v. 4. 10. 1991 – 24 W 6659/90, zitiert bei *Dittrich*, ZMR 1992, 217 (222); BayObLG, Beschl. v. 20. 12. 1994 – 2Z BR 106/94, WuM 1995, 341; BayObLG, Beschl. v. 13. 9. 1993 – 2Z BR 66/93, WuM 1994, 44; *Staudinger/Bub*, § 28 WEG, Rz. 274; *Niedenführ* in Niedenführ/Kümmel/Vandenhouten, § 28 Rz. 126; *Müller*, Praktische Fragen, S. 510, Rz. 1098; *Buß*, WE 1998, 373, der mit der Entstehung der Verpflichtung wohl deren Fälligkeit meint. Eine ähnliche Problematik besteht bei der Frage, ob eine zeitanteilige Jahresabrechnung gegenüber Veräußerer und Erwerber von Wohnungseigentum vorzunehmen ist, wenn die Beschlussfassung hierüber erst nach Eigentümerwechsel erfolgt. Nach der sog. Fälligkeitstheorie soll sich hier im Fälligkeitszeitpunkt der Beitragsforderung entscheiden, wer Schuldner der Zahlungsverpflichtung ist.
3 OLG Hamm, Beschl. v. 17. 3. 1993 – 15 W 260/92, DWE 1993, 114.
4 *Merle* in Bärmann/Pick/Merle, § 28 WEG Rz. 58; *Niedenführ* in Niedenführ/Kümmel/Vandenhouten, § 28, Rz. 123.
5 *Müller*, Praktische Fragen, S. 510, Rz. 1098.

323 Neben den praktischen Schwierigkeiten erscheint ein Abstellen auf die Fälligkeit auch unbillig, da hierdurch gerade bei schwierigen und umfangreichen Abrechnungen dem zum Abrechnungszeitraum amtierenden Verwalter länger die Möglichkeit eingeräumt wird, sich der Abrechnung durch Amtsniederlegung zu entziehen.

(b) Der Entstehungszeitpunkt der Abrechnungspflicht

324 Eine Festlegung auf den Zeitpunkt der Fälligkeit des Anspruchs als maßgebliches Kriterium zur Bestimmung der Person des Abrechnungsverpflichteten ist jedoch nicht zwingend. Es ist nämlich zwischen der Fälligkeit eines Anspruchs und seiner Entstehung zu differenzieren[1]. Richtigerweise macht eine solche Trennung zwar bei der Regelung der Verjährung eines Anspruchs im Rahmen der §§ 199, 200, 201 BGB, welche auch nach der Schuldrechtsreform wie § 198 a.F. ausdrücklich die Entstehung des Anspruchs erwähnen, aber dessen Fälligkeit meinen[2], keinen Sinn, da entscheidend für die Verjährung sein muss, ab wann ein Anspruch auch erfolgreich klageweise geltend gemacht werden kann. Diese Ungenauigkeit des Gesetzgebers lässt sich jedoch historisch begründen[3]. Im Übrigen differenziert das Gesetz zwischen der Entstehung des Anspruchs und seiner Fälligkeit. So hat etwa nach § 271 Abs. 2 BGB der Schuldner das Recht, eine Leistung zu bewirken, obwohl sie noch nicht fällig ist, was als selbstverständlich voraussetzt, dass der Anspruch schon besteht. Auch die §§ 257, 258 und 259 ZPO setzen bei der Eröff-

---

[1] *Jennißen*, ZWE 2000, 494 (495).
[2] BT-Drucks. 14/6857 S. 42 f.
[3] Der ursprüngliche § 158 I des E 1 a.F. lautete: „Die Verjährung des Anspruchs beginnt mit dem Zeitpunkte, in welchem die Befriedigung des Anspruchs rechtlich verlangt werden kann (Fälligkeit)." Der Fälligkeitsbegriff wurde von der Kommission für die zweite Lesung, um Definitionsschwierigkeiten zu vermeiden, durch „Entstehung des Anspruchs" ersetzt, ohne dass sich hierdurch sachlich etwas geändert hat. Siehe hierzu *von Feldmann* in MünchKomm, § 198 Rz. 1; *Medicus*, Allgemeiner Teil, S. 49 Rz. 108. Im Rahmen der Schuldrechtsreform wurde im Entwurf zunächst der Begriff der Fälligkeit verwendet. Aufgrund des Vorschlags des Bundesrates (BR-Drucks. 338/01), ob man nicht auch die Verwirkung von Ansprüchen einer gesetzlichen Regelung zuführen sollte, griff die Bundesregierung bei der Regelung der Verjährung wieder auf den bisherigen Begriff der Entstehung des Anspruchs zurück. Die Bundesregierung gab in ihrer Gegenäußerung (BT-Drucks. 14/6857 S. 42 f.) zu erkennen, dass sie im Rahmen der Verjährung unter der Entstehung des Anspruchs die Fälligkeit versteht. Ob sie die Rechtsbegriffe der Entstehung und Fälligkeit eines Anspruchs auch im Übrigen völlig gleichbedeutend versteht, kommt nicht direkt zum Ausdruck. Allerdings problematisiert die Bundesregierung die Notwendigkeit der Einführung einer „Ausschluss- und Verjährungsfrist bei nicht fälligen vertraglichen Erfüllungsansprüchen". Dies spricht dafür, dass die Begriffe der Entstehung und der Fälligkeit des Anspruchs auch von der Bundesregierung nicht grundsätzlich deckungsgleich aufgefasst werden, da die Einführung einer Ausschluss- und Verjährungsfrist bei nicht entstandenen vertraglichen Erfüllungsansprüchen wohl keinerlei Sinn machen dürfte.

nung der Möglichkeit von Klagen auf künftige Leistung voraus, dass die Ansprüche im Zeitpunkt der Anhängigkeit der Klage jedenfalls bereits entstanden sind[1]. Ab Entstehung des Anspruchs und nicht erst ab Fälligkeit kann die Person des Schuldners nicht mehr ohne Zustimmung des Gläubigers ausgewechselt werden, was für die hier vorgenommene Suche nach dem richtigen Schuldner des Abrechnungsanspruchs entscheidend ist. Und letztendlich differenziert das WEG nunmehr selbst in § 10 Abs. 8 Satz 1 zwischen der Entstehung und der Fälligkeit eines Anspruchs.

Grundsätzlich entsteht ein Anspruch (§ 194 Abs. 1 BGB) bereits dann, wenn der vom Gesetz zu seiner Entstehung verlangte Tatbestand verwirklicht ist, auch wenn der Gläubiger die Leistung zu diesem Zeitpunkt noch nicht verlangen kann, er also noch nicht fällig ist[2]. Der gesetzliche Tatbestand des § 28 Abs. 3 WEG lautet „... nach Ablauf des Kalenderjahres ...", dessen Rechtsfolge ist „hat ... eine Abrechnung aufzustellen". Mit „Der Verwalter ..." erfolgt die Bezeichnung des Schuldners. Der gesetzliche Tatbestand „... nach Ablauf des Kalenderjahres" ist am 1. 1. des Folgejahres erfüllt, der Anspruch an diesem Tage entstanden. Den zu diesem Zeitpunkt amtierenden oder, falls zu diesem Zeitpunkt noch kein Verwalter vorhanden sein sollte, den darauf folgend bestellten Verwalter trifft die Pflicht, die Abrechnung des Vorjahres zu erstellen. 325

Mit dem Abstellen auf die Entstehung des Anspruchs am Folgetag des Ablaufs des Kalenderjahres lässt sich der zur Abrechnung verpflichtete Verwalter problemlos bestimmen. Dies gilt auch dann, wenn ein vom Kalenderjahr abweichender Abrechnungszeitraum bestimmt ist. 326

(4) Ausscheiden nach Fälligkeit des Abrechnungsanspruchs

Der nach Fälligkeit eines Abrechnungsanspruchs ausgeschiedene Verwalter hat immer die den Anspruch betreffende Jahresabrechnung noch zu erstellen. 327

bb) Anspruchsinhalt

Der Gegenstand des Hauptleistungsanspruchs ist mit dem Anspruch gegen einen amtierenden Verwalter identisch. 328

Das **Einsichtsrecht** in die Abrechnungsunterlagen steht als Nebenrecht **auch dem neu bestellten Verwalter** zu, soweit dies zur Erfüllung seiner Aufgaben erforderlich ist[3]. Dieses Einsichtsrecht ist aber kein eigenes Recht des amtierenden Verwalters, sondern hat seinen Rechtsgrund 329

---

1 *Zöller/Greger*, § 258 ZPO Rz. 1, § 259 ZPO Rz. 1.
2 *Larenz*, Allgemeiner Teil des deutschen Bürgerlichen Rechts, § 17 Rz. 12.
3 BayObLG, Beschl. v. 11. 7. 1996 – 2Z BR 45/96, WE 1997, 117.

ebenfalls in dem Rechtsverhältnis zwischen der Gemeinschaft und dem ausgeschiedenen Verwalter.

Dem Einsichtsrecht kommt nur solange Bedeutung zu, als und soweit der ausgeschiedene Verwalter die Verwaltungsunterlagen noch nicht den Wohnungseigentümern oder seinem Nachfolger übergeben hat. Wurden die Verwaltungsunterlagen bereits übergeben, hat nunmehr der ausgeschiedene Verwalter ein Einsichtsrecht als Nebenrecht zur Erfüllung seiner Abrechnungspflicht[1].

cc) Nachbesserungspflicht

330 Nach der Rechtsprechung soll der ausgeschiedene Verwalter verpflichtet sein, eine in seinen Verwaltungszeitraum fallende Jahresabrechnung zu korrigieren, falls nach seinem Ausscheiden der Beschluss über die Genehmigung der Jahresabrechnung im Beschlussmängelverfahren für ungültig erklärt wurde[2].

331 Hiergegen lässt sich jedoch einwenden, dass aus Sicht des Verwalters allein entscheidend sein muss, ob er seine gesetzliche (oder vertragliche) Abrechnungspflicht erfüllt hat oder nicht. Der Aufhebung eines Beschlusses nach § 28 Abs. 5 WEG oder eines Entlastungsbeschlusses kommt für den Verwalter zunächst keine Bedeutung zu. Die Frage der ordnungsgemäßen Erfüllung ihres Abrechnungsanspruchs ist im Falle des Bestreitens durch die Wohnungseigentümer auf ihren Antrag hin im Verfahren nach § 43 Nr. 3 WEG zu klären. Ein aufgehobener oder für ungültig erklärter Beschluss nach § 28 Abs. 5 WEG oder Entlastungsbeschluss kann dabei zur Umkehr der Darlegungs- und Beweislast nach § 363 BGB führen (siehe hierzu bereits unter Rz. 284–289).

dd) Rechte des ausgeschiedenen Verwalters

(1) Herausgabeanspruch

332 Der ausgeschiedene Verwalter hat im Hinblick auf von ihm für die Abrechnung benötigte Unterlagen **keinen Herausgabeanspruch gegen** die **Gemeinschaft der Wohnungseigentümer** oder seinen Nachfolger im Amt. Die Gemeinschaft der Wohnungseigentümer benötigt die Originalunterlagen für die laufende Verwaltung.

---

1 BayObLG, Beschl. v. 18. 8. 1969 – 2 Z 3/69, BayObLGZ 1969, 209 (215); BayObLG, Beschl. v. 5. 8. 1992 – 2Z BR 55/92, WE 1993, 288; BayObLG, Beschl. v. 13. 9. 1993 – 2 Z 66/93, WE 1994, 280 (Rechnungslegung); OLG Hamm, Beschl. v. 3. 3. 1975 – 15 W 183/73, OLGZ 1975, 157 (161); OLG Hamburg, Beschl. v. 18. 11. 1986 – 2 W 61/86, OLGZ 1987, 188 (189); OLG Hamm, Beschl. v. 17. 3. 1993 – 15 W 260/92, OLGZ 1993, 438 (440).
2 OLG Frankfurt, Beschl. v. 2. 9. 1998 – 20 W 49/97, WuM 1999, 61 (62) m. Anm. *Arnoul*; *Merle*, ZWE 2000, 9 (10).

(2) Das Einsichtsrecht

Hat der ausgeschiedene Verwalter alle Unterlagen übergeben, so hat er bei berechtigtem Interesse ein jederzeitiges Einsichtsrecht in die herausgegebenen Unterlagen[1]. Ein derartiges berechtigtes Interesse ist gegeben, soweit eine Einsicht in die übergebenen Unterlagen erforderlich ist, um den Anspruch der Wohnungseigentümer auf Rechnungslegung und Auskunftserteilung[2], Abrechnung oder sonstige für eine Entlastung maßgebliche Pflichten zu erfüllen, oder auch, um Schadensersatzansprüche der Wohnungseigentümer abwehren zu können[3]. Auch dem ausgeschiedenen Verwalter wird man zubilligen müssen, sich Kopien gegen Kostenerstattung anzufertigen[4].

333

Schuldner des Einsichtsanspruchs soll grundsätzlich **der amtierende Verwalter** sein, der die Verwaltungsunterlagen aufbewahrt[5]. Sieht man das Einsichtsrecht des Verwalters als ein Nebenrecht zur Erfüllung einer anderen Hauptpflicht oder zur Verwirklichung eines anderen Hauptrechts an, so bestehen diese Rechtsbeziehungen nur zwischen der Gemeinschaft und dem ausgeschiedenen Verwalter sowie zwischen der Gemeinschsaft und dem amtierenden Verwalter, nicht aber zwischen dem amtierenden und dem ausgeschiedenen Verwalter. Schuldner eines Einsichtsrechts des ausgeschiedenen Verwalters kann von daher nur die **Gemeinschaft der Wohnungseigentümer** sein. Diese muss von dem amtierenden Verwalter verlangen, dass er seinem Vorgänger Einsicht in die Verwaltungsunterlagen gewährt.

334

Verweigert die Gemeinschaft dem ausgeschiedenen Verwalter die Einsichtnahme in bereits herausgegebene, aber zur Abrechnung benötigte Verwaltungsunterlagen und besteht sie gleichzeitig auf der Erstellung der Jahresabrechnung durch diesen, so muss der ausgeschiedene Verwalter die Einwendung widersprüchlichen Verhaltens nach § 242 BGB (venire contra factum proprium) gegen den Abrechnungsanspruch erheben können. Einer gerichtlichen Durchsetzung des Einsichtsgewährungsrechts durch den ausgeschiedenen Verwalter bedarf es dann nicht.

335

---

1 BayObLG, Beschl. v. 18. 8. 1969 – 2 Z 3/69, BayObLGZ 1969, 209 (215); OLG Hamm, Beschl. v. 17. 3. 1993 – 15 W 260/92, OLGZ 1993, 438 (440); *Seuß*, WE 1990, 127; *Staudinger/Bub*, § 28 WEG, Rz. 612; *Sauren*, PiG 30, S. 69 (83).
2 *Merle* in Bärmann/Pick/Merle, § 28 Rz. 133.
3 *Staudinger/Bub*, § 28 WEG, Rz. 612.
4 So für das Einsichtsrecht der Wohnungseigentümer OLG Hamm, Beschl. v. 9. 2. 1998 – 15 W 124/97, NZM 1998, 724; OLG Celle, Beschl. v. 25. 6. 1984 – 4 W 87/84, DWE 1985, 24; a.A. OLG Karlsruhe, Beschl. v. 21. 4. 1976 – 3 W 8/76, MDR 1976, 758.
5 *Staudinger/Bub*, § 28 WEG, Rz. 613.

ee) Verfahrensrechtliche Durchsetzung

336 Im Hinblick auf die verfahrensrechtliche Durchsetzung des Abrechnungsanspruchs gegen den ausgeschiedenen Verwalter gibt es keine Besonderheiten, sodass auf die diesbezüglichen Ausführungen gegen einen amtierenden Verwalter verwiesen werden kann.

b) Sekundäransprüche

aa) Anspruchsgrundlagen

337 Schadensersatzansprüche der Gemeinschaft gegen einen ausgeschiedenen Verwalter fallen unter § 43 Nr. 3 WEG[1].

338 Die Erfüllung der Abrechnungspflicht ist dem ausgeschiedenen Verwalter auch nach Herausgabe der Verwaltungsunterlagen aufgrund seines Einsichtsrechts nicht unmöglich geworden[2]. Im Übrigen ergeben sich keine Besonderheiten zu den Sekundäransprüchen gegen den amtierenden Verwalter, sodass auf die diesbezüglichen Ausführungen verwiesen werden kann (siehe Rz. 301–313).

bb) Anspruchsinhaber

339 Anspruchsinhaber ist nach § 10 Abs. 7 Satz 1, 3 WEG die Gemeinschaft der Wohnungseigentümer.

340 Entscheidend für die Beurteilung, ob die Geltendmachung der Schadensersatzforderung ordnungsgemäßer Verwaltung entspricht, kann bei dem ausgeschiedenen Verwalter als Anspruchsgegner nicht die Aufrechterhaltung und Förderung einer guten Arbeitsbeziehung für die Zukunft, sondern allein die **Tragbarkeit** des einzugehenden **Verfahrensrisikos** für die Gemeinschaft sein[3]. Der Beschluss, auf die gerichtliche Geltendmachung offensichtlicher und schlüssig dargelegter Schadensersatzansprüche gegen den ausgeschiedenen Verwalter zu verzichten, widerspricht regelmäßig ordnungsgemäßer Verwaltung und ist auf Anfechtung hin für ungültig zu erklären[4].

5. Der Abrechnungsanspruch gegenüber dem „Scheinverwalter"

341 Teilweise wird ohne nähere Begründung vertreten, ein Verwalter, dessen Bestellung unwirksam ist, sei als „Scheinverwalter" nicht zur Abrechnung, sondern nur zur Rechnungslegung verpflichtet[5].

---

1 BayObLG, Beschl. v. 18. 10. 1990 – 2 Z 86/90, WE 1992, 23.
2 *Staudinger/Bub*, § 28 WEG, Rz. 471 für die Rechnungslegung.
3 *Gottschalg*, Die Haftung von Verwalter und Beirat in der Wohnungseigentümergemeinschaft, 1. Aufl., Rz. 319.
4 OLG Düsseldorf, Beschl. v. 25. 8. 1999 – 3 Wx 270/99, NZM 2000, 347.
5 *Staudinger/Bub*, § 28 WEG, Rz. 466

Die gesetzliche Norm des § 28 Abs. 3 WEG verlangt einen im Zeitpunkt der Entstehung des Abrechnungsanspruchs amtierenden Verwalter. Der „Scheinverwalter" hat aber regelmäßig aufgrund der Rückwirkung der gerichtlichen Ungültigerklärung des Bestellungsbeschlusses oder seiner Nichtigkeit zu keinem Zeitpunkt amtiert. 342

Damit ist jedoch noch nicht darüber entschieden, ob eine Abrechnungspflicht des „Scheinverwalters" über eine analoge Anwendung des § 28 Abs. 3 WEG erreicht werden kann. Die Voraussetzungen einer Analogie (planwidrige Regelungslücke/aufgrund vergleichbarer Interessenlage ähnliche Sachverhalte/Norm, deren Rechtsfolge ungeregelten Sachverhalt interessengerechter Lösung zuführt) dürften gegeben sein. Tatsächlich macht es auch keinen Unterschied, ob ein Verwalter nach Entstehen der Abrechnungspflicht ausscheidet, weil er abberufen wird oder sein Amt deswegen (rückwirkend) verliert, weil die Bestellung unwirksam ist. In beiden Fällen behält der (Schein-)Verwalter seinen **Vergütungsanspruch**, womit die Wohnungseigentümer ihre Gegenleistung für die Abrechnung bereits erbracht haben. Es ist daher interessengerecht, ihnen den Abrechnungsanspruch auch gegenüber dem „Scheinverwalter" über eine analoge Anwendung des § 28 Abs. 3 WEG zu erhalten. 343

Bezüglich der Durchsetzung des Primäranspruchs und Existenz und Durchsetzung etwaiger Sekundäransprüche ergeben sich dann keine Besonderheiten. 344

Teil 7
Rechnungslegung

	Rz.		Rz.
I. Allgemeines	1	VI. Fälligkeit der Rechnungslegung	33
II. Inhalt der Rechnungslegung	6	VII. Ort der Rechnungslegung	36
1. Allgemeines	6	VIII. Durchsetzung des Rechnungslegungsanspruches	38
2. Erfüllung der Rechnungslegungspflicht	10		
III. Anspruchsinhaber	17	IX. Konsequenz einer Weigerung, Rechnung zu legen/fehlerhafte Rechnungslegung	45
IV. Beschluss über den Rechnungslegungsanspruch	22		
V. Schuldner der Rechnungslegung	30	X. Streitwerte/Beschwer	47

I. Allgemeines

Für die Gemeinschaft der Eigentümer und den Verwalter existieren drei Vorschriften, die die Rechnungslegung berühren. Es sind dies die §§ 666, 259 BGB, 28 Abs. 4 WEG. 1

Die Vorschriften des Auftragsrechts sind für das Verhältnis zwischen Verwalter und dem Verband (Gemeinschaft der Eigentümer) maßgebend[1], da es sich bei dem **Verwaltervertrag** um einen entgeltlichen Geschäftsbesorgungsvertrag handelt. 2

Nach § 28 Abs. 4 WEG können die Eigentümer (also der Verband) durch Beschluss **jederzeit** von dem Verwalter eine Rechnungslegung verlangen. Diese Bestimmung modifiziert den sich aus §§ 675, 666, 259 BGB ergebenden Anspruch der Gemeinschaft der Eigentümer[2]. Nach § 666 BGB ist der Beauftragte verpflichtet, dem Auftraggeber die erforderlichen Nachrichten zu geben, auf Verlangen über den Stand des Geschäfts Auskunft zu erteilen **und nach der Ausführung des Auftrags Rechenschaft abzulegen**. Gemäß § 259 Abs. 1 BGB hat der Rechenschaftverpflichtete dem Berechtigten eine die geordnete Zusammenstellung der Einnahmen und der Ausgaben enthaltende Rechnung mitzuteilen. Diese Vorschrift bezeichnet damit die eigentliche **Rechnungslegung**, die bei der Verwaltung von Ein- 3

---

[1] Vgl. nur BayObLG, Beschl. v. 3. 2. 2000 – 2Z BR 123/99, ZWE 2000, 187 = ZMR 2000, 325.
[2] Vgl. BGH, Urt. v. 6. 3. 1997 – III ZR 248/95, MDR 1997, 537 = ZMR 1997, 308 = NJW 1997, 2106 = DWE 1997, 72 = WuM 19978, 294; nach KG, Beschl. v. 9. 12. 1980 – 1 W 4193/80, OLGZ 1981, 304 = MDR 1981, 407 = DWE 1981, 132, hat § 28 Abs. 4 WEG eine Klarstellungsfunktion.

nahmen und Ausgaben zu erstellen ist und deshalb für das Verhältnis zwischen dem Verwalter und der Gemeinschaft der Eigentümer entscheidende Bedeutung hat. Rechnungslegung ist eine besondere Form der Rechenschaftslegung; Rechenschaftslegung ist der umfassendere Begriff[1].

4   Aus § 666 BGB ergibt sich, dass die Rechnungslegung grundsätzlich erst **nach der Ausführung des Auftrages** fällig wird, es sei denn, es ist vertraglich[2], also im Verwaltervertrag, anderes geregelt. In der Praxis wird im Verwaltervertrag selten die Rechnungslegung geregelt, sondern nur die **Pflicht zur Vorlage einer Jahresabrechnung**.

5   Gegenüber § 666 BGB wird in § 28 Abs. 4 WEG der Anspruch der Gemeinschaft der Eigentümer erweitert. Es kann nämlich danach **jederzeit** Rechnungslegung verlangt werden. § 28 Abs. 4 WEG hat einerseits die Bedeutung, dass auch ein „überraschend" erfolgendes Verlangen nach Rechnungslegung gegenüber dem Verwalter rechtmäßig ist, andererseits ein solches Verlangen aber auch gemeinschaftsintern regelmäßig ordnungsmäßiger Verwaltung entspricht. Die Vorschrift des § 28 Abs. 4 WEG kann durch eine Gemeinschaftsordnung nur modifiziert, nicht jedoch vollständig abbedungen werden[3]; erst recht nicht kann dies durch Verwaltervertrag erfolgen.

II. Inhalt der Rechnungslegung

1. Allgemeines

6   Die Rechnungslegung ist vom Inhalt her mit drei Bestandteilen der Jahresabrechnung identisch[4], sie muss nämlich die Rechnungslegung über die Gesamtkosten und Gesamteinnahmen (= Identität mit der Gesamtabrechnung) enthalten, die Darstellung des Girokontos und die Darstellung der Instandhaltungsrücklage (Ist-Beträge). Eine Rechnungslegung in Form von Einzelabrechnungen – also eine Verteilung der Gesamtkosten auf die Eigentümer gemäß ihren zu tragenden Anteilen – gehört dagegen nicht zu einer Rechnungslegung im vorstehenden Sinn; die Verpflichtung zur außerordentlichen Rechnungslegung beinhaltet ebenfalls keine Pflicht zur Erstellung von Einzelabrechnungen[5], weil hierfür kein Bedürf-

---

1   *Ehmann* in Erman, BGB, § 666 Rz. 30.
2   Vgl. BGH, Urt. v. 16. 5. 1984 – IVa ZR 106/82, MDR 1985, 31 = WM 1984, 1164.
3   So auch LG Berlin, Beschl. v. 8. 8. 1984 – 191 T 40/83, ZMR 1984, 424.
4   Staudinger/*Bub*, 2005, WEG, § 28 Rz. 473: Identität bei Inhalt und Form von Jahresabrechnung und Rechnungslegung; Palandt/*Bassenge*, § 28 Rz. 14.
5   KG, Beschl. v. 9. 12. 1980 – 1 W 4193/80, OLGZ 1981, 304 = MDR 1981, 407 = DWE 1981, 132; vgl. dazu auch *Otto*, Umfang der außerordentlichen Rechnungslegung durch Wohnungsverwalter, DWE 1982, 127; BayObLG, Beschl. v. 2. 2. 1979 – 2 Z 11/78, BayObLGZ 1979, 30 = ZMR 1979, 148 = DWE 1979, 123 = WEM 1979, 127.

nis besteht. Auch die Rechnungslegung, die vom ausgeschiedenen Verwalter verlangt wird, muss keine Rechnungslegung in Form von Einzelabrechnungen enthalten[1]. Unberührt bleibt davon allerdings die Verpflichtung des Verwalters, Jahresabrechnungen vorzulegen, wenn die Erstellung in seiner Verwaltungszeit fällig geworden ist[2].

Ein neu bestellter Verwalter ist nicht verpflichtet, eine nachvollziehbare Auflistung der Instandhaltungsrücklagen der vergangenen Jahre zu erstellen[3]. Das hat mit einer Rechnungslegung nichts zu tun, selbst wenn der neue Verwalter sich hierzu verpflichtet hätte. 6a

Hat der Verwalter eine Rechnungslegung zu erbringen, muss er eine Rechnung vorlegen, aus der insbesondere die Einnahmen und Ausgaben des Rechnungslegungszeitraumes zu ersehen sind; dabei sind die Ausgaben nach Kostenarten aufzugliedern und die Kontenstände der Bankkonten aufzuführen[4]. Nach Auffassung des OLG München[5] müssen darüber hinaus auch noch die bestehenden Forderungen und Verbindlichkeiten aufgeführt werden. Das halte ich für falsch. In einer Rechnungslegung müssen lediglich die tatsächlichen Zahlungsbewegungen, sowie das Geldvermögen (Instandhaltungsrücklagen) belegt werden, nicht darzustellen sind noch ausstehende oder noch zu zahlende Beträge. Die Rechnungslegung muss ohne Hinzuziehung von sachkundigen Dritten für jeden Eigentümer nachvollziehbar sein. 7

Insbesondere hinsichtlich des für die Gemeinschaft der Eigentümer geführten Kontos muss der Verwalter durch seine Rechnungslegung nachweisen, welche Verfügungen er vorgenommen hat und ob die Verfügungen über das Konto ordnungsgemäß, nämlich nur für gemeinschaftliche Zwecke und im Rahmen der Verwalterbefugnisse, erfolgten[6]. Der Verwalter muss über jede Geldbewegung auf den Konten der Gemein- 8

---

1 KG, Beschl. v. 9. 12. 1980 – 1 W 4193/80, OLGZ 1981, 304 = MDR 1981, 407 = DWE 1981, 132.
2 OLG Hamm, Beschl. v. 17. 3. 1993 – 15 W 260/92, OLGZ 1993, 438 = NJW-RR 1993, 847 = WE 1993, 248.
3 OLG Köln, Beschl. v. 16. 12. 1999 – 16 Wx 180/99, OLGReport Köln 2000, 246 = ZWE 2000, 489.
4 KG, Beschl. v. 13. 11. 1987 – 24 W 5670/86, MDR 1988, 234 = ZMR 1988, 70 = WuM 1988, 189 = WE 1988, 17; KG, Beschl. v. 9. 12. 1980 – 1 W 4193/80, OLGZ 1981, 304 = MDR 1981, 407 = DWE 1981, 132; AG Hamburg-Blankenese, Beschl. v. 2. 6. 1988 – 506 II 11/88, DWE 1989, 73.
5 OLG München, Beschl. v. 20. 7. 2007 – 32 Wx 92/07, OLGReport München 2007, 786 = ZMR 2007, 814 = ZWE 2007, 509 = NJW-RR 2008, 322 = WuM 2007, 539; vgl. hierzu auch *Sauren*, ZWE 2007, 511.
6 BGH, Urt. v. 6. 3. 1997 – III ZR 248/95, MDR 1997, 537 = ZMR 1997, 308 = NJW 1997, 3106 = WuM 1997, 294; BGH, Urt. v. 4. 2. 1991 – II ZR 246/89, MDR 1991, 1095 = NZM 1991, 1884; BGH, Urt. v. 13. 12. 1990 – III ZR 336/89, NJW-RR 1991, 575 = WM 1991, 514; BayObLG, Beschl. v. 9. 6. 1988 – 2 Z 1/88, WE 1989, 63 = WuM 1988, 323; BayObLG, Beschl. v. 14. 2. 1985 – 2 Z 97/84, BayObLGZ 1985, 63 = ZMR 1985, 212.

schaft¹ Rechnung legen². Unberechtigt verauslagte Beträge hat ein Verwalter an die Gemeinschaft zurückführen; lässt sich nicht mehr ermitteln, ob die Beträge berechtigterweise verauslagt wurden, geht dies zu Lasten des Verwalters³. Nicht nur im Wohnungseigentumsrecht, sondern ganz allgemein im Recht der Geschäftsbesorgung haftet der Geschäftsbesorger für die von ihm unberechtigt verauslagten Beträge⁴.

9   Häufig findet man in der Praxis **Verwalterkombinationen** vor, nämlich eine Verquickung von WEG-Verwalter und **Mietpool**-Verwalter. Es wirft mitunter erhebliche Probleme auf, wenn hier keine strikte Trennung der beiden Verwaltungsbereiche vorgenommen wird. Im Hinblick auf eine Rechnungslegung ist darauf hinzuweisen, dass auch bei einer Vermischung von **Mietpool**- und **Wohnungseigentums**-Verwaltung der Verwalter die Verpflichtung hat, eine geordnete und übersichtliche, inhaltlich zutreffende Aufstellung der Einnahmen und Ausgaben **nur für die Eigentümergemeinschaft** vorzulegen⁵.

2. Erfüllung der Rechnungslegungspflicht

10 Problematisch ist, wann die Rechnungslegungspflicht erfüllt ist. Nach BayObLG sollen materielle Mängel der Rechnung die Erfüllung unberührt lassen, anders jedoch, wenn sie erkennbar unvollständig ist⁶. Bei einer Unvollständigkeit der Rechnungslegung habe die Gemeinschaft einen Anspruch auf Ergänzung und könne diese Ergänzung im Wege der Zwangsvollstreckung nach § 888 ZPO verlangen⁷.

11 Übliche Formulierungen in Kommentaren: Die Rechnungslegung müsse vollständig sein und eine Vollständigkeit läge dann noch vor, wenn die

---

1 Dabei ist es unerheblich, ob das Konto als Eigenkonto des Verbandes geführt wird oder als Treuhandkonto auf den Namen des Verwalters (was nach meiner Auffassung – trotz § 10 Abs. 7 WEG – weiterhin zulässig ist).
2 AG Hamburg-Blankenese, Beschl. v. 2. 6. 1988 – 506 II 11/88, DWE 1989, 73.
3 Vgl. BayObLG, Beschl. v. 3. 2. 2000 – 2Z BR 123/99, ZWE 2000, 187 = ZMR 2000, 325; BayObLG, Beschl. v. 9. 6. 1988 – 2 Z 1/88, WuM 1988, 323 = Grundeigentum 1988, 751 = WE 1989, 63.
4 BGH, Urt. v. 30. 10. 2003 – III ZR 344/02, MDR 2004, 345 = BGHReport 2004, 92 = NJW-RR 2004, 121 = VersR 2005, 560; BGH, Urt. v. 6. 6. 2002 – III ZR 206/01, NJW 2002, 2459 = BGHReport 2002, 825 = VersR 2002, 1432; vgl. aber auch OLG Frankfurt/Main, Beschl. v. 29. 8. 2003 – 20 W 525/00, n. v. (kein Schadensersatzanspruch der Gemeinschaft bei zweckwidriger Verwendung von Geldern durch den Verwalter, wenn die Gemeinschaft von einer anderen Verbindlichkeit befreit wird und der Gemeinschaft dadurch kein Schaden entsteht).
5 OLG Düsseldorf, Beschl. v. 4. 11. 2002 – 3 Wx 194/02, ZMR 2002, 230 = WuM 2003, 112.
6 Vgl. BayObLG, Beschl. v. 18. 4. 2002 – 2Z BR 9/02, ZMR 2002, 841 = NZM 2002, 489 m. w. N.
7 Vgl. BayObLG, Beschl. v. 18. 4. 2002 – 2Z BR 9/02, ZMR 2002, 841 = NZM 2002, 489 m. w. N.

Abrechnung zwar lückenhaft sei, jedoch durch die beigefügten Belege vervollständigt werden könne[1].

Ich teile nicht die Auffassung, dass auch eine **mangelbehaftete Rechnungslegung** zu einer Erfüllung führt. Der Verwalter ist der Gemeinschaft der Eigentümer gegenüber verpflichtet, eine Rechnungslegung vorzulegen, aufgrund der der Verband in der Lage ist, seine Prüfungsbefugnis selbst auszuüben[2]. Die Rechnungslegung muss demnach eine so geordnete Gegenüberstellung aller Einnahmen und Ausgaben sein, dass Fachleute zur Prüfung nicht herangezogen werden müssen. Sind langwierige, durch sachkundige Personen vorzunehmende Prüfungen notwendig, liegt keine vertrags- oder gesetzmäßige Leistung des Verwalters vor[3]. Ordnungsgemäß ist eine Rechnungslegung auch nur dann, wenn bei jedem einzelnen Abrechnungsposten die jeweiligen Rechnungsdaten angegeben sind[4]. Die Vorlage von Beleg-Sammlungen oder das Anerbieten, die Belege mündlich zu erläutern, stellt keine Rechnungslegung dar[5]; die Rechnungslegung hat schriftlich zu erfolgen[6].

Das OLG Düsseldorf[7] hat in einem Rechnungslegungsstreitfall (es ging um die Vermischung mit einem **Mietpool**) eine Entscheidung des Vordergerichts bestätigt, in dem dieses ausgeführt hatte, eine Rechnungslegung müsse **alle Einnahmen und Ausgaben** im Rechnungslegungszeitraum enthalten und erkennen lassen, **wofür die Ausgaben getätigt wurden**, die **Bankkontostände** (Anfangs- und Endbestand) benennen und die Entwicklung der **Instandhaltungsrücklage** darstellen. Auch das OLG Düsseldorf bestätigt, dass die Rechnungslegung für einen Eigentümer[8] **ohne Hinzuziehung eines Buchprüfers oder sonstigen Sachverständigen** verständlich sein müsse. Die Bereiche **Mietpool- und WEG-Verwaltung** müssten getrennt werden, weil der WEG-Verwalter nur über die Einnahmen und Ausgaben in Bezug auf die WEG-Verwaltung Rechnung legen müsse **und dürfe**[9].

---

1 Vgl. z. B. MüKo/*Seiler*, 4. Aufl., § 666 Rz. 9.
2 BayObLG, Beschl. v. 6. 10. 1975 – 2 Z 67/75, BayObLGZ 1975, 369 = ZMR 1977, 381 = MDR 1976, 225.
3 BayObLG, Beschl. v. 6. 10. 1975 – 2 Z 67/75, BayObLGZ 1975, 369 = ZMR 1977, 381 = MDR 1976, 225.
4 LG Berlin, Urt. v. 14. 3. 1997 – 64 S 530/96, ZMR 1997, 299 = GE 1997, 616.
5 OLG Köln, Beschl. v. 30. 11. 1988 – 2 W 228/88, NJW-RR 1989, 568.
6 Staudinger/*Bittner*, 2004, § 259 BGB Rz. 26; MüKo/*Krüger*, 4. Aufl., § 259 Rz. 26.
7 OLG Düsseldorf, Beschl. v. 4. 11. 2002 – 3 Wx 194/02, ZMR 2002, 230 = WuM 2003, 112.
8 Aufgrund der Anerkennung der Teilrechtsfähigkeit der Eigentümergemeinschaft muss hier davon ausgegangen werden, dass die Rechnungslegung für den **Verband** verständlich sein muss.
9 Vgl. hierzu auch OLG Hamm, Beschl. v. 20. 12. 2007 – 15 W 41/07, MietRB 2008, 144, wonach der abberufene Verwalter vor der Herausgabe von Unterlagen Teile in den Kontounterlagen schwärzen darf, wenn über das Konto auch andere als gemeinschaftliche Gelder geflossen sind.

14 **Erfüllung** kann deshalb nur dann eingetreten sein, wenn die Rechnungslegung sämtliche vorgenannten Bedingungen erfüllt und **insbesondere** der Verband (die Gemeinschaft der Eigentümer) ohne jede fremde Hilfe das Rechenwerk nachvollziehen und erkennen kann, ob und was für die gemeinschaftliche Verwaltung verausgabt worden ist.

Checkliste

15 Ich bin der Auffassung, dass eine wohnungseigentumsrechtliche ordnungsgemäße Rechnungslegung nur dann vorliegt und eine Erfüllung eingetreten ist, wenn folgende Punkte benannt und aufgeführt werden:
- der Bestand des Girokontos (mit Bezeichnung der Bank und der Kontonummer) am Anfang des Rechnungslegungszeitraumes,
- bei Zahlungen, die der Verwalter vorgenommen hat[1],
  - die Kosten- und Lastenarten (gemäß der Strukturierung in den früheren Gesamtabrechnungen),
  - die Zahlungsdaten und -beträge,
  - identifizierbare Belege (Rechnungs- oder Quittungsaussteller, Inhalt der Rechnung bzw. der Leistung, Ausführungsort bei eventuellen Reparaturen oder Instandhaltungen),
  - die Zahlungsempfänger,
- bei den Einnahmen, die der Verwalter entgegengenommen hat[2]
  - die Einnahmen, aufgeschlüsselt nach Hausgeldeinnahmen (Vorschüsse, Zahlungen auf Jahresabrechnungen) und sonstigen Einnahmen (Mieten für gemeinschaftliche Flächen o. Ä.),
  - für jeden Eigentümer aufgeschlüsselt die Zahlungen mit Einzelbeträgen, Zahlungsdaten und Gesamtsumme (getrennt nach Hausgeldvorschüssen und Zahlungen auf Jahresabrechnungsbeträge),
  - für gemeinschaftsfremde Zahler die Namen, den Zweck der Zahlung und die Zahlungsdaten,
- bei Überträgen vom Girokonto auf das Instandhaltungsrücklagenkonto oder umgekehrt die Zahlungsdaten und die Beträge, sowie der Zweck der Geldbewegung,
- der Bestand des Girokontos am Ende des Rechnungslegungszeitraumes[3],

---

[1] Die Darlegung der Ausgaben gehört zur Rechnungslegung, vgl. OLG München, Beschl. v. 20. 7. 2007 – 32 Wx 92/07, OLGReport München 2007, 786 = ZMR 2007, 814 = ZWE 2007, 509 = NJW-RR 2008, 322 = WuM 2007, 539.
[2] Vgl. OLG München, Beschl. v. 20. 7. 2007 – 32 Wx 92/07, OLGReport München 2007, 786 = ZMR 2007, 814 = ZWE 2007, 509 = NJW-RR 2008, 322 = WuM 2007, 539.
[3] OLG München, Beschl. v. 20. 7. 2007 – 32 Wx 92/07, OLGReport München 2007, 786 = ZMR 2007, 814 = ZWE 2007, 509 = NJW-RR 2008, 322 = WuM 2007, 539.

- eine Darstellung des Instandhaltungskontos, aus der sich ergibt
  - der Festlegungsort (Bank, Konto-Nr.)
  - der Anfangsbestand,
  - die Zugänge (vom Girokonto usw.) mit Datum, Betrag und Herkunft,
  - die Zinsgutschriften und die Zinsbelastung (sowie die Zinssätze),
  - die Abgänge mit Verwendungszweck, Datum und Betrag,
  - der Endbestand.

Bei dieser Aufstellung, der die notwendigen Belege beizufügen sind, dürfen keine ungeklärten Positionen mehr übrig bleiben, sondern die Rechnungslegung muss sich aus sich selbst erklären können. Erfüllt die Rechnungslegung diese Anforderungen nicht, kann eine neue Rechnungslegung (evtl. im Wege der Zwangsvollstreckung) verlangt werden. Eine **Ergänzung** muss nur dann gefordert werden, wenn die fehlenden Teile für die Gesamtbeurteilung, ob eine Rechnungslegung ordnungsgemäß ist oder nicht, unbedeutend sind. Bedeutend in diesem Sinne sind jedenfalls dann Mängel, wenn Beträge entweder gar nicht genannt wurden oder wenn Beträge nicht mit Wissens-Erklärungen über den Verwendungszweck oder den Empfänger verbunden werden. 16

III. Anspruchsinhaber

Anspruchsinhaber für den Rechnungslegungsanspruch ist die Wohnungseigentümergemeinschaft[1] als Verband[2], sodass ein einzelner Wohnungseigentümer nur in seltenen Ausnahmefällen einen **Anspruch gegenüber dem amtierenden Verwalter** allein durchsetzen kann[3]. Dies ist anders als bei dem Anspruch auf Erstellung einer Jahresabrechnung; diesen Anspruch kann jeder einzelne Wohnungseigentümer geltend machen. 17

Rechnungslegungspflicht des Verwalters besteht primär gegenüber der Wohnungseigentümer**gemeinschaft** (Verband); Individualansprüche einzelner Eigentümer sind erst dann gegeben, soweit der Verband von seinen Rechten keinen Gebrauch macht[4]. 18

---
1 BayObLG, Beschl. v. 26. 7. 1988 – 1b Z 16/88, WE 1989, 145 = WuM 1988, 419.
2 Gemeinschaft der Wohnungseigentümer.
3 BayObLG, Beschl. v. 26. 7. 1988 – 1b Z 16/88, DWE 1989, 79 = WuM 1988, 419 = WE 1989, 145; anders wohl noch OLG Karlsruhe, Beschl. v. 21. 8. 1969 – 3 W 47/69, NJW 1969, 1968 mit Anm. *Diester*.
4 OLG Hamm, Beschl. v. 29. 10. 1987 – 15 W 200/87, OLGZ 1988, 37 = MDR 1988, 321 = NJW-RR 1988, 597 = DNotZ 1988, 320 m.w.N.; vgl. auch BayObLG, Beschl. v. 3. 5. 1972 – 2 Z 7/72, BayObLGZ 1972, 161 = MDR 1972, 691 = ZMR

19　Ein einzelner Eigentümer kann auch dann keinen Anspruch auf Rechnungslegung geltend machen, wenn er zum Rechnungsprüfer bestellt wurde, weil die Befugnis die Rechnungen zu prüfen, ebenso wenig zur Geltendmachung von Rechnungslegungsansprüchen berechtigt wie die Prüfungsbefugnis des Beirats nach § 29 WEG.

Ein Wohnungseigentümer ist im Übrigen nicht berechtigt, aus der Zeit vor seinem Eintritt in die Eigentümergemeinschaft Ansprüche auf Rechnungslegung geltend zu machen und die Gemeinschaft der Eigentümer zu verpflichten, eine Rechnungslegung für einen Zeitraum zu verlangen, für den bereits die Jahresabrechnung beschlossen wurde[5].

20　Besteht die Verpflichtung zur Rechenschaftslegung gegenüber mehreren Gläubigern, so kommt § 432 BGB zur Anwendung[6]. Dies ist jedoch bei der Eigentümergemeinschaft wegen ihrer Teilrechtsfähigkeit nicht einschlägig. Vertragspartner des Verwalters ist die Gemeinschaft **als** Verband, so dass nur der Verband, und damit ein **Einzel**gläubiger den Anspruch hat. Vor der Entscheidung des BGH vom 2. 6. 2005 zur Teilrechtsfähigkeit und vor der Neuregelung des WEG zum 1. 7. 2007 wurde im Hinblick auf § 432 BGB diskutiert, ob sich die Pflicht, gegenüber jedem Gläubiger Rechenschaft zu legen, u. U. daraus ergeben könnte, dass die Vervielfältigung der Unterlagen keine ernstliche Beschwer darstellt. Jedenfalls wurde teilweise vertreten, dass der zur Rechnungslegung Verpflichtete allen Wohnungseigentümern die Rechnungslegungsunterlagen (Belege) zur Einsichtnahme zugänglich machen müsse[7]. Durch die Entscheidung des BGH und durch § 27 Abs. 3 Satz 2 WEG n. F. ist diese Diskussion beendet.

21　Unproblematisch ist nunmehr die **Anspruchserfüllung** gegenüber dem Verband. Wegen der Einzelgäubigerschaft des Verbandes kann die Anspruchserfüllung durch den **ausgeschiedenen Verwalter** dadurch erfolgen, dass er die Rechnungslegung dem neuen Verwalter zustellt (vgl. § 27 Abs. 3 Nr. 1 WEG). Bei dem **amtierenden Verwalter** genügt die Übergabe der Rechnungslegung **an einen Wohnungseigentümer**. Die Eigentümer sind gemäß § 27 Abs. 3 Satz 2 WEG n. F. Gesamtvertreter. Es ist ein allgemein anerkannter Rechtsgrundsatz, dass bei einer Gesamtvertretung Willenerkärungen und sonstige Erklärungen gegenüber **einem**

1972, 315 = NJW 1972, 1377 (zu Auskunftsanspruch gegenüber dem Beirat); KG, Beschl. v. 22. 12. 1986 – 24 W 5516/86, OLGZ 1987, 185 = ZMR 1987, 100 = NJW-RR 1987, 462 = WuM 1987, 100; vgl. auch *Stürner* in Soergel, 12. Aufl., BGB, § 28 WEG Rz. 5.

5　Hans. OLG Hamburg, Beschl. v. 26. 1. 2004 – 2 Wx 107/01, OLGReport Hamburg 2004, 459 = ZMR 2004, 367.

6　BGH, Urt. v. 7. 12. 1995 – III ZR 81/95, MDR 1996, 321 = NJW 1996, 656 = ZMR 1996, 134 = WuM 1996, 225 = WE 1996, 160; dort auch Sonderfall eines Individualanspruches eines Grundstücks-Miteigentümers.

7　OLG Hamm, Beschl. v. 29. 10. 1987 – 15 W 200/87, OLGZ 1988, 37 = MDR 1988, 321 = NJW-RR 1988, 597 = DNotZ 1988, 320.

Gesamtvertreter abgegeben werden können[1]. Gleichwohl empfiehlt es sich für die Eigentümergemeinschaft, die Möglichkeit der Entgegennahme durch Beschluss zu regeln.

IV. Beschluss über den Rechnungslegungsanspruch

Nach herrschender Meinung soll eine Rechnungslegung, auch wenn das rechenschaftspflichtige Verhältnis beendet ist, und somit der Anspruch nach § 666 BGB besteht, nur auf Verlangen erstellt werden müssen[2]. Dies halte ich für nicht richtig. Ich meine, das im Gesetzeswortlaut des § 666 BGB verwendete „auf Verlangen" bezieht sich nur auf den Auskunftsanspruch, stellt jedoch keine Voraussetzung für die Rechnungslegungsverpflichtung **nach Beendigung der Verwaltertätigkeit** dar[3]. Nach meiner Auffassung wird die Verpflichtung zur Rechnungslegung sofort und ohne Verlangen mit der Beendigung des Verwaltervertragsverhältnisses fällig. Die herrschende Meinung ist auch inkonsequent. Teilweise wird nämlich vertreten, dass das Verlangen nicht ausdrücklich ausgesprochen werden müsse und ein solches „ohne weiteres anzunehmen" sei, „wenn die Geschäftsführung mit Einnahmen und/oder Ausgaben verbunden war oder Vermögensinteressen des Auftraggebers berührt" seien[4]. Das ist doch bei Eigentümergemeinschaften stets der Fall. 22

Die Eigentümer müssen deshalb nicht durch Mehrheitsbeschluss über ein Verlangen gegenüber dem ehemaligen Verwalter befinden. 23

Der Anspruch aus § 666 BGB konnte nach der alten Rechtslage vor der Entscheidung des BGH zur Teilrechtsfähigkeit der Gemeinschaft nach teilweise vertretener Meinung (ohne Beschlussfassung) gegen den **ausgeschiedenen Verwalter** von jedem einzelnen Eigentümer geltend gemacht werden, wenn auch nur gemäß § 432 BGB mit Leistung an alle Eigentümer[5]. Im Hinblick auf die Teilrechtsfähigkeit der Gemeinschaft muss jetzt davon ausgegangen werden, dass allein dem Verband der Anspruch zusteht und deshalb auch nur der Verband ihn geltend machen kann. 24

Den gegen den **amtierenden Verwalter** gerichteten Anspruch aus § 28 Abs. 4 WEG („jederzeitiges Rechnungslegungsverlangen") kann nur der 25

---

1 BGH, Urt. v. 17. 9. 2001 – II ZR 378/99, BGHZ 149, 28 = MDR 2002, 161 = GmbHR 2002, 26 = JR 2002, 375; BGH, Beschl. v. 14. 2. 1974 – II ZB 6/73, BGHZ 62, 166 = WM 1974, 480.
2 Vgl. MüKo/*Seiler*, § 666, Rz. 11; Staudinger/*Wittmann*, § 666 Rz. 8.
3 Ebenso *Ehmann*, Erman, BGB, § 666 Rz. 27; vgl. auch RG, Urt. v. 28. 10. 1903 – Rep. V. 180/03, RGZ 56, 116.
4 So *Steffen*, BGB-RGRK, § 666, Rz. 13; MüKo/*Seiler*, § 666 Rz. 11.
5 Hans. OLG Hamburg, Beschl. v. 18. 11. 1986 – 2 W 61/86, OLGZ 1987, 188; AG Hamburg-Blankenese, Beschl. v. 2. 6. 1988 – 506 II 11/88, DWE 1989, 73; vgl. auch Staudinger/*Bub*, WEG, § 28 Rz. 459.

Verband geltend machen. Dem Verwalter muss das Verlangen außerdem auch zugehen.

26 Bei Eigentümergemeinschaften werden die Willensbildungen in Eigentümerversammlungen vollzogen[1], sodass eine **Beschlussfassung** (Mehrheitsbeschluss[2]) über das Verlangen einer Rechnungslegung notwendig ist. Die Eigentümer können **jederzeit** über dieses Verlangen nach Rechnungslegung entscheiden. Dieser Mehrheitsbeschluss braucht keine besonderen (gemeinschaftsinternen) Voraussetzungen erfüllen, ein Grund für das Rechnungslegungsverlangen muss also aufgrund der gesetzlichen Regelung nicht vorliegen. Ist der Verwalter in der Versammlung anwesend, ist dem Verwalter mit der Beschlussfassung das oben erwähnte Rechnungslegungsverlangen zugegangen. Machen alle Wohnungseigentümer gemeinsam den Anspruch geltend, bedarf es keiner Beschlussfassung in der Eigentümerversammlung[3], es muss nur erkennbar sein, dass die Wohnungseigentümer gemeinschaftlich als Verband handeln wollten.

Beschlussvorschlag (aktueller Verwalter)

Der Verwalter wird aufgefordert, über den Zeitraum vom ... bis ... Rechnung zu legen, und zwar bis zum ... durch Vorlage und Übergabe an den Vorsitzenden des Verwaltungsbeirats. ...

Beschlussvorschlag (ehemaliger Verwalter)

Der ehemalige Verwalter XY wird aufgefordert, über den Zeitraum vom ... bis ... Rechnung zu legen, und zwar bis zum[4] ... gegenüber dem jetzigen Verwalter ABC. Der Verwalter ABC wird beauftragt und bevollmächtigt, dieses Verlangen dem ehemaligen Verwalter namens der Eigentümergemeinschaft unter Androhung rechtlicher Konsequenzen für den Fall der Nichterfüllung mitzuteilen und ihn aufzufordern, die Rechnungslegung bis zum vorgenannten Termin ihm gegenüber vorzunehmen. Für den Fall, dass der ehemalige Verwalter die Rechnungslegung nicht fristgemäß vorlegt, wird der Verwalter ABC beauftragt und bevollmächtigt, einen Rechtsanwalt mit der gerichtlichen Durchsetzung des Rechnungslegungsanspruches namens der Eigentümergemeinschaft zu beauftragen.

---

1 Wenn nicht eine Beschlussfassung im Umlaufverfahren erfolgt.
2 OLG Celle, Beschl. v. 13. 6. 1984 – 4 W 89/84, DWE 1984, 126 (L).
3 BayObLG, Beschl. v. 26. 2. 2004 – 2Z BR 255/03, ZMR 2004, 761 = NZM 2004, 621.
4 Fristsetzung ist grundsätzlich nicht notwendig, da Anspruch aus § 666 BGB sofort mit Beendigung des Vertragsverhältnisses fällig wird.

Rechnungslegungsverlangen könnten **gegenüber dem Verwalter** gegen 27
Treu und Glauben (§ 242 BGB) oder das Schikaneverbot (§ 226 BGB) verstoßen oder es könnte eine unzulässige Rechtsausübung vorliegen[1],
wenn zum gegenwärtigen Zeitpunkt ein Anspruch nicht oder nicht mehr
geltend gemacht werden darf oder er zur Unzeit geltend gemacht werden
soll. Abzustellen ist auf den Einzelfall. Wenn sich die Anspruchstellung
gegenüber dem Verwalter als im vorstehenden Sinne unzulässig herausstellt, hat dies nur dann Auswirkung auf die gemeinschaftsinterne Frage,
ob der Beschluss ordnungsmäßiger Verwaltung entspricht, wenn aufgrund eines, in eine der drei genannten Kategorien fallenden Beschlusses
das Vertrauensverhältnis zwischen Gemeinschaft und Verwalter erschüttert werden könnte. Eine solche „Erschütterung" **allein** durch ein
Rechnungslegungsverlangen ist in der Praxis die absolute Ausnahme; regelmäßig besteht durchaus Anlass für ein solches Verlangen, was jedoch
häufig von einem Teil der Eigentümer verdrängt wird. Im Übrigen hat
die Beurteilung, ob ein Verstoß gegen Treu und Glauben usw. vorliegt,
nur im Vertragsverhältnis zwischen der Verband und dem Verwalter Bedeutung.

Selbständig, also ohne Beschluss einer Eigentümerversammlung, kann 28
ein einzelner Wohnungseigentümer einen Anspruch auf Rechnungslegung nach § 28 Abs. 4 WEG gegen den Verwalter nicht geltend machen[2]. Ein einzelner Wohnungseigentümer könnte einen Beschluss über
die Rechnungslegungsverpflichtung erzwingen, wenn es möglich erscheint, dass der Verwalter über gemeinschaftliche Gelder bestimmungswidrig verfügt hat. Allerdings kann ein Wohnungseigentümer nicht gerichtlich gegen die übrigen Wohnungseigentümer vorgehen, um eine
Rechnungslegung zu erreichen, wenn er nicht zuvor eine Wohnungseigentümerversammlung mit seinem Begehren befasst hat[3].

Hat ein einzelner Eigentümer in einer Eigentümerversammlung, in der 29
der Tagesordnungspunkt behandelt werden konnte (vgl. § 23 Abs. 2
WEG), den Antrag gestellt, Rechnungslegung vom Verwalter zu verlangen und ist dieser Antrag abgelehnt worden, kann der Eigentümer diesen
Beschluss anfechten und zusätzlich bei Gericht beantragen, die anderen
Eigentümer zu verpflichten, dem Antrag auf Rechnungslegungsverlangen zuzustimmen. Im Rahmen dieses Klageverfahrens ist dann zu prüfen, ob der beantragte Beschluss ordnungsmäßiger Verwaltung entsprochen hätte. Die für den antragstellenden Eigentümer positive rechtskräftige Entscheidung hat die Wirkung gemäß § 894 ZPO (nach der
Neufassung des WEG ist die ZPO unmittelbar anwendbar).

---
1 Vgl. BGH, Urt. v. 16. 5. 1984 – IVa ZR 106/82, MDR 1985, 31 = WM 1984, 1164.
2 Vgl. BayObLG, Beschl. v. 28. 3. 2001 – 2Z BR 52/00, ZWE 2001, 375; BayObLG,
 Beschl. v. 21. 12. 1999 – 2Z BR 79/99, ZWE 2000, 135 = DWE 2000, 82.
3 Hanseatisches OLG Hamburg, Beschl. v. 20. 7. 1993 – 2 Wx 74/91, OLGZ 1994,
 147 = ZMR 1993, 536 = WuM 1993, 705 = NJW-RR 1994, 783 = WE 1994, 110.

V. Schuldner der Rechnungslegung

30 Schuldner der Rechnungslegung ist der amtierende Verwalter oder der ausgeschiedene Verwalter[1], je nach dem, welcher Verwaltungszeitraum betroffen ist[2].

31 Im Falle eines Verwalterwechsels beschränkt sich die außerordentliche Rechnungslegungspflicht des ausscheidenden Verwalters auf das laufende Geschäftsjahr bis zum Zeitpunkt seines Ausscheidens[3], also auf den Zeitraum, für den eine Verpflichtung zur Erstellung einer Jahresabrechnung noch nicht fällig geworden ist[4]. Ist Wirtschaftsjahr das Kalenderjahr, muss der zum Ende des Kalenderjahres ausscheidende Verwalter nur noch die Rechnungslegung, nicht jedoch die Jahresabrechnung erstellen[5]. Ein ausgeschiedener Verwalter kann sich nicht darauf berufen, er sei nicht in der Lage, eine Rechnungslegung vorzunehmen, weil er die Unterlagen schon an die Gemeinschaft übergeben habe. Er kann entweder von den Eigentümern verlangen, dass diese ihm Einsicht in die Unterlagen gewähren[6], zeitweise die Unterlagen überlassen oder – wenn die Gemeinschaft die Überlassung aus berechtigten Gründen verweigert – Kopien der Unterlagen zu erhalten, die ihn in die Lage versetzen, der Rechnungslegungspflicht nachzukommen[7]. Kann die Gemeinschaft berechtigte Gründe für die Verweigerung der zeitweisen Überlassung der Originalunterlagen benennen, wird der ehemalige Verwalter die Kosten der Kopien tragen müssen. Ein solcher, zur Herausgabe berechtigender Grund läge dann vor, wenn der Verwalter wegen unberechtigter Entnahmen oder wegen des konkreten Verdachts auf Unterschlagung von Geldern abberufen wurde.

---

1 BayObLG, Beschl. v. 13. 9. 1993 – 2Z BR 66/93, WuM 1994, 44 = WE 1994, 280.
2 Vgl. auch *Reichert*, Rechte und Pflichten des ausgeschiedenen Verwalters, ZWE 2005, 173.
3 KG, Beschl. v. 13. 11. 1987 – 24 W 5670/86, ZMR 1988, 70 = MDR 1988, 234 = WuM 1988, 189 = Grundeigentum 1988, 91; OLG Zweibrücken, Beschl. v. 11. 5. 2007 – 3 W 153/06, OLGReport Zweibrücken 2007, 608 = MDR 2007, 1067 = ZMR 2007, 887.
4 BayObLG, Beschl. v. 13. 9. 1993 – 2Z BR 66/93, WuM 1994, 44 = WE 1994, 280.
5 BayObLG, Beschl. v. 3. 2. 2000 – 2Z BR 123/99, ZWE 2000, 187 = ZMR 2000, 325; OLG Hamm, Beschl. v. 17. 3. 1993 – 15 W 260/92, OLGZ 1993, 438 = NJW-RR 1993, 847 = WE 1993, 248; Hans. OLG Hamburg, Beschl. v. 18. 11. 1986 – 2 W 61/86, OLGZ 1987, 188.
6 Vgl. hierzu auch OLG Frankfurt/Main, Beschl. v. 29. 8. 2003 – 20 W 525/00, n. v.
7 OLG Düsseldorf, Beschl. v. 25. 8. 2003 – 3 Wx 217/02, OLGReport Düsseldorf 2004, 61 = ZMR 2004, 692 = NZM 2004, 110.

Auch der nicht ordnungsgemäß bestellte Verwalter ist zur Rechnungslegung verpflichtet, § 681 Satz 2 BGB[1]; selbstverständlich gründet sich dann der Anspruch nicht auf § 28 WEG, sondern nur auf § 666 BGB. 32

Der Anspruch auf Rechnungslegung, der gemäß § 259 BGB die Vorlage von Belegen mit umfasst, wird nicht alleine dadurch eingeschränkt, dass der Verwalter die (Original-)Belege weggegeben oder sonst verloren hat. Vielmehr muss der Verwalter in diesen Fällen von den Empfängern der Belege Kopien anfordern oder sich sonst um den Ersatz derselben bemühen[2]. 32a

VI. Fälligkeit der Rechnungslegung

Die Verpflichtung zur Rechnungslegung wird dann fällig, wenn dem Verwalter das Rechnungslegungsverlangen zugeht, § 271 BGB, und nicht, wie Bub[3] meint, „innerhalb angemessener Zeit ab Zugang des hierauf gerichteten Mehrheitsbeschlusses beim Verwalter". Abgesehen davon, dass nicht der Mehrheitsbeschluss zugehen kann, sondern nur ein Rechnungslegungsverlangen, ergibt sich aus dem Gesetz, § 271 BGB, nicht, dass erst nach angemessener Zeit die Fälligkeit eintritt. Eine ganz andere Frage ist, wann der Verwalter in Verzug gerät; dazu ist § 286 BGB heranzuziehen. 33

Gegen den Rechnungslegungsanspruch kann der Verwalter aus keinem Grund ein Zurückbehaltungsrecht nach § 273 BGB geltend machen. 34

Er kann sich auch nicht deshalb weigern, eine Rechnungslegung zu erstellen, weil er hierfür keine **zusätzliche Vergütung oder Kostenerstattung** erhält. Die Rechnungslegung, gleichgültig, ob während oder nach Beendigung der Verwaltertätigkeit, gehört zu den gesetzlichen und vertraglichen Aufgaben des Verwalters. Zu Recht führt das OLG Celle[4] aus, dass der Geschäftsbesorgungsvertrag zwischen Gemeinschaft und Verwalter auch die Pflicht umfasst, über den Stand der ihm übertragenen Tätigkeit Auskunft zu erteilen und nach Ausführung über seine Verwaltertätigkeit Rechenschaft abzulegen. Für Tätigkeiten, die zum üblichen Geschäftsumfang gehören, kann der Verwalter keine zusätzliche Vergütung 35

---

1 Vgl. BayObLG, Beschl. v. 13. 9. 1993 – 2Z BR 66/93, WuM 1994, 44 = WE 1994, 280; vgl. zu einem Fall, in dem ein Verwalter „rückwirkend" bestellt wurde und der damit konkludenten Beauftragung, für den vergangenen Zeitraum eine Jahresabrechnung vorzulegen: OLG Hamm, Beschl. v. 17. 3. 1993 – 15 W 260/92, OLGZ 1993, 438 = NJW-RR 1993, 847 = WE 1993, 248.
2 OLG Hamm, Beschl. v. 20. 12. 2007 – 15 W 41/07, MietRB 2008, 144 = OLGR Hamm 2008, 342 = ZMR 2008, 399 = DWE 2008, 58 = ZWE 2008, 193.
3 Bub, Das Finanz- und Rechnungswesen, S. 194.
4 OLG Celle, Beschl. v. 2. 2. 1983 – 4 W 196/82, OLGZ 1983, 177.

verlangen[1]. Diese kann er nur aufgrund gesonderter (und wirksamer) Vertragsregelung fordern[2]; allerdings entspräche eine Klausel über eine gesonderte Vergütung für eine Rechnungslegung nicht ordnungsmäßiger Verwaltung und ein Beschluss über einen Verwaltervertrag, der eine solche Klausel enthält, wäre anfechtbar. Mit dem Ende der Verwalterstellung enden die noch nicht erfüllten Pflichten des Verwalters zur Rechnungslegung, Auskunftserteilung und so fort **nicht**[3].

VII. Ort der Rechnungslegung

36 Der Ort, an dem die Rechnungslegung vorzulegen (zu übergeben) ist, bestimmt sich nach § 269 BGB. Wenn in dem Verwaltervertrag oder in der Gemeinschaftsordnung nichts anderes bestimmt ist, wird man davon ausgehen müssen, dass die Rechnungslegung am Sitz der Verwalterin vorzulegen und zu übergeben ist. Die hauptsächlichen Tätigkeiten eines Verwalters werden nämlich nicht am Objekt selbst, sondern in den Büroräumen des Verwalters ausgeübt, weshalb der „Ort für die Leistung" der Verwaltersitz ist[4]. Dies bedeutet, dass die Berechtigten die Rechnungslegungsunterlagen am Sitz der Verwaltung abholen müssen. Es empfiehlt sich deshalb, jedenfalls aus Sicht einer Eigentümergemeinschaft, im Verwaltervertrag eine andere Regelung zu treffen.

37 Allerdings hat das OLG Köln[5] einen Anspruch auf Einsicht in die Verwaltungsunterlagen am Sitz der Eigentumsanlage zugebilligt, wenn der Sitz des Verwalters weit entfernt liegt. Es handelte sich in dem Fall um eine Entfernung von 700 km. Wenn man eine Grenze für „weit entfernt" zieht, müsste eine Orientierung an ähnlichen Problemlagen erfolgen. Im BetrVG gibt es den § 4 Abs. 1 Nr. 1, der einen selbstständigen Betrieb annimmt, wenn der Betriebsteil „räumlich weit vom Hauptbetrieb entfernt" liegt. Die Literatur und Rechtsprechung stellt dabei nicht ausschließlich auf die räumliche Distanz, sondern auch auf die Verkehrsverbindung zwischen den Orten ab. Selbst bei günstigsten Verkehrsverbindungen muss eine Entfernung von mehr als 200 km als „räumlich weit entfernt" angesehen werden; sind die Verkehrsverbindungen

---

1 OLG Hamm, Beschl. v. 20. 12. 2007 – 15 W 41/07; MietRB 2008, 144 = OLGR Hamm 2008, 342 = ZMR 2008, 399 = DWE 2008, 58 = ZWE 2008, 193.
2 Unentschieden: OLG Stuttgart, Beschl. v. 26. 5. 1977 – 8 W 366/76, Justiz 1980, 278.
3 OLG Hamm, Beschl. v. 3. 3. 1975 – 15 W 183/73, OLGZ 1975, 157.
4 A. A. noch OLG Karlsruhe, Beschl. v. 21. 8. 1969 – 3 W 47/69, NJW 1969, 1968, mit Anm. *Diester*; vgl. wegen Einsicht in Verwaltungsunterlagen: OLG Karlsruhe, Beschl. v. 21. 4. 1976 – 3 W 8/76, MDR 1976, 758, das meint, Einsicht könne nur am Aufbewahrungsort erfolgen.
5 OLG Köln, Beschl. v. 28. 2. 2001 – 16 Wx 10/01, OLGReport Köln 2001, 220 = ZMR 2001, 851 = NZM 2002, 221.

schlecht, sind schon geringere Distanzen dazu angetan, die Orte als „räumlich weit entfernt" anzusehen[1]. Teilweise werden Entfernung von unter 30 km schon als „weit" betrachtet. Gleichwohl ist zur Streitvermeidung eine Regelung über den Ort, an dem die Rechnungslegungspflicht zu erfüllen ist, dringend anzuraten.

VIII. Durchsetzung des Rechnungslegungsanspruches

Wie ein Titel, der auf Rechnungslegung lautet, vollstreckt wird, ist umstritten. Nach einem Teil der Meinung wird die Erstellung einer Rechnungslegung als **vertretbare Handlung** angesehen[2], sodass aus dem Titel, der auf Rechnungslegung lautet, die **Zwangsvollstreckung** nach § 887 ZPO erfolgen müsste. 38

Diese Meinung halte ich für falsch. Die Rechnungslegung enthält stets einen Teil „Wissens"-Erklärung. Da ist zum einen die Darstellung des Girokontos mit den Geldbewegungen, von deren Zwecken und Bestimmungen nur der verfügende Verwalter zuverlässige Kenntnis hat, auch wenn Belege dazu vorliegen. Da ist weiterhin die Instandhaltungsrücklage, die regelmäßig auf einem vom Girokonto gesonderten Konto angelegt ist, über das der Verwalter verfügen kann; konkretes Wissen über die Verwendung von ausgezahlten Beträgen hat nur der Verwalter. Weiter ist auch die notwendige Darstellung aller Einnahmen und Ausgaben zu berücksichtigen, bei der der Verwalter sein „Wissen" erklären muss, dass alle Zahlungsvorgänge (z.B. auch Barzahlungen) aufgenommen worden sind. Das Wissen über die Ausführung des betriebenen Geschäfts kann nur der Verwalter selbst und kein Dritter haben. 39

Das OLG Düsseldorf[3], das die andere Meinung vertritt, bezieht sich zur Begründung auf den zum Ende eines Wirtschaftsjahres erfolgenden Verwalterwechsel. Es meint, aus der Tatsache, dass der neue Verwalter die Jahresabrechnung erstellen müsse, ergebe sich, dass die Erstellung der *Jahresabrechnung* eine vertretbare Handlung sei. 40

Es wird dabei vom OLG Düsseldorf verkannt, dass die „Jahresabrechnung", die der neue Verwalter erstellen muss, nur die Einzelabrechnungen sind, die auf der Grundlage der vom Vorverwalter zu erstellende Rechnungslegung entwickelt werden. Auch das Argument des OLG Düsseldorf, die in der Rechnungslegung enthaltene „Erklärung der Richtig- 41

---

[1] Vgl. hierzu BAG, Urt. v. 3. 6. 2004 – 2 AZR 577/03, NZA 2005, 175; BAG, Beschl. v. 19. 2. 2002 – 1 ABR 26/01, NZA 2002, 1300.
[2] OLG Düsseldorf, Beschl. v. 8. 3. 1999 – 3 Wx 33/99, OLGReport Düsseldorf, 2000, 5 = ZMR 1999, 425 = NZM 1999, 824 = WuM 1999, 359; Palandt/*Bassenge*, § 28 Rz. 14; Staudinger/*Bub*, WEG, § 28 Rz. 472.
[3] OLG Düsseldorf, Beschl. v. 8. 3. 1999 – 3 Wx 33/99, OLGReport Düsseldorf, 2000, 5 = ZMR 1999, 425 = NZM 1999, 824 = WuM 1999, 359.

keit und Vollständigkeit" beziehe sich nur auf den möglicherweise entstehenden Anspruch auf Abgabe einer eidesstattlichen Versicherung, geht am Problem vorbei. Es geht nämlich nicht um die erwähnte Erklärung, sondern um die Frage, ob der Ersteller der Rechnungslegung etwas über die hinter den Zahlungsbeträgen stehenden Vorgänge *wissen kann*[1]. Ob er dann die *richtige* Erklärung abgibt, ist eine ganz andere Frage.

42 Zu Recht lehnt deshalb neuerdings auch das BayObLG[2] die herrschende Meinung ab und sieht die Rechnungslegung als **nicht vertretbare Handlung** an, weshalb nach § 888 ZPO vollstreckt werden muss[3].

43 Im gerichtlichen Klageverfahren auf Rechnungslegung ist es nicht mehr notwendig, eine **Androhung von Zwangsmitteln** zu beantragen, § 888 Abs. 2 ZPO.

44 Ein gerichtlicher Klageantrag (der, auch wenn er sich gegen einen ausgeschiedenen Verwalter richtet, bei dem örtlich für die Gemeinschaft zuständigen Gericht eingereicht werden muss[4]), muss deshalb nur darauf gerichtet werden,

> den Beklagten zu verurteilen, Rechnung zu legen über den Zeitraum vom ... bis ... hinsichtlich seiner Tätigkeit als Verwalter der Eigentümergemeinschaft XY-Straße ...

IX. Konsequenz einer Weigerung, Rechnung zu legen/ fehlerhafte Rechnungslegung

45 Weigert sich der amtierende Verwalter, Rechnung zu legen, stellt dies regelmäßig einen Grund dar für die fristlose Abberufung des Verwalters und für eine fristlose Kündigung seines Vertrages[5].

---

1 Ebenso *Nies*, NZM 1999, 832.
2 Vgl. BayObLG, Beschl. v. 18. 4. 2002 – 2Z BR 9/02, BayObLGZ 2002, 115 = BayObLGR 2002, 279 = ZMR 2002, 841 = NZM 2002, 489 m. w. N.
3 So auch OLG Köln, Beschl. v. 2. 3. 1998 – 2 W 201/97, ZMR 1998, 517 = WuM 1998, 375, mit umfassender Darstellung des Streitstandes; KG, Beschl. v. 30. 6. 1972 – 1 W 1386/71, MDR 1973, 145 = NJW 1972, 2093; *Niedenführ/Kümmel/Vandenhouten*, § 28 Rz. 198; MüKo/*Krüger*, 4. Aufl., § 259 Rz. 48; so jetzt auch *Merle* in Bärmann/Pick/Merle, § 28, Rz. 127; Staudinger/*Bittner*, 2004, § 259 Rz. 38 und 47.
4 Zur alten Unterscheidung von FGG- und ZPO-Verfahren: BGH, Beschl. v. 5. 6. 1972 – VII ZR 35/70, BGHZ 59, 58 = NJW 1972, 1318; Zuständigkeit ergibt sich jetzt aus § 43 Nr. 3 WEG n. F.
5 LG Freiburg, Beschl. v. 25. 11. 1966 – 4 T 129/65, NJW 1968, 1973 = ZMR 1968, 337.

Legt der Verwalter fehlerhaft Rechnung, hat er der Eigentümergemeinschaft den Schaden zu ersetzen, den sie durch die nicht ordnungsgemäß erfolgte Rechnungslegung erlitten hat[1]. Dazu können auch die Kosten gehören, die die Eigentümergemeinschaft für eine Aufarbeitung der Unterlagen an einen Dritten gezahlt hat. Unabhängig davon muss der Verwalter die Beträge an die Gemeinschaft zurückzahlen, deren ordnungsgemäße Verwendung für gemeinschaftliche Zwecke er nicht nachweisen kann (vgl. oben Rz. 8). 46

X. Streitwerte/Beschwer

Für einen Anspruch auf Rechnungslegung ist der **Streitwert** nach § 49a GKG festzusetzen. Dabei muss zuerst davon ausgegangen werden, welches Interesse die Klägerin (der Verband) an der Entscheidung hat. Dieses Interesse muss glaubhaft gemacht werden. Bei dem Anspruch gegen den **Verwalter** kann sich die Glaubhaftmachung darauf richten, dass die Gemeinschaft anhand bestimmter Anhaltspunkte meint, nach erfolgter Rechnungslegung noch Zahlungsansprüche und/oder Erstattungsansprüche in bestimmter Höhe gegen den ehemaligen Verwalter zu haben (z.B. Auszahlung des Guthaben des Girokontos oder des Rücklagenkontos beim **ausgeschiedenen Verwalter**; Erstattung unberechtigt verauslagter Beträge **beim amtierenden Verwalter**). Weiterhin muss berücksichtigt werden, welchen Aufwand der Verwalter betreiben muss, um die Rechnungslegung zu erstellen. Diese Werte sind zusammenzurechnen und davon 50 % als Streitwert anzunehmen. 47

Für die **Berufungsbeschwer** ist zu unterscheiden zwischen Klägerin und dem beklagten Verwalter. Für die **Klägerin (Eigentümergemeinschaft)** richtet sich die Beschwer nach ihrem oben bezeichneten Interesse. 48

Bei dem beklagten Verwalter ist die Beschwer danach zu bewerten, was er ersparen würde, wenn er keine Rechnung legen müsste (oder was er für eine Rechnungslegung aufwenden müsste)[2]. Das können die Aufwendungen für die eigene Arbeitszeit sein, aber auch das anteilige Gehalt eines Angestellten, Materialien usw. sowie die Kosten für einen **Dritten**[3]. 49

---

1 OLG Düsseldorf, Beschl. v. 4. 11. 2002 – 3 Wx 194/02, ZMR 2003, 230 = WuM 2003, 112.
2 Vgl. BGH, Beschl. v. 29. 1. 2008 – X ZR 136/07, WuM 2008, 106; BGH, Beschl. v. 24. 11. 1994 – GSZ 1/94, NJW 1995, 664 = WM 1995, 1000 = WRP 1995, 297 = FamRZ 1995, 349 = ZIP 1995, 506; OLG Köln, Beschl. v. 12. 6. 2007 – 2 W 41/07, OLGReport Köln 2007, 770 = JurBüro 2007, 488; OLG Stuttgart, Urt. v. 30. 7. 1997 – 20 U 34/97, OLGReport Stuttgart 1997, 31; OLG Köln, Urt. v. 16. 1. 1997 – 1 U 63/96, OLGReport Köln 1998, 189 = JurBüro 1998, 261.
3 BGH, Beschl. v. 5. 2. 2001 – II ZB 7/00, MDR 2001, 709 = NJW 2001, 1284 = WM 2001, 826.

Teil 8
Instandhaltung, Instandsetzung und bauliche Veränderungen mit Modernisierung und Anpassung an den Stand der Technik

	Rz.
I. Begriffe und Abgrenzungen	1
1. Instandhaltung und Instandsetzung	3
2. Modernisierende Instandsetzung	12
a) Anpassung an den zeitgemäßen Zustand	20
b) Maßnahmen, die erforderlich werden, um öffentlich-rechtliche Vorschriften zu erfüllen	22
3. Erstmalige Herstellung des ordnungs- bzw. plangemäßen Zustandes und Wiederherstellung des ursprünglichen Zustandes	24
4. Bauliche Veränderungen mit Modernisierung und Anpassung an den Stand der Technik	33
II. Kontroll- und Handlungspflichten des Verwalters bei Instandhaltung und Instandsetzung	42
1. Technische Kontrolle	43
a) Anfangskontrolle	46
b) Laufende Kontrolle	50
c) Kontrolle konkreter Maßnahmen	55
2. Kaufmännische Kontrolle	58
a) Anfangskontrolle	59
b) Laufende Kontrolle	60
c) Kontrolle konkreter Maßnahmen	61
III. Verpflichtungen der Gemeinschaft und Pflichten der Eigentümer	
1. Verpflichtungen des Verbands	63
2. Pflichten der Eigentümer	65
3. Pflicht zur Instandhaltung und Instandsetzung	66
a) Mitwirkungspflichten	67
b) Ausführungskompetenz des Verwalters	73
4. Bildung einer Instandhaltungsrücklage	78
a) Die laufenden Zahlungen der Eigentümer	81
b) Die Verwendung der Zahlungen	82
IV. Ansprüche der Gemeinschaft gegen die einzelnen Wohnungseigentümer	89
1. Duldungsanspruch	91
a) Einwirkung auf das Sondereigentum	94
b) Einwirkung auf das gemeinschaftliche Eigentum	99
2. Zahlungsanspruch	
a) Vorschusszahlungen	107
b) Sonderumlage	113
3. Übertragung der Instandhaltungspflicht auf Miteigentümer	122
a) Möglichkeiten	123
b) Grenzen	127
V. Veränderungen bei der Kostenverteilung	132
1. Anwendungsbereich	133
2. Maßstab	136
3. Voraussetzungen	138
4. Risiken und Gefahren	
a) Fehler und deren Folgen	139
b) Zweitbeschlussproblematik	141
c) Qualifizierte Mehrheit – keine Voraussetzung der Beschlusskompetenz	142
d) Besonderheit – Kostenzuweisung bei baulicher Veränderung	143
e) Zuweisung von Folgekosten	144

VI. Ansprüche des Wohnungseigentümers ... 146

1. Anspruch auf Instandhaltung und Instandsetzung ... 147
   a) Anspruch auf Instandhaltung und Instandsetzung durch die Gemeinschaft ... 148
   b) Anspruch auf Instandhaltung und Instandsetzung durch den Verwalter ... 171
   c) Die Vorgaben der Energieeinsparverordnung (EnEV) ... 175
2. Anspruch auf Schadensersatz ... 193
   a) Grundsätze der Haftung ... 194
   b) Eigentumsrechtliche Zuordnung des Ersatzanspruchs ... 197
   c) Ansprüche gegen Nichteigentümer ... 199
   d) Ansprüche gegen Miteigentümer
      aa) Nach Verschulden der Gemeinschaft ... 202
      bb) Nach Verschulden des Verwalters ... 213
   e) Ansprüche gegen den Verband ... 215
   f) Ansprüche gegen den Verwalter oder den Scheinverwalter ... 216
   g) Ansprüche gegen den Verwaltungsbeirat ... 239
   h) Mitverschulden ... 242
   i) Umfang des Ersatzanspruchs ... 248
3. Anspruch auf Haftungsfreistellung ... 250

VII. Beschlussfassungen in der Versammlung

1. Vorbereitung durch den Verwalter ... 258
   a) Ermittlung des Zustandes ... 259
   b) Ermittlung des Handlungsbedarfs ... 261
   c) Abstimmung mit dem Beirat zum weiteren Vorgehen ... 265
   d) Entwicklung von Alternativen ... 266
   e) Ermittlung der Kosten ... 270
   f) Überprüfung aller Vereinbarungen und Beschlüsse zu dem anstehenden Thema/Beschlusskompetenz ... 273
   g) Formulierung eines Antrages zur Sache ... 278
   h) Formulierung eines Antrages zur Finanzierung ... 283
2. Durchführung der Versammlung
   a) Erörterung der Beschlussvorschläge unter Einbeziehung der Vorschläge der Eigentümer ... 293
   b) Beschlussfassung über die Maßnahme ... 297
   c) Beschlussfassung über die Finanzierung ... 301
   d) Beschlussfassung über die Auftragserteilung ... 304
   e) Beschlussfassung über ein Sonderhonorar des Verwalters ... 309
   f) Vorsorgliche Beschlussfassung für den Fall einer Beschlussanfechtung ... 316
   g) Feststellung und Bekanntgabe der Beschlussergebnisse ... 321
3. Nachbearbeitung der Versammlung
   a) Festlegung der Zeitschiene für die Maßnahmen ... 322
   b) Bereitstellung der Geldmittel ... 325
4. Vergabe des Auftrags ... 330
5. Durchführung des Auftrages, Abnahme und Berücksichtigung der Bauabzugssteuer ... 337

VIII. Ansprüche und Handlungsmöglichkeiten bei einem Notfall und Ansprüche eines Eigentümers nach Geschäftsführung ohne Auftrag ... 350

1. Anwendungsfälle des § 21 Abs. 2 WEG ... 353
2. Geschäftsführung ohne Auftrag
   a) Voraussetzungen für ein Handeln des Eigentümers – allgemein ... 362

	Rz.		Rz.
b) Voraussetzungen für ein Handeln des Eigentümers – im Pflichtenkreis des Verwalters	363	c) Beschränkungen durch Beschlüsse	450

- b) Voraussetzungen für ein Handeln des Eigentümers – im Pflichtenkreis des Verwalters 363
- c) Ersatz der Aufwendungen – bei irrtümlich oder fehlerhaft angenommenem „Notfall" 367
- d) Haftung des tätigen Miteigentümers 373
- e) Missbrauch und die Folgen . 376
3. Anwendungsbereich des § 27 Abs. 1 Nr. 3 WEG 380
4. Anwendungsbereich des § 27 Abs. 2 Nr. 2 WEG 390
5. Anwendungsbereich des § 27 Abs. 3 Satz 1 Nr. 2 WEG 397

IX. Eingriff in das Sondereigentum zur Instandsetzung des gemeinschaftlichen Eigentums

1. Abgrenzungsfragen 400
2. Eingriffsvoraussetzungen 405
3. Duldungspflichten für den Eigentümer 411
4. Mitwirkungspflichten für den Eigentümer................. 415
5. Handlungsbedarf für den Verwalter 416
6. Notfälle 420
7. Ersatzpflichten der Gemeinschaft 422
8. Durchsetzung von Ansprüchen 429
   - a) Ansprüche des Eigentümers gegen die Gemeinschaft 431
   - b) Ansprüche der Gemeinschaft gegen einen Eigentümer 434

X. Bauliche Veränderungen am gemeinschaftlichen Eigentum . 435

1. Bauliche Veränderungen am Sondereigentum 441
   - a) Beschränkungen durch das Gesetz 443
   - b) Beschränkungen durch Vereinbarung der Eigentümer .. 448
   - c) Beschränkungen durch Beschlüsse 450
2. Bauliche Veränderungen am gemeinschaftlichen Eigentum . 451
   - a) Abgrenzung von der Instandhaltung und Instandsetzung 452
   - b) Vereinbarungen der Eigentümer 456
   - c) Der allstimmige Beschluss . 461
   - d) Der Mehrheitsbeschluss ... 464
   - e) Folgen des tatsächlichen Verhaltens/stillschweigende Zustimmung 469
3. Gerichtliche Überprüfungsmöglichkeiten 470
4. Zustimmungspflicht und deren Entbehrlichkeit
   - a) Voraussetzungen 481
   - b) Form der Zustimmung 485
5. Beispiele baulicher Veränderungen mit und ohne Zustimmungspflicht 494
6. Kostenbefreiung 496
7. Nutzungsverbot 500
8. Anspruch auf Beseitigung einer baulichen Veränderung 503
9. „Modernisierung" und „Anpassung an den Stand der Technik" des gemeinschaftlichen Eigentums 508
   - a) Modernisierung 510
   - b) Anpassung an den „Stand der Technik" 515
   - c) Schutz der Eigenart einer Wohnanlage 516
   - d) Äußerste Grenze: Unbilligkeit 518
   - e) Kostenverteilung 521
   - f) Anspruch auf Modernisierung 527
   - g) Zwingendes Recht 529
   - h) Doppelt qualifizierte Mehrheit 530
   - i) Beschlussfassung 531
10. Besonderer Handlungsbedarf für den Verwalter 533

I. Begriffe und Abgrenzungen

1 **Instandhaltung und Instandsetzung** dienen dem Zweck, den **Bestand**, die **Funktionalität** und letztlich den **Wert** des gemeinschaftlichen Eigentums zu erhalten. Zugleich wird das im gemeinschaftlichen Eigentum eingebundene Sondereigentum in seinem Wert stabilisiert.

Instandhaltung und Instandsetzung sind wesentliche Pflichten der Gemeinschaft und wurden vom Gesetz beispielhaft in § 21 Abs. 5 Nr. 2 WEG als Maßnahmen ordnungsmäßiger Verwaltung aufgezählt. Die Bedeutung wird unterstrichen durch die Aufnahme in den unverzichtbaren Aufgabenkatalog des Verwalters, § 27 Abs. 1 Nr. 2, Abs. 3 Satz 1 Nr. 3 und Abs. 4 WEG.

2 Problematische Sach- und Rechtslagen können sich ergeben,
– wenn der ursprüngliche Bestand als **veraltet** anzusehen ist und modernisiert werden muss,
– wenn der gemäß Teilungserklärung oder Gemeinschaftsordnung **geschuldete Zustand** überhaupt noch nicht erreicht wurde oder
– wo **abweichend vom bisherigen Bestand** etwas Neues errichtet werden soll.

Das in einem ordnungsgemäßen Zustand gehaltene gemeinschaftliche Eigentum schafft den Rahmen und die Bestandsgrundlage für das Sondereigentum. Dieses ordnungsgemäß zu erhalten obliegt gemäß § 14 Nr. 1 WEG den einzelnen Eigentümern.

1. Instandhaltung und Instandsetzung

3 Mit der Instandhaltung wird durch **Pflege und Wartung** der bestehende ordnungsgemäße Zustand erhalten.

Die Instandsetzung ist die **erneute Herstellung** eines zuvor nicht mehr ordnungsgemäßen Zustandes.

Beides gehört nach § 21 Abs. 5 Nr. 2 WEG zu einer ordnungsmäßigen, dem Interesse aller Wohnungseigentümer entsprechenden Verwaltung. Hierauf hat jeder Eigentümer gemäß § 21 Abs. 4 WEG einen Anspruch. Die Eigentümer haben das Erforderliche gemäß § 21 Abs. 3 WEG durch Stimmenmehrheit zu beschließen[1].

4 Die **Unterscheidung** zwischen Instandhaltung und Instandsetzung ist rechtlich und in der Praxis dann von untergeordneter Bedeutung, wenn die Rechtsfolgen identisch sind[2]. Allerdings gibt es durchaus **Vereinbarungen**, etwa in der Gemeinschaftsordnung, die genau unterscheiden

---

1 KG, Beschl. v. 19. 10. 1998 – 24 W 4300/98, WE 1999, 68 = NZM 1999, 131 = FGPrax 1999, 16 = ZMR 1999, 207.
2 BGH, Beschl. v. 22. 4. 1999 – V ZB 28/98, BGHZ 141, 224 = NJW 1999, 2108.

und z. B. Maßnahmen der Instandhaltung, wie Reparaturen und Anstricharbeiten am gemeinschaftlichen Eigentum, abweichend von den gesetzlichen Vorgaben in die Pflicht des Sondereigentümers verweisen, während die Instandsetzungsarbeiten, wie etwa die Erneuerung von Fenstern und Türen, in der Verantwortung der Gemeinschaft bleiben.

Einige typische Streitvorgänge um Instandsetzungsarbeiten aus der neueren Rechtsprechung: 5

Beispiele:
- Erneuerung einer Fassadenverkleidung[1]
- Erneuerung von Fenstern[2]
- Austausch einer Ölheizung gegen Fernwärme[3]
- Sanierung von Feuchtigkeitsschäden[4]
- Sanierung von Balkonschäden[5]
- Beseitigung von Dachschäden[6]
- Fällen von Bäumen[7]
- Beschneiden von Hausbewuchs (Weinlaub)[8]
- Veränderung der Schallisolierung eines Sondereigentums[9]
- Gesundheitsgefährdung bei der Fassadensanierung durch Verwendung von Chemie[10]
- Umfang einer Fassadensanierung[11].

---

1 BayObLG, Beschl. v. 25. 9. 2001 – 2Z BR 95/01, NZM 2002, 75 = ZMR 2002, 209. OLG Hamm, Beschl. v. 18. 9. 2006 – 15 W 88/06, OLGReport Hamm 2007, 430 = ZMR 2007, 131. OLG Düsseldorf, Beschl. v. 22. 10. 2007 – 3 Wx 54/07, NJW-RR 2008, 169 = NZM 2007, 930.
2 OLG Köln, Beschl. v. 14. 4. 1997 – 16 Wx 89/97, WuM 1997, 455 = ZMR 1998, 49.
3 OLG Düsseldorf, Beschl. v. 8. 10. 1997 – 3 Wx 352/97, OLGReport Düsseldorf 1998, 95 = WuM 1998, 114 = ZMR 1998, 185 = FGPrax 1998, 49 = WE 98, 188. Hans. OLG Hamburg, Beschl. v. 21. 7. 2005 – 2 Wx 18/04, OLGReport Hamburg 2005, 633 = ZMR 2005, 803 = NZM 2006, 27.
4 BayObLG, Beschl. v. 23. 5. 2001 – 2 Z BR 99/00, BayObLGR 2001, 83 = ZMR 2001, 832 = ZWE 2001, 366.
5 KG, Beschl. v. 15. 11. 2000 – 24 W 6514/99, KGR Berlin 2001, 195 = FGPrax 2001, 100 = ZWE 2001, 331. OLG München, Beschl. v. 30. 1. 2007 – 34 Wx 116/06, OLGReport München 2007, 331 = NZM 2007, 369.
6 BGH, Beschl. v. 22. 4. 1999 – V ZB 28/98, BGHZ 141, 224 = NJW 1999, 2108 = WM 1999, 1717 = BauR 1999, 1032 = ZWE 2000, 23.
7 BayObLG, Beschl. v. 21. 2. 2001 – 2 Z BR 142/00, BayObLGR 2001, 35 = Grundeigentum 2001, 703 = WuM 2001, 299 = ZMR 2001, 565. OLG Schleswig, Beschl. v. 3. 5. 2007 – 2 W 25/07, OLGReport Schleswig 2007, 881 = WuM 2007, 587.
8 OLG Saarbrücken, Beschl. v. 10. 10. 1997 – 5 W 60/97, ZMR 1998, 50 = WE 1998, 69 = FGPrax 1998, 18.
9 KG Berlin, Beschl. v. 19. 3. 2007 – 24 W 317/06, KGR Berlin 2007, 669 = ZMR 2007, 639 = NZM 2007, 845.
10 Hans. OLG Hamburg, Beschl. v. 3. 1. 2007 – 2 Wx 75/06, ZMR 2007, 476 = WE 2007, 272.
11 OLG München, Beschl. v. 27. 9. 2006 – 34 Wx 059/06, ZMR 2007, 557.

6   Die **Kosten** für solche Maßnahmen der Instandhaltung und Instandsetzung sind nach § 16 Abs. 2 WEG auf die Miteigentümer umzulegen, wenn nichts anderes vereinbart wurde. Eine von § 16 Abs. 2 WEG oder von einer Vereinbarung abweichende Beschlussfassung ist nach § 16 Abs. 4 WEG nun möglich. Bisher war ein solcher Beschluss nichtig, wenn damit beabsichtigt wurde, für die Zukunft in allgemein verbindlicher Form (normativ) die Kostenverteilung zu regeln. Dies gilt grundsätzlich weiter, wenn eine allgemeine Kostenregelung für solche Maßnahmen gesucht wird, weil die Beschlusskompetenz des § 16 Abs. 4 WEG nur gestattet, im **Einzelfall** eine **Kostenregelung** herbeizuführen.

Ein Mehrheitsbeschluss im Einzelfall bedarf drei Viertel aller stimmberechtigten Eigentümer und mehr als der Hälfte aller Miteigentumsanteile. Eine Kostenregelung durch einfachen Mehrheitsbeschluss für eine einzelne Maßnahme der Instandhaltung oder Instandsetzung, die von den gesetzlichen Vorgaben oder von der vereinbarten Kostenregelung abweicht, wird bestandskräftig, wenn der Beschluss nicht innerhalb eines Monats gemäß § 46 WEG einer gerichtlichen Überprüfung zugeführt wird[1]. Die Beschlusskompetenz wurde den Eigentümer zugewiesen. Ein **Fehler bei der Beschlussfassung** macht den Mehrheitsbeschluss **anfechtbar** aber nicht nichtig[2].

7   Eine bereits in der Gemeinschaftsordnung vereinbarte **Verlagerung der Instandhaltungspflichten** und der damit verbundenen Kosten für Teile des gemeinschaftlichen Eigentums auf die jeweiligen Sondereigentümer, die das gemeinschaftliche Eigentum ausschließlich nutzen, ist nicht selten und zulässig, z.B. für Fenster, einschließlich deren Verglasung[3]. Allerdings können durch § 16 Abs. 4 WEG sowohl ein vereinbarter wie auch der gesetzliche **Verteilungsschlüssel** im Einzelfall **verändert** werden. Dies hat der Gesetzgeber in § 16 Abs. 5 WEG abgesichert.

8   Ein vereinbarter oder ein beschlossener Kostenverteilungsschlüssel muss eindeutig sein. Die wiederkehrend in Gemeinschaftsordnungen vorzufindende Formulierung: „... *Die Instandhaltung und Instandsetzung sowie die Betriebskosten von den Hausteilen, Anlagen und Einrichtungen, die im gemeinschaftlichen Eigentum stehen, deren Nutzung jedoch nur einem oder einer bestimmten Anzahl von Wohnungseigentümern zusteht,*

---

1 BGH, Beschl. v. 20. 9. 2000 – V ZB 58/99, BGHZ 145, 158 = NJW 2000, 3500 = ZMR 2000, 771 = WM 2000, 2350 = ZWE 2000, 518.
2 *Jennißen*, WEG, § 16, Rz. 53a. *Hügel*, Das neue WEG-Recht, § 5 Rz. 78. *Elzer* in Riecke/Schmid, Wohnungseigentumsrecht, § 16 Rz. 109 ff. Allerdings wendet dieser sich in Rz. 110 gegen die zitierte h.M. und geht im Ergebnis wohl von der Nichtigkeit einer solchen Beschlussfeststellung aus.
3 OLG Düsseldorf, Beschl. v. 15. 5. 2000 – 3 Wx 80/00, ZMR 2001, 214.

obliegt den Nutzungsberechtigten ..." verpflichtet nur einen Sondernutzungsberechtigten, nicht den Sondereigentümer[1].

Die Instandhaltungspflichten bei **Mehrhausanlagen** unterscheiden sich grundsätzlich nicht von den Anlagen mit nur einem Gebäude. Wurde allerdings in einer Vereinbarung (z.B. Gemeinschaftsordnung) die Pflicht zur Instandhaltung des gemeinschaftlichen Eigentums blockweise zugeordnet, wurde vom gesetzlichen Kostenverteilungsmodell abgewichen. Die Beschlusskompetenz für derartige Maßnahmen liegt dann nur bei den Eigentümern des betroffenen Gebäudes. Davon abweichende Beschlüsse, wenn also auch Eigentümer von anderen Blöcken einen Mehrheitsbeschluss herbeigeführt haben, sind anfechtbar, nicht nichtig. Ein solcher bestandskräftiger Beschluss erzeugt gemäß § 10 Abs. 5 WEG Bindungswirkung für alle Miteigentümer. Haben z.B. alle Eigentümer über den Abschluss eines Wartungsvertrages für einen **Aufzug** in nur einem Gebäude mehrheitlich abgestimmt und wurde dieser Beschluss bestandskräftig und vollzogen, sind auch alle Eigentümer in die Pflichten dieses Wartungsvertrages eingebunden. Der Vertrag kann deshalb nur von allen Eigentümern wieder gekündigt werden[2]. Denkbar wäre, in einer Mehrhausanlage durch einen Beschluss mit doppelt qualifizierter Mehrheit nach § 16 Abs. 4 WEG den Eigentümern eines Blockes Kosten zuzuweisen, die im **Einzelfall** dort für eine Maßnahme der Instandhaltung und Instandsetzung entstehen. Maßstab ist, dass die Kostenzuweisung dem Gebrauch oder der Möglichkeit des Gebrauchs Rechnung trägt. **Betriebskosten** des Aufzuges können nach § 16 Abs. 3 WEG mit einfachen Mehrheitsbeschluss zugewiesen werden, wenn die Kostenzuweisung nach Verbrauch oder Verursachung erfolgt.

9

Bei der Instandhaltung und Instandsetzung kann der Zustand konserviert, also der **ursprüngliche Bestand** erhalten werden. Dabei besteht die Gefahr, dass die technischen Einrichtungen oder die Optik eines Anwesens den Anschluss an die veränderten Vorstellungen und Bedürfnisse der Bewohner und Eigentümer verliert. Deswegen gehört es mit zur ordnungsgemäßen Instandhaltung und Instandsetzung gemäß § 21 Abs. 4 und Abs. 5 Nr. 2 WEG, über die Konservierung hinauszugehen, wenn dadurch den **technischen Entwicklungen** oder den Anforderungen **geänderter Vorschriften** Rechnung getragen wird[3].

10

Maßnahmen der Instandhaltung und Instandsetzung können durch **einfache Stimmenmehrheit** beschlossen werden. Die Beschlüsse werden nach Ablauf der Anfechtungsfrist von einem Monat gemäß § 46 WEG bestandskräftig. Wurde ein solcher Beschluss angefochten, ist er gültig, bis

11

---

1 BayObLG, Beschl. v. 16. 10. 1997 – 2 Z BR 106/97, WE 1998, 355.
2 BayObLG, Beschl. v. 25. 5. 2000 – 2 Z BR 16/00, NZM 2000, 1021 = ZWE 2000, 523.
3 *Bärmann/Pick/Merle*, WEG, 9. Aufl., § 21 Rz. 139.

er durch Urteil für ungültig erklärt wird, § 23 Abs. 4 Satz 2 WEG. Er ist vom Gericht darauf zu prüfen, ob die beschlossene Maßnahme ordnungsmäßiger Verwaltung gemäß § 21 Abs. 4 WEG entspricht[1].

2. Modernisierende Instandsetzung

12 Von einer modernisierenden Instandsetzung spricht man, wenn im Zuge einer notwendigen Instandsetzung anstelle einer veralteten Einrichtung eine technisch verbesserte Einrichtung eingebaut wird. Eine eindeutige Definition gibt weder das Gesetz noch die Rechtsprechung,[2] die den Begriff geschaffen hat. Beschrieben wurden damit Maßnahmen, die eigentlich bauliche Veränderungen waren. Sie sollten ermöglicht werden, ohne dass eine Minderheit sie verhindern kann, weil sie nämlich **keinen Nachteil** erzeugen. Das BayObLG hatte in dem Einbau von „Rauchgasklappen" keinen Nachteil der nicht zustimmenden Eigentümer gesehen und zugleich wegen der Energieeinsparung einen Vorteil aller Eigentümer[3]. Deswegen wurde statt einer baulichen Veränderung eine besondere Art der Instandhaltung und Instandsetzung angenommen, die **mehrheitlich beschlossen** werden kann.

13 Eine solche Maßnahme setzt voraus, dass sie wirtschaftlich sinnvoll ist und der Aufwand in einem vernünftigen Verhältnis zum Nutzen steht[4]. Die modernisierende Instandsetzung erfordert Handlungsbedarf. Teilweise wird ein **schwerwiegender Mangel** im Bereich des gemeinschaftlichen Eigentums als notwendig angesehen[5]. Der Anwendungsbereich ist erst eröffnet, wenn im Einzelfall etwas getan werden muss, um einen mangelhaft gewordenen Zustand in Ordnung zu bringen oder einen **drohenden Ausfall** zu vermeiden. Dann kann auch der technische Fortschritt mit einbezogen werden. Dies hat teilweise erhebliche Konsequenzen, wie bei der Umstellung einer altersschwachen Ölheizung auf Fernwärme[6].

14 Entspricht der bauliche Zustand nicht dem heutigen baulichen Standard, aber dem zum Zeitpunkt der Errichtung der Wohnanlage, besteht kein **Anspruch auf modernisierende Instandsetzung**, wenn Nachteile ohne die

---

1 BayObLG, Beschl. v. 30. 11. 2000 – 2 Z BR 81/00, ZMR 2001, 292 = NJW-RR 2001, 1592 = ZWE 2001, 267.
2 *Köhler*, MietRB 207, 249.
3 BayObLG, Beschl. v. 11. 12. 1980 – 2 Z 74/79, ZMR 1981, 285 = NJW 1981, 690 = Wohnungseigentümer 1981, 93.
4 OLG Düsseldorf, Beschl. v. 22. 10. 2007 – 3 Wx 54/07, NJW-RR 2008, 169 = NZM 2007, 930.
5 OLG Schleswig, Beschl. v. 8. 12. 2006 – 2 W 111/06, OLGReport Schleswig 2007, 393 = ZMR 2007, 562 = NJW-RR 2007, 1093.
6 Hans. OLG Hamburg, Beschl. v. 21. 7. 2005 – 2 Wx 18/04, OLGReport Hamburg 2005, 633 = ZMR 2005, 803 = NZM 2006, 27.

Maßnahme nicht vorhanden sind oder wenn wirtschaftliche Gründe dagegen sprechen[1]. Diese Entscheidungen erfolgten zum Zustand einer Hausfassade und haben auch seit Inkrafttreten der **Energieeinsparverordnung** (EnEV)[2] noch Gültigkeit[3].

Auch im Bereich des Schallschutzes kann eine technische Nachrüstung im Einzelfall eingefordert werden[4].

Die modernisierende Instandsetzung wird gemäß § 22 Abs. 3 WEG **wie eine Maßnahme der Instandhaltung und Instandsetzung** behandelt.

Zu unterscheiden ist die modernisierende Instandsetzung von der „**Modernisierung**" und der „**Anpassung an den Stand der Technik**". Solche Maßnahmen sind bauliche Veränderungen besonderer Art. Sie setzen keinen Handlungsbedarf voraus. Sie können nach § 22 Abs. 1 WEG verlangt und beschlossen werden. Dann ist auch die Zustimmung der nachteilig betroffenen Eigentümer nötig[5]. Alternativ können die Eigentümer zu Maßnahmen der Modernisierung oder Anpassung an den Stand der Technik nach § 22 Abs. 2 WEG einen doppelt qualifizierten Mehrheitsbeschluss herbeiführen und so die **Blockade einer Minderheit** überwinden, die nicht zustimmen wollen.

Führt eine „modernisierende Instandsetzung" zu einer **deutlichen Veränderung im Aussehen** oder in der Funktionalität, kann eine „bauliche Veränderung" gemäß § 22 Abs. 1 WEG vorliegen. Diese kann zwar auch verlangt und mehrheitlich beschlossen werden, bedarf aber zusätzlich der Zustimmung aller Eigentümer, die durch die Maßnahme nachteilig betroffen werden. Nach dem Abriss baufälliger Balkone sind um 83 % größere, neue Balkone keine modernisierende Instandsetzung mehr sondern eine bauliche Veränderung[6]. Solche Beschlüsse werden bestandskräftig, wenn sie nicht rechtzeitig gerichtlich gemäß § 46 und § 43 Nr. 4 WEG mit dem Ziel angefochten wurden, diese gerichtlich für ungültig erklären zu lassen[7]. Eine **fehlende Zustimmung** wird durch die Bestandskraft eines Beschlusses ersetzt[8].

---

1 Hans. OLG Hamburg, Beschl. v. 20. 1. 1998 – 2 Wx 61/95, WuM 1999, 55 = WE 1999, 109. OLG Düsseldorf, Beschl. v. 22. 10. 2007 – 3 Wx 54/07, NJW-RR 2008, 169 = NZM 2007, 930.
2 Verordnung über energiesparenden Wärmeschutz und energiesparende Anlagentechnik bei Gebäuden v. 24. 7. 2007, BGBl. 2007, Teil I Nr. 34.
3 BayObLG, Beschl. v. 11. 2. 2005 – 2Z BR 177/04, BayObLGR 2005, 266 (juris).
4 OLG Schleswig, Beschl. v. 21. 12. 1998 – 2 W 100/98, WuM 1999, 180 = ZfIR 1999, 378.
5 *Armbrüster*, ZWE 2008, 61 ff.
6 AG Düsseldorf, Beschl. v. 29. 5. 2007 – ZMR 2008, 249.
7 OLG Köln, Beschl. v. 12. 1. 2001 – 16 Wx 156/00, OLGReport Köln 2001, 341 = NZM 2001, 293 = NJW-RR 2001, 1096 = ZMR 2001, 474.
8 *Hogenschurz* in Jennißen, WEG, § 22 Rz. 17. *Niedenführ/Kümmel/Vandenhouten*, WEG, 8. Aufl., § 22 Rz. 117. OLG München, Beschl. v. 16. 11. 2007 – 32 Wx 111/07, ZMR 2008, 234.

17 Von der **Nichtigkeit eines Beschlusses** über eine bauliche Veränderung ist auszugehen, wenn über die einmalige Veränderung hinaus in diesem Beschluss **normative Regelungen** enthalten sind, die auch in der Zukunft verbindliche Wirkung entfalten sollen. Ein solcher Fall liegt vor, wenn anlässlich eines bestimmten Antrages zum Einbau einer Balkonverglasung generalisierend für die Zukunft gleichartige bauliche Veränderungen genehmigt werden[1]. Derartige Regelungen können unter den Eigentümern nur vereinbart, nicht aber beschlossen werden[2].

18 Durch die Regelung in § 22 Abs. 3 WEG ist die **Zuordnungsproblematik** nicht aufgehoben worden. Dort wird nur klargestellt, wie Maßnahmen der *„modernisierenden Instandsetzung"* zu behandeln sind. Es bleibt offen, welche Maßnahmen zu § 21 Abs. 4 und welche zu § 22 Abs. 1 und 2 WEG gehören. Häufig wird streitig bleiben, ob eine Maßnahme eindeutig noch in den Bereich der Instandhaltung oder Instandsetzung oder schon in den Bereich der baulichen Veränderung gehört. Bei derartigen Maßnahmen entsteht ein für Wohnungseigentum typisches **Spannungsfeld** zwischen „Wollen" und „Dürfen"[3].

19 Um die Vielzahl der Möglichkeiten einigermaßen zu erfassen, wurden in der Rechtsprechung **Kriterien** entwickelt, die in der Art eines Fragenkataloges für eine bestimmte Maßnahme abgearbeitet werden können. Werden alle Fragestellungen positiv beantwortet, ist davon auszugehen, dass eine Maßnahme der ordnungsgemäßen Instandhaltung und Instandsetzung gemäß § 21 Abs. 5 Nr. 2 WEG vorliegt und keine bauliche Veränderung gemäß § 22 Abs. 1 Satz 1 WEG.

Fragenkatalog:

– Sind der grundsätzliche Bestand und die Benutzbarkeit in der bisherigen Form sichergestellt?

– Ist grundsätzlich eine Maßnahme erforderlich, um einen Mangel zu beseitigen, wodurch ordnungsgemäße Nutzung oder Gebrauch beeinträchtigt werden?

– Steht der wirtschaftliche Aufwand in vertretbarem Verhältnis zum Erfolg und ist die Finanzierung gesichert?

– Werden mit der Maßnahme bestehende oder erkennbar kommende gesetzliche oder behördliche Auflagen eingehalten oder erfüllt?

– Ist eine dauerhafte störende Einwirkung der Maßnahme auf das Gemeinschaftseigentum, auf das Sondereigentum und auf die Gesundheit der Miteigentümer ausgeschlossen?

---

[1] BGH, Beschl. v. 20. 9. 2000 – V ZB 58/99, BGHZ 145, 158 = NJW 2000, 3500.
[2] *Wenzel*, ZWE 2001, 226.
[3] *Drabek*, ZWE 2000, 470.

a) Anpassung an den zeitgemäßen Zustand

Nicht immer ist bei **Reparaturbedarf** (Instandsetzung) zugleich ein mehrheitlicher **Erneuerungs-** (modernisierende Instandsetzung) oder **Verbesserungswillen** (Modernisierung) bei der Ausgestaltung vorhanden. Neben der „Modernisierung" bezeichnet § 22 Abs. 2 WEG deswegen auch die Anpassung an den „**Stand der Technik**" als eine besondere Art der baulichen Veränderung, die mit Zustimmung der betroffenen Eigentümer nach § 22 Abs. 1 WEG oder ohne deren Zustimmung aber mit besonders qualifiziertem Beschluss geregelt werden kann. 20

Der **Ersatz** einer älteren und reparaturbedürftigen Gemeinschaftsantennenanlage durch einen Anschluss an das Breitbandkabelnetz ist ein Beispiel typischer modernisierender Instandsetzung, über die Wohnungseigentümer durch Mehrheitsbeschluss entscheiden können[1]. Wenn eine noch funktionierende herkömmliche Antennenanlage ergänzt und eine Parabolantenne zusätzlich angeschlossen werden soll, kann dies über die Instandhaltung und Instandsetzung hinausgehen. Es liegt dann eine bauliche Veränderung vor, die aber – je nach Aufstellungsort der Parabolantenne – nicht unbedingt eine Beeinträchtigung der anderen Miteigentümer darstellen muss. Es ist denkbar, dass die Rechte der anderen Miteigentümer nicht über das in § 14 WEG bestimmte Maß hinaus beeinträchtigt werden[2]. Dann ist wegen § 22 Abs. 1 Satz 2 WEG gar keine Zustimmung nötig. Liegt eine (denkbare optische) Beeinträchtigung vor, führt ein Beschluss nach § 22 Abs. 1 WEG und ggf. die Zustimmung der Eigentümer zur erforderlichen Rechtssicherheit. Alternativ bietet § 22 Abs. 2 WEG einen Weg zum gleichen Ziel mittels eines qualifizierten Mehrheitsbeschlusses. Keiner der Wege ist einfach. Leichte Hürden wollte der Gesetzgeber auch nicht schaffen, weil das **individuelle Vertrauen** eines jeden Eigentümers auf den **Bestand** über § 11 WEG gesetzlich abgesichert worden ist und nicht verloren gehen darf.

Zur modernisierenden Instandsetzung einer maroden Anlage gehört auch eine Balkonsanierung nach aktuellem Standard[3]. Gerade bei erheblichen **Abweichungen vom „Stand der Technik"** besteht ein individueller Anspruch der Miteigentümer neue Techniken und Erkenntnisse einzusetzen, solange nicht deutliche Amortisationsgesichtspunkte entgegenstehen[4]. Geforderte modernisierende Instandsetzungsmaßnahmen können aus wirtschaftlichen Gründen ordnungsmäßiger Verwaltung widersprechen[5], wenn eine Giebelnordwand dem im Zeitpunkt der Errich- 21

---
1 LG Berlin, Beschl. v. 13. 7. 2001 – 85 T 42/01 WEG, ZMR 2002, 160.
2 AG Nürnberg, Beschl. v. 14. 12. 2000 – 1 UR II 243/00 WEG, ZMR 2001, 749.
3 BayObLG, Beschl. v. 17. 6. 1999 – 2 Z BR 19/99, NZM 1999, 910.
4 Schleswig-Holsteinisches OLG, Beschl. v. 21. 12. 1998 – 2 W 100/98, WuM 1999, 180 = FGPrax 1999, 51 = ZfIR 1999, 378.
5 Hans. OLG Hamburg, Beschl. v. 20. 1.1998 – 2 Wx 61/95, WuM 1999, 55 = WE 1999, 109.

tung des Gebäudes maßgeblichen baulichen Standard entspricht und eine heutigen DIN-Vorschriften entsprechende Wärmedämmung unwirtschaftlich wäre. Andernfalls müsste ein konkreter, auf ungenügende Wärmedämmung beruhender Nachteil des jetzigen Zustandes für einen einzelnen Wohnungseigentümer nachweisbar sein. Die Streitfragen, was noch im Rahmen des § 21 Abs. 4 und 5 WEG beschlossen werden kann und was als bauliche Veränderung der Zustimmung aller betroffener Eigentümer bedarf, sind nun erleichtert über § 22 Abs. 2 WEG regelbar. Auch wenn der aktuelle Handlungsbedarf deutlich überschritten werden soll, kann diese Anpassung „an den Stand der Technik", was einem **mittleren Niveau** entspricht, beschlossen werden. Allerdings nur, wenn drei Viertel aller stimmberechtigten Eigentümer und mehr als die Hälfte aller Miteigentumsanteile zustimmen.

b) Maßnahmen, die erforderlich werden, um öffentlich-rechtliche Vorschriften zu erfüllen

22 Hierzu gehört die Beachtung und Erfüllung unterschiedlicher Vorschriften.

Beispiele:
– Sicherheitstüren nach der Aufzugsverordnung
– Einhaltung der herabgesetzten Werte nach der KleinfeuerungsanlagenVO
– Zusatzeinrichtungen wie gedämmte Rohrleitungen
– Steuerungen durch Außenfühler, Thermostatventile, Messgeräte zur Kostenverteilung der anfallenden Wärme nach der (früheren) Heizungsanlagenverordnung, ersetzt durch die Energieeinsparungsverordnung (EnEV), geltend seit 1. 2. 2002
– der Einbau von Kaltwasserzählern, soweit landesrechtlich vorgeschrieben
– die erhöhte Isolierung im Bereich der Fassaden und der Fenster nach der (früheren) Wärmeschutzverordnung, ersetzt durch die Energieeinsparungsverordnung (EnEV), geltend seit 1. 2. 2002
– Schaffung von Kfz-Abstellplätzen gemäß den behördlichen Auflagen
– die Einrichtung von behördlich vorgegebenen Brandschutzmaßnahmen[1].

23 Soweit nach **öffentlich-rechtlichen Vorschriften** bauliche Maßnahmen (Spielplatz/Rückstausicherung) durchgeführt werden müssen, können diese **nicht als „bauliche Veränderung"** im Sinne von § 22 Abs. 1 WEG angesehen werden[2]. Es handelt sich vielmehr um Maßnahmen ordnungsmäßiger Verwaltung, die von jedem Eigentümer gemäß § 21 Abs. 4 und

---

1 OLG Köln, Beschl. v. 6. 8. 2004 – 16 Wx 81/04, ZMR 2005, 403.
2 LG Wuppertal, Beschl. v. 3. 3. 2006 – 10 T 113/04, 10 T 121/04, ZMR 2006, 725. OLG Hamm, Beschl. v. 13. 12. 2004 – 15 W 107/04, OLGReport Hamm 2005, 463 = ZMR 2005, 806.

Abs. 5 Nr. 2 WEG verlangt und gemäß § 21 Abs. 3 WEG mehrheitlich beschlossen werden können. Die Eigentümer sind verpflichtet, die Kosten anteilig gemäß § 16 Abs. 2 WEG oder nach dem für solche Maßnahmen vereinbarten oder einem nach § 16 Abs. 4 WEG für den Einzelfall beschlossenen Kostenschlüssel zu tragen.

3. Erstmalige Herstellung des ordnungs- bzw. plangemäßen Zustandes und Wiederherstellung des ursprünglichen Zustandes

Der Anspruch auf erstmalige Herstellung des Zustandes gemäß Aufteilungsplan oder Baubeschreibung sichert das **Vertrauen** des einzelnen Sondereigentümers auf die **im Grundbuch hinterlegten Entstehungstatbestände** dieses Wohnungseigentums. Der Anspruch auf **erstmalige Herstellung** des planmäßigen Zustandes grenzt sich ab vom Anspruch auf **Wiederherstellung des ursprünglichen Zustandes** nach einer baulichen Veränderung. Zwar ist in beiden Fällen Maßstab des Erlaubten, was in der Teilungserklärung/Gemeinschaftsordnung vereinbart wurde. Der Unterschied ist bedeutend, weil sich **andere Anspruchgegner** ergeben: Der Anspruch auf erstmalige Erstellung richtet sich gegen den Verband, der Anspruch auf Wiederherstellung gegen den Störer. 24

Weicht der tatsächliche bauliche Zustand im Bereich eines Sondereigentums vom Aufteilungsplan oder den sonstigen Rechtsgrundlagen ab, und wurden die Veränderungen bereits vor der Aufteilung in Wohnungseigentum herbeigeführt, besteht kein Anspruch gegen diesen Sondereigentümer, den Zustand gemäß Plan herzustellen[1]. Allerdings muss dieser die erforderlichen Maßnahmen **dulden**[2]. So kann der beeinträchtigte Eigentümer vom Nachbarn verlangen, die Beseitigung einer Abtrennung zwischen zwei Dachterrassen hinzunehmen, wenn sie dem Zustand gemäß Aufteilungsplan widerspricht. Ebenso kann er die Herausgabe der betroffenen Fläche verlangen. Auch nach über 20 Jahren muss der Anspruch nicht **verwirkt** sein. Es können ihm aber Verjährungsvorschriften entgegenstehen, insbesondere § 199 Abs. 4 BGB[3]. 25

Der Anspruch auf erstmalige Herstellung des ordnungsgemäßen Zustandes richtet sich gegen die Gemeinschaft der Wohnungseigentümer (Verband), die nach § 10 Abs. 6 Satz 2 und Abs. 7 Satz 2 WEG Verbindlichkeiten zu erfüllen hat. Den **Einwand der Verjährung** kann der Verband erheben, wenn er aufgefordert wird, solche Leistungen zu erbringen. Beschließen die Eigentümer eine Maßnahme zur erstmaligen Herstellung des ordnungsgemäßen Zustands, kann ein Eigentümer Anfechtungsklage erheben und zur Begründung einwenden, der Beschluss entspreche nicht 26

---
1 OLG Zweibrücken, Beschl. v. 23. 11. 2001 – 3 W 226/01, ZWE 2002, 378.
2 BayObLG, Beschl. v. 28. 12. 2001 – 2 Z BR 163/01, WuM 2002, 165.
3 OLG Karlsruhe, Beschl. v. 17. 2. 2006 – 11 Wx 72/05, Info M 2006, 298 (juris).

den Grundsätzen ordnungsmäßiger Verwaltung, weil der unterstellte Anspruch verjährt ist. Mit der Beschlussfassung wird der Anspruch auf erstmalige Herstellung nicht begründet, was mangels Beschlusskompetenz auch gar nicht beschlossen werden kann, sondern geltend gemacht. Der Verband muss die erforderlichen **Kosten** aufbringen[1].

27 Die **Pflasterung** einer gemeinschaftlich genutzten Hoffläche ist keine bauliche Veränderung im Sinne von § 22 Abs. 1 Satz 1 WEG, wenn durch diese Maßnahme erstmals ein mangelfreier und ordnungsgemäßer Zustand hergestellt wurde. Ansprüche auf Herstellung einer DIN-gemäßen **Schallisolierung** können nur dann gegen den Verkäufer oder gegen die Eigentümergemeinschaft geltend gemacht werden, wenn der Isolierungsmangel bereits bei der Aufteilung in Wohnungseigentum vorhanden war. Ein **Beseitigungsanspruch** gegen den Sondereigentümer oder ein Anspruch auf **Unterlassung der Nutzung** des Sondereigentums gegen den Sondereigentümer bis zur Beseitigung des Mangels besteht nicht[2].

28 Grundsätzlich handelt es sich bei den Maßnahmen zur erstmaligen ordnungsgemäßen Herstellung um **Verwaltungsmaßnahmen** im Sinne von § 21 Abs. 5 Nr. 2 WEG, weshalb **Beschlusszuständigkeit** der Gemeinschaft nach § 21 Abs. 3 WEG besteht und regelmäßig ein einfacher Mehrheitsbeschluss genügt.

29 Die Beschlusskompetenz der Eigentümer schränkt die **Rechte des einzelnen Eigentümers** nicht ein. Macht ein Eigentümer primäre Gewährleistungsansprüche (z. B. Nacherfüllung) gemäß § 635 BGB gegenüber dem Bauträger/Verkäufer geltend, ist er durch die Beschlusszuständigkeit der Eigentümergemeinschaft in seiner Aktivlegitimation nicht eingeschränkt[3]. Gleichartige Ansprüche können sich gegen unterschiedliche Personen richten. Haben einzelne Eigentümer Gewährleistungsansprüche am gemeinschaftlichen Eigentum gegen den Bauträger durch Zeitablauf verloren, können eventuelle spätere Eigentümer/Käufer diese gegen der Verkäufer noch verfolgen. Dem Eigentümer ohne Gewährleistungsansprüche bleibt nur ein Anspruch auf erstmalige Herstellung des ordnungsgemäßen Zustands gegen die Gemeinschaft der Wohnungseigentümer. Diese wiederum kann noch bestehende primäre Gewährleistungsansprüche späterer Käufer – weil gemeinschaftsbezogen – nach § 10 Abs. 6 Satz 3 WEG ausüben.

30 Ein **gänzlicher Anspruchsverzicht** auf die erstmalige ordnungsgemäße Herstellung durch Mehrheitsbeschluss ist nur möglich, wenn eine Ver-

---

[1] OLG Düsseldorf, Beschl. v. 6. 9. 1999 – 3 Wx 126/99, OLGReport Düsseldorf 2000, 43 = ZMR 2000, 54 = FGPrax 2000, 7 = WE 2000, 82 = NZM 2000, 390.
[2] OLG Köln, Beschl. v. 18. 5. 2001 – 16 Wx 68/01, OLGReport Köln 2001, 285 = ZMR 2002, 77.
[3] OLG Sachsen-Anhalt, Beschl. v. 17. 5. 1999 – 11 Wx 19/98, NZM 2000, 194.

einbarung dies erlaubt. Das BayObLG[1] hat die Beschlusszuständigkeit einer Eigentümergemeinschaft noch bestätigt und einen Mehrheitsbeschluss als rechtmäßig angesehen, dass ein im Aufteilungsplan vorgesehener, aber tatsächlich nicht ausgeführter Versorgungsweg nicht in seiner vollen Länge hergestellt werden soll. Ein solcher Beschluss mit dem Inhalt eines generellen Verzichts ist aber nach der Entscheidung des BGH vom 20. 9. 2000[2] als nichtig anzusehen. Bei der Veränderung einer Vereinbarung, wozu der Aufteilungsplan gehört, müssen alle Eigentümer mitwirken, wenn nicht ausdrücklich die Möglichkeit eines Mehrheitsbeschlusses für diesen Fall vereinbart worden ist. Liegt eine solche „Öffnungsklausel" nicht vor, fehlt der Eigentümergemeinschaft die Beschlusskompetenz für vereinbarungsverändernde Maßnahmen.

Dagegen kann ein Beschluss mit dem Inhalt, **derzeitig** auf die Durchführung solcher Maßnahmen zu **verzichten**, etwa weil die finanziellen Mittel fehlen, ordnungsmäßiger Verwaltung entsprechen und mit Beschlusskompetenz herbeigeführt werden. Ein solcher Beschluss wäre allenfalls vereinbarungswidrig, jedoch nicht nichtig und kann bestandskräftig werden, wenn er nicht angefochten wird. Selbst bei einer Beschlussanfechtung nach 46 WEG kann ein Gericht nach Prüfung ggf. ordnungsgemäßes Verhalten bestätigen.

Beispiele aus der Rechtsprechung:

- **Veränderte Kellerräume**

Ein Anspruch auf Wiederherstellung kann sich aus § 1004 BGB ergeben. Dagegen kann eingewendet werden, dass die übrigen Wohnungseigentümer zur Duldung verpflichtet wären (§ 1004 Abs. 2 BGB). Eine solche Verpflichtung kann sich aus einer Gestattungsregelung ergeben, aus einer Notgeschäftsführung zur Abwendung eines dem Gemeinschaftseigentum drohenden Schadens (§ 21 Abs. 2 WEG) oder aus einer Anpassungsverpflichtung der Eigentümergemeinschaft zum Zwecke der Beseitigung des Zustandes einer gravierenden Unbilligkeit (§ 10 Abs. 2 Satz 2 WEG n. F.) oder bei Vorliegen besonderer Umstände aus Treu und Glauben (§ 242 BGB)[3].

- **Fassadendämmung**

Entspricht die Fassadendämmung eines Gebäudes den zum Zeitpunkt seiner Errichtung geltenden DIN-Vorschriften und zeigt sich Jahre später – nach (eigenmächtigem) Einbau von Isolierglasfenstern – im Schlafzimmer erstmals Schimmel, kann der Wohnungseigentümer von der Ge-

---

1 BayObLG, Beschl. v. 4. 3. 1999 – 2 Z BR 20/99, BayObLGZ 1999, 66 = NJW-RR 1999, 887.
2 BGH, Beschl. v. 20. 9. 2000 – V ZB 58/99, BGHZ 145, 158 = NJW 2000, 3500 = ZMR 2000, 771 = ZWE 2000, 518.
3 OLG Düsseldorf, Beschl. v. 30. 11. 2007 – I-3 Wx 158/07, 3 Wx 158/07 (juris).

meinschaft keine erstmalige Herstellung eines mangelfreien Zustandes oder als modernisierende Instandsetzung bzw. als Modernisierung verlangen[1].

- **Zaunerrichtung**

Der Anspruch auf erstmalige Herstellung richtet sich auch auf die Errichtung eines nur in der Baubeschreibung vorgesehenen Zaunes[2].

- **Feuchtigkeitsschäden**

Müssen bauseits vorhandene Nässeschäden beseitigt werden, erfasst eine in der Gemeinschaftsordnung hinsichtlich eines Teils des Gemeinschaftseigentums dem einzelnen Wohnungseigentümer auferlegte Instandsetzungs- und Instandhaltungspflicht solche Maßnahmen nicht[3].

- **Aktivlegitimation**

Der Verband kann durch Mehrheitsbeschluss die Durchsetzung der auf die ordnungsgemäße Herstellung des Gemeinschaftseigentums gerichteten Rechte der Erwerber von Wohnungseigentum wegen Mängeln des Gemeinschaftseigentums an sich ziehen. Dies begründet seine **alleinige Zuständigkeit**. Im Gerichtsverfahren tritt der **Verband** als gesetzlicher Prozessstandschafter auf[4]. Das zitierte Urteil erging vor der Geltung der WEG Novelle. Das Gesetz hat diese Denkweise und Vorgaben der Rechtsprechung in § 10 Abs. 6 Satz 3, 2. Alt. WEG umgesetzt.

4. Bauliche Veränderungen mit Modernisierung und Anpassung an den Stand der Technik

33   Bauliche Veränderungen im Sinne von § 22 Abs. 1 WEG überschreiten den Rahmen einer ordnungsgemäßen Instandhaltung und Instandsetzung und zielen auf eine **Umgestaltung** des gemeinschaftlichen Eigentums ab. Beispiele: Errichtung von Absperrbügeln auf Stellplätzen[5], Anbringung von Markisen[6], Erweiterung der Terrasse[7], Errichtung eines Dachgartens[8]. Die Liste gerichtlicher Entscheidungen dazu ist lang. Da-

---

1 OLG Düsseldorf, Beschl. v. 22. 10. 2007 – I-3 Wx 54/07, 3 Wx 54/07, NJW-RR 2008, 169 = ZMR 2008, 142.
2 OLG Hamm, Beschl. v. 26. 3. 2007 – 15 W 131/06, OLGReport Hamm 2008, 6 = ZWE 2007, 491.
3 OLG München, Beschl. v. 30. 1. 2007 – 34 Wx 116/06, OLGReport München 2007, 331 = NZM 2007, 369.
4 BGH, Urteil v. 12. 4. 2007 – VII ZR 236/05, BGHZ 172, 42 = ZMR 2007, 627.
5 LG Hamburg, Beschl. v. 15. 11. 2000 – 318 T 92/00, ZMR 2001, 394.
6 OLG Düsseldorf, Beschl. v. 30. 10. 2000 – 3 Wx 318/00, OLGReport Düsseldorf 2001, 173 = ZMR 2001, 130 = FGPrax 2001, 17 = NZM 2001, 243 = ZWE 2001, 34.
7 OLG Frankfurt/Main, Beschl. v. 24. 7. 2007 – 20 W 538/05, ZWE 2007, 461 (juris).
8 OLG München, Beschl. v. 28. 3. 2007 – 34 Wx 119/06, OLGReport München 2007, 419 = MDR 2007, 827.

mit grenzt § 22 Abs. 1 WEG bestimmte Maßnahmen vom Anwendungsbereich des § 21 Abs. 5 Nr. 2 WEG ab. „Bauliche Veränderungen" und „Aufwendungen", die über die ordnungsmäßige Instandhaltung und Instandsetzung des gemeinschaftlichen Eigentums hinausgehen, können – nach dem neuen Wortlaut des Gesetzes – **verlangt und mehrheitlich beschlossen** werden. Maßnahmen der ordnungsgemäßen Instandhaltung und Instandsetzung fallen nicht in den Anwendungsbereich des § 22 Abs. 1 WEG. Der Wortlaut des Gesetzes stellt klar, dass die Eigentümer Beschlusskompetenz haben. Inhaltlich ändert sich nichts, weil die Beschlusskompetenz auch bisher unterstellt wurde[1]. Ob ein Beschluss im Einzelfall den Grundsätzen ordnungsmäßiger Verwaltung entspricht, hat nach Anfechtung das Gericht zu klären. Ohne Anfechtung werden Beschlüsse zu baulichen Veränderungen bestandskräftig.

Die Beschlussfassung erzeugt insoweit **Rechtssicherheit**, dass ein Rechtsnachfolger wie sein Vorgänger an einen Beschluss gebunden wird, § 10 Abs. 4 WEG. Insbesondere ist die **Zustimmung** aller Eigentümer erforderlich, die durch den Beschluss nachteilig betroffen werden. Der subjektive Nachteil eines Eigentümers muss über die Nachteile hinausgehen, die § 14 Nr. 1 WEG ohnehin beschreibt. Den Umkehrschluss zieht das Gesetz selbst in § 22 Abs. 1 Satz 2 WEG. Bauliche Veränderungen bedürfen keiner **Zustimmung** der Miteigentümer, wenn durch die Veränderung die Rechte anderer Miteigentümer über das in § 14 WEG bestimmte Maß hinaus **nicht beeinträchtigt** werden. Wie beim Gebrauch des gemeinschaftlichen Eigentums (§§ 13–15 WEG) verfolgt das Gesetz die Absicht, einzelnen Eigentümern eine weit gehende Nutzung des Sondereigentums und des gemeinschaftlichen Eigentums zu ermöglichen. Die **Grenzen** sind dort gesetzt, wo durch eine Maßnahme die Rechte der anderen Miteigentümer eingeschränkt werden. Ob die **Zustimmung in einer Eigentümerversammlung** erteilt werden muss oder auch formfrei erholt werden kann, ist noch streitig. Weil das Gesetz insoweit nichts verändern wollte, erscheint es frei von Bedenken,[2] wie bisher auch außerhalb einer Beschlussfassung die Zustimmung erklären zu können[3]. Allerdings hat die Gegenmeinung Recht, dass die Zustimmung per Beschluss wegen § 10 Abs. 4 WEG eine ungleich größere Rechtssicherheit erzeugt und deshalb angestrebt werden sollte[4].

34

Neu ist, dass der Beschluss verlangt, also **außergerichtlich und gerichtlich eingefordert** werden kann. Als Voraussetzung des Anspruchs wird die Zustimmung nachteilig betroffener Eigentümer vorliegen müssen.

35

---

1 BGH, Beschl. v. 20. 9. 2000 – V ZB 58/99, BGHZ 145, 158 = NJW 2000, 3500 = ZMR 2000, 771 = ZWE 2000, 518.
2 A.A. *Hügel/Elzer*, Das neue WEG-Recht, § 7 Rz. 15.
3 OLG München, Beschl. v. 16. 11. 2007 – 32 Wx 111/07, ZMR 2008, 234. *Hogenschurz* in Jennißen, WEG, § 22 Rz. 13. *Armbrüster*, ZWE 2008, 61 ff.
4 Insoweit a. A. *Armbrüster*, ZWE 2008, 61 ff.

Es gilt auch hier der in § 22 Abs. 1 Nr. 2 WEG formulierte Grundsatz, dass **nicht beeinträchtigte Eigentümer** den Anspruch nicht bestreiten und die Durchführung nicht verhindern können[1].

36 Nach § 10 Abs. 2 WEG können die Eigentümer durch eine **Vereinbarung** das Rechtsverhältnis untereinander auch in Abweichung von gesetzlichen Vorgaben regeln und, diese sogar gänzlich **abbedingen**[2]. In der Gemeinschaftsordnung kann wirksam vereinbart worden sein, dass abweichend von § 22 Abs. 1 Satz 1 WEG bauliche Maßnahmen mit qualifizierter Mehrheit beschlossen werden können. Die Genehmigung eines „Fahrradunterstandes" (Holzhäuschen) ist nicht zu beanstanden, wenn die Teilungserklärung eine Mehrheitsentscheidung bei baulichen Veränderungen vorsieht. Eine unbillige Benachteiligung der Minderheit tritt hierdurch nicht ein. Es handelt sich dabei nur um eine Regelung des Mitgebrauchs; ein Sondernutzungsrecht wird dadurch nicht begründet[3]. Nach der gesetzlichen Regelung in § 22 Abs. 1 WEG ist es einem einzelnen, nachteilig betroffenen Eigentümer möglich, durch Verweigerung der Zustimmung eine Maßnahme zu verhindern. Denkbar wäre, durch eine Vereinbarung die in § 22 Abs. 1 WEG geforderte Zustimmung der betroffenen Eigentümer wegfallen zu lassen. Dadurch wären die **Möglichkeiten** für Eigentümer, bauliche Veränderungen durchzuführen, deutlich **erweitert**. Zugleich wird allerdings der **Minderheitenschutz reduziert**.

37 Wenn Eigentümer, die von einer Maßnahme nachteilig betroffen sind, jede bauliche Veränderung durch Verweigerung der Zustimmung verhindern können, besteht für die Gemeinschaft die Gefahr, dass sie **veraltet** und den Anschluss an die **technische Entwicklung** verliert. Dem Gesetzgeber war bei der Schaffung der WEG Novelle daran gelegen, zumindest die Möglichkeit zu schaffen, dass die Eigentümer ihre Wohnanlage in der jeweiligen örtlichen Umgebung **konkurrenzfähig** halten können. Maßnahmen zur **Modernisierung** oder zur **Anpassung an den Stand der Technik** sollen auch gegen den Willen einer kleinen Minderheit realisiert werden können. Die fehlende Zustimmung einzelner Eigentümer kann in diesen Fällen durch einen **doppelt qualifizierten Mehrheitsbeschluss** ersetzt werden, § 22 Abs. 2 WEG. Die Hürden wurden vom Gesetz hoch gesetzt. Es müssen drei Viertel aller stimmberechtigten Eigentümer zustimmen. Die Stimmkraft eines Eigentümers berechnet sich dabei nach dem „Kopfprinzip", wie in § 25 Abs. 2 WEG für den Regelfall gesetzlich vorgegeben: Jeder Eigentümer hat eine Stimme. Außerdem müssen die zustimmenden Eigentümer mehr als die Hälfte der Miteigentumsanteile

---

1 *Niedenführ/Kümmel/Vandenhouten*, WEG, 8. Aufl., § 22 Rz. 5.
2 BayObLG, Beschl. v. 23. 1. 2001 – 2 Z BR 116/00, ZfIR 2001, 484 = ZMR 2001, 472.
3 Hans. OLG Hamburg, Beschl. v. 14. 3. 2001 – 2 Wx 103/98, ZMR 2001, 651.

haben. Mit einer derartigen besonderen Mehrheit können die Eigentümer den Widerstand einzelner Eigentümer überwinden. (S. XI. 9.)

38 Das Gesetz beschränkt die Möglichkeiten für eine solche doppelt qualifizierte Beschlussfassung auf Maßnahmen der „Modernisierung" und „Anpassung an den Stand der Technik". Um eine **Legaldefinition** im WEG zu vermeiden, wird auf § 559 Abs. 1 BGB verwiesen. Die Maßnahme muss entweder der Erhöhung des Gebrauchswertes oder der dauerhaften Verbesserung der Wohnverhältnisse oder der Einsparung von Energie und Wasser dienen. Diese Kriterien genügen allerdings nicht, um eine Modernisierung im Sinne von § 22 Abs. 2 WEG in jedem Fall anzunehmen. Die Maßnahme muss zudem eine bauliche Veränderung sein, also über die Instandhaltung und Instandsetzung des gemeinschaftlichen Eigentums hinausgehen. Es ist leicht vorstellbar, dass nach einem altersbedingten Ausfall einer Heizung ein völlig neues Heizungssystem eingebaut werden soll, welches die Kriterien des § 559 Abs. 1 BGB erfüllt. Dennoch bleibt eine solche Maßnahme mit einfachem Mehrheitsbeschluss regelbar, weil es sich um eine **Instandsetzungsmaßnahme** handelt, die allenfalls **modernisierenden Charakter** hat. § 22 Abs. 3 und § 21 Abs. 5 Nr. 2 WEG.

39 Soweit das Gesetz den Eigentümern die Möglichkeit gibt, eine Anpassung an den „Stand der Technik" mit qualifizierter Mehrheit zu beschließen, wird damit das **Niveau** der Anforderungen beschrieben. Die anerkannten „Regeln der Technik" wären ein niedrigeres Anforderungsniveau. Der „Stand von Wissenschaft und Technik" beschreibt ein deutlich höher gestecktes Ziel. Mit dieser Vorgabe will der Gesetzgeber sein Ziel absichern, die Wohnanlagen technisch hinreichend modern auszustatten.

40 Der Minderheitenschutz gebietet es, unzumutbaren Maßnahmen Grenzen zu setzen. Mit der doppelt qualifizierten Mehrheit in § 22 Abs. 2 WEG darf die Eigenart der Wohnanlage nicht geändert und kein Eigentümer gegenüber den Anderen unbillig beeinträchtigt werden. Kommt ein qualifizierter Mehrheitsbeschluss zu Stande, kann jeder Eigentümer, der sich dadurch in seinen Rechten verletzt sieht, **Anfechtungsklage** nach § 46 WEG erheben. Das Gericht hat dann zu prüfen, ob die vom Gesetz vorgegebenen Grenzen durch den Beschluss überschritten wurden.

41 Dem Gesetz war die Entwicklungsmöglichkeit der Eigentümer wichtig. Deswegen wurde die Möglichkeit der Eigentümer eingeschränkt, vom Gesetz **abweichende Vereinbarungen** herbeizuführen. Das Recht der Eigentümer, eine Maßnahme der Modernisierung oder Anpassung an den Stand der Technik mit doppelt qualifizierter Mehrheit zu beschließen, kann weder eingeschränkt noch ausgeschlossen werden. Bereits bestehende Vereinbarungen sind kein Hinderungsgrund, einen qualifizierten Mehrheitsbeschluss nach § 22 Abs. 3 WEG herbeizuführen. **Erleichte-**

rungen sind möglich. Die hohen Anforderungen des Gesetzes könnten durch eine Vereinbarung z. B. auf eine Zustimmung von nur zwei Drittel der stimmberechtigten Eigentümer und einen geringeren Prozentsatz an Miteigentumsanteilen reduziert werden.

II. Kontroll- und Handlungspflichten des Verwalters bei Instandhaltung und Instandsetzung

42 Nach dem Wortlaut des § 27 Abs. 1 Nr. 2 WEG könnte der Verwalter auch ohne vorausgegangenen Beschluss der Eigentümer Maßnahmen der Instandhaltung und Instandsetzung treffen. Diese scheinbar sehr weit gehende **Ermächtigung** findet seine **Grenzen** im **Selbstverwaltungsrecht** der Eigentümer gemäß § 21 WEG. Das Zusammenspiel der beiden Vorschriften zeigt die Absicht des Gesetzgebers auf: Regelmäßig haben die Eigentümer darüber zu bestimmen, ob, wann und wie eine Maßnahme durchgeführt wird, während dem Verwalter die Ausführung nach den Vorgaben der Eigentümer bleibt. Damit die Eigentümer in die Lage versetzt werden, die notwendigen Mehrheitsentscheidungen herbeizuführen, bedarf es der Wachsamkeit des Verwalters, Handlungsbedarf aufzudecken und die notwendigen Maßnahmen vorzubereiten.

Nur wenn vor der Einleitung dringender Maßnahmen eine Entscheidung der Eigentümer nicht herbeigeführt werden kann, wurde dem Verwalter in § 27 Abs. 1 Nr. 3 WEG unmittelbare Handlungsgewalt gegeben.

1. Technische Kontrolle

43 Der Verwalter hat dafür Sorge zu tragen hat, dass die Eigentümer die Maßnahmen der Instandhaltung und Instandsetzung beschließen können. Ihm allein wurde in § 27 Abs. 4 WEG die **nicht abdingbare Pflicht** übertragen, sich um die in § 27 Abs. 1 – 3 WEG beschriebenen Aufgaben und Befugnisse zu kümmern. Ein Beschluss, durch den die Befugnisse des Verwalters hinsichtlich der Instandhaltung- und Instandsetzungsmaßnahmen dem Verwaltungsbeirat übertragen werden, ist für ungültig zu erklären[1] oder seit der Entscheidung des BGH vom 20. 9. 2000[2] wegen fehlender Beschlusskompetenz sogar als nichtig anzusehen.

44 Die **Entscheidungsabläufe** im Kompetenzwechsel zwischen sich und den Eigentümern sind vom Verwalter stets zu beachten.

---

[1] AG Hannover, Beschl. v. 19. 5.1999 – 71 II 84/99, WE 2001, 10.
[2] BGH, Beschl. v. 20. 9. 2000 – V ZB 58/99, BGHZ 145, 158 = NJW 2000, 3500 = ZMR 2000, 771 = ZWE 2000, 518.

Aufgabenstellung aus Sicht des Verwalters:

– Er muss eigene oder beauftragte Kontrollen im Bereich des gemeinschaftlichen Eigentums durchführen und den Handlungsbedarf erkunden.

– Die Eigentümer sind von ihm über seine Feststellungen zu unterrichten.

– Deren Entscheidungen über die zu treffenden Maßnahmen sind vorzubereiten.

– Den Eigentümern ist die Möglichkeit zu geben, Beschlüsse herbeizuführen.

– Beschlüsse der Eigentümer sind von ihm umzusetzen.

Nur so erfüllt der Verwalter die ihm auferlegten Pflichten und nur durch konsequente Kontrollen kann er einer **Haftung** entgehen. Der Verwalter haftet wie ein Gebäudeunterhaltungspflichtiger nach § 838 BGB und wie ein Grundstücksbesitzer nach § 836 BGB[1].

Verletzt der Verwalter schuldhaft diese Pflicht, die ihm durch das Gesetz in § 27 Abs. 1 Nr. 2 und Abs. 4 WEG übertragen wurde, ohne die Möglichkeit einer Einschränkung durch Vereinbarung oder Beschluss der Wohnungseigentümer, ist er zum **Schadensersatz** verpflichtet[2]. Rechtsgrundlage ist § 280 BGB. Darüber hinaus haftet der Verwalter aber auch für die einem einzelnen Wohnungseigentümer, insbesondere an dessen Sondereigentum, entstandenen Schäden[3].

a) Anfangskontrolle

Durch eine konsequente Anfangskontrolle und deren Dokumentation wird ein neuer Verwalter gegebenenfalls den Nachweis führen können, dass Handlungsdefizite nicht von ihm, sondern vom Verwaltungsvorgänger zu verantworten sind. Dazu muss ein Verwalter unmittelbar nach **Übernahme** einer Wohnanlage eine **örtliche Besichtigung** durchführen, wobei besonderes Augenmerk auf die kritischen Stellen eines Bauwerkes zu richten ist.

Hierzu gehört die Prüfung gefahrengeneigter Anlagen:

– Das Funktionieren der Garagentore und deren Sicherheitseinrichtungen.

---

1 BGH, Urt. v. 23. 3. 1993 – VI ZR 176/92, WuM 1993, 273 = ZMR 1993, 322 = NJW 1993, 1782.
2 BayObLG, Beschl. v. 2. 6. 1999 – 2 Z BR 40/99, BayObLGR 1999, 57 = ZMR 1999, 654 = NZM 1999, 840.
3 BayObLG, Beschl. v. 29. 1. 1998 – 2 Z BR 53/97, ZMR 1998, 356 = WE 1998, 357 = NJW-RR 1999, 305.

– Das Dach, ob es augenfällig reparaturbedürftig erscheint, ob die Dachziegel vollständig sind und keine erkennbare Gefahr besteht, dass sie herabfallen; die Kontrolle eines vorhandenen Dachbodens, ob eindringendes Wasser (Wasserspuren) Handlungsbedarf zeigt oder Anlass für weitere Überprüfungen gibt.

– Der Zustand der Fassade auf die mögliche Gefahr, dass Teile abstürzen könnten oder dass Mängel, wie eine Zerstörung der Wärmedämmung, Folgeschäden befürchten lassen.

– Die Wege, Treppenhäuser und Spielplatzeinrichtungen, ob diese ohne Gefahr benutzt werden können.

– Die feuertechnischen Einrichtungen, ob sie zumindest erkennbar gewartet und betriebssicher gehalten sind.

– Die Organisation der Räum- und Streupflichten.

48 Den ersten Verwalter einer neu errichteten Wohnanlage trifft gemäß § 27 Abs. 1 Nr. 2 WEG auch die Pflicht, die **Gewährleistungsansprüche** am gemeinschaftlichen Eigentum zu überwachen bzw. den Eigentümern die Möglichkeit zu geben, diese zu verfolgen[1]. Dies gilt sogar dann, wenn der Beirat von den Eigentümern ermächtigt und verpflichtet wurde, das gemeinschaftliche Eigentum vom Verkäufer abzunehmen[2]. Etwas anderes kann gelten, wenn nach den konkreten Umständen nicht davon auszugehen ist, dass die Eigentümer eine vom Verwalter vor Verjährungsablauf entfaltete pflichtgemäße Tätigkeit zum Anlass genommen hätten, in unverjährter Zeit etwas gegen den drohenden Ablauf der Gewährleistungsfrist zu unternehmen[3].

49 Aus eigenem Recht ist der Verwalter nicht befugt, einen **Sachverständigen** zu bestellen und umfassende Sanierungsmaßnahmen in **Auftrag** zu geben. Haben der Verwalter und ein geschädigter Eigentümer hinsichtlich der Baumängel den gleichen Kenntnisstand, so obliegt es dem Eigentümer, einen Beschluss der Gemeinschaft zur Feststellung der Ursache der Mängel und zu deren Beseitigung rechtzeitig herbeizuführen[4]. Fehlt dafür die Zeit, weil die Ursache eines aufgetretenen Schadens **unverzüglich** festgestellt werden muss, um weitere Folgeschäden zu vermeiden, gehört es zur Pflicht des Verwalters, ggf. unter Mithilfe eines Sachverständigen Ursachenforschung zu betreiben[5].

---

1 OLG Düsseldorf, Beschl. v. 29. 9. 2006 – I-3 Wx 281/05, 3 Wx 281/05, NJW 2007, 161 = ZMR 2007, 56.
2 LG Düsseldorf, Beschl. v. 13. 12. 2000 – 19 T 442/00, ZWE 2001, 501.
3 OLG Düsseldorf, Beschl. v. 27. 5. 2002 – 3 Wx 148/01, NJW-RR 2002 = ZMR 2002, 857.
4 OLG Hamm, Beschl. v. 17. 12. 1996 – 15 W 212/96, OLGReport Hamm 1997, 143 = NJW-RR 1997, 908 = WE 1997, 354.
5 OLG München, Beschl. v. 15. 5. 2006 – 34 Wx 156/05, OLGReport München 2006, 654 = ZMR 2006, 716.

b) Laufende Kontrolle

Die Verpflichtungen des Verwalters bei der Instandhaltung und Instandsetzung des gemeinschaftlichen Eigentums schließen die Pflicht ein, das gemeinschaftliche Eigentum regelmäßig daraufhin zu kontrollieren, ob laufende Erhaltungsmaßnahmen erforderlich sind. Dabei ist der Verwalter grundsätzlich nicht verpflichtet, erforderliche **Kontrollen in eigener Person** durchzuführen. Vielmehr wird in aller Regel damit im Rahmen eines Wartungsvertrags ein **Fachunternehmen** zu beauftragen sein. Ob ein entsprechender **Wartungsvertrag** abgeschlossen wird, haben die Wohnungseigentümer und nicht der Verwalter zu entscheiden. Letzterer hat jedoch die Wohnungseigentümer auf die Möglichkeit und gegebenenfalls die Notwendigkeit eines solchen Wartungsvertrags hinzuweisen[1]. 50

Ausgangspunkt der laufenden Kontrollen sind die Erkenntnisse der Anfangskontrolle mit dem Ziel, Veränderungen festzustellen und den Eigentümern Handlungsbedarf zur Entscheidung vorzulegen.

Für den Fall, dass der Verwalter im Verwaltervertrag oder durch eine Beschlussregelung einen **Handlungsrahmen** erhalten hat, kann er selbständig erkannte Mängel beseitigen lassen. Wird dringlicher Handlungsbedarf festgestellt, kann und muss der Verwalter gemäß § 27 Abs. 1 Nr. 3 WEG die notwendigen Maßnahmen treffen. 51

Zur Kontrollpflicht des Verwalters zur Feststellung notwendiger Maßnahmen gehört nicht die **vorsorgliche Beauftragung** bestimmter Wartungsarbeiten. Deshalb muss der Verwalter nicht von sich aus regelmäßige **Wartungsarbeiten** für die Regenwasser-Fallrohre in Auftrag geben[2]. Auch ist er nicht verpflichtet, **Dachbegehungen** zu Kontrollzwecken persönlich durchzuführen oder einen Wartungsvertrag mit einer Fachfirma abzuschließen, wenn ein Eigentümerbeschluss dafür nicht existiert[3]. 52

Weil der Verwalter für die Gebäudesicherung gemäß § 836 und § 838 BGB verantwortlich ist, treffen ihn **hohe Anforderungen** hinsichtlich des Nachweises, diesen Pflichten nachgekommen zu sein[4]. Zwar muss er nicht alle Gefahren, wie sie in § 836 BGB beschrieben sind, vollständig und absolut sicher ausschließen. Es ist auf die *Sicherungserwartungen des Verkehrs* abzustellen[5]. Dies bedeutet, dass **alle zumutbaren Maßnahmen** zu treffen sind, die aus technischer Sicht geboten und geeignet er- 53

---

1 BayObLG, Beschl. v. 2. 6. 1999 – 2 Z BR 40/99, BayObLGR 1999, 57 = ZMR 1999, 654 = NZM 1999, 840.
2 KG, Beschl. v. 19. 10. 1998 – 24 W 4300/98, KGR Berlin 1999, 122 = WE 1999, 68 = NZM 1999, 131 = ZMR 1999, 207.
3 OLG Zweibrücken, Beschl. v. 14. 6. 1991 – 3 W 203/90, NJW-RR 1991, 1301.
4 BGH, Urt. v. 12. 3. 1985 – VI ZR 215/83, NJW 1985, 2588 = MDR 1986, 44.
5 BGH, Urt. v. 19. 6. 1990 – VI ZR 197/89, VersR 1990, 1280 = NJW-RR 1990, 1423.

scheinen. Im Einzelfall kann es erforderlich sein, dass der Verwalter als Haftpflichtiger gemäß § 836 BGB und § 838 BGB einen zuverlässigen Fachkundigen mit der regelmäßigen Nachprüfung im gebotenen Umfang betraut[1]. Der Verwalter muss **Sturmstärken** in seine Betrachtung einbeziehen und entsprechende Vorsorge für die Festigkeit der Teile des Gebäudes oder Werkes treffen. Da ein Gebäude oder Werk mit sämtlichen Einrichtungen der **Witterung** standhalten muss, beweist die Loslösung von Teilen infolge einer Witterungseinwirkung im Allgemeinen nach der Lebenserfahrung, dass die Anlage fehlerhaft errichtet oder mangelhaft unterhalten war. Dies gilt aber dann nicht, wenn ein **außergewöhnliches Naturereignis** vorliegt, dem auch ein fehlerfrei errichtetes oder mit der erforderlichen Sorgfalt unterhaltenes Werk nicht standzuhalten vermag. In der Regel kann deshalb der **Anscheinsbeweis** auch nicht dadurch erschüttert werden, dass das Schadensereignis durch eine Sturmböe verursacht wurde[2].

54 Tritt in einer Wohnung ein **Wasserschaden** auf, dessen **Ursache im gemeinschaftlichen Eigentum** liegen kann, so hat der Verwalter unverzüglich das Erforderliche zu unternehmen, um die Schadensursache festzustellen[3]; er darf nicht über Monate zuwarten, bis fest steht, in wessen Verantwortungsbereich die Ursache für den erkennbaren Wasserschaden liegt. Verletzt er diese Pflicht schuldhaft, so haftet er für den Schaden des betroffenen Eigentümers oder Mieters auch dann, wenn sich nachträglich herausstellt, dass die Schadensursache ausschließlich im Sondereigentum liegt[4].

c) Kontrolle konkreter Maßnahmen

55 Konkrete Maßnahmen sind über die routinemäßigen Kontrollen hinaus zu **überwachen**. Auch dies gehört zur Aufgabe des Verwalters gemäß § 27 Abs. 1 Nr. 2 WEG, soweit dafür nicht durch Beschluss der Eigentümer Sonderfachleute eingeschaltet worden sind. Auf bloße Empfehlungen von Fachleuten darf der Verwalter sich nicht verlassen[5].

Weil die Pflichten gemäß § 27 Abs. 1 – 3 WEG nicht abdingbar sind, bleibt eine Restverantwortung beim Verwalter selbst dann, wenn Architekten, Ingenieure etc. hinzugezogen wurden. In diesem Fall bleibt beim

---

1 BGH, Urt. v. 23. 3.1993 – VI ZR 176/92, WuM 1993, 273 = ZMR 1993, 322 = NJW 1993, 1782.
2 OLG Koblenz, Beschl. v. 9. 2. 2004 – 12 U 11/03, OLGReport Koblenz 2004, 367 = VersR 2005, 982.
3 OLG München, Beschl. v. 15. 5. 2006 – 34 Wx 156/05, OLGReport München 2006, 654 = ZMR 2006, 716.
4 BayObLG, Beschl. v. 29. 1. 1998 – 2Z BR 53/97, ZMR 1998, 356 = WE 1998, 357 = NJW-RR 1999, 305.
5 OLG Celle, Beschl. v. 12. 3. 2001 – 4 W 199/00, OLGReport Celle 2001, 129 = ZMR 2001, 642 = NJW-RR 2002, 303.

Verwalter die Pflicht, die Fachleute wie ein Bauherr zu überwachen[1]. So wird seine Haftung durch die Tätigkeit der **Sonderfachleute** weitgehend verdrängt.

Werden Sonderfachleute nicht eingeschaltet, können sich die Eigentümer darauf verlassen, dass der Verwalter die Pflichten wahrnimmt, die einen Bauherrn regelmäßig treffen. Dazu gehört die örtliche **persönliche Anwesenheit des Verwalters** bei der durchzuführenden Maßnahme, soweit erforderlich, wobei ausreichend sachkundige Mitarbeiter der Verwaltung ebenfalls eingesetzt werden können[2].

Typische Aufgaben sind dann:

– Die Aufforderung zur Beseitigung erkennbarer Mängel.

– Die Prüfung der Abrechnungen.

– Die Berichterstattung an die Eigentümer.

– Empfehlung, wie mit Mängeln umzugehen ist, ggf. gerichtliche Maßnahmen einzuleiten.

– Übernahme und Abnahme von Leistungen.

– Dokumentation des Laufs der Gewährleistungsfristen.

– Führung eines Fristenkalenders zur Überwachung von Fristen[3].

2. Kaufmännische Kontrolle

Die Vorbereitung und die Durchführung von Maßnahmen der Instandhaltung und Instandsetzung entspricht nur dann ordnungsmäßiger Verwaltung, wenn sie finanziert werden kann. Das **Verwaltungsvermögen** gehört dem Verband. § 10 Abs. 7 WEG. Zum Verwaltungsvermögen gehören auch die Verbindlichkeiten. Inhaber der gemeinsamen **Verbindlichkeiten** ist der Verband nach § 10 Abs. 7 Satz 2 WEG. Dieser wird vom Verwalter im Umfang des § 27 Abs. 3 Satz 1 WEG vertreten. Deswegen gehört es zu seinen nach § 27 Abs. 4 WEG unveränderbaren Pflichten, nur in dem Umfang Aufträge zu erteilen, wie es die **finanzielle Leistungsfähigkeit** der Gemeinschaft erlaubt. Diese Pflicht ergibt sich auch aus einem **Fürsorgeverhältnis** gegenüber den Eigentümern. Kann der Verband eingegangene Verbindlichkeiten nicht bezahlen, wird ein Gläubiger von der Möglichkeit Gebrauch machen, die einzelnen Eigentü-

---

[1] KG Berlin, Beschl. v. 10. 9. 2003 – 24 W 141/02, KGR Berlin 2003, 379 = WuM 2004 = ZMR 2004, 622.
[2] LG Flensburg, Beschl. v. 18. 3.1998 – 5 T 341/97, NZM 1998, 776 = NJW-RR 1999, 596.
[3] BayObLG, Beschl. v. 1. 2. 2001 – 2 Z BR 122/00, NJW-RR 2001, 731 = ZWE 2001, 263 = ZMR 2001, 558.

mer entsprechend ihren Miteigentumsanteilen nach § 10 Abs. 8 WEG in die Haftung zu nehmen. Diese **Individualhaftung der Eigentümer** gilt es zu vermeiden.

a) Anfangskontrolle

59 Bei Übernahme einer Verwaltung ist ein „**Kassensturz**" erforderlich. Grundlage der Prüfung ist

- die letzte vom früheren Verwalter erstellte Abrechnung oder der übergebene Status und

- die Überprüfung der auf den Konten verfügbaren Finanzmittel durch den Verwalter.

Nur dann wird der Verwalter den Eigentümern notwendige Maßnahmen der Instandhaltung und Instandsetzung und deren **Finanzierbarkeit** in geeigneter Form vorschlagen können.

Schließlich muss der Verwalter in dringenden Fällen Gefahrenlagen beseitigen und schon deshalb die Zahlungsfähigkeit der von ihm verwalteten Gemeinschaft von Anfang an kennen.

b) Laufende Kontrolle

60 Die laufende kaufmännische Kontrolle ist vielfältig. Sie ist geprägt von dem vergleichenden Denken zwischen Bestand und Bedarf und den daraus resultierenden Überlegungen, welche Maßnahmen **erforderlich** und gegebenenfalls mit welchen Mitteln **finanzierbar** sind. Hierzu gehört auch die konsequente Verfolgung von Zahlungsausfällen, um die finanzielle Leistungsfähigkeit des Verbands zu erhalten. Finanzielle Probleme sind nicht Probleme der Verwaltung, sondern solche der Eigentümer, weshalb es erforderlich ist, dass der Verwalter diese rechtzeitig und ausreichend informiert, um gegebenenfalls durch Sonderumlagen **finanzielle Engpässe** zu schließen[1]. Die Sonderumlage widerspricht ordnungsmäßiger Verwaltung nicht, wenn Gelder zur Deckung gemeinschaftlicher Verbindlichkeiten beschafft werden müssen. Eine **Sonderumlage** kann im Laufe des Wirtschaftsjahres beschlossen werden, sofern die Ansätze des Wirtschaftsplanes unrichtig waren, durch neue Tatsachen überholt sind oder der Plan aus anderen Gründen zum Teil undurchführbar geworden ist[2].

---

1 BayObLG, Beschl. v. 10. 10. 1996 – 2 Z BR 76/96, ZMR 1997, 42 = NJWE-MietR 1997, 36 = WE 1997, 265.
2 BGH, Beschl. v. 15. 6. 1989 – V ZB 22/88, BGHZ 108, 44 = NJW 1989, 3018.

c) Kontrolle konkreter Maßnahmen

Die **kaufmännische Kontrolle** konkreter Maßnahmen obliegt regelmäßig allein dem Verwalter, während die **technische Kontrolle** häufig von Sonderfachleuten begleitet wird. Entsprechend groß ist die Verantwortung des Verwalters in diesem Bereich. Dazu kommt die Klärung **rechtlicher Fragen**, etwa bei Vertragsgestaltungen und Vertragsabwicklungen. Verträge, die der Verwalter für die Gemeinschaft abschließt, schaffen **Verpflichtungen für den Verband**. Die einzelnen Eigentümer haften nach § 10 Abs. 8 WEG nach außen nur in Höhe ihres Miteigentumsanteils gegenüber dem Vertragspartner. Im Innenverhältnis besteht eine **Nachschusspflicht** für den Fall, dass einzelne Eigentümer ihren Zahlungspflichten nicht nachkommen. Der Verwalter kann die Eigentümer im Außenverhältnis nicht als gesamtschuldnerisch haftende Vertragspartner verpflichten. Wenn ausnahmsweise die **gesamtschuldnerische Haftung** aller Eigentümer im Außenverhältnis gewollt ist, kann dies auch nicht durch einen Mehrheitsbeschluss sondern **nur durch eine Vereinbarung** bewirkt werden.

61

Es ist Aufgabe des Verwalters, dafür Sorge zu tragen, dass

62

– für die Maßnahmen die erforderlichen Beschlüsse sachgerecht vorbereitet und herbeigeführt werden,

– die Finanzierung der Maßnahme durch Beschluss geregelt und die Anspruchsgrundlage für einen Zahlungsanspruch gegenüber den Wohnungseigentümern, etwa durch einen Sonderumlagenbeschluss, geschaffen wird,

– bei Einzelfall-Maßnahmen eine Regelung nach § 16 Abs. 4 WEG herbeigeführt wird, um eine individuelle Kostenverteilungsregelung zu ermöglichen,

– insbesondere bei Maßnahmen zur baulichen Veränderung eine Regelung nach § 16 Absatz 4 WEG herbeigeführt wird, um den gesetzlichen Folgen der Vorgaben in § 16 Absatz 6 Satz 1 WEG zu entgehen, wonach nur die zustimmenden Eigentümer Kosten tragen müssen und die Maßnahmen nutzen dürfen,

– der Verwalter von den Eigentümern bei der Beschlussfassung über die Maßnahme eine Vorgabe erhält, wie er sich bei der Auftragsvergabe verhalten soll, wenn die erforderlichen Gelder nicht oder nicht rechtzeitig zur Verfügung gestellt werden,

– der Verwalter von den Eigentümern angewiesen wird, ob die beschlossene Maßnahme durchzuführen ist, auch wenn eine Anfechtungsklage wegen des Beschlusses erhoben wird,

– bei Auftragserteilung die Zahlungsfähigkeit der Eigentümergemeinschaft sichergestellt ist,

- Zahlungen nur im geschuldeten Umfang an die beauftragten Firmen erfolgen,
- gegebenenfalls Zurückbehaltungsrechte oder sonstige Gewährleistungsansprüche rechtzeitig und ausreichend wahrgenommen werden[1].

Ziel des Handelns des Verwalters ist, den Bestand und die Gebrauchstauglichkeit des gemeinschaftlichen Eigentums zu sichern und sachlichen und finanziellen Schaden von den Eigentümern und vom Verband fernzuhalten. Erfüllt der Verwalter diese Pflichten nicht, macht er sich ersatzpflichtig.

Die einzelnen Eigentümer übernehmen nach § 10 Abs. 8 Satz 1 WEG eine **anteilige Haftung** in Höhe ihrer Miteigentumsanteile, wenn die Verbindlichkeiten während ihrer Zugehörigkeit zur Gemeinschaft entstanden sind oder während dieses Zeitraums fällig wurden.

III. Verpflichtungen der Gemeinschaft und Pflichten der Eigentümer

1. Verpflichtungen des Verbands

63 Die gesetzlichen Vorgaben:

- Die Gemeinschaft der Wohnungseigentümer (Verband) kann im Rahmen der gesamten Verwaltung des gemeinschaftlichen Eigentums gegenüber Dritten und Wohnungseigentümern selbst Rechte erwerben und Pflichten eingehen. § 10 Abs. 6 Satz 1 WEG. Der Verband ist nach dem dortigen Satz 2 Inhaber der gesetzlichen Rechte und Pflichten. Dort werden die **originären Rechte und Pflichten des Verbandes** beschrieben.

- Der Verband nimmt die **gemeinschaftsbezogenen Rechte und Pflichten** der Wohnungseigentümer wahr. Das Recht zur Ausübung muss ihm nicht gesondert übertragen werden. § 10 Abs. 6 Satz 3, 1. Alt. WEG.

- Der Verband nimmt die **sonstigen Rechte und Pflichten** der Wohnungseigentümer wahr, soweit diese gemeinschaftlich zu erfüllen sind. Dieses Recht zur Ausübung muss ihm gesondert übertragen werden. § 10 Abs. 6 Satz 3, 2. Alt. WEG.

64 Diese Beschreibung der teilweisen Rechtsfähigkeit einer Wohnungseigentümergemeinschaft korrespondiert mit den **Vertretungsvorschriften** in § 27 Abs. 3 WEG. Danach ist der Verwalter berechtigt, im Namen

---

[1] OLG Düsseldorf, Beschl. v. 10. 3.1997 – 3 Wx 186/95, OLGReport Düsseldorf 1997, 220 = ZMR 1997, 380 = WE 1997, 345.

des Verbandes mit Wirkung für und gegen ihn die laufenden Maßnahmen der erforderlichen ordnungsmäßigen Instandhaltung und Instandsetzung gemäß § 27 Abs. 1 Nr. 2 WEG zu treffen. § 27 Abs. 3 Nr. 3 WEG.

Existierte bisher ein Wechselspiel der Handlungsbefugnisse zwischen Eigentümern einerseits und Verwalter andererseits tritt nun der Verband hinzu.

– Der Verwalter hat den **Handlungsbedarf** zu ermitteln und den Eigentümern zur Entscheidung vorzulegen.

– Die **Eigentümer entscheiden** mehrheitlich, mit qualifizierter Mehrheit oder durch eine Vereinbarung über die erforderliche Maßnahme und über die Verteilung der dabei anfallenden Kosten.

– Der Verwalter hat die Vorgaben der Eigentümer **durchzuführen**. Er erledigt dies als Vertreter des Verbandes, wenn es um laufende Maßnahmen der erforderlichen ordnungsmäßigen Instandhaltung und Instandsetzung geht.

Dies bedeutet, dass **Auftraggeber** beschlossener Maßnahmen regelmäßig der Verband wird.

2. Pflichten der Eigentümer

Die Gemeinschaft kann nur **funktionieren**, wenn alle Eigentümer ihre Pflichten erfüllen. Dafür enthält § 14 Nr. 1 WEG eine **Generalklausel**. Jeder Sondereigentümer muss sein Sondereigentum instandhalten. Er darf von diesem und vom gemeinschaftlichen Eigentum nur in solcher Weise Gebrauch machen, dass dadurch keinem der anderen Eigentümer über das bei einem geordneten Zusammenleben **unvermeidliche Maß** hinaus ein Nachteil erwächst. Wer vor dem Verkauf einer Wohnung oder von Teileigentum steht, hat kaum Interesse, Geld für Instandhaltung auszugeben, das sich im Kaufpreis vermutlich nicht niederschlägt. Wer grundsätzlich das Geld nicht verfügbar hat, wird versucht sein, auch notwendige Ausgaben zu vermeiden. Wem eine Maßnahme nachteilige Folgen bringt, wird Interesse daran haben, diese zu verhindern. Dennoch muss sichergestellt sein, dass alle Maßnahmen durchgeführt werden, die nötig sind, um Bestand und Funktionalität der Wohnanlage zu sichern. Sie müssen ggf. durchgesetzt werden.

3. Pflicht zur Instandhaltung und Instandsetzung

Alle Eigentümer profitieren von einer konsequenten Instandhaltung und Instandsetzung des gemeinschaftlichen Eigentums, weil nur so dessen wirtschaftlicher Wert, wie auch der des Sondereigentums, gesichert wird. Um die Instandhaltung und Instandsetzung des jeweiligen Sondereigentums müssen sich sie Eigentümer gemäß § 14 Nr. 1 WEG selbst kümmern. Maßnahmen müssen von den Eigentümern so durchgeführt werden, dass andere Eigentümer davon und von dem Ergebnis nicht nachteilig betroffen werden. Bei der **Modernisierung** eines Fußbodens im Sondereigentum können individuelle Rechte benachbarter Sondereigentümer und Ansprüche aus dem gemeinschaftlichen Eigentum miteinander kollidieren. Die Generalklausel des § 14 Nr. 1 WEG gibt Raum für eine die betroffenen Grundrechte berücksichtigende Auslegung. Bei sich gegenüberstehenden Grundrechten, hier aus Art. 14 GG, ist eine **fallbezogene Abwägung** der beiderseits grundrechtlich geschützten Interessen erforderlich. Ob ein unvermeidbarer Nachteil vorliegt, hängt von den Umständen des Einzelfalles ab. Dabei sind sowohl die örtlichen Gegebenheiten als auch Lage und Charakter des Gebäudes zu berücksichtigen[1]. Die maßgeblichen Umstände waren bisher von den Tatsacheninstanzen gemäß § 12 FGG zu ermitteln und müssen im jetzt geltenden ZPO-Verfahren von den Parteien vorgetragen werden.

a) Mitwirkungspflichten

67 Nach § 21 Abs. 4 WEG kann jeder Wohnungseigentümer eine Verwaltung verlangen, die dem Interesse der Gesamtheit der Wohnungseigentümer nach billigem Ermessen entspricht. Dazu gehört gemäß § 21 Abs. 5 Nr. 2 WEG auch die ordnungsmäßige Instandhaltung und Instandsetzung des gemeinschaftlichen Eigentums, wozu erforderlich ist, dass auch die **Kostenfrage** geregelt wurde[2]. § 16 Abs. 4 WEG erweitert die Gestaltungsmöglichkeiten der Eigentümer für eine individuelle Kostenregelung im Einzelfall.

68 Nach **Leistungsantrag** eines Eigentümers ist es einem Gericht möglich, den Verwalter zu verpflichten, einen entsprechenden **Tagesordnungspunkt** in die nächste Versammlung zu nehmen, um die Eigentümer entscheiden zu lassen. **Beklagter** eines solchen Verfahrens ist der Verwalter. Es wäre dem Gericht nach § 21 Abs. 8 WEG möglich, die von der Gemeinschaft geschuldete, aber verweigerte Beschlussfassung durch Urteil **gestaltend** zu ersetzen. Dabei wird die Eigentümergemeinschaft verpflichtet, innerhalb einer angemessenen Zeit, z. B. von zwei Jahren nach Rechtskraft des Urteils, bestimmte geforderte Instandsetzungsmaßnahmen fachgerecht durchzuführen.

69 Ist die Maßnahme erforderlich, kann die Durchsetzung des Anspruchs auch dann nicht als **rechtsmissbräuchlich** bezeichnet werden, wenn es dadurch zu einer hohen **finanziellen Belastung** der Wohnungseigentümer

---

1 OLG München, Beschl. v. 9. 1. 2008 – 34 Wx 114/07, NJW 2008, 592.
2 BayObLG, Beschl. v. 8. 2. 1996 – 2 Z BR 122/95, BayObLGR 1996, 42 = WuM 1996, 239 = WE 1996, 476.

kommt. Eine Verschiebung der nötigen Sanierungsmaßnahmen bewirkt eine weitere Verschlechterung des Bauzustands der Anlage. Die finanzielle Situation wird schwieriger, je länger mit der Renovierung zugewartet wird[1].

Das Verlangen einer Maßnahme der Instandhaltung und Instandsetzung des gemeinschaftlichen Eigentums bedarf erst der **Beschlussfassung der Eigentümer**[2]. Der Versuch, einen Beschluss herbeizuführen, kann ausnahmsweise dann unterbleiben, wenn wegen der Stimmrechtsverhältnisse nicht mit einer Beschlussfassung zu rechnen und davon auszugehen ist, dass der antragstellende Wohnungseigentümer ohnehin keine Mehrheit in der Versammlung finden wird. 70

Die Frage der Mitwirkungspflicht hängt teilweise von einer **Interessenabwägung** ab. Entspricht die Wärmedämmung einer Giebelwand nicht dem heutigen baulichen Standard, aber dem im Zeitpunkt der Errichtung des Gebäudes, müssen die Eigentümer einer modernisierenden Instandsetzung nur zustimmen, wenn ein erheblicher Nachteil in der Nutzung einer Wohnung dargelegt wird[3]. 71

Bei Reparaturbedürftigkeit eines **Altbaues** schulden die Eigentümer nur ein schrittweises Vorgehen bei der Sanierung, nach Prüfung eines Sachverständigen[4]. 72

Der Anspruch auf Mitwirkung konnte sich nach früherem Recht gegen die Gemeinschaft und einzelne Eigentümer richten[5].

Seit 1. 7. 2007 ist zu unterscheiden, welches Ziel verfolgt wird:

– Der Anspruch auf ordnungsgemäße Instandhaltung und Instandsetzung richtet sich eigentlich gegen die Miteigentümer, die ihrer **Selbstverwaltungspflicht** nach § 21 WEG möglicherweise nicht ordnungsgemäß nachgekommen sind. Nach § 10 Abs. 6 Satz 1 und Satz 3 WEG werden diese Pflichten allerdings vom Verband wahrgenommen, weil es sich einerseits um eine Maßnahme der Verwaltung des gemeinschaftlichen Eigentums handelt und weil andererseits der Verband die **gemeinschaftsbezogenen Pflichten** der Eigentümer ausübt. Deswegen ist eine Maßnahme zur ordnungsgemäßen Instandhaltung und Instandsetzung direkt **gegen den Verband** geltend zu machen und durch-

---

1 BayObLG, Beschl. v. 8. 2. 1996 – 2 Z BR 122/95, BayObLGR 1996, 42 = WuM 1996, 239 = WE 1996, 476.
2 BayObLG, Beschl. v. 18. 1. 2001 – 2 Z BR 65/00, ZMR 2001, 469.
3 OLG Düsseldorf, Beschl. v. 22. 10. 2007 – I-3 Wx 54/07, 3 Wx 54/07, NJW-RR 2008, 169 = ZMR 2008, 142.
4 KG, Urt. v. 24. 1. 2001 – 24 U 340/00, KGR Berlin 2001, 173 = ZMR 2001, 657 = NZM 2001, 759 = ZWE 2001, 613.
5 BayObLG, Beschl. v. 14. 5. 1996 – 2 Z BR 30/96, BayObLGR 1996, 66 = WE 1997, 76 = WuM 1997, 189.

zusetzen[1]. Im Falle eines Rechtsstreits handelt es sich um ein Verfahren nach § 43 Nr. 2 WEG.

– Beschließen die Eigentümer eine Maßnahme, sind Beklagte einer gegen den Beschluss gerichteten **Anfechtungsklage** nach § 46 Abs. 1 WEG **die übrigen Eigentümer**. Es handelt sich dann um ein Verfahren nach § 43 Nr. 4 WEG.

– Gleiches gilt, wenn die Eigentümer über eine erforderliche Maßnahme der Instandhaltung und Instandsetzung mit dem Ziel einer Beschlussfassung abstimmen und die Mehrheit eine solche Maßnahme verweigert. Der Verwalter hat dann die Ablehnung des Beschlusses zu verkünden. Dieser „**Negativbeschluss**" kann mit der Anfechtungsklage nach § 46 WEG angegriffen werden.

– Weigert sich der **Verwalter**, über eine erforderliche Maßnahme abstimmen zu lassen, ist er gegebenenfalls **der Beklagte** einer entsprechenden Leistungsklage in einem wohnungseigentumsrechtlichen Verfahren nach § 43 Nr. 3 WEG.

b) Ausführungskompetenz des Verwalters

73 Die den Eigentümern zustehende Entscheidungskompetenz und die allein beim Verwalter liegende Ausführungskompetenz sind zu unterscheiden. Der Eigentümerversammlung ist grundsätzlich die Entscheidung über Art und Umfang von Instandhaltungs- und Instandsetzungsarbeiten vorbehalten[2]. Deshalb kann diese Entscheidung im Beschlusswege grundsätzlich nicht auf den Verwalter übertragen werden. Nur in engen Grenzen wäre eine solche **Kompetenzverlagerung** auf einzelne Eigentümer möglich. Unzulässig ist die Verlagerung der Entscheidung über die Erneuerung oder Reparatur der Heizungsanlage für einen Maximalbetrag an ein Gremium, bestehend aus einzelnen Eigentümern, wenn dadurch den anderen Eigentümern jegliche weitere Einflussmöglichkeit entzogen wird[3].

74 Auch wenn die Ausführungskompetenz beim Verwalter liegt, darf er erst dann eine Maßnahme beauftragen, wenn tatsächlich die erforderlichen Beschlüsse gefasst worden sind. **Voreiliges Handeln** kann zur Schadensersatzpflicht führen[4]. Um *erlaubte Instandsetzungs- oder Instandhal-*

---

1 *Hügel/Elzer*, Das neue WEG-Recht, § 13 Rz. 45.
2 BayObLG, Beschl. v. 2. 6. 1999 – 2 Z BR 40/99, BayObLGR 1999, 57 = ZMR 1999, 654 = NZM 1999, 840.
3 OLG Düsseldorf, Beschl. v. 30. 8. 2002 – 3 Wx 213/02, OLGReport Düsseldorf 2003, 100 = NZM 2002, 1031 = ZMR 2003, 126.
4 OLG Celle, Beschl. v. 12. 3. 2001 – 4 W 199/00, OLGReport Celle 2001, 129 = ZMR 2001, 642 = NJW-RR 2002, 303 = NZM 2002, 169.

Gemeinschafts- und Eigentümerpflichten   Rz. 76 **Teil 8**

tungsmaßnahmen soll es sich nach Auffassung des OLG Koblenz[1] handeln, etwa bei

– Beseitigung eines Defekts am Tiefgaragentor
– Schweißarbeiten an den Kellergittertüren
– Erneuerung der Elektroinstallation im Waschraum
– Arbeiten nach einem Wasserrohrbruch.

Um den **Handlungsspielraum** des Verwalters deutlich abzugrenzen, was er ohne Ermächtigung der Eigentümer veranlassen darf und was nicht, helfen Vorgaben im Verwaltervertrag. Dort können bestimmte Maßnahmen in die eigenständige Handlungsmacht des Verwalters gelegt werden. Dem Verwalter ist dann zugleich ein **Kostenrahmen** vorzugeben, innerhalb dem er eigenmächtig und treuhänderisch für die Eigentümer handelt kann. Entsprechend § 27 Abs. 5 Satz 2 WEG kann im Verwaltervertrag vereinbart oder gesondert beschlossen werden, dass die Verfügung über Gelder des Verbandes durch den Verwalter von der Zustimmung eines Eigentümers oder eines Dritten abhängig gemacht wird. („**Mehr-Augen-Prinzip**") 75

Ein Eigentümerbeschluss ist bis zu seiner rechtskräftigen gerichtlichen Ungültigerklärung als wirksam zu behandeln, § 23 Abs. 4 S. 2 WEG und für sämtliche Wohnungseigentümer, deren Sondernachfolger und den Verwalter verbindlich[2]. Der Verwalter ist nach § 27 Abs. 1 Nr. 1 WEG verpflichtet, Beschlüsse der Eigentümer möglichst zeitnah umzusetzen. Dabei muss er sich möglichst genau an die **Vorgaben des Beschlusses** halten. Sieht die Beschlussfassung keine Einschaltung eines Ingenieurbüros vor, hat der Verwalter kein Recht, eigenmächtig solche kostenerheblichen Maßnahmen zu beauftragen. Im Rahmen der Durchführung der Beschlüsse der Gemeinschaft kann man dem Verwalter für nicht kostenerhebliche Maßnahmen gegebenenfalls einen **kleinen Spielraum** zubilligen, was in vielen Verwalterverträgen dadurch bestätigt wird, dass der Verwalter für Maßnahmen bis beispielsweise 1 000 Euro eine eigene Entscheidungskompetenz hat[3]. Weil sich die Eigentümer auf die Ausführung durch den Verwalter verlassen, macht er sich ersatzpflichtig, wenn er **Beschlüsse nicht ausführt** und dadurch ein Schaden entsteht[4]. Verletzt der Verwalter seine Pflichten aus § 27 Abs. 1 Nr. 1 WEG, § 665 BGB, Eigentümerbeschlüsse weisungsgemäß auszuführen, steht der Anspruch 76

---

1 OLG Koblenz, Urt. v. 2. 7. 1998 – 5 U 1636/97, OLGReport Koblenz 1999, 172 = WuM 1999, 429 = ZMR 1999, 583.
2 BayObLG, Beschl. v. 14. 10. 1999 – 2 Z BR 110/99, BayObLGR 2000, 28 = ZWE 2000, 77.
3 AG Hannover, Beschl. v. 16. 1. 2006 – 71 II 501/05, ZMR 2006, 487.
4 BayObLG, Beschl. v. 5. 1. 2000 – 2 Z BR 85/99, ZMR 2000, 314 = NZM 2000, 501 = NJW-RR 2000, 1033 = ZWE 2000, 179.

auf weisungsgemäße Ausführung und ggf. auf Schadensersatz nur der Gemeinschaft, nicht dem einzelnen Wohnungseigentümer zu[1].

77 **Nichtige Beschlüsse** darf der Verwalter nicht ausführen[2]. Beschlüsse, deren „Geschäftsgrundlage" nachträglich für den Verwalter erkennbar entfallen sind, sollte er nicht ausführen oder beauftragen, z. B. wenn sich die Maßnahme nach neuem Wissen erkennbar als **untauglich** oder **völlig unzureichend** erweist. Dieser Fall liegt immer dann vor, wenn eine gewisse Wahrscheinlichkeit dafür spricht, dass die Eigentümer anders entschieden hätten, wären die neuen Fakten bekannt gewesen. In diesem Fall muss der Verwalter dafür sorgen, dass die Eigentümer unverzüglich in die Lage versetzt werden, eine erneute mehrheitliche Entscheidung auf der Grundlage der neuen Erkenntnisse herbeizuführen.

Vorausschauend kann und sollte sich der Verwalter im Verwaltervertrag oder bei der Beschlussfassung **anweisen** lassen, wie er sich verhalten soll, wenn der Beschluss gerichtlich angefochten wird. Was soll gelten, wenn sich nach dem Kontakt mit Fachleuten Anhaltspunkte ergeben, dass die Ausführung des Beschlusses für die Gemeinschaft zu Nachteilen führt, die bei der Beschlussfassung nicht erkennbar waren? Durch **Vorgaben** der Eigentümer kann der Verwalter die Gefahr einer persönlichen Haftung reduzieren.

4. Bildung einer Instandhaltungsrücklage

78 § 21 Abs. 5 Nr. 4 WEG sieht die Bildung einer Rücklage als Maßnahme ordnungsmäßiger Verwaltung vor. Sie entsteht aus **regelmäßigen oder außerordentlichen Zahlungen** der Eigentümer oder aus sonstigen Einnahmen der Gemeinschaft nach deren Mehrheitsbeschluss, z. B. aus Vermietung.

Das Gesetz spricht von einer „Rückstellung" und meint eine **eiserne Reserve**, auf die eine Gemeinschaft im Bedarfsfall zurückgreifen kann, um notwendige Arbeiten zu beauftragen, ohne die Finanzkraft des einzelnen Eigentümers zu überfordern[3]. Ohne Rücklage in ausreichender Höhe müssen die Eigentümer ggf. kurzfristig aufgetretenen Finanzbedarf für eine Maßnahme zum Erhalt des gemeinschaftlichen Eigentums durch eine **Sonderumlage** bedienen. Sind die Eigentümer **finanzkräftig und zahlungswillig** ist der Bedarf für eine Rücklage nicht sehr groß, weil man auf Sonderumlagen zurückgreifen kann. Dagegen besteht in Gemeinschaften mit größeren Ausfallrisiken unbedingter Bedarf für eine Rücklage. Bei einer Sonderumlage müssen die **Ausfälle nicht zahlungsfähiger Eigentü-**

---

1 KG Berlin, Beschl. v. 12. 5. 2003 – 24 W 279/02, KGR Berlin 2003, 265 = NZM 2003, 683 = NJW-RR 2003, 1168.
2 *Wenzel*, WE 1998, 455–457.
3 *Drabek* in Riecke/Schmid, WEG, § 21 Rz. 251.

mer hinzugerechnet und der Bedarf entsprechend erhöht werden. Dies kann die Leistungsfähigkeit weiterer Eigentümer und damit die Möglichkeit der Finanzierung der Maßnahme gefährden.

Die angesammelte Rücklage ist **Verwaltungsvermögen** und gehört dem Verband. § 10 Abs. 7 WEG. Gegen Ansprüche des Verbands auf Zahlung der Beiträge in die Rücklage kann nur ausnahmsweise **aufgerechnet** werden[1]. Es gelten hier die gleichen Grundsätze wie beim Aufrechnungsverbot gegen den Anspruch auf Hausgeldzahlung auf der Basis des Wirtschaftsplans: Wenn ein Anspruch anerkannt wurde oder ein Titel existiert oder wenn ein Notgeschäft für das gemeinschaftliche Eigentum geführt wurde und dadurch Kosten entstanden sind[2]. Die finanzielle **Leistungsfähigkeit des Verbands** wäre sonst gefährdet. Der „ideelle Wertanteil" eines Eigentümers an der Rücklage, der häufig in Abrechnungen noch ausgewiesen wird, geht im Verkaufsfall an den Rechtsnachfolger über[3], ohne dass ein Auszahlungsanspruch besteht. Er dient als Nachweis der erbrachten Leistungen in die Rücklage und möglicherweise als Argument eines Verkäufers von Sondereigentum. Weil die Rücklage zum Verwaltungsvermögen gehört, kann sie von einem Gläubiger des Verbands auch **gepfändet** werden. Eine im Innenverhältnis der Eigentümer geschaffene **Zweckbindung** der Rücklage ist dabei unbedeutend.

Beim Erwerb einer Eigentumswohnung ist der gleichzeitige Erwerb eines in der Instandhaltungsrückstellung nach § 21 Abs. 5 Nr. 4 WEG angesammelten Guthabens durch den Erwerber nicht in die **grunderwerbsteuerrechtliche Gegenleistung** einzubeziehen[4]. 79

Die gezahlten Beiträge zur Rücklage sind nicht bereits mit der Abführung, sondern erst bei Ausgabe der Beträge für Erhaltungsmaßnahmen als Werbungskosten bei den Einkünften aus Vermietung und Verpachtung **steuerlich abziehbar**[5]. Fraglich ist, ob diese frühere Rechtsprechung seit der Teilrechtsfähigkeit der Gemeinschaft noch gelten kann. Mit Zahlung der geschuldeten Leistungen in die Rücklage fließt das Geld vom Eigentümer als Steuerschuldner endgültig ab. Allerdings hat die Gemeinschaft der Eigentümer die Möglichkeit, durch einen Mehrheitsbeschluss im Einzelfall Teile der Rücklage aufzulösen und an die Eigentümer zurückzuzahlen. 80

---

1 BayObLG, Beschl. v. 16. 6. 1988 – 2 Z 46/88, BayObLGZ 1988, 212.
2 BayObLG, Beschl. v. 9. 6. 2004 – 2 Z BR 032/04, 2 Z BR 32/04, ZMR 2005, 214 = NZM 2005, 625.
3 OLG Düsseldorf, Urt. v. 20. 4. 1994 – 9 U 220/93, NJW-RR 1994, 1038.
4 BFH, Urt. v. 9. 10. 1991 – II R 20/89, BFHE 165, 548 = NJW-RR 1992, 656.
5 BFH, Urt. v. 26. 1. 1988 – IX R 119/83, BFHE 152, 471 = ZMR 1988, 250.

a) Die laufenden Zahlungen der Eigentümer

81 Die **Rechtsgrundlage** für die Anforderung der Rücklage können sein:

- Der beschlossene Wirtschaftsplan gemäß § 28 Abs. 1 Nr. 3 und Abs. 2 WEG.
- Vereinbarungen.
- Sonderumlagen.

Der Eigentümergemeinschaft ist es als **Verschulden** anzurechnen, wenn sie nicht rechtzeitig für eine Instandhaltungsrücklage sorgt, um etwa notwendige Mängelbeseitigungen vornehmen zu können. Dies gilt erst recht, wenn sie ausreichend darüber unterrichtet war, dass einzelne Wohnungseigentümer durch Feuchtigkeitsschäden infolge Undichtigkeit der Außenwand beeinträchtigt wurden[1]. Auch für Teileigentum ist eine ausreichende Rücklage erforderlich[2].

b) Die Verwendung der Zahlungen

82 Der Gesetzgeber verfolgt mit dem Anspruch auf eine Rücklage den Zweck, notwendige größere Reparaturen des gemeinschaftlichen Eigentums zu sichern. Über Entnahmen aus der Instandhaltungsrücklage kann die Eigentümerversammlung mit Mehrheit beschließen. Grundsätzlich widerspricht es der **Zweckbestimmung** einer Instandhaltungsrücklage und bewegt sich damit nicht mehr im Rahmen einer ordnungsmäßigen Verwaltung, wenn diese für andere Maßnahmen, etwa zum Ausgleich von Wohngeldausfällen, verwendet wird. Rechtsprechung und Literatur lassen Ausnahmen zu. Wenn Instandhaltungsrückstellungen eine angemessene Höhe übersteigen, können sie auch für andere Zwecke verwendet werden. Erforderlich ist der Erhalt einer „eisernen Reserve", der sich nicht abstrakt festlegen lässt, sondern von den Umständen des Einzelfalles, etwa dem Zustand der Anlage, ihrem Alter und ihrer Reparaturanfälligkeit abhängt[3].

Ein solches Rücklagevermögen ist keine Kreditreserve, auch nicht, um die Kosten eines Genehmigungsverfahrens bis zur Erstattung durch die an einer Balkonverglasung interessierten Wohnungseigentümer abzudecken[4].

83 Soweit Gelder aus der Rücklage verwendet werden sollen, darf ein Organisationsbeschluss keinen **unlimitierten Rückgriff** des Verwalters auf die

---

1 Hans. OLG Hamburg, Beschl. v. 21. 3. 2000 – 2 Wx 56/96, ZMR 2000, 480.
2 BayObLG, Beschl. v. 9. 8.1990 – 2 Z 83/90, Wohnungseigentümer 1991, 164.
3 OLG München, Beschl. v. 20. 12. 2007 – 34 Wx 76/07, 34 Wx 076/07, juris.
4 BayObLG, Beschl. v. 5. 11. 1998 – 2 Z BR 146/98, BayObLGR 1999, 26 = ZMR 1999, 189 = NZM 1999, 275 = WuM 1999, 645.

Instandhaltungsrücklage bei Liquiditätsengpässen der Gemeinschaft vorsehen[1].

Bei **Mehrhausanlagen** mit vereinbarter wirtschaftlicher Trennung werden **mehrere Rücklagen** zu bilden sein. Eine Rücklage für das gemeinschaftliche Eigentum im ganzen und zusätzlich eine Rücklage für jedes Haus. Es entspricht nicht ordnungsmäßiger Verwaltung, unterschiedliche angesparte **Instandhaltungsrücklagen zusammenzuführen**, wenn die Zahlungsverpflichteten und Nutzungsberechtigten nicht identisch sind[2]. Ausgangspunkt einer geplanten Rückführung mehrerer Rücklagenkonten kann eine in der Vergangenheit vorgenommene Fehlinterpretation der Gemeinschaftsordnung sein, die berichtigt werden soll. Ein möglicher **Lösungsansatz** wäre zu beschließen, 84

– eine neue gemeinsame Rücklage zu bilden,

– die Höhe der Einzahlungen durch die einzelnen Eigentümer festzulegen,

– die bisherigen Rücklagen aufzulösen,

– die eingezahlten Beträge (buchhalterisch) entsprechend den erbrachten Zahlungen den Eigentümern zuzuordnen

– und diese Anteile für die Eigentümer als getätigte Einzahlung in die neue Rücklage zu verwenden.

Hat eine Instandhaltungsrücklage nach sachlich zutreffend ausgeübtem Ermessen durch die Eigentümer, insbesondere in Anbetracht des Erhaltungszustandes der Wohnanlage, den erforderlichen Betrag erreicht, können die Eigentümer einen nicht benötigten Betrag **auflösen oder anderweitig verwenden**, falls nicht eine anderslautende Vereinbarung entgegensteht. Soweit dies nicht zur Unterschreitung der nach WEG § 21 Abs. 5 Nr. 4 erforderlichen Sicherheit führt, genügt dafür ein Mehrheitsbeschluss[3]. 85

Es kann auch zur ordnungsmäßigen Verwaltung gehören und mehrheitlich beschlossen werden, zum Ausgleich von Hausgeldrückständen statt einer Sonderumlage auf die Instandhaltungsrücklage zuzugreifen, wenn nicht der Mindestbedarf, der im Einzelfall bestimmt werden muss[4] (**eiserne Reserve**), angegriffen wird[5]. 86

---

1 LG Saarbrücken, Beschl. v. 27. 4. 1999 – 5 T 691/98, WE 1999, 7 = NZM 1999, 870.
2 BayObLG, Beschl. v. 13. 8. 1998 – 2 Z BR 75/98, ZMR 1999, 48 = NZM 1999, 26 = WE 1999, 118.
3 OLG Saarbrücken, Beschl. v. 20. 7. 1998 – 5 W 110/98, NJW-RR 2000, 87 = NZM 2000, 198.
4 OLG München, Beschl. v. 20. 12. 2007 – 34 Wx 76/07, 34 Wx 076/07 (juris).
5 OLG Saarbrücken, Beschl. v. 20. 7. 1998 – 5 W 110/98, NJW-RR 2000, 87 = NZM 2000, 198.

87 Es besteht kein Anspruch, immer zuerst die Instandhaltungsrücklage auszuschöpfen. Die Eigentümer haben nach pflichtgemäßem Ermessen zu entscheiden, ob alternativ eine Sonderumlage erhoben werden soll, um eine **Erschöpfung der Rücklage** zu verhindern[1].

88 Die Anlage auch nur eines Teils der Rücklage auf einem für die Gemeinschaft abgeschlossenen **Bausparvertrag** entspricht in der Regel nicht ordnungsmäßiger Verwaltung, weil die mit dem Zweck verfolgte Verfügbarkeit im Bedarfsfall fehlt[2]. Eine dem Interesse der Gemeinschaft entsprechende Verwaltung gebietet es, dass eine Form oder auch verschiedene Formen der Geldanlage gewählt werden, die zum einen dem kurzfristigen Finanzierungsbedarf und zum anderen dem Ziel einer möglichst günstigen Rendite gerecht wird. Angesammelte Beträge, die in absehbarer Zeit vermutlich nicht benötigt werden, sind dabei ggf. auch längerfristig anzulegen, ohne sich der Möglichkeit einer vorzeitigen Abrufung der Gelder zu begeben. Das **Sparkonto** mit gesetzlicher Kündigung erweist sich im Allgemeinen angesichts niedriger Verzinsung und einer Vorschusszinspflicht bei vorfristiger Verfügung nicht als geeignete Anlageform für die Instandsetzungsrücklage, eher schon die **Festgeldanlage**[3].

IV. Ansprüche der Gemeinschaft gegen die einzelnen Wohnungseigentümer

89 Mit der Entscheidung vom 2. 6. 2005[4] zur Teilrechtsfähigkeit einer Gemeinschaft hat der BGH die besonderen Verpflichtungen der einzelnen Eigentümer gegenüber dem Verband angesprochen. Mit den Vorgaben in der WEG-Novelle haben sich diese Pflichten bestätigt. **Der Verband handelt im Interesse der Eigentümer.** Diese müssen den Verband handlungsfähig machen. Sie müssen die Beschlüsse fassen und die Gelder bereit stellen, damit die Verbindlichkeiten bezahlt werden können. Nach § 10 Abs. 6 Satz 1–3 WEG kann der Verband im Rahmen der gesamten Verwaltung des gemeinschaftlichen Eigentums nicht nur gegenüber Dritten sondern auch gegenüber den Eigentümern selbst Rechte erwerben und Pflichten eingehen. Der Verband ist Inhaber der gesetzlich oder rechtsgeschäftlich entstandenen Pflichten. Er nimmt die gemeinschaftsbezogenen Pflichten der Eigentümer wahr.

90 Die Eigentümer haben die Existenz des Verbandes zu respektieren, insbesondere dessen Haftung für gesetzliche oder vereinbarte Verbindlich-

---
1 OLG Köln, Beschl. v. 30. 4.1998 – 16 Wx 43/98, NZM 1998, 878.
2 OLG Düsseldorf, Beschl. v. 1. 12. 1995 – 3 Wx 342/95, OLGReport Düsseldorf 1996, 97 = WuM 1996, 112 = WE 1996, 275 = NJWE-MietR 1996, 88 (89).
3 OLG Düsseldorf, Beschl. v. 8. 11. 2000 – 3 Wx 253/00, ZMR 2001, 303 = NZM 2001, 390 = NJW-RR 2001, 660 = ZWE 2001, 219.
4 BGH, Beschl. v. 2. 6. 2005 – V ZB 32/05, ZMR 2005, 547.

keiten. Aus diesem Grund müssen die Eigentümer durch eigene Leistung die erforderliche finanzielle Ausstattung des Verbandes bewirken. Darüber hinaus müssen sie notwendige Abläufe organisieren (Verwaltungsmaßnahmen), um den Verband möglichst störungsfrei in das allgemeine gesellschaftliche System zu integrieren. Es gilt vermeidbare Haftungen der einzelnen Eigentümer gar nicht erst entstehen zu lassen. Daraus resultiert ein nötigenfalls einklagbarer Anspruch des Verbandes gegen die Eigentümer, notwendige Beschlüsse herbeizuführen.

1. Duldungsanspruch

§ 14 Nr. 3 und 4 WEG schaffen einen Duldungsanspruch der Gemeinschaft gegen den Eigentümer, **Einwirkungen** auf die im Sondereigentum stehenden Gebäudeteile und das gemeinschaftliche Eigentum zu dulden sowie erforderliche Maßnahmen der Instandhaltung und Instandsetzung **im Sondereigentum** zu gestatten. Als Ausgleich für die Aufopferung individueller Rechte ist die Gemeinschaft dem Eigentümer zum Ersatz des dadurch entstehenden Schadens verpflichtet. 91

§ 21 Abs. 5 Nr. 6 WEG formuliert einen Duldungsanspruch **gegen die Gemeinschaft**, Maßnahmen zur Installation von Fernsprecheinrichtungen, Rundfunkempfangsanlagen und Energieversorgungsanschlüssen im Gemeinschaftseigentum zur Versorgung eines Sondereigentums hinzunehmen. **Ersatzpflichtig** ist in diesen Fällen nach § 21 Abs. 6 WEG der durch die Maßnahme „versorgte" Eigentümer gegenüber der Gemeinschaft. 92

Duldung kann nach § 1004 Abs. 2 BGB geschuldet sein, wenn ein Beseitigungs- oder Unterlassungsanspruch nicht besteht. 93

a) Einwirkung auf das Sondereigentum

Unmittelbare oder mittelbare Eingriffe in das Sondereigentum oder in ein Sondernutzungsrecht, die zu spürbaren und dauerhaften **Gebrauchsbeeinträchtigungen** führen, können nicht mehrheitlich beschlossen werden und sind deshalb auch nicht zu dulden[1]. Es wäre ein Eingriff in den Kernbereich dieser Rechte. Sofern diese aber nicht wesentlich beeinträchtigt werden, was im Einzelfall zu prüfen ist, kann die Eigentümergemeinschaft durch Mehrheitsbeschluss entscheiden[2]. Für die Verlegung einer unterirdischen Gasleitung über den gemeinschaftlichen Zugangsweg zur Versorgung des Rückgebäudes einer Wohnanlage sind im Einzel- 94

---

1 BayObLG, Beschl. v. 23. 6. 2004 – 2 Z BR 020/04, BayObLGR 2004, 388 = ZMR 2005, 383.
2 KG, Beschl. v. 26. 11. 2001 – 24 W 20/01, KGR Berlin 2002, 65 = WuM 2002, 106.

fall Beeinträchtigungen während der Bauzeit sind nach § 14 Nr. 3 WEG zu dulden[1].

95 Ein Eigentümer muss zwar das Betreten und die Benutzung der in seinem Sondereigentum stehenden Gebäudeteile gestatten, soweit dies zur Instandhaltung und Instandsetzung des gemeinschaftlichen Eigentums erforderlich ist. Er ist aber nicht verpflichtet, hierzu Arbeiten mit erheblichem **Zeitaufwand auf seine Kosten** vorzunehmen, wie das Versetzen von Blumentrögen[2].

96 Erst nach Abwägung der Umstände im Einzelfall kann entschieden werden, ob ein Eigentümer das **Betreten seiner Wohnung** zur Sanierung von Gemeinschaftseigentum gestatten muss, um der Gemeinschaft die Kosten für die Aufstellung eines Gerüstes zu ersparen[3].

97 Der Anspruch auf Duldung gemäß § 14 Nr. 4 WEG richtet sich nur gegen den Sondereigentümer, nicht gegen den **Besitzer**, z. B. einen Mieter. Weigert sich dieser, muss die Gemeinschaft ggf. über den Eigentümer versuchen, den Anspruch gerichtlich durchzusetzen. Dafür wäre das Wohnungseigentumsgericht nach § 43 Abs. 1 Nr. 1 WEG zuständig. Ein Duldungsanspruch, der sich aus dem **Mietvertrag** über eine als Hausmeisterwohnung vorgesehene Eigentumswohnung ergeben könnte, ist keine Wohnungseigentumssache, sodass vor dem Wohnungseigentumsgericht darüber nicht entschieden werden kann[4].

Ein Anspruch auf Duldung einer **Parabolantenne** kann nicht schon allein deshalb verneint werden, weil die Anbringung aus empfangstechnischen Gründen nur auf dem Dach eines Gebäudes möglich ist. Entscheidend hierfür ist nämlich nicht der Aufstellungsort, sondern ausschließlich, ob der Gebrauch des Sondereigentums oder des gemeinschaftlichen Eigentums zu einem **Nachteil** führt, der über das bei einem geordneten Zusammenleben unvermeidliche Maß hinausgeht, § 14 Nr. 1 WEG. Ist dies nicht der Fall, dann haben die übrigen Wohnungseigentümer die Aufstellung einer Parabolantenne nach § 14 Nr. 3 WEG, § 1004 Abs. 2 BGB auch dann zu dulden, wenn sie als bauliche Veränderung zu qualifizieren ist[5].

98 Ein von Verschulden unabhängiger Ausgleichsanspruch nach § 14 Nr. 4 Halbsatz 2 WEG in Form des **Mietausfallschadens** sowie vergeblicher

---

1 OLG München, Beschl. v. 6. 9. 2007 – 34 Wx 33/07, OLGReport München 2007, 926.
2 BayObLG, Beschl. v. 12. 10.1995 – 2 Z BR 66/95, WuM 1995, 728 = WE 1996, 152 = NJWE-MietR 1996, 36.
3 BayObLG, Beschl. v. 12. 10.1995 – 2 Z BR 66/95, WuM 1995, 728 = WE 1996, 152 = NJWE-MietR 1996, 36.
4 BayObLG, Beschl. v. 28. 2. 1991 – 2 Z 151/90, WuM 1991, 300.
5 OLG München, Beschl. v. 6. 11. 07 – 32 Wx 146/07, OLGReport München 2008, 1 = NJW 2008, 235.

Aufwendungen für Gas und Strom ist denkbar. Es ist jeder Schaden zu ersetzen, der adäquat dadurch verursacht wird, dass das Sondereigentum bei der Benutzung im Zuge der Instandsetzungsarbeiten in einen nachteiligen Zustand versetzt und beim (vorläufigen oder endgültigen) Abschluss der Instandsetzungsarbeiten in diesem Zustand belassen wird. Es kommt auf die **Kausalität** an. Ursächlich für einen etwaigen Schaden (Sonderopfer) können zeitlich verzögerte oder gar vollständig **unterbliebene Maßnahmen** im Bereich des Gemeinschaftseigentums sein, ohne die das Sondereigentum nicht benutzbar war. Dass sich Mängel des Gemeinschaftseigentums vorrangig auf die Benutzbarkeit eines im Erdgeschoss gelegenen Sondereigentums auswirken, eröffnet aber allein noch nicht den Anwendungsbereich des § 14 Nr. 4 Halbsatz 2 WEG. Zu erwägen ist hingegen auch der im Verhältnis der Wohnungseigentümer untereinander anwendbare, ebenfalls verschuldens-unabhängige, **nachbarrechtliche Ausgleichsanspruch** aus § 906 Abs. 2 Satz 2 BGB analog, sofern Umbaumaßnahmen in den Obergeschossen erst dazu geführt hätten, dass eine Deckenkonstruktion gerade über dem Sondereigentum der Antragsteller statisch ungenügend geworden wäre[1].

b) Einwirkung auf das gemeinschaftliche Eigentum

Teile eines Gebäudes, die für dessen Bestand oder Sicherheit erforderlich sind sowie Anlagen und Einrichtungen, die dem gemeinschaftlichen Gebrauch der Eigentümer dienen, sind zwingend gemeinschaftliches Eigentum. § 5 Abs. 2 WEG. Jeder Eigentümer ist zum **Mitgebrauch** dieses gemeinschaftlichen Eigentums berechtigt, soweit die Vorgaben in § 14 und § 15 WEG nicht entgegenstehen. Vom gemeinschaftlichen Eigentum darf jeder Eigentümer nur in solcher Weise Gebrauch machen, dass dadurch keinem anderen Eigentümer ein **Nachteil** entsteht, der über das bei einem geordneten Zusammenleben unvermeidliche Maß hinausgeht. § 14 Nr. 1 WEG. Unter einem Nachteil i.S. des § 14 Nr. 1 WEG ist jede **nicht ganz unerhebliche Beeinträchtigung** zu verstehen. Nur konkrete und objektive Beeinträchtigungen gelten als ein solcher Nachteil. Entscheidend ist, ob sich nach der Verkehrsanschauung ein Wohnungseigentümer in der entsprechenden Lage verständlicherweise beeinträchtigt fühlen kann[2].

Die Eigentümer können im Wege einer **Gebrauchsregelung** nach § 15 Abs. 2 WEG durch Mehrheitsbeschluss festlegen, welche Einwirkungen auf das gemeinschaftliche Eigentum und auf das Erscheinungsbild der Anlage alle Eigentümer dulden müssen, um einzelnen Eigentümern die

---

1 OLG München, Beschl. v. 13. 8. 2007 – 34 Wx 144/06, OLGReport München 2007, 829–831 (Leitsatz und Gründe) = MDR 2007, 1305.
2 KG Berlin, Beschl. v. 10. 1. 1994 – 24 W 3851/93, KGR Berlin 1994, 73 = ZMR 1994, 274 = WE 1994, 336.

Ausübung ihrer aus Art. 5 GG folgenden Informationsrechte zu ermöglichen. Sie können so z. B. die Installation einer Parabolantenne genehmigen[1].

Die nachträgliche Installation eines Zählerkastens im Treppenhaus durch einen Eigentümer, der etwa 20 cm in den lichten Raum des **Treppenhauses** hineinragt, ist eine bauliche Veränderung, bedarf deshalb der Zustimmung der Wohnungseigentümer und muss ohne deren Zustimmung nicht geduldet werden. Es sei denn, die Veränderung beeinträchtigt deren Rechte über das in WEG § 14 Nr. 1 WEG bestimmte Maß hinaus nicht[2].

100 Der Anspruch auf **erstmalige Herstellung** des Zustands gemäß Teilungsplan richtet sich gegen den Verband und findet seine Grenze in den Rechtsgedanken des § 242 BGB. Ein Wohnungseigentümer kann die Herstellung von der Gemeinschaft der Wohnungseigentümer nicht verlangen und muss den gegebenen Zustand dulden, wenn dies nach **Treu und Glauben** nicht zumutbar ist[3], z. B. bei unverhältnismäßig hohen Kosten ohne Nutzen.

101 Jeder Eigentümer und der Verband haben einen Anspruch darauf, dass **ungenehmigte bauliche Veränderungen** im Bereich des gemeinschaftlichen Eigentums unterbleiben. Der Einbau von Gittern vor den Fenstern verändert die Optik der Fassade und geht über die Maßnahmen der Instandhaltung und Instandsetzung hinaus. Es liegt eine bauliche Veränderung vor, § 22 Abs. 1 WEG. Der Verband kann den Rückbau verlangen. Wenn aber eine konkrete Einbruchsgefahr festgestellt wurde, kann einem einzelnen Eigentümer gegen die Gemeinschaft der Anspruch auf Duldung bzw. Gestattung zustehen, dass er auf eigene Kosten bisher nicht vorhandene **Sicherungsvorrichtungen** (Gitter) vor den Fenstern seiner Wohnung anbringt[4].

102 Hat ein Eigentümer einen Baumangel ohne vorigen Mehrheitsbeschluss auf eigene Kosten behoben und verlangt ein anderer Eigentümer die Beseitigung dieser Baumaßnahme, so ist zuerst den Beteiligten Gelegenheit zu geben, einen Mehrheitsbeschluss über die **Konzeption der Behebung** des Baumangels herbeizuführen[5]. Nur wenn die Wohnungseigentümer eine andere Lösung beschlossen haben, kann über den Beseitigungs-

---

1 Amtsgericht Neukölln, Beschl. v. 12. 11. 2002 – 70 II 100/02, WEG, ZMR 2004, 949.
2 BayObLG, Beschl. v. 26. 9.2001 – 2 Z BR 79/01, ZWE 2002, 73 = ZMR 2002, 211.
3 BayObLG, Beschl. v. 18. 1. 2001 – 2 Z BR 65/00, ZMR 2001, 469 = Wohnungseigentümer 2001, 110.
4 KG, Beschl. v. 17. 6. 2000 – 24 W 8114/99, KGR Berlin 2001, 3 = ZMR 2000, 58 = ZWE 2000, 534.
5 KG, Beschl. v. 10. 5. 1991 – 24 W 154/91, NJW-RR 1991, 1299 = WuM 1991, 708.

anspruch endgültig entschieden werden. Solange ist die ursprüngliche Maßnahme zu dulden[1].

Die beabsichtigte Instandhaltung und Instandsetzung der Hausfassade durch **Einsatz chemischer Mittel** (Hydrophobierung) kann nach § 21 Abs. 5 Nr. 2 WEG den Grundsätzen ordnungsmäßiger Verwaltung entsprechen. Einwirkungen auf die im Sondereigentum stehenden Gebäudeteile gemäß § 14 Nr. 3 WEG sind zu dulden. Bestehen gesundheitliche Risiken einzelner Eigentümer, ist eine **Abwägung** zu treffen. Es stehen sich gegenüber: Die Grundrechte der Eigentümer aus Art. 14 Abs. 1 GG auf Erhaltung ihres (Mit-)Eigentums auf der einen Seite und der Anspruch auf körperliche Unversehrtheit gemäß Art. 2 Abs. 2 GG andererseits. Bei einer konkret-individuell vorzunehmenden Abwägung der beiderseitigen Interessen ist zu berücksichtigen, dass ein evtl. gesundheitlich gefährdeter Eigentümer gehalten ist, das ihm Zumutbare zu tun, um seine gesundheitlichen Risiken einzuschränken, die bei einer Hydrophobierung der Fassade bestehen. Im Einzelfall kann ihm zugemutet werden, für die Dauer der Sanierung die Wohnung zu verlassen, selbst wenn ihm dieses aufgrund seiner Krankheit nur unter erschwerten Bedingungen möglich ist. Denn ein Unterlassen der zur dauerhaften Erhaltung der Bausubstanz der Fassade erforderlichen Hydrophobierung würde das (Mit-)Eigentum der übrigen Eigentümer ebenfalls in ganz erheblicher Weise beeinträchtigen[2].

103

Hat der **Rechtsvorgänger** rechtswidrig bauliche Veränderungen vorgenommen, haftet der Rechtsnachfolger nur auf Duldung ihrer Beseitigung. Die Beseitigungspflicht trifft die Gemeinschaft, die ggf. beim Rechtsvorgänger Regress nehmen kann[3]. Im Fall der **Gesamtrechtsnachfolge** haftet aber der Rechtsnachfolger, z. B. der Erbe, für einen gegen den Rechtsvorgänger als Handlungsstörer gerichteten Wiederherstellungsanspruch[4].

104

Eine Parabolantenne, angebracht im sichtbaren Außenbereich des Sondereigentums, kann eine **Störung im Bereich der Optik** der Fassade bewirken. Ergibt sich daraus ein nachvollziehbarer Nachteil, kann die Beseitigung verlangt werden. Der Anspruch steht jedem Eigentümer zu, der sich in seinen Rechten gestört oder verletzt fühlt. Diese individuellen Ansprüche auf Beseitigung nachteilig betroffenen Eigentümer sind „sonstige Rechte" gemäß § 10 Abs. 6 Satz 3, 2. Alternative WEG. Der

105

---

1 OLG Karlsruhe, Beschl. v. 17. 7. 2000 – 11 Wx 42/00, OLGReport Karlsruhe 2001, 1 = NZM 2001, 758 = WuM 2000, 500.
2 Hans. OLG Hamburg, Beschl. v. 3. 1. 2007 – 2 Wx 75/06, ZMR 2007, 476 = WE 2007, 272.
3 Schleswig-Holsteinisches OLG, Beschl. v. 20. 3. 2000 – 2 W 140/99, OLGReport Schleswig 2000, 191 = MDR 2000, 634 = WuM 2000, 322 = NZM 2000, 674.
4 BayObLG, Beschl. v. 9. 5. 1996 – 2 Z BR 18/96, BayObLGR 1996, 49 = WuM 1996, 491 = NJWE-MietR 1996, 248 = WE 1997, 73.

Verband kann den Anspruch auf Durchsetzung der Unterlassung/Beseitigung der Parabolantenne durch Beschluss der Eigentümer an sich ziehen und geltend machen.

Eine Durchsetzung wird jedoch scheitern, wenn die Grundrechte der Bewohner auf Informationsfreiheit ohne die Parabolantenne beeinträchtigt werden. Dazu gehört ein ausreichender Fernsehempfang. Dieser ist nicht als ausreichend anzusehen, wenn mit Hilfe der Gemeinschaftsantenne neben den drei öffentlich-rechtlichen Programmen nur ein Privatsender empfangen werden kann. Die Installation einer Parabolantenne ist dann von den Eigentümern wie auch vom Verband zu dulden[1].

106 Es ist grundsätzlich Aufgabe eines Verwalters einer Wohnungseigentümergemeinschaft, gegen bauliche Veränderungen vorzugehen, wenn diese ohne die erforderliche Zustimmung aller Wohnungseigentümer erfolgt. Eingriffe in das gemeinschaftliche Eigentum sind abzuwehren. Die Handlungspflicht des Verwalters ist darauf beschränkt, dass er eine Entscheidung der Wohnungseigentümer darüber herbeiführt, ob sie beabsichtigen, gegen die bauliche Veränderung vorzugehen oder diese zu dulden[2].

2. Zahlungsanspruch

a) Vorschusszahlungen

107 Beim Wohnungseigentumsgericht gemäß § 43 Nr. 2 WEG notfalls einklagbare Zahlungsansprüche finden gemäß § 28 Abs. 1, 2 und 5 WEG regelmäßig ihre **Grundlage** im mehrheitlich beschlossenen Wirtschaftsplan eines Geschäftsjahres. Erst nach Beschlussfassung kommt eine gerichtliche Geltendmachung durch den Verwalter oder einen Eigentümer in Betracht[3]. Die Beschlussfassung darf aber nicht erst im Folgejahr oder kurz vor Ablauf des Geschäftsjahres erfolgen[4]. Kommt ein solcher Beschluss nicht zustande, kann der Wirtschaftsplan vom Gericht auf Antrag erstellt werden[5]. Nach Wegfall der Möglichkeiten des Gerichtes im FGG Verfahren wurde in § 21 Abs. 8 WEG die Möglichkeit für einen Gestaltungsantrag und ein **Gestaltungsurteil** geschaffen.

108 In der Gemeinschaftsordnung kann geregelt sein, dass die Kosten für bestimmte Teile des Gebäudes (z. B. die Tiefgarage) soweit sie ausscheidbar

---

1 OLG Hamm, Beschl. v. 9. 10. 1997 – 15 W 245/97, OLGReport Hamm 1998, 5 = ZMR 1998, 188 = WE 1998, 111 = MDR 1998, 527.
2 OLG Düsseldorf, Beschl. v. 31. 5. 1999 – 3 Wx 102/99, ZMR 1999, 849 = ZWE 2000, 277.
3 BGH, Beschl. v. 12. 7. 1984 – VII ZB 1/84, ZMR 1984, 422 = NJW 1985, 912.
4 BayObLG, Beschl. v. 13. 12. 2001 – 2 Z BR 93/01, WuM 2002, 173.
5 KG, Beschl. v. 22. 10. 1990 – 24 W 4800/90, OLGZ 1991, 180 = WuM 1990, 614 = NJW-RR 1991, 463.

sind, allein von den Eigentümern dieses Gebäudeteils getragen werden müssen. Für den Fall einer solchen **Blockbildung** gilt der Grundsatz, dass nur die Eigentümer über eine Maßnahme zu entscheiden haben, die letztlich die Kosten tragen[1]. Konsequent sind wiederum alle Eigentümer in eine Beschlussfassung einzubeziehen, wenn die Maßnahme Kosten auslöst, die auch die anderen Eigentümer mittragen müssen.

Seit der Teilrechtsfähigkeit der Wohnungseigentümergemeinschaft ist dieser Grundsatz problematisch geworden. Vereinbarte, **eigenständige Wirtschaftseinheiten** sind lediglich Teil des Verbandes. Diese können nicht selbst rechtsfähig sein. Auftraggeber einer Maßnahme bleibt der gesamte Verband, auch wenn nur für eine eigenständige wirtschaftliche Einheit eine Maßnahme vergeben wird. Somit **haften alle Eigentümer** nach außen gemäß § 10 Abs. 8 WEG anteilig für Kosten dieses Auftrags. Auf der Grundlage der bisherigen Rechtsprechung ist davon auszugehen, dass die Eigentümer einer Wirtschaftseinheit dann allein über Maßnahmen abstimmen können, solange sichergestellt ist, dass sie auch die Kosten aufbringen. **Sicherung** kann dadurch erfolgen, dass die Maßnahme erst beauftragt wird, wenn diese Eigentümer die erforderlichen Mittel bereitgestellt haben. Ist abzusehen, dass die Eigentümer einer selbstständigen Wirtschaftseinheit finanziell nicht in der Lage sind, nötige und nicht aufschiebbare Maßnahmen durchzuführen, ist **der gesamte Verband** gefordert. Für diesen Fall sind auch alle Eigentümer abstimmungsbefugt. 109

Über den Wirtschaftsplan und die Jahresabrechnung stimmen grundsätzlich alle Eigentümer ab[2], soweit nichts anderes vereinbart worden ist.

Der ausgeschiedene Eigentümer haftet auch nach seinem Ausscheiden und nach beschlossener Jahresabrechnung den anderen Wohnungseigentümern weiter aus dem Wirtschaftsplan für die Wohngeldvorschüsse, die während des Zeitraums, als er noch Eigentümer war, fällig geworden sind[3]. 110

Die voraussichtlichen (laufenden) Bewirtschaftungs- und Verwaltungskosten sind ebenso in den **Wirtschaftsplan** aufzunehmen wie die erkennbaren (einmaligen) Kosten der Instandhaltung und Instandsetzung. 111

Ein Teil der beschlossenen Zahlungen kann für die **Instandhaltungsrücklage** vorgesehen sein, entweder um allgemein für einen noch nicht bekannten Bedarfsfall eine finanzielle Rücklage zu haben oder um eine bereits bekannte und erforderliche Instandhaltungsmaßnahme durch zielstrebiges Ansparen finanzierbar zu machen. **Vergessene Kostenansätze**

---

1 *Jennißen* in Jennißen, WEG, § 16 Rz. 64.
2 BayObLG, Beschl. v. 17. 11. 2000 – 2 Z BR 107/00, ZMR 2001, 209 = WuM 2001, 149 = NZM 2001, 771 = ZWE 2001, 269.
3 BGH, Beschl. v. 30. 11. 1995 – V ZB 16/95, BGHZ 131, 228 = NJW 1996, 725 = ZMR 1996, 215 = WE 1996, 144.

machen den Wirtschaftsplan nicht ungültig[1]. Beim Kostenansatz im Wirtschaftsplan steht den Eigentümern regelmäßig ein weiter **Ermessensspielraum** zu[2].

112 Auch nach **dem Beschluss über die Jahresabrechnung** können offene **Wohngeldansprüche** weiterhin auf den Wirtschaftsplan für das gleiche Jahr gestützt werden[3].

Die **Bezeichnung in der Einladung** des Beschlussgegenstands „Wirtschaftsplan" zur Eigentümerversammlung ermöglicht auch die Beschlussfassung über eine Erhöhung der Zahlungen zur Instandhaltungsrücklage[4].

b) Sonderumlage

113 Nach § 16 Abs. 2 WEG ist jeder Eigentümer den anderen gegenüber verpflichtet, die **Lasten** des gemeinschaftlichen Eigentums sowie die **Kosten** der Instandhaltung, Instandsetzung, sonstigen Verwaltung und eines gemeinschaftlichen Gebrauchs nach dem Verhältnis seines Miteigentumsanteils zu tragen. Dies bedeutet noch nicht, dass der einzelne Eigentümer bereits mit der **Entstehung** der Lasten und Kosten zu Zahlungen verpflichtet ist. Erforderlich ist vielmehr ein mehrheitlich gefasster Beschluss der Eigentümerversammlung. § 28 Abs. 5 WEG. Erst dieser begründet die Verpflichtung des einzelnen Eigentümers zur Leistung. Ohne Beschluss besteht im Innenverhältnis der Wohnungseigentümer keine **Zahlungsverpflichtung**. Ohne Beschluss der Eigentümer gibt es auch keinen Anspruch auf Zahlung der Sonderumlage[5]. Die Sonderumlage ist ein **Nachtrag zum Jahreswirtschaftsplan** der Gemeinschaft, der von den Wohnungseigentümern im Laufe eines Wirtschaftsjahres dann beschlossen werden kann, wenn die Ansätze des Wirtschaftsplanes unrichtig waren, durch neue Tatsachen überholt sind oder der Plan aus anderen Gründen zum Teil undurchführbar geworden ist[6].

114 Ob Reparaturarbeiten auch aus der eigentlich ausreichenden Instandhaltungsrücklage gezahlt werden oder ob eine Sonderumlage erhoben werden soll, um einen **Abbau der Rücklage** zu verhindern, hat die Gemein-

---

1 BayObLG, Beschl. v. 9. 8. 1990 – 2 Z 83/90, Wohnungseigentümer 1991, 164.
2 BayObLG, Beschl. v. 20. 3. 2001 – 2 Z BR 101/00, NZM 2001, 754 = WuM 2001, 413 = ZMR 2001, 815 = ZWE 2001, 432.
3 BayObLG, Beschl. v. 21. 10. 1999 – 2 Z BR 93/99, ZMR 2000, 111 = NZM 2000, 298 = ZWE 2000, 470.
4 BayObLG, Beschl. v. 5. 10. 2000 – 2 Z BR 59/00, NZM 2000, 1239 = WuM 2000, 688 = ZMR 2000, 54 = NJW-RR 2001, 374 = ZWE 2001, 68.
5 OLG Düsseldorf, Beschl. v. 3. 8. 2007 – I-3 Wx 84/07, 3 Wx 84/07, OLGReport Düsseldorf 2008, 42 = ZWE 2007, 452 = NJW-RR 2008, 171.
6 OLG Köln, Beschl. v. 2. 2. 2001 – 16 Wx 131/00, ZMR 2001, 574.

schaft nach pflichtgemäßem Ermessen zu entscheiden. Es besteht kein Anspruch, immer zuerst die Instandhaltungsrücklage auszuschöpfen[1].

Ein Mehrheitsbeschluss, der innerhalb des Wirtschaftsplanes oder neben diesem zusätzlich zu den monatlichen Wohngeldzahlungen eine **einmalige Zahlung** zur Vermeidung von Liquiditätsengpässen vorsieht, verstößt nicht gegen Grundsätze ordnungsmäßiger Verwaltung[2]. 115

Ein bestandskräftiger Beschluss der Eigentümer, einzelne Eigentumseinheiten entgegen dem in der Gemeinschaftsordnung festgelegten Kostenverteilungsschlüssel mit einer **einmaligen Sonderumlage wegen erhöhten Wasserverbrauchs** zu belasten, ist nach dem BGH-Beschluss vom 20. 9. 2000[3] als ein vereinbarungswidriger Beschluss anfechtbar, aber nicht nichtig[4]. Mit einer solchen Beschlussfassung wird nicht zwangsläufig der **Kostenverteilungsschlüssel** mit Wirkung für die Zukunft verändert, wie dies § 16 Abs. 3 WEG jetzt zulässt. Soll ein Beschluss **normative Wirkung** für die Zukunft bekommen, muss dies aus dem Beschluss hervorgehen. 116

Wird ein Sonderumlagebeschluss für ungültig erklärt, hängt die **Rückerstattung** bereits gezahlter Beträge nach zwischenzeitlichen Abrechnungsbeschlüssen davon ab, dass die Eigentümer über die Folgebeseitigung der misslungenen Umlage erneut mehrheitlich beschließen, was notfalls gerichtlich erzwingbar ist[5]. 117

Voraussetzungen für einen durchsetzbaren Anspruch auf eine Sonderumlage ist 118

– ein Eigentümerbeschluss über den Gesamtbetrag der Umlage[6]

– und über den vom einzelnen Eigentümer aufzubringenden Betrag. Es genügt aber, wenn sich der vom einzelnen Eigentümer aufzubringende Betrag ohne weiteres errechnen lässt[7]. Umgekehrt gilt: Lässt sich aus dem Beschluss der vom einzelnen Eigentümer zu zahlende Betrag

---

1 OLG Köln, Beschl. v. 30. 4.1998 – 16 Wx 43/98, NZM 1998, 878.
2 KG, Beschl. v. 12. 8. 1994 – 24 W 2762/94, KGR Berlin 1994, 193 = ZMR 1994, 527 = WE 1995, 59 = NJW-RR 1995, 397.
3 BGH, Beschl. v. 20. 9. 2000 – V ZB 58/99, BGHZ 145, 158 = NJW 2000, 3500 = ZMR 2000, 771 = ZWE 2000, 518.
4 BayObLG, Beschl. v. 4. 4. 2001 – 2 Z BR 13/01, NZM 2001, 535 = NJW-RR 2001, 1020 = ZMR 2001, 822 = ZWE 2001, 370.
5 KG, Beschl. v. 28. 1. 1998 – 24 W 7648/96, KGR Berlin 1998, 178 = ZMR 1998, 370 = WE 1998, 377 = NJW-RR 1999, 92.
6 OLG Düsseldorf, Beschl. v. 3. 8. 2007 – I-3 Wx 84/07, 3 Wx 84/07, OLGReport Düsseldorf 2008, 42 = ZWE 2007, 452 = NJW-RR 2008, 171.
7 OLG Braunschweig, Beschl. v. 29. 5. 2006 – 3 W 9/06, OLGReport Braunschweig 2007, 722 = ZMR 2006, 787.

nicht ohne weiteres errechnen, ist der Beschluss nach gerichtlicher Anfechtung für ungültig zu klären, möglicherweise sogar nichtig[1].

Der Beschluss über eine bauliche Maßnahme, z. B. eine Balkonsanierung, mit dem die Arbeiten an einen bestimmten Unternehmer vergeben werden und nur ein ungefährer Kostenrahmen bestimmt wird, ist zu unbestimmt und bildet grundsätzlich keine ausreichende Anspruchsgrundlage[2].

119 Beschließen die Eigentümer eine **Sanierungsmaßnahme**, aber nicht ausdrücklich deren Finanzierung, so ist **damit noch keine Sonderumlage beschlossen** worden. Auch dann nicht, wenn eine Instandhaltungsrücklage nicht vorhanden ist. Ein Sanierungsbeschluss allein ist keine Rechtsgrundlage dafür, einen anteiligen Finanzierungsbeitrag gegen einzelne Eigentümer einzuklagen[3].

120 Ermächtigt der Verwaltervertrag den **Verwalter**, Wohngeldzahlungen ohne Zustimmung der Wohnungseigentümerversammlung gerichtlich geltend zu machen, liegt darin auch eine **Ermächtigung** für die Durchsetzung von Sonderumlagen im Außenverhältnis und sogar die **Einschaltung eines Rechtsanwalts**. Jedenfalls schränkt der Verwaltervertrag die Vertretungsmacht des Verwalters im Außenverhältnis nicht ein, sondern begrenzt lediglich dessen Befugnis im Innenverhältnis. Folge wäre eine eventuelle Schadensersatzpflicht des Verwalters gegenüber der Gemeinschaft, wenn im Einzelfall die erteilte Vollmacht überschritten wird[4]. Das **Vertretungsrecht des Verwalters** im Außenverhältnis ist deswegen nicht mehr in Frage zu stellen, weil der Anspruch auf Durchsetzung einer beschlossenen Sonderumlage dem Verband zusteht. § 10 Abs. 7 und § 27 Abs. 3 Satz 1 Nr. 7 WEG[5].

121 Ein Eigentümer ist nicht berechtigt, behauptete eigene Ansprüche mit Forderungen aus einem Sonderumlagenbeschluss aufzurechnen. Es gilt auch hier das grundsätzliche **Aufrechnungsverbot**. Gegenüber Ansprüchen auf Wohngeld oder Sonderumlage kann nach gefestigter Rechtsprechung nur mit gemeinschaftsbezogenen Gegenforderungen nach § 21 Abs. 2 WEG (Notmaßnahmen) oder §§ 680, 683 BGB (Geschäftsführung ohne Auftrag) aufgerechnet werden, es sei denn, die Gegenforderung ist anerkannt oder rechtskräftig festgestellt. Das Verbot der Aufrechnung (und der Zurückbehaltung) ist darin begründet, dass eine ordnungs-

---

1 LG München, Beschl. v. 11. 1. 2006 – 1 T 13749/05, ZMR 2006, 648 = WE 2006, 246.
2 BayObLG, Beschl. v. 23. 4. 1998 – 2 Z BR 162/97, NZM 1998, 918 = Grundeigentum 1999, 195 = WE 1999, 234.
3 OLG Köln, Beschl. v. 27. 2. 1998 – 16 Wx 30/98, OLGReport Köln 1998, 335 = ZMR 1998, 463 = WE 1998, 313.
4 OLG Düsseldorf, Beschl. v. 23. 11. 2007 – I-3 Wx 58/07, 3 Wx 58/07 (juris).
5 Hans. OLG Hamburg, Beschl. v. 26. 10. 2007 – 2 Wx 110/02, ZMR 2008, 152.

mäßige Verwaltung nur dann gewährleistet ist, wenn alle Wohnungseigentümer ihren Zahlungspflichten nachkommen. Nur dann ist die **Zahlungsfähigkeit** der Gemeinschaft gesichert. Diese darf nicht durch eine Auseinandersetzung über Gegenansprüche gefährdet werden[1].

3. Übertragung der Instandhaltungspflicht auf Miteigentümer

Die Instandhaltung und Instandsetzung des gemeinschaftlichen Eigentums ist Aufgabe der Gemeinschaft. Regelmäßig obliegt die Entscheidung über solche Maßnahmen den Eigentümern, § 21 Abs. 3 und Abs. 5 Nr. 2 WEG. Die Durchführung aber obliegt ausschließlich und unabdingbar dem **Verwalter**. Nach § 27 Abs. 1 Nr. 2 als **Pflicht im Innenverhältnis** gegenüber Eigentümer und Verband. Nach § 27 Abs. 3 Satz. 1 Nr. 3 WEG, als **Vertreter des Verbands**. Jeder Eigentümer ist den anderen Eigentümern gegenüber verpflichtet, die Kosten der Instandhaltung und Instandsetzung des gemeinschaftlichen Eigentums nach seinem Verhältnis zu tragen. § 16 Abs. 2 WEG. Die Verantwortlichkeit der Gemeinschaft für das gemeinschaftliche Eigentum grenzt sich ab von der Verantwortlichkeit des Sondereigentümers für das Sondereigentum nach § 14 Nr. 1 WEG.

122

a) Möglichkeiten

Wenn die Gemeinschaftsordnung eine **Übertragung der Pflicht zur Instandhaltung und Instandsetzung** für bestimmte Teile des gemeinschaftlichen Eigentums **auf die jeweiligen Eigentümer** regelt, was häufig vorkommt, führt dies nicht zu einem Verstoß gegen das zwingende Verbot des § 27 Abs. 4 WEG. Eine solche Vereinbarung ist nicht nichtig, wenn sie die Verantwortung des Verwalters nicht ausschaltet, sondern nur verändert.

123

Nach ausdrücklicher Instandhaltungsverlagerung auf einzelne Eigentümer muss der Verwalter noch immer gemäß § 27 Abs. 1 Nr. 2 WEG beobachten, Handlungsbedarf ermitteln und dann dafür sorgen, dass der einzelne Eigentümer die Pflichten erfüllt. Ggf. muss er sich gemäß § 27 Abs. 3 Satz 1 Nr. 7 WEG ermächtigen lassen, den Anspruch der Gemeinschaft auf Instandhaltung und Instandsetzung gegen einen Miteigentümer durchzusetzen.

Die Übertragung der Instandhaltungspflicht kann auch so erfolgt sein (Auslegungs- oder Formulierungsfrage), dass die Entscheidung bei den Eigentümern bleibt, ob, wann und wie eine Instandhaltung und Instandset-

---

1 OLG München, Beschl. v. 30. 1. 2007 – 34 Wx 128/06, OLGReport München 2007, 374 = NZM 2007, 335 = ZMR 2007, 397–398 = OLGReport München 2007, 374.

zung durchgeführt wird. Vom Verwalter wird der Beschluss umgesetzt, vom einzelnen Eigentümer aber muss die Maßnahme, regelmäßig im Bereich seines Sondereigentums, allein bezahlt werden.

124 Will ein Eigentümer oder ein Sondernutzungsberechtigter im Bereich seines Rechts bauliche Veränderungen vornehmen, (z.B. Errichtung einer Dachterrasse), können erteilte Zustimmungen dahin auszulegen sein, dass er auch die **Folgekosten** dieser Maßnahme zu tragen hat[1].

125 Verpflichtet ein Eigentümerbeschluss einzelne Wohnungseigentümer zur fachkundigen Feststellung von Balkonschäden und zur Schadensbeseitigung, gibt es aber eine **unklare Regelung**, wie weit die dem einzelnen Wohnungseigentümer übertragene **Instandsetzungspflicht** geht, kann noch nicht von der Instandsetzungspflicht des einzelnen Wohnungseigentümers ausgegangen werden. Dieser hat aber zunächst die fachkundige Feststellung der zu beseitigenden Balkonschäden herbeizuführen. Verweigert ein Wohnungseigentümer diese Schadensfeststellung, ist sie eine Verwaltungsangelegenheit. Erst nach der Feststellung, ob die Mängelbeseitigung ggf. wirksam auf den einzelnen Eigentümer überbürdet ist, kann von diesem die Mängelbeseitigung und auch die Übernahme der Kosten der Schadensfeststellung verlangt werden[2].

126 Wird in der Gemeinschaftsordnung die Instandsetzungs- und Instandhaltungspflicht hinsichtlich des Balkongeländers als Teil des gemeinschaftlichen Eigentums dem einzelnen Wohnungseigentümer auferlegt, umfasst dies nicht die Verpflichtung, das Geländer an der Bodenplatte aus Beton zu befestigen, wenn dieser Zustand **erstmalig ordnungsmäßig** hergestellt werden muss[3].

b) Grenzen

127 Zur Instandhaltung des gemeinschaftlichen Eigentums gehören pflegende, erhaltende und vorsorgende Maßnahmen, die der Aufrechterhaltung des ursprünglichen Zustandes dienen. Zu den Instandhaltungskosten gehören deshalb auch die Kosten, die durch die Reinigung der gemeinschaftlichen Gebäudeteile entstehen[4].

Turnusmäßige **Reinigungsarbeiten** (Treppenhaus) als Maßnahme der Instandhaltung und Instandsetzung können nach Auffassung des Bay-

---

1 BayObLG, Beschl. v. 27. 4. 2001 – 2 Z BR 70/00, ZMR 2001, 829 = NZM 2001, 1138 = ZWE 2001, 424.
2 KG, Beschl. v. 15. 11. 2000 – 24 W 6514/99, KGR Berlin 2001, 195 = WuM 2001, 298 = ZWE 2001, 331.
3 BayObLG, Beschl. v. 18. 7. 1996 – 2 Z BR 63/96, ZMR 1996, 574 = WE 1996, 400 = NJWE-MietR 1996, 231 = WuM 1997, 187.
4 KG, Beschl. v. 14. 6. 1993 – 24 W 5328/92, ZMR 1993, 478 = WuM 1993, 562 = WE 1994, 144.

ObLG[1] grundsätzlich auch durch Mehrheitsbeschluss oder durch eine vom Verwalter aufgestellte Hausordnung den Wohnungseigentümern zur unmittelbaren Erledigung übertragen werden[2] (**Hand- und Spanndienste**). Diese Meinung ist allerdings sehr umstritten[3] [4]. Nach der anderen Auffassung können einzelne Wohnungseigentümer nicht zur Gartenpflege oder zu Reinigungsdiensten, sondern nur zur Kostenübernahme hierfür verpflichtet werden[5]. Verweigern einzelne Eigentümer Naturaldienste (Gartenpflege), ist eine Fremdvergabe aller Gartenpflegemaßnahmen mit der allgemeinen Kostenverteilung gemäß § 16 Abs. 2 WEG angezeigt[6]. Häufig sind Beschlussfassungen zur **tätigen Mithilfe** auch nicht konkret genug, was zur Aufhebung nach gerichtlicher Anfechtung führt[7].

Laufende Instandhaltungsarbeiten (Wartungsarbeiten) führen gemäß § 16 Abs. 2 WEG zu gemeinschaftlichen Kosten und sind danach umzulegen. Außergewöhnliche Reinigungs- oder Gartenarbeiten können nach Beschluss der Eigentümer aus dem **Geschäftskonto** des Verbands oder aus der Instandhaltungsrücklage oder durch Sonderumlage finanziert werden.

128

Weil die mehrheitliche Zuweisung von solchen Arbeiten an einzelne Eigentümer i.d.R. zu einer Änderung des vereinbarten oder gesetzlichen Kostenverteilungsschlüssels führt, musste man seit der Entscheidung des BGH vom 20. 9. 2000[8] davon ausgehen, dass ein solcher Mehrheitsbeschluss als gesetzes- oder **vereinbarungsverändernd** und deshalb als **nichtig** anzusehen ist. Diese Auffassung ist so nicht mehr haltbar. Betriebskosten und Verwaltungskosten können nach § 16 Abs. 3 WEG durch einfachen Mehrheitsbeschluss abweichend von gesetzlichen oder vereinbarten Vorgaben verteilt werden. Es gibt dafür eine nicht abdingbare neue **gesetzliche Beschlusskompetenz**. Ob Wartungsarbeiten noch Betriebskosten sind, ist im Einzelfall zu prüfen. Handelt es sich um Maß-

129

---

1 BayObLG, Beschl. v. 24. 3. 1994 – 2Z BR 28/94, WuM 1994, 403 = ZMR 1994, 430 = WE 1994, 316.
2 BayObLG, Beschl. v. 5. 12. 1991 – 2 Z 154/91, BayObLGZ 1991, 421 = WuM 1992, 157 = MDR 1992, 373 = NJW-RR 1992, 343.
3 KG, Beschl. v. 15. 4. 1977 – 1 W 1151/77, OLGZ 1978, 146 = MDR 1978, 406 = Rpfleger 1978, 146 = NJW 1978, 1439.
4 OLG Hamm, Beschl. v. 31. 8. 1981 – 15 W 38/81, MDR 1982, 150 = WuM 1985, 299.
5 OLG Düsseldorf, Beschl. v. 15. 10. 2003 – I-3 Wx 225/03, Wohnungseigentümer 2004, 66 = ZMR 2004, 694 = NZM 2004, 554.
6 KG, Beschl. v. 12. 11. 1993 – 24 W 3064/93, KGR Berlin 1994, 15 = OLGZ 1994, 273 = ZMR 1994, 70 = NJW-RR 1994, 207 = WE 1994, 213.
7 OLG Köln, Beschl. v. 12. 11. 2004 – 16 Wx 151/04, OLGReport Köln 2005, 75 = ZMR 2005, 229 = NZM 2005, 261 = NJW-RR 2005, 529, mit weiteren kritischen Anmerkungen zur tätigen Mithilfe.
8 BGH, Beschl. v. 20. 9. 2000 – V ZB 58/99, BGHZ 145, 158 = NJW 2000, 3500 = ZMR 2000, 771 = ZWE 2000, 518.

nahmen der Instandhaltung oder Instandsetzung haben die Eigentümer ebenfalls die Beschlusskompetenz. Nach § 16 Abs. 4 WEG können konkrete Maßnahmen mehrheitlich beschlossen werden. Zwar fordert das Gesetz eine doppelt qualifizierte Mehrheit. Kommt diese nicht zu Stande und wird dennoch ein Mehrheitsbeschluss verkündet, wird dieser bestandskräftig, wenn keine Anfechtungsklage erhoben wird. Die **fehlende Qualifikation** ist ein Fehler auf dem Weg zum Beschluss. Der Beschluss entspricht nicht ordnungsmäßiger Verwaltung. Er ist deswegen anfechtbar aber nicht nichtig[1]. Im Falle der Beschlussanfechtung wird ein solcher Beschluss für ungültig zu erklären sein, weil er die gesetzlichen Vorgaben nicht erfüllt.

130 Es wäre denkbar, dass vom Gericht in einem solchen Fall § 49 Abs. 2 WEG angewendet wird und der **Verwalter** die **Kosten des Rechtsstreites** auferlegt bekommt, obwohl er nicht Partei eines gerichtlichen Beschlussanfechtungsverfahrens wird. Deswegen kann dem Verwalter nicht geraten werden, einen Beschluss nach § 16 Abs. 4 WEG zu verkünden, wenn die gesetzlichen Vorgaben nicht vorliegen. Bestehen die Eigentümer darauf, kann er einen **Geschäftsordnungsbeschluss** herbeizuführen, dass eine Beschlussfassung nach § 16 Abs. 4 WEG herbeigeführt werden soll und wie sich der Verwalter zu verhalten hat, wenn die doppelt qualifizierte Mehrheit nicht erreicht wurde. Gibt es keine Beschlussvorgaben zum Verhalten des Verwalters, entspricht es ordnungsmäßiger Verwaltung, wenn er feststellt, dass der versuchte qualifizierte Beschluss nicht zu Stande kam. Auch ein solcher **Negativbeschluss** kann von einem Eigentümer gerichtlich angefochten werden[2].

131 Die früher vertretene Meinung[3], ein in der Versammlung der Wohnungseigentümer gefasster **Mehrheitsbeschluss zur Übertragung der Instandsetzungspflicht** der Fenster als Teil des gemeinschaftlichen Eigentums auf die einzelnen Wohnungseigentümer sei nur anfechtbar, aber nicht nichtig und führe lediglich zu einer Entlastung des Verwalters von dieser Aufgabe, kann nach dem Beschluss des BGH vom 20. 9. 2000[4] nur noch gelten, wenn der Beschluss auf einen einzelnen Sanierungsvorgang ausgerichtet ist. Wenn er normativen Charakter hat, also auch für die Zukunft gelten soll, ist ein solcher Beschluss gesetzesverändernd und deshalb nichtig. Diese Grundsätze gelten weiter. Die **Beschlusskompetenz** nach § 16 Abs. 4 WEG gilt nur für den Einzelfall. Ein Beschluss, der versuchen würde, auf der Basis dieser Vorschrift generell für die Zukunft zu regeln, wie die Kosten der Instandhaltung oder Instandsetzung zu verteilen sind, wäre nichtig. Insoweit führt die WEG Novelle die vom BGH

---

1 *Hügel/Elzer*, Das neue WEG-Recht, § 5 Rz. 78.
2 BGH Beschl. v. 23. 8. 2001 – V ZB 10/01, NJW 2001, 3339.
3 Hans. OLG Hamburg, Beschl. v. 10. 1. 1989 – 2 W 25/88, OLGZ 1989, 164.
4 BGH, Beschl. v. 20. 9. 2000 – V ZB 58/99, BGHZ 145, 158 = NJW 2000, 3500 = ZMR 2000, 771 = ZWE 2000, 518.

entwickelte Denkweise fort. Es wird in den Bereich der Ordnungsmäßigkeit erhoben, wenn mit einer bestimmten qualifizierten Mehrheit die **Kostenverteilung im Einzelfall** verändert wird.

V. Veränderungen bei der Kostenverteilung

Es entspricht einem generellen **Gerechtigkeitsbedürfnis** der Eigentümer, anfallende Kosten der Instandhaltung und Instandsetzung von Teilen des gemeinschaftlichen Eigentums dem zuzuweisen, der die Kosten überwiegend verursacht oder das Ergebnis nutzt. Die bisherige strenge Vorgabe in § 16 Abs. 2 WEG hat Abweichungen von dem Grundsatz der Kostenverteilung nach Miteigentumsanteilen nur zugelassen, wenn diese vereinbart waren. Der Gesetzgeber wollte den Eigentümern mit der Novelle **größere Flexibilität** zugestehen. Sie können nach § 16 Abs. 4 WEG im Einzelfall für Maßnahmen der Instandhaltung oder Instandsetzung und für bauliche Veränderungen durch einen doppelt qualifizierten Mehrheitsbeschluss die Kostenverteilung abweichend von § 16 Abs. 2 und Abs. 6 WEG regeln. Der Beschluss entspricht dann ordnungsmäßiger Verwaltung, wenn der neue, von der gesetzlichen Vorgabe oder von einer Vereinbarung abweichende Maßstab dem **Gebrauch** oder der **Möglichkeit des Gebrauchs** durch die Eigentümer Rechnung trägt. Zugleich sollte durch eine doppelte Hürde in Form besonderer Mehrheiten sichergestellt werden, dass die Abweichungen von den gesetzlichen Kostenverteilungsvorgaben nicht so leicht unterlaufen werden. 132

1. Anwendungsbereich

Die Möglichkeit einer besonderen Kostenverteilung durch **qualifizierte Mehrheit** eröffnet sich nur für Maßnahmen der Instandhaltung und Instandsetzung, für bauliche Veränderungen oder Aufwendungen im Sinne von § 22 Abs. 1 und 2 WEG. 133

Dauerhafte Veränderungen in diesem Anwendungsbereich bedürfen der **Vereinbarung**. Sie können nicht mehrheitlich, auch nicht durch einen qualifizierten Mehrheitsbeschluss geregelt werden. Derartige Beschlüsse wären nichtig. Der Wortlaut des § 16 Abs. 4 WEG lässt **wiederkehrende neue Einzelfallregelungen** durch entsprechend qualifizierte Mehrheitsbeschlüsse zu. Ob hieraus ein **Missbrauch** entstehen kann, bleibt abzuwarten und ist ggf. von den Gerichten zu entscheiden. 134

Die Befugnisse der Eigentümer die Verteilung der Betriebs- und Verwaltungskosten durch einfachen Mehrheitsbeschluss und im Einzelfall die Verteilung der Kosten für die Instandhaltung oder Instandsetzung oder für bauliche Veränderungen durch einen qualifizierten Mehrheitsbeschluss neu zu regeln, können durch eine Vereinbarung der Eigentümer **weder eingeschränkt noch ausgeschlossen** werden. 135

Daraus ergibt sich, dass bereits bestehende, vereinbarte und von der gesetzlichen Vorgabe in § 16 Abs. 2 WEG abweichende Kostenverteilungsregelungen **keinen Hinderungsgrund** darstellen, von § 16 Abs. 3 und Abs. 4 WEG Gebrauch zu machen.

Dagegen ist die erleichterte Veränderung eines Kostenverteilungsschlüssels nach dem Wortlaut des Gesetzes denkbar.

2. Maßstab

136 Jeder Beschluss der Eigentümer unterliegt der gesetzlichen Vorgabe, dass er den **Grundsätzen ordnungsmäßiger Verwaltung** entspricht. Diese Voraussetzungen sind erfüllt, wenn bei einer Regelung im Einzelfall nach § 16 Abs. 4 WEG der abweichende Maßstab dem Gebrauch oder der Möglichkeit des Gebrauchs durch die Eigentümer Rechnung trägt. Der von den Eigentümern ausgewählte neue Kostenverteilungsschlüssel **darf nicht beliebig** ausgewählt werden. Ziel der Regelung ist eine gerechte Kostenverteilung und der Schutz des Eigentums gemäß Art. 14 Abs. 1 GG.

137 Soweit die Eigentümer den neuen Kostenverteilungsschlüssel am Gebrauch oder an der Möglichkeit des Gebrauchs orientieren, haben sie bei der Festlegung der Einzelheiten einen **Ermessensspielraum**. Eine Pauschalierung ist ebenso möglich wie eine ins Detail gehende Kostenabstufung. Traditionelle rechtlich fehlerhafte Kostenzuweisungen können legitimiert werden.

3. Voraussetzungen

138 Die **doppelt qualifizierte Mehrheit** nach § 16 Abs. 4 WEG erfordert besondere Mehrheiten in zwei Richtungen:

(1) Die Stimmen von **drei Viertel aller stimmberechtigten Eigentümer** gemäß § 25 Abs. 2 WEG. Es sind nicht nur die in der Versammlung anwesenden Eigentümer zu berücksichtigen. Die erforderliche Mehrheit von drei Viertel errechnet sich aus allen Eigentümern. Das Gesetz gibt auch vor, mit welcher Stimmkraft jeder Eigentümer ausgestattet ist. Er hat eine Stimme, unabhängig davon, wie viele Sondereigentumseinheiten ihm gehören. Ist ein Eigentümer gemäß § 25 Abs. 5 WEG oder nach vereinbarten Vorgaben nicht stimmberechtigt, darf er bei der Beschlussfassung nicht berücksichtigt werden. Dadurch kann sich ein zusätzliches Erschwernis ergeben, die erforderliche Mehrheit zu erreichen.

(2) Die zustimmenden Eigentümer müssen **mehr als die Hälfte aller Miteigentumsanteile** haben. Dadurch wird verhindert, dass ein Eigentümer, dem der größere Teil des gemeinschaftlichen Eigentum zusteht, durch ei-

nige wenige Eigentümer zur Kostentragungspflicht verpflichtet werden kann. Beispiel: Hält der Bauträger von zwölf Einheiten noch neun, könnte er wegen des Kopfteilprinzips – ohne Erfordernis einer bestimmten Anzahl der Miteigentumsanteile – von den übrigen drei Eigentümern zu einer Kostentragung verpflichtet werden.

4. Risiken und Gefahren

a) Fehler und deren Folgen

Die Gefahr, dass bei der Abstimmung zum doppelt qualifizierten Mehrheitsbeschluss formale **Fehler** gemacht werden, ist groß. Nach gerichtlicher Anfechtung führt ein solcher Fehler zur Aufhebung des Beschlusses, wenn er sich als **kausal** für das Abstimmungsergebnis erweist. Sind nicht drei Viertel aller Stimmen für den Beschluss abgegeben worden oder wurden von den zustimmenden Eigentümern nur die Hälfte der Miteigentumsanteile oder weniger gehalten, sind die gesetzlichen Voraussetzungen nicht erfüllt. Ein Beschluss hätte nicht als zu Stande gekommen verkündet werden dürfen. Er entspricht nicht den Grundsätzen ordnungsmäßiger Verwaltung. Der Mangel ist dann kausal für das Ergebnis. 139

Dies bietet **Chancen** für den Eigentümer, der anfechten will. Zugleich entstehen **Risiken** für die Eigentümer, die auf das verkündete Abstimmungsergebnis vertrauen und für den Verwalter, dem die Kosten einer Anfechtungsklage nach § 49 Abs. 2 WEG auferlegt werden können, wenn der Fehler ein grobes Verschulden darstellt. Deswegen muss sich der Verwalter **vorbereiten**, wenn er als Versammlungsleiter eine solche Abstimmung organisiert. Er muss wissen: 140

– Wie viele Stimmen sind erforderlich?
– Wie viele Eigentümer sind persönlich oder durch Vollmacht anwesend?
– Welcher Eigentümer ist vom Stimmrecht ausgeschlossen?
– Wieviele Miteigentumsanteile hat ein Eigentümer, der an der Abstimmung teilnimmt oder eine Vollmacht erteilt hat?
– Es muss eine namentliche oder durch Stimmzettel entsprechend vorbereitete Abstimmung erfolgen, damit eindeutig die Anzahl der Stimmen und die Höhe der Miteigentumsanteile erfasst werden.

Um später einem Vorwurf der falschen Auswertung zu entgehen und Beweis führen zu können, sollte der Versammlungsleiter die notierten **Zählergebnisse** zumindest solange **aufbewahren**, bis die gesetzliche Frist von einem Monat gemäß § 46 WEG für eine Anfechtungsklage abgelaufen ist.

b) Zweitbeschlussproblematik

141 Grundsätzlich können die Eigentümer einen Beschluss durch einen neuen Mehrheitsbeschluss verändern. Diese Möglichkeit entfällt, wenn infolge der Durchführung des Beschlusses **Vertrauen** auf die Fortgeltung des Beschlusses entstanden ist und durch Eigentümer entsprechende Dispositionen getroffen wurden. Von großem Interesse ist, ob diese von der Rechtsprechung entwickelten Vorgaben zur Zulässigkeit eines Zweitbeschlusses auch bei der **Änderung der Kostenverteilung** Anwendung finden.

Denkbar wäre, dass ein Eigentümer auf der Basis des beschlossenen neuen Kostenverteilungsschlüssels das Sondereigentum vermietet hat. Konnte auch mit dem Mieter diese Art der Kostenverteilung und Kostenübernahme vereinbart werden, ist es dem vermietenden Eigentümer weitgehend möglich, die Abrechnung der Gemeinschaft für die **Abrechnung mit dem Mieter** zu verwenden. Der Abrechnungsaufwand ist für den vermietenden Eigentümer erheblich vermindert. Voraussichtlich wird sich der vermietende Eigentümer in Zukunft auf **kein besonderes Vertrauen** berufen können, weil die **Flexibilität gesetzlich verankert** wurde und jeder Eigentümer damit rechnen muss, dass sich die beschlossenen Vorgaben wieder ändern werden.

c) Qualifizierte Mehrheit – keine Voraussetzung der Beschlusskompetenz

142 Kommt die vom Gesetz geforderte doppelte qualifizierte Mehrheit nicht zu Stande und wird dennoch vom Versammlungsleiter ein Mehrheitsbeschluss verkündet, wird dieser **bestandskräftig**, wenn keine Anfechtungsklage erhoben wird[1]. Die fehlende Qualifikation ist ein Fehler auf dem Weg zum Beschluss. Der Beschluss entspricht nicht ordnungsmäßiger Verwaltung. Er ist deswegen anfechtbar aber nicht nichtig[2], weil die Beschlusskompetenz gesetzlich geschaffen wurde. Nach einer **Anfechtungsklage** wird ein solcher Beschluss für ungültig zu erklären sein.

d) Besonderheit – Kostenzuweisung bei baulicher Veränderung

143 Bei einer baulichen Veränderung ergibt sich durch eine Beschlussfassung nach § 16 Abs. 4 WEG eine **neue Gestaltungsmöglichkeit** für die Eigentümer. Bisher galt die Regelung, dass ein Eigentümer die Kosten einer baulichen Veränderung nur dann zu übernehmen hatte, wenn er der Maßnahme zugestimmt hat. Die Regelung des früheren § 16 Abs. 3 WEG (a. F.) wurde in § 16 Abs. 6 Satz 1 WEG übernommen. Allerdings wurde der Zusatz angefügt, dass diese Regelung nicht angewendet wird,

---

1 *Hügel/Elzer*, Das neue WEG-Recht, § 5 Rz. 78.
2 A. A. *Elzer* in Riecke/Schmid, WEG, 2. Aufl., § 16 Rz. 110.

wenn die Eigentümer eine **individuelle Kostenregelung** nach § 16 Abs. 4 WEG herbeigeführt haben. Wiederum eine Folge der gegenüber der gesetzlichen Regelung veränderten Kostenzuweisung ist dann, dass der zahlende Eigentümer auch berechtigt ist, die Maßnahme zu nutzen.

e) Zuweisung von Folgekosten

Unklar ist noch, ob über § 16 Abs. 4 WEG auch **Folgekosten** geregelt werden dürfen. Diese Frage ist von ganz erheblicher praktischer Bedeutung. Wird einem Eigentümer eine bauliche Veränderung ermöglicht, sollen ihm regelmäßig die Kosten der Maßnahme wie auch die Folgekosten zugewiesen werden. 144

Eine Kostenzuweisung für die Errichtung kann problemlos über § 16 Abs. 4 WEG erfolgen. Hinsichtlich der Folgekosten vertritt Häublein[1] die Auffassung, dass diese über einen doppelt qualifizierten Mehrheitsbeschluss nach § 16 Abs. 4 WEG erfasst werden können. Schmidt[2] geht von der Nichtigkeit eines derartigen Beschlusses aus und sieht die Gefahr, dass in Folge einer **Teilnichtigkeit** nach § 139 BGB auch andere Teile des Beschlusses zu Fall gebracht werden.

Von Vorteil wäre, wenn die Rechtsprechung auch die Folgekosten in den Regelungsbereich des § 16 Absatz 4 WEG einbezieht. Nur dann kann mit der erforderlichen **Rechtssicherheit** einzelnen Eigentümern die Möglichkeit gegeben werden, bauliche Veränderungen durchzuführen, verbunden mit der gleichzeitigen **dauerhafte Verpflichtung**, dafür auch die Kosten tragen zu müssen.

Ansonsten bleibt den Eigentümern nur die Möglichkeit, die bei Durchführung einer Maßnahme anfallenden Kosten individuell zuzuweisen und bei späteren/künftigen Einzelmaßnahmen an diesem Bauteil individuelle **Kostenzuweisungen** nach § 16 Abs. 4 WEG **im Bedarfsfall** vorzunehmen.

Eine Beschlussfassung könnte unter Beachtung der unterschiedlichen Rechtsauffassung lauten: 145

Dem Eigentümer der Erdgeschosswohnung Nr. 4 wird gestattet, im östlichen Bereich seiner Terrasse einen Windfang, glasklar, maximal 2,1m hoch und 1,3m breit zu errichten. Die Kosten der Anschaffung, Erstellung und des laufenden Unterhalts und alle Folgekosten gehen zu Lasten des Berechtigten. Sollte die Kostenzuweisung ganz oder teilweise unwirksam sein, gilt die Maßnahme dennoch als genehmigt. Die Eigentümer behalten sich im Einzelfall Kostenregelungen nach § 16 Abs. 4 WEG vor.

---

1 NZM 2007, 752 (760).
2 ZMR 2007, 913 (915).

VI. Ansprüche des Wohnungseigentümers

146 Eigentümer investieren beim Kauf des Sondereigentums Geld und haben deshalb **Interesse** am Bestand und dauerhaften **Erhalt des Wertes** der Anlage. Insoweit unterscheidet sich das Denken des Eigentümers grundsätzlich von dem eines Mieters, der nur am ordnungsgemäßen Zustand eines Gebäudeteils zum vertragsgemäßen Gebrauch während des Mietvertrages interessiert sein kann.

1. Anspruch auf Instandhaltung und Instandsetzung

147 Es gibt **unterschiedliche Interessen** und Motivationen für Ansprüche auf Instandhaltung und Instandsetzung.

Wer in absehbarer Zeit verkaufen will, den interessiert eine vorzeigbare Optik des Gebäudes und der Anlage, die Interessenten anspricht und einen guten Preis für das Sondereigentum erwarten lässt.

Wer dauerhaft in der Anlage lebt, den interessieren vielleicht mehr zweckmäßige Einrichtungen, die oft kaum zu sehen sind, aber die subjektiv empfundene Lebensqualität verbessern, wie z. B. Waschmaschinen- und Wäschetrocknerraum, gut ausgeleuchtete Flure, Kellerräume und Tiefgarage, Aufzug, Kabelfernsehen oder Parabolantenne, schnelle Internetanschlüsse.

Aus den unterschiedlichen Bedürfnissen der Eigentümer kommen deshalb verschiedene, teilweise sogar gegensätzlich Vorstellungen und Forderungen auf die Miteigentümer und auf den Verwalter zu.

a) Anspruch auf Instandhaltung und Instandsetzung durch die Gemeinschaft

148 Jeder Wohnungseigentümer kann gemäß § 21 Abs. 4 WEG eine ordnungsmäßige Verwaltung des gemeinschaftlichen Eigentums verlangen. Dazu gehört insbesondere die ordnungsmäßige Instandhaltung und Instandsetzung des gemeinschaftlichen Eigentums nach § 21 Abs. 5 Nr. 2 WEG. Diese obliegt den Wohnungseigentümern gemeinschaftlich, § 21 Abs. 1 WEG. Zum gemeinschaftlichen Eigentum gehören nach § 5 Abs. 2 WEG die Teile des Gebäudes, die für dessen **Bestand oder Sicherheit** erforderlich sind, wie etwa der Abdichtungsanschluss zwischen Dachterrasse und Gebäude [1].

149 § 21 WEG trägt die Überschrift: *Verwaltung durch die Wohnungseigentümer.* Bereits daraus und aus § 21 Abs. 1 WEG ist erkennbar, dass jeder

---

1 BayObLG, Beschl. v. 27. 4.2000 – 2 Z BR 7/00, BayObLGR 2000, 65 = NZM 2000, 867 = NJW-RR 2001, 305 = ZWE 2001, 31.

Eigentümer einen **Anspruch auf Mitwirkung** gegen die Gemeinschaft hat; er kann auf die erforderlichen Maßnahmen für eine ordnungsgemäße Verwaltung Einfluss nehmen. Denn grundsätzlich steht die Verwaltung des gemeinschaftlichen Eigentums den Eigentümern gemeinschaftlich zu.

Die Mitwirkungshandlung wird regelmäßig darin bestehen, dass ein entsprechender Mehrheitsbeschluss für eine Maßnahme herbeigeführt wird. Aus § 21 WEG kann **keine Pflicht** gegen einen einzelnen Eigentümer abgeleitet werden, an einer Beschlussfassung persönlich teilzunehmen. Davon zu unterscheiden ist das von der Rechtsprechung geforderte Gebot, an Maßnahmen zur Herstellung ordnungsmäßiger Verwaltung mitzuwirken[1]. 150

Wenn sich die Gemeinschaft als Mehrheit weigert, überhaupt einen erforderlichen Beschluss für eine Maßnahme herbeizuführen, kann die Maßnahme als **Leistungsanspruch vor dem Wohnungseigentumsgericht** gemäß § 43 Nr. 1 WEG gerichtlich geltend gemacht und gegebenenfalls durchgesetzt werden. Wenn eine Abstimmung durchgeführt und die Maßnahme mehrheitlich abgelehnt wird (**Negativbeschluss**), kann der Beschluss durch eine **Anfechtungsklage** nach § 43 Nr. 4 und § 46 Abs. 1 WEG einer gerichtlichen Überprüfung zugeführt und zugleich die **angestrebte Maßnahme** verlangt werden. 151

Das Gesetz hat den Bestand der Wohn- oder Teileigentumsanlage in § 11 WEG unter besonderen Schutz gestellt. Daraus erwächst eine **Wiederherstellungspflicht** für die Eigentümer, wenn Schäden entstanden sind. In diesem Fall kann jeder Eigentümer von der Gemeinschaft die Zustimmung zu einem Eigentümerbeschluss über die Beseitigung der Schäden und deren Ursachen am Gemeinschaftseigentum und der Aufteilung der entstehenden Kosten nach dem geltenden Schlüssel verlangen, wenn nicht die Instandhaltung und Instandsetzung des betroffenen Gemeinschaftseigentums durch Vereinbarung ganz oder teilweise einem einzelnen Wohnungseigentümer auferlegt wurde[2]. 152

Nur ausnahmsweise entfällt ein Anspruch auf Beseitigung des Schadens. Eine **weit gehende Zerstörung** wesentlicher Gebäudeteile kann zum **Wegfall der Instandsetzungspflicht** führen, § 22 Abs. 4 WEG. 153

Eine Tiefgarage ist bei einer Wohnungseigentumsanlage z. B. nur Nebenraum. Deren überwiegende Zerstörung allein, wenn das Wohngebäude nicht vom Schaden betroffen ist, lässt die Wiederherstellungspflicht nicht entfallen. Dies gilt auch dann, wenn das Garagengebäude von der

---

1 BGH, Beschl. v. 2. 6. 2005 – V ZB 32/05, ZMR 2005, 547.
2 BayObLG, Beschl. v. 23. 5.2001 – 2 Z BR 99/00, BayObLGR 2001, 83 = ZMR 2001, 832 = ZWE 2001, 366.

Wohnanlage getrennt steht. Der Zerstörungsgrad bemisst sich nach dem gemeinsamen Wert[1].

154 Streitanfällig sind bei Fragen der laufenden Instandhaltung, von wem und was ggf. wiederkehrend getan werden muss, um den geschuldeten Zustand zu erhalten oder zu verbessern.

Sicherheitsdenken spielt dabei eine wesentliche Rolle, da Bestand und Sicherheit am Bauwerk und am Grundstück gemäß § 5 Abs. 2 WEG immer Belange des gemeinschaftlichen Eigentums sind[2].

155 **Gefahrenquellen** auf dem Grundstück oder solche, die von außen den Bewohnern drohen, müssen, soweit nötig und möglich, erfasst und beherrschbar gemacht werden. Dazu kann gehören, dass von den Wohnungseigentümern zu dem an der Grundstücksgrenze auf dem Nachbargrundstück verlaufenden **Bach** ein solcher Zaun errichtet wird, der **kleine Kinder** daran hindert, diesen ohne weiteres zu überwinden[3].

156 Bei einer Zufahrtstraße zu der Wohnanlage besteht aber dann kein Anspruch auf Errichtung eines Zauns, wenn die von der **Straße** für Kinder ausgehenden Gefahren nicht das Maß an Gefahren übersteigen, denen **Kinder** unvermeidbar durch die Teilnahme am Straßenverkehr ausgesetzt sind[4].

157 Vorkehrungen am Bauwerk selbst, wie der Einbau von **Rückstausicherungen**[5], Fragen der **Statik** bei Umbaumaßnahmen oder Dachgeschossausbauten[6], unterfallen diesem Anspruch auf Sicherheit.

158 Wenn die Gemeinschaft die Instandhaltungspflicht hat, ist sie auch verpflichtet, eine **Überprüfung auf die Notwendigkeit der Instandhaltung und Instandsetzung** durchzuführen. Durch Mehrheitsbeschluss soll diese Überprüfungspflicht zusammen mit den dadurch entstehenden Kosten **auf einzelne Miteigentümer übertragbar** sein[7].

---

1 Schleswig-Holsteinisches OLG, Beschl. v. 6. 8. 1997 – 2 W 89/97, OLGReport Schleswig 1997, 346 = FGPrax 1997, 219 = NJW-RR 1998, 15 = WuM 1997, 697.
2 BGH, Urt. v. 25. 1. 2001 – VII ZR 193/99, NZM 2001, 435 = BauR 2001, 798 = NJW-RR 2001, 800.
3 BayObLG, Beschl. v. 17. 2. 2000 – 2 Z BR 180/99, BayObLGZ 2000, 43 = ZMR 2000, 394 = NJW-RR 2000, 968 = ZWE 2000, 350.
4 BayObLG, Beschl. v. 17. 2. 2000 – 2 Z BR 180/99, BayObLGZ 2000, 43 = ZMR 2000, 394 = NJW-RR 2000, 968 = ZWE 2000, 350.
5 OLG Köln, Beschl. v. 19. 12. 1997 – 16 Wx 293/97, WuM 1998, 308 = WE 1998, 313 = Wohnungseigentümer 1998, 166.
6 BayObLG, Beschl. v. 8. 7. 1997 – 2 Z BR 70/97, BayObLGR 1997, 82 = WuM 1997, 526 = WE 1998, 120.
7 KG, Beschl. v. 15. 11. 2000 – 24 W 6514/99, KGR Berlin 2001, 195 = WuM 2001, 298 = ZWE 2001, 331.

Die Überprüfung von Teilen des gemeinschaftlichen Eigentums zur Feststellung, ob Handlungsbedarf besteht, erzeugt Kosten, die nach dem in der Gemeinschaft geltenden **Verteilungsschlüssel** zuzuordnen sind. Wenn durch einen Mehrheitsbeschluss gemeinschaftliche Kosten nur auf einen Teil der Miteigentümer übertragen werden, ist ein solcher Mehrheitsbeschluss dann **nichtig, wenn er das Ziel verfolgt, diese Regelung dauerhaft einzuführen**. Sie greift dann verändernd in das Rechtsverhältnis der Eigentümer untereinander ein und bedarf zu seiner Wirksamkeit einer Vereinbarung.

Ein solcher Beschluss kann aber dann **bestandskräftig** werden, falls er nur eine Überprüfung für einen **Einzelfall** durch bestimmte Miteigentümer auf deren Kosten festlegt. Wird dieser Beschluss mit doppelt qualifizierter Mehrheit nach § 16 Abs. 4 WEG herbeigeführt, kann er ordnungsmäßiger Verwaltung entsprechen. Wird die erforderliche Qualifizierung bei der Beschlussfassung verfehlt und der Beschluss dennoch verkündet, kann der Beschluss bestandskräftig werden, weil § 16 Abs. 4 WEG eine **gesetzliche Beschlusskompetenz** enthält. Nach Anfechtungsklage gemäß § 46 Abs. 1 WEG ist ein solcher Beschluss allerdings für ungültig zu klären.

Nach **Feuchtigkeitsschäden** kann jeder Wohnungseigentümer von den anderen Wohnungseigentümern die Zustimmung zu einem Eigentümerbeschluss über die Beseitigung der Feuchtigkeitsschäden sowie deren Ursachen am Gemeinschaftseigentum und der Aufteilung der entstehenden Kosten nach dem geltenden Schlüssel verlangen, sofern nicht die Instandhaltung und Instandsetzung des betroffenen Gemeinschaftseigentums durch Vereinbarung ganz oder teilweise einem einzelnen Wohnungseigentümer auferlegt wurde. 159

Weiter kann jeder Eigentümer die Zustimmung im Wege der Beschlussfassung von den anderen Eigentümern verlangen, dass der Verwalter einen **Sachverständigen** mit der Feststellung der Ursachen und der Darstellung der Reparaturmaßnahmen und Kostenermittlung beauftragt[1].

Bei **Reparaturen am Altbau** schuldet die Gemeinschaft nur ein schrittweises Vorgehen bei der Sanierung nach Prüfung durch einen Sachverständigen[2]. 160

Wenn eine **konkrete Einbruchsgefahr** besteht, kann einem Wohnungseigentümer gegen die Gemeinschaft der Anspruch zustehen, dass er auf eigene Kosten und bis zur Schaffung anderweitiger Sicherungsmaßnah- 161

---

1 BayObLG, Beschl. v. 23. 5. 2001 – 2 Z BR 99/00, BayObLGR 2001, 83 = ZMR 2001, 832 = Wohnungseigentümer 2001, 112 = ZWE 2001, 366.
2 KG, Beschl. v. 24. 1. 2001 – 24 U 340/00, KGR Berlin 2001, 173 = ZMR 2001, 657 = NZM 2001, 759 = ZWE 2001, 613.

men bisher nicht vorhandene Einbruchssicherungen vor den Fenstern seiner Wohnung anbringen darf[1].

162 Die **Bauwerksabdichtung** gehört zum gemeinschaftlichen Eigentum. So auch der Abdichtungsanschluss zwischen Dachterrasse und Gebäude. Selbst wenn ein Käufer vor dem Erwerb den Mangel erkennt, entfällt damit der Anspruch gegen die Gemeinschaft nicht[2]. Erhält der Käufer vom Verkäufer für den Mangel am gemeinschaftlichen Eigentum einen (erheblichen) Nachlass, betrifft dies nur die rechtlichen Beziehungen aus dem Kaufvertrag. Das Rechtsverhältnis zur Gemeinschaft wird dadurch nicht berührt. Darin liegt eine besondere Gefahr für Verkäufer und Bauträger, möglicherweise doppelt in Anspruch genommen zu werden.

163 Bei erheblicher **Abweichung vom Stand der Technik**, z.B. Geräuschentwicklung einer Heizungsanlage, besteht dann ein Anspruch der Miteigentümer auf entsprechende modernisierende Instandsetzung, wenn nicht Amortisationsgesichtspunkte entgegenstehen[3].

164 Die **erstmalige Herstellung** eines ordnungsmäßigen Zustands entsprechend den Plänen kann ausnahmsweise dann nicht verlangt werden, wenn dies den übrigen Eigentümern unter Berücksichtigung aller Umstände nach Treu und Glauben nicht zumutbar ist[4]. Allein der rechnerische Vergleich von Aufwand und finanziellem Nutzen reicht nicht aus. Erst wenn der Aufwand den Nutzen deutlich übersteigt, ist die Durchsetzung eines grundsätzlich gegebenen Anspruchs auf erstmalige Herstellung **rechtsmissbräuchlich**[5].

165 Der Anspruch auf Instandhaltung und Instandsetzung und auf erstmalige Herstellung des ordnungsgemäßen Zustandes kann verjährt oder **verwirkt** sein[6], wenn über lange Zeit bestimmte Umstände eine Vertrauenshaltung geschaffen haben, dass die Eigentümer die Maßnahmen nicht durchführen müssen. Allein die Tatsache, dass über einen Zeitraum von zwölf Jahren Instandhaltungsmaßnahmen nicht eingefordert wurden, reicht dafür noch nicht aus[7].

---

1 KG, Beschl. v. 17. 7.2000 – 24 W 2406/00, KGR Berlin 2001, 3 = ZMR 2000, 58 = NZM 2001, 341 = ZfIR 2001, 303 = ZWE 2000, 534.
2 BayObLG, Beschl. v. 27. 4. 2000 – 2 Z BR 7/00, BayObLGR 2000, 65 = NZM 2000, 867 = NJW-RR 2001, 305 = ZWE 2001, 31.
3 Schleswig-Holsteinisches OLG, Beschl. v. 21. 12. 1998 – 2 W 100/98, WuM 1999, 180 = FGPrax 1999, 51 = ZfIR 1999, 378.
4 BayObLG, Beschl. v. 18. 1. 2001 – 2 Z BR 65/00, ZMR 2001, 469 = Wohnungseigentümer 2001, 110.
5 BayObLG, Beschl. v. 18. 9. 2002 – 2 Z BR 39/02, ZMR 2002, 954 = WuM 2002, 620 = ZfIR 2003, 25.
6 OLG Karlsruhe, Beschl. v. 17. 2. 2006 – 11 Wx 72/05 (juris).
7 BayObLG, Beschl. v. 22. 4.1999 – 2 Z BR 27/99, NZM 1999, 849 = Wohnungseigentümer 1999, 126.

166 Gibt es Trittschallübertragungen im Treppenhaus und beschließen die Eigentümer dennoch, von der Beseitigung der Mängel abzusehen, geht der **Anspruch auf erstmalige Herstellung** des ordnungsmäßigen Zustands verloren, wenn der Mehrheitsbeschluss bestandskräftig wird[1].

167 Um den Anspruch auf Mitwirkung bei der erstmaligen Herstellung eines ordnungsmäßigen Zustands gerichtlich geltend machen zu können, bedarf es der **vorherigen Befassung der Eigentümerversammlung**. Dies kann nur dann unterbleiben, wenn der Wohnungseigentümer mit großer Wahrscheinlichkeit keine Mehrheit in der Versammlung finden wird[2].

168 Den Anspruch auf Beseitigung einer Beeinträchtigung des gemeinschaftlichen Eigentums gegen einen Miteigentümer kann der einzelne Wohnungseigentümer **ohne Ermächtigung**[3] durch die Wohnungseigentümergemeinschaft geltend machen[4].

169 Auch sollen einzelne Miteigentümer **ohne entsprechenden Gemeinschaftsbeschluss** zur Verfolgung von Ansprüchen nach § 1004 BGB aus Instandhaltungs- und/oder Veränderungsmaßnahmen am Gemeinschaftseigentum gegen die Verwaltung berechtigt sein[5].

170 Die **Auswahl des Anspruchsgegners** orientiert sich an dem Ziel, das ein Eigentümer verfolgt. Der **Anspruch auf Abstimmung bzw. Zustimmung** in der Eigentümerversammlung durch Mehrheitsbeschluss richtet sich gegen die übrigen Eigentümer. Es handelt sich dann gegebenenfalls um einen Streit nach § 43 Nr. 1 WEG. Dabei sind die Rechte und Pflichten der Wohnungseigentümer untereinander zu klären.

Der **Anspruch auf Instandhaltung oder Instandsetzung** selbst richtet sich gegen den Verband. Dieser nimmt gemäß § 10 Abs. 6 Satz 3 WEG die gemeinschaftsbezogenen Pflichten der Wohnungseigentümer wahr.

Im Zweifel wird der Eigentümer versuchen, seinen Anspruch gegen den Verband zu richten. Setzt er sich gerichtlich durch und wird der Verband verpflichtet, eine Maßnahme durchzuführen, wird damit die sonst vorzuschaltende Beschlussfassung der Eigentümer ersetzt. Voraussetzungen

---

1 BayObLG, Beschl. v. 25. 11. 1998 – 2 Z BR 98/98, NZM 1999, 262 = ZMR 1999, 267 = WE 1999, 159.
2 BayObLG, Beschl. v. 18. 1. 2001 – 2 Z BR 65/00, ZMR 2001, 469 = Wohnungseigentümer 2001, 110.
3 BGH, Beschl. v. 11. 12. 1992 – V ZR 118/91, BGHZ 121, 22 = NJW 1993, 727 = WuM 1993, 143 = ZMR 1993, 173.
4 BGH, Beschl. v. 19. 12. 1991 – V ZB 27/90, BGHZ 116, 392 = NJW 1992, 978 = ZMR 1992, 167.
5 Schleswig-Holsteinisches OLG, Beschl. v. 5. 1. 1998 – 2 W 109/97, SchlHA 1998, 161 = WuM 1998, 308 = ZfIR 1998, 425.

für ein Vorgehen gegen den Verband ist, dass ergebnislos versucht wurde, die Eigentümer zu einer entsprechenden Beschlussfassung zu bewegen[1].

b) Anspruch auf Instandhaltung und Instandsetzung durch den Verwalter

171 Während § 21 WEG die Eigentümer verpflichtet, die nötigen Entscheidungen zur Instandhaltung und Instandsetzung des gemeinschaftlichen Eigentums zu treffen, veranlasst der Verwalter gemäß § 27 Abs. 1 Nr. 2 und Abs. 3 Satz 1 Nr. 3 WEG die für die ordnungsgemäße Instandhaltung und Instandsetzung des gemeinschaftlichen Eigentums erforderlichen Maßnahmen.

Aufgaben des Verwalters gemäß § 27 Abs. 1 Nr. 2 und Abs. 3 Satz 1 Nr. 3 WEG sind[2]:

- Den Handlungsbedarf, die Handlungsmöglichkeiten und den Kostenbedarf zu ermitteln.
- Die Eigentümer zu informieren.
- Den Eigentümern die Möglichkeit zu bieten, eine Entscheidung durch einen Mehrheitsbeschluss in einer Versammlung gemäß § 23 Abs. 1 WEG oder durch eine schriftliche Beschlussfassung gemäß § 23 Abs. 3 WEG herbeizuführen.
- Die Durchführung der beschlossenen und hinreichend genau beschriebenen Maßnahmen.
- Verpflichtung des Verbandes im Außenverhältnis.
- Zahlung der entstandenen Verbindlichkeit des Verbands und Abnahme der Leistung als dessen gesetzlicher Vertreter.
- Verhinderung einer Verpflichtung der einzelnen Eigentümer zur anteiligen Haftung für die entstehende Verbindlichkeit nach § 10 Abs. 8 WEG.

Der **Inhalt einer Beschlussfassung** sollte die Fragen klären,

- ob die Gemeinschaft überhaupt handeln will,
- welche der vorgeschlagenen Maßnahmen ergriffen werden sollen,
- welche Firma eingeschaltet werden soll,
- wann die Maßnahme durchgeführt werden soll,

---

1 BayObLG, Beschl. v. 18. 1. 2001 – 2 Z BR 65/00, ZMR 2001, 469 = Wohnungseigentümer 2001, 110.
2 BayObLG, Beschl. v. 2. 6. 1999 – 2 Z BR 40/99, BayObLGR 1999, 57 = ZMR 1999, 654 = NZM 1999, 840.

– wer die Aufträge erteilt, überwacht und abnimmt,

– wie die Maßnahme finanziert wird,

– ob der Verwalter bei einer Anfechtungsklage mit dem Vollzug des Beschlusses bis zur rechtskräftigen gerichtlichen Entscheidung warten soll oder der Beschluss durchgeführt wird, vorbehaltlich einer anderen Anordnung durch das Gericht.

Weil der Verwalter nicht den Erfolg schuldet, hat er die Entscheidung der Eigentümer hinzunehmen, wenn diese durch **Beschluss** entscheiden, dass kein **Handlungsbedarf besteht**. Wegen § 27 Abs. 1 Nr. 2 schuldet der Verwalter im Innenverhältnis den Eigentümern, das gemeinschaftliche Eigentum regelmäßig darauf zu kontrollieren, ob Maßnahmen erforderlich sind. Siehe dazu Rz. 50. 172

Auch der **Umgang mit Gewährleistungsrechten** und deren Fristen gehört zum Aufgabenbereich des Verwalters nach § 27 Abs. 1 Nr. 2 WEG. Der Verwalter ist dann verpflichtet, eine sachgerechte Entscheidung der Wohnungseigentümer zur Mängelbeseitigung durch Hinwirken auf eine Klärung der Mängelursache vorzubereiten und anzuregen[1]. Der Verwalter muss sich selbst dann organisatorisch um die Beseitigung von Baumängeln kümmern, wenn die Abnahme des Gemeinschaftseigentums auf den Verwaltungsbeirat übertragen wurde[2]. 173

Zur Instandhaltung des gemeinschaftlichen Eigentums gehören auch die pflegenden, erhaltenden und vorsorgenden Maßnahmen, die der Erhaltung des ursprünglichen Zustands dienen. Bei Instandsetzungsmaßnahmen ist der erforderliche Umfang notfalls durch Sachverständige festzustellen. Schwerer ist dies für vorbeugende Pflegemaßnahmen und erst recht für regelmäßige Wartungsarbeiten, soweit nicht gesetzliche Bestimmungen bestehen, wie etwa für Heizungsanlagen. Ob ein entsprechender **Wartungsvertrag** abgeschlossen wird, haben die Wohnungseigentümer und nicht der Verwalter zu entscheiden. Letzterer hat jedoch die Wohnungseigentümer auf die Möglichkeit und gegebenenfalls die Notwendigkeit eines solchen Wartungsvertrags hinzuweisen[3]. 174

c) Die Vorgaben der Energieeinsparverordnung (EnEV)

Die Energieeinsparverordnung (EnEV) bringt für Eigentümer und Verwalter Informations- und Handlungsbedarf. 175

---

1 OLG Düsseldorf, Beschl. v. 29. 9. 2006 – I-3 Wx 281/05, NJW 2007, 161 = ZMR 2007, 56 = NZM 2007, 137 = ZWE 2007, 92.
2 LG Düsseldorf, Beschl. v. 13. 12. 2000 – 19 T 442/00, ZWE 2001, 501.
3 BayObLG, Beschl. v. 2. 6. 1999 – 2 Z BR 40/99, BayObLGR 1999, 57 = ZMR 1999, 654 = NZM 1999, 84.

Die Verordnung ist zunächst am 1. Februar 2002 in Kraft getreten. Sie hat die Wärmeschutzverordnung (WSchV) und die Heizungsanlagenverordnung (HeizAnlV) abgelöst. Grundlage der Energieeinsparverordnung war das Energieeinsparungsgesetz (EnEG). Bereits 2004 folgte eine Neufassung. Zur Umsetzung der EU-Richtlinie über die Gesamtenergieeffizienz von Gebäuden war eine weitere Novelle der EnEV erforderlich, die ab dem 1. Oktober 2007 gültig ist[1].

176 Die Verordnung gilt für

– Gebäude mit normalen Innentemperaturen (Gebäude, die nach ihrem Verwendungszweck auf eine Innentemperatur von 19 Grad Celsius und jährlich mehr als vier Monate beheizt werden, sowie Wohngebäude, die ganz oder deutlich überwiegend zum Wohnen genutzt werden),

– Gebäude mit niedrigen Innentemperaturen (Gebäude, die nach ihrem Verwendungszweck auf eine Innentemperatur von mehr als 12 Grad Celsius und weniger als 19 Grad Celsius und jährlich mehr als vier Monate beheizt werden) einschließlich ihrer Heizungs-, raumlufttechnischen und zur Trinkwarmwasserbereitung dienenden Anlagen.

Unterscheidungen, inwieweit bestimmte Anforderungen nur für Neubauten, nur für bestehende Gebäude oder für beides gelten sollen, werden im einzelnen in den entsprechenden Abschnitten und bei den jeweiligen Regelungen gemacht.

177 In der neuen Fassung von 2007 wurden viele Regelungen der bisherigen Verordnung unverändert übernommen oder nur in einigen Details verändert. Dies betrifft insbesondere die Anforderungen an Wohngebäude und das Verfahren zur Bewertung der energetischen Qualität von Wohngebäuden. Aber auch die Anforderungen an Heizkessel sowie die Nachrüstverpflichtungen bleiben unverändert bestehen.

Folgende Bereiche der neuen Verordnung wurden stark verändert oder sind neu hinzugekommen:

– Anforderungen an Nichtwohngebäude

– Verfahren zur energetischen Bewertung von Nichtwohngebäuden

– Berücksichtigung alternativer Energieversorgungssysteme

– Berücksichtigung des sommerlichen Wärmeschutzes

– Energetische Inspektion von Klimaanlagen

– Energieausweise für bestehende Gebäude

---

1 *Schneiderhan*, Sonderbroschüre, *Deckert* – Die Eigentumswohnung, ETW Oktober 2007, 59–84.

Die Verpflichtung zur Nachrüstung bei Anlagen und Gebäuden regelt § 10 EnEV. Die Vorschrift entspricht dem früheren § 9. Die speziellen Nachrüstungsverpflichtungen, die schon bisher vorgegeben waren, gelten weiter. Dies betrifft insbesondere die Dämmung von Leitungen, heizungstechnische Anlagen und die Dämmung von zugänglichen, obersten Geschossdecken beheizter Räume. Die Verpflichtung trifft alle Eigentümer von Gebäuden und Anlagen. Eine Ausnahme besteht nach § 10 Abs. 2 in Verbindung mit § 30 Abs. 4 bei Wohngebäuden mit nicht mehr als zwei Wohnungen, von denen der Eigentümer eine Wohnung am 1. 2. 02 selbst bewohnt hat. Für den Fall eines Eigentümerwechsels sind Übergangsvorschriften zu beachten, die den Erbauer eines Eigenheims noch schonen, nicht jedoch den späteren Erwerber.

178

Ein **Energieausweis** ist zwingend für das Gebäude auszustellen

179

– bei Neuerrichtung oder erheblichen baulichen Veränderungen,

– bei Verkauf oder Vermietung/Verpachtung.

Für Wohngebäude Baujahr bis einschließlich 1965 oder älter muss einem möglichen Käufer/Mieter der Energieausweis ab dem 1. 7. 2008 zur Verfügung stehen. Für später errichtete Wohngebäude ab dem 1. 1. 2009. Der Energieausweis bezieht sich jeweils auf das gesamte Gebäude, nicht auf das Einzelsondereigentum innerhalb eines Mehrfamilienhauses.

Jeder einzelne Sondereigentümern muss dann in der Lage sein, seinem Vertragspartner den Ausweis zugänglich zu machen. Er muss sich den Ausweis gegebenenfalls beim Verwalter einer Eigentumswohnanlage (in Kopie) beschaffen. Er ist allerdings nicht verpflichtet, den Ausweis von sich aus vorzulegen. Auf Verlangen hat dies jedoch unverzüglich zu geschehen. Bereits der „potenzielle Käufer" hat einen Anspruch auf Einsicht. Gemeint sind Personen, die ernsthaft den Erwerb oder die Anmietung planen. Dabei dürfte es genügen, wenn sich dieser nach vorheriger Absprache zu einem konkreten Besichtigungstermin einfindet. Ein Anspruch auf Aushändigung einer Kopie besteht nicht.

180

Die Verordnung ermöglicht grundsätzlich die **Wahl** zwischen zwei Arten eines Ausweises. Der Energieausweise auf der Grundlage des **Energiebedarfs** oder des **Energieverbrauchs**. Eine Ausnahme gibt es für Gebäude, die weniger als fünf Wohnungen haben und für die der Bauantrag vor dem 1. 11. 1977 gestellt worden ist. Diese haben ab 1. 10. 2008 keine Wahlmöglichkeit mehr. Danach muss der Energieausweis auf der Grundlage des Energiebedarfs ausgestellt werden.

181

Für einen Ausweis auf der Basis des Energieverbrauchs wird ein Energieverbrauchskennwert ermittelt. Hierbei werden die Heizkosten von mindestens drei vorausgegangenen Kalenderjahren ausgewertet. Dabei sind Leerstände und Witterungsbesonderheiten einzubeziehen. Es handelt

182

sich um eine Methode, mit vergleichsweise geringem finanziellen Aufwand die gesetzlichen Anforderungen zu erfüllen. Der Verwalter sollte vor der Beschlussfassung der Eigentümer zur Frage, welcher Ausweis bestellt werden soll, darüber aufklären, dass die Ermittlung eines Energieverbrauchskennwertes relativ wenig Aussagekraft über die energetische Qualität des Gebäudes bringt. Er kann auch nur bedingt als Grundlage von Modernisierungsplanungen herangezogen werden.

183 Der Ausweis auf der Basis des Energiebedarfs wird nach einer ingenieurmäßigen Berechnung des Energiebedarfs für das gesamte Gebäude erstellt. Für Neubauten kommt nur diese Methode in Betracht, weil entsprechende Verbrauchsdaten früherer Jahre fehlen. Insbesondere dann, wenn Modernisierungsmaßnahmen zur Energieeinsparung geplant sind, sollte eine derartige Wärmebedarfsberechnung erfolgen.

184 **Klimaanlagen** mit einer Nennleistung von mehr als 12 Kilowatt bedürfen einer energetischen Inspektion. Je älter eine solche Anlage ist, je schneller muss geprüft werden. Die Verordnung gibt eine Abstufung vor. Anlagen, die am 1. 10. 2007 über 20 Jahre alt sind, müssen spätestens 1. 10. 2009 geprüft werden.

185 Die Grundsätze ordnungsmäßiger Verwaltung erfordern die Einhaltung der EnEV-Vorgaben. Deswegen sind die Eigentümer nach § 21 Abs. 4 WEG gefordert, die erforderlichen Maßnahmen als solche der Instandhaltung und Instandsetzung zu beschließen. § 21 Abs. 5 Nr. 2 WEG. Zugleich ist der Verwalter gefordert, der die Eigentümer nach § 27 Abs. 1 Nr. 2 WEG anhalten und anleiten muss, den erkennbaren Handlungsbedarf zu erledigen. Weil es sich hier um spezielle technische Vorschriften handelt, die der kaufmännisch ausgebildete Verwalter selten ausreichend beherrscht, sollte der Verwalter einen Eigentümerbeschluss vorbereiten und herbeiführen, dass er beauftragt und ermächtigt wird, einen Fachmann einzuschalten, der die Wohnanlage auf die Erfordernisse der EnEV untersucht und den Eigentümern Empfehlungen erarbeitet.

186 Soweit sich Handlungsbedarf für die Gemeinschaft ergibt, die nach den Vorgaben der EnEV abgearbeitet werden müssen, gehen die erforderlichen Maßnahmen nicht über die Instandhaltung und Instandsetzung hinaus. Gemäß § 22 Abs. 1 WEG handelt es sich um keine bauliche Veränderungen. Es sind Maßnahmen ordnungsmäßiger Verwaltung, die mit einfachem Mehrheitsbeschluss geregelt werden können. Wird ein solcher Beschluss von den Eigentümern verweigert, kann jeder einzelne Eigentümer diesen Negativbeschluss nach § 46 Abs. 1 WEG gerichtlich anfechten und verlangen, dass die Maßnahme durchgeführt wird. Werden zusammen mit den nach der EnEV unbedingt erforderlichen Maßnahmen auch andere Veränderungen beschlossen, die nicht zwingend erforderlich sind, bedarf es insoweit der Zustimmung der nachteilig betroffenen Eigentümer nach § 22 Abs. 1 WEG oder eines doppelt qualifizierten

Mehrheitsbeschlusses nach § 22 Abs. 2 WEG. Letzteres geht nur, wenn eine Modernisierung oder Anpassung an Stand der Technik vorliegt, die an Stelle der Zustimmung gemäß Abs. 1 mit einer besonderen Mehrheit geregelt werden dürfen.

Bestimmte **Pflichtverstöße** wurden als Ordnungswidrigkeit qualifiziert und können mit einem Bußgeld bis zu 15 000 Euro belegt werden. Als Verantwortlicher nach der Verordnung wird der „Bauherr" bezeichnet. Der Verwalter wird nicht ausdrücklich genannt. Betroffener einer Ordnungswidrigkeit kann somit der Sondereigentümer sein, wenn er einen Energieausweis nicht oder nicht rechtzeitig zugänglich macht. 187

Will sich der Verwalter von einer Haftung freihalten, muss er den Eigentümern die Möglichkeit verschaffen, die vorbereitenden Beschlüsse herbeizuführen. Werden diese von den Eigentümern zum Beispiel aus Kostengründen verweigert, sollte der Verwalter noch auf die Gefahr des Bußgeldes hinweisen. Er wird jedoch nicht als verpflichtet anzusehen sein, einen Negativbeschluss der Eigentümer selbst gerichtlich anzufechten, um die Eigentümer zu einem ordnungsgemäßen Verhalten zu zwingen. Würde dem Verwalter eine solche Pflicht auferlegt, gerät er mit seiner Neutralitätspflicht in eine Interessenkollision. Es bleibt vielmehr die Eigenverantwortung jedes einzelnen Eigentümers, die Verweigerungshaltung der Mehrheit gegebenenfalls durch eine Anfechtungsklage zu überwinden. 188

Der Handlungsbedarf nach den Vorgaben der EnEV ist für die Eigentümer wie auch für den Verwalter schwierig einzuschätzen. Der Rat eines Fachmannes ist nötig. Weil damit Kosten verursacht werden, bedarf der Verwalter eines Auftrags durch die Eigentümer. In der Einladung für die Eigentümerversammlung wäre ein Tagesordnungspunkt vorzusehen: 189

– Beschlussfassung zur Prüfung des Handlungsbedarfs der Gemeinschaft nach den Vorgaben der Energieeinsparverordnung (EnEV).

Vor der Versammlung holt der Verwalter Informationen darüber ein, 190

– welche Personen als Fachleute in Betracht kommen,
– welche Kosten bei einer Beauftragung voraussichtlich anfallen werden,
– ob und welche Mitwirkungspflichten die Fachleute bei den Ermittlungen von den Eigentümern/Bewohnern erwarten.

Die anfallenden Kosten werden von allen Eigentümern anteilig in dem Verhältnis getragen, wie sich in dieser Gemeinschaft die Kosten für Maßnahmen der Instandhaltung und Instandsetzung verteilen. Auch darüber sollten die Eigentümer bereits vor der Beschlussfassung informiert werden. 191

192 Der **Beschlussvorschlag** in der Versammlung könnte lauten:

> ... Die Eigentümer beschließen die Beauftragung von (... Fachmann), um
> - den Handlungsbedarf der Gemeinschaft nach den Vorgaben der EnEV 2007 festzustellen,
> - notwendige Maßnahmen aufzulisten,
> - eine Kostenprognose für die Maßnahmen zu erstellen,
> - die Zeitvorgaben zur Erledigung nach der EnEV mitzuteilen.
>
> Die Kosten der Beauftragung werden aus der Rücklage bezahlt.
>
> Der Verwalter hat den Eigentümern über das Ergebnis unverzüglich zu berichten und die weitere Vorgehensweise beschließen zu lassen ...!

2. Anspruch auf Schadensersatz

193 Instandhaltung und Instandsetzung des gemeinschaftlichen Eigentums beinhaltet die Pflicht, Handlungsbedarf festzustellen und zu beseitigen. Eigentümer schulden sich dies gegenseitig nach § 21 Abs. 4 und Abs. 5 Nr. 2 WEG. Der **Verwalter** schuldet dies den Eigentümern nach § 27 Abs. 1 Nr. 2 WEG. **Dritte** können vertraglich hinzugezogen worden sein. Ersatzansprüche können deshalb **innerhalb der Gemeinschaft** (Eigentümer gegen einen einzelnen Miteigentümer oder gegen den Verband) aber auch aus einem **Rechtsverhältnis der Gemeinschaft zum Verwalter oder zu Dritten** entstehen. Sie resultieren regelmäßig aus der schuldhaften **Verletzung einer konkreten Verpflichtung**. Gegen Miteigentümer und den Verband kann sich eine Handlungs- oder Unterlassungspflicht aus einem Mehrheitsbeschluss, der Teilungserklärung mit Gemeinschaftsordnung, dem Wohnungseigentumsgesetz oder aus allgemeinen gesetzlichen Vorgaben ableiten. Gegen Dritte in der Regel aus der Verletzung vertraglich übernommener Pflichten. Bei Ersatzansprüchen sind solche **nach Verschulden** von denen **ohne Verschulden** und die aus Leistungsstörungen von denen nach Deliktsrecht zu unterscheiden, weil die **Anspruchsvoraussetzungen** unterschiedlich sind.

a) Grundsätze der Haftung

194 § 280 BGB erlaubt es, nahezu jeden Leistungsanspruch nach Fälligkeit durch **Fristsetzung** in einen Schadensersatzanspruch umzuwandeln. Eine Ausnahme macht § 281 Abs. 1 Satz 2 BGB; nach einer bereits erbrachten Teilleistung kann Schadensersatz nur verlangt werden, wenn an der Teilleistung kein Interesse mehr vorhanden ist. Eine Ablehnungsandrohung ist nicht erforderlich. Sobald der Schuldner eine Leistung ernsthaft und

endgültig verweigert hat oder wenn eine Leistung nicht mehr nachgeholt werden kann, ist gemäß § 281 Abs. 2 BGB eine Fristsetzung entbehrlich. Nach § 284 BGB kann an Stelle des Schadensersatzes **Ersatz der Aufwendungen** verlangt werden, die im Vertrauen auf die Vertragserfüllung getätigt wurden, im Ergebnis aber unnötig waren. Zu erwägen ist im Einzelfall auch der im Verhältnis der Wohnungseigentümer untereinander anwendbare, ebenfalls verschuldens-unabhängige, nachbarrechtliche Ausgleichsanspruch[1] aus § 906 Abs. 2 Satz 2 BGB analog[2]. Auch kommen Ersatzansprüche nach **Deliktrecht** gemäß §§ 823 ff. in Betracht.

§ 14 Nr. 4 WEG schafft einen **Sonderanspruch** auf speziellen Schadensersatz ohne Verschulden, wenn zur Sanierung von gemeinschaftlichem Eigentum Sondereigentum beschädigt werden muss. Damit wird ein Ausgleich zu der zugleich geschaffenen Duldungspflicht des Eigentümers (**Aufopferung** des Sondereigentums) für solche Maßnahmen hergestellt. 195

Gemeinschaftsbezogene Ansprüche gehören den Eigentümern, werden aber nach § 10 Abs. 6 Satz 2 und 3 WEG gegen den Verband geltend gemacht oder vom Verband verfolgt. Versäumt es der Verband oder weigert er sich, einen Anspruch durchzusetzen, fällt dieses Ausübungsrecht nicht dem einzelnen Eigentümer zu[3]. Dieser kann einen Ersatzanspruch **nicht ersatzweise** selbst geltend machen. Er muss den Verband außergerichtlich und gerichtlich in Anspruch nehmen und ggf. gerichtlich erzwingen, dass der Verband die Rechte wahrnimmt. Denkbar ist allerdings, dass der Verband einen Eigentümer ermächtigt, die Ansprüche im eigenen Namen geltend zu machen. 196

b) Eigentumsrechtliche Zuordnung des Ersatzanspruchs

Der Schadensersatzanspruch ist im Ergebnis als „**zweites Verwaltungsvermögen**" anzusammeln und darf nicht mit dem übrigen Verwaltungsvermögen der Gemeinschaft, das nach § 10 Abs. 7 WEG dem Verband gehört, vermengt werden. Die Unterscheidung ist erforderlich, weil der Schadensersatzanspruch den Eigentümern gehört und nur vom Verband geltend gemacht wird[4]. Die Einvernahme solcher Gelder durch den Verband kann vereinbart aber nicht beschlossen werden. 197

Die Bildung eines derartigen **Sondervermögens** ist zwar vom Gesetz nicht ausdrücklich vorgesehen und passt auch nicht in das gängige Ab- 198

---
1 OLG Stuttgart, Urteil v. 27. 10. 2005 – 7 U 135/05, OLGReport Stuttgart 2006, 216 = VersR 2006, 539 = ZWE 2006, 149 = ZMR 2006, 391 = NJW 2006, 1744.
2 OLG München, Beschl. v. 13. 8. 2007 – 34 Wx 144/06, OLGReport München 2007, 829 = MDR 2007, 1305 = FGPrax 2007, 260.
3 *Hügel* in Hügel/Elzer, Das neue WEG-Recht, § 3 Rz. 168.
4 *Elzer* in Riecke/Schmid, WEG, 2. Aufl., § 10 Rz. 418.

rechnungsschema nach § 28 WEG. Fraglich ist, ob solche Ansprüche oder Gelder überhaupt in die **Verantwortlichkeit des Verwalters** (von gemeinschaftlichem Eigentum) gehören. Geht man davon aus, muss der Verwalter in der **Jahresabrechnung** solche Ersatzansprüche als anteilige Forderung oder auf dieser Grundlage eingebrachte Gelder anteilig als Guthaben der Eigentümer ausweisen. Forderungen sind nach derzeitigem Verständnis einer ordnungsgemäßen Abrechnung nicht aufzunehmen. Werden gezahlte Ersatzansprüche anteilig ausgewiesen, entstehen Guthaben für die Eigentümer, die ausgezahlt oder mit Nachforderungen aus der Jahresabrechnung verrechnet werden[1].

Auswirkungen: Der Schaden bleibt danach bei der Gemeinschaft, der Schadensersatz geht an die Eigentümer. Diese sind verpflichtet, durch Beschlussfassung über die erforderlichen Maßnahmen der Instandhaltung und Instandsetzung Schäden am gemeinschaftlichen Eigentum zu beseitigen und die dafür notwendigen Geldmittel bereitzustellen. Auf diesem Weg könnten die ausgezahlten Gelder/Guthaben wieder an die Gemeinschaft zurückfließen, soweit sie vorher beim Eigentümer nicht verbraucht wurden.

Nach einer Beschlussfassung über eine Sonderumlage zur Mangelbeseitigung wird eine Forderung des Verbands gegen die Eigentümer begründet. Ist zuvor eine Ersatzleistung ohne Rechtsgrund an den Verband gelangt, kann der Verband den Auszahlungsanspruch eines Eigentümers mit der Forderung aus der Sonderumlage **verrechnen**. Die auf diesem Umweg eingenommenen Gelder gehören nach § 10 Abs. 7 WEG zum Verwaltungsvermögen.

c) Ansprüche gegen Nichteigentümer

199 Das örtliche **Wohnungseigentumsgericht** nach § 43 WEG ist für die Entscheidung über Ansprüche aus dem Gemeinschaftsverhältnis **zuständig**, die gegen einen oder von einem Wohnungseigentümer geltend gemacht werden, der bereits vor Rechtshängigkeit der Wohnungseigentumssache **aus der Wohnungseigentümergemeinschaft ausgeschieden** ist. Der BGH hat seine diesbezügliche andere Auffassung[2] ausdrücklich aufgegeben[3]. Die frühere, klare Abgrenzung, dass die Zuständigkeit des Wohnungseigentumsgerichts nur gegeben ist, wenn die Parteien im Grundbuch eingetragene Eigentümer oder zumindest durch eine Vormerkung gesichert sind, gilt nicht mehr.

---

1 *Elzer* in Riecke/Schmid, WEG, 2. Aufl., § 10 Rz. 465 ff.
2 BGH, Beschl. v. 24. 11. 1988 – V ZB 11/88, BGHZ 106, 34 = NJW 1989, 714 = Rpfleger 1989, 100.
3 BGH, Beschl. v. 26. 9. 2002 – V ZB 24/02, BGHZ 152, 136 = ZMR 2002, 941 = NJW 2002, 3709.

Die Zuständigkeit des Wohnungseigentumsgerichts nach § 43 WEG 200
kann sich auch auf den **Bauträger** erstrecken. Hat er alle Wohnungen verkauft und ist deswegen nicht mehr Eigentümer, können dort gegen ihn **Ansprüche aus dem (früheren) Gemeinschaftsverhältnis** geltend gemacht werden. Macht deswegen der Bauträger Ansprüche gegen den Verband geltend, richtet sich die Zuständigkeit gemäß § 43 Nr. 1 WEG und § 23 Nr. 2c GVG nicht nach der Höhe des Streitwerts. § 43 WEG ist nicht einschlägig, wenn Ansprüche eines Eigentümers aus dem **Bauträgervertrag** durchgesetzt werden sollen.

Nur der Verband hat die Befugnis Schadensersatzansprüche wegen Beein- 201
trächtigung des Gemeinschaftseigentums zu verfolgen. Der Anspruch kann sich gegen Miteigentümer richten oder gegen Dritte. Als Anspruchsgegner kommen Nichteigentümer in Betracht, wie Nachbarn, Handwerker, Lieferanten, Mieter, Besucher, der Verwalter des gemeinschaftlichen Eigentums oder eines Sondereigentums. Ohne einen entsprechenden **Ermächtigungsbeschluss** der Wohnungseigentümergemeinschaft ist der einzelne Wohnungseigentümer nicht befugt, Ansprüche der Gemeinschaft gegenüber einem Dritten geltend zu machen[1]. Dies ergibt sich inzwischen unmittelbar aus § 10 Abs. 6 Satz 2 und 3 WEG. Nur der Verband übt die gemeinschaftsbezogenen Rechte aus. Der den Verband vertretende Verwalter bedarf zur Durchsetzung gemeinschaftlicher Ansprüche einer Ermächtigung nach § 27 Abs. 3 Satz 1 Nr. 7 WEG.

d) Ansprüche gegen Miteigentümer

aa) Nach Verschulden der Gemeinschaft

Jeder Eigentümer ist berechtigt, Schadensersatzansprüche wegen **Verlet-** 202
zung der Rechte an seinem Sondereigentum allein geltend zu machen. Einer Ermächtigung der Wohnungseigentümergemeinschaft bedarf es hierfür nicht[2].

Ersatzansprüche wegen Schäden am Sondereigentum gegen die übrigen 203
Wohnungseigentümer können dann geltend gemacht werden, wenn die Wohnungseigentümer es **unterlassen** haben, rechtzeitig Schäden am Gemeinschaftseigentum zu beseitigen und dies ursächlich zu Schäden am Sondereigentum geführt hat, die bei rechtzeitiger Beseitigung nicht entstanden wären. Nach § 21 Abs. 1 und Abs. 5 Nr. 2 WEG gehört zur ordnungsgemäßen Instandhaltung und Instandsetzung des gemeinschaftlichen Eigentums auch eine die Instandsetzung ermöglichende **Beschlussfassung innerhalb angemessener Zeit**.

---
1 LG Berlin, Urt. v. 3. 5. 2001 – 31 O 57/01, ZMR 2002, 159.
2 BGH, Beschl. v. 22. 4.1999 – V ZB 28/98, BGHZ 141, 224 = NZM 1999, 562 = NJW 1999, 2108 = ZMR 1999, 647.

204 Schadensersatzpflichtig können Eigentümer sein, die eine Beschlussfassung zur Instandsetzung des Gemeinschaftseigentums unterlassen oder verzögert haben oder an einer Mängelbeseitigung nicht oder erst nach schuldhaften Verzögerungen mitwirken, z. B. ihr nicht zustimmen[1]. Eine Verzögerung kann auch eintreten, wenn Eigentümer die geschuldeten **Beiträge** für Mängelbeseitigungskosten nicht leisten.

205 Erhebt ein Wohnungseigentümer gegen Beschlüsse der Eigentümerversammlung über die Vorbereitung und Durchführung von Sanierungsmaßnahmen am gemeinschaftlichen Eigentum keine Anfechtungsklage, kann er später keinen Schadensersatz wegen **Mietausfall** verlangen und behaupten, die Eigentümer hätten ihre Pflichten zur ordnungsmäßigen Verwaltung nicht oder nur verzögert genügt[2].

206 Eine Beschlussfassung, nach dem Auftreten von Mängeln zunächst einen **Sachverständigen einzuschalten**, um Ursache und Handlungsbedarf festzustellen, entspricht ordnungsmäßiger Verwaltung und beinhaltet **keine Pflichtverletzung**, wenn kein dringlicher Handlungsbedarf besteht. Auch kann im Einzelfall ein **Abwarten** zunächst sachgerecht sein, um festzustellen, ob sich **Mauerwerksrisse** erweitern oder stabilisieren[3]. Dort wurde auch entschieden, dass die Gemeinschaft für einen **Minderverkaufserlös** wegen einer zunächst zurückgestellten Instandsetzung gegenüber dem verkaufenden Wohnungseigentümer nicht einzustehen hat.

207 Die Pflicht der Wohnungseigentümer, zur ordnungsmäßigen Instandsetzung zusammenzuwirken, beschränkt sich nicht auf eine die Instandsetzung ermöglichende **Beschlussfassung**, sondern schließt die **tatsächlichen Maßnahmen** unter Heranziehung von **Fachkräften** ein, die eine ordnungsmäßige Bewirtschaftung des gemeinschaftlichen Eigentums erfordert[4].

208 Die **Eigentümer können nach Verschuldensgrundsätzen haften**, wenn sie nicht **rechtzeitig** durch Beschlussfassung und Forderungseinzug für eine **Instandhaltungsrücklage** sorgen und die notwendige Mängelbeseitigung veranlassen[5], obwohl sie durch Sachverständigengutachten darüber unterrichtet war, dass Wohnungseigentümer durch **Feuchtigkeitsschäden** infolge Undichtigkeit der Außenwand in der Nutzung des Sondereigen-

---

1 OLG München, Beschl. v. 13. 8. 2007 – 34 Wx 144/06, OLGReport München 2007, 829 = MDR 2007, 1305 = FGPrax 2007, 260.
2 OLG Hamm, Beschl. v. 11. 1. 2005 – 15 W 402/04, OLGReport Hamm 2005, 462 = ZMR 2005, 808 = Wohnungseigentümer 2006, 64.
3 KG, Urt. v. 24. 1. 2001 – 24 U 340/00, KGR Berlin 2001, 173 = ZMR 2001, 657 = NZM 2001, 759 = ZWE 2001, 613.
4 BGH, Beschl. v. 22. 4.1999 – V ZB 28/98, BGHZ 141, 224 = NZM 1999, 562 = NJW 1999, 2108 = ZMR 1999, 647.
5 BayObLG, Beschl. v. 21. 5. 1992 – 2 Z BR 6/92, BayObLGZ 1992, 146 = ZMR 1992, 352 = WuM 1992, 389 = NJW-RR 1992, 1102.

tums beeinträchtigt werden. **Anhaltspunkte** für eine schuldhafte Verzögerung können sich aus dem Versammlungsprotokoll und dem Sachverständigengutachten ergeben[1].

Der Verband ist zur Instandsetzung des gemeinschaftlichen Eigentums als einer Maßnahme der ordnungsmäßigen Verwaltung verpflichtet. Die Eigentümer müssen die dafür nötigen Beschlüsse fassen. Diese Pflicht besteht jedem einzelnen Eigentümer gegenüber, der ihre Erfüllung verlangen kann und dem bei einer Verletzung der Verpflichtung **Schadensersatzansprüche** zustehen. Zur Erfüllung dieser Verpflichtung bedienen sich die Wohnungseigentümer in aller Regel einer Fachfirma, die mit den notwendigen Instandsetzungsarbeiten beauftragt wird. Damit sind die Voraussetzungen des § 278 BGB erfüllt. Der Verband und nicht die Eigentümer **haftet für eine eingeschaltete Fachfirma**; deren Handeln ist über § 278 BGB zurechenbar[2].

209

Vom **Verschulden der Gemeinschaft** ist das **Verschulden eines Miteigentümers** zu unterscheiden, wenn der Eigentümer nach den Vorgaben in der Gemeinschaftsordnung Instandhaltungspflichten an Teilen des gemeinschaftlichen Eigentums zu erfüllen hat. Wird Sondereigentum oder Gemeinschaftseigentum, dessen Instandhaltung einem Sondereigentümer obliegt, infolge **mangelhafter Instandhaltung des Gemeinschaftseigentums** beschädigt, **haften die übrigen Wohnungseigentümer** dem Geschädigten nur für ein Eigenverschulden, etwa Organisationsmängel, unterlassene Mängelanzeigen oder fehlende Mitwirkung bei der Schadensbeseitigung[3]. Im Allgemeinen genügt der Handlungspflichtige seiner Sorgfaltspflicht, wenn er zuverlässige Fachkräfte mit Instandhaltungsarbeiten betraut und diese ausreichend überprüft. Die **Haftung eines Miteigentümers** setzt immer individuelles Verschulden voraus, wenn nicht etwas anderes unter den Eigentümern vereinbart wurde.

210

Ansprüche auf Schadensersatz gegen einen Miteigentümer können sich ergeben, wenn dieser ihm zugewiesene **Verkehrssicherungspflichten** schuldhaft nicht erfüllt hat. Fraglich ist, ob einen Miteigentümer auch die Haftung treffen kann, wenn sich der Verband hinsichtlich der Verkehrssicherungspflichten nicht ausreichend organisiert. Zwar fällt grundsätzlich die Wahrung der Verkehrssicherungspflicht in den Verantwortungsbereich des Verbandes[4]. Es darf jedoch nicht unbeachtet bleiben, dass eine originäre Verkehrssicherungspflicht jeden Grundstücks-

211

---

1 Hans. OLG Hamburg, Beschl. v. 21. 3. 2000 – 2 Wx 56/96, ZMR 2000, 480.
2 BayObLG, Beschl. v. 21. 5. 1992 – 2 Z BR 6/92, BayObLGZ 1992, 146 = ZMR 1992, 352 = WuM 1992, 389 = NJW-RR 1992, 1102.
3 OLG Düsseldorf, Beschl. v. 12. 12. 1994 – 3 Wx 619/94, WuM 1995, 230 = ZMR 1995, 177 = NJW-RR 1995, 587.
4 OLG München, Beschl. v. 24. 10. 2005 – 34 Wx 82/05, OLGReport München 2006, 37 = NZM 2006, 110 = FGPrax 2006, 14 = ZWE 2006, 41 = ZMR 2006, 226.

eigentümer trifft. Dies sind nach § 1 Abs. 5 WEG die Eigentümer als Bruchteilsberechtigte. Es wird deswegen teilweise die Auffassung vertreten, es bestehe eine **gemeinsame Verkehrssicherungspflicht** der Wohnungseigentümer und des Verbandes nebeneinander[1].

212 Entspricht es den Grundsätzen ordnungsmäßiger Verwaltung nach § 21 Abs. 4 WEG einen **Beschluss** herbeizuführen und **verweigern** dies die Eigentümer pflichtwidrig, kann hieraus ein Schaden entstehen. Eine Maßnahme kann dann nicht durchgeführt oder eine Rechnung nicht bezahlt werden. Hieraus kann ein **Ersatzanspruch des Verbandes** gegen die Eigentümer entstehen. Es liegt dann eine Pflichtverletzung aus dem Gemeinschaftsverhältnis vor. Rechtsgrundlage für den Schadensersatzanspruch, der sich gegen die (störenden) Eigentümer richtet, ist dann § 280 Abs. 1 BGB[2]. Dass ein solcher Anspruch grundsätzlich möglich ist, ergibt sich aus § 10 Abs. 8 Satz 4 WEG, wonach sich die Haftung eines Eigentümers wegen nicht ordnungsmäßiger Verwaltung auch gegenüber dem Verband an seinem Miteigentumsanteil orientiert.

bb) Nach Verschulden des Verwalters

213 Eine schuldhafte **Pflichtverletzung durch den Verwalter** führt ggf. zu dessen **Haftung gegenüber dem Geschädigten**. Eine Ersatzhaftung der Eigentümergemeinschaft kann nicht angenommen werden, da es an einer Zurechnungsnorm für das Verschulden des Verwalters im Innenverhältnis der Wohnungseigentümer fehlt[3].

214 Erleidet ein Eigentümer einen Schaden an seinem Sondereigentum, so haften die übrigen Mitglieder der Gemeinschaft grundsätzlich nicht für ein den Schaden verursachendes Versäumnis des Verwalters[4]. Dieser ist **weder Erfüllungsgehilfe, § 278 BGB, noch Verrichtungsgehilfe, § 831 BGB, der Gemeinschaft**[5]. Beauftragt der Verwalter in Erfüllung seiner Pflicht nach § 27 Abs. 1 Nr. 2 WEG einen **Fachmann**, so ist dessen Verschulden für einen Schaden über § 278 BGB nicht dem Verwalter, sondern ggf. dem Verband als Auftraggeber zuzurechnen[6].

---

1 *Hügel/Elzer*, Das neue WEG-Recht, § 3 Rz. 51.
2 *Elzer* in Riecke/Schmid, WEG, 2. Aufl., § 10 Rz. 511.
3 LG Berlin, Beschl. v. 9. 2. 2001 – 85 T 352/00, ZMR 2001, 669.
4 *Abramenko* in Riecke/Schmid, WEG, § 26 Rz. 54.
5 OLG Düsseldorf, Beschl. v. 8. 2. 1999 – 3 Wx 369/98, OLGReport Düsseldorf 1999, 326 = NZM 1999, 573 = ZMR 1999, 423 = WuM 1999, 355.
6 OLG Düsseldorf, Beschl. v. 29. 6. 1998 – 3 Wx 190/98, OLGReport Düsseldorf 1998, 380 = NZM 1998, 721 = ZfIR 1998, 547 = ZMR 1998, 654.

e) Ansprüche gegen den Verband

Die Eigentümer entscheiden, ob und wie ein Recht ausgeübt wird. Die Ausübung selbst erfolgt im Rahmen des § 10 Abs. 6 Satz 3 WEG durch den Verband. Hat bisher der Verwalter nach § 27 Abs. 1 Nr. 1 WEG nur für die Eigentümer deren Beschlüsse ausgeführt, tut er dies nach dem neuen Wortlaut dieser Vorschrift sowohl für die Eigentümer wie auch für den Verband.

215

Es ist deswegen zu **unterscheiden:** Sind von den Eigentümern die erforderlichen Vorgaben beschlossen worden und fehlt es an der erforderlichen **Durchführung**, kann der Verband ersatzpflichtig werden, wenn **Verzug** vorliegt und hieraus ein Schaden entsteht. In diesen Fällen liegt eine fehlerhafte Pflichterfüllung des Verbandes vor. Neben einer Haftung des Verbandes kommt bei **Verschulden des Verwalters** auch dessen Haftung in Betracht. Die Durchführungspflicht nach § 27 Abs. 1 Nr. 1 WEG schuldet der Verwalter dem Verband und den Eigentümern. Ansprüche gegen den Verwalter aus einer diesbezüglichen Pflichtverletzung können vom Verband und von den Eigentümern geltend gemacht werden.

Weigert sich die Eigentümergemeinschaft einen Beschluss herbeizuführen und entsteht dadurch ein Schaden, ist eine Haftung des Verbandes denkbar, wenn die Eigentümer im Ergebnis zu Unrecht eine Beschlussfassung verweigert haben. Die Gemeinschaft der Wohnungseigentümer hat dann die ihr zugewiesenen gesetzlichen Pflichten, etwa zur Instandhaltung, nicht erfüllt. Denkbar wäre in diesen Fällen nur die verweigernden Eigentümer als ersatzpflichtig anzusehen, weil sie es unterlassen haben, für den Verband die erforderlichen Pflichten zu begründen. Der **Haftungsmaßstab** ergibt sich aus § 10 Abs. 8 Satz 4 WEG.

f) Ansprüche gegen den Verwalter oder den Scheinverwalter

Vom Verwalter kann die **Sorgfalt** verlangt werden, die ein Eigentümer bei der Instandhaltung seiner eigenen Liegenschaft verwenden würde.

216

Es ist mit die Pflicht der Wohnungseigentümer, für die Beseitigung von Mängeln am gemeinschaftlichen Eigentum Sorge zu tragen. Deswegen beschränkt sich die Pflicht des Verwalters darauf, Mängel festzustellen und die Wohnungseigentümer zu informieren. Ist ein Auftrag zur Sanierung von Mängeln am gemeinschaftlichen Eigentum aber erteilt, so gehört die **Betreuung** dieser Arbeiten zum Kreis der vertraglichen Pflichten des Verwalters. Er ist dabei in aller Regel kein Bauleiter. Die Bauüberwachung gehört regelmäßig nicht zu seinen Pflichten. Er steht aber für die Eigentümer und den Verband und nimmt deren Interesse gegenüber den ausführenden Firmen und dem bauleitenden Architekten oder Ingenieur, wenn es ihn gibt, gleichsam **wie ein Bauherr** wahr. Deshalb hat sich der Verwalter so zu verhalten, wie sich ein Eigentümer zu verhalten hätte, wenn er selbst den Auftrag für solche Sanierungsarbeiten erteilt hätte und die „Bauherrenüberwachung" selbst vornehmen würde. Der Verwalter hat also wie ein sonstiger Bauherr im Interesse der Wohnungseigentümer sorgfältig zu prüfen, ob bestimmte Leistungen erbracht und Abschlags- oder Schlusszahlungen gerechtfertigt sind.

217 Dies gilt grundsätzlich auch für den, der ohne als Verwalter der Eigentümergemeinschaft bestellt zu sein (**Scheinverwalter**) tatsächlich Aufgaben der gemeinschaftlichen Verwaltung wahrnimmt, insbesondere über gemeinschaftliche Geldmittel verfügt. Er haftet der Gemeinschaft nach Grundsätzen des **Auftragsrechts**, ohne sich auf eine Haftungsbeschränkung berufen zu können[1]. Es gibt auch keinen allgemeinen Grundsatz des Inhalts, dass bei unentgeltlichen Vertragsverhältnissen der Schuldner nur die in eigenen Angelegenheiten übliche Sorgfalt anzuwenden braucht[2].

218 Das schuldhafte **Fehlverhalten eines Mitarbeiters** der Verwaltung ist der Verwaltung zuzurechnen. Dieser ist Erfüllungsgehilfe des Verwalters[3].

219 In Betracht kommen Haftungsansprüche nach § 280 BGB wie auch Ansprüche nach Deliktrecht, § 823 ff. BGB. Aus § 838 BGB kann der Verwalter neben den Eigentümern als **zum Gebäudeunterhalt Verpflichteter** unmittelbar in Anspruch genommen werden, wenn ihm ein schuldhaftes Versäumnis zur Last fällt[4]. Danach trifft ihn die **Einstandspflicht** für den durch die Ablösung von Teilen des verwalteten Gebäudes verursachten Schaden nach Maßgabe des § 836 BGB. Er muss alle zumutbaren Maßnahmen für die Sicherheit eines Gebäudes treffen, die aus technischer Sicht geboten und geeignet sind, die Gefahr z.B. einer Ablösung von Dachteilen, sei es auch nur bei starkem Sturm, nach Möglichkeit rechtzeitig zu erkennen und ihr zu begegnen; dies gilt umso mehr, je älter das Gebäude und seine Dachkonstruktion ist[5]. Hält ein Gebäudeteil einem sehr starken Sturm nicht stand, so rechtfertigt dies nach der Lebenserfahrung, auf die sich der Anscheinsbeweis gründet, den Schluss, dass das Gebäude oder der Gebäudeteil nicht ordnungsgemäß, d.h. nicht den für den Widerstand gegenüber Witterungseinflüssen gebotenen Anforderungen entsprechend errichtet und/oder unterhalten worden ist. Der Anscheinsbeweis kann in Fällen außerordentlicher Naturereignisse, mit denen erfahrungsgemäß nicht zu rechnen ist, erschüttert werden. Im all-

---

[1] OLG Hamm, Beschl. v. 25.10.2007 – 15 W 180/07, WuM 2008, 46 = NZM 2008, 89 = ZMR 2008, 161 = NJW-RR 2008, 250.
[2] OLG Hamm, Beschl. v. 25.10.2007 – 15 W 180/07, WuM 2008, 46 = NZM 2008, 89 = ZMR 2008, 161 = NJW-RR 2008, 250.
[3] OLG München, Beschl. v. 24.7.2006 – 32 Wx 77/06, 32 Wx 077/06, OLGReport München 2006, 687 = ZMR 2006, 883 = MDR 2007, 81.
[4] OLG Düsseldorf, Beschl. v. 12.12.1994 – 3 Wx 619/94, WuM 1995, 230 = ZMR 1995, 177 = NJW-RR 1995, 587.
[5] BGH, Urt. v. 23.3.1993 – VI ZR 176/92, ZMR 1993, 322 = NJW 1993, 1782.

gemeinen reichen dazu jedoch selbst ungewöhnlich starke Sturmböen der Windstärke 12 bis 13 Beaufort nicht aus[1].

Wenn für die erforderlichen Instandsetzungsmaßnahmen die finanziellen Mittel fehlen und keine Instandhaltungsrücklage vorhanden ist, scheidet eine **Haftung des Verwalters** für **Mietzinsausfälle wegen Unvermietbarkeit** von Sondereigentumseinheiten unter dem Gesichtspunkt einer schuldhaften Verletzung des Verwaltervertrages aus[2]. Kommt er seinen Pflichten auf Instandhaltung und Instandsetzung nur verzögert nach, macht er sich gegenüber jedem einzelnen Wohnungseigentümer ersatzpflichtig, der dadurch einen Schaden im Bereich seines Sondereigentums erleidet, z. B. Mietausfall[3]. 220

Der Verwalter haftet den Wohnungseigentümern auf Schadensersatz nach § 280 BGB, wenn er es schuldhaft unterlässt, die Wohnungseigentümer auf den **drohenden Ablauf von Gewährleistungsfristen** hinzuweisen und ihnen so die Möglichkeit nimmt, eine Entscheidung der Wohnungseigentümerversammlung über das weitere Vorgehen herbeizuführen[4]. Zur Instandsetzung gehört auch die **Behebung von Baumängeln**. Es gehört zum Selbstverwaltungsrecht und zur Pflicht der Wohnungseigentümer, für die Behebung der Baumängel zu sorgen (§ 21 Abs. 1 und 5 Nr. 2 WEG). Deswegen beschränkt sich die Verpflichtung des Verwalters darauf, Baumängel festzustellen, die Wohnungseigentümer darüber zu unterrichten und eine Entscheidung der Wohnungseigentümerversammlung über das weitere Vorgehen herbeizuführen. Für eine Schadensersatzpflicht des Verwalters kommt es auf die Feststellung der Ursächlichkeit einer **konkreten Pflichtverletzung** und nicht auf hypothetische Erwägungen an[5]. 221

Verletzt der Verwalter bei der Durchführung eines Eigentümerbeschlusses gemäß § 27 Abs. 1 Nr. 1 WEG schuldhaft seine Pflichten und erleiden dadurch die Wohnungseigentümer einen Schaden, haftet ihnen der Verwalter wegen **Verletzung des Verwaltervertrages**. Den im Beschluss enthaltenen **Handlungsspielraum** kann der Verwalter aber ausschöpfen, soweit ihm nicht eindeutige Schranken gesetzt wurden. Wird der Verwalter durch Mehrheitsbeschluss beauftragt, wegen erkannter Verkehrssicherungspflicht ein Geländer neben einer kleinen Treppe installieren zu lassen und **verzögert** er über ein halbes Jahr die Ausführung, haftet er 222

---

1 OLG Zweibrücken, Beschl. v. 29. 1. 2002 – 3 W 11/02, OLGReport Zweibrücken 2002, 239 = NJW-RR 2002, 749 = NZM 2002, 570 = ZMR 2002, 783.
2 LG Berlin, Beschl. v. 9. 2. 2001 – 85 T 352/00, ZMR 2001, 669.
3 OLG Köln, Beschl. v. 29. 4. 1996 – 16 Wx 29/96, WuM 1997, 68 = WE 1997, 198 = Wohnungseigentümer 1998, 34.
4 BayObLG, Beschl. v. 1. 2. 2001 – 2 Z BR 122/00, NZM 2001, 388 = NJW-RR 2001, 731 = ZMR 2001, 558 = ZWE 2001, 263.
5 OLG Düsseldorf, Beschl. v. 29. 6. 1998 – 3 Wx 190/98, OLGReport Düsseldorf 1998, 380 = NZM 1998, 721 = ZMR 1998, 654 = WE 1999, 23.

für einen in der Zwischenzeit eingetreten Schaden aus unerlaubter Handlung wegen schuldhafter Verletzung der dem Verwalter obliegenden **Verkehrssicherungspflicht**, weshalb auch Ansprüche auf Schmerzensgeld in Betracht kommen[1].

223 Für **Beratungsfehler** hat der Verwalter einzustehen. Teilt er einem Wohnungseigentümer zu Unrecht mit, eine von diesem beabsichtigte Baumaßnahme bedürfe nicht der Zustimmung der übrigen Wohnungseigentümer, muss er die einem anderen Wohnungseigentümer bei der Abwehr der hierdurch veranlassten Baumaßnahme entstandenen Rechtsverfolgungskosten ersetzen[2]. Maßstab ist dabei die Sorgfalt, die ein durchschnittlicher und gewissenhafter Verwalter unter den Umständen des konkreten Vertragsverhältnisses aufgewandt hätte. Dabei werden die **Verwalterpflichten** so weit gefasst, dass der Verwalter diejenigen Erwägungen anstellen muss, die auch ein Hauseigentümer, der sein Eigentum selbst verwaltet, anstellen würde[3].

224 Wurde dem Verwalter nach der Erläuterung und Genehmigung einer Abrechnung Entlastung erteilt, so bedeutet dies keine endgültige und umfassende Freistellung von allen erdenklichen Verbindlichkeiten. **Die Wirkung der Entlastung des Verwalters**[4] beschränkt sich auf das Verwalterhandeln, das in der Abrechnung seinen Niederschlag gefunden hat und erfasst nur solche Vorgänge, die bei der Beschlussfassung darüber bekannt waren oder bei zumutbarer Sorgfalt erkannt werden konnten. Dabei kommt es auf den Kenntnisstand aller Wohnungseigentümer an[5].

225 Für **Haftungsbeschränkungen im Verwaltervertrag** wird bei **formularmäßigen Verwalterverträgen** nach § 309 Nr. 7 BGB zu beachten sein, dass jeder Haftungsausschluss bei Verletzung von Leben, Körper und Gesundheit[6] sowie bei grobem Verschulden die Regelung unwirksam macht[7]. Es widerspricht ordnungsmäßiger Verwaltung, wenn der **Verwaltungsbeirat** mit dem Verwalter Vereinbarungen über eine Haftungs-

---

1 BayObLG, Beschl. v. 4. 1. 1996 – 2 Z BR 120/95, NJW-RR 1996, 657 = WE 1996, 315.
2 BGH, Beschl. v. 2. 10. 1991 – V ZB 9/91, BGHZ 115, 253 = ZMR 1992, 30 = WM 1991, 2164 = NJW 1992, 182.
3 LG Mönchengladbach, Beschl. v. 29. 9. 2006 – 5 T 51/06, ZMR 2007, 402 = NZM 2007, 416.
4 BGH, Beschl. v. 17. 7. 2003 – V ZB 11/03, BGHZ 156, 19 = NZM 2003, 764 = ZfIR 2003, 823 = ZMR 2003, 750 = NJW 2003, 3124.
5 BayObLG, Beschl. v. 1. 2. 2001 – 2 Z BR 122/00, NZM 2001, 388 = NJW-RR 2001, 731 = ZMR 2001, 558 = ZWE 2001, 263.
6 OLG Düsseldorf, Beschl. v. 30. 5. 2006 – I-3 Wx 51/06, 3 Wx 51/06, ZMR 2006, 870 = ZWE 2006, 396 = NJW 2006, 3645 = NZM 2006, 936.
7 OLG München, Beschl. v. 20. 7. 2007 – 32 Wx 93/07, OLGReport München 2007, 786 = FGPrax 2007, 218 = ZMR 2007, 814 = ZWE 2007, 509 = NJW-RR 2008, 322.

begrenzung auf Vorsatz und grobe Fahrlässigkeit sowie eine zeitliche **Haftungsbeschränkung** auf zwei Jahre trifft[1].

Haftet der Verwalter nach eigenmächtigem Handeln dem Grunde nach, kann er nur auf die durch sein Eingreifen oder Unterlassen verursachten Mehrkosten in Anspruch genommen werden[2]. Soweit von den Wohnungseigentümern nach den Grundsätzen ordnungsmäßiger Verwaltung ebenfalls Maßnahmen geschuldet waren, wären u.U. auch (**Sowieso-)Kosten** angefallen, für die der Verwalter dann nicht aufzukommen hat[3]. 226

Ansprüche gegen den Verwalter können grundsätzlich **nur von der Gemeinschaft** insgesamt oder mit deren Ermächtigung von einem einzelnen Wohnungseigentümer gegen den Verwalter geltend gemacht werden[4]. Dies gilt für Ansprüche auf die Durchführung einer Maßnahme wie für Ersatzansprüche[5]. Führt jedoch eine vom Verwalter ohne Eigentümerbeschluss angeordnete Instandsetzungsmaßnahme zu einer **spezifischen Beeinträchtigung eines Sondereigentümers**, hat dieser gegen den Verwalter auch allein einen Anspruch auf Beseitigung der Störung[6], denn der einzelne Wohnungseigentümer bedarf zur Durchsetzung eines ihm als Einzelgläubiger gegen den Verwalter zustehenden Schadensersatzanspruchs nicht der Ermächtigung durch die Gemeinschaft[7]. 227

Seit Anerkennung der Teilrechtsfähigkeit der Wohnungseigentümergemeinschaft ist davon auszugehen, dass **Vertragspartner des Verwalters** weitgehend nicht die einzelnen Wohnungseigentümer sind, sondern der Verband. Die aus dem Vertrag erwachsenden Erfüllungs- und Mängelansprüche und die rechtsgeschäftlich begründeten Verbindlichkeiten sind solche des Verbands[8]. Für die am Vertrag nicht unmittelbar beteiligten Wohnungseigentümer ergeben sich im Wege der ergänzenden Vertragsauslegung jedoch Schutzwirkungen (Vertrag mit **Schutzwirkung zu Gunsten Dritter**), was zur Folge hat, dass der Anspruch auf die Hauptleistung zwar grundsätzlich dem Verband zusteht, die Wohnungseigentümer jedoch in der Weise in die vertraglichen Sorgfalts- und Obhutspflichten 228

---

1 OLG Hamm, Beschl. v. 19. 10. 2000 – 15 W 133/00, NZM 2001, 49 = NJW-RR 2001, 226 = ZMR 2001, 138 = ZWE 2001, 81.
2 OLG Düsseldorf, Beschl. v. 6. 11.2000 – 3 Wx 184/00, ZMR 2001, 217.
3 KG, Beschl. v. 26. 11. 2001 – 24 W 20/01, KGR Berlin 2002, 65 = WuM 2002, 106.
4 KG, Beschl. v. 19. 4. 2000 – 24 W 1184/00, KGR Berlin 2000, 208 = NZM 2000, 677 = ZMR 2000, 557 = NJW-RR 2000, 1325 = ZWE 2000, 360.
5 KG, Beschl. v. 12. 5. 2003 – 24 W 279/02, KGR Berlin 2003, 265 = NZM 2003, 683 = NJW-RR 2003, 1168 = WuM 2003, 594.
6 KG, Beschl. v. 26. 11. 2001 – 24 W 20/01, KGR Berlin 2002, 65 = WuM 2002, 106.
7 BGH, Beschl. v. 2. 10. 1991 – V ZB 9/91, BGHZ 115, 253 = ZMR 1992, 30 = WM 1991, 2164 = NJW 1992, 182.
8 OLG Düsseldorf, Beschl. v. 29. 9. 2006 – I-3 Wx 281/05, NJW 2007, 161 = ZMR 2007, 56 = NZM 2007, 137 = ZWE 2007, 92.

einbezogen sind, dass sie bei deren Verletzung vertragliche Schadensersatzansprüche geltend machen können[1].

229 Ein verschuldensabhängiger Anspruch auf Schadensersatz aus der Verletzung von Pflichten zur Mitwirkung bei Maßnahmen ordnungsmäßiger Verwaltung nach § 21 Abs. 1 und Abs. 3 WEG, § 280 Abs. 1 Satz 1 BGB kann im Einzelfall auch gegen den Verwalter in Betracht kommen[2].

230 Der Verwalter haftet für schuldhafte Pflichtverletzungen im Rahmen von Instandhaltungs- und Instandsetzungsmaßnahmen nach § 27 Abs. 1 Nr. 2 WEG. Treten am gemeinschaftlichen Eigentum Mängel oder Schäden auf, so ist die Instandsetzung oder Schadensbeseitigung zwar in erster Linie Sache der Wohnungseigentümer. Den Verwalter treffen dabei aber **Überwachungs-, Kontroll- und Hinweispflichten**. Diese erstrecken sich auch darauf, Mängel und Schäden am Gemeinschaftseigentum zu ermitteln sowie nach Ursache und Umfang festzustellen. Die Verpflichtung betrifft gerade solche Schäden, die im Sondereigentum auftreten, deren Ursachen aber im Bereich des gemeinschaftlichen Eigentums liegen. Tritt in einer Wohnung ein Wasserschaden auf, dessen Ursache im gemeinschaftlichen Eigentum liegen kann, so hat der Verwalter unverzüglich das Erforderliche zu unternehmen, um die Schadensursache festzustellen. Bei einer schuldhaften Verletzung dieser Pflicht haftet er für den Schaden des betroffenen Wohnungseigentümers auch dann, wenn sich nachträglich herausstellt, dass die Schadensursache ausschließlich im Sondereigentum liegt[3].

231 Ist nach der Gemeinschaftsordnung die Zustimmung des Verwalters zum Dachgeschossausbau nötig, handelt er nicht pflichtwidrig, wenn er im Zweifel eine eigene Entscheidung ablehnt und sich nach einem Mehrheitsbeschluss richtet. Der ausbauwillige Eigentümer trägt dann das **Verzögerungsrisiko**, wenn die Zustimmung des Verwalters oder der Eigentümergemeinschaft zum Dachausbau erst in einem gerichtlichen Verfahren ersetzt wird[4]. Der Verwalter hat die Eigentümer über die aufgetretenen tatsächlichen und rechtlichen Zweifelsfragen umfassend aufzuklären. Hat er die Rechtsfrage mit der erforderlichen Sorgfalt geprüft, ist es ihm nicht anzulasten, wenn er gleichwohl einem **Rechtsirrtum** unterliegt[5].

---

[1] *Wenzel*, NZM 2006, 321.
[2] OLG München, Beschl. v. 13. 8. 2007 – 34 Wx 144/06, OLGReport München 2007, 829 = MDR 2007, 1305 = FGPrax 2007, 260.
[3] OLG München, Beschl. v. 15. 5. 2006 – 34 Wx 156/05, OLGReport München 2006, 654 = ZMR 2006, 716 = WE 2007, 8 = ZWE 2007, 100.
[4] KG, Beschl. v. 26. 11. 1993 – 24 W 4675/93, KGR Berlin 1994, 26 = ZMR 1994, 124.
[5] BGH, Beschl. v. 21. 12. 1995 – V ZB 4/94, BGHZ 131, 347 = NJW 1996, 1216 = ZMR 1996, 274.

232 Wenn die Beschlussfassung nicht die Einschaltung eines Ingenieurbüros vorsah, verletzt der Verwalter durch die Einschaltung eines Sonderfachmanns schuldhaft seine Verwalterpflichten. Er haftet der Gemeinschaft dann auf **Schadenersatz** in Höhe der Kosten des Ingenieurbüros[1].

233 Nach § 27 Abs 1 Nr. 1 WEG ist der Verwalter zu Durchführung von Beschlüssen der Eigentümer verpflichtet. Schwirig kann dies werden, wenn die **Rechtmäßigkeit** eines Beschlusses **zweifelhaft** ist. Ein nichtiger Beschluss darf nicht vollzogen werden. Entgegengesetztes Handeln kann zur Schadensersatzpflicht führen. Im Zweifel kann der Verwalter seine Durchführungspflicht in einem gerichtlichen Verfahren nach § 43 Nr. 3 WEG prüfen lassen. Stellt das Gericht die Nichtigkeit des Beschlusses fest, entfällt gesichert die Ausführungspflicht. Einen anfechtbaren Beschluss hat der Verwalter nach herrschender Meinung trotz des Risikos auszuführen, dass der Beschluss später durch das Gericht für ungültig erklärt wird und ein Rückbau droht[2].

234 Die Wohnungseigentümer haften nach zurechenbarem **Eigenverschulden** wie unterlassene Mängelanzeigen oder unzureichende Organisation[3]. Wenn Sondereigentum oder Gemeinschaftseigentum in Folge mangelhafter Instandhaltung des gemeinschaftlichen Eigentums Schaden erleidet, weil Instandhaltungsversäumnisse vorliegen, kann sich der **Schadensersatzanspruch gegen den Verwalter** richten, sofern dieser seine Instandhaltungsverpflichtung aus § 27 Abs. 1 Nr. 2 WEG schuldhaft verletzt hat.

Weil der Verwalter insoweit eine eigene ihm vom Gesetz zugewiesene Aufgabe wahrnimmt und dabei im Übrigen für die gesamte Gemeinschaft tätig wird, tritt er im Verhältnis zum geschädigten Wohnungseigentümer nicht als Erfüllungsgehilfe der übrigen Wohnungseigentümer auf[4].

235 Wenn der Verwalter des gemeinschaftlichen Eigentums nicht nur den Schaden am Gemeinschaftseigentum sondern auch den am Sondereigentum entstandenen Schaden mit dem **Gebäudeversicherer** abwickelt, muss er sorgen, dass der **Entschädigungsbetrag** an den Geschädigten geht. Veranlasst er die Auszahlung direkt an Handwerksfirmen, macht er sich ersatzpflichtig. Der Grundsatz bleibt unangetastet, dass im Verhältnis eines Eigentümers zur Gemeinschaft eine Zurechnung des Verhaltens des Verwalters nach § 278 BGB bei Maßnahmen zur ordnungsgemäßen Verwaltung ausgeschlossen ist. Anderes kann bei der Verletzung eines gesetzli-

---

1 AG Hannover, Beschl. v. 16. 1. 2006 – 71 II 501/05, ZMR 2006, 487.
2 *Abramenko* in Riecke/Schmid, WEG, 2. Aufl., § 27 Rz. 12 ff.
3 OLG Düsseldorf, Beschl. v. 12. 12. 1994 – 3 Wx 619/94, WuM 1995, 230 = ZMR 1995, 177 = NJW-RR 1995, 587.
4 OLG Düsseldorf, Beschl. v. 8. 2. 1999 – 3 Wx 369/98, ZMR 1999, 423 = WuM 1999, 355.

chen Treuhandverhältnisses gelten, das sich aus der Mitversicherung des Sondereigentums ergibt und neben das Gemeinschaftsverhältnis tritt. Die Gemeinschaft ist nicht verpflichtet, gegenüber einem Versicherer den Anspruch auf Ersatz der am Sondereigentum entstandenen Schäden geltend zu machen, sondern kann der eigenständigen Geltendmachung dieses Anspruch durch den einzelnen Wohnungseigentümer zustimmen[1].

236 Ein **Mitverschulden des Verwalters** wird anzunehmen sein, wenn er fehlerhaftes Verhalten eines Eigentümers kennt und nichts unternimmt, was den sich abzeichnenden Schaden hätte verhindern können. Daran ist zu denken, wenn z. B. der Eigentümer dem Verwalter ankündigt, eine **Wand entfernen zu wollen** und vom Verwalter ungeprüft bleibt, ob dies die **Statik** erlaubt. Ebenso wenn erkennbar das Dach teilweise geöffnet und ein **Antennenmast** installiert wurde, ohne anschließend abzusichern, dass der Mast und die **Dachplatten absturzsicher** montiert wurden.

237 Der vom Verwalter eingeschaltete **Fachmann** wird nicht im Pflichtenkreis des Verwalters als dessen Erfüllungsgehilfe tätig, sondern er ist **Erfüllungsgehilfe der Miteigentümer**[2].

238 Ein etwaiges Handlungs- oder Unterlassungsverschulden eines **Architekten** ist dem Verwalter nicht gemäß BGB § 278 zurechenbar[3]. Die Eigentümer haften für ein fehlerhaftes Handeln eines von ihnen beauftragten **Handwerkers** nach § 278 BGB[4]. Es kommt dabei nicht darauf an, ob alle Eigentümer den Auftrag erteilten oder nur einer. Auch für das Handeln des vom Verwalter beauftragten Handwerkers haben die Eigentümer, **nicht der Verwalter**, nach § 278 BG einzustehen[5].

g) Ansprüche gegen den Verwaltungsbeirat

239 Es ist grob fahrlässig, einem Verwalter entgegen der ausdrücklichen Weisung der Eigentümerversammlung uneingeschränkte **Verfügungsmacht über ein Rücklagenkonto** von erheblicher Höhe einzuräumen. Ebenfalls als grob fahrlässige Pflichtverletzung ist es anzusehen, wenn bei der Prüfung der Jahresabrechnung auf die **Kontrolle der Kontenbelege** verzichtet wird[6].

---

1 OLG Hamm, Beschl. v. 3. 1. 2008 – 15 W 420/06, ZWE 2008, 133.
2 OLG Düsseldorf Beschl. v. 15. 10. 2004 – 3 Wx 228/04, ZMR 2005, 466.
3 OLG Düsseldorf, Beschl. v. 29. 6.1998 – 3 Wx 190/98, OLGReport Düsseldorf 1998, 380 = NZM 1998, 721 = ZMR 1998, 654 = WE 1999, 23.
4 BGH, Beschl. v. 22. 4.1999 – V ZB 28/98, BGHZ 141, 224 = NZM 1999, 562 = NJW 1999, 2108 = ZMR 1999, 647.
5 BayObLG, Beschl. v. 21. 5. 1992 – 2 Z BR 6/92, BayObLGZ 1992, 146 = ZMR 1992, 352 = WuM 1992, 389 = NJW-RR 1992, 1102.
6 OLG Düsseldorf, Beschl. v. 24. 9. 1997 – 3 Wx 221/97, MDR 1998, 35 = ZfIR 1998, 37 = ZMR 1998, 104.

Erleidet ein Eigentümer einen **Schaden am Sondereigentum**, so sollen die übrigen Mitglieder der Gemeinschaft grundsätzlich nicht für ein den Schaden verursachendes Versäumnis des Beirats haften. Dieser sei weder **Erfüllungsgehilfe**, § 278 BGB, noch **Verrichtungsgehilfe**, § 831 BGB, der Gemeinschaft[1]. 240

Der Beirat hat im Bereich der Instandhaltung und Instandsetzung **keine eigenständige Aufgabenstellung**, die mit der des Verwalters vergleichbar wäre. Die Mitglieder des Beirats sind insoweit (schlichte) Eigentümer und werden deshalb auch so zu behandeln sein[2]. Erhält der Beirat **besondere Aufgaben** zugewiesen und übernimmt er sie z.B. in der Form eines Bauausschusses, ist er „Auftragnehmer"[3]; seine dabei gemachten Fehler, z.B. bei der Erstellung eines Leistungsverzeichnisses o.ä., sind den Eigentümern gemäß § 278 BGB wie die Fehler einer Fremdfirma zuzurechnen. Unerheblich ist dann, ob der Beirat insgesamt oder durch einzelne Mitglieder handelt. 241

h) Mitverschulden

Hat der Verwalter innerhalb seiner Instandhaltungspflicht versäumt, eine **verjährungsunterbrechende Maßnahme** von den Eigentümern beschließen zu lassen, kommt eine **Mithaftung der Eigentümer** aus Mitverschulden in Betracht, **wenn sie die Umstände kannten oder hätten erkennen können**, die zum Ende der Gewährleistungsfrist geführt haben[4]. Die Haftungsquote der Eigentümer wurde dort auf ⅕ des Schadens vom Gericht festgelegt. Ansonsten ergibt sich **keine Verpflichtung** für die geschädigten Eigentümer, gemäß § 254 BGB zur Schadensabwendung oder Schadensminderung z.B. **auf Vergleichsverhandlungen einzugehen**, die vom Schädiger vorgeschlagen werden. 242

Muss ein Eigentümer **zurückbauen**, weil er auf eine angeblich unklare Beschlussformulierung vertraute, kommt **kein, allenfalls ein geringes Mitverschulden der Gemeinschaft** in Betracht, weil bei Zweifelsfragen andere Mittel und Wege zur Verfügung stehen, um sich Klarheit zu verschaffen und Schäden durch ein eigenmächtiges Vorgehen zu vermeiden[5]. 243

---

1 OLG Düsseldorf, Beschl. v. 8. 2. 1999 – 3 Wx 369/98, OLGReport Düsseldorf 1999, 326 = NZM 1999, 573 = ZMR 1999, 423 = WuM 1999, 355.
2 KG, Beschl. v. 28. 1. 2004 – 24 W 3/02, KGR Berlin 2004, 204 = ZMR 2004, 458 = FGPrax 2004, 107.
3 OLG Düsseldorf, Beschl. v. 24. 9. 1997 – 3 Wx 221/97, MDR 1998, 35 = ZfIR 1998, 37 = ZMR 1998, 104.
4 BayObLG, Beschl. v. 1. 2. 2001 – 2 Z BR 122/00, NZM 2001, 388 = NJW-RR 2001, 731 = ZMR 2001, 558 = ZWE 2001, 263.
5 KG, Beschl. v. 17. 10. 2001 – 24 W 9876/00, KGR Berlin 2001, 391 = ZWE 2002, 37 = NZM 2001, 1085 = NJW-RR 2002, 11 = WuM 2001, 622 = ZMR 2002, 149.

244 Veranlasst der Verwalter nicht genehmigte Kosten zu Lasten der Instandhaltungsrücklage, indem er Fachleute eigenmächtig beauftragt, und wird die Überweisung der Rechnung von einem Prüfer vor Überweisung **gegengezeichnet**, ergibt sich daraus **kein Mitverschulden der Eigentümergemeinschaft**. Im **Wissen eines einzelnen Miteigentümers** kann keine mehrheitliche Zustimmung liegen. Außerdem wurde die Verbindlichkeit bereits bei Beauftragung begründet, nicht bei der Zahlung[1].

245 Entsteht einem Sondereigentümer durch Verschulden des von der Gemeinschaft mit der Instandsetzung des gemeinschaftlichen Eigentums beauftragten Unternehmens ein Schaden, so haftet die Gemeinschaft dafür dem **geschädigten Wohnungseigentümer**[2]. Dieser muss sich aber das Verschulden des Unternehmens anteilig, **in Höhe seines Miteigentumsanteils, als Mitverschulden anrechnen** lassen[3]. Liegt ein (denkbares) Verschulden des Verbandes vor, der die **gemeinschaftsbezogenen** Pflichten zu erfüllen hat, haftet dieser voll. Die Höhe des Miteigentumsanteiles spielt nur noch im Rahmen eines Schadensausgleiches nach § 10 Abs. 8 WEG eine Rolle.

246 Das **Wissen des Beirats** oder dessen Möglichkeit, Kenntnis zu haben, kann den Eigentümern zuzurechnen sein und zu einem Haftungsanteil nach **Mitverschulden** führen[4].

247 Der Verwalter ist gemäß § 27 Abs. 1 Nr. 2 WEG verpflichtet, die Wohnungseigentümer bei der Umstellung der Energieversorgung von Öl auf Gas über Fördermittel durch den örtlichen Energieversorger zu unterrichten. Ein Unterlassen führt zu einem Schadensersatzanspruch der Wohnungseigentümer. Dieser Anspruch ist wegen Mitverschuldens gemäß § 254 BGB (um 50 %) zu mindern, wenn es ihnen zumutbar gewesen wäre, sich selbst über die Fördermöglichkeit zu informieren[5].

i) Umfang des Ersatzanspruchs

248 Im Haftungsfall ist Schadensersatz nach §§ 249 ff. BGB zu leisten, weshalb regelmäßig ein Anspruch auf **Wiederherstellung des ursprünglichen Zustandes** und **wahlweise der dafür erforderliche Geldbetrag** verlangt werden kann. Wird im Zuge einer Sanierungsmaßnahme am gemein-

---

1 OLG Celle, Beschl. v. 12. 3. 2001 – 4 W 199/00, OLGReport Celle 2001, 129 = ZMR 2001, 642 = NJW-RR 2002, 303 = NZM 2002, 169.
2 BGH, Beschl. v. 22. 4. 1999 – V ZB 28/98, BGHZ 141, 224 = NZM 1999, 562 = NJW 1999, 2108.
3 BayObLG, Beschl. v. 8. 9. 2000 – 2 Z BR 47/00, ZMR 2001, 47 = ZMR 2000, 47 = ZWE 2001, 159.
4 OLG Düsseldorf, Beschl. v. 9. 11. 2001 – 3 Wx 13/01, OLGReport Düsseldorf 2002, 111 = ZWE 2002, 82 = NZM 2002, 264 = ZMR 2002, 294.
5 LG Mönchengladbach, Beschl. v. 29. 9. 2006 – 5 T 51/06, ZMR 2007, 402 = NZM 2007, 416.

schaftlichen Eigentum Sondereigentum zerstört, wie z. B. der Fliesenbelag auf dem Balkon, muss sich der betroffene Sondereigentümer nicht unter dem Gesichtspunkt „**neu für alt**" an den Kosten der Wiederherstellung des Fliesenbelages beteiligen; diese Ersatzpflicht aus § 14 Nr. 4 WEG trifft den Verband in vollem Umfang[1]. Voraussetzung für eine Kostenbeteiligungspflicht wäre, dass durch die neuen Fliesen eine messbare Vermögensmehrung eintrat.

Wenn ein **von einem Sondereigentümer zu vertretender Schaden** über den Verwalter im Zuge ordnungsmäßiger Verwaltung beseitigt wird, hat die Gemeinschaft die dadurch entstandenen Kosten zunächst zu tragen, kann sie jedoch **vom Verursacher erstattet** verlangen. **Gläubiger** dieses Anspruchs ist der Verband. Soweit ein Eigentümer dulden muss, dass sein Sondereigentum oder sein Sondernutzungsrecht wegen der Sanierung des gemeinschaftliches Eigentums eine gewisse Zeit nicht genutzt werden kann, entsteht nach § 14 Nr. 4 WEG ein **Ersatzanspruch** für die Dauer des **Nutzungsentgangs**[2]. 249

3. Anspruch auf Haftungsfreistellung

Wer eine verantwortliche Tätigkeit für andere Personen ausübt, hat Interesse, seine Haftung zu begrenzen. Dies gilt für den Eigentümer ebenso, der für die Gemeinschaft tätig wird, wie für den Beirat oder den Verwalter. Zu unterscheiden ist der **Haftungsausschluss**, der die Entstehung eines Anspruchs verhindert, von der **Haftungsbegrenzung**, die zwar die Entstehung des Anspruchs dem Grunde nach zulässt, jedoch den Umfang der Haftung beschränkt. 250

Sowohl die Ansprüche nach § 280 ff. BGB wie auch deliktische Ansprüche können Gegenstand von Ausschlussklauseln sein. Standardisierte Verwalterverträge unterfallen regelmäßig der **Inhaltskontrolle** von allgemeinen Geschäftsbedingungen und damit den Prüfungskriterien insbesondere nach § 307 und § 309 Nr. 7 BGB. Dort wird eine **Freizeichnung für körperliche Schäden und für grobes Verschulden völlig untersagt**. 251

Die Haftung für **einfache Fahrlässigkeit** kann gemäß § 307 BGB bei den Tätigkeiten und Pflichten nicht ausgeschlossen werden, für die der Verwalter eine **besondere Vertrauensstellung** einnimmt, innerhalb der ihm somit **Kardinalpflichten** zuwachsen. Dies trifft auf den Verwalter in seinen **Aufgabenkreisen gemäß § 27 Abs. 1 und Abs. 2 WEG** zu. Diese Aufgaben sind gemäß § 27 Abs. 3 WEG nicht abdingbar und können deswegen auch **nicht von einem Haftungsausschluss erfasst** werden; ebenso 252

---
1 BayObLG, Beschl. v. 19. 3. 1998 – 2 Z BR 18/98, WuM 1998, 369 = WE 1999, 25.
2 *Bärmann/Pick/Merle*, WEG, 9. Aufl., § 14 Rz. 69.

wenig ist es gemäß § 307 BGB denkbar, dass dort Haftungsbegrenzungen greifen.

253 Zulässige **Haftungsbefreiungen** des Verwalters müssten **individuell**, außerhalb eines Verwaltervertrages, **vereinbart** oder **beschlossen** werden, etwa für eine einzelne, bestimmte und abgrenzbare Baumaßnahme. Gleiches gilt für eine Haftungserleichterung für einzelne beauftragte Eigentümer. Soweit zulässig ergibt sich die Beschlusskompetenz für eine solche Regelung aus § 21 Abs. 3 WEG.

254 Das **Freistellungsverbot** gilt auch für einen **Beirat** in dessen Aufgaben- und **Pflichtenkreis gemäß § 29 Abs. 3 WEG**, soweit dort überhaupt ein formularmäßiger Vertrag verwendet wird. Außerhalb dieser Grenzen lässt die Vertragsfreiheit **individuelle Verträge** mit haftungsausschließendem oder haftungsbegrenzendem Inhalt zu.

255 Ein Beschluss über die Finanzierung von Instandsetzungsmaßnahmen durch die Aufnahme von **Fremddarlehen** wurde vor der WEG Novelle als eine Maßnahme eingestuft, die nicht den Grundsätzen ordnungsmäßiger Verwaltung entspricht. Dies sollte auch gelten, wenn die Eigentümer von der individuellen Haftung freigestellt waren, weil diese letztlich für die Verbindlichkeiten der Gemeinschaft doch aufzukommen hatten[1]. Diese **Einwände** sind durch die neue Gesetzeslage entfallen. Grundsätzlich haftet der Verband (in voller Höhe) für die bestehenden Verbindlichkeiten. Daneben besteht eine nur beschränkte Haftung der einzelnen Eigentümer nach § 10 Abs. 8 WEG.

256 Die Freistellung von der Haftung durch die Eigentümer ist künftig noch mehr als bisher für den Verwalter von Bedeutung. Nach § 49 Abs. 2 WEG kann das Gericht in einem Verfahren nach § 43 WEG dem **Verwalter Prozesskosten** auferlegen, soweit die Tätigkeit des Gerichts durch den Verwalter veranlasst wurde und diesen ein **grobes Verschulden** trifft. Dies gilt auch, wenn der Verwalter nicht Partei des Rechtsstreits ist, wie bei einer Anfechtungsklage.

Mit dieser Regelung kann ein materieller Anspruch auf Schadensersatz für die angefallenen Prozesskosten gegen den Verwalter aus Gründen der Prozessökonomie mit erledigt werden. Umso wichtiger ist es für den Verwalter, die Eigentümer über erkennbare Risiken einer Beschlussfassung vorher aufzuklären und die **Hinweise** in die Einladung zur Versammlung oder in das Protokoll aufzunehmen, um später einen Entlassungsbeweis führen zu können. Wird trotz vorheriger Hinweise ein **riskanter Mehrheitsbeschluss** gefasst, ist das Verhalten des Verwalters nicht mehr für das Zustandekommen des Beschlussergebnisses kausal.

---

1 BayObLG, Beschl. v. 17. 8. 2005 – 2 Z BR 229/04, NJW-RR 2006, 20 = NZM 2006, 62.

Der Verwalter wird auch von der Haftung freigestellt, wenn er sich von 257
den Eigentümern mehrheitlich **anweisen** lässt, wie er sich im Einzelfall
verhalten soll, etwa bei einer vereinbarten Verwalterzustimmung nach
§ 12 WEG oder einer vereinbarten Vorgabe, dass die Ausübung eines Gewerbes in der Wohnung von der Zustimmung des Verwalters abhängt.
Zwar bleibt in diesen Fällen die jeweilige Zustimmungspflicht beim Verwalter. Hat er sich entsprechend den mehrheitlichen Beschlussvorgaben
der Eigentümer verhalten, kann sein Handeln nicht mehr kausal für einen späteren Schaden angesehen werden[1].

VII. Beschlussfassungen in der Versammlung

1. Vorbereitung durch den Verwalter

Die Durchführung notwendiger Maßnahmen der Instandhaltung und In- 258
standsetzung obliegt nach § 10 Abs. 6 Satz 1 dem Verband. Dieser handelt durch den Verwalter, der in § 27 Abs. 3 Satz 1 Nr. 3 WEG vom Gesetz mit dem Vertretungsrecht nach außen ausgestattet wurde. Die Entscheidung darüber, ob, wann und welche Maßnahmen durchgeführt
wird, bleibt den Eigentümern überlassen, die in der Regel durch Mehrheitsbeschluss entscheiden.

Gibt es keinen Verwalter oder ist dieser zur Vertretung der Eigentümer
nicht berechtigt, so wird die Gemeinschaft von allen Eigentümern vertreten. § 27 Abs. 3 Satz 2 WEG. Die Eigentümer können einen oder mehrere Eigentümer zur Vertretung ermächtigen und damit die Handhabung
erleichtern. § 27 Abs. 3 Satz 3 WEG.

Es sind vom Verwalter alle Vorkehrungen zu treffen, um eine ordnungsgemäße **Durchführung der Versammlung** sicherzustellen, mit allen Anforderungen, wie vom Gesetz und der jeweils gültigen Gemeinschaftsordnung vorgesehen. Im Folgenden geht es speziell um die Vorbereitung
und Durchführung der Versammlung im Hinblick auf Maßnahmen der
Instandhaltung und Instandsetzung.

Nur in **Notfällen** hat der Verwalter die Kompetenz zu dringenden Instandsetzungsmaßnahmen nach § 27 Abs. 1 Nr. 3 WEG. Die regelmäßige Vergabe eines Auftrags zu einer Sanierung[2] erfordert Vorbereitungsmaßnahmen des Verwalters für eine Entscheidung der Eigentümer.

---

1 KG, Beschl. v. 3. 2. 2004 – 1 W 244/03, KGR Berlin 2004, 202 = NZM 2004, 588 = NJW-RR 2004, 1161.
2 OLG Celle, Beschl. v. 12. 3. 2001 – 4 W 199/00, OLGReport Celle 2001, 129 = ZMR 2001, 642 = NJW-RR 2002, 303 = NZM 2002, 169.

a) Ermittlung des Zustandes

259 Wegen der Verpflichtung zur Instandhaltung und Instandsetzung aus § 27 Abs. 1 Nr. 2 WEG wird vom Verwalter erwartet, dass er vorsorglich die Wohnanlage **beobachtet**, sie etwa regelmäßig begeht, um Handlungsbedarf festzustellen[1]. Siehe dazu Rz. 50 ff. Die **Beauftragung von Fachleuten**, die Kosten verursacht, setzt eine **Ermächtigung** durch die Eigentümer voraus, sei es durch einen Mehrheitsbeschluss oder bereits im Verwaltervertrag. Der Verband selbst kann aus eigenem Recht im Rahmen der gesamten Verwaltung des gemeinschaftlichen Eigentums gegenüber Dritten Pflichten eingehen. Die gemeinschaftsbezogenen fremden Pflichten der Eigentümer nimmt der Verband war und wird dabei vom Verwalter nach § 27 Abs. 3 Satz 1 WEG vertreten. Trotz des Vertretungsrechtes im Außenverhältnis ist es die Aufgabe des Verwalters, sich von den Eigentümern im Innenverhältnis die Rechtfertigung für sein Handeln geben zu lassen. Die vom OVG Münster früher vertretene Ansicht[2], der Verwalter könne aus eigenem Recht immer Maßnahmen mit Verpflichtungswirkung für die Eigentümer ergreifen, verdrängt zu sehr die Selbstverwaltungsrechte der Eigentümer nach § 21 WEG, die der Verwalter zu beachten hat. Dies ergibt sich aus dem zwar umfangreichen aber nicht allumfassenden Pflichtenkatalog des Verwalters in § 27 Abs. 1 bis Abs. 3 Satz 1 WEG.

260 Werden **akute Störungen** im Bereich des gemeinschaftlichen Eigentums festgestellt oder gemeldet, ergeben sich Handlungspflicht und Befugnis des Verwalters aus § 27 Abs. 1 Nr. 2 und Abs. 3 Satz 1 Nr. 3 WEG. Sie geht so weit, wie auch ein Hauseigentümer allein regelmäßig handeln würde[3]. **Folgen** können deshalb sein: **Vorläufige Sicherungsmaßnahmen** oder **endgültiger Reparaturauftrag**, wenn die Maßnahmen nicht aufschiebbar sind, also ein echter Notfall eingetreten ist oder wenn die Handlungsvorgaben der Eigentümer an den Verwalter die Maßnahme abdecken. Ansonsten mündet die Erkenntnis über einen Handlungsbedarf in die **Vorbereitung einer Entscheidung der Eigentümer** durch den Verwalter.

b) Ermittlung des Handlungsbedarfs

261 Steht ein Handlungsbedarf fest, ist vor größeren Maßnahmen zur Beseitigung baulicher Mängel am gemeinschaftlichen Eigentum bzw. vom Gemeinschaftseigentum ausgehender störender Einwirkungen auf das Sondereigentum, zunächst die **Ursache** des Mangels festzustellen, sodann der Instandsetzungsbedarf oder sonstige **Handlungsbedarf** zu ermitteln.

---

1 BayObLG, Beschl. v. 2. 6. 1999 – 2 Z BR 40/99, BayObLGR 1999, 57 = ZMR 1999, 654 = NZM 1999, 840.
2 OVG Münster, Beschl. v. 3. 3. 1994 – 11 B 2566/93, WuM 1994, 507.
3 *Bärmann/Pick/Merle*, WEG, 9. Aufl., § 27 Rz. 51.

Vor einer Auftragsvergabe sind **Alternativ- oder Konkurrenzangebote** einzuholen[1], wobei hinsichtlich der **Anzahl der Angebote** dem Verwalter ein gewisser Gestaltungsspielraum zukommt[2]. Auf bloße Empfehlungen von Fachleuten darf der Verwalter sich nicht verlassen[3]; die **Beauftragung eines Fachmannes** kann sogar erzwungen werden[4]. Der durch die Störung betroffene Sondereigentümer kann nicht sogleich allein die Durchführung einer ganz bestimmten, von ihm durch Privatgutachten ermittelten Maßnahmen verlangen[5]. Gibt es **Alternativen**, sind diese zu ermitteln und darüber haben die Eigentümer zu entscheiden.

Die Zustimmung zur Beauftragung des Verwalters mit der sofortigen Durchführung von **Sanierungsmaßnahmen** kann **erst** verlangt werden, **wenn diese hinreichend bestimmt** sind. Auch über deren Finanzierung kann erst entschieden werden, wenn die **Höhe der zu erwartenden Kosten** abschätzbar bekannt wurden[6]. 262

Wenn es die **Ermittlung von alternativen Möglichkeiten** nötig macht, **Fachleute** einzuschalten, die Kosten verursachen, bedarf es einer vorherigen Beschlussfassung der Eigentümer darüber, 263

– ob eine Fachmann eingeschaltet wird,

– wer beauftragt werden soll,

– mit welchen Aufgabenstellungen,

– zu welchem Preis,

– wie die Kosten des Fachmanns bezahlt werden sollen,

– wer den Auftrag vergeben soll,

– wie mit dem Ergebnis umzugehen ist.

Insbesondere wäre zu klären, ob danach von den Eigentümern das Ergebnis neu beraten werden muss/soll oder ob unter definierten Voraussetzungen ein Auftrag erteilt werden kann und durch wen.

---

1 OLG Köln, Beschl. v. 14. 4. 2000 – 16 Wx 13/00, ZMR 2000, 862 = ZWE 2000, 321.
2 OLG Köln, Beschl. v. 2. 4. 2003 – 16 Wx 50/03, OLGReport Köln 2003, 242 = ZMR 2004, 148.
3 OLG Celle, Beschl. v. 12. 3. 2001 – 4 W 199/00, OLGReport Celle 2001, 129 = ZMR 2001, 642 = NJW-RR 2002, 303 = NZM 2002, 169.
4 BayObLG, Beschl. v. 23. 5. 2001 – 2 Z BR 99/00, BayObLGR 2001, 83 = ZMR 2001, 832 = ZWE 2001, 366.
5 OLG Köln, Beschl. v. 14. 4. 2000 – 16 Wx 13/00, ZMR 2000, 862 = ZWE 2000, 321.
6 BayObLG, Beschl. v. 23. 5. 2001 – 2 Z BR 99/00, BayObLGR 2001, 83 = ZMR 2001, 832 = ZWE 2001, 366.

Beschlussvorschlag

264 ... Die Eigentümer beschließen, zur Vorbereitung der Beseitigung der (... z. B. Fassadenschäden) einen öffentlich bestellten und vereidigten Sachverständigen beizuziehen. Die Kosten des Sachverständigen trägt die Gemeinschaft aus der Instandhaltungsrücklage.

Der Beirat und der Verwalter wählen einen geeigneten Fachmann aus der Sachverständigenliste der örtlichen IHK aus und führen mit ihm die Verhandlungen über die Kosten seiner Tätigkeit. Der ausgewählte Sachverständige wird danach vom Verwalter beauftragt. Er soll den erforderlichen Sanierungsumfang feststellen, ein Leistungsverzeichnis der notwendigen Arbeiten errichten, auf dessen Grundlage mindestens drei Angebote von Fachfirmen einholen, diese Angebote auswerten und mit einer Empfehlung zur Vergabe des Auftrags dem Verwalter bis spätestens (... z. B. sechs Monate) vorlegen. Die Empfehlung soll auch einen Hinweis enthalten, ob eine fachmännische Bauleitung/Bauüberwachung sinnvoll oder sogar notwendig ist, ob der Sachverständige diese Tätigkeit zu übernehmen bereit wäre und welche Kosten dafür anfallen werden.

Der Verwalter soll die Eigentümer unverzüglich zu einer außerordentlichen Versammlung einladen und dem Einladungsschreiben die Sachverständigen-Ergebnisse samt Empfehlung als Vorausinformation beifügen. Die Eigentümer werden in der gesonderten Versammlung über eine Auftragsvergabe entscheiden. ...

c) Abstimmung mit dem Beirat zum weiteren Vorgehen

265 Dem Beirat obliegt es nach § 29 Abs. 2 WEG, den Verwalter bei der Durchführung seiner Aufgaben zu **unterstützen**. In dieser Funktion hat er an der Vorbereitung und Beratung von Verwaltungsmaßnahmen, sowie in diesem Zusammenhang an der Vorbereitung der Eigentümerversammlungen, mitzuwirken. Diese Aufgabe setzt eine vertrauensvolle Zusammenarbeit zwischen dem Beirat und dem Verwalter voraus, insbesondere, dass der Verwalter dem Beirat die erforderlichen sachlichen Informationen erteilt, die er für seine Aufgabe benötigt. Der Beirat ist verpflichtet, an der **Vorbereitung weiterer Beschlüsse** der Eigentümerversammlung mitzuwirken, um Alternativen für eine sachgerechte Beschlussfassung erarbeiten und der Versammlung vorschlagen zu können[1]. Weil der **Verwaltungsbeirat nicht Vertreter der Eigentümer oder der Gemeinschaft** gegenüber dem Verwalter ist, kann er – ohne ausdrückliche Ermächtigung – **nicht** an deren Stelle **Anweisungen erteilen oder gar Beschlüsse der Eigentümer ersetzen**[2].

---

1 OLG Hamm, Beschl. v. 2. 7. 2001 – 15 W 56/01, WuM 2001, 461.
2 AG Trier, Beschl. v. 21. 6. 1999 – 8 UR II 12/99 WEG, WuM 1999, 482.

d) Entwicklung von Alternativen

Es muss jeweils geklärt werden, ob und mit welchem Kostenaufwand eine Maßnahme durchgeführt werden soll[1], damit die Eigentümergemeinschaft nach den Grundsätzen ordnungsmäßiger Verwaltung und **nach Prüfung unterschiedlicher Möglichkeiten** eine bestimmte technische Lösung wählen kann[2]. 266

Kommen mehrere, gleichermaßen erfolgversprechende, Sanierungsmaßnahmen in Betracht, steht den Miteigentümern ein **Ermessensspielraum** bei der Beschlussfassung zu. Vertretbare Mehrheitsentscheidungen in diesem Rahmen sind von der überstimmten Minderheit grundsätzlich hinzunehmen. Die Wohnungseigentümer können sich für das ihnen am meisten zusagende Angebot entscheiden, sofern dieses nicht nach Preis und Qualität der Ausführung negativ aus dem Rahmen fällt[3]. 267

Kommt ein **Eigentümerbeschluss ohne vorherige Einholung von Vergleichsangeboten** zustande, entspricht dies in der Regel nicht ordnungsmäßiger Verwaltung[4]; nach Beschlussanfechtung gemäß § 46 Abs. 1 WEG ist ein solcher Beschluss für ungültig zu erklären. Weil die Beschlusskompetenz grundsätzlich für Maßnahmen der ordnungsgemäßen Verwaltung vorliegt, wäre ein solcher Beschluss nicht nichtig. 268

Der Ermessensspielraum der Eigentümer bei der Beschlussfassung über Sanierungsmaßnahmen soll noch nicht überschritten sein, wenn mehrheitlich **über die Mindestsanierung hinaus** Arbeiten vergeben werden, deren Ausführung derzeit nicht zwingend notwendig, jedoch vertretbar ist[5]. Folglich können auch für diese Arbeiten zumindest alternativ Kostenvoranschläge eingeholt werden. 269

e) Ermittlung der Kosten

Die Ermittlung der **erforderlichen Kosten** entspricht einer **Prognose**. Dabei ist eine **großzügige Handhabung** zulässig. Erst wenn die benötigten Gelder erheblich zu niedrig oder erheblich zu hoch angesetzt werden, sind die Grundsätze ordnungsmäßiger Verwaltung verletzt[6]. Der Verwal- 270

---

1 KG, Beschl. v. 26. 11. 2001 – 24 W 20/01, WuM 2002, 106 = KGR Berlin 2002, 65.
2 BayObLG, Beschl. v. 23. 5. 2001 – 2 Z BR 99/00, BayObLGR 2001, 83 = ZMR 2001, 832 = ZWE 2001, 366.
3 OLG Düsseldorf, Beschl. v. 26. 4. 2000 – 3 Wx 81/00, OLGReport Düsseldorf 2000, 442 = NZM 2000, 1067 = ZWE 2001, 37.
4 BayObLG, Beschl. v. 9. 9. 1999 – 2 Z BR 54/99, ZMR 2000, 39 = WE 2000, 81 = NZM 2000, 512 = ZWE 2000, 37.
5 OLG Düsseldorf, Beschl. v. 18. 1. 1999 – 3 Wx 394/98, OLGReport Düsseldorf 1999, 394 = WuM 1999, 352 = NZM 1999, 766.
6 BayObLG, Beschl. v. 11. 3. 1998 – 2 Z BR 12/98, BayObLGR 1998, 50 = WuM 1998, 305 = NZM 1998, 337 = NJW-RR 1998, 1096 = WE 1999, 147.

ter hat auf eine baulich und **fachlich einwandfreie Lösung** ebenso zu achten wie auf die **Wirtschaftlichkeit**.

271 Daraus folgt aber noch nicht zwingend, dass der Verwalter vor Durchführung jeder Maßnahme **drei Angebote** von ausführungsbereiten Fachfirmen einholen muss. Dem Verwalter steht insoweit ein Gestaltungsspielraum zu, der nur eingeschränkt gerichtlich prüfbar ist[1]. Durch die Einholung von **Alternativ- oder Konkurrenzangeboten** wird gewährleistet, dass einerseits technische Lösungen gewählt werden, die eine dauerhafte Beseitigung von Mängeln und Schäden versprechen und dass andererseits auf die Wirtschaftlichkeit geachtet wird und keine überteuerten Aufträge erteilt werden. Nicht notwendig das **billigste Angebot** hat Vorrang[2].

272 Nur die Kosten einfacher Maßnahmen können ohne beigezogene Fachleute etwa allein durch **Kostenangebote von Handwerksfirmen** ermittelt werden. Es widerspricht ordnungsmäßiger Verwaltung, wenn die Eigentümer größere oder schwierige Maßnahmen nur auf der Grundlage von **Kostenvoranschlägen** von Firmen an eine Anbieterfirma vergeben, **ohne einen Fachmann** mit der Ausschreibung eines Leistungsverzeichnisses und mit der Prüfung und Auswertung eingeholter Angebote auf Vollständigkeit und Vergleichbarkeit zu beauftragen. Je weniger Fachkompetenz bei den Eigentümern selbst vorhanden ist, um so eher wird Bedarf nach **Koordinierung** der Arbeiten **durch Fachleute** anzunehmen sein.

f) Überprüfung aller Vereinbarungen und Beschlüsse zu dem anstehenden Thema/Beschlusskompetenz

273 Zur Vorbereitung einer Beschlussfassung der Eigentümer gehört zwingend die Prüfung der Frage, ob die Eigentümer dafür überhaupt die Beschlusskompetenz besitzen[3]. **Instandhaltung und Instandsetzung** sind Maßnahmen der Verwaltung des 3. Abschnitts im WEG, für die **Beschlusskompetenz** der Eigentümer grundsätzlich besteht, solange nicht das Ziel verfolgt wird, durch einen Beschluss gesetzliche Regelungen oder eine bestehende Vereinbarung für die Zukunft zu verändern. Dafür fehlt die Beschlusskompetenz und solche **gesetzesverändernde oder vereinbarungsverändernde Beschlüsse wären nichtig**.

274 Soweit nicht durch das WEG oder durch eine Vereinbarung der Eigentümer etwas anderes bestimmt ist, steht die Verwaltung des gemeinschaftlichen Eigentums den Wohnungseigentümern gemeinschaftlich zu, § 21

---

1 OLG Köln, Beschl. v. 22. 5. 1997 – 16 Wx 114/97, OLGReport Köln 1997, 251 = ZMR 1998, 109 = NZM 1998, 820.
2 BayObLG, Beschl. v. 26. 1. 1999 – 2 Z BR 130/98, NZM 1999, 767 = Wohnungseigentümer 1999, 167.
3 BGH, Beschl. v. 20. 9. 2000 – V ZB 58/99, BGHZ 145, 158–170 = NJW 2000, 3500 = ZMR 2000, 771 = ZfIR 2000, 877 = Wohnungseigentümer 2000, 113 = Grundeigentum 2000, 1478 = WM 2000, 2350 = WuM 2000, 620 = ZWE 2000, 518.

Abs. 1 WEG. Vor einem Mehrheitsbeschluss ist deswegen auch zu prüfen, ob die gesamte Eigentümergemeinschaft oder nur ein **Teil der Eigentümer für eine Beschlussfassung zuständig** ist. Es wäre denkbar, dass die Gemeinschaftsordnung eine Vereinbarung enthält, wonach bei einer **Mehrhausanlage** die Kosten **blockweise** zugeordnet sind und Maßnahmen der Instandhaltung und Instandsetzung jeweils nur von den Eigentümern dieses einen Blocks entschieden werden dürfen. Ebenso ist es denkbar, dass allein die Eigentümer der Stellplätze einer Tiefgarage für Maßnahmen der Instandhaltung und Instandsetzung dieses Baukörpers verantwortlich sind und dann auch nur allein über solche Maßnahmen zu entscheiden haben.

Bei einem **Verstoß gegen die Vereinbarung**, wenn also bewusst oder in Unkenntnis der Rechtslage eine Einzelmaßnahme von allen Eigentümern entschieden wird, wäre ein solcher Beschluss nach Anfechtung für ungültig zu erklären. Er wird allerdings bestandskräftig, wenn er nicht innerhalb eines Monats gemäß § 46 Abs. 1 WEG bei Gericht angefochten worden ist. Von der Nichtigkeit eines solchen Beschlusses kann nicht ausgegangen werden, wenn er nur eine bestimmte Instandhaltungsmaßnahme regelt und die in der Gemeinschaftsordnung enthaltene Vereinbarung über eine blockweise Abrechnung nicht grundsätzlich und nicht mit Wirkung für die Zukunft verändert. Es handelt sich dann nur um einen vereinbarungswidrigen, nicht um einen die Vereinbarung verändernden Beschluss. Dafür ist Beschlusskompetenz vorhanden. 275

Wegen einer Regelung nur im Einzelfall liegt auch kein Verstoß gegen § 21 Abs. 3 WEG vor, obwohl diese Vorschrift davon ausgeht, dass nur dann Beschlüsse gefasst werden dürfen, wenn ein Thema aus dem Bereich der Verwaltung des gemeinschaftlichen Eigentums nicht bereits durch eine Vereinbarung der Wohnungseigentümer geregelt ist. 276

Ein neuer Beschluss ist möglich, er darf aber nicht bestehenden Beschlüssen widersprechen[1]. **§ 21 Abs. 3 WEG regelt nicht nur die Beschlusskompetenz der Eigentümer**, sondern auch die Frage des Vertrauensschutzes. Eigentümer und deren Rechtsnachfolger können und müssen sich auf die Bestandskraft von Vereinbarungen und Beschlüssen verlassen können, denn sie werden gemäß § 10 Abs. 3, Abs. 4 und Abs. 5 WEG in die dort geschaffenen Rechte und Pflichten eingebunden. Von der Möglichkeit eines erneuten und abändernden Beschlusses (**Zweitbeschluss**) ist die Verpflichtung zu dessen Erlass zu unterscheiden[2].

---

[1] OLG Düsseldorf, Beschl. v. 20. 4. 2007 – I-3 Wx 127/06, OLGReport Düsseldorf 2007, 500 = NZM 2007, 569 = ZWE 2007, 308.
[2] OLG Frankfurt/Main, Beschl. v. 3. 9. 2004 – 20 W 34/02, OLGReport Frankfurt 2005, 334.

277 Wenn Eigentümer bestehende **Beschlüsse durch neue, im Inhalt geänderte Beschlüsse ersetzen**[1], hat das Gericht in einer Anfechtungsklage zu prüfen, ob der Beschluss ordnungsmäßiger Verwaltung gemäß § 21 Abs. 4 WEG entspricht. Dabei muss abgewogen werden, ob das **Vertrauen** eines Eigentümers **auf Erhalt des früheren Beschlusses** so überwiegt, dass der neue Beschluss als fehlerhaft einzustufen ist und nicht mehr ordnungsmäßiger Verwaltung entspricht. Die Abwägung erfolgt nach den Grundsätzen von Treu und Glauben, § 242 BGB. Soweit möglich, sollte eine neue Beschlussfassung die berechtigten Interessen der vertrauenden Miteigentümer bereits ausreichend berücksichtigen.

g) Formulierung eines Antrages zur Sache

278 Die Beschlussfassung ist gemäß § 21 Abs. 3 WEG eine Angelegenheit der Selbstverwaltung der Eigentümer. Der Verwalter schafft die Voraussetzungen dafür, dass die Eigentümer einen Beschluss überhaupt in einer Eigentümerversammlung mehrheitlich herbeiführen können[2]. Die **Formulierung** eines Beschlussvorschlages ist **nicht zwingend die Aufgabe des Verwalters**. Sie kann auch aus dem Kreis der Eigentümer heraus erfolgen.

279 Weil der Verwalter die Voraussetzungen für eine ordentliche Versammlung herzustellen hat und nach § 23 Abs. 2 WEG der **Beschlussgegenstand bei der Einberufung zu „bezeichnen"** ist[3], muss der Verwalter bereits bei der Einladung zur Versammlung ausreichend deutlich machen, zu welchem Thema welcher Beschluss gefasst werden soll oder gefasst werden könnte[4]. Die vorbereitenden Überlegungen des Verwalters in der Einladung zur Eigentümerversammlung können bereits einen Vorschlag zur Formulierung eines Beschlusses beinhalten, ohne dass die Eigentümer daran gebunden wären. Dies hat den Vorteil, dass die Eigentümer Inhalt, Absicht und Folgen eines Beschlusses als Ergebnis der Vorüberlegungen leichter nachvollziehen können, nachdem sie bei den Vorbereitungen durch den Verwalter unmittelbar nicht beteiligt waren.

280 Zum Inhalt der Beschlussformulierung muss sich der Verwalter klar werden, welche **Schritte zum Erreichen eines geplanten Ziels** erforderlich sind, welche Bedingungen ggf. formuliert werden müssen und welche Möglichkeiten die Eigentümer entsprechend seinen Vorarbeiten überhaupt haben, den anstehenden Handlungsbedarf zu erledigen.

---

1 BGH, Beschl. v. 23. 8. 2001 – V ZB 10/01, BGHZ 148, 335 = NJW 2001, 3339 = ZMR 2001, 809 = NZM 2001, 961 = ZfIR 2001, 835 = Grundeigentum 2001, 1405 = WuM 2001, 572 = ZWE 2001, 530.
2 AG Bremen, Beschl. v. 15. 9. 1998 – 111a II 47/98 WEG, WuM 1999, 592.
3 BayObLG, Beschl. v. 13. 12. 1984 – 2 Z 5/83, WuM 1985, 100 = MDR 1985, 412.
4 OLG Celle, Beschl. v. 10. 10. 1996 – 4 W 220/96, OLGReport Celle 1996, 265.

Dem Erfordernis, dass der Wortlaut einer **Beschlussformulierung** vor der 281
Beschlussfassung klar und nachvollziehbar sein muss, kommt trotz der
BGH-Entscheidung vom 23. 8. 2001[1] große Bedeutung zu. Dort hat der
BGH auf die konstitutive Wirkung des vom Verwalter festgestellten und
verkündeten Beschlussergebnisses abgestellt. Es kommt seither auf die
Klarheit und die eindeutige Festlegung des Beschlussergebnisses durch
den Verwalter an. Weil eine Beschlussanfechtung auf die Behauptung gestützt werden kann, die Formulierung eines Beschlussvorschlages vor
der Abstimmung sei missverständlich gewesen, bleibt es weiter Grund-
pflicht des Verwalters, für klare Beschlussvorgaben zu sorgen[2]. Später ist
der verkündete Beschluss im Wortlaut in die **Beschluss-Sammlung** einzutragen, § 24 Abs. 7 WEG.

Zur Vermeidung von Verständnisproblemen bei der Stimmenabgabe 282
sollte **eine positive Formulierung** eines Beschlusswortlautes erfolgen. Bei
einem negativ formulierten Beschlussvorschlag: Die Heizung wird nicht
erneuert und der anschließenden Fragestellung, wer für diesen Beschluss
ist, besteht die Gefahr und große Wahrscheinlichkeit, dass abgegebene
Ja-Stimmen fälschlicherweise als Abstimmung für eine Heizungserneue-
rung und Nein-Stimmen fälschlicherweise als Ablehnung einer Hei-
zungserneuerung abgegeben oder gewertet werden.

h) Formulierung eines Antrages zur Finanzierung

Die Beschlussfassung über die Finanzierung bezweckt Mehrfaches: 283

- Die Eigentümer müssen sich **Klarheit** darüber verschaffen, ob sie die
  prognostizierten **Ausgaben** aufwenden wollen.

- Der **Verwalter wird ermächtigt** und in die Lage versetzt, Aufträge zu
  erteilen und sie aus den von den Eigentümern vorgesehenen Mitteln
  zu bezahlen.

- Der Mehrheitsbeschluss dient als **Anspruchsgrundlage**, die in der Verfügungsgewalt des Verwalters noch nicht vorhandenen **Gelder einzuziehen**, gegebenenfalls mit Hilfe eines Rechtsanwalts, eines Gerichtes und des Gerichtsvollziehers.

- Die Eigentümer können eine von den gesetzlichen oder von den vereinbarten Vorgaben **abweichende Kostenverteilung** nach § 16 Abs. 4
  WEG für den Einzelfall beschließen.

---

1 BGH, Beschl. v. 23. 8. 2001 – V ZB 10/01, BGHZ 148, 335 = NJW 2001, 3339 =
  ZMR 2001, 809 = NZM 2001, 961 = ZfIR 2001, 835 = Grundeigentum 2001, 1405
  = WuM 2001, 572 = ZWE 2001, 530.
2 KG, Beschl. v. 17. 10. 2001 – 24 W 9876/00, KGR Berlin 2001, 391 = NZM 2001,
  1085 = NJW-RR 2002, 11 = WuM 2001, 622 = ZWE 2002, 37 = ZMR 2002, 149.

– Bei einer Beschlussfassung über bauliche Veränderungen, wozu auch Modernisierungen oder Anpassungen an den Stand der Technik im Sinne von § 22 Abs. 2 WEG gehören, vermeidet eine individuelle Kostenverteilungsregelung den **Kostendruck und Nutzungsausschluss** des § 16 Abs. 6 Satz 1 WEG, wonach nur die Eigentümer Kosten zu übernehmen haben, die der Maßnahme zustimmen und auch nur diese Eigentümer die Maßnahmen nutzen können.

– Eine gesicherte Finanzierung durch den Verband **schützt** die Eigentümer vor einer **anteiligen persönlichen Haftung** nach § 10 Abs. 8 WEG.

284 Ist von Anfang an erkennbar, dass einzelne Eigentümer den beschlossenen Finanzierungsbetrag nicht bereitstellen können, muss **Vorsorge** getroffen werden, **dass die übrigen Eigentümer dessen Anteil mit übernehmen**, ohne die Zahlungspflicht des derzeitig nicht leistungsfähigen Miteigentümers endgültig auszuklammern.

285 Dies gilt auch gegen einen **Miteigentümer, der insolvent geworden** ist[1]. Ein Wohnungseigentümer kann nämlich von seiner in § 16 Abs. 2 WEG normierten Verpflichtung gegenüber den anderen Wohnungseigentümern, die Lasten und Kosten des gemeinschaftlichen Eigentums mitzutragen, durch Unvermögen nicht frei werden. Unvermögen zur Leistung ist hier wie auch sonst kein hinreichender Grund dafür, den Schuldner aus seiner Verpflichtung zu entlassen.

286 Insoweit ist eine **zweistufige Beschlussfassung erforderlich**, wonach zunächst alle Eigentümer entsprechend dem in der Gemeinschaft geltenden Kostenverteilungsschlüssel zur Zahlung des erforderlichen Betrages verpflichtet werden. Durch diesen Beschluss wird auch der nicht zahlungsfähige Miteigentümer Schuldner der Forderung. In einem zweiten Beschluss ist der Anteil des voraussichtlich ausfallenden Miteigentümers auf die restlichen Eigentümer zu verteilen und als Zahlungspflicht zu bestimmen. Durch diesen zweiten Beschluss werden die übrigen Miteigentümer Mitgläubiger[2] gemäß § 432 BGB in Höhe der von ihnen übernommen Teilforderung gegen den ausgefallenen Miteigentümer. Die gleiche Wirkung erzeugt ein Mehrheitsbeschluss, in dem von einem entsprechend **erhöhten Finanzbedarf** ausgegangen wird.

Beschlussvorschlag

287 (a)... Die Kosten der (... z.B. Dachsanierung) i.H.v. voraussichtlich 100 000 Euro werden i.H.v. 80 000 Euro durch eine Sonderumlage bereitgestellt, der erforderliche Restbetrag wird der Instandhaltungsrücklage ent-

---

1 BayObLG, Beschl. v. 10. 8. 1989 – 2 Z 81/89, WuM 1990, 89.
2 OLG Köln, Beschl. v. 9. 8. 2000 – 16 Wx 67/00, OLGReport Köln 2001, 43 = NJW-RR 2001, 159 = WuM 2001, 42 = NZM 2001, 429.

nommen. Die Sonderumlage errechnet sich für jeden Eigentümer (...z. B. nach den Miteigentumsanteilen) und ist vom Verwalter bei den Eigentümern so rechtzeitig anzufordern, dass die Umlagesumme bei Auftragsvergabe auf dem Gemeinschaftskonto zur Verfügung steht. Der vollständige Eingang der Sonderumlage ist (alternativ: ist nicht) Voraussetzung für eine Auftragserteilung.

(b) Der Verwalter wird ermächtigt, die errechneten Sonderumlagenanteile des Miteigentümers C und der Miteigentümerin M, die derzeitig nicht zahlungsfähig sind, als erforderlichen Mehraufwand nach dem gleichen Maßstab zusätzlich auf die restlichen Miteigentümer umzulegen, um den Eingang der vollständigen Sonderumlage zu sichern. Die schuldbegründende Wirkung des Sonderumlagebeschlusses (a) gegen die Miteigentümer C und M wird durch diese zusätzliche Umlage nicht berührt. ...

Die Geldbeschaffung wird i. d. R. über den Zugriff auf die Instandhaltungsrücklage oder durch einen Mehrheitsbeschluss für eine Sonderumlage erfolgen. Denkbar ist auch ein Mehrheitsbeschluss, wonach die **Eigentümer über den Verband einen Bankkredit** aufnehmen und diesen samt Zinsen als gemeinschaftliche Kosten gemäß § 16 Abs. 2 WEG zurückbezahlen wollen. Eine solche Beschlussfassung wäre im Zuge ordnungsmäßiger Verwaltung jetzt wohl grundsätzlich möglich, wenn der Verband Vertragspartner der Bank wird und keine Gefahr der gesamtschuldnerischen Haftung eines Eigentümers besteht. 288

Die Kreditaufnahme durch die Eigentümergemeinschaft, meist vertreten durch den Verwalter, sollte nur **ausnahmsweise** erfolgen[1]. In der Rechtsprechung wurde bisher eine **Kreditaufnahme** als zulässig erachtet[2], die die Summe der Hausgeldzahlungen aller Wohnungseigentümer für drei Monate nicht übersteigt und die zur Überbrückung eines **kurzfristigen Liquiditätsengpasses** dient[3]. 289

Teilweise wird in der Rechtsprechung gefordert, dass Sonderumlagen für den einzelnen Eigentümer in der jeweiligen anteiligen Höhe vor der Beschlussfassung **betragsmäßig** berechnet und bekannt gegeben werden[4]. Bei der **Auslegung** eines Eigentümerbeschlusses können aber auch Umstände außerhalb des protokollierten Beschlusses herangezogen werden, wenn sie nach den besonderen Umständen des Einzelfalles ohne weiteres 290

---

1 KG, Beschl. v. 28. 1. 1994 – 24 W 1145/93, KGR Berlin 1994, 87 = WuM 1994, 400 = Grundeigentum 1994, 875 = NJW-RR 1994, 1105 = WE 1994, 271.
2 BGH, Urteil v. 28. 4. 1993 – VIII ZR 109/92, NJW-RR 1993, 1227 = WM 1994, 161.
3 Noch ablehnend: BayObLG, Beschl. v. 17. 8. 2005 – 2 Z BR 229/04, FGPrax 2005, 245 = NJW-RR 2006, 20 = NZM 2006, 62.
4 BayObLG, Beschl. v. 18. 3. 2004 – 2 Z BR 249/03, NJW-RR 2004, 1378 = ZMR 2005, 377.

für jedermann erkennbar sind. Für einen Sonderumlagebeschluss bedeutet dies, dass die betragsmäßige Bezeichnung des von einem einzelnen Eigentümer geschuldeten Anteils ausnahmsweise dann fehlen kann, wenn sich der geschuldete Betrag einfach errechnen lässt. Dies gilt zum einen, wenn der **Verteilungsmaßstab** in dem Beschluss angegeben ist, aber auch, bei Fehlen dieser Angabe, wenn für die Wohnanlage ein allgemein geltender Verteilungsschlüssel festgelegt ist, der herangezogen werden kann[1]. Wenn lediglich der Verteilungsmaßstab im Beschluss angegeben wird, muss dieser **hinreichend deutlich** gemacht werden, weil die Eigentümer den gesetzlichen oder auch den vereinbarten Verteilerschlüssel nach § 16 Abs. 3 oder Abs. 4 WEG immer wieder abweichend durch Mehrheitsbeschluss regeln können.

291 Dieser **Beschluss über die Finanzierung** einer Maßnahme sollte das **Ziel** verfolgen, aus dem Verbandsvermögen oder **von jedem einzelnen Miteigentümer** im Voraus den voraussichtlichen **Kostenanteil** zu erhalten. Bei individuellen Zahlungspflichten bleibt es den Eigentümern überlassen, wie sie den von ihnen geschuldeten Geldanteil beschaffen und rechtzeitig in die Verfügungsgewalt des Verbands bringen, der die Maßnahme durchzuführen hat.

292 Um Beschlüsse zur Zahlung einer Sonderumlage gegebenenfalls auch durchsetzen zu können, bedarf es der **Ermächtigung** gemäß § 27 Abs. 3 Nr. 7 WEG, die auch bereits im Verwaltervertrag erteilt sein kann. Zwar ist der Verwalter im **Innenverhältnis** gegenüber den Eigentümern und gegenüber dem Verband nach § 27 Abs. 1 Nr. 1 WEG verpflichtet, Beschlüsse durchzuführen und er hat gleichzeitig nach § 27 Abs. 3 Satz 1 Nr. 3 die gesetzliche Berechtigung, die laufenden Maßnahmen der erforderlichen Instandhaltungsmaßnahmen zu treffen. Auch ist er nach § 27 Abs. 3 Satz 1 Nr. 4 WEG ermächtigt, Kostenbeiträge anzufordern und entgegenzunehmen. Ob davon jedoch auch Maßnahmen zur **gerichtlichen Durchsetzung** und Maßnahmen der Zwangsvollstreckung erfasst sind, bedarf noch der richterlichen Klärung. Eine ausdrückliche Ermächtigung schafft insoweit **Rechtssicherheit**.

Beschlussvorschlag

… Der Verwalter wird beauftragt und ermächtigt, die beschlossene Sonderumlage i. H. v. … von den einzelnen Eigentümern nach Fälligkeit außergerichtlich einzuziehen und die Forderung im Falle des Verzugs gerichtlich unter Einschaltung eines Rechtsanwalts zu titulieren und zu vollstrecken. …

---

1 OLG München, Beschl. v. 12. 10. 2006 – 32 Wx 124/06, OLGReport München 2007, 37 = FGPrax 2007, 20 = Rpfleger 2007, 158 = ZMR 2007, 216.

2. Durchführung der Versammlung

a) Erörterung der Beschlussvorschläge unter Einbeziehung der Vorschläge der Eigentümer

Jeder Wohnungseigentümer muss grundsätzlich die Möglichkeit haben, bei einzelnen Instandhaltungs- oder Instandsetzungsmaßnahmen durch eigene Wortbeiträge in der Wohnungseigentümerversammlung **auf die Willensbildung** der Gesamtheit der Eigentümer **Einfluss** zu nehmen. Im Rahmen ordnungsmäßiger Verwaltung kann er dennoch **von der Mehrheit überstimmt** werden. Ihm bleibt die Möglichkeit, den gefassten Beschluss innerhalb der Monatsfrist des § 46 Abs. 1 Satz 2 WEG anzufechten und gerichtlich prüfen lassen, ob er sich im Rahmen ordnungsmäßiger Verwaltung bewegt[1].

293

Vorschläge des Verwalters oder des Beirats für Beschlussformulierungen können in der Versammlung geändert und auch völlig verworfen werden. Sie haben ihren Sinn erfüllt, indem die Ergebnisse des **vorausschauenden Denkens** formuliert wurden und so für die Eigentümer im besonderen Maß die Möglichkeit bestand, sich mit dem Thema kritisch auseinander zu setzen. Es ist die verantwortliche Aufgabe des **Versammlungsleiters**, während der Versammlung **flexibel** auf Vorschläge aus den Reihen der Eigentümer zu reagieren und ggf. die **Beschlussvorschläge neu zu formulieren**.

294

Allerdings wird bei der Neuformulierung eines Beschlussvorschlags darauf zu achten sein, dass das Thema, zu dem eingeladen wurde, als solches nicht verlassen wird, andernfalls der Vorwurf entstehen kann, es sei gegen § 23 Abs. 2 WEG verstoßen und **zum Beschlussgegenstand nicht ausreichend deutlich eingeladen** worden. Ein Gericht hätte dann, nach Erhebung der Anfechtungsklage, wegen des Mangels den Beschluss für ungültig zu erklären.

295

Das praktische Bedürfnis großer Gemeinschaften geht auf die Schaffung von **flexiblen Regelungen**. Bei nicht vorhergesehenen Instandhaltungs- oder Instandsetzungsmaßnahmen, die noch nicht als Notmaßnahmen im Sinne der §§ 21 Abs. 2, 27 Abs. 1 Nr. 3 und Abs. 3 Satz 1 Nr. 3 WEG anzusehen sind, kann es im Interesse der Wohnungseigentümer liegen, zur Vermeidung erhöhter Verwaltungskosten und eines **umständlichen Beteiligungsverfahrens** der Eigentümer, den **Verwalter zu solchen Maßnahmen im Voraus zu ermächtigten**. Der Ausgleich zum Schutzzweck der gesetzlichen Vorgaben, dass die Eigentümer über die Maßnahmen zu entscheiden haben, ist nur dann gewahrt, wenn diese Ermächtigung zu einem lediglich begrenzten finanziellen Risiko jedes Eigentümers führt

296

---

1 OLG Düsseldorf, Beschl. v. 30. 7. 1997 – 3 Wx 61/97, OLGReport Düsseldorf 1997, 297 = ZMR 1997, 605 = ZfIR 1997, 667 = WuM 1997, 639 = NJW-RR 1998, 13 = WE 1998, 37.

und die grundsätzliche Verantwortlichkeit für den Beschluss solcher Maßnahmen bei der Eigentümerversammlung bleibt. Deshalb muss die **Höhe der Ausgaben** delegierter Aufgaben begrenzt werden[1].

Auch wenn nach neuem Recht durch eine entsprechende Maßnahme nicht mehr die Eigentümer gesamtschuldnerisch zur Zahlung verpflichtet werden sondern allenfalls anteilig gemäß § 10 Abs. 8 WEG haften, falls der Verband ganz oder teilweise bei der Zahlung versagen sollte, wird diese Rechtsprechung weiter Geltung haben. Der Verwalter soll **nicht schrankenlos** über das Verbandsvermögen verfügen können.

b) Beschlussfassung über die Maßnahme

297 Die Gemeinschaft hat und braucht bei der Beschlussfassung einen **Beurteilungsspielraum** zwischen mehreren möglichen Maßnahmen sowie bei der Auswahl der zu beauftragenden Firmen; nicht der billigste Bieter muss den Zuschlag erhalten[2]. Vertretbare Mehrheitsbeschlüsse zur ordnungsgemäßen Instandhaltung und Instandsetzung sind von der überstimmten Minderheit hinzunehmen.

298 Beinhaltet eine Sanierungsmaßnahme tatsächlich (oder auch nur möglicherweise) eine **bauliche Veränderung** gemäß § 22 Abs. 1 WEG, besteht **Beschlusskompetenz**. Ein Mehrheitsbeschluss kann somit bestandskräftig werden[3]. Die bisherige Unsicherheit hinsichtlich der Beschlusskompetenz zu baulichen Veränderungen wurde durch den neuen Wortlaut des Gesetzes beseitigt. Dies gilt grundsätzlich auch für Maßnahmen der Modernisierung und zur Anpassung an den Stand der Technik nach § 22 Abs. 2 WEG[4]. Das Fehlen der dort geforderten doppelt qualifizierten Mehrheit stellt einen **Fehler auf dem Weg zum Beschluss** dar. Ein Beschluss wird (nur) nach Anfechtungsklage für ungültig erklärt, kann aber im Übrigen bestandskräftig werden.

In Einzelfällen, z. B. bei der Instandhaltung und Instandsetzung eines Altbaues, kann die Eigentümergemeinschaft bei der Sanierung auch nur ein **Vorgehen in Teilabschnitten** nach jeweiliger Prüfung eines Sachverständigen beschließen, wodurch mehrere Versammlungen mit jeweiligen Beschlussfassungen nötig werden[5]. Dies gilt auch dann, wenn ein **Woh-**

---

1 OLG Düsseldorf, Beschl. v. 30. 7. 1997 – 3 Wx 61/97, OLGReport Düsseldorf 1997, 297 = ZMR 1997, 605 = ZfIR 1997, 667 = WuM 1997, 639 = NJW-RR 1998, 13 = WE 1998, 37.
2 Hans. OLG Hamburg, Beschl. v. 13. 3. 2000 – 2 Wx 27/98, ZMR 2000, 478 = WE 2001, 12.
3 BayObLG, Beschl. v. 27. 4. 2001 – 2 Z BR 70/00, ZMR 2001, 829 = NZM 2001, 1138 = ZWE 2001, 424.
4 *Hügel* in Hügel/Elzer, Das neue WEG-Recht, § 7 Rz. 41.
5 KG, Beschl. v. 24. 1. 2001 – 24 U 340/00, KGR Berlin 2001, 173 = ZMR 2001, 657 = NZM 2001, 759 = ZWE 2001, 613.

nungseigentümer eigenmächtig einen Baumangel ohne Mehrheitsbeschluss auf eigene Kosten behoben hat und danach ein anderer Wohnungseigentümer die **Beseitigung dieser Baumaßnahme** verlangt. Die Beteiligten müssen dann erst einen Mehrheitsbeschluss über die **Konzeption der Behebung** des Baumangels herbeiführen. Erst danach kann über den Beseitigungsanspruch entschieden werden[1].

Beschlüsse, die ohne die Beschlusskompetenz herbeigeführt werden, sind nichtig. Dies gilt z.B. dann, wenn der Beschlussgegenstand nicht das gemeinschaftliche Eigentum betrifft[2]. 299

Es ist ratsam, im jeweils nötigen Umfang aus Gründen der Klarheit, Trennbarkeit und Durchführbarkeit überschaubare, kleinere Einzelbeschlüsse herbeizuführen. Typische Beschlussthemen bei Maßnahmen der Instandhaltung und Instandsetzung sind, 300

– ob eine Maßnahme durchgeführt wird,

– welche von mehreren Maßnahmen ausgewählt wird,

– durch welche Firma/Firmen die Arbeiten erledigt werden sollen,

– durch wen Auftrag erteilt wird,

– wann Auftrag erteilt werden soll/darf und wann nicht,

– wie finanziert wird,

– von wem fehlende Gelder beigetrieben werden sollen,

– wie nach einer Beschlussanfechtung reagiert werden soll,

– wann ggf. eine außerordentliche Versammlung einberufen werden muss,

– wer die Baumaßnahmen überwacht,

– wer abnimmt,

– wer Rechnungen prüft und zur Zahlung freigibt,

– wer die Gewährleistungsansprüche überwacht,

– ob und ggf. welches Sonderhonorar der Verwalter erhält.

Die Behandlung dieser Themen kann zwar in nur einem Beschlussvorgang erfolgen. Wird ein klar **abtrennbarer Teil des Beschlusses** angefochten, ist nur dieser **Gegenstand des Verfahrens**; der Rest wird bestandskräftig. Die Anfechtung eines Eigentümerbeschlusses kann auf einen ab-

---

1 OLG Karlsruhe, Beschl. v. 17. 7. 2000 – 11 Wx 42/00, OLGReport Karlsruhe 2001, 1 = WuM 2000, 500 = NZM 2001, 758.
2 OLG Köln, Beschl. v. 5. 12. 2000 – 16 Wx 121/00, OLGReport Köln 2001, 161 = NZM 2001, 541 = ZMR 2001, 568 = ZfIR 2001, 749.

trennbaren Teil des Beschlusses beschränkt werden. Erfüllt die Beschränkung diese Voraussetzung aber nicht, so ist der Antrag grundsätzlich als Anfechtung des ganzen Eigentümerbeschlusses auszulegen[1].

c) Beschlussfassung über die Finanzierung

301 Ein Mehrheitsbeschluss, **entgegen** dem in der Gemeinschaftsordnung vereinbarten **Kostenverteilungsschlüssel** alle oder einzelne Eigentümer mit einer **einmaligen Sonderumlage** wegen besonderer Kosten zu belasten, ist als lediglich vereinbarungswidriger Beschluss **nicht nichtig**[2]. Diese Rechtsprechung findet auch nach der neuen Gesetzeslage in § 16 Abs. 4 WEG seine Fortsetzung. Im Einzelfall können Kosten zur Instandhaltung und Instandsetzung nach einem besonderen Kostenschlüssel verteilt werden. Das Fehlen der dort geforderten doppelten Qualifizierung führt zur Anfechtbarkeit des Beschlusses, nicht zu dessen Nichtigkeit[3].

302 Da über die Finanzierung von Sanierungsmaßnahmen erst entschieden werden kann, wenn die Höhe der zu erwartenden Kosten zumindest abschätzbar ist, erbringt der Verwalter Vorarbeiten in Form von **Sanierungskonzepten und Kostenvoranschlägen**[4]. Entsprechen diese nicht den Vorstellungen der Eigentümer, können sie sich beschränken und den Mehrheitsbeschluss fassen, eine **andere Maßnahme** der Instandhaltung und Instandsetzung nach den Vorstellungen der Eigentümer anzustreben und die dadurch anfallenden Kosten durch einen Fachmann prüfen und ermitteln zu lassen, um dann in einer neuen Versammlung darüber beraten und Beschluss fassen zu können. Dadurch werden zugleich die **Kosten für diese Ermittlungen genehmigt**, wobei geklärt werden muss, aus welchen Mitteln diese zu zahlen sind. Denkbar wäre aber auch, einen **vorsorglichen Beschluss** zu fassen, eine Maßnahme unter genau beschriebenen Voraussetzungen (z.B. mit Kostenrahmen) ohne weitere Versammlung und Beschlussfassungen durchzuführen, falls sich die Vorstellungen der Eigentümer realisieren lassen. Die Frage, „ob" eine Maßnahme durchgeführt werden soll, ist dann bereits bedingt entschieden worden[5].

---

1 BayObLG, Beschl. v. 20. 4. 2000 – 2 Z BR 171/99, BayObLGZ 2000, 49 = NZM 2000, 679 = ZMR 2000, 547 = NJW-RR 2001, 10 = WuM 2001, 206 = ZWE 2000, 309.
2 BayObLG, Beschl. v. 4. 4. 2001 – 2 Z BR 13/01, NZM 2001, 535 = NJW-RR 2001, 1020 = Wohnungseigentümer 2001, 65 = Grundeigentum 2001, 1065 = ZMR 2001, 822 = ZWE 2001, 370.
3 *Hügel* in Hügel/Elzer, Das neue WEG-Recht, § 7 Rz. 41.
4 BayObLG, Beschl. v. 23. 5. 2001 – 2 Z BR 99/00, BayObLGR 2001, 83 = ZMR 2001, 832 = Wohnungseigentümer 2001, 112 = ZWE 2001, 366.
5 BayObLG, Beschl. v. 16. 3. 1988 – 2 Z 149/87, Wohnungseigentümer 1988, 101 = NJW-RR 1988, 1169 = WuM 1988, 185.

Eine Maßnahme entspricht hinsichtlich der Kostenplanung nur dann 303
ordnungsmäßiger Verwaltung, wenn den Wohnungseigentümern vor der
Beschlussfassung **objektiv zutreffende Angaben** über die Finanzierungs-
möglichkeiten, z. B. unter Berücksichtigung öffentlicher Zuschüsse, gemacht worden sind[1].

d) Beschlussfassung über die Auftragserteilung

Auch wenn § 27 Abs. 1 Nr. 1 WEG dem Verwalter die Pflicht zuweist, 304
Beschlüsse auszuführen und wenn dieser nach § 27 Abs. 1 Nr. 2 WEG
die erforderlichen Maßnahmen der Instandhaltung und Instandsetzung
zu treffen hat, können die Eigentümer **einen Dritten ermächtigen**, die
Aufträge zu erteilen bzw. die erforderlichen Verträge abzuschließen. Allerdings muss dieses Handeln den **Verwalter mit einbeziehen**; er darf wegen § 27 Abs. 4 WEG von dieser Aufgabenstellung nicht völlig ausgeschlossen werden. Ansonsten wäre der Beschluss wegen Verstoß gegen
eine zwingende gesetzliche Vorgabe nichtig[2].

Treffen die Eigentümer zur Auftragserteilung keine gesonderte Regelung, 305
ergibt sich die **Ausführungspflicht des Verwalters** unmittelbar aus § 27
Abs. 1 Nr. 1 WEG. Im Interesse des Verwalters selbst sollte er sich **Vorgaben** von den Eigentümern dazu machen lassen, **wie er auf verschiedene
Eventualitäten reagieren soll**.

Aus der Handlungspflicht des Verwalters gemäß § 27 Abs. 1 Nr. 1 WEG 306
ergibt sich, dass **Beschlüsse ohne schuldhafte Verzögerung**, also unverzüglich, **auszuführen** sind. Dies ist dann bedenklich, wenn ein Miteigentümer eine Beschlussanfechtung angekündigt hat und tatsächlich realisiert. In diesen Fällen ist es tunlich, **von den Eigentümern bereits entscheiden zu lassen, ob trotz der Beschlussanfechtung der beschlossene
Auftrag vergeben werden soll**, mit dem Risiko, dass die begonnenen Arbeiten möglicherweise im Zuge eines gerichtlichen Verfahrens durch
eine einstweilige Verfügung (§§ 935 ff. ZPO) gestoppt werden oder dass
am Ende des Rechtszuges durch mehrere Instanzen als Ergebnis festgestellt wird, dass es sich nicht um eine Maßnahme der ordnungsgemäßen Verwaltung gehandelt hat und ein Rückbau durchzuführen ist. Gibt
es keine Vorgabe der Eigentümer, kann dem Verwalter wegen seiner
Pflicht zum Handeln[3] **kein Vorwurf** gemacht werden, wenn er in Kenntnis einer angekündigten Beschlussanfechtung den Beschluss durchführt
und Auftrag erteilt[4].

---

1 KG, Beschl. v. 2. 2. 1996 – 24 W 7880/95, KGR Berlin 1996, 194 = ZMR 1996, 282
 = WuM 1996, 300 = FGPrax 1996, 95 = Grundeigentum 1996, 991.
2 BGH, Beschl. v. 20. 9. 2000 – V ZB 58/99, BGHZ 145, 158 = NJW 2000, 3500 =
 ZMR 2000, 771 = ZfIR 2000, 877 = Wohnungseigentümer 2000, 113 = Grundeigentum 2000, 1478 = WM 2000, 2350 = WuM 2000, 620 = ZWE 2000, 518.
3 *Abramenko* in Riecke/Schmid, WEG, 2. Aufl., § 27 Rz. 12 ff.
4 *Wenzel*, WE 1998, 455.

307 Die Frage, **wann der Auftrag erteilt werden soll** oder darf, ist auch im Hinblick auf die Einbringlichkeit der für die Maßnahmen erforderlichen Kosten von Bedeutung. Zur Vermeidung einer anteiligen individuellen Haftung der Eigentümer nach § 10 Abs. 8 WEG darf der Verwalter erst dann einen Auftrag als Maßnahme ordnungsmäßiger Verwaltung erteilen, wenn er die dadurch anfallenden Kosten gesichert vom Verbandsvermögen aus den geplanten Mitteln zahlen kann. Ist eine Vermutung vorhanden, dass einzelne Eigentümer eine beschlossene Sonderumlage zur Finanzierung der Maßnahme nicht bezahlen werden, sollte vorsorglich eine **Handlungsvorgabe** für den Verwalter beschlossen werden, unter welchen Voraussetzungen er von der Auftragsverteilung abzusehen hat bzw. wann er dennoch Auftrag erteilen soll und wie er dann mit den fehlenden Kosten umzugehen hat. Hierzu gehört eine Beschlussfassung, die den Verwalter nach § 27 Abs. 3 Nr. 7 WEG ermächtigt, ggf. ausstehende Gelder außergerichtlich und nötigenfalls gerichtlich geltend zu machen, dafür anwaltliche Hilfe einzuschalten[1] und die dadurch entstehenden Kosten als gemeinschaftliche Kosten zu betrachten, mit dem Ziel, soweit möglich Kostenerstattung vom Verursacher dieser Kosten zu erlangen.

308 Sieht die Gemeinschaft davon ab, Kostenvoranschläge einzuholen, entspricht ein Beschluss nicht ordnungsmäßiger Verwaltung, wenn der **Verwalter ermächtigt** wird, Aufträge bis zu einem bestimmten Betrag zu Lasten der Eigentümer allein zu erteilen, wenn die **Gesamtsumme der Ausgaben** nicht festgelegt wird[2].

e) Beschlussfassung über ein Sonderhonorar des Verwalters

309 Die Tätigkeit des Verwalters ist regelmäßig durch die vereinbarte oder durch die **übliche Vergütung** gemäß §§ 675, 612 BGB abgegolten. Dies gilt insbesondere im Bereich der dem Verwalter gesetzlich zugewiesenen Rechte und Aufgaben. Mit den Grundsätzen ordnungsmäßiger Verwaltung sei es nicht zu vereinbaren, dem Verwalter für Tätigkeiten, die zu seinem Pflichtenkreis gehören, eine **Sondervergütung** zuzubilligen[3]. So soll für eine außerordentliche Versammlung nur dann ein Sonderhonorar geschuldet sein, wenn dies zuvor vereinbart wurde[4].

310 Auch dann, wenn es nach dem Verwaltervertrag grundsätzlich zur Aufgabe des Verwalters gehört, Baumaßnahmen zu überwachen, entspricht es ordnungsmäßiger Verwaltung, wenn die Eigentümergemeinschaft ihm für eine **besonders aufwendige Bauüberwachung** eine zusätzliche

---
1 LG Itzehoe, Beschl. v. 6. 3. 2001 – 1 T 110/00, ZMR 2001, 919.
2 OLG Düsseldorf, Beschl. v. 8. 11. 2000 – 3 Wx 253/00, ZMR 2001, 303 = NZM 2001, 390 = NJW-RR 2001, 660 = ZWE 2001, 219.
3 OLG Düsseldorf, Beschl. v. 17. 6. 1998 – 3 Wx 107/98, ZfIR 1998, 483 = ZMR 1998, 653 = NZM 1998, 770 = WE 1998, 488.
4 LG Itzehoe, Beschl. v. 6. 3. 2001 – 1 T 110/00, ZMR 2001, 919.

Sondervergütung bewilligt[1]. Der von den Eigentümern allgemein zum Abschluss eines Verwaltervertrags ermächtigte **Beirat**[2] soll Sondervergütungen vereinbaren können[3].

Die **mehrheitliche Entscheidung** der Eigentümer, einem Verwalter ein **Sonderhonorar** für eine konkrete Maßnahme zuzugestehen, die dem Verwalter mehr Arbeit und/oder höhere Verantwortung zuweist, liegt grundsätzlich innerhalb der Beschlusskompetenz der Eigentümer und ist nicht nichtig[4]. Dagegen entspricht die Klausel in einem Verwaltervertrag nicht ordnungsmäßiger Verwaltung, dass der Verwalter, neben der **Pauschalvergütung**, für die Vergabe von Aufträgen **je Auftragssumme** ab 5 000 DM 4,5 % der Rechnungsendsumme je Auftragssumme unter 5 000 DM 8 % der Rechnungsendsumme erhält[5]. 311

Wird der von den Wohnungseigentümern ermächtigte Verwalter für die Wohnungseigentümer gerichtlich tätig, kann er sich dafür von den Wohnungseigentümern eine **Sondervergütung, berechnet nach BRAGO oder nach RVG**, bewilligen lassen[6]. Dabei verstößt er nicht gegen das Rechtsberatungsgesetz. 312

Hat sich der Verwalter wegen einer Sondermaßnahme **eigenmächtig ein Sonderhonorar** ausgezahlt und wird die Abrechnung von den Eigentümern mehrheitlich angenommen, in der die Ausgabe enthalten war, kann darin eine **Genehmigung** liegen. Hatte nämlich der **Verwaltungsbeirat** Gelegenheit, seine Kontrollen nach § 29 Abs. 3 WEG durchzuführen und tat er dies nicht oder nur unzureichend, müssen sich die Eigentümer entsprechend § 166 Abs. 1 BGB so behandeln lassen, als hätten sie selbst vor einer Beschlussfassung Kenntnis von den ungeprüft gebliebenen Vorgängen gehabt und die Jahresabrechnung mit diesem Kenntnisstand gebilligt[7]. 313

Eine Sondervergütung muss sich der Höhe nach in angemessenem Rahmen halten und den zusätzlichen besonderen Zeit- und Arbeitsaufwand im Einzelfall berücksichtigen. Lässt sich dieser bei einer Beschlussfassung noch nicht endgültig absehen, kann auch eine **pauschale Sonderver-** 314

---

1 OLG Köln, Beschl. v. 19. 3. 2001 – 16 Wx 35/01, OLGReport Köln 2001, 233 = NZM 2001, 470.
2 OLG Köln, Beschl. v. 9. 7. 1990 – 16 Wx 173/89, Wohnungseigentümer 1990, 109 = WuM 1990, 462 = NJW 1991, 1302.
3 OLG Hamm, Beschl. v. 19. 10.2000 – 15 W 133/00, NZM 2001, 49 = NJW-RR 2001, 226 = ZMR 2001, 138 = ZWE 2001, 81.
4 OLG Düsseldorf, Beschl. v. 9. 11. 2001 – 3 Wx 13/01, OLGReport Düsseldorf 2002, 111 = ZWE 2002, 82 = NZM 2002, 264 = WuM 2002, 168 = ZMR 2002, 294.
5 BayObLG, Beschl. v. 26. 9. 2003 – 2 Z BR 25/03, WuM 2004, 736.
6 BGH, Beschl. v. 6. 5. 1993 – V ZB 9/92, BGHZ 122, 327 = NJW 1993, 1924 = Grundeigentum 1993, 863 = ZMR 1993, 421 = AnwBl 1994, 254.
7 OLG Düsseldorf, Beschl. v. 9. 11. 2001 – 3 Wx 13/01, OLGReport Düsseldorf 2002, 111 = ZWE 2002, 82 = NZM 2002, 264 = WuM 2002, 168 = ZMR 2002, 294.

gütung beschlossen werden. Dadurch wird dem Verwalter der im Einzelfall aufwendig zu führende Nachweis seiner Zeit- und Arbeitsaufwendungen erspart[1].

315 Es ist streitig, ob es dem Verwalter nach einem gerichtlichen Verfahren möglich ist, seine Ansprüche auf ein vereinbartes **Sonderhonorar im Kostenfestsetzungsverfahren** geltend zu machen; verneinend das LG Berlin[2], befürwortend das LG München, wenn der Rahmen der Gebühren nach der BRAGO nicht überschritten wird[3].

f) Vorsorgliche Beschlussfassung für den Fall einer Beschlussanfechtung

316 Ein von den Eigentümern gefasster Beschluss muss gemäß § 27 Abs. 1 Nr. 1 WEG vom Verwalter durchgeführt werden. Insoweit hat der **Verwalter die Stellung eines (notwendigen) Vollzugsorgans**[4]. Es genügt, wenn der Verwalter seine eventuellen Bedenken über die Rechtmäßigkeit vor der Beschlussfassung den Eigentümern mitteilt. Er muss nicht von sich aus einen Beschluss anfechten und so darauf hinwirken, dass dieser für ungültig erklärt wird, wenn er glaubt, dass er nicht ordnungsmäßiger Verwaltung entspricht. Existiert der Beschluss, ist er solange gültig, bis ihn ein Gericht für ungültig erklärt hat, § 23 Abs. 4 WEG. Deswegen besteht für den Verwalter **Vollzugspflicht**, will er sich nicht möglichen Ersatzansprüchen aussetzen[5].

317 Dennoch gibt es **Gründe, den Vollzug** eines Beschlusses **aufzuschieben**. Wird der Beschluss vollzogen und später für ungültig erklärt, kann den Verwalter zwar nicht der Vorwurf treffen, fehlerhaft verwaltet zu haben. Allerdings kann z. B. ein Rückbau den Eigentümern sehr teuer kommen. Bestehen Zweifel, ob ein Beschluss wirksam oder (nur) fehlerhaft oder (sogar) nichtig ist, besteht beim Verwalter Entscheidungsnot, denn wirksame oder fehlerhafte Beschlüsse kann bzw. muss er vollziehen, **nichtige Beschlüsse darf er nicht durchführen**[6].

318 Der Verwalter kann die Eigentümer **um eine Weisung ersuchen**, wie er sich für den Fall einer Beschlussanfechtung verhalten soll. Damit wird nicht gegen die zwingende Vorgabe des § 27 Abs. 4 WEG verstoßen, weil eine Weisung der Eigentümer nicht originäre Rechte des Verwalters einschränkt, sondern als Bestandteil eines Beschlusses nur den Weg zur

---

1 BGH, Beschl. v. 6. 5. 1993 – V ZB 9/92, BGHZ 122, 327, NJW 1993, 1924 = Grundeigentum 1993, 863 = ZMR 1993, 421 = AnwBl 1994, 254.
2 LG Berlin, Beschl. v. 6. 6. 2001 – 82 T 161/01, Rpfleger 2001, 568.
3 LG München I, Beschl. v. 27. 11. 2000 – 1 T 10419/99, Rpfleger 2001, 205.
4 BGH, Beschl. v. 15. 12. 1988 – V ZB 9/88, BGHZ 106, 222 = NJW 1989, 1091 = ZMR 1989, 182 = MDR 1989, 436.
5 *Wenzel*, WE 1998, 455.
6 BGH, Beschl. v. 21. 12. 1995 – V ZB 4/94, BGHZ 131, 347 = EBE/BGH, 1996, 76 = NJW 1996, 1216 = WuM 1996, 240 = WM 1996, 787 = ZMR 1996, 274.

Ausführung vorgibt. Das Vollzugsorgan ordnet sich insoweit dem Selbstverwaltungsrecht der Eigentümer unter.

Ein dieses Problem **entschärfender Beschluss** kann lauten: 319

Beschlussvorschlag

… Die Eigentümer beschließen (… die Maßnahme)… Der Verwalter wird angewiesen, den Beschluss erst zu vollziehen, wenn der Beschluss bestandskräftig oder nach erfolgloser Anfechtung rechtskräftig wurde. …

Bei dieser Formulierung lassen es die Eigentümer auf eine gerichtliche Entscheidung ihrer Beschlussfassung bewusst ankommen.

Wenn die Eigentümer eine **bauliche Veränderung** gemäß § 22 Abs. 1 320 Satz 1 WEG mehrheitlich und ohne alle erforderlichen Zustimmungen im Wissen beschließen, dass dieser Beschluss nur Bestandskraft erlangt, wenn er nicht gerichtlich angefochten wird und dass er bei Anfechtung für ungültig erklärt wird, kann auch daran gedacht werden, die Durchführung eines **gerichtlichen Verfahrens** zu **vermeiden**.

Beschlussvorschlag

… Falls gegen den Beschluss Anfechtungsklage erhoben wird, darf der Verwalter den Beschluss nicht vollziehen; er ist berechtigt, dem Gericht die Nichtdurchführung des Beschlusses bekannt zu geben (evtl: … und hat das Thema in der nächsten Versammlung erneut zur Beschlussfassung vorzulegen). …

Erledigung eines Rechtsstreits tritt ein, wenn der Antrag des Klägers nach der Verfahrenseinleitung durch ein tatsächliches Ereignis gegenstandslos wird und die Fortführung des Verfahrens keinen Sinn mehr hat[1]. Zugleich entfällt das Rechtsschutzinteresse des Klägers. Bei der vorgeschlagenen Formulierung wird zwar ein Beschlussgegner zunächst zur gerichtlichen Anfechtung gezwungen und der Beschluss wird als solcher nicht beseitigt; er erzeugt aber auch keine Folgen hinsichtlich des Beschlussgegenstands. Das Verfahren erledigt sich nach der Einleitung, wenn der Verwalter wegen der Weisung der Eigentümer bestätigt, den Beschluss nicht zu vollziehen. Die im Beschluss enthaltene Bedingung[2] er-

---

1 BayObLG, Beschl. v. 7. 6. 2001 – 2 Z BR 32/01, NZM 2001, 1043 = ZMR 2001, 986 = ZWE 2001, 419 = NJW-RR 2002, 373.
2 BayObLG, Beschl. v. 14. 8. 1996 – 2 Z BR 77/96, WuM 1996, 722 = ZMR 1996, 680 = NJWE-MietR 1997, 15 = WE 1997, 153.

füllt sich durch die Beschlussanfechtung. **Das erledigende Ereignis** liegt in der Beschlussanfechtung und in der Bestätigung des Verwalters, tatsächlich den Beschluss nicht zu vollziehen. Erledigung tritt nicht ein, das Rechtsschutzbedürfnis für eine gerichtliche Entscheidung bleibt bestehen und es gibt möglicherweise sogar Anlass für den Erlass einer einstweiligen Verfügung, wenn der Verwalter trotz Beschlussanfechtung erkennbar den Beschluss vollzieht.

Weil die Eigentümer in diesem Fall den Miteigentümer erst zur Anfechtungsklage zwingen, wird ein Gericht nach § 91a ZPO den Beklagten (die übrigen Eigentümer) die **Kosten des Verfahrens** und die außergerichtlichen Kosten auferlegen[1]. Dies wird häufig immer noch preiswerter sein, als ein späterer gerichtlich angeordneter Rückbau.

g) Feststellung und Bekanntgabe der Beschlussergebnisse

321　Das Beschlussergebnis ist durch den Versammlungsleiter hinreichend deutlich festzustellen und zu verkünden, um dem vom BGH geschaffenen Formerfordernis zu genügen. Der Beschluss entsteht erst mit der Bekanntgabe des Beschlussergebnisses und mit dem vom Versammlungsleiter verkündeten Inhalt[2].

3. Nachbearbeitung der Versammlung

a) Festlegung der Zeitschiene für die Maßnahmen

322　Die ordnungsgemäße Durchführung insbesondere einer größeren Maßnahme erfordert eine **Zeitplanung**, um alle nötigen Gewerke in der richtigen Reihenfolge mit ausreichend Zeit aufeinander abzustimmen. Dann kann auch den Eigentümern rechtzeitig ein **Überblick** gegeben werden, wann sie an welchen Bauteilen mit welchen **Gebrauchsbeeinträchtigungen** rechnen müssen. Benötigt wird eine **Verwaltungsplanung** und eine **Ausführungsplanung**.

323　Die **Verwaltungsplanung** ist unabdingbare Aufgabe des Verwalters gemäß § 27 Abs. 1 Nr. 1 und Nr. 2 und § 27 Abs. 4 WEG. Dabei hat er seine Aufgaben zeitlich zu koordinieren. **Dazu gehört die Klärung der Fragen:**

– Wer plant die Ausführungsabläufe?

– Welche Verträge müssen abgeschlossen, wer muss dazu eingeschaltet werden (Beirat)?

---

1 Noch zum FGG-Verfahren: AG Neukölln, Beschl. v. 22. 5. 1992 – 70 II (WEG) 79/91, Grundeigentum 1993, 51.
2 BGH, Beschl. v. 23. 8. 2001 – V ZB 10/01, BGHZ 148, 335–351 = NJW 2001, 3339 = ZMR 2001, 809 = NZM 2001, 961 = ZfIR 2001, 835.

- Bis wann müssen Aufträge vergeben sein?
- Wann müssen die Eigentümer (worüber) informiert werden?
- Wann müssen Sonderumlagen eingehoben werden?
- Zu welchem Termin müssen festgelegte Rücklagen der Eigentümer gekündigt werden?
- Wie werden die laufenden Gewährleistungsfristen festgestellt und sicher notiert?

Die **Ausführungsplanung** muss nicht vom Verwalter erfolgen, sie kann auch vergeben werden. Soweit möglich wird der Verwalter gut daran tun, diese Planungsarbeiten einem Sonderfachmann zu übertragen, der wegen seiner fachlichen Kompetenz in der Lage ist, die Abläufe in die richtige Reihenfolge zu bringen. Die Einschaltung eines Fachmannes bedarf dann eines gesonderten Beschlusses, wenn dafür eine Ermächtigung nicht bereits früher, z. B. im Verwaltervertrag, erteilt wurde. Der größte Vorteil einer solchen Zeitplanung ist, dass durch die akribisch genaue Vorarbeit alle Handlungsabläufe komplett durchdacht werden müssen. Die Gefahr wird dadurch verringert, etwas Wesentliches zu vergessen. Zur Ausführungsplanung gehört die **Klärung der Fragen:** 324

- Wer erstellt ein Leistungsverzeichnis?
- Bis wann muss das Leistungsverzeichnis vorliegen?
- Wer entscheidet bis wann, welche Firmen aufgefordert werden, ein Angebot abzugeben?
- Wer schreibt die Firmen an und bis wann müssen die Schreiben abgesandt werden?
- Bis wann müssen Angebote vorliegen?
- Wer wertet die Angebote, bis wann, aus?
- Wer erstellt den Zeitplan für die Handwerker?
- Wer führt Vertragsverhandlungen und wer entscheidet, bis wann, über die Vergabe?
- Wer erteilt Aufträge?
- Wer übernimmt die Bauüberwachung?
- Wer nimmt die Arbeiten ab?
- Muss die Fertigstellung den Eigentümern gemeldet werden, ggf. bis wann?
- Feststellung, wann die Gewährleistungsfristen angelaufen sind und wann diese enden.

Ohne eine Ausführungsplanung wird eine Maßnahme improvisiert, die Fehlerquote steigt und damit erhöht sich auch die Haftungsgefahr.

b) Bereitstellung der Geldmittel

325 Die Höhe der bereitzustellenden **Geldmittel** müssen die Eigentümer ausreichend präzise **vorher beschließen**, was entsprechende Vorermittlungen des Verwalters voraussetzt. Dabei genügt es, dass sich dieser Betrag ohne weiteres errechnen lässt[1]. Weil der Kostenverteilungsschlüssel durch Beschluss nach § 16 Abs. 3 und Abs. 4 WEG verändert werden kann, muss der gültige **Verteilerschlüssel hinreichend deutlich** gemacht werden. Unsicherheiten, welcher Verteilungsschlüssel gelten soll, werden dazu führen, dass sich der Betrag einer Sonderumlage nicht mehr „ohne weiteres" errechnen lässt. Ein solcher Beschluss wird im Zweifel wegen seiner Ungenauigkeit sogar als **nichtig** anzusehen sein[2]. Die betragsmäßige Bezifferung des Betrages, den der einzelne Eigentümer aufzubringen hat, ist deswegen empfehlenswert.

326 **Schuldner einer Sonderumlage** ist der Eigentümer, der bei Fälligkeit[3] der Forderung Eigentümer ist[4]. Soweit der Verwalter **Gelder aus der Rücklage** für eine Maßnahme verwenden soll, muss er angelegte Gelder rechtzeitig **kündigen**, um Vorschusszinsen zu vermeiden.

327 Ein Auftrag soll vom Verwalter nur erteilt werden, wenn die Bezahlung sichergestellt ist. Dann handelt er innerhalb ordnungsmäßiger Verwaltung gemäß § 21 Abs. 4 WEG; er ist nach § 27 Abs. 1 Nr. 2 zur ordnungsgemäßen Instandhaltung und Instandsetzung verpflichtet. In dieser Vorgabe liegt ein **mehrschichtiger Interessenskonflikt:**

– Die Eigentümer wollen regelmäßig eine Sonderumlage zeitnah und als „verlorenes" Geld erst dann zahlen, wenn die Maßnahme unmittelbar bevorsteht oder bereits durchgeführt wird.

– Die Erholung einer Sonderumlage erst mit Beginn einer Instandhaltungsmaßnahme beinhaltet die Gefahr, dass ein oder mehrere Eigentümer nicht zahlen und bei Eingang der Rechnung eine Zahlungslücke entsteht.

– Wartet der Verwalter mit der Auftragsvergabe ab, bis er nötigenfalls durch Titulierung und Vollstreckung alle Sonderumlagen erhalten

---

1 BayObLG, Beschl. v. 23. 4. 1998 – 2 Z BR 162/97, NZM 1998, 918 = Grundeigentum 1999, 195 = WE 1999, 234.
2 OLG München, Beschl. v. 23. 8. 2006 – 34 Wx 90/06, 34 Wx 090/06, OLGReport München 2006, 729 = ZMR 2006, 952 = ZWE 2007, 157.
3 OLG München, Beschl. v. 12. 3. 2007 – 34 Wx 114/06, OLGReport München 2007, 465 = NJW-RR 2007, 1025 = ZfIR 2007, 647 = ZMR 2007, 721.
4 OLG Düsseldorf, Beschl. v. 20. 11. 2000 – 9 U 88/00, NZM 2001, 198 = WuM 2001, 200 = ZMR 2001, 372.

hat, können Monate oder Jahre vergehen. Die Angebote sind inzwischen möglicherweise, wegen einer **zeitlichen Befristung durch den Anbieter**, ungültig geworden. Der Beschluss der Eigentümer über die Maßnahme hat dann seine Geschäftsgrundlage verloren und darf nicht mehr ausgeführt werden. Die Vorbereitung der Maßnahme mit neuen Angeboten und einer neuen Mehrheitsentscheidung der Gemeinschaft muss in die Wege geleitet werden. Die zahlungswilligen Eigentümer müssen ihre früheren Zahlungen wegen der Teuerungen aufstocken. Die Forderungen gegen die zahlungsunwilligen Eigentümer müssen ggf. erneut gerichtlich und durch Zwangsvollstreckungsmaßnahmen durchgesetzt werden, was erneut zu Verzögerungen in der Auftragsvergabe führt.

Auftraggeber der Maßnahme wird der **Verband**. Dieser haftet mit dem Verbandsvermögen für die durch den Auftrag entstehenden Verbindlichkeiten. Daneben haften die Eigentümer jeweils anteilig in Höhe ihres Miteigentumsanteils (nicht mehr gesamtschuldnerisch) nach § 10 Abs. 8 WEG für die Forderung. Es ist Aufgabe des Verwalters dafür Sorge zu tragen, dass eine **Individualhaftung der Eigentümer** vermieden und die Verbindlichkeit vom Verband vollständig bezahlt wird.

Es muss unterschieden werden: 328

Liegt eine **eilige Maßnahme** vor, besteht für den Verwalter Handlungspflicht. Er wird parallel Auftrag erteilen und versuchen die Gelder zu beschaffen. Es gilt in diesen Fällen vorrangig die Gefahr weiterer Schäden abzuwenden.

Liegt **keine eilige Maßnahme** vor, sind zunächst die Gelder bereitzustellen und dann erst ist der Auftrag zu erteilen, wenn nicht eine ausdrückliche andere Vorgabe der Eigentümer besteht.

Der Verwalter kann und sollte sich von den Eigentümern **Handlungsanweisungen** geben lassen. 329

Beschlussvorschlag

… Die Bezahlung der unter Top … beschlossenen Maßnahme erfolgt aus der Instandhaltungsrücklage i. H. v. 50 000 Euro; der voraussichtliche Restbedarf v. 100 000 Euro wird durch eine Sonderumlage aufgebracht. Der Verwalter wird angewiesen, die Maßnahme erst in Auftrag zu geben, wenn die Sonderumlagen zu 100 % auf dem Geschäftskonto der Gemeinschaft eingegangen sind. …

Der **Beschluss** kann durch Veränderung der Prozentzahl in der Zahlungshöhe modifiziert werden.

Die riskantere **Vorgabe** könnte lauten:

> ... Der Verwalter wird angewiesen, die Maßnahme unverzüglich in Auftrag zu geben und zugleich die Sonderumlagen auf das Geschäftskonto der Gemeinschaft einzuziehen. ...

4. Vergabe des Auftrags

330 Die Vergabe von Aufträgen für Maßnahmen der Instandhaltung und Instandsetzung gehört (im Innenverhältnis der Eigentümer zum Verwalter) zu den **nicht abdingbaren Aufgaben** des Verwalters gemäß § 27 Abs. 1 Nr. 1 und 2 und § 27 Abs. 4 WEG.

Dabei wird der Verwalter nach Beschlussvorgaben der Eigentümer die **Aufträge (unverzüglich) zu vergeben** haben[1], auch auf die Gefahr hin, dass ein Beschluss später für ungültig erklärt wird[2]. Nötigenfalls muss er sogar **kurzfristig provisorische Maßnahmen** ergreifen, wenn es um die Gefahrenabwehr geht[3].

331 Die **Vergabe** des Auftrages **an einen Miteigentümer** kann ordnungsmäßiger Verwaltung entsprechen, wenn fachgerechte und mangelfreie Arbeit zu erwarten ist[4]. Der Verwalter kann, bei entsprechender Ermächtigung durch die Eigentümer, auch einen **Dritten**, etwa einen Ingenieur, Architekten oder Rechtsanwalt **mit der Auftragserteilung betrauen**. Weil die Durchführung des Beschlusses nach § 27 Abs. 4 WEG zu den unverzichtbaren Aufgaben des Verwalters gehört, bleiben beim **Verwalter** auch in diesem Fall **Überwachungspflichten**. Er hat für die Einhaltung der Beschlussvorgaben zu sorgen.

332 Der Verwalter darf die Eigentümer im Rechtsverhältnis zu Dritten (Außenverhältnis) nur verpflichten, wenn er beauftragt wurde[5]. Allerdings ist er als gesetzlicher Vertreter der Eigentümer und des Verbandes im Rahmen von § 27 Abs. 2 und Abs. 3 Satz 1 WEG befähigt, diese auch dann (im **Außenverhältnis**) zu verpflichten, wenn ihm im **Innenverhältnis** die Deckung fehlt. Der Verwalter kann sich entweder ausdrücklich im Beschluss ermächtigen lassen, für die Eigentümer oder für den Ver-

---

1 BayObLG, Beschl. v. 24. 11. 2004 – 2 Z BR 156/04, BayObLGR 2005, 184 = ZMR 2005, 639 = Wohnungseigentümer 2005, 28 = ZWE 2005, 230.
2 *Wenzel*, WE 1998, 455.
3 BayObLG, Beschl. v. 4. 1. 1996 – 2 Z BR 120/95, NJW-RR 1996, 657 = Wohnungseigentümer 1996, 74 = WuM 1996, 497.
4 BayObLG, Beschl. v. 28. 8. 1997 – 2 Z BR 75/97, Grundeigentum 1997, 1405 = WE 1998, 154.
5 *Belz*, Handbuch des Wohnungseigentums, 3. Aufl., Rz. 225.

band tätig zu werden und so ein Deckungsverhältnis herstellen. Hilfsweise kann die **Auslegung eines Beschlusses** zu einer Maßnahme ergeben, dass darin die Ermächtigung des Verwalters liegt, diese Maßnahme auch zu beauftragen[1]. Zu einem Handeln des **Verwalters ohne Vertretungsmacht** dürfte es deswegen kaum noch kommen.

Der Verwalter verpflichtet sich bei **Vertragsabschluss mit einem Dritten** 333
selbst, wenn nicht erkennbar wird, dass er für eine Wohnungseigentümergemeinschaft handelt und er sich nicht selbst verpflichten will[2]. Ist der **Verwalter im eigenen Namen** tätig geworden, kann ihm ein Anspruch auf Aufwendungsersatz nach § 670 oder §§ 683, 670, 257 BGB zustehen[3]. Wesentlich wird es auf die Sicht des Vertragspartners der Gemeinschaft ankommen. Konnte er eindeutig erkennen, einen Vertrag mit einer Gemeinschaft abzuschließen, wird auch (nur) diese verpflichtet[4].

Ein Beschluss der Wohnungseigentümer, in dem der Verwalter allgemein 334
ermächtigt wird, Instandsetzungsaufträge bis ca. 2500 Euro ohne Beteiligung der Wohnungseigentümergemeinschaft zu vergeben, ist auf Anfechtung für unwirksam zu erklären, wenn nicht die Obergrenze der Gesamtausgaben für mehrere Aufträge festgelegt wurde[5].

Die Entscheidung, ob ein **Werkvertrag nach BGB oder ein Bauvertrag** 335
nach VOB/B abgeschlossen wird, trifft der Verwalter allein und nach eigenem pflichtgemäßen Ermessen, wenn er keine Vorgabe der Eigentümer bekam. Die Fähigkeit des Verwalters, mit den vereinbarten Regeln umzugehen, wird vorausgesetzt. Andernfalls muss der Verwalter die Eigentümer über seine rechtliche Unkenntnis unterrichten, damit von ihm, im Auftrag der Eigentümer, ein Fachmann eingeschaltet werden kann.

Ein Vertrag nach **VOB/B** setzt immer voraus, dass der Verwalter diese **besonderen Normen** kennt und damit umgehen kann oder ein entsprechender Fachmann beteiligt wird, damit die Interessen der Eigentümer ausreichend gewahrt werden. Die VOB/B regelt zwar detailliert die Interessen der an einem Bau beteiligten Personen. Es handelt sich aber um **kein Gesetz**, sondern um ein Regelwerk, das abweichend vom Werkvertrag des BGB für die Beteiligten sowohl Rechtserweiterungen (z.B. Hemmung der Gewährleistung nach schriftlicher Rüge) wie auch Rechtsbeschränkungen (z.B. Verjährungsfristen) bringt. Diese vom Gesetz abweichenden Regeln 336

---

1 OLG Hamm, Beschl. v. 10. 2. 1997 – 15 W 197/96, OLGReport Hamm 1997, 141 = ZMR 1997, 377.
2 *Heinemann* in Jennißen, WEG, § 27 Rz. 14 ff.
3 BayObLG, Beschl. v. 4. 11. 1999 – 2 Z BR 106/99, ZMR 2000, 187 = NZM 2000, 299 = ZfIR 2000, 379 = WE 2000, 271.
4 BGH, Urteil v. 8. 1. 2004 – VII ZR 12/03, NJW-RR 2004, 1017.
5 OLG Düsseldorf, Beschl. v. 8. 11. 2000 – 3 Wx 253/00, ZMR 2001, 303 = NZM 2001, 390 = NJW-RR 2001, 660 = ZWE 2001, 219.

müssen gesondert vereinbart werden und finden **vorwiegend unter Bau-Fachleuten** Anwendung, die mit den Regeln umgehen können.

5. Durchführung des Auftrages, Abnahme und Berücksichtigung der Bauabzugssteuer

337 Die **Durchführung des Auftrages obliegt dem Auftragnehmer** auf der Grundlage des Vertrages. Den Verwalter, der keine ausdrücklichen Pflichten bei der Durchführung übernahm, trifft zumindest die Pflicht, zu überwachen, dass die Mittelverwendung gemäß den im „Ablaufplan" vorgesehenen Arbeiten erfolgt[1]. Zahlt er **überhöhte Rechnungen**, entsteht für die Eigentümer ein **Ersatzanspruch**[2]. Dies gilt insbesondere dann, wenn ein Regressanspruch beim Unternehmer scheitert[3].

338 Wurde **kein Fachmann für die Bauaufsicht** eingeschaltet, hat der **Verwalter** gemäß § 27 Abs. 1 Nr. 2 WEG die **Überwachungs- und auch Abnahmepflichten des Bauherren**[4]. Nach anderer Auffassung sei der Verwalter nicht automatisch „Bauleiter". Pflichten zur Bauüberwachung und Abnahme und dementsprechend zu Kontrollen würden den Verwalter nur treffen, wenn er zusätzlich zu seiner Verwaltertätigkeit als Bauleiter verpflichtet wurde[5].

Abnahme ist die Billigung des Werkes als zumindest in der Hauptsache vertragsgemäß[6]. Der Verwalter bedurfte nach altem Recht, zur Abgabe der Willenserklärung für die Eigentümer deren Ermächtigung. Jetzt ist er im Außenverhältnis gesetzlicher Vertreter: Für die Eigentümer im Rahmen des § 27 Abs. 2 WEG. Für den Verband im Rahmen des § 27 Abs. 3 Satz 1 WEG. Als **gesetzlicher Vertreter** des Verbands kann er nach § 27 Abs. 3 Satz 1 Nr. 3 WEG für Maßnahmen der Instandhaltung und Instandsetzung nach außen die erforderlichen Erklärungen abgegeben. Für weitergehende Maßnahmen bedarf er der gesonderten Ermächtigung nach § 27 Abs. 3 Satz 1 Nr. 7 WEG. Für die Deckung seines Handelns im **Innenverhältnis** kann er durch Beschlussfassung sorgen lassen.

339 **Will der Verwalter eine Pflichtenübernahme vermeiden**, muss er vor der Beschlussfassung z. B. seine fehlende Zeit oder Befähigung einwenden,

---

1 Hans. OLG Hamburg, Beschl. v. 25. 2. 2002 – 2 Wx 103/01, OLGReport Hamburg 2002, 411 = ZMR 2002, 453 = ZWE 2002, 479.
2 OLG Düsseldorf, Beschl. v. 10. 3. 1997 – 3 Wx 186/95, OLGReport Düsseldorf 1997, 220 = ZMR 1997, 380 = ZfIR 1997, 345.
3 KG, Beschl. v. 10. 3. 1993 – 24 W 5506/92, OLGZ 1994, 35 = WuM 1993, 306 = Wohnungseigentümer 1993, 118.
4 *Bärmann/Pick/Merle*, WEG, 9. Aufl., § 27 Rz. 53.
5 KG, Beschl. v. 19. 10. 1998 – 24 W 4300/98, KGR Berlin 1999, 122 = WE 1999, 68 = NZM 1999, 131 = ZMR 1999, 207 = WuM 1999, 184.
6 BGH, Urteil v. 25. 3. 1993 – X ZR 17/92, NJW 1993, 1972 = BauR 1993, 469.

damit die Eigentümer in der Lage sind, ihre Rechte anderweitig, etwa durch einen beauftragten Fachmann, wahrnehmen zu lassen. Mit einem solchen Hinweis und mit der Schaffung einer Entscheidungsmöglichkeit durch die Eigentümer hat der Verwalter seinen Pflichten gemäß § 27 Abs. 1 Nr. 2 WEG genügt, denn er hat den Eigentümern die erforderliche **Organisationschance** verschafft. Versäumt er dies und kümmert er sich auch nicht um die erforderliche Bauaufsicht, kommt eine **Haftung** gegenüber den Eigentümern aus der Pflichtverletzung gemäß § 280 BGB hinsichtlich der unabdingbaren Verwalterpflichten oder aus dem Verwaltervertrag in Betracht[1]. Eine Ersatzpflicht des Verwalters setzt jedoch stets eine konkrete Pflichtverletzung und ein dadurch ursächliches Verschulden des Verwalters voraus[2].

Von der **Pflicht zur Abnahme** durch den Verwalter ist dessen **Recht zur Abnahme** zu unterscheiden. Nach § 27 Abs. 3 Satz 1 Nr. 4 und Abs. 1 Nr. 5 WEG ist der Verwalter berechtigt, Leistungen entgegenzunehmen, die mit der laufenden Verwaltung des gemeinschaftlichen Eigentums zusammenhängen. Dazu gehört die Abnahme einer Maßnahme der Instandhaltung und Instandsetzung[3]. Diese unterscheidet sich von der **Erstabnahme des gemeinschaftlichen Eigentums**, etwa der Abnahme vom Bauträger, die von jedem Erwerber auf der Grundlage des Erwerbsvertrages (Kauf- oder Werkvertrag) selbst durchzuführen ist[4], solange dazu nicht anderes vereinbart wurde. 340

Ob der Verband das Recht der einzelnen Eigentümer zur **Abnahme** des gemeinschaftlichen Eigentums an sich ziehen und durch einen Beschluss regeln kann ist streitig[5]. Auch wenn man diese Abnahme zu den sonstigen Rechten und Pflichten der Eigentümer im Sinne von § 10 Abs. 6 Satz 3, 2. Alternative WEG zählt, die der Verband an sich ziehen kann, ist zweifelhaft[6], ob die Eigentümer die **Beschlusskompetenz** dafür haben[7]. Soweit sonstige Rechte und Pflichten der Eigentümer überhaupt nach § 10 Abs. 6 Satz 3 2. Alternative WEG gemeinschaftlich geltend gemacht werden können oder zu erfüllen sind, ist aber die Beschlusskompetenz der Eigentümer zur **Überleitung an den Verband** stets anzunehmen. Das Recht und die Pflicht zur Abnahme zählen dazu. Es wäre nicht konsequent, dem Verband das Recht zuzubilligen, durch einen Mehr- 341

---

1 BayObLG, Beschl. v. 2. 6. 1999 – 2 Z BR 40/99, BayObLGR 1999, 57 = ZMR 1999, 654 = NZM 1999, 840.
2 OLG Düsseldorf, Beschl. v. 29. 6. 1998 – 3 Wx 190/98, OLGReport Düsseldorf 1998, 380 = NZM 1998, 721 = ZfIR 1998, 547 = ZMR 1998, 654.
3 *Bärmann/Pick/Merle*, WEG, 9. Aufl., § 27 Rz. 113.
4 *Belz*, Handbuch des Wohnungseigentums, 3. Aufl., Rz. 61.
5 Befürwortend: BayObLG, Beschl. v. 30. 4. 1999 – 2 Z BR 153/98, NZM 1999, 862 = NJW-RR 2000, 13.
6 *Greiner*, Wohnungseigentumsrecht, Rz. 554 ff.
7 *Hügel* in Müller, Beck'sches Formularbuch, WEG.O.I. Rz. 9.

heitsbeschluss die primären Gewährleistungsansprüche an sich zu ziehen, ihm jedoch das Recht zu verweigern, durch Abnahme die Voraussetzungen dafür zu schaffen, Gewährleistungsansprüche zu verfolgen.

In einem zweiten Schritt ist von den Eigentümern zu entscheiden, ob die übergeleiteten Ansprüche durch den Verband dann auch durchgesetzt werden sollen.

342 Eine solche Vorgehensweise -mit dem Ziel einer einheitlichen Abnahme – fördert die Interessen des Bauträgers und Verkäufers. **Für die Eigentümer kann sie nachteilig** sein. Eine sukzessive Abnahme des gemeinschaftlichen Eigentums **verlängert** der Gemeinschaft die Chance, **Gewährleistungsansprüche** durch den späteren Erwerber auch dann noch zu verfolgen, wenn möglicherweise die Gewährleistungsrechte der Ersterwerber durch Zeitablauf bereits erloschen sind.

Nach der Abnahme folgt die Pflicht des Verwalters, die **Gewährleistungsfristen sicher** zu **notieren** bzw. zu dokumentieren[1], damit die Eigentümer die Rechte auch rechtzeitig wahrnehmen können[2].

343 Seit 1. 1. 2002 ist der Auftraggeber von Bauleistungen, wenn er Unternehmer gemäß § 2 UStG ist, dazu verpflichtet, vom Rechnungsbruttobetrag (einschließlich Umsatzsteuer) einen Abzug in Höhe von 15 Prozent gemäß den §§ 48 bis 48d EStG, vorzunehmen und an das zuständige Finanzamt des Auftragnehmers zu melden und weiterzuleiten. Insoweit gilt auch die Eigentümergemeinschaft als „Unternehmer", woraus sich die Verpflichtung des Verwalters aus § 27 Absatz 2 Nr. 2 WEG ergibt, diese **Bauabzugssteuer** einzubehalten und an das Finanzamt abzuführen[3]. Unter die Regelung fallen solche Bauleistungen, deren **Zahlung nach dem 31. 12. 2001** erfolgt, §§ 48 und 52 EStG.

344 Diese Verpflichtung zum Steuerabzug entfällt nur dann,

– wenn der Auftraggeber eine gültige Freistellungsbescheinigung des zuständigen Finanzamtes vorlegt oder

– Bauleistungen an private Vermieter mit ausschließlich umsatzsteuerfreien Umsätzen nach § 4 Nr. 12 UStG von jährlich nicht mehr als 15 000 Euro ausgeführt werden oder

– wenn höchstens zwei Wohnungen vermietet werden oder

---

1 OLG Hamm, Beschl. v. 17. 12. 1996 – 15 W 212/96, OLGReport Hamm 1997, 143 = Wohnungseigentümer 1997, 84 = NJW-RR 1997, 908 = WE 1997, 354.
2 BayObLG, Beschl. v. 30. 8. 1989 – 2 Z 40/89, ZMR 1990, 65 = MDR 1990, 157 = WuM 1990, 178.
3 *Jaser* in Deckert, ETW, Gruppe 8, Rz. 560–596.

– wenn die an den jeweiligen Auftragnehmer geschuldete Gegenleistung im Kalenderjahr die Bagatellgrenze von voraussichtlich 5000 Euro nicht übersteigt.

Bauleistungen sind solche Arbeiten, die der Herstellung, der Instandhaltung und Instandsetzung, der Änderung oder Beseitigung von Bauwerken dienen. Es handelt sich somit um Leistungen, die sich unmittelbar auf die Substanz des Bauwerks auswirken. 345

Bauleistungen sind nicht planerische Leistungen (etwa eines Architekten), die bloßen Reinigungsarbeiten von Räumlichkeiten oder Wartungsarbeiten an Bauwerken oder Bauteilen. Ebenso wenig gehört zu den Bauleistungen eine reine Materiallieferung durch einen Baustoffhändler.

Eigentümergemeinschaften sind dann nicht als **Unternehmer** im Sinne dieser Vorschriften einzustufen, wenn alle Wohnungen von den jeweiligen Eigentümern zu eigenen Wohnzwecken genutzt werden. Private Vermieter müssen keine Bauabzugsteuer einbehalten, wenn sie nicht mehr als zwei Wohnungen vermieten. Es ist derzeitig noch unklar, ob dies auf Eigentümergemeinschaften übertragen werden kann, in denen höchstens zwei Wohnungen vermietet sind. Im Zweifel muss auch in diesen Fällen eine Freistellungsbescheinigung angefordert werden. 346

Der Unternehmer ist verpflichtet, als Leistungsempfänger die **Freistellungsbescheinigung**, die ihm vom Auftragnehmer vorgelegt wird, **auf inhaltliche Richtigkeit** zumindest plausibel zu **überprüfen**, wobei die Lesbarkeit, das Dienstsiegel und eine Sicherheitsnummer des Finanzamtes erkennbar sein müssen. Eine zusätzliche Überprüfungsmöglichkeit besteht durch eine **elektronische Abfrage** beim Bundesamt für Finanzen (Internet: www.bff-online.de). Im Zweifel kann und sollte sich der Unternehmer bei dem Finanzamt vorsorglich erkundigen, das die Freistellungsbescheinigung ausgestellt hat. Eine solche zusätzliche Überprüfungspflicht besteht **nicht bei jeder vorgelegten Freistellungsbescheinigung**, sondern nur dann, wenn Unklarheiten bleiben. 347

Die Bauabzugsteuer kann nicht dadurch umgangen werden, dass **Abschlagszahlungen** unterhalb der Bagatellgrenze vereinbart und geleistet werden. Wenn die Gesamtleistung über der Bagatellgrenze liegt, muss bereits vor der ersten Abschlagszahlung die gültige Freistellungsbescheinigung vorliegen. Liegt keine Freistellungsbescheinigung vor, entsteht die **Pflicht zum Steuerabzug**, wenn die Gegenleistung (Zahlung) erbracht wird, § 11 EStG. Der Unternehmer hat dann innerhalb eines Kalendermonats **bis zum 10. Tag des Folgemonats** den einbehaltenen **Betrag** an das Finanzamt des Leistenden abzuführen und innerhalb des gleichen Zeitraums eine **Anmeldung** (amtlicher Vordruck) an dieses Finanzamt abzuliefern. 348

349 Wurde der Steuerabzug nicht ordnungsgemäß durchgeführt, **haften die Leistungsempfänger** für den nicht oder zu niedrig abgeführten Betrag gemäß § 48a Abs. 3 Satz 1 EStG. Haftungsschuldner für das Finanzamt ist die Gemeinschaft der Eigentümer, wobei die einzelnen Eigentümer anteilig in Anspruch genommen werden können. Diese haben einen Regressanspruch gegen den Verwalter wegen Verletzung der Verwalterpflichten, wenn die Bauabzugsteuer schuldhaft nicht einbehalten und nicht an das Finanzamt abgeführt wurde.

VIII. Ansprüche und Handlungsmöglichkeiten bei einem Notfall und Ansprüche eines Eigentümers nach Geschäftsführung ohne Auftrag

350 § 21 Abs. 4 und Abs. 5 Nr. 2 WEG verschaffen den Eigentümern einen Anspruch auf ordnungsgemäße Verwaltung, einschließlich Instandhaltung und Instandsetzung. Damit soll der regelmäßige Handlungsbedarf abgedeckt und die Gefahr eines **Schadensfalls durch Wartungsmangel** reduziert werden. Weil durch äußere Einwirkungen wie z. B. Unwetter, menschliches oder technisches Versagen oder mutwillige Beschädigungen akut auftretende Schäden nicht ausgeschlossen werden können, wurden mehrere gesetzliche **Handlungsbefugnisse** geschaffen, aus denen durch Auslegung z. T. auch **Handlungspflichten**[1] abgeleitet werden[2]. Getragen werden diese Vorschriften von dem **Grundgedanken des Bestandsschutzes**; das gemeinschaftliche Eigentum als schützende Umgebung für das Sondereigentum muss intakt bleiben und im Schadensfall schnellstens wieder hergestellt werden.

351 **Handlungsrechte** gegen bereits entstandene oder drohende materielle Schäden oder Gefahren **erhalten die Eigentümer** in § 21 Abs. 2 WEG **und der Verwalter** in § 27 Abs. 1 Nr. 3 WEG, der dort sogar als „berechtigt und verpflichtet" bezeichnet wird. Zur **Vermeidung von Rechtsnachteilen** der Eigentümer erhält der Verwalter ein Handlungs- und Vertretungsrecht in § 27 Abs. 2 Nr. 2 WEG. Die Rechte des Verbands nimmt der Verwalter als gesetzlicher Vertreter gemäß § 27 Abs. 3 Satz 1 Nr. 2, Nr. 3, Nr. 4 und Nr. 7 wahr, wobei er im letztgenannten Fall gesondert ermächtigt werden muss.

Die gesetzlichen Handlungsrechte und -pflichten nach einem Notfall finden nur dann Anwendung, wenn nicht bereits ein „Totalverlust" i. S. v. § 22 Abs. 4 WEG eingetreten ist.

352 **Eigenmächtiges Handeln eines Eigentümers** am gemeinschaftlichen Eigentum ist nicht immer durch einen „Notfall" bedingt, sondern kann ei-

---
1 *Belz*, Handbuch des Wohnungseigentums, 3. Aufl., Rz. 149.
2 *Bärmann/Pick/Merle*, WEG, 9. Aufl., § 21 Rz. 38.

gennützige **Motive** haben, mit der Folge, dass die Pflicht zur Kostenerstattung durch die Gemeinschaft entfällt.

Das Wohnungseigentumsgesetz kennt **besondere Kompetenzen**:

– Der Verwalter beobachtet und erkundet den Handlungsbedarf. § 27 Abs. 1 Nr. 2 WEG.

– Die Eigentümer entscheiden, ob, wann, was, wie erledigt wird. § 21 Abs. 1 und 3 WEG.

– Der Verwalter führt den Beschluss der Eigentümer als Vertreter des Verbands aus. § 10 Abs. 6 Satz 1 bis 3, § 27 Abs. 1 Nr. 1 und Abs. 3 Satz 1 Nr. 3 WEG.

Handelt ein Eigentümer allein, stellt sich die Frage, ob das **stillschweigende Einverständnis der übrigen Eigentümer** zu vermuten ist und ein Ersatzanspruch für Aufwendungen besteht. Ansprüche nach einer Notgeschäftsführung und nach Geschäftsführung ohne Auftrag schließen sich nicht aus.

1. Anwendungsfälle des § 21 Abs. 2 WEG

Für einen Notfall nach § 21 Abs. 2 WEG muss ein **Schaden unmittelbar drohen** und es muss zusätzlich einem Eigentümer **unzumutbar** sein, das **Tätigwerden des Verwalters** oder die **Zustimmung der anderen Wohnungseigentümer abzuwarten**[1]. Umgekehrt bedeutet dies: Besteht eine Gefahr schon einige Zeit und ist die Situation dem Verwalter bereits bekannt oder haben die Wohnungseigentümer bereits darüber diskutiert, fehlt die nötige Eilbedürftigkeit und damit die Voraussetzung für eine Notgeschäftsführung[2]. Deswegen hat der Notgeschäftsführer darzulegen, dass die **Gefahrenbeseitigung dringend und unaufschiebbar** geworden ist[3]. 353

Ist ein Schaden eingetreten und **droht durch ein Zuwarten keine Verschlechterung**, bleibt die Handlungsbefugnis allein bei den Eigentümern und dem Verwalter[4]. Auch wenn der Verwalter eine Sanierung spontan abgelehnt hat, ist ein Eigentümer nicht befugt, die **Sanierung in eigener Regie**, rechtlich verpflichtend für die übrigen Eigentümer, in die Wege zu leiten. Vielmehr ist es nötig, unter Ausschöpfung der Instrumentarien des Wohnungseigentumsgesetzes Ansprüche durchzusetzen. Es kann ggf. mit gerichtlicher Hilfe gemäß § 21 Abs. 4 und § 43 Nr. 1 WEG eine 354

---

1 BayObLG, Beschl. v. 28. 8. 2001 – 2 Z BR 50/01, WuM 2002, 105 = ZWE 2002, 129.
2 OLG Celle, Beschl. v. 20. 12.2001 – 4 W 286/01, OLGReport Celle 2002, 94 = ZWE 2002, 369.
3 BayObLG, Beschl. v. 11. 6. 2001 – 2 Z BR 128/00, ZWE 2001, 418.
4 *Bärmann/Pick/Merle*, WEG, 9. Aufl., § 21 Rz. 44.

außerordentliche Eigentümerversammlung erzwungen werden, wenn nicht erkennbar feststeht, dass eine Eigentümerversammlung sinnlos ist[1].

355 Bei einer wirklichen Notgeschäftsführung dürfen in der Regel nur solche Maßnahmen veranlasst werden, die den Eintritt des unmittelbar drohenden Schadens verhindern und die **Gefahrenlage beseitigen**, da es grundsätzlich der Wohnungseigentümergemeinschaft und dem Verwalter obliegt, für Instandhaltung und Instandsetzung des Gemeinschaftseigentums zu sorgen[2].

356 Wurde eine drohende Gefahr durch **Notgeschäftsführung** abgewendet, hat der Eigentümer dadurch eine Maßnahme ordnungsgemäßer Instandhaltung und Instandsetzung durchgeführt, wodurch ein **Erstattungsanspruch** gegen alle Miteigentümer nach § 16 Abs. 2 WEG entsteht[3]. Kosten trägt der Verband. Gegen diesen besteht ein **Erstattungsanspruch**[4]. Die frühere Rechtsprechung, wonach sich der Handelnde ihn treffende anteilige Kosten anrechnen lassen muss, kann seit der Teilrechtsfähigkeit der Gemeinschaft keine Anwendung mehr finden.

357 Wenn ein **Wasserschaden** droht und für das Dach sogar Einsturzgefahr besteht, ist eine in Auftrag gegebene Dachsanierung noch von der Notgeschäftsführung umfasst. Sie entsprach auch dann dem mutmaßlichen Willen der übrigen Wohnungseigentümer nach §§ 683, 670 BGB, wenn zuvor der Versuch einer schriftlichen Beschlussfassung gescheitert war. Deswegen gibt es dem Grunde nach einen **Aufwendungsersatzanspruch** aus Notgeschäftsführung bzw. aus Geschäftsführung ohne Auftrag[5].

358 Eine **anteilige Haftung der übrigen Eigentümer** aus § 10 Abs. 8 Satz 1 WEG soll nicht möglich sein, weil diese Vorschrift nur die Haftung der Wohnungseigentümer gegenüber Dritten betrifft. Diese Vorschrift stelle beim Umfang der Haftung auf den Miteigentumsanteil ab und nicht auf den tatsächlichen Verteilungsschlüssel der Wohnungseigentümer untereinander[6]. Allerdings ergibt sich aus dem Wortlaut des Gesetzes nicht zwingend, dass die anteilige Haftung nur gegenüber Außengläubigern gelten soll. Im dortigen Satz 4 wird ausdrücklich die **Innenhaftung** angesprochen und auch auf den Miteigentumsanteil beschränkt, ohne den sonstigen internen Kostenverteilungsschlüssel zu beachten.

359 Eine **Aufrechnung eigener Forderungen** gegen die Gemeinschaft, etwa mit dem Hausgeld, ist einem Wohnungseigentümer **regelmäßig unter-**

---

1 AG Hannover, Beschl. v. 20. 6. 2005 – 71 II 88/05, ZMR 2006, 483 (juris).
2 OLG München, Beschl. v. 15. 1. 2008 – 32 Wx 129/07, WuM 2008, 110 (juris).
3 OLG Oldenburg, Beschl. v. 28. 8. 1996 – 5 W 112/96, OLGReport Oldenburg 1997, 51.
4 OLG München, Beschl. v. 15. 1. 2008 – 32 Wx 129/07, WuM 2008, 110 (juris).
5 OLG München, Beschl. v. 15. 1. 2008 – 32 Wx 129/07, WuM 2008, 110 (juris).
6 OLG München, Beschl. v. 15. 1. 2008 – 32 Wx 129/07, WuM 2008, 110 (juris).

sagt, um die Zahlungsfähigkeit der Gemeinschaft, die sich am Wirtschaftsplan orientiert, nicht zu gefährden. **Ausnahmen** sollen dann gelten, wenn anerkannte oder unstreitige Gegenforderungen vorliegen[1], bei rechtskräftig festgestellten Ansprüchen[2] oder wenn eine Gefahrensituation beseitigt werden musste. Dann kann der Notgeschäftsführer seine Auslagen auch gegen Hausgeldansprüche aufrechnen[3].

Die **Einleitung eines selbständigen Beweisverfahrens** stellt **keine Notgeschäftsführung** eines Eigentümers zur Abwendung eines dem gemeinschaftlichen Eigentum unmittelbar drohenden Schadens i. S. v. § 21 Abs. 2 WEG dar, weil dieses Verfahren der vorsorglichen Beweiserhebung vor Beginn eines möglichen Prozesses dient, nicht aber der Abwendung eines unmittelbar drohenden Schadens[4]. Jedoch ist der Verwalter zu Eilmaßnahmen im Rahmen des § 27 Abs. 2 Nr. 2 WEG für die Eigentümer und des § 27 Abs. 3 Satz 1 Nr. 2 WEG für den Verband zur Beantragung eines Beweisverfahrens gesetzlich ermächtigt[5].

360

Ein Wohnungseigentümer kann baurechtliche Nachbarrechte nur wegen **Beeinträchtigung des Sondereigentums** in vollem Umfang und aus eigenem Recht geltend machen. Die behauptete Rechtsverletzung durch eine Abstandsflächenüberschreitung bzw. die insoweit erteilte Abweichung führt allenfalls zu einer Beeinträchtigung des gemeinschaftlichen Eigentums. Diese kann ein Eigentümer, anders als ein Teilhaber einer Bruchteilsgemeinschaft (vgl. § 744 Abs. 2 BGB), nur in den engen Grenzen einer Notgeschäftsführung nach § 21 Abs. 2 WEG und nur in Prozessstandschaft für den Verband abwehren[6].

361

2. Geschäftsführung ohne Auftrag

a) Voraussetzungen für ein Handeln des Eigentümers – allgemein

Der einzelne Eigentümer ist nach den gesetzlichen Vorgaben grundsätzlich nur im Rahmen des § 21 Abs. 2 WEG berechtigt, Arbeiten im Bereich des gemeinschaftlichen Eigentums durchzuführen oder zu veranlassen. Ein Handlungsrecht als Ausnahme schafft § 22 Abs. 1 Satz 2 WEG, solange die berechtigten Interessen der anderen Eigentümer nicht berührt werden. Schließlich können Arbeiten an Eigentümer delegiert

362

---
1 OLG Oldenburg, Beschl. v. 24. 2. 1999 – 5 W 233/98, OLGReport Oldenburg 1999, 151 = NZM 1999, 467.
2 BayObLG, Beschl. v. 22. 5. 1998 – 2 Z BR 79/98, ZMR 1998, 646 = NZM 1998, 973.
3 BayObLG, Beschl. v. 11. 6. 2001 – 2 Z BR 128/00, ZWE 2001, 418. Ebenso OLG Köln, Beschl. v. 31. 3. 2004 – 16 Wx 12/04, OLGReport Köln 2004, 322 (juris).
4 BayObLG, Beschl. v. 12. 10. 1995 – 2 Z BR 66/95, WuM 1995, 728 = WE 1996, 152 = NJWE-MietR 1996, 36.
5 BayObLG, Beschl. v. 27. 7. 1976 – 2 Z 21/76, ZMR 1977, 345.
6 VG München, Beschl. v. 10. 8. 2007 – M 8 SN 07.2738 (juris).

werden, etwa die **Überlagerung von Pflichten** zur Instandhaltung und Instandsetzung des gemeinschaftlichen Eigentums **durch Vereinbarung an die Sondereigentümer**, wie z. B. Erhaltungsmaßnahmen an Fenstern und Türen oder Hausreinigungsarbeiten, Räum- und Streupflichten. Im Übrigen ist es Aufgabe des Verwalters gemäß § 27 Abs. 1 Nr. 2 und Nr. 3 WEG, das Notwendige vorzubereiten, damit die Eigentümer geeignete Maßnahmen beschließen können, die er dann auszuführen hat, oder im Notfall selbst zu handeln.

b) Voraussetzungen für ein Handeln des Eigentümers – im Pflichtenkreis des Verwalters

363 Die Pflichtenkreise des Verwalters in § 27 Abs. 1 bis 3 WEG sind gemäß § 27 Abs. 4 WEG als nicht abdingbar gesetzlich geregelt worden. Handelt ein Eigentümer statt des Verwalters, stellt sich nicht nur die Frage, ob **entstandener Aufwand** von den Miteigentümern zu erstatten ist, es stellt sich auch die Frage nach der **Zurechenbarkeit** und der **Wirksamkeit des Handelns** gegenüber den Miteigentümern.

364 Im Anwendungsbereich des § 21 Abs. 2 WEG handelt ein Eigentümer zwangsläufig im Pflichtenkreis des Verwalters gemäß § 27 Abs. 1 Nr. 2 oder Nr. 3 WEG. Es besteht eine **konkurrierende gesetzliche Ermächtigung**, um eiligen Handlungsbedarf sicher abzudecken. Der Verband wird unmittelbar verpflichtet[1].

365 **Der tätige Eigentümer wird insoweit dem Verwalter gleichgestellt**, dessen Handeln dem Verband über die Regeln des Vertretungsrechts[2], jetzt nach § 27 Abs. 3 Satz 1 Nr. 3 Wohnungseigentum direkt zugerechnet wird[3].

Gerade wenn man in § 21 Abs. 2 WEG auch eine Pflicht zum Handeln sieht[4], werden durch eine gesetzliche Vorgabe **gemeinschaftliche Kosten** geschaffen, die nach § 16 Abs. 2 WEG bzw. nach dem vereinbarten Kostenschlüssel auf die Eigentümer umzulegen sind.

366 Handelte ein Eigentümer in der **Annahme, eine Notgeschäftsführung zu tätigen**, lag objektiv eine solche aber nicht vor oder war die Maßnahme nicht geeignet, ist eine differenzierte Betrachtung nötig. Nur **Maßnahmen ordnungsmäßiger Verwaltung** dürfen nach § 21 Abs. 2 WEG veranlasst werden. Deshalb fallen bauliche Veränderungen regelmäßig nicht in diesen Anwendungsbereich. Wenn die Voraussetzungen der Notgeschäftsführung fehlten, wurde der Verband auch nicht verpflichtet. Der tätige Eigentümer hat dann als **Vertreter ohne Vertretungsmacht** ge-

---

1 A. A. *Bärmann/Pick/Merle*, WEG, 9. Aufl., § 21 Rz. 41.
2 *Belz*, Handbuch des Wohnungseigentums, 3. Aufl., Rz. 227.
3 A. A. *Bärmann/Pick/Merle*, WEG, 9. Aufl., § 27 Rz. 78.
4 *Belz*, Handbuch des Wohnungseigentums, 3. Aufl., Rz. 149.

mäß § 179 BGB gehandelt und bedarf der Genehmigung der Miteigentümer, will er einer persönlichen Haftung entgehen. Im Einzelfall wird dabei zu prüfen sein, ob diese Genehmigung erteilt werden muss. Eine Genehmigungspflicht kommt in Betracht, wenn die Gemeinschaft ohnehin Handlungsbedarf hatte und dieser durch das Handeln des Miteigentümers bereits erledigt wurde.

Gab es allerdings **mehrere Möglichkeiten**, muss sich die Gemeinschaft nicht am Hergestellten festhalten lassen. Denn es ist zu vermuten, dass die Wohnungseigentümer dann, wenn kein Notfall vorliegt, selbst über den Handlungsbedarf entscheiden wollten. Deswegen entspricht die von einem einzelnen Eigentümer getroffene Maßnahme im Zweifel **nicht dem mutmaßlichen Willen** der anderen Wohnungseigentümer[1] und es entstand keine Erstattungspflicht für den Verband.

c) Ersatz der Aufwendungen – bei irrtümlich oder fehlerhaft angenommenem „Notfall"

Arbeiten am gemeinschaftlichen Eigentum sind Aufgaben der Gemeinschaft, durchzuführen vom Verband, dieser vertreten durch den Verwalter. Erledigt ein einzelner Eigentümer diese Arbeiten in der Annahme, er müsse handeln, um eine drohende Gefahr oder einen Schadensfall zu verhindern und liegt eine Handlungspflicht oder eine Gefahrenlage objektiv nicht vor, stellt sich die Frage nach der **Erstattung entstandener Kosten**. 367

Ein Ersatzanspruch aus Geschäftsführung ohne Auftrag besteht grundsätzlich[2] neben denkbaren Ansprüchen nach einer **Notgeschäftsführung** und ist nicht ausgeschlossen, soweit keine Notgeschäftsführung vorliegt[3]. Wenn aber dem Handeln eines Eigentümers ein bestandskräftiger Eigentümerbeschluss entgegensteht und die Voraussetzungen des § 679 BGB nicht vorliegen kann, besteht kein Anspruch auf Ersatz[4]. 368

Ein Anspruch gegen den Verband auf Kostenerstattung nach den Grundsätzen der Geschäftsführung ohne Auftrag besteht nicht, wenn ein Eigentümer zur **Sicherung eigener Gewährleistungsansprüche** gegen den Bauträger ein Gerichtsverfahren wegen Mängeln am Dach einleitet, der Anspruch aber nicht gerichtlich durchgesetzt werden kann. Dies gilt auch dann, wenn die Miteigentümer im Erfolgsfall einen Vorteil von dem Verfahren gehabt hätten[5]. 369

---

1 OLG Celle, Beschl. v. 20. 12.2001 – 4 W 286/01, OLGReport Celle 2002, 94 = ZWE 2002, 369.
2 OLG München, Beschl. v. 15. 1. 2008 – 32 Wx 129/07, WuM 2008, 110 (juris).
3 BayObLG, Beschl. v. 4. 11. 1999 – 2 Z BR 106/99, ZMR 2000, 187 = NZM 2000, 299 = ZfIR 2000, 379 = WE 2000, 271.
4 BayObLG, Beschl. v. 1. 8. 2002 – 2 Z BR 132/01, WuM 2002, 577.
5 LG Stuttgart, Urt. v. 18. 11.1999 – 6 S 130/99, NZM 2000, 669.

370 **Saniert ein Eigentümer** sein Badezimmer im **Sondereigentum** und repariert er dabei auch die Wasserleitungen im **Gemeinschaftseigentum**, können bei gleichzeitiger Durchführung beider Maßnahmen Erstattungsansprüche gegen den Verband aus Geschäftsführung ohne Auftrag gemäß § 677 ff. BGB entstehen[1]. Gleiches gilt, wenn die Eigentümer die Maßnahme später durch Mehrheitsbeschluss genehmigen[2].

371 Nach einer Geschäftsführung ohne Auftrag, die **nicht im mutmaßlichen Einverständnis** der Eigentümer erfolgte, kann im Einzelfall ein Anspruch gegen den Verband auf Ersatz der durch eine nützliche Maßnahme bewirkten Wertsteigerung nach § 684 Satz 1 i.V.m. §§ 812 ff. BGB bestehen, jedoch nur für solche werterhaltenden Aufwendungen, die für die Miteigentümer später unausweichlich ohnehin angefallen wären[3].

372 Zu den **notwendigen und erstattungsfähigen Aufwendungen** nach den §§ 683, 670 BGB zählen zwar die zur Feststellung von Bauschäden angefallenen Kosten eines öffentlich bestellten und vereidigten **Sachverständigen**, aber **nicht die Kreditkosten** zur Finanzierung der in Auftrag gegebenen Mängelbeseitigungsarbeiten[4].

d) Haftung des tätigen Miteigentümers

373 Für **Schäden am Sondereigentum** eines Wohnungseigentümers, die ihre Ursache im Gemeinschaftseigentum haben, haftet der Verband nur dann, wenn ihn am Auftreten der schadensursächlichen Mängel ein aktives **Verschulden** trifft oder es schuldhaft unterlassen wurde, für die rechtzeitige Beseitigung der Mängel Sorge zu tragen[5]. Beauftragt **der Verband** durch den Verwalter einen Handwerker, **haftet der Verband für einen Handwerkerfehler** wie für einen Erfüllungsgehilfen[6].

374 Der Verband haftet auch, wenn ein **Eigentümer** allein in berechtigter Notgeschäftsführung einen Dritten mit der **Beseitigung der Gefahrenlage** beauftragt und wenn der Dritte einen Schaden am gemeinschaftlichen Eigentum oder am Sondereigentum verursacht.

---

1 Hans. OLG Hamburg, Beschl. v. 28. 1. 2000 – 2 Wx 62/95, WE 2000, 153.
2 BayObLG, Beschl. v. 16. 10. 1997 – 2 Z BR 106/97, BayObLGR 1998, 18 = Wohnungseigentümer 1998, 355 = WE 1998, 355.
3 BayObLG, Beschl. v. 4. 11. 1999 – 2 Z BR 106/99, ZMR 2000, 187 = NZM 2000, 299 = ZfIR 2000, 379 = WE 2000, 271.
4 OLG Hamm, Beschl. v. 7. 12. 1992 – 15 W 240/91, OLGZ 1994, 22 = Wohnungseigentümer 1993, 28.
5 Hans. OLG Hamburg, Beschl. v. 21. 3. 2000 – 2 Wx 56/96, ZMR 2000, 480.
6 BayObLG, Beschl. v. 21. 5. 1992 – 2 Z BR 6/92, BayObLGZ 1992, 146 = ZMR 1992, 352 = WuM 1992, 389 = NJW-RR 1992, 1102. Ebenso OLG Schleswig, Beschl. v. 13. 7. 2006 – 2 W 32/06, NZM 2007, 46 = MDR 2007, 266 = NJW-RR 2007, 448 und OLG Hamburg, Beschl. v. 22. 12. 2004 – 2 Wx 132/01, WuM 2005, 355 = ZMR 2005, 392 = OLGReport Hamburg 2005, 339.

Ein **Wohnungseigentümer**, der den über seinem Sondereigentum gelegenen Teil des Daches reparieren lässt, ohne dass eine Notgeschäftsführung veranlasst war, **hat für ein Verschulden des von ihm beauftragten Werkunternehmers einzustehen**, wenn hierdurch an dem Sondereigentum eines anderen Wohnungseigentümers ein Schaden entstanden ist. Der geschädigte Wohnungseigentümer muss sich aber ein Verschulden des Werkunternehmers in der Regel selbst zu einem Bruchteil als Mitverschulden anrechnen lassen[1]. 375

e) Missbrauch und die Folgen

Das **Handeln** eines Eigentümers **gegen den erklärten Willen** der Miteigentümer, z. B. gegen einen bestandskräftigen Eigentümerbeschluss, führt zum **Verlust des Anspruchs auf Ersatz der Auslagen**, wenn die Voraussetzungen des § 679 BGB nicht erfüllt sind[2]. Jede Notmaßnahme eines einzelnen Miteigentümers kann objektiv auf den jeweiligen Bedarf geprüft werden. Eigenmächtige Eingriffe ins Gemeinschaftseigentum erzeugen weder Anspruch auf Ersatz von Aufwendungen nach den Regeln der Geschäftsführung ohne Auftrag noch nach denen einer ungerechtfertigten Bereicherung[3]. 376

Wer **ohne Mehrheitsbeschluss** der übrigen Eigentümer und ohne Zustimmung des Verwalters **neue Fenster** in seiner Wohnung einbaut, hat gegen die Gemeinschaft keinen Anspruch auf Ersatz der Einbaukosten, wenn durch ein Gutachten nachgewiesen wird, dass die „alten" Fenster mit einem preisgünstigen Spezialfarbanstrich noch 6–8 Jahre dem gängigen Standard an Wärmeschutz entsprochen hätten[4]. 377

Handelt der Verwalter ohne Eigentümerbeschluss und ohne dass Voraussetzungen des § 27 Abs. 1 Nr. 3 WEG erfüllt wären, kann dies zu **Ersatzansprüchen gegen den Verwalter** führen. Führt die Maßnahme zu einer individuellen Beeinträchtigung eines Sondereigentümers oder Sondernutzungsberechtigten, hat dieser gegen den Verwalter einen Individualanspruch auf Beseitigung der Störung, z. B. wenn durch eine neue Rohrführung ein Pkw-Stellplatz verkleinert wurde[5]. Der Ersatzanspruch beschränkt sich aber auf die **tatsächlichen Mehrkosten**; er erfasst nicht Aufwendungen, die eine anderweitige Art der Maßnahme ohnehin ver- 378

---

1 BGH, Beschl. v. 22. 4. 1999 – V ZB 28/98, BGHZ 141, 224 = NZM 1999, 562 = NJW 1999, 2108 = ZWE 2000, 23.
2 BayObLG, Beschl. v. 1. 8.2002 – 2 Z BR 132/01, WuM 2002, 577.
3 AG München, Beschl. v. 9. 7. 1994 – UR II 6/92 WEG, Wohnungseigentümer 1995, 37.
4 OLG Köln, Beschl. v. 23. 1. 1995 – 16 Wx 192/94, OLGReport Köln 1995, 125 = WE 1995, 240 = ZMR 1995, 497.
5 KG, Beschl. v. 26. 11.2001 – 24 W 20/01, KGR Berlin 2002, 65–68 = ZWE 2002, 226 = Grundeigentum 2002, 601 = ZMR 2002, 546.

ursacht hätte und auch von den Wohnungseigentümern nach den Grundsätzen ordnungsmäßiger Verwaltung hätte festgelegt werden müssen.

379 Die Dringlichkeitsregel nach § 27 Abs. 1 Nr. 3 WEG umfasst nicht das Recht des Verwalters zur **eigenmächtigen Vergabe eines Auftrags über Planung und Einleitung einer umfassenden Sanierung** der Gebäudefassade. Dadurch entstandene Kosten sind vom Verwalter zu ersetzen, wenn die Eigentümer später eine andere Maßnahme beschließen[1]. Hat der Verwalter derartig eigenmächtig gehandelt, ohne dass es erforderlich war und dadurch Kosten erzeugt, die auch der Wirtschaftsplan nicht vorsah, kann aber eine nachträgliche Genehmigung der Verwaltertätigkeit angenommen werden, wenn die Gemeinschaft die Jahresabrechnung bestandskräftig beschließt, die diese Ausgaben enthält[2]. Allerdings müssen die **Ausgaben** als solche in der Abrechnung **erkennbar dargestellt** gewesen sein, weil sich der **Beschlusswille** nur auf das Wahrgenommene bzw. Wahrnehmbare erstrecken kann. Abzustellen ist auf den Kenntnisstand der Eigentümer[3].

3. Anwendungsbereich des § 27 Abs. 1 Nr. 3 WEG

380 Die Vorschrift knüpft an die Instandhaltungspflichten des Verwalters nach § 27 Abs. 1 Nr. 2 WEG an und geht darüber hinaus. Während der Verwalter gemäß Nr. 2 vorausschauend den Eigentümern den Handlungsbedarf zu präsentieren hat, um deren Entscheidung einzuholen, was und wann getan werden soll, schafft § 27 Abs. 1 Nr. 3 WEG **für den Verwalter Handlungspflicht für die Eigentümer und den Verband**. In dringenden Fällen muss er selbst unmittelbar solche Maßnahmen einleiten, die erforderlich sind, um das gemeinschaftliche Eigentum zu erhalten. **Ein Schaden muss noch nicht unmittelbar drohen.** Deswegen setzt die Handlungspflicht für den Verwalter gemäß § 27 Abs. 1 Nr. 3 WEG früher ein als die Berechtigung des Sondereigentümers zum Handeln gemäß § 21 Abs. 2 WEG.

381 Tritt in einer Wohnung ein **Wasserschaden** auf, dessen Ursache im gemeinschaftlichen Eigentum liegen kann, so hat der Verwalter unverzüglich das Erforderliche zu unternehmen, um die Schadensursache festzustellen[4]. Bei einer **schuldhaften Verletzung** dieser Pflicht haftet er für den Schaden des betroffenen Wohnungseigentümers auch dann, wenn

---

1 OLG Celle, Beschl. v. 12. 3. 2001 – 4 W 199/00, OLGReport Celle 2001, 129 = ZMR 2001, 642 = NJW-RR 2002, 303 = NZM 2002, 169.
2 OLG Hamm, Beschl. v. 10. 2. 1997 – 15 W 197/96, OLGReport Hamm 1997, 141 = ZMR 1997, 377 = ZfIR 1997, 347 = WE 1997, 314.
3 BayObLG, Beschl. v. 1. 2. 2001 – 2 Z BR 122/00, NZM 2001, 388 = NJW-RR 2001, 731 = WuM 2001, 301 = ZMR 2001, 558 = NZBau 2001, 320 = ZWE 2001, 263.
4 BayObLG, Beschl. v. 7. 3. 2005 – 2 Z BR 182/04, ZWE 2005, 326 = ZMR 2006, 137.

sich nachträglich herausstellt, dass die Schadensursache ausschließlich im Sondereigentum liegt[1].

Dringende Fälle im Sinne des § 27 Abs. 1 Nr. 3 WEG sind Notgeschäfte, die wegen ihrer **Eilbedürftigkeit** eine vorherige Einberufung einer **Wohnungseigentümerversammlung nicht zulassen**[2]. Eine Maßnahme ist „erforderlich", wenn die Erhaltung des gemeinschaftlichen Eigentums gefährdet wäre, würde nicht umgehend gehandelt werden. Ein Zeitraum von ca. 4 Monaten ab Erkennen des Bedarfs bis zum Handeln rechtfertigt ein Notgeschäft nicht; in dieser Zeit hätte eine Eigentümerversammlung einberufen werden können[3]. 382

Es geht dabei um die **Verwalterpflichten** zur Erhaltung des gemeinschaftlichen Eigentums. Auch wenn die **Feuerversicherung** außer dem Gemeinschaftseigentum auch das Sondereigentum umfasst, erweitert sich der Pflichtenkreis des Verwalters nicht auf das Sondereigentum einzelner Wohnungseigentümer, wenn dort Brandschäden eintreten. Der Verwalter hat den brandgeschädigten Wohnungseigentümer nur bei der Verfolgung der Versicherungsansprüche zu unterstützen, ihm z.B. die Versicherungsgesellschaft und Versicherungsnummer mitzuteilen[4]. Jedoch erstreckt sich das Handlungsrecht auch auf das Sondereigentum, wenn sonst das gemeinschaftliche Eigentum nicht erhalten werden kann[5]. 383

In die Kompetenz des Verwalters für eine Notgeschäftsführung nach § 27 Abs. 1 Nr. 3 WEG gehört nicht die Vergabe eines Auftrags zu einer **umfassenden Sanierung der Fassade**. Dies kann regelmäßig vorbereitet und von der Eigentümerversammlung beschlossen werden[6]. 384

Dringende Fälle ergeben sich meist durch Unglücksfälle oder höhere Gewalt. Diese führen nicht selten zu massiven Schäden an Gebäudeteilen (z.B. an der Dacheindeckung nach Hagelschlag) mit der Gefahr kostenintensiver Folgeschäden, wenn nicht unverzüglich gehandelt wird.

Der Verwalter hat gemäß §§ 836, 838 BGB für den durch die Ablösung von Teilen des verwalteten Gebäudes verursachten Schaden einzuste- 385

---

1 OLG München, Beschl. v. 15. 5. 2006 – 34 Wx 156/05, ZMR 2006, 716 = OLGReport München 2006, 654.
2 BayObLG, Beschl. v. 27. 3. 1997 – 2 Z BR 11/97, ZMR 1997, 325 = Grundeigentum 1997, 693 = NJWE-MietR 1997, 163 = WuM 1997, 398 = ZfIR 1997, 472 = WE 1997, 434.
3 KG, Beschl. v. 26. 11. 2001 – 24 W 20/01, KGR Berlin 2002, 65 = WuM 2002, 106 = ZWE 2002, 226 = Grundeigentum 2002, 601 = ZMR 2002, 546 = Wohnungseigentümer 2002, 65.
4 KG, Beschl. v. 9. 10. 1991 – 24 W 1484/91, OLGZ 1992, 318 = ZMR 1992, 34 = WuM 1991, 707 = NJW-RR 1992, 150.
5 *Bärmann/Pick/Merle*, WEG, 9. Aufl., § 27 Rz. 76.
6 OLG Celle, Beschl. v. 12. 3. 2001 – 4 W 199/00, OLGReport Celle 2001, 129 = ZMR 2001, 642 = NJW-RR 2002, 303 = NZM 2002, 169.

hen. Weil der **Verwalter für die Sicherheit eines Gebäudes verantwortlich** ist, hat er vorausschauend im Rahmen des § 27 Abs. 1 Nr. 2 WEG alle zumutbaren Maßnahmen zu treffen, die aus technischer Sicht geboten und geeignet sind, die **Gefahr einer Ablösung von Dachteilen**, sei es auch nur bei starkem Sturm, nach Möglichkeit rechtzeitig zu erkennen und ihr zu begegnen; dies gilt umso mehr, je älter das Gebäude und seine Dachkonstruktion ist[1], oder wenn ein Schadensfall einzutreten droht.

386 Ein **Heizöleinkauf** des Verwalters zur Sicherung des Heizungsbetriebs bei nahezu leeren Tanks kann eine nach § 27 Abs. 1 Nr. 3 WEG erforderliche Notmaßnahme darstellen[2]. In Anbetracht der drohenden Gefahr und der Kosten, die durch geplatzte Wasserrohre nach Frosteinwirkung entstehen können, ist der Öleinkauf sogar unter dem Aspekt der Instandhaltung und Instandsetzung von Bedeutung. Allerdings muss sich der Verwalter kritisch fragen lassen, warum ein Heizölkauf nicht innerhalb der Pflichten nach § 27 Abs. 1 Nr. 2 WEG geplant und durch Aufnahme des Geldbedarfs in den Wirtschaftsplan gemäß § 28 Abs. 1 Nr. 1 WEG vorbereitet werden konnte.

387 Wenn der Verwalter in einem dringenden Fall gemäß § 27 Abs. 1 Nr. 3 WEG Aufträge vergeben und die dadurch entstandenen Kosten bezahlt hat, die zur Erhaltung des gemeinschaftlichen Eigentums erforderlich waren, hat er bisher die Wohnungseigentümer, jetzt den Verband, ohne vorherige Beschlussfassung verpflichtet[3]. Für die Annahme einer **Vertretungsmacht** in diesen Fällen sprach bisher die Erwägung, dass sich der Verwalter schadensersatzpflichtig machen würde, wenn er trotz seiner gesetzlichen Handlungspflicht untätig bleiben würde[4]. Jetzt kann er sich auf die **gesetzliche Vertretungsmacht** nach § 27 Abs. 3 Satz 1 Nr. 2 und 3 WEG berufen. Die **interne Deckung** des Verwalters für den Verband tätig zu werden, die sonst ein Mehrheitsbeschluss der Eigentümer herbeiführt, wird durch die zwingende gesetzliche Handlungsvorgabe in § 27 Abs. 1 Nr. 3 WEG ersetzt.

388 Wurde vom Verwalter die Reparatur der **Haustürklingelanlage** als eine dringliche Maßnahme veranlasst, weil die Klingel in einer Wohnung nicht funktionierte und der Mangel im Verantwortungsbereich des gemeinschaftlichen Eigentums lag, hat nicht der betroffene Sondereigentümer die Kosten (allein) zu tragen, sondern die Gemeinschaft, für die der Verwalter tätig wurde. Es handelte sich um eine Maßnahme ordnungs-

---

1 BGH, Urt. v. 23. 3. 1993 – VI ZR 176/92, ZMR 1993, 322 = NJW 1993, 1782 = Grundeigentum 1993, 711 = Wohnungseigentümer 1993, 66 = WM 1993, 1341.
2 KG, Beschl. v. 11. 11. 1994 – 21 U 3090/90, KGR Berlin 1994, 242.
3 A. A. – zumindest kritisch – *Bärmann/Pick/Merle*, WEG, 9. Aufl., § 27 Rz. 78.
4 OLG Hamm, Beschl. v. 10. 2. 1997 – 15 W 197/96, OLGReport Hamm 1997, 141 = ZMR 1997, 377 = ZfIR 1997, 347 = WE 1997, 314 = Wohnungseigentümer 1998, 39.

gemäßer Instandhaltung und Instandsetzung des gemeinschaftlichen Eigentums, wodurch ein **Zahlungsanspruch gegen** den Verband nach § 16 Abs. 2 WEG entstanden ist[1].

Auch wenn der **Verwalter zugleich Bauträger** ist oder diesem „nahe steht" und gegen den Bauträger Gewährleistungsansprüche wegen Baumängeln in Betracht kommen, soll der Verwalter befugt sein, in **dringenden Instandsetzungsfällen** die Wohnungseigentümer ohne vorherige Beschlussfassung durch eine entsprechende Auftragsvergabe zu verpflichten[2]. Dieses Handeln kann zu einer **Beweisnot der Eigentümer** führen, wird aber im Hinblick auf die Notwendigkeit, das gemeinschaftliche Eigentum zu erhalten, in Kauf genommen. 389

4. Anwendungsbereich des § 27 Abs. 2 Nr. 2 WEG

§ 27 Abs. 2 regelt das Vertretungsrecht des Verwalters für die Eigentümer. 390

Der Verwalter ist nach § 27 Abs. 2 Nr. 2 WEG berechtigt, im Namen aller Wohnungseigentümer und mit Wirkung für und gegen sie Maßnahmen zu treffen, die zur Wahrung einer Frist oder zur Abwendung eines sonstigen Rechtsnachteils erforderlich sind. Die Ausgangslage für den Verwalter ist die gleiche wie bei Notgeschäften gemäß § 27 Abs. 1 Nr. 3 WEG: Es bleibt **keine Zeit für eine Beschlussfassung der Eigentümer** in einer Versammlung[3], die Maßnahme ist aber erforderlich, um einen Fristablauf zu vermeiden oder ein **Recht zu erhalten**. Eine Maßnahme ist auch hier nur „erforderlich", wenn Rechtsnachteile eintreten, würde nicht umgehend gehandelt werden. Der Unterschied zur § 27 Abs. 1 Nr. 3 WEG ist, dass für die Aufgaben in § 27 Abs. 1 im Satz 1 eine Berechtigung und eine Verpflichtung verankert wurden, für die Aufgaben in § 27 Abs. 2 im Satz 1 **nur eine gesetzliche Vertretungsberechtigung**.

Neben einer Klageerhebung oder der Einleitung eines Beweisverfahrens[4] zur **Hemmung von Gewährleistungsfristen** gemäß § 204 Abs. 1 Nr. 1, Nr. 3 oder Nr. 7 BGB, wenn ausnahmsweise nicht die Zeit verfügbar bleibt, einen Mehrheitsbeschluss der Eigentümer herbeizuführen, wird der drohende **Ablauf von Rechtsmitteln** den Hauptanwendungsbereich von § 27 Abs. 2 Nr. 2 WEG bilden. **Anfechtungsfristen** gemäß § 121 oder § 124 BGB können vom Verwalter in Vertretung der Eigentümer gewahrt, **schriftliche Mängelrügen** nach § 13 Nr. 5 Abs. 1 Satz 2 VOB/B 391

---
1 AG Böblingen, Beschl. v. 4. 7. 1996 – 11 GR 35/96 WEG, NJW-RR 1996, 1297.
2 OLG Hamm, Beschl. v. 9. 12. 1988 – 15 W 119/86, OLGZ 1989, 54 = NJW-RR 1989, 331 = DNotZ 1989, 441 = Wohnungseigentümer 1989, 141.
3 OLG Saarbrücken, Beschl. v. 12. 1. 1998 – 5 W 9/97 – 8, 5 W 9/97, ZMR 1998, 310.
4 BayObLG, Beschl. v. 27. 7. 1976 – 2 Z 21/76, ZMR 1977, 345.

ausgesprochen oder **vorläufiger Rechtsschutz** nach § 80 Abs. 5 VwGO[1] beantragt werden[2]. Auch zur fristwahrenden **Inanspruchnahme eines Gewährleistungsbürgen** ist der Verwalter berechtigt[3].

392 Die **Einlegung des Rechtsmittels** ist durch die gesetzliche Notgeschäftsführung ebenso gedeckt, wie die passive **weitere Vertretung in Streitigkeiten nach § 43 Nr. 1, Nr. 4 und Nr. 5 WEG**. Dies gilt auch für ein Vollstreckungsverfahren.

Welche **konkreten Rechte und Pflichten** der Verwalter in einem gerichtlichen Verfahrens für die Eigentümer hat, ergibt sich aus dem Gesetz nicht. Weil keine Einschränkungen vorgesehen sind, kann der Verwalter selbst auftreten, Schriftsätze einreichen, Anträge formulieren und Rechtsmittel ergreifen. Zweifelhaft dürfte es sein, dem Verwalter **Gestaltungsrechte** zuzuordnen, wozu auch gehören würde, einen **Vergleich** zu schließen. Im Zweifel sollte der Verwalter versuchen, die von ihm vertretenen Eigentümer in die Entscheidung einzubinden. Vergleiche können widerruflich geschlossen und den beklagten Eigentümern zur **Genehmigung** vorgelegt werden.

393 Weil es nicht zum regelmäßigen Aufgabenbereich des Verwalters gehört, gerichtliche Verfahren für einen Dritten selbst zu führen, kann aus der gesetzlichen Regelung das Recht abgeleitet werden, dass er im Namen und in Vollmacht der beklagten Eigentümer auch ohne ausdrücklichen Beschluss einen **Rechtsanwalt beauftragen** kann[4]. Diese Vermutung wird durch § 27 Abs. 2 Nr. 4 WEG verstärkt, wonach der Verwalter berechtigt ist, ohne Rücksprache oder Beschlussfassung der Eigentümer eine **Gebührenvereinbarung** mit einem Rechtsanwalt herbeizuführen. Außerdem ist ab zweiter Instanz ein **Rechtsanwalt zwingend** erforderlich, § 78 ZPO. Beauftragt der Verwalter einen Rechtsanwalt, vertritt dieser die übrigen Eigentümer, nicht den Verwalter, wenn dies nicht ausdrücklich erklärt wird.

394 Ungeachtet der gesetzlichen **Vertretungsmöglichkeit durch den Verwalter** ist jeder einzelne **beklagte Eigentümer** berechtigt, selbst bei Gericht in erster Instanz aufzutreten oder sich durch einen Rechtsanwalt dort vertreten zu lassen. Die Vertretung der Beklagten durch den Verwalter wird sich dann auf die übrigen, nicht selbst oder durch einen Anwalt vertretenen Eigentümer beschränken. Das Vertretungsrecht des Verwalters endet mit seinem Amt[5].

---

1 Schleswig-Holsteinisches Verwaltungsgericht, Urt. v. 2. 10. 1987 – 4 D 144/86, NVwZ 1988, 1157 = NJW-RR 1988, 845.
2 *Bärmann/Pick/Merle*, WEG, 9. Aufl., § 27 Rz. 135.
3 OLG Düsseldorf, Urt. v. 6. 12. 1991 – 22 U 114/91, NJW-RR 1993, 470.
4 *Elzer* in Hügel/Elzer, Das neue WEG-Recht, § 11 Rz. 66.
5 *Elzer* in Hügel/Elzer, Das neue WEG-Recht, § 11 Rz. 66.

Soweit der Verwalter die beklagten Wohnungseigentümer in einem gerichtlichen Verfahren vertritt, hat er an einen beauftragten Rechtsanwalt oder möglicherweise an das Gericht entsprechende Vorschüsse zu bezahlen. Bereits bisher war streitig, ob **Vorschusszahlungen**, bevor eine endgültige gerichtliche Kostenentscheidung vorlag, aus dem gemeinschaftlichen Vermögen bezahlt oder durch Sonderumlage von allen Eigentümern angefordert werden konnten[1]. Die überwiegende Meinung geht davon aus, dass eine Vorschusszahlung jeweils nur **von der Partei aufzubringen** ist. In diesem Fall hat der Verwalter von den von ihm vertretenen Eigentümern anteilig die entsprechenden Vorschusszahlungen anzufordern. Nach dieser Meinung darf der Verwalter **Verbandsvermögen für solche Vorschusszahlungen** nicht nutzen. 395

Nach § 27 Abs. 2 Nr. 2 WEG kommt es nur darauf an, ob die Maßnahme **zur Abwendung von Nachteilen objektiv erforderlich** ist. Es müssen nicht alle Eigentümer betroffen sein. Es genügt, wenn es um die Abwendung von Rechtsnachteilen für einzelne oder für eine unbestimmte Anzahl von Eigentümern geht, sofern nur die Maßnahme dem **Aufgabenbereich des Verwalters** überhaupt zuzuordnen ist. Selbst wenn eine Interessenkollision vorliegt, greift die Vorschrift und ermächtigt den Verwalter zum Handeln. Eine Einschränkung würde dem Zweck der Vorschrift widersprechen, der die Eigentümer in Fällen schützen soll, in denen wegen der Kürze der zur Verfügung stehenden Zeit eine Willensbildung durch eine Eigentümerversammlung nicht herbeigeführt werden kann. Dies wäre nicht gewährleistet, wenn der Verwalter im Einzelfall gezwungen wäre, trotz drohenden Schadens von notwendigen Eilmaßnahmen abzusehen[2]. 396

5. Anwendungsbereich des § 27 Abs. 3 Satz 1 Nr. 2 WEG

§ 27 Abs. 3 Satz 1 WEG regelt das Vertretungsrecht des Verwalters für den Verband, der ohne entsprechende gesetzliche Vertretung rechtliche Nachteile erfahren könnte. Die Vorschrift berechtigt nicht zur eigenmächtigen **Führung von Aktivprozessen** sondern dient dem abwehrenden Schutz und der Verteidigung. 397

Wenn der Verwalter Rechtsstreitigkeiten für den Verband führen kann, wird er gesetzlicher **Prozessbevollmächtigter**. In dieser Eigenschaft nimmt er unmittelbar Rechte für den Verband wahr **und** mittelbar für die Wohnungseigentümer, soweit der Verband als **Prozessstandschafter** der Eigentümer nach § 10 Abs. 3 WEG handelt.

---

1 BayObLG, Beschl. v. 29. 4. 2004 – 2 Z BR 004/04, ZMR 2004, 763.
2 OLG Düsseldorf, Beschl. v. 6. 7. 1994 – 3 Wx 456/92, ZMR 1994, 520 = WuM 1994, 717 = Wohnungseigentümer 1994, 142 = WE 1995, 375.

398 Das Recht für eine Notgeschäftsführung ergibt sich für den Verwalter immer dann, wenn nicht mehr genügend Zeit bleibt, eine Eigentümerversammlung einzuberufen. Die Einhaltung gerichtlicher **Rechtsmittelfristen** kann ebenso bedeutsam werden, wie die Notwendigkeit zur Einleitung eines selbstständiger Beweisverfahrens, um den Ablauf einer Frist zu verhindern.

399 Weil § 27 Abs. 3 Satz 1 WEG den Verwalter nur berechtigt, den Verband zu vertreten, ist es im Eigeninteresse des Verwalters, durch eine (spätere) Beschlussfassung im Wege der Notgeschäftsführung ergriffene Maßnahmen genehmigen zu lassen.

IX. Eingriff in das Sondereigentum zur Instandsetzung des gemeinschaftlichen Eigentums

1. Abgrenzungsfragen

400 Sondereigentum ist in gemeinschaftliches Eigentum eingebettet. Es gibt kein Sondereigentum ohne gemeinschaftliches Eigentum, § 6 Abs. 1 WEG. Eingriffe in gemeinschaftliche **Bauteile** sind häufig nur bei völliger oder teilweiser **Zerstörung von Teilen des Sondereigentums** möglich, etwa die Herausnahme des Fliesenbelages auf dem Balkon, um zu der darunter befindlichen sanierungsbedürftigen Balkonplatte zu gelangen oder der Ausbau des Parkettbodens, um einen Defekt an der Fußbodenheizung zugänglich zu machen.

401 Die Pflicht für die Instandhaltung und Instandsetzung des gemeinschaftlichen Eigentums liegt gemäß § 21 Abs. 5 Nr. 2 WEG bei der Gemeinschaft. Der Verband übt nach § 10 Abs. 6 Satz 3 WEG deren Rechte aus. Die anfallenden **Kosten** sind gemäß § 10 Abs. 7 Satz 2 WEG vom Verband zu tragen. Umgekehrt bedeutet dies, dass der Sondereigentümer verpflichtet ist, die in seinem Sondereigentum anfallenden Kosten selbst zu übernehmen. Die Frage, ob der Verband, vertreten durch den Verwalter, handeln muss oder ob die Handlungspflicht beim einzelnen Eigentümer liegt, lässt sich nur beantworten, wenn im Einzelfall eine **Zuordnung der betroffenen Bauteile zum Sondereigentum oder gemeinschaftlichen Eigentum** erfolgt.

402 Die **gesetzliche Abgrenzung von Sondereigentum und gemeinschaftlichem Eigentum** erfolgt in § 5 Abs. 1 und Abs. 2 WEG. Alle Teile eines Gebäudes,

– die für dessen Bestand oder Sicherheit erforderlich sind,
– sowie Anlagen und Einrichtungen, die dem gemeinschaftlichen Gebrauch der Wohnungseigentümer dienen,

können nicht Gegenstand des Sondereigentums sein, selbst wenn sie sich im Bereich der im Sondereigentum stehenden Räume befinden.

Die übrigen Gebäudeteile können dem Sondereigentum zugeordnet werden, wenn sie

- räumlich eindeutig abgegrenzt sind[1], § 3 Abs. 2 und § 8 Abs. 2 WEG und
- bei Begründung von Wohnungseigentum von den Bruchteilseigentümern gemäß § 3 Abs. 1
- oder vom aufteilenden Alleineigentümer nach § 8 Abs. 1 WEG
- oder bei bestehender Gemeinschaft durch die Eigentümer

zum Sondereigentum erklärt wurden, was nur durch Vereinbarung erfolgen kann. Die Zuordnung bedarf zur Wirksamkeit der Eintragung im Grundbuch, § 4 Abs. 1 WEG.

Nach § 5 Abs. 1 WEG dürfen Sondereigentum nur solche Bestandteile des Gebäudes sein, die verändert, beseitigt oder eingefügt werden können,

- ohne dass dadurch das gemeinschaftliche Eigentum verändert
- oder ein auf Sondereigentum beruhendes Recht eines anderen Wohnungseigentümers über das nach § 14 WEG zulässige Maß hinaus beeinträchtigt
- oder die äußere Gestalt des Gebäudes verändert wird.

Die in **Teilungserklärungen und Gemeinschaftsordnungen** häufig anzutreffende **Aufzählung**, welche Gebäudeteile zum Gemeinschaftseigentum oder zum Sondereigentum gehören sollen, ist **nur insoweit gültig**, wie sie den **gesetzlichen Gestaltungsspielraum** nach § 5 Abs. 1 und 2 bzw. § 3 Abs. 2 WEG nicht verlässt. Bei der Abgrenzung von gemeinschaftlichem Eigentum und Sondereigentum kommt es nur auf die durch Bezugnahme zum **Grundbuchinhalt** gewordene Teilungserklärung mit Aufteilungsplan an[2]. Wird ein Raum im **Aufteilungsplan** als Sondereigentum ausgewiesen, nicht aber in der Teilungserklärung, hat die Teilungserklärung den Vorrang[3]. In einem solchen Fall wurde Sondereigentum wirksam nicht gebildet und es spricht die Vermutung für die Zugehörigkeit des Raumes zum gemeinschaftlichen Eigentum[4].

403

---

1 BGH, Beschl. v. 14. 2.1991 – V ZB 12/90, WM 1991, 772 = ZMR 1991, 185 = BauR 1991, 359 = NJW 1991, 1611.
2 BayObLG, Beschl. v. 15. 10.1991 – 2 Z 122/91, ZMR 1992, 65 = Wohnungseigentümer 1992, 74.
3 BayObLG, Beschl. v. 12. 6.1991 – 2 Z 36/91, WuM 1991, 609.
4 BGH, Beschl. v. 30. 6. 1995 – V ZR 118/94, BGHZ 130, 159 = WM 1995, 1628 = NJW 1995, 2851.

Beispiele:

404 Eine **Terrasse** ist kein Raum und kann deshalb **nicht Gegenstand des Sondereigentums** sein[1]. Eine Vereinbarung in der Gemeinschaftsordnung, in der die **Fenster** zum Sondereigentum erklärt wurden, verstößt gegen § 5 Abs. 2 WEG und ist nichtig[2]. Eine **abgehängte Decke**, die das Sondereigentum an einer Wohnung vom gemeinschaftlichen Dachraum darüber abgrenzt, ist zwingend gemeinschaftliches Eigentum, denn sie dient nicht nur dem Eigentümer dieser Wohnung, sondern grenzt diese gegenüber dem Dachraum ab und stellt damit die Abgeschlossenheit der Wohnung her[3]. Der **Türöffner der Haussprechanlage** einer Eigentumswohnanlage gehört zum Gemeinschaftseigentum[4]. Der den Trittschallschutz herstellende **schwimmende** Estrich gehört zum Gemeinschaftseigentum und kann deswegen nicht Gegenstand des Sondereigentums sein[5]. Eine **Markise** kann zum gemeinschaftlichen Eigentum gehören, wenn sie für die äußere Gestaltung des Gebäudes maßgeblich ist[6]. Die **Seitenwände der Balkone** sind grundsätzlich nicht sondereigentumsfähig[7]. Zum gemeinschaftlichen Eigentum gehören zwingend: **Stahlbetonwände** seitlich der Terrasse, **Wärmedämmung und Dampfsperre** der Dachisolierung, **Wohnungsabschlusstüren**[8]. Ein **Wintergarten** ist zwingend gemeinschaftliches Eigentum. Sondereigentum davon ist nur der so genannte „lichte" Raum, die nicht tragenden Wände, der Wand- und Deckenputz, Fußbodenoberbeläge, Innentüren und vergleichbare Teile[9].

2. Eingriffsvoraussetzungen

405 Die Verpflichtung eines Eigentümers, das Betreten seiner Wohnung zu gestatten, um erforderliche Instandhaltungs- und Instandsetzungsmaßnahmen durchführen zu lassen, berührt den **Schutzbereich des Grundrechts** auf Unverletzlichkeit der Wohnung. Bei der Anwendung von § 14 Nr. 4 WEG ist die Bedeutung und die Tragweite des Grundrechts zu berücksichtigen[10].

406 Um diesen massiven Eingriff abzupuffern, kann der pflichtige Eigentümer die Gestattung eines Eingriffs von einer vorherigen **Sicherheitsleis-**

---

1 LG Frankfurt, Beschl. v. 4. 3.1992 – 2/9 T 142/92, ZMR 1993, 184 – Wohnungseigentümer 1993, 32.
2 LG Wuppertal, Beschl. v. 14. 7. 1995 – 6 T 313/95, Wohnungseigentümer 1997, 42.
3 BayObLG, Beschl. v. 16. 10.1997 – 2 Z BR 106/97, Wohnungseigentümer 1998, 355 = WE 1998, 355.
4 AG Böblingen, Beschl. v. 4. 7.1996 – 11 GR 35/96 WEG, NJW-RR 1996, 1297.
5 OLG München, Urt. v. 12. 3. 1985 – 9 U 4773/84, Rpfleger 1985, 437.
6 OLG Frankfurt/Main, Beschl. v. 17. 8. 2006 – 20 W 205/05, NJW-RR 2007, 807 = NZM 2007, 523.
7 OLG Karlsruhe, Beschl. v. 17. 2. 2006 – 11 Wx 74/05 (juris).
8 OLG Dresden, Beschl. v. 17. 3. 2005 – 4 U 2065/04, OLGReport Dresden 2005, 895 = juris.
9 OLG Düsseldorf, Beschl. v. 3. 12. 2004 – 3 Wx 274/04, OLGReport Düsseldorf 2005, 148 (juris).
10 BayObLG, Beschl. v. 27. 6. 1996 – 2 Z BR 16/96, BayObLGZ 1996, 146 = WuM 1996, 584 = MDR 1996, 1006 = FGPrax 1996, 179 = NJWE-MietR 1996, 229.

tung abhängig machen, wenn dadurch erhebliche Beschädigungen im Bereich des Sondereigentums zu erwarten sind[1]. Dies wird aber nur gelten können, wenn die Gemeinschaft über keine oder **keine ausreichende Instandhaltungsrücklage** verfügt oder wenn in die Beschlussfassung zur Finanzierung einer Maßnahme **kein hinreichender Betrag für den Ausgleich der Ersatzansprüche** nach § 14 Nr. 4 WEG vorgesehen wird.

Nur soweit dies zur Instandsetzung und Instandhaltung des gemeinschaftlichen Eigentums erforderlich ist, verpflichtet § 14 Nr. 4 WEG den Wohnungseigentümer, das Betreten der in seinem Sondereigentum stehenden Gebäudeteile zu gestatten. Die **Erforderlichkeit** ist deswegen ggf. zu dokumentieren und von dem zu **beweisen**, der sich darauf beruft. 407

Auch wenn nur prüfend festgestellt werden soll, ob und welche Maßnahmen der Instandsetzung oder Instandhaltung nötig sind, ist ein Eigentümer verpflichtet, das Betreten seiner Wohnung zu gestatten. Voraussetzung ist aber, dass überhaupt ausreichende Anhaltspunkte für die **Notwendigkeit solcher Maßnahmen** vorliegen[2]. 408

Davon ist z. B. auszugehen, wenn ein **Sachverständiger** aufgrund der in einer anderen Wohnung aufgetretenen **Korrosionsschäden an Heizungsrohren** zu dem Ergebnis gelangt, in der streitigen Wohnung würden mit an Sicherheit grenzender Wahrscheinlichkeit ebenfalls Korrosionsvorgänge ablaufen, die zu einem Wasserschaden führen werden[3]. Weil der Verwalter verpflichtet ist, nach einem Schadensfall allen nach der Sachlage in Frage kommenden Schadensursachen nachzugehen, ist ein Eigentümer verpflichtet, dem Verwalter nach Ankündigung das Betreten seines Sondereigentums zu gestatten, wenn ausreichende Anhaltspunkte dafür vorliegen, dass dies **zur Erforschung der Schadensursache erforderlich** ist, etwa um den Zustand der wasserführenden Leitungsrohre in einer Wohnung zu prüfen, der möglicherweise zu den Feuchtigkeitsschäden geführt hat[4]. 409

§ 14 Nr. 4 WEG setzt eine **konkrete Erforderlichkeit** voraus[5]. Deswegen gibt die Vorschrift den übrigen Eigentümern noch kein Recht, den **Zugang zu einer Wohnung Tag und Nacht** zu verlangen, in der Gemeinschaftseinrichtungen, wie etwa eine Störmeldeanlage, für eine große 410

---

1 KG, Beschl. v. 10. 2.1986 – 24 W 4146/85, ZMR 1986, 210 = NJW-RR 1986, 696 = Grundeigentum 1986, 799 = WuM 1987, 93. A. A. BayObLG, Beschl. v. 26. 9. 2003 – 2 Z BR 25/03, WuM 2004, 736.
2 BayObLG, Beschl. v. 27. 6. 1996 – 2 Z BR 16/96, BayObLGZ 1996, 146 = WuM 1996, 584 = MDR 1996, 1006 = FGPrax 1996, 179 = NJWE-MietR 1996, 229.
3 BayObLG, Beschl. v. 21. 1. 1999 – 2 Z BR 156/98, Grundeigentum 1999, 779 = ZfIR 1999, 927 = Wohnungseigentümer 2000, 74.
4 Hans. OLG Hamburg, Beschl. v. 14. 3. 2000 – 2 Wx 31/98, ZMR 2000, 479 = WE 2000, 225.
5 OLG München, Beschl. v. 22. 2. 2006 – 34 Wx 133/05, OLGReport München 2006, 286 = ZMR 2006, 388 = NJW-RR 2006, 1022 = NZM 2006, 635.

Wohnanlage installiert sind. Auch mit den Treuepflichten aus der Gemeinschaft der Eigentümer lässt sich ein solcher abstrakter Anspruch nicht begründen[1]. Die bloße Absicht, **vorsorgliche Kontrollen** durchzuführen, ob Instandhaltungs- oder Instandsetzungsmaßnahmen erforderlich sind, stellt **keinen sachlichen Grund für ein Betretungsrecht** des Verwalters dar[2].

3. Duldungspflichten für den Eigentümer

411 Ein Eigentümer muss **übermäßigen Zugriff** auf sein Sondereigentum nicht dulden. Auch Vereinbarungen binden nicht immer. Eine Regelung ist nichtig, die dem Verwalter einer Wohnungseigentumsanlage gestattet, **ohne sachlichen Grund** eine **Wohnung zu betreten**. Sie ist auch dann mit dem Grundrecht auf Unverletzlichkeit der Wohnung unvereinbar, wenn das Betretungsrecht zeitlich auf **zwei Termine pro Jahr** beschränkt ist[3].

412 Ob ein Eigentümer verpflichtet ist, seine **Wohnung zugänglich** zu halten, um Instandsetzungsarbeiten am Gemeinschaftseigentum zu ermöglichen, damit der Gemeinschaft **aufwendige Gerüstaufbauten** an der Außenseite des Gebäudes **erspart** werden, hängt vom Einzelfall ab. Ein Zugang ist wohl geschuldet, um z. B. Malerarbeiten am Balkon einer Wohnung durchzuführen. Wenn aber **Schmutz und Schutt im Außenbereich**, z. B. auf einer Terrasse oder an der Fassade, entstehen, wird es einem Eigentümer **nicht zumutbar** sein, für die Sanierungsarbeiten den Durchgang in seiner Wohnung zu gestatten[4].

413 Immer ist ein Eigentümer verpflichtet, das Betreten seines Sondereigentums zu dulden, wenn von der Eigentümergemeinschaft bestandskräftig beschlossene Instandsetzungsmaßnahmen, etwa ein **Fensteraustausch**, durchgeführt werden sollen[5]. Auch einem **Sachverständigen**, der in Ausführung eines **gerichtlichen Beweisbeschlusses** tätig wird, ist das Betreten des Sondereigentums zu gestatten. Dies gilt auch dann, wenn der **Eigentümer selbst nicht Partei** des Zivilrechtsstreits ist[6]. Ein Eigentümer

---

1 BayObLG, Beschl. v. 28. 2. 1991 – 2 Z 151/90, WuM 1991, 300.
2 OLG Zweibrücken, Beschl. v. 24. 11. 2000 – 3 W 184/00, OLGReport Zweibrücken 2001, 193 = NZM 2001, 289 = ZMR 2001, 308 = FGPrax 2001, 62 = NJW-RR 2001, 730.
3 OLG Zweibrücken, Beschl. v. 24. 11. 2000 – 3 W 184/00, OLGReport Zweibrücken 2001, 193 = NZM 2001, 289 = ZMR 2001, 308 = FGPrax 2001, 62 = NJW-RR 2001, 730.
4 BayObLG, Beschl. v. 12. 10. 1995 – 2 Z BR 66/95, WuM 1995, 728 = WE 1996, 152 = NJWE-MietR 1996, 36.
5 OLG Celle, Beschl. v. 4. 12. 2001 – 4 W 313/01, ZMR 2002, 293.
6 Hans. OLG Hamburg, Beschl. v. 14. 9. 2001 – 2 Wx 82/01, OLGReport Hamburg 2002, 185 = ZMR 2002, 71 = ZWE 2002, 375.

kann verpflichtet sein, einen auf Wartung/Kontrolle bzw. Notfälle beschränkten **Zugang zu** einem im **Sondereigentum** eines anderen Eigentümers stehenden Tankraum durch sein Sondereigentum zu dulden[1].

Das Gesetz regelt nicht, wem der **Zugang** zu gestatten ist. 414

Die ordnungsmäßige Instandhaltung und Instandsetzung des gemeinschaftlichen Eigentums ist gemäß § 21 Abs. 1, Abs. 5 Nr. 2 WEG Pflicht der Wohnungseigentümer. Auch die Anordnung, dass und welche Maßnahmen durchzuführen sind, ist grundsätzlich Sache der Wohnungseigentümer. Zur Aufgabe des Verwalters gehört es festzustellen, ob und welche Instandhaltungs- oder Instandsetzungsmaßnahmen erforderlich sind und die Wohnungseigentümer über notwendige Maßnahmen zu unterrichten und deren Entscheidung über das weitere Vorgehen herbeizuführen. Er ist gemäß § 27 Abs. 1 Nr. 3 WEG nur in dringenden Fällen befugt, von sich aus tätig zu werden[2].

Somit haben alle Beteiligten ein Zugangsrecht, deren persönliche Einsicht nötig ist, um die dargestellten Entscheidungswege zu fördern. Dazu gehören insbesondere der Verwalter und Handwerker, aber auch Eigentümer, die ein berechtigtes Interesse haben, weil sie in der Entscheidungs- oder Durchführungsphase aktiv mitwirken, wie etwa Beiratsmitglieder, die von der Gemeinschaft beauftragt wurden, mit dem Verwalter zusammen Entscheidungen vorzubereiten oder Leistungen Dritter entgegen- oder abzunehmen.

4. Mitwirkungspflichten für den Eigentümer

Ein Zugangsrecht der Miteigentümer zum Sondereigentum verschafft 415 auch § 14 Nr. 3 WEG für Fälle des zulässigen Gebrauchs. Insoweit regelt § 14 Nr. 4 WEG lediglich einen ergänzenden Sonderfall dieser Nr. 3[3]. Beide Vorschriften schaffen eine **Duldungspflicht**, aber **keine Handlungspflicht**. Ein Eigentümer muss das Betreten und die Benutzung der in seinem Sondereigentum stehenden Gebäudeteile gestatten, soweit dies zur Instandhaltung und Instandsetzung des gemeinschaftlichen Eigentums erforderlich ist. Er ist aber nicht verpflichtet, dafür selbst Arbeiten mit erheblichem Zeitaufwand auf seine Kosten zu veranlassen oder vorzunehmen[4]. Wenn ein **Mieter** dem Klempner den erforderlichen Zutritt zur Terrasse verweigert, hat er eine Pflicht zur Mitwirkung verletzt, was

---

1 OLG Frankfurt/Main, Beschl. v. 27. 9. 2004 – 20 W 111/2004, 20 W 111/04, OLG-Report Frankfurt 2005, 199.
2 BayObLG, Beschl. v. 14. 6. 1995 – 2 Z BR 20/95, BayObLGR 1995, 65 = WuM 1995, 677 = WE 1996, 193 = NJWE-MietR 1996, 38.
3 BayObLG, Beschl. v. 14. 2.2001 – 2 Z BR 3/01, BayObLGZ 2001, 25 = NZM 2001, 384 = NJW-RR 2001, 801 = WuM 2001, 292 = ZMR 2001, 562.
4 BayObLG, Beschl. v. 12. 10. 1995 – 2 Z BR 66/95, WuM 1995, 728 = WE 1996, 152 = NJWE-MietR 1996, 36.

dem vermietenden Eigentümer gemäß § 278 BGB **zuzurechnen** ist[1]. Die Verletzung von Pflichten zur Mitwirkung können auch zusätzlich **verschuldensabhängige Ersatzansprüche** auslösen, § 280 Abs. 1 Satz 1 BGB[2].

5. Handlungsbedarf für den Verwalter

416 Es gelten die allgemeinen Ablauf- und Kompetenzregeln, wonach der Verwalter wegen seiner nicht abdingbaren Verpflichtung nach § 27 Abs. 1 Nr. 2 WEG für die Instandhaltung zu sorgen hat, somit Handlungsbedarf erkennen, notfalls ermitteln muss. Bereits hier wird er in unmittelbare Konfrontation zu den betroffenen Eigentümern gestellt und hat die dargestellten **Grenzen der Duldungspflichten** der Sondereigentümer zu beachten und soll dennoch in Erfahrung bringen, welche Abhilfemaßnahmen nötig und möglich sind. Wenn die Eigentümer in der vom Verwalter einberufenen Versammlung beschlossen haben, wie mit den festgestellten Problemen umzugehen ist, hat der Verwalter die Beschlüsse auszuführen.

417 Hat der Verwalter eine (vermeintlich) unrechtmäßige **Verweigerungshaltung** eines Sondereigentümers festgestellt, muss er dies bei einer vorbereitenden Beschlussfassung berücksichtigen, weil nur dadurch die nach § 27 Abs. 3 Satz 1 Nr. 7 WEG erforderliche **Ermächtigung** herbeigeführt werden kann, Rechte ggf. auch aktiv für den Verband durchzusetzen. Ohne diese ausdrückliche Ermächtigung durch Beschluss der Eigentümer kann er allenfalls vorbereitend durch Fristsetzung eine Verzugslage herbeiführen.

Beschlussvorschlag

418 ... Die Eigentümer beschließen folgende Maßnahme der Instandhaltung und Instandsetzung. ... Diese soll wie folgt finanziert werden. ... Bei der Finanzierung wurden Kosten für mögliche Erstattungsansprüche nach § 14 Nr. 4 WEG i. H. v. ... Euro eingeplant. Den Erstattungsbetrag kann der Verwalter im Einvernehmen mit dem Beirat und dem betroffenen Sondereigentümer bis höchstens ... Euro festlegen.

Der Verwalter wird beauftragt und ermächtigt, den für die Maßnahme erforderlichen Zugang zum Sondereigentum ... außergerichtlich, notfalls auch gerichtlich für die Gemeinschaft der Wohnungseigentümer durchzusetzen. Vorsorglich wird er auch ermächtigt, nach nutzloser Fristsetzung einen Rechtsanwalt auf Kosten der Gemeinschaft zu beauftragen. ...

---

1 AG Hamburg-Wandsbek, Beschl. v. 1. 12. 2005 – 715 II 128/04, ZMR 2006, 237.
2 OLG München, Beschl. v. 13. 8. 2007 – 34 Wx 144/06, OLGReport München 2007, 829 = MDR 2007, 1305 = FGPrax 2007, 260.

Duldungspflichten zugunsten des gemeinschaftl. Eigentums   Rz. 422 **Teil 8**

Der Verwalter hat dafür zu sorgen, dass der **Zeitablauf** der vorbereitenden 419
und durchzuführenden Arbeiten zwischen den beteiligten Firmen und
dem Sondereigentümer koordiniert wird. Nach Durchführung der Arbeiten sind von ihm die fälligen **Zahlungen** gemäß § 27 Abs. 1 Nr. 5 WEG
zu leisten, wozu auch die Schadensersatzleistungen nach § 14 Nr. 4
WEG gehören.

Kommt bei Anwendung des Beschlussvorschlags (Rz. 418) zwischen Verwalter und dem Beirat keine Einigung zustande, wie viel Schadensersatz
zu zahlen ist oder erklärt sich der Sondereigentümer mit der angebotenen
Höhe nicht einverstanden, kann der Verwalter zur **Klaglosstellung** den
Teil ausbezahlen, auf den man sich geeinigt hat. Der Eigentümer kann
die Zahlung unter dem **Vorbehalt**, noch eine Restforderung zu haben,
entgegennehmen. Hinsichtlich der streitigen Resthöhe wäre erneut in
der Gemeinschaft spätestens in der nächsten Versammlung eine Mehrheitsentscheidung herbeizuführen, die der Verwalter entsprechend vorbereitet. Verweigern die Miteigentümer weitere Zahlungen, müsste der
betroffene Eigentümer seine vermeintlichen Ansprüche ggf. gerichtlich
gegen die Gemeinschaft nach § 43 ff. WEG geltend machen.

6. Notfälle

Wie in den Ausführungen zu Kapitel VIII bereits dargelegt, sind die **Ei-** 420
gentümer gemäß § 21 Abs. 2 WEG **zur Vermeidung drohender Schäden**
zum Handeln berechtigt und verpflichtet. Der **Verwalter** ist nach § 27
Abs. 1 Nr. 3 WEG **in dringenden Fällen** verpflichtet, die zur Erhaltung
des gemeinschaftlichen Eigentums erforderlichen Maßnahmen zu treffen. Diese **Pflichten zum Handeln** im Interesse des Bestandsschutzes
werden durch die Pflicht des Sondereigentümers nach § 14 Nr. 4 WEG
ergänzt, für notwendige Maßnahmen der Instandhaltung und Instandsetzung den Zugang zum Sondereigentum zu dulden.

In Notfällen, wenn dringender Handlungsbedarf besteht, weil ein erheb- 421
licher Schaden oder dessen Vertiefung droht, hat der Eigentümer ggf.
auch dann **um 7.30 Uhr die Tür für Arbeiter zu öffnen**, wenn er erst spät
in der Nacht nach Hause kam[1].

7. Ersatzpflichten der Gemeinschaft

Ein Eigentümer kann die ordnungsmäßige Wiederherstellung seines Son- 422
dereigentums vom Verband verlangen[2]. Zu ersetzen sind Substanz und

---
1 BayObLG, Beschl. v. 10. 5. 1988 – 2 Z 101/87, ZMR 1988, 345 = WuM 1988, 322.
2 OLG Schleswig, Beschl. v. 13. 7. 20067 – 2 W 32/06, OLGReport Schleswig 2006,
  697 = NZM 2007, 46 = MDR 2007, 266 = NJW-RR 2007, 448.

Folgeschäden[1]. A. A. ist wohl das OLG Frankfurt, wonach Schadensersatz- und Aufopferungsansprüche des Wohnungseigentümers im Rahmen von § 14 Nr. 4 WEG **nur bei Beschädigung des Sondereigentums** entstehen[2].

Nach einem **Mietausfall**, weil Baumaßnahmen innerhalb seines Sondereigentums ausgeführt werden, die zur Instandsetzung von Gemeinschaftseigentum erforderlich sind, kann Erstattung nach § 14 Nr. 4 WEG verlangt werden. Dieser einem privatrechtlichen **Aufopferungsanspruch** ähnliche Anspruch war früher um den Anteil des Antragstellers an den gemeinschaftlichen Kosten zu kürzen[3]. Dies kann jetzt nicht mehr gelten, weil sich der Anspruch gegen den Verband richtet.

423 Nach den Vorstellungen des BGH[4] kann es einen **ersatzfähigen Vermögensschaden** darstellen, wenn der Eigentümer ein von ihm selbst bewohntes Haus infolge eines direkten Eingriffs in das Eigentum **vorübergehend nicht benutzen** kann, auch ohne dass ihm hierdurch zusätzliche Kosten entstehen oder Einnahmen entgehen. Das BayObLG[5] hat die Grundsätze dieser Rechtsprechung auf eine **Terrasse einer Dachwohnung** und auf den Anspruch eines Eigentümers nach § 14 Nr. 4 WEG übertragen und die vom BGH entwickelten Voraussetzungen für den Ersatz eines solchen Schadens, der im Grenzbereich von Vermögens- und Nichtvermögensschaden liegt, übernommen. Der Ersatz komme nur in Frage,

– wo es um die Nutzung von Wirtschaftsgütern von zentraler Bedeutung für die eigene Lebenshaltung geht;

– wenn es sich um Sachen handelt, auf deren ständige Verfügbarkeit der Berechtigte für seine Lebenshaltung typischerweise angewiesen ist;

– wenn der Ersatz für Verluste des eigenen Gebrauchs grundsätzlich den Fällen vorbehalten bleibt, *in denen die Funktionsstörung sich typischerweise als solche auf die materielle Grundlage der Lebenshaltung signifikant auswirkt.*

Diese Voraussetzungen können auch bei **Terrassen und Vorgärten einer Wohnung**, insbesondere auch bei der Terrasse einer Dachterrassenwohnung gegeben sein; bei Terrassen und Gärten vor Räumen, die **freiberuf-**

---

1 OLG München, Beschl. v. 13. 8. 2007 – 34 Wx 144/06, OLGReport München 2007, 829 = MDR 2007, 1305 = FGPrax 2007, 260.
2 OLG Frankfurt/Main, Beschl. v. 4. 7. 1989 – 20 W 411/88, OLGZ 1989, 422 = Wohnungseigentümer 1989, 178.
3 KG, Beschl. v. 8. 9. 1993 – 24 W 2301/93, WuM 1994, 38 = WE 1994, 51.
4 BGH, Großer Senat für Zivilsachen, Urt. v. 9. 7. 1986 – GSZ 1/86, BGHZ 98, 212 = NJW 1987, 50.
5 BayObLG, Beschl. v. 6. 2. 1987 – 2 Z 93/86, BayObLGZ 1987, 50 = Wohnungseigentümer 1987, 58 = ZMR 1987, 227.

lich oder gewerblich genutzt werden, treffen sie nach Auffassung des BayObLG aber nicht zu[1].

Wenn das Sondereigentum bei der Benutzung gemäß § 14 Nr. 4 WEG für Instandsetzungsarbeiten des gemeinschaftlichen Eigentums in einen **nachteiligen Zustand** versetzt und nach Abschluss der Arbeiten in diesem Zustand belassen wird, sind die Kosten zur Beseitigung dieses Zustandes zu ersetzen[2]. 424

Ein **Schadensersatz- bzw. Aufopferungsanspruch** besteht, wenn **Fliesen**[3] **auf der Balkonoberfläche** zerstört werden müssen[4], um die Balkonplatte darunter zu sanieren[5]. Werden durch ein Baugerüst für Instandsetzungsarbeiten am Gemeinschaftseigentum **Pflanzen** des Sondernutzungsberechtigten beschädigt oder zerstört, so besteht ein Anspruch auf Entschädigung entsprechend § 14 Nr. 4 Halbsatz 2 WEG[6]. 425

Kein Ersatzanspruch soll bestehen, wenn zuvor der Eigentümer **eigenmächtig und ohne Zustimmung** der Gemeinschaft Fliesen auf einem Balkon verlegt, also eine bauliche Veränderung vorgenommen hat[7]. Diese Meinung ist zumindest dann **kritisch zu sehen**, wenn der Balkon gemäß Vorgabe in der Teilungserklärung im Sondereigentum steht. Dann kann keine bauliche Veränderung i.S.v. § 22 WEG stattgefunden haben, weil diese Norm nur Maßnahmen im Bereich des gemeinschaftlichen Eigentums erfasst. Der Sondereigentümer kann mit seinem Sondereigentum nach Belieben verfahren, also auch fliesen, § 13 Abs. 1 WEG. Der Ersatzanspruch nach § 14 Nr. 4 WEG knüpft an die Beschädigung des Sondereigentums an. 426

Verdienstausfall des betroffenen Eigentümers ist als Schaden nur dann zu erstatten, wenn der Wohnungseigentümer nicht durch andere unentgeltliche oder Kosten sparende Maßnahmen ausreichende Vorsorge zur Bewachung seines Eigentums treffen konnte[8]. 427

Vorübergehende Nutzungsbeeinträchtigungen einer Wohnung, die sich ergeben, weil ein anderer Eigentümer in erlaubter Weise das Dach- 428

---

1 BayObLG, Beschl. v. 19. 5. 1994 – 2 Z BR 135/93, BayObLGZ 1994, 140 = ZMR 1994, 420 = NJW-RR 1994, 1104 = Grundeigentum 1994, 1185 = Wohnungseigentümer 1994, 114.
2 BayObLG, Beschl. v. 6. 2. 1987 – 2 Z 93/86, BayObLGZ 1987, 50 = Wohnungseigentümer 1987, 58 = ZMR 1987, 227.
3 OLG Schleswig, Beschl. v. 30. 3. 2006 – 2 W 191/05, ZMR 2006, 963.
4 LG Frankfurt, Beschl. v. 16. 11. 1987 – 2/9 T 846/87, ZMR 1989, 271.
5 LG Köln, Beschl. v. 7. 2. 1997 – 29 T 176/94, NJWE-MietR 1997, 280.
6 OLG Düsseldorf, Beschl. v. 22. 11. 2005 – 3 Wx 140/05, OLGReport Düsseldorf 2006, 220 = ZMR 2006, 459 = FGPrax 2006, 104.
7 LG Köln, Beschl. v. 20. 2. 2001 – 29 T 190/00, ZMR 2001, 921.
8 KG, Beschl. v. 28. 7. 1999 – 24 W 9125/97, KGR Berlin 2000, 115 = WuM 2000, 85 = NZM 2000, 284 = ZMR 2000, 335 = ZWE 2000, 273.

geschoss ausbaut, stellen regelmäßig keinen nach § 14 Nr. 4 WEG erstattungsfähigen Vermögensschaden dar[1].

8. Durchsetzung von Ansprüchen

429 Die Durchsetzung von Ansprüchen aus § 14 Nr. 4 WEG richtet sich entweder

- gegen den Verband (Beklagter), wenn **Schadensersatz vom Eigentümer** (Kläger) nach Beschädigung des Sondereigentums geltend gemacht wird,
- oder gegen einen (oder mehrere) Eigentümer (Beklagter), wenn der Verband (Kläger) die **Duldung bestimmter Maßnahmen** innerhalb des Sondereigentums verlangt.

Im Vorfeld solcher Streitigkeiten kann es Anfechtungsklagen nach § 46 WEG geben, mit dem Ziel, mehrheitlich beschlossene Maßnahmen gerichtlich für ungültig erklären zu lassen, deren **Vollzug** also zu verhindern.

430 Werden diese Ansprüche rechtshängig, gehören sie zur **Zuständigkeit des Wohnungseigentumsgerichts** nach § 43 Nr. 1, 2 oder 4 WEG. Aus einem dort erstrittenen Urteil kann die **Zwangsvollstreckung** auf der Grundlage der ZPO betrieben werden.

a) Ansprüche des Eigentümers gegen die Gemeinschaft

431 Unter welchen Voraussetzungen und in welchem Umfang Ansprüche geltend gemacht werden können, wurde oben unter „Ersatzpflichten der Gemeinschaft" Rz. 422 f. dargestellt. Damit der Eigentümer Ersatzansprüche gerichtlich geltend machen kann, muss ein **Anlass** und ein **Rechtsschutzbedürfnis** vorhanden sein, soll eine ungünstige Kostenregelung vermieden werden. Regelmäßig wird dies durch Herbeiführung einer **Verzugslage** geschaffen. Die **Aufforderung an den Verband** zur Zahlung erfolgt **über den Verwalter**, der zur Entgegennahme der Aufforderung und zur Zahlung gemäß § 27 Abs. 3 Satz 1 Nr. 1und 4 WEG vom Gesetz ermächtigt ist und dabei als Vertreter des Verbandes handelt[2]. Zahlt der Verwalter für den Verband innerhalb einer angemessenen Frist eine geschuldete Entschädigung nicht, gerät der Verband in Verzug. Hierbei ist § 286 Abs. 4 BGB zu beachten. Soweit der Verwalter nach außen zur Vertretung des Verbands ermächtigt ist und zahlen kann, ist noch nicht geklärt, ob er mit Willen der Eigentümer zahlen darf. Ein **Verzug des Ver-**

---

1 KG, Beschl. v. 21. 1. 1998 – 24 W 5061/97, KGR Berlin 1998, 142 = ZfIR 1998, 308 = Grundeigentum 1998, 555 = ZMR 1998, 369 = WuM 1998, 430 = WE 1998, 377.
2 *Bärmann/Pick/Merle*, WEG, 9. Aufl., § 27 Rz. 116.

bands durch zurechenbares **Verhalten des Verwalter** wird nicht vorliegen, wenn dieser sich baldmöglichst durch **Beschluss der Eigentümer** anweisen lässt.

Das Wohnungseigentumsgericht ist berechtigt, den angemessenen **Schadensersatz**, in entsprechender Anwendung von § 287 ZPO zu **schätzen**[1]. 432

Die Forderung eines Eigentümers aus § 14 Nr. 4 WEG unterfällt in aller Regel dem **Verbot der Aufrechnung** mit Gemeinschaftsforderungen. Dies gilt auch, wenn die Gemeinschaftsforderung ihren Rechtsgrund in einem Sonderumlagenbeschluss gerade für die Maßnahme hat, aus der ein Eigentümer seinen Schadensersatzanspruch gemäß § 14 Nr. 4 WEG herleitet[2]. 433

b) Ansprüche der Gemeinschaft gegen einen Eigentümer

Der **Duldungsanspruch** nach § 14 Nr. **4 WEG steht dem Verband zu** und kann nicht ohne Ermächtigung von einem einzelnen Eigentümer gegen einen anderen Eigentümer verfolgt werden[3]. Auch der Verwalter kann solche Ansprüche im Namen des Verbands oder im eigenen Namen nur dann gerichtlich geltend machen, wenn er hierzu von den Wohnungseigentümern durch Eigentümerbeschluss ermächtigt ist[4]. 434

Vorschlag eines Antrags an das Gericht[5], wenn Zeit vorhanden ist, die Ursache eines Schadens zu suchen:

… Der Beklagte hat bei Meidung eines Ordnungsgeldes bis zu … Euro und für jeden Fall der Zuwiderhandlung, ersatzweise Ordnungshaft bis zu … Wochen zu dulden, dass nach rechtzeitiger Ankündigung seine Wohnung … von der Verwaltung oder einem sonst von dieser schriftlich bevollmächtigten Vertreter sowie dem Hausmeister und dem beauftragten Handwerker … werktags in der Zeit von 8.00 Uhr bis 12.00 Uhr oder von 14.00 Uhr bis 18.00 Uhr betreten wird, damit a) … durch geeignete Untersuchungsmethoden festgestellt werden kann, ob das durch sein Sondereigentum verlaufende (z.B. gemeinschaftliche Rohr …) instandsetzungsbedürftig ist, und gegebenenfalls b) … dieses (… Rohr) instand gesetzt werden kann. Der mit

---

1 OLG Düsseldorf, Beschl. v. 22. 11. 2005 – OLGReport Düsseldorf 2006, 220 = ZMR 2006, 459 = FGPrax 2006, 104.
2 OLG München, Beschl. v. 30. 1. 2007 – 34 Wx 128/06, NZM 2007, 335 = ZMR 2007, 397 = OLGReport München 2007, 374 = NJW-RR 2007, 735.
3 KG, Beschl. v. 10. 2. 1986 – 24 W 4146/85, ZMR 1986, 210 = NJW-RR 1986, 696 = Grundeigentum 1986, 799 = WuM 1987, 93.
4 BayObLG, Beschl. v. 14. 6. 1995 – 2 Z BR 20/95, BayObLGR 1995, 65 = WuM 1995, 677 = WE 1996, 193 = NJWE-MietR 1996, 38.
5 BayObLG, Beschl. v. 21. 1. 1999 – 2 Z BR 156/98, Grundeigentum 1999, 779 = ZfIR 1999, 927 = Wohnungseigentümer 2000, 74.

dem Handwerker vereinbarte und so für diese Arbeiten vorgesehene Termin ist dem Beklagten spätestens 1 Woche vorher schriftlich anzukündigen. ...

X. Bauliche Veränderungen am gemeinschaftlichen Eigentum

435 Bauliche Veränderungen und Aufwendungen am **gemeinschaftlichen Eigentum**, die über die ordnungsmäßige Instandhaltung und Instandsetzung hinausgehen, sind in § 22 WEG besonders geregelt. Bedarf nach einer gesonderten Regelung ergibt sich aus der gesetzlichen Vorgabe des **Bestandsschutzes** in § 11 WEG und aus den Gedanken des **Vertrauensschutzes**. Jeder Erwerber darf erwarten, dass einseitig und ohne seine Zustimmung wesentliche Veränderungen am Grundstück und den Baulichkeiten nicht erfolgen, die seine Rechte oder Nutzungsmöglichkeiten schmälern.

Bauliche **Veränderungen im Gemeinschaftsinteresse** verpflichtet regelmäßig den Verwalter nach § 27 Abs. 1 Nr. 1 WEG eine beschlossene Maßnahme durchzuführen.

Bauliche **Veränderungen im Individualinteresse** eines Eigentümers können von den Eigentümern mehrheitlich gestattet werden[1].

436 Im Teilbereich der baulichen Veränderungen sah der Wortlaut des Gesetzes bisher **keine Mehrheitsentscheidungen** vor. Dies war früher unsystematisch. Bauliche Veränderungen sind grundsätzlich Verwaltungsmaßnahmen und deswegen unter der gesetzlichen Überschrift des 3. Abschnitts im WEG „Verwaltung" eingegliedert. Verwaltungsmaßnahmen werden nach § 21 Abs. 1 und Abs. 3 WEG von den Eigentümern durch Mehrheitsbeschluss geregelt.

Unsystematisch war auch, dass bauliche **Änderungen nicht verlangt** werden konnten. Es hatte sich in der Praxis gezeigt, dass hierfür Bedarf bestehen konnte.

437 Der Gesetzgeber hat in der WEG-Novelle im § 22 Abs. 1 WEG **klargestellt** und umgesetzt, was die Rechtssprechung ohnehin bereits zugelassen hat[2]. Bauliche Veränderungen können beschlossen[3] und nun sogar verlangt werden. Nichts hat sich daran geändert, dass außerdem die **Zustimmung** eines jeden Eigentümers erforderlich ist, dessen Rechte durch

---

1 *Arnbrüster*, ZWE 2008, 61 ff.
2 *Häublein*, ZMR 2007, 409 (419).
3 BGH, Beschl. v. 20. 9. 2000 – V ZB 58/99, BGHZ 145, 158 = NJW 2000, 3500 = ZMR 2000, 771 = ZWE 2000, 518.

die Maßnahme über das in § 14 Nr. 1 WEG bestimmte Maß hinaus beeinträchtigt werden.

Ohne dass es der **Zustimmung** eines Eigentümers bedarf, kann gemäß § 22 Abs. 1 Satz 2 WEG dann eine **bauliche Veränderung** erfolgen, wenn der Bestands- oder Vertrauensschutz der übrigen Miteigentümer nicht berührt wird. Der Umfang des Schutzdenkens und dessen Auswirkungen werden in § 14 WEG beschrieben. 438

Neu in der Systematik des gesetzlichen Denkens ist **der zweite Weg** zu einer rechtmäßigen baulichen Veränderung in der Form einer „Modernisierung" oder „Anpassung an den Stand der Technik" nach § 22 Abs. 2 WEG[1]. Nach § 22 Abs. 1 WEG ist es leicht denkbar, dass ein zustimmungspflichtiger Eigentümer, der seine Zustimmung verweigert, dauerhaft eine bauliche Veränderung **blockiert**. Um diesen, vom Gesetz durchaus gewollten Minderheitenschutz in einzelnen Fällen zu **überwinden**, kann mit einer besonders qualifizierten Mehrheit eine Modernisierung oder eine Anpassung an den Stand der Technik erlaubt werden. 439

Es müssen drei Viertel aller stimmberechtigten Eigentümer und mehr als die Hälfte aller Miteigentumsanteile die Maßnahme billigen. Dann kommt es auf die Zustimmung eines einzelnen Eigentümers oder der verbleibenden Minderheit nicht mehr an. Die Bindungswirkungen eines solchen qualifizierten Mehrheitsbeschlusses ergeben sich aus § 10 Abs. 4 und 5 WEG. Er wirkt für und gegen alle Eigentümer, auch wenn sie gegen den Beschluss gestimmt oder überhaupt nicht mitgewirkt haben. Er wirkt auch gegenüber einem Rechtsnachfolger. Die vom Gesetzgeber geschaffene Möglichkeit eines alternativen Weges zu einer Maßnahme der Modernisierung verhindert nicht, dass **daneben** auch gemäß § 22 Abs. 1 WEG, durch **Beschlussfassung und Zustimmung** der nachteilig betroffenen Eigentümer, verfahren werden kann[2].

Zu unterscheiden sind: **Bauliche Veränderungen am gemeinschaftlichen Eigentum**, von dem § 22 Abs. 1 WEG ausgeht, von baulichen Veränderungen **am Sondereigentum**. 440

1. Bauliche Veränderungen am Sondereigentum

Gemäß § 13 Abs. 1 WEG kann jeder Eigentümer mit den im **Sondereigentum** stehenden Gebäudeteilen nach Belieben „*verfahren*". Dies zeigt, dass **echtes Eigentum** i.S.v. § 903 BGB besteht, und nicht nur ein beschränktes Wohnrecht[3], wenngleich wohl bewusst nicht von „*verfügen*" gesprochen wird. Eine Verfügung über Sondereigentum ist wegen 441

---
1 AG Hannover, Urteil v. 2. 10. 2007 – 484 C 9807/07, ZMR 2008, 250.
2 *Armbrüster*, ZWE 2008, 61 ff.
3 *Bärmann/Pick/Merle*, WEG, 9. Aufl., § 13 Rz. 1a.

§ 6 Abs. 1 WEG ohne den Miteigentumsanteil nicht möglich. Wie die beispielhafte Aufzählung im Gesetz zeigt, sind mit „*verfahren*" zunächst nicht bauliche Maßnahmen gemeint, sondern die **Nutzung**, wie Bewohnen, Vermieten, Verpachten. Dabei können andere von Einwirkungen ausgeschlossen werden.

442 Weil es sich um Volleigentum handelt, sind **bauliche Veränderungen innerhalb des Sondereigentums** nicht untersagt sondern **grundsätzlich zulässig**. Zu beachten sind jedoch die im Recht des Wohnungseigentums entstandenen Besonderheiten, die auch **Beschränkungen** bringen: Die Verbindung von Sondereigentum und gemeinschaftlichem Eigentum, die Unauflöslichkeit der Gemeinschaft nach § 11 WEG und das verzahnte Miteinander der Sondereigentumsrechte, das eine Kollision von Rechten fördert und Konflikte begünstigt.

a) Beschränkungen durch das Gesetz

443 Zur **Sicherung des Sondereigentums** selbst und zur **störungsfreien Benutzung** innerhalb einer Gemeinschaft sollen die **gesetzlichen Vorgaben** in §§ 14 und 15 WEG beitragen. Für bauliche Veränderungen ergibt sich daraus: Aus der Instandhaltungspflicht für Gebäudeteile im Sondereigentum nach § 14 Nr. 1 WEG wächst dem Sondereigentümer eine **Beobachtungs- und Handlungspflicht** zu. Wie der Sondereigentümer diese erfüllt, bleibt ihm überlassen. Er kann **konservativ** entsprechend dem früheren Zustand instandhalten oder in **modernisierender** Art. Im Bereich des Sondereigentums hat der Eigentümer prinzipiell das alleinige Sagen, die Gemeinschaft ist nicht entscheidungsberechtigt[1]. So kann er den regelmäßig zum Sondereigentum gehörenden **Putz** an Wänden und Decken **durch Plattenbeläge ersetzen**, ohne die Miteigentümer auch nur fragen zu müssen. Eine zwingende **Handlungsnotwendigkeit** i. S. eines Instandhaltungsbedarfs muss nicht vorliegen, weil es der Entscheidung des Eigentümers obliegt, wann er sein Sondereigentum wie gestaltet.

444 Die **Grenzen der Handlungsmöglichkeiten** oder der unzulässigen Untätigkeit eines Eigentümers werden erreicht, wenn dadurch einem Miteigentümer ein **Nachteil** erwächst, der über das Maß hinausgeht, das bei einem geordneten Zusammenleben unvermeidlich ist, § 14 Nr. 1, 2. Hs. WEG. Kann eine zur Versorgung aller Wohnungen einer Wohnanlage ausgelegte **Heizung** dann nicht mehr **wirtschaftlich sinnvoll betrieben** werden, wenn nicht alle Wohnungen angeschlossen bleiben, erwächst durch die Abtrennung einer Wohnung von der Heizung den übrigen Eigentümern ein unzumutbarer Nachteil und kann einen Anspruch begründen, den Anschluss an die Heizung aufrecht zu erhalten[2].

---

1 OLG Düsseldorf, Beschl. v. 27. 2. 2002 – 3 Wx 348/01, WuM 2002, 276 = NZM 2002, 443 = NJW-RR 2002, 805 = FGPrax 2002, 108 = ZMR 2002, 613 = Wohnungseigentümer 2002, 70 = ZWE 2002, 420.
2 BayObLG, Beschl. v. 31. 10.2001 – 2 Z BR 68/01, OLGReport München 2002, 140.

Der **Austausch des Bodenbelags** innerhalb des Sondereigentums ist häufiger Streitanlass, wenn z. B. der frühere Teppichbodenbelag durch Fliesen ersetzt wird und danach die Nachbarn **Lärmbelästigungen** behaupten. In diesen Fällen kann dem Sondereigentümer der Austausch des Bodenbelags nicht zum Vorwurf gemacht werden, denn er hat nur im zulässigen Rahmen des Sondereigentums gehandelt. Das eigentliche Problem liegt dabei im Bereich der **Dämmungen**, die gerade bei älteren Gebäuden nicht dem heutigen Standard entsprechen, aber zum gemeinschaftlichen Eigentum gehören. Wenn vom Sondereigentümer bei Austausch des Bodenbelags verlangt würde, er müsse auch eine ausreichende Dämmung erstellen, würden ihm Leistungen abgefordert, die in den Verantwortungsbereich der Gemeinschaft gehören. Deswegen kann allenfalls gefordert werden, dass Beläge so eingebaut werden, dass objektiv **keine Verschlechterung** der Übertragungswege für den Luft- und Trittschallschutz entsteht[1], eine erhöhte Schalldämmung kann jedoch nicht verlangt werden[2]. Ob ein über das in § 14 Nr. 1 WEG bezeichnete Maß hinausgehender Nachteil vorliegt, ist anhand aller Umstände des **Einzelfalles** zu beurteilen[3]. 445

Im Sondereigentum steht die der Versorgung nur einer Wohnung dienende Leitung ab der Abzweigung von der Hauptleitung[4]. Eine **Veränderung der Leitung im Sondereigentumsbereich** ist also zulässig, soweit die Leitungen nicht in andere Wohnungen weiterführen und deren Nutzungsmöglichkeiten einschränken. Die für Verschlechterungen des Trittschallschutzes entwickelte Rechtsprechung lässt sich auch auf den Schutz vor **Installationsgeräuschen** übertragen[5]. 446

Es gibt **keine** aus dem Gemeinschaftsverhältnis erwachsende besondere **Treuepflicht**, die es gebieten würde, die **Mitbenutzung** eines Teiles **von Sondereigentum** zu dulden, um einem anderen Wohnungseigentümer die kostenintensive, aber durchaus mögliche und zumutbare Verlegung von Wasserleitungen unter seinem Parkettboden zu ersparen[6]. Die Wasserrohre sollten an der darunter befindlichen Kellerdecke in einem fremden Keller verlaufen. Den Erwerber eines nachteilig veränderten Sonder- 447

---

1 OLG Düsseldorf, Beschl. v. 13. 11. 2007 – I-3 Wx 115/07, Wohnungseigentümer 2007, 122 = WuM 2008, 41.
2 OLG Hamm, Beschl. v. 15. 3. 2001 – 15 W 39/01, OLGReport Hamm 2001, 285 = FGPrax 2001, 142 = ZMR 2001, 842 = ZWE 2001, 389.
3 OLG München, Beschl. v. 10. 4. 2006 – 34 Wx 021/06, FGPrax 2006, 111 = ZMR 2006, 643 = WE 2007, 32.
4 BayObLG, Beschl. v. 31. 10. 2001 – 2 Z BR 68/01, OLGReport München 2002, 140.
5 OLG München, Beschl. v. 10. 4. 2006 – 34 Wx 021/06, FGPrax 2006, 111 = ZMR 2006, 643 = WE 2007, 32.
6 OLG Düsseldorf, Beschl. v. 27. 3.2000 – 3 Wx 53/00, OLGReport Düsseldorf 2001, 158 = ZMR 2000, 476 = NZM 2001, 392 = ZWE 2000, 281.

eigentums trifft die Verpflichtung, die Beseitigung der Störung durch den Verband zu dulden[1].

b) Beschränkungen durch Vereinbarung der Eigentümer

448 In einer Vereinbarung wie etwa der Gemeinschaftsordnung können sich alle Eigentümer verpflichten, bestimmte **Handlungs- und Gestaltungsmöglichkeiten** grundsätzlich zu **gestatten** oder sie können **darauf verzichten**. Wird diese Vereinbarung in das Grundbuch eingetragen, sind gemäß § 10 Abs. 3 WEG auch die Rechtsnachfolger daran gebunden. Solche denkbaren Verpflichtungen könnten sein, auf dem im Sondereigentum stehenden **Balkonboden** keinen festen Oberflächenbelag aufzubringen, um die Zugänglichkeit und Überprüfbarkeit des Balkonzustands zu erleichtern, außer in **Bädern** keine Fliesenböden einzubauen, um die Schallübertragung nicht zu verschlechtern, in den **Wohnungen** keine Sauna oder kein Dampfbad einzubauen, um die Gefahr der Einwirkung von Hitze und Feuchtigkeit auf die Bausubstanz auszuschließen.

449 Es könnte sogar vereinbart werden, dass die **Rücksichtsregel** gemäß § 14 Nr. 1, 2. Hs. WEG **nicht gelten soll**, was insbesondere bei Reihen- und Zweifamilienhäusern Sinn machen kann. Wenn § 22 WEG im Anwendungsbereich des gemeinschaftlichen Eigentums abbedungen werden kann, dann gilt dies auch im Bereich des Sondereigentums[2]; Rechtsgrundlage ist § 10 Abs. 2 Satz 2 WEG. Die **Grenzen** zwischen Regelungen des Gebrauchs des Sondereigentums nach § 15 WEG und der Möglichkeit zur baulichen Umgestaltung nach § 22 Abs. 1 WEG verwischen sich dabei.

c) Beschränkungen durch Beschlüsse

450 Die Eigentümer sind teilweise vom Gesetz mit der **Beschlusskompetenz** ausgestattet worden, bis in das Sondereigentum hinein mitzubestimmen, z.B. den ordnungsgemäßen Gebrauch nach § 15 Abs. 2 WEG zu beschließen. Dagegen haben die Eigentümer **keine Beschlusskompetenz** in baulichen Angelegenheiten **in das Sondereigentums** hineinzuregieren[3]. Dennoch gefasste Mehrheitsbeschlüsse sind nichtig[4].

---

1 Hans. OLG Hamburg, Beschl. v. 24. 1. 2006 – 2 Wx 10/05, ZMR 2006, 377.
2 BayObLG, Beschl. v. 9. 12. 1999 – 2 Z BR 101/99, BayObLGR 2000, 25 = ZfIR 2000, 207 = ZMR 2000, 234 = ZWE 2000, 175.
3 OLG Düsseldorf, Beschl. v. 27. 2. 2002 – 3 Wx 348/01, WuM 2002, 276 = NZM 2002, 443 = NJW-RR 2002, 805 = FGPrax 2002, 108 = ZMR 2002, 613 = Wohnungseigentümer 2002, 70 = ZWE 2002, 420.
4 OLG Düsseldorf, Beschl. v. 27. 2. 2002 – 3 Wx 348/01, NZM 2002, 443 = NJW-RR 2002, 805 = FGPrax 2002, 108 = ZMR 2002, 613.

2. Bauliche Veränderungen am gemeinschaftlichen Eigentum

§ 22 Abs. 1 und 2 WEG enthält Sonderregelungen für bauliche Veränderungen am gemeinschaftlichen Eigentum. Was **zwingend zum gemeinschaftlichen Eigentum** gehört, ergibt sich aus § 5 Abs. 2 WEG[1]. Dazu gehören alle Gebäudeteile die für **Bestand und Sicherheit** erforderlich sind sowei Anlagen und Einrichtungen, die dem gemeinschaftlichen Gebrauch dienen.

451

a) Abgrenzung von der Instandhaltung und Instandsetzung

Nicht alles, was baulich verändert wird, unterfällt dem Anwendungsbereich von § 22 Abs. 1 und Abs. 2 WEG. Soweit Veränderungen zur Instandhaltung oder Instandsetzung des gemeinschaftlichen Eigentums erforderlich sind, handelt es sich um Maßnahmen ordnungsmäßiger Verwaltung nach § 21 Abs. 4 und Abs. 5 Nr. 2 WEG. Typische Beispiele sind notwendige Veränderungen und modernisierende Instandsetzungen nach § 22 Abs. 3 WEG, wie etwa eine **Fassadenveränderung** wegen einer notwendigen Wärmedämmung oder die **Erhöhung eines Schornsteins**, um einen ausreichenden Abluftzug einer neuen Heizungsanlage zu sichern oder das **Befestigen eines Weges** oder Hanggeländes aus Gründen der Sicherheit. Solche Maßnahmen können außergerichtlich oder gerichtlich als Maßnahmen ordnungsmäßiger Verwaltung gemäß § 21 Abs. 4 WEG verlangt werden.

452

Bauliche Veränderungen, die über eine ordnungsmäßige Instandhaltung oder Instandsetzung des gemeinschaftlichen Eigentums hinausgehen, ändern das vorheriges Aussehen und berühren den Anspruch jedes Eigentümers auf Erhalt des **ursprünglichen Bestandes**. Deswegen dürfen solche Maßnahmen gemäß § 22 Abs. 1 Satz 1 und 2, § 14 Nr. 1 WEG nur vorgenommen werden, wenn **die Wohnungseigentümer zustimmen**, denen durch die Maßnahme über das bei einem geordneten Zusammenleben unvermeidliche Maß hinaus **ein Nachteil erwächst**.

453

Der Gesetzgeber hat versucht die streitige Frage zu klären, ob **modernisierende Instandsetzungen** nach den Regeln in § 21 Abs. 5 Nr. 2 WEG oder denen in § 22 Abs. 1 und 2 WEG zu behandeln sind. Zur Klarstellung wurde in § 22 Abs. 3 WEG die Geltung der Regeln für die Instandhaltung und Instandsetzung angeordnet. In der Praxis wird die Schwierigkeit darin bestehen, **Abgrenzungskriterien** zu finden, was noch zur „modernisierenden Instandsetzung" und schon zur baulichen Veränderung gehört. In der Tat sind die Auswirkungen bedeutend, weil nach diesen gesetzlichen Vorgaben modernisierende Instandsetzungen mit einfacher

454

---

1 BayObLG, Beschl. v. 31. 10. 2001 – 2 Z BR 68/01, OLGReport München 2002, 140.

Mehrheit beschlossen werden können und nicht der Zustimmung aller Eigentümer bedürfen, die nachteilig betroffen sind.

455 Die bisher in der Rechtsprechung entwickelten Kriterien zur Abgrenzung baulicher Veränderungen von Maßnahmen der Instandhaltung und Instandsetzung gelten unverändert weiter. Es kann auf die umfangreiche Rechtsprechung zurückgegriffen werden.

b) Vereinbarungen der Eigentümer

456 Die Eigentümer können die Geltung des § 22 WEG **durch Vereinbarung abbedingen**[1]. Es handelt sich nicht um eine zwingende gesetzliche Regelung gemäß § 10 Abs. 2 Satz 2 WEG. So kann durch eine Vereinbarung die Möglichkeit geschaffen werden, bauliche Veränderungen durch einen Mehrheitsbeschluss ohne Zustimmung nachteilig betroffener Eigentümer zu regeln. Auch kann ein **völliges Änderungsverbot** vereinbart oder eine Änderung von der **Zustimmung aller Wohnungseigentümer** abhängig gemacht werden. Auf eine Beeinträchtigung im Sinn von § 14 Nr. 1 WEG kommt es bei einer solchen Vereinbarung dann nicht mehr an[2].

457 Wurde § 22 WEG wirksam abbedungen, beurteilt sich ein erhobener Anspruch auf Errichtung oder Beseitigung einer solchen baulichen Veränderung nach den allgemeinen nachbarrechtlichen **Vorschriften des Privatrechts und des öffentlichen Rechts**[3].

458 Nach der Vorstellung des Gesetzgebers erfolgt die gemeinschaftliche Verwaltung durch alle Eigentümer. § 21 Abs. 1 WEG. In Betracht kommt eine Regelung durch **Vereinbarung oder** durch **Mehrheitsbeschluss**. Der qualitativ gleichwertige Ersatz für eine Veränderung scheint der allstimmige Beschluss zu sein. Wegen der Folgen sind aber **erhebliche Zweifel** an der Schlussfolgerung angebracht, der Gesetzgeber habe eine weitgehende Regelung der Angelegenheiten der Eigentümer durch Vereinbarung gewollt. Diese bindet gemäß § 10 Abs. 3 WEG einen Rechtsnachfolger nur, wenn die **Vereinbarung in das Grundbuch** eingetragen wird. Dies kann zu der fatalen Folge führen, dass eine nur schuldrechtliche, nicht im Grundbuch eingetragene Vereinbarung einen Eigentümer zunächst ermächtigt, eine bauliche Veränderung durchzuführen, dass ein anderer, später eintretender Eigentümer jedoch den **Rückbau** und die Wiederherstellung des Zustandes gemäß Aufteilungsplan verlangen kann. Nur die Grundsätze von Treu und Glauben gemäß § 242 BGB kön-

---

1 BayObLG, Beschl. v. 9. 12. 1999 – 2 Z BR 101/99, BayObLGR 2000, 25 = ZfIR 2000, 207 = ZMR 2000, 234 = ZWE 2000, 175.
2 OLG München, Beschl. v. 5. 4. 2005 – 32 Wx 019/05, OLGReport München 2005, 266 = NZM 2005, 622 = ZMR 2005, 726.
3 BayObLG, Beschl. v. 21. 2. 2001 – 2 Z BR 104/00, BayObLGZ 2001, 41 = ZMR 2001, 563 = Wohnungseigentümer 2001, 68 = NZM 2001, 815 = NJW-RR 2001, 1456.

nen im Einzelfall dann dem Rückbaubegehren entgegengehalten werden[1]. Dagegen wirken ein Mehrheitsbeschluss und der allstimmige Beschluss nach § 10 Abs. 4 WEG auch gegen einen Rechtsnachfolger. Die gewünschte und auch erforderliche Transparenz, Beschlüsse als geltende Regeln einer Gemeinschafts erkennen zu können, ergibt sich nun aus der vorgeschriebenen **Beschluss-Sammlung** nach § 24 Abs. 7 WEG. Indem der Gesetzgeber die Beschlusskompetenzen durch gesetzliche Vorgaben erweitert hat, wurde die erhebliche Bedeutung des Mehrheitsbeschlusses unterstrichen. Wegen des geringeren Aufwandes und dem **kürzeren Weg zum Ziel** wird man deswegen regelmäßig versuchen, Maßnahmen – soweit möglich – durch einen Mehrheitsbeschluss zu regeln.

Vereinbarte Regelungen über bauliche Veränderungen sind **auslegungsfähig**. Kann man nach der Gemeinschaftsordnung *Änderungen der äußeren Gestalt* des Gebäudes mit einfacher Mehrheit beschließen, könnte das dahin ausgelegt werden, dass eine bauliche Veränderung im Inneren des Gebäudes, etwa im gemeinschaftseigenen Keller, **erst recht** mehrheitlich beschlossen werden kann[2]. Ebenso kann dies bedeuten, dass die Mitwirkung aller benachteiligten Wohnungseigentümer, entgegen § 22 Abs. 1 Satz 2 WEG, nicht erforderlich ist[3]. 459

Ein **allstimmiger Beschluss** der Eigentümer kann im Einzelfall auch **als schuldrechtliche Vereinbarung** ausgelegt werden, wenn ihr Gegenstand mangels Beschlusskompetenz einer Mehrheitsentscheidung nicht zugänglich ist[4]. 460

c) Der allstimmige Beschluss

Nachdem das Gesetz nun in § 22 Abs. 1 WEG einen einfachen Mehrheitsbeschluss zulässt, handelt es sich neben der Vereinbarung um die offenbar vom Gesetz gewollte weitere Entscheidungsform der Eigentümer über eine bauliche Veränderung. Zusätzlich ist die Zustimmung nachteilig betroffener Eigentümer erforderlich. Sind alle Eigentümer betroffen und kommt ein Beschluss, aller, nicht nur **aller in der Versammlung anwesenden Eigentümer**[5], zustande (Allstimmigkeit), wurden die nötigen Zustimmungen erteilt. Dadurch ist der Einwand eines nicht hinnehmbaren Nachteils nach § 14 Nr. 1 WEG überwunden. 461

---

1 OLG Stuttgart, Beschl. v. 18. 8. 1998 – 8 W 188/98, ZMR 1998, 802 = WE 1999, 191.
2 OLG Düsseldorf, Beschl. v. 14. 10. 1998 – 3 Wx 169/98, ZMR 1999, 192 = WE 1999, 105.
3 BayObLG, Beschl. v. 27. 4. 2001 – 2 Z BR 70/00, ZMR 2001, 829 = NZM 2001, 1138 = ZWE 2001, 424.
4 BayObLG, Beschl. v. 13. 6. 2002 – 2 Z BR 1/02, ZfIR 2002, 645 = NZM 2002, 747 = ZMR 2002, 848.
5 KG, Beschl. v. 18. 3. 1992 – 24 W 6007/91, OLGZ 1993, 52 = WuM 1992, 282 = NJW-RR 1992, 720 = Wohnungseigentümer 1992, 125.

462 Die Unterscheidung, ob eine **Zustimmung durch Vereinbarung oder Beschluss** erteilt wurde, ist erheblich:

– Die Entscheidung der Eigentümer durch Beschluss unterliegt, wie jeder Beschluss, der gerichtlichen Prüfung gemäß § 46, § 43 Nr. 4 WEG. Weil die Monatsfrist des § 46 WEG eine Überlegungsfrist darstellt, kann die Zustimmung in dieser Zeit widerrufen werden. Die Zustimmung ist eine Willenserklärung, die grundsätzlich nicht bedingungsfeindlich ist[1] und deshalb unter der aufschiebenden oder auflösenden Bedingung des Widerrufs gemäß § 158 BGB stehen kann. Ob ein solches **Widerrufsrecht** im Einzelfall als ausbedungen angenommen werden kann, ist durch Auslegung zu ermitteln.

Wurde das Widerrufsrecht nicht ausdrücklich befristet, kann nach einer Anfechtungsklage von einer Widerrufsfrist entsprechend der gesetzlichen Antragsfrist gemäß § 46 WEG ausgegangen werden[2].

– Die **Bindungswirkung** eines Beschlusses erstreckt sich auch auf die Rechtsnachfolger gemäß § 10 Abs. 4 WEG. Eine im Beschluss enthaltene Zustimmung bindet, zumindest dann, wenn mit der baulichen Veränderung begonnen wurde[3].

– Bei einer Zustimmung per Vereinbarung kann die **Widerruflichkeit** nach § 183 BGB mit der Vornahme des Rechtsgeschäfts entfallen, wenn nichts anderes vereinbart wurde.

– Eine Vereinbarung und die darin enthaltene Zustimmung sind als Einheit zu sehen. Die Zustimmung gilt nur für den Fall der Vereinbarung. Diese bindet Rechtsnachfolger nach § 10 Abs. 3 WEG, wenn sie verdinglicht, also im Grundbuch eingetragen wurde. Schuldrechtliche Vereinbarungen verlieren deshalb ihre Wirkung, wenn ein Rechtsnachfolger in die Gemeinschaft eintritt. Er kann eine von der Vereinbarung abweichende Handhabung eines Sachverhalts verlangen, weil er nicht in die Bindungswirkung der Vereinbarung gelangte.

463 Im Übrigen hat die Allstimmigkeit an Bedeutung verloren, weil der Wortlaut in § 22 Abs. 1 WEG nunmehr ausdrücklich einen Mehrheitsbeschluss zulässt. Früher wurde das gesetzliche Verbot eines Mehrheitsbeschlusses nach § 21 Abs. 3 WEG durch den einstimmigen Beschluss umgangen.

---

1 *Bärmann/Pick/Merle*, WEG, 9. Aufl., § 22 Rz. 113.
2 BayObLG, Beschl. v. 31. 1. 2002 – 2 Z BR 165/01, BayObLGR 2002, 283 = ZWE 2002, 315.
3 KG, Beschl. v. 19. 7. 2004 – 24 W 318/02, KGR Berlin 2004, 566 = ZMR 2005, 75.

d) Der Mehrheitsbeschluss

Ein **Mehrheitsbeschluss** über eine bauliche Veränderung ist nunmehr möglich. Er ist wie jeder Beschluss durch eine Anfechtungsklage nach § 46 WEG gerichtlich prüfbar. Dabei wird auch geprüft, ob Zustimmungen erforderlich waren und diese vorliegen. Fehlt auch nur eine erforderliche Zustimmung, ist der Beschluss für ungültig zu erklären. War keine Zustimmung nötig, besteht keine Möglichkeit oder Notwendigkeit, den Beschluss deswegen gemäß § 23 Abs. 4 WEG für ungültig zu erklären. 464

Wurde eine bauliche Veränderung mehrheitlich genehmigt und wegen fehlender Einstimmigkeit nicht innerhalb eines Monats gemäß § 46 Abs. 1 WEG angefochten, so können die überstimmten Eigentümer die Beseitigung der Veränderungen nicht mehr verlangen[1]. 465

Der BGH hatte bereits in seinem Beschluss vom 20. 9. 2000[2] in § 22 Abs. 1 WEG eine grundsätzliche Beschlusskompetenz der Wohnungseigentümer gesehen, weil bauliche Veränderungen zwar nicht nach § 21 Abs. 3 WEG mehrheitlich, aber immerhin „beschlossen" werden können[3]. Ein solcher Beschluss war somit auch vor der WEG-Novelle nicht nichtig. 466

Prüfungsgegenstand einer Anfechtungsklage ist nicht, ob der Mehrheitsbeschluss den Grundsätzen ordnungsmäßiger Verwaltung nach § 21 Abs. 4 WEG entspricht. Eine bauliche Veränderung ist gerade eine darüber hinausgehende Maßnahme. Die Anwendung von § 22 Abs. 1 WEG setzt bereits eine Überschreitung der ordnungsgemäßen Instandhaltung und Instandsetzung voraus. 467

Haben die Eigentümer eine bauliche Veränderung mehrheitlich und bestandskräftig beschlossen, so genügt für eine spätere **Konkretisierung der beschlossenen Maßnahme** ebenfalls ein Mehrheitsbeschluss[4]. 468

e) Folgen des tatsächlichen Verhaltens/stillschweigende Zustimmung

Liegt keine eindeutige Zustimmung vor, wird jedoch eine bauliche Veränderung zu Ende geführt und nicht moniert, kann ein Vertrauensschutz auf Erhalt des Zustandes entstehen. Entscheidend ist, dass aus den Um- 469

---

1 OLG Köln, Beschl. v. 12. 1. 2001 – 16 Wx 156/00, OLGReport Köln 2001, 341 = NZM 2001, 293 = NJW-RR 2001, 1096 = ZMR 2001, 474.
2 BGH, Beschl. v. 20. 9. 2000 – V ZB 58/99, BGHZ 145, 158 = NJW 2000, 3500 = ZMR 2000, 771 = ZfIR 2000, 877 = Wohnungseigentümer 2000, 113 = Grundeigentum 2000, 1478 = WM 2000, 2350 = WuM 2000, 620 = ZWE 2000, 518.
3 BayObLG, Beschl. v. 30. 1. 2000 – 2 Z BR 81/00, ZMR 2001, 292 = Wohnungseigentümer 2001, 34 = NJW-RR 2001, 1592 = ZWE 2001, 267.
4 OLG Düsseldorf, Beschl. v. 6. 9. 1999 – 3 Wx 126/99, OLGReport Düsseldorf 2000, 43 = ZMR 2000, 54 = FGPrax 2000, 7 = WE 2000, 82 = NZM 2000, 390 = WuM 2000, 321 = BauR 2000, 616.

ständen entnommen werden kann, es habe eine **ausdrücklich oder konkludent erteilte Zustimmung** aller übrigen Wohnungseigentümer vorgelegen. Dann muss die Maßnahme auch **von den Rechtsnachfolgern geduldet** werden[1].

3. Gerichtliche Überprüfungsmöglichkeiten

470 Ein Mehrheitsbeschluss über eine bauliche Veränderung ist in aller Regel geeignet, Unsicherheiten darüber zu beseitigen, ob die bauliche Veränderung vorgenommen werden darf. Will ein Eigentümer die **Bestandskraft** eines zustimmenden Beschlusses **verhindern**, genügt es aber nicht, wenn die an sich ausreichende Zustimmung eines nachteilig betroffenen Wohnungseigentümers durch **Anfechtung** gemäß §§ 119 ff. BGB beseitigt wird, was grundsätzlich möglich ist; vielmehr muss daneben auch der Eigentümerbeschluss für ungültig erklärt werden. Dies kann nur durch gerichtlichen Antrag gemäß § 46 Abs. 1 WEG geschehen, unter Einhaltung der dort bestimmten Monatsfrist[2].

471 Für Anfechtungsklagen ist das Amtsgericht als Wohnungseigentumsgericht gemäß § 43 Nr. 4 WEG in erster Instanz zuständig, in dessen Bezirk das Grundstück liegt. Weil sich die Wirkung eines Beschluss für und gegen alle Eigentümer erstreckt, muss sich die Klage nach § 46 Abs. 1 WEG ausdrücklich **gegen die übrigen Eigentümer** richten, nicht gegen den Verband. Bei der Prüfung, ob bei Beschlussanfechtungen die übrigen Wohnungseigentümer als richtige Partei verklagt wurden, ist nicht nur auf das Rubrum der Klageschrift abzustellen. Vielmehr hat eine **Auslegung** der Sachvortrages in der Klageschrift zu erfolgen[3].

472 Nach § 44 WEG genügt es, die Beklagten **vorläufig** unter Angabe des gemeinschaftlichen Grundstücks zu bezeichnen: .... gegen die übrigen Eigentümer der Wohnanlage (Straße, Hausnummer, Postleitzahl, Ort). ...

Allerdings muss die **Liste** der beklagten übrigen Eigentümer spätestens bis **Schluss der mündlichen Verhandlung** bei Gericht sein. § 44 Abs. 1 Satz 2 WEG.

Anzugeben ist in der Klageschrift gemäß § 44 Abs. 1 Satz 1 WEG der Verwalter als Zustellungsvertreter nach § 45 Absatz 1 WEG und der Ersatzzustellungsvertreter oder dessen Vertreter, sofern solche nach § 45 Abs. 2 WEG bestellt wurden.

---

1 OLG Stuttgart, Beschl. v. 18. 8. 1998 – 8 W 188/98, ZMR 1998, 802 = WE 1999, 191.
2 BayObLG, Beschl. v. 2. 8. 2001 – 2 Z BR 144/00, BayObLGZ 2001, 196 = NZM 2001, 1037 = NJW 2002, 71 = ZMR 2001, 994 = ZWE 2001, 480.
3 AG Konstanz, Urteil v. 13. 3. 2008 – 12 C 17/07 (juris).

Bauliche Veränderungen am gemeinschaftlichen Eigentum   Rz. 475 **Teil 8**

Der Klageantrag eines Eigentümers, gegen die übrigen Eigentümer als Beklagte, könnte lauten: 473

> ... Es wird beantragt, den Beschluss der Eigentümer zu TOP.... in der Versammlung vom... für ungültig zu erklären...

In der Begründung **ist schlüssig darzustellen,** 474

- wann der Beschluss gefasst wurde,
- wie er lautet und dass er vom Verwalter verkündet wurde,
- weshalb es sich beim Beschlussthema um eine bauliche Veränderung gemäß § 22 Abs. 1 WEG handelt,
- welche formalen Fehler auf dem Weg zum Beschluss gemacht wurden und wie sich diese auf das Beschlussergebnis auswirken,
- welche Zustimmungen erforderlich sind und fehlen,
- dass eine Beschlussanfechtung erforderlich ist, um den Eintritt der Bestandskraft des Beschlusses nach § 23 Abs. 4 Satz 2 WEG zu verhindern,
- welcher Nachteil über das bei einem geordneten Zusammenleben unvermeidliche Maß hinausgeht, § 14 Nr. 1 WEG.
- Vorsorglich kann eine erteilte Zustimmung gemäß § 119 oder § 123 BGB angefochten werden
- und der Grund der Anfechtung, insbesondere falls die Anfechtung nicht bereits dem Erklärungsempfänger zugestellt wurde.

Die **Monatsfrist** für eine Beschlussanfechtung ist **materiellrechtliche Ausschlussfrist**. Eine verspätet eingereichte Klage ist unbegründet[1]. Die Anfechtungsklage muss nach § 46 Abs. 1 Satz 2 WEG **innerhalb von zwei Monaten** nach der Beschlussfassung **begründet** werden. Beide Fristen beginnen mit der Beschlussfassung, nicht mit der Zustellung des Versammlungsprotokolls[2]. 475

Vereinbarungen oder entstandene Sachlagen können **zeitlich unbefristet** durch Leistungs- Gestaltungs oder Feststellungsklage einer **gerichtlichen Überprüfung** zugeführt werden, solange der Anspruch oder dessen Geltendmachung nicht verjährt oder **verwirkt** ist. Die Überprüfung ist in

---

1 *Weber* in Müller, Beck'sches Formularbuch, WEG, L.IV.11, 941.
2 BayObLG, Beschl. v. 30. 6. 2004 – 2 Z BR 113/04, BayObLGR 2004, 443 = NZM 2005, 307 = ZMR 2005, 559.

vielfachen **Erscheinungsformen** möglich und orientiert sich am Einzelfall.

476 Insbesondere dann, wenn die Wohnungseigentümer eine nach dem Gesetz erforderliche Maßnahme nicht treffen, kann an Stelle der Eigentümer das Gericht in einem Rechtsstreit nach § 43 WEG gemäß dem neuen § 21 Abs. 8 WEG nach **billigem Ermessen (gestaltend)** entscheiden, soweit sich die Maßnahme nicht aus dem Gesetz, einer Vereinbarung oder einem Beschluss der Eigentümer ergibt.

477 In der Begründung ist darzustellen, weshalb **Zustimmungspflicht** gemäß § 22 Abs. 1 Satz 2 und § 14 WEG oder warum ein Feststellungsinteresse[1] besteht. Das Gericht muss aus dem Sachvortrag die nachteilige Betroffenheit des Klägers nachvollziehen können.

478 Besteht akuter Anlass, eine bevorstehende bauliche Veränderung zu unterbinden, kann **Unterlassung** nach § 1004 BGB verlangt werden:

> ... Dem Eigentümer ... wird untersagt, die geplante ... (bauliche Maßnahme) durchzuführen ...

Ein Unterlassungsanspruch kann von jedem Eigentümer selbst gerichtlich verfolgt werden. Zu den „sonstigen" der Gemeinschaft neben jedem Eigentümer zustehenden Rechten nach § 10 Abs. 6 Satz 3 WEG zählen gemeinschaftliche Ansprüche, die schon bisher von der Gesamtheit der Wohnungseigentümer nach einem Mehrheitsbeschluss geltend gemacht werden konnten, dem Verband aber nicht ausschließlich zustanden. Solche Ansprüche stehen jedem **Eigentümer individuell** zu. Der Verband kann durch einen Mehrheitsbeschluss das Recht an sich ziehen und den Anspruch verfolgen[2].

Als **Begründung** ist darzustellen, woraus sich ergibt, dass diese Maßnahme bevorsteht, dass es sich um eine bauliche Veränderung handelt und weshalb sie nicht ausgeführt werden darf, etwa weil Zustimmungspflicht eines oder mehrer Miteigentümer besteht und fehlt[3].

479 In einem eigenständigen Verfahren, das keine Anhängigkeit der Hauptsache mehr voraussetzt, kann der Erlass einer **einstweiligen Verfügung** nach §§ 935 ff. ZPO beantragt werden. Vorzutragen ist, welcher Anspruch auf eine gerichtliche Anordnung besteht (**Anordnungsanspruch**) und welcher dringende Handlungsbedarf das sofortige Einschreiten des Gerichtes erfordert (**Anordnungsgrund**).

---

1 *Keidel/Kuntze/Winkler*, FGG, 14. Aufl., § 12 Rz. 28–29.
2 *Hügel* in Hügel/Elzer, Das neue WEG-Recht, § 3 Rz. 181.
3 *Abramenko*, Das neue WEG, § 7 Rz. 60.

Wird die Nichtigkeit eines Beschlusses behauptet, auf den sich die Eigentümer berufen, kann eine gerichtliche Klärung durch eine **Feststellungsklage** erfolgen:

> ... Es wird festgestellt, dass der Beschluss der Eigentümer zu Top ... in der Versammlung vom ... nichtig ist, in dem generell die Kosten für Maßnahmen der Instandhaltung und Instandsetzung am gemeinschaftlichen Eigentum im Bereich eines Sondereigentums dem jeweiligen Eigentümer auferlegt wurden. ...

In der Begründung ist darzustellen, dass den Eigentümern für die jeweilige angefochtene Beschlussfassung die **Beschlusskompetenz gefehlt** hat. Im Beispielsfall fehlt sie, weil die Kosten für Maßnahmen der Instandhaltung und Instandsetzung des gemeinschaftlichen Eigentums **nur im Einzelfall** durch einen entsprechenden doppelt qualifizierten Mehrheitsbeschluss nach § 16 Abs. 4 WEG abweichend von den gesetzlichen oder vereinbarten Regeln verteilt werden dürfen.

4. Zustimmungspflicht und deren Entbehrlichkeit

a) Voraussetzungen

Wenn von **baulichen Veränderungen** des gemeinschaftlichen Eigentums nicht die Rechte aller Wohnungseigentümer gemäß § 14 WEG beeinträchtigt werden, **müssen nur die betroffenen Wohnungseigentümer zustimmen**[1]. Maßgebend ist, ob dem Wohnungseigentümer durch die Maßnahme in vermeidbarer Weise ein Nachteil erwächst, worunter **jede nicht ganz unerhebliche Beeinträchtigung** zu verstehen ist. Nur konkrete und objektive Beeinträchtigungen gelten als ein solcher Nachteil; entscheidend ist, ob sich nach der Verkehrsanschauung ein Wohnungseigentümer in der entsprechenden Lage verständlicherweise beeinträchtigt fühlen kann[2]. Allein die Möglichkeit, dass Wohnungseigentümer, die sonst von einer Maßnahme nicht i. S. v. § 14 WEG negativ betroffen wären, wegen der möglichen **künftigen Zahlungsunfähigkeit** des Miteigentümers selbst mit Kosten belastet werden könnten, macht die Maßnahme nicht nach § 22 Abs. 1 Satz 2 WEG zustimmungspflichtig[3].

Die §§ 22 Abs. 1 und 16 Abs. 6 WEG verlangen „Zustimmung", was gemäß § 183 BGB als Einwilligung die vorherige Abgabe einer Willens-

---
[1] BGH, Beschl. v. 18. 1. 1979 – VII ZB 19/78, BGHZ 73, 196 = BauR 1979, 166 = NJW 1979, 817 = ZMR 1979, 146 = MDR 1979, 392.
[2] BayObLG, Beschl. v. 4. 12. 1986 – 2 Z 40/86, ZMR 1987, 190.
[3] BGH, Beschl. v. 19. 12. 1991 – V ZB 27/90, BGHZ 116, 392 = BauR 1992, 248 = Grundeigentum 1992, 321 = NJW 1992, 978 = ZMR 1992, 167.

erklärung bedeutet oder die „nachträgliche Zustimmung" durch einen Eigentümer als **Genehmigung** gemäß § 184 BGB. Ein Eigentümer, der einer Maßnahme grundsätzlich zugestimmt hat, kann diese Zustimmung regelmäßig **widerrufen**, solange der bauwillige Eigentümer Dispositionen zur Verwirklichung noch nicht getroffen hat[1].

483 Eine Maßnahme, wie der Einbau einer Sauna, kann von vornherein **nur einem Teil der Eigentümer zugedacht sein**. Möglicherweise ist gar nicht erwünscht, dass andere Eigentümer auch Nutzen beanspruchen könnten. Häufig wird bei späterem Nutzungsbegehren schwierig festzustellen sein, was der genehmigende Eigentümer zahlen muss, weil die Maßnahme durch die anfänglich Zustimmenden bereits bezahlt worden ist. In diesen Fällen greift § 16 Abs. 6 Satz 1 WEG, wonach eine Nutzung wegen der fehlenden anfänglichen Zustimmung ausgeschlossen ist.

484 Wurde eine bauliche Veränderung ohne (notwendige) Zustimmung durchgeführt, ist es möglich und nötig, **heilend** die **Zustimmung** der nachteilig betroffenen Eigentümer **nachträglich einzuholen**, um rechtmäßige Verhältnisse zu schaffen. Wird in der Teilungserklärung dem Verwalter die Zustimmung zu baulichen Veränderungen übertragen, so handelt es sich bei der **Verwalterzustimmung** im Regelfall lediglich um ein Vorschalteerfordernis, das eigenmächtiges Handeln eines Wohnungseigentümers, der meint, dass niemand beeinträchtigt sei, verhindern soll. Durch eine Verwalterzustimmung wird das **gesetzliche Zustimmungserfordernis** eines eventuell nachteilig betroffenen Wohnungseigentümers nicht ersetzt[2].

b) Form der Zustimmung

485 Die Literatur entnimmt teilweise dem Wortlaut des § 22 Abs. 1 WEG, dass die **Zustimmung innerhalb einer Beschlussfassung** der Eigentümer erteilt werden muss[3]. Tatsächlich ist diese Auslegung des Wortlautes **nicht zwingend**[4]. Wie bisher wird wohl auch künftig die Zustimmung außerhalb einer Eigentümerversammlung und außerhalb einer schriftlichen Beschlussfassung nach § 23 Abs. 4 WEG möglich sein[5]. Die Vorgabe des Gesetzes, dass bauliche Veränderungen beschlossen werden können, wenn die erforderliche Zustimmung vorliegt, schafft **keine Bedingung** für einen einheitlichen Gestaltungsvorgang sondern stellt klar, dass ein Beschluss nur dann ordnungsmäßiger Verwaltung entspricht, wenn die erfor-

---

1 OLG Düsseldorf, Beschl. v. 10. 3. 2006 – I-3 Wx 16/06, ZMR 2006, 624 = FGPrax 2006, 152 = NZM 2006, 702 = OLGReport Düsseldorf 2006, 674.
2 OLG Köln, Beschl. v. 15. 10. 2003 – 16 Wx 97/03, ZMR 2004, 146 = OLGReport Köln 2004, 70.
3 *Hügel/Elzer*, Das neue WEG-Recht, § 7 Rz. 22. *Merle*, ZWE 2007, 374 ff.
4 *Häublein*, ZMR 2007, 409 (419–420).
5 *Hogenschurz* in Jennißen, WEG, § 22 Rz. 13.

derlichen Zustimmungen vorliegen. Fehlt eine Zustimmung, ist der Beschluss anfechtbar. War die fehlende Zustimmung tatsächlich erforderlich, wird der Beschluss nach Anfechtungsklage für ungültig erklärt.

Ungeachtet dieser streitigen Frage, ist es **empfehlenswert**, eine bauliche Veränderung am gemeinschaftlichen Eigentum beschließen zu lassen. Geht ein Eigentümer irrtümlich davon aus, die Zustimmung der anderen Eigentümer für eine Maßnahme sei entbehrlich, investiert er finanzielle Mittel und setzt sich zugleich der Gefahr aus, später einen **Rückbau** vornehmen zu müssen. Dagegen schafft ein Mehrheitsbeschluss einerseits Kenntnis bei den übrigen Eigentümern, dass eine Maßnahme durchgeführt wird, andererseits eine gewisse **Rechtssicherheit** und Vertrauen auf die Mehrheitsentscheidung. Ein bestandskräftiger Beschluss wirkt auch gegenüber einem Rechtsnachfolger. Die finanziellen Aufwendungen sind besser abgesichert. 486

Der BGH hat bereits früher ausgeführt, dass eine **Beschlussfassung** für eine bauliche Veränderung **weder erforderlich noch ausreichend** ist[1]. Geht man mit der herrschenden Meinung davon aus, dass eine Beschlussfassung möglich aber grundsätzlich daneben auch die Zustimmung der nachteilig betroffenen Eigentümer erforderlich ist, stellt sich zwangsläufig die Frage, ob eine fehlende aber erforderliche Zustimmung trotz einer Beschlussfassung möglicherweise noch später eingewendet werden kann. Noch unterstellt die herrschende Meinung, eine **fehlende Zustimmung werde durch einen bestandskräftigen Beschluss** über die bauliche Veränderung ersetzt. Das OLG München hat die alternativen Möglichkeiten: Zustimmung oder Beschluss oder fehlende Beeinträchtigung nebeneinander aufgezählt[2]. Zumindest werde die Maßnahme legitimiert[3]. Nach einer differenzierenden Auffassung ist ein Mehrheitsbeschluss über eine bauliche Veränderung **weder nichtig noch anfechtbar** sondern von Anfang an wirksam. Er bedarf jedoch zu seiner Durchführung zusätzlich aller erforderlicher Zustimmungen. Fehlt diese, ist die Maßnahme rechtswidrig. Die Eigentümer können nach § 1004 BGB die **Beseitigung** verlangen. 487

Dieses Beseitigungsverlangen soll nach § 10 Abs. 6 Satz 3 WEG der Verband verfolgen können[4]. Nach Auffassung OLG München bleibt dennoch den Eigentümern das eigenständige Forderungsrecht erhalten, selbst

---
1 BGH, Beschl. v. 18. 1. 1979 – VII ZB 19/78, BGHZ 73, 196 = NJW 1979, 817 = ZMR 1979, 146.
2 OLG München, Beschl. v. 16. 11. 2007 – 32 Wx 111/07, ZMR 2008, 234.
3 OLG Köln, Beschl. v. 12. 1. 2001 – 16 Wx 156/00, NZM 2001, 293 = NJW-RR 2001, 1096 = ZMR 2001, 474 = OLGReport Köln 2001, 341. OLG Düsseldorf, Beschl. v. 2. 11. 2004 – I-3 Wx 234/04, ZMR 2005, 143 = WuM 2005, 273 = OLG-Report Düsseldorf 2005, 427.
4 *Armbrüster*, ZWE 2008, 61 ff.

wenn der Verband – per Beschluss legitimiert – den Anspruch ausüben sollte[1].

488 Ist neben einer bestandskräftigen Beschlussfassung die Zustimmung erforderlich, kann der Beschluss die erforderliche Rechtssicherheit nicht herstellen. Im Zweifel muss jeder Eigentümer die nicht zustimmenden übrigen Eigentümer auf Erteilung der Zustimmung **verklagen**.

Dieses Problem löst auch die Rechtsauffassung nicht, die fordert, dass Zustimmungen zu einer baulichen Veränderung immer im Rahmen einer Beschlussfassung erteilt werden müssen. Bei einer mehrheitlichen Entscheidung kann nicht davon ausgegangen werden, dass regelmäßig in der Mehrheit alle erforderlichen Zustimmungen enthalten sind.

489 Die gesetzliche Klarstellung der Beschlusskompetenz rechtfertigt es, die erforderliche **Zustimmung als Teil der Ordnungsmäßigkeit** einer Beschlussfassung im Rahmen einer Anfechtungsklage nach § 46 Abs. 1 WEG klären zu lassen. Ohne Beschlussanfechtung des Eigentümers, der seine Zustimmung nicht erklärt hat, leidet der Beschluss zwar an einem Mangel. Dessen ungeachtet ist er bestandskräftig geworden. Er bindet die übrigen Eigentümer ebenso wie deren Rechtsnachfolger.

490 Eine Zustimmung kann mündlich, konkludent aber auch ausdrücklich schriftlich erklärt werden. Ein **allstimmiger Beschluss**, der eine bauliche Veränderung genehmigt, enthält auch die erforderlichen Zustimmungen. Eine **schriftliche Zustimmung** hat den Vorteil der leichteren Beweisbarkeit, sie ist jedoch gesetzlich nicht gefordert. Denkbar ist eine Vorgabe in der **Gemeinschaftsordnung**, dass erforderliche Zustimmungen für eine Maßnahme nach § 22 Abs. 1 WEG schriftlich erteilt werden müssen.

491 Die **schriftliche Zustimmung** kann für die spätere zutreffende **Verteilung der Kosten** vorteilhaft sein. Nach § 16 Abs. 6 Satz 1 ist ein Eigentümer, der einer baulichen Veränderung nach § 22 Abs. 1 WEG nicht zugestimmt hat, nicht berechtigt, diese zu nutzen aber ebenso wenig verpflichtet, Kosten zu tragen, die dadurch verursacht wurden. Der Verwalter wird nur dann nachweislich die Kosten richtig zuordnen können, wenn ihm die Zustimmungen schriftlich vorliegen. Wird eine Abrechnung und die darin vorgenommene Kostenverteilung gerichtlich angefochten, liegt die **Beweislast** beim Verwalter, nur den verpflichteten Eigentümern Kosten zugewiesen zu haben.

Allerdings ist anzunehmen, dass der gesetzliche Regelfall einer Kostenzuweisung bei einer baulichen Veränderung künftig weniger Anwendung findet, weil die Eigentümer die Gelegenheit haben, angeleitet durch den Verwalter **im Einzelfall eine individuelle Kostenzuweisung** nach den Vorgaben in § 16 Absatz 4 WEG zu schaffen.

---

1 OLG München, Beschl. v. 16. 11. 2007 – 32 Wx 111/07, ZMR 2008, 234.

Bei einer Beschlussfassung zu einer baulichen Veränderung werden die 492
Mehrheitsverhältnisse festgestellt. Auf dieser Grundlage wird das Beschlussergebnis vom Versammlungsleiter bekannt gegeben. Zu unterscheiden ist deswegen die Beschlussfassung von zugleich abgegebenen Zustimmungen durch die Eigentümer. Die abgegebenen **Zustimmungen** sind ein **Nebenprodukt der Beschlussfassung**. Liegen sie in der erforderlichen Anzahl bzw. von den betroffenen Eigentümern vor, machen sie den Beschluss ordnungsgemäß.

Nach altem Recht konnte ein Eigentümer eine Beschlussfassung über 493
eine bauliche Veränderung nicht verlangen. Entsprechend gab es auch keinen Anspruch auf Erteilung der Zustimmung, es sei denn, dass sich dieser aus dem Verhältnis der Wohnungseigentümer untereinander ableiten ließ, § 242 BGB. Die übrigen Wohnungseigentümer konnten ihre Zustimmung grundsätzlich verweigern oder auch an **Bedingungen oder Auflagen** knüpfen[1]. Letzteres wird auch weiter zu gelten haben. Das Gesetz untersagt nicht, Zustimmungen mit Bedingungen zu verknüpfen.

Jedoch kann nach § 22 Abs. 1 WEG jeder Eigentümer bauliche **Veränderungen „verlangen"**, wenn die erforderlichen Zustimmungen vorliegen. Daraus ergibt sich, dass eine **Beschlussfassung** der Eigentümer über diese Maßnahme verlangt werden kann, nicht über die Zustimmung[2]. Diese ist Voraussetzung für die Ordnungsmäßigkeit des Beschlusses.

5. Beispiele baulicher Veränderungen mit und ohne Zustimmungspflicht

Die **Unterscheidung**, ob eine Maßnahme noch ordnungsmäßiger Verwaltung im Sinne von § 21 WEG entspricht oder bereits eine darüber hinausgehende bauliche Veränderung nach § 22 WEG darstellt und der Zustimmung der übrigen Eigentümer bedarf, ist oftmals nur auf den jeweiligen **Einzelfall bezogen** zu treffen[3]. Innerhalb der Fallgruppen ist im konkreten Einzelfall zu prüfen, ob alle Eigentümer zustimmen müssen oder nur ein Teil nachteilig betroffen wird. 494

Zu baulichen Veränderungen, die auch im gemeinschaftlichen Interesse 495
erfolgen, gibt es inzwischen eine Vielzahl gerichtlicher Entscheidungen. Die nachstehende Auflistung ist ein **kleiner Ausschnitt** neuerer Rechtsprechung. Sie beschreibt vergleichsweise typische und häufiger vorkommende **Fallgestaltungen**. Die zitierten Fälle beinhalten auch – nach altem Recht – Modernisierungen und Anpassungen an den Stand der Technik, die seit der WEG Novelle als privilegierte bauliche Veränderungen durch

---
1 OLG Hamm, Beschl. v. 5. 1. 2004 – 15 W 153/03, OLGReport Hamm 2004, 143 = FGPrax 2004, 105.
2 *Niedenführ* in Niedenführ/Kümmel/Vandenhouten, WEG, 8. Aufl., § 22 Rz. 5.
3 *Drabek*, ZWE 10/2001, 470–474.

eine doppelt qualifizierte Mehrheit beschlossen werden können, ohne dass es der Zustimmung der übrigen nachteilig betroffenen Eigentümer bedarf.

- **Antennen**

Ergänzung der herkömmlichen **Gemeinschaftsantennenanlage** um eine zusätzliche Gemeinschafts-Parabolantenne kann verlangt werden. Wenn die Veränderung im Erscheinungsbild der Wohnanlage durch die zusätzliche Installation der Parabolantenne nicht all zu groß ist (Richterermessen), müssen nicht alle Eigentümer zustimmen. Mehrheitsbeschluss ist möglich[1].

Umstellung einer gemeinschaftlichen **Kabelempfangsanlage auf eine Satellitenempfang** ist modernisierende Instandsetzung. Mehrheitsbeschluss ist möglich[2].

Einem Wohnungseigentümer ausländischer Herkunft ist es zumutbar, die **Kabelanlage statt einer Satellitenempfangsanlage** zu nutzen, wenn Zugang zu mehreren Programmen in der Sprache seines Herkunftlandes besteht. Errichtung einer Parabolantenne stellt – unabhängig von einem Eingriff in die Gebäudesubstanz – eine bauliche Veränderung dar[3].

Informationsfreiheit für eine angemessene Anzahl ausländischer Programme ist abzuwägen gegen Eigentumsrecht. Abwägung obliegt den Tatgerichten. **Zumutbare Kosten:** Digitale „Set-Top-Box" 200 Euro. Freischaltgebühr von 35 Euro. Monatlich 5,95 Euro für sechs türkischsprachige Programme oder monatlich 19,95 Euro für zwei weitere Programme[4].

Selbst bei Kabelanschluss kann das Informationsinteresse eines ausländischen Eigentümers dazu führen, dass die übrigen Eigentümer den **Nachteil hinnehmen** müssen, der für den optischen Gesamteindruck der Wohnanlage mit einer auf dem Balkon einer Eigentumswohnung aufgestellten **Parabolantenne** verbunden ist. Eigentümer können **durch Vereinbarung** Voraussetzungen bestimmen und Anbringen von Parabolantennen generell **verbieten**. Wegen Inhaltskontrolle nach § 242 BGB können solche Vereinbarungen unwirksam sein, wenn ein berechtigtes Interesse fehlt. Generelles Verbot von Parabolantennen kann nicht durch Mehrheitsbeschluss angeordnet werden. Ein solcher Beschluss ist aber nur **anfechtbar**. Nichtig dann, wenn mit dem Beschluss eine Vereinbarung abgeändert wird. Eine hinzunehmende Parabolantenne darf die anderen Eigentümer nicht über das unvermeidliche Maß hinaus beein-

---

1 AG Nürnberg, Beschl. v. 14. 12. 2000 – 1 UR II 243/00 WEG, ZMR 2001, 749.
2 LG Stade, Beschl. v. 22. 12. 2004 – 9 T 299/04, ZMR 2005, 655.
3 OLG Celle, Beschl. v. 10. 7. 2006 – 4 W 89/06, OLGReport Celle 2006, 698 = ZfIR 2006, 739 = WE 2006, 272.
4 OLG München, Beschl. v. 9. 1. 2006 – 34 Wx 101/05, OLGReport München 2006, 253 = Wohnungseigentümer 2006, 33 = ZMR 2006, 309.

trächtigen. Folge: Antenne muss entsprechend den bau- und ggf. auch denkmalschutzrechtlichen Vorschriften fachgerecht installiert werden. Beschädigung oder eine erhöhte Reparaturanfälligkeit des Gemeinschaftseigentums muss ausgeschlossen werden. Antenne darf nur an einem zum Empfang geeigneten Ort installiert werden, wo sie den optischen Gesamteindruck des Gebäudes möglichst wenig stört. Bei Auswahl zwischen geeigneten Standorten steht den übrigen Eigentümern ein **Mitbestimmungsrecht** zu. Mehrere Eigentümer, die je eine Parabolantenne anbringen wollen, können auf die Installation einer **Gemeinschaftsparabolantenne** verwiesen werden, wenn das Gemeinschaftseigentum hierdurch weniger beeinträchtigt wird[1].

Aufstellen einer **Parabolantenne** auf zurückgesetztem Balkon, von außen nur durch einen Schlitz zwischen der Balkonumfassung und dem Betonblumenkasten wahrnehmbar, führt zu **keinem Nachteil** der übrigen Wohnungseigentümer[2].

Nach unangefochtenem Beschluss, sind nicht genehmigte Parabolantennen zu beseitigen. **Vermieter** kann sich nicht darauf berufen, der ausländische Mieter seiner Wohnung benötige die Antennenanlage zum Empfang von Sendern aus seinem Heimatland. Im **Unterlassen der Anfechtung** des Beseitigungsbeschlusses liegt der Verzicht auf den ansonsten gegebenen Anspruch auf Duldung der Satellitenanlage. Dass Vermieter sich durch einen solchen Verzicht seinen Mietern gegenüber u. U. **schadensersatzpflichtig** macht, beeinträchtigt die Ansprüche der übrigen Eigentümer ihm gegenüber nicht[3].

- **Aufstockung**

Eigenart des Gebäudes wird durch Anbau, Aufstockung oder Abriss von Gebäudeteilen nachteilig verändert. Wegen des uneinheitlichen Gesamteindrucks ist die Zustimmung der übrigen Eigentümer nötig[4].

- **Aufzug**

Beschlussfassung über die Errichtung von Außenaufzügen ist nach Anfechtung für unwirksam zu erklären. Umsetzung führt zu einer nachteiligen baulichen Veränderung i. S. v. § 22 Abs. 1 WEG, die zwar eine **Mo-**

---

1 BGH, Beschl. v. 22. 1. 2004 – V ZB 51/03, BGHZ 157, 322 = Wohnungseigentümer 2004, 20 = MDR 2004, 563 = ZMR 2004, 438.
2 OLG München, Beschl. v. 12. 12. 2005 – 34 Wx 083/05, OLGReport München 2006, 173 = Wohnungseigentümer 2006, 30 = ZMR 2006, 304 = NJW-RR 2006, 592 = NZM 2006, 345 = FGPrax 2006, 61 = ZWE 2006, 337.
3 OLG Köln, Beschl. v. 5. 11. 2004 – 16 Wx 207/04, ZMR 2005, 228 = NZM 2005, 223 = OLGReport Köln 2005, 107 = NJW-RR 2005, 530.
4 AG Konstanz, Urteil v. 13. 3. 2008 – 12 C 17/07 (juris). OLG Frankfurt, Beschl. v. 1. 2. 2006 – 20 W 291/03, ZWE 2006, 392. OLG Köln, Beschl. v. 30. 5. 2005 – 16 Wx 52/05, OLGReport Köln 2005, 625.

dernisierungsmaßnahme i. S. v. § 22 Abs. 2 WEG zum Inhalt hat, jedoch die Eigenart der Anlage ändert[1].

Einbau von **Teleskoptüren** mit Infrarotsensoren in einen 29 Jahre alten Fahrstuhl mit störungsanfälligen Falttüren ist eine Maßnahme modernisierender Instandsetzung und keine unnötige bauliche Veränderung („Komfortmaßnahme"). Mehrheitsbeschluss ist möglich[2].

- **Balkon**

Errichtung einer **Trennwand** auf dem Balkon ist eine bauliche Veränderung. Sie beeinträchtigt die Rechte des benachbarten Eigentümers über das bei einem geordneten Zusammenleben unvermeidliche Maß hinaus. Der zuvor offene und weiträumige Charakter des Balkons wird verändert und eine Atmosphäre der Abgeschlossenheit geschaffen[3].

Eine **Balkonaufstockung** ist eine unbillige Beeinträchtigung. Sie bedarf der Zustimmung aller Eigentümer. Ohne Zustimmung ist ein Beschluss für unwirksam zu erklären[4].

- **Dunstabzug**

Die **Entlüftungsanlage** einer Gaststätte ist eine bauliche Veränderung, die der Zustimmung aller Eigentümer bedarf. Auch wenn die Eigentümer über Jahre den Betrieb einer Gaststätte ohne Dunstabzug gestattet hatten, gibt dies dem Betreiber, der im Interesse der Wirtschaftlichkeit seinen Betrieb erweitern möchte, keinen Anspruch gegen die anderen Eigentümer, der Installation der nun erforderlichen Entlüftungsanlage zuzustimmen[5].

- **Fassade**

Ein Beschluss, das vorhandene **Fassadengrün (wilder Wein)** an der Rückseite des Hauses muss entfernt werden und zukünftig müsse die Entstehung jeglichen Fassadengrüns sofort unterbunden werden, ist eine bauliche Veränderung und bedarf der Zustimmung aller Eigentümer. Es wird die Ästhetik der gartenseitigen Fassade nachhaltig verändert. Es ist nicht von Bedeutung, wer die Ranke gepflanzt hat, weil die Eigentümer die **Fassadenbepflanzung** akzeptiert und jahrelang als dem Gemeinschafts-

---

1 AG Konstanz, Urteil v. 13. 3. 2008 – 12 C 17/07 (juris). KG, Beschl. v. 19. 7. 2004 – 24 W 318/02, KGR Berlin 2004, 566 = ZMR 2005, 75.
2 AG Nürnberg, Beschl. v. 12. 12. 2003 – 1 UR II 330/03 WEG, ZMR 2004, 384 = WE 2004, 152.
3 LG Itzehoe, Beschl. v. 21. 1. 2008 – 1 S (W) 1/07 (juris).
4 AG Konstanz, Urteil v. 25. 10. 2007 – 12 C 10/07, NZM 2007, 888 = NJW 2007, 3728.
5 OLG Köln, Beschl. v. 28. 1. 2000 – 16 Wx 189/99, ZWE 2000, 428.

eigentum zugehörend behandelt. Deswegen wude der Fassadenbewuchs ein rechtmäßiger Zustand[1].

Entspricht die **Fassadendämmung** eines Gebäudes den zum Zeitpunkt seiner Errichtung geltenden DIN-Vorschriften, zeigen sich Jahre später – nach (eigenmächtigem) Einbau von Isolierglasfenstern – im Schlafzimmer der Wohnung erstmals Feuchtigkeitsschäden (Schimmel, Stockflecken) und stellt der Sachverständige einen zu hohen Taupunkt des Mauerwerks fest, kann der betreffende Wohnungseigentümer von der Gemeinschaft eine bauphysikalische Anpassung der Fassade weder als Beseitigung einer Störung seines Sondereigentums noch aus dem Gesichtspunkt einer ordnungsgemäßen Verwaltung als erstmalige Herstellung eines mangelfreien Zustandes oder als modernisierende Instandsetzung bzw. als Modernisierung verlangen[2].

Bestimmt die **Gemeinschaftsordnung**, dass Veränderungen an der Wohnanlage an der äußeren Gestalt sowie an der Farbe des Hauses, An- und Einbauten der schriftlichen Einwilligung des anderen Eigentümers bedürfen, soweit das gemeinschaftliche Eigentum, oder das Sondereigentum eines anderen Wohnungseigentümers gestört wird, so ist die Schwelle einer relevanten Beeinträchtigung gegenüber dem „Nachteil" (§ 14 Nr. 1 WEG) im Sinne einer Stärkung der Rechte des Störungsadressaten gesenkt[3].

Eine **Instandsetzungsmaßnahme** kann vorliegen, wenn die **Fassadenverkleidung** unter Anbringung eines zusätzlichen Wärmeschutzes erneuert wird. Die Eigentümer handeln im Rahmen des ihnen eingeräumten Ermessens, wenn sie bei der Beschlussfassung über die Anbringung wärmedämmender Maßnahmen an der Außenfassade die Anbringung einer bislang fehlenden Dämmung der Kellerdecken einschließen[4].

Eine Fassadensanierung kann eine eine **bauliche Veränderung** sein. Zwar kann die Erneuerung einer Fassadenverkleidung mit zusätzlichem Wärmeschutz unter bestimmten Voraussetzungen als Instandsetzungsmaßnahme angesehen werden, wenn die alte Fassade gravierende Beschädigungen hat. Ist die Fassade aber nur verschmutzt und nicht undicht besteht kein Renovierungsbedarf. Daran ändert sich nichts, wenn die Wärmedämmung dem Stand von vor 30 Jahren entspricht. Hier liegt nur der verständliche Wunsch der Eigentümer vor, ihre Anlage optisch auf-

---
[1] OLG Düsseldorf, Beschl. v. 17. 12. 2004 – 3 Wx 298/04, ZMR 2005, 304 = OLGReport Düsseldorf 2005, 300.
[2] OLG Düsseldorf, Beschl. v. 22. 10. 2007 – I-3 Wx 54/07, NZM 2007, 930 = NJW-RR 2008, 169 = ZMR 2008, 142 = OLGReport Düsseldorf 2008, 133.
[3] OLG Düsseldorf, Beschl. v. 23. 5. 2007 – I-3 Wx 21/07, NZM 2007, 528 = OLGReport Düsseldorf 2007, 609.
[4] OLG Hamm, Beschl. v. 18. 9. 2006 – 15 W 88/06, ZMR 2007, 131 = FGPrax 2007, 69 = OLGReport Hamm 2007, 430.

zuwerten und durch eine bessere Wärmedämmung Energiekosten einzusparen. Hierbei wird die Grenze zur baulichen Veränderung überschritten, da eine Amortisation der Sanierungskosten erst nach Jahrzehnten eintritt[1].

- **Funkanlage**

Die derzeitige Ungewissheit, ob und wie von Mobilfunkantennen, die für den künftigen UMTS-Betrieb ausgelegt sind, **gesundheitliche Gefahren** für Menschen ausgehen, reicht für die Annahme einer Benachteiligung gemäß § 14 Nr. 1 WEG aus, die ein Eigentümer nicht hinnehmen muss[2].

Eine Mobilfunkanlage auf dem Dach eines Gebäudes einer **Mehrhausanlage** betrifft in der Regel alle Eigentümer, die zustimmen müssen. Eine in der Teilungserklärung enthaltene Berechtigung der Miteigentümer eines Gebäudes einer Mehrhausanlage, Entscheidungen über das gemeinschaftliche Eigentum in ihrem Gebäude ohne die Mitwirkung der Miteigentümer der anderen Gebäude zu regeln, umfasst nicht die **Genehmigung** einer Mobilfunkanlage auf dem Dach ihres Gebäudes[3].

- **Garten**

Die Zulässigkeit einer sachlich nicht gebotenen **Umgestaltung** eines Gartens richtet sich nach § 22 Abs. 1 WEG, wenn eine vorhandene Bepflanzung radikal beseitigt und durch die Neuanlage eine nach Charakter, Erscheinungsbild und Funktion völlig andere Gartenanlage geschaffen wird. Erfolgt die **Beseitigung der Bäume** auf Grund eines nicht angefochtenen Mehrheitsbeschlusses der Wohnungseigentümer, ist die auf Grund des Beschlusses durchführte Maßnahme rechtmäßig. Nach der rechtmäßigen Beseitigung ist eine Neubepflanzung grundsätzlich zulässig[4]. Die Beurteilung, ob die Fällung eines Baumes eine bauliche Maßnahme ist, die einen Eigentümer über das in § 14 Nr. 1 WEG bestimmte Maß hinaus beeinträchtigt, obliegt dem Tatrichter und ist vom Rechtsbeschwerdegericht nur auf Rechtsfehler zu überprüfen[5].

Ein **Rückschnitt der Hecke** von ca. 160 cm auf 80 cm und Belassung in dieser Höhe ist eine bauliche Veränderung. Sie bewirkt eine gegenständ-

---

1 OLG Schleswig, Beschl. v. 8. 12. 2006 – 2 W 111/06, MDR 2007, 829 = ZMR 2007, 562 = NJW-RR 2007, 1093 = NZM 2007, 650.
2 OLG Hamm, Beschl. v. 3. 1. 2002 – 15 W 287/01, OLGReport Hamm 2002, 317 = NJW 2002, 1730 = NZM 2002, 456 = FGPrax 2002, 103 = MDR 2002, 754 = ZWE 2002, 319 = ZMR 2002, 622.
3 OLG München, Beschl. v. 13. 12. 2006 – 34 Wx 109/06, OLGReport München 2007, 73 = FGPrax 2007, 74 = ZMR 2007, 391 = MDR 2007, 711.
4 OLG Schleswig, Beschl. v. 3. 5. 2007 – 2 W 25/07, WuM 2007, 587 = OLGReport Schleswig 2007, 881.
5 OLG München, Beschl. v. 5. 4. 2006 – 32 Wx 004/06, OLGReport München 2006, 501 = ZMR 2006, 799.

liche Veränderung. Sie ist weder Pflegemaßnahme im Rahmen einer Maßnahme ordnungsmäßiger Instandhaltung noch eine Maßnahme ordnungsmäßiger Verwaltung nach § 21 Abs. 3 WEG zur Herstellung eines optisch einheitlichen Bildes[1].

Die **Ersetzung von Holzpalisaden** durch Betonpflanztröge auf einem Teil des gemeinschaftseigenen Vorgartens ist bauliche Veränderung. Eine Beseitigungspflicht entfällt, wenn mit seiner Maßnahme ein Zustand geschaffen wird, der dem entspricht, was auch die übrigen Eigentümer erklärtermaßen erreichen wollen[2].

Die **Errichtung einer Pergola** stellt in der Regel eine bauliche Veränderung dar[3].

Der erstmalige **Einbau eines Gartentors** am straßenseitigen Zugang zu einem Mehrfamilienhaus ist in der Regel eine bauliche Veränderung. Das unvermeidliche Maß eines damit verbundenen Nachteils kann im Einzelfall nicht überschritten und eine Zustimmung des betroffenen Wohnungseigentümers entbehrlich sein, wenn der Einbau des (nicht verschließbaren) Tores bei dem sonst umzäunten Grundstück dazu dient, die Voraussetzungen eines befriedeten Besitztums und damit des strafbewehrten Schutzes nach § 123 StGB zu schaffen[4].

- **Heizung**

Ein Mehrheitsbeschluss, wonach zur Verbesserung der Erwärmung kalter Außenwände ohne hinreichende Wärmedämmung **in Wände Heizschlangen** eingebaut werden sollen, die an die Heizkörper angebunden werden, ist auf Anfechtung hin für ungültig zu erklären. Ein solcher Beschluss hat eine bauliche Veränderung zum Gegenstand, die die Eigentümer nur einstimmig beschließen können[5].

Die **Ersetzung** einer altersbedingt **erneuerungsbedürftigen Ölzentralheizung** durch den Anschluss an das **Fernwärmenetz** stellt eine durch Mehrheitsentscheidung zu beschließende modernisierende Instandsetzung und keine nur einstimmig mögliche bauliche Veränderung dar, wenn bei einem **Vergleich zwischen dem wirtschaftlichen Erfolg**, den künftigen Kosten, der langfristigen Sicherung des Energiebedarfs und der Umweltverträglichkeit die Fernwärmeversorgung gegenüber der Erneuerung der Ölheizung deutlich günstiger ist. Dies gilt insbesondere dann, wenn ein

---

1 OLG München, Beschl. v. 12. 9. 2005 – 34 Wx 054/05, NJW-RR 2006, 88 = ZMR 2006, 67 = NZM 2006, 828.
2 OLG Düsseldorf, Beschl. v. 19. 1. 2007 – I-3 Wx 186/06, OLGReport Düsseldorf 2007, 241 = NZM 2007, 446 = NJW-RR 2007, 1024 = ZMR 2007, 710.
3 OLG München, Beschl. v. 10. 7. 2006 – 34 Wx 033/06, ZMR 2006, 800 = OLGReport München 2006, 774.
4 OLG München, Beschl. v. 25. 7. 2005 – 34 Wx 059, OLGReport München 2005, 690 = MDR 2005, 1400.
5 Amtsgericht Hamburg-Wandsbek v. 5. 1. 2006 – 715 II 46/03, ZMR 2006, 483.

Teil der Wohnungseigentumsanlage bereits an das Fernwärmenetz angeschlossen ist, so dass die Abrechnung der Betriebskosten auch bezüglich der Zentralheizungswärme vereinheitlicht und vereinfacht werden kann[1].

Für die Verlegung einer unterirdischen **Gasleitung** über den gemeinschaftlichen Zugangsweg zur Versorgung des Rückgebäudes einer Wohnanlage kann im Einzelfall die Zustimmung der übrigen Wohnungseigentümer mangels Beeinträchtigung ihrer Rechte über das Maß des § 14 Nr. 1 WEG hinaus entbehrlich sein[2].

Die Einhaltung der DIN-Normen für den Schallschutz im Hochbau schließt regelmäßig eine auf **Lärmbelästigung** gestützte erhebliche Beeinträchtigung im Sinn von § 14 Nr. 1 WEG durch eine bauliche Veränderung (hier Unterputzverlegung von Heizungsrohren) aus[3].

Die Abtrennung der die Wohnung mit Wasser und Heizwärme versorgenden Leitungen zur Durchführung der **Versorgungssperre** ist keine bauliche Veränderung sondern eine Maßnahme zur Ermöglichung der Ausübung des den Wohnungseigentümern zustehenden **Zurückbehaltungsrechts** nach § 273 BGB. Die Zustimmung des betroffenen Eigentümers ist nicht erforderlich, da sich die Rechtsbeeinträchtigung im Rahmen des § 14 WEG hält, denn er ist zur Duldung der Absperrmaßnahmen verpflichtet[4].

- **Mülltonne**

Das Erscheinungsbild der Wohnanlage deutlich verändernde Maßnahmen bedürfen der Zustimmung der übrigen Eigentümer. Individuelle Beeinträchtigungen liegen bei der **Verlegung des Mülltonnenplatzes** vor, wenn weitere Wege vom Wohngebäude aus zurückgelegt werden müssen[5].

- **Sonnenkollektoren**

Die erstmalige Errichtung einer Solaranlage zur Warmwasseraufbereitung ist im Allgemeinen eine bauliche Veränderung[6].

---

1 Hans. OLG Hamburg, Beschl. v. 21. 7. 2005 – 2 Wx 18/04, ZMR 2005, 803 = WuM 2005, 665 = OLGReport Hamburg 2005, 633.
2 OLG München, Beschl. v. 6. 9. 2007 – 34 Wx 33/07, OLGReport München 2007, 926.
3 OLG München, Beschl. v. 27. 3. 2006 – 20 W 204/03, OLGReport Frankfurt 2006, 806 = NZM 2006, 903.
4 BayObLG, Beschl. v. 31. 3. 2004 – 2 Z BR 224/03, WuM 2004, 363 = NZM 2004, 556 = NJW-RR 2004, 1382.
5 OLG München, Beschl. v. 19. 9. 2005 – 34 Wx 76/05, 34 Wx 076/05, NZM 2005, 825 = OLGReport München 2005, 829 = ZMR 2006, 68. BayObLG, Beschl. v. 14. 2. 2002 – 2 Z BR 138/01, ZWE 2002, 213 = ZMR 2002, 535 = Grundeigentum 2002, 807 = NZM 2003, 114.
6 BayObLG, Beschl. v. 23. 2. 2005 – 2 Z BR 167/04, FGPrax 2005, 108.

Das Aufstellen von breitflächigen Sonnenkollektoren mit einem Neigungswinkel von 45 Grad auf dem Flachdach eines Hauses stellt eine bauliche Veränderung dar. Der **Anspruch auf Beseitigung** von eigenmächtig aufgestellten Sonnenkollektoren auf dem Dach eines Hauses entfällt nicht, weil es sich bei Sonnenkollektoren um ein **umweltfreundliches Mittel** zur Gewinnung von Energie handelt[1].

- **Überwachung**

Ein Beschluss der Wohnungseigentümergemeinschaft über die Installation einer Videoüberwachungsanlage im **Hauseingangs- und Fahrstuhlbereich** ist keine bauliche Veränderung sondern entspricht ordnungsmäßiger Verwaltung. Es handelt sich um eine Regelung des Gebrauchs des Gemeinschaftseigentums[2].

- **Wanddurchbruch**

Verbindet der Bauträger nach Entstehung der Wohnungseigentümergemeinschaft eine Wohnung mittels Decken- bzw. **Wanddurchbrüchen mit Mehrzweckräumen**, stellt dies eine bauliche Veränderung dar. Diese ist zustimmungsbedürftig, weil sie eine intensivere bzw. zweckbestimmungswidrige Nutzung ermöglichen und sich daraus eine nachteilige Kostenverteilung ergeben könnte[3].

Um den notwendigen **Zugang zu der gemeinschaftlichen Heizungsanlage** zu erhalten, kann ein Anspruch aus dem Gemeinschaftsverhältnis i. V. mit § 242 BGB auf einen Wanddurchbruch bestehen[4].

Die **Durchbohrung** einer tragenden, gemäß § 5 Abs. 2 WEG im Gemeinschaftseigentum stehenden Wand, kann eine bauliche Veränderung im Sinne des § 22 Abs. 1 WEG sein, wenn eine auf Dauer angelegte gegenständliche Veränderung realer Teile des Gemeinschaftseigentums gegeben ist. Eine **Zustimmung der übrigen Eigentümer kann entbehrlich sein**, wenn deren Rechte durch die bauliche Veränderung nicht über das in § 14 WEG bestimmte Maß beeinträchtigt werden[5].

Ein Wanddurchbruch zwischen einem Bastlerraum und Trockenraum ist eine bauliche Veränderung, die grundsätzlich der Zustimmung aller Wohnungseigentümer bedarf. Diese wäre entbehrlich, wenn durch die bauliche Maßnahme kein über das unvermeidbare Maß hinausgehender Nachteil erwächst. Wenn mit dem Eingriff in die Substanz des Gemein-

---
1 BayObLG, Beschl. v. 30. 3. 2000 – 2 Z BR 2/00, ZMR 2000, 471 = NJW-RR 2000, 1179 = WuM 2001, 89 = ZWE 2000, 308.
2 AG Bergisch Gladbach, 29. 5. 2006 – 35 II 88/05 (juris).
3 OLG Frankfurt/Main, Beschl. v. 24. 4. 2006 – 20 W 294/03 (juris).
4 OLG Schleswig, Beschl. v. 6. 3. 2006 – OLGReport Schleswig 2006, 666 = ZMR 2006, 886.
5 OLG Hamm, Beschl. v. 13. 2. 2006 – 15 W 163/05, ZMR 2006, 634 = OLGReport Hamm 2006, 633 = NZM 2007, 294.

schaftseigentums kein Nachteil verbunden ist, da keine Gefahr für die konstruktive Stabilität des Gebäudes geschaffen wurde, kann die Zustimmungspflicht entfallen. Ein das unvermeidbare Maß in § 14 Nr. 1 WEG übersteigender Nachteil kann aber auch in einer **erhöhten Nutzungsintensität** liegen[1].

6. Kostenbefreiung

496 Ein Eigentümer, der einer baulichen Veränderung i.S.v. § 22 Abs. 1 WEG **nicht zugestimmt** hat, soll grundsätzlich gemäß § 16 Abs. 6 Satz 1 WEG von den dort entstandenen **Kosten befreit** sein[2]. Die Kostenbefreiung erfasst dann sowohl die Herstellungskosten wie auch die Kosten der laufenden Instandhaltung und Instandsetzung[3]. Es werden dazu differenzierte Meinungen vertreten, wonach nur die Wohnungseigentümer freigestellt werden, die nicht zustimmen müssen, weil sie nicht beeinträchtigt werden und deshalb auch nicht zugestimmt haben[4]. Andererseits sollen nur die Eigentümer als Kostenpflichtige in Betracht kommen, die tatsächlich auch einen Nutzen aus der Maßnahme ziehen können[5].

497 Die bisherigen unterschiedlichen Auffassungen haben im bisherigen Umfang an **Bedeutung verloren**, da die gesetzlichen Vorgaben ergänzt wurden. Nach § 16 Abs. 6 Satz 2 WEG ist der dortige Satz 1 nicht anzuwenden, wenn die Eigentümer im Einzelfall die Kostenverteilung durch einen Mehrheitsbeschluss nach § 16 Abs. 4 WEG regeln. Es ist zu raten und auch davon auszugehen, dass Eigentümer künftig von dieser Regelung Gebrauch machen werden. Dennoch wird ein restlicher Anwendungsbereich bleiben, wenn es den Eigentümern nicht gelingt, die erforderliche doppelt qualifizierte Mehrheit zu erreichen und wenn der Versammlungsleiter deswegen eine Beschlussfassung über die **individuelle Kostenverteilung** nicht verkündet.

498 Gibt es keinen Beschluss nach § 16 Abs. 4 WEG und wurden die Kosten einer baulichen Veränderung der Instandhaltungsrücklage entnommen, hat der gemäß § 16 Abs. 6 WEG von den Kosten befreite Wohnungseigentümer nach § 21 Abs. 4 WEG einen Anspruch darauf, dass der Betrag der **Instandhaltungsrücklage** wieder zugeführt wird[6]. Ein Beschluss über eine bauliche Veränderung, der die Entnahme der erforderlichen Kosten aus

---

1 OLG Köln, Beschl. v. 27. 6. 2005 – 16 Wx 58/05, NZM 2005, 785 = NJW-RR 2005, 1541.
2 OLG Hamm, Beschl. v. 14. 5.2002 – 15 W 300/01, NZM 2002, 874.
3 *Bärmann/Pick/Merle*, WEG, 9. Aufl., § 16 Rz. 148.
4 BayObLG, Beschl. v. 21. 9. 1995 – 2 Z BR 62/95, dort in II.2.e), WE 1996, 395 = WuM 1996, 787.
5 *Röll/Sauren*, Handbuch für Wohnungseigentümer und Verwalter, 8. Aufl., Rz. 83.
6 OLG Hamm, Beschl. v. 14. 5.2002 – 15 W 300/01, NZM 2002, 874.

der Rücklage vorsieht, ist im Verfahren nach § 46 und § 43 Nr. 4 WEG aufzuheben[1], selbst wenn der **Nachteil** nach § 14 WEG als **gering** einzustufen ist. Etwas anderes gilt, wenn der Beschluss als solcher **nach § 16 Abs. 4 WEG qualifiziert** wird. Dies ist denkbar, selbst wenn die doppelte Qualifizierung nicht erreicht wird, weil der Beschluss zwar nicht ordnungsmäßiger Verwaltung entspricht, jedoch ohne Beschlussanfechtung bestandskräftig werden kann.

Wurde über die Entnahme, etwa durch Billigung in der Jahresabrechnung, bestandskräftig beschlossen, steht einem **Rückforderungsanspruch** die Rechtskraft des Jahresabrechnungsbeschlusses entgegen[2]. Eine Rückforderung ist auch ausgeschlossen, wenn eine **Sonderumlage** bestandskräftig beschlossen wird, die eine Kostenerhebung gegen alle Eigentümer anteilig vorsieht[3].

Erlangt der gemäß § 16 Abs. 6 Satz 1 WEG von der Kostenpflicht befreite Eigentümer ohne Zahlung einen Vermögensvorteil, kann eine **Bereicherung** nach § 812 ff. BGB „auf sonstige Weise" eintreten. Der einer baulichen Veränderung nicht zustimmende Eigentümer ist gemäß § 16 Abs. 6 Satz 1 WEG nur von den Mehrkosten und insoweit befreit, wie die Maßnahme **über eine ordnungsgemäße Instandhaltung hinaus** geht[4]. An diesen überhängenden Kosten muss er sich nach den Grundsätzen der ungerechtfertigten Bereicherung beteiligen[5]. Der Anspruch auf **Bereicherungsausgleich** an den Verband ist **nicht Gegenstand der Gesamt- oder Einzelabrechnung** eines Geschäftsjahres[6].

499

7. Nutzungsverbot

Wenn es eine **bauliche Veränderung** gibt, obwohl einzelne Eigentümer nicht zugestimmt haben, weil sie nicht nachteilig gemäß § 14 WEG betroffen sind, müssen sie keine Kosten tragen, weil sie das Ergebnis der baulichen Veränderung **nicht nutzen** dürfen oder können. Ein Anwendungsbeispiel: Der Einbau eines Edelstahlrohres in einen bestehenden Schornstein oder nicht einsehbar an der Außenfassade für einen zusätzlichen Schornstein ist eine bauliche Veränderung gemäß § 22 Abs. 1 Satz 1 WEG. Will ein einzelner Eigentümer das Rohr für die **Nutzung** der ausschließlich zu seiner Wohnung gehörende Heizung, brauchen andere Eigentümer, die

500

---

[1] AG Nürnberg, Beschl. v. 14. 12. 2000 – 1 UR II 243/00 WEG, ZMR 2001, 749.
[2] BayObLG, Beschl. v. 21. 12. 1999 – 2 Z BR 79/99, dort: II.2.d)(2)cc), NZM 2000, 280 = ZMR 2000, 238 = NJW-RR 2000, 603 = WE 2000, 154 = Wohnungseigentümer 2000, 82 = ZWE 2000, 135.
[3] BayObLG, Beschl. v. 30. 4. 1982 – 2 Z 42/81, Wohnungseigentümer 1982, 136.
[4] *Belz*, Handbuch des Wohnungseigentums, 3. Aufl., Rz. 160.
[5] BayObLG, Beschl. v. 22. 9. 1988 – 2 Z 82/88, WuM 1989, 41 = Grundeigentum 1989, 523.
[6] OLG Hamm, Beschl. v. 14. 5.2002 – 15 W 300/01, NZM 2002, 874.

dieser Maßnahme nicht zugestimmt haben, dafür anfallende Kosten nicht mitzutragen[1]. In diesem Fall ist die Nutzung für die anderen Eigentümer tatsächlich nicht möglich, weshalb die Lösung einleuchtet.

501 Würde ein Grillofen im gemeinschaftlich zugänglichen Garten errichtet und dafür das Schornsteinrohr angebracht werden, wäre der Grill zwar für alle zugänglich; der nicht zustimmende Eigentümer, den der Grill nicht störte, da er ohnehin den Garten nicht benutzte und der deshalb für sich keinen Zustimmungsbedarf sah, darf ab Errichtung den Grill nicht nutzen, auch wenn er doch noch Spass am Grillen finden sollte. Das **Nutzungsverbot** ist die **Kehrseite der Befreiung von der Zahlungspflicht**.

502 Es kann auch Sachverhalte geben, die zu einer **zwangsläufigen Mitbenutzung** führen. Wenn die Eigentümer die Eingangstreppe mit Marmor belegen, obwohl die frühere Betontreppe ausreichend war, kann deswegen dem nicht zustimmenden Eigentümer die Nutzung der Eingangstreppe nicht untersagt werden. Gleiches gilt, wenn Außentreppen überdacht werden, obwohl deren Nutzung grundsätzlich auch ohne Überdachung möglich wäre. In solchen Fällen kann aber eine **Bereicherung** „in sonstiger Weise" nach § 812 BGB eintreten[2], weil sich für das Sondereigentum des nicht zustimmenden Eigentümers eine Wertsteigerung ergibt und im Fall der Überdachung der Außentreppen zudem eine Kostenersparnis wegen reduzierter Kosten für Räum- und Streuarbeiten im Winter. Vgl. Rz. 499.

8. Anspruch auf Beseitigung einer baulichen Veränderung

503 Aus § 22 Abs. 1 WEG ergibt sich nicht, zu welchen **Folgen** eine bauliche Veränderung führt, die ohne die erforderliche Zustimmung vorgenommen wurde. Wenn nicht aus Gründen der Unzumutbarkeit eine **Duldungspflicht** besteht[3], kann gemäß § 1004 BGB der **Rückbau** gefordert werden[4]. Der Anspruch begründet sich aus der Verletzung des zwischen den Wohnungseigentümern bestehenden Schuldverhältnisses aus § 1004 Abs. 1 Satz 1 BGB und aus § 823 Abs. 1 i.V.m. mit § 249 Satz 1 BGB. Diese Ansprüche kann jeder einzelne Wohnungseigentümer geltend machen[5]. Der Verband kann die „sonstigen" Rechte der Eigentümer durch

---

1 OLG Köln, Beschl. v. 30. 7. 1990 – 16 Wx 60/90, Wohnungseigentümer 1991, 77.
2 OLG Schleswig, Beschl. v. 8. 12. 2006 – OLGReport Schleswig 2007, 393 = ZWE 2007, 248 = MDR 2007, 829 = ZMR 2007, 562 = NJW-RR 2007, 1093 = NZM 2007, 650.
3 Schleswig-Holsteinisches OLG, Beschl. v. 30. 3. 2000 – 2 W 140/99, OLGReport Schleswig 2000, 191 = MDR 2000, 634 = WuM 2000, 322 = NZM 2000, 674.
4 OLG Düsseldorf, Beschl. v. 11. 8. 1997 – 3 Wx 227/97, ZMR 1997, 657 = WE 1998, 187 = NZM 1998, 79.
5 BayObLG, Beschl. v. 13. 7. 1995 – 2 Z BR 15/95, BayObLGR 1995, 74 = ZMR 1995, 495 = WuM 1995, 674 = WE 1996, 195.

Beschluss übertragen erhalten oder an sich ziehen, § 10 Abs. 6 Satz 3, 2. Alt. WEG.

Haben die Eigentümer bestandskräftig eine **bauliche Veränderung beschlossen**, die dann auch durchgeführt wurde, so ist die spätere Beseitigung dieser Maßnahme zur **Wiederherstellung des früheren Zustands** erneut eine bauliche Veränderung i. S. v. § 22 WEG, die der Zustimmung aller Eigentümer, zumindest der negativ betroffenen Eigentümer, bedarf[1]. 504

Ein Beseitigungsanspruch gemäß §§ 1004 Abs. 1, 1011 BGB, §§ 15 Abs. 3, 14 Nr. 1 WEG kann **verwirkt** sein, wenn die Nutzung einer ungenehmigten Terrasse über einen **Zeitraum von ca. 30 Jahren unbeanstandet** geduldet worden war und wenn der Eigentümer im Vertrauen auf sein „Nutzungsrecht" die Terrasse saniert hat[2]. Auch **nach 14 Jahren** kann bereits ein Beseitigungsanspruch verwirkt sein[3]. Ein Anspruch auf Beseitigung einer baulichen Veränderung scheidet dann aus, wenn ihr alle Wohnungseigentümer zugestimmt haben. Der Sondernachfolger eines Wohnungseigentümers ist an die **Zustimmung seines Rechtsvorgängers** gebunden[4]. 505

Ein Wohnungseigentümer, der eigenmächtig eine bauliche Veränderung vornimmt und diese rückgängig machen muss, hat regelmäßig **keinen Anspruch auf Kostenerstattung**[5] gegen den Verband[6]. 506

Sein **Rechtsnachfolger haftet nur auf Duldung der Beseitigung** von baulichen Veränderungen, die der Rechtsvorgänger rechtswidrig vorgenommen hat[7]. Er muss sie nicht selbst beseitigen oder beseitigen lassen. Die Kosten der Beseitigung trägt in diesem Fall der Verband, soweit sie nicht vom „Störer", dem früheren Eigentümer, geholt werden können[8]. 507

9. „Modernisierung" und „Anpassung an den Stand der Technik" des gemeinschaftlichen Eigentums

Maßnahmen der Instandhaltung und Instandsetzung nach § 21 Absatz 5 Satz 2 WEG sind geeignet, den Bestand einer Wohnanlage dauerhaft zu 508

---

1 OLG Köln, Beschl. v. 24. 1. 2000 – 16 Wx 185/99, ZWE 2000, 429.
2 BayObLG, Beschl. v. 25. 9. 2001 – 2 Z BR 65/01, NZM 2002, 128.
3 LG Wuppertal, Beschl. v. 21. 12. 2000 – 6 T 618/00, ZMR 2001, 399.
4 BayObLG, Beschl. v. 5. 1. 2001 – 2 Z BR 94/00, BayObLGR 2001, 38 = ZMR 2001, 468.
5 KG, Beschl. v. 17. 10. 2001 – 24 W 9876/00, KGR Berlin 2001, 391 = NZM 2001, 1085 = NJW-RR 2002, 11 = WuM 2001, 622 = ZWE 2002, 37 = ZMR 2002, 149.
6 LG Köln, Beschl. v. 20. 2. 2001 – 29 T 190/00, ZMR 2001, 921.
7 OLG München, Beschl. v. 16. 11. 2007 – 32 Wx 111/07, ZMR 2008, 234.
8 Schleswig-Holsteinisches OLG, Beschl. v. 30. 3. 2000 – 2 W 140/99, OLGReport Schleswig 2000, 191 = MDR 2000, 634 = WuM 2000, 322 = NZM 2000, 674.

sichern. Dazu kommen noch Maßnahmen modernisierenden Instandsetzung, die nach § 22 Abs. 3 WEG wie Maßnahmen der Instandhaltung und Instandsetzung nach den Regeln über Verwaltungsmaßnahmen zu behandeln sind. Mit diesen Mitteln wird es nicht möglich sein, die erforderliche Modernisierung herbeizuführen, um die **Konkurrenzfähigkeit** gegenüber anderen örtlichen und vergleichbaren Wohnanlagen sicherzustellen. Dafür sind Maßnahmen erforderlich, die über die Instandhaltung und Instandsetzung hinausgehen, somit bauliche Veränderungen nach § 22 Abs. 1 WEG. Viele solcher baulichen Veränderungen werden der Zustimmung aller Eigentümer bedürfen. Erteilt nur ein Eigentümer die erforderliche Zustimmung nicht, kann er eine Modernisierung verhindern, auch wenn sie notwendig wäre.

Der Gesetzgeber wollte eine Möglichkeit schaffen, zumindest Maßnahmen der Modernisierung und solche zur Anpassung an den Stand der Technik auch **gegen den Willen einzelner Eigentümer** oder einer kleineren Minderheit zu realisieren. Die Regelungen in § 22 Abs. 2 WEG betreffen somit **besondere Fälle baulicher Veränderungen**.

Nach diesen Vorgaben wird die Zustimmung einzelner Eigentümer entbehrlich. Die Vorschrift bietet eine Chance, die notwendigen Maßnahmen überhaupt rechtmäßig ergreifen zu können, sie zwingt allerdings die Eigentümer nicht, diesen Weg zu gehen. Ebenso gut können Modernisierungen oder Anpassungen an den Stand der Technik nach den Regeln in § 22 Abs. 1 WEG beschlossen oder verlangt werden. Zur **Ordnungsmäßigkeit** ist dann die Zustimmung erforderlich.

509 Die Vorgaben des Gesetzes in § 22 Abs. 2 WEG beinhalten Kriterien und **Entscheidungshilfen** für die Eigentümer wie auch für die Gerichte. Nur die dort genannten Maßnahmen bedürfen nicht der Zustimmung aller Eigentümer, die nachteilig davon betroffen werden. Nur sie können mit der doppelt qualifizierten Mehrheit und entgegen einer Minderheit beschlossen werden.

a) Modernisierung

510 Das Gesetz definiert die Modernisierung nicht selbst sondern verweist auf § 559 Abs. 1 BGB. Danach handelte sich um Maßnahmen, die der nachhaltigen **Erhöhung des Gebrauchswerts**, der dauerhaften **Verbesserung der Wohnverhältnisse** oder der **Einsparung von Energie und Wasser** dienen. Es bleibt abzuwarten, was die Rechtssprechung künftig als Modernisierung zulässt und ablehnt. Die in den Materialien des Gesetzgebers zu findenden Beispiele (Aufstellen eines Fahrradständers, das Anbringen einer Gegensprechanlage oder der Einbau eines Fahrstuhls) sind weder besonders anschaulich noch weiterführend. Inzwischen wurde auf der Grundlage des neuen Rechts bereits entschieden, dass der Einbau ei-

nes Aufzugs zwar als Modernisierung eingestuft werden kann, ein entsprechender Beschluss nach Anfechtung aber dennoch für ungültig zu erklären war, weil der Außenaufzug die **Eigenart der Wohnanlage** nachhaltig verändern würde[1].

§ 559 BGB erfordert insbesondere Wertverbesserungen im Bereich des **Sondereigentums** (Erhöhung des Gebrauchswerts der **Mietsache**), während es hier um eine Modernisierung des gemeinschaftlichen Eigentums geht. Es muss deswegen im Einzelfall die Rechtsprechung zum Begriff der Modernisierung, wie er im Mietrecht entwickelt wurde, unter dem Blickwinkel kontrolliert werden, ob sie auch für eine **Modernisierung des gemeinschaftlichen Eigentums** angewendet werden kann. 511

Die Verweisung auf § 559 Abs. 1 BGB enthält deswegen keine genaue Definition einer Modernisierung. Sie beschreibt vielmehr, welchen **Charakter eine Maßnahme** haben und welche **Ziele** sie verfolgen muss, damit sie als Modernisierung im Sinne von § 22 Abs. 2 WEG, als eine besondere Art der baulichen Veränderung, behandelt werden darf. Dass es auf den durch § 559 Abs. 1 BGB beschriebenen Zweck einer Maßnahme ankommt, ergibt sich auch aus der Formulierung, dass diese Maßnahmen der Modernisierung oder Anpassung an den Stand der Technik „**dienen**" müssen. 512

Die in § 559 Abs. 1 BGB als Modernisierung beschriebenen Maßnahmen lassen sich nicht immer eindeutig einer der drei genannten Gruppen zuordnen. So wird beispielsweise der Einbau eines **Aufzuges** teilweise als eine Erhöhung des Gebrauchswertes[2], teilweise als eine Verbesserung der allgemeinen Wohnverhältnisse auf Dauer eingestuft[3]. Der Anschluss an die **Fernwärmeversorgung** kann eine Erhöhung des Gebrauchswertes der Mietsache sein[4] aber auch eine Maßnahme zur nachhaltigen Einsparung von Energie, wenn die für Fernwärme im Einzelfall besonders günstig hergestellt oder zugeleitet werden kann[5]. Die Ersetzung einer Nachtspeicherheizung durch einen an die Gaszentralheizung angeschlossenen **Plattenheizkörper** mit Thermostatventilen wird als Erhöhung des Gebrauchswerts der Mietsache angesehen, weil der Bewohner die Heizleistung nunmehr – anders als bei der Nachtspeicherheizung – seinen Bedürfnissen individuell und zeitnah anpassen kann, ohne auf die Voreinstellung der Heizung angewiesen zu sein[6]. Ebenso kann eine solche 513

---

1 AG Konstanz, Urteil v. 13. 3. 2008 – 12 C 17/07 (juris).
2 AG München, Urteil v. 7. 4. 2005 – 453 C 35603/04 (juris).
3 BGH, Urteil v. 19. 9. 2007 – VIII ZR 6/07, NJW 2007, 3565 = NZM 2007, 882 = MDR 2007, 1413 = ZMR 2008, 186.
4 LG Berlin, Urteil v. 9. 11. 2007 – 63 S 75/07, Grundeigentum 2008, 61.
5 LG Berlin, Urteil v. 17. 3. 2000 – 65 S 352/99, NJW-RR 2001, 1590 = NZM 2002, 64.
6 AG Hamburg, Urteil v. 15. 11. 2007 – 49 C 248/07 (juris).

Maßnahme die allgemeinen Wohnverhältnisse auf Dauer verbessern und möglicherweise sogar nachhaltig Einsparungen von Energie bewirken.

514 Die umfangreiche Rechtsprechung zur Frage, ob ein Mieterhöhungsverlangen in der richtigen **Form und Ausführlichkeit** erfolgte, spielt hier keine Rolle, wo es nur um eine Beschreibung des Begriffs der Modernisierung geht.

b) Anpassung an den „Stand der Technik"

515 Mit der Wahl dieses Wortlautes verfolgt der Gesetzgeber ein bestimmtes Ziel. Anforderungen an technische Ausführungen können von niedrigem, mittleren oder hohen **Niveau** sein. In der Regel wird ein niedriges Niveau billiger zu haben sein als das hohe Niveau. Weil Streitigkeiten vorauszusehen sind, welchen Standard eine Maßnahme erfüllen muss, geht der Gesetzgeber von der **Ordnungsmäßigkeit** einer Maßnahme dann aus, wenn sie dem „Stand der Technik" entspricht, womit das mittlere Niveau beschrieben wird. Es grenzt sich ab von den „anerkannten Regeln der Technik" (niedriges Niveau) und dem „Stand von Wissenschaft und Technik" (hohes Niveau). Wenn die Eigentümer sich einig sind, können sie von diesem gesetzlich angedachten Niveau **abweichen**.

c) Schutz der Eigenart einer Wohnanlage

516 Die Eigenart der Wohnanlage kann durch die **äußere Erscheinung** (Optik) ebenso geprägt sein wie durch die **Art der Nutzung**.

Eine streng geradlinige und in sich geschlossene Hausfassade kann durch den Anbau eines **Wintergartens** oder eines **Balkons** in seiner typische Eigenart gestört werden. Selbst der Anbau einer **Markise** kann in solchen Fällen bereits eine deutliche Veränderung einer gewollten architektonischen Vorgabe erzeugen. Die Beschlussfassung über die Errichtung eines **Außenaufzugs** wurde für unwirksam erklärt, da die Umsetzung des Beschlusses eine nachteilige bauliche Veränderung i. S. v. § 22 Abs. 1 WEG darstellt, die zwar ein Modernisierungsmaßnahme i. S. v. § 22 Abs. 2 WEG zum Inhalt hat, jedoch die Eigenart der Anlage ändert[1]. Im Zweifel wird hier das **Ermessen** eines Gerichtes zu entscheiden haben.

517 Die Errichtung von zusätzlichen **Parkplätzen** innerhalb einer Wohnanlage kann die allgemeinen Wohnverhältnisse auf Dauer verbessern und könnte deswegen als Modernisierung eingestuft werden. Wenn dadurch jedoch eine **Gartenfläche** wegfällt, die zuvor das Erscheinungsbild der Wohnanlage geprägt hat, kann die **Eigenart** der Wohnanlage verändert sein. Solche Maßnahmen müssen sich auch die durch eine doppelt qualifizierte Mehrheit überstimmten Eigentümer, nicht gefallen lassen.

---

1 AG Konstanz, Urteil v. 13. 3. 2008 – 12 C 17/07 (juris).

d) Äußerste Grenze: Unbilligkeit

Es ist denkbar, dass die Interessen der Eigentümer teilweise konträr einander gegenüberstehen. Einzelfallentscheidungen werden notwendig, die letztlich auf der Basis eines Grundsatzes von **Treu und Glauben**, § 242 BGB, zu treffen sind. Nichts anderes bringt das Gesetz zum Ausdruck, wenn es die unbillige Beeinträchtigung eines Eigentümers durch eine Maßnahme untersagt. Der **Vertrauensschutz**, eine Folge des Bestandschutzes im Wohnungseigentumsrecht, muss auch dann Anwendung finden, wenn es den Eigentümern durch die Sonderregelung in § 22 Abs. 2 WEG möglich ist, durch eine doppelt qualifizierte Mehrheit die Minderheit zu dominieren. 518

Wer sich auf eine unbillige Beeinträchtigung beruft, wird vorzutragen haben, welcher **Unterschied** durch eine Veränderung eintritt. Es wird nicht ausreichend sein, allein die Nachteile zu beschreiben, die zu erwarten sind. Eine unbillige Beeinträchtigung kann nur dann angenommen werden, wenn der **vorherige Zustand** hinreichend deutlich beschrieben und dadurch eine **kausale, nicht hinzunehmende nachteilige Veränderung** erkennbar wird. 519

Die unbillige Beeinträchtigung kann sich auch aus **erhöhten Kosten** ergeben[1], wenn sie das Maß sonstiger Aufwendungen übersteigt. Eine typische unbillige Beeinträchtigung ist anzunehmen, wenn für einzelne Eigentümer wegen der künftig anfallenden Kosten der **Verkauf des Sondereigentums** droht. 520

e) Kostenverteilung

In § 22 Abs. 2 WEG ist nicht geregelt, wer die Kosten einer Modernisierung oder Anpassung an den Stand der Technik zu tragen hat. Die vom Gesetz für bauliche Veränderungen vorgesehene Kosten-und Nutzungszuweisung in § 16 Abs. 6 Satz 1 WEG spricht ausdrücklich nur Maßnahmen nach § 22 Abs. 1 Satz 1 WEG an. Deswegen ist davon auszugehen, dass eine Beschlussfassung über eine Modernisierung oder Anpassung an Stand der Technik nach § 22 Abs. 1 WEG zur regelmäßigen **Kostenfolge des § 16 Abs. 2 WEG** führt. Es gilt der gesetzliche Kostenverteilungsschlüssel nach Miteigentumsanteilen, sofern kein anderer Verteilungsschlüssel vereinbart worden ist oder nach § 16 Abs. 4 WEG beschlossen wurde. 521

Auch wenn man der Auffassung folgt, dass Modernisierung und Anpassung an den Stande Technik lediglich Unterfälle baulicher Veränderungen darstellen, kann hierauf § 16 Abs. 6 Satz 1 WEG **nicht gegen den ausdrücklichen Wortlaut** angewendet werden. 522

---

1 *Niedenführ* in Niedenführ/Kümmel/Vandenhouten, WEG, 8. Aufl., § 22 Rz. 158.

523 Offenbar erwartet der Gesetzgeber, dass von der Beschlussmöglichkeit nach § 16 Abs. 4 WEG Gebrauch gemacht wird, wenn man die gesetzliche Kostenverteilung vermeiden will. Bei **mangelhafter Beteiligung** der Eigentümer an einer Beschlussfassung kann dies scheitern. In diesen Fällen wird der **gesetzliche oder der vereinbarte Kostenverteilungsschlüssel** bedeutsam.

524 Wird allerdings eine Maßnahme der Modernisierung oder Anpassung an Stand der Technik nicht nach den Regeln in § 22 Abs. 2 WEG mit besonderer Mehrheit sondern als „normale" bauliche Veränderung geregelt, also **mit Zustimmung** der nachteilig betroffenen Eigentümer, bleibt § 16 Abs. 6 Satz 1 WEG anwendbar.

525 Auch eine Kostenregelung nach § 16 Abs. 4 WEG bedarf der doppelt qualifizierten Mehrheit. Sie erfasst die **Kosten im Einzelfall** und ermöglicht es ausdrücklich, die Kosten von Maßnahmen nach § 22 Abs. 2 WEG individuell und abweichend von den sonst geltenden Regeln in der Gemeinschaft zu verteilen. Noch nicht geklärt ist, ob eine besondere Kostenzuweisung „im Einzelfall" nur die **erstmaligen Herstellungskosten** der Maßnahme beinhaltet oder ob davon auch die **Folgekosten** erfasst werden können. Hierzu werden unterschiedliche Auffassungen vertreten. Die praktischen Auswirkungen der unterschiedlichen Auffassungen sind erheblich. Können nur die erstmaligen Herstellungskosten mit einer besonderen Kostenverteilung versehen werden, gelten für alle weiteren Kosten dieser Maßnahme der gesetzliche oder vereinbarte Kostenschlüssel diese Gemeinschaft[1].

526 Modernisierungen oder Anpassungen an den Stand der Technik werden regelmäßig nicht die erforderliche Mehrheit in der Gemeinschaft finden, wenn nicht sichergestellt werden kann, dass neben den Herstellungskosten auch die Folgekosten bei den Eigentümern bleiben, die den Vorteil aus der Maßnahme ziehen. Am Zweck orientiert erscheint es geboten, die **Folgekosten** solcher Maßnahmen in die **Beschlusskompetenz** nach § 16 Abs. 4 WEG einzubeziehen. Der vom Wortlaut des Gesetzes angesprochene „Einzelfall" ist die Maßnahme einschließlich der daraus resultierenden Folgen[2].

f) Anspruch auf Modernisierung

527 Bauliche Veränderungen nach § 22 Abs. 1 WEG können „verlangt" werden. Dort wurde ein **gesetzlicher Anspruch** geschaffen. Diesen gibt es in § 22 Abs. 2 WEG nicht. Statt dessen wird den Eigentümern die Möglichkeit eröffnet, auf einem zweiten und besonderen Weg – ohne Zustim-

---

1 *Schmidt*, ZMR 2007, 913 ff. – mit vielen Differenzierungen.
2 *Häublein*, NZM 2007, 752 (761).

mung einzelner nachteilig betroffener Eigentümer – den Fortschritt in der Gemeinschaft zu gestalten.

Geht man davon aus, dass Modernisierung und Anpassung an den Stand der Technik nur besondere Formen baulicher Veränderungen sind, wird es in einzelnen Fällen dennoch möglich sein, **Modernisierungsmaßnahmen zu erzwingen**. Verweigern nachteilig betroffene Eigentümer die Zustimmung zu einer solchen Maßnahme, obwohl sie im Einzelfall zur Zustimmung verpflichtet wären, kann zwar die Zustimmung gerichtlich nicht eingefordert werden[1]. Es ist jedoch möglich, dass ein Gericht einen Eigentümer verpflichtet, eine solche Maßnahme zu **dulden**. 528

g) Zwingendes Recht

§ 22 Abs. 2 Satz 2 WEG sichert die Möglichkeit gesetzlich ab, durch eine besondere Mehrheit die Zustimmung einzelner Eigentümer entbehrlich zu machen. Bestehende oder neue **Vereinbarungen**, die diesen Weg verhindern oder einschränken, sind **unwirksam**. Dagegen werden Vereinbarungen von der gesetzlichen Schutzklausel nicht erfasst, die eine Beschlussfassung zur Modernisierung oder Anpassung an den Stand der Technik **erleichtern**. 529

h) Doppelt qualifizierte Mehrheit

Beschlüsse nach § 22 Abs. 2 WEG sind rechtmäßig, 530

– wenn drei Viertel aller stimmberechtigten Miteigentümer und

– mehr als die Hälfte aller Miteigentumsanteile für den Beschluss stimmen.

– Dabei hat entsprechend § 25 Abs. 2 WEG jeder Eigentümer (nur) eine Stimme. Es gilt das „**Kopfprinzip**".

– Ausgangspunkt der Berechnung der stimmberechtigten Eigentümer sind jeweils alle (100 %) Eigentümer.

– Die Stimmberechtigung eines Eigentümers nach § 25 Abs. 5 WEG ist im Einzelfall zu prüfen.

Nach Auffassung des Gesetzgebers sind **verfassungsrechtliche Bedenken** wegen der Einschränkung der Rechte einer Minderheit deswegen nicht gerechtfertigt, weil es dabei um Maßnahmen geht, auf deren unveränderten Fortbestand kein Eigentümer vertrauen darf.

---

1 *Niedenführ* in Niedenführ/Kümmel/Vandenhouten, WEG, 8. Aufl., § 22 Rz. 121.

i) Beschlussfassung

531 Es werden unterschiedliche Auffassungen vertreten, was von der Beschlusskompetenz im Rahmen des § 22 Abs. 2 WEG erfasst wird. Die herrschende Meinung geht davon aus, dass Beschlusskompetenz besteht und deswegen jede **Verkündung eines Beschlusses** das Ergebnis **konstitutiv** festhält. Nach dieser Auffassung kommt ein Mehrheitsbeschluss zu Stande, wenn die doppelt qualifizierte Mehrheit nicht erreicht aber trotzdem vom Versammlungsleiter der Beschluss verkündet wird. Will ein Eigentümer die Wirkung eines solchen Beschlusses vernichten, muss er diesen innerhalb der Monatsfrist des § 46 Abs. 1 WEG gerichtlich anfechten[1]. Der verkündete Beschluss bindet nach § 23 Abs. 4 WEG alle Eigentümer solange, bis er durch ein Urteil für ungültig erklärt wurde. Ohne Beschlussanfechtung wird er nach Ablauf der Anfechtungsfrist von einem Monat **bestandskräftig**.

532 Die andere Auffassung wendet ein, eine fehlerhafte Beschlussverkündung dürfe weder das richtige Abstimmungsergebnis verdecken noch einen Beschluss, der tatsächlich so nicht wirksam zu Stande kam, zum Leben erwecken[2]. Nach dieser Auffassung sind Beschlüsse, die die erforderliche Mehrheit nicht erreicht haben und trotzdem verkündet werden, **nichtig**. Dem Gesetz könnte nicht entnommen werden, dass einem Versammlungsleiter die rechtliche Macht eingeräumt wurde, **willkürlich** Beschlüsse herbeizuführen und die Eigentümer in eine kostenträchtige und unsichere Anfechtungsklage zu treiben.

10. Besonderer Handlungsbedarf für den Verwalter

533 Der Verwalter hat **mehrere Möglichkeiten** zu reagieren oder mitzuhelfen, eine rechtliche Basis zu schaffen, wenn eine bauliche Veränderung zur Entscheidung ansteht. Er wird sich vor einer Versammlung Gedanken machen müssen, welchen Weg er geht. **Ausgangspunkt** seines Handelns ist entweder die Anfrage eines Eigentümers, der eine Maßnahme plant oder seine eigene Erkenntnis, dass ein Handeln vorteilhaft wäre. Notwendige Veränderungen sind meist Maßnahmen der ordnungsgemäßen Instandhaltung und Instandsetzung, einschließlich der erstmaligen Herstellung des ordnungsgemäßen Zustands oder der modernisierenden Instandsetzung. Sie werden eher selten als bauliche Veränderungen gemäß § 22 WEG einzuordnen sein.

534 Der Verwalter kann nach dem neuen Wortlaut des § 22 Abs. 1 Satz 1 WEG einen Mehrheitsbeschluss in der nächsten Eigentümerversammlung einplanen. Er wird dann das Thema in die **Einladung** nach § 23 Abs. 2 WEG aufnehmen, um die Eigentümer vorher über die Absichten

---

1 *Hügel* in Hügel/Elzer, Das neue WEG-Recht, § 7 Rz. 41.
2 *Elzer* in Riecke/Schmid, WEG, 2. Aufl., § 16 Rz. 110.

zu informieren und diesen Gelegenheit zu geben, sich auf die Erörterung und Abstimmung in der Versammlung vorzubereiten.

Ein Verwalter kann einem Eigentümer zur Vorgehensweise Auskunft geben, er ist jedoch keinem Sondereigentümer gegenüber verpflichtet, diesen rechtlich zu beraten. Häufig ist der Verwalter der erste Ansprechpartner der Eigentümer, wenn eine bauliche Veränderung geplant ist. Entweder wird der Verwalter gefragt, ob er etwas gegen die Maßnahme habe oder ob er diese genehmigt. Diesen Fragen kann sich der Verwalter des gemeinschaftlichen Eigentums nicht mit dem Hinweis entziehen, er schulde **keine Rechtsberatung**. Vielmehr muss aus diesem Anlass geklärt werden,

– ob aus der Sicht des gemeinschaftlichen Eigentums **Bedenken** gegen die Maßnahme bestehen,

– ob der Verwalter nach der **Gemeinschaftsordnung** möglicherweise berechtigt/verpflichtet ist, bauliche Veränderungen zu genehmigen oder

– welcher **Handlungsbedarf für den Verwalter** wegen der geplanten Maßnahme entsteht.

Wenn sich der Verwalter diesen Fragen verweigert, könnte ein **Handlungsdefizit** oder ein **Mitverschulden** des Verwalters eintreten.

Nach § 27 Abs. 1 WEG gehört es zu den unabdingbaren Aufgaben des Verwalters gegenüber den Eigentümern und gegenüber dem Verband (*„berechtigt und verpflichtet"*), in dringenden Fällen sonstige zur Erhaltung des gemeinschaftlichen Eigentums erforderliche Maßnahmen zu treffen. Es handelt sich um eine **Schutzvorschrift** zur Sicherung der Sach- und Gebäudesubstanz, die treuhänderisch vom Verwalter für die Eigentümer und den Verband ausgeübt werden muss. Jeder Eingriff in das gemeinschaftliche Eigentum durch einen Eigentümer in Form einer baulichen Veränderung erfordert eine Reaktion des Verwalters zur Bestandssicherung. Entweder es gelingt ihm, die Maßnahme zu **unterbinden** oder er muss die Eigentümer **informieren**, die über das weitere Vorgehen entscheiden können. Hat der Verwalter vor einer Maßnahme die Gelegenheit, diese mit dem Eigentümer zu besprechen und zu ordnen, hilft dies, „dringende Fälle" eines **Handlungsbedarfs** zu vermeiden.

Die **Gemeinschaftsordnung** kann vorgeben, dass der Verwalter bauliche Veränderungen genehmigt. Eine solche Regelung ist mit großer Vorsicht anzuwenden und bedarf häufig der Auslegung. Selten wird davon auszugehen sein, dass die Genehmigung des Verwalters die Zustimmung der nachteilig betroffenen Eigentümer als Erleichterung einer baulichen Veränderung **ersetzt**. Vielmehr ist zu unterstellen, dass neben den gesetzlichen Zustimmungen betroffener Eigentümer **zusätzlich** die Genehmigung des Verwalters erforderlich wird, somit eine Erschwernis[1].

---
1 *Hogenschurz* in Jenißen, WEG § 22 Rz. 44.

Der Verwalter muss dann eigenverantwortlich entscheiden, d. h. er muss **Ermessen** nachvollziehbar ausüben. Es ist ihm zu raten, die Gründe für seine Entscheidung schriftlich zu fixieren, um später ggf. dokumentieren zu können, dass sachliche Gründe erwogen wurden und den Ausschlag gaben. Ob das von ihm gefundene Ergebnis objektiv richtig war, ist bei der Prüfung einer Haftung von zweitrangiger Bedeutung. Bestehen aus Sicht des Verwalters ernstliche Zweifel, ob ein wichtiger Grund zur Versagung der beantragten Zustimmung zur baulichen Veränderung des Wohnungseigentums vorliegt, ist er befugt, die Eigentümer um eine **Weisung** anzugehen, auch wenn er gewerblich tätig ist[1].

537 Die Anfrage eines Eigentümers zur Genehmigung einer baulichen Veränderung kann als **Aufforderung** an den Verwalter verstanden werden, eine **Beschlussfassung dafür vorzusehen**. Selbst wenn man der Auffassung folgt, eine Beschlussfassung sei nicht zwingend erforderlich und dass die nach § 22 Abs. 1 WEG erforderliche Zustimmung auch außerhalb einer Beschlussfassung erteilt werden kann, sollte der Verwalter wegen der damit verbundenen erhöhten **Rechtssicherheit** (Bindungswirkung gegenüber einem Rechtsnachfolger nach § 10 Abs. 4 WEG) eine Beschlussfassung vorschlagen und ermöglichen. Zugleich wird über den Weg einer Beschlussfassung sichergestellt, dass alle Eigentümer von der Maßnahme Kenntnis erhalten.

Ideal wäre, einen **allstimmigen Beschluss** herbeizuführen, der die Zustimmung aller Eigentümer beinhaltet. Ein solcher Beschluss kann zwar gerichtlich nach § 46 Abs. 1 WEG angefochten werden. Im Ergebnis ist dies aber ein **sicherer Weg zum Ziel**, wenn der Beschluss nicht gerichtlich angefochten und dadurch bestandskräftig wird.

538 Schon vor der Eigentümerversammlung muss der Verwalter die **Maßnahme rechtlich zuordnen**, ob eine Beschlussfassung zu einer baulichen Veränderung nach § 22 Abs. 1 WEG die einfache oder nach § 22 Abs. 2 WEG eine doppelt qualifizierte Mehrheit benötigt. Handelt es sich um eine Modernisierung und ist die besondere Mehrheit erforderlich, sollte er in der Einladung darauf hinweisen. Damit bringt er den Eigentümern nahe, wie wichtig ihr Erscheinen ist, um die erforderlichen Mehrheiten ggf. zu erreichen.

539 Steht eine Beschlussfassung nach § 22 Abs. 2 WEG auf der Tagesordnung, kann sich der Verwalter entsprechend **vorbereiten**. Er muss wissen,

– wie viele Eigentümer (= Stimmen) es in dieser Gemeinschaft gibt,
– wer eventuell von seinem Stimmrecht ausgeschlossen ist und bei der Berechnung einer drei Viertel Mehrheit unberücksichtigt bleibt und

---

1 BGH, Beschl. v. 21. 12. 1995 – V ZB 4/94, BGHZ 131, 347 = NJW 1996, 1216 = WuM 1996, 240 = WM 1996, 787 = ZMR 1996, 274.

– er muss in der Versammlung eine Liste haben, mit deren Hilfe die Miteigentumsanteile der abstimmenden Eigentümer erfasst werden.

Für den Fall, dass ein Mehrheitsbeschluss zu Stande kommt, ist eine weitere Beschlussfassung mit auf die Tagesordnung zu nehmen, 540

– wie die Maßnahme finanziert wird,

– wer die **Kosten und Folgekosten der Maßnahme** in welchem Umfang zu tragen hat, ob also eine Kostenverteilung im Einzelfall nach § 16 Abs. 4 WEG ebenfalls beschlossen werden soll.

Der Wortlaut des Beschlusses sollte klar erkennbar machen, wer den Beschluss ausführt. Regelmäßig obliegt dem Verwalter die **Ausführungspflicht** nach § 27 Abs. 1 Nr. 1 WEG. Bei **Maßnahmen im Einzelinteresse** wird der Beschluss zum Inhalt haben, dass ein Eigentümer ermächtigt wird, die entsprechenden baulichen Veränderungen selbst durchzuführen. Die Auftragsvergabe durch den Verwalter entfällt in diesem Fall. Bei ihm bleibt als restliche Verpflichtung nach § 27 Abs. 1 Nr. 1 WEG, die Durchführung zu überwachen, ob sie den Vorgaben der Eigentümer entspricht. 541

Unklar ist, ob der Verwalter eine **hilfsweise Beschlussfassung** zur Modernisierung oder Anpassung an den Stand der Technik **nach § 22 Abs. 1 WEG** ankündigen kann, falls die doppelt qualifizierte Mehrheit nach § 22 Abs. 2 WEG nicht erreicht wird. Die Systematik des Gesetzes steht nicht entgegen, weil das Gesetz lediglich einen zusätzlichen Weg eröffnen wollte, um die Gemeinschaft am Fortschritt teilhaben zu lassen[1]. Deswegen bleiben die Maßnahmen bauliche Veränderungen und können nach § 22 Abs. 1 WEG mehrheitlich beschlossen werden, wenn die erforderlichen Zustimmungen vorliegen. 542

Hat der Verwalter eine Beschlussfassung nach § 22 Abs. 2 WEG angekündigt, sollte er eine Beschlussfassung als Versammlungsleiter nicht verkünden, wenn die erforderlichen Mehrheiten nicht nachweislich vorhanden waren. Dieses Verhalten könnte ein Gericht nach einer Anfechtungsklage gemäß § 49 Abs. 2 WEG als **grobes Verschulden** einstufen und dem Verwalter die **Prozesskosten** auferlegen, obwohl er dort nicht Partei des Rechtsstreites ist. 543

---

1 *Armbrüster*, ZWE 2008, 61 ff.

Teil 9
Störungen im Verhältnis der Wohnungseigentümer untereinander

Rz.

I. Bauliche Veränderungen durch einen Wohnungseigentümer (*Hogenschurz*) 1
1. Objekte baulicher Veränderungen: Gemeinschaftseigentum/Sondereigentum/Sondernutzungsrecht 6
2. Bauliche Veränderungen
   a) Begriff 16
   b) Abgrenzungen 19
      aa) Maßnahmen am Sondereigentum 20
      bb) Ersterstellung 22
      cc) Instandhaltung und Instandsetzung, § 22 Abs. 3 WEG 28
      dd) Modernisierung, § 22 Abs. 2 WEG 30
      ee) Notgeschäftsführung, § 21 Abs. 2 WEG 31
      ff) Gebrauchsregelungen .. 32
      gg) Annexkompetenz zur Entscheidung über den Kostenverteilungsschlüssel, § 16 Abs. 3 WEG 33
   c) Zustimmungserfordernis ... 34
      aa) Grundlagen 35
         (1) Bisherige Rechtslage 36
         (2) Neue Rechtslage ... 47
         (3) Strategie 52
      bb) Zustimmungsfreiheit bei geringfügigen Änderungen wegen fehlender Nachteiligkeit 67
      cc) Zustimmung unter Auflagen und Bedingungen, insbesondere Regelung von Folgekosten, Unterhaltung und Verkehrssicherungspflicht 83
      dd) Keine Zustimmungsersetzung durch Baugenehmigung 95

Rz.

   ee) Anspruch auf Zustimmung aus besonderen Gründen 98
   ff) Änderung der gesetzlichen Regelung durch Vereinbarung 105
      (1) Erleichterungen 109
      (2) Erschwerungen 114
      (3) Erfordernis der Verwalterzustimmung . 117
   gg) Bindung des Rechtsnachfolgers an die durch den früheren Wohnungseigentümer erteilte Zustimmung 121
3. Ansprüche auf Wiederherstellung des ursprünglichen Zustandes 123
   a) Anspruchsgrundlagen/Anspruchsinhalt 124
   b) Anspruchsberechtigte 134
   c) Anspruchsverpflichtete 144
   d) Verjährung 152
   e) Verwirkung 162
   f) Rechtsmissbrauch 166
   g) Rechtsfolgen der fehlenden Durchsetzbarkeit 172
4. Ansprüche aufgrund unzulässiger sowie genehmigter Umbauarbeiten 174
   a) Beachtung der allgemeinen Baunormen und Regeln der Technik 175
   b) Beachtung der Auflagen und Bedingungen sowie Einhaltung der Grenzen der Zustimmung 178
   c) Schadensersatzansprüche .. 179
5. Durchsetzung des Rückbauverlangens 183
   a) Verfahren 184
   b) Antragsformulierung 190
   c) Zwangsvollstreckung 193
      aa) Grundzüge 194

| 669

	Rz.
bb) Vollstreckung in der (unter-)vermieteten oder verkauften Wohnung	197
cc) Erforderliche behördliche Genehmigungen	200
6. Veränderungs-ABC	202
II. Störender und unzulässiger Gebrauch des Sonder- und Gemeinschaftseigentums (*Kümmel*)	
1. Anwaltliche Aufgabenstellung	357
a) Beschlussanfechtungsverfahren	358
b) Abwehr von Störungen durch unzulässigen Gebrauch	360
2. Gesetzliche Grenzen des Gebrauchs	
a) Die Grenzen nach §§ 13, 14 Nr. 1 WEG	361
b) Zweckbestimmung in Wohnungs- und Teileigentum	372
c) Einzelfälle zulässigen und unzulässigen Gebrauchs	375
3. Grenzen des Gebrauchs bei Vereinbarungen und Beschlüssen	376
a) Gebrauch im Rahmen der Gemeinschaftsordnung (Vereinbarungen)	377
aa) Grundsätzliches zu Vereinbarungen im Sinne des § 15 Abs. 1 WEG	
(1) Zustandekommen, Inhalt und Inhaltskontrolle	379
(2) Auslegung	382
(3) Abänderung	384
(4) Bindung der Sondernachfolger	386
bb) Widersprüchliche Zweckbestimmungen	389
cc) Zustimmungsvorbehalt des Verwalters	393
dd) Einzelfälle zulässigen und unzulässigen Gebrauchs Zweckbestimmungen im engeren Sinne	401

	Rz.
b) Gebrauchsregelung durch Mehrheitsbeschluss	402
aa) Zustandekommen, Auslegung und Wirksamkeit von Mehrheitsbeschlüssen	403
bb) Grenzen der Regelungsfreiheit (Anfechtungs- und Nichtigkeitsgründe)	407
(1) Anfechtbare Beschlüsse	408
(2) Nichtige Beschlüsse	
(a) Verfahrensrechtliches	413
(b) Nichtigkeitsgründe	416
c) Aufstellung von Gebrauchsregelungen durch den Verwalter	426
4. Abwehransprüche	
a) Abwehransprüche nach WEG	
aa) Rechtsgrundlage	427
bb) Anspruchsinhaber	428
cc) Anspruchsgegner	
(1) Wohnungseigentümer	434
(2) Mieter und sonstige Nutzer	435
dd) Klageantrag	
(1) Störung durch Wohnungseigentümer	443
(2) Störung durch Dritten (Mieter)	444
(3) Androhung des Ordnungsmittels	446
ee) Verwirkung und Verjährung	447
ff) Vollstreckung	459
b) Abwehransprüche nach dem BGB	462
aa) Störungen des Sondereigentums	463
bb) Störungen des gemeinschaftlichen Eigentums	464
5. Maßnahmen zur Verhinderung unzulässigen Gebrauchs	465
6. Schadensersatzansprüche	
a) Anspruchsgrundlagen	466

	Rz.		Rz.
b) Schuldhafte Pflichtverletzungen	467	7. Bereicherungsansprüche	471
c) Umfang des Schadensersatzes	469	8. Nachbarrechtlicher Ausgleichsanspruch	472
d) Gerichtliche Durchsetzung	470	9. Gebrauchsregelungen und Mietvertrag	473

I. Bauliche Veränderungen durch einen Wohnungseigentümer

Der Nachbarstreit ist für den Juristen gewöhnlich schon deshalb mit großer Mühe verbunden, weil er nicht (nur) in sachlichen Gründen wurzelt. Gerade in einer Wohnungseigentümergemeinschaft führen die besondere Nähe und wirtschaftliche Verbundenheit, die rechtlichen Konstruktionsbedingungen der Wohnungseigentümergemeinschaft sowie die unterschiedliche Interessenlage von selbst nutzenden und vermietenden Wohnungseigentümern oder von Eigentümern von Gewerbeeinheiten und Wohnungen zu **besonderem Konfliktpotenzial bei Störungen im Verhältnis der Wohnungseigentümer** untereinander. Dabei gehen Wohnungseigentümer[1] häufig von der irrigen Vorstellung aus, sie dürften in ihren vier Wänden nach Belieben schalten und walten. Jenseits des rechtlich Greifbaren kommen in der „Hausgemeinschaft" menschliche Schwächen wie Neid und Überheblichkeit hinzu.

1

Über die rechtlichen Erörterungen von Störungen durch bauliche Veränderungen und Gebrauch sowie deren Rechtsfolgen hinaus bleibt für den Berater die Aufgabe, die unsachlichen Beweggründe und Motive zu berücksichtigen und zunächst eine Streitschlichtung zu versuchen, die im gerichtlichen Verfahren zwar angestrebt werden soll, § 278 Abs. 1 ZPO, aber doch – schon weil die Akten die „wahren" Beweggründe nicht immer erkennen lassen – nur schwer zu leisten ist. Die Streitenden müssen nämlich regelmäßig auch in Zukunft noch unter einem Dach oder in einer Wohnungseigentümergemeinschaft zusammenleben. Für den Verwalter besteht beim Streit der Wohnungseigentümer ein nicht geringes Risiko, zwischen die Fronten zu geraten. Fortdauernde Fehden zermürben schließlich nicht nur die Beteiligten, sondern auch ihre Rechtsberater.

2

Bauliche Veränderungen sind gemäß § 22 Abs. 1 S. 1 WEG von der Beschlussfassung durch Stimmenmehrheit, § 21 Abs. 3, und dem Anspruch des einzelnen Wohnungseigentümers auf ordnungsgemäße Verwaltung, § 21 Abs. 4 WEG, ausgenommen, sofern sie über die ordnungsgemäße Instandhaltung oder Instandsetzung[2] des gemeinschaftlichen Eigentums

3

---

[1] Soweit im folgenden Text die Begriffe Wohnungseigentum bzw. Wohnungseigentümer benutzt werden, sind auch Teileigentum bzw. Teileigentümer gemeint.
[2] Dazu gehört insbesondere die modernisierende Instandsetzung, § 22 Abs. 3 WEG.

hinausgehen. Damit soll der einzelne Wohnungseigentümer grundsätzlich die Gewissheit haben, dass die Wohnungseigentumsanlage, in der er Wohnungseigentümer geworden ist, nicht gegen seinen Willen in wesentlichen Bereichen geändert werden kann und er vor den finanziellen Risiken einer nicht vorhersehbaren Maßnahme geschützt wird, der er sich nicht durch Austritt aus der Gemeinschaft entziehen kann[1]. Folgerichtig ist nach § 22 Abs. 1 S. 2 WEG die Zustimmung des Wohnungseigentümers nicht erforderlich, dessen Rechte durch die Veränderung nicht über das in § 14 WEG bestimmte Maß hinausgehend beeinträchtig werden. Wesentliche Änderungen sind nur unter den strengen Anforderungen des § 22 Abs. 2 WEG zulässig.

4 Die folgende Checkliste bietet einen ersten Überblick bei der Prüfung der Rechtmäßigkeit einer baulichen Veränderung. Bei der Beratung von Mandanten und der Vorbereitung der Befassung der Eigentümerversammlung über Maßnahmen, die als bauliche Veränderungen anzusehen sein können, ist regelmäßig zu bedenken:

Checkliste:

- Handelt es sich um eine **bauliche Veränderung** des Gemeinschaftseigentums? Oder liegt eine andere Maßnahme, insbesondere eine ordnungsgemäße Instandhaltung und Instandsetzung, § 22 Abs. 3 WEG, oder eine Modernisierung, § 22 Abs. 2 WEG, vor?
- Wurde die beabsichtigte bauliche Veränderung bereits **genehmigt**? Mit welchem Inhalt (Bezugnahme auf beigeheftete Pläne und Kostenvoranschläge)? Wurden ohne vorherige Ankündigung oder durch Abweichung von der Genehmigung „vollendete" Tatsachen geschaffen?
- Welche **Auflagen, Bedingungen und Regelungen** zur Zustimmung sind sinnvoll (Kostenverteilung, Finanzierung und Bauabnahme)?
- Wer soll die **Kosten und Folgekosten** tragen, die mit der baulichen Veränderung verbunden sind?
- Ist die bauliche Veränderung **zustimmungspflichtig**, § 22 Abs. 1 S. 1 WEG, oder als nicht nachteilig im Sinne von § 14 Nr. 1 WEG zustimmungsfrei, § 22 Abs. 1 S. 2 WEG? Welche Wohnungseigentümer müssen zustimmen?
- Ergeben sich Besonderheiten aus der **Teilungserklärung**, insbesondere: Reicht ein (qualifizierter) Mehrheitsbeschluss aus (sog. **Öffnungsklausel**)? Müssen neben den Wohnungseigentümern auch Verwalter und/oder Verwaltungsbeirat zustimmen?
- **Wie** soll die bauliche Veränderung **genehmigt** werden? Durch Einholung der Zustimmung aller (benachteiligten) Wohnungseigentümer

---

[1] KG, Beschl. v. 2. 10. 1981 – 1 W 4877/70, MDR 1982, 149 = ZMR 1982, 61.

oder Beschlussfassung der Eigentümerversammlung über die durchzuführende Maßnahme? Ist bei einem Mehrheitsbeschluss ein (protokollierter) Hinweis des Verwalters auf die Anfechtbarkeit mangels der erforderlichen Zustimmung aller benachteiligten Wohnungseigentümer erforderlich?

– Bei einem Mehrheitsbeschluss: Ist die erforderliche **Mehrheit** zustande gekommen? Welcher Wohnungseigentümer hat nicht zugestimmt?
– Soll bei einem Mehrheitsbeschluss der Ablauf der **Anfechtungsfrist** bis zur Beschlussausführung abgewartet werden?
– Ist die bauliche Veränderung entsprechend der Zustimmung durchgeführt worden (**Abnahme** der baulichen Veränderung nach Durchführung)?
– Welche Ansprüche bestehen bei **rechtswidrigen baulichen Veränderungen**?
– Welche Ansprüche bestehen bei **rechtmäßigen baulichen Veränderungen**?
– Wie kann die **Beseitigung** der baulichen Veränderung notfalls durchgesetzt werden?

⊃ Hinweis:
Die unzureichende oder falsche Beratung über diese Gesichtspunkte kann einen **Regressfall** auslösen, z.B. wenn der Anwalt vom fehlerhaft beratenen Mandanten auf Erstattung der vergeblich aufgewendeten Baukosten und der Beseitigungs- und Wiederherstellungskosten in Anspruch genommen wird[1].

1. Objekte baulicher Veränderungen: Gemeinschaftseigentum/Sondereigentum/Sondernutzungsrecht

Die gesetzliche Regelung des § 22 Abs. 1 S. 1 WEG für bauliche Veränderungen am Gemeinschaftseigentum lässt sich zutreffend nur erfassen und anwenden, wenn man Gemeinschaftseigentum und Sondereigentum als Objekt einer baulichen Veränderung richtig abgrenzt sowie die Bedeutung von Sondernutzungsrechten berücksichtigt.

Zum **Gemeinschaftseigentum** gehören gemäß § 1 Abs. 5 WEG das Grundstück und die Teile, Anlagen und Einrichtungen des Gebäudes, die nicht im Sondereigentum oder im Eigentum eines Dritten stehen. Das gesamte bebaute oder unbebaute Grundstück ist zwingend Gemein-

---
1 Vgl. etwa LG Hamburg, Urt. v. 6. 7. 1998 – 317 O 137/97, zitiert nach *Riecke/Schütt*, MDR 1999, 837.

schaftseigentum. Sondereigentum einzelner Wohnungseigentümer an Garten- oder Hofflächen sowie an Parkplätzen im Freien kann nicht bestehen, wohl aber Sondernutzungsrechte.

8   Im **Sondereigentum** stehen gemäß §§ 5 Abs. 1, 3 Abs. 1 WEG die durch Vertrag der Wohnungseigentümer dazu bestimmten Wohnungen und Räume[1] sowie die zu diesen Räumen gehörenden Bestandteile des Gebäudes, die verändert, beseitigt oder eingefügt werden können, ohne dass dadurch das Gemeinschaftseigentum oder anderes Sondereigentum über das nach § 14 Nr. 1 WEG zulässige Maß hinaus beeinträchtigt oder die äußere Gestaltung des Gebäudes verändert wird. Selbst wenn die Gebäudeteile sich im Bereich der im Sondereigentum stehenden Räume befinden, gehören die Teile des Gebäudes zwingend zum Gemeinschaftseigentum, die für dessen Bestand oder Sicherheit erforderlich sind; das Gleiche gilt für Anlagen und Einrichtungen, die dem gemeinschaftlichen Gebrauch der Wohnungseigentümer dienen. Gemeinschaftseigentum sind daher innerhalb im Sondereigentum stehender Räume insbesondere den Raum umschließende tragende Wände und Außenwände, die Fenster, die Fußboden- und Deckenkonstruktion, Versorgungsleitungen und die Außenfassade.

9   Alle die Teile, Anlagen und Einrichtungen, die nicht ausdrücklich zum Sondereigentum erklärt worden sind, gehören zum Gemeinschaftseigentum[2].

10 Die gesetzliche Bestimmung, was zum Gemeinschaftseigentum gehört, ist zwingend. Abweichende Regelungen in der Teilungserklärung[3], in Vereinbarungen und in Beschlüssen sind nichtig[4]. Eine Vereinbarung, nach der bestimmte Teile des gemeinschaftlichen Eigentums, insbesondere Fenster, im Sondereigentum stehen sollen, kann aber im Einzelfall in eine Kostentragungspflicht des Sondereigentümers unabhängig von der dinglichen Eigentumsordnung umgedeutet werden[5].

---

1 Als (abgeschlossene) Räume gelten auch Garagenstellplätze (im Gebäude), wenn ihre Flächen durch dauerhafte Markierungen (Pflasternägel, nicht aufgemalte Linien) ersichtlich sind, § 3 Abs. 2 S. 2 WEG.
2 BGH, Beschl. v. 30. 6. 1995 – V ZR 118/95, BGHZ 130, 159 = NJW 1995, 2851 = ZMR 1995, 521 m. w. N.
3 Soweit im folgenden Text der Begriff Teilungserklärung verwendet wird, sind damit sowohl die Erklärungen zur Begründung von Wohnungseigentum nach § 3 WEG oder § 8 WEG gemeint als auch alle Vereinbarungen nach § 10 Abs. 2 S. 2 WEG, insbesondere die meist bei der Teilungserklärung mitbeurkundete Gemeinschaftsordnung.
4 Vgl. OLG Düsseldorf, Beschl. v. 8. 5. 1996 – 3 Wx 389/95, OLGReport Düsseldorf 1996, 189; OLG Köln, Beschl. v. 29. 4. 1997 – 16 Wx 76/97, OLGReport Köln 1997, 218 = WuM 1997, 461; OLG Köln, Beschl. v. 23. 12. 1998 – 16 Wx 211/98, OLGReport Köln 1999, 185 = NZM 1999, 424, jeweils zur Nichtigkeit unangefochtener Mehrheitsbeschlüsse.
5 OLG Karlsruhe, Beschl. v. 5. 5. 2000 – 11 Wx 71/99, NZM 2002, 220; s. a. OLG München, Beschl. v. 27. 9. 2006 – 34 Wx 59/06, ZMR 2007, 557; vertiefend *Jan-Hendrik Schmidt*, MietRB 2005, 83 (87).

11 Sondereigentumsfähige Bestandteile des Gebäudes können umgekehrt durch die Teilungserklärung zu Bestandteilen des Gemeinschaftseigentums erklärt werden, § 5 Abs. 3 WEG.

12 An Flächen, etwa Garten oder Stellplatz im Freien, und Räumen, etwa in Keller oder Speicher, des Gemeinschaftseigentums kann schließlich – unabhängig von der Sondereigentumsfähigkeit – ein **Sondernutzungsrecht**[1] eingeräumt werden, also das Recht, diese unter Ausschluss aller übrigen Wohnungseigentümer – ausschließlich – zu nutzen. Die Einräumung eines Sondernutzungsrechts hat keine Auswirkung auf die Zuordnung zum Gemeinschaftseigentum. Entsprechend den allgemeinen Regelungen zur Kostenverteilung sind dementsprechend die Wohnungseigentümergemeinschaft und damit die sie finanzierende Gemeinschaft der Wohnungseigentümer zur Kostentragung an den im Gemeinschaftseigentum stehenden Gebäudeteilen verpflichtet, auch wenn an ihnen ein Sondernutzungsrecht besteht, vorbehaltlich einer abweichenden Regelung, die etwa die Kostentragungspflicht des Sondernutzungsberechtigten vorsehen mag[2].

13 Im Zusammenhang der baulichen Veränderungen ist die Einräumung von Sondernutzungsrechten deshalb von Bedeutung, weil sie – ausdrücklich oder aus der Natur der Sache – in einem beschränkten Umfang die Zustimmung zu baulichen Veränderungen beinhalten kann, etwa Sondernutzungsrecht an einem Waldstück dessen Bepflanzung mit üblichen Bäumen. Dem Sondernutzungsberechtigten können aber keine weitergehenden Rechte zustehen, als sie ein Sondereigentümer hätte.

⊃ **Hinweis:**

14 Schon für die Frage, ob eine bauliche Veränderung das Gemeinschaftseigentum betrifft, und zur Beurteilung ihrer Zulässigkeitsvoraussetzungen muss man wissen, ob und welche vom Gesetz abweichenden Regelungen im Einzelfall bestehen. Wie für die Bearbeitung jedes wohnungseigentumsrechtlichen Mandats ist daher auch im Bereich der baulichen Veränderungen die **Kenntnis der Teilungserklärung und des Aufteilungsplans**[3] zwingend notwendig. Sie kön-

---

1 Dazu ausführlich *Hogenschurz*, Das Sondernutzungsrecht im Wohnungseigentumsrecht, München 2008.
2 Diese Grundsätze gelten entsprechend, soweit (ausnahmsweise) ein Sondernutzungsrecht am Sondereigentum begründet ist. Die Kosten muss also grundsätzlich der betroffene Sondereigentümer tragen.
3 Der Aufteilungsplan ist gemäß § 7 Abs. 4 Nr. 1 WEG eine von der Baubehörde mit Unterschrift und Siegel oder Stempel versehene Bauzeichnung, aus der die Aufteilung des Gebäudes sowie die Lage und Größe der im gemeinschaftlichen Eigentum stehenden Gebäudeteile ersichtlich sind. Alle zu demselben Wohnungseigentum gehörenden Einzelräume sollen mit der jeweils gleichen Nummer gekennzeichnet sein.

nen und sollten bei Zweifeln aus den Grundbuchakten ersehen werden, soweit sie nicht in Abschrift vorliegen.

15 Grundsätzlich sollten die Teilungserklärung und der Aufteilungsplan in Kopie der Klageschrift an das Wohnungseigentumsgericht vollständig beigefügt werden, wo diese nicht ganz ausnahmsweise offenkundig im Sinne des § 291 ZPO sind.

2. Bauliche Veränderungen

a) Begriff

16 Bauliche Veränderungen sind

- auf Dauer angelegte gegenständliche **Eingriffe in die Substanz** des gemeinschaftlichen Eigentums, die einen neuen Zustand schaffen, also über die Pflege und Erhaltung des gegenwärtigen Zustands oder seiner erstmaligen Herstellung hinausgehen,

  oder

- Veränderungen, die auf die **äußere Gestaltung des Gemeinschaftseigentums** nachhaltig einwirken

(vgl. § 5 Abs. 1 WEG)[1].

17 Bauliche Veränderungen erfordern keine bauliche Maßnahme; ausreichend ist vielmehr, dass der bauliche Zustand und die Zweckbestimmung des gemeinschaftlichen Eigentums verändert werden sollen[2]. Ob es sich um Maßnahmen der Mehrheit der Wohnungseigentümer handelt oder um das eigenmächtige Vorgehen einzelner Wohnungseigentümer, ist ohne Bedeutung. Weil § 22 Abs. 1 WEG nicht voraussetzt, dass aus der Wohnungseigentümergemeinschaft in das Gemeinschaftseigentum eingegriffen wird, regelt er auch die Zustimmung zur Bebauung eines Nachbargrundstücks, die in das Gemeinschaftseigentum eingreift, etwa zum An- oder Aufbau an der Grenzwand[3].

---

1 So OLG Köln, Beschl. v. 29. 4. 1997 – 16 Wx 76/97, OLGReport Köln 1997, 218 = WuM 1997, 461; OLG Köln, Beschl. v. 31. 5. 1999 – 16 Wx 77/99, OLGReport Köln 1999, 325; OLG Köln, Beschl. v. 17. 12. 2001 – 16 Wx 276/01, OLGReport Köln 2002, 90; OLG Hamburg, Beschl. v. 17. 1. 2005 – 2 Wx 103/04, OLGReport Hamburg 2005, 337 = ZMR 2005, 394; *Schuschke*, ZWE 2000, 146 (147).
2 OLG Frankfurt, Beschl. v. 5. 11. 1979 – 20 W 279/79, OLGZ 1980, 78 = RPfleger 1980, 112; s.a. OLG Köln, Beschl. v. 9. 3. 2006 – 16 Wx 27/06, OLGReport Köln 2006, 593 (LS) = MietRB 2006, 195: Bei einer spürbaren Veränderung des optischen Gesamteindrucks liegt auch ohne Substanzeingriff eine bauliche Veränderung vor.
3 OLG Köln, Beschl. v. 7. 6. 1995 – 16 Wx 56/95, FGPrax 1995, 191 = WuM 1995, 502 = ZMR 1995, 552.

Vergleichszustand für die Feststellung des Vorliegens einer Veränderung ist der Errichtungszustand und der hieraus durch Vornahme einer baulichen Veränderung hervorgegangene Zustand, soweit diese bauliche Veränderung zulässig erfolgt ist[1] oder nunmehr zu dulden ist[2].

b) Abgrenzungen

Soweit schon begrifflich keine bauliche Veränderung im Sinne des § 22 Abs. 1 WEG vorliegt, besteht das Erfordernis der Zustimmung aller Wohnungseigentümer nicht. Bei den folgenden Fallgruppen ist daher zu berücksichtigen, dass ihre Weite den Anwendungsbereich der Regelung des § 22 Abs. 1 WEG und damit das Erfordernis der Zustimmung aller benachteiligten Wohnungseigentümer festlegt.

aa) Maßnahmen am Sondereigentum

Ob einer Zustimmung nach § 22 Abs. 1 S. 1 WEG auch bauliche Veränderungen bei Maßnahmen am Sondereigentum bedürfen, die die bauliche Substanz des Gemeinschaftseigentums oder das äußere Gestaltungsbild der Anlage nicht verändern, sondern für die anderen Wohnungseigentümer nur sonstige nicht unerhebliche Nachteile mit sich bringen, etwa das Laufgeräusch von Rollladenmotoren oder die Abluft einer Klimaanlage, kann zweifelhaft sein.

Die Regelungen im 3. Abschnitt des Wohnungseigentumsgesetzes beziehen sich nur auf die Verwaltung des gemeinschaftlichen Eigentums, § 20 Abs. 1 WEG, und gelten deshalb nur für bauliche Veränderungen am Gemeinschaftseigentum selbst oder mit Auswirkungen auf dieses. Für Sondereigentum ergibt sich aus § 13 Abs. 1 WEG, dass jeder Wohnungseigentümer mit den im Sondereigentum stehenden Gebäudeteilen nach Belieben verfahren darf, soweit nicht das Gesetz[3] oder Rechte Dritter entgegenstehen. Er darf also Schränke einbauen, mobile Trennwände einziehen usw., solange er nicht in das Gemeinschaftseigentum eingreift. Zutreffend ist es daher, bei Maßnahmen am Sondereigentum keine bauliche Veränderung im Sinne des § 22 Abs. 1 WEG anzunehmen, sondern einen Fall der die Grenzen des Zulässigen nach § 14 Nr. 1 und 2 WEG überschreitenden Nutzung des Sondereigentums[4].

---

1 OLG Köln, Beschl. v. 29. 9. 2000 – 16 Wx 132/00, OLGReport Köln 2001, 22.
2 Palandt/*Bassenge*, 67. Aufl., § 22 WEG, Rz. 1.
3 Vgl. etwa § 14 Nr. 1 und 3 WEG.
4 Vgl. BayObLG, Beschl. v. 16. 12. 1993 – 2Z BR 113/93, BayObLGR 1994, 9 = WuM 1994, 151 (152); anderer Ansicht: OLG Köln, Beschl. v. 30. 8. 2000 – 16 Wx 115/00, OLGReport Köln 2001, 23 (24); OLG Köln, Beschl. v. 9. 10. 2000 – 16 Wx 102/00, OLGReport Köln 2001, 83 (84 f.) = NZM 2001, 135 = WuM 2001, 37.

bb) Ersthaltstellung

22 Die erstmalige[1] ordnungsgemäße Herstellung, d.h. vollständige Errichtung und Ausstattung des Gemeinschaftseigentums durch Baumaßnahmen, die sich aus der Zweckbestimmung des Hauses oder der Teilungserklärung ergeben oder erkennbar sind, ist keine bauliche Veränderung[2], z.B. der nachträgliche Einbau einer im Aufteilungsplan zwar vorgesehenen, aber noch fehlenden Wohnungsabschlusstüre, die erstmalige Anlage der Gartenanlage, einer Wand mit Türe in der Wohnung[3] oder von Stellplätzen[4], auch die dem Stand der Technik entsprechende Herstellung einer ausreichenden Kellerisolierung bei nachträglich in Wohnungseigentum aufgeteiltem Altbestand[5]. Denn jeder Wohnungseigentümer kann von den übrigen Wohnungseigentümern gemäß § 21 Abs. 4, Abs. 5 Nr. 2 WEG die Mitwirkung bei der Herstellung eines erstmaligen ordnungsmäßigen Zustandes der Wohnanlage entsprechend dem Aufteilungsplan und den bauordnungsrechtlich genehmigten Bauplänen in den Grenzen des § 242 BGB[6] verlangen. Nicht verlangen kann er eine von diesen Vorgaben abweichende „Ersthaltstellung"[7]. Privilegiert sind nicht nur Baumaßnahmen der Wohnungseigentümergemeinschaft, sondern auch die Fertigstellung des Sondereigentums durch den Wohnungs- oder Teileigentümer[8].

23 Diese Baumaßnahmen verändern den von der Wohnungseigentümergemeinschaft als endgültig hingenommenen Zustand nicht, es sei denn, die Wohnungseigentümer hätten den **unvollständigen Errichtungszustand zum Sollzustand** erhoben, etwa durch den Mehrheitsbeschluss[9],

---

[1] Nicht aber die Wiederherstellung des Errichtungszustands, vgl. OLG Köln, Beschl. v. 29. 9. 2000 – 16 Wx 132/00, OLGReport Köln 2001, 22.

[2] BayObLG, Beschl. v. 27. 7. 1989 – BReg 2 Z 68/98, NJW-RR 1989, 1293; BayObLG, Beschl. v. 24. 11. 1994 – 2 Z BR 110/94, ZMR 1995, 87; BayObLG, Beschl. v. 24. 6. 1999 – 2 Z BR 48/99, BayObLGR 1999, 65 = ZMR 2000, 38; BayObLG, Beschl. v. 26. 8. 1999 – 2 Z BR 66/99, NZM 2000, 515 = ZMR 1999, 846 = ZWE 2000, 472; BayObLG, Beschl. v. 27. 4. 2000 – 2 Z BR 34/00, ZMR 2000, 626 = ZWE 2000, 312; KG, Beschl. v. 10. 2. 1986 – 24 W 4146/85, OLGZ 1986, 174 = NJW-RR 1986, 696 = WuM 1987, 93 = ZMR 1986, 210; OLG Frankfurt, Beschl. v. 19. 4. 2005 – 20 W 270/03, OLGReport Frankfurt 2006, 93; OLG Frankfurt, Beschl. v. 14. 4. 2005 – 20 W 114/02, OLGReport Frankfurt 2006, 94 (97); OLG Köln, Beschl. v. 7. 4. 2000 – 16 Wx 32/00, ZMR 2000, 861 = ZWE 2000, 378.

[3] BayObLG, Beschl. v. 4. 12. 2002 – 2Z BR 40/02, DNotZ 2003, 539 = ZWE 2003, 190.

[4] BayObLG, Beschl. v. 6. 6. 2002 – 2 Z BR 124/01, NZM 2002, 875.

[5] OLG Düsseldorf, Beschl. v. 14. 5. 2004 – 3 Wx 95/04, NZM 2005, 184.

[6] BayObLG, Beschl. v. 20. 3. 2002 – 2 Z BR 178/01, ZMR 2002, 685; s. a. OLG Düsseldorf, Beschl. v. 30. 11. 2007 – 3 Wx 158/07, OLGReport Düsseldorf 2008, 304.

[7] OLG Hamburg, Beschl. v. 25. 2. 2002 – 2 Wx 94/01, NZM 2003, 109.

[8] OLG Hamm, Beschl. v. 3. 2. 1987 – 15 W 456/85, OLGZ 1987, 389 = Rpfleger 1987, 304.

[9] BayObLG, Beschl. v. 25. 11. 1998 – 2 Z BR 98/98, NZM 1999, 262 = WuM 1999, 351 = ZMR 1999, 267.

eine Abgeltungszahlung des Bauträgers anzunehmen und an die Wohnungseigentümer anteilig auszuzahlen[1], oder auch durch konkludente Vereinbarung (zur Gewährleistungsproblematik vgl. Teil 12, Rz. 1 ff.). Der Erwerber eines Wohnungseigentums in der Zwangsvollstreckung muss sich nicht entgegenhalten lassen, der frühere Wohnungseigentümer habe auf seinen Erstherstellungsanspruch verzichtet oder den Anspruch verwirkt[2]. Bei mehreren Möglichkeiten zur Herstellung des ordnungsgemäßen Zustands können die Wohnungseigentümer grundsätzlich über die durchzuführende Fertigstellung mit Mehrheit entscheiden, soweit die gewählte Möglichkeit dem Interesse der Gesamtheit der Wohnungseigentümer nach billigem Ermessen entspricht[3]. Die Wohnungseigentümer können die Erstherstellung mangels Beschlusskompetenz nicht ablehnen, wo die Teilungserklärung die Errichtung vorsieht[4].

Maßgeblich für die Frage, ob eine Erstherstellung vorliegt, ist die **Teilungserklärung**, soweit diese schweigt auch die Bauunterlagen, nicht aber der Kaufvertrag nebst der diesem beigefügten Baubeschreibung eines einzelnen Erwerbers[5]. Bei der Begründung von Wohnungseigentum durch Teilungsvertrag nach § 3 WEG sind die Vereinbarungen der Teilungserklärung für den Soll-Zustand maßgeblich. Nicht in die Teilungserklärung aufgenommene Vereinbarungen der teilenden Miteigentümer über bauliche Veränderungen sind Sondernachfolgern gegenüber unwirksam[6]. Bei der Auslegung kommt es dabei nicht auf den Willen des Verfassers an, sondern allein auf den Sinn und Wortlaut, wie sich dieser für einen unbefangenen Betrachter als nächstliegende Bedeutung ergibt[7]. 24

---

1 BayObLG, Beschl. v. 28. 6. 1989 – BReg 2 Z 57/89, NJW-RR 1989, 1165 = WuM 1989, 526; BayObLG, Beschl. v. 25. 11. 1998 – 2 Z BR 98/98, BayObLGR 1999, 17.
2 BayObLG, Beschl. v. 4. 3. 2004 – 2Z BR 232/03, ZfIR 2004, 476 = ZMR 2004, 524, wo auch ein Rechtsmissbrauch bei fahrlässiger Unkenntnis von der abweichenden Bauausführung verneint wird.
3 BayObLG, Beschl. v. 28. 3. 1996 – 2 Z BR 4/96, NJWE-MietR 1996, 181 = WuM 1996, 299 (300).
4 BayObLG, Beschl. v. 1. 12. 2004 – 2Z BR 166/04, BayObLGR 2005, 183 für Besucherparkplätze.
5 OLG Köln, Beschl. v. 7. 4. 2000 – 16 Wx 32/00, ZMR 2000, 861 = ZWE 2000, 378; anders für Zaun OLG Hamm, Beschl. v. 26. 3. 2007 – 15 W 131/06, OLGReport Hamm 2008, 6 = ZMR 2008, 227 = ZWE 2007, 491 mit Anm. *F. Schmidt*.
6 KG, Beschl. v. 17. 1. 2001 – 24 W 2065/00, KGR Berlin 2001, 188 = NZM 2002, 252 = ZMR 2001, 656 = ZWE 2001, 275; zutreffend abweichend BayObLG, Beschl. v. 29. 5. 1998 – 2Z BR 57/98, NZM 1999, 286 für den Fall der Errichtung durch mehrere Bauherren, die schon zu Beginn der Bauarbeiten Wohnungseigentümer geworden sind.
7 OLG München, Beschl. v. 18. 7. 2006 – 32 Wx 90/06, OLGReport München 2006, 814 = ZMR 2006, 948: Dürfen Teileigentumseinheiten „zu beliebigen gewerblichen Zwecken verwendet" werden, berechtigt dies nicht zu jeglichen baulichen Veränderungen, die ein etwaiges Gewerbe erfordert.

25 Die **Zustimmung** der Erwerber **zu einer abweichenden Errichtung in den Kaufverträgen mit dem Bauträger**, die die Erfüllung von Sonderwünschen einzelner Erwerber erst möglich macht, ist für die künftigen Wohnungseigentümer bindend[1] und damit auch für ihre späteren Rechtsnachfolger. Die Formulierung der Vollmachtsklausel stellt den Notar dabei vor besondere Herausforderungen, um einerseits den Erwerber nicht der Gefahr einer unangemessenen Benachteiligung auszusetzen, andererseits die Gefahr einer Beanstandung durch das Grundbuchamt zu vermeiden[2].

26 Auch eine ursprüngliche planwidrige Errichtung durch den Bauträger stellt keine bauliche Veränderung dar. „Veränderungen" im Sinne des § 22 Abs. 1 S. 1 WEG liegen erst bei einem Abweichen vom Zustand zum Zeitpunkt des Entstehens der zumindest werdenden Wohnungseigentümergemeinschaft vor[3]. Selbst wenn die abweichende Herstellung durch den Bauträger auf Veranlassung eines Erwerbers erfolgt ist, besteht kein Beseitigungsanspruch gegen ihn, sondern bestenfalls ein Anspruch auf planmäßige Herstellung gegenüber der Gesamtheit der Wohnungseigentümer[4].

27 Maßnahmen zur erstmaligen Herstellung einer Fernsprechteilnehmereinrichtung, Rundfunk- und Fernsehempfangsanlage oder eines Energieversorgungsanschlusses können nach § 21 Abs. 3, Abs. 5 Nr. 6 WEG im Rahmen ordnungsgemäßer Verwaltung mit Mehrheit beschlossen werden. Soweit ein Fall des § 21 Abs. 3, Abs. 5 Nr. 6 WEG vorliegt, kommt es auf eine Benachteiligung im Sinne des §§ 22 Abs. 1 S. 2, 14 Nr. 1 WEG nicht an. Der korrespondierende Anspruch des einzelnen Woh-

---

1 BayObLG, Beschl. v. 7. 9. 1994 – 2Z BR 65/94, NJW-RR 1995, 653 = WuM 1994, 640; KG, Beschl. v. 17. 5. 1995 – 24 W 431/95, KGR Berlin 1995, 157 = NJW-RR 1995, 1228 = ZMR 1995, 418.
2 BayObLG, Beschl. v. 8. 5. 2003 – 2Z BR 36/03, DNotZ 2003, 932 mit Anm. *Basty* zu den einzelnen Formulierungsmöglichkeiten; zur AGB-Problematik s. nur *Armbrüster*, ZMR 2005, 244; vertiefend *Hogenschurz*, Sondernutzungsrecht, § 2 Rz. 51 ff.
3 BayObLG, Beschl. v. 27. 3. 1986 – 2 Z 109/85, NJW-RR 1986, 954; BayObLG, Beschl. v. 24. 9. 1986 – 2 Z 74/85, WuM 1987, 164; BayObLG, Beschl. v. 20. 11. 1987 – 2 Z 91/87, NJW-RR 1988, 587; BayObLG, Beschl. v. 9. 6. 1989 – 1b Z 11/88, WuM 1989, 539; BayObLG, Beschl. v. 5. 11. 1993 – 2 Z BR 83/93, NJW-RR 1994, 276 = ZMR 1994, 126; BayObLG, Beschl. v. 29. 5. 1998 – 2 Z BR 57/98, NZM 1999, 286; OLG Frankfurt/Main, Beschl. v. 24. 7. 2007 – 20 W 538/05, NZM 2008, 322 = ZWE 2007, 461; OLG Hamm, Beschl. v. 21. 7. 1997 – 15 W 482/96, OLGReport Hamm 1998, 8 = NZM 1998, 199; OLG Köln, Beschl. v. 27. 8. 1997 – 16 Wx 86/97, NZM 1998, 199; OLG Zweibrücken, Beschl. v. 23. 11. 2001 – 3 W 226/01, OLGReport Zweibrücken 2002, 165 = NZM 2002, 253 = ZMR 2002, 469; zutreffend abweichend BayObLG, Beschl. v. 29. 5. 1998 – 2 Z BR 57/98, NZM 1999, 286 für den Fall der Errichtung durch mehrere Bauherren, die schon zu Beginn der Bauarbeiten Wohnungseigentümer geworden sind.
4 OLG Frankfurt/Main, Beschl. v. 24. 7. 2007 – 20 W 538/05, NZM 2008, 322 = ZWE 2007, 461.

nungseigentümers ist nur auf Anschluss an eine bestehende Antennenleitung innerhalb des Hauses gerichtet[1].

cc) Instandhaltung und Instandsetzung, § 22 Abs. 3 WEG

Maßnahmen ordnungsgemäßer Instandhaltung und Instandsetzung des Gemeinschaftseigentums entsprechend dem derzeitigen Stand der Technik, also die so genannte modernisierende Instandsetzung[2] (ausführlich Teil 8, Rz. 508 ff.), sind keine baulichen Veränderungen, wie durch den neu geschaffenen § 22 Abs. 3 WEG klargestellt worden ist. Eine **modernisierende Instandsetzung** liegt bei bestehendem oder absehbarem Sanierungsbedarf dann vor, wenn ein verantwortungsbewusster, wirtschaftlich denkender Hauseigentümer vernünftigerweise ebenso sanieren würde, der wirtschaftliche Aufwand für eine technische Neuerung also in einem vertretbaren Verhältnis zum Erfolg steht und sich in absehbarer Zeit bezogen auf die Lebensdauer der Maßnahme amortisiert. Zu Instandsetzungsmaßnahmen zählen auch solche Vorhaben, die aufgrund öffentlich-rechtlicher Vorgaben vorgeschrieben sind[3], etwa die Anlage eines Kinderspielplatzes oder Wärmeschutzmaßnahmen nach der Energieeinsparverordnung (EnEV)[4] vom 24. 7. 2007, sowie ordnungsbehördlich angeordnete Maßnahmen[5].

28

Solche Instandhaltungs- und Instandsetzungsmaßnahmen des Gemeinschaftseigentums obliegen grundsätzlich der Verwaltung der Wohnungseigentümergemeinschaft und sind durch Mehrheitsbeschluss zu entscheiden, §§ 21 Abs. 3 und 5 Nr. 2 WEG. Obliegen diese Maßnahmen der Instandhaltung und Instandsetzung nach der Teilungserklärung dem einzelnen Wohnungseigentümer, etwa die Instandhaltung der Fenster oder des Balkonbelags, kommt ihm die gleiche Entscheidungsfreiheit zu wie der Wohnungseigentümergemeinschaft selbst.

29

dd) Modernisierung, § 22 Abs. 2 WEG

Die bloße, auch wirtschaftlich sinnvolle Verbesserung macht allerdings aus der baulichen Veränderung noch keine der Verwaltung mit Mehrheit zugängliche Maßnahme der Instandsetzung oder Instandhaltung. Wo ein

30

---

1 BayObLG, Beschl. v. 12. 8. 1991 – BREG 2 Z 86/91, BayObLGZ 1991, 296 (298) = MDR 1992, 48 = NJW-RR 1992, 16 = ZMR 1991, 487.
2 Vgl. nur OLG Schleswig, Beschl. v. 8. 12. 2006 – 2 W 111/06, OLGReport Schleswig 2007, 393 = WuM 2007, 213; s. a. *Drabek*, ZWE 2001, 470; *Gottschalg*, NZM 2001, 729; *Köhler*, MietRB 2007, 249.
3 BayObLG, Beschl. v. 11. 12. 1980 – 2 Z 74/79, NJW 1981, 690 = ZMR 1981, 265; BayObLG, Beschl. v. 25. 6. 1998 – 2 Z BR 10/98, NZM 1998, 817 = WuM 1998, 745 = ZMR 1998, 647.
4 BGBl. I S. 1519.
5 OLG Köln, Beschl. v. 6. 8. 2004 – 16 Wx 81/04, ZMR 2005, 403.

Instandsetzungsbedarf nicht absehbar ist oder bereits vorliegt, kann eine Maßnahme der Modernisierung unter den Voraussetzungen des § 22 Abs. 2 WEG erfolgen (vgl. Teil 8, Rz. 508 ff.).

ee) Notgeschäftsführung, § 21 Abs. 2 WEG

31 Wird eine eigentlich als bauliche Veränderung anzusprechende Baumaßnahme ausnahmsweise im Rahmen der Notgeschäftsführung erforderlich, hält sie sich nach der gesetzlichen Systematik immer im Rahmen ordnungsgemäßer Verwaltung und ist daher nicht nach § 22 Abs. 1 WEG zu beurteilen. Gleiches gilt für die **Beseitigung von Gefahrenquellen**[1].

ff) Gebrauchsregelungen

32 Schließlich gilt es, bei Veränderungen an unbebauten Grundstücksteilen bauliche Veränderungen von Gebrauchsregelungen im Sinne des § 15 Abs. 2 WEG abzugrenzen, die einer Regelung durch Mehrheitsbeschluss zugänglich sind. Maßgeblich für die Abgrenzung ist die **Zweckbestimmung** des **Grundstücksteils**, die sich aus der Teilungserklärung oder einer Vereinbarung, § 15 Abs. 1 WEG, ergeben kann[2].

Beispiel:

Dies ist etwa für den in der Teilungserklärung als Kfz-Abstellfläche ausgewiesenen asphaltierten Hof von Bedeutung, bei dem die Anbringung von Markierungsstreifen zur Herstellung einer Parkordnung noch Gebrauchsregelung im Sinne des § 15 Abs. 2 WEG ist[3], nicht aber die Einrichtung und Vermietung von Pkw-Stellplätzen auf der gemeinschaftlichen Garagenzufahrt[4].

gg) Annexkompetenz zur Entscheidung über den Kostenverteilungsschlüssel, § 16 Abs. 3 WEG

33 Schließlich sind die Maßnahmen, die der Umsetzung einer abweichenden Regelung über die Kostenverteilung nach § 16 Abs. 3 WEG (s. Teil 8, Rz. 132 ff.) dienen, insbesondere der Einbau von Verbrauchserfassungsgeräten, allein an den dort genannten Voraussetzungen zu messen[5], ohne dass es auf die Einordnung in die Systematik des § 22 WEG ankäme und die sich daraus ergebenden Voraussetzungen erfüllt sein müssten.

---

1 BayObLG, Beschl. v. 17. 2. 2000 – 2 Z BR 180/99, NZM 2000, 513.
2 BayObLG, Beschl. v. 12. 6. 1981 – BReg 2 Z 49/80, MDR 1981, 937.
3 BayObLG, Beschl. v. 14. 8. 1987 – BREg 2 Z 77/87, NJW-RR 1987, 1490 = WuM 1988, 97; OLG Karlsruhe, Beschl. v. 19. 12. 1977 – 3 W 6/77, MDR 1978, 495; OLG Köln, Beschl. v. 2. 5. 1978 – 16 Wx 10/78, OLGZ 1978, 287.
4 OLG Zweibrücken, Beschl. v. 27. 8. 1985 – 3 W 121/85, OLGZ 1985, 418 = MDR 1986, 60 = NJW-RR 1986, 562.
5 Zum alten Recht BGH, Beschl. v. 25. 9. 2003 – V ZB 21/03, BGHZ 156, 192 = BGHR 2003, 1385 = NJW 2003, 3476; zu Einzelheiten nach der Reform Riecke/Schmid/*Elzer*, § 16 WEG, Rz. 47 ff., 57.

c) Zustimmungserfordernis

Eine bauliche Veränderung bedarf gemäß § 22 Abs. 1 S. 1, 14 Nr. 1 WEG der Zustimmung der Wohnungseigentümer, denen durch die Maßnahme über das bei einem geordneten Zusammenleben unvermeidliche Maß hinaus ein Nachteil erwächst. 34

aa) Grundlagen

Die Voraussetzungen der Zustimmung gemäß § 22 Abs. 1 WEG werden nach der Reform des Wohnungseigentumsrechts derzeit in der Lehre kontrovers diskutiert. Während einige Autoren nunmehr allein die Zustimmung in der Form eines Eigentümerbeschlusses als zulässig ansehen, gehen andere davon aus, auch weiter sei eine formlose Zustimmung ausreichend. Diese Kontroverse, zu der klärende obergerichtliche Rechtsprechung bisher fehlt, kann man nur verstehen, wenn man sich die bisherige Rechtslage vor Augen führt. Dies ist nach der hier vertretenen Auffassung auch deshalb sinnvoll, weil eine Änderung der Rechtslage durch die Reform des Wohnungseigentumsrechts nicht eingetreten ist. 35

(1) Bisherige Rechtslage

Bauliche Veränderungen im Sinne des § 22 Abs. 1 S. 1 WEG bedurften und bedürfen, soweit nicht etwas anderes vereinbart ist, der Zustimmungen aller benachteiligten Wohnungseigentümer[1], denen durch die Maßnahme über das bei einem geordneten Zusammenleben unvermeidliche Maß hinaus ein Nachteil erwächst, nicht aber dinglich berechtigter Dritter. 36

Bisher wurde die **Zustimmung** von der herrschenden Meinung[2] als ein eigenständiges Regelungsinstrument der Wohnungseigentümergemeinschaft neben Vereinbarung und Beschluss verstanden. Sie wurde als einseitiges Rechtsgeschäft verstanden, auf das die §§ 182 ff. BGB entspre- 37

---

1 Wenn ein Wohnungseigentum mehreren gehört, so muss jeder von ihnen zustimmen, denn eine gesetzliche Vertretungsmacht der Miteigentümer ist in §§ 741 ff. BGB oder § 1011 BGB nicht vorgesehen, OLG München, Beschl. v. 22. 5. 2006 – 34 Wx 183/05, juris, Rz. 15.
2 Schon bisher wurde eine grundlegend abweichende Konzeption des Verhältnisses von Beschluss und Vereinbarung als einzigen Regelungsinstrumenten der Wohnungseigentümergemeinschaft durch *Schmack/Kümmel*, ZWE 2000, 433 vertreten. Danach sollte die Zustimmung nur als einstimmiger Beschluss erfolgen können. Diese Ansicht widersprach in ihren grundsätzlichen Annahmen der Entscheidung BGH, Beschl. v. 20. 9. 2000 – V ZB 58/99, BGHZ 145, 158 = NJW 2000, 3500 = MDR 2000, 1367 = ZMR 2000, 771, so dass eine vertiefte Auseinandersetzung für die Praxis nicht geboten war, vgl. zu Einzelheiten *Ott*, ZWE 2002, 61 (62 ff.).

chend Anwendung finden[1]. Sie ist für den Zustimmenden grundsätzlich bindend und nach § 183 BGB widerruflich[2].

38 Demnach galt: Die Zustimmung ist **nicht formgebunden**[3] und kann auch mündlich oder konkludent[4] erfolgen, sofern nur Erklärungsbewusstsein vorliegt[5] oder wenn der Handelnde bei Anwendung pflichtgemäßer Sorgfalt hätte erkennen können, dass sein Verhalten als Willenserklärung aufgefasst wird[6]. Sie ist als empfangsbedürftige Willenserklärung gegenüber dem Bauwilligen zu erklären[7]. Die Zustimmung muss nicht gleichzeitig erfolgen, sondern ist auch sukzessiv oder im Umlaufverfahren möglich. Die Zustimmung kann auch in einer öffentlich-rechtlichen Verzichtserklärung, etwa die Nachbarzustimmung im Baugenehmigungsverfahren in Kenntnis der konkreten Ausbauplanung, vorliegen[8]. Dies ist im Einzelfall durch Auslegung der Erklärungen zu ermitteln[9], wobei im Interesse der Rechtssicherheit ein strenger Maßstab anzulegen ist. Die Zustimmung für bauliche Veränderungen liegt nicht schon in der Einräumung eines Sondernutzungsrechts an einer unbebauten Fläche[10].

---

1 OLG Hamm, Beschl. v. 12. 3. 1991 – 15 W 41/90, OLGZ 1991, 418 = MDR 1991, 1171 = NJW-RR 1991, 910; a. A. *Ott*, ZWE 2002, 61 (62); *Schuschke*, NZM 2001, 497.
2 BayObLG, Beschl. v. 6. 9. 2001 – 2 Z BR 86/01, ZMR 2002, 68 = WuM 2002, 41; OLG Düsseldorf, Beschl. v. 10. 3. 2006 – 3 Wx 16/06, OLGReport Düsseldorf, 2006, 674 = ZWE 2006, 251.
3 BayObLG, Beschl. v. 9. 4. 1998 – 2 Z BR 164/97, NZM 1998, 1014; BayObLG, Beschl. v. 2. 6. 1999 – 2 Z BR 15/99, NZM 1999, 1009; BayObLG, Beschl. v. 28. 3. 2001 – 2 Z BR 1/01, ZMR 2001, 640 = ZWE 2001, 609; OLG Köln, Beschl. v. 24. 10. 2003 – 16 Wx 196/03, OLGReport Köln 2004, 116.
4 BayObLG, Beschl. v. 7. 4. 1993 – 2 Z BR 9/93, NJW-RR 1993, 1165 (1166); BayObLG, Beschl. v. 11. 7. 2002 – 2 Z BR 55/02, ZMR 2003, 48; OLG Zweibrücken, Beschl. v. 23. 12. 1999 – 3 W 198/99, OLGReport Zweibrücken 2000, 354 = NZM 2000, 293 = ZMR 2000, 256.
5 OLG Bremen, Beschl. v. 20. 2. 1998 – 3 W 26/97, OLGReport Bremen 1998, 240 = NZM 1998, 871; OLG Köln, Beschl. v. 12. 1. 2000 – 16 Wx 149/99, OLGReport Köln 2000, 146 = NZM 2000, 765 = ZMR 2000, 638.
6 BayObLG, Beschl. v. 11. 7. 2002 – 2 Z BR 55/02, ZMR 2003, 48; OLG München, Bechl. v. 22. 5. 2006 – 34 Wx 183/05, juris, Rz. 12.
7 OLG Karlsruhe, Beschl. v. 2. 12. 1998 – 4 W 42/97, OLGReport Karlsruhe 1998, 229 = NJW-RR 1998, 1468.
8 Zweifelnd BayObLG, Beschl. v. 2. 9. 1993, – 2 Z BR 73/93, BayObLGR 1993, 89 = NJW-RR 1994, 82; KG, Beschl. v. 18. 3. 1998 – 24 W 2334/97, KGR Berlin 1999, 232 = NZM 1998, 771 = WuM 1998, 680 = ZMR 1998, 657; OLG Karlsruhe, Beschl. v. 13. 2. 1998 – 4 W 42/97, OLGReport Karlsruhe 1998, 229 = NZM 1998, 526.
9 BayObLG, Beschl. v. 21. 5. 1999 – 2 Z BR 188/98, BayObLGR 1999, 84 = NZM 1999, 809.
10 BayObLG, Beschl. v. 19. 3. 1998 – 2 Z BR 131/97, WuM 1998, 563 für Pergola; OLG Hamm, Beschl. v. 28. 5. 1998 – 15 W 4/98, NZM 1998, 873 = ZMR 1998, 718; OLG Köln, Beschl. v. 19. 6. 1995 – 16 Wx 46/95, WuM 1995, 608 = ZMR 1995, 606; OLG Köln, Beschl. v. 31. 1. 2000 – 16 Wx 10/00, NZM 2000, 296 (297) = ZWE 2000, 486.

Gesicherter Konsens war deshalb vor der Reform des Wohnungseigentumsrechts auch: **Die Zustimmung muss nach Wortlaut und Systematik des Gesetzes** (in der Fassung vor der Reform des Wohnungseigentumsrechts) **nicht in Beschlussform erfolgen**[1]. Ein **Mehrheitsbeschluss** ist nicht ausreichend[2], es sei denn, er wird bestandskräftig. Ein allstimmiger Beschluss genügt der erforderlichen Zustimmung[3] und führt zur Bindung aller Sondernachfolger gemäß § 10 Abs. 4 WEG (n. F.). Dem Erfordernis der Zustimmung aller Wohnungseigentümer, denen durch die Maßnahme über das bei einem geordneten Zusammenleben unvermeidliche Maß hinaus ein Nachteil erwächst, ist bereits dann nicht genügt, wenn sich nur ein einziger Wohnungseigentümer der Stimme enthält, selbst wenn alle anderen zustimmen[4]. Wenn die Wohnungseigentümer über eine bauliche Veränderung beschließen, die einem Wohnungseigentümer ganz überwiegend oder ausschließlich zu Gute kommt, ist dessen Stimmrecht grundsätzlich nicht nach § 25 Abs. 5 WEG ausgeschlossen[5]. Es sind auch nicht nur die Wohnungseigentümer stimmberechtigt, die einen über das durch § 14 Nr. 1 WEG beschriebene Maß hinausgehenden Nachteil erleiden[6]. Soll ein Eigentümerbeschluss **außerhalb einer Eigentümerversammlung nach § 23 Abs. 3 WEG** durch Zustimmung aller Wohnungseigentümer gefasst werden, so ist der Widerruf der Zustimmungserklärung möglich, solange die Mitteilung des Beschlussergebnisses nicht vorliegt[7]. Auch ein **Vertrag zwischen allen Wohnungseigentümern** ist möglich[8], in der Praxis aber außer in den Fällen umfassender Änderungen der Teilungserklärungen ungebräuchlich.

39

Daraus ergab sich nach herrschender Meinung zum alten Recht auch: Das Unterlassen der Anfechtung eines Mehrheitsbeschlusses über die Durchführung einer baulichen Veränderung wurde im Einzelfall als kon-

40

---

1 BayObLG, Beschl. v. 7. 9. 1994 – 2 Z BR 65/94, NJW-RR 1995, 653 = WuM 1994, 640; BayObLG, Beschl. v. 28. 3. 2001 – 2 Z BR 1/01, ZMR 2001, 640 = ZWE 2001, 609; *Niedenführ*, NZM 2001, 1105 (1106); *Röll*, ZWE 2001, 55 (56); *Schuschke*, NZM 2001, 497; a. A. *Schmack/Kümmel*, ZWE 2000, 433 (439).
2 BGH, Beschl. v. 18. 1. 1979 – VII ZB 19/78, BGHZ 73, 196 (199) = MDR 1979, 392 = NJW 1979, 817 (818); vgl. BayObLG, Beschl. v. 7. 9. 1994 – 2 Z BR 65/94, NJW-RR 1995, 653 = WuM 1994, 640.
3 BGH, Beschl. v. 18. 1. 1979 – VII ZB 19/78, BGHZ 73, 196 (199) = MDR 1979, 392 = NJW 1979, 817 (818); BayObLG, Beschl. v. 7. 9. 1994 – 2 Z BR 65/94, NJW-RR 1995, 653 = WuM 1994, 640.
4 OLG Celle, Beschl. v. 16. 5. 1991 – 4 W 19/91, OLGZ 1991, 431 = NJW-RR 1992, 86 (87).
5 BayObLG, Beschl. v. 25. 9. 2003 – 2Z BR 161/03, BayObLGZ 2003, 254 = BayObLGR 2004, 98 = ZMR 2004, 209.
6 *Armbrüster*, ZWE 2008, 61 (63); *Häublein*, NZM 2007, 752 (755 f.), a. A. Staudinger/*Bub*, 13. Bearbeitung, § 22 WEG, Rz. 43.
7 OLG Celle, Beschl. v. 8. 6. 2006 – 4 W 82/06, NZM 2006, 784.
8 OLG Hamm, Beschl. v. 18. 11. 2003 – 15 W 395/03, OLGReport Hamm 2004, 127 = ZMR 2005, 220.

kludente Zustimmung verstanden[1]. Doch fehlte dieser Annahme Notwendigkeit und Berechtigung, weil ein bestandskräftiger Mehrheitsbeschluss ohnehin ausreichende Grundlage für die Durchführung einer baulichen Veränderung ist. Zudem kommt Schweigen im Rechtsverkehr regelmäßig kein Erklärungswert zu; es besteht keine Pflicht des Wohnungseigentümers, gegen einen Mehrheitsbeschluss vorzugehen. Bedenken ergaben sich auch mit Blick auf die Kostenfolge des § 16 Abs. 3 a.E. WEG a.F. für Zustimmende[2]. Allein auf eine Beteiligung an den Kosten als Nachteil konnte und kann die Anfechtung erfolgreich wegen § 16 Abs. 3 2. Halbsatz WEG a.F. (= § 16 Abs. 6 S. 1 WEG n.F.) gerade nicht gestützt werden[3].

41 Anerkannt war bisher: Unterlassen es die Wohnungseigentümer nur, der baulichen Veränderung zu widersprechen oder gerichtliche Hilfe dagegen in Anspruch zu nehmen, wenn sie von der Veränderung Kenntnis erlangen, wird es regelmäßig am Bewusstsein fehlen, eine gesetzlich erforderliche Zustimmung zu erteilen[4]. Die bloße Duldung der baulichen Veränderung reicht jedenfalls nicht aus[5]. Ein Beschluss der Wohnungseigentümer, der sich dagegen ausspricht, dass eine bauliche Veränderung abgerissen wird, kann grundsätzlich nicht so verstanden werden, dass er die bauliche Veränderung genehmigt[6].

42 Die **Zustimmung zu einer baulichen Veränderung durch einen bestandskräftigen Mehrheitsbeschluss** in der Eigentümerversammlung wurde nach alter Rechtslage auch dann als ausreichende Rechtsgrundlage angesehen, wenn nicht alle Wohnungseigentümer, denen durch die Maßnahme über das bei einem geordneten Zusammenleben unvermeidliche Maß hinaus ein Nachteil erwächst, zugestimmt hatten. Die somit angenommene Zulässigkeit von „Zitterbeschlüssen" stand auch nach dem

---

1 BayObLG, Beschl. v. 15. 10. 1992 – 2 Z BR 75/92, BayObLGZ 1992, 288 = BayObLGR 1993, 17 = NJR-RR 1993, 206 = WuM 1992, 709; OLG Köln, Beschl. v. 30. 6. 2004 – 16 Wx 135/04, NZM 2005, 108 = ZMR 2004, 939; OLG Zweibrücken, Beschl. v. 23. 12. 1999 – 3 W 198/99, OLGReport Zweibrücken 2000, 354 = NZM 2000, 293 = ZMR 2000, 256; anders BayObLG, Beschl. v. 28. 3. 2001 – 2 Z BR 1/01, ZMR 2001, 640 = ZWE 2001, 609.
2 Vgl. a. OLG Saarbrücken, Beschl. v. 4. 10. 1996 – 5 W 286/95-50, FGPrax 1997, 56 = ZMR 1997, 31.
3 Vgl. a. *Abramenko*, ZMR 2003, 478 (469 f.) m.w.N. zur Gegenansicht.
4 *Schuschke*, ZWE 2000, 146 (149).
5 BayObLG, Beschl. v. 5. 2. 1998 – 2 Z BR 110/97, BayObLGZ 1998, 32 (34) = MDR 1998, 527 = NZM 1998, 524 = WuM 1998, 368 = ZMR 1998, 359; BayObLG, Beschl. v. 5. 1. 2001 – 2 Z BR 94/00, ZMR 2001, 468; BayObLG, Beschl. v. 28. 3. 2001 – 2 Z BR 1/01, ZMR 2001, 640 = ZWE 2001, 609; vgl. a. BayObLG, Beschl. v. 26. 7. 2001 – 2 Z BR 73/01, BayObLGR 2001, 65 = NZM 2001, 956 = WuM 2001, 577 = ZMR 2002, 136.
6 BayObLG, Beschl. v. 9. 3. 1995 – 2 Z BR 16/95, WuM 1995, 504 = BayObLGR 1995, 42 (LS).

ersten „Jahrhundertbeschluss" des BGH[1] außer Frage[2]. Daraus ergaben sich die Thesen: Die Wohnungseigentümer **können** über eine bauliche Veränderung mit Stimmenmehrheit als Maßnahme der Verwaltung nach § 21 Abs. 3 WEG beschließen, selbst wenn sie es nach § 22 Abs. 1 WEG nicht **dürfen**. Die Ordnungsmäßigkeit des Beschlusses ist aus Gründen der Rechtssicherheit nach dem Gesetz nicht kompetenzbegründend. Es handelt sich um einen zulässigen **vereinbarungsersetzenden** Beschluss[3].

Eine **Nichtigkeit** wurde nicht wegen Fehlens einer Beschlusskompetenz, sondern nur aus anderen Gründen für möglich gehalten, etwa wenn in den **Kernbereich** des Wohnungseigentums eingegriffen wird, weil der Beschluss in das Sondereigentum einzelner Wohnungseigentümer eingreift[4]. In der Praxis von größerer Bedeutung war und ist der Gesichtspunkt der **Nichtigkeit wegen Unbestimmtheit** des Beschlussinhalts. Mit der Nichtigkeit wegen Unbestimmtheit[5] war die Frage verbunden, inwieweit ein solcher Eigentümerbeschluss die konkret durchgeführten Baumaßnahmen legitimieren kann. Die Baumaßnahmen sind jedenfalls legitimiert, wenn der die Baumaßnahmen nicht im Detail beschreibende Mehrheitsbeschluss gefasst wurde, wenn im Zeitpunkt der Beschlussfassung die wesentlichen Arbeiten bereits durchgeführt oder doch für jedermann ersichtlich angefangen waren[6].

43

Folgerichtig war anerkannt: Nur anfechtbar ist ein Mehrheitsbeschluss, durch den ein bestandskräftiger Beschluss aufgehoben wird, nach dem

44

---

1 BGH, Beschl. v. 20. 9. 2000 – V ZB 58/99, BGHZ 145, 158 = NJW 2000, 3500 = MDR 2000, 1367 = NZM 2000, 1184 = WuM 2000, 620 = ZMR 2000, 771.
2 BayObLG, Beschl. v. 30. 11. 2000 – 2 Z BR 81/00, NZM 2001, 133; BayObLG, Beschl. v. 17. 9. 2003 – 2Z BR 179/03, BayObLGR 2004, 1 für Gestattung eines Balkonanbaus; BayObLG, Beschl. v. 15. 1. 2004 – 2Z BR 227/03, BTR 2004, 137; OLG Düsseldorf, Beschl. v. 2. 11. 2004 – 3 Wx 234/04, OLGReport Düsseldorf 2005, 527 = NZM 2005, 791 = ZMR 2005, 143; OLG Köln, Beschl. v. 12. 1. 2001 – 16 Wx 156/00, OLGReport Köln 2001, 343 = NZM 2001, 293 = ZMR 2001, 474; OLG Köln, Beschl. v. 1. 2. 2002 – 16 Wx 10/02, OLGReport Köln 2002, 243 = NZM 2002, 454; *Abramenko*, ZMR 2003, 468 (469); *Niedenführ*, NZM 2001, 1105 (1109); *Ott*, ZWE 2002, 61 (65); s. aus der früheren Rechtsprechung nur OLG Köln, Beschl. v. 29. 4. 1997 – 16 Wx 76/97, OLGReport Köln 1997, 218 = WuM 1997, 461.
3 BGH, Beschl. v. 20. 9. 2000 – V ZB 58/99, BGHZ 145, 158 = NJW 2000, 3500 = MDR 2000, 1367 = NZM 2000, 1184 = WuM 2000, 620 = ZMR 2000, 771.
4 OLG Düsseldorf, Beschl. v. 27. 2. 2002 – 3 Wx 348/01, NZM 2002, 443 = ZWE 2002, 420 für einen Beschluss betreffend die Verlegung eines durch die Teilungserklärung dem Sondereigentum zugewiesenen, lose verlegten Balkonbodenbelags; OLG Köln, Beschl. v. 5. 12. 2000 – 16 Wx 121/00, OLGReport Köln 2001, 161 = NZM 2001, 541 = ZMR 2001, 568; vgl. a. *Deckert*, NZM 2002, 414 (414f.).
5 S.a. OLG Hamm, Beschl. v. 23. 9. 2004 – 15 W 129/04, OLGReport Hamm 2005, 43 = ZMR 2005, 306; OLG München, Beschl. v. 30. 11. 2005 – 34 Wx 56/05, OLGReport München 2006, 130 = ZMR 2006, 230.
6 OLG Düsseldorf, Beschl. v. 2. 11. 2004 – 3 Wx 234/04, OLGReport Düsseldorf 2005, 427 = NZM 2005, 791 = ZMR 2005, 143.

eine Baumaßnahme zu beseitigen ist, soweit durch den Zweitbeschluss schutzwürdige Belange eines Wohnungseigentümers, die sich aus Inhalt und Wirkungen des Erstbeschlusses ergeben, beeinträchtigt werden[1]. Umgekehrt besteht ein Anspruch auf Abänderung oder Aufhebung eines bestandskräftigen Beschlusses, durch den eine bauliche Veränderung genehmigt wurde, nur dann, wenn das Festhalten an der bestehenden Regelung wegen ganz außergewöhnlicher neu hinzugetretener Umstände als grob unbillig und damit gegen Treu und Glauben, § 242 BGB, verstoßend erscheint[2]. Der Widerruf einer durch bestandskräftigen Beschluss ausgesprochenen Zustimmung zu einer baulichen Veränderung ist nur bei Vorliegen eines sachlichen Grundes zulässig, soweit der betroffene Wohnungseigentümer gegenüber dem bisherigen Zustand nicht unbillig benachteiligt wird[3]. Er kommt vor allem dann in Betracht, wenn die bauliche Veränderung bis zum Zeitpunkt der Zweitbeschlussfassung noch nicht durchgeführt worden ist, und kann, weil er keine bauliche Veränderung, d.h. die tatsächliche Umgestaltung des baulichen Zustandes des Gemeinschaftseigentums zum Gegenstand hat, durch Mehrheitsbeschluss erfolgen[4].

45 Bei der **Anfechtung eines Mehrheitsbeschlusses über die Genehmigung einer baulichen Veränderung** war Maßstab für die Beurteilung, ob die bauliche Veränderung ohne Zustimmung aller zulässig ist, weil sie keinen Wohnungseigentümer über das in § 14 Nr. 1 WEG bestimmte Maß hinaus beeinträchtigt[5]. Weil man dem Unterlassen der Anfechtung die Zustimmung nicht entnehmen kann, war für den Erfolg der Anfechtung nicht erforderlich, dass gerade dem anfechtenden Wohnungseigentümer ein Nachteil entsteht[6].

---

1 BGH, Beschl. v. 20. 12. 1990 – V ZB 8/90, BGHZ 113, 197 = MDR 1991, 517 = NJW 1991, 979 = ZMR 1991, 146; OLG Düsseldorf, Beschl. v. 30. 10. 2000 – 3 Wx 318/00, OLGReport Düsseldorf 2001, 173 = NZM 2001, 243 = ZMR 2001, 130; OLG Frankfurt/Main, Beschl. v. 3. 9. 2004 – 20 W 34/02, OLGReport Frankfurt 2005, 334; OLG Stuttgart, Beschl. v. 9. 2. 2001 – 8 W 54/98, OLGReport Stuttgart 2001, 209 = NZM 2001, 532 = WuM 2001, 295 = ZMR 2001, 664.
2 BayObLG, Beschl. v. 29. 3. 2000 – 2 Z BR 159/99, NJW-RR 2000, 1399 = NZM 2000, 672 (674); siehe zur Anwendung des § 10 Abs. 2 S. 3 WEG auf Eigentümerbeschlüsse *Abramenko*, ZMR 2007, 424; *Grziwotz/Jennißen* in Jennißen, § 10 WEG, Rz. 38; dagegen *Merle*, ZWE 2007, 472.
3 BayObLG, Beschl. v. 3. 11. 1994 – 2 Z BR 58/94, BayObLGZ 1995, 339 = BayObLGR 1995, 9 = NJW-RR 1995, 395 = WuM 1995, 222.
4 OLG Köln, Beschl. v. 1. 2. 2002 – 16 Wx 10/02, OLGReport Köln 2002, 243 = NZM 2002, 454.
5 BayObLG, Beschl. v. 22. 4. 1994 – 2 Z BR 9/94, BayObLGR 1994, 42 = NJW-RR 1994, 1169 = WuM 1995, 60.
6 Anders BayObLG, Beschl. v. 15. 10. 1992 – 2 Z BR 75/92, BayObLGZ 1992, 288 = BayObLGR 1993, 17 = NJR-RR 1993, 206 = WuM 1992, 709; OLG Düsseldorf, Beschl. v. 1. 10. 2003 – 3 Wx 393/02, OLGReport Düsseldorf 2004, 98 = ZMR 2005, 142.

Kontrovers diskutiert wurde auch zur alten Rechtslage die Frage der **Fest-** 46
stellung eines Mehrheitsbeschlusses durch den Verwalter, wenn nicht alle Wohnungseigentümer zugestimmt haben, denen durch die Maßnahme über das bei einem geordneten Zusammenleben unvermeidliche Maß hinaus ein Nachteil erwächst. Die Feststellung des Zustandekommens eines Mehrheitsbeschlusses über die Genehmigung einer baulichen Veränderung in der Eigentümerversammlung obliegt dem Versammlungsleiter[1]. Dies ist regelmäßig nach § 24 Abs. 5 WEG der Verwalter. Dabei obliegt es dem Versammlungsleiter auch festzustellen, ob nach der Teilungserklärung oder dem Gesetz erforderliche qualifizierte oder absolute Mehrheiten erreicht sind[2]. Die Frage, ob gerade die Zustimmung aller Wohnungseigentümer, denen durch die Maßnahme über das bei einem geordneten Zusammenleben unvermeidliche Maß hinaus ein Nachteil erwächst, ein qualifiziertes Mehrheitserfordernis darstellt, war umstritten. Nach *Kümmel/von Seldeneck*[3] bedarf eine bauliche Veränderung der Zustimmung aller Wohnungseigentümer, denen durch die Maßnahme über das bei einem geordneten Zusammenleben unvermeidliche Maß hinaus ein Nachteil erwächst. Das gesetzliche Zustimmungsquorum für eine bauliche Veränderung, die nicht als bloße Instandhaltung oder Instandsetzung angesehen werden könne, sei also, auch wenn die Zustimmung in Form einer Beschlussfassung erfolgt, nur dann gewahrt, wenn alle benachteiligten Wohnungseigentümer zustimmen[4]. Ein Verwalter dürfe dann zwar nach der Rechtsprechung des BGH[5] wegen tatsächlicher oder rechtlicher Schwierigkeiten bei der Bewertung des Abstimmungsergebnisses die Feststellung eines Beschlussergebnisses abzulehnen und die Wohnungseigentümer auf die Möglichkeit einer

---

1 BGH, Beschl. v. 23. 8. 2001 – V ZB 10/01, BGHZ 148, 335 = NJW 2001, 3339 = MDR 2001, 1283; KG, Beschl. v. 17. 4. 2002 – 24 W 9387/00, NZM 2002, 613 = ZMR 2002, 697.
2 KG, Beschl. v. 17. 4. 2002 – 24 W 9387/00, NZM 2002, 613 (614) = ZMR 2002, 697 (698) = ZWE 2002, 471 (472).
3 Vgl. *Kümmel/von Seldeneck*, GE 2002, 382; so i. E. auch *Staudinger/Bub*, 13. Bearbeitung, § 22 WEG, Rz. 43; *Briesemeister*, ZWE 2004, 303 (305); *Gottschalg*, DWE 2004, 41 (45); *Gottschalg*, ZWE 2005, 32 (34).
4 Danach wäre der Verwalter als Versammlungsleiter häufig in dem Zwiespalt gewesen, einerseits dem Willen der zustimmenden Mehrheit folgen zu wollen, andererseits aber formal einen Beschluss nicht feststellen zu dürfen. Wenn der Verwalter in dieser Situation das Zustandekommen eines Beschlusses pflichtwidrig feststelle, so wurde vertreten, mache er sich gemäß §§ 280, 241 Abs. 2 BGB (pVV) schadensersatzpflichtig und müsse insbesondere für die gerichtlichen und außergerichtlichen Kosten einer gerichtlichen Anfechtung dieses Eigentümerbeschlusses haften. Inwieweit sich der Verwalter dieser Haftung durch eine Belehrung der Wohnungseigentümer entziehen könnte, war nicht geklärt, vgl. die Lösungsansätze von *Kümmel/von Seldeneck*, GE 2002, 382; *Deckert*, NZM 2002, 414 (415 f.); s. a. Vorauflage Teil 11, Rz. 63 ff.
5 BGH, Beschl. v. 23. 8. 2001 – V ZB 10/01, BGHZ 148, 335 = NJW 2001, 3339 = MDR 2001, 1283.

gerichtlichen Beschlussfeststellung[1] verweisen, die allerdings nur bei Zustimmung aller Wohnungseigentümer, denen durch die Maßnahme über das bei einem geordneten Zusammenleben unvermeidliche Maß hinaus ein Nachteil erwächst, erfolgreich wäre.

Demgegenüber hat *Häublein*[2] zutreffend aufgezeigt, dass nach dem Gesetz die Anfechtungslast bei Maßnahmen der Verwaltung – zu denen bauliche Veränderungen gehören – dem Wohnungseigentümer auferlegt ist, der mit einer Verwaltungsmaßnahme nicht einverstanden ist. Bei der Beschlussfeststellung sei nicht darüber zu entscheiden, ob eine Verwaltungsmaßnahme ordnungsgemäß ist. Vielmehr müsse auch bei Zweifeln an der Ordnungsgemäßheit der Mehrheitswillen als Beschluss festgestellt werden. Für die bauliche Veränderung bedeute dies, dass man das Erfordernis der Zustimmung aller über das Maß des § 14 Nr. 1 WEG hinaus benachteiligten Wohnungseigentümer nicht als besonderes gesetzliches Stimmrechtsquorum verstehen dürfe. Im Gegensatz zu Vereinbarungen, die Mehrheitsbeschlüsse über bauliche Veränderungen mit einem bestimmten Mehrheitsverhältnis zulassen (zur Öffnungsklausel vgl. Teil 9, Rz. 109 ff.), gehe es nämlich insoweit nicht um die Begründung einer Mehrheitsmacht. Die Ordnungsgemäßheit sei also von vereinbarten Mehrheitserfordernissen zu unterscheiden: Sieht die Teilungsvereinbarung die Zulässigkeit von Mehrheitsbeschlüssen über bauliche Veränderungen bei Erreichen eines bestimmten Stimmquorums vor, muss der Verwalter vor der Beschlussfeststellung prüfen, ob diese geforderte Stimmenmehrheit erreicht worden ist. Aus § 22 Abs. 1 WEG a. F. ergebe sich demgegenüber kein qualifiziertes Mehrheitserfordernis für eine Beschlussfassung über eine bauliche Veränderung nach § 21 Abs. 3 WEG in dem Sinne, dass die Zustimmung aller benachteiligten Wohnungseigentümer zu dem Eigentümerbeschluss erforderlich wäre. Der Verwalter wäre zudem mit der Bewertung, die Zustimmung welcher Wohnungseigentümer erforderlich ist, häufig überfordert.

(2) Neue Rechtslage

47 Diese breite Darstellung der bisherigen Rechtslage ermöglicht erst die richtige Einordnung der zur neuen Rechtslage nach Neufassung des § 22 Abs. 1 WEG durch die Reform des Wohnungseigentumsrechts entstande-

---

[1] Streitig war, ob das Gericht nicht allein das Vorliegen der formellen Voraussetzungen, sondern sogleich auch die Rechtmäßigkeit des Eigentümerbeschlusses prüfen musste; dafür *Becker*, ZWE 2006, 157 (160); *Abramenko*, ZMR 2004, 789 (790); *Suilmann* ZWE 2003, 73 (74); dagegen *Müller*, NZM 2003, 222 (225); *F. Schmidt*, ZWE 2006, 164 (171), die die materielle Überprüfung einer gesonderten Beschlussanfechtung des gerichtlich festgestellten Eigentümerbeschlusses vorbehalten wollten.
[2] *Häublein*, NJW 2005, 1466; s. a. *Häublein*, NZM 2007, 752 (755); dagegen *Kümmel*, ZWE 2006, 278 (282).

nen **Diskussion**, ob eine **Zustimmung** nunmehr in Abweichung von der bisherigen Rechtslage **allein durch einen Eigentümerbeschluss** erfolgen kann und welche Voraussetzungen an die Mehrheit zu stellen sind. Ziel der vorliegenden Darstellung muss es insoweit sein, die derzeit gegenüberstehenden Positionen in der Rechtswissenschaft mit ihren wesentlichen Argumenten vorzustellen. Weil eine – dringend erforderliche – Klärung der Rechtslage[1] durch den BGH bisher nicht erfolgt ist, sollte bei der praktischen Befassung eine Überprüfung der aktuellen Rechtsprechung zum neuen Recht anhand einschlägiger Datenbanken erfolgen. Bis zu dieser Klärung stellt sich die Frage nach dem sichersten Weg für ein in der Praxis gangbares Vorgehen, das nach der Darstellung des Streitstandes in einer strategischen Betrachtung vorgestellt wird.

Einige Autoren[2] entnehmen der Neuregelung des § 22 Abs. 1 WEG nicht nur eine echte Beschlusskompetenz der Wohnungseigentümer im Hinblick auf eine Zustimmung zu einer beabsichtigten baulichen Maßnahme, sondern eine abschließende Regelung. Soweit also in § 22 Abs. 1 WEG der Begriff „Zustimmung" verwendet werde, sei damit nicht mehr die formfreie, außerhalb einer Eigentümerversammlung mögliche Erklärung gemeint, sondern nur noch die Zustimmung bei der Beschlussfassung. Zudem ergebe sich aus der Neufassung, dass die Zustimmung aller Wohnungseigentümer, denen durch die Maßnahme im Sinne des § 14 Nr. 1 WEG über das bei einem geordneten Zusammenleben unvermeidliche Maß hinaus ein Nachteil erwächst, als qualifiziertes Mehrheitserfordernis ausgestaltet worden sei[3].

48

Eine **große Zahl der Autoren**[4] geht davon aus, dass eine Änderung der bisherigen Rechtslage nicht eingetreten sei. Nur dieses Verständnis entspreche der Absicht des Gesetzgebers, der es selbst für denkbar hält, dass ein Wohnungseigentümer die bauliche Veränderung ähnlich wie nach geltender Rechtslage allein durchführt[5]. Wenn § 22 Abs. 1 WEG nunmehr

49

---

1 Die Beseitigung in der Vergangenheit entstandener Missverständnisse sollte gerade Ziel der Neufassung des § 22 Abs. 1 WEG, vgl. BT-Drs. 16/887, S. 28.
2 *Drabek* in Riecke/Schmid, 2. Aufl., § 22 WEG, Rz. 23; *Hügel* in Hügel/Elzer, Das neue WEG, § 7 Rz. 15 f.; *Merle*, ZWE 2007, 374; wohl auch *Elzer*, WuM 2007, 295 (304); *Kümmel*, ZMR 2007, 932 (933); im Anschluss an *Hügel* auch Palandt/*Bassenge*, 67. Aufl., § 22 WEG, Rz. 8; in dieser Richtung auch *Derleder*, ZWE 2008, 253, 261 f.
3 Nach *Elzer*, ZWE 2007, 165 (176 f.), gibt es ohne Zustimmung aller im Sinne des § 14 Nr. 1 WEG benachteiligten Wohnungseigentümer keinen Beschluss, liegt also wohl Nichtigkeit vor.
4 *Abramenko*, Das neue WEG, S. 144 ff.; *Armbrüster*, ZWE 2008, 61 (63 f.); Bärmann/*Pick*, 18. Aufl., § 22 WEG, Rz. 12; *Häublein*, ZMR 2007, 409; *Häublein*, NZM 2007, 752; *Greiner*, Rz. 396; Jennißen/*Hogenschurz*, § 22 WEG, Rz. 13; *Köhler*, Das neue WEG, Rz. 387 f.; *Niedenführ* in Niedenführ/Kümmel/Vandenhouten, § 22 WEG, Rz. 4 und 111; *Niedenführ*, NJW 2007, 1841 (1842); *J.-H. Schmidt*, ZMR 2007, 913 (917).
5 BT-Drs. 16/887, S. 28 f.

mit der Formulierung „können" eine Beschlusskompetenz ausdrücklich – klarstellend – eröffne, habe damit keine abschließende Regelung erfolgen sollen, wie sich aus dem Begriff „Zustimmung" als weiterer Möglichkeit ergebe. Die Gegenansicht führe zu Unstimmigkeiten: Nicht zu erklären sei, dass unbestritten bauliche Maßnahmen, von denen kein Wohnungseigentümer in einer das in § 14 Nr. 1 WEG genannte Maß hinausgehenden Weise betroffen werde, ohne Beschlussfassung zulässig sein sollen, andererseits ein Mehrheitsbeschluss nicht in jedem Fall ausreichend sei, nämlich dann nicht, wenn alle Wohnungseigentümer in einer das in § 14 Nr. 1 WEG genannte Maß hinausgehenden Weise betroffen seien. Es leuchte auch – gerade mit Blick auf die Kostenregelung des § 16 Abs. 6 S. 1 WEG – nicht ein, warum die Zustimmung aller Wohnungseigentümer zu einem Eigentümerbeschluss erforderlich sein solle, wenn schon alle nachteilig im Sinne des § 14 Nr. 1 WEG betroffenen Wohnungseigentümer der baulichen Veränderung zugestimmt hätten[1]. Die Gegenauffassung könne auch nicht durchgreifend geltend machen, allein eine Zustimmung in Beschlussform sichere über die Eintragung in der Beschlusssammlung den Schutz des Sondernachfolgers, denn diesen binde eine formfreie Zustimmung seines Rechtsvorgängers nur, wenn bereits bei Eigentumswechsel mit der Umsetzung der baulichen Veränderung begonnen worden sei (vgl. Teil 10, Rz. 121 f.). Zudem müsse der Bauwillige selbst das im möglichen Verzicht auf die Herbeiführung eines Eigentümerbeschlusses liegende Risiko gewichten und bei einer baulichen Veränderung mit formloser Zustimmung der Wohnungseigentümer, denen durch die Maßnahme über das bei einem geordneten Zusammenleben unvermeidliche Maß hinaus ein Nachteil erwächst, tragen. Durch die Neuregelung habe er jedenfalls einen Anspruch zu einer Zustimmung durch Eigentümerbeschluss, soweit jeder der über das in § 14 Nr. 1 WEG hinaus beeinträchtigte Wohnungseigentümer seine Zustimmung erteile. Die Zustimmung erscheine somit als freiwilliger individueller Verzicht des einzelnen Wohnungseigentümers auf Individualrechtsschutz gegen eine nachteilige bauliche Veränderung[2].

50 Diese letztere Auffassung dürfte die besseren Argumente und die praktischen Ergebnisse für sich haben. Es ist zwar richtig, dass in der Vergangenheit regelmäßig bauliche Veränderungen auch im Interesse einzelner Wohnungseigentümer auf der Grundlage bestandskräftig gewordener Eigentümerbeschlüsse erfolgt sind. Der bauwillige Wohnungseigentümer hatte dann die Sicherheit, dass das Vorliegen und die Notwendigkeit der

---

1 *Armbrüster*, ZWE 2008, 61 (64) zur Kostenfolge; abweichend *Merle*, ZWE 2007, 374 (379); *J.-H. Schmidt*, ZMR 2007, 932 (935).
2 BayObLG, Beschl. v. 21. 5. 1999 – 2 Z BR 188/98, BayObLGR 1999, 84 = NZM 1999, 809; OLG Karlsruhe, Beschl. v. 30. 10. 1998 – 11 Wx 53/98, OLGReport Karlsruhe 1999, 144 = NZM 1999, 274; *J.-H. Schmidt*, ZMR 2007, 913 (917); a. A. Staudinger/*Bub*, 13. Bearbeitung, § 22 WEG, Rz. 49.

Zustimmung einzelner Wohnungseigentümer nicht mehr nachträglich in Frage gestellt werden konnte. Die übrigen Wohnungseigentümer waren in einem „demokratischen" Verfahren beteiligt worden, sahen sich also nicht vor vollendete Tatsachen gestellt. Demgegenüber war die bauliche Veränderung im Interesse einzelner Wohnungseigentümer nach formloser „informeller" Zustimmung möglicher Betroffener in der Rechtsprechung ohne größere Bedeutung geblieben, weil in der Regel ohne besonderes Konfliktpotential. Dass der Gesetzgeber dieser Situation bei der Neufassung des § 22 Abs. 1 WEG Rechnung getragen hat, ist angemessen. Die Annahme, dass damit eine Änderung der Rechtslage unter Abschaffung der bisher möglichen formlosen Zustimmung und die Abschaffung der bisher zulässigen Zitterbeschlüsse beabsichtigt worden sei, lässt sich den Gesetzgebungsmaterialien nicht entnehmen.

⊃ **Hinweis:**
Nach der hier vertretenen Ansicht kann sich die **Praxis** also weiter an der bisherigen Rechtslage orientieren. Die Erkenntnisse der bisherigen Rechtsprechung behalten ihre Gültigkeit. Dies bedeutet einerseits, dass ein einzelner Wohnungseigentümer bauliche Veränderung nach Zustimmung aller im Sinne des § 14 Nr. 1 WEG benachteiligten Wohnungseigentümer durchführen darf, ohne die Wohnungseigentümerversammlung abwarten oder befassen zu müssen. Andererseits hat jeder Wohnungseigentümer nunmehr – das ist die einzig eingetretene Neuerung – einen Anspruch, dass die übrigen Wohnungseigentümer seinem Begehren auf Vornahme einer baulichen Veränderung zustimmen, soweit alle im Sinne des § 14 Nr. 1 WEG benachteiligten Wohnungseigentümer zustimmen[1]. Ob das Zustandekommen eines zustimmenden Eigentümerbeschlusses die Zustimmung aller im Sinne des § 14 Nr. 1 WEG benachteiligten Wohnungseigentümer voraussetzt, wird von den Vertretern dieser Auffassung bisher kaum diskutiert, dürfte aber zu verneinen sein[2]. Dies bedeutet, dass ein in Bestandskraft erwachsener Eigentümerbeschluss die fehlenden Zustimmungen aller Wohnungseigentümer ersetzt, auch wenn sie über das durch § 14 Nr. 1 WEG beschriebene Maß hinaus

51

---

1 Wenn die nicht benachteiligten Wohnungseigentümer diesem Begehren zustimmen müssen, bedarf § 16 Abs. 6 S. 1 WEG wie schon die Vorgängerreglung des § 16 Abs. 3 2. Halbsatz WEG der einschränkenden Auslegung; schon bisher war zu Recht anerkannt, dass diese Zustimmung zu eigennützigen baulichen Veränderungen nicht den Verlust auf das Kostenprivileg zur Folge hat. Die nicht im Sinne des § 14 Nr. 1 WEG betroffenen Wohnungseigentümer können allerdings durch Enthaltung oder Zustimmung unter Vorbehalt gegen die Kostenlast, vgl. dazu *Armbrüster*, ZWE 2008, 61 (67 f.), eine positive Beschlussfassung durch die im Sinne des § 14 Nr. 1 WEG benachteiligten Wohnungseigentümer ermöglichen, ohne auf die Kostenprivilegierung des § 16 Abs. 6 S. 1 WEG zu verzichten.
2 So insbesondere *Häublein*, NZM 2007, 752 (754 ff.).

benachteiligt werden[1]. Die Möglichkeit des Mehrheitsbeschlusses als Grundlage einer baulichen Veränderung nach Eintritt der Bestandskraft eröffnet den Mehrheitseigentümern nach der hier vertretenen Ansicht immer noch Aussicht, auch trotz nicht erreichbarer oder desinteressierter Wohnungseigentümer in der Praxis zur Genehmigung der baulichen Veränderung zu kommen. Unter Hinweis auf die Autoren[2], die nur und allein bei Zustimmung aller im Sinne des § 14 Nr. 1 WEG benachteiligten Wohnungseigentümer zulassen wollten, darf der Rechtsberater allerdings nicht versäumen, dem Verwalter bzw. Versammlungsleiter das hier liegende Haftungsrisiko vor Augen zu führen.

(3) Strategie

52 Auf der Grundlage dieser Rechtslage lassen sich in der Praxis vordringlich folgende **Perspektiven** unterschieden:

53 Der **einzelne Wohnungseigentümer, der eine bauliche Veränderung im eigenen Interesse beabsichtigt**, fragt sich, ob er die Zustimmung durch Mehrheitsbeschluss in der Eigentümerversammlung oder die formlose Zustimmung der betroffenen Nachbarn anstreben soll. In der Praxis wird man nach dem Gewicht und Umfang der Baumaßnahme und der Situation in der konkreten Wohnungseigentumsanlage unterscheiden müssen.

54 Dem **sichersten Weg** entspricht ist es aus Rechtsgründen, in jedem Fall eine Befassung der Eigentümerversammlung anzustreben. Denn ein **bestandskräftiger Eigentümerbeschluss** schafft für alle Beteiligten Rechtssicherheit. Es ist auch nicht auszuschließen, dass die maßgebliche Rechtsprechung der Regelung des § 22 Abs. 1 WEG das Erfordernis einer Zustimmung durch Eigentümerbeschluss entnimmt. Nicht zu verkennen ist allerdings das Risiko, in der Eigentümerversammlung auf Desinteresse oder Ablehnung zu stoßen, selbst wenn alle betroffenen Wohnungseigentümer, die einen gemäß § 14 Nr. 1 WEG relevanten Nachteil erleiden, einverstanden sind.

---

[1] Riecke/Schmid/*Drabek*, § 22 WEG, Rz. 90; *Hügel* in Hügel/Elzer, § 7 Rz. 17; *Hügel* in Hügel/Scheel, Rechtshandbuch Wohnungseigentum Teil 13 Rz. 17; Jennißen/*Hogenschurz*, § 22 WEG, Rz. 17; *J.-H. Schmid*, ZMR 2007, 932 (933).

[2] Vgl. Staudinger/*Bub*, 13. Bearbeitung, § 22 WEG, Rz. 43; *Briesemeister*, ZWE 2004, 303 (305); *Gottschalg*, DWE 2004, 41 (45); *Gottschalg*, ZWE 2005, 32 (34); zum neuen Recht *Merle*, ZWE 2007, 374 (380); ganz anders *Armbrüster*, ZWE 2008, 61 (65 f.), der den Mehrheitsbeschluss, der einer baulichen Veränderung zustimmt, auch ohne Zustimmung aller über das in § 14 Nr. 1 WEG beschriebene Maß hinaus benachteiligten Wohnungseigentümer für wirksam und nicht anfechtbar erachtet, aber die Durchführung dieses Beschlusses von der (auch formlosen) Zustimmung aller benachteiligten Wohnungseigentümer abhängig machen möchte.

Ist die **Zustimmung aller Miteigentümer erforderlich**, etwa bei der sichtbaren Anbringung einer Parabolantenne, führt an der Befassung der Wohnungseigentümerversammlung zur Herbeiführung eines Mehrheitsbeschlusses kein Weg vorbei. Ansprechpartner des bauwilligen Wohnungseigentümers sind also der Verwalter, damit er den Antrag auf die Tagesordnung nimmt, und der Verwaltungsbeirat, dem zwar nicht aufgrund seiner gesetzlichen Aufgaben, aber tatsächlich bei der Vorprüfung erhebliches Gewicht zukommt. Soweit ein Anspruch auf Zustimmung besteht, aber keine Zustimmung erteilt wird, muss dieser Anspruch gerichtlich geltend gemacht werden. Weil bei der Ausgestaltung der Zustimmung, etwa hinsichtlich der Festlegung des Anbringungsorts einer Parabolantenne (vgl. Teil 9, Rz. 289), ein Ermessen der übrigen Wohnungseigentümer besteht, muss vor der Schaffung vollendeter Tatsachen durch eigenmächtiges Vorgehen gewarnt werden. Denn ein Beseitigungsverlangen wird auch bei grundsätzlich bestehendem Anspruch auf Zustimmung nur dann ohne Erfolg bleiben, wenn allein die erfolgte Ausführung möglich ist.

55

In **allen übrigen Fällen** muss der bauwillige Wohnungseigentümer sorgfältig die konkrete Situation und Größe der Wohnungseigentumsanlage bedenken, ob in der Vergangenheit ohnehin nur Streitigkeiten bestanden haben, ob es einzelne Querulanten gibt oder ob das bisher bestehende gute Verhältnis noch immer sachgerechte Lösungen im Konsens aller Beteiligten ermöglicht hat. Auf dieser Grundlage wird er die Erfolgsaussichten für eine Zustimmung durch die Eigentümerversammlung bewerten und entscheiden müssen, ob er eine Entscheidung der Eigentümerversammlung anstreben wird oder zumindest eine Zustimmung der im Sinne des § 14 Nr. 1 WEG benachteiligten Wohnungseigentümer, soweit deren Kreis überschaubar ist[1]. Auch bei der „formlosen" Zustimmung ist die Dokumentation der Zustimmung schon im Hinblick auf spätere Beweisschwierigkeiten im Streitfall dringend geboten. Die schriftliche Zustimmung, etwa in Form eines Protokolls, stellt hier eine kostengünstige Möglichkeit dar. Ein besonderes Verfahren ist bei der Schriftform nicht zu beachten[2]. Die namentliche Feststellung der Wohnungseigentümer, die der baulichen Veränderung nicht zustimmen, ist sinnvoll, weil sie gemäß § 16 Abs. 6 S. 1 WEG von den Kosten der baulichen Veränderung freigestellt sind.

56

---

1 Haben die gemäß § 14 Nr. 1 WEG benachteiligten Wohnungseigentümer zugestimmt, ohne dass ein Eigentümerbeschluss gefasst worden wäre, liegt auf der Grundlage der Auffassung, nach der zwingend ein Eigentümerbeschluss erforderlich ist, bei einem Beseitigungsverlangen die Anwendung des § 242 BGB nahe, vgl. *Häublein*, NZM 2007, 752 (754); *Armbrüster*, ZWE 2008, 61 (63).
2 BayObLG, Beschl. v. 7. 9. 1994 – 2 Z BR 65/94, NJW-RR 1995, 653; OLG Hamm, Beschl. v. 12. 3. 1991 – 15 W 41/90, OLGZ 1991, 418 = MDR 1991, 1171 = NJW-RR 1991, 910.

57 Wenn eine Zustimmung aller über das Maß des § 14 Nr. 1 WEG hinaus benachteiligten Wohnungseigentümer nicht zu erreichen ist, bleibt dem bauwilligen Wohnungseigentümer immer noch die Möglichkeit, die bauliche Veränderung **auf eigenes Risiko ohne Zustimmung** vorzunehmen, etwa auf dem Balkon einen Schrank aufzustellen oder eine Markise aufzuhängen. Er mag darauf vertrauen, dass niemand Beseitigung von ihm verlangen wird. Diese Vorgehensweise entspricht nicht anwaltlicher Vorsicht[1].

58 Der **Verwalter** stellt sich die Frage, unter welchen Voraussetzungen er in der Eigentümerversammlung das **Zustandekommen von Eigentümerbeschlüssen** über bauliche Veränderungen im Interesse eines einzelnen Wohnungseigentümers[2] feststellen darf.

59 Wichtig ist zunächst im Hinblick auf die Kostenfolge des § 16 Abs. 6 S. 1 WEG, dass der Verwalter im Versammlungsprotokoll **dokumentiert**, welcher Wohnungseigentümer zugestimmt hat, wer nicht zugestimmt hat und wer an der Abstimmung nicht teilgenommen hat[3].

60 Zur **Frage der Beschlussfeststellung**, also des Vorliegens der notwendigen Mehrheit, fehlt höchstrichterliche Rechtsprechung. Deshalb muss sich der Verwalter der Risiken einer Beschlussfeststellung bewusst sein, denn nach dem Wortlaut des § 22 Abs. 1 S. 1 WEG kann ein Beschluss nur gefasst und festgestellt werden, wenn alle Wohnungseigentümer zugestimmt haben, deren Rechte durch die Maßnahme über das in § 14 Nr. 1 WEG bestimmte Maß hinaus, beeinträchtigt werden[4]. Der Verwalter sollte, schon um der Gefahr einer Kostentragung nach § 49 Abs. 2 WEG zu entgehen, die Eigentümerversammlung deshalb über das Risiko der Anfechtbarkeit bei Fehlen der Zustimmung von über das in § 14 Nr. 1 WEG bestimmte Maß hinaus betroffenen Wohnungseigentümern und die Schwierigkeit bei der Feststellung dieser Wohnungseigentümer belehren und dies im Versammlungsprotokoll dokumentieren. Soweit die Eigentümerversammlung mit Mehrheit auf einer zustimmenden Beschlussfassung besteht, kann der Verwalter nach der hier vertretenen Ansicht das Zustandekommen des Mehrheitsbeschlusses über eine bauliche Veränderung im Sinne des § 22 Abs. 1 WEG[5] feststellen und im Protokoll festhalten, auch wenn unklar ist, ob alle erforderlichen Zustimmungen vorliegen.

---

1 Vgl. zum anwaltlichen Regressrisiko etwa LG Hamburg, Urt. v. 6. 7. 1998 – 317 O 137/97, zitiert nach *Riecke/Schütt*, MDR 1999, 837.
2 Zur Beschlussfeststellung bei Maßnahmen nach §§ 22 Abs. 2 und 3 WEG vgl. Teil 9, Rz. 46.
3 Vgl. zum alten Recht *Gottschalg*, NZM 2004, 529 (531).
4 Dagegen *Häublein*, NZM 2007, 752 (754 ff.).
5 Zum Sinn dieser Klarstellung vor dem Hintergrund der Möglichkeit des § 22 Abs. 2 WEG vertiefend *Armbrüster*, ZWE 2008, 61 (63).

Aus Sicht der übrigen Wohnungseigentümer stellt sich die Frage, welchen **Mindestanforderungen** der zustimmende Eigentümerbeschluss über bauliche Veränderungen im Interesse eines einzelnen Wohnungseigentümers genügen muss.

61

Die weiter gültige Rechtsprechung des Bundesgerichtshofes[1] zur Beschlusskompetenz gebietet, den **Beschlussinhalt** auf die Genehmigung des konkret anstehenden **Einzelfalls** zu beschränken und keine grundsätzliche Regelung für alle zukünftigen (vergleichbaren) Fälle schaffen zu wollen, also den Beschluss auf die Genehmigung der Markise in einer bestimmten Wohnung zu beschränken, nicht gleich vereinbarungsersetzend und nichtig die Anbringung von Markisen insgesamt regeln oder die Zustimmung zukünftig dem Beirat oder Verwalter übertragen zu wollen[2]. Für die weiteren Anforderungen und nützlichen Bedingungen, insbesondere die notwendige Bestimmtheit des Beschlussinhaltes siehe Teil 9, Rz. 83ff. Um Streitigkeiten über die Kostenfolge des § 16 Abs. 6 S. 1 WEG zu vermeiden, sollte der Beschluss in jedem Fall eine Regelung über die Tragung von Errichtungs-, Unterhaltungs- und Beseitigungskosten enthalten (siehe Teil 9, Rz. 83ff.).

62

Der Zustimmende wird darauf achten müssen, dass er für ihn **wesentliche Details** der Bauausführung in seiner Zustimmung festschreibt und nicht die Zustimmung zu einer baulichen Maßnahme im Grundsatz bei späterem Streit über die konkrete Bauausführung zu Schwierigkeiten führt und vor Gericht als unwesentliches Detail bewertet wird[3].

63

Wenn eine bauliche Veränderung, beabsichtigt oder schon durchgeführt, durch Mehrheitsbeschluss genehmigt worden ist, muss ein Wohnungseigentümer, der die bauliche Veränderung trotz eines zustimmenden Eigentümerbeschluss verhindern möchte, **Anfechtungsklage** erheben. Mit Eintreten der Bestandskraft, also bei nicht rechtzeitiger Anfechtung, bietet der Eigentümerbeschluss eine ausreichende Rechtsgrundlage für die bauliche Veränderung. Deren Beseitigung kann also nicht mehr verlangt werden. Rechtsschutz bietet hier allein die Erhebung der **Anfechtungsklage binnen eines Monats**, §§ 43 Nr. 4, 46 Abs. 1 WEG (vgl. Teil 14, Rz. 118ff., 140ff.).

64

Der wiederholte Beschluss über eine bauliche Veränderung bedarf jedes Mal der Anfechtung – auch wenn ein Beschluss, der grundlos inhalts-

65

---

1 BGH, Beschl. v. 20. 9. 2000 – V ZB 58/99, BGHZ 145, 158 = NJW 2000, 3500 = MDR 2000, 1367 = NZM 2000, 1184 = WuM 2000, 620 = ZMR 2000, 771.
2 Vgl. KG, Beschl. v. 17. 10. 2001 – 24 W 9876/00, KGR Berlin 2001, 37 = NZM 2001, 1085 = WuM 2001, 622 = ZMR 2002, 149 = ZWE 2002, 37 für Pergola; BayObLG, Beschl. v. 26. 8. 2004 – 2Z BR 88/04, BayObLGR 2005, 25 = NZM 2005, 109.
3 Vgl. OLG Köln, Beschl. v. 24. 10. 2003 – 16 Wx 196/03, OLGReport Köln 2004, 116.

gleich¹ einen früheren Eigentümerbeschluss, der bereits angefochten ist, wiederholt, ordnungsgemäßer Verwaltung widerspricht². Wenn erst die bauliche Veränderung bestandskräftig durch einen Mehrheitsbeschluss genehmigt ist, sind Unterlassungs- und Beseitigungsansprüchen die Grundlagen entzogen und Anfechtungen früherer Genehmigungsbeschlüsse überholt (zur Problematik des inhaltsgleichen Zweitbeschlusses vgl. Teil 4, Rz. 228 ff.).

66 Bedenken sollte man, wenn man einen Wohnungseigentümer allein mit der Anfechtung eines die bauliche Veränderung billigenden Mehrheitsbeschlusses betraut und ihm im Innenverhältnis die Kostenübernahme durch die übrigen Wohnungseigentümer zusagt, dass die übrigen Wohnungseigentümer die Bestandskraft des Beschlusses und damit die bauliche Veränderung hinnehmen müssen, wenn der Urheber der baulichen Veränderung den Anfechtenden zur Rücknahme der Beschlussanfechtung bestimmen kann.

bb) Zustimmungsfreiheit bei geringfügigen Änderungen wegen fehlender Nachteiligkeit

67 Nicht erforderlich ist die Zustimmung eines Wohnungsinhabers, dessen Rechten durch die Veränderung kein über das bei einem geordneten Zusammenleben unvermeidliche Maß hinausgehender Nachteil erwächst, §§ 22 Abs. 1 S. 2, 14 Nr. 1 WEG. Mit dieser Neufassung des § 22 Abs. 1 WEG sind inhaltliche Änderungen nicht verbunden³. Immer noch besteht bei geringfügigen baulichen Änderungen eine Ausnahme vom Grundsatz der Zustimmung aller Wohnungseigentümer: Die Zustimmung nicht nachteilig betroffener Wohnungseigentümer ist nicht erforderlich⁴. Umgekehrt bedeutet dies, dass nur die Zustimmung eines einzigen Wohnungseigentümers erforderlich ist, wenn er allein durch die bauliche Veränderung benachteiligt wird. Weil § 22 Abs. 1 S. 2 WEG auf die fehlende Beeinträchtigung als Voraussetzung der Zustimmungsfreiheit abstellt, ist die Verweisung auf § 14 WEG so zu verstehen, dass die dortigen Regelungen der Beeinträchtigung in Bezug genommen werden. Diese finden sich nur in § 14 Nr. 1 WEG⁵. Diese bisherige Rechtslage ist

---

1 Geringfügige Abänderungen in der Detailplanung – als Kompromissangebot verbrämt – dürften der Inhaltsgleichheit nicht entgegenstehen.
2 KG, Beschl. v. 20. 7. 1994 – 24 W 4748/93, MDR 1994, 1206.
3 Vgl. OLG München, Beschl. v. 6. 9. 2007 – 34 Wx 33/07, OLGReport München 2007, 926, Rz. 29.
4 Vgl. BGH, Beschl. v. 18. 1. 1979 – VII ZB 19/78, BGHZ 73, 196 (199) = MDR 1979, 392 = NJW 1979, 817 (818); BayObLG, Beschl. v. 7. 9. 1994 – 2 Z BR 65/94, NJW-RR 1995, 653 = WuM 1994, 640.
5 Vgl. zur bisherigen Rechtslage nur *Merle* in Bärmann/Pick/Merle, Wohnungseigentumsgesetz, 9. Aufl. 2003, § 22 WEG, Rz. 125.

bei der Neufassung des § 22 Abs. 1 WEG in den Gesetzeswortlaut aufgenommen worden[1].

Jeder Wohnungseigentümer kann also bauliche Veränderungen am gemeinschaftlichen Eigentum ohne Zustimmung der übrigen Miteigentümer vornehmen, wenn deren Rechte dadurch nicht beeinträchtigt werden. Denn ein Wohnungseigentümer, dessen Rechte durch eine bauliche Veränderung ohnehin nicht beeinträchtigt werden, bedarf nicht des Schutzes des § 22 Abs. 1 S. 1 WEG[2]. Hierunter fallen etwa das Andübeln von Lampen in die Decke, die Befestigung von Bildern, Regalen usw. an tragenden Wänden innerhalb der Wohnung oder der nachträgliche Einbau eines Türspions in die Wohnungseingangstüre. 68

Nachteil ist jede **nicht ganz unerhebliche Beeinträchtigung**[3], also eine Rechtsbeeinträchtigung, die nicht bloß völlig belanglosen oder bagatellartigen Charakter hat[4], bezogen auf das Gemeinschaftseigentum oder die äußere Gestaltung des Gebäudes. 69

Wann es sich um eine solche **geringfügige Änderung** handelt, ist eine Frage des konkreten Einzelfalles und dessen tatrichterliche Würdigung anhand eines objektiven Maßstabs, der sog. Verkehrsanschauung[5], die nur unter Berücksichtigung aller äußeren Umstände der betroffenen Wohnanlage, ihrer individuellen Rechtsgrundlagen[6] und personellen Zu- 70

---

1 Vgl. OLG München, Beschl. v. 6. 9. 2007 – 34 Wx 33/07, OLGReport München 2007, 926, Rz. 29.
2 BGH, Beschl. v. 18. 1. 1979 – VII ZB 19/78, BGHZ 73, 196 (199) = MDR 1979, 392 = NJW 1979, 817 (818); BayObLG, Beschl. v. 7. 9. 1994 – 2 Z BR 65/94, NJW-RR 1995, 653 = WuM 1994, 640.
3 Vgl. nur BGH, Urt. v. 19. 12. 1991 – V ZB 27/90, BGHZ 116, 392 (396) = MDR 1992, 484 = NJW 1992, 978 = ZMR 1992, 167; BayObLG, Beschl. v. 3. 12. 1992 – 2 Z BR 104/92, BayObLGZ 1992, 358 = MDR 1993, 342 = NJW-RR 1993, 336 = WuM 1993, 88 = ZMR 1993, 123; KG, Beschl. v. 17. 2. 1993 – 24 W 3563/92, OLGZ 1993, 427 = KGR Berlin 1993, 3 = NJW-RR 1993, 909 = WuM 1993, 292 = ZMR 1993, 289; OLG Zweibrücken, Beschl. v. 12. 1. 1999 – 3 W 193/98, OLGReport Zweibrücken 1999, 300 = ZMR 1999, 429; OLG München, Beschl. v. 6. 9. 2007 – 34 Wx 33/07, OLGReport München 2007, 926.
4 OLG Düsseldorf, Beschl. v. 14. 6. 1993 – 3 Wx 129/92, NJW-RR 1994, 277.
5 BayObLG, Beschl. v. 5. 12. 1996 – 2 Z BR 82/96, BayObLGR 1997, 18 = ZMR 1997, 152; BayObLG, Beschl. v. 10. 7. 1998 – 2 Z BR 89/98, NZM 1998, 980; BayObLG, Beschl. v. 20. 9. 2001 – 2 Z BR 118/01, ZWE 2002, 75 (LS); BayObLG, Beschl. v. 17. 10. 2001 – 2 Z BR 147/01, NZM 2002, 74 = MDR 2002, 148 = WuM 2002, 165; BayObLG, Beschl. v. 26. 8. 2004 – 2Z BR 88/04, BayObLGR 2005, 24 = NZM 2005, 109; OLG Karlsruhe, Beschl. v. 28. 8. 1997 – 11 Wx 94/96, OLGReport Karlsruhe 1998, 158.
6 Vgl. OLG Köln, Beschl. v. 14. 11. 1997 – 16 Wx 275/97, NZM 1998, 673 = WuM 1998, 238 zu abweichenden Vereinbarungen eines weitergehenden Maßstabs; BayObLG, Beschl. v. 5. 4. 2005 – 32 Wx 19/05, OLGReport München 2005, 266 = ZMR 2005, 726 zur Abdingung von § 14 Nr. 1 WEG.

sammensetzung[1] entschieden werden kann. Zu den individuellen Rechtsgrundlagen gehören insbesondere bestandskräftige Eigentümerbeschlüsse, die den Begriff des Nachteils für die Wohnungseigentümergemeinschaft verbindlich festlegen[2]. Maßgeblich für die Unerheblichkeit des Nachteils ist ein objektiver Maßstab, nicht die subjektive Mehrheitsmeinung der Wohnungseigentümer (oder gar eines Wohnungseigentümers[3]). Zu fragen ist also, ob sich ein Wohnungseigentümer in entsprechender Lage verständlicherweise beeinträchtigt fühlen kann[4]. Bei der Auslegung der somit vorgegebenen Generalklausel sind die gegenüberstehenden durch Grundrechte geschützten Interessen abzuwägen. Dabei ist es wegen Art. 14 Abs. 1 GG geboten, die Schwelle für die Erheblichkeit eines Nachteils insgesamt eher niedrig anzusetzen[5]. Nur ganz geringfügige Beeinträchtigungen bleiben außer Betracht[6]. Zur Beurteilung durch das Gericht bedarf es bei ausreichend vorgelegten **Lichtbildern** nicht unbedingt einer Inaugenscheinnahme, soweit sie einen ausreichenden Gesamteindruck von den tatsächlichen Gegebenheiten vermitteln[7].

Checkliste Nachteile baulicher Veränderungen:

71 Als mögliche nachteilige Folgen einer baulichen Veränderung gilt es in der Regel zu bedenken:

---

1 Vgl. zur Anwendung des § 1618a BGB als Grundlage weiterer Duldungspflichten zwischen Eltern und Kindern Merle in Bärmann/Pick/Merle, Wohnungseigentumsgesetz, 9. Aufl. 2003, § 22 WEG, Rz. 132 m. w. N.
2 OLG Düsseldorf, Beschl. v. 9. 2. 2005 – 3 Wx 314/04, NZM 2005, 426 = WuM 2005, 795: Verbot von Kunststofffenstern anstelle von Holzfenstern.
3 OLG Hamburg, Beschl. v. 27. 12. 2004 – 2 Wx 19/04, ZMR 2005, 305; OLG München, Beschl. v. 6. 9. 2007 – 34 Wx 33/07, OLGReport München 2007, 926.
4 BGH, Urt. v. 19. 12. 1991 – V ZB 27/90, BGHZ 116, 392 = MDR 1992, 484 = NJW 1992, 978 = ZMR 1992, 167; BayObLG, Beschl. v. 1. 6. 1995 – 2 Z BR 34/95, NJW-RR 1996, 266 = WuM 1995, 449 = ZMR 1995, 420; KG, Beschl. v. 11. 1. 1995 – 24 W 7039/94, KGR Berlin 1995, 122 = NJW-RR 1995, 587 = WuM 1995, 226 = ZMR 1995, 169; OLG Hamburg, Beschl. v. 4. 3. 2003 – 2 Wx 102/99, ZMR 2003, 524; OLG Hamburg, Beschl. v. 26. 11. 2004 – 2 Wx 85/01, OLGReport Hamburg 2005, 301 = ZMR 2005, 391.
5 BVerfG, Beschl. v. 22. 12. 2004 – 1 BvR 1806/04, NZM 2005, 182 = ZMR 2005, 634.
6 BayObLG, Beschl. v. 1. 7. 1980 – 2 Z 23/79, ZMR 1980, 381; BayObLG, Beschl. v. 29. 9. 1999 – 2 Z BR 75/99, NZM 2000, 292 = ZMR 2000, 53; OLG Hamm, Beschl. v. 15. 2. 1980 – 15 W 131/79, OLGZ 1980, 274.
7 BayObLG, Beschl. v. 17. 10. 2001 – 2 Z BR 147/01, MDR 2002, 148 = NZM 2002, 74 = WuM 2002, 165; BayObLG, Beschl. v. 23. 12. 2003 – 2Z BR 239/03, BayObLGR 2004, 65 (LS); OLG Hamburg, Beschl. v. 10. 3. 2004 – 2 Wx 144/01, OLGReport Hamburg 2004, 438 = ZMR 2004, 615; OLG Hamm, Beschl. v. 21. 10. 1994 – 15 W 275/94, WuM 1995, 220; OLG Hamm, Beschl. v. 15. 2. 2000 – 15 W 426/99, OLGReport Hamm 2000, 163 = NZM 2000, 910; OLG Zweibrücken, Beschl. v. 21. 9. 1999 – 3 W 141/99, OLGReport Zweibrücken 2000, 131 = NZM 2000, 294 = ZMR 1999, 855.

– die Beeinträchtigung der konstruktiven Stabilität und Sicherheit der gemeinschaftlichen Gebäudeteile, Anlagen und Einrichtungen,
– nachteilige Veränderungen des architektonischen Aussehens der Anlage im Inneren wie im Äußeren,[1]
– Einschränkungen oder Entzug der Möglichkeit des Gebrauchs der im Gemeinschaftseigentum stehenden Räume, Anlagen und Einrichtungen,[2]
– die Möglichkeit intensiverer Nutzung der im Gemeinschaftseigentum stehenden Räume, Anlagen und Einrichtungen,
– Änderungen der Zweckbestimmung des gemeinschaftlichen Eigentums,
– zusätzliche finanzielle Belastungen, etwa durch Erhöhung der Wartungs- und Reparaturanfälligkeit,
– die Gefährdung einzelner Wohnungseigentümer,
– lästige Immissionen im Sinne des § 906 BGB,
– die Möglichkeit künftiger Streitigkeiten der Wohnungseigentümer, etwa weil Ursachen für Schäden am Gemeinschaftseigentum auf die bauliche Veränderung zurückgeführt werden könnten,
– Schaffung eines gegen drittschützende Normen verstoßenden öffentlich-rechtlich ordnungswidrigen Zustandes[3],
– schließlich die Beeinträchtigung von Grundrechten.

Die Möglichkeiten der nachteiligen Beeinträchtigungen des Gemeinschaftseigentums sind im **Stichwortlexikon** (Teil 9, Rz. 202 ff.) beispielhaft erläutert. Für alle diese Fälle wie auch für die nachteilige Veränderung der äußeren Gestaltung des Gebäudes gilt, dass der die bauliche Ver- 72

---

1 Weil kein Substanzeingriff erforderlich ist, kann eine nachteilige Veränderung auch bei nächtlichen Lichtprojektionen vorliegen, zum Beispiel einer modernen Laserwerbung oder der Illumination zur „Verschönerung" des Gebäudes.
2 BGH, Beschl. v. 18. 1. 1979 – VII ZB 19/78, BGHZ 73, 196 (199) = MDR 1979, 392 = NJW 1979, 817 (818); BayObLG, Beschl. v. 7. 9. 1994 – 2 Z BR 65/94, NJW-RR 1995, 653 = WuM 1994, 640.
3 BayObLG, Beschl. v. 23. 11. 1995 – 2Z BR 116/95, BayObLGZ 1995, 392 = BayObLGR 1996, 17 = NJW-RR 1996, 463 für Artt. 48 und 50 BayBO (Aufenthaltsräume in Kellern) verneint; BayObLG, Beschl. v. 24. 6. 1999 – 2 Z BR 48/99, NZM 1999, 1060; BayObLG, Beschl. v. 23. 1. 2001, ZMR 2001, 472 für Abstandsflächen bejaht; BayObLG, Beschl. v. 21. 2. 2001 – 2 Z BR 104/00, BayObLGZ 2001, 41 = BayObLGR 2001, 33 = NZM 2001, 815 = ZMR 2001, 563 für Abstandsflächen bejaht; BayObLG, Beschl. v. 14. 2. 2002 – 2 Z BR 138/01, ZWE 2002, 213 = ZMR 2002, 535 für Verlegung Mülltonnenanlage verneint. Ein effektiver Schutz der übrigen Wohnungseigentümer ist hinsichtlich der durch die öffentlich-rechtlichen Vorschriften beabsichtigten Nachbarschutzes durch eine weite Auslegung der Nachteilsklausel in § 14 Nr. 1 WEG zu gewährleisten; vgl. BVerfG, Beschl. v. 22. 12. 2004 – 1 BvR 1806/04, NZM 2005, 182 = ZMR 2005, 634.

änderung vornehmende Wohnungseigentümer die Voraussetzungen des §§ 22 Abs. 1 S. 2, 14 Nr. 1 WEG, beweisen muss, wenn er ohne Zustimmung bauen möchte, also dass mit der baulichen Veränderung erhebliche Nachteile für die übrigen Wohnungseigentümer nicht verbunden sind. Diese **Beweislastverteilung** ergibt sich aus der Systematik des § 22 Abs. 1 WEG, die eine Regel-Ausnahme-Situation beschreibt.

73 Bei der Bewertung, ob ein Nachteil im Sinne der §§ 22 Abs. 1 S. 2, 14 Nr. 1 WEG vorliegt, sind folgende **weitere Gesichtspunkte** zu beachten:

74 Die Frage, ob einem Wohnungseigentümer ein Nachteil erwächst und ob dieser Nachteil ihn über das bei einem geordneten Zusammenleben unvermeidliche Maß hinausgehend beeinträchtigt, ist **unabhängig von jeder Abwägung**. Hier ist kein Raum für die Überlegung, ob die Maßnahme für die Gemeinschaft zwingend erforderlich ist[1], ebenso wenig für die Abwägung zwischen Vor- und Nachteilen der Veränderung[2]. Diese Überlegungen werden bedeutsam erst bei der Frage, ob ausnahmsweise ein Anspruch auf Zustimmung besteht.

75 Für die Feststellung eines erheblichen Nachteils bleibt außer Betracht, dass nach dem **Hinzutreten weiterer Umstände** in der Zukunft ein Nachteil entstehen kann[3]. Die Erheblichkeit ergibt sich auch nicht bereits aus der abstrakten Möglichkeit, mit Kosten für die Durchführung der baulichen Maßnahme am Gemeinschaftseigentum belastet zu werden, falls der die bauliche Veränderung durchführende Wohnungseigentümer zahlungsunfähig werden sollte[4]. Überhaupt ist die bloße Möglichkeit, durch bauliche Veränderungen zusätzlichen finanziellen Belastungen ausgesetzt zu werden, wegen § 16 Abs. 6 S. 1 WEG kein Nachteil im Sinne des § 14 Nr. 1 WEG[5], weil nach dieser Regelung der nicht zustimmende Wohnungseigentümer von den Herstellungs- und allen Folgekosten freigestellt ist[6].

---

1 BayObLG, Beschl. v. 14. 5. 1975 – BReg 2 Z 23/75, BayObLGZ 1975, 177 = MDR 1975, 844.
2 BayObLG, Beschl. v. 23. 7. 1993 – 2 Z BR 22/92, NJW-RR 1993, 337 = WuM 1992, 563 = ZMR 1992, 551; OLG Düsseldorf, Beschl. v. 20. 12. 1996 – 3 Wx 9/96, OLGReport Düsseldorf 1977, 188 = NJWE-MietR 1997, 111 = WuM 1997, 187.
3 OLG Hamburg, Beschl. v. 31. 8. 1998 – 2 Wx 109/97, WuM 1998, 743 = ZMR 1998, 797.
4 BGH, Urt. v. 19. 12. 1991 – V ZB 27/90, BGHZ 116, 392 = MDR 1992, 484 = NJW 1992, 978 = ZMR 1992, 167.
5 BGH, Urt. v. 19. 12. 1991 – V ZB 27/90, BGHZ 116, 392 = MDR 1992, 484 = NJW 1992, 978 = ZMR 1992, 167; BayObLG, Beschl. v. 1. 6. 1995 – 2 Z BR 34/95, NJW-RR 1996, 266 = WuM 1995, 449 = ZMR 1995, 420; BayObLG, Beschl. v. 9. 6. 1988 – 2 Z 54/88, WuM 1988, 319 m.w.N. zur früheren anders lautenden Auffassung; BayObLG, Beschl. v. 27. 1. 2005 – 2Z BR 207/04, BayObLGR 2005, 494; *Abramenko*, ZMR 2003, 468.
6 Zu Einzelheiten siehe Teil 8, Rz. 496ff.

Auch die **negative Vorbildfunktion** für andere Wohnungseigentümer allein genügt nicht[1]. 76

Von den möglichen Folgen einer baulichen Veränderung ist der mögliche **bestimmungswidrige oder missbräuchliche Gebrauch** der baulich veränderten Anlagen und Einrichtungen nicht zu berücksichtigen, sondern auf den bestimmungsgemäßen abzustellen[2]; der bestimmungsgemäße Gebrauch kann aber zu einer nachteiligen Beeinträchtigung der Gebrauchsrechte der übrigen Eigentümer führen dadurch, dass er eine intensivere Nutzung der umgebauten Räume, Einrichtungen und Anlagen ermöglicht[3]. 77

Ein erheblicher Nachteil ist nicht denknotwendig bereits dann gegeben, wenn dem betroffenen Wohnungseigentümer **in vermeidbarer Weise** ein Nachteil entsteht, sofern den Rechten des Wohnungseigentümers durch die Veränderung kein über das bei einem geordneten Zusammenleben unvermeidliche Maß hinausgehender Nachteil erwächst. Es kann durchaus verschiedene Möglichkeiten geben, die alle unterhalb der Relevanzschwelle liegen. Dem Gesetz lässt sich für diesen Fall nicht die Notwendigkeit entnehmen, den Eingriff so gering wie möglich zu gestalten[4]. 78

Der besonderen Erläuterung bedürfen hier Nachteile durch die **Veränderung der äußeren Gestaltung der Wohnungseigentumsanlage**. 79

Bei der **Veränderung des architektonischen Gesamteindrucks** ist nicht ausreichend, dass die bauliche Veränderung überhaupt sichtbar ist[5], ein Nachteil ist vielmehr schon dann gegeben, wenn die bauliche Veränderung das optische Bild des Gebäudes wesentlich verändert[6], und nicht 80

---

1 BayObLG, Beschl. v. 12. 8. 1999 – 2 Z BR 39/99, NZM 1999, 1146 = ZMR 1999, 838; s. a. OLG Düsseldorf, Beschl. v. 2. 12. 1992 – 3 Wx 159/92, MDR 1993, 233 = NJW 1993, 1274 = ZMR 1993, 119; OLG Hamburg, Beschl. v. 4. 3. 2003 – 2 Wx 102/99, ZMR 2003, 524; OLG Hamburg Beschl. v. 27. 12. 2004 – 2 Wx 19/04, ZMR 2005, 305; anders *Niedenführ*, NZM 2001, 1105 (1108). Allerdings ist kaum ein Fall denkbar, in dem der einzige Nachteil einer baulichen Veränderung nur in einer negativen Vorbildfunktion liegt.
2 OLG Karlsruhe, Beschl. v. 28. 8. 1997 – 11 Wx 94/96, OLGReport Karlsruhe 1998, 158.
3 BayObLG, Beschl. v. 17. 7. 1996 – 2 Z BR 58/96, BayObLGR 1996, 65 = WuM 1997, 288 = ZMR 1996, 618; BayObLG, Beschl. v. 9. 3. 2004 – 2Z BR 213/03, BayObLGR 2004, 299 = NZM 2004, 836; OLG Karlsruhe, Beschl. v. 17. 7. 2000 – 11 Wx 42/00, OLGReport Karlsruhe 2001, 1; OLG Köln, Beschl. v. 28. 12. 2000 – 16 Wx 163/00, OLGReport Köln 2001, 181 = ZMR 2001, 570.
4 Anders *Niedenführ*, NZM 2001, 1105 (1107).
5 So aber KG, Beschl. v. 10. 1. 1994 – 24 W 3851/93, OLGZ 1994, 393 = NJW-RR 1994, 526 = WuM 1994, 225 = ZMR 1994, 274; s. a. KG, Beschl. v. 10. 2. 1992 – 24 W 402/91, MDR 1992, 1055 = NJW-RR 1992, 1232.
6 So zutreffend OLG Celle, Beschl. v. 15. 2. 1995 – 4 W 295/94, WuM 1995, 338 (341); OLG Köln, Beschl. v. 12. 1. 2000 – 16 Wx 149/99, OLGReport Köln 2000, 146 = MDR 2000, 760 = NZM 2000, 765 = ZMR 2000, 638 = ZWE 2000, 546.

erst, wenn sie das Gebäude in seinem ästhetischen Erscheinen beeinträchtigt, verschlechtert oder verunstaltet[1].

Dabei ist jedenfalls ein Nachteil für den einzelnen Wohnungseigentümer nicht erst dann gegeben, wenn die Veränderung für den einzelnen Wohnungseigentümer aus seiner Wohnung sichtbar ist[2], sondern es reicht aus, wenn sie generell von außen wahrnehmbar ist[3].

81 Die Gefahr, diese vagen Begriffe mit **Leerformeln** zu subsumieren, ist groß. So wird der frühere Zustand beschrieben und ihm als architektonisch gewollt ein Wert zugesprochen, der durch die sichtbare Veränderung eine Abwertung erfährt. Über Geschmack lässt sich aber vor Gericht nicht streiten, so dass im Ergebnis schon jede nicht ganz unerhebliche Veränderung der äußeren Gestaltung als Nachteil im Sinne des § 14 Nr. 1 WEG anzusehen sein wird[4].

82 Die **gerichtliche Praxis** nimmt abgesehen von Bagatellfällen regelmäßig nur in seltenen Ausnahmefällen die Unerheblichkeit der Veränderung des optischen Gesamteindrucks an. So sind bei Mehrhausanlagen etwa bei nachteiligen Veränderungen des optischen Gesamteindrucks grundsätzlich alle Wohnungseigentümer der Mehrhausanlage betroffen[5].

---

1 So aber BayObLG, Beschl. v. 9. 6. 1988 – 2 Z 54/88, WuM 1988, 319; BayObLG, Beschl. v. 23. 7. 1993 – 2 Z BR 22/92, NJW-RR 1993, 337 = WuM 1992, 563 = ZMR 1992, 551; BayObLG, Beschl. v. 5. 12. 1996 – 2 Z BR 82/96, NJWE – MietR 1997, 112; BayObLG, Beschl. v. 26. 8. 2004 – 2 Z BR 88/04, BayObLGR 2005, 24 = NZM 2005, 109; OLG Düsseldorf, Beschl. v. 14. 6. 1993 – 3 Wx 129/92, NJW-RR 1994, 277; OLG Hamm, Beschl. v. 15. 2. 1980 – 15 W 131/79, OLGZ 1980, 274; OLG Köln, Beschl. v. 30. 7. 1980 – 16 Wx 67/80, NJW 1981, 585; OLG Köln, Beschl. v. 7. 6. 1995 – 16 Wx 78/95, Wohnungseigentum 1997, 32; OLG Schleswig, Beschl. v. 27. 1. 1999 – 2 W 90/98, OLGReport Schleswig 1999, 166 = NZM 1999, 422 = WuM 1999, 541.

2 OLG Celle, Beschl. v. 15. 2. 1995 – 4 W 295/94, WuM 1995, 338 (341); OLG Hamm, Beschl. v. 21. 10. 1994 – 15 W 275/94, WuM 1995, 220.

3 OLG Köln, Beschl. v. 1. 12. 2004 – 16 Wx 204/04, OLGReport Köln 2005, 150 = NZM 2005, 463; OLG Zweibrücken, Beschl. v. 21. 11. 2002 – 3 W 179/02, ZMR 2004, 61.

4 Vgl. a. OLG Zweibrücken, Beschl. v. 23. 11. 1988 – 3 W 136/88, OLGZ 1989, 181 = ZMR 1989, 228; anders nunmehr OLG Zweibrücken, Beschl. v. 21. 9. 1999 – 3 W 141/99, NZM 2000, 294 = ZMR 1999, 855.

5 OLG Schleswig, Beschl. v. 8. 3. 2000 – 2 W 57/99, OLGReport Schleswig 2000, 227 = NZM 2000, 385 = WuM 2000, 370; LG Berlin, Beschl. v. 28. 1. 2000 – 85 T 91/00, ZMR 2001, 575; vgl. a. den Fall OLG Köln, Beschl. v. 17. 12. 2001 – 16 Wx 276/01, OLGReport Köln 2002, 90. Es mag aber im Einzelfall anderes gelten, etwa bei der als Wohnungseigentümergemeinschaft konstruierten Reihenhaussiedlung, bei der unvernünftigerweise in der Teilungserklärung nicht die Anwendung allgemeinen (Nachbar-)Rechts geregelt ist: Wie in einem solchen Fall etwa ein Carport vor dem Haus den nicht benachbarten Wohnungseigentümer beeinträchtigen soll, ist nicht einsichtig.

cc) Zustimmung unter Auflagen und Bedingungen, insbesondere Regelung von Folgekosten, Unterhaltung und Verkehrssicherungspflicht

Die Zustimmung kann unter Bedingungen und Auflagen erfolgen, weil grundsätzlich ein Anspruch auf Zustimmung nicht besteht[1]. Die Zustimmung deckt grundsätzlich nur die **konkret genehmigte bauliche Veränderung**, nicht aber eine abweichende Ausführung, die wie eine nicht genehmigte zu behandeln ist[2], auch nicht spätere Änderungen[3] und den Rückbau zum früheren Zustand[4]. Um sich nicht dem Vorwurf der Unbestimmtheit der Genehmigung[5] oder der Abweichung von der Genehmigung auszusetzen, liegt es daher auch im Interesse des Umbauwilligen, seine konkrete Planung zum Gegenstand der Genehmigung zu machen. Eine Täuschung der übrigen Miteigentümer wird schnell zum „Eigentor". Es reicht auch nicht aus, sich eine Baumaßnahme „grundsätzlich" oder „generell" durch die übrigen Wohnungseigentümer genehmigen zu lassen, um die Einzelheiten der Durchführung – mit wesentlich geringerem Aufwand – mit dem Verwalter zu klären, denn der Verwalter ist auch bei genereller Zustimmung der Wohnungseigentümer grundsätzlich nicht befugt, die konkrete Bauausführung zu billigen[6].

83

Die Zustimmung kann aber auch „ganz allgemein" ohne Kenntnis der beabsichtigten Maßnahmen im Detail erteilt werden[7]. Dass dies aus Sicht des Zustimmenden erhebliche Risiken birgt, braucht nicht weiter erläutert werden.

Die Zustimmung kann auch innerhalb bestimmter Grenzen **Ermessen** einräumen, etwa die Standortauswahl für einen Gartenschuppen bestimmter Größe mit der Maßgabe zulassen, dass kein anderer Wohnungseigentümer über das normale Maß hinaus belästigt wird[8].

84

---

1 BayObLG, Beschl. v. 9. 4. 1998 – 2 Z BR 164/97, NZM 1998, 1014.
2 OLG Düsseldorf, Beschl. v. 11. 8. 1997 – 3 Wx 227/97, OLGReport Düsseldorf 1997, 331 = NZM 1998, 79.
3 OLG Zweibrücken, Beschl. v. 23. 12. 1999 – 3 W 198/99, OLGReport Zweibrücken 2000, 354 = NZM 2000, 293 = ZMR 2000, 256 = ZWE 2000, 95.
4 OLG Köln, Beschl. v. 29. 9. 2000 – 16 Wx 132/00, OLGReport Köln 2001, 22.
5 OLG München, Beschl. v. 30. 11. 2005 – 34 Wx 56/05, OLGReport München 2006, 130.
6 OLG Hamburg, Beschl. v. 22. 2. 2005 – 2 Wx 123/04, ZMR 2005, 565; OLG Düsseldorf, Beschl. v. 2. 11. 2004 – 3 Wx 234/04, OLGReport Düsseldorf 2005, 427 = NZM 2005, 791 = ZMR 2005, 143.
7 OLG Karlsruhe, Beschl. v. 13. 2. 1998 – 4 W 42/97, OLGReport Karlsruhe 1998, 229 = NZM 1998, 526; OLG Zweibrücken, Beschl. v. 23. 12. 1999 – 3 W 198/99, OLGReport Zweibrücken 2000, 354 = NZM 2000, 293 = ZMR 2000, 256; OLG Düsseldorf, Beschl. v. 10. 3. 2006 – 3 Wx 16/06, OLGReport Düsseldorf 2006, 674 (675).
8 OLG München, Beschl. v. 26. 7. 2006 – 34 Wx 83/06, OLGReport München 2006, 847.

Einzelheiten im Rahmen einer erteilten Zustimmung sind durch Mehrheitsbeschluss in den Grenzen ordnungsgemäßer Verwaltung regelbar[1].

85 Dabei ist es grundsätzlich möglich, dass die einzelnen benachteiligten Wohnungseigentümer, deren Zustimmung erforderlich ist, **unterschiedliche Auflagen** machen und Bedingungen stellen, also ein besonders benachteiligter Wohnungseigentümer etwa eine Entschädigungszahlung fordert. An einer Zustimmung fehlt es aber bei einer Bedingung, die ihrerseits von der – fehlenden – Zustimmung anderer Wohnungseigentümer abhängt.

Beispiel:

Stimmt ein Wohnungseigentümer dem Vermauern einer Kellertreppe zur Errichtung einer Terrassentrennmauer unter der Bedingung zu, dass an anderer Stelle eine neue Kellertreppe errichtet wird, womit aber die übrigen – dem Vermauern der Kellertreppe durchaus zustimmenden Wohnungseigentümer – nicht einverstanden sind, fehlt es an einer Zustimmung.

⊃ **Hinweis:**

86 Die Möglichkeit von Auflagen und Bedingungen eröffnet **Gestaltungsfreiheit**; diese Gestaltungsfreiheit bei der Zustimmung bedeutet damit aber auch, dass der Inhalt der Zustimmung sorgsam bedacht werden sollte. In der Praxis sind immer noch Beschlussprotokolle oder schriftliche Einverständniserklärungen zu finden, in denen ohne nähere Angaben einem Wohnungseigentümer eine bauliche Veränderung gestattet wird, etwa in der Weise: „Familie Schmitz darf eine Markise anbringen." Schlimmstenfalls hat man sich dabei überhaupt keine Gedanken gemacht, wie die Ausführung im Einzelnen aussehen soll, so dass man angesichts des nicht dezenten Stoffs verwundert (zu spät) „wach" wird. Schon erfahrener sind die Eigentümer, die Einzelheiten durchaus besprechen, diese aber nicht zum Inhalt der Zustimmung machen im Vertrauen darauf, dass es keine Überraschungen geben wird. Die Praxis zeigt mitunter anderes und man sieht sich der **(Beweis-)Frage** gegenüber, was denn nun **Inhalt der Zustimmung** war[2]. Geschickter ist es schon, auf Pläne und Angebote Bezug zu nehmen, doch sollen auch schon unterschiedliche Angebote unter gleichem Datum und gleicher Auftragsnummer in der Welt gewesen sein. Dem sichersten Weg entspricht es daher, die in den Einzelheiten genehmigte Ausführung zum Inhalt der Zustimmung zu machen und die in Bezug genommenen Pläne, Angebote und Unterlagen beizuheften. Der Verwalter muss den Beschlussinhalt in das Pro-

---

1 BayObLG, Beschl. v. 4. 8. 2000 – 2 Z BR 4/00, WuM 2000, 564; OLG Düsseldorf, Beschl. v. 6. 9. 1999 – 3 Wx 126/99, OLGReport Düsseldorf 2000, 43 = FGPrax 2000, 7 = NZM 2000, 390 = WuM 2000, 321 = ZMR 2000, 54.
2 Vgl. etwa OLG Hamburg, Beschl. v. 1. 4. 1998 – 2 Wx 104/97, WE 1998, 470 mit Anm. *Ott*, WE 1998, 472.

tokoll der Eigentümerversammlung und im Beschlussbuch aufnehmen.

Drei Gesichtspunkte sollten eindeutig geregelt werden, nämlich die **Zuständigkeit für den Unterhalt**[1], die **Folgekosten der baulichen Veränderung** und die **Verkehrssicherungspflicht**. Folgekosten umfassen erhöhte laufende Betriebskosten, erhöhte Instandhaltungskosten bei mangelfreier Errichtung und Folgekosten aufgrund mangelhafter Errichtung, gegebenenfalls auch die Kosten der notwendigen Neuvermessung der Wohnflächen.

87

Die Regelung des § 16 Abs. 6 S. 1 WEG (**Kostentragung** nur der Zustimmenden) passt zwar für den Fall, dass durch bauliche Veränderungen der gemeinschaftliche Gebrauch des Gemeinschaftseigentums betroffen wird, etwa der Verlegung von Marmorböden statt der früheren Fliesen bei der Treppenhausbodensanierung; § 16 Abs. 6 S. 1 WEG führt aber dann zu unangemessenen Regelungen, wenn durch die bauliche Veränderung nur ein einzelner Wohnungseigentümer einen Vorteil erhält, etwa bei der Anbringung eines weiteren Dachfensters[2]. In diesen Fällen leuchtet es abweichend von § 16 Abs. 6 S. 1 WEG unmittelbar als gerecht ein, dass allein der Bevorteilte die Kosten für Errichtung und spätere Unterhaltung und Instandsetzung tragen soll, nicht alle Zustimmenden (sog. Korrelationsgrundsatz)[3]. Eine solche Abweichung vom im Gesetz oder der Teilungserklärung vorgesehenen Kostenverteilungsschlüssel kann durchaus vereinbart werden. Soweit einem Wohnungseigentümer durch Mehrheitsbeschluss die Errichtung einer baulichen Veränderung im eigenen Interesse gestattet wird, können ihm und wegen § 10 Abs. 4 WEG auch seinen Rechtsnachfolgern wirksam alle Kosten der Errichtung und auch alle Folgekosten auferlegt werden, ohne dass es einer Grundbucheintragung bedürfen würde, denn die Zustimmung unter Verwahrung gegen die Kostenlast ist eine zulässige, eingeschränkte Zustimmung[4]. Eine **Vereinbarung** über die Kostentragung ist demgegenüber dem **Sonder-**

88

---

1 Dazu ausführlich *Hogenschurz*, Sondernutzungsrecht, § 3 Rz. 33 ff.
2 Das Dachfenster ist zwingend Gemeinschaftseigentum (s. o. Teil 9, Rz. 8) und damit müssen grundsätzlich alle Wohnungseigentümer seine Lasten (Instandhaltung, Erneuerung usw.) tragen, § 16 Abs. 2 WEG; OLG Düsseldorf, Beschl. v. 19. 12. 2007 – 3 Wx 98/07, JURIS; vgl. a. OLG Köln, Beschl. v. 27. 2. 1998 – 16 Wx 30/98, NZM 1998, 877 = ZMR 1998, 463, wonach ohne eine ausdrückliche Regelung der Kostentragung in der Zustimmung von der gesetzlichen Kostenregelung auszugehen sei; so auch OLG Hamm, Beschl. v. 23. 3. 1997 – 15 W 314/96, NJW-RR 1997, 970; differenzierend *Niedenführ*, NZM 2001, 1105 (1109 f.).
3 Vgl. *Armbrüster*, ZWE 2001, 85 (86 f.); *Armbrüster*, ZWE 2008, 61 (67); *Briesemeister*, ZWE 2002, 241 (244 f.).
4 OLG Düsseldorf, Beschl. v. 4. 11. 2005 – 3 Wx 92/05, NZM 2006, 109 für eine Zustimmung bei „Selbstfinanzierung", wo die Frage der Vereinbarkeit mit der Rechtsprechung des BGH zur Beschlusskompetenz nicht vertieft wird. Im Ergebnis auch *Armbrüster*, ZWE 2008, 61 (67); *Häublein*, NZM 2007, 752 (760); anders *J.-H. Schmidt*, ZMR 2007, 752 (760 f.).

rechtsnachfolger allerdings nur bei **Eintragung** im Grundbuch, § 10 Abs. 3 WEG, oder schuldrechtlicher Übernahme[1] wirksam. Sonst haftet der Rechtsnachfolger auch nicht dafür, dass der Wohnungseigentümer bei seinem Umbau technisch notwendige Folgemaßnahmen am Gemeinschaftseigentum unterlassen hat[2]. Soweit man die Zustimmung zur baulichen Veränderung aber an die Bedingung der Kostentragung für Errichtung, Unterhalt und Instandsetzung knüpft, wird der Sonderrechtsnachfolger des begünstigten Wohnungseigentümers, der aus der Teilungserklärung ohne weiteres auf eine gesicherte Berechtigung schließen kann, in zulässiger Weise vor die Entscheidung gestellt, ob er die bauliche Veränderung auf eigene Kosten beibehält oder durch Entfernung von der Kostenlast frei werden möchte[3]. Verfehlt wäre es, in die Systematik der Regelung des § 16 Abs. 6 WEG hineinlesen zu wollen, eine Zustimmung zu einer baulichen Veränderung unter Verwahrung gegen die Kostenlast sei nicht mehr zulässig, weil die Kostenregel des § 16 Abs. 6 S. 1 WEG zwingend sei, wo keine abweichende Regelung nach § 16 Abs. 6 S. 2 und Abs. 4 WEG erfolgt. Damit würde die allein klarstellende Funktion des § 16 Abs. 6 S. 2 WEG missverstanden, der nur das Verhältnis von § 16 Abs. 4 WEG und § 16 Abs. 6 S. 1 WEG klarstellen soll.

89 Die **Verkehrssicherungspflicht** obliegt für das Gemeinschaftseigentum der Wohnungseigentümergemeinschaft als rechtsfähigem Verband, der bei ihrer Verletzung auch haftet[4]. Denn die Verkehrssicherungspflicht folgt der **Unterhaltungspflicht**. Die Wohnungseigentümergemeinschaft ist für die Instandhaltung und Instandsetzung des Gemeinschaftseigentums zuständig, § 21 Abs. 5 Nr. 2 WEG. Soweit ein einzelner Wohnungseigentümer bauliche Veränderungen durchführt, ist zu unterscheiden: Bauliche Veränderungen durch einzelne Wohnungseigentümer, die wegen der zwingenden Zuordnung des § 5 Abs. 2 WEG Gemeinschaftseigentum bleiben, etwa die Schaffung zusätzlicher Dachfenster für eine Dachgeschoßwohnung, fallen in den nicht nur durch Vereinbarung übertragbaren Aufgabenbereich der Wohnungseigentümergemeinschaft. Eigentümerbeschlüsse, die dem einzelnen Wohnungseigentümer die Instandhaltung und Instandsetzung und damit die Verkehrssicherungs-

---

1 Daher ist es empfehlenswert, wenn auch nicht ausreichend, die Zustimmung mit der Bedingung zu erteilen, dass der begünstigte Wohnungseigentümer die Kostentragungspflicht schuldrechtlich weitergibt; zu Einzelheiten der schuldrechtlichen Weitergabe vgl. *Hogenschurz*, Sondernutzungsrecht, § 4 Rz. 10 ff.
2 OLG Hamm, Beschl. v. 23. 9. 2004 – 15 W 129/04, OLGReport Hamm 2005, 43 = ZMR 2005, 306 für unterlassene Verstärkung der Deckenkonstruktion bei Dachausbau.
3 Vgl. *Briesemeister*, ZWE 2002, 241 (245).
4 Vgl. nur OLG München, Beschl. v. 24. 10. 2005 – 34 Wx 82/05, MDR 2006, 807 = NZM 2006, 110 zum alten Recht; *Hügel* in Hügel/Elzer, § 3, Rz. 51 ff.; Riecke/Schmid/*Drabek*, § 21 WEG, Rz. 142; a. A. Niedenführ/*Kümmel*/Vandenhouten, § 10 WEG, Rz. 76; zum alten Recht s. a. VGH München, Beschl. v. 11. 5. 2006 – 8 ZB 06 485, ZMR 2006, 729.

pflicht übertragen, sind nichtig. Möglich ist es allerdings, die Gestattung der baulichen Veränderung von der Haftungsfreistellung und Kostentragung im Innenverhältnis abhängig zu machen. Der bauwillige Wohnungseigentümer kann sich und seine Rechtsnachfolger wirksam verpflichten, die Wohnungseigentümergemeinschaft und die übrigen Wohnungseigentümer von allen Ansprüchen Dritter aus Errichtung und Betrieb der baulichen Veränderung freizustellen. Für den Fall, dass die bauliche Veränderung ausnahmsweise nicht zu einem Eingriff in die Substanz des Gemeinschaftseigentums führt, etwa bei der sichtbaren Aufstellung einer Parabolantenne mit einem Ständer auf dem Balkon, empfiehlt es sich klarstellend in die Zustimmung aufzunehmen, dass dem betreffenden Wohnungseigentümer die Instandhaltung und Instandsetzung und damit die Verkehrssicherung obliegt, sowie ihn gleichwohl zusätzlich zu verpflichten, die übrigen Wohnungseigentümer von allen Ansprüchen aus der Errichtung und dem Betrieb freizustellen.

Möglich, vielleicht aber im Ergebnis unbillig, ist es auch, den Ausbauenden durch eine klare und eindeutige Regelung mit den Kosten für Sanierungen von Gemeinschaftseigentum zu belasten, deren Notwendigkeit anlässlich der Baumaßnahme zu Tage tritt, etwa der Hausschwammsanierung, die beim Dachausbau als notwendig erkannt wird[1]. 90

Checkliste:

Folgende Auflagen und Bedingungen erscheinen als sinnvolle Bestandteile einer Zustimmung bzw. eines Eigentümerbeschlusses: 91

– Zunächst ist eine eindeutige Regelung der Kostenfrage, hinsichtlich Erstellung und aller Folgekosten, notwendig.
– Aus der Sicht des Zustimmenden ist es je nach Art und Umfang der baulichen Veränderung im Einzelfall ratsam, sich die Baugenehmigung und entsprechende Pläne von Fachplanern vorlegen zu lassen, sowie die Zustimmung so zu dokumentieren, dass ein Bezug zu den konkreten Plänen gewährleistet ist, um späterem Streit darüber vorzubeugen, es hätten etwa ganz andere Pläne vorgelegen.
– Die dem vorgelegten Plan und den Regeln der Technik entsprechende sach- und fachgerechte Bauausführung ist durch entsprechende Bedingungen zu sichern, etwa die Einhaltung des Stands der Technik[2], die

---
1 Vgl. *von Rechenberg* in FS Deckert, S. 309 (341 f.); vgl. a. KG, Beschl. v. 28. 2. 2000 – 24 W 8820/98 und 24 W 2976/99, KGR Berlin 2000, 253 = NZM 2000, 1012 = ZMR 2000, 635 = ZWE 2000, 362.
2 Die Einhaltung der aktuellen technischen Regelwerke genügt nicht, denn diese entsprechen nicht notwendig dem Stand der Technik, vgl. zur DIN 4109 etwa OLG Karlsruhe, Urt. v. 29. 12. 2005 – 9 U 51/05, BauR 2007, 557; OLG Stuttgart, Urt. v. 21. 5. 2007 – 5 U 201/06, NZM 2007, 846; s. a. *Locher/Weiss*, BauR 2005, 17.

Durchführung nur durch eine Fachfirma, die Stellung einer Fertigstellungsbürgschaft des Errichters und einer Gewährleistungsbürgschaft der Baufirma.

– Ebenfalls nachzuweisen ist die öffentlich-rechtliche Zulässigkeit der baulichen Veränderung durch Beibringung einer Baugenehmigung oder eines Negativattestes der Baubehörde. Sonst besteht die Gefahr, dass die Wohnungseigentümergemeinschaft als verantwortlicher Zustandsstörer nach öffentlichem Recht zur Beseitigung verpflichtet werden kann.

– Ratsam ist auch die Vereinbarung eines Bauzeitenplans, jedenfalls einer maximalen Bauzeit, zumindest hinsichtlich der Lärm verursachenden Arbeiten.

– Bei umfangreichen Baumaßnahmen sollte vor Beginn und nach Beendigung eine Beweissicherung auf Kosten des Ausbauberechtigten vorgesehen werden.

Darüber hinaus kann verlangt werden

– die Verwendung bestimmter Materialien,

– die Einhaltung bestimmter Bauzeiten und der Hausordnung (Mittagsruhe usw.),

– die Durchführung zusätzlicher Reinigungen des Treppenhauses und Hauseingangsbereichs auf Kosten des Bauwilligen,

– die Erreichung bestimmter (über den Stand der Technik hinausgehender) Lärmschutzwerte nach Durchführung der baulichen Veränderung oder

– die Zahlung eines bestimmten Betrages in die Instandhaltungsrücklage.

– Durch eine Befristung der Zustimmung kann der Gefahr vorgebeugt werden, dass die Zustimmung zu einer baulichen Vereinbarung auf Vorrat eingeholt wird. Dabei sollte klar zum Ausdruck kommen, bis zu welchem Zeitpunkt mit der Bauausführung begonnen und bis wann sie beendet werden muss[1].

– Schließlich erscheint im Einzelfall auch die Sicherung des Rückbaus durch eine Kaution ratsam, etwa bei Parabolantenne, Treppenlift oder Leuchtreklame, wenn die Zustimmung nur für den Zeitraum der Nutzung des Anspruchsberechtigten erfolgen muss.

---

1 Vgl. *von Rechenberg* in FS Deckert, S. 309 (324 f.). Schwierigkeiten mögen entstehen, wenn mit der Bauausführung zwar begonnen, die Fertigstellung aber verzögert wird; gegen ein „Steckenbleiben" schützt die Fertigstellungsbürgschaft und die Vereinbarung eines Bauzeitenplans nur teilweise. Eine Frist zur Beendigung der Bauarbeiten aufzugeben, birgt für den bauwilligen Wohnungseigentümer das Risiko, dass sich die Fertigstellung wegen unvorhersehbarer Einflüsse verzögern kann (etwa die Insolvenz des Generalunternehmers usw.).

– Die Billigung der Detailplanung kann dem Verwalter und/oder dem Verwaltungsbeirat übertragen werden[1].

– Wird die Zustimmung unter die Bedingung der Übernahme der Gefahr für alle Folgen der Bauarbeiten gestellt, haftet der Veränderer ohne Verschulden[2]. Im Hinblick auf mögliche spätere Beweisprobleme ist die Begründung einer verschuldensunabhängigen Haftung des umbauwilligen Wohnungseigentümers durch Vertrag oder als Bedingung im zustimmenden Beschluss, etwa mit der Formulierung „wird unter der Bedingung gestattet, dass der Wohnungseigentümer X die verschuldensunabhängige Haftung hinsichtlich aller Kosten und Schäden anlässlich der Baumaßnahme übernimmt"[3] dringend zu empfehlen[4]. Für diese Ansprüche sollten Sicherheiten, etwa eine Bauschadensversicherung, verlangt werden. Auch ohne diese Haftungserweiterung können die übrigen Wohnungseigentümer vom Ausbauenden die Herstellung des Zustands verlangen, der bei ordnungsgemäßem Ausbau erreicht worden wäre und damit die Beseitigung aller unmittelbaren und mittelbaren Nachteile, und zwar unabhängig davon, dass die Gewährleistungsrechte des ausbauenden Wohnungseigentümer gegen den von ihm beauftragten Handwerker verjährt sind[5].

Soll durch die bauliche Veränderung eine **wesentliche Umgestaltung** der tatsächlichen Verhältnisse oder des Charakters der Wohnungseigentumsanlage erfolgen, muss im Zuge einer im Grundbuch einzutragenden **Vereinbarung** eine umfassende Regelung erfolgen, die insbesondere eine Anpassung der Miteigentumsanteile und Kostenverteilungsschlüssel beinhaltet. Die Anpassung des Kostenverteilungsschlüssels aufzuschieben, erscheint mit Rücksicht auf die Schwierigkeit, eine nachträgliche Änderung gemäß § 10 Abs. 2 S. 3 WEG durchzusetzen,[6] nicht tunlich. 92

Die **Klarheit der Regelung** ist das oberste Gebot, um späteren Streit über die Grenzen der erlaubten baulichen Veränderung zu vermeiden. Ein Wohnungseigentümer, der im Hinblick auf einen für ihn unklaren Eigen- 93

---

1 Zu bedenken sind aber insoweit ein nicht zu unterschätzendes Haftungsrisiko für die Beteiligten einerseits, andererseits die Gefahren bei Einräumung eines weiten Spielraums einer solchen Ermächtigung.
2 KG, Beschl. v. 30. 11. 1992 – 24 W 4734/92, WuM 1993, 209 für die Klausel: „auf eigene Kosten und Gefahr".
3 In der Durchführung der baulichen Veränderung dürfte dann die konkludente Annahme einer entsprechenden Haftungsregelung durch den umbauwilligen Wohnungseigentümer zu erblicken sein.
4 *Riecke/Schütt*, MDR 1999, 837 (839).
5 OLG Düsseldorf, Beschl. v. 15. 10. 2004 – 3 Wx 228/04, ZMR 2005, 466.
6 Zur früheren Rechtslage (§ 242 BGB) vgl. BGH, Beschl. v. 7. 10. 2004 – V ZB 22/04, BGHZ 160, 354 = BGHR 2004, 1604 = NJW 2004, 3413 = MDR 2004, 1403; zum Anspruch nach § 10 Abs. 2 S. 3 WEG in Altfällen vgl. OLG Hamm, Beschl. v. 10. 9. 2007 – 15 W 358/05, ZMR 2008, 156.

tümerbeschluss bauliche Veränderungen vornimmt und später erfolgreich auf Beseitigung in Anspruch genommen wird, hat wegen deren Kosten und seiner nutzlosen Herstellungsaufwendungen keine Ansprüche gegen die übrigen Wohnungseigentümer[1].

94 Von der Erteilung der Zustimmung oder Auflagen und Bedingungen zu unterscheiden ist die **Absichtserklärung**, wenn ein Wohnungseigentümer oder auch alle Wohnungseigentümer die grundsätzliche Bereitschaft zur Erteilung einer Zustimmung erklären, nach dem Willen der Beteiligten aber zunächst noch eine nähere Regelung über die baulichen Einzelheiten getroffen werden soll; eine solche Erklärung ohne vertragliche Bindungswirkung begründet keinen Anspruch auf Erteilung der Zustimmung[2].

dd) Keine Zustimmungsersetzung durch Baugenehmigung

95 Die Zustimmung der übrigen Wohnungseigentümer wird durch die Baugenehmigung nicht ersetzt. Die Baugenehmigung hat eine Prüfung des Rechtsverhältnisses der Wohnungseigentümer untereinander nicht zum Inhalt. Die Baubehörde prüft die öffentlich-rechtliche, nämlich bauplanerische und bauordnungsrechtliche Zulässigkeit des Bauvorhabens. Dieser unterschiedliche **Prüfungsmaßstab** ergibt, dass die Baugenehmigung, die „unbeschadet privater Rechte Dritter" erteilt wird, nicht die nach dem Wohnungseigentumsgesetz erforderliche Zustimmung ersetzt[3].

96 Umgekehrt widerspricht die Zustimmung der übrigen Wohnungseigentümer zu einem trotz Erfordernis nicht genehmigten „Schwarzbau" ordnungsgemäßer Verwaltung und macht dahingehende Mehrheitsbeschlüsse anfechtbar. Es empfiehlt sich sogar, die **Zustimmung** zu einer umfangreichen baulichen Veränderung unter der **Bedingung** der Vorlage einer **Baugenehmigung** oder eines Negativattestes der Baubehörde zu erteilen. Das Fehlen einer Baugenehmigung begründet jedoch nicht an sich bereits einen Nachteil, sondern erst dann, wenn den übrigen Wohnungseigentümern die Inanspruchnahme durch die Baubehörde droht[4].

97 Soweit einem Wohnungseigentümer oder auch der Wohnungseigentümergemeinschaft eine Baugenehmigung für eine beabsichtigte bauliche Veränderung erteilt ist, besteht grundsätzlich **kein verwaltungsgericht-**

---

1 KG, Beschl. v. 17. 10. 2001 – 24 W 9876/00, KGR Berlin 2001, 37 = NZM 2001, 1085 = WuM 2001, 622 = ZMR 2002, 149 = ZWE 2002, 37.
2 OLG Hamm, Beschl. v. 18. 11. 2003 – 15 W 395/03, OLGReport Hamm 2004, 127 = ZMR 2005, 220.
3 BayObLG, Beschl. v. 21. 2. 1985 – 2 Z 112/84, ZMR 1985, 239; OLG Köln, Beschl. v. 21. 1. 1998 – 16 Wx 299/97, OLGReport Köln 1998, 137; OLG Köln, Beschl. v. 31. 1. 2000 – 16 Wx 10/00, NZM 2000, 296 (297) = ZWE 2000, 486.
4 BayObLG, Beschl. v. 14. 2. 2002 – 2 Z BR 138/01, NZM 2003, 114; BayObLG, Beschl. v. 26. 8. 2004 – 2Z BR 88/04, BayObLGR 2005, 24 = NZM 2005, 109.

licher Rechtsschutz (Drittwiderspruch, Drittanfechtungsklage). Es fehlt bei solchen grundstücksinternen Klagen an der Klagebefugnis im Sinne des § 42 Abs. 2 VwGO[1]. Auch eine verwaltungsrechtlich unanfechtbare Baugenehmigung hindert einen Wohnungseigentümer aber nicht, vor dem Wohnungseigentumsgericht unter Berufung auf § 15 Abs. 3 WEG geltend zu machen, die Genehmigung dürfe ihm gegenüber nicht umgesetzt werden[2].

ee) Anspruch auf Zustimmung aus besonderen Gründen

Ein Anspruch auf Zustimmung zu einer baulichen Veränderung besteht grundsätzlich nicht[3], insbesondere nicht aus § 23 Abs. 4 WEG. Vorbehaltlich einer Vereinbarung kann sich nur im **Ausnahmefall** ein Anspruch auf Zustimmung oder Duldung der baulichen Veränderung aus dem Gemeinschaftsverhältnis der Wohnungseigentümer untereinander unter Abwägung der widerstreitenden Interessen ergeben[4]. Kein Anspruch auf Erteilung der Zustimmung ergibt sich aus einer Absichtserklärung, mit der ein Wohnungseigentümer oder auch alle Wohnungseigentümer die grundsätzliche Bereitschaft zur Erteilung einer Zustimmung erklären, nach dem Willen der Beteiligten aber zunächst noch eine nähere Regelung über die baulichen Einzelheiten getroffen werden soll[5].

➲ **Hinweis:**
Ein Anspruch auf Zustimmung kann nur im Einzelfall insbesondere nach **Treu und Glauben**, § 10 Abs. 2 S. 3 WEG und § 242 BGB[6], oder im Wege der (grundrechtskonformen) Auslegung der Teilungserklärung anzunehmen sein, wenn die Wertordnung des Grundgesetzes es erfordert[7]. Der Schutz des Eigentums, Art. 14 Abs. 1 GG, vor Einbrü-

---

1 BVerwG, Urt. v. 4. 5. 1988 – 4 C 20/85, BauR 1988, 837 = DVBl 1988, 851 = NJW 1988, 3279; BVerwG, Urt. v. 14. 10. 1988 – 4 C 1/86, BauR 1989, 75 = DVBl 1989, 356 = NVwZ 1989, 250; OVG Koblenz, Beschl. v. 10. 7. 2007 – 8 A 10279/07, NZM 2007, 776; VG Düsseldorf, Gerichtsbescheid vom 17. 4. 2001 – 4 K 5274/00, NVwZ 2002, 116.
2 BVerwG, Beschl. v. 28. 2. 1990 – 4 B 32/90, NVwZ 1990, 655, 656; BVerwG, Urt. v. 4. 5. 1988 – 4 C 20/85, NJW 1988, 3279 (3280); s.a. BayObLG, Beschl. v. 22. 12. 2004 – 2Z BR 52/96, ZMR 1997, 41 (42).
3 BayObLG, Beschl. v. 22. 5. 1998 – 2 Z BR 38/98, NZM 1999, 282 = WuM 1998, 679; BayObLG, Beschl. v. 9. 4. 1998 – 2 Z BR 164/97, NZM 1998, 1014.
4 BayObLG, Beschl. v. 13. 7. 1995 – 2 Z BR 15/95, BayObLGR 1995, 74 = NJWE-MietR 1996, 83 = WuM 1995, 674 (676) = ZMR 1995, 495; KG, Beschl. v. 22. 12. 1993 – 24 W 914/93, OLGZ 1994, 401 = NJW-RR 1994, 528 = WuM 1994, 223 = ZMR 1994, 228.
5 OLG Hamm, Beschl. v. 18. 11. 2003 – 15 W 395/03, OLGReport Hamm 2005, 127 = ZMR 2005, 220.
6 BayObLG, Beschl. v. 28. 5. 2001 – 2 Z BR 62/01, ZMR 2001, 908 = ZWE 2001, 545.
7 Vgl. a. BVerfG, Beschl. v. 22. 12. 2004 – 1 BvR 1806/04, NZM 2005, 182.

chen mag im Einzelfall wegen besonders häufiger Einbrüche in der Nachbarschaft und soweit keine geeigneten anderen Maßnahmen möglich sind, gegebenenfalls auch nur bis zu einer endgültigen Lösung, die Anbringung von Gittern vor den Fenstern notwendig machen[1], die Berufs(ausübungs)freiheit, Art. 12 GG, das Anbringen eines Hinweisschildes an der Außenwand des Hauses rechtfertigen, Art. 2 Abs. 1 GG die Wahrung der kulturellen Identität verbürgen und wie auch Art. 5 GG (Meinungsfreiheit), Art. 12 GG (Beraufsausübungsfreiheit) oder Art. 4 GG (Religionsfreiheit) damit ein Recht auf Anbringung einer Satellitenantenne[2] geben, schließlich für einen behinderten Wohnungseigentümer nach Abwägung der Grundrechtspositionen aus Artt. 3 Abs. 3 S. 2, 6 Abs. 1, 12 Abs. 1 GG ein Anspruch auf Duldung der Anbringung eines Treppenliftes bestehen[3].

100 Die vorstehenden Grundsätze gelten auch, soweit die Anspruchsvoraussetzungen in der Person des **Mieters** eines Wohnungseigentums gegeben sind[4].

101 Weil die gebotene Abwägung der widerstreitenden Grundrechtspositionen – für die übrigen Wohnungseigentümer streitet Art. 14 GG – und die anzustellende Verhältnismäßigkeitsprüfung einen Anspruch nur auf das jeweilig Notwendige geben, d.h. das mildeste zur Erreichung des angestrebten Zwecks geeignete Mittel, folgt aus § 22 Abs. 1 S. 1 WEG als Minus zum Zustimmungserfordernis ein **Unterrichtungsanspruch** der übrigen Wohnungseigentümer, vorab über die beabsichtigten Maßnahmen unterrichtet und nicht durch den Berechtigten vor vollendete Tatsachen gestellt zu werden. Kommen mehrere Lösungsmöglichkeiten in Betracht, brauchen die übrigen Wohnungseigentümer nur die Lösung hinzunehmen, die ihre Belange (nach ihrer Ansicht) so wenig wie möglich

---

1 KG, Beschl. v. 15. 12. 1993 – 24 Wx 2014/93, KGR Berlin 1994, 25 = NJW-RR 1994, 401.
2 BVerfG, Urt. v. 30. 6. 1994 – 1 BvR 1478/93, NJW-RR 1994, 1232; BVerfG, Beschl. v. 13. 3. 1995 – 1 BvR 1107/92, NJW 1995, 1665 = WuM 1995, 304 = ZMR 1995, 241; s. zu den Einzelheiten Teil 9, Rz. 272.
3 LG Hamburg, Beschl. v. 6. 6. 2001 – 318 T 70/99, NZM 2001, 767 = ZWE 2001, 503; LG Erfurt, Beschl. v. 19. 2. 2002 – 7 T 575/01, NZM 2003, 402; AG Dortmund, Beschl. v. 28. 2. 1996 – 139 II 84/93, MDR 1996, 468 = WuM 1996, 242; LG Duisburg, Beschl. v. 10. 12. 1996 – 23 S 452/96, ZMR 2000, 463 (für Mietrecht); nach BayObLG, Beschl. v. 25. 9. 2003 – 2Z BR 161/03, BayObLGZ 2003, 254 = BayObLGR 2004, 98 = ZMR 2004, 209 kann im Einzelfall bei einem Treppenlift ein über § 14 Nr. 1 WEG hinausgehender Nachteil fehlen, selbst wenn die baurechtlich vorgeschriebene Mindestbreite des Treppenhauses nicht mehr gegeben ist; so auch OLG München, Beschl. v. 12. 7. 2005 – 32 Wx 51/05, OLGReport München 2005, 605 = NZM 2005, 707 trotz Unterschreitung der nach § 35 BayBauO Mindestbreite für Treppenhäuser für Einzelfall; s.a. Teil 9, Rz. 304f.
4 OLG Celle, Beschl. v. 19. 5. 1994 – 4 W 350/93, OLGReport Celle 1994, 205 = NJW-RR 1994, 977; OLG Frankfurt/Main, Beschl. v. 12. 10. 1981 – 20 W 151/81, RPfleger 1982, 64.

beeinträchtigt[1]. Diese Frage ist gerade für die Anbringung von Parabolantennen durch die obergerichtliche Rechtsprechung ausdifferenziert worden (vgl. Teil 9, Rz. 289 ff.).

Ein Anspruch auf Zustimmung besteht aber nicht schon allein deshalb gegen ein Mitglied der Wohnungseigentümergemeinschaft, dem eine entsprechende bauliche Veränderung bereits früher gestattet worden ist. Selbst wenn das betreffende Mitglied früher selbst eine unzulässige bauliche Veränderung vorgenommen hat, deren Beseitigung wegen Verwirkung nicht mehr verlangt werden kann, verstößt seine Verweigerung der Zustimmung nicht gegen Treu und Glauben. 102

Ist der Anspruch auf Zustimmung verwirkt, ist dies für einen Sonderrechtsnachfolger auch dann bindend, wenn die Verwirkung nicht aus dem Grundbuch ersichtlich ist[2]. 103

⊃ **Hinweis:**

Schon mit Rücksicht darauf, dass eine **gütliche Einigung** im Interesse aller Beteiligten liegt, sollte zunächst ein Informationsgespräch erfolgen. Es gibt regelmäßig eine Vielzahl von Ausführungs- und Einigungsmöglichkeiten, z. B. mag die Gemeinschaft gegen Zahlung eines Zuschusses zur Instandhaltungsrücklage bereit sein, statt des üblichen Praxisschilds eine Neonreklame hinzunehmen. Zu bedenken und durch eine Kaution abzusichern ist der Rückbauanspruch der Gemeinschaft, wenn die besonderen Gründe für den Duldungsanspruch entfallen sind, etwa der ausländische Mieter ausgezogen, der Behinderte verstorben oder die Gewerberäume verlegt sind. 104

ff) Änderung der gesetzlichen Regelung durch Vereinbarung

Die Regelung des **§ 22 Abs. 1 WEG** ist **nicht zwingend** und nicht Bestandteil des unabänderlichen Kernbestands des Wohnungseigentumsrechts. In der Teilungserklärung oder Gemeinschaftsordnung können vereinfachende Regelungen ebenso erfolgen wie weitergehende Sicherungen[3]. Gerade die Ausgestaltung von Sondernutzungsrechten hat vielfach 105

---

1 BayObLG, Beschl. v. 13. 3. 1997 – 2 Z BR 8/97, WuM 1997, 343 = ZMR 1997, 317.
2 OLG Celle, Beschl. v. 22. 8. 2006 – 4 W 101/06, NZM 2007, 840.
3 BGH, MDR 1970, 753; BayObLG, Beschl. v. 3. 6. 1987 – 2 Z 34/87, NJW-RR 1987, 1357 = WuM 1987, 327; BayObLG, Beschl. v. 25. 11. 1995 – 2 Z BR 63/95, WuM 1996, 487; BayObLG, Beschl. v. 9. 12. 1999 – 2 Z BR 101/99, BayObLGR 2000, 25 = ZMR 2000, 23 = ZWE 2000, 175; OLG Köln, Beschl. v. 14. 11. 1997 – 16 Wx 275/97, NZM 1998, 673 = WuM 1998, 238 zur abweichenden Vereinbarung eines weitergehenden Maßstabs; OLG Köln, Beschl. v. 29. 9. 2003 – 16 Wx 182/03, OLGReport Köln 2003, 368.

auch die Gestattung von bestimmten baulichen Veränderungen zum Inhalt[1].

106 Nachträgliche Änderungen der Teilungserklärung können nur im Wege der Abänderung der Teilungserklärung durch Vereinbarung aller Wohnungseigentümer erfolgen, nach der Rechtsprechung des Bundesgerichtshofs[2] nicht aber durch einen Mehrheitsbeschluss, der mangels Beschlusskompetenz nichtig ist[3]. Die Vereinbarung ist zur Absicherung der Wirkung gegenüber Rechtsnachfolgern gemäß § 10 Abs. 3 WEG im Grundbuch einzutragen[4].

107 Bestehen **Unklarheiten**, weil die abweichende Regelung in der Teilungserklärung nicht eindeutig auszulegen ist, verbleibt es bei der gesetzlichen Regelung[5]. Deshalb führt die in der Gemeinschaftsordnung vorgesehene „weitest mögliche wirtschaftliche Trennung der Einheiten" nicht zu einer Abänderung des § 22 Abs. 1 WEG[6]. Eine unklare Regelung der Teilungserklärung kann nicht durch einen Mehrheitsbeschluss der Wohnungseigentümer verbindlich ausgelegt werden, denn eine Beschlusskompetenz für eine solche Mehrheitsentscheidung fehlt[7].

108 Die Regelungen der §§ 22 Abs. 1, 14 Nr. 1 WEG können insgesamt abbedungen werden, so dass die **Vorschriften des privaten und öffentlichen Nachbarrechts** anwendbar sind[8]. Die Einhaltung der Vorschriften des pri-

---

1 Vgl. BayObLG, Beschl. v. 18. 3. 2005 – 2Z BR 233/04, NZM 2005, 744 für die Anlage eines Teichs durch den Sondernutzungsberechtigten einer Gartenfläche; s. a. *Hogenschurz*, Sondernutzungsrecht, § 3 Rz. 22 ff.
2 BGH, Beschl. v. 20. 9. 2000 – V ZB 58/99, BGHZ 145, 158 = NJW 2000, 3500 = MDR 2000, 1367 = NZM 2000, 1184 = WuM 2000, 620 = ZMR 2000, 771 = ZWE 2000, 518.
3 BayObLG, Beschl. v. 26. 8. 2004 – 2Z BR 88/04, BayObLGR 2005, 24 = NZM 2005, 109; OLG Karlsruhe, Beschl. v. 31. 5. 2000 – 11 Wx 96/99, OLGReport Karlsruhe 2000, 395; OLG Stuttgart, Beschl. v. 9. 2. 2001 – 8 W 54/98, OLGReport Karlsruhe 2001, 209 = NZM 2001, 532 = WuM 2001, 295 = ZMR 2001, 664 = ZWE 2001, 454.
4 OLG Hamburg, Beschl. v. 20. 9. 2001 – 2 Wx 35/98, ZMR 2002, 216; OLG Köln, Beschl. v. 2. 4. 2001 – 16 Wx 7/01, OLGReport Köln 2001, 302.
5 OLG Oldenburg, Beschl. v. 17. 9. 1997 – 5 W 104/97, OLGReport Oldenburg 1998, 34 = NZM 1998, 39 = ZMR 1998, 195; vgl. auch OLG Celle, Beschl. v. 31. 5. 2001 – 4 W 134/01, ZMR 2001, 834; OLG München, Beschl. v. 31. 5. 2007 – 34 Wx 112/06, OLGReport München 2007, 696 = NZM 2007, 842 = ZMR 2007, 643.
6 OLG München, Beschl. v. 31. 5. 2007 – 34 Wx 112/06, OLGReport München 2007, 696 = NZM 2007, 842 = ZMR 2007, 643; OLG München, Beschl. v. 20. 2. 2008 – 32 Wx 2/08, JURIS.
7 Staudinger/*Bub*, 13. Bearbeitung, § 22 WEG, Rz. 9; a. A. noch KG, Beschl. v. 17. 7. 2000 – 24 W 8114/99 und 2406/00, KGR Berlin 2001, 3 = NZM 2001, 341 = WuM 2000, 562 = ZMR 2001, 58.
8 BGH, Beschl. v. 21. 5. 1970 – VII ZB 3/70, BGHZ 54, 65 (69) = NJW 1970, 1316 = MDR 1970, 753; BayObLG, Beschl. v. 16. 4. 1993 – 2 Z BR 10/93, WuM 1993,

vaten Nachbarrechts, etwa § 906 BGB[1] und der des öffentlichen Nachbarrechts, soweit sie drittschützenden Charakter haben, kann dann auch im Verhältnis der Wohnungseigentümer untereinander geltend gemacht werden[2].

(1) Erleichterungen

An erleichternden Regelungen verbreitet ist etwa das Erfordernis der Zustimmung nur der Mitglieder einer Untergemeinschaft bei Mehrhausanlagen[3], ein Quorum von (mehr als) drei Vierteln[4] oder zwei Dritteln der Wohnungseigentümer für die Zustimmung durch Mehrheitsbeschluss, Mehrheitsentscheidungen über bestimmte bauliche Veränderungen, etwa die Anbringung von Markisen oder von Umbauten bei Aufteilung eines Altbaus. Soweit die Teilungserklärung die Entscheidung über bauliche Veränderungen der Eigentümerversammlung ohne weitere Vorgaben, etwa zur Entscheidung durch Mehrheitsbeschluss, zuweist, so gibt diese in der Vereinbarung enthaltene Öffnungsklausel der Eigentümerversammlung die Beschlusskompetenz, die Frage, unter welchen Voraussetzungen bauliche Veränderungen zulässig sein sollen, durch Mehrheitsbeschluss zu regeln[5]. Der Mehrheitsbeschluss ersetzt die Zustim-

109

---

565 (566) zu einer Teilungserklärung, nach der Zustimmung zur Errichtung eines Zaunes unter den gleichen Voraussetzungen wie bei einer Realteilung notwendig ist; BayObLG, Beschl. v. 9. 12. 1999 – 2 Z BR 101/99, BayObLGR 2000, 25 = ZMR 2000, 23 = ZWE 2000, 175; BayObLG, Beschl. v. 23. 1. 2001 – 2 Z BR 116/00, ZMR 2001, 472; BayObLG, Beschl. v. 21. 2. 2001 – 2 Z BR 104/00, BayObLGZ 2001, 41 = BayObLGR 2001, 33 = NZM 2001, 815 = ZMR 2001, 563 (kein Anspruch auf Einhaltung Grenzabstand innerhalb der Wohnungseigentümergemeinschaft); BayObLG, Beschl. v. 21. 2. 2002 – 2 Z BR 145/01, ZWE 407 (408 f.); KG, Beschl. v. 21. 12. 1998 – 24 W 5948/88, OLGZ 1989, 174 = NJW-RR 1989, 329 = ZMR 1989, 188; OLG Frankfurt/Main, Beschl. v. 18. 11. 1983 – 20 W 461/84, OLGZ 1984, 60; OLG Frankfurt/Main, Beschl. v. 30. 6. 2008 – 20 W 222/06, juris; OLG München, Beschl. v. 20. 2. 2008 – 32 Wx 2/08, OLG Report München 2008, 473 = DNotZ 2008, 614.
1 BayObLG, Beschl. v. 12. 8. 2004 – 2 Z BR 148/04, BayObLGR 2005, 5 = NZM 2005, 69.
2 Vgl. a. BayObLG, Beschl. v. 12. 9. 1996 – 2 Z BR 52/96, BayObLGR 1996, 81 = NJW-RR 1997, 269 = WuM 1996, 789 = ZMR 1997, 41; BayObLG, Beschl. v. 19. 5. 2004 – 2 Z BR 67/04, BayObLGR 2004, 345 = WuM 2004, 496 = ZMR 2005, 212 für öffentliches Nachbarrecht; BayObLG, Beschl. v. 9. 12. 1999 – 2 Z BR 101/99, BayObLGR 2000, 25 = ZMR 2000, 23 für privates Nachbarrecht.
3 OLG Düsseldorf, Beschl. v. 26. 8. 2005 – 3 Wx 64/05, OLGReport Düsseldorf 2006, 33 = ZMR 2006, 142.
4 Zur unterschiedlichen Bedeutung der Formulierungen „mit drei Vierteln" und „mit mehr als drei Vierteln" vgl. BT-Drs. 16/3843, S. 25.
5 KG, Beschl. v. 17. 7. 2000 – 24 W 8114/99 und 2406/00, KGR Berlin 2001, 3 = NZM 2001, 341 = WuM 2000, 562 = ZMR 2001, 58.

mung aller Wohnungseigentümer, nicht nur der an der Abstimmung teilnehmenden[1].

110 Ersetzt die Teilungserklärung das Erfordernis der Zustimmung benachteiligter Wohnungseigentümer zu baulichen Veränderungen durch einen Mehrheitsbeschluss (**Öffnungsklausel**), so muss dieser **sachliche Gründe** haben und darf die nicht zustimmenden Wohnungseigentümer **nicht unbillig benachteiligen**[2]. Dagegen kann es nicht darauf ankommen, dass kein Nachteil im Sinne des § 14 Nr. 1 WEG vorliegt oder eine Maßnahme ordnungsgemäßer Verwaltung, § 21 Abs. 3, 4 WEG[3]. Bedürfen bauliche Veränderungen nach der Teilungserklärung eines Mehrheitsbeschlusses, so ist über den Mehrheitsbeschluss hinaus nicht auch noch die Mitwirkung aller benachteiligten Wohnungseigentümer erforderlich. Benachteiligte Wohnungseigentümer können den Mehrheitsbeschluss aber erfolgreich anfechten, wenn dieser keine sachlichen Gründe hat und sie unbillig benachteiligt[4]. In jedem Fall erforderlich ist die Zustimmung eines Wohnungseigentümers, dessen Sondereigentum durch eine bauliche Veränderung des Gemeinschaftseigentums permanent beeinträchtigt wird[5]. Soweit die **äußere Gestaltung** der Wohnanlage mit Mehrheit geregelt werden kann, sind im Hinblick auf die aus der Gemeinschaftsbeziehung abzuleitenden Schutz- und Treuepflichten, § 242 BGB, **verunstaltende** bauliche Maßnahmen, also solche, die auch beim in durchschnittlichen Maße für ästhetische Eindrücke aufgeschlossenen Betrachter nachhaltigen Protest auslösen, nicht zulässig[6].

111 Sieht bereits die Teilungserklärung ein „**Ausbaurecht**" vor, brauchen die übrigen Wohnungseigentümer nur solche Beeinträchtigungen zu dulden, die zur Verwirklichung notwendig sind; weitergehende Maßnahmen

---

1 BayObLG, Beschl. v. 21. 11. 1989 – BReg 2Z 123/89, BayObLGR 1989, 437 = NJW-RR 1990, 209; KG, Beschl. v. 21. 5. 2003 – 24 W 253/02, KGR Berlin 2003, 247 = NZM 2003, 642.
2 BayObLG, Beschl. v. 21. 11. 1989 – BReg 2 Z 123/89, BayObLGZ 1989, 437 = NJW-RR 1990, 209 = WuM 1990, 90; KG, Beschl. v. 28. 7. 1999 – 24 W 1542/99, KGR Berlin 1999, 364 = NZM 2000, 348 = ZMR 1999, 850 = ZWE 2000, 220; OLG Hamburg, Beschl. v. 14. 3. 2001 – 2 Wx 103/98, ZMR 2001, 651 (652).
3 BayObLG, Beschl. v. 21. 11. 1989 – BReg 2 Z 123/89, BayObLGZ 1989, 437 = NJW-RR 1990, 209 = WuM 1990, 90.
4 BayObLG, Beschl. v. 21. 11. 1989 – BReg 2 Z 123/89, BayObLGZ 1989, 437 = NJW-RR 1990, 209 = WuM 1990, 90; BayObLG, Beschl. v. 27. 4. 2001 – 2 Z BR 70/00, ZMR 2001, 829; KG, Beschl. v. 21. 12. 1998 – 24 W 5948/88, OLGZ 1989, 174 = NJW-RR 1989, 329 = ZMR 1989, 188; s.a. BayObLG, Beschl. v. 27. 4. 2001 – 2 Z BR 70/00, ZMR 2001, 829, auch zu § 16 Abs. 6 S. 1 WEG, der dann zugleich ausgeschlossen sein soll, so dass auch überstimmte Wohnungseigentümer kostenpflichtig seien.
5 OLG Düsseldorf, Beschl. v. 27. 3. 2000 – 3 Wx 53/00, OLGReport Düsseldorf 2001, 158 = NZM 2001, 392 = ZMR 2000, 476.
6 OLG Düsseldorf, Beschl. v. 26. 8. 2005 – 3 Wx 64/05, OLGReport Düsseldorf 2006, 33 = ZMR 2006, 142 für Mehrhausanlage.

sind als bauliche Veränderungen zustimmungsbedürftig[1]. Auch für ein Ausbaurecht gilt, dass der berechtigte Wohnungseigentümer das ihm eingeräumte Recht nur schonend ausüben darf, auf die Interessen der übrigen Wohnungseigentümer soweit wie möglich Rücksicht nehmen muss und bei verschiedenen Möglichkeiten der Gestaltung die Lösung wählen muss, die die Belange der übrigen Wohnungseigentümer am wenigsten beeinträchtigt[2].

Die bloße Einräumung von Sondernutzungsrechten berechtigt aber grundsätzlich nicht zur Durchführung baulicher Veränderungen, weil einem Sondernutzungsberechtigten keine weitergehenden Rechte als einem Sondereigentümer zustehen können[3]. Etwas anderes gilt, wo die Sondernutzung bauliche Veränderungen in einem bestimmten Umfang umfasst, etwa bei dem Sondernutzungsrecht an Gartenflächen bzw. die bauliche Veränderung bei der Regelung des Sondernutzungsrechts ausdrücklich gestattet wird[4].

112

In Fällen, in denen einem Wohnungseigentümer eine bestimmte **gewerbliche Nutzung** seines Teileigentums ermöglicht wird, ist die Gestattung regelmäßig dahin auszulegen, dass damit zugleich den baulichen Veränderungen des gemeinschaftlichen Eigentums zugestimmt wird, die mit dieser Nutzungsart zwangsläufig verbunden sind. Dies gilt unabhängig davon, ob es sich um eine in der Teilungserklärung festgeschriebene Nutzung handelt[5] oder um eine aufgrund einer Öffnungsklausel in der Teilungserklärung durch Mehrheitsbeschluss genehmigte[6].

113

(2) Erschwerungen

Als gegenüber §§ 22 Abs. 1 S. 2, 14 Nr. 1 WEG erschwerende Regelung der Teilungserklärung ist es auch möglich, die Zustimmung aller Wohnungseigentümer auch für geringfügige und für niemanden nachteilige

114

---
1 BayObLG, Beschl. v. 16. 4. 1998 – 2 Z BR 61/98, NZM 1999, 132; KG, Beschl. v. 16. 1. 1984 – 24 W 4224/83, ZMR 1986, 189; vgl. a. OLG München, Beschl. v. 27. 3. 2007 – 32 Wx 179/06, OLGReport München 2007, 506 = ZMR 2007, 993 zum Einbau von Dachfenstern bei Gestattung des Dachgeschossausbaus.
2 OLG Köln, Beschl. v. 17. 8. 2005 – 16 Wx 119/05, NZM 2005, 911.
3 BayObLG, Beschl. v. 21. 5. 1992 – 2 Z BR 38/92, BayObLGR 1992, 25 = WuM 1992, 392; BayObLG, Beschl. v. 8. 7. 1993 – 2 Z BR 51/93, WuM 1993, 706 (707) = ZMR 1993, 476; KG, Beschl. v. 10. 1. 1994 – 24 W 3851/93, OLGZ 1994, 393 = NJW-RR 1994, 526 = WuM 1994, 225 = ZMR 1994, 274; OLG Karlsruhe, Beschl. v. 23. 1. 1987 – 11 W 133/86, WuM 1987, 236; OLG Köln, Beschl. v. 19. 6. 1995 – 16 Wx 46/95, WuM 1995, 608 = ZMR 1995, 606; OLG Köln, Beschl. v. 18. 1. 2002 – 16 Wx 247/01, OLGReport Köln 2002, 161 = NZM 2002, 458.
4 Vgl. BayObLG, Beschl. v. 18. 3. 2005 – 2Z BR 233/04, NZM 2005, 744 für die Anlage eines Teichs.
5 BayObLG, Beschl. v. 13. 3. 1997 – 2 Z BR 8/97, WuM 1997, 343 = ZMR 1997, 317; BayObLG, Beschl. v. 6. 10. 2000 – 2 Z BR 74/00, NZM 2000, 1236 = WuM 2000, 686 = ZMR 2001, 123.
6 OLG Köln, Beschl. v. 15. 5. 2002 – 16 Wx 85/02, n. v.

bauliche Veränderungen oder Veränderungen des äußeren Gestaltungsbildes zu verlangen[1] oder einen einstimmigen Eigentümerbeschluss zur Genehmigung aller baulichen Veränderungen zu verlangen[2]. Das besondere Zustimmungserfordernis kann auch auf bestimmte Arten baulicher Veränderungen beschränkt werden, etwa Veränderungen am Erscheinungsbild der Wohnanlage stets der allseitigen Zustimmung unterworfen werden[3]. Zulässig ist auch eine Regelung, nach der die Sondereigentümer die im gemeinschaftlichen Eigentum stehenden Räume und das Grundstück nicht eigenmächtig verändern dürfen[4]. Um einen Streit darüber, ob der Eingriff in für den Bestand oder die Sicherheit erforderliche Gebäudeteile andere Wohnungseigentümer nicht über das in § 14 Nr. 1 WEG nicht wesentlich beeinträchtigt, erscheint es sinnvoll, solche Maßnahmen unabhängig von der gesetzlichen Regelung durch Vereinbarung in jedem Fall der Zustimmungspflicht zu unterwerfen[5].

115 Wenn in den kleinen Wohnungseigentümergemeinschaften, in denen solche Regelungen manchmal anzutreffen ist, auch noch Maßnahmen der Verwaltung, etwa Instandhaltung und Instandsetzung, von der Zustimmung aller Wohnungseigentümer abhängig gemacht werden, tritt allerdings schnell trotz aller anfänglichen Harmonie eine tief greifende **Blockade** ein, die den wirtschaftlichen Wert des Wohnungseigentums beeinträchtigen kann.

116 Soweit eine Teilungserklärung die Zulässigkeit einer baulichen Veränderung der Beschlussfassung mit qualifizierter Mehrheit unterwirft, wird man dies – neben der schon erläuterten Erleichterung – nicht in jedem Fall zugleich als Erschwerung dahin verstehen müssen, dass ein qualifizierter Mehrheitsbeschluss immer und unabhängig davon erforderlich sein soll, ob andere Wohnungseigentümer überhaupt über das in § 14 Nr. 1 WEG bestimmte Maß hinaus beeinträchtigt werden[6].

---

1 BayObLG, Beschl. v. 25. 9. 1997 – 2 Z BR 79/97, BayObLGR 1998, 9 = WuM 1997, 700; BayObLG, Beschl. v. 28. 3. 2001 – 2 Z BR 1/01, ZMR 2001, 640 = ZWE 2001, 609 für Zulässigkeit äußerer Veränderungen nur mit allseitiger Zustimmung; OLG Zweibrücken, Beschl. v. 23. 11. 2001 – 3 W 226/01, OLGReport Zweibrücken 2002, 165 = NZM 2002, 253 = ZMR 2002, 469 = ZWE 2002, 378.
2 BayObLG, Beschl. v. 5. 5. 2004 – 2 Z BR 265/03, BayObLGR 2004, 390 = WuM 2004, 495; BayObLG, Beschl. v. 5. 4. 2005 – 32 Wx 19/05, OLGReport München 2005, 266 = ZMR 2005, 726.
3 OLG Frankfurt/Main, Beschl. v. 15. 3. 2005 – 20 W 471/02, OLGReport Frankfurt 2006, 139 (140f.) = NZM 2005, 947 (948); OLG Düsseldorf, Beschl. v. 23. 5. 2007 – 3 Wx 21/07, OLGReport Düsseldorf 2007, 609 = NZM 2007, 528 = ZMR 2008, 221 = ZMR 2008, 221.
4 OLG München, Beschl. v. 31. 3. 2006 – 34 Wx 111/05, OLGReport München 2006, 615 = ZMR 2006, 797.
5 Vgl. zur Zulässigkeit und Auslegung OLG Düsseldorf, Beschl. v. 7. 1. 2005 – 3Wx 306/04, OLGReport Düsseldorf 2005, 146 = DNotZ 2005, 686.
6 So aber für den Einzelfall BayObLG, Beschl. v. 19. 3. 1998 – 2 Z BR 131/97, WuM 1998, 563 = ZMR 1998, 503.

(3) Erfordernis der Verwalterzustimmung

Besondere Vorsicht geboten ist bei der Regelung, dass vor einer baulichen Veränderung die (schriftliche) **Zustimmung des Verwalters und/oder des Verwaltungsbeirats** einzuholen sei. Dies wird auch von Juristen leicht dahin missverstanden, dass eine Erleichterung gegenüber der Zustimmung aller Wohnungseigentümer geregelt sei. Die unter Berücksichtigung der besonderen Situation der Wohnungseigentumsgemeinschaft auszulegende[1] Regelung ist aber nur bei eindeutigem Wortlaut[2] dahin zu verstehen, dass die Zustimmung aller übrigen Wohnungseigentümer daneben nicht erforderlich ist. Etwa bei sehr großen Anlagen mag ausnahmsweise eine völlige **Übertragung** der **Zustimmungskompetenz** gemeint sein, wenn sich in der Teilungserklärung Anhaltspunkte für eine derartige Übertragung eigener Rechte der Wohnungseigentümer finden. Grundsätzlich stellt entsprechend der Interessenlage, ein eigenmächtiges Bauen unter Hinweis auf mangels eines Nachteils nicht erforderliche Zustimmungen anderer Wohnungseigentümer zu verhindern[3], die dem Verwalter in der Teilungserklärung zugewiesene Zustimmungsbefugnis aber nur ein **zusätzliches Erfordernis** (Vorschalterfordernis) neben der Zustimmung der nachteilig betroffenen Wohnungseigentümer dar[4]. Die Zustimmung kann analog § 185 Abs. 2 BGB auch noch nachträglich erfolgen und gemäß § 183 BGB widerrufen[5] werden. Dieses zusätzliche Erfordernis einer (schriftlichen) Verwalterzustimmung schützt die Wohnungseigentümer davor, dass der Umbauwillige eigenmächtig Veränderungen vornimmt unter Berufung darauf, die anderen Wohnungseigentümer seien nicht nachteilig beeinträchtigt und müssten deshalb

117

---

1 KG, Beschl. v. 1. 7. 1991 – 24 W 2051/91, OLGZ 1992, 188 = NJW-RR 1991, 1300 = WuM 1991, 517 = ZMR 1991, 445; OLG Düsseldorf, Beschl. v. 10. 3. 1997 – 3 Wx 159/95, OLGReport Düsseldorf 1997, 255 = NJW-RR 1997, 1103.
2 KG, Beschl. v. 1. 7. 1991 – 24 W 2051/91, OLGZ 1992, 188 = NJW-RR 1991, 1300 = WuM 1991, 517 = ZMR 1991, 445; KG, Beschl. v. 18. 3. 1998 – 24 W 2334/97, KGR Berlin 1999, 232 = NZM 1998, 771 = WuM 1998, 680 = ZMR 1998, 657; OLG Düsseldorf, Beschl. v. 10. 3. 1997 – 3 Wx 159/95, OLGReport Düsseldorf 1997, 255 = NJW-RR 1997, 1103; OLG Zweibrücken, Beschl. v. 29. 6. 1992 – 3 W 30/92, MDR 1992, 1054 = NJW 1992, 2899 = WuM 1993, 295 = ZMR 1992, 458.
3 Nach OLG Schleswig, Beschl. v. 12. 2. 2003 – 2 W 217/02, NZM 2003, 558; OLG Schleswig, Beschl. v. 2. 9. 2004 – 2 W 93/04, OLGReport Schleswig 2005, 383, stellt allein die eigenmächtige Errichtung ohne Einholung der Verwalterzustimmung keine verbotene Eigenmacht im Sinne des § 862 BGB dar, weil es sich dann um einen Streit über die Grenzen des Mitbesitzes im Sinne von § 866 BGB handelt.
4 BayObLG, Beschl. v. 2. 3. 2000 – 2 Z BR 152/99, NZM 2000, 876 = ZWE 2000, 217; OLG Frankfurt, Beschl. v. 24. 4. 2006 – 20 W 294/03, ZWE 2006, 409 (LS); OLG Köln, Beschl. v. 7. 6. 1995 – 16 Wx 78/95, DWE 1997, 32; OLG Köln, Beschl. v. 15. 10. 2003 – 16 Wx 97/03, OLGReport Köln 2004, 70; a.A. *Bub*, WE 1998, 16 (19).
5 BayObLG, Beschl. v. 31. 8. 2000 – 2 Z BR 39/00, NZM 2001, 138 = WuM 2000, 684 = ZMR 2001, 41 = ZWE 2001, 112.

nicht zustimmen[1]. Regelmäßig wird ein Verständnis dieser Regelungen geboten sein, dass Verwalter und/oder Verwaltungsbeirat zusätzlich zur (generellen) Zustimmung aller Wohnungseigentümer die ganz konkreten Ausführungsdetails genehmigen müssen[2].

118 Soweit dann weiter vorgesehen ist, dass bei Verweigerung der Zustimmung durch den Verwalter die Wohnungseigentümergemeinschaft angerufen werden kann, bedarf es, soweit nicht ausdrücklich eine andere Regelung vereinbart ist, einer den Anforderungen des § 22 Abs. 1 WEG genügenden Entscheidung, also der Zustimmung aller benachteiligten Wohnungseigentümer[3]. Bei unberechtigter Verweigerung, wenn ein Anspruch auf Zustimmung zur baulichen Veränderung besteht, ist die Klage auf Verpflichtung zur Zustimmung gegen die übrigen Wohnungseigentümer zu erheben. Nur wenn der Verwalter ausnahmsweise allein entscheidungsbefugt ist, muss er auf Erteilung der Zustimmung in Anspruch genommen werden.

⊃ **Hinweis:**

119 Der **Verwalter** sollte sich bei der ihm durch die Teilungserklärung eingeräumten Zustimmungsmöglichkeit zurückhalten. Einmal wird er kaum einmal wirklich nach der Teilungserklärung alleine zur Entscheidung befugt sein. Zum anderen kann er immer eine Meinungsbildung in der Eigentümerversammlung herbeiführen. Soweit nach der Teilungserklärung die Zustimmung nur aus wichtigem Grund verweigert werden darf, kann der Verwalter in Zweifelsfällen die Weisung der Eigentümerversammlung einholen[4].

120 Es gehört auch nicht zu den Aufgaben des Verwalters, bei Bauanträgen einzelner Wohnungseigentümer die Zustimmung „als Grundeigentümer" oder deren Bevollmächtigter zu erteilen[5]. Solches Tun kann schadensersatzpflichtig machen, ebenso die unzutreffende Mitteilung an den Bauwilligen, die beabsichtigte Veränderung sei nicht zustimmungs-

---

1 BayObLG, Beschl. v. 2. 3. 2000 – 2 Z BR 152/99, ZWE 2000, 217; OLG Düsseldorf, Beschl. v. 10. 3. 1997 – 3 Wx 159/95, OLGReport Düsseldorf 1997, 255 = NJW-RR 1997, 1103; OLG Zweibrücken, Beschl. v. 29. 6. 1992 – 3 W 30/92, MDR 1992, 1054 = NJW 1992, 2899 = WuM 1993, 295 = ZMR 1992, 458.
2 BayObLG, Beschl. v. 4. 12. 1997 – 2 Z BR 123/97, BayObLGR 1998, 33 = WuM 1998, 117; KG, Beschl. v. 1. 7. 1991 – 24 W 2051/91, OLGZ 1992, 188 = NJW-RR 1991, 1300 = WuM 1991, 517 = ZMR 1991, 445.
3 OLG Zweibrücken, Beschl. v. 29. 6. 1992 – 3 W 30/92, MDR 1992, 1054 = NJW 1992, 2899 = WuM 1993, 295 = ZMR 1992, 458.
4 BGH, Beschl. v. 21. 12. 1995 – V ZB 4/94, MDR 1996, 787 = NJW 1996, 1216 = WuM 1996, 240 = ZMR 1996, 240; OLG Frankfurt/Main, Beschl. v. 18. 11. 1983 – 20 W 461/84, OLGZ 1984, 60.
5 LG Hamburg, Beschl. v. 20. 7. 1989 – 20 T 94/88, Wohnungseigentümer 1990, 32.

bedürftig[1]. Die Unterschrift unter Bauanträge kann als Zustimmung zur baulichen Veränderung (miss-)verstanden werden[2]. Eine Zustimmung des Verwalters, die Vorgaben bestandskräftiger Mehrheitsbeschlüsse missachtet, ist unwirksam[3].

gg) Bindung des Rechtsnachfolgers an die durch den früheren Wohnungseigentümer erteilte Zustimmung

Wer für die Zustimmung zu einer baulichen Veränderung nicht die Form der Zustimmung durch einen Eigentümerbeschluss fordert (vgl. Teil 9, Rz. 50), dem stellt sich die Frage nach der Bindung des Wohnungseigentümers an die einmal erteilte Zustimmung, sofern es sich nicht um die Zustimmung zu einem als zustande gekommen festgestellten Eigentümerbeschluss gehandelt hat. Dabei ist im Grundsatz davon auszugehen, dass die Zustimmung frei widerruflich ist[4], wenn nicht mit der baulichen **Umgestaltung** bereits **begonnen** worden ist[5]. Die Zustimmung zu einer baulichen Veränderung durch den Rechtsvorgänger bindet dann dessen Rechtsnachfolger; er kann die Beseitigung der baulichen Veränderung nicht mehr verlangen[6]. Nach einer Gegen-

---

1 Vgl. BGH, Beschl. v. 2. 10. 1991 – V ZB 9/91, BGHZ 115, 253 = MDR 1992, 257 = NJW 1992, 182 = RPfleger 1992, 1 = WuM 1992, 36 = ZMR 1992, 30.
2 Zweifelnd BayObLG, Beschl. v. 2. 9. 1993 – 2 Z BR 73/93, BayObLGR 1993, 89 = NJW-RR 1994, 82; KG, Beschl. v. 18. 3. 1998 – 24 W 2334/97, KGR Berlin 1999, 232 = NZM 1998, 771 = WuM 1998, 680 = ZMR 1998, 657; OLG Karlsruhe, Beschl. v. 13. 2. 1998 – 4 W 42/97, OLGReport Karlsruhe 1998, 229 = NZM 1998, 526.
3 OLG Frankfurt, Beschl. v. 2. 12. 2004 – 20 W 186/03, NZM 2005, 427.
4 BayObLG, Beschl. v. 6. 9. 2001 – 2 Z BR 86/01, ZMR 2002, 68 = WuM 2002, 41; OLG Düsseldorf, Beschl. v. 10. 3. 2006 – 3 Wx 16/06, OLGReport Düsseldorf, 2006, 674 = ZWE 2006, 251.
5 BayObLG, Beschl. v. 5. 2. 1998 – 2 Z BR 110/97, ZMR 1998, 359 (360); BayObLG, Beschl. v. 28. 3. 2001 – 2 Z BR 1/01, ZMR 2001, 640 = ZWE 2001, 609; KG, Beschl. v. 8. 9. 1993 – 24 W 5753/93 und 24 W 2301/93, WuM 1994, 38; KG, Beschl. v. 19. 7. 2004 – 24 W 318/02, ZMR 2005, 75; OLG Düsseldorf, Beschl. v. 11. 8. 1997 – 3 Wx 227/97, OLGReport Düsseldorf 1997, 331 = NZM 1998, 79; OLG Hamm, Beschl. v. 9. 1. 1996 – 15 W 340/95, OLGReport Hamm 1996, 109 = NJW-RR 1996, 971 (972); OLG Köln, Beschl. v. 5. 7. 2001 – 16 Wx 27/01, OLGReport Köln 2002, 38; OLG Schleswig, Urt. v. 5. 9. 2001 – 9 U 103/00, OLGReport Schleswig 2001, 446 = NZM 2001, 1037; zustimmend *Gottschalg*, WE 1997, 2 (6f.).
6 BayObLG, Beschl. v. 7. 4. 1993 – 2 Z BR 9/93, BayObLGR 1993, 41 = NJW-RR 1993, 1165 (1166); BayObLG, Beschl. v. 6. 9. 2001 – 2 Z BR 86/01, ZMR 2002, 68 = WuM 2002, 41 = ZWE 2002, 129; KG, Beschl. v. 8. 9. 1993 – 24 W 5753/93 und 24 W 2301/93, WuM 1994, 38; OLG Hamm, Beschl. v. 9. 1. 1996 – 15 W 340/95, OLGReport Hamm 1996, 109 = NJW-RR 1996, 971 (972); OLG Köln, Beschl. v. 6. 2. 1998 – 16 Wx 333/97, NJW-RR 1998, 1625 = NZM 1998, 872 = ZMR 1998, 459; OLG Stuttgart, Beschl. v. 18. 8. 1998 – 8 W 188/98, WuM 1999, 540 = ZMR 1998, 802.

ansicht[1], die die Zustimmung nicht als frei widerruflich ansieht, tritt die Bindung ein, ohne dass die Umgestaltung begonnen worden sein müsste.

Der Sondernachfolger ist an den in der Zustimmung ausdrücklich liegenden Verzicht des Rechtsvorgängers auf die Geltendmachung eines Unterlassungs- und Beseitigungsanspruch gebunden, ebenso wie er nach allgemeiner Ansicht[2] gehindert ist, bereits verwirkte Beseitigungs- und Wiederherstellungsansprüche durchzusetzen[3]. An eine (bloße) Duldung ist weder der Wohnungseigentümer selbst noch sein Rechtsnachfolger gebunden[4].

➲ Hinweis:

122 Wer bei Zustimmung aller übrigen benachteiligten Wohnungseigentümer mit der Durchführung einer baulichen Veränderung längere Zeit zuwartet, sollte das Risiko der Widerruflichkeit im Falle eines Eigentümerwechsels bedenken, wo kein bestandskräftiger Eigentümerbeschluss vorliegt. Die Problematik wird sich im Einzelfall durch die Annahme einer Rechtsmissbräuchlichkeit des Beseitigungsverlangens eines Wohnungseigentümers, der in (etwa bei einem Besichtigungstermin erlangten) Kenntnis der beabsichtigten baulichen Veränderung sein Wohnungseigentum erwirbt, entschärfen lassen[5].

3. Ansprüche auf Wiederherstellung des ursprünglichen Zustandes

123 Steht demnach fest, dass die erforderliche Zustimmung zu einer baulichen Veränderung fehlt, stellt sich die Frage,

– aus welchen Anspruchsgrundlagen

– durch welchen Anspruchsberechtigten

---

1 *Niedenführ*, NZM 2001, 1105 (1107); *Ott*, ZWE 2002, 61 (65 f.); Staudinger/*Bub*, Wohnungseigentumsgesetz, 13. Bearbeitung, § 22 WEG, Rz. 48; *Bub* in FS Wenzel (2005), S. 123 (126 ff.).
2 OLG Köln, Beschl. v. 6. 2. 1998 – 16 Wx 333/97, OLGReport Köln 1998, 242 = NJW-RR 1998, 1625; OLG Düsseldorf, Beschl. v. 21. 5. 1997 – 3 Wx 566/96, OLGReport Düsseldorf 1997, 299; OLG Stuttgart, Beschl. v. 18. 8. 1998 – 8 W 188/98, WE 1999, 191; *Ott*, ZWE 2002, 61 (66).
3 Siehe aber OLG Hamm, Beschl. v. 19. 9. 2007 – 15 W 444/06, ZMR 2008, 159, zur Grenze, dass auf diese Weise nicht faktisch ein Sondernutzungsrecht begründet werden kann.
4 Zur unzulässigen Nutzung BGH, Urt. v. 26. 9. 2003 – V ZR 217/02, BGHReport 2004, 14 = NZM 2003, 977; OLG Celle, Beschl. v. 4. 6. 2007 – 4 W 108/07, OLGReport Celle 2007, 756 (757).
5 S. a. BayObLG, Beschl. v. 28. 3. 2001 – 2 Z BR 1/01, ZMR 2001, 640 = ZWE 2001, 609.

- von welchem Anspruchsverpflichteten
- wie lange nach Vornahme der Veränderung

Beseitigung und Rückbau verlangt werden können.

a) Anspruchsgrundlagen/Anspruchsinhalt

Zunächst besteht nach allgemeiner Meinung[1] ein verschuldensunabhängiger Anspruch aus **§ 1004 Abs. 1 BGB** auf Beseitigung der unzulässigen baulichen Veränderung gegen den Wohnungseigentümer, der sie veranlasst hat. Der Anspruch ist auf die Herbeiführung eines bestimmten Zustandes (Erfolges), die Widerherstellung des früheren Zustandes, gerichtet; eine konkrete Maßnahme kann nur verlangt werden, wenn allein diese Maßnahme zur Herbeiführung dieses Zustandes vernünftigerweise in Betracht gezogen werden kann[2]. Daneben gibt § 985 BGB einen Anspruch auf Verschaffung des unmittelbaren Mitbesitzes am gemeinschaftlichen Eigentum, soweit die bauliche Veränderung auch ein Vorenthalten des Besitzes oder eine andere Beeinträchtigung des gemeinschaftlichen Eigentums darstellt[3]. 124

Bei schuldhafter Verletzung des Gemeinschaftseigentums oder fremden Sondereigentums besteht daneben ein Anspruch **aus § 823 Abs. 1 BGB und § 823 Abs. 2 BGB i. V. m. § 1004 Abs. 1 BGB**[4], der auf Schadensersatz gemäß §§ 249 ff. BGB gerichtet ist. 125

Schließlich kommt ein Anspruch aus positiver Vertragsverletzung in Betracht[5], **§§ 280, 241 Abs. 2 BGB**. Ein solcher Anspruch kann bei einer Verletzung der Pflichten aus dem Verwaltervertrag durch den Verwalter bestehen oder bei einer Verletzung der Pflichten aus dem Gemeinschaftsverhältnis zum Beispiel durch die Überschreitung der Grenzen einer nach einer Vereinbarung zulässigen baulichen Veränderung. Dieser Anspruch eröffnet die Anwendung des § 278 BGB[6]. 126

---

1 BGH, Beschl. v. 19. 12. 1991 – V ZB 27/90, BGHZ 116, 392 = MDR 1992, 484 = NJW 1982, 978 = ZMR 1992, 167; BayObLG, Beschl. v. 24. 2. 2000 – 2 Z BR 176/99, ZWE 2000, 216; KG, Beschl. v. 17. 5. 1989 – 24 W 6092/88, OLGZ 1989, 305; OLG Hamm, Beschl. v. 12. 3. 1991 – 15 W 41/90, OLGZ 1991, 418 = MDR 1991, 1171 = NJW-RR 1991, 910; OLG Köln, Beschl. v. 21. 1. 1998 – 16 Wx 299/97, OLGReport Köln 1998, 137.
2 BGH, Urt. v. 12. 12. 2003 – V ZR 98/03, BGHR 2004, 580 = NJW 2004, 1035 = MDR 2004, 503.
3 OLG München, Beschl. v. 16. 11. 2007 – 32 Wx 111/07, OLGReport München 2008, 78 = NZM 2008, 87 = ZMR 2008, 234.
4 OLG Hamm, Beschl. v. 12. 3. 1991 – 15 W 41/90, OLGZ 1991, 418 = MDR 1991, 1171 = NJW-RR 1991, 910.
5 BGH, Beschl. v. 21. 12. 2000 – V ZB 45/00, BGHZ 146, 241 = MDR 2001, 497 = NJW 2001, 1212.
6 LG Berlin, Beschl. v. 18. 8. 2000 – 85 T 62/00 WEG, ZMR 2001, 576.

127 Mangels Bedeutung für das maßgebliche Verhältnis der Wohnungseigentümer untereinander steht die zwischenzeitliche Genehmigung der Baumaßnahme durch die Bauaufsichtsbehörde dem Beseitigungsanspruch nicht entgegen[1].

128 Neben der **Beseitigung der baulichen Veränderung** kann auch die **Wiederherstellung des ursprünglichen Zustands** verlangt werden, wenn nur so die Beeinträchtigung beseitigt werden kann. Soweit die begründete Besorgnis eines künftigen Eingriffs besteht, geht der Anspruch auf **Unterlassung**.

Zur Vorbereitung eines Beseitigungsanspruchs kann ein Anspruch gegen den umbauenden Miteigentümer auf **Auskunft** bestehen, weil im Zweifel nur dieser als möglicher Störer die zur Beurteilung eines Anspruchs erforderlichen Einzelheiten kennt, und zwar aus dem Gesichtspunkt der nachwirkenden Treuepflicht selbst dann noch, wenn das Wohnungseigentum während des anhängigen Verfahrens veräußert wird[2].

129 Wenn zwar Beseitigungsansprüche nicht bestehen, die Wohnungseigentümergemeinschaft aber gleichwohl einen **Mehrheitsbeschluss** fasst, der die Beseitigung von dem Wohnungseigentümer fordert[3], kommt dieser bei Bestandskraft als **eigenständige Anspruchsgrundlage** in Betracht. Die Frage, ob durch diesen unangefochtenen Mehrheitsbeschluss eine eigenständige Anspruchsgrundlage für das Beseitigungsverlangen besteht, wird von einer Auffassung[4] mit der Begründung verneint, der Wohnungseigentümergemeinschaft fehle insoweit die Beschlusskompetenz. Ein solcher Beschluss sei regelmäßig so zu verstehen, dass er nur zur Vorbereitung des gerichtlichen Verfahrens der internen Willensbildung der übrigen Wohnungseigentümer diene. Ein solcher Beschluss könne auch von dem Veränderer nicht wegen materieller Unrechtmäßigkeit angefochten werden[5]. Vereinzelt ist sogar die Ablehnung der Genehmigung

---

[1] OLG Köln, Beschl. v. 21. 1. 1998 – 16 Wx 299/97, OLGReport Köln 1998, 137; s.o. Teil 9, Rz. 95.

[2] OLG Düsseldorf, Beschl. v. 25. 11. 1996 – 3 Wx 516/94, OLGReport Düsseldorf 1997, 106 = WuM 1997, 240 = ZMR 1997, 149.

[3] Zur Klarstellung: Im Wege der Auslegung ist zu ermitteln, ob der Eigentümerbeschluss eine eigenständige Pflicht des Wohnungseigentümers begründen soll oder nur der internen Willensbildung dienen soll; Aufgabe des Versammlungsleiters ist es dabei, auf eine möglichst eindeutige Formulierung zu achten und den Wortlaut eindeutig festzustellen.

[4] KG, Beschl. v. 27. 3. 1996 – 24 W 6750/95, KGR Berlin 1996, 135 = NJW-RR 1996, 1102 = WuM 1996, 373 = ZMR 1996, 389; KG, Beschl. v. 8. 1. 1997 – 24 W 5678/96, KGR Berlin 1997, 85 = NJW-RR 1997, 1033 = WuM 1997, 291 = ZMR 1997, 318; *Niedenführ*, NZM 2001, 1105 (1111).

[5] KG, Beschl. v. 8. 1. 1997 – 24 W 5678/96, KGR Berlin 1997, 85 = NJW-RR 1997, 1033 = WuM 1997, 291 = ZMR 1997, 318.

(Negativbeschluss) als Anspruchsgrundlage für die Beseitigung angesehen worden[1].

Die Gegenansicht[2] versteht den Beschluss so, dass der Beseitigungsbeschluss sowohl die Missbilligung der baulichen Veränderung durch die Gemeinschaft als auch deren Konsequenzen daraus beinhalte. Es werde eine eigenständige Anspruchsgrundlage geschaffen. Die Regelung des § 22 Abs. 1 WEG sei nicht nur generell in der Teilungserklärung, sondern auch im Einzelfall durch einen Mehrheitsbeschluss mit dem Inhalt abdingbar, dass schärfere Voraussetzungen an die Zulässigkeit einer baulichen Veränderung aufgestellt würden. Dies soll selbst für solche baulichen Veränderungen gelten, die gar nicht zustimmungsbedürftig waren[3]. 130

Ob die letztgenannte Auffassung mit der Rechtsprechung des Bundesgerichtshofs[4] zum „Zitterbeschluss" vereinbar ist, erscheint zweifelhaft. Sie ist jedenfalls mit der Annahme unvereinbar, dass der Wohnungseigentümergemeinschaft die Beschlusskompetenz dafür fehlt, durch Beschluss die Erfüllung eines für einen einzelnen Wohnungseigentümer titulierten Beseitigungsanspruchs festzustellen[5]. Eine Kompetenz, gesetzesändernd Ansprüche auf Beseitigung einer baulichen Veränderung zu schaffen, ist der Wohnungseigentümergemeinschaft weder durch Gesetz noch regelmäßig vorbehaltlich einer besonderen Vereinbarung in der Teilungserklärung verliehen ist[6]. In diesem Sinne hat der Bundes- 131

---

1 AG Schorndorf, Urt. v. 18. 3. 2008 – 6 C 1097/07, NZM 2008, 411 mit zu Recht ablehnender Anm. *J.-H. Schmidt*, NZM 2008, 395.
2 BayObLG Beschl. v. 15. 2. 1984 – 2 Z 111/83, WuM 1985, 31; BayObLG, Beschl. v. 26. 8. 1996 – 2 Z BR 51/96, ZMR 1996, 623; einschränkend aber BayObLG, Beschl. v. 10. 12. 1998 – 2 Z BR 99/98, WuM 1999, 179 = ZMR 1999, 271; BayObLG, Beschl. v. 30. 11. 2000 – 2 Z BR 92/00, NZM 2001, 433 = ZMR 2001, 211 = ZWE 2001, 102; OLG Bremen vom 16. 8. 1994 – 3 W 25/94, WuM 1995, 58; OLG Hamburg, Beschl. v. 4. 3. 2003 – 2 Wx 148/00, ZMR 2003, 447; OLG Köln, Beschl. v. 23. 12. 1998 – 16 Wx 211/98, OLGReport Köln 1999, 185; OLG Köln, Beschl. v. 14. 4. 2000 – 16 Wx 58/00, OLGReport Köln 2000, 438 = NZM 2000, 1018 = ZMR 2001, 66; OLG Köln, Beschl. v. 30. 6. 2004 – 16 Wx 135/04, NZM 2005, 108 = ZMR 2004, 939; OLG Köln, Beschl. v. 26. 10. 2005 – 16 Wx 192/05, NZM 2006, 662; *Schuschke*, ZWE 2000, 146 (153); s.a. BayObLG, Beschl. v. 15. 1. 2003 – 2 Z BR 101/02, NZM 2003, 239 = ZMR 2003, 433; OLG Köln, Beschl. v. 23. 6. 2003 – 16 Wx 121/03, OLGReport Köln 2003, 284 = NZM 2003, 812 (LS); OLG Köln, Beschl. v. 30. 6. 2004 – 16 Wx 135/04, ZMR 2004, 939; a. A. OLG Zweibrücken, Beschl. v. 5. 6. 2007 – 3 W 98/07, OLGReport Zweibrücken 2007, 735 = NJW 2007, 2417.
3 BayObLG, Beschl. v. 14. 1. 1999 – 2 Z BR 138/98, BayObLGR 1999, 42 = WuM 1999, 188.
4 BGH, Beschl. v. 20. 9. 2000 – V ZB 58/99, BGHZ 145, 158 = NJW 2000, 3500 = MDR 2000, 1367 = NZM 2000, 1184 = WuM 2000, 620 = ZMR 2000, 771.
5 OLG Hamm, Beschl. v. 24. 1. 2001 – 15 W 405/00, NZM 2001, 543 = ZMR 2001, 654 = ZWE 2001, 273.
6 *Wenzel*, NZM 2004, 542; ausführlich *Schmidt/Riecke*, ZMR 2005, 252 (258 ff.).

gerichtshof[1] im Zusammenhang mit dem Haftungssystem der Wohnungseigentümergemeinschaft beiläufig klargestellt, dass „die Eigentümerversammlung keine Beschlusskompetenz hat, eine persönliche Leistungspflicht der einzelnen Wohnungseigentümer durch Mehrheitsentscheidung zu begründen".

Aus dem Entscheidungszusammenhang folgt, dass der BGH das Fehlen der Beschlusskompetenz auf solche Mehrheitsentscheidungen beziehen wollte, die die Wohnungseigentümer neben dem teilrechtsfähigen Verband verpflichten sollen. Die Möglichkeit einer Doppelverpflichtung von Wohnungseigentümern und Verband durch Mehrheitsbeschluss, hält der Bundesgerichtshof für unzulässig und fordert deshalb eine ausdrückliche Bevollmächtigung durch alle Wohnungseigentümer. Dass der BGH entgegen der bisherigen Rechtsprechung vieler Oberlandesgerichte auch die konstitutive Schaffung von Sonderpflichten einzelner Wohnungseigentümer durch Mehrheitsbeschluss ausschließen wollte, ergibt sich aus dem Hinweis in den Entscheidungsgründen auf den Beitrag von *Wenzel*, NZM 2004, 542 ff.[2].

⊃ **Hinweis:**

132   Aus Gründen der anwaltlichen Vorsicht ist es aber geboten, solche Beschlüsse über ein **Beseitigungsverlangen** rechtzeitig binnen der **Monatsfrist** des § 46 Abs. 1 S. 2 WEG **anzufechten** und hilfsweise die Feststellung zu beantragen, dass der Beschluss keine eigene Anspruchsqualität für die Beseitigung besitzt.

133   Soweit durch Eigentümerbeschluss ein Wohnungseigentümer zum Rückbau verpflichtet werden soll, ist – unabhängig von der Frage, ob damit eine Anspruchsgrundlage geschaffen werden soll, oder eine Willensbildung der übrigen Wohnungseigentümer über ihr weitere Vorgehen stattfinden soll – auf die **inhaltliche Bestimmtheit** des verlangten Rückbaus zu achten. Denn ein Eigentümerbeschluss, der den wiederherzustellenden Zustand nicht hinreichend bestimmt und den Umfang zwischen den Wohnungseigentümern streitig lässt, ist wegen fehlender inhaltlicher Bestimmtheit für ungültig zu erklären[3].

---

1 BGH, Beschl. v. 2. 6. 2005 – V ZB 32/05, BGHZ 163, 154 = BGHR 2005, 1090 = NJW 2005, 2061 = ZMR 2005, 547 (554), unter III. 9. a. Die Frage, ob der BGH jegliche Verpflichtung der Eigentümer durch Mehrheitsbeschluss für nichtig hält, bedarf an dieser Stelle keiner Vertiefung; vgl. dazu *Elzer*, ZMR 2005, 730 (732) mit Fn. 16; *Häublein*, ZMR 2005, 557 (558); Staudinger/*Bub*, BGB, 13. Aufl. 2005, § 28 WEG, Rz. 154.
2 *Abramenko*, ZMR 2006, 409 (411 f.).
3 BayObLG, Beschl. v. 10. 3. 2004 – 2Z BR 16/04, WuM 2004, 425 = ZMR 2004, 762 für „Rückbau der vorgenommenen Erweiterung der Treppe", dabei die Frage der Nichtigkeit wegen inhaltlicher Unbestimmtheit offen lassend; OLG München, Beschl. v. 20. 6. 2006 – 32 Wx 125/05, OLGReport München 2006, 614 = NZM 2006, 821 für die Verwalterermächtigung, s. a. OLG Köln, Beschl. v.

b) Anspruchsberechtigte

Dem **einzelnen Wohnungseigentümer** steht ein ursprünglicher, nicht von der Wohnungseigentümergemeinschaft oder der Gemeinschaft der Wohnungseigentümer abgeleiteter Anspruch auf Beseitigung der baulichen Veränderung aus **§ 1004 BGB i. V. m. mit § 15 Abs. 3 WEG** zu[1], soweit er durch die bauliche Veränderung benachteiligt ist und weder er noch sein Rechtsvorgänger der Maßnahme zugestimmt haben[2]. Daneben gibt **§ 985 BGB** dem einzelnen Wohnungseigentümer einen Anspruch auf Verschaffung des unmittelbaren Mitbesitzes am gemeinschaftlichen Eigentum, soweit die bauliche Veränderung auch ein Vorenthalten des Besitzes oder eine andere Beeinträchtigung des gemeinschaftlichen Eigentums darstellt[3]. Der Wohnungseigentümer bedarf zur Geltendmachung dieser Ansprüche nicht einer Ermächtigung der Wohnungseigentümergemeinschaft[4]. Gleiches gilt für die Ansprüche aus §§ 280, 241 BGB wegen Verletzung der Pflichten aus dem Gemeinschaftsverhältnis der Wohnungseigentümer untereinander.

134

Der Wohnungseigentümer kann auch seinen Mieter zur gerichtlichen Geltendmachung im Wege der gewillkürten **Prozessstandschaft** ermächtigen. Denkbar ist auch, dass sich ein veräußernder Wohnungseigentümer gegenüber seinem Erwerber zur Geltendmachung und Durchsetzung

135

---

24. 5. 2004 – 16 Wx 94/04, www.zr-report.de, für einen Eigentümerbeschluss, nach dem der Verwalter zunächst die Einhaltung des Baurechts prüfen, dann die Kosten der insoweit notwendigen Rückbauten durch einen Sachverständigen ermitteln und diese Kosten dann als Vorschuss auch gerichtlich geltend machen sollte.

1 BGH, Beschl. v. 19. 12. 1991 – V ZB 27/90, BGHZ 116, 392 (395) = MDR 1992, 484 = NJW 1992, 978 = ZMR 1992, 167; s. a. BGH, Beschl. v. 30. 3. 2006 – V ZB 17/06, BGHR 2006, 835 = NJW 2006, 2187; BayObLG, Beschl. v. 18. 3. 1997 – 2 Z BR 116/96, BayObLGR 1997, 42; KG, Beschl. v. 10. 1. 1990 – 24 W 6746/89, OLGZ 1990, 155 = MDR 1990, 448 = NJW-RR 1990, 334; KG, Beschl. v. 17. 2. 1993 – 24 W 3563/92, KGR Berlin 1993, 3 = OLGZ 1993, 427 = NJW-RR 1993, 909 = WuM 1993, 292 = ZMR 1993, 289; OLG Braunschweig, Beschl. v. 8. 2. 2007 – 3 W 1/07, MietRB 2007, 100; OLG Düsseldorf, Beschl. v. 6. 4. 1994 – 3 Wx 534/93, NJW-RR 1994, 1167 = WuM 1994, 492; OLG Düsseldorf, Beschl. v. 25. 4. 1996 – 3 Wx 378/95, ZMR 1996, 396; OLG Hamm, Beschl. v. 12. 3. 1991 – 15 W 41/90, OLGZ 1991, 418 = MDR 1991, 1171 = NJW-RR 1991, 910; *Abramenko*, ZMR 2005, 586; *Elzer*, ZMR 2005, 683; *Demharter*, NZM 2006, 81 (82).
2 BayObLG, Beschl. v. 1. 2. 2001 – 2 Z BR 68/00, Grundeigentum 2001, 775; BayObLG, Beschl. v. 26. 4. 2001 – 2 Z BR 4/01, WuM 2001, 405 = ZMR 2001, 827 = ZWE 2001, 428; KG, Beschl. v. 8. 9. 1993 – 24 W 5753/93 und 24 W 2301/93, WuM 1994, 38.
3 OLG München, Beschl. v. 16. 11. 2007 – 32 Wx 111/07, OLGReport München 2008, 78 = NZM 2008, 87 = ZMR 2008, 234.
4 BGH, Beschl. v. 19. 12. 1991 – V ZB 27/90, BGHZ 116, 392 = MDR 1992, 484 = NJW 1992, 978 = ZMR 1992, 167; *Kümmel* in Niedenführ/Kümmel/Vandenhouten, § 10 WEG Rz. 63.

des Beseitigungsanspruchs verpflichtet. Gehört das Wohnungseigentum mehreren Wohnungseigentümern gemeinschaftlich in Bruchteilsgemeinschaft, darf jeder von ihnen allein gemäß § 1011 BGB geltend machen[1].

136 Die **Wohnungseigentümergemeinschaft**, der selbst keine eigenen Abwehransprüche zustehen[2], kann die **Ausübung** des Individualanspruchs nach § 10 Abs. 6 S. 3 2. Halbsatz WEG[3] **an sich ziehen**, weil es sich um einen gemeinschaftsbezogenen Anspruch handelt, der gemeinschaftlich durch mehrere Wohnungseigentümer geltend gemacht werden kann. Auch bei Vorliegen eines bestandskräftigen Eigentümerbeschlusses, nach dem die Beseitigungsansprüche durch den Verband ausgeübt werden sollen, ist die Geltendmachung durch den einzelnen Wohnungseigentümer nicht ausgeschlossen[4]. Es handelt sich also nicht um ein „An-Sich-Ziehen", durch das dem einzelnen Wohnungseigentümer sein Individualanspruch entzogen würde, sondern es entsteht eine Konkurrenz bei der Anspruchsverfolgung[5]. Der einzelne Wohnungseigentümer kann einen Eigentümerbeschluss deshalb auch nicht allein aus dem Gesichtspunkt erfolgreich anfechten, er verliere seinen Individualanspruch. Die Wohnungseigentümergemeinschaft ihrerseits ist ohne interne Zustimmung der berechtigten Wohnungseigentümer, also der über das in § 14 Nr. 1 WEG beschriebene Maß hinaus beeinträchtigten, nicht be-

---

1 Fall der gesetzlichen Prozessstandschaft, vgl. BGH, Urt. v. 23. 1. 1981 – V ZR 146/79, BGHZ 79, 247 = NJW 1981, 1097 = MDR 1981, 481; BGH, Urt. v. 28. 6. 1985 – V ZR 43/84, NJW 1985, 2825 = MDR 1986, 486.
2 Vgl. OLG München, Beschl. v. 27. 7. 2005 – 34 Wx 69/05, OLGReport München 2005, 645 = NJW 2005, 3006: OLG München, Beschl. v. 12. 12. 2005 – 34 Wx 83/05, OLGReport München 2006, 173 = NZM 2006, 345; OLG München, Beschl. v. 14. 12. 2005 – 34 Wx 100/05, OLGReport München 2006, 215 = ZWE 2006, 439; *Grziwotz/Jennißen* in Jennißen, § 10 WEG Rz. 73; *Jennißen*, NZM 2006, 203, 205; a.A. noch OLG München, Beschl. v. 17. 11. 2005 – 32 Wx 77/05, OLGReport München 2006, 81 = NZM 2006, 106 = ZWE 2006, 135 mit Anm. *F. Schmidt*, ZWE 2006, 133. Eigene Individualansprüche der Wohnungseigentümergemeinschaft bestehen nur dann, wenn sie selbst Wohnungseigentümerin ist (vgl. dazu OLG Celle, Beschl. v. 26. 2. 2008 – 4 W 213/07, OLGReport Celle 2008, 350 = NJW 2008, 1537), worauf *Abramenko*, ZMR 2006, 409 (411), zu Recht hinweist.
3 Zur Unterscheidung der geborenen und gekorenen Ansprüche vgl. nur *Abramenko*, ZMR 2007, 841; *Becker*, ZWE 2007, 432; *Hügel*, DNotZ 2007, 326 (341f.); *Hügel* in Hügel/Elzer, § 3 Rz. 175ff.; *Wenzel*, ZWE 2006, 462 (467).
4 OLG München, Beschl. v. 16. 11. 2007 – 32 Wx 111/07, Rz. 50, OLGReport München 2008, 78 = NZM 2008, 87 = ZMR 2008, 234 zum alten Recht; *Abramenko*, ZMR 2007, 841 (842); *Kümmel* in Niedenführ/Kümmel/Vandenhouten, § 10 Rz. 63; zur früheren Rechtslage ausführlich *J.-H. Schmidt/Riecke*, ZMR 2005, 252 (266).
5 *Abramenko*, Das neue WEG, § 6 Rz. 16; a.A. *Becker*, ZWE 2007, 432 (436ff.); *Wenzel*, NZM 2008, 74 (75f.).

rechtigt, über den Anspruch zu verfügen, etwa sich für sie bindend zu vergleichen[1].

Prozessual fehlt einer Klage des einzelnen Wohnungseigentümers neben einer solchen der Wohnungseigentümergemeinschaft nicht das Rechtsschutzbedürfnis, denn die Wohnungseigentümergemeinschaft könnte ihren Antrag jederzeit zurücknehmen. Wie bei Beseitigungs- und Unterlassungsklagen verschiedener Wohnungseigentümer können in beiden Prozessen unterschiedliche Tatsachen geltend gemacht werden, die zu unterschiedlichen Entscheidungen führen können. Eine Verbindung der Verfahren ist nicht zwingend vorgesehen. (vgl. zu den Auswirkungen des Beschlusses nach § 10 Abs. 6 S. 3 WEG auf anhängige Verfahren Teil 14, Rz. 3 ff.). 137

Der **Verwalter** selbst ist nicht anspruchsberechtigt. Als ausführendes Organ der Wohnungseigentümergemeinschaft ist er vielmehr nach § 27 Abs. 1 Nr. 1, Abs. 3 Nr. 7 WEG berechtigt und verpflichtet, den Beseitigungsanspruch nach einem entsprechenden Eigentümerbeschluss durchzusetzen. 138

⊃ **Hinweis:**
Neben Zweckmäßigkeitserwägungen (Teil 9, Rz. 186 ff.) muss bei der Entscheidung, **ob die Wohnungseigentümergemeinschaft Individualansprüche geltend machen soll**, zwei Gesichtspunkten Beachtung geschenkt werden:
Einerseits unterliegt die Entscheidung, dass Individualansprüche durch die Wohnungseigentümergemeinschaft geltend gemacht werden sollen, nur der **Grenze ordnungsgemäßer Verwaltung**, § 21 Abs. 4 WEG,[2] ist also nach der Formulierung des § 10 Abs. 6 S. 3 2. Halbsatz WEG nicht auf den Einzelfall[3] beschränkt. Deshalb besteht eine umfassende Beschlusskompetenz, so dass pauschale Beschlussfassungen möglich – keinesfalls aber zweckmäßig (siehe Teil 9, Rz. 186 ff.) oder vor dem Hintergrund einer begrenzten Kostenerstattungspflicht bei der Anspruchsverfolgung durch mehrere Wohnungseigentümer gebo- 139

---

1 Diese Beschränkung im Innenverhältnis ist für das Außenverhältnis allerdings bedeutungslos, vgl. AG Düsseldorf, Beschl. v. 31. 10. 2007 – 290 II 224/06, ZMR 2008, 81 mit Anm. *Elzer*.
2 Nicht zu beanstanden ist jedenfalls, wenn die Wohnungseigentümergemeinschaft die Ansprüche einer großen Mehrheit der Wohnungseigentümer durchsetzt, vgl. OLG München, Beschl. v. 12. 12. 2005 – 34 Wx 83/05, OLGReport München 2006, 173 = NZM 2006, 345; OLG München, Beschl. v. 14. 12. 2005 – 34 Wx 100/05, OLGReport München 2006, 215 = ZWE 2006, 439. Im Übrigen wird der Wohnungseigentümergemeinschaft ein weites Ermessen zuzubilligen sein; ein Ermessensfehlgebrauch kann anzunehmen sein, wenn die Durchsetzung der Ansprüche eines einzelnen Wohnungseigentümers allein zu dem Zwecke erfolgt, diesem die Kosten einer eigenen Rechtsverfolgung zu ersparen.
3 Vgl. dagegen § 16 Abs. 4 WEG.

ten¹ – sind. Es ist also nicht nur zulässig, dass die Eigentümerversammlung beschließt, die Beseitigungsansprüche gegen den Wohnungseigentümer X wegen Errichtung einer Pergola geltend machen,² sondern auch, alle Beseitigungsansprüche wegen Durchbrüchen von tragenden Wänden und Decken oder wegen optischer Beeinträchtigungen geltend zu machen, schließlich sogar, alle Beseitigungsansprüche wegen baulicher Veränderungen geltend zu machen. Jedenfalls bei der letztgenannten Beschlussfassung dürfte allerdings in der Regel ein Verstoß gegen § 21 Abs. 4 WEG in Betracht kommen, weil die Wohnungseigentümergemeinschaft von ihrem Ermessen für den Einzelfall keinen ausreichenden Gebrauch gemacht hat. Sollen die Ansprüche nur in bestimmten Fallkonstellationen durch die Wohnungseigentümergemeinschaft ausgeübt werden, so ist auf eine hinreichend bestimmte Formulierung zu achten, damit der Ausübungsbeschluss nicht wegen Unbestimmtheit nichtig ist. Sollen die Beseitigungsansprüche nur gegen einen Wohnungseigentümer durch die Wohnungseigentümergemeinschaft geltend gemacht werden, nicht aber gegen andere Wohnungseigentümer, die in Art und Umfang vergleichbare bauliche Veränderungen vorgenommen haben, ergibt sich ein Verstoß gegen die Grundsätze ordnungsgemäßer Verwaltung in Anwendung des Gleichbehandlungsgrundsatzes. Denn ein vergleichbarer Sachverhalt darf nicht ohne guten Grund unterschiedlich behandelt werden. Hierzu zählt insbesondere die Absicht, ein „Pilotverfahren" (ausführlich zum Rechtsmissbrauch Teil 9, Rz. 167f.) führen zu wollen, in dem bestimmte bauliche Veränderungen einmalig geprüft werden sollen in der Absicht, bei Obsiegen auch gegen andere Störer vorzugehen.

140 Andererseits sollte bei der Beschlussfassung nicht versäumt werden, den Verwalter ausdrücklich mit der Durchsetzung der Ansprüche zu beauftragen. Denn unter der früheren Rechtslage wurde der üblichen allgemeinen Ermächtigung des Verwalters im Verwaltervertrag zur gerichtlichen Vertretung der Wohnungseigentümer nach § 27 Abs. 2 Nr. 5 WEG a.F. nicht die Befugnis entnommen, den Anspruch auf Unterlassung vereinbarungswidriger Nutzung von Sondereigentum nach § 15 Abs. 3, § 1004

---

1 Gegen eine Pflicht, Individualansprüche durch den Verband geltend machen zu lassen, vgl. AG München, Beschl. v. 19. 9. 2007 – 231 C 21669/06, ZMR 2008, 164.
2 Ordnungsgemäßer Verwaltung widerspricht es allerdings, wenn die Wohnungseigentümergemeinschaft beschließt, die Ansprüche geltend zu machen, wenn sie selbst als Wohnungseigentümerin, vgl. dazu OLG Celle, Beschl. v. 26. 2. 2008 – 4 W 213/07, OLGReport Celle 2008, 350 = NJW 2008, 1537 m.w.N., Handlungsstörerin gewesen ist, den eine Anspruchsverfolgung gegen sich selbst ist nicht denkbar bzw. bezweckt, wenn man eine verdrängende Wirkung annimmt, vgl. *Becker*, ZWE 2007, 432 (436ff.); *Wenzel*, NZM 2008, 74 (75f.), den einzelnen Wohnungseigentümern die Verfolgung ihrer Ansprüche unmöglich zu machen.

Abs. 1 BGB gerichtlich geltend zu machen[1]. Dabei sollte dem Eigentümerbeschluss mit hinreichender Deutlichkeit zu entnehmen sein, welche Ansprüche geltend gemacht werden sollen[2].

> **Formulierung: Eigentümerbeschluss nach § 10 Abs. 6 S. 3 WEG**
> Die Wohnungseigentümergemeinschaft beschließt, die Beseitigungs- und Unterlassungsansprüche wegen ... gegen ... gemäß § 10 Abs. 6 S. 3 WEG ausüben. Der Verwalter soll diese Ansprüche mit Hilfe eines von ihm bestimmten Rechtsanwalts auf Kosten der Wohnungseigentümergemeinschaft geltend machen und gerichtlich durchsetzen.

141

Die Ausübung von **Ansprüchen wegen Beschädigung des Gemeinschaftseigentums gemäß §§ 823 Abs. 1, 249 ff. BGB** steht dagegen gemäß § 10 Abs. 6 S. 3 1. Halbsatz WEG ohne weiteres der Wohnungseigentümergemeinschaft zu[3]. Eine besondere Entscheidung über die Ausübung durch die Wohnungseigentümergemeinschaft ist nicht erforderlich, aber auch nicht möglich. Die Rechtsverfolgung ist hier kraft Gesetzes allein der Wohnungseigentümergemeinschaft zugewiesen. Über die Geltendmachung des Anspruchs entscheidet die Wohnungseigentümergemeinschaft durch Eigentümerbeschluss. Der einzelne Wohnungseigentümer kann den Anspruch nicht allein gegen den Schädiger geltend machen, sondern muss sich mit seinem Anspruch auf ordnungsgemäße Verwaltung gemäß § 21 Abs. 4 WEG an die übrigen Wohnungseigentümer halten.

142

Soweit die **bauliche Veränderung durch den Verwalter** eigenmächtig erfolgt ist, fällt die Ausübung des Beseitigungs- und Wiederherstellungsanspruch allein in die Zuständigkeit der Wohnungseigentümergemeinschaft für Verwaltungshandeln, § 21 Abs. 1 WEG. Es handelt sich nicht um eine „geborene" Ausübungsbefugnis[4] im Sinne des § 10 Abs. 6 S. 3 1. Halbsatz WEG, sondern um einen originär der Wohnungseigentümergemeinschaft zustehenden Anspruch im Sinne des § 10 Abs. 6 S. 2 WEG,

143

---

1 So zum alten Recht BayObLG, Beschl. v. 17. 2. 2000 – 2 Z BR 180/99, NZM 2000, 513; OLG Köln, Beschl. v. 31. 8. 2004 – 16 Wx 166/04, NJW 2004, 3496 = NZM 2004, 833 = ZMR 2005, 226.
2 So zum alten Recht OLG München, Beschl. v. 20. 6. 2006 – 32 Wx 125/05, OLG-Report München 2006, 614,
3 *Grziwotz/Jennißen* in Jennißen, § 10 WEG, Rz. 74; *Hügel*, DNotZ 2007, 326 (341 f.); *Hügel* in Hügel/Elzer, § 3 Rz. 180; *Kümmel* in Niedenführ/Kümmel/Vandenhouten, § 10 WEG, Rz. 60; Riecke/Schmid/*Elzer*, § 10 WEG, Rz. 418.
4 *Abramenko*, ZMR 2007, 841 f.; *Hügel* in Hügel/Elzer, § 3 Rz. 175; *Kümmel* in Niedenführ/Kümmel/Vandenhouten, § 10 Rz. 60; *Rühlicke*, ZWE 2007, 261 (268 f.); so zum alten Recht schon BGH, Beschl. v. 15. 12. 1998 – V ZB 9/88, BGHZ 106, 222 (226 f.) = MDR 1989, 436 = NJW 1989, 1091.

denn sie ist Vertragspartner des Verwalters. Die Wohnungseigentümergemeinschaft kann einen einzelnen Wohnungseigentümer allerdings zur Geltendmachung von Beseitigungs- und Wiederherstellungsansprüchen ermächtigen[1].

c) Anspruchsverpflichtete

144 Gegen wen diese Ansprüche gerichtet sind, ist für die verschiedenen Anspruchsgrundlagen unterschiedlich zu beantworten. Von besonderem Interesse ist dabei die Frage, ob der Wohnungseigentümer oder die Wohnungseigentümergemeinschaft gegen den „**störenden**" **Wohnungseigentümer** vorgehen müssen oder auch gegen dessen **Mieter** oder sonstigen Nutzer vorgehen können.

145 Die dargestellten **Unterlassungs- und Beseitigungsansprüche aus §§ 1004 Abs. 1 BGB, 15 Abs. 3 WEG** richten sich gegen den **Wohnungseigentümer**[2], der die bauliche Veränderung durchgeführt hat, hat durchführen lassen oder die Durchführung durch andere geduldet hat[3]. Der Wohnungseigentümer ist **Handlungsstörer**, denn er hat die Eigentumsbeeinträchtigung durch sein Verhalten – positives Tun oder pflichtwidriges Unterlassen – adäquat verursacht[4]. Seine Verpflichtung geht auf seine **Universalrechtsnachfolger**, etwa im Wege der Erbschaft[5] oder nach dem Umwandlungsgesetz, über. Die Handlungsstörereigenschaft endet, wenn das Recht, die verkaufte Eigentumswohnung zu Nutzen, auf den Käufer übergegangen ist, auch wenn der Verkäufer noch Wohnungseigentümer ist[6].

146 Der **Sonderrechtsnachfolger**, der das Wohnungseigentum etwa aufgrund Kauf oder Vermächtnis erworben hat, ist bei baulichen Veränderungen des Gemeinschaftseigentums grundsätzlich selbst nicht Handlungsstö-

---

1 Zum alten Recht vgl. OLG Schleswig, Beschl. v. 5. 1. 1998 – 2 W 109/97, OLGReport Schleswig 1998, 138 = FGPrax 1998, 51 = WuM 1998, 308.
2 Zum Erwerb eines Wohnungseigentums durch die Wohnungseigentümergemeinschaft siehe OLG Celle, Beschl. v. 26. 2. 2008 – 4 W 213/07, OLGReport Celle 2008, 350 = NJW 2008, 1357 m. w. N.
3 Zur Frage der Zurechnung „zufälliger" Einwirkungen, die wenigstens mittelbar auf den Willen des Eigentümers oder Besitzes zurückgehen vgl. Wenzel, NJW 2005, 241 f.
4 Vgl. zum Handlungsstörerbegriff BGH, Urt. v. 7. 4. 2000 – V ZR 39/99, BGHZ 144, 200 (203) = NJW 2000, 2901 = MDR 2000, 1069; BGH, Urt. v. 22. 9. 2000 – V ZR 443/99, NJW-RR 2001, 232; BGH Urt. v. 4. 2. 2005 – V ZR 142/04, NJW 2005, 1366 (1368); BGH, Urt. v. 1. 12. 2006 – V ZR 112/06, NJW 2007, 26 = MDR 2007, 578.
5 BayObLG, Beschl. v. 9. 5. 1996 – 2 Z BR 18/96, BayObLGR 1996, 46 = WuM 1996, 491 (493); OLG Frankfurt/Main, Beschl. vom 28. 6. 2004 – 20 W 95/01, OLGReport Frankfurt 2005, 13 = NZM 2005, 68.
6 BGH, Urt. v. 10. 7. 1998 – V ZR 60/97, MDR 1998, 1279 = NJW 1998, 3273 = ZMR 1998, 690 = ZfIR 1998, 542.

Veränderungen durch einen Eigentümer Rz. 146 **Teil 9**

rer[1] und auch nicht Zustandsstörer[2], soweit es um Veränderungen des Gemeinschaftseigentums geht. Er kann allerdings auf Duldung von Beseitigungsmaßnahmen durch die Wohnungseigentümergemeinschaft in Anspruch genommen werden[3]. Prozessual sind Beseitigungs- und Duldungsanspruch verschiedene Gegenstände[4].

Ist Sonderrechtsnachfolge hinsichtlich der Wohnung des Wohnungseigentümers eingetreten, der die bauliche Veränderung vorgenommen hat, besteht nur ein Anspruch des anderen Wohnungseigentümers auf Beseitigung oder Wiederherstellung gegen die Gemeinschaft, über den

---

1 BayObLG, Beschl. v. 16. 12. 1993 – 2Z BR 113/93, BayObLGR 1994, 9 = WuM 1994, 151; OLG Düsseldorf, Beschl. v. 4. 7. 2001 – 3 Wx 120/01, OLGReport Düsseldorf 2002, 219 = NZM 2001, 958 = ZMR 2002, 69; OLG Hamburg, Beschl. v. 24. 1. 2006 – 2 Wx 10/05, ZMR 2006, 377; KG, Beschl. v. 19. 3. 2007 – 24 W 317/06, KGR Berlin 2007, 669 = NZM 2007, 845; OLG Düsseldorf, Beschl. v. 9. 4. 2008 – 3 Wx 3/08, WuM 2008, 373 = ZWE 2008, 290.
2 Notwendige, wenn auch nicht hinreichende Voraussetzung der Zustandsstörereigenschaft ist die Sachherrschaft über die störende Sache und die Möglichkeit, die Störung zu beenden, BGH, Urt. v. 9. 7. 1958 – V ZR 5/57, BGHZ 28, 110 (112) = MDR 1958, 759; BGH, Urt. v. 2. 3. 1984 – V ZR 54/83, BGHZ 90, 255 (260) = MDR 1984, 745; BGH, Urt. v. 18. 4. 1991 – III ZR 1/90, BGHZ 114, 183 = MDR 1991, 869; BGH, Urt. v. 1. 12. 2006 – V ZR 112/06, NJW 2007, 26 = MDR 2007, 578. Darüber hinaus erforderlich ist, dass durch den maßgebenden Willen desjenigen, der die Beeinträchtigung mit verursacht hat, der beeinträchtigende Zustand aufrechterhalten wird, BGH, Urt. v. 22. 3. 1966 – ZR 126/63, NJW 1966, 1360 (1361); BGH, Urt. v. 22. 9. 2000 – V ZR 443/99, NJW-RR 2001, 232; BGH, Urt. v. 24. 1. 2003 – V ZR 175/02, NJW-RR 2003, 953; BGH, Urt. v. 1. 12. 2006 – V ZR 112/06, NJW 2007, 26 = MDR 2007, 578, er also die Quelle der Störung beherrscht und ihm die Beeinträchtigung bei wertender Betrachtung aus Sachgründen zurechenbar ist, weil die Beeinträchtigung wenigstens mittelbar auf seinen Willen zurückgeht.
3 BGH, Urt. v. 1. 12. 2006 – V ZR 112/06, NJW 2007, 26 = MDR 2007, 578; BayObLG, Beschl. v. 4. 12. 1997 – 2 Z BR 123/97, BayObLGR 1998, 33 = WuM 1998, 117; BayObLG, Beschl. v. 28. 12. 2001 – 2 Z BR 163/01, NZM 2002, 351 = WuM 2002, 165; KG, Beschl. v. 10. 7. 1991 – 24 W 6574/90, OLGZ 1992, 55 = NJW-RR 1991, 1421 = WuM 1991, 516; BayObLG, Beschl. v. 15. 9. 2004 – 2Z BR 120/04, WuM 2004, 728; KG, Beschl. v. 27. 3. 1996 – 24 W 6750/95, KGR Berlin 1996, 135 = NJW-RR 1996, 1102 = ZMR 1996, 389; KG, Beschl. v. 10. 2. 1997 – 2 W 6582/96, KGR Berlin 1997, 73 = NJW-RR 1997, 713 = ZMR 1997, 315; KG, Beschl. v. 19. 3. 2007 – 24 W 317/06, KGR Berlin 2007, 669 = NZM 2007, 845 = ZMR 2007, 639; OLG Celle, Beschl. v. 24. 9. 2003 – 4 W 138/03, OLGReport Celle 2004, 25 = ZMR 2004, 689; OLG Frankfurt/Main, Beschl. v. 19. 7. 2005 – 20 W 234/03, MietRB 2006, 129; OLG Hamburg, Beschl. v. 24. 1. 2006 – 2 Wx 10/05, ZMR 2006, 377 (378 f.); OLG Hamm, Beschl. v. 23. 9. 2004 – 15 W 129/04, OLGReport Hamm 2005, 43 = ZMR 2005, 306; OLG Köln, Beschl. v. 21. 1. 1998 – 16 Wx 299/97, OLGReport Köln 1998, 137; OLG Köln, Beschl. v. 7. 4. 2003 – 16 Wx 44/03, OLGReport Köln 2003, 254 = NZM 2004, 389 = ZMR 2004, 707; OLG Schleswig, Beschl. v. 20. 3. 2000 – 2 W 140/99, OLGReport Schleswig 2000, 191 = MDR 2000, 634 = NZM 2000, 674 = WuM 2000, 322.
4 BayObLG, Beschl. v. 27. 3. 2003 – 2Z BR 122/02, BayObLGR 2003, 267 (LS) = WuM 2003, 481 (LS).

im Rahmen ordnungsgemäßer Verwaltung durch Mehrheit zu beschließen ist; die Kosten der Beseitigung durch die Wohnungseigentümergemeinschaft sind entsprechend § 16 Abs. 2 WEG, dem vereinbarten oder dem gemäß § 16 Abs. 4 WEG beschlossenen Verteilungsschlüssel von allen Wohnungseigentümern zu tragen[1]. Der Erwerber kann ausnahmsweise selbst als Handlungsstörer auf Beseitigung in Anspruch genommen werden, wenn er die bauliche Veränderung vor dem Eigentumserwerb ihm Rahmen einer früheren Nutzungsberechtigung selbst, etwa als Mieter oder sonst im Rahmen einer früheren Nutzungsberechtigung, verantwortlich mit hervorgerufen hat[2].

147 Nicht der Einzelrechtsnachfolger des Eingreifenden ist zur Wiederherstellung des alten Zustandes verpflichtet, sondern der Eingreifende und die Wohnungseigentümergemeinschaft, wenn der Eingreifende mit Billigung der Wohnungseigentümergemeinschaft oder aller übrigen Wohnungseigentümer **bauliche Veränderungen an fremdem Sondereigentum** zum Nutzen seines eigenen Wohnungseigentums vorgenommen hat; der Rechtsnachfolger kann nur auf Unterlassung der Nutzung seines Sondereigentums und Zahlung einer Nutzungsentschädigung verlangen[3].

148 Der **vermietende Wohnungseigentümer**, der seinem Mieter eigenmächtig beeinträchtigende bauliche Veränderungen gestattet, ist nicht nur Zustandsstörer, sondern als mittelbarer Handlungsstörer zur Beseitigung der Eigentumsbeeinträchtigung und Wiederherstellung des ursprünglichen Zustands verpflichtet[4]. Voraussetzung dafür, den Wohnungseigentümer als mittelbaren Handlungsstörer für Störungshandlungen seines Mieters verantwortlich zu machen, ist aber immer, dass er dem Mieter den Gebrauch seiner Sache mit der Erlaubnis zu störenden Handlungen überlassen hat oder er es unterlässt, den Mieter von dem nach dem Mietvertrag unerlaubten, fremdes Eigentum beeinträchtigenden Gebrauch

---

1 Zum alten Recht vgl. BayObLG, Beschl. v. 4. 12. 1997 – 2 Z BR 123/97, BayObLGR 1998, 33 = WuM 1998, 117; KG Berlin, Beschl. v. 23. 12. 1998 – 24 W 4996/98, KGR Berlin 1999, 173; KG, Beschl. v. 19. 3. 2007 – 24 W 317/06, KGR Berlin 2007, 669 = NZM 2007, 845 = ZMR 2007, 639; OLG Köln, Beschl. v. 22. 1. 1998 – 16 Wx 299/97, OLGReport Köln 1998, 137; OLG Schleswig, Beschl. v. 20. 3. 2000 – 2 W 140/99, OLGReport Schleswig 2000, 191 = MDR 2000, 634 = NZM 2000, 674 = WuM 2000, 322.
2 BayObLG, Beschl. v. 2. 3. 2000 – 2 Z BR 152/99, NZM 2000, 876 = ZWE 2000, 217; OLG München, Beschl. v. 31. 5. 2007 – 34 Wx 112/06, OLGReport München 2007, 696 = NZM 2007, 842 = ZMR 2007, 643.
3 OLG Köln, Beschl. v. 7. 4. 2003 – 16 Wx 44/2003, OLGReport Köln 2003, 254 für Kellerraum.
4 BayObLG, Beschl. v. 29. 8. 1996 – 2 Z BR 51/95, BayObLGR 1996, 73 = ZMR 1996, 623; OLG Düsseldorf, Beschl. v. 6. 12. 2000 – 3 Wx 400/00, OLGReport Düsseldorf 2001, 426 = NZM 2001, 136 = WuM 2001, 146 = ZMR 2001, 374 = ZWE 2001, 116; OLG Frankfurt/Main, Beschl. v. 6. 1. 2006 – 20 W 202/04, OLGReport Frankfurt 2006, 666 (LS); OLG Hamm, Beschl. v. 8. 3. 1993 – 15 W 244/92, OLGZ 1993, 422 = NJW-RR 1993, 786.

der Mietsache abzuhalten[1]. Denn der Wohnungseigentümer hat dafür Sorge zu tragen, dass von demjenigen, dem er sein Sondereigentum zur Nutzung überlassen hat, keine nachteiligen Veränderungen am Sondereigentum erfolgen, § 14 Nr. 2 WEG.

Auch jeder Nutzer[2], der die bauliche Veränderung vornimmt oder vernehmen lässt, also insbesondere der **Mieter** oder Pächter, ist selbst Handlungsstörer bzw. Schädiger und damit selbst der Wohnungseigentümergemeinschaft zum Rückbau verpflichtet[3]. Seine Rechte können nicht weiter gehen als die des Wohnungseigentümers, von dem er seine Rechtsposition ableitet[4]. Ist die **bauliche Veränderung durch den** (vermietenden) **Wohnungseigentümer** erfolgt und beeinträchtigt der Zustand der Wohnung das Eigentum eines anderen Wohnungseigentümers, so ist der Mieter der Wohnung zur Duldung der Störungsbeseitigung verpflichtet[5].

⊃ **Hinweis:**

Ob in dem Fall, dass die **bauliche Veränderung durch den Mieter** erfolgt ist, gegen den vermietenden Wohnungs- oder Teileigentümer oder gegen den Mieter selbst vorgegangen werden sollte, ist im Einzelfall[6] zu überlegen. Die direkte Inanspruchnahme des Mieters ist gegenüber der des vermietenden Wohnungseigentümers als mittelbarem Störer nicht vorrangig[7]. Wenn ein Wohnungseigentümer oder die Wohnungseigentümergemeinschaft **gegen den vermietenden Wohnungseigentümer** vorgeht, wird sie über dessen Solvenz in der Regel mehr wissen, als beim Mieter. Ein Titel gegen den vermietenden Wohnungseigentümer behält zudem seinen Wert, auch wenn das Mietverhältnis beendet wird; demgegenüber ist dem Mieter ohne Zustimmung des vermietenden Wohnungseigentümers ein Rückbau

---
1 BGH Urt. v. 7. 4. 2000 – V ZR 39/99, BGHZ 144, 200 (204) = NJW 2000, 2901 = NZM 2000, 979; BGH, Urt. v. 27. 1. 2006 – V ZR 26/05, NJW 2006, 992 (993); OLG Düsseldorf, Beschl. v. 13. 2. 2006 – 3 Wx 181/05, NZM 2006, 782 = ZMR 2006, 461 = ZWE 2006, 188 (190); OLG Saarbrücken, Beschl. v. 4. 4. 2007 – 5 W 2/07, NZM 2007, 774 = ZMR 2007, 886.
2 KG, Beschl. v. 10. 2. 1997 – 2 W 6582/96, KGR Berlin 1997, 73 = NJW-RR 1997, 713 = WuM 1997, 241 = ZMR 1997, 315.
3 BGH, Urt. v. 18. 1. 1995 – XII ZR 30/93, NJW-RR 1995, 715 = ZMR 1995, 480; BGH, Urt. v. 18. 1. 1995 – XII ZR 30/93, NJW-RR 1995, 715 = ZMR 1995, 480; OLG Frankfurt, Urt. v. 18. 3. 1993 – 2 U 124/92, NJW-RR 1993, 981; OLG Karlsruhe, Urt. v. 22. 9. 1993 – 6 U 49/93, MDR 1994, 59 = NJW-RR 1994, 146; zum Spannungsverhältnis von Gemeinschaftsordnung und Miete s.a. *Armbrüster*, ZWE 2004, 217; *Armbrüster*, ZMR 2007, 321; *Armbrüster/M. Müller*, FS Seuß (2007), S. 3ff.; *Kümmel*, ZWE 2008, 273, 276ff.
4 Vgl. etwa *Hannemann*, NZM 2004, 531, zu einem „Nachbarkrieg" aus der Praxis.
5 BGH, Urt. v. 1. 12. 2006 – V ZR 112/06, NJW 2007, 26 = MDR 2007, 578.
6 Für die Inanspruchnahme des Mieters etwa *H. Müller*, ZMR 2001, 506 (510); *Armbrüster/M. Müller*, ZMR 2007, 321; skeptischer *Kirchhoff*, ZMR 1989, 323 (326).
7 OLG Köln, Beschl. v. 15. 1. 1997 – 16 Wx 275/96, OLGReport Köln 1997, 141; OLG Köln, Beschl. v. 14. 4. 2000 – 16 Wx 58/00, OLGReport Köln 2000, 438.

nach Beendigung des Mietverhältnisses nicht mehr möglich. Problematisch ist allerdings die Vollstreckung gegen den vermietenden Wohnungseigentümer: Die Vollstreckung gegen den vermietenden Wohnungseigentümer nach § 888 ZPO[1] (zu Einzelheiten vgl. Teil 9, Rz. 197 ff.) kann allerdings zu Schwierigkeiten führen. Denn ob der vermietende Wohnungseigentümer alles Notwendige unternommen hat, um dem gegen ihn titulierten Anspruch nachzukommen, wird im Vollstreckungsverfahren nach § 888 ZPO geprüft[2]. Dabei kann der vermietende Wohnungs- oder Teileigentümer seinem Mieter nicht kündigen, soweit der sich innerhalb des mietvertraglich Erlaubten hält[3].

Für eine **Inanspruchnahme des Mieters** spricht dagegen, dass der Wohnungseigentümergemeinschaft oder anderen Wohnungseigentümern mangels mietvertraglicher Bindung weitergehende Rechte zustehen können, als dem vermietenden Wohnungseigentümer gegen seinen Mieter. Denn der Mieter kann aus seinem Mietvertrag gegenüber dinglichen Ansprüchen der anderen Wohnungseigentümer keine Rechte herleiten[4]. Bei einem solventen, langfristig mietvertraglich gebundenen Mieter spart die unmittelbare Inanspruchnahme zudem Zeit. Die direkte Inanspruchnahme des Mieters führt zur unmittelbaren Auseinandersetzung der Betroffenen und führt zur schnellen Klärung des Streits, ohne dass noch eine Klage des zur Unterlassung gegenüber der Wohnungseigentümergemeinschaft verpflichteten vermietenden Wohnungseigentümers gegen seinen Mieter erforderlich wäre[5].

Schließlich können der vermietende Wohnungseigentümer und sein Mieter gemeinsam vor dem nach § 43 Nr. 1 WEG zuständigen Amtsgericht verklagt werden. Wo es an einer gemeinsamen örtlichen oder sachlichen Zuständigkeit gegen beide fehlt, kann diese im Verfahren nach § 36 Abs. 1 Nr. 3 ZPO auf Antrag bestimmt werden[6].

---

1 Vgl. Müller/*Hogenschurz*, Beck'sches Prozessformularbuch Wohnungseigentumsrecht, M.II.2.
2 BayObLG, Beschl. v. 10. 6. 1998 – 2 Z BR 15/98, NZM 1998, 773.
3 BGH, Urt. v. 29. 11. 1995 – XII ZR 230/94, NJW 1996, 714, sowie *Armbrüster*, ZWE 2004, 217 (220).
4 BGH, Urt. v. 1. 12. 2006 – V ZR 112/06, NJW 2007, 26 = MDR 2007, 578; *Armbrüster*, ZMR 2007, 321 (322) auch zu den Folgen zweckwidrigen Gebrauchs, s. a. *Armbrüster/M. Müller*, FS Seuß (2007), S. 3 ff.
5 *Hanemann*, NZM 2004, 531 (533) hält es für erwägenswert, dem vermietenden Eigentümer das Recht zur Geltendmachung der Ansprüche der Eigentümergemeinschaft gegen seinen Mieter im eigenen Namen durch Zession zu übertragen. Dieses Vorgehen verstärkt die Position des vermietenden Eigentümers gegenüber seinem Mieter, wenn er sich denn überhaupt um die Duchsetzung der Ansprüche kümmern will.
6 OLG München, Beschl. v. 20. 2. 2008 – 31 AR 18/08, OLGReport München 2008, 345; OLG München, Beschl. v. 24. 6. 2008 – 31 AR 74/08, OLGReport München 2008, 630.

Bei den **übrigen Ansprüchen** erfolgt die Zurechnung fremden Handelns zum Schädiger nach allgemeinen Vorschriften. Der vermietende Wohnungseigentümer haftet also für bauliche Veränderungen durch seinen Mieter nach §§ 280, 241, 278 BGB und unter den Voraussetzungen des § 831 BGB oder gemäß §§ 31, 89 BGB nach § 823 BGB.

d) Verjährung

Das am 1. 1. 2002 in Kraft getretene Gesetz zur Modernisierung des Schuldrechts[1] hat weit reichende Auswirkungen auch auf die Beseitigungs- und Wiederherstellungsansprüche wegen baulicher Veränderungen, nämlich auf die Frage der Verjährung und Verwirkung. Während **früher** mit § 1004 Abs. 1 BGB und der hierbei anzuwendenden **dreißigjährigen Verjährungsfrist** des § 195 BGB a. F. die Frage der Verwirkung im Vordergrund stand, hatte die Verwirkung nur noch für eine Übergangszeit neben der neuen Regelverjährung von drei Jahren nach § 195 BGB Bedeutung.

Die Verwirkung war nach der früheren Rechtslage faktisch eine auf Treu und Glauben gestützte Verkürzung der Verjährungsfristen. Eine Verwirkung kam daher praktisch nur bei Ansprüchen in Betracht, für die die 30-jährige Verjährungsfrist des § 195 BGB a. F. galt. Eine Verwirkung von Ansprüchen, die nach der früheren Rechtslage den kurzen Verjährungsfristen der §§ 196, 197 BGB a. F. unterlagen, wurde nur unter ganz besonders gravierenden Umständen angenommen[2]. Weil die Rechtsprechung das Zeitmoment für eine Verwirkung bislang erst bei einem Zeitraum von wesentlich mehr als drei Jahren als gegeben ansah, wird eine **Verwirkung** als Unterfall des Rechtsmissbrauchs nunmehr mit der dreijährigen Regelverjährung des § 195 BGB kaum mehr anzunehmen sein. Allerdings kann – etwa bei Verzicht auf die Verjährungseinrede – auch gegenüber einem verjährten Anspruch der von Amts wegen zu berücksichtigende Einwand der Verwirkung durchgreifen[3]. Von Bedeutung bleiben daneben die Fälle des Rechtsmissbrauchs aus anderen Gesichtspunkten.

Nach dem geltenden Recht verjähren die hier bestehenden Ansprüche auf Beseitigung und Wiederherstellung in **drei Jahren, § 195 BGB**. Unterlassungs- und Beseitigungsansprüche aus Eigentum und anderen dinglichen Rechten unterfallen, anders als der Anspruch auf Einräumung von

---
1 Zur Übergangsregelung des Art. 229 § 6 Abs. 1 S. 1 EGBGB vgl. Palandt/*Heinrichs*, 67. Aufl., Art. 229 § 6 EGBGB; *Heß*, NJW 2002, 253; *Gsell*, NJW 2002, 1297; *Mansel*, NJW 2002, 89.
2 BGH, Urt. v. 16. 6. 1982 – IVb ZR 709/80, BGHZ 84, 280 = NJW 1982, 1999 = MDR 1982, 835; BGH, Urt. v. 6. 12. 1988 – XI ZR 19/88, MDR 1989, 448 = NJW-RR 1989, 818; OLG Köln, Urt. v. 9. 11. 1998 – 16 U 50/98, NZM 1999, 470; Palandt/*Heinrichs*, 67. Aufl., § 242 BGB Rz. 90.
3 OLG Frankfurt/Main, Urt. v. 25. 3. 1980 – 5 U 142/79, MDR 1980, 755.

Mitbesitz am Gemeinschaftseigentum aus § 985 BGB, nicht der Sonderregelung des § 197 BGB[1].

155 Die **Verjährungsfrist** des § 195 BGB beginnt mit dem **Schluss des Jahres**, in dem der Anspruch entstanden ist *und* der Gläubiger von den den Anspruch begründenden Umständen und der Person des Schuldners Kenntnis erlangt oder ohne grobe Fahrlässigkeit erlangen müsste, § 199 Abs. 1 BGB. Ein Rechtsirrtum hindert den Verjährungsbeginn grundsätzlich nicht[2]. Grob fahrlässige Unkenntnis ist anzunehmen, wenn sich der Schuldner die Kenntnis in zumutbarer Weise ohne nennenswerte Mühe und Kosten beschaffen kann, sich einer sich aufdrängenden Kenntnis missbräuchlich verschließt oder auf der Hand liegende Erkenntnismöglichkeiten nicht ausnützt[3].

156 Durch diese Regelung wird gegenüber der früheren Verwirkung das Zeitmoment auf drei Jahre festgeschrieben und das Umstandsmoment auf ein Schweigen bei Kenntnis oder grob fahrlässiger Unkenntnis der baulichen Veränderung reduziert. Diese eindeutige Regelung führt deutlich früher zu Rechtssicherheit und Rechtsfrieden innerhalb der Wohnungseigentümergemeinschaft. Gegenüber einem **im Hause wohnenden Wohnungseigentümer** dürfte Verjährung grundsätzlich am Ende des dritten Jahres nach Durchführung der baulichen Veränderung eintreten, weil er ohne grobe Fahrlässigkeit Kenntnis von der Veränderung und dem Schuldner erlangen musste. Für die übrigen Wohnungseigentümer ist Kenntnis oder zumindest auf grober Fahrlässigkeit beruhende Unkenntnis im Sinne des § 195 BGB jedenfalls anzunehmen, wenn sie von der baulichen Veränderung etwa durch Besprechung auf der Eigentümerversammlung oder Mitteilung in Einladung und Protokoll Kenntnis haben mussten[4]. Eine Pflicht der Wohnungseigentümer, ihr Wohnungseigentum auf Beeinträchtigungen durch bauliche Veränderungen zu kontrollieren, besteht aber nicht und kann nicht zur Begründung einer groben Fahrlässigkeit im Sinne des § 199 Abs. 3 S. 1 Nr. 1 BGB herangezogen werden[5].

157 Der Rechtsnachfolger muss sich die Kenntnis oder grob fahrlässige Unkenntnis seines Rechtsvorgängers zurechnen lassen[6].

---

1 Palandt/*Heinrichs*, 67. Aufl., § 197 BGB Rz. 2f.
2 Palandt/*Heinrichs*, 67. Aufl., § 199 BGB Rz. 26 m.w.N.
3 Palandt/*Heinrichs*, 67. Aufl., § 199 BGB Rz. 37 m.w.N.
4 Da es eine Verpflichtung, sich regelmäßig über den baulichen Zustand der Wohnungseigentumsanlage zu unterrichten, nicht gibt, erscheint die Annahme grober Fahrlässigkeit durch *Röll*, ZWE 2002, 353 (354), bei völligem Desinteresse, etwa von Erwerbern im Rahmen von Bauherrenmodellen, die ihre Wohnung nie gesehen haben, nicht gerechtfertigt; ebenso *Sauren/Rupprecht*, NZM 2002, 585 (588f.).
5 OLG München, Beschl. v. 4. 3. 2008 – 32 Wx 15/08, juris.
6 Palandt/*Heinrichs*, 67. Aufl., § 199 BGB Rz. 25.

Darüber hinaus muss sich jeder Wohnungseigentümer die Kenntnis oder grob fahrlässige Unkenntnis des Verwalters analog § 166 Abs. 1 BGB zurechnen lassen[1]. Weil eine **Kenntnis des Verwalters** oder seine zumindest **grob fahrlässige Unkenntnis** hinsichtlich baulicher Veränderungen außerhalb des Sondereigentums mit Rücksicht auf die Verwalterpflichten nach § 27 Abs. 1 Nr. 2 und 3 WEG anzunehmen ist und die Zurechnung einer grob fahrlässigen Unkenntnis als Organisationsversagen zurechenbar sein soll, wäre demnach regelmäßig eine kurze Verjährungsfrist von drei Jahren zum Jahresende gegenüber allen Wohnungseigentümern anzunehmen[2].

158

Soweit Kenntnis oder grob fahrlässige Unkenntnis nicht vorliegen, verjähren die Ansprüche spätestens in zehn Jahren nach ihrer Entstehung oder ohne Rücksicht auf ihre Entstehung in dreißig Jahren von der Begehung der Handlung an, wobei die früher endende Frist maßgeblich ist, § 199 Abs. 3 BGB[3]. Ansprüche aus § 1004 BGB verjähren ohne Rücksicht auf die Kenntnis oder grob fahrlässige Unkenntnis spätestens in zehn Jahren von ihrer Entstehung an, § 199 Abs. 4 BGB.

159

Wollen die übrigen Miteigentümer nicht Gefahr laufen, dass ihre Beseitigungs- und Wiederherstellungsansprüche verjähren, während sie sich noch intern Klarheit verschaffen wollen, wie sie gegen den umbauenden Wohnungseigentümer vorgehen wollen, können sie eine **Hemmung der Verjährung** nach § 203 S. 1 BGB durch **Verhandlungen** mit dem umbauenden Wohnungseigentümer erreichen. Nach Scheitern der Verhandlungen, d.h. bis zu dem Zeitpunkt, in dem eine der Seiten die Fortsetzung der Verhandlungen verweigert, tritt Verjährung frühestens drei Monate nach Ende der Hemmung ein, § 203 S. 2 BGB, so dass genügend Zeit zur Klageerhebung bleibt, die zu einer erneuten Hemmung der Verjährung führt, § 204 Abs. 1 Nr. 1 BGB.

160

Demgegenüber widerspricht ein Eigentümerbeschluss ordnungsgemäßer Verwaltung, wenn darin einem Miteigentümer konstitutiv die Beseitigung einer baulichen Veränderung aufgegeben wird und infolgedessen eine Verlängerung der Verjährungszeit eintritt[4]. Wird ein solcher Eigentümerbeschluss erfolgreich angefochten, können gesetzliche Beseitigungsansprüche bereits verjährt sein.

161

---

1 Vgl. OLG München, Beschl. v. 7. 2. 2007 – 34 Wx 129/06, OLGReport München 2007, 296 = NZM 2007, 526.
2 So *Sauren/Rupprecht*, NZM 2002, 585 (588) auch zur zu Recht verneinten Frage der Zurechnung der Kenntnis des Beirats, dem nur die umgrenzten Aufgaben nach §§ 24 Abs. 3, 29 WEG obliegen.
3 Für durch eine bauliche Veränderung ausgelöste Verletzung von Leben, Körper, Gesundheit oder Freiheit gilt die längere Verjährungshöchstfrist des § 199 Abs. 2 BGB n. F.
4 OLG Hamm, Beschl. v. 29. 5. 2007 – 15 W 16/07, OLGReport Hamm 2007, 710 = NZM 2007, 839 = ZMR 2007, 880.

e) Verwirkung

162 Mit den neuen, kurzen Verjährungsfristen des Gesetzes zur Modernisierung des Schuldrechts hat die frühere Rechtsprechung zur Verwirkung wegen Zeitaublaufs kaum noch Bedeutung. Der Beseitigungs- und auch der Wiederherstellungsanspruch können grundsätzlich verwirkt werden, § 242 BGB. Doch ist die Annahme der Verwirkung an zahlreiche **Unwägbarkeiten** rechtlicher und tatsächlicher Art geknüpft. Schon in rechtlicher Hinsicht sind die Voraussetzungen für die Annahme der Verwirkung unbestimmt, die voraussetzt, dass der Berechtigte sein Recht längere Zeit hindurch nicht geltend gemacht hat (Zeitmoment) und der Verpflichtete sich nach dem gesamten Verhalten des Berechtigten darauf einrichten durfte und auch eingerichtet hat, dass dieser das Recht auch in Zukunft nicht geltend machen werde (Umstandsmoment)[1]. Hinzu kommt in tatsächlicher Hinsicht im gerichtlichen Verfahren die Schwierigkeit, die Voraussetzungen der Verwirkung zu beweisen. Der Wohnungseigentümer, der die bauliche Veränderung vorgenommen hat, trägt die Beweislast dafür, dass der Berechtigte längere Zeit hindurch die bauliche Veränderung hingenommen hat, so dass er sich auf die Nichtinanspruchnahme eingerichtet hat. Die Nichterweislichkeit eines solchen Sachverhalts geht also zu Lasten des Wohnungseigentümers, der die bauliche Veränderung vorgenommen hat. Um die Schwierigkeiten in der gerichtlichen Praxis bei der Feststellung des maßgeblichen Sachverhalts anzudeuten, seien nur zwei immer wiederkehrende Streitpunkte in diesem Zusammenhang genannt, nämlich die Frage, ob die bauliche Veränderung auf früheren Eigentümerversammlungen besprochen oder an deren Rande angesprochen worden ist und mit welchem Ergebnis – das Versammlungsprotokoll gibt dafür regelmäßig nichts her –, und die Frage, ob schon vor Jahren Abmahnungsschreiben verschickt worden und zugegangen sind.

163 Es ist an dieser Stelle nicht möglich, die möglichen Fallkonstellationen auch nur grob zu ordnen; zu unterschiedlich sind die zu berücksichtigenden Gesichtspunkte im Einzelfall[2]. Als **Faustregel** gilt: Je deutlicher ein

---

1 BGH, Beschl. v. 25. 3. 1965 – V BLw 25/64, BGHZ 43, 289 (292) = MDR 1965, 564 = NJW 1965, 1532; BGH, Urt. v. 16. 6. 1982 – IVb ZR 709/80, BGHZ 84, 280 = NJW 1982, 1999 = MDR 1982, 835; BGH, Urt. v. 6. 12. 1988 – XI ZR 19/88, MDR 1989, 448 = NJW-RR 1989, 818; BGH, Urt. v. 20. 10. 1988 – VII ZR 302/87, BGHZ 105, 290 (298) = MDR 1989, 246 = NJW 1989, 836; OLG München, Beschl. v. 9. 4. 2008 – 32 Wx 1/08, OLGReport München 2008, 434.
2 Vgl. etwa BayObLG, Beschl. v. 15. 2. 1984 – 2 Z 111/83, WuM 1985, 35; BayObLG, Beschl. v. 6. 8. 1987 – 2 Z 51/87, NJW-RR 1987, 1492; BayObLG, Beschl. v. 21. 5. 1992 – 2 Z BR 38/92, WuM 1992, 392; BayObLG, Beschl. v. 23. 7. 1992 – 2 Z BR 22/92, NJW-RR 1993, 337 = WuM 1992, 563 = ZMR 1992, 551 (15 Jahre); BayObLG, Beschl. v. 28. 7. 2004 – 2Z BR 33/04, NZM 2004, 747 (748) = ZMR 2005, 66 (20 Jahre bei einigen Treppenstufen in einer Böschung); KG, Beschl. v. 10. 2. 1997 – 24 W 6582/96, KGR Berlin 1997, 73 = NJW-RR 1997, 713 = WuM

Wohnungseigentümer zu erkennen gegeben hat, dass er eine bauliche Veränderung hinzunehmen bereit ist, und je erkennbarer sich der Umbauende darauf eingerichtet hat, nach desto kürzerer Zeit dürfte Verwirkung anzunehmen sein.

Für die Annahme der Verwirkung reicht es aber in keinem Fall aus, dass der Beseitigungsanspruch über viele Jahre nicht geltend gemacht worden ist[1]. Der Anspruchsberechtigte muss die Änderung des baulichen Zustands kennen oder aus grober Fahrlässigkeit nicht kennen[2] und durch sein Verhalten aus der Sicht eines objektiven Betrachters erkennen lassen, dass er sie hinnimmt. Der Anspruchsverpflichtete muss sich dementsprechend auf die Duldung eingerichtet haben, etwa durch Renovierung der baulichen Veränderung[3]. 164

Dabei muss der Rechtsnachfolger des ursprünglichen Anspruchsinhabers die Einrede der Verwirkung gegen sich gelten lassen[4]. Soweit der Anspruch beim Rechtsvorgänger aber noch nicht verwirkt war, ist für den Erwerber die Verwirkung selbständig (nur) nach dessen Verhalten zu beurteilen, weil sich der umbauende Wohnungseigentümer nicht darauf einrichten darf, dass der Erwerber die bauliche Veränderung ebenfalls dulden werde[5]. 165

f) Rechtsmissbrauch

Neben der Verwirkung als Sonderfall des Rechtsmissbruchs aus dem Gesichtspunkt der illoyalen Verspätung der Rechtsausübung kann dem Be- 166

1997, 241 = ZMR 1997, 315 (6 Jahre); OLG Hamburg, Beschl. v. 25. 2. 2002 – 2 Wx 51/98, ZMR 2002, 451 (20 Jahre); OLG Hamburg, Beschl. v. 11. 1. 2006 – 2 Wx 28/04, ZMR 2006, 465, 466 (10 Jahre); OLG Hamm, Beschl. v. 14. 11. 1989 – 15 W 347/89, OLGZ 1990, 159 (10 Jahre); OLG Karlsruhe, Beschl. v. 18. 11. 1998 – 4 W 158/97, WuM 1999, 594 (10 Jahre); OLG Köln, Beschl. v. 22. 1. 1997 – 16 Wx 238/96, OLGReport Köln 1997, 125 (5 Jahre); OLG Oldenburg, Beschl. v. 11. 3. 1997 – 5 W 18/97, WuM 1997, 391 (8 Jahre); OLG Schleswig, Beschl. v. 25. 5. 2005 – 2 W 52/04, OLGReport Schleswig 2005, 530 = ZMR 2005, 737 (8 Jahre).
1 OLG Köln, Beschl. v. 20. 5. 1998 – 16 Wx 80/98, NZM 1999, 263 (10 Jahre).
2 BayObLG, Beschl. v. 3. 8. 1998 – 2 Z BR 72/98, NZM 1998, 966; BayObLG, Beschl. v. 26. 8. 1999 – 2 Z BR 74/99, NZM 2000, 289 = ZMR 1999, 847.
3 BayObLG, Beschl. v. 25. 9. 2001 – 2 Z BR 65/01, BayObLGR 2002, 122 = NZM 2002, 128; s.a. OLG München, Beschl. v. 9. 4. 2008 – 32 Wx 1/08, OLGReport München 2008, 434.
4 BayObLG, Beschl. v. 19. 7. 1990 – 2 Z BR 61/90, NJW-RR 1991, 1041; KG, Beschl. v. 8. 9. 1993 – 24 W 5753/92 + 2301/93, WuM 1994, 38; KG, Beschl. v. 10. 2. 1997 – 2 W 6582/96, KGR Berlin 1997, 73 = NJW-RR 1997, 713 = WuM 1997, 241 = ZMR 1997, 315; OLG Düsseldorf, Beschl. v. 21. 5. 1997 – 3 Wx 556/96, WuM 1997, 517; siehe aber OLG Hamm, Beschl. v. 19. 9. 2007 – 15 W 444/06, ZMR 2008, 159 zur Grenze der Verwirkung, wenn auf diese Weise faktisch ein Sondernutzungsrecht begründet würde.
5 *Niedenführ*, NZM 2001, 1105 (1112).

seitigungsverlangen im Einzelfall der Einwand des Rechtsmissbrauchs nach Treu und Glauben, § 242 BGB, entgegenstehen[1]. Auch hier ist wegen der Vielzahl der möglichen Fallgestaltungen nur eine Veranschaulichung durch Beispiele möglich, die insbesondere zeigen, dass ein Rechtsmissbrauch von der Rechtsprechung nur in Ausnahmefällen, etwa der jahrelangen Mitbenutzung des Fahrradschuppens, dessen Beseitigung dann plötzlich verlangt wird[2], angenommen wird, in vielen Fällen, die nach laienhafter Einschätzung ebenso darunter zu zählen wären, aber nicht.

167 Dabei unterliegt das Beseitigungsverlangen des einzelnen Wohnungseigentümers geringeren Schranken als das Vorgehen der Wohnungseigentümergemeinschaft, weil der Einzelne nicht „Polizist" der Wohnungseigentümergemeinschaft ist, d. h. sich regelmäßig zumindest vertretbare Gründe dafür ergeben, dass er nur im Einzelfall seine Ansprüche geltend macht (vgl. a. Teil 9, Rz. 139 a. E. zum Gleichbehandlungsgrundsatz bei Vorgehen der Wohnungseigentümergemeinschaft gemäß § 10 Abs. 6 S. 3 WEG).

168 Ausgangspunkt bei der Anwendung des Grundsatzes von Treu und Glauben ist der Gedanke: Weil der Verpflichtete die Umbauten ohne Zustimmung der übrigen Wohnungseigentümer vorgenommen hat, trägt er und nicht die übrigen Wohnungseigentümer das Risiko, für die bauliche Veränderung erhebliche Mittel wirtschaftlich sinnlos aufgewendet zu haben und für Beseitigung und Wiederherstellung erhebliche Mittel aufwenden zu müssen[3]. Das Beseitigungsverlangen ist daher **nicht** schon allein **wegen erheblicher Rückbaukosten** rechtsmissbräuchlich[4], sondern **nur im**

---

1 BayObLG, Beschl. v. 9. 12. 1999 – 2 Z BR 101/99, BayObLGR 2000, 25 = ZMR 2000, 23; OLG Düsseldorf, Beschl. v. 25. 4. 1996 – 3 Wx 478/95, WuM 1996, 444 = ZMR 1996, 396; OLG Düsseldorf, Beschl. v. 11. 8. 1997 – 3 Wx 227/97, OLG-Report Düsseldorf 1997, 331 = NZM 1998, 79; OLG Düsseldorf, Beschl. v. 19. 1. 2007 – 3 Wx 186/06, OLGReport Düsseldorf, 2007, 241 = NZM 2007, 446 = ZMR 2007, 710; OLG Frankfurt/Main, Beschl. v. 1. 2. 2007 – 20 W 8/06, MietRB 2007, 234 = ZWE 2007, 370.
2 BayObLG, Beschl. v. 28. 3. 2001 – 2 Z BR 1/01, ZMR 2001, 640 = ZWE 2001, 609.
3 BayObLG, Beschl. v. 29. 9. 1999 – 2 Z BR 68/99, NZM 1999, 1150 = ZMR 2000, 53; KG, Beschl. v. 16. 1. 1984 – 24 W 4224/83, ZMR 1986, 189; OLG Düsseldorf, Beschl. v. 25. 4. 1996 – 3 Wx 378/95, ZMR 1996, 396; OLG Köln, Beschl. v. 13. 9. 1999 – 16 Wx 65/99, OLGReport Köln 2000, 45; OLG Zweibrücken, Beschl. v. 21. 9. 1999 – 3 W 141/99, NZM 2000, 294 = ZMR 1999, 855 = ZWE 2000, 93; *Schmack*, ZWE 2000, 168 (169).
4 BayObLG, Beschl. v. 14. 5. 1990 – 1b Z 27/89, WuM 1990, 609; OLG Frankfurt/Main, Beschl. v. 12. 8. 1996 – 20 W 594/95, OLGReport Frankfurt 1997, 39 = FGPrax 1997, 54; OLG Köln, Beschl. v. 13. 9. 1999 – 16 Wx 65/99, OLGReport Köln 2000, 45; OLG Köln Beschl. v. 11. 2. 2000 – 16 Wx 9/00, NZM 2000, 764; OLG Schleswig, Beschl. v. 20. 3. 2000 – 2 W 140/99, OLGReport Schleswig 2000, 191 = MDR 2000, 634 = NZM 2000, 674 = WuM 2000, 322; zur Anwendung des § 275 Abs. 2 BGB in diesen Fällen nunmehr BGH, Urt. v. 30. 5. 2008 – V ZR 184/07, MDR 2008, 968.

Ausnahmefall unter Berücksichtigung aller Umstände des Einzelfalls, wenn die Beeinträchtigung nur geringfügig, der Beseitigungsaufwand aber unverhältnismäßig aufwendig und unzumutbar ist[1]. Dabei soll auch zu berücksichtigen sein, ob die Baumaßnahme nur dem Vorteil eines einzelnen Wohnungseigentümers dient oder die Mehrheit gemeinschaftliche Zwecke verfolgt[2].

Die Wohnungseigentümergemeinschaft kann auch ohne Rechtsmissbrauch die Beseitigung von die Grenzen der Zustimmung übersteigenden baulichen Veränderungen verlangen, selbst wenn die abweichende oder weitergehende Bauausführung keine zusätzliche erhebliche Belästigung gegenüber der genehmigten Veränderung darstellt; es gilt nämlich der Vorrang des Vereinbarten[3]. 169

Auch ein Beseitigungsverlangen vor dem Hintergrund einer „Disziplinierung" wegen Konflikten im täglichen Zusammenleben stellt regelmäßig keine unzulässige Rechtsausübung dar; nur in Ausnahme- oder Erpressungsfällen wird bei **Schikane** § 226 BGB helfen, wenn sich feststellen lässt, dass das Beseitigungsverlangen allein geltend gemacht wird, um dem „störenden" Wohnungseigentümer Schaden zuzufügen[4]. Ein Verstoß gegen Treu und Glauben wird dann anzunehmen sein, wenn Ansprüche seitens der Wohnungseigentümergemeinschaft ohne sachlichen Grund[5] unterschiedlich gegen einzelne Wohnungseigentümer geltend gemacht werden[6]. 170

Schon gar nicht ergibt sich ein Rechtsmissbrauch daraus, dass in der Vergangenheit andere Wohnungseigentümer ähnliche bauliche Veränderungen vorgenommen haben[7]. Selbst der Umstand, dass der Anspruchsteller 171

---

1 BayObLG, Beschl. v. 14. 5. 1990 – 1b Z 27/89, WuM 1990, 609; BayObLG, Beschl. v. 16. 5. 1990 – 1b Z 22/89, NJW-RR 1990, 1168; BayObLG, Beschl. v. 5. 9. 2002 – 2 Z BR 130/01, NZM 2003, 120; OLG Hamm, Beschl. v. 25. 11. 1975 – 15 W 314/75, OLGZ 1976, 61 = RPfleger 1976, 100; s. a. OLG Düsseldorf, Beschl. v. 23. 5. 2007 – 3 Wx 21/07, OLGReport Düsseldorf 2007, 609 = NZM 2007, 528 = ZMR 2008, 221.
2 BayObLG, Beschl. v. 29. 9. 1999 – 2 Z BR 68/99, NZM 1999, 1150 (1152) = ZMR 2000, 53.
3 *Schuschke*, ZWE 2000, 146 (154).
4 BayObLG, Beschl. v. 19. 2. 1998 – 2 Z BR 135/97, NJW-RR 1998, 875; BayObLG, Beschl. v. 24. 2. 2000 – 2 Z BR 176/99, ZWE 2000, 216; OLG Frankfurt, Beschl. v. 6. 3. 1979 – 3 Ws 9–25, 84–85/79, NJW 1979, 1613; KG, Beschl. v. 16. 1. 1984 – 24 W 4224/83, ZMR 1986, 189; OLG Karlsruhe, Beschl. v. 18. 9. 2000 – 14 Wx 45/00, ZMR 2001, 224; OLG Oldenburg, Beschl. v. 11. 3. 1997 – 5 W 18/97, WuM 1997, 391.
5 Sachlicher Grund ist etwa die Durchführung eines „Pilotverfahrens".
6 OLG Oldenburg, Beschl. v. 11. 3. 1997 – 5 W 18/97, WuM 1997, 391; OLG Hamburg, Beschl. v. 15. 3. 2002 – 2 Wx 94/99, ZMR 2002, 616.
7 BayObLG, Beschl. v. 12. 10. 2001 – 2 Z BR 127/01, WuM 2002, 164 = ZWE 2002, 127; s. a. OLG Karlsruhe, Beschl. v. 18. 9. 2000 – 14 Wx 45/00, ZMR 2001, 224.

(vor Jahren) selbst eine unzulässige bauliche Veränderung vorgenommen hat, die zu beseitigen wegen Verwirkung des Anspruchs nicht mehr verlangt werden kann, lässt sein heutiges Beseitigungsbegehren gegenüber anderen Wohnungseigentümer nicht als treuwidrig erscheinen[1]. Es gibt auch **keine „Aufrechnung"** baulicher Veränderungen; bei Vorliegen der gesetzlichen Voraussetzungen kann vielmehr der in Anspruch genommene Wohnungseigentümer seinerseits Beseitigungsansprüche geltend machen[2].

g) Rechtsfolgen der fehlenden Durchsetzbarkeit

172 Soweit die Beseitigungs- und Wiederherstellungsansprüche wegen Verjährung, Verwirkung oder Einwand des Rechtsmissbrauchs im Einzelfall nicht durchgesetzt werden können, ändert dies nichts daran, dass eine unzulässige eigenmächtige und damit rechtswidrige bauliche Veränderung vorliegt. Verjährung, Verwirkung und Einwand des Rechtsmissbrauchs ersetzen nicht die fehlende Zustimmung der nach §§ 22 Abs. 1 S. 2, 14 Nr. 1 WEG benachteiligten Wohnungseigentümer und beseitigen nicht die Kostenfreiheit gemäß § 16 Abs. 6 S. 1 WEG[3].

173 Dies bedeutet aber nicht, dass der Beseitigungs- und Wiederherstellungsanspruch bei der Notwendigkeit der Instandsetzung des baulich veränderten Bauteils, etwa der Auswechslung eines zu duldenden Dachfensters wegen Undichtigkeit, wieder aufleben würde. Denn Vergleichszustand für die Feststellung des Vorliegens einer Veränderung ist der Errichtungszustand und der hieraus durch Vornahme einer baulichen Veränderung hervorgegangene Zustand, soweit diese bauliche Veränderung zulässig erfolgt ist[4] oder nunmehr zu dulden ist[5]. Eine Erweiterung

---

1 *Schuschke*, ZWE 2000, 146 (154); vgl. a. BayObLG, Beschl. v. 21. 5. 1992 – 2 Z BR 38/92, DWE 1992, 123 WuM 1992, 392; BayObLG, Beschl. v. 23. 7. 1992 – 2 Z BR 22/92, NJW-RR 1993, 337 = WuM 1992, 563 = ZMR 1992, 551; BayObLG, Beschl. v. 21. 7. 1994 – 2 Z BR 47/94, WuM 1995, 59; OLG Düsseldorf, Beschl. v. 14. 6. 1993 – 3 Wx 129/92, NJW-RR 1994, 277; OLG Frankfurt/Main, Beschl. v. 12. 8. 1996 – 20 W 594/95, OLGReport Frankfurt 1997, 39 = FGPrax 1997, 54; OLG Köln, Beschl. v. 22. 1. 1997 – 16 Wx 238/96, OLGReport Köln 1997, 125; s. a. BayObLG, Beschl. v. 26. 9. 2001 – 2 Z BR 79/01, WuM 2002, 160 = ZMR 2002, 211 = ZWE 2002, 73 zur fehlenden Erheblichkeit der Beeinträchtigung in diesem Fall.
2 BayObLG, Beschl. v. 9. 10. 2000 – 2 Z BR 87/00, WuM 2000, 687 = ZMR 2001, 125 (126) = ZWE 2001, 65; s. a. OLG München, Beschl. v. 22. 8. 2007 – 34 Wx 88/07, OLGReport München 2007, 928 = ZMR 2007, 884 für unzulässige Nutzungen.
3 Vgl. zum alten Recht OLG Saarbrücken, Beschl. v. 4. 10. 1996 – 5 W 286/95–50, FGPrax 1997, 56 = ZMR 1997, 31; vertiefend zu den (Kosten-)Folgen *J.-H.-Schmidt*, ZMR 2001, 924 (925); *J.-H.-Schmidt*, ZMR 2007, 913; *Ott*, ZWE 2002, 61 (66f.).
4 OLG Köln, Beschl. v. 29. 9. 2000 – 16 Wx 132/00, OLGReport Köln 2001, 22.
5 Palandt/*Bassenge*, 67. Aufl., § 22 WEG Rz. 1.

oder Vertiefung des Nachteils ist aber auch bei notwendigen Unterhaltungsmaßnahmen nicht zulässig[1].

4. Ansprüche aufgrund unzulässiger sowie genehmigter Umbauarbeiten

Neben Beseitigungs- und Wiederherstellungsansprüchen aufgrund ungenehmigter baulicher Veränderungen ergeben sich in diesen Fällen und auch bei ursprünglich oder später genehmigten baulichen Veränderungen Ansprüche der Wohnungseigentümergemeinschaft und der übrigen Wohnungseigentümer gegen den Bauenden auf Einhaltung von Sorgfalts- und Gewährleistungspflichten. 174

a) Beachtung der allgemeinen Baunormen und Regeln der Technik

Ohne dass dies in der Zustimmung ausdrücklich angesprochen oder als Bedingung gestellt worden sein müsste, hat der Umbauende selbstverständlich die anerkannten Regeln der Technik einzuhalten[2] und die zwingenden öffentlich-rechtlichen Normen des Baurechts zu beachten[3]. 175

Diesen Standard kann auch der einzelne Wohnungseigentümer vom umbauenden Wohnungseigentümer verlangen, weil seinem Schutz dienende Vorschriften verletzt sind. Deshalb kann er auch die Einhaltung der allgemeinen Regeln der Technik gegen den Umbauenden geltend machen, weil durch mangelhafte Arbeiten am Gemeinschaftseigentum jeder Wohnungseigentümer berührt wird; ebenso kann er die Beachtung der Brandschutznormen sowie der Lärmschutzbestimmungen fordern, soweit er durch die Lärmimmissionen betroffen ist[4]. 176

Hinsichtlich des Anspruchs auf Beachtung der öffentlichen Baunormen gilt nichts anderes als zur Klagebefugnis bei § 42 Abs. 2 VwGO, wenn auch nicht der Rechtsweg zu den Verwaltungsgerichten gegeben ist. Soweit einem Wohnungseigentümer oder auch der Wohnungseigentümergemeinschaft eine Baugenehmigung für eine beabsichtigte bauliche Ver- 177

---

1 OLG Düsseldorf, Beschl. v. 26. 6. 2008 – 3 Wx 217/07, juris.
2 BayObLG, Beschl. v. 2. 4. 1992 – 2 Z BR 9/92, BayObLGR 1992, 26 = NJW-RR 1992, 974 = WuM 1992, 324; KG, Beschl. v. 28. 2. 2000 – 24 W 8820/98 und 24 W 2976/99, KGR Berlin 2000, 253 = NZM 2000, 1012 = ZMR 2000, 635 = ZWE 2000, 362; OLG Köln, Beschl. v. 8. 11. 1996 – 16 Wx 215/96, OLGReport Köln 1997, 91; zum Begriff „Stand der Technik" BGH, Urt. v. 14. 5. 1998 – VII ZR 184/97, BGHZ 139, 16 = MDR 1998, 1026.
3 BayObLG, Beschl. v. 2. 4. 1992 – 2 Z BR 9/92, BayObLGR 1992, 26 = NJW-RR 1992, 974 = WuM 1992, 324; BayObLG, Beschl. v. 12. 9. 1996 – 2 Z BR 52/96, BayObLGR 1996, 81 = FGPrax 1996, 221; BayObLG, Beschl. v. 23. 1. 2001 – 2 Z BR 116/00, ZMR 2001, 472.
4 BayObLG, Beschl. v. 2. 4. 1992 – 2 Z BR 9/92, BayObLGR 1992, 26 = NJW-RR 1992, 974 = WuM 1992, 324.

änderung erteilt ist, besteht grundsätzlich verwaltungsrechtlicher Rechtsschutz (Drittwiderspruch, Drittanfechtungsklage) nicht (vgl. Teil 9, Rz. 97). Es fehlt solchen grundstücksinternen Klagen an der Klagebefugnis im Sinne des § 42 Abs. 2 VwGO[1]. Es bestehen im Verfahren nach § 43 Nr. 1 WEG gegen den Umbauenden geltend zu machende Unterlassungs- und Beseitigungsansprüche, soweit drittschützende Normen des öffentlichen Rechts verletzt sind.

b) Beachtung der Auflagen und Bedingungen sowie Einhaltung der Grenzen der Zustimmung

178 Der Umbauende muss sich an die ihm genehmigten Pläne halten und die Bedingungen, an die die Zustimmung geknüpft ist, und die in ihrem Zusammenhang erteilten Auflagen beachten. Ansonsten handelt es sich um eine unzulässige bauliche Veränderung, die Beseitigungs- und Wiederherstellungsansprüche auslöst[2].

Beispiel:

Keine Fertiggarage bei genehmigtem Carport; kein Gartenhaus bei genehmigtem Geräteschuppen; keine neue Wohnung im Zuge des Dachgeschossausbaus bei Genehmigung der Errichtung eines Hobbyraums.

c) Schadensersatzansprüche

179 Für Schäden am Gemeinschaftseigentum oder am Sondereigentum eines anderen Wohnungseigentümers, die durch bauliche Veränderungen verursacht werden, haftet der Verursacher bei Verschulden nach §§ 823 Abs. 1, 831 BGB auf Schadensersatz.

180 War die Zustimmung an die Übernahme der Gefahr für alle Folgen geknüpft, haftet der Veränderer ohne Verschulden[3].

181 Für die **Folgekosten** bei späteren Instandhaltungs- und Instandsetzungsmaßnahmen **der nicht genehmigten baulichen Veränderung** muss gemäß § 16 Abs. 6 S. 1 2. Halbsatz WEG der Bauende allein aufkommen[4]. Dies gilt aber nicht für Kosten, die der Wohnungseigentümergemeinschaft ohnehin entstanden wären, auch wenn die bauliche Veränderung nicht durchgeführt worden wäre, die sich vielmehr erst anlässlich der baulichen Veränderung als notwendig ergeben haben, etwa die Feststellung

---

1 BVerwG, Urt. v. 4. 5. 1988 – 4 C 20/85, BauR 1988, 837 = BB 1988, 1994 = DVBl. 1988, 851 = DÖV 1988, 837 = NJW 1988, 3279; BVerwG, Urt. v. 14. 10. 1988 – 4 C 1/86, BauR 1989, 75 = DVBl 1989, 356 = NVwZ 1989, 250; VG Düsseldorf, Gerichtsbescheid vom 17. 4. 2001 – 4 K 5274/00, NVwZ 2002, 116.
2 *Schuschke*, ZWE 2000, 146 (154).
3 KG, Beschl. v. 30. 11. 1992 – 24 W 4734/92, WuM 1993, 209.
4 Abweichend für einen Sonderfall KG, Beschl. v. 23. 12. 1998 – 24 W 4996/98, KGR Berlin 1999, 173.

von Hausschwamm im Dachstuhl bei Ausbauarbeiten[1]. Soweit der Bauende solche Schäden am Gemeinschaftseigentum während der Umbaumaßnahmen mitbeseitigt, können ihm für entstehende notwendige Aufwendungen Ersatzansprüche unter den Voraussetzungen der Geschäftsführung ohne Auftrag aus § 670 BGB zustehen.

⊃ **Hinweis:**
Bei der Feststellung von bisher verdeckten Schäden am Gemeinschaftseigentum während der Durchführung einer baulichen Veränderung sollte umgehend eine Klärung der Kostentragung mit der Wohnungseigentümergemeinschaft herbeigeführt werden, auch wenn hierzu eine außerordentliche Eigentümerversammlung zum Zwecke der Beschlussfassung notwendig werden sollte. Sonst besteht später die Gefahr, dass der Umbauende oder der diesen eigenmächtig entschädigende Verwalter auf den Mehrkosten sitzen bleibt. Im Nachhinein, so zeigt es die Praxis, lässt sich die Notwendigkeit der Aufwendungen einfach bestreiten, selbst wenn zuvor alles informell „abgemacht" erschien.

182

5. Durchsetzung des Rückbauverlangens

Soweit die materiellrechtlichen Voraussetzungen eines Beseitigungs- und Wiederherstellungsanspruchs gegeben sind, müssen diese zunächst im Erkenntnisverfahren festgestellt – „tituliert" – werden und dieser Titel dann unter Umständen vollstreckt werden.

183

a) Verfahren

Um die genannten Ansprüche durchzusetzen, ist gegen den Wohnungseigentümer der Rechtsweg zum sachlich ausschließlich zuständigen Amtsgericht der belegenen Sache nach § 43 Nr. 1 und 2 WEG gegeben (vgl. Teil 14, Rz. 86 ff.). Es kann ein Schlichtungsverfahren vor dem Beirat vereinbart sein, dessen erfolglose Durchführung Zulässigkeitsvoraussetzung für die gerichtliche Inanspruchnahme ist[2].

184

Bei Klagen gegen den Mieter folgt die gerichtliche Zuständigkeit aus den allgemeinen Vorschriften der ZPO.

Nur vorsorglich sei darauf hingewiesen, dass auch die Wohnungseigentümergemeinschaft, wenn ein Wohnungseigentümer einem Beschluss, der ihn zum Rückbau baulicher Veränderungen verpflichtet, nicht nach-

185

---
1 KG, Beschl. v. 17. 9. 1997 – 24 W 7853/96 = KGR Berlin 1998, 258; s. a. *Armbrüster*, ZWE 2001, 85.
2 OLG Frankfurt, Beschl. v. 11. 6. 2007 – 20 W 108/07, NZM 2008, 290.

kommt, **nicht einfach** zur **Ersatzvornahme** befugt ist, sondern zunächst einen rechtskräftigen Titel erstreiten muss[1].

◯ **Hinweis:**

186 **Wer soll** den Unterlassungsanspruch **geltend machen?** Der Verwalter, die Wohnungseigentümergemeinschaft, ein einzelner Wohnungseigentümer, der durch die übrigen oder die Wohnungseigentümergemeinschaft von den Kosten freigestellt wird? Diese Frage kann man nur für den Einzelfall beantworten. Zu bedenken gilt es:

187 • Häufig wird es sich beim Streit um bauliche Veränderungen um einen **Streit zwischen einzelnen Wohnungseigentümern** handeln. Auch wenn § 48 Abs. 1 S. 1 WEG für den Regelfall eine Beiladung vorsieht, wenn ein Wohnungseigentümer den anderen auf Beseitigung einer eigenmächtigen baulichen Veränderung in Anspruch nimmt, müssen sich die übrigen Wohnungseigentümer nicht am Streit beteiligen, in dem sie dem Rechtsstreit beitreten, und nicht selbst Stellung beziehen. Die übrigen Wohnungseigentümer und damit die Wohnungseigentümergemeinschaft sollten sich dann ebenso wenig wie der Verwalter durch einzelne Wohnungseigentümer instrumentalisieren lassen.

188 • Anders ist es, wenn sich ein Wohnungseigentümer vehement bewusst gegen die Gemeinschaft der Wohnungseigentümer stellt, in dem er **schwerwiegende bauliche Veränderungen**, beispielsweise Wand- und Deckenbrüche oder Anbauten eigenmächtig, in Eigenarbeit und ohne Genehmigung durchführt. Hier muss man den Anfängen und dem negativen Vorbild exemplarisch wehren. Dabei ist es sinnvoll, wenn die Wohnungseigentümergemeinschaft vertreten durch den Verwalter als handelndem Organ die eigenen Ansprüche und nach § 10 Abs. 6 S. 3 WEG die der einzelnen Wohnungseigentümer gemeinsam gegen den Störer geltend macht. Für die früher gebräuchliche Vorgehensweise, den Verwalter durch Eigentümerbeschluss zur Geltendmachung der Ansprüche im eigenen Namen als Verfahrensstandschafter zu ermächtigen, besteht nach der Reform des Wohnungseigentumsrechts keine Notwendigkeit mehr, ist er doch ohnehin Organ der Wohnungseigentümergemeinschaft. Diese ist bei Geltendmachung der Ansprüche der einzelnen Wohnungseigentümer nach § 10 Abs. 6 S. 3 WEG deren Prozessstandschafter. – Damit sind die Schwierigkeiten des früher gebräuchlichen Vorgehens beseitigt: Die Beauftragung des Verwalters zu einem Vorgehen im Wege der Verfahrensstandschaft durch alle übrigen Mitglieder der Wohnungseigentümergemeinschaft, wie sie

---

1 Vgl. OLG Köln, Beschl. v. 23. 9. 1998 – 16 WX 122/98, OLGReport Köln 1999, 62 = NZM 1998, 958.

vor Auffindung der Rechtsfähigkeit der Wohnungseigentümergemeinschaft verbreitet war[1], führte zu misslichen Problemen, wenn man den Verwalter noch im Erkenntnisverfahren oder noch vor Durchsetzung der Beseitigungs- und Wiederherstellungsansprüche auswechseln wollte. Denn ein neuer Verwalter konnte nicht ohne weiteres an Stelle des früheren Verwalters in das Verfahren eintreten, auch wenn die Wohnungseigentümer dem ausgeschiedenen Verwalter die Ermächtigung entzogen, ihr Recht im eigenen Namen geltend zu machen. Auch eine Titelumschreibung vom alten auf den neuen Verwalter nach § 727 ZPO war nicht möglich; der vom früheren Verwalter in Verfahrensstandschaft erwirkte Titel konnte nur vollstreckt werden, wenn er trotz seines Ausscheidens hierzu bereit war[2]. Soweit der Verwalter als Verfahrensstandschafter im eigenen Namen einen Titel erwirkt hatte, konnte dieser nur auf die ermächtigenden Wohnungseigentümer entsprechend § 727 ZPO umgeschrieben werden, wenn der Verwalter als Verfahrensstandschafter die Vollstreckung ablehnte oder verzögerte, sowie wenn die Vollstreckung sonst aus einem anderen Grund nicht durchgeführt werden konnte[3].

- Schließlich gibt es die Situation, dass gleichsam in einem **Musterverfahren** bestimmte Fragen von häufigen baulichen Veränderungen in der Wohnungseigentumsanlage – etwa die Auswechslung des ursprünglichen Linoleums gegen einen Fliesenboden in zahlreichen Wohnungen – geklärt werden müssen. Auch hier bietet es sich an, dass die Wohnungseigentümergemeinschaft, vertreten durch den Verwalter, die Ansprüche der einzelnen Wohnungseigentümer nach § 10 Abs. 6 S. 3 WEG geltend macht.

189

b) Antragsformulierung

Die Formulierung eines Antrags auf Beseitigung einer baulichen Veränderung und Wiederherstellung des früheren Zustands muss entsprechend dem im Einzelfall Verlangten vorgenommen werden, etwa

190

---

1 Vgl. dazu BGH, Beschl. v. 8. 2. 2007 – VII ZB – 89/06, BGHR 2007, 582 = NJW 2007, 1464 auch zur Frage der Erstattungsfähigkeit der Erhöhungs- oder Mehrvertretungsgebühr.
2 LG Darmstadt, Beschl. v. 22. 6. 1995 – 5 T 625/95, NJW-RR 1995, 398 = WuM 1995, 679.
3 OLG Düsseldorf, Beschl. v. 29. 1. 1997 – 6 Wx 469/96, OLGReport Düsseldorf 1997, 167 = NJW-RR 1997, 1035 = WuM 1997, 298 = ZMR 1997, 315; *Zöller/Stöber*, ZPO, 26. Aufl. 2002, § 727 ZPO Rz. 13 m.w.N.; str.; a.A. etwa *Schuschke*, NZM 2005, 81 (87), nach dem die Gemeinschaft die titulierten Ansprüche an den neuen Verwalter treuhänderisch abtreten muss, damit dieser sich eine Klausel nach § 727 ZPO verschaffen und dann vollstrecken kann.

> „den Beklagten zur Beseitigung der auf der Rückseite des Hauses ... auf dem Balkon der Wohnung des Antragsgegners im zweiten Obergeschoss, die im Aufteilungsplan mit ... bezeichnet ist, zum Nachbargrundstück hin errichteten Glastrennwand zu verurteilen."

191 Das Erfordernis eines **bestimmten Antrags** gemäß § 253 Abs. 2 ZPO dient nicht nur der Bestimmung des Streitgegenstandes, sondern auch der Vorbereitung der Zwangsvollstreckung. Spätestens hier muss Klarheit bestehen, was unter Zuhilfenahme staatlicher Gewalt notfalls gegen den Willen des Schuldners durchgesetzt werden kann. Der Leistungstitel muss die dem Schuldner auferlegten Pflichten konkret und so bestimmt angeben, dass dieser über den Umfang seiner Pflichten nicht im Zweifel sein kann. Mit der rechtskräftigen Entscheidungsformel: *„Die bauliche Veränderung ist wieder rückgängig zu machen."* wäre nicht viel anzufangen. Je genauer die dem Schuldner obliegende Pflicht – das ist bei baulichen Veränderungen regelmäßig der herzustellende Zustand – in der Entscheidungsformel, die der Auslegung anhand der Entscheidungsgründe zugänglich ist, beschrieben ist, desto weniger Schwierigkeiten ergeben sich später bei der Zwangsvollstreckung, etwa bei der Bestimmung eines Vorschusses nach § 887 Abs. 2 ZPO[1].

192 Andererseits ist zu beachten, dass dem **Schuldner** das **Wahlrecht** zusteht, wie er den Rückbau der baulichen Veränderung vornimmt und den früheren Zustand wiederherstellt. So ist zum Beispiel bei Veränderung des Oberbodens einer Wohnung, die zu nachteiligen Auswirkungen auf den Trittschallschutz führt, der Antrag dahin zu formulieren, dass ein bestimmter Schallpegel einzuhalten ist; wie der Schuldner dieser Pflicht nachkommt, bleibt ihm überlassen. Die Verurteilung zu einer konkreten Maßnahme kann nur dann erfolgen, wenn allein diese Maßnahme den geschuldeten Erfolg verspricht und andere Maßnahmen vernünftigerweise nicht ernsthaft in Betracht kommen[2].

c) Zwangsvollstreckung

193 Wenn ein rechtskräftiger Titel über den Rückbau einer baulichen Veränderung erstritten ist, schließt sich, soweit der verpflichtete Antragsgegner seine Pflicht aus dem Titel nicht freiwillig erfüllt, das Zwangsvollstreckungsverfahren[3] an. Dabei können hier nur die Grundzüge der

---

[1] Vgl. auch OLG München, Beschl. v. 23. 7. 2007 – 34 Wx 83/07, OLGReport München 2007, 744 zu einem Titel, der zur Entfernung eines „zwischen" zwei Garagenstellplätzen angebrachten Gitters verpflichtet.
[2] BGH, Urt. v. 12. 12. 2003 – V ZR 98/03, BGHR 2004, 580 = NJW 2004. 1035 = MDR 2004, 503.
[3] Vgl. Müller/*Hogenschurz*, Beck'sches Prozessformularbuch Wohnungseigentumsrecht, M.II.

aa) Grundzüge

Regelmäßig handelt es bei dem Rückbau einer baulichen Veränderung und der Wiederherstellung des früheren Zustands um **vertretbare Handlungen**, so dass die Vollstreckung gemäß **§ 887 Abs. 2 ZPO** durch das Amtsgericht als Prozessgericht erfolgt. Die Vollstreckung erfolgt – wie schon früher gemäß § 45 Abs. 3 WEG a. F. [1] – nach den Vorschriften der ZPO.

194

Die Vollstreckung nach § 887 ZPO besteht in der Ermächtigung des Gläubigers, die geschuldete Maßnahme durch einen Dritten oder selbst vorzunehmen und die entstehenden notwendigen Kosten von dem Schuldner beizutreiben. Der Gläubiger kann dabei nach § 887 Abs. 2 ZPO verlangen, dass der Schuldner zur Zahlung eines Kostenvorschusses verurteilt wird vorbehaltlich der Nachforderung eines höheren Differenzbetrags. Widerstand des Schuldners gegen die Ersatzvornahme wird durch den Gerichtsvollzieher beseitigt, § 892 ZPO.

195

Soweit der Schuldner Erfüllung oder Unmöglichkeit einwendet, ist er nicht auf den Weg der Vollstreckungsgegenklage zu verweisen, sondern die Klärung bereits im Verfahren nach § 887 ZPO vorzunehmen[2]. Für die Feststellung, ob ein titulierter Anspruch erfüllt ist, fehlt der Wohnungseigentümergemeinschaft die Beschlusskompetenz; sie ist Aufgabe der Gerichte[3].

196

bb) Vollstreckung in der (unter-)vermieteten oder verkauften Wohnung

Die Vollstreckung einer an sich vertretbaren Handlung erfolgt gegen einen Wohnungseigentümer, der seine Wohnung verkauft, vermietet oder unentgeltlich zum Gebrauch überlassen hat, soweit der Dritte mit der Durchführung der vertretbaren Handlung nicht einverstanden ist, nach

197

---

1 BayObLG, Beschl. v. 5. 12. 1991 – Breg 2 Z 161/91, WuM 1992, 163; KG, Beschl. v. 9. 2. 1987 – 24 W 6684/86, OLGZ 1987, 156 = NJW-RR 1987, 840 = RPfleger 1987, 368 (369) = ZMR 1987, 391; OLG Köln, Beschl. v. 29. 5. 2002 – 16 Wx 87/02, OLGReport Köln 2002, 387 = NZM 2002, 622; *Demharter*, NZM 2002, 233 (234, 236).
2 BGH, Beschl. v. 5. 11. 2004 – IXa ZB 32/04, BGHZ 161, 67 = NJW 2005, 367 = MDR 2005, 351 m.w.N. zum früheren Streitstand; BGH, Beschl. v. 22. 9. 2005 – I ZB 4/05, GuT 2005, 265.
3 OLG Hamm, Beschl. v. 24. 1. 2001 – 15 W 405/00, NZM 2001, 543 = ZMR 2001, 654 = ZWE 2001, 273.

§ 888 ZPO, nicht nach § 887 ZPO[1]. Denn der Schuldner hat durch Verkauf, Vermietung oder unentgeltliche Überlassung den unmittelbaren Besitz an den Räumlichkeiten an einen Dritten verloren, die zur Durchführung der vertretbaren Handlung nach § 887 ZPO betreten werden müssen. Gegen den Dritten richtet sich der Vollstreckungstitel des Gläubigers aber nicht. Gegen ihn kann auch nicht der Gerichtsvollzieher nach § 892 ZPO eingesetzt werden. Eine Zwangsvollstreckung nach § 887 ZPO ist daher nur mit dem Einverständnis des Dritten möglich.

198 Die **Verhängung von Zwangsmitteln** gegen den Wohnungseigentümer nach § 888 ZPO ist erst dann unzulässig, wenn der Wohnungseigentümer erfolglos alle zumutbaren Maßnahmen einschließlich eines gerichtlichen Vorgehens und eines Abfindungsangebotes unternommen hat, um den Dritten zur Duldung der Handlung zu veranlassen[2]. Der Gläubiger und auch die Wohnungseigentümergemeinschaft können dem vermietenden Mitglied aber nicht vorschreiben, wie es zur Umsetzung des titulierten Anspruchs gegen den Mieter vorgeht[3]. Die Vollstreckung nach § 888 ZPO ist nur bei Unmöglichkeit, die Mitwirkung oder Zustimmung des Käufers oder Mieters zu erlangen, unzulässig. Die Frage der Erfüllung ist bereits im Verfahren nach § 888 ZPO zu berücksichtigen[4]. Dabei ist es Sache des Schuldners, seine Bemühungen darzulegen. Erst wenn alle dem Schuldner möglichen Anstrengungen, den Dritten rechtlich notfalls mit Gerichtshilfe und tatsächlich auf andere Weise zur Zustimmung und Mitwirkung zu zwingen, fehlgeschlagen sind, kann kein Zwangsmittel mehr verhängt werden. Zum Risikobereich des vermietenden Wohnungseigentümers gehört es, dass die Vermietung mit dem Gemeinschaftsverhältnis vereinbar ist; er kann bei Unvereinbarkeit nicht das Mietverhältnis aus wichtigem Grund kündigen[5]. Um zu vermeiden, dass

---

1 BayObLG, Beschl. v. 29. 12. 1988 – BReg 2 Z 79/88, BayObLGZ 1988, 440 = NJW-RR 1989, 462; BayObLG, Beschl. v. 27. 10. 1993 – 2 Z BR 107/93, WuM 1993, 766; BayObLG, Beschl. v. 21. 10. 1999 – 2 Z BR 102/99, NZM 2000, 303 = WuM 208 = ZWE 2000, 303; OLG Köln, Beschl. v. 14. 4. 2000 – 16 Wx 58/00, OLGReport Köln 2000, 438 = NZM 2000, 1018 = ZMR 2001, 66; s.a. OLG Düsseldorf, Beschl. v. 13. 3. 2002 – 3 W 404/01, NZM 2002, 711.
2 BayObLG, Beschl. v. 29. 12. 1988 – BReg 2 Z 79/88, BayObLGZ 1988, 440 = NJW-RR 1989, 462; BayObLG, Beschl. v. 27. 10. 1993 – 2 Z BR 107/93, WuM 1993, 766; BayObLG, Beschl. v. 21. 10. 1999 – 2 Z BR 102/99, NZM 2000, 303 = WuM 208 = ZWE 2000, 303; OLG Schleswig, Beschl. v. 12. 8. 2002 – 2 W 21/02, OLGReport Schleswig 2003, 83 = MDR 2003, 149; OLG Stuttgart, Beschl. v. 26. 7. 2005 – 5 W 36/05, OLGReport Stuttgart 2006, 728 = MDR 2006, 293; s.a. OLG Düsseldorf, Beschl. v. 13. 3. 2002 – 3 W 404/01, NZM 2002, 711 für den Fall, dass es der Mitwirkung der Wohnungseigentümergemeinschaft bedarf und zur dann bestehenden Einwirkungspflicht des verpflichteten Wohnungseigentümers auf die Wohnungseigentümergemeinschaft.
3 OLG Frankfurt/Main, Beschl. v. 28. 1. 2004 – 20 W 124/03, OLGReport Frankfurt 2004, 289 = NZM 2004, 231.
4 KG, Beschl. v. 6. 12. 2007 – 2 W 185/07, MDR 2008, 349.
5 BGH, Urt. v. 19. 11. 1995 – XII ZR 230/94, NJW 1996, 714 = MDR 1996, 355.

ein Anspruch gegen den vermietenden Wohnungseigentümer trotz langer Mühen doch nicht durchsetzbar ist, sollte daher – wo möglich – der Mieter (oder sonstige Nutzer) als Handlungsstörer unmittelbar (vor dem Prozessgericht) in Anspruch genommen werden[1].

Umstritten ist die Frage, ob im Verfahren nach § 887 ZPO die Einwendung des Schuldners beachtlich ist, dass die **erforderliche Zustimmung eines Dritten** nicht vorliege. Während zum Teil[2] der Schuldner mit dieser Einwendung auf das Verfahren nach § 767 ZPO verwiesen wird, die Zustimmung des Dritten also nicht als Voraussetzung eines Ermächtigungsbeschlusses nach § 887 ZPO angesehen wird, soll nach anderer Auffassung[3] die zur Ersatzvornahme erforderliche Zustimmung eines Dritten schon bei Erlass des Ermächtigungsbeschlusses vorliegen müssen. Letztere Auffassung ist aber mit Blick darauf abzulehnen, dass sie den Schuldner zu Schutzbehauptungen einlädt. 199

cc) Erforderliche behördliche Genehmigungen

Wie eine Zwangsvollstreckung im Wege der Ersatzvornahme nach § 887 ZPO nur dann nicht in Betracht kommt, wenn feststeht, dass die erforderliche Mitwirkung Dritter fehlt, steht auch das Erfordernis einer behördlichen Zustimmung der Anordnung der Ersatzvornahme nach § 887 ZPO nicht entgegen[4]. Dies wird häufig bei denkmalgeschützten Häusern bedeutsam, oder etwa, wenn für den Abriss eine Baugenehmigung erforderlich ist. Kommunale Baumschutzsatzungen können z. B. dem Anspruch auf Fällen älterer Bäume entgegenstehen[5]. 200

Solche Fragen werden im Verfahren nach § 887 ZPO grundsätzlich nicht geprüft. Öffentlich-rechtliche Hindernisse stehen der Erteilung einer Ermächtigung nach § 887 ZPO nicht entgegen; es ist dann Sache des Gläubigers, die öffentlich-rechtlichen Voraussetzungen für die Durchführung der Ersatzvornahme vor deren Durchführung zu schaffen[6]. Sofern das Er- 201

---

1 Zur besonderen Konstellation, dass der störende Mieter zugleich Eigentümer einer anderen Wohnung in der Wohnungseigentumsanlage ist vgl. KG, Beschl. v. 13. 12. 2004 – 24 W 298/03, KGR Berlin 2005, 441 = ZMR 2005, 977.
2 OLG Düsseldorf, Beschl. v. 22. 10. 1990 – 9 W 92/90, MDR 1991, 260; *Stein/Jonas*, 21. Aufl., § 887 ZPO, Rz. 24.
3 OLG Frankfurt/Main, Beschl. v. 15. 4. 1982 – 20 W 125/82, MDR 1983, 141; *Zöller/Stöber*, 26. Aufl. 2007, § 887 ZPO, Rz. 7.
4 OLG Frankfurt/Main, Beschl. v. 15. 4. 1982 – 20 W 125/82, MDR 1983, 141; OLG Frankfurt/Main, Beschl. v. 17. 2. 1997 – 3 W 66/96, OLGReport Frankfurt 1997, 86.
5 OLG Düsseldorf, Urt. v. 18. 10. 1991 – 22 U 220/90, OLGReport Düsseldorf 1992, 24; OLG Köln, Urt. v. 17. 2. 1997 – 16 U 50/96, OLGReport Köln 1997, 185.
6 OLG Frankfurt/Main, Beschl. v. 17. 2. 1997 – 3 W 66/96, OLGReport Frankfurt 1997, 86.

fordernis öffentlich-rechtlicher Genehmigungen zweifelhaft ist (Baugenehmigung, Altlastenunbedenklichkeit, Wasserrecht, Naturschutzrecht usw.), obliegt es jedoch zunächst dem Schuldner, klärende Schritte zu veranlassen. Es handelt sich um typische Vorbereitungshandlungen zur Erfüllung des gegen ihn titulierten Anspruchs. Der Schuldner muss substantiiert vortragen, dass er eine entsprechende Klärung nicht herbeiführen und wegen genehmigungsrechtlicher Hindernisse nicht erfüllen kann. Allein die Unklarheit über die Notwendigkeit einer Genehmigung kann nicht dazu führen, die Vornahme der geschuldeten Arbeiten zu blockieren. Ist die Ermächtigung nach § 887 ZPO erteilt, so ist es Sache des Gläubigers, die öffentlich-rechtlichen Voraussetzungen für die Durchführung der Ersatzvorname zu schaffen[1]. Die Ermächtigung des Gläubigers nach § 887 ZPO ist überhaupt erst Voraussetzung, um den Gläubiger zur eigenen Antragstellung im verwaltungsbehördlichen Verfahren zu berechtigen[2], wobei dem Schuldner bei diesem von dem Gläubiger einzuleitenden Antragsverfahren aus dem rechtskräftigen Urteil eine Mitwirkungspflicht obliegt[3]. Eine Ersatzvornahme kommt erst dann nicht mehr in Betracht, wenn selbst dem Gläubiger eine eventuell erforderliche Genehmigung endgültig verweigert wurde[4]. Ein etwaiger **Verstoß** bei der Durchführung der Ersatzvornahme **gegen öffentlich-rechtliche** Vorschriften würde zu **Lasten des Gläubigers** und nicht des Schuldners gehen[5].

6. Veränderungs-ABC

Vorbemerkung

202 Die in der folgenden Zusammenstellung gegebene Sammlung von Beispielsfällen zu eigenmächtigen baulichen Veränderungen durch einzelne Wohnungseigentümer kann keinen Anspruch auf Vollständigkeit erheben. Sie kann aus der unüberschaubaren Zahl möglicher Fälle von baulichen Veränderungen nur immer wieder auftretende „Klassiker" berücksichtigen. Der **Einzelfall** mit seinen Besonderheiten mag abweichende Überlegungen rechtfertigen; auch die unter Zuhilfenahme einer juristi-

---

1 OLG Celle, Beschl. v. 8. 6. 1961 – 8 W 43/61, MDR 1961, 859; OLG Frankfurt/Main, Beschl. v. 15. 4. 1982 – 20 W 125/82, MDR 1983, 141; OLG Frankfurt/Main, Beschl. v. 17. 2. 1997 – 3 W 66/96, OLGReport Frankfurt 1997, 86.
2 LG Hamburg, Beschl. v. 16. 4. 1957 – 16 O 14/56, MDR 1958, 340.
3 OLG Frankfurt/Main, Beschl. v. 17. 2. 1997 – 3 W 66/96, OLGReport Frankfurt 1997, 86.
4 OLG Düsseldorf, Beschl. v. 26. 1. 2001 – 9 W 79/00, OLGReport Düsseldorf 2001, 282; OLG Celle, Beschl. v. 8. 6. 1961 – 8 W 43/61, MDR 1961, 859; OLG Frankfurt/Main, Beschl. v. 17. 2. 1997 – 3 W 66/96, OLGReport Frankfurt 1997, 86; LG Hamburg, Beschl. v. 16. 4. 1957 – 16 O 14/56, MDR 1958, 340.
5 OLG Frankfurt/Main, Beschl. v. 17. 2. 1997 – 3 W 66/96, OLGReport Frankfurt 1997, 86.

schen Datenbank oder eines Großkommentars ermittelte „einschlägige" Leitentscheidung ist zu einem anderen Sachverhalt ergangen. Gerade in den Fällen baulicher Veränderung lassen sich der obergerichtlichen Rechtsprechung und erst recht der Literatur zuverlässig wohl nur die abstrakten rechtlichen Obersätze und Argumentationshilfen entnehmen. Weil diese Entscheidungen die Örtlichkeiten nicht zuverlässig wiedergeben, etwa keine Fotografien der Örtlichkeiten enthalten, und die Bewertung der Gesamtumstände des jeweiligen Einzelfalles nicht immer eindeutig sein muss, ist die Vorausschau, welche Beurteilung im Einzelfall das zur Entscheidung berufene Gericht vornimmt, nur unter Berücksichtigung früherer Erfahrungen möglich.

Ausgangspunkt bleibt die **Faustregel**: Im Zweifel ist jede Veränderung des bestehenden Zustandes des Gemeinschaftseigentums und der äußeren Gestaltung des Gebäudes eine bauliche Veränderung[1]. Und sie beeinträchtigt in der Regel andere Wohnungseigentümer über das bei einem geordneten Zusammenleben unvermeidliche Maß hinaus nachteilig, so dass deren Zustimmung erforderlich ist. Die Rechtsprechung tendiert nach Vorgabe des Bundesverfassungsgerichts zu Art. 14 GG[2] grundsätzlich zu einem strengen Verständnis, zum Leid dessen, der ändern möchte, zur Freude dessen, der gegen eine Veränderung ist. In der Vergangenheit bestehende Härten hat die Reform des Wohnungseigentumsrechts gesehen und deshalb die Möglichkeit der Modernisierung nach § 22 Abs. 2 WEG geschaffen (vgl. Teil 8, Rz. 20 ff.). 203

Andererseits ist nicht jede Baumaßnahme begrifflich eine an § 22 Abs. 1 WEG zu messende bauliche Veränderung, und soweit eine bauliche Veränderung vorliegt, mag diese im Einzelfall für den Mandanten nicht nachteilig sein und daher nicht seiner Zustimmung bedürfen. Auch wenn manche Wohnungseigentümer immer noch vom Gegenteil überzeugt sind und dies mitunter ausnützen wollen, kann nicht jeder Wohnungseigentümer jede bauliche Veränderung verhindern. Nicht jede bauliche Veränderung bedarf der Zustimmung aller Wohnungseigentümer. 204

➲ **Hinweis:**
Es ist wichtig, diese aus der besonderen rechtlichen Verbundenheit und räumlichen Nähe in einer Wohnungseigentümergemeinschaft abzuleitenden Grundsätze dem im Wohnungseigentumsrecht noch unbedarften Mandanten deutlich zu machen und weit verbreiteten abweichenden laienhaften Meinungen entgegenzutreten. Es ist insbesondere wichtig, dem Mandanten zu verdeutlichen, warum es im Einzelfall nicht auf die von ihm aus der Zeitung ausgeschnittene 205

---
1 Vgl. OLG Köln, Beschl. v. 15. 2. 2002 – 16 Wx 232/01, NZM 2002, 258 für ein DIN A4 großes Hinweisschild.
2 BVerfG, Beschl. v. 22. 12. 2004 – 1 BvR 1806/04, NZM 2005, 182 = ZMR 2005, 634.

"Leitentscheidung" ankommt, sondern auf die Besonderheiten seines eigenen Falls und die für diesen vertretbaren Argumente. Welche Bewertung das zur Entscheidung berufene Gericht vornimmt, ist dann für den Einzelfall nur schwer vorherzusehen[1].

206 In den folgenden Stichworten werden nur soweit problematisch die Fragen angesprochen, aus welchen Gesichtspunkten eine bauliche Veränderung im Sinne des § 22 Abs. 1 S. 1 WEG vorliegt, warum diese für andere Wohnungseigentümer nachteilig im Sinne der §§ 22 Abs. 1 S. 2, 14 Nr. 1 WEG sein können und welche Besonderheiten im Übrigen zu beachten sind.

207 **Absperrpfähle/Absperrketten** → siehe Kfz-Stellplätze

208 **Antenne** → siehe auch Parabolantenne

Die Anbringung einer **Amateurfunkantenne** ist zustimmungspflichtig, soweit sie mit Eingriffen in die Bausubstanz (Einbau von Antennenkabel, Beschädigung der Dachhaut usw.) und Nachteilen (Sturmanfälligkeit, Störung des Rundfunk- und Fernsehempfangs usw.) oder einer Beeinträchtigung der optischen Gestalt verbunden ist oder sein kann[2]. Die Genehmigung der Errichtung von (Amateur-)Funkantennen in der Teilungserklärung erfasst nicht auch die Errichtung von Mobilfunkantennenanlagen[3]. Ebenso wenig beinhaltet die Freistellung von der Zustimmungspflicht des § 22 Abs. 1 S. 2 WEG bei Antennen zwangsläufig den Ausschluss eines Unterlassungsanspruchs wegen möglicher schädlicher Auswirkungen beim Betrieb der montierten Mobilfunksendeanlage[4].

209 Über Maßnahmen zur Herstellung einer Rundfunk- und **Fernsehempfangsanlage** kann gemäß § 21 Abs. 5 Nr. 6 WEG als Maßnahme ordnungsgemäßer Verwaltung mit Mehrheit beschlossen werden. So kann von einer Fernsehgemeinschaftsantenne für terrestrischen Empfang auf

---

1 So haben schon sehr umfangreiche Baumaßnahmen im Einzelfall die von der Rechtsbeschwerdeinstanz aus Rechtsgründen nicht zu beanstandende Billigung der Tatsacheninstanzen gefunden, etwa BayObLG, Beschl. v. 16. 6. 2004 – 2 Z BR 65/04, BayObLGR 2004, 426, für einen 3 mal 5m großen, unterkellerten Wintergarten in einer Doppelhausanlage, aufgehoben durch BVerfG, Beschl. v. 22. 12. 2004 – 1 BvR 1806/04, NZM 2005, 182 = ZMR 2005, 634; BayObLG, Beschl. v. 30. 1. 2003 – 2 Z BR 121/02, ZMR 2003, 514, im Einzelfall für die Errichtung einer Doppelgarage; OLG Hamburg, Beschl. v. 27. 12. 2004 – 2 Wx 19/04, OLGReport Hamburg 2005, 267 = ZMR 2005, 367 für ein Gewächshaus und einen Carport für zwei Fahrzeuge.
2 BayObLG, Beschl. v. 23. 10. 1986 – 2 Z 51/85, MDR 1987, 235 = NJW-RR 1987, 202 = WuM 1988, 99 = ZMR 1987, 30; OLG Celle, Beschl. v. 21. 12. 1981 – 4 Wx 29/81, Wohnungseigentümer 1982, 33; abweichend für einen Ausnahmefall BayObLG, Beschl. v. 30. 5. 1990 – 2 Z 57/90, DWE 1990, 114.
3 OLG Hamm, Beschl. v. 3. 1. 2002 – 15 W 287/01, NJW 2002, 1730 = NZM 2002, 436 = ZMR 2002, 622 = ZWE 2002, 319 mit Anm. *Köhler*, ZWE 2002, 302.
4 BayObLG, Beschl. v. 20. 3. 2002 – 2 Z BR 109/01, NZM 2002, 441 = ZMR 2002, 610 mit Anm. *Köhler*, ZWE 2002, 302.

Kabelanschluss als Maßnahme der modernisierenden Instandsetzung mit Mehrheitsbeschluss umgestellt werden[1].

Die Errichtung einer **Mobilfunkanlage** setzt zunächst ein Recht des Errichters voraus, etwa aus der Teilungserklärung[2], die Einräumung eines dinglichen Rechts oder die Vermietung der Dachfläche zum Betrieb der Sendeanlage auf der Grundlage eines bestandskräftigen Mehrheitsbeschlusses[3]. Ist in der Teilungserklärung der Betrieb einer Funkfeststation gestattet, ergibt sich auch durch Auslegung nicht die Zulässigkeit des Betriebs einer Mehrzahl solcher Anlagen[4]. Fehlt eine Vereinbarung oder ein dingliches Recht als Grundlage für die Errichtung, sind Genehmigungen durch Mehrheitsbeschluss, sei es als Vermietung oder als bauliche Veränderung, nur selten zulässig, weil sie regelmäßig ordnungsgemäßer Verwaltung widersprechen dürften. Die Errichtung ist in der Regel eine nachteilige optische Veränderung[5] und bedarf auch hinsichtlich von Gefahren für das Dach (Dichtigkeit, Statik usw.) der sorgfältigen Prüfung. Deshalb wird sich die nicht abschließend geklärte Frage nach **möglichen Gesundheitsgefahren** kaum mehr stellen. Hier reicht die derzeit bestehende Ungewissheit, ob und in welchem Maße von Mobilfunkantennen gesundheitliche Gefahren für die in unmittelbarer Nähe zu der Anlage wohnenden Menschen ausgehen, für die Annahme einer tatsächlichen Benachteiligung aus, die ein Wohnungseigentümer gemäß § 14 Nr. 1 WEG nicht hinnehmen muss[6]. Für die fehlende Nachteiligkeit der

210

---

1 OLG Celle, Beschl. v. 5. 4. 1986 – 4 W 30/86, NJW-RR 1986, 1271; OLG Hamm, Beschl. v. 9. 10. 1997 – 15 W 245/97, OLGReport Hamm 1998, 5 = ZMR 1998, 188, bei Reparaturbedarf; OLG Köln, Beschl. v. 19. 7. 1995 – 16 Wx 83/95, WuM 1996, 106, auch zum Ausgleich von Nachteilen des Empfangs im Lang-, Mittel- und Kurzwellenbereich durch Einsatz einer Wurfantenne; a. A. BayObLG, Beschl. v. 1. 10. 1998 – 2 Z BR 71/98, NZM 1999, 264 = WuM 1999, 57 = ZMR 1999, 55; siehe *Wenzel*, ZWE 2007, 179.
2 S. OLG Köln, Beschl. v. 28. 2. 2002 – 16 Wx 30/02, NZM 2002, 612 = ZMR 2002, 702.
3 Weil eine Verpachtung einer im Gemeinschaftseigentum stehenden Fläche nur durch Mehrheitsbeschluss erfolgen darf, wenn den Wohnungseigentümern kein Nachteil entsteht, vgl. BayObLG, Beschl. v. 28. 3. 2002 – 2 Z BR 182/01, NZM 2002, 569 = ZMR 2002, 688, dürfte ein Beschluss über die Verpachtung einer Dachfläche zum Betrieb einer Mobilfunkantenne aus den sogleich zu erörternden Gründen als nachteilig anfechtbar sein.
4 BGH, Beschl. v. 30. 3. 2006 – V ZB 17/06, BGHR 2006, 835 = NJW 2006, 2187; OLG München, Beschl. v. 23. 1. 2006 – 34 Wx 16/05, OLGReport München 2006, 251; anders noch OLG Köln, Beschl. v. 28. 2. 2002 – 16 Wx 30/02, OLGReport Köln 2002, 418.
5 OLG Saarbrücken, Beschl. v. 12. 1. 1998 – 5 W 9/97-8, ZMR 1998, 310; vgl. a. OLG Schleswig, Beschl. v. 5. 9. 2001 – 9 U 103/00, OLGReport Schleswig 2001, 446 = NZM 2001, 1035 = ZWE 2002, 138.
6 OLG Hamm, Beschl. v. 3. 1. 2002 – 15 W 287/01, NJW 2002, 1730 = NZM 2002, 436 = ZMR 2002, 622 = ZWE 2002, 319; BayObLG, Beschl. v. 20. 3. 2002 – 2 Z BR 109/01, NZM 2002, 441 (443) = ZMR 2002, 610, jeweils mit Anm. *Köhler*,

festgestellten Strahlenimmissionen trägt eben der sich darauf berufende Umbauwillige die Beweislast[1]. Allerdings hat der Bundesgerichtshof für die Frage der Erheblichkeit von Immissionen im Nachbarrecht, nämlich elektrischer Felder, einer Mobilfunkanlage entschieden, dass der Einhaltung der Anforderungen der 26. BImSchV Indizwirkung dafür zukommt, dass nur eine unwesentliche Beeinträchtigung vorliegt; soweit die Grenzwerte eingehalten sind, ist es Sache des Beeinträchtigten – und nicht wie im Übrigen des Störers – darzulegen und auch zu beweisen, dass ein wissenschaftlich begründeter Zweifel an der Richtigkeit der festgelegten Grenzwerte und ein fundierter Verdacht einer Gesundheitsgefährdung bestehe, was aber keine Beweislastumkehr bedeutet[2]. Die Bedeutung dieser Entscheidung für das Verhältnis der Wohnungseigentümer untereinander ist ungeklärt[3]. In der Verweisung auf das öffentliche Recht in § 906 Abs. 1 S. 2 BGB hat der Bundesgerichtshof für das Nachbarverhältnis die vom Gesetzgeber vorgenommene maßgebliche Risikoverschiebung gesehen, die Grundlage der abgestuften Darlegungs- und Beweislastanforderungen ist. Eine Erheblichkeit der Nachteile der elektrischen Felder im Sinne des § 14 Nr. 1 WEG ist jedenfalls bei Überschreitung der gesetzlichen Grenzwerte anzunehmen. Auch bei Einhaltung der Grenzwerte der 26. BImSchV kann unter Berücksichtigung der Verkehrsanschauung schon durch die Besorgnis einer Gesundheitsgefahr die Nutzung einer Wohnung durch Vermietung oder Verkauf beeinträchtigt werden; bereits die ernsthafte Möglichkeit der Wertminderung, nicht erst deren Eintreten begründet einen Nachteil[4].

ZWE 2002, 302. Den besonderen Maßstab im Verhältnis der Wohnungseigentümer untereinander, der sich aus dem Gemeinschaftsverhältnis mit seinen besonderen Rücksichtnahmepflichten ergibt, verkennt *Hitpaß*, ZMR 2007, 340 (345 f.), der die Entscheidungen in den Kontext des Verhältnisses von Mieter und Vermieter einordnet. – Man wird kaum behaupten können, von den zum Betrieb des Mobilfunknetzes notwendigen Funkfeststationen ausgehende erhebliche Gesundheitsbeeinträchtigungen seien nicht ersichtlich; so aber OLG Köln, Beschl. v. 28. 2. 2002 – 16 Wx 30/02, ZMR 2002, 702 (703) (insoweit in NZM 2002, 612 nicht abgedruckt).

1 Offengelassen in OLG Köln, Beschl. v. 10. 1. 2003 – 16 Wx 221/02, NZM 2003, 200 (201). Demgegenüber muss, wer – noch dazu ein bestimmtes – staatliches Einschreiten gegen Gesundheitsgefahren begehrt (hier: Verringerung der zulässigen Immissionsgrenzwerte für Mobilfunkanlagen), beweisen, dass die Voraussetzungen einer staatlichen Schutzpflicht aus Art. 2 Abs. 2 S. 1 GG vorliegen; vgl. BVerfG, Beschl. v. 28. 2. 2002 – 1 BvR 1676/01, NJW 2002, 1638.
2 BGH, Urt. v. 13. 2. 2004 – V ZR 217/03, NJW 2004, 310 = MDR 2004, 742; siehe auch BGH, Urt. v. 15. 3. 2006 – VIII ZR 74/05, MDR 2006, 1218 = NZM 2006, 504 = WuM 2006, 304.
3 Verfehlt wäre es, die Übertragbarkeit aus der Entscheidung des BGH, Urt. v. 28. 9. 2007 – V ZR 276/06, NJW 2007, 3636 = MDR 2008, 135 = ZMR 2007, 976 (977) mit Anm. *Hogenschurz* herleiten zu wollen, denn nach dieser Entscheidung lässt sich für das Wohnungseigentumsrecht aus dem Nachbarrecht wohl nur ein Mindeststandard entnehmen, vgl. II. 3. a) der Entscheidungsgründe.
4 OLG Karlsruhe, Beschl. v. 12. 7. 2006 – 1 U 20/06, NZM 2006, 746.

Außenleuchte

Die Anbringung einer Außenleuchte an Balkon oder Terrasse bedarf bei Befestigung am gemeinschaftlichen Eigentum (Balkonbrüstung, Außenwand usw.) grundsätzlich der Zustimmung. Ob Lichtimmissionen im Einzelfall die Grenze des nach §§ 22 Abs. 1 Nr. 2, 14 Nr. 1 WEG zustimmungslos Zulässigen überschreiten, welcher Wohnungseigentümer nachteilig betroffen ist und also zustimmen muss, kann nur im Einzelfall entschieden werden.

211

Außentreppe → siehe auch Balkon/Terrasse/Wintergarten

Die Anbringung einer Außentreppe ist wegen der damit regelmäßig verbundenen Substanzeingriffe in das Gemeinschaftseigentum, der nachteiligen optischen Veränderung und der Möglichkeit verstärkter Gartennutzung im Regelfall zustimmungspflichtig[1]. Etwas anderes gilt, wenn nachträglich durch die Bauaufsicht die Anbringung einer Feuertreppe oder -leiter gefordert wird.

212

Balkon/Terrasse/Wintergarten

Alle Veränderungen des äußeren Gestaltungsbildes des Hauses sind als bauliche Veränderungen grundsätzlich der Zustimmung aller Wohnungseigentümer bedürftig. Zustimmungsfreie sichtbare Veränderungen an Balkon oder Terrasse sind daher kaum vorstellbar. Regelmäßig wird auch ein Eingriff in das Gemeinschaftseigentum damit verbunden sein. Als bauliche Veränderungen bewertet worden sind etwa die Vergrößerung einer **Terrasse** in den Garten hinein, auch wenn daran ein Sondernutzungsrecht besteht, weil das Gemeinschaftseigentum in Anspruch genommen wird[2] und die Möglichkeit einer intensiveren Nutzung besteht[3], die den Gesamteindruck beeinträchtigende Errichtung einer Terrasse[4], der Einbau einer Treppe an einer Böschung[5], die Vergrößerung des Balkons, die

213

---

1 BayObLG, Beschl. v. 21. 6. 1990 – 1b Z 36/89, WuM 1990, 403 (Treppe von einer Loggia in den Garten); KG, Beschl. v. 13. 7. 1987 – 24 W 5496/86, OLGZ 1987, 410 = NJW-RR 1987, 1360 = WuM 1987, 397 (Verbindung einer Wohnung mit einer Dachterrasse).
2 BayObLG, Beschl. v. 30. 1. 1997 – 2 Z BR 110/96, BayObLGR 1997, 51; BayObLG, Beschl. v. 2. 6. 1999 – 2 Z BR 15/99, NZM 1999, 1009; OLG Braunschweig, Beschl. v. 18. 4. 1994 – 3 W 6/93, DWE 1995, 128; OLG Celle, Beschl. v. 28. 11. 2001 – 4 W 203/01, OLGReport Celle 2002, 107 = ZWE 2002, 371; OLG Frankfurt, Beschl. v. 24. 7. 2007 – 20 W 538/05, NZM 2008, 322 = ZWE 2007, 461; OLG Karlsruhe, Beschl. v. 17. 7. 2000 – 11 Wx 42/00, OLGReport Karlsruhe 2001, 1; abweichend, aber unzutreffend OLG Schleswig, Beschl. v. 1. 3. 2001 – 2 W 179/00, OLGReport Schleswig 2001, 301 = FGPrax 2001, 138 = ZMR 2001, 853 = ZWE 2001, 506 bei Sondernutzungsrecht „gärtnerische Nutzung".
3 OLG Hamburg, Beschl. v. 11. 1. 2006 – 2 Wx 28/04, ZMR 2006, 465 (466).
4 BayObLG, Beschl. v. 26. 8. 2004 – 2Z BR 88/04, BayObLGR 2005, 24 = NZM 2005, 109.
5 BayObLG, Beschl. v. 29. 8. 2002 – 2 Z BR 74/02, WuM 2002, 639 (LS) = NZM 2003, 121 (LS).

Verglasung einer Loggia[1], die Errichtung eines Glaserkers[2], ebenso das Überdachen der Terrasse[3] mit einer Pergola[4] oder einem Wintergarten[5], die nachträgliche Überdachung einer vorhandenen Pergola[6], die Verglasung des Balkons (Stichwort: optische Auflockerung der Fassade)[7], das Anbringen einer **Markise** zum Sonnenschutz[8] und schließlich die nach-

---

1 BayObLG, Beschl. v. 10. 7. 1998 – 2 Z BR 89/98, NZM 1998, 980; OLG Hamm, Beschl. v. 21. 10. 1994 – 15 W 275/94, WuM 1995, 220; OLG Karlsruhe, Beschl. v. 18. 9. 2000 – 14 Wx 45/00, ZMR 2001, 224; OLG Zweibrücken, Beschl. v. 7. 7. 1987 – 3 W 58/87, NJW-RR 1987, 1358; anders für einen seitlichen gläsernen Windschutz LG Hamburg, Beschl. v. 30. 6. 2005 – 318 T 122/04, ZMR 2005, 989.
2 BayObLG, Beschl. v. 5. 12. 1996 – 2 Z BR 82/96, BayObLGR 1997, 18 = ZMR 1997, 152; OLG Zweibrücken, Beschl. v. 21. 11. 2002 – 3 W 179/02, ZMR 2004, 61.
3 OLG Hamburg, 2 Wx 81/95, WE 2001, 141; OLG München, Beschl. v. 30. 11. 2005 – 34 Wx 56/05, OLGReport München 2006, 130 = ZMR 2006, 230.
4 BayObLG, Beschl. v. 8. 4. 1981 – 2 Z 35/80, RPfleger 1981, 284; BayObLG, Beschl. v. 26. 10. 2000 – 2 Z BR 71/00, BayObLGR 2001, 42 (LS) = NZM 2001, 771 (LS) = ZWE 2001, 270 (LS); KG, Beschl. v. 17. 10. 2001 – 24 W 9876/00, KGR Berlin 2001, 37 = NJW-RR 2002, 11 = NZM 2001, 1085 = WuM 2001, 622 = ZMR 2002, 149 = ZWE 2002, 37; OLG Köln, Beschl. v. 21. 2. 1997 – 16 Wx 8/97, OLGReport Köln 1997, 205 = MDR 1997, 1020; OLG München, Beschl. v. 10. 7. 2006 – 34 Wx 33/06, OLGReport München 2006, 774 = ZMR 2006, 800; anders im Einzelfall BayObLG, Beschl. v. 19. 3. 1998 – 2Z BR 131/97, WuM 1998, 563.
5 BayObLG, Beschl. v. 9. 3. 2004 – 2Z BR 213/03, BayObLGR 2004, 299 = NZM 2004, 836; OLG München, Beschl. v. 7. 9. 2005 – 34 Wx 43/05, OLGReport München 2005, 883; a. A. BayObLG, Beschl. v. 16. 6. 2004 – 2Z BR 65/04, BayObLGR 2004, 426, im Einzelfall für einen 3 mal 5m großen, unterkellerten Wintergarten in einer Doppelhausanlage, deren beiden Häuser durch eine Doppelgarage getrennt war, aufgehoben durch BVerfG, Beschl. v. 22. 12. 2004 – 1 BvR 1806/04, NZM 2005, 182 = ZMR 2005, 634; s. a. OLG Zweibrücken, Beschl. v. 30. 1. 2004 – 3 W 100/03, OLGReport Zweibrücken 2004, 362 = NZM 2005, 510 = ZMR 2004, 780 für die Errichtung eines Wintergartens auf einer Sondernutzungsfläche, die nach der Teilungserklärung nicht nur überdacht werden durfte, sondern auch sonstige bauliche Veränderungen im Bereich der Terrasse, soweit baurechtlich zulässig, zuließ.
6 BayObLG, Beschl. v. 6. 7. 1989 – 2 Z 111/88, Grundeigentum 1990, 155.
7 BayObLG, Beschl. v. 23. 7. 1992 – 2 Z BR 22/92, NJW-RR 1993, 337 = WuM 1992, 563 = ZMR 1992, 551; BayObLG, Beschl. v. 10. 7. 1998 – 2 Z BR 89/98, NZM 1998, 980; BayObLG, Beschl. v. 9. 10. 2000 – 2 Z BR 87/00, ZMR 2001, 125; BayObLG, Beschl. v. 12. 10. 2001 – 2 BR 127/01, WuM 2002, 164 = ZWE 2002, 127; OLG Düsseldorf, Beschl. v. 20. 1. 1995 – 3 Wx 483/94, FGPrax 1995, 102 = WuM 1995, 337 = ZMR 1995, 267; OLG Frankfurt, Beschl. v. 19. 4. 1994 – 20 W 30/94, OLGReport Frankfurt 1994, 166 = ZMR 1994, 381; OLG Köln, Beschl. v. 27. 8. 1996 – 16 Wx 205/96, OLGReport Köln 1997, 18 = MDR 1996, 1235; s. a. OLG Köln, Beschl. v. 27. 9. 2002 – 16 Wx 115/02, OLGReport Köln 2003, 147.
8 BayObLG, Beschl. v. 1. 6. 1995 – 2 Z BR 34/95, BayObLGR 1995, 75 = NJW-RR 1996, 266 = WuM 1995, 449 = ZMR 1995, 420; KG, Beschl. v. 3. 12. 1993 – 24 W 6483/93, OLGZ 1994, 399 = WuM 1994, 99 zur Vertikalmarkise; a. A. im Einzelfall OLG Zweibrücken, Beschl. v. 2. 2. 2004 – 3 W 251/03, NZM 2004, 428 = ZMR 2004, 465.

trägliche Errichtung eines bisher nicht bestehenden **Balkons**[1] oder die Balkonüberdachung einer Garageneinfahrt[2]. Bereits die Aufstellung eines Schrankes auf dem Balkon, nicht erst sein fester Einbau, in einer gestalterisch gewollten Balkonnische ist als eine nachhaltige Einwirkung auf die äußere Gestaltung des Gemeinschaftseigentums gewertet worden[3]. Als optisch erheblicher Nachteil wird daher regelmäßig die Aufstellung einer mobilen Markise, die zwischen Balkonplatte und Decke mit Stützen verspannt wird, zu bewerten sein. Nichts anderes kann für die **Bespannung der Balkongitter** mit Stoff oder Plane gelten[4], das Anbringen einer Lichterkette am Balkon[5] oder für die Anbringung von Vogel- oder Katzennetzen vor Loggien[6], sowie das Aufstellen von Grillkaminen aus Fertigbetonteilen. Nicht nachteilig ist im Einzelfall die Anbringung einer optisch unauffälligen Regenrinne an der äußeren Balkonbrüstung, um Beeinträchtigungen der darunter liegenden Balkone durch tropfendes Regen- oder Gießwasser zu verhindern[7]. Die Installation eines Leichtmetallgeländers anstelle einer massiven Balkonbrüstung kann im Einzelfall als modernisierende Instandsetzung zulässig sein[8]. Wird durch die Umgestaltung des Balkongeländers aber spürbar in den optischen Gesamteindruck der Fassade eingegriffen, liegt eine bauliche Veränderung unabhängig[9] davon vor, ob die Bausubstanz unmittelbar betroffen ist.

Eine Zustimmung aller übrigen Wohnungseigentümer ist auch erforderlich, soweit durch die bauliche Veränderung die Möglichkeit neu geschaffen wird, Balkon oder Terrasse **intensiver** als ursprünglich vorgesehen **nutzen** zu können[10], etwa durch Trittsteine vor dem Parterrebalkon

---

1 BayObLG, Beschl. v. 26. 10. 1983 – 2 Z 106/82, DWE 1984, 27; OLG Düsseldorf, Beschl. v. 5. 7. 1999 – 3 Wx 139/99, NZM 1999, 1145 = WuM 1999, 553 = ZWE 2001, 224; OLG Köln, Beschl. v. 7. 6. 1995 – 16 Wx 78/95, DWE 1997, 32.
2 BayObLG, Beschl. v. 5. 4. 1990 – 2 Z 24/90, WuM 1990, 612.
3 OLG Köln, Beschl. v. 31. 5. 1999 – 16 Wx 77/99, OLGReport Köln 1999, 325.
4 KG, Beschl. v. 10. 2. 1997 – 24 W 6582/96, KGR Berlin 1997, 73 = NJW-RR 1997, 713 = WuM 1997, 241 = ZMR 1997, 315; OLG Hamburg, Beschl. v. 30. 1. 1989 – 2 W 24/88, OLGZ 1989, 309 = ZMR 1989, 466; vgl. a. BayObLG, Beschl. v. 20. 4. 2000 – 2 Z BR 9/00, ZWE 2000, 409.
5 LG Köln, Beschl. v. 11. 2. 2008 – 29 T 205/06, juris.
6 OLG Zweibrücken, Beschl. v. 9. 3. 1988 – 3 W 44/98, NZM 1998, 376; s. a. BayObLG, Beschl. v. 3. 4. 2003 – 2 Z BR 38/03, BayObLGR 2003, 209 (LS).
7 OLG Düsseldorf, Beschl. v. 27. 4. 1990 – 3 Wx 9/90, WE 1990, 204.
8 OLG München, Beschl. v. 14. 11. 2005 – 34 Wx 105/05, MDR 2006, 867 = ZMR 2006, 302 (303).
9 OLG Köln, Beschl. v. 9. 3. 2006 – 16 Wx 27/06, OLGReport Köln 2006, 593 (LS) = MietRB 2006, 195.
10 BayObLG, Beschl. v. 2. 6. 1999 – 2 Z BR 15/99, NZM 1999, 1009; OLG Hamburg, Beschl. v. 11. 1. 2006 – 2 Wx 28/04, ZMR 2006, 465 (466); OLG Karlsruhe, Beschl. v. 12. 10. 1998 – 11 Wx 49/98, OLGReport Karlsruhe 1999, 20 = NZM 1999, 36 = WuM 1998, 744 = ZMR 1999, 65; anders für Einzelfall OLG Hamburg, Beschl. v. 26. 11. 2004 – 2 Wx 85/01, OLGReport Hamburg 2005, 301 = ZMR 2005, 391.

oder das Tor im Balkongitter, so dass das direkte Betreten des Gartens möglich wird. Gestattet allerdings die Teilungserklärung die Errichtung eines Wintergartens ohne nähere Beschreibung, darf der Balkon rundum verglast und bewohnt werden[1]. Gehört zum Sondereigentum ein Wintergarten bzw. verglaster Balkon, darf dort nachträglich ein Heizkörper eingebaut werden[2].

215 Die Bewertung der Frage, ob der Eingriff unauffällig ist und daher im Sinne des § 14 Nr. 1 WEG geringfügig, liegt im Einzelfall auf tatrichterlichem Gebiet[3], doch wird die Annahme der Geringfügigkeit im Sinne von § 14 Nr. 1 WEG eher die Ausnahme sein[4]. Eine sorgfältige Prüfung des Kreises der Zustimmungspflichtigen ist bei **Mehrhausanlagen** geboten. Zwar sind bei Mehrhausanlagen etwa bei nachteiligen Veränderungen des optischen Gesamteindrucks grundsätzlich alle Wohnungseigentümer der Mehrhausanlage betroffen[5]. Wenn sich hier keine Sonderregelungen aus der Teilungserklärung ergeben, so wird man doch für den Einzelfall thematisieren können, dass die Zustimmung von Wohnungseigentümern in Nachbarhäusern, die die Veränderung auch von der Straße oder Gemeinschaftsflächen nicht einsehen können und die nach einer entsprechenden Regelung der Teilungserklärung mit den (Unterhaltungs-)Kosten des betroffenen Hauses nicht belastet sind, entbehrlich ist.

216 **Balkonfenster/Balkontür** → siehe Fenster

---

1 OLG Düsseldorf, Beschl. v. 20. 9. 1999 – 3 Wx 230/99, OLGReport Düsseldorf 2000, 65 = ZMR 2000, 190 = ZWE 2001, 79.
2 OLG Düsseldorf, Beschl. v. 2. 7. 2004 – 3 Wx 66/04, NZM 2004, 835 = ZMR 2005, 643, jedenfalls sofern die gemeinschaftliche Heizungsanlage nicht benutzt wird.
3 BayObLG, Beschl. v. 21. 7. 1994 – 2 Z BR 47/94, WuM 1995, 59; BayObLG, Beschl. v. 1. 6. 1995 – 2 Z BR 34/95, BayObLGR 1995, 75 = WuM 1995, 449; BayObLG, Beschl. v. 10. 7. 1998 – 2 Z BR 89/98, NZM 1998, 980; BayObLG, Beschl. v. 8. 9. 2000 – 2 Z BR 13/00, NZM 2001, 895 = ZMR 2001, 45; BayObLG, Beschl. v. 26. 10. 2000 – 2 Z BR 71/00; BayObLGR 2001, 42 (LS) = NZM 2001, 771 (LS) = ZWE 2001, 270 (LS); BayObLG, Beschl. v. 29. 8. 2002 – 2 Z BR 74/02, WuM 2002, 639 (LS) = NZM 2003, 121 (LS); OLG Hamburg, Beschl. v. 13. 2. 2001 – 2 Wx 45/99, OLGReport Hamburg 2001, 303 = ZMR 2001, 382 = ZWE 2002, 136.
4 LG Köln, Beschl. v. 4. 1. 2001 – 29 T 119/00, n. v., für die Errichtung einer einzelnen Trennwand auf einem Balkon an der Gesamtfassade eines mehr als 40-stöckigen Hochhauses etwa 50m über dem Erdboden.
5 OLG Schleswig, Beschl. v. 8. 3. 2000 – 2 W 57/99, OLGReport Schleswig 2000, 227 = NZM 2000, 385 = WuM 2000, 370. Es mag aber im Einzelfall anderes gelten, etwa bei der als Wohnungseigentümergemeinschaft konstruierten Reihenhaussiedlung, bei der in der Teilungserklärung nicht die Anwendung allgemeinen Nachbarrechts geregelt ist: Wie in einem solchen Fall eine farbige Balkonbespannung oder eine Vorgartenbepflanzung den nicht benachbarten Wohnungseigentümer beeinträchtigen soll, ist nicht ersichtlich.

Balkontrennwand

Die Errichtung einer Balkontrennwand über die Balkonbrüstung hinaus ist regelmäßig eine nachteilige Veränderung des optischen Gesamteindrucks zumindest im Verhältnis zum benachbarten Balkon[1]. Gleiches gilt für die Entfernung einer Balkontrennwand als Bestandteil des Gemeinschaftseigentums[2].

Blumenkasten

Soweit andere Beeinträchtigungen, etwa die Möglichkeit des Eindringens von Wasser in die Balkonbrüstung an der Befestigung oder deren statische Überbeanspruchung, ausgeschlossen sind, ist die mit der Aufstellung oder Aufhängung von Blumenkästen verbundene optische Beeinträchtigung bei innenseitiger Anbringung in der Regel nicht in einer das Maß des § 14 Nr. 1 WEG überschreitende Weise nachteilig, eine außenseitige Anbringung aber nachteilig und daher zustimmungspflichtig.

Ein Sondernutzungsrecht an einer Dachterrasse, das mit der Maßgabe, auf eine einheitliche Gestaltung des Gesamtgrundstücks sei zu achten, eingeräumt ist, kann durch Mehrheitsbeschluss dahin eingeschränkt werden, dass auf der Brüstung keine Blumenkästen angebracht werden dürfen[3].

Dachausbau/Spitzboden

Der Dachbodenausbau[4] zu Wohnzwecken stellt wegen der damit verbundenen Möglichkeit intensiverer Nutzung und den damit für die übrigen Wohnungseigentümer verbundenen Nachteilen, nämlich die höhere Belegungsdichte, die mit der Nutzung für Wohnzwecke verbundene höhere Geräuschentwicklung, die Inanspruchnahme von gemeinschaftlichen Einrichtungen (Heizung, Wasser, Abfluss usw.), sowie die architektonische Beeinträchtigung durch Veränderung oder Einbau von Dachfenstern, regelmäßig eine erhebliche, also der Zustimmung aller übrigen Wohnungseigentümer bedürfende bauliche Veränderung dar[5]. Anderes

---

1 BayObLG, Beschl. v. 15. 12. 1984 – 2 Z 111/83, WuM 1985, 35; s.a. LG Itzehoe, Beschl. v. 21. 1. 2008 – 1 S (W) 1/07, JURIS.
2 BayObLG, Beschl. v. 1. 2. 2001 – 2 Z BR 68/00, Grundeigentum 2001, 775.
3 BayObLG, Beschl. v. 22. 3. 2001 – 2 Z BR 20/01, NZM 2002, 259.
4 Vgl. zu allen Fragen der baulichen Veränderung, der Umwandlung der dinglichen Grundlagen, der Änderung der Zweckbestimmung, der Kostenverteilung und sonstigen Verwaltung *von Rechenberg* in FS Deckert, S. 309–351.
5 BayObLG, Beschl. v. 2. 9. 1993 – 2 Z BR 73/93, BayObLGR 1993, 89 = NJW-RR 1994, 82; OLG Düsseldorf, Beschl. v. 19. 12. 2007 – 3 Wx 98/07, OLGReport Düsseldorf 2008, 343 = ZMR 2008, 395; OLG Hamburg, Beschl. v. 14. 5. 1997 – 2 Wx 53/95, MDR 1987, 816; OLG Karlsruhe, Beschl. v. 23. 1. 1987 – 11 W 133/86, WuM 1987, 236; OLG Köln, Beschl. v. 28. 12. 2000 – 16 Wx 163/00, OLGReport Köln 2001, 181 (182) m.w.N. = ZMR 2001, 570.

kann gelten, wenn die Wohnanlage aus selbständigen Einfamilienhäusern besteht[1].

220 Auch ein in der Teilungserklärung begründetes Sondernutzungsrecht am Dachboden begründet nicht das Recht, den Dachboden zu Wohnzwecken auszubauen, und beinhaltet auch nicht stillschweigend die Zustimmung zu den damit verbundenen baulichen Veränderungen, weil Substanzeingriffe mehr sind als der reine Gebrauch[2]. **Ohne Regelung in der Teilungserklärung** hat ein Wohnungseigentümer, von dessen Sondereigentum aus allein der Zugang zu einem Spitzboden möglich ist, **kein Sondereigentum oder Sondernutzungsrecht** an diesem Spitzboden und erst recht kein Ausbaurecht[3]. Entsteht durch die Anbringung eines Giebeldachs anstelle des bisherigen Flachdachs ein weiterer Raum, so steht dieser Raum im Gemeinschaftseigentum[4].

221 Nur soweit die Zulässigkeit eines Dachausbaus in einer Vereinbarung ausdrücklich vorgesehen ist, bedarf es einer Zustimmung wegen der damit verbundenen Abänderung von § 22 Abs. 1 WEG nicht[5]. Ob der Ausbauende den ausgebauten Dachboden dann als Wohnraum nutzen darf, ist eine Frage der in der Teilungserklärung bzw. Vereinbarung vorgesehenen Nutzungsart; die neue Nutzung, etwa zu Wohnzwecken, muss also gesondert geregelt werden[6].

222 Der Ausbau ist entsprechend den anerkannten Regeln der Baukunst durchzuführen[7].

---

1 OLG München, Beschl. v. 19. 10. 2005 – 34 Wx 28/05, ZMR 2006, 301.
2 OLG Frankfurt/Main, Beschl. v. 24. 8. 1990 – 20 W 49/90, OLGZ 1991, 185; OLG Hamm, Beschl. v. 28. 5. 1998 – 15 W 4/98, NZM 1998, 873 = ZMR 1998, 718; s.a. *Armbrüster*, JuS 2002, 245 (248 f.).
3 Für Sondereigentum BGH, Urt. v. 5. 12. 2003 – V ZR 447/01, BGHReport 2004, 280 = MDR 2004, 439 = NJW 2004, 1798; OLG Celle, Beschl. v. 4. 6. 2007 – 4 W 108/07, OLGReport Celle 2007, 756 f.; für Sondernutzungsrecht OLG Köln, Beschl. v. 28. 12. 2000 – 16 Wx 163/00, OLGReport Köln 2001, 181 = ZMR 2001, 570.
4 OLG München, Beschl. v. 5. 10. 2006 – 32 Wx 121/06, FGPrax 2006, 111 = ZMR 2006, 643 = OLGReport München 2006, 452 (LS).
5 BayObLG, Beschl. v. 9. 6. 1989 – 1b Z 11/88, WuM 1989, 539; BayObLG, Beschl. v. 22. 4. 1994 – 2 Z BR 9/94, BayObLGR 1994, 42 = NJW-RR 1994, 1169 = WuM 1995, 60; BayObLG, Beschl. v. 23. 3. 2000 – 2 Z BR 167/99, BayObLGR 2000, 74 = NZM 2000, 1232 = ZMR 2000, 468 = ZWE 2000, 467.
6 Vgl. *von Rechenberg* in FS Deckert, S. 309 (328 f.) auch zur Frage, wann ein Anspruch aus § 242 BGB auf Zustimmung zur Nutzungsänderung in Betracht kommt.
7 BayObLG, Beschl. v. 2. 4. 1992 – 2 Z BR 9/92, BayObLGR 1992, 26 = NJW-RR 1992, 974 = WuM 1992, 324; vgl. a. OLG Stuttgart, Beschl. v. 5. 5. 1994 – 8 W 315/93, OLGZ 1994, 524 = NJW-RR 1994, 1497 = WuM 1994, 390; anders OLG Düsseldorf, Beschl. v. 12. 11. 2001 – 3 Wx 256/01, ZMR 2002, 297 (298) = ZWE 2002, 230 bei allgemeiner Hellhörigkeit.

Die in der Teilungserklärung geregelte Befugnis zum Ausbau von Dach- 223
räumen umfasst die Errichtung einer Dachterrasse grundsätzlich nicht[1].
Darf nach der Teilungserklärung der Dachboden als Wohnung ausgebaut
werden, umfasst dies den Einbau von Dachfenstern oder die Errichtung
von Dachgauben für die notwendige Lichtzufuhr.

Kein Anspruch gegen die übrigen Wohnungseigentümer auf Zustim- 224
mung besteht, weil der Ausbauende die äußerst beengten Wohnverhältnisse deutlich und familiengerecht verbessern würde[2].

Die Herstellung einer **Treppe** zwischen einer Wohnung zum darüber lie- 225
genden sondergenutzten Dachboden kann – wo eine Verbindungstreppe
fehlt – als unerhebliche oder durch die Teilungserklärung bereits stillschweigend genehmigte Veränderung zu bewerten sein, wenn durch sie
keine Nachteile in brandtechnischer, statischer oder schalltechnischer
Hinsicht entstehen[3].

Der Einbau eines **Dachflächenfensters** zur Verbesserung der Lichtver- 226
hältnisse auf dem sondergenutzten Dachboden kann im Einzelfall als unzulässiger Dachgeschossausbau zu bewerten sein[4], als nachteilig für die
äußere Gestaltung und zukünftige Instandhaltungsmaßnahmen[5] oder
aber als geringfügige Änderung, wenn das Fenster nicht einsehbar ist[6]
oder wenn die Symmetrie der Ansicht verbessert wird[7]. Der **Durchbruch
eines Flachdaches** zur Errichtung eines Kamins, etwa eines offenen Kamins im Penthouse, ist eine nachteilige und daher zustimmungspflichtige bauliche Veränderung[8].

Die Renovierung eines Flachdachs durch **Aufstockung** eines Gebäudes 227
unter gleichzeitiger Schaffung neuen Wohn- oder Nutzraums ist keine einem Mehrheitsbeschluss zugängliche modernisierende Instandsetzung[9]
und auch nicht der Modernisierung, wohl aber im Einzelfall die Erset-

---

1 KG, Beschl. v. 16. 1. 1984 – 24 W 4224/83, ZMR 1986, 189.
2 BayObLG, Beschl. v. 3. 12. 1992 – 2 Z BR 104/92, BayObLGR 1993, 17 = NJW-RR 1993, 336.
3 BayObLG, Beschl. v. 22. 4. 1994 – 2 Z BR 9/94, BayObLGR 1994, 42 = NJW-RR 1994, 1169 = WuM 1995, 60.
4 OLG Frankfurt/Main, Beschl. v. 17. 8. 1998 – 20 W 30/97, NZM 1998, 962; OLG Düsseldorf, Beschl. v. 6. 12. 2000 – 3 Wx 400/00, OLGReport Düsseldorf 2001, 426 = NZM 2001, 136 = NJW-RR 2001, 803 = WuM 2001, 146 = ZMR 2001, 374 = ZWE 2001, 116.
5 OLG Düsseldorf, Beschl. v. 19. 12. 2007 – 3 Wx 98/07, OLGReport Düsseldorf 2008, 343 = ZMR 2008, 395.
6 OLG Köln, Beschl. v. 12. 1. 2000 – 16 Wx 149/99, OLGReport Köln 2000, 146 = MDR 2000, 760 = NZM 2000, 765 = ZMR 2000, 638 = ZWE 2000, 546.
7 OLG Karlsruhe, Beschl. v. 14. 1. 1985 – 11 W 102/84, ZMR 1985, 209.
8 OLG Hamburg, Beschl. v. 7. 4. 1987 – 2 W 24/87, DWE 1987, 98.
9 BayObLG, Beschl. v. 14. 2. 2001 – 2 Z BR 117/00, BayObLGR 2001, 41 = ZMR 2001, 560.

zung eines Flachdachs durch eine in technischer und wirtschaftlicher Hinsicht vernünftigere Lösung[1].

Dachgarten/Dachterrasse

228 Die Zuweisung des Sondernutzungsrechts an einer **Dachterrasse** in der Teilungserklärung gibt dem begünstigten Wohnungseigentümer nicht das Recht, ohne Zustimmung aller Wohnungseigentümer einen **Dachgarten** anzulegen, weil die gebotene Auslegung der Teilungserklärung nach Grundbuchgrundsätzen[2] eine Gleichsetzung von Terrasse und Garten nicht als nahe liegend erscheinen lässt.

229 Für die Frage, ob eine unerhebliche Veränderung vorliegt, ist neben den Auswirkungen auf das optische Gestaltungsbild und dem Eingriff in das Gemeinschaftseigentum bei Veränderung der **Dachabdichtung** insbesondere zu berücksichtigen, dass die Anlage eines Dachgartens erhebliche Gefahren für die darunter liegenden Wohnungen bedeutet; schon die nahe liegenden Beweisschwierigkeiten, ob Schäden am Dach auf Mängeln im Bereich des Gemeinschaftseigentums oder im Bereich des Sondernutzungsrechts beruhen, begründen einen Nachteil[3]. Die Anlage einer Dachterrasse, etwa durch Entfernung des Kiesbelags unter Aufbringung von Folien und Plattenbelag, „**Dachbegrünung**" usw., ist mit erheblichen Risiken für Dichtigkeit und Statik und dem zukünftigen Streit der Wohnungseigentümer hierüber verbunden und daher nachteilig, mithin also zustimmungsbedürftig[4]. Wo die Teilungserklärung die Nutzung „Dachterrasse" vorsieht, ist die Errichtung eines intensiv be-

---

1 BayObLG, Beschl. v. 6. 2. 1990 – 2 Z 104/89, MDR 1990, 552; BayObLG, Beschl. v. 12. 3. 1998 – 2 Z BR 4/98, BayObLGR 1998, 57 = NZM 1998, 338 = WuM 1998, 506 = ZMR 1998, 364; KG, Beschl. v. 21. 12. 1988 – 24 W 5369/88, NJW-RR 1989, 463; KG, Beschl. v. 22. 12. 1993 – 24 W 914/93, OLGZ 1994, 401 = NJW-RR 1994, 528 = WuM 1994, 223 = ZMR 1994, 228; OLG Hamm, Beschl. v. 23. 1. 1987 – 15 W 429 und 434/86, DWE 1987, 54.

2 Die im Grundbuch eingetragene Teilungserklärung unterliegt den allgemeinen Auslegungsgrundsätzen für Eintragungsbewilligungen und Grundbucheintragungen. Es ist aus Wortlaut und Sinn des im Grundbuch Eingetragenen und zulässigerweise in Bezug Genommenem, etwa Baupläne und Baubeschreibung, die für den unbefangenen Beobachter nächstliegende Bedeutung im Einzelfall zu ermitteln. Nicht zu berücksichtigen sind der Wille des Erklärenden oder Erklärungen auch des teilenden Eigentümers bei Weiterveräußerung. Vgl. Jennißen/*Krause*, § 8 WEG, Rz. 16 m. w. N.

3 BayObLG, Beschl. v. 9. 5. 1996 – 2 Z BR 27/96, BayObLGR 1996, 49 = NJW-RR 1996, 1165; OLG Hamm, Beschl. v. 23. 12. 1996 – 15 W 362/96, OLGReport Hamm 1997, 161; OLG Köln, Beschl. v. 9. 6. 1999 – 16 Wx 56/99, OLGReport Köln 1999, 365.

4 OLG Hamburg, Beschl. v. 21. 12. 1984 – 2 W 16/84, MDR 1985, 501; OLG Köln, Beschl. v. 9. 6. 1999 – 16 Wx 56/99, OLGReport Köln 1999, 365; OLG München, Beschl. v. 28. 3. 2007 – 34 Wx 119/06, OLGReport München 2007, 419.

grünten Dachgartens auf einer aufgeschütteten Erdoberfläche nicht zulässig[1].

Die Errichtung eines **Schuppens** auf einer Dachterrasse begegnet den gleichen Bedenken und ist daher grundsätzlich als nachteilige bauliche Veränderung zustimmungspflichtig[2]. Als optische Beeinträchtigung ist die Errichtung eines hölzernen Flecht- oder Lamellenzauns zustimmungspflichtig[3]. 230

Die in der Teilungserklärung geregelte Befugnis zum Ausbau von Dachräumen umfasst die Errichtung einer Dachterrasse grundsätzlich nicht[4]. 231

Deckendurchbruch → siehe Wand- und Deckendurchbruch 232

Dunstabzugsöffnung

Der Anschluss einer Dunstabzugshaube ist regelmäßig mit zustimmungspflichtigen baulichen Veränderungen, nämlich dem Durchbrechen der Außenfassade, verbunden, so beim Aussparen einer Abluftöffnung für Wäschetrockner, Küchenabzugshaube oder Klimaanlage in einer bisher geschlossenen Fensterwand zumindest für den unmittelbar benachbarten Wohnungseigentümer (Betriebsgeräusch)[5], beim Anschluss an einen stillgelegten Kamin[6] oder durch ein Entlüftungsgitter. Unzulässig ist die gezielte Ableitung der Abluft auf den „Nachbarn"[7]. Gleiches gilt für den nachträglichen Einbau einer Gasetagenheizung mit getrenntem Abgaskamin ins Freie[8]. 233

Zum Wanddurchbruch → siehe Wand- und Deckendurchbruch.

Entlüftungsgitter → siehe Dunstabzugsöffnung 234

Fahrradständer → siehe auch Kfz-Stellplatz 234a

---

1 OLG Köln, Beschl. v. 10. 1. 2005 – 16 Wx 217/04, OLGReport Köln 2005, 261 = NZM 2005, 508.
2 BayObLG, Beschl. v. 29. 10. 1998 – 2 Z BR 81/98, ZMR 1999, 118; BayObLG, Beschl. v. 29. 9. 1999 – 2 Z BR 75/99, NZM 2000, 292 = ZMR 2000, 53; BayObLG, Beschl. v. 26. 7. 2001 – 2 Z BR 73/01, BayObLGR 2001, 65 = NJW-RR 2002, 445 = NZM 2001, 956 = WuM 2001, 577 = ZMR 2002, 136.
3 BayObLG, Beschl. v. 26. 7. 2001 – 2 Z BR 73/01, BayObLGR 2001, 65 = NJW-RR 2002, 445 = NZM 2001, 956 = WuM 2001, 577 = ZMR 2002, 136.
4 KG, Beschl. v. 16. 1. 1984 – 24 W 4224/83, ZMR 1986, 189.
5 OLG Köln, Beschl. v. 1. 10. 1998 – 16 Wx 160/98, OLGReport Köln 1999, 45 = MDR 1999, 539.
6 KG, Beschl. v. 8. 9. 1993 – 24 W 5753/92 + 2301/93, WuM 1994, 38.
7 BayObLG, Beschl. v. 12. 8. 2004 – 2Z BR 148/04, NZM 2005, 69.
8 OLG Düsseldorf, Beschl. v. 4. 7. 1997 – 3 Wx 270/97, OLGReport Düsseldorf 1997, 317 = WuM 1997, 514 = ZMR 1997, 536.

235 Auch das erstmalige Aufstellen eines Fahrradständers auf einer im Gemeinschaftseigentum stehenden Hoffläche, auf der bisher Fahrräder einzeln abgestellt wurden, kann als Maßnahme der Instandsetzung und ordnungsgemäßen Verwaltung mit Stimmenmehrheit beschlossen werden, weil dann keine bauliche Veränderung vorliegt, sondern eine (modernisierende) Instandsetzung[1]. Sie kann auch als Modernisierung im Sinne des § 22 Abs. 2 WEG erfolgen.

236 **Fassadensanierung** → siehe Teil 8, Rz. 495 Fassade

Fenster

237 Außenfenster sind notwendige Bestandteile des Gebäudes als Ganzheit und deshalb zwingend Gemeinschaftseigentum[2]. Anderes gilt hinsichtlich der Fenster, die das Gebäude nicht nach außen abschließen, etwa Fenster zwischen Räumen, über innen liegenden, das Sondereigentum nicht zum Gemeinschaftseigentum abschließenden Türen, in Türblättern (Lichtausschnitt), innen liegende Glastüren und die in Altbauten noch anzutreffenden zusätzlichen gesonderten „Doppel"-Fenster hinter den eigentlichen Außenfenstern[3]. Vorbehaltlich besonderer Bestimmungen der Teilungserklärung zählen diese zum Sondereigentum.

238 **Instandhaltung**, Instandsetzung und Erneuerung der Außenfenster als Bestandteil des Gemeinschaftseigentums sind nach dem Gesetz grundsätzlich Aufgabe der Gemeinschaft[4]. In der Teilungserklärung werden diese Aufgaben mitunter dem einzelnen Wohnungseigentümer auferlegt[5]. Die Wohnungseigentümergemeinschaft darf dann gegen den Willen des betroffenen Wohnungseigentümers die Mängelbeseitigung nicht an sich ziehen[6]. Der nach der Teilungserklärung zur Instandhaltung und

---

1 LG Köln, Beschl. v. 13. 5. 1996 – 16 Wx 69/96, NJWE-MietR 1996, 275 = WuM 1997, 64 = ZMR 1997, 44.
2 OLG Düsseldorf, Beschl. v. 12. 1. 1998 – 3 Wx 546/97, OLGReport Düsseldorf 1998, 181 = NJW-RR 1998, 515 = NZM 1998, 269 = ZMR 1998, 304; zur Frage der Umdeutung bei abweichenden Teilungserklärungen in eine Kostentragungsregelung s. *Münstermann-Schlichtmann*, ZWE 2002, 295 (299 f.); s. a. OLG Karlsruhe, Beschl. v. 5. 5. 2000 – 11 Wx 71/99, NZM 2002, 220.
3 Im Einzelfall kann auch hier nach der Verkehrsanschauung aufgrund der Konstruktion eine einheitliche zum Gemeinschaftseigentum gehörende Fensteranlage vorliegen.
4 S. *Münstermann-Schlichtmann*, ZWE 2002, 295 (296 f.).
5 Nach herrschender Meinung zulässig: BayObLG, Beschl. v. 18. 7. 1996 – 2 Z BR 63/96, BayObLGR 1996, 74; OLG Düsseldorf, Beschl. v. 15. 4. 1996 – 3 Wx 359/95, OLGReport Düsseldorf 1996, 201; OLG Düsseldorf, Beschl. v. 15. 5. 2000 – 3 WX 80/00, ZMR 2001, 214; OLG München, Beschl. v. 23. 5. 2007 – 32 Wx 30/07, OLGReport München 2007, 649 = NZM 2007, 487 = ZMR 2007, 725; für Nichtigkeit wegen § 27 Abs. 1 Nr. 2, Abs. 3 WEG a. F. *Münstermann-Schlichtmann*, ZWE 2002, 295 (298 f.); *Merle*, ZWE 2001, 342 (345).
6 OLG München, Beschl. v. 23. 5. 2007 – 32 Wx 30/07, OLGReport München 2007, 649 = NZM 2007, 487 = ZMR 2007, 725.

Instandsetzung der Fenster verpflichtete Wohnungseigentümer darf im Rahmen modernisierender Instandsetzung eine Einfachverglasung durch Isolierverglasung oder witterungsanfällige Holzfenster durch Kunststofffenster ersetzen, soweit sie den im Übrigen noch vorhandenen Holzfenstern äußerlich gleichen (in Farbe, Aufteilung und Öffnungsmöglichkeiten[1]). Gleiches gilt für Balkonfenster und Balkontüren[2]. Wenn nach der Teilungserklärung ein Wohnungseigentümer verpflichtet ist, die seiner alleinigen Nutzung unterliegenden Gebäudeteile ordnungsgemäß instand zu halten und instand zu setzen, so kann die Durchführung einer Instandhaltungsmaßnahme nicht mehrheitlich beschlossen werden[3]. Ist ein Wohnungseigentümer nach der Teilungserklärung verpflichtet, Glasschäden an Fenstern und Türen im räumlichen Bereichs seines Sondereigentums zu beheben, kann darunter auch die Auswechslung „blind" gewordener Scheiben in rundum verglasten Dachgauben fallen[4].

Der nach der Teilungserklärung zur Instandhaltung und Instandsetzung der Fenster verpflichtete Wohnungseigentümer darf im Rahmen modernisierender Instandsetzung die Gurtführung der Rollladen gegen einen Rollladenmotor austauschen[5].

Enthält die Teilungserklärung hingegen nur eine besondere **Kostenregelung** für den Unterhalt der Fenster, bleibt es bei der gesetzlichen Kompetenz der Wohnungseigentümergemeinschaft für Instandhaltung und Unterhaltung allerdings unter Zugrundelegung eines besonderen Kostenverteilungsschlüssels abweichend von § 16 WEG[6]. Wechselt ein Wohnungseigentümer die erneuerungsbedürftigen Fenster seiner Wohnung in der irrigen Annahme aus, dies sei seine Aufgabe und nicht die der Wohnungseigentümergemeinschaft, so kann ihm gegen die Wohnungseigentümergemeinschaft ein Anspruch aus ungerechtfertigter Bereicherung, §§ 951, 812 ff BGB zustehen in Höhe seiner Kosten[7].

239

---
1 OLG Köln, Beschl. v. 14. 4. 1997 – 16 Wx 89/97, WuM 1997, 455 = ZMR 1998, 49; OLG Köln, Beschl. v. 18. 9. 1997 – 16 Wx 219/97, NZM 1998, 821; s. a. OLG Düsseldorf, Beschl. v. 23. 5. 2007 – 3 Wx 21/07, OLGReport Düsseldorf 2007, 609 = NZM 2007, 528 = ZMR 2008, 221.
2 OLG Köln, Beschl. v. 30. 7. 1980 – 16 Wx 67/80, NJW 1981, 585; OLG Köln, Beschl. v. 7. 6. 1995 – 16 Wx 78/95, DWE 1997, 32.
3 BayObLG, Beschl. v. 4. 3. 2004 – 2Z BR 244/03, ZMR 2004, 605.
4 OLG Düsseldorf, Beschl. v. 9. 9. 2004 – 3 Wx 185/04, NZM 2005, 305 (306) = ZMR 2005, 389.
5 OLG Saarbrücken, Beschl. v. 4. 10. 1996 – 5 W 286/95-50, FGPrax 1997, 56 = ZMR 1997, 31.
6 BayObLG, Beschl. v. 31. 3. 2004 – 2Z BR 241/03, BayObLGR 2004, 367 (368) = ZMR 2004, 607: Maßstab für die ordnungsgemäße Verwaltung bleibt auch hier das Interesse *aller* Wohnungseigentümer, nicht nur des zahlenden Wohnungseigentümers.
7 OLG Hamburg, Beschl. v. 21. 3. 2002 – 2 Wx 103/99, OLGReport Hamburg 2002, 467 = NZM 2002, 872 = ZMR 2002, 618; zur Pausalierung solcher Ansprüche OLG Düsseldorf, Beschl. v. 26. 5. 2008 – 3 Wx 271/07, WuM 2008, 368.

240 Soweit der einzelne Wohnungseigentümer nicht ausnahmsweise für Instandhaltung, Instandsetzung und Erneuerung originär zuständig ist, wird er trotzdem häufig nach der **Zulässigkeit** einer **Eigeninitiative** auf eigene Kosten fragen, weil die Wohnungseigentümergemeinschaft jedwede Arbeiten als zurzeit nicht notwendig ablehnt. Von den denkbaren Fallgestaltungen seien hierzu aus der Rechtsprechung genannt: Für **zulässig** erachtet wird das Auswechseln von **Einfachverglasung gegen Isolierverglasung** und das Auswechseln von witterungsanfälligen Holzfenstern durch farb- und formgleiche Kunststofffenster, weil niemand einen Nachteil erleidet, wenn keine merkbare optische Abweichung vorliegt[1]. Eine nachteilige optische Beeinträchtigung liegt schon im nachträglichen Einbau einer Sprossenverglasung[2] und im Einzelfall in der Vergrößerung eines Kellerfensters[3]. Als nachteilig und zustimmungsbedürftig zu bewerten ist es auch, wenn die einheitliche Gestaltung einer Fensterfront durch die Veränderung der Anordnung des Mittelholms eines zweiflügeligen Fensters gestört wird[4]. Wird das Erscheinungsbild durch die Auswechslung von Fenstern eigenmächtig nachteilig verändert, ist das Rückbauverlangen nicht deshalb treuwidrig, weil ein Dritter den Fensterwechsel bezahlt hat und nicht noch einmal bezahlen muss[5]. **Unzulässig** ohne Zustimmung ist das Auswechseln von Glasbausteinen durch Fenster[6] oder einer Schichtstoffdämmplatte gegen ein Fenster[7]. Für unzulässig wird auch das Auswechseln eines nicht durchsichtigen Milchglaskippfensters gegen ein ebenfalls nicht durchsichtiges Drehkippfenster gehalten wegen des damit verbundenen Privatsphäreverlustes, wenn bei drehgeöffnetem Fenster nunmehr der Balkon des benachbarten Wohnungseigentümers eingesehen werden kann[8], das Aussparen einer Abluftöffnung für Wäschetrockner, Küchenabzugshaube oder Klimaanlage in einer bisher geschlossenen Fensterwand zumindest für den unmittelbar benachbarten Wohnungseigentümer[9], und schließlich der Austausch eines Fensters zum Garten durch eine (Glas-)Türe wegen der Möglich-

---

1 OLG Düsseldorf, Beschl. v. 14. 6. 1993 – 3 Wx 129/92, NJW-RR 1994, 277 = ZMR 1993, 581; OLG Köln, Beschl. v. 14. 4. 1997 – 16 Wx 89/97, WuM 1997, 455 = ZMR 1998, 49; OLG Köln, Beschl. v. 18. 9. 1997 – 16 Wx 219/97, NZM 1998, 821.
2 OLG Frankfurt/Main, Beschl. v. 18. 11. 1982 – 20 W 712/82, RPfleger 1983, 64.
3 OLG Düsseldorf, Beschl. v. 14. 6. 1993 – 3 Wx 129/92, NJW-RR 1994, 277 = ZMR 1993, 581.
4 OLG Köln, Beschl. v. 17. 12. 2001 – 16 Wx 276/01, OLGReport Köln 2002, 90 zur Veränderung der Fensteraufteilung zwei Drittel zu einem Drittel gegenüber hälftiger Aufteilung; OLG Köln, Beschl. v. 19. 6. 2002 – 16 Wx 82/02, n. v.
5 OLG Köln, Beschl. v. 10. 3. 2003 – 16 Wx 43/02, OLGReport Köln 2003, 163 für Schallschutzprogramm eines Flughafens.
6 BayObLG, Beschl. v. 11. 3. 1998 – 2 Z BR 3/98, BayObLGR 1998, 50.
7 OLG Celle, Beschl. v. 5. 7. 2007 – 4 W 75/07, ZMR 2008, 391.
8 OLG Köln, Beschl. v. 20. 5. 1998 – 16 Wx 80/98, NZM 1999, 263.
9 OLG Köln, Beschl. v. 1. 10. 1998 – 16 Wx 160/98, OLGReport Köln 1999, 45 = MDR 1999, 539.

keit einer intensiveren Gartennutzung[1]. Nachteilig ist auch das Zumauern eines Fensters[2].

Fenstergitter/Stahlgittertür

Grundsätzlich besteht ein Anspruch auf Zustimmung zur Anbringung von Fenstergittern bei Wohnungseigentum nicht; insbesondere genügt eine generelle Einbruchsgefahr nicht[3]. Dies gilt erst recht, wenn mit gegen Einbrüche sichernden Fenstergittern zugleich eine Kletterhilfe geschaffen wird, die das Einsteigen in andere Wohnungen erleichtert[4]. Ein Anspruch besteht bei Wohnungseigentum nur im Einzelfall, soweit und solange eine andere Abhilfemöglichkeit bei einer konkret festgestellten erhöhten Einbruchsgefahr nicht besteht[5] oder weil im Einzelfall an der Fassade bereits ähnliche Schutzgitter angebracht sind[6]. Bei Teileigentum mag mit Rücksicht auf die vereinbarte Zweckbestimmung (Bank, Kassenraum usw.) anderes gelten. Im Einzelfall kann es bei der Anbringung einer Stahlgittertür nach einem Einbruch für die übrigen Wohnungseigentümer an einem über das Maß des § 14 Nr. 1 WEG hinausgehenden, die Zustimmungsbedürftigkeit auslösenden Nachteil fehlen[7].

241

Garderobe

Die Anbringung einer Garderobe im gemeinschaftlichen Treppenhaus stellt eine zustimmungsbedürftige bauliche Veränderung dar[8], ebenso die Errichtung einer Trennwand[9].

242

---

1 BayObLG, Beschl. v. 27. 11. 1997 – 2 Z BR 89/97, BayObLGR 1998, 42; BayObLG, Beschl. v. 5. 8. 1999 – 2 Z BR 67/99, ZMR 1999, 781; abweichend OLG Hamburg, Beschl. v. 13. 11. 1991 – 2 Wx 64/90, ZMR 1992, 118 für einen durch einen Wohnungseigentümer allein genutzten Lichthof; OLG Hamburg, Beschl. v. 5. 11. 2004 – 2 Wx 31/03, ZMR 2005, 390.
2 OLG Düsseldorf, Beschl. v. 6. 9. 1989 – 3 Wx 191/89, DWE 1989, 176.
3 KG, Beschl. v. 17. 7. 2000 – 24 W 8114/99 und 2406/00, KGR Berlin 2001, 3 = NZM 2001, 341 = WuM 2000, 562 = ZMR 2001, 58 = ZWE 2000, 534; OLG Köln, Beschl. v. 17. 3. 2004 – 16 Wx 48/04, OLGReport Köln 2004, 302.
4 OLG Zweibrücken, Beschl. v. 2. 2. 2000 – 3 W 12/00, OLGReport Zweibrücken 2000, 383 = NZM 2000, 623 (624) = ZMR 2000, 703 = ZWE 2000, 283.
5 KG, Beschl. v. 22. 12. 1993 – 24 W 914/93, OLGZ 1994, 401 = NJW-RR 1994, 528 = WuM 1994, 223 = ZMR 1994, 228; OLG Köln, Beschl. v. 17. 3. 2004 – 16 Wx 48/04, OLGReport Köln 2004, 302; OLG Düsseldorf, Beschl. v. 25. 6. 2004 – 3 Wx 148/04, OLGReport Düsseldorf 2005, 3 = NZM 2005, 264 (LS) verweist auf einbruchshemmende Verglasung nach DIN 5290 A3.
6 KG, Beschl. v. 10. 1. 1994 – 24 W 3851/93, OLGZ 1994, 393 = NJW-RR 1994, 526 = WuM 1994, 225 = ZMR 1994, 274.
7 OLG Köln, Beschl. v. 1. 12. 2004 – 16 Wx 204/04, OLGReport Köln 2005, 150 = NZM 2005, 463, für den Einbau vor einer im obersten Stockwerk, allein gelegenen Wohnung.
8 BayObLG, Beschl. v. 19. 2. 1998 – 2 Z BR 135/97, NZM 1998, 336 = NJW-RR 1998, 875; OLG München, Beschl. v. 15. 3. 2006 – 34 Wx 160/05, OLGReport München 2006, 541 = NZM 2006, 378.
9 BayObLG, Beschl. v. 25. 5. 1983 – 2 Z 40/82, Wohnungseigentümer 1983, 126.

Garten → siehe auch Zaun

243 Gartenflächen stehen gemäß § 1 Abs. 5 WEG notwendig im Gemeinschaftseigentum, zugunsten einzelner Wohnungseigentümer können **Sondernutzungsrechte** bestellt sein[1]. Die Übertragung des Gartens zur alleinigen Nutzung an einen Wohnungseigentümer in der Teilungserklärung beinhaltet (nur) die Zustimmung zur gärtnerischen Nutzung[2], nicht jedoch für darüber hinausgehende Maßnahmen, soweit die Gemeinschaftsordnung keine darüber hinausgehenden Rechte eröffnet[3]. Als typische gärtnerische Nutzung ist dem Sondernutzungsberechtigten das Anpflanzen von Bäumen,[4] Sträuchern und sonstigen Pflanzen als Teil der Pflege und Unterhaltung des Gartens ohne Zustimmung der anderen Wohnungseigentümer erlaubt[5]. Dies darf aber nicht die übrigen Wohnungseigentümer unzuträglich in der Nutzung ihres Sondereigentums beeinträchtigen[6], oder den Charakter der Wohnungseigentumsanlage beeinträchtigen. Deshalb darf der Sondernutzungsberechtigte weder alles anpflanzen, was ihm gefällt, noch alles entfernen, was ihm missfällt[7]. Die Überlassung zur Sondernutzung „als Garten" bedeutet nicht, dass außer rein gärtnerischer Nutzung nichts erlaubt sei[8]. Zum bestimmungsgemäßen Gebrauch einer Gartenfläche gehört auch die gärtnerische Ge-

---

1 *Schuschke*, NZM 1998, 737.
2 BayObLG, Beschl. v. 2. 5. 1985 – 2 Z 48/84, BayObLGZ 1985, 164 = MDR 1985, 767; BayObLG, Beschl. v. 5. 3. 1987 – BReg 2 Z 50/86, NJW-RR 1987, 846.
3 BayObLG, Beschl. v. 19. 3. 1998 – 2 Z BR 131/97, WuM 1998, 563 für Pergola; OLG Hamm, Beschl. v. 15. 2. 2000 – 15 W 426/99, OLGReport Hamm 2000, 163 = NZM 2000, 910 = NJW-RR 2000, 1401 für Pflasterung und Mauer; vgl. a. BayObLG, Beschl. v. 18. 3. 2005 – 2Z BR 233/04, NZM 2005, 744, wo die Anlage eines Teichs durch den Sondernutzungsberechtigten einer Gartenfläche ausdrücklich vorgesehen war.
4 Bei Bäumen sind in der Regel die landesrechtlichen Regelungen zum erforderlichen Baumabstand auch an der Grenze zum benachbarten Sondernutzungsrecht einzuhalten, vgl. BGH, Urt. v. 28. 9. 2007 – V ZR 276/06, NJW 2007, 3636 = MDR 2008, 135 = ZMR 2007, 976 mit Anm. *Hogenschurz*; s.a. BayObLG, Beschl. v. 20. 8. 1987 – BReg 2 Z 50/87, ZMR 1988, 23; OLG München, Beschl. v. 11. 1. 2006 – 34 Wx 150/05, OLGReport München 2006, 213 OLG München, Beschl. v. 11. 1. 2006 – 34 Wx 150/05, OLGReport München 2006, 213.
5 BayObLG, Beschl. v. 3. 7. 1991 – BReg 2 Z 29/91, NJW-RR 1991, 1362 = WuM 1991, 448; OLG Köln, Beschl. v. 7. 6. 1996 – 16 Wx 88/96, OLGReport Köln 1996, 233 = ZMR 1997, 47.
6 KG, Beschl. v. 8. 11. 1995 – 24 W 3046/95, KGR Berlin 1996, 43 = NJW-RR 1996, 464 WuM 1996, 106 = ZMR 1996, 149.
7 *Schuschke*, NZM 1998, 737 (739).
8 OLG Düsseldorf, Beschl. v. 24. 6. 1996 – 3 Wx 118/96, NJW-RR 1996, 1228 WuM 1996, 638 = ZMR 1996, 568; OLG Köln, Beschl. v. 27. 6. 2005 – 16 Wx 58/05, NZM 2005, 785 für die Aufstellung eines 6 qm großen Kaninchenstalls; s.a. OLG Schleswig, Beschl. v. 1. 3. 2001 – 2 W 179/00, OLGReport Schleswig 2001, 301 = ZMR 2001, 853 = ZWE 2001, 506 für ein Sondernutzungsrecht zur „gärtnerische Nutzung" im Gegensatz zur einschränkenden „ortsüblichen gärtnerischen Nutzung".

staltung nach dem Geschmack und Gutdünken des Sondernutzungsberechtigten[1].

Die gärtnerische Umgestaltung einer Gartenfläche im Sondernutzungsrecht ist keine bauliche Veränderung, soweit sie das Grundstück nicht gegenständlich verändert. Bauliche Veränderungen sind deshalb das Neuanlegen eines Plattenwegs im gemeinschaftlichen Garten[2] oder auch von Trittsteinen[3], nicht jedoch das Anlegen einer Hecke[4]. Bauliche Veränderung ist das Anlegen eines Kfz-Stellplatzes auf einer Rasenfläche[5], die Errichtung einer 2,3m hohen Holzwand[6], das Anpflanzen stark wachsender Bäume[7], die vollständige Entfernung der vorhandenen mehr als fünf Meter hohen Bepflanzung und völlige Neugestaltung[8], die Anlage eines Kinderspielplatzes oder eines Sandhaufens für Katzen und Hunde auf einer Sondernutzungsfläche[9], die Errichtung eines Schwimmbads[10], die Vergrößerung einer Terrasse[11] so-

244

---

1 BayObLG, Beschl. v. 6. 10. 2000 – 2 Z BR 53/00, ZMR 2001, 122 (123).
2 OLG Hamburg, Beschl. v. 13. 2. 2001 – 2 Wx 45/99, OLGReport Hamburg 2001, 303 = ZMR 2001, 382 = ZWE 2002, 136.
3 BayObLG, Beschl. v. 10. 8. 2001 – 2 Z BR 21/01, NJW-RR 2002 = NZM 2001, 959 = ZMR 2002, 61 (158); auch BayObLG, Beschl. v. 28. 7. 2004 – 2Z BR 33/04, NZM 2004, 747 = ZMR 2005, 66, wo eine Beeinträchtigung über das Maß des § 14 Nr. 1 WEG verneint wird.
4 BayObLG, Beschl. v. 3. 7. 1991 – 2 Z 29/91, NJW-RR 1991, 1362 = WuM 1991, 448; BayObLG, Beschl. v. 28. 10. 1998 – 2 Z BR 122/98, BayObLGR 1999, 9 = NZM 1999, 261.
5 BayObLG, Beschl. v. 28. 6. 1990 – 2 Z 67/90, WuM 1990, 622.
6 OLG Hamburg, Beschl. v. 4. 4. 2002 – 2 Wx 91/98, ZMR 2002, 621.
7 KG, Beschl. v. 13. 7. 1987 – 24 W 1752/87, OLGZ 1987, 410 = NJW-RR 1987, 1360.
8 OLG Düsseldorf, Beschl. v. 6. 4. 1994 – 3 Wx 534/93, NJW-RR 1994, 1167 = WuM 1994, 492.
9 Soweit aufgrund öffentlich-rechtlicher Vorschriften eine Verpflichtung zur Errichtung eines Kinderspielplatzes besteht, kann über das „Wo" und „Wie" der Errichtung im gemeinschaftlichen, nicht der Sondernutzung unterliegenden Garten mit Mehrheit abgestimmt werden, vgl. BayObLG, Beschl. v. 25. 6. 1998 – 2 Z BR 10/98, NZM 1998, 817 = WuM 1998, 745 = ZMR 1998, 647; zulässig ist auch die Errichtung eines zweisitzigen, zwei Meter hohen Schaukelgerüstes auf einer im Sondernutzungsrecht stehenden Gartenfläche mit der Zweckbestimmung Grünfläche und Ziergarten in der Teilungserklärung, vgl. OLG Düsseldorf, Beschl. v. 14. 8. 1989 – 3 Wx 261/89, DWE 1990, 94.
10 KG, Beschl. v. 19. 6. 2007 – 24 W 5/07, NZM 2007, 847.
11 BayObLG, Beschl. v. 10. 9. 1992 – 2 Z BR 74/92, MDR 1993, 235 = NJW-RR 1993, 85 = WuM 1992, 641; BayObLG, Beschl. v. 30. 1. 1997 – 2 Z BR 110/96, BayObLGR 1997, 51; BayObLG, Beschl. v. 2. 6. 1999 – 2 Z BR 15/99, NZM 1999, 1009; OLG Braunschweig, Beschl. v. 18. 4. 1994 – 3 W 6/93, DWE 1995, 128; OLG Celle, Beschl. v. 28. 11. 2001 – 4 W 203/01, OLGReport Celle 2002, 107 = ZWE 2002, 371; OLG Frankfurt, Beschl. v. 24. 7. 2007 – 20 W 538/05, NZM 2008, 322 = ZWE 2007, 461; OLG Hamburg, Beschl. v. 30. 1. 1989 – 2 W 24/88, OLGZ 1989, 309 = ZMR 1989, 466; OLG Karlsruhe, Beschl. v. 17. 7. 2000 – 11 Wx 42/00, OLGReport Karlsruhe 2001, 1; abweichend, aber unzutreffend

wie ihre Anlage¹, die Umgestaltung der Grundstücksoberfläche durch Begradigung eines abschüssigen Hanges, wobei schon in der Möglichkeit intensiverer Nutzung ein nicht hinzunehmender Nachteil liegen kann,² und schließlich die Umgestaltung bei ausdrücklicher Bestimmung über die Bepflanzung in der Teilungserklärung³, sowie das Freilegen eines zwischenzeitlich mit Rasen zugewachsenen Verbindungsweges⁴. Grenzfälle mögen das Aufstellen von Gartenzwergen⁵ und eines Komposthaufens sein⁶.

245 Zudem können Grenzen des Sondernutzungsrechts zum Schutz berechtigter Interessen durch Gebrauchsregelungen mit Mehrheitsbeschluss festgelegt werden, etwa ein Pflanzverbot zum Schutz eines charakteristischen Seeblicks⁷ oder zum Schutz der darunter liegenden Tiefgarage vor eindringendem Wurzelwerk⁸.

246 Der Zustimmung aller Wohnungseigentümer bedürfen die Errichtung eines Geräteschuppens im Garten⁹, eines Gartenhauses¹⁰, unabhängig von der Errichtung mit oder ohne Fundament, eines Saunahauses¹¹, der Er-

---

OLG Schleswig, Beschl. v. 1. 3. 2001 – 2 W 179/00, OLGReport Schleswig 2001, 301 = FGPrax 2001, 138 = ZMR 2001, 853 = ZWE 2001, 506 bei Sondernutzungsrecht „gärtnerische Nutzung".
1 OLG Karlsruhe, Beschl. v. 18. 9. 2000 – 14 Wx 45/00, ZMR 2001, 224.
2 BayObLG, Beschl. v. 26. 9. 2002 – 2Z BR 86/02, NZM 2003, 242.
3 OLG Hamburg, Beschl. v. 18. 2. 1994 – 2 Wx 49/92, WE 1994, 377.
4 Vgl. OLG Stuttgart, Beschl. v. 15. 10. 1979 – W 232/79, DWE 1980, 62.
5 OLG Hamburg, Beschl. v. 20. 4. 1988 – 2 W 7/87, OLGZ 1988, 308 = MDR 1988, 867 = NJW 1988, 2052 = VersR 1988, 1027; *Schmidtmann*, MDR 2000, 753; *Schuschke*, NZM 1998, 737 (740) m. w. N.
6 Vgl. *Schuschke*, NZM 1998, 737 (740) m. w. N.
7 BayObLG, Beschl. v. 6. 2. 1992 – BReg. 2 Z 166/91, BayObLGR 192, 27 = WuM 1992, 206 = ZMR 1992, 202.
8 BayObLG, Beschl. v. 14. 1. 1993 – 2 Z BR 123/92, WuM 1993, 206.
9 OLG Köln, Beschl. v. 29. 4. 1997 – 16 Wx 76/97, OLGReport Köln 1997, 218; BayObLG, Beschl. v. 28. 3. 2001 – 2 Z BR 1/01, ZMR 2001, 640 = ZWE 2001, 609; OLG München, Beschl. v. 26. 7. 2006 – 34 Wx 83/06, OLGReport München 2006, 847.
10 BayObLG, Beschl. v. 26. 6. 1986 – 2 Z 84/85, MDR 1986, 940 = WuM 1986, 287 = ZMR 1986, 452; BayObLG, Beschl. v. 17. 12. 1987 – 2 Z 84/87, NJW-RR 1988, 591; BayObLG, Beschl. v. 21. 4. 1992 – 2 Z BR 20/92, BayObLGR 1992, 9; BayObLG, Beschl. v. 20. 11. 2003 – 2 Z BR 134/03, BayObLGR 2004, 143 (LS) für einen Ziergarten; KG, Beschl. v. 12. 11. 1993 – 24 W 3064/93, OLGZ 1994, 273 = NJW-RR 1994, 207; OLG Hamburg, Beschl. v. 21. 5. 2007 – 2 Wx 38/03, ZMR 2007, 635; OLG Köln, Beschl. v. 29. 4. 1997 – 16 Wx 76/96, WuM 1997, 461; OLG Köln, Beschl. v. 22. 6. 1998 – 16 Wx 99/98, OLGReport Köln 1998, 425.
11 BayObLG, Beschl. v. 26. 4. 2001 – 2 Z BR 4/01, WuM 2001, 405 = ZMR 2001, 827 = ZWE 2001, 428 wegen der größeren Einbruchsgefahr für einen darüber liegenden Balkon.

richtung einer Pergola über der Gartenterrasse[1], eines überdachten und durch Glaswände seitlich abgeschlossenen Sitzplatzes[2], einer Sichtschutzwand neben der Terrasse[3], die Errichtung von Mauern zur Beeteinfassung[4], sowie das Aufstellen von Grillkaminen aus Fertigbetonteilen.

An einer auf Dauer angelegten gegenständlichen Veränderung des Grundstücks und damit an einer baulichen Veränderung fehlt es beim Aufstellen von Biertischen, Bänken und Schirmen, die im Boden nicht fest verankert sind, für jeweils sechs Monate (vom 1. 4. bis 30. 9.) eines Jahres[5]. 247

Bei Anpflanzungen sind im Verhältnis der Wohnungseigentümer untereinander die **Pflanzabstände nach den nachbarrechtlichen Regelungen** einzuhalten[6]. Bei Nichteinhaltung der Pflanzabstände kann innerhalb der in den Nachbargesetzen der Länder[7] genannten Ausschlussfristen ohne weitere Voraussetzungen ein Verstoß gegen § 14 Nr. 1 WEG angenommen werden; nach Ablauf dieser Ausschlussfristen bleibt es möglich, den Nachweis eines über das nach § 14 Nr. 1 WEG Zulässige hinausgehenden Nachteils zu führen[8]. Bei **überwachsenden Zweigen** findet im Verhältnis von zwei benachbarten Sondernutzungsrechten an Gartenflächen die Regelung des § 910 BGB entsprechende Anwendung, so dass 248

---

1 OLG Köln, Beschl. v. 21. 2. 1997 – 16 Wx 8/97, OLGReport Köln 1997, 205 = MDR 1997, 1020; zutreffend anders für den Fall einer ausdrücklichen Befugnis nach der Teilungserklärung BayObLG, Beschl. v. 19. 3. 1998 – 2 Z BR 131/97, WuM 1998, 563 für Pergola.
2 BayObLG, Beschl. v. 21. 5. 1992 – 2 Z BR 38/92, BayObLGR 1992, 25 = WuM 1992, 392.
3 OLG Köln, Beschl. v. 13. 2. 1998 – 16 Wx 3/98, OLGReport Köln 1998, 195.
4 KG, Beschl. v. 10. 1. 1994 – 24 W 3851/93, OLGZ 1994, 393 = NJW-RR 1994, 526 = WuM 1994, 225 = ZMR 1994, 274; anders im Einzelfall OLG Hamburg, Beschl. v. 26. 11. 2007 – 2 Wx 68/07, ZMR 2008, 154 (156) für den Ersatz einer Beeteinfassung durch eine Trockenmauer.
5 BayObLG, Beschl. v. 28. 3. 2002 – 2 Z BR 182/01, NZM 2002, 569 = ZMR 2002, 688.
6 BGH, Urt. v. 28. 9. 2007 – V ZR 276/06, NJW 2007, 3636 = MDR 2008, 135 = ZMR 2007, 976 mit Anm. *Hogenschurz*; s.a. BayObLG, Beschl. v. 20. 8. 1987 – BReg 2 Z 50/87, ZMR 1988, 23; OLG München, Beschl. v. 11. 1. 2006 – 34 Wx 150/05, OLGReport München 2006, 213.
7 Vgl. die Nachweise bei Palandt/*Bassenge*, 67. Auflage, Art. 124 EGBGB Rz. 2 m.w.N. zu den landesrechtlichen Vorschriften und der einschlägigen Literatur. Mit Ausnahme von Mecklenburg-Vorpommern, Bremen und Hamburg haben alle Bundesländer Nachbargesetze erlassen.
8 *Hogenschurz*, ZMR 2007, 978; s.a. OLG Köln, Beschl. v. 7. 6. 1996 – 16 Wx 88/96, OLGReport Köln 1996, 233 (234) = ZMR 1997, 47; abweichend OLG Hamm, Beschl. v. 21. 10. 2002 – 15 W 77/02, OLGReport Hamm 2003, 61 = NZM 2003, 156 = ZMR 2003, 372. Allerdings dürften Ansprüche regelmäßig verjährt sein.

unter den dort genannten Voraussetzungen ein Recht zur Selbsthilfe besteht[1].

249 Bei **Gartenflächen im Gemeinschaftseigentum** steht der Wohnungseigentümergemeinschaft in Bezug auf die Pflege ein (beschränkter) Ermessensspielraum zu, weil der Pflanzenwuchs nicht mit Sicherheit vorhersehbar ist[2]. Eine der Zustimmung aller Wohnungseigentümer bedürftige bauliche Veränderung liegt jedenfalls dann vor, wenn die vorhandene Bepflanzung vollständig mitsamt Bäumen beseitigt und durch eine völlig andersartige Neuanlage ersetzt wird[3]. Bei weniger umfangreichen Umgestaltungen kommt vieles auf die Bewertung der tatsächlichen Gegebenheiten im Einzelfall an. So kann sich der Rückschnitt einer Hecke als Maßnahme ordnungsgemäßer Verwaltung darstellen, aber auch bauliche Veränderung sein, wenn die Hecke erkennbar Sichtschutzfunktion hat[4]. Würde der Heckenrückschnitt zu einer langfristigen Schädigung der Hecke führen, weil kahle Stellen nicht kurzfristig wieder durch neue Triebe wieder geschlossen werden können, handelt es nicht um eine ordnungsgemäße Pflegemaßnahme[5]. Der Rückschnitt von Fassadengrün, etwa wildem Wein, ist als bloße Pflegemaßnahme eine Maßnahme ordnungsgemäßer Verwaltung[6], dagegen die vollständige Beseitigung mit Rankverbot für die Zukunft eine bauliche Veränderung[7]. Die Entfernung eines Grillkamins, der schon bei Begründung des Wohnungseigentums auf einer Gemeinschaftsfläche errichtet war, stellt regelmäßig eine zustimmungsbedürftige bauliche Veränderung dar[8]. Dass kein Wohnungseigentümer eigenmächtig Teile des Gemeinschaftseigentums zu seinem alleinigen Gebrauch abgrenzen darf, versteht sich von selbst[9].

250 **Geräteschuppen** → siehe Garten

---

1 KG, Beschl. v. 13. 6. 2005 – 24 W 115/04, KGR Berlin 2005, 694 = NZM 2005, 745; anders noch OLG Düsseldorf, Beschl. v. 27. 6. 2001 – 3 Wx 79/01, NZM 2001, 861 = ZMR 2001, 910.
2 BayObLG, Beschl. v. 21. 2. 2001 – 2 Z BR 142/00, WuM 2001, 299 = ZMR 2001, 565.
3 OLG Schleswig, Beschl. v. 3. 5. 2007 – 2 W 25/07, OLGReporteport Schleswig 2007, 881 = WuM 2007, 587, auch zur Zulässigkeit aufgrund eines bestandskräftigen Eigentümerbeschlusses.
4 BayObLG, Beschl. v. 18. 3. 2004 – 2 Z BR 249/03, BayObLGR 2004, 313 = NZM 2004, 791 = ZMR 2005, 377; OLG München, Beschl. v. 12. 9. 2005 – 34 Wx 54/05, NZM 2006, 828 = ZMR 2006, 67.
5 OLG München Beschl. v. 12. 9. 2005 – 34 Wx 54/05, NZM 2006, 828 = ZMR 2006, 67.
6 OLG Saarbrücken, Beschl. v. 10. 10. 1997 – 5 W 60/97, ZMR 1998, 50
7 OLG Düsseldorf, Beschl. v. 17. 12. 2004 – 3 Wx 298/04, OLGReport Düsseldorf 2005, 300 = ZMR 2005, 304.
8 BayObLG, Beschl. v. 16. 6. 2004 – 2 Z BR 49/02, ZMR 2004, 924, auch zum Anspruch einzelner Wohnungseigentümer auf Erlass einer Benutzungsordnung.
9 BayObLG, Beschl. v. 30. 4. 2003 – 2Z BR 87/02, ZMR 2004, 127 für Baumsperren.

Geruch → vgl. auch Lärm

Die Frage der Geruchsimmission wird etwa bedeutsam in folgenden Fällen baulicher Veränderungen: Steigerung des Kfz-Verkehrs durch Einrichtung oder Verlegung von Kfz-Stellplätzen, Verlegung des Müllplatzes[1], Küchen- oder Abluftdünste, die über Abzugsrohre ins Freie geleitet werden[2], das Aussparen einer Abluftöffnung für Wäschetrockner, Küchenabzugshaube oder Klimaanlage in einer bisher geschlossenen Fensterwand[3].

251

Wo die Grenze des Zulässigen überschritten ist, wann kein die anderen Wohnungseigentümer über das bei einem geordneten Zusammenleben unvermeidliche Maß hinausgehender Nachteil vorliegt, §§ 22 Abs. 1 S. 2, 14 Nr. 1 WEG, ist bei Gerüchen objektiv nicht festzulegen. Maßgeblich ist, ob es sich im konkreten Einzelfall um eine anhaltende Störung handelt, die im Vergleich zum bisherigen Zustand einen zusätzlichen, vermeidbaren Nachteil darstellt[4]. Unzulässig ist die gezielte Ableitung der Abluft auf den „Nachbarn"[5].

252

Schon eine objektive, rationalisierte Feststellung ist aber nicht möglich, die Bewertung ebenso nicht. Gerichtlicher „Augenschein" ist hier geboten. Anhaltspunkte mögen Bauvorschriften sein, die etwa für Gaststätten besondere Entlüftungseinrichtungen vorschreiben. Was nach § 906 BGB im Verhältnis von Grundstücksnachbarn nicht zulässig ist, verbietet § 14 Nr. 1 WEG erst recht im Verhältnis von Wohnungseigentümern aufgrund der weitergehenden Rücksichtnahmepflichten im Gemeinschaftsverhältnis.

253

Heizung/Wasser/Installation

Der Anschluss zusätzlicher oder größerer Heizkörper an die gemeinschaftliche Heizung ist, auch wenn die Heizungsrohre und -körper ab dem Anschluss an die gemeinschaftliche Steigleitung in der Teilungserklärung zu Sondereigentum erklärt sind, als bauliche Veränderung und wegen der Auswirkungen auf die Gesamtheizung als nachteilig zu bewerten[6], soweit nicht im Einzelfall drohende Störungen (Überschreitung

254

---

1 OLG Karlsruhe, Beschl. v. 12. 1. 1978 – 3 W 14/77, OLGZ 1978, 172 = MDR 1978, 495; s. a. BayObLG, Beschl. v. 14. 2. 2002 – 2 Z BR 138/01, NZM 2003, 114; BayObLG, Beschl. v. 3. 11. 2004 – 2 Z BR 73/04, BayObLGR 2005, 187.
2 BayObLG, Beschl. v. 21. 6. 1990 – 1b Z 36/89, WuM 1990, 403; BayObLG, Beschl. v. 12. 4. 2000 – 2 Z BR 151/99, ZWE 2000, 411.
3 OLG Köln, Beschl. v. 1. 10. 1998 – 16 Wx 160/98, OLGReport Köln 1999, 45 = MDR 1999, 539: Zustimmung jedenfalls des unmittelbaren Nachbarn erforderlich.
4 OLG Frankfurt/Main, Beschl. v. 5. 11. 1979 – 20 W 279/79, OLGZ 1980, 78 = RPfleger 1980, 112.
5 BayObLG, Beschl. v. 12. 8. 2004 – 2Z BR 148/04, NZM 2005, 69.
6 BayObLG, Beschl. v. 30. 12. 1983 – 2 Z 73/83, DWE 1984, 92; OLG Düsseldorf, Beschl. v. 2. 7. 2004 – 3 Wx 66/04, NZM 2004, 835 = ZMR 2005, 643.

der Anschlusswerte, Beeinträchtigung anderer, insbesondere oberhalb lebender Wohnungseigentümer usw.) durch einen Sachverständigen ausgeschlossen werden können. Auch Eingriffe in das Abwassersystem durch Verlegung eines Abflussrohres aus der Eigentumswohnung in den Abwasserkanal müssen nicht nach § 14 Nr. 3 WEG geduldet werden[1]. Die Erneuerung der Heizungspumpe darf nicht zu einer Verschlechterung des Schallschutzes führen[2].

255 **Immissionen** → siehe Lärm, Geruch, Schmutz

Kamin/Außenkamin

256 Die Errichtung eines Außenkamins bedarf, soweit nicht schon ein Eingriff in die bestehende gemeinschaftliche Heizungsanlage erfolgt, wegen der möglichen optischen Beeinträchtigung und nachteiligen Rauchentwicklung der Zustimmung der übrigen Wohnungseigentümer[3]. Gleiches gilt für den nachträglichen Einbau einer Gasetagenheizung mit getrenntem Abgaskamin ins Freie[4].

257 Der Durchbruch eines Flachdaches zur Errichtung eines Kamins, etwa eines offenen Kamins im Penthouse, ist eine nachteilige und daher zustimmungspflichtige bauliche Veränderung[5].

Kfz-Stellplätze

258 Ausgangspunkt für die Bewertung der zahlreichen tatsächlichen Fallgestaltungen der individuellen Umbauten und Veränderungen an Kfz-Stellplätzen ist die rechtliche Überlegung, dass Sondereigentum an Kfz-Stellplätzen nur dann vorliegen kann, wenn es sich um abgeschlossene Räume handelt oder bei Garagenstellplätzen, deren Flächen durch dauerhafte Markierungen ersichtlich sind, § 3 Abs. 2 WEG[6]. Ansonsten handelt es sich um Gemeinschaftseigentum, an dem für einzelne Wohnungseigentümer Grunddienstbarkeiten oder Sondernutzungsrechte bestehen können, die aber auch entsprechend einer Nutzungsordnung von allen unentgeltlich genutzt oder vermietet werden können[7]. Selbst wenn es sich aber bei dem Garagenplatz um Sondereigentum handelt, ist wie

---

1 OLG Bremen, Beschl. v. 20. 2. 1998 – 3 W 24/97, OLGReport Bremen 1998, 352.
2 OLG München, Beschl. v. 24. 10. 2007 – 34 Wx 23/07, ZWE 2008, 103.
3 OLG Celle, Beschl. v. 15. 2. 1995 – 4 W 295/94, WuM 1995, 338; OLG Hamburg, Beschl. v. 7. 4. 1987 – 2 W 24/87, DWE 1987, 98; OLG Köln, Beschl. v. 11. 2. 2000 – 16 Wx 9/00, MDR 2000, 577 = NZM 2000, 764 für Mehrhausanlage.
4 OLG Düsseldorf, Beschl. v. 4. 7. 1997 – 3 Wx 270/97, OLGReport Düsseldorf 1997, 317 = ZMR 1997, 536 = WuM 1997, 514.
5 OLG Hamburg, Beschl. v. 7. 4. 1987 – 2 W 24/87, DWE 1987, 98.
6 Fehlt es an diesen Voraussetzungen, handelt es sich auch dann nur um die Einräumung eines Sondernutzungsrechts, wenn die Teilungserklärung irrtümlich von Sondereigentum spricht.
7 Vgl. *Schuschke*, NZM 1999, 1121.

bei einem Sondernutzungsrecht eine bauliche Veränderung, die nicht in irgendeiner Weise in das Gemeinschaftseigentum eingreift, kaum vorstellbar[1].

Schon die Verankerung eines **Sperrbügels** im Boden fällt darunter, wird aber als die übrigen Wohnungseigentümer nicht über das in §§ 22 Abs. 1 S. 2, 14 Nr. 1 WEG bestimmte Maß hinausgehend beeinträchtigend für zustimmungsfrei gehalten[2]. Nachteilig und zustimmungspflichtig ist das Aufstellen so genannter Tiefgaragenboxen[3]. Das erneute Anbringen einer im Aufteilungsplan vorgesehenen und ursprünglich vorhandenen **Absperrkette** zwischen Kfz-Stellplätzen ist dagegen eine Maßnahme ordnungsgemäßer Instandsetzung, keine bauliche Veränderung[4]. Das Anbringen einer Absperrkette, um privat genutzte Stellplätzen von Gewerbebesuchern freizuhalten kann – unabhängig davon, ob die erforderlichen Pfosten fest mit dem Erdreich verbunden sind – im Einzelfall nicht über das Maß des § 14 Nr. 1 WEG hinausgehend nachteilig sein[5]. 259

Fahrradständer, die zwischen Tiefgaragenboden und -decke fest verspannt werden können, greifen in das Gemeinschaftseigentum zwar im Einzelfall nicht erheblich ein, sie können aber die Nutzbarkeit des benachbarten Stellplatzes – etwa weil wegen der geringen Stellplatzgröße ein ausreichendes Öffnen der Fahrzeugtüren nur unter Mitbenutzung des benachbarten Luftraums möglich ist – derart einschränken, dass man im Ergebnis eine Überschreitung der zulässigen Sondernutzung annehmen muss. 260

Wegen der Veränderung der äußeren Gestaltung des Gebäudes **zustimmungsbedürftig** sind das Umbauen eines Sammelgaragenstellplatzes zu einer Einzelgarage[6], die Ersetzung einer Maschendrahtabtrennung zwischen zwei Sammelgaragenplätzen durch eine Holztrennwand[7], die Umwandlung eines Stellplatzes im Freien in einen Carport[8] oder seine Be- 261

---

1 A. A. BayObLG, Beschl. v. 30. 1. 2003 – 2 Z BR 121/02, ZMR 2003, 514, im Einzelfall für die Errichtung einer Doppelgarage.
2 OLG Schleswig, Beschl. v. 10. 10. 1996 – 2 W 2/96, OLGReport Schleswig 1997, 36; kritisch *Schuschke*, NZM 1999, 1121 (1127); vgl. OLG Frankfurt/Main, Beschl. v. 13. 5. 1992 – 20 W 226/91, OLGZ 1992, 437 = NJW-RR 1993, 86 = ZMR 1992, 398.
3 BayObLG, Beschl. v. 11. 8. 2004 – 2 Z BR 81/04, ZMR 2004, 928.
4 BayObLG, Beschl. v. 10. 9. 1998 – 2 Z BR 86/98, NZM 1999, 29.
5 BayObLG, Beschl. v. 27. 1. 2005 – 2Z BR 207/04, BayObLGR 2005, 494: abstrakte Stolpergefahr reicht nicht aus.
6 OLG Köln, Beschl. v. 26. 5. 1999 – 16 Wx 13/99, NZM 1999, 865.
7 OLG München, Beschl. v. 13. 3. 2006 – 34 Wx 1/06, OLGReport München 2006, 462 = NZM 2006, 783 für Einzelfall.
8 BayObLG, Beschl. v. 6. 2. 1986 – 2 Z 70/85, BayObLGZ 1986, 29 = NJW-RR 1986, 761 = ZMR 1986, 207; BayObLG, Beschl. v. 2. 7. 1999 – 2 Z BR 30/99, NZM 1999, 855 (856) = NJW-RR 2000, 226 = WuM 2001, 90.

bauung mit einer Fertiggarage[1], die Vornahme eines Garagenanbaus[2], das Anlegen eines Kfz-Stellplatzes auf einer Rasenfläche[3], das Verschließen einer offenen Einzelgarage durch ein Tor[4] und die Errichtung eines Klingelbretts vor der Tiefgarageneinfahrt, um diese für Besucher eines Gewerbebetriebs nutzbar zu machen[5].

262 Als Gebrauchsregelung im Sinne des § 15 Abs. 2 WEG und nicht als bauliche Veränderung ist das Abmarkieren von Parkbuchten auf einer baulich bereits zur Nutzung als Parkplatz hergestellten Hoffläche zu bewerten[6], ebenso die Verlegung von Betonschwellen zur Verkehrsberuhigung auf der Parkplatzzufahrt[7], nicht aber die Einrichtung und Vermietung von Pkw-Stellplätzen auf der gemeinschaftlichen Garagenzufahrt[8].

Klimaanlage

263 Eine zustimmungspflichtige nachteilige bauliche Veränderung ist der Einbau einer Kleinklimaanlage vor einem oder in ein Fenster (optische Beeinträchtigung)[9], ebenso das Aussparen einer Abluftöffnung für eine Klimaanlage in einer bisher geschlossenen Fensterwand zumindest für den unmittelbar benachbarten Wohnungseigentümer (Geruchsbelästigung)[10]. Durch die Klimaanlage darf auch keine Lärmbelästigung entstehen[11].

Klingel

264 Bei der Klingelanlage sind die Sprechstellen innerhalb der Wohnung dann Sondereigentum, wenn das Vorhandensein und Funktionieren der einzelnen Sprechstelle zum Funktionieren der Gesamtanlage, die im Gemeinschaftseigentum steht, nicht erforderlich ist[12]. Sie können daher – eben weil und soweit keine Auswirkungen auf die Gesamtanlage eintreten – verändert werden, ohne dass § 22 Abs. 1 WEG Anwendung fände.

---

1 OLG Frankfurt/Main, Beschl. v. 27. 6. 1986 – 20 W 114/86, WE 1986, 141; OLG Karlsruhe, Beschl. v. 7. 1. 2008 – 14 Wx 5/07, juris.
2 BayObLG, Beschl. v. 27. 3. 1984 – 2 Z 27/83, DWE 1984, 124 = WE 1986, 26.
3 BayObLG, Beschl. v. 28. 6. 1990 – 2 Z 67/90, WuM 1990, 622.
4 BayObLG, Beschl. v. 22. 5. 1998 – 2 Z BR 38/98, NZM 1999, 282 = WuM 1998, 679.
5 BayObLG, Beschl. v. 10. 2. 1998 – 2 Z BR 129/97, NZM 1998, 522; s. a. BayObLG, Beschl. v. 8. 8. 2002 – 2 Z BR 5/02, NZM 2002, 869 (870).
6 OLG Karlsruhe, Beschl. v. 19. 12. 1977 – 3 W 6/77, MDR 1978, 495.
7 KG, Beschl. v. 6. 3. 1985 – 24 W 3664/84, OLGZ 1985, 263.
8 OLG Zweibrücken, Beschl. v. 27. 8. 1985 – 3 W 121/85, OLGZ 1985, 418 = MDR 1986, 60 = NJW-RR 1986, 562 = ZMR 1986, 61.
9 OLG Frankfurt/Main, Beschl. v. 1. 4. 1986 – 20 W 9/86, WE 1986, 104.
10 OLG Köln, Beschl. v. 1. 10. 1998 – 16 Wx 160/98, OLGReport Köln 1999, 45 = MDR 1999, 539.
11 OLG Köln, Beschl. v. 1. 10. 1998 – 16 Wx 160/98, OLGReport Köln 1999, 45 = WuM 1999, 296.
12 OLG Köln, Beschl. v. 26. 8. 2002 – 16 Wx 126/02, NZM 2002, 865.

Der erstmalige Einbau einer Gegensprechanlage in das vorhandene Klingelbrett soll nicht nachteilig über das nach § 14 Nr. 1 WEG zulässige Maß sein[1]. Zur Installation eines Videoauges Teil 9, Rz. 337.

Ladeneingang

Die nachträgliche Errichtung eines Ladeneingangs in einer Parterrewohnung ist eine nachteilige bauliche Veränderung[2].   265

Lärm → siehe auch Trittschallschutz

Viele Fälle von nachteiligem Lärm in Folge baulicher Veränderungen sind denkbar, etwa das typische Geräusch des Tischtennisspiels nach Aufstellen einer Tischtennisplatte, Regenprasseln auf einer Terrassenüberdachung aus Kunststoff[3], zusätzlicher Kfz-Verkehr[4], Geräusche verursachende Armaturen[5].   266

Vorübergehende Lärmbeeinträchtigungen während der Durchführung der baulichen Veränderung sind, soweit der Rahmen des zulässigen Maßes gewahrt bleibt, nicht im über den Rahmen des § 14 Nr. 1 WEG hinausgehenden Maß nachteilig[6]. Die vorübergehende Lärmbeeinträchtigung stellt auch keinen erstattungsfähigen Vermögensschaden dar[7].   267

Hat die bauliche Veränderung jedoch **dauerhaft** eine über den Rahmen des § 14 Nr. 1 WEG hinausgehende Lärmbeeinträchtigung zur Folge, ist sie für die betroffenen Wohnungseigentümer nachteilig und bedarf (auch) deshalb deren Zustimmung. Hier tritt aber die Schwierigkeit hervor, eine Grenze zu ziehen, wann kein die anderen Wohnungseigentümer über das bei einem geordneten Zusammenleben unvermeidliche Maß hinausgehender Nachteil vorliegt, § 14 Nr. 1 WEG. Anhaltspunkte dürfte die Rechtsprechung und Kommentierung zu § 906 Abs. 1 BGB bieten. Bei haustechnischen Anlagen geben die VDI-Richtlinien für die Beurteilung der zulässigen Lärmgrenzen Regeln[8]. Durch diese Anforderungen wird   268

---

1 BayObLG, Beschl. v. 8. 8. 2002 – 2 Z BR 5/02, NZM 2002, 869 (870); s.a. BayObLG, Beschl. v. 10. 2. 1998 – 2 Z BR 129/97, NZM 1998, 522.
2 BayObLG, Beschl. v. 6. 3. 1986 – 2 Z 57/85, WE 1987, 12; BayObLG, Beschl. v. 17. 7. 1986 – 2 Z 32/86, WE 1987, 51.
3 OLG Stuttgart, Beschl. v. 23. 9. 1969 – 8 W 147/67, OLGZ 1970, 74 = NJW 1970, 102.
4 OLG Frankfurt/Main, Beschl. v. 5. 11. 1979 – 20 W 279/79, OLGZ 1980, 78 = RPfleger 1980, 112.
5 BayObLG, Beschl. v. 8. 7. 1981 – 2 Z 81/80, DWE 1982, 103.
6 BayObLG, Beschl. v. 10. 5. 1990 – 2 Z 26/90, BayObLGZ 1990, 120 = MDR 1990, 823 = ZMR 1990, 390; BayObLG, Beschl. v. 14. 1. 1999 – 2 Z BR 125/98, FGPrax 1999, 53 = ZMR 1999, 273.
7 KG, Beschl. v. 21. 1. 1998 – 24 W 5061/97, KGR Berlin 1998, 142 = WuM 1998, 430 = ZMR 1998, 369, zu einem verschuldensunabhängigen Aufopferungsanspruch analog § 14 Nr. 4 WEG.
8 BayObLG, Beschl. v. 18. 11. 1999 – 2 Z BR 77/99, FGPrax 2000, 15 = NJW-RR 2000, 747 = NZM 2000, 504 = ZWE 2000, 174 = ZMR 2000, 311.

ein Gleichlauf mit der Verpflichtung der vermietenden Wohnungseigentümern gegenüber ihren Mietern herbeigeführt, der bei Fehlen abweichender Vereinbarungen im Falle baulicher Veränderungen „erwarten", d. h. fordern kann, dass Lärmschutzmaßnahmen getroffen werden, die den Anforderungen der zur Zeit des Umbaus geltenden DIN-Normen genügen[1].

269 Leuchtreklame → siehe Werbung

Markise

270 Die Anbringung einer Markise beeinträchtigt den optischen Gesamteindruck störend und ist daher im Regelfall, soweit diese Abweichung einsehbar ist, zustimmungspflichtig[2]. Dies gilt auch, wo ein Eingriff in die Substanz des Gemeinschaftseigentums nicht erfolgt, etwa weil die Markise zwischen Balkonboden und Balkondecke an Stützen verspannt ist.

271 **Mobilfunkantenne** → siehe Antenne

Parabolantenne

272 Von dem hier zu besprechenden Fall, dass ein Miteigentümer die Errichtung einer Parabolantenne zum Empfang von (weiteren) digitalen Fernsehprogrammen wünscht oder eigenmächtig vornimmt, ist die Frage zu unterscheiden, ob und wie die Wohnungseigentümergemeinschaft bei der **Umstellung der Medienversorgung** und Auswahl zwischen den konkurrierenden Systemen (Antenne, Kabel, Satellit) vorgehen muss. In diesem Fall ist eine umfassende Abwägung aller Vor- und Nachteile der Systeme geboten, insbesondere die Einholung von Konkurrenzangeboten, um Leistungen und Kosten vergleichen zu können[3]. Dabei wird die Wohnungseigentümergemeinschaft insbesondere das überwältigende Senderangebot, dass allein über Satellit empfangen werden kann berücksichtigen müssen[4]. Der tatsächliche Hintergrund ist in beiden Fällen, dass der digitale Fernsehempfang über eine Satellitenempfangsanlage das weitaus

---

1 BGH, Urt. v. 6. 10. 2004 – VIII ZR 355/03, MDR 2005, 743 = NJW 2005, 218 mit Besprechung *Drasdo*, NJW 2005, 798.
2 BayObLG, Beschl. v. 1. 6. 1995 – 2 Z BR 34/95, BayObLGR 1995, 75 = WuM 1995, 449; KG, Beschl. v. 3. 12. 1993 – 24 W 6483/93, OLGZ 1994, 399 = WuM 1994, 99 zur Vertikalmarkise; OLG Düsseldorf, Beschl. v. 30. 10. 2000 – 3 Wx 318/00, OLGReport Düsseldorf 2001, 173 = NZM 2001, 243 = ZMR 2001, 130 = ZWE 2001, 34; OLG Frankfurt/Main, Beschl. v. 14. 5. 1985 – 20 W 370/84, OLGZ 1986, 42.
3 BayObLG, Beschl. v. 10. 3. 2004 – 2Z BR 274/03, ZMR 2004, 607: Anhörung allein eines Vertreters der Kabelbetriebergesellschaft unzureichend; zu Einzelheiten s. *Wenzel*, ZWE 2007, 179.
4 Vgl. BGH, Beschl. v. 22. 1. 2004 – V ZB 51/03, BGH, Beschl. v. 22. 1. 2004 – V ZB 51/03, BGHZ 157, 322 = NJW 2004, 937 = ZMR 2004, 438 = ZWE 2005, 352 mit Anm. *Köhler*.

umfangreichste Programmangebot eröffnet, weil derzeit vergleichbare andere Empfangsmöglichkeiten noch fehlen.

Bei der **Anbringung einer Parabolantenne durch einen Wohnungseigentümer** stehen zwei Fragen im Mittelpunkt der Betrachtung, zum einen, ob überhaupt eine bauliche Veränderung vorliegt, zum anderen, ob die Anbringung auch unter Berücksichtigung von geschützten Grundrechtspositionen einen Gebrauch darstellt, der zu einem über das bei einem geordneten Zusammenleben unvermeidliche Maß hinausgehenden Nachteil bei einem der anderen Wohnungseigentümer im Sinne des § 14 Nr. 1 WEG führt. Die Grundrechtsabwägung führt über die Ausstrahlung der Grundrechte in das Tatbestandsmerkmal des § 14 Nr. 1 WEG „Nachteil", der über das bei einem geordneten Zusammenleben unvermeidliche Maß hinausgeht, schon zur Verneinung eines relevanten Nachteils und damit zur Annahme eines Anspruchs auf Zustimmung bzw. des Fehlens der Zustimmungsbedürftigkeit[1]. 273

Wünscht ein Miteigentümer, eine Parabolantenne anbringen zu dürfen, ist zunächst zu prüfen, ob eine **Sonderregelung vereinbart oder beschlossen** ist, nach der etwa die Anbringung von Außen-/Parabolantennen grundsätzlich verboten ist. Dies ist zulässig, denn der Erwerber weiß, dass er auf eine etwa entgegenstehende Grundrechtsposition verzichtet[2]. Die Wirksamkeit einer entsprechenden Vereinbarung gegenüber dem Sonderrechtsnachfolger setzt deren Grundbucheintragung voraus[3]. Soweit keine vorrangige Vereinbarung besteht, die das Anbringen von Parabolantennen abschließend regelt[4], kann zudem eine Benutzungsregelung durch einen Eigentümerbeschluss erfolgen und darin auch die Anbringung von Parabolantennen generell untersagt werden; ein solcher Eigentümerbeschluss ist nicht nichtig, sondern nur anfechtbar[5]. 274

Ein Anspruch auf Errichtung einer Parabolantenne kann sich bei einer entgegenstehenden Regelung durch Vereinbarung oder nicht für ungültig 275

---

1 Vgl. BGH, Beschl. v. 22. 1. 2004 – V ZB 51/03, BGH, Beschl. v. 22. 1. 2004 – V ZB 51/03, BGHZ 157, 322 = NJW 2004, 937 = ZMR 2004, 438 = ZWE 2005, 352 mit Anm. *Köhler*.
2 BGH, Beschl. v. 22. 1. 2004 – V ZB 51/03, BGH, Beschl. v. 22. 1. 2004 – V ZB 51/03, BGHZ 157, 322 = NJW 2004, 937 = ZMR 2004, 438 = ZWE 2005, 352 mit Anm. *Köhler*; OLG Köln, Beschl. v. 26. 7. 2004 – 16 Wx 134/04, OLGReport Köln 2004, 412.
3 BGH, Urt. v. 4. 4. 2003 – V ZR 322/02, NJW 2003, 2165 = ZMR 2003, 748.
4 Von einer abschließenden Regelung wird auch auszugehen sein, wenn in einer Reihenhausanlage die Anwendung des allgemeinen Nachbarrechts vereinbart ist.
5 BGH, Beschl. v. 22. 1. 2004 – V ZB 51/03, BGH, Beschl. v. 22. 1. 2004 – V ZB 51/03, BGHZ 157, 322 = NJW 2004, 937 = ZMR 2004, 438 = ZWE 2005, 352 mit Anm. *Köhler*. Ein solcher Eigentümerbeschluss ist allerdings dahin auszulegen, dass er die (fast) unsichtbare Aufstellung einer Parabolantenne auf dem Balkon, die keine bauliche Veränderung ist, nicht erfasst; vgl. für das Mietrecht auch BGH, Urt. v. 16. 5. 2007 – VIII ZR 207/06, NZM 2007, 597 = MietRB 2007, 259.

erklärten Eigentümerbeschluss nur ergeben, wenn ein Anspruch auf Änderung der Vereinbarung nach § 10 Abs. 2 S. 3 WEG oder auch des Eigentümerbeschlusses[1] besteht, etwa weil die Parabolantenne aufgrund ihrer Größe und des Installationsortes im Einzelfall das optische Erscheinungsbild und die übrigen berechtigten Interessen der Wohnungseigentümer nicht berührt, oder weil aus schwerwiegenden Gründen aufgrund nachträglicher Umstände ein Festhalten am Verbot zu unbilligen Ergebnissen führt. Ob dies mit Rücksicht auf die über Satellit zu empfangende, überwältigende Programmvielfalt grundsätzlich immer – auch bei Deutschen – anzunehmen wäre, ist ungeklärt[2].

276 Bestehen keine besonderen Vereinbarungen, so gilt: Die **eigenmächtige Anbringung** einer Parabolantenne **ist in der Regel eine bauliche Veränderung**, egal ob diese am Balkon, vor dem Fenster, auf der Dachterrasse oder an der Außenwand erfolgt, und zwar – soweit sie sichtbar ist – als negative Einwirkung auf das optische Gestaltungsbild[3] und wegen der für die Sturmfestigkeit notwendig massiven Befestigung am Gemeinschaftseigentum[4]. Bereits das von unten deutlich sichtbare Aufstellen einer Parabolantenne auf dem Balkon in einem mit Steinen gefüllten Eimer stellt eine nachhaltige Einwirkung auf die äußere Gestaltung des Gemeinschaftseigentums dar[5]. An einer baulichen Veränderung fehlt es aber, wenn die innen angebrachte Parabolantenne nur durch das Fenster

---

1 Zur Anwendbarkeit auf Eigentümerbeschlüsse vgl. *Abramenko*, ZMR 2007, 424; *Grziwotz/Jennißen* in Jennißen, § 10 WEG Rz. 38; dagegen *Merle*, ZWE 2007, 472.
2 So zum alten Recht, also § 242 BGB, BGH, Beschl. v. 22. 1. 2004 – V ZB 51/03, BGH, Beschl. v. 22. 1. 2004 – V ZB 51/03, BGHZ 157, 322 = NJW 2004, 937 = ZMR 2004, 438 = ZWE 2005, 352 mit Anm. *Köhler*; bejahend etwa *Köhler*, ZWE 2004, 359 (360f). Weil die Einführung des § 10 Abs. 2 S. 3 WEG die Absenkung der Anforderungen des § 242 BGB zum Ziel hatte, besteht ein Anspruch auf Änderung der Teilungserklärung bereits aus schwerwiegenden Gründen, wenn das Festhalten als unbillig erscheint, s. a. vgl. *Abramenko*, ZMR 2007, 424; *Grziwotz/Jennißen* in Jennißen, § 10 WEG Rz. 38; dagegen *Merle*, ZWE 2007, 472.
3 S. a. OLG Düsseldorf, Beschl. v. 2. 12. 1992 – 3 Wx 159/92, MDR 1993, 233 = NJW 1993, 1274 = ZMR 1993, 119.
4 Vgl. aus der zahlreichen Rechtsprechung etwa: BayObLG, Beschl. v. 4. 8. 1998 – 2 Z BR 103/98, NJW-RR 1998, 1704 = NZM 1998, 965 = WuM 1998, 678; BayObLG, Beschl. v. 29. 1. 1999 – 2 Z BR 135/98, NJW-RR 1999, 956 = NZM 1999, 423; OLG Celle, Beschl. v. 19. 5. 1994 – 4 W 350/93, OLGReport Celle 1994, 205 = NJW-RR 1994, 977; OLG Düsseldorf, Beschl. v. 2. 12. 1992 – 3 Wx 159/92, MDR 1993, 233 = NJW 1993, 1274; OLG Düsseldorf, Beschl. v. 12. 11. 1993 – 3 Wx 333/93, MDR 1994, 372 = NJW 1994, 1163; OLG Frankfurt/Main, Beschl. v. 7. 3. 1997 – 20 W 55/96, OLGReport Frankfurt 1997, 277; OLG Hamm, Beschl. v. 4. 12. 1992 – 15 Wx 324/92, OLGZ 1993, 314 = MDR 1993, 233 = OLGReport Hamm 1993, 67 = NJW 1993, 1276; OLG Köln, Beschl. v. 31. 1. 1996 – 16 Wx 230/95, OLGReport Köln 1996, 114 = WuM 1996, 292; sowie die Rechtsprechungsübersichten bei *Mehrings*, NJW 1997, 2273 und NZM 1999, 19.
5 OLG Köln, Beschl. v. 5. 11. 2004 – 16 Wx 207/04, OLGReport Köln 2005, 107 = ZMR 2005, 228.

sichtbar ist[1] oder die Anbringung (fast) unsichtbar etwa hinter der Balkonbrüstung erfolgt[2].

Ein **Anspruch auf Zustimmung** zur Anbringung einer Parabolantenne **oder** deren **Duldung** gegen die übrigen Wohnungseigentümer kommt nach der Rechtsprechung in Betracht **als Ausfluss einer geschützten Grundrechtsposition** in Betracht, die die durch Art. 14 GG geschützten Interessen der übrigen Wohnungseigentümer überwiegt. Der Wohnungseigentümer, der eine Parabolantenne anstrebt, kann sich auf das Grundrecht der Wahrung der kulturellen Identität aus Art. 2 Abs. 2 Abs. 1 GG[3] oder als Folge des Grundrechts auf Informationsfreiheit und Informationsvielfalt auf Art. 5 Abs. 1 GG[4] berufen. Diese Position gewinnt weitere Bedeutung durch das Grundrecht auf ungestörte Religionsausübung, Art. 4 GG, wenn Informationen über die eigene Religion empfangen werden sollen[5]. Schließlich kommt – insbesondere bei Journalisten oder Elektrohändlern – auch die Berufsausübungsfreiheit, Art. 12 GG, in Betracht[6]. In allen Fällen ist eine Abwägung aller grundrechtlich geschütz-

277

---

1 So für das Mietrecht AG Gladbeck, Urt. v. 10. 9. 1998 – 5 C 493/98, NZM 1999, 221.
2 Vgl. BGH, Beschl. v. 22. 1. 2004 – V ZB 51/03, BGH, Beschl. v. 22. 1. 2004 – V ZB 51/03, BGH, Beschl. v. 22. 1. 2004 – V ZB 51/03, BGHZ 157, 322 = NJW 2004, 937 = ZMR 2004, 438 = ZWE 2005, 352 mit Anm. *Köhler*.
3 Vgl. zum Mietrecht LG Wuppertal, Urt. v. 25. 5. 1999 – 16 S 32/99, NJW-RR 1999, 1457 = NZM 1999, 1043.
4 Grundlegend: OLG Frankfurt, Beschl. v. 22. 7. 1992 – 20 REMiet 1/91, MDR 1992, 869 = NJW 1992, 2490 = WuM 1992, 458 = ZMR 1992, 435; BVerfG, Beschl. v. 13. 3. 1995 – 1 BvR 1107/92, NJW 1995, 1665 = WuM 1995, 304 = ZMR 1995, 241; BayObLG, Beschl. v. 4. 8. 1998 – 2 Z BR 103/98, NJW-RR 1998, 1704 = NZM 1998, 965 = WuM 1998, 678; BayObLG, Beschl. v. 29. 1. 1999 – 2 Z BR 135/98, NJW-RR 1999, 956 = NZM 1999, 423; OLG Celle, Beschl. v. 19. 5. 1995 – 4 W 350/93, OLGReport Celle 1994, 205 = NJW-RR 1994, 977; OLG Düsseldorf, Beschl. v. 2. 12. 1992 – 3 Wx 159/92, MDR 1993, 233 = NJW 1993, 1274; OLG Düsseldorf, Beschl. v. 12. 11. 1993 – 3 Wx 333/93, MDR 1994, 372 = NJW 1994, 1163; OLG Frankfurt, Beschl. v. 7. 3. 1997 – 20 W 55/96, OLGReport Frankfurt 1997, 277; OLG Hamm, Beschl. v. 4. 12. 1992 – 15 Wx 324/92, OLGZ 1993, 314 = MDR 1993, 233 = OLGReport Hamm 1993, 67 = NJW 1993, 1276; OLG Köln, Beschl. v. 31. 1. 1996 – 16 Wx 230/95, OLGReport Köln 1996, 114 = WuM 1996, 292.
5 Zur alevitischen Richtung des Islams vgl. OLG München, Beschl. v. 6. 11. 2007 – 32 Wx 146/07, OLGReport München 2008, 1 = NJW 2008, 216 für Gottesdienstteilnahme; für das Mietrecht BGH, Urt. v. 10. 10. 2007 – VIII ZR 260/06, NJW 2008, 216 = MDR 2008, 73 für Information über die alevitische Gemeinschaft.
6 BayObLG, Beschl. v. 4. 8. 1998 – 2 Z BR 103/98, NJW-RR 1998, 1704 = NZM 1998, 965 = WuM 1998, 678; s.a. BerlVerfGH, Beschl. v. 29. 8. 2001 – VerfGH 39/01, NJW 2002, 2166 = NZM 2002, 560; vgl. den Sachverhalt von OLG Köln, Beschl. v. 26. 7. 21004 – 16 Wx 134/04, OLGReport Köln 2004, 412, wo die Parabolantenne und Satellitenanlage mit der Notwendigkeit der Überprüfung von Satellitenreceivern durch einen TV-Werkstattbetreiber begründet wurde.

ten Interessen konkret für den Einzelfall vorzunehmen[1] und soweit wie möglich zu einem Ausgleich zu bringen. Hier hat die **Faustregel** den Ursprung, dass man bei Vorliegen eines triftigen, grundrechtlich geschützten Grundes regelmäßig Satellitenempfangsanlagen aufstellen darf, aber nur dort, wo sie die übrigen Wohnungseigentümer am wenigsten beeinträchtigen.

278 Ein weitergehender Anspruch ergibt sich nicht aus **europarechtlichen Vorschriften**. Ein grundsätzlicher Vorrang des Informationsinteresses vor den Eigentumsinteressen ergibt sich auch nicht aus dem Recht der Europäischen Gemeinschaften. Denn die in Art. 49 EG-Vertrag geregelte Dienstleistungsfreiheit ist ebenso wie die Informationsfreiheit aus Art. 10 EMRK[2] nicht schrankenlos, sondern durch das von der Gemeinschaftsordnung geschützte Eigentumsrecht begrenzt[3].

279 Zusammengefasst ist nach der Rechtsprechung[4] die Versagung der Errichtung einer Parabolantenne, soweit kein Kabelanschluss vorhanden ist, nur bei Vorliegen eines triftigen, sachbezogenen Grundes möglich[5]. Dabei gelten die folgenden Überlegungen, wenn die Anspruchsvoraussetzungen in der Person des Wohnungseigentümers erfüllt sind, aber auch dann, wenn sie in der Person des **Mieters oder eines sonstigen dauernden Mitbewohners**, etwa eines Ehepartners oder Lebensgefährten, vorliegen. Damit wird grundsätzlich – gerade wo vorrangige individualvertragliche Regelungen im Verhältnis der Wohnungseigentümer untereinander oder im Mietverhältnis fehlen – auch das missliche Ergebnis vermieden, dass zwar dem Mieter gegen den ihm vermietenden Wohnungseigentümer ein Anspruch auf Zustimmung zur Errichtung einer Parabolantenne zusteht, dieser aber vom vermietenden Wohnungseigentümer gegenüber den anderen Wohnungseigentümern nicht durchgesetzt werden kann[6]. Soweit ein vermietender Wohnungseigentümer zur Zustimmung zur Anbringung einer Parabolantenne gegenüber seinem Mieter verpflichtet ist,

---

1 BVerfG, Beschl. v. 9. 2. 1994 – 1 BvR 1678/92, MDR 1994, 547 = NJW 1994, 1147 = WuM 1994, 251 = ZMR 1994, 203; BVerfG, 30. 6. 1994 – 1 BvR 1478/93, NJW-RR 1994, 1232; BVerfG, Beschl. v. 11. 7. 1996 – 1 BvR 1912/95, ZMR 1996, 534.
2 Zu Art. 10 EMRK vgl. EGMR, Urt. v. 22. 5. 1990 – 15/1989/175/231 (Autronic-AG), EuGRZ 1990, 261 = NJW 1991, 620.
3 BGH, Urt. v. 16. 11. 2005 – VIII ZR 5/05, NJW 2006, 1062 = MDR 2006, 741 = WuM 2006, 28 zum Mietrecht.
4 Siehe auch die Übersicht von *Mehrings*, NJW 1997, 2273, der insbesondere die Entstehung der heute ganz herrschenden Meinung darstellt.
5 OLG Frankfurt/Main, Beschl. v. 22. 7. 1992 – 20 REMiet 1/91, MDR 1992, 869 = NJW 1992, 2490 = WuM 1992, 458 = ZMR 1992, 435; bestätigt durch BVerfG, Beschl. v. 10. 3. 1993 – 1 BvR 1192/92, MDR 1993, 533 = NJW 1993, 1252 = WuM 1993, 229 = ZMR 1993, 259.
6 Vgl. OLG Köln, Beschl. vom 5. 11. 2004 – 1 Wx 204/04, NZM 2005, 223 = ZMR 2005, 228. Die Rechtsverhältnisse sind getrennt zu betrachten.

muss er diesen Anspruch im Innenverhältnis der Wohnungseigentümergemeinschaft gegen die übrigen Wohnungseigentümer durchsetzen[1]. Ist ein vermietender Wohnungseigentümer gegenüber seinem Mieter zur Duldung einer Parabolantenne verpflichtet, kann er diesen Anspruch allerdings seinerseits nicht automatisch gegenüber der Wohnungseigentümergemeinschaft durchsetzen, denn die beiden Rechtsverhältnisse sind gesondert zu betrachten[2].

Wichtig ist, dass die **Grundrechtsposition verzichtbar** ist. Wer also eine Eigentumswohnung erwirbt, ist an im Grundbuch eingetragene Vereinbarungen oder zu Zeiten seiner Rechtsvorgänger gefasste Eigentümerbeschlüsse, die das Anbingen von Parabolantennen verbieten, gebunden[3]. Auch wer einen Eigentümerbeschluss, der die Beseitigung einer *konkreten* Parabolantenne verlangt, als Betroffener nicht anficht, kann sich auf seine Grundrechtsposition nicht mehr berufen, denn das Verstreichenlassen der Anfechtungsfrist ist als Verzicht auf die Geltendmachung des Grundrechts auf Informationsfreiheit und Wahrung der kulturellen Identität zu verstehen[4]. Der vermietende Wohnungseigentümer muss durch entsprechende mietvertragliche Regelungen[5] dafür Sorge tragen, dass eventuell zur Anbringung von Parabolantennen mietrechtlich berechtigte Mieter durch Individualabrede darauf verzichten oder aber, er darf nicht an sie vermieten[6]. Unter den Voraussetzungen des § 10 Abs. 2 S. 3 WEG[7] kann allerdings eine Anpassung der Vereinbarung und auch der Eigentümerbeschlüsse verlangt werden, etwa wenn der Wohnungs-

280

---

1 BVerfG, Beschl. v. 11. 7. 1996 – 1 BvR 1912/95, NJW 1996, 2828; BayObLG, Beschl. v. 12. 8. 1991 – BREG 2 Z 86/91, BayObLGZ 1991, 296 (298) = MDR 1992, 48 = NJW-RR 1992, 16 = ZMR 1991, 487.
2 Vgl. OLG Köln, Beschl. v. 5. 11. 2004 – 1 Wx 204/04, NZM 2005, 223 = ZMR 2005, 228. Die Rechtsverhältnisse sind getrennt zu betrachten.
3 Vgl. BGH, Beschl. v. 22. 1. 2004 – V ZB 51/03, BGH, Beschl. v. 22. 1. 2004 – V ZB 51/03, BGHZ 157, 322 = NJW 2004, 937 = ZMR 2004, 438 = ZWE 2005, 352 mit Anm. *Köhler*; gegen eine Bindung an Vereinbarungen, OLG Düsseldorf, Beschl. v. 13. 12. 2000 – 3 Wx 265/00, NZM 2002, 257 = WuM 2001, 295 = ZMR 2001, 648 = ZWE 2001, 336; gegen eine Bindung an Eigentümerbeschlüsse OLG Zweibrücken, Beschl. v. 31. 1. 2002 – 3 W 299/01, NZM 2002, 269 = ZMR 2002, 784 = ZWE 2002, 234 für den Fall des nachträglichen Eigentumserwerb.
4 OLG Köln, Beschl. v. 30. 6. 2004 – 16 Wx 135/04, ZMR 2004, 939; OLG Köln, Beschl. v. 5. 11. 2004 – 16 Wx 207/04, OLGReport Köln 2005, 107 = ZMR 2005, 228; gegen eine Bindung an Eigentümerbeschlüsse OLG Zweibrücken, Beschl. v. 31. 1. 2002 – 3 W 299/01, NZM 2002, 269 = ZMR 2002, 784 = ZWE 2002, 234 für den Fall des nachträglichen Eigentumserwerb.
5 Zu den Grenzen der Vereinbarung in AGB siehe BGH, Urt. v. 16. 5. 2007 – VIII ZR 207/06, NZM 2007, 597.
6 OLG Köln, Beschl. v. 5. 11. 2004 – 16 Wx 207/04, OLGReport Köln 2005, 107 = ZMR 2005, 228.
7 Zur Anwendbarkeit auf Eigentümerbeschlüsse vgl. *Abramenko*, ZMR 2007, 424; *Grziwotz/Jennißen* in Jennißen, § 10 WEG Rz. 38; dagegen *Merle*, ZWE 2007, 472.

eigentümer oder auch sein Mieter dauerhaft einen Ehegatten oder einen eingetragenen gleichgeschlechtlichen Partner in der Wohnung aufnimmt[1].

281 Die bei der Abwägung zu berücksichtigenden Gesichtspunkte sollen hier anhand der Rechtsprechung zur **Wahrung der kulturellen Identität** aus Art. 2 Abs. 2 Abs. 1 GG und zum Grundrechts auf Informationsfreiheit und Informationsvielfalt aus Art. 5 Abs. 1 GG vorgestellt werden. Die Rechtsprechung stellt entscheidend auf die **Herkunft des Wohnungseigentümers**, der die Zustimmung zur Aufstellung einer Parabolantenne begehrt, und die **vorhandene gemeinschaftliche Versorgung mit Fernsehprogrammen** ab. Voraussetzung eines Anspruchs auf Zustimmung zur Anbringung einer Parabolantenne ist, dass nur durch einen Satellitenempfang das Bedürfnis befriedigt werden kann, zumindest einen Sender in der eigenen Muttersprache zu empfangen oder – soweit das etwa im Kabelanschluss vorhandene Angebot an **Sendern in der Muttersprache** gering ist – einen zusätzlichen, um so durch vielfältigere Informationen aus der Heimat die eigene kulturelle Identität zu wahren. Die durch die Herkunft geprägte kulturelle Identität, in der das besondere Informationsbedürfnis gründet, ist **von der Staatsangehörigkeit unabhängig**, so dass nach der hier vertretenen Ansicht eine Einbürgerung nicht entgegensteht[2]; gerade weil Anknüpfungspunkt für die Differenzierung nicht die Staatsangehörigkeit, sondern die Heimat ist, liegt keine gegen Art. 3 Abs. 2 GG verstoßende Ungleichbehandlung vor[3].

282 • Soweit ein Anschluss an das Breitbandkabelnetz vorhanden ist, hat ein einzelner **deutscher Wohnungseigentümer** grundsätzlich keinen Anspruch auf Zustimmung zur Errichtung einer Parabolantenne[4]. Das

---

1 S.a. OLG Hamm, Beschl. v. 1. 10. 2001 – 15 W 166/01, NZM 2002, 445 = ZMR 2002, 538 = ZWE 2002, 283 für italienischen Lebensgefährten.
2 LG Wuppertal, Beschl. v. 9. 3. 2001 – 6 T 16/01 = ZMR 2001, 747; vgl. zum Mietrecht LG Wuppertal, Urt. v. 25. 5. 1999 – 16 S 32/99, NJW-RR 1999, 1457 = NZM 1999, 1043; a.A. BayObLG, Beschl. v. 28. 10. 1994 – 2 Z BR 77/94, BayObLGZ 1995, 326 = MDR 1995, 467 = NJW 1995, 337 = WuM 1995, 224; OLG Frankfurt/Main, Beschl. v. 28. 7. 1993 – 20 W 44/92, OLGZ 1994, 151 = OLGReport Frankfurt 1993, 272 = MDR 1993, 1201 = NJW 1993, 2817; OLG Hamm, Beschl. v. 9. 10. 1997 – 15 W 245/97, MDR 1998, 527 = ZMR 1998, 188; OLG Hamm, Beschl. v. 1. 10. 2001 – 15 W 166/01, NZM 2002, 445 (446) = ZMR 2002, 538 = ZWE 2002, 283; LG Lübeck, Urt. v. 29. 12. 1998 – 6 S 206/97, NJW-RR 1999, 1044 = NZM 1999, 1044.
3 Vgl. BVerfG, Beschl. v. 9. 2. 1994 – 1 BvR 1678/92, MDR 1994, 547 = NJW 1994, 1147 = WuM 1994, 251 = ZMR 1994, 203; *Wiesner*, MDR 1999, 131 (133) m.w.N.
4 BVerfG, Beschl. v. 10. 3. 1993 – 1 BvR 1192/92, MDR 1993, 533 = NJW 1993, 1252 = WuM 1993, 229 = ZMR 1993, 259; BVerfG, Beschl. v. 9. 2. 1994 – 1 BvR 1678/92, MDR 1994, 547 = NJW 1994, 1147 = WuM 1994, 251 = ZMR 1994, 203; BayObLG, Beschl. v. 30. 11. 2000 – 2 Z BR 92/00, BayObLGZ 2001, 18 = ZMR 2001, 211; OLG Frankfurt, Beschl. v. 28. 7. 1993 – 20 W 44/92, OLGZ 1994, 151 = OLGReport Frankfurt 1993, 272 = MDR 1993, 1201 = NJW 1993, 2817; OLG

vorhandene Informationsangebot wird als ausreichend angesehen. Die Mehrheit kann aber im Einzelfall den Anschluss an das Breitbandkabelnetz als Maßnahme modernisierender Instandhaltung oder Instandsetzung beschließen.

- Soweit ein Anschluss an das Breitbandkabelnetz nicht vorhanden ist, hat ein einzelner deutscher Wohnungseigentümer einen Anspruch auf Zustimmung zur Errichtung einer Parabolantenne nur, soweit nicht mehr als fünf Programme empfangen werden können[1]. Auch wenn man einen Mindeststandard von fünf Programmen, der aus der Zeit der analogen, terrestrischen Übertragung stammt, heute mit der nahezu flächendeckenden Einführung von DVB-T für technisch überholt erachtet und jedenfalls im Verbreitungsgebiet als Mindeststandard DVB-T, das den Empfang von mindestens 20 Programmen ermöglicht, annimmt, ergibt sich daraus kein Anspruch auf Zustimmung zur Errichtung einer Parabolantenne, wo bisher nur 5 gemeinschaftliche Programme empfangbar sind. Denn der Empfang von DVB-T ist im Verbreitungsgebiet jedermann mit einem preisgünstigen Decoder und einer kleinen Stabantenne möglich, ohne das weitere Veränderungen erforderlich wären. Es reicht nicht aus, um einen Anspruch auf Errichtung einer Parabolantenne zu begründen, wenn über eine Satellitenempfangsanlage im Vergleich zum Breitbandkabelanschluss eine größere Anzahl von Programmen empfangen werden kann, sondern entscheidend ist, ob bereits die vorhandenen anderen Empfangsmöglichkeiten geeignet sind, dass geltend gemachte Informationsinteresse des Mieters hinreichend zu befriedigen[2]. Verfassungsrechtlich besteht keine Notwendigkeit, deutschen Wohnungseigentümern einen Anspruch auf optimale Medienversorgung im Sinne eines Rechts auf eine Parabolantenne einzuräumen[3].

283

Köln, Beschl. v. 31. 1. 1996 – 16 Wx 230/95, OLGReport Köln 1996, 114 = WuM 1996, 292; vgl. a. BerlVerfGH, Beschl. v. 29. 8. 2001 – VerfGH 39/01, NJW 2002, 2166 = NZM 2002, 560.
1 OLG Hamm, Beschl. v. 4. 12. 1992 – 15 Wx 324/92, OLGZ 1993, 314 = MDR 1993, 233 = OLGReport Hamm 1993, 67 = NJW 1993, 1276; OLG Köln, Beschl. v. 31. 1. 1997 – 16 Wx 230/95, OLGReport Köln 1996, 114 = WuM 1996, 292; OLG Köln, Beschl. v. 31. 1. 1996 – 16 Wx 230/95, OLGReport Köln 1996, 114 = NJWE-MietR 1996, 109 = WuM 1996, 292.
2 BGH, Urt. v. 16. 11. 2005 – VIII ZR 5/05, NJW 2006, 1062 = MDR 2006, 741 = WuM 2006, 28 zum Mietrecht.
3 BVerfG, 1. Kammer des 1. Senats, Beschl. v. 14. 2. 2005 – 1 BvR 1908/01, NZM 2005, 335 = NJW-RR 2005, 595; anders OLG Zweibrücken, Beschl. v. 25. 9. 2006 – 3 W 213/05, OLGReport Zweibrücken 2006, 1058 = NZM 2006, 937 (938 f.), wo die Rechtsprechung insbesondere von BVerfG und BGH zum Mietrecht nicht rezipiert wird.

284 • Es besteht für einen deutschen Wohnungseigentümer auch kein Anspruch auf Zustimmung zur Errichtung einer Einzelparabolantenne, wenn eine Gemeinschaftsparabolantenne vorhanden ist[1].

285 • Auch bei Anschluss an das Breitbandkabelnetz besteht ein Anspruch eines **ausländischen Wohnungseigentümers** auf Zustimmung zur Errichtung einer Parabolantenne, wenn sonst nicht mehr als zwei Programme in der Muttersprache empfangen werden können[2].

286 • Soweit das Informationsbedürfnis dadurch gestillt werden kann, dass der ausländische Wohnungsnutzer die ihn interessierenden Sender auf seine Kosten in die Satellitenanlage oder das Kabelnetz einspeisen lässt, etwa durch Pay-TV, so ist er darauf verwiesen, selbst wenn die Kosten dafür höher liegen als bei der Anbringung einer Parabolantenne[3]. Technische Entwicklungen können durchaus in naher Zukunft dazu führen, dass sich das Informationsbedürfnis auch durch Internetfernsehen ohne Parabolantenne oder Digitalfernsehen (Decoderempfang) wird ausreichend befriedigen lassen[4]. Dass bei der Nutzung eines Kabelzusatzangebotes Mehrkosten entstehen, ist dann ohne Bedeutung, wenn diese nicht unzumutbar[5] sind.

287 • Soweit mehrere ausländische Wohnungseigentümer Anspruch auf die Errichtung einer Parabolantenne haben, können sie zur Begrenzung der optischen Beeinträchtigung darauf verwiesen werden, mit den anderen Interessenten eine Gemeinschaftsparabolantenne zu errichten[6]. Wenn ein einzelner Wohnungseigentümer auf eigene Kosten einen Kabelanschluss installiert hat, sind andere Wohnungseigentümer oder

---

1 BayObLG, Beschl. v. 29. 1. 1999 – 2 Z BR 135/98, NJW-RR 1999, 956 = NZM 1999, 423; s. a. BVerfG, 1. Kammer des 1. Senats, Beschl. v. 14. 2. 2005 – 1 BvR 1908/01, NZM 2005, 335 = NJW-RR 2005, 595 für das Mietrecht.
2 BVerfG, Beschl. v. 10. 3. 1993 – 1 BvR 1192/92, MDR 1993, 533 = NJW 1993, 1252 = WuM 1993, 229 = ZMR 1993, 259; BVerfG, Beschl. v. 9. 2. 1994 – 1 BvR 1678/92, MDR 1994, 547 = NJW 1994, 1147 = WuM 1994, 251 = ZMR 1994, 203; BVerfG, Beschl. v. 30. 6. 1994 – 1 BvR 1478/93, NJW-RR 1994, 1232; BVerfG, Beschl. v. 11. 7. 1996 – 1 BvR 1912/95, ZMR 1996, 534; OLG Karlsruhe, Rechtsentscheid vom 24. 8. 1993 – 3 ReMiet 2/93, NJW 1993, 2815 = WuM 1993, 525 = ZMR 1993, 511; LG Wuppertal, Beschl. v. 9. 3. 2001 – 6 T 16/01, ZMR 2001, 747.
3 OLG Köln, Beschl. v. 12. 7. 1999 – 16 Wx 87/99, n. v.; OLG Hamm, Beschl. v. 1. 10. 2001 – 15 W 166/01, NZM 2002, 445 = ZMR 2002, 538 = ZWE 2002, 283 für italienischen Lebensgefährten.
4 BerlVerfGH, Beschl. v. 29. 8. 2001 – VerfGH 39/01, NJW 2002, 2166 = NZM 2002, 560; s. a. *Köhler*, ZWE 2001, 97 (102).
5 BVerfG, 1. Kammer des 1. Senats, Beschl. v. 24. 1. 2005 – 1 BvR 1953/00, NZM 2005, 252: zumutbar monatliche Kosten von 8 Euro; BVerfG, 1. Kammer des 1. Senats, Beschl. v. 17. 3. 2005 – 1 BvR 42/03, BayVBl 2005, 691: zumutbar monatliche Kosten von 5,95 Euro.
6 OLG Celle, Beschl. v. 19. 5. 1994 – 4 W 350/93, OLGReport Celle 1994, 205 = NJW-RR 1994, 977; s. a. BVerfG, Beschl. v. 14. 9. 1995 – 1 BvR 1471/94, WuM 1995, 693.

Mieter aber nicht berechtigt, ohne dessen Zustimmung den Anschluss mitzubenutzen[1].

- Soweit einem Wohnungseigentümer ein Anspruch auf Duldung der Anbringung einer Parabolantenne zusteht, bedeutet dies nicht, dass nunmehr auch alle anderen Wohnungseigentümer eine Parabolantenne anbringen dürften; ein solcher Anspruch ist vielmehr für jeden Einzelfall zu prüfen und in jedem Einzelfall davon abhängig, dass überwiegende Interessen im Rahmen der gebotenen Grundrechtsabwägung festgestellt werden können[2]. 288

Soweit ein Anspruch auf Zustimmung zu einer Parabolantenne besteht, beinhaltet dieser in Folge der gebotenen Grundrechtsabwägungen nur den **mildesten Eingriff**. Auch eine grundsätzlich hinzunehmende Parabolantenne darf die übrigen Wohnungseigentümer nicht über das unvermeidliche Maß hinaus beeinträchtigen[3]. Die Parabolantenne darf deshalb insbesondere nur an dem zum Empfang geeigneten Ort installiert werden, wo der optische Gesamteindruck des Gebäudes möglichst wenig gestört wird. Zur Wahrung des den übrigen Wohnungseigentümern bei der **Auswahl zwischen mehreren geeigneten Standorten** zustehenden Mitbestimmungsrechts ist es einem einzelnen Wohnungseigentümer regelmäßig verwehrt, eine Parabolantenne eigenmächtig zu installieren. Auf dieses Mitbestimmungsrecht können die übrigen Wohnungseigentümer allerdings verzichten, was nach Auffassung des Bundesgerichtshofs[4] auch durch ein generelles Aufstellungsverbot erklärt wird. Kein Verzicht auf das Mitbestimmungsrecht liegt vor, wo für den Fall einer Verpflichtung zur Duldung die Auswahl eines geeigneten Standorts an den Verwalter und den Beirat delegiert wird[5]. 289

Es ist selbst dann zulässig, dass die Wohnungseigentümer die Einzelheiten der Anbringung von Parabolantennen durch Mehrheitsbeschluss nach **§ 15 Abs. 3 WEG** regeln können, wo die Anbringung grundsätzlich gestattet ist[6]. Weil die Parabolantenne die übrigen Miteigentümer nicht über das unvermeidliche Maß hinaus beeinträchtigen dürfen, können die Wohnungseigentümer mehrheitlich durch Eigentümerbeschluss festlegen, dass der Einbau sach- und fachgerecht zu erfolgen hat und an dem 290

---

1 Vgl. OLG Düsseldorf, Beschl. v. 13. 2. 2006 – 3 Wx 181/05, NZM 2006, 782 für Kabelanschluss.
2 OLG Hamm, Beschl. v. 1. 10. 2001 – 15 W 166/01, NZM 2002, 445 (446) = ZMR 2002, 538 = ZWE 2002, 283; *Mehrings*, NJW 1997, 2273 (2274).
3 BayObLG, Beschl. v. 8. 4. 2004 – 2Z BR 51/04, BayObLGR 2004, 297 = FGPrax 2004, 221 = WuM 2004, 358.
4 BGH, Beschl. v. 22. 1. 2004 – V ZB 51/03, BGHZ 157, 322 = NJW 2004, 937 = ZMR 2004, 438 mit Anm. *Köhler*, ZWE 2004, 359.
5 BayObLG, Beschl. v. 8. 4. 2004 – 2 Z BR 51/04, BayObLGR 2004, 297 = FGPrax 2004, 221 = WuM 2004, 358.
6 OLG Frankfurt/Main, Beschl. v. 2. 12. 2004 – 20 W 168/03, WuM 2003, 656.

zum Empfang geeigneten Ort, der den optischen Gesamteindruck möglichst wenig stört. Diese Anforderungen dürfen auch dort geregelt werden, wo die Teilungserklärung die Anbringung von Parabolantennen grundsätzlich erlaubt. Um die Einhaltung dieser Anforderungen sicherzustellen, darf durch Eigentümerbeschluss auch die vorherige, obligatorische Verwalterzustimmung vorgesehen werden. Einen Eingriff in den Kernbereich des Wohnungseigentums beinhaltet ein solcher Eigentümerbeschluss nicht, auch wenn die Vorgaben zum Aufstellungsort zu erheblichen, aber nicht unzumutbaren Kosten führen würden. Das geschützte Recht auf Information umfasst nämlich nicht den möglichst kostengünstigsten Zugang. Ein solcher Eigentümerbeschluss wäre allerdings nicht bindend, wenn an dem zugewiesenen Standort ein ordnungsgemäßer Empfang der Heimatsender nicht möglich wäre[1].

291 Die Anbringung einer Parabolantenne durch einen Wohnungseigentümer muss deshalb in jedem Fall

- baurechtlich zulässig sein und Auflagen des Denkmalschutzes beachten,

- sach- und fachgerecht (durch einen Fachmann) erfolgen,

- sich auf die möglichst unauffälligste (kleinste), technisch zum Empfang der notwendigen Programme geeignete Parabolantenne beschränken[2],

- an dem nach Bestimmung der Wohnungseigentümergemeinschaft[3] am wenigsten störenden Ort (möglichst verdeckt) erfolgen,

- ohne erhebliche Eingriffe in die Bausubstanz erfolgen,

- unter Freistellung der übrigen Wohnungseigentümer von allen anfallenden Kosten (Errichtung, Betrieb, Rückbau bei Entfallen der Anspruchsvoraussetzungen) erfolgen,

- auf Wunsch der Eigentümerversammlung unter Abschluss einer Versicherung zur Absicherung des Haftungsrisikos erfolgen,

- unter Erbringung einer Sicherheit für die voraussichtlichen Rückbaukosten erfolgen, denn die Parabolantenne muss entfernt werden, wenn nach einem Mieter-/oder Nutzerwechsel die persönlichen Voraussetzungen des Anspruchs auf Gestattung nicht mehr vorliegen.

---

1 vgl. OLG Schleswig, Beschl. v. 12. 2. 2003 – 2 W 217/02, OLGReport Schleswig 2003, 379 = NZM 2003, 558.
2 Vgl. a. BayObLG, Beschl. v. 13. 3. 1997 – 2 Z BR 8/97, WuM 1997, 343 = ZMR 1997, 317.
3 Vgl. BVerfG, Beschl. v. 11. 7. 1996 – 1 BvR 1912/95, NJW 1996, 2828; BayObLG, Beschl. v. 8. 4. 2004 – 2Z BR 51/04, BayObLGR 2004, 297 = FGPrax 2004, 221 = WuM 2004, 358.

Dies alles bedeutet, dass **kein Anspruch auf die „preiswerteste" Lösung** 292
besteht[1]. Allerdings muss die Wohnungseigentümergemeinschaft einen
Aufstellungsort vorschlagen, der zum Empfang geeignet und nicht mit
unverhältnismäßig hohen Kosten verbunden ist[2].

Schon um die genannten Einschränkungen zu gewährleisten, braucht die 293
Wohnungseigentümergemeinschaft ein **eigenmächtiges Vorgehen** ohne
deren Berücksichtigung nicht zu dulden, sondern kann Beseitigung verlangen, soweit nicht die Einzelheiten der Anbringung abgestimmt sind[3],
auch vom Mieter als Handlungsstörer[4]. Schon gar nicht darf ein einzelner
Wohnungseigentümer im Vorgriff auf etwaige Eigentümerbeschlüsse,
um der Fortentwicklung der Technik Rechnung zu tragen, eigenmächtig
eine digitale Satellitenanlage für die Wohnungseigentümergemeinschaft
anbringen[5]. Das Mitbestimmungsrecht bei der Auswahl eines geeigneten
Standorts ist bereits dann verletzt, wenn eine weitere Aufstellungsmöglichkeit neben der gewählten Anbringung besteht. Es bedarf deshalb für
das Bestehen des Beseitigungsanspruchs nicht der Klärung, ob und welche weiteren Plätze zur Anbringung der Antenne in Betracht kommen
könnten[6].

Die vorstehend wiedergegebene herrschende Meinung zur Anbringung 294
von Parabolantennen im Miet- und Wohnungseigentumsrecht begegnet
vereinzelt durchaus **Bedenken**[7], auf die an dieser Stelle nur kurz hingewiesen werden kann: Warum überwiegt bei der gebotenen Grundrechtsabwägung das grundrechtlich geschützte Informationsinteresse des Ausländers regelmäßig die Eigentümerinteressen an einem unveränderten
Erhalt des Wohnhauses, so dass in der Praxis ein Regel-/Ausnahmever-

---

1 S. *Köhler*, ZWE 2002, 97 (102).
2 OLG Frankfurt/Main, Beschl. v. 2. 12. 2004 – 20 W 168/03, WuM 2003, 656: zumutbar Errichtungskosten in Höhe von 2 600,- Euro; vgl. a. OLG Schleswig, Beschl. v. 12. 2. 2003 –2 W 217/02, OLGReport Schleswig 2003, 379 = NZM 2003, 558.
3 BVerfG, Beschl. v. 10. 11. 1995 – 1 BvR 2119/95, ZMR 1996, 122; OLG Celle, Beschl. v. 19. 5. 1994 – 4 W 350/93, OLGReport Celle 1994, 205 = NJW-RR 1994, 977; OLG Bremen, Beschl. v. 16. 8. 1994 – 3 W 25/94, WuM 1995, 58; OLG Düsseldorf, Beschl. v. 2. 8. 1995 – 3 Wx 174/95, NJW-RR 1996, 141 = WuM 1996, 110 = ZMR 1995, 554; AG Frankfurt, Urt. v. 23. 10. 2001 – 33 C 2376/01–29, NZM 2002, 562; vgl. a. BayObLG, Beschl. v. 8. 4. 2004 – 2 Z BR 51/04, BayObLGR 2004, 297 = FGPrax 2004, 221 = WuM 2004, 358.
4 BVerfG, Beschl. v. 11. 7. 1996 – 1 BvR 1912/95, ZMR 1996, 534.
5 OLG Köln, Beschl. v. 31. 8. 2004 – 16 Wx 166/04, NJW 2004, 3496 = NZM 2004, 833 = ZMR 2005, 226.
6 Anders, wenn die Parabolantenne nur durch einen Schlitz in der Balkonbrüstung zu erspähen ist, OLG München, Beschl. v. 12. 12. 2005 – 34 Wx 83/05, OLGReport München 2006, 173 = NZM 2006, 345; ähnlich schon BGH, Beschl. v. 22. 1. 2004 – V ZB 51/03, BGHZ 157, 322 = NJW 2004, 937 = ZMR 2004, 438.
7 S. vertiefend *Kempen*, DZWir 1994, 499 (504); *Köhler*, ZWE 2002, 97; *Volmer*, ZMR 1999, 12; *Volmer*, NZM 1999, 205.

hältnis mit entsprechender Darlegungslast der Wohnungseigentümergemeinschaft besteht? Wenn das Informationsinteresse ein derart überragendes und daher vorrangiges Gut ist, überzeugt die Unterscheidung zwischen den Nationalitäten nicht. Warum wird das Informationsbedürfnis von Ausländern als besonders gewichtig angesehen (Art. 3 GG)?

○ **Hinweis:**

295 Für die alltägliche Praxis empfiehlt es sich, eine **einvernehmliche Lösung** des Einzelfalls anhand der oben genannten Voraussetzungen anzustreben, also der Anbringung einer Parabolantenne unter Bedingungen und Auflagen zuzustimmen oder, soweit es der (langfristige) Vertrag mit dem Kabelversorgungsunternehmen zulässt, sogleich mit der ganzen Wohnungseigentümergemeinschaft auf den zukunftsweisenden gemeinschaftlichen Digitalsatellitenempfang mit Sternverteilung umzusteigen.

296 Soweit man die Errichtung einer Einzelparabolantenne verhindern möchte, dürfte dies am ehesten durch das Aufzeigen von alternativen Empfangsmöglichkeiten (Zusatzdigitaldecoder, Internetfernsehen, TV on demand usw.) Erfolgsaussichten bieten. Weil die technische Entwicklung fortlaufend neue Möglichkeiten schafft, die sich zudem regional unterscheiden, sollten die Möglichkeiten im Einzelfall vor Ort bei einem Radio- und Fernsehtechnikfachbetrieb erfragt werden.

Formulierungsvorschlag

297 Der **Beschluss über die Genehmigung der Anbringung einer Parabolantenne** könnte etwa lauten:

Dem Wohnungseigentümer X wird die Errichtung einer Parabolantenne

– gemäß den beigefügten Plänen/gemäß dem Angebot der Firma X vom ...

– bei Vorlage eines Negativattestes/einer Genehmigung der Baubehörde/ der Denkmalschutzbehörde

– durch die Fa. X/durch eine Fachfirma

– an der Wand ... in einer Höhe von ... in einem Abstand von .../auf seinem Balkon hinter der Balkonbrüstung usw.[1].

– unter Freistellung der übrigen Wohnungseigentümer von allen anfallenden Kosten (Errichtung, Betrieb, Rückbau bei Entfallen der Anspruchsvoraussetzungen)

---

1 Die Festlegung auf einen zum Empfang ungeeigneten Standort entfaltet keine Bindungswirkung, vgl. OLG Schleswig, Beschl. v. 12. 2. 2003 – 2 W 217/02, NZM 2003, 558; OLG Schleswig, Beschl. v. 2. 9. 2004 – 2 W 93/04, OLGReport Schleswig 2005, 383.

- bei Nachweis einer Bauwerks-/Haftpflichtversicherung für mögliche Schäden
- gegen Zahlung einer unverzinslichen Kaution von ... EUR für die Sicherung der Kosten des von ihm vorzunehmenden Rückbaus in die Instandhaltungsrücklage

gestattet.

Je genauer die Festlegungen sind, desto geringer ist zukünftiges Konfliktpotential im Zuge der Ausführung. Keine Lösung ist ein Eigentümerbeschluss, der Parabolantennen generell verbietet, soweit nicht ein Anspruch auf Errichtung aus verfassungsrechtlichen Gründen besteht, denn er ist jedenfalls als zu unbestimmt anfechtbar[1] und nichtig. Unzulässig wäre es deshalb, in einem Mehrheitsbeschluss eine Ausnahme vom generellen Verbot von Parabolantennen nur für vermietende, nicht auch für selbstnutzende Wohnungseigentümer vorzusehen[2]. Ein Eigentümerbeschluss, der eine Ausnahme für den Fall vorsehe, dass eine Duldungspflicht des Vermieters „aus verfassungsrechtlichen Gründen" besteht, ist nicht hinreichend bestimmt und deshalb nichtig[3].

298

Reklame → siehe Werbung

299

Rollladen

Die nachträgliche Anbringung von Rollladen oder Außenjalousien ist regelmäßig mit einer nachteiligen optischen Beeinträchtigung verbunden und daher zustimmungspflichtig[4]. Weil Rollladen zum Gemeinschaftseigentum gehören[5], sind Veränderungen auch Eingriffe in das Gemeinschaftseigentum.

300

---

1 BayObLG, Beschl. v. 15. 4. 2004 – 2 Z BR 71/04, BayObLGR 2004, 263 = NZM 2004, 834 = ZMR 2004, 688.
2 BayObLG, Beschl. v. 15. 4. 2004 – 2 Z BR 71/04, NZM 2004, 834 = ZMR 2004, 688.
3 BayObLG, Beschl. v. 15. 4. 2004 – 2 Z BR 71/04, NZM 2004, 834 = ZMR 2004, 688. Ausreichend bestimmt ist demgegenüber ein Eigentümerbeschluss, mit dem „von außen sichtbare" Parabolantennen untersagt werden, vgl. OLG München, Beschl. v. 12. 12. 2005 – 34 Wx 83/05, OLGReport München 2006, 173 = NZM 2006, 345.
4 OLG Düsseldorf, Beschl. v. 6. 10. 1999 – 3 Wx 259/99, WuM 2000, 27 = ZMR 2000, 118 = ZWE 2000, 279; OLG Düsseldorf, Beschl. v. 30. 10. 2000 – 3 Wx 318/00, OLGReport Düsseldorf 2001, 173 = NZM 2001, 243 = ZMR 2001, 130 = ZWE 2001, 34.
5 KG, Beschl. v. 15. 12. 1993 – 24 W 2014/93, KGR Berlin 1994, 25 = NJW-RR 1994, 401 = WuM 1994, 103 = ZMR 1994, 169; OLG Köln, Beschl. v. 30. 8. 2000 – 16 Wx 115/00, OLGReport Köln 2001, 23.

301 Der nach der Teilungserklärung zur Instandhaltung und Instandsetzung der Fenster verpflichtete Wohnungseigentümer darf im Rahmen modernisierender Instandsetzung die Gurtführung der Rollladen gegen einen Rollladenmotor austauschen[1], wobei trotz der andersartigen Geräuschentwicklung ein Nachteil fehlen kann[2].

Schmutz → vgl. auch Lärm, Geruch

302 Während der Durchführung der baulichen Veränderung auftretende „übliche" Beeinträchtigungen sind hinzunehmen[3]. Die Beseitigung darüber hinausgehender Beeinträchtigungen und Wiederherstellung des ursprünglichen Zustands nach Beendigung der Bauarbeiten können von jedem Wohnungseigentümer selbständig geltend gemacht werden. Die Grenze wird sich an § 906 Abs. 1 BGB orientieren können.

303 **Schallschutz** → vgl. Trittschallschutz

Schwerbehinderte

304 Gegenüber behinderten Wohnungseigentümern, die auf die Benutzung bestimmter Einrichtungen, etwa eines Treppenlifts oder Beschriftungen in Blindenschrift an der Aufzugsbedienung, angewiesen sind, kann im Ausnahmefall die Verpflichtung zur Zustimmung zu baulichen Veränderungen aus der sozialen Verpflichtung des Gemeinschaftsverhältnisses bestehen, soweit keinerlei Belastung mit Kosten und Haftungsrisiko für die Wohnungseigentümergemeinschaft entsteht[4].

305 Soweit bei der Wohnraummiete durch die Regelung der **Barrierefreiheit** in § 554a BGB[5] nunmehr der Mieter gegen den Wohnungseigentümer einen Anspruch auf Gestattung von baulichen Veränderungen zur behin-

---

1 OLG Saarbrücken, Beschl. v. 4. 10. 1996 – 5 W 286/95–50, FGPrax 1997, 56 = ZMR 1997, 31.
2 OLG Köln, Beschl. v. 30. 8. 2000 – 16 Wx 115/00, OLGReport Köln 2001, 23 (24).
3 BayObLG, Beschl. v. 4. 10. 1982 – 2 Z 35/82, MDR 1983, 134 = ZMR 1983, 35; BayObLG, Beschl. v. 10. 5. 1990 – 2 Z 26/90, BayObLGZ 1990, 120 = MDR 1990, 823 = ZMR 1990, 390; BayObLG, Beschl. v. 14. 1. 1999 – 2 Z BR 125/98, FGPrax 1999, 53 = ZMR 1999, 273.
4 BVerfG, Beschl. v. 28. 3. 2000 – 1 BvR 1460/99, MDR 2000, 756 = NZM 2000, 539 = NJW 2000, 2658 = WuM 2000, 298 = ZMR 2000, 435 für einen Treppenlift; BayObLG, Beschl. v. 25. 9. 2003 – 2 Z BR 161/03, BayObLGZ 2003, 254 = BayObLGR 2004, 98 = ZMR 2004, 209; OLG München, Beschl. v. 12. 7. 2005 – 32 Wx 51/05, OLGReport München 2005, 605 = NZM 2005, 707; LG Hamburg, Beschl. v. 6. 6. 2001 – 318 T 70/99, NZM 2001, 767 = ZWE 2001, 503; AG Dortmund, Beschl. v. 28. 2. 1996 – 139 II 84/93, MDR 1996, 468 = WuM 1996, 242; LG Duisburg, Beschl. v. 10. 12. 1996 – 23 S 452/96, ZMR 2000, 463 (für Mietrecht).
5 In der Fassung des Mitrechtsreformgesetzes vom 19. 6. 2001 (BGBl. I 1149), vgl. zur Entstehungsgeschichte Palandt/*Weidenkaff*, 67. Aufl., Einf. v. § 535 BGB, Rz. 77; s. a. *Rips*, Barrierefreiheit gemäß § 554a BGB, Berlin 2003.

dertengerechten Nutzung der Mietsache geltend machen kann, hat der Gesetzgeber ausweislich der Materialien[1] nur die Rechtsprechung des Bundesverfassungsgerichts[2] in Gesetzesform kleiden wollen. Dabei hat er nur das Verhältnis von Mieter und Eigentümer gesehen und nicht den Fall, das der Eigentümer Wohnungseigentümer ist. So bleibt es grundsätzlich bei der Betrachtung zweier Rechtskreise: Hat der Mieter gegen seinen Vermieter einen Anspruch auf Zustimmung zu baulichen Veränderungen[3]? Hat der Vermieter als Miteigentümer eines Anspruchs gegen die übrigen Miteigentümer auf Duldung der baulichen Veränderung? Die Fassung des § 554a BGB führt hier zu zahlreichen Problemen[4]. Im Ergebnis kann der Anspruch des Mieters aus § 554a Abs. 1 BGB bei Wohnungseigentum nur durchsetzbar sein, soweit auch ein Duldungsanspruch des vermietenden Miteigentümers gemäß § 14 Nr. 3 WEG gegen die anderen Miteigentümer besteht[5]. Um in den Verfahren zwischen Mieter und Vermieter sowie vermietendem Miteigentümer und den übrigen Miteigentümern einen Gleichlauf jedenfalls hinsichtlich der Feststellung der entscheidungserheblichen Tatsachen zu erreichen, hilft letztlich nur die Streitverkündung an die Beteiligten des jeweils anderen Rechtsverhältnisses[6]. Für die Gewerbemiete gilt § 554a BGB zwar nicht; aus Art. 3 Abs. 2 S. 2 GG folgt aber nichts anderes auch hier.

Sonnenkollektoren

Die Errichtung von Sonnenkollektoren ist schon wegen der damit regelmäßig verbundenen optischen Beeinträchtigung grundsätzlich zustimmungsbedürftig[7]. Zudem muss der Errichtungswillige mögliche Gefahren für die Dachabdichtung und Statik ausräumen. Zur Errichtung als Modernisierung siehe Teil 8, Rz. 495 Sonnenkollektoren. 306

Speicherausbau → siehe Dachausbau/Spitzboden 307

Sperrbügel → siehe Kfz-Stellplätze 308

---

1 BT-Drs. 14/5663, S. 78 f.
2 BVerfG, Beschl. v. 28. 3. 2000 – 1 BvR 1460/99, MDR 2000, 756 = NZM 2000, 539 = NJW 2000, 2658 = WuM 2000, 298 = ZMR 2000, 435 für einen Treppenlift.
3 Vgl. dazu etwa Palandt/*Weidenkaff*, 67. Aufl., § 554a BGB; *Mersson*, NZM 2002, 313 m. w. N.
4 Vgl. dazu *Mersson*, NZM 2002, 313 (318 ff.).
5 Palandt/*Weidenkaff*, 67. Aufl., § 554a BGB, Rz. 3 a. E.; *Mersson*, NZM 2002, 313 (319).
6 S. a. *Mersson*, NZM 2002, 313 (319).
7 BayObLG, Beschl. v. 30. 3. 2000 – 2 Z BR 2/00, NJW-RR 2000, 1179 = NZM 2000, 674 = WuM 2001, 89 = ZMR 2000, 471 = ZWE 2000, 308; BayObLG, Beschl. v. 23. 2. 2005 – 2 Z BR 167/04, FGPrax 2005, 108; OLG München, Beschl. v. 19. 9. 2005 – 34 Wx 76/05, NZM 2005, 825 (827); anders für eine 0,8 qm große Photovoltaikanlage auf dem Flachdach einer Garage als nicht beeinträchtigende bauliche Veränderung BayObLG, Beschl. v. 17. 10. 2001 – 2 Z BR 147/01, MDR 2002, 148 = NZM 2002, 74 = WuM 2002, 165 = ZWE 2002, 124.

309 **Terrasse** → siehe Balkon, Terrasse, Wintergarten

Trittschallschutz

310 Fragen des Trittschallschutzes werden regelmäßig nach Veränderungen am Oberboden relevant, etwa dem Austausch von Linoleum oder Teppichboden gegen Fliesen oder Laminat. Solche Renovierungen, die bei vielen in die Jahre gekommenen Eigentumswohnungen notwendig sind, bergen in der Praxis ein immer gleiches Konfliktpotential: Nach der Auswechslung, die häufig genug in Eigenleistung oder unfachmännisch durchgeführt wird, ist in den darunter gelegenen Wohnungen „plötzlich jeder Schritt von oben zu hören".

311 In rechtlicher Hinsicht hängt die Rechtsnatur des Eingriffs davon ob, in welchen Teil des Deckenaufbaus eingegriffen wird. Um die Frage nach den Grenzen der hinzunehmenden Trittschallschutzsituation und nach Unterlassungsansprüchen beantworten zu können, bedarf es zunächst der Klärung der **rechtlichen Zuordnung im Bereich des Bodenaufbaus zu Gemeinschafts- oder Sondereigentum**. Der innerhalb des Sondereigentums auf dem Estrich verlegte Oberbodenbelag (Teppich, Fliesen, Parkett usw.) ist nach der gesetzlichen Regelung des § 5 Abs. 1 und 2 WEG grundsätzlich **Sondereigentum** des jeweiligen Wohnungseigentümers, weil er – ohne einen anderen Wohnungseigentümer über das nach § 14 Nr. 1 WEG zulässige Maß hinausgehend zu beeinträchtigen – beseitigt oder verändert werden kann[1]. Von der gemäß § 5 Abs. 3 WEG zulässigen Möglichkeit etwa in der Teilungserklärung oder der Gemeinschaftsordnung zu vereinbaren, dass der Bodenbelag insgesamt zum Gemeinschaftseigentum gehört, wird regelmäßig kein Gebrauch gemacht. Die über der Rohbaudecke befindliche Trittschalldecke, regelmäßig in Form des Estrichs, gehört dagegen zwingend zum **Gemeinschaftseigentum**, weil sie zur Fertigstellung des Gebäudes, nämlich der Erreichung des vorgeschriebenen Schallschutzes, erforderlich ist[2], ebenso eine Isolierschicht gegen Feuchtigkeit, wie sie in Keller- oder Parterrewohnungen vorkommt.

312 Die **rechtliche Einordnung** der Veränderung am Oberbodenaufbau als bauliche Veränderung hängt von der Art des Eingriffs im Einzelfall ab. Grundsätzlich kann jeder Wohnungseigentümer gemäß § 13 WEG mit

---

1 BayObLG, Beschl. v. 16. 12. 1993 – 2 Z BR 113/93, WuM 1994, 151 (152); OLG Hamm, Beschl. v. 15. 3. 2001 – 15 W 39/01, ZMR 2001, 842.
2 BGH, Urt. v. 6. 6. 1991 – VII ZR 372/89, MDR 1991, 1061 = NJW 1991, 2480 = ZMR 1991, 400; BayObLG, Beschl. v. 16. 12. 1993 – 2 Z BR 113/93, BayObLGR 1994, 9 = NJW-RR 1994, 598 = WuM 1994, 151; OLG Düsseldorf, Beschl. v. 7. 6. 1999 – 3 Wx 131/99, OLGReport Düsseldorf 2000, 44 = FGPrax 1999, 216 = WuM 1999, 532 = ZMR 1999, 726; OLG Hamm, Beschl. v. 13. 8. 1996 – 15 W 115/96, OLGReport Hamm 1997, 60 = ZMR 1997, 193; OLG Hamm, Beschl. v. 15. 3. 2001 – 15 W 39/01, ZMR 2001, 842.

dem in seinem Sondereigentum stehenden Oberbodenbelag nach Belieben verfahren, soweit nicht das Gesetz oder Rechte Dritter entgegenstehen, den Oberboden also auch auswechseln, unabhängig davon, welche Art von Bodenbelag bei der Errichtung der Wohnanlage vorgesehen oder eingebracht war. Aus § 14 Nr. 1 WEG ergibt sich für die Wahl des Bodenbelags (nur) die Einschränkung, dass durch den Gebrauch des Sondereigentums keinem anderen Wohnungseigentümer ein über das bei einem geordneten Zusammenleben unvermeidliche Maß hinaus ein Nachteil entsteht. Ein Anspruch gegen einen Wohnungseigentümer auf die Wahl eines bestimmten Bodenbelags besteht nicht, auch wenn sich ein bestimmter Schallschutz erst bei der Wahl eines gewissen Bodenbelags einstellt[1]. Vielmehr muss nur ein Schallschutz erreicht werden, durch den die übrigen Wohnungseigentümer nicht in einer das bei einem geordneten Zusammenleben unvermeidliche Maß hinaus beeinträchtigt werden, § 14 Nr. 1 WEG. Die Auswahl geeigneter Maßnahmen bleibt dem Schuldner überlassen[2].

Ob es sich begrifflich bei der Veränderung des Oberbodenbelags um eine bauliche Veränderung im Sinne des § 22 Abs. 1 S. 2 WEG handelt, erscheint als zweifelhaft, weil es meist an einem auf Dauer angelegten Eingriff in die Substanz des gemeinschaftlichen Eigentums fehlt. Dann liegt ein Fall der störenden Benutzung[3] im Sinne des § 14 Nr. 1 WEG vor, die einen Anspruch aus § 15 Abs. 3 WEG zur Folge hat[4]. Ein Substanzeingriff in das Gemeinschaftseigentum kann im Einzelfall vorliegen, wenn durch unsachgemäßes Verlegen des Oberbodens sog. Schallbrücken[5] geschaffen werden, also die Entkopplung zwischen Oberboden und tragenden Wänden oder Zargen fehlt, oder sogar der Estrich verändert oder beschädigt wird. Dann liegt auch eine bauliche Veränderung vor, die nach §§ 22

313

---

1 BayObLG, Beschl. v. 16. 12. 1993 – 2 Z BR 113/93, WuM 1994, 151.
2 Vgl. BGH, Urt. v. 22. 10. 1976 – V ZR 36/75, BGHZ 67, 252 = MDR 1977, 299 = NJW 1977, 146; BGH, Urt. v. 19. 1. 1996 – V ZR 298/94, MDR 1996, 579 NJW-RR 1996, 659; KG, Beschl. v. 19. 3. 2007 – 24 W 317/06, KGR Berlin 2007, 669 = NZM 2007, 845 = ZMR 2007, 639; OLG Düsseldorf, Beschl. v. 4. 7. 2001 – 3 Wx 120/01, OLGReport Düsseldorf 2002, 219 = NZM 2001, 958 = WuM 2001, 566 = ZMR 2002, 69 = ZWE 2001, 616; OLG München, Beschl. v. 10. 4. 2006 – 34 Wx 21/06, FGPrax 2006, 111 = ZMR 2006, 643 = OLGReport München 2006, 452 (LS).
3 Neben der störenden Benutzung des Sondereigentums durch Veränderung des Oberbodenbelags kann auch ein störender Gebrauch im Übrigen vorliegen, etwa durch das Trampeln von Kindern, vgl. BayObLG, Beschl. v. 16. 12. 1993 – 2 Z BR 113/93, BayObLGR 1994, 9 = NJW-RR 1994, 598 = WuM 1994, 151.
4 BayObLG, Beschl. v. 10. 5. 1990 – BReg 2 Z 26/90, BayObLGZ 1990, 120 (122) = WuM 1990, 608; BayObLG, Beschl. v. 16. 12. 1993 – 2 Z BR 113/93, WuM 1994, 151.
5 Vgl. OLG Köln, Beschl. v. 10. 6. 1992 – 13 U 267/91, NJW-RR 1994, 470 = ZMR 1994, 219; OLG Hamm, Beschl. v. 15. 3. 2001 – 15 W 39/01, OLGReport Hamm 2001, 285 = FGPrax 2001, 142 = ZMR 2001, 842.

Abs. 1 S. 2, 14 Nr. 1 WEG der Zustimmung aller benachteiligten übrigen Wohnungseigentümer bedarf. Eine nähere Klärung ist aber mit Rücksicht darauf entbehrlich, dass die Grenzen des einzuhaltenden Trittschallschutzes im Falle eines störenden Gebrauchs und einer baulichen Veränderung gleich sind, weil in beiden Fällen § 14 Nr. 1 WEG den Maßstab der Zulässigen bestimmt.

314 Welche Anforderungen der **Maßstab des § 14 Nr. 1 WEG** an den Schallschutz stellt, lässt sich ohne einen kurzen Rückblick auf die **Entwicklung des Trittschallschutzes**[1] in den letzten Jahrzehnten nicht verstehen. Die folgende Darstellung muss sich dabei auf einen Überblick beschränken. Für das technische Verständnis der Schallschutzproblematik grundlegend ist die Einsicht, dass die tragenden Wände und Decken den Körperschall weitertransportieren. Einer Entkoppelung des Oberbodens von den tragenden konstruktiven Bestandteilen ist von entscheidender Bedeutung. Diese Aufgabe kommt heute dem „schwimmend", also ohne ungedämpften Kontakt auf Dämmstoffen, ohne Wandanschluss verlegten Estrich zu. Dagegen ist bei Schallbrücken die Dämmwirkung durch direkten Kontakt zwischen Bodenbelag oder Estrich und konstruktiven Gebäudeteilen unterbrochen, etwa wenn der Fliesenboden bündig, ohne Abstand mit der Wand und dem Fliesensockel verlegt worden ist. Weil die daraus abgeleiteten technischen Forderungen und die notwendigen Materialien bei der Errichtung vieler Wohnungseigentumsanlagen noch nicht bestanden, ist ein heutigem Empfinden nicht mehr entsprechender Schallschutz noch weit verbreitet.

315 Erstmals im Jahr 1944 wurde die **DIN 4109 – Schallschutz im Hochbau**[2] – veröffentlicht, die als Standardkonstruktion eine Decke aus Stahlbeton mit einem schwimmenden Estrich vorsah. Diese Konstruktion ist auch heute noch üblich, die Trittschalldämmstoffe sind aber weiterentwickelt worden. Messwerte oder Anforderungen enthielt die Vorschrift wegen des Fehlens geeigneter Messmethoden noch nicht. Zuvor waren Decken in einer Holzbalkenkonstruktion üblich gewesen, bei der die tragenden Balken an Ober- und Unterseite mit Holzbrettern verkleidet und die Zwischenräume mit Streumaterial aufgefüllt waren[3].

316 In den **nach dem Zweiten Weltkrieg** erlassenen Bauordnungen wurde diese ursprüngliche Fassung der DIN 4109 als Anforderungsniveau über-

---

[1] Neben dem Trittschallschutz stellen sich Schallschutzfragen im Hochbau insbesondere bei der Installation von Sanitär- und Heizungsrohren. Die Einzelheiten der technischen Anforderungen ergeben sich aus den technischen Baubestimmungen, die z. B. ein Architekt vermitteln kann.
[2] Aktuelle Fassung abgedruckt bei *Gottsch/Hasenjäger*, Technische Baubestimmungen, Teil K VI b 1.1.
[3] Diese Konstruktion führt neben Problemen mit dem Schallschutz insbesondere zu den klirrenden Kronleuchtern, wenn die über der Decke gelegenen Räume begangen werden.

nommen. Ein schwimmender Estrich war allerdings nicht in allen Räumen vorgesehen. Für Küche und Bad blieb es zum Beispiel üblich, die Bodenfliesen direkt in ein Mörtelbett zu verlegen und nicht elastisch am Wandanschluss zu verfugen. Verbreitet war in anderen Räumen auch noch der Einbau eines (heute knarrenden) Dielenbodens auf einem unmittelbar auf die Rohbetondecke aufgelegten Lattenuntergestell mit einer Schüttung, z. B. Schlacke, im Zwischenraum.

Als etwa im Jahr 1960 Messgeräte und Bewertungsmethoden entwickelt waren, mit denen der Trittschallschutz eines Bodens reproduzierbar und objektiv beschrieben und beurteilt werden konnte, wurden die Anforderungen der ersten Fassung der DIN 4109 messtechnisch überprüft und der ermittelte Wert als Trittschallschutzmaß TSM = 0 dB, was einem bewerteten Norm-Trittschallpegel $L'_{n,w}$ = 63 dB entspricht, in die **DIN 4109 (1962)** vom September 1962 übernommen. Dieser Trittschallschutz wurde schnell als unzureichend empfunden. Denn auch bei Einhaltung der DIN 4109 (1962) können Schritte aus darüber liegenden Wohnungen noch deutlich wahrnehmbar sein. Dabei lässt sich der Trittschallschutz nachträglich durch Austausch des Bodenaufbaus kaum wesentlich verbessern, weil die vorgeschriebenen Massen der Rohdecken zu gering waren und entsprechend zu gering dimensioniert errichtet worden sind. 317

Im Jahr 1989 wurde in der **DIN 4109 (1989)** dann ein Vorschlag des Entwurfs der DIN 4109 aus dem Jahre 1979 übernommen, der einen bewerteten Norm-Trittschallpegel $L'_{n,w}$ = 53 dB, d. h. ein Trittschallschutzmaß TSM = + 10 dB, als Standard vorsieht und beim so genannten erhöhten Schallschutz ein Trittschallschutzmaß TSM = + 17 dB, entsprechend einem Trittschallpegel $L'_{n,w}$ = 60 dB. Diese Werte sind dauerhaft nur mit hinreichend mächtigen Rohdecken von mindestens 16–18 cm Stärke und schwimmenden Estrichen mit modernen Trittschalldämmstoffen von hoher Elastizität und geringer Alterung auch bei hoher Belastung zu erzielen. Die dort vorgesehenen Regelungen entsprechen ebenfalls nicht mehr dem Stand der Technik; zwischenzeitlich ist im Juni 2000 ein neuer **Entwurf für die DIN 4109-10** veröffentlicht worden[1]. 318

Wann durch Umbaumaßnahmen ein **Nachteil** eintritt, der das gemäß § 14 Nr. 1 WEG hinzunehmende bei einem geordneten Zusammenleben unvermeidliche Maß übersteigt, bestimmt sich nicht allein danach, ob die Grenzwerte der anzuwendenden Fassung der DIN 4109 gewahrt sind. Die erste Frage muss vielmehr sein, ob in der jeweiligen Wohnungseigentumsanlage **besondere Vereinbarungen** getroffen worden sind, insbeson- 319

---

[1] Vgl. dazu etwa OLG Karlsruhe, Urt. v. 29. 12. 2005 – 9 U 51/05, BauR 2007, 557; OLG Stuttgart, Urt. v. 21. 5. 2007 – 5 U 201/06, NZM 2007, 846; s. a. *Locher/Weiss*, BauR 2005, 17; zum Begriff „Stand der Technik" BGH, Urt. v. 14. 5. 1998 – VII ZR 184/97, BGHZ 139, 16 = MDR 1998, 1026.

dere **in der Teilungserklärung**[1] ein bestimmtes Schallschutzniveau vereinbart[2] worden ist. Erst wo solche Vereinbarungen fehlen, findet der Maßstab des § 14 Nr. 1 WEG Anwendung.

⊃ **Hinweis:**
Relevante Vereinbarungen können sich erst bei Auslegung der Gemeinschaftsordnung ergeben: Ist zum Beispiel vorgesehen, dass Veränderungen (Umbauten usw.) der Einwilligung des Verwalters, soweit das Gemeinschaftseigentum betroffen ist, und im Übrigen der betroffenen Sondereigentümer bedürfen, handelt es sich um die Vereinbarung eines erhöhten Trittschallstandards, nämlich des bei Errichtung durch die Ausstattung baulich vorgegebenen Standards[3].

320 In tatsächlicher Hinsicht ist – wo rechtsgeschäftliche Vereinbarungen fehlen – ein brauchbarer, wenn auch nicht unmittelbar rechtlich verbindlicher Maßstab für die Beurteilung der Frage, welche Nachteile bei einem geordneten Zusammenleben unvermeidlich sind, regelmäßig die DIN 4109 – Schallschutz im Hochbau –, welche die einzuhaltenden Anforderungen beschreibt[4]. Bei der DIN 4109 handelt es sich allerdings nicht um unmittelbar maßgebliche Rechtsvorschriften. Dem **Mindeststandard der DIN 4109** kommt aber ein erhebliches tatsächliches Gewicht zu, ob ein nicht zu duldender Nachteil im Sinne des § 14 Nr. 1 WEG vorliegt. Dies wird regelmäßig bei Überschreitung der DIN 4109 nicht mehr der Fall sein[5]. Umgekehrt wird bei Einhaltung der DIN 4109 häufig eine erhebliche Beeinträchtigung im Sinne des § 14 Nr. 1 WEG fehlen[6].

---

1 Vgl. dazu OLG Köln, Beschl. v. 14. 11. 1997 – 16 Wx 275/97, NJW-RR 1998, 1312 = NZM 1998, 673 = WuM 1998, 238.
2 Solche Vereinbarungen im Sinne des § 10 Abs. 2 S. 2 WEG können regelmäßig nicht in den Erwerbsverträgen der einzelnen Wohnungseigentümer enthalten sein und bedürfen zur Wirksamkeit gegenüber Rechtsnachfolgern der Eintragung im Grundbuch, § 10 Abs. 3 WEG.
3 OLG Köln, Beschl. v. 14. 11. 1997 – 16 Wx 275/97, NZM 1998, 673; OLG München, Beschl. v. 9. 1. 2008 – 34 Wx 114/07, NJW 2008, 592 = NZM 2008, 133.
4 BayObLG, Beschl. v. 16. 12. 1993 – 2 Z BR 113/93, WuM 1994, 151; BayObLG, Beschl. v. 18. 11. 1999 – 2 Z BR 77/99, NJW-RR 2000, 747 = NZM 2000, 504 = ZWE 2000, 174; OLG Frankfurt/Main, Beschl. v. 28. 6. 2004 – 20 W 95/01, OLG-Report Frankfurt 2005, 13 = NZM 2005, 68; OLG Schleswig, Beschl. v. 21. 12. 1998 – 2 W 100/98, OLGReport Schleswig 1999, 147.
5 BayObLG, Beschl. v. 18. 11. 1999 – 2 Z BR 77/99, NJW-RR 2000, 747 = NZM 2000, 504 = ZWE 2000, 174; OLG Frankfurt/Main, Beschl. v. 27. 3. 2006 – 20 W 204/03, OLGReport Frankfurt 2006, 806 = NZM 2006, 903; s. aber LG Bonn, Beschl. v. 25. 11. 2003 – 8 T 13/02, ZMR 2004, 381: Eine Veränderung um 1 db(A) reicht nicht aus.
6 BayObLG, Beschl. v. 18. 11. 1999 – 2 Z BR 77/99, NJW-RR 2000, 747 = NZM 2000, 504 = ZWE 2000, 174; BayObLG, Beschl. v. 16. 12. 1993 – 2 Z BR 113/93, BayObLGR 1994, 9 = NJW-RR 1994, 598 = WuM 1994, 151; OLG Frankfurt/Main, Beschl. v. 27. 3. 2006 – 20 W 204/03, OLGReport Frankfurt 2006, 806 = NZM 2006, 903; OLG Schleswig, Beschl. v. 8. 8. 2007 – 2 W 33/07, OLGReport Schleswig 2007, 935.

Die technischen Regelungen dürfen aber nicht davon ablenken, dass **entscheidend die Lästigkeit der Geräuschwirkung im Einzelfall** – nicht die Einhaltung von Grenzwerten – ist, was einen richterlichen Augenschein erforderlich machen kann[1]. 321

Weil die einzuhaltenden Anforderungen in der DIN 4109 im Laufe der Zeit verschärft worden sind, kommt der Frage nach dem Stichtag, der die **maßgebliche Fassung der DIN 4109** bestimmt, besondere Bedeutung zu. Der Wohnungseigentümer hat gegenüber anderen Wohnungseigentümern zunächst einen Anspruch auf einen den Anforderungen des Schallschutzes im Zeitpunkt der Errichtung des Gebäudes entsprechenden Trittschallschutz. Deshalb ist nach den beiden Errichtungsmöglichkeiten zu unterscheiden: 322

Maßgeblich sind die bei **vertraglicher Einräumung von Sondereigentum gemäß § 3 WEG** zum Zeitpunkt der Aufteilung tatsächlich vorhandenen Schallschutzwerte[2]. Eine Pflicht des einzelnen Wohnungseigentümers, den Schallschutz auf den neuesten Stand zu bringen, besteht bei der Aufteilung eines Altbaus gemäß § 3 WEG nicht. Der bei Begründung des Wohnungseigentums bestehende Zustand muss hingenommen werden[3]. Ein Beseitigungsanspruch kommt dann in Betracht, wenn ein Wohnungseigentümer durch von ihm zu verantwortende, nicht sach- und fachgemäße Baumaßnahmen oder nicht ausreichende Schallisolierung bei im Übrigen sach- und fachgerechten Baumaßnahmen den bisherigen 323

---

1 OLG Köln, Urt. v. 8. 1. 1998 – 7 U 83/96, ZMR 1998, 161: Für die Lästigkeit von Lärm ist die Lautstärke nicht allein entscheidend; OLG Köln, Beschl. v. 20. 2. 2004 – 16 Wx 240/03, ZMR 2004, 462; s.a. LG Bonn, Beschl. v. 25. 11. 2003 – 8 T 13/02, ZMR 2004, 381: Eine Verschlechterung um 1 db(A) reicht nicht aus. Siehe auch OLG Düsseldorf, Beschl. v. 13. 11. 2007 – 3 Wx 115/07, WuM 2008, 41 = ZMR 2008, 223 zum Anspruch auf Verbesserung des Schallschutzniveaus aufgrund der wohnungseigentumsrechtlichen Treuepflicht im Einzelfall.
2 OLG Stuttgart, Beschl. v. 5. 5. 1994 – 8 W 315/93, OLGZ 1994, 524 = NJW-RR 1994, 1497 = WuM 1994, 390.
3 OLG Stuttgart, Beschl. v. 5. 5. 1994 – 8 W 315/93, = OLGZ 1994, 524 = NJW-RR 1994, 1497 = WuM 1994, 390 unter Hinweis auf GemS OBG, Beschl. v. 30. 6. 1992 – GMS-OBG 1/91, BGHZ 119, 42 = MDR 1993, 344 = NJW 1992, 3290; OLG Celle, Beschl. v. 2. 2. 2005 – 4 W 4/05, OLGReport Celle, 2005, 190; OLG Düsseldorf, Beschl. v. 12. 11. 2001 – 3 Wx 256/01, ZMR 2002, 297 (298) = ZWE 2002, 230; OLG Frankfurt/Main, Beschl. vom 28. 6. 2004 – 20 W 95/01, OLGReport Frankfurt 2005, 13 = NZM 2005, 68; OLG Köln, Beschl. v. 9. 10. 2000 – 16 Wx 102/00, OLGReport Köln 2001, 83 = NZM 2001, 135 = WuM 2001, 37; OLG Köln, Beschl. v. 18. 5. 2001 – 16 Wx 68/01, OLGReport 2001, 285 = ZMR 2002, 77; OLG München, Beschl. v. 9. 5. 2005 – 32 Wx 30/05, OLGReport München 2005, 405 = ZMR 2005, 650; OLG München, Beschl. v. 18. 7. 2005 – 34 Wx 63/05, OLGReport München 2005, 645; zu Ansprüchen aus § 21 Abs. 4 WEG s.a. OLG Köln, Beschl. v. 4. 12. 2002 – 16 Wx 180/02, ZMR 2003, 131.

Schallschutz verschlechtert hat[1], etwa durch Schaffung von Schallbrücken, z. B. den Einbau eines bündig an die Seitenwände anschließenden Fliesenbelags.

324 Bei **Teilung gemäß § 8 WEG** sind regelmäßig auch bei späteren Umbauten die im Zeitpunkt der Errichtung maßgeblichen technischen Vorschriften einzuhalten[2]. Wird bei einer Aufteilung nach § 8 WEG der nach den im Zeitpunkt der Errichtung maßgeblichen technischen Vorschriften festgelegte Schallschutz nicht erreicht, kann ein einzelner Wohnungseigentümer nur dann in Anspruch genommen werden, wenn er eine die bisherige Schallschutzsituation verschlechternde Baumaßnahme nach Entstehen der faktischen Wohnungseigentümergemeinschaft durchgeführt hat, als deren Folge die maßgeblichen Lärmschutzwerte nicht mehr eingehalten werden[3]. Im Übrigen besteht neben möglichen Gewährleistungsansprüchen der Erwerber gegen den Bauträger[4] nur ein Anspruch des einzelnen Wohnungseigentümers im Innenverhältnis gegen die Wohnungseigentümergemeinschaft insgesamt auf Herstellung eines ausreichenden Lärmschutzes[5].

325 Wird dagegen in der Teilungserklärung ein **Ausbaurecht** eingeräumt, sind bei dem Ausbau die im Zeitpunkt der Teilung geltenden technischen Regeln der DIN 4109 zu beachten; eine Verbesserung von Mängeln am Gemeinschaftseigentum ist aber nicht geschuldet[6].

---

1 BayObLG, Beschl. v. 2. 4. 1992 – 2 Z BR 9/92, BayObLGR 1992, 16 = NJW-RR 1992, 974 = WuM 1992, 324; BayObLG, Beschl. v. 3. 7. 1992 – 2 Z BR 41/92, WuM 1992, 497; OLG Düsseldorf, Beschl. v. 14. 1. 1999 – 3 Wx 505/98, WuM 1998, 372; OLG Köln, Beschl. v. 9. 10. 2000 – 16 Wx 102/00, OLGReport Köln 2001, 83 = WuM 2001, 37 = NZM 2001, 135; OLG Stuttgart, Beschl. v. 5. 5. 1994 – 8 W 315/93, OLGZ 1994, 524 = NJW-RR 1994, 1497 = WuM 1994, 390.

2 Das bedeutet zunächst auch, dass es auf das Eintreten einer Verschlechterung jenseits der Frage der Lästigkeit und der weiteren Ausnahmen nicht ankommt, soweit nur ein auch nach dem Baumaßnahme ein nach den technischen Vorschriften ausreichendes Schallschutzniveau eingehalten wird; anders OLG Hamm, Beschl. v. 15. 3. 2001 – 15 W 39/01, OLGReport Hamm 2001, 285 = FGPrax 2001, 142 = ZMR 2001, 842; Staudinger/*Bub*, 13. Bearbeitung, § 22 WEG, Rz. 192: keine erhebliche Verschlechterung zulässig.

3 OLG Düsseldorf, Beschl. v. 14. 1. 1998 – 3 Wx 505/97, WuM 1998, 372: kein Anspruch, wenn erhöhter Schallschutz nach DIN 4109 (1989) erhalten bleibt; OLG Köln, Beschl. v. 9. 10. 2000 – 16 Wx 102/00, OLGReport Köln 2001, 83 = NZM 2001, 135 = WuM 2001, 37.

4 Vgl. dazu etwa OLG Karlsruhe, Urt. v. 29. 12. 2005 – 9 U 51/05, BauR 2007, 557; OLG Stuttgart, Urt. v. 21. 5. 2007 – 5 U 201/06, NZM 2007, 846.

5 BayObLG, Beschl. v. 12. 11. 1992 – 2 Z BR 14/92, WuM 1993, 85; OLG Köln, Beschl. v. 9. 10. 2000 – 16 Wx 102/00, OLGReport Köln 2001, 83 = NZM 2001, 135 = WuM 2001, 37; OLG Köln, Beschl. v. 18. 5. 2001 – 16 Wx 68/01, OLGReport Köln 2001, 285; OLG Köln, Beschl. v. 4. 12. 2002 – 16 Wx 180/02, OLGReport Köln 2003, 131 = ZfIR 2003, 611.

6 OLG Düsseldorf, Beschl. v. 12. 11. 2001 – 3 Wx 256/01, WuM 2002, 158 = ZMR 2002, 297; s. a. OLG Hamm, Beschl. v. 15. 3. 2001 – 15 W 39/01, OLGReport Hamm 2001, 285 = FGPrax 2001, 142 = ZMR 2001, 842.

Diese Anforderungen werden in der **Faustregel** dahin zusammengefasst, dass der bestehende Schallschutz keinesfalls verschlechtert werden darf[1]. 326

Daneben kommen nach der neueren obergerichtlichen Rechtsprechung weitergehende Ansprüche, auch auf **Verbesserung des bestehenden Schallschutzes** in Betracht. Diese Anforderungen gelten nicht nur für den Trittschallschutz, sondern auch für die von Installationen (Wasserleitungen usw.) ausgehenden Geräusche[2], soweit anerkannte technische Regeln bestehen. 327

Weitergehende Anforderungen an das Schallschutzniveau bestehen zunächst, wenn Jahrzehnte nach Errichtung des Gebäudes **umfangreiche Erneuerungsmaßnahmen** vorgenommen werden, die den bei Vornahme der Umbauarbeiten geltenden DIN-Normen, gleich ob sie strengere oder weniger strenge Anforderungen als die DIN-Norm in der früheren Fassung stellt, entsprechen müssen[3]. Nichts anderes würde für eine Modernisierung nach § 22 Abs. 2 WEG gelten. 328

Darüber hinaus können sich nach der Rechtsprechung insbesondere des OLG München[4] aus dem **Gepräge** der Wohnungseigentumsanlage höhere Anforderungen als die Einhaltung des technischen Standards erge- 329

---

1 OLG Hamm, Beschl. v. 15. 3. 2001 – 15 W 39/01, OLGReport Hamm 2001, 285 = FGPrax 2001, 142 = ZMR 2001, 842; *Abramenko* in Riecke/Schmid, 2. Aufl., § 14 WEG, Rz. 10, *Kümmel* in Niedenführ/Kümmel/Vandenhouten, § 14 WEG, Rz. 9; Staudinger/*Bub*, 13. Bearbeitung, § 22 WEG, Rz. 192.
2 BayObLG, Beschl. v. 18. 11. 1999 – 2 Z BR 77/99, NJW-RR 2000, 747 = NZM 2000, 504 = ZMR 2000, 311 = ZWE 2000, 174; OLG München, Beschl. v. 10. 4. 2006 – 34 Wx 21/06, FGPrax 2006, 111 = ZMR 2006, 643 = OLGReport München 2006, 452 (LS).
3 BayObLG, Beschl. v. 18. 11. 1999 – 2 Z BR 77/99, NZM 2000, 504 = ZMR 2000, 311 = ZWE 2000, 174: Dies gilt auch für den Fall, dass die Schallschutzanforderungen in den neueren Vorschriften abgesenkt worden sind, so dass dann der höhere Schallschutz nicht mehr geschuldet ist. Zum Anspruch auf Einhaltung der aktuellen Schallschutzstandards s.a. OLG Frankfurt, Beschl. vom 28. 6. 2004 – 20 W 95/01, OLGReport Frankfurt 2005, 13 = NZM 2005, 68: Jedenfalls dann, wenn allein durch Maßnahmen am Oberboden die aktuelle DIN-Norm eingehalten wird, ist der Oberbodenbelag zu wählen, der die aktuellen technischen Anforderungen einhält, konkret Teppichboden, statt Parkett bzw. Fliesen. Demgegenüber zu Fällen, in denen der mangelhafte Trittschallschutz seine Ursache in Gemeinschaftseigentum und Sondereigentum hat s. Teil 9, Rz. 330.
4 OLG München, Beschl. v. 9. 5. 2005 – 32 Wx 30/05, OLGReport München 2005, 405 = NZM 2005, 509 = ZMR 2005, 650; OLG München, Beschl. v. 18. 7. 2005 – 34 Wx 63/05, OLGReport München 2005, 645; OLG München, Beschl. v. 10. 4. 2006 – 34 Wx 21/06, FGPrax 2006, 111 = ZMR 2006, 643 = OLGReport München 2006, 452 (LS); OLG München, Beschl. v. 25. 6. 2007 – 34 Wx 20/07, OLGReport München 2007, 694 = ZMR 2007, 809; OLG München, Beschl. v. 9. 1. 2008 – 34 Wx 114/07, NJW 2008, 592; s. a. *Sauren*, ZWE 2008, 332.

ben[1]. Ob bei einer Verschlechterung des Trittschallschutzes ein über das in § 14 Nr. 1 WEG bezeichnete Maß hinausgehender Nachteil vorliegt, soll demnach anhand aller Umstände des Einzelfalls, etwa der örtlichen Gegebenheiten, der Lage und dem Charakter des Gebäudes, sowie dem den Ersterwerbern in ihren Kaufverträgen vom Bauträger zugesagten Schallschutz[2], beurteilt werden. Von dem „Gepräge", das den durch einen besonderen Vertrauensschutz ausgezeichneten tatsächlichen Zustand bei Ersterrichtung meint, ist die später erfolgte „Zufallsausstattung"[3] zu unterscheiden. Danach richtet sich, ob die zum Zeitpunkt der Errichtung des Gebäudes geltenden Anforderungen erfüllt sein müssen oder ob auf die jeweiligen Normen zum Zeitpunkt der Veränderung abzustellen ist. Es soll also nichts stets auf die zum Zeitpunkt der Errichtung des Gebäudes geltenden Standards abzustellen sein, obwohl kein Wohnungseigentümer verpflichtet ist, Verbesserungsmaßnahmen vorzunehmen, um die Einhaltung veränderter technischer Vorschriften zu erreichen. Wenn der frühere Zustand nicht nur den im Zeitpunkt der Errichtung geltenden Normen entsprach, sondern besser als gefordert war[4], ist nicht nur der vor der baulichen Veränderung bestehende Zustand zu wahren, sondern dann müssen die im Zeitpunkt des Umbaus geltenden Anforderungen eingehalten werden[5]. Weil der vor Auswechslung des Oberbodens bestehende Schallschutz keinesfalls verschlechtert werden darf, reicht es nicht aus, wenn die im Zeitpunkt des Umbaus geltenden Anforderungen eingehalten werden, wo vorher sogar die aktuellen technischen Standards bereits wesentlich[6] übertroffen werden[7]. Eine nachteilige Veränderung dieses Gepräges sei erst recht dann zu berücksichtigen,

---

1 Demgegenüber soll nach *Kümmel* in Niedenführ/Kümmel/Vandenhouten, § 14 WEG, Rz. 9 eine Verringerung der Anforderungen eintreten; dagegen OLG München, Beschl. v. 9. 1. 2008 – 34 Wx 114/07, NJW 2008, 592.
2 Zur Auslegung dieser Verträge vgl. BGH, Urt. v. 14. 6. 2007 – VII ZR 45/06, BGHZ 172, 346 = MDR 2007, 1252 = NJW 2007, 2983 mit Anm. *Boldt*, NJW 2007, 2960.
3 Dazu OLG Düsseldorf, Beschl. v. 13. 11. 2007 – 3 Wx 115/07, WuM 2008, 41 = ZMR 2008, 223; LG München, Beschl. v. 7. 10. 2004 – 1 T 6682/04, NZM 2005, 590. Beispiel: Der später auf das bei Errichtung eingebaute Parkett verlegte Laminatboden begründet kein Gepräge.
4 Vgl. BGH, Urt. v. 6. 10. 2004 – VIII ZR 355/03, MDR 2005, 743 = NJW 2005, 218 mit Besprechung *Drasdo*, NJW 2005, 798.
5 OLG München, Beschl. v. 9. 5. 2005 – 32 Wx 30/05, OLGReport München 2005, 405 = NZM 2005, 509 = ZMR 2005, 650 unter Berufung BayObLG BayObLG, Beschl. v. 16. 12. 1993 – 2 Z BR 113/93, BayObLGR 1994, 9 = NJW-RR 1994, 598 = WuM 1994, 151.
6 Zur Frage, was wesentlich ist, fehlt obergerichtliche Rechtsprechung bisher. Auf 1 db(A) mehr oder weniger, dürfte es dabei nicht ankommen, vgl. LG Bonn, Beschl. v. 25. 11. 2003 – 8 T 13/02, ZMR 2004, 381.
7 OLG München, Beschl. v. 9. 1. 2008 – 34 Wx 114/07, NJW 2008, 592 = ZMR 2008, 195 mit Anm. *Hogenschurz*.

wenn durch die Baumaßnahme die zum Zeitpunkt der Veränderung geltenden Schallschutzanforderungen nicht mehr erfüllt werden[1].

Die vorgestellte Rechtsprechung des OLG München bedarf der **kritischen Betrachtung**: 330

Allerdings wird durch diese strengen Anforderungen an Sanierungsmaßnahmen ein Gleichlauf mit der Verpflichtung der vermietenden Wohnungseigentümern gegenüber ihren Mietern herbeigeführt, der bei Fehlen abweichender Vereinbarungen im Falle baulicher Veränderungen erwarten, d. h. fordern kann, dass Lärmschutzmaßnahmen getroffen werden, die den Anforderungen der zur Zeit des Umbaus geltenden DIN-Normen genügen[2].

Die Rechtsprechung des Oberlandesgerichts München hat sich allerdings bisher nicht zu einer in allen Einzelheiten gefestigten obergerichtlichen Rechtsprechung[3] bundesweit durchgesetzt.

Mit der Frage nach dem „Gepräge", also allen „maßgeblichen" Umständen des Einzelfalls und auch nach der Treuepflicht im Verhältnis der Wohnungseigentümer untereinander sind zudem Fragen aufgeworfen, die wenig scharfe Konturen zeigen. Gerade für den Zweiterwerber einer Altbauwohnung, der die Wohnung seinen Vorstellungen anpassen möchte, ist mit der für ihn schwierig zu beurteilenden Frage nach dem einzuhaltenden technischen Standard auch die nach einem **Sanierungsaufwand** gestellt. Für den Erwerber einer alten Eigentumswohnung ergeben sich aus diesem Maßstab Schwierigkeiten: Die Gemeinschaftsordnung kann er in der Teilungserklärung beim Grundbuchamt einsehen. Die Baubeschreibung, die den Verträgen zwischen Bauträger und Ersterwerbern zu Grunde lag, wird er mit Mühen, etwa durch Nachfragen bei anderen Wohnungseigentümern, vielleicht herbeischaffen können. Hinsichtlich des tatsächlichen Wohnumfelds ist nicht recht deutlich, welche Merkmale hier entscheidungserheblich sind, worauf also der Erwerber auf seiner Vorstellungsrunde bei den Nachbarn achten sollte. Für den Erwerber wird auch kaum aufzuklären sein, welche Merkmale zum Zustand bei Erstaustattung, welche spätere Zufallsausstattung sind. In einer Mehrhausanlage wird man annehmen dürfen, es komme nach auf

---

1 OLG München, Beschl. v. 9. 5. 2005 – 32 Wx 30/05, OLGReport München 2005, 405 = NZM 2005, 509 = ZMR 2005, 650; OLG München, Beschl. v. 10. 4. 2006 – 34 Wx 21/06, FGPrax 2006, 111 = ZMR 2006, 643 = OLGReport München 2006, 452 (LS).
2 BGH, Urt. v. 6. 10. 2004 – VIII ZR 355/03, MDR 2005, 743 = NJW 2005, 218 mit Besprechung *Drasdo*, NJW 2005, 798.
3 Bezeichnend für die fehlende Prägnanz ist, dass die Rechtsprechung nach *Kümmel* in Niedenführ/Kümmel/Vandenhouten, § 14 WEG Rz. 9 zu einer Verringerung der Schallschutzanforderungen führen soll; dagegen OLG München, Beschl. v. 9. 1. 2008 – 34 Wx 114/07, NJW 2008, 592 = NZM 2008, 133.

das tatsächliche Wohnumfeld des Hauses an, in dem die Wohnung des Erwerbers gelegen ist.

Wer den sanierungswilligen Wohnungseigentümer zur Einhaltung moderner technischer Standards verpflichtet, verteuert zudem die Renovierung in der Regel. Wenn in einem Badezimmer etwa der Fliesenboden unmittelbar in ein Mörtelbett ohne schwimmenden Estrich auf den Beton verlegt worden war, bestand bisher praktisch keine Trittschalldämmung. Mit einer Erneuerung allein der Fliesen ist ein akzeptabler oder gar heutigen Anforderungen entsprechender Trittschallschutz nicht zu erreichen. Erforderlich wäre es zunächst, einen schalldämmenden, schwimmenden Estrich einzubringen, auf den die Fliesen verlegt werden. Diese Unterbodenkonstruktion steht aber zwingend im Gemeinschaftseigentum, unterliegt also allein der gemeinschaftlichen Verwaltung[1]. Zu eigenmächtigen Maßnahmen am Gemeinschaftseigentum, etwa der Verlegung eines schwimmenden Estrichs, ist der umbauwillige Wohnungseigentümer aber nicht berechtigt und kann die hierfür aufgewendeten Kosten nicht von der Eigentümergemeinschaft ersetzt verlangen[2]. Selbst damit kann zudem im Einzelfall die erforderliche Mächtigkeit der Betondecke, die technisch Voraussetzung für einen ausreichenden Schallschutz ist, nicht kompensiert werden[3].

Verbleiben bei Durchführung der zumutbaren Maßnahmen am Sondereigentum Trittschallbeeinträchtigungen, die ihre Ursache im aus heutiger Sicht mangelhaft trittschallgeschützten Gemeinschaftseigentum haben, ist der ausbauende Eigentümer zur Verbesserung des Gemeinschaftseigentums nicht verpflichtet[4]. Daraus ergibt sich die Einschränkung, dass die Erreichung des aktuellen Stands der Technik jedenfalls nur dann geschuldet ist, wo dies durch Maßnahmen am Sondereigentum zumutbar möglich ist[5].

Wann die Mehrkosten für eine Anpassung an heutige Standards unzumutbar sind, war – soweit ersichtlich – bisher nicht Gegenstand veröffentlichter Entscheidungen. Zumutbar ist es in jedem Fall, dass der Umbauende auf den Bodenbelag seiner Wahl zugunsten des Bodenbelags

---

1 Wenn ein Wohnungseigentümer nachträglich eine verbesserte Trittschalldämmung einbauen lässt, kann er deshalb Ersatz seiner Aufwendungen nur verlangen, wenn der Aufwand objektiv notwendig war und der Wohnungseigentümergemeinschaft einen Aufwand in entsprechender Höhe erspart hat, OLG Celle, Beschl. v. 2. 2. 2005 – 4 W 4/05, OLGReport Celle 2005, 190.
2 Vgl. OLG Celle, Beschl. v. 2. 2. 2005 – 4 W 4/05, OLGReport Celle 2005, 190.
3 Der Höhe eines Bodenaufbaus sind zudem durch die Vorgaben des öffentlichen Baurechts in der Regel Grenzen gesetzt, weil immer noch eine Mindestraumhöhe vorhanden sein muss.
4 OLG Düsseldorf, Beschl. v. 12. 11. 2001 – 3 Wx 256/01, ZMR 2002, 297.
5 OLG Frankfurt/Main, Beschl. v. 28. 6. 2004 – 20 W 95/01, OLGReport Frankfurt 2005, 13 = NZM 2005, 68.

verzichtet, der die weitestgehende Trittschalldämmung erreicht. Die Auswechslung von Teppichboden durch Fertigparkett dürfte danach kaum in Betracht kommen.

Schließlich überzeugt nicht, dass das Abstellen auf prägende Umstände als Maßstab für den Trittschallschutzstandard unterstellt, der im Verhältnis der Wohnungseigentümer untereinander oder zwischen Ersterwerber und Bauträger vereinbarte Trittschallschutz sei – abzüglich des geringen Schallschutzverlustes durch Alterung der Dämmmaterialien – tatsächlich auch vor der Modernisierung prägend vorhanden gewesen. Denn nicht selten spart der Bauträger am Trittschallschutz oder wird in der Bauausführung geschlampt und eine Nachbesserung unterbleibt, z. B. wegen Insolvenz des Bauträgers oder weil sich die Wohnungseigentümer angesichts der zu erwartenden Beeinträchtigungen durch die notwendigen Nachbesserung sich für den kleinen Schadensersatz oder eine Minderung entschieden haben[1].

Für den Fall schließlich, dass der mangelhafte Trittschallschutz seine **Ursache im Gemeinschaftseigentum** (Estrich oder Deckenkonstruktion) **und im Sondereigentum** (Oberbodenbelag) hat, kann sich der störende Wohnungseigentümer, der seinen Oberbodenbelag ausgewechselt hat, jedenfalls dann gegen den Beseitigungsanspruch nicht mit dem Hinweis auf den mangelhaften Zustand des Gemeinschaftseigentums verteidigen, wenn die Untersuchung und Instandsetzung des Gemeinschaftseigentums erheblicher größere Kosten und belastende Veränderungen verursachen würde als die Verlegung eines den Trittschall verbessernden Oberbodenbelags[2]. Er muss insbesondere wieder einen Teppichboden verlegen, um einen ausreichenden Trittschallschutz zu gewährleisten. Er muss allerdings nur die durch den Wechsel des Oberbodenbelags eingetretene Verringerung des vorhandenen Trittschallschutzes beseitigen, keine Verbesserungen am Gemeinschaftseigentum vornehmen[3]. 331

➲ **Hinweis:**
Die Bearbeitung eines Streits zwischen Wohnungseigentümern, der Fragen des Schallschutzes, insbesondere des Trittschallschutzes, zum 332

---

1 Zum Anspruch gegen die Gemeinschaft aus §§ 21 Abs. 4, 22 Abs. 3 WEG vgl. OLG Köln, Beschl. v. 4. 12. 2002 – 16 Wx 180/02, ZMR 2003, 704.
2 Vgl. OLG Düsseldorf, Beschl. v. 4. 7. 2001 – 3 Wx 120/01, OLGReport Düsseldorf 2002, 219 = NZM 2001, 958 = WuM 2001, 566 = ZMR 2002, 69 = ZWE 2001, 616; OLG Frankfurt/Main, Beschl. v. 28. 6. 2004 – 20 W 95/01, OLGReport Frankfurt 2005, 13 = NZM 2005, 68.
3 Vgl. OLG Hamm, Beschl. v. 15. 3. 2001 – 15 W 39/01, OLGReport Hamm 2001, 285 = FGPrax 2001, 142 = ZMR 2001, 842; OLG Schleswig, Beschl. v. 5. 8. 2003 – 2 W 144/02, OLGReport Schleswig 2003, 451 = ZMR 2003, 786; OLG Saarbrücken, Beschl. v. 10. 4. 2006 – 5 W 253/05, OLGReport Saarbrücken 2006, 858 = ZMR 2006, 802; s. a. OLG Düsseldorf, Beschl. v. 12. 11. 2001 – 3 Wx 256/01, WuM 2002, 158 = ZMR 2002, 297.

Gegenstand hat, ist regelmäßig nicht ohne Hinzuziehung eines geeigneten Sachverständigen für Schallschutz und Bauakustik möglich. Einen solchen Sachverständigen kann man bei der örtlichen Industrie- und Handelskammer erfragen. Der Sachverständige oder auch ein Architekt ist vor einer streitigen Klärung auch der kompetente Ratgeber für mögliche Entlastungsmaßnahmen und deren ungefähre Kosten. Die Kosten einer Begutachtung dürfen nicht unterschätzt werden. Zwar sind die Messungen selbst meist ohne Substanzeingriff möglich, aber die Ursachenforschung, etwa die Feststellung von Schallbrücken bei unsachgemäßer Verlegung eines neuen Fliesenbodens durch Öffnung des Bodens im Bereich der Wandanschlüsse, gestaltet sich bald als recht aufwendig[1].

333 Für den Versuch einer gütlichen Einigung spricht auch, dass die Frage, welche Grenzwerte heranzuziehen sind, von zahlreichen Faktoren, insbesondere der Annahme eines Gepräges abhängen kann, und die Frage der Lästigkeit unabhängig von technischen Bestimmungen gerade in Grenzfällen nicht eindeutig zu beurteilen ist.

334 Zu bedenken ist in Fällen der vorliegenden Art regelmäßig auch die Problematik der kurzen Verjährung nach §§ 195, 199 Abs. 1 BGB. Manchmal dürfte es so sein, dass ein Wohnungseigentümer seinen Oberboden verändert mit nachteiligen Auswirkungen auf den Trittschallschutz, diese Veränderung aber erst nach einem Nutzerwechsel, etwa bei Einzug einer Familie mit Kindern, auffällig wird. Hier kommt § 199 Abs. 4 BGB besondere Bedeutung zu, d. h. maßgeblich für den Beginn der dreijährigen Jahresendverjährung ist die Kenntnis bzw. grob fahrlässige Unkenntnis von den Umbaumaßnahmen und deren Folgen für den Trittschallschutz. Schädlich wären in diesem Falle frühere schriftliche Abmahnungen, aus denen sich die frühere Kenntnis ergibt, §§ 195, 199 Abs. 1 BGB. Wer sich auf Verjährung berufen will, sollte zudem die Protokolle der Eigentümerversammlung durchsehen, ob dort eine Diskussion des Umbaus vermerkt ist, mit der Folge, dass zumindest grob fahrlässige Unkenntnis aller Wohnungseigentümer anzunehmen wäre.

335 Für das anwaltliche Vorgehen gegen den Störer ergeben sich folgende Überlegungen: Ist eine gütliche Einigung innerhalb der Wohnungseigentümergemeinschaft noch nicht ausgeschlossen, sollte ein Sachverständiger zur Begutachtung hinzugezogen werden. Weil die Möglichkeit einer gütlichen Einigung nach Vorliegen des Gutachtens in Kenntnis der zu erwartenden Kosten für geeignete Maßnahmen schwinden mag, kann es aber ratsam sein, sogleich ein **selbständiges Beweisverfahren nach §§ 485 ff. ZPO** einzuleiten, das überdies zu einer Hemmung der Verjährung bis zum Ablauf von sechs Monaten nach Abschluss des Verfahrens

---

[1] Vgl. zu den Schwierigkeiten von Eingriffen beim beteiligten Dritten *Dötsch*, NZBau 2008, 217.

führt, § 204 Abs. 1 Nr. 7 BGB. Den eventuell höheren Kosten steht der Vorteil einer gerichtsfesten Begutachtung gegenüber.

Wenn eine gütliche Einigung nicht möglich ist und ein Wohnungseigentümer auf Verbesserung des Trittschallschutzes gerichtlich in Anspruch genommen werden soll, müssen die relevanten Tatsachen (Alter des Gebäudes, Zeitpunkt der Errichtung der Wohnungseigentümergemeinschaft, Teilungserklärung, Kaufverträge der Ersterwerber, früherer Zustand des Bodenaufbaus, Veränderungen des Bodenaufbaus durch den in Anspruch genommenen Wohnungseigentümer usw.) vorgetragen werden. Der Klageantrag geht dahin, dass der Antragsgegner ein bestimmtes Lärmschutzmaß (entsprechend der jeweils anwendbaren Fassung der DIN 4109 bzw. dem früheren Zustand) herzustellen hat; die Auswahl geeigneter Maßnahmen bleibt dem Schuldner überlassen[1]. 336

Überwachungskamera

Die Anbringung von Videokameras, ob vor der eigenen Wohnungstür, auf dem Balkon oder auch zur Überwachung des eigenen Kfz-Stellplatzes[2], ist wegen des damit verbundenen Privatsphäreverlustes[3] regelmäßig als nachteilig zu bewerten[4]. Die Einführung eines sog. „Videoauges" in der Gegensprechanlage entspricht nur dann ordnungsgemäßer Verwaltung, wenn die Einhaltung der Vorgaben der §§ 5, 6 Abs. 2 BDSG sichergestellt ist und der Besucher nur von der Wohnung, bei der er geklingelt hat, identifiziert werden kann[5]. Wann eine modernisierende Instandsetzung, eine Modernisierung oder eine bauliche Veränderung vorliegt, hängt von den Umständen des Einzelfalles ab. Bei Ersetzung einer vorhandenen Wechselsprechanlage durch eine Wechselsprechanlage mit Videoauge im Klingelbrett kann ein Fall der modernisierenden Instandsetzung vorliegen[6]. Eine bauliche Veränderung liegt jedenfalls vor, wenn die Beobachtung des Eingangsbereichs für eine Nachlaufzeit von drei Minuten möglich ist und die Möglichkeit besteht, die Bilder durch Zusatzgeräte aufzuzeichnen[7]. 337

---

1 Vgl. OLG Düsseldorf, Beschl. v. 4. 7. 2001 – 3 Wx 120/01, OLGReport Düsseldorf 2002, 219 = NZM 2001, 958 = WuM 2001, 566 = ZMR 2002, 69 = ZWE 2001, 616.
2 Vgl. OLG Düsseldorf, Beschl. v. 5. 1. 2007 – 3 Wx 199/06, OLGReport Düsseldorf 2007, 201 = NZM 2007, 166 = ZMR 2007, 290.
3 Vgl. dazu OLG Köln, Beschl. v. 20. 5. 1998 – 16 Wx 80/98, NZM 1999, 263 für ein Dreh-/Kippfenster anstelle eines Kippfensters.
4 Zweifelnd KG, Beschl. v. 26. 6. 2002 – 24 W 309/01, NJW 2002, 2798 = NZM 2002, 702 = ZWE 2002, 409 (412).
5 BayObLG, Beschl. v. 27. 10. 2004 – 2 Z BR 124/04, NZM 2005, 107 = ZMR 2055, 299 (300).
6 Zweifelnd KG, Beschl. v. 26. 6. 2002 – 24 W 309/01, NZM 2002, 702 = ZWE 2002, 409 (412).
7 OLG Köln, Beschl. v. 9. 5. 2007 – 16 Wx 13/07, WuM 2007, 646.

338 Es mag auch ein Anspruch auf Zustimmung bestehen, soweit die zulässige Nutzung eine solche Schutzmaßnahme erfordert (Teileigentum als Bank) oder ein persönliches Schutzbedürfnis besteht (Spitzenpolitiker). Wichtig ist, dass die Vorgaben des Bundesdatenschutzgesetzes gewahrt bleiben und keine fortwährende Beobachtung des Umfelds möglich ist[1]. Keinesfalls darf ein einzelner Wohnungseigentümer Bewegungen auf im Gemeinschaftseigentum stehenden Flächen ständig und gezielt aufzeichnen[2]. Auch die verdeckte Überwachung eines Stellplatzes, auf dem in der Vergangenheit mehrfach Fahrzeuge beschädigt worden sind, ist unzulässig[3].

Wand- und Deckendurchbruch → siehe auch Fenster hinsichtlich des Nachteils für die äußere Gestaltung bei Fensterdurchbrüchen.[4]

339 Bei Wanddurchbrüchen ist zunächst zu fragen, ob in tragende und damit nach § 5 Abs. 2 WEG zwingend im Gemeinschaftseigentum stehende, nicht tragende innerhalb einer Wohnung und damit im Sondereigentum stehende Wände oder in nicht tragende Wände zwischen zwei Wohnungen, die im Mitsondereigentum der beiden Nachbarn stehen, eingegriffen wird[5]. Denn innerhalb seines Sondereigentums darf der Sondereigentümer in den Grenzen der §§ 15 Abs. 3, 14 Nr. 1 WEG nach Belieben verfahren. Gleiches gilt für die Mitsondereigentümer einer nicht tragenden Wand zwischen zwei Eigentumswohnungen. Anderes gilt bei Eingriffen in **tragende Wände**, die zwingend im Gemeinschaftseigentum stehen:

340 Bauliche Veränderungen, die zu einer Beeinträchtigung von Bestand, Stabilität, Solidität und Sicherheit der Wohnungseigentumsanlage führen, sind nachteilig im Sinne von § 14 Nr. 1 WEG und bedürfen der Zustimmung aller Wohnungseigentümer[6]. Ein Durchbruch durch eine tragende Wand ist daher nur dann zulässig, wenn die dadurch vorgenommene bauliche Veränderung zu keiner Benachteiligung der Wohnungseigentümer über das bei einem geordneten Zusammenleben unvermeidliche Maß hi-

---

1 S. a. KG, Beschl. v. 26. 6. 2002 – 24 W 309/01, NZM 2002, 702 = ZWE 2002, 409 (412) zu § 6b BDSG m. w. N.
2 BayObLG, Beschl. v. 11. 3. 2005 – 2 Z BR 2/05, MDR 2005, 620; s. a. OLG München, Beschl. v. 11. 3. 2005 – 32 Wx 2/05, OLGReport München 2005, 303 zum Verbot der dauernden, unkontrollierten Videoüberwachung von Gemeinschaftsflächen durch Eigentümerbeschluss; OLG Düsseldorf, Beschl. v. 5. 1. 2007 – 3 Wx 199/06, OLGReport Düsseldorf 2007, 201 = NZM 2007, 166 = ZMR 2007, 290.
3 Vgl. OLG Karlsruhe, Urt. v. 8. 11. 2001 – 12 U 180/01, OLGReport Köln 2002, 182 = NZM 2002, 703; zum Mietrecht siehe auch die Nachweise bei *Hitpaß*, ZMR 2006, 247 (248ff).
4 S. a. OLG Frankfurt/Main, Beschl. v. 14. 9. 2005 – 20 W 305/05, juris, zum Nachteil durch einen zusätzlichen Eingang zu einem Teileigentum.
5 *Röll*, in FS Deckert, S. 417 (421).
6 OLG Hamburg, Beschl. v. 27. 7. 1976 – 2 W 34/76, MDR 1977, 230; OLG Karlsruhe, Beschl. v. 12. 1. 1978 – 3 W 14/77, OLGZ 1978, 172 = MDR 1978, 495.

Veränderungen durch einen Eigentümer

naus führt, §§ 22 Abs. 1 S. 2, 14 Nr. 1 WEG, wenn also kein vernünftiger Zweifel daran besteht, dass ein wesentlicher Eingriff in die Substanz des Gemeinschaftseigentums unterblieben ist, insbesondere zum Nachteil der übrigen Wohnungseigentümer keine Gefahr für die konstruktive Stabilität des Gebäudes und der Brandsicherheit geschaffen wurde, sowie Beweisschwierigkeiten über die Verursachung von Langzeitfolgen (Risse, Setzungen usw.) und die Gefahr einer intensiveren Benutzung ausgeschlossen sind[1].

Der **Verlust der Abgeschlossenheit** und der Widerspruch zur Teilungserklärung allein begründen bei der Verbindung zweier Wohnungen keinen über das Maß des § 14 Nr. 1 WEG hinausgehenden Nachteil, weil das Abgeschlossenheitserfordernis, § 3 Abs. 2 WEG, allein den Schutz der von der wegfallenden Trennung der verschiedenen Bereiche betroffenen Wohnungseigentümer bezweckt[2]. Danach kommt es auf die Eigentumsverhältnisse an den Wohnungen, zwischen denen ein Durchbruch erfolgt, nicht an[3].

341

Verfehlt ist es, bei einem Wanddurchbruch vom Sondereigentum zum Gemeinschaftseigentum (Mehrzweckräume) die **abstrakte Möglichkeit einer intensiveren Nutzung** oder einer ungerechten Kostenverteilung nicht als erheblichen Nachteil anzusehen. Denn beide Gefahren können durch Geltendmachung eines Anspruchs auf Unterlassung nach §§ 1004 Abs. 1 BGB, 15 Abs. 3 WEG bzw. auf Anpassung des Kostenverteilungsschlüssel abgewendet werden[4].

342

Fragen des **Brandschutzes** klärt die örtlich zuständige Bauaufsichtsbehörde oder ein Brandschutzsachverständiger. Die Auswirkungen auf die **konstruktive Stabilität des Gebäudes** muss ein Statiker beurteilen[5]. Ein Akustiker wird die **Verschlechterung** der Schallsituation ausschlie-

343

---

1 Vgl. BGH, Beschl. v. 21. 12. 2000 – V ZB 45/00, BGHZ 146, 241 = MDR 2001, 497 = NJW 2001, 1212; BayObLG, Beschl. v. 14. 1. 1999 – 2 Z BR 138/98, BayObLGR 1999, 42 = WuM 1999, 188; BayObLG, Beschl. v. 14. 2. 2002 – 2 Z BR 187/01, NZM 2002, 391 = ZMR 2002, 537 = ZWE 2002, 358; KG, Beschl. v. 13. 4. 1992 – 24 W 2935/91 = OLGZ 1992, 426; OLG Celle, Beschl. v. 21. 5. 2002 – 4 W 93/02, ZWE 2002, 533; OLG Köln, Beschl. v. 8. 2. 1995 – 16 Wx 187/94, WE 1995, 221; vgl. a. *Schuschke*, ZWE 2000, 146 (150).
2 Vgl. BGH, Beschl. v. 21. 12. 2000 – V ZB 45/00, BGHZ 146, 241 = MDR 2001, 497 = NJW 2001, 1212 mit weiteren Nachweisen zum durch diese Entscheidung hinfälligen Streitstand.
3 *Röll*, in FS Deckert, S. 417 (423).
4 So aber OLG Frankfurt/Main, Beschl. v. 24. 4. 2006 – 20 W 294/03, ZWE 2006, 409 (LS); zutreffend dagegen OLG Köln, Beschl. v. 27. 6. 2005 – 16 Wx 58/05, NZM 2005, 785 für einen Wanddurchbruch, durch den ein Bastlerraum für Wohnzwecke nutzbar wird.
5 BayObLG, Beschl. v. 14. 1. 1999 – 2 Z BR 125/98, FGPrax 1999, 53 = ZMR 1999, 273.

ßen müssen (s.a. Trittschallschutz). Es ist dann Sache des Umbauwilligen, den Unbedenklichkeitsnachweis zu führen. Wird ein Nachweis über die Unbedenklichkeit hinsichtlich Statik und Brandschutz nicht wie zugesagt trotz wiederholter Aufforderung vorgelegt, braucht selbst im gerichtlichen Verfahren keine Beweiserhebung mehr erfolgen, sondern es kann von solchen Nachteilen ausgegangen werden[1].

344 Lassen sich die genannten Nachteile für Statik, Brandschutz und Lärm durch intensivere Nutzung nicht ausschließen, ist die Zustimmung aller Wohnungseigentümer erforderlich[2]. Die **Gefahr der Überbelegung** allerdings ist als übermäßige Nutzung nach §§ 15 Abs. 3 WEG, 1004 BGB abzuwehren und darf für sich nicht als Nachteil der Baumaßnahme berücksichtigt werden[3].

345 Auch wenn ein Wohnungseigentümer zwei ihm gehörende benachbarte Wohnungen durch Erklärung gegenüber dem Grundbuchamt zu einer einzigen Eigentumswohnung vereinigt, besteht kein Anspruch gegen die übrigen Wohnungseigentümer auf Zustimmung zu einem Wand- oder Deckendurchbruch mit dem Ziel der tatsächlichen Herstellung einer Wohnung[4]. Eine solche Zustimmung ist allerdings dann entbehrlich, wenn im Sinne von § 14 Nr. 1 WEG erhebliche Nachteile ausgeschlossen sind.

Bei der Aufteilung einer Wohnungseinheit in zwei ist zu beachten, dass, wenn bei der Unterteilung eines Sondereigentums neues Gemeinschaftseigentum entsteht, es zur Wirksamkeit der Unterteilung der Auflassung des neuen Gemeinschaftseigentums unter Mitwirkung aller im Grundbuch eingetragenen Wohnungseigentümer und der Eintragung in das Grundbuch bedarf[5].

---

1 BayObLG, Beschl. v. 14. 2. 2002 – 2 Z BR 187/01, NZM 2002, 391 = ZMR 2002, 537 = ZWE 2002, 358 noch zum Amtsermittlungsgrundsatz des § 12 FGG.
2 BayObLG, Beschl. v. 29. 5. 1991 – 2 Z 45/91, NJW-RR 1991, 1490; KG, Beschl. v. 10. 1. 1990 – 24 W 6746/89, OLGZ 1990, 155 = MDR 1990, 448 = NJW-RR 1990, 334; KG, Beschl. v. 17. 2. 1993 – 24 W 3563/92, KGR Berlin 1993, 3 = OLGZ 1993, 427 = NJW-RR 1993, 909 = WuM 1993, 292 = ZMR 1993, 289; KG, Beschl. v. 21. 8. 1996 – 24 W 5074/95, KGR Berlin 1997, 51 = NJW-RR 1997, 587 = ZMR 1997, 197.
3 *Röll* in FS Deckert, S. 417 (422); s.a. OLG Karlsruhe, Beschl. v. 28. 8. 1997 – 11 Wx 94/96, OLGReport Karlsruhe 1998, 158 zur Berücksichtigung nur des bestimmungsgemäßen Gebrauchs.
4 BayObLG, Beschl. v. 2. 2. 1995 – 2 Z BR 71/94, BayObLGR 1995, 34 = NJW-RR 1995, 649; *Schuschke*, ZWE 2000, 146 (150); s.a. im Ergebnis ebenso KG, Beschl. v. 21. 8. 1996 – 24 W 5074/95, KGR Berlin 1997, 51 unter Hinweis auf BGH, Beschl. v. 19. 12. 1991 – V ZB 27/90, BGHZ 116, 392 (396) = MDR 1992, 484 = NJW 1982, 978 = ZMR 1992, 167.
5 OLG München, Beschl. v. 3. 4. 2007 – 32 Wx 33/07, OLGReporteport München 2007, 551.

Vorstehende Überlegungen gelten entsprechend auch für den **Decken-** 346
durchbruch[1]. Beim nachträglichen Einbau etwa einer Stahltreppe wird
dabei dem Umstand Beachtung zu schenken sein, dass in der Regel durch
den Aufbau unmittelbar auf der darunter liegenden Zwischendecke in
der unterhalb gelegenen Wohnung stärkere Lärmbelastungen – etwa
durch Trittschall – auftreten.

Erfolgt im Zusammenhang mit dem Umbau eine Umnutzung der Woh- 347
nungs- oder Teileinheiten kann sich aus dem Verstoß gegen die fortgel-
tende Nutzungsbestimmung ein Unterlassungsanspruch ergeben.

Wäschespinne → siehe auch Garten

Bei einer Wäschespinne soll keine bauliche Veränderung vorliegen, so- 348
weit die Wäschespinne nicht fest und dauerhaft installiert ist, sondern
nur bei Bedarf in ein ebenerdig im Boden eingelassenes Führungsrohr ge-
schoben wird[2]. Das erscheint im Hinblick auf den Substanzeingriff und
die optische Beeinträchtigung als zweifelhaft. Ob ein nicht hinzunehmender Nachteil für die äußere Gestaltung vorliegt, ist für den Einzelfall
(Aufstellungsort) zu prüfen.

Werbung[3]

Sofern sich aus der Teilungserklärung keine ausdrücklichen Regeln 349
ergeben, die zur Vermeidung von späterer Streitigkeiten dringend anzu-
empfehlen sind, und die, wenn sie vorhanden sind, regelmäßig abschließenden Charakter haben[4], so gilt als Grundregel, dass für zulässige gewerbliche Nutzungen **ortsüblich und angemessen** am Haus- und Wohnungseingang oder an der Außenfront durch den Nutzer geworben
werden darf[5]. Für freie Berufe dürfen also die üblichen Praxisschilder[6] am
Haus- und Wohnungseingang angebracht werden, für Gaststätten ent-

---

1 BayObLG, Beschl. v. 14. 2. 2002 – 2 Z BR 187/01, NZM 2002, 391 = ZMR 2002, 537 = ZWE 2002, 358; LG Hamburg, Beschl. v. 19. 6. 2001 – 318 T 166/00, ZMR 2001, 918.
2 BayObLG, Beschl. v. 11. 3. 1993 – 2 Z BR 12/93, WuM 1993, 295; OLG Zweibrücken, Beschl. v. 23. 12. 1999 – 3 W 198/99, OLGReport Zweibrücken 2000, 354 = NZM 2000, 293 = ZMR 2000, 256; anders BayObLG, Beschl. v. 6. 2. 1987 – BReg 2 Z 129/86, WuM 1988, 98 = ZMR 1987, 389, für fest einbetonierte Wäschestangen.
3 S. a. *Eichberger/Schlapka*, ZMR 2005, 927.
4 Zur Frage der Zulässigkeit eines generellen Verbotes s. a. *Eichberger/Schlapka*, ZMR 2005, 927 (929 m. w. N.).
5 BayObLG, Beschl. v. 6. 10. 2000 – 2 Z BR 74/00, NZM 2000, 1236 = WuM 2000, 686 = ZMR 2001, 123 = ZWE 2001, 67; KG, Beschl. v. 8. 6. 1994 – 24 W 5760/93, WuM 1994, 494.
6 KG, Beschl. v. 8. 6. 2004 – 24 W 5760/93, KGR Berlin 1994, 171 = NJW-RR 1995, 333.

sprechend Leuchtreklamen[1] usw. Eine weitere Verallgemeinerung der für den Einzelfall abzuwägenden Gesichtspunkte, etwa störender Lichtschein, mögliche Schmutzfahnen, Größe, Sichtbarkeit, Anbringungsort, ist nicht möglich. Die übrigen Wohnungseigentümer dürfen jedenfalls nicht mehr als notwendig beeinträchtigt werden. Erlaubt die Teilungserklärung die Anbringung von Werbeschriften an der gesamten Fassade, sofern nicht die freie Sicht aus den Fenstern behindert wird, kann jeder Wohnungseigentümer die Beseitigung störender Werbefolien verlangen, die Mieter in die Fenster einer anderen Wohnung geklebt haben, ohne dass eine Sichtbeeinträchtigung in der Wohnung des Anspruchstellers erforderlich wäre[2].

350 **Wintergarten** → siehe Balkon/Terrasse/Wintergarten

Wohnungseingangstür

351 Der nachträgliche Einbau eines Türspions in die Wohnungseingangstüre ist nach §§ 22 Abs. 1 S. 2, 14 Nr. 1 WEG zustimmungsfrei. Im Übrigen stellt die sichtbare Veränderung der Wohnungseingangstüre wegen der Veränderung der äußeren Gestaltung der Wohnanlage eine der Zustimmung bedürftige bauliche Veränderung dar.

Zählerkasten

352 Zwar ist die Installation eines Zählerkastens im Treppenhaus eine bauliche Veränderung, doch kann es im Einzelfall am erheblichen Nachteil im Sinne des § 14 Nr. 1 WEG fehlen[3].

Zaun → siehe auch Garten

353 Die zustimmungsfreie Zulässigkeit der **Einzäunung von Sondernutzungsflächen** wird in der Rechtsprechung unterschiedlich bewertet. Die Einräumung des Sondernutzungsrechts berechtigt jedenfalls nicht automatisch zur Errichtung eines Zauns[4]. Ausgangspunkt ist vielmehr die Überlegung, dass regelmäßig schon wegen der Einwirkung auf das äußere Gestaltungsbild der Wohnungseigentumsanlage eine bauliche Veränderung vorliegt. Diese wird aber zum Teil für nicht nachteilig im Sinne von § 14 Nr. 1 WEG und damit nach § 22 Abs. 1 S. 2 WEG für nicht zustimmungspflichtig gehalten, weil die sichtbare Abgrenzung durch einen Zaun natürlichen Wohnbedürfnissen entspreche und als Ausfluss des Eigentumsrechts erst denn vollen Genuss eines Sondernutzungsrechts er-

---

1 BayObLG, Beschl. v. 6. 10. 2000 – 2 Z BR 74/00, NZM 2000, 1236 = WuM 2000, 686 = ZMR 2001, 123 = ZWE 2001, 67; a. A. OLG Köln, Beschl. v. 31. 5. 2006 – 16 Wx 11/06, OLGReport Köln 2006, 822 = NZM 2007, 92.
2 OLG Düsseldorf, Beschl. v. 13. 2. 2006 – 3 Wx 181/05, NZM 2006, 782 = ZMR 2006, 461 (462) = ZWE 2006, 188.
3 S. a. BayObLG, Beschl. v. 26. 9. 2001 – 2 Z BR 79/01, WuM 2002, 160 = ZMR 2002, 211 = ZWE 2002, 73.
4 OLG Köln, Beschl. v. 16. 4. 2008 – 16 Wx 33/08, juris.

mögliche[1]. Dem wird gerade für städtische Lagen entgegengehalten, das nach § 14 Nr. 1 WEG zulässige Maß werde überschritten[2]. Diese Argumentationsmuster als unterschiedliche Auffassungen zu begreifen, dürfte dem Umstand nicht gerecht werden, dass eine Prüfung des Merkmals „Nachteil" der §§ 22 Abs. 1 S. 2, 14 Nr. 1 WEG unter Berücksichtigung aller Umstände des Einzelfalls geboten ist, um die Frage zu beantworten, was im Einzelfall entsprechend dem Charakter der Wohnanlage **angemessen und ortsüblich**[3] ist. So wird man die Errichtung einer Umzäunung nur eines Sondernutzungsrechts mit einem massiven Zaun gegenüber einem im Übrigen offenen parkähnlichen Garten mit altem Baumbestand als zustimmungspflichtig bewerten müssen. Andererseits wird man in einer als Wohnungseigentumsanlage ausgestalteten Reihenhaussiedlung, wenn nicht schon die Teilungserklärung die Anwendung des § 22 WEG ausschließt oder das (landesrechtliche) Nachbargesetz für anwendbar erklärt, einen den Anforderungen der Nachbargesetze im Übrigen entsprechenden Grenzzaun als zustimmungsfrei bewerten müssen.

Die Anbringung einer **Sichtschutzmatte** hinter einem Maschendrahtzaun, der zwei Sondernutzungsrechte an einem Garten trennt, stellt regelmäßig eine für den am angrenzenden Gartenbereich Berechtigten optisch nachteilige bauliche Veränderung dar[4]. Überdies ist für die Benutzung eines Grenzzauns oder einer Grenzwand die Regelung des § 922 BGB entsprechend anwendbar[5].

354

Soweit ein Zaun nicht dem Verlauf der Grenzen des Sondernutzungsrechts folgt, besteht jedenfalls ein **Anspruch auf Verlegung**[6]. Dass kein

355

---

1 BayObLG, Beschl. v. 4. 2. 1982 – 2 Z 9/81, BayObLGZ 1982, 69 = RPfleger 1982, 219; OLG Hamburg, Beschl. v. 19. 1. 1984 – 2 W 29/83, DWE 1984, 91.
2 BayObLG, Beschl. v. 28. 10. 1998 – 2 Z BR 122/98, BayObLGR 1999, 9; KG, Beschl. v. 23. 7. 1984 – 24 W 2514/84, WuM 1985, 161 = ZMR 1985, 27; KG, Beschl. v. 11. 5. 1988 – 24 W 6131/87, DWE 1989, 143; KG, Beschl. v. 12. 11. 1993 – 24 W 3064/93, OLGZ 1994, 273 = NJW-RR 1994, 207; KG, Beschl. v. 10. 2. 1997 – 24 W 6582/96, KGR Berlin 1997, 73 = NJW-RR 1997, 713 = WuM 1997, 241 = ZMR 1997, 315; OLG Düsseldorf, Beschl. v. 20. 12. 1996 – 3 Wx 9/96, OLGReport Düsseldorf 1997, 188 = NJWE-MietR 1997, 111 = WuM 1997, 187; OLG Hamburg, Beschl. v. 4. 4. 2002 – 2 Wx 91/98, ZMR 2002, 621; OLG Köln, Beschl. v. 22. 6. 1998 – 16 Wx 99/98, OLGReport Köln 1998, 425; für einen Garten mit Parkcharakter auch BayObLG, Beschl. v. 23. 10. 1986 – 2 Z 110/86, WuM 1988, 96 = ZMR 1987, 29.
3 Vgl. etwa die Regelung in § 34 lit. c) NachbG NW „soweit (...) Einfriedigungen nicht üblich sind."; zur Anwendung des Nachbarrechts auf das Verhältnis der zu Sondernutzung berechtigten Wohnungseigentümer untereinander vgl. BGH, Urt. v. 28. 9. 2007 – V ZR 276/06, NJW 2007, 3636 = MDR 2008, 135 = ZMR 2007, 976 mit Anm. *Hogenschurz* und Teil 9, Rz. 248.
4 BayObLG, Beschl. v. 20. 4. 2000 – 2 Z BR 9/00, ZMR 2001, 906.
5 OLG München, Beschl. v. 13. 9. 2005 – 32 Wx 71/05, MDR 2006, 258 = NZM 2006, 344 = ZMR 2006, 300.
6 S.a. BayObLG, Beschl. v. 16. 9. 1994 – 2 Z BR 78/94, BayObLGR 1995, 1.

Wohnungseigentümer eigenmächtig Teile des Gemeinschaftseigentums zu seinem alleinigen Gebrauch abgrenzen darf, versteht sich von selbst[1].

356 Keine bauliche Veränderung, sondern eine zustimmungsfreie Maßnahme der Gefahrenabwehr liegt bei der Errichtung eines Zaunes zur Abgrenzung an einen Bach vor[2].

II. Störender und unzulässiger Gebrauch des Sonder- und Gemeinschaftseigentums

1. Anwaltliche Aufgabenstellung

357 Bei wohnungseigentumsrechtlichen Mandaten, die den Gebrauch des Sonder- oder Gemeinschaftseigentums betreffen, bilden zwei Problembereiche den Schwerpunkt anwaltlicher Beratung:

- die gerichtliche Anfechtung von Beschlüssen über Gebrauchsregelungen oder die Abwehr solcher Beschlussanfechtungsklagen nach §§ 46, 43 Nr. 4 WEG,
- die Durchsetzung von Abwehransprüchen gegen andere Wohnungseigentümer und Mieter wegen störender Handlungen oder die Abwehr solcher Ansprüche.

a) Beschlussanfechtungsverfahren

358 Begehrt der Mandant die gerichtliche Ungültigerklärung eines Eigentümerbeschlusses oder will er sich gegen eine Beschlussanfechtungsklage verteidigen, ergibt sich aus anwaltlicher Sicht folgende Prüfungsreihenfolge:

Checkliste:

- Ist der Beschluss formell wirksam zustande gekommen?
  (Wenn nicht, ist ein Beschlussanfechtungsverfahren nicht erforderlich. Auf Antrag stellt das Gericht das Nichtzustandekommen eines Beschlusses fest. Zu den Voraussetzungen eines formell wirksamen Beschlusses siehe Teil 4, Rz. 1 ff.)
- Leidet der Beschluss an einem Nichtigkeitsgrund?
  (Auf Nichtigkeitsgründe kann sich jeder Wohnungseigentümer berufen, ohne dass es einer gerichtlichen Entscheidung bedarf. Zu materiellen Nichtigkeitsgründen siehe Rz. 310 ff. Die Nichtigkeit eines Be-

---

1 BayObLG, Beschl. v. 30. 4. 2003 – 2Z BR 87/02, ZMR 2004, 127 für Baumsperren.
2 BayObLG, Beschl. v. 17. 2. 2000 – 2 Z BR 180/99, NZM 2000, 513.

Gebrauchsgrenzen des Sonder- und Gemeinschaftseigentums   Rz. 361 **Teil 9**

schlusses kann allerdings auch in einem Verfahren nach § 43 Nr. 4 WEG gerichtlich festgestellt werden.)
- Kann die Klagefrist von einem Monat gewahrt werden (§ 46 Abs. 1 Satz 2 WEG)?
(Nach Ablauf der Anfechtungsfrist erwächst der Beschluss – bei unterbliebener Anfechtung – in Bestandskraft, sodass Beschlussmängel nicht mehr gerügt werden können. Evtl. kann dem Antragsteller Wiedereinsetzung in den vorigen Stand gewährt werden, § 46 Abs. 1 Satz 3 WEG.)
- Ist der Beschluss formell oder materiell fehlerhaft?
(Ein materieller Beschlussfehler liegt vor, wenn der Beschluss eine ordnungs**widrige** Gebrauchsregelung zum Inhalt hat.)

Die materiell-rechtlichen Grenzen zulässiger Mehrheitsbeschlüsse über Gebrauchsregelungen sind anhand der Ausführungen unter Rz. 301 ff. zu beurteilen. Zu verfahrensrechtlichen Fragen eines Beschlussanfechtungsverfahrens nach §§ 46, 43 Nr. 4 WEG siehe Teil 14, Rz. 54 ff.   359

b) Abwehr von Störungen durch unzulässigen Gebrauch

Checkliste:

Betrifft das Mandat die Abwehr von Störungen durch unzulässigen Gebrauch des Sonder- oder Gemeinschaftseigentums, ist zu prüfen, ob das vom Mandanten geschilderte Verhalten tatsächlich einen unzulässigen Gebrauch darstellt. Dies beurteilt sich: 360
- nach der **Hausordnung** und **Gemeinschaftsordnung** (§ 15 Abs. 1 und 2 WEG)
(Gemeinschaftsordnung und Beschlussprotokolle sind dahingehend zu sichten, ob durch Vereinbarungen oder Beschlüsse Gebrauchsregelungen getroffen wurden, die das bemängelte Verhalten erlauben oder verbieten; siehe dazu Rz. 376 ff.)
- nach den Bestimmungen der **§§ 13, 14 Nr. 1, 15 Abs. 3 WEG**
(siehe dazu Rz. 361 ff.).

2. Gesetzliche Grenzen des Gebrauchs

a) Die Grenzen nach §§ 13, 14 Nr. 1 WEG

Haben die Wohnungseigentümer weder durch Vereinbarung noch durch Beschluss eine Gebrauchsregelung getroffen, ist bei der Frage, ob das Verhalten eines Wohnungseigentümers zulässig oder unzulässig ist, auf die **Vorschriften des Gesetzes** zurückzugreifen. Das WEG differenziert in   361

§ 13 WEG zwischen dem Gebrauch des Sondereigentums (Abs. 1) und dem Mitgebrauch am gemeinschaftlichen Eigentum (Abs. 2).

362 Gem. § 13 Abs. 1 WEG kann jeder Wohnungseigentümer, soweit nicht das Gesetz oder Rechte Dritter entgegenstehen, mit den im **Sondereigentum** stehenden Gebäudeteilen nach Belieben verfahren, insbesondere diese bewohnen, vermieten, verpachten oder in sonstiger Weise nutzen, und andere von Einwirkungen ausschließen. Der Wohnungseigentümer steht damit hinsichtlich seines Sondereigentums ähnlich wie ein Alleineigentümer nach § 903 BGB.

363 § 13 Abs. 2 WEG bestimmt, dass jeder Wohnungseigentümer zum Mitgebrauch des **gemeinschaftlichen Eigentums** nach Maßgabe der §§ 14, 15 WEG berechtigt ist. Auf Grund der Bruchteilsberichtigung am gemeinschaftlichen Eigentum steht den einzelnen Wohnungseigentümern hinsichtlich der im gemeinschaftlichen Eigentum stehenden Gebäudeteile auch nur ein **Mitgebrauchsrecht** zu, das jedoch unabhängig vom Umfang der Beteiligung am Gemeinschaftseigentum ist[1].

364 Die **Entfaltungsfreiheit** innerhalb des Sondereigentums und des gemeinschaftlichen Eigentums wird durch § 14 Nr. 1 WEG **eingeschränkt**. Danach ist jeder Wohnungseigentümer verpflichtet, von den im Sonder- und Miteigentum stehenden Gebäudeteilen nur in solcher Weise Gebrauch zu machen, *dass dadurch keinem der anderen Wohnungseigentümer über das bei einem geordneten Zusammenleben unvermeidliche Maß hinaus ein Nachteil erwächst.* § 14 Nr. 1 WEG enthält damit eine generalklauselartige Ausgleichsregelung. Sie ist die Konsequenz daraus, dass in jeder Wohnanlage eine Vielzahl von Sondereigentumseinheiten aneinandergrenzen. Die Norm soll ein friedliches und geordnetes Zusammenleben der Eigentümer ermöglichen[2]. Jeder Wohnungseigentümer soll von seinem Sondereigentum und vom Miteigentum nur in dem Maße Gebrauch machen, als er dadurch nicht die anderen Wohnungseigentümer in deren Entfaltungsfreiheit – insbesondere im Gebrauch ihrer Wohnung – über das unvermeidbare Maß hinaus beeinträchtigt. Sowohl hinsichtlich des Sondereigentums als auch hinsichtlich des gemeinschaftlichen Eigentums gilt das Gebot der **gegenseitigen Rücksichtnahme**.

365 Unter einem **Nachteil** ist jede **nicht ganz unerhebliche Beeinträchtigung** zu verstehen[3]. Aber nur konkrete und objektive Beeinträchtigungen gelten als ein solcher Nachteil. Entscheidend ist, ob sich nach der Verkehrsanschauung ein Wohnungseigentümer in der entsprechenden Lage ver-

---

1 BayObLG, Beschl. v. 21. 3. 1972 – BReg. 2 Z 58/71, NJW 1972, 1286.
2 BayObLG, Beschl. v. 21. 11. 1980 – 2 Z 72/80, DWE 1981, 58.
3 OLG Celle, Beschl. v. 28. 11. 2001 – 4 W 203/01, ZWE 2002, 371.

ständlicherweise beeinträchtigt fühlen kann[1]. Ganz geringfügige Beeinträchtigungen bleiben außer Betracht[2]; sie sind zu dulden. Andererseits sind die Grenzen des nach § 14 Nr. 1 WEG Zulässigen nicht erst bei einer erheblichen Beeinträchtigung überschritten[3].

Für die Feststellung, welche Nachteile etwa durch **Geräuschbeeinträchtigungen** hingenommen werden müssen, können die einschlägigen DIN-Vorschriften herangezogen werden[4], insbesondere die DIN 4109[5]; geringfügige Überschreitungen der dort bestimmten Grenzwerte können im Einzelfall noch hinzunehmen sein. Ein Gebrauch unter Verstoß gegen **öffentlich-rechtliche Vorschriften** beeinträchtigt andere Eigentümer nur dann, wenn die Vorschriften drittschützender Natur sind[6]. Die Wertungen der Nachbarrechtsgesetze können im Rahmen der Interessenabwägung Berücksichtigung finden[7]. Wirtschaftliche Interessen einzelner Wohnungseigentümer sind hingegen im Rahmen des § 14 Nr. 1 WEG grundsätzlich nicht zu berücksichtigen[8]. Ein Nachteil ist allerdings gegeben, wenn Sondereigentum in einer Weise genutzt wird, die mit einem **sozialen Unwerturteil** breiter Bevölkerungskreise behaftet ist und sich nachteilig auf den Verkehrswert und den Mietpreis der anderen Wohnungs- und Teileigentumseinheiten auswirkt[9].

366

Eine Beeinträchtigung kann auch vorliegen, wenn es um Verhaltensweisen geht, die zu einer **psychischen Beeinträchtigung** anderer Hausbewohner infolge von Beleidigungen, Beschimpfungen und dergleichen führen. Derartige Störungen müssen allerdings vom räumlich gegenständlichen Bereich des Sondereigentums oder vom Gemeinschaftseigentum ausgehen. Verboten werden können sie nicht wegen ihres beleidigenden Inhalts, sondern wegen der von dem räumlich-gegenständlichen Bereich des einen Sondereigentums ausgehenden in den räumlich-gegenständlichen Bereich des anderen Sondereigentums einwirkenden Störung. Sind die **Beleidigungen**, **Beschimpfungen** etc. so lang andauernd und intensiv, dass sie zu einer Beeinträchtigung des körperlichen Wohlbefindens der davon betroffenen Personen führen, ist die Störung objektbezogen. Dies gilt insbesondere dann, wenn infolge der Verhaltensweise der Gebrauch

367

---
1 BGH, Beschl. v. 19. 12. 1992 – V ZB 27/90, NJW 1992, 978 (979); VerfGH Berlin, Beschl. v. 6. 12. 2002 – VerfGH 188/01, WuM 2003, 39.
2 BayObLG, Beschl. v. 1. 7. 1980 – 2 Z 23/79, ZMR 1980, 381.
3 BayObLG, Beschl. v. 21. 11. 1980 – 2 Z 72/80, DWE 1981, 58 (60).
4 BayObLG, Beschl. v. 4. 2. 1993 – 2 Z BR 111/92, WE 1994, 147.
5 BayObLG, Beschl. v. 18. 11. 1999 – 2 Z BR 77/99, NZM 2000, 504; LG Saarbrücken, Beschl. v. 10. 10. 1997 – 5 T 448/97, NZM 1998, 823.
6 OLG Saarbrücken, Beschl. v. 26. 8. 1998 – 5 W 173/98-52, NZM 1999, 265; BayObLG, Beschl. v. 23. 11. 1995 – 2 Z BR 116/95, WE 1996, 471; Beschl. v. 26. 2. 1988 – BReg. 2 Z 113/87, WuM 1988, 183.
7 OLG Hamm, Beschl. v. 21. 10. 2002 – 15 W 77/02, NZM 2003, 156.
8 BayObLG, Beschl. v. 10. 7. 1998 – 2 Z BR 139/97, NZM 1998, 1007 (1009).
9 VerfGH Berlin, Beschl. v. 6. 12. 2002 – VerfGH 188/01, WuM 2003, 39.

des Sondereigentums in erheblichem Umfang gehindert ist, weil ein unbeschwerter Zugang zu bzw. ein Verlassen der Wohnung ohne Gefahr belästigenden Verhaltens nicht mehr gewährleistet ist[1].

368 Die Gerichte haben bei der Auslegung des § 14 Nr. 1 WEG die betroffenen **Grundrechte** der Wohnungseigentümer zu berücksichtigen, um deren wertsetzenden Gehalt auf der Rechtsanwendungsebene Geltung zu verschaffen[2].

369 Liegt ein **Nachteil** vor, ist weiter zu prüfen, ob dieser **unvermeidbar** ist. Es kommt nur auf die Vermeidbarkeit des konkreten Nachteils und der tatsächlichen Belästigung an, nicht darauf, wie die Rechtsverhältnisse öffentlich-rechtlich oder zivilrechtlich zu bewerten sind[3]. Es ist der Tatsache Rechnung zu tragen, dass gewisse gegenseitige Störungen beim Zusammenleben in einer Hausgemeinschaft nicht verhindert werden können[4]. Ein Anspruch auf Abwehr unvermeidbarer Störungen würde gegen § 242 BGB (Treu und Glauben) verstoßen. Allerdings müssen die unvermeidbaren Störungen so gering wie möglich gehalten werden. In Altbauten etwa lassen sich knarrende Dielen auch bei vorsichtigem Begehen nicht vermeiden; eine Toilettenspülung darf auch dann bedient werden, wenn davon ausgehende Geräusche in anderen Wohnungen mangels Schallschutzes zu hören sind. Die Eltern eines geistig behinderten oder tauben Kindes können dieses nur beschränkt oder gar nicht zur Ruhe anhalten[5]. Dennoch ist die Geräuschverursachung auch in diesen Fällen auf das Unvermeidbare zu beschränken.

370 Bei der Einordnung, ob bestimmte Verhaltensweisen gegen § 14 Nr. 1 WEG verstoßen, ist eine Generalisierung nur schwer möglich. Jeder **Einzelfall** ist unter den Besonderheiten der konkreten Wohnanlage zu würdigen, wobei sich individuelle Besonderheiten vornehmlich aus Struktur, Größe, Lage, Ausstattung des Objekts und Zusammensetzung der Wohnungseigentümergemeinschaft ergeben. Zu berücksichtigen ist letztlich auch die Verkehrsanschauung in der Gemeinschaft. Aus der Lage und Beschaffenheit des Gemeinschaftseigentums kann sich im Einzelfall ergeben, dass bestimmte Flächen nur von einem oder einzelnen Wohnungseigentümern gebraucht werden dürfen, so etwa bei einer 12 m² großen

---

[1] OLG Saarbrücken, Beschl. v. 4. 4. 2007 – 5 W 2/07–2, OLGReport Saarbrücken 2007, 886 = ZMR 2007, 886 = NJW 2008, 80; KG, Beschl. v. 11. 9. 1987 – 24 W 2634/87, NJW-RR 1988, 586.
[2] BGH, Beschl. v. 22. 1. 2004 – V ZB 51/03, ZMR 2004, 438; BVerfG, Beschl. v. 22. 12. 2004 – 1 BvR 1806/04, ZMR 2005, 634.
[3] KG, Beschl. v. 20. 3. 2002 – 24 W 56/01, ZWE 2002, 322.
[4] OLG Frankfurt/Main, Beschl. v. 19. 7. 1990 – 20 W 149/90, OLGZ 1990, 414 = NJW-RR 1990, 1430.
[5] Vgl. AG Braunschweig, Beschl. v. 11. 9. 2006 – 34 II 10/04, ZMR 2007, 224.

Terrasse, die nur von einer Wohnung aus betreten werden kann[1]. Bei einem im Gemeinschaftseigentum stehenden **Spitzboden**, der nur über eine Sondereigentumseinheit erreichbar ist, können die Eigentümer der anderen Einheiten nicht verlangen, diesen einmal in der Woche nach Voranmeldung betreten zu dürfen, wenn es dafür keinen zwingenden Grund gibt[2].

Das Maß des Gebrauchs des gemeinschaftlichen Eigentums kann in bestimmten Fällen für die einzelnen Wohnungseigentümer unterschiedlich ausfallen. Denn zu berücksichtigen sind die **besonderen Bedürfnisse** des einzelnen Wohnungseigentümers und seiner Angehörigen. Ein kinderreicher Wohnungseigentümer darf im gemeinschaftlichen Eigentum stehende Einrichtungen und Anlagen, wie z. B. Waschküche, Trockenraum, Fahrradkeller, Treppenhaus etc., häufiger und intensiver in Anspruch nehmen als ein Wohnungseigentümer mit einem oder keinem Kind. Entsprechendes muss gelten, wenn ein Wohnungseigentümer infolge physischer oder psychischer Behinderungen besondere Bedürfnisse hat[3].

b) Zweckbestimmung in Wohnungs- und Teileigentum

Auch wenn in diesem Abschnitt nur die Fälle behandelt werden, in denen die Wohnungseigentümer keine von §§ 13, 14 Nr. 1 WEG abweichenden Vereinbarungen oder Beschlüsse getroffen haben, so ist doch in jeder Teilungserklärung zwingend eine **Zweckbestimmung** dahingehend enthalten, ob die einzelnen Sondereigentumsräume **zu Wohnzwecken** (Wohnungseigentum) oder **nicht zu Wohnzwecken** (Teileigentum) genutzt werden dürfen. Die Teilungserklärung kann innerhalb derselben Sondereigentumseinheit auch eine gemischte Nutzung zulassen, so etwa bei der Verbindung einer Wohnung mit einem Ladenlokal oder einem Kellerabteil. Diese Zweckbestimmung (im weiteren Sinne) ist jedoch keine Vereinbarung im Sinne von §§ 5 Abs. 4, 10 Abs. 1 S. 2, 15 Abs. 1 WEG, sondern ein notwendiger Teil des dinglichen Aktes zur Begründung von Wohnungs- oder Teileigentum[4].

Als Wohnung ausgewiesene Räume dürfen grundsätzlich nur zu Wohnzwecken genutzt werden; Teileigentumsräume dürfen grundsätzlich zu jedem beliebigen Zweck, nicht aber als Wohnraum genutzt werden[5]. Ein-

---

1 BayObLG, Beschl. v. 7. 1. 2004 – 2 Z BR 220/03, ZMR 2004, 360.
2 OLG Hamburg, Beschl. v. 20. 9. 2004 – 2 Wx 122/01, ZMR 2005, 68,
3 OLG Düsseldorf, Beschl. v. 12. 12. 1983 – 3 W 227/83, ZMR 1984, 161.
4 OLG Celle, Beschl. v. 30. 5. 2000 – 4 W 53/00, ZWE 2001, 33; BayObLG, Beschl. v. 13. 1. 1994 – 2 Z BR 130/93, WuM 1994, 222; Beschl. v. 24. 7. 1997 – 2 Z BR 49/97, WuM 1997, 512; KG, Beschl. v. 5. 9. 2001 – 24 W 7632/00, ZMR 2002, 72; KG, Beschl. v. 24. 5. 2004 – 24 W 83/03, NZM 2004, 624; a. A. *F. Schmidt*, WE 1996, 212; Staudinger/*Rapp*, § 1 WEG, Rz. 11.
5 BayObLG, Beschl. v. 13. 1. 1994 – 2 Z BR 130/93, WuM 1994, 222.

schränkungen können sich im Einzelfall aber aus der Lage und Beschaffenheit des jeweiligen Raumes ergeben, sodass etwa ein „nicht zu Wohnzwecken dienender Raum" auch nicht zu gewerblichen Zwecken genutzt werden darf[1].

374 Ausnahmsweise darf ein Eigentümer sein Wohnungs- oder Teileigentum auch zu anderen Zwecken als in der Zweckbestimmung formuliert nutzen, wenn der damit einhergehende Gebrauch nicht mehr stört als ein Gebrauch im Rahmen der Zweckbestimmung[2]. Ob dies der Fall ist, muss anhand einer **typisierenden generellen Betrachtungsweise** festgestellt werden[3], wobei Beeinträchtigungen weder vorgetragen noch nachgewiesen werden müssen[4]. Die Rechtsprechung betont zugleich, dass die Nutzung eines Teileigentums zu Wohnzwecken wegen der intensiveren Gebrauchsmöglichkeit in der Regel mehr stört als eine Nutzung zu anderen als zu Wohnzwecken[5]. Das OLG Karlsruhe scheint diese Regel aber nur auf solche Teileigentumseinheiten anwenden zu wollen, in denen ausschließlich eine nicht gewerbliche Nutzung zulässig ist[6].

c) Einzelfälle zulässigen und unzulässigen Gebrauchs

375 **Aussiedlerheim**

Die Nutzung von Wohnungseigentum als Wohnheim für einen fortlaufend wechselnden Personenkreis (hier: Aussiedler) ist unzulässig[7]; siehe auch „Belegungsdichte".

Arbeiterwohnheim

Die Nutzung von Wohnungseigentum als Wohnheim für einen fortlaufend wechselnden Personenkreis (hier: Bauarbeiter) ist unzulässig[8]; siehe auch „Belegungsdichte".

---

1 KG Beschl. v. 22. 12. 2006 – 24 W 126/05, ZMR 2007, 299.
2 BayObLG, Beschl. v. 7. 6. 2001 – 2 Z BR 60/01, ZWE 2002, 35; Beschl. v. 13. 1. 1994 – 2 Z BR 130/93, WuM 1994, 222; Beschl. v. 23. 5. 1996 – 2 Z BR 19/96, NJW-RR 1996, 1358; Beschl. v. 7. 8. 1997 – 2 Z BR 80/97, WuM 1998, 49; OLG Köln, Beschl. v. 11. 9. 2002 – 16 Wx 128/02, NZM 2003, 115.
3 BayObLG, Beschl. v. 16. 6. 2000 – 2 Z BR 20/00, ZWE 2001, 28.
4 BayObLG, Beschl. v. 24. 9. 1998 – 2 Z BR 52/98, NZM 1999, 80; OLG Frankfurt/Main, Beschl. v. 6. 11. 1997 – 3 U 47/96, NZM 1998, 198; OLG Schleswig, Beschl. v. 17. 5. 2006 – 2 W 198/05, ZMR 2006, 891.
5 BayObLG, Beschl. v. 24. 9. 1998 – 2 Z BR 52/98, NZM 1999, 80; Beschl. v. 13. 1. 1994 – 2 Z BR 130/93, WuM 1994, 222; OLG Frankfurt, Beschl. v. 6. 11. 1997 – 3 U 47/96, NZM 1998, 198.
6 OLG Karlsruhe, Beschl. v. 15. 1. 2001 – 11 Wx 44/00, NZM 2002, 701.
7 OLG Hamm, Beschl. v. 26. 9. 1991 – 15 W 127/91, WE 1992, 135; siehe aber auch KG, Beschl. v. 10. 7. 1992 – 24 W 3030/92, WE 1992, 343.
8 OLG Frankfurt/Main, Beschl. v. 28. 1. 2004 – 20 W 124/03, NZM 2004, 231.

Architekturbüro

Die teilweise Nutzung einer Wohnung als Architekturbüro stellt keine unzumutbare Beeinträchtigung der anderen Wohnungseigentümer dar, der Architekt darf auch ein Werbeschild an der Hauswand anbringen[1].

Arztpraxis

Die Nutzung einer Wohnung zum Betrieb einer psychologischen Einzel-Praxis zu den üblichen Tageszeiten ist zulässig[2].

Die Nutzung einer Wohnung als Arztpraxis mit erheblichem Patientenverkehr stört mehr als Wohnnutzung[3].

Ballettstudio

In einer bungalowartigen Wohnanlage ist der Betrieb eines Ballettstudios in einer Wohnungseigentumseinheit unzulässig[4].

Belegungsdichte

Die Belegung einer Wohnung mit mehr als zwei Personen je Zimmer kann einen unzulässigen Gebrauch darstellen[5].

Blumenladen

Die Nutzung einer Wohnung als Blumenladen mit Zeitungsverkauf ist unzulässig[6].

Blumenkästen

Die Anbringung außen hängender Blumenkästen ist nicht unzulässig, wenn die Landesbauordnung dies gestattet; das naturbedingte Herabfallen von Blüten und Blättern aus solchen Blumenkästen ist von den anderen Wohnungseigentümern hinzunehmen[7].

Boarding-house

Die Nutzung mehrerer Wohnungen als bording-house ist nicht zulässig[8], denn eine Wohnnutzung ist durch das auf Dauer angelegte Bewohnen durch denselben Benutzer geprägt, der an seiner baulichen und sozialen

---
1 KG, Beschl. v. 8. 6. 1994 – 24 W 5760/93, WE 1995, 19.
2 OLG Düsseldorf, Beschl. v. 10. 1. 1998 – 3 Wx 500/97, WuM 1998, 112.
3 BayObLG, Beschl. v. 20. 7. 2000 – 2 Z BR 50/00, ZWE 2000, 521.
4 BayObLG, Beschl. v. 27. 6. 1985 – BReg. 2 Z 59/84, MDR 1985, 939.
5 OLG Stuttgart, Beschl. v. 13. 8. 1992 – 8 W 219/92, WE 1993, 25.
6 BayObLG, Beschl. v. 22. 10. 1992 – 2 Z BR 83/92, WE 1993, 350; Beschl. v. 30. 1. 1991 – 2 Z 156/90, WE 1992, 57.
7 LG Hamburg, Beschl. v. 21. 12. 1981 – 10 T 13/79, DWE 1984, 93.
8 OLG Saarbrücken, Beschl. v. 3. 2. 2006 – 5 W 115-05-31, ZMR 2006, 554.

Umgebung ein Mindestmaß an Interesse aufbringt und die Haushaltsführung mehr oder weniger selbst gestaltet, während sich eine hotel- oder pensionsartige Nutzung durch einen ständigen Wechsel von Benutzern der Räume in kürzeren Zeitabständen auszeichnet, die kein Interesse an der Haushaltsführung und ihrer Umgebung aufbringen; im Rahmen der typisierenden Betrachtungsweise ist nicht auf die tatsächliche Verweildauer der Bewohner abzustellen sondern darauf, ob zu Beginn des Wohngebrauchs mit einer längerfristigen Aufenthaltsdauer zu rechnen ist[1]; weiterhin führt das OLG Saarbrücken[2] zur Begründung aus: „Die ständig wechselnden Bewohner erhöhen die Anonymität zwischen den Nachbarn und verringern das Sicherheitsgefühl der anderen Bewohner. Außerdem ist – bei der gebotenen typisierenden Betrachtung – die Gefahr größer, dass die Bewohner, die eine Nutzung von kurzer Dauer ohne Kontakt zur Nachbarschaft beabsichtigen, weniger auf die Interessen der Hausgemeinschaft und die Sorge für das gemeinsame Eigentum Rücksicht nehmen, als diejenigen Bewohner, die ihren Lebensmittelpunkt in der Wohneigentumsanlage haben und im Interesse ihrer Nachbarn und im Eigeninteresse auf ihre Umgebung achten."; siehe auch „Feriengäste".

Bordell

Die Ausübung der Prostitution in Teileigentum[3] und Wohnungseigentum[4] ist geeignet, die Interessen der übrigen Miteigentümer zu schädigen; dies gilt auch dann, wenn die Beeinträchtigung allein daraus folgt, dass sich der Betrieb des Bordells negativ auf den Verkehrswert und den Mietpreis der übrigen Einheiten auswirken kann[5]; nach Auffassung des OLG Hamburg sei die Ausübung der Prostitution daher auch dann unzulässig, wenn die Prostituierten ihrer Tätigkeit diskret nachgingen und es zu Belästigungen von Bewohnern und Besuchern der Wohnanlage nicht komme, denn die Ausübung der Prostitution spreche sich unter den Bewohnern und in der Nachbarschaft, unter Maklern, Wohnungsinteressenten und Kapitalanlegern erfahrungsgemäß schnell herum, dabei trage die von weiten Kreisen der Bevölkerung empfundene Anstößigkeit der Prostitutionsausübung nach der Lebenserfahrung verstärkt dazu bei, eine Wohneigentumsanlage in Verruf zu bringen, durch das Gesetz zur Regelung der Rechtsverhältnisse der Prostituierten vom 20. 12. 2001 habe

---
1 OLG Saarbrücken, Beschl. v. 3. 2. 2006 – 5 W 115-05-31, ZMR 2006, 554.
2 Beschl. v. 3. 2. 2006 – 5 W 115-05-31, ZMR 2006, 554 (555).
3 BayObLG, Beschl. v. 21. 11. 1980 – 2 Z 72/80, DWE 1981, 58; LG Nürnberg-Fürth, Beschl. v. 14. 7. 1999 – 14 T 1899/98, NZM 2000, 54.
4 BayObLG, Beschl. v. 27. 5. 1993 – 2 Z BR 30/93, WE 1994, 243; Beschl. v. 6. 11. 1986 – BReg. 2 Z 103/86, MDR 1987, 409; KG, Beschl. v. 20. 3. 2002 – 24 W 56/01, ZWE 2002, 322; Beschl. v. 9. 7. 1986 – 24 W 2741/86, MDR 1986, 939; OLG Frankfurt/Main, Beschl. v. 15. 11. 1989 – 20 W 338/89, OLGZ 1990, 419.
5 OLG Düsseldorf, Beschl. v. 12. 3. 2003 – 3 Wx 369/02, ZMR 2004, 447.

sich daran nichts geändert[1]; in jedem Fall ist die Ausübung der Prostitution aber unzulässig, wenn es in dem Anwesen zu ungewollten Konfrontationen Unbeteiligter mit Begleitumständen des Bordellbetriebs kommt, wie etwa herumliegenden Kondomen oder nach dem Bordell fragenden Freiern[2]; siehe auch „Swingerclub".

Duftkerze

Siehe „Geruchsstoffe"

Fahrräder

Siehe „Hausflur"

Feriengäste

Die kurzfristige Überlassung einer in einem Feriengebiet gelegenen Wohnung an Feriengäste ist zulässig[3]; unzulässig ist dagegen eine gewerbliche hotelähnliche Zwischenvermietung von Wohnungseigentumseinheiten, wenn der Vermieter sich aus der Vermietung eine berufsmäßige Erwerbsquelle zu verschaffen beabsichtigt und die Vermietung einen Umfang an unternehmerischer Tätigkeit erfordert, der über die übliche Verwaltungsarbeit eines Hauseigentümers hinausgeht[4]; siehe auch „bording-house".

Friseursalon

Die Nutzung einer im ersten Obergeschoss gelegenen Wohnung als Friseursalon stört und beeinträchtigt jedenfalls in einer kleinen Wohnanlage mehr als eine Wohnnutzung[5].

Garage

Die Nutzung einer Garage als Werkstatt ist zulässig, wenn nicht ersichtlich ist, dass von der Werkstatt mehr Störungen ausgehen als von einer Garage[6].

---

1 OLG Hamburg, Beschl. v. 14. 3. 2005 – 2 Wx 19/05, ZMR 2005, 644; OLG Frankfurt/Main, Beschl. v. 7. 6. 2004 – 20 W 59/03, NZM 2004, 950; zweifelnd aber BayObLG, Beschl. v. 8. 9. 2004 – 2Z BR 137/04, ZMR 2005, 67: durch den Erlass des Prostitutionsgesetzes habe sich der Gesetzgeber von der Erwägung leiten lassen, die Prostitution werde nach überwiegender Auffassung nicht mehr als sittenwidrig angesehen und durch dieses Gesetz sei ein Wandel der sozialethischen Vorstellungen zum Ausdruck gekommen.
2 BayObLG, Beschl. v. 8. 9. 2004 – 2Z BR 137/04, ZMR 2005, 67.
3 OLG Frankfurt/Main, Beschl. v. 3. 12. 1982 – 20 W 613/82, OLGZ 1983, 61; siehe auch BayObLG, Beschl. v. 10. 10. 1978 – BReg. 2 Z 61/77, MDR 1979, 232.
4 KG, Beschl. v. 2. 7. 2007 – 24 W 34/07, ZMR 2007, 803.
5 BayObLG, Beschl. v. 31. 8. 2000 – 2 Z BR 39/00, ZWE 2001, 112.
6 OLG Hamburg, Beschl v. 29. 8. 2005 – 2 Wx 60/05, ZMR 2005, 975.

Gebetshaus

Die Nutzung einer Wohnung als Gebetshaus eines islamischen Vereins stört mehr als eine Wohnnutzung, die Religionsausübungsfreiheit steht dem nicht entgegen[1].

Geräusche

Bei der Frage, welche Geräuschemissionen das nach § 14 Nr. 1 WEG zulässige Maß überschreiten, ist eine Orientierung an DIN-Vorschriften möglich[2].

Hinzunehmen ist ein nicht ständig hörbarer Ton, dessen Lautstärke 20 dB (A) beträgt[3].

Musikalische Wiedergaben und Darbietungen liegen grundsätzlich im Rahmen rechtmäßiger und zulässiger Nutzung von Gaststättenräumen und können schon deshalb nicht allgemein und uneingeschränkt verboten werden[4].

Umbauarbeiten an Toiletten- und Badinstallationen dürfen grundsätzlich nicht dazu führen, dass bei der Benutzung des Badezimmers die Grenzwerte der DIN 4109 überschritten werden[5].

Geruchsstoffe

Das eigenmächtige Versprühen von Geruchsstoffen (Parfüm) im gemeinschaftlichen Treppenhaus kann eine bestimmungswidrige Nutzung des Gemeinschaftseigentums darstellen[6]; die Beurteilung der Frage, ob das Abbrennen einer Durftkerze auf dem Balkon einer Wohnung einen unzulässigen Gebrauch des Sondereigentums darstellt, hängt u. a. von der Geruchsintensität, der Häufigkeit des Abbrennens und etwaigen schikanösen Begleitumständen ab[7].

Grillen

Das Grillen auf dem Balkon stellt wegen der Brandgefahr sowie der Rauch- und Geruchsimmissionen eine nicht unerhebliche Beeinträchtigung der übrigen Wohnungseigentümer dar[8].

---

1 AG Mannheim, Beschl. v. 6. 4. 2005 – 4 URWEG 251/04, NZM 2005, 591.
2 BayObLG, Beschl. v. 4. 2. 1993 – 2 Z BR 111/92, WE 1994, 147.
3 LG Saarbrücken, Beschl. v. 10. 10. 1997 – 5 T 448/97, NZM 1998, 823.
4 BayObLG, Beschl. v. 2. 9. 1993 – 2 Z BR 63/93, WE 1994, 278.
5 BayObLG, Beschl. v. 18. 11. 1999 – 2 Z BR 77/99, NZM 2000, 504.
6 OLG Düsseldorf, Beschl. v. 16. 5. 2003 – 3 Wx 98/03, ZMR 2004, 52.
7 OLG Düsseldorf, Beschl. v. 16. 5. 2003 – 3 Wx 98/03; ZMR 2004, 52.
8 Vgl. LG Düsseldorf, Beschl. v. 9. 11. 1990 – 25 T 435/90, MDR 1991, 52.

Hausflur

Das Abstellen von Mülltüten und Abfällen im Hausflur kann zu einer Beeinträchtigung der anderen Wohnungseigentümer führen[1].

Das Rauchen mehrerer Zigaretten täglich im gemeinschaftlichen Treppenhaus führt zu einer abwehrfähigen Beeinträchtigung[2].

Das Abstellen von Fahrrädern im Treppenhaus stellt eine vermeidbare Beeinträchtigung dar, auch wenn das Treppenhaus hinreichend breit ist[3].

Haustierhaltung

Eine unbeschränkte Haustierhaltung in der Wohnung kann zu einer unzumutbaren Beeinträchtigung der anderen Wohnungseigentümer führen, so etwa die Haltung von mehr als 4 Katzen in einer Ein-Zimmer-Wohnung[4].

Der Freilauf eines großen Hundes oder eines Kampfhundes ohne Leine und Maulkorb in gemeinschaftlich genutzten Kellerräumen oder auf dem gemeinschaftlichen Grundstück stellt eine unzumutbare Beeinträchtigung der anderen Wohnungseigentümer dar[5].

Die Haltung giftiger Schlangen und Frösche im Sondereigentum begründet für die anderen Wohnungseigentümer die Besorgnis, von etwa entwichenen Tieren geschädigt zu werden, die Haltung ist daher unzulässig[6].

Kellerabteil

Das Abstellen von Motorrädern in einem Kellerraum entspricht nicht ordnungsmäßigem Gebrauch[7].

Kfz-Abstellplätze

Bestimmt die Gemeinschaftsordnung, dass Kfz-Abstellplätze abwechselnd von den Wohnungseigentümern nach Bedarf belegt werden können, so widerspricht es ordnungsmäßigem Gebrauch, ein Wohnmobil längerfristig abzustellen[8].

---

1 OLG Düsseldorf, Beschl. v. 22. 5. 1996 – 3 Wx 88/96, WE 1996, 394.
2 AG Hannover, Beschl. v. 31. 1. 2000 – 70 II 414/99, NZM 2000, 520.
3 AG Hannover, Beschl. v. 27. 12. 2005 – 71 II 547/05, ZMR 2006, 649.
4 KG, Beschl. v. 3. 6. 1991 – 24 W 6272/90, ZMR 1991, 440.
5 KG, Beschl. v. 22. 7. 2002 – 24 W 65/02, NZM 2002, 868; OLG Düsseldorf, Beschl v. 23. 8. 2006 – I-3 Wx 64/06, ZMR 2006, 944.
6 OLG Karlsruhe, Beschl. v. 29. 12. 2003 – 14 Wx 51/03, NZM 2004, 551.
7 BayObLG, Beschl. v. 21. 1. 1988 – BReg. 2 Z 133/87, WuM 1988, 182.
8 BayObLG, Beschl. v. 19. 7. 1984 – BReg. 2 Z 60/84, ZMR 1985, 29.

Lärm

Siehe „Geräusche"

Leerstand

Der Leerstand von Sondereigentumsräumen führt grundsätzlich zu keiner Beeinträchtigung der übrigen Wohnungseigentümer[1].

Motorräder

Siehe „Kellerabteil"

Musizieren

Das Musizieren von nicht mehr als 3 Stunden täglich außerhalb der Ruhezeiten kann noch hinnehmbar sein[2].

Pärchentreff

Siehe „Swingerclub"

Parfüm

Siehe „Geruchsstoffe"

Patentanwaltsbüro

Die Nutzung einer Wohnung als Patentanwaltsbüro mit einer Büroangestellten und geringem Publikumsverkehr stört nicht mehr als eine Wohnnutzung[3].

Polizeistation

Die Nutzung einer Wohnung als Polizeistation ist unzulässig; durch eine Wachstation der Polizei werden die anderen Wohnungseigentümer aber nicht erheblich beeinträchtigt[4].

Pflegeheim

Der Betrieb eines Pflegeheimes stört wegen des damit verbundenen Besucher- und Lieferverkehrs in der Regel mehr als eine bloße Wohnnutzung[5].

---

1 BayObLG, Beschl. v. 27. 3. 1990 – BReg. 1b Z 17/98, WuM 1990, 315.
2 BayObLG, Beschl. v. 12. 10. 1995 – 2 Z BR 55/95, WE 1996, 439.
3 OLG Köln, Beschl. v. 15. 2. 2002 – 16 Wx 232/01, NZM 2002, 258.
4 BayObLG, Beschl. v. 23. 5. 1996 – 2 Z BR 19/96, WE 1997, 77.
5 OLG Köln, Beschl. v. 4. 7. 2006 – 16 Wx 122/06, NZM 2007, 572.

Prostitution

Die Überlassung einer Wohnung an eine Prostituierte muss nicht geduldet werden[1], insbesondere dann nicht, wenn die Prostituierte ihre Dienste in Zeitungsanzeigen unter Angabe der vollen Anschrift anbietet[2].

Siehe auch „Bordell"

Rauchen

Das Rauchen mehrerer Zigaretten täglich im gemeinschaftlichen Treppenhaus ist unzulässig[3].

Schornstein

Führt der Anschluss eines Kamins an den gemeinschaftlichen Schornstein dazu, dass die übrigen Wohnungseigentümer keine Kaminöfen an den Schornstein mehr anschließen können, liegt in diesem Ausschluss vom Mitgebrauch ein nicht hinzunehmender Nachteil für die übrigen Eigentümer[4].

Sexshop

Der ladenmäßige Betrieb eines Erotik-Fachgeschäfts mit Videothek im Rahmen der gewerberechtlichen Bestimmungen ist in Teileigentum zulässig, sofern in der Wohngegend ähnliche Geschäfte und Nachtclubs vorhanden sind; nicht erlaubt ist aber die Vorführung von Sexfilmen mit Einzelkabinenbetrieb[5].

Steuerberaterpraxis

Die teilweise Nutzung einer Wohnung als Praxis eines Steuerberaters oder Rechtsbeistands stellt keine unzumutbare Beeinträchtigung der anderen Wohnungseigentümer dar, der Steuerberater darf auch ein Werbeschild an der Hauswand anbringen[6].

---

1 OLG Frankfurt, Beschl. v. 5. 3. 2002 – 20 W 508/01, ZMR 2002, 616; Beschl. v. 7. 6. 2004 – 20 W 59/03, NZM 2004, 950.
2 BayObLG, Beschl. v. 22. 6. 1995 – 2 Z BR 40/95, WuM 1995, 676; OLG Frankfurt/Main, Beschl. v. 15. 11. 1989 – 20 W 338/89, OLGZ 1990, 419; KG, Beschl. v. 9. 7. 1986 – 24 W 2741/86, MDR 1986, 939.
3 AG Hannover, Beschl. v. 31. 1. 2000 – 70 II 414/99, NZM 2000, 520.
4 BayObLG, Beschl. v. 20. 3. 1996 – 2 Z BR 144/95, WE 1996, 318; Beschl. v. 21. 2. 1985 – BReg. 2 Z 112/84, ZMR 1985, 239.
5 KG, Beschl. v. 16. 2. 2000 – 24 W 3925/98, NZM 2000, 879; VerfGH Berlin, Beschl. v. 6. 12. 2002 – VerfGH 188/01, WuM 2003, 39.
6 KG, Beschl. v. 8. 6. 1994 – 24 W 5760/93, WE 1995, 19.

Spitzboden

Ein im Sondereigentum stehender „Spitzboden" darf auch dann nicht zu Wohnzwecken genutzt werden, wenn er Bestandteil von Wohnungseigentum ist[1].

Swingerclub

Der Gebrauch eines Wohnungs- oder Teileigentums in einer Weise, die mit einem sozialen Unwerturteil behaftet ist oder als anstößig empfunden wird, stellt einen Nachteil i. S. d. § 14 Nr. 1 WEG dar[2].

Tierarztpraxis

Eine Wohnungseigentumseinheit darf auch dann nicht als Tierarztpraxis vermietet werden, wenn nach der Gemeinschaftsordnung in den Wohnungen die Ausübung eines freien Berufes oder sonstigen Dienstleistungsgewerbes, z. B. nicht lärmende Bürotätigkeiten etc., zulässig ist[3].

Trampelpfad

Die Nutzung einer Grünfläche als Zugang zwischen Haus und Straße und damit als Trampelpfad überschreitet den Rahmen ordnungsgemäßen Gebrauchs[4].

Treppenhaus

Siehe „Hausflur"

Trittschall

Veränderungen am Bodenbelag im Sondereigentum dürfen nicht dazu führen, dass der bestehende Schallschutz oder die in der Gemeinschaftsordnung festgelegten Mindeststandards unterschritten werden, gegebenenfalls besteht ein Anspruch auf Rückgängigmachung der Verschlechterung[5]; siehe ausführlich Rz. 310 ff.

Ein einzelner Wohnungseigentümer ist nicht verpflichtet, durch nachträgliche Maßnahmen den seit Begründung des Wohneigentums bestehenden Schallschutz zu verbessern[6].

---

1 BayObLG, Beschl. v. 10. 3. 1994 – 2 Z BR 1/94, WE 1995, 90.
2 BayObLG, Beschl. v. 16. 6. 2000 – 2 Z BR 178/99, NZM 2000, 871; BayObLG, Beschl. v. 22. 4. 1994 – 2 Z BR 19/94, WE 1995, 188.
3 OLG München, Beschl. v. 25. 5. 2005 – 34 Wx 024/05, ZMR 2005, 727.
4 OLG Stuttgart, Beschl. v. 7. 10. 1994 – 8 W 218/93, ZMR 1995, 81.
5 OLG Hamm, Beschl. v. 15. 3. 2001 – 15 W 39/01, ZWE 2001, 389; OLG Köln, Beschl. v. 14. 11. 1997 – 16 Wx 275/97, NZM 1998, 673; BayObLG, Beschl. v. 16. 12. 1993 – 2 Z BR 113/93, WE 1994, 312.
6 OLG Stuttgart, Beschl. v. 5. 5. 1994 – 8 W 315/93, WE 1995, 24; OLG Düsseldorf, Beschl. v. 12. 11. 2001 – 3 Wx 256/01, ZWE 2002, 230.

Das wiederholte und dauerhafte Trampeln von Kindern auf den Fußboden führt zu vermeidbaren Lärmbeeinträchtigungen in der darunter liegenden Wohnung, die nicht geduldet werden müssen[1].

Wäschespinne

Der Gebrauch einer transportablen Wäschespinne auf einer Sondernutzungsfläche liegt im Rahmen des nach §§ 14 Nr. 1, 15 Abs. 3 WEG Zulässigen[2].

Werbung

Der Teileigentümer, der in der Wohneigentumsanlage ein nach der Gemeinschaftsordnung zulässiges Geschäft betreibt, darf ortsüblich und angemessen an der Außenfront des Hauses dafür werben[3].

3. Grenzen des Gebrauchs bei Vereinbarungen und Beschlüssen

Die Wohnungseigentümer können den Gebrauch des Sondereigentums und des gemeinschaftlichen Eigentums durch **Vereinbarung** regeln (§ 15 Abs. 1 WEG). Soweit nicht eine Vereinbarung entgegensteht, können die Wohnungseigentümer auch einen der Beschaffenheit der im Sondereigentum stehenden Gebäudeteile und des gemeinschaftlichen Eigentums entsprechenden ordnungsmäßigen Gebrauch **durch Stimmenmehrheit beschließen** (§ 15 Abs. 2 WEG). Der Verwalter ist zur Aufstellung von Gebrauchsregelungen nur berechtigt, wenn dies die Gemeinschaftsordnung bestimmt (siehe Rz. 320).

376

a) Gebrauch im Rahmen der Gemeinschaftsordnung (Vereinbarungen)

Im Zusammenhang mit Vereinbarungen nach § 15 Abs. 1 WEG stellt sich häufig die Frage, ob das vom Mandanten dargestellte Verhalten eines anderen Wohnungseigentümers oder das eigene Gebrauchsverhalten des Mandanten noch mit den Vorgaben der Gemeinschaftsordnung (Vereinbarungen) in Übereinstimmung zu bringen ist. Dies gilt insbesondere, wenn die Teilungserklärung/Gemeinschaftsordnung sog. **Zweckbestimmungen im weiteren Sinne** über die Nutzbarkeit von Räumen enthält. Der zweckbestimmungsgemäße Gebrauch bildet für das Störungsmoment die obere Messlatte. Im Sondereigentum ist jede Nutzung unzulässig, die bei generalisierender/typisierender Betrachtungsweise mehr stört als der nach der Zweckbestimmung zulässige Gebrauch. Andererseits ist jeder Gebrauch erlaubt, der gleichermaßen oder weniger störend

377

---

1 BayObLG, Beschl. v. 16. 12. 1993 – 2 Z BR 113/93, WE 1994, 312.
2 OLG Zweibrücken, Beschl. v. 23. 12. 1999 – 3 W 198/99, NZM 2000, 293.
3 OLG Frankfurt/Main, Beschl. v. 12. 10. 1981 – 20 W 151/81, Rpfleger, 1982, 64.

ist[1]. Bei der Frage, ob ein Gebrauch von Sondereigentum noch mit der Zweckbestimmung vereinbar ist, ist ausschließlich auf eine **generalisierende/typisierende Betrachtungsweise** abzustellen, ohne dass konkrete Störungen vorgetragen werden müssen[2]. Dies bedeutet allerdings nicht, dass die konkreten **Umstände des Einzelfalls** für die Beurteilung des Vorliegens einer Mehrbelastung gänzlich außer Betracht zu bleiben haben. Von Bedeutung sind die Art und Weise des zweckbestimmungswidrigen Gebrauchs und die konkreten örtlichen Verhältnisse[3]. Betreibt etwa ein Wohnungseigentümer eine Arztpraxis, so kommt es auf die Art der Praxis (Einzel- oder Gemeinschaftspraxis oder Bestellpraxis), auf die zu behandelnden Krankheiten und die örtliche Lage der Räume innerhalb der Wohnanlage an. Von diesen Umständen wird auf die bei einer solchen Nutzung (Artpraxis) üblicherweise eintretenden (typischen) Störungen und Beeinträchtigungen geschlossen[4]. Der auf Unterlassung in Anspruch genommene Wohnungseigentümer kann nicht einwenden, sein zweckbestimmungswidriger Gebrauch verursache im konkreten Fall aber keine Beeinträchtigungen. Zur Bedeutung der Zweckbestimmungen im weiteren Sinne siehe die Rechtsprechungssammlung ab Rz. 295.

378 Keine Zweckbestimmungen in diesem Sinne sind bloße **Bezeichnungen von Räumen im Aufteilungsplan**, wie etwa „Wohnzimmer", „Küche", „Bad", „Gäste-WC" usw. Hierbei handelt es sich in der Regel lediglich um Nutzungsvorschläge innerhalb der allgemeinen Zweckbestimmung, wonach die Räume, die alle die Führung eines Haushalts ermöglichen, nur zu Wohnzwecken genutzt werden dürfen. Aufgabe des Aufteilungsplans ist es grundsätzlich nur, die Aufteilung des Gebäudes sowie Lage und Größe der im Sondereigentum und der im Gemeinschaftseigentum stehenden Gebäudeteile ersichtlich zu machen (§ 7 Abs. 4 Nr. 1 WEG). Zulässig ist es daher, einen im Aufteilungsplan als „Kinderzimmer" bezeichneten Raum als „Küche" zu nutzen, sofern von der Nutzungsveränderung keine konkreten Beeinträchtigungen für andere Hausbewohner ausgehen[5].

aa) Grundsätzliches zu Vereinbarungen im Sinne des § 15 Abs. 1 WEG

(1) Zustandekommen, Inhalt und Inhaltskontrolle

379 Die Vereinbarung im Sinne des § 15 Abs. 1 WEG ist ein **Vertrag**. Sie kommt daher unter den gleichen Voraussetzungen wie ein Vertrag des BGB zu Stande. Erforderlich sind die auf das Zustandekommen einer Ver-

---

1 BayObLG, Beschl. v. 22. 1. 2004 – 2 Z BR 229/03, ZMR 2004, 685.
2 OLG Frankfurt/Main, Beschl. v. 6. 11. 1997 – 3 U 47/96, NZM 1998, 198.
3 OLG Hamm, Beschl. v. 23. 10. 2003 – 15 W 372/02, ZMR 2005, 219.
4 OLG Frankfurt/Main, Beschl. v. 21. 7. 2005 – 20 W 284/03, NZM 2006, 144.
5 OLG Hamm, Beschl. v. 13. 2. 2006 – 15 W 163/05, ZMR 2006, 634.

einbarung gerichteten Willenserklärungen **aller Wohnungseigentümer**[1]. Eine bestimmte Form ist nicht erforderlich[2]. Eine Vereinbarung entfaltet unmittelbar mit ihrem Zustandekommen Bindungswirkung gegenüber allen am Vertragsschluss Beteiligten. Jeder Wohnungseigentümer kann einen den Vereinbarungen entsprechenden Gebrauch der Wohnungseigentumseinheiten verlangen (§ 15 Abs. 3 WEG).

Vereinbarungen im Sinne des § 15 Abs. 1 WEG unterscheiden sich hinsichtlich ihres Regelungsgegenstandes von Mehrheitsbeschlüssen im Sinne des § 15 Abs. 2 WEG dadurch, dass sie nicht den von § 14 Nr. 1 WEG vorgegebenen Rahmen ordnungsmäßigen Gebrauchs ausfüllen, sondern den **Rahmen ordnungsmäßigen Gebrauchs** selbst **definieren**, etwa durch eine Zweckbestimmung im weiteren Sinne, oder unmittelbar solche Gebrauchsregelungen zum Inhalt haben, die über den Rahmen der Ordnungsmäßigkeit hinausgehen, etwa durch ein Verbot der Hundehaltung. 380

Die vom teilenden Eigentümer gesetzte Gemeinschaftsordnung und die späteren Abänderungen und Ergänzungen durch die Gemeinschaft unterliegen der **Inhaltskontrolle**[3]. Bei der Schaffung von Gebrauchsregelungen findet die Gestaltungsfreiheit ihre Grenze in den **§§ 134, 138, 242 und 315 BGB**, sodass eine Vereinbarung wegen grober Unbilligkeit bzw. schweren Verstoßes gegen Treu und Glauben unwirksam und damit unbeachtlich sein kann[4]. Die Gestaltungsfreiheit endet dort, wo die personenrechtliche Gemeinschaftsstellung der Wohnungseigentümer oder ihre Rechtsstellung als Eigentümer zu stark ausgehöhlt wird[5]. So darf etwa das Mitgebrauchsrecht eines Wohnungseigentümers an Flächen des gemeinschaftlichen Eigentums nicht ausgehöhlt werden, wenn er wegen der örtlichen Verhältnisse in der Anlage auf den Mitgebrauch an diesen Flächen zwingend angewiesen ist, um sein Sondereigentum in zumutbarem Umfang nutzen zu können. Andererseits hat der BGH eine vom Bauträger gestellte Vereinbarung für wirksam angesehen, wonach die 381

---

1 BayObLG, Beschl. v. 18. 3. 1985 – BReg. 2 Z 51/84, WuM 1985, 234; Beschl. v. 15. 7. 1993 – 2 Z BR 68/93, WE 1994, 251; vgl. auch *Larenz/Wolf*, Allgemeiner Teil, § 29 Rz. 8 ff.
2 OLG Hamm, Beschl. v. 28. 5. 1998 – 15 W 4/98, NZM 1998, 873; BayObLG, Beschl. v. 13. 6. 2002 – 2 Z BR 1/02, NZM 2002, 747; BayObLG, Beschl. v. 15. 7. 1993 – 2 Z BR 68/93, WE 1994, 251; BayObLG, Beschl. v. 18. 3. 1985 – BReg. 2 Z 51/84, WuM 1985, 234.
3 BGH, Beschl. v. 22. 1. 2004 – V ZB 51/03, ZMR 2004, 438, 441; Beschl. v. 24. 2. 1994 – V ZB 43/93, NJW 1994, 2950; Beschl. v. 11. 11. 1986 – V ZB 1/86, NJW 1987, 650.
4 Vgl. OLG Hamm, Beschl. v. 29. 6. 1981 – 15 W 169/80, OLGZ 1982, 20 (29); KG, Beschl. v. 27. 11. 1985 – 24 W 4858/85, ZMR 1986, 127; BayObLG, Beschl. v. 5. 10. 1972 – BReg. 2 Z 54/72, NJW 1973, 151.
5 BayObLG, Beschl. v. 14. 6. 1995 – 2 Z BR 53/95, WE 1996, 194; BayObLG, Beschl. v. 23. 9. 1988 – BReg. 2 Z 97/87, BayObLGZ 1988, 287 (291).

Wohnungen nur durch pflegebedürftige Personen genutzt werden dürfen und die Wohnungseigentümer verpflichtet sind, mit einem bestimmten Pflegeunternehmen einen Betreuungsvertrag über bestimmte Regelleistungen abzuschließen[1]. Allerdings könne nach Treu und Glauben ein solcher Pflegevertrag die Wohnungseigentümer nicht länger als zwei Jahre binden. Trotz des Grundsatzes von Treu und Glauben kann eine Vereinbarung grundrechtlich geschützte Freiheitsrechte einschränken (z. B. Anbringen einer Parabolantenne)[2].

(2) Auslegung

382 Um bestimmen zu können, ob das Verhalten eines Wohnungseigentümers gegen die Gemeinschaftsordnung (Vereinbarungen) verstößt, muss diese häufig wegen ihres nicht immer eindeutigen Wortlauts ausgelegt werden. Der **Auslegung** unterliegen neben der Gemeinschaftsordnung auch die dort in Bezug genommenen Zeichnungen, Beschreibungen und Pläne. Zu Widersprüchen zwischen Teilungserklärung/Gemeinschaftsordnung und Aufteilungsplan siehe Rz. 283.

383 Die Auslegung im Grundbuch eingetragener Vereinbarungen samt Anlagen erfolgt nach den Bestimmungen der §§ 133, 157 und 242 BGB[3]. Mit der Eintragung im Grundbuch gelten zudem die allgemeinen **Auslegungsgrundsätze für Grundbucheintragungen**[4]. Abzustellen ist auf Wortlaut und Sinn der Vereinbarung, wie er sich für den unbefangenen Betrachter als nächstliegende Bedeutung der Erklärung ergibt[5]. Maßgeblich für den Inhalt des verwendeten Begriffs ist der Zeitpunkt des Zustandekommens der Vereinbarung; ein späterer Begriffswandel spielt keine Rolle[6]. Die örtlichen Verhältnisse können zur Auslegung herangezogen werden[7]. Unerheblich ist dagegen, welche Absichten und welchen Willen der Verfasser bei der Erstellung der Teilungserklärung/Gemeinschaftsordnung und bei der Wahl der verwandten Begriffe hatte[8]. Unberücksichtigt bleiben ebenfalls nicht zum Grundbuchinhalt gewordene

---

1 Siehe BGH, Urt. v. 13. 10. 2006 – V ZR 289/05, ZMR 2007, 284.
2 BGH, Beschl. v. 22. 1. 2004 – V ZB 51/03, ZMR 2004, 438 (440).
3 Palandt/*Bassenge*, § 10 WEG, Rz. 9.
4 BGH, Beschl. v. 21. 2. 1991 – V ZB 13/90, NJW 1991, 1613.
5 BGH, Beschl. v. 24. 2. 1994 – V ZB 43/93, NJW 1994, 2950; Beschl. v. 21. 2. 1991 – V ZB 13/90, NJW 1991, 1613.
6 BayObLG, Beschl. v. 22. 9. 2004 – 2 Z BR 103/04, ZMR 2005, 215.
7 BayObLG, Beschl. v. 19. 8. 1994 – 2 Z BR 45/94, NJW-RR 1995, 467; Beschl. v. 13. 7. 1984 – BReg. 2 Z 22/84, WuM 1985, 298; KG, Beschl. v. 17. 10. 1988 – 24 W 1240/88, NJW-RR 1989, 140.
8 KG, Beschl. v. 22. 10. 1993 – 24 W 7471/92, WE 1994, 55; BayObLG, Beschl. v. 24. 9. 1998 – 2 Z BR 52/98, NZM 1999, 80; Beschl. v. 10. 2. 1993 – 2 Z BR 126/92, WuM 1993, 289; OLG Zweibrücken, Beschl. v. 27. 5. 1997 – 3 W 81/97, WE 1997, 473; OLG Hamburg, Beschl. v. 30. 3. 2007 – 2 Wx 107/04, ZMR 2007, 981.

Baupläne und Baubeschreibungen[1], die Entstehungsgeschichte der Wohnanlage[2], Erklärungen des teilenden Alleineigentümers bei der Veräußerung[3] und bisherige Handhabungen der Gemeinschaftsordnung durch die Wohnungseigentümer[4]. Umstände außerhalb der Eintragung und der in ihr in Bezug genommenen Eintragungsbewilligung dürfen nur insoweit herangezogen werden, als sie nach den besonderen Umständen des Einzelfalls für jedermann ohne weiteres erkennbar sind[5]. Können Unklarheiten oder Widersprüchlichkeiten in der Gemeinschaftsordnung nicht aufgeklärt werden, verbleibt es bei der gesetzlichen Regelung der §§ 13 bis 15 WEG[6]. Die Gerichte sind sowohl in den Tatsacheninstanzen als auch in der Revisionsinstanz zur selbständigen Auslegung der Vereinbarungen befugt[7].

(3) Abänderung

Durch Vereinbarung getroffene Gebrauchsregelungen können **nur durch Vereinbarung** abgeändert werden. Ein auf Abänderung einer Vereinbarung gerichteter Mehrheitsbeschluss ist nichtig[8], soweit nicht die Gemeinschaftsordnung solche Beschlüsse ausdrücklich zulässt. Vereinbarte Gebrauchsregelungen können auch durch **konkludentes Handeln**[9] bzw. **ständige Übung** abgeändert werden[10]. Erforderlich ist aber, dass im Verhalten der Wohnungseigentümer der Wille zur Änderung bestehender Gebrauchsregelungen zum Ausdruck kommt[11]. Dies setzt wiederum voraus, dass den Wohnungseigentümern die anders lautende Regelung im Gesetz oder in der Gemeinschaftsordnung bekannt ist. Den Wohnungseigentümern muss bewusst sein, dass sie eine Regelung schaffen, die

384

---

1 OLG Stuttgart, Beschl. v. 4. 11. 1986 – 8 W 357/86, MDR 1987, 236.
2 OLG Karlsruhe, Beschl. v. 10. 2. 1987 – 4 W 41/86, NJW-RR 1987, 651.
3 OLG Zweibrücken, Beschl. v. 17. 9. 2001 – 3 W 87/01, ZWE 2002, 47; Palandt/*Bassenge*, § 10 WEG, Rz. 9.
4 BayObLG, Beschl. v. 16. 7. 1990 – 16 Z 29/89, WE 1991, 291.
5 BGH, Urt. v. 30. 6. 1995 – V ZR 118/94, NJW 1995, 2851 (2853).
6 Vgl. OLG Oldenburg, Beschl. v. 17. 9. 1997 – 5 W 104/97, NZM 1998, 39; OLG Stuttgart, Beschl. v. 5. 11. 1998 – 8 W 308/97, ZMR 1999, 284: die Entscheidungen betreffen Unklarheiten bezüglich des Zustimmungsvorbehalts zu baulichen Veränderungen.
7 *Abramenko* in Riecke/Schmid, § 15, Rz. 4; sSt. Rspr. zum FGG-Verfahren BGH, Beschl. v. 29. 1. 1993 – V ZB 24/92, NJW 1993, 1329.
8 *Becker/Kümmel*, ZWE 2001, 128 (136); vgl. BGH, Beschl. v. 20. 9. 2000 – V ZB 58/99, NJW 2000, 3500 = ZWE 2000, 518; KG Beschl. v. 22. 12. 2006 – 24 W 126/05, ZMR 2007, 299.
9 BayObLG, Beschl. v. 7. 6. 2001 – 2 Z BR 60/01, ZWE 2002, 35; OLG Köln, Beschl. v. 26. 4. 1996 – 16 Wx 56/96, WE 1997, 197.
10 Vgl. BayObLG, Beschl. v. 13. 1. 1994 – 2 Z BR 130/93, WE 1995, 27; OLG Hamm, Beschl. v. 28. 5. 1998 – 15 W 4/98, NZM 1998, 873.
11 BayObLG, Beschl. v. 7. 6. 2001 – 2 Z BR 60/01, ZWE 2002, 35; OLG Düsseldorf, Beschl. v. 24. 3. 1997 – 3 Wx 426/95, WE 1997, 346.

nicht nur für die Gegenwart, sondern auch für die Zukunft gilt[1] und durch Mehrheitsbeschluss nicht mehr abgeändert werden kann[2]. Eine solche formlos zustande gekommene, nicht im Grundbuch eingetragene Gebrauchsregelung entfaltet allerdings nur die Bindungswirkung einer sog. schuldrechtlichen Vereinbarung[3]; siehe dazu Rz. 356. Lässt sich der Änderungswille aller Wohnungseigentümer nicht nachweisen, kann allerdings eine Berufung auf die Gemeinschaftsordnung rechtsmissbräuchlich sein, wenn ein vereinbarungs- oder gesetzeswidriger Gebrauch über einen längeren Zeitraum geduldet wurde; zur Problematik der Verwirkung siehe Rz. 447 ff.

385 In Ausnahmefällen kann ein einzelner Wohnungseigentümer gemäß § 10 Abs. 2 Satz 3 WEG auch einen Anspruch auf Anpassung der vereinbarten Gebrauchsregelungen haben, wenn ein Festhalten an der geltenden Regelung aus schwerwiegenden Gründen unter Berücksichtigung aller Umständen des Einzelfalls, insbesondere der Rechte und Interessen der anderen Wohnungseigentümer, unbillig erscheint. Zum Anspruch auf Änderung der Gemeinschaftsordnung siehe ausführlich Teil 3, Rz. 104 ff.

(4) Bindung der Sondernachfolger

386 Eine Vereinbarung bindet **Sondernachfolger**[4], wenn sie im Zeitpunkt des Eigentümerwechsels gemäß § 10 Abs. 3 WEG im Grundbuch (Bestandsverzeichnis) der betreffenden Wohnungseigentumseinheit eingetragen ist[5]. Nicht im Grundbuch eingetragene Vereinbarungen (sog. **schuldrechtliche Vereinbarungen**) verlieren mit Eintritt eines Eigentümerwechsels ihre Wirksamkeit[6], wenn sie nach ihrem Inhalt nur gegenüber allen Wohnungseigentümern einheitlich wirken können. Nach dem Eigentümerwechsel gilt wieder jene Rechtslage, die aus dem Grundbuch ersichtlich ist. Der Sondernachfolger muss schuldrechtliche Vereinbarungen auch nicht schon dann gegen sich wirken lassen, wenn er sie beim Er-

---

1 OLG Köln, Beschl. v. 26. 4. 1996 – 16 Wx 56/96, WE 1997, 197.
2 KG, Beschl. v. 17. 5. 1989 – 24 W 6092/88, NJW-RR 1989, 976.
3 OLG Hamm, Beschl. v. 28. 5. 1998 – 15 W 4/98, NZM 1998, 873; BayObLG, Beschl. v. 15. 7. 1993 – 2 Z BR 68/93, WE 1994, 251.
4 Sondernachfolger ist jeder, der auf andere Weise als durch Gesamtrechtsnachfolge Wohnungseigentum erwirbt, dies ist etwa der Käufer oder der Ersteher in der Zwangsversteigerung.
5 BayObLG, Beschl. v. 13. 6. 2002 – 2 Z BR 1/02, NZM 2002, 747; Beschl. v. 3. 6. 1987 – BReg. 2 Z 34/87, NJW-RR 1987, 1357; KG, Beschl. v. 17. 11. 1986 – 24 W 2614/86, NJW-RR 1987, 653.
6 OLG Hamm, Beschl. v. 10. 9. 1996 – 15 W 236/96, WE 1997, 32 (34) = FGPrax 1997, 15; OLG Köln, Beschl. v. 2. 4. 2001 – 16 Wx 7/01, OLGReport Köln 2001, 302 = ZMR 2002, 73 = NZM 2001, 1135 = MDR 2001, 1404; BayObLG, Beschl. v. 10. 1. 2002 – 2 Z BR 180/01, ZWE 2002, 268.

werb des Wohnungseigentums kannte[1]. Es widerspricht auch nicht Treu und Glauben, wenn sich der Sondernachfolger trotz positiver Kenntnis von der Regelung auf die unterlassene Grundbucheintragung beruft.

Eine **Ausnahme** von dem Grundsatz, dass Vereinbarungen nur bei Eintragung im Grundbuch gegenüber Sondernachfolger wirken, soll nach h. M. dann gelten, wenn die vereinbarte Gebrauchsregelung **den Sondernachfolger ausschließlich begünstigt**[2]. In diesem Fall könne der Sondernachfolger sich gegenüber den anderen Wohnungseigentümern auf die ihn begünstigende Vereinbarung berufen, obwohl diese im Grundbuch nicht eingetragen ist. Diese Rechtslage ergebe sich aus dem Wortlaut des § 10 Abs. 3 WEG, wo nur von einer Wirkung „gegen", nicht aber „für" den Sondernachfolger die Rede sei. Die Wirkung für den Sondernachfolger ergebe sich daher ohne das Erfordernis der Grundbucheintragung aus § 10 Abs. 2 Satz 2 WEG i. V. m. § 746 BGB[3]. 387

Diese Auffassung ist mit der im Schrifttum vertretenen **Gegenansicht**[4] abzulehnen. Verträge binden wegen ihres relativen Charakters – von der Ausnahme der §§ 328 ff. BGB abgesehen – nur die am Vertragsschluss beteiligten Rechtssubjekte. Eine Wirkung zu Gunsten Dritter kann lediglich dann eintreten, wenn die Vertragschließenden dies ausdrücklich bestimmt haben. Dieser Grundsatz gilt auch für Vereinbarungen im Wohnungseigentumsrecht. Es kann Wohnungseigentümern nicht der generelle Wille unterstellt werden, dass vereinbarte Gebrauchsregelungen stets auch Sondernachfolger eines begünstigten Wohnungseigentümers treffen sollen. Werden etwa einem kinderreichen oder behinderten Wohnungseigentümer bestimmte Gebrauchsbefugnisse eingeräumt, so ist nicht ohne weiteres anzunehmen, dass diese Bevorzugung auch den kinderlosen oder nicht behinderten Sondernachfolger zugute kommen soll. Das Mittel, das der Gesetzgeber den Wohnungseigentümern zur Bindung von Sondernachfolgern zur Verfügung gestellt hat, ist die Grundbucheintragung. Machen die Wohnungseigentümer von der Möglichkeit einer Grundbucheintragung keinen Gebrauch, muss mangels ausdrück- 388

---

1 OLG Hamm, Beschl. v. 10. 9. 1996 – 15 W 236/96, WE 1997, 32 = FGPrax 1997, 15; Beschl. v. 29. 3. 1993 – 15 W 391/92, OLGZ 1994, 1; OLG Düsseldorf, Urt. v. 8. 3. 1978 – 9 U 131/77, OLGZ 1978, 349 (353); BayObLG, Beschl. v. 2. 8. 1989 – BReg. 2 Z 39/89, WuM 1989, 528; a. A. *Ertl*, DNotZ 1979, 271.
2 BayObLG, Beschl. v. 7. 6. 2001 – 2 Z BR 60/01, ZWE 2002, 35; Beschl. v. 20. 2. 1997 – 2 Z BR 136/96, WE 1997, 391; OLG Düsseldorf, Beschl. v. 14. 2. 2001 – 3 Wx 392/00, WuM 2001, 251; OLG Hamm, Beschl. v. 28. 5. 1998 – 15 W 4/98, ZMR 1998, 718; Beschl. v. 28. 5. 1998 – 15 W 4/98, NZM 1998, 873; Palandt/*Bassenge*, § 10 WEG, Rz. 11.
3 OLG Hamm, Beschl. v. 28. 5. 1998 – 15 W 4/98, ZMR 1998, 718; BayObLG, Beschl. v. 22. 10. 1991 – 2 Z BR 144/91, WE 1992, 229.
4 Erman/*Ganten*, 9. Aufl., § 10 WEG, Rz. 4; *Deckert*, PiG 54, 19 (24); *Ott*, WE 1999, 80; *Kümmel*, Bindung der Wohnungseigentümer, S. 68 ff.; Staudinger/*Kreuzer*, § 10 Rz. 40; *Elzer* in Riecke/Schmid, § 10 Rz. 149.

licher entgegenstehender Erklärung davon ausgegangen werden, dass eine Begünstigung nur den gegenwärtigen Wohnungseigentümern, nicht aber dem Sondernachfolger zugute kommen soll. Auch der Verweis der h. M. auf § 746 BGB überzeugt nicht. Wie *Ott*[1] zutreffend feststellt, spricht gegen eine Anwendbarkeit des § 746 BGB, dass dessen Regelungsbereich viel enger ist als der des § 10 Abs. 3 WEG. § 746 BGB ist auf Benutzungs- und Verwaltungsregelungen von Bruchteilsgemeinschaften beschränkt, während § 10 Abs. 3 WEG sämtliche Vereinbarungen der Wohnungseigentümer über ihr Verhältnis untereinander zum Regelungsgegenstand hat. § 10 Abs. 3 WEG betrifft nicht nur Vereinbarungen über die Benutzung und Verwaltung des „gemeinschaftlichen Eigentums", sondern auch solche, die darüber hinausgehen und sich etwa mit dem Gebrauch des „Sondereigentums" oder mit Stimmrechtsfragen befassen. Die h. M. kann daher z. B. nicht erklären, warum Gebrauchsregelungen, die das Sondereigentum betreffen, Sondernachfolger ohne Grundbucheintragungen binden sollen. Aus § 746 BGB kann dies nicht folgen.

bb) Widersprüchliche Zweckbestimmungen

389 Während eine Zweckbestimmung im weiteren Sinne festlegt, ob die zum Sondereigentum gehörenden Räume Wohnungseigentum (zu Wohnzwecken dienend) oder Teileigentum (nicht zu Wohnzwecken dienend) sind, regelt die **Zweckbestimmung im engeren Sinne**, in welchen Grenzen eine Teileigentumseinheit (z. B. als Laden) oder Wohnungseigentumseinheit genutzt werden darf[2]. Eine Zweckbestimmung im engeren Sinne hat Vereinbarungscharakter gemäß § 15 Abs. 1 WEG[3], sie konkretisiert quasi die Zweckbestimmung im weiteren Sinne. Zur Zweckbestimmung im weiteren Sinne siehe Rz. 372.

390 Dies schließt allerdings eine Vereinbarung der Wohnungseigentümer nicht aus, die es gestattet, bei Wohnungseigentum die im Sondereigentum stehenden Räume auch **zu anderen Zwecken** als zum Wohnen gebrauchen zu dürfen[4]. Jedoch kann durch eine Vereinbarung der Gebrauch von Wohnungseigentum zu Wohnzwecken nicht untersagt werden. Entsprechendes gilt für das Teileigentum.

Zweckbestimmungen über die Nutzung von Wohnungs- oder Teileigentum befinden sich entweder in der **Gemeinschaftsordnung** oder in der dinglichen **Teilungserklärung** bzw. in dem dort in Bezug genommenen **Aufteilungsplan**. Ein besonderes Problem entsteht, wenn die in der Gemeinschaftsordnung getroffene Zweckbestimmung im engeren Sinne

---

1 *Ott*, WE 1999, 80.
2 Vgl. BayObLG, Beschl. v. 25. 6. 1997 – 2 Z BR 90/96, WE 1998, 117.
3 BayObLG, Beschl. v. 7. 6. 2001 – 2 Z BR 60/01, ZWE 2002, 35; Beschl. v. 13. 1. 1994 – 2 Z BR 130/93, WuM 1994, 222.
4 BayObLG, Beschl. v. 25. 6. 1997 – 2 Z BR 90/96, WE 1998, 117.

nicht mit dem übereinstimmt, was die Teilungserklärung oder der Aufteilungsplan aussagen, mithin ein **Widerspruch** vorliegt.

Die Lösung ist in diesen Fällen unter Heranziehung der für die **Auslegung** von Grundbucheintragungen geltenden Grundsätze zu suchen. Abzustellen ist auf **Wortlaut und Sinn der Grundbucheintragung**, wie er sich für einen unbefangenen Betrachter als nächstliegende Bedeutung des Eingetragenen und in Bezug Genommenen ergibt; ohne Bedeutung ist der Wille des teilenden Eigentümers (zu Auslegungsgrundsätzen siehe Rz.). Im Zweifel hat die Gemeinschaftsordnung Vorrang vor der Teilungserklärung und diese wiederum Vorrang vor etwaigen Beschriftungen im Aufteilungsplan[1]. Bei Widersprüchlichkeiten ist im Zweifel davon auszugehen, dass die Teilungserklärung, soweit sie selbst Zweckbestimmungen enthält, auf den Aufteilungsplan nur hinsichtlich der Nummer der Eigentumseinheit verweist und nicht hinsichtlich der dortigen Raumbezeichnungen, als „Laden" oder „Gaststätte" etwa[2]. Heißt es etwa in der Teilungserklärung, dass der betreffende Miteigentumsanteil verbunden ist mit dem Teileigentum an den im Aufteilungsplan bezeichneten „gewerblichen Räumen", während sich im Aufteilungsplan die Bezeichnung „Laden" findet, so kann in dem Teileigentum grundsätzlich jedes Gewerbe betrieben werden, also z.B. auch eine Gaststätte[3]. Die kraft Gesetzes umfassende Nutzungsmöglichkeit eines Wohnungs-/Teileigentums entfällt nur dann, wenn eine Einschränkung ausdrücklich und widerspruchsfrei ausgewiesen ist[4]. Ein unbefangener Betrachter geht nicht davon aus, dass die am engsten begrenzte Zweckbestimmung Vorrang haben soll[5]. Bei Beschreibungen im Aufteilungsplan handelt es sich in der Regel nur um unverbindliche Gebrauchsvorstellungen des teilenden Eigentümers oder um Gebrauchsvorschläge des Architekten[6]. Ein Aufteilungsplan hat grundsätzlich nur die Funktion, die Aufteilung des Gebäudes sowie Lage und Größe der im Sondereigentum und Gemeinschaftseigentum stehenden Gebäudeteile

391

---

1 OLG Düsseldorf, Beschl. v. 19. 3. 2003 – 3 Wx 249/02, ZMR 2004, 449; OLG Stuttgart, Beschl. v. 19. 1. 1990 – 8 W 603/89, ZMR 1990, 190; BayObLG, Beschl. v. 24. 9. 1998 – 2 Z BR 52/98, NZM 1999, 80; Beschl. v. 28. 10. 1997 – 2 Z BR 88/97, ZMR 1998, 184; BayObLG, Beschl. v. 15. 3. 1985 – BReg. 2 Z 127/84, WuM 1985, 238.
2 Vgl. OLG Düsseldorf, Beschl. v. 5. 6. 2000 – 3 Wx 118/00, NZM 2000, 1009; BayObLG, Beschl. v. 15. 3. 1985 – BReg. 2 Z 127/84, WuM 1985, 238.
3 Vgl. KG, Beschl. v. 17. 11. 1999 – 24 W 3094/99, NZM 2000, 387; BayObLG, Beschl. v. 15. 3. 1985 – BReg. 2 Z 127/84, WuM 1985, 238.
4 OLG Stuttgart, Beschl. v. 19. 1. 1990 – 8 W 603/89, ZMR 1990, 190.
5 BayObLG, Beschl. v. 9. 5. 1994 – 2 Z BR 23/94, WuM 1995, 50; OLG Frankfurt/Main, Beschl. v. 14. 12. 1992 – 20 W 182/91, OLGZ 1993, 299; OLG Stuttgart, Beschl. v. 19. 1. 1990 – 8 W 603/89, ZMR 1990, 190.
6 Vgl. OLG Schleswig, Beschl. v. 7. 10. 1998 – 2 W 165/98, NZM 1999, 79; OLG Hamm, Beschl. v. 20. 6. 1986 – 15 W 177/86, NJW-RR 1986, 1336; OLG Hamburg, Beschl. v. 25. 2. 2002 – 2 Wx 94/01, ZWE 2002, 592 (595).

ersichtlich zu machen (§ 7 Abs. 4 Nr. 1 WEG). Es ist nicht seine Aufgabe, die Art und Weise des Gebrauchs zu regeln[1]. Wenn Aufteilungspläne in der Praxis gleichwohl häufig Nutzungsangaben enthalten, beruht dies auf dem Umstand, dass für diese Pläne regelmäßig Abschriften von baurechtlich genehmigten oder noch zu genehmigenden Bauplänen verwandt werden, die Nutzungsangaben enthalten müssen, um die öffentlich-rechtliche Zulässigkeit klären zu können. Oftmals sind die Angaben auch nur als Funktionsbezeichnungen zu verstehen, die die gekennzeichneten Räume von den übrigen Wohnräumen abgrenzen sollen[2]. Nehmen Eintragungsbewilligung, Eintragungserklärung und Gemeinschaftsordnung ausdrücklich nur dort Bezug auf den Aufteilungsplan, wo Gegenstand und Inhalt des Sondereigentums umschrieben werden, kann daraus der Umkehrschluss gezogen werden, dass im Aufteilungsplan gerade keine verbindliche Gebrauchsregelung für das Gemeinschaftseigentum getroffen werden soll[3].

392 Die Rechtsprechung betont allerdings, dass es sich bei den dargestellten Grundsätzen nur um **Zweifelsregelungen** handelt. Im Einzelfall kann sich auch ergeben, dass den Angaben im Aufteilungsplan oder der Teilungserklärung der Vorrang vor der Gemeinschaftsordnung gebührt, wenn die Gesamtumstände dafür sprechen.

cc) Zustimmungsvorbehalt des Verwalters

393 Die Wohnungseigentümer können vereinbaren, dass ein bestimmter – auch über die Vorgaben der Gemeinschaftsordnung hinausgehender – Gebrauch nur gestattet sein soll, wenn der **Verwalter** seine **Zustimmung** erteilt hat[4]. Typisch ist folgende Regelung: In den Wohnungseigentumseinheiten darf ein Gewerbe oder Beruf betrieben werden, wenn der Verwalter vorher seine schriftliche Zustimmung erteilt hat; der Verwalter darf seine Zustimmung nur aus wichtigem Grunde verweigern. Oftmals ist zugleich bestimmt, wann ein wichtiger Grund vorliegt[5], beispielsweise wenn die Ausübung des Gewerbes oder Berufes eine unzumutbare Beeinträchtigung anderer Eigentümer oder Hausbewohner befürchten lässt oder den Charakter der Wohnanlage beeinträchtigt.

---

1 OLG Schleswig, Beschl. v. 30. 10. 2002 – 2 W 39/02, ZMR 2004, 68.
2 Vgl. KG, Beschl. v. 17. 11. 1999 – 24 W 3094/99, KGR 2000, 78; OLG Bremen, Beschl. v. 16. 7. 1993 – 3 W 26/93, WuM 1993, 696.
3 OLG Schleswig, Beschl. v. 30. 10. 2002 – 2 W 39/02, ZMR 2004, 68.
4 BayObLG, Beschl. v. 30. 10. 1984 – BReg. 2 Z 110/84, MDR 1985, 325.
5 Siehe OLG Köln, Beschl. v. 29. 10. 2001 – 16 Wx 180/01, ZMR 2002, 467; BayObLG, Beschl. v. 31. 8. 2000 – 2 Z BR 39/00, ZWE 2001, 112; Beschl. v. 10. 7. 1998 – 2 Z BR 139/97, NZM 1998, 1007; Beschl. v. 24. 2. 1997 – 2 Z BR 89/96, NJWE-MietR 1997, 159.

Die Auslegung einer solchen Klausel ergibt i.d.R. Folgendes: Die Zustimmung des Verwalters ist eine **formelle Voraussetzung** für die Ausübung des Gewerbes oder Berufes. Die Prüfung und Entscheidung der Frage, ob die Voraussetzungen für die Zustimmungserteilung gegeben sind, wird zunächst in die Hand des Verwalters gelegt[1]. Allein der Umstand, dass er die Zustimmung erteilt oder verweigert hat, macht jedoch den von der Zweckbestimmung abweichenden Gebrauch **materiell** noch nicht zulässig bzw. unzulässig. Die Entscheidung unterliegt der Kontrolle durch die Wohnungseigentümer sowie einer Überprüfung durch das Gericht[2].

394

Bestimmt die Gemeinschaftsordnung, dass die Zustimmung **schriftlich** zu erteilen ist, so ist eine mündlich erteilte Zustimmung unwirksam, es sei denn, die Auslegung der Gemeinschaftsordnung ergibt zweifelsfrei, dass die Schriftform ausschließlich Beweis sichernde Funktion haben soll. In der Regel wird wegen der Tragweite der Zustimmung die Schriftform – jedenfalls auch – warnende Funktion haben und damit Gültigkeitsvoraussetzung sein[3].

395

Liegen die Voraussetzungen, unter denen der Verwalter seine Zustimmung zu erteilen hat, vor, hat der Wohnungseigentümer einen **Anspruch auf die Zustimmung**[4]. Die zu Unrecht verweigerte Zustimmung kann daher vom Verwalter im Verfahren nach § 43 Nr. 1 und 3 WEG eingefordert werden[5]. Macht der Wohnungseigentümer in materiell zulässiger Weise, jedoch ohne Zustimmung des Verwalters von seinem Wohnungseigentum in der streitigen Art und Weise Gebrauch, kann ein Unterlassungsanspruch nicht allein auf das Fehlen der Zustimmung gestützt werden[6].

396

Ein **wichtiger Grund** zur Versagung der Zustimmung liegt i.d.R. vor, wenn die Ausübung des Berufs oder Gewerbes eine unzumutbare Beeinträchtigung der Wohnungseigentümer oder der Hausbewohner mit sich bringt oder befürchten lässt. Für die Prüfung der Frage, ob ein (wichtiger) Grund für die Versagung der Zustimmung vorliegt, ist auf eine **Einzelfallbetrachtung** abzustellen, nicht auf eine typisierende Betrachtungsweise[7]. Sieht die Gemeinschaftsordnung eine Untersagung gewerblicher Tätigkeit in Wohnungen nur aus wichtigem Grund vor, so ist die freiberufli-

397

---

1 BayObLG, Beschl. v. 24. 2. 1997 – 2 Z BR 89/96, NJWE-MietR 1997, 159.
2 BayObLG, Beschl. v. 31. 8. 2000 – 2 Z BR 39/00, ZWE 2001, 112; BayObLG, Beschl. v. 24. 2. 1997 – 2 Z BR 89/96, NJWE-MietR 1997, 159; BayObLG, Beschl. v. 30. 1. 1991 – 2 Z 156/91, WE 1992, 57.
3 BayObLG, Beschl. v. 29. 12. 1988 – BReg. 2 Z 95/88, WuM 1989, 197.
4 BayObLG, Beschl. v. 23. 5. 1996 – 2 Z BR 19/96, WE 1997, 77; BayObLG, Beschl. v. 19. 10. 1995 – 2 Z BR 110/95, WE 1996, 468.
5 BayObLG, Beschl. v. 31. 8. 2000 – 2 Z BR 39/00, ZWE 2001, 112.
6 BayObLG, Beschl. v. 19. 10. 1995 – 2 Z BR 110/95, WE 1996, 468.
7 LG Hamburg, Beschl. v. 22. 3. 2006 – 318 T 120/04 (93), ZMR 2006, 565.

che Nutzung als gynäkologische Arztpraxis nicht zu beanstanden[1]. Enthält die Gemeinschaftsordnung keine Bestimmung darüber, unter welchen Voraussetzungen der Verwalter die Zustimmung erteilen oder versagen darf, ist dem Verwalter ein **weitgehendes Ermessen** eingeräumt, das seine Grenze lediglich im Verbot von Willkür und Missbrauch findet. Die Verweigerung der Zustimmung ist nur dann nicht gerechtfertigt, wenn dies ohne jeden vernünftigen Grund erfolgt[2]. Führt die zweckbestimmungswidrige Nutzung zu keinen stärkeren Beeinträchtigungen als eine zweckbestimmungsgemäße Nutzung, darf die Zustimmung in der Regel nicht verweigert werden[3]. Verweigert der Verwalter die Zustimmung, kann der betroffene Eigentümer die Wohnungseigentümerversammlung anrufen und gegebenenfalls durch diese die Zustimmung des Verwalters ersetzen lassen.

398 Dem Verwalter kann durch Vereinbarung auch die **Befugnis** eingeräumt werden, eine von den Wohnungseigentümern erteilte **Zustimmung zu widerrufen**, etwa wenn Auflagen nicht eingehalten werden oder wenn sich die für die Erteilung der Zustimmung maßgebenden Umstände geändert haben. Liegen in einem solchen Fall die Voraussetzungen für den Widerruf nicht vor und erklärt der Verwalter dennoch den Widerruf, kann der betroffene Wohnungseigentümer die Eigentümerversammlung anrufen und die Entscheidung des Verwalters überprüfen lassen[4].

399 Die Übertragung des Zustimmungsrechts auf den Verwalter hat in der Regel **nicht** zur Folge, dass die Wohnungseigentümerversammlung für eine Entscheidung über die Versagung oder Erteilung der Zustimmung **unzuständig** wird[5]. Wird die Frage über die Zulässigkeit des streitigen Gebrauchs den Wohnungseigentümern in der Versammlung vorgelegt und treffen diese daraufhin einen Beschluss, so ist dieser Beschluss, wenn er nicht gem. §§ 43 Nr. 4; 46 Abs. 1, 23 Abs. 4 WEG für ungültig erklärt wird, sowohl für den Verwalter als auch für die Wohnungseigentümer bindend[6]. Der Beschluss ersetzt dann die Entscheidung des Verwalters. Andererseits können die Wohnungseigentümer eine zu Unrecht erteilte Zustimmung des Verwalters durch Beschluss widerrufen[7].

400 Die Gemeinschaftsordnung kann in Anwendung dieser Grundsätze auch bestimmen, dass Wohnungseigentum nur mit Zustimmung des Verwal-

---

1 LG Hamburg, Beschl. v. 22. 3. 2006 – 318 T 120/04 (93), ZMR 2006, 565.
2 OLG Zweibrücken, Beschl. v. 26. 10. 1990 – 3 W 79/90, WE 1991, 333; BayObLG, Beschl. v. 11. 11. 1988 – BReg. 2 Z 100/88, NJW-RR 1989, 273; OLG Frankfurt/Main, Beschl. v. 21. 7. 2005 – 20 W 284/03, NZM 2006, 144.
3 OLG Frankfurt/Main, Beschl. v. 21. 7. 2005 – 20 W 284/03, NZM 2006, 144.
4 BayObLG, Beschl. v. 19. 10. 1995 – 2 Z BR 110/95, WE 1996, 468.
5 BayObLG, Beschl. v. 25. 9. 2003 – 2Z BR 137/03, ZMR 2004, 133 mit ablehnender Anmerkung *Ott*, ZMR 2004, 134.
6 OLG Zweibrücken, Beschl. v. 26. 10. 1990 – 3 W 79/90, WE 1991, 333.
7 Vgl. OLG Zweibrücken, Beschl. v. 17. 9. 2001 – 3 W 87/01, ZWE 2002, 47.

ters oder eines Dritten **vermietet** oder **verpachtet** werden darf[1]. Die Zustimmung darf der Verwalter in diesen Fällen nur aus **wichtigem Grunde** versagen (analog § 12 Abs. 2 S. 1 WEG)[2]. Zur Beantwortung der Frage, wann ein wichtiger Grund vorliegt, können allerdings die zu § 12 Abs. 2 WEG entwickelten Grundsätze nicht uneingeschränkt übertragen werden[3]. Ein ohne die erforderliche Zustimmung geschlossener Miet- oder Pachtvertrag ist nicht – wegen Fehlens der Zustimmung – nichtig[4].

dd) Einzelfälle zulässigen und unzulässigen Gebrauchs Zweckbestimmungen im engeren Sinne

Abgeschlossener Raum

401

Werden in der Teilungserklärung einzelne Räume einer Eigentumseinheit als „abgeschlossener Raum" bezeichnet und andere Räume als „Garage", darf der „abgeschlossene Raum" nicht als **Garage** gebraucht werden[5].

Abstellraum

Die Zweckbestimmung „Abstellraum im Dachspitz" schließt eine Nutzung als **Wohn- und Schlafraum** aus[6].

Büroraum

Die Zweckbestimmung „Büroraum" schließt eine Nutzung als **Kinderarztpraxis**[7] und als **Spielsalon**[8] aus.

Die Zweckbestimmung einer Teileigentumseinheit als „Büro" steht einer Nutzung des Sondereigentums als Arztpraxis nicht entgegen, wenn nach dem Zuschnitt der Arzttätigkeit als **Einzel- oder Bestellpraxis** keine größeren Beeinträchtigungen durch Publikumsverkehr zu erwarten sind, als sie auch von einem Bürobetrieb ausgehen können[9].

---

1 *Schneider* in Riecke/Schmid, § 12, Rz. 71; vgl. auch BGH, Beschl. v. 15. 6. 1962 – V ZB 2/62, BGHZ 32, 203 (207 ff.).
2 BayObLG, Beschl. v. 14. 9. 1987 – BReg. 2 Z 38/37, NJW-RR 1988, 17.
3 BayObLG, Beschl. v. 14. 9. 1987 – BReg. 2 Z 38/37, NJW-RR 1988, 17; BayObLG, Beschl. v. 13. 2. 1992 – 2 Z 163/91, WE 1993, 140.
4 *Schneider* in Riecke/Schmid, § 12 Rz. 71.
5 BayObLG, Beschl. v. 10. 2. 1993 – 2 Z BR 126/92, WE 1994, 88.
6 BayObLG, Beschl. v. 29. 7. 1993 – 2 Z BR 67/93, WE 1994, 302.
7 OLG Düsseldorf, Beschl. v. 20. 9. 1995 – 3 Wx 259/95, ZMR 1996, 39; OLG Stuttgart, Beschl. v. 4. 11. 1988 – 8 W 357/86, DWE 1988, 139.
8 AG Passau, Beschl. v. 21. 9. 1979 – 1 UR II 123/79, Rpfleger 1980, 23.
9 OLG Hamm, Beschl. v. 23. 10. 2003 – 15 W 372/02, ZMR 2005, 219.

Café

Die Zweckbestimmung „Café" schließt eine Nutzung als **Bistro mit Spielautomaten**[1] und **griechisches Spezialitätenrestaurant**[2] aus.

Chemische Reinigung

Siehe „Gewerbe" und „Laden"

Dachboden

Siehe „Speicher" und „Spitzboden".

Drogenberatungsstelle

Die Zweckbestimmung „**Ladenwohnung**" erlaubt auch den Betrieb einer Drogenberatungsstelle[3].

Eisdiele

Die Zweckbestimmung „Laden" schließt eine Nutzung als **Eisdiele** aus[4].

Erotik-Fachgeschäft

Siehe „Sexshop"

Flur

Die Zweckbestimmung „Flur" schließt eine **Wohnnutzung** aus[5].

Freiberufliche Tätigkeit

Darf nach der Zweckbestimmung zwar eine „freiberufliche Tätigkeit, nicht aber ein Gewerbe" im Wohnungseigentum betrieben werden, so erlaubt dies auch solche Tätigkeiten, die einem freien Beruf deshalb gleichstehen, weil sie nach Art und Umfang einen in kaufmännischer Weise eingerichteten Geschäftsbetrieb nicht haben und deshalb nicht zu größeren Belästigungen führen als freiberufliche Betätigungen, wie etwa eine **Versicherungsvertretung** oder eine **Wahrsagerei**[6].

---

1 OLG Zweibrücken, Beschl. v. 3. 6. 1997 – 3 W 91/97, WE 1997, 474.
2 BayObLG, Beschl. v. 22. 9. 2004 – 2 Z BR 103/04, ZMR 2005, 215.
3 KG, Beschl. v. 18. 11. 1998 – 24 W 8659/97, NZM 1999, 425.
4 OLG Schleswig, Beschl. v. 29. 3. 2000 – 2 W 7/00, NZM 2000, 1237.
5 BayObLG, Beschl. v. 23. 2. 1995 – 2 Z BR 103/94, WE 1996, 116.
6 KG, Beschl. v. 22. 10. 1993 – 24 W 7471/92, WE 1994, 55.

Garage

Die Nutzung einer „Garage" als **Werkstatt** ist zulässig, wenn nicht ersichtlich ist, dass von der Werkstattnutzung mehr Störungen ausgehen als von einer Garage[1].

Garagenhof

Siehe „Zufahrt"

Gaststätte

Die Zweckbestimmung „Gaststätte" erlaubt grundsätzlich auch **musikalische Wiedergaben** und Darbietungen, soweit sie nach öffentlichen Auflagen zulässig sind[2].

Siehe „Laden"

Gemeinschaftsraum

Die Zweckbestimmung „Gemeinschaftsraum" bezeichnet einen Raum, der den Mitgliedern der Gemeinschaft zur Freizeitgestaltung (z.B. Spiele, Basteln, Einladungen usw.) zur Verfügung steht, die Verwendung als **Abstellraum für Gartengeräte** ist unzulässig[3].

Geschäftsräume

Die Zweckbestimmung „Geschäftsräume" erlaubt die Nutzung als **Gaststätte**[4].

Die Zweckbestimmung „Geschäftsräume" erlaubt den Betrieb eines bis in die Morgenstunden geöffneten **Nachtlokals** mit Musikveranstaltungen allenfalls dann, wenn eine solche gewerbliche Nutzung dem Charakter der Wohnanlage entspricht[5].

Gewerbe

Die Zweckbestimmung „Gewerbe" stellt auf einen umfassenden Zweck ab und erlaubt grundsätzlich **jede gesetzlich zulässige gewerbliche Nutzung**[6], eine Beschränkung kann sich lediglich aus dem Charakter oder der baulichen Gestaltung der Anlage ergeben[7]; auch eine **nichtgewerbliche Nutzung** ohne Gewinnerzielungsabsicht, wie etwa der Betrieb einer Begegnungsstätte eines **deutsch-kurdischen Kulturvereins**, ist von der

---

1 OLG Hamburg, Beschl v. 29. 8. 2005- 2 Wx 60/05, ZMR 2005, 975.
2 BayObLG, Beschl. v. 2. 9. 1993 – 2 Z BR 63/93, WE 1994, 278.
3 BayObLG, Beschl. v. 6. 6. 1986 – BReg. 2 Z 53/85, ZMR 1986, 450.
4 BayObLG, Beschl. v. 11. 1. 1982 – BReg. 2 Z 96/80, MDR 1982, 496.
5 KG, Beschl. v. 16. 9. 1988 – 24 W 1240/88.
6 OLG Düsseldorf, Beschl v. 19. 3. 2003 – 3 Wx 249/02, ZMR 2004, 449.
7 OLG Hamm, Beschl. v. 12. 4. 2005 – 15 W 29/05, ZMR 2006, 149.

Zweckbestimmung gedeckt, soweit diese bei typisierender Betrachtungsweise nicht zu intensiveren Beeinträchtigungen führt als eine gewerbliche Nutzung; unerheblich ist, ob von dem jeweiligen Gebrauch eine „Befruchtung" für das Gesamtobjekt ausgeht[1].

Die Zweckbestimmung „Geschäftsräume" erlaubt auch eine Nutzung als **chemische Reinigung**[2].

Die Zweckbestimmung „gewerbliche Räume" erlaubt eine Nutzung als **Schulungs- und Unterrichtsräume** für Asylbewerber oder Aussiedler[3].

Die Zweckbestimmung „gewerbliche Räume" erlaubt eine Nutzung als **Tagesstätte** mit Kontakt- und Informationsstellenfunktion **für Menschen mit psychischer Behinderung**[4].

Mit der Zweckbestimmung „beliebiges Gewerbe oder Beruf" kann die Vermietung eines Teileigentums zum Zwecke der Einrichtung einer städtischen **Methadon-Abgabestelle** vereinbar sein, wenn die nähere Umgebung des in der Innenstadt gelegenen Hauses durch das Vorhandensein vielgestaltiger Gewerbebetriebe gekennzeichnet ist und das Teileigentum durch einen separaten Eingang erreichbar ist[5].

Die Zweckbestimmung „Gewerbe (oder) Laden" schließt die Nutzung von Teileigentum als **Restaurant** nicht aus[6].

Die Zweckbestimmung „Gewerbe im Rahmen der gesetzlichen Bestimmungen" erlaubt nicht eine Nutzung, die mit einem **sozialen Unwerturteil** behaftet ist und von breiten Bevölkerungskreisen als anstößig empfunden wird, auch wenn sie gesetzlich nicht verboten ist[7].

Die Zweckbestimmung „gewerbliche Zwecke" erlaubt den Betrieb eines **Cafes**[8].

Die Zweckbestimmung „gewerbliche Fläche" erlaubt den Betrieb einer **Spielhalle**[9].

Gutes Wohnen

Eine Vereinbarung, wonach die Eigentümer einer Wohnanlage verpflichtet sind, „die Eigenart des Bauwerks als gutes Wohnhaus zu wahren und

---

1 OLG Hamm, Beschl. v. 12. 4. 2005 – 15 W 29/05, ZMR 2006, 149.
2 BayObLG, Beschl. v. 9. 5. 1994 – 2 Z BR 23/94, WuM 1995, 50.
3 BayObLG, Beschl. v. 22. 10. 1991 – 2 Z 144/91, WE 1992, 227.
4 OLG Zweibrücken, Beschl v. 11. 8. 2005 – 3 W 21/05, ZMR 2006, 76.
5 OLG Düsseldorf, Beschl. v. 4. 1. 2002 – 3 Wx 336/01, ZWE 2002, 230.
6 KG, Beschl. v. 17. 11. 1999 – 24 W 3094/99, ZMR 2000, 250.
7 BayObLG, Beschl. v. 16. 6. 2000 – 2 Z BR 178/99, NZM 2000, 871; KG, Beschl. v. 20. 3. 2002 – 24 W 56/01, ZWE 2002, 322 (SADO/MASO-Studio); OLG Düsseldorf, Beschl. v. 12. 3. 2003 – 3 Wx 369/02, ZMR 2004, 447 (Bordell).
8 OLG Zweibrücken, Beschl. v. 15. 8. 1986 – 3 W 134/86, DWE 1987, 54.
9 AG Dortmund, Beschl. v. 25. 11. 1994 – 139 II 82/94, ZAP EN-Nr 9/95.

zu schützen", ist dahingehend zu verstehen, dass nicht sämtliche anderen Nutzungsarten, sondern nur solche ausgeschlossen sind, die von der Verkehrsauffassung als mit dem Charakter eines guten Wohnhauses unvereinbar angesehen werden, dies schließt die Ausübung **freier Berufe**[1] (z. B. Anwalt, Arzt) oder die Überlassung der Wohnung an eine **asylberechtigte Familie** nicht schlechthin aus[2].

Gymnastikstudio

Siehe „Lagerraum"

Hausmeisterwohnung

Die Ausweisung einer im gemeinschaftlichen Eigentum stehenden Wohnung als „Hausmeisterwohnung" führt dazu, dass die Wohnung grundsätzlich als Hausmeisterwohnung zu nutzen ist, ausnahmsweise aber eine anderweitige Nutzung, z. B. **Vermietung an Dritte**, zulässig ist, wenn aus triftigen Gründen eine Nutzung als Hausmeisterwohnung im Einzelfall nicht möglich ist[3].

Hobbyraum

Die Zweckbestimmung „Hobbyraum" schließt eine Nutzung als **Wohnung**[4] oder **Kindertagesstätte**[5] aus, die halbtägige Nutzung als Betreuungsstätte für Kleinkinder kann dagegen noch zulässig sein[6]; bestimmt die Gemeinschaftsordnung, dass die zu einer Wohnungseigentumseinheit gehörenden Hobbyräume, auch wenn sie mit der darüber oder darunter liegenden Wohnung verbunden wurden, nicht zum ständigen Aufenthalt bestimmt sind, ihre Nutzung aber andererseits zu Wohnzwecken insoweit zulässig ist, als nicht öffentlich-rechtliche Vorschriften des Baurechts entgegenstehen, so ist damit nicht die Nutzung zweier nach Wanddurchbruch zusammengelegter Hobbyräume als neue selbständige Wohnung erlaubt[7].

---

1 BayObLG, Beschl v. 5. 1. 1984 – BReg. 2 Z 23/83, WuM 1985, 231.
2 BayObLG, Beschl. v. 28. 11. 1991 – 2 Z 133/91, WE 1992, 235; KG, Beschl. v. 10. 7. 1992 – 24 W 3030/92, WE 1992, 343.
3 BayObLG, Beschl. v. 28. 7. 1988 – BReg. 2 Z 50/88, WuM 1989, 38.
4 OLG München, Beschl. v. 6. 11. 2006 – 34 Wx 105/06, ZMR 2007, 302; OLG Düsseldorf, Beschl. v. 9. 2. 2000 – 3 Wx 340/99, NZM 2000, 866; OLG Zweibrücken, Beschl. v. 17. 9. 2001 – 3 W 87/01, ZWE 2002, 47; OLG Saarbrücken, Beschl. v. 26. 8. 1998 – 5 W 173/98–52, NZM 1999, 265; BayObLG, Beschl. v. 2. 8. 1990 – 2 Z 76/90, WuM 1990, 454; OLG Köln, Beschl. v. 13. 1. 1986 – 16 Wx 118/85, WuM 1986, 285.
5 BayObLG, Beschl. v. 11. 10. 1990 – 2 Z 112/90, WE 1992, 22.
6 BayObLG, Beschl. v. 11. 10. 1990 – 2 Z 112/90, WE 1992, 22.
7 BayObLG, Beschl. v. 7. 7. 2004 – 2 Z BR 089/04, ZMR 2004, 925.

Imbissstube

Die Zweckbestimmung „Laden" schließt eine Nutzung als **Imbissstube** wegen der größeren Geruchsbelästigung aus[1].

Kammer

Die Zweckbestimmung „Kammer" schließt eine **Wohnnutzung** und eine selbständige Vermietung selbst dann nicht aus, wenn die Räumlichkeit getrennt im ausgebauten Dachgeschoss belegen ist[2].

Kegelbahn

Die Zweckbestimmung „Weinkeller/Kegelbahn" schließt eine Nutzung als **Diskothek** oder **Lokal mit Tanzveranstaltungen** aus[3].

Kellerraum

Die Zweckbestimmung „Kellerraum" schließt eine Nutzung als **Wohnraum** aus[4].

Die Zweckbestimmung „Kellerraum" schließt einen Gebrauch als **Musizierzimmer** nicht aus, wenn durch Isoliermaßnahmen keine Geräuschbeeinträchtigungen entstehen[5].

Die Zweckbestimmung „Kellerraum" schließt eine Nutzung als **Hobbyraum** nicht aus[6], ebenso kann die Nutzung eines „Kellerraumes" als **Trockensauna** zulässig sein[7].

Laden

Die Zweckbestimmung „Laden" schließt eine Nutzung als **Eisdiele**[8], **Pizza-Lieferservice**[9], **Gaststätte**[10], **Tanzcafe**[11], **Sonnenstudio**[12], **Video-**

---

1 BayObLG, Beschl. v. 29. 9. 1999 – 2 Z BR 103/99, NZM 2000, 288.
2 KG, Beschl. v. 4. 2. 1990 – 24 W 4887/89, NJW-RR 1991, 1359.
3 BayObLG, Beschl. v. 11. 10. 1989 – BReg 2 Z 96/89, ZMR 1990, 230.
4 OLG Düsseldorf, Beschl. v. 9. 2. 2000 – 3 Wx 340/99, NZM 2000, 866; OLG Düsseldorf, Beschl. v. 24. 3. 1997 – 3 Wx 426/95, WE 1997, 346; BayObLG, Beschl. v. 29. 1. 1998 – 2 Z BR 146/97, WE 1998, 398; BayOblG, Beschl. v. 22. 10. 1992 – 2 Z BR 66/92, WE 1993, 348; OLG Zweibrücken, Beschl. v. 14. 12. 2005 – 3 W 16/05, ZMR 2006, 316.
5 BayObLG, Beschl. v. 31. 8. 2000 – 2 Z BR 83/00, ZWE 2001, 160.
6 OLG Düsseldorf, Beschl. v. 24. 3. 1997 – 3 Wx 426/95, WE 1997, 346.
7 OLG Frankfurt/Main, Beschl. v. 2. 11. 2005 – 20 W 378/03, NZM 2006, 747.
8 OLG Schleswig, Beschl. v. 29. 3. 2000 – 2 W 7/00, NZM 2000, 1237.
9 BayObLG, Beschl. v. 17. 2. 1998 – 2 Z BR 161/97, NZM 1998, 335.
10 BayObLG, Beschl. v. 23. 4. 1993 – 2 Z BR 31/93, WE 1994, 180; BayOblG, Beschl. v. 2. 6. 1980 – BReg. 2 Z 66/79, ZMR 1980, 251; OLG Frankfurt/Main, Beschl. v. 11. 5. 1990 – 20 W 279/89, WE 1991, 18; OLG Karlsruhe, Beschl v. 9. 7. 1985 – 11 W 38/85, OLGZ 1985, 397; KG, Beschl. v. 6. 3. 1985 – 24 W 3538/84, MDR 1985, 675 OLG Celle, Beschl. v. 24. 9. 2003 – 4 W 138/03, ZMR 2004, 689.
11 BayObLG, Beschl. v. 19. 7. 1978 – BReg. 2 Z 1/78, ZMR 1978, 380.
12 BayObLG, Beschl. v. 6. 3. 1996 – 2 Z BR 2/96, WuM 1996, 361.

thek[1], **Sportverein-Kantine**[2] oder **Spielsalon**[3] wegen der längeren Öffnungszeiten aus[4]; eine Nutzung als **Café** ist dann nicht ausgeschlossen, wenn die allgemeinen Ladenöffnungszeiten eingehalten werden[5]; die zwischenzeitlich eingetretene Liberalisierung der **Ladenöffnungszeiten** führt nicht dazu, dass ein „Laden" nunmehr auch bis in die Nacht betrieben werden darf, denn für den Inhalt des zur Zweckbestimmung verwendeten Begriffs ist der Zeitpunkt des Zustandekommens der Vereinbarung maßgebend, ein späterer Begriffswandel spielt grundsätzlich keine Rolle (str.)[6]; die Auslegung der Teilungserklärung kann allerdings im Einzelfall ergeben, dass der Verweis auf Ladenöffnungszeiten bzw. Ladenschlusszeiten dynamisch zu verstehen ist[7].

Die Zweckbestimmung „Laden" schließt eine Nutzung als **Bistro**[8] oder Imbissstube wegen der größeren Geruchsbelästigung aus[9].

Die Zweckbestimmung „Laden" schließt eine Nutzung als Fisch- und Feinkost**groß- und Einzelhandel** aus, weil der Großhandel mit der An- und Ablieferung großer Warenmengen ohne zeitliche Begrenzung einhergeht[10].

Die Zweckbestimmung „Laden" schließt eine Nutzung als **chemische Reinigung** unter Einsatz von Reinigungsmaschinen aus[11].

Die Zweckbestimmung „Ladenraum" schließt den Betrieb eines **Waschsalons** mit Getränkeausschank aus[12].

Die Zweckbestimmung „gewerblich genutzter Laden" schließt den Betrieb einer bis in die Nacht hinein geöffneten **Sauna** aus[13].

---

1 BayObLG, Beschl. v. 24. 6. 1993 – 2 Z BR 121/92, WE 1994, 248.
2 KG, Beschl. v. 21. 5. 1986 – 24 W 1511/86, OLGZ 1986, 406.
3 KG, Beschl. v. 14. 3. 1990 – 24 W 6087/89, ZMR 1990, 307; BayObLG, Beschl. v. 9. 2. 2005 – 2 Z BR 170/04, NZM 2005, 463.
4 BayObLG, Beschl. v. 7. 6. 2001 – 2 Z BR 60/01, ZWE 2002, 35; BayObLG, Beschl. v. 13. 6. 2000 – 2 Z BR 35/00; OLG Frankfurt/Main, Beschl. v. 6. 11. 1997 – 3 U 47/96, NZM 1998, 198.
5 OLG Hamburg, Beschl. v. 26. 2. 2002 – 2 Wx 10/01, ZMR 2002, 455; BayObLG, Beschl. v. 21. 9. 1984 – BReg. 2 Z 107/83, WuM 1985, 32.
6 BayObLG, Beschl. v. 22. 9. 2004 – 2 Z BR 103/04, ZMR 2005, 215; OLG München, Beschl. v. 8. 12. 2006 – 34 Wx 111/06, ZMR 2007, 718; **a. A.** mit eingehender Begründung OLG Hamm, Beschl. v. 23. 7. 2007 – 15 W 205/06, NZM 2007, 805.
7 OLG Hamm, Beschl. v. 23. 7. 2007 – 15 W 205/06, NZM 2007, 805.
8 BayObLG, Beschl. v. 30. 3. 1993 – 2 Z BR 21/93, WE 1994, 156.
9 BayObLG, Beschl. v. 29. 9. 1999 – 2 Z BR 103/99, NZM 2000, 288; KG, Beschl. v. 29. 4. 1985 – 24 W 4474/84, GE 1986, 87.
10 OLG München, Beschl. v. 8. 12. 2006 – 34 Wx 111/06, ZMR 2007, 718.
11 BayObLG, Beschl. v. 31. 7. 1997 – 2 Z BR 34/97, OLGReport 1998, 19.
12 OLG Frankfurt/Main, Beschl. v. 13. 10. 1986 – 20 W 159/86, OLGZ 1987, 49.
13 BayObLG, Beschl. v. 7. 11. 1985 – BReg. 2 Z 65/85, NJW 1986, 1052.

Die Zweckbestimmung „Laden" schließt eine Nutzung als **Kiosk** mit Getränkeausschank und Verzehr von Speisen an Ort und Stelle aus[1].

Die Zweckbestimmung „Laden" schließt den Betrieb einer **Spielhalle** oder einer ähnlichen Einrichtung im Sinne des § 33 GewO grundsätzlich aus[2].

Die Zweckbestimmung „Laden" erlaubt den Betrieb einer **Kindertagesstätte** oder eines **Schülerladens** bei Betreuung von bis zu 13 Kindern im Alter von 6 bis 12 Jahren und in der Zeit von Montag bis Freitag zwischen 8.00 Uhr bis 17.00 Uhr allenfalls dann, wenn zuvor besondere Nutzungsbeschränkungen (z. B. die Einhaltung der Mittagsruhe, die Durchführung zusätzlicher Schallschutzmaßnahmen) festgelegt werden[3]; im Übrigen ist die Nutzung als Kindertagesstätte immer dann zulässig, wenn die von der Kindertagesstätte ausgehenden Beeinträchtigungen die eines Ladens nicht übersteigen[4].

Ladenwohnung

Die Zweckbestimmung „Ladenwohnung" erlaubt die Nutzung der Räume als Laden während der **normalen Ladenöffnungszeiten**[5]; zu den Folgen der Liberalisierung der Ladenöffnungszeiten siehe auch „Laden".

Ladenlokal

Die Zweckbestimmung „Ladenlokal" schließt den Betrieb einer **Steh-Pizzeria** aus[6].

Lagerraum

Die Zweckbestimmung „Lagerraum" schließt eine Nutzung als **Gymnastik/Tanzstudio** aus[7].

Pärchentreff

Siehe „Sauna" und „Gewerbe"

Partyraum

Die Zweckbestimmung „Partyraum" schließt eine **Wohnnutzung** aus[8].

---

1 OLG Düsseldorf, Beschl. v. 1. 12. 1995 – 3 Wx 337/95, ZMR 1996, 281.
2 BayObLG, Beschl. v. 29. 1. 1990 – 1b Z 4/89, WE 1991, 169; OLG Zweibrücken, Beschl. v. 6. 10. 1987 – 3 W 99/87, MDR 1988, 147; OLG Zweibrücken, Beschl. v. 9. 1. 1987 – 3 W 198/86, MDR 1987, 410; OLG Frankfurt/Main, Beschl. v. 20. 2. 1986 – 20 W 30/86, DWE 1986, 64.
3 KG, Beschl. v. 15. 4. 1992 – 24 W 3386/91, WE 1992, 286.
4 OLG Düsseldorf, Beschl. v. 9. 9. 2002 – 3 Wx 64/02, GuT 2003, 70.
5 KG, Beschl. v. 18. 11. 1998 – 24 W 8659/97, NZM 1999, 425.
6 OLG Düsseldorf, Beschl. v. 21. 12. 1992 – 3 Wx 464/92, ZMR 1993, 122.
7 BayObLG, Beschl. v. 20. 1. 1994 – 2 Z BR 93/93, WE 1995, 29.
8 BayObLG, Beschl. v. 8. 8. 1995 – 2 Z BR 56/95, WE 1997, 358.

Praxis

Die Zweckbestimmung „Praxis" schließt eine Nutzung als **Gaststätte** aus[1].

Sauna

Die Zweckbestimmung „Sauna" schließt eine Nutzung als **Pärchentreff** oder **Swingerclub** aus[2], siehe auch „Gewerbe".

Schwimmbad

Die Zweckbestimmung „Schwimmbad" schließt eine Nutzung als **Fitness-Center** aus[3].

Sexshop

Die Zweckbestimmungen „Gewerbe" und „Laden" erlauben den Betrieb eines ladenmäßigen **Erotik-Fachgeschäfts** mit Videothek im Rahmen der gewerberechtlichen Bestimmungen, sofern in der Wohngegend ähnliche Geschäfte und Nachtclubs vorhanden sind[4]; nicht erlaubt ist aber die Vorführung von Sexfilmen mit Einzelkabinenbetrieb[5].

Sonnenstudio

Siehe „Laden"

Speicher

Die Zweckbestimmung „Speicher" schließt eine **Wohnnutzung** aus[6].

Spitzboden

Die Zweckbestimmung „Spitzboden" schließt eine Nutzung als **Wohnraum** aus[7]; haben die Wohnungseigentümer allerdings dem Ausbau des

---

1 BayObLG, Beschl. v. 22. 1. 2004 – 2 Z BR 229/03, ZMR 2004, 685.
2 BayObLG, Beschl. v. 16. 6. 2000 – 2 Z BR 178/99, NZM 2000, 871; Beschl. v. 22. 4. 1994 – 2 Z BR 19/94, WE 1995, 188.
3 BayObLG, Beschl. v. 15. 7. 1988 – BReg. 2 Z 145/87, ZMR 1988, 436.
4 KG, Beschl. v. 16. 2. 2000 – 24 W 3925/98, NZM 2000, 879; BayObLG, Beschl. v. 19. 8. 1994 – 2 Z BR 45/94, WE 1995, 279.
5 KG, Beschl. v. 16. 2. 2000 – 24 W 3925/98, NZM 2000, 879.
6 BGH, Urt. v. 26. 9. 2003 – V ZR 217/02, ZMR 2004, 278; BayObLG, Beschl. v. 20. 3. 2001 – 2 Z BR 101/00, ZWE 2001, 432 (437); Beschl. v. 2. 9. 1993 – 2 ZBR 73/93, WE 1994, 277; OLG Düsseldorf, Beschl. v. 21. 5. 1997 – 3 Wx 566/96, WE 1997, 468.
7 OLG Hamm, Beschl. v. 28. 5. 1998 – 15 W 4/98, NZM 1998, 873; BayObLG, Beschl. v. 23. 2. 1995 – 2 Z BR 103/94, WE 1996, 116; BayObLG, Beschl. v. 10. 3. 1994 – 2 Z BR 1/94, WE 1995, 90; OLG Düsseldorf, Beschl. v. 28. 11. 2003 – I-3 Wx 252/03, ZMR 2004, 610.

Dachgeschosses zu Wohnzwecken zugestimmt (§ 22 Abs. 1 WEG), liegt darin auch die Zustimmung zur Wohnnutzung[1].

Swingerclub

Siehe „Sauna" und „Gewerbe"

Tanzstudio

Siehe „Lagerraum"

Teileigentum

Die Zweckbestimmung „nicht zu Wohnzwecken dienende Räume" schließt eine Nutzung als **Hobbyraum** oder **Gästezimmer**, d. h. zum gelegentlichen, auf kürzere Zeit beschränkten Übernachten nicht zum Hausstand gehörender Personen, nicht aus[2].

Weinkeller

Die Zweckbestimmung „Weinkeller/Kegelbahn" schließt eine Nutzung als **Gaststätte mit Tanzbetrieb** aus[3].

Werkraum

Die Zweckbestimmung „Werkraum" schließt eine **Wohnnutzung** aus[4].

Zufahrt

Die Zweckbestimmung „Zufahrt" oder „Garagenhof" schließt den Mitgebrauch durch gelegentliches **Kinderspiel** nicht aus[5].

b) Gebrauchsregelung durch Mehrheitsbeschluss

402　Soweit nicht eine Vereinbarung nach § 15 Abs. 1 WEG entgegensteht, können die Wohnungseigentümer **durch Stimmenmehrheit** einen der Beschaffenheit der im Sondereigentum stehenden Gebäudeteile und des gemeinschaftlichen Eigentums entsprechenden ordnungsmäßigen Gebrauch **beschließen** (§ 15 Abs. 2 WEG). Ein solcher Beschluss bildet den Maßstab, anhand dessen die Zulässigkeit des tatsächlichen Gebrauchs zu messen ist.

---

1 BayObLG, Beschl. v. 7. 4. 1993 – 2 Z BR 9/93, WE 1994, 178.
2 BayObLG, Beschl. v. 28. 12. 1995 – 2 Z BR 95/95, NJWE-MietR 1996, 130.
3 BayObLG, Beschl. v. 11. 10. 1989 – 2 Z 96/89, ZMR 1990, 230.
4 BayObLG, Beschl. v. 8. 8. 1995 – 2 Z BR 56/95, WE 1997, 358.
5 KG, Beschl. v. 29. 4. 1998 – 24 W 1107/98, NZM 1998, 633; BayObLG, Beschl. v. 27. 9. 1989 – 2 Z 67/89, WE 1991, 27.

aa) Zustandekommen, Auslegung und Wirksamkeit von Mehrheitsbeschlüssen

Mehrheitsbeschlüsse müssen in einer Versammlung der Wohnungseigentümer (§§ 23 Abs. 1, 24 WEG) oder im schriftlichen Beschlussverfahren (§ 23 Abs. 3 WEG) gefasst werden[1]. Ein wirksamer Beschluss **bindet alle Wohnungseigentümer**, auch diejenigen, die gegen den Beschlussantrag gestimmt oder an der Beschlussfassung nicht mitgewirkt haben. Gem. § 10 Abs. 4 WEG bindet ein Beschluss auch solche Wohnungseigentümer, die erst nach Beschlussfassung Mitglied der Wohnungseigentümergemeinschaft geworden sind (Sondernachfolger). Beschlüsse nach § 15 Abs. 2 WEG können nicht ins Grundbuch eingetragen werden[2].

403

Ein Beschluss der Wohnungseigentümer ist grundsätzlich selbst dann wirksam, wenn er inhaltlich rechtswidrig oder formell fehlerhaft zu Stande gekommen ist. Dies folgt aus § 23 Abs. 4 WEG, wonach ein Beschluss nur ungültig ist, wenn er gem. § 46, 43 Nr. 4 WEG durch das Gericht für ungültig erklärt wurde. Ein Wohnungseigentümer muss daher, will er die Bindungswirkung eines fehlerhaften Beschlusses beseitigen, das gerichtliche **Beschlussanfechtungs**verfahren betreiben. Die Klage an das Gericht auf Ungültigerklärung des Beschlusses ist innerhalb eines Monats nach dem Zustandekommen des Beschlusses zu stellen und innerhalb zweier Monate zu begründen (§ 46 Abs. 1 WEG). Die Anfechtungsklage entfaltet allerdings keine Suspensivwirkung. Erst die Entscheidung des Gerichts lässt den Beschluss mit Wirkung ex tunc entfallen. Wird ein rechtswidriger bzw. fehlerhafter Beschluss nicht innerhalb der Monatsfrist angefochten, erwächst er in Bestandskraft mit der Folge, dass sich niemand mehr auf die Fehlerhaftigkeit des Beschlusses berufen kann. Die Durchsetzung eines Beschlusses, der zwar anfechtbar aber bestandskräftig ist, kann allerdings in Ausnahmefällen wegen Verstoßes gegen Treu und Glauben unzulässig sein[3], so etwa wenn ein Beschluss über ein Hundehalteverbot dazu führt, dass ein sehbehinderter Wohnungseigentümer seinen Blindenhund abschaffen muss. Zu Beschlüssen, die von Anfang an nichtig sind, siehe Rz. 413 ff.

404

Um entscheiden zu können, ob das Verhalten eines Wohnungseigentümers gegen einen Beschluss verstößt, muss der Beschlussinhalt ausgelegt werden. Die **Auslegung** können sowohl der Tatrichter als auch das Revisionsgericht vornehmen[4]. Maßgeblich für die Auslegung ist das vom Ver-

405

---

1 In einer Spontanzusammenkunft aller Wohnungseigentümer kann ein Beschluss nur gefasst werden, wenn alle Wohnungseigentümer auf die formellen Voraussetzungen einer Versammlung verzichten.
2 OLG Frankfurt/Main, Beschl. v. 15. 2. 1980 – 20 W 453/79, OLGZ 1980, 160.
3 BayObLG, Beschl. v. 25. 10. 2001 – 2 Z BR 81/01, ZWE 2002, 175.
4 BGH, Beschl. v. 10. 9. 1998 – V ZB 19/98, NJW 1998, 3713; *Abramenko* in Riecke/Schmid, § 15 Rz. 4.

sammlungsleiter festgestellte und verkündete Beschlussergebnis. Da Beschlüsse für und gegen Sondernachfolger wirken, sind sie wie im Grundbuch eingetragene Vereinbarungen aus sich heraus objektiv und normativ auszulegen, ohne dass es auf die subjektiven Vorstellungen der an der Beschlussfassung Beteiligten ankommt[1]. Nur ausnahmsweise sind der Wortlaut und die Umstände außerhalb des protokollierten Beschlusses maßgebend, wenn sie nach den besonderen Verhältnissen des Einzelfalls für jedermann ohne weiteres erkennbar sind[2].

406 Ein Beschluss kann grundsätzlich durch einen **Zweitbeschluss** aufgehoben oder abgeändert werden. Die Bestandskraft des Erstbeschlusses steht einer erneuten Willensbildung der Wohnungseigentümer nicht entgegen[3]. Jeder Wohnungseigentümer kann allerdings verlangen, dass der Zweitbeschluss schutzwürdige Belange aus Inhalt und Wirkung des Erstbeschlusses berücksichtigt[4]. Schutzwürdige Belange können insbesondere dann beeinträchtigt sein, wenn der Erstbeschluss ein subjektives Recht eines Wohnungseigentümers begründet, das durch den Zweitbeschluss wieder entzogen werden soll[5]. Das bedeutet jedoch nicht, dass durch einen Zweitbeschluss generell etwaige tatsächliche Vorteile erhalten bleiben müssen, die der Erstbeschluss begründet hat. In jedem Fall ist eine Abwägung zwischen den Interessen des begünstigten Wohnungseigentümers und den Interessen der übrigen Eigentümer vorzunehmen.

bb) Grenzen der Regelungsfreiheit (Anfechtungs- und Nichtigkeitsgründe)

407 Die Anfechtungsgründe lassen sich in formelle (verfahrenstechnische) und inhaltliche (materielle) **Beschlussfehler** unterteilen. Ein formeller Beschlussfehler liegt vor, wenn die Vorschriften der §§ 23 bis 25 WEG über die Beschlussfassung – von der Einberufung der Versammlung bis hin zur Feststellung und Bekanntgabe des Beschlussergebnisses – verletzt wurden. Nachfolgend werden ausschließlich die materiellen Beschlussfehler behandelt. Zu formellen Beschlussfehlern siehe ausführlich Teil 4 Rz. 1 ff.

(1) Anfechtbare Beschlüsse

408 Ein Mehrheitsbeschluss ist anfechtbar, wenn er den Vorgaben des § 15 Abs. 2 WEG widerspricht. Gem. § 15 Abs. 2 WEG muss ein Mehrheitsbeschluss *einen der Beschaffenheit der im Sondereigentum stehenden*

---

1 BGH, Beschl. v. 10. 9. 1998 – V ZB 19/98, NJW 1998, 3713.
2 Jennißen/*Elzer*, vor §§ 23 bis 25 WEG, Rz. 143.
3 Jennißen/*Elzer*, vor §§ 23 bis 25 WEG, Rz. 98.
4 BGH, Beschl. v. 20. 12. 1990 – V ZB 8/90, NJW 1991, 979.
5 BayObLG, Beschl. v. 14. 4. 1988 – BReg. 2 Z 134/87, WuM 1988, 322; OLG Stuttgart, Beschl. v. 31. 10. 1989 – 8 W 37/89, OLGZ 1990, 175.

*Gebäudeteile oder des gemeinschaftlichen Eigentums entsprechenden **ordnungsmäßigen Gebrauch** regeln.*

Nach der Rechtsprechung ist zur Bestimmung der Ordnungsmäßigkeit im Wesentlichen auf den **Maßstab des § 14 Nr. 1 WEG** abzustellen. Zum Maßstab des § 14 Nr. 1 WEG siehe Rz. 361 ff. Ein Mehrheitsbeschluss ist danach nur insoweit ordnungsmäßig, als er den nach § 14 Nr. 1 WEG zulässigen Gebrauch **konkretisiert**[1]. Durch Mehrheitsbeschluss darf ein nach § 14 Nr. 1 WEG zulässiger Gebrauch nicht verboten[2] und ein über den Rahmen des § 14 Nr. 1 WEG hinausgehender Gebrauch nicht gestatten werden[3]. Ferner darf die Gebrauchsregelung nicht drittschützenden öffentlich-rechtlichen Vorschriften widersprechen[4].

409

Innerhalb des Rahmens des § 14 Nr. 1 WEG ist eine Gebrauchsregelung ordnungsmäßig, wenn sie **im Interesse der Gesamtheit der Wohnungseigentümer** liegt. Konkrete Kriterien mit Allgemeingültigkeit lassen sich für die Bestimmung der Ordnungsmäßigkeit allerdings nicht aufstellen. Eine Maßnahme liegt im Interesse der Gesamtheit der Wohnungseigentümer, wenn sie nach billigem Ermessen und bei objektiv vernünftiger Betrachtungsweise den **konkreten Bedürfnissen** der Wohnungseigentümer, den **örtlichen** und **baulichen Besonderheiten** der Wohnanlage sowie der **Verkehrsauffassung** entspricht[5].

410

Ordnungsmäßige Gebrauchsregelungen fördern ein geordnetes und störungsfreies Zusammenleben der Wohnungseigentümer und dienen der **Wahrung des Hausfriedens**. Eine Gebrauchsregelung, die zur Erreichung dieses Zwecks nicht **geeignet oder erforderlich** ist, ist auch nicht ordnungsmäßig. Andererseits muss eine mehrheitlich beschlossene Gebrauchsregelung so beschaffen sein, dass sie den Wohnungseigentümern einen größtmöglichen Entfaltungsspielraum beim Gebrauch und der Nutzung ihres Sondereigentums und des gemeinschaftlichen Eigentums lässt. Eine Regelung entspricht daher nur dann ordnungsmäßigem Gebrauch, wenn sie einen angemessen Ausgleich zwischen den Interessen der Gesamtheit der Wohnungseigentümer an einem reibungslosen Zusammenleben einerseits und den Individualinteressen des einzelnen Wohnungseigentümers an größtmöglicher Entfaltungsfreiheit andererseits erreicht. Unter mehreren möglichen Regelungen ordnungsmäßigen Gebrauchs steht den Wohnungseigentümern allerdings ein **Ermessens-**

411

---

1 BayObLG, Beschl. v. 23. 10. 1992 – 2 Z BR 87/92, WE 1994, 17.
2 BayObLG, Beschl. v. 28. 5. 1985 – BReg. 2 Z 8/85, MDR 1985, 676.
3 BayObLG, Beschl. v. 9. 6. 1988 – 2 Z 102/87, NJW-RR 1988, 1164; OLG Stuttgart, Beschl. v. 7. 10. 1994 – 8 W 218/93, ZMR 1995, 81.
4 Vgl. OLG Saarbrücken, Beschl. v. 26. 8. 1998 – 5 W 173/98-52, NZM 1999, 265; BayObLG, Beschl. v. 23. 11. 1995 – 2 Z BR 116/95, WE 1996, 471; Beschl. v. 26. 2. 1988 – BReg. 2 Z 113/87, WuM 1988, 183.
5 Vgl. OLG Köln, Beschl. v. 3. 12. 1999 – 16 Wx 165/99, NZM 2000, 191.

spielraum zu, so etwa bei der Festlegung der Ruhezeiten. Das Gericht kann die Beschlüsse nur auf Ermessensfehler überprüfen[1].

412 **Einzelfälle**[2]:

Belüftungsregelung

Ordnungsmäßig ist ein Mehrheitsbeschluss, wonach Fenster in Räumen des Gemeinschaftseigentums bei Außentemperaturen unter 10 °C und Kellerfenster im Sondereigentum bei Außentemperaturen über 20 °C geschlossen zu halten sind[3].

Biergarten

Siehe „Gaststättenbetrieb"

Blumenkästen

Ordnungsmäßig ist ein Mehrheitsbeschluss, wonach Blumenkästen an Balkonbrüstungen nach innen gehängt werden müssen[4].

Fenster

Siehe „Belüftungsregelung"

Gaststättenbetrieb

Ordnungsmäßig ist ein Mehrheitsbeschluss, der die Nutzung eines Gartens als Biergarten/Bistrogarten nach 23.00 Uhr untersagt[5].

Getränkeautomat

Nicht ordnungsmäßig ist ein Mehrheitsbeschluss, wonach auf dem Gang einer aus Ferienapartments bestehenden Wohneigentumsanlage ein Getränkeautomat aufgestellt werden darf[6].

Grillen

Ein Mehrheitsbeschluss, wonach das Grillen auf den Balkonen gestattet ist, ist wegen der Brandgefahr sowie der Rauch- und Geruchsimmissionen anfechtbar[7].

---

1 OLG Frankfurt/Main, Beschl. v. 6. 8. 2003 – 20 W 22/02, NZM 2004, 31.
2 Die nachfolgend zitierten Gerichtsentscheidungen betreffen die Frage, ob die beschlossene Regelung ordnungsmäßigem Gebrauch entspricht.
3 BayObLG, Beschl. v. 23. 10. 1992 – 2 Z BR 87/92, WE 1994, 17.
4 BayObLG, Beschl. v. 25. 7. 1991 – 2 Z 69/91, WE 1992, 197.
5 BayObLG, Beschl. v. 11. 4. 2001 – 2 Z BR 119/00, ZWE 2001, 606.
6 BayObLG, Beschl. v. 30. 5. 1990 – BReg 2 Z 36/90, WuM 1990, 606.
7 LG Düsseldorf, Beschl. v. 9. 11. 1990 – 25 T 435/90, MDR 1991, 52; AG Wuppertal, Beschl. v. 25. 10. 1976 – 47 UR II 7/76, ZMR 1979, 21.

Grünfläche

Ordnungsmäßig ist ein Mehrheitsbeschluss, wonach von der gemeinschaftlichen Grünfläche nur ein abgegrenzter Teil als Liegewiese und Kinderspielplatz genutzt werden darf[1].

Ordnungsmäßig ist ein Mehrheitsbeschluss, wonach auf der gemeinschaftlichen Rasenfläche Kinder spielen dürfen[2]; dies gilt jedoch nicht, wenn damit auch das Ballspielen erlaubt werden soll[3].

Hausmeisterraum

Ordnungsmäßig ist ein Mehrheitsbeschluss, wonach in einem gemeinschaftlichem Raum ein Hausmeisterbüro nebst Hausmeistertoilette eingerichtet wird[4].

Haustierhaltung

Nichtig (mangels Beschlusskompetenz) ist ein Beschluss, der die Haustierhaltung von der Zustimmung des Verwalters und des Verwaltungsbeirats abhängig macht[5].

Ordnungsmäßig ist ein Mehrheitsbeschluss, der die Haustierhaltung auf einen Hund oder drei Katzen je Wohnung beschränkt[6]; Gleiches gilt für einen Beschluss, der die Haltung von mehr als zwei Katzen verbietet, wenn von einer größeren Anzahl Katzen Geruchsbelästigungen ausgehen[7].

Ordnungsmäßig ist ein Mehrheitsbeschluss, der einem Wohnungseigentümer mit Blick auf vorangegangene Unzuträglichkeiten aufgibt, die Haltung und den Aufenthalt von Katzen und Hunden in seiner Eigentumswohnung zu beenden und diese künftig dort nicht mehr zu halten[8].

Ordnungsmäßig ist ein Mehrheitsbeschluss, wonach Haustiere in den Außenanlagen nicht frei herumlaufen dürfen[9].

---

1 BayObLG, Beschl. v. 12. 12. 1991 – 2 Z 145/91, WE 1992, 264.
2 OLG Frankfurt/Main, Beschl. v. 17. 5. 1991 – 20 W 362/90, ZMR 1991, 353; OLG Saarbrücken, Beschl. v. 24. 10. 1989 – 5 W 187/89, NJW-RR 1990, 24.
3 OLG Düsseldorf, Beschl. v. 27. 11. 1985 – 3 Wx 352/85, MDR 1986, 852.
4 OLG Düsseldorf, Beschl. v. 21. 8. 2002 – 3 Wx 388/01, NZM 2002, 867.
5 Anders noch OLG Saarbrücken, Beschl. v. 7. 5. 1999 – 5 W 365/98-105, NZM 1999, 621.
6 KG, Beschl. v. 8. 4. 1998 – 24 W 1012/97, NZM 1998, 670; OLG Celle, Beschl. v. 31. 1. 2003 – 4 W 15/03, NZM 2003, 242; vgl. auch BayObLG, Beschl. v. 25. 5. 1998 – 2 BR 21/98, NZM 1998, 961; OLG Frankfurt/Main, Beschl. v. 13. 7. 1978 – 20 W 247/78, Rpfleger 1978, 409 (414).
7 BayObLG, Beschl. v. 2. 5. 1991 – 2 Z 15/91, WE 1992, 143.
8 OLG Düsseldorf, Beschl. v. 15. 7. 2002 – 3 Wx 173/02, NZM 2002, 872.
9 BayObLG, Beschl. v. 25. 5. 1998 – 2 Z BR 21/98, NZM 1998, 961; BayObIG, Beschl. v. 9. 2. 1994 – 2 Z BR 127/93, WE 1995, 60; BayObIG, Beschl. v. 2. 6. 2004 – 2 Z BR 099/04, ZMR 2004, 769.

Nichtig ist ein Mehrheitsbeschluss, wonach die Haustierhaltung grundsätzlich verboten ist[1].

Haustür

Nicht ordnungsmäßig ist ein Mehrheitsbeschluss, wonach die Hauseingangstür werktags bis 19.00 Uhr offen gehalten werden darf, wenn dadurch die Sicherheit des Hauses beeinträchtigt wird[2].

Heizungskeller

Ordnungsmäßig ist ein Mehrheitsbeschluss, wonach die einzelnen Wohnungseigentümer nur zusammen mit dem Verwalter den im gemeinschaftlichen Eigentum stehenden Heizungskeller betreten dürfen[3]; siehe auch „Zählerraum".

Hoffläche

Ordnungsmäßig ist ein Mehrheitsbeschluss, der das Abstellen von Pkw auf der asphaltierten Hoffläche gestattet, weil die Parksituation im Umfeld der Wohnanlage dies erfordert[4].

Hunde

Ordnungsmäßig ist i.d.R. ein Mehrheitsbeschluss, der die Haltung bestimmter gefährlicher Hunderassen verbietet (die Begriffe Kampfhund und Kampfhundmischling sind hinreichend bestimmt)[5]; siehe auch „Haustierhaltung".

Katzen

Siehe „Haustierhaltung"

Kellerabteile

Die Zuordnung des Gebrauchs der Kellerverschläge an die einzelnen Wohneinheiten kann grundsätzlich durch Mehrheitsbeschluss erfolgen[6]; die Zuordnung kann später aus sachlichen Gründen durch Zweitbeschluss wieder geändert werden; stehen nicht genügend Kellerräume zur Verfügung, kann über die erste Zuweisung das Los entscheiden und

---

1 OLG Saarbrücken, Beschl. v. 2. 10. 2006 – 5 W 154/06–51, ZMR 2007, 308; vgl. auch OLG Karlsruhe, Beschl. v. 25. 2. 1988 – 11 W 142/87, ZMR 1988, 184; OLG Düsseldorf, Beschl. v. 15. 7. 2002 – 3 Wx 173/02, WuM 2002, 506.
2 BayObLG, Beschl. v. 11. 2. 1982 – BReg. 2 Z 44/81, MDR 1982, 501.
3 OLG Köln, Beschl. v. 8. 11. 1996 – 16 Wx 215/96, WE 1997, 427; siehe auch BayObLG, Beschl. v. 10. 3. 1972 – BReg. 2 Z 78/71, BayObLGZ 1972, 94.
4 BayObLG, Beschl. v. 20. 11. 1997 – 2 Z BR 93/97, NZM 1998, 239.
5 KG, Beschl v. 23. 6. 2003 – 24 W 38/03, ZMR 2004, 704.
6 KG, Beschl. v. 22. 5. 1991 – 24 W 401/91, ZMR 1991, 311; KG, Beschl. v. 13. 11. 1989 – 24 W 4201/89, ZMR 1990, 154.

für die spätere Verteilung eine Warteliste erstellt werden; möglich ist auch, dass die Kellerräume aufgrund eines Losverfahrens an die Eigentümer für einen begrenzten Zeitraum vermietet werden[1]; siehe auch „Vermietung".

Kfz-Abstellplatz

Es kann ordnungsmäßigem Gebrauch entsprechen, eine turnusmäßige Verteilung der vorhandenen, aber nicht ausreichenden Kfz-Abstellplätze festzuschreiben[2].

Ordnungsmäßig ist ein Mehrheitsbeschluss, der das Abstellen eines Wohnmobils auf einer als Kfz-Abstellplatz ausgewiesenen Sondernutzungsfläche verbietet[3].

Nicht ordnungsmäßig ist ein Mehrheitsbeschluss, wonach die gemeinschaftlichen Kfz-Abstellplätze nicht durch Kunden eines in einem Teileigentum betriebenen Gewerbes genutzt werden dürfen[4].

Nicht ordnungsmäßig ist ein Mehrheitsbeschluss, wonach Kfz-Abstellplätze, die gewerblich bzw. freiberuflich genutzten Sondereigentumseinheiten zugewiesen sind, ganztätig verschlossen zu halten sind[5].

Ordnungsmäßig ist ein Mehrheitsbeschluss, wonach die im gemeinschaftlichen Eigentum stehenden Kfz-Abstellplätze aufgrund eines Losverfahrens an die Eigentümer für einen begrenzten Zeitraum vermietet werden[6]; siehe auch „Vermietung".

Ordnungsmäßig ist ein Mehrheitsbeschluss, wonach ein Kfz-Abstellplatz, an dem ein Sondernutzungsrecht besteht, nur von dem Wohnungseigentümer sowie dessen Lebensgefährtin und Kindern genutzt werden darf[7].

Ordnungsmäßig ist ein Mehrheitsbeschluss, wonach ein Kfz-Abstellplatz, an dem kein Sondernutzungsrecht besteht, am Abend vor und am Tage der Müllabfuhr für das Aufstellen von Müllcontainern freizuhalten ist[8].

---

1 Vgl. BayObLG, Beschl. v. 8. 1. 1992 – 2 Z 160/91, WE 1992, 346.
2 KG, Beschl. v. 27. 4. 1994 – 24 W 7352/93, WE 1994, 339; BayObLG, Beschl. v. 8. 1. 1992 – 2 Z 160/91, WE 1992, 346; BayObLG, Beschl. v. 30. 10. 1992 – 2 Z BR 88/92, ZMR 1993, 341 (Vergabe durch Los).
3 KG, Beschl. v. 20. 10. 1999 – 24 W 9855/98, NZM 2000, 511.
4 BayObLG, Beschl. v. 23. 7. 1999 – 2 Z BR 100/99, NZM 1999, 1145.
5 KG, Beschl. v. 18. 12. 1995 – 24 W 7497/94, WE 1996, 271.
6 BayObLG, Beschl. v. 8. 1. 1992 – 2 Z 160/91, WE 1992, 346.
7 KG, Beschl. v. 8. 9. 1995 – 24 W 5943/94, WE 1996, 233 mit ablehnender Anm. *Seuß*.
8 OLG Hamm, Beschl. v. 9. 5. 2000 – 15 W 342/99, NZM 2000, 963.

Ordnungsmäßig ist ein Mehrheitsbeschluss, wonach auf den Kfz-Abstellflächen keine Klein-Lkw und Wohnmobile abgestellt werden dürfen[1].

Ordnungsmäßig ist ein Mehrheitsbeschluss, wonach ein im gemeinschaftlichen Eigentum stehender Kfz-Stellplatz nur von Behinderten gebraucht werden darf[2].

Ordnungsmäßig ist ein Mehrheitsbeschluss, wonach die im Bebauungsplan enthaltene Anordnung von Stellplätzen für Pkw vorbehaltlich behördlicher Genehmigung auf einem Parkplatz der Anlage geändert wird[3].

Kinderspielen

Ordnungsmäßig ist ein Mehrheitsbeschluss, der das Spielen von Kindern (Ball spielen, Rad fahren) auf den Kfz-Abstellplätzen und der Zufahrtsfläche untersagt[4].

Kinderwagen

Nicht ordnungsmäßig ist ein Mehrheitsbeschluss, der das Abstellen von Kinderwagen in einem engen Treppenhaus gestattet[5].

Klimageräte

Ordnungsmäßig ist ein Beschluss, der in einer Seniorenwohnanlage die Errichtung und den Betrieb stationärer, ortsgebundener Klimageräte im Sondereigentum verbietet[6].

Mülltonnenraum

Nicht ordnungsmäßig ist ein Mehrheitsbeschluss, der den Zutritt und die Benutzung des Mülltonnenraumes auf zwei Tage in der Wochen beschränkt[7].

Müllschlucker

Ungültig ist ein Mehrheitsbeschluss, der die Schließung (Stilllegung) eines Müllschluckers anordnet[8].

---

1 OLG Hamburg, Beschl. v. 18. 9. 1991 – 2 Wx 22/90, WE 1992, 115.
2 AG Mülheim, Beschl. v. 8. 10. 1990 – 19 II 28/90, DWE 1991, 84.
3 OLG Köln, Beschl. v. 2. 5. 1978 – 16 Wx 10/78, OLGZ 1978, 287.
4 BayObLG, Beschl. v. 12. 9. 1991 – 2 Z 52/91, WE 1992, 201.
5 OLG Hamburg, Beschl. v. 28. 10. 1992 – 2 Wx 10/91, WE 1993, 87.
6 BayObLG, Beschl. v. 20. 3. 2001 – 2 Z BR 45/01, ZWE 2001, 438.
7 AG Aachen, Beschl. v. 17. 7. 2002 – 12 UR 53/02, ZMR 2004, 70.
8 BayObLG, Beschl. v. 28. 2. 2002 – 2 Z BR 177/01, NZM 2002, 447; anders noch BayObLG, Beschl. v. 18. 1. 1996 – 2 Z BR 115/95, WE 1996, 474.

Musizierverbot

Ordnungsmäßig ist ein Mehrheitsbeschluss, der die Ruhezeiten von 20.00 Uhr bis 8.00 Uhr und 12.00 Uhr bis 14.00 Uhr festlegt[1].

Nicht ordnungsmäßig ist ein Mehrheitsbeschluss, der auch das Musizieren in Zimmerlautstärke verbietet[2].

Nicht ordnungsmäßig ist ein Mehrheitsbeschluss, der das Musizieren über Zimmerlautstärke auf die Zeiten von vormittags zwischen 7.00 und 13.00 Uhr und nachmittags zwischen 15.00 und 20.00 Uhr beschränkt, obwohl nach der Gemeinschaftsordnung in den Wohnungen jegliche Gewerbeausübung zulässig ist[3].

Nicht ordnungsmäßig ist ein Mehrheitsbeschluss, der das Musizieren auf die Zeiten zwischen 10.00 und 12.00 Uhr sowie 15.00 und 17.00 Uhr beschränkt (so OLG Zweibrücken)[4]; ordnungsmäßig ist ein Mehrheitsbeschluss, wonach das Musizieren täglich auf zwei Stunden in der Zeit von 8.00 bis 12.00 Uhr und 15.00 bis 19.00 Uhr, sonntags von 8.00 bis 12.00 Uhr beschränkt wird (so OLG Hamm)[5].

Berufsmusiker und Studierende der Musik können grundsätzlich nicht verlangen, dass für sie Ausnahmen von den allgemeinen Ruhezeiten zugelassen werden[6].

Siehe auch „Ruhezeiten"

Öffentlich-rechtliche Vorschriften

Nicht ordnungsmäßig ist eine Gebrauchsregelung, die drittschützenden öffentlich-rechtlichen Vorschriften widerspricht[7]; die §§ 29 ff. BauGB vermitteln jedoch keine subjektiv-öffentlichen Abwehrrechte unter den Wohnungseigentümern einer Gemeinschaft[8].

Rasenfläche

Siehe „Grünfläche"

---

1 BGH, Beschl. v. 10. 9. 1998 – V ZB 11/98, NJW 1998, 3713; OLG Frankfurt/Main, Beschl. v. 6. 8. 2003 – 20 W 22/02, NZM 2004, 31.
2 BayObLG, Beschl. v. 23. 8. 2001 – 2 Z BR 96/01, ZWE 2001, 595; **a.A.** OLG Hamm, Beschl. v. 10. 11. 1980 – 15 W 122/80, MDR 1981, 320 (für Nichtigkeit).
3 BayObLG, Beschl. v. 28. 2. 2002 – 2 Z BR 141/01, ZWE 2002, 312.
4 OLG Zweibrücken, Beschl. v. 15. 8. 1990 – 3 W 48/90, MDR 1990, 1121.
5 OLG Hamm, Beschl. v. 7. 11. 1985 – 15 W 181/85, NJW-RR 1986, 500; siehe auch BayObLG, Beschl. v. 28. 3. 1985 – BReg. 2 Z 8/85, MDR 1985, 676.
6 OLG Frankfurt/Main, Beschl. v. 6. 8. 2003 – 20 W 22/02, NZM 2004, 31.
7 Vgl. OLG Saarbrücken, Beschl. v. 26. 8. 1998 – 5 W 173/98-52, NZM 1999, 265; BayObLG, Beschl. v. 23. 11. 1995 – 2 Z BR 116/95, WE 1996, 471; Beschl. v. 26. 2. 1988 – BReg. 2 Z 113/87, WuM 1988, 183.
8 OVG NW, Urt. v. 17. 10. 1985 – 7 A 704/84, ZMR 1986, 252.

Ruhezeiten

Ordnungsmäßig ist ein Mehrheitsbeschluss, wonach täglich ab 20.00 Uhr und an Sonn- und Feiertagen zwischen 13.00 und 15.00 Uhr kein freizeitbedingter Lärm verursacht werden darf[1].

Ordnungsmäßig ist ein Mehrheitsbeschluss, wonach die Ruhezeiten im Haus wie folgt festgelegt werden: Sonnabend bis 8.00 Uhr, von 13.00 bis 15.00 Uhr, ab 22.00 Uhr, Sonntag bis 10.00 Uhr und ab 13.00 Uhr[2].

Siehe auch „Musizierverbot"

Sauna

Ordnungsmäßig kann ein Mehrheitsbeschluss sein, wonach die gemeinschaftliche Sauna für eine Probezeit von 4 Wochen (nur) an drei Tagen in der Woche, davon 1x vormittags, in Betrieb genommen wird[3].

Vermietung

Ordnungsmäßig ist i.d.R. ein Mehrheitsbeschluss über die Vermietung und Verpachtung von im gemeinschaftlichen Eigentum stehenden Räumen[4]; dies gilt auch dann, wenn im Einzelfall bei einer großen Zahl von Eigentümern und einer nur zu einem relativ niedrigen Mietzins vermieteten kleinen Fläche der Anteil des einzelnen Eigentümers an der Mieteinnahme rechnerisch gering ausfällt und wirtschaftlich unbedeutend ist[5]; im Rahmen des Mietvertrages darf aber keine Nutzung gestattet werden, die gegen bestehende Vereinbarungen und Beschlüsse oder gegen die aus § 14 Nr. 1, 2 WEG folgenden Gebrauchsschranken verstößt[6].

Nicht ordnungsmäßig ist ein Mehrheitsbeschluss, der eine zeitlich unbegrenzte Vermietung von Garagen an einzelne Wohnungseigentümer vorsieht, wenn nur wenige Garagen im gemeinschaftlichen Eigentum zur Verfügung stehen[7]; der Mietvertrag muss so ausgestaltet sein, dass der gemeinschaftliche Raum in einem überschaubaren Zeitraum der Gemeinschaft wieder zur Verfügung gestellt werden kann (z.B. durch ein jährliches Kündigungsrecht).

---

1 KG, Beschl. v. 18. 11. 1991 – 24 W 3791/91, WE 1992, 110; BayObLG, Beschl. v. 12. 12. 1991 – 2 Z 145/91, WE 1992, 264.
2 OLG Braunschweig, Beschl. v. 24. 7. 1986 – 3 W 55/86, WuM 1986, 353.
3 OLG Düsseldorf, Beschl. v. 2. 6. 2003 – 3 Wx 94/03, ZMR 2004, 528.
4 BGH, Beschl. v. 29. 6. 2000 – V ZB 46/99, ZWE 2001, 21; BayObLG, Beschl. v. 28. 3. 2002 – 2 Z BR 182/01, NZM 2002, 569.
5 OLG Hamburg, Beschl. v. 10. 3. 2004 – 2 Wx 144/01, ZMR 2004, 615.
6 Vgl. LG Nürnberg-Fürth, Beschl. v. 6. 2. 2007 – 14 T 4053/05, ZMR 2007, 729.
7 KG, Beschl. v. 2. 7. 1990 – 24 W 1434/1990, ZMR 1990, 426.

Waschraum

Ordnungsmäßig ist ein Mehrheitsbeschluss, wonach der gemeinschaftliche Waschkeller auch Feiertags von 9.00 bis 12.00 Uhr genutzt werden darf[1].

Ordnungsmäßig ist ein Mehrheitsbeschluss, wonach der gemeinschaftliche Wasch- und Trockenraum jedem der Wohnungseigentümer alle drei Wochen für jeweils zwei nach dem Kalender im Voraus bestimmte Werktage zur ausschließlichen Nutzung zur Verfügung steht[2].

Ordnungsmäßig ist ein Mehrheitsbeschluss, wonach die Waschmaschine und der Wäschetrockner nicht zwischen 22.00 Uhr und 7.00 Uhr benutzt werden dürfen[3].

Nicht ordnungsmäßig ist eine Hausordnung, wonach der im gemeinschaftlichen Eigentum stehende Waschraum nur Dienstagvormittag und Freitagvormittag genutzt werden darf[4].

Wäschetrockner/Waschmaschine

Ordnungsmäßig ist ein Mehrheitsbeschluss, wonach das Aufstellen von Wäschetrocknern/Kondensationstrocknern in den zum Sondereigentum zählenden Wirtschaftskellern verboten ist, wenn allen Wohnungseigentümern spezielle Wascräume und Trockenräume zur Verfügung stehen[5].

Ordnungsmäßig ist ein Mehrheitsbeschluss, der das Aufstellen und Anschließen von privaten Waschmaschinen und Wäschetrocknern, die von allen Wohnungseigentümern gebraucht werden dürfen, in einem gemeinschaftlichen Kellerraum genehmigt[6].

Wäsche trocknen

Nicht ordnungsmäßig ist ein Mehrheitsbeschluss, der das sichtbare Aufhängen und Auslegen von Wäsche, Betten usw. auf Balkonen, Terrassen, im Gartenbereich und in den Fenstern usw. für unzulässig erklärt, wenn dies gleichbedeutend mit einem generellen Verbot des Wäschetrocknens im Freien ist[7].

---

1 OLG Köln, Beschl. v. 3. 12. 1999 – 16 Wx 165/99, NZM 2000, 191.
2 BayObLG, Beschl. v. 24. 8. 1990 – 2 Z 87/90, WuM 1991, 301.
3 BayObLG, Beschl. v. 23. 10. 1992 – 2 Z BR 87/92, WE 1994, 17.
4 KG, Beschl. v. 7. 1. 1985 – 24 W 4631/84, ZMR 1985, 131.
5 OLG Düsseldorf, Beschl. v. 7. 8. 1985 – 3 W 105/85, OLGZ 1985, 437.
6 OLG Schleswig, Beschl. v. 30. 10. 2002 – 2 W 39/02, ZMR 2004, 68.
7 OLG Düsseldorf, Beschl. v. 1. 10. 2003 – 3 Wx 393/02, ZMR 2005, 142.

Werbeschilder

Nicht ordnungsmäßig ist ein Mehrheitsbeschluss, wonach pro Gewerbeeinheit (bei insges. 14 Einheiten) zwei bewegliche Werbetafeln auf der Gemeinschaftsfläche vor den Geschäften aufgestellt werden dürfen[1].

Wohnmobil

Siehe „Kfz-Abstellplatz"

Zählerraum

Ordnungsmäßig ist ein Mehrheitsbeschluss, wonach der Zugang zu einem im gemeinschaftlichen Eigentum stehenden, mit Zählereinrichtungen für Strom und Gas versehenen Raum den Wohnungseigentümern nur über den Hausmeister oder die Verwaltungsbeiräte gestattet ist, weil diese die Schlüssel verwahren[2]; siehe auch „Heizungsraum".

(2) Nichtige Beschlüsse

(a) Verfahrensrechtliches

413 Ausnahmsweise kann ein fehlerhafter Beschluss nicht nur anfechtbar, sondern von Anfang an **nichtig** sein. Ein nichtiger Beschluss entfaltet im Gegensatz zum nur anfechtbaren Beschluss keine Regelungswirkung. Die Nichtigkeit ist von jedermann zu beachten, ohne dass es einer Feststellung durch ein Gericht bedarf[3]. Liegt ein Nichtigkeitsgrund tatsächlich vor, kann folglich auf ein gerichtliches Verfahren verzichtet werden.

414 Allerdings muss eine eindringliche Warnung ausgesprochen werden. Rät der Anwalt von einem Beschlussanfechtungsverfahren ab, weil der Beschluss bereits (angeblich) an einem Nichtigkeitsgrund leide, treten aber später Zweifel an dieser Einschätzung auf, so ist es in der Regel für eine Beschlussanfechtung wegen Ablaufs der Monatsfrist zu spät. Der Beschluss ist dann trotz seiner Fehlerhaftigkeit bestandskräftig geworden. Aus anwaltlicher Vorsorge sollte daher dann, wenn die Nichtigkeit eines Beschlusses nicht mit hinreichender Sicherheit bejaht werden kann, innerhalb der Monatsfrist des § 46 Abs. 1 WEG Anfechtungsklage erhoben werden. Der Kläger kann gleichzeitig oder später im Laufe des Verfahrens (fristungebunden) hilfsweise die Feststellung der Nichtigkeit des Beschlusses beantragen.

415 Negative Kostenfolgen hat die Abweisung der Anfechtungsklage und die Feststellung der Nichtigkeit nicht, da das Rechtsschutzziel der Anfechtungsklage und der Nichtigkeitsfeststellungsklage – nämlich die ver-

---

1 BayObLG, Beschl. v. 18. 1. 2001 – 2 Z BR 64/00, NZM 2002, 257.
2 BayObLG, Beschl. v. 19. 12. 2001 – 2 Z BR 167/01, ZWE 2002, 318.
3 BGH, Beschl. v. 18. 5. 1989 – V ZB 4/89, NJW 1989, 2059.

bindliche Klärung der Gültigkeit des zur Überprüfung gestellten Beschlusses – praktisch identisch ist[1].

(b) Nichtigkeitsgründe

Verstoß gegen die guten Sitten: Gem. § 138 BGB ist ein Beschluss nichtig, der gegen die guten Sitten verstößt[2]. Ob ein Sittenverstoß vorliegt, ist wertend nach dem Anstandsgefühl aller billig und gerecht Denkenden zu ermitteln[3]. Der Begriff der guten Sitten wird durch die herrschende Rechts- und Sozialmoral inhaltlich bestimmt, wobei ein durchschnittlicher Maßstab anzulegen ist[4]. Abzustellen ist nicht nur auf den objektiven Gehalt des Beschlusses, sondern auch auf die Motive der Wohnungseigentümer sowie den Zweck der Regelung. Auf die Kenntnis der Sittenwidrigkeit kommt es nicht an. Es genügt, wenn sich die beschlussfassenden Wohnungseigentümer der Umstände bewusst sind, aus denen sich die Sittenwidrigkeit ergibt[5].

416

Einzelfälle:

417

Haustierhaltung (allgemein)

Nichtig ist ein Beschluss, der einem Wohnungseigentümer die Haustierhaltung verbietet[6] oder der die Haustierhaltung von der Zustimmung des Verwalters oder des Verwaltungsbeirats abhängig macht[7].

Hundehaltung

Nicht nichtig, aber anfechtbar ist ein Mehrheitsbeschluss, der die Hundehaltung vollständig verbietet[8]; im Einzelfall kann die Durchsetzung des Hundehaltungsverbots wegen Verstoßes gegen Treu und Glauben unzulässig sein[9].

---

1 Vgl. Jennißen/*Suilmann*, § 46, Rz. 148.
2 BGH, Beschl. v. 16. 9. 1994 – V ZB 2/93, NJW 1994, 3230; Beschl. v. 4. 5. 1995 – V ZB 5/95, NJW 1995, 2036.
3 BGHZ 69, 269.
4 Palandt/*Heinrichs*, § 138 BGB, Rz. 2.
5 Vgl. Palandt/*Heinrichs*, § 138 BGB, Rz. 8.
6 OLG Saarbrücken, Beschl. v. 2. 10. 2006 – 5 W 154/06-51, ZMR 2007, 308; **a. A.** OLG Düsseldorf, Beschl. v. 15. 7. 2002 – 3 Wx 173/02, WuM 2002, 506.
7 A. A. noch OLG Saarbrücken, Beschl. v. 7. 5. 1999 – 5 W 365/98-105, NZM 1999, 621.
8 BGH, Beschl. v. 4. 5. 1995 – V ZB 5/95, NJW 1995, 2036; BayObLG, Beschl. v. 2. 2. 1995 – 2 Z BR 120/94, WuM 1995, 329; OLG Düsseldorf, Beschl. v. 5. 5. 1997 – 3 Wx 459/96, WE 1997, 422; OLG Stuttgart, Beschl. v. 4. 3. 1982 – 8 W 8/82, MDR 1982, 583; **a. A.** noch KG, Beschl. v. 13. 1. 1992 – 24 W 2671/91, OLGZ 1992, 420.
9 BayObLG, Beschl. v. 25. 10. 2001 – 2 Z BR 81/01, ZWE 2002, 175.

Musizierverbot

Ein Beschluss, der das Musizieren in der Wohnung vollständig verbietet, verstößt gegen die guten Sitten; gleiches gilt für einen Beschluss, der die Musizierzeiten derart einschränkt, dass dies einem völligem Musizierverbot gleichkommt[1].

Rollstuhl

Ein Beschluss, der das Abstellen eines Rollstuhls im Treppenhaus verbietet, kann gegen die guten Sitten verstoßen[2].

418 **Verstoß gegen gesetzliches Verbot**: Nichtig sind gem. § 134 BGB Beschlüsse, die gegen ein gesetzliches Verbot verstoßen[3]. Darunter fallen insbesondere Beschlüsse über Gebrauchsregelungen, die ein durch Strafgesetz sanktioniertes Verhalten gestatten. § 134 BGB findet jedoch nicht bei Verstößen gegen bauordnungsrechtliche Vorschriften Anwendung[4].

419 **Verstoß gegen zwingende Vorschriften**: Ein Beschluss ist nichtig, wenn er gegen unabdingbare Rechtsvorschriften verstößt (§ 23 Abs. 4 WEG). Nichtig ist daher ein Beschluss, der öffentlich-rechtlichen Ruhezeiten widerspricht[5]. Ein Beschluss, wonach der im gemeinschaftlichen Eigentum stehende Waschkeller auch Feiertags von 9.00 bis 12.00 Uhr genutzt werden darf, verstößt jedoch nicht gegen § 3 NWFeiertagsG[6].

420 **Entzug des Mitgebrauchsrechts**: Nichtig ist ein Beschluss, durch den einem Wohnungseigentümer das Mitgebrauchsrecht an einer Fläche oder einem baulichen Bestandteil des gemeinschaftlichen Eigentums gänzlich entzogen wird[7]. Dies ist etwa der Fall, wenn einem Wohnungseigentümer – unter Ausschluss aller anderen Wohnungseigentümer – ein alleiniges Sondernutzungsrecht eingeräumt wird. Für die Entziehung des Mitgebrauchsrechts nach § 13 Abs. 2 WEG fehlt den Wohnungseigentümern die Beschlusskompetenz[8]. Andererseits besteht eine Beschlusskom-

---

1 OLG Hamm, Beschl. v. 10. 11. 1980 – 15 W 122/80, MDR 1981, 320; **a.A.** BayObLG, Beschl. v. 23. 8. 2001 – 2 Z BR 96/01, ZWE 2001, 595; zu einer noch zulässigen Musizierzeitenregelung s. OLG Hamm, Beschl. v. 7. 11. 1985 – 15 W 181/85, OLGZ 1986, 167.
2 OLG Düsseldorf, Beschl. v. 12. 12. 1983 – 3 W 227/83, ZMR 1984, 161.
3 BGH, Beschl. v. 21. 5. 1970 – VII ZB 3/70, NJW 1970, 1316; BGH, Beschl. v. 18. 5. 1989 – V ZB 4/89, NJW 1989, 2059; OLG Hamm, Beschl. v. 3. 7. 2001 – 15 W 444/00, ZWE 2002, 44 (46).
4 OLG Hamm, Beschl. v. 3. 7. 2001 – 15 W 444/00, ZWE 2002, 44 (46).
5 KG, Beschl. v. 18. 11. 1991 – 24 W 3791/91, ZMR 1992, 68 (70).
6 OLG Köln, Beschl. v. 3. 12. 1999 – 16 Wx 165/99, NZM 2000, 191.
7 BGH, Beschl. v. 20. 9. 2000 – V ZB 58/99, NJW 2000, 3500; OLG München, Beschl. v. 21. 2. 2007 – 34 W 103/05, ZMR 2007, 561.
8 BGH, Beschl. v. 20. 9. 2000 – V ZB 58/99, NJW 2000, 3500 (3502); OLG Frankfurt/Main, Beschl. v. 30. 8. 2004 – 20 W 440/01, NZM 2004, 910; *Ott*, ZWE 2000, 333 (336); *Wenzel*, ZWE 2000, 2 (5f.).

petenz für eine Gebrauchsregelung, durch die eine gemeinschaftliche Fläche (z.B. Gartenfläche) räumlich aufgeteilt und die gebildeten Teilflächen jeweils einer Gruppe von Wohnungseigentümern zum ausschließlichen Gebrauch zugewiesen werden[1].

Abänderung einer Vereinbarung: Nichtig ist ein Beschluss, der auf Abänderung einer bereits bestehenden Vereinbarung im Sinne des § 15 Abs. 1 WEG gerichtet ist[2]. Dies folgt bereits aus § 15 Abs. 2 WEG, wonach eine Beschlusskompetenz nur dann gegeben ist, wenn nicht eine Vereinbarung nach § 15 Abs. 1 WEG entgegensteht. Hintergrund ist, dass ein Sondernachfolger auf die Geltung im Grundbuch eingetragener Vereinbarungen vertrauen können muss[3]. Nur anfechtbar ist dagegen ein Beschluss, der eine an sich erforderliche Vereinbarung ersetzt, also erstmals eine von §§ 13, 14 Nr. 1 WEG abweichende Regelung, die über den Rahmen der Ordnungsmäßigkeit hinausgeht, schafft. In diesem Fall ist noch keine Vereinbarung vorhanden, die im Grundbuch eingetragen ist und dem Beschluss entgegenstehen könnte. Ebenfalls nur anfechtbar ist ein Beschluss, der im **Einzelfall** einen vereinbarungswidrigen Gebrauch gestattet, etwa die Vermietung an einen bestimmten Dritten zu einem nach der Gemeinschaftsordnung nicht zulässigen Zweck[4]. 421

Eingriff in die individuelle Rechtszuständigkeit: Nichtig ist ein Beschluss, der in die individuelle Rechtszuständigkeit eines Wohnungseigentümers eingreift[5]. In individueller Rechtszuständigkeit steht etwa der Abwehranspruch aus §§ 15 Abs. 3 WEG, 1004 BGB wegen störendem Gebrauch (siehe Rz. 428). Nichtig ist daher ein Beschluss, nach dem einem Wohnungseigentümer, der einer Störung durch einen anderen Wohnungseigentümer ausgesetzt ist, der Abwehranspruch aus § 15 Abs. 3 WEG, 1004 BGB genommen wird, weil die beschlussfassenden Wohnungseigentümer nicht wollen, dass der Gestörte gegen den störenden Eigentümer gerichtlich vorgeht. Unter diesen Nichtigkeitsgrund fällt auch die unzulässige Auferlegung von Pflichten[6], so etwa wenn die Wohnungseigentümer unmittelbar durch Beschluss einen Eigentümer ver- 422

---

1 OLG Hamm, Beschl. v. 11. 11. 2004 – 15 W 351/04, ZMR 2005, 400.
2 BGH, Beschl. v. 20. 9. 2000 – V ZB 58/99, NJW 2000, 3500 = ZWE 2000, 518; KG, Beschl. v. 22. 12. 2006 – 24 W 126/05, ZMR 2007, 299; *Becker/Kümmel*, ZWE 2001, 128 (136); *Bielefeld*, DWE 2001, 5 (10); *Buck*, PiG 54, 185 (191 f.); a. A. noch BayObLG, Beschl. v. 25. 6. 1997 – 2 Z BR 90/96, WE 1998, 117; OLG Düsseldorf, Beschl. v. 13. 6. 1997 – 3 Wx 491/96, WE 1997, 471.
3 BGH, Beschl. v. 20. 9. 2000 – V ZB 58/99, NJW 2000, 3500 (3501).
4 OLG Saarbrücken, Beschl. v. 3. 2. 2006 – 5 W 115–05–31, ZMR 2006, 554 (556); OLG Saarbrücken, Beschl. v. 3. 2. 2006 – 5 W 125/05, NZM 2006, 590.
5 OLG Hamm, Beschl. v. 24. 1. 2001 – 15 W 405/00, ZWE 2001, 273; *Bärmann/Pick/Merle*, § 23 WEG, Rz. 140; Staudinger/*Bub*, § 23 WEG, Rz. 107.
6 Dazu ausführlich *Riecke/Schmidt*, ZMR 2005, 252; *Wenzel*, NZM 2004, 542.

pflichten wollen, seinen PKW aus der Tiefgarage zu entfernen, weil von diesem angeblich Gefahren ausgehen[1].

423 **Eingriff in den dinglichen Kernbereich**: Nichtig ist ein Beschluss, der in den dinglichen Kernbereich des Wohnungseigentums eingreift[2]. Der Kernbereich des Wohnungseigentums umfasst nach Ansicht des BGH den „wesentlichen Inhalt der Nutzung von Wohnungseigentum"[3]. Dieser Nichtigkeitsgrund hat in der Rechtsprechung allerdings bislang keine Bedeutung erlangt, jedenfalls nicht was den Bereich der §§ 13 bis 15 WEG anbelangt. Ein Eingriff in den Kernbereich wurde bei Gebrauchsfragen – soweit ersichtlich – noch nicht bejaht. Ein Eingriff in den Kernbereich wurde vom BGH bejaht bei einem Beschluss über das generelle Verbot von Parabolantennen[4] und abgelehnt bei einem Beschluss über ein generelles Verbot der Hundehaltung[5].

424 **Inhaltliche Unbestimmtheit**: Nichtig ist ein Beschluss, der wegen inhaltlicher Unbestimmtheit oder Widersprüchlichkeit keine durchführbare Regelung enthält[6]. Nur soweit eine durchführbare Regelung noch erkennbar ist, bleibt ein Beschluss wirksam. Nicht nichtig ist daher ein Beschluss, wonach Kinderwagen im Flur *vorübergehend* abgestellt werden dürfen[7]. Nichtig sei ein Beschluss, der den Verwalter verpflichtet, *gröbliche Verstöße* gegen die Hausordnung gerichtlich zu ahnden.

425 **Unmöglichkeit der Durchführung**: Nach Abschaffung des § 306 BGB a. F. zwar nicht nichtig, jedoch inhaltlich gegenstandslos ist ein Beschluss, der von den Wohnungseigentümern etwas Undurchführbares verlangt[8]. Dies gilt etwa für eine Gebrauchsregelung, die wegen der baulichen Beschaffenheit der Wohnanlage niemand einhalten kann.

---

1 Anders die überwiegende Rechtsprechung: BayObLG, Beschl. v. 15. 1. 2003 – 2 Z BR 101/02, NZM 2003, 239; OLG Köln, Beschl. v. 23. 6. 2003 – 16 Wx 121/03, ZMR 2004, 215; OLG Hamburg, Beschl. v. 4. 3. 2003 – 2 Wx 148/00, ZMR 2003, 447; für Nichtigkeit nunmehr OLG Hamm, Beschl. v. 24. 2. 2005 – 15 W 507/04, ZMR 2005, 897.
2 BGH, Beschl. v. 22. 1. 2004 – V ZB 51/03, ZMR 2004, 438, 441; BGH, Beschl. v. 16. 9. 1994 – V ZB 2/93, NJW 1994, 3230; Beschl. v. 4. 5. 1995 – V ZB 5/95, NJW 1995, 2036.
3 BGH, Beschl. v. 22. 1. 2004 – V ZB 51/03, ZMR 2004, 438 (441); Beschl. v. 4. 5. 1995 – V ZB 5/95, NJW 1995, 2036.
4 BGH, Beschl. v. 22. 1. 2004 – V ZB 51/03, ZMR 2004, 438 (442).
5 BGH, Beschl. v. 4. 5. 1995 – V ZB 5/95, NJW 1995, 2036; OLG Düsseldorf, Beschl. v. 5. 5. 1997 – 3 Wx 459/96, WE 1997, 422; OLG Düsseldorf, Beschl. v. 10. 12. 2004 – I-3 Wx 311/04, ZMR 2005, 303.
6 OLG Hamm, WE 1991, 108; BGH, V ZB 11/98, NJW 1998, 3713; *Niedenführ/Kümmel/Vandenhouten*, § 23 Rz. 63.
7 OLG Hamm, Beschl. v. 3. 7. 2001 – 15 W 444/00, ZWE 2002, 44 (46).
8 Vgl. BayObLG, Beschl. v. 19. 4. 1996 – 2 Z BR 15/96, WuM 1996, 439.

c) Aufstellung von Gebrauchsregelungen durch den Verwalter

Die Gemeinschaftsordnung kann vorsehen, dass Gebrauchsregelungen (etwa im Rahmen der Hausordnung) vom Verwalter aufgestellt werden. Die vom Verwalter vorgegebenen Regelungen sind für die Wohnungseigentümer in gleicher Weise verbindlich wie die durch die Wohnungseigentümer getroffenen Regelungen. Wie solche stehen auch die vom Verwalter aufgestellten Gebrauchsregelungen unter dem Vorbehalt einer Abänderung durch Mehrheitsbeschluss der Wohnungseigentümer oder gerichtliche Entscheidung[1].

426

4. Abwehransprüche

a) Abwehransprüche nach WEG

aa) Rechtsgrundlage

Der Abwehranspruch wegen Störungen durch unzulässigen Gebrauch des Sonder- oder Gemeinschaftseigentums folgt aus den **§§ 15 Abs. 3 WEG, 1004 BGB**. Gemäß § 15 Abs. 3 WEG kann jeder Wohnungseigentümer einen Gebrauch verlangen, der dem Gesetz (§§ 13, 14 Nr. 1 WEG) oder den Vereinbarungen (gem. § 15 Abs. 1 WEG) und Beschlüssen der Wohnungseigentümer (gem. § 15 Abs. 2 WEG) entspricht. Der Abwehranspruch ist darauf gerichtet, dass der oder die störenden Wohnungseigentümer einen unzulässigen Gebrauch des Sonder- oder Gemeinschaftseigentums – Wiederholungsgefahr vorausgesetzt – unterlassen oder einen störenden Gebrauch beendigen[2]. Liegt ein Verstoß gegen die Gebrauchsregelungen vor, kann grundsätzlich von Wiederholungsgefahr ausgegangen werden. Der Fortbestand der Wiederholungsgefahr wird vermutet[3]. Bei mehreren störenden Miteigentümern sind die Wohnungseigentümer nicht verpflichtet, gegen alle Störer gleichmäßig vorzugehen. Es gibt keine Gleichbehandlung im Unrecht[4]. Es besteht auch kein allgemeiner Grundsatz, dass nur derjenige Abwehrrechte geltend machen dürfe, der sich selbst rechtstreu verhalte[5]. Eigene Rechtsverstöße führen nur ausnahmsweise zu einem Wegfall des Gläubigeranspruchs[6].

427

---

1 BayObLG, Beschl. v. 23. 8. 2001 – 2 Z BR 96/01, ZWE 2002, 595; OLG Oldenburg, Beschl. v. 21. 7. 1977 – 5 Wx 9/77, ZMR 1978, 245; Elzer, ZMR 2006, 733 (735).
2 Vgl. die allgemeinen Ausführungen zum Anspruch aus § 1004 BGB bei Palandt/Bassenge, § 1004 BGB, Rz. 15ff., 27ff.
3 BayObLG, Beschl. v. 11. 12. 1986 – BReg. 2 Z 119/86, MDR 1987, 410.
4 OLG Hamburg, Beschl. v. 4. 2. 2004 – 2 Wx 00/01, ZMR 2004, 454.
5 OLG München, Beschl. v. 22. 8. 2007 – 34 Wx 088/07, ZMR 2007, 884.
6 BGH, Urt. v. 26. 11. 2004 – V ZR 90/04 – NJW-RR 2005, 743 (745).

bb) Anspruchsinhaber

428 Der Abwehranspruch steht jedem Wohnungseigentümer als **Individualrecht** zu[1]. Einen Abwehranspruch wegen Störungen des **Sondereigentums** hat aber nur, wer durch das Verhalten eines anderen Wohnungseigentümers oder des in § 14 Nr. 1 WEG genannten Personenkreises in seinem Gebrauchsrecht beeinträchtigt ist[2]. Gleiches gilt für Störungen, die den Ausübungsbereich eines ausschließlichen Sondernutzungsrechts betreffen. Einen Abwehranspruch wegen Störungen des **gemeinschaftlichen Eigentums** hat dagegen grds. jeder Wohnungseigentümer, weil jeder Wohnungseigentümer zum Mitgebrauchsrecht am gemeinschaftlichen Eigentum berechtigt ist. Nutzt ein Wohnungseigentümer einen gemeinschaftlichen Raum allein, ohne dazu berechtigt zu sein, können die übrigen Wohnungseigentümer allein oder gemeinsam **Räumung** und **Herausgabe des Raumes** an sämtliche Wohnungseigentümer verlangen[3].

429 Die **Geltendmachung des Abwehranspruchs** ist nicht von einem vorherigen Beschluss der Wohnungseigentümer abhängig[4]. Jeder in seinem Gebrauchsrecht beeinträchtigte Wohnungseigentümer kann den Abwehranspruch geltend machen, ohne sich zuvor mit den anderen Wohnungseigentümern abstimmen zu müssen[5]. Liegt eine Störung des gemeinschaftlichen Eigentums oder aller Sondereigentumseinheiten vor, können die Wohnungseigentümer den ihnen zustehenden Abwehranspruch durch Mehrheitsbeschluss an die **Gemeinschaft der Wohnungseigentümer** ziehen, die diesen Anspruch dann gemäß § 10 Abs. 6 Satz 3 Halbsatz 2 WEG als Prozessstandschafterin geltend macht. Ein solcher vorbereitender Eigentümerbeschluss könnte beispielsweise lauten: „Die Wohnungseigentümer beschließen, den Teileigentümer A wegen unzulässiger Nutzung seiner Ladeneinheit Nr. 1 als Gaststätte unter Einschaltung eines Rechtsanwalts gerichtlich auf Unterlassung in Anspruch zu nehmen. Der Abwehranspruch wird durch die Gemeinschaft der Wohnungseigentümer geltend gemacht."

430 Ein solcher „**Vorschaltbeschluss**" kann von dem Störer nicht mit dem Argument angefochten werden, es liege kein rechtswidriges Verhalten vor, weshalb ein Abwehranspruch gegen ihn nicht bestehe und die Einleitung eines Gerichtsverfahrens gegen ihn nicht ordnungsmäßiger Ver-

---

[1] BayObLG, Beschl. v. 30. 5. 1996 – 2 Z BR 9/96, WE 1997, 79; Beschl. v. 20. 1. 1994 – 2 Z BR 93/93, ZMR 1994, 234; *Abramenko* in Riecke/Schmid, § 15 WEG, Rz. 25; *Niedenführ/Kümmel/Vandenhouten*, § 15 WEG, Rz. 16.
[2] A. A. wohl KG, Beschl. v. 12. 9. 1990 – 24 W 7792/89.
[3] BayObLG, Beschl. v. 15. 1. 2004 – 2Z BR 225/03, ZMR 2004, 445; *Abramenko* in Riecke/Schmid, § 15 WEG, Rz. 22; siehe auch Müller/*Weber*, Formularbuch WEG, L. I. 9.
[4] BayObLG, Beschl. v. 15. 1. 2004 – 2 Z BR 225/03, ZMR 2004, 445; KG, Beschl. v. 14. 3. 1990 – 24 W 6087/89, ZMR 1990, 307.
[5] Ständige Rspr., BGH, Beschl. v. 19. 12. 1991 – V ZB 27/90, NJW 1992, 978.

waltung entspreche. Das materiellrechtliche Bestehen eines Abwehranspruchs prüft das Gericht erst in dem anschließenden Unterlassungsverfahren, nicht im Rahmen einer Anfechtungsklage gegen einen solchen Beschluss. Eine Beschlussanfechtung kann nur auf formelle Beschlussfehler gestützt werden[1].

Steht ein Abwehranspruch nur einem oder einzelnen Wohnungseigentümern zu, weil nur diese über das in § 14 Nr. 1 WEG bestimmte Maß hinaus in ihren Rechten beeinträchtigt sind, kann dieser Anspruch nicht durch Mehrheitsbeschluss zur Gemeinschaftsangelegenheit gemacht werden[2]. Der Wohnungseigentümerversammlung fehlt dafür die **Beschlusskompetenz**. 431

Ob die Wohnungseigentümer die **Durchsetzung** eines Abwehranspruchs zur Gemeinschaftsangelegenheit machen, steht in deren **Ermessen**. Dies gilt selbst dann, wenn das Vorliegen einer Störung bereits rechtskräftig festgestellt wurde. Auch in diesem Fall kann der einzelne Wohnungseigentümer von der Versammlung darauf verwiesen werden, sein Unterlassungsverlangen als Individualanspruch allein gegen den Störer geltend zu machen[3]. 432

Der **Verwalter** ist weder kraft Gesetzes noch auf Grund eines etwaigen Mehrheitsbeschlusses befugt, Abwehransprüche aus §§ 15 Abs. 3 WEG, 1004 BGB **im eigenen Namen** gegen den störenden Wohnungseigentümer geltend zu machen. Der im Schrifttum vertretenen Gegenauffassung, wonach der Verwalter im eigenen Namen eine Entscheidung des Gerichts herbeiführen können soll[4], ist nicht überzeugend. Sie stützt sich auf Gerichtsentscheidungen, die keine Abwehransprüche nach §§ 15 Abs. 3 WEG, 1004 BGB betreffen. Soweit § 27 Abs. 1 Nr. 1 WEG bestimmt, dass der Verwalter für die Durchführung der Hausordnung zu sorgen hat, sind damit nur Maßnahmen tatsächlicher Art gemeint. Der Verwalter ist lediglich befugt, aber auch verpflichtet, durch Hinweise, Aushänge, Rundschreiben etc. auf die Lösung von Konflikten hinzuwirken[5]. Es wäre dem Rechtsfrieden innerhalb einer Wohnungseigentümergemeinschaft abträglich, wenn der Verwalter die Interessen eines Eigentümers gegenüber einem anderen Eigentümer im Hinblick auf die streitige Nutzung des Gemeinschaftseigentums unterstützen müsste. Der sich gestört fühlende Eigentümer kann seinen individuellen Abwehranspruch selbst gegen den vermeintlichen Störer geltend machen. Im Üb- 433

---

1 KG, Beschl. v. 8. 1. 1997 – 24 W 5678/96, ZMR 1997, 318.
2 So auch *Abramenko* in Riecke/Schmid, § 15 WEG, Rz. 25.
3 OLG Frankfurt/Main, Beschl. v. 3. 11. 2003 – 20 W 506/01, ZMR 2004, 290; AG Hamburg-Blankenese, Beschl. v. 14. 10. 2005 – 506 II 30/05, ZMR 2006, 727.
4 So *Bärmann/Pick/Merle*, § 27 WEG, Rz. 44; Staudinger/*Bub*, § 27 WEG, Rz. 125.
5 AG Pinneberg, Beschl. v. 24. 9. 2003 – 68 II 61/03 WEG, ZMR 2004, 304; vgl. *Bärmann/Pick/Merle*, § 27 WEG, Rz. 41; *Elzer*, ZMR 2006, 733 (740).

rigen kann der Wohnungseigentümer vom Verwalter verlangen, dass dieser sein Anliegen auf die Tagesordnung der nächsten Eigentümerversammlung bringt[1].

cc) Anspruchsgegner

(1) Wohnungseigentümer

434 **Anspruchsgegner** ist der störende Wohnungseigentümer (Handlungsstörer). Störer ist ein Wohnungseigentümer gem. § 14 Nr. 2 WEG auch dann, wenn die Störung von einer Person ausgeht, der die Benutzung der im Sonder- oder Gemeinschaftseigentum stehenden Grundstücks- oder Gebäudeteile vom Wohnungseigentümer überlassen wurde.

(2) Mieter und sonstige Nutzer

435 Geht das störende Verhalten nicht von einem Mitglied der Wohnungseigentümergemeinschaft sondern von einem Mieter oder einer sonstigen Person aus, der der Eigentümer das Sondereigentum zum Gebrauch überlassen hat, stellt sich die Frage, inwieweit den Wohnungseigentümern Unterlassungs- und Abwehransprüche unmittelbar gegen den Nutzer zustehen. Der vermietende Eigentümer kann bei Verstößen gegen den Mietvertrag aus diesem heraus vom Mieter Unterlassung verlangen. Die anderen Wohnungseigentümer stehen mit dem Mieter hingegen nicht in vertraglicher Verbindung, sodass ihnen vertragliche Abwehransprüche fehlen. Als Anspruchsgrundlage kommt nur § 1004 Abs. 1 BGB in Betracht. § 1004 Abs. 1 BGB setzt eine **Beeinträchtigung** des **Eigentums** voraus, die nicht in einer Vorenthaltung oder Entziehung des Besitzes liegt (dann §§ 861 ff. BGB). Eine Eigentumsbeeinträchtigung in diesem Sinne ist jeder dem Inhalt des Eigentums (§§ 906–924 BGB) widersprechende Eingriff in die rechtliche oder tatsächliche Herrschaftsmacht des Eigentümers[2]. Insoweit kann der Wohnungseigentümer gegen den Mieter eines anderen Eigentümers die gleichen Beeinträchtigungen abwehren wie Mieter verschiedener Wohnungen untereinander oder beispielsweise die Eigentümer benachbarter Grundstücke. Als **Beispiele** für abwehrfähige Eigentumsbeeinträchtigungen in einer Wohnanlage seien genannt: Verursachung starken Lärms und Gestanks, Wassereintritt durch überlaufende Wanne, Risse in den Wänden infolge Entkernungsarbeiten in benachbarter Wohnung.

436 Umstritten ist, ob die Wohnungseigentümer gegen den Mieter eines anderen Eigentümers auch solche Beeinträchtigungen abwehren können, die in einem (bloßen) **Verstoß gegen wohnungseigentumsrechtliche Gebrauchsregelungen** liegen, ohne dass sonstige Eigentumsbeeinträchtigun-

---
[1] AG Pinneberg, Beschl. v. 24. 9. 2003 – 68 II 61/03 WEG, ZMR 2004, 304.
[2] Palandt/*Bassenge*, § 1004 BGB, Rz. 6.

gen im Sinne des § 906 BGB vorliegen. **Beispiele**: Eine Teileigentumseinheit darf nach der in der Teilungserklärung enthaltenen Zweckbestimmung nur als „Laden" genutzt werden, der Mieter betreibt in der Einheit jedoch eine Gaststätte; nach der Gemeinschaftsordnung ist das Halten von Hunden untersagt, der Mieter eines Eigentümers hält jedoch einen Hund; der Mieter stellt seinen Pkw außerhalb der gekennzeichneten Stellplatzflächen auf dem gemeinschaftlichen Grundstück ab.

Die **Rechtsprechung** sieht in einem Verstoß des Mieters gegen die Gebrauchsregelungen der Wohnungseigentümer nach § 15 Abs. 1 und 2 WEG eine Beeinträchtigung im Sinne des § 1004 Abs. 1 BGB, sodass den Wohnungseigentümern Abwehransprüche unmittelbar gegen den Mieter zustehen sollen[1]. Als Begründung wird angeführt, dem Mieter könnten gegenüber den anderen Wohnungseigentümern keine weitergehenden Rechte zustehen als dem vermietenden Wohnungseigentümer selbst, weil der Mieter von diesem seine Rechtsstellung ableite[2]. Dies soll auch gelten, wenn die Gebrauchsregelung durch die Wohnungseigentümer nach § 15 Abs. 2 WEG mehrheitlich beschlossen wurde[3]. Im **jüngeren Schrifttum** wird die Auffassung der Rechtsprechung in Zweifel gezogen[4].

437

Gegen die Argumentation der Rechtsprechung lässt sich einwenden, dass der Mieter sehr wohl weitergehende Rechte als der Vermieter haben kann nämlich dann, wenn der Vermieter sich schuldrechtlich gegenüber einem Dritten, etwa den anderen Wohnungseigentümern, zu einem eingeschränkten Gebrauch verpflichtet hat, woran der Mieter nicht gebunden ist. Die Vereinbarungen der Wohnungseigentümer über Gebrauchsbeschränkungen stellen ihrer Rechtsnatur nach bloße schuldrechtliche Vereinbarungen mit relativer Wirkung dar[5]. Diese binden nur die am Rechtsgeschäft beteiligten Personen, nicht Dritte. Sie ähneln in ihrer Rechtswirkung nachbarrechtlichen Verträgen zwischen Grundstücksnachbarn, die die Mieter der Grundstücke ebenfalls nicht binden. Bereits der Gedanke, der Mieter leite seine Befugnis zur Nutzung des Mietgegenstandes vom Eigentümer ab, ist verfehlt. Denn Vermieter eines Gegenstandes kann auch sein, wer keinerlei Rechte an der Mietsache hat. Der

438

---

1 KG, Beschl. v. 13. 12. 2004 – 24 W 298/03, ZMR 2005, 977; Beschl. v. 26. 11. 2001 – 24 W 7/01, ZMR 2002, 458; Beschl. v. 10. 2. 1997 – 24 W 6582/96, NJW-RR 1997, 713; BGH, Urt. v. XII ZR 230/94, NJW 1996, 714; OLG München, Urt. v. 25. 2. 1992 – 25 U 3550/91, NJW-RR 1992, 1492; OLG Stuttgart, Beschl. v. 30. 9. 1992 – 8 W 256/92, NJW-RR 1993, 24.
2 So im Schrifttum auch *Riecke* in Riecke/Schmid, Anhang zu § 15, Rz. 46.
3 OLG Karlsruhe, Urt. v. 22. 9. 1993 – 6 U 49/93, NJW-RR 1994, 146; OLG Frankfurt/Main, Urt. v. 2 U 124/92, NJW-RR 1993, 981; AG Hannover, Urt. v. 27. 11. 2001 – 271 U 23794/00, ZMR 2002, 873.
4 *Abramenko* in Riecke/Schmid, § 13 WEG, Rz. 4; Müller/*Weber*, Formularbuch WEG, L. I. 2. Anm. 12;; Jennißen/*Hogenschurz*, § 14 WEG, Rz. 19; Niedenführ/*Kümmel*/Vandenhouten, § 14 WEG, Rz. 24.
5 *Armbrüster/M. Müller*, ZMR 2007, 321 (324).

Vermieter verpflichtet sich aufgrund des Mietvertrages lediglich schuldrechtlich, dem Mieter den Gebrauch der Mietsache zu gewähren (§ 535 Abs. 1 Satz 1 BGB). Ob er diese Verpflichtung aufgrund seiner dinglichen Rechtsposition erfüllen kann, spielt keine Rolle. Besondere Rechte gegenüber Dritten werden durch einen Mietvertrag nicht übertragen, schon gar keine Rechte aus dem Eigentum. Der Mietvertrag greift in die Rechtsposition des Eigentümers nicht ein.

439 Die **Argumentation der Gerichte versagt** auch, wenn zwischen Eigentümer und Nutzer der Wohnung kein Vertragsverhältnis besteht bzw. der Dritte die Wohnung unberechtigt nutzt (etwa der bereits gekündigte Mieter, der Wohnungsbesetzer, der Unteruntermieter oder der Lebenspartner oder Angestellte eines Mieters). Ein vertragsloser Nutzer stünde nach der Argumentation der Rechtsprechung besser als der Mieter, denn die Rechtsprechung kann dem unberechtigten oder vertragslosen Nutzer nicht das Argument entgegenhalten, er leite seine Rechtsposition vom Eigentümer ab, der zu dem störenden Gebrauch im Verhältnis zur Eigentümergemeinschaft nicht berechtigt sei.

440 **Teile des Schrifttums**[1] und der **Rechtsprechung**[2] greifen daher zur Begründung eines Unterlassungsanspruchs gegen den Mieter auf folgenden Gedankengang zurück: Es komme darauf an, ob die verletzte Gebrauchsregelung der Wohnungseigentümer den (dinglichen) Inhalt des Sondereigentums sämtlicher Einheiten ausgestalte, sodass in dem Verstoß gegen die Gebrauchsregelung eine Störung des Sondereigentums sämtlicher Einheiten liege. Gemäß §§ 5 Abs. 4, 10 Abs. 3 WEG könnten Vereinbarungen der Wohnungseigentümer durch Eintragung im Grundbuch zum Inhalt des Sondereigentums aller Einheiten gemacht werden. Damit erlangten sie Wirkung auch gegenüber solchen Personen, die statt des Eigentümers das Gemeinschaftseigentum oder das Sondereigentum nutzten. § 12 Abs. 3 Satz 1 WEG zeige, dass das Gesetz eine Wirkung von Vereinbarungen der Wohnungseigentümer gegenüber Dritten kenne. Abgesehen davon wäre der durch eine vereinbarte Gebrauchsbeschränkung bezweckte Schutz der Wohnungseigentümer unvollkommen, so die Vertreter dieser Auffassung, wenn die Wohnungseigentümer bei Vermietung darauf verwiesen wären, gegen den Vermieter vorzugehen, statt den Nutzer selbst belangen zu können. Dies spreche dafür, die den Wohnungseigentümern durch §§ 5 Abs. 4, 10 Abs. 3 WEG eingeräumte Rechtsmacht so zu verstehen, dass die Vereinbarungen neben Sondernachfolgern auch Fremdnutzer (Mieter, Pächter etc.) binden könnten, die anstelle eines Wohnungseigentümers das Sonder- oder Gemeinschafts-

---

1 *Armbrüster/M. Müller*, FS Seuß, 2007, S. 3 ff = ZWE 2007, 227 (230); siehe auch *Armbrüster/M. Müller*, ZMR 2007, 321; *Elzer*, ZMR 2006, 733 (740); *Nüßlein*, PiG 76, 130.
2 OLG Karlsruhe, Urt. v. 22. 9. 1993 – 6 U 49/93, NJW-RR 1994, 146.

eigentum gebrauchten. Dies gelte aber nur für vereinbarte und im Grundbuch eingetragene Gebrauchsregelungen. Vereinbarungen außerhalb des Grundbuchs und Beschlüsse der Wohnungseigentümer formten den Inhalt des Sondereigentums nicht aus und könnten daher Dritte nicht binden[1]. Eine Rückausnahme gelte wiederum für Beschlüsse aufgrund einer im Grundbuch eingetragenen Öffnungsklausel, die ebenfalls den Nutzungsberechtigten im Sinne des § 14 Nr. 2 WEG bänden[2].

Diese **Argumentation begegnet** ebenfalls **Bedenken**. Zwar können Vereinbarungen der Wohnungseigentümer gemäß § 5 Abs. 4 WEG nach dem 2. und 3. Abschnitt des WEG zum Inhalt des Sondereigentums gemacht werden; zutreffend ist auch, dass Vereinbarungen der Wohnungseigentümer gemäß § 10 Abs. 3 WEG als Inhalt des Sondereigentums ins Grundbuch eingetragen werden können. Das Gesetz enthält jedoch keinen Anhaltspunkt dafür, dass die Vereinbarungen infolge Eintragung im Grundbuch auch Wirkung gegenüber Dritten, etwa Mietern, entfalten[3]. Nach dem Wortlaut des § 10 Abs. 3 WEG hat die Eintragung im Grundbuch nur den Zweck, Sondernachfolger der Wohnungseigentümer zu binden. Durch die Eintragung im Grundbuch erlangt die Vereinbarung keine absolute Wirkung gegenüber jedermann. Der 2. Abschnitt des WEG (§§ 10 bis 19), auf den § 5 Abs. 4 WEG verweist, ist mit den Worten *„Gemeinschaft der Wohnungseigentümer"* überschrieben. Mieter und sonstige Nutzer des Sondereigentum gehören jedoch nicht zur Gemeinschaft der Wohnungseigentümer. Weiterhin sei auf § 10 Abs. 2 WEG verwiesen, der mit folgenden einleitenden Worten beginnt: *„Das Verhältnis der* **Wohnungseigentümer untereinander** *bestimmt sich nach den Vorschriften dieses Gesetzes..."*[4] Und in § 10 Abs. 3 WEG heißt es, dass nur solche Vereinbarungen als Inhalt des Sondereigentums im Grundbuch eingetragen werden können, *„durch die die Wohnungseigentümer* **ihr Verhältnis untereinander** *(...) regeln."*[5] Hätte der Gesetzgeber gewollt, dass Vereinbarungen der Wohnungseigentümer, insbesondere Gebrauchsregelungen nach § 15 Abs. 1 und 2 WEG, auch für und gegen außerhalb der Gemeinschaft stehende Dritte wirken, hätte er dies klarstellen können und müssen, wie er es etwa in § 12 WEG getan hat. § 10 und §§ 13 bis 15 WEG verweisen aber ausschließlich auf das Rechtsverhältnis der Wohnungseigentümer untereinander.

441

Die fehlende Bindungswirkung von Vereinbarungen der Wohnungseigentümer gegenüber Dritten zeigt sich am deutlichsten in dem Fall der **Umwandlung eines Mietshauses** in Wohnungseigentum. Die Rechtsposition

442

---

1 *Armbrüster/M. Müller*, ZMR 2007, 321 (323 ff.).
2 *Armbrüster/M. Müller*, ZMR 2007, 321 (326).
3 Entgegen *Armbrüster/M. Müller* ist § 12 Abs. 3 WEG eine nicht verallgemeinerungsfähige Ausnahmevorschrift, siehe Staudinger/*Kreuzer*, § 12 WEG, Rz. 1.
4 Hervorhebung durch den Verfasser.
5 Hervorhebung durch den Verfasser.

eines Altmieters ändert sich anerkanntermaßen durch die Aufteilung nicht, und zwar auch dann nicht, wenn die Gemeinschaftsordnung einschränkende Gebrauchsregelungen enthalten sollte. Soweit ersichtlich, wird nirgends die Auffassung vertreten, die späteren Wohnungseigentümer könnten aufgrund der Teilungserklärung/Gemeinschaftsordnung weitergehende Abwehrrechte gegen den Mietern geltend machen als der Alleineigentümer des Mietshauses vor der Aufteilung. Hält der Mieter beispielsweise seit Einzug in die Wohnung einen Hund, so stellte dies vor der Aufteilung des Objekts keine Eigentumsbeeinträchtigung dar. Nach der Aufteilung des Mietshauses in Wohnungseigentum liegt weiterhin keine Eigentumsbeeiträchtigung vor, selbst dann nicht, wenn die vom Aufteiler gestellte Gemeinschaftsordnung ein Hundeverbot enthielte. Denn durch die Aufteilung in Wohnungseigentum ändert sich der absolute Inhalt des Eigentums am Gebäude nicht. Wohnungseigentum unterscheidet sich vom Alleineigentum an einem Mietshaus lediglich in der Rechtsträgerschaft, nicht aber im absoluten Inhalts des (Sonder-)Eigentums.

dd) Klageantrag

(1) Störung durch Wohnungseigentümer

443 Geht die Störung vom Eigentümer selbst aus, ist die Klage auf ein **Unterlassen** der störenden Handlung zu richten. **Beispiel:** Der Beklagte wird verurteilt, es zu unterlassen, die Teileigentumseinheit Nr. 1 in der Wohneigentumsanlage A, eingetragen im Grundbuch von B, als Gaststätte mit Vollküche selbst oder durch Dritte zu nutzen. Für jeden Fall der Zuwiderhandlung wird dem Beklagten ein Ordnungsgeld bis zu 250 000 Euro oder Ordnungshaft bis zu sechs Monaten angedroht." Das zu unterlassende Verhalten muss im Klageantrag und im Urteilstenor so genau wie möglich beschrieben werden. Nur dadurch wird im anschließenden Vollstreckungsverfahren Streit darüber vermieden, ob die durch den Gläubiger gerügte Zuwiderhandlung gegen das Unterlassungsurteil verstößt. Ein schwammiger Urteilstenor (infolge schwammigen Klagetrags) kann nach Beendigung des Erkenntnisverfahrens nicht mehr geheilt werden.

(2) Störung durch Dritten (Mieter)

444 Geht das störende Verhalten von einem Dritten i. S. d. § 14 Nr. 2 WEG aus (etwa dem Mieter), wäre ein Klageantrag in Anlehnung an § 14 Nr. 2 WEG denkbar, wonach der Eigentümer durch Einwirkung auf seinen Mieter dafür sorgen solle, dass ein bestimmtes störendes Gebrauchsverhalten durch den Dritten unterbleibe. Ein solches, auf Vornahme einer persönlichen Handlung gerichtetes Urteil wäre gemäß § 888 ZPO durch Zwangsgeld oder Zwangshaft zu vollstrecken. Da das Urteil aber nicht

besagt, welche Maßnahmen im Detail der Schuldner im Verhältnis zum Mieter ergreifen muss, wird im Zwangsvollstreckungsverfahren häufig darüber gestritten, ob der Schuldner mit den ergriffenen Maßnahmen die Schuld erfüllt hat. Andererseits kann dem Wohnungseigentümer durch Urteil auch nicht vorgeschrieben werden, wie er seiner Verpflichtung aus § 14 Nr. 2 WEG nachzukommen hat[1], da dem **Eigentümer** insoweit ein **Ermessen** zusteht. Eine Klage, wonach der Wohnungseigentümer zu einer bestimmten Maßnahme gegen seinen Mieter verurteilt werden soll, z. B. Abmahnung, Kündigung oder Räumungsklage, wäre unbegründet[2].

Empfehlenswerter ist es, auch im Falle der Nutzungsüberlassung an einen Dritten eine Unterlassungsklage zu erheben, wonach der Eigentümer es zu unterlassen habe, die störende Handlung selbst *oder durch einen Dritten* vorzunehmen. Tritt nach rechtskräftiger Verurteilung des Wohnungseigentümers erneut die Störung durch den nutzungsberechtigten Dritten ein, kann gemäß § 890 ZPO ein Ordnungsmittel gegen den Eigentümer festgesetzt werden (siehe dazu Rz. 459 ff.). 445

(3) Androhung des Ordnungsmittels

Da die Vollstreckung eines Unterlassungsurteils gemäß § 890 BGB durch Ordnungsgeld oder Ordnungshaft erfolgt, sollte der Kläger bereits **im Erkenntnisverfahren** durch einen entsprechenden Antrag darauf hinwirken, dass die gemäß § 890 Abs. 2 ZPO erforderliche Androhung des Ordnungsmittels im Urteil erfolgt (siehe das Beispiel in Rz. 443). 446

ee) Verwirkung und Verjährung

Dem Anspruch auf Beendigung oder Unterlassung unzulässigen Gebrauchs kann der Einwand der **Verwirkung** entgegenstehen. Voraussetzung der Verwirkung ist, dass der Berechtigte sein Recht längere Zeit nicht geltend gemacht hat und weitere Umstände hinzutreten, die das Abwehrbegehren als gegen Treu und Glauben verstoßend erscheinen lassen[3]. Die Verwirkung ist eine **rechtsvernichtende Einwendung**; sie ist im 447

---

1 BGH, Beschl. v. 4. 5. 1995 – V ZB 5/95, NJW 1995, 2036.
2 KG, 24 W 3925/98, ZMR 2000, 402; OLG Frankfurt/Main, Beschl. v. 28. 1. 2004 – 20 W 124/03, NZM 2004, 231.
3 St. Rspr., vgl. OLG Zweibrücken, Beschl. v. 17. 9. 2001 – 3 W 87/01, ZWE 2002, 47; BayObLG, Beschl. v. 2. 7. 1999 – 2 Z BR 56/99, NZM 1999, 866; BayObLG, Beschl. v. 13. 1. 1994 – 2 Z BR 130/93, WuM 1994, 222; BayObLG, Beschl. v. 23. 4. 1993 – 2 Z BR 31/93, WE 1994, 180 = GewArch 1994, 386 = WuM 1993, 558; BayObLG, Beschl. v. 19. 7. 1990 – BReg 2 Z 61/90, NJW-RR 1991, 1041; BayObLG, Beschl. v. 28. 1. 1988 – BReg 2 Z 150/87, NJW-RR 1988, 589; OLG Köln, Beschl. v. 27. 1. 1995 – 16 Wx 13/95, NJW-RR 1995, 851; KG, Beschl. v. 17. 5. 1989 – 24 W 6092/88, NJW-RR 1989, 976.

gerichtlichen Verfahren von Amts wegen zu berücksichtigen[1]. Rechtsfolge der Verwirkung ist, dass der in seinem Gebrauchsrecht beeinträchtigte Wohnungseigentümer von dem Störer nicht mehr Beendigung oder Unterlassung des störenden Verhaltens verlangen kann.

448 Die Verwirkung tritt grundsätzlich **auf Dauer** ein, doch kann ausnahmsweise – ebenso wie generell bei unzulässiger Rechtsausübung – die Rechtsfolge später wieder entfallen[2], etwa wenn sich die tatsächlichen Umstände in der Wohnanlage oder die Art oder Intensität des störenden Verhaltens ändern[3]. Ein Wohnungseigentümer, der kleinere Verstöße gegen die Hausordnung wiederholt hinnimmt, bis ihm schließlich der Geduldsfaden reißt, kann anlässlich des letzten, noch keiner Verwirkung unterfallenden Vorkommnisses auch die früheren Geschehnisse noch zu seinen Gunsten in die Gesamtbeurteilung einführen, sofern nicht aus seiner früheren Duldung ein stillschweigender Verzicht auf sein Abwehrrecht herzuleiten ist[4].

449 Ein Recht ist nach allgemeinen Grundsätzen verwirkt, wenn der Berechtigte es längere Zeit hindurch nicht geltend gemacht hat (**Zeitmoment**) und der Verpflichtete sich nach dem gesamten Verhalten des Berechtigten darauf einrichten durfte und auch eingerichtet hat, dass dieser das Recht auch in Zukunft nicht geltend machen werde (**Umstandsmoment**)[5]. Die Verwirkung ist ein Teil der unzulässigen Rechtsausübung wegen widersprüchlichen Verhaltens[6]. Der Verstoß gegen Treu und Glauben liegt in der illoyalen Verspätung der Rechtsausübung[7].

450 Das **Zeitmoment** setzt voraus, dass seit der Möglichkeit, das Recht geltend zu machen, längere Zeit verstrichen ist, in der der Berechtigte nichts zur Durchsetzung seines Abwehrrechts getan hat. Der Zeitablauf beginnt mit Eintritt der ersten Störung, die abgewehrt werden könnte. Auf die Kenntnis von der Störung kommt es nicht an, es genügt die Möglichkeit der Kenntnis[8]. Die erforderliche Dauer des Zeitablaufs richtet sich nach den Umständen des Einzelfalles, wobei insbesondere die Schwere und die Häufigkeit der Störungsfälle zu berücksichtigen sind. Die erforderliche Zeit mindert sich durch ein Verhalten des Berechtigten,

---

1 Zum Zivilprozess vgl. BGH, Urt. v. 10. 11. 1965 – Ib ZR 101/63, NJW 1966, 343 (345).
2 MüKo/*Roth*, § 242 BGB, Rz. 480.
3 OLG Köln, Beschl. v. 27. 1. 1995 – 16 Wx 13/95, NJW-RR 1995, 851; OLG Celle, Beschl. v. 24. 9. 2003 – 4 W 138/03, ZMR 2004, 689.
4 Vgl. MüKo/*Roth*, § 242 BGB, Rz. 480.
5 BayObLG, Beschl. v. 7. 6. 2001 – 2 Z BR 60/01, ZWE 2002, 35; Beschl. v. 13. 1. 1994 – 2 Z BR 130/93, WuM 1994, 222; vgl. auch BGH, Urt. v. 16. 6. 1982 – IVb ZR 709/80, NJW 1982, 1999.
6 Palandt/*Heinrichs*, § 242 BGB, Rz. 87.
7 BGH, Urt. v. 27. 6. 1957 – II ZR 15/56, BGHZ 25, 52.
8 OLG Hamburg, Beschl. v. 26. 7. 2005 – 2 Wx 9/05, ZMR 2005, 805.

das einem konkludenten Verzicht nahe kommt[1], so etwa wenn über den Inhalt oder die Einhaltung der Hausordnung gesprochen wird, ohne dabei das unzulässige Verhalten eines Wohnungseigentümers zu beanstanden. Eine Verwirkung ist andererseits ausgeschlossen, wenn der in seinem Gebrauchsrecht beeinträchtigte Wohnungseigentümer zu erkennen gegeben hat, dass er das Verhalten des Störers missbillige[2]. Ist Teileigentum längerfristig zweckbestimmungswidrig vermietet, stellt es ohne Hinzutreten besonderer Umstände keinen Verwirkungsgrund dar, wenn der Berechtigte seinen Unterlassungsanspruch erst mit Ablauf des Nutzungsverhältnisses, jedoch noch vor der Begründung eines erneuten gleichartigen Nutzungsverhältnisses anmeldet[3].

Einzelfälle: 451

Verwirkung JA: 10-jährige Nutzung eines Speichers als Wohnung[4]; Aufstellung eines Schrankes im Hausflur über 17 Jahre[5]; 14-jährige bzw. 13-jährige Nutzung eines Ladens als Gaststätte[6]; 10-jährige Hinnahme einer baulichen Veränderung[7]; 8-jährige Duldung von Anpflanzungen[8]; 8-jährige Duldung eines Werbeschildes auf einem Wall[9]; 8-jährige Duldung eines Wasseranschlusses und des Betriebs einer Waschmaschine[10]; 10-jährige Duldung einer Terrasse[11].

Verwirkung NEIN: 16-jährige Nutzung eines Teileigentums als Gaststätte entgegen Teilungserklärung; 6-jährige Nutzung eines Teileigentums als Wohnung[12].

Das **Umstandsmoment** ist gegeben, wenn der Störer sich auf Grund des Verhaltens des Abwehrberechtigten darauf eingerichtet hat, dass dieser seinen Abwehranspruch nicht mehr geltend machen werde[13]. Das Verhalten des Abwehrberechtigten muss einen **Vertrauenstatbestand** geschaffen haben. Hat ein Wohnungseigentümer etwa mehrfach erklärt, dass er regelmäßig erst um 24 Uhr zu Bett gehe und deshalb erst ab diesem Zeitpunkt Wert auf vollständige Ruhe lege, so kann er sich nicht plötzlich auf die in der Hausordnung ab 22 Uhr vorgeschriebene Nacht- 452

---

1 Palandt/*Heinrichs*, § 242 BGB, Rz. 93.
2 Vgl. BGHZ 132, 95.
3 BayObLG, Beschl. v. 22. 1. 2004 – 2 Z BR 229/03, ZMR 2004, 685.
4 BayObLG, Beschl. v. 19. 7. 1990 – BReg 2 Z 61/90, NJW-RR 1991, 1041.
5 BayObLG, Beschl. v. 7. 4. 1993 – 2 Z BR 9/93, WuM 1993, 560.
6 OLG Köln, Beschl. v. 27. 1. 1995 – 16 Wx 13/95, NJW-RR 1995, 851.
7 OLG Hamm, Beschl. v. 14. 11. 1989 – 15 W 347/89, OLGZ 1990, 159.
8 KG, Beschl. v. 17. 5. 1989 – 24 W 6092/88, OLGZ 1989, 305 (307).
9 OLG Schleswig, Beschl. v. 25. 5. 2005 – 2 W 52/04, ZMR 2005, 737.
10 OLG Hamburg, Beschl. v. 26. 7. 2005 – 2 Wx 9/05, ZMR 2005, 805.
11 OLG Hamburg, Beschl. v. 11. 1. 2006 – 2 Wx 28/04, ZMR 2006, 465.
12 OLG Düsseldorf, Beschl. v. 9. 2. 2000 – 3 Wx 340/99, NZM 2000, 866.
13 Palandt/*Heinrichs*, § 242 BGB, Rz. 95.

ruhe berufen, wenn er über einen längeren Zeitraum Ruheverstöße zwischen 22 Uhr und 24 Uhr nicht beanstandet hat.

453 Andererseits muss das **Vertrauen** der Gegenseite in die Nichtausübung des Abwehrrechts **schutzwürdig** sein, denn nur dann stellt sich das spätere Abwehrverlangen als unzumutbare Rechtsausübung dar[1]. Bei Gebrauchsfragen muss der Störer daher darlegen, warum es für ihn unzumutbar ist, sich künftig wieder an die Hausordnung bzw. die Vorgaben des § 14 Nr. 1 WEG zu halten. Etwaige Vermögensdispositionen[2] – die außerhalb des Wohnungseigentumsrechts oftmals eine Schutzwürdigkeit begründen – werden nur selten gegeben sein. Die Annahme einer Verwirkung dürfte daher in vielen Fällen zumindest an diesem Punkt scheitern.

Die Rechtswirkungen der Verwirkung entfallen nicht dadurch, dass auf der Seite eines Beteiligten eine **(Sonder-)Rechtsnachfolge** stattfindet[3]; eine einmal eingetretene Verwirkung wirkt also auch für und gegen Sondernachfolger[4].

454 Nach Inkrafttreten des Schuldrechtsmodernisierungsgesetzes am 1. 1. 2002 und der damit verbundenen **Änderung der Verjährungsregelungen** wird das Rechtsinstitut der Verwirkung an Bedeutung verlieren. Die Verwirkung war faktisch eine auf Treu und Glauben gestützte Verkürzung der Verjährungsfristen. Eine Verwirkung kam daher praktisch nur bei Ansprüchen in Betracht, für die die 30-jährige Verjährungsfrist des § 195 BGB a. F. galt. Eine Verwirkung von Ansprüchen, die nach alter Rechtslage den kurzen Verjährungsfristen der §§ 196, 197 BGB a. F. unterlagen, wurde nur unter besonders gravierenden Umständen angenommen[5].

455 Seit dem 1. 1. 2002 beträgt die Regelverjährungsfrist des § 195 BGB **drei Jahre**.

Nach den **Übergangsregelungen** in Art. 229 § 6 Abs. 1 Satz 1 EGBGB finden die neuen Verjährungsregeln auf die am 1. 1. 2002 bestehenden und noch nicht verjährten Ansprüche Anwendung. Bis zum 31. 12. 2001 entstandene Abwehransprüche aus §§ 15 Abs. 3 WEG, 1004 BGB konnten

---

1 KG Beschl. v. 22. 12. 2006 – 24 W 126/05, ZMR 2007, 299; MüKo/*Roth*, § 242 BGB, Rz. 499.
2 Darauf u. a. abstellend BayObLG, Beschl. v. 22. 1. 2004 – 2Z BR 229/03, ZMR 2004, 685.
3 OLG Zweibrücken, Beschl. v. 17. 9. 2001 – 3 W 87/01, ZWE 2002, 47; OLG Köln, Beschl. v. 6. 2. 1998 – 16 Wx 333/97; OLG Düsseldorf, Beschl. v. 21. 5. 1997 – 3 Wx 566/96, WE 1997, 468; BayObLG, Beschl. v. 23. 4. 1993 – 2 Z BR 31/93, WuM 1993, 558; Beschl. v. 19. 7. 1990 – 2 Z 61/90, WE 1991, 292.
4 OLG Düsseldorf, Beschl. v. 28. 11. 2003 – I-3 Wx 252/03, ZMR 2004, 610; OLG Hamburg, Beschl. v. 26. 7. 2005 – 2 Wx 9/05, ZMR 2005, 805.
5 Vgl. MüKo/*Roth*, § 242 BGB, Rz. 488.

daher entsprechend § 195 BGB mit Ablauf des **31. 12. 2004** verjähren, sofern die Verjährung vor dem 1. 1. 2002 zu laufen begonnen hatte. Für Abwehransprüche, die nach dem 31. 12. 2001 entstehen, **beginnt die Verjährungsfrist** gem. § 199 Abs. 1 BGB mit dem Schluss des Jahres, in dem der Anspruch entsteht und der Gläubiger von den den Anspruch begründenden Umständen und der Person des Schuldners (also von dem Verhalten des Störers) Kenntnis erlangt oder ohne grobe Fahrlässigkeit erlangen müsste; der Erwerber einer Wohnungseigentumseinheit muss sich das Wissen seines Rechtsvorgängers zurechnen lassen.

Ist der **Abwehranspruch** auf ein Unterlassen gerichtet, **entsteht** der Anspruch mit der Zuwiderhandlung (§ 199 Abs. 5 BGB). Bei ständigen Verstößen gegen die Gebrauchsregelungen der Gemeinschaft stellt sich die Frage, ob Verjährung überhaupt eintreten kann, da der Anspruch möglicherweise immer neu entsteht. Hier sind mehrere Sachverhaltskonstellationen zu unterscheiden. Liegt eine **abgeschlossene Störungshandlung** vor, deren Folgen lediglich faktisch fortwirken (z.B. Änderung des im Sondereigentum stehenden Bodenbelags in der Wohnung oder das Abstellen von Umzugskartons auf einem Pkw-Stellplatz in der Tiefgarage), beginnt die Verjährungsfrist mit der Beendigung der Störungs*handlung* zu laufen. Der Umstand, dass die Störung (z.B. die Trittschallgeräusche) noch besteht, führt nicht zu einem täglichen Neuentstehen des Abwehranspruchs und damit verbundenem Neulauf der Verjährungsfrist, denn die Störungshandlung ist beendet[1]. Dauert eine Störungs*handlung* hingegen über einen längeren Zeitraum ohne Unterbrechung an (z.B. Nutzung eines Kellerraumes zu Wohnzwecken oder Halten eines Hundes trotz beschlossenem Hundeverbot), entsteht ständig ein neuer Abwehranspruch, der eine neue Verjährungsfrist in Gang setzt. Wiederholt sich eine Störung nach gewissen Zeitabschnitten (z.B. wiederholte Ruhestörung durch laute Musik), entsteht mit jeder neuen Störung ein neuer Abwehranspruch, für den eine neue Verjährungsfrist zu laufen beginnt. Bei **Dauerhandlungen** und bei sich wiederholenden Störungen kann somit keine Verjährung eintreten, solange der Eingriff noch andauert oder sich wiederholt. Die Jahresendverjährung tritt frühestens drei Jahre nach dem Ende des störenden Verhaltens ein.

456

Bei mehreren beeinträchtigten Wohnungseigentümern kann der Anspruch auf Unterlassung zu **verschiedenen Zeitpunkten verjähren**, wenn die Wohnungseigentümer von der Störung zu unterschiedlichen Zeiten Kenntnis erlangen. Schwierigkeiten bereitet die Frage, wann eine Unkenntnis von der Störung auf **grober Fahrlässigkeit** beruht[2]. Es gibt keine Verpflichtung eines Wohnungseigentümers, sich ständig über die Verhältnisse in der Wohnanlage zu informieren. Andererseits muss ein völ-

457

---
1 So auch *Abramenko* in Riecke/Schmid, § 15 WEG, Rz. 31.
2 Siehe *Hogenschurz*, ZWE 2002, 512.

liges Desinteresse als grobe Fahrlässigkeit angesehen werden, wenn der Anspruchsinhaber aufgrund ihm bekannt gewordener Tatsachen Anlass gehabt hätte, sich nach den anspruchsbegründenden Umständen zu erkundigen[1]. Das Wissen anderer Wohnungseigentümer, des Beirats oder des Verwalters kann ihm aber nicht zugerechnet werden.

458 Ohne Rücksicht auf die Kenntnis oder grob fahrlässige Unkenntnis **verjährt** der Abwehranspruch spätestens in **zehn Jahren** von seiner Entstehung an, § 199 Abs. 4 BGB. Die Verjährung ist gem. § 203 Satz 1 BGB **gehemmt**, solange die Wohnungseigentümer mit dem störenden Eigentümer über die Beseitigung der Störung verhandeln. Nach Scheitern der Verhandlungen, d. h. bis zu dem Zeitpunkt, in dem eine der Seiten die Fortsetzung der Verhandlungen verweigert, tritt Verjährung frühestens drei Monate nach Ende der Hemmung ein, § 203 S. 2 BGB.

ff) Vollstreckung

459 Die Vollstreckung eines auf Unterlassung gerichteten Urteils erfolgt nach § 890 ZPO. Der Gläubiger muss im **Antrag** darlegen, in welcher Weise der Schuldner nach Ordnungsmittelandrohung und Vollstreckbarkeit des Urteils schuldhaft der Unterlassungsverpflichtung zuwider gehandelt hat[2]. Die Zuwiderhandlung ist substantiiert vorzutragen und gegebenenfalls zu beweisen. Glaubhaftmachung, auch eidesstattliche Versicherung des Gläubigers, genügt nicht. Ein bestimmtes Ordnungsmittel oder dessen Höhe braucht der Antrag nicht zu bezeichnen. Bei mehreren Verstößen bzw. wiederholter Zuwiderhandlung kann das Ordnungsmittel mehrfach festgesetzt werden. Stehen die Verstöße im Fortsetzungszusammenhang, ist für die zu einer Zuwiderhandlung im Rechtssinn zusammenzufassenden Verletzungshandlungen nur ein Ordnungsmittel zu verhängen[3].

460 Wurde ein Wohungseigentümer verurteilt, ein bestimmtes Gebrauchsverhalten „selbst *oder durch Dritte* zu unterlassen", und liegt eine Zuwiderhandlung des Mieters oder einer sonstigen Person vor, der der verurteilte Wohnungseigentümer den Gebrauch seines Wohnungseigentums überlassen hat, ist ein Ordnungsmittel verwirkt, wenn dem Wohnungseigentümer die erneute Störung im Sinne eines **Verschuldens** zugerechnet werden kann. Dies ist der Fall, wenn der Wohnungseigentümer nicht **alles ihm Mögliche und Zumutbare** getan hat, um das erneute störende Verhalten des Nutzers zu verhindern[4]. So genügt eine Abmahnung des Mieters nicht, wenn das Mietverhältnis auch gekündigt werden

---

1 Siehe *Röll*, ZWE 2002, 353; *Gaier*, NZM 2003, 90 (93).
2 Vgl. Müller/*Hogenschurz*, Formularbuch WEG, M. IV.
3 Zum Fortsetzungszusammenhang siehe Zöller/*Stöber*, § 890 ZPO, Rz. 20.
4 BGH, Beschl. v. 4. 5. 1995 – V ZB 5/95, NJW 1995, 2036; BayObLG, Beschl. v. 2. 9. 1993 – 2Z BR 63/93, ZMR 1994, 25.

kann; eine mögliche fristlose Kündigung ist einer befristeten Kündigung vorzuziehen. Zieht der Mieter trotz wirksamer Kündigung nicht aus, muss der Vermieter unverzüglich Räumungsklage erheben. Dem Vermieter ist eine Klage gegen den Mieter auch dann zumutbar, wenn diese nur ungewisse Erfolgsaussichten hat[1]. Ein Räumungsurteil gegen den Mieter hat der Eigentümer unverzüglich zu vollstrecken. Vom Vollstreckungsschuldner verursachte Verzögerungen im Erkenntnis- oder Vollstreckungsverfahren führen regelmäßig zur Verwirkung eines Ordnungsmittels. Kann der verurteilte Wohnungseigentümer das Mietverhältnis nicht vorzeitig kündigen, weil das störende Verhalten im Verhältnis zwischen Mieter und Vermieter zulässig ist, muss der Vermieter versuchen, den Mieter durch **Zahlung einer Abfindung** zu einer vorzeitigen Beendigung des Mietverhältnisses zu bewegen. Der angebotene Geldbetrag muss so hoch sein, dass er für den Mieter bei objektiver Betrachtung eine ernsthafte Alternative zur Fortsetzung des Vertragsverhältnisses darstellt[2]. Dies unterliegt der Überprüfung durch das Vollstreckungsgericht.

In besonders gelagerten Fällen hielt es das BayObLG für angemessen, den im Unterlassungsverfahren unterlegenen Wohnungseigentümer erst einige Monate nach Rechtskraft der Entscheidung zur Unterlassung des unzulässigen Gebrauchs zu verpflichten. Damit sollte ihm für die Umstellung der bisherigen Nutzung eine angemessene Frist eingeräumt werden, etwa wenn die Räume an einen Mieter oder Pächter überlassen sind[3]. Diese Möglichkeit ist den Gerichten mit der Überführung der WEG-Streitigkeiten in die Zivilprozessordnung zum 1. 7. 2007 genommen. Das Gericht hat nach der ZPO keinen Ermessensspielraum bei seiner Entscheidung. Die §§ 43 Abs. 2, 44 Abs. 4 WEG a. F. sind ersatzlos entfallen. 461

b) Abwehransprüche nach dem BGB

Die allgemeinen **Vorschriften des Nachbarrechts** (§§ 906 ff. BGB) werden durch die speziell auf das Nachbarschaftsverhältnis einer Wohnungseigentümergemeinschaft zugeschnittenen §§ 13 bis 15 WEG weitestgehend verdrängt[4]. Es sind keine Störungen im Nachbarschaftsverhältnis denkbar, die zwar durch die §§ 13 bis 15 WEG erlaubt wären, nicht aber durch die §§ 906 ff. BGB. Wird die Störung durch den Gebrauch des Sondereigentums oder des gemeinschaftlichen Eigentums verursacht, so sind allein die §§ 14 Nr. 1, 15 Abs. 3 WEG einschlägig. Im Verhältnis benachbarter Sondernutzungsflächen an Gärten kann bei überwachsenden 462

---

1 OLG Stuttgart, Beschl. v. 30. 9. 1992 – 8 W 256/92, ZMR 1996, 553.
2 OLG Celle, Beschl. v. 24. 9. 2003 – 4 W 138/03, ZMR 2004, 689.
3 BayObLG, Beschl. v. 7. 6. 2001 – 2 Z BR 60/01, ZWE 2002, 35.
4 Vgl. OLG Düsseldorf, Beschl. v. 27. 6. 2001 – 3 Wx 79/01, ZWE 2002, 41; a. A. *Schmidt*, PiG 42, 103 (120 f.).

Zweigen allerdings das **Selbsthilferecht** nach § 910 BGB (analog) bestehen; die in § 910 BGB gewollte Umkehrung der Parteirollen im Prozess verbietet eine Titulierung genereller Unterlassungsansprüche zur Abwehr des Selbsthilferechts[1].

aa) Störungen des Sondereigentums

463 Abwehransprüche gegen Störungen im **Sondereigentum** können sich aus den §§ 859 ff., 1004 BGB ergeben, wenn die durch einen Wohnungseigentümer verursachte Störung in keinem Zusammenhang mit dem räumlich-gegenständlichen Gebrauch des Sondereigentumsbereichs oder des gemeinschaftlichen Eigentums steht, also davon unabhängig ist. Entzieht etwa ein Wohnungseigentümer einem anderen Wohnungseigentümer durch verbotene Eigenmacht den Besitz an dessen im Sondereigentum stehenden Räumen, indem er das Schloss der Wohnungseingangstür austauscht, so genießt der gestörte Wohnungseigentümer Besitzschutz nach den §§ 859 ff., 865 BGB[2]. Der störende Eigentümer handelt hier quasi als **Dritter**, wenn der Besitzentzug in keinem Zusammenhang mit dem Gebrauch des eigenen Sondereigentumsbereichs oder des gemeinschaftlichen Eigentums steht. Wird das Sondereigentum in anderer Weise als durch Entziehung oder Vorenthaltung des Besitzes beeinträchtigt, kann der Eigentümer von dem Störer die Beseitigung der Beeinträchtigung gem. § 1004 Abs. 1 Satz 1 BGB verlangen. Sind weitere Beeinträchtigungen zu besorgen, kann der Wohnungseigentümer den Störer auf Unterlassung in Anspruch nehmen (§ 1004 Abs. 1 Satz 2 BGB). Da Störungen in diesem Sinne keine unmittelbare Ursache im Gemeinschaftsverhältnis der Wohnungseigentümer haben, sondern auch durch jeden außerhalb der Gemeinschaft stehenden Dritten verursacht werden könnten, ist für Abwehransprüche gegen solche Störungen nicht das nach § 43 WEG, § 23 Nr. 2c GVG zuständige Gericht.

bb) Störungen des gemeinschaftlichen Eigentums

464 Bei Besitzstörungen der Wohnungseigentümer untereinander hinsichtlich des **gemeinschaftlichen Eigentums** folgen Abwehransprüche vorrangig aus den §§ 13 bis 15 WEG. Da die Wohnungseigentümer diesbezüglich Mitbesitzer sind, findet gem. § 866 BGB ein Besitzschutz der Wohnungseigentümer untereinander insoweit nicht statt, als es sich um die Grenzen des den Einzelnen zustehenden Gebrauchs handelt[3]. Wird allerdings einem Wohnungseigentümer der Mitbesitzes am gemeinschaftli-

---

1 KG, Beschl. v. 13. 6. 2005 – 24 W 115/04, NZM 2005, 745.
2 Vgl. BayObLG, Beschl. v. 30. 4. 1990 – BReg 1b Z 20/89, ZMR 1990, 348; Palandt/*Bassenge*, § 13 WEG, Rz. 3.
3 BayObLG, Beschl. v. 30. 4. 1990 – BReg 1b Z 20/89, ZMR 1990, 348 (350); vgl. auch BGHZ 62, 243 zur Bruchteilsgemeinschaft.

chen Eigentum durch andere Wohnungseigentümer vollständig entzogen, steht dem gestörten Miteigentümer Besitzschutz nach den §§ 859 ff. BGB zu. Ein Recht auf Abwehr verbotener Eigenmacht (§ 859 ff. BGB) gegen andere Wohnungseigentümer kommt ausnahmsweise auch dann in Betracht, wenn dem gestörten Wohnungseigentümer ein **Sondernutzungsrecht** an einer gemeinschaftlichen Fläche zusteht, welches ihn zum alleinigen Gebrauch unter Ausschluss aller Wohnungseigentümer berechtigt[1]; wird das Sondernutzungsrecht beeinträchtigt, folgen Besitzschutzansprüche aus den §§ 865, 859 ff. BGB.

5. Maßnahmen zur Verhinderung unzulässigen Gebrauchs

Neben dem Anspruch auf Unterlassung und Beendigung unzulässigen Gebrauchs können die Wohnungseigentümer auch verlangen, dass der Störer **Maßnahmen zur Verhinderung des unzulässigen Gebrauchs** ergreift[2]. Wird etwa ein Kellerraum zu Wohnzwecken genutzt, so können die Wohnungseigentümer nicht nur die Beendigung des unzulässigen Gebrauchs, sondern darüber hinaus die Abtrennung der Sanitäreinrichtungen von den gemeinschaftlichen Versorgungssträngen oder die Beseitigung des für den Mieter der Kellerräume angebrachten Briefkastens verlangen[3]. Der Anspruch auf Abtrennung der Sanitäreinrichtungen besteht sogar schon dann, wenn die Wohnnutzung noch nicht begonnen hat, aber durch den Anschluss der Sanitäreinrichtungen faktisch ermöglicht wird[4].

465

6. Schadensersatzansprüche

a) Anspruchsgrundlagen

Wird von Wohnungseigentum in einer Weise Gebrauch gemacht, die § 14 Nr. 1 WEG oder den bestehenden Vereinbarungen oder Beschlüssen widerspricht, stellt dies eine Verletzung der aus dem Gemeinschaftsverhältnis der Wohnungseigentümer folgenden Pflichten dar. Dies betrifft insbesondere die Pflicht zum **schonenden Gebrauch** des gemeinschaftlichen Eigentums[5]. Wird die Pflichtverletzung schuldhaft begangen, kann jeder Wohnungseigentümer gem. **§ 280 Abs. 1 BGB** Ersatz des ihm hier-

466

---

1 BayObLG, Beschl. v. 30. 4. 1990 – BReg 1b Z 20/89, ZMR 1990, 348 (350).
2 BayObLG, Beschl. v. 29. 1. 1998 – 2 Z BR 146/97, WE 1998, 398; Beschl. v. 10. 3. 1994 – 2 Z BR 1/94, WE 1995, 90; Beschl. v. 29. 7. 1993 – 2 Z BR 67/93, WE 1994, 302; Beschl. v. 18. 6. 1993 – 2 Z BR 50/93, ZMR 1993, 530.
3 BayObLG, Beschl. v. 29. 1. 1998 – 2 Z BR 146/97, WE 1998, 398; Beschl. v. 18. 6. 1993 – 2 Z BR 50/93, ZMR 1993, 530.
4 BayObLG, Beschl. v. 18. 12. 1998 – 2 Z BR 166/98, DWE 1999, 31; Beschl. v. 4. 10. 1990 – 2 Z 91/90, WE 1992, 19.
5 BayObLG, Beschl. v. 18. 10. 1990 – 2 Z 119/90, WE 1992, 23.

durch entstehenden Schadens verlangen[1]. Stellt die Störung zugleich eine unerlaubte Handlung dar, kommt auch ein Schadensersatzanspruch aus § 823 Abs. 1 BGB in Betracht[2]. Schäden am gemeinschaftlichen Eigentum kann nur die Gemeinschaft der Wohnungseigentümer aufgrund eines vorherigen Eigentümerbeschlusses, vertreten durch den Verwalter, geltend machen (§ 10 Abs. 6 Satz 3 WEG).

b) Schuldhafte Pflichtverletzungen

467 Eine Schadensersatzpflicht setzt voraus, dass der störende Wohnungseigentümer die Pflichtverletzung gem. §§ 276, 278 BGB **zu vertreten** hat. Eine Pflichtverletzung kann darin liegen, dass der Eigentümer sein Wohnungs- oder Teileigentum dem Mieter zu einem Gebrauchszweck überlassen hat – etwa zum Betrieb einer Gaststätte –, der der Zweckbestimmung des Wohnungs- oder Teileigentums zuwiderläuft, etwa weil die Zweckbestimmung nur den Betrieb eines Ladens zulässt[3]. Eine schuldhafte Pflichtverletzung des Wohnungseigentümers kann zudem darin liegen, dass er es unterlässt, auf die in § 14 Nr. 2 WEG genannten Personen dahingehend einzuwirken, dass diese ein nach § 14 Nr. 1 WEG oder den bestehenden Vereinbarungen bzw. Beschlüssen unzulässiges Verhalten einstellen oder unterlassen[4].

468 Liegt keine Pflichtverletzung des Wohnungseigentümers selbst vor, ist zu prüfen, ob dem Wohnungseigentümer das störende Verhalten der in § 14 Nr. 2 WEG genannten Personen gem. § 278 BGB zugerechnet werden kann. Diese Personen, insbesondere Mieter, kommen grundsätzlich als **Erfüllungsgehilfen** des Wohnungseigentümers für die diesem aus dem Gemeinschaftsverhältnis erwachsenden Verhaltenspflichten in Betracht[5]. Dem Wohnungseigentümer können allerdings nur solche Handlungen zugerechnet werden, die **„in Ausübung"** des Gebrauchs der Räume vorgenommen werden; es muss also ein innerer sachlicher Zusammenhang zwischen der Erfüllung der Verhaltenspflichten und dem

---

1 OLG Hamm, Beschl. v. 5. 9. 1995 – 15 W 370/94, NJW-RR 1996, 335; OLG Stuttgart, Beschl. v. 19. 5. 1993 – 8 W 485/92, WuM 1993, 424; BayObLG, Beschl. v. 24. 10. 2001 – 2 Z BR 120/01, NZM 2002, 167; BayObLG, Beschl. v. 10. 5. 1988 – 2 Z BR 101/87, WE 1989, 60; KG, Beschl. v. 3. 6. 1991 – 24 W 6272/92, NJW-RR 1991, 1116.
2 BayObLG, Beschl. v. 30. 7. 1998 – 2 Z BR 54/98, NZM 1998, 1010; Palandt/*Bassenge*, § 14 WEG, Rz. 15.
3 Siehe OLG Hamm, Beschl. v. 5. 9. 1995 – 15 W 370/94, NJW-RR 1996, 335.
4 *Wangemann*, WuM 1987, 3 (8 f.).
5 KG, Beschl. v. 15. 7. 2002 – 24 W 21/02, GuT 2002, 151; OLG Düsseldorf, Beschl. v. 7. 4. 1995 – 3 Wx 472/94, NJW-RR 1995, 1165; BayObLG, Beschl. v. 18. 3. 1970 – BReg. 2 Z 36/69, NJW 1970, 1551; OLG Saarbrücken, Beschl. v. 4. 4. 2007 – 5 W 2/07–2, ZMR 2007, 886; *Wangemann*, WuM 1987, 3 (14 ff.); *Bärmann/Pick/Merle*, § 14 WEG, Rz. 49 f.; *Kirchhoff*, ZMR 1989, 323; einschränkend Staudinger/*Kreuzer*, § 14 WEG, Rz. 26.

Tun des Erfüllungsgehilfen bestehen. Für Beeinträchtigungen und Störungen, die nur „bei Gelegenheit" des Wohngebrauchs erfolgen, scheidet eine Zurechnung aus[1]. Die Haftung des Wohnungseigentümers setzt ferner voraus, dass der Erfüllungsgehilfe selbst schuldhaft (§ 276 BGB) gehandelt hat, wobei es für die Zurechnungsfähigkeit (§§ 827, 828 BGB) auf die Person des Erfüllungsgehilfen ankommt[2].

c) Umfang des Schadensersatzes

Für den Umfang des vom Störer zu ersetzenden Schadens gelten die Regelungen der §§ 249 ff. BGB. Danach hat der Schadensersatzpflichtige den Zustand herzustellen, der bestehen würde, wenn der zum Ersatz verpflichtende Umstand nicht eingetreten wäre[3]. Der Schadensersatzanspruch erstreckt sich auf alle **unmittelbaren und mittelbaren Nachteile** des schädigenden Verhaltens. Ausgenommen sind aber Folgeschäden, die außerhalb des Schutzzwecks der verletzten Verhaltenspflicht liegen. Ein ersatzfähiger Nachteil kann etwa in dem Mietausfall bestehen, den ein Wohnungseigentümer dadurch erleidet, dass der Mieter seiner Wohnung das Mietverhältnis wegen der vom Störer verursachten Beeinträchtigungen (z. B. Lärm oder permanente Beleidigungen) kündigt[4]. Kein ersatzfähiger Schaden besteht etwa in einem Vermögensverlust, den der gestörte Wohnungseigentümer durch den Verkauf seiner Wohnung zu einem Preis unterhalb des ursprünglich gezahlten Kaufpreises erleidet[5].

469

d) Gerichtliche Durchsetzung

Die Schadensersatzansprüche wegen unzulässigem Gebrauch sind gem. § 43 Nr. 1 WEG vor dem WEG-Gericht zu verfolgen. Dies gilt auch, soweit sie auf die Vorschriften der unerlaubten Handlung gestützt werden[6]. **Kläger** kann jeder Wohnungseigentümer sein, der eine Beeinträchtigung des ihm zustehenden Gebrauchsrechts und einen ihm daraus erwachsenen Schaden behauptet. Bei Schäden am gemeinschaftlichen Eigentum ist nur die Gemeinschaft der Wohnungseigentümer zur Geltendmachung berechtigt (§ 10 Abs. 6 Satz 3 WEG). Dies setzt grundsätzlich voraus, dass über die gerichtliche Geltendmachung ein Beschluss gefasst wird.

470

---

1 OLG Düsseldorf, Beschl. v. 7. 4. 1995 – 3 Wx 472/94, NJW-RR 1995, 1165; OLG Saarbrücken, Beschl. v. 4. 4. 2007 – 5 W 2/07-2, ZMR 2007, 886.
2 OLG Düsseldorf, Beschl. v. 7. 4. 1995 – 3 Wx 472/94, NJW-RR 1995, 1165; Palandt/*Heinrichs*, § 278 BGB, Rz. 27.
3 OLG Hamm, Beschl. v. 5. 9. 1995 – 15 W 370/94, NJW-RR 1996, 335.
4 BayObLG, Beschl. v. 24. 10. 2001 – 2 Z BR 120/01, NZM 2002, 167; OLG Saarbrücken, Beschl. v. 4. 4. 2007 – 5 W 2/07-2, ZMR 2007, 886.
5 OLG Köln, Beschl. v. 13. 3. 1996 – 16 Wx 22/96, WE 1996, 434.
6 BayObLG, Beschl. v. 18. 3. 1970 – BReg. 2 Z 36/69, NJW 1970, 1551.

7. Bereicherungsansprüche

471 Macht ein Wohnungseigentümer vom gemeinschaftlichen Eigentum in unzulässiger Weise Gebrauch, hat er dadurch unberechtigt erlangte Nutzungen (§ 100 BGB) nach den Vorschriften über die **ungerechtfertigte Bereicherung** (§§ 812, 987 BGB) an die Gemeinschaft der Wohnungseigentümer i. S. d. § 10 Abs. 6 Satz 3 WEG herauszugeben[1]. Über die Geltendmachung des Bereicherungsanspruchs entscheiden die Wohnungseigentümer durch Beschluss. Herauszugeben ist der Verkehrswert der Gebrauchsvorteile. Vorteile, die auf wertsteigernden Investitionen des Schuldners, z. B. Einbau von Küche und Bad in den gemeinschaftlichen Raum, beruhen, bleiben bei der Bemessung der herauszugebenden Bereicherung unberücksichtigt[2]. Der Schuldner kann dem Bereicherungsanspruch der Gemeinschaft keinen Verwendungsersatzanspruch wegen seiner Investitionen entgegenhalten, wenn er im Zeitpunkt der Investitionserbringung bösgläubig war[3]. Besteht an der Gemeinschaftsfläche ein Sondernutzungsrecht, steht der Bereicherungsanspruch nur dem Sondernutzungsberechtigten zu, eines vorherigen Eigentümerbeschlusses bedarf es zur gerichtlichen Geltendmachung dann nicht[4].

8. Nachbarrechtlicher Ausgleichsanspruch

472 Noch weitgehend **ungeklärt** ist, ob im Verhältnis der Wohnungseigentümer untereinander nachbarrechtliche Ausgleichsansprüche analog § 906 Abs. 2 Satz 2 BGB bestehen können. Nach Auffassung des **OLG Stuttgart**[5] soll dies möglich sein, etwa wenn ein undichter Sanitäranschluss zu Wasserschäden in einer benachbarten Sondereigentumseinheit geführt hat. Für die Störereigenschaft eines Wohnungseigentümers sei es ausreichend aber auch erforderlich, dass die Beeinträchtigung des „Nachbarn" wenigstens mittelbar auf den Willen des Eigentümers oder Besitzers zurückgehe. Ob dies der Fall sei, könne nicht begrifflich, sondern nur in wertender Betrachtung von Fall zu Fall festgestellt werden[6]. Bei dieser wertenden Betrachtung sei im Wesentlichen auf die Schadensursache abzustellen. Nicht allein das Eigentum an der benachbarten Wohnung begründe den Anspruch, sondern der Gebrauch oder der Zustand des Sondereigentums, von dem die Schadensursache ausgehe. Nach Auffassung des OLG München komme ein nachbarrechtlicher Ausgleichsanspruch jedenfalls dann nicht zum Tragen, wenn der Wohnungseigentü-

---

1 OLG Düsseldorf, Beschl. v. 3. 6. 2005 – 3 Wx 13/05, NZM 2006, 705.
2 KG, Beschl v. 1. 3. 2004 – 24 W 158/02, ZMR 2004, 377.
3 OLG Düsseldorf, Beschl. v. 3. 6. 2005 – 3 Wx 13/05, NZM 2006, 705.
4 Vgl. BayObLG, Beschl. v. 12. 3. 1998 – 2 Z BR 174/97, NJW-RR 1998, 876.
5 OLG Stuttgart, Urt. v. 27. 10. 2005 – 7 U 135/05, ZMR 2006, 391 mit zustimmender Anm. *Dötsch*.
6 Vgl. *Wenzel*, NJW 2005, 241.

mer von seinem Wohnungseigentum einen Gebrauch mache, der nach der Gemeinschaftsordnung gestattet sei[1]. Für das Verhältnis der Mieter verschiedener Wohnungen eines Hauses untereinander hat der BGH[2] die doppelt analoge Anwendbarkeit des § 906 Abs. 2 Satz 2 BGB verneint, da weder eine planwidrige Regelungslücke noch eine vergleichbare Interessenlage wie bei Grundstücksnachbarn bestehe.

9. Gebrauchsregelungen und Mietvertrag

Rechtliche Schwierigkeiten bereitet seit jeher die **Harmonisierung** des wohnungseigentumsrechtlichen und des mietvertraglich zulässigen Gebrauchs. Gestattet der Wohnungseigentümer seinem Mieter einen Gebrauch, der gegen die beschlossenen oder vereinbarten Gebrauchsregelungen der Wohnungseigentümer verstößt, und wird der Mieter von den Mitgliedern der Eigentümergemeinschaft auf Unterlassung in Anspruch genommen, berechtigt dies den Mieter zur Minderung nach § 536 BGB. Im Falle des Verschuldens hat der Vermieter gegebenenfalls Schadensersatz zu leisten (§§ 536 Abs. 3, 536a Abs. 1 BGB). Nicht selten wird der Mieter den Vertrag auch gemäß § 543 Abs. 1, 2 Nr. 1 BGB aus wichtigem Grund kündigen können. 473

Der Vermieter könnte das Problem lösen, indem er die **Gebrauchsrechte des Mieters** von vornherein so **beschränkt**, dass diese deutlich hinter den wohnungseigentumsrechtlichen Grenzen des Gebrauchs zurückbleiben. Verstößt der Mieter gegen die vereinbarten Gebrauchsgrenzen, kann der Vermieter von ihm Unterlassung verlangen. Gegebenenfalls kann der Vermieter den Mietvertrag auch kündigen, um von seinen Miteigentümern nicht selbst auf Unterlassung oder Schadensersatz in Anspruch genommen zu werden. Diese Lösung hat allerdings den Nachteil, dass der Vermieter bei allzu starker Einschränkung des Gebrauchs keinen Mieter finden wird oder der Ertragswert des Mietobjektes gemindert ist. 474

Vorzugswürdiger scheint daher eine Lösung, bei der dem Mieter die gleichen Gebrauchsrechte eingeräumt werden, wie sie dem Vermieter im Verhältnis zu seinen Miteigentümern zustehen. Um dies zu erreichen, müssen die wohnungseigentumsrechtlichen Gebrauchsregelungen in den Mietvertrag einbezogen werden. Für eine Einbeziehung genügt nicht die bloße Kenntnis des Mieters von dem Umstand, dass Mietgegenstand eine Eigentumswohnung ist[3]. Es bedarf einer entsprechenden Regelung im Mietvertrag. Bei Klauselverträgen mit Verbrauchern sind die **Einbeziehungsvoraussetzungen** des § 305 Abs. 2 BGB (Hinweis und zumutbare Möglichkeit der Kenntnisnahme) zu beachten. Verfügt die Woh- 475

---
1 OLG München, Beschl. v. 9. 10. 2006 – 32 Wx 116/06, ZMR 2007, 215.
2 BGH, Urt. v. 12. 12. 2003 – V ZR 180/03, ZMR 2004, 335.
3 *Armbrüster*, FS Blank, S. 577 (581); a. A. Palandt/*Weidenkaff*, § 535 BGB, Rz. 20.

nungseigentümergemeinschaft über eine gültige Hausordnung, sollte deren Text dem Mietvertrag beigefügt werden. Bei der Vermietung von Räumen, die keine Wohnräume sind, geht der Vermieter einen sicheren Weg, wenn er im Mietvertrag die in der Teilungserklärung oder Gemeinschaftsordnung enthaltene **Zweckbestimmung** der Sondereigentumseinheit wiedergibt, um auf diese Weise dem Mieter Kenntnis von den wohnungseigentumsrechtlichen Gebrauchsgrenzen zu verschaffen.

476 Weiterhin ist bei der Gestaltung des Mietvertrages an den Fall zu denken, dass die Wohnungseigentümer nach Abschluss des Mietvertrages bestehende Gebrauchsregelungen ändern. Beispielhaft sei die nachträgliche Einschränkung oder das Verbote der Hundehaltung genannt. Um auch diesen Fall mietvertraglich zu erfassen, bedarf es einer **dynamischen Verweisung** im Mietvertrag auf die jeweils geltende Hausordnung der Wohneigentümergemeinschaft. **Individualvertraglich** ist eine dynamische Verweisung möglich, soweit sie Änderungen erfasst, die die Wohnungseigentümer im Rahmen ordnungsmäßigen Gebrauchs (§ 15 Abs. 2 WE) mehrheitlich beschließen können. Der Vermieter darf allerdings nicht an Vereinbarungen und Beschlüssen der Wohnungseigentümer mitwirken, die das Gebrauchsrecht des Mieters unter Verstoß gegen Treu und Glauben nachträglich einschränken.

477 Problembehaftet ist eine **formularvertragliche** dynamische **Verweisungsklausel** auf die jeweils geltenden wohnungseigentumsrechtlichen Gebrauchsregelungen. Um den Mieter mit der dynamischen Verweisungsklausel nicht zu überraschen (vgl. § 305c BGB), sollte die Klausel im Mietvertrag hervorgehoben werden. Auch hat die Klausel klar zum Ausdruck zu bringen, dass sie dynamisch gemeint ist[1]. Weiterhin ist das Klauselverbot des § 308 Nr. 4 BGB zu beachten[2]. Danach ist ein formularvertraglicher Änderungsvorbehalt unwirksam, wenn sich die Änderung unter Berücksichtigung der Interessen des Verwenders als dem anderen Vertragsteile unzumutbar erweist. Es ist eine Interessenabwägung vorzunehmen. Auf der einen Seite steht das Interesse des Mieters, vor einer für ihn unvorhersehbaren Beschränkung seines Gebrauchsrechts geschützt zu werden. Auf der anderen Seite kann der Vermieter eine Änderung der wohnungseigentumsrechtlichen Gebrauchsschranken insoweit nicht verhindern, als § 15 Abs. 2 WEG der Eigentümerversammlung die Kompetenz einräumt, einen der Beschaffenheit der im Sondereigentum stehenden Gebäudeteile und des gemeinschaftlichen Eigentums entsprechenden **ordnungsmäßigen Gebrauch** mit Stimmenmehrheit zu beschließen. In diesem Spannungsverhältnis legt § 14 Nr. 2 WEG dem ver-

---

[1] Bleiben Zweifel, ob die Verweisungsklausel statisch oder dynamisch gemeint ist, ist die Klausel unklar i.S.v. § 305c Abs. 2 BGB; vgl. *Armbrüster*, FS Blank, S. 577 (583).
[2] Zur Anwendbarkeit des § 308 Nr. 4 BGB auf den vorliegenden Fall siehe *Armbrüster*, FS Blank, S. 577 (583).

mietenden Wohnungseigentümer die Pflicht auf, für die Einhaltung der wohnungseigentumsrechtlichen Gebrauchsregelungen auch durch die Mieter und sonstigen Personen zu sorgen, denen er den Gebrauch der Wohnungseigentumseinheit überlassen hat. Vor diesem Hintergrund ist kein Grund dafür ersichtlich, dass die Änderung der Gebrauchsgrenzen für den Mieter im Rahmen eines mietvertraglichen dynamischen Vorbehalts unzumutbar sein sollte, während sie einem eigennutzenden oder vermietenden Wohnungseigentümer ohne weiteres zugemutet wird[1]. Es entspricht einem berechtigten Interesse des Vermieters, die von ihm selbst hinzunehmenden Gebrauchsbeschränkungen an den Mieter weiterzuleiten. Bliebe dem vermietenden Eigentümer diese Möglichkeit versagt, müsste er die Gebrauchsrechte des Mieters von vornherein so weit einschränken, dass eine Kollision mit mehrheitlich zu beschließenden Gebrauchsregelungen der Wohnungseigentümer nicht zu befürchten wäre. Dies würde die Entfaltungsfreiheit des Mieters aber im Ergebnis mehr einschränken, als es nach dem Eingreifen einer dynamischen Verweisungsklausel der Fall ist. Bei der Verwendung einer dynamischen Verweisungsklausel muss der Vermieter dem Mieter bei Abschluss des Mietvertrages allerdings hinreichend verdeutlichen, dass Mietgegenstand eine Eigentumswohnung ist, bei der eine nachträgliche Änderung der Nutzungsgrenzen im Rahmen ordnungsmäßigen Gebrauchs möglich ist.

Eine zulässige dynamische Verweisungsklausel könnte z.B. lauten[2]: 478

„Hausordnung:

a) Bestandteil des Mietvertrages ist die Hausordnung der WEG Hauptstraße 1, 10715 Berlin, die diesem Vertrag als Anlage 1 beigefügt ist.

b) Künftige Änderungen der Hausordnung durch Mehrheitsbeschluss der Eigentümergemeinschaft werden ebenfalls zum Inhalt dieses Mietvertrages und binden den Mieter, wenn sich die Änderung im Rahmen ordnungsmäßigen Gebrauchs i.S.d. § 15 Abs. 2 WEG hält."

Beschließen die Wohnungseigentümer eine Gebrauchsregelung, die über die Grenzen ordnungsmäßigen Gebrauchs hinausgeht, bindet eine solche Regelung den Mieter über die Verweisungsklausel nicht[3]. Der Vermieter sollte den **Beschluss** aber gleichwohl **anfechten**, um ein Auseinanderfallen der wohnungseigentumsrechtlichen Regelungen einerseits und der mietvertraglichen Gebrauchsrechte des Mieters andererseits zu hindern. 479

Über eine dynamische Verweisungsklausel können dem Mieter **keine Handlungspflichten** auferlegt werden, die über eine reine Gebrauchsrege- 480

---
1 So auch *Armbrüster*, FS Blank, S. 577 (585).
2 *Nüßlein*, PiG 76, S. 152, hält die nachfolgende Klausel nicht für hinreichend bestimmt; der durchschnittliche Mieter könne sich unter einem „ordnungsmäßigen Gebrauch" nichts vorstellen.
3 Und zwar auch dann nicht, wenn der Beschluss mangels Anfechtung bestandskräftig wird.

lung hinausgehen (z. B. Pflicht zur Treppenhausreinigung oder zum Winterdienst)[1].

481 Will sich der Vermieter eine nachträgliche Einschränkung des Gebrauchs **jenseits der Grenzen der Ordnungsmäßigkeit** vorbehalten, ist das jeweilige Gebrauchsrecht (z. B. Tierhaltung) konkret zu bezeichnen, damit für den Mieter transparent bleibt, welche Einschränkungen auf ihn zukommen können. Eine Klausel könnte etwa lauten:

„Die Haltung von Haustieren ist zunächst zulässig. Sollte die Wohnungseigentümergemeinschaft jedoch die Haustierhaltung durch Mehrheitsbeschluss einschränken oder verbieten, bindet dies auch den Mieter im Verhältnis zum Vermieter."

---

1 *Blank*, PiG 15, 33; *Müller*, ZMR 2001, 506 (508); *Armbrüster*, FS Blank, S. 577 (584).

Teil 10
Die Entziehung des Wohnungseigentums

I. Überblick zur Entziehung von Wohnungseigentum 1

II. Die materiellen Voraussetzungen zur Entziehung
  1. Gesetzliche Typen 4
  2. Wiederholte Verletzung einer Pflicht nach § 14 WEG, § 18 Abs. 2 Nr. 1 WEG 5
  3. Zahlungsverzug, § 18 Abs. 2 Nr. 2 WEG 12
  4. Unzumutbar schwere Pflichtverletzung, § 18 Abs. 1 WEG .. 13
  5. Gemeinsame Merkmale 15
  6. Nachschieben von Gründen und wiederholter Zahlungsverzug 21
  7. Sonstige Aspekte 22

III. Das Verfahren
  1. Vorausgehende Abmahnung(en) 25
  2. Der Entziehungsbeschluss nach § 18 WEG
    a) Grundsatz 29
    b) Mehrheit 30
    c) Tagesordnung 31
    d) Aktivlegitimation 32
    e) Rechtsschutz 35
    f) Streitwert 38
    g) Abgrenzung 39
  3. Das Entziehungsurteil nach § 19 WEG
    a) Zum Verständnis 40
    b) Klageschrift 42
    c) Verfahren, Urteil, Kosten ... 46
    d) Abwendungsmöglichkeit des Störers 52
  4. Die Zwangsvollstreckung 54

I. Überblick zur Entziehung von Wohnungseigentum

Anders als bei Erben- oder sonstigen Gemeinschaften des BGB löst das WEG Konflikte in der Gemeinschaft der Wohnungseigentümer nicht durch ihre Selbstauflösung. Ganz im Gegenteil bestimmt § 11 WEG, dass kein Wohnungseigentümer die Aufhebung der Gemeinschaft verlangen kann und zwar nicht einmal bei Vorliegen eines wichtigen Grundes. Selbst die grundsätzliche Freiheit der Wohnungseigentümer aus § 10 Abs. 2 S. 2 WEG, ihre Gemeinschaft rechtlich zu regeln, ist beschränkt auf den Fall, dass das Gebäude ganz oder teilweise zerstört wird und keine Pflicht zum Wiederaufbau nach § 22 Abs. 4 WEG besteht. 1

Als Ausgleich für dieses Festhalten-Müssen trotz Pflichtverletzung kann aber die Gemeinschaft der anderen Wohnungseigentümer durch Beschluss von einem Störer die Veräußerung seines Wohnungseigentums verlangen[1], § 18 Abs. 1 WEG; in der Zweiergemeinschaft steht das Recht dem anderen Wohnungseigentümer alleine zu, § 18 Abs. 1 Satz 2 WEG. 2

---

1 Literatur aus jüngerer Zeit zu Maßnahmen bei Zahlungsverzug und sonstigen Pflichtverletzungen eines Wohnungseigentümers gegenüber der Gemeinschaft: *Abramenko*, Die Entfernung des zahlungsunfähigen oder unzumutbaren Miteigentümers ..., ZMR 2006, 338; *Armbrüster*, Sanktionsmöglichkeiten bei Zah-

...r Pflicht nicht aus freien Stücken nach, kann er richter... ...pflichtet werden, § 19 WEG. Das Urteil berechtigt jeden ...ümer zur Zwangsvollstreckung entsprechend den Vorschriften ...sten Abschnitts des Gesetzes über die Zwangsversteigerung und ...e Zwangsverwaltung, § 19 Abs. 1 Satz 1 WEG.

Die WEG-Novelle 2007 hat die frühere „freiwillige Versteigerung" nach §§ 53 ff. WEG alter Fassung durch den Notar abgeschafft. Die Neuregelung folgt allgemeinem Versteigerungsrecht mit dem Vorteil größerer Verbreitung und dem Nachteil, dass sich das „geringste Gebot" nicht nach den alten Sonderregelungen bestimmt, sondern wie bei Versteigerung durch einen Gläubiger. Für die Wohnungseigentümergemeinschaft kann dies bei hoch belasteten Einheiten einen Nachteil in schwererer – im Einzelfall: wirtschaftlich unmöglicher – Versteigerbarkeit bedeuten.

Das gesetzliche Verfahren ist also vierstufig, nämlich erstens von der Sondersituation des Zahlungsverzugs – dazu § 18 Abs. 2 Nr. 2 WEG – abgesehen eine Abmahnung der Störer, zweitens die Beschlussfassung durch die übrigen Wohnungseigentümer, drittens Schaffung von Vollzugsreife durch richterliches Urteil und viertens und letztens Vollstreckung des Urteils durch Versteigerung.

3   Die praktischen Erfahrungen des Autors und die Lektüre gerichtlicher Entscheidungen zeigen, dass die praktischen Fälle häufig mit Personen zu tun haben, deren Geschäftsfähigkeit zweifelhaft ist[1]. Die wohnungseigentumsrechtliche Problematik ist oft klein, die menschliche riesig und die verfahrensrechtliche dementsprechend.

⊃ **Hinweis:**
Klären Sie als Anwalt den Mandanten auf, dass das Verfahren mehrstufig ist und der Störer sich dem Problem durch Veräußerung entziehen kann. Das Verfahren ist geprägt:

---

lungsverzug von Wohnungseigentümern, WE 1999, 46; *Heil*, Die freiwillige Versteigerung von Wohnungseigentum nach §§ 53ff. WEG, MittRhNotK 1999, 73; *Palder*, Entziehung des Wohnungseigentums nach § 18 WEG. Eine Übersicht zum Verfahren und zu den Voraussetzungen, WuM 1998, 331; *Wenzel*, Das Wohnungseigentumsentziehungsverfahren, eine stumpfe Waffe? Ergänzung zum Beitrag des Rechtsanwaltes *Jürgen Palder*, Hamburg, in WuM 1998, 331 f., WuM 1998, 454; *F. Schmidt*, Einheitswert und Entziehung des Wohnungseigentums, ZWE 2002, 113.

1 So musste das BayObLG – wenn auch nicht in einer Angelegenheit nach § 18 WEG – binnen weniger Monate in gleich zwei verschiedenen FGG-Verfahren betreffend Geschäfts- und Verfahrensfähigkeit eines Beteiligten feststellen, dass ein bloßer Aufklärungs- oder Zwischenbeschluss nicht anfechtbar ist, BayObLG, Beschl. v. 21. 12. 2000 – 2 Z BR 135/00, NZM 2001, 1144, hingegen ein Beweisbeschluss durch Beschwerde angefochten werden kann, BayObLG, Beschl. v. 27. 7. 2000 – 2 Z BR 63/00, ZWE 2001, 71 = NJW-RR 2001 = ZMR 2000, 852 = MDR 2000, 1372 = WuM 2000, 565.

- durch wohnungseigentumsrechtliche Feststellung der Störung, falls erforderlich Abmahnung und anschließend Beschluss zur Abwehrinitiative. Die Kostenlast hier ist gering;
- durch Erstreiten eines Urteils. Die Kostenlast ist prozesstypisch und richtet sich nach dem Wohnungswert;
- durch die sich anschließende Zwangsverwaltung oder/und Zwangsversteigerung.

II. Die materiellen Voraussetzungen zur Entziehung

1. Gesetzliche Typen

Materiell erfordert die Entziehung die Verletzung einer gemeinschaftsbezogenen Pflicht durch den Wohnungseigentümer – „Störer" –. In der Praxis kommen die Wohnungseigentümer zum Anwalt erst, wenn eine schon recht eindeutige Pflichtverletzung vorliegt. Das Gesetz kennt drei relevante Typen: 4

- wiederholte Verletzung einer wohnungseigentumsrechtlichen Pflicht nach § 14 WEG, vgl. § 18 Abs. 2 Nr. 1 WEG;
- Verletzung der wohnungseigentumsrechtlichen Zahlungspflichten nach § 16 Abs. 2 WEG, vgl. § 18 Abs. 2 Nr. 2 WEG; und
- unzumutbar schwere Verletzung einer wohnungseigentumsrechtlichen Pflicht, vgl. § 18 Abs. 1 WEG.

2. Wiederholte Verletzung einer Pflicht nach § 14 WEG, § 18 Abs. 2 Nr. 1 WEG

Als störendes Verhalten normiert § 18 Abs. 2 Nr. 1 WEG im Wesentlichen drei Tatbestandsmerkmale, nämlich: 5

- **Verletzung** einer wohnungseigentumsrechtlichen **Pflicht** nach § 14 WEG. Dazu gehören insbesondere die
- Verletzung der Pflicht zur **Instandhaltung** der im **Sondereigentum** stehenden Gebäudeteile, § 14 Nr. 1 WEG. Dazu zählen etwa die Verwahrlosung der Wohnung, insbesondere wenn aus ihr Fäkal- oder sonstige Gerüche hervorgehen[1] oder Ungeziefergefahr entsteht; oder die statische Überbelastung, wenn der Bewohner z. B. einem Sammel- oder gar Müllwahn unterliegt; nicht aber mangelnde Wartung des Ge- 6

---

[1] LG Tübingen, Urt. v. 22. 9. 1994 – 1 S 39/94, NJW-RR 1995, 650 = ZMR 1995, 179; AG Erlangen, Urt. v. 3. 11. 2003 – 10 UR II 58/02, ZMR 2004, 539 zur Benützung des Wohnzimmers als Toilette.

...igentums, weil es immer nur auf das Sondereigentum an... ...nicht: geringes Heizen des Sondereigentums²;

...ung der Pflicht zum **Gebrauch** von **Sonder-** und **Gemeinschafts-** ...**entum** in einem so schonenden Maß, dass dadurch keinem der anderen Wohnungseigentümer über das bei einem geordneten Zusammenleben unvermeidliche Maß hinaus ein Nachteil erwächst. Dazu zählen etwa permanente Geräuschbelästigung; Duldung eines Bordells; Trunkenheit und daraus resultierende Brandgefahr; dauernde schwere Beleidigung anderer Wohnungseigentümer[3] oder gar Gewalttätigkeiten; sonstige erhebliche Belästigung anderer Wohnungseigentümer z. B. durch wiederholte Beschmutzungen, Sachbeschädigungen; Einbruch in fremde Keller;

8 – Verletzung der **Aufsichtspflicht** über Familienangehörige, Mieter[4] und sonstige Berechtigte nach § 14 Nr. 2 WEG;

9 – und zwar **wiederholt**, also mehr als nur zweimal;

10 – und schließlich in einem Maß, das aus objektiver Sicht und unter Würdigung der Interessen der übrigen Wohnungseigentümer als „**gröblich**", sprich „**schwer**" zu bewerten ist. Die Wertung erfordert ein Verdikt der Rechtswidrigkeit, das anders als in Abs. 1 nicht für andere Wohnungseigentümer schon „unzumutbar" sein muss, andererseits mehr als nur unerheblich ist, also Bagatellgrenzen überschreitet.

11 Die Voraussetzungen der Vorschrift ähneln denen des § 314 BGB zur Kündigung von Dauerschuldverhältnissen aus wichtigem Grund. Dort ist Beendigung des Schuldverhältnisses bei Vorliegen eines wichtigen Grundes möglich, also dann, wenn dem kündigenden Teil unter Berücksichtigung aller Umstände des Einzelfalls und unter Abwägung der beiderseitigen Interessen die Fortsetzung des Vertragsverhältnisses nicht zugemutet werden kann und der Pflichtverletzung nicht in einer zur Abhilfe bestimmten Frist oder nach erfolgloser Abmahnung abgeholfen wird.

Keinen Entziehungsgrund stellt der Umstand dar, dass ein Wohnungseigentümer serienhaft Beschlüsse der Gemeinschaft anficht. Er darf nicht

---

1 LG Aachen, Urt. v. 15. 10. 1992 – 2 S 298/91, ZMR 1993, 233.
2 LG Aachen, Urt. v. 15. 10. 1992 – 2 S 298/91, ZMR 1993, 233.
3 LG Passau, Urt. v. 12. 4. 1984 – 1 S 151/83, RPfleger 1984, 412 (m. Anm. *Gerauer*); – im entschiedenen Fall aber verneint.
4 OLG Düsseldorf, Beschl. v. 7. 4. 1995 – 3 Wx 472/94, FGPrax 1995, 146 = NJW-RR 1995, 1165 = WE 1995, 315 (im konkreten Fall aber verneint wegen verminderter Zurechnungsfähigkeit des Mieters nach §§ 827, 828 BGB); LG Dortmund, Beschl. v. 15. 2. 2000 – 9 T 1211/99, NZM 2000, 1016 im Zusammenhang mit der Kostentragung bei Schlüsselverlust durch Mieter; AG Aachen, Urt. v. 11. 2. 2004 – 12 C 536/03, ZMR 2004, 538.

mit der Drohung unter Druck gesetzt werden, dass ihm anderenfalls sein Wohnungseigentum entzogen würde[1].

3. Zahlungsverzug, § 18 Abs. 2 Nr. 2 WEG

Das Gesetz erlaubt Entziehung auch, wenn es sich „nur" um die Nichterfüllung der Zahlungspflichten nach § 16 Abs. 2 WEG handelt. 12

Die Verweisung ist unklar, weil sie sich isoliert auf § 16 Abs 2 WEG bezieht, die Gemeinschaft aber nach ihrer Gemeinschaftsordnung oder kraft Beschlusses nach § 16 Abs. 3 oder Abs. 4 WEG durchaus einen anderen Verteilungsmaßstab haben kann. Nach der Begründung der Bundesregierung wäre auch wirklich so zu lesen, dass es auf den Verteilungsmaßstab des § 16 Abs. 2 WEG ankomme[2] – ein abstruser Gedanke, der nicht nur eine gesonderte Berechnung der Gemeinschaftskosten durch die Hausverwaltung erfordern würde! Vielmehr würde er jedenfalls in Situationen des § 16 Abs. 3 oder 4 WEG sich auf eine Regelung beziehen, deren Änderung das Gesetz genau deswegen erlaubt, weil sie ersichtlich sachwidrig ist. § 18 Abs. 2 Nr. 2 WEG lautete darum sinngemäß: wenn „2. der Wohnungseigentümer sich mit der Erfüllung seiner Verpflichtungen

Variante 1:

‚die – anteiligen – Lasten des gemeinschaftlichen Eigentums sowie die Kosten der Instandhaltung, Instandsetzung, sonstigen Verwaltung und eines gemeinschaftlichen Gebrauchs des gemeinschaftlichen Eigentums'

Variante 2:

‚die anteiligen in § 16 Abs. 2 bestimmten Lasten und Kosten'

zu tragen, in Höhe eines Betrages, der ... übersteigt, länger als drei Monate in Verzug befindet".

Andererseits ist die Vorschrift aber Strafvorschrift. Eine vom Wortlaut abweichende Auslegung ist bei Strafbestimmungen aber immer proble- 12a

---

1 OLG Köln, Beschl. v. 20. 2. 2004 – 16 Wx 7/04, NJW-RR 2004, 877 = NZM 2004, 260.
2 BTDrS 16/887, Anlage 3 (Gegenäußerung der Bundesregierung), S. 69. Kritik an der schlampigen gesetzlichen Regelung unter anderen Aspekten: *Köhler*, Das neue WEG, Rz. 266 = S. 82.

matisch, auch wenn § 1 StGB – „Keine Strafe ohne Gesetz" seiner Stellung nach nur für den Bereich des staatlichen Strafanspruchs gilt.

12b Ein weiteres Problem kann vor allem bei billigen Wohnungen und hohem Wohngeld die geringe Höhe[1] sein, die das Gesetz für Entziehung erfordert. Der Gesetzeswortlaut stellt – unverändert durch die WEG-Novelle 2007 – nur auf Verzug mit einem Betrag ab, der lediglich 3 % des steuerlichen Einheitswertes, §§ 93, 121a BewG, übersteigt. Das entspricht oft nur drei Promille des mutmaßlichen Verkehrswerts der Wohnung. Da die Entziehung in das Eigentumsrecht eingreift und die Einheitsbewertung mittlerweile realitätsfremd geworden ist[2], war nach früherer Meinung des Autors in freier Würdigung des Gesetzes ein Betrag einzusetzen, der dem entspricht, was Abs. 1 von § 18 WEG ausdrückt: nämlich ein der Höhe nach so schwerer Verzug, dass den übrigen Wohnungseigentümern deswegen die Fortsetzung der Gemeinschaft mit dem Säumigen nicht mehr zugemutet werden kann. Dem Novellierungsgesetzgeber 2007 waren diese Bedenken bekannt. Er hat sie nicht aufgegriffen. Dem anwendenden Juristen bleibt damit keine andere Wahl als die wortlautgetreue Anwendung des Gesetzes. Dem gegebenenfalls betroffenen Wohnungseigentümer bleibt daneben die Möglichkeit der Anfechtung des (End-)Urteils, Art. 93 Abs. 1 Nr. 4a GG.

Die Problematik ist allerdings durch zwei nicht mehr ganz neue Aspekte auch wieder entschärft: Mittlerweile ist herrschende Ansicht, dass unter die relevanten Kosten nicht Auslagen fallen, die von der Gemeinschaft zwar verauslagt werden, hingegen das Sondereigentum betreffen[3], so z. B. bei gemeinsamen Bezug bei den Heizkosten. Die Gemeinschaft kann sich bei Verzug mit Versorgungssperre wehren; dies gilt auch bei Vermietung des Wohnungseigentums[4], dazu Rz. 23. So kann sie insbesondere den Konflikt zwischen Verwirklichung ihrer vermögenswerten Ansprüche einerseits und dem Eigentumsrecht des entziehungsbedrohten Störers andererseits im Einzelfall ausgewogen lösen.

➲ **Hinweis:**

12c Spätere Zahlung kann die Entziehung noch abwenden. Sie muss vor Erteilung des Zuschlags erfolgen und alle Ansprüche der Gemeinschaft vollständig befriedigten. Es dürfen also auch keine weiteren Beiträge an die Gemeinschaft offen bleiben. Auch die Kosten des Ver-

---

[1] Im Fall AG Erlangen, Urt. v. 3. 11. 2003 – 10 UR II 58/02, ZMR 2004, 539 waren es nur 1 600 Euro Rückstand.
[2] BVerfG, Beschl. v. 22. 6. 1995 – 2 BvL 37/91, BVerfGE 93, 121 = NJW 1995, 2615 = DNotZ 1995, 763 = MDR 1995, 1000 = WM 1995, 1506 unter Aspekten (vermögen-)steuerlicher Belastung. Vertiefend: *Schmidt*, ZWE 2002, 113.
[3] Ausführlicher: Staudinger/*Bub*, Bearbeitung 2005, § 16 WEG, Rz. 183–192.
[4] BGH, Urt. v. 10. 6. 2005 – V ZR 235/04, NJW 2005, 2622 = ZMR 2005, 880; *Gaier*, Versorgungssperre bei Beitragsrückständen des vermietenden Wohnungseigentümers, ZWE 2004, 109.

fahrens zum Erhalt des Urteils nach § 18 WEG und die seiner Durchsetzung müssen ersetzt sein, § 19 Abs. 2 WEG.

Kommt ein Wohnungseigentümer wiederholt zwar in Zahlungsverzug, ohne aber die Schwelle des § 18 Abs. 2 Nr. 2 WEG zu überschreiten, kann ein solches Verhalten gleichwohl schwer und unzumutbar im Sinn von § 18 Abs. 1 WEG sein und nach dieser Norm die übrigen Wohnungseigentümer zur Entziehung berechtigen[1].

4. Unzumutbar schwere Pflichtverletzung, § 18 Abs. 1 WEG

Entziehung ist schließlich nach der Generalvorschrift des § 18 Abs. 1 WEG möglich, wenn ein sonstiger Fall der Pflichtverletzung vorliegt und – kumulativ – er so schwer wiegt, dass den übrigen Wohnungseigentümern die Fortsetzung der Gemeinschaft mit dem Störer nicht mehr zugemutet werden kann. Das Interesse der Wohnungseigentümer an der Entfernung des Störers ist abzuwägen mit dessen Interesse, sein Eigentum zu behalten[2]. 13

Wie im Miet- und Gesellschaftsrecht kann grundsätzlich jeder sachliche Umstand entziehungsbegründend sein, wie etwa ein Zerwürfnis zwischen den Wohnungseigentümern, das ein gedeihliches Zusammenleben nicht mehr erwarten lässt. Allerdings kommt das Entziehungsverfahren als einschneidendstes und letztes Mittel nur dann in Betracht, wenn weniger schwere rechtliche Maßnahmen ausgeschöpft sind oder nicht in Frage kommen[3]. 14

Im Übrigen gelten die vorstehend unter Rz. 5 bis 11 „Verletzung einer Pflicht nach § 14 WEG" diskutierten Aspekte auch hier.

5. Gemeinsame Merkmale

Das Verhalten des Störers ist nicht isoliert zu würdigen. Vielmehr kommt es auf eine umfassende Prüfung aller Umstände des Einzelfalles und eine Gesamtabwägung der beteiligten Interessen sowie des Verhaltens der übrigen Wohnungseigentümer an. Entziehung scheidet aus, wenn in der Person der die Entziehung betreibenden Wohnungseigentümer Umstände vorliegen, die deren Ausschließung rechtfertigen oder auch nur zu einer anderen Beurteilung der Gründe führen können, die der von der Ausschließung bedrohte Störer gesetzt hat. Verfehlungen eines Wohnungseigentümers, der den Ausschluss mit betreibt, können das 15

---

1 BGH, Urt. v. 19. 1. 2007 – V ZR 26/06, NJW 2007, 1353.
2 LG Stuttgart, Urt. v. 4. 12. 1996 – 5 S 477/95, NJW-RR 1997, 589 = NJWE-MietR 1997, 134 L.
3 LG Aachen, Urt. v. 15. 10. 1992 – 2 S 298/91, ZMR 1993, 233.

Fehlverhalten des Störers in einem so milden Licht erscheinen lassen, dass es als Entziehungsgrund ausscheidet. § 254 BGB gilt analog[1].

16 **Keine Pflichtverletzung** nach § 18 WEG stellen Handlungen dar, die im Zusammenleben der Menschen angelegt sind wie Lärm von Kleinkindern oder die wiederholte Wahrnehmung des Rechts, Beschlüsse anzufechten[2] oder die Verletzung „nur" sonstiger und sei es sogar strafrechtlich relevanter Pflichten allgemeiner Art ohne rechtlichen Zusammenhang mit der Gemeinschaft der Wohnungseigentümer.

17 **Verschulden** ist nicht Entziehungsvoraussetzung. Die bloße Rechtswidrigkeit oder tatbestandliche Erfüllung der Pflichtverletzung genügt[3], da sie bereits das Eigentum der übrigen Wohnungseigentümer beeinträchtigt. Fehlt es an Verschulden, müssen allerdings besondere Gründe vorliegen, wenn allein aufgrund vergangener Verletzungen eine Verpflichtung zur Veräußerung des Wohnungseigentums erfolgen soll[4]. In der Praxis handelt es sich meist um Fälle, in denen der Störer einen psychischen Defekt hat. Denkbar ist, dass die Gemeinschaft im Einzelfall eine psychiatrische Behandlung abwarten muss, wenn Erfolg zu erwarten ist.

18 Die Verletzung muss sich nicht gegen sämtliche oder **alle** Wohnungseigentümer richten. Es genügt ein Einzelner. Das folgt aus der Wortwahl „gegenüber **anderen** Wohnungseigentümern" ohne den Artikel „den". Im Einzelfall genügt eine Verletzungshandlung auch gegenüber einem Dritten wie einem Angehörigen oder Mieter, dem der Wohnungseigentümer die Wohnung überlässt.

19 Die Entziehung kann auch gerechtfertigt sein, wenn zur Zeit der richterlichen Entscheidung keine Pflichtverletzung mehr vorliegt. Da die Entziehung aber eigentumsrechtlich einen schweren Eingriff darstellt und nicht Sanktion für vergangene Verletzungen sein, sondern künftige Störungen verhindern will, müssen besondere Gründe wie Wiederholungsgefahr[5] vorliegen, soll allein aufgrund vergangener Verletzungen die Pflicht zur Veräußerung des Wohnungseigentums erfolgen.

---

1 BGH, Urt. v. 23. 2. 1981 – II ZR 229/79, BGHZ 80, 346 = NJW 1981, 2302 = JZ 1983, 241, wenngleich zu der gesellschaftsrechtlichen Frage, unter welchen Voraussetzungen die Ausschließung eines Gesellschafters gerechtfertigt ist, wenn den Ausschließungskläger ein Mitverschulden, den Ausschließungsbeklagten aber das überwiegende Verschulden trifft. Zur – unzulässigen – Drohung mit Entziehung: OLG Köln, Beschl. v. 20. 2. 2004 – 16 Wx 7/04, NJW-RR 2004, 877 = NZM 2004, 260.
2 LG Düsseldorf, Beschl. v. 29. 9. 1991 – 25 T 699/91 n. v.
3 LG Tübingen, Urt. v. 22. 9. 1994 – 1 S 39/94, NJW-RR 1995, 650 = ZMR 1995, 179.
4 BVerfG, Beschl. v. 14. 7. 1993 – 1 BvR 1523/92, NJW 1994, 241 = WM 1993, 1813 = ZMR 1993, 503.
5 LG Augsburg, Urt. v. 25. 8. 2004 – 7 S 1401/04, ZMR 2005, 230.

Die materiellen Voraussetzungen   Rz. 23 **Teil 10**

Veräußert der Störer einem Angehörigen seine Wohnung gegen Nieß- 20
brauchsvorbehalt oder Vorbehalt eines ähnlichen Rechts, ist zunächst
keine Entziehung mehr möglich. Beendet der formale Eigentumswechsel
die Störung nicht, weil sie auf die Person des Nutzers zurückzuführen ist
und andauert, kann die Gemeinschaft sofort erneut die Entziehung beschließen, weil der Rechtsnachfolger für seinen Bewohner einstehen
muss, § 14 Nr. 2 WEG.

6. Nachschieben von Gründen und wiederholter Zahlungsverzug

Zum Nachschieben von Gründen s. Rz. 46. Zum wiederholten Zah- 21
lungsverzug ohne tatbestandliche Erfüllung von § 18 Abs. 2 Nr. 2: oben
Rz. 12 am Ende.

7. Sonstige Aspekte

Stört nur einer von mehreren Eigentümern eines Wohnungseigentums, 22
kann nur die Entziehung der ganzen Einheit und nicht isoliert nur vom
Störer die Entziehung seines Anteils verlangt werden[1]; sonst lässt sich
für nur einen Anteil an einer Wohnung regelmäßig kein adäquater Käufer
finden und kann das Entziehungsverfahren dem Störer also keinen adä-
quaten Ausgleich in Geld verschaffen. Mehrere Wohnungseigentümer
können ihr Innenverhältnis dadurch bereinigen und so die Entziehung
abwehren, dass sie den Störer aus der Gemeinschaft ausschließen, und
zwar nach den für diese Gemeinschaft geltenden Regeln, insbesondere
bei einer BGB-Gesellschaft nach Maßgabe des Gesellschaftsvertrags
durch Störerausschluss oder Kündigung oder in einer Bruchteilsgemeinschaft z. B. unter Eheleuten nach §§ 741 ff. BGB ohne besondere Regelungen nach §§ 1008, 1010 BGB durch Teilungsversteigerung.

Die Möglichkeit zur Entziehung nach § 18 WEG hindert nicht die 23
Geltendmachung anderer Rechte, da § 18 WEG als Schutzvorschrift
rechtserweiternd wirkt. Denkbar sind bei Verzug mit Beitragszahlungen
insbesondere Zwangsverwaltung[2] oder Ausübung des Zurückbehaltungsrechts nach § 273 Abs. 1 BGB durch Absperren von Versorgungsleitungen[3], und zwar auch in Vermietungssituationen; im Verhältnis Mieter –

---

1 Strittig und offen in BayObLG, Beschl. v. 4. 3. 1999 – 2 Z BR 20/99, BayObLGZ
   1999, 66 = NJW-RR 1999, 887 = NZM 1999, 578.
2 BGH, Beschl. v. 18. 7. 2002 – IX ZB 26/02, BGHZ 151, 384 = MDR 2002, 1213 =
   NJW 2002, 3178 = NZM 2002, 882 zur Verwaltung einer Gaststätte, deren Grund-
   schuldlasten wohl ihren Wert überstiegen.
3 H.M., BayObLG, Beschl. v. 16. 1. 1992 – 2 Z 162/91, BayObLGZ 1992, 1 =
   NJW-RR 1992, 787 L = WuM 1992, 207; BayObLG, Beschl. v. 4. 3. 1999 – 2 Z BR
   20/99, BayObLGZ 1999, 66 = NJW-RR 1999, 887 = NZM 99, 578; OLG Celle,
   Beschl. v. 9. 11. 1990 – 4 W 211/90, NJW-RR 1991, 1118 hervorhebend, dass § 18

vermietender Störer handelt es sich bei Nichtzahlung an die Gemeinschaft um eine Pflichtverletzung auch des Mietverhältnisses. So kann der **Mieter** in Situationen der drohenden Entziehung wohl[1] direkt in Höhe des Hausgelds an den Verwalter und nur im Übrigen an den Vermieter zahlen, § 268 BGB.

24 Fehl geht die Diskussion, ob der Störer die Entziehung durch hohe Belastungen mit Grundpfandrechten praktisch verhindern kann[2]. Die Gemeinschaft muss vielmehr nur auf eine Versteigerung hinwirken, in der sie die Wohnung unter Übernahme „nur" der dinglichen Belastungen und im Übrigen für einen symbolischen Euro übernimmt. Die Übernahme stellt eine Maßnahme ordnungsgemäßer Verwaltung dar, wenn sie der Beitreibung von Beiträgen dient. Mietrechtliche Pflichten gehen zwar auf sie über, nicht aber sonstige z.B. Darlehens- u.a. Zahlungspflichten. Seit Wegfall des § 419 BGB stellt sich auch nicht mehr das Problem einer gesetzlichen Schuldübernahme. Die Gemeinschaft muss dann nur damit rechnen, dass der Grundpfandrechtsgläubiger seine grundbuchlichen Rechte wahrnimmt; das schadet aber nicht wirklich, denn die Gemeinschaft erwirbt nur zur Abwendung einer dann wegfallenden Gefahr und nicht, um Vermögen anzusammeln. Bei etwaiger Neuvermietung stimmt sich die Gemeinschaft wegen der Wirkung des § 1123 BGB zweckmäßig mit den Grundbuchgläubigern ab, um sicherzustellen, dass der Mieter die Beiträge dem Verwalter direkt zahlt und die Gemeinschaft keinen Verlust mehr hat. Ein Grundbuchgläubiger wird sich einer sachgerechten Lösung nicht verweigern, da anderenfalls die Gemeinschaft dem Mieter die Ver- und Entsorgungsleitungen sperrt, dazu oben Rz. 12 und 23, und dann auch der Gläubiger keine Einnahmen mehr hat. Die Grundbuchgläubiger werden sich gegebenenfalls entweder mit der ersteigernden WE-Gemeinschaft einigen oder in einer weiteren Versteigerung ihr Recht suchen.

II Nr. 2 WEG keine abschließende Sonderregelung darstellt; OLG Hamm, Beschl. v. 11. 10. 1993 – 15 W 79/93, OLGZ 1994, 269 = MDR 1994, 163 = NJW-RR 1994, 145 L unter Betonung des Grundsatzes der Verhältnismäßigkeit; KG, Beschl. v. 21. 5. 2001 – 24 W 94/01, MDR 2001, 1346 = NJW-RR 2001, 1307 = NZM 2001, 761 = ZMR 2001, 1007 = ZWE 2001, 497; KG, Beschl. v. 26. 11. 2001 – 24 W 7/01, MDR 2002, 574 = WuM 2002, 161 = FGPrax 2002, 54, = NZM 2002, 211 L = ZMR 2002, 458 = ZWE 2002, 182 m. Anm. *Briesemeister*.

1 In Wohnungseigentumsrecht ist dies wohl noch nicht entschieden, jedoch hat der BGH einem Vormerkungsberechtigten das Ablöserecht zuerkannt und dies sogar selbst dann, wenn er damit gar nicht die Zwangsversteigerung abwenden will, BGH, Urt. v. 1. 3. 1994 – XI ZR 149/93, NJW 1994, 1475 = MDR 1994, 578 = WM 1994, 909 = ZIP 1994, 633. Wenn schon ein nur schuldrechtlich Berechtigter ablöseberechtigt ist, muss es erst recht der Mieter sein, dessen Besitzrecht verfassungsrechtlich als Eigentum i.S.v. Art. 14 Abs. 1 GG gilt, BVerfG, Beschl. v. 26. 5. 1993 – 1 BvR 208/93, BVerfGE 89, 1 = NJW 1993, 2035 = DB 1993, 1770 = WM 1993, 1460 = WuM 1993, 377 = ZMR 1993, 405.

2 Ausführlicher, aber mit anderen Ergebnissen als hier: *Armbrüster*, WE 1999, 46.

III. Das Verfahren

1. Vorausgehende Abmahnung(en)

Grundsätzlich – und immer in den Fällen der Entziehung nach § 18 Abs. 2 Nr. 1 WEG – erfordert das Gesetz als ersten Verfahrensschritt eine **Abmahnung** des Störers und seines störenden Verhaltens[1]. Die Abmahnung erübrigt sich nach dem Gesetzeswortlaut nur

- in Situationen der Entziehung wegen **Zahlungsverzugs**, § 18 Abs. 2 Nr. 2 WEG. Verzug tritt ohne Mahnung ein, vgl. § 286 BGB. Für Fälle der Insolvenz des Eigentümers, seiner ausdrücklichen Zahlungsunwilligkeit und andere Fälle evidenter Unmöglichkeit gibt es auch nichts hinzuzufügen. Andererseits lassen möglicherweise Treu und Glauben sowie der verfassungsrechtliche Eigentumsschutz, den auch der Störer behält, gerade bei einer Dauerbeziehung (Schutz-?) Pflichten erwachsen, die gesonderte Anmahnung oder jedenfalls einen Umgang erfordern, der sich auch für den Störer als geringstmöglichen Eingriff darstellt, wenn und solange auch andere Mittel in Betracht kommen; und

- in Situationen der Entziehung wegen **unzumutbar schwerer Pflichtverletzung** nach § 18 Abs. 1 WEG. Hier kommt der Schwere der Pflichtverletzung ein solches Gewicht zu, dass sich die Abmahnung erübrigt. Das Gewicht des einzelnen schweren Umstands steht der Summe der kleineren und abzumahnenden Umstände gleich.

Das Gesetz schreibt keine besondere **Form** oder **Häufigkeit** der Abmahnung vor. Sie kann also grundsätzlich auch nur mündlich erfolgen, jedoch wird sich aus Gründen der Beweisbarkeit Schriftform (§§ 126, 126a BGB) oder wenigstens Textform (§ 126b BGB) empfehlen und wird sich in den Fällen des § 18 Abs. 2 Nr. 1 WEG gegen wenigstens zwei Pflichtverletzungen in wenigstens gesamt zwei Abmahnungen richten müssen. Die Abmahnung muss das beanstandete Verhalten konkret bezeichnen.

Der Verwalter mahnt ab. Ihn berechtigt § 27 Abs. 1 Nr. 2 WEG, für alle Wohnungseigentümer die für die ordnungsmäßige Instandhaltung und Instandsetzung des gemeinschaftlichen Eigentums erforderlichen Maßnahmen zu treffen und § 27 Abs. 3 Nr. 2 WEG Maßnahmen zu treffen, die zur Abwendung eines Rechtsnachteils erforderlich sind. Ist kein Verwalter bestellt, kann jeder der übrigen Wohnungseigentümer abmahnen.

Mahnt der Anwalt ab, ist als **Streitwert** ein Bruchteil des Wertes betreffend den Entziehungsbeschluss anzusetzen, also z.B. ein Drittel aus 20 % des Verkehrswertes der Wohnung[2].

---

1 BGH, Urt. v. 19. 1. 2007 – V ZR 26/06, NJW 2007, 1353 zu sich wiederholendem Zahlungsverzug, der nicht die Entziehungsvoraussetzungen des § 18 Abs. 2 Nr. 2 WEG erfüllt.
2 LG Bremen, Beschl. v. 2. 6. 1999 – 2 T 294/99b, WuM 1999, 598.

Die Abmahnung konkretisiert ein Verhalten zwischen der Gemeinschaft und einem Wohnungseigentümer. Gegen sie ist Klage denkbar[1], aber grundsätzlich nicht nötig, weil der Abmahnung alleine noch keine Rechtswirkung zukommt. Wert: wie vor.

Bei den Kosten des Entziehungsverfahrens handelt es sich um Verwaltungskosten, an denen grundsätzlich auch der – obsiegende – und wegen Störung beklagte Wohnungseigentümer zu beteiligen ist[2].

2. Der Entziehungsbeschluss nach § 18 WEG

a) Grundsatz

29 Das eigentliche Verfahren beginnt gemäß § 18 WEG mit dem entsprechenden „Verlangen" grundsätzlich der Wohnungseigentümergemeinschaft, bei Zweiergemeinschaft: des anderes Wohnungseigentümers. Da sich die Willensbildung der Gemeinschaft durch Beschluss konkretisiert, gelten für den Entziehungsbeschluss die gesetzlichen Vorgaben zur Beschlussfassung mit der Besonderheit, dass mehr als die Hälfte nicht nur der anwesenden, sondern aller stimmberechtigten Wohnungseigentümer erforderlich ist, § 18 Abs. 3 WEG, jedoch ohne den Anteil des Störers, § 25 Abs. 5 WEG[3]. In der Zweiergemeinschaft äußert sich das Verlangen in der Klageerhebung nach § 19 WEG; es ist kein „Ein-Mann-Beschluss" erforderlich.

b) Mehrheit

30 Nach § 18 Abs. 3 S. 3 WEG gilt für die Feststellung der Mehrheit das Kopfprinzip nach § 25 Abs. 2 S. 1 WEG. Auch bei mehreren Häusern kommt es auf alle Wohnungseigentümer an und nicht nur auf die im betroffenen Haus. Die Gemeinschaftsordnung kann wohl sowohl vom „Kopfprinzip" als auch vom „Prinzip der Zuständigkeit aller" abweichen[4]. Obergerichtlich ist dies noch nicht geklärt[5]. Zur Mitwirkungspflicht von Wohnungseigentümern: Rz. 32.

---

1 A.A.: BayObLG, Entscheidung v. 9. 3. 2004 – 2 Z BR 19/04, NJW-RR 2004, 1020 = NZM 2004, 383.
2 OLG Düsseldorf, 20. 4. 2007 – 3 Wx 127/06, NZM 2007, 569 = ZMR 2008, 219, OLG Stuttgart, 25. 11. 1985 – 8 W 424/84, NJW-RR 1986, 379.
3 BGH, Urt. v. 30. 6. 1972 – V ZR 118/70, BGHZ 59, 104 = MDR 1972, 853 = NJW 1972, 1667; BayObLG, Beschl. v. 31. 1. 1992 – 2 Z 143/91, NJW 1993, 603 anlässlich Sonderumlage.
4 Jedenfalls nach OLG Hamm, Beschl. v. 1. 4. 2004 – 15 W 71/04, NJW-RR 2004, 1380 = DNotZ 2004, 932 = ZMR 2004, 701 kann die Gemeinschaftsordnung das Mehrheitserfordernis erleichtern.
5 Ausdrücklich offen gelassen von BayObLG, Beschl. v. 24. 6. 1999 – 2 Z BR 179/98, BayObLGZ 1999, 176 = NJW-RR 2000, 17 = FGPrax 1999, 216 = ZMR 1999, 724 = NZM 1999, 868.

Die qualifizierte Mehrheit ist auch in einer Wiederholungsversammlung nötig; § 25 Abs. 4 WEG gilt nicht.

Eine Ausnahme vom Erfordernis des Entziehungsbeschlusses gilt denklogisch in einer Zweiergemeinschaft[1],; hier kann auch ohne Beschluss sofort Klage erhoben werden, da die Beschlussfassung reiner Formalismus wäre. Der Gesetzgeber hat diese Selbstverständlichkeit gleichwohl in § 18 Abs. 1 Satz 2 WEG festgeschrieben.

c) Tagesordnung

Die Einladung zur Versammlung muss klar und für jeden Wohnungseigentümer erkennbar hervortun, dass einem Wohnungseigentümer sein Eigentum gemäß § 18 Abs. 3 WEG entzogen werden soll[2]. Es ist aber nicht am Wortlaut zu kleben, § 133 BGB. Die Angabe „Abmeierungsklage"[3] genügt.

31

d) Aktivlegitimation

Der Anspruch auf Entziehung steht allen – „den anderen" – Wohnungseigentümern zu, § 18 Abs. 1 Satz 1 WEG. Ein Einzelner hat „nur" Anspruch nach §§ 21 Abs. 4, 10 Abs. 5 WEG gegen die anderen Wohnungseigentümer auf Mitwirkung zur Durchsetzung des Entziehungsbeschlusses und damit auf Einleitung des Entziehungsverfahrens.

32

Der ordentliche Verwalter muss also auch den Antrag eines Einzelnen in die Tagesordnung aufnehmen. Er darf davon nicht etwa mit dem Argument absehen, dass nach seine informellen Befragung die Wohnungseigentümer mehrheitlich die Angelegenheit als „Privatsache" betrachteten[4].

Treu und Glauben innerhalb einer Gemeinschaft kann die nicht unmittelbar betroffenen Wohnungseigentümer zu **Mitwirkung verpflichten**. Eine solche **Garantenstellung** erwächst ihnen vor allem, wenn der Störer einen anderen Wohnungseigentümer wegen seines Geschlechtes, seiner Abstammung, seiner Rasse, seiner Sprache, seiner Heimat und Herkunft, seines Glaubens, seiner religiösen oder politischen Anschauungen oder wegen seiner Behinderung mobbt, belästigt oder sonst wie benachteiligt.

Der Beschluss muss ausdrücklich auf die „**Veräußerung seines Wohnungseigentums**" durch den Störer gerichtet sein. Das ist klar hervor-

33

---

1 LG Aachen, Urt. v. 15. 10. 1992 – 2 S 298/91, ZMR 1993, 233.
2 OLG Düsseldorf, Beschl. v. 15. 8. 1997 – 3 Wx 147/97, ZMR 1998, 244 = ZfIR 1998, 96.
3 KG, Beschl. v. 22. 11. 1995 – 24 W 2452/95 = NJW-RR 1996, 526 = NJWE-MietR 1996, 130 L = ZMR 1996, 223.
4 OLG Köln, Beschl. v. 16. 5. 1997 – 16 Wx 97/97, WuM 1997, 454 = ZfIR 1997, 557 = ZMR 1998, 48.

zuheben, ist der Beschluss doch besondere Verfahrensvoraussetzung für die Entziehungsklage. Er soll auch klarstellen, dass gegebenenfalls Klage nach § 19 WEG angestrengt werden soll und beinhaltet dann im Zweifel die Ermächtigung, einen Rechtsanwalt mit der Erhebung der Entziehungsklage zu beauftragen und zu bevollmächtigen. Eine solche Bevollmächtigung ist wohl anfechtbar, wenn der Beschluss lediglich den Verwalter ermächtigt, den Entziehungsprozess im eigenen Namen zu führen[1]. Zum Beurteilungsspielraum der Wohnungseigentümer siehe unter Rz. 36.

34 Der Beschluss kann auch bedingt sein, wenn er an Umstände in der Störersphäre anknüpft und die Durchführung der Entziehung aussetzen, z. B. nur „für den Fall der Nichtzahlung rückständiger Beträge binnen bestimmter Zeit".

> **Formulierungsvorschlag, der bereits die Durchsetzung nach § 19 WEG beinhaltet:**
>
> Die Versammlung ist beschlussfähig, weil – nach Köpfen [und nicht nach Miteigentumsanteilen] – ... von ... [= Summe der nach Köpfen ermittelten] Wohnungseigentümer ... [Zahl der konkreten Teilnehmer] anwesend oder vertreten sind und form- und fristgerecht geladen wurden.
>
> Herr/Frau ... als Eigentümer der Einheit ... hat/haben nicht ... (Sachverhaltsschilderung zur Pflichtverletzung). Der Verwalter hat dieses Verhalten schriftlich und ausdrücklich mit Schreiben vom ..., vom ... und vom ... – erfolglos – abgemahnt. Dies vorausgeschickt beschließen die Wohnungseigentümer mit ... Ja-Stimmen gegen ... Nein-Stimmen, also mit der Mehrheit der vorhandenen und nicht nur der anwesenden Stimmen nach § 25 Abs. 2 WEG (und nicht nach Anteilsgröße):
>
> 1. Der Eigentümer der Einheit ... – „Störer" – muss sein Wohnungseigentum veräußern – „Entziehung nach § 18 WEG" –.
>
> 2. Sollte er dem Verlangen nicht bis zum Ablauf des Monats ... 20 ... entsprechen, hat der Verwalter das richterliche Urteil gemäß § 19 WEG einzuholen, das zur Zwangsvollstreckung des Wohnungs- und Teileigentums des Störers entsprechend den Vorschriften des Ersten Abschnitts des Gesetzes über die Zwangsversteigerung und die Zwangsverwaltung – ZVG – berechtigt.
>
> 3. Der Verwalter hat im Verfahren nach § 19 WEG mit der Anwaltskanzlei NN zusammenzuarbeiten.

---

[1] OLG Hamm, Beschl. v. 13. 10. 1989 – 15 W 314/89, OLGZ 1990, 57 = MDR 1990, 343.

e) Rechtsschutz

Der Beschluss wie seine Ablehnung sind gerichtlich überprüfbar, § 43 Nrn. 1, 2, 4 WEG.

35

Prüfungsgegenstand sind regelmäßig nur etwaige **formale Mängel** des Beschlusses, die also sein Zustandekommen betreffen. Materiell können nämlich die Wohnungseigentümer in einem sehr weiten Spielraum befinden, ob sie einen Miteigentümer durch Prozess zur Veräußerung seines Wohnungseigentums zwingen wollen. Grenze ist nur ein etwaiger Fehlgebrauch dieses weiten Gestaltungsermessens[1].

36

Eine Beschlussanfechtung wird sich darum nur im besonderen Ausnahmefall[2] empfehlen.

Nicht schon in einem Verfahren der Beschlussanfechtung, sondern erst im Verfahren auf „Entziehung nach § 19 WEG" mit dem Klageantrag „auf Verpflichtung des störenden Wohnungseigentümers zur Veräußerung seines Wohnungs-/Teileigentums" ist Prüfungsgegenstand die **inhaltliche** Frage, ob das Veräußerungsverlangen materiell gerechtfertigt ist[3]. Weiter unten Rz. 47.

37

Der Beschluss nach § 18 Abs. 3 WEG bestimmt nämlich nur, ob Entziehung des Wohnungseigentums verlangt werden soll. Das Gericht prüft im Rahmen einer etwaigen Anfechtungsklage darum lediglich die formale Frage, ob ein Mehrheitsbeschluss zustande gekommen ist, also Ladungs- oder sonstige formale Mängeln vorliegen, und den materiellen Aspekt, ob die Wohnungseigentümer ihren grundsätzlich weiten Handlungs- und Beurteilungsspielraum so verkannt haben, dass ihre Entscheidung Grundsätzen ordnungsmäßiger Verwaltung widerspricht.

f) Streitwert

Streitwert bei der Beschlussanfechtung – anders bei der Entziehungsklage, dazu unten Rz. 51 – ist nur ein Teil des Wertes der Wohnung des Störers[4], weil es um die Abwendung der Störung und noch nicht um die Veräußerung der Wohnung geht. Zu würdigen sind das Interesse des Störers

38

---

1 OLG Braunschweig, Beschl. v. 6. 6. 2006 – 3 W 16/06, ZMR 2006, 700; LG Hannover, Beschl. v. 10. 5. 2006 – 6 T 6/06, ZMR 2006, 723.
2 Im Fall LG Braunschweig, Beschl. v. 3. 2. 2006 – 6 T 925/05, ZMR 2006, 560 war bei Beschlussfassung bereits bekannt, dass alle rückständigen Wohngelder bereits auf das neue Konto der Gemeinschaft eingezahlt waren. Das Gericht erklärte den Beschluss für ungültig.
3 BayObLG, Beschl. v. 4. 3. 1999 – 2 Z BR 20/99, BayObLGZ 1999, 66 = NJW-RR 1999, 887 = NZM 1999, 578; OLG Köln, Beschl. v. 23. 12. 1997 – 16 Wx 236/97, WuM 1998, 307 = ZFIR 1997, 557 = ZMR 1998, 376.
4 Das OLG Köln, Beschl. v. 23. 12. 1997 – 16 Wx 97/97, WuM 1997, 454 = ZFIR 1997, 557 = ZMR 1998, 48 geht von 20 % des Wohnungswerts aus.

am Behalten seiner Wohnung und das der übrigen Wohnungseigentümer an seinem Ausscheiden.

Die Kosten des sich gegebenenfalls anschließenden Entziehungsverfahrens sind Verwaltungskosten, an denen grundsätzlich auch der – obsiegende – und wegen Störung beklagte Wohnungseigentümer zu beteiligen ist[1]. Zur Beschlussanfechtung gelten dieselben Erwägungen.

g) Abgrenzung

39 Die mit Beschluss festgestellte Pflicht des Störers, seine Wohnung zu veräußern, lässt sich nicht sichern, insbesondere nicht durch Vormerkung. Eine ihr gleichkommende Wirkung wird erst die Eintragung der Anordnung der Zwangsversteigerung im Grundbuch nach § 19 ZVG haben.

Anderes gilt bei Vergleich, dazu Rz. 41.

3. Das Entziehungsurteil nach § 19 WEG

a) Zum Verständnis

40 Folgt der Störer nicht freiwillig dem Beschluss nach § 18 WEG und veräußert sein Wohnungseigentum, muss die Wohnungseigentümergemeinschaft, § 19 Abs. 1 Satz 2 WEG vor dem Amtsgericht (Rz. 42) ein Urteil erstreiten, § 19 WEG, um ihr Verlangen durchzusetzen. Zur Bezeichnung der Wohnungseigentümergemeinschaft: § 10 Abs. 6 Satz 4 WEG.

Nur in der Zweiergemeinschaft klagt der gestörte Wohnungseigentümer allein und im eigenen Namen, § 19 Abs. 1 Satz 2 WEG.

41 Dem Urteil stehen gleich: ein gerichtlicher **Vergleich**, ein Anwaltsvergleich nach § 796a ZPO, ein Vergleich zu notarieller Urkunde oder ein sonstiger vor einer Gütestelle geschlossener Vergleich, durch den sich der Wohnungseigentümer zur Veräußerung seines Wohnungseigentums verpflichtet.

In der Praxis wird der Vergleich mit Vollstreckungsvereinbarung eher selten sein. Wahrscheinlicher weil meist wirtschaftlich effektiver sind dann Regelungen, die einen freihändigen Verkauf vorsehen. Die Wohnungseigentümergemeinschaft kann sich einen solchen Anspruch durch Vormerkung, § 888 WEG, sichern lassen. Materiell lautet er auf „Anspruch der Wohnungseigentümergemeinschaft auf Veräußerung des Wohnungseigentums an einen Dritten, der im Rahmen der Vergleichs-

---

[1] OLG Düsseldorf, Beschl. v. 20. 4. 2007 – 3 Wx 127/06, NZM 2007, 569 = ZMR 2008, 219; OLG Stuttgart, Beschl. v. 25. 11. 1985 – 8 W 424/84, NJW-RR 1986, 379.

durchführung gefunden werden wird". Die Grundbuchverfügung lautet kürzer auf „Vormerkung für die Wohnungseigentümergemeinschaft Gemarkung X FlSt Y zur Sicherung des Erwerbsanspruchs aus Bewilligung vom ... [Vergleich]".

b) Klageschrift

Zuständig ist das Amtsgericht, in dessen Bezirk das Grundstück liegt, §§ 43 Nrn., 1, 2 und 4 WEG, 23 Nr. 2c GVG. 42

Kläger ist im Regelfall „die Wohnungseigentümergemeinschaft" zum Zweck der „Veräußerung an einen Dritten"; zur Bezeichnung der Gemeinschaft: oben Rz. 40. In der Zweier-Gemeinschaft ist der andere Wohnungseigentümer klagebefugt. 43

Ob neben der Gemeinschaft oder statt ihr auch der einzelne Wohnungseigentümer klagebefugt ist, ist nach dem Wortlaut der unbeholfenen Einfügung des § 19 Abs. 1 Satz 2 durch die Novelle 2007 vordergründig zwar nicht zu vermuten. Andererseits kann aus der Treuepflicht zwar eine Mitwirkungspflicht bei der Beschlussfassung folgen, dazu oben Rz. 32, nicht notwendig aber die Pflicht, Stress, Unwägbarkeiten und Kostenrisiko eines Prozesses zu übernehmen. Wie zum Rechtsstand vor der WEG-Novelle 2007 muss darum auch der einzelne Wohnungseigentümer alleine klagebefugt sein. Dann trägt er allein das Kostenrisiko.

Die Klageerhebung durch die Gemeinschaft erfordert dann einen eigenen Beschluss, wenn nicht schon im Erstbeschluss wie im obigen Muster – und sei es durch Auslegung – festgelegt wurde, dass der Beschluss nach § 18 WEG durch Klage nach § 19 WEG durchzusetzen ist. Wollen sich einzelne Wohnungseigentümer an der Klage auf Versteigerung nach § 19 WEG nicht beteiligen, können sie den Entziehungsbeschluss nach § 18 WEG nur anfechten. Dann entscheidet der Amtsrichter nach § 43 Nr. 1 WEG, 23 Nr. 2 GVG. 44

Der Antrag lautet auf **Verurteilung des Störers** 45

– zur Veräußerung seines Wohnungseigentums ... [folgt Bezeichnung] zweckmäßig erläuternd verbunden mit dem Zusatz sei es **Variante 1**: „nach § 19 WEG" oder **Variante 2**: „durch Duldung der Zwangsvollstreckung entsprechend den Vorschriften des Ersten Abschnitts des ZVG/Gesetzes über die Zwangsversteigerung und die Zwangsverwaltung" und

– – in Fällen der Eigennutzung – zur Räumung des Objekts.

Mit Anordnung der Versteigerung durch das Versteigerungsgericht erfolgt Eintragung dieser Anordnung im Wohnungsgrundbuch, § 19 ZVG.

Anders als unter dem Rechtsstand vor der WEG-Novelle 2007 kommt also daneben kein Schutz durch Vormerkung in Betracht.

c) Verfahren, Urteil, Kosten

46 Weitere die Entziehung begründende Umstände – auch aus der Zeit nach gerichtlicher Anhängigkeit – können bis zum Ende der mündlichen Verhandlung in der Tatsacheninstanz nachgeschoben werden. Aus dem Wortlaut des § 18 Abs. 1 Satz 1 WEG „können ... verlangen" folgt aber, dass die Gründe einen Zusammenhang mit dem im Erstbeschluss gerügten Handeln haben müssen oder ein neuer Beschluss nachgereicht wird.

47 Das Prozessgericht prüft die formale Wirksamkeit eines Beschlusses nach § 18 WEG nur auf Antrag, es sei denn auf Nichtigkeitsgründe, dazu oben Rz. 37.

Materiell prüft es alles[1], was zum Inhalt des Vortrags gemacht wird.

Der Kläger ist beweispflichtig.

48 Das Urteil nach § 19 WEG bewirkt keinen Eigentumsentzug. Es bildet nur die Basis für das sich anschließende Versteigerungsverfahren.

Es ersetzt nicht zur Veräußerung erforderliche Erklärungen Dritter, etwa die Genehmigung des Vormundschaftsgerichts bei Minderjährigen oder unter Betreuung stehenden Personen, etwa erforderliche öffentlich-rechtliche Genehmigungspflichten (z. B. in einem Sanierungsgebiet) oder die Zustimmung nach § 12 WEG. Die WEG-Novelle 2007 sieht anders als der Altrechtsstand – da war es der Notar – nicht vor, wer sie erholt. Hat die Wohnungseigentümergemeinschaft obsiegt, wird also regelmäßig sie vertreten durch den Verwalter, diese Erklärungen erholen, um ihr Ziel zu erreichen. Für den Verwalter stellt dies eine Maßnahme der Verwaltung dar, zu deren Erledigung er aber einen rechtskundigen Dritten beauftragen wird.

49 Eine **Räumungsfrist** muss nicht gewährt werden. § 18 WEG sieht sie nicht vor, und Mieterschutzbestimmungen gelten nicht für den störenden Wohnungseigentümer[2]. Seine Rechte bestimmen sich nach §§ 24, 25 ZVG. Danach verbleiben ihm auf Dauer des Verfahrens die Verwaltung und Benutzung des Wohnungseigentums wenngleich nur in den Grenzen einer ordnungsmäßigen Wirtschaft. Mit Zuschlag findet gegen ihn – anders bei Mietern und sonstigen Dritten, dazu Rz. 50 und §§ 57a und b

---

1 OLG Braunschweig, Beschl. v. 6. 6. 2006 – 3 W 16/06, ZMR 2006, 700; LG Hannover, Beschl. v. 10. 5. 2006 – 6 T 6/06, ZMR 2006, 723.
2 LG Tübingen, Urt. v. 22. 9. 1994 – 1 S 39/94, NJW-RR 1995, 650 = ZMR 1995, 179.

ZVG – die Zwangsvollstreckung auf Räumung und Herausgabe statt, § 93 Abs. 1 Satz 1 ZVG.

Der Ersteher ist berechtigt, das Miet- oder Pachtverhältnis unter Einhaltung der gesetzlichen Frist zu kündigen, § 57a Satz 1 ZVG. Die Optionszeit des § 57a Satz 2 ZVG[1] ist kurz. Bei Wohnraum fehlt es meist an Eigenbedarfs- oder sonstigen zusätzlichen Kündigungskriterien.

Vermietet hingegen der Störer in engem zeitlichem Zusammenhang an eine nahe stehende Person, kann es sich um ein nichtiges Scheingeschäft (§ 117 BGB) oder um sittenwidriges Verhalten (§ 826 BGB) handeln.

Streitwert bei der Klage nach § 19 WEG ist – anders als bei der Anfechtung des Entziehungsbeschlusses nach § 18 WEG, siehe oben Rz. 38 – der Verkehrswert der Wohnung[2] und nicht der – meist niedrigere – Wert des Interesses des Störers am Behaltendürfen der Wohnung oder der der Wohngeldschuld; der BGH hat dies für die Klage nach § 51 WEG aF festgestellt.

Die Kosten des gerichtlichen Entziehungsverfahrens sind Verwaltungskosten, an denen grundsätzlich auch der – obsiegende – vermeintliche Störer zu beteiligen ist[3].

d) Abwendungsmöglichkeit des Störers

Während des Verfahrens und auch nach Rechtskraft des Urteils „bis zur Erteilung des Zuschlags" kann der Störer der Versteigerung durch Zahlung, im Übrigen durch freiwillige Veräußerung entgehen, § 19 Abs. 2 WEG. Dieser Rechtsgedanke dürfte analog auf sonstige Fälle des Wegfalls der Störung anzuwenden sein, so dass z.B. das Ableben des Querulanten die Wirkungen des Urteils abwendet.

Das Urteil nimmt dem Störer aber grundsätzlich nicht seine Rechte und Pflichten als Wohnungseigentümer für die restliche Zeit bis zum Zuschlag. Zu Grenzen: §§ 24, 25 ZVG. Er bleibt stimmberechtigt, gegebenenfalls ebenso der Zwangsverwalter[4] oder Insolvenzverwalter.

Daneben trifft den Störer die wohnungseigentumsrechtliche oder sonstige z.B. aus Delikt, §§ 823 Abs. 1 BGB folgende Pflicht zum Ausgleich seiner Störungsfolgen, nämlich auf Zahlung der Kosten aus dem Urteil,

---

1 Das OLG Oldenburg, Urt. v. 17. 12. 2001 – 11 U 63/01, ZfIR 2002, 1027 hält eine Überlegungsfrist von nur „bis zu einer Woche" für ausreichend.
2 BGH, Beschl. v. 21. 9. 2006 – V ZR 28/06, NJW 2006, 3428 = ZMR 2007, 791.
3 OLG Düsseldorf, Beschl. v. 20. 4. 2007 – 3 Wx 127/06, NZM 2007, 569 = ZMR 2008, 219, OLG Stuttgart, Beschl. v. 25. 11. 1985 – 8 W 424/84, NJW-RR 1986, 379.
4 BayObLG, Beschl. v. 5. 11. 1998 – 2 Z BR 131/98, BayObLGZ 1998, 288 = FGPrax 1999, 19 = RPfleger 1999, 189 = ZMR 1999, 121 = NZM 1999, 77.

der gerichtlichen, notariellen und außergerichtlichen, insbesondere anwaltlichen Verfahrenskosten. Bei Zahlung vor Schluss der letzten mündlichen Verhandlung wird die Klage unbegründet. Die Kläger erklären die Hauptsache für erledigt, der Störer trägt gemäß § 91a ZPO die Kosten. Die Möglichkeit zur Abwendung der Versteigerung durch Zahlung „bis zur Erteilung des Zuschlags" ist mit Aufhebung des früheren § 57 WEG aF entfallen.

Wird trotz Zahlung weiter vollstreckt, ist die Vollstreckungsgegenklage analog § 767 ZPO statthaft.

4. Die Zwangsvollstreckung

54 Die Zwangsvollstreckung erfolgt „entsprechend den Vorschriften des Ersten Abschnitts des Gesetzes über die Zwangsversteigerung und die Zwangsverwaltung", § 19 Abs. 1 Satz 1 WEG. Warum der Gesetzgeber der WEG-Novelle 2007 mit dem Wort „entsprechend" eine Analogie anordnet, ist wohl der geringen Dogmatik zuzuschreiben, die typisch ist für die WEG-Novelle 2007. Die hier auftretenden Fragen sind nicht mehr wohnungseigentumstypisch. Verlag und Autor verzichten darum auf ihre Darstellung hier.

Teil 11
Verhältnis Wohnungseigentümer – Verwalter

	Rz.
I. Bestellung und Abberufung des Verwalters	
1. Überblick	
a) Erforderlichkeit eines Verwalters	1
b) Die Person des Verwalters	
aa) Allgemeines	2
bb) Gesellschaften als Verwalter	4
c) Delegation von Verwalteraufgaben	7
d) Zuständigkeit der Eigentümergemeinschaft für die Bestellung	10
e) Das Verhältnis von Bestellung und Verwaltervertrag	11
f) Annahme der Bestellung durch den Verwalter	14
2. Bestellung in der Teilungserklärung/Gemeinschaftsordnung	
a) Überblick	16
b) Laufzeit der (Erstverwalter-)Bestellung	19
c) Problematik der Erstverwalterbestellung in der Gemeinschaftsordnung	25
3. Bestellung durch Beschluss der Wohnungseigentümer	
a) Vorbereitung der Beschlussfassung	
aa) Rechtzeitige Ankündigung der Beschlussfassung zur Neubestellung	27
bb) Einholen von Angeboten und Vorauswahl	29
b) Die Beschlussfassung	
aa) Formales, insbesondere zum Stimmrecht	36
bb) Wahlverfahren	40
cc) Inhalt des Bestellungsbeschlusses	43
dd) Empfehlungen zum Versammlungsablauf bei der Verwalterneuwahl	51
c) Laufzeit der Bestellung	54
d) Die erneute Bestellung des Verwalters (Wiederwahl)	60
e) Die Klage auf Feststellung der Nichtigkeit der Bestellung	66
4. Die Anfechtung des Bestellungsbeschlusses	
a) Überblick	67
b) Einzelne Gründe für die Anfechtung des Bestellungsbeschlusses	
aa) Interessenkollision bei Selbstbestellung, Stimmrechtsmissbrauch	74
bb) Verwalter betätigt sich als Verkaufsmakler	78
cc) Sonstige Einzelfälle	79
c) Rechtsschutzbedürfnis für gerichtliche Klärung nach Ablauf der Amtszeit?	86
d) Rechtsfolgen erfolgreicher Anfechtung und weiteres Vorgehen	87
e) Einstweiliger Rechtsschutz	95
5. Die Abberufung des Verwalters ohne wichtigen Grund	102
6. Die Abberufung des Verwalters aus wichtigem Grund	
a) Grundlagen	108
b) Der Zusammenhang von Abberufung und Kündigung des Verwaltervertrags	119
c) Frist und Abmahnung	124
d) Praktische Hinweise für abberufungswillige Miteigentümer	
aa) Allgemeines	127
bb) Eine Versammlung findet statt	130
cc) Eine Versammlung findet nicht statt	132
dd) Muster für Klage auf Abberufung	135

	Rz.		Rz.
e) Stichwortverzeichnis der Gründe für eine vorzeitige Abberufung/Kündigung		6. Muster eines Verwaltervertrags	263
aa) Allgemeines	139	7. Der Verwalter ohne Verwaltervertrag	265
bb) Rechnungswesen	146		
cc) Das Stadium nach dem Erstbezug (insbesondere Bauträgerproblematik)	150	**III. Aufgaben und Befugnisse des Verwalters**	
f) Die Anfechtung des Abberufungsbeschlusses		1. Grundlagen	270
aa) Überblick und Muster	157	2. Der Katalog des § 27 Abs. 1–3 WEG	
bb) Rechtsfolgen	162	a) Die Durchführung von Beschlüssen	275
7. Die Amtsniederlegung	164	b) Die Durchführung der Hausordnung	282
8. Pflichten des Verwalters nach der Beendigung seines Amtes	172	c) Instandhaltungsmaßnahmen	284
a) Rechnungslegung und Auskünfte	173	d) Dringende Erhaltungsmaßnahmen	296
b) Herausgabe von Geld und Unterlagen	180	e) Die Verwaltung gemeinschaftlicher Gelder	298
9. Fehlen des Verwalters und gerichtliche Bestellung		f) Maßnahmen zur Fristwahrung und zur Abwehr sonstiger Rechtsnachteile	307
a) Überblick	181	g) Die Abgabe sog. „Hausbesitzererklärungen"	310
b) Klage und gerichtliche Entscheidung	190	h) Die Entgegennahme von Willenserklärungen/Zustellungen und die Unterrichtungspflicht	311
c) Die Rechtsstellung des gerichtlich eingesetzten Verwalters	202	i) Die Geltendmachung von Ansprüchen (Vertretung im Aktivprozess)	319
II. Der Verwaltervertrag		j) Die Abwehr von Ansprüchen (Vertretung im Passivprozess)	323
1. Übersicht	204	k) Abschluss einer Vergütungsvereinbarung mit einem Rechtsanwalt	333
2. Verwaltervertrag und Gemeinschaftsordnung	207	l) Die Vertretung der Gemeinschaft beim Fehlen eines Verwalters	336
3. Der Abschluss des Vertrags		3. Die Pflicht zur Rechnungslegung, Erteilung von Auskünften und Gewährung von Einsichtnahme in die Verwaltungsunterlagen	
a) Vertragsabschluss bei der Erstverwalterbestellung in der Gemeinschaftsordnung	210	a) Rechnungslegung	337
b) Vertragsabschluss durch Beschluss der Wohnungseigentümer	214	b) Auskunftserteilung	338
c) Delegation des Vertragsschlusses	220	c) Einsichtnahme in die Verwaltungsunterlagen	341
4. Inhaltskontrolle des Vertrags			
a) Ordnungsgemäßheit der Vertragsklauseln	224		
b) Die AGB-Inhaltskontrolle	229		
c) Antragsmuster	230		
d) Stichwortlexikon kritischer Vertragsklauseln	231		
5. Die Vergütung des Verwalters	253		

	Rz.		Rz.
d) Eigentümerliste	345	b) Auswirkungen für einen nachfolgenden Schadensersatzprozess	370
4. Der Nachweis der Verwalterstellung, insbesondere die Vollmachtsurkunde	348	c) Rechtsmittel	372
a) Der Nachweis gegenüber dem Grundbuchamt gem. § 26 Abs. 3 WEG	349	3. Stichwortlexikon der Haftungsfälle	
		a) Eigentümerversammlungen und Beschlussfassung	375
b) Die Vollmachtsurkunde	351	b) Baumängel und Instandhaltung	381
IV. Die Haftung des Verwalters		4. Die Entlastung	401
1. Grundlagen	355	5. Die Haftung des Verwalters für Verletzungen der Verkehrssicherungspflicht	
2. Verwalterhaftung und gerichtliche Verfahrenskosten		a) Grundlagen	408
a) Grundlagen	362	b) Einzelfälle	413

I. Bestellung und Abberufung des Verwalters

1. Überblick

a) Erforderlichkeit eines Verwalters

Der Verwalter ist nach der Eigentümerversammlung das wichtigste Organ der Eigentümergemeinschaft. Die Auswahl eines fachlich qualifizierten und persönlich geeigneten Verwalters ist mithin für die Wohnungseigentümer von grundlegender Bedeutung[1]. Das Wohnungseigentumsgesetz geht davon aus, dass jede Eigentümergemeinschaft einen Verwalter bestellt. Hierauf hat jeder Miteigentümer gem. § 21 Abs. 4 WEG einen Anspruch; die Bestellung kann nicht ausgeschlossen werden (§ 20 Abs. 2 WEG). Trotzdem ist sie **nicht zwingend**, solange sie von keinem Miteigentümer beantragt wird. Insbesondere kleinere Gemeinschaften verzichten häufig auf einen förmlich bestellten Verwalter, wogegen nichts einzuwenden ist, solange alle Eigentümer damit einverstanden sind.

1

b) Die Person des Verwalters

aa) Allgemeines

Grundsätzlich kann jede (natürliche und juristische) Person zum Verwalter bestellt werden. Das Wohnungseigentumsgesetz verlangt weder ein bestimmtes Alter, noch eine bestimmte Ausbildung oder besondere Fä-

2

---

[1] BGH, Beschl. v. 19. 9. 2002 – V ZB 30/02, NJW 2002, 3704 = ZMR 2002, 930, II 2c ee.

higkeiten; der Bestellungsbeschluss muss aber (wie jeder Beschluss) ordnungsmäßiger Verwaltung entsprechen, was z. B. bei der Bestellung eines Minderjährigen nicht der Fall wäre (zu sonstigen Fällen, in denen die Bestellung wegen in der Person des Verwalters liegenden Gründen ordnungsmäßiger Verwaltung widerspricht s. Rz. 74 ff.). Es bestehen auch keine öffentlich-rechtlichen Beschränkungen für die Berufsausübung der WEG-Verwalter, wobei es Ansichtssache ist, ob das zu begrüßen oder zu bedauern ist. Der Verwalter kann seine Tätigkeit als Haupt- oder Nebenberuf, entgeltlich oder unentgeltlich ausüben.

3 Zumindest für größere Objekte ist die Bestellung eines professionellen Verwalters zu empfehlen. Ihn trifft eine große Verantwortung, da er hohe Sach- und Vermögenswerte verwaltet. Er benötigt weit gefächerte Kenntnisse, insbesondere im Bereich des Rechnungswesens und des Rechts. Die Durchführung von Eigentümerversammlungen verlangt ferner Durchsetzungsvermögen und psychologisches Geschick. Die Auswahl des richtigen Verwalters ist eine entscheidende Weichenstellung dafür, ob eine Gemeinschaft harmonisch zusammen leben kann und der gemeinsame Grundbesitz im Wert erhalten wird oder ob die Gemeinschaft, wie es immer wieder vorkommt, in Chaos und Streitereien abgleitet.

bb) Gesellschaften als Verwalter

4 Die Rechtsprechung hat den Grundsatz aufgestellt, dass die Verwaltung aus Gründen der Klarheit der Verantwortlichkeit nur einer einzelnen Person übertragen werden dürfe. Ein Beschluss, durch den z. B. „die Miteigentümer A und B" zum Verwalter bestellt werden, ist daher **nichtig**. Dasselbe gilt, wenn sich mehrere Personen zu einer **Gesellschaft bürgerlichen Rechts** (GbR) zusammengeschlossen haben und die GbR zum Verwalter bestellt wird[1]. Diese Rechtsprechung kann aber nicht überzeugen. Seit der Grundsatzentscheidung des BGH aus dem Jahr 2001 ist die Rechtsfähigkeit der (Außen-)GbR anerkannt, sofern sie durch die Teilnahme am Rechtsverkehr eigene Rechte und Pflichten begründet[2]; demnach muss sie auch Verwalterin sein können[3]. Insbesondere ist es widersprüchlich, dass die OHG als Verwalterin zugelassen wird, nicht aber die GbR, weil die einen Geschäftsbetrieb unterhaltende GbR tatsächlich eine OHG ist (§ 1 Abs. 2 HGB)[4].

---

1 BGH, Beschl. v. 26. 1. 2006 – V ZB 132/05, NJW 2006, 2189 = ZMR 2006, 375.
2 BGH, Urt. v. 29. 1. 2001 – II ZR 331/00, MDR 2001, 459 = NJW 2001, 1056.
3 So auch ausführlich und überzeugend mit Darstellung des Meinungsstands OLG Frankfurt/Main, Vorlagebeschluss v. 18. 8. 2005 – 20 W 182/05, NZM 2006, 866; aus der umfangreichen Kritik der Lit. s. z. B. *Schäfer*, NJW 2006, 2160.
4 Daraus könnte man freilich auch umgekehrt den Schluss ziehen, die Bestellung einer OHG müsse bis zu ihrer Eintragung in das Handelsregister unwirksam sein (so *Jennißen*, Der WEG-Verwalter, Rz. 29).

Die Bestellung einer **juristischen Person** (z. B. einer Kapitalgesellschaft, insbesondere einer GmbH) oder einer **Personengesellschaft** des Handelsrechts (OHG, KG) ist **zulässig**[1]. Das ist zwar praxisgerecht, aber mit dem vorerwähnten, vom BGH aufgestellten Grundsatz, die Verwaltung dürfe aus Gründen der Klarheit usw. nur einer einzelnen Person übertragen werden, schlecht vereinbar. Bei Verwaltungsgesellschaften ist nur die „rechtliche" Verantwortung (im Sinne der Haftung für Fehlleistungen) sichergestellt, nicht aber die „praktische" Klarheit der Verantwortung; vielmehr tritt gerade bei den Verwaltungsgesellschaften nicht selten das Problem auf, dass es entweder keinen eindeutig zuständigen Sachbearbeiter gibt, oder die Sachbearbeitung ständig wechselnden Personen überlassen wird.

Nach h. M. **endet** das Verwalteramt mit dem Verlust der Rechtsfähigkeit (vollendete Liquidation) einer Verwaltungsgesellschaft. Dasselbe gilt bei einem identitätsändernden **Rechtsformwechsel** nach dem Umwandlungsgesetz.

Beispiele:

a) Der einzige Kommanditist der X-VerwaltungsKG scheidet aus, wodurch sie zu einem Einzelunternehmen wird. Folge: Das Verwalteramt der (ehemaligen) X-KG endet[2].

b) Alle Anteile der X-KG werden auf die Y-GmbH übertragen. Folge: Auch hier endet das Verwalteramt der KG; es geht nicht auf die Y-GmbH über[3].

c) Delegation von Verwalteraufgaben

Auf der Grundlage der oben (Rz. 4) dargestellten Rechtsprechung des BGH gilt, dass der Verwalter seine Tätigkeit in eigener Person erbringen muss. Er darf sich zwar bei der Wahrnehmung seiner Aufgaben der Unterstützung durch Hilfspersonen bedienen, seine Befugnisse und Aufgaben aber nicht ohne Zustimmung der Wohnungseigentümer ganz oder teilweise auf einen Dritten übertragen. Eine (vollständige oder teilweise) **Delegation der Verwalteraufgaben** ist somit unzulässig[4]; die „Kernaufgaben" muss der Verwalter selber wahrnehmen. Daran kann es fehlen, wenn er z. B. bei den Eigentümerversammlungen nicht anwesend ist oder die gerichtliche Vertretung der Gemeinschaft nicht selber wahrnimmt[5].

---

1 BGH, Beschl. v. 18. 5. 1989 – V ZB 4/89, BGHZ 107, 268 = NJW 1989, 2059.
2 BayObLG, Beschl. v. 6. 2. 1987 – BReg 2 Z 6/87, ZMR 1987, 230.
3 OLG Köln, Beschl. v. 9. 2. 2006 – 2 Wx 5/06, NZM 2006, 591 = ZMR 2006, 385; OLG Düsseldorf, Beschl. v. 28. 5. 1990 – 3 Wx 159/90, NJW-RR 1990, 1299.
4 KG, Beschl. v. 11. 3. 2002 – 24 W 310/01, KGR 2002, 175 = ZMR 2002, 695; BayObLG, Beschl. v. 19. 6. 1997 – 2 Z BR 35/97, OLGReport 1998, 10 = NJW-RR 1997, 1443 = ZMR 1998, 174 (Folge: Es liegt ein wichtiger Grund für die Abberufung des Verwalters vor).
5 So m. E. zutreffend *Jennißen/Jennißen*, § 26 WEG, Rz. 8. Rechtsprechung und Praxis sehen das bislang freilich nicht so eng.

Dabei ist die Ausgestaltung des Innenverhältnisses zwischen dem bestellten Verwalter und der die Verwaltung tatsächlich wahrnehmenden Person ohne Bedeutung; die Aufgabendelegation ist unzulässig, auch wenn dem Verwalter noch „offiziell" die „rechtliche Verantwortlichkeit" verbleibt[1].

8 Der Grundsatz der „Bindung an die Person des Verwalters" kann bei **Verwaltungsgesellschaften** nur mit Modifikationen gelten, weil hier von vornherein keine Bindung an „natürliche Personen" besteht. Die „Organe" (Geschäftsführer, Vorstand), die – unterstützt durch Hilfspersonen – die Verwalteraufgaben wahrnehmen, dürfen wechseln, erst recht die Gesellschafter/Aktionäre. Die Gesellschaft darf außerdem firmen- bzw. gesellschaftsintern Fachabteilungen oder bestimmte Sachbearbeiter für Einzelaufgaben einsetzen. Nur wenn sie (wie z. B. mitunter Bauträger-Verwalter, die sich selbst eingesetzt haben) die organisatorischen Voraussetzungen für eine Wahrnehmung der Verwalteraufgaben überhaupt nicht besitzen, müssen sie die Verwaltertätigkeit aufgeben.

9 Der „**Verkauf**" oder die Übertragung des Verwalteramtes bzw. des Verwaltungsbestandes vom bestellten Verwalter auf einen anderen ist somit – ohne Zustimmung der Wohnungseigentümergemeinschaft – nicht möglich[2]. Gleichwohl kommt es immer wieder vor, dass sich einer Gemeinschaft plötzlich eine ganz andere als die bestellte Person bzw. Gesellschaft als „der neue Verwalter" vorstellt. Eine diffuse rechtliche Lage ist häufig die Folge: Die nicht gewählte Person/Gesellschaft ist zwar nicht „bestellter Verwalter", wird von der Gemeinschaft aber häufig widerspruchslos hingenommen und dadurch zum „faktischen Verwalter" (s. Rz. 265). Der „alte" (= der bestellte) Verwalter ist gleichwohl noch im Amt[3], wobei die versuchte Amtsübertragung einen wichtigen Grund für seine Abberufung darstellt.

d) Zuständigkeit der Eigentümergemeinschaft für die Bestellung

10 Abgesehen davon, dass der erste Verwalter auf verschiedene Weise vom teilenden Grundstückseigentümer bestellt werden kann (dazu unten Rz. 16 ff.), ist für die Bestellung (und für die Abberufung) des Verwalters zwingend die Eigentümergemeinschaft zuständig. Eine Delegation dieser Befugnis auf einzelne Eigentümer oder auf den Verwaltungsbeirat ist weder durch Beschluss noch durch Vereinbarung zulässig. Der Verwalter darf sich auch nicht im Verwaltervertrag vorbehalten, die Verwalterstel-

---

1 Nachweise in den Vornoten.
2 BayObLG, Beschl. v. 6. 2. 1987 – BReg 2 Z 6/87, ZMR 1987, 230; unstr.
3 Sofern man die versuchte Amtsübertragung nicht als Amtsniederlegung (s. Rz. 164) qualifiziert, was m. E. aber nicht zutreffend wäre, weil der alte Verwalter sein Amt nicht schlechthin niederlegen, sondern eben übertragen will.

lung auf einen anderen zu übertragen; derartige Klauseln, Beschlüsse oder Vereinbarungen sind nichtig¹.

e) Das Verhältnis von Bestellung und Verwaltervertrag

Nach h. M. ist die Bestellung des Verwalters ein „**körperschaftlicher Akt**" und vom Abschluss des Verwaltervertrags unabhängig (**Trennungstheorie**)²; es wird betont, man müsse zwischen dem organschaftlichen Bestellungsverhältnis und dem schuldrechtlichen Anstellungsrechtsverhältnis des Verwalters strikt trennen. Trotzdem soll der Bestellte die Verwalterstellung erst mit dem Abschluss des Verwaltervertrags erlangen (Vertragstheorie). Hierin liegt ein gewisser Widerspruch, der praktischer Korrektur bedarf. Nach einhelliger Meinung wird ein Bestellungsbeschluss daher auch dann, wenn darin vom Verwaltervertrag nicht die Rede ist, so ausgelegt, dass er das Angebot eines Verwaltervertrags zu den in der Bestellung genannten Konditionen und ergänzend zu den gesetzlichen Regelungen beinhaltet³; es wird also gewissermaßen ein aus dogmatischen Gründen erforderlicher „Minimalvertrag" ohne eigenen Regelungsgehalt konstruiert. Nimmt der Verwalter die Bestellung an, kommt auch der Verwaltervertrag zustande.

11

Überzeugend ist die gekünstelt wirkende Trennungstheorie nicht, woran die Tatsache nichts ändert, dass sie auch sonst im Gesellschaftsrecht (namentlich bei der Bestellung eines GmbH-Geschäftsführers oder AG-Vorstandsmitglieds) anerkannt ist. Richtiger Ansicht nach beinhaltet die Wahl zum Verwalter (bestehend aus Angebot und Annahme, s. Rz. 14) sowohl den „körperschaftlichen Akt" der Bestellung als auch die Begründung des zugrunde liegenden Schuldverhältnisses (also des Verwaltervertrags)⁴. Dass „der Verwaltervertrag" der Wahl/Bestellung häufig erst noch „hinterhergeschoben" wird, steht dem nicht entgegen, sondern ist als Änderung bzw. nähere Ausgestaltung des schon bestehenden Vertragsverhältnisses zu betrachten, die jederzeit einvernehmlich möglich ist. Bestellung und Verwaltervertrag fallen bei der Wahl eines Verwalters also stets zusammen und sind m. E. als **Einheit** zu betrachten, für die sich die Bezeichnung „**Verwaltungsverhältnis**" anbietet.

12

Auf der Basis der herrschenden Trennungstheorie wird das Thema „Bestellung" üblicher Weise gesondert vom Thema „Verwaltervertrag" abgehandelt. Trotz des hier vertretenen, von der herrschenden Dogmatik

13

---

1 LG Lübeck, Beschl. v. 28. 2. 1985 – 7 T 69/85, Rechtspfleger 1985, 232 = DWE 1986, 64; AG Kerpen, Beschl. v. 13. 2. 1998 – 15 II 5/97, WuM 1998, 507.
2 BGH, Beschl. v. 20. 6. 2002 – V ZB 39/01, NJW 2002, 3240 = ZMR 2002, 766.
3 BGH, Beschl. v. 10. 7. 1980 – VII ZR 328/79, NJW 1980, 2466 (2468); BayObLG, Beschl. v. 18. 3. 1997 – 2 Z BR 98/96, WuM 1997, 396; OLG Hamm, Beschl. v. 21. 8. 1996 – 15 W 174/96, ZMR 1997, 94.
4 Im Ergebnis so auch *Striewski*, ZWE 2001, 8.

grundsätzlich abweichenden Ansatzes wird auch nachfolgend so verfahren werden. Die gesonderte Behandlung ist nämlich deshalb sinnvoll, weil es jedenfalls im Normalfall stets einen besonderen (schriftlichen) Verwaltervertrag gibt, dessen spezifischen Probleme (zulässiger Vertragsinhalt usw.) unabhängig von den „Grundproblemen" der Bestellung erörtert werden können.

f) Annahme der Bestellung durch den Verwalter

14 Es ist ungenau zu sagen, der Verwalter werde durch Beschluss (oder Vereinbarung) bestellt. Tatsächlich kann lediglich beschlossen oder vereinbart werden, einer dazu bestimmten Person das Amt des Verwalters anzubieten. Nach h.M. verläuft der Bestellungsakt (ebenso wie sein Gegenstück, die Abberufung) in zwei Stufen. Der Beschluss, durch den ein Verwalter bestellt wird, ist zunächst ein interner Vorgang. Er ist das Ergebnis der Willensbildung der Miteigentümer, einer bestimmten Person oder Gesellschaft das Amt des Verwalters anzutragen. Erst wenn dem Beschluss eine entsprechende rechtsgeschäftliche Erklärung folgt, die von der betreffenden Person oder Gesellschaft angenommen wird, tritt die Wirkung der Bestellung ein[1]. Dabei ist unstreitig, dass keine Pflicht zur Annahme einer angetragenen Bestellung besteht; niemand kann gegen seinen Willen zum Verwalter bestimmt werden[2]. Entsprechendes gilt selbstverständlich auch für den Verwaltervertrag. Auch dieser kommt nicht alleine durch einen Beschluss der Miteigentümer zustande, sondern setzt eine Einigung mit der zum Verwalter bestimmten Person (**Angebot und Annahme**) voraus.

15 Die Annahme der Bestellung muss nicht ausdrücklich erfolgen. Nimmt der Verwalter in Kenntnis des Bestellungsbeschlusses oder der Bestellung in der Gemeinschaftsordnung seine Tätigkeit auf oder setzt er sie fort, liegt darin eine **konkludente Annahme** der Bestellung[3].

2. Bestellung in der Teilungserklärung/Gemeinschaftsordnung

a) Überblick

16 Der erste Verwalter wird üblicherweise bereits in der Gemeinschaftsordnung[4] bestellt. Obwohl in diesem Fall nicht „die Wohnungseigentümer

---

1 BGH, Beschl. v. 20. 6. 2002 – V ZB 39/01, NJW 2002, 3240 = ZMR 2002, 766; Bärmann/Merle, 10. Aufl., § 26 WEG, Rz. 22, 27. M. E. beinhaltet der Beschluss i. d. R. bereits die zum Vertragsschluss führende Willenserklärung.
2 BayObLG, Beschl. v. 25. 7. 1974 – 2 Z BR 25/74, BayObLGZ 1974, 305 (309) = NJW 1974, 2136.
3 BayObLG, Beschl. v. 18. 3. 1997 – 2 Z BR 98/96, BayObLGR 1997, 69 = WuM 1997, 396.
4 Die Gemeinschaftsordnung (übliche Kurzbezeichnung für Vereinbarungen i. S. v. § 10 Abs. 2 WEG) wird meistens mit der (sachenrechtlichen) Teilungserklärung

mit Stimmenmehrheit beschließen", wie es § 26 Abs. 1 WEG vorsieht, ist die Bestellung in der Gemeinschaftsordnung unstreitig **zulässig**[1]. Zulässig ist es auch, dass sich der teilende Grundstückseigentümer in der Gemeinschaftsordnung die Befugnis zur Bestellung des ersten Verwalters vorbehält. Einzelne Klauseln hierzu werden unten (Rz. 22 f.) erörtert.

Die Bestellung in der Gemeinschaftsordnung hat aber nicht den Charakter einer Vereinbarung, sondern eines einseitigen, vorgezogenen allstimmigen **Beschlusses**[2] und kann später durch Mehrheitsbeschluss der Gemeinschaft geändert werden (indem der Verwalter – ggf. vorzeitig und außerordentlich – abberufen wird). 17

Die Bestellung des Erstverwalters in der Gemeinschaftsordnung ist grundsätzlich sinnvoll. Ab dem Bezug der ersten Wohnung besteht nämlich i.d.R. zumindest eine faktische Eigentümergemeinschaft[3] und damit Verwaltungsbedarf. Ohne einen bereits in der Gemeinschaftsordnung bestimmten Verwalter wäre die Gemeinschaft handlungsunfähig. Es würde insbesondere an einer zur Einberufung der (ersten) Eigentümerversammlung befugten Person fehlen. Gem. § 24 Abs. 3 WEG sind zwar auch der Vorsitzende des Verwaltungsbeirats oder dessen Vertreter zur Einberufung einer Versammlung befugt, wenn ein Verwalter fehlt; vor der ersten Eigentümerversammlung kann aber auch kein Verwaltungsbeirat existieren. Den Wohnungseigentümern der neu entstandenen Gemeinschaft bliebe dann häufig nichts anderes übrig, als die gerichtliche Bestellung eines Verwalters zu beantragen. 18

b) Laufzeit der (Erstverwalter-)Bestellung[4]

Maßgeblich ist die Regelung der Gemeinschaftsordnung, durch welche der Verwalter bestellt wurde. Enthält die Gemeinschaftsordnung keine Regelung, gilt die Regelung im Verwaltervertrag. Gibt es keinen Vertrag oder sagt dieser zur Laufzeit nichts, so hat die Bestellung eine unbestimmte Laufzeit. 19

(im engeren Sinne, d.h. gem. § 8 WEG) in einer Urkunde zusammengefasst. Die einheitliche Bezeichnung „Teilungserklärung" für die ganze Urkunde ist zwar üblich; nachfolgend wird aber der Begriff „Gemeinschaftsordnung" verwendet, wenn nicht die Teilungserklärung im engeren Sinne gemeint ist.
1 OLG Düsseldorf, Beschl. v. 14. 2. 2001 – 3 Wx 450/00, WuM 2001, 257 = ZMR 2001, 650, 386; *Niedenführ/Kümmel/Vandenhouten*, § 26 WEG, Rz. 23. **A. A.** *Drasdo*, RNotZ 2008, 87.
2 *Bärmann/Merle*, 10. Aufl., § 26 WEG, Rz. 67. Man spricht auch davon, dass es sich um einen „lediglich formellen, nicht aber materiellen Bestandteil der Gemeinschaftsordnung" oder um eine „Vereinbarung in Beschlussangelegenheiten" handele.
3 BGH, Beschl. v. 5. 6. 2008 – V ZB 85/07.
4 Zur Laufzeit bei Bestellung durch Eigentümerbeschluss ausführlich unten Rz. 54 ff.

20 Gem. § 26 Abs. 1 Satz 2, 2. Halbsatz WEG darf die erste Verwalterbestellung nach der Begründung von Wohnungseigentum die **Höchstdauer** von **3 Jahren** nicht überschreiten. Diese sinnvolle Beschränkung wurde mit der WEG-Novelle eingeführt und gilt für die nach dem 1.7. 2007 gefassten Bestellungsbeschlüsse. Die früher auch für die Erstverwalterbestellung geltende Höchstdauer von 5 Jahren war nicht sachgerecht, weil sie mit der 5-jährigen Gewährleistungszeit für Baumängel praktisch zusammenfiel. Für Erstverwalterbestellungen, die vor dem 1. 7. 2007 beschlossen wurden, gilt noch die frühere Regelung (Höchstdauer 5 Jahre).

21 Eine (Erstverwalter-)Bestellung für einen längeren Zeitraum als 3 Jahre ist nicht unwirksam, **endet** aber **automatisch** mit dem Ablauf der 3-Jahres-Frist[1]; dasselbe gilt für die Bestellung auf unbestimmte Zeit. Für Bestellungen aus der Zeit vor dem 1. 7. 2007 gilt dasselbe mit der Maßgabe, dass die Höchstdauer jeweils 5 Jahre beträgt.

Beginn und Ende der Laufzeit sollten (wie immer) auch bei der Bestellung in der Gemeinschaftsordnung eindeutig geregelt sind; daran fehlt es mitunter:

Beispiel:

22 „Zum Verwalter wird die Fa. X für die Dauer von drei Jahren ab dem Zeitpunkt der bezugsfertigen Herstellung der Wohnanlage bestellt."

Der Zeitpunkt der „bezugsfertigen Herstellung" kann umstritten sein und damit auch der Endzeitpunkt der Bestellung[2].

23 Unklar und deshalb ungünstig ist es auch, den Bestellungsbeginn überhaupt nicht genau zu fixieren, sondern offen zu lassen.

Beispiel:

„Zum Verwalter wird auf die Dauer von 3 Jahren die Fa. X-Immobilien GmbH bestellt."

Es ist umstritten, zu welchem Zeitpunkt die Bestellung in diesem Fall wirksam wird: Am Tag der Bestellung = Tag der Beurkundung der Teilungserklärung? Oder am Tag der Anlegung der Wohnungsgrundbücher[3]? Oder zum Zeitpunkt, zu dem der Verwalter seine Tätigkeit aufnehmen muss, d.h. mit dem Entstehen der faktischen WEG[4]? Je nach Antwort ergibt sich ein anderes Ende der Bestellungszeit.

---

1 BayObLG, Beschl. v. 14. 12. 1995 – 2 Z BR 94/95, WuM 1996, 650; allg. M.
2 Beispielhaft für die Probleme BayObLG, Beschl. v. 16. 4. 1991 – 2 Z BR 25/91, NJW-RR 1991, 978.
3 So z.B. KG, Beschl. v. 2. 3. 1987 – 24 W 4028/86, ZMR 1987, 277.
4 So die m.E. zutreffende h.M. in der Lit., s. nur *Bärmann/Merle*, 10. Aufl., § 26 WEG, Rz. 51.

Wenn der teilende Eigentümer (= Bauträger) die Bestellungszeit möglichst spät beginnen lassen möchte, behält er sich in der Gemeinschaftsordnung das Recht zur Verwalterbestellung vor. 24

Beispiel:
„Ein Verwalter wird heute noch nicht bestellt. Dies behält sich der Grundstückseigentümer ausdrücklich vor."

Der Bauträger darf nur nicht vergessen, den Verwalter dann auch rechtzeitig vor dem Einzug des ersten Erwerbers zu bestellen; die Befugnis zur Verwalterbestellung geht nämlich mit dem Entstehen der faktischen Wohnungseigentümergemeinschaft auf diese über[1].

c) Problematik der Erstverwalterbestellung in der Gemeinschaftsordnung

Wird der erste Verwalter bereits in der Gemeinschaftsordnung bestellt, bestimmt der teilende Grundstückseigentümer (meistens ein Bauträger) die Person des Verwalters. Der Bauträger wird in der Regel sich selbst oder eine ihm wirtschaftlich oder persönlich verbundene Person bestellen; häufig wird er allein zu diesem Zweck eine Tochtergesellschaft gründen. Das ist – aus Sicht der Erwerber muss man sagen: leider – zulässig. Bestellt der Bauträger sich selbst zum Verwalter, delegiert er – weil er i.d.R. mit der Wohnungseigentumsverwaltung tatsächlich gar nichts zu tun haben will – die Ausübung der Verwaltung meistens soweit möglich auf eine andere Person, was in gewissen Grenzen ebenfalls zulässig ist (s. Rz. 8). 25

Der Bundesgerichtshof hat die damit einher gehende Problematik einmal zutreffend wie folgt beschrieben: „Die Wohnungseigentümergemeinschaft ist nicht immer in der Lage, das Verwalteramt auf eine Person ihres Vertrauens zu übertragen. Sie kann es regelmäßig in den ersten fünf Jahren ihres Bestehens nicht, weil vielfach die Wohnungsbaugesellschaften aus ihrer beherrschenden wirtschaftlichen Position als Bauträger heraus sich oder von ihnen abhängigen Personen den Erwerbern als Verwalter aufzwingen. Dadurch kann ein Interessenwiderstreit entstehen, wenn Baumängel auftreten[2]." Der vom BGH angesprochene Interessenwiderstreit besteht in Bezug auf **Mängel am Gemeinschaftseigentum**. Denn die Befassung mit diesem Thema gehört gerade in den ersten Jahren der Verwaltung zu den wesentlichen Aufgaben des Verwalters: Er muss Mängel soweit möglich aufdecken und deren Beseitigung durch 26

---
1 BayObLG, Beschl. v. 3.3.1994 – 2 Z BR 142/93, NJW-RR 1994, 784 = ZMR 1994, 483. Vorher kann der Bauträger die Person des von ihm bestellten Erstverwalters einseitig ändern (OLG Düsseldorf v. 14.2.2001 – 3 Wx 450/00, WuM 2001, 257 = ZMR 2001, 650; im Prinzip unstr.).
2 BGH, Urt. v. 21.10.1976 – VII ZR 193/75, BGHZ 67, 232.

den gewährleistungspflichtigen Bauträger einfordern, die Wahrnehmung der Mängelrechte durch die Gemeinschaft gegenüber dem Bauträger organisieren und erforderlichenfalls rechtliche oder gerichtliche Schritte gegen ihn einleiten (s. a. Rz. 290 ff.) Ist der Verwalter zugleich der Bauträger (oder von ihm abhängig usw.), ist ihm erfahrungsgemäß **nicht** daran gelegen, diese Aufgabe engagiert zu erfüllen. Wenn sich der Interessenkonflikt manifestiert, wird eine Gemeinschaft daher häufig die außerordentliche fristlose Abberufung des Bauträger-Verwalters anstreben, was angesichts der verhältnismäßig restriktiven Rechtsprechung kein risikoloses Unterfangen ist. Die Problematik ist freilich durch die seit der WEG-Novelle geltende Begrenzung der Laufzeit der Erstverwalterbestellung auf drei Jahre (s. o. Rz. 20) ein Stück weit entschärft.

3. Bestellung durch Beschluss der Wohnungseigentümer

a) Vorbereitung der Beschlussfassung

aa) Rechtzeitige Ankündigung der Beschlussfassung zur Neubestellung

27   Die Beschlussfassung muss – wie immer – in der **Tagesordnung** zur Eigentümerversammlung angekündigt werden, und zwar (selbstverständlich) spätestens in dem Jahr, in welchem die laufende Bestellungszeit abläuft. Daran muss der Verwalter m. E. auch ohne besonderen Antrag seitens der Eigentümer denken; er muss dafür sorgen, dass die Gemeinschaft rechtzeitig über die Verwalterneuwahl beschließen kann. Verstößt er gegen diese Pflicht und wird deshalb eine außerordentliche Versammlung zwecks Verwalterneuwahl oder gar eine gerichtliche Verwalterbestellung erforderlich, haftet er für den daraus der Gemeinschaft entstehenden Schaden[1].

28   An die Ankündigung dürfen keine überzogenen **Anforderungen** gestellt werden. Z. B. ist die Ankündigung „Wahl eines neuen Verwalters" ausreichend, und zwar sowohl für die Bestellung als auch für die Beschlussfassung über die Vergütung des Verwalters oder über den Verwaltervertrag[2]. Ganz sicher geht man mit der Ankündigung:

„TOP 3: Verwalterbestellung und Verwaltervertrag".

---

1 Der Verwalter muss das Thema aber nicht länger als ein Jahr vor Ablauf der Bestellungszeit auf die Tagesordnung nehmen; nach Auffassung des BayObLG kann dem Anliegen eines Wohnungseigentümers, den Verwalterwechsel frühzeitig und ohne Zeitdruck vorzubereiten, jederzeit durch eine Erörterung in der Eigentümerversammlung ohne Beschlussfassung Rechnung getragen werden (BayObLG, Beschl. v. 18. 11. 1991 – 2 Z BR 147/91, WuM 1992, 86).
2 OLG Schleswig, Beschl. v. 20. 1. 2006 – 2 W 24/05, OLGReport Schleswig 2006, 619 = ZMR 2006, 803; OLG München, Beschl. v. 20. 3. 2008 – 34 Wx 46/07, MDR 2008, 620 = NJW-RR 2008, 1182, Tz. 32 („Neuwahl der Hausverwaltung").

bb) Einholen von Angeboten und Vorauswahl

Obwohl der Verwalter – jedenfalls nach hier vertretener Auffassung – verpflichtet ist, das Thema „Neubestellung" rechtzeitig auf die Tagesordnung zu setzen, ist es nicht seine Aufgabe, **Interessenten** für die Übernahme der Verwaltung zu suchen. Wenn seine Bestellungszeit dem Ende zugeht, wird er deshalb keine Angebote anderer Verwalter einholen und auch keine Bewerber zur Versammlung einladen – erst recht natürlich dann, wenn er selber zur Fortführung der Verwaltung bereit ist. Auf die Rechtmäßigkeit der Bestellung hat die fehlende Auswahl keinen Einfluss: Sie entspricht auch dann ordnungsgemäßer Verwaltung, wenn nur ein Kandidat zur Wahl steht[1]. — 29

Steht der Verwalter allerdings *nicht* für eine weitere Amtszeit zur Verfügung, darf er die Gemeinschaft m.E. nicht sehenden Auges in den Zustand der Verwalterlosigkeit führen. Er muss deshalb die erforderlichen organisatorischen Maßnahmen dafür treffen, dass die Gemeinschaft einen neuen Verwalter suchen kann. Dazu gehört es zunächst, dass er die Wohnungseigentümer eine ausreichend lange Zeit *vor* der entscheidenden Versammlung darauf hinweist (z.B. durch ein Rundschreiben), dass er die Verwaltung nicht fortführen wird. Sodann sollte er die Versammlung so rechtzeitig einberufen, dass er erforderlichenfalls noch vor Ablauf seiner Amtszeit eine weitere, außerordentliche Versammlung einberufen kann, sofern in der „ordentlichen Versammlung" die Bestellung eines neuen Verwalters gescheitert ist. — 30

In den meisten Fällen ist der amtierende Verwalter aber daran interessiert, sein Amt weiter auszuüben. Strebt die Gemeinschaft also einen Verwalterwechsel an oder will sie, dass bei der Beschlussfassung über die Verwalter-Neubestellung eine Auswahl von Interessenten zur Verfügung steht, muss die **Initiative** dazu von den Wohnungseigentümern ausgehen. Dasselbe gilt, wenn schon bekannt ist, dass der amtierende Verwalter sein Amt nicht fortführen will; dann gehört zur Vorbereitung der Versammlung die Sorge dafür, dass überhaupt jemand für das Amt des Verwalters zur Verfügung steht. Es hat nämlich keinen Sinn jemanden zum Verwalter zu bestellen, der nicht schon im Vorfeld sein Einverständnis mitgeteilt hat, weil die Bestellung nur mit Zustimmung des Bestellten wirksam wird (s. Rz. 14). — 31

Die **Vorbereitung** muss **frühzeitig** beginnen. Läuft der Verwaltervertrag z.B. bis zum 31.12.2009, sollte schon auf der Eigentümerversammlung — 32

---

1 OLG Schleswig, Beschl. v. 20.1.2006 – 2 W 24/05, OLGReport Schleswig 2006, 619 = ZMR 2006, 803; BayObLG, Beschl. v. 5.5.1993 – 2 Z BR 29/93, WuM 1993, 488. Offen gelassen von OLG Köln, Beschl. v. 14.3.2005 – 16 Wx 23/05, WuM 2005, 603. **A.A.** OLG Hamm, Beschl. v. 3.1.2008 – 15 W 240/07, DWE 2008, 60, wonach jedenfalls bei der Wahl eines neuen Verwalters die Einholung mehrerer Angebote erforderlich sein soll.

im Jahr 2008 das Thema „Vorbereitung der Verwalterwahl 2009" auf die Tagesordnung genommen werden, damit zweckdienliche „Vorbereitungsbeschlüsse" gefasst werden können. Üblich und sinnvoll ist es, den Verwaltungsbeirat oder einzelne Wohnungseigentümer mit der Vorbereitung und Vorauswahl zu betrauen.

Formulierungsvorschlag: Beschluss zur Vorbereitung der Verwalterneuwahl

33 Zur Vorbereitung der im Jahr 2009 anstehenden Verwalterwahl wird der Verwaltungsbeirat beauftragt, mehrere Angebote von Verwaltern einzuholen. Der Verwaltungsbeirat soll eine Vorauswahl treffen, so dass in der Eigentümerversammlung 2009 zwei oder drei Bewerber – abgesehen vom jetzigen Verwalter – zur Wahl stehen.

34 Die Vorauswahl durch den Beirat ist auch dann zulässig, wenn sie im Beschluss nicht (entsprechend dem obigen Formulierungsvorschlag) ausdrücklich vorgesehen ist. Eine Verwalterbestellung ist nicht mit der Begründung anfechtbar, dass zur entscheidenden Versammlung nur diejenigen und keine anderen Kandidaten eingeladen waren, die der Beirat aufgrund seiner Vorauswahl für geeignet hielt[1].

35 Der Beirat wird sodann mit verschiedenen Verwaltern Kontakt aufnehmen und eine Objektbegehung mit anschließender Besprechung organisieren. Die zwei oder drei interessantesten Bewerber werden schließlich gebeten, ein **schriftliches Angebot** abzugeben, zweckmäßigerweise in Gestalt eines Vertragsentwurfs. *Wenn* solche Angebote dann vorliegen (was sinnvoll, aber nicht zwingend ist), müssen die Miteigentümer vor der Beschlussfassung über deren Inhalt informiert werden, damit sie sich einen Überblick über die Bedingungen der einzelnen Kandidaten verschaffen können[2]. Ideal ist die Übersendung der schriftlichen Angebote zusammen mit der Einladung zur entscheidenden Eigentümerversammlung; es genügt aber auch, wenn die erforderlichen Informationen erst in der Eigentümerversammlung referiert werden.

b) Die Beschlussfassung

aa) Formales, insbesondere zum Stimmrecht

36 Für die Beschlussfassung gelten formal keine Besonderheiten. Die Abstimmung muss **weder geheim noch schriftlich** erfolgen.

---

1 OLG Düsseldorf, Beschl. v. 14. 9. 2001 – 3 Wx 202/01, OLGReport 2002, 100 = ZMR 2002, 213.
2 Das ist Voraussetzung einer rechtmäßigen Wahl (OLG Köln, Beschl. v. 14. 3. 2005 – 16 Wx 23/05, OLGReport Köln 2005, 362 = ZMR 2005, 811).

Stellt sich ein Wohnungseigentümer zur Wahl, ist er nicht analog § 25 Abs. 5 WEG vom **Stimmrecht** ausgeschlossen; die Wahrnehmung mitgliedschaftlicher Rechte soll durch diese Vorschrift nämlich nicht verhindert werden. Daran ändert sich nichts, wenn zugleich über den Verwaltervertrag (oder dessen Eckdaten) abgestimmt wird. Zwar ist der Abschluss des Verwaltervertrags ein Rechtsgeschäft, weshalb der daran beteiligte Wohnungseigentümer gem. § 25 Abs. 5 WEG an sich einem Stimmverbot unterläge. Die Bestellung zum Verwalter und der Abschluss des Verwaltervertrags sind aber wirtschaftlich und rechtlich untrennbar miteinander verbunden. Nach h. M. ist deshalb eine Ausnahme geboten, damit das hinsichtlich der Bestellung bestehende Stimmrecht eines kandidierenden Miteigentümers nicht leer läuft[1]; auf der Basis der hier vertretenen Auffassung (Einheit von Bestellung und Verwaltervertrag) versteht sich das Ergebnis von selbst. 37

Für den **Verwalter**, dem von Miteigentümern **Stimmrechtsvollmachten** erteilt wurden, gilt Entsprechendes; das erläutert das folgende 38

Beispiel:

Verwalter V ist nicht Miteigentümer. Bei der Abstimmung über die Verlängerung seines Verwaltervertrags (= Verlängerung der Bestellungszeit) macht er von den ihm erteilten Stimmrechtsvollmachten Gebrauch, so dass der Antrag eine Mehrheit findet. Miteigentümer A ficht den Beschluss mit der Begründung an, V habe einem Stimmrechtsausschluss gem. § 25 Abs. 5 WEG unterlegen. – Die Anfechtung ist unbegründet. Ob ein Stimmrechtsausschluss besteht, richtet sich nach der Person des Vertretenen, nicht des Vertreters. Die von V vertretenen Miteigentümer würden bei einer eigenen Kandidatur keinem Stimmverbot unterliegen, also gilt für V bei seiner Kandidatur dasselbe[2]. 39

bb) Wahlverfahren

Zum Verwalter wird derjenige Bewerber gewählt, der die (**absolute**) Mehrheit der anwesenden oder vertretenen Stimmanteile auf sich vereinigt. Die relative Stimmenmehrheit genügt auch dann nicht, wenn die Wohnungseigentümer über mehrere Bewerber gleichzeitig abstimmen[3]. Ein bestimmtes Wahlverfahren, wenn mehrere Kandidaten zur Wahl stehen, wird weder vom Gesetz noch von der Rechtsprechung vorgeschrieben. Da es verschiedene Möglichkeiten gibt, sollte der Versammlungsleiter 40

---

1 BGH, Beschl. v. 19. 9. 2002 – V ZB 30/02, NJW 2002, 3704 = ZMR 2002, 931, unter II 2c; OLG Hamm, Beschl. v. 20. 7. 2006 – 15 W 142/05, OLGReport Hamm 2006, 818 = NZM 2007, 253 = ZMR 2007, 63; *Bärmann/Merle*, 10. Aufl., § 25 WEG, Rz. 118 ff.
2 OLG Schleswig, Beschl. v. 20. 1. 2006 – 2 W 24/05, OLGReport Schleswig 2006, 619 = ZMR 2006, 803; OLG Hamm, Beschl. v. 20. 7. 2006 – 15 W 142/05, ZMR 2007, 63.
3 BayObLG, Beschl. v. 13. 3. 2003 – 2 Z BR 85/02, WuM 2003, 410 = ZMR 2004, 125.

das von ihm beabsichtigte Wahlverfahren vorab erläutern. Er kann es vorab auch noch durch Geschäftsordnungsbeschluss von den Wohnungseigentümern „absegnen" lassen; erforderlich ist das aber nicht. Die verschiedenen Verfahrensvarianten werden nachfolgend erläutert.

Beispiel:
Es stehen drei Bewerber zur Wahl: A, B und C.

41 **Variante 1 (nicht zu empfehlen):** Es wird nacheinander über jeden der drei Kandidaten einzeln abgestimmt: „1. Wer ist für A? Wer ist gegen A? Wer enthält sich? 2. Wer ist für B? Wer ist gegen B? usw." Die Reihenfolge der Abstimmung ist bei diesem Verfahren von großer Bedeutung, denn wenn bereits Bewerber A die Stimmenmehrheit erzielt, wird über die Bewerber B und C gar nicht mehr abgestimmt. Vielleicht hätten aber auch B oder C die Mehrheit der Stimmen erzielt, wenn über sie als erstes abgestimmt worden wäre[1].

42 **Variante 2 (empfehlenswert):** Die Wohnungseigentümer müssen sich in einem ersten Beschluss für einen der drei Kandidaten entscheiden („Wer ist für A? Wer ist für B? Wer ist für C? Wer enthält sich?"). Erhält nicht sogleich einer der Kandidaten die Mehrheit der abgegebenen Stimmen, folgt im zweiten Durchgang eine Stichwahl zwischen den beiden Kandidaten mit den besten Ergebnissen.

cc) Inhalt des Bestellungsbeschlusses

43 Bei der Auslegung eines Wahlbeschlusses darf man **nicht** am **Wortlaut** haften. In der Praxis wird häufig lediglich der Abschluss oder die Verlängerung „des Verwaltervertrags" beschlossen, ohne das Wort „Bestellung" auch nur zu erwähnen. Der Beschluss bezieht sich in diesen Fällen selbstverständlich auch auf die Bestellung, weil Verwaltervertrag und Bestellung zusammenhängen und ein Gleichlauf der Rechtsverhältnisse unbedingt erstrebenswert ist[2].

44 Ein Verwalter kann nach h. M. rechtmäßig bestellt werden, ohne irgendwelche weiteren Regelungen zu treffen[3]; das ist aber nicht sinnvoll. Sinnvoll ist es, zugleich mit der Bestellung über den Inhalt des Verwaltervertrags abzustimmen, als **Mindestinhalt** aber die **Eckdaten** „Laufzeit der Bestellung" und „Höhe der Vergütung" zu regeln.

---

[1] Das Verfahren ist gleichwohl rechtmäßig (OLG Düsseldorf, Beschl. v. 31. 8. 1990 – 3 Wx 257/90, NJW-RR 1991, 594).
[2] OLG Schleswig, Beschl. v. 20. 1. 2006 – 2 W 24/05, OLGReport Schleswig 2006, 619 = ZMR 2006, 803.
[3] A. A. lediglich OLG Hamm, Beschl. v. 4. 6. 2002 – 15 W 66/02, ZMR 2003, 51, wonach ein Bestellungsbeschluss nicht ordnungsgemäßer Verwaltung entspricht, der keine Aussagen zur Dauer der Bestellung oder der Höhe der Vergütung trifft. Die Entscheidung ist m. E. zutreffend; a. A. *Ott*, ZMR 2007, 584.

Formulierungsvorschläge für Bestellungsbeschlüsse

Muster 1 (Mindestinhalt): X-Immobilien GmbH wird ab dem 1. 8. 2009 zum Verwalter bestellt. Die Bestellung endet am 31. 12. 2013. Die Vergütung beträgt monatlich netto 230,00 EUR zzgl. Umsatzsteuer (oder: je Wohnung monatlich netto 17,00 Euro, je Stellplatz netto 4,00 Euro usw.).

Muster 2 (wenn bei der Beschlussfassung kein annahmereifer Verwaltervertrag vorliegt):

(Zuerst wie Muster 1) ... Mit der Annahme der Bestellung durch den Verwalter kommt ein Verwaltervertrag zwischen der Gemeinschaft und dem Verwalter zustande, dessen Inhalt sich zunächst nach den gesetzlichen Bestimmungen richtet. Der Verwaltungsbeirat wird bevollmächtigt, mit dem Verwalter einen schriftlichen Verwaltervertrag auszuhandeln und abzuschließen und dem Verwalter eine Vollmachtsurkunde auszustellen.

Muster 3 (wenn ein annahmereifer Verwaltervertrag vorliegt): X-Immobilien GmbH wird ab dem 1. 8. 2009 zum Verwalter bestellt. Die Bestellung erfolgt auf der Grundlage des vorliegenden Angebots eines Verwaltervertrags vom 20. 5. 2008. Mit der Annahme der Bestellung durch den Verwalter kommt der Verwaltervertrag in dieser Form zustande. Der Verwaltungsbeirat wird bevollmächtigt, diesen Vertrag namens der Wohnungseigentümergemeinschaft zu unterzeichnen und gegenzeichnen zu lassen und dem Verwalter eine Vollmachtsurkunde auszustellen.

Mit dem Bestellungsbeschluss wird dem Bewerber das Verwalteramt seitens der Eigentümergemeinschaft zunächst angeboten; vollendet ist die Bestellung mit der Annahme des Angebots durch den Bewerber (s. o. Rz. 14). Werden entsprechend den vorstehenden Mustern gewisse Eckdaten (Laufzeit, Vergütung, ggf. spezielle Leistungen) festgelegt, beinhaltet der Bestellungsbeschluss zugleich das Angebot, einen Verwaltervertrag mit diesen Eckdaten abzuschließen. Nimmt der Verwalter die Bestellung an, ist zugleich der Verwaltervertrag mit dem jeweiligen Inhalt zustande gekommen; der entsprechende Hinweis im Muster 2 (Rz. 46) hat daher lediglich deklaratorische Funktion. Wird im Bestellungsbeschluss wie im Muster 3 (Rz. 47) statt gewisser Eckdaten sogleich der ganze Verwaltervertrag angeboten, kommt auch dieser mit der Annahme der Bestellung zustande. Im Übrigen wird der Abschluss des Verwaltervertrags unten (s. Rz. 210) noch eingehend behandelt.

Vielfach empfohlen wird noch folgender Zusatz: „Bei vorzeitiger Abberufung des Verwalters (aus wichtigem Grund) endet auch der Verwaltervertrag." Die Klausel ist aber nicht erforderlich, denn die damit beabsichtigte Rechtsfolge ergibt sich zwingend aus einer interessengerechten Auslegung des Vertrags. Danach ist anzunehmen, dass der Verwaltervertrag nur für die Dauer der Bestellung und unter der auflösenden Bedingung abgeschlossen wird, dass er mit der Ungültigerklärung der Bestellung oder mit der Bestandskraft einer Abberufung bzw. mit der Ungültigerklärung der Abberufung des alten Verwalters endet (s. Rz. 90).

50 Nicht empfehlenswert ist eine Bestellung unter aufschiebender oder auflösender **Bedingung**, auch nicht der Beschluss oder die Vereinbarung von Erleichterungen der Bestellung. Beschränkungen der Bestellung sind – abgesehen von der gesetzlich vorgesehen Beschränkung auf die Höchstdauer von 3/5 Jahren – gem. § 26 Abs. 1 Satz 4 WEG unzulässig. Auf die damit zusammenhängenden, wenig praxisrelevanten Probleme soll hier nicht weiter eingegangen werden[1].

dd) Empfehlungen zum Versammlungsablauf bei der Verwalterneuwahl

51 Sofern mehrere Kandidaten zur Wahl stehen und ein Verwalterwechsel möglich erscheint, sollte die Verwalterwahl der **letzte Tagesordnungspunkt** sein. Wird der amtierende Verwalter nämlich abgewählt, ist er – zum Schaden aller – erfahrungsgemäß nicht mehr zu einer vernünftigen weiteren Versammlungsleitung motiviert. Er sollte bei der Verwalterwahl auch nicht die **Versammlungsleitung** ausüben; per Geschäftsordnungsbeschluss ist hierfür eine geeignete andere Person – üblich ist der Vorsitzende des Verwaltungsbeirats – zu bestimmen.

52 Wenn irgend möglich sollten die Bewerber sich in der Versammlung **persönlich vorstellen**. Das hat zum einen den Vorteil, dass sich jeder Miteigentümer ein eigenes Bild von ihnen und von ihren Konditionen machen kann; zum anderen kann der ausgewählte Bewerber nach der Beschlussfassung sogleich die Annahme der Bestellung erklären. Schon mit Rücksicht auf die Nichtöffentlichkeit der Versammlung dürfen die Bewerber aber weder vor noch nach ihrer Vorstellung im Versammlungsraum anwesend sein. Sie sollten daher ab einer bestimmten Uhrzeit in eine nahe gelegene andere Örtlichkeit (i.d.R. in den Hauptraum einer Gaststätte) als „Warteraum" gebeten werden, wo sie die Zeit vor und nach ihrer Vorstellung verbringen können.

53 Der Vorstellungsrunde folgen **Aussprache** und Diskussion, bevor schließlich die Abstimmung stattfindet (zum Wahlverfahren s. Rz. 40 ff.). Sofern die Bewerber zu diesem Zeitpunkt noch verfügbar sind, wird ihnen das Ergebnis sogleich bekannt gegeben; andernfalls wird eine Person bestimmt (i.d.R. der Versammlungsleiter), die sie später vom Wahlausgang informiert. Die Unterzeichnung oder der Abschluss des Verwaltervertrags folgen später (s. Rz. 215 ff.).

---

[1] Weiterführend z.B. *Bärmann/Merle*, 10. Aufl., § 26 WEG, Rz. 61, 72 ff., 64 ff.

c) Laufzeit der Bestellung

Der **Beginn** der Bestellungszeit sollte selbstverständlich so bestimmt werden, dass sich die neue Bestellung an die laufende Bestellung lückenlos anschließt. Wenn ein Verwalter zu einem Zeitpunkt wiedergewählt wird, zu dem seine bisherige Bestellungszeit bereits abgelaufen war (oder wenn seine frühere Bestellung aus bestimmten Gründen gar nicht erst wirksam wurde), wird der Beginn der Bestellungszeit häufig mit **Rückwirkung** beschlossen; dadurch werden die Handlungen des Verwalters von der Gemeinschaft rückwirkend genehmigt.

54

Die Bestellung erfolgt meistens für eine **feste Laufzeit**. Diese ergibt sich entweder daraus, dass der Bestellungsbeschluss ausdrücklich das Ende der Bestellungszeit fixiert, oder aus der Bezugnahme auf ein entsprechendes Vertragsangebot des Bewerbers. Während der festen Laufzeit kann der Verwalter nur aus wichtigem Grund abberufen und gekündigt werden (s. Rz. 102). Eine feste Laufzeit darf bei der Erstverwalterbestellung 3 Jahre, im Übrigen **5 Jahre** nicht überschreiten (§ 26 Abs. 1 Satz 2 WEG; s. dazu Rz. 20).

55

Die Vereinbarung einer 5-jährigen Laufzeit für die zweite Bestellung ist üblich und auch AGB-rechtlich zulässig[1]; sie liegt insbesondere im **Interesse des Verwalters**, dessen zeitintensive Arbeit in der ersten Zeit nach der Übernahme eines Objekts sich nur dann rentiert. Nach einer obiter dictum geäußerten Einschätzung des BGH liegt eine kontinuierliche Verwaltertätigkeit auch im Interesse der Eigentümergemeinschaft; eine längerfristige Bindung an einen bestimmten Verwalter entspreche durchaus den Zielsetzungen des Wohnungseigentumsrechts[2]. Allerdings zeigt die Praxis, dass sich Verwalter nicht selten auf der festen Vertragslaufzeit „ausruhen"; sie würden sich mehr anstrengen, wenn sie öfter als nur alle drei bis fünf Jahre für ihre Wiederwahl werben müssten.

56

Wenn sich dem Bestellungsbeschluss weder ausdrücklich noch durch Auslegung eine feste Dauer der Laufzeit entnehmen lässt, hat die Bestellung eine **unbestimmte Laufzeit**. In diesem Fall kann der Verwalter jederzeit (auch ohne wichtigen Grund) abberufen werden (s. Rz. 102 ff.), aber auch seinerseits (unter Einhaltung der Kündigungsfrist) die Bestellung und den Verwaltervertrag aufkündigen.

57

Eine Bestellung mit **Verlängerungsklausel** ist zulässig[3].

58

---

1 BGH, Beschl. v. 20. 6. 2002 – V ZB 39/01, NJW 2002, 3240 = ZMR 2002, 766.
2 BGH, Beschl. v. 20. 6. 2002 – V ZB 39/01, NJW 2002, 3240 = ZMR 2002, 766 (772).
3 BGH, Beschl. v. 23. 2. 1995 – III ZR 65/94, NJW-RR 1995, 780 (inzident und ohne Begründung); BayObLG, Beschl. v. 14. 12. 1995 – 2 Z BR 94/95, WuM 1996, 650; str. A. A. AG Kerpen, Beschl. v. 13. 2. 1998 – 15 II 5/97, WuM 1998, 507 und Teile der Lit.

Formulierungsvorschlag:

Der Verwalter wird zunächst vom 1. 1. 2008 bis zum 31. 12. 2009 bestellt. Die Bestellung verlängert sich stillschweigend um jeweils ein weiteres Jahr, wenn sie nicht mit einer Frist von mindestens 6 Monaten zum Jahresende von einer Seite gekündigt wird. Sie endet spätestens am 31. 12. 2011.

59 Der letzte Satz des Musters hat im Hinblick auf die die gesetzlich zwingende Höchstdauer von 5 Jahren nur deklaratorische Funktion, weil die Bestellung auch ohne ausdrückliche Begrenzung nach Ablauf von 5 Jahren endet (s. Rz. 55), sofern sie nicht durch Beschluss regulär erneut erfolgt.

d) Die erneute Bestellung des Verwalters (Wiederwahl)

60 Die wiederholte Bestellung eines Verwalters ist selbstverständlich **zulässig** (§ 26 Abs. 2 WEG). Sie ist die Regel, nicht die Ausnahme. Erfahrungsgemäß trennt sich eine Gemeinschaft nämlich nicht ohne wichtigen Grund von dem einmal bestellten Verwalter, wofür freilich häufig nur eine gewisse Trägheit und Indifferenz ursächlich ist. In vielen Fällen wird die Wiederbestellung quasi „durchgewunken", weil ohnehin nur der bisherige Verwalter zur Wahl steht. Obwohl es dann an Konkurrenzangeboten und somit an einer „Auswahl" fehlt, entspricht die Bestellung grundsätzlich auch in einem solchen Fall ordnungsmäßiger Verwaltung (s. Rz. 29).

61 Es ist unschädlich, wenn der Beschluss über die Wiederwahl – wie üblich – der juristischen Trennung von Bestellung und Verwaltervertrag nicht Rechnung trägt. Es genügt z. B. „die Verlängerung des Verwaltervertrags bis zum..."; die Auslegung dieses Beschlusses ergibt, dass die Verlängerung des Verwaltervertrags die Neubestellung beinhaltet und dass deren Laufzeit mit dem Ablauf der bisherigen Bestellungszeit beginnen soll[1].

62 Die erneute Bestellung (Wiederwahl) darf **frühestens** 1 Jahr vor Ablauf der Bestellungszeit beschlossen werden (§ 26 Abs. 2 2. Halbsatz WEG). Die Vorschrift soll verhindern, dass durch eine frühzeitige Verlängerung der Bestellungszeit der Normzweck des § 26 Abs. 1 Satz 2 (keine Bindung der Eigentümer über 3/5 Jahre hinaus) unterlaufen wird.

Beispiel:

63 X wurde im Juni 2001 mit Wirkung vom 5. 7. 2001 für die Dauer von 5 Jahren bestellt. Seine Amtszeit endete also mit Ablauf des 4. 7. 2006. In einer Eigentümerversammlung im Juni 2005 beschlossen die Wohnungseigentümer: „Die Verwalterbestellung wird ab 1. 7. 2006 um 3 Jahre verlängert. – Der Beschluss ist we-

---

1 OLG Schleswig, Beschl. v. 20. 1. 2006 – 2 W 24/05, OLGReport Schleswig 2006, 619 = ZMR 2006, 803.

gen des Verstoßes gegen § 26 Abs. 2 WEG **nichtig**, weil er mehr als 1 Jahr vor Ablauf der 5-jährigen Bestellungszeit gefasst wurde[1].

Die Wiederwahl ist aber dann mehr als ein Jahr vor Ablauf der laufenden Bestellungszeit möglich, wenn sie entweder sofort oder spätestens innerhalb eines Jahres nach Beschlussfassung wirksam wird. 64

Beispiel:

Im vorhergehenden Beispiel (Rz. 63) beschließen die Wohnungseigentümer im Juni 2005, den Verwalter ab sofort (**Variante**: ab 1. 6. 2006) erneut für 5 Jahre zu bestellen. – Der Beschluss ist in beiden Varianten rechtmäßig1006. § 26 Abs. 2 WEG ermöglicht eine Bindung der Wohnungseigentümer bis maximal 6 Jahre (das ergibt sich daraus, dass der Beschluss über eine 5-jährige Wiederbestellung noch 1 Jahr vor Ablauf der Bestellungszeit zulässig ist). Eine Bindung darüber hinaus tritt in beiden Varianten nicht ein[2]. 65

e) Die Klage auf Feststellung der Nichtigkeit der Bestellung

Wenn ein Miteigentümer die Nichtigkeit der Beschlussfassung geltend machen möchte (sei es wegen verfrühter Wiederwahl – s. Rz. 62, sei es aus anderen Gründen), steht ihm hierzu ohne Bindung an Fristen die Feststellungsklage zur Verfügung; das ist an sich keine Besonderheit. Es sei an dieser Stelle nur einem Missverständnis vorgebeugt: Die (Feststellungs-)Klage darf nicht gegen den Verwalter oder gegen die Gemeinschaft gerichtet werden; vielmehr muss sie sich (genauso wie die Klage auf Abberufung, s. Rz. 135) gegen die übrigen Wohnungseigentümer richten, weil Gegenstand der begehrten Feststellung die Willensbildung innerhalb der Gemeinschaft ist[3]. 66

4. Die Anfechtung des Bestellungsbeschlusses

a) Überblick

Eine Anfechtung des Bestellungsbeschlusses wird erfolgreich sein, wenn der Beschluss aus formellen oder materiellen Gründen **fehlerhaft** ist. Die möglichen formellen Fehler der Beschlussfassung (z.B. fehlende Ankündigung in der Tagesordnung, fehlende Beschlussfähigkeit usw.) werden an dieser Stelle ebenso wenig behandelt wie Nichtigkeitsgründe; s. hierzu Teil 4, Rz. 208 ff. Hervorzuheben ist hier in Bezug auf allgemeine prozessrechtliche Fragen lediglich der Umstand, dass der (beizuladende) 67

---

[1] OLG Frankfurt/Main, Beschl. v. 15. 3. 2005 – 20 W 153/03, OLGReport Frankfurt 2006, 46 = MietRB 2006, 47; OLG Zweibrücken, Beschl. v. 23. 6. 2004 – 3 W 64/04, ZWE 2005, 111.
[2] BGH, Beschl. v. 23. 2. 1995 – III ZR 65/94, NJW-RR 1995, 780; OLG Hamm, Beschl. v. 8. 2. 1990 – 15 W 583/88, OLGZ 1990, 191 = MDR 1990, 553.
[3] OLG München, Beschl. v. 8. 3. 2007 – 34 Wx 2/07, OLGReport München 2007, 421 = ZMR 2007, 989.

Verwalter bei der Anfechtung des Bestellungsbeschlusses wegen Interessenkollision nicht als Zustellungsvertreter der beklagten Wohnungseigentümer in Betracht kommt (§ 45 Abs. 1 WEG); wenn die Gemeinschaft also nicht über einen Ersatzzustellungsvertreter gem. § 45 Abs. 2 WEG verfügt (s. Teil 14, Rz. 202 ff.), kann die Klageerhebung eine **zeit- und kostenintensive** Angelegenheit sein.

68 Im Folgenden geht es um die **materielle Rechtmäßigkeit** des Bestellungsbeschlusses. Er ist – wie jeder Beschluss – nur rechtmäßig, wenn er ordnungsmäßiger Verwaltung (§ 21 Abs. 3 WEG) entspricht. Was in diesem Sinne „ordnungsmäßig" ist, ist freilich Ansichtssache; das Gesetz kann nicht im Einzelnen regeln, wann eine Verwalterbestellung ordnungsgemäßer Verwaltung entspricht. Nach einer in der Rechtsprechung stereotyp verwendeten Formulierung gilt diesbezüglich Folgendes:

69 Ein Beschluss über die Bestellung eines Verwalters nach § 26 Abs. 1 Satz 1 WEG ist vom Gericht für ungültig zu erklären, wenn unter Berücksichtigung aller, nicht notwendig vom Verwalter verschuldeter Umstände nach Treu und Glauben eine Zusammenarbeit mit dem zu bestellenden Verwalter **unzumutbar** und das erforderliche **Vertrauensverhältnis** von Anfang an nicht zu erwarten ist[1]. Das ist i. d. R. der Fall, wenn ein wichtiger Grund vorliegt, der sogar die **vorzeitige** (außerordentliche) **Abberufung** des Verwalters rechtfertigen würde[2].

70 Bei der gerichtlichen Überprüfung ist der der Gemeinschaft zustehende **Beurteilungsspielraum** zu berücksichtigen; die Gerichte sollen nicht ohne zwingende Notwendigkeit in eine Mehrheitsentscheidung eingreifen. Das OLG Köln hat diesen Grundsatz einmal so ausgedrückt: „Ordnungsgemäß im Sinne der §§ 15 Abs. 3, 21 Abs. 3 und 23 Abs. 1 WEG ist, was dem geordneten Zusammenleben in der Gemeinschaft dient, was den Interessen der Gesamtheit der Wohnungseigentümer nach billigem Ermessen entspricht und der Gemeinschaft nützt. Bei der Beurteilung der Frage, was der Gemeinschaft nützt, steht der Gemeinschaft ein gewisser Beurteilungsspielraum zur Verfügung, der aus ihrer Verwaltungsautonomie folgt und einer auf Zweckmäßigkeitserwägungen gestützten Ungültigerklärung eines Mehrheitsbeschlusses Grenzen zieht[3]."

71 Der bei jeder Beschlussfassung bestehende Beurteilungsspielraum der Gemeinschaft wird im Fall der Verwalterwahl von der Rechtsprechung aber noch ausgedehnt. Es wird vielfach vertreten, dass der Bestellungsbeschluss *nur* für ungültig erklärt werden könne, wenn ein wichtiger

---

1 BayObLG, Beschl. v. 27. 7. 2000 – 2 Z BR 112/99, NZM 2001, 672 = ZMR 2000, 846; st. Rspr.
2 BayObLG, Beschl. v. 20. 3. 2001 – 2 Z BR 101/00, ZMR 2001, 815.
3 OLG Köln, Beschl. 9. 7. 1990 – 16 Wx 173/89, NJW 1991, 1302.

Grund gegen die Bestellung vorliege, *und* dass bei der Beurteilung der Frage, ob ein wichtiger Grund gegen die Bestellung vorliege, ein **schärferer Maßstab** anzulegen sei als bei der Beurteilung der Frage, ob ein wichtiger Grund für die Abberufung vorliegt[1]. Diese Auffassung kann allerdings nicht überzeugen. Der Prüfungsmaßstab „wichtiger Grund" ist schon vom Ansatz her überzogen; die Anlegung ungleicher Maßstäbe für die Prüfung von Abberufungsbeschlüssen einerseits und Bestellungsbeschlüssen andererseits ist erst recht nicht einleuchtend. Richtig ist vielmehr, dass ein Bestellungsbeschluss dann, wenn sogar ein (wichtiger) Grund für eine fristlose Abberufung vorliegt, immer ordnungsmäßiger Verwaltung widerspricht, dass die Überprüfung des Bestellungsbeschlusses aber auch unterhalb der Schwelle des „wichtigen Grundes" zum Ergebnis führen kann, dass die Bestellung rechtswidrig ist (wenn sie nämlich bei objektiver Betrachtung nicht im Interesse der Gemeinschaft liegt). Nach dem Gesetz wird im Anfechtungsverfahren geprüft, ob ein Beschluss ordnungsmäßiger Verwaltung entspricht und nicht, ob ein (schwerwiegender) wichtiger Grund gegen ihn spricht[2].

Die Anfechtung kann nur auf solche Verfehlungen des Verwalters gestützt werden, die zeitlich vor seiner (Wieder-)Wahl liegen. Ein **Nachschieben von Gründen** im Sinne einer Berücksichtigung von Vorkommnissen, die nach der Wahl stattgefunden haben, ist nicht zulässig[3]. Diese Beschränkung ist dadurch begründet, dass dem Beschluss über die (Wieder-)Wahl des Verwalters immer eine Prognose über dessen künftige Fähigkeiten und Leistungen zugrunde liegt. Die Rechtmäßigkeit des Beschlusses ist ex ante zu beurteilen; der Beschluss wird nicht dadurch fehlerhaft, dass sich die Prognose aus später bekannt werdenden Gründen (ex post) als unzutreffend erweist. Falls erst im Laufe des Anfechtungsverfahrens Gründe bekannt werden, die zwingend gegen die Wiederwahl des Verwalters sprechen, kann der Antragsteller darauf reagieren, indem er die Anfechtungsklage durch den Hilfsantrag ergänzt, den Verwalter abzuberufen.

72

Der **Streitwert** der Anfechtungsklage richtet sich im Ausgangspunkt nach dem Interesse der Parteien an der Entscheidung. Dieses entspricht

73

---
1 OLG Schleswig, Beschl. v. 8. 11. 2006 – 2 W 137/06, WuM 2007, 216 = ZMR 2007, 485: Bestellung nur dann anfechtbar, wenn sie „nicht mehr vertretbar" ist; OLG Frankfurt/Main, Beschl. v. 13. 10. 2004 – 20 W 133/03, OLGReport Frankfurt 2005 = MietRB 2005, 234; 378; BayObLG, Beschl. v. 22. 12. 2004 – 2 Z BR 173/04, ZMR 2005, 561; OLG Hamburg, Beschl. v. 25. 10. 2004 – 2 Wx 145/01, ZMR 2005, 71.
2 So auch AG Hamburg-Blankenese, Urt. v. 30. 4. 2008 – 539 C 2/08, ZMR 2008, 575; *Ott*, ZMR 2007, 584 (586); *Abramenko*, in: Riecke/Schmidt, § 26 Rz. 12; *J.-H. Schmidt*, WE 2007, 9.
3 BayObLG, Beschl. v. 22. 12. 2004 – 2 Z BR 173/04, ZMR 2005, 561; OLG Frankfurt/Main, Beschl. v. 13. 10. 2004 – 20 W 133/03, OLGReport Frankfurt 2005 = MietRB 2005, 234; 378.

der Vergütung, die dem Verwalter für die ursprünglich vorgesehene Vertragslaufzeit zustünde[1]; bei einer Bestellung ohne feste Laufzeit ist der Wert zu schätzen[2]. Der Streitwert ist gem. § 49a Abs. 1 Satz 1 GKG auf 50 % hiervon festzusetzen. Gem. § 49a Abs. 1 Satz 1 GKG darf er außerdem das Fünffache des Wert des Interesses des Klägers (und der auf seiner Seite Beigetretenen) nicht überschreiten. Es wäre m. E. allerdings verfehlt, wollte man das Interesse des Klägers danach bemessen, mit welchem Anteil er an der Vergütung des Verwalters beteiligt ist. Denn dem Kläger geht es bei der Anfechtung der Bestellung nicht darum, sich seiner Pflicht zur Beteiligung an den Kosten des Verwalters zu entziehen; vielmehr führt er die Klage mit dem Ziel, eine ordnungsmäßige Verwaltung der Gemeinschaft herbeizuführen. Sein Interesse ist in diesem Fall also mit dem Gesamtinteresse der Parteien gleichzusetzen; es bleibt somit dabei, dass der Streitwert sich auf 50 % des Gesamtinteresses beläuft.

b) Einzelne Gründe für die Anfechtung des Bestellungsbeschlusses[3]

aa) Interessenkollision bei Selbstbestellung, Stimmrechtsmissbrauch

74 Von **Majorisierung** spricht man, wenn ein Eigentümer seine Stimmenmehrheit bei der Beschlussfassung zum eigenen Nutzen einsetzt, im Falle der Verwalterwahl also: um sich selbst oder eine Person seines Vertrauens zum Verwalter zu bestellen. Obwohl dieser Situation die **Interessenkollision** immanent ist, führt sie alleine **nicht** zur Unzulässigkeit der Stimmabgabe und zur Anfechtbarkeit des Beschlusses. Auch ein Wohnungseigentümer kann nämlich zum Verwalter bestellt werden; daran darf sich nicht nur deshalb etwas ändern, weil er zugleich der Mehrheitseigentümer ist. Kann aber der Mehrheitseigentümer bewirken, dass er selber zum Verwalter gewählt wird, dann ist er genauso berechtigt, mit der Mehrheit seiner Stimmen zur Bestellung eines Verwalters beizutragen, mit dem er persönlich oder wirtschaftlich verbunden ist oder zu dem er besonderes Vertrauen hat[4]. Erst recht unterliegen andere Miteigentümer (die nicht die Stimmenmehrheit haben) nicht deshalb einem Stimmverbot, weil sie mit dem zu bestellenden Verwalter wirtschaftlich oder persönlich eng verflochten sind[5].

---

[1] OLG Schleswig, Beschl. v. 23. 5. 1990 – 2 W 98/89, NJW-RR 1990, 1045.
[2] Ergebnis bei OLG Stuttgart, Beschl. v. 11. 4. 2003 – 8 W 539/02, ZMR 2003, 782: Jahresvergütung; m. E. sind eher 2 – 3 Jahre Laufzeit üblich und deshalb anzusetzen.
[3] S. auch Stichwortlexikon der Gründe für eine fristlose Abberufung bei Rz. 139 ff.; wenn solche Gründe vorliegen, ist auch die Anfechtung der Bestellung begründet (s. Rz. 69 ff.).
[4] OLG Saarbrücken, Beschl. v. 10. 10. 1997 – 5 W 60/97, ZMR 1998, 50 (im Fall setzte der Mehrheitseigentümer die Wahl seiner Ehefrau durch).
[5] OLG Frankfurt/Main, Beschl. v. 13. 10. 2004 – 20 W 133/03, OLGReport Frankfurt 2005, 378 = MietRB 2005, 234.

Der *BGH* hat entschieden, dass die Majorisierung erst dann **rechtsmiss-** 75
bräuchlich (und der Bestellungsbeschluss rechtswidrig) ist, wenn **weitere**
Umstände hinzutreten, die sich als Verstoß gegen die Pflicht zur Rücksichtnahme auf die Interessen der Gemeinschaft darstellen, wie etwa bei Verschaffung unangemessener Vorteile oder der Bestellung eines persönlich ungeeigneten oder fachlich unfähigen Verwalters[1]. In solchen Fällen entspricht eine Bestellung aber ohnehin nicht ordnungsmäßiger Verwaltung, sodass man sich fragt, inwiefern sich nach Auffassung des *BGH* die Majorisierung überhaupt rechtlich auswirkt. Man wird sie wohl als einen von mehreren Aspekten der Verwalterwahl einordnen müssen, der im Zweifel – wenn die übrigen gegen den Beschluss streitenden Gesichtspunkte vielleicht für eine Ungültigkeitserklärung noch nicht ausreichen – den Ausschlag geben kann. Somit kommt es letztlich (wie immer) auf den Einzelfall an. Will ein überstimmter Wohnungseigentümer den Bestellungsbeschluss erfolgreich anfechten, muss er folglich mehr Gründe vortragen als die bloße Ausnutzung des Stimmenübergewichts des Mehrheitseigentümers. Orientierung gibt die die von der Rechtsprechung hierzu entwickelte „Standardformulierung":

> Ein wichtiger Grund gegen die Bestellung liegt vor, wenn bereits im Zeitpunkt der Bestellung Interessengegensätze offenkundig sind und deshalb von vornherein nicht mit der Begründung eines unbelasteten, für die Tätigkeit des Verwalters erforderlichen Vertrauensverhältnisses zu den anderen Wohnungseigentümern zu rechnen ist[2]. 76

Beispiel:
In einer Wohnanlage gilt laut Gemeinschaftsordnung das Objektstimmecht. Bauträger X ist noch Eigentümer von mehr als der Hälfte aller Einheiten. Wegen **Baumängeln** kam es schon zum Streit mit ihm; ein gerichtliches Beweisverfahren bestätigt die von X bestrittenen Baumängel. In der Eigentümerversammlung wird X mit der Mehrheit seiner eigenen Stimmen erneut zum Verwalter gewählt. Miteigentümer A ficht den Beschluss an. – Mit Erfolg. Bei dieser Sachlage entspricht die Bestellung nicht ordnungsmäßiger Verwaltung[3]. 77

bb) Verwalter betätigt sich als Verkaufsmakler

Viele gewerblich tätige Verwalter betätigen sich zugleich als Makler und 78
vermitteln dabei auch Wohnungen aus dem eigenen Bestand der WEG-

---

1 BGH, Beschl. v. 19. 2. 2002 – V ZB 30/102, NJW 2002, 3704 = ZMR 2002, 930.
2 OLG Karlsruhe, Beschl. v. 31. 7. 2007 – 14 Wx 41/06, ZMR 2008, 408; BayObLG, Beschl. v. 27. 7. 2000 – 2 Z BR 112/99, NZM 2001, 672 = ZMR 2000, 846. Diese Grundsätze sind auch *nach* dem grundlegenden BGH-Beschluss v. 19. 2. 2002 zur Majorisierung noch aktuell.
3 Fall nach BayObLG, Beschl. v. 19. 12. 2001 – 2 Z BR 15/01, ZMR 2002, 527. Im Ergebnis ebenso OLG Karlsruhe, Beschl. v. 31. 7. 2007 (Vornote).

Verwaltung. Zum Problem wird das dann, wenn – wie es häufig der Fall ist – die Gemeinschaftsordnung vorsieht, dass die Veräußerung einer Wohnung der Zustimmung des Verwalters gem. § 12 WEG bedarf. Dann gerät der Verwalter nämlich in einen Interessenskonflikt: Einerseits hat er ein Provisionsinteresse, das ihn zur Veräußerung der Wohnung motiviert, anderseits soll er bei der Prüfung der Frage, ob er der Veräußerung zustimmt, die Interessen der Eigentümergemeinschaft wahren, die im Einzelfall gegen die Veräußerung sprechen können. Dieser Interessenkonflikt führt zum einen dazu, dass der makelnde Verwalter im Regelfall trotz eines erfolgreichen Verkaufs seinen Provisionsanspruch gegenüber dem Kunden verliert (sofern nicht ein von einer Maklerleistung unabhängiges Provisionsversprechen vorliegt[1]). Nach Auffassung des BayObLG führt der Interessenkonflikt zum anderen dazu, dass das erforderliche Vertrauensverhältnis zur Gemeinschaft nicht zu erwarten ist, weshalb die Wiederbestellung allein aus diesem Grund auf Anfechtung hin für ungültig erklärt wurde[2].

cc) Sonstige Einzelfälle

Ordnungsmäßige Verwaltung (Bestellungsbeschluss rechtmäßig):

79 – Bestellung des **Bauträgers** zum (Erst-)Verwalter, **sofern** sich noch **kein** Interessenkonflikt über Baumängel manifestiert hat (zur Problematik s. Rz. 25, 150 ff.).

80 – Der Verwalter hat in der Vergangenheit **kleinere Pflichtverletzungen** zu verantworten (z. B. kein ordnungsgemäßes Protokoll der letzten Eigentümerversammlung, Fehler der Jahresabrechnung usw.)[3].

81 – Der Verwalter verlangt eine doppelt so hohe **Vergütung** wie ein seriöser Konkurrent[4].

Keine ordnungsmäßige Verwaltung (Bestellungsbeschluss anfechtbar):

81a – Der Verwalter (bzw. der Geschäftsführer einer Verwaltungsgesellschaft) ist einschlägig (d. h. wegen Vermögensdelikten im Zusammenhang mit Wohnungseigentumsverwaltung) **vorbestraft**[5].

---

1 Grundlegend BGH, Urt. v. 26. 9. 1990 – IV ZR 226/89, NJW 1991, 168; bestätigt im Urt. v. 6. 2. 2003 – III ZR 287/02, NJW 2003, 1249 = ZMR 2003, 359; OLG Köln, Urt. v. 10. 9. 2002 – 24 U 32/02, ZMR 2003, 276.
2 BayObLG, Beschl. v. 7. 5. 1997 – 2 Z BR 135/96, NJW-RR 1998, 302 = WuM 1997, 397.
3 BayObLG, Beschl. v. 20. 3. 2001 – 2 Z BR 101/00, NZM 2001, 754 = ZMR 2001, 815.
4 Der einzelne Wohnungseigentümer hat keinen Anspruch auf Bestellung eines „billigen Jakob" zum WEG-Verwalter (OLG Hamburg v. 25. 10. 2004 – 2 Wx 145/01, ZMR 2005, 71). Die Entscheidung ist zu kritisieren: Ein „seriöser Konkurrent" ist gerade kein „billiger Jakob".
5 LG Itzehoe, Beschl. v. 16. 7. 2002 – 1 T 200/01, ZMR 2003, 295; LG Berlin, Beschl. v. 20. 6. 2000 – 85 T 251/99, ZMR 2001, 143.

– Der Verwalter war in einer kleineren Gemeinschaft an persönlichen Streitereien beteiligt[1]. Oder: Er ließ sich bei der Versammlungsleitung derartig von seinen Aversionen gegen einen Miteigentümer leiten, dass elementare Mitwirkungsrechte unterlaufen wurden und deshalb die gefassten Beschlüsse nichtig waren[2]. Oder: Er hält trotz angespannter zwischenmenschliche Beziehungen zwischen ihm und einzelnen Miteigentümern die Versammlung in seinem Wohnwagen ab, und das auch noch zwischen Weihnachten und Neujahr ohne Rücksicht auf abwesende Wohnungseigentümer[3]. 82

– Die letzte **Jahresabrechnung** hatte gravierende **Mängel**[4]. Oder: Der Verwalter korrigierte gravierende Mängel der Jahresabrechnung auch in der nachfolgenden Abrechnungsperiode nicht und belastete außerdem rechtsgrundlos alle Miteigentümer mit den Kosten einer erfolglosen Klage des Beiratsvorsitzenden gegen einen Miteigentümer[5]. 83

– Der Verwalter erstellte ein in wesentlichen Punkten **unrichtiges Protokoll** einer Eigentümerversammlung[6]. 84

– Der Verwalter schloss in der Vergangenheit ohne Kenntnis und Ermächtigung der Gemeinschaft weitreichende **Verträge**, wobei es nicht darauf ankam, ob diese für die Gemeinschaft vorteilhaft waren oder nicht[7]. 85

c) Rechtsschutzbedürfnis für gerichtliche Klärung nach Ablauf der Amtszeit?

Nach Ablauf der Bestellungszeit **entfällt** das Rechtsschutzbedürfnis für eine Anfechtung des Bestellungsbeschlusses, weil sich dessen Ungültigerklärung nicht mehr auf das Rechtsverhältnis zwischen der Eigentümergemeinschaft und dem Verwalter auswirken würde. Ein noch rechtshän- 86

---

1 OLG Hamburg, Beschl. v. 14. 10. 2002 – 2 Wx 69/02, WuM 2003, 110 = ZMR 2003, 127.
2 OLG Köln, Beschl. v 17. 12. 2004 – 16 Wx 191/04, NJW 2005, 908 = ZMR 2005, 809.
3 OLG Hamm, Beschl. v. 12. 12. 2000 – 15 W 109/00, NZM 2001, 297 = ZMR 2001, 383.
4 OLG Köln, Beschl. v. 8. 6. 2005 – 16 Wx 53/05, OLGReport Köln 2005, 658: Im Fall waren die Einnahmen nicht gesondert ausgewiesen; auch fehlte der Kontenabgleich. OLG Köln, Beschl. v. 6. 3. 1998 – 16 Wx 8/98, NJW-RR 1998, 1622: Im Fall wurde der Abrechnung ein der Gemeinschaftsordnung widersprechender Schlüssel zugrunde gelegt.
5 OLG Düsseldorf, Beschl. v. 21. 9. 2005 – 3 Wx 123/05, ZMR 2006, 144.
6 BayObLG, Beschl. v. 17. 9. 2003 – 2 Z BR 135/03, BayObLGR 2004, 75 = NZM 2004, 108 (im Fall dokumentierte das Protokoll Beschlussfassungen über Hausgeldabrechnungen und einen Wirtschaftsplan, die gar nicht stattgefunden hatten).
7 OLG München, Beschl. v. 6. 3. 2006 – 34 Wx 29/05, OLGReport München 2006, 326.

giger Anfechtungsantrag wird also unzulässig[1]. Prozessuale Reaktion des anfechtenden Klägers: Er muss die Erledigung der Hauptsache erklären; dieser Erklärung schließen sich die Beklagten sinnvoller Weise an. Das Gericht entscheidet dann gem. § 91a ZPO nur noch über die Kosten des Rechtsstreits. Diesbezüglich zeigt die praktische Erfahrung leider, dass die Gerichte auch bei offenkundig erfolgversprechenden Klagen regelmäßig Kostenaufhebung anordnen, was (unzureichend) damit begründet wird, dass ohne die Erledigung eine Beweisaufnahme mit ungewissem Ausgang erforderlich gewesen wäre. Dieses Ergebnis ist für einen Kläger, der aus berechtigten Gründen die Bestellung angefochten hat und auf die begehrte gerichtliche Bestätigung verzichten muss, unbefriedigend. Eine Fortsetzungsfeststellungsklage, also die Änderung des ursprünglichen Anfechtungsantrags in einen Antrag auf Feststellung, dass der angefochtene Beschluss rechtswidrig war, ist aber vom Gesetz nicht vorgesehen und wird von der Rechtsprechung nicht zugelassen[2].

d) Rechtsfolgen erfolgreicher Anfechtung und weiteres Vorgehen

87   Widerspricht der Bestellungsbeschluss ordnungsmäßiger Verwaltung, erklärt das Gericht ihn für ungültig. **Wirksam** wird die Entscheidung erst mit Eintritt der Rechtskraft (§ 23 Abs. 4 Satz 2 WEG).

88   Die rechtskräftige Ungültigerklärung des Bestellungsbeschlusses entfaltet theoretisch **Rückwirkung** (ex tunc) – ein unpraktisches Ergebnis. Die Rechtsprechung entscheidet die einschlägigen Probleme deshalb so, dass im praktischen Ergebnis eine Wirkung für die Zukunft (ex nunc) eintritt. Im Einzelnen:

89   – Die rückwirkende Aufhebung des Bestellungsbeschlusses hat nicht zur Folge, dass auch der **Verwaltervertrag** rückwirkend unwirksam wird. Vielmehr ist davon auszugehen, dass der auf der Grundlage einer noch nicht bestandskräftigen Verwalterbestellung abgeschlossene Verwaltervertrag unabhängig vom Ausgang der gerichtlichen Verfahrens über die Gültigkeit der Bestellung **für die Zwischenzeit rechtswirksam** sein soll[3]. Dem Verwalter steht für diese Zeit daher insbesondere die vereinbarte Vergütung zu[4].

90   – Für die **Zukunft** (ab dem Eintritt der Rechtskraft der Ungültigerklärung des Bestellungsbeschlusses) **entfällt** der **Verwaltervertrag**. Grund

---

1 OLG Köln, Beschl. v. 10. 1. 2006 – 16 Wx 216/05, ZMR 2006, 471; BayObLG, Beschl. v. 10. 1. 1997 – 2 Z BR 35/96, NJW-RR 1997, 715 = ZMR 1997, 256.
2 BayObLG, Beschl. v. 23. 12. 2003 – 2 Z BR 185/03, NZM 2004, 261 = WuM 2004, 112.
3 BGH, Urt. v. 6. 3. 1997 – III ZR 248/95, NJW 1997, 2106 = ZMR 1997, 308; OLG Hamburg, Beschl. v. 24. 7. 2006 – 2 Wx 4/05, ZMR 2006, 791.
4 BGH, Urt. v. 6. 3. 1997 (Vornote); OLG München, Beschl. v. 21. 6. 2006 – 34 Wx 28/06, NZM 2006, 631.

dafür ist eine bei Vertragsschluss stillschweigend vereinbarte auflösende Bedingung, wonach eine Rechtsbindung für die Zukunft nur eintritt, wenn der Bestellungsbeschluss bestandskräftig ist[1].

– **Verträge** und sonstige Rechtshandlungen, die der Verwalter während seiner Tätigkeit für die Gemeinschaft vorgenommen hat, sind **wirksam**[2]. 91

– Beschlüsse, die auf einer vom Verwalter einberufenen **Eigentümerversammlung** gefasst wurden, sind nicht wegen eines Einberufungsmangels (Einladung durch eine dazu nicht befugte Person) anfechtbar[3]. 92

Entgegen früherer Auffassung kann der Verwalter gegen die gerichtliche Entscheidung, durch die der Bestellungsbeschluss aufgehoben wird, selber **Rechtsmittel** einlegen und sich auf diese Weise gegen den Verlust seines Amtes wehren[4]. 93

Mit Rechtskraft der Ungültigerklärung verfügt die Gemeinschaft über keinen Verwalter mehr. Der Rechtsanwalt des anfechtenden Klägers sollte deshalb frühzeitig Überlegungen zur **Neuwahl** anstellen; das gilt vor allem dann, wenn kein (handlungswilliger) Verwaltungsbeirat vorhanden ist, der anschließend zu einer Eigentümerversammlung mit dem Ziel einer Verwalterneuwahl einladen könnte, oder wenn die Gemeinschaft bis zur Handlungsunfähigkeit zerstritten ist oder wenn die Minderheit majorisiert wird. Je nach Fall muss der Rechtsanwalt dann für die gerichtliche Bestellung eines Verwalters sorgen (s. Rz. 181 ff.) oder bei Gericht beantragen, dass der Kläger zur Einberufung einer Eigentümerversammlung mit dem Ziel der Verwalterneuwahl ermächtigt wird. 94

e) Einstweiliger Rechtsschutz

Die Ungültigerklärung der Bestellung wird, wie schon erwähnt, gem. § 23 Abs. 4 WEG erst mit Rechtskraft des Urteils wirksam. Das gerichtliche Verfahren kann sich aber über Monate und Jahre hinziehen, erst recht dann, wenn der Verwalter alle Rechtsmittel ausschöpft. Da die Bestellung und der Verwaltervertrag vorläufig als rechtmäßig zu behandeln sind (s. Rz. 91), kann der Verwalter also nach seiner Wahl trotz deren Anfechtung nicht nur bis zum Erlass des erstinstanzlichen Urteils, sondern 95

---

1 BGH, Urt. v. 6. 3. 1997 – III ZR 248/95, NJW 1997, 2106 = ZMR 1997, 308; KG, Beschl. v. 18. 8. 2004 – 24 W 291/03, NZM 2005, 21 = WuM 2004, 687; OLG Zweibrücken, Beschl. v. 16. 12. 2002 – 3 W 202/02, OLGReport Zweibrücken 2003, 121 = ZMR 2004, 63; *Wenzel*, ZWE 2001, 512 (513).
2 BGH und KG a.a.O. (Vornote). Zur Begründung wurde früher meistens eine Analogie zu § 32 FGG gezogen; auch unter der jetzigen Geltung der ZPO für WEG-Streitigkeiten wird sich im Ergebnis aber nichts ändern.
3 OLG Hamburg, Beschl. v. 24. 7. 2006 – 2 Wx 4/05, ZMR 2006, 791; OLG Zweibrücken, Beschl. v. 16. 12. 2002 – 3 W 202/02, ZMR 2004, 63.
4 BGH, Beschl. v. 21. 6. 2007 – V ZB 20/07, NZM 2007, 645.

auch danach unter Umständen noch jahrelang weiter tätig bleiben. Um dies zu verhindern, kann einstweiliger Rechtsschutz beantragt werden; konkret: Die Ausführung des angefochtenen Beschlusses wird durch **einstweilige Verfügung** gem. §§ 935, 940 ZPO unterbunden und es wird für die Dauer des Anfechtungsverfahrens (betr. die Verwalterwahl) ein (Not-)Verwalter eingesetzt.

---

96 **Formulierungsvorschlag: Antrag auf Erlass einer einstweiliger Verfügung**

An das Amtsgericht – Abteilung für Wohnungseigentumssachen –

In Sachen

1. Anna Acker, Heinestraße 12, 75234 Musterstadt,

2. Achim Acker, wohnhaft daselbst,

– Antragsteller–

gegen

alle im Zeitpunkt der Rechtshängigkeit im Grundbuch eingetragenen Miteigentümer der Wohnungseigentümergemeinschaft Heinestraße 12, 75234 Musterstadt bzw. deren Rechtsnachfolger im Wege der Zwangsvollstreckung oder im Wege der Gesamtrechtsnachfolge mit Ausnahme des Antragstellers, namentlich aufgeführt in der beigefügten Eigentümerliste (Anlage K 1),

– Antragsgegner –

Ersatzzustellungsvertreter: Berthold Berger, Heinestr. 12, 75234 Musterstadt

beantrage ich gem. § 940 ZPO den Erlass folgender einstweiliger Verfügung:

1. Der Beschluss der Eigentümerversammlung vom 10. 6. 2008 zu TOP 3 (Bestellung der X-Immobilien GmbH zum Verwalter) wird einstweilen bis zum Vorliegen einer rechtskräftigen Entscheidung über die Anfechtungsklage Az. ... außer Kraft gesetzt und der X-Immobilien GmbH die Verwalterstellung vorläufig entzogen.

2. Y-Immobilien GmbH oder ein anderer vom Gericht auszuwählender Verwalter wird einstweilen, mindestens für 1 Jahr und längstens für die Dauer von 3 Jahren ab Erlass der Verfügung, zum Verwalter der Wohnungseigentümergemeinschaft Heinestraße 12, 75234 Musterstadt bestellt. Falls Y-Immobilien GmbH bestellt wird, erfolgt die Bestellung auf der Grundlage des Angebots eines Verwaltervertrags vom 5. 6. 2008 (Anlage A 1).

Begründung: ...

Es war (trotz gewisser dogmatischer Streitigkeiten im Detail) schon nach der früheren Rechtslage unter Geltung des FGG anerkannt, dass die Ungültigerklärung der angefochtenen Bestellung und ggf. auch die Einsetzung eines anderen Verwalters im Wege der einstweiligen Anordnung verfügt werden können. Durch die Einführung der der ZPO für Wohnungseigentumssachen sollte sich daran nach dem Willen des Gesetzgebers nichts ändern; in der amtlichen Begründung der WEG-Novelle wird ausdrücklich auf die Möglichkeit einer einstweiligen Verfügung zur vorläufigen Bestellung eines Verwalters hingewiesen[1]. 97

Zuständig ist gem. § 937 ZPO das Gericht der Hauptsache, hier also das Amtsgericht (Wohnungseigentumsgericht) am Ort der Wohnanlage. Voraussetzung für den Erlass der einstweiligen Verfügung ist das Vorliegen eines **Verfügungsanspruches** (= Anspruchsgrundlage für die beantragten Maßnahmen) und eines **Verfügungsgrundes** (= Glaubhaftmachung der Eilbedürftigkeit). Der Verfügungsanspruch ergibt sich aus § 21 Abs. 4 WEG, weil die Bestellung eines ungeeigneten Verwalters ordnungsmäßiger Verwaltung widerspricht und umgekehrt die Einsetzung eines geeigneten Verwalters ordnungsmäßiger Verwaltung entspricht (Einzelheiten bei Rz. 182). Das Vorliegen eines Verfügungsgrundes muss besonders begründet werden, wobei die Anforderungen m.E. nicht zu hoch gesetzt werden dürfen. Wenn bei summarischer Prüfung offenkundig ist, dass der Bestellungsbeschluss materiell rechtswidrig ist, sollte man die Eilbedürftigkeit bejahen; denn eine ordnungsmäßige Verwaltung ist zu wichtig, als dass sie bis zu einer Entscheidung im Hauptsacheverfahren aufgeschoben werden könnte. Die Rechtsprechung ist diesbezüglich freilich tendenziell restriktiv. 98

Wie im obigen Muster vorgeschlagen, sollte der Antragsteller dem Gericht Vorschläge für übernahmebereite Verwalter unterbreiten; es verhält sich insoweit im Verfahren des einstweiligen Rechtsschutzes nicht anders als bei einer regulären Klage auf gerichtliche Bestellung eines Verwalters (s. Rz. 193). 99

Die Anfechtungsklage und der Antrag auf Erlass einer einstweiligen Regelungsverfügung sind – verfahrenstechnisch bei Gericht sowie gebührenrechtlich – zwei verschiedene Angelegenheiten. Beide können parallel betrieben werden. Ob das sinnvoll und geboten ist, kann nur im Einzelfall entschieden werden und hängt auch davon ab, ob der Antragsteller/Kläger über ausreichende finanzielle Mittel (oder eine Rechtsschutzversicherung) verfügt, um zwei Verfahren gleichzeitig zu führen. Zu bedenken ist einerseits, dass das Hauptsacheverfahren nicht (mehr) unbedingt 100

---

1 Begründung des Gesetzentwurfs der Bundesregierung v. 9. 3. 2006 zur Aufhebung von § 26 Abs. 3 WEG, BT-Drs. 16/887, S. 35 = NZM 2006, 421. Die Fallgestaltung gleicht ferner der Geschäftsführerbestellung im Gesellschaftsrecht, wo die einstweilige Verfügung zur vorläufigen Entziehung bzw. Erteilung der Geschäftsführerbefugnis anerkannt ist.

erforderlich ist, wenn die gerichtliche Bestellung schon im Wege einstweiliger Verfügung erfolgt; andererseits kann das Verfahren der einstweiligen Verfügung aus Gründen scheitern, die sich im Hauptsacheverfahren nicht auswirken (das gilt namentlich für den Gesichtspunkt der Eilbedürftigkeit). Der sicherste – aber eben auch teuerste – Weg besteht in der parallelen Führung beider Verfahren.

101 Für die Zeit der Untersagung der Amtsausübung durch einstweilige Verfügung steht dem Verwalter kein Vergütungsanspruch zu[1].

5. Die Abberufung des Verwalters ohne wichtigen Grund

102 Die „ordentliche" Abberufung ohne wichtigen Grund (nicht zu verwechseln mit der vorzeitigen, außerordentlichen Abberufung) ist das Gegenstück zur Bestellung. Sie kommt nur selten vor. In der Praxis wird das Recht zur (ordentlichen) Abberufung des Verwalters nämlich meistens dahingehend **beschränkt**, dass ein **wichtiger Grund** dafür vorliegen muss; das ist gem. § 26 Abs. 1 Satz 3 WEG zulässig. Die Beschränkung kann sich aus dem Bestellungsbeschluss, aus dem Verwaltervertrag, aus der Gemeinschaftsordnung[2] oder aus den Umständen des Einzelfalls ergeben. Auch die Vereinbarung einer **festen Laufzeit** hat die Bedeutung, dass eine vorzeitige Abberufung ohne wichtigen Grund ausgeschlossen ist[3]. Eine in diesem Sinne feste Laufzeit soll nach ganz h. M. schon dann vorliegen, wenn die Bestellung durch einen Endtermin befristet ist. Diese Auffassung begegnet aber durchgreifenden Bedenken, weil die Annahme, dass mit der Befristung der Bestellung zugleich ein Ausschluss des Rechts auf ordentliche Abberufung geregelt werden solle, wirklichkeitsfremd und konstruiert ist. Tatsächlich wird mit einer Befristung i. d. R. nur die Vorgabe des § 26 Abs. 1 Satz 2 WEG (Höchstdauer der zulässigen Bestellungszeit) umgesetzt[4].

⊃ **Hinweis:**

103 Ein Beschluss über die Bestellung eines **neuen Verwalters** beinhaltet „automatisch" die Erklärung, den bisherigen Verwalter abberufen zu wollen[5].

---

1 KG, Beschl. v. 29. 10. 1990 – 24 W 6672/89, WuM 1991, 57 = ZMR 1991, 274.
2 Eine in der Gemeinschaftsordnung verankerte Beschränkung muss aber in den Verwaltervertrag übernommen („transformiert") werden, um gegenüber dem Verwalter Wirksamkeit zu erlangen (ausführlich *Drasdo*, NZM 2001, 923).
3 OLG Hamm, Beschl. v. 4. 3. 1993 – 15 W 295/92, NJW-RR 1993, 845; LG Düsseldorf, Beschl. v. 28. 2. 2005 – 25 T 195/04, ZMR 2005, 740.
4 So zutreffend *Häublein*, ZMR 2004, 2 (3).
5 OLG Hamm, Beschl. v. 5. 6. 2007 – 15 W 239/06, ZMR 2008, 64 = ZWE 2008, 182; KG, Beschl. v. 19. 7. 2004 – 24 W 45/04, NZM 2004, 913 = ZMR 2004, 858; BayObLG, Beschl. v. 28. 1. 2003 – 2Z BR 126/02, BayObLGR 2003, 226 = WuM 2003, 232 = ZMR 2003, 438.

Bestellung und Abberufung des Verwalters Rz. 108 Teil 11

Mit der Abberufung will die Gemeinschaft ausnahmslos zugleich auch 104
den **Verwaltervertrag** beenden. Meistens wird bei der Beschlussfassung
zwischen der Bestellung und dem Verwaltervertrag überhaupt nicht unterschieden; das ist m.E. ohnehin nicht nötig und auch nach h.M. ungeachtet dessen, dass die Geltung der Trennungstheorie immer wieder betont wird, jedenfalls im praktischen Ergebnis unschädlich (s. Rz. 119 ff.).

Wenn sich aus dem Bestellungsbeschluss oder aus dem Verwaltervertrag 105
bestimmte **Fristen** ergeben, sind diese zu beachten; falls es diesbezüglich
keine Regelungen gibt, gilt die gesetzliche Kündigungsfrist (s. Rz. 268).

Wenn der Verwalter zugleich Miteigentümer ist, unterliegt er bei der Be- 106
schlussfassung über seine ordentliche Abberufung **keinem Stimmverbot**
und kann also ggf. mit seinen Stimmen die eigene Abberufung verhindern. Das gilt auch dann, wenn – wie es ohnehin ausnahmslos der Fall ist
– zugleich der Verwaltervertrag gekündigt wird. Zwar wäre der Wohnungseigentümer-Verwalter bei „isolierter" Betrachtung der Kündigung
des mit ihm bestehenden Verwaltervertrags gem. § 25 Abs. 5 WEG nicht
stimmberechtigt; sein Stimmrecht bei der Beschlussfassung ist aber erforderlich, damit seine Mitgliedschaftsrechte nicht leer laufen[1]. Es verhält sich strukturell genauso wie bei der Bestellung (s. Rz. 37).

Der Abberufungsbeschluss (genauer: die durch ihn konstituierte Abberu- 107
fungserklärung) muss dem Verwalter **zugehen**; mit dem Zugang **endet
die Organstellung** (das Amt) des Verwalters[2] – und m.E. auch sein Verwaltervertrag. Eine „Annahme" der Abberufung durch den Verwalter ist
jedenfalls (wie stets bei einer Vertragskündigung) nicht erforderlich. Jeder Miteigentümer sowie der Verwalter selber können den Abberufungsbeschluss anfechten und gerichtlich überprüfen lassen (s. Rz. 157).

6. Die Abberufung des Verwalters aus wichtigem Grund

a) Grundlagen

Auch bei fester Laufzeit der Bestellung kann der Verwalter jederzeit au- 108
ßerordentlich fristlos abberufen werden, wenn ein **wichtiger Grund** dafür
vorliegt. Das ist der Fall, wenn der Wohnungseigentümergemeinschaft
unter Berücksichtigung aller, nicht notwendig vom Verwalter verschuldeter Umstände nach Treu und Glauben eine weitere Zusammenarbeit
mit dem Verwalter nicht mehr zuzumuten ist, insbesondere wenn das er-

---

1 BGH, Beschl. v. 19. 9. 2002 – V ZB 30/02, NJW 2002, 3704 = ZMR 2002, 930. Anders bei der Abberufung aus wichtigem Grund: Da ist der Wohnungseigentümer-Verwalter nicht stimmberechtigt (s. Rz. 113).
2 BayObLG, Beschl. v. 28. 1. 2003 – 2 Z BR 126/02, WuM 2003, 232 = ZMR 2003, 438. S.a. Rz. 114.

forderliche Vertrauensverhältnis zerstört ist[1]. Durch das im Zuge der WEG-Reform eingeführte Regelbeispiel „nicht ordnungsmäßige Führung der Beschluss-Sammlung" (§ 26 Abs. 1 Satz 2 WEG) ist die Schwelle für die Annahme eines wichtigen Grundes gegenüber der Zeit vor der WEG-Reform erheblich gesenkt worden (s. Rz. 139).

109 Die Gründe müssen im Zeitpunkt der Abberufung/Kündigung vorliegen[2]; sie müssen aber im Abberufungsbeschluss nicht unbedingt genannt werden oder bei Beschlussfassung auch nur bekannt sein. Es ist zulässig, Gründe, die bei der Beschlussfassung über die Abberufung vorlagen, erstmals im gerichtlichen Verfahren **nachzuschieben**[3].

110 Mindestens **ein** Grund muss entweder **nach der Bestellung** des Verwalters entstanden oder der Wohnungseigentümergemeinschaft erst danach bekannt geworden sein; wurde der Verwalter nämlich in **Kenntnis** von gegen ihn sprechenden Umstände bestellt, so kann ein Antrag auf Abberufung nur dann auf die bereits bekannten früheren Umstände gestützt werden, wenn zumindest ein neuer wichtiger Grund angeführt wird, der im Zeitpunkt der Bestellung noch nicht vorlag[4]. Denn die schon früher bekannten Umstände hätten im Wege der Anfechtung des Bestellungsbeschlusses geltend gemacht werden können und müssen. Aus den gleichen Gründen kann die Abberufung auch nicht auf Gründe gestützt werden, auf die sich eine dem Verwalter erteilte **Entlastung** erstreckt[5].

111 Für die **Beschlussfassung** in der Eigentümerversammlung gelten die „normalen" formellen Anforderungen (ordnungsgemäße Einberufung der Versammlung, Ankündigung der Abberufung auf der Tagesordnung usw.). An den Beschlusstext sind keine hohen Anforderungen zu stellen, insbesondere muss nicht unbedingt zwischen der Kündigung des Verwaltervertrags und der Abberufung unterschieden oder beides erwähnt werden (s. Rz. 120f). Selbst der Beschluss über die Bestellung eines neuen Verwalters beinhaltet konkludent die Abberufung des bisherigen Verwalters (s. Rz. 103). Sicherheitshalber ist aber wie immer eine exakte Formulierung der Auslegung ungenauer Beschlüsse vorzuziehen.

---

1 So die von der Rechtsprechung „standardisiert" verwendete Formulierung (BGH, Beschl. v. 20. 6. 2002 – V ZB 39/01, NJW 2002, 3240 = ZMR 2002, 766; OLG Hamm, Beschl. v. 27. 11. 2001 – 15 W 326/01, NZM 2002, 295 = ZMR 2002, 540; s. a. die Folgenoten).
2 OLG Hamburg, Beschl. v. 15. 8. 2005 – 2 Wx 22/99, ZMR 2005, 974; h.M. Es gilt dasselbe wie bei der Anfechtung des Bestellungsbeschlusses (s. Rz. 72).
3 BGH, Beschl. v. 20. 6. 2002 – V ZB 39/01, NJW 2002, 3240 = ZMR 2002, 766.
4 BayObLG, Beschl. v. 5. 5. 2004 – 2 Z BR 66/04, ZMR 2004, 840; OLG Düsseldorf, Beschl. v. 17. 4. 2002 – 3 Wx 8/02, OLGReport Düsseldorf 2002, 426 = NZM 2002, 487 = ZMR 2002, 855; BayObLG, Beschl. v. 6. 8. 1985 – 2 Z BR 45/85, NJW-RR 1986, 445 = ZMR 1985, 390.
5 BayObLG, Beschl. v. 6. 8. 1985 (Vornote).

> **Formulierungsvorschlag: Beschluss der außerordentlichen Abberufung des Verwalters** 112
>
> X-Immobilien GmbH wird als Verwalter mit sofortiger Wirkung abberufen und der Verwaltervertrag fristlos gekündigt. *Oder die Kurzfassung*: Der Verwalter wird fristlos gekündigt.

Ein besonderes Quorum ist bei der Beschlussfassung nicht erforderlich, die **einfache** (relative) **Mehrheit** genügt (mehr Ja- als Neinstimmen). Ist ein Wohnungseigentümer Verwalter (oder mit diesem wirtschaftlich so stark verbunden ist, dass man sie interessengemäß als Einheit betrachten kann), unterliegt er bei der Abstimmung über die außerordentliche Abberufung einem **Stimmverbot** (§ 25 Abs. 5 WEG). Grund dafür ist der allgemeine Rechtsgedanke, dass ein Mitglied einer Personenvereinigung nicht beteiligt sein soll, wenn es um Maßnahmen der Gemeinschaft ihm gegenüber aus wichtigem Grund geht[1]. Der Verwalter unterliegt auch dann einem Stimmverbot, wenn er zwar nicht selber Miteigentümer ist, aber von Miteigentümern zu deren **Vertretung** bevollmächtigt wurde. In Angelegenheiten, in denen er als Miteigentümer einem Stimmverbot unterläge, darf er nämlich auch nicht als Vertreter abstimmen[2]. Der Verwalter soll in einem solchen Fall zwar befugt sein, die ihm erteilten Vollmachten im Wege der Untervollmacht weiter zu übertragen, sofern die Untervollmacht nicht mit einer Weisung verbunden ist, die dem Stimmrechtsausschluss zuwider läuft[3] (konkret: mit der Weisung, gegen seine Abberufung zu stimmen); diese Auffassung ist aber als lebensfremd abzulehnen[4]. 113

Die Abberufung (und die darin auch ohne besondere Erwähnung enthaltene Kündigung des Verwaltervertrags) wird erst mit dem **Zugang** der Abberufungserklärung wirksam[5]. Wenn der Verwalter nicht an der entscheidenden Versammlung teilgenommen hat, muss ihm die Erklärung deshalb anschließend übermittelt werden. Es ist es nicht erforderlich, dass 114

---

1 BGH, Beschl. v. 19. 9. 2002 – V ZB 30/02, NJW 2002, 3704 = ZMR 2002, 930.
2 OLG Karlsruhe, Beschl. v. 27. 5. 2002 – 14 Wx 91/01, WuM 2003, 108 = ZMR 2003, 289; OLG Zweibrücken, Beschl. v. 14. 5. 1998 – 3 W 40/98, OLGReport Zweibrücken 1998, 377 = NZM 1998, 671; AG Hannover, Beschl. v. 20. 5. 2004 – 71 II 172/04, ZMR 2004, 787. Die Entscheidungen ergingen beide zur Entlastung, gelten in Bezug auf den Stimmrechtsausschluss aber hier ebenso.
3 So OLG Karlsruhe, Beschl. v. 27. 5. 2002 und OLG Zweibrücken, Beschl. v. 14. 5. 1998 – 3 W 40/98, OLGReport Zweibrücken 1998, 377 = NZM 1998, 671.
4 Zutreffend weist *Jennißen* darauf hin (Der WEG-Verwalter, Rz. 352), dass der Verwalter in einer solchen Situation die Vollmacht nur an solche Personen weiterreichen wird, bei denen er sicher ist, dass sie in seinem Sinne abstimmen; außerdem ist es praktisch nicht zu beweisen, ob er eine Weisung erteilt hat.
5 BGH, Beschl. v. 1. 12. 1988 – V ZB 6/88, NJW 1989, 1087 (1089) – obiter; KG, Beschl. v. 19. 7. 2004 – 24 W 45/04, NZM 2004, 913.

das schriftlich geschieht, obwohl die Übersendung des Beschlussprotokolls eine geeignete Möglichkeit darstellt. Die Gemeinschaft sollte per Beschluss eine zuverlässige Person als Boten mit der Übermittlung der Erklärung beauftragen.

115 **Formulierungsvorschlag: Beschluss über Beauftragung eines Boten zur Übermittlung der Abberufungserklärung**

Herr A wird beauftragt, der X-Immobilien-GmbH [= Verwalter] den Abberufungsbeschluss schriftlich oder per Fax mitzuteilen. Wenn möglich, soll er die X-Immobilien GmbH schon vorab telefonisch oder per E-Mail informieren.

116 **Formulierungsvorschlag: Mitteilung an den abberufenen Verwalter**

Sehr geehrter Herr X, hiermit teile ich Ihnen im Auftrag der WEG Heinestraße 12, 75234 Musterstadt mit, dass die Eigentümerversammlung am 5. 6. 2008 beschlossen hat, Sie als Verwalter mit sofortiger Wirkung abzuberufen und den Verwaltervertrag fristlos zu kündigen. [Falls das Protokoll schon vorliegt:] Das Versammlungsprotokoll ist zu Ihrer Kenntnis beigefügt. Mit freundlichen Grüßen, Miteigentümer A.

117 Der Zugang der Abberufungserklärung setzt nicht voraus, dass sich der Bote dem Verwalter gegenüber durch eine Vollmacht besonders legitimiert[1].

⊃ **Hinweis:**

118 Um einen zweifelsfreien Nachweis des Zugangs sicherzustellen, ist dem Boten die Wahl mehrerer unabhängiger Zugangswege zu empfehlen. Z. B. kann der Bote beim Verwalter persönlich (bei einer Verwaltungsgesellschaft: beim gesetzlichen Vertreter oder beim Sachbearbeiter als dessen Empfangsbote) anrufen und das Ergebnis mündlich mitteilen und ihn außerdem noch per Schreiben (das mit Normalpost und mit Einschreiben/Rückschein versandt wird) informieren. Der Einwurf in den Briefkasten des Verwalters ist ebenso gut; das gilt natürlich auch für die Zustellung durch den Gerichtsvollzieher.

---

1 LG Düsseldorf, Beschl. v. 13. 12. 2000 – 19 T 442/00, ZWE 2001, 501.

b) Der Zusammenhang von Abberufung und Kündigung des Verwaltervertrags

Ebenso wie „Bestellung und Verwaltervertrag" hängen auch „Abberufung und Kündigung des Verwaltervertrags" untrennbar miteinander zusammen – entgegen der von der h. M. formal hochgehaltenen Trennungstheorie. Der innere Zusammenhang hat u. a. folgende Konsequenzen: 119

– Beschließen die Wohnungseigentümer die (vorzeitige) Abberufung des Verwalters und teilen ihm diesen Beschluss mit, ist damit zugleich der Verwaltervertrag gekündigt, auch wenn eine entsprechende Erklärung in dem Beschluss nicht ausdrücklich enthalten ist[1]. 120

– Umgekehrt gilt das Entsprechende: Wird die (fristlose) Kündigung des Verwaltervertrags beschlossen, ist dieser Beschluss so auszulegen, dass der Verwalter damit zugleich abberufen wird[2]. 121

– Die Maßstäbe für den zur vorzeitigen Abberufung bzw. außerordentlichen Kündigung erforderlichen wichtigen Grund sind dieselben[3]. Anders ausgedrückt: Liegt ein Grund zur vorzeitigen Abberufung vor, ist auch eine außerordentliche Kündigung des Verwaltervertrags gerechtfertigt und umgekehrt[4]. 122

– Ist der Abberufungsbeschluss bestandskräftig geworden, kann der Verwalter kein Verwalterhonorar mehr verlangen (s. Rz. 161). 123

c) Frist und Abmahnung

Die vorzeitige Abberufung/Kündigung soll zeitnah nach dem Vorfall beschlossen werden, auf den sie gestützt wird. Das ergibt sich aus den §§ 314 Abs. 3 und 626 BGB. Gem. § 626 BGB kann die außerordentliche Kündigung eines Dienstvertrags nur innerhalb von zwei Wochen ausgesprochen werden, wobei die Frist mit dem Zeitpunkt beginnt, in dem der Kündigungsberechtigte von den für die Kündigung maßgebenden Tatsachen Kenntnis erlangt (§ 626 Abs. 2 Satz 1 und 2 BGB). Wegen der Besonderheiten der Willensbildung und Entscheidung in einer Wohnungseigentümergemeinschaft müssen Abberufung und Kündigung zwar nicht innerhalb der Zweiwochenfrist, jedoch (wie auch von § 314 Abs. 3 BGB gefordert) innerhalb **angemessener Frist** beschlossen wer- 124

---

1 BGH, Beschl. v. 20. 6. 2002 – V ZB 39/01, NJW 2002, 3240 = ZMR 2002, 767; OLG Hamm, Beschl. v. 3. 5. 1990 – 15 W 8/90, WuM 1991, 218 (221).
2 KG, Beschl. v. 19. 7. 2004 – 24 W 45/04, NZM 2004, 913 = ZMR 2004, 858; BayObLG, Beschl. v. 30. 4. 1999 – 2 Z BR 3/99, WuM 2000, 270 = ZMR 1999, 575.
3 BGH, Beschl. v. 20. 6. 2002 – V ZB 39/01, NJW 2002, 3240 = ZMR 2002, 767.
4 OLG München, Beschl. v. 22. 2. 2006 – 34 Wx 118/05, NZM 2006, 593 = ZMR 2006, 637.

den¹. Wie lange die „angemessene Frist" konkret dauern darf, ist letztlich eine Frage des Einzelfalls, wobei die Rechtsprechung zur Recht nicht kleinlich ist².

125 Handelt es sich bei den Pflichtverletzungen, deretwegen der Verwalter vorzeitig aus wichtigem Grund abberufen werden soll, nicht um einmalige Vorgänge, stellt sich die Frage, ob der Abberufung eine **Abmahnung** vorausgehen muss. Einerseits setzt die Kündigung eines Dauerschuldverhältnisses aus wichtigem Grund wegen Pflichtverletzungen gem. § 314 BGB eine vorherige erfolglose Abmahnung voraus; andererseits ist eine Abmahnung entbehrlich, wenn „besondere Umstände vorliegen, die unter Abwägung der beiderseitigen Interessen" die sofortige Kündigung rechtfertigen (§ 314 Abs. 2 BGB i.V.m. § 323 Abs. 2 BGB). Das ist bei der Verwalterabberufung in gewisser Weise immer der Fall, weil der die Abberufung rechtfertigende Vertrauensverlust auch durch eine Abmahnung nicht rückgängig gemacht werden kann³. Letztlich dürfte es nicht auf das formale Erfordernis der Abmahnung, sondern auf die Zumutbarkeit der weiteren Zusammenarbeit mit dem Verwalter im Einzelfall ankommen: Wenn sich die Miteigentümer noch nie über den Verwalter beschwert haben, kann die Fortsetzung der Verwaltertätigkeit nicht plötzlich unzumutbar sein, außer wenn der Abberufung ein besonders wichtiger Anlass zugrunde liegt.

⊃ **Hinweis:**

126 Ungeachtet der Frage ihrer Erforderlichkeit ist den Wohnungseigentümern grundsätzlich zu empfehlen, Pflichtverletzungen des Verwalters „aktenkundig" zu machen. Möglichkeiten dafür sind: Eine förmliche Abmahnung in Beschlussform auf der Eigentümerversammlung (eine gesonderte Ankündigung in der Tagesordnung ist m.E. nicht erforderlich, wenn die Abmahnung im Zusammenhang mit einem der Tagesordnungspunkte ausgesprochen wird); die Aufnahme in den Bericht des Verwaltungsbeirats und dessen Wiedergabe im Protokoll; die Aussprache unter dem TOP „Sonstiges" und Aufnahme in das Protokoll; Beschwerdebriefe einzelner Miteigentümer an den Verwalter.

---

1 OLG Hamburg, Beschl. v. 15. 8. 2005 – 2 Wx 22/99, ZMR 2005, 974; OLG Hamm, Beschl. v. 27. 11. 2001 – 15 W 326/01, OLGReport Hamm 2002, 108 = ZMR 2002, 540; h.M.
2 Zu dieser Frage s. außer den Nachweisen in der Vornote auch BayObLG, Beschl. v. 17. 1. 2000 – 2 Z BR 120/99, WuM 2000, 266 = ZMR 2000, 321; BayObLG, Beschl. v. 13. 12. 2001 – 2 Z BR 93/01, BayObLGR 2002, 139 = DWE 2002, 136; LG Düsseldorf, Beschl. v. 13. 12. 2000 – 19 T 442/00, ZWE 2001, 501.
3 So auch *Niedenführ/Kümmel/Vandenhouten*, § 26 WEG, Rz. 111: Abmahnung ist grundsätzlich entbehrlich.

d) Praktische Hinweise für abberufungswillige Miteigentümer

aa) Allgemeines

Liegen wichtige Gründe für eine außerordentliche Abberufung des Verwalters vor, sind bis zu deren zur Realisierung einige Hürden zu nehmen. Hierzu muss jemand aus den Reihen der Miteigentümer die **Initiative** ergreifen, sonst bleibt der Verwalter im Amt, egal was er sich zuschulden kommen lässt; es gibt keine Aufsicht oder Behörde, die der Gemeinschaft von außen zu Hilfe kommen müsste. Oft wird die Initiative dem Verwaltungsbeirat überlassen; jedoch kann jeder Miteigentümer aktiv werden.

127

Im Vorfeld der Abberufung ist jede Form der Abmahnung zu empfehlen (durch gemeinschaftlichen Beschluss oder durch einzelne Miteigentümer, s. Rz. 126). Setzt der Verwalter das beanstandete Verhalten trotzdem fort oder ist eine vorzeitige Abberufung auch ohne Abmahnung gerechtfertigt, muss eine **Eigentümerversammlung** einberufen werden, die über den Antrag auf Abberufung des Verwalters entscheidet. Der die Abberufung betreibende Miteigentümer muss den Verwalter also unter Angabe des Zwecks (außerordentliche Abberufung der Verwaltung, Wahl eines neuen Verwalters) zur Einberufung einer außerordentlichen Eigentümerversammlung auffordern (sofern nicht die nächste ordentliche Eigentümerversammlung unmittelbar bevorsteht). Dies muss **frühzeitig** geschehen, weil ein zögerliches Betreiben der Abberufung entgegenstehen kann (s. Rz. 124). Nicht zwingend erforderlich, aber am sichersten ist es, wenn die Aufforderung zur Einberufung von einem Viertel der Wohnungseigentümer schriftlich unterstützt wird, weil der Verwalter dann gem. § 24 Abs. 2 WEG in jedem Fall dazu verpflichtet ist.

128

Damit die Gemeinschaft nach der Abberufung nicht „verwalterlos" ist, wird idealer Weise in derselben Versammlung, in welcher der bisherige Verwalter abberufen wird, ein neuer Verwalter gewählt; das setzt gewisse „Vorarbeiten" voraus, die oben (Rz. 29 ff.) bereits behandelt wurden. Wird zwar der Verwalter abgewählt, aber (aus welchen Gründen auch immer) nicht gleich ein neuer Verwalter bestellt, muss zu diesem Zweck später eine weitere außerordentliche Eigentümerversammlung einberufen werden.

129

bb) Eine Versammlung findet statt

Kommt der Verwalter dem Einberufungsverlangen nach, ist bei der Durchführung der Versammlung die Beachtung der bei Rz. 51 aufgeführten Empfehlungen ratsam.

130

Findet ein berechtigter Antrag auf Abberufung in der Eigentümerversammlung keine Mehrheit, kann der ablehnende (Negativ-)Beschluss angefochten werden. Es widerspricht nämlich ordnungsmäßiger Verwal-

131

tung, an einem Verwalter festzuhalten, wenn auch nur **ein Teil** der Wohnungseigentümer aus berechtigten Gründen kein Vertrauen in seine Amtsführung mehr hat und deshalb ein Grund zur fristlosen Abberufung vorliegt[1]. Wie stets bei der Anfechtung eines Negativbeschlusses muss außerdem der abgelehnte Antrag zur Entscheidung des Gerichts gestellt werden; die Abberufung wird somit im Wege gerichtlicher Ersetzung des Beschlusses durchgesetzt (s. Rz. 186).

cc) Eine Versammlung findet nicht statt

132 Kommt der Verwalter dem Einberufungsverlangen nicht nach, ist das für den abberufungswilligen Miteigentümer nicht unbedingt ein Nachteil, weil die pflichtwidrige Weigerung regelmäßig einen (weiteren) wichtigen Grund für die vorzeitige Abberufung darstellt. Die Einberufung der Versammlung kann auch ohne den Verwalter durchgesetzt werden, indem gem. § 24 Abs. 3 WEG der Vorsitzende des Verwaltungsbeirats einberuft oder sich ein Miteigentümer analog § 29 BGB zur Einberufung gerichtlich ermächtigen lässt (s. Teil 4, Rz. 22 ff., Rz. 29).

133 Häufig ist es für einen einzelnen Miteigentümer aber mehr oder weniger schwierig, gegen den Willen der Verwaltung eine Versammlung durchzusetzen und durchzuführen; das gilt erst recht, wenn er hierfür wenig oder keinen Rückhalt in der Gemeinschaft hat. Dann kann ausnahmsweise auch ohne vorherige Versammlung eine „direkte" Klage auf gerichtliche Abberufung zulässig sein. Eine solche Ausnahme liegt vor, wenn der klagende Wohnungseigentümer mit seinem Verlangen, seine Anträge die Tagesordnung einer Eigentümerversammlung zu nehmen, nicht durchgedrungen ist oder wenn ihm die vorherige Einberufung der Versammlung nicht zugemutet werden kann, weil in Anbetracht der Mehrheitsverhältnisse ein Mehrheitsbeschluss nicht zu erwarten oder die vorherige Anrufung der Eigentümerversammlung nicht zumutbar

134 ist[2].

Beispiel:

Miteigentümer A hat in der Vergangenheit schon öfters verschiedene Anträge gestellt, die stets auf Empfehlung der Verwaltung mit großer Mehrheit abgelehnt wurden. Aus gegebenem Anlass möchte er jetzt die Abberufung der Verwaltung erwirken. Sein schriftlicher Antrag an den Verwalter, eine Versammlung mit dem Tagesordnungspunkt „Abwahl der Verwaltung" einzuberufen, wird ignoriert. Einen Verwaltungsbeirat gibt es nicht (oder: Dessen Vorsitzender und sein Stellvertreter lehnen eine Einberufung ab). A fragt sich, ob eine direkte Klage auf Abberufung zulässig ist oder ob er statt dessen erst einen Antrag an das Gericht

---

1 OLG Oldenburg, Beschl. v. 21. 12. 2006 – 5 W 9/06, ZMR 2007, 306.
2 BayObLG, Beschl. v. 5. 5. 2004 – 2 Z BR 66/04, ZMR 2004, 840; OLG Celle, Beschl v. 19. 5. 1999 – 4 W 49/99, OLGReport Celle 1999, 217 = NZM 1999, 841; OLG Düsseldorf, Beschl. v. 2. 2. 1998 – 3 Wx 345/97, OLGReport Düsseldorf 1998, 197 = NZM 1998, 517 = ZMR 1998, 449.

stellen muss, um sich zur Einberufung einer Versammlung ermächtigen zu lassen. – Unter diesen Umständen ist es dem A nicht zuzumuten, erst noch die (erheblichen) Mühen einer separaten Klage auf Ermächtigung zur Einberufung und anschließend der Einberufung und Leitung einer Versammlung auf sich zu nehmen; eine sofortige Klage auf Abberufung ist zulässig.

dd) Muster für Klage auf Abberufung

> **Formulierungsvorschlag: Klage auf gerichtliche Abberufung des Verwalters** 135
>
> Klage gem. § 43 Nr. 1, 3 und 4 WEG
>
> (Eingangsformel mit Parteienbezeichnung wie bei Rz. 193)
>
> Beizuladen: X-Immobilien GmbH, vertreten durch den Geschäftsführer Xaver Xentis, Zenstraße 5, 75234 Musterstadt.
>
> 1. Der Beschluss der Eigentümerversammlung vom 1. 7. 2008 zu TOP 1 (Ablehnung des Antrags auf außerordentliche Abberufung der X-GmbH) wird für ungültig erklärt[1].
>
> 2. X-Immobilien GmbH wird als Verwalter der WEG Heinestraße 12, 75234 Musterstadt mit sofortiger Wirkung abberufen und der Verwaltervertrag fristlos gekündigt.
>
> 3. Der Kläger wird ermächtigt, eine Wohnungseigentümerversammlung mit dem Zweck der Verwalterneuwahl einzuberufen und zu leiten.

Der im vorstehenden Muster zu Ziff. 3 vorgeschlagene Antrag soll dafür Sorge tragen, dass die Gemeinschaft im Falle des Erfolgs der Klage den verwalterlosen Zustand wieder beenden kann; es verhält sich hier genauso wie bei der Anfechtung eines Bestellungsbeschlusses (s. Rz. 94 ff.). Der Antrag ist aber natürlich fakultativ. Der Kläger ist nicht verpflichtet, die erheblichen Unannehmlichkeiten der Einberufung und Leitung einer Versammlung auf sich zu nehmen und kann auch abwarten, ob insoweit seine Miteigentümer aktiv werden. 136

Eine andere Möglichkeit besteht darin, nach dem Vorliegen der gerichtlichen Entscheidung oder – besser noch – parallel zum Klageverfahren auf Abberufung im Wege **einstweiliger Verfügung** die Einsetzung eines Notverwalters[2] zu beantragen. Bis eine Klage auf Abberufung rechtskräf- 137

---

1 Dieser Antrag entfällt, falls die gerichtliche Entscheidung ausnahmsweise ohne vorangegangene Befassung der Eigentümerversammlung beantragt wird.
2 Die Verwendung des aus der Zeit vor der WEG-Reform stammenden Terminus „Notverwalter" hat den Sinn, die Vorläufigkeit der Verwalterbestellung zu verdeutlichen.

tig entschieden ist, kann nämlich viel Zeit vergehen. Wenn die Erfolgsaussichten bei summarischer Prüfung vorliegen und die zur außerordentlichen Abberufung führenden Gründe so gewichtig sind, dass ein Abwarten des Ergebnisses der Abberufungsklage (und des Eintritts der Rechtskraft) der Gemeinschaft zum Schaden gereichen würde, können Maßnahmen des einstweiligen Rechtsschutzes beantragt werden; konkret: Dem aktuellen Verwalter kann sein Amt vorläufig entzogen und ein neuer Verwalter einstweilen eingesetzt werden. Es handelt sich strukturell um dieselbe Situation wie bei der Anfechtung des Bestellungsbeschlusses, weshalb wegen der Einzelheiten auf die obigen Ausführungen und das Antragsmuster bei Rz. 95 ff. verwiesen wird.

⊃ **Hinweis:**

138 Ob der Anfechtungskläger ergänzend einstweiligen Rechtsschutz beantragt, ist letztlich auch eine Kostenfrage, weil das Verfahren der einstweiligen Verfügung nicht nur formal, sondern insbesondere auch kostenmäßig eine eigene Angelegenheit darstellt.

e) Stichwortverzeichnis der Gründe für eine vorzeitige Abberufung/ Kündigung[1]

aa) Allgemeines

139 – Wenn der Verwalter die **Beschluss-Sammlung** (§ 24 Abs. 7 WEG) nicht ordnungsmäßig führt, stellt dies gem. § 26 Abs. 1 Satz 4 WEG „regelmäßig" einen wichtigen Grund für seine vorzeitige Abberufung dar. Zu dieser im Zuge der WEG-Novelle eingeführten Bestimmung ist in der Gesetzesbegründung[2] zu lesen:

„Eine schwere Pflichtwidrigkeit des Verwalters ist zu bejahen, wenn er entgegen seiner Pflicht gemäß § 24 Abs. 8 Satz 1 WEG (neu) die Beschluss-Sammlung nicht ordnungsmäßig führt, insbesondere den Anforderungen des § 24 Abs. 7 WEG (neu) nicht entspricht. Ihm ist in einem solchen Fall in der Regel ein schwerer Vorwurf schon bei einer einmaligen Verletzung zu machen. Die Beschluss-Sammlung stellt nämlich einerseits keine besonderen Anforderungen an den Verwalter, sie ist vielmehr ohne größeren Aufwand zu führen. Ihr kommt aber andererseits erhebliche Bedeutung zu, und zwar sowohl für den Erwerber einer Eigentumswohnung als auch für die Wohnungseigentümer und den Verwalter selbst. Eine nicht ordnungsmäßig geführte Sammlung lässt im Übrigen generell negative Rückschlüsse auf die Art der Verwaltung zu. Mit Rücksicht darauf kon-

---

1 Wenn Gründe vorliegen, die die Anfechtung des Bestellungsbeschlusses rechtfertigen, ist die außerordentliche Abberufung ebenso gerechtfertigt. S. also auch bei Rz. 74 ff.
2 BT-Drs. 16/887, S. 35 = NZM 2006, 421.

kretisiert § 26 Abs. 1 Satz 4 WEG (neu) den dort genannten Pflichtverstoß als **Regelbeispiel** eines wichtigen Grundes und betont damit die Bedeutung der ordnungsmäßigen Führung der Beschluss-Sammlung."

Wenn man den Gesetzgeber insoweit ernst nimmt, sind die an den Verwalter zu stellenden Anforderungen hinsichtlich sorgfältiger Pflichterfüllung jetzt **viel strenger** als nach früherem Recht; dementsprechend muss die Rechtsprechung die Schwelle für den wichtigen Grund zur Abberufung viel **niedriger** ansetzen als bislang. Denn in seiner praktischen Bedeutung erscheint der (einmalige) Verstoß gegen die Beschluss-Sammlungs-Vorschriften als „peanuts" gegenüber vielen der (nachfolgend noch auszuführenden) sonstigen häufig vorkommenden Pflichtenverstöße; wenn ein Verwalter schon wegen einmaliger unzulänglicher Führung der Beschluss-Sammlung fristlos gekündigt werden kann, dann erst recht wegen Mängeln des Rechnungswesens, wegen einer akuten Interessenkollision als Bauträger usw. Zwar ist es wohl allgemeine Meinung, dass der Gesetzgeber hier praxisfern „über das Ziel hinausgeschossen" ist und die Bedeutung der Beschluss-Sammlung überbetont hat; gleichwohl sind sowohl der Wortlaut als auch die Begründung des Gesetzes eindeutig.

– Die vertrauensvolle Zusammenarbeit zwischen Verwalter und **Verwaltungsbeirat** ist gestört[1].

– Innerhalb einer aus nur 3 Einheiten bestehenden „Familien-WEG" besteht zwischen zwei Wohnungseigentümern – einer davon ist der Verwalter – ein massiver **Konflikt** (wechselseitige Strafanzeigen, finanzielle Forderungen usw.)[2].

– Der Verwalter verschweigt, dass er für den Abschluss von Versicherungsverträgen für die Gemeinschaft von der Versicherungsgesellschaft **Provisionen** erhalten hat. Außerdem handelt er Weisungen der Wohnungseigentümergemeinschaft zuwider und leistet einem wiederholten Verlangen der Wohnungseigentümer nach Einberufung einer Eigentümerversammlung nicht Folge[3].

---

1 BayObLG, Beschl. v. 15. 1. 2004 – 2 Z BR 240/03, ZMR 2004, 923 (der Verwalter beleidigte den Beiratsvorsitzenden als „klassisch psychologischen Fall"); BayObLG, Beschl. v. 21. 10. 1999 – 2 Z BR 97/99, ZWE 2000, 77. Der Beirat darf das Zerwürfnis aber nicht in vorwerfbarer Weise herbeigeführt haben.
2 OLG Hamm, Beschl. v. 27. 11. 2001 – 15 W 326/01, OLGReport Hamm 2002, 108 = NZM 2002, 295 = ZMR 2002, 540.
3 OLG Düsseldorf, Beschl. v. 21. 1. 1998 – 3 Wx 492/97, ZMR 1998, 306.

143 – **Vorstrafen** im Zusammenhang mit der Verwaltung einer anderen Wohnungseigentümergemeinschaft[1], sofern sie nicht bereits im Bundeszentralregister gelöscht sind[2].

144 – **Desolate Vermögensverhältnisse** des Verwalters[3].

145 – **Unzulässige Delegation** von Verwalteraufgaben[4].

bb) Rechnungswesen

146 – **Nichtvorlage** der Jahresabrechnung für insgesamt drei aufeinander folgende Wirtschaftsjahre, selbst wenn der Verwaltervertrag zuvor zu einem Zeitpunkt verlängert wurde, als bereits zwei Jahresabrechnungen ausstanden[5].

147 – Verspätete Vorlage der Jahresabrechnung, Unterdeckung des Gemeinschaftskontos infolge nachlässiger Beitreibung von Hausgeldaußenständen, kurz: **ungeordnete finanzielle Verhältnisse**[6].

148 – Mehrfache unvollständige oder sonst **nicht ordnungsgemäße** Jahresabrechnungen; die Eigentümer müssen nicht noch weitere „Probeabrechnungen" abwarten und überprüfen[7].

149 – Der Verwalter hat **Gelder** der Wohnungseigentümer **nicht vollständig getrennt** von seinem eigenen Vermögen auf separaten Konten gehalten[8].

cc) Das Stadium nach dem Erstbezug (insbesondere Bauträgerproblematik)

150 Die generelle Interessenkollision, in welcher sich der Bauträger-Verwalter in Bezug auf Baumängel befindet (s. Rz. 25), stellt für sich genommen noch keinen wichtigen Grund zur Abberufung dar[9]. Teilweise wurde des-

---

1 OLG Köln, Beschl. v. 25. 5. 2001 – 16 Wx 15/01, NZM 2002, 618 = ZMR 2002, 152 (Untreue in 19 Fällen mit 2 Jahren Freiheitsstrafe auf Bewährung); BayObLG, Beschl. v. 12. 3. 1998 – 2 Z BR 8/98, NJW-RR 1998, 1022 = ZMR 1998, 446. S. a. vor Rz. 82.
2 Dann dürfen sie nicht mehr berücksichtigt werden, um die Resozialisierung des Verurteilten nicht zu gefährden (KG, Beschl. v. 20. 3. 1989 – 24 W 4238/88, NJW-RR 1989, 842).
3 OLG Oldenburg v. 21. 12. 2006 – 5 W 9/06, ZMR 2007, 306.
4 BayObLG, Beschl. v. 19. 6. 1997 – 2 Z BR 35/97, OLGReport 1998, 10 = NJW-RR 1997, 1443 = ZMR 1998, 174; s. a. Rz. 7 ff.
5 OLG Düsseldorf, Beschl. v. 17. 4. 2002 – 3 Wx 8/02, NZM 2002, 487.
6 OLG Karlsruhe, Beschl. v. 10. 9. 1997 – 4 W 71/97, OLGReport Karlsruhe 1998, 197 = WuM 1998, 240 = NZM 1998, 768.
7 OLG Düsseldorf, Beschl. v. 12. 7. 2005 – 3 Wx 46/05, ZMR 2006, 293.
8 BayObLG, Beschl. v. 16. 11. 1995 – 2 Z BR 108/95, WuM 1996, 116.
9 OLG Frankfurt/Main, Beschl. v. 13. 10. 2004 – 20 W 133/03, OLGReport Frankfurt 2005, 378.

halb der konkrete Nachweis verlangt, dass der Bauträger-Verwalter im Einzelfall die Interessen der Wohnungseigentümer seinen eigenen Interessen untergeordnet hat[1]. Das geht zu weit. Nach richtiger und vordringender Ansicht genügt es, wenn sich die generelle Interessenkollision im konkreten Fall lediglich zuspitzt bzw. konkretisiert; die Einzelheiten ergeben sich aus der nachfolgenden Rechtsprechungsübersicht.

– Die Geschäftsführerin X des Bauträgers wird in der Gemeinschaftsordnung zum Erstverwalter bestellt. Die Abnahme des Gemeinschaftseigentums erfolgt für die Gemeinschaft durch den Ehemann der X. Bei später auftretenden Feuchtigkeitsproblemen wiegelt der Ehemann kritische Fragen der Eigentümer, welche die Einleitung eines Beweisverfahrens erwogen, ab. Die außerordentliche Abberufung der X ist rechtmäßig, weil sich die prinzipielle Interessenkollision des Bauträger-Verwalters auch ohne den Nachweis eines konkreten Fehlverhaltens bei der Verfolgung der Mängelrechte bereits derart konkretisiert hat, dass den Eigentümern die weitere Zusammenarbeit nicht zuzumuten ist[2]. 151

– Der Verwalter beruft nach Entstehung der Eigentümergemeinschaft eineinhalb Jahre lang **keine Eigentümerversammlung** ein[3]. 152

– Der Verwalter kommt einem Antrag von Wohnungseigentümern gem. § 24 Abs. 2 WEG auf **Einberufung einer Versammlung** zum Zweck der Beschlussfassung über die Fertigstellung des Hauses, Mängelbeseitigung usw. nicht nach[4]. 153

– Der Bauträger setzt sich für die ersten 5 Jahre selber zum Verwalter ein, **delegiert** aber wesentliche Bereiche der Verwaltertätigkeit (Buchführung und Rechnungswesen) auf ein anderes Unternehmen zur eigenverantwortlicher Erledigung[5]. 154

---

1 OLG Köln, Beschl. v. 8. 11. 1996 – 16 Wx 215/96, OLGReport 1997, 91 = WuM 1997, 996.
2 OLG Hamm, Beschl. v. 8. 4. 2004 – 15 W 17/04, NZM 2004, 744 = ZMR 2004, 702. Auch das AG Solingen erachtet zu Recht bereits den Umstand, dass es wegen Baumängeln zu erheblichen Meinungsverschiedenheiten zwischen der Eigentümergemeinschaft und dem Bauträger-Verwalter gekommen ist, als wichtigen Grund für dessen Abberufung (Beschl. v. 19. 10. 2000 – 18 II 45/99 WEG, NZM 2001, 149). S. auch die Entscheidungen zur Anfechtung der Bestellung bei Majorisierung durch den Bauträger (Rz. 77).
3 BayObLG, Beschl. v. 30. 4. 1999 – 2 Z BR 3/99, BayObLGR 1999, 49 = ZMR 1999, 575.
4 OLG Düsseldorf, Beschl. v. 2. 2. 1998 – 3 Wx 345/97, OLGReport 1998, 197 = NZM 1998, 517 = ZMR 1998, 449. Auf die auch noch vorliegenden „grundlosen Strafanzeigen" des Verwalters gegen die betreffenden Wohnungseigentümer kam es nicht mehr entscheidend an.
5 BayObLG, Beschl. v. 19. 6. 1997 – 2 Z BR 35/97, NJW-RR 1997, 1443 = ZMR 1998, 174.

155 – Der vom Bauträger bestellte Verwalter hält im Stadium der werdenden WEG Eigentümerversammlungen nur mit dem Bauträger ab und ergreift keinerlei Maßnahmen zur Beseitigung der zahlreichen **Baumängel**[1].

156 – Der vom Bauträger eingesetzte Verwalter versäumt nach dem Bezug des Hauses monatelang den Abschluss einer **Gebäudebrandversicherung**[2].

f) Die Anfechtung des Abberufungsbeschlusses

aa) Überblick und Muster

157 Zur **Anfechtung** des Abberufungsbeschlusses ist selbstverständlich jeder Miteigentümer befugt. Eine andere Frage ist es, ob das auch für den abberufenen Verwalter gelten kann. Von gewichtigen Stimmen in Literatur und Rechtsprechung wurde diese Frage früher verneint; und in der Tat ist es nicht einzusehen, dass sich ein Verwalter gegen den Willen der Gemeinschaft wieder in sein Amt einklagen können soll. Nach hier vertretener Auffassung muss die Gemeinschaft vielmehr ohne weiteres das Möglichkeit haben, das Verwaltungsverhältnis dauerhaft zu beenden, und sei es um den Preis der Schadensersatzpflicht gegenüber dem Verwalter, wenn ein wichtiger Grund nicht vorlag. Berechtigte finanzielle Belange des Verwalters würden dadurch nicht tangiert; denn bei einer ohne wichtigen Grund ausgesprochenen fristlosen Kündigung könnte der Ex-Verwalter m. E. analog §§ 649, 615 Satz 2 BGB die vereinbarte Vergütung für die restliche Laufzeit (abzüglich ersparter Aufwendungen, also letztlich den entgangenen Gewinn, s. Rz. 102) ersetzt verlangen. Der BGH hat jedoch das Anfechtungsrecht des abberufenen Verwalters bestätigt, damit dieser seine durch die Abberufung ggf. zu Unrecht entzogene Rechtsstellung zurückgewinnen könne[3]. Hiervon ist für die Rechtspraxis also auszugehen.

158 Auf der Basis der Trennungstheorie, wonach zwischen Bestellung und Verwaltervertrag zu unterscheiden sein soll (s. Rz. 11), können der Verwaltervertrag und die Bestellung verschiedene Wege gehen; legt man diese dogmatische Basis zugrunde, folgt daraus: Der Beschluss über die fristlose Abberufung ist unabhängig von der Frage, ob ein wichtiger Grund dafür vorlag, zunächst immer wirksam (und zwar so lange, bis er gerichtlich für ungültig erklärt wird). Der Verwaltervertrag hingegen

---

1 LG Düsseldorf, Beschl. v. 13. 12. 2000 – 19 T 442/00, ZWE 2001, 501.
2 OLG Düsseldorf, Beschl. v. 18. 8. 2005 – 3 Wx 89/05, NZM 2005, 828 = ZMR 2006, 57.
3 BGH, Beschl. v. 20. 6. 2002 – V ZB 39/01, NJW 2002, 3240 = ZMR 2002, 766. Zur zutreffenden Gegenmeinung s. nur *Gottschalg*, Das Anfechtungsrecht des Verwalters bei seiner Abberufung – neue Aspekte, ZWE 2006, 332; Jennißen/*Suilmann*, § 46 WEG, Rz. 50 ff.

bleibt von einer Kündigungserklärung, für die kein wichtiger Grund vorlag, unberührt; die Kündigung des Verwaltervertrags ohne wichtigen Grund geht (vergleichbar der unberechtigten Wohnraumkündigung) ins Leere und kann (im Gegensatz zum Abberufungsbeschluss) nicht in Bestandskraft erwachsen. Nun könnte man meinen, als Konsequenz hieraus brauche sich der gegen seine Abberufung wehrende Verwalter um den Verwaltervertrag nicht besonders zu kümmern: Fehlte ein wichtiger Grund zur Kündigung, besteht der Vertrag (nach dem BGH) ohnehin weiter; lag ein wichtiger Grund vor, wird der Abberufungsbeschluss nicht für ungültig erklärt (bleibt also bestehen) und steht zugleich fest, dass der Verwaltervertrag wirksam gekündigt wurde. Trotzdem zieht der BGH (und ihm inzwischen folgend die übrige Rechtsprechung) überraschender Weise eine andere Konsequenz: Weil das Verwalteramt für den Verwalter nur zusammen mit dem Verwaltervertrag von Interesse sei, **müsse** zugleich mit der Anfechtung des Abberufungsbeschlusses die Feststellung beantragt werden, dass der Verwaltervertrag weiter gelte; eine Anfechtung des Beschlusses über die Kündigung des Verwaltervertrags sei demgegenüber unzulässig[1]. Das ist zwar nicht überzeugend, für die Rechtspraxis (bis auf Weiteres) aber zu beherzigen.

Formulierungsvorschlag: Anfechtung des Abberufungsbeschlusses   159

Klage gem. § 43 Nr. 1 WEG

(Eingangsformel und Parteibezeichnung wie bei Rz. 193, außer wenn der Verwalter die Anfechtungsklage führt: Dann richtet sich die Klage gegen sämtliche Miteigentümer)

1. Der Beschluss der Eigentümerversammlung vom 24. 7. 2008 zu TOP 3 (fristlose Abberufung der Verwaltung und Kündigung des Verwaltervertrags) wird für ungültig erklärt.

2. Es wird festgestellt, dass der Verwaltervertrag vom 5. 3. 2004 durch die außerordentliche Kündigung vom 24. 7. 2007 nicht beendet wurde.

Bei **Ablauf der Bestellungszeit** während des laufenden Anfechtungsverfahrens ist zu differenzieren. Betreibt nicht der abberufene Verwalter selber, sondern ein Wohnungseigentümer das Anfechtungsverfahren, entfällt das Rechtsschutzinteresse für die Klärung jedenfalls mit Ablauf der Bestellungszeit[2]. Bei der Anfechtung durch den Verwalter gilt das nicht   160

---

1 BGH, Beschl. v. 20. 6. 2002 – V ZB 39/01, NJW 2002, 3240 = ZMR 2002, 766; OLG München, Beschl. v. 22. 2. 2006 – 34 Wx 118/05, NZM 2006, 593 = ZMR 2006, 637; OLG Hamm, Beschl. v. 27. 9. 2006 – 15 W 98/06, OLGReport Hamm 2007, 37 = ZMR 2007, 133.
2 OLG München, Beschl. v. 23. 3. 2006 – 34 Wx 10/06, ZMR 2006, 475; OLG Düsseldorf, Beschl. v. 7. 3. 2006 – 3 Wx 107/05, ZMR 2006, 544.

ohne Weiteres. Durch die Ungültigerklärung des Abberufungsbeschlusses kann er zwar sein Amt nicht wiedererlangen (da die Bestellungszeit abgelaufen ist); sein Anspruch auf Bezahlung der Verwaltervergütung für die Vergangenheit kann aber von der Rechtmäßigkeit der Abberufung abhängen. Wenn es also auch um seine Vergütung geht, wird dem Verwalter das fortbestehende Rechtsschutzbedürfnis an der Beschlussanfechtung nicht abgesprochen[1]. Das ist inkonsequent[2]. Wenn man die Trennungstheorie ernst nähme, müsste der Beschlussanfechtungsantrag für erledigt erklärt werden (zum Parallelfall bei der Anfechtung des Bestellungsbeschlusses s. Rz. 86); der (auf den Verwaltervertrag bezogene) Feststellungsantrag bliebe vom Ablauf der Bestellungszeit unberührt.

161 Lässt der Verwalter den Abberufungsbeschluss **bestandskräftig** werden, kann er später keine Rechte aus dem Verwaltervertrag – insbesondere keine **Vergütungsansprüche** – mehr geltend machen[3]. Nach hier vertretener Auffassung ergibt sich das schon aus der Einheit von Bestellungs- und Vertragsverhältnis. Es folgt aber auch zwingend aus dem allgemein anerkannten Grundsatz, wonach der Verwaltervertrag stillschweigend unter der auflösenden Bedingung der Ungültigerklärung der Bestellung abgeschlossen wird (s. Rz. 89).

bb) Rechtsfolgen

162 Wird der Beschluss über die außerordentliche Abberufung rechtskräftig für ungültig erklärt, erhält der zu Unrecht abberufene Verwalter gegen den Mehrheitswillen der Wohnungseigentümer sein Amt (rückwirkend) zurück. Wenn (entsprechend den Vorgaben des BGH und dem obigen Muster) ein entsprechender Feststellungsantrag gestellt wurde, wird zugleich festgestellt, dass der Verwaltervertrag nicht wirksam gekündigt wurde. Daher steht dem Verwalter auch für die Vergangenheit (von der Abberufung bis zur Rechtskraft der Ungültigerklärung des Abberufungsbeschlusses bzw. bis zum Ablauf der vereinbarten Vertragslaufzeit, wenn dieser Zeitpunkt früher liegt) die vereinbarte **Vergütung** zu. Nach dem Rechtsgedanken des § 615 S. 2 BGB muss er sich aber anrechnen lassen,

---

[1] OLG München, Beschl. v. 15. 12. 2005 – 32 Wx 115/05, ZMR 2006, 472; BayObLG, Beschl. v. 19. 9. 2001 – 2 Z BR 89/01, ZMR 2002, 138. Offen gelassen bei BGH v. 20. 6. 2002 – V ZB 39/01, NJW 2002, 3240 = ZMR 2002, 766 (768).

[2] Ablehnend auch *Jennißen*, Der WEG-Verwalter, Rz. 399.

[3] So auch *Niedenführ/Kümmel/Vandenhouten*, § 26 WEG, Rz. 102; i. E. auch *Staudinger/Bub*, § 26 WEG Rz. 408. **A. A.** OLG Hamm, Beschl. v. 5. 6. 2007 – 15 W 239/06, ZMR 2008, 64 = ZWE 2008, 182; OLG Köln, Beschl. v. 9. 8. 2000 – 16 Wx 67/00, NZM 2001, 429 = WuM 2001, 42; *Bärmann/Merle*, 10. Aufl., § 26 WEG, Rz. 166, 247; *Abramenko*, in: Riecke/Schmid, § 26 WEG, Rz. 74. Keine definitive Stellungnahme bei OLG Düsseldorf, Beschl. v. 13. 8. 2003 – 3 Wx 181/03, ZMR 2004, 691: Im Fall wurde es dem Verwalter nur unter dem Gesichtspunkt von Treu und Glauben verwehrt, Ansprüche erst Jahre nach seiner unangefochtenen Abberufung geltend zu machen.

was er infolge des Unterbleibens der Dienstleistung erspart hat[1]. Letztlich ist durch richterliche Schätzung gem. § 287 ZPO – ggf. nach Einholung eines betriebswirtschaftlichen Sachverständigengutachtens – zu entscheiden, in welcher Höhe die Vergütung zugesprochen wird; die veröffentlichte jüngere Rechtsprechung schwankt zwischen 55 % und 80 % des vereinbarten Honorars[2].

Wenn die Gemeinschaft (wie üblich) nach der außerordentlichen Abberufung des Verwalters einen **Folgeverwalter** bestellt hat, **endet** dessen Bestellung ohne weiteres („automatisch") mit Rechtskraft der gerichtlichen Entscheidung, die den abberufenen Verwalter in seinem Amt bestätigt[3]. Die mitunter zu lesende Begründung, dies sei so „weil es keine zwei Verwalter gleichzeitig geben darf" beruht – dogmatisch unbefriedigend – auf dem Motto, „dass nicht sein kann was nicht sein darf"; überzeugender ist es, auch hier wieder von einer entsprechenden stillschweigend vereinbarten auflösenden Bedingung bei der Wahl des Folgeverwalters auszugehen (s. Rz. 90). Für die Zeit bis zur rechtskräftigen „Wiedereinsetzung" des zu Unrecht abberufenen Verwalters war die Bestellung des neuen Verwalters wirksam, weshalb ihm die vereinbarte Vergütung ohne Abzüge verbleibt. Auch seine Rechtshandlungen sind und bleiben wirksam; es verhält sich hier wie im Parallelfall der Anfechtung eines Bestellungsbeschlusses für den Zeitraum zwischen der Bestellung und ihrer Ungültigerklärung (s. Rz. 91).

163

7. Die Amtsniederlegung[4]

Die Möglichkeit der Amtsniederlegung ist gesetzlich nicht vorgesehen, aber **allgemein anerkannt**[5]; dadurch kann sich der Verwalter jederzeit „von der Bürde des Verwalteramtes befreien". Die Amtsniederlegung ist unabhängig davon, ob ein (wichtiger) Grund dafür vorliegt oder nicht, so-

164

---

1 OLG Hamm, Beschl. v. 21. 8. 1996 – 15 W 174/96, ZMR 1997, 94; weitere Nachweise in den Folgenoten.
2 55 %: KG, Beschl. v. 20. 9. 1993 – 24 W 188/93, ZMR 1994, 579. 80 %: OLG Hamburg, Beschl. v. 15. 8. 2005 – 2 Wx 22/99, ZMR 2005, 974 (aber ausdrücklich bezogen auf den kurzen Zeitraum der ersten 2 Monate nach Beendigung der Tätigkeit); OLG Köln, Beschl. v. 9. 8. 2000 – 16 Wx 67/00, NZM 2001, 429; BayObLG, Beschl. v. 29. 9. 1999 – 2 Z BR 29/99, NJW-RR 2000, 156 = NZM 2000, 48.
3 LG Düsseldorf, Beschl. v. 13. 12. 2000 – 19 T 442/00, ZWE 2001, 501; OLG Hamm, Beschl. v. 2. 9. 1996 – 15 W 138/96, NJW-RR 1997, 523 = ZMR 1997, 49. Aus diesem Grund hat der abberufene Verwalter kein Rechtsschutzbedürfnis für eine Anfechtung der Wahl des Folgeverwalters: Seine Rechtsstellung wird dadurch nicht berührt.
4 Ausführlich: *Reichert*, Die Amtsniederlegung von WEG-Verwalter und Beirat, MietRB 2007, 21; *Gottschalg*, Amtsniederlegung des WEG-Verwalters, FS für Wenzel 2005, S. 159 ff.
5 *Bärmann/Merle*, 10. Aufl., § 26 WEG, Rz. 228 ff.; *Bogen*, ZWE 2002, 153; *Reichert*, ZWE 2002, 438.

fort wirksam[1] und bleibt es auch. Rechtsdogmatisch handelt es sich dabei m. E. um nichts anderes als eine außerordentliche fristlose Kündigung des Verwaltungsverhältnisses (bestehend aus Amt und Vertrag, s. Rz. 12) Konsequenter Weise müsste auch die Gemeinschaft die Möglichkeit haben, jederzeit und dauerhaft das Verwaltungsverhältnis wirksam kündigen zu können, was aber nach der Rechtsprechung des BGH gerade nicht der Fall ist, weil der Verwalter durch Anfechtung eines entsprechenden Abberufungsbeschlusses seine Rechtsstellung gegen den Willen der Gemeinschaft verteidigen kann (s. Rz. 157). Somit liegt eine Ungleichbehandlung vor: Der Verwalter kann seine Verwalterstellung auch ohne wichtigen Grund wirksam beenden, die Gemeinschaft hingegen nicht.

165 Eine weitere Inkonsequenz der herrschenden Trennungstheorie besteht darin, dass auch bei der Amtsniederlegung zwar einerseits die Trennung von Amt und Verwaltervertrag betont wird, der (auch von der h. M. erstrebte, m. E. zwingende) Gleichlauf andererseits dann aber doch wieder (wie stets) durch entsprechende Auslegung konstruiert wird.

Beispiel:

166 Verwalter X erklärt in einem Schreiben an alle Miteigentümer die Kündigung des Verwaltervertrags und bietet zugleich die Auszahlung der Gemeinschaftsgelder und die Übergabe der Gemeinschaftsunterlagen an. – Diese Handlungen lassen auch ohne ausdrückliche Erklärung darauf schließen, dass X sein Verwalteramt niederlegen will[2]. Die Amtsniederlegung beinhaltet grundsätzlich auch die Erklärung der (außerordentlichen) Kündigung des Verwaltervertrags[3].

167 Die Amtsniederlegung ist, wie eingangs erwähnt, unabhängig davon wirksam, ob dafür ein wichtiger Grund vorlag oder nicht. Daher bestehen nach der Amtsniederlegung zwischen dem Verwalter und der Gemeinschaft in jedem Fall nur noch Abwicklungspflichten (s. Rz. 172 ff.) und ggf. **Schadensersatzansprüche**. Wenn nämlich kein (wichtiger) Grund für die Amtsniederlegung (und die darin steckende Kündigung des Vertrags) bestand und der Gemeinschaft daraus ein Schaden erwachsen ist, haftet der Ex-Verwalter auf Schadensersatz. Lag hingegen ein wichtiger Grund vor, kann umgekehrt der Verwalter einen Schadensersatzanspruch haben.

---

1 So entscheidet die Rechtsprechung auch im Fall der Amtsniederlegung durch den GmbH-Geschäftsführer (BGH, Urt. v. 8. 2. 1993 – II ZR 58/92, NJW 1993, 119) aus Gründen der Rechtssicherheit. M. E. lässt sich das Ergebnis auch auf eine Analogie zu § 627 BGB stützen.
2 LG Münster, Beschl. v. 24. 8. 2001 – 3 T 62/01, NZM 2002, 459.
3 BayObLG, Beschl. v. 29. 9. 1999 – 2 Z BR 29/99, NZM 2000, 48 = ZMR 2000, 45 (für die aus wichtigem Grund erklärte Amtsniederlegung), freilich mit dem bemerkenswerten Zusatz: „Offen bleibt, ob überhaupt zwischen der Niederlegung des „Verwalteramts" und der Kündigung des Verwaltervertrags durch den Verwalter zu unterscheiden ist."

Beispiel:

Miteigentümer A, Mitglied des Verwaltungsbeirats, gibt wiederholt beleidigende und herabsetzende Äußerungen gegenüber dem Verwalter X ab. Auf einer von X einberufenen außerordentlichen Versammlung lehnt die Mehrheit die von X beantragte Abberufung des A als Verwaltungsbeirat ab; daraufhin legt X sein Amt nieder. – Die Amtsniederlegung erfolgte aus wichtigem Grund. Meinungsverschiedenheiten oder die Unzufriedenheit des Verwaltungsbeirats mit der Tätigkeit des Verwalters können es nämlich in keinem Fall rechtfertigen, diesen durch mündliche oder gar schriftliche Äußerungen verächtlich zu machen und mit Formalbeleidigungen zu überziehen; A hat sich schuldhaft vertragswidrig verhalten. X hat daher einen Anspruch auf Schadensersatz gegen A. Die übrigen Miteigentümer oder die Wohnungseigentümergemeinschaft haften hingegen nicht. Das Verhalten des A wird ihnen nicht zugerechnet, das Abstimmungsverhalten ist in diesem Fall nicht haftungsbegründend[1]. 168

Die Amtsniederlegung (inklusive der darin enthaltenen Kündigung des Verwaltervertrags) wird erst mit dem **Zugang** der entsprechenden Erklärung wirksam; fraglich ist, wer als Zugangsadressat zuständig ist. 169

Beispiel:

In der Eigentümerversammlung erklärt Verwalter X, dass das Vertrauensverhältnis zerstört sei und legt das Verwalteramt nieder; gleichzeitig kündigt er fristlos den bestehenden Verwaltervertrag. Noch bevor X das Versammlungsprotokoll verschickt, beruft der Verwaltungsbeirat eine weitere Versammlung ein, auf der die Gemeinschaft die außerordentliche Abberufung des X und die Kündigung des Verwaltervertrags aus wichtigem Grund beschließt. X beantragt bei Gericht die Ungültigerklärung des Beschlusses sowie die Feststellung, dass seine Amtsniederlegung wirksam war. 170

Das OLG München hielt im Beispiel für das Wirksamwerden der Amtsniederlegung den Zugang der Erklärung des X an sämtliche Miteigentümer – auch an diejenigen, die an der Versammlung nicht teilgenommen haben – für erforderlich; zum Zeitpunkt der Folgeversammlung war die Erklärung der Amtsniederlegung noch nicht allen Miteigentümern zugegangen, weshalb die Anträge des X abgewiesen wurden[2]. Dieser Auffassung ist aus dogmatischen und praktischen Gründen zu widersprechen. Vertragspartner des Verwalters ist die Eigentümergemeinschaft, weshalb die Kündigungserklärung nicht den einzelnen Miteigentümern, sondern der Gemeinschaft zugehen muss. Weil die Eigentümerversammlung das zuständige Organ der Gemeinschaft ist, um die für die Verwalterbestellung und den Abschluss des Verwaltervertrags erforderlichen Willens- 171

---

1 Fall nach BayObLG, Beschl. v. 29. 9. 1999 (Vornote) mit krit. Anm. *Drasdo*, ZWE 2001, 522. Die Eigenhaftung des einzelnen Miteigentümers kann heute – anders als im entschiedenen Fall – nicht mehr mit einer direkten, sondern nur mit einer analogen Anwendung des § 628 Abs. 2 BGB begründet werden, weil der einzelne Miteigentümer seit Anerkennung der Rechtsfähigkeit der WEG nicht mehr Vertragspartner des Verwalters ist.
2 OLG München, Beschl. v. 6. 9. 2005 – 32 Wx 60/05, NZM 2005, 750 = NJW-RR 2005, 1470.

erklärungen abzugeben, ist sie auch für den Empfang der hierauf bezogenen (Kündigungs)Erklärungen des Verwalters zuständig[1]; außerhalb einer Eigentümerversammlung ist m. E. der Ersatzzustellungsvertreter (falls vorhanden) als Empfangsvertreter der Eigentümergemeinschaft für Erklärungen des Verwalters anzusehen, sofern man in solchen Fällen nicht sogar von einer Gesamtvertretungsbefugnis jedes einzelnen Miteigentümers ausgehen will (vgl. Rz. 336). Die Auffassung des OLG München ist demgegenüber kaum praktikabel. Abgesehen vom Zeit- und Kostenaufwand, den ein Verwalter betreiben müsste, um seine Erklärungen sämtlichen Miteigentümern außerhalb einer Eigentümerversammlung zukommen zu lassen (sicherheitshalber mit Zugangsnachweis), könnte er seine Verwalterstellung überhaupt nicht beenden, wenn ein Eigentümer nicht auffindbar ist.

8. Pflichten des Verwalters nach der Beendigung seines Amtes

172 Mit dem Ende seines Amtes – egal ob aufgrund eines regulären Verwalterwechsels, einer vorzeitigen Abberufung, Amtsniederlegung oder aus sonstigen Gründen – treffen den (ausgeschiedenen) Verwalter diverse Abwicklungspflichten gegenüber der Wohnungseigentümergemeinschaft. Im Einzelnen:

a) Rechnungslegung und Auskünfte

173 Der ausgeschiedene Verwalter ist **nicht** zur Erstellung der Jahresabrechnung verpflichtet, ganz gleich, ob ein abrechnungsfähiges volles Wirtschaftsjahr hinter ihm liegt oder nicht; die Jahresabrechnung ist Aufgabe des neuen Verwalters[2]. Etwas anderes gilt nur, wenn der Anspruch auf Erstellung der Jahresabrechnung zum Zeitpunkt des Ausscheidens bereits fällig war (s. Teil 7, Rz. 21 ff.), der Verwalter also noch während seiner Amtszeit dieser Pflicht nicht oder nicht ausreichend nachgekommen war; dann bleibt er zur Abrechnung (oder deren Nachbesserung) verpflichtet[3].

174 Der ausgeschiedene Verwalter ist aber gem. §§ 675, 666 i. V. m. § 259 BGB zur **Rechnungslegung** für das laufende Wirtschaftsjahr bis zum Zeitpunkt seines Ausscheidens verpflichtet[4]. Die Rechnungslegung ist mit

---

1 So auch *Niedenführ/Kümmel/Vandenhouten*, § 26 WEG, Rz. 112.
2 OLG Celle, Beschl. v. 8. 6. 2005 – 4 W 107/05, ZMR 2005, 718; OLG Düsseldorf, Beschl. v. 8. 3. 1999 – 3 Wx 33/99, NZM 1999, 842 = ZMR 1999, 425; allg. M.
3 OLG Hamm, Beschl. v. 17. 3. 1993 – 15 W 260/92, NJW-RR 1993, 847; im Fall musste der frühere Verwalter die von ihm erstellte fehlerhafte (und deshalb erfolgreich angefochtene) Jahresabrechnung noch Jahre nach seinem Ausscheiden „nachbessern".
4 BayObLG, Beschl. v. 3. 2. 2000 – 2 Z BR 123/99, ZMR 2000, 325; unstr.

der Jahresabrechnung fast identisch; der einzige Unterschied besteht darin, dass die Aufteilung der Ausgaben und Einnahmen auf die einzelnen Miteigentümer entfällt. In anderen Worten: Die Rechnungslegung ist eine Gesamtabrechnung ohne Einzelabrechnungen. Dazu gehört also auch eine Aufstellung der Kontenstände, ferner eine Aufstellung der Forderungen und Verbindlichkeiten[1]; die dazugehörigen Unterlagen (Belege) sind zudem herauszugeben. Der Verwalter ist ferner zur **Auskunftserteilung** verpflichtet (s. a. Rz. 338).

Wie die Jahresabrechnung dienen auch die Ansprüche auf Rechnungslegung und Auskunft allgemein der Kontrolle des Verwalters und speziell der Geltendmachung eventueller Herausgabeansprüche nach § 667 BGB[2]; sie sind aber nicht davon abhängig, dass die Gemeinschaft die Unterlagen/Auskünfte zur Durchsetzung von Ansprüchen gegen den Verwalter benötigt[3]. Haben die Wohnungseigentümer berechtigte Zweifel an der Richtigkeit der Rechnungslegung, können sie gem. § 259 Abs. 2 BGB vom Verpflichteten die Abgabe einer **eidesstattlichen Versicherung** verlangen. 175

Die Ansprüche auf Rechnungslegung/Auskunft und ggf. auf Abgabe einer eidesstattlichen Versicherung stehen dem **Verband** (der rechtsfähigen Gemeinschaft) zu; die Durchsetzung setzt einen entsprechenden Eigentümerbeschluss voraus[4]. 176

Formulierungsvorschlag: Klageantrag gegen den Ex-Verwalter auf Rechnungslegung 177

Allgemein: Der Beklagte wird verurteilt, für die Zeit vom ... bis ... [vom Beginn des Wirtschaftsjahres bis zum Ende der Amtszeit des Verwalters] ... über die Einnahmen und Ausgaben der Wohnungseigentümergemeinschaft Heinestraße 12, 75234 Musterstadt Rechnung zu legen und die Richtigkeit und Vollständigkeit der Rechnung an Eides statt zu versichern.

Oder speziell: Der Beklagte wird verurteilt, Auskunft über das Girokonto Nr. ... bei der ... Bank zu erteilen durch Vorlage des Eröffnungsvertrages, eines Auszuges über die Geldbewegungen auf diesem Konto für die Zeit vom ... bis ... sowie des Kontoabschlusses.

---

1 OLG München, Beschl. v. 20. 7. 2007 – 32 Wx 93/07, OLGReport München 2007, 786 = WuM 2007, 539.
2 BGH, Beschl. v. 6. 3. 1997 – III ZR 248/95, NJW 1997, 2106 = ZMR 1997, 309.
3 OLG Hamm, Beschl. v. 20. 12. 2007 – 15 W 41/07, ZMR 2008, 399 = ZWE 2008, 193. Es kann zunächst also z. B. noch offen bleiben, ob eventuelle Ansprüche der Gemeinschaft verjährt sind oder ihnen andere Hindernisse entgegen stehen.
4 OLG München, Beschl. v. 21. 2. 2006 – 32 Wx 14/06, NZM 2006, 349 = ZMR 2006, 552.

178 Hat der Ex-Verwalter die Verwaltungsunterlagen bereits herausgegeben, muss ihm die Eigentümergemeinschaft darin Einsicht gewähren, damit er seiner Rechnungslegungspflicht nachkommen kann[1]. Hat er die Verwaltungsunterlagen noch nicht herausgegeben, wird die Klage auf Rechnungslegung zweckmäßiger Weise mit der Klage auf Herausgabe kombiniert. Wenn er behauptet, die Unterlagen nicht mehr zu haben, hilft ihm das nichts; dann muss er sich entweder um Ersatz bemühen oder den Nachweis führen, dass und warum ihm das nicht möglich war[2]. Wenn er (unzulässiger Weise) über das Gemeinschaftskonto auch Geldbewegungen Dritter abgewickelt hat (z. B. Mietein- und -auszahlungen im Rahmen der Sondereigentumsverwaltung) ändert das an seiner Pflicht zur Rechnungslegung und Herausgabe der Unterlagen nichts; er kann dann nur diejenigen Beträge in den Kontoauszügen unkenntlich machen, die sich nach dem Buchungstext zweifelsfrei auf Geldbewegungen Dritter beziehen[3].

179 Weitere Einzelheiten zur Rechnungslegungspflicht des ausgeschiedenen Verwalters sowie zur Durchsetzung und Vollstreckung der Rechte der Wohnungseigentümer werden in Teil 7 behandelt.

b) Herausgabe von Geld und Unterlagen

⊃ **Hinweis:**

180 Siehe zu diesem Thema Teil 2 (Verwaltungsübernahme durch einen neuen Verwalter).

9. Fehlen des Verwalters und gerichtliche Bestellung

a) Überblick

181 Das Fehlen eines Verwalters kann verschiedene Gründe haben: Vielleicht wurde schon im Gründungsstadium der Gemeinschaft kein Erstverwalter bestellt, oder es handelt sich um eine kleine Gemeinschaft, die bislang auf einen Verwalter verzichtet hat; oder der Verwalter wurde ohne gleichzeitige Bestellung eines Nachfolgers abberufen oder seine Bestellung infolge Anfechtung rückwirkend für unwirksam erklärt; oder es wurde schlicht das Auslaufen der Bestellungszeit übersehen.

182 Die Bestellung eines Verwalters ist zwar gesetzlich nicht zwingend vorgeschrieben; es gibt mit § 27 Abs. 2 Satz 2 WEG sogar eine gesetzliche

---

1 OLG Hamm, Beschl. v. 17. 3. 1993 – 15 W 260/92, OLGZ 1993, 438 = NJW-RR 1993, 847.
2 OLG Hamm, Beschl. v. 20. 12. 2007 – 15 W 41/07, ZWE 2008, 147.
3 OLG Hamm, Beschl. v. 20. 12. 2007 (Vornote) mit dem zutreffenden Hinweis, dass die pflichtwidrige Vermögensvermischung nicht zum Verlust des Rechnungslegungsanspruches der Gemeinschaft führen dürfe.

Regelung für die Vertretung der Gemeinschaft beim Fehlen eines Verwalters (s. Rz. 336). Gleichwohl hat jeder Miteigentümer unter dem Gesichtspunkt der **ordnungsmäßigen Verwaltung** (§ 21 Abs. 4 WEG) einen **Anspruch auf Bestellung** eines Verwalters[1]. Er muss hierfür keinen dringenden Fall und keine Notlage vortragen; als Begründung genügt es, dass ein Verwalter fehlt und es nicht möglich war, eine Verwalterbestellung durch die Eigentümergemeinschaft herbeizuführen (dazu sogleich noch näher). Das sieht „aus dem Papier" freilich leichter aus, als es sich in der Praxis darstellt und man kann sich fragen, ob das Verfahren der gerichtlichen Verwalterbestellung unter der durch die WEG-Reform eingeführten Geltung der ZPO glücklich gelöst ist. Während vor der WEG-Reform im Prinzip ein (kostengünstiger) Antrag an das Amtsgericht mit der Mitteilung „uns fehlt ein Verwalter, bitte Hilfe" genügte und das Gericht danach im Wege der Amtsermittlung den Rest erledigte, sind jetzt ungleich höhere Hürden zu nehmen. Wer sich um die Verwalterbestellung kümmert und dabei doch nur im wohlverstandenen (objektiven) Interesse der Gemeinschaft tätig wird, muss viel Zeit und Geld investieren, gerät in eine Gegnerschaft zu seinen Miteigentümern und trägt auch noch ein nicht unbeträchtliches finanzielles Risiko. Ein Fehler in der Klage (oder ein Fehler des Gerichts) kann zur Klageabweisung führen mit der Folge, dass der Kläger die Prozesskosten tragen muss.

Ein verwalterloser Zustand kann (und sollte im Normalfall) ohne gerichtliche Hilfe beendet werden, indem die Gemeinschaft durch Beschlussfassung einen Verwalter bestellt. Das Problem besteht freilich darin, dass der zur **Einberufung** zuständige Verwalter in den hier interessierenden Fällen gerade fehlt. Dann kann die Eigentümerversammlung gem. § 24 Abs. 3 WEG auch durch den Vorsitzenden des Verwaltungsbeirats bzw. seinen Stellvertreter einberufen werden (s. Teil 4, Rz. 22 ff.; auch kann sich jeder Miteigentümer zur Einberufung gerichtlich ermächtigen lassen (s. Teil 4, Rz. 29). Die gerichtliche Bestellung des Verwalters ist nur in den Fällen erforderlich und zulässig, in denen aus bestimmten Gründen eine Bestellung durch die Eigentümerversammlung nicht zustande kommt. Eine Klage auf gerichtliche Verwalterbestellung ist daher unter dem Gesichtspunkt des Rechtsschutzbedürfnisses nur dann zulässig, wenn ihr der Versuch vorangegangen ist, eine Verwalterbestellung durch die Gemeinschaft zu erreichen, außer wenn mit dem Zustandekommen eines Beschlusses für die Verwalterbestellung nicht zu rechnen ist; das wird unten Rz. 192 noch näher erörtert).

183

Vor der WEG-Novelle gab es noch die Möglichkeit der Bestellung eines „Notverwalters" gem. § 26 Abs. 3 WEG a. F., der auch auf Antrag eines

184

---

1 OLG Köln, Beschl. v. 16. 12. 2002 – 16 Wx 231/02, NZM 2003, 244 = ZMR 2003, 960; OLG Saarbrücken, Beschl. v. 6. 2. 2004 – 5 W 255/03, OLGReport Saarbrücken 2004, 203 = MietRB 2004, 174 (mit dem Hinweis, dass es hiervon auch in kleinen Wohnanlagen keine Ausnahme gibt).

Dritten bestellt werden konnte; diese Bestimmung wurde vom Gesetzgeber der WEG-Novelle aber als überflüssig aufgehoben mit der Begründung: „Da die Wohnungseigentümer eine Verwalterbestellung auch im Verfahren gem. § 43 Nr. 1 WEG erreichen und in Fällen besonderer Eilbedürftigkeit eine einstweilige Verfügung gem. § 935 ff. ZPO erwirken können, kann die Möglichkeit zur Bestellung eines Notverwalters entfallen"[1]. Das vom Gesetzgeber nicht problematisierte Verfahren gem. § 43 Nr. 1 WEG wirft jedoch (unabhängig von der Frage seiner praktischen Eignung, dazu oben Rz. 182) einige prinzipielle Fragen auf.

185 – Nach der früher geltenden Verfahrensordnung der Freiwilligen Gerichtsbarkeit (FGG) genügte ein Antrag an das Gericht, mit dem die Verwalterbestellung angeregt wurde. Die Auswahl und Bestellung des konkreten Verwalters konnte und musste das Gericht von Amts nach seinem Ermessen vornehmen. Nach dem jetzt geltenden § 253 Abs. 2 Nr. 2 ZPO muss demgegenüber ein konkreter Antrag gestellt werden; folglich müsste der Kläger Klage auf Bestellung eines von ihm konkret benannten Verwalters auf der Grundlage bestimmter, von ihm in den Klageantrag aufzunehmender Rahmenbedingungen stellen – ein äußerst unpraktikables Unterfangen. Eine Ausnahme vom zivilprozessualen Bestimmtheitsgrundsatz hat der Gesetzgeber in § 21 Abs. 8 WEG statuiert: Demnach kann das Gericht in einem Rechtsstreit gem. § 43 WEG nach **billigem Ermessen** entscheiden, wenn die Wohnungseigentümer eine „nach dem Gesetz erforderliche Maßnahme" nicht treffen. Das Problem ist aber, dass die Verwalterbestellung keine nach dem Gesetz erforderliche Maßnahme (s. Rz. 1) und somit § 21 Abs. 8 WEG seinem Wortlaut nach nicht einschlägig ist. Man muss davon ausgehen, dass der Gesetzeswortlaut entgegen dem Willen des Gesetzgebers zu eng geraten bzw. falsch formuliert ist, da der Gesetzgeber (wie oben erwähnt) zum Ausdruck gebracht hat, dass eine gerichtliche derartige Verwalterbestellung regelmäßig eröffnet ist, wenn die Voraussetzungen der früheren Notverwalterbestellung gegeben sind. Richtiger Weise ist § 21 Abs. 8 WEG daher wie folgt zu lesen: „Treffen die Wohnungseigentümer eine Maßnahme nicht, die unter dem Gesichtspunkt ordnungsmäßiger Verwaltung erforderlich ist, kann an ihrer Stelle das Gericht nach billigem Ermessen entscheiden"[2].

---

1 Gesetzentwurf der Bundesregierung v. 9. 3. 2006, BT-Drs. 16/887, S. 35 = NZM 2006, 421.
2 So auch *Bonifacio*, MDR 2007, 868 (870); im Wesentlichen auch *Hügel/Elzer*, Das neue WEG-Recht, § 10 Rz. 7 und § 13 Rz. 217 ff.; *Niedenführ*, in: Niedenführ/Kümmel/Vandenhouten, § 26 WEG, Rz. 134; *Merle*, Ermessensentscheidungen des Gerichts nach § 21 Abs. 8 WEG, ZWE 2008, 9. *Verf.* selber hat den Vorschlag zur Gesetzeskorrektur zunächst nicht gewagt (Wohnungseigentumsrecht, 2007, Teil X, Rz. 1283), hält ihn aber für richtig.

– Die Eröffnung einer Ermessensentscheidung durch das Gericht sagt 186
noch nichts darüber aus, *wie* es zur Einsetzung des neuen Verwalters
kommt; hier gibt es zwei Möglichkeiten: Entweder wird mit der Klage
die Mitwirkung der übrigen Miteigentümer an der Beschlussfassung
geltend gemacht; der Beschluss über die Verwalterbestellung ist dann
mit Rechtskraft der gerichtlichen Entscheidung gefasst (§ 894 ZPO).
Oder das Gericht ersetzt durch seine Entscheidung die Beschlussfassung der Gemeinschaft (**Beschlussersetzung**). Das wäre der einfachere
Weg, der unter der früheren Geltung des FGG anerkannt war[1]. Gegen
ihn wird eingewandt, dass die gerichtliche Verwaltereinsetzung im
Wege der Beschlussersetzung ein Gestaltungsurteil darstelle, das nur
aufgrund besonderer gesetzlicher Regelung (wie es früher die nach
dem FGG-Verfahren vorgesehene amtliche Rechtsfürsorge dargestellt
habe) möglich sei[2]. M. E. ist hingegen § 21 Abs. 8 WEG eine ausreichende gesetzliche Grundlage für ein Gestaltungsurteil und konkret
für die gerichtliche Beschlussersetzung. Diese stellt m.E. das Gegenstück zur Ungültigerklärung im Beschlussanfechtungsverfahren dar:
Durch die Ungültigerklärung wird ein Beschluss (d.h. die ihn tragenden Willenserklärungen) mit Wirkung für und gegen alle Miteigentümer *außer* Kraft gesetzt; durch die Beschlussersetzung werden die
zum Beschluss führenden Willenserklärungen *in* Kraft gesetzt. Die gerichtliche Ersetzung von Willenserklärungen ist auch keine Besonderheit des WEG-Rechts, wie § 894 BGB zeigt; die Beschlussersetzung
kürzt lediglich den Weg zum Ziel (der Verwalterbestellung) ab.

Entscheidend für den Rechtsanwender ist letztlich jenseits dogmatischer 187
Einordnung die Frage, welchen Weg die Rechtsprechung für zulässig und
geboten hält. Bislang liegt nur wenig veröffentlichte Rechtsprechung zur
gerichtlichen Verwalterbestellung vor; diese aber entspricht den vorstehenden Ausführungen. So hat das *OLG Düsseldorf* entschieden:

„Eine gerichtliche Verwalterbestellung ist jedenfalls regelmäßig dann er- 188
öffnet, wenn auch die Voraussetzungen der bisherigen Notverwalterbestellung gegeben wären. Die Maßnahme des Gerichts ist nicht darauf
beschränkt, die übrigen Wohnungseigentümer zur Mitwirkung bei der
Bestellung des Notverwalters zu verpflichten, sondern kann dem Anspruch eines Wohnungseigentümers auf ordnungsgemäße Verwaltung
dadurch Geltung verschaffen, dass es nach billigem Ermessen den Verwalter unmittelbar bestellt"[3].

---
1 BGH, Beschl. v. 6. 3. 1997 – III ZR 248/95, NJW 1997, 2106 = ZMR 1997, 308; OLG Hamburg, Beschl. v. 20. 8. 2007 – 2 Wx 117/06, ZMR 2008, 148; OLG Hamm, Beschl. v. 20. 11. 2006 – 15 W 166/06, ZMR 2007, 296 = ZWE 2007, 135; OLG Köln, Beschl. v. 25. 5. 2001 – 16 Wx 15/01, NZM 2002, 221 = ZMR 2002, 152.
2 So *Bonifacio*, MDR 2007, 868 (871).
3 OLG Düsseldorf, Beschl. v. 31. 8. 2007 – 3 Wx 85/07, ZMR 2007, 878 = WuM 2007, 593.

189 Darauf beruhen die folgenden Ausführungen.

b) Klage und gerichtliche Entscheidung

190 Die Klage ist – wie stets beim Anspruch auf ordnungsmäßige Verwaltung – **gegen alle Miteigentümer** zu richten, die nicht auf Klägerseite stehen; es müssen also auch diejenigen Miteigentümer verklagt werden, die einem Beschluss über die Verwalterbestellung zustimmt haben oder hätten.

191 Das ist aus mehreren Gründen unerfreulich. Zum einen ist es psychologisch von Nachteil für die ganze Gemeinschaft, dass diejenigen Miteigentümer, die – aus welchen Gründen auch immer – nicht aktiv die Bestellung des Verwalters betreiben, in eine „Gegnerschaft" zum Kläger geraten. Zum anderen muss der Kläger die anderen Miteigentümer – spätestens bis zum Schluss der mündlichen Verhandlung – namentlich und mit ladungsfähiger Anschrift benennen (§ 44 Abs. 1 WEG). Wenn er nicht über eine aktuelle Eigentümerliste verfügt, kann ihn dies – je nach Größe der Wohnanlage – vor mehr oder weniger unüberwindliche Schwierigkeiten stellen; zumindest fallen je nach Fall ganz erhebliche Kosten an, da von der Klage nebst Anlagen sowie dem folgenden Schriftverkehr für jeden Miteigentümer ein Exemplar eingereicht werden muss. Schließlich sind die Hürden der Zustellung an alle Beklagten zu überwinden. In Ermangelung eines Verwalters gibt es nämlich keinen Zustellungsbevollmächtigten auf Beklagtenseite. Wenn die Gemeinschaft keinen Ersatzzustellungsvertreter gem. § 45 Abs. 2 WEG bestellt hat, ist dem Kläger daher zu empfehlen, bei Gericht die Bestellung eines Ersatzzustellungsvertreters zu beantragen (§ 45 Abs. 3 WEG; s. Teil 14, Rz. 113 ff.).

192 Nur in Ausnahmefällen ist eine Klage mit dem Ziel der gerichtlichen Bestellung eines Verwalters ohne vorherige Beschlussfassung der Wohnungseigentümer **zulässig**[1]. Eine solche Ausnahme liegt vor, wenn der klagende Wohnungseigentümer mit seinem Verlangen, seine Anträge die Tagesordnung einer Eigentümerversammlung zu nehmen, nicht durchgedrungen ist oder wenn ihm die vorherige Einberufung der Versammlung nicht zugemutet werden kann, weil in Anbetracht der Mehrheitsverhältnisse ein Mehrheitsbeschluss nicht zu erwarten oder die vorherige Anrufung der Eigentümerversammlung nicht zumutbar ist[2]. Die Situation gleicht strukturell derjenigen, bei welcher ein Miteigentümer die außerordentliche Abberufung des Verwalters anstrebt, weshalb ergänzend dorthin verwiesen wird (s. Rz. 133).

---

1 OLG Köln, Beschl. v. 4. 9. 2002 – 16 Wx 114/02, OLGReport Köln 2003, 1 = ZMR 2003, 380; allg. M.
2 BayObLG, Beschl. v. 5. 5. 2004 – 2 Z BR 66/04, ZMR 2004, 840; OLG Celle, Beschl v. 19. 5. 1999 – 4 W 49/99, OLGReport Celle 1999, 217 = NZM 1999, 841.

Formulierungsvorschlag: Klage gem. § 43 Nr. 1 WEG auf gerichtliche Bestellung eines Verwalters 193

An das Amtsgericht – Abteilung für Wohnungseigentumssachen –

Namens und in Vollmacht von

1. Anna Acker, Heinestraße 12, 75234 Musterstadt,

2. Achim Acker, wohnhaft daselbst,

– Kläger –

erhebe ich

Klage

gegen

alle im Zeitpunkt der Rechtshängigkeit im Grundbuch eingetragenen Miteigentümer der Wohnungseigentümergemeinschaft Heinestraße 12, 75234 Musterstadt bzw. deren Rechtsnachfolger im Wege der Zwangsvollstreckung oder im Wege der Gesamtrechtsnachfolge mit Ausnahme des Klägers, namentlich aufgeführt in der beigefügten Eigentümerliste (Anlage K 1),

– Beklagte –

Ersatzzustellungsvertreter: Berthold Berger, Heinestr. 12, 75234 Musterstadt

Ich bitte um Anberaumung eines frühen ersten Termins zur mündlichen Verhandlung, in welchem ich beantragen werde:

Das Gericht bestellt für die Dauer von mindestens 1 Jahr einen vom Gericht auszuwählenden Verwalter für die Wohnungseigentümergemeinschaft Heinestraße 12, 75234 Musterstadt.

Streitwert: 3.000 Euro.

Gerichtskosten in Höhe von 267 Euro werden mit dem beiliegenden Verrechnungsscheck entrichtet.

Begründung: ...

Es steht zwar im Ermessen des Richters, wen er zu welchen Konditionen 194 als Verwalter bestellt. Im Gegensatz zum Amtsermittlungsgrundsatz früheren Rechts (wonach der Richter mehrere Vergleichsangebote einholen musste) dürfte es aber nicht mehr Aufgabe des Gerichts sein, selber übernahmewillige Kandidaten für die Verwaltung zu suchen. Nach dem zivilprozessualen Beibringungsgrundsatz ist es vielmehr Sache des Klägers, dem Gericht **Vorschläge** zu unterbreiten. Dazu genügt es m.E. nicht, dem Gericht nur mehrere Namen von Verwaltern zu nennen. Vielmehr muss die Bereitschaft der vorgeschlagenen Verwalter zur Verwaltungsübernahme ebenso geklärt sein wie die Rahmenbedingungen ihrer Tätigkeit, insbesondere die Höhe der Vergütung. Am besten ist es also, wenn als Anlage zur Klage ein vollständiger, für das konkrete Objekt angebotener Verwaltervertrag vorgelegt wird – so wie die Vorlage eines Verwaltervetrags auch bei der Auswahl eines Verwalters durch die Gemeinschaft sinnvoll ist (s. Rz. 35). Zum einen ist das für die Vergleichbarkeit der Angebote erforderlich, zum anderen hat die Bestellung eines Verwalters, der seine Bereitschaft zur Übernahme nicht bereits bekundet hat, keinen Sinn. Denn die gerichtliche Bestellung des Verwalters bedarf (wie sonst auch) zu ihrer Wirksamkeit die Annahme durch den Verwalter. Nach wie vor gilt aber, dass der Richter bei der Ausübung seines Auswahlermessens die ihm vom Kläger vorgelegten Verwaltungsangebote umfassend, auch unter Eignungs- und Kostengesichtspunkten gegeneinander abzuwägen hat[1].

195 Dem „Notverwalter" nach früherem Recht konnte das Gericht **Weisungen** erteilen und besondere **Befugnisse** einräumen. Anerkannt war ferner, dass das Gericht im Bestellungsbeschluss Regelungen zur Verwaltervergütung treffen konnte[2]. Daran hat sich prinzipiell nichts geändert: Auch die Eigentümergemeinschaft könnte durch Beschluss entsprechende vertragliche Regelungen mit dem Verwalter vereinbaren; die gerichtliche Entscheidung ersetzt die zum Vertragsschluss erforderlichen Beschlüsse der Gemeinschaft. Anstatt aber in der gerichtlichen Entscheidung partielle Regelungen zu den „Eckdaten" der Bestellung (insbesondere Laufzeit und Vergütung) zu treffen, ist es generell besser, wenn sogleich ein vollständiger **Verwaltervertrag** geschlossen wird. Hierzu ist das Gericht in Ersetzung des entsprechenden Eigentümerbeschlusses nicht nur befugt, sondern m.E. bei Vorliegen entsprechender Vertragsangebote sogar verpflichtet, weil der Abschluss eines Verwaltervertrags mit üblichen und sinnvollen Regelungen ordnungsmäßiger Verwaltung entspricht[3]. Dabei gibt es keinen Grundsatz, wonach die Laufzeit der gerichtlichen Verwalterbestellung Bestellung möglichst kurz gehalten werden sollte, zumal ein Verwalter üblicherweise nur bei Vereinbarung eine Mindest-

---

1 So noch zum alten (insoweit aber fortwirkenden) Recht OLG Düsseldorf, Beschl. v. 19. 4. 2000 – 3 Wx 51/00, WuM 2000, 376 = ZMR 2000, 554. In einer kleinen Wohnanlage kann das Gericht sogar – auch gegen den ausdrücklichen Wunsch des Klägers – aus Kostengründen einen der Wohnungseigentümer bestellen (OLG Saarbrücken, Beschl. v. 6. 2. 2004 – 5 W 255/03, OLGReport Saarbrücken 2004, 203 = MietRB 2004, 174).
2 BGH, Beschl. v. 10. 7. 1980 – VII ZR 328/79, NJW 1980, 2466 (2468).
3 Falls die Regelungen des gerichtlich in Kraft gesetzten Verwaltervertrags ordnungsmäßiger Verwaltung nicht entsprechen sollten, sind sie im Rechtsmittelverfahren für ungültig zu erklären (so OLG München, Beschl. v. 8. 3. 2007 – 34 Wx 2/07, NZM 2007, 647 für eine Klausel, die dem gerichtlich bestellten Verwalter die Befugnis einräumte, ohne Beschluss der Gemeinschaft Aufträge bis zu 2.000 Euro zu erteilen).

laufzeit zur Übernahme der Verwaltung bereit ist; eine feste Laufzeit von 1 – 3 Jahren dürfte i.d.R. ordnungsmäßiger Verwaltung entsprechen[1]. Wird keine bestimmte Laufzeit festgelegt, gilt die Höchstdauer von 5 Jahren gem. § 26 Abs. 1 Satz 2 WEG. Die Vergütung sollte ortsüblicher Höhe entsprechen[2]. Falls die gerichtliche Bestellung ohne korrespondierenden Verwaltervertrag vorgenommen wird, sollten jedenfalls die Eckdaten „Laufzeit und Vergütung" im Urteil geregelt werden.

⊃ **Hinweis:**
Dem Verwalter ist von der Annahme einer gerichtlich angetragenen Verwaltung ohne Regelung der Vergütung abzuraten. Zu empfehlen ist die Annahme nur dann, wenn der Bestellung ein von ihm angebotener vollständiger Verwaltervertrag zugrunde liegt. 196

Ein dringenden Fällen ist die gerichtliche Verwalterbestellung auch im Wege der **einstweiligen Verfügung** möglich; diesbezüglich wird auf Rz. 95 ff. verwiesen. 197

Formulierungsvorschlag: Urteil zur gerichtlichen Verwalterbestellung 198

Urteil

In Sachen ...

hat das Amtsgericht Musterstadt durch Richter Roland Retsch auf die mündliche Verhandlung vom 28. 5. 2008 für Recht erkannt:

1. Im Wege der Beschlussersetzung wird folgende Regelung für die Wohnungseigentümergemeinschaft Heinestraße 12, 75234 Musterstadt getroffen:Y-Immobilien GmbH, Zenstraße 5, 75234 Musterstadt wird zu den Bedingungen des dem Urteil als Anlage beigefügten Verwaltervertrags bis zum 31. 5. 2010 zum Verwalter bestellt.

2. Die Kosten des Rechtsstreits tragen die Beklagten.

Streitwert: 3.000 Euro.

Ob die Verwalterbestellung schon mit der Verkündung des Urteils **wirksam** wird oder erst mit dem Eintritt der Rechtskraft, ist fraglich. Für eine sofortige Wirksamkeit spricht der Umstand, dass das Urteil den entsprechenden Beschluss der Wohnungseigentümer ersetzt, der seinerseits gem. § 23 Abs. 3 Satz 2 WEG mit seiner Verkündung wirksam (gültig) 199

---

[1] A.A. LG Berlin, Beschl. v. 20. 6. 2000 – 85 T 251/99, ZMR 2001, 143, wonach der gerichtlich bestellte Verwalter nicht für eine feste Laufzeit, sondern nur für die Zeit bis zur Wahl eines neuen Verwalters eingesetzt werden dürfe. Das ist nicht zutreffend, aber ein verbreitetes Missverständnis.
[2] KG, Beschl. v. 24. 9. 1993 – 24 W 1267/93, NJW 1994, 138 = ZMR 1994, 33.

wird, solange er nicht durch rechtskräftiges Urteil für ungültig erklärt wird. Dagegen spricht, dass es sich um ein Gestaltungsurteil handelt und ein solches nach allgemeinem Grundsätzen erst mit Rechtskraft wirksam wird. Der letztgenannte Gesichtspunkt dürfte ausschlaggebend sein; Rechtsprechung und Literatur zu dieser Frage sind aber noch nicht bekannt. Geht man davon aus, dass die Verwalterbestellung erst Rechtskraft des Urteils wirksam wird, kann der Zeitraum von der Urteilsverkündung bis zum Eintritt der Rechtskraft in dringenden Fällen wiederum nur mittels einer Verwaltereinsetzung im Wege der einstweiligen Verfügung durchgesetzt werden (s. Rz. 95 ff.).

200 Für die **Kostenentscheidung** gilt § 49 Abs. 1 WEG: Das Gericht kann die Prozesskosten nach billigem Ermessen verteilen. M. E. entspricht im Falle einer erfolgreichen Klage nur eine Kostenentscheidung zu Lasten der Beklagten billigem Ermessen. Der Kläger hat – letztlich im wohlverstandenen Interesse der Gemeinschaft – schon viele Mühen auf sich genommen, um die objektiv erforderliche Verwalterbestellung zu bewirken. Er sollte daher nicht auch noch mit Kosten des Verfahrens belastet werden. Nach früherem Recht war auch eine Kostenscheidung „zu Lasten der Wohnungseigentümergemeinschaft" sinnvoll und zulässig[1]; dadurch stand der Antragsteller jedenfalls besser als bei der sonst üblichen Kostenaufhebung. Inzwischen ist eine solche Kostenentscheidung, durch die der Kläger gemäß dem allgemeinen Kostenverteilungsschlüssel an den Prozesskosten beteiligt wird, aber nicht nur als unbillig zu betrachten, sondern auch unzulässig, weil die Wohnungseigentümergemeinschaft am Rechtsstreit nicht beteiligt ist und das Gesetz eine Regelung zur Kostentragung außerhalb der Parteien nur zu Lasten des Verwalters (§ 49 Abs. 2 WEG) zulässt.

201 Der **Streitwert** ist in Höhe von 50 % der für die Bestellungszeit des gerichtlich eingesetzten Verwalters anfallenden Vergütung festzusetzen (s. Rz. 73). Sofern das Gericht den Verwalter aber aus bestimmten Gründen für einen unüblich kurzen Zeitraum (unter einem Jahr) einsetzt, sollte trotzdem jedenfalls ein Jahresbetrag angesetzt werden.

c) Die Rechtsstellung des gerichtlich eingesetzten Verwalters

202 Der gerichtlich bestellte Verwalter hat die **gleiche Rechtsstellung** wie der von den Wohnungseigentümern bestellte Verwalter. Eine Besonderheit gilt lediglich hinsichtlich der **Abberufung**: Der gerichtlich bestellte Verwalter kann bei unbestimmter Laufzeit der Bestellung nur abberufen werden, indem die Wohnungseigentümer einen anderen Verwalter bestellen; in diesem Fall endet das Amt des gerichtlich bestellten Verwal-

---

[1] Vgl. die Kostenentscheidung z. B. bei KG, Beschl. v. 25. 7. 1990 – 24 W 3464/90, WuM 1990, 467.

ters ohne weiteres[1]. Ein Abberufungsbeschluss ohne Neubestellung ist hingegen mit dem Sinn der gerichtlichen Verwalterbestellung nicht vereinbar und deshalb nichtig[2]. Hat die Bestellung eine feste Laufzeit, ist die (ordentliche) Abberufung schon nach allgemeinen Grundsätzen nicht zulässig; die Möglichkeit der außerordentliche Abberufung bleibt davon unberührt.

Sofern das Gericht nicht, wie hier empfohlen, die Bestellung mit einem Verwaltervertrag verbindet, hat der gerichtlich bestellte Verwalter die Rechte und Pflichten eines „Verwalters ohne Verwaltervertrag" (s. Rz. 265 ff.). Insbesondere erwirbt er auch ohne spezielle gerichtliche Anordnung für die Dauer seiner Bestellung einen vertraglichen Vergütungsanspruch gegen die Wohnungseigentümergemeinschaft[3], dessen Durchsetzung aber mit spezifischen Schwierigkeiten verbunden ist (s. Rz. 267). 203

II. Der Verwaltervertrag

1. Übersicht

Der entgeltliche Verwaltervertrag ist ein **Geschäftsbesorgungsvertrag** i. S. v. § 675 BGB[4]. **Vertragspartner** des Verwalters ist die Gemeinschaft der Wohnungseigentümer (kurz: die Wohnungseigentümergemeinschaft), also der Verband[5] (und nicht die einzelnen Wohnungseigentümer, wie es vor Anerkennung der Rechtsfähigkeit der WEG der Fall war). Der Verwalter hat aber nicht nur gegenüber der Gemeinschaft Pflichten, sondern auch gegenüber den Miteigentümern; insofern ist der Verwaltervertrag ein Vertrag (mit Schutzwirkung) zugunsten Dritter[6]. Umgekehrt begründet der Verwaltervertrag häufig auch Pflichten der einzelner Wohnungseigentümer (z. B. die Pflicht zur Teilnahme am Lastschriftverfah- 204

---

1 BayObLG, Beschl. v. 5. 3. 1992 – 2 Z BR 165/91, NJW-RR 1992, 787. Die Rechtslage ist dem „konstruktiven Misstrauensvotum" bei der Abwahl des Bundeskanzlers gem. Art. 67 Abs. 1 GG vergleichbar.
2 KG, Beschl. v. 19. 6. 1989 – 24 W 787/89, OLGZ 1989, 435 = WuM 1989, 464.
3 OLG Hamm, Beschl. v. 4. 3. 1993 – 15 W 295/92, NJW-RR 1993, 845.
4 OLG Hamm, Beschl. v. 4. 3. 1993 – 15 W 295/92, NJW-RR 1993, 845; allg. M.
5 OLG Düsseldorf, Beschl. v. 29. 9. 2006 – 3 Wx 281/05, NJW 2007, 161 = WuM 2006, 639; OLG Hamm, Beschl. v. 3. 1. 2006 – 15 W 109/05, NZM 2006, 632 = ZMR 2006, 633.
6 Die Frage nach der dogmatischen Einordnung der doppelten Pflichtenstellung des Verwalters ist neu (weil sie sich erst seit der Anerkennung der Rechtsfähigkeit der Gemeinschaft stellt) und (selbstverständlich) streitig. Wie hier z. B. OLG Düsseldorf, Beschl. v. 29. 9. 2006 (Vornote); *Abramenko*, in: Riecke/Schmid, § 26 WEG, Rz. 37; *Niedenführ/Kümmel/Vandenhouten*, § 26 Rz. 28. Ob „mit Schutzwirkung" oder (nur) „zugunsten Dritter" soll hier offen bleiben, weil zum einen m. E. prinzipielle Einwände gegen die Rechtsfigur des „Vertrags mit Schutzwirkung usw." bestehen und sich die Frage zum anderen nicht in Reinform auf diese Alternativen begrenzen lässt (ausführlich *Häublein*, ZWE 2008, 1 [6 ff.]).

ren, zur Bezahlung eine bestimmten Vergütung für die Fertigung von Kopien usw.). Dies könnte man konstruktiv als „Vertrag zu Lasten Dritter" einordnen, der freilich hier (anders als sonst) zulässig ist, nachdem § 21 Abs. 7 WEG eine gesetzliche Beschlusskompetenz für Regelungen statuiert, die Pflichten einzelner Miteigentümer begründen. Soweit diese Pflichtenbegründung bei Gelegenheit des Beschlusses erfolgt, einen Verwaltervertrag mit entsprechenden Regelungen abzuschließen, sind die daraus resultierenden Rechte des Verwalters (und Pflichten der Miteigentümer) eine Folge (oder „Reflex") des Mehrheitsbeschlusses. Anders ausgedrückt: Soweit ein „Mehrheitsbeschluss zu Lasten einzelne Miteigentümer" möglich ist, ist es auch der entsprechende Verwaltervertrag[1]. Es ist deshalb nicht nötig, alleine aus diesem Grund den Verwaltervertrag rechtsdogmatisch in zwei Rechtskreise mit zwei Vertragspartnern (einerseits dem Verband Wohnungseigentümergemeinschaft und andererseits den einzelnen Miteigentümern) aufzuteilen[2].

205 Das für den Verwalter wichtigste aus dem Verwaltervertrag folgende Recht ist sein Anspruch auf **Vergütung**; die damit zusammenhängenden Fragen werden unten (Rz. 253 ff.) erörtert.

206 Der Verwaltervertrag hängt mit der **Verwalterbestellung** untrennbar zusammen. Deswegen ist grundsätzlich anzunehmen, dass der Verwaltervertrag nur für die Dauer der Bestellung und unter der auflösenden Bedingung abgeschlossen wird, dass er mit der Ungültigerklärung der Bestellung oder mit der Bestandskraft der Abberufung des Verwalters endet (Rz. 90, 163). Eine Klausel im Vertrag, wonach er endet, wenn der Verwalter vorzeitig aus wichtigem Grund abberufen wird, ist aus diesem Grund entbehrlich.

2. Verwaltervertrag und Gemeinschaftsordnung

207 Es ist möglich, den für den Erstverwalter geltenden Verwaltervertrag als Anlage zur Gemeinschaftsordnung zu nehmen (im Einzelnen s. u. Rz. 211 ff.). Und obwohl die Gemeinschaftsordnung nicht der geeignete Regelungsort dafür ist, findet man dort gelegentlich auch einzelne Bestimmungen, die sich auf den Verwalter beziehen.

Beispiele:

208 a) Der Verwalter ist verpflichtet, bis spätestens 30.6. eines jeden Jahres die Jahresabrechnung zu erstellen und eine Eigentümerversammlung einzuberufen.

b) Das Verwalterhonorar ist auf auf 7 % des Wohngeldes begrenzt.

c) Das Recht zur Abberufung des Verwalters ist auf das Vorliegen eines wichtigen Grundes beschränkt.

---

1 So im Prinzip wohl auch *Häublein*, ZWE 2008, 1 (4).
2 So aber *Jennißen/Jennißen*, § 26 WEG, Rz. 63 ff.

d) Der Verwalter kann von jedem Raumeigentümer ein Verwalterhonorar verlangen.

Um **Wirksamkeit** gegenüber dem Verwalter zu erlangen, müssen diese Regelungen in den Verwaltervertrag übernommen („transformiert") werden. Bei der Frage, ob sie später durch Beschluss **geändert** werden können, ist in mehrfacher Hinsicht zu differenzieren. Zunächst können die betreffenden Regelungen, wenn sie in den Verwaltervertrag mit dem (Erst-)Verwalter übernommen wurden, vor Ablauf der Vertragslaufzeit schon wegen der vertraglichen Bindung nicht einseitig (durch Mehrheitsbeschluss) geändert werden[1]. Ob bei einer neuen Bestellung (des bisherigen oder eines anderen Verwalters) bei dem damit einhergehenden neuen Vertragsabschluss inhaltlich von den einschlägigen Regelungen der Gemeinschaftsordnung abgewichen werden kann, hängt davon ab, ob die Regelungen (ungeachtet ihrer Zugehörigkeit zur Teilungserklärung im weiteren Sinne) Beschluss- oder Vereinbarungscharakter haben (s. schon Rz. 17). Das ist Auslegungsfrage. Die Regelung in Beispiel a) dürfte Beschlusscharakter haben; sie kann deshalb bei einem neuen Vertragsabschluss durch **Mehrheitsbeschluss geändert** werden. Die Regelung in Beispiel b) ist wegen Verstoßes gegen § 20 Abs. 2 WEG nichtig und muss deshalb ohnehin nicht beachtet werden[2]. Die (in Gemeinschaftsordnungen häufig anzutreffende) Regelung in Beispiel c) dürfte Vereinbarungscharakter haben und somit auch bei einer Verwalterneubestellung zwingend gelten[3]; dasselbe gilt für Beispiel d)[4].

209

3. Der Abschluss des Vertrags

a) Vertragsabschluss bei der Erstverwalterbestellung in der Gemeinschaftsordnung

Hier sind mehrere **Varianten** möglich:

210

– Die Gemeinschaftsordnung kann im Text oder als mitbeurkundete Anlage einen fertigen Verwaltervertrag beinhalten[5]. Eine Annahme

211

---

1 Beispielhaft LG Düsseldorf, Beschl. v. 28. 2. 2005 – 25 T 195/04, ZMR 2005, 740: Die Miteigentümer eliminierten zwar durch eine nachträgliche Vereinbarung die in der Gemeinschaftsordnung enthaltene Beschränkung der Abberufung auf einen wichtigen Grund; der (mit der Gemeinschaftsordnung verbundene) Verwaltervertrag enthielt aber dieselbe Beschränkung, sodass eine Kündigung ohne wichtigen Grund immer noch nicht möglich war.
2 KG, Beschl. v. 6. 9. 1993 – 24 W 5948/92, KGR 1993, 172 = NJW-RR 1994, 402.
3 Zu den möglichen Problemen, wenn der Verwaltervertrag insoweit von der Regelung in der Gemeinschaftsordnung abweicht, *Drasdo*, NZM 2001, 923.
4 LG Berlin, Beschl. v. 2. 7. 2004 – 85 T 423/03, ZMR 2005, 738.
5 Dabei handelt es sich um eine Vereinbarung in Beschlussangelegenheiten (s. Rz. 17), weshalb nach Ablauf der Vertragslaufzeit der nächste Vertrag auch mit anderem Inhalt beschlossen werden kann.

durch die Erwerber (künftigen Wohnungseigentümer) ist seit Anerkennung der Rechtsfähigkeit der WEG weder möglich noch erforderlich; es ist vielmehr der Verwalter, der das in der Gemeinschaftsordnung abgegebene, der Gemeinschaft zuzurechnende Vertragsangebot durch Aufnahme seiner Tätigkeit annimmt.

212 – Der Bauträger schließt mit dem in der Gemeinschaftsordnung bestimmten Erstverwalter einen Verwaltervertrag ab. Vor Anerkennung der Rechtsfähigkeit der WEG erfolgte der Vertragsschluss im Namen der Erwerber, die den Verwaltervertrag dann in ihren jeweiligen Veräußerungsverträgen als verbindlich anerkannten[1]. Inzwischen erfolgt der Vertragsschluss durch den Bauträger im Namen der rechtsfähigen Gemeinschaft[2].

213 – Der vom Bauträger eingesetzte Erstverwalter beginnt seine Tätigkeit ohne (ausdrücklichen) Vertrag. Er muss daher versuchen, in der ersten Eigentümerversammlung einen Verwaltervertrag beschließen zu lassen. Wenn das nicht gelingt, hat er nur die gesetzlichen Rechte und Pflichten.

b) Vertragsabschluss durch Beschluss der Wohnungseigentümer

214 Wie oben (Rz. 11) schon erwähnt, fällt mit der Bestellung stets zumindest ein „Minimalvertrag" zusammen, der entweder überhaupt keinen Inhalt hat oder nur denjenigen, der sich aus den „Eckdaten" der Bestellung ergibt. Um diese Art Vertrag – von dem nicht die Parteien, sondern nur die Juristen etwas wissen – geht es im Folgenden nicht, sondern um die besonders vereinbarte, meistens schriftliche Regelung der beiderseitigen Rechte und Pflichten.

215 Der Verwaltervertrag kommt – wie jeder Vertrag – durch **Angebot und Annahme** zustande. Die zum Vertragsschluss führende Willenserklärung auf Seiten der Gemeinschaft erfolgt durch Beschluss einer Eigentümerversammlung. Wird bei der Bestellung ausdrücklich oder schlüssig auf das Angebot eines Verwaltervertrags Bezug genommen, kommt dieser mit dem **Bestellungsbeschluss** bzw. mit dessen Annahme durch den Verwalter zustande[3]. Gleichwohl wird in solchen Fällen häufig auch noch der Beschluss gefasst, den Verwaltungsbeirat (oder eine bestimmte Person) damit zu beauftragen, „den Verwaltervertrag abzuschließen". Weil der Vertrag tatsächlich bereits abgeschlossen ist, ist der gewollte Be-

---

1 BayObLG, Beschl. v. 25. 7. 1974 – 2 Z BR 25/74, NJW 1974, 2136.
2 Voraussetzung ist, dass die Existenz der „Ein-Personen-Gemeinschaft" (bestehend aus dem Bauträger als Eigentümer aller Wohnungen) anerkannt wird, wofür gute Gründe sprechen. Dagegen aber OLG Düsseldorf, Beschl. v. 17. 1. 2006 – 3 Wx 167/05, NZM 2006, 594 = ZMR 2006, 463.
3 BayObLG, Beschl. v. 15. 3. 1990 – 2 Z BR 8/90, WuM 1990, 236.

schlussinhalt durch Auslegung zu ermitteln; denkbar sind zwei Möglichkeiten:

- Die beschlossene Fassung des Vertrags soll lediglich zu Beweiszwecken fixiert und unterschrieben werden (was durchaus sinnvoll ist); dies kann man wohl als den Regelfall ansehen. Eine solche Delegation zum „Abschluss des Verwaltervertrags" ist grundsätzlich rechtmäßig[1]; Ausnahme: Wenn der abzuschließende Vertrag gleich mehrere bedeutsame unwirksame Klauseln enthält; dann ist der Ermächtigungsbeschluss rechtswidrig[2]. 216

- Die mit dem Vertragsabschluss beauftragte Person soll noch einen gewissen Spielraum hinsichtlich des Vertragsinhalts haben (s. dazu Rz. 220 ff.). 217

◯ **Hinweis:**
Um Zweifel zu vermeiden, empfiehlt sich wie immer eine genaue Formulierung des Gewollten im Beschlusstext. Für den Regelfall bietet sich das Muster 3 bei Rz. 47 an. 218

Wenn ein Miteigentümer zum Verwalter gewählt wurde und über den Verwaltervertrag ein der Bestellung nachfolgender gesonderter Beschluss gefasst werden soll, stellt sich wieder die Frage nach dem **Stimmrecht** des Miteigentümer-Verwalters; gem. § 25 Abs. 4 WEG müsste er vom Stimmrecht ausgeschlossen sein. Allerdings ist anerkannt, dass der Stimmrechtsausschluss nicht zum Tragen kommt, wenn Bestellung und Verwaltervertrag in einem Beschluss zusammenfallen (s. o. Rz. 37). Das muss konsequenter Weise genauso gelten, wenn der Vertragsabschluss der Bestellung (gleichsam als Annex) nachfolgt, zumal über die wirklich wesentlichen „Eckdaten" (Laufzeit und Grundvergütung) bereits im Bestellungsbeschluss entschieden werden soll. Im Ergebnis ist das Stimmrecht des Verwalters bei dem Beschluss über den Verwaltervertrag also generell zuzulassen[3]. 219

c) Delegation des Vertragsschlusses

Die Delegation des Vertragsschlusses ist der in der Praxis häufigste Weg zum Verwaltervertrag. Zunächst wird ein Bestellungsbeschluss mit gewissen **Eckdaten** (auch „essentialia" genannt) gefasst, so dass zumindest die Laufzeit und die Höhe Vergütung fixiert sind. Sodann werden ein- 220

---
1 OLG München, Beschl. v. 20. 3. 2008 – 34 Wx 46/07, MDR 2008, 620.
2 So bei OLG Düsseldorf, Beschl. v. 30. 5. 2006 – 3 Wx 51/06, NJW 2006, 3645 = ZMR 2006, 870: Unwirksame Aufhebung des Selbstkontrahierungsverbots, unwirksame Haftungsbegrenzung und unwirksame Zusatzvergütungen waren in der Summe zu viel.
3 So auch Jennißen/Jennißen, § 26 WEG, Rz. 72; Bärmann/Merle, 10. Aufl., § 26 WEG, Rz. 89.

zelne Wohnungseigentümer oder der Verwaltungsbeirat bzw. dessen Vorsitzender beauftragt und bevollmächtigt, im Rahmen der Eckdaten den Verwaltervertrag auszuhandeln und abzuschließen. Werden dem Beirat hingegen nicht einmal die Eckdaten vorgegeben, sondern wird ihm auch insoweit das Aushandeln überlassen, entspricht der Ermächtigungsbeschluss nicht ordnungsgemäßer Verwaltung und ist **rechtswidrig** (anfechtbar)[1] oder sogar **nichtig**[2].

221 Jedenfalls aus Sicht des Verwalters kann die Delegation des Vertragsschlusses **nicht empfohlen** werden. Die Vertretungsmacht zum Vertragsschluss erstreckt sich nämlich nur auf **übliche** (nicht überraschende) Klauseln und solche, die ordnungsmäßiger Verwaltung entsprechen. I. d. R. sind deshalb bei einem delegierten Vertragsschluss einige Bestimmungen unwirksam; eine „Heilung" durch Nichtanfechtung gibt es nicht (s. Rz. 228).

⊃ **Hinweis:**

222 Wurde der Verwaltervertrag mit dem Beirat ausgehandelt und abgeschlossen, ist zu überlegen, ihn auf der nächsten Eigentümerversammlung durch Beschluss der Gemeinschaft bestätigen zu lassen. Für die Eigentümer besteht der Vorteil in der damit einher gehenden größeren Transparenz, für den Verwalter darin, dass nach Ablauf der Anfechtungsfrist kritische Klauseln (die möglicher Weise wegen fehlender Vertretungsmacht des Beirats zunächst nicht wirksam vereinbart waren) bestandskräftig und dauerhaft wirksam werden.

223 Wird im Bestellungsbeschluss vorgesehen, dass ein (schriftlicher) Vertragsabschluss nachfolgen soll, soll dies normalerweise nur Beweiszwecken dienen. Kommt es – gleich aus welchen Gründen – nicht zum nachfolgenden Vertragsabschluss, ändert das i. d. R. nichts an der Wirksamkeit der Bestellung[3].

4. Inhaltskontrolle des Vertrags

a) Ordnungsgemäßheit der Vertragsklauseln

224 Der zum Verwaltervertrag führende Beschluss der Gemeinschaft ist nur rechtmäßig, wenn und soweit er ordnungsmäßiger Verwaltung i. S. v. § 21 Abs. 3 WEG entspricht; daher muss jede einzelne Bestimmung des Verwaltervertrags ordnungsmäßiger Verwaltung entsprechen. Ordnungsmäßig ist, was dem geordneten Zusammenleben in der Gemeinschaft

---

1 Aber nicht nichtig: OLG Köln, Beschl. v. 20. 9. 2002 – 16 Wx 135/02, NJW-RR 2003, 8 = ZMR 2002, 155.
2 OLG Düsseldorf, Beschl. v. 24. 9. 1997 – 3 Wx 221/97, ZMR 1998, 104 = NZM 1998, 36.
3 BayObLG, Beschl. v. 18. 3. 1997 – 2 Z BR 98/96, WuM 1997, 396; *Niedenführ/Kümmel/Vandenhouten*, § 26 WEG, Rz. 30.

dient, den Interessen der Wohnungseigentümer entspricht und der Gemeinschaft nützt. Ordnungsmäßiger Verwaltung widersprechen insbesondere Klauseln, die nicht mit zwingenden Vorgaben des Gesetzes (vor allem des Wohnungseigentumsgesetzes) oder der Gemeinschaftsordnung im Einklang stehen. Auch können durch den Verwaltervertrag außerhalb des Anwendungsbereichs des § 21 Abs. 7 WEG keine **Sonderpflichten** einzelner Eigentümer gegenüber der Gemeinschaft oder gegenüber dem Verwalter begründet werden[1] (z.B. die Pflicht, das Betreten des Sondereigentums durch den Verwalter zu dulden oder ihm eine Änderung von von Name oder Anschrift mitzuteilen); hierfür besteht schon gar keine Beschlusskompetenz.

Soweit der Verwaltervertrag Klauseln enthält, die ordnungsmäßiger Verwaltung widersprechen, ist der zum Abschluss führende Beschluss der Eigentümergemeinschaft **anfechtbar**. 225

Formulierungsvorschlag: Antrag für Beschlussanfechtungsklage 226

Der Beschluss der Eigentümerversammlung vom 7. 7. 2008 zu TOP 4 wird für ungültig erklärt, soweit darin folgende Klauseln des Verwaltervertrags beschlossen wurden:

– Nr. IV 2a: ... (zitieren)

– Nr. IV 2b: ... (zitieren)

Rechtsfolge der Ungültigerklärung ist es, dass die betreffende Klausel aus dem Verwaltervertrag ersatzlos wegfällt, der Vertrag im Übrigen aber regelmäßig wirksam bleibt (§ 139 BGB). Ohne Anfechtung wird demgegenüber der Vertrag (genauer: der ihm zugrunde liegende Beschluss) mitsamt allen anfechtbaren Klauseln **bestandskräftig**. 227

Wurde der Vertragsabschluss von der Gemeinschaft **delegiert**, ist die Vollmacht zum Vertragsabschluss auf übliche und ordnungsmäßige Klauseln **beschränkt**[2]. Soweit Klauseln überraschend oder nicht ordnungsgemäß sind, können sie also nicht wirksam vereinbart werden; auch in diesem Fall wird der Vertrag regelmäßig im Übrigen wirksam bleiben (§ 139 BGB). Dies ist für den Verwalter besonders unangenehm, weil sich an der Unwirksamkeit der Klauseln durch Zeitablauf nichts ändert; die Klauseln können nicht in Bestandskraft erwachsen. 228

---

1 OLG Hamm, Beschl. v. 19. 10. 2000 – 15 W 133/00, NZM 2001, 49 = ZMR 2001, 138. A. A. *Briesemeister*, ZMR 2003, 312, der es für grundsätzlich unbedenklich hält, wenn Wohnungseigentümer als „Reflex" des Verwaltervertrags auch untereinander Rechtsbeziehungen regeln.

2 OLG Köln, Beschl. v. 20. 9. 2002 – 16 Wx 135/02, NJW-RR 2003, 8 = ZMR 2003, 604; OLG Hamm, Beschl. v. 19. 10. 2000 – 15 W 133/00, NZM 2001, 49 = ZMR 2001, 138; unstr.

b) Die AGB-Inhaltskontrolle[1]

229 Die Vertragsklauseln unterliegen ferner als Allgemeine Geschäftsbedingungen (AGB) der Inhaltskontrolle gem. §§ 305 ff. BGB, sofern der Verwalter den Vertragstext eingebracht hat. AGB sind „für eine Vielzahl von Verträgen vorformulierte Vertragsbedingungen" (§ 305 Abs. 1 S. 1 BGB). Es genügt hierfür bereits die Absicht, die Vertragsbedingungen in mindestens drei Verträgen zu verwenden[2], die bei einem gewerblichen Verwalter immer unterstellt werden kann. Verwendet der Verwalter ein (von einem anderen formuliertes) gebräuchliches Vertragsmuster oder auch nur einzelne von einem Dritten formulierte Klauseln, liegt die Mehrfachverwendungsabsicht überdies schon deshalb vor, weil hierfür die Zweckbestimmung des „Aufstellers" (der den Text formuliert hat) entscheidend ist; es kommt dann nicht darauf an, wie oft der Verwalter das Formular verwenden wollte[3]. Schlussendlich bestimmt § 310 Abs. 3 BGB, dass bei Verträgen zwischen einem Unternehmer (hier: der Verwalter) und einem Verbraucher (hier: die Wohnungseigentümergemeinschaft) die Inhaltskontrolle auch dann stattfindet, wenn die Vertragsbestimmungen nur zur einmaligen Verwendung bestimmt sind, wobei gesetzlich vermutet wird, dass der Unternehmer die Vertragsbedingungen gestellt hat. Kurz gesagt: An der AGB-Inhaltskontrolle des Verwaltervertrags führt praktisch kein Weg vorbei.

c) Antragsmuster

Die Unwirksamkeit einzelner Vertragsklauseln (sei es wegen fehlender Vollmacht bei delegiertem Vertragsabschluss, sei es wegen AGB-Widrigkeit) kann jeder Wohnungseigentümer ohne ermächtigenden Beschluss der Eigentümerversammlung im gerichtlichen Verfahren gem. § 43 Nr. 3 WEG jederzeit (fristungebunden) geltend machen[4].

230 **Formulierungsvorschlag: Klageantrag auf Feststellung der Unwirksamkeit einzelner Vertragsklauseln**

Es wird festgestellt, dass folgende Klauseln im Verwaltervertrag vom 7. 5. 2008 unwirksam sind:

– Nr. IV 2a: ... (zitieren)

– Nr. IV 2b: ... (zitieren)

---

1 Ausführlich *Gottschalg*, AGB-Kontrolle von Formularverträgen des WEG-Verwalters, MietRB 2004, 183 ff.
2 BGH, Beschl. v. 15. 4. 1998 – VIII ZR 377/96, NJW 1998, 2286.
3 BGH, Beschl. v. 24. 11. 2005 – VII ZR 87/04, BauR 2006, 514 (st. Rspr.).
4 BayObLG, Beschl. v. 26. 9. 2003 – 2 Z BR 25/03, WuM 2004, 736; OLG Hamm, Beschl. v. 19. 10. 2000 – 15 W 133/00, NZM 2001, 49 = ZMR 2001, 138.

d) Stichwortlexikon kritischer Vertragsklauseln

- **Auftragsvergabe** durch den Verwalter (Bauleistungen[1], Reparaturaufträge usw.). Der grundsätzlich der Entscheidung der Gemeinschaft vorbehaltene Abschluss von Verträgen (Auftragsvergabe) darf nur in engen Grenzen in die Befugnis des Verwalters verlagert werden, gleichgültig ob die Auftragsvergabe mit oder ohne Einvernehmen des Verwaltungsbeirats (dazu Rz. 236) erfolgen soll. Rechtswidrig ist z. B. die Klausel „Der Verwalter ist berechtigt und verpflichtet, die laufenden Instandhaltungs- und die Instandsetzungsarbeiten zu veranlassen", weil darin jegliche Beschränkung, Budgetierung oder Begrenzung der Höhe nach fehlt[2]. Trotz gewisser Beschränkungen zu weitgehend ist auch die Klausel: „Der Verwalter ist berechtigt und verpflichtet, die für die ordnungsgemäße Instandhaltung und Instandsetzung des gemeinschaftlichen Eigentums erforderlichen Maßnahmen außerhalb des Wirtschaftsplanes nach Absprache mit dem Beirat durchzuführen. Mit Zustimmung des Beirates können auch Fachleute, wie Bauingenieure, Sachverständige etc. herangezogen werden. Bei Auftragserteilung über einem Wert von 2.000 DM ist die vorherige Zustimmung der Wohnungseigentümer einzuholen, bei Aufträgen ab einem Wert von 5.000 DM ist die vorherige Zustimmung des Beirats einzuholen"[3]. Rechtswidrig ist auch die Ermächtigung des Verwalters zur Einstellung von Hilfskräften ohne zahlenmäßige bzw. funktionelle Begrenzung und ohne Festlegung einer Obergrenze für die Gesamthonorarbelastung der Gemeinschaft pro Wirtschaftsjahr[4].

231

- **Aufwendungsersatz** (Fotokopien usw.) Eine Vergütung für die Erstellung von Fotokopien aus den Verwaltungsunterlagen entspricht jedenfalls dann ordnungsmäßiger Verwaltung, wenn die Regelung derjenigen des GKG gleicht[5]. Das bedeutet derzeit konkret: Für die ersten 50 Kopien nicht mehr als 0,50 Euro je Kopie, Reduzierung ab der 51. Kopie auf 0,15 Euro (Nr. 9000 des Kostenverzeichnisses zu § 3 GKG). Ohne eine solche Staffelung sind Beträge bis 0,30 Euro je Kopie rechtmäßig[6].

232

- **Außerordentliche Eigentümerversammlung.** Die Durchführung von Versammlungen gehört zu den gesetzlichen Pflichten des Verwalters.

233

---

1 Zur Vereinbarung von Sondervergütungen hierfür s. Rz. 234.
2 OLG München, Beschl. v. 20. 3. 2008 – 34 Wx 46/07, NJW-RR 2008, 1182 = MDR 2008, 620.
3 OLG Düsseldorf, Beschl. v. 30. 7. 1997 – 3 Wx 61/97, NJW-RR 1998, 1 = ZMR 1997, 605. Die einschneidende Entscheidung entspricht wohl (noch) nicht allg. M.; Zustimmend aber z.B. *Bärmann/Merle*, 10. Aufl., § 27 WEG, Rz. 39.
4 OLG Düsseldorf, Beschl. v. 8. 11. 2000 – 3 Wx 253/00, NZM 2001, 390 = ZMR 2001, 303.
5 OLG Hamm, Beschl. v. 19. 10. 2000 – 15 W 133/00, NZM 2001, 49 = ZMR 2001, 138; allg. M.
6 OLG München, Beschl. v. 26.7.2007 – 32 Wx 73/07, NZM 2008, 653 = ZMR 2007, 815 m. w. N.

Die Vereinbarung eines Sonderhonorars für die Durchführung einer außerordentlichen Versammlung ist daher (angeblich) überraschend und wurde für unwirksam erachtet, wenn der Verwaltervertrag im Wege der Delegation abgeschlossen wurde[1]; das ist m. E. nicht zutreffend, weil ein Sonderhonorar durchaus üblich ist. AGB-rechtlich bestehen keine prinzipiellen Bedenken, wobei Pauschalsätze zwischen 150 Euro und 300 Euro angemessen sein dürften. Allerdings muss in der Klausel (wie immer klar) zum Ausdruck kommen, dass eine Sondervergütung nicht geschuldet ist, wenn die außerordentliche Eigentümerversammlung durch ein Verschulden des Verwalters erforderlich wird[2].

234 • **Bauleistungen**, Sondervergütung für Vergabe und Überwachung[3]. Eine Regelung über Sondervergütungen muss beherzigen, dass es grundsätzlich Aufgabe des Verwalters ist, Baumaßnahmen an der Wohnungseigentumsanlage zu beauftragen und zu überwachen; die Vereinbarung einer Sondervergütung für diese Grundleistung ist also nur für bei besonders aufwändigen Bauüberwachungen rechtmäßig[4]. Unwirksam ist daher z. B. folgende Klausel: „Angebotseinholung, Terminabsprache mit Handwerkern, Baubetreuung, Abschlussrechnung und Aufmaß prüfen und Gewährleistungsüberprüfung bei aufwändigen Instandhaltungen bzw. Instandsetzungen, deren Kosten 3.000 DM übersteigen. Verwaltergebühr: 5 % der Bausumme + MwSt." Diese Leistungen gehören nämlich überwiegend ohnehin zum Aufgabenkreis des Verwalters. Lediglich die Baubetreuung und die Prüfung des Aufmaßes stellen besondere Leistungen der Verwaltung dar; die Zusatzvergütung in Höhe von 5 % der Bausumme ist hierfür aber unangemessen[5]. Angemessen ist demgegenüber die Vereinbarung einer nach der HOAI zu berechnenden Vergütung für Architektenleistungen des Verwalters, wenn es der Eigentümergemeinschaft im Zusammenhang mit der Entscheidung über Instandhaltungsmaßnahmen freisteht, den Auftrag für Architektenleistungen nicht dem Verwalter, sondern einem Architekten zu erteilen[6].

235 • **Betretungsrecht** des Verwalters. Es berührt den grundrechtsrelevanten Bereich der Unverletzlichkeit der Wohnung (Art. 13 GG) und bedarf deshalb einer besonderen sachlichen Rechtfertigung in der Gemeinschafts-

---

1 OLG Hamm, Beschl. v. 19. 10. 2000 – 15 W 133/00, NZM 2001, 49 = ZMR 2001, 138; allg. M.
2 OLG Düsseldorf, Beschl. v. 30. 5. 2006 – 3 Wx 51/06, NJW 2006, 3645 = ZMR 2006, 870.
3 Zum Vertretungsrecht beim Vertragsabschluss s. Rz. 231.
4 OLG Köln, Beschl. v. 9. 3. 2001 – 16 Wx 35/01, OLGReport Köln 2001, 233 = NZM 2001, 470.
5 OLG Düsseldorf, Beschl. v. 14. 10. 1998 – 3 Wx 169/98, WuM 1999, 477 = ZMR 1999, 193. Im Ergebnis ebenso für eine vergleichbare Klausel BayObLG, Beschl. v. 26. 9. 2004 – 2 Z BR 25/03, WuM 2004, 736.
6 OLG Hamm, Beschl. v. 19. 10. 2000 – 15 W 133/00, NZM 2001, 49 = ZMR 2001, 138.

ordnung. Die bloße Kontrolle ohne besonderen Anlass, ob Instandhaltungsmaßnahmen erforderlich sind, stellt keinen ausreichenden Grund für das Betreten von Wohnungen dar. Die gebräuchlichen Klauseln, die dem Verwalter aus Kontrollgründen ein generelles Betretungsrecht gewähren, sind deshalb sogar dann unwirksam, wenn sie in der Gemeinschaftsordnung enthalten sind[1] – und daher erst recht im Verwaltervertrag.

- **Einvernehmen** des Verwaltungsbeirats. In vielen Klauseln wird eine Ermächtigung des Verwalters zur Vornahme bestimmter Handlungen (z.B. Auftragsvergabe, Prozessführung usw.) unter den Vorbehalt des „Einvernehmens" (= der Zustimmung) des Verwaltungsbeirats oder der Rücksprache mit ihm gestellt. Das ist zulässig[2], wie sich nicht zuletzt aus § 27 Abs. 5 WEG ergibt; wenn schon die Verfügung des Verwalters über über die gemeinschaftlichen Gelder von der Zustimmung eines Wohnungseigentümers oder eines Dritten abhängig gemacht werden kann, muss dies erst recht für die Ermächtigung des Verwalters zur Vertretung der Gemeinschaft gelten[3]. 236

- **Gerichtliche Verfahren, Sondervergütung**[4]. Ordnungsmäßig ist eine Sondervergütung für den mit der Bearbeitung von Gerichtsverfahren (unter Hinzuziehung eines Rechtsanwaltes) verbundenen Aufwand (Zuarbeit, Information usw.). Der Höhe nach wurden der Wert einer jährlichen Verwaltungsvergütung für die betreffende Wohnung[5] (nicht aber der doppelte oder dreifache Betrag[6]) gebilligt oder Pauschalen bis zu 150 Euro[7]. Zulässig ist auch eine Vergütung nach den Sätzen des RVG, wenn der Verwalter *statt* eines Rechtsanwalts tätig wird[8]. M.E. ist es aber ord- 237

---

1 OLG Zweibrücken, Beschl. v. 24.11.2000 – 3 W 184/00, ZMR 2001, 308 = NJW-RR 2001, 730.
2 So für die Ermächtigung zur Prozessführung OLG Zweibrücken, Beschl. v. 10.6.1987 – 3 W 53/87, NJW-RR 1987, 1366 = ZMR 1988, 24.
3 So auch *Suilmann*, ZWE 2008, 113 (116).
4 Zum Vertretungsrecht s. Rz. 251.
5 OLG Köln, Beschl. v. 9.7.1990 – 16 Wx 173/89, NJW 1991, 1302 = WuM 1990, 462.
6 Ordnungswidrig, ja sogar nichtig ist nach OLG Hamm, Beschl. v. 6.12.2007 – 15 W 224/07, ZMR 2008, 554 die Klausel in der Gemeinschaftsordnung: „Säumige Wohnungseigentümer zahlen für den Mehraufwand des Verwalters für die Dauer der Säumnis die doppelte, bei gerichtlichen Maßnahmen die dreifache Verwaltergebühr jährlich".
7 AG Düsseldorf, Beschl. v. 11.9.2007 – 290 II 71/07 WEG, WuM 2007, 646 = ZMR 2008, 80; AG Fürth, Beschl. v. 19.4.2004 – 7 UR II 13/04 WEG, ZMR 2004, 540 (300 DM).
8 BGH, Beschl. v. 6.5.1993 – V ZB 9/92, NJW 1993, 1924 = ZMR 1993, 421 (in dieser Entscheidung wird auch festgestellt, dass die gerichtliche Geltendmachung von Ansprüchen der Gemeinschaft durch den Verwalter keine unerlaubte Besorgung fremder Rechtsangelegenheiten darstellt); OLG Hamm, Beschl. v. 19.10.2000 – 15 W 133/00, NZM 2001, 49 = ZMR 2001, 138; LG Stuttgart, Beschl. v. 3.3.2003 – 2 T 70/03, ZMR 2004, 216.

nungswidrig und überraschend, wenn statt eines Rechtsanwalts der Verwalter für dieselben Gebühren tätig werden soll; normalerweise erwarten die Wohnungseigentümer nämlich, dass sie als Gegenleistung für die Zahlung von Rechtsanwaltsgebühren auch tatsächlich die Leistungen eines Rechtsanwalts erhalten. **Schuldner** der Sondervergütung ist die Gemeinschaft als Vertragspartner des Verwalters; der Verwaltervertrag kann nicht wirksam bestimmen, dass bei Hausgeldbeitreibung der säumige Hausgeldschuldner unmittelbar zur Zahlung der Sondervergütung an den Verwalter verpflichtet ist[1]. Im Ergebnis kommt freilich dasselbe heraus, weil die Eigentümergemeinschaft, die zur Zahlung des Sonderhonorars verpflichtet ist, vom betreffenden Hausgeldschuldner die Erstattung (oder die Freistellung davon) als Kosten der Rechtsverfolgung gem. §§ 47 WEG, 91 ZPO verlangen kann[2]. Nach zutreffender h. M. ist die Sondervergütung, die der Verwalter für seine Tätigkeit im gerichtlichen Verfahren beanspruchen kann, im **Kostenfestsetzungsverfahren** gem. §§ 103 ff ZPO (und nicht im Hauptsacheverfahren als gesonderter Schadensposten) geltend zu machen[3].

238 • **Grundbucheinsicht.** Gem. § 12 GBO ist die Einsicht des Grundbuchs jedem gestattet, der ein berechtigtes Interesse darlegt. Dieses Interesse hat der Verwalter in vielen Fällen (z. B. bei der Hausgeldbeitreibung, Einberufung der Eigentümerversammlung usw.). Eine im Verwaltervertrag erteilte allgemeine Berechtigung zur Einsichtnahme erspart ihm die Darlegung im Einzelfall und erleichtert dadurch seine Arbeit. Besonders praktisch ist die Möglichkeit des maschinellen (automatisierten) Abrufverfahrens gem. § 133 GBO. Die Teilnahme daran ist aber anderen Stellen als Notaren, Gerichten usw. nur dann eröffnet, wenn entweder eine besondere Eilbedürftigkeit vorliegt oder die Zustimmung der Eigentümer; der Verwalter soll dazu nicht ohne weiteres berechtigt sein[4]. Eine im Verwaltervertrag ausdrücklich erteilte Zustimmung ist daher sinnvoll; ob sie von den Grundbuchämtern als ausreichend anerkannt wird, ist aber eine andere Frage, zu der noch keine Rechtsprechung vorliegt[5].

---

1 KG, Beschl. v. 21. 12. 1988 – 24 W 5948/88, NJW-RR 1989, 329 = ZMR 1989, 188; OLG Düsseldorf, Beschl. v. 6. 1. 2003 – 3 Wx 364/02, ZMR 2003, 285 = NZM 2003, 119 (wegen angeblicher Unklarheit der Regelung im entschiedenen Fall).
2 Zum Ganzen *Rau*, NJW 1991, 1278. Ein titulierter Erstattungsanspruch sollte übrigens nicht auch noch als Sonderbelastung in die Einzelabrechnung eingestellt werden, sonst würde er quasi doppelt tituliert.
3 OLG Frankfurt/Main, Beschl. v. 10. 8. 1990 – 20 W 113/90, WuM 1990, 457; KG, Beschl. v. 21. 12. 1988 – 24 W 5948/88, NJW-RR 1989, 329 = ZMR 1989, 188; LG Stuttgart v. 3. 3. 2003 – 2 T 70/03, NZM 2003, 721 = ZMR 2004, 216; **a. A.** OLG Köln, Beschl. v. 9. 7. 1990 – 16 Wx 173/89, WuM 1990, 462 = NJW 1991, 1302.
4 OLG Hamm, Beschl. v. 15. 1. 2008 – 15 VA 12/07, ZWE 2008, 130. Zutreffende Kritik z. B. von *Drasdo*, NJW-Spezial 2008, 258.
5 Dafür zu Recht *F. Schmidt*, ZWE 2008, 128 (130).

- **Haftungsbeschränkung.** Ob Haftungsbeschränkungen AGB-rechtlich zulässig sind und ordnungsmäßiger Verwaltung entsprechen, ist in der Literatur streitig[1]; Rechtsprechung gibt es kaum. M. E. gibt es keinen Grund, weshalb ein professioneller Verwalter für seine Leistung nicht die volle Haftung übernehmen sollte, zumal er sich gegen die meisten Haftpflichtansprüche versichern kann. Letztlich weicht jede Haftungsbeschränkung von wesentlichen Grundgedanken der gesetzlichen Regelung ab, weil nach den §§ 280, 276 BGB der Schuldner für jede, auch für leicht-fahrlässige Pflichtverletzungen haften muss[2]. In jedem Fall muss eine haftungsbeschränkende Klausel so formuliert sein, dass sie ausdrücklich nicht die Haftung für Verletzungen von Leben, Körper und Gesundheit erfasst, weil dahin gehende Beschränkungen gem. § 309 Nr. 7a BGB unwirksam sind. Die verbreitete Klausel „Die Haftung des Verwalters ist auf Vorsatz und grobe Fahrlässigkeit beschränkt" ist somit schon deshalb unwirksam, weil sie nicht zum Ausdruck bringt, dass das nicht für Verletzungen von Leben usw. gilt[3]. Am ehesten dürfte noch eine Beschränkung der Haftung bei reinen Vermögensschäden (nicht Personenschäden) auf die Höhe der Deckungssumme der Vermögensschadenshaftpflichtversicherung des Verwalters zulässig sein, vorausgesetzt, dass der Verwalter die vertragliche Pflicht zum Abschluss einer Versicherung übernommen hat und dass die Deckungssumme ausreichend hoch angesetzt wird. Zur Verkürzung der Verjährungsfrist s. Rz. 249.

- **Honorar (Verwaltervergütung).** S. Rz. 253 ff.

- **Insichgeschäft** (Selbstkontrahieren). Die Befreiung vom Verbot, mit sich selber im Namen des Vertretenen Rechtsgeschäfte abzuschließen (§ 181 BGB) ist zwar üblich, aber gem. § 307 Abs. 1 BGB nichtig[4].

- **Instandhaltungsmaßnahmen.** S. Auftragsvergabe (Rz. 231) und Bauleistungen (Rz. 234).

- **Lastschriftverfahren.** Das Lastschriftverfahren zum Einzug des Hausgelds bietet erhebliche Rationalisierungsvorteile und ist spürbar kostengünstiger, wohingegen auf Seiten des Zahlungspflichtigen keine beachtlichen Nachteile bestehen. Bis zur WEG-Novelle war es streitig, ob die

---

1 Dafür z.B. *Bärmann/Merle*, 10. Aufl., § 27 WEG Rz. 283; *Jennißen/Heinemann*, § 27 WEG, Rz. 174; dagegen z.B. *Staudinger/Bub*, § 26 WEG Rn. 346 f.
2 So im Ergebnis auch OLG Hamm, Beschl. v. 19. 10. 2000 – 15 W 133/00, NZM 2001, 49 = ZMR 2001, 138; BayObLG v. 23. 12. 2002 – 2 Z BR 89/02, NZM 2003, 204 = ZMR 2003, 282; im Prinzip auch *Gottschalg*, MietRB 2004, 185.
3 So auch *Gottschalg*, MietRB 2004, 184 f. Dies verkennt offenbar OLG Frankfurt/Main, Beschl. v. 25. 4. 1997 – 20 W 433/96, OLGReport Frankfurt 1997 = ZMR 1997, 609, wo es lapidar heißt: „Die Verwalterhaftung kann auf Vorsatz und grobe Fahrlässigkeit beschränkt werden."
4 OLG Düsseldorf, Beschl. v. 30. 5. 2006 – 3 Wx 51/06, NJW 2006, 3645 = ZMR 2006, 870. Falls der Verwalter aber Miteigentümer ist, kann das nicht gelten (so auch *Kümmel*, ZWE 2006, 40).

Miteigentümer durch Beschluss zur Teilnahme am Lastschriftverfahren oder zur Zahlung besonderer Gebühren bei Nichtteilnahme verpflichtet werden konnten[1]. Durch den jetzt geltenden § 21 Abs. 7 WEG wird klargestellt, dass für „die Regelung der Art und Weise der Zahlungen" – und dazu gehört das Lastschriftverfahren[2] – Beschlusskompetenz besteht; dasselbe gilt für Gebühren, die dem nicht am Lastschriftverfahren teilnehmenden Zahlungspflichtigen als „Kosten für einen besonderen Verwaltungsaufwand" auferlegt werden. Weil die Gemeinschaft solche Regelungen mehrheitlich beschließen darf, spricht nichts dagegen, entsprechende Klauseln in den Verwaltervertrag aufzunehmen[3]. Die Beschlusskompetenz besteht genauso, wenn diese Pflichten statt untereinander gegenüber dem Verwalter begründet werden. Bestätigende Rechtsprechung liegt aber noch nicht vor.

244 • **Ladung zur Eigentümerversammlung.** Eine Bestimmung im Verwaltervertrag, wonach die Ladung zur Eigentümerversammlung wirksam an die letzte dem Verwalter bekannte Adresse des Eigentümers gerichtet werden kann, ist unwirksam[4]. Das schließt es m. E. aber nicht aus, dem Verwalter im Vertrag gleichwohl das Recht und die Pflicht einzuräumen, die Ladung an die letzte ihm bekannte Adresse (an welche denn auch sonst?) zu richten; ob die Ladung dann wirksam ist oder nicht, ist eine andere Frage (die der Verwaltervertrag nicht beantworten soll und kann).

245 • **Laufzeit** des Verwaltervertrags. Gem. § 309 Nr. 9a BGB dürfen Dauerschuldverhältnisse, die die regelmäßige Erbringung von Dienstleistungen durch den Verwender zum Gegenstand haben, eine Laufzeit von längstens 2 Jahren haben. § 26 Abs. 1 S. 2 WEG geht aber als Sonderregelung vor, so dass im Verwaltervertrag auch formularmäßig eine Laufzeit bis zu 5 Jahren vereinbart werden kann[5].

246 • **Mahnungen.** Eine Sondervergütung für Mahnungen an zahlungssäumige Miteigentümer in angemessener Höhe (bis zu 25 DM zzgl. USt. je Mahnung) ist rechtmäßig[6] und auch sinnvoll. **Schuldner** der Sonderver-

---

1 Dafür z.B. OLG Düsseldorf, Beschl. v. 14. 10. 1998 – 3 Wx 169/98, WuM 1999, 477 = ZMR 1999, 193.
2 Begründung des Gesetzentwurfs der Bundesregierung v. 9. 3. 2006 zu § 21 Abs. 7 WEG, BT-Drs. 16/887, S. 27 = NZM 2006, 416.
3 A. A. Jennißen/*Jennißen*, § 26 WEG, Rz. 75 mit der Begründung, es handele sich um unzulässige gemeinschaftsbezogene und überdies überraschende Regelungen.
4 OLG München, Beschl. v. 20. 3. 2008 – 34 Wx 46/07, NJW-RR 2008, 1182 = MDR 2008, 620 wegen Verstoßes gegen § 10 Nr. 6 AGBG = heute § 308 Nr. 6 BGB. In der Gemeinschaftsordnung wäre die Klausel übrigens wirksam und sinnvoll.
5 BGH, Beschl. v. 20. 6. 2002 – V ZB 39/01, NJW 2002, 3240 = ZMR 2002, 766.
6 OLG Düsseldorf, Beschl. v. 14. 10. 1998 – 3 Wx 169/98, WuM 1999, 477 = ZMR 1999, 193; AG Mönchengladbach, Beschl. v. 22. 2. 2002 – 23 UR II 19/01, NZM 2003, 403. A. A. teilweise die Literatur mit der m. E. nicht überzeugenden Begründung, dass die außergerichtliche Geltendmachung von Zahlungsansprüchen der

gütung ist die Gemeinschaft, wenn der Verwaltervertrag nichts Abweichendes regelt. Üblich sind Klauseln, die (nur) den Verursacher direkt zur Zahlung verpflichten. Während derartige „Sonderpflichten" den Miteigentümern früher nicht per Beschluss auferlegt werden konnten (und entsprechende Klauseln im Verwaltervertrag daher nichtig waren), begründet der mit der WEG-Novelle eingeführte § 21 Abs. 7 WEG hierfür als „Regelung der Folgen des Verzugs" eine Beschlusskompetenz. Die Frage ist nur, ob dafür ein gesonderter Beschluss (z. B. ein „Dauerbeschluss zur Regelung der Hausgeldzahlung") erforderlich ist oder ob es genügt, eine entsprechende Klausel in den Verwaltervertrag aufzunehmen; letzteres ist m. E. zutreffend[1] (s. dazu auch Rz. 204). Aus Verwaltersicht ist die Klausel, die den Verursacher zur direkten Zahlung verpflichtet, allerdings gar nicht zu empfehlen; ohne sie erhielte der Verwalter die Mahngebühr (problemlos) von der Gemeinschaft, die dann unter Verzugsgesichtspunkten einen entsprechenden Erstattungsanspruch gegen den Verursacher hat.

- **Rechtsanwaltsbeauftragung.** Soweit der Verwalter wirksam zur Vertretung der Gemeinschaft oder der Miteigentümer ermächtigt wurde, entspricht es auch ordnungsmäßiger Verwaltung, ihn zugleich zur Beauftragung eines Rechtsanwalts zu ermächtigen (s. Rz. 321). 247

- **Veräußerungszustimmung** gem. § 12 WEG. Ein Sonderhonorar für eine nach der Gemeinschaftsordnung erforderliche Verwalterzustimmung ist üblich und zulässig[2], meistens als Pauschale zwischen 50 Euro und 150 Euro. Unzulässig: eine Pauschale in Form eines Prozentsatzes vom Kaufpreis der Einheit (im Fall: 5 %), weil das im Einzelfall dazu führen kann, dass die Kosten der Veräußerungszustimmung nicht im angemessenen Verhältnis zum tatsächlichen Prüfungsaufwand stehen[3]. **Schuldner** der Sondervergütung ist die Gemeinschaft[4], sofern der Verwaltervertrag nichts Abweichendes bestimmt. Wenn der Verwaltervertrag wie üblich den „Verkäufer" als Schuldner der Vergütung bestimmt, besteht hierfür entgegen der früheren Rechtslage gem. § 21 Abs. 7 WEG eine Beschlusskompetenz, da es um „die Kosten eines besonderen Verwaltungsaufwands" geht; die Sonderbelastung des veräußernden Miteigentümers entspricht m. E. auch ordnungsmäßiger Verwaltung und ist mithin rechtmäßig[5]. Soll hingegen der „Verursacher" zahlungspflichtig sein, ist die 248

Gemeinschaft gem. § 27 Abs. 2 Nr. 1 WEG zu den Grundpflichten des Verwalters gehöre.
1 A. A. Jennißen/*Jennißen*, § 26 WEG, Rz. 96.
2 OLG Hamm, Beschl. v. 19. 10. 2000 – 15 W 133/00, NZM 2001, 49 = ZMR 2001, 138; unstr.
3 KG, Beschl. v. 20. 6. 1997 – 24 W 1783/97, NJW-RR 1997, 1231 = ZMR 1997, 666.
4 OLG Hamm, Beschl. v. 7. 4. 1989 – 15 W 513/88, NJW-RR 1989, 974.
5 Dies werden allerdings wiederum diejenigen anders sehen, die für eine Kostenbelastung gem. § 21 Abs. 7 WEG einen gesonderten Beschluss für erforderlich halten; s. dazu Rz. 246.

Klausel wegen Unklarheit gem. § 307 Abs. 1 S. 2 BGB unwirksam[1]. Der Käufer der Einheit kann nicht zur Zahlung verpflichtet werden. Er ist zwar an den vor seinem Eintritt in die Wohnungseigentümergemeinschaft abgeschlossenen Verwaltervertrag gebunden, haftet hieraus aber nicht für Verwaltervergütungen, die vor seinem Erwerb entstanden und fällig geworden sind[2]; entsprechende Klauseln sind daher unwirksam.

249 • **Verjährungsfrist für Haftungsansprüche.** Sie beträgt 3 Jahre und beginnt mit dem Schluss des Jahres, in dem der Gläubiger (hier: die Eigentümergemeinschaft) von seinem Anspruch Kenntnis erlangt[3] (§§ 195, 199 Abs. 1 BGB). Eine Verkürzung entspricht nicht ordnungsmäßiger Verwaltung[4]. M. E. ist sie auch AGB-rechtlich unzulässig (und demnach auch bei Bestandskraft des Beschlusses über den Verwaltervertrag unwirksam). Das OLG München hat zwar entschieden: „Die Verjährung von Schadensersatzansprüchen gegen den Verwalter einer Wohnungseigentumsanlage kann auch durch Allgemeine Geschäftsbedingungen verkürzt werden"[5]; jedoch hatte diese Entscheidung die Verkürzung der vor der Schuldrechtsreform geltenden 30 Jahre auf 3 Jahre zum Gegenstand und ist demnach für die Frage, ob die heute geltenden 3 Jahre Verjährungsfrist AGB-rechtlich wirksam verkürzt werden können, wenig ergiebig.

250 • **Vertragsabschluss**: S. Stichwort „Auftragsvergabe" Rz. 231.

251 • **Vertretung in Gerichtsverfahren**[6]. Die Vertretung der Wohnungseigentümer und der Gemeinschaft in Aktivprozessen ist in § 27 Abs. 2 Nr. 3, Abs. 3 Nr. 7 WEG vorgesehen, allerdings von einem vorhergehenden Beschluss der Wohnungseigentümer abhängig. Es ist eine der wichtigsten Regelungen für die Verwalterpraxis, dass die Gemeinschaft dem Verwalter dieses Vertretungsrecht jedenfalls im Rahmen der laufenden Verwaltung (insbesondere zur Geltendmachung von Zahlungsrückständen) einräumt, damit nicht nur für diesen Zweck besondere Eigentümerver-

---

1 Wie hier auch *Furmans*, DWE 2002, 77 (84).
2 KG v. 20. 6. 1997 – 24 W 1783/97, NJW-RR 1997, 1231 = ZMR 1997, 666; BayObLG v. 6. 10. 1986, NJW-RR 1987, 80 = ZMR 1987, 60. Daran ändert sich nichts, wenn der Käufer – wie üblich – im notariellen Kaufvertrag die Kosten des Vertragsvollzugs übernommen hat, weil dadurch nur das Verhältnis zwischen Erwerber und Verkäufer, nicht aber das Verhältnis zwischen Erwerber und Gemeinschaft betroffen ist.
3 Weil „die Eigentümergemeinschaft" keine Kenntnis haben kann, stellt sich die (noch offene Frage), auf wen dabei abzustellen ist: Genügt die Kenntnis durch einen einzigen (beliebigen) Miteigentümer? Durch einen oder alle Verwaltungsbeiräte? Durch den (haftpflichtigen) Verwalter?
4 OLG Düsseldorf, Beschl. v. 30. 5. 2006 – 3 Wx 51/06, NJW 2006, 3645 = ZMR 2006, 870.
5 OLG München, Beschluss v. 8. 11. 2006 – 34 Wx 45/06, NJW 2007, 227 = ZMR 2007, 220.
6 Zur Vereinbarung von Sondervergütungen s. Rz. 237.

sammlungen stattfinden müssen. Dies muss nicht in einem besonderen Beschluss erfolgen, sondern kann (selbstverständlich) Gegenstand des Verwaltervertrags sein[1]. Die in Verwalterverträgen übliche Klausel, die den Verwalter schlicht „zur außergerichtlichen und gerichtlichen Geltendmachung von Ansprüchen" ermächtigt, ist aber heikel. Man muss davon ausgehen, dass eine solche Regelung zu weitgehend und zu unbestimmt ist mit der Folge ihrer Unwirksamkeit: Weil es im Ausgangspunkt Sache der Gemeinschaft ist, über die Einleitung von Gerichtsverfahren (oder außergerichtlichen Streitigkeiten) per Beschluss zu entscheiden (§ 27 Abs. 2 Nr. 3 WEG), ist eine generelle und unbeschränkte Übertragung dieser Befugnis auf den Verwalter nicht möglich[2].

Ist dem Verwalter das Recht zur Vertretung „der Miteigentümer" eingeräumt, ist er auch zur Vertretung der Gemeinschaft (des Verbands) befugt[3]. Die Befugnis zur Prozessführung beinhaltet stets (auch ohne ausdrückliche Erwähnung im Vertrag) das Recht zur Beauftragung eines Rechtsanwalts; für die außergerichtliche Geltendmachung von Ansprüchen ist dies allerdings streitig (s. Rz. 321). Ist der Verwalter selber Rechtsanwalt, ist die Befreiung von § 181 BGB (also die Möglichkeit der Selbstbeauftragung) rechtmäßig[4]. 252

5. Die Vergütung des Verwalters

Schuldner der Vergütung ist der Vertragspartner des Verwalters – also die Wohnungseigentümergemeinschaft (Rz. 204). Eine Klausel im Verwaltervertrag, wonach die Miteigentümer als **Gesamtschuldner** für die Verwaltervergütung haften, ist mangels Beschlusskompetenz nichtig[5]. 253

Für die **Fälligkeit** der Vergütung gilt die vertragliche Regelung, die normalerweise monatliche Fälligkeit vorsieht; für die Rechtslage ohne Verwaltervertrag s. Rz. 267. Der Verwalter darf die Vergütung bei Fälligkeit dem Gemeinschaftskonto entnehmen[6]. 254

---

1 OLG Brandenburg, Beschl. v. 27. 11. 2007 – 13 Wx 9/07, ZMR 2008, 389.
2 So zutreffend *Gottschalg*, MietRB 2004, 185. Die Klausel „der Verwalter ist ermächtigt, die Gemeinschaft in Angelegenheiten der laufenden Verwaltung gerichtlich und außergerichtlich zu vertreten", hielt das OLG Brandenburg (Beschl. v. 27. 11. 2007 – 13 Wx 9/07, ZMR 2008, 389) als Grundlage einer Hausgeldklage aber für ausreichend. Im Übrigen ist einschlägige Rechtsprechung erstaunlicher Weise noch nicht bekannt.
3 BGH, Beschl. v. 30. 3. 2006 – V ZB 17/06, NJW 2006, 2187 = ZMR 2006, 457.
4 BayObLG, Beschl. v. 8. 12. 2004 – 2 Z BR 80/04, NJW 2005, 1587 = ZMR 2005, 641.
5 OLG Hamm v. 3. 1. 2006 – 15 W 109/05, OLGReport Hamm 2006, 753 = WuM 2006, 582 = ZMR 2006, 633.
6 Unstr., vgl. nur *Niedenführ/Kümmel/Vandenhouten*, § 26 Rz. 74.

255 Die **Höhe** der Vergütung ist Verhandlungssache und fällt in den Beurteilungsspielraum der Gemeinschaft. Üblich sind zwischen 15 Euro und 25 Euro (netto) monatlich pro Wohneinheit, bei sehr kleinen oder sehr großen Gemeinschaften auch mehr oder weniger[1]. Nach veröffentlichten Gerichtsentscheidungen waren 40 DM[2] oder 45 DM[3] in einer kleineren Anlage ordnungsgemäß, nicht aber 100 DM in einer WEG mit zwei Einheiten[4]. Für vermietete (vom Eigentümer nicht selbstgenutzte) Einheiten kann ein erhöhtes Honorar vereinbart werden[5]. Ein **Stundenlohn** von 100 DM ist ordnungsgemäß[6], nicht aber Stundensätze von 130 Euro für den Geschäftsführer einer Verwaltungsgesellschaft, 65 Euro für den Haustechniker und 45 Euro für einen Sachbearbeiter[7].

256 Die Vereinbarung angemessener **Sondervergütungen** für Verwalterleistungen, die über die Wahrnehmung der gesetzlichen Aufgaben des Wohnungseigentumsverwalters hinausgehen (Zusatzleistungen), entspricht ordnungsgemäßer Verwaltung[8]; teilweise wird für Sonderleistungen und Auslagen sogar ohne Vereinbarung die „übliche Vergütung" zugesprochen[9]. Daher sind (im üblichen Umfang) Sondervergütungen auch dann wirksam, wenn das Aushandeln des Vertrag von der Gemeinschaft auf einzelne Personen delegiert wurde[10]. Im Einzelnen werden Vergütungsfragen im Zusammenhang mit bestimmten Verwalterleistungen im „Stichwortlexikon kritischer Vertragsklauseln" (Rz. 231 ff.) bei den jeweiligen Stichworten (Aufwendungsersatz, außerordentliche Eigentümerversammlung, Bauleistungen, gerichtliche Verfahren, Mahnungen, Veräußerungszustimmung) behandelt.

---

1 Näheres in der „Studie 2003 Verwalterhonorare in Deutschland", Hrsg. Bundesfachverband Wohnungs- und Immobilienverwalter e.V. und Ring Deutscher Makler Landesverband Niedersachsen e. V.
2 KG, Beschl. v. 11. 2. 2004 – 24 W 56/02, ZMR 2004, 459. Die Vergütung betraf das Jahr 2001, die Größe der Anlage wurde nicht mitgeteilt.
3 OLG Düsseldorf, Beschl. v. 14. 10. 1998 – 3 Wx 169/98, WuM 1999, 477 = ZMR 1999, 193.
4 BayObLG, Beschl. v. 27. 7. 2000 – 2 Z BR 112/99, ZMR 2000, 846.
5 OLG Frankfurt/Main, Beschl. v. 31. 10. 1990 – 20 W 260/90, NJW-RR 1991, 659 (im Fall: 5 DM).
6 BayObLG, Beschl. v. 24. 8. 2000 – 2 Z BR 25/00, WuM 2000, 688 = ZMR 2000, 858.
7 BayObLG, Beschl. v. 31. 3. 2004 – 2 Z BR 11/04, NJW-RR 2005, 165 = WuM 2004, 369.
8 BGH, Beschl. v. 6. 5. 1993 – V ZB 9/92, NJW 1993, 1924 (1925); OLG Hamm, Beschl. v. 19. 10. 2000 – 15 W 133/00, NZM 2001, 49 = ZMR 2001, 138.
9 OLG Hamm v. 19. 10. 2000 – 15 W 133/00, NZM 2001, 49 = ZMR 2001, 138; m. E. nicht richtig.
10 A. A. oder zumindest unklar BayObLG, Beschl. v. 12. 2. 2004 – 2 Z BR 110/03, NZM 2004, 658 = ZMR 2005, 62. Klar ist nur, dass der Verwaltungsbeirat dann keine Sondervergütung mehr aushandeln kann, wenn die Gemeinschaft über die Vergütung erkennbar „abschließend" Beschluss gefasst hat.

Die vertragliche Gestaltung der Vergütungsregelung muss dem **Transparenzgebot** des § 307 Abs. 1 S. 2 BGB genügen; die Regelung muss also klar und verständlich sein. Daran fehlt es bei vielen gebräuchlichen Klauseln. Häufig werden z. B. separate Grund- und Sonderleistungen angeboten, ohne dass hinreichend deutlich wird, was genau zu den von der „Grundgebühr" abgedeckten Grundleistungen und was zu den gesondert zu vergütenden Sonderleistungen gehören soll. Von der Aufnahme allzu umfangreicher Leistungskataloge in den Verwaltervertrag ist abzuraten; die Grundpflichten des Verwalters sind ohnehin weitgehend in den §§ 24, 27 und 28 Abs. 1 WEG aufgelistet.

257

Eine **Erhöhung** der Vergütung kann nicht ohne Vertragsänderung durch schlichte („stillschweigende") Einstellung eines höheren Betrags in den Wirtschaftsplan erfolgen[1]. Eine Klausel zur beliebigen einseitigen Erhöhung („Der Verwalter ist berechtigt, die Verwaltergebühren jährlich höchstens einmal der Verwaltungskostenentwicklung anzupassen") ist gem. § 307 BGB unwirksam[2].

258

Die (seit jeher übliche) **Umlage** der Verwaltervergütung nach Wohneinheiten anstatt nach Miteigentumsanteilen war vor der WEG-Reform rechtswidrig, sofern die Gemeinschaftsordnung sie nicht zuließ[3]. Nunmehr begründet § 16 Abs. 3 WEG eine Beschlusskompetenz dafür, die Kosten der Verwaltung abweichend von § 16 Abs. 1 Satz 2 WEG zu verteilen[4]. Ob diese Bestimmung die Umlage nach Wohneinheiten legitimiert, ist gleichwohl fraglich. Ihrem Wortlaut nach ermöglicht sie es, dass „Kosten der Verwaltung nach Verbrauch oder Verursachung erfasst und nach diesem oder einem anderen Maßstab verteilt werden, soweit dies ordnungsmäßiger Verwaltung entspricht." Voraussetzung einer vom Schlüssel „Miteigentumsanteile" abweichenden Umlage ist demnach die Erfassung der Kosten nach Verbrauch oder Verursachung. Der Verbrauch oder die Verursachung der Verwalterleistung wird aber nicht erfasst, insbesondere nicht dadurch, dass ein Verwalter seine Vergütung üblicher Weise nach der Anzahl der Wohneinheiten kalkuliert und anbietet; dies betrifft lediglich seine interne Kalkulation und ermöglicht die Vergleichbarkeit seines Angebots. Auch wenn man sich über den Wortlaut des Gesetztes insoweit hinwegsetzt und die Auffassung ver-

259

---
1 OLG Düsseldorf, Beschl. v. 25. 1. 2005 – 3 Wx 326/04, WuM 2005, 359 = ZMR 2005, 468.
2 OLG Düsseldorf, Beschl. v. 25. 1. 2005 – 3 Wx 326/04, WuM 2005, 359 = ZMR 2005, 468.
3 BayObLG, Beschl. v. 23. 12. 2003 – 2 Z BR 189/03, NZM 2004, 623 = ZMR 2004, 358.
4 Ob für die Anwendung des § 16 Abs. 3 generell ein gesonderter Beschluss zur Änderung des Kostenverteilungsschlüssels erforderlich ist (so z.B. Jennißen/*Jennißen*, § 26 WEG, Rz. 90) oder ob es genügt, in der konkret beschlossenen Jahresabrechnung einen neuen Schlüssel einzusetzen (m.E. ausreichend), ist von der Rechtsprechung noch nicht geklärt.

tritt, Verwaltungskosten könnten *immer* nach einem anderen Maßstab (als dem Verhältnis der Miteigentumsanteile) verteilt werden, wenn der Maßstab nur ordnungsmäßiger Verwaltung entspricht, bliebe die Umlage nach Einheiten problematisch. Denn der „Verbrauch" an Verwaltung" ist nicht je Wohneinheit gleich hoch (der Querulant verursacht mehr Arbeit als der friedliebende Miteigentümer!). Auch dürfte eine große Wohnung mit vielen Nutzern mehr Verwaltungsaufwand mit sich bringen als eine kleine Wohnung mit nur einem Nutzer. Nur das Rechnungswesen ist je Einheit gleich aufwändig, weil wohnungsweise abgerechnet wird. M. E. entspricht die Umlage nach Wohneinheiten – wenn sie tatbestandlich überhaupt unter § 16 Abs. 3 WEG fällt – daher nicht ordnungsmäßiger Verwaltung.

260 Die **Nichterfüllung** der Pflichten führt zum Wegfall des Vergütungsanspruchs.

Beispiel:

261 Der Verwalter legt während seiner jahrelangen Amtszeit weder Abrechnungen noch Wirtschaftspläne vor und hält auch keine Wohnungseigentümerversammlungen ab. Seine Tätigkeit besteht praktisch nur im Abheften von Auszügen und Begleichen von Rechnungen. Die Gemeinschaft verlangt nach seine Abwahl 80 % der an ihn gezahlten Vergütung zurück. – Mit Erfolg. Er hat seine Hauptpflichten nicht erbracht und kann diese auch nicht mehr nachholen. Soweit seine Leistung unmöglich geworden ist, entfällt sein Vergütungsanspruch ohne Weiteres. Es kommt weder darauf an, ob und welchen Schaden die Gemeinschaft durch die Untätigkeit erlitten hat, noch dass eine Abmahnung unterblieben ist. Die ungerechtfertigt erlangte Vergütung ist nach Bereicherungsrecht herauszugeben[1].

262 Die **Schlechterfüllung** der Verwalterpflichten führt demgegenüber nicht zum Wegfall des Vergütungsanspruchs, sondern ggf. zu Schadensersatzansprüchen gegen den Verwalter[2].

6. Muster eines Verwaltervertrags

263 Viele Verwalterverträge enthalten unwirksame oder überflüssige Regelungen; ein guter Vertrag ist deshalb meistens zugleich ein kurzer Vertrag. Eine Regelung ist m. E. aber nicht schon deswegen überflüssig, weil sie den Inhalt des Gesetzes wiederholt: Der Vertrag hat nicht nur den Zweck, Rechte und Pflichten zu begründen, sondern auch den Zweck, die Vertragsparteien über den Umfang ihrer Rechte und Pflichten zu informieren, ohne dass sie dazu ergänzend den Gesetzestext zur Hand nehmen müssen; das rechtfertigt einige Wiederholungen des Gesetzes. Letztlich ist die Regelungsdichte „Geschmacksache". Zu vermeiden ist aber

---

1 BayObLG, Beschl. v. 13. 2. 1997 – 2 Z BR 132/96, WuM 1997, 345.
2 BayObLG, Beschl. v. 13. 2. 1997 – 2 Z BR 132/96, WuM 1997, 345. Zu Schadensersatzansprüchen s. Rz. 355 ff.

jedenfalls eine intransparente Überlagerung verschiedener Vertragsbestandteile, wie sie häufig in Gestalt eines den „Grundvertrag" ergänzenden „Leistungskatalogs" anzutreffen ist, der womöglich noch durch einen weiteren Extra-Katalog vergütungspflichtiger Zusatzleistungen komplettiert wird, ohne dass die jeweiligen Regelungen aufeinander abgestimmt sind. Angesichts der zunehmend strenger werdenden Anforderungen an das Transparenzgebot kann aber nicht einmal für alle im nachfolgenden Muster enthaltenen Bestimmungen mit letzter Sicherheit ihre Rechtswirksamkeit prognostiziert werden.

Muster 264

Verwaltervertrag

Zwischen der Wohnungseigentümergemeinschaft Heinestraße 12, 75234 Musterstadt

bestehend aus

21 Wohnungen,

3 Teileigentumseinheiten,

25 Tiefgarageneinstellplätzen,

0 Garagen.

im Folgenden:

– Gemeinschaft –

und

X-Immobilien GmbH, vertreten durch den Geschäftsführer Xaver Xentis, Zenstraße 5, 75234 Musterstadt, im Folgenden:

– Verwalter –

wird folgender Verwaltervertrag abgeschlossen:

§ 1 Bestellung und Laufzeit

X-Immobilien GmbH wurde in der Wohnungseigentümerversammlung vom 10. 6. 2008 ab dem 1. 1. 2009 zum Verwalter der oben bezeichneten Wohnungseigentümergemeinschaft bestellt.

Die Bestellung und dieser Vertrag haben eine Laufzeit von 5 Jahren und enden somit am 31. 12. 2013.

Während seiner Laufzeit kann der Vertrag nur aus wichtigem Grund gekündigt werden.

§ 2 Aufgaben und Befugnisse des Verwalters

Die Aufgaben und Befugnisse des Verwalters ergeben sich aus dem Wohnungseigentumsgesetz (insbesondere aus den §§ 27 – 28 WEG), aus der

Teilungserklärung/Gemeinschaftsordnung sowie aus den Bestimmungen dieses Vertrages. Der Verwalter hat die ihm übertragenen Aufgaben mit der Sorgfalt eines ordentlichen Kaufmannes durchzuführen. Bei ihrer Erfüllung ist er zur Vertretung der Gemeinschaft und der Miteigentümer berechtigt.

Der Verwalter ist gegenüber den Wohnungseigentümern und der Gemeinschaft insbesondere berechtigt und verpflichtet:

1. Die Beschlüsse der Gemeinschaft um- und durchzusetzen;

2. Alle Zahlungen und Leistungen zu bewirken und entgegenzunehmen, die mit der laufenden Verwaltung zusammenhängen;

3. Gemeinschaftliche Gelder getrennt vom eigenen Vermögen oder vom Vermögen Dritter (insbesondere anderer von ihm verwalteter Gemeinschaften) zu verwalten und über deren Verwendung Rechenschaft abzulegen;

4. Das Hausgeld gemäß Wirtschaftsplan und Jahresabrechnung sowie Sonderumlagen anzufordern, in Empfang zu nehmen und notfalls zwangsweise beizutreiben. Wenn Hausgeldzahlungen trotz Fristsetzung und zweimaliger Mahnung nicht geleistet werden, ist der Verwalter berechtigt, im Namen der Gemeinschaft einen Rechtsanwalt mit der (außergerichtlichen und gerichtlichen) Beitreibung zu beauftragen;

5. Nach Ablauf des Kalenderjahres bis längstens 31.5. des Folgejahres die Gesamt- und Einzelabrechnungen sowie die Gesamt- und Einzelwirtschaftspläne aufzustellen und – nach Rücksprache mit dem Verwaltungsbeirat – den Miteigentümern zusammen mit der Einberufung zur Eigentümerversammlung zu übersenden. Für das Rechnungswesen gelten die allgemeinen von Gesetz und Rechtsprechung aufgestellten Grundsätze mit der Maßgabe, dass die Abrechnung nicht ausnahmslos als Einnahmen-/Ausgaben-Rechnung aufgebaut sein muss; sinnvolle und nachvollziehbare Abgrenzungen oder Saldierungen sind zulässig. Die Abrechnung muss ferner einen Status enthalten, der über die Forderungen und Verbindlichkeiten der Gemeinschaft informiert;

6. Im Rahmen seiner Verwaltungsaufgaben Verträge abzuschließen oder zu kündigen und sonstige Rechtsgeschäfte vorzunehmen, insbesondere einen Hausmeister und sonstiges zur Erhaltung der Gemeinschaftsanlage notwendige Personal zu verpflichten bzw. einzustellen, zu entlassen und das Entgelt für diese festzusetzen. Die in diesem Zusammenhang anfallenden Aufwendungen für Fremdleistungen (Annoncen u. ä.) sind von der Gemeinschaft zu tragen. Langfristige Verträge (Hausmeister-, Reinigungs- und ähnliche Verträge) dürfen ohne Beschluss der Gemeinschaft die Dauer von einem Jahr nicht übersteigen;

7. Die für die ordnungsgemäße Instandhaltung und Instandsetzung des gemeinschaftlichen Eigentums erforderlichen Maßnahmen zu treffen. Reparatur- und Instandhaltungsmaßnahmen (wozu auch sachverständige Begutachtungen, z. B. bei Baumängeln oder Wasserschäden gehören können) bis

zur Höhe von 1500 Euro im Einzelfall kann der Verwalter nach eigenem pflichtgemäßen Ermessen beauftragen; bis zur Höhe von 3.000 Euro bedarf es der vorherigen Rücksprache mit dem Verwaltungsbeirat. Für Maßnahmen, deren Kosten voraussichtlich über 3.000 Euro liegen, bedarf es der vorherigen Beschlussfassung der Gemeinschaft. Das gilt nicht bei Gefahr in Verzug; in diesem Fall ist der Verwalter in dringenden Einzelfällen befugt, auch größere Arbeiten ohne vorherigen Beschluss zu vergeben, jedoch sind die Miteigentümer hierüber umgehend zu unterrichten;

8. In dringenden Fällen sonstige zur Erhaltung des gemeinschaftlichen Eigentums erforderlichen Maßnahmen nach eigenem Ermessen zu treffen;

9. Willenserklärungen und Zustellungen entgegenzunehmen, soweit diese an die Gemeinschaft oder an alle Wohnungseigentümer in dieser Eigenschaft gerichtet sind. Sofern es nicht um Angelegenheiten der laufenden Verwaltung geht, ist der Vorsitzende des Verwaltungsbeirates hierüber umgehend in geeigneter Weise zu informieren;

10. Zur Beratung in den die Gemeinschaft betreffenden Rechtsfragen im Einzelfall (z. B. zur Vorbereitung oder Begleitung einer Eigentümerversammlung oder zur Klärung schwieriger rechtlicher Fragen während der laufenden Verwaltung) für die Gemeinschaft einen Rechtsanwalt zu Kosten bis max. 300 Euro zu beauftragen;

11. Die Gemeinschaft außergerichtlich und gerichtlich auf der Passivseite zu vertreten und hierbei im Namen der Gemeinschaft einen Rechtsanwalt zu beauftragen. In Beschlussanfechtungsverfahren ist der Verwalter zur Vertretung der auf Passivseite stehenden Miteigentümer befugt, auch zur Beauftragung eines Rechtsanwalts für diese. Die beklagten Miteigentümer sind über das Verfahren unverzüglich zu unterrichten;

12. Die Gemeinschaft in Aktivverfahren (Geltendmachung von Ansprüchen) gerichtlich und außergerichtlich zu vertreten und hierbei im Namen der Gemeinschaft einen Rechtsanwalt zu beauftragen. Im Innenverhältnis ist der Verwalter hierzu unter folgenden Voraussetzungen befugt: Die Beitreibung von Außenständen bei Miteigentümern bedarf keiner Zustimmung (s. Nr. 4). Die Geltendmachung von Ansprüchen gegenüber außenstehenden Dritten bedarf der Zustimmung des Verwaltungsbeirats; außerdem darf der voraussichtliche Streitwert 1500 Euro nicht übersteigen. In allen übrigen Fällen (sonstige Ansprüche gegen Miteigentümer, Ansprüche gegen Dritte mit einem voraussichtlichen Streitwert über 1500 Euro) bedürfen eines vorhergehenden Beschlusses der Gemeinschaft. Die Befugnis zur Einleitung von dingenden Eilmaßnahmen (s. Nr. 13) bleibt unberührt;

13. Maßnahmen zu treffen, die zur Wahrung einer Frist oder zur Abwendung eines sonstigen Rechtsnachteiles erforderlich sind;

14. Das gemeinschaftliche Eigentum zum Neuwert gegen Feuer zu versichern, außerdem eine Haus- und Grundstückshaftpflichtversicherung,

eine Leitungswasser-Schadenversicherung, sowie wenn notwendig, eine Gewässerschadenversicherung abzuschließen;

15. Die Wohnungs-/Teileigentumsgrundbücher jederzeit einzusehen und sich Abschriften erteilen zu lassen; das Einsichtsrecht umfasst auch die Teilnahme am automatisierten Abrufverfahren gem. § 133 der Grundbuchordnung. Damit verbundene Kosten trägt die Gemeinschaft.

§ 3 Versammlung der Wohnungseigentümer

1. Die Einladung zur Eigentümerversammlung muss mit einer Frist von mindestens 2 Wochen erfolgen, sofern kein dringender Fall vorliegt. Die Einladung ist an die bisher verwendeten bzw. dem Verwalter zuletzt bekannt gegebenen Anschriften zu versenden. Der Verwalter ist nicht verpflichtet, den aktuellen personellen Bestand der Gemeinschaft durch Einsichtnahme in das Grundbuch oder auf andere Weise zu ermitteln, sofern er nicht von der Veräußerung einer Wohnung Kenntnis erlangt hat. Er muss auch keinen Nachweis über den Zugang der Einladung führen.

2. Auslagen für die Durchführung der Eigentümerversammlung (Miete etc.) gehen zu Lasten der Gemeinschaft.

3. Den Vorsitz in der Versammlung führt der Verwalter, sofern die Gemeinschaft nichts anderes beschließt.

4. Der Verwalter hat über die Beschlüsse der Wohnungseigentümergemeinschaft unverzüglich eine Niederschrift zu erstellen, die notwendigen Unterzeichnungen einzuholen und Kopien der Niederschrift spätestens 2 Wochen nach Beschlussfassung in Textform an die Miteigentümer zu versenden. Die Pflicht zur Führung der Beschluss-Sammlung bleibt davon unberührt.

§ 4 Verwaltervergütung

1. Die nachfolgend aufgeführten Preise sind Netto-Angaben, denen die gesetzliche Umsatzsteuer in der jeweils geltenden Höhe (derzeit 19 %) hinzuzurechnen ist. Die Vergütung ist jeweils zuzüglich der Umsatzsteuer geschuldet.

2. Die Grundvergütung des Verwalters beträgt:

Pro Wohnungseigentum/Teileigentum monatlich 20 Euro.

Bei Nichtteilnahme am Lastschriftverfahren erhöht sich die für die betreffende Einheit zu zahlende Vergütung auf 22 Euro; der Mehrbetrag ist von der betreffenden Einheit zu tragen.

Pro Stellplatz monatlich 4 Euro.

Bei Nichtteilnahme am Lastschriftverfahren erhöht sich die für die betreffende Einheit zu zahlende Vergütung auf 5 Euro; der Mehrbetrag ist von der betreffenden Einheit zu tragen.

3. Für folgende Leistungen werden Sondervergütungen vereinbart:

a) Anmahnung fälliger Forderungen der Gemeinschaft oder des Verwalters: Je Mahnung pauschal 15,00 Euro. Sofern die Mahnkosten vom Verursacher nicht ausgeglichen werden, werden sie ihm in der nächsten Jahresabrechnung als direkte Position (Einzelbelastung) berechnet.

b) Fertigung von Kopien aus den Verwaltungsunterlagen auf Verlangen einzelner Eigentümer: 0,50 Euro je Kopie für die ersten 50 Kopien, aber der 51. Kopie je 0,15 Euro zzgl. Porto für eine eventuelle Übersendung. Für die Übersendung eingescannter Unterlagen per E-Mail, 0,20 Euro je Seite für die ersten 50 Seiten, ab der 51. Seite, 0,10 Euro. Zur Bezahlung ist der jeweilige Miteigentümer verpflichtet; der Verwalter kann eine angemessene Vorauskasse verlangen. Wenn der Miteigentümer die Leistung nicht bezahlt, ist der Verwalter berechtigt, seine Vergütung dem Gemeinschaftskonto zu entnehmen und dem Eigentümer in der nächsten Jahresabrechnung als direkte Position (Einzelbelastung) zu berechnen.

c) Vorbereitung und Bearbeitung gerichtlicher Verfahren (z. B. Beschlussanfechtung, Hausgeldklagen, Durchsetzung von Mängel-, Beseitigungs- oder Unterlassungsansprüchen usw.) unter Hinzuziehung eines Rechtsanwalts: Je Gerichtsinstanz pauschal 150 Euro. Zusätzlich wird die Wahrnehmung von Gerichts- und Ortsterminen sowie der Aufwand für die Information der Eigentümer (Übersendung des Schriftverkehrs gem. § 27 Abs. 1 Nr. 7 WEG) nach den Verrechnungssätzen (s. Nr. 5) berechnet.

d) Prüfung und Erteilung einer Veräußerungszustimmung i. S. v. § 12 WEG (falls nach der Gemeinschaftsordnung vorgesehen): Pauschal 150 Euro.

e) Durchführung einer Wiederholungsversammlung wegen Beschlussunfähigkeit: Berechnet werden die allgemeinen Verrechnungssätze (s. Nr. 5).

f) Sondervergütungen für andere als die oben aufgeführten, nicht obligatorische Zusatzleistungen (z. B. bei etwaigen Sanierungsarbeiten oder sonstigen größeren Bauleistungen) sind nur nach vorheriger Vereinbarung im Einzelfall geschuldet.

4. Die Grundvergütung ist am 1. jeden Monats im voraus fällig; Sondervergütungen sind fällig nach Leistungserbringung. Der Verwalter ist berechtigt, seine Vergütung dem Gemeinschaftskonto zu entnehmen.

5. Verrechnungssätze (soweit sie nach den vorstehenden Bestimmungen zur Anwendung kommen oder wenn sie im gesonderten Einzelfall vereinbart werden):

Stundenlohn Geschäftsführer: 60 Euro.

Stundenlohn Mitarbeiter: 40 Euro.

Fahrtkosten: 0,30 Euro je km bei Kfz-Benutzung. Bei Benutzung öffentlicher Verkehrsmittel nach Aufwand.

Auslagen (Porti, Sachmittel, Parkgebühren etc.): Nach Aufwand. Für Kopien s. o. Nr. 3b.

§ 5 Haftung und Haftpflichtversicherung

1. Hinsichtlich der Haftung des Verwalters für etwaiges Fehlverhalten gegenüber der Gemeinschaft oder gegenüber einzelnen Eigentümern gelten die Regelungen des BGB. Die Haftung für Pflichtverletzungen, die weder vorsätzlich noch grob fahrlässig erfolgt sind, ist auf den Betrag der Deckungssumme der Haftpflichtversicherung (dazu nachfolgende Nr. 2) beschränkt. Das gilt nicht bei der Haftung für Verletzungen von Leben, Körper und Gesundheit.

2. Der Verwalter ist verpflichtet, eine Vermögensschadenhaftpflichtversicherung mit einer Deckungssumme von 250.000 Euro abzuschließen und aufrecht zu erhalten.

§ 6 Sonstiges

1. Steht eine Sondereigentumseinheit einer Mehrheit von Eigentümern zu, ist der Verwalter berechtigt, die Einheit so zu verwalten, als ob sie nur einen Eigentümer hätte; er muss keinen darüber hinaus gehenden Mehraufwand betreiben. Er ist berechtigt, Erklärungen, Schreiben, Abrechnungen usw. an nur einen der Miteigentümer der betreffenden Sondereigentumseinheit – mit Wirkung für alle – zu richten. Wenn die Miteigentümer einer Sondereigentumseinheit dem Verwalter einen gemeinsamen Bevollmächtigten benennen, fungiert dieser als alleiniger Ansprechpartner und Zustellungsbevollmächtigter des Verwalters.

2. Sollten Teile dieses Verwaltervertrages nichtig sein, besteht Einigkeit, dass damit nicht der gesamte Vertrag nichtig wird. Die beanstandeten Passagen werden in diesem Falle durch solche ersetzt, die der ursprünglichen Absicht am nächsten kommen.

3. Der Verwaltungsbeirat wurde in der Wohnungseigentümerversammlung vom 10. 6. 2008 zur Unterzeichnung des Verwaltervertrags ermächtigt.

7. Der Verwalter ohne Verwaltervertrag

265 Ein Verwaltervertrag kann zum einen fehlen, wenn der Verwalter von vornherein nicht (wirksam) bestellt wurde oder wenn der einmal bestellte Verwalter seine Tätigkeit nach Ablauf der Bestellungszeit fortsetzt; diesen „nicht bestellten" Verwalter nennt man „**faktischen Verwalter**" oder „**Scheinverwalter**". Ein Verwaltervertrag kann zum anderen dann fehlen, wenn ein Verwalter zwar bestellt, der Abschluss eines Verwaltervertrags aber verweigert oder schlicht unterlassen (z. B. vergessen) wurde.

Für den nicht bestellten („faktischen") Verwalter gelten die Bestimmungen der §§ 677ff. BGB über die Geschäftsführung ohne Auftrag[1], die vor allem in das **Auftragsrecht** verweisen. Für den vertragslos bestellten Verwalter gelten (selbstverständlich) die gesetzlichen **Pflichten**, insbesondere die §§ 24, 27 und 28 WEG, sowie ergänzend das Recht des Geschäftsbesorgungsvertrags (das über § 675 BGB wiederum in das Auftragsrecht verweist) und das Recht des **Dienstvertrags**. Im Ergebnis werden der „faktische Verwalter" und der vertragslos bestellte Verwalter also weitestgehend gleich behandelt und im Folgenden unterschiedslos als „Verwalter ohne Verwaltervertrag" bezeichnet.

266

Der Verwalter ohne Verwaltervertrag hat Anspruch auf die **übliche Vergütung** für die von ihm erbrachten Leistungen[2]. Für die **Fälligkeit der Vergütung** gilt § 614 BGB, wobei fraglich ist, ob dessen Satz 1 oder Satz 2 einschlägig ist; der Unterschied ist gewaltig. Das OLG Hamm vertritt die Auffassung, dass der Verwalter zuerst seine Pflicht zur Aufstellung von Wirtschaftsplan und Jahresabrechnung zu erfüllen habe; gem. § 614 S. 1 BGB werde seine Vergütung erst nach Leistung dieser Dienste fällig[3]. M. E. ist aber die Aufstellung von Wirtschaftsplan und Jahresabrechnung nur eine von vielen Aufgaben des Verwalters, die sich gleichmäßig über das ganze Jahr verteilen; gem. § 614 S. 2 BGB ist daher die Jahresvergütung des Verwalters in monatlichen Abschlagszahlungen zum Monatsende fällig[4].

267

Der vertragslos bestellte Verwalter kann während der Dauer einer festen Laufzeit der Bestellung weder **kündigen** noch gekündigt oder abberufen werden. Wurde er auf unbestimmte Zeit bestellt, kann er von der Gemeinschaft zwar jederzeit aus seinem Amt abberufen werden (s. Rz. 104); für die Kündigung des (Minimal-)Vertrags gelten aber über § 675 BGB die **Fristen** des § 621 BGB, wobei dann zu entscheiden ist, ob dessen Nr. 3 oder Nr. 4 einschlägig ist. Wenn man davon ausgeht, dass die Vergütung monatlich geschuldet ist, kann die Kündigung gem. § 621 Nr. 3 BGB bis zum 15. eines Monats zum Monatsende erfolgen[5]. Folgt man der Rechtsprechung des OLG Hamm, wonach die Vergütung erst nach Erstellung

268

---

[1] BGH, Beschl. v. 6. 3. 1997 – III ZR 248/95, NJW 1997, 2106 = ZMR 1997, 308; BayObLG v. 26. 8. 1999 – 2 Z BR 53/99, NZM 1999, 1148 = ZMR 1999, 844.
[2] BGH, Beschl. v. 7. 3. 1989 – XI ZR 25/88, NJW-RR 1989, 970 = ZMR 1989, 265; obiter bestätigt mit Urt. v. 6. 3. 1997 – III ZR 248/95, NJW 1997, 2106 = ZMR 1997, 308 (Anspruchsgrundlage §§ 677ff., 683 S. 1 BGB); OLG Hamm, Beschl. v. 4. 3. 1993 – 15 W 295/92, NJW-RR 1993, 845 (Anspruchsgrundlage § 612 Abs. 1 BGB). Ausnahme: Der vertragslose Verwalter einer 2-Personen-Gemeinschaft kann keine Vergütung erwarten, weil sich dies nicht aus den „Umständen" entsprechend § 612 Abs. 1 BGB ergibt (BayObLG, Beschl. v. 27. 7. 2000 – 2 Z BR 112/99, ZMR 2000, 846).
[3] OLG Hamm, Beschl. v. 4. 3. 1993 (Vornote).
[4] So auch Staudinger/*Bub*, § 26 WEG, Rz. 279.
[5] So auch Staudinger/*Bub*, § 26 WEG, Rz. 387.

der Jahresabrechnung und somit wohl einmal jährlich fällig wird (s. Rz. 267), müsste gem. § 621 Nr. 4 BGB eine Kündigungsfrist von 6 Wochen zum Schluss eines Kalendervierteljahres gelten.

269 Während seiner Tätigkeit trifft den Verwalter ohne Verwaltervertrag die volle **Haftung** für Pflichtverletzungen[1]; bei Beendigung seiner Tätigkeit treffen ihn dieselben **Abwicklungspflichten** (s. Rz. 172 ff.) wie jeden anderen ausgeschiedenen Verwalter auch[2].

III. Aufgaben und Befugnisse des Verwalters

1. Grundlagen

270 Die Rechte und Pflichten des Verwalters werden vor allem in § 27 WEG behandelt; diese Norm wurde von der WEG-Novelle komplett neu gefasst. Weitere Pflichten ergeben sich aus den §§ 24, 25 und 28 WEG (betreffend die Eigentümerversammlungen und das Rechnungswesen) sowie aus dem Auftragsrecht des BGB (insbesondere betreffend die Rechte der Eigentümer auf Auskunft und Einsichtnahme). Die „Zwitterstellung" des Verwalters als „Diener zweier Herren", der sowohl gegenüber der Gemeinschaft als auch gegenüber den Miteigentümern Rechte und Pflichten hat (s. Rz. 204), wird in § 27 WEG deutlich hervorgehoben.

271 Die Rechte und Pflichten, die der Verwalter im Innenverhältnis gegenüber der Gemeinschaft und den Miteigentümern hat, ziehen nicht in jedem Fall das Recht nach sich, sie bei Durchführung der entsprechenden Maßnahmen zu vertreten. Der Verwalter hat – anders als z.B. der Geschäftsführer einer GmbH – **keine umfassende Vertretungsmacht**. Sein **gesetzliches Vertretungsrecht** ist vielmehr punktuell normiert und im Wesentlichen auf Angelegenheiten der laufenden Verwaltung und auf Notmaßnahmen beschränkt. Das Gesetz differenziert genau zwischen den Rechten und Pflichten im Innenverhältnis (§ 27 Abs. 1 WEG) und dem Recht zur Vertretung im Außenverhältnis; bei Letzterem wird das Recht zur Vertretung der Miteigentümer (§ 27 Abs. 2 WEG) von dem Recht zur Vertretung der Gemeinschaft (§ 27 Abs. 3 WEG) abgegrenzt. Es ist daher jeweils im Einzelfall festzustellen, welche Pflichten der Verwalter hat, und wen er bei Erfüllung dieser Pflichten vertreten darf.

272 Die gesetzlichen Aufgaben und Befugnisse des Verwalters können gem. § 27 Abs. 4 WEG zwar **nicht beschränkt** werden; ihre **Erweiterung** durch den Verwaltervertrag ist vom Gesetzgeber aber ausdrücklich vorgesehen,

---

[1] OLG Hamm, Beschl. v. 25. 10. 2007 – 15 W 180/07, WuM 2008, 46 = ZMR 2008, 161 hebt hervor, dass auch für den unentgeltlich tätigen faktischen Verwalter keine Haftungsbeschränkung gilt.
[2] BGH, Urt. v. 6. 3. 1997 – III ZR 248/95, NJW 1997, 2106 = ZMR 1997, 308.

indem § 27 Abs. 3 Nr. 7 WEG dafür eine Beschlusskompetenz eröffnet. Angesichts des engen gesetzlichen Rahmens eine gewisse Erweiterung für eine sinnvolle Verwaltung fast unentbehrlich.

Beispiel:
Nach der gesetzlichen Regelung benötigt der Verwalter für die Beitreibung von Hausgeldrückständen (konkret: zur Beauftragung eines Rechtsanwalts mit der entsprechenden außergerichtlichen und gerichtlichen Tätigkeit) einen besonderen Eigentümerbeschluss (S. Rz. 302) und muss hierfür ggf. eine außerordentliche Eigentümerversammlung einberufen. Diesen Aufwand gilt es zu vermeiden: Eine Vertretungsmacht für das Hausgeldinkassoverfahren gehört deshalb in jeden Verwaltervertrag. 273

Wenn der Verwalter in Vertretung der Gemeinschaft Verträge abschließt, ist ihm zu seiner eigenen Sicherheit die ausdrückliche **Offenlegung der Stellvertretung** (§ 164 BGB) zu empfehlen; sonst riskiert er die eigene Haftung als Vertreter ohne Vertretungsmacht (§ 179 Abs. 1 BGB). Allerdings ergibt sich der Wille zur Stellvertretung i. d. R. auch ohne ausdrückliche Erklärung aus den Umständen der Auftragsvergabe. Das gilt insbesondere bei der Beauftragung von Reparaturen oder sonstigen Bauleistungen am Gemeinschaftseigentum, weil der Verwalter erkennbar kein Interesse daran hat, diese im eigenen Namen zu vergeben, da sie nicht ihm, sondern den Eigentümern zugute kommen[1]. 274

2. Der Katalog des § 27 Abs. 1–3 WEG

a) Die Durchführung von Beschlüssen

Der Verwalter ist berechtigt und verpflichtet, Beschlüsse der Wohnungseigentümer durchzuführen (§ 27 Abs. 1 Nr. 1, 1. Alt. WEG). Soweit er durch Vereinbarung oder Beschluss der Wohnungseigentümer hierzu ermächtigt ist, ist er berechtigt, Rechtsgeschäfte und Rechtshandlungen im Namen der Gemeinschaft und mit Wirkung für und gegen sie vorzunehmen (§ 27 Abs. 3 Nr. 7 WEG). 275

Die Miteigentümer müssen sich bei Beschlussfassungen (z.B. über Instandhaltungsmaßnahmen, die Einleitung eines Rechtsstreits usw.) keine Gedanken darüber machen, wer für die Ausführung zuständig sein soll: Es ist stets der Verwalter. Er muss die Beschlüsse (selbstverständlich) auch dann ausführen, wenn er sie für unzweckmäßig hält. Wenn er einen Beschluss für rechtswidrig hält (was auch der Fall sein kann, weil 276

---
1 So der BGH im Grundsatzurteil v. 8. 1. 2004 – VII ZR 12/03, NJW-RR 2004, 1017 = WuM 2004, 1239. Die Entscheidung betraf zwar einen mit der Mietverwaltung beauftragten Hausverwalter, ist aber auf den WEG-Verwalter übertragbar. Strengere Anforderungen an die Offenlegung der Stellvertretung als der BGH stellt aber mitunter die Instanzrechtsprechung (Eigenhaftung des Verwaltes z.B. bejaht bei BerlVerfGH, Urt. v. 18. 7. 2006 – VerfGH 3/02, NZM 2006, 931).

er durch ihn mit unzumutbaren Aufgaben belastet wird), kann er die Rechtmäßigkeit im Wege der Beschlussanfechtung klären lassen und die vorläufige Aussetzung der sofortigen Durchführung im Wege der einstweiligen Verfügung beantragen. Abgesehen von diesem in der Praxis seltenen Fall stellen **anfechtbare** oder **angefochtene** Beschlüsse auch sonst ein besonderes Problem dar.

Beispiel:

277 Die Eigentümergemeinschaft beschließt eine teure Fassadensanierung; ein Miteigentümer reicht dagegen Anfechtungsklage ein. Soll der Verwalter die Sanierung trotzdem in Auftrag geben? – Der Verwalter muss auch anfechtbare und angefochtene Beschlüsse durchführen; denn diese sind gültig, solange sie nicht gerichtlich rechtskräftig für ungültig erklärt wurden (§ 23 Abs. 4 Satz 2 WEG). Trotzdem warten die meisten Verwalter vor der Ausführung umstrittener Maßnahmen zunächst die Bestandskraft der zugrundeliegenden Beschlüsse ab; und solange dies mit Augenmaß geschieht, handeln sie dabei im wohlverstandenen Interesse der Gemeinschaft. Denn der wirtschaftliche Schaden, welcher der Gemeinschaft entstehen kann, wenn eine Maßnahme nach rechtskräftiger Ungültigerklärung des Beschlusses rückgängig gemacht werden muss, kann beträchtlich sein. Dringende Maßnahmen oder solche, deren Rückgängigmachung keine erheblichen Kosten verursacht, sind natürlich ungeachtet einer Anfechtung unverzüglich durchzuführen; dasselbe gilt, falls die Gemeinschaft die sofortige Durchführung aus bestimmten Gründen mehrheitlich wünscht.

278 **Nichtige** Beschlüsse muss und darf der Verwalter grundsätzlich nicht ausführen.

⊃ **Hinweis:**

279 Hält der Verwalter einen Beschluss für nichtig, sollte er hierauf vor der Beschlussfassung hinweisen und den Hinweis im Protokoll vermerken. Wird der Beschluss trotzdem gefasst, kann sich der Verwalter eine Weisung zur Ausführung erteilen lassen, indem er folgende Anträge alternativ zur Abstimmung stellt: „a) Vor der Ausführung wird im Wege einer Feststellungsklage im Namen und auf Rechnung der Gemeinschaft geklärt, ob der Verwalter zur Ausführung des Beschlusses verpflichtet ist[1]. b) Der Beschluss wird sofort ausgeführt." Wie auch immer das Ergebnis ausfällt: Eine Haftung des Verwalters für die Durchführung oder umgekehrt für deren Unterlassung ist ausgeschlossen.

280 Bei der Durchführung von Beschlüssen hat der Verwalter mit der **Sorgfalt eines ordentlichen Kaufmanns** vorzugehen[2]. Besondere Bedeutung hat diese allgemeine Pflicht insbesondere bei der Vergabe und Überwachung von Instandhaltungsarbeiten (s. Rz. 284).

---

1 Bei der Feststellungsklage gem. §§ 43 Nr. 2 WEG, 256 ZPO wird die Ungültigerklärung wegen bloßer Anfechtungsgründe vermieden (so der raffinierte Hinweis von *Abramenko*, in: Riecke/Schmid, § 27 WEG, Rz. 12).
2 BGH, Beschl. v. 12. 12. 1995 – V ZB 4/94, NJW 1996, 1216 = ZMR 1996, 274.

Der Verwalter hat die **Vertretungsmacht**, die zur Durchführung erforderlichen Verträge im Namen der Gemeinschaft abzuschließen, weil die Beschlüsse (zumindest konkludent) eine entsprechende Vollmachtserteilung i. S. v. § 27 Abs. 3 Nr. 7 WEG beinhalten[1]. Dasselbe gilt, wenn dem Verwalterhandeln kein ausdrücklicher Beschluss zugrunde liegt, aber eine im Wirtschaftsplan vorgesehene (kleinere) Ausgabe[2].

b) Die Durchführung der Hausordnung

Der Verwalter ist berechtigt und verpflichtet, für die Durchführung der Hausordnung zu sorgen (§ 27 Abs. 1 Nr. 1 2. Alt. WEG). Obwohl der Gesetzeswortlaut anderes vermuten ließe, korrespondieren mit der scheinbar weitgefassten Pflicht nur sehr **wenige Rechte**; die Möglichkeiten des Verwalters sind beschränkt. Ohne eine besondere Ermächtigung im Verwaltervertrag kann er weder im eigenen Namen, noch im Namen der Miteigentümer oder der Gemeinschaft gerichtliche Maßnahmen einleiten – und das ist auch gut so. Der Verwalter hat lediglich das Recht und die Pflicht, durch tatsächliche Maßnahmen (Abmahnschreiben, Rundschreiben, Aushänge u. dgl.) den Störungen entgegen zu wirken (s. im Einzelnen Teil 9, Rz. 426 ff.).

Je nach Fall wird der Verwalter ferner in Erwägung ziehen, Störungen der Hausordnung zum Gegenstand der Tagesordnung der nächsten ordentlichen **Eigentümerversammlung** zu machen und damit eine gemeinschaftliche Beschlussfassung hierzu zu ermöglichen; unter Umständen ist auch die Einberufung einer außerordentlichen Versammlung angezeigt. Dies zu entscheiden, liegt im pflichtgemäßen Ermessen des Verwalters. Schon weil jeder Miteigentümer aus eigenem Recht individuell gegen Störungen vorgehen kann, besteht i. d. R. kein Anspruch einzelner Miteigentümer darauf, dass der Verwalter das Thema „Hausordnungsverstöße" auf die Tagesordnung nimmt. Es gibt zwar selten einen Grund dafür, dass der Verwalter aktuelle Probleme *nicht* auf die Tagesordnung nehmen sollte; wenn sich aber z. B. nur ein einziger Miteigentümer gestört fühlt, kann es ordnungsgemäßer Verwaltung entsprechen, wenn ihn der Verwalter statt dessen auf die Möglichkeit individueller Geltendmachung seiner Ansprüche verweist.

c) Instandhaltungsmaßnahmen

Der Verwalter ist berechtigt und verpflichtet, die für die ordnungsmäßige Instandhaltung und Instandsetzung des gemeinschaftlichen Eigentums erforderlichen Maßnahmen zu treffen. Bei Durchführung der laufenden Maßnahmen kann er die Gemeinschaft vertreten (§ 27 Abs. 1 Nr. 2, Abs. 3 WEG).

---
1 OLG Düsseldorf, Beschl. v. 29. 11. 2005 – 23 U 211/04, NZM 2006, 182.
2 OLG Hamm, Beschl. v. 10. 2. 1997 – 15 W 197/96, ZMR 1997, 377.

285 Das Gesetz differenziert zwischen den „laufenden" und den sonstigen Instandhaltungsmaßnahmen. Nur die **laufenden Maßnahmen** kann und darf der Verwalter ohne Beschluss der Gemeinschaft in deren Namen beauftragen; was darunter genau zu verstehen ist, wird die Rechtsprechung in Zukunft noch zu klären haben. Bei Kleinreparaturen oder bei der Beschaffung von Ersatzteilen wurde schon vor der WEG-Reform eine Befugnis und Vertretungsmacht des Verwalters angenommen, sofern der Wirtschaftsplan eine entsprechende Position enthält (s. Rz. 281); also wird man insoweit problemlos von „zustimmungsfreien" Maßnahmen laufender Verwaltung ausgehen können. In allen übrigen Fällen hat der Verwalter aber weder das Recht noch die Pflicht, die erforderlichen Maßnahmen nach eigenem Ermessen festzulegen und die dazugehörigen Verträge im Namen der Gemeinschaft abzuschließen; es ist vielmehr **Sache der Gemeinschaft**, per Beschluss darüber zu entscheiden, welche Instandhaltungsmaßnahmen durchgeführt und welches Unternehmen damit beauftragt werden soll. Auch im Verwaltervertrag kann diese Befugnis nur in Grenzen auf den Verwalter übertragen werden (s. Rz. 231). Eine **eigenmächtige** Auftragsvergabe verpflichtet die Gemeinschaft nicht, berechtigt sie aber ggf. zum Schadensersatz.

Beispiele:

286 Der Verwalter schließt ohne Beschluss der Gemeinschaft einen **5-Jahres-Vertrag** mit einem Hausmeisterservice (Inhaber: sein Sohn). – Der Abschluss langfristiger Verträge gehört nicht zu den laufenden Instandhaltungsmaßnahmen, weshalb dafür keine gesetzliche Vertretungsmacht besteht[1].

287 Die gemeinschaftliche Waschmaschine ist kaputt gegangen. Ohne Beschlussfassung der Gemeinschaft kauft der Verwalter eine neue; die Gemeinschaft verweigert die Bezahlung. – Weil es sich nicht um eine dringliche Notmaßnahme handelt, war der Verwalter zur eigenmächtigen Ersatzbeschaffung nicht berechtigt. Mangels Vertretungsmacht wird die Gemeinschaft aus dem Kaufvertrag nicht verpflichtet. Der Verwalter muss die Waschmaschine selber bezahlen. Er kann keinen Aufwendungsersatz gem. § 670, 683 BGB, aber Bereicherungsausgleich gem. §§ 684, 812 BGB verlangen[2] (was bei objektiv notwendigen Maßnahmen auf dasselbe hinausläuft).

288 Da es Sache der Gemeinschaft ist, über die Durchführung von Instandhaltungsmaßnahmen zu entscheiden, hat der Verwalter schon im Vorfeld der Beschlussfassung bestimmte Pflichten. Er muss einen Instandhaltungsbedarf **feststellen** (Kontrollpflicht), die Wohnungseigentümer

---

[1] OLG Köln, Beschl. v. 26. 11. 2004 – 16 Wx 184/04, ZMR 2005, 473, noch zum alten Recht.
[2] OLG Hamburg, Beschl. v. 20. 2. 2006 – 2 Wx 131/02, ZMR 2006, 546 (Vorlage für das Beispiel); OLG Düsseldorf, Beschl. v. 20. 11. 1995 – 3 Wx 447/93, NJW-RR 1996, 913. Das BayObLG hatte demgegenüber im Beschl. v. 15. 7. 1975 – 2 Z BR 34/75, NJW 1975, 2296 = ZMR 1977, 2296 die Auffassung vertreten, der Verwalter sei aus eigenem Recht zur Ersatzbeschaffung einer Waschmaschine befugt.

darüber **informieren** und eine **Entscheidung** der Gemeinschaft über das weitere Vorgehen **herbeiführen**[1]. Im Einzelnen:

Zur **Feststellung** des Instandhaltungsbedarfs muss der Verwalter **regelmäßige Begehungen** durchführen, und zwar – sofern es sich um einen Neubau während der laufenden Gewährleistungszeit handelt – umso intensiver, je näher das Ende der Gewährleistungsfrist rückt. Selbstverständlich muss er auch Mängeln nachgehen, die ihm von einzelnen Miteigentümern mitgeteilt werden. Nach bisheriger Rechtsprechung muss er hingegen ohne besonderen Anlass und ohne Auftrag der Wohnungseigentümer weder das **Dach**[2] noch die Regenwasserfallrohre, Abwasserleitungen usw. kontrollieren oder kontrollieren lassen[3]. Diese Rechtsprechung dürfte allerdings durch die aktuelle DIN 1986–3 überholt sein, weil danach der Zustand von Dach- und Notüberläufen sowie von Dachrinnen und Regenwasserfallleitungen alle 6 Monate, insbesondere im Herbst, zu kontrollieren ist. Schon aus diesem Grund ist dem Verwalter zu raten, mindestens einmal jährlich das Flachdach von einem Fachunternehmen kontrollieren zu lassen. Ein weiterer Grund ist die andernfalls bestehende Gefahr der deliktischen Haftung für herabfallende Bauteile gem. §§ 836, 838 BGB. Der Verwalter muss nämlich alle aus technischer Sicht gebotenen Maßnahmen treffen, um die Gefahr einer Ablösung von Dachteilen nach Möglichkeit rechtzeitig zu erkennen und ihr zu begegnen; dies gilt umso mehr, je älter das Gebäude und seine Dachkonstruktion ist[4]. 289

Wenn das Gebäude sich noch in der Gewährleistungszeit befindet, hat der Verwalter besonderes Augenmerk dem Problem der **Verjährung** der Mängelansprüche zu widmen. Nach der Rechtsprechung muss er die Miteigentümer rechtzeitig auf den drohenden Ablauf der Gewährleistungsfrist hinweisen und darauf hinwirken, dass Maßnahmen zur Hemmung der Verjährung beschlossen werden[5]. Dazu muss er wissen, wann 290

---

1 BayObLG, Beschl. v. 17. 10. 2002 – 2 Z BR 82/02, NJW-RR 2003, 78 = ZMR 2003, 216; OLG Hamm, Beschl. v. 17. 12. 1996 – 15 W 212/96, NJW-RR 1997, 908; st. Rspr. Weitere Nachweise in den Folgenoten.
2 Nach OLG Zweibrücken, Beschl. v. 14. 6. 1991 – 3 W 203/90, NJW-RR 1991, 1301 ist der Verwalter ohne konkreten Anlass auch nicht verpflichtet, ein Fachunternehmen mit der Durchführung von regelmäßigen Kontrollen des Daches zu beauftragen.
3 KG, Beschl. v. 19. 10. 1998 – 24 W 4300/98, KGR 1999, 122 = NZM 1999, 131.
4 BGH, Beschl. v. 23. 3. 1993 – VI ZR 176/92, NJW 1993, 1782; vgl. auch OLG Düsseldorf, Beschl. v. 20. 12. 2002 – 22 U 76/02, NJW-RR 2003, 885.
5 Vgl. nur BayObLG, Beschl. v. 17. 10. 2002 – 2 Z BR 82/02, NJW-RR 2003, 78 = ZMR 2003, 216; BayObLG, Beschl. v. 1. 2. 2001 – 2 Z BR 122/00, WuM 2001, 301 = ZMR 2001, 558. Diese Rechtsprechung ist allerdings fragwürdig, weil der Verwalter *nicht* die Pflicht hat, sich um die Durchsetzung von Mängelansprüchen der Erwerber zu kümmern und es deshalb inkonsequent ist, von ihm gleichwohl zu verlangen, die Verjährung der Ansprüche zu verhindern.

das Gemeinschaftseigentum abgenommen wurde, was insbesondere dann schwierig (oder gar unmöglich) sein kann, wenn es keine einheitliche Abnahme mit Wirkung für und gegen alle Miteigentümer gab. Im Zweifel sollte der Hinweis auf eine drohende Verjährung und die Möglichkeit zur Beschlussfassung also lieber zu früh als zu spät gegeben werden. Wenn der Verwalter den Eintritt der Verjährung der Mängelansprüche schuldhaft nicht verhindert hat, haftet er für den den Wohnungseigentümern dadurch entstandenen Schaden, was bedeutet, dass er selber die Mangelbeseitigungskosten bezahlen muss[1].

⊃ **Hinweis:**

291   Der **Bauträgerverwalter** (also der mit dem Bauträger identische, ebenso der vom Bauträger eingesetzte, mit ihm verbundene oder von ihm abhängige Verwalter) hat bei Baumängeln dieselben Pflichten wie jeder andere Verwalter, auch wenn er somit auf Ansprüche gegen sich selbst hinweisen muss[2]. Die Interessenkollision schmälert seine Pflichten nicht, kann aber (sobald sie sich manifestiert) einen Grund für seine Abberufung darstellen (s. Rz. 151).

292   Wenn Mängel und Schäden am Gemeinschaftseigentum aufgetreten sind, muss der Verwalter unverzüglich deren **Ursache** und **Umfang** sowie die zur Mangelbeseitigung notwendigen Maßnahmen feststellen lassen[3]. Das gilt auch dann, wenn die Schäden im Bereich des Sondereigentums auftreten, die Ursachen aber im Bereich des gemeinschaftlichen Eigentums liegen können (so insbesondere beim Wasserschaden, s. Rz. 295).

293   Zur **Information** der Eigentümer muss der Verwalter – jedenfalls bei größeren Arbeiten – schon zur Vorbereitung der Beschlussfassung Umfang und voraussichtliche Kosten durch Einholung von Kostenvoranschlägen ermitteln lassen; spätestens jedoch vor der Auftragsvergabe muss er **Vergleichsangebote** einholen[4]. Die Vergabe an einen überteuerten Unternehmer nach dem Motto „bekannt und bewährt" verpflichtet den Verwalter zum Schadensersatz (s. Rz. 382).

294   Die **Durchführung** der Beschlüsse über Instandhaltungsarbeiten stellt weitere besondere Anforderungen an den Verwalter. Das gilt insbesondere für die Abnahme der Bauleistungen und die damit zusammenhän-

---

1 BayObIG, Beschl. v. 17. 10. 2002 – 2 Z BR 82/02, NZM 2003, 31 = ZMR 2003, 216; BayObIG, Beschl. v. 1. 2. 2001 – 2 Z BR 122/00, WuM 2001, 301 = ZMR 2001, 558; s. a. Rz. 381.
2 BayObLG, Beschl. v. 1. 2. 2001 – 2 Z BR 122/00, WuM 2001, 301 = ZMR 2001, 558.
3 OLG Düsseldorf, Beschl. v. 29. 9. 2006 – 3 Wx 281/05, NJW 2007, 161 = WuM 2006, 639; OLG Celle, Beschl. v. 12. 3. 2001 – 4 W 199/00, ZMR 2001, 643; OLG Köln, Beschl. v. 14. 4. 2000 – 16 Wx 13/00, ZMR 2000, 862.
4 BayObLG, Beschl. v. 11. 4. 2002 – 2 Z BR 85/01, ZMR 2002, 698; OLG Köln, Beschl. v. 14. 4. 2000 – 16 Wx 13/00, ZMR 2000, 862.

gende Prüfung, ob die Zahlungsvoraussetzungen vorliegen. Dabei muss er mit der Sorgfalt arbeiten, die ein Bauherr in eigenen Angelegenheiten anwendet[1], wozu die Erhebung von Mängelrügen ebenso gehört wie Fristsetzungen bezüglich der Nachbesserungsansprüche, die Geltendmachung von Zurückbehaltungsrechten gegenüber mängelbehafteten Leistungen und ggf. auch eine Beweissicherung. Leistet der Verwalter Zahlungen für erkennbar mangelhafte Werkleistungen, haftet er auf Schadensersatz, wenn die Gemeinschaft Gewährleistungsansprüche gegen den Handwerker nicht durchsetzen kann[2]. Bezahlt er erkennbar zweifelhafte (und letztlich unberechtigte) Rechnungen, muss er der Gemeinschaft die Zahlung erstatten[3].

Tritt in einer Wohnung ein **Wasserschaden** auf, dessen Ursache im Gemeinschaftseigentum liegen kann, muss der Verwalter ebenfalls unverzüglich die Schadensursache und die zur Mangelbeseitigung erforderlichen Maßnahmen feststellen lassen[4]; außerdem muss er die erforderlichen Notmaßnahmen treffen (s. Rz. 296). Er ist aber nicht verpflichtet, sich um die Beseitigung der Schäden im Bereich des Sondereigentums zu kümmern oder entsprechende Ansprüche bei der Leitungswasserschadenversicherung anzumelden, selbst wenn die Versicherung (wie üblich) auch solche Schäden abdeckt[5]. Bei einer vermieteten Wohnung kann er sich darauf verlassen, dass der Mieter den Wohnungseigentümer von dem Schadensfall verständigt, damit dieser die erforderlichen Maßnahmen ergreifen kann[6]. Wenn der Verwalter Entschädigungszahlungen des Versicherers einzieht, die sich auf das Sondereigentum beziehen, muss er sie an die betroffenen Sondereigentümer weiterleiten[7].

295

d) Dringende Erhaltungsmaßnahmen

Der Verwalter ist berechtigt und verpflichtet, in dringenden Fällen sonstige zur Erhaltung des gemeinschaftlichen Eigentums erforderlichen

296

---

1 OLG München, Beschl. v. 15. 5. 2006 – 34 Wx 156/05, ZMR 2006, 716; OLG Düsseldorf, Beschl. v. 2. 6. 1997 – 3 Wx 231/96, WuM 1997, 576 = ZMR 1997, 490.
2 OLG Düsseldorf, Beschl. v. 2. 6. 1997 – 3 Wx 231/96, WuM 1997, 576 = ZMR 1997, 490; KG, Beschl. v. 10. 3. 1993 – 24 W 5506/92, WuM 1993, 306.
3 OLG Düsseldorf, Beschl. v. 10. 3. 1997 – 3 Wx 186/95, ZMR 1997, 380. Im Fall wurde der Gemeinschaft Material berechnet, das dem Unternehmer auf der Baustelle abhanden gekommen war.
4 OLG München, Beschl. v. 15. 5. 2006 – 34 Wx 156/05, ZMR 2006, 716; OLG Düsseldorf, Beschl. v. 29. 9. 2006 – 3 Wx 281/05, NJW 2007, 161 = WuM 2006, 639; BayObLG, Beschl. v. 29. 1. 1998 – 2 Z BR 53/97, NZM 1998, 583 = ZMR 1998, 357.
5 BayObLG, Beschl. v. 29. 1. 1998 – 2 Z BR 53/97, NZM 1998, 583 = ZMR 1998, 357. Näher dazu *Sauren/Welcker*, Besondere Probleme bei Versicherungen für das gemeinschaftliche Eigentum, MietRB 2008, 60.
6 BayObLG, Beschl. v. 3. 4. 1996 – 2 Z BR 5/96, NJW-RR 1996, 1298.
7 OLG Hamm, Beschl. v. 3. 1. 2008 – 15 W 420/06, ZMR 2008, 401.

Maßnahmen zu treffen und die Gemeinschaft dabei zu vertreten (§ 27 Abs. 1 Nr. 3, Abs. 3 Nr. 4 WEG). Dringend sind Fälle, die wegen ihrer Eilbedürftigkeit die Einberufung einer Eigentümerversammlung nicht zulassen.

Beispiele:

297 Das Rolltor der Tiefgarage lässt sich aufgrund eines Defekts nicht mehr verschließen und steht ständig offen. Oder: Ein Wasserrohrbruch und seine Folgen müssen beseitigt werden. Der Verwalter ist verpflichtet, das Rolltor und das Wasserrohr auch ohne Beschluss der Gemeinschaft umgehend reparieren zu lassen. Die dazu erforderlichen Aufträge kann er im Namen der Gemeinschaft erteilen und darf die Rechnungen vom Gemeinschaftskonto bezahlen[1].

e) Die Verwaltung gemeinschaftlicher Gelder

298 Der Verwalter ist gem. § 27 Abs. 1 Nr. 4, Nr. 5, Nr. 6 und Abs. 5 WEG berechtigt und verpflichtet,

- (Abs. 1 Nr. 4): Lasten- und Kostenbeiträge, Tilgungsbeträge und Hypothekenzinsen anzufordern, in Empfang zu nehmen und abzuführen, soweit es sich um gemeinschaftliche Angelegenheiten der Wohnungseigentümer handelt,

- (Abs. 1 Nr. 5): alle Zahlungen und Leistungen zu bewirken und entgegenzunehmen, die mit der laufenden Verwaltung des gemeinschaftlichen Eigentums zusammenhängen,

- (Abs. 1 Nr. 6): eingenommene Gelder zu verwalten,

- (Abs. 3 Nr. 5): im Rahmen der Verwaltung der eingenommenen Gelder gem. Abs. 1 Nr. 6 Konten zu führen,

- (Abs. 5): die eingenommene Gelder von seinem Vermögen gesondert zu halten. Die Verfügung über solche Gelder kann von der Zustimmung eines Wohnungseigentümers oder eines Dritten abhängig gemacht werden.

299 Das Gesetz regelt reichlich umständlich die Rechte und Pflichten bei der Verwaltung gemeinschaftlicher Gelder. Die Regelung wirkt so zerstückelt, weil die Neuerungen der WEG-Novelle dem früheren Gesetzestext hinzugefügt wurden, anstatt einen in sich stimmigen neuen Text zu entwerfen. Auch trägt die Differenzierung zwischen dem Pflichtenkreis im Innenverhältnis und dem Vertretungsrecht im Außenverhältnis zur Unübersichtlichkeit bei. Diese Differenzierung ist hier freilich weniger be-

---

[1] Der frühere Streit, ob aus der Pflicht zur Vornahme von dringlichen Maßnahmen auch ein entsprechendes Vertretungsrecht folgt (vgl. nur OLG Koblenz, Beschl. v. 2. 1. 1998 – 5 U 1636/97, ZMR 1999, 583 für den Beispielsfall), ist vom Gesetzgeber der WEG-Novelle durch § 27 Abs. 3 Nr. 4 WEG bejahend entschieden worden.

deutsam als z.B. bei den Instandhaltungsmaßnahmen und wird deshalb bei der folgenden gebündelten Darstellung der **Grundsätze der Geldverwaltung** nicht weiter hervorgehoben.

Der Verwalter muss **Bankkonten** für die Gemeinschaft anlegen und führen. Das sollte in Gestalt eines „offenen Fremdkontos" erfolgen, bei dem die Gemeinschaft Konto- und Forderungsinhaber ist. Zur Anlage im Namen der Gemeinschaft (und auf den Namen der Gemeinschaft) ist der Verwalter gem. § 27 Abs. 3 Nr. 5 WEG berechtigt[1]. Die Bankenpraxis hat freilich die Rechtsfähigkeit der Gemeinschaft vielfach immer noch nicht zur Kenntnis genommen, weshalb zu Unrecht noch Eigentümerlisten verlangt und Konten auf den Namen der Miteigentümer geführt werden. Geldanlagen im Namen des Verwalters ohne einen Hinweis auf das zugrundeliegende Treuhandverhältnis verstoßen gegen § 27 Abs. 5 WEG und sind absolut unzulässig. Zulässig war nach bislang h.M. hingegen die Anlage eines „offenen Treuhandkontos": geführt im eigenen Namen, aber mit Hinweis auf den Treuhandcharakter. Das Problem: Das als offenes Treuhandkonto verwaltete Vermögen steht formal dem Verwalter zu; es unterliegt somit dem Zugriff seiner Gläubiger und fällt bei einer etwaigen Insolvenz des Verwalters in die Insolvenzmasse. Die Gemeinschaft kann ihr Vermögen im Falle des Zugriffs Dritter oder der Insolvenz zwar im Wege der Drittwiderspruchsklage oder Aussonderung wieder zurückholen, muss dazu aber (rechtzeitig) aktiv werden[2]. Angesichts der Möglichkeit, Konten auf den Namen der WEG anzulegen, dürfte die Führung eines offenen Treuhandkontos nunmehr generell nicht mehr ordnungsmäßiger Verwaltung entsprechen[3].

300

Es sind mindestens **zwei Konten** anzulegen: Ein Girokonto für die laufende Verwaltung und ein Konto zur gewinnbringenden Anlage der Rücklage, auf die erst mittel- oder langfristig zugegriffen werden muss. Üblich und zulässig sind z.B. ein Festgeldkonto, ein Sparbuch oder sichere Wertpapiere wie Bundesschatzbriefe, nicht aber ein Bausparvertrag[4]. Wenn die Gemeinschaft dem Verwalter keine Weisung erteilt, steht die Auswahl des Kreditinstituts und der Geldanlage in seinem Ermessen. Spekulative Geldanlagen entsprechen aber nicht ordnungsmäßiger Verwaltung; der Verwalter darf daran auch bei einem entspre-

301

---

1 Zutreffend OLG Hamburg, Beschl. v. 24. 7. 2006 – 2 Wx 4/05, ZMR 2006, 791: „Konten können auf den Namen der teilrechtsfähigen Wohnungseigentümergemeinschaft eröffnet werden".
2 OLG Koblenz, Urt. v. 15. 7. 2004 – 5 U 1538/03, NZM 2004, 953 behandelt einen instruktiven Fall, in welchem eine Bank in der Insolvenz des Verwalters die von diesem veruntreuten Gelder wieder herausgeben musste.
3 So auch *Niedenführ/Kümmel/Vandenhouten*, § 26 WEG, Rz. 47; *Merle*, ZWE 2006, 365 (369).
4 OLG Düsseldorf, Beschl. v. 1. 12. 1995 – 3 Wx 322/95, WuM 1996, 112.

chenden Beschluss der Gemeinschaft nicht ohne deutliche Warnung mitwirken[1].

302 Der Verwalter ist berechtigt und verpflichtet, sämtliche **Lasten- und Kostenbeiträge** sowie sonstige Forderungen (im Gesetz sog. „Tilgungsbeträge", z. B. Schadensersatzforderungen) von den Miteigentümern **anzufordern** (und die Zahlung ggf. zu quittieren). Die im Gesetz auch noch erwähnten „Hypothekenzinsen" haben keinen praktischen Anwendungsbereich. Für Mahnungen nach Eintritt des Verzugs kann der Verwalter ein Sonderhonorar vereinbaren (s. Rz. 246, 256). Rechtliche Schritte zum Hausgeldinkasso (**Rechtsanwaltsbeauftragung**, gerichtliche Klage) darf er nur nach entsprechendem Eigentümerbeschluss oder aufgrund einer Ermächtigung im Verwaltervertrag einleiten (s. Rz. 319). Zahlungen sind auf das Gemeinschaftskonto anzufordern; sie wirken aber auch dann schuldbefreiend, wenn sie auf dem Geschäftskonto des Verwalters eingehen (§ 27 Abs. 1 Nr. 4 WEG). Der Verwalter hat solche Zahlungen sofort auf das Gemeinschaftskonto weiterzuleiten.

303 Die Pflicht zur gesonderten Geldanlage verbietet es, die Verwaltung von Sondereigentum und Gemeinschaftseigentum zu vermischen. Dem Verwalter ist zwar die Sondereigentumsverwaltung, insbesondere die **Mietverwaltung** (auch in Gestalt eines „Mietpools"), nicht verwehrt. Der Zahlungsverkehr ist aber strikt separat vom Gemeinschaftskonto abzuwickeln.

304 Der Verwalter ist ferner (selbstverständlich) berechtigt und verpflichtet, **Zahlungen** auf gemeinschaftliche Schulden zu leisten. Soweit es sich um Zahlungen auf Maßnahmen der laufenden Verwaltung handelt, die er ohne Gemeinschaftsbeschluss durchführen darf, folgt seine Berechtigung aus § 27 Abs. 1 Nr. 5, Abs. 3 Nr. 4 WEG, in den übrigen Fällen aus § 27 Abs. 3 Nr. 7 WEG, weil und soweit die Zahlungen zwecks Durchführung gemeinschaftlicher Beschlüsse geleistet werden. Die Pflicht zur Zahlung beinhaltet die Pflicht zur **Prüfung** der Forderung (s. Rz. 383, 390 f.).

305 Außerhalb des Anwendungsbereiches von § 27 Abs. 1 Nr. 5, Abs. 3 Nr. 4 WEG darf der Verwalter ohne ermächtigenden Beschluss der Gemeinschaft (sei es über den Verwaltervertrag, sei es im Einzelfall) nicht über die Konten der Gemeinschaft verfügen und keine Zahlungen (gleich für welchen Zweck) leisten[2].

---

[1] OLG Celle, Beschl. v. 14. 4. 2004 – 4 W 7/04, NZM 2004, 426 = ZMR 2004, 845 verurteilte den Verwalter (m. E. zu Unrecht) wegen Mitverschuldens zum Schadensersatz, nachdem das Verwaltungsvermögen der Gemeinschaft infolge der Beteiligung an einer Ltd. mit Sitz in den USA verschwunden war.

[2] Handelt er dieser Pflicht zuwider, macht er sich schadensersatzpflichtig und muss das ausgegebene Geld aus dem eigenen Vermögen erstatten (OLG Hamm, Beschl. v. 25. 1. 2007 – 15 W 180/07, WuM 2008, 46 = ZMR 2008, 161).

Zur **Kreditaufnahme**, wozu auch die Kontoüberziehung gehört, ist der 306
Verwalter ohne Ermächtigung der Gemeinschaft nicht berechtigt[1]. Bei
Liquiditätsproblemen muss der Verwalter also eine Eigentümerversammlung einberufen, die über eine Kreditaufnahme[2] oder eine Sonderumlage entscheidet.

f) Maßnahmen zur Fristwahrung und zur Abwehr sonstiger Rechtsnachteile

Der Verwalter ist berechtigt, im Namen aller Miteigentümer oder im Na- 307
men der Gemeinschaft Maßnahmen zu treffen, die zur Wahrung einer
Frist oder zur Abwendung eines sonstigen Rechtsnachteils erforderlich
sind (§ 27 Abs. 2 Nr. 2, Abs. 3 Nr. 2 WEG). Dieser Auffangstatbestand
bezweckt vor allem die vorsorgliche Ergänzung der Vertretungsbefugnis
des Verwalters in gerichtlichen Verfahren (die allgemein unten Rz. 319 ff.
näher behandelt wird).

Beispiel:

Verwalter X übernimmt vom abgewählten Erstverwalter eine neue Gemeinschaft 308
und stellt fest, dass in wenigen Tagen die **Verjährung** von Ansprüchen wegen
Mängeln am Gemeinschaftseigentum droht. Er ist zur Einleitung eines Beweisverfahrens gegen den Bauträger im Namen der Miteigentümer befugt (§ 27 Abs. 2
Nr. 2 WEG).

Große Bedeutung kommt der Befugnis, die Gemeinschaft oder die Mit- 309
eigentümer in Eilfällen auch ohne vorhergehende Beschlussfassung zu
vertreten, nicht zu. Zum einen gibt es im Normalfall gar nicht so eilbedürftige Angelegenheiten, dass die Einberufung einer Eigentümerversammlung nicht einmal unter Ausnutzung der (gem. § 24 Abs. 4 Satz 2
WEG zulässigen) Verkürzung der Ladungsfrist in dringenden Fällen möglich wäre; zum anderen kann die Gemeinschaft ein ohne ausreichende
Bevollmächtigung eingeleitetes gerichtliches Verfahren gem. § 89 Abs. 2
ZPO problemlos rückwirkend genehmigen[3].

---

1 OLG Celle, Beschl. v. 5. 4. 2006 – 3 U 265/05, NZM 2006, 633 = ZMR 2006, 540.
 Der Verwalter haftet der Bank als Vertreter ohne Vertretungsmacht gem. § 179
 BGB auf Rückzahlung, die Gemeinschaft daneben ggf. nach Bereicherungsrecht.
2 In geringem Umfang zur vorübergehenden Abdeckung von Liquiditätsengpässen
 entspricht die Kreditaufnahme ordnungsmäßiger Verwaltung (KG, Beschl. v.
 21. 5. 1997 – 24 W 8575/96, ZMR 1997, 539 = WuM 1997, 574; *Jennißen*, NZM
 2006, 207), nicht aber zur Finanzierung von Instandsetzungsmaßnahmen (BayObLG, Beschl. v. 17. 8. 2005 – 2 Z BR 229/04, NJW-RR 2006, 20 = NZM 2006,
 62).
3 OLG Düsseldorf, Beschl. v. 17. 7. 2006 – 3 Wx 241/05, ZMR 2006, 94; BayObLG,
 Beschl. v. 20. 1. 1994 – 2 Z BR 93/93, WuM 1994, 292 = ZMR 1994, 234.

g) Die Abgabe sog. „Hausbesitzererklärungen"

310 Gem. § 21 Abs. 5 Nr. 6 WEG gehören Maßnahmen im Zusammenhang mit Telefon, Rundfunk und Fernsehen (wozu auch der Breitbandkabelanschluss gehört) oder Energieversorgung zur ordnungsmäßigen Verwaltung. Gem. § 27 Abs. 1 Nr. 8 WEG ist der Verwalter berechtigt und verpflichtet, im Namen der Gemeinschaft oder der Miteigentümer die Erklärungen abzugeben, die zur Vornahme dieser Maßnahmen erforderlich sind.

h) Die Entgegennahme von Willenserklärungen/Zustellungen und die Unterrichtungspflicht

311 Der Verwalter ist berechtigt, im Namen der Wohnungseigentümer mit Wirkung für und gegen sie Willenserklärungen und Zustellungen entgegenzunehmen, soweit sie an alle Wohnungseigentümer in dieser Eigenschaft gerichtet sind. Er ist ebenso berechtigt, Willenserklärungen und Zustellungen im Namen der Gemeinschaft der Wohnungseigentümer entgegenzunehmen (§ 27 Abs. 1 Nr. 7, Abs. 2 Nr. 1, Abs. 3 Nr. 1 WEG). Er ist verpflichtet, die Wohnungseigentümer unverzüglich darüber zu unterrichten, dass ein Rechtsstreit gem. § 43 WEG anhängig ist (§ 27 Abs. 1 Nr. 7 WEG).

312 Die Bestimmung vereinfacht den Rechtsverkehr mit der Gemeinschaft und insbesondere die Prozessführung. Abgesehen von den eher seltenen Fällen, in denen Außenstehende die Gemeinschaft verklagen, hat die Zustellungsvertretung des Verwalters vor allem bei gemeinschaftsinternen Prozessen (**Binnenstreitigkeiten**) Bedeutung. Hierzu bestimmt 45 Abs. 1 WEG (in überflüssiger Doppelregelung zu § 27 Abs. 2 Nr. 1 WEG) ausdrücklich, dass der Verwalter im Passivprozess Zustellungsvertreter der beklagten oder beigeladenen Wohnungseigentümer ist. Das bedeutet, dass er für die Entgegennahme des gesamten prozessbezogenen Schriftverkehrs (Klage, gerichtliche Verfügungen, Schriftsätze der Parteien usw.) zuständig ist, auch soweit diese Schriftstücke nicht förmlich zugestellt werden. Dabei ist die Übersendung von jeweils **einem Exemplar** (Ausfertigung/Abschrift) ausreichend, weil sonst der Rechtsverkehr „mit so komplizierten Gebilden wie Wohnungseigentümergemeinschaften unangemessen erschwert" wäre[1]. Der Kläger muss also nicht etwa für alle beklagten oder beigeladenen Miteigentümer Abschriften der Klage einreichen; die Information der Miteigentümer ist vielmehr Sache des Verwalters.

313 Der Verwalter darf **nicht Zustellungsvertreter** sein, wenn „er als Gegner der Wohnungseigentümer an dem Verfahren beteiligt ist oder aufgrund

---

1 So BGH, Urt. v. 25. 9. 1980 – VII ZR 276/79, NJW 1981, 282 für die frühere Rechtslage, die insoweit durch die WEG-Novelle nicht geändert wurde.

des Streitgegenstands die Gefahr besteht, er werde die Wohnungseigentümer nicht sachgerecht unterrichten" (§ 45 Abs. 1 WEG).

Beispiel:

Miteigentümer A reicht Klage gegen seine Miteigentümer ein und verlangt die außerordentliche Abberufung des Verwalters. Letzterer kann hier nicht Zustellungsvertreter für die beklagten Miteigentümer sein. Wenn es keinen Ersatzzustellungsvertreter gem. § 45 Abs. 2 WEG gibt, kommt dessen gerichtliche Bestellung gem. § 45 Abs. 3 WEG in Betracht (s. Teil 14, Rz. 29); ansonsten bleibt dem Kläger nur die Zustellung an alle Miteigentümer einzeln.

314

Abgesehen von den WEG-internen Streitigkeiten gibt es kaum Fälle, in denen „Willenserklärungen und Zustellungen an alle Wohnungseigentümer in dieser Eigenschaft gerichtet sind"[1], weil die rechtsfähige Gemeinschaft selber Adressat von Willenserklärungen und Zustellungen sein kann. In der Praxis wird die Empfangsvollmacht des Verwalters unter Billigung der Rechtsprechung vor allem von Behörden zwecks Zustellung von Gebührenbescheiden in Anspruch genommen; gerade hier liegen aber die Voraussetzungen des § 27 Abs. 2 Nr. 1 WEG m. E. nicht vor.

315

Beispiel:

Der für die Abfallentsorgung zuständige Landkreis stellt dem Verwalter einen Abfallgebührenbescheid zu. Adressat sind die Miteigentümer als Gesamtschuldner, nicht die Gemeinschaft. Mehr als einen Monat später erhebt Miteigentümer A Widerspruch gegen den Bescheid, weil er seine gesamtschuldnerische Inanspruchnahme für die im ganzen Haus anfallenden Abfallgebühren für rechtswidrig hält. Der Landkreis weist den Widerspruch als verfristet zurück; zu Recht? – Ob der Widerspruch verfristet ist, hängt von der Frage ab, ob der Abfallgebührenbescheid an „alle Miteigentümer in dieser Eigenschaft" gerichtet ist und deshalb wirksam dem Verwalter zugestellt werden konnte. Das wäre nur dann der Fall, wenn der Bescheid rechtlich zwingend an alle Miteigentümer gerichtet sein müsste, so dass diese im Streitfall notwendige Streitgenossen wären. Der Landkreis könnte seinen Bescheid aber ebenso gut an einen oder einzelne Miteigentümer richten, so dass die die an den Verwalter gerichtete Zustellung m. E. nicht wirksam ist. Das BVerwG hat freilich entgegengesetzt entschieden: Demnach ist der Verwalter bei Grundbesitzabgaben, die als Forderungen gegen die einzelnen Wohnungseigentümer als Gesamtschuldner gerichtet sind, kraft Gesetzes empfangsbevollmächtigt[2].

316

Gem. § 27 Abs. 1 Nr. 7 WEG hat der Verwalter die Miteigentümer **unverzüglich** darüber zu **unterrichten**, dass ein Rechtsstreit gem. § 43 WEG anhängig ist; die Miteigentümer müssen zeitnah Kenntnis von den gemeinschaftsinternen gerichtlichen Verfahren haben. Auch außerhalb solcher Rechtsstreitigkeiten hat der Verwalter die (gesetzlich nicht ausdrücklich normierte, aber anerkannte) Pflicht, die Miteigentümer über

317

---

1 Die Angrenzerbenachrichtigung im Baugenehmigungsverfahren dürfte ein Anwendungsfall sein.
2 BVerwG, Urt. v. 11. 11. 2005 – 10 B 65/05, NJW 2006, 791 = ZMR 2006, 242.

eine an sie gerichtete Willenserklärung oder Zustellung zu unterrichten. Wann er das tut, steht in seinem Ermessen; es kommt auf den Einzelfall an.

318 Das Gesetz bestimmt nicht, in welcher **Form** die „Unterrichtung" zu geschehen hat. In einer älteren Entscheidung hat der BGH dazu ausgeführt: „Wie der Verwalter die Wohnungseigentümer informiert, ist seine Sache. Er kann es sachgerecht mündlich auf einer Versammlung der Wohnungseigentümer tun oder durch Versendung von Rundschreiben. Erscheint es geboten, dem einzelnen Wohnungseigentümer eine Abschrift des zugestellten Schriftstücks zu übermitteln, kann und muss der Verwalter solche Abschriften herstellen lassen"[1]. Jedenfalls bei den gerichtlichen Verfahren gem. § 43 WEG dürfte nur ein Rundschreiben unter Beifügung einer Kopie der Klage dem Informationsbedürfnis der Miteigentümer genügen. Die damit verbundenen Kosten können signifikant gesenkt werden, wenn der Verwalter den Miteigentümern derartige Informationen per **E-Mail** zukommen lässt; entsprechende Regelungen im Verwaltervertrag sind zu empfehlen, wobei es – analog dem Lastschriftverfahren beim Einzug von Beiträgen (s. Rz. 243) – auch zulässig sein dürfte, diejenigen Miteigentümer mit Sondergebühren zu belasten, die mit der Übersendung per E-Mail nicht einverstanden sind.

i) Die Geltendmachung von Ansprüchen (Vertretung im Aktivprozess)

319 Die (gerichtliche und außergerichtliche) Geltendmachung von Ansprüchen **im Namen der Gemeinschaft** durch den Verwalter setzt voraus, dass dieser hierzu durch Vereinbarung oder Beschluss ermächtigt ist (§ 27 Abs. 3 Nr. 7 WEG). Die Vorausermächtigung zum Hausgeldinkasso ist dringend zu empfehlen; sogar die Ermächtigung zur Durchführung einer Versorgungssperre kann schon im voraus erteilt werden[2]. Weitergehende Vorausermächtigungen sind nicht ratsam; die Entscheidung über die Einleitung gerichtlicher Verfahren gegen Außenstehende oder gegen Miteigentümer sollte der Entscheidung der Gemeinschaft im Einzelfall überlassen bleiben, zumal allzu weit gefassten Ermächtigungen das Verdikt der Unwirksamkeit droht (s. Rz. 251).

320 Auch die (gerichtliche und außergerichtliche) Geltendmachung von Ansprüchen **im Namen aller Wohnungseigentümer** durch den Verwalter setzt eine entsprechende Ermächtigung durch Vereinbarung oder Beschluss voraus (§ 27 Abs. 2 Nr. 3 WEG). Hierfür dürfte es freilich kaum jemals einen Anlass geben, weil es keinen Grund gibt, gemeinschaftliche

---

1 BGH, Urt. v. 25. 9. 1980 – VII ZR 276/79, NJW 1981, 282.
2 KG, Beschl. v. 8. 8. 2005 – 24 W 112/04, WuM 205, 600. Im Übrigen sind Zwangsvollstreckungsmaßnahmen ohnehin von der Prozessvollmacht umfasst (s. Rz. 321).

Ansprüche im Namen aller Wohnungseigentümer statt im Namen der Gemeinschaft geltend zu machen.

Ist dem Verwalter die Befugnis zur Vertretung in (gerichtlichen) Aktivverfahren erteilt worden, schließt dies das Recht zur Einlegung von **Rechtsmitteln**[1] und zur Beauftragung von Zwangsvollstreckungsmaßnahmen[2] ein. Der Verwalter kann die Gemeinschaft (soweit kein Anwaltszwang besteht, also vor dem Amtsgericht) zwar ohne Verstoß gegen das Rechtsberatungsgesetz (neuerdings: Rechtsdienstleistungsgesetz) auch selber vertreten[3]; das ist aber nicht ratsam[4]. Die Vertretungsbefugnis beinhaltet auch ohne ausdrückliche Erwähnung im Vertrag oder Ermächtigungsbeschluss das Recht zur Beauftragung eines **Rechtsanwalts** für das gerichtliche Verfahren[5]. Ob das auch für die **außergerichtliche** Beauftragung eines Rechtsanwalts gilt, ist streitig. Das OLG Düsseldorf verneinte die Frage in einem Sonderfall und behauptete, die Beauftragung eines Rechtsanwalts zwecks außergerichtlicher Beitreibung von Wohngeld bedürfe einer besonderen Ermächtigung[6]. Die Entscheidung wird seitdem zwar in der Literatur häufig unkritisch zitiert, eignet sich aber nicht für eine Generalisierung (was hier aus Platzgründen nicht näher ausgeführt werden kann). Im Normalfall deckt die Ermächtigung des Verwalters zur Geltendmachung von Ansprüchen selbstverständlich auch die vorprozessuale Rechtsanwaltsbeauftragung. Die außergerichtliche Zahlungsaufforderung durch einen Rechtsanwalt ist ein „Minus" gegenüber dem gerichtlichen Verfahren; letzteres wird häufig gerade infolge der Rechtsanwaltstätigkeit vermieden. Wenn der Verwalter für das gerichtliche Verfahren einen Rechtsanwalt beauftragen darf, dann erst recht für das außergerichtliche Verfahren. Wohnungseigentümern und Verwaltern wäre schwer verständlich zu machen, dass ein Verwalter nach erfolglosen eigenen Mahnungen zur Hausgeldbeitreibung gar keine andere Wahl haben soll, als einem Rechtsanwalt sogleich Klageauftrag zu erteilen. Weil zu dieser Frage aber, wie vorstehend aufgezeigt, auch eine andere Auffassung existiert, ist (wie stets) eine eindeutige Regelung der Befugnis zur Rechtsanwaltsbeauftragung im Verwaltervertrag ratsam.

---

1 BayObLG, Beschl. v. 8. 4. 2003 – 2 Z BR 51/04, WuM 2004, 358.
2 Jennißen/*Jennißen*, § 26 WEG, Rz. 85.
3 BGH, Beschl. v. 6. 5. 1993 – V ZB 9/92, BGHR WEG § 27 Abs 2 Nr 5 = NJW 1993, 1924 = ZMR 1993, 421; unstr. Im Ausgangspunkt ebenso OLG Düsseldorf, Beschl. v. 18. 4. 2000 – 24 U 29/99, OLGReport Düsseldorf 2001, 85 = NZM 2001, 290 = ZMR 2001, 298.
4 Zur Begründung sei ein Sprichwort zitiert: Schuster bleib' bei deinem Leisten!
5 BGH, Beschl. v. 6. 5. 1993 – V ZB 9/92, BGHR WEG § 27 Abs 2 Nr 5 = NJW 1993, 1924 = ZMR 1993, 421; im Ausgangspunkt ebenso OLG Düsseldorf, Beschl. v. 18. 4. 2000 – 24 U 29/99, OLGReport Düsseldorf 2001, 85 = NZM 2001, 290 = ZMR 2001, 298.
6 OLG Düsseldorf, Beschl. v. 18. 4. 2000 – 24 U 29/99, OLGReport Düsseldorf 2001, 85 = NZM 2001, 290 = ZMR 2001, 298.

322 Die Befugnis zur Vereinbarung eines höheren als des gesetzlichen **Streitwerts** (§ 27 Abs. 2 Nr. 4 WEG) wird unten (Rz. 333) behandelt.

j) Die Abwehr von Ansprüchen (Vertretung im Passivprozess)

323 Der Verwalter ist nicht nur Zustellungsvertreter (s. o. Rz. 311), sondern hat auch das gesetzliche Recht zur Passivvertretung **aller Miteigentümer** in den gemeinschaftsinternen Streitigkeiten gem. § 43 Nr. 1 und Nr. 4 WEG (§ 27 Abs. 2 Nr. 2 WEG).

Beispiel:

324 A macht gegen die übrigen Miteigentümer seinen Anspruch auf **ordnungsmäßige Verwaltung** in Gestalt der Vornahme bestimmter Verwaltungsmaßnahmen geltend. Oder: A führt ein **Beschlussanfechtungsverfahren**. – Der Verwalter ist jeweils berechtigt, die verklagten Miteigentümer im Prozess zu vertreten[1]. Eine andere Frage ist die, ob er dazu auch stets verpflichtet ist. Das ist zu verneinen, weil es im Einzelfall durchaus sinnvoll sein kann, einer Beschlussanfechtung nicht entgegen zu treten – nämlich dann, wenn sie voraussichtlich berechtigt ist (z. B. bei einem „Zitterbeschluss"). Voraussichtlich sinnlose Maßnahmen entsprechen nicht ordnungsmäßiger Verwaltung, weshalb sie vom Verwalter nicht durchgeführt werden müssen (und sollen)[2].

⊃ **Hinweis:**

325 Wenn der Verwalter von seinem Vertretungsrecht Gebrauch machen und den angefochtenen Beschluss verteidigen möchte, ist schon aufgrund seiner **Neutralitätspflicht** von einer Prozessführung durch ihn abzuraten. In erster Instanz vor dem Amtsgericht besteht zwar kein Anwaltszwang; trotzdem überträgt der Verwalter im eigenen Interesse und in dem der Gemeinschaft die Prozessführung besser einem Rechtsanwalt.

326 Das Vertretungsrecht des Verwalters bedeutet nicht, dass die Miteigentümer verpflichtet wären, sich von ihm vertreten zu lassen. Vielmehr kann sich jeder Miteigentümer auch selber vertreten oder einen eigenen Rechtsanwalt beauftragen[3]; in diesem Fall ist der Verwalter zur weiteren

---

1 So die h. M. **A. A.** *Merle*, ZWE 2008, 109, der das Vertretungsrecht nur für Eilmaßnahmen zur Abwendung eines Rechtsnachteils anerkennt. M. E. besteht aber ein praktisches Bedürfnis für ein generelles Vertretungsrecht. Die grundlegende Kritik *Merles* an der gesetzlichen Regelung ist gleichwohl beachtlich und belegt, dass die Rechtspraxis noch mit allerhand Überraschungen rechnen muss.
2 Zutreffend bemerkt der Gesetzgeber zu dieser Frage: „Zu den in den Absätzen 2 und 3 genannten Maßnahmen ist der Verwalter nicht nur berechtigt, sondern im Rahmen seiner Vertretungsmacht auch verpflichtet, wenn dies zur ordnungsmäßigen Erfüllung seiner Aufgaben erforderlich ist" (Beschlussempfehlung und Bericht des Rechtsausschusses zu Nr. 16 [§ 27 WEG], BT-Drs. 16/3843, S. 26).
3 Allerdings muss der Gegner gem. § 50 WEG i. d. R. höchstens die Kosten *eines* Rechtsanwalts erstatten. Näher dazu *Drasdo*, ZMR 2008, 266.

Vertretung des betreffenden Miteigentümers weder berechtigt, noch verpflichtet[1].

Der Verwalter ist gem. § 27 Abs. 2 Nr. 2 WEG ferner zur Passivvertretung aller Miteigentümer in dem Fall berechtigt, dass ein außenstehender Dritter eine Klage i.S.v. § 43 Nr. 5 WEG gegen sie richtet. Hierfür dürfte es freilich kaum einen Anwendungsbereich geben, da sich die Ansprüche außenstehender Dritter i.d.R. gegen die Gemeinschaft und nicht gegen „alle Miteigentümer" richten. 327

Bei Streitigkeiten über die Rechte und Pflichten des Verwalters gem. § 43 Nr. 3 WEG hat dieser wegen **Interessenkollision** allerdings **kein Recht zur Passivvertretung** der Miteigentümer. 328

Beispiel:

Miteigentümer A beantragt bei Gericht die außerordentliche Abberufung des Verwalters. Die Klage muss, da es um die Durchsetzung einer Maßnahme ordnungsmäßiger Verwaltung geht, gegen die übrigen Miteigentümer gerichtet werden. Der Verwalter ist weder zur Entgegennahme der Klagezustellung berechtigt (s. Rz. 313), noch zur Vertretung der verklagten Miteigentümer. Die Miteigentümer können in diesem Fall durch Beschluss einen oder mehrere Miteigentümer zur Vertretung ermächtigen (§ 27 Abs. 3 letzter Satz WEG). 329

Zur Passivvertretung der **Gemeinschaft** ist der Verwalter in den Fällen gemeinschaftsinterner Streitigkeiten gem. § 43 Nr. 2 WEG oder im Fall der Klage eines außenstehenden Dritten gem. § 43 Nr. 5 WEG (§ 27 Abs. 3 Nr. 2 WEG) berechtigt. 330

Beispiele:

Miteigentümer A klagt gegen die Gemeinschaft auf Auszahlung des aus seiner Jahresabrechnung folgenden Guthabens. Oder: Ein Handwerker klagt gegen die Gemeinschaft auf Bezahlung seiner Handwerkerrechnung. – In beiden Fällen ist der Verwalter zur Vertretung der Gemeinschaft im Rechtsstreit berechtigt. 331

Das Recht zur gerichtlichen Vertretung der Gemeinschaft und der Miteigentümer in Passivverfahren beinhaltet das Recht zur Einlegung von Rechtsmitteln[2] und zur Beauftragung eines **Rechtsanwalts**. Das ist seit jeher unstreitig und ergibt sich neuerdings aus der in § 43 Abs. 3 Nr. 6 WEG geregelten Befugnis des Verwalters, mit dem Rechtsanwalt eine Streitwertvereinbarung zu treffen. 332

k) Abschluss einer Vergütungsvereinbarung mit einem Rechtsanwalt

Der Verwalter ist berechtigt, mit einem Rechtsanwalt zu vereinbaren, dass sich dessen Gebühren nach einem höheren als dem gesetzlichen 333

---
1 Bestätigende Rspr. oder Lit. zu dieser Frage sind nicht bekannt.
2 BayObLG, Beschl. v. 8.4.2003 – 2 Z BR 51/04, WuM 2004, 358.

Streitwert (höchstens nach einem gem. § 49a Abs. 1 Satz 1 GKG bestimmten Streitwert) bemessen. Bei Vertretung der Miteigentümer gilt das in den Verfahren gem. § 43 Nr. 1, Nr. 4 oder Nr. 5 WEG, bei Vertretung der Gemeinschaft in den Verfahren gem. § 43 Nr. 2 oder Nr. 5 WEG (§ 27 Abs. 2 Nr. 4, Abs. 3 Nr. 6 WEG).

334 Diese Regelung soll einen Ausgleich dafür schaffen, dass die Streitwerte in WEG-Sachen durch die WEG-Novelle gegenüber dem früheren Recht stark herabgesetzt wurden. Der Gesetzgeber erkannte hierin zutreffend ein Problem, zu dem er in der Gesetzesbegründung Folgendes ausführte: „Im Fall der Klage eines einzelnen Wohnungseigentümers gegen die übrigen Wohnungseigentümer wird es für diese nicht immer einfach sein, einen Rechtsanwalt zu finden, der für den möglicherweise niedrigen Streitwert zur Übernahme des Mandats bereit ist. ... Deshalb muss es möglich sein, dass der Verwalter einen Rechtsanwalt beauftragen und mit ihm eine insbesondere dem gesteigerten Haftungsrisiko angemessene Vergütungsvereinbarung treffen kann"[1]. Der vom Gesetzgeber gewählte Weg – erst den Streitwert auf ein unzuträgliches Maß herabzusetzen und dann als Ausgleich den Abschluss von Streitwertvereinbarungen zu erleichtern – ist freilich völlig verfehlt und eine Zumutung für Verwalter und Rechtsanwälte, die allerdings de lege lata nicht mehr zu ändern ist. Die Umsetzung wird im folgenden Beispiel erläutert.

Beispiel:

335 Bei einer Beschlussanfechtungsklage mit geringem Streitwert beauftragt der Verwalter für die auf Beklagtenseite stehenden Miteigentümer einen Rechtsanwalt. Er schließt mit ihm folgende Vergütungsvereinbarung: „Es wird vereinbart, dass die Rechtsanwaltsgebühren aus einem Streitwert von 3.000 Euro berechnet werden. Dem Auftraggeber ist bekannt, dass für eine eventuelle Kostenerstattung durch den Gegner der gerichtlich festgesetzte und nicht der hier vereinbarte Streitwert maßgeblich ist." Die Anfechtungsklage wird kostenpflichtig zurückgewiesen. Die den beklagten Miteigentümern durch die Vergütungsvereinbarung entstandenen Mehrkosten gegenüber der gesetzlichen Vergütung muss A nicht erstatten. Sie werden in der Jahresabrechnung als Verwaltungskosten nach Miteigentumsanteilen verteilt[2].

l) Die Vertretung der Gemeinschaft beim Fehlen eines Verwalters

336 Fehlt ein Verwalter oder ist er zur Vertretung nicht berechtigt (s. Rz. 328), so vertreten alle Wohnungseigentümer die Gemeinschaft (§ 27 Abs. 3 Satz 3 WEG). Das gilt jedenfalls für die **Aktivvertretung**. Bei der

---

1 BT Drucksache 16/887, S. 77 = NZM 2006, 447.
2 Dadurch wird dem Verwalter Mehrarbeit für die Ausweisung der Extra-Position „Mehrkosten durch Vergütungsvereinbarung" aufgebürdet. Die besondere Hervorhebung dürfte auch Anlass für vielfältige Diskussionen (bei Gelegenheit der Beschlussfassung über die Jahresabrechnung) über die Berechtigung der Mehrkosten sein.

Abgabe von Willenserklärungen müssen daher alle Wohnungseigentümer gemeinschaftlich mitwirken; sie können jedoch durch Mehrheitsbeschluss einen oder mehrerer Miteigentümer zur Vertretung ermächtigen (§ 27 Abs. 3 letzter Satz WEG). Demgegenüber ist zur **Passivvertretung** des Verbandes jeder Miteigentümer einzeln befugt; das ergibt sich zwar nicht aus dem Gesetz, aber aus einem allgemeinen Rechtsgrundsatz[1]. Wenn also z. B. eine Zustellung an den Verband erfolgen soll, kann sie beim Fehlen eines Verwalters wirksam an jeden beliebigen Miteigentümer vorgenommen werden.

3. Die Pflicht zur Rechnungslegung, Erteilung von Auskünften und Gewährung von Einsichtnahme in die Verwaltungsunterlagen

a) Rechnungslegung

Der Verwalter ist verpflichtet, der Gemeinschaft auf Verlangen (d.h. nach entsprechender Beschlussfassung) jederzeit Rechnung zu legen (§ 28 Abs. 4 WEG). Während einer laufenden Verwaltung hat diese der Kontrolle des Verwalters dienende Vorschrift wegen der ohnehin bestehenden Pflicht des Verwalters zur Vorlage der Jahresabrechnungen kaum praktische Bedeutung. Hohe Bedeutung hat die Rechnungslegung jedoch zum Ende der Amtszeit eines Verwalters; dann gehört sie (auch ohne Beschlussfassung) zu seinen nachwirkenden Pflichten. Die Einzelheiten zum Inhalt und zur Durchsetzung des Anspruchs auf Rechnungslegung wurden oben (Rz. 174 ff.) erörtert. 337

b) Auskunftserteilung

Der Verwalter muss der Gemeinschaft jederzeit und auch ohne besonderen Anlass auf Verlangen (d.h. nach entsprechender Beschlussfassung) Auskunft über alle Verwaltungsangelegenheiten und alle Fragen zum Rechnungswesen erteilen. Dieses Recht folgt sowohl aus dem Anspruch auf Rechnungslegung als auch aus dem Auftragsrecht (§§ 675, 666) des BGB. Die Genehmigung der Abrechnung oder die Entlastung des Verwalters stehen nicht entgegen[2]. 338

Der einzelne Eigentümer hat **keinen Individualanspruch** auf Erteilung von Auskünften[3]. Hält er Auskünfte für erforderlich, kann er diese nur 339

---

1 So *Merle*, ZWE 2006, 365 (370); Gerichtsentscheidungen dazu sind noch nicht bekannt.
2 BayObLG, Beschl. v. 22. 4. 2004 – 2 Z BR 113/03, ZMR 2004, 839; KG, Beschl. v. 22. 12. 1986 – 24 W 5516/86, NJW-RR 1987, 462; OLG Hamm, Beschl. v. 29. 10. 1987 – 15 W 200/87, NJW-RR 1988, 597.
3 H.M., BayObLG, Beschl. v. 22. 4. 2004 – 2 Z BR 113/03, ZMR 2004, 839; KG, Beschl. v. 22. 12. 1986 – 24 W 5516/86, NJW-RR 1987, 462; OLG Hamm, Beschl. v. 29. 10. 1987 – 15 W 200/87, NJW-RR 1988, 597.

auf dem Weg über die Beschlussfassung der Eigentümergemeinschaft (und ggf. die gerichtliche Ersetzung des Beschlusses) durchsetzen.

◯ **Hinweis:**

340 Wenn die Mehrheit das Auskunftsverlangen des Einzelnen nicht unterstützt, kommt eine Durchsetzung der Beschlussfassung im Wege der gerichtlichen Ersetzung in der Praxis nicht vor. Erforderliche Informationen kann sich nämlich jeder Eigentümer – ggf. mit professioneller Unterstützung – einfacher im Wege der Einsichtnahme in die Verwaltungsunterlagen verschaffen.

c) Einsichtnahme in die Verwaltungsunterlagen

341 Jeder Miteigentümer hat einen – nicht von einer vorherigen Beschlussfassung der Gemeinschaft abhängigen – individuellen Anspruch darauf, **Einsicht** in die Verwaltungsunterlagen zu nehmen. Dieses Recht ist ein scharfes Schwert in der Hand der Wohnungseigentümer und wird von Verwaltern nicht selten als unberechtigte Sonderbelastung empfunden. Die Einsichtnahme wird deshalb mitunter aus den folgenden Gründen verweigert:

342 – Das Einsichtnahmerecht stehe nur dem Verwaltungsbeirat als dem zur Kontrolle berufenen Organ der Gemeinschaft zu.

– Die Einsichtnahme sei nach der Genehmigung der Jahresabrechnung nicht mehr erforderlich; auch sei der Verwalter überfordert, wenn jeder Eigentümer dieses Recht geltend machen würde.

– Die Einsicht sei unzulässig, soweit die Buchungsunterlagen anderer Miteigentümer betroffen seien (Datenschutz).

343 Diese und ähnliche Einwände sind **irrelevant**. Der einzelne Eigentümer muss den Verwalter wirksam kontrollieren können und hat deshalb Anspruch auf Einsicht in sämtliche Abrechnungsunterlagen (Belege, Saldenlisten bezüglich der Einnahmen und Ausgaben usw.) und insbesondere in die Einzelabrechnungen der Miteigentümer[1]. Er muss grundsätzlich kein besonderes Interesse an der Einsichtnahme nachweisen und kann die Einsicht auch nach der Genehmigung einer Jahresabrechnung durch die Eigentümerversammlung verlangen[2]. Das Einsichtnahmerecht geht auch durch das Ausscheiden aus der Eigentümergemeinschaft nicht unter, sofern es noch zu Zeiten der Eigentümerstellung rechtshängig gemacht wurde[3]. Begrenzt wird es lediglich durch die Grundsätze von Treu und Glauben (§ 242 BGB) und das Schikaneverbot (§ 226 BGB).

---

1 OLG München, Beschl. v. 29. 5. 2006 – 34 Wx 27/06, NZM 2006, 512 = ZMR 2006, 881; OLG Köln, Beschl. v. 24. 8. 2005 – 16 Wx 80/05, NZM 2006, 66.
2 BayObLG, Beschl. v. 13. 6. 2000 – 2 Z BR 175/99, NZM 2000, 873 = ZMR 2000, 687; OLG Köln Beschl. v. 28. 2. 2001 – 16 Wx 10/01, ZMR 2001, 851.
3 KG, Beschl. v. 31. 1. 2000 – 24 W 601/99, NZM 2000, 828 = ZMR 2000, 401.

Die Art und der Umfang sowie die Dauer der Einsichtgewährung richten sich nach dem Umfang der Belege und dem jeweiligen Informationsbedürfnis[1]. Die Unterlagen sind auf alle Fälle bei (oder zum Zweck der Einsichtnahme kurz vor) einer Eigentümerversammlung am Versammlungsort bereit zu halten[2]. Ansonsten erfolgt die Einsichtnahme am Geschäftssitz des Verwalters, wenn dieser nicht weit entfernt von dem betroffenen Objekt liegt[3]. Die Einsichtnahme wird i.d.R. in der Weise gewährt, dass der Eigentümer in den Räumen der Verwaltung sämtliche Unterlagen zur Überprüfung vorgelegt bekommt. Die Hinzuziehung eines **Beistands** (Rechtsanwalt, Steuerberater) ist zulässig und zu empfehlen. Ein Anspruch auf Herausgabe der Unterlagen besteht nicht; ob ein Anspruch auf Fertigung und Aushändigung von **Kopien** durch den Verwalter besteht ist streitig, nach zutreffender h.M. aber (gegen Kostenerstattung) zu bejahen, weil es dem Miteigentümer nicht zugemutet werden kann, handschriftliche Abschriften zu fertigen[4]. Aus dem Einsichtnahmerecht kann sich sogar eine Verpflichtung des Verwaltes ergeben, auf Anforderung und gegen Kostenerstattung bestimmte Unterlagen zu kopieren und zu übersenden (oder bereits eingescannte Unterlagen per E-Mail zu senden)[5].

344

d) Eigentümerliste

Jeder Miteigentümer kann vom Verwalter die Übersendung einer **Eigentümerliste** verlangen[6], was aus verschiedenen Gründen erforderlich sein kann.

345

Beispiel:

Ein Miteigentümer strebt die Einberufung einer außerordentlichen Eigentümerversammlung gem. § 24 Abs. 2 WEG an und benötigt zur Erreichung des erforderlichen Quorums die Unterschriften weiterer Miteigentümer. Oder: Er will ein Rundschreiben an seine Miteigentümer richten.

346

---

1 OLG Hamm, Beschl. v. 29. 10. 1987 – 15 W 200/87, NJW-RR 1988, 597.
2 So OLG Köln, Beschl. v. 24. 8. 2005 – 16 Wx 80/05, NZM 2006, 66; str. Kritik z.B. von *Drasdo*, ZMR 2006, 225.
3 Andernfalls kann die Einsichtnahme am Ort der Liegenschaft unabhängig von der Jahresabrechnung nur verlangt werden, wenn für die Einsichtnahme ein besonderes rechtliches Interesse besteht (OLG Köln, Beschl. v. 28. 2. 2001 – 16 Wx 10/01, ZMR 2001, 851).
4 OLG München, Beschl. v. 29. 5. 2006 – 34 Wx 27/06, NZM 2006, 512 = ZMR 2006, 881; BayObLG, Beschl. v. 13. 6. 2000 – 2 Z BR 175/99, NZM 2000, 873 = ZMR 2000, 687.
5 OLG München, Beschl. v. 29. 5. 2006 – 34 Wx 27/06, NZM 2006, 512 = ZMR 2006, 881.
6 OLG Saarbrücken, Beschl. v. 29. 8. 2006 – 5 W 72/06, ZMR 2007, 141; AG Trier, Beschl. v. 21. 6. 1999 – 8 UR II 12/99, WuM 1999, 482; BayObLG v. 8. 6. 1984 – 2 Z BR 7/84, WuM 1985, 165.

347 Ein Recht auf Anonymität untereinander besteht nicht, zumal jeder Miteigentümer durch Einsicht in das Grundbuch die Namen seiner Miteigentümer erfahren kann[1]. Der Verwalter kann die Übersendung einer Eigentümerliste daher nicht unter Hinweis auf „datenschutzrechtliche Bestimmungen" verweigern. Er kann lediglich Kostenerstattung für das Fertigen der Kopien und ggf. einen entsprechenden Kostenvorschuss verlangen (s. Rz. 232). Bestehen Anhaltspunkte dafür, dass die Auskunft (Eigentümerliste) nicht mit der erforderlichen Sorgfalt erteilt wurde, steht dem Auskunft begehrenden Eigentümer ein Anspruch auf eidesstattliche Versicherung der Richtigkeit der gemachten Angaben durch den Verwalter zu[2].

4. Der Nachweis der Verwalterstellung, insbesondere die Vollmachtsurkunde

348 Der Verwalter muss sich im Außenverhältnis legitimieren können. Dazu gibt es zwei – nicht aufeinander abgestimmte – gesetzliche Regelungen.

a) Der Nachweis gegenüber dem Grundbuchamt gem. § 26 Abs. 3 WEG

349 Soweit die Verwaltereigenschaft durch eine öffentlich beglaubigte Urkunde nachgewiesen werden muss, genügt die Vorlage eine Niederschrift über den Bestellungsbeschluss, bei der die Unterschriften der in § 24 Abs. 6 WEG bezeichneten Personen öffentlich beglaubigt sind (§ 26 Abs. 3 WEG). Diesen Nachweis in öffentlich beglaubigter Form braucht der Verwalter praktisch nur in einem Fall: Wenn die Gemeinschaftsordnung vorsieht, dass er zur Veräußerung von Sondereigentum gem. § 12 WEG seine Zustimmung erteilen muss. Seine Zustimmung muss er gegenüber dem Grundbuchamt abgeben und dabei seine Verwaltereigenschaft gem. § 29 GBO in öffentlich beglaubigter Form nachweisen. Jeder Verwalter sollte deshalb nach seiner Wahl prüfen, ob die Gemeinschaftsordnung seine **Veräußerungszustimmung** vorsieht. Ist das nicht der Fall, braucht nichts unternommen zu werden; andernfalls sollte sich der Verwalter unverzüglich um den erforderlichen Nachweis kümmern.

350 In § 24 Abs. 6 WEG werden die drei Personen bezeichnet, die das Versammlungsprotokoll unterschreiben sollen: Der Vorsitzende (normalerweise, aber nicht zwingend der Verwalter selber), ein Wohnungseigentü-

---

1 Ein berechtigtes Interesse i. S. d. § 19 GBO auf Grundbucheinsicht besteht auch ohne konkreten Anlass (OLG Düsseldorf, Beschl. v. 15. 10. 1986 – 3 Wx 340/86, NJW 1987, 1651). Die Möglichkeit der Grundbucheinsicht berechtigt den Verwalter aber nicht, einen Eigentümer hierauf zu verweisen, anstatt ihm die begehrte Eigentümerliste zukommen zu lassen.
2 LG Saarbrücken, Beschl. v. 18. 1. 2006 – 5 T 375/05, ZMR 2006, 399.

mer und, falls ein Verwaltungsbeirat bestellt ist, dessen Vorsitzender oder sein Vertreter (s. im Einzelnen Teil 15, Rz. 25 ff.). Diese Personen müssen (ausgestattet mit ihrem Personalausweis oder Reisepass) mit einer Kopie des Versammlungsprotokolls zu einem Notar ihrer Wahl gehen und dort ihre Unterschrift unter dem Protokoll beglaubigen lassen. Ist der Beiratsvorsitzende zugleich Versammlungsvorsitzender, so genügt seine Unterschrift und die eines (weiteren) Wohnungseigentümers[1]. Bei einer Verwalterbestellung durch Umlaufbeschluss gem. § 23 Abs 3 WEG müssen die Unterschriften aller Eigentümer beglaubigt werden[2]. Bei einer Bestellung in der Gemeinschaftsordnung genügt die Vorlage einer Ausfertigung davon.

b) Die Vollmachtsurkunde

Gem. § 27 Abs. 6 WEG kann der Verwalter von den Wohnungseigentümern die Ausstellung einer Vollmachts- und Ermächtigungsurkunde verlangen, aus der der Umfang seiner Vertretungsmacht ersichtlich ist. Die Bestimmung soll dem Verwalter den Nachweis seiner Rechtsstellung erleichtern, da es ja kein öffentliches Register gibt, das ihm ein amtliches Zeugnis von seiner Verwalterstellung und vom Umfang seiner Vertretungsmacht erteilen könnte. 351

Die gesetzliche Regelung ist wenig geglückt und eigentlich nur bei kleineren Gemeinschaften unmittelbar anwendbar. Der Wortlaut ist nämlich (zu) weit gefasst: Theoretisch kann der Verwalter von sämtlichen Wohnungseigentümern die Unterzeichnung einer Vollmachtsurkunde verlangen. Weil erfahrungsgemäß nicht alle Wohnungseigentümer zur Unterschriftsleistung bereit sind, könnte und müsste der Verwalter seinen Anspruch erforderlichenfalls gerichtlich durchsetzen; solange nämlich nicht alle Miteigentümer unterzeichnet haben, ist die Urkunde alleine unvollständig und wertlos. In der Praxis wird dieses Problem dadurch gelöst, dass im Zuge der Verwalterbestellung beschlossen wird, bestimmte Miteigentümer zur Unterzeichnung der Vollmacht zu bevollmächtigen (vgl. das Beschlussmuster Rz. 47). Zusammen mit dem Versammlungsprotokoll genügt die von den dazu bevollmächtigten Miteigentümern unterzeichnete Vollmacht den Anforderungen des § 27 Abs. 6 WEG. 352

Inhaltlich muss aus der Vollmachtsurkunde der Umfang der Vertretungsmacht hervorgehen. Die Vertretungsbefugnisse des Verwalters ergeben sich aus dem Gesetz und aus dem Verwaltervertrag; die betreffenden Passagen sind in die Vollmachtsurkunde aufzunehmen. Im Grunde 353

---

1 LG Lübeck, Beschl. v. 11. 2. 1991 – 7 T 70/91, Rpfleger 1991, 309.
2 BayObLG, Beschl. v. 23. 1. 1986 – 2 Z BR 14/85, NJW-RR 1986, 565 = Rpfleger 1986, 299.

könnte der Verwalter im Rechtsverkehr statt der Vollmachtsurkunde ebenso gut den unterzeichneten Verwaltervertrag, ggf. nebst dem Text des § 27 WEG vorlegen.

---

354 **Formulierungsvorschlag: Verwaltervollmacht**

Der Verwalter der WEG Heinestraße 12, 75234 Musterstadt,

X-Immobilien GmbH, Zenstraße 5, 75234 Musterstadt,

ist berechtigt,

1. im Namen aller Wohnungseigentümer und mit Wirkung für und gegen sie,

a) ... (Text des § 27 Abs. 2 WEG),

2. im Namen der Wohnungseigentümergemeinschaft

a) ... (Text des § 27 Abs. 3 WEG).

3. Ergänzend ist der Verwalter berechtigt, im Namen der Wohnungseigentümergemeinschaft

a) zwecks Beratung in den die Eigentümergemeinschaft betreffenden Rechtsfragen einen Rechtsanwalt zu Kosten bis max. 300,00 Euro zu beauftragen;

b) Beitragsrückstände von Miteigentümern außergerichtlich und gerichtlich geltend zu machen und hierzu einen Rechtsanwalt zu beauftragen;

c) Reparatur- und Instandhaltungsmaßnahmen bis zur Höhe von 1 500,00 Euro im Einzelfall zu beauftragen; bis zur Höhe von 3.000 Euro bedarf es der vorherigen Rücksprache mit dem Verwaltungsbeirat, darüber hinaus der vorherigen Beschlussfassung der Eigentümergemeinschaft.

d) ... (eventuelle weitere im Außenverhältnis bedeutsame Erweiterungen oder Beschränkungen der Vertretungsbefugnis entsprechend dem Verwaltervertrag).

IV. Die Haftung des Verwalters

1. Grundlagen

355 Wenn der Verwalter die Pflichten schuldhaft verletzt, die ihm sein Verwaltervertrag, das Gesetz und die Gemeinschaftsordnung gegenüber der Gemeinschaft und den Wohnungseigentümern auferlegt, muss er Schadensersatz leisten. Hierbei geht es um die **vertragliche Haftung** gem. § 280 BGB, die Gegenstand der nachfolgenden Ausführungen ist. Den Verwalter kann außerdem eine deliktische **Haftung** wegen der Verletzung von Verkehrssicherungspflichten treffen; dies wird weiter unten

(Rz. 408) erörtert. Die (beschränkten) Möglichkeiten zur Vereinbarung von **Haftungserleichterungen** wurden oben (Rz. 239, 249) bereits dargestellt.

Der Geschädigte (konkret also die Wohnungseigentümergemeinschaft oder einzelne Wohnungseigentümer) tragen die **Beweislast** für die Pflichtverletzung des Verwalters und deren Kausalität für den Schaden. Bei einem typischen Schadensverlauf kommen allerdings die Grundsätze des Anscheinsbeweises zum Tragen; soweit es um die Frage der haftungsausfüllenden Kausalität und der Schadenshöhe geht, greifen ferner die Beweiserleichterungen des § 287 ZPO (richterliche Schätzung)[1]. 356

Der Verwalter haftet gem. § 278 BGB für die Personen, deren er sich zur Erfüllung seiner Pflichten bedient (**Erfüllungsgehilfen**)[2]. Schaltet er aber mit Einverständnis der Gemeinschaft Personen zur eigenverantwortlichen Ausführung besonderer Aufgaben ein, haftet er für deren Verschulden nicht. 357

Beispiel:
Bei einer größeren Sanierung beauftragt der Verwalter in Umsetzung des entsprechenden Eigentümerbeschlusses einen Architekten mit der Bauüberwachung, der sich bei der Abrechnung der Arbeiten zu Lasten der Gemeinschaft verrechnet. – Der Verwalter darf sich auf die Angaben des Fachmanns verlassen; für dessen Fehler haftet er nicht[3]. 358

In manchen Haftungsfällen hat die Pflichtverletzung des Verwalters **Ersatzansprüche gegen Dritte** zur Folge[4]; das ändert an der eigenen Haftung des Verwalters nichts. Allerdings sind ihm gem. § 255 BGB die Ersatzansprüche gegen den Dritten zur Abtretung anzubieten. Bei gerichtlicher Geltendmachung muss eine entsprechende Zug-um-Zug-Verurteilung beantragt werden. 359

Die Geltendmachung von Ersatzansprüchen gegen den Verwalter wegen Schäden am Gemeinschaftsvermögen setzt einen entsprechenden **Beschluss** der Eigentümerversammlung voraus (§ 10 Abs. 6 WEG)[5]. Die Ge- 360

---

1 BayObLG, Beschl. v. 5. 1. 2000 – 2 Z BR 85/99, NZM 2000, 501 = ZMR 2000, 314.
2 Beispielsfall OLG München, Beschl. v. 24. 7. 2006 – 32 Wx 77/06, OLGReport München 2006, 687 = ZMR 2006, 883: Mitarbeiter des Verwalters missbraucht EC-Karte für unberechtigte Abhebungen vom Gemeinschaftskonto; der Verwalter haftet, weil der Mitarbeiter sein Erfüllungsgehilfe bei der Vermögensverwaltung ist.
3 BayObLG, Beschl. v. 11. 4. 2002 – 2 Z BR 85/01, NZM 2002, 564 = ZMR 2002, 689.
4 Z.B. bei unberechtigter Zahlung an einen erstattungspflichtigen Dritten wie bei Rz. 390.
5 Die Klage des Einzelnen ohne legitimierenden Eigentümerbeschluss ist unzulässig, so schon für das frühere Recht OLG Köln, Beschl. v. 17. 12. 2004 – 16 Wx 228/04, NZM 2005, 307 = ZMR 2006, 66.

meinschaft ist unter dem Gesichtspunkt ordnungsmäßiger Verwaltung i. d. R. verpflichtet, einen solchen Beschluss zu fassen, außer wenn der Anspruch offenkundig nicht in Betracht kommt; es entspricht (angeblich) dem Interesse der Gesamtheit der Wohnungseigentümer nach billigem Ermessen, auch zweifelhafte Fälle der Verwalterhaftung gerichtlich klären zu lassen[1]. Wenn ein Schaden hingegen nur bei einem **einzelnen Wohnungseigentümer** entstanden ist, ist dieser ohne Mitwirkung der Gemeinschaft zur Geltendmachung der Ersatzansprüche befugt[2]. Für die gerichtliche Klage ist das **Wohnungseigentumsgericht** zuständig (§ 43 Nr. 3 WEG), und zwar auch in Verfahren gegen den ausgeschiedenen Verwalter nach Beendigung seiner Amtszeit[3].

361 Üblich und sinnvoll, aber nicht zwingend ist für den Verwalter der Abschluss einer Vermögensschaden-**Haftpflichtversicherung**, die ihn für den Fall absichert, „dass er wegen eines bei der Ausübung beruflicher Tätigkeit – von ihm selbst oder einer Person, für die er einzutreten hat – begangenen Verstoßes von einem anderen aufgrund gesetzlicher Haftpflichtbestimmungen privatrechtlichen Inhalts für einen Vermögensschaden verantwortlich gemacht wird" (§ 1 der Allgemeinen Vertragsbedingungen – AVB). Nicht versichert sind Ansprüche wegen „Schäden, welche durch Fehlbeträge bei der Kassenführung, durch Verstöße beim Zahlungsakt sowie durch Veruntreuung des Personals des Versicherten entstehen" (§ 4 Nr. 4 AVB). Schließlich deckt die Versicherung auch keine Schäden ab, die dadurch entstehen, dass der ursprüngliche Erfüllungsanspruch der Wohnungseigentümer nicht erfüllt wird, die also auf Untätigkeit des Verwalters beruhen.

2. Verwalterhaftung und gerichtliche Verfahrenskosten

a) Grundlagen

362 Eine Pflichtverletzung des Verwalters hat mitunter ein gerichtliches Verfahren zur Folge. Das ist insbesondere bei **Beschlussanfechtungsverfahren** der Fall, die wegen eines formellen Fehlers der Beschlussfassung eingeleitet werden, oder bei Klagen auf außerordentliche Abberufung des Verwalters. Den Wohnungseigentümern entsteht durch das Gerichtsverfahren ein Schaden, wenn und soweit sie mit Prozesskosten (Gerichts- und Rechtsanwaltskosten) belastet werden. Hierfür ist der Verwalter den

---

1 OLG Oldenburg, Beschl. v. 21. 9. 2005 – 5 W 67/05, ZMR 2006, 72; OLG Hamm, Beschl. v. 22. 12. 2003 – 15 W 396/03, ZMR 2004, 852; OLG Düsseldorf, Beschl. v. 25. 8. 1999 – 3 Wx 270/99, ZMR 2000, 243.
2 BGH, Beschl. v. 2. 10. 1991 – V ZB 9/91, NJW 1992, 182; OLG Düsseldorf, Beschl. v. 29. 9. 2006 – 3 Wx 281/05, NJW 2007, 161 = WuM 2006, 639.
3 BGH, Beschl. v. 24. 11. 1988 – V ZB 11/88, NJW 1989, 714; BayObLG, Beschl. v. 31. 10. 1994 – 2 Z BR 82/94, WuM 1996, 653.

geschädigten Wohnungseigentümern ersatzpflichtig; der Schaden kann in einem nachfolgenden Rechtsstreit geltend gemacht werden.

Um den Folgeprozess zu vermeiden, trifft der von der WEG-Novelle eingeführte § 49 Abs. 2 WEG neuerdings eine besondere Regelung: Dem Verwalter können bei einer Wohnungseigentumssache (d.h. bei einer der unter § 43 Nr. 1 – 4 fallenden Streitigkeit) in der **gerichtlichen Kostenentscheidung** Prozesskosten auferlegt werden, soweit die Tätigkeit des Gerichts durch ihn veranlasst wurde und ihn ein **grobes Verschulden** trifft, auch wenn er nicht Partei des Rechtsstreits ist. Dahinter steht der Gedanke der Prozessökonomie: Wenn der Verwalter den Parteien des Rechtsstreits für die dadurch entstandenen Kosten ersatzpflichtig ist, ist es sinnvoll, ihm diese Kosten sogleich im Ausgangsverfahren aufzuerlegen, damit die Wohnungseigentümer ihre Schadensersatzansprüche gegen ihn nicht noch in einem nachfolgenden gesonderten Verfahren durchsetzen müssen. Die Neuregelung greift die schon früher von der Rechtsprechung entwickelten Grundsätze zur Berücksichtigung materiell-rechtlicher Schadensersatzansprüche auf[1].

363

Für die Anwendung es § 49 Abs. 2 WEG kommt es nicht darauf an, ob der Verwalter bereits als Partei oder Streithelfer am Rechtsstreit beteiligt ist oder nicht[2]. Das ergibt sich schon aus dem Wortlaut der Bestimmung, weil das Wort „auch" (... wenn er nicht am Rechtsstreit beteiligt ist) andernfalls überflüssig wäre. Außerdem gibt es durchaus Fallkonstellationen, in denen der Verwalter Anlass zur Einreichung einer Klage gegen ihn gibt, ohne dass ihm nach den Kostenregelungen der ZPO im Ergebnis die Prozesskosten auferlegt werden müssten; das ist z.B. der Fall, wenn der Verwalter durch Passivität oder falsche Auskünfte Anlass zur Einreichung einer Klage gibt, die der der Kläger später zurücknehmen oder für erledigt erklären muss.

364

Darauf, ob „der Verwalter" zum Zeitpunkt seiner schadensbegründenden Pflichtverletzung oder im Zeitpunkt der gerichtlichen Entscheidung wirksam bestellt war (bzw. ist) oder nicht, kommt es nicht an. Entscheidend für die Haftung (und somit für die Anwendung des § 49 Abs. 2 WEG) ist der funktionale Zusammenhang mit der Verwaltungstätigkeit; auch der „faktische Verwalter" (oder „Scheinverwalter") kann sich schadensersatzpflichtig machen (s. Rz. 269).

365

Die Entscheidung, dem Verwalter Prozesskosten aufzuerlegen oder nicht, steht im **Ermessen** des Gerichts und kann deshalb von den Parteien nicht erzwungen werden. Sie kann aber auch noch in den Rechts-

366

---
1 Grundlegend BGH, Beschl. v. 3. 7. 1997 – V ZB 2/97, NJW 1997, 2956 = ZMR 1997, 531.
2 A. A. Jennißen/*Suilmann*, § 49 WEG, Rz. 20 mit dem Argument, § 49 Abs. 2 WEG wolle die Kostenregelungen der ZPO ergänzen, aber nicht überlagern.

mittelinstanzen **nachgeholt** werden, falls die Parteien Rechtsmittel eingelegt haben[1].

⊃ **Hinweis:**

367 Eine schriftsätzliche **Anregung**, dem Verwalter gem. § 49 Abs. 2 WEG die Kosten aufzuerlegen, sollte in den einschlägigen Fällen nicht fehlen, damit das Gericht sich mit der (neuen und noch wenig bekannten) Möglichkeit dieser Kostentragungsregelung auseinandersetzt.

368 Das Gericht wird sich bei der Ausübung seines Ermessens davon leiten lassen, ob die Schadensersatzpflicht und das grobe Verschulden des Verwalters aufgrund des streitgegenständlichen Sachverhalts feststeht; in diesem Fall sollte § 49 Abs. 2 WEG zur Anwendung kommen, nicht hingegen dann, wenn hierzu erst noch eine besondere Beweisaufnahme erforderlich wäre. Strukturell gleicht die Ermessensentscheidung gem. § 49 Abs. 2 WEG somit derjenigen, die das Gericht gem. § 91a ZPO hinsichtlich der Kosten nach einer beiderseitigen Erledigungserklärung treffen muss.

369 Wenn das Gericht beabsichtigt, dem Verwalter gem. § 49 Abs. 2 WEG die Prozesskosten aufzuerlegen, muss es ihm zuvor **rechtliches Gehör**, also Gelegenheit zur Stellungnahme, geben.

b) Auswirkungen für einen nachfolgenden Schadensersatzprozess

370 Wenn dem Verwalter Prozesskosten *nicht* auferlegt werden, steht dies einer nachfolgenden Klage gegen ihn mit dem Ziel, Ersatz für die Kosten des vorangegangenen Rechtsstreits zu erlangen, *nicht* entgegen. Das war zwar früher streitig; es wurde vertreten, dass die rechtskräftige Kostenentscheidung in einem Beschlussanfechtungsverfahren die Kostentragungspflicht zwischen den Beteiligten abschließend entscheide und die spätere Geltendmachung materiell-rechtlicher Kostenerstattungsansprüche ausschließe[2]. Diese Auffassung war allerdings schon früher abzulehnen[3] und kann nach der jetzigen Gesetzeslage erst recht nicht mehr rich-

---

1 OLG Zweibrücken, Beschl. v. 24. 6. 1999 – 3 W 86/99, NZM 1999, 1154 = ZMR 1999, 662; BayObLG, Beschl. v. 26. 9. 2002 – 2 Z BR 78/02, NZM 2003, 30 = ZMR 2003, 124; KG, Beschl. v. 7. 1. 1985 – 24 W 3827/84, ZMR 1985, 278.
2 OLG München, Beschl. v. 14. 9. 2006 – 34 Wx 49/06, NZM 2006, 934 = ZMR 2006, 954; OLG Zweibrücken, Beschl. v. 24. 6. 1999 – 3 W 86/99, NZM 1999, 1154 = ZMR 1999, 662; BayObLG, Beschl. v. 26. 9. 2002 – 2 Z BR 78/02, NZM 2003, 30 = ZMR 2003, 124.
3 Weil sie den Rechtsschutz der Parteien, die die Kostenentscheidung gem. § 20a Abs. 1 Satz 1 FGG nicht isoliert anfechten konnten, unzulässig verkürzte (*Abramenko*, in: Riecke/Schmid, 1. Aufl. 2005 [„Kompaktkommentar WEG"], § 47 WEG [a. F.], Rz. 17).

tig sein. Zum einen ist der Verwalter im Gegensatz zur früheren Rechtslage unter Geltung des FGG (als er – genauso wie die Wohnungseigentümer – „Beteiligter" des Verfahrens war) nicht mehr Partei des Rechtsstreits, weshalb das Absehen von eine Kostenentscheidung zu seinen Lasten ihm gegenüber nicht in Rechtskraft erwachsen kann (subjektive Grenze der Rechtskraft). Zum anderen steht die Kostenentscheidung zu Lasten des Verwalters jetzt ausdrücklich im Ermessen des Gerichts, während ihre Berücksichtigung früher als mehr oder weniger zwingend angesehen wurde. Wenn dem Verwalter nach jetzt geltendem Recht Prozesskosten *nicht* (gem. § 49 Abs. 2 WEG) auferlegt werden, kann dies unterschiedliche Gründe haben, die in der Entscheidung nicht mitgeteilt werden müssen: Vielleicht erscheint dem Gericht der Sachverhalt insoweit nicht entscheidungsreif; oder es ist vom Vorliegen eines groben Verschuldens nicht überzeugt; oder es liegt ein schlichter Ermessensnichtgebrauch vor. In keinem Fall impliziert der Kostenausspruch zwangsläufig die Entscheidung, dass Ansprüche gegen den Verwalter nicht vorliegen. Doch selbst wenn das Gericht im Urteil erklärt, es habe von der Kostenentscheidung zu Lasten des Verwalters bewusst abgesehen (weil kein grobes Verschulden vorliege oder aus anderen Gründen), ändert sich nichts; diese Erklärungen nehmen nicht an der Rechtskraft der Entscheidung über den Streitgegenstand teil (materielle Grenze der Rechtskraft). Die Gegenauffassung[1], wonach ein Folgeprozess nur dann zulässig sei, wenn das Ausgangsgericht ausdrücklich klargestellt habe, von einer Prüfung etwaiger Schadensersatzansprüche gegen den Verwalter abgesehen und deshalb von der Möglichkeit des § 49 Abs. 2 WEG keinen Gebrauch gemacht zu haben, ist daher abzulehnen; sie entzieht den Geschädigten ohne eindeutige gesetzliche Grundlage und ohne Notwendigkeit in Überbetonung des Gesichtspunktes der Prozessökonomie ihre Schadensersatzansprüche.

Daraus folgt zugleich, dass der Maßstab des **groben Verschuldens** nur für die Frage relevant ist, ob dem Verwalter Prozesskosten im Rahmen des Ausgangsverfahrens gem. § 49 Abs. 2 WEG auferlegt werden sollen; eine generelle Haftungserleichterung in dem Sinne, dass er für die Verursachung gerichtlicher Verfahren materiell-rechtlich nur in Fällen leichter Fahrlässigkeit hafte, ist damit nicht verbunden. Auch den Gesetzesmaterialien ist kein Anhaltspunkt zu entnehmen, dass mit der Einführung des § 49 Abs. 2 eine derartige Haftungserleichterung verbunden sein solle.

371

---

1 Z.B. Jennißen/*Suilmann*, § 49 WEG, Rz. 30 ff. Einschränkend *Riecke*, WE 2008, 5: Wenn das Erstgericht grobes Verschulden verneint, kommt der Entscheidung (nur) insoweit materielle Rechtskraft zu; im Folgeprozess dürfe es nur noch um leichte Fahrlässigkeit gehen.

c) Rechtsmittel

372 **Soweit dem Verwalter gem. § 49 Abs 2 WEG** Kosten auferlegt werden, muss er auch ohne entsprechende gesetzliche Anordnung (und somit entgegen § 567 Abs. 1 ZPO) das Recht haben, die Kostenentscheidung mit der Beschwerde anzufechten und überprüfen zu lassen[1]. Der Gesetzgeber scheint schlicht vergessen zu haben, diese Möglichkeit ausdrücklich vorzusehen.

373 Wenn dem Verwalter *keine* Kosten gem. § 49 Abs. 2 WEG auferlegt werden, sind die Parteien des Rechtsstreits nach hier vertretener Auffassung nicht beschwert, da ihnen die Möglichkeit einer nachfolgenden Schadensersatzklage ja unbenommen bleibt. Nach der Gegenauffassung (wonach durch das Fehlen der Kostenentscheidung gem. § 49 Abs. 2 WEG materiell-rechtliche Ersatzansprüche aberkannt werden) ist eine isolierte Beschwerde gegen die Kostenentscheidung zulässig.

⊃ Hinweis:

374 Weil einschlägige Rechtsprechung zum neuen Recht fehlt, kann sich der Rechtsanwalt der Parteien, denen ein materiell-rechtlicher Ersatzanspruch gegen den Verwalter zusteht, in einer heiklen Situation befinden, wenn das Ausgangsgericht eine Kostenentscheidung zu Lasten des Verwalters ablehnt. Verlässt er sich auf den Erfolg der nachfolgenden Schadensersatzklage, riskiert er (entgegen der hier vertretenen Auffassung) deren Abweisung als unzulässig. Legt er gegen das Fehlen der Kostenentscheidung Beschwerde ein, riskiert er dasselbe: Nämlich (diesmal entsprechend der hier vertretenen Auffassung) die Abweisung als unzulässig.

3. Stichwortlexikon der Haftungsfälle[2]

a) Eigentümerversammlungen und Beschlussfassung

375 Der Verwalter hat nach hier vertretener Auffassung zwar nicht die Pflicht, das Zustandekommen **materiell rechtswidriger**[3] oder nichtiger

---

1 So auch *Niedenführ/Kümmel/Vandenhouten*, § 49 WEG, Rz. 18; *Jennißen/Suilmann*, § 49 WEG, Rz. 37.
2 Details sehr ausführlich bei *Gottschalg*, Haftung des WEG-Verwalters usw., Rz. 80 ff.
3 Es ist nämlich Sache der Eigentümer, ob sie innerhalb ihrer Beschlusskompetenz einen zwar rechtswidrigen, aber gleichwohl wirksamen Beschluss fassen wollen (h.M., s. nur *Becker*, ZWE 2006, 157 [162]; *J.-H. Schmidt*, DWE 2005, 9; *Häublein*, NJW 2005, 1467; *Greiner*, Wohnungseigentumsrecht, VII 4c cc. **A.A.** LG Köln, Beschl. v. 10. 3. 2008 – 29 T 159/07, WuM 2008, 299 = ZMR 2008, 485: Demnach muss der Verwalter nicht nur auf die voraussichtliche Unwirksamkeit eines Beschlusses, sondern auch noch auf das Kostenrisiko eindringlich hinweisen [m.E. völlig überzogen]).

Beschlüsse zu verhindern. Er hat aber dafür zu sorgen, dass die im Gesetz und der Gemeinschaftsordnung enthaltenen **formellen** Bestimmungen zur Beschlussfassung eingehalten werden und muss bei der Leitung des Abstimmungsverfahrens das Risiko einer Anfechtung meiden. Ihm obliegt die korrekte Feststellung des Mehrheitswillens und dessen Umsetzung in die Form ordnungsmäßiger Beschlüsse[1]. Wenn ein schuldhafter Verstoß gegen diese Pflichten ein gerichtliches Verfahren zur Folge hat, haftet der Verwalter den geschädigten Wohnungseigentümern auf die Verfahrenskosten. In der nachfolgenden Übersicht sind einige gerichtliche Fälle aufgeführt, in denen die Haftung des Verwalters auf die Verfahrenskosten ausdrücklich festgestellt wurde; aus der Übersicht darf nicht der Schluss gezogen werden, in den vielfältigen anderen denkbaren Fällen von Pflichtenverstößen bestünde keine Haftung.

- Fehlerhafte **Einberufung** der Eigentümerversammlung mit der Folge der Beschlussanfechtung[2]. 376

- Vorlage einer ungenügenden, insbesondere unbestimmten **Beschlussvorlage** mit der Folge der Beschlussanfechtung[3]. 377

- Verkennung eines **Stimmrechtsausschlusses** mit der Folge der Beschlussanfechtung[4]. 378

- Unterlassung der nach der Gemeinschaftsordnung erforderlichen **Unterzeichnung des Protokolls** durch zwei von der Eigentümerversammlung bestimmte Wohnungseigentümer mit der Folge der Beschlussanfechtung[5]. 379

- **Mangelhafte Protokollierung.** Der Verwalter protokolliert bei der Beschlussfassung nur die Nein-Stimmen. Das zweifelhafte Stimmrecht der „Neinsager" wird nicht geprüft, ein Abstimmungsergebnis nicht festgestellt. In einem späteren Gerichtsverfahren kommt es auf die Wirksamkeit des betreffenden Beschlusses an, die nicht festgestellt werden kann. Dem Verwalter werden die Verfahrenskosten auferlegt[6]. 380

---

1 BGH, Beschl. v. 19. 9. 2002 – V ZB 30/02, NJW 2002, 3704 = ZMR 2002, 930; BGH, Beschl. v. 3. 7. 1997 – V ZB 2/97, NJW 1997, 2957 = ZMR 1997, 531.
2 OLG München, Beschl. v. 14. 9. 2006 – 34 Wx 49/06, NZM 2006, 934 = ZMR 2006, 954; OLG Köln, Beschl. v. 6. 1. 2006 – 16 Wx 188/05, WuM 2006, 272 = ZMR 2006, 384.
3 OLG Oldenburg, Beschl. v. 5. 4. 2005 – 5 W 194/04, ZMR 2005, 814.
4 BayObLG, Beschl. v. 20. 2. 2003 – 2 Z BR 136/02, ZMR 2003, 519 (im Fall daraus resultierte die fehlerhafte Beurteilung der Beschlussfähigkeit); AG Neuss, Urt. v. 28. 1. 2008 – 101 C 442/07, WuM 2008, 242 = ZMR 2008, 498 (im Fall stimmte der Verwalter in Ausübung ihm erteilter Vollmachten für seine Entlastung).
5 BGH, Beschl. v. 3. 7. 1997 – V ZB 2/97, NJW 1997, 2956 = ZMR 1997, 531.
6 LG Leipzig, Beschl. v. 19. 4. 2005 – 1 T 188/05, NZM 2005, 464. Im Ergebnis ebenso LG Konstanz, Beschl. v. 9. 1. 2008 – 62 T 134/07, NJW 2008, 593 = ZMR 2008, 326.

– Vorlage einer grob **fehlerhaften Jahresabrechnung** mit der Folge der Beschlussanfechtung[1].

b) Baumängel und Instandhaltung

381 – Unterlassung, die Wohnungseigentümer auf die drohende **Verjährung** von Gewährleistungsansprüchen hinzuweisen und eine Entscheidung über das weitere Vorgehen herbeizuführen (s. Rz. 290).

382 – **Auftragsvergabe** nach dem Motto „bekannt und bewährt" ohne die Einholung von **Vergleichsangeboten** oder ohne Beschluss der Gemeinschaft[2].

383 – **Zahlung** auf unberechtigte Forderungen ohne genügende Rechnungsprüfung[3].

384 – Unterlassene Schadensfeststellung[4] oder unterlassene Umsetzung eines darauf gerichteten Beschlusses[5] beim **Wasserschaden** in einer Wohnung; ersatzberechtigt ist jeweils der geschädigte Wohnungseigentümer.

c) Abwicklungspflichten nach dem Ende der Amtszeit

385 – Verzug mit der **Herausgabe von Unterlagen**: Haftung auf die Verfahrenskosten der Herausgabeklage[6].

386 – Kosten der **Ersatzvornahme** durch den Folgeverwalter oder durch einen Steuerberater bei fehlender oder mangelhafter **Abrechnung** oder **Rechnungslegung** des Vorverwalters[7].

387 – Kosten der **Ersatzvornahme** der **Buchführung** und der vorprozessualen Kosten einer anwaltlichen Beratung, nachdem der Verwalter eine so mangelhafte Buchführung hinterlassen hat, dass eine völlige Neuerstellung erforderlich war[8].

---

1 LG Konstanz, Beschl. v. 9. 1. 2008 – 62 T 134/07, NJW 2008, 593 = ZMR 2008, 326: Falsche Kostenverteilungsschlüssel, fehlende Nachvollziehbarkeit.
2 BayObLG, Beschl. v. 11. 4. 2002 – 2 Z BR 85/01, NZM 2002, 564 = ZMR 2002, 689; s.a. Rz. 293.
3 OLG Düsseldorf, Beschl. v. 10. 3. 1997 – 3 Wx 186/95, ZMR 1997, 380.
4 OLG München Beschl. v. 15. 5. 2006 – 34 Wx 156/0, OLGReport München 2006, 654 = ZMR 2006, 716; s. a. Rz. 304 ff.
5 BayObLG, Beschl. v. 5. 1. 2000 – 2 Z BR 85/99, NZM 2000, 501 = ZMR 2000, 314.
6 LG Mainz v. 8. 9. 2005 – 3 T 211/04, MietRB 2006, 46.
7 OLG München, Beschl. v. 20. 7. 2007 – 32 Wx 93/07, OLGReport München 2007, 786 = WuM 2007, 539 = ZMR 2007, 814; OLG Düsseldorf, Beschl. v. 12. 7. 2005 – 3 Wx 46/05, ZMR 2006, 293; OLG Düsseldorf, Beschl. v. 4. 11. 2002 – 3 Wx 194/02, ZMR 2003, 230.
8 BayObLG, Beschl. v. 14. 2. 1985 – 2 Z BR 97/84, ZMR 1985, 212.

d) Verschiedenes

– **Schlechterfüllung** des Verwaltervertrags oder Nichterbringung von Leistungen; s. dazu Rz. 262. 388

– Rechtsanwaltskosten für die Aufforderung zur **Einberufung einer Eigentümerversammlung**, nachdem der Verwalter weder die Jahresabrechnung rechtzeitig vorgelegt hatte noch gegen zahlungssäumige Miteigentümer vorgegangen war; die Einschaltung des Rechtsanwalts zur Schadensabwendung oder -beseitigung war bei dieser Sachlage nämlich vernünftig und zweckmäßig[1]. 389

– **Fehlerhafte Zahlungen** an den Hausmeister und an das Finanzamt infolge unrichtiger Lohnberechnung (voller Schadensersatz gegen Abtretung der Ersatzansprüche gem. § 255 BGB)[2]. 390

– **Fehlerhafte Zahlung** auf hohe Gasrechnung, die sich auf Lieferungen während der Bauzeit bezog und deshalb nicht die Gemeinschaft betraf[3]. 391

– Spekulative Anlage der **Instandhaltungsrücklage**[4]. 392

– **Überziehungszinsen**, nachdem das Gemeinschaftskonto durch unberechtigte Abhebungen ins Soll geführt wurde[5]. 393

– Verzögerte **Veräußerungszustimmung**. Der Verwalter verweigert (nach leider unzutreffender anwaltlicher Beratung) die nach der Gemeinschaftsordnung erforderliche Zustimmung zur Veräußerung der Wohnung von Miteigentümer A. Die Zustimmung wurde schließlich auf Antrag des A in einer (zögerlich einberufenen) Eigentümerversammlung per Beschluss erteilt. Der Verwalter muss dem A den Verzögerungsschaden ersetzen (Rechtsanwaltskosten und Zinsschaden). Er hätte entweder sogleich die Zustimmung erklären oder unverzüglich eine Weisung der Eigentümergemeinschaft einholen müssen[6]. 394

– **Vermeidbares Gerichtsverfahren**. Der Verwalter macht erfolglos Hausgeld geltend, obwohl die Ansprüche wegen Formfehlern erkennbar unbegründet[7] oder noch nicht fällig[8] waren; Folge: Ihm werden die gesamten Prozesskosten auferlegt. 395

---

1 BayObLG, Beschl. v. 20. 11. 1997 – 2 Z BR 122/97, NJW-RR 1998, 519.
2 BayObLG, Beschl. v. 20. 11. 1997 (Vornote).
3 OLG Hamburg, Beschl. v. 21. 12. 1994 – 2 Wx 72/93, ZMR 1995, 2000.
4 OLG Celle, Beschl. v. 14.4. 2004 – 4 W 7/04, NZM 2004, 426 = ZMR 2004, 845; Mitverschulden der Gemeinschaft 75 %.
5 BayObLG, Beschl. v. 26. 8. 1999 – 2 Z BR 53/99, NZM 1999, 1148 = ZMR 1999, 844.
6 OLG Düsseldorf, Beschl. v. 10. 5. 2005 – 3 Wx 321/04, NZM 2005, 787 = ZMR 2005, 971.
7 OLG Hamm, Beschl. v. 19. 3. 2007 – 15 W 340/06, OLGReport Hamm 2007, 615 = ZMR 2008, 63.
8 BayObLG, Beschl. v. 25. 7. 2005 – 2 Z BR 230/04, BayObLGR 2005, 833 = NZM 2005, 786 = ZMR 2006, 55.

396 – Zögerliche **Hausgeldbeitreibung**[1].

397 – Unterlassung geeigneter **Zwangsvollstreckungsmaßnahmen** (im Fall: Zwangsverwaltung)[2].

398 – **Unberechtigte Auftragsvergabe** zu überhöhten Konditionen[3].

399 – **Falsche Rechtsauskunft**. Der Verwalter erklärt (nach Einholung eines leider falschen Rechtsrates, was ihn nicht entlastete) dem Miteigentümer A zu Unrecht, die von ihm beabsichtigte bauliche Maßnahme (offener Kamin mit Schornstein) sei zustimmungsfrei. Die Baumaßnahme wird von Miteigentümer B im Wege einstweiligen Verfügung erfolgreich gestoppt. Im Folgeprozess gegen den Verwalter erhält B Ersatz der ihm im Verfahren der einstweiligen Verfügung entstandenen Verfahrenskosten[4].

400 – Unterlassener **Hinweis auf Fördermittel** bei der Umstellung der Heizung auf Erdgas[5].

4. Die Entlastung

401 Die Tagesordnungspunkte „Entlastung des Verwalters und des Verwaltungsbeirates" sind auf Eigentümerversammlungen allgemein üblich, so dass darüber meistens routinemäßig Beschluss gefasst wird. Dies geschieht aber meistens aus Rechtsunkenntnis auf Seiten der Wohnungseigentümer. Zum einen ist wenig bekannt, dass die Erteilung der Entlastung im Gesetz nicht vorgesehen ist und der Verwalter darauf **keinen Anspruch** hat[6]. Zum anderen ist den Miteigentümern die rechtliche Bedeutung der Beschlussfassung i.d.R. nicht bewusst. Die Entlastung hat die Wirkung eines „negativen Schuldanerkenntnisses"; ihre **Rechtsfolge** ist ein **Verzicht** der Wohnungseigentümer auf etwaige – nicht aus einer Straftat herrührende – Ersatzansprüche gegen den Verwalter, soweit es sich um Ansprüche handelt, die den Wohnungseigentümern bekannt oder die für sie bei sorgfältiger Prüfung erkennbar waren. Die Entlastung steht somit der späteren Geltendmachung von Schadensersatzansprü-

---

1 AG Idstein, Beschl. v. 30. 10. 2003 – 3 UR II 111/01, NZM 2003, 983 = ZMR 2004, 224.
2 OLG Hamburg, Beschl. v. 20. 1. 1993 – 2 Wx 53/91, WuM 1993, 300 = ZMR 1993, 342.
3 OLG Köln, Beschl. v. 26. 11. 2004 – 16 Wx 184/04, OLGReport Köln 2005, 182 = ZMR 2005, 473.
4 BGH, Beschl. v. 2. 10. 1991 – V ZB 9/91, NJW 1992, 182 = ZMR 1992, 30.
5 LG Mönchengladbach, Beschl. v. 29. 9. 2006 – 5 T 51/06, NZM 2007, 416 = ZMR 2007, 402. Das geht m.E. deutlich zu weit (krit. auch Jennißen/Jennißen, § 26 WEG, Rz. 111).
6 BGH, Beschl. v. 17. 7. 2003 – V ZB 11/03, NJW 2003, 3124 = ZMR 2003, 942.

chen entgegen, ebenso einer eventuell später gewünschten Abberufung aus den präkludierten Gründen[1].

Wegen der ausschließlich nachteiligen Folgen für die Gemeinschaft wurde in Literatur und Rechtsprechung die zutreffende Auffassung vertreten, dass der Entlastungsbeschluss grundsätzlich rechtswidrig sei[2]. Der BGH hat das Gegenteil entschieden: Demnach entspricht ein Entlastungsbeschluss **ordnungsmäßiger Verwaltung**, außer wenn Ansprüche gegen den Verwalter erkennbar in Betracht kommen[3]. Wenn allerdings Ansprüche in Betracht kommen, ist eine Entlastung nur ausnahmsweise gerechtfertigt, wenn aus besonderen Gründen Anlass besteht, auf die Ansprüche zu verzichten.

402

⊃ **Hinweis:**

Auch wenn der Entlastungsbeschluss (nach der für die Praxis maßgebenden Rechtsprechung des BGH) grundsätzlich rechtmäßig ist, ist einer Eigentümergemeinschaft wegen der damit verbundenen nachteiligen Folgen doch ausnahmslos davon abzuraten. Wenn der Verwalter den Antrag auf Entlastung auf die Tagesordnung gesetzt hat, sollte und kann gefahrlos dagegen gestimmt werden; gegen die Ablehnung kann der Verwalter nichts machen, weil er keinen Anspruch auf Entlastung hat. Ein guter Verwalter stellt gar nicht erst einen Entlastungsantrag.

403

Die Entlastung wird häufig im engen Zusammenhang mit der Erörterung der **Jahresabrechnung** beschlossen; mitunter wird nach Erteilung der Entlastung über die Abrechnung überhaupt nicht mehr abgestimmt. In diesem Fall beinhaltet der Entlastungsbeschluss i.d.R. zugleich die Billigung der Jahresabrechnung[4]. Umgekehrt beinhaltet aber die Genehmigung der Jahresabrechnung nicht die Entlastung des Verwalters[5].

404

Weil die Entlastung ein Rechtsgeschäft beinhaltet (nämlich einen Verzichtsvertrag s. Rz. 401), unterliegt der Verwalter bei der Abstimmung

405

---

1 BGH, Beschl. v. 17. 7. 2003 – V ZB 11/03, NJW 2003, 3124 = ZMR 2003, 942; OLG Köln, Beschl. v. 26. 11. 2004 – 16 Wx 184/04, ZMR 2005, 473.
2 Vgl. nur BayObLG, Beschl. v. 19. 12. 2002 – 2 Z BR 104/02, NJW 2003, 1328 = ZMR 2003, 280; *Greiner/Vogel*, ZMR 2003, 465.
3 BGH, Beschl. v. 17. 7. 2003 – V ZB 11/03, NJW 2003, 3124 = ZMR 2003, 942. Wenn Ansprüche in Betracht kommen, ist eine Entlastung nur ausnahmsweise gerechtfertigt, wenn aus besonderen Gründen Anlass besteht, auf die Ansprüche zu verzichten.
4 So OLG Düsseldorf, Beschl. v. 19. 5. 1999 – 3 Wx 69/99, ZMR 1999, 655 = WuM 1999, 544. Zu einem solchen „konkludenten" Abrechnungsbeschluss kann aber schon aus Gründen der Klarheit keinesfalls geraten werden.
5 Allg. M. Etwas anderes kann im Einzelfall bei Hinzutreten besonderer Umstände gelten, vgl. OLG Düsseldorf, Beschl. v. 9. 11. 2001 – 3 Wx 13/01, WuM 2002, 168 = ZMR 2002, 294.

über seine Entlastung einem **Stimmrechtsausschluss** (§ 25 Abs. 5 WEG)[1].

406 Auf **Anfechtung** hin ist der Entlastungsbeschlusses gerichtlich für ungültig zu erklären, wenn dem Verwalter eine pflichtwidrige Handlung vorgeworfen wird, also in allen potentiellen Haftungsfällen. Ob Ansprüche gegen den Verwalter tatsächlich bestehen, ist nicht bei der Anfechtung des Entlastungsbeschlusses zu prüfen, sondern ggf. erst in einem nachfolgenden Haftungsprozess. Ein „klassischer" zur Ungültigerklärung des Entlastungsbeschlusses führender Verwalterfehler liegt vor, wenn die **Jahresabrechnung** ganz oder teilweise für ungültig erklärt wird oder unvollständig ist[2]. Ist die Entlastung des Verwalters wegen Fehlern der Jahresabrechnung rechtswidrig, führt das im Hinblick auf die Pflicht des **Verwaltungsbeirates**, die Jahresabrechnung zu überprüfen, grundsätzlich dazu, dass auch eine dem Verwaltungsbeirat erteilte Entlastung rechtswidrig ist[3]. Der Entlastungsbeschluss ist auch rechtswidrig, wenn der Verwalter selber mitgestimmt hat, jedoch hat die Anfechtung nur dann Erfolg, wenn die Stimmen des Verwalters ausschlaggebend waren[4].

407 **Streitwert** der Entlastung: Wie oben gezeigt, beinhaltet die Entlastung des Verwalters einen umfassenden Rechtsverlust. Bei der Anfechtung eines Beschlusses über die Entlastung des Verwalters muss dieser Möglichkeit des Rechtsverlustes durch Bemessung des Geschäftswertes Rechnung getragen werden. Bei der Beschlussfassung über eine Entlastung des Verwalters (oder auch des Beirats) wissen die Eigentümer gerade nicht, ob noch Ansprüche gegen Verwalter (oder Beirat) bestehen; es muss deshalb an das Gefährdungspotential gedacht werden. Dem kann man nur mit einer pauschalen Bewertung gerecht werden. Es erscheint deshalb richtig, wenn man den Geschäftswert für eine Verwalterentlastung auf 10 % der Jahresabrechnungssumme festsetzt[5]. Die Entlastung des Beirats

---

1 OLG Karlsruhe, Beschl. v. 27. 5. 2002 – 14 Wx 91/01, WuM 2003, 10 = ZMR 2003, 289; OLG Zweibrücken, Beschl. v. 14. 5. 1998 – 3 W 40/98, OLGReport Zweibrücken 1998, 377 = NZM 1998, 671. Der Verwalter darf dann auch nicht als Vertreter von Miteigentümern mitstimmen.
2 BGH, Beschl. v. 17. 7. 2003 – V ZB 11/03, NJW 2003, 3124 = ZMR 2003, 942 für den fehlenden Status; OLG München, Beschl. v. 19. 9. 2005 – 34 Wx 76/05, NZM 2005, 825 = ZMR 2006, 68; OLG Düsseldorf, Beschl. v. 3. 12. 2004 – 3 Wx 261/04, ZMR 2005, 720. Das KG bezeichnete die Aufhebung der Verwalterentlastung im Beschl. v. 30. 3. 1992 – 24 W 6339/91, NJW-RR 1992, 845 sogar als die „rechtlich wichtigste Konsequenz der Teilungültigerklärung der Jahresabrechnung". S. a. die Nachweise in der Folgenote.
3 OLG Hamburg, Beschl. v. 25. 6. 2003 – 2 Wx 138/99, ZMR 2003, 772; OLG Düsseldorf, Beschl. v. 3. 12. 2004 – 3 Wx 261/04, ZMR 2005, 720; in beiden Fällen fehlte der Abrechnung der Status bzw. die Kontenübersicht.
4 BayObLG, Beschl. v. 9. 6. 1988 – 2 Z BR 40/88, WuM 1988, 329.
5 OLG Köln, Beschl. v. 13. 12. 2002 – 16 Wx 196/02, NZM 2003, 125 = ZMR 2003, 959; OLG Zweibrücken Beschl. v. 9. 7. 1999 – 3 W 129/99, ZMR 1999, 663.

wird mit der Hälfte der Verwalterentlastung bewertet[1]. Pauschalbeträge, die sich nicht an diesem Prozentsatz orientieren[2], sind nicht angemessen. Ergeben sich konkrete Anhaltspunkte für eventuelle Schadensersatzansprüche, sind diese, allerdings nur als Mindeststreitwerte, anzusetzen.

5. Die Haftung des Verwalters für Verletzungen der Verkehrssicherungspflicht

a) Grundlagen

Wer eine **Gefahrenquelle** schafft oder für sie verantwortlich ist, muss Schutzvorkehrungen treffen, damit sich die Gefahr nicht zum Schaden anderer auswirkt; das ist die (allgemeine) Verkehrssicherungspflicht (oder „Verkehrspflicht"). Die Haftung für herabfallende Gebäudeteile gem. §§ 836–838 BGB ist ein gesetzlich normierter spezieller Anwendungsfall der allgemeinen Verkehrssicherungspflicht. Anspruchsberechtigt sind im Schadensfalls sowohl außenstehende Dritte als auch die Wohnungseigentümer. 408

Als Träger der Verkehrssicherungspflicht (also als Anspruchsverpflichtete) kommen die Wohnungseigentümer, die Wohnungseigentümergemeinschaft und der Verwalter in Betracht. Nach h. M. trifft den **Verwalter** im Hinblick auf das Gemeinschaftseigentum eine eigene, originäre Verkehrssicherungspflicht, die daraus folgt, dass er die für die Instandhaltung des Gemeinschaftseigentums erforderlichen Maßnahmen zu treffen hat (§ 27 Abs. 1 Nr. 2 WEG)[3]. Bis zur Anerkennung der Rechtsfähigkeit der WEG entsprach es h.M., dass auch die Wohnungseigentümer als Gesamtschuldner für die Verkehrssicherungspflicht einzustehen hatten[4]. Das OLG München ist demgegenüber neuerdings der Auffassung, die Verkehrssicherungspflicht treffe nicht die Wohnungseigentümer als Einzelpersonen, sondern die Wohnungseigentümer- 409

---

[1] Allg. M., OLG Köln, Beschl. v. 13. 12. 2002 – 16 Wx 196/02, NZM 2003, 125 = ZMR 2003, 959; OLG Zweibrücken Beschl. v. 9. 7. 1999 – 3 W 129/99, ZMR 1999, 663.
[2] OLG Hamm, Beschl. v. 19. 5. 2000 – 15 W 118/00, NZM 2001, 549: 500 DM; BayObLG, Beschl. v. 30. 12. 1998 – 2 Z BR 90/98, WuM 1999, 185: 1.000 DM.
[3] BGH, Beschl. v. 23. 3. 1993 – VI ZR 176/92, ZMR 1993, 322; OLG Düsseldorf, Beschl. v. 12. 12. 1994 – 3 Wx 619/94, NJW-RR 1995, 587 = ZMR 1995, 177; str. A. A. z. B. *Wenzel*, NZM 2006, 321 (323) und *Demharter*, ZE ZWE 2006, 44. Die unterschiedlichen Ansichten sind im Detail so nuancenreich, dass hier keine Zusammenfassung oder Bewertung versucht wird.
[4] Vgl. nur OLG Frankfurt/Main, Beschl. v. 4. 12. 2001 – 3 U 93/01, WuM 2002, 619; BGH, Beschl. v. 27. 11. 1984 – VI ZR 49/83, NJW 1985, 484 = ZMR 1985, 121 für die Verletzung der Räum- und Streupflicht.

gemeinschaft als Verband[1]. Nach anderer Auffassung tritt die Verantwortlichkeit des Verbandes aber nicht an die Stelle der Verantwortung der Wohnungseigentümer, sondern neben diese (und neben die des Verwalters)[2]; die dogmatische Durchdringung ist hier freilich noch nicht abgeschlossen und die weitere Entwicklung der Rechtsprechung abzuwarten.

410 Die Verkehrssicherungspflicht kann **delegiert**, d.h.: auf einen Dritten (mit dessen Einverständnis) übertragen werden. Dann beschränkt sich die Pflicht auf die Überwachung des Dritten, wobei der Verkehrssicherungspflichtige im Allgemeinen darauf vertrauen darf, dass der Dritte den ihm übertragenen Verpflichtungen auch nachkommt, solange nicht konkrete Anhaltspunkte bestehen, die dieses Vertrauen erschüttern[3]. Die (Ketten-)Delegation ist üblich und vor allem für die hier interessierende Haftung des Verwalters von Bedeutung: Soweit ihm im Verwaltervertrag die Verwaltungs-, insbesondere die Instandhaltungspflicht für das Gemeinschaftseigentum übertragen wird (was der Normalfall ist), beinhaltet dies eine Delegation der die Gemeinschaft und/oder Wohnungseigentümer treffenden Verkehrssicherungspflicht auf ihn; somit kommt es gar nicht mehr auf die Frage an, ob den Verwalter auch eine „originäre" Verkehrssicherungspflicht trifft.

Beispiel:

411 Im Verwaltervertrag wird dem Verwalter die Pflicht zur ordnungsgemäßen Verwaltung des Hauses übertragen. Der Verwalter schließt im Namen der WEG einen Hausmeistervertrag, in welchem dem Hausmeister die Pflicht zur Betreuung der Wohnanlage einschließlich der Außenanlagen übertragen wird. Bei einem Gewitter fällt – vorhersehbar und vermeidbar – ein schon lange abgestorbener Baumast auf das Auto von Miteigentümer A. A nimmt seine Miteigentümer, die WEG, den Verwalter und den Hausmeister als Gesamtschuldner auf Zahlung von Schadensersatz in Anspruch. – Die Miteigentümer haften nach Auffassung des OLG München von vornherein nicht (s. Rz. 409). Die WEG haftet nicht, weil sie die Verkehrssicherungspflicht im Verwaltervertrag auf den Verwalter übertragen hat. Der Verwalter haftet nicht, weil er die Verkehrssicherungspflicht seinerseits auf den Hausmeister übertragen hat[4]. Letztlich haftet also nur der Hausmeister, wobei das Mitverschulden des A zu berücksichtigen ist[5].

---

1 OLG München, Beschl. v. 24. 10. 2005 – 34 Wx 82/05, NJW 2006, 1293 = ZMR 2006, 226.
2 So z.B. *Elzer*, ZMR 2006, 228.
3 BGH, Beschl. v. 22. 7. 1999 – III ZR 198/98, NJW 1999, 3633.
4 Weil der Hausmeistervertrag im Namen der WEG und nicht im Namen des Verwalters abgeschlossen wurde, ist freilich zweifelhaft, ob der Verwalter die ihn treffende Pflicht überhaupt delegiert hat (oder nur die die WEG treffende Pflicht). Dieses Problem wird vom OLG München nicht thematisiert; dazu z.B. *Kümmel*, ZWE 2005, 312.
5 Fall nach OLG München, Beschl. v. 24. 10. 2005 – 34 Wx 82/05, NJW 2006, 1293 = ZMR 2006, 226.

Die **Räum- und Streupflicht** im Winter wird i.d.R. durch gemeindliche 412
Satzung den Hauseigentümern übertragen; beim Wohnungseigentum obliegt sie also den Wohnungseigentümern als Gesamtschuldnern[1]. Daran dürfte sich durch die Rechtsfähigkeit der WEG nichts geändert haben. Die Wohnungseigentümer können die Räum- und Streupflicht dem **Verwalter** und/oder dem Hausmeister übertragen. Die Zeiten, innerhalb derer die Räum- und Streupflicht zu erfüllen ist, ergeben sich i.d.R. aus den einschlägigen städtischen Satzungen. Dem Streupflichtigen verbleibt allerdings eine gewisse Zeitspanne zur Erfüllung seiner Streupflicht, wenn der Beginn der Glätte nicht mit dem in der Satzung bestimmten Zeitpunkt für den Streubeginn zusammenfällt. Wenn nötig, muss der Streupflichtige auch mehrfach hintereinander streuen. Begehbar müssen nicht nur die Wege vor dem Haus sein, sondern auch die Zugänge zu Häusern[2].

b) Einzelfälle

– Eine **Balkontrennwand** wird nach einer Sanierung nicht richtig befestigt und löst sich anschließend im Sturm, wobei ein Fenster des Sondereigentümers A beschädigt wird. A verlangt Schadensersatz von den Miteigentümern und vom Verwalter gem. §§ 836, 838 BGB. Diese haften aber mangels Verschuldens nicht[3]. 413

– Beim Treppenaufgang fehlt ein **Geländer**. Entgegen einem dahingehenden WEG-Beschluss lässt der Verwalter kein provisorisches Geländer anbringen, so dass Miteigentümer A stürzt und anschließend Schmerzensgeld verlangt. Der Verwalter haftet (unter Anrechnung des Mitverschuldens von A), die Miteigentümer und die WEG hingegen mangels Verschuldens nicht[4]. 414

– Miteigentümer A stürzt auf einem im Gemeinschaftseigentum stehenden **Weg**, auf dem sich eine Schmierschicht aus nassem Laub gebildet hatte. Die Wohnungseigentümer und der Verwalter haften dem A nicht, weil sie die Pflicht wirksam auf ein Reinigungsunternehmen übertragen haben; dieses haftet[5]. 415

---

1 BGH, Beschl. v. 27. 11. 1984 – VI ZR 49/83, NJW 1985, 484 = ZMR 1985, 121.
2 BGH, Beschl. v. 27. 11. 1984 – VI ZR 49/83, NJW 1985, 484 = ZMR 1985, 121; OLG Frankfurt/Main, Beschl. v. 4. 12. 2001 – 3 U 93/01, WuM 2002, 619.
3 OLG Düsseldorf, Beschl. v. 12. 12. 1994 – 3 Wx 619/94, NJW-RR 1995, 587 = ZMR 1995, 177.
4 BayObLG, Beschl. v. 4. 1. 1996 – 2 Z BR 120/95, NJW-RR 1996, 657.
5 BGH, Beschl. v. 17. 1. 1989 – VI ZR 186/88, NJW-RR 1989, 394 = ZMR 1990, 26.

Teil 12
Gewährleistungsprobleme

	Rz.
I. Das Mandat zur Verfolgung von Mängelansprüchen	
1. Der Mandatsgegenstand	1
2. Die Mandatsübernahme	
a) Klärung der Interessenlage	2
b) Informationsbeschaffung	3
II. Ansprüche wegen anfänglicher Baumängel	
1. Der Bauträgervertrag als Anspruchsgrundlage	4
2. Die Konkurrenz von Individual- und Gemeinschaftsrecht	9
a) Individualansprüche des Erwerbers	10
b) Die wohnungseigentumsrechtliche Einbindung des Erwerbers	11
c) Die Lösung nach der WEG-Novelle	14
aa) Das Kriterium der Gemeinschaftsbezogenheit	15
bb) Die Beschlusskompetenz des § 10 Abs. 6 S. 3 WEG n. F.	17
(1) Geborene Ausübungsbefugnis	20
(2) Gekorene Ausübungskompetenz	22
(3) Fehlen einer Beschlusskompetenz	25
(4) Bewertung	27
d) Schranken und Vorrang der Ausübungskompetenz	28
aa) Schranken der Beschlusskompetenz	29
(1) Bloße Übertragung der Ausübungsbefugnis	30
(2) Beschränkung auf die in § 10 Abs. 6 S. 3 genannten Ansprüche	32
(3) Ausübungsvorbehalt	33
bb) Rangverhältnis von Beschlusskompetenz und Individualrecht	34
(1) Individuelle Rechtsausübung vor Beschlussfassung	35
(2) Individuelle Rechtsausübung nach Beschlussfassung	36
(3) Das Schicksal bereits begründeter Rechtspositionen	37
3. Auswirkungen auf die Rechtsausübung im Einzelnen	40
a) Abnahme	41
aa) Die Teilabnahme des Sondereigentums	42
bb) Die Teilabnahme des Gemeinschaftseigentums	44
(1) Fehlen besonderer Vereinbarungen	45
(2) Abweichende Vereinbarungen	47
b) Erfüllung und Mängelansprüche	51
aa) Die primären Mängelansprüche	52
bb) Die sekundären Mängelansprüche	
(1) Kleiner Schadensersatz und Minderung	63
(2) Rücktritt und großer Schadensersatz	66
(3) Ersatz vergeblicher Aufwendungen	67
c) Gegen- und Abwehrrechte	
(1) Gegenrechte des Erwerbers	68
(2) Gegenrechte des Bauträgers	70
(3) Aufrechnung	71

	Rz.
d) Vergleich	72
e) Sicherheiten	
aa) Bürgschaft gem. § 7 MaBV	78
bb) Freigabe von Grundpfandrechten	79
cc) Gewährleistungsbürgschaft	80
f) Sonstige Ansprüche	
aa) Unmöglichkeit	81
bb) Herausgabe von Unterlagen	82
4. Sonderfälle	83
a) Betroffenheit des Sonder- und/oder des Gemeinschaftseigentums	84
aa) Ausschließliche Betroffenheit des Sondereigentums	85
bb) Betroffenheit des Sondereigentums mit Auswirkungen auf das Gemeinschaftseigentum	87
cc) Betroffenheit des Gemeinschaftseigentums mit Auswirkungen auf das Sondereigentum	88
dd) Sondernutzungsrechte	91
b) Invollzugsetzung der Wohnungseigentümergemeinschaft	93
c) Änderungen im Bestand der Wohnungseigentümer	94
aa) Das Problem des sog. Nachzüglererwerbs	95
bb) Zweiterwerber/ Eigentümerwechsel	102
d) Rechtsinhaberschaft nur einzelner Eigentümer	106
e) Planwidrige Bauausführung/Sonderwünsche	110
aa) Anfängliche planwidrige Bauausführung	111
bb) Nachträgliche planwidrige Ausführung	112
5. Die Verfolgung kaufrechtlicher Ansprüche aus Bauträgervertrag	113
a) Erfüllungsansprüche	114
b) Sach- oder Rechtsmängel	115

	Rz.
6. Die Gestaltung der Rechtsverfolgung durch die Wohnungseigentümergemeinschaft	
a) Grundsatz der mehrheitlichen Beschlussfassung	118
b) Fragen der formellen Rechtmäßigkeit	119
aa) Teilnahme Dritter an der Versammlung	120
bb) Stimmrechtsschranken	121
cc) Beschlussfähigkeit	132
c) Fragen der materiellen Rechtmäßigkeit	133
aa) Anspruch auf Beschlussfassung	134
bb) Anspruch auf Mitwirkung des Einzelnen	138
d) Finanzierung beschlossener Maßnahmen	139
e) Mittelverwendung	145
aa) Noch zu beseitigende Mängel	146
bb) Nicht (mehr) zu beseitigende Mängel	149
cc) Sonderproblem: Leistungsverweigerungsrechte/Aufrechnung	152
III. Ansprüche aus nachträglichen Baumängeln	**155**
IV. Verwalterpflichten	**157**
1. Begründung von Handlungspflichten des Verwalters	158
a) Verwaltervertragliche Handlungspflichten	159
b) Gesetzliche Handlungspflichten	160
aa) Handlungspflichten aus Notfallkompetenz	161
bb) Allgemeine Handlungspflichten	162
2. Umfang der Verwalterpflichten	
a) Anfängliche Baumängel	163
aa) Feststellungspflichten	164
bb) Informationspflichten	165
cc) Organisationspflichten	166
b) Nachträgliche Baumängel	167
3. Haftung des Verwalters	168

	Rz.		Rz.
a) Reduktion des Pflichtenumfangs	170	c) Einwand mangelnder Kausalität	173
b) Parallele Kenntnis der Wohnungseigentümer	172	d) Mitverschuldenseinwand	174
		4. Der Bauträgerverwalter	175

I. Das Mandat zur Verfolgung von Mängelansprüchen

1. Der Mandatsgegenstand

Die anwaltliche Tätigkeit bei der Verfolgung von Mängelansprüchen mit Bezug zum Wohnungseigentum erschöpft sich nicht in der bloßen Geltendmachung werkvertraglicher Mängelrechte. 1

Besonders zu berücksichtigen ist der Einfluss, den das Wohnungseigentumsrecht auf die Anspruchsverfolgung ausübt.

Abgesehen von der Frage, ob im Außenverhältnis eine **Anspruchsverfolgung durch den einzelnen Wohnungseigentümer** oder den teilrechtsfähigen **Verband der Wohnungseigentümer**[1] zu erfolgen hat, sind die im Innenverhältnis der Wohnungseigentümer bestehenden Rechte und Pflichten in Bezug auf die Instandhaltung und Instandsetzung des Gemeinschaftseigentums unter Berücksichtigung der besonderen Rolle des Verwalters zu beachten.

2. Die Mandatsübernahme

a) Klärung der Interessenlage

Daher sollte der Anwalt bereits bei der **Mandatsanbahnung** die sich aus der Verzahnung von zivilem Baurecht und Wohnungseigentumsrecht im Außenverhältnis ergebenden Fragen sowie das sich aus den wohnungseigentumsrechtlichen Regelungen ergebende **Konfliktpotential** bedenken und rechtzeitig abklären, welche Interessen die einzelnen Wohnungseigentümer, die Wohnungseigentümergemeinschaft und der Verwalter verfolgen. 2

Gerade im Falle interner Streitigkeiten gerät der Anwalt, welchem ein Mandant zur Verfolgung von Mängelrechten übertragen wird, in **Interessenkonflikte**, wenn zur Anspruchsdurchsetzung (auch) ein Vorgehen gegen nicht kooperierende Wohnungseigentümer oder den Verwalter notwendig wird.

---
1 § 10 Abs. 6 S. 3 WEG; BGH, Beschl. v. 2. 6. 2005 – V ZB 32/05, BGHZ 2006, 1156 = NJW 2005, 2061 = MDR 2005, 1156 = ZMR 2005, 547.

b) Informationsbeschaffung

3 Bevor in die Prüfung der Sach- und Rechtslage eingetreten wird, sollten möglichst die folgenden **Informationen** beschafft werden:

- Teilungserklärung und Gemeinschaftsordnung nebst Abgeschlossenheitsbescheinigung und Aufteilungsplänen
- Verwaltervertrag
- Beschlussprotokolle von Eigentümerversammlungen
- Liste mit Namen und ladungsfähigen Anschriften der Erwerber/Wohnungseigentümer
- Grundbuchdaten/-auszüge
- Abnahmeprotokolle des Sonder- und Gemeinschaftseigentums
- Bauträger- oder sonstiger Erwerbsvertrag nebst Baubeschreibung und Plänen
- Bauantragsunterlagen und Baupläne
- Schriftverkehr mit Anspruchsgegner/Verwaltung
- Liste der am Bau beteiligten Bauunternehmer, Handwerker und Baufachleute
- Mängelprotokolle/Lichtbilder
- Schon vorliegende (Privat-)Gutachten

Der Rechtsanwalt sollte in Erwägung ziehen, nach Sichtung der vorgenannten Informationen zusätzlich eine Ortsbesichtigung durchzuführen, um sich ein eigenes Bild vom Zustand des Objekts machen zu können.

II. Ansprüche wegen anfänglicher Baumängel

1. Der Bauträgervertrag als Anspruchsgrundlage

4 Geht es um die Geltendmachung von **Ansprüchen aus einen Erwerbsvertrag** über Wohnungseigentum, so liegt in der Praxis regelmäßig ein **Erwerb vom Bauträger** vor, weshalb sich die folgenden Ausführungen auf diesen Vertragstypus konzentrieren.

5 Nach der Rechtsprechung des BGH handelt es sich beim Bauträgervertrag um einen einheitlichen **Vertrag eigener Art**, der kauf- und werkvertragliche Elemente miteinander kombiniert, da er den Bauträger im We-

sentlichen zur **Verschaffung eines Miteigentumsanteils am Grundstück** und zur **vertragsgemäßen Herstellung des Bauwerks** verpflichtet[1].

Nach h. M. beurteilen sich die **Ansprüche** des Erwerbers **hinsichtlich des Grundstückserwerbs** nach **Kaufrecht**[2]. 6

Auf **Ansprüche** des Erwerbers **hinsichtlich der Bauleistung** ist nach h. M. das **Werkvertragsrecht** anzuwenden[3]. Dies jedenfalls unzweifelhaft dann, wenn die Verpflichtung zur schlüsselfertigen Errichtung eines **Neubaus** in Rede steht[4].

◯ Hinweis:

Als Neubauten gelten nach der Rechtsprechung des BGH allerdings nicht nur Objekte, die vor ihrer Errichtung veräußert werden, sondern auch Objekte, die im Bau befindlich, bis auf geringe Restarbeiten oder vollständig fertig gestellt sind, möglicherweise nach der Fertigstellung sogar schon anderweitig genutzt wurden[5]. 7

Ferner kann Werkvertragsrecht beim Erwerb von umgebautem oder saniertem Wohnungseigentum auch auf die Altbausubstanz anwendbar sein[6]. 8

Trotz der nicht unwidersprochen gebliebenen, aber ergebnisorientierten[7] Rechtsprechung des BGH, die Anwendung des Werkvertragrechts auszudehnen, ist es stark vom jeweiligen Einzelfall abhängig, ob und nach welchem Zeitablauf zwischen Fertigstellung und Veräußerung das Ob-

---

1 BGH, Urt. v. 29. 6. 1989 – VII ZR 151/88, BHGZ 108, 164 = NJW 1989, 2748 BGH, Urt. v. 17. 9. 1987 – VII ZR 153/86, BGHZ 101, 350 = NJW 1988, 135.
2 BGH, Urt. v. 27. 4. 1984 – V ZR 137/83, MittBayNot 1984, 175 f. = WM 1984, 941; BGH, Urt. v. 16. 4. 1974 – VII ZR 155/72, BGHZ 60, 362 (364); BGH, Urt. v. 10. 10. 1974 – VII ZR 28/73, BGHZ 63, 96 (97) = NJW 1975, 47; OLG Düsseldorf, Urt. v. 11. 12. 1985 – 9 U 121/85, NJW-RR 1986, 320.
3 BGH, Urt. v. 9. 1. 2003 – VII ZR 408/01, MDR 2003, 386; BGH, Urt. v. 21. 3. 2002 – VII ZR 493/00, ZfIR 2002, 631 = BauR 2002, 1296; *Basty*, ZWE 2002, 381 (382); *Thode*, NZBau 2002, 297 (298); *Wendel*, ZWE 2002, 57 (58).
4 BGH, Urt. v. 22. 12. 2000 – VII ZR 310/99, NJW 2001, 818 (819); BGH, Urt. v. 29. 6. 1981 – VII ZR 259/80, BauR 1981, 571 = NJW 1981, 2344; BGH, Urt. v. 4. 12. 1975 – VII ZR 269/73, BGHZ 65, 359 (362) = NJW 1976, 515.
5 BGH, Urt. v. 6. 10. 2005 – VII ZR 117/04, NJW 2006, 214 = NZM 2006, 21; BGH, Urt. v. 11. 7. 1997 – V ZR 246/96, NJW 1997, 2874 = ZfBR 1998, 23; BGH, Urt. v. 15. 3. 1990 – VII ZR 301/88, BauR 1990, 466 = ZfBR 1990, 270; BGH, Urt. v. 21. 2. 1985 – VII ZR 72/84, NJW 1985, 1551 (1552); BGH, Urt. v. 6. 5. 1982 – VII ZR 74/81, NJW 1982, 2243 = ZfBR 1982, 152.
6 BGH, Urt. v. 15. 2. 1990 – VII ZR 175/89, NJW-RR 1990, 787 (788); BGH, Urt. v. 29. 6. 1989 – VII ZR 151/88, BGHZ 108, 164 = NJW 1989, 2748; BGH, Urt. v. 21. 4. 1988 – VII ZR 146/87, NJW 1988, 1972; BGH, Urt. v. 7. 5. 1987 – VII ZR 366/85, BGHZ 100, 391 = NJW 1988, 490.
7 Deckert/*Elzer*, Grp. 3, Rz. 476.

jekt noch als neu anzusehen[1] bzw. wie weitgehend die Übernahme von Herstellungsarbeiten bei Umwandlungs- und Sanierungsobjekten gestaltet sein muss[2], um zur Anwendung des Werkvertragsrechts zu kommen.

2. Die Konkurrenz von Individual- und Gemeinschaftsrecht

9   Kernproblem bei der Verfolgung von Ansprüchen aus Bauträgervertrag ist die Tatsache, dass der Erwerber nicht nur **Vertragspartner des Bauträgers** ist, sondern ebenso **Mitglied der Wohnungseigentümergemeinschaft** wird.

a) Individualansprüche des Erwerbers

10 Basis der geltend zu machenden Ansprüche ist der jeweilige Bauträgervertrag. Die hieraus folgenden Rechte, insbesondere beim Auftreten von Leistungsstörungen, sind und bleiben **rechtlich selbständige Ansprüche** des jeweiligen Erwerbers[3].

b) Die wohnungseigentumsrechtliche Einbindung des Erwerbers

11 Indes besteht der **Erwerbsgegenstand** des Bauträgervertrags nicht nur aus dem **Sondereigentum**, sondern ebenso aus dem **Miteigentumsanteil am Gemeinschaftseigentum**, weshalb die von den einzelnen Erwerbern geschlossenen Verträge hinsichtlich des Gemeinschaftseigentums auf die **Herbeiführung ein- und desselben Erfolgs** gerichtet sind und Leistungsstörungen grundsätzlich **gleichgerichtete Ansprüche** gegenüber dem Bauträger auslösen (vgl. hierzu Rz. 55 ff.; 106 ff.)[4].

12 Hinzu kommt, dass gem. § 21 Abs. 3, Abs. 5 Ziff. 2 WEG die Wohnungseigentümer im Rahmen der ordnungsgemäßen **Verwaltung des Gemeinschaftseigentums** durch Beschluss über dessen Instandhaltung und Instandsetzung entscheiden[5]. Dabei handelt es sich gem. § 21 Abs. 4 WEG um einen **Rechtsanspruch** eines jeden Wohnungseigentümers, der gegenüber den übrigen Wohnungseigentümern und auch dem Verwalter gegenüber gem. § 27 Abs. 1 Ziff. 2 WEG durchgesetzt werden kann[6].

---

1 Neubau trotz Fertigstellung 2 Jahre vor Veräußerung: BGH, Urt. v. 9. 1. 2003 – VII ZR 408/01, MDR 2003, 386 (387).
2 BGH, Urt. v. 26. 4. 2007 – VII ZR 210/05, NZM 2007, 519 (520); BGH, Urt. v. 16. 12. 2004 – VII ZR 257/03, NJW 2005, 1115 (1116).
3 BGH, Urt. v. 12. 4. 2007 – VII ZR 236/05, ZMR 2007, 627 (628).
4 BGH, Urt. v. 10. 5. 1979 – VII ZR 30/78, BGHZ 74, 258 (263) = NJW 1979, 2207 (2208); Bärmann/Pick/*Merle*, § 21 Rz. 6.
5 Weitnauer/*Briesemeister*, Anh. § 8 Rz. 52.
6 Bärmann/Pick/*Merle*, § 21 Rz. 76 u. 81 m. w. N.

Dabei bezieht sich die aus § 21 WEG folgende wechselseitige Verpflichtung der Wohnungseigentümer **nicht nur** auf die **nachträgliche Instandsetzung** des Gemeinschaftseigentums. Nach h.M. und Rechtsprechung ist auch die **Beseitigung anfänglicher Baumängel** bzw. die **erstmalige Herstellung eines mangelfreien Zustands** des Gemeinschaftseigentums als gemeinschaftlich wahrzunehmende **Aufgabe der Instandhaltung und Instandsetzung gem. § 21 WEG** zu verstehen[1].

c) Die Lösung nach der WEG-Novelle

Ist der Erwerber grundsätzlich der **alleinige Inhaber** der **Ansprüche** gegenüber dem Bauträger, so besteht allerdings die Gefahr, dass der Erwerber im Falle gegenläufiger Interessen die **Beschlusskompetenz der Wohnungseigentümer** über Art und Umfang der Instandsetzung des gemeinschaftlichen Eigentums sowie die sachgerechte Verwendung erhaltener Beträge unterlaufen kann.

aa) Das Kriterium der Gemeinschaftsbezogenheit

Rechtsprechung und Lehre haben zur **Verhinderung** solch **nachteiliger Kollisionen** zwischen **individuellem Erwerber- und kollektivem Wohnungseigentumsrecht** das Kriterium der sog. **Gemeinschaftsbezogenheit** entwickelt.

Ist Gemeinschaftsbezogenheit anzunehmen, so soll eine individuelle Rechtsausübung verwehrt und der Erwerber an die Beschlussfassung der Wohnungseigentümergemeinschaft gebunden werden können[2].

Gemeinschaftsbezogenheit von Ansprüchen liegt vor, wenn eine individuelle Rechtsverfolgung entweder die **Beschlusskompetenz** der Wohnungseigentümergemeinschaft zur **Regelung der Instandsetzung des Gemeinschaftseigentums** aus § 21 Abs. 3, Abs. 5 Ziff. 2 WEG beeinträchtigen oder das **schützenswerte Interesse des Veräußerers** an einer einheitlichen Inanspruchnahme verletzen würde[3].

---

1 BayObLG, Beschl. v. 18. 1. 2001 – 2 Z BR 65/00, DWE 2001, 110 (111); BayObLG, Beschl. v. 24. 2. 2000 – 2 Z BR 173/99, ZWE 2000, 214 (215); BayObLG, Beschl. v. 26. 8. 1999 – 2 Z BR 66/99, WE 2000, 10; BayObLG, Beschl. v. 29. 2. 1996 – 2 Z BR 142/95, NJW-RR 1996, 1101 (1102); Bärmann/Pick/*Merle*, § 21 Rz. 15 u. 121.
2 BGH, Urt. v. 30. 4. 1998 – VII ZR 47/97, NJW 1998, 2967 (2968); BGH, Urt. v. 23. 6. 1989 – V ZR 40/88, BGHZ 108, 156 = NJW 1989, 2534 (2535); BGH, Urt. v. 4. 11. 1982 – VII ZR 53/82, NJW 1983, 453.
3 BGH, Urt. v. 12. 4. 2007 – VII ZR 236/05, ZMR 2007, 627 (628 f.); Riecke/Schmid/*Vogel*, Anh. zu § 8, Rz. 8.

bb) Die Beschlusskompetenz des § 10 Abs. 6 S. 3 WEG n. F.

17 Die zur Gemeinschaftsbezogenheit entwickelten Grundsätze haben Eingang in die Regelungen der **WEG-Novelle** zur Teilrechtsfähigkeit der Wohnungseigentümergemeinschaft gefunden.

Der Gesetzgeber hat ausdrücklich darauf hingewiesen, dass die bisherige Rechtsprechung des BGH zur sog. Gemeinschaftsgebundenheit „ohne systematischen Bruch **weiterhin Anwendung** finden und fortgesetzt" werden solle[1].

18 Aus § 10 Abs. 6 S. 3 WEG folgt, dass der teilrechtsfähige Verband der Wohnungseigentümer die **Kompetenz** besitzt, die individuellen Ansprüche der einzelnen Erwerber **durch Mehrheitsbeschluss** zur Ausübung an sich zu ziehen, soweit dies im Interesse einer **gemeinschaftsdienlichen Rechtsverfolgung** erforderlich ist.

Der damit verbundene Eingriff in die Rechte des einzelnen Eigentümers rechtfertigt sich aus den dem Erwerb von Wohnungseigentum immanenten Beschränkungen, die sich aus den Regelungskompetenzen der Gemeinschaft ergeben[2].

19 In Anbetracht des Wortlauts des § 10 Abs. 6 S. 3 WEG ist zwischen der **sog. geborenen Ausübungsbefugnis** (§ 10 Abs. 6 S. 3 Var. 1 WEG) und der **sog. gekorenen Ausübungsbefugnis** (§ 10 Abs. 6 S. 3 Var. 2 WEG) zu unterscheiden[3].

(1) Geborene Ausübungsbefugnis

20 Nach dem Wortlaut der Bestimmung des § 10 Abs. 6 S. 3 Var. 1 WEG betrifft die „geborene" Beschlusskompetenz solche Ansprüche, die ihrer Natur nach als **zwingend gemeinschaftsgebunden** anzusehen sind und daher gemeinschaftlich geltend gemacht werden **müssen**[4].

21 Dabei handelt es sich namentlich um die Geltendmachung der **Minderung** und des **sog. kleinen Schadensersatzanspruchs**.

Das sind Ansprüche, deren individuelle Ausübung **notwendigerweise** zu einer Verletzung der Entscheidungskompetenz der Wohnungseigentümergemeinschaft über die Instandsetzung des gemeinschaftlichen Eigentums gem. § 21 Abs. 3, Abs. 5 Ziff. 2 WEG und zudem zu einer Verletzung des schutzwürdigen Interesses des Bauträgers an einer einheitlichen Inanspruchnahme führt.

---

1 BT-Drucks. 16/887 v. 9. 3. 2006, S. 61 f.
2 BGH, Urt. v. 12. 4. 2007 – VII ZR 236/05, ZMR 2007, 627 (630); BGH, Urt. v. 10. 5. 1979 – VII ZR 30/78, BGHZ 74, 258 = NJW 1979, 2207; Riecke/Schmidt/*Elzer*, § 10, Rz. 411; *Wenzel*, ZWE 2006, 109 (111).
3 *Wenzel*, NJW 2007, 1905 (1907).
4 Riecke/Schmid/*Elzer*, § 10 Rz. 416.

(2) Gekorene Ausübungskompetenz

Die aus der Bestimmung des § 10 Abs. 6 S. 3 Var. 2 WEG folgende „gekorene" Beschlusskompetenz betrifft demgegenüber Ansprüche, deren individuelle Ausübung **nicht notwendigerweise** zu einer Verletzung der Grundsätze der Gemeinschaftsgebundenheit führt. Die **ordnungsmäßige Verwaltung** des Gemeinschaftseigentums erfordert mit Blick auf die Entscheidungskompetenz der Wohnungseigentümer über die Instandsetzung des gemeinschaftlichen Eigentums gem. § 21 Abs. 3, Abs. 5 Ziff. 2 WEG deren gemeinschaftliche Durchsetzung. 22

Dabei handelt es sich nach h.M. um die sog. primären Mängelrechte, also insbesondere um den Anspruch auf Nacherfüllung, Vorschussleistung und Erstattung der Kosten der Selbstvornahme. Macht der einzelne Erwerber diese Ansprüche geltend, handelt er im Interesse aller Erwerber[1]. 23

Man kann hier von einer beschlussweisen „**Vergemeinschaftung**" der sonstigen Rechte der Wohnungseigentümer, die sinnvoller weise gemeinschaftlich geltend gemacht werden sollten, sprechen. 24

(3) Fehlen einer Beschlusskompetenz

Umgekehrt folgt daraus, dass eine Ausübungskompetenz aus § 10 Abs. 6 S. 3 WEG nicht abgeleitet werden kann, wenn **weder eine Gemeinschaftsbindung** i.S.d. § 10 Abs. 6 S. 3 Var. 1 WEG, **noch eine Vergemeinschaftungsfähigkeit** des betreffenden Anspruchs gem. § 10 Abs. 6 S. 3 Var. 2 WEG gegeben ist. 25

Dies ist namentlich bei der individuellen Rückgängigmachung des Bauträgervertrags durch Rücktritt bzw. bei der Geltendmachung des sog. **großen Schadensersatzes** der Fall. 26

Die individuelle Ausübung dieser Rechte bewirkt weder eine divergierende Inanspruchnahme des Bauträgers, noch besteht ein Koordinationsinteresse der Wohnungseigentümergemeinschaft, da der Erwerber aus der Wohnungseigentümergemeinschaft ausscheidet[2].

(4) Bewertung

Der **Rechtsgedanke der sog. Gemeinschaftsbezogenheit** ist nach h.M. auch auf die Neuregelungen der WEG-Novelle anzuwenden[3]. 27

---
1 BGH, Urt. v. 21. 7. 2005 – VII ZR 304/03, MDR 2005, 1343.
2 Riecke/Schmid/*Vogel*, Anh. § 8 Rz. 45.
3 Jennißen/*Heinemann*, § 21 Rz. 9; *Niedenführ*/Kümmel/Vandenhouten, Anh. § 21 Rz. 22; Riecke/Schmid/*Vogel*, Anh. § 8 Rz. 10, 15f.: kritisch: *Pause/Vogel*, ZMR 2007, 577 (579).

Letztlich wird zur Begründung der Vergemeinschaftungsfähigkeit von Ansprüchen ebenso auf den Gedanken der Gemeinschaftsbezogenheit abgestellt, wie bei den geborenen gemeinschaftsbezogenen Rechten.

Zudem ist aus der Sicht der Wohnungseigentümergemeinschaft die erzeugte Rechtsfolge, nämlich die Übertragung der Ausübungskompetenz hinsichtlich der gemeinschaftsbezogenen sowie der vergemeinschaftungsfähigen Ansprüche auf die Gemeinschaft, in beiden Fällen mit dem Ergebnis der bisherigen Rechtsprechung identisch.

Die Unterscheidung zwischen „geborener" und „gekorener" Ausübungsbefugnis hilfreich, um Überschneidungsprobleme aufklären zu können. Diese treten dadurch auf, dass die Wohnungseigentümergemeinschaft solange nicht zur Anspruchsausübung in der Lage ist, als dass sie nicht von ihrer gesetzlichen Beschlusskompetenz Gebrauch gemacht hat (vgl. hierzu Rz. 33)[1].

d) Schranken und Vorrang der Ausübungskompetenz

28 Aus den o. g. Grundsätzen folgt, dass die Beschlusskompetenzen aus § 10 Abs. 6 S. 3 WEG **mehrfachen Schranken** unterliegen.

Ferner stellt sich dann die Frage nach dem **Rangverhältnis** von Beschlusskompetenz und individueller Rechtsausübung.

aa) Schranken der Beschlusskompetenz

29 Die **Beschlusskompetenz** der Gemeinschaft ist in mehrfacher Hinsicht zum Schutz der individuellen Erwerberrechte beschränkt:

(1) Bloße Übertragung der Ausübungsbefugnis

30 Die Rechte des Erwerbers **gehen durch Beschluss nicht** auf den rechtsfähigen Verband der Wohnungseigentümer **über**. Auch in Ansehung des gemeinschaftlichen Eigentums ist und bleibt der Erwerber alleiniger **Inhaber** der ihm aus Bauträgervertrag zustehenden Ansprüche[2].

31 Durch die Ausübung der aus § 10 Abs. 6 S. 3 WEG folgenden Beschlusskompetenz erwirbt die Wohnungseigentümergemeinschaft lediglich die **Ausübungsbefugnis**, also das Recht, die jeweiligen individuellen Ansprüche außergerichtlich im eigenen Namen geltend zu machen und im Sinne einer gesetzlich angeordneten Prozessstandschaft im eigenen Namen gerichtlich zu verfolgen[3].

---

1 *Elzer*, ZMR 2007, 469 (470); *Köhler*, Rz. 103.
2 Riecke/Schmid/*Vogel*, Anh. § 8 Rz. 7, 12.
3 BGH, Urt. v. 12. 4. 2007 – VII ZR 236/05, ZMR 2007, 627 (628).

(2) Beschränkung auf die in § 10 Abs. 6 S. 3 genannten Ansprüche

Eine Beschlusskompetenz der Wohnungseigentümergemeinschaft kann sich grundsätzlich nur in Ansehung des **Gemeinschaftseigentums** und nicht in Ansehung des **Sondereigentums** ergeben[1]. 32

Die Beschlusskompetenz aus § 10 Abs. 6 S. 3 WEG zur Übertragung der Ausübungsbefugnis reicht indes inhaltlich nur so weit, wie sich dies aus der Gemeinschaftsbezogenheit sowie der Vergemeinschaftungsfähigkeit der betroffenen Ansprüche ergibt[2].

Soweit weder eine Gemeinschaftsbindung von Ansprüchen, noch eine Vergemeinschaftungsfähigkeit besteht, verbleibt es beim Grundsatz der individuellen Rechtsausübung und eine Ausübungskompetenz der Wohnungseigentümergemeinschaft kann aus § 10 Abs. 6 S. 3 WEG nicht begründet werden. Gleichwohl gefasste Beschlüsse sind mangels Beschlusskompetenz **nichtig**.

(3) Ausübungsvorbehalt

Da es sich bei der Bestimmung des § 10 Abs. 6 S. 3 BGB lediglich um eine **Kompetenzregelung** handelt, ist für die tatsächliche Übertragung des Rechts auf Ausübung der individuellen Ansprüche auf die Wohnungseigentümergemeinschaft die **vorherige Beschlussfassung erforderlich**[3]. 33

Dies bedeutet im Umkehrschluss, dass der einzelne Erwerber, soweit nicht „geborene" gemeinschaftsbezogene Ansprüche betroffen sind, zur individuellen Ausübung befugt ist, solange und wenn die Gemeinschaft die Ansprüche nicht durch Beschlussfassung zur Ausübung an sich gezogen hat[4].

bb) Rangverhältnis von Beschlusskompetenz und Individualrecht

Aus den vorgenannten Beschränkungen der Beschlusskompetenz des § 10 Abs. 6 S. 3 WEG ergibt sich die Frage nach dem **Rangverhältnis** zwischen gemeinschaftlicher und individueller Rechtsausübung. 34

Entscheidend ist dabei die **rechtliche Zäsur**, die durch den **Zeitpunkt** der Beschlussfassung der Gemeinschaft gem. § 10 Abs. 6 S. 3 WEG gesetzt wird.

---

1 Bärmann/Pick/*Merle*, § 21 Rz. 5.
2 BGH, Urt. v. 12. 4. 2007 – VII ZR 236/05, ZMR 2007, 627 (629).
3 *Pause/Vogel*, ZMR 2007, 577 (581 ff.).
4 Riecke/Schmid/*Vogel*, Anh. § 8 Rz. 16; *Köhler*, Rz. 103.

(1) Individuelle Rechtsausübung vor Beschlussfassung

35 Zunächst stellt sich die Frage, **welche Ansprüche** vom einzelnen Erwerber **vor** einer Beschlussfassung der Gemeinschaft individuell ausgeübt werden können.

Aus der Natur der gemeinschaftsbezogenen **sekundären Mängelrechte** (Minderung bzw. kleiner Schadensersatz) folgt, dass der **Ausübungskompetenz der Gemeinschaft** der absolute **Vorrang** einzuräumen ist. Diese Ansprüche können vom einzelnen Erwerber selbst dann nicht wirksam ausgeübt werden können, wenn eine Beschlussfassung der Gemeinschaft nicht vorliegt[1].

Aus der **dispositiven Natur** der vergemeinschaftbaren, aber nicht zwingend gemeinschaftsbezogenen **primären Mängelansprüche** folgt, dass diese hingegen individuell geltend gemacht können, solange keine Beschlussfassung erfolgt ist.

Hinsichtlich der auf **Rückabwicklung** des individuellen Vertrags gerichteten Ansprüche besteht naturgemäß keine Ausübungsbeschränkung.

(2) Individuelle Rechtsausübung nach Beschlussfassung

36 Ferner ergibt sich die Frage, welche **Ansprüche** vom einzelnen Erwerber **nach** erfolgter Beschlussfassung noch individuell ausgeübt werden können.

Für die gemeinschaftsbezogenen **sekundären Mängelrechte** (Minderung bzw. kleiner Schadensersatz) ergibt sich, dass nach Beschlussfassung eine individuelle Verfügung erst recht ausgeschlossen ist. Dies gilt ebenso für eine individuelle Rechtsausübung nach der Beschlussfassung der Gemeinschaft über die Vergemeinschaftung der **primären Mängelansprüche**. In dem Umfang, in welchem die Wohnungseigentümergemeinschaft zulässigerweise die Verfolgung der Ansprüche gestaltet, wird dem einzelnen Wohnungseigentümer die Ausübungsbefugnis entzogen[2].

Beschließt die Gemeinschaft indes, im Einverständnis mit dem Bauträger erst nach Vorlage eines **Sanierungskonzepts** über weitere Maßnahmen zu entscheiden, lässt dies die Nacherfüllungsansprüche des einzelnen Erwerbers unberührt[3].

---

1 BGH, Urt. v. 12. 4. 2007 – VII ZR 236/05, ZMR 2007, 627 (629).
2 BGH, Urt. v. 28. 10. 1999 – VII ZR 284/98, MDR 2000, 204 = ZWE 2000, 119 = NZM 2000, 95; OLG München, Urt. v. 11. 2. 2002 – 17 U 4845/01, NZM 2002, 826.
3 BGH, Urt. v. 23. 2. 2006 – VII ZR 84/05, ZMR 2006, 537 (538).

Hinsichtlich der auf **Rückabwicklung** gerichteten Ansprüche besteht naturgemäß keine Ausübungsbeschränkung, fraglich ist dies für den Falle des Vergleichsschlusses durch die Gemeinschaft (vgl. Rz. 72 ff.).

(3) Das Schicksal bereits begründeter Rechtspositionen

Daran schließt sich das Problem der sog. „überholenden Beschlussfassung" an, welches sich daraus ergibt, dass der Erwerber durch eine der Beschlussfassung „vorauseilende" Rechtsausübung eine Rechtsposition erworben hat, die durch eine spätere Rechtsausübung der Gemeinschaft „überholt" wird[1]. 37

Soweit der einzelne Erwerber bereits zulässigerweise Maßnahmen zur **individuellen Rechtsverfolgung** (primäre Mängelrechte, Rückabwicklung) vor der Beschlussfassung der Gemeinschaft eingeleitet hat, **verlieren diese ihre Wirkung nicht**[2]. 38

Allerdings verliert der Erwerber mit wirksamer Beschlussfassung in Ansehung der von der Gemeinschaft zulässigerweise an sich gezogenen Rechte sowohl die materiell-rechtliche, als auch die prozessuale **Verfügungsbefugnis**, weshalb eine gegebenenfalls bereits erhobene **Einzelklage** für **erledigt** zu erklären ist[3].

Auch bleibt der Erwerber, der bereits vor einer Beschlussfassung der Gemeinschaft über die Geltendmachung primärer oder sekundärer Mängelrechte die **Rückabwicklung** des Vertrages erklärt hat, hierzu berechtigt[4].

Ist das vorauseilende **Verfahren** des einzelnen Wohnungseigentümers gegen den Bauträger in Ansehung der primären Gewährleistungsansprüche **beendet** (ist etwa der Bauträger zur Vorschusszahlung verurteilt), und macht die Wohnungseigentümergemeinschaft nachträglich Minderung oder Schadensersatz geltend, so kann mit dem bereits erstrittenen Vorschussbetrag **aufgerechnet** werden[5]. 39

3. Auswirkungen auf die Rechtsausübung im Einzelnen

Aus den zuvor entwickelten Grundsätzen ergibt sich für das Verhältnis zwischen der Ausübungskompetenz der Wohnungseigentümergemeinschaft und der des einzelnen Erwerbers in Ansehung der einzelnen aus dem Bauträgervertrag resultierenden Rechte Folgendes: 40

---

1 Bärmann/*Pick*/Merle, § 1 Rz. 154.
2 BGH, Urt. v. 6. 6. 1991 – VII ZR 372/89, BGHZ 114, 383 = NJW 1991, 2480; BGH, Urt. v. 10. 5. 1979 – VII ZR 30/78, BGHZ 74, 258 (265) = NJW 1979, 2207.
3 BGH, Urt. v. 12. 4. 2007 – VII ZR 236/05, ZMR 2007, 627 (630); Riecke/Schmid/*Vogel*, Anh. § 8 Rz. 10.
4 Riecke/Schmid/*Vogel*, Anh. § 8 Rz. 17.
5 BGH, Urt. v. 7. 7. 1988 – VII ZR 320/87, NJW 1988, 2728.

a) Abnahme

41 Aufgrund er einschneidenden werkvertraglichen Wirkungen kommt der **Abnahme der Werkleistung** des Bauträgers besondere Bedeutung zu.

Wegen der Gliederung des Wohnungseigentums in Sonder- und Gemeinschaftseigentum und des sukzessiven Baufortschritts erfolgt regelmäßig eine zumindest zweifach gesonderte **Teilabnahme der Bauleistungen**, und zwar zunächst hinsichtlich des erworbenen Sondereigentums, sodann hinsichtlich des Gemeinschaftseigentums[1].

aa) Die Teilabnahme des Sondereigentums

42 Hinsichtlich der **Teilabnahme des Sondereigentums** unterliegt der Erwerber keinen wohnungseigentumsrechtlichen Beschränkungen, da nur die **individuelle Rechtsbeziehung** zum Bauträger tangiert ist, also keine divergierende Inanspruchnahme des Schuldners zu befürchten ist und kein Koordinationsbedarf der Wohnungseigentümer besteht.

Eine etwaige **Beschlussfassung** der Wohnungseigentümerversammlung, die in die Abnahme des Sondereigentums eingreift, ist mangels Beschlusskompetenz bzw. wegen unzulässigen Eingriffs in den Kernbereich des Wohnungseigentums **nichtig**[2].

Zwar wird die Beurteilung dieser Frage grundsätzlich von den Umständen des Einzelfalles abhängig zu machen sein, die **Abnahmewirkung hinsichtlich des Sondereigentums** wird sich aber **nur in Ausnahmefällen auf das Gemeinschaftseigentum erstrecken** lassen[3].

43 Eine **Klausel im Bauträgervertrag**, wonach das Gemeinschaftseigentum im Bereich des Sondereigentums als mit abgenommen gelten soll, ist jedoch mit Blick auf die eindeutige Interessenlage des Erwerbers gem. § 308 Ziff. 5 BGB **unwirksam**.

bb) Die Teilabnahme des Gemeinschaftseigentums

44 Nach der **h. M. und Rechtsprechung** ist die Abnahme des Gemeinschaftseigentums auch nach der WEG-Novelle **rein individualrechtlich zu beurteilen**[4].

---

1 BGH, Urt. v. 3. 12. 1987 – VII ZR 363/86, NJW 1988, 1259 (1260); BGH, Urt. v. 30. 6. 1983 – VII ZR 185/81, WM 1983, 1104 = BauR 1983, 573 (575) = ZfBR 1983, 260. OLG Stuttgart, Urt. v. 19. 12. 1979 – 13 U 7/79, MDR 1980, 495; *Pause*, NJW 1993, 553 (555); Weitnauer/*Briesemeister*, Anh. § 8 Rz. 79.

2 BGH, Beschl. v. 20. 9. 2000 – V ZB 58/99, ZWE 2000, 518; AG Hochheim, Beschl. v. 30. 12. 1985 – 4 UR II 47/85, NJW-RR 1986, 563; Bärmann/*Pick*/Merle, § 1 Rz. 153.

3 OLG Hamm, Urt. v. 14. 12. 1995 – 17 U 3/94, NJW-RR 1996, 1301.

4 BGH, Urt. v. 21. 2. 1985 – VII ZR 72/84, NJW 1985, 1551 (1552); *Pause*/*Vogel*, ZMR 2007, 577 (581).

(1) Fehlen besonderer Vereinbarungen

Mangels besonderer Vereinbarungen gilt grundsätzlich Folgendes[1]:

Eine **Beschlusskompetenz** gem. § 10 Abs. 6 S. 3 WEG oder wegen Abstimmungs- und Koordinationsbedarfs der Wohnungseigentümergemeinschaft gem. § 21 WEG **besteht vor der Abnahme nicht**, etwaige diesbezügliche Beschlüsse sind **nichtig**[2]. Die mit der Abnahme durch den Erwerber verbundene Erklärung, die Bauleistung des Bauträgers als im Wesentlichen vertragsgemäß fertig gestellt entgegenzunehmen[3] bzw. ganz oder teilweise in Ansehung von ausstehenden Leistungen oder Mängeln zurückzuweisen, liegt in einem der Gemeinschaftsbindung entzogenen, der Anspruchsverfolgung **vorgelagerten Bereich**. Auch unter dem Gesichtspunkt des Schutzes des Bauträgers vor inkongruenten Inanspruchnahmen seitens der Wohnungseigentümer ergibt sich keine abweichende Wertung. Die **Abnahme** selbst stellt noch **keine Inanspruchnahme** des Bauträgers dar.

45

Der werdende Eigentümer kann den Bauträger nicht auf eine gemeinschaftliche Abnahme durch die (werdende) Wohnungseigentümergemeinschaft **verweisen**[4]. Die einzelnen werdenden Wohnungseigentümer sind untereinander **nicht zur gemeinsamen Abnahme verpflichtet** oder berechtigt[5]. Der einzelne Wohnungseigentümer muss eine etwa erfolgte Abnahme durch die Wohnungseigentümergemeinschaft **nicht gegen sich gelten lassen**[6]. Der Verwalter oder der Verwaltungsbeirat sind **ohne besondere Ermächtigung** nicht zur Abnahme des gemeinschaftlichen Eigentums befugt[7].

46

Die jeweiligen (gegebenenfalls unterschiedlichen) werkvertraglichen Wirkungen der Abnahme treten nur beim jeweiligen Wohnungseigentümer ein, insbesondere was den Lauf der Gewährleistungsfristen anbetrifft (vgl. Rz. 96 ff.)[8].

---

1 BayObLG, Beschl. v. 28. 3. 2001 – 2 Z BR 18/01, ZWE 2001, 548.
2 BGH, Beschl. v. 20. 9. 2000 – V ZB 58/99, ZWE 2000, 518, Riecke/Schmid/*Vogel*, Anh. § 8 Rz. 29; a. A.: Deckert/*Elzer*, Grp. 3, Rz. 527 a. E.
3 BGH, Urt. v. 18. 9. 1967 – VII ZR 88/65, BGHZ 48, 257 (262).
4 BGH, Urt. v. 21. 2. 1985 – VII ZR 72/84, NJW 1985, 1551 (1552).
5 Weitnauer/*Briesemeister*, Anh. § 8 Rz. 79.
6 BGH, Urt. v. 21. 2. 1985 – VII ZR 72/84, NJW 1985, 1551 (1552).
7 BayObLG, Beschl. v. 20. 3. 2001 – 2 Z BR 75/00, NZM 2001, 539; OLG Stuttgart, Urt. v. 19. 12. 1979 – 13 U 7/79, MDR 1980, 495; OLG München, Urt. v. 11. 7. 1978 – 25 U 4759/77, MDR 1978, 1024.
8 BGH, Urt. v. 6. 6. 1991 – VII ZR 372/89, BGHZ 114, 383 = NJW 1991, 2480 (2481); BGH, Urt. v. 21. 2. 1985 – VII ZR 72/84, NJW 1985, 1551 (1552); OLG Stuttgart, Urt. v. 19. 12. 1979 – 13 U 7/79, MDR 1980, 495.

(2) Abweichende Vereinbarungen

47 Um die für den Bauträger u. U. misslichen Folgen einer uneinheitlichen individuellen Abnahme des Gemeinschaftseigentums zu vermeiden, wird regelmäßig in die jeweiligen Bauträgerverträge eine ausdrückliche **Regelung über die gemeinsame förmliche Abnahme des Gemeinschaftseigentums** aufgenommen, was wegen der Abdingbarkeit des § 640 BGB **zulässig ist**[1].

48 Üblich sind in diesem Zusammenhang **Vollmachtslösungen** dergestalt, dass eine Abnahme des Gemeinschaftseigentums durch die Wohnungseigentümergemeinschaft mit Wirkung für und gegen sämtliche Erwerber zu erfolgen hat, wobei diese durch den Verwalter, den Verwaltungsbeirat oder einen sachverständigen Dritten vertreten werden[2].

Umstritten ist hinsichtlich der Vollmachtslösungen bereits, ob diese nicht wegen eines Eingriffs in den Kernbereich der Rechte des grundsätzlich individuell zur Abnahme berechtigten Erwerbers aufgrund AGB-rechtlicher Überlegungen unwirksam sind[3]. Die **Bevollmächtigung des sog. Bauträgerverwalters**, also des mit dem Bauträger identischen, gesellschaftsrechtlich verbundenen oder wirtschaftlich abhängigen Wohnungseigentumsverwalters ist wegen der damit verbundenen Interessenkollision gem. §§ 181, 307 Abs. 1 BGB nicht zulässig[4].

Zu beachten ist auf jeden Fall, dass eine vertraglich vereinbarte Gemeinschaftsabnahme nur dann für sämtliche Erwerber gelten kann, wenn auch sämtliche Erwerber mit gleichlautenden Vertragsklauseln und durch entsprechende Vereinbarungen in der Gemeinschaftsordnung gebunden sind[5]. Soweit die Abnahme des Gemeinschaftseigentums bauträgervertraglich und durch Vereinbarung in der Gemeinschaftsordnung wirksam zur Sache der Wohnungseigentümergemeinschaft gemacht wird, entscheidet diese mit Wirkung für sämtliche Wohnungseigentümer[6].

49 Allerdings bewirken derartige Abnahmeregelung nur im seltenen Idealfall die bezweckte **Einheitlichkeit der Abnahmewirkungen**, da dies die Veräußerung und Besitzübergabe sämtlicher Sondereigentumseinheiten im Zeitpunkt der Abnahme des Gemeinschaftseigentums voraussetzt. Der sog. **Nachzüglererwerb** und die **Errichtung und Veräußerung größe-**

---

1 *Brambring*, NJW 1987, 97 (107); Weitnauer/*Briesemeister*, Anh. § 8 Rz. 80.
2 BayObLG, Beschl. v. 4. 11. 1999 – 2 Z BR 89/99, ZfIR 2000, 635.
3 Riecke/Schmid/*Vogel*, Anh. § 8 Rz. 29.
4 BayObLG, Beschl. v. 27. 6. 1996 – 2 Z BR 46/96, NJWE-MietR 1997, 16; OLG Stuttgart, Urt. v. 19. 12. 1979 – 13 U 7/79, MDR 1980, 495.
5 Deckert/*Elzer*, Grp. 3, Rz. 528; Riecke/Schmid/*Vogel*, Anh. § 8 Rz. 29.
6 BayObLG, Beschl. v. 11. 4. 1990 – BReg. 2 Z 7/90, NJW 1990, 3216.

rer **Wohnungseigentumsanlagen in mehreren Bauabschnitten** (vgl. Rz. 95 ff.) bereiten hier Probleme, da eine gemeinsame Abnahme durch sämtliche Wohnungseigentümer aus zeitlich-praktischen Gründen kaum realisierbar ist.

Gegen eine Vollmachtslösung ohne Möglichkeit der Erwerber, einen Bausachverständigen ihrer Wahl mit der Durchführung der Abnahme zu beauftragen[1] spricht weiter, dass selbst ein qualifizierter Wohnungseigentumsverwalter, sofern er nicht auf Sachverständige zurückgreifen kann, mit der Durchführung der Abnahme des Gemeinschaftseigentums für die werdende Wohnungseigentümergemeinschaft baufachlich überfordert sein und ein nicht unerhebliche Haftungsrisiko eingehen wird[2]. Zudem bewegt er sich außerhalb seiner originären Verwalterpflichten, weshalb zusätzlich die **Vergütungsfrage** geklärt werden muss. Auch der **Verwaltungsbeirat** würde außerhalb seines gesetzlichen Aufgabenfeldes mit erheblichem **Eigenrisiko** tätig. 50

b) Erfüllung und Mängelansprüche

Soweit **vor Abnahme** der Herstellungsanspruch des Erwerbers gem. § 631 Abs. 1 Satz 1 BGB gegenüber dem Bauträger geltend gemacht werden soll, gelten somit **keine Beschränkungen der Rechtsausübung des einzelnen Erwerbers**, da jeder Erwerber auf der Grundlage des individuell mit dem Bauträger geschlossenen Vertrags dessen Erfüllung verlangen kann[3]. 51

Nur die modifizierten Ansprüche, die sich erst nach Abnahme ergeben, können gemeinschaftsbezogene bzw. vergemeinschaftbare Ansprüche sein, die sich auf die Beseitigung von Mängeln der Werkleistung zur erstmaligen mangelfreien Herstellung des Gemeinschaftseigentums beziehen[4].

aa) Die primären Mängelansprüche

Nach den vorstehend dargelegten Grundsätzen (vgl. Rz. 14 ff.) ist der einzelne Erwerber berechtigt, soweit und solange die Gemeinschaft die Ausübung dieser Ansprüche nicht durch Beschlussfassung gem. §§ 10 Abs. 6 S. 3, 21 Abs. 3, Abs. 5 Ziff. 2 WEG an sich gezogen hat, den **Nacherfüllungs-, Aufwendungsersatz- und Vorschussanspruch** gem. §§ 633 Abs. 1, 52

---

1 Riecke/Schmid/*Vogel*, Anh. § 8 Rz. 29.
2 Riecke/Schmid/*Vogel*, Anh. § 8 Rz. 29.
3 BGH, Urt. v. 21. 6. 1974 – V ZR 164/72, BGHZ 62, 388 (393); Bärmann/Pick/*Merle*, § 21 Rz. 7; Weitnauer/*Briesemeister*, Anh. § 8 Rz. 32.
4 BGH, Urt. v. 12. 4. 2007 – VII ZR 236/05, ZMR 2007, 627 (629).

634 Ziff. 1, 2, 635, 637 BGB **individuell** geltend zu machen und die entsprechenden Voraussetzungen herbeizuführen[1].

53 Dazu gehört auch die Befugnis des einzelnen Wohnungseigentümers, den Bauträger individuell zur Nacherfüllung **aufzufordern**, **Fristen** zu setzen und/oder und durch individuelle **Mahnung** in Verzug zu setzen[2].

Die Fristsetzung des Erwerbers ist aber dann **wirkungslos**, wenn der Erwerber die Fristsetzung bereits mit der Erklärung verbindet, nach Ablauf der Frist **Minderung** zu verlangen[3].

54 Der einzelne Wohnungseigentümer ist befugt, individuell **Klage** zu erheben und ein gerichtliches **selbständiges Beweisverfahren** einzuleiten, selbst wenn klar ist, dass in Ansehung des Baumangels nur die Verfolgung eines sekundären Gewährleistungsanspruchs in Frage kommt[4].

Übt die Gemeinschaft Ihre Beschlusskompetenz aus, **verliert** der Erwerber in Ansehung der von der Gemeinschaft zulässigerweise an sich gezogenen Rechte sowohl die materiell-rechtliche, als auch die prozessuale **Verfügungsbefugnis**, weshalb eine gegebenenfalls bereits erhobene Einzelklage für **erledigt** zu erklären ist (vgl. Rz. 38)[5].

Die vom Erwerber bereits erworbenen Rechtspositionen bleiben ihm erhalten, wirken aber im Verhältnis zum Bauträger nur für und gegen den einzelnen Erwerber[6].

55 Macht der einzelne Erwerber vergemeinschaftbare Ansprüche individuell geltend, solange die Gemeinschaft die Ansprüche nicht durch Beschluss zur Ausübung an sich gezogen hat, ist zu beachten, dass mit Blick auf die gleichgerichteten, nämlich ebenso auf die Herstellung einer mangelfreien Werkleistung bezogenen Ansprüche der übrigen (noch) nicht tätigen Erwerber eine **Gläubigermehrheit** vorliegt (vgl. Rz. 9)[7].

---

1 BGH, Urt. v. 19. 12. 1996 – VII ZR 233/95, NJW 1997, 2173 (2174); BGH, Urt. v. 6. 6. 1991 – VII ZR 372/89, BGHZ 114, 383 = NJW 1991, 2480 (2482); BGH, Urt. v. 10. 3. 1988 – VII ZR 171/87, NJW 1988, 1718 = WM 1988, 948; BGH, Urt. v. 5. 5. 1977 – VII ZR 36/76, NJW 1977, 1336 (1337); OLG Stuttgart, Urt. v. 21. 5. 2007 – 5 U 201/06, NZM 2007, 848.
2 BGH, Urt. v. 10. 3. 1988 – VII ZR 171/87, NJW 1988, 1718 = WM 1988, 948; BGH, Urt. v. 5. 5. 1977 – VII ZR 36/76, NJW 1977, 1336 (1337).
3 BGH, Urt. v. 30. 4. 1998 – VII ZR 47/97, NJW 1998, 2967 (2968).
4 BGH, Urt. v. 6. 6. 1991 – VII ZR 372/89, BGHZ 114, 383 = NJW 1991, 2480; Weitnauer/*Briesemeister*, Anh. § 8 Rz. 55 u. 83 m.w.N.
5 BGH, Urt. v. 12. 4. 2007 – VII ZR 236/05, ZMR 2007, 627 (630); *Riecke*/Schmid/*Vogel*, Anh. § 8 Rz. 10.
6 BGH, Urt. v. 6. 6. 1991 – VII ZR 372/89, BGHZ 114, 383 = NJW 1991, 2480; BGH, Urt. v. 10. 5. 1979 – VII ZR 30/78, BGHZ 74, 258 (265) = NJW 1979, 2207; Staudinger/*Bub*, § 21 WEG, Rz. 265.
7 BGH, Urt. v. 10. 5. 1979 – VII ZR 30/78, BGHZ 74, 258 (263) = NJW 1979, 2207 (2208); Bärmann/Pick/*Merle*, § 21 Rz. 6.

Die Rechtsnatur dieser Gläubigermehrheit ist äußerst **umstritten**[1], für die hier interessierenden Ansprüche ist jedoch nach der h.M. und der Rechtsprechung des BGH von **Mitgläubigerschaft** gem. § 432 BGB auszugehen. 56

Dem gemäß kann der Wohnungseigentümer grundsätzlich die **gesamte Leistung** (nicht etwa beschränkt auf die Betroffenheit des Sondereigentums oder auf einen an der Größe des Miteigentumsanteils orientierten Teil) fordern, ist allerdings grundsätzlich darauf beschränkt, **Leistung an alle** zu verlangen (vgl. Rz. 106 ff.)[2]. 57

Soweit der verfolgte Anspruch auf **Nacherfüllung** gerichtet ist, bleibt dies unproblematisch, da durch die Beseitigung von Baumängeln am Gemeinschaftseigentum die Ansprüche auch der anderen Erwerber erfüllt werden und somit **Leistung an alle Erwerber** erfolgt.

Probleme werfen die Fälle auf, in denen vom einzelnen Erwerber Zahlung, also Leistung von **Vorschuss bzw. Aufwendungsersatz**, begehrt wird. Hier greifen die sich aus der „vorauseilenden Rechtsausübung" (vgl. Rz. 34 ff.) und der Frage der Gläubigerstellung (vgl. Rz. 106) ergebenden Probleme ineinander. 58

Da durch Fristsetzung gem. 637 BGB der Nacherfüllungsanspruch nicht erlischt, kann der einzelne Erwerber durch Nacherfüllungsaufforderung nebst Fristsetzung **individuell** vom Nacherfüllungs- auf den **Vorschussanspruch** übergehen, da gemeinschaftsbezogene Rechte und mangels Beschluss der Gemeinschaft auch vergemeinschaftbare Ansprüche nicht berührt werden.

Dabei kann der Erwerber aber grundsätzlich nur **Leistung an die Wohnungseigentümergemeinschaft** (zu Händen des Verwalters) verlangen[3].

Während der Erwerber im Außenverhältnis zum Bauträger somit die Nacherfüllung nebst Fristsetzung und nach fruchtlosem Fristablauf den Vorschussanspruch geltend machen kann, handelt es sich bei der Verwendung des erstrittenen Vorschusses durch Ausführung der Ersatzvor-

---

1 BGH, Urt. v. 21. 2. 1985 – VII ZR 72/84, NJW 1985, 1551 (1552); BGH, Urt. v. 10. 5. 1979 – VII ZR 30/78, BGHZ 74, 258 (265) = NJW 1979, 2207. BGH, Urt. v. 10. 5. 1979 – VII ZR 30/78, BGHZ 74, 258 (265) = NJW 1979, 2207. BGH, Urt. v. 27. 2. 1992 – IX ZR 57/91, NJW 1992, 1881 (1883); BGH, Urt. v. 21. 2. 1985 – VII ZR 72/84, NJW 1985, 1551 (1552).
2 BGH, Urt. v. 12. 4. 2007 – VII ZR 236/05, ZMR 2007, 627 (628); Riecke/Schmid/*Vogel*, Anh. § 8 Rz. 13.
3 BGH, Urt. v. 12. 4. 2007 – VII ZR 236/05, ZMR 2007, 627 (629); BGH, Urt. v. 6. 6. 1991 – VII ZR 372/89, BGHZ 114, 383 = NJW 1991, 2480; BGH, Urt. v. 10. 3. 1988 – VII ZR 171/87, NJW 1988, 1718; BGH, Urt. v. 4. 6. 1981 – VII ZR 9/80, BGHZ 81, 35 = NJW 1981, 1841; BGH, Urt. v. 10. 5. 1979 – VII ZR 30/78, BGHZ 74, 259 = NJW 1979, 2207; Bärmann/Pick/*Merle*, § 21 Rz. 7; a.A.: OLG Frankfurt/Main, Urt. v. 27. 8. 1992 – 3 U 165/91, NJW-RR 1993, 339.

nahme um eine Instandsetzungsmaßnahme, für deren Durchführung es im Innenverhältnis zwingend eines **entsprechenden Beschlusses** gem. § 21 Abs. 3, Abs. 5 Ziff. 2 WEG bedarf[1].

Daher ist **fraglich**, ob es nicht doch hinsichtlich der Geltendmachung des Vorschussanspruchs einer **vorherigen Beschlussfassung** der (bis dato untätigen) Gemeinschaft über die tatsächliche Ausführung der Ersatzvornahme bedarf.

59 Indes kann der Erwerber grundsätzlich nur Leistung an die Wohnungseigentümergemeinschaft (zu Händen des Verwalters) verlangen, weshalb zur Durchsetzung des Anspruchs im Außenverhältnis eine **vorherige Beschlussfassung** als **nicht notwendig** anzusehen ist[2].

Gleichwohl sollte solch **unkoordiniertes Vorgehen** vermieden werden[3].

60 Ist allerdings das vorauseilende Verfahren des einzelnen Wohnungseigentümers gegen den Bauträger in Ansehung der Vorschusszahlung beendet (ist etwa der Bauträger zur verurteilt), und macht die Wohnungseigentümergemeinschaft nachträglich Minderung oder Schadensersatz geltend, so kann mit dem **bereits erstrittenen Vorschussbetrag aufgerechnet** werden[4].

61 Entsprechende Probleme bereitet aus den o. g. Gründen der **Übergang vom Nacherfüllungs- auf den Aufwendungsersatzanspruch**[5].

Somit kann der einzelne Wohnungseigentümer zwar grundsätzlich den **Aufwendungsersatzanspruch** individuell geltend machen, jedoch mangels Befugnis zur **Entscheidung über die Ersatzvornahme** nicht entstehen lassen[6], es sei denn, die Gemeinschaft lässt (ohne Beschlussfassung) die Ersatzvornahme durch einen Eigentümer zu (der dann individuell anspruchberechtigt wäre und Leistung an sich verlangen könnte)[7].

62 Was die **Höhe** des geltend zu machenden **Anspruchs** anbetrifft, so ist der einzelne Wohnungseigentümer **nicht** auf einen der **Größe seines Miteigentumsanteils** entsprechenden Teilbetrag verwiesen, sondern kann

---

1 Riecke/Schmid/*Vogel*, Anh. zu. § 8, Rz. 36, 42.
2 BGH, Urt. v. 12. 4. 2007 – VII ZR 236/05, ZMR 2007, 627 (629); BGH, Urt. v. 6. 6. 1991 – VII ZR 372/89, BGHZ 114, 383 = NJW 1991, 2480; BGH, Urt. v. 10. 3. 1988 – VII ZR 171/87, NJW 1988, 1718; BGH, Urt. v. 4. 6. 1981 – VII ZR 9/80, BGHZ 81, 35 = NJW 1981, 1841; a. A.: OLG Frankfurt, Urt. v. 27. 8. 1992 – 3 U 165/91, NJW-RR 1993, 339.
3 *Pause/Vogel*, ZMR 2007, 577 (580).
4 BGH, Urt. v. 7. 7. 1988 – VII ZR 320/87, NJW 1988, 2728.
5 Riecke/Schmid/*Vogel*, Anh. § 8 Rz. 36, 42.
6 OLG Hamm, Beschl. v. 19. 12. 1992 – 15 W 233/92, WE 1993, 244 = DWEigt. 1993, 74; Weitnauer/*Briesemeister*, Anh. § 8 Rz. 56.
7 BGH, Urt. v. 21. 7. 2005 – VII ZR 304/03, BauR 2005, 1623 (1624).

individuell den gesamten Vorschuss in Ansehung der Mängel am Gemeinschaftseigentum verlangen[1].

Dem steht auch nicht entgegen, dass der Bauträger gegebenenfalls von mehreren Wohnungseigentümern individuell auf den gesamten Vorschussbetrag in Anspruch genommen wird, da der Bauträger berechtigt ist, in der Summe überhöhte Vorschussansprüche abzulehnen bzw. die Rückzahlung überzahlter Beträge zu fordern, sowie nach erfolgter Mangelbeseitigung Abrechnung insgesamt zu fordern[2].

bb) Die sekundären Mängelansprüche

(1) Kleiner Schadensersatz und Minderung

Aus der Gemeinschaftsbezogenheit der **sekundären Mängelrechte** des kleinen Schadensersatzes und der Minderung folgt der **Vorrang der Beschlusskompetenz der Wohnungseigentümergemeinschaft** gem. § 10 Abs. 6 S. 3 Var. 1 WEG, unter die auch die diese Ansprüche vorbereitenden Rechtshandlungen fallen[3].

63

Der einzelne Wohnungseigentümer ist zur Anspruchsgeltendmachung und Ausübung des Wahlrechts **ohne ermächtigenden Beschluss nicht berechtigt**[4]. Der Geltendmachung primärer Gewährleistungsansprüche durch einen einzelnen Wohnungseigentümer kann der Bauträger die Beschlussfassung der Wohnungseigentümergemeinschaft über die Geltendmachung der sekundären Gewährleistungsansprüche entgegenhalten[5].

Die Rechtsprechung des **BGH** geht richtigerweise wiederum von **Mitgläubigerschaft** aus, was bedeutet, dass die auf Minderungs- oder Schadensersatzverlangen erfolgenden Zahlungen des Bauträgers insgesamt der Gemeinschaft zustehen[6].

64

Dabei kann die Gemeinschaft sich aber nur **einheitlich** für die Ausübung eines Anspruchs entscheiden und nicht für einzelne Erwerber Minderung wählen, für andere Schadensersatz verlangen[7].

---

1 *Brych/Pause*, Bauträgerkauf und Baumodelle, Rz. 592.
2 BGH, Urt. v. 5. 5. 1977 – VII ZR 36/76, NJW 1977, 1336 (1338).
3 BGH, Urt. v. 15. 2. 1990 – VII ZR 269/88, BGHZ 110, 258 (262) = NJW 1990, 1663 (1664); BGH, Urt. v. 4. 11. 1982 – VII ZR 53/82, NJW 1983, 453; BGH, Urt. v. 10. 5. 1979 – VII ZR 30/78, BGHZ 74, 259 = NJW 1979, 2207; OLG Frankfurt/Main, Urt. v. 21. 9. 1992 – 4 U 106/91, NJW-RR 1993, 121; *Riecke*/Schmid/*Vogel*, Anh. § 8 Rz. 16.
4 BayObLG, Beschl. v. 29. 2. 1996 – 2 Z BR 142/95, NJW-RR 1996, 1101.
5 BGH, Urt. v. 10. 5. 1979 – VII ZR 30/78, BGHZ 74, 259 = NJW 1979, 2207; OLG Düsseldorf, Beschl. v. 8. 10. 1992 – VII ZR 320/87, NJW-RR 1993, 89.
6 BGH, Urt. v. 6.6. 1991 – VII ZR 372/99, NJW 1991, 2480 (2481); BGH, Urt. v. 15. 2. 1990 – VII ZR 269/88, BGHZ 110, 258 (262) = NJW 1990, 1663 (1664).
7 Deckert/*Elzer*, Grp. 3, Rz. 558.

65 Eine **Ausnahme von der Gemeinschaftsbindung** des Minderungs- oder kleinen Schadensersatzanspruchs gilt mangels Koordinationsinteresses der Wohnungseigentümergemeinschaft für den Fall, dass ein **nicht behebbarer Mangel** am Gemeinschaftseigentum sich nur im Bereich einer Sondereigentumseinheit äußert[1].

In diesem Fall ist der betroffene Wohnungseigentümer zur individuellen Geltendmachung des **Minderungsanspruchs** befugt[2].

Entsprechendes gilt für **Reihenhausanlagen** (vgl. Rz. 90)[3].

Was die **Höhe des Anspruchs** jeweils anbetrifft, so wird auf die Ausführungen unter Rz. 56 ff., Rz. 106 verwiesen.

(2) Rücktritt und großer Schadensersatz

66 Die **Geltendmachung des Rücktritts gem. § 634 Ziff. 3, 636, 323 BGB** sowie des ebenfalls auf Rückabwicklung des Bauträgervertrags gerichteten **großen Schadensersatzanspruchs** gem. §§ 634 Ziff. 4, 636 BGB ist nach h. M. und Rechtsprechung dem einzelnen Wohnungseigentümer vorbehalten[4].

Hierfür erforderliche **Wahl- und Gestaltungsrechte** können daher ebenfalls individuell ausgeübt werden[5].

(3) Ersatz vergeblicher Aufwendungen

67 Der Anspruch auf **Ersatz vergeblicher Aufwendungen** gem. §§ 634 Ziff. 4, 636, 284 BGB steht grundsätzlich dem jeweiligen Erwerber zur individuellen Ausübung zu, da regelmäßig **keine Beschlusskompetenz** gem. § 10 Abs. 6 S. 3 WEG anzunehmen ist.

c) Gegen- und Abwehrrechte

(1) Gegenrechte des Erwerbers

68 Jeder Erwerber kann das ihm zustehende **Leistungsverweigerungsrecht** des § 641 Abs. 3 BGB gegenüber dem Bauträger **individuell** ausüben[6].

---

1 BGH, Urt. v. 25. 1. 2001 – VII ZR 193/99, NZM 2001, 435; BGH, Urt. v. 4. 11. 1982 – VII ZR 53/82, NJW 1983, 453.
2 BGH, Urt. v. 15. 2. 1990 – VII ZR 269/88, BGHZ 110, 258 = NJW 1990, 1663; Bärmann/Pick/*Merle*, § 21 Rz. 16.
3 BGH, Urt. v. 7. 6. 2001 – VII ZR 420/00, NJW 2002, 140.
4 BGH, Urt. v. 12. 4. 2007 – VII ZR 236/05, ZMR 2007, 627 (629); BGH, Urt. v. 27. 7. 2006 – VII ZR 276/05, ZMR 2007, 48.
5 BGH, Urt. v. 23. 2. 2006 – VII ZR 84/05, ZMR 2006, 537 (538).
6 BGH, Urt. v. 22. 12. 1995 – V ZR 52/95, BauR 1996, 401; BGH, Urt. v. 10. 11. 1983 – VII ZR 373/82, NJW 1984, 725 (727).

Umstritten ist, ob dies wegen Mängeln am Gemeinschaftseigentum von **jedem Erwerber** der Höhe nach grundsätzlich **in voller Höhe des Dreifachen des für die Mangelbeseitigung** am gesamten Gemeinschaftseigentum erforderlichen Geldaufwandes geschehen darf[1].

Zwar ist der Wohnungseigentümer ist nicht etwa grundsätzlich auf einen an der Größe seines Miteigentumsanteils orientierten Teilbetrag beschränkt, im Falle der die Ausübung des Leistungsverweigerungsrechts auslösenden Inanspruchnahme mehrerer oder sämtlicher Erwerber durch den Bauträger ist gem. § 242 BGB allerdings dort eine **Grenze der individuellen Rechtsausübung** zu ziehen, wo die insgesamt dem Bauträger gegenüber ausgeübten Zurückbehaltungsrechte den insgesamt berechtigterweise einzubehaltenden Betrag übersteigen würden[2].

69

Dies führt dazu, dass die jeweiligen Wohnungseigentümer sich an der Höhe der jeweils anderweitig in Anspruch genommenen Leistungsverweigerungsrechte zu orientieren haben, was de facto zu einer Beschränkung des individuellen Leistungsverweigerungsrechts auf das Verhältnis des jeweiligen Miteigentumsanteils zum Mangelbeseitigungsaufwand insgesamt gleichkommen kann[3].

(2) Gegenrechte des Bauträgers

Der Bauträger kann, da Mitgläubigerschaft anzunehmen ist, gegenüber dem individuellen Verlangen des einzelnen Erwerbers nach **Nacherfüllung, Aufwendungsersatz oder Vorschuss** grundsätzlich nicht geltend machen, dass der Anspruch des einzelnen Erwerbers auf Nacherfüllung auf die Betroffenheit des Sondereigentums oder auf einen an der Größe des Miteigentumsanteils orientierten Teil beschränkt sei[4].

70

(3) Aufrechnung

Der Erwerber ist grundsätzlich befugt, in Ansehung von Baumängeln gegen einen **Restzahlungsanspruch** des Bauträgers **aufzurechnen** (vgl. Rz. 152 ff.).

71

Mit einem für die **Gemeinschaft** geltend zu machenden **Zahlungsanspruch** (insbes. Vorschuss) kann allerdings weder der einzelne Eigentümer in Bezug auf Restvergütungsansprüche aufrechnen, noch kann dies der Bauträger umgekehrt, da es an einer Aufrechnungslage, nämlich der **Gegenseitigkeit der Forderungen** mangelt[5].

---

1 *Werner/Pastor*, Der Bauprozess, Rz. 482 m. w. N.
2 *Riecke*/Schmid/*Vogel*, Anh. § 8 Rz. 44; *Pause*, NJW 1993, 553 (559).
3 BGH, Urt. v. 10. 11. 1983 – VII ZR 373/82, NJW 1984, 725 (727); BGH, Urt. v. 4. 11. 1982 – VII ZR 53/82, NJW 1983, 453.
4 *Riecke*/Schmid/*Vogel*, Anh. § 8 Rz. 42.
5 BGH, Urt. v. 12. 4. 2007 – VII ZR 50/06, ZMR 2007, 630 (633).

d) Vergleich

72 Die Wohnungseigentümergemeinschaft kann, sofern der Anspruch der Gemeinschaftsbindung unterliegt oder durch Beschluss zur gemeinschaftlichen Angelegenheit gemacht wurde, durch Mehrheitsbeschluss auch entscheiden, einen **Vergleich** (vgl. Rz. 136) mit dem Bauträger einzugehen[1].

72a Liegt ein entsprechender **Beschluss** (noch) nicht vor, sollte ein außergerichtlicher oder gerichtlicher Vergleich grundsätzlich nur **widerruflich** mit ausreichend langer Frist zur Abhaltung der entsprechenden (außerordentlichen) Eigentümerversammlung geschlossen werden[2].

73 Schließt ein Wohnungseigentümer mit dem Bauträger einen **individuellen Vergleich** über das Gemeinschaftseigentum ab, so kann der Bauträger sich im Verhältnis zur Wohnungseigentümergemeinschaft hierauf nicht berufen[3].

74 Entsprechendes gilt für einen von einem einzelnen Eigentümer etwa erklärten **Verzicht** auf Gewährleistungsrechte in Ansehung des gemeinschaftlichen Eigentums.

75 Wirksam ist ein solcher Vergleich/Verzicht dann, wenn der einzelne Erwerber wegen **ausschließlicher Betroffenheit** seines **Sondereigentums** vom Mangel ohnehin zur individuellen Rechtsausübung befugt gewesen wäre und die Gemeinschaft den Mangel noch nicht verfolgte[4].

76 Dagegen bindet ein mehrheitlich beschlossener Vergleich, der eine Zahlung des Bauträgers als Ausgleich für einen Baumangel vorsieht, auch den sog. **Nachzüglererwerber**, da dieser gem. § 10 Abs. 3, 4 WEG an dem bestandskräftigen Beschluss festzuhalten ist[5].

77 Fraglich ist insbesondere die Wirkung beschlossener Vergleiche auf eine „**vorauseilende**" **Rechtsausübung** durch den einzelnen Erwerber, insbesondere in Bezug auf die Geltendmachung des großen Schadensersatzes bzw. Rückabwicklung des Vertrages.

Soweit der einzelne Erwerber bereits zulässigerweise Maßnahmen zur individuellen Rechtsverfolgung (Rückabwicklung) vor der Beschlussfas-

---

1 OLG Jena, Beschl. v. 8. 9. 2006 – 9 W 225/06, ZMR 2006, 65 (66); BayObLG, Beschl. v. 4. 11. 1999 – 2 Z BR 89/99, ZWE 2000, 266 = NJW-RR 2000, 379 (380); BayObLG, Beschl. v. 28. 6. 1989 – BReg 2 Z 57/89, NJW-RR 1989, 1165; Weitnauer/*Briesemeister*, Anh. § 8 Rz. 81.
2 Deckert/*Schneiderhan*, Grp. 6, Rz. 278.
3 OLG Jena, Beschl. v. 8. 9. 2006 – 9 W 225/06, ZMR 2006, 65 (66); OLG Hamm, Urt. v. 18. 6. 2001 – 17 U 167/99, BauR 2001, 1765.
4 *Müller*, WE 1999, 168 (170).
5 LG München, Urt. v. 31. 1. 1995 – 8 O 17363/94, NJW-RR 1996, 333.

sung der Gemeinschaft über einen Vergleich eingeleitet hat, **verlieren diese ihre Wirkung nicht**[1].

Die Gemeinschaft kann sich mit dem Bauträger nicht einigen, soweit bereits entstandene Rückabwicklungsansprüche entstanden sind, die beeinträchtigt würden[2].

Der Erwerber, der hingegen sein Gestaltungs- und Wahlrecht hin zu einer Rückabwicklung des Vertrags in dem Zeitpunkt, zu dem die Gemeinschaft die Anspruchausübung an sich zieht, noch nicht ausgeübt hat, ist an einen Vergleich gebunden[3].

e) Sicherheiten

aa) Bürgschaft gem. § 7 MaBV

Die Geltendmachung von **Rückgewährsansprüchen aus Bürgschaften** gem. § 7 MaBV gehört nicht zu den gemeinschaftsbezogenen bzw. vergemeinschaftungsfähigen Ansprüchen gem. § 10 Abs. 6 S. 3 WEG, da primär nicht auf die erstmalige ordnungsgemäße Herstellung des Gemeinschaftseigentums, sondern auf die Sicherung von Erwerberzahlungen an den Bauträger gerichtet[4]. 78

Allerdings besteht, soweit die Wohnungseigentümergemeinschaft Zahlung an sich zum Zwecke der Finanzierung von Maßnahmen der Instandsetzung des gemeinschaftlichen Eigentums begehrt, ein so enger **sachlicher Zusammenhang** mit der ordnungsmäßigen Verwaltung des Gemeinschaftseigentums, dass eine **Ermächtigung der Gemeinschaft** zur Forderungsausübung (gewillkürte Prozessstandschaft) **zulässig** ist[5].

bb) Freigabe von Grundpfandrechten

Gleiches soll auch für die Geltendmachung des Anspruchs auf **Freigabe von Grundschulden** gelten. So soll die Wohnungseigentümergemeinschaft im Wege der gewillkürten Prozessstandschaft die Freigabe der auf dem Wohnungseigentum eines noch nicht als Eigentümer im Grundbuch eingetragenen Erwerbers verlangen können (m.E. zu weitgehend)[6]. 79

Dies wegen des **schutzwürdigen Interesses der Gemeinschaft** daran, Erschwernisse bei der Instandsetzung des Gemeinschaftseigentums zu ver-

---

1 BGH, Urt. v. 6. 6. 1991 – VII ZR 372/89, BGHZ 114, 383 = NJW 1991, 2480; BGH, Urt. v. 10. 5. 1979 – VII ZR 30/78, BGHZ 74, 258 (265) = NJW 1979, 2207.
2 BGH, Urt. v. 27. 7. 2006 – VII ZR 276/05, ZMR 2007, 48.
3 *Pause/Vogel*, ZMR 2007, 577 (583).
4 Jennißen/*Baumann*, § 21 Rz. 10 a.E.
5 BGH, Urt. v. 12. 4. 2007 – VII ZR 50/06, ZMR 2007, 630 (632).
6 BGH, Urt. v. 12. 4. 2007 – VII ZR 50/06, ZMR 2007, 630 (632); Deckert/*Elzer*, Grp. 3, Rz. 502.

meiden, die aus Zwangsvollstreckungsmaßnahmen des Grundpfandrechtsgläubigers wegen Streitigkeiten um Restzahlungs- und Freigabeansprüche resultieren können.

cc) Gewährleistungsbürgschaft

80 Die allgemeinen Grundsätze der Gemeinschaftsbezogenheit gelten indes, soweit es um die Inanspruchnahme des Bauträgers aus einer Gewährleistungsbürgschaft geht. Soweit und solange die Gemeinschaft die Ansprüche nicht an sich gezogen hat, erfolgt die Inanspruchnahme des Bauträgers aus einer **Gewährleistungsbürgschaft** individuell, ansonsten aufgrund Beschlusses gem. § 10 Abs. 6 S. 3 Var. 2 WEG durch die Gemeinschaft[1].

f) Sonstige Ansprüche

aa) Unmöglichkeit

81 Wird dem Bauträger die **Herstellung der Bauleistung unmöglich**, stehen den Erwerbern im Falle beiderseitigen Nichtvertretenmüssens die Ansprüche aus § 323 BGB, im Falle des Vertretenmüssens des Bauträgers die Ansprüche aus § 325 BGB zu[2], die **individuell** geltend zu machen sind, da sie weder eine divergierende Inanspruchnahme des Bauträgers, noch eine mangelnde Koordination in wohnungseigentumsrechtlicher Hinsicht erwarten lassen.

bb) Herausgabe von Unterlagen

82 Der Bauträger hat die **Nebenpflicht**, Betriebs- und Bedienungsanleitungen, Prüfzeugnisse, Betriebserlaubnisse und Schließpläne in Ansehung gemeinschaftlicher Einrichtungen und Anlagen auszuhändigen, wozu nach der hier vertretenen Auffassung auch Bau- und Installationspläne sowie statische Nachweise gehören[3], insbesondere im Fall der Abtretung der dem Bauträger zustehenden Gewährleistungsansprüche an die Erwerber[4].

Wegen der Unverzichtbarkeit dieser Gegenstände für die ordnungsgemäße Verwaltung des gemeinschaftlichen Eigentums gem. § 21 WEG

---

1 BGH, Urt. v. 10. 11. 1983 – VII ZR 373/82, NJW 1984, 725 (727).
2 Weitnauer/*Briesemeister*, Anh. § 8 Rz. 37.
3 BayObLG, Beschl. v. 23. 3. 2001 – 2 Z BR 6/01, ZWE 2001, 431 = NJW-RR 2001, 1667; OLG Hamm, Urt. v. 30. 9. 1999 – 22 U 88/99, NJW-RR 2000, 867 (868); AG Traunstein, Urt. v. 20. 4. 1988 – 310 C 224/88, NJW-RR 1989, 598 (599); *Werner/Pastor*, Der Bauprozess, Rz. 1195; a.A.: OLG Karlsruhe, Urt. v. 4. 7. 1974 – 10 U 222/73, NJW 1975, 694.
4 BGH, Urt. v. 29. 3. 1974 – V ZR 22/73, NJW 1974, 1135; OLG Hamm, Beschl. v. 29. 10. 1987 – 15 W 361/85, NJW-RR 1988, 268 (269).

besteht eine Gemeinschaftsbindung der insoweit in Mitgläubigerschaft stehenden Wohnungseigentümer, weshalb nur **Herausgabe an die Gemeinschaft** verlangt werden kann[1].

4. Sonderfälle

Bei der Verfolgung von Mängelrechten ergeben sich besondere Probleme, die sich aus den Eigenheiten des Wohnungseigentumsrechts ergeben: 83

a) Betroffenheit des Sonder- und/oder des Gemeinschaftseigentums

Eine **Beschlusskompetenz** der Wohnungseigentümergemeinschaft kann sich aus § 10 Abs. 6 S. 3 WEG i. V. m. § 21 Abs. 3, Abs. 5 Ziff. 2 WEG grundsätzlich nur in Ansehung des **Gemeinschaftseigentums** und nicht in Ansehung des **Sondereigentums** ergeben[2]. 84

Allerdings ergeben sich in der Praxis regelmäßig Überschneidungsfälle.

aa) Ausschließliche Betroffenheit des Sondereigentums

Bei **ausschließlicher Betroffenheit des Sondereigentums** bestehen grundsätzlich **keine Beschränkungen** hinsichtlich einer individuellen Anspruchsgeltendmachung[3]. 85

Umgekehrt ist eine Beschlusskompetenz der Gemeinschaft in Bezug auf das Sondereigentum nicht vorhanden.

Es ist jedoch möglich, dass der jeweilige Erwerber den rechtsfähigen Verband der Wohnungseigentümer (der sich hierzu durch Beschluss bereit erklärt) **ermächtigt**, auch Ansprüche hinsichtlich des Sondereigentums im Wege einer **gewillkürten Prozessstandschaft** geltend zu machen, sofern dies in einem engen rechtlichen und wirtschaftlichen Zusammenhang mit der Verwaltung des Gemeinschaftseigentums steht[4]. 86

bb) Betroffenheit des Sondereigentums mit Auswirkungen auf das Gemeinschaftseigentum

Bei **Betroffenheit des Sondereigentums mit Auswirkungen auf das Gemeinschaftseigentum** (die Mangelursache liegt im Sondereigentum begründet, die Mangelauswirkungen äußern sich jedoch am Gemeinschaftseigentum) finden indes die o. g. Regeln für die Rechtsausübung in 87

---

1 *Brych/Pause*, Bauträgerkauf und Baumodelle, Rz. 397.
2 *Bärmann/Pick/Merle*, § 21 Rz. 5.
3 BGH, Urt. v. 16. 12. 2004 – VII ZR 257/03, NJW 2005, 1115 (1117).
4 BGH, Urt. v. 12. 4. 2007 – VII ZR 236/05, ZMR 2007, 627 (630).

Ansehung des Gemeinschaftseigentum Anwendung, da in diesem Falle ein Interesse an gemeinschaftlicher Anspruchsdurchsetzung besteht[1].

cc) Betroffenheit des Gemeinschaftseigentums mit Auswirkungen auf das Sondereigentum

88 Auch auf den Fall, dass **behebbare Mängel im Bereich des Gemeinschaftseigentums** vorliegen, die **Mangelauswirkungen sich jedoch im Bereich des Sondereigentums** äußern, finden aus o. g. Gründen die Regeln über die Rechtsausübung in Ansehung des Gemeinschaftseigentums Anwendung[2].

89 Wirken sich aber am Gemeinschaftseigentum begründete Mängel, die **nicht behebbar** sind, nur in einer Sondereigentumseinheit aus, so gelten die Regeln für die Geltendmachung von Mängeln am Sondereigentum **mangels Interesse der Gemeinschaft** an einer gemeinschaftlichen Instandsetzung sowie mangels Interesse des Bauträgers an einer einheitlichen Inanspruchnahme[3].

90 Selbst wenn **behebbare Mängel** am Gemeinschaftseigentum vorliegen, kann der Erwerber einer als Wohnungseigentum ausgebildeten **Doppel-/ Mehrhaus- bzw. Reihenhausanlage**, dem die **Instandsetzungspflicht** nicht nur hinsichtlich des Sonder-, sondern auch hinsichtlich des abgrenzbaren Gemeinschaftseigentums bzw. entsprechender Sondernutzungsrechte obliegt, sämtliche Mängelansprüche individuell durchsetzen[4] und Zahlung in voller Höhe an sich selbst verlangen[5].

dd) Sondernutzungsrechte

91 Die **Einräumung eines Sondernutzungsrechts** ändert nichts daran, dass es sich bei den einem Sondernutzungsrecht unterliegenden Räumen, Einrichtungen oder Flächen nach wie vor um **Gemeinschaftseigentum** handelt, welches grundsätzlich von sämtlichen Wohnungseigentümern instand zu halten und instand zu setzen ist[6].

---

1 BGH, Urt. v. 10. 5. 1979 – VII ZR 30/78, BHGZ 74, 258 (259) = NJW 1979, 2207.
2 BGH, Urt. v. 6. 6. 1991 – VII ZR 372/89, NJW 1991, 2480 (2481); BGH, Urt. v. 10. 3. 1988 – VII ZR 171/87, NJW 1988, 1718 = WM 1988, 948; BGH, Urt. v. 20. 3. 1986 – VII ZR 81/85, NJW-RR 1986, 755 (756); BGH, Urt. v. 4. 11. 1982 – VII ZR 53/82, NJW 1983, 453; BGH, Urt. v. 4. 6. 1981 – VII ZR 9/80, BGHZ 81, 35 = NJW-RR 1981, 1841.
3 BGH, Urt. v. 25. 1. 2001 – VII ZR 193/99, NZM 2001, 435; BGH, Urt. v. 15. 2. 1990 – VII ZR 269/88, BGHZ 110, 258 (262) = NJW 1990, 1663 (1664); BGH, Urt. v. 4. 11. 1982 – VII ZR 53/82, NJW 1983, 453; Bärmann/Pick/*Merle*, § 21 Rz. 16.
4 BGH, Urt. v. 7. 6. 2001 – VII ZR 420/00, NJW 2002, 140.
5 Riecke/Schmid/*Vogel*, Anh. § 8 Rz. 47.
6 BayObLG, Beschl. v. 25. 5. 1998 – 2 Z BR 87/98, WuM 1988, 616; *Ott*, Das Sondernutzungsrecht im Wohnungseigentum, S. 122.

Insofern besteht sowohl ein Interesse der übrigen Erwerber an einer wohnungseigentumsrechtlich koordinierten Instandsetzung als auch ein Interesse des Bauträgers an einer koordinierten Abwicklung von Ansprüchen[1], weshalb Sondernutzungsrechte grundsätzlich nicht anders zu behandeln sind als andere Gegenstände des Gemeinschaftseigentums[2].

Hat der Erwerber indes durch **Vereinbarung die Instandhaltung und Instandsetzung** der seinem Sondernutzungsrecht unterliegenden Räume, Einrichtungen und Flächen **übernommen**, so kommt eine individuelle Rechtsausübung in Frage. Weder die übrigen Erwerber können in diesem Fall ein schützenswertes Interesse an einer gemeinschaftlichen Mangelbeseitigung, noch der Gewährleistungspflichtige ein Interesse an einer übersichtlichen Haftungslage haben[3]. 92

b) Invollzugsetzung der Wohnungseigentümergemeinschaft

Eine **vorrangige Beschlusskompetenz** der Wohnungseigentümergemeinschaft gem. § 10 Abs. 6 S. 3 WEG ist ohne **Existenz des rechtsfähigen Verbandes der Wohnungseigentümer** nicht denkbar. 93

Die Invollzugsetzung der Wohnungseigentümergemeinschaft erfolgt indes nach allgemeiner Auffassung erst durch **Eintragung eines Erwerbers** als weiterem Wohnungseigentümer **neben dem Bauträger** im Grundbuch, also regelmäßig erst nach vollständiger Abwicklung des Bauträgervertrags[4].

Das sich hieraus ergebende Problem wird durch die Rechtsfigur der **sog. werdenden Wohnungseigentümergemeinschaft** in dem für den Bauträgererwerb typischen Fall der Aufteilung nach § 8 WEG entschärft[5]. Auf den mit einem wirksamen Erwerbsvertrag sowie einer Auflassungsvormerkung im Grundbuch versehen Erwerber, dem der Besitz am bezugsfertigen Sondereigentum eingeräumt wurde, sind die Bestimmungen des WEG über das Innenverhältnis der Wohnungseigentümer (und damit § 10 Abs. 6 S. 3 WEG, § 21 Abs. 3, Abs. 5 Ziff. 2 WEG) entsprechend anwendbar.

Nach Invollzugsetzung der Wohnungseigentümergemeinschaft bleiben indes die zuvor durch den werdenden Eigentümer erworbenen Rechtspositionen erhalten[6].

---

[1] Bärmann/Pick/*Merle*, § 21 Rz. 1.
[2] OLG Frankfurt/Main, Beschl. v. 25. 5. 1987 – 20 W 307/86, NJW-RR 1987, 1163.
[3] zweifelnd: *Riecke*/Schmid/*Vogel*, Anh. § 8 Rz. 19.
[4] BGH, Beschl. v. 1. 12. 1988 – V ZR 6/88, BGHZ 106, 113 (118) = NJW 1989, 1087 (1088).
[5] Bärmann/Pick/*Merle*, § 25 Rz. 9a, vor § 43 Rz. 4ff. m.w.N.
[6] OLG Köln, Beschl. v. 30. 11. 2005 – 16 Wx 193/05, ZMR 2006, 383.

c) Änderungen im Bestand der Wohnungseigentümer

94 Die Wohnungseigentümergemeinschaft ist **kein statisches Gebilde**.

Hinsichtlich ihrer Zusammensetzung und der bei den jeweiligen Wohnungseigentümern angesiedelten Ansprüche unterliegt sie einem unter Umständen raschen Wandel, der bei der Anspruchsdurchsetzung zu beachten ist.

aa) Das Problem des sog. Nachzüglererwerbs

95 Da grundsätzlich individual-rechtlich herbeizuführen, gelingt es dem Bauträger in den seltensten Fällen, die Wirkungen der Abnahme zeitlich kongruent bei sämtlichen Erwerbern herbeizuführen (vgl. Rz. 49).

So insbesondere im Falle des sog. **Nachzüglererwerbs**, bei dem gegebenenfalls längere Zeit nach Abnahme des Gemeinschaftseigentums eine bis dato im Eigenbestand des Bauträgers verbliebene Sondereigentumseinheit als neu hergestellt (vgl. Rz. 7 ff.) an einen Erwerber veräußert wird.

Entsprechendes gilt für die Errichtung und Veräußerung größerer Wohnungseigentumsanlagen in mehreren **Bauabschnitten**, die sukzessive errichtet und jeweils abschnittsweise hinsichtlich des Gemeinschaftseigentums abgenommen werden[1].

96 Auch im Falle des Nachzüglererwerbs werden die **Abnahmewirkungen individuell** erzeugt, weshalb der Nachzüglererwerber also Ansprüche besitzen kann, die bei den übrigen Wohnungseigentümern bereits entweder erloschen oder verjährt sind[2].

Dies bedeutet, dass selbst für den Fall, dass die Mängelrechte aller übrigen Erwerber **verjährt** sind, der Bauträger gleichwohl in Ansehung des **gesamten Gemeinschaftseigentums** zur Gewährleistung herangezogen werden kann[3].

97 Dies führt dazu, dass es entgegen dem Wortlaut des § 10 Abs. 6 S. 3 WEG mangels denkbarer Gemeinschaftsbezogenheit keines ermächtigenden Beschlusses der Wohnungseigentümergemeinschaft bedarf, um den Nachzüglererwerber zur **individuellen Ausübung** solche Rechte zu ermächtigen. Der alleinige Nachzüglererwerber ist dem gemäß berechtigt, sowohl **primäre**, als **auch sekundäre Gewährleistungsrechte** inklusive der zugehörigen **Wahl- und Gestaltungsrechte** individuell auszuüben. Der Bauträger kann nicht mehr divergierend in Anspruch ge-

---

1 *Werner/Pastor*, Der Bauprozess, Rz. 507 u. 509.
2 BGH, Urt. v. 21. 2. 1985 – VII ZR 72/84, NJW 1985, 1551 (1552).
3 BGH, Urt. v. 6. 6. 1991 – VII ZR 372/89, BGHZ 114, 383 = NJW 1991, 2480; BGH, Urt. v. 21. 2. 1985 – VII ZR 72/84, NJW 1985, 1551 (1552).

nommen werden und das Interesse der übrigen Wohnungseigentümer an einer gemeinschaftlichen Anspruchsverfolgung kann nicht mehr betroffen sein.

Ob der Nachzüglererwerber durch eine sog. **Fristenangleichungsklausel** im Bauträgervertrag an die Wirkungen einer zuvor erklärten Abnahme des Gemeinschaftseigentums gebunden werden kann, ist insbesondere mit Blick auf § 309 Ziff. 8 Buchst. b) ff) BGB entgegen einer verbreiteten Literaturmeinung zu verneinen[1]. 98

Umstritten ist ferner, ob der Nachzüglererwerber wegen Zahlungsansprüchen (Minderung, Schadensersatz, Vorschuss) auf einen seinem Miteigentumsanteil entsprechenden **Bruchteil am Gesamtanspruch** verwiesen werden kann. Dies mit der Begründung, dass u. U. kein anderer Erwerber mehr entsprechende Rechte besitze. Dies ist nach hier vertretener Auffassung abzulehnen (vgl. Rz. 56 ff.)[2]. 99

Nach den allgemeinen Regeln der Gemeinschaftsbezogenheit von Gewährleistungsrechten ist allerdings dann zu verfahren, wenn **mehrere Nachzüglererwerber** unverjährte Ansprüche geltend machen können. 100

Umstritten war bisher die Frage, ob die Wohnungseigentümergemeinschaft **durch Beschlussfassung** den einzelnen Wohnungseigentümer zur Durchsetzung nur ihm individual-rechtlich zustehender Ansprüche gegenüber dem Bauträger in Ansehung des Gemeinschaftseigentums **zwingen** kann[3]. Dies ist aus o. g. Gründen nach hier vertretener Meinung trotz Anerkennung der Rechtsfigur der teilrechtsfähigen Wohnungseigentümergemeinschaft i. V. m. der ausdrücklichen Kompetenzzuweisung gem. § 10 Abs. 6 S. 3 WEG **zu verneinen**. 101

bb) Zweiterwerber/Eigentümerwechsel

Aus der individuellen Rechtsinhaberschaft der Ansprüche aus Bauträgervertrag sowie der Teilrechtsfähigkeit der Wohnungseigentümergemeinschaft folgt, dass die Ansprüche geltend machende **Wohnungseigentümergemeinschaft** in ihrer **Zusammensetzung** nicht mit dem Kreis der ursprünglich Anspruchsberechtigten identisch sein muss. 102

Der Ersterwerber verliert durch **Veräußerung des (mangelbehafteten) Wohnungseigentums** nicht die gegen den Bauträger gerichteten Ansprüche, da er dessen Vertragspartner bleibt[4]. 103

---

1 *Riecke/Schmid/Vogel*, Anh. § 8 Rz. 30 m. w. N.
2 A. A.: Deckert/*Elzer*, Grp. 3, Rz. 522.
3 Vorauflage, Teil 15, Rz. 145 f.
4 BGH, Urt. v. 6. 11. 1986 – VII ZR 97/85, NJW 1987, 645 (646).

Der Zweiterwerber demgegenüber ist nicht Inhaber der Gewährleistungsansprüche, jedoch als neuer Wohnungseigentümer infolge Eigentumsübergangs zur Beschlussfassung über die Durchsetzung der Gewährleistungsansprüche gegenüber dem Bauträger berufen.

104 Klarheit schafft hier entweder eine bereits im **Veräußerungsvertrag** zwischen Erst- und Zweiterwerber vorgesehene **Abtretung der gegen den Bauträger gerichteten Ansprüche** oder eine **nachträgliche formfreie Abtretungsvereinbarung**[1].

Der Auffassung des **BGH** folgend ist im Regelfall zu vermuten, dass mangels ausdrücklicher Abrede zumindest die primären Gewährleistungsansprüche als stillschweigend abgetreten anzusehen sind[2], insbesondere dann, wenn das Objekt unter Ausschluss der Gewährleistung weiterveräußert wurde[3]. Prozessual und verjährungsrechtlich ist weiter zu beachten, dass der **Forderungsübergang**, sofern er dem Bauträger nicht bekannt ist, **offengelegt** wird[4].

105 Ohne Einfluss auf die prozessuale Situation bleibt indes die **Veräußerung des Wohnungseigentums nach Rechtshängigkeit** gem. §§ 265, 266 ZPO[5].

d) Rechtsinhaberschaft nur einzelner Eigentümer

106 Dem Fall des **Nachzüglererwerbers**, der **alleiniger Inhaber von nichtverjährten Gewährleistungsansprüchen** ist (vgl. Rz. 49, 95 ff.), entsprechen die weiteren Fallkonstellationen der **Rechtsinhaberschaft nur einzelner Eigentümer**[6].

Diese liegt etwa auch vor, wenn nur einer der Erwerber in Ansehung eines Mangels, hinsichtlich dessen die übrigen Erwerber aus Gründen des § 640 Abs. 2 BGB mangels Rüge bei der Abnahme **Rechtsverlust** eingetreten ist, Mängelrechte geltend macht.

Entsprechendes gilt auch für den Fall, dass nur einer der Erwerber vom Bauträger in Ansehung eines Mangels am Gemeinschaftseigentum **arglistig getäuscht** wurde[7].

---

1 BGH, Urt. v. 24. 10. 1985 – VII ZR 31/85, NJW 1986, 713 (714).
2 BGH, Urt. v. 19. 12. 1996 – VII ZR 233/95, NJW 1997, 2173 (2174); Bärmann/Pick/*Merle*, § 21 Rz. 9.
3 BGH, Urt. v. 20. 12. 1996 – V ZR 259/95, NJW 1997, 652; BGH, Urt. v. 19. 12. 1996 – VII ZR 233/95, NJW 1997, 2173.
4 BGH, Urt. v. 4. 3. 1993 – VII ZR 48/92, NJW 1993, 1916 m.w.N.
5 BGH, Beschl. v. 23. 8. 2001 – V ZB 10/01, ZWE 2001, 530; Weitnauer/*Briesemeister*, Anh. § 8 Rz. 75.
6 Bärmann/Pick/*Merle*, § 21 Rz. 16.
7 Weitnauer/*Briesemeister*, Anh. § 8 Rz. 72.

Auch sei auf den Fall des Mangels am Gemeinschaftseigentum, der sich nur im Bereich des Sondereigentumsnachteilig auswirkt und daher individuell geltend gemacht werden kann, hingewiesen (vgl. Rz. 88 ff.)[1].

Fraglich kann in diesen Fällen der **Umfang** des bei Rechtsverlust der übrigen Erwerber vom einzelnen Wohnungseigentümer individuell geltend gemachten und auf Zahlung gerichteten (insbes. Minderung, Schadensersatz) **Anspruchs** sein. Dies insbesondere wegen Mängeln am Gemeinschaftseigentum, die sich nur im Bereich des Sondereigentums nachteilig auswirken. 107

Richtigerweise ist die Rechtsprechung des BGH dahingehend zu verstehen, dass der einzelne Erwerber nicht etwa (so wohl die h. L.) auf einen der Größe seines Miteigentumsanteils entsprechenden Teilbetrag beschränkt ist, sondern **Anspruch** auf den sich nach den Mangelbeseitigungskosten bzw. dem Minderwert **insgesamt richtenden Betrag** hat[2]. Zahlung kann allerdings **nur an die Gemeinschaft** verlangt werden. 108

Die Frage nach **Umfang des geltend zu machenden Anspruchs** kann sich auch umgekehrt ergeben, so im Verhältnis zum Erfüllungs- bzw. Gewährleistungspflichtigen im Außenverhältnis, wenn im Falle der Anspruchsgeltendmachung durch die Gemeinschaft wegen Rechtsverlusts einiger Erwerber **anteilige Kürzungen der Klagesumme** vorzunehmen sein könnten, ist aber im o. g. Sinne zu beantworten[3]. 109

e) Planwidrige Bauausführung/Sonderwünsche

Divergierende Herstellungsansprüche in Ansehung des gemeinschaftlichen Eigentums werfen insbesondere im Falle der **abweichenden Bauausführung** durch den Bauträger aufgrund einzelvertraglich vereinbarter **Sonderleistungen** (Sonderwünsche) Probleme auf[4]. 110

---

1 BGH, Urt. v. 7. 6. 2001 – VII ZR 420/00, NJW 2002, 140; BGH, Urt. v. 25. 1. 2001 – VII ZR 193/99, NZM 2001, 435; BGH, Urt. v. 6. 6. 1991 – VII ZR 372/99, BGHZ 114, 383 = NJW 1991, 2480 (2481); BGH, Urt. v. 15. 2. 1990 – VII ZR 269/88, BGHZ 110, 258 (262) = NJW 1990, 1663 (1664); BGH, Urt. v. 4. 11. 1982 – VII ZR 53/82, NJW 1983, 453; OLG Dresden, Urt. v. 7. 2. 2001 – 18 U 1303/00, NZM 2001, 773; Bärmann/Pick/*Merle*, § 21 Rz. 16.
2 BGH, Urt. v. 6. 6. 1991 – VII ZR 372/99, BGHZ 114, 383 = NJW 1991, 2480 (2481); Riecke/Schmid/*Vogel*, Anh. § 8 Rz. 48; *Werner/Pastor*, Der Bauprozess, Rz. 508 u. 515; a. A: Weitnauer/*Briesemeister*, Anh. § 8 Rz. 72–74.
3 *Müller*, WE 1999, 168 (170).
4 OLG München, Urt. v. 17. 7. 1978 – 24 U 4759/77, DB 1978, 2360; LG Nürnberg-Fürth, Urt. v. 25. 8. 1988 – 6 O 2825/88, NJW-RR 1989, 668; Riecke/Schmid/*Vogel*, Anh. § 8 Rz. 28; Weitnauer/*Briesemeister*, Anh. § 8 Rz. 32.

aa) Anfängliche planwidrige Bauausführung

111 Führt der Bauträger aufgrund einzelvertraglicher Abrede vor Abnahme bzw. **vor Invollzugsetzung** der Eigentümergemeinschaft einen sog. **Sonderwunsch** aus, der sich im Verhältnis zu den übrigen Erwerbern als nachteilige bzw. vertragswidrige Herstellung des Gemeinschaftseigentums auswirkt, so liegt **keine bauliche Veränderung** i. S. d. § 22 Abs. 1 S. 1 WEG vor[1]. Vielmehr haftet der Bauträger den übrigen Erwerbern gegenüber auf der Grundlage des Bauträgervertrags.

bb) Nachträgliche planwidrige Ausführung

112 Wird der in das Gemeinschaftseigentum vertrags- und teilungserklärungswidrig eingreifende **Sonderwunsch nach Abnahme bzw. Invollzugsetzung der (werdenden) Wohnungseigentümergemeinschaft** ausgeführt, haftet der Bauträger den übrigen Erwerbern unter dem Gesichtspunkt der positiven Vertragsverletzung.

Die Geltendmachung dieses Anspruchs **unterliegt der Gemeinschaftsbindung**, da es sich insoweit auch um die gemeinschaftlich zu koordinierende Verfolgung eines Baumangels am Gemeinschaftseigentum handelt[2].

5. Die Verfolgung kaufrechtlicher Ansprüche aus Bauträgervertrag

113 Die **Abwicklung des auf den Grundstückserwerb gerichteten Teils** des Bauträgervertrags erfolgt unter **kaufrechtlichen Gesichtspunkten**. Trotz der Betroffenheit des Gemeinschaftseigentums besteht grundsätzlich keine Gemeinschaftsbezogenheit der kaufrechtlichen Ansprüche des Erwerbers, der diese somit grundsätzlich individuell verfolgen kann[3].

a) Erfüllungsansprüche

114 Wohnungseigentumsrechtliche Koordinationsprobleme treten bei der **Verfolgung kaufrechtlicher Erfüllungsansprüche** nicht auf, da insoweit kein Abstimmungsbedarf der Wohnungseigentümergemeinschaft vorliegt (dieser konzentriert sich auf Instandhaltung und Instandsetzung) und keine divergierende Inanspruchnahme des Bauträgers in Ansehung des Anspruchs auf Besitz- und Eigentumsverschaffung zu befürchten ist.

---

1 BayObLG, Beschl. v. 5. 11. 1993 – 2 Z BR 83/93, NJW-RR 1994, 276; OLG Hamm, Beschl. v. 21. 7. 1997 – 15 W 482/96, NJW-RR 1998, 371.
2 BayObLG, Beschl. v. 23. 8. 1990 – BReg. 2 Z 80/90, NJW-RR 1990, 1494; OLG Köln, Beschl. v. 27. 8. 1997 – 16 Wx 86/97, NJW-RR 1998, 518; Bärmann/Pick/ Merle, § 22 Rz. 242.
3 Weitnauer/*Briesemeister*, Anh. § 8 Rz. 42.

b) Sach- oder Rechtsmängel

Durch die Modernisierung des Schuldrechts ist dem Käufer u.a. der Nacherfüllungsanspruch eingeräumt worden.

115

Die für die Mängelrechte des Werkvertragrechts geltenden Überlegungen sind daher auf die kaufrechtliche Komponente des Bauträgervertrags zu übertragen.

Die **Geltendmachung des kleinen Schadensersatzanspruchs oder der Minderung** erfordert indes unter dem Gesichtspunkt der Vermeidung inkongruenter Inanspruchnahmen des Bauträgers sowie mit Blick auf die Instandsetzungskompetenz der Wohnungseigentümergemeinschaft eine Gemeinschaftsbindung der Anspruchsgeltendmachung.

116

Fraglich ist in diesem Zusammenhang, ob der V. Senat des BGH von seiner ständigen **Rechtsprechung**, wonach sich der vom einzelnen Wohnungseigentümer geltend zu machenden Schadensersatzanspruch/Minderungsbetrag der Höhe nach **auf den Anteil des Wohnungseigentümers am Gemeinschaftseigentum** an Grund und Boden (Größe des Miteigentumsanteils) beschränkt, nicht abrücken muss[1].

117

Hier vertretener Auffassung nach widerspricht eine Anspruchsbegrenzung auf den Miteigentumsanteil der Mitgläubigerstellung des Erwerbers, da dieser die gesamte Leistung zu fordern berechtigt ist (vgl. Rz. 56 ff., Rz. 99).

6. Die Gestaltung der Rechtsverfolgung durch die Wohnungseigentümergemeinschaft

a) Grundsatz der mehrheitlichen Beschlussfassung

Gemäß § 21 Abs. 3, Abs. 5 Ziff. 2 WEG entscheidet die Eigentümerversammlung über Fragen der Instandsetzung und Instandhaltung des Gemeinschaftseigentums durch **Mehrheitsbeschluss**, sofern das WEG, die Gemeinschaftsordnung oder eine spätere Vereinbarung keine **abweichenden Regelungen** enthält[2].

118

Daran schließt sich die (Mehrheits-)**Beschlusskompetenz aus § 10 Abs. 6 S. 3 WEG** über die Ausübung gemeinschaftsbezogener bzw. vergemeinschaftbarer Ansprüche an[3].

---

1 BGH, Urt. v. 23. 6. 1989 – V ZR 40/88, BGHZ 108, 156 = NJW 1989, 2534 (2535).
2 BayObLG, Beschl. v. 24. 2. 2000 – 2 Z BR 173/99, ZWE 2000, 214 (215).
3 *Armbrüster*, ZWE 2006, 470 (472); *Elzer*, ZMR 2007, 469 (470).

b) Fragen der formellen Rechtmäßigkeit

119 Hinsichtlich der formellen Rechtmäßigkeit der zur Ausübung der o. g. Beschlusskompetenzen zu fassenden Beschlüsse stellen sich regelmäßig folgende Fragen:

aa) Teilnahme Dritter an der Versammlung

120 Soll über Fragen der Baumängelbeseitigung und Durchsetzung von Mängelansprüchen beschlossen werden, stellt sich regelmäßig die Frage, ob der mit der baufachlichen Seite der Angelegenheit zu betrauende/betraute **Bausachverständige/Ingenieur/Architekt** bzw. der mit der juristischen Seite der Angelegenheit zu betrauende/betraute **Rechtsanwalt** an der grundsätzlich nicht-öffentlichen Versammlung **teilnehmen** sollen und dürfen[1].

Praktisch gesehen besteht hieran regelmäßig ein erhebliches Interesse der Wohnungseigentümer. Gerade vor der Beschlussfassung über das „Ob und Wie" einer mit z. T. erheblichen finanziellen Aufwendungen für die Wohnungseigentümer verbundenen Anspruchsverfolgung und Mängelbeseitigung besteht erheblicher **baufachlicher und juristischer Beratungsbedarf**. Dieser ist sinnvoller weise in der Versammlung zu decken.

Dabei ist die Beiziehung von Sonderfachleuten zur Eigentümerversammlung, da diese die Gemeinschaftsinteressen wahrnehmen, auch **ohne vorherige Ankündigung** seitens der Verwaltung **zulässig**[2].

Dabei sollte der Verwalter aber die Anwesenheit zur Vermeidung von Irritationen ankündigen sowie einen nicht (isoliert) anfechtbaren Organisationsbeschluss der Eigentümerversammlung herbeiführen, um möglichen **Anfechtungsrisiken** zu begegnen[3].

bb) Stimmrechtsschranken

121 Insbesondere wenn der Gewährleistungspflichtige selbst Wohnungseigentümer ist, muss bei der Beschlussfassung über die Ausübung und Verfolgung von Gewährleistungsansprüchen die Möglichkeit eines **Stimmrechtsausschlusses** gem. § 25 Abs. 5 WEG oder einer **sonstigen Stimmrechtsbeschränkung** besonders beachtet werden.

Aus der **Natur des Beschlussgegenstands** ergibt sich, dass regelmäßig über die Vornahme eines auf die Verwaltung des gemeinschaftlichen Ei-

---

1 Bärmann/Pick/*Merle*, § 24 Rz. 64 m. w. N.
2 BayObLG, Beschl. v. 19. 2. 2004 – 2 Z BR 212/03, NZM 2004, 388 = NJW-RR 2004, 1312; *Drasdo*, NJW-Spezial 2005, 193 (194).
3 *Müller*, Praktische Fragen des Wohnungseigentums, Rz. 764.

gentums bezogenen Rechtsgeschäfts mit dem gewährleistungspflichtigen Wohnungseigentümer und/oder über die Einleitung eines Rechtsstreits gegen diesen beschlossen werden soll (§ 25 Abs. 5 Alt. 1 und § 25 Abs. 5 Alt. 2 WEG). Typisch für diese Konstellation ist der Fall, dass der Bauträger (noch) Mitglied der Wohnungseigentümergemeinschaft ist.

Von der **ersten Alternative des § 25 Abs. 5 WEG** werden auch einseitige Willenserklärungen und rechtsgeschäftsähnliche Handlungen erfasst, also gerade die im Falle der Beschlussfassung über die Ausübung von Mängelansprüchen in Rede stehende Erklärungen und Rechtshandlungen gegenüber dem Gewährleistungspflichtigen wie etwa Mangelbeseitigungsverlangen, Mahnungen, Fristsetzungen, etc.[1].

Der gewährleistungspflichtige Wohnungseigentümer (Bauträger) ist in diesen Fällen von der Ausübung seines Stimmrechts **ausgeschlossen**.

Der Stimmrechtsausschluss gilt dabei über den Ausübungsbeschluss selbst hinaus auch für mit diesem **in unmittelbarem Zusammenhang stehende Beschlussgegenstände**, unabhängig davon, ob diese Nebenbestandteil des Beschlusses selbst oder Gegenstand eines gesonderten Beschlusses sind.

Insbesondere hinsichtlich **Finanzierungsbeschlüssen** gilt, dass der gewährleistungspflichtige Wohnungseigentümer (Bauträger) die für die Anspruchsverfolgung anfallenden Kosten gem. § 16 Abs. 2 WEG anteilig mitzutragen hat[2].

Für den **Fall der beschlussweisen Ermächtigung** eines einzelnen Wohnungseigentümers, Mängelansprüche auszuüben und außergerichtlich bzw. gerichtlich zu verfolgen, kann allerdings ein Stimmrechtsausschluss gem. § 25 Abs. 5 Alt. 1 WEG für den betreffenden Wohnungseigentümer gegeben sein, sofern dadurch mit diesem ein auf die Verwaltung des gemeinschaftlichen Eigentums bezogenes Rechtsgeschäft vorgenommen wird. In diesen Fällen ist nach hiesiger Auffassung zu differenzieren.

Die Regelung des § 25 Abs. 5 Alt. 1 WEG soll unter dem Gesichtspunkt der Vermeidung von Interessenkollisionen lediglich eine von privaten Sonderinteressen des einzelnen Wohnungseigentümers unbeeinflusste sachgerechte Entscheidung der Wohnungseigentümerversammlung ermöglichen, weshalb unter den Begriff des Rechtsgeschäfts i. S. d. § 25 Abs. 5 Alt. 1 WEG nicht sog. mitgliedschaftliche Rechtsgeschäfte fallen[3].

---

1 Bärmann/Pick/*Merle*, § 25 Rz. 100.
2 BayObLG, Beschl. v. 31. 1. 1992 – BReg 2 Z 143/91, NJW 1993, 603; Bärmann/*Pick*, § 25 Rz. 37.
3 KG, Beschl. v. 22. 12. 1993 – 24 W 875/93, NJW-RR 1994, 855 (856); Bärmann/Pick/*Merle*, § 25 Rz. 101.

Wird somit ein einzelner Wohnungseigentümer ohne einen **über die Ermächtigung** selbst **hinausgehenden rechtsgeschäftlichen Inhalt** des Beschlusses zur Anspruchsdurchsetzung ermächtigt, so greift der Stimmrechtsausschluss des § 25 Abs. 5 Alt. 1 WEG nicht[1].

Zwar wird sicherlich ein Rechtsgeschäft im zivilrechtlichen Sinne mit dem betroffenen Wohnungseigentümer geschlossen, jedoch in diesem Falle eines, welches Sonderinteressen des Wohnungseigentümers nicht betrifft und zudem der Wahrnehmung mitgliedschaftlicher Interessen dient.

126 **Anders** sind die Fälle zu beurteilen, in denen der Beschluss einen weiteren, über die bloße Ermächtigung hinausgehenden rechtsgeschäftlichen Inhalt aufweist, so etwa bei der Beauftragung des Verwalters oder Rechtsanwalts, **der gleichzeitig Wohnungseigentümer** ist.

Mit Blick auf den Verwalter- bzw. Anwaltsvertrag kommt ein gesonderter Geschäftsbesorgungsvertrag zustande, der über die Wahrnehmung bloßer mitgliedschaftlicher Interessen hinausgeht und zu einem damit verbundenen privaten Sonderinteresse des betreffenden Wohnungseigentümers führt.

Dies führt zum **Stimmrechtsausschluss gem. § 25 Abs. 5 Alt. 1 WEG**[2].

127 Ist der Gewährleistungspflichtige (Bauträger) Mitglied der Wohnungseigentümergemeinschaft, so greift im Falle der Beschlussfassung über die Einleitung oder Erledigung eines Rechtsstreits mit ihm der **Stimmrechtsausschluss gem. § 25 Abs. 5 Alt. 2 WEG**.

Der Begriff des Rechtsstreits i. S. d. § 25 Abs. 5 Alt. 2 WEG ist dabei denkbar umfassend[3], darunter fällt insbesondere auch das gerichtliche selbständige Beweisverfahren[4]. Ebenso wie im Falle des § 25 Abs. 5 Alt. 1 WEG bezieht sich der Stimmrechtsausschluss auch auf die in unmittelbarem Zusammenhang mit einem Beschluss gem. § 25 Abs. 5 Alt. 2 WEG stehenden Nebenbeschlüsse[5].

Auch an Finanzierungsbeschlüsse ist der vom Stimmrecht ausgeschlossene Wohnungseigentümer gebunden[6].

---

1 KG, Beschl. v. 22. 12. 1993 – 24 W 875/93, NJW-RR 1994, 855 (856).
2 BayObLG, Beschl. v. 3. 11. 1994 – 2 Z BR 58/94, NJW-RR 1995, 395 (396); Bärmann/Pick/*Merle*, § 25 Rz. 111.
3 Bärmann/Pick/*Merle*, § 25 Rz. 116 und 118 m. w. N.
4 OLG Köln, Beschl. v. 10. 12. 1990 – 16 Wx 134/90, NJW-RR 1991, 850.
5 Bärmann/*Seuß*, Rz. B 194.
6 BayObLG, Beschl. v. 11. 4. 2001 – 2 Z BR 27/01, *Deckert*, Grp. 2, 4704; BayObLG, Beschl. v. 9. 10. 1997 – 2 Z BR 84/97, NJW-RR 1998, 231 (232) = NZM 1998, 161; BayObLG, Beschl. v. 31. 1. 1992 – BReg 2 Z 143/91, NJW 1993, 603.

Soll sich die Geltendmachung eines Anspruchs sowohl gegen einen Dritten, als auch gegen einen ebenfalls gewährleistungspflichtigen Wohnungseigentümer richten, so bleibt es beim Stimmrechtsausschluss des betroffenen Wohnungseigentümers gem. § 25 Abs. 5 Alt. 2 WEG auch dann, wenn nur die Inanspruchnahme des Dritten beschlossen wird[1]. 128

Ferner stellt sich beim Bauträgererwerb regelmäßig die Frage einer ausdehnenden (analogen) **Auslegung der Stimmrechtsausschlüsse** gem. § 25 Abs. 5 WEG. 129

Dies insbesondere dann, wenn der Bauträger zwar nicht selbst Wohnungseigentümer ist, jedoch aufgrund eines **besonderen persönlichen oder wirtschaftlichen Näheverhältnisses** eines Wohnungseigentümers zum Bauträger die Befürchtung einer **Interessenkollision** gehegt werden kann.

Nach h. M. und Praxis der Rechtsprechung normiert § 25 Abs. 5 WEG jedoch **keinen über die aufgezählten Tatbestände hinausgehenden allgemeinen Stimmrechtsausschluss** wegen möglicher Interessenkollision[2]. Für die **analoge Anwendung** des § 25 Abs. 5 WEG auf Wohnungseigentümer, deren persönliche (verwandtschaftliche) oder wirtschaftliche Nähe zum Bauträger einen Interessenkonflikt indiziert, ist daher **kein Raum**.

Eine den objektiven Interessen der Wohnungseigentümergemeinschaft grob widersprechende Beschlussfassung, die auf der ggfls. majorisierenden Stimmabgabe eines dem Bauträger nahestehenden Eigentümers beruht, kann jedoch wegen **rechtsmissbräuchlicher Stimmrechtsausübung** angefochten werden[3]. 130

Der Stimmrechtsausschluss des § 25 Abs. 5 WEG ist jedoch ausnahmsweise einschlägig, sofern das Stimmrecht des Wohnungseigentümers, der aufgrund seiner gesellschafts- und organrechtlichen Stellung als **mit dem Bauträger wirtschaftlich identisch** angesehen werden kann, betroffen ist[4]. 131

Übersicht[5]:

Betrifft die Beschlussfassung den Abschluss eines Rechtsgeschäfts mit dem Bauträger oder die Einleitung eines Rechtsstreits gegen diesen, so ist vom Stimmrecht ausgeschlossen:

---
1 BayObLG, Beschl. v. 9. 10. 1997 – 2 Z BR 84/97, NJW-RR 1998, 231 (232) = NZM 1998, 161; Bärmann/Pick/*Merle*, § 25 Rz. 116.
2 BayObLG, Beschl. v. 15. 10. 1992 – 2 Z BR 75/92, BayObLGZ 1992, 288 = NJW-RR 1193, 206 (207); Bärmann/Pick/*Merle*, § 25, Rz. 137 m. w. N.
3 BayObLG, Beschl. v. 2. 3. 2001 – 2 Z BR 88/00, ZWE 2001, 550 (551); Bärmann/Pick/*Merle*, § 25, Rz. 137 u. 158 – 161 m. w. N.
4 Bärmann/*Seuß*, § 25 Rz. 36 m. w. N.
5 Bärmann/Pick/*Merle*, § 25 Rz. 131.

– der Alleingesellschafter der Bauträger-GmbH,
– der Mehrheitsgesellschafter und Geschäftsführer der Bauträger-GmbH,
– der Geschäftsführer der Komplementär-GmbH der Bauträger-GmbH & Co. KG,
– der persönlich haftende Gesellschafter eines Bauträgers in der Form einer Personengesellschaft (oHG, KG, GbR).

Nicht vom Stimmrecht ausgeschlossen ist somit z.B. der Kommanditist der Bauträger-KG.

cc) Beschlussfähigkeit

132 Insbesondere beim Bauträgererwerb kann der Fall eintreten, dass die **Beschlussfähigkeit der Versammlung** aufgrund eines **Stimmrechtsverbots des Bauträgers** gem. § 25 Abs. 5 WEG zum betreffenden Beschlussgegenstand nicht hergestellt werden kann.

Nach h.M. und Rechtsprechung ist die Versammlung in diesen Falle gleichwohl entgegen § 25 Abs. 3 WEG als **beschlussfähig** anzusehen, da die ansonsten erforderliche Abhaltung einer Wiederholungsversammlung gem. § 25 Abs. 4 WEG als bloße Formalhandlung anzusehen ist[1].

c) Fragen der materiellen Rechtmäßigkeit

133 Bei der **Beschlussfassung über Fragen der Anspruchsgeltendmachung** muss sich die Wohnungseigentümergemeinschaft materiell-rechtlich im Rahmen der ihr zustehenden Beschlusskompetenz aus § 10 Abs. 6 S. 3 WEG i.V.m. § 21 Abs. 3, Abs. 5 Ziff. 2 WEG sowie im Rahmen der ordnungsgemäßen Verwaltung bewegen.

Vergleiche zum Inhalt und der Ausübung der Kompetenzen im Einzelnen die Ausführungen unter Rz. 17 ff.

aa) Anspruch auf Beschlussfassung

134 Auf eine Beschlussfassung zur **Instandhaltung und Instandsetzung des Gemeinschaftseigentums** richtet sich gem. § 21 Abs. 4 WEG ein individueller Rechtsanspruch eines jeden Wohnungseigentümers, der gegenüber den übrigen Wohnungseigentümern und dem Verwalter gegenüber gem. § 27 Abs. 1 Ziff. 2 WEG durchgesetzt werden kann[2].

Indes ist zu beachten, dass dies nur das **Innenverhältnis** der Gemeinschaft betrifft. Der auf das **Außenverhältnis** gerichtete Anspruch auf Her-

---

[1] BayObLG, Beschl. v. 15. 10. 1992 – 2 Z BR 75/92, BayObLGZ 1992, 288 = NJW-RR 1193, 206 (207).
[2] Bärmann/Pick/*Merle*, § 21 Rz. 76 u. 81 m.w.N.

beiführung eines Beschlusses besteht nur, wenn der einzelne Eigentümer nicht individuell zur Anspruchsausübung befugt ist[1].

Die Gemeinschaft entscheidet insoweit **nach pflichtgemäßem Ermessen**, ob und inwieweit sie ihre Ausübungskompetenz gebraucht, insbesondere darüber, welche konkreten Maßnahmen zur Anspruchsverfolgung und -geltendmachung eingeleitet werden[2]. 135

Dieses Handlungsermessen eröffnet der Gemeinschaft einen **weiten Ermessensspielraum**, der nur insoweit gerichtlich überprüfbar ist, als dass ein **Anspruch auf einen konkreten Beschlussinhalt** nur dann besteht, wenn das Ergreifen einer ganz bestimmten Maßnahme einzig den Grundsätzen ordnungsmäßiger Verwaltung entspricht[3].

Besteht nach entsprechend intensiv durchzuführender **Ermittlung** der sachlichen und rechtlichen Lage Anlass zu der begründeten Annahme, dass ein (weiteres) Vorgehen mit einem nicht unerheblichen Kosten- und **Prozessrisiko** (vor allem **Insolvenzrisiko** hinsichtlich des Anspruchsgegners) oder ohne hinreichende **Aussicht auf Erfolg** ist, entspricht auch ein Vergleichsschluss oder gar das Einstellen weiterer Bemühungen ordnungsmäßiger Verwaltung. 136

Besteht dabei die Möglichkeit, schlüssig erscheinende Ansprüche, gegebenenfalls auch unter Ausnutzung unverjährter Ansprüche von Nachzüglererwerbern (vgl. Rz. 49, 95 ff.), noch durchzusetzen, so widersprechen Beschlüsse, etwa über einen **Verzicht ohne Gegenleistung**, regelmäßig ordnungsmäßiger Verwaltung[4].

So kann auch der Beschluss, **erstrittene Beträge** an die einzelnen Eigentümer **auszukehren**, als Beschluss anzusehen sein, auf eine Instandsetzung des Gemeinschaftseigentums zu **verzichten**. Ein solcher Beschluss kann mangels Anfechtung und Bestandskraft erwachsen und führt dazu, dass der Anspruch aus § 21 Abs. 4 WEG erlischt[5].

Zur weiteren Fragen des Vergleichsschlusses mit dem Bauträger vgl. die Ausführungen zu Rz. 72 ff. 137

bb) Anspruch auf Mitwirkung des Einzelnen

Umstritten ist die Frage, ob die Gemeinschaft durch Beschluss den **einzelnen Wohnungseigentümer zur Durchsetzung** nur ihm (noch) indivi- 138

---
1 Niedenführ/Kümmel/Vandenhouten, Anh. § 21 Rz. 28.
2 OLG Jena, Beschl. v. 8. 9. 2006 – 9 W 225/06, ZMR 2006, 65 (66); Bärmann/Pick/Merle, § 21 Rz. 13 m.w.N.; Riecke/Schmid/Vogel, Anh. § 8 Rz. 57 m.w.N.
3 Wenzel, NJW 2007, 1905 (1907 f.).
4 KG, Beschl. v. 27. 8. 2007 – 24 W 88/07, ZMR 2008, 474; AG Dresden, Beschl. v. 10. 11. 2005 – 445 UR II 170/05 WEG, ZMR 2006, 480.
5 Niedenführ/Kümmel/Vandenhouten, Anh. § 21 Rz. 33 m.w.N.

dual-rechtlich zustehender Ansprüche gegenüber dem Bauträger in Ansehung des Gemeinschaftseigentums **zwingen** kann[1].

Dies ist aus o. g. Gründen nach hier vertretener Meinung trotz Anerkennung der Rechtsfigur der teilrechtsfähigen Wohnungseigentümergemeinschaft i. V. m. der ausdrücklichen Kompetenzzuweisung gem. § 10 Abs. 6 S. 3 WEG zu verneinen (vgl. Rz. 17 ff.).

d) Finanzierung beschlossener Maßnahmen

139 Zu einer ordnungsgemäßer Verwaltung entsprechenden Sicherung und Durchsetzung der Ansprüche gehört es auch, über die **Finanzierung der zu ergreifenden Maßnahmen** zu beschließen.

Dazu gehören Beschlüsse, die der Aufbringung der Kosten von Maßnahmen der Anspruchsverfolgung (Gutachter-, Gerichts- und Rechtsanwaltsgebühren sowie ggfls. anfallender Sonderhonorare des Verwalters) dienen, ebenso wie Beschlüsse, die die Finanzierung von Kosten der Mängelbeseitigung bzw. Restherstellung regeln.

Die anfallenden Kosten werden dem Umfang und der Höhe nach zunächst nur schätzungsweise zu ermitteln sein.

Zudem reichen im Regelfall die liquiden Mittel der Wohnungseigentümergemeinschaft nicht aus, die voraussichtlichen Kosten der Anspruchsverfolgung bzw. Restherstellung und Mängelbeseitigung abzudecken, da der konkrete Finanzierungsbedarf (besonders der Kosten der Sicherung und Anspruchsdurchsetzung) im laufenden Wirtschaftsjahr eintritt.

140 Daher wird regelmäßig im Wege der Beschlussfassung über die Erhebung einer oder mehrerer sog. **Sonderumlagen** der Finanzierungsbedarf der Wohnungseigentümergemeinschaft vorbehaltlich deren späterer Abrechnung im Rahmen der Jahresgesamt- und Einzelabrechnung zu decken sein. Bei entsprechender Planbarkeit (insbesondere der Kosten der späteren Mängelbeseitigung) sind **angemessene Einstellungen** in den **Wirtschaftsplan** vorzunehmen.

141 Die entstehenden **Kosten** sind solche **der ordnungsgemäßen Verwaltung des gemeinschaftlichen Eigentums**. Diese sind nach dem für Instandsetzungsmaßnahmen in der Gemeinschaftsordnung vereinbarten bzw. nach dem allgemeinen Kostenverteilungsschlüssel gem. § 16 Abs. 2 WEG anteilig von den Wohnungseigentümern zu tragen[2].

Ausnahmen in Ausübung der Beschlusskompetenz des § 16 Abs. 4 WEG sind zwar denkbar, dürften aber selten ordnungsmäßiger Verwaltung entsprechen dürften.

---

1 *Auktor*, NZM 2002, 239 m. w. N.
2 OLG Köln, Beschl. v. 21. 9. 2001 – 16 Wx 153/01, NZM 2002, 125 (126) m. w. N.; *Müller*, WE 1999, 168 (169) m. w. N.

Der **Gewährleistungspflichtige** (Bauträger) hat, soweit er noch Mitglied der Wohnungseigentümergemeinschaft ist, die für die Anspruchsverfolgung und Mangelbeseitigung bzw. Restherstellung anfallenden Kosten **anteilig mit zu tragen**[1]. 142

Selbst wenn von vornherein feststeht, dass der gewährleistungspflichtige Wohnungseigentümer aufgrund wirtschaftlicher Schwierigkeiten (Zahlungsunfähigkeit/Insolvenz des Bauträgers) den auf ihn entfallenden Kostenanteil nicht aufbringen kann, ist gleichwohl ein sämtliche Wohnungseigentümer gemäß dem vereinbarten Kostenverteilungsschlüssel oder nach § 16 Abs. 2 WEG anteilig zur Zahlung verpflichtender Finanzierungsbeschluss zu fassen[2].

Der Umstand, dass im Falle der voraussehbaren Zahlungsunfähigkeit des Gewährleistungspflichtigen der hierdurch entstehende Liquiditätsausfall im Wege eines zweiten Sonderumlagebeschlusses von den übrigen Wohnungseigentümern anteilig abgedeckt werden muss, entbindet die Wohnungseigentümergemeinschaft nicht davon, durch ordnungsgemäßen **Grundlagenbeschluss** die **anteiligen Zahlungspflichten** zunächst überhaupt erst einmal rechtlich entstehen zu lassen[3].

Zu beachten ist für den Fall einer späteren **gerichtlichen Auseinandersetzung** mit dem Erfüllungs- bzw. Gewährleistungspflichtigen, der auch Wohnungseigentümer ist, dass von diesem an die Wohnungseigentümergemeinschaft aufgrund entsprechender (Sonderumlagen-) Beschlussfassung bereits gezahlte Beträge zur Mangelbeseitigung von der **Klagesumme** abzuziehen sind. 143

Verfolgt ein Wohnungseigentümer in Ansehung des Gemeinschaftseigentums individuell **eigene Gewährleistungsansprüche**, so muss er die damit im Zusammenhang stehenden **Rechtsverfolgungskosten** auch dann alleine tragen, wenn die übrigen Wohnungseigentümer einen Vorteil von der Rechtsverfolgung haben[4]. 144

Anderes kann in diesem Fall für die Kosten der Einholung eines Sachverständigengutachtens gelten, welches für die Mängelbeseitigung am gemeinschaftlichen Eigentum eine **taugliche Grundlage** darstellt[5].

e) Mittelverwendung

Was die Beschlussfassung über die **Verwendung** der vom Bauträger gezahlten bzw. durch Finanzierungsbeschlüsse von den Wohnungseigentü- 145

---

1 BayObLG, Beschl. v. 31. 1. 1992 – BReg 2 Z 143/91, NJW 1993, 603; *Niedenführ/Kümmel/Vandenhouten*, Anh. § 21 Rz. 29.
2 BayObLG, Beschl. v. 24. 4. 2000 – 2 Z BR 173/99, ZWE 2000, 214 (215).
3 BGH, Urt. v. 21. 10. 1993 – III ZR 68/92, MDR 1994, 558 = NJW 1994, 2950.
4 LG Stuttgart, Urt. v. 18. 11. 1999 – 6 S 130/99, NZM 2000, 669.
5 LG Stuttgart, Urt. v. 18. 11. 1999 – 6 S 130/99, NZM 2000, 669.

mern **erhobenen Beträge** anbetrifft, ist zwischen Geldern, die für (noch) zu beseitigende Baumängel und solchen, die für nicht (mehr) zu beseitigende Mängel fließen, zu unterscheiden.

aa) Noch zu beseitigende Mängel

146 Beruht die Vereinnahmung eines Geldbetrags durch die Wohnungseigentümergemeinschaft oder durch einen Wohnungseigentümer als Kostenbeitrag darauf, dass die **Beseitigung eines behebbaren und noch bestehenden Baumangels am Gemeinschaftseigentum** beschlossen wurde, so unterliegen diese Mittel sowohl im Innen-, als auch im Außenverhältnis einer entsprechenden **Zweckbindung** und können anderen Verwendungszwecken rechtmäßig nicht zugeführt werden[1].

147 Zahlt der Bauträger indes im Wege des **Vergleichs** an die Wohnungseigentümergemeinschaft einen pauschalen Betrag zur Abgeltung der zur Mängelbeseitigung erforderlichen Aufwendungen, ist zwar eine **Zweckbindung im Außenverhältnis** mangels Pflicht zur Abrechnung konkreter Maßnahmen **nicht anzunehmen**, gleichwohl besteht die Zweckbindung im Innenverhältnis der Wohnungseigentümer als Folge der gemeinsam beschlossenen Verpflichtung, für eine Mangelbeseitigung zu sorgen.

148 Die **Zweckbindung** erhaltener Beträge lässt sich im Innenverhältnis der Wohnungseigentümergemeinschaft bei noch zu beseitigenden Mängeln nur dann **auflösen**, wenn eine konkrete Abrechnungsverpflichtung gegenüber dem Bauträger nicht besteht und durch erneuten Beschluss rechtmäßigerweise von der Mängelbeseitigung **Abstand genommen** wird[2].

bb) Nicht (mehr) zu beseitigende Mängel

149 Ist der **Baumangel nicht zu beseitigen** bzw. die Geltendmachung des Anspruchs auf **Minderung des Erwerbspreises** beschlossen, so unterliegen erlangte Beträge **keiner Zweckbindung** im Innen- und Außenverhältnis. Gegenüber dem Bauträger bleibt nichts abzurechnen.

Jeder Eigentümer hat gegenüber der Gemeinschaft einen Anspruch auf Auskehrung eines seinem Miteigentumsanteil entsprechenden Anteils am erlangten Minderungsbetrag zum Ausgleich des Minderwerts seines Anteils am Gemeinschaftseigentum[3].

---

1 *Niedenführ*/Kümmel/Vandenhouten, Anh. § 21 Rz. 33.
2 BayObLG, Beschl. v. 28. 6. 1989 – BReg 2 Z 57/89, NJW-RR 1989, 1165; *Müller*, WE 1999, 168 (174).
3 BGH, Urt. v. 20. 3. 1986 – VII ZR 81/85, NJW-RR 1986, 755 (756); BayObLG, Beschl. v. 28. 6. 1989 – BReg 2 Z 57/89, NJW-RR 1989, 1165.

Nach anderer Auffassung wird eine Orientierung am Miteigentumsanteil als nicht sachgerecht angesehen, da dieser die unterschiedlichen Erstehungspreise und den Wert des jeweiligen Wohnungseigentums nicht notwendigerweise ausdrückt. Angemessener sei eine Verteilung nach dem Verhältnis der Erwerbspreise[1].

Ein Einbehalt der Minderungsbeträge durch die Gemeinschaft kommt nur dann in Frage, wenn rechtmäßiger weise beschlossen wird, den Mangel am Gemeinschaftseigentum nun doch zu beheben oder durch andere Maßnahmen die Auswirkungen des Mangels abzuschwächen[2]. 150

Ist der **Mangel bereits beseitigt**, wenn eine Zahlung des Bauträgers erfolgt, sind die für die Mängelbeseitigungsarbeiten im Wege der Sonderumlage vorfinanzierten Kosten abzurechnen und an die Eigentümer anteilig auszukehren. Erfolgte die Vorfinanzierung über die liquiden Mittel oder die Instandhaltungsrücklage, verbleiben die Gelder der Gemeinschaft. 151

cc) Sonderproblem: Leistungsverweigerungsrechte/Aufrechnung

Der Erwerber ist grundsätzlich befugt, in Ansehung von Baumängeln Leistungsverweigerungsrechte auszuüben und mit Vorschuss-, Schadensersatz- und Minderungsansprüchen gegen einen Restzahlungsanspruch des Bauträgers **aufzurechnen** (vgl. Rz. 71). 152

Da es sich hierbei um einen aus dem Bauträgervertrag folgenden Individualanspruch handelt, kann die Gemeinschaft es dem einzelnen Eigentümer nicht verwehren, vorrangig mit Ansprüchen in Ansehung des Sondereigentums **Leistungsverweigerungsrechte** auszuüben bzw. gegenüber dem Zahlungsanspruch des Bauträgers aufzurechnen[3].

Die durch die Geltendmachung von Leistungsverweigerungsrechten bzw. durch Aufrechnung in Ansehung von Mängeln am Gemeinschaftseigentum **ersparten Beträge** sind von dem einzelnen Wohnungseigentümer der Wohnungseigentümergemeinschaft indes zur Mangelbehebung **zur Verfügung zu stellen**[4]. 153

Dadurch wird die Gemeinschaft und der einzelne Erwerber so gestellt, als wäre regelgerecht erfüllt worden[5].

Demgegenüber kann der einzelne Eigentümer keine Erstattungsansprüche gegen die Gemeinschaft wegen eines gegen den (später insolventen) 154

---

1 *Wenzel*, ZWE 2006, 109 (118); *Riecke*/Schmid/*Vogel*, Anh. § 8 Rz. 48.
2 BGH, Urt. v. 15. 2. 1990 – VII ZR 269/88, NJW 1990, 1663 (1664).
3 OLG München, Beschl. v. 26. 4. 2006 – 34 Wx 168/05, ZMR 2006, 714; *Riecke*/Schmid/*Vogel*, Anh. § 8 Rz. 3.
4 KG, Beschl. v. 7. 1. 2004 – 24 W 210/02, NZM 2004, 303.
5 *Riecke*/Schmid/*Vogel*, Anh. § 8 Rz. 50.

Bauträger erfolgreich geführten Prozesses geltend machen, wenn die Gemeinschaft (wegen des Insolvenzrisikos) **von einer gemeinschaftlichen Anspruchsverfolgung Abstand** nahm[1].

III. Ansprüche aus nachträglichen Baumängeln

155 Seitdem die sog. zweite Jahrhundertentscheidung des BGH[2] und in deren Gefolge der Gesetzgeber die **(Teil-)Rechtsfähigkeit der Wohnungseigentümergemeinschaft** anerkannt hat, kommen die vorbesprochenen Probleme nur noch zum Tragen, wenn es um die erstmalige ordnungsgemäße Herstellung des Gemeinschaftseigentums mit Drittbezug, gerichtet auf das Verhältnis des Erwerbers von Wohnungseigentum und dem Bauträger, geht.

156 Soweit bei der Verwaltung des gemeinschaftlichen Eigentums (insbesondere bei der nachträglichen Instandhaltung und Instandsetzung gem. § 21 Abs. 3, Abs. 5 Ziff. 2 WEG) rechtsgeschäftlich Rechte und Pflichten auszuüben sind, handelt die Gemeinschaft der Wohnungseigentümer gem. § 10 Abs. 6 WEG als **Verband mit eigener Rechtspersönlichkeit**. Insbesondere dem gemeinschaftsfremden Dritten, also dem Werkunternehmer in Ansehung der Ausführung von Maßnahmen der Instandhaltung und Instandsetzung oder sonstigen baulichen Maßnahmen tritt somit die **Wohnungseigentümergemeinschaft als selbständige juristische Person** gegenüber[3].

Die aus den geschlossenen Verträgen resultierenden Rechte und Pflichten sind **Bestandteil des Verwaltungsvermögens** gem. § 10 Abs. 7 WEG[4].

IV. Verwalterpflichten

157 Ergibt sich die Notwendigkeit zur Verfolgung von Mängelrechten im Zusammenhang mit der erstmaligen ordnungsgemäßen Herstellung des Gemeinschaftseigentums bzw. sind Ansprüche wegen nachträglicher Werkverträge geltend zu machen, stellt sich die Frage, ob und in welchem Umfang der **Verwalter** zu **selbständiger Tätigkeit verpflichtet** ist bzw. inwieweit die Erwerber/Wohnungseigentümer selbst tätig werden müssen[5].

---

1 AG Flensburg, Beschl. v. 10. 3. 2005 – 69 II 37/04, ZMR 2005, 482.
2 BGH, Beschl. v. 2. 6. 2005 – V ZB 32/05, BGHZ 2006, 1156 = NJW 2005, 2061 = MDR 2005, 1156 = ZMR 2005, 547.
3 Jennißen/*Heinemann*, § 27 Rz. 95.
4 *Riecke*/Schmid/*Vogel*, Anh. § 8 Rz. 42.
5 *Bub*, WE 1999, 202 (205/206).

Verwalterpflichten   Rz. 161 **Teil 12**

Von praktischer Relevanz ist diese Frage immer dann, wenn die Durchsetzung von Mängelrechten erfolglos verlaufen oder nicht mehr möglich ist und der Verwalter wegen der **schuldhaften Verletzung einer Handlungspflicht** auf **Schadensersatz** in Anspruch genommen wird.

Zur vertieften Behandlung der Rechte und Pflichten des Verwalters bei der Instandhaltung und Instandsetzung des Objekts sei auf die Ausführungen unter Teil 9, „Instandhaltung und Instandsetzung", sowie Teil 12, „Verhältnis Wohnungseigentümer – Verwalter", verwiesen.

1. Begründung von Handlungspflichten des Verwalters

Zunächst ist zu prüfen, inwieweit der Verwaltervertrag besondere Rechte und Pflichten des Verwalters in Bezug auf die Verfolgung von Mängelrechten enthält; ansonsten gelten mangels besonderer Bestimmungen bzw. ergänzend die gesetzlichen Regelungen.   158

a) Verwaltervertragliche Handlungspflichten

Sind in den **Bestimmungen des Verwaltervertrags** explizite Pflichten des Verwalters zu eigenständigem Handeln namens und in Vollmacht der Wohnungseigentümer im Falle von Baumängeln vorgesehen, so ergeben sich die Handlungspflichten des Verwalters hieraus zwanglos.   159

b) Gesetzliche Handlungspflichten

Sind keine Pflichten ausdrücklich bestimmt, so lassen sich **Handlungspflichten des Verwalters** aus den **zwingend bzw. ergänzend geltenden Bestimmungen des WEG** herleiten.   160

aa) Handlungspflichten aus Notfallkompetenz

Gem. § 27 Abs. 1 Ziff. 3 WEG ist der Verwalter im **Innenverhältnis** berechtigt und verpflichtet, in **dringenden Fällen** Maßnahmen zur Instandhaltung und Instandsetzung des gemeinschaftlichen Eigentums zu treffen[1].   161

Im **Außenverhältnis** ist der Verwalter gem. § 27 Abs. 2 Ziff. 2 WEG berechtigt, namens und in Vollmacht sämtlicher Wohnungseigentümer alle Maßnahmen zu treffen, die zur **Abwendung eines rechtlichen Nachteils** oder zur **Wahrung einer Frist** erforderlich sind[2]. Entsprechendes gilt für die rechtsfähige Wohnungseigentümergemeinschaft gem. § 27 Abs. 3 Ziff. 2 WEG.

---
1 OLG Hamm, Beschl. v. 17. 12. 1996 – 15 W 212/96, NJW-RR 1997, 908 (909).
2 Weitnauer/*Lüke*, § 27 Rz. 7.

Ist demnach die Erhaltung des Gemeinschaftseigentums wegen eines Baumangels im Falle des Nichthandelns des Verwalters **konkret gefährdet** bzw. droht **Rechtsverlust** (Eintritt der Erlasswirkungen rügeloser Abnahme und Zahlung, Eintritt der Verjährung, etc.), so ist der Verwalter zu eigenständigem Handeln auch im Außenverhältnis verpflichtet, solange und soweit der Gefährdungstatbestand konkret besteht[1].

bb) Allgemeine Handlungspflichten

162 Ergibt sich eine konkrete Handlungspflicht weder aus Vertrag noch Gesetz, so kann streitig sein, ob und in welchem Umfang die **allgemeinen gesetzlichen Handlungspflichten** den Verwalter zu selbständigem Tätigwerden anhalten[2].

Die h. M. und Rechtsprechung vertritt die Auffassung, dass wegen einer **primären Verantwortlichkeit der Wohnungseigentümer** zur Instandhaltung und Instandsetzung des Gemeinschaftseigentums gem.

§ 21 Abs. 1, Abs. 5 Ziff. 2 WEG die vorrangige Zuständigkeit zur Geltendmachung von Ansprüchen im Zusammenhang mit Baumängeln bei der Gemeinschaft der Wohnungseigentümer liegt[3].

Allerdings ergeben sich nach h. M. und Rechtsprechung aus den allgemeinen Verwalterpflichten des § 27 WEG **vorbereitende bzw. unterstützende Handlungspflichten** (Managementaufgaben)[4].

Nach hier vertretener Auffassung ist zwischen der Geltendmachung von Ansprüchen aus anfänglichen Baumängeln und der Verfolgung von Ansprüchen aus Verträgen zur **nachträglichen Instandhaltung und Instandsetzung** des Gemeinschaftseigentums zu unterscheiden[5].

2. Umfang der Verwalterpflichten

a) Anfängliche Baumängel

163 Liegen sog. **anfängliche Baumängel** vor, so obliegt dem Verwalter die Unterstützung der Eigentümer durch **Feststellung, Information und Organisation**[6].

---

1 Bärmann/*Seuß*, Rz. B 601.
2 Jennißen/*Heinemann*, § 27 Rz. 25.
3 OLG Hamm, Beschl. v. 17. 12. 1996 – 15 W 212/96, NJW-RR 1997, 908 (909); Bärmann/Pick/*Merle*, § 27 Rz. 44 m. w. N.; *Niedenführ*/Kümmel/Vandenhouten, § 27 Rz. 15.
4 Deckert/*Elzer*, Grp. 3, Rz. 569.
5 KG, Beschl. v. 30. 11. 1992 – 24 W 1188/92, NJW-RR 1993, 404 (405).
6 Deckert/*Elzer*, Grp. 3, Rz. 568; Jennißen/*Heinemann*, § 27 Rz. 1 m. w. N.

aa) Feststellungspflichten

Der Verwalter hat selbständig für die **Feststellung** sämtlicher relevanter tatsächlicher und rechtlicher Umstände zu sorgen, die für die Geltendmachung von Restherstellungs- und Mängelansprüchen von Bedeutung sind[1].

164

Der Verwalter ist dabei verpflichtet, sämtliche zugänglichen Informationsquellen im Rahmen des Zumutbaren auszuwerten.

Bei der Übernahme des neu errichteten (Bauträger-)Objekts sind die über die **rechtlichen und technischen Verhältnisse** am Objekt Auskunft gebenden Unterlagen zu beschaffen und auszuwerten, insbesondere was die Ausgestaltung der Herstellungs- und Gewährleistungsansprüche der Erwerber betrifft. Beginn und Lauf von **Verjährungsfristen** ist zu vermerken und zu kontrollieren[2].

Dies betrifft insbesondere Bauträgerverträge (evtl. exemplarisch) nebst Baubeschreibung und Plänen, Teilungserklärung nebst Gemeinschaftsordnung, Abnahmeprotokolle und Aufzeichnungen über frühere Mängelrügen sowie Baupläne und weitere technische Unterlagen.

Der Verwaltungsbeirat bzw. die Erwerber sind um entsprechende Auskünfte zu bitten. Hinweisen von Erwerbern oder Dritten auf etwaige Baumängel ist nachzugehen. Eigene **Kontrollbegehungen** sind durchzuführen.

bb) Informationspflichten

Über relevante Feststellungen sind sämtliche Erwerber rechtzeitig **aufzuklären**[3].

165

cc) Organisationspflichten

Ist nach pflichtgemäßem Ermessen die Entscheidung der Erwerber bzw. Wohnungseigentümer über die Durchsetzung von Ansprüchen oder Einleitung sonstiger Maßnahmen erforderlich, hat der Verwalter rechtzeitig durch **Einberufung einer Eigentümerversammlung** mit sachdienlicher Tagesordnung auf die **Entscheidung der Eigentümer über die weitere Vorgehensweise** hinzuwirken[4].

166

---

1 OLG Düsseldorf, Beschl. v. 29. 9. 2006 – 3 Wx 281/05, NJW 2007, 161.
2 BayObLG, Beschl. v. 17. 10. 2002 – 2 Z BR 82/02, NJW-RR 2003, 78; *Bub*, WE 1999, 202 (204) m.w.N.
3 BGH, Urt. v. 20. 11. 1997 – III ZR 310/95, NJW 1998, 680 (681).
4 BayObLG, Beschl. v. 18. 9. 2002 – 2 Z BR 62/02, NZM 2002, 957 (958).

b) Nachträgliche Baumängel

167 Im Falle der Verfolgung von Ansprüchen aus Verträgen, die der rechtsfähige Verband der Wohnungseigentümer zur Instandhaltung und Instandsetzung abschließt, trifft den Verwalter bei der Abwicklung die **Nebenpflicht zur Prüfung der Fälligkeitsvoraussetzungen**[1].

Hieraus folgt für den Fall des Werkvertrags eine kaufmännische Überwachungspflicht, nämlich die Prüfung der Werkleistung auf Abnahmefähigkeit und die Erklärung der **Abnahme**[2]. Damit einher geht dann notwendigerweise die Befugnis zur **Mängelrüge**, Aufforderung zur **Mängelbeseitigung**, **Fristsetzung** und Geltendmachung von **Leistungsverweigerungsrechten**, da es anderenfalls dem Verwalter ohne Abhaltung einer Eigentümerversammlung nicht möglich wäre, z.B. trotz erkannten (teilweisen) Nichtvorliegens von Fälligkeitsvoraussetzungen die daraus resultierenden Rechts auszuüben[3].

3. Haftung des Verwalters

168 Denkbar ist eine deliktische **Schadensersatz- und Schmerzensgeldhaftung** des Verwalters im Falle schuldhafter Verletzung der Rechtsgüter der §§ 823 ff. BGB aufgrund der Vernachlässigung der o.g. Pflichten. Auf Schadensersatz bzw. Schmerzensgeld (§ 253 Abs. 2 BGB n.F.) haftet der Verwalters jedoch regelmäßig **vertraglich** gem. §§ 675, 666 BGB analog[4].

Dies gilt auch für **Schäden am Sondereigentum**, die einzelnen Eigentümern im Zusammenhang mit Pflichtverletzungen des Verwalters bei der Beseitigung von Mängeln am Gemeinschaftseigentum entstehen[5].

169 Zu berücksichtigen ist in solchen Fällen regelmäßig, dass die **schuldhafte Verletzung** einer dem Verwalter obliegenden Pflicht nicht notwendigerweise zur Schadensersatzhaftung überhaupt bzw. in der gewünschten Höhe führt.

Vielfältige **Einwendungen des Verwalters**, die insbesondere auf der grundsätzlichen eigenverantwortlichen Wahrnehmung der Instandhaltungs- und Instandsetzungspflichten durch die Eigentümer selbst beruhen, sind denkbar.

---

1 KG, Beschl. v. 30. 11. 1992 – 24 W 1188/92, NJW-RR 1993, 404 (405).
2 OLG Köln, Beschl. v. 6. 3. 2001 – 1 W 8009/00, NZM 2001, 470.
3 Bärmann/Pick/*Merle*, § 27 Rz. 51.
4 BGH, Urt. v. 20. 11. 1997 – III ZR 310/95, NJW 1998, 680 (681); OLG Hamm, Beschl. v. 17. 12. 1996 – 15 W 212/96, NJW-RR 1997, 908; Bärmann/*Seuß*, Rz. B 619; *Bub*, WE 1999, 202 (204).
5 BayObLG, Beschl. v. 29. 1. 1998 – 2 Z BR 53/97, NJW-RR 1999, 305 (306); BayObLG, Beschl. v. 7. 5. 1992 – 2 Z BR 12/92, WE 1993, 278.

a) Reduktion des Pflichtenumfangs

Maßstab der Pflicht insbesondere zu eigener Informationsbeschaffung und –auswertung sind die **Kenntnisse und Fähigkeiten eines sorgfältigen Verwalters**, die insbesondere mit Blick auf bautechnische oder juristische Zusammenhänge nicht überspannt werden dürfen[1].

170

Werden die Möglichkeiten des Verwalters allerdings für diesen erkennbar überschritten, so hat der Verwalter auf die **Hinzuziehung geeigneter Fachleute** hinzuwirken[2].

171

Zieht der Verwalter Sonderfachleute heran, haftet er für den durch deren vorwerfbare Pflichtverletzungen hervorgerufenen Schaden nicht, da diese Dritten **keine Erfüllungsgehilfen** des Verwalters i. S. d. § 278 BGB sind[3].

b) Parallele Kenntnis der Wohnungseigentümer

Regelmäßig kann der in Anspruch genommene Verwalter einwenden, dass die ihm obliegenden Feststellungs- und Informationspflichten nicht bzw. nicht in vollem Umfang bestanden, da Wohnungseigentümer besondere bzw. **parallele Kenntnis** von den erheblichen Umständen hatten[4]. Richtigerweise ist zu verlangen, dass **sämtliche Wohnungseigentümer** entsprechende parallele Kenntnis hatten[5].

172

c) Einwand mangelnder Kausalität

Ferner ist gerade für den Bereich der Baubranche oftmals die mangelnde **Kausalität der Pflichtverletzung** des Verwalters für den eingetretenen Schaden einzuwenden.

173

So insbesondere dann, wenn infolge Vermögensverfalls der Erfüllungs- bzw. Gewährleistungspflichtigen auch im Falle gehöriger Erfüllung der Verwalterpflichten mangels Realisierbarkeit der Ansprüche ein Schaden ebenso eingetreten wäre.

d) Mitverschuldenseinwand

Eine besondere Rolle spielt der Einwand des (erheblichen) Mitverschuldens der Wohnungseigentümer, da es in der Praxis leider nur allzu oft zu

174

---

1 OLG Zweibrücken, Beschl. v. 14. 6. 1991 – 3 W 203/90, NJW-RR 1991, 1301; Bärmann/*Seuß*, Rz. B 599, 607 – 608; Drasdo/Müller/Riesenberger/*Bielefeld*, FS Deckert, 17 (24).
2 Bärmann/*Seuß*, Rz. B 610; Deckert/*Deckert*, Grp. 4, Rz. 1381.
3 OLG Düsseldorf, Beschl. v. 29. 6. 1998 – 3 Wx 190/98, Deckert, Grp. 4, Rz. 294.
4 OLG Hamm, Beschl. v. 17. 12. 1996 – 15 W 212/96, NJW-RR 1997, 908 (909); Weitnauer/*Lüke*, § 27 Rz. 6.
5 BayObLG, Beschl. v. 1. 2. 2001 – 2 Z BR 122/00, NJW-RR 2001, 731 (732); Bärmann/Pick/*Merle*, § 27 Rz. 50 m.w. N.

beobachten ist, dass Erwerber/Wohnungseigentümer die **Entscheidung über die Durchsetzung von Ansprüchen ungebührlich verzögern** oder keine bzw. keine sinnvollen Maßnahmen beschließen, obgleich der Verwalter die erforderlichen Feststellungen gemacht, rechtzeitig informiert und auf eine sachgerechte Beschlussfassung hingewirkt hatte[1].

4. Der Bauträgerverwalter

175 Der mit dem **Bauträger identische oder verflochtene Verwalter** geht bei der vorwerfbaren Vernachlässigung der oben beschriebenen Pflichten ein besonderes **Haftungsrisiko** ein.

Soweit es um Feststellungs- und Informationspflichten geht, wird in aller Regel positive Kenntnis hinsichtlich sämtlicher relevanten Umstände anzunehmen sein. An die Erfüllung der Feststellungs-, Informations- sowie Organisationspflichten sind daher in solchen Fällen besonders **strenge Anforderungen** zu stellen[2].

---

[1] OLG Düsseldorf, Beschl. v. 27. 5. 2002 – 3 Wx 148/01, ZWE 2002, 537 (540).
[2] *Gottschalg*, NZM 2002, 841 (844); *Müller*, ZWE 2002, 391 (395).

Teil 13
Die Haftungsverfassung der Gemeinschaft

	Rz.		Rz.
I. Die BGH-Entscheidung vom 2. 6. 2005		5. Auswirkungen der BGH-Entscheidung auf Dritte (Gläubiger der Gemeinschaft der Wohnungseigentümer)	6
1. Grundlegende Aussagen der BGH-Entscheidung vom 2. 6. 2005	2	**II. Die gesetzliche Neuregelung**	
2. Auswirkungen der BGH-Entscheidung auf den Verwalter	3	1. Der Eingriff des Gesetzgebers	7
		2. Das Ergebnis der gesetzlichen Neuregelung	8
3. Auswirkungen der BGH-Entscheidung auf die Wohnungseigentümergemeinschaft	4	**III. Gegenüberstellung BGH-Entscheidung/Neue Regelung im WEG**	15
4. Auswirkungen der BGH-Entscheidung auf den einzelnen Wohnungseigentümer	5	**IV. Rechtsprechung zur Teilrechtsfähigkeit und Haftung**	18

Innerhalb einer kurzen Zeitspanne, nämlich innerhalb von ca. zwei Jahren, hat sich die Haftungsverfassung[1] der Eigentümergemeinschaften zwei Mal geändert. 1

Die erste gravierende Änderung erfuhren die Haftungsbeziehungen von Wohnungseigentümergemeinschaften zu Dritten mit der Entscheidung des BGH vom 2. 6. 2005[2]. Der BGH hat in dieser Entscheidung die Teilrechtsfähigkeit festgestellt – fast möchte ich sagen „entdeckt" – und damit gleichzeitig grundlegende Aussagen zur Haftung der Gemeinschaft verbunden. Die zweite Änderung nahm – veranlasst durch die Entscheidung des BGH – der Gesetzgeber mit seiner Novellierung des Wohnungseigentumsgesetzes zum 1. 7. 2007 vor.

I. Die BGH-Entscheidung vom 2.6.2005

1. Grundlegende Aussagen der BGH-Entscheidung vom 2.6.2005

Um die Entwicklung nachvollziehen zu können, muss man sich als anwaltlicher Vertreter mit den wesentlichen Inhalten der Teilrechtsfähig- 2

---

1 Umfassend wird die Haftungsverfassung in der Monografie von *Fauser*, Die Haftungsverfassung der Wohnungseigentümergemeinschaft nach dem neuen WEG, Berlin 2007, dargestellt.
2 BGH, Beschl. v. 2. 6. 2005 – V ZB 32/05, BGHZ 163, 154 = NJW 2005, 2061 = ZMR 2005, 547 = WuM 2005, 530.

keitsentscheidung des BGH beschäftigen. Zusammengefasst ergeben sich folgende **grundlegenden Aussagen** des BGH[1]:

- Die Wohnungseigentümergemeinschaft ist teilrechtsfähig.
- Die Teilrechtsfähigkeit schließt die ergänzende Anwendung der §§ 741 BGB (Vorschriften über die Bruchteilsgemeinschaft) nicht aus.
- Die Wohnungseigentümergemeinschaft verfügt über eine eigene „Satzung", die Gemeinschaftsordnung, die die Rechte und Pflichten der Wohnungseigentümer untereinander inhaltlich gestalten kann. Das geht über die Bruchteilsgemeinschaft hinaus und nähert die Eigentümergemeinschaft dem Verein an.
- Die Eigentümergemeinschaft handelt nach typischen Merkmalen eines rechtsfähigen Verbandes, wie bei Mehrheitsbeschlüssen (§ 25 Abs. 1 WEG), an die die überstimmten oder nicht anwesenden Wohnungseigentümer gebunden sind.
- Es gibt in §§ 24[2], 25 WEG detaillierte Vorgaben über Stimmrechte, Beschlussfähigkeit und Beschlussprotokollierung, was eine Parallele zum Beschlussrecht bei Körperschaften aufzeigt.
- Die Eigentümergemeinschaft hat eigene Organe, nämlich die Wohnungseigentümerversammlung, den Verwalter und (fakultativ) den Beirat.
- Der Verwalter ist **Fremdorganschafter**, da er nicht aus den Reihen der Wohnungseigentümer kommen muss; damit wird die Eigentümergemeinschaft der juristischen Person angenähert.
- Die Eigentümergemeinschaft ist von dem jeweiligen Mitgliederbestand unabhängig und unauflöslich, was über die Bruchteilsgemeinschaft hinausgeht (diese kann aus wichtigem Grunde aufgelöst werden, § 749 Abs. 2 Satz 1 BGB – für die WEG gilt dies **nicht**).
- Die Entstehungsgeschichte des Wohnungseigentumsgesetzes spricht für die Anerkennung einer Teilrechtsfähigkeit.
- Nur die Teilrechtsfähigkeit kann die wesentlichen und praxisrelevanten Rechtsprobleme lösen,
  - wie das **Schicksal** gemeinschaftlicher Forderungen bei **Eigentümerwechsel** (Träger des Vermögens einschließlich der gemeinschaftlichen Forderung und Verbindlichkeiten ist unabhängig von einem Eigentümerwechsel der Verband, also die Eigentümergemeinschaft),
  - wie bei der **Durchsetzung** gemeinschaftlicher Forderungen (bei der Bruchteilsgemeinschaft kann jeder Gemeinschafter alleine die Leistung an alle fordern; bei der Eigentümergemeinschaft musste auch

---

[1] BGH, Beschl. v. 2. 6. 2005 – V ZB 32/05, BGHZ 163, 154 = NJW 2005, 2061 = ZMR 2005, 547 = WuM 2005, 530.
[2] Gemeint ist hier die alte Fassung des WEG.

schon vor der Entscheidung des BGH ein Wohnungseigentümer eine Ermächtigung der Gemeinschaft haben, wenn der Eigentümergemeinschaft die Entscheidungskompetenz über die Rechtsverfolgung zustand); <u>durch</u> die Teilrechtsfähigkeit ist die Eigentümergemeinschaft als Verband selbst Forderungsinhaber[1],

- wie bei der **Parteibezeichnung** (bei einer Teilrechtsfähigkeit der Eigentümergemeinschaft kann diese als Verband klagen oder verklagt werden, ohne dass es auf den aktuellen Mitgliederbestand ankommt, wenn es um Forderungen und Verbindlichkeiten geht, die das Verwaltungsvermögen betreffen),
- wie das **Haftungssystem** (wegen der Teilrechtsfähigkeit haftet der Verband in seiner jeweiligen Zusammensetzung mit seinem Verwaltungsvermögen; eine akzessorische gesamtschuldnerische Haftung der einzelnen Wohnungseigentümer entsteht nur dann, wenn sie sich <u>neben</u> dem Verband auch persönlich verpflichtet haben),
- wie bei der Eintragung einer **Zwangssicherungshypothek** (der Verband kann eingetragen werden).
- Ein Vergleich mit anderen Rechtsgebieten spricht für die Teilrechtsfähigkeit der Gemeinschaft:
  - Im Steuerrecht kann sie **Steuersubjekt** sein[2].
  - Die **Gründe** für eine **Teilrechtsfähigkeit** der GbR gelten erst recht für die Eigentümergemeinschaft, weil diese (anders als die GbR) über ein „**Refinanzierungssystem**" verfügt (die Eigentümergemeinschaft ist aber nicht als besondere Form der GbR anzusehen; sie lässt sich auch keinem anderen Typ von Körperschaften zuordnen – sie ist ein Verband „**sui generis**"!)

2. Auswirkungen der BGH-Entscheidung auf den Verwalter

- Der Verwalter kann nur den **Verband verpflichten**, nicht die einzelnen Wohnungseigentümer. 3
- Das **Rubrum** bei Hausgeldanträgen lautet „WEG ... Straße, vertreten durch den Verwalter" (Der BGH nimmt also an, dass der Verwalter hier Vertreter der WEG ist)[3].

---

1 Vgl. *Elzer*, Anm. zu OLG München v. 13. 7. 2005, ZMR 2005, 730.
2 Vgl. auch *Kahlen*, Die Wohnungseigentümergemeinschaft als Unternehmer, ZMR 2005, 685.
3 Vgl. *Elzer*, Anm. zu OLG München v. 13. 7. 2005, ZMR 2005, 730.

3. Auswirkungen der BGH-Entscheidung auf die Wohnungseigentümergemeinschaft

- Die Teilrechtsfähigkeit ist nicht von der **Größe der Eigentümergemeinschaft** abhängig.

- Das **Gemeinschaftseigentum** steht nicht als **Haftungsmasse** zur Verfügung.

- Die Rechtsfähigkeit ist nur **auf Teilbereiche** beschränkt, nämlich dort, wo die Eigentümergemeinschaft im Rahmen der Verwaltung des gemeinschaftlichen Eigentums **als Gemeinschaft** am **Rechtsverkehr** teilnimmt (das sind Rechtsgeschäfte und Rechtshandlungen im Außenverhältnis sowie bei der Verfolgung gemeinschaftlicher Beitrags- oder Schadensersatzansprüche gegen einzelne Wohnungseigentümer im Innenverhältnis).

- **Antragsteller** im Hausgeldverfahren ist der Verband[1]

4. Auswirkungen der BGH-Entscheidung auf den einzelnen Wohnungseigentümer

- Für die **Verbindlichkeiten des Verbandes haftet** der Wohnungseigentümer **persönlich nur neben** und gesamtschuldnerisch **mit** dem Verband, wenn er sich hierzu ausdrücklich verpflichtet hat. Eine **Beschlussfassung der Eigentümerversammlung** reicht hier nicht, weil diese **keine Beschlusskompetenz** für die Schaffung persönlicher Leistungspflichten eines Wohnungseigentümers hat.

- Das **Sondereigentum** steht nicht als **Haftungsmasse** zur Verfügung.

- Die Anfechtung von Beschlüssen bleibt Angelegenheit der einzelnen Wohnungseigentümer (der Anfechtungsantrag richtet sich gegen die übrigen Wohnungseigentümer).

5. Auswirkungen der BGH-Entscheidung auf Dritte (Gläubiger der Gemeinschaft der Wohnungseigentümer)[2]

- Ein „*mit den Wohnungseigentümern*" abgeschlossener Vertrag ist in der Regel **mit dem Verband** abgeschlossen, auch wenn er nicht „*die Eigentümergemeinschaft*" als Vertragspartner benennt.

---

[1] Vgl. *Elzer*, Anm. zu OLG München v. 13. 7. 2005, ZMR 2005, 730; vgl. auch *Abramenko*, Zu den praktischen Auswirkungen der neuen Rechtsprechung zur Teilrechtsfähigkeit, ZMR 2005, 749.

[2] Vgl. *Kreuzer*, Der verstorbene WE-Verband, ZMR 2006, 15.

– Eine **Klage** ist **gegen** den **Verband** (die Eigentümergemeinschaft) zu richten, ohne dass es auf die jeweilige Zusammensetzung der Gemeinschaft ankommt.

– Gläubiger der Eigentümergemeinschaft können zugreifen auf das Verwaltungsvermögen (nämlich auch auf Ansprüche der Eigentümergemeinschaft gegen die Wohnungseigentümer und Dritte [z. B. Banken, bei denen Konten geführt werden]).

– Bei von Dritten **titulierten Forderungen** kann gepfändet werden

– in die Konten der Gemeinschaft bei Banken.

– in Ansprüche der Gemeinschaft auf Zahlungen von Hausgeldern, Sonderumlagen pp. gegenüber den einzelnen Wohnungseigentümern.

– in Ansprüche auf Schadensersatz, die der **Verband** gegenüber den Miteigentümern wegen verspäteten Beschlusses über einen Wirtschaftsplan hat.

– Es kann eine **Durchgriffshaftung** auf die (dann gesamtschuldnerisch haftenden) Wohnungseigentümer in Betracht kommen, wenn der Verband unzureichend finanziell ausgestattet wurde.

II. Die gesetzliche Neuregelung

1. Der Eingriff des Gesetzgebers

Der Gesetzgeber hat in der Novelle des Wohnungseigentumsgesetzes die Rechtsprechung des BGH[1] zur **Teilrechtsfähigkeit** und zur **Haftungsverfassung** zum Anlass für Änderungen in den Absätzen 6, 7 und 8 des § 10 WEG genommen. Die genannten Absätze lauten auszugsweise:

(6) ¹Die Gemeinschaft der Wohnungseigentümer kann im Rahmen der gesamten Verwaltung des gemeinschaftlichen Eigentums gegenüber Dritten und Wohnungseigentümern selbst Rechte erwerben und Pflichten eingehen. ²Sie ist Inhaberin der als Gemeinschaft gesetzlich begründeten und rechtsgeschäftlich erworbenen Rechte und Pflichten. ³... .. ⁵Sie kann vor Gericht klagen und verklagt werden.

(7) ¹Das Verwaltungsvermögen gehört der Gemeinschaft der Wohnungseigentümer. ²Es besteht aus den im Rahmen der gesamten Verwaltung des gemeinschaftlichen Eigentums gesetzlich begründeten und rechtsgeschäftlich erworbenen Sachen und Rechten sowie den entstandenen Verbindlichkeiten. ...

(8) ¹Jeder Wohnungseigentümer haftet einem Gläubiger nach dem Verhältnis seines Miteigentumsanteils (§ 16 Abs. 1 Satz 2) für Verbindlichkeiten der Gemein-

---

1 BGH, Beschl. v. 2. 6. 2005 – V ZB 32/05, BGHZ 163, 154 = NJW 2005, 2061 = ZMR 2005, 547 = WuM 2005, 530.

schaft der Wohnungseigentümer, die während seiner Zugehörigkeit zur Gemeinschaft entstanden oder während dieses Zeitraums fällig geworden sind; für die Haftung nach Veräußerung des Wohnungseigentums ist § 160 des Handelsgesetzbuches entsprechend anzuwenden. ²Er kann gegenüber einem Gläubiger neben den in seiner Person begründeten auch die der Gemeinschaft zustehenden Einwendungen und Einreden geltend machen, nicht aber seine Einwendungen und Einreden gegenüber der Gemeinschaft. ³Für die Einrede der Anfechtbarkeit und Aufrechenbarkeit ist § 770 des Bürgerlichen Gesetzbuches entsprechend anzuwenden. ⁴Die Haftung eines Wohnungseigentümers gegenüber der Gemeinschaft wegen nicht ordnungsmäßiger Verwaltung bestimmt sich nach Satz 1.

Wolf-Rüdiger Bub hatte in seiner Stellungnahme[1] zur Anhörung im Rechtausschuss des Deutschen Bundestages die vom Gesetzgeber beabsichtigte neue Haftungsverfassung des § 10 Abs. 8 WEG scharf abgelehnt. Die Einführung einer Teilschuld sei eine auf das Wohnungseigentum beschränkte Neuschöpfung des Gesetzgebers. Sie stehe im Widerspruch zu dem gesellschaftsrechtlichen Grundsatz, dass die akzessorische persönliche Haftung der Gesellschafter zwingende Folge der Anerkennung der Rechtsfähigkeit der Gesellschaft ist, soweit es sich nicht um eine juristische Person handelt. Er plädierte für eine zu normierende gesamtschuldnerische, aber subsidiäre Haftung. Diesem Appell ist der Gesetzgeber nicht gefolgt.

In der Gesetzesbegründung zum neuen § 10 Abs. 8 WEG wird darauf hingewiesen[2], dass bis zur Entscheidung des BGH vom 2. 6. 2005 **die Wohnungseigentümer** selbst Vertragspartei gewesen sind, wenn sie im Rahmen der Verwaltung mit Dritten Verträge geschlossen haben. Es verpflichteten sich also mehrere gemeinschaftlich, so dass die Wohnungseigentümer nach der Auslegungsregel des § 427 BGB im Zweifel **gesamtschuldnerisch** für die in ihrem Namen begründeten Verwaltungsschulden hafteten[3]. Das war ständige Rechtsprechung[4]. Der einzelne Wohnungseigentümer konnte nicht geltend machen, der Gläubiger habe vor einem Zugriff auf sein Vermögen zunächst das Verwaltungsvermögen in Anspruch zu nehmen. Eine Einrede der Vorausklage konnte nicht erhoben werden. Anders war die Rechtslage bei den so genannte **Aufbauschulden**[5].

---
1 Protokoll der 23. Sitzung des Rechtsausschusses des Deutschen Bundestages v. 18. 9. 2006, S. 89 ff.
2 Begründung der Bundesregierung BT-Drs. 16/887, 63 ff.
3 BGH, Urt. v. 21. 10. 1976 – VII ZR 193/75, BGHZ 67, 232 = MDR 1977, 217 = NJW 1977, 44 = ZMR 1978, 253; BGH, Urt. v. 12. 5. 1977 – VII ZR 167/76, MDR 1977, 924 = NJW 1977, 1686; BGH, Urt. v. 18. 6. 1979 – VII ZR 187/78, BGHZ 75, 26 = MDR 1979, 1014 = NJW 1979, 2101.
4 Vgl. *Briesemeister* in Weitnauer, WEG, 9. Aufl., § 1 Rz. 26 m. w. N.
5 Vgl. hierzu BGH, Urt. v. 29. 9. 1959 – VIII ZR 105/58, MDR 1959, 1007 = NJW 1959, 2160; BGH, Urt. v. 18. 6. 1979 – VII ZR 187/78, BGHZ 75, 26 = MDR 1979, 1014 = NJW 1979, 2101; BGH, Urt. v. 21. 1. 2002 – II ZR 2/00, BGHZ 150, 1 = MDR 2002, 766 = BGHR 2002, 637 = ZMR 2002, 604 = NJW 2002, 1642; vgl. auch

Die gesetzliche Neuregelung   Rz. 7 **Teil 13**

Durch die Entscheidung des BGH vom 2. 6. 2005 änderte sich zwar nicht die (theoretische) Rechtslage, weil der BGH nur feststellte, was **auch bisher** dem Recht entsprochen hat, aber die Gesetzesauslegung nahm eine scharfe Wendung. Nunmehr tritt die **Gemeinschaft** als Vertragspartner eines Dritten auf. Sie haftet nach den Ausführungen des BGH mit dem Verwaltungsvermögen; eine **akzessorische gesamtschuldnerische Haftung** der einzelnen Wohnungseigentümer kommt mangels einer entsprechenden **gesetzlichen** Regelung nur in Betracht, wenn sie sich neben der Gemeinschaft klar und eindeutig auch persönlich verpflichtet haben. Hier sah der Gesetzgeber die Notwendigkeit einer gesetzlichen Neuregelung.

Die Rechtsprechung des BGH zur Haftung der Wohnungseigentümer stellt, so die Bundesregierung in ihrer Gesetzesbegründung, einen **Gläubiger der Gemeinschaft** vor hohe und nahezu unüberwindbare **praktische Hindernisse** bei der Durchsetzung seiner Forderung, weshalb sie zum Teil heftig kritisiert und nahezu einhellig abgelehnt worden sei[6]. Die Hürden für Gläubiger, um ihre Ansprüche effektiv durchzusetzen, seien so zahlreich[7], dass einerseits dem Vertragspartner der Gemeinschaft die Möglichkeit eingeräumt werden müsse, wegen Verbindlichkeiten der Gemeinschaft auch **unmittelbar** gegen die Wohnungseigentümer vorzugehen, ohne dass diese Einwendungen und Einreden aus dem Verhältnis zwischen den Wohnungseigentümern und der Gemeinschaft erheben können. Nach der Rechtsprechung des BGH wäre das weiter möglich gewesen. Andererseits sollte der Anspruch des Vertragspartners der Ge-

---

Briesemeister in Weitnauer, WEG, 9. Aufl., nach § 3 Rz. 20; *Häublein*, Die rechtsfähige Wohnungseigentümergemeinschaft – Vorzüge eines Paradigmenwechsels – dargestellt am Beispiel der Haftung für Verwaltungsschulden, FS Wenzel, S. 175 (178 ff.); *Armbrüster*, Rechtsfähigkeit und Haftungsverfassung der Wohnungseigentümergemeinschaft, ZWE 2005, 369 (379); vgl. zur früheren Rechtslage bei Verwaltungsmaßnahmen, die eine grundlegende Sanierung des Gemeinschaftseigentums betreffen: OLG Köln, Urt. v. 6. 3. 2002 – 17 U 100/00, NZM 2002, 625; *Armbrüster*, Rechtsfähigkeit und Haftungsverfassung der Wohnungseigentümergemeinschaft, ZWE 2005, 369 (379); *Rau*, Vertragsabschlüsse/Auftragsvergabe durch den Verwalter, AnwHdB, 1. Aufl., Teil 10.

6 Vgl. *Armbrüster*, ZWE 2005, 369 (372 und 375 ff.); *Bork*, Wider die Rechtsfähigkeit der Wohnungseigentümergemeinschaft – eine resignierende Polemik, ZIP 2005, 1205 (1207 ff.); *Demharter*, Der Beschluss des BGH zur Teilrechtsfähigkeit der Gemeinschaft der Wohnungseigentümer, ZWE 2005, 357 (359); *Götting*, Vertragspartner WEG – Ende mit Schrecken oder ein Schrecken ohne Ende, ZfIR 2005, 623; *Hügel*, Die Teilrechtsfähigkeit der Wohnungseigentümergemeinschaft und ihre Folgen für die notarielle Praxis, DNotZ 2005, 753; *Lüke*, Zur Frage der Teilrechtsfähigkeit der Wohnungseigentümergemeinschaft, ZfIR 2005, 516; *Maroldt*, Die rechtsfähige Gemeinschaft der Wohnungseigentümer – ein Paradigmenwechsel im Wohnungseigentumsrecht, ZWE 2005, 361 (363); *Rapp*, Wohnungseigentümergemeinschaft oder Verein der Wohnungseigentümer, MittBayNot 2005, 449.

7 Vgl. im Einzelnen *Köhler*, Das neue WEG, Köln 2007, Rz. 126 ff.

meinschaft in seinem Umfang begrenzt werden, um auch die Interessen der Mitglieder der Gemeinschaft zu schützen. Die Bundesregierung bezog sich – ob zu Recht oder zu Unrecht, mag dahinstehen – bei ihren Überlegungen auf Forderungen aus der Praxis und der Wissenschaft[1]. Der Rechtsausschusses des Deutschen Bundestags ergänzte diese Überlegungen mit dem Hinweis darauf, dass die neue gesetzliche Haftungsregelung angezeigt sei, weil die vom BGH geregelte Haftung der Wohnungseigentümer für Verwaltungsschulden die Kreditfähigkeit der Gemeinschaft schwäche und den Schutz ihrer Gläubiger zu stark einschränke[2].

2. Das Ergebnis der gesetzlichen Neuregelung[3]

8 Durch die Gesetzesformulierung beschränkt sich die Haftung des einzelnen Wohnungseigentümers auf den **Anteil**, den dieser am Gemeinschaftseigentum hat[4]. Dieser Anteil ergibt sich aus den Miteigentumsanteilen, die in der Teilungserklärung festgeschrieben und im Grundbuch (dort Bestandsverzeichnis) eingetragen worden sind. Die **gesetzliche Haftung im Außenverhältnis** korrespondiert mit der gesetzlichen Regelung im **Innenverhältnis** gemäß § 16 WEG. Im Innenverhältnis haftet der einzelne Wohnungseigentümer gemäß seinem Miteigentumsanteil. Das allerdings auch nur theoretisch; fallen nämlich Hausgelder aus, weil einzelne Wohnungeigentümer zahlungsunfähig werden oder zahlungsunwillig sind, müssen diese Ausfälle von den übrigen Miteigentümern selbstverständlich mit getragen werden (vgl. hierzu die Ausführungen im Teil 5, Rz. 24 f., 70).

Für die neue gesetzliche **Haftungsbegrenzung** zog der Gesetzgeber einen Vergleich mit der Haftung der Mitglieder einer Bauherrengemeinschaft heran, bei der für die **Aufbauschulden** der künftigen Wohnungseigentümer bisher schon eine **Teilschuld** nach dem Verhältnis des Miteigentumsanteils angenommen wurde[5].

---

1 Vgl. *Armbrüster*, ZWE 2005, 369 (379); *Häublein*, ZMR 2005, 557; 2006, 1 (4 f.); *Hügel*, DNotZ 2005, 753 (767); *Kreuzer*, ZMR 2006, 15 (18).
2 BT-Drs. 16/3843, S. 46 f.
3 Vgl. hierzu auch *Armbrüster*, Die Rechtsfähigkeit der Eigentümergemeinschaft, GE 2007, 420.
4 Vgl. auch *Grziwotz*, Zur Höhe des Haftungsanteils des Erwerbers im Verhältnis zur Wohnungseigentümergemeinschaft, BGHReport 2007, 597.
5 Vgl. hierzu BGH, Urt. v. 29. 9. 1959 – VIII ZR 105/58, MDR 1959, 1007 = NJW 1959, 2160; BGH, Urt. v. 18. 6. 1979 – VII ZR 187/78, BGHZ 75, 26 = MDR 1979, 1014 = NJW 1979, 2101; BGH, Urt. v. 21. 1. 2002 – II ZR 2/00, BGHZ 150, 1 = MDR 2002, 766 = BGHR 2002, 637 = ZMR 2002, 604 = NJW 2002, 1642; vgl. auch *Briesemeister* in Weitnauer, WEG, 9. Aufl., nach § 3 Rz. 20; *Häublein*, Die rechtsfähige Wohnungseigentümergemeinschaft – Vorzüge eines Paradigmenwechsels – dargestellt am Beispiel der Haftung für Verwaltungsschulden, FS Wenzel, S. 175 (178 ff.); *Armbrüster*, Rechtsfähigkeit und Haftungsverfassung der

Die gesetzliche Neuregelung

Die **teilschuldnerische Außenhaftung** soll nach dem Willen des Gesetzgebers die Durchsetzung der Forderung von Dritten im Vergleich zu dem Haftungskonzept des BGH erheblich erleichtern. Tatsächlich besteht diese Außenhaftung ohne Rücksicht auf das Innenverhältnis zwischen Gemeinschaft und Wohnungseigentümern, vermeidet also die Einwendungsmöglichkeiten, die aus dem Innenverhältnis der Gemeinschaft herrühren.

Die **Außenhaftung** der Wohnungseigentümer ist im Verhältnis zur Gemeinschaft **nicht subsidiär** ausgestaltet. Damit soll, wie der Gesetzgeber meint, eine zeit- und kostenaufwändige vorrangige Klage gegen die Gemeinschaft entbehrlich werden. Diese Begründung ist allerdings verfehlt oder zumindest zu kurz gedacht, weil der Gläubiger bei der Inanspruchnahme der einzelnen Eigentümer (auf deren jeweiligen Anteil) sehr viel mehr Kosten aufwenden muss und für ihn jedenfalls mehrfache Kostenrisiken entstehen, als wenn nur eine Klage gegen die Gemeinschaft oder gegen einen Gesamtschuldner – nach der Rechtslage **vor** der BGH-Entscheidung – erhoben wird.

Durch die **Anordnung der Außenhaftung** in § 10 Abs. 8 WEG wollte der Gesetzgeber einem Werkunternehmer nicht das Sicherungsmittel der **Bauhandwerkerhypothek** (§ 648 BGB) entziehen[1]. Nach § 648 BGB kann der Unternehmer die Einräumung einer Sicherungshypothek an dem Baugrundstück „des Bestellers" verlangen. Damit ist eine rechtliche Identität von Eigentümer und Besteller gefordert; eine Übereinstimmung nach wirtschaftlicher Betrachtungsweise genügt nicht. Problematisch ist diese Identität, weil nunmehr Besteller der Verband (die Eigentümer**gemeinschaft**) ist, die Wohnungseigentümer aber die Grundstückseigentümer. Diese Zweifel will die Gesetzesbegründung durch einen Hinweis auf Rechtsprechung des BGH entkräften. Nach dieser Rechtsprechung müsse sich der Eigentümer eines Grundstücks von einem Unternehmer im Bereich der dinglichen Haftung gemäß § 242 BGB wie ein Besteller behandeln lassen, wenn „die Wirklichkeit des Lebens und die Macht der Tatsachen" es gebieten, so der BGH in einem Fall aus dem Gesellschaftsrecht[2]. In dieser Entscheidung hatte der BGH darauf abgestellt, ob der Eigentümer den Besteller (nämlich die Gesellschaft) „wirtschaftlich und

---

Wohnungseigentümergemeinschaft, ZWE 2005, 369 (379); vgl. zur früheren Rechtslage bei Verwaltungsmaßnahmen, die eine grundlegende Sanierung des Gemeinschaftseigentums betreffen: OLG Köln, Urt. v. 6. 3. 2002 – 17 U 100/00, NZM 2002, 625; *Armbrüster*, Rechtsfähigkeit und Haftungsverfassung der Wohnungseigentümergemeinschaft, ZWE 2005, 369 (379); *Rau*, Vertragsabschlüsse/Auftragsvergabe durch den Verwalter, AnwHdB, 1. Aufl., Teil 10.
1 Vgl. hierzu auch *Demharter*, Der Beschluss des BGH zur Teilrechtsfähigkeit der Gemeinschaft der Wohnungseigentümer, ZWE 2005, 357 (358).
2 BGH, Urt. v. 22. 10. 1987 – VII ZR 12/87, BGHZ 102, 95 (102) = MDR 1988, 220 = NJW 1988, 255 = NJW-RR 1988, 266.

rechtlich ganz überwiegend beherrscht" und ob der Eigentümer die „Nutzungs- und Ausnutzungsmöglichkeit" des Grundstücks innehat und von dieser Möglichkeit auch tatsächlich Gebrauch macht[1].

Dieser Argumentation wird man nicht viel entgegenhalten können. Die Wohnungseigentümer entscheiden – zwar mehrheitlich, aber mit Bindung für alle Eigentümer – über die Vergabe von im Rahmen ordnungsmäßiger Verwaltung liegenden Bauhandwerkerleistungen und damit auch über den Abschluss eines Bauhandwerkervertrages. Den Wohnungseigentümern kann demnach eine wirtschaftlich und rechtlich beherrschende Stellung gegenüber dem Verband nicht abgesprochen werden. Die Wohnungseigentümer werden sich also im Bereich der dinglichen Haftung im Hinblick auf Treu und Glauben, § 242 BGB, wie Besteller behandeln lassen müssen.

Vergleicht man die jetzige anteilige Außenhaftung der Wohnungseigentümer mit den Meinungen zu den **Aufbauschulden** einer Bauherrengemeinschaft[2], kann, wie auch dort, der Anspruch auf Einräumung der **Sicherungshypothek** aus Verbandsschulden nur in Höhe des jeweiligen **Mithaftungsanteils** bestehen. Das bedeutet allerdings auch eine erhebliche Belastung des Gläubigers, der eine Vielzahl von Eintragungen – nämlich im Grundbuch aller Eigentümer, gegen die er einen Titel erlangt hat – bewirken und hierfür Kosten aufwenden muss.

11 In § 10 Abs. 8 Satz 1 WEG ist eine Beschränkung der Haftung auf die **Zeit der Zugehörigkeit** eines Wohnungseigentümers zur Gemeinschaft vorgesehen[3]. Damit soll erreicht werden, dass die Verbindlichkeiten von den Wohnungseigentümern erfüllt werden, denen die entsprechenden Leistungen zugute kommen. Diese Argumentation des Gesetzgebers ist zwar nicht stichhaltig, weil die Leistungen keineswegs den ausgeschiedenen Wohnungseigentümern „zugute kommen" müssen (z. B., wenn die Leistung nur kurz vor der Eigentumsumschreibung erfolgte). Richtiger wäre, hier auf die **Verantwortlichkeit** des ausgeschiedenen Eigentümers abzustellen. Wenn die Beschlussfassung über die Maßnahme und die Vergabe des Auftrags während der Eigentumszeit eines Eigentümers erfolgten, ist er hierfür auch verantwortlich. Er hat es in der Hand, gegen die Maßnahme und die Auftragsvergabe zu votieren oder den entsprechenden Beschluss gerichtlich anzugreifen.

12 **§ 10 Abs. 8 Sätze 2 und 3 WEG** legt fest, welche **Einwendungen** und **Einreden** der in Anspruch genommene Wohnungseigentümer geltend ma-

---

[1] Vgl. auch OLG Frankfurt/Main, Urt. v. 25. 5. 2000 – 16 U 103/98, BauR 2001, 129, das noch weiter geht.
[2] Vgl. etwa Staudinger/*Peters*, Rz. 24; *Voit* in Bamberger/Roth, Rz. 13, jeweils zu § 648 BGB.
[3] Vgl. hierzu auch *Drasdo*, Nachhaftung ausgeschiedener Eigentümer nach WEG-Novelle, NJW-Spezial 2008, 129.

chen kann. Hier wird klargestellt, dass es dem einzelnen Wohnungseigentümer nicht möglich ist, seine Einwendungen und Einreden, die er gegenüber der Gemeinschaft hat, auch gegenüber dem Gläubiger geltend zu machen. Der Gläubiger wird also nicht mit Fragen aus dem Innenverhältnis zwischen Wohnungseigentümer und Gemeinschaft belastet. Das System der Einwendungen und Einreden ist dem Vorbild der Bürgenhaftung nachgebildet.

§ 10 Abs. 8 Satz 4 soll schließlich noch den **Gleichlauf der Haftung** der Wohnungseigentümer gegenüber der Gemeinschaft mit der gegenüber Gläubigern der Gemeinschaft regeln. In beiden Fällen sollen die Wohnungseigentümer zur Begrenzung ihres finanziellen Risikos nur anteilmäßig bei Verstößen gegen die **Grundsätze ordnungsmäßiger Verwaltung** haften. Ohne die Regelung des Satzes 4 wäre es, wie der BGH angedeutet hat, grundsätzlich möglich, dass ein Gläubiger der Gemeinschaft jeden Wohnungseigentümer auf Zahlung der gesamten Schuld, also nicht nur anteilmäßig, in Anspruch nehmen könnte, und zwar aus einem gepfändeten **Anspruch** der Gemeinschaft **auf Schadensersatz** gemäß §§ 280 Abs. 1, 281 BGB. Jeden Wohnungseigentümer trifft nach Ansicht des BGH die Pflicht, der Gemeinschaft durch entsprechende Beschlussfassung die finanzielle Grundlage zur Begleichung der laufenden Verpflichtungen zu verschaffen[1]. Verstößt er gegen diese Pflicht, etwa dadurch, dass er nicht auf einen Beschluss über ausreichende finanzielle Mittel der Gemeinschaft hinwirkt, haftet jeder Wohnungseigentümer nach der Entscheidung des BGH vom 2. 6. 2005[2] für entsprechende Schäden grundsätzlich als Gesamtschuldner. Ein solches Ergebnis widerspricht den Intentionen des Gesetzgebers, weshalb das Gesetz eine **Risikobegrenzung** enthält. Diese Beschränkung kann aber nicht verhindern, dass die zahlungsfähigen und zahlungswilligen Eigentümer von der Gemeinschaft auf Ausfälle bei den Lasten und Kosten in Anspruch genommen werden. Wie schon oben dargestellt, müssen die übrigen Eigentümer die Ausfälle von zahlungsunfähigen oder zahlungsunwilligen Miteigentümern im Innenverhältnis mit finanzieren.

Für die Zwangsvollstreckung gegen die einzelnen Wohnungseigentümer ist immer ein gegen sie gerichteter Titel erforderlich. Ein Titel **gegen die Gemeinschaft genügt nicht**. Dies ist vergleichbar mit einer Vollstreckung gegen eine OHG; auch dort reicht ein Schuldtitel gegen die OHG für eine Vollstreckung gegen die Gesellschafter nicht aus (§ 129 Abs. 4 HGB).

---

1 Vgl. *Wenzel*, ZWE 2006, 2 (7).
2 Vgl. dort unter III.9.d).

III. Gegenüberstellung BGH-Entscheidung/Neue Regelung im WEG

15 Während der Gesetzgeber bei den **grundlegenden Aussagen** über die Teilrechtsfähigkeit der Eigentümergemeinschaft die Positionen des BGH übernommen hat, trifft das für die **Haftungsverfassung** der Gemeinschaft nicht zu. Hier hat der Gesetzgeber Änderungen vorgenommen.

„Grundsätze":

16	BGH, Beschl. v. 2. 6. 2005 – V ZB 32/05	Neues WEG
		§ 10 Abs. 6:
	Der „Verband" ist Träger des Vermögens einschließlich der gemeinschaftlichen Forderungen und Verbindlichkeiten.	Der „Verband" kann im Rahmen der gesamten Verwaltung gegenüber Dritten und Wohnungseigentümern selbst Rechte erwerben und Pflichten eingehen.
	Das ist unabhängig von einem Eigentümerwechsel.	Der „Verband" ist Inhaber der erworbenen Rechte und Pflichten.
	Wegen der Teilrechtsfähigkeit der WEG kann diese als Verband klagen oder verklagt werden.	Der „Verband" kann vor Gericht klagen und verklagt werden.
		§ 10 Abs. 7:
	Es kommt nicht auf den aktuellen Mitgliederbestand an, wenn es um Forderungen und Verbindlichkeiten geht, die das Verwaltungsvermögen betreffen.	Das Verwaltungsvermögen gehört dem „Verband"

„Haftungsverfassung"[1]:

17	BGH, Beschl. v. 2. 6. 2005 – V ZB 32/05	Neues WEG
	Der „Verband" haftet mit seinem Verwaltungsvermögen.	Der „Verband" haftet mit seinem Verwaltungsvermögen.
	Das Gemeinschaftseigentum und das Sondereigentum ist keine Haftungsmasse.	

---

[1] Vgl. auch *Briesemeister*, Das Haftungssystem der Wohnungseigentümergemeinschaft nach der WEG-Reform, NZM 2007, 225; *Derleder/Fauser*, Die Haftungsverfassung der Wohnungseigentümergemeinschaft nach neuem Recht, ZWE 2007, 2.

BGH, Beschl. v. 2. 6. 2005 – V ZB 32/05

Eine gesamtschuldnerische Haftung der einzelnen Wohnungseigentümer tritt nur ein, wenn sich der Wohnungseigentümer **neben** dem Verband persönlich verpflichtet hat. Eventuell tritt eine (gesamtschuldnerische) Durchgriffshaftung auf die Wohnungseigentümer ein, wenn der Verband unzureichend ausgestattet wurde.

Der Verwalter kann nur den Verband verpflichten, nicht die einzelnen Wohnungseigentümer.

Die Insolvenzfähigkeit hat der BGH nicht erwähnt.

Neues WEG

§ 10 Abs. 8:
Die Wohnungseigentümer haften gegenüber einem Verbandsgläubiger jeweils nach ihren Miteigentumsanteilen.

Die Verbindlichkeiten müssen während der Zugehörigkeit der Eigentümer zur Gemeinschaft entstanden/fällig geworden sein.

Die Haftung des Wohnungseigentümers nach Veräußerung seines Wohnungseigentums bestimmt sich entsprechend § 160 HGB (also im Grundsatz 5 Jahre).

Der Wohnungseigentümer kann gegenüber dem Gläubiger Einwendungen und Einreden geltend machen, die dem Verband zustehen und hat Leistungsverweigerungsrechte (§ 770 BGB: Anfechtbarkeit/Aufrechenbarkeit).

§ 11 Abs. 3:
Kein Insolvenzverfahren über das Verwaltungsvermögen.

IV. Rechtsprechung zur Teilrechtsfähigkeit und Haftung

Die Rechtsprechung zur Teilrechtsfähigkeit und zur Haftung der Wohnungseigentümer bzw. des Verbandes ist noch ungefestigt, wie die folgenden Beispiele zeigen. Soweit von mir keine Bemerkung zu den einzelnen Entscheidungen angefügt worden ist, bedeutet dies selbstverständlich nicht, dass ich die Position des Gerichts teile.

KG, Urt. v. 12. 2. 2008 – 27 U 36/07[1]:
Seit der Entscheidung des BGH vom 2. 6. 2005 kann eine gesamtschuldnerische vertragliche Außenhaftung einzelner Wohnungseigentümer für bezogene Leistungen (hier: Wasserversorgung und Wasserentsorgung über ein gemeinschaftliches Leitungsnetz) und aufgrund des zum

---
1 KG, Urt. v. 12. 2. 2008 – 27 U 36/07, MietRB 2008, 141 = KGR Berlin 2008, 489 = ZMR 2008, 557 = ZWE 2008, 234.

1. 7. 2007 geänderten Wohnungseigentumsgesetzes grundsätzlich nicht mehr angenommen werden. Die Regelung in § 10 Abs. 8 WEG über eine Außenhaftung der Wohnungseigentümer nach dem Verhältnis ihrer Miteigentumsanteil ist auch auf vor dem 1. 7. 2007 begründete Verbindlichkeiten der Eigentümergemeinschaft anzuwenden.

Demgegenüber aber KG, Urt. v. 7. 11. 2007 – 11 U 16/07[1]:

Nach der Auffassung dieses KG-Senats war zwischen der Klägerin (Versorgungsunternehmen) und allen **Wohnungseigentümern** der Wohnungseigentümergemeinschaft zu denen die Beklagten auch bereits in den maßgebenden Zeiträumen gehört haben, **durch** die Entnahme von Frischwasser und Inanspruchnahme der Schmutzwasser- und Entsorgungsleistungen auf dem Grundstück ein Versorgungsvertrag konkludent zustande gekommen. Aufgrund dessen hafteten die Beklagten nach Ansicht des Senats als Gesamtschuldner. Der erkennende Senat schloss sich der Auffassung des 22. Zivilsenats des Kammergerichts[2] und des 7. Zivilsenats des Kammergerichts[3] an.

OLG München, Beschl. v. 15. 1. 2008 – 32 Wx 129/07[4]:

Ansprüche auf Aufwendungsersatz aus Notgeschäftsführung oder berechtigter Geschäftsführung ohne Auftrag richten sich gegen den **Verband** der Wohnungseigentümer. Dem Geschäftsführer steht nicht das Recht zu, seine Aufwendungen direkt bei den Miteigentümern anteilmäßig einzufordern.

OLG Brandenburg, Beschl. v. 27. 11. 2007 – 13 Wx 9/07[5]:

Die Gemeinschaft der Wohnungseigentümer ist rechtsfähig, soweit sie bei der Verwaltung des gemeinschaftlichen Eigentums am Rechtsverkehr teilnimmt. Die Konsequenz dieser Teilrechtsfähigkeit ist die Partei- und Beteiligungsfähigkeit der Wohnungseigentümergemeinschaft hinsichtlich der das Verwaltungsvermögen betreffenden Forderungen, zu denen auch Wohngeldzahlungen zählen, weil die Wohnungseigentümer im Rahmen der Verwaltung des gemeinschaftlichen Eigentums am Rechts-

---

1 KG, Urt. v. 7. 11. 2007 – 11 U 16/07, KGR Berlin 2008, 180 = NJW-RR 2008, 966 = WuM 2008, 51 (nur LS).
2 KG, Urt. v. 8. 2. 2007 – 22 U 79/06, GE 2007, 1484.
3 KG, Urt. v. 29. 9. 2006 – 7 U 251/05, KGR Berlin 2007, 46 = ZMR 2007, 67 = NJW-RR 2007, 232; vgl. auch KG, Urt. v. 23. 9. 2005 – 7 U 70/05, KGR Berlin 2007, 1 = ZMR 2007, 136.
4 OLG München Beschl. v. 15. 1. 2008 – 32 Wx 129/07, MietRB 2008, 143 = WuM 2008, 110.
5 OLG Brandenburg, Beschl. v. 27. 11. 2007 – 13 Wx 9/07, ZMR 2008, 386 = MietRB 2008, 174 m. Anm. *Köhler*.

verkehr teilnehmen (Bezug auf BGH vom 2. 6. 2005 sowie OLG Frankfurt[1]).

OLG Hamm, Beschl. v. 8. 10. 2007 – 15 W 385/06[2]:
Ein Wohnungseigentümer, der Beträge für die Bezahlung von Rechnungen an die Gemeinschaft verauslagt hat, hat Ansprüche auf Aufwendungsersatz. Diese richten sich gegen die rechtsfähige Gemeinschaft der Wohnungseigentümer (Verband). Das beruht darauf, dass es sich um Kosten handelt, die die Verwaltung des gemeinschaftlichen Eigentums betreffen. Soweit die Rechtsprechung früher die Auffassung vertreten hat, Ansprüche aus Geschäftsführung könnten gegen eine nach Verauslagung veränderte (also aus anderen Eigentümern zusammengesetze) Eigentümergemeinschaft nicht geltend gemacht werden, ist diese Rechtsprechung überholt. Die Änderung der Rechtsprechung bei der Teilrechtsfähigkeit oder die Übernahme der Teilrechtsfähigkeit in das neue WEG haben keinen Einfluss auf die Verjährung.

VG Stuttgart, Urt. v. 20. 6. 2007 – 2 K 3733/07[3]:
Abfallgebühren dürfen grundstücksbezogen geregelt werden. Gleichzeitig dürfen auch die Grundstückseigentümer und die Wohnungseigentümer als Gebührenschuldner bestimmt werden. Aus der Grundstücksbezogenheit der Abfallentsorgung ergibt sich, dass nicht das Wohnungseigentum in seiner Ausprägung als Sondereigentum an einer Wohnung, sondern der Miteigentumsanteil des Wohnungseigentümers am gemeinschaftlichen Eigentum am Grundstück betroffen ist. Das hat nach dem Gebührenrecht die Konsequenz, dass für das Grundstück nur eine einzige Gebühr entsteht; hierfür hafteten die Wohnungseigentümer allerdings gesamtschuldnerisch. Wenn die Gebührensatzung keine ausdrückliche Anordnung der gesamtschuldnerischen Haftung enthalte, ergibt sich diese aus dem einschlägigen Kommunalabgabengesetz in Verbindung mit § 44 AO.

Die Anerkennung der Teilrechtsfähigkeit der Wohnungseigentümergemeinschaft (vgl. BGH, Beschl. v. 2. 6. 2005 – V ZB 32/05) steht der gesamtschuldnerischen Haftung der Wohnungseigentümergemeinschaft nicht entgegen. Eine solche akzessorische gesamtschuldnerische Haftung neben dem teilrechtsfähigen Verband kommt nach dem Beschluss des BGH nur in Betracht bei Übernahme einer persönlichen Schuld oder **kraft Anordnung des Gesetzgebers**. Nach dem Regelungszusammenhang des KAG wird eine gesamtschuldnerische Haftung begründet. Das BVerwG

---
1 OLG Frankfurt/Main, Beschl. v. 30. 3. 2006 – 20 W 189/05, NJW-RR 2006, 1603 = NZM 2007, 367.
2 OLG Hamm, Beschl. v. 8. 10. 2007 – 15 W 385/06, OLGReport Hamm 2008, 135 = ZMR 2008, 228 = MietRB 2008, 111 f.
3 VG Stuttgart, Urt. v. 20. 6. 2007 – 2 K 3733/07, ZMR 2007, 738.

hat daher, nach Auffassung des VG, zu Recht entschieden, dass die Teilrechtssubjektivität der Wohnungseigentümergemeinschaft die Geltung einer im kommunalen Abgabenrecht statuierten gesamtschuldnerischen Haftung der Wohnungseigentümer für Grundbesitzabgaben nicht hindert[1]. Dies folgt auch daraus, dass die Bestimmung des § 16 Abs. 2 WEG, zu der die Entscheidung des BGH ergangen ist, bereits nach ihrem Wortlaut nicht den Fall der öffentlich-rechtlichen Gebührenschuldnerschaft, sondern lediglich die Verpflichtungen der Wohnungseigentümer im Innenverhältnis regelt[2].

Anmerkung: Es erscheint sehr zweifelhaft, dass diese Rechtsprechung nach der gesetzlichen Außenhaftungsbegrenzung in § 10 Abs. 8 WEG n. F. noch richtig sein kann. Hier wird die Gesetzgebungshoheit des Bundes und der Vorrang des bundesrechtlichen Wohnungseigentumsgesetzes gegenüber Landesrecht (Kommunalabgabenrecht) Bedeutung haben[3].

BGH, Urt. v. 12. 4. 2007 – VII ZR 50/06[4]:
Die teilrechtsfähige Gemeinschaft der Wohnungseigentümer kann Ansprüche der Erwerber von Wohnungseigentum aus Bürgschaften nach § 7 MaBV in gewillkürter Prozessstandschaft geltend machen. Auch die Ansprüche von Erwerbern, die noch nicht im Grundbuch eingetragen sind, auf Freigabe von Grundschulden, die auf dem Wohnungseigentum lasten, können in gleicher Weise geltend gemacht werden.

Der wegen Mängel am Gemeinschaftseigentum geltend gemachte Anspruch eines Erwerbers auf Rückgewähr seiner Vorauszahlungen ist durch eine Bürgschaft gemäß § 7 MaBV in Höhe des Anteils gesichert, welcher dem Haftungsanteil des Erwerbers/Bürgschaftsgläubigers im Verhältnis zur Wohnungseigentümergemeinschaft für Aufwendungen der Instandsetzung und Instandhaltung entspricht.

BGH, Urt. v. 7. 3. 2007 – VIII ZR 125/06[5]:
Für eine Kaufpreisforderung gegen eine Wohnungseigentümergemeinschaft aus einem Gaslieferungsvertrag haftet die rechtsfähige Gemeinschaft der Wohnungseigentümer. Die jeweiligen Mitglieder des Verbandes haften demgegenüber nicht als Gesamtschuldner, auch nicht aus-

---

1 BVerwG, Beschl. v. 11. 11. 2005 – 10 B 65.05, ZMR 2006, 242 = NJW 2006, 791 = NZM 2006, 146 = DVBl. 2006, 378.
2 VGH Baden-Württemberg, Urt. v. 4. 10. 2005 – 2 S 995/05, ZMR 2006, 818.
3 Vgl. hierzu auch *Elzer*, Zur persönlichen Haftung der Wohnungseigentümer bei ausdrücklicher landesrechtlicher Regelung, ZMR 2006, 786.
4 BGH, Urt. v. 12. 4. 2007 – VII ZR 50/06, BGHZ 172, 63 = ZMR 2007, 630 = NJW 2007, 1957 = NZM 2007, 407 = MietRB 2007, 202.
5 BGH, Urt. v. 7. 3. 2007 – VIII ZR 125/06, MDR 2007, 899 = ZMR 2007, 472 = NJW 2007, 2987 = NZM 2007, 363 = WuM 2007, 341 = MietRB 2007, 143.

nahmsweise unter dem Gesichtspunkt des Vertrauensschutzes **neben** bereits **rechtskräftig** (durch Versäumnisurteil) verurteilten weiteren Mitgliedern[1].

Bayerischer VGH (München), Urt. v. 22. 11. 2006 – 8 BV 05.1918[2]:
Im Recht der Sondernutzungsgebühren nach Art 18 ff. BayStrWG ist die Heranziehung eines einzelnen Wohnungseigentümers als Gesamtschuldner für eine die Wohnanlage betreffende Sondernutzung unzulässig. Gebührenschuldner ist vielmehr im Anschluss an die Rechtsprechung des Bundesgerichtshofs zur Teilrechtsfähigkeit der Wohnungseigentümergemeinschaft vom 2. 6. 2005 die Gemeinschaft selbst

OLG Düsseldorf, Beschl. v. 29. 9. 2006 – 3 Wx 281/05[3]:
Der einzelne (ehemalige) Wohnungseigentümer kann im Wohnungseigentumsverfahren einen Schadensersatzanspruch wegen einer Beschädigung seiner Sachen gegen den Verwalter auf die Schlechterfüllung des Verwaltervertrags stützen, obwohl nicht er neben den übrigen Wohnungseigentümern Vertragspartner geworden ist, sondern die Wohnungseigentümergemeinschaft als teilrechtsfähiger **Verband.**

Bayerischer VGH (München), Beschl. v. 26. 7. 2006 – 4 ZB 05.2253[4]:
Die Annahme des Verwaltungsgerichts, die Eigentümergemeinschaft als solche komme mangels Rechtsfähigkeit nicht als Gebührenschuldnerin in Betracht, ist durch die neue Rechtsprechung des Bundesgerichtshofs zur Teilrechtsfähigkeit der Wohnungseigentümergemeinschaft vom 2. 6. 2005 überholt. Nach dieser Grundsatzentscheidung steht fest, dass eine Kommune die Wohnungseigentümergemeinschaft – den **teilrechtsfähigen Verband** – in ihrer Abgabesatzung als Gebührenschuldner bestimmen darf. Die satzungsrechtlichen Regelungsmöglichkeiten einer Gemeinde zur Gebührenschuldnerschaft bei Personenmehrheiten knüpfen an die vorgefundenen Strukturen des Zivilrechts an; diese kann die Kommune nicht von vornherein ausblenden. Satzungsrechtliche Rege-

---

1 Vgl. hierzu auch *Wenzel*, Haftung der Wohnungseigentümergemeinschaft für die Lieferung von Versorgungsleistungen, LMK 2007, 116; *Meffert*, Zur Haftung für Forderungen aus Gaslieferungsverträgen mit einer Wohnungseigentümergemeinschaft, ZMR 2007, 474; *Elzer*, Zur Haftung für Forderungen aus Gaslieferungsverträgen mit einer Wohnungseigentümergemeinschaft, ZMR 2007, 474; *Jacobs*, Zur Teilrechtsfähigkeit der Wohnungseigentümergemeinschaft, JZ 2007, 951; *Briesemeister*, Zur Frage der Haftung einer Wohnungseigentümergemeinschaft für eine Kaufpreisforderung aus Gaslieferungsvertrag, ZWE 2007, 245.
2 BayVGH München, Urt. v. 22. 11. 2006 – 8 BV 05.1918, ZMR 2007, 316 = WuM 2007, 150 = NVwZ-RR 2007, 223.
3 OLG Düsseldorf, Beschl. v. 29. 9. 2006 – 3 Wx 281/05, ZMR 2007, 56 = NJW 2007, 161 = NZM 2007, 137 = ZWE 2007, 92.
4 Soweit ersichtlich nicht veröffentlicht.

lungen zu den Gebührenschuldnern bei Grundstücken, die in Wohnungs- oder Teileigentum stehen, dürften sich aber in den meisten Fällen dahingehend ergänzend auslegen lassen, dass (auch) der teilrechtsfähige Verband als (bisher unerkannter) Gebührenschuldner davon umfasst wird. Das gilt umso mehr mit Blick auf die Abfallsatzung der Beklagten, die ausdrücklich von der „einheitlichen Gebührenfestsetzung für die Gemeinschaft" spricht.

Die vom Bundesgerichtshof aus der Entstehungsgeschichte und dem Regelungszusammenhang der Vorschriften des Wohnungseigentumsgesetzes entnommene Teilrechtssubjektivität der Wohnungseigentümergemeinschaft hindert den kommunalen Satzungsgeber indes nicht, als Gebührenschuldner *neben* die Wohnungseigentümergemeinschaft als teilrechtsfähigen Verband *auch* die Wohnungseigentümer in gesamtschuldnerischer Verbundenheit zu stellen. Art. 7 Abs. 2, Abs. 5 BayAbfG i. V. m. Art. 2 Abs. 1 Satz 2 und Art. 8 KAG stehen dem nicht entgegen. Eine derartige Satzungsregelung bildet dann „die ausdrückliche Anordnung des Gesetzgebers" zur Begründung einer (auch) persönlichen Gebührenschuld. Der Satzungsgeber kann aber auch für die Wohnungseigentümer persönlich lediglich eine nachrangige Haftungsschuld (für eine fremde Gebührenschuld) begründen[1].

LG Wiesbaden, Urt. v. 14. 2. 2006 – 5 O 245/03[2]:
Von einem Werkunternehmer wurden Mitglieder einer Wohnungseigentümergemeinschaft in Anspruch genommen. Nach einem Vergleich entschied das Gericht nur noch über die Kosten und legte diese unter Hinweis auf die Rechtsprechung des BGH vom 2. 6. 2005 dem Kläger auf. Die Klage wäre abzuweisen gewesen, weil die Beklagten nicht passivlegitimiert waren.

Die Wohnungseigentümergemeinschaft haftet mit ihrem Verwaltungsvermögen. Daneben kommt eine akzessorische gesamtschuldnerische Haftung der Wohnungseigentümer nicht von Gesetzes wegen, sondern nur dann in Betracht, wenn sie sich neben der Wohnungseigentümergemeinschaft klar und eindeutig auch persönlich verpflichtet haben. Insoweit hätte die Klägerin vortragen müssen, dass neben der Haftung der Wohnungseigentümergemeinschaft für die am Gemeinschaftseigentum auszuführenden Arbeiten auch die einzelnen Wohnungseigentümer persönlich verpflichtet werden sollen.

Eine analoge Anwendung von § 128 HGB scheidet ebenso aus wie der Rückgriff auf einen teilweise in der Literatur vertretenen verbandsrechtlichen Grundsatz, dass neben dem Verband, also der Wohnungseigentü-

---
1 Vgl. meine Anmerkung zur Entscheidung des VG Stuttgart.
2 Soweit ersichtlich nicht mit Entscheidungsgründen veröffentlicht; nur LS: Info M 2006, 248.

mergemeinschaft, auch dessen Mitglieder haften. Wenn die Wohnungseigentümer im Rechtsverkehr als Gemeinschaft Träger von Rechten und Pflichten sind, kommt eine persönliche Haftung nur für eine persönliche Schuld in Betracht. Diese kann aber nur individuell durch Rechtsgeschäft oder ein Verhalten entstehen, an das die Rechtsordnung eine Haftung knüpft. Sie lässt sich nicht mit der dem Gesellschaftsrecht entlehnten „Doppelverpflichtungstheorie" begründen. Für diese Ansicht spricht auch, dass die Organstellung den Verwalter nur zur Vertretung der Wohnungseigentümer als Verband berechtigt und das auch nur nach Maßgabe des § 27 WEG. Von einem Recht, darüber hinaus Verbindlichkeiten im Namen der Wohnungseigentümer einzugehen, hat der Gesetzgeber bewusst Abstand genommen[1]. Demzufolge kann der Verwalter der Wohnungseigentümergemeinschaft die Wohnungseigentümer neben der Wohnungseigentümergemeinschaft nur dann verpflichten, wenn sie ihn hierzu eigens bevollmächtigt haben. Hierzu genügt, anders als für eine Vollmacht, die Wohnungseigentümergemeinschaft zu vertreten, nicht ein Mehrheitsbeschluss, weil die Eigentümerversammlung keine Beschlusskompetenz hat, eine persönliche Leistungspflicht durch Mehrheitsentscheidung zu begründen. Der Umstand, dass die Wohnungseigentümergemeinschaft teilrechtsfähig ist, führt auch nicht per se zu einer persönlichen gesamtschuldnerischen Haftung seiner Mitglieder. Auch das Prinzip der Akzessorietät wirkt nicht schuldbegründend, sondern setzt eine persönliche Haftung voraus. Die Haftung des einzelnen Wohnungseigentümers neben der Wohnungseigentümergemeinschaft bedarf demnach entweder der Übernahme einer persönlichen Schuld oder einer ausdrücklichen Anordnung des Gesetzgebers (vgl. §§ 124 Abs. 1, 161 Abs. 2 HGB). Letztere fehlt im Wohnungseigentumsgesetz[2]. Eine entsprechende Anwendung der handelsrechtlichen Vorschriften scheitert schon daran, dass das die Verwaltungsverschulden betreffende Finanzierungssystem der Gemeinschaft einer entsprechenden Lücke entbehrt und der historische Gesetzgeber eine persönliche Haftung daneben für „nicht zumutbar" und „entbehrlich" angesehen hat (BT-Drucks. 1/252, S. 31 ff.[3]).

LG Wuppertal, Teilurteil v. 22. 9. 2005 – 5 O 446/04[4]:
Bei einer Klage, die sich auf einen Vertrag stützt, der im Jahre 1998 durch eine Eigentümergemeinschaft, vertreten durch ihren Verwalter, abgeschlossen wurde, ist der Verband (und nicht die einzelnen Wohnungseigentümer) als Vertragspartner anzusehen. Dies gilt selbst dann, wenn im Vertrag als Auftraggeber die „Eigentümer des Objekts X-Straße" be-

---
1 Nach dem alten Wohnungseigentumsgesetz.
2 Nach altem Recht.
3 Abgedruckt in Partner im Gespräch (PiG), Bd. 8, S. 115 (Antrag der Abgeordneten *Wirths*, Dr. *Schäfer* pp.); die vom Gericht zitierte Formulierung findet sich in PiG Bd. 8, S. 136.
4 LG Wuppertal, Teilurteil v. 22. 9. 2005 – 5 O 446/04, ZMR 2005, 990.

zeichnet sind. Insoweit handelt es sich lediglich um eine Klarstellung, dass nach der damaligen höchstrichterlichen Rechtsprechung die Wohnungseigentümergemeinschaft selbst nicht rechtsfähig war, und der Verwalter nicht Vertragspartner werden sollte.

BGH, Beschl. v. 15. 3. 2007 – V ZB 77/06[1] (zu Vollstreckungsfragen):
Lautet ein Titel – der vor der Entscheidung des BGH zur Teilrechtsfähigkeit erstritten wurde – auf die einzelnen Wohnungseigentümer der Eigentümergemeinschaft, sind nur diese – und nicht der Verband – berechtigt, aus dem Titel zu vollstrecken. In diesem Fall entsteht auch eine Mehrvertretungsgebühr[2].

LG Mannheim, Beschl. v. 11. 8. 2008 – 4 T 294/07[3] (zu Vollstreckungsfragen):
Lautet ein Zahlungstitel gegen einen Wohnungseigentümer auf die übrigen Wohnungseigentümer, sind diese Gegner einer Vollstreckungsgegenklage und nicht der Verband. Im Rahmen der Zwangsvollstreckung kann auch eine Mehrvertretungsgebühr entstehen.

---

1 BGH, Beschl. v. 15. 3. 2007 – V ZB 77/06, MDR 2007, 1161 = ZMR 2007, 875 = WuM 2007, 403 = NJW-RR 2007, 955.
2 Vgl. auch BGH, Beschl. v. 4. 3. 2008 – VI ZB 15/06, MDR 2008, 651 = NJW-RR 2008, 806 = NZM 2008, 369 = Rpfleger 2008, 391.
3 LG Mannheim, Beschl. v. 11. 8. 2008 – 4 T 294/07, bisher noch nicht veröffentlicht.

Teil 14
Das gerichtliche Verfahren in Angelegenheiten nach dem neuen WEG

	Rz.		Rz.
I. Wesentliche Neuerungen nach der Reform des WEG	1	cc) Gemeinschaft der Wohnungseigentümer gegen Verwalter	51
II. Übergangsvorschrift des § 62 Abs. 1 WEG	3	b) Kosten des Beweisverfahrens	52
III. Verfahrenshindernisse und vorbereitende Verfahren	8	IV. Klageverfahren der 1. Instanz	
1. Vorschaltverfahren	9	1. Zuständiges Gericht	54
2. Schlichtungsverfahren		a) Örtliche Zuständigkeit	54
a) Leistungsklage	13	b) Sachliche Zuständigkeit	55
aa) Notwendigkeit eines Schlichtungsverfahrens	14	aa) Binnenrechtsstreitigkeiten, § 23 Nr. 2c GVG	55
bb) Durchführung/Voraussetzungen des Schlichtungsverfahrens	17	bb) Klagen Dritter, § 43 Nr. 5 WEG	56
cc) Hemmung der Verjährungsfristen	25	c) Einzelne Zuständigkeiten des § 43 WEG	57
b) Anfechtungsklage	26	aa) Verfahren nach § 43 Nr. 1 WEG	57
3. Schiedsgerichtliches Verfahren	27	bb) Verfahren nach § 43 Nr. 2 WEG	75
a) Statthaftigkeit, Schiedsfähigkeit	28	cc) Verfahren nach § 43 Nr. 3 WEG	82
b) Form der Schiedsvereinbarung	31	dd) Verfahren nach § 43 Nr. 4 WEG	89
c) Deutsches Ständiges Schiedsgericht für Wohnungseigentum e. V.	33	ee) Verfahren nach § 43 Nr. 5 WEG	94
aa) Allgemeine Informationen	33	ff) Verfahren nach § 43 Nr. 6 WEG	97
bb) Verfahrensablauf	34	2. Statthafte Klageart	100
d) Wirkung der Schiedsvereinbarung	37	a) Anfechtungsklage gem. § 46 WEG	101
4. Prozesskostenhilfe – Verfahren	41	b) Leistungsklage	103
a) Voraussetzungen	41	c) Feststellungsklage	104
b) Rechtsmittel	45	d) Entziehungsklage gem. § 18 WEG	106
5. Selbständiges Beweisverfahren	46	3. Prozessführungsbefugnis	107
a) Mögliche Konstellationen des Beweisverfahrens	48	a) Allgemeines	107
aa) Gemeinschaft der Wohnungseigentümer gegen Bauträger/einzelne Handwerker	49	aa) Gesetzliche Vertretung	108
		bb) Personenmehrheiten	109
		cc) Materiell Beteiligte	110
bb) Gemeinschaft der Wohnungseigentümer gegen einzelnen Wohnungseigentümer	50	dd) Gesetzliche Prozessführungsbefugnis (Beteiligte kraft Amtes)	111
		ee) Prozessführungsbefugnis aus § 27 WEG	112

	Rz.		Rz.
ff) Gewillkürte Prozessführungsbefugnis (Prozessstandschaft)	116	ff) Gestaltungsanträge	170
b) Prozessführungsbefugnis in den einzelnen Verfahren des § 43 WEG	125	d) Feststellungsklage	172
		e) Entziehungsklage	173
		f) Stufenklage	174
aa) § 43 Nr. 1 WEG	125	g) Kostenanträge/Anträge zu Neben- und Zwischenentscheidungen	175
bb) § 43 Nr. 2 WEG	126		
cc) § 43 Nr. 3 WEG	127	6. Streitverkündung	176
dd) §§ 43 Nr. 4, 46 WEG	128	a) Anwendungsbereich	176
ee) § 43 Nr. 5 WEG	129	b) Voraussetzungen und Wirkung	177
c) Entziehungsklage gem. § 18 WEG	130	7. Klagefrist	179
d) Passive Prozessführungsbefugnis – richtiger Beklagter	131	a) Beschlussanfechtungsklage nach § 46 WEG	179
		b) Sonstige Klagen nach der ZPO	184
aa) § 43 Nr. 1 WEG	131	c) Fristwahrung	185
bb) § 43 Nr. 2 WEG	132	d) Wiedereinsetzung in den vorigen Stand bei Fristversäumung, §§ 233–238 ZPO	187
cc) § 43 Nr. 3 WEG	133		
dd) §§ 43 Nr. 4, 46 WEG	134		
ee) § 43 Nr. 5 WEG	135	aa) Unverschuldete Fristversäumung	188
ff) § 18 WEG – Entziehungsklage	136		
4. Bezeichnung der Parteien in der Klageschrift	137	bb) Wahrung der Wiedereinsetzungsfrist gem. § 238 ZPO	190
a) § 44 Abs. 1 Satz 1 WEG	138		
b) § 44 Abs. 1 Satz 2 WEG	141	cc) Entscheidung über die Wiedereinsetzung	191
c) § 44 Abs. 2 WEG	144	dd) Rechtsbehelfe	192
d) Prozessbevollmächtigte	145	8. Klagebegründung – Ermittlung des Sachverhaltes	193
e) Zustellungsvertreter/Ersatzzustellungsvertreter	146		
		a) Beibringungsgrundsatz	193
aa) Zustellungsvertreter	146	b) Klagebegründungsfrist	195
bb) Ersatzzustellungsvertreter	152	aa) Anfechtungsklage nach § 46 WEG	195
5. Klageantrag	155	bb) Sonstige Klagen	196
a) Hinreichende Bestimmtheit gemäß § 253 Abs. 2 Nr. 2 ZPO	156	c) Ausreichende Beweisangebote	197
		9. Beiladung gemäß § 48 WEG	198
b) Anfechtungsklage nach § 46 WEG	157	a) Notwendigkeit der Beiladung	199
c) Leistungsklage	163	aa) Grundsätzliche Beiladung aller Wohnungseigentümer	199
aa) Zahlungsanträge	164		
bb) Anträge auf Herausgabe	166	bb) Ausnahme: kein rechtliches Interesse	200
cc) Anträge auf Abgabe von Willenserklärungen	167	cc) Beiladung des Verwalters, § 48 Abs. 1 Satz 2 WEG	201
dd) Anträge auf Beseitigung einer baulichen Veränderung	168		
		dd) Beiladung bei Prozessstandschaft	202
ee) Unterlassungsanträge	169		

	Rz.		Rz.
ee) Beiladung bei Veräußerung des Wohnungseigentums während des Verfahrens	203	b) Miteigentümerliste	236
		c) Teilungserklärung/Gemeinschaftsordnung	237
b) Form der Beiladung, § 48 Abs. 2 WEG	204	d) Grundbuchauszug	238
		e) Protokolle der Eigentümerversammlung, Verwalterschreiben und sonstige Anlagen	239
c) Wirkung der Beiladung	205		
d) Rechtsmittel gegen die unterlassene Beiladung	207		
10. Änderung des Klagegegenstandes, §§ 263 ff. ZPO	208	f) Abschriften	240
		13. Zustellung gem. § 45 WEG	241
a) Klageänderung gem. § 263 ZPO	208	a) Zustellung an den Verwalter als Zustellungsvertreter	241
aa) Zulässigkeit	208	b) Verfahren gegen die Wohnungseigentümer	242
bb) Verfahren	209	aa) Verwalter als Zustellungsbevollmächtigter	242
b) Nachträgliche objektive Klagehäufung, §§ 260, 261 Abs. 2 ZPO	210	bb) Zustellung bei Ausschluss des Verwalters von der Vertretung	243
c) Klagerücknahme, § 269 ZPO	211	cc) Zustellung bei fehlendem Verwalter und Ersatzzustellungsvertreter	244
11. Parteiwechsel	212	c) Verfahren gegen die Gemeinschaft der Wohnungseigentümer	244
a) Gesetzlicher Parteiwechsel	213		
b) Gewillkürter Parteiwechsel	214		
c) Klägerwechsel	215	aa) Wohnungseigentümer als Gesamtvertretungsberechtigte	245
aa) Verfahren	215		
bb) Wirkung	216	bb) Zustellung an den durch Mehrheitsbeschluss bestellten Vertreter	246
d) Beklagtenwechsel	217		
aa) Verfahren	217		
bb) Wirkungen	218	d) Einzahlung des Gerichtskostenvorschusses	247
e) Beitritt auf Klägerseite	219		
aa) Verfahren	219	V. Vertretung des Beklagten oder anderer Beteiligter im Klageverfahren	248
bb) Wirkung	220		
f) Klageerweiterung auf weitere Beklagte	221		
aa) Verfahren	221	VI. Entscheidungsmöglichkeiten 1. Instanz	
bb) Wirkung	222		
g) Verwalterwechsel	223	1. Trennung und Verbindung von Verfahren	250
aa) Verwalter auf Klägerseite	224	a) Trennung	250
		aa) Voraussetzungen	251
bb) Verwalter auf Beklagtenseite	229	bb) Wirkung	252
		cc) Rechtsmittel	253
h) Eigentümerwechsel hinsichtlich des Wohnungseigentums	230	b) Verbindung	254
		aa) Voraussetzungen	254
aa) Eigentümerwechsel auf Seiten des Klägers	231	bb) Wirkung	255
bb) Eigentümerwechsel auf Seiten des Beklagten	233	cc) Rechtsmittel	256
12. Anlagen zur Klageschrift	235	2. Aussetzung des Verfahrens	257
a) Prozessvollmacht	235		

	Rz.		Rz.
a) Voraussetzungen	257	9. Entscheidung in der Sache/ über die Kosten	289
b) Wirkung	258	a) Endentscheidungen	289
c) Rechtsmittel	259	b) Entscheidung über die Kosten, §§ 91 ff. ZPO, § 49 WEG	290
3. Unterbrechung des Verfahrens	260	aa) Grundsatz: §§ 91 ff. ZPO	290
a) Voraussetzungen	260	bb) Ausnahme: § 49 Abs. 1 WEG	291
b) Wirkung/Rechtsmittel	261	cc) § 49 Abs. 2 WEG – Kostentragungspflicht des Verwalters	292
4. Ruhen des Verfahrens	262		
a) Voraussetzungen	262		
b) Wirkung	263		
c) Rechtsmittel	264	dd) Anfechtbarkeit der Kostenentscheidung	294
5. Richterablehnung wegen Befangenheit	265	c) Entscheidung über die vorläufige Vollstreckbarkeit	295
6. Einstweilige Verfügung	266		
a) Verfügungsanspruch	268	d) Wirkung des Urteils, § 48 Abs. 3 und 4 WEG	296
b) Verfügungsgrund	269	aa) § 48 Abs. 3 WEG	296
c) Glaubhaftmachung	270	bb) § 48 Abs. 4 WEG	297
d) Antrag	271	e) Wirkung des Entziehungsurteils, § 19 WEG	298
aa) Geltung des § 44 WEG	271		
bb) Einstweilige Verfügung zur Außerkraftsetzung von Beschlüssen der Wohnungseigentümerversammlung	272	**VII. Verfahren 2. Instanz – Berufung**	299
		1. Zuständiges Berufungsgericht in Binnenrechtsstreitigkeiten nach § 43 Nr. 1–4 und Nr. 6 WEG	300
cc) Anwendbarkeit des § 48 WEG im Einstweiligen Verfügungsverfahren	273	2. Zuständiges Berufungsgericht in Streitigkeiten gemäß § 43 Nr. 5 WEG – Klagen Dritter	301
dd) Zustellung des Antrages	274		
7. Erledigung der Hauptsache	276	3. Zulässigkeit der Berufung gemäß § 511 Abs. 2 Nr. 1 und 2 ZPO	302
a) Übereinstimmende Erledigungserklärung	278	a) Berechnung der Berufungssumme, § 511 Abs. 2 Nr. 1 ZPO	303
b) Teilweise übereinstimmende Erledigungserklärung	279	b) Einzelheiten	304
c) Einseitige Erledigungserklärung des Klägers	280	c) Zulassung der Berufung im Urteil – § 511 Abs. 2 Nr. 2 ZPO	305
d) Rechtsmittel	281	4. Frist- und Formerfordernisse	306
8. Vergleich	282	**VIII. Verfahren 3. Instanz – Revision**	307
a) Materielles Rechtsgeschäft	283		
b) Prozesshandlung	284		
c) Wirkungen des Prozessvergleichs	286		
aa) Verfahrensrechtliche Wirkungen	286		
bb) Persönlicher Bindungsbereich	287	1. Zulassung der Revision durch das Berufungsgericht	308
cc) Sachlicher Bindungsbereich	288		

2. Zulassung durch das Revisionsgericht nach Nichtzulassungsbeschwerde – Ausschluss der Nichtzulassungsbeschwerde in Wohnungseigentumsverfahren 309
   a) Streitigkeiten gemäß § 43 Nr. 1–4 WEG 309a
   b) Streitigkeiten nach § 43 Nr. 5 WEG 309b
3. Frist- und Formerfordernisse .. 310

IX. Streitwert 311

1. Bezifferter Anspruch 312
2. Unbezifferter Anspruch 313
   a) Klage gegen alle übrigen Wohnungseigentümer 313
   b) Klage gegen einzelne Wohnungseigentümer 314

X. Kostenfestsetzung – § 50 WEG – Begrenzung der Kostenerstattung 315

XI. Die Geltendmachung von Hausgeldansprüchen im Urkundenverfahren 318

1. Vorteile des Urkundenverfahrens 319
2. Voraussetzungen des Urkundenverfahrens 320
   a) Bezifferte Ansprüche 320
   b) Beweisbarkeit durch Urkunden 321
   c) Klage auf wiederkehrende Leistungen 322
3. Inhalt und Form der Urkundsklage, § 593 ZPO........... 323

XII. Zwangsvollstreckungsverfahren 324

1. Allgemeine Vollstreckungsvoraussetzungen 325
   a) Vollstreckungstitel 326
   b) Vollstreckungsklausel 327
   c) Zustellung............... 328
2. Zwangsvollstreckung wegen Geldforderungen 329
   a) Zwangsvollstreckung in bewegliches Vermögen..... 329
   b) Zwangsvollstreckung in das unbewegliche Vermögen ... 330
      aa) Verfahren der Zwangsversteigerung unter Berücksichtigung von § 10 ZVG 331
      bb) Zwangsverwaltung..... 332
      cc) Eintragung einer Zwangssicherungshypothek 333
3. Zwangsvollstreckung wegen anderer Forderungen zur Erwirkung von Handlungen/Unterlassungen sowie zur Abgabe einer Willenserklärung 334
4. Zwangsvollstreckung aus Titeln, die vor der Anerkennung der Teilrechtsfähigkeit der Wohnungseigentümergemeinschaft (2. 6. 2005) ergangen sind 335
   a) Titel für bzw. gegen alle Wohnungseigentümer 336
   b) Keine Titelumschreibung gemäß § 727 ZPO 337
   c) Vollstreckung in das Privatvermögen einzelner Gläubiger................ 338
   d) Haftung bzw. Vollstreckungsberechtigung neuer Wohnungseigentümer 339
   e) Berichtigung nicht bestandskräftiger Titel 340
5. Der Verwalter als Prozessstandschafter bei der Zwangsvollstreckung 341

I. Wesentliche Neuerungen nach der Reform des WEG

1 Nach der zum 1. 7. 2007 in Kraft getretenen Reform[1] des Wohnungseigentumsgesetzes entscheidet das Gericht in Wohnungseigentumsangelegenheiten nicht mehr im Verfahren der freiwilligen Gerichtsbarkeit, sondern nach den Vorschriften der ZPO. Dies bedeutet zum einen, dass das Gericht **keine Amtsermittlungspflicht** mehr trifft, sondern die Parteien alle für sie günstigen Tatsachen selbst vortragen müssen (**Beibringungsgrundsatz**). Zum anderen sind im Gegensatz zu den Vorschriften des FGG nun die (teilweise kurzen) **Fristen der ZPO** zu beachten, außerdem wird es im Verfahren **Versäumnisurteile** und echte **Anerkenntnisurteile** geben.

2 Die Gemeinschaft der Wohnungseigentümer ist nach dem neuen § 10 Abs. 6 Satz 5 WEG im Rahmen ihrer Teilrechtsfähigkeit auch **parteifähig** gem. § 50 Abs. 1 ZPO. Konsequenz ist, dass die Gemeinschaft der Wohnungseigentümer in Gerichtsverfahren selbst Klägerin und Beklagte sein kann. Dies gilt nicht nur für Streitigkeiten mit Dritten, sondern gem. § 10 Abs. 6 Satz 2 und 3 WEG auch für Streitigkeiten der Wohnungseigentümer untereinander. § 43 WEG erfasst damit auch Streitigkeiten über die Rechte und Pflichten zwischen der Gemeinschaft der Wohnungseigentümer und den einzelnen Wohnungseigentümern.

II. Übergangsvorschrift des § 62 Abs. 1 WEG

3 Gemäß § 62 Abs. 1 WEG sind für die am 1. 7. 2007 bei Gericht anhängigen Verfahren in Wohnungseigentums- oder in Zwangsversteigerungssachen die bis dahin geltenden Vorschriften des WEG und des ZVG anwendbar. Das bedeutet, dass die neuen Zuständigkeiten in Wohnungseigentumssachen, die neuen Verfahrensvorschriften und das neue Kostenrecht nur für Verfahren anwendbar sind, die nach dem 1. 7. 2007 bei einem Gericht anhängig geworden sind.

4 Für die am 1. 7. 2007 bereits bei einem Gericht anhängigen Verfahren verbleibt es gemäß § 62 Abs. 1 WEG bei der Anwendung der alten Vorschriften des WEG und ZVG[2]. Dies bedeutet, dass auch für die Verfahren der 2. und 3. Instanz noch das alte Verfahrensrecht anwendbar ist. Statthafte Rechtsmittel in „Altfällen" sind daher weiterhin die sofortige Beschwerde sowie die sofortige weitere Beschwerde gemäß § 45 Abs. 1 WEG a. F.

5 § 62 Abs. 1 WEG enthält keine Bestimmung darüber, welches Gericht für die Bearbeitung von „**Altfällen**" zuständig ist. Handelt es sich um ein

---

[1] Zum alten Recht vgl. Köhler/Bassenge/*Bassenge*, Teil 17.
[2] LG Dortmund, Beschl. v. 9. 8. 2007 – 11 T 66/07, MietRB 2007, 297.

Verfahren nach dem alten WEG und wird gegen die Entscheidung des Amtsgerichtes nach altem Verfahrensrecht sofortige Beschwerde eingelegt, so kann entweder das Landgericht am Sitz des Amtsgerichtes für die sofortige Beschwerde zuständig sein oder aber gemäß § 72 Abs. 2 GVG das für den Sitz des Oberlandesgerichts zuständige Landgericht.

Nach der bisher zu diesem Fragenkomplex ergangenen (obergerichtlichen) Rechtsprechung[1] ist § 72 Abs. 2 Satz 1 GVG für die vor dem 1. 7. 2007 bei Gericht anhängigen Verfahren in Wohnungseigentumssachen nicht einschlägig. Für diese Verfahren soll es vielmehr bei der Zuständigkeitsregelung nach dem alten Verfahrensrecht bleiben, wonach gemäß § 19 Abs. 2 FGG das dem Amtsgericht übergeordnete Landgericht zuständig war. Begründet wird diese Auffassung richtigerweise damit, dass nach dem Wortlaut des § 72 Abs. 2 GVG die Konzentrationszuständigkeit des für den Sitz des Oberlandesgerichts zuständigen Landgerichts nicht allgemein für wohnungseigentumsrechtliche Verfahren gelten solle. Bestimmt sei in der Norm vielmehr, dass diese Zuständigkeit für „Streitigkeiten nach § 43 Nr. 1–4 und Nr. 6 des Wohnungseigentumsgesetzes" gelte und damit erkennbar an die Neuordnung des Verfahrensrechts anknüpfe. Die Zuständigkeitsregelung des § 43 WEG a. F. enthalte mehrere Absätze und weise in § 43 Abs. 1 WEG a. F. nur vier Ziffern auf, so dass § 72 Abs. 2 GVG schon dem Wortlaut nach nicht auf Altverfahren anwendbar sei. Auch sei in der Begründung zur Übergangsvorschrift des § 62 WEG[2] ausdrücklich ausgeführt, dass die im Gesetzentwurf des neuen WEG vorgesehene Erstreckung der ZPO-Regelungen auf Verfahren in WEG-Sachen bereits anhängige Verfahren nicht berühren solle.

Es bleibt demnach in Altverfahren bei dem bisher geltenden Rechtsmittelinstanzenzug, so dass für diese Verfahren das dem Amtsgericht übergeordnete Landgericht zuständig ist. Andernfalls käme es auch zu einer Überlastung des für den Sitz des Oberlandesgerichtes zuständigen Landgerichts, die zu erheblichen Verzögerungen der Verfahren führen würde.

III. Verfahrenshindernisse und vorbereitende Verfahren

Teilweise ist die Einleitung eines gerichtlichen Verfahrens nach § 43 WEG von besonderen Voraussetzungen abhängig.

---

1 OLG München, Beschl. v. 24. 1. 2008 – 32 AR 1/08, OLGReport München 2008, 203 = NZM 2008, 168 = NJW 2008, 859; OLG Frankfurt/Main, Beschl. v. 4. 9. 2007 – 20 W 325/07, NZM 2008, 168; LG Konstanz, Beschl. v. 9. 1. 2008 – 62 T 134/07, NZM 2008, 134 = NJW 2008, 593.
2 Vgl. BT-Drs. 16/887, S. 43.

1. Vorschaltverfahren

9   In einer Vereinbarung der Wohnungseigentümer bzw. in der Gemeinschaftsordnung kann bestimmt sein, dass vor Einleitung eines Klageverfahrens nach § 43 WEG versucht werden muss, durch **Anrufung der Wohnungseigentümerversammlung** oder des **Verwaltungsbeirates** eine **gütliche Einigung** zu erreichen. Ist dem Verwaltungsbeirat die Aufgabe einer **Schlichtungsstelle** zugewiesen, ist dieser verpflichtet, auf eine gütliche Einigung zwischen den streitenden Parteien hinzuwirken.

10 Liegt eine Bestimmung in der Gemeinschaftsordnung oder per Vereinbarung vor, ist die Einleitung eines Verfahrens nach § 43 WEG unzulässig, solange das sog. „**Vorschaltverfahren**" nicht durchgeführt wurde[1].

11 **Entbehrlich** ist die Durchführung des Vorschaltverfahrens nur dann, wenn erkennbar ist, dass das Verfahren **aussichtslos**[2] oder dem Antragsteller die durch die Durchführung des Verfahrens eintretende Verzögerung **unzumutbar** ist. Eine Unzumutbarkeit kann sich vor allem dann ergeben, wenn der Antragsteller durch die Durchführung des Vorschaltverfahrens daran gehindert wird, die in § 46 Abs. 1 Satz 2 WEG bestimmte einmonatige Klagefrist seit Beschlussfassung einzuhalten.

12 Die Bestimmung des § 46 Abs. 1 Satz 2 WEG, nach der eine **Beschlussanfechtungsklage** innerhalb eines Monats seit der Beschlussfassung erhoben werden muss, hat zur Konsequenz, dass im Laufe des Beschlussanfechtungsprozesses der Einwand, die Klage sei wegen des Fehlens eines Vorschaltverfahrens unzulässig, nicht durchgreifen kann. Wäre der anfechtende Wohnungseigentümer verpflichtet, vor Klageerhebung das in der Gemeinschaftsordnung vorgesehene Vorschaltverfahren durchzuführen, könnte er die einmonatige Klagefrist des § 46 Abs. 1 Satz 2 WEG nicht einhalten. Ihm wäre daher nach erfolgloser Durchführung des Vorschaltverfahrens der Weg zu den Gerichten abgeschnitten. Dies stellt eine Verletzung des Rechts auf gerichtlichen Rechtsschutz dar, so dass in Beschlussanfechtungsklagen die Nichtdurchführung des Vorschaltverfahrens nicht zur Unzulässigkeit der Klage führen kann.

2. Schlichtungsverfahren

a) Leistungsklage

13 Werden rückständige Hausgelder oder sonstige Zahlungsansprüche im Wege einer Leistungsklage geltend gemacht, ist zu beachten, dass vor

---

1 BayObLG, Beschl. v. 16. 11. 1995 – 2Z BR 69/95, DWE 1996, 36 = WE 1996, 236 = NJW-RR 1996, 910 = WuM 1996, 724; BayObLG, Beschl. v. 30. 1. 1991 – BReg 2Z 156/90, NJW-RR 1991, 849 = ZMR 1991, 232; BayObLG, Beschl. v. 16. 11. 1995 – 2Z BR 69/05 = WE 1996, 236 = NJW-RR 1996, 910 = WuM 1996, 724; OLG Frankfurt/Main, Beschl. v. 1. 6. 1987 – 20 W 23/87, OLGZ 1988, 61.
2 OLG Frankfurt/Main, Beschl. v. 30. 10. 1987 – 20 W 18/87, OLGZ 1987, 63.

Klageerhebung das in § 15a EGZPO bzw. in den auf Grundlage dieser Vorschrift erlassenen Güte- und Schlichtungsgesetzen der Länder vorgesehene **Schlichtungsverfahren** durchzuführen ist. Wird dieses Verfahren nicht durchgeführt, ist die Erhebung der Klage unzulässig.

aa) Notwendigkeit eines Schlichtungsverfahrens

§ 15a EGZPO bestimmt, dass in vermögensrechtlichen Streitigkeiten vor dem Amtsgericht über **Zahlungsansprüche bis zu 750 Euro** durch Landesrecht die Durchführung eines Schlichtungsverfahrens angeordnet werden kann. 14

Ein vorheriger Einigungsversuch im Wege des Schlichtungsverfahrens ist daher vor allem in Hausgeldklagen bis zu 750 Euro erforderlich. Die Durchführung des (oft zeitintensiven) Schlichtungsverfahrens kann allerdings auch bei Zahlungsansprüchen bis zu 750 Euro umgangen werden, indem die Ansprüche vor Klageerhebung zunächst im Wege des **Mahnverfahrens** geltend gemacht werden. Die Durchführung eines Schlichtungsverfahrens nach § 15a EGZPO ist **keine zwingende Prozessvoraussetzung**, wenn der Anspruch zuvor im Mahnverfahren geltend gemacht wurde. Dies ergibt sich aus **§ 15a Abs. 2 Satz 1 Nr. 5 EGZPO**. 15

§ 15a EGZPO findet nur Anwendung, wenn die Parteien in **demselben Bundesland** wohnen oder ihren Sitz oder ihre Niederlassung haben, vgl. § 15a Abs. 2 Satz 2 EGZPO.

Von der Ermächtigungsnorm des § 15a EGZPO haben zunächst Baden-Württemberg, Bayern, Brandenburg, Hessen, Nordrhein-Westfalen, Saarland, Sachsen-Anhalt und Schleswig-Holstein Gebrauch gemacht. In Bayern[1], Brandenburg[2], Hessen[3] und in Nordrhein-Westfalen[4] wurde die Notwendigkeit eines Schlichtungsverfahrens für Zahlungsansprüche mittlerweile durch Gesetzesänderungen wieder abgeschafft. 16

bb) Durchführung/Voraussetzungen des Schlichtungsverfahrens

Die Durchführung des Schlichtungsverfahrens vor Erhebung einer Zahlungsklage ist daher nur noch in Baden-Württemberg, Saarland, Sachsen-Anhalt und Schleswig-Holstein eine „**echte Prozessvoraussetzung**". Die Voraussetzungen der in den Ländern durchzuführenden Schlichtungsverfahren unterscheiden sich zum Teil erheblich[5], zudem bestehen für die 17

---

1 Vgl. Art. 21 Abs. 2 BaySchlG, § 1 G. v. 24. 12. 2005; Bayer. GVBl. 26/2005, S. 655.
2 Vgl. Art. 2 G. v. 18. 12. 2006, GVBl. I S. 186.
3 Vgl. Art. 1 G. v. 1. 12. 2005, GVBl. I S. 782.
4 Vgl. Art. 1 G. v. 20. 11. 2007, GVBl. S. 583
5 Zu den Voraussetzungen in den einzelnen Ländern vgl. *Scheuer*, MietRB 2007, 159.

Anwendbarkeit der landesrechtlichen Schlichtungsgesetze die folgenden unterschiedlichen Befristungen:

18 Baden-Württemberg: keine Befristung
Saarland: Befristung bis zum 31. 10. 2010[1]
Sachsen-Anhalt: Befristung bis zum 31. 12. 2008[2]
Schleswig-Holstein: Befristung bis zum 31. 12. 2008[3].

19 Das obligatorische Schlichtungsverfahren ist ein **Antragsverfahren**, bei dem die Regelungen des Zivilprozesses über die Partei- und Prozessfähigkeit (§§ 50 ff. ZPO) entsprechend gelten. Antragsberechtigt ist derjenige, der auch klagebefugt wäre. Bei der Geltendmachung rückständiger Hausgelder ist daher entweder die Gemeinschaft der Wohnungseigentümer oder die von ihr bevollmächtigte Verwaltung in Prozessstandschaft antragsbefugt. Der Antrag ist **schriftlich oder zu Protokoll der Gütestelle** einzureichen.

20 Der **örtliche Anwendungsbereich** der einzelnen Schlichtungsgesetze ist je nach Bestimmung des Gesetzes eröffnet, wenn die Parteien entweder in demselben Bundesland wohnen[4] oder ihren Wohnsitz, Sitz oder ihre Niederlassung in denselben oder benachbarten Landgerichtsbezirken haben[5]. Problematisch wird die Bestimmung des örtlichen Anwendungsbereiches, wenn die **Verwaltung in gewillkürter Prozessstandschaft** für die Gemeinschaft der Wohnungseigentümer handelt. Partei des Rechtsstreits ist dann die Verwaltung, da diese im eigenen Namen Ansprüche der Wohnungseigentümergemeinschaft geltend macht. Da vor allem große Verwaltungen häufig mehrere Objekte auch in Städten betreuen, in denen sie nicht ihren Sitz haben, stellt sich die Frage, ob es für den örtlichen Anwendungsbereich auf den Sitz der Verwaltung oder auf den Belegenheitsort der Wohnungseigentümergemeinschaft ankommt. Der Gesetzgeber hat dieses Problem nicht gesehen und keine Regelung getroffen. Betrachtet man jedoch das Wesen der gewillkürten Prozessstandschaft, so ist es meines Erachtens nur konsequent, auf den **Sitz der Verwaltung** abzustellen. Nur die Verwaltung ist bei der gewillkürten Prozessstandschaft Partei des Rechtsstreites, so dass sie auch als Partei im Sinne der Schlichtungsgesetze der Länder anzusehen ist. Dies hat zur Folge, dass die Notwendigkeit der Durchführung eines Schlichtungsverfahrens immer dann entfällt, wenn sich der Sitz der Verwaltung nicht in demselben oder benachbarten LG-Bezirk des auf Hausgeld in Anspruch genommenen Wohnungseigentümers befindet oder der Sitz der Verwaltung in einem anderen Bundesland liegt.

---

1 Vgl. Art. 6 Abs. 1 SaarSchlG, Amtsblatt des Saarlandes S. 1226.
2 Vgl. GVBl.LSA, S. 726.
3 Vgl. § 11 Abs. 2 SH LSchliG.
4 Vgl. Saar SchlG; SchStG LSA.
5 Vgl. SchlG BW; GüSchlG NRW; SH LSchliG.

Die Durchführung des Schlichtungsverfahrens ist von der Einzahlung eines **Kostenvorschusses** abhängig. Die Höhe dieses Vorschusses differiert in den einzelnen Ländern[1]. 21

Nach Eingang des Schlichtungsantrages bei der Gütestelle bestimmt diese einen **Termin zur Güteverhandlung**. Zu dieser Güteverhandlung müssen die Parteien persönlich erscheinen, eine Vertretung durch einen Bevollmächtigten (z.B. Rechtsanwalt) ist nur möglich, sofern der Schlichter dieser Vertretung zugestimmt hat. 22

Wird das Schlichtungsverfahren ohne eine Einigung der Parteien beendet, erteilt die Gütestelle eine **Erfolglosigkeitsbescheinigung**. Diese Bescheinigung ist dem Gericht bei der anschließenden Klageerhebung vorzulegen[2]. 23

cc) Hemmung der Verjährungsfristen

Wird der Antrag auf Durchführung des Schlichtungsverfahrens bei einer durch die Landesjustizverwaltung eingerichteten oder anerkannten Gütestelle eingereicht, tritt gemäß § 204 Abs. 1 Nr. 1 BGB die Hemmung der Verjährung ein. 24

Notwendig für den Eintritt der Hemmungswirkung ist die Einreichung eines **formgerechten Antrages** bei der Gütestelle, wobei die Hemmungswirkung auch dann eintritt, wenn der Antrag bei einer örtlich unzuständigen Gütestelle eingereicht wird[3] oder der Antragsgegner von der Einreichung des Antrages keine Kenntnis erlangt. Die Hemmung der Verjährung endet gemäß § 204 Abs. 2 Satz 1 BGB sechs Monate nach Beendigung des Schlichtungsverfahrens. Kommt es zu einem Verfahrensstillstand, gelten die Bestimmungen der §§ 204 Abs. 2 Satz 2 und 3 BGB. 25

b) Anfechtungsklage

§ 15a Abs. 2 Satz 1 Nr. 1 EGZPO bestimmt, dass bei Klagen, die innerhalb einer gesetzlich angeordneten Frist zu erheben sind, kein Schlichtungsverfahren durchzuführen ist. Da eine Anfechtungsklage gemäß § 46 Abs. 1 Halbsatz 1 WEG innerhalb eines Monats nach der Beschlussfassung erhoben werden muss, ist vor Erhebung der Beschlussanfechtungsklage die Durchführung eines **Schlichtungsverfahrens nicht notwendig**. 26

---

1 Vgl. etwa § 18 Abs. 2 SchlG BW; § 48 Abs. 2, 3 SchStG LSA.
2 Vgl. etwa § 13 GüSchlG NRW; § 37c SaarL SchlG; § 34h SchStG LSA.
3 BGH, Urt. v. 6. 7. 1993 – VI ZR 306/92, BGHZ 123, 337 = MDR 1994, 95 = WM 1993, 2013 = NJW-RR 1993, 1495.

3. Schiedsgerichtliches Verfahren

27 Streitigkeiten in Wohnungseigentumsangelegenheiten können unter Ausschluss der staatlichen Gerichtsbarkeit einem Schiedsgericht zur Entscheidung übertragen werden[1], wenn die Voraussetzungen der **§§ 1029, 1030 ZPO** vorliegen.

a) Statthaftigkeit, Schiedsfähigkeit

28 Die Frage, ob ein Anspruch vor einem Schiedsgericht geltend gemacht werden kann, beurteilt sich nach der sog. **Schiedsfähigkeit des Anspruchs**. Schiedsfähig sind gem. § 1030 Abs. 1 ZPO **vermögensrechtliche Ansprüche jeder Art**, wobei es auf die Verfügungs- oder Vergleichsberechtigung über sie nicht ankommt[2]. **Nichtvermögensrechtliche Ansprüche** sind nur schiedsfähig, soweit die Parteien objektiv und subjektiv berechtigt sind, über den Gegenstand des Streites einen Vergleich zu schließen[3].

28 Weitere Voraussetzung ist gem. § 1029 Abs. 1 ZPO, dass es sich bei dem zugrunde liegenden Anspruch um einen Anspruch aus einem **bestimmten Rechtsverhältnis** handelt. Die Beziehungen der Wohnungseigentümer innerhalb der Gemeinschaft stellen ein hinreichend bestimmtes Rechtsverhältnis dar.

29 Ein Schiedsverfahren kann entweder nur in einzelnen Verfahren durchgeführt werden, es kann aber auch bestimmt werden, dass § 1029 Abs. 1 ZPO für alle sich aus dem Rechtsverhältnis ergebenden Streitigkeiten gilt. Ob die Ansprüche bereits entstanden sind oder erst künftig entstehen[4], ist unbedeutend. Aufgrund dieser Bandbreite der Statthaftigkeit des Schiedsverfahrens können **alle Verfahren des § 43 WEG** dem Schiedsverfahren unterstellt werden[5].

30 **Streitigkeiten mit einem früheren Wohnungseigentümer** sind von dem Geltungsbereich der Schiedsklausel umfasst, soweit es sich bei ihnen um solche Streitigkeiten handelt, die noch dem Wohnungseigentumsverhältnis entspringen. Es ist in diesen Fällen durch Auslegung zu ermit-

---

1 BayObLG, Beschl. v. 4. 1. 1973 – BReg 2Z 73/72, BayObLGZ 1973, 1 = RPfleger 1973, 9; OLG Zweibrücken, Beschl. v. 17. 10. 1985 – 3 W 192/85, WE 1987, 85 = ZMR 1986, 63.
2 Thomas/Putzo/*Reichold*, § 1030 ZPO Rz. 2; *Baumbach/Lauterbach/Albers/ Hartmann*, § 1030 ZPO Rz. 4.
3 OLG Köln, Urt. v. 28. 2. 1996 – 5 U 101/95, OLGReport Köln 1997, 353 =VersR 1998, 112.
4 Thomas/Putzo/*Reichold*, § 1029 ZPO Rz. 5; *Baumbach/Lauterbach/Albers/ Hartmann*, § 1029 ZPO Rz. 6.
5 Bärmann/Pick/Merle/*Merle*, vor § 43 WEG Rz. 14, 15. Thomas/Putzo/*Reichold*, § 1030 ZPO Rz. 2; *Baumbach/Lauterbach/Albers/Hartmann*, § 1030 ZPO Rz. 4.

teln, ob die Schiedsklausel Anwendung finden soll. Im Zweifel ist anzunehmen, dass der Wille der Wohnungseigentümer dahin geht, sämtliche Streitigkeiten aus dem Wohnungseigentümerverhältnis, also auch solche mit ausgeschiedenen Mitgliedern, der Schiedsklausel zu unterstellen[1].

b) Form der Schiedsvereinbarung

Gemäß § 1029 Abs. 2 ZPO kann die Schiedsvereinbarung in Form einer selbständigen Vereinbarung als „**Schiedsabrede**" oder in Form einer vertraglichen „**Schiedsklausel**" geschlossen werden. Die Wohnungseigentümer haben die Möglichkeit, in der Gemeinschaftsordnung oder durch gesonderte Vereinbarung eine entsprechende Schiedsklausel zu vereinbaren, wobei der Abschluss einer Schiedsklausel auch zwischen den Wohnungseigentümern und dem Verwalter erfolgen kann. Möglich ist auch, nur für einzelne Verfahren zu bestimmen, dass in diesen das Schiedsgericht angerufen werden muss. So kann z. B. für Beschlussanfechtungsverfahren oder in Verfahren bezüglich der Zahlungsansprüche der Wohnungseigentümer untereinander eine Schiedsklausel vereinbart werden. 31

Sowohl der Abschluss einer Schiedsabrede als auch einer Schiedsklausel muss den **Formvorschriften des § 1031 Abs. 1 – 4 ZPO** entsprechen. Bei Abschluss einer vertraglichen Schiedsklausel war umstritten, ob es einer gesonderten Urkunde bedarf, wenn die Schiedsklausel als Vereinbarung in die Teilungserklärung (§§ 3 Abs. 1, 5 Abs. 4 WEG) aufgenommen wird[2]. Mittlerweile lässt die überwiegende Auffassung in der Literatur es genügen, wenn die Schiedsvereinbarung in der Gemeinschaftsordnung enthalten ist. Begründet wird diese Auffassung richtigerweise mit dem Argument, dass durch die Aufnahme der Schiedsklausel in die Gemeinschaftsordnung die Formvorschriften des § 1031 ZPO gewahrt werden[3]. Eine einheitliche Tendenz in der Rechtsprechung hat sich noch nicht herausgebildet. 32

c) Deutsches Ständiges Schiedsgericht für Wohnungseigentum e. V.

aa) Allgemeine Informationen

Treffen die Wohnungseigentümer eine Schiedsabrede, so können sie darin bestimmen, dass das Deutsche Ständige Schiedsgericht für Wohnungseigentum zuständig für die Durchführung des Schiedsverfahrens ist. Dieses Gericht ist das erste und derzeit einzige **private, ausschließ-** 33

---
1 BGH, Urt. v. 1. 8. 2002 – III ZB 66/01, NJW-RR 2002, 1462 zum Parallelproblem der Geltung einer Schiedsklausel für ausgeschiedene Gesellschafter einer KG.
2 Bärmann/Pick/Merle/*Pick*, vor § 43 WEG Rz. 12.
3 Niedenführ/Kümmel/Vandenhouten/*Niedenführ*, § 43 WEG Rz. 13; Bärmann/Pick/Merle/*Merle*, vor § 43 WEG Rz. 19.

lich auf **Wohnungseigentumsrecht ausgerichtete Schiedsgericht** für Streitigkeiten der Wohnungseigentümer untereinander sowie für Streitigkeiten zwischen den Wohnungseigentümern und dem Verwalter. Es wurde am 28. 10. 2004 gegründet und ist mit besonders sachkundigen Schiedsrichtern besetzt. Die Vorschriften, nach denen das Ständige Schiedsgericht zu verfahren hat, sind im Statut des Deutschen Ständigen Schiedsgerichts vom 3. 6. 1998 in der Fassung vom 28. 10. 2004 festgelegt[1]. Der Vereinssitz des Gerichtes lautet:

Deutsches Ständiges Schiedsgericht für Wohnungseigentum e. V., Neefestraße 2a, 53115 Bonn

Informationsanfragen und Schriftverkehr für Schiedsverfahren sind über die folgende Adresse abzuwickeln:

Deutsches Ständiges Schiedsgericht für Wohnungseigentum e. V.
c/o vhw – Bundesgeschäftsstelle
Straße des 17. Juni 114, 10623 Berlin
Telefon: 0 30/39 04 73-21
Telefax: 0 30/39 04 73-19
info@schiedsgericht-wohnungseigentum.de
www.schiedsgericht-wohnungseigentum.de
www.schiedsgericht@vhw.de

bb) Verfahrensablauf

34 Haben die Wohnungseigentümer untereinander oder mit dem Verwalter eine Schiedsklausel vereinbart, kann das Schiedsgericht mittels eines entsprechenden Antrages angerufen werden. In der Schiedsverhandlung wird zunächst versucht, eine gütliche Einigung der Beteiligten zu erreichen. Ist dies nicht möglich, wird das Schiedsverfahren durch den **Schiedsspruch** beendet.

35 Gegen den Schiedsspruch ist **kein Rechtsmittel** möglich. Die Vollstreckbarerklärung des Schiedsspruches findet gemäß § 1060 ZPO nur auf Antrag statt. Der Antrag ist bei dem nach § 1062 Abs. 1 Nr. 4 ZPO zuständigen Oberlandesgericht schriftlich oder zu Protokoll der Geschäftsstelle zu erklären, vgl. § 1063 Abs. 4 ZPO. Zuständig ist das Oberlandesgericht, das in der Schiedsvereinbarung bezeichnet ist oder bei Fehlen einer solchen Bezeichnung das Oberlandesgericht, in dessen Bezirk der Ort des schiedsrichterlichen Verfahrens liegt. Als Vollstreckungstitel dient allein die Entscheidung des Oberlandesgerichts als staatlichem Gericht, die den Schiedsspruch für vollstreckbar erklärt, vgl. § 794 Abs. 1 Nr. 4a ZPO.

---

1 Alle Informationen über das Deutsche Ständige Schiedsgericht für Wohnungseigentum e. V. finden sich unter www.schiedsgericht-wohnungseigentum.de.

Das Deutsche Ständige Schiedsgericht bietet auf den oben genannten Internetseiten zahlreiche Musterformulierungen an. Zu finden sind auf diesen Seiten zum Beispiel Musterformulierungen für den Abschluss einer Schiedsklausel in der Gemeinschaftsordnung oder für den Abschluss einer Schiedsvereinbarung mit dem Verwalter per Beschluss. Da diese Musterformulierungen sehr hilfreich sein können, empfehle ich, vor Abschluss einer Schiedsklausel oder Schiedsvereinbarung den Wortlaut der zu treffenden Vereinbarung anhand der Musterformulierungen zu überprüfen. 36

d) Wirkung der Schiedsvereinbarung

Wird hinsichtlich eines Verfahrensgegenstandes, für den die Beteiligten eine Schiedsvereinbarung getroffen haben, ein Antrag nach § 43 Abs. 1 WEG beim Amtsgericht gestellt, ohne dass vorher ein Schiedsverfahren stattgefunden hat, so hat das AG entsprechend § 1032 Abs. 1 ZPO den Antrag als unzulässig zu verwerfen, wenn sich ein Beteiligter vor Beginn der mündlichen Verhandlung auf die Schiedsvereinbarung beruft (sog. **Einrede der Schiedsvereinbarung**). Dies gilt jedoch nur, wenn das Gericht nicht die Nichtigkeit, Unwirksamkeit oder Undurchführbarkeit der Schiedsvereinbarung feststellt. 37

Die Schiedsvereinbarung wirkt **zwischen den Parteien**. Gegenüber Dritten wirkt die Schiedsvereinbarung nur, wenn die Dritten durch einen Vergleich der Parteien ebenfalls gebunden wären oder aus einem Vertrag zugunsten Dritter nach den §§ 328 ff. BGB Rechte herleiten können. Gegen den Sonderrechtsnachfolger eines Wohnungseigentümers wirken Schiedsvereinbarung und Schiedsverfügung gemäß § 10 Abs. 3 WEG nur, wenn diese als Inhalt des Sondereigentums im Grundbuch eingetragen sind[1]. Ein Mehrheitsbeschluss über die Begründung einer Schiedsvereinbarung, der nicht auf einer Öffnungsklausel beruht, ist nichtig. Den Wohnungseigentümern fehlt für einen solchen „**vereinbarungsersetzenden Mehrheitsbeschluss**" die Beschlusskompetenz. 38

Handelt es sich bei der zugrunde liegenden Streitigkeit um eine solche, an der auch der Verwalter oder Dritte beteiligt sind (§ 43 Nr. 3 und Nr. 5 WEG), muss auch mit dem Verwalter und/oder dem Dritten eine gesonderte Schiedsvereinbarung in Form des § 1031 ZPO getroffen werden[2]. 39

Wurde eine wirksame Schiedsvereinbarung getroffen, so ist die Klage ohne vorherige Durchführung des Schiedsverfahrens gem. § 1032 Abs. 1 ZPO als unzulässig abzuweisen. Zu beachten ist allerdings, dass das Gericht das Erfordernis eines solchen Schiedsverfahrens nicht von Amts wegen prüft, sondern nur auf **Rüge des Beklagten**, § 1032 Abs. 1, 3. HS 40

---
1 Niedenführ/Kümmel/Vandenhouten/*Niedenführ*, § 43 WEG Rz. 13.
2 *Suilmann*, WE 1997, 337.

ZPO. Es sollte daher schon vor einer Klageerhebung geprüft werden, ob mit einer Rüge des Beklagten zu rechnen ist.

4. Prozesskostenhilfe – Verfahren

a) Voraussetzungen

41 Da nach der Reform des Wohnungseigentumsgesetzes die Vorschriften der ZPO im Wohnungseigentumsverfahren Geltung finden, sind auch die Vorschriften der **§§ 114 ff. ZPO uneingeschränkt anwendbar**. Jeder Wohnungseigentümer kann demnach einen Antrag auf Gewährung von Prozesskostenhilfe stellen.

42 Handelt der Verwalter als Vertreter der Gemeinschaft der Wohnungseigentümer, so beurteilt sich die Gewährung der Prozesskostenhilfe nach den **persönlichen und wirtschaftlichen Verhältnissen der Gemeinschaft der Wohnungseigentümer**. Es ist daher gemäß § 116 Nr. 2 ZPO erforderlich, dass weder die parteifähige Gemeinschaft der Wohnungseigentümer noch die wirtschaftlich Beteiligten in der Lage sind, die Verfahrenskosten aufzubringen[1]. Dies gilt auch noch nach der Entscheidung des BGH zur Teilrechtsfähigkeit der Gemeinschaft der Wohnungseigentümer. In der Regel ist davon auszugehen, dass die Gemeinschaft der Wohnungseigentümer keine Prozesskostenhilfe erhält, da es unwahrscheinlich ist, dass die Gesamtheit der Wohnungseigentümer nicht in der Lage ist, die Prozesskosten aufzubringen.

43 Handelt der Verwalter in **gewillkürter Prozessstandschaft für die Gemeinschaft der Wohnungseigentümer**, muss er geltend machen, dass weder er noch die Gemeinschaft, noch die Wohnungseigentümer zur Tragung der Prozesskosten in der Lage sind[2]. Handelt der Verwalter in **gewillkürter Prozessstandschaft für die Wohnungseigentümer**, so muss er geltend machen, dass nicht nur er, sondern auch die Wohnungseigentümer nach ihren persönlichen und wirtschaftlichen Verhältnissen nicht zur Tragung der Prozesskosten in der Lage sind[3].

44 Umstritten ist, ob nur durch die Einreichung eines Prozesskostenhilfeantrages die Beschlussanfechtungsfrist des § 46 WEG gewahrt werden kann. Dies ist meiner Ansicht nach zu verneinen, da die Einreichung eines reinen PKH-Antrages nicht hinreichend zum Ausdruck bringt, gegen

---

1 LG Berlin, Beschl. v. 28. 8. 2006 – 55 T 26/05, NZM 2007, 493 = ZMR 2007, 145 = Grundeigentum 2007, 157; Thomas/Putzo/*Reichold*, § 114 ZPO Rz. 11.
2 LG Berlin, Beschl. v. 28. 8. 2006 – 55 T 26/05, NZM 2007, 493 = ZMR 2007, 145 = Grundeigentum 2007, 157.
3 BGH, Beschl. v. 16. 9. 1990 – VII ZR 264/90 = VersR 1992, 594; Thomas/Putzo/ *Hüßtege*, § 51 ZPO Rz. 42; *Baumbach/Lauterbach/Albers/Hartmann*, § 114 ZPO Rz. 55.

welche Beschlüsse sich der Kläger wehren möchte. Es ist daher nicht hinreichend deutlich, welchen Inhalt die Beschlussanfechtungsklage hat[1].

b) Rechtsmittel

Hinsichtlich der Möglichkeiten, gegen den Beschluss des Gerichtes Rechtsmittel einzulegen, wird auf § 127 Abs. 2 ZPO und die dazu vorhandene Literatur verwiesen. Es bestehen keine wohnungseigentumsrechtlichen Besonderheiten.

45

5. Selbständiges Beweisverfahren

Oft ist es notwendig, vor Erhebung einer Klage auf Mängelbeseitigung oder auch zur Feststellung von Mängeln am Gemeinschaftseigentum ein selbständiges Beweisverfahren durchzuführen. Ein solches Verfahren kommt vor allem dann in Betracht, wenn die **Verjährung von Gewährleistungsansprüchen** droht, da die Einleitung des Beweisverfahrens die Verjährung hemmt, vgl. § 204 Abs. 1 Nr. 7 BGB.

46

Die Durchführung des selbständigen Beweisverfahrens richtet sich nach den §§ 485 ff. ZPO. Ist bezüglich des Antragsgegenstandes noch kein Rechtsstreit anhängig, muss gemäß § 485 Abs. 2 ZPO ein rechtliches Interesse der antragstellenden Partei an der Durchführung des Beweisverfahrens vorliegen. Der Begriff des rechtlichen Interesses wird weit gefasst. Das Vorliegen eines rechtlichen Interesses wird bereits bejaht, wenn die Feststellungen der Vermeidung eines Rechtsstreites dienen[2]. Entspricht die Durchführung des selbständigen Beweisverfahrens ordnungsmäßiger Verwaltung, ist das rechtliche Interesse zu bejahen, da eine Maßnahme ordnungsmäßiger Verwaltung der Vermeidung eines Rechtsstreites dienen kann. Trotzdem sollte bei der Darlegung des rechtlichen Interesses von Anfang an sorgfältig argumentiert werden.

47

a) Mögliche Konstellationen des Beweisverfahrens

Die Notwendigkeit der Durchführung eines selbständigen Beweisverfahrens kann in mehreren Konstellationen auftreten:

48

---

1 Vgl. ausführlich zu diesem Problem *Dötsch*, NZM 2008, 309.
2 KG Berlin, Beschl. v. 15. 2. 1999 – 25 W 6893/98, NZM 2000, 780 = VersR 2001, 602 = NJW-RR 2000, 513; OLG Stuttgart, Beschl. v. 29. 11. 2004 – 10 W 75/04, MDR 2005, 347 = NZM 2005, 559 = MMR 2005, 98; OLG Koblenz, Beschl. v. 4. 4. 2005 – 5 W 159/05 = MDR 2005, 888 = MedR 2005, 531.

aa) Gemeinschaft der Wohnungseigentümer gegen Bauträger/einzelne Handwerker

49 Zunächst kann die Gemeinschaft der Wohnungseigentümer gegen den Bauträger ihres Objektes oder aber gegen einzelne Handwerker, die Reparaturen am oder im Objekt vorgenommen haben, ein selbständiges Beweisverfahren durchführen. Da in diesen Fällen das Beweisverfahren der Feststellung von Mängeln am Gemeinschaftseigentum und der Verhinderung des Eintrittes der Verjährung dient, entspricht es regelmäßig ordnungsmäßiger Verwaltung. Das selbständige Beweisverfahren dient in diesen Fällen dazu, die Ansprüche der Gemeinschaft zu sichern[1], so dass das Vorliegen eines rechtlichen Interesses unproblematisch ist.

bb) Gemeinschaft der Wohnungseigentümer gegen einzelnen Wohnungseigentümer

50 Eine weitere Möglichkeit ist die Durchführung eines selbständigen Beweisverfahrens der Gemeinschaft der Wohnungseigentümer gegen einen einzelnen Wohnungseigentümer wegen Schäden an dessen Sondereigentum. Führen die Schäden am Sondereigentum des einzelnen Wohnungseigentümers zu Schäden am Gemeinschaftseigentum oder wird dies vermutet, so dürfte die Durchführung des selbständigen Beweisverfahrens ordnungsmäßiger Verwaltung entsprechen. Auch in diesem Fall geht es darum, die Ansprüche der übrigen Wohnungseigentümer zu sichern. Umgekehrt kann auch ein einzelner Wohnungseigentümer gegen die Gemeinschaft der Wohnungseigentümer ein selbständiges Beweisverfahren durchführen, wenn an seinem Sondereigentum Schäden auftreten, deren Ursache im Gemeinschaftseigentum vermutet wird.

cc) Gemeinschaft der Wohnungseigentümer gegen Verwalter

51 Als weitere Variante kommt in Betracht, dass die Gemeinschaft der Wohnungseigentümer wegen Schäden im Gemeinschafts- oder Sondereigentum ein selbständiges Beweisverfahren gegen den Verwalter durchführt. Dies kommt z. B. in Betracht, wenn dem Verwalter Versäumnisse hinsichtlich seiner Verwaltertätigkeit und der Betreuung des Objektes vorgeworfen werden. Auch bei einem selbständigen Beweisverfahren gegen den Verwalter muss genau geprüft und begründet werden, ob die Durchführung des selbständigen Beweisverfahrens ordnungsmäßiger Verwaltung entspricht.

---

[1] BayObLG, Beschl. v. 31. 1. 2002 – 2Z BR 57/01, NJW-RR 2002, 805 = ZWE 2002, 217 = ZMR 2002, 529 = WuM 2002, 330 = NZM 2002, 448; vgl. aber auch OLG Düsseldorf, Beschl. v. 19. 2. 2003 – 3 Wx 8/03, OLGReport Düsseldorf 2003, 191 = ZMR 2003, 695 = WuM 2003, 228 = NZM 2003, 643 = NJW-RR 2003, 1099.

b) Kosten des Beweisverfahrens

Handelt es sich um ein selbständiges Beweisverfahren der Gemeinschaft der Wohnungseigentümer gegen den Bauträger, einzelne Handwerker oder den Verwalter, sind die Kosten des selbständigen Beweisverfahrens als **Kosten der sonstigen Verwaltung** von allen Wohnungseigentümern nach dem in der Gemeinschaft anzuwendenden Kostenverteilungsschlüssel zu tragen. Dies gilt nicht, wenn ein Ausnahmefall vorliegt, der es gerechtfertigt erscheinen lässt, eine andere Kostenverteilung zu wählen. Dies kann der Fall sein, wenn Mängel nachweisbar nur von einem Miteigentümer verursacht wurden. 52

Wird das Verfahren von der Gemeinschaft der Wohnungseigentümer gegen einen einzelnen Wohnungseigentümer geführt, ist der einzelne Eigentümer zunächst nicht an den Kosten des Verfahrens zu beteiligen. Führt ein einzelner Wohnungseigentümer das selbständige Beweisverfahren wegen Schäden am Sondereigentum, hat er zunächst die Kosten zu verauslagen. 53

IV. Klageverfahren der 1. Instanz

1. Zuständiges Gericht

a) Örtliche Zuständigkeit

Für die in § 43 Nr. 1 bis 6 WEG genannten Streitigkeiten ist das Gericht **ausschließlich örtlich** zuständig, in dessen **Bezirk** das **Grundstück** liegt. Diese ausschließliche Zuständigkeit kann nicht durch eine Gerichtsstandsvereinbarung gemäß § 40 Abs. 2 Satz 1 Nr. 2 ZPO, eine Vereinbarung in der Gemeinschaftsordnung oder durch rügeloses Verhandeln zur Hauptsache beseitigt werden. 54

b) Sachliche Zuständigkeit

aa) Binnenrechtsstreitigkeiten, § 23 Nr. 2c GVG

Gemäß **§ 23 Nr. 2c GVG** umfasst die Zuständigkeit der Amtsgerichte **ohne Rücksicht auf den Streitwert** Streitigkeiten nach § 43 Nr. 1 bis Nr. 4 und Nr. 6 des Wohnungseigentumsgesetzes. Diese Zuständigkeit ist **ausschließlich**. 55

bb) Klagen Dritter, § 43 Nr. 5 WEG

Die **sachliche Zuständigkeit** (Amtsgericht/Landgericht) bei § 43 Nr. 5 WEG (Klagen Dritter gegen die Gemeinschaft oder einzelne Wohnungseigentümer) richtet sich allein nach dem **Streitwert**. Für Streitigkeiten 56 über Ansprüche, deren Gegenstand an Geld oder Geldeswert die Summe von 5 000 Euro nicht übersteigt, sind gemäß § 23 Nr. 1 GVG die Amtsgerichte zuständig. Für Ansprüche, deren Gegenstand an Geld oder Geldeswert die Summe von 5 000 Euro übersteigt, sind dagegen gemäß § 71 Abs. 1 GVG die Landgerichte zuständig.

c) Einzelne Zuständigkeiten des § 43 WEG

aa) Verfahren nach § 43 Nr. 1 WEG

57 § 43 Nr. 1 WEG begründet eine Zuständigkeit für *„Streitigkeiten über die sich aus der Gemeinschaft der Wohnungseigentümer und aus der Verwaltung des gemeinschaftlichen Eigentums ergebenden Rechte und Pflichten der Wohnungseigentümer untereinander."*

58 Ob eine solche Streitigkeit vorliegt, beurteilt sich nicht nach dem der Klage zugrunde liegenden Rechtsanspruch, sondern allein danach, ob dieser Rechtsanspruch in einem **inneren Zusammenhang** zu den Angelegenheiten der Gemeinschaft der Wohnungseigentümer steht. Es muss daher stets überprüft werden, ob das von dem Kläger beanspruchte Recht oder die gegenüber dem Beklagten geltend gemachte Pflicht in dem Gemeinschaftsverhältnis der Wohnungseigentümer wurzelt[1]. Erfasst werden zum Beispiel die Geltendmachung von Beseitigungs- oder Unterlassungsansprüchen gem. §§ 863, 1004 BGB wegen Störung oder Beeinträchtigung des Gemeinschaftseigentums oder des Sondereigentums, die Geltendmachung von Schadensersatzansprüchen gem. § 823 BGB bei Verletzung des gemeinschaftlichen Eigentums durch die Ausübung von Allein- oder Mitgebrauchsrechten sowie Streitigkeiten über die Bestellung eines neuen Verwalters. Ebenfalls unter § 43 Abs. 1 Nr. 1 WEG fallen Klagen, nach denen einem Wohnungseigentümer gemäß § 18 WEG das Wohnungseigentum entzogen werden soll. Prozessvoraussetzung für solche Klagen ist jedoch, dass zunächst gemäß § 18 Abs. 3 WEG mit absoluter Stimmenmehrheit ein Entziehungsbeschluss in der Wohnungseigentümergemeinschaft gefasst wird.

59 Auch erfasst werden Streitigkeiten über die Frage, welchem Wohnungseigentümer ein unstreitig bestehendes Sondernutzungsrecht gebührt[2] so-

---

1 BGH, Urt. v. 30. 6. 1995 – V ZR 118/94, BGHZ 130, 159 = MDR 1996, 139 = ZMR 1995, 521 = WM 1995, 1628 = NJW 1995, 2851; BayObLG, Beschl. v. 20. 3. 2002 – 2Z BR 170/01, NJW-RR 2002, 882 = NZM 2002, 460 = ZMR 2002, 686; OLG Karlsruhe, Beschl. v. 22. 10. 2004 – 11 Wx 81/03, NZM 2005, 305; OLG München, Beschl. v. 26. 10. 2005 – 34 Wx 120/05, OLGReport München 2006, 1 = MDR 2006, 563 = ZMR 2006, 156 = ZWE 2006, 39 zu § 43 Abs. 1 Nr. 1 WEG a. F.
2 Bärmann/Pick/Merle/*Merle*, § 43 WEG Rz. 17; *Bärmann/Pick*, § 43 WEG Rz. 4; BGH, Beschl. v. 21. 12. 1989 – V ZB 22/89, BGHZ 109, 396 = ZMR 1990, 150 = WuM 1990, 176 = NJW 1990, 1112 = MDR 1990, 529 zu § 43 Abs. 1 Nr. 1 WEG a. F.

wie Fragen über den Umfang, die Ausgestaltung und die Ausübung des Sondernutzungsrechtes[1] oder die Wirksamkeit und den Inhalt von Gebrauchsregelungen. Weiterhin werden Streitigkeiten über die Bestellung, die Aufgaben oder die Befugnisse des Verwaltungsbeirats von § 43 Nr. 1 WEG erfasst. Dies gilt auch dann, wenn dem Verwaltungsbeirat ein gemeinschaftsfremder Dritter angehört[2].

Da der Verwaltungsbeirat grundsätzlich keine Entscheidungsbefugnisse besitzt, können die **Stellungnahmen des Verwaltungsbeirats**, die dieser zu bestimmten Fragekomplexen abgibt, nicht angefochten werden. Angefochten werden können allein die aufgrund der Stellungnahmen oder Empfehlungen des Beirats gefassten Beschlüsse der Wohnungseigentümerversammlung. Etwas anderes gilt nur dann, wenn dem Verwaltungsbeirat in der Gemeinschaftsordnung Entscheidungsbefugnisse verliehen sind und der Beirat aufgrund dieser Befugnisse eine Entscheidung trifft. In diesem Fall kann die Entscheidung des Beirats entsprechend §§ 43 Nr. 5, 46 WEG angefochten werden. Eine Bestandskraft der Verwaltungsbeiratsentscheidungen gemäß § 23 Abs. 4 WEG analog tritt nicht ein[3]. 60

Nicht unter § 43 Nr. 1 WEG fallen Streitigkeiten, die zwar zwischen den Wohnungseigentümern entstanden sind, aber keinen Bezug zu den sich aus der Gemeinschaft der Wohnungseigentümer ergebenden Rechten und Pflichten haben. Beispielhaft sei hier die Geltendmachung von Schadensersatzansprüchen genannt, die aus einem zwischen den Wohnungseigentümern entstandenen Verkehrsunfall resultieren oder aus Tätlichkeiten der Wohnungseigentümer untereinander. Handelt es sich dagegen um Schadensersatzansprüche, die einen inneren Zusammenhang zur Gemeinschaft der Wohnungseigentümer haben, z. B. bei Klagen auf Schadensersatz wegen unerlaubter Handlungen zwischen zwei Miteigentümern im Rahmen des Gemeinschaftsverhältnisses[4], fallen diese unter § 43 Nr. 1 WEG. 61

Ebenfalls nicht unter § 43 Nr. 1 WEG fallen Streitigkeiten, die die sachenrechtlichen Grundlagen des Wohnungseigentums betreffen. Bei diesen Klagen geht es allein um die dingliche Zuordnung des Streitgegenstandes, nicht aber um wohnungseigentumsrechtliche Fragen. Denkbar 62

---

1 BGH, Beschl. v. 21. 12. 1989 – V ZB 22/89, BGHZ 109, 396 = ZMR 1990, 150 = WuM 1990, 176 = NJW 1990, 1112 = MDR 1990, 529; OLG Köln, Beschl. v. 22. 2. 1989 – 13 U 232/89, NJW-RR 1989, 1040; a. A. OLG Stuttgart, Beschl. v. 4. 12. 1985 – 8 W 481/84, OLGZ 1986, 35 zu § 43 Abs. 1 Nr. 1 WEG a. F.
2 BayObLG, Beschl. v. 3. 5. 1972 – BReg 2Z 7/72, BayObLGZ 1972, 161 = MDR 1972, 691 = NJW 1972, 1377 zu § 43 Abs. 1 Nr. 1 WEG a. F.
3 OLG Hamm, Beschl. v. 19. 3. 2007 – 15 W 340/06, OLGReport Hamm 2007, 615 = ZWE 2007, 350 = MietRB 2007, 238.
4 BGH, Urt. v. 23. 4. 1991 – VI ZR 222/90, MDR 1991, 760 = WuM 1991, 418 = ZMR 1991, 310 = WM 1991, 1388 = NJW-RR 1991, 907 zu § 43 Abs. 1 Nr. 1 WEG a. F.

sind hier Klagen auf Feststellung, ob ein Gebäude oder Gebäudebestandteil zum Sondereigentum gehört[1], Klagen auf Zustimmung zur Löschung der Eintragung bestimmter Gebäudeteile als Sondereigentum[2] oder Klagen von Wohnungseigentümern auf Herausgabe von Räumen, die angeblich im Sondereigentum des Klägers stehen[3].

63 Auch Streitigkeiten, die zwischen den Wohnungseigentümern noch aus einer Zeit vor der Entstehung der Wohnungseigentümergemeinschaft resultieren, fallen nicht unter § 43 Nr. 1 WEG. Gemeint sind hier Streitigkeiten aus der Zeit der Bauherrengemeinschaft. Da zum Zeitpunkt der Entstehung dieser Streitigkeiten die Gemeinschaft der Wohnungseigentümer noch nicht bestand, können diese Streitigkeiten nicht in einem inneren Zusammenhang zu der Gemeinschaft stehen. Ähnliches gilt für Streitigkeiten der früheren Wohnungseigentümer, die Ansprüche betreffen, die nach Aufhebung der Gemeinschaft der Wohnungseigentümer entstanden sind. Diese Ansprüche können ebenfalls nicht mehr in einem inneren Zusammenhang zu der ursprünglichen Gemeinschaft der Wohnungseigentümer stehen und fallen somit nicht unter § 43 Nr. 1 WEG.

64 Wie sich schon aus dem Wortlaut des § 43 Nr. 1 WEG ergibt, sind Streitigkeiten zwischen Wohnungseigentümern und Nichteigentümern ebenfalls nicht unter § 43 WEG zu subsumieren. Beispielhaft können hier die folgenden Fallgruppen benannt werden: Beseitigungsanspruch wegen baulicher Veränderungen oder wegen Mängeln gegenüber dem Bauträger, der nicht Wohnungseigentümer ist[4], Geltendmachung von Schadensersatzansprüchen wegen Beschädigung des gemeinschaftlichen Eigentums gegenüber einem Mieter sowie Geltendmachung einer Änderung der Teilungserklärung durch einen Nichteigentümer[5]. Diese Streitigkeiten stellen Streitigkeiten dar, die nicht vor die Abteilung für Wohnungs-

---

1 BGH, Urt. v. 2. 2. 1979 – V ZR 14/77, BGHZ 73, 302 = MDR 1979, 656 = WM 1979, 697 = DB 1979, 1983 = NJW 1979, 2391; OLG Karlsruhe, Beschl. v. 18. 7. 1975 – 4 W 144/74, OLGZ 1976, 11; HansObLG, Urt. v. 3. 3. 1987 – 1 U 82/86, WuM 1989, 650 = WE 1987, 59; BGH, Urt. v. 30. 6. 1995 – V ZR 118/94, BGHZ 130, 159 = MDR 1996, 139 = WM 1995, 1628 = NJW 1995, 2851 = WuM 1995, 614; BayObLG, Beschl. v. 30. 4. 1998 – 2Z BR 11/98, BayObLGZ 1998, 111 = WE 1999, 31 = ZMR 1998, 583 = NZM 1999, 272 = WuM 1999, 232 zu § 43 Abs. 1 Nr. 1 WEG a. F.
2 BayObLG, Beschl. v. 19. 10. 1995 – 2Z BR 80/95, NJW-RR 1996, 912.
3 BGH, Urt. v. 30. 6. 1995 – V ZR 118/94, BGHZ 130, 159 = MDR 1996, 139 = ZMR 1995, 521 = WM 1995, 1628 = NJW 1995, 2851; BayObLG, Beschl. v. 23. 5. 1991 – BReg 2Z 55/91, NJW-RR 1991, 1356 zu § 43 Abs. 1 Nr. 1 WEG a. F.
4 BayObLG, Beschl. v. 5. 9. 2002 – 2Z BR 76/02, ZMR 2002, 948; Beschl. v. 21. 3. 2002 – 2Z BR 170/01, NJW-RR 2002, 882 = NZM 2002, 460 = ZMR 2002, 686; OLG München, Beschl. v. 3. 4. 2007 – 34 Wx 25/07, ZMR 2007, 484 = FGPrax 2007, 112 zu § 43 Abs. 1 Nr. 1 WEG a. F.
5 OLG Zweibrücken, Beschl. v. 28. 11. 2001 – 3 W 197/01, NZM 2002, 391 = ZWE 2002, 330 zu § 43 Abs. 1 Nr. 1 WEG a. F.

eigentumssachen des Amtsgerichtes bzw. vor die für Wohnungseigentumssachen zuständige Kammer gehören.

Problematisch ist die Frage, ob die **Geltendmachung von Unterlassungsansprüchen** aufgrund **ehrverletzender Äußerungen** der Wohnungseigentümer untereinander unter § 43 Nr. 1 WEG zu subsumieren ist. Die Beantwortung dieser Frage muss meines Erachtens davon abhängig gemacht werden, in welchem **Umfeld** die ehrverletzenden Äußerungen erfolgten. Wurde ein Wohnungseigentümer innerhalb der Eigentümerversammlung von einem anderen Miteigentümer beleidigt, so dürfte diese Äußerung aufgrund des inneren Zusammenhangs zu der Wohnungseigentümerversammlung unter § 43 Nr. 1 WEG zu subsumieren sein. Als Beispiel kann hier der folgende Fall genannt werden: 65

Beispiel:
Ein Wohnungseigentümer hat aufgrund eines falschen Verteilungsschlüssels die Jahresabrechnungen der letzten drei Jahre angefochten. In der Eigentümerversammlung, in der die Stimmung gereizt ist, äußert ein anderer Miteigentümer deutlich seinen Unmut über die Anfechtung, indem er in Richtung des Anfechtenden äußert: „Du gehörst doch erschossen ... erschossen ... hier rein ... hier raus ...". Bei der Äußerung macht der Miteigentümer eine deutliche Handbewegung und setzt sich den Zeigefinger an die Schläfe. Der Verwalter schreitet nicht ein, sondern führt die Versammlung weiter. 66

In einem solchen Fall kann bei dem Amtsgericht, Abteilung für Wohnungseigentumssachen, eine Klage auf Unterlassung der beleidigenden Äußerung eingereicht werden. Dies gilt auch, wenn der Verwalter einen Wohnungseigentümer auf Unterlassung ehrverletzender Äußerungen in Anspruch nimmt, die der Wohnungseigentümer in der Eigentümerversammlung getätigt hat. Es handelt sich dann um eine Streitigkeit nach § 43 Nr. 3 WEG[1]. Der wohnungseigentumsrechtliche Bezug ergibt sich daraus, dass die Äußerungen in der Eigentümerversammlung im Zusammenhang mit der Jahresabrechnung getätigt wurden. In der Unterlassungsklage kann auch angeregt werden, den nicht einschreitenden Verwalter nicht als Zustellungsbevollmächtigten anzusehen, da aufgrund seines Verhaltens die Gefahr besteht, dass der Verwalter die übrigen Miteigentümer nicht sachgerecht unterrichten wird. 67

◯ **Hinweis:**
Im Falle einer Unterlassungsklage gemäß § 43 Nr. 1 WEG aufgrund ehrverletzender Äußerungen muss deutlich dargestellt werden, woraus sich der wohnungseigentumsrechtliche Bezug ergibt. Der Kläger läuft sonst Gefahr, dass sich das angerufene Amtsgericht/WEG-Abteilung für unzuständig hält und die Klage an das Landgericht abgibt. 68

---

1 OLG München, Beschl. v. 4. 6. 2008 – 31 BR 92/08, ZMR 2008, 735.

69 Handelt es sich dagegen um Beleidigungen, die zwischen den Wohnungseigentümern aufgrund privater Streitigkeiten außerhalb der Gemeinschaft der Wohnungseigentümer ausgetauscht werden, so fällt die Geltendmachung dieser Unterlassungsansprüche nicht unter § 43 Nr. 1 WEG.

70 Fraglich ist, ob Streitigkeiten, die in einem Zeitraum erfolgen, der noch vor Begründung der Gemeinschaft der Wohnungseigentümer zwischen den potentiellen Wohnungseigentümern entstehen, ebenfalls der Norm des § 43 WEG unterfallen.

71 Die Beantwortung dieser Frage hängt davon ab, ob man das Subjekt einer „**werdenden Wohnungseigentümergemeinschaft**" anerkennt. Meiner Auffassung nach existiert das Subjekt einer werdenden Wohnungseigentümergemeinschaft nicht[1]. Die Anerkennung einer werdenden Wohnungseigentümergemeinschaft ist nicht notwendig. Die werdenden Wohnungseigentümer haben die Möglichkeit, sich vom Veräußerer des Wohnungseigentums ermächtigen zu lassen, dessen Rechte auszuüben. Es besteht daher schon kein Bedürfnis danach, eine werdende Wohnungseigentümergemeinschaft anzuerkennen. Erst wenn die Wohnungseigentümer selbst im Grundbuch eingetragen sind, sollten ihnen eigene Rechte zustehen.

72 Der BGH[2] hat die Rechtsfigur der „werdenden Wohnungseigentümergemeinschaft" jetzt –wohl eher aus praktischen als aus rechtlichen Gründen – anerkannt. Nach Auffassung des BGH und anderer Obergerichte ist es im Interesse einer einheitlichen Beurteilung der Beziehungen der werdenden Wohnungseigentümer untereinander und der Verwaltung des Wohnungseigentums geboten, die Verhältnisse von einem möglichst frühen Zeitpunkt an nach den Grundsätzen des WEG zu regeln. Sobald der Käufer eine rechtlich verfestigte Erwerbsposition besitze und der Übergang von Lasten und Kosten erfolgt sei, besitze er auch ein rechtliches Interesse daran, die mit dem Wohnungseigentum verbundenen Mitwirkungsrechte an der Verwaltung der Wohnungsanlage auszuüben. Aus diesem Grunde seien die Vorschriften des WEG auf die werdende Wohnungseigentümergemeinschaft anwendbar.

73 Eine werdende Wohnungseigentümergemeinschaft soll nach Auffassung des BGH und in Übereinstimmung mit der schon bisher überwiegenden Meinung in Literatur und Rechtsprechung[3] dann entstehen, wenn

---

1 Ebenso OLG Saarbrücken, Beschl. v. 7. 5. 2002 – 5 W 368/01, OLGReport Saarbrücken 2002, 336 = NZM 2002, 610 = NJW-RR 2002, 1236; OLG Saarbrücken, Beschl. v. 27. 2. 1998 – 5 W 252/97, OLGReport Saarbrücken 1998, 277 = ZMR 1998, 595 = NZM 1998, 518 = NJW-RR 1998, 1094.
2 BGH, Beschl. v. 5. 6. 2008 – V ZB 85/07, MietRB 2008, 270.
3 BayObLG, Beschl. v. 11. 4. 1990 – 2Z 7/90, BayObLGZ 1990, 101 = NJW 1990, 3216 = NJW-RR 1991, 216 = WuM 1990, 617; vgl. zu den Einzelheiten einer „wer-

- ein wirksamer Erwerbsvertrag, der auf die Übereignung des Wohnungseigentums gerichtet ist, zwischen dem Bauträger und dem Erwerber geschlossen wurde,

- eine Auflassungsvormerkung gemäß § 883 BGB im Grundbuch eingetragen wurde[1] sowie

- der Erwerber das Sondereigentum in Besitz genommen hat und die Nutzen und Lasten nach dem Erwerbsvertrag auf den Erwerber übergegangen sind.

Umstritten war bisher, ob auch die Wohnungsgrundbücher angelegt sein müssen, damit eine werdende Wohnungseigentümergemeinschaft vorliegt[2]. Dieses Erfordernis wird vom BGH jetzt ausdrücklich verneint.

bb) Verfahren nach § 43 Nr. 2 WEG

§ 43 Nr. 2 WEG begründet eine Zuständigkeit für *„Streitigkeiten über die Rechte und Pflichten zwischen der Gemeinschaft der Wohnungseigentümer (= Verband) und einzelnen Wohnungseigentümern."*

Diese Norm wurde aufgrund der Anerkennung der Teilrechtsfähigkeit der Gemeinschaft der Wohnungseigentümer[3] in das Gesetz aufgenommen. Sie dient dazu, deutlich zu machen, dass § 43 WEG auch Streitigkeiten zwischen der teilrechtsfähigen Gemeinschaft der Wohnungseigentümer und den einzelnen Wohnungseigentümern erfasst.

§ 43 Nr. 2 WEG ist zum Beispiel bei Klagen anwendbar, mit denen die Gemeinschaft der Wohnungseigentümer als Verband gegenüber einem einzelnen Wohnungseigentümer rückständige Hausgelder oder die Zahlung einer beschlossenen Sonderumlage geltend macht, umgekehrt aber

---

denden WEG": Thüringisches OLG Jena, Beschl. v. 12. 6. 2001 – 6 W 177/01, WuM 2001, 504; OLG Hamm, Beschl. v. 27. 1. 2000 – 15 W 318/99, WuM 2000, 319; OLG Köln, Beschl. v. 28. 1. 1999 – 16 Wx 3/99, NJW-RR 1999, 959 = NZM 1999, 765; OLG Düsseldorf, Beschl. v. 2. 2. 1998 – 3 Wx 345/97, OLGReport Düsseldorf 1998, 197 = ZMR 1998, 449 = NZM 1998, 517 = NJW-RR 1999, 163; BayObLG, Beschl. v. 9. 10. 1997 – 2Z BR 86/97, ZMR 1998, 101 = WE 1998, 157; OLG Köln, Beschl. v. 27. 8. 1997 – 16 Wx 86/97, NZM 1998, 199 = NJW-RR 1998, 518; OLG Frankfurt/Main, Beschl. v. 25. 4. 1997 – 20 W 433/96, OLGReport Frankfurt 1997, 609 = ZMR 1997, 609 = DWE 1998, 43; BayObLG, Beschl. v. 11. 4. 1991 – AR 2Z 110/90, BayObLGZ 1991, 150 = MDR 1991, 866 = NJW-RR 1991, 977.
1 BayObLG, Beschl. v. 18. 7. 2001 – 2Z BR 25/01, ZWE 2002, 78 = NZM 2001, 1131 = ZfIR 2002, 53.
2 KG, Beschl. v. 30. 4. 1986 – 24 W 1906/85, MDR 1986, 761 = ZMR 1986, 295 = WuM 1986, 357; OLG Hamm, Beschl. v. 19. 10. 1999 – 15 W 217/99, ZMR 2000, 128 = WE 2000, 270 = ZWE 2000, 86.
3 BGH, Beschl. v. 2. 6. 2005 – V ZB 32/05, BGHZ 163, 154 = MietRB 2005, 232 = MDR 2005, 1156 = ZWE 2005, 422 = ZMR 2005, 547 = NJW 2005, 2061.

auch in Verfahren eines Wohnungseigentümers gegen die Gemeinschaft auf Auszahlung eines Guthabenbetrages aus der Jahresabrechnung oder auf Rückzahlung von Hausgeldvorschüssen bei Ungültigerklärung des Wirtschaftsplanes. Nach der Entscheidung des BGH zur Teilrechtsfähigkeit der Gemeinschaft der Wohnungseigentümer sind die noch zum alten Recht ergangenen Entscheidungen[1], wonach die Rückzahlung von Vorschüssen aus für ungültig erklärten Wirtschaftsplänen über die Jahresabrechnung abzuwickeln und der Anspruch demnach gegen die übrigen Wohnungseigentümer geltend zu machen war, veraltet.

78 Aufgrund der Teilrechtsfähigkeit der Gemeinschaft der Wohnungseigentümer ist die Gemeinschaft als Verband mit eigener Rechtspersönlichkeit Anspruchsinhaberin der zu zahlenden Lasten und Kosten. Die Gemeinschaft der Wohnungseigentümer ist demnach als Gläubigerin mit eigener Rechtspersönlichkeit anzusehen. Das Argument der bisherigen Rechtsprechung, wonach eine Abwicklung zu Unrecht gezahlter Vorschüsse über die Jahresabrechnung zu erfolgen habe, weil sonst der Vorrang des Innenausgleichs durch die Jahresabrechnung im Innenverhältnis der Wohnungseigentümer missachtet würde[2], kann nach der Anerkennung der Teilrechtsfähigkeit der Gemeinschaft der Wohnungseigentümer meines Erachtens nicht mehr durchgreifen.

79 Eine Anwendbarkeit von § 43 Nr. 2 WEG liegt zudem vor, wenn die Gemeinschaft der Wohnungseigentümer nach einem entsprechenden Beschluss gegenüber einem einzelnen Wohnungseigentümer den Rückbau baulicher Veränderungen geltend macht. Zudem ist § 43 Nr. 2 WEG auf Streitigkeiten über Schadensersatzansprüche der Gemeinschaft der Wohnungseigentümer gegen einen einzelnen Wohnungseigentümer aus §§ 21 Abs. 4 WEG, 280 Abs. 1 Satz 1, 241 BGB sowie bei Streitigkeiten über die Frage, welche Rechte und Pflichten die Gemeinschaft der Wohnungseigentümer wahrzunehmen hat, anwendbar.

80 Ebenfalls von § 43 Nr. 2 WEG erfasst werden Ansprüche aus dem Gemeinschaftsverhältnis gegen einen **vor Rechtshängigkeit aus der Gemeinschaft ausgeschiedenen Miteigentümer**[3], zum Beispiel auf Zahlung rückständiger, vor dem Ausscheiden fällig gewordener Hausgelder. Zwar greift die Begründung des BGH (aus der noch zum alten Recht ergangenen Entscheidung), dass Streitfälle innerhalb der Gemeinschaft der Woh-

---

[1] KG, Beschl. v. 16. 11. 1992 – 24 W 1940/92, OLGZ 1993, 301 = ZMR 1993, 80 = WuM 1993, 91; OLG Hamm, Beschl. v. 8. 5. 1998 – 15 W 83/98, ZMR 1998, 592 = NZM 1999, 180 = WE 1998, 499; OLG Hamm, Beschl. v. 25. 3. 2004 – 15 W 412/02, ZMR 2005, 398 = NZM 2005, 460 = NJW-RR 2005, 238.
[2] So OLG Hamm, Beschl. v. 25. 3. 2004 – 15 W 412/02, ZMR 2005, 398 = NJW-RR 2005, 238 = NZM 2005, 460; KG, Beschl. v. 9. 4. 2001 – 24 W 6844/00, ZMR 2001, 846 = WuM 2001, 356 = ZWE 2001, 438.
[3] BGH, Beschl. v. 26. 9. 2002 – V ZB 24/02, BGHZ 152, 136 = ZMR 2002, 941 = NZM 2002, 1003 = NJW 2002, 3709 = WuM 2003, 52.

nungseigentümer in einem möglichst weitgehenden Umfang dem Verfahren der freiwilligen Gerichtsbarkeit zu unterstellen sind, nach der Reform des Wohnungseigentumsgesetzes und der Anwendbarkeit der ZPO-Vorschriften auf das Verfahren, nicht mehr. Allerdings sollten meiner Ansicht nach auch weiterhin Streitigkeiten mit einem ausgeschiedenen Miteigentümer der Zuständigkeit der WEG-Abteilung des Gerichts unterliegen. Es handelt sich bei diesen Streitigkeiten um solche mit wohnungseigentumsrechtlichen Besonderheiten. Diese Besonderheiten müssen nach meiner Auffassung von einer speziell mit diesem Thema befassten Abteilung des Gerichts entschieden werden, da sonst die Gefahr sachfremder Entscheidungen besteht.

Nicht unter § 43 Nr. 2 WEG fallen Streitigkeiten aus einem Mietverhältnis zwischen der Gemeinschaft der Wohnungseigentümer und einem **Eigentümer als Mieter**. Da sich in diesen Streitigkeiten die Gemeinschaft der Wohnungseigentümer und der einzelne Wohnungseigentümer wie Dritte gegenüberstehen, ist bei einer Klage des **mietenden** Wohnungseigentümers gegen die Gemeinschaft der Wohnungseigentümer § 43 Nr. 5 WEG einschlägig. Klagt allerdings die Gemeinschaft der Wohnungseigentümer gegen den Mieter, bleibt es bei den allgemeinen Regelungen der ZPO. 81

cc) Verfahren nach § 43 Nr. 3 WEG

§ 43 Nr. 3 WEG erfasst „*Streitigkeiten über die Rechte und Pflichten des Verwalters bei der Verwaltung des gemeinschaftlichen Eigentums.*" Unter diese Vorschrift fallen sowohl die Verfahren eines einzelnen Wohnungseigentümers gegen den Verwalter (soweit der einzelne Wohnungseigentümer zulässigerweise alleine gegen den Verwalter vorgehen darf), als auch Verfahren der Gemeinschaft der Wohnungseigentümer gegen den Verwalter sowie Verfahren des Verwalters gegen die Gemeinschaft der Wohnungseigentümer oder gegen einzelne Eigentümer. Die Abgrenzung erfolgt danach, um **wessen Angelegenheiten** es sich handelt und ob die geltend gemachten Ansprüche dem einzelnen Wohnungseigentümer oder der Gemeinschaft der Wohnungseigentümer zustehen. Es kommt nicht darauf an, auf welcher Rechtsgrundlage die im Streit befindlichen Ansprüche beruhen (WEG, BGB, StGB i.V.m. BGB, Verwaltervertrag), entscheidend ist allein, dass die Ansprüche in einem **inneren Zusammenhang** zu der dem Verwalter **übertragenen Verwaltung** des Gemeinschaftseigentums stehen[1]. 82

---

1 BGH, Urt. v. 10. 7. 1980 – VII ZR 328/79, BGHZ 78, 57 = MDR 1981, 43 = WM 1980, 1289 = DB 1981, 157 = NJW 1980, 2466; OLG München, Beschl. v. 4. 6. 2008 – 31 AR 92/08, ZMR 2008, 735.

83 Hat eine Person ohne wirksame Verwalterbestellung die Verwaltertätigkeit ausgeübt, so sind die sich daraus ergebenden Ansprüche ebenfalls im Rahmen des § 43 Nr. 3 WEG zu verfolgen, da diese Person **faktisch** als **Verwalter** gilt[1]. Ebenso erfasst werden Ansprüche eines vor Klageerhebung aus der Gemeinschaft der Wohnungseigentümer ausgeschiedenen Wohnungseigentümers gegen den Verwalter[2], Ansprüche eines vor Klageerhebung ausgeschiedenen Verwalters gegen die Wohnungseigentümer[3] oder Ansprüche der Gemeinschaft der Wohnungseigentümer gegen den ausgeschiedenen Verwalter[4].

84 **Beispiele** für Ansprüche des **einzelnen** Wohnungseigentümers gegen den Verwalter, die sowohl nach dem alten als auch nach dem neuen Recht unter § 43 Nr. 3 WEG fallen, sind:

- Geltendmachung von Einsicht in die Verwaltungsunterlagen[5] und (jetzt neu:) in die Beschluss-Sammlung,
- Verpflichtung des Verwalters, einen Tagesordnungspunkt für die Wohnungseigentümerversammlung aufzunehmen[6] (die Aufnahme muss dabei jedem Dritten als objektiv geboten erscheinen) oder eine Wohnungseigentümerversammlung nach § 24 Abs. 1 WEG einzuberufen,
- Erfüllung der Verwalterpflichten aus dem Verwaltervertrag bzw. aus dem WEG, soweit diese durch den Einzelnen geltend gemacht werden können,
- Unterlassung von Störungen des Sondereigentums oder des Sondernutzungsrechtes eines Wohnungseigentümers durch den Verwalter[7],
- Erteilung der Verwalterzustimmung zur Veräußerung des Wohnungseigentums,
- Fragen der ordnungsmäßigen Verwaltung im Sinne von § 21 Abs. 4 WEG durch den Verwalter, z.B. Durchführung von Beschlüssen, Sorgetragung für die Einhaltung der Hausordnung.

85 Als Beispiel für einen Anspruch des Verwalters gegen die Wohnungseigentümer kann der Fall genannt werden, dass der Verwalter gegenüber den Wohnungseigentümern ein ihm durch die Gemeinschaftsordnung verliehenes Besichtigungsrecht bezüglich der Wohnanlage geltend macht.

---

1 KG, Beschl. v. 10. 5. 1991 – 24 W 6578/90, NJW-RR 1991, 1363; KG, Beschl. v. 9. 12. 1980 – 1 W 4193/80, OLGZ 1981, 304 = MDR 1981, 407 = WE 1981, 132.
2 BayObLG, Beschl. v. 17. 3. 1994 – 2Z AR 12/94, BayObLGZ 1994, 60 = NJW-RR 1994, 856.
3 BayObLG, Beschl. v. 14. 5. 1996 – 2Z BR 43/96, NJWE-MietR 1996, 276.
4 BayObLG, Beschl. v. 23. 7. 1987 – BReg 2Z 41/87, NJW-RR 1987, 1368; Beschl. v. 23. 3. 2001 – 2Z BR 6/01, ZWE 2001, 431.
5 BayObLG, Beschl. v. 15. 12. 1982 – BReg 2Z 39/82, BayObLGZ 1982, 447.
6 BayObLG, Beschl. v. 12. 7. 2001 – 2Z BR 139/00, ZMR 2001, 991 = ZWE 2001, 539 = Grundeigentum 2001, 1681.
7 KG, Beschl. v. 26. 11. 2001 – 1 W 20/01, WuM 2002, 106 = ZMR 2002, 546 = ZWE 2002, 226.

Beispiele, die Verfahren zwischen der Gemeinschaft der Wohnungseigentümer und dem Verwalter betreffen, sind: 86

- Streitigkeiten über die Wirksamkeit des Verwaltervertrages[1] und der Verwalterbestellung[2],
- Geltendmachung von Ansprüchen auf Erstellung der Jahresabrechnung und des Wirtschaftsplans[3],
- Streitigkeiten über die Herausgabe von Verwalterunterlagen[4],
- Streitigkeiten über Verwaltervergütung[5], Aufwendungsersatz und Schadensersatz[6],
- Streitigkeiten über Fragen ordnungsmäßiger Verwaltung.

Ist der Verwalter eine **Personengesellschaft**, so gilt § 43 Nr. 3 WEG auch für Ansprüche gegen den persönlich haftenden Gesellschafter aus der Verwaltertätigkeit[7]. 87

Streitigkeiten, die Ansprüche betreffen, die außerhalb der Bestellungszeit des Verwalters entstanden sind, fallen nicht unter § 43 Nr. 3 WEG, sondern müssen vor dem allgemeinen Zivilgericht (je nach Streitwert Amts- oder Landgericht) geltend gemacht werden. Dies gilt auch für Ansprüche, die nicht die Verwaltung des Gemeinschaftseigentums betreffen, z. B. Streitigkeiten zwischen einem Sondereigentümer und dem Verwalter des Sondereigentums, der gleichzeitig WEG-Verwalter ist. 88

dd) Verfahren nach § 43 Nr. 4 WEG

Die Vorschrift des § 43 Nr. 4 WEG betrifft **Streitigkeiten über die Gültigkeit von Beschlüssen der Wohnungseigentümer**. Dabei kann es sich sowohl um Beschlüsse handeln, die in der Wohnungseigentümerversammlung gefasst wurden als auch um solche, die im schriftlichen Verfahren gemäß § 23 Abs. 3 WEG ergangen sind (**Umlaufbeschlüsse**). 89

Neben den Klagen auf Ungültigerklärung von Beschlüssen erfasst § 43 Nr. 4 WEG auch **Feststellungsklagen**, die sich mit der Wirksamkeit oder 90

---

1 OLG Hamm, Beschl. v. 19. 10. 2000 – 15 W 133/00, ZWE 2001, 81; BGH, Beschl. v. 26. 9. 2002 – V ZB 24/02, BGHZ 152, 136 = MDR 2003, 43 = ZMR 2002, 941 = NZM 2002, 1003 = NJW 2002, 3709 = WuM 2003, 52.
2 KG, Beschl. v. 13. 1. 1976 – 1 W 936/75, OLGZ 1976, 266.
3 Diesen Anspruch kann auch ein einzelner Wohnungseigentümer geltend machen.
4 BayObLG, Beschl. v. 23. 3. 2001 – 2Z BR 6/01, ZWE 2002, 431; OLG München, Beschl. v. 21. 2. 2006 – 32 Wx 14/06, NZM 2006, 349 = ZMR 2006, 552 = WE 2006, 74 = NJW-RR 2006, 1024.
5 BayObLG, Beschl. v. 14. 5. 1996 – 2Z BR 43/96, WE 1997, 76 = WuM 1996, 663 = NJWE-MietR 1996, 276.
6 BGHZ 59, 58 = MDR 1972, 772.
7 BayObLG, Beschl. v. 23. 7. 1987 – BReg 2Z 41/87, NJW-RR 1987, 1368.

dem Inhalt von Eigentümerbeschlüssen beschäftigen, ohne auf eine gerichtliche Gestaltung gerichtet zu sein[1].

91 **Beispiele** für Verfahren nach § 43 Nr. 4 WEG sind:
– Klage auf Ungültigerklärung eines Beschlusses gem. § 23 Abs. 4 WEG,
– Klage auf Feststellung der Nichtigkeit eines Beschlusses[2],
– Klage auf Feststellung der Gültigkeit eines Beschlusses[3],
– Klage auf Feststellung eines bestimmten Beschlussinhaltes, z. B. bei Unklarheiten im Inhalt oder Fehlen des Abstimmungsergebnisses[4]; dies gilt jedoch nur, wenn der Beschluss nicht bereits nichtig ist.

Ebenfalls unter §§ 43 Nr. 4, 46 WEG fallen Klagen auf Feststellung, dass ein Eigentümerbeschluss mit einem bestimmten Inhalt nicht zustande gekommen ist, obwohl er im Versammlungsprotokoll protokolliert wurde[5] oder Klagen auf Feststellung, dass ein in der Eigentümerversammlung nicht verkündeter Beschluss wirksam zustande gekommen ist.

92 Im Verfahren über die Gültigkeit von Eigentümerbeschlüssen bilden Anfechtungs- und Nichtigkeitsgründe denselben Verfahrensgegenstand. Über diesen wird gemäß § 45 Abs. 2 WEG mit umfassender Rechtskraftwirkung entschieden[6].

93 Zu beachten ist bei Verfahren über die Gültigkeit von Eigentümerbeschlüssen, dass gemäß § 23 Abs. 4 Satz 2 WEG ein Beschluss solange gültig ist, solange er nicht durch rechtskräftiges Urteil für ungültig erklärt ist.

ee) Verfahren nach § 43 Nr. 5 WEG

94 § 43 Nr. 5 WEG betrifft „*Klagen Dritter, die sich gegen die Gemeinschaft der Wohnungseigentümer oder gegen die Wohnungseigentümer*

---

1 BGH, Beschl. v. 2. 10. 2003 – V ZB 34/03, BGHZ 156, 279 = ZMR 2003, 943 = NZM 2003, 946 = WuM 2003, 716 = WE 2004, 9 = NJW 2003, 3550.
2 BGH, Beschl. v. 18. 5. 1989 – V ZB 4/89, BGHZ 107, 268 = NJW 1989, 2059; OLG Hamm, Beschl. v. 2. 11. 1989 – 15 W 520/88, OLGZ 1990, 168; BayObLG, Beschl. v. 20. 3. 2003 – 2Z BR 1/03, NZM 2003, 317; Beschl. v. 6. 3. 2003 – 2Z BR 90/02, ZMR 2003, 689.
3 OLG Celle, Beschl. v. 18. 12. 1957 – 4 Wx 42/57, NJW 1958, 307.
4 BGH, Beschl. v. 23. 8. 2001 – NJW 2001, 3339 = ZWE 2001, 530 = ZMR 2001, 89 = NZM 2001, 961 = WM 2002, 184.
5 BayObLG, Beschl. v. 27. 10. 1989 – BReg 2Z 75/89, NJW-RR 1990, 210 = WuM 1990, 93; KG, Beschl. v. 6. 6. 1990 – 24 W 1227/90, OLGZ 1990, 421 = MDR 1990, 925 = NJW-RR 1991, 213; OLG Hamm, Beschl. v. 7. 6. 1979 – 15 W 76/79, OLGZ 1979, 296 = Rpfleger 1979, 342.
6 BGH, Beschl. v. 2. 10. 2003 – V ZB 34/03, BGHZ 156, 279 = ZMR 2003, 943 = NZM 2003, 946 = WuM 2003, 716 = WE 2004, 9 = NJW 2003, 3550; OLG Zweibrücken, Beschl. v. 1. 10. 2004 – 3 W 179/04, OLGReport Zweibrücken 2005, 33 = ZMR 2005, 407.

richten und sich auf das gemeinschaftliche Eigentum, seine Verwaltung oder das Sondereigentum beziehen."

Dritter im Sinne von § 43 Nr. 5 WEG ist, wer kein Wohnungseigentümer ist. Der Verwalter ist kein Dritter im Sinne von § 43 Nr. 5 WEG.

Beispiele für Verfahren nach § 43 Nr. 5 WEG sind: 95
- Klagen eines Nachbarn gegen die Gemeinschaft der Wohnungseigentümer auf Beseitigung von Störungen, die sich aus dem Gemeinschaftseigentum ergeben (Schneiden von Bäumen des Gemeinschaftseigentums etc.),
- Klagen eines Nachbarn gegen die Gemeinschaft der Wohnungseigentümer wegen Ansprüchen auf Reparatur von Teilen des Gemeinschaftseigentums,
- Klagen gegen die Gemeinschaft der Wohnungseigentümer auf Zahlung aus jeder Art von Verträgen,
- Klagen gegen die Gemeinschaft der Wohnungseigentümer wegen Verletzung der Verkehrssicherungspflichten, die sich aus dem Gemeinschaftseigentum ergeben.

Zu beachten ist, dass sich bei § 43 Nr. 5 WEG die **sachliche Zuständigkeit** (Amtsgericht/Landgericht) nur nach dem **Streitwert** richtet. Dies ergibt sich aus **§ 23 Nr. 2c GVG**, der eine ausschließliche Zuständigkeit des Amtsgerichtes nur für Verfahren nach **§ 43 Nr. 1 bis 4 und 6 WEG** vorsieht. 96

ff) Verfahren nach § 43 Nr. 6 WEG

§ 43 Nr. 6 Satz 1 WEG bestimmt die Zuständigkeit für **Mahnverfahren**, wenn die Gemeinschaft der Wohnungseigentümer Antragstellerin ist. 97

Nach § 43 Nr. 6 Satz 2 WEG ist in den Fällen eines **Mahnverfahrens des Verbandes** die Norm des § 689 Abs. 2 ZPO nicht anzuwenden. Es gilt also nicht die ausschließliche Zuständigkeit des allgemeinen Gerichtsstandes des Antragstellers. In Mahnverfahren der Gemeinschaft der Wohnungseigentümer nach dem WEG gilt vielmehr die **ausschließliche Zuständigkeit** des **Amtsgerichts der belegenen Sache**. Ausschließlich örtlich und sachlich zuständig ist danach das Amtsgericht, in dessen Bezirk das Grundstück liegt. Haben die Landesregierungen von ihren Verordnungsermächtigungen zur Konzentration des Mahnverfahrens Gebrauch gemacht, ist die von den Landesregierungen angeordnete Zuständigkeit **vorrangig**. 98

Handelt es sich nicht um Mahnverfahren der Gemeinschaft der Wohnungseigentümer, sondern ist ein einzelner Wohnungseigentümer oder der Verwalter Antragsteller im Mahnverfahren, gilt der Ausschluss des § 689 Abs. 2 ZPO nicht. **Ausschließlich zuständig** ist danach das **Amtsgericht**, bei dem der Antragsteller seinen **allgemeinen Gerichtsstand** hat. Hat der Antragsteller im Inland keinen allgemeinen Gerichtsstand, ist 99 gemäß Satz 2 dieser Vorschrift das Amtsgericht Schöneberg in Berlin ausschließlich zuständig.

2. Statthafte Klageart

100 Die Frage, welche Klage in der jeweiligen Angelegenheit statthaft ist, richtet sich nach dem gewünschten Erfolg in der Sache, dem klägerischen Begehren.

a) Anfechtungsklage gem. § 46 WEG

101 In den Fällen, in denen sich ein oder mehrere Wohnungseigentümer oder der Verwalter gegen die Gültigkeit eines von der Wohnungseigentümerversammlung gefassten Beschlusses wehren wollen, ist die Anfechtungsklage nach § 46 WEG die statthafte Klageart. § 46 WEG erfasst **Klagen eines oder mehrerer Wohnungseigentümer oder des Verwalters auf Erklärung der Ungültigkeit eines Beschlusses der Wohnungseigentümer**. Handelt es sich um einen Beschluss, dessen Inhalt teilbar ist und möchte sich der Anfechtende nur gegen einen Teil des Beschlussinhaltes wehren, ist auch eine Klage auf **teilweise Ungültigerklärung** eines Beschlusses möglich. Voraussetzung einer solchen Klage ist aber, dass der nicht angefochtene Beschlussinhalt eine eigenständige und vom Rest des Beschlusses abtrennbare Regelung enthält und auch nach Anfechtung des anderen Teils weiterhin durchführbar ist.

102 Grundsätzlich kann nach der Rechtsprechung des BGH auch ein **Negativbeschluss** angefochten werden[1], auch wenn dieser keine „sachliche Regelung" enthält. Allerdings hat der BGH in der genannten Entscheidung ausgeführt, dass das **Rechtsschutzbedürfnis** bei der Anfechtung eines Negativbeschlusses häufig fehlen wird. Der Negativbeschluss beeinträchtigt den Eigentümer regelmäßig nicht in seinen Rechten, weil er keine „Sperrwirkung" für spätere Beschlussfassungen hinsichtlich desselben Beschlussgegenstandes enthält. Das Rechtsschutzbedürfnis für den Anfechtungsantrag liegt nach dem BGH aber jedenfalls dann vor, wenn mit dem **Anfechtungsantrag** ein Antrag auf **Feststellung** eines positiven Beschlussergebnisses oder ein **Verpflichtungs**antrag verbunden wird[2].

Zum Antragsinhalt vgl. unten Rz. 118 ff.

---

[1] BGH, Beschl. v. 19. 2. 2002 – V ZB 30/02, BGHZ 152, 46 = ZMR 2002, 930 = NJW 2002, 3704 = WuM 2003, 47.
[2] BGH, Beschl. v. 19. 2. 2002 – V ZB 30/02, BGHZ 152, 46 = ZMR 2002, 930 = NJW 2002, 3704 = WuM 2003, 47; BayObLG, Beschl. v. 2. 2. 2005 – 2Z BR 122/04, DNotZ 2005, 789 = FGPrax 2005, 106 = ZfIR 2005, 658; BayObLG, Beschl. v. 26. 9. 2003 – 2Z BR 25/03, WuM 2004, 736.

b) Leistungsklage

Die Leistungsklage ist statthaft, wenn die **Vornahme bestimmter Handlungen oder Unterlassungen** geltend gemacht werden soll. Die Leistungsklage ist daher die richtige Klageart, wenn die Gemeinschaft der Wohnungseigentümer oder der Verwalter für die Gemeinschaft die Zahlung rückständiger Hausgelder geltend machen möchten oder wenn von einem Wohnungseigentümer die Rückgängigmachung baulicher Veränderungen verlangt wird. Ebenso erfasst werden Klagen auf Zustimmung zu bestimmten Maßnahmen oder Klagen, die darauf gerichtet sind, einem oder mehreren Wohnungseigentümern oder dem Verwalter die Unterlassung bestimmter Handlungen aufzugeben. Ebenfalls mit der Leistungsklage geltend zu machen ist die Möglichkeit zur Einsichtnahme in die Beschlusssammlung oder die Auszahlung eines Guthabens aus der Jahresabrechnung. Zum Antragsinhalt vgl. unten Rz. 164 ff.

103

c) Feststellungsklage

Die Feststellungsklage gem. § 256 ZPO ist die statthafte Klageart, wenn die **Feststellung des Bestehens oder Nichtbestehens eines Rechtsverhältnisses** begehrt wird. Als Beispiele können hier genannt werden die Klage auf Feststellung, dass bestimmte Maßnahmen nicht der Zustimmung des Verwalters oder der Gemeinschaft der Wohnungseigentümer bedürfen oder die Klage auf Feststellung, dass eine bestimmte Person für einen bestimmten Zeitraum zum Verwalter bestellt wurde[1].

104

Zum Antragsinhalt vgl. unten Rz. 172.

In Betracht kommt zudem die Erhebung einer **Beschlussfeststellungsklage**. Diese Klage stellt eine Streitigkeit nach § 43 Nr. 4 WEG dar und ist immer dann statthaft, wenn der Verwalter in der Wohnungseigentümerversammlung einen von den Wohnungseigentümern gefassten Beschluss nicht verkündet und das Beschlussergebnis nicht feststellt. Dazu kann es kommen, wenn der Versammlungsleiter bewusst und pflichtwidrig die Feststellung und Verkündung des Beschlusses unterlässt, oder wenn er tatsächliche oder rechtliche Schwierigkeiten mit dem Beschlussinhalt hat und daher den Beschluss nicht verkünden kann oder will. Da die Feststellung des Beschlussergebnisses und dessen Verkündung konstitutive Wirkung haben, existiert in diesen Fällen kein Beschluss, obwohl die Wohnungseigentümer einen diesbezüglichen Willen kundgetan haben. Jeder einzelne Wohnungseigentümer kann in diesem Fall bei Gericht einen Beschlussfeststellungsantrag stellen, der darauf gerichtet ist, festzustellen, dass der nicht verkündete Beschluss mit einem bestimmten Beschlussergebnis wirksam gefasst wurde. Der Beschlussfeststellungsantrag ist **nicht fristgebunden**.

105

---

1 BayObLG, Beschl. v. 17. 1. 1997 – 2Z BR 130/96, WuM 1997, 245 = WE 1997, 279.

d) Entziehungsklage, § 18 WEG

106 Die Entziehungsklage ist statthaft, wenn die Gemeinschaft der Wohnungseigentümer erreichen möchte, dass ein **einzelner Eigentümer sein Wohnungseigentum veräußert** und aus der Gemeinschaft ausscheidet. Voraussetzung für eine solche Klage ist, dass der einzelne Wohnungseigentümer sich einer so schweren Verletzung der ihm gegenüber anderen Wohnungseigentümern obliegenden Verpflichtungen schuldig macht, dass den anderen Wohnungseigentümern die Fortsetzung der Gemeinschaft mit ihm nicht mehr zugemutet werden kann. Liegen diese Voraussetzungen vor, steht der Gemeinschaft der Wohnungseigentümer das **Entziehungsrecht** zu, d. h. die Gemeinschaft kann von dem einzelnen Wohnungseigentümer die Veräußerung seines Wohneigentums verlangen, vgl. § 18 Abs. 1 WEG.

Zu den Einzelheiten vgl. Teil 10, Rz. 25 ff.

3. Prozessführungsbefugnis

a) Allgemeines

107 Wer zur Erhebung einer Klage berechtigt ist, ergibt sich zum einen unmittelbar aus dem Gesetzeswortlaut der §§ 18, 43 und 46 WEG, zum anderen kann sich eine Klagebefugnis aber auch aus dem verfahrensrechtlichen Institut der **Verfahrensführungsbefugnis, Prozessstandschaft** oder aus einer **materiellen Beteiligung** einzelner Personen ergeben. Es ist immer zu untersuchen, wem der behauptete Anspruch zusteht und ob der Berechtigte einen Dritten wirksam mit der Geltendmachung seiner Rechte betraut hat. Das Vorliegen der Prozessführungsbefugnis wird von Amts wegen überprüft; fehlt die Befugnis, so ist die Klage als unzulässig abzuweisen[1].

aa) Gesetzliche Vertretung

108 Liegt eine **gesetzliche Vertretung** vor (Inhaber der elterlichen Sorge – § 1629 BGB, Vormund – § 1793 BGB, Betreuer – § 1902 BGB etc.), ist der gesetzliche Vertreter nicht im eigenen Namen klagebefugt. Die Klage muss vielmehr **im Namen des Vertretenen** erhoben werden.

bb) Personenmehrheiten

109 Steht das Wohnungseigentum mehreren Personen zu, so ist die Rechtsform der Personenmehrheit ausschlaggebend dafür, ob eine Klagebefug-

---

[1] BGH, Urt. v. 14. 12. 1959 – V ZR 197/58, BGHZ 31, 279 = MDR 1960, 296 = NJW 1960, 523; BGH, Urt. v. 19. 3. 1987 – III ZR 2/86, BGHZ 100, 219 = MDR 1987, 824 = WM 1987, 825 = NJW 1987, 2018; *Baumbach/Lauterbach/Albers/Hartmann*, Grdz. § 50 ZPO Rz. 22.

nis jedes Einzelnen besteht oder ob nur alle Wohnungseigentümer gemeinsam zur Klageerhebung berechtigt sind. So sind beispielsweise **ideelle Miteigentümer** (Bruchteilseigentümer, z.B. Eheleute) gemäß § 1011 BGB[1] oder **Miterben** nach § 2038 Abs. 1 Satz 2 BGB[2] jeweils einzeln zur Klageerhebung berechtigt, während Mitglieder einer **BGB-Gesellschaft** nicht als Einzelne prozessführungsbefugt sind[3]. Die Prozessführungsbefugnis der BGB – Gesellschaft ist insbesondere vor dem Hintergrund der Anerkennung der Teilrechtsfähigkeit der BGB – Gesellschaft zu sehen. Danach besitzt die Gesellschaft bürgerlichen Rechts Rechtsfähigkeit, soweit sie durch Teilnahme am Rechtsverkehr eigene Rechte und Pflichten begründet und in diesem Rahmen aktiv und passiv parteifähig ist[4].

⊃ **Hinweis:**

Da die GbR somit auch Eigentümerin von Wohnungseigentum sein kann, ist stets zu überprüfen, ob die Gesellschaft oder die einzelnen Gesellschafter im Grundbuch als Eigentümer eingetragen sind. Ist die GbR als Eigentümerin im Grundbuch eingetragen, so kann auch nur die GbR Rechte geltend machen. Die einzelnen Gesellschafter sind in diesem Falle nicht klagebefugt. Erheben trotzdem die einzelnen Gesellschafter Klage, ist die Klage als unzulässig abzuweisen.

cc) Materiell Beteiligte

Nicht zur Klageerhebung berechtigt sind **Nießbraucher**[5] **oder Nutzungsberechtigte**, die aufgrund eines schuldrechtlichen oder dinglichen Nutzungsrechts das Wohnungseigentum benutzen (Mieter, Inhaber von Dienstbarkeiten). In diesen Fällen verbleibt das Recht zur Klageerhebung bei dem Wohnungseigentümer. Dieser kann aber den Nutzungsberechtigten zur Prozessstandschaft oder zur Vertretung ermächtigen. In die-

110

---

1 KG, Beschl. v. 5. 5. 1993 – 24 W 3913/92, OLGReport 1993, 149 = OLGZ 1994, 154 = ZMR 1993, 430 = WuM 1993, 427; BayObLG, Beschl. v. 26. 1. 1999, 2Z BR 130/98, NZM 1999, 767 = WE 1999, 167.
2 BayObLG, Beschl. v. 20. 5. 1998 – 2Z BR 25/98, BayObLGZ 1998, 34 = ZMR 1998, 644 = WuM 1998, 747 = NZM 1999, 286 = NJW-RR 1999, 164; BGH, Urt. v. 10. 1. 1963 – II ZR 95/61, BGHZ 39, 14 = NJW 1963, 641.
3 BayObLG, Beschl. v. 20. 5. 1998 – 2Z BR 25/98, NJW-RR 1999, 164 = WE 1999, 33 = WuM 1998, 747 = NZM 1999, 286; BayObLG, Beschl. v. 27. 9. 1990 – 2 Z 47/90, ZMR 1991, 74 = NJW-RR 1991, 215 = WuM 1990, 618.
4 BGH, Urt. v. 29. 1. 2001 – II ZR 331/00, BGHZ 146, 341 = ZMR 2001, 338 = MDR 2001, 459 = WuM 2001, 134 = NJW 2001, 1056 = WM 2001, 408.
5 BGH, Beschl. v. 23. 6. 2005 – V ZB 61/05, NZM 2005, 627 = ZMR 2005, 798 = DWE 2005, 146; OLG Düsseldorf, Beschl. v. 5. 8. 2005 – 3 Wx 323/04, ZMR 2005, 897 = OLGReport Düsseldorf 2005, 525 = WuM 2005, 668 = WE 2005, 271; BGH, Beschl. v. 7. 3. 2002 – V ZB 24/01, BGHZ 150/09 = MDR 2002, 1003 = NJW 2002, 1647 = WuM 2002, 277 = NZM 2002, 450; BayObLG, Beschl. v. 25. 6. 1998 – 2Z BR 53/98, BayObLGZ 1998, 145 = WE 1999, 73.

sem Fall ist das rechtliche Interesse des Nutzungsberechtigten an der Wahrnehmung der Rechte des Wohnungseigentümers zu unterstellen.

dd) Gesetzliche Prozessführungsbefugnis (Beteiligte kraft Amtes)

111 Die gesetzliche Prozessführungsbefugnis ist das Recht, einen Prozess als die richtige Partei **in eigenem Namen** zu führen. Die Rechtsprechung sieht im Insolvenzverwalter, im Nachlassverwalter, im Testamentsvollstrecker und im Zwangsverwalter Personen, die im Rahmen ihres Aufgabenkreises in gesetzlicher Prozessstandschaft fremde Rechte in eigenem Namen geltend machen können. Die §§ 265 Abs. 2 Satz 1 ZPO, 1011, 2039 BGB enthalten weitere Fälle der gesetzlichen Prozessführungsbefugnis.

ee) Prozessführungsbefugnis aus § 27 WEG

112 Nach **§ 27 Abs. 2 Nr. 2 WEG** ist der Verwalter berechtigt, im Namen aller Wohnungseigentümer und mit Wirkung für und gegen sie Maßnahmen zu treffen, die zur Wahrung einer Frist oder zur Abwendung eines sonstigen Rechtsnachteils erforderlich sind, **insbesondere einen gegen die Wohnungseigentümer gerichteten Rechtsstreit gemäß § 43 Nr. 1, Nr. 4 oder Nr. 5 WEG im Erkenntnis- und Vollstreckungsverfahren zu führen.** § 27 Nr. 2 WEG meint Fälle, in denen wegen der Eilbedürftigkeit juristische Erhaltungsakte des Verwalters notwendig sind, zum Beispiel bei der Hemmung von Verjährungsfristen oder der Einhaltung von Rechtsmittelfristen[1] bzw. der rechtzeitigen Einlegung von Mängelrügen oder der Einhaltung von Kündigungs- und Anfechtungsfristen[2].

Es handelt sich bei § 27 Abs. 2 Nr. 2 WEG um einen Fall der **gesetzlichen Vertretungsmacht zur Führung von Passivprozessen** durch den Verwalter. Da der Verwalter den Passivprozess **im Namen der Wohnungseigentümer** führt, wird er selbst nicht Partei, sondern handelt als **Vertreter der Wohnungseigentümer** in deren Namen. In § 27 Abs. 2 Nr. 3 WEG wird klargestellt, dass dem Verwalter die Vertretungsmacht zur Geltendmachung von Ansprüchen im Namen der Wohnungseigentümer auch durch eine **Vereinbarung** eingeräumt werden kann. In diesen Fällen ist es erforderlich, dass die Wohnungseigentümerversammlung mit Stimmenmehrheit einen entsprechenden Beschluss fasst.

Die gesetzliche Vertretungsmacht des Verwalters erfasst durch den Verweis auf § 43 Nr. 5 WEG auch **Klagen Dritter** gegen die Wohnungseigentümer oder gegen die teilrechtsfähige Gemeinschaft der Wohnungseigentümer. Der Verwalter kann daher auch in diesen Verfahren wirksam als Vertreter handeln.

---

1 BGH, Urt. v. 25. 9. 1980 – VII ZR 276/79, BGHZ 78, 166 = MDR 1981, 20 = ZMR 1981, 125 = WM 1981, 20 = NJW 1981, 282 = DB 1981, 209.
2 Niedenführ/Kümmel/Vandenhouten/*Niedenführ*, § 27 WEG Rz. 57.

Insgesamt besitzt der Verwalter demnach eine gesetzliche Berechtigung zur Prozessführung gemäß § 27 Abs. 2 Nr. 2 WEG, und zwar

– im **Namen aller Wohnungseigentümer** zur Führung von **Passivprozessen** im Sinne des § 43 WEG
– **Nr. 1** = bei Streitigkeiten über Rechte und Pflichten der Wohnungseigentümer untereinander;
– **Nr. 4** = bei Beschlussanfechtungsklagen;
– **Nr. 5** = bei Klagen Dritter gegen die Wohnungseigentümer.

Des Weiteren besteht nach § 27 Abs. 3 Nr. 2 WEG eine **gesetzliche Prozessführungsbefugnis** des Verwalters im Namen und mit Wirkung für und gegen die Gemeinschaft der Wohnungseigentümer. Ebenso wie bei § 27 Abs. 2 Nr. 2 WEG wird auch hier nicht der Verwalter Partei des Rechtsstreites, er tritt vielmehr **im Namen der Gemeinschaft der Wohnungseigentümer auf**. Der Verwalter hat daher eine Berechtigung zur Prozessführung 113

– im Namen der Gemeinschaft der Wohnungseigentümer zur Führung von **Passivprozessen** im Sinne des § 43
– **Nr. 2** = bei Streitigkeiten über Rechte und Pflichten zwischen der Gemeinschaft der Wohnungseigentümer und den Wohnungseigentümern
– **Nr. 5** = bei Klagen Dritter gegen die Gemeinschaft der Wohnungseigentümer (= Verband).

Weder die gesetzliche Verfahrensführungsbefugnis aus § 27 Abs. 2 WEG noch die aus § 27 Abs. 3 WEG kann durch eine Vereinbarung der Wohnungseigentümer eingeschränkt oder ausgeschlossen werden. Dies ergibt sich aus **§ 27 Abs. 4 WEG**. 114

Zu beachten ist allerdings, dass sich die Verfahrensführungsbefugnis des Verwalters sowohl bei § 27 Abs. 2 Nr. 2 als auch bei § 27 Abs. 3 Nr. 2 WEG nicht auf das in § 43 Nr. 5 WEG genannte Sondereigentum beziehen kann. Der Verwalter handelt in den Fällen des § 27 Abs. 2 und Abs. 3 WEG als Interessenvertreter der Gemeinschaft der Wohnungseigentümer. Er kann daher nicht zugleich die Interessen des einzelnen Sondereigentümers vertreten, ohne einer Interessenkollision ausgesetzt zu sein. Dies gilt vor allem dann, wenn der Verwalter durch den Verwaltervertrag ermächtigt wird, Verfahren für die Gemeinschaft der Wohnungseigentümer zu führen. 115

ff) Gewillkürte Prozessführungsbefugnis (Prozessstandschaft)

Es besteht die Möglichkeit, dass der Verwalter oder ein Dritter von der Gemeinschaft der Wohnungseigentümer oder von einzelnen Wohnungseigentümern ermächtigt wird, deren Rechte im eigenen Namen geltend 116 zu machen. Voraussetzung für diese **gewillkürte Prozessführungsbefugnis** ist neben der ausdrücklichen Ermächtigung ein schutzwürdiges Interesse des Verwalters oder des Dritten, die Rechte wahrzunehmen. Ein solches Interesse liegt nur dann vor, wenn die Entscheidung die eigene Rechtslage des Prozessführungsbefugten beeinflusst[1]. Ein rein wirtschaftliches oder sonstiges persönliches Interesse genügt dagegen nicht[2]. Hinsichtlich der Beitreibung rückständiger Hausgelder durch den Verwalter ergibt sich das rechtliche Interesse des Verwalters an der Prozessführung aus der ihm obliegenden Verpflichtung, die Beschlüsse der Gemeinschaft der Wohnungseigentümer durchzusetzen[3]. Dies ergibt sich aus § 27 Abs. 2 Nr. 3 WEG.

117 Eine Prozessstandschaft ist nur auf der **Aktivseite** des Verfahrens zulässig, weil die Ermächtigung zur Prozessführung eine Verfügung über den Streitgegenstand enthält. Eine solche Verfügung über den Streitgegenstand ist nur auf der Klägerseite möglich, weil sich der Beklagte nicht durch eine Vereinbarung mit einem Dritten seiner Passivlegitimation entziehen kann. Der Verwalter oder ein Dritter ist daher zur Geltendmachung der Rechte der Wohnungseigentümer in Prozessstandschaft nur als Kläger befugt.

118 Eine Ermächtigung des Verwalters zur Geltendmachung der Rechte einzelner Wohnungseigentümer oder der Gemeinschaft der Wohnungseigentümer im eigenen Namen kann sich aus der **Gemeinschaftsordnung**[4]**, einem Beschluss der Eigentümerversammlung**[5] oder aus dem **Verwaltervertrag** ergeben. Dabei wirkt eine durch Gemeinschaftsordnung erteilte Verwalterermächtigung für den jeweils bestellten Verwalter, während eine durch Verwaltervertrag erteilte Ermächtigung an die Person des vertragsschließenden Verwalters gebunden ist. Wurde daher die Prozessstandschaft durch Verwaltervertrag begründet, muss im Falle eines **Verwalterwechsels** der neue Verwalter eine neue Ermächtigung erhalten[6]. Dies gilt jedoch nur, soweit die Ermächtigung nicht dahin-

---

1 BGH, Urt. v. 24. 10. 1985 – VII ZR 337/84, BGHZ 96, 151 = WM 1986, 57 = MDR 1986, 311 = NJW 1986, 850 = ZIP 1986, 25; BGH, Urt. v. 10. 11. 1999 – VIII ZR 78/98, ZIP 2000, 149 = WM 2000, 183 = MDR 2000, 294 = NJW 2000, 738; BGH, Urt. v. 12. 4. 2007 – VII ZR 236/05, WM 2007, 1084 = NZM 2007, 403 = NJW 2007, 1952.
2 BayObLG, Beschl. v. 5. 12. 1991 – BReg 2 Z 109/91, WE 1992, 263.
3 BGH, Urt. v. 2. 2. 1979 – V ZR 14/77, BGHZ 73, 302 = NJW 1979, 2391; BGH, Beschl. v. 21. 4. 1988 – V ZB 10/87, BGHZ 104, 197 = NJW 1988, 1910; OLG München, Beschl. v. 19. 5. 2006 – 32 Wx 58/06, NZM 2006, 512.
4 OLG Köln, Beschl. v. 20. 8. 1997 – 16 Wx 169/97, NZM 1998, 865.
5 OLG Stuttgart, Beschl. v. 31. 10. 1989 – 8 W 37/89, OLGZ 1990, 175 = ZMR 1990, 69 = WE 1990, 112; OLG München, Beschl. v. 13. 7. 2005 – 34 Wx 61/05, OLGReport 2005, 565 = MDR 2005, 1282 = NZM 2005, 673 = ZMR 2005, 729 = NJW-RR 2005, 1326.
6 KG, Beschl. v. 20. 6. 2001 – 24 W 5302/00, FGPrax 2001, 225 = WuM 2001, 627 = ZWE 2001, 496 = ZfIR 2002, 216.

gehend ausgelegt werden kann, dass sie für den jeweils tätigen Verwalter gelten soll[1].

Wird der Verwalter durch Verwaltervertrag zur „**gerichtlichen Geltendmachung**" ermächtigt, so ist diese Vereinbarung so zu verstehen, dass der Verwalter sowohl zur Geltendmachung im eigenen Namen als auch zur Geltendmachung im Namen des/der Ermächtigenden berechtigt ist[2].

119

Besteht eine Ermächtigung zur Geltendmachung gerichtlicher Ansprüche im eigenen Namen, so ermächtigt dies auch zur Geltendmachung im Namen der Wohnungseigentümer bzw. der Gemeinschaft der Wohnungseigentümer[3]. Im Gegensatz dazu darf der Verwalter bei einer Ermächtigung zur Geltendmachung der Rechte im Namen der Gemeinschaft der Wohnungseigentümer diese Rechte nicht im eigenen Namen geltend machen, da dies die Entscheidung der Wohnungseigentümergemeinschaft unterlaufen würde[4].

⊃ **Hinweis:**
Es ist immer genau zu prüfen, worauf sich die Ermächtigung des Verwalters bezieht und welcher Gegenstand ihr zugrunde liegt. So deckt zum Beispiel die Ermächtigung zur Geltendmachung von „Ansprüchen der Gemeinschaft" nicht die Geltendmachung von Individualansprüchen der einzelnen Wohnungseigentümer ab. Zu überprüfen ist auch, ob die oben genannte Formulierung nur die Geltendmachung von Ansprüchen gegenüber Dritten oder auch die Geltendmachung gegenüber Mitgliedern der Gemeinschaft der Wohnungseigentümer betrifft. Meist wird mangels entgegenstehender Anhaltspunkte nur die Geltendmachung von Ansprüchen gegenüber Dritten gedeckt sein, so dass zur Geltendmachung von Ansprüchen gegenüber Mitgliedern der Gemeinschaft zu der generellen Ermächtigung des Verwalters noch ein Beschluss der Wohnungseigentümer zur Geltendmachung gegenüber dem einzelnen Wohnungseigentümer hinzutreten muss[5].

120

---

1 BayObLG, Beschl. v. 10. 10. 1996 – 2Z BR 76/96, ZMR 1997, 42 = WE 1997, 265 = NJW MietR 1997, 36 = FGPrax 1997, 19.
2 KG, Beschl. v. 10. 5. 1991 – 24 W 6578/90, OLGZ 1992, 57 = NJW-RR 1991, 1363 = WuM 1991, 415 = WE 1992, 154; OLG Köln, Beschl. v. 20. 8. 1997 – 16 Wx 180/97, NZM 1998, 865; OLG München, Beschl. v. 19. 5. 2006 – 32 Wx 58/06, OLGReport München 2006, 653 = ZMR 2006, 647.
3 BayObLG, Beschl. v. 17. 11. 2000 – 2Z BR 82/00, NZM 2001, 148 = ZWE 2001, 155 = ZMR 2001, 174 = WE 2001, 148.
4 OLG München, Beschl. v. 19. 5. 2006 – 32 Wx 58/06, ZMR 2006, 647 = NZM 2006, 512.
5 BayObLG, Beschl. v. 17. 2. 2000 – 2Z BR 180/99, NZM 2000, 513 = ZMR 2000, 394 = NJW-RR 2000, 968 = WuM 2001, 91 = ZWE 2000, 350.

Beispiele zulässiger gewillkürter Prozessstandschaft für den Verwalter sind:
- Geltendmachung rückständiger Hausgelder oder von Schadensersatzansprüchen wegen Verletzung des gemeinschaftlichen Eigentums;
- Geltendmachung der Rückgängigmachung baulicher Veränderungen.

Möglich ist auch, dass **Mieter** einer Wohnung **im eigenen Namen** Ansprüche geltend machen, die sich auf die Nutzung der Wohnung und etwaige Sondernutzungsrechte beziehen. Das schutzwürdige Interesse des Mieters folgt dabei aus seinem mietvertraglichen Recht, genau das Wohnungseigentum seines Vermieters zu nutzen, das durch die gerichtliche Entscheidung berührt werden kann[1].

121 Das erforderliche **schutzwürdige Interesse** des Verwalters an der Prozessführung ergibt sich aus dessen Pflicht, die ihm durch Gesetz, Vertrag, Vereinbarung oder Beschluss übertragenen Rechte und Pflichten ordnungsgemäß zu erfüllen[2].

Wird einem Dritten die Prozessführungsbefugnis erteilt, ist dessen schutzwürdiges Interesse an der Prozessführung genau zu überprüfen und im Falle einer Klageerhebung auch zu begründen. Eine einem Wohnungseigentümer erteilte Prozessführungsbefugnis bleibt unabhängig davon bestehen, ob dieser später sein Wohnungseigentum veräußert. Etwas anderes gilt nur, wenn die Ermächtigung des Wohnungseigentümers unter der auflösenden Bedingung des Verkaufs des Wohnungseigentums stand[3].

⊃ **Hinweis:**

122 Bei der Frage, ob der Verwalter in gewillkürter Prozessstandschaft oder als Vertreter der Gemeinschaft der Wohnungseigentümer bzw. der einzelnen Wohnungseigentümer auftritt, sind folgende Aspekte zu beachten:
- Als Prozessstandschafter ist der Verwalter selbst Partei des Rechtsstreits und damit Kostenschuldner für die Gerichtskosten; vertritt er die Wohnungseigentümer bzw. die Gemeinschaft der Wohnungseigentümer, sind diese Partei und Kostenschuldner;
- Schwierig wird es, wenn nach Erhalt des Titels in gewillkürter Prozessstandschaft der Verwalter wechselt: der neue Verwalter kann nicht aus dem Titel vollstrecken, da er nicht der dort bezeichnete

---

[1] BayObLG, Beschl. v. 20. 4. 2000 – 2Z BR 9/00, NZM 2000, 678 = ZMR 2001, 906 = NJW-RR 2000, 1324 = WuM 2001, 202 = DWE 2000, 160.
[2] BGH, Beschl. v. 21. 4. 1988 – V ZR 10/87, BGHZ 104, 197 = NJW 1988, 1910 = WE 1988, 162; BayObLG, Beschl. v. 20. 11. 1997 – 2Z BR 122/97, NJW-RR 1998, 519 = WE 1998, 273.
[3] BGH, Urt. v. 6. 3. 1997 – III ZR 248/95, NJW 1997, 2106 = WM 1997, 1058 = ZMR 1997, 308 = MDR 1997, 537 = WE 1997, 306.

Gläubiger[1] und auch kein Rechtsnachfolger des ausgeschiedenen Verwalters gem. § 727 ZPO ist. Der neue Verwalter oder die Gemeinschaft der Wohnungseigentümer kann dann lediglich eine Titelumschreibung beantragen oder den alten Verwalter mit der Vollstreckung beauftragen und mit diesem die spätere Herausgabe des Vollstreckungserlöses vereinbaren. Beantragt der neue Verwalter eine Titelumschreibung oder vereinbart er mit dem alten Verwalter die Herausgabe des Vollstreckungserlöses, so muss er seine gewillkürte Prozessstandschaft offen legen und mit dem alten Verwalter vereinbaren, dass dieser den Vollstreckungserlös an die Gemeinschaft der Wohnungseigentümer auskehrt.

◯ **Hinweis:**
Eine Frist wird bei einer Klageeinreichung durch den Prozessstandschafter nur gewahrt, wenn dieser seine Rechtsstellung als Prozessstandschafter innerhalb der Klagefrist im Verfahren offen legt[2]. Es sollte daher bereits bei Klageeinreichung das folgende Aktivrubrum gewählt werden:

123

Musterformulierung

Klage

der Peter & Paul Verwaltungen GmbH, vertreten durch den Geschäftsführer Herrn Paul Peter, Pfeilstraße 11, 50937 Köln,

in gewillkürter Prozessstandschaft für die Wohnungseigentümergemeinschaft Ingeborgstr. 22/28, 51147 Köln,

Klägerin,

Prozessbevollmächtigte: XYZ Rechtsanwälte
Turmgasse 12
50939 Köln
Gerichtsfach K 7890

Eine **Miteigentümerliste** ist dem Gericht bei gewillkürter Prozessstandschaft **nicht einzureichen**. Kläger ist nicht die Gemeinschaft der Wohnungseigentümer, sondern der Prozessstandschafter.

124

---

1 OLG Düsseldorf, Beschl. v. 29. 1. 1997 – 6 W 469/96, NJW-RR 1997, 1035 = WuM 1997, 298 = ZMR 1997, 315 = WE 1997, 310.
2 OLG Celle, Beschl. v. 15. 2. 2000 – 4 W 352/99, OLGReport Celle 2000, 237 = ZWE 2001, 34.

b) **Prozessführungsbefugnis in den einzelnen Verfahren des § 43 WEG**

aa) **§ 43 Nr. 1 WEG**

125 § 43 Nr. 1 WEG betrifft Streitigkeiten, die sich aus der Gemeinschaft der Wohnungseigentümer und aus der Verwaltung des gemeinschaftlichen Eigentums sowie den daraus folgenden Rechten und Pflichten ergeben. Prozessführungsbefugt ist daher **jeder Wohnungseigentümer**, d. h. jeder materiell-rechtliche Inhaber eines Wohnungseigentumsrechts. Bei Personenmehrheiten gelten die oben unter Rz. 109 ausgeführten Erläuterungen entsprechend. Zur Prozessstandschaft vgl. Rz. 116 ff.

Wurde ein Anspruch an einen Dritten abgetreten, so fällt seine Geltendmachung trotzdem noch unter § 43 Nr. 1 WEG[1]. Bei Eröffnung des Insolvenzverfahrens über das Vermögen eines Wohnungseigentümers tritt der Insolvenzverwalter gemäß den §§ 35, 80 InsO an die Stelle des Wohnungseigentümers.

Entsprechend dem Wortlaut der Norm ist auch ein **ausgeschiedener Wohnungseigentümer** prozessführungsbefugt, soweit es um Ansprüche geht, die aus der Zeit seiner Mitgliedschaft in der Wohnungseigentümergemeinschaft stammen. Fraglich ist allerdings, ob auch das Mitglied einer werdenden Wohnungseigentümergemeinschaft klagebefugt ist. Dies wird von der herrschenden Meinung bejaht[2], ich halte diese Auffassung aber für falsch[3].

Musterformulierung nach § 43 Nr. 1 WEG (Verpflichtungsantrag)

Klage

des Herrn Max Muster, Turmhofstraße 3, 51149 Köln,

Kläger,

Prozessbevollmächtigte: XYZ Rechtsanwälte
                                Turmgasse 12
                                50939 Köln
                                Gerichtsfach K 7890

gegen

---

1 KG, Beschl. v. 8. 2. 1984 – 24 U 5302/83, MDR 1984, 308 = WuM 1984, 308.
2 BGH, Beschl. v. 5. 6. 2008 – V ZB 85/07, MietRB 2008,270; BayObLG, Beschl. v. 11. 9. 1985 – BReg 2Z BR 43/85, NJW-RR 1986, 178 = ZMR 1985, 420 = WuM 1986, 158; OLG Düsseldorf, Beschl. v. 2. 2. 1998 – 3 Wx 345/97, NZM 1998, 517 = WE 1998, 230 = ZMR 1998, 449 = NJW-RR 1999, 163; OLG Hamm, Beschl. v. 19. 10. 1999 – 15 W 217/99, ZMR 2000, 128 = WE 2000, 270 = ZWE 2000, 86 =FGPrax 2000, 11.
3 Vgl. dazu Rz. 71.

die Wohnungseigentümergemeinschaft Turmhofstraße 3–7, 51149 Köln, gemäß beiliegender Miteigentümerliste[1],

Beklagte.

Verwalterin: Peter & Paul Verwaltungen GmbH, vertreten durch den Geschäftsführer Paul Peter, Pfeilstraße 11, 50937 Köln.

wegen: Verpflichtungsantrag

Wir bestellen uns für den Kläger und werden beantragen,

die Beklagte zu verpflichten, der Verwalterin den Auftrag zu erteilen, die Firma Heinz Becker Malerbetrieb GmbH, vertreten durch den Geschäftsführer Heinz Becker, Turmgasse 6, 50999 Köln, zu beauftragen, die in der Wohnanlage Turmhofstraße 3 und 5 im Treppenhaus befindlichen Treppengeländer gemäß dem Angebot der Firma Heinz Becker Malerbetrieb GmbH vom 11. 11. 2007 zu einem Preis von EUR 2 345,90 streichen zu lassen.

Begründung:

Der Kläger ist Miteigentümer in der Wohnungseigentümergemeinschaft Turmhofstraße 3–7, 51149 Köln. In der Wohnungseigentümerversammlung vom 11. 11. 2007 warf der Kläger unter TOP 3 die Frage eines Neuanstriches der Treppengeländer auf. Die übrigen anwesenden Miteigentümer ignorierten den Einwand des Klägers und waren weder zu einer Erörterung der Frage bereit, noch ließen sie den Kläger ausreichend zu Wort kommen ...

bb) § 43 Nr. 2 WEG

In den Fällen des § 43 Nr. 2 WEG ist sowohl die **Gemeinschaft der Wohnungseigentümer** als auch der **einzelne Wohnungseigentümer** prozessführungsbefugt. Zur Prozessstandschaft vgl. Rz. 116 ff. Häufig betrifft ein Verfahren nach § 43 Nr. 2 WEG Klagen der Gemeinschaft der Wohnungseigentümer auf Zahlung rückständiger Hausgelder oder Klagen eines Wohnungseigentümers auf Auszahlung von Guthaben aus der Jahresabrechnung bzw. der Rückzahlung zu Unrecht geleisteter Hausgeldvorschüsse.

cc) § 43 Nr. 3 WEG

Prozessführungsbefugt im Sinne von § 43 Nr. 3 WEG sind **einzelne Wohnungseigentümer**, soweit sie aufgrund des Streitgegenstandes oder auf-

---

1 Gemäß § 44 Abs. 1 WEG muss die Miteigentümerliste bis zum Schluss der mündlichen Verhandlung eingereicht bzw. die Miteigentümer namentlich benannt werden.

grund einer Prozessführungsbefugnis zur alleinigen Geltendmachung berechtigt sind. Ebenfalls befugt ist die **Gemeinschaft der Wohnungseigentümer** als Verband sowie der **Verwalter**. Unter den oben genannten Voraussetzungen ist auch der ausgeschiedene Verwalter klagebefugt. Zur Prozessstandschaft vgl. Rz. 116 ff.

dd) §§ 43 Nr. 4, 46 WEG

128 In den Streitigkeiten des § 43 Nr. 4 WEG sowie der Anfechtungsklage nach § 46 WEG ist jeder **Wohnungseigentümer** klagebefugt; ein früherer Wohnungseigentümer jedoch nur, wenn die Entscheidung über die Gültigkeit von Beschlüssen noch Auswirkungen auf ihn haben kann. Dies kann z. B. der Fall sein, wenn ein noch vor seinem Ausscheiden aus der Gemeinschaft gefasster Beschluss über eine Jahresabrechnung oder ein Beschluss über die Entlastung des zur Zeit seiner Mitgliedschaft in der Gemeinschaft tätigen Verwalters[1] für ungültig erklärt werden soll.

Ebenfalls prozessführungsbefugt ist der **Verwalter**. Da die §§ 43 Nr. 4, 46 WEG keine Einschränkung dahingehend enthalten, dass das Anfechtungsrecht des Verwalters auf bestimmte Gegenstände beschränkt ist, ist das Anfechtungsrecht jedenfalls zunächst umfassend zu verstehen. Da ein so weites Anfechtungsrecht des Verwalters indessen zu einer übermäßigen Ausweitung der Verwalterrechte führt, ist meines Erachtens eine teleologische Reduktion dahingehend geboten, dass in Anlehnung an die Rechtsprechung des BGH ein Anfechtungsrecht des Verwalters nur besteht, wenn der anzugreifende Eigentümerbeschluss zumindest **Auswirkungen auf die Rechtsstellung des Verwalters** haben kann[2]. Dies ist z. B. dann der Fall, wenn es sich um die Anfechtung eines Beschlusses über die Verwalterabberufung, -entlastung oder über die Höhe der Verwaltervergütung handelt.

Zur Prozessstandschaft vgl. Rz. 116 ff.

**Musterformulierung nach § 43 Nr. 4 WEG
(Beschlussanfechtungsklage)**

Klage

der Frau Gerda Gente, Turmhofstraße 3, 51149 Köln,

Klägerin,

---

1 BayObLG, Beschl. v. 4. 9. 1986 – BReg 2Z 82/86, BayObLGZ 1986, 348 = NJW-RR 1987, 270 = MDR 1987, 58 = WuM 1987, 166; KG, Beschl. v. 31. 1. 2000 – 24 W 7617/99, ZWE 2000, 274 = NZM 2001, 241; HansOLG, Beschl. v. 21. 10. 2002 – 2 Wx 71/02, OLGReport Hamburg 2003, 241 = ZMR 2003, 128 = WuM 2003, 104.

2 BGH, Beschl. v. 21. 6. 2007 – V ZB 20/07, MDR 2007, 1247 = ZMR 2007, 798; BGH, Beschl. v. 20. 6. 2002 – V ZB 39/01, MDR 2002, 1427 = NJW 2002, 3240 = ZWE 2002, 570.

Prozessbevollmächtigte: XYZ Rechtsanwälte
Turmgasse 12
50939 Köln
Gerichtsfach K 7890

gegen

die **übrigen Miteigentümer der Wohnungseigentümergemeinschaft**
Turmhofstraße 3–9, 51149 Köln, gemäß anliegender Miteigentümerliste,

Beklagte,

Verwalterin: Peter & Paul Verwaltungen GmbH, vertreten durch den Geschäftsführer Herrn Paul Peter, Pfeilstraße 11, 50937 Köln,

Ersatzzustellungsvertreterin: Frau Gerda Schüller, Turmhofstr. 7, 51149 Köln,

wegen: Beschlussanfechtungsklage.

Wir bestellen uns für die Klägerin und werden beantragen,

den Beschluss der Wohnungseigentümerversammlung vom 11. 11. 2007 zu TOP 4 (Sanierung des Schwimmbades) für ungültig zu erklären.

Begründung: ...

ee) § 43 Nr. 5 WEG

§ 43 Nr. 5 WEG betrifft **Klagen Dritter** gegen die Gemeinschaft der Wohnungseigentümer oder einzelne Wohnungseigentümer. Dritter im Sinne der Norm ist, wer kein Wohnungseigentümer ist. Der Verwalter wird nicht als Dritter angesehen.

Prozessführungsbefugt sind dritte Personen, wenn sich die von ihnen erhobene Klage auf das gemeinschaftliche Eigentum, seine Verwaltung oder das Sondereigentum bezieht. Zur Zulässigkeit der Prozessstandschaft vgl. Rz. 116 ff.

c) Entziehungsklage gem. § 18 WEG

Gemäß § 18 Abs. 1 Satz 2 WEG steht die Ausübung des Entziehungsrechts der **Gemeinschaft der Wohnungseigentümer** zu, soweit es sich nicht um eine Gemeinschaft handelt, die nur aus zwei Wohnungseigentümern besteht.

Zu den Einzelheiten vgl. Teil 10, Rz. 4 ff. sowie Teil 10, Rz. 25 ff.

d) Passive Prozessführungsbefugnis – richtiger Beklagter

aa) § 43 Nr. 1 WEG

131 Da § 43 Nr. 1 WEG Streitigkeiten betrifft, die sich aus der Verwaltung des gemeinschaftlichen Eigentums sowie den daraus folgenden Rechten und Pflichten ergeben, kann die Klage entweder gegen die übrigen Wohnungseigentümer oder gegen einen einzelnen Eigentümer aus der Gemeinschaft gerichtet werden. Für Personenmehrheiten gelten die oben unter Rz. 109 ausgeführten Erläuterungen entsprechend.

Die Klage nach § 43 Nr. 1 WEG kann auch gegen den oder die **Erben eines Wohnungseigentümers** oder gegen die **Erwerber einer Wohnung im Zwangsversteigerungsverfahren** gerichtet werden. Dies gilt selbst dann, wenn die Erben noch nicht im Grundbuch als neue Eigentümer eingetragen sind, da das Eigentum im Todesfall kraft Gesetzes auf die Erben übergeht. In der Zwangsversteigerung geht das Eigentum mit dem Zuschlag über. Die Eintragung der Erben oder der Erwerber im Zwangsversteigerungsverfahren stellt eine bloße Grundbuchberichtigung dar[1].

Ist ein Dritter über das Sondereigentum verfügungsbefugt, z.B. ein Insolvenzverwalter, ist anstelle des Wohnungseigentümers der Dritte zu verklagen. Hierbei kann die folgende Formulierung gewählt werden:

Klage

der Frau Gerda Gente, Turmhofstraße 2, 51149 Köln,

Klägerin,

gegen

Herrn Rechtsanwalt XY, Hauptstraße 3, 51149 Köln, als Insolvenzverwalter über das Vermögen des Martin Berg, Ingeborgstraße 4, 51143 Köln,

Beklagter,

---

bb) § 43 Nr. 2 WEG

132 Gegner im Verfahren nach § 43 Nr. 2 WEG kann zum einen die Gemeinschaft der Wohnungseigentümer, zum anderen aber auch ein einzelner Wohnungseigentümer sein. Handelt es sich um ein Verfahren gegen die Gemeinschaft der Wohnungseigentümer, ist der Verwalter gemäß § 27 Abs. 3 Satz 1 Nr. 2 WEG von Gesetzes wegen berechtigt, den gegen die Gemeinschaft gerichteten Rechtsstreit für diese zu führen. Diese Berechtigung kann nicht durch eine Vereinbarung der Wohnungseigentümer

---

1 BayObLG, Beschl. v. 18.3.1993 – 2Z BR 5/93, DWE 1993, 126 = WuM 1993, 487 = WE 1994, 153.

eingeschränkt oder ausgeschlossen werden, vgl. § 27 Abs. 4 WEG. Auch ein aus der Gemeinschaft ausgeschiedener Wohnungseigentümer kann Beklagter im Verfahren nach § 43 Nr. 2 WEG sein[1], so zum Beispiel bei Zahlungsklagen bezüglich rückständiger Hausgelder. Zur Klage gegen die Erben eines Wohnungseigentümers oder Erwerber in der Zwangsversteigerung vgl. Rz. 131.

cc) § 43 Nr. 3 WEG

Beklagter in Verfahren nach § 43 Nr. 3 WEG können der Verwalter, die Gemeinschaft der Wohnungsaeigentümer oder ein einzelner Wohnungseigentümer sein. Die Abgrenzung erfolgt danach, um wessen Angelegenheit es sich handelt. Für Ansprüche gegen den faktischen Verwalter vgl. Rz. 83.

133

dd) §§ 43 Nr. 4, 46 WEG

Die Beschlussanfechtungsklage ist – wie § 46 Abs. 1 Satz 1 1. Variante ausdrücklich regelt – gegen sämtliche übrigen Wohnungseigentümer zu richten. Die Wohnungseigentümer stellen eine notwendige Streitgenossenschaft gemäß § 62 Abs. 1 ZPO dar. Eine Klage gegen die Gemeinschaft der Wohnungseigentümer als Verband ist nicht zulässig und führt wegen mangelnder Passivlegitimation zur Unbegründetheit der Klage. Eine Rubrumsberichtigung ist nicht zulässig[2]. Die Wohnungseigentümer werden bei der Beschlussanfechtungsklage grundsätzlich gemäß § 27 Abs. 2 Nr. 2 WEG von dem Verwalter vertreten. Es steht aber jedem Wohnungseigentümer frei, sich durch einen Prozessbevollmächtigten vertreten zu lassen. Zu beachten ist hierbei § 50 WEG. Danach sind den Wohnungseigentümern nur die Kosten eines bevollmächtigten Rechtsanwaltes zu erstatten, wenn nicht aus Gründen, die mit dem Gegenstand des Rechtsstreites zusammenhängen, eine Vertretung durch mehrere bevollmächtigte Rechtsanwälte geboten war.

134

Zur Bezeichnung der Wohnungseigentümer in der Klageschrift vgl. Rz. 137.

Handelt es sich um eine Klage des Verwalters, ist die Klage gemäß § 46 Abs. 1 Satz 1 2. Variante WEG gegen alle Wohnungseigentümer zu richten.

---

1 BGH, Beschl. v. 26. 9. 2002 – V ZB 24/02, BGHZ 152, 136 = MDR 2003, 43 = NZM 2002, 1004 = ZMR 2002, 941 = NJW 2002, 3709 = WM 2003, 305 zu § 43 Abs. 1 Nr. 1 WEG a. F.
2 AG Hamburg, Urt. v. 10. 4. 2008 – 980 C 192/07, ZMR 2008, 742; AG Bochum, Urt. v. 1. 7. 2008 – 95 C 19/08, ZMR 2008, 740; LG Darmstadt, Beschl. v. 2. 4. 2008 – 19 T 47/07, ZMR 2008, 736.

ee) § 43 Nr. 5 WEG

135 Beklagte in Verfahren des § 43 Nr. 5 WEG können sowohl die Gemeinschaft der Wohnungseigentümer als auch einzelne Wohnungseigentümer sein. Zur Klage gegen den ausgeschiedenen Wohnungseigentümer oder gegen die Erben eines Wohnungseigentümers vgl. Rz. 131.

ff) § 18 WEG – Entziehungsklage

136 Beklagter im Verfahren einer Entziehungsklage ist der einzelne Wohnungseigentümer, der sich einer schweren Pflichtverletzung schuldig gemacht hat.

4. Bezeichnung der Parteien in der Klageschrift

137 Gemäß § 253 Abs. 2 Nr. 1 ZPO müssen die Parteien in der Klageschrift so genau bezeichnet werden, dass kein Zweifel an der Person besteht. In der Regel ist dafür erforderlich, dass eine namentliche Bezeichnung der Parteien erfolgt. Für die Bezeichnung der Wohnungseigentümer in der Klageschrift lässt § 44 Abs. 1 Satz 1 WEG allerdings eine Vereinfachung zu.

a) § 44 Abs. 1 Satz 1 WEG

138 § 44 Abs. 1 Satz 1 WEG bestimmt, dass in Fällen, in denen die **Klage durch oder gegen alle Wohnungseigentümer mit Ausnahme des Gegners** erhoben wird, für deren Bezeichnung in der Klageschrift eine **Kurzbezeichnung** genügt. Zu beachten ist allerdings, dass diese Vereinfachung nur für die **Klagen nach § 43 Nr. 1 und Nr. 4 WEG** gilt und zudem nach dem Wortlaut der Norm auf Wohnungseigentumsanlagen mit einem Verwalter oder sonstigen Zustellungsbevollmächtigten beschränkt ist. Existiert kein Verwalter oder Zustellungsbevollmächtigter, ist daher die Gemeinschaft der Wohnungseigentümer unter Aufzählung aller Miteigentümer zu bezeichnen. Dies ist jedoch insoweit unschädlich, als dass in der Regel nur kleinere Anlagen mit geringen Eigentümerzahlen auf einen Verwalter verzichten, so dass die Namen der Wohnungseigentümer bekannt sein und daher in der Praxis keine Probleme mit deren Benennung entstehen dürften. Sind trotzdem in diesen Fällen nicht alle Miteigentümer bekannt, muss der Rechtsanwalt Einsicht in die Wohnungsgrundbücher nehmen. Jeder Wohnungseigentümer ist nach § 12 Abs. 1 GBO berechtigt, Einsicht in alle Abteilungen der Wohnungsgrundbücher der anderen Wohnungseigentümer zu nehmen[1], um Namen und Anschrift der übrigen Miteigentümer im Verfahren benennen zu können. Das Einsichtsrecht kann von dem Rechtsanwalt des

---

1 OLG Düsseldorf, Beschl. v. 15. 10. 1986 – 3 Wx 340/86, NJW 1987, 1651 = MDR 1987, 417 = Rpfleger 1987, 199.

Wohnungseigentümers als dessen Bevollmächtigten wahrgenommen werden.

Für die in § 44 Abs. 1 WEG genannte **Kurzbezeichnung** ist es ausreichend, wenn sich aus der Klageschrift ergibt, dass die Klage durch die Wohnungseigentümer einer bestimmten Liegenschaft mit Ausnahme des/der Beklagten erhoben wird oder aber sich die Klage gegen alle Wohnungseigentümer mit Ausnahme des Klägers/der Klägerin richtet. Soweit eine **bestimmte Angabe des gemeinschaftlichen Grundstücks** gefordert wird, genügt die **Angabe der postalischen Anschrift** oder die im **Grundbuch enthaltene Bezeichnung**.

Stehen die **Wohnungseigentümer auf Beklagtenseite**, sind gem. § 44 Abs. 1 Satz 1 2. HS WEG in der Klageschrift außerdem der Verwalter und der Ersatzzustellungsvertreter mit Namen und Anschrift zu bezeichnen. § 44 Abs. 1 Satz 1 WEG stellt eine zwingende Regelung dar, so dass für eine ordnungsmäßige Klageerhebung neben der Bezeichnung von Kläger und Beklagten auch die Bezeichnung der Zustellungs- und Ersatzzustellungsvertreter erfolgen muss. Die Bezeichnung beider Zustellungsvertreter ist erforderlich, da es im Ermessen des Gerichts steht, ob die Klage dem Zustellungs- oder dem Ersatzzustellungsvertreter zugestellt wird. 139

Stehen die **Wohnungseigentümer auf Klägerseite**, muss ein Zustellungsvertreter nicht benannt werden. Grund dafür ist, dass in Aktivprozessen eine gemeinschaftliche Klageerhebung ohnehin durch einen Prozessbevollmächtigten erfolgen wird, an den dann gem. § 172 Abs. 1 Satz 1 ZPO die Zustellung erfolgt. 140

b) § 44 Abs. 1 Satz 2 WEG

§ 44 Abs. 1 Satz 2 WEG bestimmt, dass die **namentliche Bezeichnung** der **verklagten Wohnungseigentümer** spätestens bis zum **Schluss der mündlichen Verhandlung** zu erfolgen hat. Diese Bezeichnung erfolgt durch Einreichung einer **aktuellen Miteigentümerliste**, aus der sich die genauen Adressen der Miteigentümer ergeben müssen. Unterbleibt die Einreichung der Miteigentümerliste, so sind die Voraussetzungen der hinreichenden Bestimmtheit aus § 253 Abs. 2 Nr. 1 ZPO, der durch § 44 WEG lediglich abgewandelt wird, nicht erfüllt. Es ist nicht ausreichend, wenn lediglich die Adresse des Verwalters als Zustellungsvertreter angegeben wird, da eine Maßnahme der Zwangsvollstreckung gegen die Kläger- oder Beklagtenpartei dort nicht stattfinden kann. 141

Liegt bis zum Schluss der mündlichen Verhandlung keine genaue Bezeichnung der Wohnungseigentümer vor, ist die Klage als unzulässig abzuweisen[1]. 142

---

[1] *Bärmann/Pick*, § 44 WEG Rz. 3; Niedenführ/Kümmel/Vandenhouten/*Niedenführ*, § 44 WEG Rz. 9.

◯ **Hinweis:**

143 Liegt dem vertretenen Wohnungseigentümer keine aktuelle Miteigentümerliste vor, so muss der Verwalter zur Übersendung einer aktuellen Liste aufgefordert werden, damit diese anschließend bei Gericht eingereicht werden kann[1]. Jeder Wohnungseigentümer hat gegen den Verwalter aus dem Verwaltervertrag einen Anspruch auf Auskunft über die Namen der Mitglieder der Gemeinschaft[2] und auf Herausgabe einer aktuellen Miteigentümerliste[3]. In der Gemeinschaft der Wohnungseigentümer gibt es keinen Datenschutz[4]. Weigert sich der Verwalter, die Liste herauszugeben, kann er im Wege der einstweiligen Verfügung zur Herausgabe gezwungen werden.

Bestehen Zweifel an der Aktualität der Miteigentümerliste, weil nicht alle Mitberechtigten (z. B. Ehepartner als Miteigentümer) in der Liste enthalten sind, muss der Verwalter zur Erstellung einer aktuellen Miteigentümerliste aufgefordert werden. Der Verwalter ist gemäß §§ 675, 666, 676 BGB im Rahmen seiner Pflicht zur ordnungsmäßigen Erfüllung seiner Verwalterpflichten verpflichtet, jedem Mitglied der Wohnungseigentümergemeinschaft auf Verlangen und bei berechtigtem Anlass eine aktuelle Miteigentümerliste herauszugeben. Der Verwalter ist auch verpflichtet, eine solche Liste anhand der ihm zugänglichen Unterlagen mit Hilfe des Grundbuchamtes zu erstellen[5].

Erstellt der Verwalter trotz mehrfacher Aufforderung keine aktuelle Miteigentümerliste, kann bei Eilbedürftigkeit der Erlass einer einstweiligen Verfügung beantragt oder die Verpflichtung zur Herausgabe der Liste mittels einer Verpflichtungsklage erstritten werden. In einem solchen Verfahren sollte angeregt werden, dem Verwalter gemäß § 49 Abs. 2 WEG die Kosten des Verfahrens aufzuerlegen.

c) § 44 Abs. 2 WEG

144 Auch wenn nicht alle Wohnungseigentümer an dem Rechtsstreit beteiligt sind, sind die **übrigen Miteigentümer** nach § 44 Abs. 2 WEG entspre-

---

1 OLG Frankfurt/Main, Beschl. v. 16. 2. 1984 – 20 W 866/83, OLGZ 1984, 258; BayObLG, Beschl. v. 8. 6. 1984 – 2 Z 7/84, BayObLGZ 1984, 133 = MDR 1984, 133 = WuM 1984, 304; AG Köln, Beschl. v. 5. 10. 1998 – 204 II 135/98, ZMR 1999, 67.
2 OLG Saarbrücken, Beschl. v. 29. 8. 2006 – 5 W 72/06, WE 2007, 105 = ZMR 2007, 141; AG Saarbrücken, Beschl. v. 3. 6. 2005 – 1 WEG II 167/04, ZMR 2005, 828; BayObLG, Beschl. v. 8. 6. 1984 – BReg 2Z 7/84, BayObLGZ 1984, 133 = MDR 1984, 850 = WuM 1984, 304; OLG Frankfurt/Main, Beschl. v. 16. 2. 1984 – 20 W 866/83, OLGZ 1984, 258.
3 OLG Saarbrücken, Beschl. v. 29. 8. 2006 – 5 W 72/06, ZMR 2007, 141 = WE 2007, 105.
4 OLG Frankfurt/Main, Beschl. v. 16. 2. 1984 – 20 W 866/83, OLGZ 1984, 258; BayObLG, Beschl. v. 8. 6. 1984 – 2 Z 7/84, BayObLGZ 1984, 133 = MDR 1984, 850 = WuM 1984, 304; AG Köln, Beschl. v. 5. 10. 1998 – 204 II 135/98, ZMR 1999, 67.
5 AG Köln, Beschl. v. 15. 8. 2002 – 204 II 184/02, n. v.

chend § 44 Abs. 1 WEG zu bezeichnen und vom Gericht beizuladen. Etwas anderes gilt gemäß § 44 Abs. 2 Satz 2 WEG nur dann, wenn das Gericht von einer Beiladung absieht. Da allerdings zum Zeitpunkt der Klageerhebung noch nicht vorhersehbar ist, ob das Gericht die übrigen Miteigentümer beiladen wird, sollten diese von Anfang an ordnungsgemäß in der Klageschrift bezeichnet werden. Auch hier genügt zunächst die oben unter Rz. 138 angesprochene **Kurzbezeichnung** nach dem gemeinschaftlichen Grundstück, eine vollständige Bezeichnung muss spätestens bis zum Schluss der mündlichen Verhandlung nachgeholt werden.

Den beteiligten Wohnungseigentümern ist gemäß § 48 Abs. 1 Satz 3 WEG die Klageschrift mit den Verfügungen des Vorsitzenden des Gerichts zuzustellen.

d) Prozessbevollmächtigte

Die Prozessbevollmächtigten des Klägers und der Beklagten sind mit Namen und ladungsfähiger Anschrift anzugeben, soweit sie dem Kläger bereits bekannt sind. Für die gegnerischen Rechtsanwälte gilt dies nur, soweit diese bereits mitgeteilt haben, dass sie für die Klage zustellungsbevollmächtigt sind.

145

e) Zustellungsvertreter/Ersatzzustellungsvertreter
aa) Zustellungsvertreter

Gemäß § 45 Abs. 1 WEG ist der **Verwalter Zustellungsvertreter** der Gemeinschaft der Wohnungseigentümer, wenn die übrigen Wohnungseigentümer mit Ausnahme des Klägers Beklagte sind oder wenn einige der Wohnungseigentümer gemäß § 49 Abs. 1 Satz 1 WEG beizuladen sind. Der Verwalter ist daher in der Klageschrift mit Namen und genauer Anschrift zu bezeichnen.

146

Die Entscheidung, ob tatsächlich an den Verwalter zugestellt wird, liegt im Ermessen des Gerichts. So kann es z. B. in kleineren Wohnungseigentümergemeinschaften sinnvoll sein, die Zustellung an alle betroffenen Wohnungseigentümer zu veranlassen. Auch kann bei Zweifeln an der Neutralität des Verwalters oder bei Verdacht auf eine Interessenkollision gegenüber dem Gericht angeregt werden, die Klageschrift einzeln an alle Wohnungseigentümer zuzustellen[1]. Erfolgt die Zustellung an alle Wohnungseigentümer, obwohl an den Verwalter hätte zugestellt werden kön-

---

[1] Niedenführ/Kümmel/Vandenhouten/*Niedenführ*, § 45 WEG Rz. 9; *Bärmann/Pick*, § 45 WEG Rz. 3; *Köhler*, WEG, Rz. 574; BGH, Urt. v. 25. 9. 1980 – VII ZR 276/79, BGHZ 78, 166 = MDR 1981, 220 = ZMR 1981, 125 = WM 1981, 20 = NJW 1981, 282.

nen, sind die Kosten wegen unrichtiger Sachbehandlung gegebenenfalls vom Gericht nicht zu erheben[1].

◯ **Hinweis:**

147 Da der Verwalter schon nach altem Recht als Zustellungsvertreter angesehen wurde, genügte nach § 189 Abs. 1 ZPO a. F. zur Zustellung an die Gemeinschaft der Wohnungseigentümer die Übergabe von nur einer Ausfertigung an den Verwalter[2]. Obwohl das neue Zustellungsrecht keine ausdrückliche Regelung mehr enthält, dürften die alten Grundsätze nach wie vor anwendbar sein.

Tritt der Verwalter in demselben Verfahren als Gegner der Wohnungseigentümer auf (z. B. im Verfahren nach § 43 Nr. 2 WEG) oder liegt eine Interessenkollision vor, ist er entsprechend dem Rechtsgedanken des § 178 Abs. 2 ZPO kein tauglicher Zustellungsvertreter.

148 Eine **Interessenkollision** liegt nahe, wenn aufgrund des Streitgegenstandes die Gefahr besteht, der Verwalter werde die Wohnungseigentümer nicht sachgerecht über das Verfahren unterrichten. Die Regelung des § 45 Abs. 1 WEG knüpft an die von der Rechtsprechung für das bisherige FGG – Verfahren entwickelten Grundsätze an, nach denen eine Interessenkollision des Verwalters nur in sehr seltenen Fällen bejaht wurde. Auch besteht im Rahmen des § 45 WEG weiterhin Uneinigkeit darüber, ob ein Ausschlussgrund schon dann angenommen werden kann, wenn ein **abstrakter Interessenkonflikt** vorliegt oder ob ein **Interessenkonflikt im konkreten Einzelfall** vorliegen muss.

Da weder der Gesetzesbegründung noch dem Gesetzeswortlaut zu entnehmen ist, dass die bisherige Rechtsprechung die Ausschlussgründe zu restriktiv gehandhabt hat, ist meines Erachtens auch im Rahmen des § 45 Abs. 1 WEG zu prüfen, ob Anhaltspunkte dafür bestehen, dass der Verwalter die übrigen Wohnungseigentümer nicht ordnungsmäßig über den Verlauf des anhängigen Verfahrens unterrichtet. Für die Annahme solcher Anhaltspunkte reicht es nicht aus, dass der Ausgang des Rechtsstreites im weitesten Sinne auch die Interessen des Verwalters berührt[3]. Erforderlich ist vielmehr, dass die konkrete, auf den Einzelfall bezogene, anhand konkreter Verhaltensweisen des Verwalters nachzuvollziehende Befürchtung besteht, dass der Verwalter die übrigen Miteigentümer nicht vollumfänglich und ordnungsmäßig über den Verlauf des anhängigen Verfahrens unterrichtet.

---
1 BayObLG, Beschl. v. 12. 2. 2004 – 2Z BR 261/03, BayObLGZ 2004, 31 = NZM 2004, 386 = NJW-RR 2004, 1092 = ZMR 2005, 460; OLG Hamm, Beschl. v. 10. 1. 1985 – 15 W 300/84, Rpfleger 1985, 257 = WE 1986, 125.
2 BGH, Urt. v. 25. 9. 1980 – VII ZR 276/79, BGHZ 78, 166 = MDR 1981, 220 =NJW 1981, 282 = WM 1981, 20 = ZMR 1981, 125.
3 So aber *Hogenschurz*, ZMR 2005, 765; Staudinger/*Bub*, § 27 WEG Rz. 235; Bärmann/Pick/Merle/*Merle*, § 27 WEG Rz. 131.

Eine konkrete Gefahr kann angenommen werden, wenn das Vertrauens- 149
verhältnis zwischen dem Verwalter und einigen oder allen von ihm vertretenen Wohnungseigentümern nachhaltig gestört ist, z.B. weil der Verwalter Pflichtverletzungen begangen hat, die seine Abberufung aus wichtigem Grund rechtfertigen würden. Eine Interessenkollision liegt weiter vor, wenn der Verwalter im Beschlussanfechtungsverfahren einen Beschluss selbst anficht oder einem bereits laufenden Anfechtungsverfahren als Nebenintervenient beitritt. Will der Verwalter ohne Grund einzelne Wohnungseigentümer nicht am Verfahren beteiligen[1], ist dies ein konkreter Anhaltspunkt dafür, dass er seine Funktion als Zustellungsbevollmächtigter nicht ordnungsgemäß ausübt und kein tauglicher Zustellungsvertreter ist.

Eine Interessenkollision liegt demgegenüber nicht vor, wenn ein Wohnungseigentümer den Beschluss über die Entlastung des Verwalters anficht und die Entlassung des Verwalters verlangt[2], da alleine die Tatsache der Anfechtung des Entlastungsbeschlusses nicht die Annahme rechtfertigt, der Verwalter werde die Wohnungseigentümer nicht sachgerecht über das Verfahren unterrichten. Entsprechendes gilt, wenn im Wege der Feststellungsklage die gerichtliche Klärung der Verwalterstellung angestrebt oder der Beschluss über die Bestellung des Verwalters angefochten wird. Auch das wirtschaftliche Interesse des Verwalters an der von ihm zu verantwortenden Jahresabrechnung rechtfertigt es noch nicht, im Falle der Anfechtung der Jahresabrechnung eine Interessenkollision des Verwalters anzunehmen[3]. 150

Da in den Fällen einer Interessenkollision die Zustellung an den Verwalter unzulässig ist, kann an den von den Wohnungseigentümern gemäß § 45 Abs. 2 Satz 1 WEG bestellten **Ersatzzustellungsvertreter** zugestellt werden. Wurde trotz vorliegender Ausschlussgründe an den Verwalter zugestellt, ist die Zustellung rechtlich unwirksam. Der Verwalter ist jedoch aufgrund einer aus § 241 Abs. 1 BGB herrührenden Nebenpflicht des Verwaltervertrages verpflichtet, die Wohnungseigentümer über die Zustellung zu informieren. 151

Stellt in einem Verfahren, in dem der Verwalter als Zustellungsbevollmächtigter fungiert, ein einzelner Wohnungseigentümer als Beklagter einen eigenen Antrag, sind Zustellungen zusätzlich auch an den Wohnungseigentümer zu bewirken. Aufgrund der Interessenvertretung für die Gemeinschaft der Wohnungseigentümer kann der Verwalter den Wohnungseigentümer bei der Zustellung nicht mehr vertreten[4].

---
1 OLG Düsseldorf, Beschl. v. 13. 9. 2006 – 3 Wx 81/06 = ZMR 2007, 126 = WE 2007, 128 = WuM 2006, 646.
2 BayObLG, Beschl. v. 1. 7. 1997 – 2Z BR 23/97, ZMR 1997, 613 = WE 1998, 118.
3 So auch Hügel/Elzer/*Elzer*, § 13 Rz. 98.
4 KG, Beschl. v. 17. 5. 2000 – 24 W 3651/99, WuM 2000, 503 = NZM 2001, 105 = WE 2001, 126 = ZMR 2000, 698.

bb) Ersatzzustellungsvertreter

152 Die **Bestellung** eines Ersatzzustellungsvertreters nebst dessen Vertreter ist gemäß **§ 45 Abs. 2 WEG** eine „Pflicht" der Wohnungseigentümer. Obwohl der Gesetzeswortlaut davon spricht, dass die Wohnungseigentümer einen Ersatzzustellungsvertreter „zu bestellen haben", handelt es sich bei dieser Bestellung meines Erachtens lediglich um eine Obliegenheit. Das Gesetz enthält für den Fall, dass kein Ersatzzustellungsvertreter bestellt wird, keine Sanktionsvorschriften. Die einzige Folge eines fehlenden Ersatzzustellungsbevollmächtigten ist, dass das Gericht entweder von Amts wegen einen Ersatzzustellungsbevollmächtigten bestellt oder die Zustellung an alle einzelnen Miteigentümer anordnet. Zwar können im Falle eines fehlenden Ersatzzustellungsbevollmächtigten den Wohnungseigentümern die Kosten für die Einzelzustellungen auferlegt werden, weitere Sanktionen haben die Wohnungseigentümer jedoch nicht zu befürchten.

Da auch der Ersatzzustellungsvertreter ein **echter Zustellungsvertreter** im Sinne der ZPO ist, ist er kein Zustellungsbevollmächtigter. Es genügt daher, wenn ihm lediglich eine Ausfertigung oder Abschrift des Schriftstücks überlassen wird[1]. Der Ersatzzustellungsvertreter hat dann alle Miteigentümer entweder über den Inhalt des Schriftstückes in Kenntnis zu setzen oder das Schriftstück an die Miteigentümer zu verteilen.

153 Zum Ersatzzustellungsvertreter kann **jede natürliche Person** bestellt werden, unabhängig davon, ob sie Wohnungseigentümer ist oder nicht. Erforderlich ist lediglich die Bereitschaft zur Übernahme der Aufgaben eines Ersatzzustellungsvertreters, da ein Beschluss zu Lasten Dritter nach allgemeinen Grundsätzen unzulässig ist[2].

Erforderlich ist nach meiner Auffassung zudem, dass das Gericht vor der Bestellung des Ersatzzustellungsbevollmächtigten die übrigen Miteigentümer anhört. Wird diese Anhörung nicht vorgenommen, liegt darin ein Verstoß gegen den Grundsatz der Gewährung rechtlichen Gehörs gemäß Art. 103 GG[3].

Sofern das Gericht die Zustellung an den Ersatzzustellungsvertreter anordnet, tritt dieser gemäß § 45 Abs. 2 Satz 2 WEG in die primär dem Verwalter als Zustellungsbevollmächtigten zustehenden Aufgaben und Befugnisse ein. Allerdings ist auch hinsichtlich des Ersatzzustellungsver-

---

[1] Vgl. *Köhler*, Rz. 575; MünchKomm/*Wenzel*, ZPO, Aktualisierungsband ZPO-Reform, § 170 Rz. 6, 7; BGH, Urt. v. 25. 9. 1980 – VII ZR 276/79, BGHZ 78, 166 = MDR 1981, 220 = ZMR 1981, 125 = NJW 1981, 282.
[2] Vgl. *Abramenko*, § 7 Rz. 36; *Hügel/Elzer*, § 13 Rz. 116; *Schmid/Kahlen*, § 45 Rz. 17; *Hogenschurz*, ZMR 2005, 764.
[3] So auch Jennissen/*Suilmann*; § 45 Rz. 53 unter Hinweis auf BayObLG, Beschl. v. 9. 8. 1989 – 2 Z 60/89, BayObLGZ 1989, 342 = NJW-RR 1989, 1168.

treters zu überprüfen, ob dieser wegen seiner Parteirolle oder aus Gründen der Interessenkollision als Zustellungsvertreter ausscheidet. Haben die Wohnungseigentümer noch keinen Ersatzzustellungsvertreter bestellt, muss das Gericht – entgegen dem Wortlaut „kann" in § 45 Abs. 3 WEG – eine Bestellung von Amts wegen vornehmen, sofern es nicht die direkte Zustellung an die Miteigentümer anordnet. Ein Ermessen des Gerichts besteht nur hinsichtlich des „Wie" der Bestellung, nicht aber hinsichtlich des „Ob".

Das Gericht ist bei der Entscheidung darüber, welche Person es als Ersatzzustellungsvertreter bestellt, nicht an einen eventuell vorliegenden Antrag eines Wohnungseigentümers gebunden. Auch gibt es keinen Erfahrungssatz dahingehend, dass der Beiratsvorsitzende primär als Zustellungsbevollmächtigter anzusehen ist, nur weil er das Amt des Vorsitzenden ausübt. Das Gericht kann vielmehr aus der Mitte der Wohnungseigentümer eine Person auswählen, sofern sich diese bereit erklärt, das Amt auszuüben. 154

Die Ermessensentscheidung des Gerichtes, welche Person es zum Ersatzzustellungsvertreter auswählt, ist nur eingeschränkt dahingehend überprüfbar, ob eine korrekte Ermessensausübung vorlag.

5. Klageantrag

Nach dem Übergang vom FGG-Verfahren in das ZPO-Verfahren gelten jetzt erhöhte Anforderungen an die Formulierung des Klageantrages. 155

a) Hinreichende Bestimmtheit gemäß § 253 Abs. 2 Nr. 2 ZPO

In der Klageschrift muss nach § 253 Abs. 2 Nr. 2 ZPO ein hinreichend bestimmter Klageantrag gestellt werden, d. h. der Kläger muss genau festlegen, über welchen Streitgegenstand entschieden werden soll. Das Gericht ist an den Antrag des Klägers gebunden und kann diesen nicht mehr, wie im früheren FGG-Verfahren, so auslegen, dass die Entscheidung zu dem von dem Kläger erkennbar gewünschten Ergebnis führt. 156

Bei der Antragsformulierung ist erhöhte Sorgfalt geboten. Die richtige Formulierung des Klageantrages hängt davon ab, welche Art der Klage erhoben wird und welches Ergebnis erzielt werden soll.

b) Anfechtungsklage nach § 46 WEG

Ziel einer Beschlussanfechtungsklage nach § 46 WEG ist die Erklärung der **Ungültigkeit eines Beschlusses** der Wohnungseigentümer. Teilweise wird vertreten, dass auch die Klageerhebung zur teilweisen Ungültigerklärung eines Beschlusses, z. B. der Angriff einzelner Positionen einer 157

Jahresabrechnung, zulässig ist[1]. Diese Ansicht ist jedoch zumindest hinsichtlich der Anfechtung eines Beschlusses über die Jahresabrechnung abzulehnen. Werden einzelne Positionen der Abrechnung angegriffen und stellt sich heraus, dass die Jahresabrechnung nicht ordnungsmäßiger Verwaltung entspricht, ist der gesamte Beschluss über die Jahresabrechnung für ungültig zu erklären. Gegenstand des Beschlussanfechtungsverfahrens war nicht lediglich ein Teil des Beschlusses, sondern der Beschluss über die gesamte Jahresabrechnung.

Eine **teilweise Ungültigerklärung** eines Beschlusses kommt nur dann in Betracht, wenn der Beschluss aus mehreren, selbständig angreifbaren Einzelentscheidungen besteht.

158 In dem Klageantrag muss der angegriffene Beschluss genau bezeichnet sein. Angegeben werden muss das **Datum der Wohnungseigentümerversammlung**, in der der Beschluss gefasst wurde, sowie der angegriffene **Tagesordnungspunkt** des betreffenden Beschlusses. Sinnvoll erscheint zudem eine stichwortartige, sinngemäße Angabe des **Beschlussinhaltes**, damit in Zweifelsfällen anhand des Inhaltes überprüft werden kann, welcher Beschluss angegriffen werden soll.

⊃ **Hinweis:**

159 Da im Beschlussanfechtungsverfahren das Gericht den angegriffenen Beschluss nicht ändern oder durch einen neuen Beschluss ersetzen kann, muss im Wege der objektiven Antragshäufung bei der Anfechtung von sogenannten **Negativbeschlüssen** zusätzlich ein Antrag auf **Feststellung** eines positiven Beschlussergebnisses oder ein **Verpflichtungsantrag** gestellt werden. Ein Negativbeschluss beeinträchtigt den einzelnen Wohnungseigentümer regelmäßig nicht in seinen Rechten, da er keine „Sperrwirkung" für spätere Beschlussfassungen über denselben Beschlussgegenstand entfaltet. Es fehlt daher an einem Rechtsschutzbedürfnis[2]. Dies gilt auch deshalb, weil der Anfechtende mit der Ungültigerklärung des Beschlusses sein Ziel der Durchführung einer Maßnahme noch nicht erreichen kann. Nach richtiger Auffassung des BGH ist das Rechtsschutzbedürfnis für einen Anfech-

---

1 OLG München, Beschl. v. 20. 2. 2008 – 34 Wx 65/07, m.w.N., MietRB 2008, 272; BGH, Beschl. v. 15. 3. 2007 – V ZB 1/06, BGHZ 171, 335 = ZMR 2007, 623 = NZM 2007, 358 = NJW 2007, 1869 = WM 2007, 1079; OLG Frankfurt/Main, Beschl. v. 16. 10. 2006 – 20 W 178/03, n. v.; OLG Frankfurt/Main, Beschl. v. 15. 11. 2005 – 20 W 130/03, OLGReport Frankfurt 2006, 617 = ZWE 2006, 194; BayObLG, Beschl. v. 20. 3. 2003 – 2Z BR 12/03, ZMR 2003, 692 = WuM 2003, 413; BayObLG, Beschl. v. 7. 3. 2002 – 2Z BR 77/01, WuM 2002, 333; BayObLG, Beschl. v. 7. 8. 2001 – 2Z BR 38/01, ZWE 2002/33 = ZMR 2001, 996.
2 BGH, Beschl. v. 19. 2. 2002 – V ZB 30/02, BGHZ 152, 46 = ZMR 2002, 930 = NJW 2002, 3704 = WuM 2003, 47, BayObLG, Beschl. v. 2. 2. 2005 – 2Z BR 122/04, DNotZ 2005, 789 = FGPrax 2005, 106 = ZfIR 2005, 658; BayObLG, Beschl. v. 26. 9. 2003 – 2Z BR 25/03, WuM 2004, 736.

tungsantrag jedenfalls dann nicht zu verneinen, wenn mit dem Anfechtungsantrag ein Feststellungsantrag oder ein Verpflichtungsantrag verbunden wird.

⊃ **Praxishinweis:**
Voraussetzung für das Vorliegen eines Rechtsschutzbedürfnisses zur Anfechtung eines Negativbeschlusses ist nach der Rechtsprechung des BGH, dass der mit der Anfechtung verbundene Leistungs- oder Feststellungsantrag einen mit dem Negativbeschluss korrespondierenden Streitgegenstand hat. Diesbezüglich ist in der Praxis bereits die folgende interessante Fallgestaltung aufgetreten:

160

Beispiel für eine problematische Fallgestaltung:
Die Wohnungseigentümer haben in der Wohnungseigentümerversammlung vom 9. 11. 2007 einen Negativbeschluss hinsichtlich der außerordentlichen Kündigung des Verwaltervertrages gefasst. Mit Klage vom 10. 12. 2007 (der 9. 12. 2007 war ein Sonntag) beantragten die Kläger, den Negativbeschluss für ungültig zu erklären. Gleichzeitig beantragten sie, den Verwalter mit sofortiger Wirkung von seinem Amt abzuberufen. Die Kläger begründeten ihre Anträge damit, dass ein Rechtsschutzinteresse des Anfechtenden nur vorliege, wenn mit der Anfechtung des Negativbeschlusses auch ein Antrag auf positive Beschlussfeststellung gestellt werde. Da in dem Beschluss über die Kündigung des Verwaltervertrages auch der Beschluss über die Abberufung des Verwalters liege, sei der Leistungsantrag zulässig.

Problematisch ist hier, dass die Anfechtung des Negativbeschlusses über die Kündigung des Verwaltervertrages und der Leistungsantrag auf Abberufung des Verwalters nicht miteinander korrespondieren. Der Beschluss über die Ablehnung des Antrags auf Kündigung des Verwaltervertrages ist etwas anderes als der Antrag auf Abberufung des Verwalters. Beide Anträge verfolgen unterschiedliche Ziele, so dass zwei unterschiedliche Streitgegenstände vorliegen. Unabhängig davon, dass die Abberufung des Verwalters vor Klageerhebung noch nicht Gegenstand einer Wohnungseigentümerversammlung war und daher vor Klageerhebung erst noch das Entscheidungsgremium der Eigentümerversammlung mit dem Antrag befasst werden müsste, liegt aufgrund der unterschiedlichen Streitgegenstände schon kein mit dem Negativbeschluss korrespondierender Leistungsantrag vor. Es fehlt daher für die Anfechtung des Negativbeschlusses das Rechtsschutzbedürfnis, da kein entsprechender Leistungs- oder Feststellungsantrag gestellt wurde.

Es ergibt sich dann die Folgefrage, ob die Kläger einen korrespondierenden Leistungsantrag noch nachholen und damit die Klage noch zulässig machen können. Eine Nachholung eines entsprechenden Leistungsantrages ist meines Erachtens nur innerhalb der zweimonatigen Klagebegründungsfrist des § 46 Abs. 1 Satz 2 WEG möglich. Sinn und Zweck des § 46 WEG ist die Festlegung eines Zeitraumes, innerhalb dessen die Streitgegenstände festgelegt und konkretisiert werden müssen. Alle für die Zulässigkeit und Begründetheit einer Klage erforderlichen Begründungen und Anträge sind daher innerhalb der Frist des § 46 Abs. 1 Satz 2 WEG vorzutragen und zu stellen. Anderenfalls würde der Sinn und Zweck der Fristsetzung, die auch dem Schutz der Parteien dienen soll, unterlaufen.

**Musterantrag Beschlussanfechtungsklage
(zugleich Antrag nach § 43 Nr. 1 WEG – Verpflichtung zu Maßnahmen)**

161 Wir bestellen uns unter Versicherung ordnungsmäßiger Bevollmächtigung für die Klägerin und werden beantragen,

den Beschluss der Wohnungseigentümerversammlung vom 14. 12. 2006 zu TOP 4 (Ablehnung des Antrages, den im Garten stehenden Sandkasten zu reparieren) für ungültig zu erklären.

Wir werden weiter beantragen,

die Beklagten zu verurteilen, dem Antrag zuzustimmen, die Verwalterin zu beauftragen, eine Reparatur des Sandkastens in dem Garten der Wohnungseigentümergemeinschaft Ingeborgstr. 22–28, 51149 Köln, durchführen zu lassen, und zwar durch die Firma XYZ-Gartengestaltung, 51143 Köln, gemäß deren Angebot vom 11. 12. 2006 in Höhe von 1 898,75 Euro.

Begründung:

...

⊃ **Hinweis:**

162 Die Beschlussanfechtungsklage muss **innerhalb eines Monats** nach Beschlussfassung der Wohnungseigentümerversammlung erhoben und **innerhalb von zwei Monaten begründet** werden, vgl. § 46 Abs. 1 Satz 2 WEG. Maßgeblich für die Fristberechnung ist der Tag der Beschlussfassung.

Für den Verpflichtungsantrag gilt diese Begründungsfrist nicht, so dass dieser schon bei der Klageerhebung ordnungsgemäß zu begründen ist, vgl. Rz. 184.

c) Leistungsklage

163 Gegenstand einer Leistungsklage kann sowohl die Vornahme als auch die Unterlassung von Handlungen sein. Leistungsklagen sind in den Fällen des § 43 Nr. 1, 2, 3 und 5 WEG möglich, je nachdem, welche Parteien betroffen sind. Natürlich sind auch Klagen auf zukünftige oder wiederkehrende Leistungen entsprechend §§ 257 – 259 ZPO zulässig. Gemäß § 258 ZPO ist es z. B. möglich, den Anspruch auf Zahlung von **Hausgeld**

als ständig wiederkehrende Leistung auch für noch nicht fällige (aber bereits bestimmbare) zukünftige Hausgelder geltend zu machen. Dies erfolgt durch eine Verbindung der Urkundenklage gemäß § 592 ZPO mit der Klage auf zukünftige wiederkehrende Leistungen gemäß § 258 ZPO. Die Hausgelder stellen zukünftige, wiederkehrende Leistungen im Sinne des § 258 ZPO dar. Vorteil der Verbindung der Klagen ist, dass nicht jeden Monat eine Klageerweiterung bezüglich des fällig gewordenen Hausgeldes eingereicht werden muss. Zum Beweis der Fälligkeit der zukünftigen Hausgelder muss der Klage jedoch der beschlossene Gesamt- und Einzelwirtschaftsplan für das jeweilige Jahr beigefügt werden, aus dem sich die Höhe und Fälligkeit des Hausgeldes ergibt. Zur Urkundenklage vgl. Rz. 318.

aa) Zahlungsanträge

Bei Zahlungsanträgen ist der zu zahlende Betrag genau anzugeben, es sei denn, es ist ausnahmsweise ein unbezifferter Zahlungsantrag zulässig[1]. Da das Gericht an den Klageantrag gebunden ist und dem Kläger nicht mehr zusprechen darf, als dieser beantragt hat[2], muss die Zahlung von Zinsen als Nebenforderung gesondert beantragt werden. Dabei müssen sowohl Zinssatz als auch Beginn der Zinspflicht genau bezeichnet werden. Bei Verzugs- und Prozesszinsen kann der Zinssatz nach dem Wortlaut des § 288 Abs. 1 Satz 1, Abs. 2 BGB angegeben werden.

164

Bei der Antragsformulierung ist danach zu unterscheiden, an wen die Zahlung erbracht werden soll. Wurde der Verwalter als Prozessstandschafter bestellt und zur Geltendmachung von Zahlungsansprüchen der Wohnungseigentümer ermächtigt, ist Zahlung an den Verwalter zu beantragen. Liegt keine Prozessstandschaft vor, ist grundsätzlich eine Zahlung an die Gemeinschaft der Wohnungseigentümer zu beantragen. Es kann aber auch in diesem Fall zweckmäßig sein, Zahlung an den Verwalter zu beantragen, da es bei Zahlung an die „übrigen Miteigentümer" zu Abwicklungsschwierigkeiten kommen kann.

**Musterformulierung
(Verwalter als Prozessstandschafter, zugleich Antrag nach § 43 Nr. 1 WEG)**

Klage

der Peter & Paul Verwaltungen GmbH, vertreten durch den Geschäftsführer Herrn Paul Peter, Pfeilstraße 11, 50937 Köln,

---

1 *Baumbach/Lauterbach/Albers/Hartmann*, § 253 ZPO Rz. 49; Zöller/*Greger*, § 253 ZPO Rz. 13a.
2 BGH, Urt. v. 20. 11. 1992 – V ZR 279/91, NJW 1993, 593 = WM 1993, 335 = ZMR 1993, 176 = MDR 1993, 342.

in gewillkürter Prozessstandschaft für die Wohnungseigentümergemeinschaft Ingeborgstr. 22–28, 51149 Köln,

Klägerin,

Prozessbevollmächtigte: XYZ Rechtsanwälte
Turmgasse 12
50939 Köln
Gerichtsfach K 7890

gegen

Herrn Ralf Schulz, Ingeborgstr. 26, 51149 Köln,

Beklagter,

Frau Gerda Schüller, Ingeborgstraße 22, 51149 Köln,

Ersatzzustellungsvertreterin gem. § 45 Abs. 2 WEG,

wegen: Zahlung rückständiger Hausgelder

Streitwert: 1 243,34 Euro

Unter Versicherung ordnungsmäßiger Bevollmächtigung bestellen wir uns für die Klägerin und werden beantragen,

den Beklagten zu verurteilen, an die Klägerin 1 213,34 Euro nebst Zinsen in Höhe von 5 Prozentpunkten über dem Basiszinssatz seit dem 12. 1. 2007/ab Rechtshängigkeit zu zahlen.

Begründung: ...

165　Ist die Gemeinschaft der Wohnungseigentümer selbst Klägerin und wurde beschlossen, dass die Zahlung an die Verwalterin erfolgen soll, lautet der Antrag wie folgt:

Musterantrag:

Unter Versicherung ordnungsmäßiger Bevollmächtigung bestellen wir uns für die Klägerin und werden beantragen,

den Beklagten zu verurteilen, an die Klägerin, zu Händen der Verwalterin, 1 213,34 Euro nebst Zinsen in Höhe von 5 Prozentpunkten über dem Basiszinssatz seit dem 12. 1. 2003 zu zahlen.

bb) Anträge auf Herausgabe

166　Bei Anträgen auf Herausgabe von Gegenständen (z. B. Verwalterunterlagen, Geld) müssen die Gegenstände so genau bezeichnet sein, dass sie im Falle einer Zwangsvollstreckung identifizierbar sind.

Will die Gemeinschaft der Wohnungseigentümer z. B. von dem ehemaligen Verwalter die Herausgabe der Verwalterunterlagen erzwingen, weiß aber nicht, welche Unterlagen dieser noch im Besitz hat, kann sie im Wege der Stufenklage zunächst entweder Auskunft über die im Besitz des Verwalters befindlichen Unterlagen oder die Vorlage eines Bestandsverzeichnisses aus § 260 Abs. 1 BGB verlangen.

**Musterantrag
(zugleich Antrag nach § 43 Nr. 3 WEG)**

Wir bestellen uns unter Versicherung ordnungsmäßiger Bevollmächtigung für die Klägerin und werden beantragen,

1. den Beklagten zu verurteilen, der Klägerin Auskunft zu erteilen über die in seinem Besitz befindlichen Verwalterunterlagen und Schlüssel, die er in Ausführung der Verwaltung der Wohnungseigentümergemeinschaft Ingeborgstr. 22–28, 51149 Köln, erhalten hat.

Nach erteilter Auskunft werden wir beantragen,

a) den Beklagten zu verurteilen, diejenigen Gegenstände, die er in der mit dem Antrag zu 1. begehrten Auskunft bezeichnet hat, an die Klägerin, zu Händen der im Rubrum bezeichneten Verwalterin, herauszugeben.

...

Begründung: ...

---

cc) Anträge auf Abgabe von Willenserklärungen

Anträge auf Abgabe von Willenserklärungen kommen vor allem in den Fällen in Betracht, in denen es um die Zustimmung zu einer baulichen Veränderung, zur Vornahme von Maßnahmen ordnungsmäßiger Verwaltung oder zur Veräußerung des Wohnungseigentums geht.

167

Auch bei Anträgen auf Abgabe von Willenserklärungen ist die von dem Beklagten abzugebende Willenserklärung möglichst genau und vollständig zu formulieren. Ist im Gesetz für die abzugebende Willenserklärung eine bestimmte Form vorgeschrieben (z. B. notarielle Beglaubigung o. Ä.), muss die Form der Abgabe der Erklärung nicht beantragt werden. Die mit Rechtskraft als abgegeben geltende Erklärung wahrt jede erforderliche Form[1], so dass keine Formvorschriften zu beachten sind.

---

1 OLG Köln, Beschl. v. 30. 12. 1998 – 2 Wx 23/98, NJW-RR 2000, 880.

dd) Anträge auf Beseitigung einer baulichen Veränderung

168 Anträge auf Beseitigung einer baulichen Veränderung müssen die zu beseitigende Veränderung genau bezeichnen. Führt die Beseitigung der baulichen Veränderung ohnehin dazu, dass der vorher bestehende Zustand wiederhergestellt wird, müssen keine Angaben über den wiederherzustellenden Zustand gemacht werden[1]. Sind allerdings neben der Beseitigung der baulichen Veränderung noch weitere Maßnahmen notwendig, um den ursprünglichen Zustand wiederherzustellen (z.B. Verschließen von Bohrlöchern o.ä.), so müssen diese Maßnahmen entweder ebenfalls beantragt werden oder der wiederherzustellende Zustand ist genau anzugeben.

Musterformulierung
(zugleich Antrag nach § 43 Nr. 2 WEG)

Wir bestellen uns für die Klägerin und werden beantragen,

den Beklagten zu verurteilen, die am Balkon seiner Wohnung in der Weyerstr. 3, 50333 Köln, im 3. Obergeschoss links, Wohnungs-Nr. 234, an der von der Balkontür aus gesehen rechten Außenwand des Balkons angebrachte Satellitenanlage zu entfernen, sowie die durch die Anbringung der Satellitenanlage an der rechten Außenwand entstandenen Bohrlöcher fachmännisch zu verschließen.

Begründung:

Der Beklagte ist Miteigentümer der Wohnungseigentümergemeinschaft Weyerstraße 3, 50333 Köln. Er hält die Wohnung Nr. 234 im Eigentum. Im Laufe des Dezember 2007 befestigte der Beklagte an der rechten Außenwand seines Balkons ohne Zustimmung der übrigen Miteigentümer eine Satellitenanlage. Diese Satellitenanlage entfernte der Beklagte trotz mehrfacher Aufforderungsschreiben der Verwalterin vom 4.1.2008, 15.2.2008 und 17.3.2008 nicht. ...

---

ee) Unterlassungsanträge

169 Bei Anträgen auf Unterlassung von Handlungen sind die zu unterlassenden Handlungen konkret zu bezeichnen. Richtet sich der Anspruch darauf, dass eine mit bestimmten Auswirkungen verbundene Handlung unterlassen werden soll, so ist dies ebenfalls genau zu formulieren (z.B. Unterlassen von lärmbelästigender Musik, die in der Wohnung des Klägers zu hören ist). Es liegt dann im Ermessen des Schuldners, wie er den Erfolg herbeiführt, entscheidend ist allein, dass ein Erfolg eintritt (z.B. durch Anbringung einer Schallisolierung oder durch leisere Musik).

---

1 BGH, Urt. v. 24.2.1978 – V ZR 95/75, NJW 1978, 1584.

ff) Gestaltungsanträge

Eine weitere Möglichkeit ist die Formulierung eines Gestaltungsantrages. Gestaltungsanträge sind, wie der Name schon sagt, darauf gerichtet, die Rechtsverhältnisse zwischen den Parteien zu gestalten. In Betracht kommen vor allem Anträge auf Aufstellung von Regelungen des ordnungsmäßigen Gebrauchs nach § 15 Abs. 2, 3 WEG oder auf Regelung ordnungsmäßiger Verwaltung gemäß § 21 Abs. 3, 4 WEG. Beispielhaft können hier genannt werden:

- Erlass einer Hausordnung[1],
- Erlass einer Regelung zur Spielplatzbenutzung,
- Erlass einer Regelung zur Tierhaltung[2],
- Verabschiedung eines Wirtschaftsplans.

Musterantrag

Wir bestellen uns für die Klägerin und werden beantragen,

1. eine Regelung über die Haltung von Hunden in der Wohnanlage ... dahingehend zu treffen, dass Hunde innerhalb der Wohnanlage nur angeleint ausgeführt werden dürfen sowie
2. eine Regelung über die Benutzung der Sauna der Wohnungseigentümergemeinschaft dahingehend zu treffen, dass die Sauna nicht von dritten Personen und Besuchern der Wohnungseigentümer genutzt werden darf.

Anträge auf Regelung ordnungsmäßigen Gebrauchs (§ 15 Abs. 2, 3 WEG) und ordnungsmäßiger Verwaltung (§ 21 Abs. 3, 4 WEG) können auch mit dem Inhalt gestellt werden, die Zustimmung zu einer Gebrauchs- oder Verwaltungsregelung zu erteilen.

Musterantrag

Wir bestellen uns für die Kläger und werden beantragen,

den Beklagten aufzugeben, ihre Zustimmung dazu zu erklären, dass

in der Wohnungseigentümergemeinschaft lebende Mitbewohner den Garten zum Zwecke der Erholung benutzen und zu diesem Zwecke dort vorübergehend Liegestühle aufstellen dürfen.

---

1 LG Köln, Beschl. v. 26. 7. 2004 – 29 T 72/04, ZMR 2005, 311.
2 OLG Düsseldorf, Beschl. v. 10. 12. 2004 – 3 Wx 311/04, OLGReport Düsseldorf 2005, 423 = ZMR 2005, 303 = NZM 2005, 345.

Dem Gericht steht bei der Entscheidung über Regelungen des ordnungsmäßigen Gebrauchs und der ordnungsmäßigen Verwaltung ein Ermessensspielraum zu. Es könnte daher daran gedacht werden, weniger strenge Anforderungen an die Bestimmtheit des Klageantrages zu stellen. Meines Erachtens sollte jedoch auch im Rahmen von Ermessensentscheidungen sorgfältig darauf geachtet werden, hinreichend bestimmte Klageanträge zu stellen. Der Klageantrag ist dazu bestimmt, die Ziele und Vorstellungen des Mandanten möglichst umfassend zu verwirklichen. Um diese Ziele zu erreichen, sollte das Gericht durch die Formulierung eines konkreten Klageantrages im Rahmen seiner Ermessensentscheidung in die richtige Richtung „gelenkt" werden.

d) Feststellungsklage

172 Mit der Feststellungsklage wird gemäß § 256 Abs. 1 ZPO die Feststellung des Bestehens oder Nichtbestehens eines Rechtsverhältnisses begehrt. Voraussetzung ist sowohl bei einem Antrag nach § 256 Abs. 1 ZPO als auch bei einem Antrag nach § 256 Abs. 2 ZPO (Zwischenfeststellungsklage), dass das Rechtsverhältnis hinreichend bestimmt bezeichnet ist. Ein Zwischenfeststellungsantrag kann dabei auch schon mit dem Hauptantrag gestellt werden, wenn das Rechtsverhältnis schon bei Klageerhebung streitig ist.

Zu beachten ist, dass das Feststellungsinteresse hinreichend begründet werden muss. Fehlt es oder wird es nicht substantiiert dargelegt, hat die Feststellungsklage keinen Erfolg.

e) Entziehungsklage

173 Hat die Gemeinschaft der Wohnungseigentümer in der Eigentümerversammlung gemäß § 18 Abs. 3 WEG mit der notwendigen Stimmenmehrheit beschlossen, dass ein einzelner Miteigentümer sein Wohnungseigentum veräußern muss und kommt dieser Miteigentümer dem Veräußerungsverlangen der Gemeinschaft nicht nach, muss der Anspruch aus § 18 Abs. 1 WEG mittels einer Entziehungsklage durchgesetzt werden. Der Klageantrag einer solchen Klage, die auch „**Abmeierungsklage**" genannt wird, lautet auf Verurteilung des Beklagten auf Veräußerung seines Wohnungseigentums, vgl. § 19 Abs. 1 Satz 1 WEG. Dem Antrag ist zu entsprechen, wenn die Voraussetzungen des § 18 Abs. 1 und 2 WEG vorliegen.

Hinsichtlich der Einzelheiten wird auf Teil 10, Rz. 25 ff. verwiesen.

Zur Wirkung des Entziehungsurteils vgl. Rz. 298.

f) Stufenklage

174 Eine Stufenklage ist vor allem dann sinnvoll, wenn zunächst die **Erteilung einer Auskunft** benötigt wird, bevor weitere Maßnahmen beantragt

werden können. Ein typisches Beispiel ist die Stufenklage auf Auskunftserteilung, welche Verwalterunterlagen sich noch in Besitz des abberufenen Verwalters befinden, verbunden mit dem Antrag, diese Unterlagen herauszugeben[1].

g) Kostenanträge/Anträge zu Neben- und Zwischenentscheidungen

Über die Frage, welche Partei die Kosten des Rechtsstreites zu tragen hat, entscheidet das Gericht von Amts wegen. Kostenanträge oder Anträge zur vorläufigen Vollstreckbarkeit sind daher entbehrlich. Mit der Anwendbarkeit der ZPO-Regelungen auf wohnungseigentumsrechtliche Streitigkeiten hat sich die Rechtslage gegenüber dem früheren FGG-Verfahren geändert. Es gilt nunmehr (auch für außergerichtliche Kosten) der Grundsatz „Wer verliert, zahlt". 175

In den Fällen, in denen die Gewährung von Prozesskostenhilfe in Betracht kommt, kann ein solcher Antrag mit Klageeinreichung gestellt werden. Zu den Anträgen auf Erlass einer Einstweiligen Verfügung vgl. Rz. 266 ff.

6. Streitverkündung

a) Anwendungsbereich

Glaubt der Kläger, im Falle der Klageabweisung einen Anspruch auf Schadensersatz oder Gewährleistung gegen einen Dritten haben zu können oder befürchtet er die Inanspruchnahme wegen solcher Ansprüche durch einen Dritten, so kann er dem Dritten gemäß § 72 ZPO bis zur rechtskräftigen Entscheidung des Rechtsstreites den Streit verkünden. 176

Streitverkündung ist die förmliche Benachrichtigung eines außenstehenden Dritten von einem anhängigen Rechtsstreit (sog. Vorprozess)[2]. Ob die Voraussetzungen der Streitverkündung vorliegen, wird im anhängigen Vorprozess nicht geprüft. Eine Prüfung findet vielmehr erst im Folgeprozess statt, d.h. wenn es zu einem Rechtsstreit zwischen Streitverkünder und Streitverkündungsempfänger kommt.

b) Voraussetzungen und Wirkung

Erste Voraussetzung für eine Streitverkündung ist ein **anhängiger Rechtsstreit**, in dem der Streitverkünder Partei ist. Rechtshängigkeit ist nicht notwendig[3]. Eine Streitverkündung kann sowohl durch den Kläger als auch durch den Beklagten erfolgen. Verkünden sowohl der Kläger als 177

---
1 Vgl. hierzu auch Rz. 166.
2 Zöller/*Vollkommer*, § 72 ZPO Rz. 1.
3 BGH, Urt. v. 4. 10. 1984 – VII ZR 342/83, BGHZ 92, 251 = MDR 1985, 222 = NJW 1985, 328 = WM 1985, 170 = DB 1985, 912.

auch der Beklagte den Streit, ist es dem Streitverkündungsempfänger überlassen, welcher Partei er beitritt.

Weiter muss ein **Streitverkündungsgrund** vorliegen. Dies ist der Fall, wenn der Streitverkünder glaubt, im Falle des für ihn ungünstigen Ausganges des Rechtsstreits einen Anspruch auf Schadensersatz oder Gewährleistung gegen den Streitverkündungsempfänger haben zu können. Ein Streitverkündungsgrund liegt zudem vor, wenn der Streitverkünder glaubt, dass der Beklagte und der Streitverkündungsempfänger alternativ auf Schadensersatz haften könnten, wobei nicht erforderlich ist, dass die Haftung auf einem identischen Anspruch beruht[1]. Allerdings darf zur Zeit der Streitverkündung keine gesamtschuldnerische Haftung zwischen Beklagtem und Streitverkündungsempfänger bestehen[2].

178 Unabhängig davon, ob der Streitverkündungsempfänger dem Streitverkünder beitritt oder sich nicht erklärt, bewirkt die Streitverkündung nach §§ 74, 68 ZPO, dass in einem späteren Rechtsstreit zwischen dem Streitverkünder und dem Streitverkündungsempfänger der Streitverkündungsempfänger nicht geltend machen kann, das Erstverfahren sei unrichtig entschieden oder mangelhaft geführt worden (**Interventionswirkung**).

Beispiele für eine zulässige Streitverkündung:

– Das Gemeinschaftseigentum ist durch den Mieter eines Wohnungseigentümers beschädigt worden. Die Gemeinschaft der Wohnungseigentümer nimmt daraufhin den vermietenden Wohnungseigentümer auf Schadensersatz in Anspruch. In dem Prozess verkündet der Wohnungseigentümer seinem Mieter den Streit[3].

– Der Mieter einer Wohnung kündigt den Mietvertrag mit dem vermietenden Wohnungseigentümer fristlos wegen Gesundheitsgefährdung durch Schimmel und macht anschließend im Prozess um die Wirksamkeit der Kündigung Schadensersatz geltend. Der vermietende Wohnungseigentümer verkündet der Verwaltung der Wohnungseigentümergemeinschaft den Streit mit dem Vorwurf, nicht rechtzeitig gehandelt zu haben[4].

– Einem Wohnungseigentümer ist durch einen Rohrbruch in der vermieteten Wohnung eines anderen Wohnungseigentümers ein Schaden in der Wohnung entstanden. Nach Klageerhebung auf Leistung von Schadensersatz gegen den vermietenden Wohnungseigentümer verkündet der Geschädigte dem Mieter den Streit[5].

---

1 BGH, Urt. v. 13. 11. 1952 – III ZR 72/52, BGHZ 8, 72; BGH, Urt. v. 9. 10. 1975 – VII ZR 130/73, BGHZ 65, 127 = NJW 1976, 39 = WM 1975, 1210; BGH, Urt. v. 15. 11. 1984 – III ZR 97/83, MDR 1986, 127 = VersR 1985, 569.
2 BGH, Urt. v. 22. 12. 1977 – VII ZR 94/76, BGHZ 70, 187 = NJW 1978, 396 = ZMR 1978, 182.
3 LG Hamm, Beschl. v. 5. 9. 1995 – 15 W 370/94, ZMR 1996, 41 = NJW-RR 1996, 335 = WE 1996, 189.
4 AG Köln, Urt. v. 26. 3. 2007 – 222 C 264/06, n. v.
5 BayObLG, Beschl. v. 9. 7. 1987 – BReg 2Z 73/87, BayObLGZ 1987, 251 = NJW-RR 1987, 1423.

– Die Gemeinschaft der Wohnungseigentümer verklagt einen Handwerker wegen der Verursachung von Mängeln am Gemeinschaftseigentum und verkündet dem Verwalter aufgrund nicht ordnungsmäßiger Überwachung der Handwerkerarbeiten den Streit.

– Die Gemeinschaft der Wohnungseigentümer führt ein selbständiges Beweisverfahren zur Feststellung der Ursachen von Mängeln am Gemeinschaftseigentum durch. Im Verlauf des Beweisverfahrens verkündet sie dem Verwalter den Streit.

7. Klagefrist

a) Beschlussanfechtungsklage nach § 46 WEG

§ 46 Abs. 1 Satz 2 WEG bestimmt, dass die Klage auf Erklärung der Ungültigkeit eines Beschlusses **innerhalb eines Monats** nach der Beschlussfassung erhoben und **innerhalb von zwei Monaten** nach der Beschlussfassung **begründet** werden muss. Dabei beginnt die Klagefrist für jeden einzelnen Beschluss mit seinem Zustandekommen.

Ein Beschluss ist zustande gekommen, wenn der Vorsitzende der Wohnungseigentümerversammlung die Annahme oder Ablehnung des Beschlussantrages verkündet hat[1]. Dies bedeutet, dass unter Umständen bei Wohnungseigentümerversammlungen, die über Mitternacht hinausgehen, unterschiedliche Antragsfristen bestehen. Ein im schriftlichen Umlaufverfahren gemäß § 23 Nr. 3 WEG gefasster Beschluss ist zustande gekommen, wenn der Verwalter den Wohnungseigentümern die Annahme oder Ablehnung des Beschlusses so mitgeteilt hat, dass nach den gewöhnlichen Umständen mit einer Kenntnisnahme zu rechnen ist[2]. Dabei beginnt der Lauf der Frist notwendigerweise mit der Mitteilung an den letzten Wohnungseigentümer.

Die Anfechtungsfrist wird auch durch Anrufung eines unzuständigen Gerichts gewahrt, sofern der Anfechtungsantrag hinreichend bestimmt ist und die Zustellung der Klage „demnächst" im Sinne von § 167 ZPO erfolgt[3]. Die Berechnung der Frist erfolgt anhand der §§ 186 ff. BGB.

---

1 BGH, Beschl. v. 23. 8. 2001 – V ZB 10/01, BGHZ 148, 335 = NJW 2001, 3339 = ZWE 2001, 530 = ZMR 2001, 809 = NZM 2001, 961 = WM 2002, 184; OLG München, Beschl. v. 15. 11. 2006 – 34 Wx 97/06, ZMR 2007, 221 = NJW-RR 2007, 594 = NZM 2007, 365.
2 BGH, Beschl. v. 23. 8. 2001 – V ZB 10/01, BGHZ 148, 335 = NJW 2001, 3339 = ZWE 2001, 530 = ZMR 2001, 809 = NZM 2001, 961 = WM 2002, 184; OLG München, Beschl. v. 15. 11. 2006 – 34 Wx 97/06, ZMR 2007, 221 = NJW-RR 2007, 594 = NZM 2007, 365.
3 BGH, Beschl. v. 17. 9. 1998 – V ZB 14/98, BGHZ 139, 305 = MDR 1999, 28 = NJW 1998, 3648 = WM 1998, 2340 = NZM 1998, 954 = ZMR 1999, 44; OLG Zweibrücken, Beschl. v. 19. 7. 2002 – 3 W 131/02, ZMR 2003, 451 = ZWE 2002, 541.

Die Beschlussanfechtungsfrist gilt unabhängig davon, ob der anfechtende Wohnungseigentümer an der Versammlung teilgenommen hat oder nicht. Erlangt ein nicht an der Versammlung teilnehmender Wohnungseigentümer somit erst nach Ablauf der Klagefrist Kenntnis von dem Beschluss und ficht diesen nach Ablauf der Klagefrist an, ist die Klage unbegründet. Zwar werden mit der Verlagerung der Regelung über die Anfechtungsfrist in den verfahrensrechtlichen Teil des WEG die für die Beschlussanfechtung maßgeblichen Bestimmungen zusammengeführt. Es handelt sich bei der Anfechtungsfrist jedoch weiterhin um eine materiell-rechtliche Ausschlussfrist[1], nicht etwa um eine Zulässigkeitsvoraussetzung für die Anfechtungsklage[2]. Wird die Anfechtungsklage verspätet erhoben, wird sie daher nicht als unzulässig, sondern als unbegründet abgewiesen[3]. Nur unter den Voraussetzungen der §§ 233–238 ZPO kann dem Kläger unter Umständen Wiedereinsetzung in den vorigen Stand gewährt werden, vgl. dazu Rz. 187 ff. Zu der Frage, ob die Einreichung eines Prozesskostenhilfeantrages die Anfechtungsfrist wahrt, vgl. Rz. 44.

182 Die Beschlussanfechtungsklage muss bei Klageerhebung noch nicht zwingend begründet werden. Vielmehr lässt § 46 Abs. 1 Satz 2 WEG eine Begründung innerhalb von zwei Monaten nach dem Zustandekommen des Beschlusses zu. Diese **verlängerte Begründungsfrist** ist damit zu erklären, dass in den meisten Fällen bei Klageerhebung noch nicht das Protokoll der Eigentümerversammlung vorliegen wird, so dass eine genaue Begründung noch nicht möglich ist.

183 Die Ausschlussfrist des § 46 Abs. 1 Satz 2 WEG betrifft nur das gerichtliche Verfahren auf Ungültigerklärung eines Beschlusses, nicht dagegen einen Antrag auf Feststellung der Nichtigkeit oder Gültigkeit von Beschlüssen. Bei diesen Anträgen handelt es sich um nicht fristgebundene Feststellungsklagen.

b) Sonstige Klagen nach der ZPO

184 Außer im Falle der Klage auf Feststellung, dass ein Beschluss mit einem bestimmten Inhalt nicht zustande gekommen ist, unterliegen die übri-

---

1 BGH, Beschl. v. 17. 9. 1998 – V ZB 14/98, BGHZ 139, 305 = MDR 1999, 28 = NJW 1998, 3648 = WM 1998, 2340 = NZM 1998, 954 = ZMR 1999, 44; OLG Zweibrücken, Beschl. v. 19. 7. 2002 – 3 W 131/02, ZMR 2003, 451 = ZWE 2002, 541; OLG Köln, Beschl. v. 2. 2. 2001 – 16 Wx 183/00, OLGReport Köln 2001, 395 = ZMR 2001, 661 = WE 2001, 271; BT/Drs. 16/887, S. 37.
2 OLG Hamm, Beschl. v. 22. 6. 1998 – 15 W 156/98, ZMR 1999, 199 = NZM 1998, 971 = WE 1999, 199; BayObLG, Beschl. v. 27. 10. 1989 – BReg 2 Z 75/89, NJW-RR 1990, 210 = WuM 1990, 93.
3 BayObLG, Beschl. v. 30. 11. 2000 – 2Z BR 81/00, NZM 2001, 133 = WuM 2001, 146 = ZMR 2001, 292 = NJW-RR 2001, 1592; *Bärmann/Pick*, § 46 Rz. 3; Niedenführ/Kümmel/Vandenhouten/*Niedenführ*, § 46 Rz. 32 f.

gen Klagen keiner Klagefrist. Die Ausnahmeregelung des § 46 Abs. 1 Satz 2 WEG gilt dort nicht. Dies bedeutet gleichzeitig, dass diese Klagen bereits bei Klageerhebung ordnungsmäßig begründet werden müssen.

c) Fristwahrung

Da nach § 253 Abs. 1 ZPO die Erhebung der Klage durch **Zustellung** eines Schriftsatzes erfolgt, wird auch bei der Beschlussanfechtungsklage die Frist nur gewahrt, wenn die Klageschrift den Beklagten rechtzeitig zugestellt wird. Aufgrund der Anwendung der Vorschriften des GKG hat sich die frühere Streitfrage, ob die Durchführung des Verfahrens bei der Anfechtung von Beschlüssen gemäß § 43 Abs. 1 Nr. 4 WEG a. F. von der Einzahlung eines Kostenvorschusses nach der KostO abhängig gemacht werden durfte[1], jetzt erledigt. Da die Klage gemäß § 12 GKG erst nach Einzahlung eines entsprechenden Kostenvorschusses zugestellt wird, ist es wichtig, die Gerichtskosten rechtzeitig einzuzahlen.

185

Wird die Klage erst am Tag des Fristablaufs bei Gericht eingereicht, kann § 167 ZPO über die fehlende Zustellung an die Gegenseite hinweghelfen. Nach § 167 ZPO kann der Eingang der Klageschrift bei Gericht als fristwahrend behandelt werden, wenn die **Zustellung demnächst** erfolgt. Dabei bedeutet „demnächst", dass eine Zustellung innerhalb eines den Umständen nach angemessenen Zeitraums zwischen dem Ablauf der versäumten Frist und der (verspäteten) Zustellung erfolgt[2]. Erforderlich ist, dass der Kläger alles ihm Mögliche unternommen hat (z. B. EMA-Anfrage etc.), um eine ordnungsmäßige Zustellung zu bewirken. Teilweise wird in Anlehnung an § 691 Abs. 2 ZPO eine Fristüberschreitung von bis zu einem Monat als unschädlich angesehen[3], eine Fristüberschreitung von bis zu zwei Wochen dürfte aber in jedem Fall noch unter den Begriff „demnächst" fallen.

Wird die Anfechtungsklage durch einen **Prozessstandschafter** eingereicht, ist die Frist nur gewahrt, wenn dieser auch innerhalb der Anfechtungsfrist deutlich macht, dass er das gerichtliche Verfahren nicht aus eigenem Recht, sondern in Prozessstandschaft für den Anfechtungsbefugten betreibt[4].

186

---

1 Zum alten Recht vgl. Köhler/Bassenge/*Bassenge*, 1. Aufl. Teil 17 Rz. 115 f.
2 BGH, Urt. v. 11. 7. 2003 – V ZR 414/02, NJW 2003, 2830 = MDR 2003, 1368 = RIW 2004, 147.
3 BGH, Urt. v. 21. 3. 2002 – VII ZR 230/01, BGHZ 150, 221 = NJW 2002, 2794 = MDR 2002, 1085 = ZIP 2002, 1658.
4 KG, Beschl. v. 18. 2. 2004 – 24 W 126/03, WuM 2004, 229 = NJW-RR 2004, 878 = NZM 2004, 511 = ZMR 2004, 460; OLG Celle, Beschl. v. 15. 2. 2000 – 4 W 352/99, OLGReport Celle 2000, 237 = ZWE 2001, 34.

d) Wiedereinsetzung in den vorigen Stand bei Fristversäumung, §§ 233–238 ZPO

187 Versäumt der Kläger die rechtzeitige Klageerhebung, kann ihm unter den in §§ 233–238 ZPO genannten Voraussetzungen Wiedereinsetzung in den vorigen Stand gewährt werden.

aa) Unverschuldete Fristversäumung

188 § 233 ZPO setzt voraus, dass eine Partei ohne ihr Verschulden gehindert war, die Frist einzuhalten. Schuldlos handelt, wer trotz Anwendung der im Verkehr erforderlichen Sorgfalt an einer fristgemäßen Klageeinreichung gehindert war. Das Verschulden eines gesetzlichen oder rechtsgeschäftlichen Vertreters muss sich der Handelnde zurechnen lassen, so z. B. die Fristversäumung durch einen Rechtsanwalt.

Die Anforderungen an das Vorliegen einer unverschuldeten Fristversäumung sind vor allem auch nach der Einführung der Pflicht des Verwalters zur Führung einer **Beschluss-Sammlung** noch gestiegen. Unverschuldet ist die Fristversäumung, wenn der Wohnungseigentümer von der Durchführung der Eigentümerversammlung keine Kenntnis haben konnte, weil er zu dieser aus Fahrlässigkeit des Verwalters nicht eingeladen wurde. Der Wohnungseigentümer kann in diesem Fall keine Kenntnis von den auf der Versammlung gefassten Beschlüssen haben und muss sich mangels Kenntnis von der Eigentümerversammlung selbst auch nicht durch Einsicht in die Beschluss-Sammlung informieren[1]. Hat der Verwalter den Wohnungseigentümer vorsätzlich nicht zu der Eigentümerversammlung eingeladen, sind sämtliche in der Versammlung gefassten Beschlüsse nichtig.

189 Wurde der Wohnungseigentümer ordnungsgemäß zu der Eigentümerversammlung eingeladen, hat er aber an der Versammlung nicht teilgenommen, so kann auch die verspätete Zusendung des Versammlungsprotokolls die Fristversäumung grundsätzlich nicht entschuldigen. Der Verwalter ist nicht verpflichtet, eine Niederschrift über die Wohnungseigentümerversammlung zu versenden[2], er ist lediglich zur Erstellung der Niederschrift verpflichtet. Den anfechtungswilligen Wohnungseigentümer trifft bei Kenntnis von einer durchgeführten Wohnungseigentümerversammlung die Pflicht, sich durch Einsicht in die Niederschrift im

---

[1] BayObLG, Beschl. v. 25. 6. 1998 – 2Z BR 53/98, BayObLGZ 1998, 145 =MDR 1999, 152 = NZM 1998, 815 = ZMR 1998, 708 = WE 1999, 73 = WuM 1999, 127; LG Berlin, Beschl. v. 20. 2. 2001 – 85 T 69/00, ZMR 2001, 738.
[2] BayObLG, Beschl. v. 17. 1. 2003 – 2Z BR 130/02, ZMR 2003, 435 = WuM 2003, 435.

Sinne von § 24 Abs. 6 WEG oder in die Beschluss-Sammlung nach § 24 Abs. 7 WEG Kenntnis über die gefassten Beschlüsse zu verschaffen[1].

Unterlässt der Wohnungseigentümer, der trotz ordnungsmäßiger Einladung an der Eigentümerversammlung nicht teilgenommen hat, die gebotene Erkundigung über die in der Versammlung gefassten Beschlüsse, ist die Fristversäumung demnach verschuldet. Dies gilt auch, wenn der Wohnungseigentümer nicht zu der Versammlung eingeladen werden konnte, weil er pflichtwidrig seine neue Adresse nicht mitgeteilt hat. Etwas anderes kann nur dann gelten, wenn der Wohnungseigentümer nicht damit rechnen musste, dass in der Wohnungseigentümerversammlung Beschlüsse gefasst werden, die seine Interessen beeinträchtigen. Dies ist z.B. dann der Fall, wenn die angegriffene Beschlussfassung in der Einladung zur Wohnungseigentümerversammlung nicht angekündigt war[2].

⊃ **Hinweis:**
Liegt eine verschuldete Fristversäumung vor, sollte sorgfältig geprüft werden, ob der gefasste Beschluss nichtig sein könnte, da die Klage auf Feststellung der Nichtigkeit eines Beschlusses an keine Frist gebunden ist. Die Feststellungsklage kann daher auch noch nach Ablauf der Anfechtungsfrist erhoben werden.

bb) Wahrung der Wiedereinsetzungsfrist gem. § 238 ZPO

Gemäß § 238 Abs. 1 ZPO muss die Wiedereinsetzung innerhalb einer **zweiwöchigen Frist** bei Gericht beantragt werden, wobei für die Antragsform die Form der versäumten Prozesshandlung ausschlaggebend ist, § 236 ZPO. Der Antrag muss bei dem Gericht eingereicht werden, das auch für die Entscheidung über die versäumte Prozesshandlung zuständig ist, § 237 ZPO. Der Antrag muss laut § 236 Abs. 2 ZPO die Angabe der die Wiedereinsetzung begründenden Tatsachen enthalten, wobei diese Angaben glaubhaft zu machen sind.

190

Weiterhin ist innerhalb der Wiedereinsetzungsfrist die versäumte Prozesshandlung, also die Klageeinreichung oder Klagebegründung, nachzuholen, § 236 Abs. 2 Satz 2 ZPO.

---

1 OLG Düsseldorf, Beschl. v. 5. 12. 1994 – 3 Wx 536/93, ZMR 1995, 220 = WuM 1995, 228; BayObLG, Beschl. v. 7. 11. 2002 – 2Z BR 97/02, ZMR 2003, 360 = WuM 2003, 103; KG, Beschl. v. 9. 1. 2002 – 24 W 91/01, ZMR 2002, 548 = WuM 2002, 167 = ZWE 2002, 179; BayObLG, Beschl. v. 17. 1. 2003 – 2Z BR 130/02, ZMR 2003, 435 = WuM 2003, 435; BayObLG, Beschl. v. 30. 6. 2004 – 2Z BR 113/03, ZMR 2005, 559 = WuM 2004, 563.
2 KG, Beschl. v. 8. 1. 1997 – 24 W 4957/96, ZMR 1997, 254 = WuM 1997, 254 = NJW-RR 1997, 776 = WE 1997, 189; OLG Hamm, Beschl. v. 22. 6. 1998 – 15 W 156/98, NZM 1998, 971 = ZMR 1999, 199 = WE 1999, 113; OLG Düsseldorf, Beschl. v. 5. 12. 1994 – 3 Wx 536/93, ZMR 1995, 220 = WuM 1995, 228.

Musterantrag

Namens und in Vollmacht des Klägers erheben wir Klage und werden beantragen,

1. dem Kläger wegen Versäumung der Antragsfrist Wiedereinsetzung in den vorigen Stand zu gewähren sowie

2. den Beschluss der Wohnungseigentümerversammlung vom 14. 12. 2006 zu TOP 5b (Sonderumlage) für ungültig zu erklären.

Begründung des Wiedereinsetzungsantrages:

Mit Schreiben vom 14. 11. 2006 lud die Verwalterin zur ordentlichen Eigentümerversammlung am 14. 12. 2006 ein. In dem Einladungsschreiben war unter TOP 5 lediglich „Bericht über Sanierungsmaßnahmen" angekündigt. Der Kläger konnte an der Eigentümerversammlung weder teilnehmen, noch sich durch einen Vertreter vertreten lassen. In der Eigentümerversammlung wurde unter TOP 5b entgegen den in der Einladung angekündigten Tagesordnungspunkten eine Sonderumlage zur Finanzierung der Sanierungsmaßnahmen in Höhe von 10 000 Euro beschlossen. Davon erfuhr der Kläger jedoch erst, als ihm am 18. 1. 2007 das am 15. 1. 2007 fertig gestellte Protokoll der Wohnungseigentümerversammlung von der Verwalterin übersandt wurde. Vorherige Anfragen des Klägers bei der Verwalterin zur Einsichtnahme in die Beschluss-Sammlung wurden von der Verwalterin ignoriert.

Glaubhaftmachung:

1. In Kopie beiliegendes Protokoll über die ordentliche Wohnungseigentümerversammlung vom 14. 12. 2006 nebst Anwesenheitsliste und Übersendungsschreiben des Verwalters vom 18. 1. 2007, Einladungsschreiben der Verwalterin vom 14. 11. 2006, Anlagen K1 und K2

2. Schreiben des Klägers an die Verwalterin vom 16. 12. 2006, 27. 12. 2006, 5. 1. 2007, Anlage K3

3. Eidesstattliche Versicherung des Klägers, Anlage K4

cc) Entscheidung über die Wiedereinsetzung

191   Das Gericht kann über die Frage der Wiedereinsetzung ausdrücklich oder stillschweigend entscheiden[1], wobei eine Entscheidung in der Regel mit der Entscheidung über die versäumte Prozesshandlung verbunden ist.

---

1 Zöller/*Greger*, § 238 ZPO Rz. 2.

dd) Rechtsbehelfe

Entscheidet das Gericht, dass eine Wiedereinsetzung gewährt wird, so ist diese Entscheidung **unanfechtbar**, § 238 Abs. 3 ZPO. Wird der Wiedereinsetzungsantrag durch Endurteil oder Zwischenurteil abgelehnt, so finden gegen diese Entscheidung die Rechtsmittel der Berufung und Revision Anwendung, soweit deren Voraussetzungen vorliegen. Ergeht ein ablehnender Beschluss über die Frage der Wiedereinsetzung, ist dieser mit dem Rechtsmittel angreifbar, welches gegen die Hauptsacheentscheidung gegeben ist, vgl. § 238 Abs. 2 Satz 1 ZPO.

192

8. Klagebegründung – Ermittlung des Sachverhaltes

a) Beibringungsgrundsatz

Nach der Reform des Wohnungseigentumsgesetzes gilt nun auch in Verfahren nach dem WEG der **Beibringungsgrundsatz**. Dies bedeutet, dass das Gericht nur den Streitstoff berücksichtigen darf, der von den Parteien in den Prozess eingeführt wird. Es gilt nicht mehr der Grundsatz der Amtsermittlungspflicht, so dass bei der Begründung der Klage erhöhte Sorgfalt geboten ist.

193

Eine Ausnahme von dem Grundsatz der Beibringungspflicht der Parteien ist in **§ 46 Abs. 2 WEG** enthalten. Hat der Kläger im Falle einer Anfechtungsklage erkennbar eine Tatsache übersehen, aus der sich die Nichtigkeit des Beschlusses ergibt, muss ihn das Gericht nach § 46 Abs. 2 WEG darauf hinweisen. Das Gericht ist daher auch ohne besondere Rüge des Klägers verpflichtet zu prüfen, ob **Nichtigkeitsgründe** vorliegen. Allerdings darf das Gericht nicht von sich aus Tatsachen berücksichtigen, die von dem Kläger – wenn auch nur versehentlich – nicht vorgetragen wurden. Es darf auch nicht auf eine sachdienliche Ergänzung des Vortrages hinwirken, es sei denn, die allgemeine zivilprozessuale Hinweis- und Aufklärungspflicht bietet hierzu hinreichenden Anlass[1].

194

b) Klagebegründungsfrist

aa) Anfechtungsklage nach § 46 WEG

Die Anfechtungsklage gemäß § 46 WEG ist innerhalb von zwei Monaten nach Zustandekommen des Beschlusses zu begründen. Hintergrund dieser Regelung ist, dass dem anfechtenden Wohnungseigentümer zum Zeitpunkt der Klageeinreichung (1 Monat nach Beschlussfassung) meistens noch kein Protokoll über die Wohnungseigentümerversammlung vorliegen wird. Er hat daher auch keine ausreichenden Informationen, um seinen Beschlussanfechtungsantrag zu begründen.

195

---

1 Zöller/*Greger*, § 139 ZPO Rz. 15f.

Fraglich ist, ob der Kläger, soweit er innerhalb der Frist eine Begründung abgegeben hat, nach Fristablauf noch **weitere Tatsachen** zur Begründung seiner Klage bzw. noch **weitere Angriffspunkte nachschieben** kann. Im Gesetz ist diese Frage nicht geregelt. Für die Möglichkeit eines Nachschiebens von Gründen spricht die neuere Rechtssprechung des BGH im Gesellschaftsrecht, die m. E. entsprechend angewendet werden kann. Der BGH hat entschieden, dass der Streitgegenstand einer gesellschaftsrechtlichen Anfechtungsklage unabhängig vom Vortrag des Klägers insgesamt in der Gültigkeit des angegriffenen Beschlusses zu sehen ist. Streitgegenstand der Beschlussanfechtungsklage ist die Ordnungsmäßigkeit des Beschlusses und damit der Beschluss selbst[1].

Hinsichtlich der Frage, ob und in welchem Umfang das Nachschieben von Gründen bei der Beschlussanfechtungsklage eine Klageänderung darstellt, ist danach zu unterscheiden, welcher Vortrag nach Ablauf der Klagebegründungsfrist erfolgt[2]. Handelt es sich um einen völlig neuen Tatsachenvortrag, der innerhalb der Begründungsfrist überhaupt noch nicht zur Sprache gekomen ist, können diese Tatsachen nach Ablauf der Frist nicht nachgeschoben werden. Wurde innerhalb der Klagebegründungsfrist lediglich zu formellen Fehlern des angegriffenen Beschlusses vorgetragen, können materielle Beanstandungen nach Ablauf der Begründungsfrist ebenfalls nicht mehr vorgetragen werden[3]. Anders verhält es sich, wenn innerhalb der Begründungsfrist bereits ein Vortrag zu den Angriffspunkten des Beschlusses erfolgte und dieser Vortrag nach Ablauf der Begründungsfrist lediglich konkretisiert oder weiter ausgeführt wird. In diesen Fällen stellt das Nachschieben von „Gründen" keine Klageänderung dar.

Diese Auffassung wird durch die Gesetzesbegründung bestätigt. Die Gesetzesbegründung enthält keine hinreichenden Anhaltspunkte dafür, dass die im Gesetz enthaltene Begründungsfrist zugleich eine schwerwiegende Präklusion mit sich bringen soll. Der Gesetzgeber befasst sich in der Gesetzesbegründung nicht mit der Frage einer Präklusion, sondern verweist nur auf eine beabsichtigte Erleichterung für die Parteien durch die Einführung der Begründungsfrist[4]. Diese Erleichterung würde in ihr Gegenteil verkehrt, wenn daraus die Ausschließung weiteren Parteivortrages gefolgert würde. Eine solche Ausschließung von Parteivortrag stünde zudem mit dem verfassungsrechtlich verbürgten rechtlichen Gehör in Konflikt. Eine derartige Präklusion muss vom Gesetzgeber gewollt

---

1 Vgl. zu § 246 Abs. 1 AktG: BGH, Urt. v. 14. 3. 2005 – II ZR 153/03, WM 2005, 802 = ZIP 2005, 706 = MDR 2005, 935.
2 BGH, Urt. v. 22. 7. 2002 – II ZR 286/01, BGHZ 152, 1 = MDR 2003, 38 = WM 2002, 1885 = ZIP 2002, 1684 = NZM 2002, 880 = NJW 2002, 3465, ebenso *Hüffer*, § 246 AktG Rz. 26.; *Bonifacio*, ZMR 2007, 592.
3 A. A. *Briesemeister*, ZMR 2008, 253.
4 BT-Drs. 16/887, S. 73.

sein und im Gesetzeswortlaut hinreichend klar zum Ausdruck kommen[1]. Ist dies nicht der Fall, ist im Zweifel einer milderen Auslegung der Vorzug zu geben.

bb) Sonstige Klagen

Mit Ausnahme der Beschlussanfechtungsklage gemäß § 46 WEG sind alle Klagen bereits bei Klageerhebung ordnungsgemäß und hinreichend substantiiert zu begründen.

196

c) Ausreichende Beweisangebote

Innerhalb der Klagebegründung ist nun auch im Wohnungseigentumsverfahren darauf zu achten, dass die erheblichen Tatsachen von Beginn an unter Beweis gestellt und ausreichende Beweisangebote formuliert werden. Es gelten die normalen Beweisregeln der ZPO.

197

9. Beiladung gemäß § 48 WEG

§ 48 WEG regelt die Frage, in welchen Fällen die übrigen Wohnungseigentümer bzw. der Verwalter, die an sich nicht Partei des Rechtsstreites sind, beigeladen werden müssen.

198

a) Notwendigkeit der Beiladung

aa) Grundsätzliche Beiladung aller Wohnungseigentümer

Richtet sich die Klage eines Wohnungseigentümers, der in einem Rechtsstreit gemäß § 43 Nr. 1 oder Nr. 3 WEG einen ihm allein zustehenden Anspruch geltend macht, nur gegen einen oder einzelne Wohnungseigentümer oder nur gegen den Verwalter, so sind die übrigen Wohnungseigentümer beizuladen, es sei denn, dass ihre rechtlichen Interessen erkennbar nicht betroffen sind.

199

Die Norm des § 48 WEG ist ein Ausfluss des Anspruchs der einzelnen Wohnungseigentümer und des Verwalters auf Gewährung rechtlichen Gehörs, der durch ihre formelle Beteiligung am Verfahren gewahrt werden soll. Eine Beiladung hat immer dann zu erfolgen, wenn nicht alle Wohnungseigentümer Partei des Verfahrens sind, ihre Interessen durch die Entscheidung aber gleichwohl betroffen werden. In Betracht kommen insoweit etwa die Klage eines Wohnungseigentümers gegen den Verwalter auf Vorlage einer Jahresabrechnung (Anspruch auf ordnungsmäßige Verwaltung) gemäß §§ 21 Abs. 4, 28 Abs. 3 WEG oder die Klage gegen ei-

---
1 BVerfG, Urt. v. 18. 4. 1984 – 1 BvR 869/83, BVerfGE 67, 39 = MDR 1985, 23 = JZ 1984, 60 = NJW 1984, 2203.

nen anderen Wohnungseigentümer auf Beseitigung einer baulichen Veränderung. In beiden Fällen kann der Anspruch zwar durch einen einzelnen Wohnungseigentümer geltend gemacht werden, inhaltlich geht es aber um Angelegenheiten, die die gesamte Gemeinschaft der Wohnungseigentümer betreffen.

bb) Ausnahme: kein rechtliches Interesse

200 Eine Einschränkung der Beibringungspflicht erfolgt in § 48 Abs. 1 Satz 1 2. Halbsatz WEG dahingehend, dass nur diejenigen Miteigentümer beizuladen sind, deren rechtliche Interessen von dem Verfahren berührt werden. Handelt es sich daher z. B. um eine große Wohnungseigentümergemeinschaft mit mehreren Häuserblöcken, so müssen bei der Entscheidung über eine bauliche Veränderung in Häuserblock A auch nur die übrigen Wohnungseigentümer aus Häuserblock A beigeladen werden. Dies gilt allerdings nur, sofern es sich nicht um eine bauliche Veränderung handelt, die sich auf den gesamten Wohnblock auswirkt, wie zum Beispiel eine bauliche Veränderung der außen sichtbaren Gebäudeteile.

Eine Beiladung der übrigen Miteigentümer muss weiterhin nicht erfolgen, wenn die Entscheidung erkennbar nur die Interessen der Parteien betrifft und ansonsten kein Bezugspunkt zu der Gemeinschaft der Wohnungseigentümer besteht. Als Beispiel kann hier die Klage eines einzelnen Wohnungseigentümers gegen einen anderen Miteigentümer genannt werden, mit der das Unterlassen von Abspielen lauter Musik geltend gemacht wird, diese Musik aber nur in der Wohnung des Klägers als störend empfunden wird. Weiter gehören hierhin die Fälle, in denen ein einzelner Wohnungseigentümer einen ihm allein zustehenden Schadensersatzanspruch gegen den Verwalter geltend macht[1].

cc) Beiladung des Verwalters, § 48 Abs. 1 Satz 2 WEG

201 Eine Beiladung des Verwalters hat zu erfolgen, wenn der Verwalter in einem Rechtsstreit gemäß § 43 Nr. 3 oder Nr. 4 WEG (Streitigkeiten über die Rechte und Pflichten des Verwalters bzw. über die Gültigkeit von Beschlüssen der Wohnungseigentümer) nicht bereits Partei ist. Grund für die Beiladung ist, dass die genannten Streitigkeiten unmittelbar die Rechtsstellung des Verwalters betreffen und beeinflussen, so dass er an dem Verfahren zu beteiligen ist.

---

1 BGH, Beschl. v. 2. 10. 1991 – V ZB 9/91, BGHZ 115, 223 = MDR 1992, 257 = ZMR 1992, 30 = WM 1991, 2164 = WuM 1992, 36 = NJW 1992, 182; BayObLG, Beschl. v. 5. 1. 2000 – 2Z BR 85/99, ZMR 2000, 314 = NZM 2000, 501 = NJW-RR 2000, 1033.

dd) Beiladung bei Prozessstandschaft

Erfolgt eine Interessenwahrnehmung für die übrigen Wohnungseigentümer im Wege der Prozessstandschaft durch den Verwalter oder einen Dritten (zur Prozessstandschaft vgl. Rz. 116 ff.), müssen die übrigen Wohnungseigentümer selbstverständlich nicht beigeladen werden.

202

ee) Beiladung bei Veräußerung des Wohnungseigentums während des Verfahrens

Veräußert ein beigeladener Wohnungseigentümer während des Prozesses sein Wohnungseigentum, so hat dies auf den Prozess keinen Einfluss. Dies ergibt sich aus § 48 Abs. 2 Satz 2 WEG i.V.m. § 265 Abs. 2 ZPO. Der ursprüngliche Wohnungseigentümer behält demnach seine Stellung als Beigeladener und wird gesetzlicher Prozessstandschafter seines Rechtsnachfolgers[1]. Die Verweisung auf § 265 Abs. 2 ZPO ist sachgerecht, da anderenfalls bei Veräußerungen während des Prozesses jeder neue Erwerber beigeladen werden müsste. Dies würde vor allem in großen Wohnungseigentumsanlagen zu einem erhöhten Aufwand und damit verbundenen Kosten führen. Zudem könnte nicht sichergestellt werden, dass das Gericht von jedem Eigentumswechsel frühzeitig erfährt, so dass die erforderliche Beiladung in vielen Fällen unterbleiben würde.

203

b) Form der Beiladung, § 48 Abs. 2 WEG

Die Beiladung erfolgt gemäß § 48 Abs. 2 Satz 1 WEG durch **Zustellung der Klageschrift**. Der Klageschrift sind die Verfügungen des Vorsitzenden beizufügen. Die Zustellung kann gemäß § 45 Abs. 1 WEG an den Verwalter als Zustellungsvertreter oder im Falle einer Interessenkollision an den gemäß § 45 Abs. 2 Satz 1 WEG bestimmten Ersatzzustellungsvertreter erfolgen.

204

c) Wirkung der Beiladung

Aus § 48 Abs. 2 Satz 2 WEG ergibt sich, dass die Beigeladenen die **prozessuale Stellung eines** Nebenintervenienten gemäß § 66 Abs. 1 ZPO erhalten, wenn sie einer Partei beitreten. Allerdings bestehen aufgrund der Formulierung des § 48 Abs. 3 WEG, wonach das rechtskräftige Urteil auch **für und gegen alle beigeladenen Wohnungseigentümer** und ihre **Rechtsnachfolger** (Satz 1) sowie den beigeladenen **Verwalter** (Satz 2) wirkt, Unterschiede. § 48 Abs. 3 WEG enthält nicht wie § 68 ZPO eine Einschränkung der Rechtskraftwirkung bei unrichtiger Prozessführung der Hauptpartei. Im Gegensatz zu den „normalen" Nebenintervenienten können die Beigeladenen im WEG-Verfahren daher in einem später gegen

205

---
[1] Zöller/*Greger*, § 265 ZPO Rz. 6.

sie geführten Prozess nicht geltend machen, der frühere Rechtsstreit sei mangelhaft geführt worden.

Ein einzelner beigeladener Wohnungseigentümer kann in dem laufenden Verfahren trotz seiner Stellung als Mitglied der Gemeinschaft der Wohnungseigentümer weiterhin als Zeuge vernommen werden. Dies gilt jedoch nur, solange er nicht gesetzlicher Vertreter der Gemeinschaft der Wohnungseigentümer ist[1]. Eine gesetzliche Vertretung der Gemeinschaft der Wohnungseigentümer liegt in den Fällen des § 27 Abs. 3 Satz 2 WEG vor, d.h. wenn ein Verwalter fehlt oder zur Vertretung nicht berechtigt ist und deshalb die Gesamtheit der Wohnungseigentümer die Gemeinschaft vertritt. Ist dies nicht der Fall, ist der einzelne Wohnungseigentümer nicht als gesetzlicher Vertreter der Partei anzusehen, so dass seiner Vernehmung als Zeuge keine rechtlichen Hindernisse entgegenstehen.

Entscheiden sich die Beigeladenen, einer Partei im Laufe des Rechtsstreites beizutreten, so muss der **Beitritt** entsprechend § 70 Abs. 1 Satz 1 ZPO durch Einreichung eines Schriftsatzes bei dem Gericht, bei dem das Verfahren anhängig ist, erfolgen. Der Beitritt wird bereits mit Einreichung des Schriftsatzes wirksam, es kommt nicht auf die Zustellung des Schriftsatzes an die Beteiligten an[2]. Handelt es sich um ein Verfahren der Beschlussanfechtungsklage, in dem der Verwalter gemäß § 48 Abs. 1 Satz 2 WEG beizuladen ist, kann der Verwalter nur innerhalb der Anfechtungsfrist dem Rechtsstreit beitreten. Nach Ablauf der Anfechtungsfrist ist ein Beitritt des Verwalters nicht mehr möglich.

206 Der Schriftsatz, mit dem der Beitritt zum Verfahren erklärt wird, muss die folgenden Angaben enthalten:

– Die Bezeichnung der Parteien und des Rechtsstreits gemäß § 70 Abs. 1 Satz 2 Nr. 1 ZPO.

– Die Tatsachen, die das Beitrittsinteresse des Beitretenden begründen, § 70 Abs. 1 Satz 2 Nr. 2 ZPO. Kommt es zu einem Zwischenstreit über die Zulässigkeit des Beitritts, muss der Beitretende sein Interesse glaubhaft machen. Tritt ein Streitverkündungsempfänger bei, so genügt meist ein Hinweis auf die Streitverkündung[3].

– Die Erklärung des Beitritts, § 70 Abs. 1 Satz 2 Nr. 3 ZPO.

Da der Schriftsatz gemäß § 70 Abs. 1 Satz 2 ZPO beiden Parteien zugestellt werden muss, sind die erforderlichen Abschriften für die Parteien beizufügen.

---

[1] AG Lichtenberg, Urt. v. 8. 11. 2007 – 12 C 240/07, ZMR 2008, 576.
[2] *Baumbach/Lauterbach/Albers/Hartmann*, § 70 ZPO Rz. 4; Zöller/*Vollkommer*, § 70 ZPO Rz. 1.
[3] OLG Düsseldorf, Beschl. v. 10. 7. 1996 – 9 W 102/95, NJW-RR 1997, 443.

d) Rechtsmittel gegen die unterlassene Beiladung

Wird ein Wohnungseigentümer oder der Verwalter nicht beigeladen, so stellt sich die Frage, ob er gegen die (versehentlich oder bewusst) unterlassene Beiladung oder die ergangene Hauptsacheentscheidung Rechtsmittel einlegen kann und soll. Aus der in § 48 Abs. 3 WEG enthaltenen Rechtskrafterstreckung auf alle beigeladenen Miteigentümer ergibt sich im Umkehrschluss, dass der nicht ordnungsgemäß beigeladene Wohnungseigentümer auch nach Rechtskraft des Urteils nicht gebunden ist[1]. Er kann daher trotz Klageabweisung in einem anderen Verfahren zum Beispiel einen Anspruch auf Beseitigung einer baulichen Veränderung erneut geltend machen[2].

Im Gegensatz zur früheren Rechtslage begründet eine unterlassene Beiladung keinen Verfahrensfehler. Dies hat zur Folge, dass die Entscheidung in der Hauptsache von dem nicht beigeladenen Wohnungseigentümer nicht mit der Begründung angegriffen werden kann, dass die unterlassene Beiladung einen wesentlichen Verfahrensfehler darstellt. Insoweit hat daher ein Rechtsmittel gegen die Hauptsacheentscheidung keine Aussicht auf Erfolg.

Der nicht beigeladene Wohnungseigentümer kann allerdings im Laufe des Verfahrens Rechtsmittel gegen die fehlerhafte Beiladung einlegen, sofern es sich um eine notwendige Beiladung handelt. Findet die Beiladung trotz Rüge nicht statt, so stellt dies eine Zurückweisung eines das Verfahren betreffenden Gesuchs dar. Gegen diese Entscheidung ist das Rechtsmittel der sofortigen Beschwerde gemäß § 567 Abs. 1 Nr. 2 ZPO möglich.

Umgekehrt ist die Entscheidung des Gerichtes, trotz fehlenden Interesses der übrigen Wohnungseigentümer oder des Verwalters eine Beiladung vorzunehmen, nicht anfechtbar. Denn in diesem Fall wird nicht ein das Verfahren betreffendes Gesuch zurückgewiesen, so dass die sofortige Beschwerde nach § 567 ZPO nicht statthaft ist.

10. Änderung des Klagegegenstandes, §§ 263 ff. ZPO

a) Klageänderung gem. § 263 ZPO

aa) Zulässigkeit

Eine Klageänderung ist nach § 263 ZPO zulässig, wenn der Beklagte einwilligt oder das Gericht die Klageänderung für sachdienlich erachtet. Richtet sich der geänderte Antrag auf Ungültigerklärung eines Beschlusses der Wohnungseigentümerversammlung, so ist zu beachten, dass die

---
1 Vgl. auch *Abramenko*, AnwBl 6/2007, 403 (404).
2 Vgl. auch *Müller*, ZWE 2005, 159; *Bonifacio*, ZMR 2005, 327 (334).

Klageänderung innerhalb der Anfechtungsfrist des § 46 Abs. 1 WEG erfolgen muss. Eine Klageänderung nach Ablauf der Anfechtungsfrist ist nicht möglich.

Ob eine Klageänderung vorliegt, ist auch anhand von § 264 ZPO zu beurteilen. Wird z.B. im Laufe des Verfahrens auf Zahlung rückständiger Hausgelder der Klageantrag erhöht, weil neue Hausgelder fällig geworden sind, so stellt dies gemäß § 264 Nr. 2 ZPO keine Klageänderung, sondern eine Klageerhöhung, dar. Wird statt der ursprünglich eingeklagten Beseitigung eines angebauten Gebäudeteils später Ersatz der für die Selbstvornahme entstandenen Kosten verlangt, so stellt dies ebenfalls keine Klageänderung gemäß § 264 Nr. 3 ZPO dar[1].

bb) Verfahren

209 Die Klageänderung muss durch Einreichung eines Schriftsatzes oder in der mündlichen Verhandlung erklärt werden. Die bei einer Klageerhebung zu beachtenden Formvorschriften sind zu wahren.

Die Einwilligung des Beklagten ist eine Prozesshandlung, die ebenfalls schriftlich oder in der mündlichen Verhandlung erklärt werden kann[2]. Lässt sich der Beklagte auf den geänderten Klageantrag ein, ohne diesem zu widersprechen, wird seine Einwilligung nach § 267 ZPO vermutet. Wohnungseigentumsrechtliche Besonderheiten bestehen nicht.

b) Nachträgliche objektive Klagehäufung, §§ 260, 261 Abs. 2 ZPO

210 Eine nachträgliche objektive Klagehäufung gemäß §§ 260, 261 Abs. 2 ZPO liegt vor, wenn neben dem ursprünglichen Klageantrag im Laufe des Prozesses ein **weiterer, selbständiger Anspruch** geltend gemacht wird (z.B. Antrag auf Ungültigerklärung des Beschlusses zu TOP 2, später wird der Antrag auf TOP 5 erweitert; Beseitigung einer baulichen Veränderung, später zusätzliche Geltendmachung von Unterlassungsansprüchen).

Richtet sich der nachträgliche Antrag auf die Ungültigerklärung eines Eigentümerbeschlusses, so ist auch hier zu beachten, dass der Antrag innerhalb der Anfechtungsfrist des § 46 WEG gestellt werden muss.

c) Klagerücknahme, § 269 ZPO

211 Der Kläger kann unter den Voraussetzungen des § 269 ZPO die Klage zurücknehmen. Beschränkt der Kläger seinen ursprünglich gestellten An-

---

1 BayObLG, Beschl. v. 20. 11. 2002 – 2Z BR 45/02, WuM 2003, 163 = ZMR 2003, 366 = ZWE 2003, 187 = ZfIR 2003, 246.
2 BGH, Urt. v. 27. 2. 1992 – I ZR 35/90, NJW 1992, 2235 = MDR 1992, 707 = VersR 1993, 627 = GRUR 1992, 474.

trag gemäß § 264 Nr. 2 ZPO, indem er z. B. statt der rückständigen Hausgelder für die Monate Januar bis November nur noch die Hausgelder der Monate Juni bis November geltend macht, ist dies als teilweise Klagerücknahme zu werten.

Richtete sich die Klage gegen die übrigen Miteigentümer der Gemeinschaft der Wohnungseigentümer und ist die Klagerücknahme gemäß § 269 Abs. 2 ZPO von der Einwilligung der Beklagten abhängig, so müssen alle Miteigentümer der Klagerücknahme zustimmen. Ein Mehrheitsbeschluss über die Zustimmung reicht meines Erachtens nicht aus, weil sonst der überstimmte Miteigentümer seines prozessualen Rechts verlustig gehen würde. Die Wohnungseigentümerversammlung hat hinsichtlich der Klagerücknahme keine Beschlusskompetenz.

Ansonsten bestehen keine Besonderheiten bei der Klagerücknahme, so dass an dieser Stelle auf die einschlägige Literatur zur ZPO verwiesen werden kann.

11. Parteiwechsel

Bei dem Parteiwechsel muss zwischen gesetzlichem und gewillkürtem Parteiwechsel unterschieden werden. 212

a) Gesetzlicher Parteiwechsel

Der gesetzliche Parteiwechsel ist in jedem Rechtszug möglich. Unterschieden werden muss hier zwischen dem Parteiwechsel kraft Gesetzes und dem gesetzlich geregelten Parteiwechsel. Ein **Parteiwechsel kraft Gesetzes** liegt in Fällen der Gesamtrechtsnachfolge (Erbfall) vor, ferner wenn bei einer Partei kraft Amtes die Verwaltung beginnt oder endet (Insolvenzverwalter) oder wenn der gewillkürte Prozessstandschafter stirbt (Tod des Verwalters) und an seine Stelle ein Nachfolger tritt. In diesen Fällen wechselt die Partei mit Eintritt des Ereignisses. 213

Gesetzlich geregelte Fälle des Parteiwechsels sind die §§ 75 – 77, 265, 266 ZPO, bei denen der Wechsel der Partei von deren Willen abhängt und nur eintritt, falls die Partei eine entsprechende Erklärung abgibt.

b) Gewillkürter Parteiwechsel

Der gewillkürte Parteiwechsel tritt nur ein, wenn die Parteien die erforderlichen Parteiwechselerklärungen entweder in der mündlichen Verhandlung abgeben oder in einem der Gegenseite zuzustellenden Schriftsatz. Die erforderlichen Erklärungen sind Prozesshandlungen und daher bedingungsfeindlich. Für die Zustimmung des Beklagten gilt § 267 ZPO entsprechend, d. h. seine Einwilligung wird vermutet, sofern er sich ohne 214 gegenteilige Äußerung auf die weitere Verhandlung einlässt. Kommt ein Parteiwechsel, z.B. wegen fehlender Zustimmung des Beklagten, nicht zustande, wird der Prozess zwischen den bisherigen Parteien fortgesetzt[1]

c) Klägerwechsel

aa) Verfahren

215 Ein Klägerwechsel liegt vor, wenn ohne Änderung des Prozessgegenstandes an die Stelle des bisherigen Klägers ein neuer Kläger tritt. Als **Beispiele** kommen in Betracht:

– Der zunächst von dem Verwalter geltend gemachte Anspruch wird jetzt von den Wohnungseigentümern geltend gemacht oder umgekehrt;

– Der von einem Wohnungseigentümer geltend gemachte Anspruch wird nach dessen Tod von seinen Erben weiter verfolgt;

– Der neue Wohnungseigentümer tritt an Stelle des früheren Eigentümers als Kläger auf.

Zur Zulässigkeit des Klägerwechsels sind Parteiwechselerklärungen des bisherigen und des neuen Klägers erforderlich. Für die **Form und Abgabe der Erklärung** gilt Rz. 214 entsprechend. Eine Zustimmung des Beklagten ist nur erforderlich, wenn der bisherige Kläger nach Beginn der mündlichen Verhandlung seinen Rücktritt erklärt, vgl. § 269 ZPO. Die Zustimmung des Beklagten kann vom Gericht ersetzt werden, wenn sie sachdienlich ist. Entscheidet das Gericht, dass die Klageänderung sachdienlich ist, kann diese Entscheidung nicht angefochten werden[2].

Nach der Entscheidung des BGH zur Teilrechtsfähigkeit der Gemeinschaft der Wohnungseigentümer kommt ein Klägerwechsel vor allem in den Verfahren in Betracht, in denen es um Ansprüche geht, die vor Erlass der Entscheidung von den einzelnen Miteigentümern geltend zu machen waren, jetzt aber der Gemeinschaft der Wohnungseigentümer zustehen. Genannt werden können hier z.B. Klagen gegen einzelne Miteigentümer auf Zahlung rückständiger Hausgelder oder auf Rückgängigmachung einer baulichen Veränderung. Wurde die Klage im Namen der einzelnen Miteigentümer eingereicht, ist ein Klägerwechsel auf den Verband als sachdienlich zuzulassen, falls der Beklagte dem Wechsel nicht zustimmt. Dies gilt auch dann, wenn der Klägerwechsel in Altfällen erst im zweiten Rechtszug vorgenommen wird[3]. Das OLG Celle weitet den Schutz für den Kläger noch aus. Es vertritt die Auffassung, dass derjenige,

---
1 BGH, Urt. v. 16. 12. 1997 – VI ZR 279/96, NJW 1998, 1497.
2 BGH, Urt. v. 20. 1. 1987 – X ZR 70/84, MDR 1987, 668 = NJW-RR 1987, 1084.
3 OLG München, Beschl. v. 28. 1. 2008 – 34 Wx 77/07, NZM 2008, 169 = NJW 2008, 856.

der vor dem Beschluss des BGH zur Teilrechtsfähigkeit der Gemeinschaft der Wohnungseigentümer Klage gegen die einzelnen Wohnungseigentümer erhoben hat, Vertrauensschutz genießt und daher keine Klageänderung vornehmen muss[1].

bb) Wirkung

Der neue Kläger ist an die vorgefundene Prozesslage gebunden und hat die bisher stattgefundenen Prozesshandlungen und Beweisaufnahmen gegen sich gelten zu lassen. Der neue Kläger kann jedoch Geständnisse seines Vorgängers widerrufen. 216

Die Kostenentscheidung ergeht nur im Verhältnis zwischen dem neuen Kläger und dem Beklagten. Der bisherige Kläger haftet allerdings für die bis zu seinem Ausscheiden entstandenen Kosten weiter.

d) Beklagtenwechsel

aa) Verfahren

Ein Beklagtenwechsel liegt vor, wenn ohne Änderung des Streitgegenstandes statt des ursprünglichen Beklagten ein neuer Beklagter den Rechtsstreit fortführt. Notwendig für einen solchen Wechsel ist die Erklärung des Klägers, dass er die Klage nur noch gegen den neuen Beklagten richtet. Eine Zustimmung des neuen Beklagten ist nicht notwendig. Allerdings gelten die Prozesshandlungen des alten Beklagten und die bisherigen Prozessergebnisse dem neuen Beklagten gegenüber nicht. Der alte Beklagte muss dem Wechsel nur zustimmen, falls der Kläger den Wechsel nach Beginn der mündlichen Verhandlung vornimmt[2]. 217

Die Vornahme eines Beklagtenwechsel ist in Altfällen vor allem dann sachdienlich, wenn die Klage vor der Entscheidung des BGH zur Teilrechtsfähigkeit der Gemeinschaft der Wohnungseigentümer gegen die übrigen Miteigentümer anhängig gemacht wurde und es sich um einen Anspruch handelt, der jetzt der Gemeinschaft der Wohnungseigentümer zusteht. In Betracht kommen hier z. B. Klagen einzelner Wohnungseigentümer gegen die Gemeinschaft der Wohnungseigentümer auf Auszahlung eines Guthabenbetrages aus der Jahresabrechnung.

bb) Wirkungen

Die Kosten des ausscheidenden Beklagten sind in entsprechender Anwendung von § 269 ZPO dem Kläger aufzuerlegen. 218

---
1 OLG Celle, Urt. v. 5. 4. 2006 – 3 U 265/05, ZMR 2006, 540 = ZWE 2006, 540 = NZM 2006, 633 = WE 2006, 222.
2 Zöller/*Greger*, § 263 ZPO Rz. 21; *Baumbach/Lauterbach/Albers/Hartmann*, § 263 ZPO Rz. 8.

e) Beitritt auf Klägerseite

aa) Verfahren

219 Ein Beitritt auf Klägerseite liegt vor, wenn ohne Änderung des Streitgegenstandes ein weiterer Kläger dem Rechtsstreit beitritt. Dies kann z.B. der Fall sein, wenn zunächst nur ein Wohnungseigentümer die Beseitigung einer baulichen Veränderung verlangt und sich während des Prozesses weitere Miteigentümer anschließen oder sich weitere Miteigentümer einem Antrag auf Abberufung des Verwalters oder Ungültigerklärung eines Beschlusses anschließen.

Der Beitritt zu einer Klage auf Ungültigerklärung eines Beschlusses muss innerhalb der Anfechtungsfrist des § 46 WEG erfolgen, da sonst der Antrag des neuen Klägers unbegründet ist.

Der Beitritt auf Klägerseite ist unter denselben Voraussetzungen zulässig wie eine Klageänderung (vgl. Rz. 208). Allerdings ist eine Zustimmung der Beklagtenseite nicht erforderlich. Ein Beitritt ist nur während der ersten Instanz zulässig, im Berufungs- oder Revisionsrechtszug ist eine Parteierweiterung dagegen unzulässig[1].

bb) Wirkung

220 Durch den Beitritt des Klägers wird zu diesem ein zusätzliches Prozessrechtsverhältnis begründet. Der neue Kläger ist an die bisherigen Prozessergebnisse, insbesondere an eine Beweisaufnahme, gebunden.

f) Klageerweiterung auf weitere Beklagte

aa) Verfahren

221 Der Kläger kann seine Klage im erstinstanzlichen Verfahren auf weitere Beklagte ausdehnen. Im Berufungs- oder Revisionsrechtszug ist eine Parteierweiterung unzulässig[2]. Eine Zustimmung des bisherigen oder des neuen Beklagten ist nicht erforderlich.

bb) Wirkung

222 Der neue Beklagte ist an bisherige Prozessergebnisse oder eine bereits erfolgte Beweisaufnahme nicht gebunden. Er kann bei Beeinträchtigung die Ergänzung oder Wiederholung der Beweisaufnahme verlangen[3].

---

1 BGH, Beschl. v. 29. 9. 1998 – VI ZB 20/98, MDR 1999, 53 = NJW 1999, 62 = VersR 1998, 1530; OLG München, Beschl. v. 3. 2. 2006 – 19 U 4386/05, MDR 2006, 1186 = OLGReport München 2006, 272.
2 BGH, Beschl. v. 29. 9. 1998 – VI ZB 20/98, MDR 1999, 53 = NJW 1999, 62 = VersR 1998, 1530; OLG München, Beschl. v. 3. 2. 2006 – 19 U 4386/05, MDR 2006, 1186 = OLGReport München 2006, 272.
3 Zöller/*Greger*, § 263 ZPO Rz. 25; *Baumbach/Lauterbach/Albers/Hartmann*, § 263 ZPO Rz. 8.

g) Verwalterwechsel

Wechselt der Verwalter während eines laufenden Prozesses, so stellt sich die Frage, ob der alte Verwalter den Rechtsstreit fortführt, der neue Verwalter an die Stelle des alten Verwalters tritt oder ob das Verfahren sich insgesamt erledigt. Die Beantwortung dieser Frage hängt davon ab, welche Parteirolle der Verwalter hatte und um welche Ansprüche es in dem laufenden Verfahren geht.

aa) Verwalter auf Klägerseite

Handelt es sich um einen Rechtsstreit über die Rechte und Pflichten des Verwalters bei der Verwaltung des gemeinschaftlichen Eigentums nach § 43 Nr. 3 WEG und steht der Verwalter auf Klägerseite, so wird seine Stellung als Kläger nicht berührt, wenn der geltend gemachte Anspruch nicht von der fortdauernden Innehabung des Verwalteramtes abhängt. Dies ist der Fall, wenn der Anspruch z. B. in der Vergangenheit liegende Fragen betrifft (z. B. Anspruch auf fällige Verwaltervergütung), da für die Beurteilung dieser Fragen die jetzige Position des damaligen Verwalters irrelevant ist.

Wurde der Verwalter hingegen von der Gemeinschaft der Wohnungseigentümer auf Erfüllung einer bestimmten **Pflicht aus dem Verwaltervertrag** in Anspruch genommen und wendet sich seine Klage gegen diese Inanspruchnahme, so erledigt sich mit dem Verwalterwechsel die Hauptsache, da der ursprüngliche Verwalter nicht mehr in der Lage ist, den Anspruch zu erfüllen[1]. Es tritt weder der neue Verwalter in das Verfahren ein, noch führt der ursprüngliche Verwalter das Verfahren für den neuen Verwalter in Prozessstandschaft fort.

Ist der bisherige Verwalter in **gewillkürter Prozessstandschaft** als Kläger für die Gemeinschaft der Wohnungseigentümer aufgetreten und endet das Verwalteramt während des Verfahrens, bleibt der bisherige Verwalter solange Kläger, bis seine Ermächtigung zur Prozessführung durch die Gemeinschaft der Wohnungseigentümer widerrufen wird. Dabei ist zu beachten, dass es auch als Widerruf anzusehen ist, wenn die Gemeinschaft der Wohnungseigentümer den neuen Verwalter mit der konkreten Prozessführung beauftragt[2]. Liegt kein ausdrücklicher oder konkludenter Widerruf vor, ist mangels abweichender Willensbekundung der Wohnungseigentümer davon auszugehen, dass diese die Fortführung des Ver-

---
1 BayObLG, Beschl. v. 15. 10. 1992 – 2Z BR 68/92, WE 1993, 320 (zum alten Verfahrensrecht).
2 KG, Beschl. v. 10. 5. 1991 – 24 W 6578/90, OLGZ 1992, 57 = WE 1992, 154 = NJW-RR 1991, 1363 = WuM 1991, 415; KG, Beschl. v. 29. 4. 2002 – 24 W 26/01, WuM 2002, 389 = NZM 2002, 745 = ZMR 2002, 699 = WE 2003, 6; BayObLG, Beschl. v. 21. 10. 1999 – 2Z BR 93/99, NZM 2000, 298 = ZMR 2000, 111 = ZWE 2000, 470.

fahrens durch den bisherigen Verwalter als Pflicht innerhalb der Abwicklung des Verwalteramtes betrachten[1]. Zudem ist es möglich, dass die Wohnungseigentümer den ehemaligen Verwalter per Beschluss ermächtigen, ein anhängiges Verfahren bis zu dessen Abschluss fortzuführen[2]. Endet das Verwalteramt während eines laufenden Klageverfahrens auf Ungültigerklärung eines Beschlusses gemäß § 46 WEG, so bleibt der ehemalige Verwalter Beteiligter des Verfahrens, eine weitere Prozessführung durch ihn ist jedoch wegen einer eventuellen Interessenkollision nicht möglich.

226 Widerruft die Gemeinschaft der Wohnungseigentümer die Prozessführungsbefugnis des bisherigen Verwalters, ohne einen neuen Verwalter mit der Prozessführung zu beauftragen, ist die Gemeinschaft der Wohnungseigentümer selbst Klägerin. Übernimmt der neue Verwalter den Prozess als Prozessstandschafter für die Gemeinschaft, wird dieser Kläger. Der Klägerwechsel ist in diesem Falle vom Gericht als sachdienlich zuzulassen, falls der Beklagte dem Wechsel nicht zustimmt[3].

227 Der bisherige Verwalter muss trotz Beendigung des Verwalteramtes als zur Weiterführung des Prozesses ermächtigt angesehen werden, wenn für alle anderen Miteigentümer hinsichtlich eines Beschlusses die Anfechtungsfrist des § 46 Abs. 1 WEG abgelaufen ist. Grund dafür ist, dass sonst keine Möglichkeit mehr bestünde, eine Klärung der Rechtslage herbeizuführen. Erklären die Anfechtungsberechtigten allerdings, dass sie an der Fortführung des Rechtsstreites kein Interesse haben, so erledigt sich die Hauptsache wegen fehlenden Rechtschutzbedürfnisses.

Führt der ehemalige Verwalter das Verfahren fort, ist der neue Verwalter an dem Verfahren zu beteiligen[4].

228 War der Verwalter lediglich **Verfahrensbevollmächtigter** der Wohnungseigentümer, so gilt das oben Gesagte entsprechend. Da die Gemeinschaft der Wohnungseigentümer bzw. einzelne Wohnungseigentümer die Stellung als Kläger behalten, müssen sie entscheiden, ob der ehemalige Verwalter sie weiterhin vertreten soll oder nicht. Für die Fortführung des Verfahrens gilt Rz. 229 entsprechend. Eine Zustimmung des Beklagten

---

1 BayObLG, Beschl. v. 10. 8. 1993 – 2Z BR 86/93, NJW-RR 1993, 1488 = ZMR 1993, 584 = WE 1994, 276; OLG Düsseldorf, Beschl. v. 18. 2. 2002 – 3 Wx 392/01, ZfIR 2002, 471 = WuM 2002, 283.
2 OLG Köln, Beschl. v. 3. 5. 2004 – 16 Wx 50/04, NZM 2005, 460 = NJW-RR 2004, 1668; OLG Düsseldorf, Beschl. v. 4. 2. 2000 – 3 Wx 448/99, ZMR 2000, 397 = NZM 2000, 502 = WuM 2000, 322 = NJW-RR 2000, 1180; KG, Beschl. v. 6. 2. 1989 – 24 W 3531/88, NJW-RR 1989, 657.
3 BayObLG, Beschl. v. 21. 10. 1999 – 2Z BR 93/99, NZM 2000, 298 = ZMR 2000, 111 = ZWE 2000, 470.
4 BGH, Beschl. v. 9. 10. 1997 – V ZB 3/97, MDR 1998, 29 = NZM 1998, 78 = ZMR 1998, 171 = WM 1998, 292 = NJW 1998, 755 = WE 1998, 105.

oder des Gerichts ist weder erforderlich, wenn die Wohnungseigentümer das Verfahren selbst fortführen, noch wenn der neue Verwalter die Verfahrensvertretung übernimmt. Dies gilt deshalb, weil formal die Klägerstellung der Wohnungseigentümer bestehen bleibt.

bb) Verwalter auf Beklagtenseite

Handelte es sich um ein Verfahren über die Rechte und Pflichten des Verwalters bei der Verwaltung des gemeinschaftlichen Eigentums gemäß § 43 Nr. 2 WEG und stand der Verwalter in diesem Verfahren auf der Beklagtenseite, so wird die verfahrensrechtliche Stellung des Verwalters als Beklagter nicht berührt, sofern der geltend gemachte Anspruch nicht von einer fortdauernden Innehabung des Verwalteramtes abhängt. Der ehemalige Verwalter bleibt daher z.B. der Beklagte in Verfahren, in denen es um Ansprüche auf Auskunftserteilung bezüglich seiner Verwaltertätigkeit, Rechnungslegung oder Herausgabe von Unterlagen geht[1]. Handelt es sich dagegen um Verwalterpflichten, die zwingend mit der Innehabung des Verwalteramtes zusammenhängen, wie z.B. bei der Durchführung von Beschlüssen, erledigt sich die Hauptsache mit Ausscheiden des ehemaligen Verwalters aus dem Verwalteramt[2]. Der bisherige Verwalter führt das Verfahren nicht in gewillkürter Prozessstandschaft für den neuen Verwalter fort und dieser tritt auch nicht als neuer Verwalter in das Verfahren ein. 229

Endet das Verwalteramt während einer Klage auf Ungültigerklärung eines Beschlusses der Wohnungseigentümer nach § 46 WEG, so führt der ehemalige Verwalter das Verfahren fort, wenn der angegriffene Beschluss seine materielle Rechtsstellung betrifft[3]. Die materielle Rechtsstellung des Verwalters ist z.B. betroffen, wenn die Tätigkeit des Gerichts durch ihn veranlasst wurde und dem Verwalter daher gemäß § 49 Abs. 2 WEG die Kosten auferlegt werden können. Führt der bisherige Verwalter das Verfahren fort, ist der neue Verwalter an dem Verfahren zu beteiligen[4].

h) Eigentümerwechsel hinsichtlich des Wohnungseigentums

Veräußert der Wohnungseigentümer sein Wohnungseigentum während des laufenden Verfahrens oder verliert er es, so sind die Auswirkungen auf den Prozess ebenfalls von der verfahrensrechtlichen Position des ursprünglichen Inhabers abhängig. Es gelten dabei ähnliche Grundsätze wie bei einem Verwalterwechsel. 230

---

1 OLG Zweibrücken, Beschl. v. 11. 5. 2007 – 3 W 153/06, MDR 2007, 1067 = ZfIR 2007, 555 = ZWE 2007, 370.
2 BayObLG, Beschl. v. 15. 10. 1992 – 2Z BR 68/92, WE 1993, 166.
3 BGH, Beschl. v. 9. 10. 1997 – V ZB 3/97, MDR 1998, 29 = NJW 1998, 775 = ZMR 1998, 171 = WM 1998, 292 = NZM 1998, 78 = WuM 1998, 118.
4 BGH, Beschl. v. 9. 10. 1997 – V ZB 3/97, MDR 1998, 29 = NJW 1998, 775 = ZMR 1998, 171 = WM 1998, 292 = NZM 1998, 78 = WuM 1998, 118.

aa) Eigentümerwechsel auf Seiten des Klägers

231 Stand der ehemalige Wohnungseigentümer auf Klägerseite und verliert er während des laufenden Prozesses sein Wohnungseigentum, wird seine verfahrensrechtliche Stellung davon nicht berührt[1]. Dies gilt aber nur, sofern es sich bei dem geltend gemachten Anspruch um einen solchen handelt, der nicht zwingend mit der Inhaberschaft am Wohnungseigentum verbunden ist, da ansonsten die Aktivlegitimation entfällt[2].

Entfällt die Aktivlegitimation durch den Verlust des Wohnungseigentums, weil es sich um Ansprüche handelt, die mit der Inhaberschaft am Wohnungseigentum zusammenhängen (z.B. Klage auf Gestattung der Nutzung des Sondereigentums), so führt der Kläger gemäß § 265 Abs. 2 Satz 1 ZPO das Verfahren in **gesetzlicher Prozessstandschaft** für den Erwerber fort. Der alte Wohnungseigentümer kann dabei dem Erwerber den Streit verkünden, er kann die Klage aber auch zurücknehmen.

232 Führt der ursprüngliche Wohnungseigentümer den Prozess fort, muss er einen **auf Leistung an sich** gerichteten Antrag in einen **Leistungsantrag an den Erwerber** abändern. Hat der Erwerber an der Fortführung des Prozesses durch den ursprünglichen Wohnungseigentümer kein Interesse, so muss der ursprüngliche Kläger die Klage mangels Rechtsschutzinteresses und aufgrund der Gefahr der Klageabweisung für erledigt erklären. Dies kann z.B. der Fall sein, wenn der Erwerber hinsichtlich einer vom Kläger geltend gemachten Rückgängigmachung einer baulichen Veränderung erklärt, er habe an der Rückgängigmachung kein Interesse.

Die Entscheidung des Gerichtes wirkt gemäß § 325 ZPO für und gegen den neuen Wohnungseigentümer, da er Rechtsnachfolger ist. Der neue Wohnungseigentümer ist aber nicht Beteiligter des Verfahrens, es sei denn, er übernimmt an Stelle des bisherigen Klägers mit dessen Zustimmung den Rechtsstreit. Zudem kann der Erwerber dem Kläger als Nebenintervenient beitreten, da er an dem Ausgang des Prozesses ein rechtliches Interesse hat.

bb) Eigentümerwechsel auf Seiten des Beklagten

233 Die Passivlegitimation des Beklagten bleibt bei einem Eigentumswechsel ebenfalls bestehen, solange in der Klage nicht Ansprüche geltend gemacht wurden, die von der fortdauernden Innehabung des Wohnungseigentums abhängig sind.

---

[1] BGH, Beschl. v. 23. 8. 2001 – V ZB 10/01, BGHZ 148, 335 = MDR 2001, 1283 = NJW 2001, 3339 = ZMR 2001, 809 = NZM 2001, 961 = WuM 2001, 572 = WM 2002, 184; BayObLG, Beschl. v. 28. 3. 2002 – 2Z BR 182/01, NJW-RR 2002, 949 = ZMR 2002, 688 = NZM 2002, 568 = ZfIR 2002, 648.

[2] BGH, Beschl. v. 23. 8. 2001 – V ZB 10/01, BGHZ 148, 335 = MDR 2001, 1283 = NJW 2001, 3339 = ZMR 2001, 809 = NZM 2001, 961 = WuM 2001, 572 = WM 2002, 184.

Wurde der ehemalige Wohnungseigentümer als Beklagter auf Zahlung rückständiger Hausgelder in Anspruch genommen, so besteht diese Verpflichtung auch dann noch, wenn er mittlerweile als Wohnungseigentümer ausgeschieden ist.

Entfällt die Passivlegitimation mit dem Verlust des Wohnungseigentums (z. B. bei Anspruch auf Unterlassung einer bestimmten Nutzung des Sondereigentums), führt der ursprüngliche Beklagte das Verfahren gemäß § 265 Abs. 2 Satz 2 ZPO in Prozessstandschaft für den Erwerber fort und kann diesem den Streit verkünden. 234

Der neue Wohnungseigentümer als Erwerber ist nicht formell am Prozess zu beteiligen[1]. Ein gegen den Erwerber gerichteter Antrag ist mangels Rechtsschutzbedürfnisses unzulässig, da die rechtskräftige Entscheidung gegen den ursprünglichen Wohnungseigentümer gemäß § 325 ZPO für und gegen den neuen Wohnungseigentümer als Erwerber wirkt[2].

Der Erwerber kann aber mit Zustimmung des Klägers den Prozess an Stelle des bisherigen Beklagten übernehmen oder dem Prozess als Nebenintervenient beitreten.

12. Anlagen zur Klageschrift

a) Prozessvollmacht

Bereits bei Klageeinreichung sollte die wirksame Bevollmächtigung des Rechtsanwaltes durch Einreichung der Prozessvollmacht nachgewiesen werden. 235

b) Miteigentümerliste

Die Einreichung einer aktuellen Miteigentümerliste ist immer dann erforderlich, wenn es sich um Streitigkeiten handelt, die Gemeinschaft der Wohnungseigentümer (= Verband) oder mehrere Wohnungseigentümer betreffen. Da gemäß § 44 Abs. 2 WEG die übrigen Miteigentümer in der Klageschrift zu bezeichnen sind, ist in allen Fällen, in denen eine Bezeichnung mittels Sammelbezeichnung erfolgt (vgl. Rz. 138), die Einreichung einer aktuellen Miteigentümerliste erforderlich. Die Miteigentümerliste kann zur vollständigen Bezeichnung der Beklagten gemäß § 44 Abs. 1 Satz 2 WEG bis zum Schluss der mündlichen Verhandlung eingereicht werden. 236

---

1 BayObLG, Beschl. v. 19. 8. 1994 – 2Z BR 45/94, BayObLGZ, 1994, 237 = MDR 1995, 144 = WE 1995, 279 = NJW-RR 1995, 467 = WuM 1994, 635.
2 BayObLG, Beschl. v. 19. 8. 1994 – 2Z BR 45/94, BayObLGZ, 1994, 237 = MDR 1995, 144 = WE 1995, 279 = NJW-RR 1995, 467 = WuM 1994, 635.

c) Teilungserklärung/Gemeinschaftsordnung

237 Handelt es sich um Streitigkeiten über die Rechte und Pflichten der Wohnungseigentümer untereinander oder zwischen der Gemeinschaft der Wohnungseigentümer und den Wohnungseigentümern bzw. um Streitigkeiten über die Rechte und Pflichten des Verwalters, so sollte stets die Gemeinschaftsordnung dahingehend überprüft werden, ob sie Regelungen über die streitgegenständlichen Rechte und Pflichten enthält. Ist dies der Fall, sollte die Gemeinschaftsordnung zum Beweis des eigenen Vortrages der Klageschrift unter entsprechender Bezugnahme beigefügt werden. Dasselbe gilt für Streitigkeiten über die Gültigkeit von Beschlüssen der Wohnungseigentümer, da die Gemeinschaftsordnung auch in diesem Fall wichtige Anhaltspunkte zur Untermauerung des eigenen Vortrages bieten kann. So enthält die Gemeinschaftsordnung zum Beispiel oft Regelungen über die Abstimmung in der Wohnungseigentümerversammlung, aber auch über die Rechte und Pflichten des Verwalters.

d) Grundbuchauszug

238 Werden für einzelne Wohnungseigentümer Ansprüche geltend gemacht, die in einem ursächlichen Zusammenhang zu deren Eigentum an der Wohnung stehen, so sollte zum Beweis der Eigentümerstellung das entsprechende Grundbuch vorgelegt werden. Dasselbe gilt, wenn z.B. der Verband einen einzelnen Wohnungseigentümer verklagt. In diesen Fällen sollte die Eigentümerstellung des Beklagten ebenfalls durch Vorlage eines Grundbuchauszuges nachgewiesen werden.

e) Protokolle der Eigentümerversammlung, Verwalterschreiben und sonstige Anlagen

239 Im Rahmen einer Beschlussanfechtungsklage sollte zur ordnungsmäßigen Darlegung des Beschlussinhaltes eine Abschrift des Protokolls der betreffenden Eigentümerversammlung vorgelegt werden. Empfehlenswert ist es zudem, innerhalb des Sachverhaltes der Klageschrift darzustellen, wann zu der Versammlung eingeladen wurde und das Einladungsschreiben ebenfalls als Anlage beizufügen. Dieses Beweisangebot ist zwingend, wenn mit der Klage ein Einladungsmangel gerügt wird.

Wird eine **Jahresabrechnung** oder der Wirtschaftsplan angefochten, muss der Klage die Original-Jahresabrechnung und der Original-Wirtschaftsplan beigefügt werden.

Handelt es sich um eine Klage auf Rückgängigmachung einer baulichen Veränderung, ist es in den meisten Fällen sinnvoll, zur Verdeutlichung entsprechende **Lichtbilder oder Skizzen** beizufügen. Diese können aber auch noch im Laufe des Verfahrens nachgereicht werden. Entsprechendes gilt für die Einreichung von Sachverständigengutachten oder sonstigen Schriftstücken, die der Beweisführung dienen. Als Beweisangebot sollte hier abgestuft zunächst die Augenscheinseinnahme, dann der Zeugen- und schließlich der Sachverständigenbeweis angeboten werden.

f) Abschriften

Nach §§ 133 Abs. 1 Satz 1, 253 Abs. 4 ZPO soll der Kläger die für die Zustellung erforderliche Zahl von Abschriften der Klageschrift und deren Anlagen der Klageschrift beifügen. Es sollten für den/die Beklagten stets beglaubigte Abschriften beigefügt werden, da diese gemäß § 169 Abs. 2 ZPO zur Zustellung verwendet werden können. Von Anlagen, die der Gegenseite bereits im Original oder in Kopie vorliegen, brauchen keine Abschriften beigefügt zu werden, § 133 Abs. 1 Satz 2 ZPO. 240

Die Zahl der erforderlichen Abschriften richtet sich nach der Anzahl der Beteiligten. Tritt der Verwalter als Zustellungsvertreter gemäß § 45 WEG auf, so genügt die Zustellung einer Abschrift an diesen, vgl. Rz. 107. Dasselbe gilt bei Vorhandensein eines Ersatzzustellungsvertreters, vgl. Rz. 152. Scheidet eine Zustellung sowohl an den Zustellungs- als auch an den Ersatzzustellungsvertreter wegen Interessenkollision aus, so ist den einzelnen Wohnungseigentümern jeweils eine Abschrift der Klage zuzustellen.

13. Zustellung gem. § 45 WEG

a) Zustellung an den Verwalter als Zustellungsvertreter

Die Zustellung der Klage und der ihr folgenden Schriftsätze im gerichtlichen Verfahren hat grundsätzlich an den Zustellungsadressaten zu erfolgen. § 45 WEG bestimmt, dass der Verwalter grundsätzlich Zustellungsvertreter der Wohnungseigentümer ist, wenn diese Beklagte oder gemäß § 48 Abs. 1 Satz 1 WEG beizuladen sind. Dies gilt aber nicht im Falle einer Interessenkollision (vgl. dazu ausführlich oben Rz. 148 ff.). Alternativ kann das Gericht bei Vorliegen eines Ersatzzustellungsvertreters auch an diesen zustellen. Nur wenn auch eine Zustellung an den Ersatzzustellungsvertreter nicht erfolgen kann, muss die Klageschrift entweder der Gemeinschaft der Wohnungseigentümer oder einem einzelnen Wohnungseigentümer zugestellt werden. 241

Der Gesetzgeber hat hinsichtlich der Zustellung an die Gemeinschaft der Wohnungseigentümer und an die Wohnungseigentümer unterschiedliche Lösungen entwickelt, so dass genau zwischen Verfahren gegen die Gemeinschaft und gegen einzelne Wohnungseigentümer unterschieden werden muss. Ansonsten droht auf Klägerseite die Unwirksamkeit der

Zustellung mit den möglichen Folgen einer Verjährung des Anspruchs oder des Ablaufs von Fristen.

b) Verfahren gegen die Wohnungseigentümer

aa) Verwalter als Zustellungsbevollmächtigter

242 Nach § 45 Abs. 1 WEG ist der Verwalter Zustellungsvertreter der Wohnungseigentümer, wenn diese Beklagte oder gemäß § 48 Abs. 1 Satz 1 WEG beizuladen sind. Von dieser grundsätzlichen gesetzlichen Bevollmächtigung wird nur im Falle einer Interessenkollision oder bei Fehlen eines Verwalters abgewichen. Bei Passivprozessen gegen die Wohnungseigentümer ist der Verwalter zudem nur dann Zustellungsbevollmächtigter, wenn sich die Klage gegen alle Wohnungseigentümer oder gegen alle übrigen Wohnungseigentümer mit Ausnahme des Klägers richtet.

Dadurch, dass der Verwalter ein Schriftstück für die Wohnungseigentümer entgegennimmt, wird diesen das Wissen in solchen Angelegenheiten vermittelt, die die Gemeinschaft betreffen. Betrifft der Inhalt des Schriftstückes jedoch lediglich einzelne Miteigentümer, so wird diesen das Wissen des Verwalters nicht zugerechnet. Der Verwalter vertritt nur die Gesamtheit der Wohnungseigentümer, nicht aber die Einzelnen, so dass er insoweit nicht zustellungsbevollmächtigt ist. Dies gilt auch, wenn nur einzelne Miteigentümer verklagt wurden[1].

Stellt in einem Verfahren, in dem der Verwalter als Zustellungsbevollmächtigter fungiert, ein einzelner Wohnungseigentümer einen eigenen Antrag, sind Zustellungen zusätzlich auch an diesen Wohnungseigentümer zu bewirken. Denn der Verwalter kann diesen Wohnungseigentümer bei der Zustellung nicht mehr vertreten[2].

bb) Zustellung bei Ausschluss des Verwalters von der Vertretung

243 Ist der Verwalter von der Zustellungsvertretung ausgeschlossen, soll zunächst eine Zustellung an den Ersatzzustellungsvertreter bzw. dessen Vertreter erfolgen, § 45 Abs. 2 Satz 1 WEG. Der Kreis der möglichen Ersatzzustellungsvertreter ist nicht begrenzt, es können also auch Dritte zu Ersatzzustellungsvertretern bestellt werden, vgl. Rz. 153 f.

Wurde trotz vorliegender Ausschlussgründe an den Verwalter zugestellt, ist die Zustellung rechtlich unwirksam. Der Verwalter ist jedoch aufgrund einer aus § 241 Abs. 1 BGB herrührenden Nebenpflicht des Verwaltervertrages verpflichtet, die Wohnungseigentümer über die Zustellung zu informieren.

---

1 BGH, Urt. v. 27. 9. 2002 – V ZR 320/01, MDR 2003, 259 = ZMR 2003, 211 = NJW 2003, 589 = NZM 2003, 118 = WM 2003, 647.
2 KG, Beschl. v. 17. 5. 2000 – 24 W 3651/99, WuM 2000, 503 = NZM 2001, 105 = WE 2001, 126 = ZMR 2000, 698.

cc) Zustellung bei fehlendem Verwalter und Ersatzzustellungsvertreter

Fehlt ein Verwalter oder ist auch der Ersatzzustellungsvertreter von der Vertretung ausgeschlossen, muss das Gericht entsprechend § 45 Abs. 3 WEG einen Ersatzzustellungsvertreter bestellen oder eine Zustellung an die einzelnen Wohnungseigentümer anordnen. 244

c) Verfahren gegen die Gemeinschaft der Wohnungseigentümer
aa) Wohnungseigentümer als Gesamtvertretungsberechtigte

Richtet sich die Klage gegen die Gemeinschaft der Wohnungseigentümer und ist der Verwalter von der Vertretung ausgeschlossen, sind die Wohnungseigentümer nach § 27 Abs. 3 Satz 2, 3 WEG Gesamtvertretungsberechtigte der Gemeinschaft der Wohnungseigentümer, was sich aus dem Gesetzeswortlaut („alle") ergibt. 245

Sind die Wohnungseigentümer Gesamtvertretungsberechtigte, kann die Zustellung nach § 170 Abs. 3 ZPO erfolgen. Es genügt daher die Zustellung einer Abschrift an einen einzelnen Wohnungseigentümer[1]. Dies gilt jedoch nicht bei Klagen gegen die Wohnungseigentümer, vgl. § 27 Abs. 2 Nr. 2 WEG.

⊃ **Hinweis:**
> Ist bei Klageerhebung unklar, ob ein Verwalter zur Vertretung des Verbandes berechtigt ist, kann die Gefahr der fehlerhaften Zustellung dadurch umgangen werden, dass gegenüber dem Gericht sowohl die Zustellung an den Verwalter als auch an einen einzelnen Wohnungseigentümer angeregt wird.

bb) Zustellung an den durch Mehrheitsbeschluss bestellten Vertreter

Nach § 27 Abs. 3 Satz 3 WEG können die Wohnungseigentümer auch durch Beschluss mit Stimmenmehrheit einen oder mehrere Wohnungseigentümer zur Zustellungsvertretung ermächtigen. Damit die Klage an diesen Vertreter wirksam zugestellt werden kann, muss sich die Ermächtigung konkret auf die Zustellungsvertretung beziehen. Ist dies nicht der Fall, kann nicht wirksam zugestellt werden. 246

d) Einzahlung des Gerichtskostenvorschusses

Die Zustellung der Klage ist gem. § 12 Abs. 1 GKG von der Einzahlung eines Gerichtskostenvorschusses abhängig. 247

---

[1] BGH, Urt. v. 16. 11. 1987 – II ZR 92/87, MDR 1988, 380 = NJW 1988, 1199 = WM 1988, 216 = DB 1988, 386 = NJW-RR 1988, 616.

V. Vertretung des Beklagten oder anderer Beteiligter im Klageverfahren

248 Der Prozessbevollmächtigte des Beklagten oder der weiteren Beteiligten muss genau wie der Prozessbevollmächtigte des Klägers – nur mit entgegengesetztem Ziel – die Zulässigkeit und Begründetheit der Klage prüfen. Besonderes Augenmerk ist dabei auf die folgenden Aspekte zu richten:

– Wurde die Passivlegitimation hinreichend geprüft, d.h. wurden Ansprüche des Verbandes auch gegen diesen geltend gemacht oder wurden fälschlicherweise die Wohnungseigentümer in Anspruch genommen und umgekehrt?

– Sind die notwendigen Beteiligungen vorgenommen worden?

– Ist die Zustellung korrekt erfolgt?

– Ist der Klageantrag hinreichend bestimmt?

– Wurden bei der Beschlussanfechtungsklage die Fristen des § 46 WEG eingehalten?

249 Vertritt der Rechtsanwalt sowohl die Gemeinschaft der Wohnungseigentümer als auch den Verwalter der Wohnungseigentümergemeinschaft gegenüber Dritten, kann sich eine Interessenkollision ergeben, wenn die Gemeinschaft der Wohnungseigentümer und der Verwalter gegensätzliche Interessen verfolgen. Der Rechtsanwalt kann in den Fällen, in denen sowohl die Gemeinschaft der Wohnungseigentümer als auch der Verwalter verklagt werden, nur eine dieser Parteien vertreten. Es sollte daher von Anfang an genau darauf geachtet werden, ob die Bestellung zum Prozessvertreter durch den Verwalter oder durch die Gemeinschaft der Wohnungseigentümer erfolgt.

Verfahrensrechtlich ergeben sich sonst keine Besonderheiten zu einer Vertretung des Beklagten oder der Beteiligten in Zivilrechtsstreitigkeiten. Es sollte daher neben der Abwehr des geltend gemachten Anspruches stets auch geprüft werden, ob Gegenansprüche bestehen, die im Wege der Widerklage geltend gemacht werden können. Im Rahmen der Widerklage ist allerdings genau darauf zu achten, welche Parteien sich im Klageverfahren gegenüberstehen. Handelt es sich z.B. um ein Verfahren der Gemeinschaft der Wohnungseigentümer gegen einen einzelnen Miteigentümer auf Zahlung von Hausgeld, so können im Rahmen der Widerklage auch nur solche Ansprüche geltend gemacht werden, die dem Miteigentümer gegen die Gemeinschaft der Wohnungseigentümer zustehen. Falsch wäre es dagegen, im Rahmen der Widerklage einen Anspruch geltend zu machen, der dem einzelnen Miteigentümer gegen die übrigen Wohnungseigentümer zusteht. Weiterhin sollte überprüft werden, ob im Falle der Vertretung der weiteren Beteiligten ein Beitritt zum Verfahren sinnvoll ist. Da hier keine wohnungseigentumsrechtlichen Besonderheiten bestehen, wird insoweit auf die einschlägige Literatur zur ZPO verwiesen.

VI. Entscheidungsmöglichkeiten 1. Instanz

1. Trennung und Verbindung von Verfahren

a) Trennung

Wurden in einer Klage mehrere Ansprüche geltend gemacht, kann das Gericht gemäß § 145 Abs. 1 ZPO die Trennung der geltend gemachten Ansprüche in verschiedene Verfahren anordnen.

250

aa) Voraussetzungen

§ 145 Abs. 1 ZPO setzt voraus, dass in einer Klage mehrere Ansprüche geltend gemacht wurden. Dabei kann es sich entweder um eine **Anspruchs- oder eine Parteienhäufung** gemäß den §§ 59, 60, 260 ZPO handeln[1] oder um die Geltendmachung eines Gegenantrages nach § 145 Abs. 2 ZPO.

251

Machen in einem Verfahren mehrere Wohnungseigentümer die **Ungültigkeit eines Eigentümerbeschlusses** geltend, dürfen diese Anträge nicht getrennt werden, da sie in einem rechtlichen Zusammenhang zueinander stehen. Dies ergibt sich aus einem Umkehrschluss aus § 47 WEG, der eine zwingende Verbindung mehrerer Prozesse auf Ungültigerklärung desselben Eigentümerbeschlusses anordnet.

bb) Wirkung

Durch die Trennung der Ansprüche entstehen mehrere für die Zukunft in jeder Beziehung selbständige Verfahren. Für jedes Verfahren ist ein Geschäftswert festzusetzen. Wurden vor der Trennung bereits Verfahrenshandlungen vorgenommen (z.B. Beweiserhebungen), bleiben diese für jedes Verfahren wirksam.

252

Die Trennung der Verfahren endet, wenn die Trennung gemäß § 150 ZPO wieder aufgehoben wird. Ergehen in den getrennten Verfahren Endentscheidungen, sind diese selbständig anfechtbar, wenn die Berufungs- oder Revisionssumme erreicht wird.

---

1 Thomas/Putzo/*Reichold*, § 145 ZPO Rz. 2.

cc) Rechtsmittel

253 Die Anordnung der Trennung bzw. deren Ablehnung ist selbständig **nicht anfechtbar**, die Entscheidung kann nur auf mögliche Rechtsmittel gegen die Sachentscheidung überprüft werden. Dasselbe gilt für die Aufhebung der Trennung von Verfahren sowie deren Ablehnung.

b) Verbindung

aa) Voraussetzungen

254 Nach § 47 Satz 1 WEG sind mehrere Prozesse, in denen Klagen auf Erklärung oder Feststellung der Ungültigkeit desselben Beschlusses der Wohnungseigentümer erhoben werden, zur gleichzeitigen Verhandlung und Entscheidung zu verbinden. Die Anordnung der Verbindung ist in Abweichung von dem sonst dem Gericht zugebilligten Entscheidungsspielraum gemäß § 147 ZPO **zwingend**.

Das Erfordernis der Verfahrensverbindung beruht auf der Identität des Streitgegenstandes sowie auf der sich aus §§ 325 ZPO, 48 Abs. 3 WEG ergebenden Rechtskraftwirkung der Entscheidung für und gegen alle Wohnungseigentümer und den Verwalter. Diese Gründe führen dazu, dass nicht nur Anfechtungsprozesse zu verbinden sind, sondern alle Verfahren, in denen es um die Gültigkeit desselben Eigentümerbeschlusses geht. Eine Verbindung hat unabhängig davon zu erfolgen, ob die Feststellung oder die Erklärung der Ungültigkeit erstrebt wird, da es für eine Verbindung nicht darauf ankommt, ob es sich um eine Gestaltungs- oder um eine Feststellungsklage handelt.

Nach der Reform des WEG sind Verfahren in Wohnungseigentumsstreitigkeiten als streitige ZPO-Verfahren zu qualifizieren. Es ist daher möglich, eine WEG-Sache mit einer sonstigen streitigen Zivilsache gemäß § 147 ZPO zu verbinden und für derartige Klagen nach § 36 Abs. 1 Nr. 3 ZPO ein örtlich und sachlich gemeinsam zuständiges Gericht zu bestimmen. Bei dieser Entscheidung des Gerichtes findet nicht zwingend eine Entscheidung dahingehend statt, dass für eine Klage innerhalb der Zuständigkeit des Amtsgerichtes die Abteilung für Wohnungseigentumsrecht zuständig ist. Die Abteilung für Wohnungseigentumssachen ist kein gesetzlich bestimmter, besonderer Spruchkörper, so dass es allein Sache des Präsidiums ist, wie es die Zuständigkeitsverteilung vornimmt[1]

bb) Wirkung

255 Nach § 47 Satz 2 WEG bewirkt die Verbindung der Verfahren, dass die Kläger der vorher selbständigen Prozesse als **Streitgenossen** anzusehen

---

[1] OLG München, Beschl. v. 24. 6. 2008 – 31 AR 74/08, MietRB 2008, 302.

sind (§§ 59 ff. ZPO). Durch die Verbindung entsteht ein für die Zukunft in jeder Hinsicht einheitliches Verfahren. Vor der Verbindung vorgenommene Verfahrenshandlungen bleiben wirksam.

Die **sachliche Zuständigkeit** des Gerichts wird durch die Verbindung nicht betroffen. Für das verbundene Verfahren ist ein einheitlicher Geschäftswert festzusetzen, auch ist einheitlich über die Kosten zu entscheiden[1].

Die Verbindung kann gemäß § 150 ZPO vom Gericht jederzeit wieder aufgehoben werden.

Nimmt das Gericht keine Verfahrensverbindung vor, obwohl ein Eigentümerbeschluss von mehreren Wohnungseigentümern angefochten wird oder parallele Klageverfahren vorliegen, tritt nach der Rechtsprechung in den weiteren Anfechtungsverfahren eine Erledigung der Hauptsache ein, wenn in einem Verfahren der Antrag auf Ungültigerklärung des Beschlusses rechtskräftig zurückgewiesen wird[2] und die übrigen anfechtenden Wohnungseigentümer an diesem Verfahren auch formell beteiligt waren. Sind zwei divergierende Entscheidungen über denselben Beschluss rechtskräftig geworden, dürfte die spätere Entscheidung auf Antrag entsprechend den Regelungen des Restitutionsverfahrens nach § 580 Nr. 7a ZPO aufzuheben sein.

cc) Rechtsmittel

Die Anordnung der Verbindung und ihre Ablehnung sind in entsprechender Anwendung der Verbindungsvorschriften der ZPO unanfechtbar. Es können lediglich Rechtsmittel gegen die Sachentscheidung erhoben werden. Entsprechendes gilt für die Aufhebung der Verbindung oder ihre Ablehnung. 256

2. Aussetzung des Verfahrens

a) Voraussetzungen

Das Gericht kann das Verfahren nach § 148 ZPO aussetzen, wenn die Entscheidung des Rechtsstreits von einer anderen Gerichts- oder Verwaltungsentscheidung abhängig ist. So kann z. B. ein Verfahren auf Zahlung der Verwaltervergütung ausgesetzt werden, wenn in einem anderen Ver- 257

---

1 Thomas/Putzo/*Reichold*, § 147 ZPO Rz. 9 ff.; Zöller/*Greger*, § 147 ZPO Rz. 8.
2 OLG Köln, Beschl. v. 9. 2. 2007 – 16 Wx 206/06, NJW-RR 2007, 1311; OLG München, Beschl. v. 24. 1. 2007 – 34 Wx 110/06, OLGReport München 2007, 375 = ZMR 2007, 395 = WE 2007, 184; BayObLG, Beschl. v. 27. 2. 2003 – 2Z BR 135/02, ZMR 2003, 590 = NZM 2003, 644 = WuM 2003, 531; Niedenführ/Kümmel/Vandenhouten/*Niedenführ*, § 47 Rz. 6.

fahren über die Gültigkeit der Abberufung des Verwalters und/oder die Gültigkeit des Verwaltervertrages gestritten wird[1].

Gemäß § 149 ZPO kann das Verfahren zudem ausgesetzt werden, wenn sich im Laufe des Rechtsstreits der Verdacht einer Straftat ergibt, deren Ermittlung Einfluss auf die Gerichtsentscheidung haben kann. Dies kann z.B. dann der Fall sein, wenn es sich um ein Verfahren auf Abberufung des Verwalters handelt und der Abberufungsgrund eine dem Verwalter vorgeworfene Straftat ist.

Nach § 246 Abs. 1 ZPO wird auf Antrag das Verfahren ausgesetzt, wenn der Kläger oder Beklagte stirbt und im Verfahren durch einen Prozessbevollmächtigten vertreten wurde.

Im WEG-Verfahren ist bei der Anwendung des § 246 ZPO zu unterscheiden, ob Beklagte die übrigen Wohnungseigentümer sind oder die Gemeinschaft der Wohnungseigentümer. Handelt es sich um ein Verfahren gegen die Gemeinschaft der Wohnungseigentümer als Verband, so hat der Tod eines einzelnen Miteigentümers auf das Verfahren keine Auswirkungen. Die Gemeinschaft der Wohnungseigentümer bleibt unabhängig von ihrer Zusammensetzung Beklagte, so dass eine Aussetzung nicht erforderlich ist. Sind dagegen die übrigen Wohnungseigentümer als Gesamtschuldner Beklagte und stirbt einer dieser Wohnungseigentümer, ändert sich die verfahrensrechtliche Situation. In diesem Fall kann gemäß § 246 Abs. 1 ZPO die Aussetzung des Verfahrens beantragt werden. Entsprechendes gilt, wenn die Partei ihre Prozessfähigkeit oder ihren gesetzlichen Vertreter verliert, die Nachlassverwaltung angeordnet wird oder die Nacherbfolge eintritt. Antragsberechtigt sind der Prozessbevollmächtigte der betroffenen Partei sowie in den Fällen des Todes und der Nacherbfolge die gegnerische Partei.

b) Wirkung

258 Gemäß § 249 Abs. 1 ZPO bewirkt die Aussetzung des Verfahrens, dass der Lauf einer jeden Frist aufhört und nach Beendigung der Aussetzung die volle Frist von neuem zu laufen beginnt. Prozesshandlungen, die während der Aussetzung in Ansehung der Hauptsache vorgenommen werden, sind gemäß § 249 Abs. 2 ZPO ohne rechtliche Wirkung.

Die Aussetzung des Verfahrens endet, wenn die in der Aussetzungsanordnung genannten Beendigungsvoraussetzungen eintreten, ein Antrag gemäß § 149 Abs. 2 ZPO gestellt und positiv beschieden wird oder eine Aufhebung der Aussetzung gemäß § 150 ZPO angeordnet wird.

---

1 OLG Köln, Beschl. v. 7. 6. 1988 – 19 W 22/88, WE 1989, 142 = NJW-RR 1988, 1172.

c) Rechtsmittel

Gemäß § 252 ZPO ist gegen die Anordnung oder Ablehnung der Aussetzung des Verfahrens die sofortige Beschwerde das statthafte Rechtsmittel. Diese richtet sich nach den §§ 567 Abs. 1 Nr. 1, 574 Abs. 1 Nr. 1, 575, 576 ZPO.

259

3. Unterbrechung des Verfahrens

Liegen die Voraussetzungen der §§ 239 ff. ZPO vor, tritt eine Unterbrechung des Verfahrens ein.

260

a) Voraussetzungen

Eine Unterbrechung des Verfahrens tritt bei Tod einer Partei ohne Prozessbevollmächtigten (§ 239 ZPO), Eröffnung des Insolvenzverfahrens über das Vermögen einer Partei (§ 240 ZPO), Verlust der Prozessfähigkeit oder Tod des gesetzlichen Vertreters einer Partei (§ 241 ZPO), bei Eintritt der Nacherbfolge (§ 242 ZPO) sowie bei einem Anwaltsverlust (§ 244 ZPO) ein. Zur Beachtung der unterschiedlichen Parteirollen vgl. Rz. 257.

b) Wirkung/Rechtsmittel

Für die Wirkung der Unterbrechung gilt § 249 ZPO, so dass insoweit auf die Ausführungen zur Wirkung der Aussetzung des Verfahrens verwiesen werden kann, vgl. Rz. 258. Dasselbe gilt für die Rechtsmittel bei einer Anordnung der Unterbrechung durch Beschluss, vgl. Rz. 259. Es existieren keine wohnungseigentumsrechtlichen Besonderheiten.

261

4. Ruhen des Verfahrens

a) Voraussetzungen

Gemäß § 251 ZPO hat das Gericht das Ruhen des Verfahrens anzuordnen, wenn beide Parteien dies beantragen und anzunehmen ist, dass wegen Schwebens von Vergleichsverhandlungen oder aus sonstigen wichtigen Gründen diese Anordnung zweckmäßig ist. Dasselbe gilt nach § 251a Abs. 3 ZPO, wenn die Parteien im Termin zur mündlichen Verhandlung nicht erscheinen und das Gericht nicht nach Lage der Akten entscheidet.

262

b) Wirkung

Die Anordnung des Ruhens des Verfahrens wirkt grundsätzlich wie eine Unterbrechung oder Aussetzung des Verfahrens (vgl. Rz. 256), wegen § 251 Satz 2 ZPO laufen jedoch die Notfristen, die Rechtsmittelbegründungsfrist sowie die Frist des § 234 Abs. 1 ZPO weiter.

263

c) Rechtsmittel

264 Die Rechtsmittel richten sich nach § 252 ZPO. Es kann daher auf die Ausführungen in Rz. 259 verwiesen werden.

5. Richterablehnung wegen Befangenheit

265 Liegt ein Grund vor, der geeignet ist, Misstrauen gegen die Unparteilichkeit eines Richters zu rechtfertigen, kann eine Richterablehnung wegen Befangenheit nach § 42 ZPO beantragt werden. Dies gilt vor allem dann, wenn der zuständige Richter entgegen dem in der ZPO geltenden Beibringungsgrundsatz von sich aus Tatsachen erforscht, die der Beibringungspflicht der Parteien unterliegen. Da hinsichtlich des Verfahrens der Richterablehnung wegen Befangenheit keine wohnungseigentumsrechtlichen Besonderheiten bestehen, wird auf die einschlägige Kommentarliteratur zu § 42 ZPO verwiesen.

6. Einstweilige Verfügung

266 Die nach dem alten Recht gemäß § 44 Abs. 3 WEG a. F. bestehende Möglichkeit einer Einstweiligen Anordnung gibt es nach der Reform des WEG nicht mehr. Es besteht aber die Möglichkeit, eine Einstweilige Verfügung nach den Vorschriften der ZPO zu beantragen. Zuständig für den Erlass einer Einstweiligen Verfügung ist das nach § 43 Nr. 4 WEG zuständige Gericht. Ist die Hauptsache bereits in der Berufungsinstanz anhängig, ist das Berufungsgericht gemäß §§ 937 Abs. 1, 943 Abs. 1 ZPO zuständig.

Das Gericht hat über einen Antrag auf Erlass einer Einstweiligen Verfügung zu entscheiden. Einen Ermessensspielraum wie bei der früheren Einstweiligen Anordnung gibt es nicht mehr.

267 Ein Antrag auf Erlass einer Einstweiligen Verfügung kommt z.B. in Betracht, wenn eine Anfechtungsklage hinsichtlich einer Verwalterbestellung erhoben wurde und gleichzeitig ein Tätigwerden des Verwalters bis zur endgültigen Entscheidung über die Klage verhindert werden soll, die Durchführung eines anderen angefochtenen Eigentümerbeschlusses verhindert werden oder die Einberufung bzw. Durchführung einer Wohnungseigentümerversammlung durch einen faktischen Verwalter verhindert werden soll[1]. Natürlich ist es auch möglich, vor Erhebung einer Klage eine Einstweilige Verfügung zu beantragen, um das Hauptsacheverfahren vorzubereiten.

---

1 AG Wangen, Beschl. v. 30. 1. 2008 – 4 C 36/03, ZMR 2008, 580.

a) Verfügungsanspruch

Der Erlass einer Einstweiligen Verfügung setzt einen Verfügungsanspruch voraus. Dieser braucht nicht auf eine endgültige Rechtsfolge gerichtet sein, auch vorübergehende Ansprüche (z. B. aus verbotener Eigenmacht) oder befristete Ansprüche können durch eine einstweilige Verfügung gesichert werden.

268

b) Verfügungsgrund

Verfügungsgrund ist in aller Regel die besondere Eilbedürftigkeit, aufgrund der der Antragsteller nicht ein langwieriges Klageverfahren abwarten kann.

269

c) Glaubhaftmachung

Die in dem Antrag auf Erlass einer Einstweiligen Verfügung dargestellten Tatsachen sind gemäß § 294 ZPO glaubhaft zu machen. Die Glaubhaftmachung muss sich auf sämtliche Tatsachen beziehen, die den Verfügungsanspruch und Verfügungsgrund ausfüllen sollen.

270

d) Antrag

aa) Geltung des § 44 WEG

Im Verfügungsantrag müssen die Parteien ebenso wie im Klageantrag genau bezeichnet werden. Allerdings ist auch im Einstweiligen Verfügungsverfahren § 44 WEG entsprechend anwendbar. Es genügt daher für die Bezeichnung der Parteien die bestimmte Angabe des gemeinschaftlichen Grundstücks, wenn der Antrag durch oder gegen alle Wohnungseigentümer mit Ausnahme der Antragsteller erhoben wird. Auch gilt grundsätzlich die Pflicht zur namentlichen Bezeichnung der Wohnungseigentümer[1].

271

Meines Erachtens ist § 44 WEG aufgrund der Eilbedürftigkeit im Einstweiligen Verfügungsverfahren allerdings nur modifiziert anzuwenden, da sonst dem besonderen Zweck des Verfahrens nicht ausreichend Rechnung getragen würde. Aufgrund der besonderen Eilbedürftigkeit findet im Einstweiligen Verfügungsverfahren oftmals keine mündliche Verhandlung statt, so dass die Miteigentümerliste bereits bei Antragstellung vorgelegt werden müsste. Dies kann für den Antragsteller in der Kürze der Zeit schwierig werden. Macht der Antragsteller oder Verfügungskläger daher glaubhaft, aus von ihm nicht zu vertretenden Gründen zur Vorlage einer Miteigentümerliste nicht in der Lage zu sein, sollte seinem Antrag abweichend von § 44 Abs. 1 Satz 2 WEG ausnahmsweise auch

---

1 Zu § 44 Abs. 1 WEG vgl. Rz. 138 ff.

ohne Vorlage der Miteigentümerliste stattgegeben werden[1]. Anderenfalls hinge die Gewährleistung effektiven Rechtsschutzes im Einstweiligen Verfügungsverfahren allein von der Vorlage der Miteigentümerliste ab, die zudem oftmals erst noch von dem Verwalter angefordert werden muss. Es ist daher ausreichend, wenn das Gericht dem Antragsteller aufgibt, unverzüglich binnen einer vom Gericht gesetzten Frist die namentliche Bezeichnung der übrigen Wohnungseigentümer nachzuholen. Dies gilt vor allem in den Fällen, in denen gegen die in Anspruch genommenen übrigen Wohnungseigentümer eine strafbewehrte Unterlassungsverpflichtung ergeht, da es dann genügt, wenn die namentliche Bezeichnung der Wohnungseigentümer bei der Einleitung der Vollstreckungsmaßnahmen vorliegt.

bb) Einstweilige Verfügung zur Außerkraftsetzung von Beschlüssen der Wohnungseigentümerversammlung

272 Mit einer Einstweiligen Verfügung kann auch beantragt werden, dass ein anfechtbarer Beschluss der Wohnungseigentümerversammlung bis zur Entscheidung in der Hauptsache außer Kraft gesetzt wird, wenn die Aussetzung des Beschlusses zur Abwendung wesentlicher Nachteile notwendig erscheint. Ein solcher Antrag muss gemäß § 46 Abs. 1 Satz 1 WEG gegen die übrigen Miteigentümer gerichtet werden. Der Erlass einer Einstweiligen Verfügung, mit der das Gericht einen Beschluss der Wohnungseigentümer vorläufig außer Kraft setzt, ist unabhängig davon zulässig, ob der Antragsteller bereits eine Anfechtungsklage erhoben hat. Das Gericht hat aber auf Antrag gemäß §§ 936, 926 Abs. 1 ZPO anzuordnen, dass der Antragsteller binnen einer zu bestimmenden Frist Klage zu erheben hat. Der Antrag auf Erlass einer Einstweiligen Verfügung zur Außerkraftsetzung eines Eigentümerbeschlusses ist unbegründet, wenn die Anfechtungsfrist des § 46 WEG abgelaufen und erkennbar ist, dass der Beschluss nicht nichtig ist.

Das Gericht darf einen in der Wohnungseigentümerversammlung gefassten Beschluss allerdings im Einstweiligen Verfügungsverfahren aufgrund des Verbots der Vorwegnahme der Hauptsache nicht für ungültig erklären. Das Gericht kann lediglich anordnen, dass der Beschluss vorläufig nicht ausgeführt werden darf. Bei dieser Entscheidung hat das Gericht die Interessen des Antragstellers mit denen der übrigen Wohnungseigentümer sorgfältig abzuwägen. Das Interesse der Wohnungseigentümer an der Ausführung angefochtener Beschlüsse ist nicht schutzwürdig, wenn die Beschlüsse keine Maßnahmen enthalten, die zur Wahrung des Gemeinschaftseigentums bzw. zur Wahrung gemeinschaftlicher Belange sofort ausgeführt werden müssen und unaufschiebbar sind. Wendet sich der Antragsteller gegen die Beschlussfassung über einen Gesamt- und

---

1 So auch Jennißen/*Suilmann*, § 44 Rz. 22.

Einzelwirtschaftsplan, ist der Beschluss nicht in vollem Umfang außer Kraft zu setzen, da der Wirtschaftsplan Grundlage für die Beitragszahlungen der Wohnungseigentümer ist und seine vollständige Suspendierung die Zahlungsfähigkeit der Gemeinschaft der Wohnungseigentümer beeinträchtigen kann[1]. Sind die Gesamtansätze im Wirtschaftsplan zu hoch, kann das Gericht sie im Wege der Einstweiligen Verfügung auf ein angemessenes Maß reduzieren.

cc) Anwendbarkeit des § 48 WEG im Einstweiligen Verfügungsverfahren

Bislang existiert noch keine Entscheidung darüber, ob im Falle eines Antrages auf Erlass einer Einstweiligen Verfügung, der sich nur gegen einen oder einzelne Wohnungseigentümer richtet, die übrigen Wohnungseigentümer in entsprechender Anwendung des § 48 WEG beizuladen sind. Bei der Beantwortung dieser Frage ist zu bedenken, dass § 48 WEG zwar die Interessen der Wohnungseigentümer, die durch die Entscheidung betroffen wären, wahren und die Gewährung rechtlichen Gehörs sicherstellen soll. Andererseits ist aber auch zu bedenken, dass eine Beiladung der übrigen Wohnungseigentümer die besondere Eilbedürftigkeit des Einstweiligen Verfügungsverfahrens unterlaufen würde, da eine Zustellung der Antragschrift an alle übrigen Miteigentümer einige Zeit in Anspruch nimmt. Die Gerichte werden daher besonders sorgfältig prüfen müssen, ob und in welcher Weise die Interessen der übrigen Wohnungseigentümer tangiert werden und ob das Interesse des Antragstellers an einer schnellen Entscheidung das Interesse der übrigen Wohnungseigentümer an einer Beteiligung am Verfahren überwiegt.

273

dd) Zustellung des Antrages

Die Zustellung des Antrages auf Erlass einer Einstweiligen Verfügung sowie der gerichtlichen Entscheidung erfolgt nach Maßgabe des § 45 WEG. Der Verwalter ist auch im Einstweiligen Verfügungsverfahren zur Vertretung der Antragsgegner berechtigt, da das Einstweilige Verfügungsverfahren zu den in § 27 Abs. 2 Nr. 2 ZPO genannten Erkenntnisverfahren zählt[2].

274

Hinsichtlich des weiteren Verfahrens der Einstweiligen Verfügung (Widerspruch, Rechtsmittel etc.) bestehen keine Besonderheiten. Es wird daher auf die §§ 916 ff. ZPO sowie die dazugehörige Literatur verwiesen.

275

---

1 KG, Beschl. v. 12. 6. 1989 – 24 W 5453/88, OLGZ 1989, 430 = MDR 1989, 997.
2 Zöller/*Zöller*, vor § 253 Rz. 1.

Musterantrag
Einstweilige Verfügung bei gleichzeitiger Beschlussanfechtungsklage
Namens und in Vollmacht der Verfügungskläger beantragen wir:

„Der Beschluss zu TOP 5 (Schwimmbadsanierung) der Wohnungseigentümerversammlung vom 3. 8. 2007, Nr. 12/07 der Beschlusssammlung der Wohnungseigentümergemeinschaft XYZ-Straße 12–24, 51143 Köln, wird bis zur Entscheidung über die Beschlussanfechtungsklage im Verfahren 43 C 81/07 einstweilig außer Kraft gesetzt. Der Verwaltung wird untersagt, den Beschluss zu TOP 5 bis zur Entscheidung über die Beschlussanfechtungsklage in dem Verfahren 43 C 81/07 auszuführen."

7. Erledigung der Hauptsache

276 Eine Erledigung der Hauptsache tritt ein, wenn der Antrag des Klägers durch ein Ereignis nach Eintritt der Rechtshängigkeit oder der Verfahrenseinleitung gegenstandslos wird. Die Erledigung der Hauptsache tritt unabhängig davon ein, ob der ursprüngliche Klageantrag bei Verfahrenseinleitung zulässig und begründet war; diese Frage wird lediglich bei der Kostenentscheidung berücksichtigt.

Beispiele für Fälle der Erledigung:
- Das Verfahren auf Rückgängigmachung einer baulichen Veränderung erledigt sich mit Beseitigung der baulichen Veränderung durch den Wohnungseigentümer oder mit Genehmigung der baulichen Veränderung durch bestandskräftigen Beschluss der Wohnungseigentümer[1].
- Eine Klage auf Zahlung von Hausgeld erledigt sich, wenn die Forderung ausgeglichen wird, der Beklagte wirksam mit einer Gegenforderung aufrechnet oder der dem Zahlungsanspruch zugrunde liegende Wirtschaftsplan oder die Jahresabrechnung für ungültig erklärt wird[2]. Wird der Zahlungsanspruch auf den Wirtschaftsplan gestützt und ergeht eine rechtskräftige Entscheidung über die Jahresabrechnung, tritt eine Erledigung allerdings nur insoweit ein, als die Jahresabrechnung eine geringere Hausgeldschuld ergibt[3].
- Wird ein Eigentümerbeschluss von mehreren Wohnungseigentümern jeweils selbständig angefochten und wird eine Verfahrensverbindung vom Gericht nicht vorgenommen, so tritt in den weiteren Anfechtungsverfahren Erledigung der Hauptsache ein, wenn in einem Verfahren der Antrag auf Ungültigerklärung des Beschlusses rechtskräftig abgewiesen wird und die übrigen anfechtenden Wohnungseigentümer an diesem Verfahren formell beteiligt waren[4].

---

1 BayObLG, Beschl. v. 23. 7. 2001 – 2Z BR 23/01, ZMR 2001, 993.
2 OLG Düsseldorf, Beschl. v. 26. 11. 1999 – 3 Wx 333/99, OLGReport Düsseldorf 2000, 174 = ZWE 2001, 272 = WuM 2000, 625 = ZMR 2000, 327.
3 BayObLG, Beschl. v. 29. 4. 1999 – 2Z BR 177/98, NZM 1999, 853.
4 OLG München, Beschl. v. 24. 1. 2007 – 34 Wx 110/06, OLGReport München 2007, 375 = MietRB 2007, 98 = ZMR 2007, 395 = NZM 2007, 412; BayObLG, Beschl. v. 27. 2. 2003 – 2Z BR 135/02, ZMR 2003, 590 = NZM 2003, 644 = WuM 2003, 531.

Keine Erledigung der Hauptsache tritt dagegen ein, wenn   277
- die Klage auf Ungültigerklärung der Verwalterbestellung zwar abgewiesen wird, diese Entscheidung aber noch nicht rechtskräftig ist,
- während des Verfahrens auf Ungültigerklärung der Verwalterbestellung ein neuer Verwalter bestellt und der Bestellungsbeschluss nicht angefochten wird[1],
- die Wohnungseigentümer während des Verfahrens auf Ungültigerklärung eines Eigentümerbeschlusses einen ersetzenden oder bestätigenden Zweitbeschluss fassen; die Erledigung tritt erst ein, wenn dieser Zweitbeschluss bestandskräftig ist[2]. Erst mit Bestandskraft wird der Erstbeschluss ersetzt bzw. bestätigt.

Der Rechtsstreit kann ausdrücklich oder konkludent (Auslegungsfrage) für erledigt erklärt werden.

a) Übereinstimmende Erledigungserklärung

Erklären die Parteien den Rechtsstreit in der Hauptsache übereinstimmend für erledigt, entfällt die Rechtshängigkeit des geltend gemachten Anspruches. Es darf daher über die Hauptsache nicht mehr – auch nicht in einem anderen Verfahren – entschieden werden. Vielmehr wird gemäß § 91a ZPO im Wege eines Beschlusses nur noch über die Kosten des Rechtsstreites entschieden. Die Entscheidung ergeht „unter Berücksichtigung des bisherigen Sach- und Streitstandes nach billigem Ermessen". Es findet eine summarische Prüfung durch das Gericht dahingehend statt, welche Entscheidung in der Hauptsache ohne Eintritt der Erledigung gefällt worden wäre und wer dann die Kosten hätte tragen müssen. Bei dieser Entscheidung ist jetzt insbesondere auch die Vorschrift des § 49 Abs. 2 WEG zu beachten, nach der dem Verwalter die Prozesskosten auferlegt werden können (Einzelheiten vgl. Rz. 292 ff.). Zudem sind auch die Umstände zu berücksichtigen, die zur Erledigung geführt haben. Hinsichtlich der näheren Einzelheiten wird auf die Literatur zur ZPO verwiesen.   278

b) Teilweise übereinstimmende Erledigungserklärung

Erklären die Parteien den Rechtsstreit in der Hauptsache nur teilweise übereinstimmend für erledigt, entfällt auch die Rechtshängigkeit nur teilweise. Es wird dann im Wege eines einheitlichen Urteils über die restliche Hauptsache und im Wege einer einheitlichen Kostenentscheidung über die Kosten des Rechtsstreits und die Kosten des erledigten Teils entschieden.   279

---
1 BayObLG, Beschl. v. 24. 1. 2001 – 2Z BR 112/00, ZWE 2001, 492 = ZMR 2001, 366 = WE 2001, 24 = NZM 2001, 862.
2 BayObLG, Beschl. v. 31. 1. 2002 – 2Z BR 165/01, BayObLGR 2002, 342 = ZWE 2002, 315 = WuM 2002, 342.

c) Einseitige Erledigungserklärung des Klägers

280 Erklärt der Kläger die Hauptsache für erledigt und schließt sich die Gegenpartei der Erledigungserklärung nicht an, wird die Erledigungserklärung des Klägers als Klageänderung in eine Feststellungsklage angesehen. Diese ist nach h. M. gemäß § 264 Nr. 2 ZPO zulässig. Der Antrag auf Feststellung, dass der Rechtsstreit erledigt ist, ist begründet, wenn der ursprüngliche Klageantrag zulässig und begründet war und durch den Eintritt eines erledigenden Ereignisses später unzulässig oder unbegründet geworden ist. Es bleibt daher eine Entscheidung in der Hauptsache erforderlich, die im Wege eines Urteils getroffen wird. Die Kostenentscheidung richtet sich nach dem Ergebnis zur Hauptsache. Hinsichtlich der näheren Einzelheiten wird auf die Literatur zur ZPO verwiesen.

d) Rechtsmittel

281 Erklären die Parteien den Rechtsstreit in der Hauptsache übereinstimmend für erledigt, beschränkt sich ihr Streit nur noch auf die Kostenfrage. Über die Kosten des Verfahrens nach Erledigung der Hauptsache entscheidet das Gericht gemäß § 91a ZPO nach billigem Ermessen. Ausgangspunkt für die Entscheidung sind dabei die vor Erledigterklärung vorliegenden Erfolgsaussichten in der Hauptsache.

Die isolierte Kostenentscheidung des Gerichts ergeht durch Beschluss. Gegen diesen Beschluss kann gemäß §§ 91a Abs. 2, 567 Abs. 1 Nr. 1 ZPO sofortige Beschwerde eingelegt werden, wenn der Streitwert in der Hauptsache die Berufungssumme von 600 Euro erreicht. Weiterhin ist für die sofortige Beschwerde gegen die Kostenentscheidung gemäß § 567 Abs. 2 ZPO erforderlich, dass die Kostenbeschwer des Beschwerdeführers 200 Euro übersteigt. Wird einer dieser Beschwerdewerte nicht erreicht, ist die sofortige Beschwerde unzulässig[1].

Wird die Hauptsache nur teilweise für erledigt erklärt, kann es zu einer gemischten Kostenentscheidung kommen, die zum Teil auf § 91a ZPO beruht und im Übrigen auf den allgemeinen Vorschriften. Die gesamte, einheitliche Kostenentscheidung allein kann mit der sofortigen Beschwerde angegriffen werden, während die restliche Hauptsache mit der Berufung angefochten werden kann, sofern deren Voraussetzungen vorliegen.

8. Vergleich

282 Die Parteien können den Rechtsstreit auch durch Abschluss eines gerichtlichen oder außergerichtlichen Vergleichs beenden. Ein in der

---

[1] Thomas/Putzo/*Hüßtege*, § 91a ZPO Rz. 52; Zöller/*Vollkommer*, § 91a ZPO Rz. 49.

mündlichen Verhandlung geschlossener Vergleich (Prozessvergleich) gehört nicht zu den gerichtlichen Entscheidungen im Sinne des § 10 Abs. 4 WEG, so dass er keine Bindung etwaiger Sondernachfolger bewirkt. Zwar steht der Vergleich in manchen Rechtsbeziehungen einer gerichtlichen Entscheidung gleich, er ist aber ein Vertrag und damit ein materielles Rechtsgeschäft, das nur zwischen den Beteiligten wirkt.

Der Prozessvergleich hat eine doppelte Rechtsnatur[1]: er ist sowohl ein **materielles Rechtsgeschäft** als auch eine **Prozesshandlung**.

a) Materielles Rechtsgeschäft

Der Prozessvergleich regelt als privatrechtlicher Vertrag (§ 779 BGB) das materiell-rechtliche Verhältnis der Parteien in Bezug auf den Streitgegenstand. Der Vergleich bedarf daher der Mitwirkung aller, die zur Verfügung über den Streitgegenstand berechtigt sind. Betrifft der Vergleich daher Angelegenheiten, die nur durch Beschluss der Wohnungseigentümerversammlung oder durch Vereinbarung geregelt werden können, müssen alle Wohnungseigentümer dem Vergleich zustimmen[2]. Hierbei ist zu beachten, dass der Abschluss des Prozessvergleiches auch in dem Fall, dass die Angelegenheit in der Eigentümerversammlung durch Mehrheitsbeschluss geregelt werden könnte, der **Zustimmung aller Wohnungseigentümer** bedarf. Ein Mehrheitsbeschluss ist nur dann ausreichend, wenn alle Wohnungseigentümer in der gerichtlichen Verhandlung erschienen oder vertreten und mit einer Beschlussfassung einverstanden sind[3].

283

b) Prozesshandlung

Da es sich bei dem Prozessvergleich um eine Prozesshandlung handelt, muss den Parteien die Verfügungs- und Dispositionsbefugnis über den Streitgegenstand zustehen. Der Vergleich bedarf daher der **zustimmenden Mitwirkung aller formell Beteiligten**. Dies gilt auch, wenn zur Verfügung über den Streitgegenstand ein Mehrheitsbeschluss ausreichen würde.

284

Als Prozesshandlung unterliegt der Prozessvergleich im Rahmen des § 78 ZPO dem Anwaltszwang. Zu beachten ist, dass der Prozessbevollmächtigte eine umfassende Vergleichsvollmacht erhalten muss, damit auch ein Vergleich, der mehr als den ursprünglichen Streitgegenstand regelt, wirksam ist. Der Vergleich muss im gerichtlichen Protokoll ord-

---

1 BGH, Urt. v. 30. 9. 2005 – V ZR 275/04, BGHZ 164, 190 = MDR 2006, 284 = WE 2006, 111 = NJW 2005, 3576; BGH, Urt. v. 18. 6. 1999 – V ZR 40/98, BGHZ 142, 48 = MDR 1999, 1150 = WM 1999, 1738 = NJW 1999, 2806.
2 OLG Köln, Beschl. v. 12. 2. 2003 – 16 Wx 204/02, ZMR 2004, 59.
3 KG, Beschl. v. 1. 3. 1974 – 1 W 858/73, OLGZ 1974, 399.

nungsgemäß beurkundet sein und den Voraussetzungen der §§ 159 ff. ZPO entsprechen.

Wird an dem Abschluss eines Vergleiches mitgewirkt, muss der Prozessbevollmächtigte für eine vollständige und richtige Niederlegung des Willens seines Mandanten sorgen. Es ist darauf zu achten, dass der Vergleich einen möglichst eindeutigen und nicht erst auslegungsbedürftigen Wortlaut erhält, da dem Prozessbevollmächtigten sonst Regressansprüche des Mandanten drohen können[1].

◯ **Hinweis:**

285
- Die Regelungen des Vergleichs müssen so konkret gefasst sein, dass eine Zwangsvollstreckung aus dem Vergleich möglich ist.

- Die Regelung der Verfahrenskosten muss eindeutig sein. Stehen dem Kläger z. B. mehrere Beklagte gegenüber und sollen diese dem Kläger die außergerichtlichen Kosten erstatten, so muss entweder die Formulierung gewählt werden „die außergerichtlichen Kosten des Klägers tragen die Beklagten als Gesamtschuldner" oder es muss eine genaue Quotelung der Kosten erfolgen, je nachdem, um wie viele Beklagte es sich handelt.

- Wird vereinbart, dass der Vergleich auch gegenüber einem Sondernachfolger wirken soll, muss der Vergleich gemäß § 10 Abs. 3 WEG in das Grundbuch eingetragen werden. In den Vergleich sollten daher der Eintragungsantrag und die Eintragungsbewilligung aufgenommen werden. Der ordnungsgemäß protokollierte Vergleich ersetzt nach § 127a BGB eine notarielle Beurkundung, welche ihrerseits die nach § 29 GBO erforderliche öffentliche Beglaubigung ersetzt.

- Bei einem Vergleich unter Widerrufsvorbehalt muss – insbesondere bei einer Mehrheit von Klägern oder Beklagten – geregelt werden, ob jeder Kläger/Beklagte einzeln zum Widerruf berechtigt ist, oder ob ein Widerruf durch alle Kläger/Beklagte erfolgen muss. Es ist daher auf eine ausreichend lange Widerrufsfrist zu achten.

c) Wirkungen des Prozessvergleichs

aa) Verfahrensrechtliche Wirkungen

286 Der Prozessvergleich beendet den Rechtsstreit und damit die Rechtshängigkeit. Zwischen den Parteien ist er Vollstreckungstitel gemäß § 794 Abs. 1 Nr. 1 ZPO.

---

1 BGH, Urt. 17. 1. 2002 – IX ZR 182/00, MDR 2002, 547 = NJW 2002, 1048 = WM 2002, 513 = VersR 2002, 887.

bb) Persönlicher Bindungsbereich

Der Vergleich bindet nur die an seinem Abschluss Beteiligten. Er steht einer gerichtlichen Entscheidung nicht gleich und entfaltet daher ohne Eintragung in das Grundbuch keine Bindungswirkung gegenüber Sondernachfolgern (§ 10 Abs. 3 WEG).

287

Eine Bindung anderer Wohnungseigentümer an den Vergleich kann aber eintreten, wenn

- die Wohnungseigentümer den Inhalt des Vergleichs, sofern dieser einer Mehrheitsentscheidung zugänglich ist, in einer Wohnungseigentümerversammlung beschließen, vgl. Rz. 283;
- alle Wohnungseigentümer eine schriftliche Beschlussfassung gemäß § 23 Abs. 3 WEG über den Vergleich beschließen.

cc) Sachlicher Bindungsbereich

Die in dem Vergleich geschlossenen Regelungen sind bindend, solange die Wirksamkeit des Vergleichs nicht durch Widerruf, Anfechtung oder Eintritt eines auflösenden Ereignisses beseitigt wird. Wird von einer Partei die Unwirksamkeit des Vergleichs geltend gemacht, ist das Verfahren in der Instanz, in der der Vergleich geschlossen wurde, fortzusetzen[1]. Dies gilt auch, wenn neben der Anfechtung des Vergleichs der Rücktritt vom Vergleich erklärt wird.

288

9. Entscheidung in der Sache/über die Kosten

a) Endentscheidungen

Durch eine Endentscheidung des Gerichtes wird eine endgültige Regelung hinsichtlich des geltend gemachten Streitgegenstandes getroffen. Entschieden wird über die zuletzt gestellten Anträge der Parteien. Endentscheidungen des Gerichtes beenden das Verfahren in der Instanz und enthalten neben der Entscheidung in der Sache eine Entscheidung über die Kostentragungspflicht der Parteien sowie über die Zulässigkeit eines Rechtsmittels.

289

Instanzbeendende Endendscheidungen im wohnungseigentumsrechtlichen Verfahren können im Wege eines Endurteils, Teilurteils, Zwischenurteils, Vorbehaltsurteils, Versäumnisurteils, Anerkenntnisurteils etc. ergehen. Es bestehen insoweit keine Besonderheiten.

---

1 BGH, Urt. v. 29. 7. 1999 – III ZR 272/98, BGHZ 142, 253 = MDR 1999, 1217 = NJW 1999, 2903 = WM 1999, 1993.

b) Entscheidung über die Kosten, §§ 91 ff. ZPO, § 49 WEG

aa) Grundsatz: §§ 91 ff. ZPO

290 Die Entscheidung über die Kostentragung richtet sich im Gegensatz zum früheren Recht nicht mehr nach billigem Ermessen des Gerichts, sondern erfolgt nach den Vorschriften der §§ 91 ff. ZPO. Dies hat zur Folge, dass nunmehr auch eine Entscheidung über die Erstattung der außergerichtlichen Kosten der Parteien erfolgt. Auch im wohnungseigentumsrechtlichen Verfahren gilt daher der Grundsatz, dass die unterliegende Partei gemäß § 91 Abs. 1 Satz 1 ZPO nicht nur die Gerichtskosten, sondern auch die dem Gegner entstandenen außergerichtlichen Kosten zu erstatten hat.

bb) Ausnahme: § 49 Abs. 1 WEG

291 § 49 Abs. 1 WEG bestimmt, dass ausnahmsweise bei einer gerichtlichen Entscheidung nach billigem Ermessen nach § 21 Abs. 8 WEG auch die Prozesskosten nach billigem Ermessen verteilt werden können. Hintergrund dieser Regelung ist, dass bei den Streitigkeiten nach § 21 Abs. 8 WEG im Einzelfall nur schwer erkennbar ist, welche Partei in welchem Maße obsiegt hat oder unterlegen ist.

§ 21 Abs. 8 WEG betrifft Entscheidungen bezüglich der Verwaltung des gemeinschaftlichen Eigentums durch die Wohnungseigentümer. Kommt es hinsichtlich der Durchführung der Verwaltung zu Streitigkeiten innerhalb der Gemeinschaft der Wohnungseigentümer und treffen die Wohnungseigentümer eine nach dem Gesetz erforderliche Maßnahme nicht, so kann an ihrer Stelle das Gericht nach billigem Ermessen über die Maßnahme entscheiden. Dies gilt jedoch nur, soweit sich die Maßnahme nicht aus dem Gesetz, einer Vereinbarung oder einem Beschluss der Wohnungseigentümer ergibt.

In § 49 Abs. 1 WEG sind keine Voraussetzungen genannt, wann eine Entscheidung nach billigem Ermessen statthaft und an welchen Voraussetzungen sie zu messen ist. Das Gericht muss daher eine Entscheidung danach treffen, wer die Tätigkeit des Gerichtes veranlasst hat.

cc) § 49 Abs. 2 WEG – Kostentragungspflicht des Verwalters

292 Gemäß § 49 Abs. 2 WEG können dem Verwalter, auch wenn er nicht Partei des Rechtsstreits ist, die Prozesskosten auferlegt werden, soweit die Tätigkeit des Gerichts durch **ihn veranlasst** wurde und ihn ein **grobes Verschulden** trifft. § 49 Abs. 2 WEG ermöglicht es, dem Verwalter auch dann Kosten aufzuerlegen, wenn die §§ 91 ff. ZPO dafür keine Handhabe bieten. Die Regelung des § 49 Abs. 2 WEG ist sachgerecht, da nicht unberücksichtigt bleiben darf, dass die Durchführung des gerichtlichen Ver-

fahrens unter Umständen auf einer Verletzung der dem Verwalter nach dem Gesetz, Vertrag oder Beschluss obliegenden Verwalterpflichten basiert und der Verwalter den Wohnungseigentümern daher nach materiellem Recht zur Kostenerstattung verpflichtet ist[1].

Voraussetzung für eine Pflicht des Verwalters zur Tragung der Prozesskosten ist, dass der Verwalter

- die Tätigkeit des Gerichts **veranlasst** hat und
- ihn ein **grobes Verschulden** trifft.

Beispiel:

Eine Veranlassung der Tätigkeit des Gerichtes liegt bei Beschlussanfechtungsklagen vor, wenn ein Tun oder Unterlassen oder ein Fehler des Verwalters dazu geführt haben, dass ein Wohnungseigentümer einen Beschluss anficht.

Weitere denkbare Fälle, in denen der Verwalter die Tätigkeit des Gerichts veranlasst hat, sind:

- eine fehlerhafte Beschlussformulierung,
- eine fehlerhafte Einladung zur Wohnungseigentümerversammlung,
- die Nichtbeachtung von zwingenden Abstimmungsmodalitäten,
- eine fehlende oder fehlerhafte Verkündung des Beschlussergebnisses,
- eine Nichtversendung von Versammlungsniederschriften bei Bestehen einer Versendungspflicht aus dem Verwaltervertrag oder der Gemeinschaftsordnung,
- eine fehlerhafte Beschlussfassung unter dem Tagesordnungspunkt „Sonstiges",
- die Erstellung einer grob falschen Jahresabrechnung.

Ein **grobes Verschulden** liegt vor, wenn der Verwalter die im Geschäftsverkehr erforderliche Sorgfalt in besonders schwerem Maße verletzt hat. Als Maßstab sind hier die Anforderungen an einen ordentlichen Verwalter/Kaufmann anzusetzen. Voraussetzung ist daher ein das gewöhnliche Maß der Fahrlässigkeit erheblich übersteigender Sorgfaltsverstoß.

Aufgrund des in Art. 103 GG verankerten Grundsatzes des rechtlichen Gehörs ist der Verwalter, bevor ihm die Prozesskosten auferlegt werden, **anzuhören**. Zwar enthält das WEG diesbezüglich keine besondere Regelung, die nach § 48 Abs. 1 Satz 2 WEG erforderliche Beiladung des Verwalters stellt jedoch die Gewährung rechtlichen Gehörs sicher und hat daher zu erfolgen.

---

[1] BGH, Beschl. v. 9. 10. 1997 – V ZB 3/97, MDR 1998, 29 = ZMR 1998, 171 = NZM 1998, 78 = NJW 1998, 755; BGH, Beschl. v. 20. 4. 1990 – V ZB 1/90, BGHZ 111, 148 = MDR 1991, 138 = NJW 1990, 2386 = ZMR 1990, 389; OLG Köln, Beschl. v. 6. 1. 2006 – 16 Wx 188/05, MDR 2006, 866 = NZM 2006, 227 = NJW-RR 2006, 520 = ZMR 2006, 384.

In welcher Weise der durch die Kostenentscheidung betroffene Verwalter seine **Kostenlast angreifen** kann, ist im Gesetz nicht bestimmt. Meines Erachtens kann der Verwalter in Analogie zu § 99 Abs. 2 Satz 1 ZPO die Kostenentscheidung mit der sofortigen Beschwerde gemäß §§ 567 ff. ZPO angreifen. Hinsichtlich des Prüfungsumfangs der sofortigen Beschwerde ist umstritten, ob die Ermessensentscheidung des erstinstanzlichen Gerichts in tatsächlicher und rechtlicher Hinsicht vollumfänglich vom Gericht überprüft werden muss[1], oder ob nur eine Überprüfung auf Ermessensfehler stattfindet[2]. Da die sofortige Beschwerde eine volle zweite Tatsacheninstanz eröffnet[3], ist meines Erachtens die Auffassung, nach der eine vollumfängliche Überprüfung durch das Beschwerdegericht stattfindet, vorzugswürdig.

dd) Anfechtbarkeit der Kostenentscheidung

294 Gemäß § 99 Abs. 1 ZPO ist die Anfechtung der Kostenentscheidung unzulässig, wenn nicht gegen die Entscheidung in der Hauptsache ein Rechtsmittel eingelegt wird. Eine Ausnahme wird nur für den Fall eines Anerkenntnisses in § 99 Abs. 2 ZPO gemacht. Die Regelung des § 99 Abs. 1 ZPO ist jedoch für den Fall, dass eine Kostenentscheidung durch das Gericht nach billigem Ermessen gemäß § 49 Abs. 1 WEG erfolgt, unangemessen. Den Parteien würde sonst die Möglichkeit genommen, das Ermessen des Gerichts überprüfen zu lassen. Es bietet sich daher für diesen Fall eine analoge Anwendung der §§ 91a Abs. 2 Satz 1, 99 Abs. 2 Satz 1 ZPO an, die eine sofortige Beschwerde gegen die Kostenentscheidung ermöglichen[4]. Hinsichtlich des Prüfungsumfangs durch das Beschwerdegericht vgl. Rz. 293.

c) Entscheidung über die vorläufige Vollstreckbarkeit

295 Die Entscheidung über die vorläufige Vollstreckbarkeit richtet sich nach den §§ 708 ff. ZPO. Es bestehen keine wohnungseigentumsrechtlichen Besonderheiten, so dass auf die Literatur zur ZPO verwiesen wird.

---

1 So *Baumbach/Lauterbach/Albers/Hartmann*, § 572 Rz. 13; LAG Rheinland-Pfalz, Beschl. v. 14. 1. 1991 – 9 Ta 3/91, NZA 1992, 427; *Schneider*, MDR 1987, 64.
2 So KG, Beschl. v. 14. 10. 2005 – 11 W 8/04, KGR Berlin 2006, 282 = ZWE 2006, 203; Hügel/Elzer/*Elzer*, § 13 Rz. 234.
3 Thomas/Putzo, § 571 Rz. 2; *Baumbach/Lauterbach/Albers/Hartmann*, § 567 Rz. 2; Zöller/*Heßler*, § 571 Rz. 3.
4 So auch *Hügel/Elzer*, § 13 Rz. 234, Skrobek, ZMR 2008, 173; a. A. Jennißen/*Suilmann*, § 49 Rz. 36.

d) Wirkung des Urteils, § 48 Abs. 3 und 4 WEG

aa) § 48 Abs. 3 WEG

Gemäß § 325 Abs. 1 ZPO wirkt das rechtskräftige Urteil für und gegen die Parteien und deren Rechtsnachfolger. Die Rechtskrafterstreckung auf Rechtsnachfolger bezieht sich dabei auch auf die Rechtsnachfolge nach einem rechtskräftig abgeschlossenen Prozess[1]. Über diese Wirkung hinaus ordnet § 48 Abs. 3 WEG an, dass das rechtskräftige Urteil auch für und gegen alle beigeladenen Wohnungseigentümer und ihre Rechtsnachfolger sowie den beigeladenen Verwalter wirkt.

296

➲ **Hinweis:**
Aufgrund der erweiterten Wirkung des Urteils sollte der Rechtsanwalt bei Gericht strikt auf eine Beiladung der übrigen Wohnungseigentümer oder des Verwalters hinwirken. Stellt sich nach Abschluss des Rechtsstreites heraus, dass jemand von dem Urteil betroffen ist, der nicht beigeladen wurde, kann es sonst zu Problemen kommen. Will das Gericht Beiladungen nicht vornehmen, sollte dies nur akzeptiert werden, wenn unter jedem rechtlichen Gesichtspunkt ausgeschlossen werden kann, dass jemand betroffen sein könnte.

bb) § 48 Abs. 4 WEG

Wird durch ein Urteil eine Anfechtungsklage als unbegründet abgewiesen, kann gemäß § 48 Abs. 4 WEG auch nicht mehr geltend gemacht werden, dass der Beschluss nichtig sei. Das Urteil ist daher sowohl in Bezug auf Anfechtungsgründe als auch in Bezug auf Nichtigkeitsgründe als rechtswirksam zu erachten[2]. Diese Regelung ist sachgerecht, da es dem Gedanken des Rechtsfriedens innerhalb der Gemeinschaft der Wohnungseigentümer widersprechen würde, wenn trotz Abschluss des Anfechtungsverfahrens nicht zur Sprache gekommene Nichtigkeitsgründe später immer noch geltend gemacht werden und zu erneuten gerichtlichen Auseinandersetzungen führen könnten. Dies gilt jedoch nur, sofern der Beschluss bereits Gegenstand eines gerichtlichen Verfahrens war. Ist dies nicht der Fall, können Nichtigkeitsgründe weiter geltend gemacht werden.

297

e) Wirkung des Entziehungsurteils, § 19 WEG

Gemäß § 19 Abs. 1 WEG berechtigt das Urteil, durch das ein Wohnungseigentümer zur Veräußerung seines Wohnungseigentums verurteilt wird,

298

---
1 Zöller/*Vollkommer*, § 325 ZPO Rz. 13.
2 OLG Köln, Beschl. v. 17. 12. 2004 – 16 Wx 191/04, ZMR 2005, 809 = NZM 2005, 149 = NJW 2005, 908; OLG Zweibrücken, Beschl. v. 1. 10. 2004 – 3 W 179/04, OLGReport Zweibrücken 2005, 33 = ZMR 2005, 407; BayObLG, Beschl. v. 31. 1. 1980 – BReg 2Z 24/79, BayObLGZ 1980, 29 = ZMR 1982, 63.

jeden Miteigentümer zur Zwangsvollstreckung entsprechend den Vorschriften des ZVG. § 19 Abs. 1 Satz 2 WEG stellt klar, dass die Ausübung des Rechts zur Zwangsversteigerung der Gemeinschaft der Wohnungseigentümer zusteht.

Das Urteil selbst entzieht gemäß § 19 Abs. 1 WEG nicht das Wohnungseigentum, sondern ermöglicht dessen Versteigerung nach den Vorschriften des ZVG. Ein Wohnungseigentümer, der wegen Zahlungsverzugs zur Veräußerung verurteilt wurde, kann die Wirkungen des Urteils dadurch abwenden, dass er den Zahlungsverzug (einschließlich der durch den Rechtsstreit verursachten Kosten sowie der weiteren fälligen Zahlungen) bis zur Erteilung des Zuschlags beseitigt, vgl. § 19 Abs. 2 WEG.

VII. Verfahren 2. Instanz – Berufung

299 Gegen die in erster Instanz erlassenen Urteile in wohnungseigentumsrechtlichen Verfahren ist die Berufung gemäß § 511 ff. ZPO das statthafte Rechtsmittel. Hinsichtlich der Frage, welches Gericht das richtige Rechtsmittelgericht ist, muss zwischen Streitigkeiten Dritter gemäß § 43 Nr. 5 WEG und Binnenrechtsstreitigkeiten nach § 43 Nr. 1–4 und Nr. 6 WEG unterschieden werden.

1. Zuständiges Berufungsgericht in Binnenrechtsstreitigkeiten nach § 43 Nr. 1–4 und Nr. 6 WEG

300 In den Streitigkeiten des § 43 Nr. 1–4 und Nr. 6 WEG ist gemäß § 72 Abs. 2 Satz 1 GVG das für den Sitz des Oberlandesgerichts zuständige Landgericht gemeinsames Berufungs- und Beschwerdegericht für den Bezirk des Oberlandesgerichts, in dem das Amtsgericht seinen Sitz hat[1]. Dies gilt gemäß § 72 Abs. 2 Satz 2 GVG auch dann, wenn ein Wohnungseigentümer seinen allgemeinen Gerichtsstand im Zeitpunkt der Rechtshängigkeit in erster Instanz außerhalb des Geltungsbereiches des GVG hatte oder in den Fällen, in denen das Amtsgericht ausländisches Recht angewendet und dies in den Entscheidungsgründen ausdrücklich festgestellt hat (§ 119 Abs. 1 Nr. 1b und c GVG).

Gemäß § 72 Abs. 2 Satz 3 GVG sind die Landesregierungen ermächtigt, durch Rechtsverordnung ein anderes Landgericht im Bezirk des Oberlandesgerichts als gemeinsames Berufungs- und Beschwerdegericht zu bestimmen. Von dieser Möglichkeit haben bislang Baden-Württemberg, Brandenburg, Niedersachsen, Rheinland-Pfalz, Sachsen-Anhalt und Schleswig-Holstein Gebrauch gemacht.

---

1 Eine tabellarische Übersicht über die zuständigen Landgerichte findet sich bei *Elzer*, MietRB 2008, 156 (157).

◯ **Hinweis:**
Wird die Berufung versehentlich bei einem falschen Landgericht oder beim Oberlandesgericht eingelegt, kommt eine Verweisung des Rechtsstreites über die Berufung in entsprechender Anwendung des § 281 Abs. 1 Satz 1 ZPO nicht in Betracht, da diese Bestimmung nicht für die funktionelle Zuständigkeit gilt[1]. Wird durch die Einlegung beim falschen Gericht die Rechtsmittelfrist versäumt, wird die Berufung daher nach § 522 Abs. 1 Satz 2 ZPO als unzulässig verworfen.

2. Zuständiges Berufungsgericht in Streitigkeiten gemäß § 43 Nr. 5 WEG – Klagen Dritter

Für Streitigkeiten mit Dritten ist gemäß § 72 Abs. 1 GVG das **örtlich zuständige Landgericht** zuständiges Berufungsgericht, sofern erstinstanzlich nach dem Zuständigkeitsstreitwert gemäß § 23 Abs. 1 GVG das Amtsgericht zuständig war. Lag der Zuständigkeitsstreitwert in erster Instanz indessen über 5 000 Euro und war demnach erstinstanzlich gemäß § 71 Abs. 1 GVG das Landgericht zuständig, ist nach § 119 Abs. 1 Nr. 2 GVG das **Oberlandesgericht** funktionell für die Berufung zuständig. 301

In den Streitigkeiten des § 119 Abs. 1 Nr. 1b) und c) GVG, d.h. wenn der Dritte seinen allgemeinen Gerichtsstand im Zeitpunkt der Rechtshängigkeit in erster Instanz außerhalb des Geltungsbereiches des GVG hatte oder in denen das Amtsgericht ausnahmsweise auch ausländisches Recht angewendet und dies in den Entscheidungsgründen ausdrücklich festgestellt hat, sind stets die Oberlandesgerichte zuständige Berufungsgerichte.

3. Zulässigkeit der Berufung gemäß § 511 Abs. 2 Nr. 1 und 2 ZPO

§ 511 Abs. 2 Nr. 1 ZPO bestimmt, dass die Berufung nur zulässig ist, wenn der Wert des Beschwerdegegenstandes 600 Euro übersteigt. 302

a) Berechnung der Berufungssumme, § 511 Abs. 2 Nr. 1 ZPO

Die Berufungssumme ergibt sich einerseits aus der Beschwer des Berufungsklägers, d.h. aus dem Zurückbleiben der angegriffenen Entscheidung hinter dem in erster Instanz gestellten Antrag, andererseits aus dem Änderungsinteresse des Berufungsklägers. 303

---
1 BGH, Beschl. v. 19. 6. 2007 – VI ZB 3/07, MDR 2007, 1212 = NJW-RR 2007, 1436 = WuM 2007, 534; BGH, Urt. v. 13. 5. 2003 – VI ZR 430/02, BGHZ 155, 46 = MDR 2003, 1194 = NJW 2003, 2686.

Beispiel:

Wurde der Zahlungsklage eines Wohnungseigentümers auf Zahlung von 3 000 Euro in Höhe von 2 000 Euro stattgegeben und erfolgte im Übrigen Klageabweisung, so beträgt die Beschwer des Klägers 1 000 Euro, die des Beklagten 2 000 Euro.

Legt der Kläger gegen das o. g. Urteil mit dem Ziel Berufung ein, weitere 500 Euro zu erhalten, beträgt der Beschwerdewert 500 Euro.

b) Einzelheiten

304 Erstrebt der Berufungskläger die **Ungültigerklärung eines Beschlusses über die Jahresabrechnung**, weil der Jahresabrechnung eine falsche Kostenverteilung zugrunde liegt, so bestimmt sich die Berufungsbeschwer nach der Summe, die der Berufungskläger bei einer ordnungsmäßigen Jahresabrechnung nicht hätte zahlen müssen.

Fechten mehrere Wohnungseigentümer die Jahresabrechnung an, ergibt sich die Beschwer aus der Summe der einzelnen Beträge. Es handelt sich in diesem Fall um eine objektive Antragshäufung, so dass die Summe der Einzelwerte der Anträge für das Erreichen der Berufungssumme entscheidend ist[1]

Erstrebt der Berufungskläger die Aufrechterhaltung eines für ungültig erklärten Beschlusses über die Jahresabrechnung, richtet sich die Berufungsbeschwer dagegen nach dem Interesse aller Wohnungseigentümer an der Gültigkeit der Jahresabrechnung[2].

Erstrebt ein Wohnungseigentümer die Ungültigerklärung einer Verwalterentlastung, bemisst sich die Berufungsbeschwer nach dem dem Wohnungseigentümer anteilig zustehenden Betrag, dessen Ersatz vom Verwalter verlangt werden kann[3].

Erstrebt der Berufungskläger die Rückgängigmachung einer baulichen Veränderung, richtet sich die Berufungsbeschwer nach den zu erwartenden Kosten dieser Maßnahme.

Erstrebt der Berufungskläger die Ungültigerklärung eines Beschlusses über eine kostenverursachende Maßnahme (z. B. Sanierung der Tiefgara-

---

1 BGH, Beschl. v. 28. 10. 1980 – VII ZR 303/79, MDR 1981, 398 = NJW 1981, 578 = WM 1981, 235; BGH, Beschl. v. 23. 2. 1995 – III ZR 65/94, NJW-RR 1995, 780 = DWE 1995, 158; BGH, Beschl. v. 17. 7. 2003 – V ZB 11/03, BGHZ 156, 19 = ZMR 2003, 750 = NZM 2003, 764; BayObLG, Beschl. v. 12. 6. 1997 – 2Z BR 48/97, WuM 1997, 459 = WE 1998, 114.
2 KG, Beschl. v. 8. 1. 1997 – 24 W 7385/96, NJW-RR 1997, 652 = ZMR 1997, 247 = WuM 1997, 237 = WE 1997, 187.
3 BayObLG, Beschl. v. 15. 7. 1999 – 2Z BR 5/99, NZM 2000, 193 = ZWE 2000, 120 = WuM 2000, 382.

ge), so bemisst sich seine Beschwer nach dem auf ihn entfallenden Anteil an den Gesamtkosten[1].

c) Zulassung der Berufung im Urteil – § 511 Abs. 2 Nr. 2 ZPO

Die Berufung ist ferner zulässig, wenn das Gericht des ersten Rechtszuges sie im Urteil zugelassen hat. Dies gilt unabhängig davon, ob die Berufungssumme erreicht wird, also auch in den Fällen, in denen die Beschwer unter 600 Euro liegt. Eine Zulassungspflicht besteht für das erstinstanzliche Gericht, wenn die Rechtssache grundsätzliche Bedeutung hat oder die Fortbildung des Rechts oder die Sicherung einer einheitlichen Rechtsprechung eine Entscheidung des Berufungsgerichts erfordert. 305

4. Frist- und Formerfordernisse

Hinsichtlich der einzuhaltenden Formerfordernisse, der Berufungsfrist sowie den sonstigen bei einer Berufung zu beachtenden Vorschriften wird auf die einschlägige Literatur zu den §§ 511 ff. ZPO verwiesen. Es bestehen insoweit keine wohnungseigentumsrechtlichen Besonderheiten. 306

VIII. Verfahren 3. Instanz – Revision

Zuständiges Revisionsgericht ist gemäß § 133 GVG der BGH. 307

Die Revision findet gemäß § 543 Abs. 1 ZPO nur statt, wenn das Berufungsgericht sie im Urteil zugelassen hat oder wenn das Revisionsgericht die Revision auf eine Beschwerde gegen die Nichtzulassung zugelassen hat.

1. Zulassung der Revision durch das Berufungsgericht

Die Revision ist durch das Berufungsgericht gemäß § 543 Abs. 2 ZPO zuzulassen, wenn die Rechtssache grundsätzliche Bedeutung hat oder die Fortbildung des Rechts oder die Sicherung einer einheitlichen Rechtsprechung eine Entscheidung des Revisionsgerichts erfordert[2]. Wird die Revision im Urteil zugelassen, ist diese Entscheidung für den BGH bindend. Er kann allerdings die Revision gemäß § 552a ZPO durch einstimmigen 308

---

1 BayObLG, Beschl. v. 17. 10. 2002 – 2Z BR 68/02, ZMR 2003, 215 = WuM 2002, 692.
2 Vgl. zu Divergenzentscheidungen BGH, Beschl. v. 4. 7. 2002 – V ZB 16/02, BGHZ 151, 221 = MDR 2002, 1207 = NJW 2002, 3029 = WM 2002, 1896; BGH, Beschl. v. 29. 5. 2002 – V ZB 11/02, BGHZ 151, 42 = MDR 2002, 1266 = NJW 2002, 2473 = WM 2002, 1567 = ZIP 2002, 1506.

Beschluss zurückweisen, wenn er davon überzeugt ist, dass die Zulassungsvoraussetzungen nicht vorliegen.

2. Zulassung durch das Revisionsgericht nach Nichtzulassungsbeschwerde – Ausschluss der Nichtzulassungsbeschwerde in Wohnungseigentumsverfahren

309 Gemäß § 544 Abs. 1 Satz 1 ZPO unterliegt die Nichtzulassungsentscheidung des Berufungsgerichts der Nachprüfung durch den BGH. Die unterlegene Partei kann vom BGH kontrollieren lassen, ob die Revision vom Berufungsgericht hätte zugelassen werden müssen. Zu beachten ist jedoch, dass in WEG-Verfahren wiederum zwischen den Streitigkeiten des § 43 Nr. 1–4 WEG und den Streitigkeiten nach § 43 Nr. 5 WEG zu unterscheiden ist.

a) Streitigkeiten gemäß § 43 Nr. 1–4 WEG

309a In Wohnungseigentumsverfahren gemäß § 43 Nr. 1 bis Nr. 4 WEG (Binnenrechtstreitigkeiten) ist die **Nichtzulassungsbeschwerde** gemäß **§ 62 Abs. 2 WEG** für die Dauer von fünf Jahren unzulässig. Dies bedeutet, dass für Entscheidungen, die Verfahren nach § 43 Nr. 1–4 WEG betreffen und die bis Ende Juni 2012 verkündet werden, die Erhebung einer Nichtzulassungsbeschwerde nicht möglich ist.

b) Streitigkeiten nach § 43 Nr. 5 WEG

309b Für Streitigkeiten nach § 43 Nr. 5 WEG gilt § 62 Abs. 2 WEG nicht, d.h. der Beschwerte kann in diesen Verfahren eine Nichtzulassungsbeschwerde einlegen. Zu beachten ist aber, dass auch in den Fällen des § 43 Nr. 5 WEG eine Nichtzulassungsbeschwerde gemäß § 26 Nr. 8 EGZPO nur zulässig ist, wenn der Wert der Beschwer 20 000 Euro übersteigt. Eine Nichtzulassungsbeschwerde ist daher nur in Verfahren mit hohen Streitwerten möglich.

3. Frist- und Formerfordernisse

310 Hinsichtlich der einzuhaltenden Frist- und Formerfordernisse sowie den sonstigen bei einer Revision zu beachtenden Vorschriften wird auf die einschlägige Literatur zu den §§ 542 ff. ZPO verwiesen. Es bestehen insoweit keine wohnungseigentumsrechtlichen Besonderheiten.

IX. Streitwert

Nach der Reform des WEG und der Anwendbarkeit der ZPO im wohnungseigentumsrechtlichen Verfahren gilt für die Streitwertfestsetzung nicht mehr die Kostenordnung, sondern das **GKG**. Für den Gebührenstreitwert in Wohnungseigentumssachen muss danach unterschieden werden, ob es sich um die Klage eines oder mehrerer Wohnungseigentümer gegen einen oder mehrere Beklagte handelt und ob der Klage ein bezifferter oder unbezifferter Anspruch zugrunde liegt.

311

1. Bezifferter Anspruch

Liegt ein bezifferter Klageanspruch vor (z.B. Zahlung rückständiger Hausgelder in Höhe von 6230 Euro), so ist für den Streitwert gemäß § 48 GKG i.V.m. § 3 ZPO die Höhe der Forderung maßgeblich. Dies gilt unabhängig davon, ob einer oder mehrere Wohnungseigentümer oder die Gemeinschaft der Wohnungseigentümer klagen.

312

2. Unbezifferter Anspruch

a) Klage gegen alle übrigen Wohnungseigentümer

In den Fällen einer unbezifferten Klage eines oder mehrerer Wohnungseigentümer gegen alle übrigen Wohnungseigentümer ist § 49a GKG anwendbar. Dieser bestimmt, dass der Streitwert auf **50 Prozent des Interesses der Parteien und aller Beigeladenen** an der Entscheidung festzusetzen ist. Ausgangspunkt für die Bemessung des Streitwertes ist daher das gesamte Interesse aller am Verfahren Beteiligten. Dieses Interesse wird dann jedoch auf 50 Prozent begrenzt. Handelt es sich um einen Aktivprozess eines einzelnen Wohnungseigentümers, beträgt der Streitwert 50 Prozent des Gesamtinteresses, mindestens die Höhe des Klägerinteresses und maximal den Wert des fünffachen Interesses des Klägers. Der Streitwert darf aber in keinem Fall den Verkehrswert des Wohnungseigentums des Klägers und der auf seiner Seite Beigetretenen übersteigen.

313

b) Klage gegen einzelne Wohnungseigentümer

§ 49a Abs. 2 GKG ist einschlägig, wenn es sich um eine unbezifferte Klage gegen einen oder mehrere Wohnungseigentümer, nicht aber gegen sämtliche Wohnungseigentümer handelt. In diesem Falle darf der Streitwert das Fünffache des Wertes des Interesses der Beklagten sowie des Interesses der auf ihrer Seite Beigetretenen nicht überschreiten. Zudem darf der Streitwert in keinem Fall den Verkehrswert des Wohnungseigentums des Klägers und der auf seiner Seite Beigetretenen übersteigen.

314

X. Kostenfestsetzung gemäß § 50 WEG – Begrenzung der Kostenerstattung

315 § 50 WEG bestimmt, dass den Wohnungseigentümern grundsätzlich im Rahmen der §§ 91 ff. ZPO nur die **Kosten eines bevollmächtigten Rechtsanwaltes** zu erstatten sind. Diese Vorschrift hat ihren Grund darin, dass im wohnungseigentumsrechtlichen Verfahren unter Umständen eine Vielzahl von Parteien beteiligt ist. Müssten die Kosten sämtlicher Prozessbevollmächtigter erstattet werden, würde der unterliegenden Partei ein unverhältnismäßiges Kostenrisiko drohen.

§ 50 WEG gilt für alle Rechtsstreitigkeiten, an denen die Wohnungseigentümer als **Streitgenossen** beteiligt sind. Ist die Gemeinschaft der Wohnungseigentümer beteiligt, kommt § 50 WEG nicht zur Anwendung.

316 Eine Ausnahme von der Kostenbegrenzung auf einen bevollmächtigten Rechtsanwalt kann vorliegen, wenn die Vertretung durch mehrere Rechtsanwälte **geboten** war. Leider gibt § 50 WEG keine Anhaltspunkte dafür, wann ein Fall der Gebotenheit vorliegt. Vorstellbar ist die Annahme einer Gebotenheit, wenn das Verfahren besondere Schwierigkeiten mit sich bringt.

> **Hinweis:**
> Erhält der Rechtsanwalt ein Mandat in einem Wohnungseigentumsverfahren, an dem mehrere Wohnungseigentümer auf derselben Seite beteiligt und durch verschiedene Rechtsanwälte vertreten sind, muss der Anwalt den Mandanten auf die Vorschrift des § 50 WEG und das daraus folgende Kostenrisiko hinweisen. Unter Umständen werden sich die Wohnungseigentümer dann auf einen gemeinsamen Rechtsanwalt einigen.

317 Sind mehrere Rechtsanwälte bevollmächtigt, ist fraglich, für welchen Rechtsanwalt eine Kostenerstattung verlangt werden kann. Das Gesetz regelt diese Frage nicht. In Betracht kommt aber eine anteilige Kostenerstattung der beteiligten Rechtsanwälte, die vom Gericht bei Eingang mehrerer Kostenfestsetzungsanträge errechnet werden müsste.

Ansonsten bestehen hinsichtlich der Kostenfestsetzung keine wohnungseigentumsrechtlichen Besonderheiten. Es wird daher auf die einschlägige Literatur zur ZPO verwiesen.

XI. Die Geltendmachung von Hausgeldansprüchen im Urkundenverfahren

318 Nach der Reform des WEG können rückständige Hausgelder nunmehr auch im Urkundenverfahren im Rahmen einer bezifferten Zahlungsklage geltend gemacht werden. Da das Urkundenverfahren gegenüber dem Erkenntnisverfahren Vorteile bietet, sollte es, sofern möglich, auch durchgeführt werden. Gemäß § 596 ZPO ist nach Einleitung eines Urkundenverfahrens bis zum Schluss der mündlichen Verhandlung ein Übergang in das Erkenntnisverfahren möglich. Dagegen ist der Übergang vom Erkenntnisverfahren in das Urkundenverfahren nur möglich, wenn der Beklagte dem Übergang zustimmt.

1. Vorteile des Urkundenverfahrens

Die Geltendmachung rückständiger Hausgelder im Wege einer Urkundenklage hat drei Vorteile: 319

(1) Ein stattgebendes Urteil ist gemäß § 708 Nr. 4 ZPO ohne Sicherheitsleistung vorläufig vollstreckbar, d. h. selbst wenn der Beklagte Berufung einlegt, kann die Gemeinschaft der Wohnungseigentümer als Klägerin aus dem Urkundenurteil vollstrecken.

(2) Im Urkundenverfahren erfolgt eine kurzfristigere Terminierung als im Erkenntnisverfahren.

(3) Als Beweismittel im Urkundenverfahren sind nur Urkunden und unter den Voraussetzungen des § 595 Abs. 2 ZPO eine Parteivernehmung zugelassen. Handelt es sich bei den Einwendungen des Beklagten lediglich um querulatorische Ausreden, lassen sich diese meistens nicht mit Urkunden beweisen, so dass, sofern der Hauptanspruch der Gemeinschaft der Wohnungseigentümer mit Urkunden bewiesen werden kann, die Urkundenklage in aller Regel erfolgreich ist.

Der Beklagte ist, falls er sich gegen die Verurteilung im Urkundenverfahren wehren möchte, auf ein sog. „Nachverfahren" gemäß § 600 ZPO angewiesen. In diesem Nachverfahren sind alle Beweismittel zulässig, so dass der Beklagte die Möglichkeit hat, seine Einwendungen auch ohne Urkunden zu beweisen. Waren die Einwendungen des Beklagten allerdings nur vorgeschoben, wird er es sich gut überlegen, ob er ein solches Nachverfahren durchführt. Zum einen sind vorgeschobene Einwendungen nur schwer beweisbar, zum anderen muss der Beklagte für die Durchführung des Nachverfahrens einen Kostenvorschuss zahlen.

2. Voraussetzungen des Urkundenverfahrens

a) Bezifferte Ansprüche

Gemäß § 592 ZPO können im Wege der Urkundenklage nur solche Ansprüche geltend gemacht werden, die die **Zahlung einer bestimmten Geldsumme** zum Gegenstand haben. Diese Voraussetzung ist bei der Geltendmachung rückständiger Hausgelder erfüllt. 320

b) Beweisbarkeit durch Urkunden

321 § 592 ZPO setzt weiter voraus, dass **sämtliche klagebegründenden Tatsachen durch Urkunden beweisbar** sind. Diese Urkunden müssen der Klage oder einem vorbereitenden Schriftsatz gemäß § 593 Abs. 2 ZPO in Urschrift oder in beglaubigter Abschrift beigefügt oder in der mündlichen Verhandlung vorgelegt werden. Es muss demnach im Falle der Geltendmachung rückständiger Hausgelder beweisbar sein, ob und in welcher Höhe der säumige Wohnungseigentümer zur Zahlung von fälligen Hausgeldern verpflichtet ist. Nicht bewiesen werden muss dagegen, dass der säumige Wohnungseigentümer das Hausgeld nicht bezahlt hat. Der BGH hat in ständiger Rechtsprechung entschieden, dass „kleine Lücken" im Sachvortrag des Klägers nicht des Urkundsbeweises und der Urkundsbeweisfähigkeit bedürfen[1]. Zu diesen „Lücken" zählen nach der Rechtsprechung auch die Einwendungen des Beklagten. Der Einwand des Beklagten, er habe die Zahlung erbracht, muss daher nicht vom Kläger durch Urkunden widerlegt werden.

Die Höhe des **Hausgeldes** kann durch Vorlage des beschlossenen Gesamt- und Einzelwirtschaftsplanes bewiesen werden. Zum Beweis der Fälligkeit des Hausgeldes muss die entsprechende Klausel aus der Gemeinschaftsordnung herangezogen werden bzw. falls eine solche nicht existiert, der Beschluss der Wohnungseigentümerversammlung über die Fälligkeit des Hausgeldes vorgelegt werden.

c) Klage auf wiederkehrende Leistungen

322 Gemäß § 258 ZPO ist es möglich, den Anspruch auf Zahlung von Hausgeld als ständig wiederkehrende Leistung auch für noch nicht fällige (aber bereits bestimmbare) zukünftige Hausgelder geltend zu machen. Dies erfolgt durch eine Verbindung der Urkundenklage mit der Klage auf zukünftige wiederkehrende Leistungen gemäß § 258 ZPO. Vorteil der Verbindung der Klagen ist, dass nicht jeden Monat eine Klageerweiterung bezüglich des fällig gewordenen Hausgeldes eingereicht werden muss. Zum Beweis der zukünftigen Hausgelder muss der Klage jedoch der beschlossene Gesamt- und Einzelwirtschaftsplan für das jeweilige Jahr beigefügt werden, aus dem sich die Höhe und Fälligkeit des Hausgeldes ergibt.

Da sonst keine wohnungseigentumsrechtlichen Besonderheiten bestehen, wird auf die einschlägige Literatur zu den §§ 258, 592 ff. ZPO verwiesen.

---

1 Seit BGH, Urt. v. 24. 4. 1974 – VIII ZR 211/72, BGHZ 62, 286 = JR 1974, 426 = WM 1974, 487.

3. Inhalt und Form der Urkundenklage, § 593 ZPO

Gemäß § 593 Abs. 1 ZPO muss die Klage die Erklärung enthalten, dass im Urkundenprozess geklagt wird. 323

Zudem müssen gemäß § 593 Abs. 2 ZPO die zur Klagebegründung notwendigen Urkunden in Urschrift oder in Abschrift der Klage oder einem vorbereitenden Schriftsatz beigefügt oder in der mündlichen Verhandlung vorgelegt werden.

Musterformulierung
Urkundenklage

der Wohnungseigentümergemeinschaft Ingeborgstraße 18–24, 51143 Köln, gemäß beiliegender Miteigentümerliste,

Klägerin,

Verwalterin: Peter & Paul Verwaltungen GmbH, vertr. d. d. GF Herrn Paul Peter, Pfeilstraße 11, 50937 Köln

Prozessbevollmächtigte: XYZ Rechtsanwälte
Turmgasse 12
50939 Köln
Gerichtsfach K 7890

gegen

Herrn Martin Schlau, Aachener Straße 24, 50858 Köln,

Beklagter,

wegen: rückständigem Hausgeld

Streitwert: 3 600 Euro

Unter Versicherung ordnungsmäßiger Bevollmächtigung bestellen wir uns für die Klägerin. Wir werden beantragen, den Beklagten zu verurteilen,

1. an die Klägerin 1 200 Euro nebst Zinsen in Höhe von 5 Prozentpunkten über dem Basiszinssatz zu zahlen und zwar

a) aus 200 Euro seit dem 1. 7. 2007,

b) aus 200 Euro seit dem 1. 8. 2007,

c) aus 200 Euro seit dem 1. 9. 2007,

d) aus 200 Euro seit dem 1. 10. 2007,

e) aus 200 Euro seit dem 1. 11. 2007,

f) aus 200 Euro seit dem 1. 12. 2007;

2. an die Klägerin beginnend mit dem 1. Januar 2008 bis einschließlich 1. Dezember 2008 jeweils ein Hausgeld in Höhe von 200 Euro bis zum ers-

ten Kalendertag eines jeden Monats nebst Zinsen in Höhe von 5 Prozentpunkten über dem Basiszinssatz jeweils seit dem ersten Kalendertag des jeweiligen Monats zu zahlen.

Die Klage wird im Urkundenverfahren erhoben[1].

Begründung:

I.

1. Klägerin ist die Wohnungseigentümergemeinschaft Ingeborgstraße 18–24, 51143 Köln. Der Beklagte ist Mitglied dieser Wohnungseigentümergemeinschaft. Er hält die Wohnung Nr. 22 im Eigentum.

Beweis: in beglaubigter Kopie beiliegender Grundbuchauszug, Anlage K 1

2. In der Wohnungseigentümerversammlung vom 8. 6. 2006 wurden unter TOP 7 der Gesamtwirtschaftsplan sowie die Einzelwirtschaftspläne beschlossen. Aus diesen ergibt sich, dass für das Jahr 2007 monatlich ein Hausgeld von 200 Euro zu zahlen ist. Nach § 8 der Gemeinschaftsordnung ist das Hausgeld fällig und zahlbar am ersten Kalendertag des Monats, für den es gezahlt wird.

Beweis:

a) in beglaubigter Kopie beiliegende Gemeinschaftsordnung, Anlage K 2

b) in beglaubigter Kopie beiliegender Gesamtwirtschaftsplan für das Jahr 2007, Anlage K 3

c) in beglaubigter Kopie beiliegender Einzelwirtschaftsplan für 2007, Anlage K 4

3. Der Beklagte wurde durch die Verwaltung mehrfach zur Zahlung der fälligen Hausgelder für die Monate Juli, August, September, Oktober, November und Dezember 2007 aufgefordert.

Beweis: in Kopie beiliegende Schreiben der Verwaltung vom 16. 7. 2007, 19. 8. 2007, 17. 9. 2007, 20. 10. 2007, 18. 11. 2007, 19. 12. 2007, Anlagenkonvolut K 5

Auf diese Schreiben reagierte der Beklagte nicht. Zahlungen wurden von dem Beklagten nicht erbracht. Es besteht ein Hausgeldrückstand in Höhe von 1 200 Euro.

II.

1. Die für das Jahr 2008 zu zahlenden Hausgelder werden gemäß § 258 ZPO begehrt. Die Wohnungseigentümergemeinschaft hat durch Beschluss vom 9. 5. 2007 die Einzelwirtschaftspläne und den Gesamtwirtschaftsplan für das Jahr 2008 beschlossen. Aus diesen ergibt sich, dass auch 2008 ein monatliches Hausgeld von 200 Euro zu zahlen ist.

---

1 Diese Erklärung ist notwendig, vgl. § 593 Abs. 1 ZPO.

Beweis: in beglaubigter Kopie beiliegender Gesamt- und Einzelwirtschaftsplan für das Jahr 2008, Anlage K 6

2. Der geltend gemachte Zinsanspruch ergibt sich aus den §§ 288, 291, 286 BGB, auch für die zukünftigen Leistungen.

3. Die Verwaltung wurde durch Beschluss vom 9. 5. 2007 unter TOP 4 ermächtigt, die streitgegenständliche Forderung gerichtlich geltend zu machen.

Beweis: in beglaubigter Kopie beiliegendes Protokoll der WEV vom 9. 5. 2007, Anlage K 7

4. Der Streitwert ergibt sich aus dem Betrag des rückständigen Hausgeldes in Höhe von 1 200 Euro zuzüglich dem für 2008 zu zahlenden Hausgeld in Höhe von insgesamt 2 400 Euro.

XII. Zwangsvollstreckungsverfahren

Im Verfahren der Zwangsvollstreckung muss zwischen der Zwangsvollstreckung wegen Geldforderungen und der Zwangsvollstreckung wegen anderer Forderungen unterschieden werden. Die Zwangsvollstreckung wegen Geldforderungen ist in den §§ 803 ff. ZPO geregelt, die Zwangsvollstreckung wegen anderer Forderungen in den §§ 883 ff. ZPO.

1. Allgemeine Vollstreckungsvoraussetzungen

Damit eine erfolgreiche Zwangsvollstreckung betrieben werden kann, müssen zunächst die allgemeinen Vollstreckungsvoraussetzungen vorliegen.

a) Vollstreckungstitel

Dem Gläubiger muss ein vollstreckungsfähiger Titel vorliegen.

Vollstreckungstitel sind formell rechtskräftige oder vorläufig vollstreckbare Endurteile (§ 704 Abs. 1 ZPO), Prozessvergleiche (§ 794 Abs. 1 Nr. 1 ZPO), notarielle Urkunden (§ 794 Abs. 1 Nr. 5 ZPO), Vollstreckungsbescheide (§ 794 Abs. 1 Nr. 4 ZPO) sowie Kostenfestsetzungsbeschlüsse (§ 794 Abs. 1 Nr. 2 ZPO).

Der Vollstreckungstitel muss einen vollstreckungsfähigen Inhalt haben und hinreichend bestimmt sein. Zudem müssen gemäß § 750 Abs. 1 Satz 1 ZPO die Parteien des Vollstreckungsverfahrens im Titel bezeichnet sein.

Wegen der Zwangsvollstreckung aus Titeln, die vor der WEG-Reform ergangen sind sowie wegen der Vollstreckung aus Titeln, die durch einen ehemaligen Verwalter als Prozessstandschafter erwirkt wurden, vgl. Rz. 334 ff.

b) Vollstreckungsklausel

327 Der Titel muss mit einer Vollstreckungsklausel gemäß den §§ 724 ff. ZPO versehen sein.

c) Zustellung

328 Die für eine wirksame Zwangsvollstreckung erforderliche Zustellung des mit der Klausel versehenen Titels (Ausnahmen: § 929 Abs. 3 Satz 1 ZPO, § 845 Abs. 1 Satz 3 ZPO) richtet sich nach den §§ 166 ff., 191 ff. ZPO. Die Zustellung hat an denjenigen zu erfolgen, der im Titel als Schuldner ausgewiesen ist. Handelt es sich um einen Titel gegen die Gemeinschaft der Wohnungseigentümer, hat die Zustellung an den Verwalter als Zustellungsbevollmächtigten oder gegebenenfalls an den Ersatzzustellungsvertreter zu erfolgen. Zudem kann die Zustellung nur durch denjenigen betrieben werden, der den Titel erwirkt hat. Handelte der Verwalter in gewillkürter Prozessstandschaft (z.B. bei der Beitreibung rückständiger Hausgelder), so kann auch nur der Verwalter, nicht aber die Gemeinschaft der Wohnungseigentümer oder einzelne Wohnungseigentümer, die Zustellung betreiben.

Der Nachweis der Zustellung wird durch Zustellungsurkunde geführt, § 182 ZPO. Die Zustellungsurkunde hat gemäß § 418 Abs. 1 ZPO Beweiskraft.

2. Zwangsvollstreckung wegen Geldforderungen

a) Zwangsvollstreckung in bewegliches Vermögen

329 Die Zwangsvollstreckung wegen Geldforderungen kann durch Pfändung von beweglichen Sachen oder Forderungen und anderen Rechten in das bewegliche Vermögen erfolgen. Häufiger Fall ist die Zwangsvollstreckung wegen titulierter **Hausgeldforderungen** im Wege eines Pfändungs- und Überweisungsbeschlusses. Der Antrag auf Erlass des Pfändungs- und Überweisungsbeschlusses wird im Namen der Gemeinschaft der Wohnungseigentümer gestellt, da die Gemeinschaft Gläubigerin der fälligen Hausgeldansprüche ist. Ist die Verwaltung durch Beschluss oder durch die Gemeinschaftsordnung bzw. den Verwaltervertrag ermächtigt, Hausgelder in eigenem Namen geltend zu machen, erfolgt die Antragstellung in gewillkürter Prozessstandschaft. Antragsteller ist dann der Verwalter.

b) Zwangsvollstreckung in das unbewegliche Vermögen

Die Zwangsvollstreckung wegen Geldforderungen in das unbewegliche Vermögen erfolgt durch Zwangsversteigerung oder Zwangsverwaltung gemäß § 869 ZPO i.V.m. dem ZVG oder durch Eintragung einer Zwangssicherungshypothek gemäß §§ 867 f. ZPO. 330

aa) Verfahren der Zwangsversteigerung unter Berücksichtigung von § 10 ZVG

Durch die Reform des WEG wurden zur besseren Sicherung rückständiger Hausgeldansprüche die Rangklassen des § 10 ZVG geändert und einigen Ansprüchen der Gemeinschaft der Wohnungseigentümer in der Zwangsversteigerung ein begrenztes Vorrecht vor den – auch bereits eingetragenen – Grundpfandrechten gewährt. § 10 Abs. 1 Nr. 2 ZVG bestimmt jetzt ausdrücklich, dass bei einer Vollstreckung in ein Wohnungseigentum die daraus fälligen Ansprüche auf Zahlung der Beiträge zu den Lasten und Kosten des gemeinschaftlichen Eigentums oder des Sondereigentums, die nach den §§ 16 Abs. 2, 28 Abs. 2 und 5 WEG geschuldet werden, einschließlich der Vorschüsse und Rückgriffsansprüche einzelner Wohnungseigentümer, ein Recht auf Befriedigung aus dem Grundstück geben. Dieses Recht steht an Rangstelle 2 und genießt damit Vorrang vor den in § 10 Abs. 1 Nr. 3 – 8 ZVG genannten Rechten. 331

Das Vorrecht des § 10 Abs. 1 Nr. 2 ZVG erfasst die laufenden und rückständigen Beträge aus dem Jahr der Beschlagnahme und den letzten zwei Jahren, ist aber einschließlich aller Nebenleistungen begrenzt auf Beträge in Höhe von nicht mehr als 5 Prozent des Verkehrswertes des Objektes.

§ 10 Abs. 1 ZVG ist gemäß § 62 Abs. 1 WEG nur auf solche Verfahren anwendbar, die nach dem 1.7.2007 bei Gericht anhängig geworden sind. Maßgeblicher Zeitpunkt für die Bestimmung des Zeitpunktes der Anhängigkeit ist dabei der Erlass des Anordnungsbeschlusses der Zwangsversteigerung, nicht aber der Zeitpunkt des Beitritts jedes einzelnen betreibenden Gläubigers[1].

Zu den Einzelheiten vgl. Teil 16, Rz. 472 ff.

bb) Zwangsverwaltung

Die Zwangsvollstreckung wegen Geldforderungen kann auch durch Anordnung der Zwangsverwaltung erfolgen. Anordnungsbefugt hinsichtlich 332

---
[1] BGH, Beschl. v. 21.2.2008 – V ZB 123/07, NZM 2008, 288.

der Zwangsverwaltung von Wohnungs- oder Teileigentum ist die Gemeinschaft der Wohnungseigentümer.

Zu den Einzelheiten vgl. Teil 16, Rz. 344 ff.

cc) Eintragung einer Zwangssicherungshypothek

333 Die Zwangsvollstreckung kann zudem durch die Eintragung einer Zwangssicherungshypothek erfolgen. Die Eintragung erfolgt nach den §§ 866 ff. ZPO. Nach der Entscheidung des BGH zur Teilrechtsfähigkeit der Gemeinschaft der Wohnungseigentümer kann auch diese – soweit es um die Vollstreckung von Verwaltungsvermögen geht – Berechtigte einer Zwangssicherungshypothek sein, da sie auch grundbuchfähig ist[1].

Zu den Einzelheiten vgl. Teil 16, Rz. 472 ff.

3. Zwangsvollstreckung wegen anderer Forderungen zur Erwirkung von Handlungen/Unterlassungen sowie zur Abgabe einer Willenserklärung

334 Die Zwangsvollstreckung zur Erwirkung von Handlungen und Unterlassungen sowie zur Abgabe einer Willenserklärung erfolgt gemäß den §§ 883 ff. ZPO. Es bestehen keine wohnungseigentumsrechtlichen Besonderheiten, so dass auf die einschlägige Literatur zur ZPO verwiesen wird.

4. Zwangsvollstreckung aus Titeln, die vor der Anerkennung der Teilrechtsfähigkeit der Wohnungseigentümergemeinschaft (2. 6. 2005) ergangen sind

335 Grundsätzlich darf die Zwangsvollstreckung nur durch die im Titel oder der den Titel ergänzenden Klausel genannten Gläubiger gegen die ebenfalls im Titel genannten Schuldner erfolgen, vgl. § 750 Abs. 1 ZPO.

a) Titel für bzw. gegen alle Wohnungseigentümer

336 Vor Anerkennung der Teilrechtsfähigkeit der Gemeinschaft der Wohnungseigentümer durch den BGH am 2. 6. 2005 ergingen Titel in Verfahren, an denen die Gemeinschaft der Wohnungseigentümer beteiligt war, für bzw. gegen alle zum Zeitpunkt der Titulierung eingetragenen Wohnungseigentümer. Diese wurden alle namentlich im Titel als Vollstreckungsgläubiger bzw. Vollstreckungsschuldner genannt. Die im Titel ge-

---

1 BGH, Beschl. v. 2. 6. 2005 – V ZB 32/05, BGHZ 163, 154 = MDR 2005, 1156 = ZMR 2005, 547 = NJW 2005, 2061.

nannten Wohnungseigentümer waren demnach auch dann, wenn sie **nach** der Titulierung, aber **vor** Beginn der Zwangsvollstreckung aus der Gemeinschaft ausschieden, weiterhin Vollstreckungsgläubiger oder –schuldner aus dem erlassenen Titel.

b) Keine Titelumschreibung gemäß § 727 ZPO

Nach Anerkennung der Teilrechtsfähigkeit der Gemeinschaft der Wohnungseigentümer kann der noch nach altem Recht erlassene Titel nicht ohne weiteres auf die Gemeinschaft der Wohnungseigentümer umgeschrieben werden. § 727 ZPO ist weder direkt noch analog anwendbar, da die Gemeinschaft der Wohnungseigentümer nicht Rechtsnachfolgerin der im ursprünglichen Titel einzeln benannten Wohnungseigentümer ist. Auch eine Berichtigung des Titels gemäß § 319 ZPO ist nicht möglich, da § 319 ZPO zum einen nicht der Korrektur von Rechtsfehlern, sondern nur der Korrektur von Schreib- und Rechnungsfehlern dient. Zum anderen ist die Voraussetzung des Vorliegens einer Parteiidentität nach § 319 ZPO nicht erfüllt. Die Gemeinschaft der Wohnungseigentümer ist nicht mit den einzelnen Wohnungseigentümern identisch, sondern stellt ein eigenes, neben den einzelnen Wohnungseigentümern stehendes Rechtssubjekt dar. Eine – ohne auf einer speziellen Norm beruhende – Klarstellung des Titels scheidet ebenfalls aus[1].

337

c) Vollstreckung in das Privatvermögen einzelner Gläubiger

Der oder die Gläubiger, die einen Titel gegen alle in seinem Rubrum aufgeführten Wohnungseigentümer erworben haben, können vielmehr nach wie vor aus diesem Titel die Zwangsvollstreckung in das Privatvermögen der einzelnen Wohnungseigentümer betreiben, auch wenn nach neuem Recht die Gemeinschaft für die titulierten Ansprüche haften müsste. Grund für diese Haftung ist, dass eine Änderung der Rechtsprechung nicht dazu führt, dass die Vollstreckbarkeit bereits titulierter Ansprüche gegen die im Titel genannten Schuldner entfällt[2].

338

Betreiben die Wohnungseigentümer aus einem bestandskräftigen Titel, in dem sie alle als Gläubiger aufgeführt sind, die Zwangsvollstreckung durch Eintragung einer Zwangssicherungshypothek, so müssen sie nach der Entscheidung zur Teilrechtsfähigkeit der Gemeinschaft der Wohnungseigentümer nicht mehr alle einzeln im Grundbuch eingetragen werden. Die Teilrechtsfähigkeit der Gemeinschaft der Wohnungseigentümer führt dazu, dass die Gemeinschaft Inhaberin dinglicher Rechte sein kann. Der BGH hat daher ausdrücklich festgestellt, dass die Ge-

---
1 BGH, Beschl. v. 12. 12. 2006 – I ZB 83/06, NJW 2007, 518 = NZM 2007, 164 = ZMR 2007, 286; LG Wuppertal, Beschl. v. 4. 9. 2006 – 6 T 516/06, ZMR 2006, 968 = NZM 2006, 872.
2 OLG Köln, Urt. v. 7. 8. 1985 – 6 U 65/85, WM 1985, 1539.

meinschaft der Wohnungseigentümer als Gläubigerin einer Zwangssicherungshypothek in das Grundbuch eingetragen werden kann[1].

Gemäß § 10 Abs. 6 Satz 4 WEG muss jede Gemeinschaft die Bezeichnung „Wohnungseigentümergemeinschaft", gefolgt von der bestimmten Angabe des Grundstücks, führen. Die Kennzeichnung des Grundstückes kann durch die postalische Anschrift oder die Grundbuchbezeichnung erfolgen, da beide Varianten eine eindeutige Identifizierung im Sinne der Grundbuchverordnung zulassen.

d) Haftung bzw. Vollstreckungsberechtigung neuer Wohnungseigentümer

339 Sind nach Erlass des bestandskräftigen Titels, aber vor Beginn der Zwangsvollstreckung neue Eigentümer in die Gemeinschaft der Wohnungseigentümer eingetreten, so können diese aus einem Titel zugunsten aller Wohnungseigentümer nur vollstrecken, wenn ihnen als Rechtsnachfolger eine vollstreckbare Ausfertigung gemäß § 727 ZPO erteilt wurde. Diese titelerstreckende Klausel erhalten die neuen Wohnungseigentümer nur, wenn sie ihre Rechtsnachfolge gemäß § 727 ZPO nachgewiesen haben oder diese für das Gericht offenkundig ist.

Eine Vollstreckung gegen neue Wohnungseigentümer ist nur möglich, sofern die titulierte Schuld wirksam auf die neuen Eigentümer übergegangen ist[2] oder diese die Schuld wirksam übernommen haben.

e) Berichtigung nicht bestandskräftiger Titel

340 Ist der nach altem Recht ergangene Titel noch nicht bestandskräftig, sollte während des laufenden Verfahrens eine Parteiänderung vorgenommen werden[3], damit das Rechtsmittelgericht nicht die Legitimation der einzelnen Wohnungseigentümer nach der neuen Rechtslage verneint. Möglich ist auch, dass die Gemeinschaft der Wohnungseigentümer die bisher als Partei einzeln aufgetretenen Wohnungseigentümer beauftragt, das Verfahren für die Gemeinschaft in gewillkürter Prozessstandschaft fortzuführen. In diesem Falle muss der Titel nicht korrigiert werden, da dann die einzelnen Wohnungseigentümer Antragsteller in der Zwangsvollstreckung bleiben.

---

1 BGH, Beschl. v. 2. 6. 2005 – V ZB 32/05, BGHZ 163, 154 = MDR 2005, 1156 = ZMR 2005, 547 = NZM 2005, 543 = WM 2005, 1423= NJW 2005, 2061 = WuM 2005, 530.
2 OLG Frankfurt/Main, Beschl. v. 18. 8. 2005 – 20 W 210/03, OLGReport Frankfurt 2006, 379 = NZM 2006, 117 = NJW-RR 2006, 155.
3 OLG Celle, Urt. v. 5. 4. 2006 – 3 U 265/05, OLGReport 2006, 349 = ZMR 2006, 540 = NZM 2006, 633 = ZWE 2006, 300; OLG München, Beschl. v. 13. 7. 2005 – 34 Wx 61/05, MDR 2005, 1282 = NZM 2005, 673 = ZMR 2005, 729 = NJW-RR 2005, 1326; OLG Düsseldorf, Urt. v. 29. 11. 2005 – 23 U 211/04, NZM 2006, 182.

5. Der Verwalter als Prozessstandschafter bei der Zwangsvollstreckung

Dem Verwalter kann durch die Teilungserklärung, den Verwaltervertrag oder im Einzelfall auch durch Mehrheitsbeschluss der Wohnungseigentümer[1] die Befugnis eingeräumt werden, Ansprüche der Gemeinschaft als Prozessstandschafter geltend zu machen. (zur Prozessstandschaft vgl. Rz. 116 ff.). 341

Tritt der Verwalter als **gewillkürter Prozessstandschafter** auf Klägerseite für die Gesamtheit der Wohnungseigentümer oder für die Gemeinschaft der Wohnungseigentümer auf, so erscheint der Verwalter als Gläubiger im Titel. Demnach ist auch der Verwalter – und nicht die hinter ihm stehende Gemeinschaft – im Vollstreckungsverfahren der aus dem Titel berechtigte Vollstreckungsgläubiger. Der Verwalter muss also im eigenen Namen die Zwangsvollstreckung betreiben. Er ist daher auch im Fall der Eintragung einer Zwangssicherungshypothek als Hypothekengläubiger im Grundbuch einzutragen. Dies gilt unabhängig davon, dass materiellrechtliche Inhaberin der titulierten Forderung, für die die Hypothek eingetragen wird, die Gemeinschaft der Wohnungseigentümer ist[2].

Verliert der Verwalter den Prozess, den er als gewillkürter Prozessstandschafter geführt hat und wird er zur Kostentragung verurteilt, ist der Verwalter Vollstreckungsschuldner. Nicht betroffen ist zunächst das Verwaltungsvermögen der Gemeinschaft der Wohnungseigentümer bzw. das Gemeinschaftseigentum. Der Verwalter kann aber, da er für die Gemeinschaft der Wohnungseigentümer handelte, die zur Ausgleichung der titulierten Forderung benötigten Gelder im Rahmen ordnungsmäßiger Verwaltung aus dem Verwaltungsvermögen entnehmen. Nicht möglich ist es, den Titel gemäß § 727 ZPO auf die Gemeinschaft der Wohnungseigentümer als Vollstreckungsschuldner umschreiben zu lassen, um anschließend auf das Verwaltungsvermögen zugreifen zu können. Die Gemeinschaft der Wohnungseigentümer ist nicht Rechtsnachfolgerin des Verwalters im Sinne des § 727 ZPO. Es kann daher aus dem Titel nur in das Vermögen des Verwalters vollstreckt werden. Der Verwalter hat anschließend die Möglichkeit, zur Erstattung seiner Aufwendungen nach Auftragsrecht Rückgriff bei der Gemeinschaft der Wohnungseigentümer zu nehmen. 342

Hinsichtlich der weiteren Einzelheiten wird auf das Kapitel zur Zwangsvollstreckung verwiesen.

---

1 OLG München, Beschl. v. 13. 7. 2005 – 34 Wx 61/05, OLGReport 2005, 565 = MDR 2005, 1282 = ZMR 2005, 729 = NZM 2005, 673 = NJW-RR 2005, 1326.
2 BGH, Beschl. v. 13. 9. 2001 – V ZB 15/01, BGHZ 148, 392 = MDR 2002, 24 = WM 2002, 190 = ZMR 2002, 134 = NZM 2001, 1078 = NJW 2001, 3627.

Teil 15
Der Verwaltungsbeirat in der anwaltlichen Beratungspraxis

	Rz.		Rz.
I. Überblick	1	3. Erweiterung des Aufgabenkreises durch Beschluss	30
II. Einrichtung des Verwaltungsbeirats – Begründung und Beendigung von Amts- und Anstellungsverhältnis	3	VI. Rechtsbeziehungen des Verwaltungsbeirats zum Verband und den einzelnen Eigentümern	41
III. Zusammensetzung des Beirats und persönliche Voraussetzungen der Mitgliedschaft	10	1. Überblick	41
		2. Rechtsbeziehungen zum Verband	44
IV. Der Verwaltungsbeirat als Gremium	21	3. Rechtsbeziehungen zu den Eigentümern	49
V. Aufgaben und Befugnisse des Beirats	25	VII. Der Beirat als Vertreter im Rechtsverkehr	52
1. Gesetzliche Aufgaben	25		
2. Erweiterung des Aufgabenkreises durch Vereinbarung	29	VIII. Haftung für das Handeln des Beirats	59

I. Überblick

Ziel dieses Abschnitts ist es nicht, sämtliche Rechtsfragen im Zusammenhang mit dem Verwaltungsbeirat zu erörtern. Insoweit muss auf das neben den einschlägigen Kommentierungen zu § 29 WEG bestehende umfangreiche Spezialschrifttum verwiesen werden[1]. Vielmehr geht es darum, dem Anwalt, der nicht selten von Beiräten „namens der Gemeinschaft" aufgesucht wird, aufzuzeigen, welche Funktionen der Beirat als Gremium hat und – insbesondere hierauf kommt es bereits bei der Mandatserteilung an – welche Befugnisse dem (einzelnen oder gesamten) Verwaltungsbeirat zustehen. Das Gesetz enthält nur **rudimentäre Regelungen**. Neben § 29 WEG finden der Verwaltungsbeirat bzw. sein Vorsitzender und dessen Stellvertreter Erwähnung in § 24 Abs. 3, Abs. 6 Satz 2 WEG. Aufgaben und Befugnisse ergeben sich vor allem aus **§ 29 Abs. 2 und 3 WEG**. Primär ist der Beirat dafür verantwortlich, den Verwalter bei

1

---

1 Z.B. *Drasdo*, Der Verwaltungsbeirat, 3. Aufl., 2001 (zit. VBR); *Drasdo* in Deckert, Die Eigentumswohnung, Gruppe 4, Rz. 5000 ff.; *Gottschalg*, Die Haftung von Verwalter und Beirat in der Wohnungseigentümergemeinschaft, 2002; *Maas*, Der Verwaltungsbeirat als Organ der Gemeinschaft der Wohnungseigentümer, 2000 (zit. Verwaltungsbeirat); vgl. auch PiG, Bd. 61, Verwalter und Verwaltungsbeirat, 2001.

der Durchführung seiner Aufgaben zu **unterstützen** (§ 29 Abs. 2 WEG) und das **Zahlenwerk** der Gemeinschaft zu **prüfen** (§ 29 Abs. 3 WEG). Daneben treten Aufgaben im Zusammenhang mit Versammlungen der Eigentümer; von praktischer Bedeutung ist insbesondere das beschränkte Einberufungsrecht nach § 24 Abs. 3 WEG (näher zu den Aufgaben unten Rz. 25 ff.).

2 Zwar hat sich an diesem Rechtszustand seit Erscheinen der Vorauflage eigentlich nichts geändert; die **WEG-Novelle** hat die genannten Vorschriften selbst nicht berührt. Infolge der Anerkennung der Rechtsfähigkeit der Gemeinschaft (§ 10 Abs. 6 WEG) sind allerdings die Rechtsbeziehungen des Verwaltungsbeirats neu zu überdenken (näher Rz. 41 ff.). Anlass hierfür war freilich bereits der in BGHZ 163, 154[1] veröffentlichte Beschluss, der insbesondere die Frage aufwarf, ob der Beirat als Organ des Verbandes oder Vertreter der Eigentümer agiert[2]. Hinzu kommt, dass einige Neuregelungen der Novelle in der Praxis oft auf Beiratsmitglieder zulaufen werden, z.B. die Vorschrift über den Ersatzzustellungsvertreter, § 45 Abs. 2 WEG. Dabei handelt es sich indes nicht um eine beiratsspezifische Problematik, weshalb auf diese Fragen nicht näher eingegangen wird (vgl. dazu Teil 14, Rz. 113 ff.).

II. Einrichtung des Verwaltungsbeirats – Begründung und Beendigung von Amts- und Anstellungsverhältnis

3 Die Einrichtung eines Verwaltungsbeirats ist grds. **fakultativ**. Nach h. M. ist es zulässig, seine Bestellung in der Gemeinschaftsordnung, d. h. durch Vereinbarung gänzlich auszuschließen oder an eine qualifizierte Mehrheit (auch Allstimmigkeit) zu knüpfen[3]. Ein solcher (de facto) Ausschluss des Beirats als Institution ist freilich regelmäßig nicht zu empfehlen.

Unter welchen Voraussetzungen ein Eigentümer gem. § 21 Abs. 4 WEG einen **Anspruch** auf Einrichtung eines Beirats hat, ist umstritten[4]. Jedenfalls wenn die Gemeinschaftsordnung die Errichtung eines Beirats vorschreibt, besteht ein derartiger Anspruch, weil nur dies dann ordnungsmäßiger Verwaltung entspricht[5]. Erklären sich aber nur ein oder zwei Eigentümer bereit, das Amt zu übernehmen, besteht der Anspruch nicht, weil es (ungeschriebene) Voraussetzung desselben ist, dass die für eine

---

1 BGH, Beschl. v. 2. 6. 2005 – V ZB 32/05, MDR 2005, 1156 = NJW 2005, 2061 = ZMR 2005, 543.
2 *Abramenko*, ZWE 2006, 273.
3 Vgl. BayObLG, Beschl. v. 21. 10. 1993 – 2 Z BR 103/93, ZMR 1994, 69 = WuM 1994, 45; *Drasdo*, VBR, S. 22; *Staudinger/Bub* (2005), § 29 Rz. 9.
4 S. *Müller*, Prakt. Fragen, Rz. 1122; *Merle* in Bärmann, § 29 Rz. 9; *Drasdo*, VBR, S. 25; *Staudinger/Bub* (2005), § 29 Rz. 33; *Bub*, ZWE 2002, 7 (11).
5 *Bub*, ZWE 2002, 7 (8); *Hügel/Scheel*, Rechtshandbuch Wohnungseigentum, Teil 10 Rz. 2.

ordnungsmäßige Besetzung des Beirats erforderliche Kandidatenzahl vorhanden ist[1]. Verletzt ein Beirat seine Pflichten schuldhaft oder widerspricht dessen Mitgliedschaft aus anderen Gründen ordnungsmäßiger Verwaltung, kann ferner ein **Anspruch auf Neubesetzung** des Gremiums folgen[2].

Die **Wahl** des Verwaltungsbeirats erfolgt durch einfachen Mehrheitsbeschluss, es sei denn, etwas anderes ist vereinbart[3]. Daher genügt die relative Mehrheit der abgegebenen Stimmen nicht[4], d.h. ein Kandidat ist erst dann gewählt, wenn auf ihn mehr Ja- als Nein-Stimmen entfallen.

Beispiel:

A, B und C bewerben sich um ein vakantes Beiratsmandat. Von den 10 anwesenden Eigentümern stimmen 4 für A und jeweils 3 für B und C. Kein Kandidat hat in diesem Fall die erforderliche Mehrheit erhalten. Stellt der Versammlungsleiter aber gleichwohl (fälschlicherweise) das Zustandekommen eines Beschlusses fest, kann dieser bestandskräftig werden[5].

Bei der Abstimmung über die Wahl in das oder der ordentlichen Abberufung aus dem Beiratsamt ist der Kandidat nicht vom **Stimmrecht** ausgeschlossen[6]. Anderes gilt wegen § 25 Abs. 5 WEG aber dann, wenn über die Ausgestaltung des Beiratsvertrags abgestimmt wird. Wie beim Verwalter sind auch beim Beirat Amts- und Vertragsverhältnis zu unterscheiden. In der Praxis ist der Abschluss eines schriftlichen Vertrags die Ausnahme. In der Regel kommt mit der Bestellung und deren Annahme durch den Kandidaten konkludent ein (unentgeltliches) Vertragsverhältnis zustande. Zu beachten ist, dass nach vom BGH für den Verwalter/Eigentümer vertretener Ansicht der Stimmrechtsausschluss gem. § 25 Abs. 5 WEG dann nicht gilt, wenn mit dem Vertragsabschluss **zugleich** über die Wahl in das Amt abgestimmt werden soll[7]. Für den Beirat kann insofern nichts anderes gelten[8].

---

1 *Staudinger/Bub* (2005), § 29 Rz. 36.
2 KG, Beschl. v. 8. 1. 1997 – 24 W 7947/95, ZMR 1997, 544; der Verwalter hat einen derartigen Anspruch auf Abwahl eines bestimmten Beiratsmitglieds zwar nicht, kann aber nach einer im Schrifttum vertretenen Ansicht Sekundäransprüche gegen die Gemeinschaft geltend machen, wenn diese einen Beirat im Amt belässt, obwohl dieser dem Verwalter gegenüber bestehende Pflichten verletzt hat, *Drasdo*, ZWE 2001, 522 (525).
3 BayObLG, Beschl. v. 21. 10. 1993 – 2 Z BR 103/93, ZMR 1994, 69 (70) = WuM 1994, 45.
4 Zutr. *Armbrüster*, ZWE 2001, 355 (358); *Staudinger/Bub* (2005), § 29 Rz. 25; a.A. *Müller*, Prakt. Fragen, Rz. 1125.
5 BayObLG, Beschl. v. 28. 3. 2002 – 2 Z BR 4/02, ZWE 2002, 405 (406f.) = NZM 2002, 529 (530); anders bei *Elzer*, ZWE 2007, 165 (171ff.).
6 Vgl. *Drasdo*, VBR, S. 169 m.w.N.
7 Zur rechtlichen Begründung vgl. BGH, Beschl. v. 19. 9. 2002 – V ZB 30/02, ZWE 2003, 64 = ZMR 2002, 930; weiter gehend *Staudinger/Bub* (2005), § 29 Rz. 50.
8 Ebenso *Gottschalg*, FS Bub (2007), S. 73 (81).

6   Ob die Wahl des Verwaltungsbeirats im Wege der sog. **Blockwahl** durchgeführt werden darf, ist umstritten[1]. Das Problem besteht darin, dass es den Eigentümern bei einer derartigen Wahl nicht möglich ist, nur gegen einen Kandidaten zu stimmen. Nach wohl h. M. ist die Blockwahl zulässig, wenn kein Eigentümer in der Versammlung eine Abstimmung über die einzelnen Kandidaten verlangt[2]. Der **Praxis** dürfte aber gleichwohl zu raten sein, von diesem Wahlmodus abzusehen. Dies nicht nur, weil die Frage bislang höchstrichterlich nicht geklärt ist. Gegen eine Blockwahl sprechen ferner Gründe der Rechtssicherheit: Die Wahl *eines* Kandidaten kann nämlich unter Umständen ordnungsmäßiger Verwaltung widersprechen, was die Frage nach der Unwirksamkeit des gesamten Beschlusses (§ 139 BGB) aufwirft.

Es ist zulässig, für den Fall des Ausscheidens von Beiratsmitgliedern **Ersatzmitglieder** zu bestellen. Die Bestellung erfolgt dann aufschiebend bedingt, § 158 Abs. 1 BGB. Werden mehrere Nachrücker gewählt, ist die Reihenfolge des Nachrückverfahrens zu bestimmen[3].

7   Die **Annahmeerklärung** durch die gewählte Person ist Voraussetzung für die Wirksamkeit der Bestellung, da niemand gegen seinen Willen in ein Amt gezwungen werden kann[4]. Erklärungsempfänger ist, da der Beirat ein Amt für den Verband ausübt (vgl. Rz. 42), dessen Vertreter, meist der Verwalter. Die Annahme kann auch konkludent erklärt werden (z. B. durch Übernahme des Amtes). Ob bereits die **Kandidatur** als Beirat die erforderliche Willenserklärung enthält, ist eine Frage des Einzelfalls, wobei es maßgeblich darauf ankommen wird, ob bereits bei Kandidatur die Bedingungen feststanden, zu denen die Wahl dann tatsächlich erfolgt ist.

8   Jedes Mitglied des Verwaltungsbeirats kann das **Amt** jederzeit mit sofortiger Wirkung ohne Angabe von Gründen **niederlegen**. Die Erklärung muss dem Verwalter oder einem anderen Vertreter des Verbandes zugehen[5]. Sie ist mit Zugang aus Gründen der Rechtssicherheit auch dann wirksam, wenn die Niederlegung ausnahmsweise nur aus wichtigem Grund erfolgen durfte, ein solcher aber nicht besteht[6]. Die Niederlegung

---

1 Nachw. bei *Armbrüster*, ZWE 2001, 355 (358) sowie in der folgenden Fn.
2 KG, Beschl. v. 29. 3. 2004 – 24 W 194/02, ZMR 2004, 775; OLG Hamburg, Beschl. v. 28. 1. 2005 – 2 Wx 44/04, ZMR 2005, 395; *Armbrüster*, ZWE 2001, 355 (358); *Bub*, FS Derleder, S. 221 (234); *Deckert*, DWE 2005, 12 (15). A. A. etwa LG Düsseldorf, Beschl. v. 6. 5. 2004 – 19 T 42/04, NJW-RR 2004, 1310 (Blockwahl mit demokratischen Grundprinzipien unvereinbar); *Drasdo*, ZMR 2005, 596 (597) (Blockwahl muss durch Gemeinschaftsordnung zugelassen sein); vgl. ferner *Drasdo*, WuM 1997, 641.
3 *Bub*, ZWE 2002, 7 (10 f.).
4 Allg. Ansicht; statt vieler vgl. *Bub*, ZWE 2002, 7 (11).
5 Zur Niederlegung des Verwalteramts OLG München, Beschl. v. 6. 9. 2005 – 32 Wx 60/05, ZMR 2005, 980.
6 *Staudinger/Bub* (2005), § 29 Rz. 46.

des Amtes enthält in der Regel auch die Kündigung des Auftragsverhältnisses (§ 671 BGB). Besteht ein nicht fristlos kündbarer schuldrechtlicher (Dienst-)Vertrag (z. B. bei entgeltlich tätigen Beiräten; §§ 675, 611 ff. BGB), stellt eine Niederlegung ohne wichtigen Grund allerdings in der Regel eine sog. Vertragsaufsage dar, d. h. der Beirat verweigert ernsthaft und endgültig die Erfüllung des Vertrages. Dem Grunde nach macht er sich damit (erfüllungs-)schadensersatzpflichtig, ohne dass es einer Fristsetzung bedarf (vgl. § 281 Abs. 2 BGB; zum Rücktritt s. § 323 Abs. 2 Nr. 1 BGB). Gleiches kann sich ergeben, wenn der Beirat sein Amt zur Unzeit niederlegt.

Jedenfalls bei unentgeltlichem Tätigwerden kann ein Mitglied des Verwaltungsbeirats jederzeit ohne Angabe von Gründen aus dem **Amt abberufen** und das zugrundeliegende Auftragsverhältnis gekündigt werden (§ 671 BGB)[1]. Ist der Beirat auf der Grundlage eines entgeltlichen Geschäftsbesorgungsvertrags für eine bestimmte Zeit in das Amt gewählt worden, ist zwar dieser Vertrag im Zweifel vorzeitig nur aus wichtigem Grund gem. § 314 BGB kündbar, die hiervon zu unterscheidende Amtsstellung hingegen soll auch in diesem Fall grundsätzlich jederzeit durch den Verband beendet werden können[2] (zum **Anspruch auf Abberufung** eines Beirats siehe Rz. 3 und 13). Bei der Abstimmung über seine Abberufung aus wichtigem Grund ist das Mitglied des Verwaltungsbeirats vom Stimmrecht ausgeschlossen, § 25 Abs. 5 WEG („kein Richter in eigener Sache"). 9

Das Ausscheiden eines Mitglieds des Beirats („**Schrumpfbeirat**") führt nicht automatisch zur Auflösung desselben. Dieser besteht nach h. M. ohne den ausgeschiedenen Beirat fort[3]. In diesem Fall kommt aber ein Anspruch auf Neubesetzung in Betracht, damit der Beirat wieder den gesetzlichen oder vereinbarten Anforderungen entspricht[4].

III. Zusammensetzung des Beirats und persönliche Voraussetzungen der Mitgliedschaft

Der Verwaltungsbeirat besteht aus einem Vorsitzenden und zwei Beisitzern, die gem. § 29 Abs. 1 Satz 2 WEG Wohnungseigentümer sein müs- 10

---

1 KG, Beschl. v. 8. 1. 1997 – 24 W 7947/95, ZMR 1997, 544; OLG Hamm, Beschl. v. 18. 1. 1999 – 15 W 77/98, NZM 1999, 227 (229).
2 LG Nürnberg, Beschl. v. 15. 1. 2001 – 14 T 7427/00, ZMR 2001, 746; *Staudinger/Bub* (2005), § 29 Rz. 42 (anders nur bei Bestehen einer entsprechenden Vereinbarung); gegen Abberufungsmöglichkeit bei Bestellung auf bestimmte Zeit aber *Wenzel*, ZWE 2001, 510 (514) (zum WEG-Verwalter).
3 *Bub*, ZWE 2002, 7 (11) m. w. N.
4 OLG Düsseldorf, Beschl. v. 31. 8. 1990 – 3 Wx 257/90, MDR 1991, 60 = ZMR 1991, 32 (33); *Bub*, ZWE 2002, 7 (11).

sen, wobei Teileigentümer – wie stets – gem. § 1 Abs. 6 WEG diesen gleichstehen. Von dieser Regelung **abweichende Vereinbarungen** sind zulässig; durch **Beschluss** kann die Norm nach h. M. **nicht abbedungen** werden[1]. Zu betonen ist daher, dass alle Modifikationen des § 29 Abs. 1 Satz 2 WEG, einschließlich der im Folgenden beschriebenen nach der Entscheidung des BGH vom 20. 9. 2000[2] mit **Dauerwirkung**, d. h. mit Wirkung über einen konkret gewählten Beirat hinaus, **nur durch Vereinbarung**, nicht aber durch Beschluss wirksam zustande gebracht werden können[3]. Die ältere Rechtsprechung des BayObLG[4] ist insoweit überholt[5].

11 Bei kleineren Anlagen (bis zu ca. 10–15 Einheiten) kann sich eine **Reduzierung** der vorgesehenen Beiräte auf eine Person empfehlen und bei größeren Anlagen eine entsprechende **Erhöhung**, wobei es der Entscheidungsfindung erfahrungsgemäß zuträglich ist, wenn die Zahl der Beiräte ungerade ist bzw. sollte bei einer geraden Zahl dem Vorsitzenden im Falle einer unentschiedenen Abstimmung ein Mehrstimmrecht zugewiesen werden. Ob dies nur durch Vereinbarung geschehen kann oder auch durch die Geschäftsordnung, ist umstritten[6].

Auch Regelungen über eine bestimmte Struktur des Beirats können empfehlenswert sein. Bei **Mehrhausanlagen** etwa kann es – je nach Größe der einzelnen Häuser – sinnvoll sein, „Unterbeiräte" für diese vorzusehen und bei der Bildung eines Gesamtbeirats vorzuschreiben, dass jedes Haus einen Vertreter entsenden darf.

12 Sofern in einer Gemeinschaft **Wohnungs- und Teileigentum** besteht, kann es zu Interessenkollisionen zwischen gewerblichen Nutzern und Wohnungseigentümern kommen, denen dadurch Rechnung getragen werden kann, dass die Beteiligung beider im Beirat vorgeschrieben wird. Ob in einem solchen Fall tatsächlich der Beirat erst mit der Entsendung eines Teileigentümers wirksam gebildet ist[7], wird davon abhängen, wie die Regelung in der **Gemeinschaftsordnung formuliert** ist[8]. Ist lediglich

---

1 Vgl. KG, Beschl. v. 21. 12. 1988 – 24 W 1435/88, ZMR 1989, 186; OLG Düsseldorf, Beschl. v. 31. 8. 1990 – 3 Wx 257/90, MDR 1991, 60 = ZMR 1991, 32.
2 BGH, Beschl. v. 20. 9. 2000 – V ZB 58/99, BGHZ 145, 158 ff. = ZWE 2000, 518 ff. (m. Anm. *Ott*, ZWE 2002, 99 und *Häublein*, ZWE 2001, 569) = MDR 2000, 1367 ff. (m. Anm. *Riecke*) = ZMR 2000, 771 ff.
3 Vgl. etwa *Armbrüster*, ZWE 2001, 355.
4 BayObLG, Beschl. v. 3. 5. 1972 – BReg 2 Z 7/72, NJW 1972, 1377; bestätigt durch BayObLG, Beschl. v. 28. 10. 1987 – BReg 2 Z 124/87, ZMR 1988, 70.
5 Vgl. hierzu insbesondere *Drasdo*, VBR, S. 47 mit Nachw. zur neueren Rspr. des BayObLG.
6 Vgl. *Bub*, ZWE 2002, 7 (18); *Staudinger/Bub* (2005), § 29 Rz. 133; *Merle* in Bärmann, § 29 Rz. 15; *Sauren*, ZMR 1984, 325.
7 Bejahend etwa *Armbrüster*, ZWE 2001, 355 (357) m. w. N.
8 Zu den Auswirkungen eines Verstoßes gegen die Gemeinschaftsordnung sogleich im Text, Rz. 18 ff.

„das Recht" auf Entsendung vorgesehen, ist ein abweichender Beschluss lediglich anfechtbar.

Die **Anforderungen**, die an die persönliche Eignung der Beiratsmitglieder zu stellen sind, entsprechen nicht denen des Verwalters. Besondere Qualifikationen brauchen die Mitglieder nicht mitzubringen. Der Beschluss über die Wahl entspricht nur dann nicht ordnungsmäßiger Verwaltung, wenn unter Berücksichtigung aller Umstände eine Zusammenarbeit mit einem Mitglied unzumutbar ist, z. B. weil das erforderliche Vertrauensverhältnis von vornherein nicht zu erwarten ist[1]. Hierfür soll es nach der Rechtsprechung nicht ausreichen, dass das Mitglied in der Vergangenheit Rechtsvorschriften, die etwa bei der Festlegung einer Jahresabrechnung zu beachten sind, übersehen hat[2]. Etwas anderes gilt hingegen bei vorsätzlichen Pflichtverletzungen; in diesem Fall steht den übrigen Eigentümern ein Anspruch auf Abberufung zu[3], was zugleich einer ordnungsmäßigen (Neu-)Wahl entgegensteht.

13

Nach § 29 Abs. 1 Satz 2 WEG können nur Wohnungseigentümer in den Beirat gewählt werden. Problematisch sind Fälle, in denen Verbände, insbesondere juristische Personen, Wohnungseigentümer sind. Diese sind keine außenstehenden Dritten. Gleichwohl wird überwiegend die Ansicht vertreten, **juristische Personen** könnten nicht Mitglied im Verwaltungsbeirat sein; allenfalls seien deren Organvertreter wählbar[4]. Teilweise wird – dazu näher Rz. 18 – ein Beschluss, durch den eine juristische Person in das Amt des Beirats gewählt wird, sogar für **nichtig** gehalten[5].

14

Die **h. M. ist abzulehnen**[6], da keine plausiblen Gründe zu erkennen sind, warum juristische Personen anders behandelt werden sollten als natürliche. Probleme, die sich u. U. daraus ergeben können, dass ständig wechselnde Repräsentanten/Vertreter der juristischen Person an den Beiratssitzungen teilnehmen, können gelöst werden, wenn man die juristische Person mit der hier vertretenen Ansicht für verpflichtet hält, möglichst

15

---

1 BayObLG, Beschl. v. 28. 1. 2003 – 2Z BR 127/02, ZMR 2003, 438 = WuM 2003, 233.
2 OLG Köln, Beschl. v. 12. 5. 2006 – 16 Wx 93/06, OLGReport Köln 2006, 590.
3 OLG München, Beschl. v. 28. 9. 2006 – 32 Wx 115/06, ZMR 2006, 962.
4 Nachweise hierzu bei *Häublein*, ZMR 2003, 233 (238). Vgl. auch LG Bonn, Beschl. v. 11. 8. 2004 – 8 T 285/03, ZMR 2005, 653 (Wahl des Vorstandsvorsitzenden einer Eigentümerin zulässig). Gegen die Wahl von Organträgern aber ausdrücklich *Gottschalg*, FS Bub (2007), S. 73 (82). Damit wird jur. Personen die Möglichkeit genommen, ihre Eigentümerinteressen als Beirat wahrzunehmen. U. E. ist das inakzeptabel.
5 *Staudinger/Bub* (2005), § 29 Rz. 83 m. w. N.
6 Wie hier *Kümmel*, NZM 2003, 303; OLG Köln, Beschl. v. 24. 11. 1999 – 16 Wx 158/99, NZM 2000, 193 (Studentenwerk als Beiratsmitglied); im Ergebnis auch *Maas*, Verwaltungsbeirat, S. 36 f., wobei allerdings fraglich erscheint, ob der Umkehrschluss aus § 100 Abs. 1 AktG das Ergebnis trägt.

kontinuierlich ein und denselben Vertreter zu entsenden. Kommt es wiederholt zu einem Wechsel, kann dies einen Anspruch der übrigen Eigentümer auf Abwahl der juristischen Person aus dem Beirat begründen[1]. Die Gegenansicht überzeugt schon deswegen nicht, weil sie entweder dazu führt, dass juristische Personen von der Ausübung der Kontrollbefugnisse schlechthin ausgeschlossen sind oder aber gegen § 29 Abs. 1 Satz 2 WEG verstoßen wird, indem man die Wahl von Organträgern oder sonstigen Mitarbeitern des Eigentümers zulässt.

16 **Personenhandelsgesellschaften** und **Gesellschaften bürgerlichen Rechts**, die Wohnungseigentümer sind [2], können nach h.M. ebenfalls nicht in den Beirat gewählt werden[3]. Jedoch sollen die einzelnen (persönlich haftenden) Gesellschafter Mitglieder des Verwaltungsbeirats werden können, was aus der Struktur dieser Gesellschaften, insbesondere der gesamthänderischen Verbundenheit gefolgert wird[4]. Dies wirft die Frage auf, ob die gesamthänderische Bindung, die als Vermögenszuordnungsprinzip auf nicht rechtsfähige Subjekte zugeschnitten ist, überhaupt ein sinnvolles Abgrenzungskriterium zwischen (teil-)rechtsfähigen Personengesellschaften und juristischen Personen sein kann. Obwohl diese eher grundsätzliche Frage hier nicht vertieft werden kann, sollten Personengesellschaften u. E. im Ergebnis nicht anders behandelt werden als juristische Personen, jedenfalls wenn man diese für taugliche Beiratsmitglieder hält (s. Rz. 15)[5].

17 Zulässig ist eine **Vereinbarung**, durch die den Eigentümern die Möglichkeit eingeräumt wird, einen **außenstehenden Dritten** (hierzu zählen auch Zwangs- und Insolvenzverwalter u. dgl.) in den Beirat zu wählen. Dies können bestimmte Fachleute sein (z.B. im Hinblick auf die Aufgaben gem. § 29 Abs. 3 WEG Wirtschaftsprüfer oder Steuerfachleute), aber auch Mieter oder Angehörige von Wohnungseigentümern, wobei freilich die Wahl eines Mieters gewisses Konfliktpotential birgt, da deren Interessen nicht stets parallel zu denen der Eigentümer verlaufen. Nichtig ist ein **Beschluss**, der die Wahl Dritter *generell* für zulässig erklärt[6].

---

1 Zum Ganzen vgl. *Häublein*, ZMR 2003, 233 (238).
2 Zur (fehlenden) Grundbuchfähigkeit der GbR vgl. BayObLG, Beschl. v. 31. 10. 2002 – 2 Z BR 70/02, ZMR 2003, 218 = ZfIR 2002, 992; OLG Schleswig, Beschl. v. 29. 10. 2007 – 2 W 212/07, MDR 2008, 156; a. A. OLG Stuttgart v. 9. 1. 2007 – 8 W 223/06, ZIP 2007, 419. Bei diesem Streit geht es freilich nur um die Frage, ob die GbR als solche, d.h. unter ihrem Namen eingetragen werden kann; vgl. BGH, Urt. v. 25. 9. 2006 – II ZR 218/05, NJW 2006, 3716 = ZMR 2007, 23; dazu *Häublein*, EWiR 2007, 279.
3 Statt vieler vgl. *Armbrüster*, ZWE 2001, 355 (356).
4 Vgl. neben *Armbrüster*, ZWE 2001, 355 (356), etwa *Staudinger/Bub* (2005), § 29 Rz. 80; *Bub*, ZWE 2002, 7 (10); *Drasdo*, VBR, S. 51; Fachanwaltskommentar/*Abramenko*, § 29 Rz. 31.
5 Für Mitgliedschaft von Personenhandelsgesellschaften im Beirat *Kümmel*, NZM 2003, 303 (304), der die Frage für die GbR aber offenlässt.
6 MünchKomm-BGB/*Engelhardt*, § 29 Rz. 3; *Staudinger/Bub* (2005), § 29 Rz. 13.

Wählt die Gemeinschaft einen außenstehenden Dritten lediglich in einen **konkreten Beirat** oder wird die Zahl der Mitglieder über- oder unterschritten, so wird der Beschluss im Einzelfall als **vereinbarungs- bzw. gesetzeswidriger** Beschluss[1] nach Ablauf der Anfechtungsfrist **bestandskräftig**[2]. Gleiches gilt, wenn für die Wahl des Beirats ein qualifiziertes Mehrheitserfordernis vereinbart worden ist und der Versammlungsleiter trotz Nichterreichens der erforderlichen Mehrheit das Zustandekommen eines Beschlusses feststellt[3].

Sollte der abweichend vom Gesetz besetzte Verwaltungsbeirat aber auf unbestimmte Zeit gewählt worden sein, kann nach hier vertretener Ansicht aus § 21 Abs. 4 WEG ein **Anspruch auf ordnungsmäßige Neubesetzung** des Beirats resultieren. Zwar besteht in derartigen Fällen ein den status quo legitimierender Beschluss i. S. der Norm; jener aber steht im Widerspruch zu den Vereinbarungen/dem Gesetz, was zu einem entsprechenden Anspruch der Sondernachfolger führt. Diese nämlich dürfen bei Eintritt in die Gemeinschaft bspw. darauf vertrauen, dass außenstehende Dritte keine Einsicht in Interna der Gemeinschaft erhalten. Würde man einen derartigen Anspruch neu eintretender Eigentümer verneinen, könnte die Mehrheit dadurch, dass sie über die Besetzung des Gremiums nicht erneut beschließt, den rechtswidrigen Zustand perpetuieren, was mit der Ratio der Rechtsprechung des BGH[4] nicht zu vereinbaren wäre. Die Bindungswirkung bestandskräftiger Beschlüsse wird dabei nicht verkannt[5]. Bestehende Beschlüsse können grundsätzlich durch Zweitbeschlüsse abgeändert werden, sofern nicht ausnahmsweise ein schutzwürdiges Interesse entgegen steht. Der durch die Bestandskraft geschützten Rechtssicherheit ist dadurch Rechnung getragen, dass die Abänderung nur in die Zukunft wirkt.

⊃ **Hinweis:**
> Da – wie gezeigt – die Ansicht jedenfalls vertreten wird, dass bestimmte Verstöße gegen die von § 29 Abs. 1 Satz 2 WEG vorgesehene Zusammensetzung des Beirats zur Nichtigkeit des Bestellungsbeschlusses führen, sollte der vom Beirat namens der Gemeinschaft mandatierte Rechtsanwalt prüfen, ob der konkrete Beirat in Übereinstimmung mit § 29 WEG gewählt wurde. Die Nichtigkeit des Bestellungsbeschlusses kann nämlich dazu führen, dass der Handelnde als

---
1 Zur insoweit vom BGH übernommenen Terminologie vgl. *Wenzel*, ZWE 2000, 2.
2 *Armbrüster*, ZWE 2001, 355; *Deckert*, DWE 2005, 12 (13); *Wenzel*, ZWE 2001, 226 (233); *Häublein*, ZMR 2003, 233 (237).
3 BayObLG, Beschl. v. 28. 3. 2002 – 2 Z BR 4/02, ZWE 2002, 405 (406 f.) = NZM 2002, 529 (530); zu Unrecht anders *Elzer*, ZWE 2007, 165.
4 BGH, Beschl. v. 20. 9. 2000 – V ZB 58/99, BGHZ 145, 158 ff. = ZWE 2000, 518 ff. (m. Anm. *Ott*, ZWE 2002, 99 und *Häublein*, ZWE 2001, 569) = MDR 2000, 1367 ff. (m. Anm. *Riecke*) = ZMR 2000, 771 ff.
5 So aber *Staudinger/Bub* (2005), § 29 Rz. 13 mit Fn. 17.

falsus procurator auftritt. Hinzuweisen ist ferner darauf, dass ein Mitglied des Verwaltungsbeirats nach h. M. sein Amt mit dem **Verlust der Eigentümerstellung** verliert[1]. Gleiches nimmt die h. M. an, wenn ein Beiratsmitglied zum Verwalter bestellt wird[2]. Auch die Bestellung des Alleingeschäftsführers der Verwaltergesellschaft zum Verwaltungsbeirat soll nichtig sein[3]. Die Erfahrung zeigt, dass der Verlust der Eigentümerstellung in bestimmten Konstellationen (z. B. Übertragung der Wohnung auf Familienangehörige) von den Mandanten ignoriert bzw. für irrelevant gehalten wird. Daher ist bei Übernahme des Mandates im eigenen Interesse sicherzustellen, dass der in seiner Eigenschaft als Beirat mit dem Vertragsschluss Beauftragte dem Beirat auch noch immer angehört, insbesondere also Wohnungseigentümer ist[4]; denn in Anbetracht der Regelung des § 179 Abs. 3 Satz 1 BGB läuft der Anwalt Gefahr, nicht einmal den Vertreter ohne Vertretungsmacht in Anspruch nehmen zu können.

IV. Der Verwaltungsbeirat als Gremium

21 Es herrscht unter Wohnungseigentümern der weitverbreitete Trugschluss, der Vorsitzende des Verwaltungsbeirats repräsentiere diesen bei seinen Entscheidungen. Das Gesetz weist dem Vorsitzenden indes **nur sehr beschränkte Befugnisse** zu (vgl. § 24 Abs. 3, 6 WEG). Im Übrigen aber sind Aufgaben, die „dem Beirat" übertragen werden, durch das Gremium wahrzunehmen[5]. Zum Zwecke der Entscheidungsfindung hat der Vorsitzende bei Bedarf eine **Beiratssitzung einzuberufen** (§ 29 Abs. 4 WEG) und diese auch zu leiten[6].

22 Hat die Eigentümerversammlung keinen **Vorsitzenden** bestimmt, so ist ein solcher durch den Verwaltungsbeirat selbst zu **wählen**, der insoweit die Kompetenz besitzt, sich **selbst** zu **strukturieren**[7]. Die Entscheidungs-

---

1 BayObLG, Beschl. v. 5. 11. 1992 – 2Z BR 77/92, BayObLGZ 1992, 336 (340); *Armbrüster*, ZWE 2001, 412.
2 *Armbrüster*, ZWE 2001, 412; *Sauren*, § 29 Rz. 5; *Staudinger/Bub* (2005), § 29 Rz. 45.
3 S. OLG Zweibrücken, Beschl. v. 22. 9. 1983 – 3 W 76/83, OLGZ 1983, 438. Weiter gehend – auch für leitende Angestellte des Verwalters und beherrschende Personen – *Bub*, ZWE 2002, 7 (10).
4 Zu sonstigen Beendigungsgründen *Armbrüster*, ZWE 2001, 412; *Bub*, ZWE 2002, 7 (11 ff.).
5 Instruktiv BayObLG, Beschl. v. 28. 3. 2002 – 2 Z BR 4/02, ZWE 2002, 405 (407) = NZM 2002, 529.
6 *Merle* in Bärmann, § 29 Rz. 37 ff.
7 OLG München, Beschl. v. 6. 9. 2005 – 32 Wx 60/05, ZMR 2005, 980 (981). Ein Vorschlag zur Abfassung eines Beiratsstatuts findet sich bei *Armbrüster*, ZWE 2001, 463 (465 f.).

findung¹ innerhalb des Gremiums erfolgt im Zweifel durch **Mehrheitsbeschluss nach Köpfen**².

Allerdings lassen sich die Vorschriften des WEG über die Beschlussfassung in der Wohnungseigentümerversammlung nicht generell auf den Verwaltungsbeirat übertragen. Insbesondere sind die Beschlüsse des Beirats nach h. M. **nicht der Bestandskraft zugänglich**³; sie **können** daher auch **nicht angefochten werden**⁴. Das bedeutet, dass ein rechtswidriger Beiratsbeschluss per se nichtig ist und seine Nichtigkeit im Verfahren gem. § 43 Nr. 1 WEG gerichtlich festgestellt werden kann⁵. 23

Beispiel:
Haben die Wohnungseigentümer von der Möglichkeit des § 27 Abs. 5 Satz 2 WEG Gebrauch gemacht und die Verfügung über die gemeinschaftlichen Gelder an eine Zustimmung des Verwaltungsbeirats geknüpft, so ist ein Verwendungsbeschluss (z.B. Zahlung laufender Betriebskosten aus der Instandhaltungsrückstellung), der im Widerspruch zu den gesetzlichen Vorschriften oder den rechtsgeschäftlichen Regelungen der Eigentümer (Beschluss oder Vereinbarung) steht, eo ipso nichtig⁶. 24

V. Aufgaben und Befugnisse des Beirats

1. Gesetzliche Aufgaben

Das Gesetz weist dem Verwaltungsbeirat in §§ 29, 24 Abs. 3, Abs. 6 Satz 2 WEG nur ein beschränktes Aufgabenfeld zu. Der Verwaltungsbeirat steht in seiner Funktion nicht dem aktienrechtlichen Aufsichtsrat gleich⁷. Er ist auch nicht verpflichtet, die laufende Verwaltung zu **über-** 25

---

1 Zur Willensbildung und Beschlussfassung innerhalb des Verwaltungsbeirats vgl. *Armbrüster*, ZWE 2001, 463; *Bub*, ZWE 2002, 7 (17); s. auch *Drasdo*, VBR, S. 70 ff.
2 OLG Zweibrücken, Beschl. v. 10. 6. 1987 – 3 W 53/87, ZMR 1988, 24 (25), insoweit nicht abgedruckt in MDR 1988, 938; *Sauren*, § 29 Rz. 30.
3 *Armbrüster*, ZWE 2001, 463 (464); *Bub*, ZWE 2002, 7 (18); *Merle* in Bärmann, § 29 Rz. 47.
4 OLG Hamm, Beschl. v. 19. 3. 2007 – 15 W 340/06, ZMR 2008, 63.
5 *Staudinger/Bub* (2005), § 29 Rz. 135 m.w.N. (der Hinweis auf BGH, NJW 1993, 2.397 f. geht allerdings fehl).
6 OLG Hamm v. 19. 3. 2007 – 15 W 340/06, ZMR 2008, 63; *Merle* in Bärmann, § 29 Rz. 47; a.A., allerdings ohne Begründung, *Sauren*, § 29 Rz. 30 a.E., der für eine Anfechtbarkeit rechtswidriger Beiratsbeschlüsse plädiert.
7 *Bub*, ZWE 2002, 7 (9); *Drasdo*, VBR, S. 75 m.w.N. Nach *Staudinger/Bub* (2005), § 29 Rz. 7 soll der Verwaltungsbeirat dem fakultativen Beirat der GmbH am nächsten kommen; allerdings verweist § 52 GmbHG in erheblichem Umfang auf die Normen des Aktienrechts. So findet etwa § 112 AktG Anwendung, weshalb die Gesellschaft dem Geschäftsführer gegenüber im Zweifel durch den Aufsichtsrat vertreten wird. Dies gilt im Wohnungseigentumsrecht nicht, wofür u.a. §§ 27 Abs. 3 Satz 2, 45 Abs. 2 WEG sprechen, die dem Verwalter gegenüber gerade nicht die Vertretung durch den Beirat anordnen.

wachen, wohl aber berechtigt, die Ordnungsmäßigkeit einzelner Maßnahmen zu überprüfen (in der Praxis von besonderer Bedeutung: Verwaltung der gemeinschaftlichen Gelder durch den Verwalter)[1].

Allgemein gilt: Der Beirat verfügt grundsätzlich nur über die (wenigen) im Gesetz geregelten Befugnisse, es sei denn, ihm sind durch Rechtsgeschäft (Gemeinschaftsordnung/Vereinbarung oder Beschluss) weitere Befugnisse übertragen worden, was jeweils zu prüfen ist (hierzu sogleich). Die Praxis zeigt immer wieder, dass viele Beiräte sich „kraft Amtes" als zur Vertretung der übrigen Eigentümer berufen fühlen – hier ist sowohl für die Beiräte als auch für den Rechtsanwalt Vorsicht geboten.

26 Die **Prüfungspflicht** des Beirats nach § 29 Abs. 3 WEG umfasst eine rechnerische Komponente, die sich neben der Schlüssigkeit der gesamten Abrechnung (Faustregel: Einnahmen ./. Ausgabe = Bestand am Jahresende ./. Anfangsbestand[2]) auch auf den Verteilungsschlüssel bezieht. Daneben tritt eine sachliche Prüfpflicht, die zur stichprobenartigen Belegprüfung verpflichtet[3]. Unterbleibt die Prüfung, hat dies auf die Gültigkeit des Beschlusses der Gemeinschaft über Jahresabrechnung und Wirtschaftsplan keinen Einfluss[4].

Besondere Bedeutung kommt dem Verwaltungsbeirat in der Praxis regelmäßig dann zu, wenn es um die **Abwahl der bestehenden Verwaltung** geht. Gerade wenn ein Konflikt zwischen der Gemeinschaft und dem Verwalter schwelt, kann es geschehen, dass der Vorsitzende des Verwaltungsbeirats von seinem **Einberufungsrecht** (vgl. Teil 4, Rz. 22 ff.) aus § 24 Abs. 3 WEG Gebrauch machen muss[5]. Es bietet sich an, die **Versammlungsleitung** gem. § 24 Abs. 5 WEG dem Vorsitzenden des Beirats zu übertragen, wenn es um die (Ab-)Wahl des Verwalters geht, sowie diesen für den – nicht unwahrscheinlichen – Fall einer Beschlussanfechtung seitens des Verwalters zum Ersatzzustellungsvertreter (§ 45 Abs. 2 WEG) zu bestellen, falls ein solcher nicht schon existiert.

---

1 Vgl. BayObLG, Beschl. v. 3. 5. 1972 – BReg 2 Z 7/72, NJW 1972, 1377; *Merle* in Bärmann, § 29 Rz. 57. Zu den Rechten und Pflichten näher *Deckert*, DWE 2005, 12 (15 ff.).
2 OLG Hamm, Beschl. v. 3. 5. 2001 – 15 W 7/01, ZWE 2001, 446 (448); zust. *Demharter*, ZWE 2001, 416.
3 OLG Düsseldorf, Beschl. v. 24. 9. 1997 – 3 Wx 221/97, MDR 1998, 35 = ZMR 1998, 104; s. auch OLG Köln, Beschl. v. 27. 6. 2001 – 16 Wx 87/01, ZMR 2001, 913 = NZM 2001, 862.
4 KG, Beschl. v. 25. 8. 2003 – 24 W 110/02, ZMR 2004, 144 m. Nachw. auch zur Gegenansicht; *Staudinger/Bub* (2005), § 29 Rz. 109 m. w. N.
5 Vgl. hierzu auch *Häublein*, ZMR 2003, 233 (234). Nach AG Siegburg v. 4. 5. 2007 – 3 II 23/07, ZMR 2007, 736 ist hierzu nur der Vorsitzende berechtigt, dessen Weigerung nicht durch eine Entscheidung der übrigen Mitglieder ersetzt werden kann.

Die Stellung des Beirats als ein aus den Reihen der Eigentümer gewähltes Gremium einerseits und seine Pflicht zur Unterstützung der Verwaltung (§ 29 Abs. 2 WEG) andererseits führen dazu, dass der Verwaltungsbeirat **vermittelnd** tätig werden kann, insbesondere wenn es zu Spannungen zwischen den Eigentümern und dem Verwalter kommt[1]. Die Mittel zur Streitbeilegung sind freilich begrenzt und sollten nicht überschätzt werden.

27

Ferner wird dem Beirat im Rahmen der Unterstützung des Verwalters eine gewisse **beratende Funktion** zuerkannt. Ausdruck dessen sind u. a. die Stellungnahmen, zu deren Abgabe die Mitglieder des Beirats im Rahmen der Prüfungspflichten gem. § 29 Abs. 3 WEG verpflichtet sind. Hier kann der Verwaltungsbeirat etwa Hinweise zur Verteilung konkreter Kosten (z.B. Zuordnung von Reparaturkosten zum gemeinschaftlichen Eigentum oder dem Sondereigentum eines bestimmten Eigentümers) oder zur Anwendung eines bestimmten Kostenverteilungsschlüssels anbringen[2]. Allerdings ist der Verwaltungsbeirat gegenüber dem Verwalter **nicht weisungsbefugt**[3]. Im Zweifel sollten die Unstimmigkeiten im Verfahren nach § 43 WEG geklärt werden, wobei eine vorgreifliche Klärung (§ 43 Nrn. 1 oder 2 WEG) die Gemeinschaft oftmals besser zu befrieden geeignet ist als ein Anfechtungsverfahren.

28

2. Erweiterung des Aufgabenkreises durch Vereinbarung

Die Übertragung weiterer Aufgaben auf den Beirat durch Vereinbarung ist **möglich**, was aus § 10 Abs. 2 Satz 2 WEG folgt[4]. Eine Grenze findet die Vertragsfreiheit nur in den zwingenden gesetzlichen Vorschriften, z.B. über die Aufgaben und Befugnisse des Verwalters (vgl. § 27 Abs. 4 WEG)[5]. So kann die Gemeinschaftsordnung etwa vorsehen, dass der Beirat abweichend von § 28 Abs. 5 WEG die **Jahresabrechnung und Wirtschaftspläne genehmigt**[6]. Ist der Beiratsbeschluss fehlerhaft, erwächst er allerdings nicht in Bestandskraft (s. Rz. 23), was zu erheblicher Rechtsunsicherheit führen kann. In der Praxis ist von solchen Gestaltungen daher eher abzuraten.

29

---

1 Vgl. OLG Zweibrücken, Beschl. v. 22. 9. 1983 – 3 W 76/83, OLGZ 1983, 438 (439); *Merle* in Bärmann, § 29 Rz. 56.
2 Zu den Folgen einer mangelhaften Belegprüfung vgl. BayObLG, Beschl. v. 12. 1. 2000 – 2 Z BR 166/99, ZWE 2000, 183, 184; krit. hierzu *Häublein*, ZfIR 2003, 764 (766).
3 Die Eigenverantwortlichkeit des Verwalters im Rahmen seiner Befugnisse betont zu Recht *Drasdo*, VBR, S. 76.
4 KG, Beschl. v. 10. 9. 2003 – 24 W 141/02, ZMR 2004, 622 (623) m.w.N.; *Bielefeld*, DWE 2001, 129.
5 OLG Zweibrücken, Beschl. v. 10. 6. 1987 – 3 W 53/87, MDR 1987, 938 = ZMR 1988, 24; OLG Saarbrücken, Beschl. v. 7. 5. 1999 – 5 W 365/98, NZM 1999, 621.
6 OLG Hamm, Beschl. v. 19. 3. 2007 – 15 W 340/06, ZMR 2008, 63.

In der Gemeinschaftsordnung kann ferner ein **obligatorisches Schlichtungsverfahren** vor dem Verwaltungsbeirat festgelegt werden, dessen fehlende Durchführung der Zulässigkeit einer Klage zwischen Wohnungseigentümern entgegensteht[1]. Möglich ist auch die Übertragung der Befugnis, eine **Hausordnung** zu errichten[2]. Im Zweifel steht dem Beirat aber nicht die ausschließliche Kompetenz hierfür zu, sondern die Eigentümer können Änderungen der Hausordnung beschließen[3]. Ob die Zuweisung einer Kompetenz an den Beirat verdrängend wirkt, muss im Übrigen durch Auslegung ermittelt werden[4]. Ist für die Vornahme **baulicher Veränderungen** die Zustimmung des Beirats erforderlich, ersetzt sie die Zustimmung betroffener Eigentümer nur dann, wenn sich aus der Gemeinschaftsordnung entsprechendes ergibt, wovon im Zweifel nicht ausgegangen werden kann[5].

3. Erweiterung des Aufgabenkreises durch Beschluss

30   Durch **Beschluss** können dem Beirat nur **eingeschränkt Befugnisse** zugewiesen werden. Insbesondere für alle künftigen Beiräte geltende Regelungen, die die **Kompetenzverteilung** des WEG verändern (z. B. Entscheidung über Instandsetzungsmaßnahmen), bedürfen einer Beschlusskompetenz, die in der Regel nur durch die Gemeinschaftsordnung (Öffnungsklausel) begründet werden kann. Sie ergibt sich aber bspw. für die **Verfügung über gemeinschaftliche Gelder** aus § 27 Abs. 5 S. 2 WEG. Nach hier vertretener Ansicht ist die Kompetenz nicht auf die Amtsperiode eines konkreten Verwalters beschränkt, kann also generell beschlossen werden[6].

Beim Erwerb einer (wenigstens in Teilen) neu errichteten Wohnungseigentumsanlage stellt sich regelmäßig die Frage, wer die **Abnahme** des gemeinschaftlichen Eigentums durchführt. Nach Ansicht des BayObLG[7]

---

1 Allg. Meinung, etwa BayObLG, Beschl. v. 16. 11. 1995 – 2Z BR 69/95, WuM 1996, 724; OLG Frankfurt/Main, Beschl. v. 11. 6. 2007 – 20 W 108/07, NZM 2008, 290; *Weitnauer/Mansel*, § 43 Rn. 34a.
2 *Elzer*, ZMR 2006, 733 (736).
3 Vgl. BayObLG, Beschl. v. 23. 8. 2001 – 2Z BR 96/01, NJW 2001, 3635 (zum Verwalter).
4 Dafür etwa OLG Naumburg, Beschl. v. 10. 1. 2000 – 11 Wx 2/99, WuM 2001, 38 (zur Genehmigung des Wirtschaftsplans).
5 So für die Zustimmung des Verwalters statt vieler KG, Beschl. v. 18. 3. 1998 – 24 W 2334/97, ZMR 1998, 657 = NZM 1998, 771; wohl ebenso BGH, Beschl. v. 21. 12. 1995 – V ZB 4/94, BGHZ 131, 347, 351f.; anders etwa *Staudinger/Bub* (2005), § 22 Rz. 25 m. zahlr. Nachw. in Fn. 19, der sich aber zu Unrecht auf die zitierte Entscheidung des BGH beruft.
6 Weiter gehend Fachanwaltskommentar/*Abramenko*, § 27 Rz. 32: Kompetenz zur Abweichung von der Gemeinschaftsordnung.
7 BayObLG, Beschl. v. 30. 4. 1999 – 2 Z BR 153/98, NZM 1999, 862 (864) = NJW-RR 2000, 13.

können die Eigentümer dies durch Vereinbarung bzw. Beschluss regeln und die Abnahme, die grundsätzlich eine individuelle Pflicht eines jeden Erwerbers darstellt, zu einer gemeinschaftlichen Angelegenheit machen. Selbst wenn man diese Ansicht für zutreffend hält, was zweifelhaft ist, sollte die Abnahme wegen der damit einhergehenden Haftungsrisiken gleichwohl nicht dem Beirat übertragen werden[1].

Bezieht sich der Beschluss auf eine **konkrete Maßnahme**, z.B. Freigabe eines Handwerkerauftrags, ist insbesondere umstritten, inwieweit die anstehende Frage im Kern von den Eigentümern selbst geregelt werden muss. Ein Beschluss über Baumaßnahmen soll dann nicht zu beanstanden sein, wenn dieser den Kostenrahmen festlegt, die Auswahl des Unternehmers aus vorhandenen Angeboten sowie Einzelheiten der Ausführung aber dem Verwaltungsbeirat überlassen wird[2]. 31

Von besonderer praktischer Bedeutung ist die Problematik im Kontext der Übertragung von Kompetenzen im Zusammenhang mit der **Bestellung eines Verwalters**. Kraft Gesetzes hat der Beirat auch hier keine besonderen Befugnisse. Nach OLG Düsseldorf[3] kann der Verwaltungsbeirat bei der Wahl einer neuen Verwaltung durchaus auch eine **Vorauswahl** der für das **Verwalteramt** in Betracht kommenden **Kandidaten** vornehmen. Allerdings wird man zu **differenzieren** haben: Ist dem Beirat durch vorangegangenen Beschluss die Befugnis zur Vorauswahl übertragen worden[4], ist der Verwalter an die Auswahl durch den Beirat gebunden und hat diese bei der Aufstellung der Tagesordnung zu berücksichtigen. Andernfalls kann der Verwaltungsbeirat im Rahmen seiner beratenden Tätigkeit lediglich Vorschläge unterbreiten, z.B. auf die aus seiner Sicht fehlende Eignung einzelner Kandidaten hinweisen. Mangels bestehenden Weisungsrechts ist der Verwalter jedoch dann nicht verpflichtet, die Vorauswahl durch den Beirat zu akzeptieren. 32

Sehr häufig überträgt die Eigentümerversammlung dem Verwaltungsbeirat die Aufgabe, den **Verwaltervertrag abzuschließen** bzw. die **Verwaltervollmacht zu unterzeichnen**, weshalb die strittigen Kompetenzfragen gleichermaßen plastisch und praktisch relevant an diesem Beispiel aufgezeigt werden können (vgl. hierzu auch Teil 11, Rz. 220ff.). Die Ausführungen gelten sinngemäß natürlich auch für den Vertragsschluss mit dem Rechtsanwalt oder sonstigen Dritten (z.B. Bauunternehmen). Seit Anerkennung der Rechtsfähigkeit der Gemeinschaft kommt der Verwal- 33

---

1 Vgl. *Häublein*, DNotZ 2002, 608 (611f.) = PiG 66, 147. Zur Frage der Regelungskompetenz der Eigentümergemeinschaft s. ebenda S. 613ff.
2 KG, Beschl. v. 10. 9. 2003 – 24 W 141/02, ZMR 2004, 622; a. A. *Elzer*, ZMR 2006, 85 (93).
3 OLG Düsseldorf, Beschl. v. 14. 9. 2001 – 3 Wx 202/01, ZWE 2002, 185.
4 Für Zulässigkeit eines solchen Beschlusses zu Recht etwa *Maroldt*, ZWE 2002, 172 (173).

tervertrag zwischen Verband und Verwalter zustande[1], so dass es um die Vertretung der Gemeinschaft geht.

34 Zunächst einmal ist es wichtig, zwischen der bloß **deklaratorischen Unterzeichnung** des Verwaltervertrags/der Verwaltervollmacht und dem Abschluss des jeweiligen Rechtsgeschäfts zu unterscheiden[2]. Mit der bloßen Unterzeichnung eines bereits von den Eigentümern mehrheitlich beschlossenen Vertrags kann ein einzelner Eigentümer oder eine Gruppe von Eigentümern unproblematisch beauftragt werden. Etwas anderes gilt freilich dann, wenn man – entgegen der h. M.[3] – die Ansicht vertritt, der Beschluss der Gemeinschaft könne als internes Rechtsgeschäft niemals die auf Abschluss des Vertrags gerichtete Willenserklärung ersetzen[4]. Dann ist die Unterzeichnung für das Zustandekommen des Rechtsgeschäfts konstitutiv.

35 Umstritten ist, ob auch der **Vertragsabschluss** selbst, d. h. die Abgabe der konstitutiven Willenserklärung von der Gemeinschaft auf einzelne Eigentümer (z. B. die Mitglieder des Verwaltungsbeirats) delegiert werden kann. Hiergegen werden verschiedene Argumente vorgebracht.

36 Ablehnung verdient die Ansicht[5], derzufolge die Vertragsunterzeichnung gem. **§ 27 Abs. 1 Nr. 1, Abs. 4 WEG** zwingend Sache des Verwalters sein soll. Sieht man einmal davon ab, dass im Rahmen einer Wiederbestellung § 181 BGB zu gewissen Schwierigkeiten führt, stehen die genannten Vorschriften der **Bevollmächtigung** einzelner Eigentümer zur Vornahme konkreter Rechtsgeschäfte **nicht entgegen**; ebenso wie die Gemeinschaft einen Rechtsanwalt mit ihrer Vertretung beauftragen kann, kann sie sich von einzelnen Eigentümern vertreten lassen[6].

37 Abzulehnen ist ferner die Meinung, die aus der Tatsache, dass die Eigentümer gem. § 26 Abs. 1 Satz 1 WEG über die **Bestellung** und **Abberufung**, d. h. über die Amtsstellung des Verwalters durch Beschluss entscheiden, folgert, auch eine Vollmacht zum Abschluss bzw. zur Kündigung des Verwaltervertrages könne dem Verwaltungsbeirat allenfalls durch Ver-

---

1 OLG Düsseldorf, Beschl. v. 29. 9. 2006 – 3 Wx 281/05, NJW 2007, 161 (162); OLG Hamm, Beschl. v. 3. 1. 2006 – 15 W 109/05, ZMR 2006, 633; *Greiner*, Wohnungseigentumsrecht, Rz. 1292; ausführlich und mit umfangreichen Nachw. *Häublein*, ZWE 2008, 1.
2 Vgl. *Bielefeld*, DWE 2001, 129 (131), der von einem „Abschluss" eines bereits von den Eigentümern beschlossenen Vertrags spricht und damit offenbar die deklaratorische Unterzeichnung meint.
3 Statt vieler nur *Staudinger/Bub* (2005), § 29 Rz. 122.
4 So *Jacoby*, ZWE 2008, 327 = AZO Ausgabe 7/2008.
5 *Staudinger/Bub*, 12. Aufl., § 26 Rz. 221. In der Neuauflage (2005), § 29 Rz. 122 sowie § 26 Rz. 219 ff., wird zwar das Ergebnis, nicht aber die Begründung beibehalten.
6 Wie hier *Niedenführ*, NZM 2001, 517 (518); ausführlich *Häublein*, ZMR 2003, 233 (238 f.).

einbarung, nicht aber durch Beschluss erteilt werden[1]. Zum einen ist es nämlich inkonsequent, wenn einerseits die Parallele zu § 26 Abs. 1 Satz 1 WEG gezogen, andererseits aber ausgeblendet wird, dass in den dort geregelten Fällen selbst eine Vereinbarung unzulässig ist (§ 26 Abs. 1 Satz 5 WEG). Zum anderen kann jeder Eigentümer unstreitig einen anderen zum Vertragsschluss individuell bevollmächtigen, sofern das Rechtsgeschäft – wie etwa der Abschluss des Verwaltervertrags – kein höchstpersönliches ist. Warum dies in Angelegenheiten, die den Verband betreffen, nicht auch durch Beschluss möglich sein soll, ist nicht einzusehen.

Zum Teil wird versucht, die Kompetenzfrage durch eine Kompromissformel zu lösen. So hat etwa das OLG Düsseldorf[2] die Ansicht vertreten, dass die Eigentümer dem Verwaltungsbeirat wenigstens bestimmte **„Eckdaten"** wie Vertragslaufzeit und Vergütungshöhe vorgeben müssen. Demgegenüber zeigte sich das OLG Köln[3] eher großzügig und hält derartige Vorgaben nicht für erforderlich. Auch im Schrifttum gibt es unterschiedliche Stellungnahmen zu diesem Thema[4]. Hält man eine Kompetenzverlagerung nur unter diesen engen Voraussetzungen für zulässig, sind Ermächtigungsbeschlüsse andernfalls mangels Beschlusskompetenz nichtig[5]. 38

Die besseren Gründe sprechen für die Ansicht des OLG Köln[6]; denn die Eigentümer werden durch die Bindung der Bevollmächtigten an die Grundsätze einer ordnungsmäßigen Verwaltung (s. Rz. 56) geschützt und außerdem widerspricht es allgemeinen privatrechtlichen Grundsätzen, wenn gefordert wird, dass die essentialia negotii vom Prinzipal selbst festgelegt werden müssen. Im Zweifel gilt der Grundsatz, dass rechtsgeschäftliche Erklärungen gem. §§ 164 ff. BGB durch einen Vertreter abgegeben werden können. Ein höchstpersönliches Rechtsgeschäft, für das nach h.M. eine Ausnahme gelten soll[7], wird regelmäßig weder beim Abschluss des Verwaltervertrages noch bei der Beauftragung eines Rechtsanwalts oder eines sonstigen Dritten vorliegen. 39

---

1 Vgl. *Bielefeld*, DWE 2001, 129 (130).
2 OLG Düsseldorf, Beschl. v. 24. 9. 1997 – 3 Wx 221/97, MDR 1998, 35 = ZMR 1998, 104 = NZM 1998, 36; vgl. auch OLG Düsseldorf, Beschl. v. 30. 5. 2006 – 3 Wx 51/06, ZMR 2006, 870; s. ferner OLG Hamburg, Beschl. v. 25. 7. 2003 – 2 Wx 112/02, ZMR 2003, 864.
3 Beschl. v. 13. 7. 2001 – 16 Wx 115/01, ZMR 2002, 155 = NZM 2001, 991.
4 Wie OLG Düsseldorf: *Gottschalg*, ZWE 2000, 50 (53f.); *Merle* in Bärmann, § 26 Rz. 100; *Niedenführ*, NZM 2001, 517 (518); wie hier: *F. Schmidt*, ZWE 2001, 137 (140); *Niedenführ/Kümmel/Vandenhouten*, § 26 Rz. 35.
5 *Staudinger/Bub* (2005), § 29 Rz. 122; vgl. auch OLG Düsseldorf, Beschl. v. 24. 9. 1997 – 3 Wx 221/97, MDR 1998, 35 = ZMR 1998, 104 = NZM 1998, 36.
6 Vgl. hierzu auch *Häublein*, ZMR 2003, 233 (239).
7 Palandt/Heinrichs, Einf. v. § 164 Rz. 4.

40 Überwiegend[1] wird daher zu Recht davon ausgegangen, dass der Beirat zum **Vertragsabschluss** mit dem Verwalter bevollmächtigt werden kann. Dafür spricht jetzt auch § 27 Abs. 3 Satz 3 WEG. Eine ganz andere Frage ist es, ob es ratsam ist, das Aushandeln des Vertrags und dessen Abschluss auf die Mitglieder des Beirats zu verlagern; denn handelt der Beirat (zumindest auch) im fremden Namen, stellt sich die Frage nach dem Bestehen und – bejahendenfalls – nach dem Umfang der Vertretungsmacht, die aus verschiedenen Gründen oftmals nur schwierig zu beantworten ist. S. hierzu die Ausführungen bei Rz. 56 ff.

VI. Rechtsbeziehungen des Verwaltungsbeirats zum Verband und den einzelnen Eigentümern

1. Überblick

41 Nach Anerkennung der Teilrechtsfähigkeit des Verbands sind die Rechtsbeziehungen des Beirats zur Wohnungseigentümergemeinschaft und den einzelnen Eigentümern zu unterscheiden. Infolge der Rechtsfähigkeit der Gemeinschaft stellt sich die Frage, mit wem der Verwaltungsbeirat rechtlich verbunden ist, was insbesondere für die Frage der Haftung des Beirats von Bedeutung ist. Dies gilt nicht erst seit Einführung des § 10 Abs. 6 WEG, sondern bereits mit Erlass der in BGHZ 163, 154[2] veröffentlichten Entscheidung.

Wie beim Verwalter unterscheidet man mittlerweile auch beim Beirat zwischen dem Beiratsamt und dem zugrunde liegenden (schuldrechtlichen) Vertrag. Das **Amtsverhältnis** resultiert aus der gem. § 29 Abs. 1 WEG vorgenommenen Bestellung. Die **schuldrechtlichen Beziehungen** sind im WEG hingegen nicht geregelt. Es gelten die allgemeinen Normen, d. h. §§ 662 ff. BGB bei unentgeltlicher Tätigkeit sowie § 675 Abs. 1 i.V.m. §§ 611 ff. BGB bei entgeltlicher. Schwierigkeiten bereitet allerdings die Feststellung der aus diesen beiden Rechtsverhältnissen berechtigten bzw. verpflichteten Rechtssubjekte[3].

42 Diese bisher für den Beirat wenig[4] diskutierte Frage ist bereits bei der Wahl in das Amt praktisch bedeutsam, weil diese einer Annahme durch

---

[1] Statt vieler: OLG Hamm, Beschl. v. 19. 10. 2000 – 15 W 133/00, ZMR 2001, 138 = ZWE 2001, 81; OLG Köln, Beschl. v. 13. 7. 2001 – 16 Wx 115/01, ZMR 2002, 155 = NZM 2001, 991; *Drasdo*, NZM 1998, 15 f.; *Niedenführ/Kümmel/Vandenhouten*, § 26 Rz. 35; *Häublein*, ZMR 2003, 233 (239) m.w.N. zur Rspr. in Fn. 62.
[2] Beschl. v. 2. 6. 2005 – V ZB 32/05, MDR 2005, 1156 = NJW 2005, 2061 = ZMR 2005, 543.
[3] S. etwa *Staudinger/Bub* (2005), § 29 Rz. 60, wo davon die Rede ist, der Beirat habe einen Anspruch auf Ersatz seiner Aufwendungen gegen die Eigentümer, wohingegen die Haftung der Gemeinschaft gegenüber bestehen soll (ebenda Rz. 64).
[4] S. aber *Abramenko*, ZWE 2006, 273; *Gottschalg*, FS Bub (2007), S. 73.

den Gewählten bedarf (s. Rz. 7), die gegenüber der Person erfolgen muss, die den Beirat in das Amt beruft[1]. Die gesetzlichen Vorschriften geben keinen Aufschluss. Die Formulierung in § 29 Abs. 1 Satz 1 WEG, wonach die Eigentümer die Bestellung beschließen können, lässt beide Lesarten zu[2]. Sie entspricht § 26 Abs. 1 Satz 1 WEG zur Bestellung des Verwalters. Dieser ist – jedenfalls in einem weit verstandenen Sinn – „Organ" des Verbands Wohnungseigentümergemeinschaft, was bereits aus der Tatsache folgt, dass er gem. § 27 Abs. 3 WEG dessen originär berufener Vertreter ist, wenngleich ihm die für Organe an sich charakteristische umfassende Kompetenz fehlt[3]. Vergleichbare Kompetenzen hat der Beirat nicht. Die gesetzlichen Aufgaben des Beirats (§§ 26 Abs. 3, 29 WEG) sind vielmehr im Innenverhältnis angesiedelt[4], was dafür sprechen könnte, dass das Amtsrechtsverhältnis zu den einzelnen Eigentümern besteht. Indes ist die Teilrechtsfähigkeit des Verbands nicht auf das Außenverhältnis beschränkt[5]. Außerdem sind die dem **Beirat zugewiesenen Aufgaben überwiegend**[6] **gemeinschaftsbezogen**, was deswegen für eine Zuordnung seiner Tätigkeit zum Verband spricht, weil die Verwaltung des gemeinschaftlichen Eigentums grundsätzlich diesem obliegt. Schließlich würden individuelle Rechtsbeziehungen die misslichen Fragen nach der Überleitung derselben auf einen Sondernachfolger bei Eigentümerwechsel aufwerfen. Nicht zuletzt vor diesem Hintergrund wäre es konstruktiv wenig glücklich, wenn das Amtsrechtsverhältnis des Verwalters zum Verband, das des Beirats hingegen zu den einzelnen Eigentümern bestünde. **Das Amtsrechtsverhältnis besteht daher zum Verband**[7], woraus zugleich folgt, dass die Eigentümerversammlung als dessen (Binnen-)Organ tauglicher Empfänger der auf Annahme der Wahl gerichteten Erklärung ist.

Das **schuldrechtliche Vertragsverhältnis** (regelmäßig ein Auftrag gem. §§ 662 ff. BGB[8]) soll nach einer Stellungnahme der Literatur zwischen Beirat und Verband zustande kommen. Dabei soll der Vertrag auch zugunsten der einzelnen Eigentümer geschlossen werden, nämlich insoweit, als der Beirat Tätigkeiten für die Eigentümer ausübt (genannt wer-

43

---

1 Bedeutung gewinnt die Einordnung ferner, wenn man das Amtsrechtsverhältnis als Grundlage vertraglicher Sekundäransprüche ansieht, näher *Häublein*, ZWE 2008, 80 (zum Verwalter).
2 Nach Ansicht von *Gottschalg*, FS Bub (2007), S. 73 (78), besteht ein doppeltes Organ- und Vertragsverhältnis, nämlich zum Verband **und** den Eigentümern.
3 Vgl. *Häublein*, ZWE 2008, 1.
4 S. etwa *Staudinger/Bub* (2005), § 29 Rz. 3: „Innenorgan".
5 *Armbrüster*, GE 2007, 420 (421); *Häublein*, ZWE 2008, 1 (2).
6 Vgl. *Abramenko*, ZWE 2006, 273 (275).
7 Teilw. abweichend *Gottschalg*, FS Bub (2007), S. 73 (78); Amtsverhältnis besteht auch zu den Eigentümern.
8 Statt aller: OLG Düsseldorf, Beschl. v. 24. 9. 1997 – 3 Wx 221/97, ZMR 1998, 104 = NZM 1998, 36. S. dazu auch bereits oben Rz. 8 und 41.

den: Einberufung einer Eigentümerversammlung; Unterzeichnung des Versammlungsprotokolls). Auf diese Weise können den Eigentümern insbesondere vertragliche Schadensersatzansprüche wegen Pflichtverletzungen gegen den Beirat zustehen[1].

Auch hier wird davon ausgegangen, dass der schuldrechtliche Vertrag **mit dem Verband** zustande kommt[2]. Sein Abschluss wird dem Amtsträger in der Regel (konkludent) mit der Bestellung angetragen und von diesem durch Annahme der Bestellung bzw. Aufnahme der Tätigkeit angenommen[3]. Nur diese Sichtweise vermeidet die Probleme bei der Rechtsnachfolge, was zu den Zielen der Anerkennung der Rechtsfähigkeit der Gemeinschaft gehört[4]. Allerdings bedürfen die Eigentümer, deren Vermögen durch Fehlverhalten des Beirats geschädigt werden kann, eines vertraglichen Schutzes. Dieses Ziel wird dadurch wirksam erreicht, dass man die **Eigentümer in den Schutzbereich des Vertrags zwischen Beirat und Verband** einbezieht[5]. Denn es ist keineswegs ausgemacht, dass eine Auslegung des Vertrags mit dem Beirat ergibt, dass den Eigentümern stets ein eigenes Forderungsrecht – dies ist Voraussetzung eines echten Vertrags zugunsten Dritter, vgl. § 328 BGB – zustehen soll. Meist sind die Eigentümer auf ein eigenes Forderungsrecht nicht angewiesen, weil ihnen Erfüllungsansprüche nichts nützen[6] bzw. die Vervielfachung der Gläubiger für den Amtsträger Risiken birgt, die dieser erkennbar im Zweifel nicht eingehen möchte. Mit dieser Sichtweise korrespondiert die bereits vor Anerkennung der Rechtsfähigkeit verbreitet vertretene Ansicht, dass die Inanspruchnahme des Beirats bei Pflichtverletzungen eine Beschlussfassung voraussetzt[7]. In bestimmten Konstellationen, insbesondere bei Erweiterung der Kompetenzen des Beirats in der Gemeinschaftsordnung (etwa Befugnis, bauliche Veränderungen zu genehmigen), nimmt der Beirat aber originäre Individualbefugnisse wahr. Insoweit

---

1 *Abramenko*, ZWE 2006, 273 (276).
2 Ginge man – wie *Gottschalg*, FS Bub (2007), S. 73 (78) – (auch) von einem Vertrag mit den einzelnen Eigentümern aus, so müssten diese entsprechende Willenserklärungen entweder selbst abgeben oder Vollmachten erteilen. Eine Vertretungsmacht etwa des Verwalters folgt weder aus Gesetz noch aus einem entsprechenden Beschluss, weil der Gemeinschaft nicht die Kompetenz zusteht, die einzelnen Eigentümer zu verpflichten, *Wenzel*, ZWE 2006, 2 (9).
3 *Armbrüster*, ZWE 2001, 355 (354); *Häublein*, ZfIR 2001, 939 (934).
4 Vgl. in anderem Zusammenhang *Häublein*, ZWE 2008, 1 (2).
5 So für den Verwaltervertrag *Häublein*, ZWE 2008, 1 (6 f.). Zu den Voraussetzungen eines Vertrags mit Schutzwirkung zugunsten Dritter etwa *Lehmann-Richter*, ZWE 2006, 413 (414).
6 Vgl. die Auflistung der Tätigkeiten des Beirats für die Eigentümer bei *Abramenko*, ZWE 2006, 273 (274 f.).
7 S. *Staudinger/Bub* (2005), § 29 Rz. 73; vgl. ferner *Drasdo*, NZM 1998, 15 (16) unter Hinweis auf BayObLG, Beschl. v. 12. 6. 1991 – BReg 2 Z 49/91, NJW-RR 1991, 1360 = WuM 1991, 443.

kommt ein **Vertrag zugunsten Dritter** in Betracht[1]. Wem die Ausübungsbefugnis zusteht, bemisst sich dann nach § 10 Abs. 6 Satz 3 WEG (dazu etwa Teil 12, Rz. 14ff.).

2. Rechtsbeziehungen zum Verband

Aufgrund des zwischen Beirat und Verband regelmäßig (konkludent) geschlossenen Auftrags hat nach § 670 BGB jedes Mitglied des Beirats einen **Anspruch auf Ersatz seiner Aufwendungen** (Telefonkosten, Porti etc.). Die Eigentümer können mehrheitlich beschließen, dem Beirat seine Aufwendungen in Form einer **Pauschale** zu ersetzen. Die Gewährung einer Aufwandsentschädigung ändert am unentgeltlichen Charakter der Tätigkeit nichts (arg.e § 670 BGB). Hinsichtlich der **Höhe und des Umfangs** der zu erstattenden Aufwendungen ist der Gemeinschaft ein gewisser **Ermessensspielraum** zuzubilligen. Die Rechtsprechung zu dieser Frage ist allerdings uneinheitlich (BayObLG[2]: 300 DM/Jahr angemessen, wenn der Beirat besonders gefordert wird; LG Hannover[3]: Gesamtbetrag von 3579 Euro/Jahr für drei Beiratsmitglieder bei Großanlage von 340 Einheiten ordnungsgemäß; KG[4]: 500 Euro/Jahr auch bei zerstrittener Gemeinschaft unangemessen).

44

Auskunfts- und Einsichtsansprüche (z.B. in die Protokolle der Beiratssitzungen) stehen gem. § 666 bzw. § 259 BGB, grundsätzlich dem Verband als Vertragspartner zu. Es handelt sich grds. nicht um Individualansprüche, so dass ihre Durchsetzung eine vorherige Beschlussfassung erfordert[5]. Allerdings werden teilweise Ausnahmen i. S. eines Individualanspruchs anerkannt, sofern ein „berechtigtes und akutes Interesse" besteht[6]. Für diese Sichtweise lässt sich anführen, dass das Verbandsrecht auch an anderer Stelle derartige Ansprüche kennt, obwohl das zugrunde liegende Rechtsverhältnis des Verpflichteten zum Verband besteht, sofern es um Informationsansprüche geht (vgl. § 51a GmbHG).

Auch der unentgeltlich tätige **Beirat haftet dem Verband** aus dem Amtsrechtsverhältnis sowie dem schuldrechtlichen Vertrag gemäß § 280 Abs. 1 BGB grundsätzlich **für jede schuldhafte Pflichtverletzung**. Haftungsmaßstab ist § 276 BGB, wobei die „im Verkehr erforderliche Sorg-

45

---

1 Vgl. zur Parallelsituation beim Verwaltervertrag *Häublein*, ZWE 2008, 1 (7f.).
2 Beschl. v. 30. 4. 1999 – 2Z BR 153/98, NZM 1999, 862.
3 Beschl. v. 10. 1. 2006 – 4 T 78/05, ZMR 2006, 398. Vgl. auch OLG Schleswig, Beschl. v. 13. 12. 2004 – 2 W 124/03, NZM 2005, 588 = ZMR 2005, 735; (40 Euro/Sitzung und Fahrtkostenerstattung analog BRKG angemessen).
4 Beschl. v. 29. 3. 2004 – 24 W 194/02, ZMR 2004, 775.
5 Vgl. zum alten Recht BayObLG, Beschl. v. 9. 6. 1994 – 2Z BR 27/94, ZMR 1994, 575; *Gottschalg*, Haftung von Verwalter und Beirat, Rz. 54.
6 S. Fachanwaltskommentar/*Abramenko*, § 29 Rz. 16.

falt" unterschiedlich definiert wird[1]. Eine Haftungserleichterung kann nach überwiegender Ansicht nicht ex lege (etwa analog §§ 521, 599 BGB) hergeleitet werden[2]. Es erscheint freilich nicht konsequent, wenn die h. M.[3] dem schädigenden Beiratsmitglied gleichwohl dann einen **Freistellungsanspruch** zugesteht, wenn dieser im Rahmen seiner ehrenamtlichen Tätigkeit einen Dritten schädigt, ohne dabei vorsätzlich oder grob fahrlässig zu handeln. Denn bei Schädigung eines Dritten trifft das wirtschaftliche Risiko damit die Gemeinschaft, während es bei Schädigung eines Eigentümers dem Amtsträger zur Last fällt. Wer betroffen ist, hängt oft vom Zufall ab (z. B. bei Vermietung einer Wohnung). Gewährt man einen Freistellungsanspruch, sollte man auch sonst eine Befreiung von der Haftung bis zur Grenze der groben Fahrlässigkeit annehmen.

46 Eine Beschränkung der Haftung auf Vorsatz und grobe Fahrlässigkeit ist jedenfalls durch Mehrheitsbeschluss zulässig und entspricht bei unentgeltlicher Wahrnehmung des Amts auch den Grundsätzen einer ordnungsmäßigen Verwaltung. Ein Beispiel für Ersatzansprüche des Verbands sind etwa die in der Praxis besonders folgenschweren Fälle der **fehlerhaften Prüfung der Jahresabrechnung**[4]. Es entspricht außerdem den Grundsätzen einer ordnungsmäßigen Verwaltung, wenn die Eigentümergemeinschaft zugunsten der Mitglieder des Verwaltungsbeirats eine **Vermögensschadenshaftpflichtversicherung** abschließt[5]. Man sollte dabei aber beachten, dass bei Bestehen einer solchen Versicherung eine Reduzierung des Haftungsmaßstabs letztlich dem Versicherer zugute kommt[6]. Ein vergleichbares Problem ergibt sich bei der Entlastung.

47 Es ist in der Praxis üblich, den Verwaltungsbeirat nach Ablauf eines Wirtschaftsjahres zu **entlasten**. Beim Beschluss über die Entlastung sind

---

1 Vgl. *Drasdo*, ZWE 2001, 522 (524).
2 *Gottschalg*, ZWE 2001, 185 (186); *Häublein*, ZfIR 2001, 939 (940). Vgl. auch OLG Düsseldorf, Beschl. v. 24. 9. 1997 – 3 Wx 221/97, MDR 1998, 35 = ZMR 1998, 104 = NZM 1998, 36; BayObLG, Beschl. v. 29. 9. 1999 – 2Z BR 29/99, NZM 2000, 48 (51).
3 S. dazu m. Nachw. *Staudinger/Bub* (2005), § 29 Rz. 76; *Weitnauer/Lüke*, § 29 Rz. 6; jew. unter Hinw. auf BGH, Urt. v. 5. 12. 1983 – II ZR 252/82, BGHZ 89, 153, 157 = NJW 1984, 789 (zum Vereinsrecht). Dort heißt es: *„Der Verein darf Mitglieder, die er zur Durchführung schadensträchtiger Aufgaben einsetzt (und die dadurch in besonderem Maße ihrer vereinsrechtlichen Treuepflicht genügen), grundsätzlich nicht mit den Folgen solcher Schäden belasten, die aus der besonderen ihm selbst zuzuschreibenden Gefahr der übertragenen Aufgabe folgen. Dies gilt jedenfalls dann, wenn das Mitglied ehrenamtlich, also unentgeltlich tätig geworden ist"*.
4 *Abramenko*, ZWE 2006, 273 (275).
5 KG, Beschl. v. 19. 7. 2004 – 24 W 203/02, ZMR 2004, 780 = MietRB 2004, 359 (*Häublein*); *Greiner*, WE 2003, 102; *Häublein*, ZfIR 2001, 939 (941 f.); a. A. *Köhler*, ZMR 2002, 891 (892 f.); hiergegen *Armbrüster*, ZMR 2003, 1 (4) und *Häublein*, ZMR 2003, 233 (240).
6 S. *Staudinger/Bub* (2005), § 29 Rz. 68; *Häublein*, ZfIR 2002, 939 (941).

die Beiratsmitglieder nach § 25 Abs. 5 WEG vom Stimmrecht ausgeschlossen[1]. Eine derartige Entlastung hat nach h. M. wie bei dem Verwalter die Wirkung eines negativen Schuldanerkenntnisses[2]. Ein **Entlastungsbeschluss** widerspricht den Grundsätzen einer ordnungsmäßigen Verwaltung jedenfalls dann, wenn zum Zeitpunkt der Beschlussfassung bereits konkrete Anhaltspunkte für eine Pflichtverletzung des Beirats bestehen oder eine solche zumindest möglich erscheint[3]. Die im Zuge der geänderten Rechtsprechung des BayObLG zur Verwalterentlastung[4] aufgeworfene Frage, ob die Entlastung überhaupt den Grundsätzen einer ordnungsmäßigen Verwaltung entsprechen kann[5], hat der BGH[6] i. S. der bisher h. M. bejaht (vgl. Teil 14, Rz. 401 f.).

Nach Anerkennung der Rechtsfähigkeit des Verbandes ist aber fraglich, welche **Reichweite** der Entlastungsbeschluss hat. Entsprechend der h. M. zum alten Recht umfasst der Verzicht in jedem Fall **Ansprüche des Verbands**. Daneben dürfte der Verzicht auch Ansprüche betreffen, die den Eigentümern in ihrer Gesamtheit zustehen, also im Sinne des § 10 Abs. 6 Satz 3 WEG gemeinschaftsbezogen sind. Auf individuelle Ansprüche der Eigentümer (s. dazu Rz. 43) kann durch Beschluss mangels entsprechender Kompetenz hingegen nicht verzichtet werden[7]. Die Zustimmung des betroffenen Eigentümers bei der Stimmabgabe über die Entlastung ist keine persönliche Verzichtserklärung: Gegenstand der Abstimmung in der Eigentümerversammlung sind nur gemeinschaftsbezogene Angelegenheiten, nicht hingegen Individualansprüche des Eigentümers (gesetzeskonforme Auslegung nach §§ 133, 157 BGB). 48

3. Rechtsbeziehungen zu den Eigentümern

Primäransprüche des einzelnen Eigentümers gegen den Beirat kommen aufgrund eines Vertrags zugunsten Dritter (s. Rz. 43) nur in Ausnahme- 49

---

1 Allg. Meinung, vgl. etwa OLG Zweibrücken, Beschl. v. 14. 5. 1998 – 3 W 40/98, NZM 1998, 671= OLGReport Zweibrücken 1998, 377; Fachanwaltskommentar/*Riecke*, § 25 Rz. 28 m. w. N. Zum Parallelproblem der Verwalterentlastung; *Drasdo*, VBR, S. 174.
2 Vgl. aber auch *Rühlicke*, ZWE 2003, 54 (59 ff.), der die Wirkungen der Entlastung aus § 242 BGB ableitet; so nunmehr auch BGH, Beschl. v. 17. 7. 2003 – V ZB 11/03, ZMR 2003, 750; zum Ganzen s. *Häublein*, ZfIR 2003, 764 (765 f.).
3 BayObLG, Beschl. v. 12. 6. 1991 – BReg 2 Z 49/91, NJW-RR 1991, 1360 = WuM 1991, 443.
4 BayObLG, Beschl. v. 19. 12. 2002 – 2 Z BR 104/02, ZMR 2003, 280; Beschl. v. 13. 3. 2003 – 2 Z BR 80/02, ZMR 2003, 439; Beschl. v. 10. 7. 2003 – 2 Z BR 99/02, ZfIR 2003, 777 m. abl. Anm. *Häublein*, S. 764 ff.
5 Hierzu etwa *Greiner*, WE 2003, 54, 78 (102), der die Entlastung des *ehrenamtlichen* Verwaltungsbeirats nach wie vor für ordnungsmäßiger Verwaltung entsprechend hält.
6 Beschl. v. 17. 7. 2003 – V ZB 11/03, BGHZ 156, 19 = ZMR 2003, 750.
7 So auch schon zum alten Recht OLG Hamm, Beschl. v. 17. 12. 1996 – 15 W 212/96, NJW-RR 1997, 908.

fällen in Betracht und dürften in aller Regel auch nicht geltend gemacht werden. Häufiger werden **Schadensersatzansprüche** gegen den Beirat in Rede stehen. Sie können auch den einzelnen Eigentümern zustehen. Anspruchsgrundlage ist regelmäßig § 280 Abs. 1 BGB, weil das Vertragsverhältnis zwischen Verband und Beirat Schutzwirkung zugunsten der Eigentümer entfaltet (vgl. Rz. 43)[1].

Als Beispiel sei die dem Beirat übertragene **Veräußerungszustimmung** angeführt. Ist gem. § 12 Abs. 1 WEG vereinbart, dass die Veräußerung von Wohnungseigentum der Zustimmung des Beirats bedarf, macht sich der Beirat nach hier vertretener Ansicht gegenüber dem veräußernden Eigentümer[2] schadensersatzpflichtig, wenn er diese schuldhaft ohne wichtigen Grund i. S. d. § 12 Abs. 2 WEG versagt oder hinauszögert. Hier liegt ein hohes Haftungspotential für den Beirat[3]. Plastisch ist folgendes

Beispiel (nach KG, Beschl. v. 19. 9. 2001 – 24 W 147/01, ZWE 2002, 131):

50 In der Gemeinschaft herrschte Streit über die Rechtsverhältnisse an einem Teil des Dachstuhls. Als die Dachgeschosseigentümerin ihr Sondereigentum unter Einschluss der streitigen Dachfläche verkaufte, verweigerte der Beirat die Zustimmung; zu Unrecht, wie das KG später feststellte. Infolge der fehlenden Zustimmung aber war der Käufer zwischenzeitlich vom Kaufvertrag zurückgetreten. Da das Dachgeschoss in der Folgezeit nicht mehr verkauft werden konnte, kam es drei Jahre später zur Zwangsversteigerung, in der der Zuschlag zu einem 250 000 Euro unter dem vereinbarten Kaufpreis liegenden Betrag erteilt wurde. Für die Differenz zzgl. aufgelaufener Darlehenszinsen haften die rechtswidrig die Zustimmung verweigernden Eigentümer gem. § 280 BGB.

Die Entscheidung erging allerdings zum alten Recht, weshalb die Haftung näher zu begründen ist. Die **Pflicht**, die Zustimmung zu erteilen, sofern keine wichtigen (vgl. § 12 Abs. 2 WEG) Versagungsgründe vorliegen, **schützt** auch **die einzelnen Eigentümer**. Von den herkömmlichen Voraussetzungen des Vertrags mit Schutzwirkung zugunsten Dritter erscheint einzig die **Schutzbedürftigkeit** ein wenig zweifelhaft. Dies deswegen, weil der betroffene Eigentümer einen eigenen Anspruch gegen den Verband haben könnte, wenn man diesem das Verhalten des Beirats

---

1 In der Literatur wird teilweise erwogen, ob der Verband einen Schaden, den sein Vertragspartner einzelnen Eigentümern zufügt, im Wege der Drittschadensliquidation geltend machen kann, vgl. *Briesemeister*, ZWE 2006, 15 (16). Dieser Lösung bedarf es nicht, weil eine Drittschadensliquidation nur dort in Betracht kommt, wo dem Geschädigten keine eigenen vertraglichen Ansprüche, etwa aus einem Vertrag mit Schutzwirkung, zustehen (BGH, Urt. v. 10. 5. 1984 – I ZR 52/82, NJW 1985, 2411).
2 Dem Erwerber steht mangels Rechtsbeziehung kein vertraglicher Schadensersatzanspruch zu, Fachanwaltskommentar/*Schneider*, § 12 Rz. 149. Deliktsrechtliche Ansprüche des Erwerbers scheitern regelmäßig daran, dass § 823 Abs. 1 BGB das Vermögen nicht schützt und es auch an den Voraussetzungen des § 826 BGB fehlt.
3 Ebenso *Gottschalg*, Haftung von Verwalter und Beirat, Rz. 380.

gem. § 31 BGB zurechnete, was freilich abgelehnt wird[1]. Letzteres scheint allerdings problematisch, weil die Zustimmung vom Beirat in aller Regel als Organ, zumindest aber als sonstiger Repräsentant des Verbandes abgegeben wird. Insoweit gilt nichts anderes als für die Verwalterzustimmung. Jedoch wäre ein Anspruch gegen den Verband aus Sicht des geschädigten Eigentümers schwerlich gleichwertig, weil dieser aus dem Verwaltungsvermögen zu erfüllen wäre. An jenem wiederum ist der Eigentümer selbst beteiligt, weshalb die besseren Gründe dafür sprechen, die Schutzbedürftigkeit zu bejahen[2]. Die pflichtwidrige Verweigerung der Zustimmung ist grundsätzlich auch schuldhaft (§ 280 Abs. 1 Satz 2 BGB)[3].

⊃ **Hinweis:**

Für den mit Verfolgung von Ansprüchen gegen den Beirat beauftragten Anwalt gilt: Nach Anerkennung der Rechtsfähigkeit der Gemeinschaft bedarf es in der Praxis stets einer sorgfältigen **Prüfung der Aktivlegitimation**. Ansprüche wegen Pflichtverletzung können sowohl dem Verband als auch den Eigentümern zustehen. Augenmerk ist dabei auf die Frage zu richten, ob ein Schaden beim Verband oder den einzelnen Eigentümern entstanden ist. Zu beachten ist insbesondere, dass auch bei Schädigung des gemeinschaftlichen Eigentums i. S. v. § 1 Abs. 5 WEG die Eigentümer geschädigt sind und nicht der Verband. Derzeit ist offen, ob der Verband diesen Schaden als gemeinschaftsbezogenen Anspruch i. S. v. § 10 Abs. 6 Satz 3 1. Alt WEG oder wenigstens im Wege der Drittschadensliquidation geltend machen kann. **Der sicherste Weg** dürfte darin bestehen, einen Beschluss herbeizuführen, der den Verband ermächtigt, derartige Ansprüche der Eigentümer gegen den Beirat im eigenen Namen geltend zu machen (vgl. § 10 Abs. 6 Satz 3 2. Alt. WEG). Hierdurch zieht der Verband diese Ansprüche der Eigentümer dann jedenfalls an sich[4], was in Bezug auf die Aktivlegitimation eine gefahrlose Rechtsverfolgung ermöglicht. Ein entsprechender Beschluss scheidet allerdings mangels Kompetenz der Gemeinschaft aus, wenn es sich um einen Anspruch handelt, der nur einzelnen Eigentümern zusteht. Hierzu zählt der Anspruch auf Ersatz des Schadens wegen pflichtwidrig verweigerter Veräußerungszustimmung gem. § 12 WEG (s. obiges Beispiel).

---

1 Dagegen etwa *Staudinger/Bub* (2005), § 29 Rz. 3.
2 S. zu dieser Überlegung bereits *Häublein*, ZWE 2008, 1 (7), hinsichtlich der Haftung des Verwalters.
3 Eine Modifizierung des Haftungsmaßstabes ginge allerdings auch zu Lasten des geschädigten Eigentümers; vgl. hierzu BGH, Urt. v. 15. 6. 1971 – VI ZR 262/69, BGHZ 56, 269.
4 Vgl. *Armbrüster*, GE 2007, 420 (430, 432).

VII. Der Beirat als Vertreter im Rechtsverkehr

52 Der Verwaltungsbeirat ist kraft Gesetzes **weder zur Vertretung des Verbands noch der einzelnen Eigentümer berechtigt**. Die Vertretung bedarf daher einer entsprechenden Legitimation. Beim Handeln für den Verband kann die **Vertretungsmacht** sich entweder aus einer Vereinbarung (meist Gemeinschaftsordnung) oder einem Beschluss ergeben. Eine Vertretungsmacht für die einzelnen Eigentümer hingegen kann durch Beschluss nicht begründet werden, weil der Gemeinschaft nicht die Kompetenz zusteht, die einzelnen Eigentümer zu verpflichten[1]. Hier bedarf es der Bevollmächtigung durch jeden Eigentümer.

53 Bei einem Auftreten des Beirats ist zunächst zu fragen, in wessen Namen er kontrahieren will. Hier kommt in Betracht, dass entweder der teilrechtsfähige Verband oder aber sämtliche Eigentümer persönlich Vertragspartner werden sollen. Auslegungsspielräume ergeben sich nur, wenn der Beirat nicht klarstellt, für wen er handelt. In solchen Fällen gilt, dass **im Zweifel der Verband Vertragspartner wird**[2]. Dies folgt nicht nur aus den vorstehenden Erwägungen zur Vertretungsmacht, sondern ebenfalls aus der Wertung des Gesetzes, wonach sich der Bereich der Rechtsfähigkeit der Gemeinschaft auf die Verwaltung des gemeinschaftlichen Eigentums erstreckt, § 10 Abs. 6 Satz 1 WEG. Es ist daher im Regelfall, d.h. bei Verwaltungsmaßnahmen i. w. S. („gesamte Verwaltung") davon auszugehen, dass der Beirat den hier zuständigen Verband vertritt.

54 Eher selten findet man **Vertretungsbefugnisse** zugunsten des Verwaltungsbeirats in der Gemeinschaftsordnung. Noch seltener werden sie später durch Vereinbarung begründet. In der Regel handelt der Beirat auf der Grundlage eines **Beschlusses** der Gemeinschaft. Da dieser gem. § 23 Abs. 4 WEG der **Anfechtung** unterliegt und eine etwaige den Beschluss aufhebende gerichtliche Entscheidung auf den Zeitpunkt der Vornahme des Rechtsgeschäfts **zurückwirkt**, besteht die Gefahr einer vollmachtlosen Vertretung. Hierauf sollte der Anwalt die Mitglieder des Verwaltungsbeirats jedenfalls dann hinweisen, wenn diese innerhalb der Monatsfrist einen Vertrag abzuschließen beabsichtigen. Das geschieht nicht selten, wenn Ansprüche gegen den (abgewählten) Verwalter geltend gemacht werden sollen. Zur Rechtmäßigkeit solcher „ermächtigenden"[3] Beschlüsse siehe Rz. 30 ff.

---

1 *Wenzel*, ZWE 2006, 2 (9).
2 Vgl. – jeweils zum Verwalter – BGH, Beschl. v. 2. 6. 2005 – V ZB 32/05, BGHZ 163, 154 = NJW 2005, 2061 (unter IV); *Grziwotz/Jennißen* in Jennißen, WEG, § 10 Rz. 63.
3 Allgemein zum Unterschied zwischen Ermächtigung und Vollmacht s. *Häublein*, DNotZ 2000, 442 (445 f.).

Wurden die Mitglieder des Beirats mit der Vertretung beauftragt, wird 55
hierdurch im Zweifel die **Vollmacht zum Handeln im fremden Namen**
erteilt. In der Regel soll der Beirat nämlich erkennbar namens des Verbands handeln, um diesen zu verpflichten, sodass sich das Fremdgeschäft
durch Auslegung ergibt, §§ 133, 157, 164 Abs. 1 Satz 2 BGB. Bereits aus
der Natur des Vertretergeschäfts kann sich die intendierte Verpflichtung
des Verbands ergeben. Insbesondere bei Abschluss des Verwaltervertrags
ist der Fremdbezug offenkundig. Im Übrigen wäre eine sog. Verpflich-
tungsermächtigung nach ganz h. M.[1] unzulässig, sodass zumindest eine
Umdeutung gem. § 140 BGB in Betracht zu ziehen wäre.

Besondere Sorgfalt ist bei der Prüfung des **Umfangs der Vertretungs-** 56
macht geboten. Nach ganz überwiegender Ansicht ist der bevollmächtigte Verwaltungsbeirat im Zweifel nur zum Abschluss solcher Rechtsgeschäfte berechtigt, die den **Grundsätzen einer ordnungsmäßigen Ver-**
waltung entsprechen[2]. Überschreitet der Beirat diese Grenze, handelt er
als Vertreter ohne Vertretungsmacht. Ob in diesem Fall der gesamte Vertrag nach § 177 Abs. 1 BGB schwebend unwirksam ist oder nur der Ver-
tragsteil, der nicht vom Ermächtigungsbeschluss umfasst ist (etwa beim
Verwaltervertrag: Vereinbarung einer Sondervergütung für bestimmte
Tätigkeiten), ist eine nach § 139 BGB zu entscheidende Frage des Einzelfalls.

Beispiele:

Ist der Beirat zum Abschluss des Verwaltervertrags bevollmächtigt, verstößt er 57
gegen die Grundsätze einer ordnungsmäßigen Verwaltung, wenn er dem Verwalter für Leistungen, die nach dem Gesetz zur Tätigkeit des Verwalters gehören,
eine Sondervergütung zubilligt[3].

Wird der Beirat bevollmächtigt, einen Rechtsanwalt zu beauftragen (z.B. um gegen den Verwalter vorzugehen), entspricht grundsätzlich nur die Honorierung
nach RVG einer ordnungsmäßigen Verwaltung. Da der Rechtsanwalt dies regelmäßig wissen muss, haftet ihm auch der Handelnde nicht (§ 179 Abs. 3 Satz 1
BGB; s. Rz. 20). Eine Abweichung könnte aber für Gebührenvereinbarungen in
dem von §§ 27 Abs. 2 Nr. 4, Abs. 3 Nr. 6 WEG (vgl. hierzu auch Teil 11,
Rz. 333ff.) beschriebenen Rahmen gelten. Die Vorschriften zeigen, dass derartige
Vereinbarungen nach dem Gesetz ordnungsmäßiger Verwaltung entsprechen,
weil sie die kompetente Vertretung der Eigentümerinteressen sichern.

⊃ **Hinweis:**

In Anbetracht der Unsicherheiten bei der Beurteilung der Recht- 58
mäßigkeit von Beschlüssen über die Vertretung (dazu oben Rz. 30ff.)
kann es sich anbieten, den jeweiligen Vertrag mit dem Beirat nur aus-

---

1 Statt vieler nur *Palandt/Heinrichs*, Einf. v. § 164 Rz. 13.
2 Statt vieler OLG Hamm, Beschl. v. 19. 10. 2000 – 15 W 133/00, ZWE 2001, 81
  (83) = ZMR 2001, 138 (141) = NZM 2001, 49 (51).
3 S. OLG Hamm, Beschl. v. 19. 10. 2000 – 15 W 133/00, ZWE 2001, 81; ebenso Bay-
  ObLG v. 12. 2. 2004 – 2Z BR 110/03, ZMR 2005, 62.

zuhandeln und diesen auf der nächsten Eigentümerversammlung beschließen zu lassen bzw. den Vertrag unter der Bedingung eines solchen Beschlusses abzufassen. Wer den Verwalter bei Vertragsschluss mit der Gemeinschaft anwaltlich vertritt oder aber selbst als Anwalt einen (Beratungs-)Vertrag mit dem Verband abschließt und den beschriebenen Weg nicht wählt – etwa um eine Diskussion in der Gemeinschaft über den Inhalt des Vertrags (z. B. die Vergütungshöhe) zu vermeiden – geht das Risiko fehlender Vertretungsmacht ein mit der Folge, dass der Vertrag schwebend unwirksam ist (§ 177 Abs. 1 BGB). Dem Rechtsanwalt bzw. dem von ihm vertretenen Verwalter werden in derartigen Fällen keine Ersatzansprüche gegen die Beiräte zustehen (§ 179 Abs. 3 Satz 1 BGB). Selbst wenn dem Beirat die **essentialia negotii** (Sachleistung, Höhe der Gegenleistung, Person des Vertragspartners) beschlussweise **vorgegeben wurden**, binden die sonstigen Regelungen den Verband nur dann, wenn sie entweder den Grundsätzen einer ordnungsmäßigen Verwaltung entsprechen oder im Nachhinein von der Gemeinschaft genehmigt wurden.

VIII. Haftung für das Handeln des Beirats

59 Verletzt der Beirat schuldhaft Pflichten, haftet der Verband Dritten (z. B. Handwerkern) gegenüber wie für eigene Pflichtverletzungen (§ 278 bzw. § 31 BGB)[1]. Im Verhältnis der Wohnungseigentümer untereinander[2] und im Verhältnis der Wohnungseigentümer zum Verwalter[3] soll eine Zurechnung jedoch nach h. M. nicht stattfinden. Auch innerhalb des Beirats findet eine Verschuldenszurechnung nicht statt. Vielmehr haftet jedes Mitglied gem. § 425 BGB nur für eigenes Verschulden[4].

---

1 Vgl. zum alten Recht *Drasdo*, VBR, S. 131 f.; *Drasdo*, ZWE 2001, 522 (524); *Gottschalg*, Haftung von Verwalter und Beirat, Rz. 413 ff.
2 OLG Düsseldorf, Beschl. v. 8. 2. 1998 – 3 Wx 369/98, NZM 1999, 573 (575).
3 BayObLG, Beschl. v. 29. 9. 1999 – 2 Z BR 29/99, ZWE 2002, 72 = NZM 2000, 48 (51).
4 BayObLG, Beschl. v. 29. 9. 1999 – 2 Z BR 29/99, ZWE 2002, 72 = NZM 2000, 48 (51); vgl. auch *Drasdo*, ZWE 2001, 522 (524).

# Teil 16
Das Wohnungseigentum in der Krise

	Rz.
I. Einführung *(Wolicki)*	1
II. Die Hausgeldverpflichtung des Sondereigentümers	5
1. Hausgeldvorauszahlungen	7
a) Wirtschaftsplan	8
b) Geltungsdauer	12
2. Sonderumlagen	16
a) Entstehen der Beitragsschuld	17
b) Verteilung der Sonderumlage	22
3. Hausgeldvorauszahlung kontra Nachzahlung aus Jahreswirtschaftsabrechnung	27
a) Weitere Gültigkeit des Wirtschaftsplanes	28
b) Wirtschaftsplanbeschluss nach Ablauf des Wirtschaftsjahres	31
4. Jahresabrechnung	32
a) Einzelabrechnung	34
b) Fehlerhafte Abrechnung	38
aa) Rückstände aus Vorjahren	41
bb) Sachfremde Ausgaben	43
cc) Erfüllungseinwand	45
c) Falsche Eigentümerbezeichnung in der Abrechnung	48
d) Eigentümerwechsel	49
e) Vereinbarung der Altschuldenübernahme in der Teilungserklärung	52
f) Nichtige Abrechnung	53
5. Gegenrechte	54
a) Zurückbehaltungsrecht	55
b) Aufrechnung	57
c) Ausschluss von Gegenrechten in der Gemeinschaftsordnung	61
6. Bestandskräftiger Beschluss	63
a) Entfallen des Verwendungszwecks bei Sonderumlagen	66
b) Beschlusswirkung nur gegen eingetragenen Miteigentümer	69
c) Objektbezogenheit	70
7. Zahlungsschuldner von Hausgeldverpflichtungen	72
a) Der eingetragene Eigentümer	73
b) Eigentümerwechsel	77
c) Scheineigentümer	82
d) Bucheigentümer	84
e) Der werdende Eigentümer	86
f) Hausgeldverpflichtung des Erben	107
g) Hausgeldverpflichtung des Vermächtnisnehmers	109
h) Hausgeldverpflichtung bei Nießbrauch	111
i) Hausgeldverpflichtung bei Dauerwohn- und Dauernutzungsrecht	112
j) Hausgeldverpflichtung für Wohnungsberechtigte	113
k) Hausgeldverpflichtung des Treuhänders	114
l) Ersteigererhaftung	115
m) Hausgeldschuldner bei Zwangsverwaltung	122
n) Hausgeldverpflichtung bei Insolvenz des Wohnungseigentümers	124
8. Fälligkeit der Zahlungsansprüche	126
a) Hausgeldvorauszahlungen	127
aa) Monatliche Zahlungspflicht	128
bb) Ratenhöhe	131
cc) Jahresfälligkeit	133
(1) Vorfälligkeitsregelungen	134
(2) Verfallsklauseln	136
dd) Pflicht zur Schadensgeringhaltung	140
b) Nachzahlung aus Jahresabrechnung	151
c) Sonderumlagen	154
9. Verzug	156
a) Mahnung	157

	Rz.
b) Leistungszeitpunkt nach dem Kalender	158
10. Verzugszinsen	
a) Gesetzlicher Zinssatz	168
b) Abweichender Verzugszins	172
c) Tatsächlicher Zinsschaden	174
11. Verjährung von Hausgeldansprüchen	175
III. Die gerichtliche Beitreibung	**185**
1. Prozessführung	188
a) Der Verband der Wohnungseigentümer als Kläger	190
b) Der Verwalter als Kläger	192
c) Der einzelne Wohnungseigentümer als Kläger	196
2. Gerichtszuständigkeit	
a) Funktionelle Zuständigkeit	197
b) Sachliche Zuständigkeit	198
c) Örtliche Zuständigkeit	200
d) Internationale Zuständigkeit	201
e) Ausgeschiedener Sondereigentümer	203
3. Die Klageschrift im Beitreibungsverfahren	205
a) Neue Diktion	205
b) Rückstände	209
c) Zukünftige Hausgeldforderungen	211
aa) Prozessuale Ausgangssituation	211
bb) Klageantrag	225
d) Vorläufige Vollstreckbarkeit	229
e) Kostenantrag	233
f) Klagebegründung	238
g) Gerichtskostenvorschuss	263
4. Checkliste zur Vorbereitung der Klageschrift	265
5. Muster einer Klageschrift	280
6. Auswirkungen auf den Verfahrensverlauf durch Eigentümer- und/oder Schuldnerverhalten	282
a) Vorauszahlung und Jahresabrechnung	282
b) Teilzahlungen	289
c) Erledigung der Hauptsache	293

	Rz.
aa) Zahlung zwischen Anhängigkeit und Rechtshängigkeit	295
bb) Zahlung vor Anhängigkeit	297
d) Hausgeldvorauszahlung und Eigentümerwechsel	305
e) Sonderumlage und Eigentümerwechsel	308
7. Zahlung der Prozesskosten	310
8. Die gerichtliche Kostenentscheidung	315
a) Die Gerichtskosten	315
b) Die Kosten anwaltlicher Vertretung	316
aa) Mehrfachvertretungsgebühr gem. 1008 VV-RVG	320
bb) Berechnungsbeispiele	322
9. Mahnverfahren	328
a) Form und Inhalt	329
b) Gerichtskosten	332
IV. Zwangsvollstreckung aus Zahlungstiteln	**333**
1. Vollstreckungsantrag	340
2. Vollstreckungsmaßnahmen	341
a) Pfändungs- und Überweisungsbeschluss	342
b) Zwangsverwaltung	344
aa) Auswirkungen der Zwangsverwaltung	347
bb) Das vermietete Sondereigentum	356
cc) Keine Erträge aus dem Sondereigentum	360
(1) Vorschusspflicht des betreibenden Gläubigers	362
(2) Bevorrechtigte Rückerstattung von Zwangsverwaltungsvorschüssen	363
(3) Derzeit überwiegende Rechtsprechung	368
(4) Gegenmeinung	370
dd) Beendigung der Zwangsverwaltung	396
ee) Zwangsverwaltung mehrerer Grundstücke	397

	Rz.		Rz.
ff) Erschwerte Verwertbarkeit des Objektes	404	b) Versorgungssperre bei dinglicher Wohnberechtigung	468
gg) Vom Eigentümer selbst bewohntes Objekt	405	c) Verbandszuständigkeit	469
hh) Rechtsgeschäftliche Veräußerung des zwangsverwalteten Objektes	417	d) Ergebnis	470

VI. Zwangsversteigerung von Wohnungseigentum *(Klose)* 472

1. Wohnungs- und Teileigentum als Grundstücksbruchteil 480
2. Übersicht: Gang des Zwangsversteigerungsverfahrens 481
   - a) Antragserfordernis 482
   - b) Eigentumsnachweis 486
   - c) Die Rangklassen des § 10 ZVG 488
   - d) Das begrenzte Vorrecht des § 10 Abs. 1 Nr. 2 ZVG 492
     - aa) Zeitliche Geltung 493
     - bb) Berücksichtigungsfähige Ansprüche 494
     - cc) Anspruchsinhaber 502
     - dd) Fälligkeit 503
     - ee) Umfang des Vorrechts .. 505
     - ff) Einzureichende Unterlagen 508
     - gg) Zeitpunkt der Anmeldungen 516
     - hh) Praktische Auswirkung der Gesetzesänderung .. 519
     - ii) Muster einer Forderungsanmeldung zum Zwangsversteigerungsverfahren 521
   - e) Eigentümergemeinschaft als betreibender Gläubiger 522
     - aa) Mindestbetrag der Forderung 525
     - bb) Nachweis der Forderung 531
     - cc) Nichterreichen der Höchstgrenze des § 10 Abs. 1 Nr. 2 Satz 3 ZVG 534
     - dd) Unterschreiten der Mindestgrenze im Verfahrensverlauf 537
     - ee) Ablösung der Wohnungseigentümergemeinschaft durch andere Gläubiger 540
     - ff) Praktische Auswirkungen 547

c) Muster eines Zwangsverwaltungsantrages 418

V. Versorgungssperre bei Hausgeldrückständen des Wohnungseigentümers 419

1. Beschlussfassung als Maßnahme ordnungsgemäßer Verwaltung 427
   - a) Einzelfallregelung 432
   - b) Erhebliche Höhe der Hausgeldrückstände 434
   - c) Titulierung der Rückstände 437
   - d) Ergebnisloser Vollstreckungsversuch 438
   - e) Aufhebung der Unterbrechung
     - aa) Bei reduziertem Zahlungsrückstand 440
     - bb) Bei Eigentümerwechsel . 442
     - cc) Bei Zuschlag in der Zwangsversteigerung... 443
   - e) Zusatzregelungen 444
     - aa) Anwaltsbeauftragung .. 445
     - bb) Duldungstitel 446
     - cc) Verfahrenskosten 448
2. Beschlussvorschlag 449
3. Versorgungssperre bei selbstgenutztem Sondereigentum ... 451
4. Versorgungssperre bei zu Wohnzwecken vermietetem Sondereigentum 453
   - a) Absperrungen innerhalb des Sondereigentums 455
   - b) Absperrvorrichtungen im Gemeinschaftseigentum ... 460
5. Versorgungssperre bei gewerblich vermietetem Sondereigentum 461
   - a) Eingriff in den eingerichteten und ausgeübten Gewerbebetrieb 462

	Rz.		Rz.
gg) Muster eines eigenständigen Versteigerungsantrags	548	cc) Der Teilungsplan	643
hh) Der Beitritt zu bereits angeordneten Zwangsversteigerungsverfahren	550	dd) Die Anfechtung des Teilungsplans	651
ii) Verhältnis zum Entziehungsverfahren nach § 18 WEG	557	ee) Die Ausführung des Teilungsplans	652
		3. Der Ersteher in der Eigentümergemeinschaft	657
f) Bestehenbleiben von Rechten	560	a) Bindung an getroffene Beschlüsse	657
g) Antragsrücknahme/Einstellung der Zwangsversteigerung	562	b) Instandhaltungsrücklage als Gegenstand der Zwangsversteigerung	659
h) Mehrere Schuldner	567	c) Versteigerungsbeschränkungen	660
i) Grundbucheintrag	568	4. Pflichten des Erstehers im Verhältnis zur Eigentümergemeinschaft	665
j) Beschlagnahmewirkung	571		
k) Rechtsmittel des säumigen Schuldners	573	5. Sonderformen des Zwangsversteigerungsverfahrens	671
aa) Leistungen des Schuldners	574	a) Teilungsversteigerung	672
bb) § 30a ZVG	574	b) Insolvenzverwalterversteigerung	673
cc) § 30d ZVG	586	6. Kosten des Zwangsversteigerungsverfahrens	675
dd) § 765a ZPO	598	a) Gerichtskosten	676
l) Die Festsetzung des Verkehrswertes	599	aa) Gebühr für Anordnung und Beitritt	677
aa) Das Gutachten des Sachverständigen	601	bb) Gebühr für das Versteigerungsverfahren	678
bb) Anfechtung der Verkehrswertfestsetzung	604	cc) Gebühr für den Versteigerungstermin	679
m) Vorbereitung des Versteigerungstermins	609	dd) Gebühr für Erteilung des Zuschlages	680
aa) Inhalt der Terminsbestimmung	610	ee) Gebühr für das Verteilungsverfahren	681
bb) Anmeldung von Rechten	612	ff) Beispiel	682
n) Der Zwangsversteigerungstermin	616	b) Anwaltskosten	683
aa) Das geringste Gebot	618	aa) Vertretung eines Beteiligten	684
bb) Versteigerungsbedingungen	623	bb) Vertretung eines Bieters	691
cc) Der Versteigerungstermin	624	**VII. Insolvenz des Wohnungseigentümers**	695
dd) Das Mindestgebot	629	1. Das Restschuldbefreiungsverfahren	697
ee) Der Zuschlag	633	a) Das Verbraucherinsolvenzverfahren	699
o) Die Verteilung des Versteigerungserlöses	634	aa) Das außergerichtliche Schuldenbereinigungsverfahren	700
aa) Die Vorbereitung des Verteilungstermins	636		
bb) Der Verteilungstermin	642		

	Rz.		Rz.
bb) Das gerichtliche Schuldenbereinigungsverfahren	704	k) Zahlungspflicht aus Beschlüssen über die Kosten besonderer Aufwendungen (§ 22 WEG)	766
cc) Das vereinfachte Insolvenzverfahren	711	5. Die Forderungsanmeldung im Insolvenzverfahren	770
b) Das Regelinsolvenzverfahren	717	a) Eigentümergemeinschaft verfügt noch über keinen Titel	772
c) Die Restschuldbefreiung	720	aa) Absonderungsrecht aufgrund § 10 Abs. 1 Nr. 2 ZVG	775
2. Wohnungs- und Teileigentum als Gegenstand der Insolvenzmasse	729	bb) Forderungsanmeldung für den Ausfall	780
3. Eintritt des Insolvenzverwalters in die Gemeinschaft der Wohnungseigentümer	730	cc) Nachweis des Ausfalls	784
a) Adressat der Einladung zur Eigentümerversammlung	731	dd) Unbedingte Forderungsanmeldung	789
b) Teilnahme- und Stimmrecht in der Eigentümerversammlung	732	ee) Insolvenzverwalter bestreitet die Forderung	791
4. Verwaltungsbefugnis des Insolvenzverwalters und Kostentragung	735	b) Eigentümergemeinschaft verfügt bereits über Titel	792
a) Rückständige Hausgeldzahlungen	740	c) Eigentümergemeinschaft vollstreckt bereits	794
b) Abrechnung von vor der Insolvenzeröffnung liegenden Wirtschaftsjahren nach Insolvenzeröffnung	741	aa) Rückschlagsperre nach § 88 InsO	795
c) Zahlungspflicht für Sonderumlagen bei Beschlussfassung vor Insolvenzeröffnung	743	bb) Anfechtung nach §§ 129 ff. InsO	799
d) Zahlungspflicht für Sonderumlagen bei Beschlussfassung nach Insolvenzeröffnung	744	cc) Auswirkungen der Insolvenzeröffnung auf bereits eingeleitete Zwangsversteigerungsverfahren	805
e) Laufende Hausgeldzahlungen	745	dd) Zwangsvollstreckung wegen Masseverbindlichkeiten	806
f) Hausgeld bei Masseunzulänglichkeit nach § 209 InsO	747	d) Aufrechnungsbefugnis	809
g) Vollstreckungsverbot nach § 210 InsO	755	e) Zusammenfassung	813
		6. Verfügungsbefugnis des Insolvenzverwalters	814
h) Haftung des Insolvenzverwalters nach § 61 InsO	756	a) Versteigerung durch den Insolvenzverwalter	815
i) Freigabe durch den Insolvenzverwalter	758	b) Versteigerung gegen den Insolvenzverwalter	816
j) Verkauf durch den Insolvenzverwalter	764	c) Verfügungen nach Aufhebung der Insolvenz	817
		aa) Schlussverteilung	818
		bb) Einstellung mangels Masse nach § 207 InsO	825
		7. Kosten der Vertretung im Insolvenzverfahren	826

	Rz.		Rz.
a) Eröffnungsverfahren	828	4. Nachlassverbindlichkeiten und Rechtsnachfolgeschaft bei gesetzlicher und testamentarischer Erbfolge	904
b) Eröffnetes Verfahren	830		
c) Forderungsanmeldung	831		
d) Restschuldbefreiungsverfahren	832		
		a) Annahme der Erbschaft	906
		b) Nachlassverbindlichkeiten	908
VIII. Betreuungsrechtliche Fragen in Zusammenhang mit dem WEG	833	c) Kosten- und Lastentragung	910
		5. Möglichkeit der Haftungsbeschränkung	915
1. Betreuung – Grundlagen und Übersicht	836	a) Antrag auf Nachlassverwaltung	918
2. Betreuungsanordnung durch das Gericht	842	b) Antrag auf Nachlassinsolvenz	921
a) Anordnungsgrund	847	c) Erhebung der Dürftigkeitseinrede	928
b) Subsidiarität der Betreuungsanordnung	848	d) Antrag auf Aufgebotsverfahren	934
c) Vorsorgevollmacht	852	6. Rechtsstellung des Erben in der Eigentümergemeinschaft	939
d) Geschäftsfähigkeit – Geschäftsunfähigkeit	854	a) Stimm- und Anfechtungsrecht	940
e) Kein Antragsrecht Dritter auf Anordnung einer Betreuung	855	b) Verfügungen des Rechtsnachfolgers	941
3. Anordnung des Einwilligungsvorbehalts nach § 1903 BGB	863	7. Ausschlagung der Erbschaft	942
4. Rechtliche Stellung des Betreuers in der Gemeinschaft der Wohnungseigentümer	869	8. Besonderheiten beim Übergang auf eine Erbengemeinschaft	945
		a) Stimmrecht	946
a) Befugnisse des Betreuers	873	b) Anfechtungsrecht	948
b) Wirkungsweise einer Betreuung	876	c) Kosten- und Lastentragung	949
		d) Haftungsbeschränkung	950
c) Teilnahmerecht und Stimmrecht des Betreuers bzw. des Vertreters	879	e) Prozessuales	951
		9. Besonderheiten beim Übergang auf Vor- und Nacherben	952
d) Vorgehen gegen den Betreuer	885	a) Ausschlagungsrecht	957
e) Beendigung der Betreuung	887	b) Stimmrecht	958
f) Bauliche Veränderungen zugunsten unter Betreuung stehenden Miteigentümers	891	c) Kosten- und Lastentragung	960
		d) Verfügungen des Vorerben	964
		10. Besonderheiten beim Übergang auf einen Vermächtnisnehmer	965
IX. Der Tod eines Wohnungseigentümers	894	a) Anwendbarkeit des § 12 Abs. 1 WEG	966
1. Auswirkungen auf die Wohnungseigentümergemeinschaft	894	aa) Erteilung oder Versagung der Zustimmung	969
2. Schutz der Eigentümergemeinschaft vor Ausfällen	896	bb) Vorgehen gegen die Versagung der Zustimmung	974
3. Interesse der Gemeinschaft an alsbaldiger Rechtssicherheit	898	cc) Schadensersatzanspruch des Erben	976
		b) Kosten- und Lastentragung	977
		c) Stimm- und Anfechtungsrecht	983

	Rz.
d) Ausschlagungsrecht des Vermächtnisnehmers	985
11. Staatserbfolge, § 1936 BGB	988
a) Träger des Erbrechts	990
b) Rechtsstellung	991
c) Haftung für Nachlassverbindlichkeiten	992
12. Rechte der Eigentümergemeinschaft und Forderungsrealisierung	993
a) Antrag auf Erteilung einer Sterbeurkunde	1000
b) Antrag auf Erteilung eines Erbscheins	1002
c) Antrag auf Erteilung einer titelumschreibenden Klausel, §§ 727–729 ZPO	1005
aa) Zuständige Stelle in Nachlassangelegenheiten, §§ 72, 73 FFG	1009
bb) Auskunftsansprüche gegenüber dem Nachlassgericht	1013
d) Geltendmachung von Forderungen gegen die Erbengemeinschaft	1019
e) Antrag auf Anordnung der Nachlasspflegeschaft, §§ 1960, 1961 BGB	1021
f) Inventarerrichtung	1025
g) Antrag auf Anordnung der Nachlassverwaltung und Vermerk im Grundbuch	1031
h) Antrag auf Eröffnung des Nachlassinsolvenzverfahrens und Forderungsanmeldung	1037
i) Anordnung einer Testamentsvollstreckung	1046
j) Antrag auf Grundbuchberichtigung	1050

I. Einführung

Jede Eigentümergemeinschaft stellt eine Wirtschaftseinheit dar, die finanziert werden will. Heizung, Warmwasser, Versicherungen, Instandhaltung und vieles mehr – nicht selten erreicht das für die Bewirtschaftung einer Wohnanlage notwendige Jahresbudget einen hohen sechsstelligen Euro-Betrag. Eigentümergemeinschaften sind deshalb darauf angewiesen, dass jedes einzelne ihrer Mitglieder pünktlich und regelmäßig seinen Anteil zu den Bewirtschaftungskosten beiträgt. Bereits wenige säumige Zahler können gerade in kleineren Gemeinschaften deren Liquidität sehr schnell in Frage stellen. Verärgerte Handwerker, die nicht rechtzeitig bezahlt werden können, Klage- oder Vollstreckungsandrohungen, Ankündigung der Leistungseinstellung von Versorgungsunternehmen, Verzugszinsen – die Folgen leerer Kassen sind bei einer Wohnungseigentümergemeinschaft nicht anders als bei jedem anderen auch. Jede Gemeinschaft muss daher vordringlich darum bemüht sein, zeitnah und konsequent gegen Zahlungsrückstände ihrer Mitglieder vorzugehen. Zur zentralen Aufgabe eines jeden Wohnungseigentumsverwalters gehört daher, für eine gesunde Liquidität der von ihm verwalteten Eigentümergemeinschaft Sorge zu tragen. Jeder einzelne Miteigentümer soll den Verwalter in diesem Bestreben nach Kräften unterstützen, und dies im ureigenen Interesse. Zwar haften heute die Mitglieder einer Wohnungseigentümergemeinschaft nicht mehr gesamtschuldnerisch für die Zahlungsverpflichtungen des Wohnungseigentümerverbandes, sondern nur noch anteilig im Verhältnis ihrer Miteigentumsanteile (§ 10 Abs 8 WEG). Dessen ungeachtet müssen Hausgeldausfälle auf alle Miteigentümer umgelegt werden, so dass jeder davon betroffen ist, wenn ein Miteigentümer seine Zahlungsverpflichtungen nicht erfüllt. Freundliches Abwarten, ob ein Miteigentümer nicht doch vielleicht irgendwann einmal seinen Zahlungsverpflichtungen nachkommt, großzügiges Verständnis für teilweise abenteuerliche Begründungen des Zahlungsverzuges, zögerliches Zurückstellen von Beitreibungsmaßnahmen im Interesse des Hausfriedens, all dies sind zwar verständliche, jedoch höchst **gefährliche Verhaltensmuster**, die eine Eigentümergemeinschaft und jedes einzelne ihrer Mitglieder selbst in finanzielle Bedrängnis bringen können. Da zu langes Zuwarten und später darauf zurückzuführende Wohngeldausfälle sogar zu einer **Haftung** des **Wohnungseigentumsverwalters** für diese Ausfälle führen kann[1], sollte die anwaltliche Beratung von Eigentümergemeinschaften und Verwaltern darauf abzielen, rechtzeitig für wirksame Mechanismen Vorsorge zu treffen, um im Notfall schnell und effektiv reagieren zu können. Nur so kann vermieden werden, dass Eigentümergemeinschaften in eine finanzielle Krise geraten

2 Wird die anwaltliche Betreuung einer Hausverwaltung übernommen, sollte daher empfohlen werden, für jede verwaltete Eigentümergemeinschaft zu prüfen, ob und welche Regularien oder Beschlüsse existieren, die im Falle der Säumigkeit eines Miteigentümers beachtet werden müssen, ob der Verwalter über die erforderliche Ermächtigung verfügt, säumige Miteigentümer gerichtlich in Anspruch nehmen zu dürfen und wie die Finanzierung von Beitreibungsverfahren im Vorgriff gesichert werden kann, damit später keine unnötigen Zeitverluste entstehen.

3 Wird auf der anderen Seite die anwaltlichen Beratung säumiger Wohnungseigentümer übernommen, so ist eine besonders verantwortungsbewusste Prüfung der Position des Miteigentümers geboten, da erfahrungsgemäß in aller Regel die von Miteigentümern gegen den Zahlungsanspruch der Gemeinschaft geltend gemachten Einwände kein Recht zur vorübergehenden oder endgültigen Zahlungsverweigerung begründen können. Meistens ist deshalb die anwaltliche Empfehlung geboten, die **Hausgelder zu bezahlen** und etwaige, als Argument für den Einbehalt von Zahlungen bemühte Verwaltungsmissstände an anderer Stelle zu klären. Denn Hausgeldbeitreibungsverfahren sind oft das Ergebnis eines Missverständnisses. Miteigentümer missverstehen, dass ihre Verpflichtung zur Zahlung der Bewirtschaftungskosten nicht zum Diskussionsgegenstand gemacht werden kann, wenn man z. B. mit der Hausmeistertätigkeit unzufrieden ist, man dem Verwalter vorwirft, er habe seine Pflichten nicht erfüllt oder die Auffassung vertritt, die Gemeinschaft

---

1 AG Idstein, Beschl. v. 30. 10. 2003 – 3 UR II 111/01, NZM 2003, 983.

würde unnötig Geld ausgeben, gefasste Beschlüsse seien sachlich falsch oder überflüssig gewesen, kurzum die eigene Unzufriedenheit mit den Verhältnissen in der Eigentümergemeinschaft als Argument gegen die eigene Zahlungsverpflichtung einsetzt. Solche Miteigentümer verkennen, dass die Solidargemeinschaft der Eigentümer auf die rechtzeitigen Zahlungsbeiträge aller ihrer Mitglieder angewiesen ist, um die erforderliche Liquidität nicht zu gefährden. Beanstandungen, welcher Art auch immer, sind an anderer Stelle auszutragen (z. B. in Beschlussanfechtungsverfahren), ohne dass dadurch die Zahlungsfähigkeit der Gemeinschaft in Frage gestellt wird.

Ergibt sich die Notwendigkeit, rückständige Zahlungsverpflichtungen gegen einen säumigen Miteigentümer geltend machen zu müssen, sind bei der Vorbereitung eines Beitreibungsverfahrens folgende Fragen zu klären:

– **Welche Geldforderung** soll beigetrieben werden?

– **Wer** ist auf **Zahlung** in Anspruch zu nehmen?

– **Wann** hätte gezahlt werden müssen?

– Ist **Verzug** eingetreten?

– Welcher **Verzugsschaden** (Zinsen) ist geltend zu machen?

II. Die Hausgeldverpflichtung des Sondereigentümers

§ 16 Abs. 2 WEG begründet die Verpflichtung eines jeden Miteigentümers, sich an allen Lasten und Kosten seiner Gemeinschaft zu beteiligen. Seit jeher uneinheitlich werden diese Lasten und Kosten mit Sammelbegriffen wie Wohngeld, Wirtschaftsgeld, Bewirtschaftungskosten, Nebenkosten, Verwaltungsgeld oder Hausgeld belegt. Da der Begriff „Nebenkosten" schon im Zusammenhang mit dem Mietrecht besetzt ist, „Wohngeld" für nicht zu Wohnzwecken bestimmtes Teileigentum unpassend erscheint, „Verwaltungskosten" nur auf einen Aspekt der Geldverwendung abzielt, erscheinen die Begriffe **„Hausgeld"** oder **„Bewirtschaftungskosten"** als einerseits neutrales und andererseits alle Verwendungszwecke umfassendes **Begriffspaar**, das zur Bezeichnung der Zahlungsverpflichtungen am besten geeignet ist. Dessen ungeachtet wird überwiegend der Begriff „Wohngeld" verwandt, wenn es um die Lasten und Kosten gem. § 16 Abs. 2 WEG geht.

Gemeint sind damit ausschließlich die **Lasten und Kosten des gemeinschaftlichen Eigentums und deren Verteilung** im Innenverhältnis der Wohnungseigentümer untereinander[1]. Hausgeldverpflichtung gem. § 16

---
1 *Niedenführ*/Kümmel/Vandenhouten, WEG, 8. Aufl., § 16 Rz. 2.

Abs. 2 WEG können nur in einer in Vollzug gesetzten Wohnungseigentümergemeinschaft oder in einer so genannten „werdenden Eigentümergemeinschaft" entstehen (vgl. zu dem Institut der werdenden Eigentümergemeinschaft Teil 12, Rz. 93 ff.)

Solange nur der teilende Grundstückseigentümer in den Wohnungs- und Teileigentumsgrundbüchern eingetragen ist und auch noch nicht von einer werdenden Eigentümergemeinschaft gesprochen werden kann, mangelt es an der rechtlichen Existenz einer Wohnungseigentümergemeinschaft, so dass noch keine Beschlüsse gefasst und damit noch keine Hausgeldverpflichtungen gem. § 16 Abs. 2 WEG begründet werden können[1].

Dies ist erst dann der Fall, wenn aufgrund eines Verkaufs vom teilenden Eigentümer der erste Erwerber als echter werdender Eigentümer bereits vorab in die Rechtsstellung eines im Grundbuch eingetragenen Eigentümers eintritt.

1. Hausgeldvorauszahlungen

7 Um die notwendige **Liquidität** zur Begleichung allfälliger Zahlungsverpflichtungen der Eigentümergemeinschaft zu schaffen ist es erforderlich, dass alle Miteigentümer Vorschüsse auf ihre zu erwartenden finanziellen Verpflichtungen gegenüber der Gemeinschaft entrichten.

a) Wirtschaftsplan

8 Grundlage hierfür ist der Wirtschaftsplan (§ 28 Abs. 1 WEG), der den finanziellen Jahresbedarf einer Gemeinschaft überschlägig erfassen soll. Dieser Wirtschaftsplan und eine Verteilung der darin enthaltenen Kostenansätze, im Regelfall zu gleichen Anteilen gesplittet auf die Anzahl der Monate, die vom Wirtschaftsplan umfasst werden, müssen von der Wohnungseigentümergemeinschaft mehrheitlich beschlossen werden. Erst ein solcher Beschluss begründet sodann die Verpflichtung eines jeden Miteigentümers zur monatlichen Vorschusszahlung auf die anfallenden Bewirtschaftungskosten.

Ein **Wirtschaftsplan** besteht zwingend aus **zwei Teilen**, nämlich einmal dem Gesamtwirtschaftsplan, d.h. einer Gesamtdarstellung aller im Wirtschaftsjahr zu erwartenden Ausgaben und aller der Gemeinschaft zufließenden Einnahmen sowie den Einzelwirtschaftsplänen, d.h. der anteiligen Zuordnung der zu erwartenden Ausgaben auf die jeweiligen Sondereigentumseinheiten unter Zugrundelegung der für die Eigentümergemeinschaft geltenden Verteilerschlüssel. Ohne den Beschluss über

---

[1] OLG Frankfurt/Main, Beschl. v. 21. 6. 1985 – 20 W 145/85, OLGZ 1986, 40.

einen Einzelwirtschaftsplan wird die Verpflichtung des einzelnen Eigentümers zur Zahlung von Wohngeldvorschüssen nicht fällig[1]. Ohne einen beschlossenen Einzelwirtschaftsplan muss kein Eigentümer Wohngeldvorauszahlungen entrichten.

Leistet ein Wohnungseigentümer trotzdem Wohngeldvorschüsse, obwohl eine wirksame Beschlussfassung über einen Wirtschaftsplan nicht besteht, so begründet dies allerdings keinen Bereicherungsanspruch gegen die übrigen Wohnungseigentümer bzw. gegenüber dem teilrechtsfähigen Verband, der Inhaber der Zahlungsansprüche ist. Ein solcher Miteigentümer ist auf den Vorrang des Innenausgleichs durch die Jahresabrechnung zu verweisen, und zwar auch dann, wenn der betreffende Wohnungseigentümer zum Zeitpunkt der Beschlussfassung der Jahresabrechnung bereits aus der Gemeinschaft ausgeschieden ist[2].

Hatte die Rechtsprechung bereits bisher die Fälligkeit von Wohngeldvorschüssen grundsätzlich von dem Beschluss eines Einzelwirtschaftsplanes abhängig gemacht[3], so steht spätestens seit der Entscheidung des BGH vom 2. 6. 2005 zwingend fest, dass ein Einzelwirtschaftsplan zu den unverzichtbaren Bestandteilen eines Wirtschaftsplanes gehört und die Genehmigung eines Wirtschaftsplanes ohne Einzelwirtschaftsplan auf Antrag für ungültig zu erklären ist[4]. 9

Jede Gemeinschaft sollte sich **eigene Regeln** dafür geben, wann die monatlichen Hausgeldvorauszahlungen **fällig** sind (z.B. monatlich im Voraus jeweils zum 3. Kalendertag), wie das interne Mahnwesen ausgestaltet wird (z.B. nur eine Zahlungserinnerung) und die Vorgabe an den Verwalter, wann regelmäßig das gerichtliche Beitreibungsverfahren einzuleiten ist. Dies hat den Vorteil, dass der Verwalter unter Berufung auf die Beschlusslage und seine gesetzliche Verpflichtung, Eigentümerbeschlüsse auch durchzuführen, ohne Ansehung der Person und unter Beachtung des Gebotes der Gleichbehandlung, alle säumigen Miteigentümer gleichermaßen ohne Verzögerung auf Zahlung in Anspruch nehmen kann. 10

Erhält der Rechtsanwalt den Auftrag, rückständige Vorauszahlungen beizutreiben, so muss geprüft werden, **ab wann** der beschlossene Wirtschaftsplan überhaupt eine **Verpflichtung** zur Vorauszahlung begründen kann. Häufig werden Wirtschaftspläne erst im Laufe eines Kalenderjahres beschlossen. Soll in derartigen Fällen eine Vorauszahlungsverpflichtung für den Zeitraum vor dem Tag der Beschlussfassung geschaffen werden, muss sich dies entweder aus den Einzelwirtschaftsplänen, die regel- 11

---

1 BayObLG, Beschl. v. 10. 3. 2004 – 2 Z BR 268/03, ZMR 2005, 63.
2 OLG Hamm, Beschl. v. 25. 3. 2004 – 15 W 412/02, NZM 2005, 460 ff.
3 BayObLG, Beschl. v. 10. 3. 2004 – 2 Z BR 268/03, ZMR 2005, 64.
4 BGH, Beschl. v. 2. 6. 2005 – V ZB 32/05, NZM 2005, 543 ff.

mäßig mit dem Gesamtwirtschaftsplan beschlossen werden müssen, oder aus dem Eigentümerbeschluss selbst ergeben, der in diesem Fall ausdrücklich den Rückwirkungszeitraum benennen muss.

b) Geltungsdauer

12   Ein Wirtschaftsplan kann nur für den Zeitraum Grundlage einer Vorauszahlungsverpflichtung der Miteigentümer sein, für den er beschlossen worden ist[1]. Aufzustellen ist ein Wirtschaftsplan gem. § 28 Abs. 1 Satz 1 WEG jeweils für ein **Kalenderjahr**. Sieht die Beschlussfassung nichts anderes vor, dann erlischt die Wirkung des Wirtschaftsplanes mit Ablauf des Kalenderjahres, die Vorauszahlungsverpflichtung der Miteigentümer entfällt mit Ablauf des 31. Dezember[2]. Da im Regelfall nicht bereits am 2. Januar des Folgejahres ein neuer Wirtschaftsplan beschlossen wird, wäre die Vorauszahlungspflicht der Miteigentümer bis zum Beschluss eines neuen Wirtschaftsplanes für das neue Kalenderjahr ausgesetzt. Dies kann vermieden werden, indem mit dem Beschluss eines jeden Wirtschaftsplanes gleichzeitig bestimmt wird, dass dieser Wirtschaftsplan mit unveränderten Ansätzen solange fortgelten soll, bis ein neuer beschlossen wird.

13   Seit der Entscheidung des BGH vom 20. 9. 2000[3], mit der die Beschlusskompetenz der Wohnungseigentümer zur Abänderung gesetzlicher Regelungen oder Bestimmungen der Teilungserklärung im Wege des Mehrheitsbeschlusses in Frage gestellt worden ist, ist die Frage problematisiert worden, ob der Beschluss über die Fortgeltung des Wirtschaftsplanes von § 28 Abs. 1 Satz 1 WEG abweicht und daher als so genannter „gesetzesändernder" Beschluss nichtig sein könnte[4]. Diese Bedenken werden von der überwiegenden Ansicht im Schrifttum und der bisher dazu ergangenen Rechtsprechung nicht geteilt. Der Mehrheitsbeschluss über die Fortgeltung des Wirtschaftsplanes bis zur Beschlussfassung über den nächsten Wirtschaftsplan widerspricht nicht den Grundsätzen ordnungsgemäßer Verwaltung[5], so dass Wohnungseigentümer die Fortgeltung eines Wirtschaftsplanes bis zur Beschlussfassung über den nächsten Wirtschaftsplan beschließen können[6] und übersteigt nicht die Beschlusskompetenz der Eigentümergemeinschaft[7]. Ein solcher

---

1 OLG Düsseldorf, Beschl. v. 11. 7. 2003 – 3 Wx 77/03, ZMR 2003, 862.
2 OLG Düsseldorf, Beschl. v. 11. 7. 2003 – 3 Wx 77/03, NZM 2003, 810.
3 BGH, Beschl. v. 20. 9. 2000 – V ZB 58/99, BGHZ 145, 158 = ZMR 2000, 771 = WuM 2000, 620.
4 *Briesemeister/Drasdo*, Beschlusskompetenz der Wohnungseigentümer, S. 29, Ziff. 30.
5 KG, Beschl. v. 7. 1. 2004 – 24 W 326/01, WuM 2004, 170.
6 OLG Düsseldorf, Beschl. v. 2. 6. 2003 – 3 Wx 75/03, ZMR 2003, 767 ff = NZM 2003, 854 = DWE 2003,100 = WuM 2003, 588.
7 KG, Beschl. v. 27. 2. 2002 – 24 W 16/02, NZM 2002, 294.

Mehrheitsbeschluss, der die **Fortgeltung** des aktuellen Wirtschaftsplanes mit unveränderten Ansätzen bis zum Beschluss eines neuen Wirtschaftsplanes bestimmt, ist deshalb auch **keineswegs nichtig** [1].

Auch in der Literatur wird die Auffassung vertreten, dass ein derartiger organisatorischer Beschluss im Sinne ordnungsgemäßer Verwaltung nichts an der sich aus § 28 Abs. 1 WEG resultierenden Verpflichtung eines Verwalters zur Erstellung eines aktuellen Wirtschaftsplanes ändert und es schon gar nicht dem Gebot ordnungsgemäßer Verwaltung widerspricht, wenn dadurch für Kontinuität bei der Vorauszahlungsverpflichtung gesorgt wird[2]. 14

Achtung: Diese Beschlusskompetenz besteht nur insoweit, als die Fortgeltung über das Ende eines Kalenderjahres hinaus für einen bestimmten Wirtschaftsplan beschlossen wird. Dies gilt nicht für Mehrheitsbeschlüsse, die unabhängig von einem konkreten Wirtschaftsplan generell die Fortgeltung eines jeden zukünftigen Wirtschaftsplanes bis zur Verabschiedung eines neuen zum Gegenstand hat. Für einen solchen Grundsatzbeschluss mit allgemeiner Regelungswirkung für die Zukunft fehlt einer Eigentümergemeinschaft die Beschlusskompetenz, ein solcher Beschluss wäre nichtig[3]. 15

2. Sonderumlagen

Sofern sich während des Laufes eines Wirtschaftsjahres herausstellt, dass die nach Wirtschaftsplan zu entrichtenden Vorauszahlungen für die Deckung des aktuellen Liquiditätsbedarfs der Gemeinschaft nicht ausreichen, können die Wohnungseigentümer durch Mehrheitsbeschluss Sonderumlagen erheben. Es handelt sich dabei um eine **Ergänzung des laufenden Wirtschaftsplanes**, die nur als **ultima ratio** dann eingesetzt werden sollte, wenn es keine andere, ordnungsgemäßer Verwaltung entsprechende Möglichkeit zur Abdeckung eines aufgetretenen Finanzengpasses gibt[4]. 16

a) Entstehen der Beitragsschuld

Wie jede andere sich aus der laufenden Bewirtschaftung ergebende Hausgeldforderung auch, entsteht die Verpflichtung zur Zahlung einer Sonder- 17

---

[1] LG Berlin, Beschl. v. 27. 4. 2001, 85 T 384/00 WEG, ZMR 2001, 916; OLG Düsseldorf, Beschl. v. 11. 7. 2003 – 3 Wx 77/03, ZMR 2003, 862 = WuM 2003, 590 = NZM 2003, 810.
[2] *Becker/Kümmel*, ZWE 2001, 128, 132 f.; *Merle*, ZWE 2001, 196, 197; *Wenzel*, ZWE 2001, 226, 237; *Gottschalg*, NZM 2001, 950; **a.A.** *Briesemeister/Drasdo*, Beschlusskompetenz der Wohnungseigentümer, S. 29, Ziff. 30.
[3] OLG Düsseldorf, Beschl. v. 11. 7. 2003 – 3 Wx 77/03, NZM 2003, 810.
[4] OLG Saarbrücken Beschl. v. 20. 7. 1998 – 5 W 110/98 – 35, NZM 2000, 198 (199).

umlage erst durch Beschlussfassung. Erst durch den Eigentümerbeschluss wird für alle Miteigentümer eine **konkrete Verbindlichkeit** begründet. Ohne Beschluss existiert keine Zahlungsforderung, die gegenüber einem Miteigentümer geltend gemacht werden könnte[1]. Beschlüsse mit einfacher Mehrheit sind regelmäßig ausreichend. Ist die Zahlungsverpflichtung auf diese Weise entstanden, kann ebenfalls im Beschlusswege ein Zeitpunkt bestimmt werden, zu dem die Zahlung fällig werden soll (zur Fälligkeit vgl. im Einzelnen Rz. 126 f.). Dabei ist es zulässig, den Gesamtbetrag in verschiedene Raten aufzuteilen, d.h. die Fälligkeit einzelner Teilbeträge zu staffeln.

18 Zur Beurteilung der Frage, wer zur Zahlung einer Sonderumlage verpflichtet ist, ist ebenso wie beim Wirtschaftsplan auf die **Fälligkeit** abzustellen. Derjenige, der zum Zeitpunkt der Fälligkeit als Eigentümer im Grundbuch eingetragen ist, muss die Sonderumlage zahlen. Im Verhältnis zu den übrigen Wohnungseigentümern trifft die Zahlungspflicht für eine vor Eigentumswechsel beschlossene, aber erst danach fällige Sonderumlage nicht den bisherigen, sondern den neuen Wohnungseigentümer[2].

Beispiel:
Im März beschließt die Eigentümergemeinschaft, zur Finanzierung einer bevorstehenden Reparatur eine Sonderumlage in Höhe eines bestimmten Betrages zu erheben. Zur Zahlung wird diese Sonderumlage für den Monat Mai fällig gestellt. Im April wird der Erwerber eines Sondereigentums als neuer Eigentümer im Grundbuch eingetragen. Der Erwerber ist sodann verpflichtet, die im Mai fällig werdende Sonderumlage zu zahlen.

Zur Zahlung einer Sonderumlage ist auch der Miteigentümer verpflichtet, der sein Sondereigentum zwar vor der Beschlussfassung aber erst nach Entstehen der durch die Sonderumlage zu deckenden Forderung erworben hat[3].

Beispiel:
19 Eine Wohnungseigentümergemeinschaft vergibt im April einen Reparaturauftrag.
Im Mai legt der Handwerker dem Verwalter die Rechnung vor, die wegen fehlender Finanzmittel nicht sofort bezahlt wird.
Im Juni findet die Eigentumsumschreibung auf einen Erwerber statt.
Im Juli beschließt die Gemeinschaft zur Finanzierung der Handwerkerrechnung eine sofort fällige Sonderumlage.

20 Die Verpflichtung zur anteiligen Zahlung der Sonderumlage trifft den Erwerber, weil es alleine auf den Zeitpunkt ankommt, zu dem die Sonder-

---
1 BGH, Urt. v. 20. 11. 1992 – V ZR 279/91, BGHZ 120, 261, 266.
2 OLG Karlsruhe, Beschl. v. 17. 11. 2004 – 14 Wx 82/03, ZMR 2005, 310.
3 OLG Düsseldorf, Beschl. v. 17. 8. 2001 – 3 Wx 187/01, ZMR 2002, 145.

umlage beschlossen und zur Zahlung fällig gestellt worden ist. Wann die Forderung entstanden ist, zu deren Bezahlung die Sonderumlage benötigt wird, ist unerheblich.

Wird eine Sonderumlage zur Erfüllung einer Forderung beschlossen, die einem Miteigentümer gegenüber der Eigentümergemeinschaft zusteht oder die zur Deckung der Kosten einer Prozessführung gegen den Bauträger benötigt wird, der zugleich Miteigentümer ist, so ist dieser **Miteigentümer** verpflichtet, sich anteilig an der Sonderumlage für den **gegen ihn selbst gerichteten Prozess** zu **beteiligen**[1].

b) Verteilung der Sonderumlage

Soll eine Sonderumlage erhoben werden, so setzt das Entstehen der Zahlungsverpflichtung einen Eigentümerbeschluss nicht nur über den Gesamtbetrag der Umlage, sondern **zusätzlich** auch über dessen **betragsgemäße Verteilung** auf die einzelnen Wohnungseigentümer voraus[2]. Vergleichbar zum Einzelwirtschaftsplan, der die auf das jeweilige Objekt entfallende Hausgeldvorauszahlung festlegt, und zur Einzelabrechnung, die das Gesamtkostenaufkommen für ein Sondereigentum während eines Abrechnungszeitraumes (im Regelfall das Kalenderjahr) ausweist, könnte man insoweit von der Einzelsonderumlage sprechen. Ein Miteigentümer ist also nicht verpflichtet, aufgrund eines Sonderumlagenbeschlusses, aus dem sich nur der auf alle Eigentümer entfallende Gesamtbetrag ergibt, den auf ihn entfallenden Anteil selbst zu errechnen und ohne Anforderung an die Gemeinschaft zu entrichten.

Wurde demgegenüber früher vereinzelt die Auffassung vertreten, ein Eigentümerbeschluss über eine Sonderumlage sei nicht deshalb für ungültig zu erklären, weil Verteilungsschlüssel und die Belastung der einzelnen Wohnungseigentümer nicht angegeben waren, der Gesamtbetrag der Umlage sei vielmehr in solchen Fällen nach dem für die Gemeinschaft allgemein geltenden Schlüssel auf die einzelnen Wohnungseigentümer zu verteilen, so kann dem spätestens seit der Entscheidung des BGH vom 2. 5. 2005[3] nicht mehr gefolgt werden. So hat der **BGH** entschieden, dass Einzelwirtschaftspläne zu den **unverzichtbaren Bestandteilen** eines Wirtschaftsplanes gehören, und Genehmigungsbeschlüsse von Wirtschaftsplänen ohne Einzelwirtschaftsplan auf Anfechtung für ungültig zu erklären seien[4].

---

1 BayOLG, Beschl. v. 31. 1. 1992 – 2 Z 143/91, NJW 1993, 603 (604); BayObLG, Beschl. v. 11. 4. 2001 – 2 Z BR 27/01, ZMR 2001, 826 (827).
2 BayObLG, Beschl. v. 7. 11. 2002 – 2 Z BR 97/02, WuM 2003, 103; BayObLG, Beschl. v. 4. 3. 2004 – 2 Z BR 247/03, DWE 2004, 140; BayObLG, Beschl. v. 18. 8. 2004 – 2 Z BR 114/04, DWE 2004, 138 f.
3 BGH, Beschl. v. 2. 6. 2005 – V ZB 32/05, NZM 2005, 543 ff.
4 BGH, Beschl. v. 2. 6. 2005 – V ZB 32/05, NZM 2005, 543 (550).

Wenn jedoch der **Beschluss** über eine **Sonderumlage** nichts anderes darstellt, als die **Ergänzung** des Wirtschaftsplanes, dann kann für diese Ergänzung nichts anderes gelten, als das, was auch für den Wirtschaftsplan selbst gefordert wird, nämlich die genaue Berechnung und Verteilung der Einzelbelastung eines jeden Wohnungseigentümers.

24 Wird bei der Errechnung der Einzelbelastung der Eigentümer an der Sonderumlage ein falscher Verteilerschlüssel zugrunde gelegt, so wäre ein solcher Beschluss zwar anfechtbar, kann jedoch in Bestandskraft erwachsen. Da es sich um eine **Einzelfallregelung** handelt, deren Auswirkungen sich auch in der Abwicklung des Einzelbeschlusses erschöpfen, ist ein solcher Beschluss auch dann **nicht nichtig**, wenn die Verteilung der Sonderumlage einem in der Gemeinschaftsordnung vorgegebenen Kostenverteilungsschlüssel widerspricht[1].

25 Abzulehnen ist daher die Auffassung, wonach es ausreichend sein soll, dass ein Sonderumlagebeschluss nur den Umlageschlüssel bezeichnen muss, so dass jeder Wohnungseigentümer danach den von ihm zu bezahlenden Betrag ausrechnen könne, wobei sich der Umlageschlüssel entweder aus dem Gesetz (§ 16 Abs. 2 WEG nach Miteigentumsanteilen) oder aus der Gemeinschaftsordnung ergeben müsse[2].

26 Die Feststellung der **richtigen Höhe** der eigenen Zahlungsverpflichtung durch den jeweiligen Miteigentümer wäre nämlich von **Zufälligkeiten** abhängig, so z. B., ob ein Miteigentümer den für die Verteilung der Sonderumlage anzuwendenden Umlageschlüssel überhaupt kennt, der sich aus dem Gesetz aber auch aus der Gemeinschaftsordnung ergeben kann, ob eine etwa in der Teilungserklärung enthaltene Bestimmung vom rechtsunkundigen Miteigentümer richtig verstanden und umgesetzt wird und ob der Miteigentümer letztendlich auch richtig rechnet.

3. Hausgeldvorauszahlung kontra Nachzahlung aus Jahreswirtschaftsabrechnung

27 Werden rückständige Hausgeldvorauszahlungen erst nach Ablauf eines Kalenderjahres geltend gemacht oder zieht sich ein bereits laufendes Verfahren über den Jahreswechsel bis weit in das neue Kalenderjahr hinein, wird häufig die Jahreswirtschaftsabrechnung des vorangegangenen Jahres beschlossen, bis im laufenden Vorauszahlungsbeitreibungsverfahren eine Entscheidung ergangen ist.

---

1 BayObLG, Beschl. v. 31. 7. 2003 – 2 Z BR 125/03, NZM 2004, 659f.
2 OLG Düsseldorf, Beschl. v. 17. 8. 2001 – 3 Wx 187/01, NZM 2001, 1039 (1040); OLG Hamm, Beschl. v. 29. 5. 2008 – 15 Wx 43/08, ZWE 2008, 354.

a) Weitere Gültigkeit des Wirtschaftsplanes

Der Beschluss über eine Jahresabrechnung ändert nichts an der Verpflichtung eines Miteigentümers, die Vorauszahlungen nach dem Wirtschaftsplan zu entrichten[1]. Auf der Grundlage des Wirtschaftsplanes können rückständige Vorschusszahlungen des abgelaufenen Wirtschaftsjahres auch noch im neuen Kalenderjahr geltend gemacht werden. Wird sodann die Jahresabrechnung beschlossen, so verliert ein bestandskräftig beschlossener Wirtschaftsplan entgegen der früheren Rechtsmeinung nicht seine Gültigkeit, dem Beschluss über die **Jahreswirtschaftsabrechnung** kommt im Hinblick auf etwaige rückständige Vorschussforderungen **nur bestätigende** oder rechtsverstärkende **Wirkung** zu[2]. Der Abrechnungsbeschluss tritt damit rechtsverstärkend und als abstrakter Schuldgrund neben den Beschluss über den Wirtschaftsplan[3]. Der weiter geltende Wirtschaftsplan stellt damit die Rechtsgrundlage dar, einen aus der Gemeinschaft ausgeschiedenen Miteigentümer, gegen den sich die Wirkungen des Beschlusses über die Jahreswirtschaftsabrechnung nicht mehr richten können, unverändert auf die rückständigen Hausgeldvorauszahlungen in Anspruch nehmen zu können.

28

Die **Weitergeltung** des Wirtschaftsplanes trotz beschlossener Jahresabrechnung ist auch für laufende Beitreibungsverfahren von Wohngeldvorauszahlungen von Bedeutung. Werden Vorauszahlungen aus einem Wirtschaftsplan eingeklagt und ergibt sich aus der nachfolgend beschlossenen Jahresabrechnung eine Nachzahlung, dann kann der Klageantrag um diese Nachzahlung erweitert werden. Da der Beschluss über die Jahresabrechnung nur rechtsverstärkend wirkt und insoweit der bestandskräftige Wirtschaftsplan als Anspruchsgrundlage erhalten bleibt, kann die Klageforderung sowohl mit dem Hinweis auf den unverändert gültigen Wirtschaftsplan als auch mit dem Hinweis auf die sich aus der Jahresabrechnung ergebende Abrechnungsspitze begründet werden.

29

Ergibt sich jedoch aus der Jahresabrechnung, dass die nach dem Wirtschaftsplan geschuldeten Finanzmittel der Höhe nach gar nicht benötigt worden sind, der **Abrechnungssaldo** mithin **niedriger** ist als der nach dem Wirtschaftsplan geschuldete Vorauszahlungsbetrag, so kann sich der auf die Vorauszahlung in Anspruch genommene Wohnungseigentümer insoweit auf eine rechtsvernichtende Einwendung berufen, denn der Vor-

30

---

1 BayObLG, Beschl. v. 28. 6. 2002 – 2 Z BR 41/02, WuM 2002, 510 (512).
2 BGH, Beschl. v. 30. 11. 1995 – V ZB 16/95, BGHZ 131, 228 (231) = NJW 1996, 725 (726) = WE 1996, 144; OLG Zweibrücken, Beschl. v. 8. 12. 1998 – 3 W 217/98, WE 1999, 117 = NZM 1999, 322.
3 BGH, Beschl. v. 30. 11. 1995 – V ZB 16/95, BGHZ 131, 228, 231 = NJW 1996, 725 (726) = WE 1996, 144; *Wenzel*, FS Seuß (1997), S. 313 (316 f.) = WE 1997, 124 (125 f.).

schussanspruch aus dem Wirtschaftsplan wird durch das Ergebnis der Jahresabrechnung der Höhe nach begrenzt[1].

b) Wirtschaftsplanbeschluss nach Ablauf des Wirtschaftsjahres

31 **Ausgeschlossen** ist es jedoch, für ein zurückliegendes Wirtschaftsjahr, für das abgerechnet werden kann, **rückwirkend einen Wirtschaftsplan zu beschließen** und einen Miteigentümer auf entsprechende Hausgeldvorauszahlungen in Anspruch zu nehmen. Ein solcher Beschluss ist **nichtig**[2]. Nach Ablauf eines Wirtschaftsjahres erlischt der einem jeden Wohnungseigentümer grundsätzlich zustehende Anspruch auf Beschlussfassung über einen Wirtschaftsplan[3].

4. Jahresabrechnung

32 Grundlage für Beitreibungsmaßnahmen gegen einzelne Miteigentümer kann aber auch eine **Nachzahlungsverpflichtung** auf die Lasten und Kosten eines **abgelaufenen Wirtschaftsjahres** sein. Gem. § 28 Abs. 3 WEG ist vom Verwalter nach Ablauf eines Wirtschaftsjahres die Abrechnung aufzustellen. Eine solche Jahresabrechnung besteht aus zwei Teilen, nämlich einmal aus der Gesamtabrechnung einschließlich der Angaben zur Instandhaltungsrücklage und der Entwicklung der Gemeinschaftskonten und zum anderen aus den Einzelabrechnungen. In der Gesamtabrechnung werden sämtliche Einnahmen und Ausgaben der Eigentümergemeinschaft des abzurechnenden Wirtschaftsjahres erfasst, in der Einzelabrechnung sind diese Ausgaben nach den für die Eigentümergemeinschaft gültigen Umlageschlüsseln auf die einzelne Sondereigentumseinheit zu verteilen.

33 Unklar ist, ob **Jahresgesamt- und Einzelabrechnungen** in einem Beschluss oder zumindest in ein- und derselben Eigentümerversammlung, d. h. **zeitlich übereinstimmend**, beschlossen werden müssen. Die Auffassung, ein Beschluss über die Gesamtabrechnung mit der Ermächtigung des Verwalters, auf deren Grundlage die entsprechenden Einzelabrechnungen zu erstellen, sei ausreichend, ein späterer Beschluss über die Einzelabrechnung sei dann nicht mehr notwendig[4] ist abzulehnen. Es ist alleine Aufgabe der Eigentümergemeinschaft, über die Verteilung der Bewirtschaftungskosten auf ihre Mitglieder zu entscheiden. Diese Aufgabe auf einen außen stehenden Dritten zu übertragen, widerspräche nicht nur dem Gebot ordnungsgemäßer Verwaltung und wäre daher anfecht-

---

1 OLG Zweibrücken, Beschl. v. 4. 6. 2002 – 3 W 46/02, ZWE 2002, 542 (544).
2 OLG Schleswig, Beschl. v. 13. 6. 2001 – 2 W 7/01, ZWE 2002, 141 = ZMR 2001, 855 = NZM 2002, 302.
3 KG, Beschl. v. 10. 2. 1986 – 24 W 1925/85, NJW-RR 1986, 644.
4 AG Hannover, Beschl. v. 8. 8. 2003 – 71 II 198/03, ZMR 2004, 545 (546).

bar, ein solcher Beschluss wäre vielmehr nichtig, weil Eigentümergemeinschaften die Beschlusskompetenz fehlt, die ihr obliegende Verpflichtung, per Mehrheitsbeschluss die Zahlungsbelastungen ihrer Mitglieder zu bestimmen, zu delegieren.

a) Einzelabrechnung

Ist jemand Eigentümer **mehrerer Sondereigentumseinheiten**, dürfen die Einzelabrechnungen für diese Einheiten nicht etwa in einer Abrechnung zusammengefasst werden. Für jedes Objekt ist eine gesonderte Einzelabrechnung aufzustellen und im Verbund mit der Jahresabrechnung mit zu beschließen. Der Beschluss über die Jahreswirtschaftsabrechnung hat die Einzelabrechnungen zwingend mit einzubeziehen, weil die Gesamtabrechnung und die Einzelabrechnung in einem untrennbaren Zusammenhang stehen. Ohne Einzelabrechnung und die dadurch stattfindende Verteilung der Kosten auf den einzelnen Miteigentümer kann nicht festgelegt werden, ob und gegebenenfalls in welcher Höhe Zahlungsrückstände oder Guthaben für das abgerechnete Sondereigentum bestehen[1]. Fehlt ein Beschluss über die Einzelabrechnung, mangelt es an einer konkreten Einzelforderung, die gerichtlich beigetrieben werden könnte. Dies macht allerdings den Beschluss über die Jahreswirtschaftsabrechnung nicht ungültig, sondern begründet nur einen **Ergänzungsanspruch** auf **Erstellung der Einzelabrechnungen**[2]. Solange diese Ergänzung nicht beschlossen ist, existiert also auch keine Rechtsgrundlage, von einem Eigentümer irgendwelche Nachzahlungen aus der Jahresabrechnung zu verlangen[3].

34

Beschließt eine Eigentümergemeinschaft jedoch zuerst die Jahresgesamtabrechnung, um damit erst einmal die **Abrechnungsgrundlage** für eine **nachfolgende Kostenverteilung** auf die Mitglieder der Eigentümergemeinschaft zu begründen, werden sodann auf der Basis des Gesamtkostenvolumens der Jahresabrechnung die Einzelabrechnungen erstellt und in einer nachfolgenden Eigentümerversammlung nachträglich beschlossen, so erscheint dies als zulässig. Einzige Konsequenz einer solchen zeitlich versetzten Beschlussfassung ist, dass die Rechtsgrundlage zur Geltendmachung von Wohngeldnachzahlungen erst zu einem späteren Zeitpunkt geschaffen wird. Es ist nicht ersichtlich, dass Eigentümergemeinschaften die Beschlusskompetenz fehlen würde, die Beschlussfassung über einzelne, notwendige Teile der Jahresabrechnung zu verschieben, so lange hierauf nicht vollständig verzichtet wird.

35

---

1 BayObLG, Beschl. v. 18. 7. 1989 – 2 Z 66/89, WE 1990, 179, 180 = BayObLGZ 1989 Nr. 50.
2 BayObLG, Beschl. v. 18. 7. 1989 – 2 Z 66/89, WE 1990, 179, 180 = BayObLGZ 1989 Nr. 50; BayObLG, Beschl. v. 27. 7. 1989 – 2 Z 54/89, WE 1990, 182f.; BayObLG, Beschl. v. 7. 5. 1992 – 2Z BR 26/92, NJW-RR 1992, 1169.
3 BGH, Urt. v. 20. 11. 1992 – V ZR 279/91, NJW 1993, 593 (594).

36 Eine Beschlussfassung in **umgekehrter Reihenfolge** allerdings wäre **unzulässig**. Da Einzelabrechnungen aus der Gesamtabrechnung abzuleiten sind, können diese nicht isoliert, also ohne gleichzeitige oder vorangegangene Genehmigung der Gesamtabrechnung beschlossen werden. Liegen also lediglich Einzelabrechnungen über Nebenkosten vor und wird die Jahresabrechnung mehrheitlich auf dieser Grundlage beschlossen, so hat dieser Eigentümerbeschluss eine Jahresabrechnung im Rechtssinne nicht zum Gegenstand. Ein Beschluss mit diesem Inhalt kann trotz unterbliebener Anfechtung keine Bestandskraft erlangen und kommt als Grundlage für einen Anspruch auf Zahlung von Wohngeld nicht in Betracht[1].

b) Fehlerhafte Abrechnung

38 Wird die Nachzahlung aus einer bestandskräftig beschlossenen Einzelabrechnung gerichtlich geltend gemacht, sind dem in Anspruch genommenen Miteigentümer Einwendungen wegen angeblicher Fehlerhaftigkeit der Gesamt- oder Einzelabrechnung abgeschnitten. Angriffe gegen den Inhalt von Abrechnungsbeschlüssen sind **ausschließlich in einer Anfechtungsklage** gem. § 46 WEG geltend zu machen. Wird jedoch die einmonatige Klagefrist zur Beschlussanfechtung gem. § 46 Abs. 1 Satz 2 WEG versäumt, oder bleibt die Anfechtungsklage erfolglos, dann erwächst ein Beschluss in Bestandskraft. In einem Beitreibungsverfahren, das sich auf bestandskräftige Abrechnungsbeschlüsse stützt, besteht daher keinerlei Notwendigkeit mehr, sich auf ein Verteidigungsvorbringen des säumigen Miteigentümers einzulassen, das sich mit der angeblich fehlerhaft erstellten Gesamt- oder Einzelabrechnung befasst[2].

39 Nicht ausgeschlossen ist jedoch der Einwand, dass die Einzelabrechnung, auf die der Zahlungsanspruch gestützt wird, gar nicht Gegenstand der Beschlussfassung gewesen sei[3].

40 Nicht gehört werden kann ein Eigentümer mit dem Einwand, die Jahresabrechnung oder seine Einzelabrechnung enthalte eine Kostenposition, deren Umlage gegen die Bestimmungen der Teilungserklärung verstoße, wenn die Art und Weise der Kostenumlage durch einen Mehrheitsbeschluss der Eigentümer begründet und dieser Beschluss danach durch eine gerichtliche Entscheidung rechtskräftig bestätigt wurde. Mag ein Mehrheitsbeschluss fehlerhaft oder sogar nichtig gewesen sein, ein jedweder Mangel, mithin auch ein Umstand, der zur Nichtigkeit hätte führen können, wird von der Rechtskraftwirkung einer den Beschluss bestätigenden gerichtlichen Entscheidung überlagert, so dass dadurch inso-

---

1 OLG Düsseldorf, Beschl. v. 3. 8. 2007 – 3 Wx 84/07, NZM 2007, 811.
2 BayObLG, Beschl. v. 30. 11. 1999 – 2 Z BR 114/99, NZM 2000, 390 (nur LS).
3 BayObLG Beschl. v. 3. 12. 1998 – 2 Z BR 129/98, NZM 1999, 281 (282).

weit der Inhalt der Teilungserklärung verändert wird und die **gerichtliche Entscheidung** für die Gemeinschaft **zukünftig verbindlich** ist[1].

aa) Rückstände aus Vorjahren

Altschulden aus vergangenen Abrechnungsperioden sind nicht Gegenstand des Beschlusses über eine Jahresabrechnung. Altverbindlichkeiten können als **Zusatzinformation** in eine Einzelabrechnung aufgenommen werden, z. B. als Hinweiszeile nach dem Ergebnis der Einzelabrechnung. Werden jedoch Wohngeldrückstände aus früheren Abrechnungsperioden in die Beschlussfassung über eine aktuelle Einzelabrechnung mit einbezogen, so ist dies zwar fehlerhaft und begründet einen Anfechtungsgrund. Erwächst dieser Beschluss jedoch in Bestandskraft, so kann er als Rechtsgrundlage nicht nur für die Zahlungsverpflichtung aus dem Abrechnungsjahr, sondern auch für die Geltendmachung von Wohngeldrückständen aus früheren Jahren herangezogen werden[2]. Ein solcher Beschluss ist nicht nichtig[3]. Ist die Einbeziehung von offenen Vorjahressalden in den Beschluss einer aktuellen Abrechnung von den Eigentümern jedoch ausdrücklich gewollt, so nehmen die Altverbindlichkeiten an der Bestandskraft des neuen Abrechnungsbeschlusses teil. Auf der Grundlage dieses Beschlusses kann dann der Gesamtsaldo inkl. der Altrückstände geltend gemacht werden[4].

41

Wird ein **Rückstand** aus einem vor dem abgerechneten Wirtschaftsjahr liegenden Zeitraum in eine Einzelabrechnung mit einbezogen, so wird diese Altschuld durch den Beschluss über die aktuelle Einzelabrechnung **nicht erneut begründet**, maßgeblich für die Zahlungsverpflichtung bleibt auch der Beschluss, mit dem der Rückstand erstmalig festgelegt wurde[5]. Dies ändert jedoch nichts daran, dass der sich aus der aktuell beschlossenen Einzelabrechnung ergebende Gesamtrückstand gerichtlich geltend gemacht werden kann, ohne dass zur Begründung der darin enthaltenen Altschulden auf die Abrechnungen früherer Jahre Bezug genommen oder diese gar vorgelegt werden müssten. Wurden im Rahmen der Beschlussfassung über eine Jahresabrechnung einmal bestimmte Zahlungsansprüche betreffend rückständiges Wohngeld und rückständige Leistungen von Umlagen gegen einen Wohnungseigentümer festgestellt und wurde dieser Mehrheitsbeschluss nicht rechtzeitig angefochten, so kann sich ein Wohnungseigentümer künftig nicht mehr darauf berufen, dass dem Beschluss unrichtige Berechnungen zugrunde gelegen haben oder dass in

42

---

1 LG Frankfurt/Main, Beschl. v. 28. 11. 2002 – 2/13 T 126/02.
2 BayObLG, Beschl. v. 18. 3. 1999 – 2 Z BR 182/98, NZM 2000, 52; OLG Köln, Beschl. v. 7. 6. 2000 – 16 Wx 39/00, NZM 2000, 909.
3 BayObLG, Beschl. v. 3. 12. 2003 – 2 Z BR 164/03, ZMR 2004, 355 (356).
4 OLG Düsseldorf, Beschl. v. 30. 4. 2004 – I 3 Wx 65/04, ZMR 2005, 642.
5 KG, Beschl. v. 15. 2. 1993 – 24 W 3618/92, WuM 1993, 302 (303).

die festgestellte Abrechnungssumme verjährte Ansprüche eingerechnet worden seien[1]. Wer nicht zum Mittel der Anfechtungsklage greift, um vermeintliche Fehler einer Abrechnung anzugreifen und korrigieren zu lassen, der muss sich später die Bestandskraft der Abrechnung vorhalten lassen und ist mit all seinen Einwendungen gegen deren inhaltliche Richtigkeit schlicht ausgeschlossen.

bb) Sachfremde Ausgaben

43 Von Miteigentümern wird häufig zur Begründung, warum die Nachzahlung aus einer Einzelabrechnung nicht entrichtet wird, eingewandt, der Verwalter hätte eine Ausgabe gar nicht zu Lasten der Gemeinschaft in die Abrechnung einstellen dürfen, weil der Verwendungszweck ordnungsgemäßer Verwaltung widerspreche. Dabei wird verkannt, dass eine Abrechnung als Einnahme-/Ausgaben-Überschussrechnung streng formal alle Geldbewegungen zu erfassen hat, die auf dem Gemeinschaftskonto stattgefunden haben. Es sind also allein die **tatsächlich** im Abrechnungszeitraum **erzielten Gesamteinnahmen** den tatsächlich geleisteten Ausgaben gegenüberzustellen, ohne Rücksicht darauf, ob sie zu Recht erfolgt sind oder nicht[2]. Pflichtverletzungen des Verwalters führen nicht zur Ungültigkeitserklärung des Beschlusses übe die Jahresabrechnung, so lange diese die tatsächlich getätigten Einnahmen und Ausgaben enthält[3]. Dies gilt selbst für die sachfremdeste Geldverwendung. So würde z. B. die Verbuchung einer veruntreuenden Privatentnahme eines Verwalters als Ausgabe der Gemeinschaft die Abrechnung nicht unrichtig machen, denn auch eine sachfremde Ausgabe bleibt eine Ausgabe und führt zu einer Kontobewegung, die ordnungsgemäß erfasst werden muss.

44 Dass in solchen Fällen die Verwalterentlastung versagt werden müsste und **Schadensersatzansprüche** der Gemeinschaft gegen den Verwalter bestünden, hat nichts mit der Notwendigkeit zu tun, dass alle im Abrechnungszeitraum stattgefundenen Kontobewegungen verbucht werden müssen, so dass eine Abrechnung immer dann richtig ist, wenn sie diesem Kriterium entspricht[4]. Miteigentümern ist also deutlich zu machen, dass die Nachzahlung aus einer beschlossenen Einzelabrechnung auch dann entrichtet werden muss, wenn sie sachwidrige Ausgaben enthält.

cc) Erfüllungseinwand

45 Die Bestandskraft eines Beschlusses über eine Einzelabrechnung kann allerdings mit dem Einwand eines Miteigentümers kollidieren, er habe mehr an Zahlungen auf seine Wohngeldverbindlichkeiten geleistet, als

---

1 OLG Köln, Beschl. v. 12. 9. 2003 – 16 Wx 156/06, NZM 2003, 806 (807).
2 *Niedenführ*/Kümmel/Vandenhouten, WEG, 8. Aufl., § 28 Rz. 55.
3 BayObLG, Beschl. v. 17. 9. 2003 – 2 Z BR 150/03, ZMR 2004, 50 (51).
4 BayObLG Beschl. v. 19. 9. 2001 – 2 Z BR 106/01, NZM 2001, 1040 (1041).

in der Abrechnung berücksichtigt. Der Auffassung, dass es einem Wohnungseigentümer grundsätzlich versagt sei, gegen eine Inanspruchnahme aus einer bestandskräftigen Einzelabrechnung eine Tilgung der Wohngeldschuld durch Zahlungen im Abrechnungszeitraum einzuwenden[1], kann in dieser Allgemeinheit nicht gefolgt werden.

Es wird zu **unterscheiden** sein, **aus welchem Grunde Zahlungen** eines Miteigentümers in seiner Einzelabrechnung keine Berücksichtigung gefunden haben. Hat ein Miteigentümer ordnungsgemäß auf das richtige Wohngeldkonto der Eigentümergemeinschaft gezahlt und ist der Zahlungseingang aufgrund eines beim Verwalter aufgetretenen Buchhaltungsfehlers nicht erfasst worden, so steht dem Wohnungseigentümer der Erfüllungseinwand offen. Die Erfüllungswirkung ist bereits zum Zeitpunkt des Zahlungseingangs auf dem Wohngeldkonto eingetreten und hat seine Wohngeldschuld verringert. Diese Schuld wird durch einen Abrechnungsfehler nicht erneuert, abgesehen davon wäre es rechtsmissbräuchlich und würde gegen Treu und Glauben verstoßen, wenn eine Eigentümergemeinschaft unter Hinweis auf ein bestandskräftig gewordenes Zahlenwerk einen Anspruch geltend machen würde, der in Wirklichkeit in dieser Höhe gar nicht mehr besteht.

46

Anders würde es sich jedoch verhalten, wenn Zahlungen eines Miteigentümers aufgrund von Umständen, die dieser selbst zu vertreten hat, das Wohngeldkonto nicht erreicht haben, so z.B. bei Zahlung auf ein falsches Konto oder bei Zahlung auf das Konto der Eigentümergemeinschaft ohne Angabe des Absenders, so dass eine Zuordnung des Zahlungseinganges nicht erfolgen konnte. Hier muss sich der Wohnungseigentümer an den bestandskräftig gewordenen Nachzahlungssaldo seiner Jahresabrechnung festhalten lassen. Dies erscheint auch zumutbar, weil dessen ungeachtet die in einer Einzelabrechnung nicht berücksichtigten Zahlungseingänge nicht verloren gehen. Entweder werden solche Zahlungen im Falle des Eingangs auf einem falschen Konto dem Wohngeldkonto nachträglich gutgebracht, dann werden sie zum Gegenstand derjenigen Abrechnung, die für den Zeitraum erstellt wird, in der der Zufluss stattgefunden hat oder aber die Zahlung hat den Eigentümerverband gar nicht erreicht, weil sie versehentlich auf irgendein fremdes Konto überwiesen wurde, dann allerdings wäre diese Zahlung im Verhältnis zum Kontoinhaber rechtsgrundlos erfolgt und der Eigentümer hätte einen Rückzahlungsanspruch aus ungerechtfertigter Bereicherung.

47

c) Falsche Eigentümerbezeichnung in der Abrechnung

Unschädlich ist es, wenn die Einzelabrechnung auf einen **falschen Namen** lautet. Ob der Name des Sondereigentümers falsch geschrieben wor-

48

---
1 BayObLG, Beschl. v. 8. 4. 2004 – 2 Z BR 193/03, ZMR 2005, 65 (66); BayObLG, Beschl. v. 6. 2. 2003 – 2 Z BR 124/02, ZMR 2003, 587.

den ist, ob Namen vertauscht worden sind, oder sei es, dass ein Eigentümerwechsel stattgefunden hat und der in der Abrechnung bezeichnete Miteigentümer bereits aus der Gemeinschaft ausgeschieden ist, all dies macht eine Einzelabrechnung nicht unrichtig. Beschlüsse über Abrechnungen wirken nämlich objektbezogen und gelten daher für den jeweiligen im Grundbuch eingetragenen Eigentümer unabhängig davon, wer in der Einzelabrechnung benannt ist. Denn die sich aus dem Wohnungseigentum gem. § 16 Abs. 2 WEG ergebenden Rechte und Pflichten sind nicht personenbezogen, sondern an die jeweilige Einheit geknüpft[1].

d) Eigentümerwechsel

49 Hat ein Eigentümerwechsel vor dem Beschluss über die Jahresabrechnung stattgefunden, so ist dies für das Beitreibungsverfahren insoweit von Bedeutung, als der Schuldner der Hausgeldvorauszahlungen des abgerechneten Wirtschaftsjahres einerseits und der Schuldner einer Nachzahlung aus der Jahresabrechnung andererseits nicht identisch sind. Ist der ausgeschiedene Miteigentümer seinen Vorauszahlungsverpflichtungen nach dem Wirtschaftsplan nicht in vollem Umfange nachgekommen und hat sich aus diesem Grunde ein (höherer) Fehlbetrag in der Einzelabrechnung ergeben, so kann der neue Eigentümer nur auf die so genannte „**Abrechnungsspitze**" in Anspruch genommen werden.

50 Der Abrechnungsbeschluss begründet also **nur in Höhe dieser Abrechnungsspitze**, das heißt des Betrages, um den der Abrechnungssaldo die nach dem Wirtschaftsplan geschuldeten Vorschüsse übersteigt, originär eine **neue Forderung**[2].

51 Dass eine Abrechnungsspitze entstehen und beschlossen werden kann, setzt allerdings voraus, dass ein **wirksamer Wirtschaftsplan** als Grundlage für eine Vorauszahlungsverpflichtung überhaupt bestanden hat. Ist kein Wirtschaftsplan beschlossen oder ein solcher nach Anfechtung für unwirksam erklärt worden, dann sind die Eigentümer auch nicht zur Hausgeldvorauszahlung verpflichtet. Sind dementsprechend nur geringe oder vielleicht sogar keinerlei Vorauszahlungen geleistet worden, so dass die Abrechnungsspitze besonders hoch ausfällt, ja im Extremfall sogar das Kostenaufkommen eines ganzen Wirtschaftsjahres beinhaltet, trifft die Zahlungspflicht dennoch den Erwerber, wenn die Jahresabrechnung nach seinem Eintritt in die Eigentümergemeinschaft beschlossen wird[3]. Denn dann enthält die Abrechnungsspitze keine Zahlungsverpflichtung,

---

1 BGH, Beschl. v. 30. 11. 1995 – V ZB 16/95, NJW 1996, 725 (726).
2 BGH, Beschl. v. 30. 11. 1995 – V ZB 16/95, BGHZ 131, 228 (231) = NJW 1996, 725 (726) = WE 1996, 144; BayObLG, Beschl. v. 11. 9. 1997 – 2 Z BR 20/97, WE 1998, 316.
3 OLG Köln, Beschl. v. 15. 1. 2008 – 16 Wx 141/07, ZMR 2008, 478; Bärmann/Pick/Merle, WEG, 9. Aufl., § 28 Rz. 140.

die bereits zu einem Zeitpunkt fällig gewesen wäre, zu dem der ausgeschiedene Eigentümer noch im Grundbuch eingetragen war. Der Erwerber wird mithin nicht auf die Zahlung von „Altschulden" des ausgeschiedenen Eigentümers in Anspruch genommen.

e) Vereinbarung der Altschuldenübernahme in der Teilungserklärung

Für den **rechtsgeschäftlichen Erwerber** hat der BGH entschieden, dass eine in der Teilungserklärung enthaltene Bestimmung, wonach der Erwerber eines Sondereigentums für Hausgeldrückstände seines **Vorgängers haftet**, grundsätzlich **wirksam** ist[1]. Es handelt sich dabei nicht um einen unzulässigen Vertrag zu Lasten Dritter, weil die Verpflichtung des Erwerbers nicht unmittelbar durch die Vereinbarung in der Teilungserklärung entsteht, sondern erst durch den freiwilligen Erwerb des Sondereigentums begründet wird, dessen Inhalt durch die Teilungserklärung bestimmt wird.

52

f) Nichtige Abrechnung

Ein Miteigentümer ist jedoch **nicht verpflichtet**, Nachzahlungen auf einen **nichtigen Abrechnungsbeschluss** zu leisten.

53

Wegen absoluter Beschlussunzuständigkeit der Eigentümerversammlung ist z.B. ein die Jahresabrechnung billigender Eigentümerbeschluss insoweit als nichtig angesehen worden, als die Jahresabrechnung offene Altschulden aus der Zeit vor dem Entstehen der Eigentümergemeinschaft enthalten hat[2].

Nichtig ist auch der Beschluss einer Jahresabrechnung, in der Beiträge zur Neubildung einer Instandhaltungsrücklage enthalten sind, die vorher zur Deckung von Fehlbeträgen aufgelöst wurde, um einen Einzelrechtsnachfolger über die Neubildung der Instandhaltungsrücklage an den Wohngeldausfällen vor seinem Eintritt in die Eigentümergemeinschaft zu beteiligen[3].

5. Gegenrechte

Im Rahmen von Beitreibungsverfahren wird der Eigentümergemeinschaft vom säumigen Miteigentümer häufig entgegengehalten, man könne sich auf ein **Zurückbehaltungsrecht** stützen oder es stünden gar zur **Aufrechnung** geeignete Ansprüche zur Verfügung. Derartige Ein-

54

---

1 BGH, Beschl. v. 24. 2. 1994 – V ZB 43/93, NJW 1994, 2950 = WuM 1994, 343 = WE 1994, 207.
2 KG, Beschl. v. 15. 4. 1992 – 24 W 2066/91, NJW-RR 1992, 1168.
3 OLG Hamm, Beschl. v. 22. 10. 1990 – 15 W 331/90, NJW-RR 1991, 212.

wände sind in der Regel unbegründet, da einem Miteigentümer solche Rechte nur in ganz wenigen Ausnahmefällen zustehen.

a) Zurückbehaltungsrecht

55 Ein Zurückbehaltungsrecht gegenüber Hausgeldforderungen ist grundsätzlich ausgeschlossen[1]. Bei **Hausgeldvorauszahlungen** handelt es sich um eine **Vorleistungspflicht** des einzelnen Miteigentümers, die der Aufrechterhaltung der Liquidität der Gemeinschaft gilt und nicht gefährdet werden darf. Daher ist gegenüber der Beitragslast der Wohnungseigentümer die Geltendmachung eines Zurückbehaltungsrechtes schon wegen der Zweckbindung dieser Beiträge für eine fortdauernde ordnungsgemäße Verwaltung ausgeschlossen[2].

56 Der **Einwand**, die der Jahresabrechnung zugrundeliegenden **Abrechnungsunterlagen** seien **unvollständig** und/oder nicht nachvollziehbar, begründet im Beitreibungsverfahren genau so wenig ein Zurückbehaltungsrecht[3] wie der Einwand jedweder rechnerischer Fehlerhaftigkeit, der im Anfechtungsverfahren hätte geltend gemacht werden müssen.

b) Aufrechnung

57 Es entspricht herrschender Meinung in Literatur und Rechtsprechung, dass Wohnungseigentümer gegenüber Hausgeldansprüchen nur dann aufrechnen können, wenn diese unstreitig, das heißt anerkannt oder rechtskräftig festgestellt sind[4] oder aber es sich um eine **gemeinschaftsbezogene Gegenforderungen aus Notgeschäftsführungen** gem. § 21 Abs. 2 WEG handelt[5].

---

1 OLG München, Beschl. v. 13. 7. 2005 – 34 Wx 61/05, NZM 2005, 674; OLG Köln, Beschl. v. 31. 3. 2004 – 16 Wx 12/04, MietRB 2004, 357; OLG Frankfurt/Main, Beschl. v. 9. 12. 2002 – 20 W 429/02 bezüglich Wohngeldvorauszahlungen; OLG Frankfurt/Main, Beschl. v. 10. 12. 2002 – 20 W 446/02 bezüglich Zahlung anteilige Sonderumlage.
2 BayObLG, Beschl. v. 29. 1. 1975 – 2Z 65/74, BayObLGZ 1975, 53, 56; OLG Frankfurt/Main, Beschl. v. 8. 6. 1979 – 20 W 262/79, OLGZ 1979, 391 f.; Bärmann/Pick/Merle, WEG, 9. Aufl., § 28 Rz. 150.
3 OLG Köln, Beschl. v. 8. 11. 1996 – 16 Wx 215/96, WE 1997, 427 (428).
4 BayObLG, Beschl. v. 22. 3. 1977 – 2Z 48/76, BayObLGZ 1977, 67, 71; BayObLG, Beschl. v. 30. 4. 1986 – 2Z 72/85, BayObLGZ 1986, 128 (133); KG, Beschl. v. 28. 11. 1975 – 1 W 1249/74, OLGZ 1977, 1 (4, 5).
5 OLG Düsseldorf, Beschl. v. 15. 1. 1999 – 3 Wx 445/98, WuM 1999, 428 (429); KG, Beschl. v. 29. 4. 2002 – 24 W 26/01, DWE 2003, 22f; KG, Beschl. v. 29. 5. 2002 – 24 W 185/01; NZM 2003, 686; BayObLG, Beschl. v. 18. 3. 2004 – 2Z BR 14/04, NZM 2004, 556; OLG Frankfurt/Main, Beschl. v. 30. 3. 2006 – 20 W 189/05, NZM 2007, 367f; OLG München, Beschl. v. 30. 1. 2007 – 34 Wx 128/06, ZMR 2007, 397f), Bärmann/Pick/Merle, WEG, 9. Aufl., § 28 Rz. 148; Aufrechnung nur mit unstreitigen Gegenforderungen oder mit Ansprüchen aus Notgeschäftsführung: OLG Oldenburg, Beschl. v. 24. 2. 1999 – 5 W 233/98, NZM 1999, 467.

Von vornherein ausgeschlossen ist daher eine Aufrechnung, wenn um die Berechtigung der Gegenforderung des säumigen Miteigentümers Streit besteht[1]. 58

Ansprüche aus Notgeschäftsführung scheiden in aller Regel schon deswegen aus, weil darunter nur jene Lebenssachverhalte zu rechnen sind, in denen dem eingreifenden Eigentümer ein Zuwarten bis zu einem Tätigwerden des Verwalters oder bis zur Beschlussfassung in einer Eigentümerversammlung nicht zugemutet werden kann[2]. Eine **Eilbedürftigkeit**, die es nicht mehr erlauben würde, den auch in solchen Situationen grundsätzlich handlungszuständigen Verwalter zu informieren, liegt in den **seltensten Fällen** vor. 59

Zu bejahen ist das einseitige Handlungsrecht eines Miteigentümers allerdings dann, wenn Maßnahmen zu ergreifen sind, um vom Gemeinschaftseigentum unmittelbar drohenden Schaden abzuwenden und dies nicht anders als durch sofortiges eigenes Eingreifen erreicht werden kann. 60

c) Ausschluss von Gegenrechten in der Gemeinschaftsordnung

Auch wenn ein Miteigentümer in dem gegen ihn gerichteten Beitreibungsverfahren auf den ersten Blick ein Recht zur Aufrechnung oder Zurückbehaltung schlüssig vorträgt, sollte vor dessen Akzeptanz überprüft werden, ob die Gemeinschaftsordnung nicht möglicherweise die Geltendmachung solcher Gegenrechte ausschließt. 61

So kann durch **Vereinbarung in der Gemeinschaftsordnung** die Geltendmachung eines jeglichen **Zurückbehaltungsrechtes** gegenüber Hausgeldforderungen **ausgeschlossen** werden[3]. 62

Ebenfalls kann in der Gemeinschaftsordnung ein Aufrechnungsverbot sowohl für anerkannte oder rechtskräftige festgestellte Forderungen als auch für solche aus Notgeschäftsführung vereinbart werden[4]. Die Berufung auf ein vertraglich vereinbartes Aufrechnungsverbot ist nach anderer Auffassung jedoch treuwidrig, wenn beide Forderungen entscheidungsreif sind[5].

6. Bestandskräftiger Beschluss

Allgemein gilt, dass der verpflichtete Miteigentümer **im Beitreibungsverfahren nicht** mehr **einwenden** kann, die Erhebung der Hausgeldforderung 63

---

1 BayObLG Beschl. v. 21. 5. 1999 – 2Z BR 36/99, NZM 1999, 1058 (1059).
2 BayObLG, Beschl. v. 27. 3. 1997 – 2Z BR 11/97, WuM 1997, 398 (399); BayObLG, Beschl. v. 28. 8. 2001 – 2Z BR 50/01, ZWE 2002, 129 (130).
3 BayObLG, Beschl. v. 27. 6. 2001 – 2 Z BR 24/01, ZWE 2001, 485.
4 Bärmann/Pick/*Merle*, WEG, 9. Aufl., § 28 Rz. 149.
5 BGH, Urt. v. 15. 2. 1978 – VIII ZR 242/76, WM 1978, 620.

habe dem Gebot **ordnungsgemäßer Verwaltung widersprochen**, wenn der Beschluss, mit dem die Hausgeldforderung begründet worden ist, in Bestandskraft erwachsen ist.

64 So kann die Zahlung von verbindlich festgesetzten Hausgeldvorauszahlungen nicht mit der Begründung verweigert werden, sie werde nach der zu erwartenden Endabrechnung zu einer Überzahlung führen[1].

65 Begründete Einwendungen, warum eine bestandskräftig beschlossene Sonderumlage von einem Miteigentümer nicht bezahlt werden müsste, existieren deshalb nur in den seltensten Fällen. Selbst wenn der Beschluss über die Erhebung einer Sonderumlage gegen das Gebot ordnungsgemäßer Verwaltung verstoßen hat, weil sie einer zweckwidrigen Verwendung zugeführt werden sollte oder worden ist, hindert die Bestandskraft jeden hierauf gestützten Einwand, um die Zahlung zu verweigern[2].

a) Entfallen des Verwendungszwecks bei Sonderumlagen

66 War ein **Sondereigentümer** zu dem Zeitpunkt, zu dem die Zahlung fällig gestellt wurde, für das Wohn- oder Teileigentum als Eigentümer im **Grundbuch** eingetragen, ist der Beschluss über die Sonderumlage bestandskräftig und ist über die Sonderumlage nicht etwa bereits in einer Jahreswirtschaftsabrechnung abgerechnet worden, so kann die Zahlung der Sonderumlage nicht verweigert werden.

67 Ein Miteigentümer kann dem Zahlungsverlangen der Eigentümergemeinschaft auch nicht mit dem Argument entgegentreten, der **Verwendungszweck**, der für den Beschluss über die Sonderumlage maßgeblich gewesen ist, sei ganz oder teilweise **entfallen**[3].

b) Beschlusswirkung nur gegen eingetragenen Miteigentümer

68 Keine Verpflichtung zur Zahlung der bestandskräftig beschlossenen Sonderumlage besteht für einen Miteigentümer allerdings, wenn die **Sonderumlage nach seinem Ausscheiden** aus der Gemeinschaft beschlossen wurde[4].

69 Maßgeblich ist insoweit ebenfalls alleine die Grundbuchlage, da der Betroffene zum Zeitpunkt der Eigentumsumschreibung auf den Rechtsnachfolger aus der Gemeinschaft ausscheidet.

---

1 BayObLG, Beschl. v. 15. 3. 1985 – 2Z 133/84, *Bielefeld*, WEG-Recht, Rechtsprechung in Leitsätzen, 1984–1986, S. 62.
2 BayObLG, Beschl. v. 29. 4. 2004 – 2Z BR 004/04, ZMR 2004, 763.
3 So für die teilweise Abänderung eines Sanierungsbeschlusses KG, Beschl. v. 21. 7. 1999 – 24 W 2613/98, NZM 2000, 553 (554).
4 OLG Hamburg, Beschl. v. 18. 6. 2001 – 2 Wx 72/97, NZM 2002, 129 (130) = WuM 2001, 569 = ZMR 2001, 911.

c) Objektbezogenheit

Der Miteigentümer mehrerer Sondereigentumseinheiten haftet auf Zahlung der Sonderumlage nur insoweit, als er zum Zeitpunkt der Beschlussfassung bzw. Fälligstellung der Forderung für ein bestimmtes Sondereigentum als Eigentümer eingetragen gewesen ist, da die **Haftung** nicht personen-, sondern eigentums- und damit **objektbezogen** besteht[1]. 70

Für alle Hausgeldverpflichtungen gilt generell: ist ein Wohnungs- oder Teileigentum veräußert worden und hat die Eigentumsumschreibung stattgefunden, so ist der ehemalige Eigentümer bezüglich dieses Objektes aus der Eigentümergemeinschaft ausgeschieden, auch wenn er als Eigentümer weiterer Einheiten Mitglied der Gemeinschaft bleibt. Ob eine **Haftung** für Hausgeldverpflichtungen besteht, ist also **für jedes einzelne Wohnungseigentum** nach der **Grundbuchlage** zu entscheiden. Die generelle Beteiligung an der Wohnungseigentümergemeinschaft reicht nicht aus, um einen aus der Wohnungseigentümergemeinschaft hinsichtlich einer bestimmten Einheit ausgeschiedenen Miteigentümers zur Zahlung des Hausgeldes für dieses Wohnungseigentum zu verpflichten. 71

7. Zahlungsschuldner von Hausgeldverpflichtungen

Ist geklärt, welche Forderung Gegenstand des Beitreibungsverfahrens sein soll, muss der Rechtsanwalt besondere Sorgfalt auf die Überprüfung verwenden, wer der **richtige Zahlungsschuldner** für den geltend zu machenden Hausgeldrückstand ist. 72

a) Der eingetragene Eigentümer

Auch wenn Hausgeldansprüche objektbezogen entstehen, ist **Adressat** des Zahlungsanspruches der jeweilige **Sondereigentümer**. Der richtige Anspruchsgegner ist der Miteigentümer, der zum Zeitpunkt des Entstehens der Forderung oder zum Stichtag einer späteren Fälligkeit als Eigentümer im Wohnungs- oder Teileigentumsgrundbuch eingetragen ist. Eine Forderung wird begründet bzw. entsteht durch Beschluss der Eigentümergemeinschaft. Ist eine Forderung entstanden, dann ist sie auch sofort fällig, sofern hinsichtlich des Fälligkeitszeitpunktes nicht etwas Abweichendes beschlossen wird. Die Forderung ausgleichen muss der, der zum Fälligkeitszeitpunkt als Eigentümer im Grundbuch steht. 73

Besteht der geringste Anlass zu **Unsicherheit** über den **Grundbuchstand**, ist dringend zu empfehlen, einen aktuellen Grundbuchauszug des betreffenden Sondereigentums anzufordern. Da ein Verwalter nur dann zuver- 74

---
1 OLG Hamburg, Beschl. v. 18. 6. 2001 – 2 Wx 72/97, NZM 2002, 129 (130); BGH, Beschl. v. 30. 11. 1995 – V ZB 16/95, BGHZ 131, 228 (231) = NJW 1996, 725 (726).

lässig über Eigentumsveränderungen Kenntnis erhält, wenn die Gemeinschaftsordnung für einen Veräußerungsvorgang die Verwalterzustimmung fordert, ist es schon vorgekommen, dass Verwalter jahrelang gegenüber vermeintlichen Miteigentümern Hausgeldabrechnungen erstellt haben, diese Miteigentümer regelmäßig zu Eigentümerversammlungen eingeladen worden sind, die über Abrechnungen mit abgestimmt und rückständige Hausgelder auch bezahlt haben, obwohl sie als ausgeschiedene Eigentümer weder zur Abstimmung berechtigt noch zur Zahlung verpflichtet waren.

75 Derart ungewöhnliche Konstellationen sind z.B. bereits bei der Eigentumsübertragung zwischen Familienmitgliedern vorkommen, für die in aller Regel eine Verwalterzustimmung nicht vorgesehen ist. Die Eltern übertragen das Wohnungseigentum auf ein Kind, lassen sich den Nießbrauch einräumen, treten im Außenverhältnis unverändert als Eigentümer auf und bezahlen auch das Hausgeld. Stellen sie dann irgendwann einmal die Zahlung ein, würden ohne vorherige Grundbucheinsicht automatisch die Eltern und damit die falsche Partei verklagt.

76 Wenn sich dann erst anlässlich des Beitreibungsverfahrens herausstellt, dass ein ehemaliger Miteigentümer sein Wohnungseigentum längst veräußert hat und bereits seit Jahren aus der Eigentümergemeinschaft ausgeschieden ist, dann bleibt nur die Rücknahme der Zahlungsklage mit entsprechender Kostenfolge zu Lasten der Eigentümergemeinschaft Die **Anforderung eines Grundbuchauszuges als Routinemaßnahme** vor Einleitung eines Beitreibungsverfahrens ist daher dringend empfehlenswert, wenn auch nur der geringste Zweifel an der Eigentümerstellung besteht.

b) Eigentümerwechsel

77 Hat **zeitnah** zum Entstehen der Hausgeldforderung ein **Erwerbsvorgang** stattgefunden, ist zu überprüfen, ob die Eigentumsumschreibung im Grundbuch zeitlich vor der Beschlussfassung über die Hausgeldforderung und der Zahlungsfälligkeit stattgefunden hat. Im Interesse der Rechtssicherheit ist dabei grundsätzlich auf den Tag der Eigentumsumschreibung abzustellen. Wird der die Hausgeldforderung begründende Beschluss vor der Eigentumsumschreibung gefasst und die Zahlung vor diesem Zeitpunkt fällig gestellt, dann richtet sich die Hausgeldforderung gegen den alten Eigentümer.

78 Entsteht die Forderung durch Beschlussfassung vor Eigentumsumschreibung, wird sie jedoch zu einem nach Umschreibung liegenden Zeitpunkt fällig gestellt, haftet der neue Eigentümer.

Der richtige Schuldner ist also der Miteigentümer, der zum Zeitpunkt der Fälligkeit einer Zahlungsschuld als Eigentümer im Grundbuch eingetragen war. Nach der überwiegend vertretenen so genannten „**Fällig-**

keitstheorie"[1] hat ein Eigentümer nur das zu zahlen, was während seiner Zugehörigkeit zur Eigentümergemeinschaft, also bis zum Tage der Eigentumsumschreibung im Grundbuch auf einen Erwerber, beschlossen und/oder fällig wurde[2].

Es kommt also gerade beim Eigentümerwechsel besonders darauf an, den **Zeitpunkt** des Entstehens einer Forderung und deren Fälligkeit **genau zu bestimmen**. Eine Forderung, die durch Beschlussfassung begründet wurde, wird sofort fällig, wenn nichts Besonderes beschlossen worden ist. Wird jedoch zusätzlich ein zukünftiger Zahlungszeitpunkt bestimmt, dann trifft die Zahlungsverpflichtung den Miteigentümer, der zum Fälligkeitszeitpunkt im Grundbuch als Eigentümer eingetragen ist, unabhängig davon, wann die Forderung entstanden ist (Zeitpunkt der Beschlussfassung).

Wird eine Sonderumlage als Gesamtbetrag beschlossen, jedoch in mehreren Teilbeträgen fällig gestellt, dann ist der Miteigentümer zur Zahlung verpflichtet, der bei Fälligkeit der jeweiligen Rate als Eigentümer im Grundbuch steht[3].

Der ausgeschiedene Eigentümer haftet unverändert auf alle diejenigen Wohngeldverpflichtungen, die während seiner Zugehörigkeit zur Eigentümergemeinschaft fällig geworden sind. Dies erfasst alle Wohngeldvorauszahlungen aufgrund beschlossener Wirtschaftspläne. Hat eine Eigentümergemeinschaft allerdings verabsäumt, einen Wirtschaftsplan mit Vorschussverpflichtung der Wohnungseigentümer aufzustellen, dann kann sie einen ausgeschiedenen Wohnungseigentümer weder aufgrund einer nach seinem Ausscheiden beschlossenen Jahresabrechnung noch auf ungerechtfertigte Bereicherung für die Lasten und Kosten in Anspruch nehmen, die vor seinem Ausscheiden entstanden sind[4]. Ist dieses Versäumnis auf ein Verwalterfehlverhalten zurückzuführen, kann sich hieraus ein Schadensersatzanspruch der Eigentümergemeinschaft gegen den Verwalter in Höhe des Wohngeldausfalles ergeben.

c) Scheineigentümer

Aber nicht in allen Fällen, in denen die Eigentümerstellung ausweislich der Grundbuchlage vermeintlich festgestellt worden ist, handelt es sich

---

1 *Wenzel*, Die Jahresabrechnung – Inhalt und Konsequenzen der Rechtsprechung des BGH, WE 1997, 124 (126).
2 BGH, Beschl. v. 21. 4. 1988 – V ZB 10/87, BGHZ 104, 197 (201); BGH, Beschl. v. 18. 5. 1989 – V ZB 15/88, BGHZ 107, 285 (288).
3 Für monatliche Hausgeldvorschüsse BayObLG, Beschl. v. 11. 9. 1997 – 2Z BR 20/97, WE 1998, 316; OLG Karlsruhe, Beschl. v. 17. 11. 2004 – 14 Wx 82/03, MietRB 2005, 127.
4 OLG München, Beschl. v. 24. 5. 2007 – 34 Wx 027/07, ZMR 2007, 805f = NZM 2007, 812.

dennoch um den richtigen Anspruchsgegner für die rückständige Hausgeldforderung. Bestehen **Zweifel an der Wirksamkeit eines Erwerbsvertrages**, so sind diese vorab aufzuklären. Denn der aufgrund nichtiger Auflassung unrichtig im Grundbuch eingetragene Wohnungseigentümer ist nur „Scheineigentümer", der zu keinem Zeitpunkt materiell-rechtlich Eigentum erlangt hat und deshalb der Eigentümergemeinschaft kein Wohngeld schuldet[1].

83 Denkbar sind solche Fälle z. B. bei Nichtigkeit des Erwerbsvertrages wegen **Formmangels** (§ 311b Abs. 1 Satz 1 BGB)[2] oder nach **Anfechtung** des Kaufvertrages. Wer den Erwerb von Wohnungs- oder Teileigentum wirksam nach § 123 BGB angefochten hat, haftet, auch wenn er noch im Grundbuch eingetragen ist, nicht auf Hausgeldverbindlichkeiten, die nach seiner Eintragung begründet und fällig geworden sind[3].

d) Bucheigentümer

84 Dies gilt auch für Fälle der **fehlenden dinglichen Einigung** über den **Gegenstand** des zu übertragenden Sondereigentums. Weicht die beiderseitige Vorstellung von der beurkundeten Erklärung ab, gilt nicht das objektiv Erklärte, sondern das von den Vertragsparteien übereinstimmend Gewollte („falsa demonstratio")[4], und zwar sowohl für den Kaufvertrag als auch für das dingliche Rechtsgeschäft. In solchen Fällen ist der Erwerber bloßer „Bucheigentümer", der trotz seiner grundbuchrechtlichen Position nicht zur Zahlung von Hausgeldschulden gem. § 16 Abs. 2 WEG verpflichtet ist[5].

85 Ist Miteigentümer eine Gesellschaft bürgerlichen Rechts und wird außergrundbuchlich ein Gesellschaftsanteil übertragen, so haftet der Rechtsnachfolger für Wohngeldrückstände, eine Haftung des Bucheigentümers scheidet aus, auch wenn weder der Verwalter noch das Grundbuchamt Kenntnis vom Gesellschafterwechsel hatten[6].

e) Der werdende Eigentümer

86 Eine **wichtige Ausnahme vom** Grundsatz, dass für Hausgeldansprüche nur nach Eigentumsumschreibung im Grundbuch gehaftet wird, ist die

---

1 KG, Beschl. v. 28. 2. 2001 – 24 W 6976/00, KGR Berlin 2001, 153 = ZMR 2001, 728 = ZWE 2001, 440 = NZM 2002, 129 (LS).
2 KG, Beschl. v. 23. 9. 2002 – 24 W 230/01, NZM 2003, 400 (401).
3 BGH, Beschl. v. 6. 10. 1994 – IV ZB 2/94, NJW 1994, 3352 (3353).
4 BayObLG, Beschl. v. 27. 6. 1996 – 2Z BR 25/96, BayObLGZ 96, 149, 152 m. w. N.
5 KG, Beschl. v. 23. 9. 2002 – 24 W 230/01, NZM 2003, 400 (401); BayObLG, Beschl. v. 19. 9. 2001 – 2 Z BR 101/01, ZMR 2002, 142 = NZM 2002, 263.
6 AG Spandau, Beschl. v. 30. 1. 2004 – 70 II 6/03 WEG, ZMR 2004, 788; AG Hamburg-Barmbek, Beschl. v. 21. 5. 2004 – 883 II 43/03 WEG, ZMR 2004, 781 (782); zur Gesamtproblematik *Ihlefeld*, Haftet der Bucheigentümer für die Wohngeldschulden des wahren Wohnungseigentümers?, WE 2004, Heft 11, S. 19 ff.

Zahlungsverpflichtung des so genannten „echten werdenden Eigentümers".

Solange der Bauträger als teilender Grundstückseigentümer noch Inhaber sämtlicher Wohnungseigentumsrechte ist, existiert noch keine Wohnungseigentümergemeinschaft. Der Bauträger steht nicht nur alleine in allen Grundbüchern, er kann auch die Teilungserklärung und die Gemeinschaftsordnung einseitig ändern. Diese einseitige Regelungsmacht endet, sobald ein einziges Sondereigentum veräußert worden ist. Eine so genannte werdende oder faktische Wohnungseigentümergemeinschaft entsteht danach, wenn zugunsten des Ersterwerbers im Sondereigentumsgrundbuch eine Auflassungsvormerkung eingetragen worden ist und er den Besitz an seinem Sondereigentum erlangt hat. Mit dem Besitzübergang muss allerdings **im Innenverhältnis** zwischen Veräußerer und Erwerber die **Verpflichtung** zur **Übernahme der Lasten und Kosten** verbunden sein. Dies ist der Zeitpunkt, zu dem nach herrschender Meinung bereits die Vorschriften der §§ 10 ff. WEG Anwendung finden[1]. Der werdende Eigentümer ist damit nicht nur stimmberechtigt, er muss auch die Hausgeldverpflichtung, über die er selbst mit abstimmen kann, erfüllen. Ist ein werdender Eigentümer jedoch aufgrund Vereinbarungen in der Gemeinschaftsordnung oder im Kaufvertrag bis zur endgültigen Eigentumsumschreibung vom Stimmrecht oder von einer Teilnahme an Eigentümerversammlungen ausgeschlossen, dann besteht eine Pflicht zur Wohngeldzahlung nicht[2]. 87

Die faktische Wohnungseigentümergemeinschaft besteht zu diesem Zeitpunkt aus dem veräußernden und noch in allen Grundbüchern als Eigentümer eingetragenen Bauträger und dem ersten werdenden Eigentümer. **Mitglieder** dieser werdenden Wohnungseigentümergemeinschaft werden **alle weiteren Erwerber**, zu deren Gunsten eine **Auflassungsvormerkung** im Grundbuch eingetragen und denen der Besitz an ihrem Sondereigentum überlassen worden ist, bevor durch die erste Eigentumsumschreibung im Grundbuch auf eines der Mitglieder der werdenden Eigentümergemeinschaft die echte Wohnungseigentumsgemeinschaft entsteht. Wird nach diesem Zeitpunkt ein Sondereigentum erworben, die Auflassungsvormerkung eingetragen und der Besitz übergeben, so handelt es sich um unechte werdende Eigentümer, bei denen unverändert gilt, dass sie erst dann in alle Rechten und Pflichten der Wohnungseigentümergemeinschaft eintreten, wenn das Eigentum auf sie umgeschrieben wird. 88

---

1 BayObLG, Beschl. v. 11. 4. 1990 – 2Z BR 7/90; BayObLG, Beschl. v. 11. 4. 1990 – 2Z 7/90, BayObLGZ 1990, 101 (102); OLG Köln, Beschl. v. 27. 8. 1997 – 16 Wx 86/97, NZM 1998, 199.
2 OLG Köln, Beschl. v. 2. 2. 2004 – 16 Wx 244/03, 16 Wx 17/04, 16 Wx 18/04, MietRB 2004, 264 (265).

89 Wer jedoch einmal Mitglied der werdenden oder faktischen Wohnungseigentümergemeinschaft geworden ist und aufgrund dieser Rechtsstellung zur Hausgeldzahlung verpflichtet war, der verliert diese Position auch nicht durch das Entstehen der Eigentümergemeinschaft zum Zeitpunkt der Eigentumsumschreibung auf den ersten Erwerber[1].

90 Auch **nach Entstehen der Wohnungseigentümergemeinschaft** sind **alle Mitglieder** der vormals bestehenden werdenden oder faktischen Gemeinschaft an allen Belangen dieser Gemeinschaft weiter zu beteiligen, sie sind weiterhin **stimmberechtigt** und bleiben unverändert zur Zahlung des anteilig auf ihr Sondereigentum entfallenden Hausgeldes verpflichtet. Der werdende Wohnungseigentümer haftet also auch nach in Vollzugsetzung der Eigentümergemeinschaft für Hausgeldschulden seiner Sondereigentumseinheit, auch wenn er noch immer nicht im Grundbuch eingetragen ist[2].

91 Vor der Beitreibung rückständiger Hausgelder von einem echten werdenden Eigentümer ist jedoch genau zu überprüfen, ob die für die Zugehörigkeit zur faktischen Wohnungseigentümergemeinschaft erforderlichen **Voraussetzungen (Erwerbsvertrag, Eintragung der Auflassungsvormerkung und Besitzübergang)** auch wirklich alle kumulativ vorliegen. Fehlt zum Zeitpunkt des Entstehens der Eigentümergemeinschaft (erste Eigentumsumschreibung) auch nur eine einzige Voraussetzung, ist z. B. der Besitz noch nicht übergegangen, so ist der betreffende Erwerber nicht Mitglied der faktischen Wohnungseigentumsgemeinschaft geworden. Dies hat zur Folge, dass es für diesen Erwerber bei dem Grundsatz verbleibt, dass die Verpflichtung zur Hausgeldzahlung erst ab dem Zeitpunkt seiner Eigentumsumschreibung im Grundbuch beginnt.

92 Zu beachten ist, dass von einem **Ersterwerber** – und nur bei diesen kann es einen echten werdenden Eigentümer geben – nur dann gesprochen werden kann, wenn tatsächlich eine **Veränderung der Rechtslage** zwischen dem teilenden Alleineigentümer, der anfänglich in allen Wohnungsgrundbüchern eingetragen ist, und dem Erwerber stattfindet und damit auch eine Veränderung der Grundbuchlage verbunden ist. Teilt z. B. eine Erbengemeinschaft ein Grundstück gemäß § 8 WEG und setzt sich diese Erbengemeinschaft dann dadurch auseinander, dass einzelne Sondereigentumseinheiten an eines oder mehrere Mitglieder dieser Erbengemeinschaft übertragen werden, so stellt diese Übertragung den rechtsgeschäftlichen Erwerb eines Sondereigentums durch einen Dritten dar, wobei es nicht darauf ankommt, dass zwischen den am Übertragungsvorgang beteiligten natürlichen Personen auf Veräußerer- und Er-

---

1 LG Ellwangen, Beschl. v. 1. 10. 1996 – 5 T 54/95, NJW-RR 1996, 973, OLG Köln, Beschl. v. 2. 2. 2004 – 16 Wx 244/03, MietRB 2004, 264 (265); BGH, Beschl. v. 5. 6. 2008 – V ZB 85/07, MietRB 2008, 270 = NZM 2008, 649.
2 OLG Köln, Beschl. v. 30. 11. 2005 – 16 Wx 193/05, NZM 2006, 301 (302); LG Krefeld, Beschl. v. 6. 9. 2001 – 6 T 234/01, WE 2002, 7.

werberseite Identität besteht[1] und diese Auseinandersetzung der Erbengemeinschaft ohne Eigentumswechsel erfolgt. Ausschlaggebend ist allein, dass sich dabei die Grundbuchlage ändert. Waren vorher alle Erben in allen Wohnungsgrundbüchern gleichermaßen eingetragen, ändert sich die Grundbuchlage nach der Auseinandersetzung dergestalt, dass die einzelnen Wohnungseigentumsrechte nicht mehr in einer Hand vereinigt sind, sondern eine Zuordnung auf die einzelnen Mitglieder der ehemaligen Gesamthandsgemeinschaft erfolgt ist.

Wird **sodann** Sondereigentum von dem Mitglied der Erbengemeinschaft weiterübertragen, handelt es sich bereits um einen **Zweiterwerb**, bei dem der Erwerber nicht mehr die Position eines echten werdenden Eigentümers einnehmen kann. 93

Bei derartigen Konstellationen wird es allerdings im Regelfall keinen echten werdenden Eigentümer geben, da bei der Auseinandersetzung einer Erbengemeinschaft üblicherweise auf die Eintragung einer Auflassungsvormerkung verzichtet und sofort die Eigentumsumschreibung vorgenommen wird. Dann aber würde es an einer der Voraussetzungen für die Annahme des echten werdenden Eigentümers fehlen, so dass eine **Wohngeldverpflichtung** auch für ein Mitglied der sich auseinandersetzenden Erbengemeinschaft erst durch die **Eigentumsumschreibung** und dem damit verbundenen Vollzug der Eigentümergemeinschaft entsteht. 94

Damit bleibt festzuhalten, dass durch die Auseinandersetzung der teilenden Erbengemeinschaft eine Wohnungseigentümergemeinschaft in Vollzug gesetzt wird und der **erste Fremdverkauf** bereits **einen Zweiterwerb** darstellt, der für den Erwerber erst dann Hausgeldverpflichtungen begründet, wenn die Eigentumsumschreibung erfolgt ist. 95

Fällt der eine Hausgeldverpflichtung begründende Eigentümerbeschluss mit dem Tag der Eigentumsumschreibung zusammen, so ist der an diesem Tag eingetragene Eigentümer bereits zur Zahlung verpflichtet. 96

Damit stellt sich die Entwicklung der Verpflichtung zur Hausgeldzahlung von der Aufteilung in Wohnungseigentum bis zu einer Eigentümergemeinschaft, deren Mitglieder alle im Grundbuch als Eigentümer eingetragen sind, dar wie folgt: 97

Phase 1: Der **teilende Grundstückseigentümer** ist **in allen Wohnungs- und Teileigentumsgrundbüchern eingetragen**, es besteht noch keine Wohnungseigentümergemeinschaft, das WEG ist nicht anwendbar, Hausgeldverpflichtungen existieren noch nicht. 98

Phase 2: Das erste Sondereigentum ist verkauft, der erste Erwerber ist mit einer **Auflassungsvormerkung** im Grundbuch eingetragen und ihm wurde der **Besitz**, der mit der Verpflichtung zur Lastentragung verbunden 99

---
1 OLG Frankfurt/Main, Beschl. v. 10. 12. 2002 – 20 W 531/00, NZM 2003, 563 (LS).

sein muss, am Sondereigentum **übergeben**. Es ist die so genannte werdende oder faktische Eigentümergemeinschaft entstanden, auf die das WEG Anwendung findet, so dass bereits Eigentümerversammlungen stattfinden und Hausgeldverpflichtungen beschlossen werden können. Ein solcher „echter werdender" Eigentümer ist verpflichtet, die fälligen Hausgelder zu zahlen.

100 **Phase 3: Weitere Sondereigentumseinheiten werden verkauft**, die Erwerber werden mit der Auflassungsvormerkung gesichert, sie erhalten den Besitz am erworbenen Sondereigentum. Diese Erwerber treten als echte werdende Eigentümer der faktischen Wohnungseigentümergemeinschaft bei und müssen die auf ihr zukünftiges Eigentum entfallenden Bewirtschaftungskosten tragen.

101 **Phase 4:** Auf **einen ersten Erwerber** wird das **Eigentum im Grundbuch umgeschrieben**. Damit wird die Wohnungseigentümergemeinschaft in **Vollzug** gesetzt. Die faktische Wohnungseigentümergemeinschaft endet. Die übrigen bisherigen werdenden Eigentümer verlieren jedoch ihre Rechtstellung nicht, sie bleiben faktische Eigentümer, sind weiterhin Träger aller Rechte und Pflichten aus der Wohnungseigentümergemeinschaft und bleiben unverändert zur Hausgeldzahlung verpflichtet.

102 **Phase 5:** Nach der Invollzugsetzung der Eigentümergemeinschaft durch die erste Eigentumsumschreibung **werden weitere Sondereigentumseinheiten verkauft**. Diese Erwerber werden jedoch keine echten werdenden Eigentümer mehr, sie treten erst zum Zeitpunkt der Eigentumsumschreibung in die Eigentümergemeinschaft ein und sind bis dahin noch nicht Träger von Rechten und Pflichten. Diese Erwerber können deshalb bis zur Eigentumsumschreibung auch nicht auf Zahlung von Hausgeld in Anspruch genommen werden.

103 **Phase 6: Auf alle Erwerber ist das Eigentum umgeschrieben**, es stehen nur noch Volleigentümer in den Wohnungs- und Teileigentumsgrundbüchern. Jeder weitere Verkauf stellt einen Zweiterwerb dar, bei dem der Erwerber erst zum Zeitpunkt der Eigentumsumschreibung Mitglied der Eigentümergemeinschaft und Träger von Rechten und Pflichten wird.

104 **Problemstellung:**

Umstritten ist, ob neben dem echten werdenden Eigentümer (siehe vorstehend ab Phase 2) auch der noch im Grundbuch eingetragene **teilende Grundstückseigentümer** als **Gesamtschuldner** auf die Hausgeldverpflichtungen in Anspruch genommen werden kann.

Befürworter dieser Ansicht verweisen auf den BGH[1], der allerdings seinerzeit die sich aus dieser Einschätzung ergebenden Problemstellungen nicht diskutiert hatte.

---

1 BGH, Beschl. v. 23. 3. 1983 – VII ZB 28/82, BGHZ 87, 138 (141).

Wenn   105

- ein echter werdender Eigentümer alle Rechte und Pflichten eines Wohnungseigentümers hat[1]
- dementsprechend ein echter werdender Eigentümer uneingeschränkt zur Haugeldzahlung verpflichtet ist[2]
- bei einer werdenden Eigentümergemeinschaft nur die Personen zur Eigentümerversammlung zu laden sind, die die Wohnungseigentümergemeinschaft faktisch in Vollzug gesetzt haben[3]
- der noch im Grundbuch eingetragene Veräußerer weder Teilnahme- noch Stimmrecht in der Eigentümerversammlung hat[4]
- der echte werdende Eigentümer seine Rechtsstellung auch nach Invollzugsetzung der Eigentümergemeinschaft nicht verliert[5]

dann stehen der Auffassung einer gesamtschuldnerischen Hausgeldhaftung des eingetragenen Grundstückeigentümers zusammen mit dem echten werdenden Eigentümer entgegen, dass

- Hausgeldhaftung und Stimmrecht zur Begründung dieser Verpflichtung nicht auseinanderfallen dürfen,
- der ohne Mitwirkung des eingetragenen Grundstückseigentümers gefasste Beschluss zur Hausgeldzahlung einen unzulässigen Beschluss zu Lasten Dritter darstellen würde,
- dem Grundstückseigentümer kein Recht zur Anfechtung des ihn belastenden Hausgeldbeschlusses zustehen würde.

Nach hier vertretener Auffassung scheidet daher eine gesamtschuldnerische Hausgeldhaftung des eingetragenen Grundstückeigentümers zusammen mit dem echten werdenden Eigentümer aus[6].   106

f) Hausgeldverpflichtung des Erben

Mit dem Tod eines Wohnungseigentümers werden dessen Erben gem. 107
§ 1922 BGB im Wege der Gesamtrechtsnachfolge Wohnungseigentümer und damit Hausgeldschuldner gem. § 16 Abs. 2 WEG. Erben werden kraft Gesetzes Mitglieder einer Eigentümergemeinschaft, **ohne** dass es

---

1 OLG Hamm, Beschl. v. 10. 5. 2005 – 15 W 428/06, ZMR 2007, 712.
2 BGH, Beschl. v. 5. 6. 2008 – V ZB 85/07, NZM 2008, 649.
3 OLG Hamm, Beschl. v. 10. 5. 2005 – 15 W 428/06, ZMR 2007, 712.
4 OLG Hamm, Beschl. v. 10. 5. 2005 – 15 W 428/06, ZMR 2007, 712.
5 OLG Köln, Beschl. v. 30. 11. 2005 – 16 Wx 193/05, NZM 2006, 301; BGH, Beschl. v. 5. 6. 2008 – V ZB 85/07, NZM 2008, 649.
6 A.A. *Elzer* in Riecke/Schmid,, Fachanwaltskommentar Wohnungseigentumsrecht, 2. Aufl., § 16 Rz. 203.

dazu eines **besonderen Übertragungsaktes** bedürfte, bei Grundvermögen geht das Eigentum außerhalb des Grundbuchs über, die Eintragung des Erben als neuer Eigentümer stellt lediglich eine Grundbuchberichtigung nach § 22 Abs. 1 GBO dar[1]. Ein Erbe haftet also auch ohne Grundbucheintragung für das nach dem Erbfall fällig werdende Wohngeld[2].

108 Da es sich jedoch bei Bewirtschaftungskosten, die entweder bereits zu Lebzeiten des Erblassers oder aber nach seinem Tode, jedoch vor Annahme der Erbschaft entstehen, um **Nachlassverbindlichkeiten** im Sinne des § 1967 BGB handelt[3], kann ein Erbe die Einrede der Nachlassdürftigkeit gem. § 1990 BGB erheben und damit die Haftung auf den Nachlass beschränken. Dies ist jedoch nur solange möglich, bis er sich entschlossen hat, das Sondereigentum zu übernehmen[4], er die Erbschaft annimmt oder zumindest Antrag auf Grundbuchberichtigung stellt (Vgl. im Einzelnen zur Erbenhaftung Rz. 894 ff.)

g) Hausgeldverpflichtung des Vermächtnisnehmers

109 Anders verhält es sich, wenn ein Wohnungseigentümer ein Wohnungseigentumsrecht als Vermächtnis aussetzt. Ist Gegenstand eines Vermächtnisses Wohnungseigentum, so erfolgt die zur Erfüllung des Vermächtnisses erforderliche Eigentumsübertragung durch Auflassung und Eintragung in das Grundbuch, der **Eigentumsübergang** erfolgt somit **rechtsgeschäftlich**[5]. Verstirbt der Wohnungseigentümer, bedarf es also für den Vermächtnisvollzug eines schuldrechtlichen Vertrages im Sinne von § 313 BGB und der Auflassung, damit das Eigentum auf den Vermächtnisnehmer übergeht. Dies stellt nichts anderes als eine Veräußerung des Wohnungseigentums dar, wenn auch aufgrund der Verpflichtung aus einer letztwilligen Verfügung[6].

110 Damit entsteht erst mit der Eigentumsumschreibung die Verpflichtung des Vermächtnisnehmers zur Kostentragung.

h) Hausgeldverpflichtung bei Nießbrauch

111 Ist an einem Sondereigentum ein Nießbrauch bestellt, so ändert dies nichts daran, dass der Sondereigentümer unverändert Schuldner aller

---

1 BayObLG, Beschl. v. 18. 3. 1993 – 2Z BR 5/93, WuM 1993, 487.
2 AG Mönchengladbach-Rheydt, Beschl. v. 22. 2. 2002 – 23 UR II 19/01, NZM 2003, 403 (404).
3 *Bub*, Das Finanz- und Rechnungswesen der Wohnungseigentümergemeinschaft, IV. Rz. 63.
4 Hanseatisches OLG Hamburg, Beschl. v. 12. 12. 1985 – 2 W 42/85, NJW-RR 1986, 177; OLG Köln, Beschl. v. 18. 9. 1991 – 16 Wx 64/91, ZMR 1992, 35 = DWE 1992, 31 = NJW-RR 1992, 460 (461).
5 BayOLG, RE v. 29. 6. 2001 – RE Miet 1/01, ZWE 2001, 541 (543).
6 Bärmann/*Pick*/Merle, WEG, 9. Aufl., § 12 Rz. 11.

Kosten und Lasten bleibt[1]. Eine Eigentümergemeinschaft kann von dem **Nießbraucher** eines Sondereigentums selbst dann **keine Wohngeldzahlungen** verlangen, wenn der Nießbraucher im Innenverhältnis zum Eigentümer alle mit der Wohnung verbundenen Lasten alleine zu tragen hätte[2].

i) Hausgeldverpflichtung bei Dauerwohn- und Dauernutzungsrecht

Ist an einem Wohnungseigentum ein Dauerwohnrecht gem. § 31 Abs. 1 WEG oder an einem Teileigentum ein Dauernutzungsrecht gem. § 31 Abs. 2 WEG eingeräumt, so ist der Wohn- bzw. Nutzungsberechtigte gegenüber der Eigentümergemeinschaft ebenfalls nicht verpflichtet, irgendwelche Hausgeldlasten zu tragen. Vereinbarungen über den Inhalt des Dauerwohnrechtes, so die Pflicht des Berechtigten zur Tragung öffentlich-rechtlicher oder privat-rechtlicher Lasten gem. § 33 Abs. 4 Ziffer 3 WEG betreffen ausschließlich das Innenverhältnis zwischen Sondereigentümer und Berechtigtem und nicht das Außenverhältnis zwischen Berechtigtem und Eigentümergemeinschaft[3].

112

j) Hausgeldverpflichtung für Wohnungsberechtigte

Auch für den Wohnungsberechtigten im Sinne von § 1093 BGB gilt nichts anderes. Das Wohnungsrecht im Sinne von § 1093 BGB ist ein beschränkt dingliches Recht, welches dem Wohnungsberechtigten das Recht einräumt, unter Ausschluss des Wohnungseigentümers die Eigentumswohnung zu benutzen. Eine Beitragspflicht im Sinne von § 16 Abs. 2 WEG für den Wohnungsberechtigten begründet diese Rechtsstellung nicht, Lasten und Kosten verbleiben beim Sondereigentümer[4].

113

k) Hausgeldverpflichtung des Treuhänders

Wird das Sondereigentum auf einen Dritten übertragen, der die Eigentümerstellung im Interesse des Voreigentümers als Treuhänder innehalten soll, so haftet der im Grundbuch eingetragene Treuhänder. Im Außenverhältnis zur Eigentümergemeinschaft ist die Treuhandabrede ohne Bedeutung und **maßgeblich** ist alleine die **Grundbuchlage**, aus der sich im Falle einer Eigentumsübertragung, auch wenn sie treuhänderisch erfolgt ist, nichts ergibt, das die Pflichten und Rechte des eingetragenen Eigentü-

114

---

1 OLG Hamm, Beschl. v. 19. 6. 2001 – 15 W 20/01, ZWE 2001, 560 (563); BGH, Urt. v. 27. 9. 1978 – V ZR 128/76, DB 1979, 545; *Deckert*, Die Eigentumswohnung, Gruppe 7 II, Rz. 348; *Hauger* in Weitnauer, WEG, 8. Aufl., § 16 Rz. 27 S. 335; a. A. Bärmann/*Pick*/Merle, WEG, 9. Aufl., § 16 Rz. 107.
2 Vgl. *Deckert*, Die Eigentumswohnung, Gruppe 7 II. Rz. 348.
3 *Mansel* in Weitnauer, WEG, 9. Aufl., § 33 Rz. 14; Bärmann/*Pick*/Merle, WEG, 9. Aufl., § 33 Rz. 145.
4 *Gottschalg* in Weitnauer, WEG, 9. Aufl., § 16 Rz. 27.

mers schmälern könnte. Uneingeschränkter Schuldner eines nach Eigentumsumschreibung auf den Treuhänder entstehenden und fällig gewordenen Hausgeldanspruches ist daher der im Grundbuch als Eigentümer eingetragene Treuhänder[1].

l) Ersteigererhaftung

115 Erhält der Meistbietende im Zwangsversteigerungsverfahren den Zuschlag, so findet aufgrund der gesetzlichen Zuschlagswirkung des § 90 ZVG der Übergang des Eigentums außerhalb des Grundbuchs kraft Gesetzes statt mit der Folge, dass der Ersteigerer einen Grundbuchberichtigungsanspruch hat. Der Ersteigerer wird **am Tage des Zuschlages Mitglied der Eigentümergemeinschaft** und nicht etwa erst zum Zeitpunkt der Grundbuchberichtigung. Ab dem Tage des Zuschlags ist der Ersteigerer verpflichtet, die Hausgeldlasten gem. § 16 Abs. 2 WEG zu tragen.

116 Sämtliche ab diesem Tage für das ersteigerte Objekt fällig werdenden Zahlungsverpflichtungen sind vom Ersteigerer zu übernehmen. Auch hier gilt, dass ein Wohnungseigentümerbeschluss, mit dem zeitlich vorher eine Zahlungsverpflichtung begründet wurde, mit dem jedoch gleichzeitig die Fälligkeit auf einen Zeitpunkt nach dem Zuschlag verschoben wurde, eine entsprechende Zahlungsverpflichtung des Ersteigerers begründet. Der Erwerber von Wohnungseigentum im Wege der Zwangsversteigerung haftet regelmäßig **nicht für Zahlungsrückstände** seines Rechtsvorgängers. **Wohngeldvorauszahlungen** sind erst **ab dem Zuschlagstage** zu entrichten. Wird nach dem Zuschlag eine Jahreswirtschaftsabrechnung beschlossen, und ergibt sich aus der betreffenden Einzelabrechnung für das ersteigerte Sondereigentum eine Nachzahlung, so haftet auch der Ersteigerer nur für die so genannte Abrechnungsspitze, nicht jedoch für Fehlbeträge, soweit diese auf rückständigen Beitragszahlungen des Rechtsvorgängers beruhen[2].

117 Eine Haftung des Ersteigerers für Altschulden seines Rechtsvorgängers kann auch in der Teilungserklärung nicht vereinbart werden. Eine solche Bestimmung verstieße gegen § 56 Satz 2 ZVG und wäre deshalb gem. § 134 BGB nichtig, da es sich bei § 56 Satz 2 ZVG um zwingendes Recht handelt[3].

118 Dies bedeutet jedoch nicht, dass ein Ersteigerer nicht an Wohngeldausfällen seines Rechtsvorgängers oder anderer entweder bereits ausgeschiedener oder noch zur Gemeinschaft gehörender Miteigentümer beteiligt werden dürfte. Stellt sich nach dem Zwangsversteigerungserwerb heraus, dass die Eigentümergemeinschaft mit aus der Vergangenheit resultieren-

---

[1] OLG Düsseldorf, Beschl. v. 6. 7. 2001 – 3 Wx 112/01, ZWE 2001, 615 = WuM 2001, 620 = NZM 2002, 260 (261).
[2] OLG Düsseldorf, Beschl. v. 20. 10. 2000 – 3 Wx 283/00, WuM 2001, 41.
[3] KG, Beschl. v. 17. 4. 2002 – 24 W 279/01, ZMR 2002, 860.

den Wohngeldrückständen endgültig ausfällt, dann liegt es grundsätzlich in der **Beschlusskompetenz** der Wohnungseigentümergemeinschaft, die durch einen zahlungsunfähigen Wohnungseigentümer aufgelaufenen Wohngeldrückstände durch Eigentümerbeschluss nach dem allgemeinen Kostenverteilungsschlüssel auf die im Zeitpunkt der Beschlussfassung vorhandenen Mitglieder der Wohnungseigentümergemeinschaft umzulegen und damit **nachträglich** einen **Ausgleich** für die fehlenden Gelder zu schaffen. An einer derartigen durch Eigentümerbeschluss neu begründeten und fällig gestellten Forderung ist auch der zwischenzeitliche Ersteigerer zu beteiligen, der über § 56 Satz 2 ZVG nicht gegen die nachträgliche Erhebung einer Sonderumlage geschützt ist, mit der endgültig festgestellte Wohngeldausfälle auf alle Mitglieder einer Eigentümergemeinschaft gleichermaßen nach dem gültigen Verteilerschlüssel umgelegt werden[1].

Der **Ersteigerer haftet** für Beitragsrückstände seines Vorgängers allerdings dann **nicht**, wenn der nach dem Eigentumserwerb gefasste Beschluss solche Rückstände ausdrücklich ausgewiesen und sie in die Jahresabrechnung mit einbezogen hat und dieser **Abrechnungsbeschluss** bestandskräftig geworden ist[2].

119

Im Gegensatz zu einer Verteilung eines Wohngeldausfalles per Sonderumlage auf alle Wohnungseigentümer würde in diesem Fall der Ersteigerer über die Einzelabrechnung mit den Wohngeldausfällen für die von ihm ersteigerte Einheit alleine belastet, was gegen § 56 Satz 2 ZVG verstoßen würde.

Der Ersteigerer einer Eigentumswohnung haftet jedoch für eine **Sonderumlage**, die zwar vor dem Versteigerungstermin beschlossen wurde, jedoch gem. Beschluss erst nach dem Zuschlag fällig wird[3].

120

Auch hier ist damit für die Frage, wen die Hausgeldlast trifft, der Fälligkeitszeitpunkt entscheidend. Dies gilt nur dann nicht, wenn Anhaltspunkte dafür bestehen, dass die Fälligstellung der Sonderumlage rechtsmissbräuchlich bewusst auf einen späteren Zeitpunkt verlegt worden ist, um den potentiellen Erwerber anstelle des insolventen bisherigen Eigentümers als neuen Schuldner der Hausgeldverpflichtung zu erhalten[4].

121

m) Hausgeldschuldner bei Zwangsverwaltung

Wird die Zwangsverwaltung eines Sondereigentums angeordnet, so übernimmt der Zwangsverwalter die **Rechtsstellung** des **Sondereigentümers**.

122

---
1 KG, Beschl. v. 2. 12. 2002 – 24 W 92/02, ZMR 2003, 292 (293).
2 BGH, Beschl. v. 23. 9. 1999 – V ZB 17/99, ZWE 2000, 29 = NZM 1999, 1101 = BGHZ 142, 290 = NJW 1999, 3713 = ZMR 1999, 834.
3 OLG Köln, Beschl. v. 31. 8. 2001 – 16 Wx 137/01, NZM 2002, 351.
4 OLG Köln, Beschl. v. 31. 8. 2001 – 16 Wx 137/01, NZM 2002, 351 (352).

Der Zwangsverwalter ist gem. § 152 Abs. 1 ZVG verpflichtet, neben dem Sondereigentümer sämtliche, während der Dauer des Zwangsverwaltungsverfahrens für das verwaltete Sondereigentum fällig werdenden Wohngeldverpflichtungen zu erfüllen. Diese Verpflichtung beschränkt sich nicht nur auf die laufenden monatlichen Hausgeldvorauszahlungen entsprechend den beschlossenen Einzelwirtschaftsplänen[1], sondern sie erfasst auch Nachzahlungen aus den von der Eigentümergemeinschaft beschlossenen Jahresabrechnungen, soweit dies die Abrechnungsspitze anbelangt[2], sowie Sonderumlagen aller Art, ja selbst die Umlage früherer Rückstände für das betroffene Sondereigentum, solange ein Beschluss, mit dem diese Rückstände auf alle Miteigentümer verteilt werden, nach Anordnung der Zwangsverwaltung gefasst worden ist (vgl. dazu Rz. 344 ff.).

123 Wird jedoch die Jahresabrechnung für einen Wirtschaftszeitraum beschlossen, für den es keinen wirksamen Wirtschaftsplan gab, so dass während dieses Zeitraumes der Wohnungseigentümer mangels fälliger Vorauszahlungsansprüche des Verbandes zur Zahlung nicht verpflichtet war, dann haftet der Zwangsverwalter auf die volle Abrechnungssumme aus der Jahresabrechnung und nicht nur für die Abrechnungsspitze[3].

n) Hausgeldverpflichtung bei Insolvenz des Wohnungseigentümers

124 Wird über das Vermögen eines Wohnungseigentümers das Insolvenzverfahren eröffnet, können als Masseforderung gegen den Insolvenzverwalter nach Verfahrenseröffnung fällig gewordene Ansprüche auf Hausgeldvorauszahlungen sowie die so genannte Abrechnungsspitze aus der nach der Insolvenzeröffnung beschlossenen Jahresabrechnung geltend gemacht werden[4].

125 Die **vor Insolvenzeröffnung** fällig gewordenen nicht beglichenen Wohngeldvorauszahlungen oder sonstigen rückständigen Zahlungen des Gesamtschuldners bleiben **gewöhnliche Insolvenzforderungen**[5].

8. Fälligkeit der Zahlungsansprüche

126 Das WEG enthält **keine Bestimmungen zur Fälligkeit** von Hausgeldzahlungen. Mit § 21 Abs. 7 WEG wurde für die Eigentümergemeinschaft

---

1 OLG Hamburg, Beschl. v. 20. 1. 1993 – 2 Wx 53/91, OLGZ 1993, 431 = WuM 1993, 300 = ZMR 1993, 342.
2 KG, Beschl. v. 15. 3. 2000 – 24 W 6527/98, WE 2001, 9.
3 KG, Beschl. v. 15. 3. 2000 – 24 W 6527/98, WE 2001, 9.
4 BayObLG, Beschl. v. 5. 11. 1998 – 2Z BR 92/98, NZM 1999, 74 = DWE 1999, 33.
5 BGH, Urt. v. 10. 3. 1994 – IX ZR 98/93, NJW 1994, 1866; vgl. dazu ausführlich unten Rz. 740 ff.

ausdrücklich die Beschlusskompetenz eröffnet, Regelungen zur Fälligkeit von Wohngeldzahlungen zu schaffen. Vor der WEG-Novelle war es Eigentümergemeinschaften im Rahmen der laufenden ordnungsgemäßen Verwaltung per Mehrheitsbeschluss nur möglich, Fälligkeitsregelungen, bezogen auf den Einzelfall, zu beschließen, so z.B. für eine bestimmte Sonderumlage oder für die Vorauszahlungen aus einem bestimmten Wirtschaftsplan. Sollte eine für die Zukunft geltende Fälligkeitsregelung mit Dauerwirkung eingeführt werden, waren Eigentümergemeinschaften auf den allstimmigen Beschluss bzw. die Vereinbarung angewiesen. Da allstimmige Beschlüsse bzw. Vereinbarungen insbesondere in Großgemeinschaften praktisch nicht zu erreichen waren, wird durch die Einführung des § 21 Abs. 7 WEG die Verwaltungstätigkeit deutlich erleichtert. Die mit § 21 Abs. 7 neu geschaffene Beschlusskompetenz erfasst alle Entscheidungen zu Art und Weise von Zahlungen sowie zur Fälligkeit von Forderungen und den Verzugsfolgen, selbstverständlich nur insoweit, als sie sich auch im Rahmen ordnungsgemäßer Verwaltung bewegen. Nunmehr können Wohnungseigentümergemeinschaften mit Stimmenmehrheit nicht nur die Fälligkeit von Beitragsvorschüssen aus einem konkreten Wirtschaftsplan oder für eine Sonderumlage beschließen, sondern auch allgemeine Regelungen zur Fälligkeit mit Dauerwirkung für die Zukunft festlegen. Dies gilt ausdrücklich auch für die Fälle, in denen solche Regelungen bereits in der Teilungserklärung enthalten oder durch allstimmige Beschlüsse getroffen worden sind. § 21 Abs. 7 WEG begründet also eine neue Beschlusskompetenz, unabhängig von bereits bestehenden Vereinbarungen[1].

Jede Eigentümergemeinschaft hat es daher in der Hand, sich selbst möglichst eindeutige Regeln zu geben, damit für jeden Miteigentümer zweifelsfrei feststeht, wann er seine Zahlungen zu erbringen hat.

a) Hausgeldvorauszahlungen

Sind von einer Eigentümergemeinschaft Gesamts- und Einzelwirtschaftspläne beschlossen worden, ist damit die Grundlage für eine entsprechende Zahlungsverpflichtung der Miteigentümer gelegt. Über den Zeitpunkt, zu dem die Zahlungen geleistet werden müssen, ist damit aber noch nichts gesagt. Gem. § 28 Abs. 2 WEG sind Wohnungseigentümer verpflichtet, die Hausgeldvorauszahlungen zu leisten, wenn sie durch den Verwalter abgerufen werden. **§ 28 Abs. 2 WEG** schafft damit eine **besondere Fälligkeitsregelung**, die die gesetzliche Regelung des § 271 Abs. 1 BGB modifiziert, wonach im Regelfall eine entstandene Schuld sofort fällig wird, wenn die Leistungszeit weder bestimmt noch

---

1 Vgl. dazu *Köhler*, Das neue WEG, Rz. 296 (Die Begründung der Bundesregierung zu § 21 Abs. 7 WEG).

aus den Umständen zu entnehmen ist. Die vom Verwalter auszusprechende Zahlungsaufforderung ist damit eine gesetzlich bestimmte Fälligkeitsvoraussetzung.

aa) Monatliche Zahlungspflicht

128 Hat eine Eigentümergemeinschaft im Rahmen der Verabschiedung des Gesamt- und der Einzelwirtschaftspläne beschlossen, dass die Wohngeldlasten in monatlichen Raten zu zahlen sind, dann hat es der Verwalter in der Hand, die Vorauszahlung jederzeit abzurufen, solange sich diese Anforderung im Rahmen des jeweiligen Kalendermonates bewegt. Nun wäre es jedoch realitätsfremd annehmen zu wollen, dass ein Verwalter jeden Monat Hunderte oder gar Tausende von Zahlungsaufforderungen verschickt. In der Praxis wurde daher bereits nach alter Rechtslage üblicherweise der jeweilige Abruf des Verwalters als Fälligkeitsvoraussetzung abbedungen, indem für die turnusmäßig zu erbringende Wohngeldvorauszahlungen kalendermäßig bestimmte oder bestimmbare Termine vorgegeben wurden. Solche Regelungen konnten bereits in der Gemeinschaftsordnung enthalten sein, wurden aber auch oft in den **Verwaltervertrag** aufgenommen und mit diesem beschlossen. So konnte erheblicher Mahnaufwand und damit verbundener Zeitverlust erspart werden, da ein Miteigentümer auch ohne Mahnung in Verzug kam, wenn er nicht rechtzeitig leistete (§ 286 Abs. 2 Ziffer 1 BGB).

129 Unabhängig von solchen Fälligkeitsbestimmungen können Eigentümergemeinschaften nunmehr unter Hinweis auf § 21 Abs. 7 WEG Zahlungstermine oder turnusmäßige Fälligkeitsregelungen als für die Zukunft geltende Dauerregelungen mehrheitlich beschließen und dies ohne Rücksicht auf bereits vorhandene Vereinbarungen oder Beschlüsse.

130 Ist eine ausdrückliche Fälligkeitsregelung nicht getroffen worden, wurde jedoch eine monatliche Vorauszahlung beschlossen, so ist die nach dem Einzelwirtschaftsplan zu erbringende Zahlung spätestens bis zum letzten Tag eines jeden Kalendermonats fällig.

bb) Ratenhöhe

131 Zu empfehlen ist die Regelung, dass die Hausgeldvorauszahlungen in **zwölf gleich hohen Raten** zu erbringen sind, denn eine gleichmäßige Verteilung der Finanzierungslast auf das Kalenderjahr entspricht ordnungsgemäßer Verwaltung.

132 Sollte eine Gemeinschaft jedoch voraussehen können, dass in bestimmten Monaten ein **erhöhter Finanzbedarf** anfallen wird, so können auch für einzelne Monate unterschiedliche Vorauszahlungen festgesetzt werden. Es entspricht aber nicht mehr ordnungsgemäßer Verwaltung, wenn

für jeden einzelnen Monat eines Kalenderjahres ein unterschiedlich hohes und noch dazu auf den Cent genau ausgerechnetes Hausgeld erhoben wird[1].

cc) Jahresfälligkeit

Da es sich als äußerst umständlich und aufwendig darstellen und überdies nicht zu rechtfertigende hohe Beitreibungskosten verursachen würde, wenn ein säumiger Miteigentümer „monatsweise" auf die Hausgeldzahlungen in Anspruch genommen werden müsste, sind viele Eigentümergemeinschaften dazu übergegangen, Alternativregelungen zu beschließen, die es ermöglichen, den **gesamten Vorauszahlungsbetrag** für ein Wirtschaftsjahr auf einmal gerichtlich **geltend machen** zu können. In Frage kommen dafür sog. Vorfälligkeitsregelungen bzw. sog. Verfallsklauseln.

(1) Vorfälligkeitsregelungen

Eine Vorfälligkeitsregelung setzt die Bestimmung voraus, nach der die Vorschussanforderungen für das Wirtschaftsjahr nur in monatlichen Teilbeträgen fällig werden, jedoch bei einem näher bezeichneten bzw. qualifizierten Zahlungsverzug die Fälligkeit des zu diesem Zeitpunkt noch offen stehenden gesamten Jahresvorauszahlungsbeitrages eintritt[2].

Abgesehen davon, dass heute gem. **§ 21 Abs. 7 WEG** für eine solche Regelung die Beschlusskompetenz gegeben ist und sich damit die bisherige Diskussion über eine mögliche Nichtigkeit solcher Bestimmungen erledigt hat[3], birgt der Beschluss einer Vorfälligkeitsregelung für den Fall eines **Eigentümerwechsels** im laufenden Wirtschaftsjahr ein **Risiko**. Treten nämlich beim Verkäufer einer Wohnung die Voraussetzungen ein, dass die ursprünglich in zwölf Monatsraten zu entrichtenden Wohngeldvorauszahlungen insgesamt auf einmal fällig werden, dann haftet ein Erwerber für diese Vorauszahlungen, die vor der Eigentumsumschreibung insgesamt fällig geworden sind, nicht mehr[4]. In solchen Fällen könnten also weitere Hausgeldzahlungen für das laufende Kalenderjahr von dem in die Gemeinschaft eintretenden Erwerber nicht mehr gefordert werden, die Gemeinschaft wäre darauf beschränkt, die rückständigen Vorauszahlungen ausschließlich beim ausgeschiedenen Miteigentümer geltend zu machen. Sollte dies nicht mehr werthaltig möglich sein, wären diese Gelder für die Gemeinschaft verloren, da vom Erwerber nach Beschluss

---
1 LG Frankfurt/Main, Beschl. v. 4. 3. 1992 – 2/9 T 580/91, DWE 1992, 85.
2 BGH, Beschl. v. 2. 10. 2003 – V ZB 34/03, NJW 2003, 3550 (3553), linke Spalte zu Ziff. III.1.a) cc).
3 Zur Nichtigkeit noch BGH, Beschl. v. 20. 9. 2000 – V ZB 58/99, WuM 2000, 620 = ZMR 2000, 771.
4 KG, Beschl. v. 1. 11. 1990 – 24 W 3613/90, ZMR 1991, 72 (73).

der Jahreswirtschaftsabrechnung für das betreffende Jahr nur noch die sog. „Abrechnungsspitze" verlangt werden könnte. Das heißt, der Erwerber haftet bei Wohngeldrückständen für das Wirtschaftsjahr nur für den Differenzbetrag, der die Summe der Vorauszahlungen übersteigt, die vom ausgeschiedenen Miteigentümer hätten entrichtet werden müssen, aber nicht entrichtet worden sind.

(2) Verfallsklauseln

136 Dem gegenüber ist die Möglichkeit eröffnet, eine Regelung zu beschließen, nach der die Vorschussforderungen aus einem beschlossenen Wirtschaftsplan **zu Beginn** des **Wirtschaftsjahres insgesamt fällig** werden, den Wohnungseigentümern jedoch die Möglichkeit zeitlich festgelegter Teilleistungen eingeräumt wird, so lange sie nicht mit einer bestimmten Anzahl von Teilbeträgen in Rückstand geraten sind. Hierbei handelt es sich um eine sog. Verfallsklausel, bei der die Fälligkeit der gesamten jährlichen Vorschüsse bereits zu Jahresbeginn, die Begleichung der Gesamtforderung jedoch durch nachgelassene monatliche Ratenzahlung unter der Voraussetzung pünktlicher Zahlungen gestundet wird. Eine solche Rückstandsklausel regelt keine vorzeitige Fälligkeit, sondern in Form einer Verfallsklausel den Verlust des Stundungsvorteils[1].

137 Da bei der Verfallsklausel die Fälligkeit der gesamte jährlichen Vorschuss bereits zu Jahresbeginn festgelegt ist, ergibt sich das gleiche Risiko des Wohngeldausfalls beim unterjährigen Eigentümerwechsel wie bei der Vorfälligkeitsregelung. Für Zahlungen, die der anspruchsberechtigte Verband gegenüber dem ausscheidenden Verkäufer hätte vor der Eigentumsumschreibung geltend gemacht werden können, haftet der Erwerber nicht mehr.

138 Vor diesem Hintergrund ist Eigentümergemeinschaften davon **abzuraten**, von der Möglichkeit des § 21 Abs. 7 WEG Gebrauch zu machen und mehrheitlich **Vorfälligkeitsregelungen** oder Verfallsklauseln zu beschließen.

139 Dem sich noch vor wenigen Jahren daraus ergebende Nachteil, einen säumigen Miteigentümer „scheibchenweise" in kurzen Abständen auf rückständige Hausgeldzahlungen gerichtlich in Anspruch nehmen zu müssen, um die Rückstände nicht auflaufen zu lassen, kann heute dadurch begegnet werden, dass nicht nur die bereits fällig gewesenen, rückständigen Wohngeldvorauszahlungen in einem Betrag eingeklagt werden, sondern die Klage um Anträge auf zukünftige Leistung erweitert wird. Sind Umstände erkennbar, aufgrund derer sich die Befürchtung ergibt, dass ein Eigentümer auch zukünftig seinen Wohngeldverpflichtungen

---

[1] BGH, Beschl. v. 2. 10. 2003 – V ZB 34/03, NJW 2003, 3550 (3553) zu III.1.a)cc) linke Spalte unten und rechte Spalte oben.

nicht nachkommen wird, so dass das Auflaufen von weiteren Wohngeldrückständen zu befürchten ist, kann Antrag auf zukünftige Leistung gestellt werden. Haben vor wenigen Jahren noch wenige Amtsgerichte Anträgen auf zukünftige Leistung stattgegeben[1], so entspricht es heutiger Praxiserfahrung, dass Anträgen auf zukünftige Leistung bei entsprechendem Vortrag der hierfür erforderlichen Voraussetzungen in der Klageschrift flächendeckend stattgegeben wird.

dd) Pflicht zur Schadensgeringhaltung

Bei allen Überlegungen, wie Hausgeldrückstände beizutreiben sind, sollte jedoch darauf geachtet werden, dass nicht mutwillig unnötig hohe **Beitreibungskosten** entstehen. Auch wenn es rechtlich zulässig ist, Hausgeldvorauszahlungen monatlich geltend zu machen, so verlangt es die **anwaltliche Fürsorgepflicht** dennoch, dabei eine Vorgehensweise zu wählen, die einerseits das Kostenrisiko für die Auftrag gebende Eigentümergemeinschaft gering hält, denn niemand kann sicher sein, ob die Verfahrenskosten später auch tatsächlich beigetrieben werden können. Andererseits muss der Anwalt darauf achten, dass sich die Auftrag gebende Eigentümergemeinschaft nicht dem Vorwurf aussetzt, durch eine unnötige Prozessvervielfachung astronomische Verfahrenskosten zu produzieren. 140

Unabhängig davon, ob von einer Eigentümergemeinschaft Verfallsklauseln oder Vorfälligkeitsregeln beschlossen worden sind, in welchem Falle ein Anwalt ohnehin verpflichtet wäre, die sich daraus ergebenden Gesamtwohngeldrückstände in einem Verfahren geltend zu machen, ist eine möglichst kostengünstige Vorgehensweise zu wählen. 141

Zu welchen astronomischen Prozesskosten es führen kann, wenn eine unnötige und deshalb als mutwillig zu bezeichnende Prozesshäufung gewählt wird, mögen folgende Berechnungsbeispiele verdeutlichen: 142

Ausgangsfall: 143

Ein Wohnungseigentümer besitzt zehn Sondereigentumseinheiten. Nach dem gültigen Wirtschaftsplan ist für jede Einheit eine monatliche Hausgeldvorauszahlung in Höhe von 300 Euro zu entrichten.

Würden nun, getrennt für jede Wohnung, für jeden einzelnen Monat ein Jahr lang die Hausgeldvorauszahlungen geltend gemacht werden, so würden bei einem Mindeststreitwert von 300 Euro im günstigsten Fall beim Ergehen von Versäumnisurteilen folgende Kosten entstehen: 144

---

[1] So z.B. AG Offenbach am Main, Beschl. v. 19. 11. 2001 – 41 II 105/01, n. v.; AG Bad Homburg, Beschl. v. 16. 12. 2002 – 43 UR II 74/02 WEG, n. v.

Streitwert bis 300 Euro

1,3 Verfahrensgebühr gem. Nr. 3100 VV-RVG	32,50 Euro
0,5 Terminsgebühr gem. Nr. 3105 VV-RVG	12,50 Euro
Entgelte für Post und Telekommunikationsdienstleistungen gem. Nr. 7002 VV-RVG	9,00 Euro
Zwischensumme	54,00 Euro
19 % MwSt. gem. Nr. 7008 VV-RVG	10,28 Euro
Gerichtskosten	75,00 Euro
Gesamtkosten	139,28 Euro

145 Würde für jede der zehn Wohnungen die monatliche Hausgeldvorauszahlung getrennt geltend gemacht werden, ergäben sich für jeweils zehn Verfahren 1 392,80 Euro an Prozesskosten, und dies Monat für Monat.

Für die getrennte Beitreibung der Hausgeldvorauszahlungen je Monat und Wohnung würden sich auf ein Kalenderjahr gerechnet insgesamt Prozesskosten in Höhe von 16 713,60 Euro ergeben.

146 Bei einer kostenbewussten und auf Schadensgeringhaltung bedachten Vorgehensweise würden dagegen folgende Prozesskosten entstehen:

Wenn man nur die für die zehn Wohnungen zu entrichtenden Hausgeldvorauszahlungen für einen Monat in einem Verfahren zusammenfassen würde, so ergäben sich folgende Prozesskosten:

147 **Streitwert: 3 000 Euro**

1,3 Verfahrensgebühr gem. Nr. 3100 VV-RVG	245,70 Euro
0,5 Terminsgebühr gem. Nr. 3105 VV-RVG	94,50 Euro
Entgelte für Post und Telekommunikationsdienstleistungen gem. Nr. 7002 VV-RVG	20,00 Euro
Zwischensumme	360,20 Euro
19 % MwSt. gem. Nr. 7008 VV-RVG	68,44 Euro
Gerichtskosten	267,00 Euro
Gesamtkosten	695,64 Euro

Anstelle von 1 392,80 Euro Prozesskosten, die monatlich für zehn einzelne Verfahren entstehen, betrüge die Kostenbelastung also nur 695,64 Euro und damit etwa die Hälfte.

148 Würden die Hausgeldvorauszahlungen aber im Rahmen **von Anträgen auf zukünftige Leistung** für das **ganze Kalenderjahr** auf einmal geltend gemacht werden, verringern sich die dafür erforderlichen Prozesskosten noch viel deutlicher.

Bei einer monatlichen Hausgeldvorauszahlung von 300 Euro für zehn Wohnungen ergibt sich eine monatliche Gesamtvorauszahlung von 3 000 Euro. Hochgerechnet auf 12 Monate ergibt dies einen Gesamtstreitwert von 36 000 Euro. In diesem Falle würden folgende Prozesskosten entstehen:

Streitwert: 36 000 Euro

1,3 Verfahrensgebühr gem. Nr. 3100 VV-RVG	1 172,60 Euro
0,5 Terminsgebühr gem. Nr. 3105 VV-RVG	451,00 Euro
Entgelte für Post und Telekommunikationsdienstleistungen gem. Nr. 7002 VV-RVG	20,00 Euro
Zwischensumme	1 643,60 Euro
19 % MwSt. gem. Nr. 7008 VV-RVG	312,28 Euro
Gerichtskosten	1 194,00 Euro
Gesamtkosten	3 149,58 Euro

149

Ein Vergleich der Gesamtkosten von 16 713,60 Euro, die bei Einzelverfahren entstehen würden mit den Verfahrenskosten, die bei einer Zusammenfassung der Hausgeldrückstände entstünden, ergibt eine rund fünffach höhere Kostenbelastung, die in der Sache durch nichts zu rechtfertigen wäre. Denn wenn derselbe Erfolg mit einem einzigen Prozess erreicht werden kann, müssen stattdessen nicht 120 Einzelverfahren geführt werden. Ein Rechtsanwalt, der sich über die Verpflichtung zur Kosten- und Schadensgeringhaltung hinweg setzt, hätte jedenfalls dann mit Schadensersatzansprüchen seiner Mandanten zu rechnen, wenn nachfolgende Vollstreckungsmaßnahmen gegen den säumigen Wohnungseigentümer fruchtlos ausfallen sollten und die Wohnungseigentümergemeinschaft mit Kosten belastet wird, die bei verantwortungsbewusster Vorgehensweise des Anwaltes vermeidbar gewesen wären.

150

b) Nachzahlung aus Jahresabrechnung

Durch den Beschluss über die Jahresabrechnung wird die Zahlungspflicht des Sondereigentümers für den Nachzahlungsbetrag begründet[1]. Dies gilt aber nur dann, wenn neben der Gesamtabrechnung **auch die Einzelabrechnungen beschlossen** werden, da Gesamtabrechnung und Einzelabrechnungen in einem untrennbaren Zusammenhang stehen. Ohne Beschluss über die Einzelabrechnung fehlt es deshalb bereits an einer gegen den einzelnen Miteigentümer festgestellten Forderung, so dass eine Zahlungsverpflichtung nicht fällig werden kann[2].

151

---

1 BGH, Beschl. v. 20. 11. 1992 – V ZR 279/91, MDR 1993, 352 = NJW 1993, 593.
2 BayObLG, Beschl. v. 17. 8. 2005 – 2 Z BR 229/04, NZM 2006, 62 (63).

152 Sind Einzelabrechnungen beschlossen worden und wurde bezüglich der Nachzahlungssalden nichts Besonderes bestimmt, dann sind die Nachzahlungen sofort zur Zahlung fällig[1].

153 Dasselbe gilt für Guthaben, die, wenn nichts anderes beschlossen wird, unverzüglich an den im Grundbuch eingetragenen Eigentümer auszukehren sind. **Guthaben aus Jahreseinzelabrechnungen** stehen auch dann dem zum Beschlusszeitpunkt **im Grundbuch eingetragenen Eigentümer** zu, wenn das Guthaben aus einem Wirtschaftszeitraum resultiert, in dem der betroffene Eigentümer noch gar nicht Mitglied der Eigentümergemeinschaft gewesen ist. Da sich die Wirkung eines Abrechnungsbeschlusses nur gegen den im Grundbuch eingetragenen Miteigentümer richten können, ist der ausgeschiedene Eigentümer, der für sich reklamiert, er habe doch die überhöhten Vorauszahlungen geleistet, die jetzt zu einem Abrechnungsguthaben geführt hätten, auf den Innenausgleich zwischen ihm und den Erwerber zu verweisen. Einen Anspruch auf Auszahlung des Guthabens hat der ausgeschiedene Eigentümer gegen die Eigentümergemeinschaft auch dann nicht, wenn im Kaufvertrag vereinbart worden ist, dass Abrechnungsguthaben für solche Wirtschaftszeiträume, in denen der Verkäufer noch Mitglied der Eigentümergemeinschaft gewesen ist, an diesen auszuzahlen sind. In solchen Fällen kann die Eigentümergemeinschaft auf Bitten des Erwerbers das Guthaben direkt an den ausgeschiedenen Eigentümer auskehren, sie muss es aber nicht. Will sich ein Verwalter hierauf nicht einlassen, kann er für den Verband schuldbefreiend an den neuen Eigentümer auszahlen, der dann seinerseits dafür Sorge tragen muss, der ihm obliegenden vertraglichen Verpflichtung auf Überstellung dieses Guthabens an den Veräußerer zu entsprechen.

c) Sonderumlagen

154 Wird eine Sonderumlage als Einmalzahlung beschlossen ohne weitere Angabe eines Zahlungszeitpunktes, dann ist sie **sofort fällig**.

155 Wird eine Sonderumlage betragsmäßig ausgewiesen, dieser Betrag sodann in Raten aufgeteilt und für die einzelnen Raten eine jeweilige Zahlungsfälligkeit bestimmt, dann müssen die Raten auch erst zu dem Zeitpunkt gezahlt werden, zu dem die jeweilige Fälligkeit eintritt. Auswirkungen hat dies auf die Zahlungsverpflichtung bei einem Eigentümerwechsel. Ist die Fälligkeit einer Teilleistung für einen Zeitpunkt bestimmt worden, der nach der Eigentumsumschreibung auf den Erwerber liegt, dann ist der Erwerber verpflichtet, den nach seiner Eigentumsumschreibung fällig werdenden Anteil der Sonderumlage zu zahlen, unabhängig davon, dass die Sonderumlage als solche vor seinem Eigentumserwerb beschlossen worden ist.

---

1 BayObLG, Beschl. v. 15. 12. 1994 – 2 Z BR 115/94, WE 1995, 350 (351).

9. Verzug

Ist die Verpflichtung eines Miteigentümers zur Zahlung fällig gestellt worden, so richtet sich der Verzugseintritt für alle Arten von Zahlungsverpflichtungen nach § 286 BGB.

156

a) Mahnung

Gem. § 286 Abs. 1 Satz 1 BGB kommt ein Schuldner durch Mahnung des Gläubigers, die nach dem Eintritt der Fälligkeit erfolgt, in Verzug.

157

b) Leistungszeitpunkt nach dem Kalender

Gem. § 286 Abs. 2 Nr. 1 BGB bedarf es einer Mahnung für den Verzugseintritt nicht, wenn für die Leistung eine Zeit nach dem Kalender bestimmt ist. Ein solcher Zahlungszeitpunkt kann in der Gemeinschaftsordnung oder im Verwaltervertrag vereinbart oder durch einen Mehrheitsbeschluss festgelegt werden.

158

Einer Mahnung bedarf es des Weiteren nicht, wenn sich der Leistungszeitpunkt nach dem Kalender berechnen lässt (§ 286 Abs. 2 Nr. 2 BGB) oder aber der Schuldner die Leistung endgültig verweigert hat (§ 286 Abs. 2 Nr. 3 BGB), oder aus besonderen Gründen unter Abwägung der beiderseitigen Interessen der sofortige Verzugseintritt gerechtfertigt ist (§ 286 Abs. 2 Nr. 4 BGB).

159

Zur Vermeidung von Unklarheiten ist zu empfehlen, dass Eigentümergemeinschaften für jedwede Zahlungsverpflichtung eines Miteigentümers einen **genauen Zahlungszeitpunkt** beschließen, wenn sich ein solcher nicht bereits aus Gemeinschaftsordnung oder Verwaltervertrag ergibt. Damit gerät ein Miteigentümer automatisch auch ohne Mahnung in Verzug, weil für seine Leistung eine Zeit nach dem Kalender bestimmt ist. (§ 286 Abs. 2 Ziffer 1 BGB).

160

Zumindest aber sollte als **Leistungszeit** unmittelbar oder mittelbar ein bestimmter **Kalendertag** festgelegt werden, denn abweichend vom bisherigen Recht genügt für die Bestimmung des Leistungszeitpunktes und eines danach eintretenden Verzuges grundsätzlich auch die Berechenbarkeit nach dem Kalender[1].

161

Es steht einer Eigentümergemeinschaft auch frei, ohne Angabe eines bestimmten kalendermäßigen Datums die Zahlungsfälligkeit einer Forderung, die auch in einzelne Raten aufgeteilt werden kann, und den sich daran anschließenden Verzugseintritt an die Abfolge von Kalendertagen

162

---

1 Palandt/*Heinrichs*, BGB, 67. Aufl., § 286 Rz. 23.

beliebiger Zeitabschnitte zu knüpfen, z.B. 3. Werktag eines Monats, 10. Kalendertag eines Quartals usw.[1].

163 Wird der Gesamtbetrag einer Zahlungsschuld in Raten aufgeteilt, die zu bestimmten nach dem Kalender bestimmten Daten zu zahlen sind, so wird die Zahlungsschuld dadurch nicht zu einer regelmäßig wiederkehrenden Geldleistung, sondern es handelt sich um **Ratenzahlungen** auf eine, als **Einmalforderung** begründete feststehende Schuld.

164 In Verzug gerät der Wohnungseigentümer, wenn sein Wohngeldbeitrag durch den Verwalter abgerufen worden ist und er auch nach einer Mahnung des Verwalters nicht unverzüglich leistet (§ 286 Abs. 1 BGB). Enthält der Abruf des Verwalters eine angemessene Zahlungsfrist, so tritt nach § 286 Abs. 2 Nr. 2 BGB Zahlungsverzug schon mit Fristablauf ein, ohne dass es noch einmal einer Mahnung durch den Verwalter bedürfte.

165 Für Hausgeldforderungen gilt § 286 Abs. 3 BGB nicht, wonach der Schuldner einer Entgeltforderung nach Ablauf von 30 Tagen nach Fälligkeit und Zugang einer Rechnung automatisch in Verzug gerät.

166 Ist bereits zweifelhaft, ob die Zahlungsanforderung des Verwalters als **Rechnung oder Zahlungsaufstellung** gem. § 286 Abs. 3 BGB bezeichnet werden kann, so handelt es sich bei der Beitragsverpflichtung des Eigentümers jedenfalls nicht um eine Entgeltforderung.

167 Entgeltforderungen in diesem Sinne sind Forderungen, die auf Zahlung eines Entgelts für die Lieferung von Gütern oder die Erbringung von Dienstleistungen gerichtet sind[2]. Mit seinen Beitragsleistungen bezahlt ein Miteigentümer jedoch nicht etwa eine von der Gemeinschaft an ihn erbrachte Leistung, sondern er leistet seinen Beitrag als Mitglied der Gemeinschaft zur Finanzierung der Zahlungsverpflichtungen der Gemeinschaft gegenüber Dritten, die dadurch entstehen, dass von Dritten Leistungen an die Gemeinschaft und damit gleichzeitig auch an ihn selbst erbracht werden. Zwischen den Miteigentümern selbst findet nämlich nach erfolgter Lieferung von außen kein Leistungsaustausch statt, der zu einer Vergütungspflicht untereinander im Innenverhältnis führen könnte.

10. Verzugszinsen

a) Gesetzlicher Zinssatz

168 Gem. § 288 Abs. 1 BGB ist eine Geldschuld während des Verzugs mit 5 % über dem Basiszinssatz zu verzinsen. Gem. § 247 Abs. 1 BGB sollte dieser Basiszinssatz 3,62 % betragen und jeweils zum 1. Januar und

---

1 Palandt/*Heinrichs*, BGB, 67. Aufl., § 286 Rz. 22.
2 Palandt/*Heinrichs*, BGB, 67. Aufl., § 286 Rz. 27.

1. Juli eines jeden Jahres angepasst werden. Da die Überleitungsvorschriften zu § 247 BGB eine Anpassung bereits zum Inkrafttreten des Schuldrechtsmodernisierungsgesetzes am 1. 1. 2002 zuließen, wurde mit dem Inkrafttreten des SMG zum 1. 1. 2002 der Basiszinssatz von 3,62 auf 2,57 % herabgesetzt. Bezugsgröße für den Basiszinssatz ist der Zinssatz der Europäischen Zentralbank für Hauptrefinanzierungsgeschäfte. Infolge der Anpassungsregelung ändert sich der gem. § 247 Abs. 1 BGB geltende Basiszinssatz ohne Verkündung im Bundesgesetzblatt.

Da es häufig vorkommt, dass ein Zahlungsverfahren über einen oder mehrere **Anpassungsstichtage** andauert und die Höhe eines zukünftigen Basiszinssatzes nicht bekannt ist, empfiehlt sich hinsichtlich des Zinsantrages die Formulierung, dass die Hauptforderung mit 5 % über dem jeweiligen Basiszinssatz zu verzinsen ist.

Erst im Rahmen eines etwa erforderlichen Vollstreckungsauftrages ist dann in der Forderungsaufstellung der genaue Verzugszins unter Berücksichtigung etwaiger Veränderungen zu berechnen.

Der Zinssatz des § 288 Abs. 1 BGB stellt dabei einen typisierten Mindestschaden dar, demgegenüber der Schuldner nicht einwenden kann, dass dem Gläubiger kein oder nur ein geringerer Schaden entstanden sei[1].

b) Abweichender Verzugszins

Konnte eine Eigentümergemeinschaft eine vom Gesetz abweichende Höhe des Verzugszinses in Beitreibungsverfahren als Verzugsschaden nur dann geltend machen, wenn dies in der Gemeinschaftsordnung vereinbart war, wurde mit § 21 Abs. 2 WEG eine neue Beschlusskompetenz geschaffen, die es Eigentümergemeinschaften ermöglicht, im Rahmen ordnungsgemäßer Verwaltung durch Mehrheitsbeschluss höhere als die gesetzlichen Verzugszinsen festzulegen. Die Beschlusskompetenz ist unabhängig von bereits bestehenden Vereinbarungen in der Gemeinschaftsordnung gegeben, d.h., die Gemeinschaftsordnung kann insoweit durch Mehrheitsbeschluss geändert werden. Die Beschlusskompetenz umfasst auch die Einführung von Vertragsstrafen, was früher einer Vereinbarung und damit der Allstimmigkeit vorbehalten war[2]. Die Erhöhung des Verzugszinses ist selbstverständlich nur bis zur Grenze der Sittenwidrigkeit möglich, ein darüber hinaus gehender Zinssatz kann wirksam trotz neuer Beschlusskompetenz nicht beschlossen werden.

Die Festlegung eines höheren Verzugszinses ist dabei auch nicht auf den Einzelfall beschränkt, sondern die neue Beschlusskompetenz eröffnet Eigentümergemeinschaften die Möglichkeit, für alle zukünftigen Zah-

---
1 Palandt/*Heinrichs*, BGB, 67. Aufl., § 288 Rz. 4.
2 *Köhler*, Das neue WEG, § 21 Rz. 296 ff.

lungsrückstände ein vom gesetzlichen Zinssatz nach oben abweichenden Verzugszins zu bestimmen.

c) Tatsächlicher Zinsschaden

174 Nimmt eine Eigentümergemeinschaft einen Überziehungskredit in Anspruch, für den ein höherer Zinssatz als der gesetzlich vorgesehene anfällt, so kann die Eigentümergemeinschaft selbstverständlich die Zinsaufwendungen, die sie an das Kreditinstitut zahlen muss, auch gegenüber dem säumigen Miteigentümer geltend machen. (§ 288 Abs. 4 BGB). Denn ein Beschluss über die Einführung von Verzugsfolgen, die sich am tatsächlich stattfindende Schadenseintritt orientiert, bewegt sich immer im Rahmen ordnungsgemäßer Verwaltung. Eine Eigentümergemeinschaft ist aber auch nicht gehindert, über den tatsächlich eintretenden Schaden hinauszugehen, weil sie auch einen Abschreckungseffekt mit einbeziehen kann[1].

11. Verjährung von Hausgeldansprüchen

175 Seit dem 1. 1. 2002 gilt für alle Hausgeldansprüche eine **einheitliche Verjährungsfrist von 3 Jahren** (§ 197 Abs. 2 i. V. m. § 195 BGB). Es handelt sich dabei um die so genannte „**Sylvesterverjährung**", d.h. die Verjährungsfrist beginnt am Ende des Kalenderjahres zu laufen, in dem der Zahlungsanspruch durch Beschlussfassung entstanden und fällig gestellt worden ist (§ 199 Abs. 1 BGB).

Dies führt dazu, dass Ansprüche auf Wohngeldvorauszahlung und solche auf Nachzahlung aus Jahresabrechnungen zu unterschiedlichen Zeitpunkten verjähren. Die Verjährungsfrist für Ansprüche des Verbandes gegen seine Mitglieder auf Wohngeldvorauszahlungen beginnt am Ende des Jahres zu laufen, in dem die Vorauszahlungen fällig gewesen sind und hätten entrichtet werden müssen. Da über die Vorauszahlungen eines Wirtschaftsjahres zwangsläufig erst im darauf folgenden Jahr abgerechnet werden kann, mithin eine etwaige Nachzahlung frühestens im nächsten Jahr fällig gestellt werden kann, beginnt die Verjährungsfrist für den Nachzahlungsanspruch ein Jahr später, nämlich mit Ablauf des Jahres zu laufen, in dem die Abrechnung erfolgt ist.

176 Zu praktischen Auswirkungen kann der unterschiedliche Lauf der Verjährungsfrist allerdings nur in Fällen eines Eigentümerwechsels führen, und zwar auch nur dann, wenn nachträglich Abrechnungen vergangener Jahre beschlossen werden.

Der Beschluss über eine Jahresabrechnung hebt den ehemals genehmigten Wirtschaftsplan weder auf noch ersetzt er ihn, der Beschluss über eine Jahresabrechnung hat demnach keine novierende Wirkung[2]. Dessen

---
1 Palandt/*Bassenge*, 67. Aufl., § 21 Rz. 21.
2 BGH, Beschl. v. 23. 9. 1999 – V ZB 17/99, NJW 1999, 3713 (3714).

ungeachtet begründet der Beschluss über eine Jahresabrechnung bei unveränderter Eigentümerstellung auch insoweit einen Zahlungsanspruch, als der Eigentümer im abgerechneten Wirtschaftsjahr seine Vorauszahlungen nicht erbracht hat. Der Abrechnungsbeschluss begründet mithin bei unveränderter Eigentümerstellung einen Anspruch auf rückständige Wohngeldzahlungen neben und zusätzlich zum genehmigten Wirtschaftsplan, der Beschluss über die Jahresabrechnung tritt als Rechtsgrund neben den beschlossenen Wirtschaftsplan[1], und zwar gerade auch dann, wenn eine Nachzahlung aus der Jahresabrechnung darauf zurückzuführen ist, dass ein Wohnungseigentümer, gemessen am Wirtschaftsplan, mit den von ihm zu entrichtenden Wohngeldern rückständig ist[2]. Eine Eigentümergemeinschaft kann sich bei unveränderten Eigentumsverhältnissen wahlweise bei der Beitreibung rückständiger Wohngelder auf den unverändert wirksamen Wirtschaftsplan oder aber auf die Jahresabrechnung stützen.

Anders verhält es sich bei einem Eigentümerwechsel. Da der Beschluss über die Jahresabrechnung nur gegenüber dem neuen Eigentümer Wirkung entfalten kann, dieser jedoch nicht für Altschulden seines Vorgängers haftet und daher nur auf die sog. Abrechnungsspitze in Anspruch genommen werden kann, besteht als Rechtsgrund zur Anspruchsverfolgung gegenüber dem ausgeschiedenen Eigentümer nur der ehemalige Wirtschaftsplan, gegenüber dem Erwerber und neu eingetragenen Eigentümer nur der Abrechnungsbeschluss zur Verfügung. Kommt es im Einzelfall dazu, dass Eigentümergemeinschaften für Jahre rückwirkend nachträglich Abrechnungen beschließen müssen, sei es, dass Jahresabrechnungen überhaupt noch nicht beschlossen wurden, sei es, dass alte Abrechnungen nach Anfechtung für unwirksam erklärt wurden und neu beschlossen werden müssen, stellt sich aufgrund der neuen Abrechnungen heraus, dass sich der Nachzahlungsbetrag u. a. aus nicht entrichteten Wohngeldvorauszahlungen zusammensetzt, die ein früherer Eigentümer hätte bezahlen müssen, dann kann durch den neuen Beschluss über die Jahresabrechnung nur die Abrechnungsspitze gegenüber dem Erwerber geltend gemacht werden, die rückständigen Wohngeldvorauszahlungen aus früheren Abrechnungszeiträumen müssen abgeschrieben werden, wenn zwischen Ende des Wirtschaftsjahres, für das diese Vorauszahlungen hätten entrichtet werden müssen und dem Beschluss der neuen Jahresabrechnung, mehr als drei Jahre liegen. 177

Der Abrechnungsanspruch als solcher unterliegt keiner Verjährung, so dass es auch noch nach 10 oder 20 Jahren möglich wäre, rückwirkend Jahresabrechnungen aufzustellen und zu beschließen. 178

---
1 OLG Dresden, Beschl. v. 24. 11. 2005 – 3 W 1369/05, ZMR 2006, 543 (544).
2 BayObLG, Beschl. v. 16. 6. 2004 – 2 Z BR 085/04, ZMR 2004, 842 (843); OLG Hamm, Beschl. v. 8. 7. 2003 – 15 W 48/03, ZMR 2004, 54 (55).

179 Die Bestimmung, wonach die Verjährung ohne Kenntnis des fälligen Anspruches und der Person des Schuldners erst nach 10 Jahren eintritt (§ 199 Abs. 3 Nr. 1 BGB), ist bei Hausgeldansprüchen praktisch ohne Relevanz. Da es auf die Kenntnis des Gläubigers, mithin des teilrechtsfähigen Eigentümerverbandes ankommt, und nicht etwa auf diejenige des einzelnen säumigen Eigentümers, der sich um seine Hausgeldschulden nicht gekümmert hat, ist es nur in außergewöhnlichen Fallkonstellationen denkbar, dass eine Gemeinschaft die Existenz der gegen einen Miteigentümer gerichteten Hausgeldansprüche oder die Person des Miteigentümers etwa nicht bekannt sein könnte. Nach drei Jahren verjähren auch solche Wohngeldansprüche, die wegen verschuldeter Unkenntnis der Person des Schuldners nicht rechtzeitig geltend gemacht worden sind. Wurde der Eigentümergemeinschaft ein Eigentümerwechsel nicht angezeigt, so ist fraglich, ob eine sich daraus ergebende Unkenntnis der Person des Beitragsschuldners grob fahrlässig ist und dementsprechend die Wohngeldansprüche nicht in zehn, sondern bereits in drei Jahren verjähren. Da von einem Verwalter nicht verlangt werden kann, regelmäßig und routinemäßig die Eigentumsverhältnisse durch Anforderung von Grundbuchauszügen zu überprüfen, es sei denn, es bestünden im Einzelfall äußere Anzeichen für einen Eigentümerwechsel, dürfte die Unkenntnis des richtigen Schuldners im Regelfall nicht auf grobe Fahrlässigkeit beruhen.

180 Ein Fall der **unverschuldeten Kenntnis** des richtigen Schuldners kann z. B. bei **Scheineigentümern** vorliegen, bei denen möglicherweise erst nach Jahren eine Grundbuchberichtigung stattfindet.

181 Da es sich bei der Verpflichtung zur Hausgeldzahlung nicht um einen Einzelanspruch eines Miteigentümers handelt, sondern Gläubiger von Bewirtschaftungskosten ausschließlich die Eigentümergemeinschaft als teilrechtsfähiger Verband ist, kommt es bei der Zurechnung des Wissens von einem Anspruch auf die Kenntnis des Verwalters an. Alles, was ein Verwalter weiß, muss sich die Gemeinschaft zurechnen lassen, denn der Verwalter ist insoweit für die Verfolgung der Verbandsinteressen zuständig.

182 Auf das Wissen des Verwaltungsbeirates kommt es genauso wenig an wie auf das eines oder mehrerer Miteigentümer, da kein Miteigentümer, und mag er auch Verwaltungsbeirat sein, für eine Eigentümergemeinschaft vertretungsberechtigt ist. Der Auffassung, dass einer Eigentümergemeinschaft die Kenntnis des Verwaltungsbeirates zuzurechnen sei, ist nicht zu folgen[1]. Eine Wissenszurechnung des Verwaltungsbeirates könnte allenfalls dann erfolgen, wenn es sich um Kenntnisse handelt,

---

1 So aber *Niedenführ*/Kümmel/Vandenhouten, WEG, 8. Aufl. § 28 Rz. 168; *Merle*, Schuldrechtsmodernisierung – Auswirkungen auf die Geltendmachung von Beitragsforderungen, ZWE 2003, 231 (238).

die der Verwaltungsbeirat im Bereich der ihm gesetzlich oder rechtsgeschäftlich übertragene Aufgaben und Befugnisse erlangt hat. Da § 29 Abs. 3 WEG jedoch nicht die Verpflichtung enthält, im Rahmen der Prüfung des Wirtschaftsplanes, der Rechnungslegungen und der Kostenanschläge auch die Wohngeldkonten der einzelnen Miteigentümer zu überprüfen, um etwa Wohngeldrückstände festzustellen, sind weder eine zufällige Kenntnis des Verwaltungsbeirates von Wohngeldrückständen noch eine Unkenntnis dem Eigentümerverband zuzurechnen.

Bei rechtskräftig titulierten Ansprüchen verbleibt es bei einer Verjährungsfrist von 30 Jahren (§ 197 Abs. 1 Nr. 3 BGB). 183

⊃ **Hinweis:**
Dies gilt nur für solche Zinsen, die bis zur Rechtskraft der Entscheidung entstanden sind und vom Tenor insoweit mit erfasst werden, zukünftige Zinsen unterliegend der Regelverjährung von 3 Jahren (§ 197 Abs. 2 i. V. m. § 195 BGB n. F.). 184

III. Die gerichtliche Beitreibung

Gem. § 27 Abs. 2 Ziffer 3 WEG ist ein Verwalter berechtigt, Ansprüche der Wohnungseigentümergemeinschaft gerichtlich und außergerichtlich geltend zu machen, sofern er hierzu durch Beschluss der Wohnungseigentümer ermächtigt ist. Dies bedeutet, dass die dem Verwalter durch das Gesetz übertragenen Rechte und Befugnisse nicht ausreichen, ohne weitergehende Ermächtigung Wohngeldrückstände von säumigen Miteigentümern beizutreiben. Die Ermächtigung kann bereits in der Gemeinschaftsordnung enthalten oder im Rahmen des Verwaltervertrages übertragen worden sein[1]. 185

Eine solche **Ermächtigung** kann von den Wohnungseigentümern aber auch **mehrheitlich beschlossen** werden. Sie kann für den Einzelfall als auch generell erteilt und sie kann von Voraussetzungen abhängig gemacht werden. Zulässig ist es, die Einleitung von Beitreibungsverfahren davon abhängig zu machen, dass ein Mindestzahlungsrückstand erreicht worden ist, dass ein Miteigentümer ein oder mehrere Male gemahnt werden muss, dass eine Abstimmung mit dem Verwaltungsbeirat zu erfolgen hat usw. 186

Es ist jedoch davor zu warnen, die Voraussetzungen zur Einleitung eines Beitreibungsverfahrens zu komplex zu gestalten, da eine Gemeinschaft dadurch Zeit verliert, ihre Zahlungsansprüche geltend zu machen und die Gefahr besteht, mit größeren Hausgeldbeträgen auszufallen, als dies bei kurzfristiger Beitreibung geschehen wäre. 187

---
1 *Niedenführ*/Kümmel/Vandenhouten, WEG, 8. Aufl., § 27 Rz. 61.

1. Prozessführung

188 Der Verwalter, dem entsprechende Prozessvollmacht erteilt worden ist, ist sodann befugt, einen **Rechtsanwalt** einzuschalten[1]. Der Verwalter ist jedoch zur Beauftragung eines Rechtsanwaltes nicht verpflichtet, er kann die gerichtliche Geltendmachung von Wohngeldrückständen auch selbst übernehmen. Dies stellte bereits keinen Verstoß gegen das Rechtsberatungsgesetz dar[2] und hat im Hinblick auf das seit dem 1. 7. 2008 geltende Gesetz über außergerichtliche Rechtsdienstleistungen (RDG) ohnehin seine Problematik verloren.

189 Da die Prozessführung nicht zur normalen Verwaltertätigkeit gehört und deshalb auch nicht vom normalen Verwalterhonorar abgedeckt wird, kann dem Verwalter durch Mehrheitsbeschluss eine zusätzliche Vergütung für die Durchführung von Gerichtsverfahren gegen säumige Wohnungseigentümer gewährt werden, deren Höhe sich nach dem RVG berechnet[3].

a) Der Verband der Wohnungseigentümer als Kläger

190 Wurde früher angenommen, dass Eigentümergemeinschaften keine eigene Rechtspersönlichkeit besitzen, so dass Inhaber der Wohngeldansprüche die einzelnen Mitglieder der Eigentümergemeinschaft waren, hat sich diese Einschätzung seit der Entscheidung des BGH zur Teilrechtsfähigkeit von Wohnungseigentümergemeinschaften geändert[4]. Eigentümergemeinschaften können nunmehr Träger von Rechen und Pflichten sein. Der Anspruch auf Wohngeldzahlungen steht seither der Eigentümergemeinschaft als teilrechtsfähigem Verband zu.

Die Teilrechtsfähigkeit von Eigentümergemeinschaften hat in der WEG-Novelle ausdrücklich ihren Niederschlag gefunden (§ 10 Abs. 6 WEG).

191 Für Wohngeldbeitreibungsprozesse bedeutet dies, dass Eigentümergemeinschaften nunmehr unter ihrem Namen, vertreten durch den Verwalter, als Kläger auftreten können, die namentliche Bezeichnung der Eigentümer als Mitglieder des Verbandes im Rubrum oder durch Beifügung einer Eigentümerliste ist nicht mehr erforderlich. Partei ist der Verband, der im Rubrum als „Wohnungseigentümergemeinschaft X-Straße in Y-Stadt, vertreten durch den Verwalter Z" zu bezeichnen ist (§ 10 Abs. 6 Satz 4 WEG). Unter dieser Namensnennung kann eine Eigentümergemeinschaft vor Gericht klagen und verklagt werden (§ 10 Abs. 6 Satz 5 WEG).

---

1 BayObLG, Beschl. v. 2. 6. 1980 – 2 Z 66/79, BayObLGZ 1980, 154 (156, 157).
2 BGH, Beschl. v. 6. 5. 1993 – V ZB 9/92, NJW 1993, 1924 = WuM 1993, 431.
3 Ehemals bei Geltung der BRAGO: BGH, Beschl. v. 6. 5. 1993 – V ZB 9/92, NJW 1993, 1924 = WuM 1993, 431.
4 BGH, Beschl. v. 2. 6. 2005 – V ZB 32/05, NZM 2005, 543 ff.

b) Der Verwalter als Kläger

Der Anspruch auf Wohngeldzahlung muss nicht unmittelbar vom teilrechtsfähigen Verband geltend gemacht werden, das Recht zur Verfolgung von Wohngeldrückständen kann auch dem Verwalter übertragen werden. Dies geschieht entweder durch Mehrheitsbeschluss, den Verwaltervertrag oder schon in der Gemeinschaftsordnung. Wird der Verwalter zur Beitreibung ermächtigt, handelt es sich nicht um eine Abtretung der Zahlungsansprüche der Eigentümergemeinschaft an den Verwalter, sondern um eine gewillkürte Prozessstandschaft. Der Verwalter kann mithin in eigenem Namen fremde Ansprüche geltend machen und Zahlung an sich verlangen[1]. 192

Bei der Formulierung der Klageschrift sollte im Rubrum auf den Umstand der gewillkürten Verfahrensstandschaft hingewiesen werden, indem nach Benennung des Verwalters als Kläger der Zusatz aufgenommen wird, dass der Verwalter in gewillkürter Prozessstandschaft handelt (...), die Verwalterin X GmbH, vertr. durch deren Geschäftsführer in gewillkürter Prozessstandschaft (...). 193

Ein Verwalter, der ermächtigt worden ist, rückständige Wohngelder gerichtlich geltend zu machen, ohne dass ausdrücklich bestimmt worden ist, ob dies im Namen des Verbandes oder in eigenem Namen geschehen soll, kann wählen, ob er dies in eigenem Namen und damit in gewillkürter Prozessstandschaft oder als Vertreter der Wohnungseigentümergemeinschaft namens und im Auftrage des Verbandes tun will[2]. 194

Hat ein Verwalter jedoch den ausdrücklichen Auftrag erhalten, in gewillkürter Prozessstandschaft vorzugehen, muss er diesem Auftrag entsprechen und darf nicht eigenmächtig namens und im Auftrage der Eigentümergemeinschaft das Verfahren einleiten Lehnt der Verwalter ein Tätigwerden in Verfahrensstandschaft grundsätzlich ab, was ohne Weiteres zulässig ist, da es nicht zu den Verwalterpflichten gehört, in eigenem Namen Prozesse zu führen und sich persönlich den im Außenverhältnis mit einer Prozessführung verbundenen Verpflichtungen und Risiken auszusetzen, muss er auf eine Änderung der Beschlusslage hinwirken. 195

Beitreibungsverfahren von Verwaltern in gewillkürter Prozessstandschaft dürfte jedoch in Zukunft keine Bedeutung mehr zukommen, da der Beweggrund für eine solche Verfahrensweise, nämlich eine Geringhaltung der Prozesskosten, nunmehr entfallen ist. Wurde früher eine Eigentümergemeinschaft in Wohngeldverfahren vertreten, so entstand die Mehrfachvertretungsgebühr nach § 6 BRAGO, heute Nr. 1008 VV RVG, da ein Mandatsverhältnis zwischen jedem einzelnen Eigentümer und

---
[1] BGH, Beschl. v. 21. 4. 1988 – V ZB 10/87, NJW 1988, 1910.
[2] OLG Köln, Beschl. v. 20. 8. 1977 – 16 Wx 169 u. 180/97, NZM 1998, 865.

dem Rechtsanwalt begründet wurde. Nachdem heute der teilrechtsfähige Verband Inhaber der Wohngeldforderung und damit Partei einer Zahlungsklage ist, besteht das Mandatsverhältnis zwischen Anwalt und Verband, die Erhöhungsgebühr entsteht ohnehin nicht mehr.

c) Der einzelne Wohnungseigentümer als Kläger

196 Gem. § 27 Abs. 3 WEG können Wohnungseigentümer einen oder mehrere Miteigentümer durch Mehrheitsbeschluss zu Ihrer Vertretung ermächtigen. Dies bedeutet, dass auch ein einzelner Eigentümer per Mehrheitsbeschluss mit der gerichtlichen Beitreibung rückständiger Wohngelder gegenüber einem Miteigentümer in gewillkürter Prozessstandschaft beauftragt werden kann. Ohne eine solche Ermächtigung ist allerdings ein einzelner Wohnungseigentümer mangels Aktivlegitimation nicht klagebefugt. Der Inhaber des Anspruches auf Wohngeldzahlung ist der teilrechtsfähige Verband und nicht der einzelne Miteigentümer.

2. Gerichtszuständigkeit

a) Funktionelle Zuständigkeit

197 Vor der WEG-Novelle waren für Streitigkeiten nach dem WEG die Gerichte der Freiwilligen Gerichtsbarkeit zuständig. Durch die WEG-Novelle wurden nunmehr die Streitigkeiten nach dem WEG in den Geltungsbereich der Zivilprozessordnung überführt. Damit haben sich alle ehemaligen schwierigen Abgrenzungsfragen erledigt, ob bestimmte Streitgegenstände vor dem Gericht der Freiwilligen Gerichtsbarkeit zu verhandeln sind oder der Zivilgerichtsbarkeit zugeordnet werden müssen. Wohnungseigentumssachen sind nunmehr nach den Vorschriften der ZPO zu behandeln, wobei das gerichtliche Verfahren durch die §§ 44 – 50 WEG modifiziert bzw. ergänzt wird.

b) Sachliche Zuständigkeit

198 Für alle Streitigkeiten, die die Verwaltung des gemeinschaftlichen Eigentums betreffen, ist das Amtsgericht unabhängig vom Streitwert sachlich zuständig (§ 23 Nr. 2c GVG).

199 Sind Rechte und Pflichten der Wohnungseigentümer untereinander streitig, geht es um die Verteilung von Lasten und Kosten, sollen Ansprüche auf Zahlung von Hausgeld jeder Art, d.h. von Wohngeldvorauszahlungen, von Sonderumlagen sowie von Nachzahlungen aus Jahresabrechnungen geltend gemacht werden, ist in allen Fällen das Amtsgericht zuständig. Dies gilt auch dann, wenn solche Ansprüche gegen einen ausgeschiedenen Miteigentümer verfolgt werden sollen.

c) Örtliche Zuständigkeit

Gem. § 43 WEG ist örtlich ausschließlich zuständig das Amtsgericht, in dessen Bezirk das Grundstück der Wohnungseigentümergemeinschaft liegt. Wird bei einem örtlich unzuständigen Gericht Klage erhoben und nach gerichtlichem Hinweis nicht beantragt, das Verfahren an das örtlich zuständige Gericht zu verweisen, wird die Klage als unzulässig abgewiesen. 200

d) Internationale Zuständigkeit

Die deutschen Gerichte sind gem. Art. 5 Nr. 1a EuGVVO für einen Zahlungsanspruch einer deutschen Wohnungseigentümergemeinschaft aus dem Gemeinschaftsverhältnis gegen einen im Ausland wohnenden Miteigentümer international zuständig, da es die starke Ortsbezogenheit des Wohngeldanspruches rechtfertigt, als Erfüllungsort der Zahlungsverpflichtung eines Wohnungseigentümers den Ort der Wohnungseigentumsanlage anzusehen[1]. 201

Soll ein im Ausland lebender Miteigentümer wegen Wohngeldrückständen verklagt werden, ergeben sich Probleme deshalb nicht bei der Suche nach dem örtlich und sachlich zuständigen Gericht, problematisch ist in vielen Fällen vielmehr die Frage, wie an den Miteigentümer wirksam Zustellungen erfolgen können. Will man ein teures und äußerst langwieriges Rechtshilfeverfahren vermeiden, sollten Eigentümergemeinschaften rechtzeitig den Beschluss fassen, dass Miteigentümer, die im Ausland leben oder sich für längere Zeit im Ausland aufhalten, einen inländischen Zustellungsbevollmächtigten bestellen müssen. Besteht die Möglichkeit, noch gestaltend auf den Inhalt einer Teilungserklärung einzuwirken, so empfiehlt es sich, eine solche Bestimmung bereits in die Gemeinschafsordnung aufzunehmen. 202

e) Ausgeschiedener Sondereigentümer

Die WEG-Novelle hat nichts daran geändert, dass Ansprüche einer Eigentümergemeinschaft gegen einen durch Eigentümerwechsel ausgeschiedenen Wohnungseigentümer unverändert vor dem für Wohnungseigentumsangelegenheiten zuständigen Gericht geltend zu machen sind (Zivilgerichtsbarkeit am Amtsgericht, Abteilung für Wohnungseigentumssachen). Nach der Entscheidung des BGH, dass alle Ansprüche, die sich für Mitglieder einer Eigentümergemeinschaft aus der Verwaltung der Gemeinschaft ergeben, auch dann vor dem Zivilgericht, Abteilung für Wohnungseigentumssachen geltend zu machen sind, wenn sie sich gegen einen ausgeschiedenen Miteigentümer richten[2], fallen nunmehr 203

---
1 OLG Stuttgart, Beschl. v. 19. 1. 2005 – 8 W 411/04, NZM 2005, 430.
2 BGH, Beschl. v. 26. 9. 2002 – V ZB 24/02, ZMR 2002, 941 = NJW 2002, 3709.

die Zahlungsansprüche der Gemeinschaft als teilrechtsfähigem Verband ebenfalls unter § 43 Nr. 2 WEG.

204 Streitigkeiten über die Rechte und Pflichten des Verwalters bei der Verwaltung des gemeinschaftlichen Eigentums unterfallen gem. § 43 Nr. 3 WEG der Zuständigkeit des Wohnungseigentumsgerichts. So lange es sich dabei um Ansprüche handelt, die in einem inneren Zusammenhang mit der Tätigkeit des Verwalters für die Eigentümergemeinschaft stehen, rechtfertigt es dieser innere Sachzusammenhang und die besondere Sachnähe des Amtsgerichts vor Ort, dass die Zuständigkeit des WEG-Gerichts besteht[1]. Das gleiche gilt auch für die Fälle, in denen ein ausgeschiedener Verwalter Ansprüche gegen die Wohnungseigentümergemeinschaft geltend machen will, die im Zusammenhang mit seiner früheren Verwaltertätigkeit für diese Gemeinschaft resultieren[2].

3. Die Klageschrift im Beitreibungsverfahren

a) Neue Diktion

205 Die Überführung des Wohnungseigentumsverfahrens aus der Freiwilligen Gerichtsbarkeit in den Geltungsbereich der Zivilprozessordnung hat zur Folge, dass die gesamte verfahrensrechtliche Diktion derjenigen des Zivilprozesses anzupassen ist.

206 So werden nicht, wie bisher im Verfahren der Freiwilligen Gerichtsbarkeit, Antragsschriften eingereicht, sondern es werden, wie im Zivilprozess üblich, Klagen erhoben. Ansprüche werden nicht mehr von Antragstellern geltend gemacht und von Antragsgegnern abgewehrt, sondern es handelt sich um Kläger, die Ansprüche einklagen und Beklagte, die beantragen, die gegen sie gerichtete Klage abzuweisen.

207 In Beitreibungsverfahren wird nicht mehr beantragt, dem säumigen Eigentümer die Zahlung rückständiger Hausgelder aufzugeben, sondern es wird beantragt, den Beklagten auf Zahlung der Forderung zu verurteilen.

208 Es ist nicht mehr zu beantragen, dem Antragsgegner sowohl die gerichtlichen als auch die außergerichtlichen Kosten (= Rechtsanwaltsgebühren) aufzuerlegen, sondern es ist zu formulieren, dass der Beklagte kostenpflichtig verurteilt wird.

b) Rückstände

209 Der Klageantrag im Beitreibungsverfahren richtet sich darauf, den säumigen Eigentümer auf Zahlung eines bestimmten rückständigen Hausgeld-

---
1 BGH, Urt. v. 5. 6. 1972 – 7 ZR 35/70, BGHZ 59, 58 (63).
2 BGH, Urt. V. 10. 7. 1980 – 7 ZR 328/79, BGHZ 78, 57 (63) = NJW 1980, 2466; BayObLG, Beschl. v. 14. 5. 1996 – II Z BR 43/96, WuM 1996, 663 = WE 1997, 76.

betrages zu verurteilen. Die Benennung des Anspruchsgrundes ist im Klageantrag nicht erforderlich, es reicht die Bezifferung des rückständigen Betrages.

Des Weiteren kann die Verzinsung der geltend gemachten Forderung verlangt werden (z. B. 5 % über dem Basiszinssatz). **210**

c) Zukünftige Hausgeldforderungen

aa) Prozessuale Ausgangssituation

Die praktischen Schwierigkeiten und möglichen Gefahren, die sich daraus ergeben können, wenn eine Eigentümergemeinschaft für die Wohngeldvorauszahlungen Vorfälligkeitsregeln oder Verfallsklauseln beschließt, lassen sich vermeiden, wenn man einen Miteigentümer nicht nur auf Zahlung bereits rückständiger Wohngelder verklagt, sondern als weiteren Klageantrag die Verpflichtung des Wohnungseigentümers aufnimmt, zu bestimmten Fälligkeitsdaten die beschlossenen Wohngeldzahlungen zu erbringen. § 258 ZPO eröffnet diese Möglichkeit, bei wiederkehrenden Leistungen auch wegen solcher Zahlungen Klage zu erheben, die erst nach Erlass des Urteils fällig werden[1]. Grundvoraussetzung ist nur, dass der Anspruch bereits entstanden ist. **211**

Dies ist bei Wohngeldvorauszahlungen, basierend auf dem Beschluss eines Jahreswirtschaftsplanes, regelmäßig der Fall. **212**

Durch die Verabschiedung des Jahreswirtschaftsplanes und die anteilige Umlage im Rahmen von Einzelwirtschaftsplänen auf das jeweilige Sondereigentum bzw. den jeweiligen Sondereigentümer werden die Bewirtschaftungskosten, soweit sie auf den Beschlusszeitraum entfallen, in ihrer Gesamtheit festgestellt, der Jahreswohngeldanspruch entsteht dadurch als Ganzes. In welchen Teilbeträgen die Zahlungen sodann zu erfolgen haben, kann in der Teilungserklärung, durch Verwaltervertrag oder durch mehrheitliche Beschlussfassung geregelt werden. **213**

In welchen Zeitabständen und in welcher Höhe auch immer Wohngeldzahlungen zu erfolgen haben, sie sind nicht von einer Gegenleistung des Verbandes abhängig. Die Bewirtschaftung der Wohnanlage durch die Gemeinschaft stellt keine Gegenleistung dar. Die Abhängigkeit einer Zahlung von einer Gegenleistung ist regelmäßig nur dann anzunehmen, wenn die wechselseitigen Leistungen Zug um Zug zu erbringen sind, nicht aber bei einer Vorleistungspflicht des Schuldners oder bei Ansprüchen auf Vorschussleistung[2], die als abstrakte Beitragsverpflichtung der Liquiditätsbeschaffung dient. Der Beschluss über einen Wirtschaftsplan begründet eine solche Vorleistungspflicht eines jeden Miteigentümers, **214**

---

1 Vgl. Baumbach/Lauterbach/Albers/*Hartmann*, ZPO, 66. Aufl., § 258 Rz. 1.
2 Zöller/*Vollkommer*, ZPO, 27. Aufl., § 688 Rz. 3.

so dass Vorauszahlungen nicht etwa mit dem Hinweis verweigert werden können, die Bewirtschaftung des Gemeinschaftseigentums finde nicht, unvollständig oder mangelhaft statt. Damit ist der der Anwendung von § 258 ZPO zugrunde liegende **Grundgedanke**, wer eine bereits fällige Rate einklagen muss, der soll auch erst künftig fällig werdende Zahlungsverpflichtungen in die Klage mit einbeziehen dürfen[1], auf die Beitreibung von Wohngeldvorauszahlungen **übertragbar**.

215 Soweit wiederkehrende Leistungen, die noch nicht fällig geworden sind, geltend gemacht werden sollen, darf der zukünftige Zeitraum, für den Leistung verlangt wird, nur in zumutbaren und überschaubaren Grenzen einbezogen werden[2]. Dem wird Rechnung getragen, wenn sich der Zahlungsantrag auf das Wirtschaftsjahr beschränkt, für das der Wirtschaftsplan beschlossen wurde. Die Vorauszahlungen auch für das Folgejahr als wiederkehrende zukünftige Leistung mit einzubeziehen, dürfte zu weit gehen, auch wenn der Wirtschaftsplan mit einer Fortgeltungsklausel beschlossen worden ist (Beschlussformulierung: der Wirtschaftsplan gilt auch über das Wirtschaftsjahr hinaus bis zum Beschluss eines neuen Wirtschaftsplanes).

216 Sollte ein säumiger Miteigentümer gar ausdrücklich erklären, dass er zukünftig keine Vorauszahlungen mehr erbringen werde, so ist gem. § 259 ZPO ein Klage**antrag auf künftige Leistung** gerechtfertigt, weil die angekündigte Erfüllungsverweigerung die Besorgnis begründet, dass sich der Schuldner der rechtzeitigen Leistung entziehen will[3].

217 Waren die Amtsgerichte vor wenigen Jahren noch nur vereinzelt bereit, säumigen Miteigentümern die Zahlung künftig fällig werdender Hausgeldvorauszahlungen aufzugeben[4], so entsprechen die Amtsgerichte heute Anträgen auf zukünftige Hausgeldzahlung in aller Regel schon dann anstandslos, wenn das bisherige Zahlungsverhalten des Wohngeldschuldners die Befürchtung rechtfertigt, er werde auch weiterhin seine Zahlungen nicht oder nicht pünktlich erbringen.

218 Dies bedeutet jedoch **nicht**, dass dabei von einer **Fiktion der Vorfälligkeit** der restlichen Jahreswohngeldvorauszahlung ausgegangen werden dürfte. So ist es nicht zulässig, einen säumigen Wohngeldschuldner bei einer Klage auf zukünftige Leistungen zu verurteilen, den gesamten restlichen Vorauszahlungsbetrag sofort und auf einmal zu zahlen.

219 Anderes gilt nur, wenn die Eigentümergemeinschaft einen sog. Vorfälligkeitsbeschluss gefasst hat. Mit einer mehrheitlich zu beschließenden

---

1 Baumbach/Lauterbach/Albers/*Hartmann*, ZPO, 66. Aufl., § 258 Rz. 15.
2 Vgl. Baumbach/Lauterbach/Albers/*Hartmann*, ZPO, 66. Aufl., § 258 Rz. 2.
3 Baumbach/Lauterbach/Albers/*Hartmann*, ZPO, 66. Aufl., § 259 Rz. 5.
4 So z.B. AG Offenbach am Main, Beschl. v. 19. 11. 2001 – 41 II 105/01, n.v.; AG Bad Homburg v.d.H., Beschl. v. 16. 12. 2002 – 43 UR II 74/02 WEG, n.v.

Vorfälligkeit kann geregelt werden, dass für Miteigentümer, die in bestimmtem Umfange mit monatlichen Wohngeldvorauszahlungen in Rückstand geraten, die Verpflichtung entsteht, die insgesamt noch für ein Wirtschaftsjahr offen stehenden Wohngeldvorauszahlungen in einer Summe zu leisten.

Eine weitere Ausnahme, bei der Klageanträge auf zukünftige Leistung nicht erforderlich sind, stellt die sog. Verfallsklausel dar. Um eine Verfallsklausel handelt es sich, wenn eine Eigentümergemeinschaft die Fälligkeit der Jahresgesamtvorauszahlung für den Beginn eines Kalenderjahres beschließt und die Miteigentümer die Möglichkeit erhalten, den Jahresgesamtbetrag in Raten zu zahlen, sei es kalendermonatlich, sei es quartalsmäßig. Die in einer solchen Zahlungsbestimmung liegende Stundung soll jedoch entfallen, wenn ein Miteigentümer in bestimmter Höhe rückständig wird, so dass sodann der gesamte Jahresvorauszahlungsbetrag wieder auf einmal fällig wird. 220

Im Ergebnis darf eine Klage auf zukünftige Leistung nicht zu einer höheren oder früheren Zahlungsbelastung eines Miteigentümers führen. Existiert nicht bereits ohnehin eine Beschlusslage, aus der sich entsprechende Folgen ergeben würden, bleibt es dabei, dass die unbedingte sofortige Zahlung nur bezüglich bereits fällig gewordener Wohngeldverpflichtungen verlangt werden darf, zukünftig fällig werdende Vorauszahlungen müssen als solche geltend gemacht werden. 221

Dies ist auch im Zahlungsantrag zu berücksichtigen, der zwischen solchen Forderungen unterscheiden muss, die bereits in der Vergangenheit fällig geworden sind, mit deren Entrichtung der Miteigentümer in Verzug geraten ist, die mithin vollumfänglich und sofort verlangt werden können, und solchen Zahlungspflichten, die erst in der Zukunft fällig werden. 222

Beispiel:

Ein Miteigentümer, der im laufenden Wirtschaftsjahr noch keine Hausgeldvorauszahlung geleistet hat, soll Anfang Juli 2008 gerichtlich auf Zahlung der Jahresgesamtleistung in Anspruch genommen werden. Der beschlossene Einzelwirtschaftsplan sieht für das Sondereigentum des Miteigentümers eine monatliche Vorauszahlung in Höhe von 500 Euro vor. Ein Vorfälligkeitsbeschluss existiert nicht, ebenso gibt es keine Fälligkeitsregelung für die monatlichen Vorauszahlungen, so dass diese bis spätestens zum letzten Kalendertag eines Monats zu erbringen sind. 223

Die Vorauszahlungen bis Juni 2008, d.h. für sechs Monate in Höhe von 3000 Euro sind damit bei Antragstellung bereits fällig, bei den weiteren monatlichen Vorauszahlungen von Juli bis Dezember handelt es sich um bei Klageerhebung noch nicht fällige zukünftige Leistungen. 224

bb) Klageantrag

Im vorstehenden Beispielsfall könnte der Klageantrag lauten wie folgt:

225 Der Beklagte wird verurteilt, an die Klägerin zu Händen der Verwalterin 3 000 Euro nebst 5 % Zinsen über dem jeweiligen Basiszinssatz aus jeweils 500 Euro seit dem 1. 2., 1. 3., 1. 4., 1. 5., 1. 6. und 1. 7. 2008 zu zahlen.

Der Beklagte wird weiter verurteilt, an die Klägerin zu Händen der Verwalterin jeweils 500 Euro am 31. 7., 31. 8., 30. 9., 31. 10., 30. 11. und 12. 12. 2008 und im Falle des Verzuges jeweils ab dem auf die Fälligkeit folgenden Kalendertag 5 % Zinsen über dem jeweiligen Basiszinssatz zu zahlen.

226 Mit der vorstehenden Formulierung wird erreicht, dass der in Anspruch genommene Miteigentümer, der mit den ersten sechs Vorauszahlungen für die Monate Januar bis Juni 2008 in Rückstand geraten ist, insoweit zur sofortigen Zahlung des Gesamtbetrages verurteilt wird.

227 Da von die Gemeinschaft keine Bestimmung über die Fälligkeit der monatlichen Vorauszahlungen getroffen wurde, kann der Miteigentümer bis zum letzen Tag des Kalendermonats zahlen, ohne in Verzug zu geraten, kommt dann aber automatisch in Verzug, so dass Verzugszinsen ab dem ersten Kalendertag eines Folgemonats verlangt werden können.

228 Hinsichtlich der zukünftigen Hausgeldvorauszahlungen, die im Beispielsfall mangels anderweitiger Fälligkeitszeitpunkte ebenfalls jeweils spätestens bis zum letzten Kalendertag eines Monats geschuldet werden, kann die Vollstreckung aus einem Zahlungsbeschluss nicht vor Erreichen des jeweils im Tenor bezeichneten Zeitpunktes betrieben werden. Ab diesem Zeitpunkt der jeweiligen spätesten Fälligkeit tritt wiederum automatisch Verzug ein, da der Leistungszeitpunkt als monatliche Zahlung nach dem Kalender bestimmbar ist als dem jeweils letzten Kalendertag eines Monats.

d) Vorläufige Vollstreckbarkeit

229 Die Anwendung der ZPO auf Wohnungseigentumsgerichtsverfahren bringt für die Vollstreckbarkeit von Beitreibungstiteln eine deutliche Erleichterung.

230 War es früher erforderlich, für eine Vollstreckung aus Hausgeldtiteln entweder deren Rechtskraft abzuwarten oder aber im Wege der einstweiligen Anordnung die vorläufige Vollstreckbarkeit eines noch nicht rechtskräftigen Zahlungsbeschlusses aussprechen zu lassen, gelten heute die allgemeinen Regeln zur vorläufigen Vollstreckbarkeit, wie sie von der ZPO vorgesehen werden.

Gab es im WEG-Verfahren nach dem FGG kein Versäumnisurteil, so dass immer eine gerichtliche Sachentscheidung ergehen musste, unabhängig davon, ob sich ein Wohngeldschuldner im Rechtsstreit überhaupt verteidigt hat, so kann heute gegen einen säumigen Wohngeldschuldner das nach der ZPO selbstverständliche Versäumnisurteil ergehen mit der unmittelbaren Folge der sofortigen vorläufigen Vollstreckbarkeit ohne Sicherheitsleistung.

231

Da es früher säumigen Miteigentümern oft nur darauf angekommen ist, die endgültige Zahlung von Hausgeldrückständen möglichst lange zu verzögern und zu diesem Zwecke sogar aussichtslose Rechtsmittel eingelegt worden sind, ist diese Möglichkeit des Zeitgewinns nunmehr drastisch beschnitten.

232

e) Kostenantrag

In Verfahren der Freiwilligen Gerichtsbarkeit war zu beantragen, dem Verfahrensgegner sowohl die gerichtlichen als auch außergerichtlichen Kosten, d. h. die Rechtsanwaltsgebühren, aufzuerlegen.

233

§ 47 WEG a. F. eröffnete dabei dem Wohnungseigentumsgericht die Möglichkeit, über die Kostenverteilung nach billigem Ermessen zu entscheiden, wobei auch bestimmt werden konnte, dass von einer Partei die außergerichtlichen Kosten des Verfahrensgegners ganz oder teilweise erstattet werden mussten, eine Anordnung, die gesonderter Begründung bedurfte und daher nur in Beitreibungsangelegenheiten zur Regel wurde.

234

In Beitreibungsverfahren hätte es, so die gerichtliche Begründung, zu unbilligen Ergebnissen geführt, hätte eine Eigentümergemeinschaft die Kosten dafür selbst übernehmen müssen, die nur deswegen entstanden, weil ein mit der Hausgeldzahlung in Verzug geratener Miteigentümer auf Erfüllung seiner eigenen Pflichten in Anspruch zu nehmen war. Erst recht galt dies, wenn ein gerichtlich in Anspruch genommener Miteigentümer dem Zahlungsantrag nicht entgegentrat, sondern den Prozess durch Zahlung erledigte[1].

235

Nach den Verfahrensregeln der ZPO reicht es nunmehr aus zu beantragen, die Kosten des Rechtsstreits dem Beklagten aufzuerlegen. Verliert der Beklagte, so gilt § 91 ZPO, wonach die unterlegene Partei sowohl die Gerichtskosten zu tragen hat als auch die eigenen Rechtsanwaltskosten und die des Gegners, ohne dass es hierfür einer gesonderten Begründung bedürfte.

236

Besonderer Beachtung bedarf in diesem Zusammenhang jedoch § 49 WEG, der eine Kostenverteilung nach billigem Ermessen ermöglicht. Gem. § 49 Abs. 1 WEG ist dies für Rechtsstreitigkeiten gem. § 21 Abs. 8

237

---

[1] OLG Frankfurt/Main, Beschl. v. 6. 11. 1979 – 20 W 628/79, OLGZ 1980, 82 (83).

WEG eröffnet, wenn eine nach dem Gesetz erforderliche Maßnahme von einer Wohnungseigentümergemeinschaft nicht beschlossen wird und dieser Beschluss durch eine gerichtliche Entscheidung ersetzt werden muss, oder wenn ein Prozess durch grobes Verwalterverschulden verursacht wird, so dass dem Verwalter die Prozesskosten auferlegt werden können, auch wenn er nicht Partei des Rechtsstreits ist (§ 49 Abs. 2 WEG).

f) Klagebegründung

238 Die Prozessführung im Wohnungseigentumsverfahren nach den Regeln der ZPO bedeutet für den Rechtsanwalt, der hauptsächlich im Rahmen der Freiwilligen Gerichtsbarkeit tätig war, eine deutliche Umstellung.

239 In Wohnungseigentumsverfahren, die nach den Regeln der Freiwilligen Gerichtsbarkeit geführt wurden, galt ein wenn auch eingeschränkter Amtsermittlungsgrundsatz. Wurden nicht alle erforderlichen Unterlagen vorgelegt, war das Gericht gehalten, diese anzufordern. Wurde nicht rechtzeitig vorgetragen, konnte dies bis zu einer Gerichtsentscheidung nachgeholt werden, Nachteile wegen Verspätung einer Prozesshandlung oder eines Vortrages gab es so gut wie nicht.

240 Nun jedoch gilt die Parteienmaxime, d.h. vom Gericht kann nur das berücksichtigt werden, was eine Partei vorträgt. Wird das Erforderliche nicht oder zu spät vorgetragen, hat die betreffende Partei das prozessuale Nachsehen.

241 Wer jedoch bereits im FGG-Verfahren auf einen vollständigen und schlüssigen Vortrag auf die Beifügung notwendiger Anlagen und die Benennung erforderlicher Beweisantritte geachtet hat, für den ändert sich im Wohnungseigentumsverfahren nach der ZPO im Hinblick auf die Abfassung und Darstellung einer Klageschrift wenig.

242 Zur kurzen Sachverhaltsdarstellung gehört die Erläuterung, welches Sondereigentum und welcher Sondereigentümer betroffen ist. Um die Zuordnung der geltend gemachten Forderung aus Einzelwirtschaftsabrechnungen, Einzelwirtschaftsplänen oder Einzelanforderungen von Sonderumlagen zu einem betroffenen Sondereigentum zu erleichtern, sollte die Wohnungs- oder Buchhaltungsnummer angegeben werden, unter der das Sondereigentum vom Verwalter geführt wird und die es erlaubt, eine inhaltliche Verbindung zwischen Abrechnung und Sondereigentum herzustellen.

243 Sodann ist mitzuteilen, wer der bestellte Verwalter ist, wann die Verwalterwahl war, für welchen Zeitraum sie stattgefunden hat und woraus sich ergibt, dass der Verwalter zur gerichtlichen Geltendmachung von Wohngeldrückständen berechtigt ist.

Alle Angaben sollten unmittelbar durch die **Beifügung der entsprechenden Unterlagen** belegt werden. Es ist ausreichend, einfache Kopien beizufügen. So ist zum Nachweis der Verwalterbestellung die Kopie des Protokolls der Eigentümerversammlung vorzulegen, in der die Wahl stattgefunden hat. Je nachdem, woraus sich die Verwalterermächtigung zur gerichtlichen Wohngeldbeitreibung ergibt (Gemeinschaftsordnung, Verwaltervertrag, Beschlussfassung), sind die Teilungserklärung, der Verwaltervertrag oder das Protokoll der Eigentümerversammlung, in der die Beschlussfassung stattgefunden hat, in Kopie beizufügen. 244

Werden Nachzahlungen aus einer Jahreswirtschaftsabrechnung geltend gemacht, so sind zum Nachweis der Höhe des verlangten Betrages die Jahresgesamt- und die Einzelwirtschaftsabrechnung vorzulegen. Da eine Zahlungsforderung der Eigentümergemeinschaft gegen den einzelnen Miteigentümer jedoch erst durch Beschlussfassung über den Anspruchsgrund entsteht, ist vorzutragen, in welcher Eigentümerversammlung die Jahreswirtschaftsabrechnung beschlossen wurde; das **Versammlungsprotokoll** ist vorzulegen. 245

Das Gleiche gilt für rückständige Hausgeldvorauszahlungen. Zum Nachweis deren Höhe sind der Gesamt- und Einzelwirtschaftsplan für das betreffende Objekt vorzulegen, es ist darzustellen, wann der Wirtschaftsplan verabschiedet worden ist und zum Nachweis ist das Protokoll der entsprechenden Eigentümerversammlung beizufügen. 246

In gleicher Weise verhält es sich bei der Geltendmachung von Sonderumlagen. Da die Verpflichtung zur Zahlung einer Sonderumlage regelmäßig durch Beschlussfassung begründet wird, ist der **Anlass** für den zusätzlichen **Liquiditätsbedarf** zu benennen und vorzutragen, wann die Sonderumlage beschlossen wurde. Der Nachweis hierüber ist durch Vorlage des entsprechenden Versammlungsprotokolls zu führen. 247

Da ein Miteigentümer nicht verpflichtet ist, selbst auszurechnen, welcher Anteil der beschlossenen Sonderumlage auf sein Sondereigentum entfällt, ist die Berechnung der mit der Sonderumlage beschlossenen Einzelumlage vorzulegen. Weiterhin sind Ausführungen zur Fälligkeit der eingeklagten Forderung zu machen, z.B. durch Hinweis auch in der Beschlussfassung enthaltene Fälligkeitsbestimmungen, auf die durch eine Zahlungsaufforderung durch den Verwalter eingetretene Fälligkeit, auf Regelungen in der Teilungserklärung usw. 248

In allen Fällen sollte darauf hingewiesen werden, ob die Eigentümerbeschlüsse bereits in Bestandskraft erwachsen sind oder angefochten wurden. Denn davon hängt entscheidend ab, mit welchem Verteidigungsvorbringen der säumige Wohnungseigentümer im Beitreibungsverfahren gehört werden kann. Sind Beschlüsse, die eine Zahlungsverpflichtung begründen, bereits in Bestandskraft erwachsen, ist der in Anspruch 249 genommene Miteigentümer mit Einwendungen, die sich gegen Inhalt und Höhe der beschlossenen Forderung richten, im Beitreibungsverfahren ausgeschlossen.

250 Ist der Beschluss über einen Wirtschaftsplan bestandskräftig, so kann der sich daraus ergebenden Vorauszahlungspflicht nicht entgegengehalten werden, die Ansätze des Wirtschaftsplanes seien zu niedrig oder zu hoch, sie seien sachlich falsch oder es sei bei der Ermittlung des Einzelwirtschaftsplanes falsch gerechnet worden.

251 Das gleiche gilt für Sonderumlagen und für Jahreswirtschaftsabrechnungen, gegen die nach Bestandskraft nicht mehr eingewandt werden kann, die Abrechnung sei inhaltlich falsch, Kostenpositionen seien unrichtig ermittelt worden bzw. würden das bestimmte Sondereigentum gar nicht betreffen.

252 Nachträgliche Einwendungen sind auch dann ausgeschlossen, wenn eine Einzelabrechnung in Bestandskraft erwächst, in der eine gegen den Sondereigentümer gerichtete Forderung eingestellt worden ist, die nach materiellem Recht gar nicht besteht. Ein solcher Einwand kann nur im Anfechtungsverfahren vorgebracht werden. Ist die Einzelabrechnung in Bestandskraft erwachsen, kann jedoch über den Schuldgrund nicht mehr diskutiert werden. Ein solcher Beschluss ist weder nichtig noch sittenwidrig[1].

253 Als einzige Ausnahme ist bei bestandskräftig beschlossenen Jahresabrechnungen der Erfüllungseinwand eröffnet. Hat ein Eigentümer z.B. nachweislich alle Vorauszahlungen nach dem Wirtschaftsplan erbracht, sind diese Vorauszahlungen aber in der Einzelabrechnung nicht in voller Höhe berücksichtigt worden, dann begründet der Beschluss über die Einzelabrechnung keine Verpflichtung des Sondereigentümers, mehr zu zahlen, als an Kosten tatsächlich auf das Sondereigentum entfallen ist (vgl. dazu auch Rz. 45 ff.).

254 Das gleiche gilt für eine bestandskräftig gewordene Einzelabrechnung, in denen Rückstände aus früheren Abrechnungsperioden nicht nur als Informationszeile, sondern als Gegenstand der Beschlussfassung über die Einzelabrechnung mit aufgenommen worden sind, obwohl die frühere Schuld bereits getilgt war.

255 In all diesen Fällen begründet eine bestandskräftige Abrechnung keinen Anspruch der Eigentümergemeinschaft, von einem Miteigentümer mehr zu verlangen, als er entsprechend den tatsächlich für sein Sondereigentum angefallenen Kosten schuldet.

256 Der entgegenstehenden Auffassung, wonach gegen eine bestandskräftige Abrechnung eine Tilgung der Wohngeldschuld durch Zahlung in dem

---

1 BayObLG, Beschl. v. 17. 11. 2004 – 2 ZBR 178/04 = NZM 2005, 624 (625).

Abrechnungszeitraum nicht eingewendet werden kann[1], ist nicht zu folgen. Auch bestandskräftige Beschlüsse können nicht dazu führen, dass tatsächlich erfolgte Zahlungen „untergehen".

Wäre die Auffassung des BayObLG zutreffend, wonach eine Erfüllung nicht mehr eingewandt werden könnte, dann würde die vom Sondereigentümer geleistete, aber in der Einzelabrechnung nicht berücksichtigte Zahlung schlicht untergehen. Im Abrechnungsjahr darf sie nicht berücksichtigt werden, im folgenden Wirtschaftsjahr kann sie in die Abrechnung nicht einbezogen werden, weil nur solche Zahlungen berücksichtigt werden dürfen, die auch im Abrechnungszeitraum geflossen sind (Einnahmen-Überschussrechnung)! 257

Unklar bliebe dabei auch, wie eine solche Zahlung, die dem Wohngeldkonto eines Sondereigentümers zugeflossen ist, in der Abrechnung aber nicht berücksichtigt wurde, buchhalterisch behandelt werden sollte. Der Zufluss auf ein Wohngeldkonto kann nur als ein solcher behandelt werden und wirkt sich damit zwangsläufig schuldmindernd aus.

Würde eine solche Zahlung nicht auf die Wohngeldschuld des Abrechnungszeitraumes angerechnet werden dürfen, dann müsste sie als rechtsgrundlose überobligatorische Leistung verbucht und für den nachfolgenden Abrechnungszeitraum als Guthaben vorgetragen werden. Dies wiederum wäre nicht vereinbar mit der Pflicht, alle Zuflüsse auf ein Wohngeldkonto in dem Abrechnungszeitraum zu berücksichtigen, über den abgerechnet wird. Da es eine Abrechnung neben der Abrechnung ebenso wenig geben kann, wie ein „dubioses Konto", auf das Zahlungseingänge zu buchen sind, die bei Einzelabrechnungen nicht berücksichtigt werden durften, ganz abgesehen davon, dass nicht ersichtlich wäre, welchem Verwendungszweck derartige Zahlungen zugeführt werden sollten, ist der materiellrechtliche Einwand der Erfüllung durch den zahlungspflichtigen Wohnungseigentümer auch nach bestandskräftiger Abrechnung zulässig[2]. 258

Anders verhält es sich, wenn eine Wohngeldüberweisung das Wohngeldkonto gar nicht erreicht hat, sondern auf ein anderes, falsches Konto des Verwalters erfolgt ist. Die Überweisung auf ein falsches Konto hat in der Regel keine Tilgungswirkung[3]. 259

Werden Zinsen vor Rechtshängigkeit geltend gemacht, so sind die verzugsbegründenden Umstände vorzutragen und zu belegen. Dies können Mahnschreiben sein, genauso gut jedoch im Beschlusswege festgelegte Zahlungstermine, die auch bereits in der Gemeinschaftsordnung enthal- 260

---
1 BayObLG, Beschl. v. 8. 4. 2004 – 2 ZBR 193/03, ZMR 2005, 65 = WuM 2004, 367.
2 LG Hamburg, Beschl. v. 6. 4. 2006 – 318 T 239/04, ZMR 2006, 77 (78).
3 OLG Düsseldorf, Beschl. v. 18. 10. 2005 – 3 Wx 214/05, NZM 2006, 347.

ten sein können (z. B. Hausgeldvorauszahlungen zum 3. Werktage eines jeden Kalendermonats).

261 Hat bereits eine außergerichtliche Korrespondenz wegen der Zahlungsrückstände des Miteigentümers stattgefunden, so muss es der Einzelfallentscheidung vorbehalten bleiben, inwieweit diese bereits mit der Klageschrift in das Verfahren einzuführen ist. Bei offensichtlich unbegründeten Einwendungen ist meist ein kurzer entsprechender Hinweis ausreichend, ohne dass es einer Beifügung des gesamten Schriftverkehrs bedarf.

262 Werden die Nachzahlungen aus mehreren Wirtschaftsabrechnungen geltend gemacht, ist ein entsprechender Vortrag mit jeweiligen Nachweisen für jedes einzelne Abrechnungsjahr erforderlich.

g) Gerichtskostenvorschuss

263 Ungeachtet der Zuständigkeit der Zivilgerichte werden alle Verfahren, die den Verwaltungsablauf innerhalb von Wohnungseigentümergemeinschaften betreffen, auch weiterhin als „Wohnungseigentumsverfahren" bezeichnet. Dessen ungeachtet richten sich alle verfahrensbegleitenden Umstände seit dem 1. Juli 2007 nach der ZPO.

264 Gerichtskostenvorschüsse sind also nicht mehr nach der Kostenordnung, sondern nach dem Gerichtskostengesetz zu entrichten. Wie allgemein von Zivilklagen bekannt, ist für das Klageverfahren ein Gerichtskostenvorschuss in Höhe von 3 vollen Gebühren einzuzahlen.

Wie nachfolgende Berechnungsbeispiele zeigen, sind Wohnungseigentumsstreitigkeiten damit in Bezug auf die Gerichtskosten um ein Mehrfaches teurer geworden:

Streitwert in Euro	Vorschuss nach KostO in Euro	Vorschuss nach GKG in Euro	Differenz in Euro	Erhöhung in %
1 000,00	30,00	165,00	135,00	450 %
10 000,00	162,00	577,00	426,00	263 %
50 000,00	396,00	1 368,00	972,00	246 %
110 000,00	666,00	2 568,00	1 902,00	285 %

4. Checkliste zur Vorbereitung der Klageschrift

265 Eine Klageschrift, die all diesen Anforderungen entspricht, bedarf entsprechend gründlicher Vorbereitung. Um umfangreiche Nachfragen des Anwalts beim Verwalter und die wiederholte Nachforderung von not-

wendigen Unterlagen zu vermeiden, kann ein **vorformuliertes Formschreiben** hilfreich sein, das dem Mandanten als eine Art „Checkliste" Hilfestellung beim Zusammenstellen der notwendigen Informationen und dem Zusammentragen der erforderlichen Unterlagen bietet.

Bei der anwaltlichen Betreuung und Beratung von Eigentümergemeinschaften und Hausverwaltungen konnten gute Erfahrungen mit folgendem Formschreiben gemacht werden, das, zu Beginn einer Mandatsbeziehung vorgelegt, die routinemäßige Bearbeitung eines jeden Beitreibungsmandates erleichtert: 266

Checkliste zur Vorbereitung von Hausgeldklagen

In allen Fällen, in denen Zahlungsverpflichtungen eines Miteigentümers gerichtlich geltend gemacht werden sollen, bedarf es folgender Angaben und zum Nachweis dieser Angaben der entsprechenden Unterlagen in Kopie: 267

Wer macht den Anspruch geltend?

– Im Regelfall ist es der teilrechtsfähige Verband der Eigentümergemeinschaft, vertreten durch den Verwalter. Da der Verband einen eigenen Anspruch geltend macht und nicht mehr die einzelnen Mitglieder des Verbandes als Kläger auftreten, bedarf es auch nicht mehr der Vorlage einer Eigentümerliste. Im Klagerubrum ist also der Verband als Kläger zu bezeichnen 268

Hatten Eigentümergemeinschaften bisweilen den Hausverwalter in gewillkürter Verfahrensstandschaft beauftragt, Wohngeldrückstände geltend zu machen, um den mit der Vorlage ein inhaltlich vollständigen Eigentümerliste verbundenen Aufwand zu ersparen, insbesondere aber auch, um nachfolgende Vollstreckungsmaßnahmen nicht mit Eigentümerlisten zu belasten, hat sich dieser Aspekt heute erledigt. Im Gegenteil: Heute würde eine Verfahrensstandschaft durch den Verwalter zu unnötigen Komplikationen und zusätzlichem Aufwand führen, wenn nämlich z.B. im Falle eines Verwalterwechsels der Titel umgeschrieben werden müsste. Da durch die Teilrechtsfähigkeit von Wohnungseigentümergemeinschaften auch das letzte Argument für eine Verfahrensstandschaft, nämlich das Entstehen der Mehrfachvertretungsgebühr gem. Nr. 1008 VV RVG (ehemals § 6 BRAGO) entfallen ist, sollte der Anwalt in der täglichen Praxis bei Wohngeldklagen davon abraten, den Verwalter zur Beitreibung in gewillkürter Prozessstandschaft zu ermächtigen.

Wer ist der Schuldner?

Im Regelfall ein oder mehrere säumige Miteigentümer, deren vollständige Namen und ladungsfähige Anschriften anzugeben sind. Handelt es 269 sich um eine juristische Person, müssen die Vertretungsverhältnisse benannt werden.

270 **Welches Sondereigentum ist betroffen?**

– Bezeichnung nach Wohnungs- oder Teileigentum, Angabe der Nummer im Aufteilungsplan oder der Buchhaltungsnummer, unter der das Objekt verwaltet wird

271 **Welcher Anspruch soll geltend gemacht werden?**

– Genaue Bezeichnung der Forderung sowohl dem Grunde als auch der Höhe nach

273 **Verwalterermächtigung?**

Ist der Verwalter ermächtigt, namens und im Auftrage der Eigentümergemeinschaft als teilrechtsfähigem Verband einen Miteigentümer gerichtlich in Anspruch zu nehmen?

Dazu vorlegen:

– Protokoll der ETV, in der der Verwalter bestellt wurde,

– Ermächtigungsgrundlage – z.B. Teilungserklärung, Verwaltervertrag oder Beschlussfassung –, aus der sich ergibt, dass der Verwalter berechtigt ist, Ansprüche gegen einen Miteigentümer gerichtlich geltend zu machen.

274 **Ist der Miteigentümer auch wirklich der richtige Schuldner?**

Im Zweifel Grundbuchauszug anfordern, um zu überprüfen, ob der Miteigentümer zum Zeitpunkt der Fälligkeit auch im Grundbuch als Eigentümer eingetragen war.

Handelt es sich um einen Ersterwerb vom Bauträger und hat eine Eigentumsumschreibung auf den Schuldner noch nicht stattgefunden, handelt es sich um einen werdenden Eigentümer[1].

275 **Es sollen rückständige Wohngeldvorauszahlungen geltend gemacht werden.**

Dazu müssen folgende Unterlagen vorgelegt werden:

– Gesamtwirtschaftsplan und Einzelwirtschaftsplan

– Protokoll der Eigentümerversammlung, in der der Wirtschaftsplan beschlossen wurde

– Einzelanforderungen der Vorauszahlungen gemäß Einzelwirtschaftsplan beim Miteigentümer, sofern nicht bereits im Einzelwirtschaftsplan enthalten.

---

1 Wann ein werdender Eigentümer auf Wohngeldzahlung in Anspruch genommen werden kann, vgl. Rz. 98 ff.

Sollen Wirtschaftsgeldvorauszahlungen für einen Zeitraum vor dem Beschluss des Wirtschaftsplanes geltend gemacht werden, muss überprüft werden, ob eine Rückwirkung des Wirtschaftsplanes beschlossen worden ist.

Sollen Vorauszahlungen für einen Zeitraum nach Ablauf des Wirtschaftsjahres geltend gemacht werden, muss der Wirtschaftsplan mit Fortgeltungsklausel beschlossen worden sein.

Es sollen Nachzahlungen aus Jahresabrechnungen geltend gemacht werden. 276

Folgende Unterlagen sind notwendig:
- Gesamtwirtschaftsabrechnung und Einzelabrechnung
- Protokoll der Eigentümerversammlung, in der die Jahresabrechnung beschlossen wurde.

Es sollen Sonderumlagen geltend gemacht werden. 277

Folgende Unterlagen sind vorzulegen:
- Protokoll der Eigentümerversammlung, in der die Sonderumlage beschlossen wurde,
- Einzelanforderung des anteilig auf den Miteigentümer entfallenden Betrages

Weiterhin muss überprüft werden, ob für das Kalenderjahr, in dem die Sonderumlage angefallen ist, bereits die Jahresabrechnung beschlossen wurde.

Wenn ja, überprüfen, ob in der Jahresabrechnung die Maßnahme abgerechnet worden ist, für die die Sonderumlage beschlossen wurde.

Wenn ja, kann nur noch die Nachzahlung aus der Jahresabrechnung eingefordert werden.

Ausnahme: 278

Hat ein Eigentümerwechsel stattgefunden, haftet der ausgeschiedene Eigentümer trotz Abrechnung weiter auf Zahlung der Sonderumlage, solange sie vor der Eigentumsumschreibung im Grundbuch beschlossen und fällig gestellt wurde.

Ist der Schuldner in Verzug geraten? 279

Folgende Unterlagen sind vorzulegen:
- Unterlagen über kalendermäßig bestimmten Zahlungszeitpunkt (z.B. in Teilungserklärung oder Beschlussfassung)
  alternativ
- Zahlungsaufforderungen und Mahnschreiben aller Art

5. Muster einer Klageschrift

280 Liegen alle Informationen und Unterlagen vor, kann die Klageschrift formuliert werden. Waren früher im Verfahren der Freiwilligen Gerichtsbarkeit zahlreiche Besonderheiten beim Aufbau des Rubrums und der zu verwendenden Diktion zu beachten, entsprechen heute Form und Inhalt von Klageschriften in Wohnungseigentumssachen denen eines jeden anderen beliebigen Zivilprozesses auch. Waren früher Eigentümer oder Verband Antragsteller und der Wohngeldschuldner Antragsgegner, handelt es sich heute um Kläger bzw. Beklagte. Wurde früher beantragt, dem Antragsgegner die Zahlung einer Geldschuld aufzugeben, wird heute formuliert, dass der Beklagte zu verurteilen ist. War früher zu unterscheiden zwischen gerichtlichen und außergerichtlichen, d. h. Rechtsanwaltskosten, gibt es auch in Wohnungseigentumssachen heute **nur noch Verfahrenskosten**. Musste in FGG-Verfahren regelmäßig eine Sachentscheidung ergehen, und zwar auch dann, wenn sich der Schuldner nicht verteidigte, kann heute **Versäumnisurteil** ergehen.

War früher eine Entscheidung der WEG-Gerichte vor Eintritt der Rechtskraft nur dann vorläufig vollstreckbar, wenn dies ausdrücklich durch Erlass einer einstweiligen Anordnung ausgesprochen wurde, richten sich Urteile heute nach den allgemeinen zivilprozessualen Regeln der vorläufigen Vollstreckbarkeit.

280a Auch nach der WEG-Reform sind für Klagen nach dem WEG die „**Wohnungseigentumsgerichte**" zuständig, wenn diese Gerichte nunmehr auch Abteilungen der Zivilgerichtsbarkeit beim Amtsgericht darstellen. Wegen der gerichtsinternen Geschäftsverteilung sollte daher bereits im Klagerubrum klargestellt werden, dass es sich um ein Wohnungseigentumsverfahren im Sinne von § 43 WEG handelt. Bereits dieser Hinweis macht deutlich, dass für alle Wohngeldbeitreibungsverfahren, unabhängig von der Höhe des Streitwertes, das **Amtsgericht ausschließlich zuständig** ist, es mithin bei hohen Klageforderungen erst gar nicht zu Irritationen kommen kann, warum die Klage nicht vor dem Landgericht anhängig gemacht worden ist.

Eine Wohngeldklage könnte wie folgt lauten:

281 An das Amtsgericht

in Musterstadt

– Abteilung für Wohnungseigentumssachen –

Klage

der Wohnungseigentümergemeinschaft Musterstraße 1 in 12345 Musterstadt, vertreten durch die Wohnungseigentumsverwaltung ..., diese wiederum vertreten durch ..., geschäftsansässig ...

– **Klägerin** –

(da von „der Wohnungseigentümergemeinschaft" gesprochen wird, hat sich die Bezeichnung „Klägerin" eingebürgert, obwohl Anspruchsinhaber eigentlich der teilrechtsfähige Verband ist und daher von „dem Kläger" gesprochen werden müsste)

gegen

die Eheleute ...

– **Beklagte** –

zeige ich an, dass ich die Klägerin vertrete.

Namens und im Auftrage der Klägerin stelle folgende **Anträge**:

1. Die Beklagten werden als Gesamtschuldnern verurteilt, an die Klägerin zu Händen deren Verwalterin, der Firma Verwaltungsgesellschaft mbH, ... Euro nebst 5 % Zinsen über dem Basiszinssatz seit Rechtshängigkeit zu zahlen.

2. Die Kosten des Rechtsstreits werden den Beklagten als Gesamtschuldnern auferlegt

3. Gegen die Beklagten wird Versäumnisurteil im schriftlichen Verfahren gem. § 331 Abs. III ZPO erlassen, sofern diese ihre Verteidigungsbereitschaft nicht rechtzeitig anzeigen.

Begründung:

Die Beklagten sind Mitglieder der Eigentümergemeinschaft ...

In ihrem Eigentum steht je zur ideellen Hälfte die Wohnung Nr. ... mit ... Miteigentumsanteilen.

Die Firma ... ist die bestellte Hausverwalterin.

Beweis: das als **Anlage A 1** beigefügte Protokoll der Eigentümerversammlung vom ..., vgl. dort zu Tagesordnungspunkt (TOP) ...

Die Ermächtigung der Verwalterin zur gerichtlichen Beitreibung von Wohngeldrückständen gegenüber säumigen Miteigentümern ergibt sich aus ... (der Teilungserklärung/des Verwaltervertrages/einem Beschluss) vom ...

Beweis: der als **Anlage A 2** beigefügte ...

Die Beklagten haben verschiedene Hausgeldverpflichtungen nicht bezahlt, die nunmehr mit dieser Klage geltend gemacht werden.

Im Einzelnen gilt folgendes:

a) Nachzahlung aus Jahresabrechnung ...

In einer Eigentümerversammlung vom ... ist die Jahresabrechnung ... nebst Einzelabrechnungen beschlossen worden.

Beweis: das als **Anlage A ...** beigefügte Protokoll der ETV vom ..., vgl. dort zu TOP ... auf Seite ...

Die Einzelabrechnung für das Sondereigentum der Beklagten endet mit einer Nachzahlung von ... Euro.

Beweis: die als **Anlage A...** beigefügte Einzelabrechnung vom ...

Der Beschluss ist bestandskräftig.

Die Nachzahlung aus der Einzelabrechnung war mangels anderweitiger Regelungen sofort zur Zahlung fällig. Trotz einer Mahnung der Verwalterin vom ..., beigefügt als **Anlage A ...** haben die Beklagten jedoch eine Zahlung nicht erbracht und sind daher in Verzug.

b) Hausgeldvorauszahlung

Der Gesamtwirtschaftsplan und die Einzelwirtschaftspläne für das Kalenderjahr/für den Zeitraum ... wurden in der ETV vom ... mit Wirkung ab dem ... beschlossen.

Beweis: das als **Anlage A ...** beigefügte Protokoll der ETV vom ..., vgl. dort zu TOP ... auf Seite ...

Die monatliche Wohngeldvorauszahlung beträgt laut Einzelwirtschaftsplan ... Euro.

Beweis: der als **Anlage A ...** beigefügte Einzelwirtschaftsplan

Der Beschluss ist bestandskräftig.

Die Beklagten haben für die Monate ... bis ... keine Vorauszahlungen entrichtet. Für ... Monate errechnet sich daher ein Vorauszahlungsrückstand in Höhe von ... Euro, der mit dieser Klage geltend gemacht wird.

Gem. Beschluss der Klägerin vom ... sind die Hausgeldvorauszahlungen jeweils spätestens bis zum dritten Werktage eines Kalendermonats auf das von der Verwalterin geführte Hausgeldkonto zu überweisen.

Beweis: das als **Anlage A ...** beigefügte Protokoll der ETV vom ..., vgl. dort zu TOP ...

Damit werden zusammenfassend folgende Forderungen geltend gemacht:

– Nachzahlung Abrechnung ... Euro
– Hausgeldvorauszahlung ... Euro
– Gesamt ... Euro

Die Beklagten haben trotz Mahnung der Verwalterin keine Zahlungen erbracht, sondern vorgerichtlich eingewandt, sie seien zur Zahlung nicht verpflichtet, weil der Hausmeister der Liegenschaft seine Aufgaben nicht ordnungsgemäß erfülle. Im Übrigen sei die Gesamtabrechnung unklar und sie seien in der Einzelabrechnung mit ungerechtfertigten Kosten belastet worden.

Da sämtliche Beschlüsse bestandskräftig sind, sind die Beklagten mit derartigen Einwendungen heute ausgeschlossen, so dass den Beklagten unabhängig vom Wahrheitsgehalt dieser Behauptungen ein Recht zum Einbehalt ihrer Hausgeldzahlungen nicht zusteht. Der Zahlungsantrag ist damit ohne weiteres begründet.

Zinsen werden in Höhe des gesetzlichen Zinssatzes geltend gemacht.

Rechtsanwalt

6. Auswirkungen auf den Verfahrensverlauf durch Eigentümer- und/oder Schuldnerverhalten

a) Vorauszahlung und Jahresabrechnung

Wird während der Beitreibung von Hausgeldvorauszahlungen die Jahresabrechnung beschlossen, so muss der Zahlungsantrag nicht zwingend auf den Abrechnungssaldo umgestellt werden. Der Wirtschaftsplan verliert durch den Beschluss über die Jahresabrechnung nicht seine Gültigkeit, der **Abrechnungsbeschluss** tritt vielmehr **rechtsverstärkend als abstrakter Schuldgrund** neben den Beschluss über den Wirtschaftsplan[1].

Ein Beschluss über die Jahresabrechnung steht jedenfalls der Geltendmachung rückständiger Wohngeldvorschüsse dann nicht entgegen, wenn sich aus der Abrechnung ein die geforderten Vorschüsse übersteigender Betrag ergibt[2].

Dennoch empfiehlt es sich, den Zahlungsantrag auf das **Abrechnungsergebnis** zu beschränken. Ist nämlich die Nachzahlung aus der Einzelabrechnung höher als die bereits gerichtlich geltend gemachten rückständigen Vorauszahlungen aus dem Einzelwirtschaftsplan, so müsste der Zahlungsantrag um den Differenzbetrag der höheren Abrechnungsschuld erweitert werden. Um diese Zweiteilung der Forderung zu vermeiden empfiehlt es sich jedoch, auf den Nachzahlungssaldo als einheitliche Forderung umzustellen.

Zudem ergibt die Jahresabrechnung einen Gesamtüberblick über die in einem Wirtschaftsjahr angefallenen Kosten und die von den Miteigentümern erbrachten Zahlungen, so dass Fehler bei der Berechnung rückständiger Hausgeldforderungen oder der Verbuchung beigetriebener Zahlungen vermieden werden können.

Besteht jedoch die Gefahr, dass der Abrechnungsbeschluss mangelbehaftet ist, so ist anzuraten, unverändert die Zahlungsverpflichtung des säu-

---

1 BGH, Beschl. v. 30. 11. 1995 – V ZB 16/95, NJW 1996, 725 (726) = WE 1996, 144.
2 OLG Zweibrücken, Beschl. v. 8. 12. 1998 – 3 W 217/98, NZM 1999, 322; BayObLG, Beschl. v. 21. 10. 1999 – 2Z BR 93/99, DWE 2000, 78.

migen Eigentümers aus dem (bestandskräftigen) Wirtschaftsplan weiter zu verfolgen, da es dabei auf Einwendungen gegen die Richtigkeit der Jahresabrechnung nicht ankommt; diese sind bei der Geltendmachung von Wirtschaftsvorauszahlungen schlicht unerheblich[1].

286 Ergibt sich dagegen aus der Einzelabrechnung eine Gesamtjahreskostenbelastung des Sondereigentums, die niedriger ist als die Jahresvorauszahlung, empfiehlt es sich ebenfalls, auf den Abrechnungssaldo umzustellen und das Verfahren bezüglich des übersteigenden Betrages in der Hauptsache für erledigt zu erklären. Denn die **Vorschusspflicht entfällt** mit dem Beschluss einer Jahresabrechnung insoweit, als der sich aus ihr ergebende Deckungsbeitrag die Vorschusssumme unterschreitet[2].

287 Alternativ kann auch unverändert die Vorauszahlung aus dem Wirtschaftsplan geltend gemacht werden[3], der Höhe nach allerdings begrenzt auf die Summe des Abrechnungssaldos.

288 An dem Antrag, dem säumigen Wohngeldschuldner die Kosten des Verfahrens aufzuerlegen, ändert sich auch in diesen Fällen nichts, da der säumige Eigentümer durch sein Zahlungsverhalten die Einleitung des Rechtsstreits auf der Basis der zu dieser Zeit geltenden Beschlusslage erforderlich gemacht hat. Es kann deshalb nicht zu Lasten einer Eigentümergemeinschaft gehen, wenn sich aufgrund einer zeitlich späteren Jahresabrechnung die Erkenntnis ergibt, dass der auf das Sondereigentum entfallene Kostenanteil hinter der Vorausplanung zurückbleibt.

b) Teilzahlungen

289 Erbringt der Wohngeldschuldner Teilzahlungen, so sind diese als Abzüge in den Zahlungsantrag aufzunehmen.

Beispiel:

290 Der Beklagte wird verurteilt, an die Klägerin zu Händen des Verwalters 10 000 Euro nebst 5 % Zinsen über dem Basiszinssatz seit Rechtshängigkeit abzüglich mit Wertstellung vom ... entrichteter 5 000 Euro zu zahlen.

291 Wird nur ein Teil der Hauptforderung ohne Zinsen bezahlt, so führt eine derartige Teilzahlung nicht zu einer Teilerledigung der Hauptsache, weil nur die Hauptforderung anteilig, nicht jedoch die darauf geltend gemachten Zinsen beglichen wurden. Würde man den Rechtsstreit teilweise für erledigt erklären, würde über die auf die Teilzahlung entfallenen Verzugszinsen nicht mehr entschieden.

---

1 BayObLG, Beschl. v. 21. 10. 1999 – 2Z BR 93/99, DWE 2000, 78 (79).
2 BayObLG, Beschl. v. 24. 8. 2000 – 2Z BR 54/00, NJW-RR 2001, 659.
3 *Bub*, Das Finanz- und Rechnungswesen der Wohnungseigentümergemeinschaft, S. 179 Rz. 177.

Dies könnte dann nur dadurch verhindert werden, wenn bezüglich dieser 292
Zinsen ein gesonderter Antrag formuliert wird: „... den Beklagten zu verurteilen, 5 % Zinsen über dem Basiszinssatz aus ... Euro vom ... bis zum ... zu zahlen." Diese Vorgehensweise erscheint als zu umständlich, so dass die Aufnahme der Teilzahlung in den ursprünglichen Antrag als Abzugsbetrag empfehlenswerter erscheint.

c) Erledigung der Hauptsache

Bezahlt der Wohngeldschuldner die gesamte Forderung einschließlich 293
Zinsen, ist der Rechtsstreit in der Hauptsache für erledigt zu erklären bei unverändertem Kostenantrag:

„Der Rechtsstreit wird in der Hauptsache für erledigt erklärt und beantragt, die Kosten des Verfahrens den Beklagten als Gesamtschuldnern aufzuerlegen."

Sollte im Einzelfall von einem Miteigentümer im Prozess wirksam die 294
Aufrechnung erklärt werden können, so tritt in Höhe der Aufrechnungsforderung Erledigung der Hauptsache ein. Das erledigende Ereignis stellt nämlich die im Wohngeldverfahren abgegebene Aufrechnungserklärung auch dann dar, wenn sie bewirkt, dass die Forderungen als in einem Zeitpunkt erloschen gelten, der vor der Rechtshängigkeit der im gerichtlichen Verfahren geltend gemachten Forderungen liegt[1].

aa) Zahlung zwischen Anhängigkeit und Rechtshängigkeit

Für Wohnungseigentumsverfahren gilt nunmehr auch § 269 Abs. 3 295
Satz 3 ZPO. Ist der Anlass zur Einreichung der Klage vor Rechtshängigkeit, d.h. nach Eingang der Klage bei Gericht, aber vor Zustellung an den Beklagten, weggefallen und wird die Klage daraufhin zurück genommen, so bestimmt sich die Kostentragungspflicht unter Berücksichtigung des bisherigen Sach- und Streitstandes nach billigem Ermessen[2]. Mit dem Antrag auf (Teil-)Klagerücknahme ist der Antrag gem. § 269 Abs. 4 ZPO zu stellen, dem Beklagten die Kosten des Rechtsstreits aufzuerlegen.

Eine Erledigung zwischen Anhängigkeit und Rechtshängigkeit ist auch 296
dann möglich, wenn eine Hausgeldforderung im Mahnverfahren geltend gemacht worden ist, die Hauptforderung vor Zustellung des Mahnbescheides gezahlt wird und das Mahnverfahren nach Widerspruch (gegen die Kosten) an das Streitgericht abgegeben wird.

---
1 BayObLG, Beschl. v. 7. 6. 2001 – 2Z BR 32/01, NZM 2001, 1043.
2 Zöller/*Greger*, ZPO, 27. Aufl., § 269 Rz. 18d.

bb) Zahlung vor Anhängigkeit

297 Erledigt sich die Hauptsache schon vor Einreichung einer Klage, so kann die Klage ebenfalls unter Hinweis auf § 269 Abs. 3 ZPO zurück genommen und Kostenantrag gem. § 269 Abs. 4 ZPO gestellt werden. In solchen Fällen kann jedoch nur dann damit gerechnet werden, dass dem Beklagten die Kosten des Rechtsstreits auferlegt werden, wenn der klagenden Eigentümergemeinschaft das erledigende Ereignis, im Regelfalle also die Erfüllung der Wohngeldschuld, nicht vor Klageerhebung bekannt sein musste[1].

298 Die Zahlung rückständiger Wohngeldschulden unmittelbar vor Einleitung eines Klageverfahrens ist in der Praxis überraschend häufig festzustellen. Gerade Wohngeldschuldner, die auf Zeit spielen, reizen eine vermeintlich bestehende letzte Zahlungsfrist bis zu der von ihnen erwarteten Klageerhebung aus. Es wird billigem Ermessen nicht entsprechen, in Fällen langer Zahlungssäumnisse, in denen sich eine Eigentümergemeinschaft dann endlich entschließt, doch gerichtliche Hilfe in Anspruch zu nehmen, die Überprüfungsfrist zu kurz zu gestalten, binnen der vom Verwalter gefordert wird, von einem Zahlungseingang Kenntnis genommen haben zu müssen. Eine Frist von einer Woche zwischen Zahlungseingang und Klageerhebung scheint in einem ausgewogenen Verhältnis zwischen Gläubiger- und Schuldnerschutz vor der Auferlegung von Verfahrenskosten zu stehen, die dem Grunde nach nur deswegen entstehen konnten, weil der Schuldner Anlass zur Klageerhebung gegeben hat.

299 Nach hier vertretener Auffassung ist ein säumiger Miteigentümer immer dann verpflichtet, den der Eigentümergemeinschaft (oder dem Verwalter bei gewillkürter Verfahrensstandschaft) durch die Einleitung eines gerichtlichen Beitreibungsverfahrens trotz vorheriger Zahlung der rückständigen Wohngeldschuld entstandenen Schaden in voller Höhe zu ersetzen, wenn davon auszugehen ist, dass **bei normalem Geschäftsverlauf das Verfahren** trotz der Schuldnerzahlung **nicht mehr aufzuhalten war**. So kann von keinem Verwalter verlangt werden, täglich alle Geldbewegungen zu überprüfen. Es ist einem Verwalter vielmehr zuzugestehen, von Zahlungseingängen erst nach Vorliegen der Kontoauszüge Kenntnis zu nehmen. Unterrichtet er sodann den mit der Beitreibung beauftragten Rechtsanwalt über den Zahlungseingang, so muss dies auch nicht zwingend per E-Mail, Telefon oder Telefax geschehen, sondern kann schriftlich auf dem normalen Postweg erfolgen.

300 Es dürfte allerdings kaum möglich sein, die Frage allgemein verbindlich zu beantworten, wann die Einleitung eines Beitreibungsverfahrens bei vorheriger Zahlung durch den Schuldner noch vermieden oder nicht

---

1 Zöller/*Greger*, ZPO, 27. Aufl., § 269 Rz. 18d.

mehr aufgehalten werden kann, wie schnell ein Verwalter von Zahlungseingängen Kenntnis nehmen und den Rechtsanwalt entsprechend benachrichtigen muss.

Bei normalem Geschäftsgang dürfte ein Verwalter in der Lage sein, den mit der Beitreibung beauftragten Rechtsanwalt spätestens innerhalb **einer Woche** vom Zahlungseingang zu informieren. Wird das Beitreibungsverfahren also innerhalb dieses Wochenzeitraumes eingeleitet, weil die Information über den Zahlungseingang nicht mehr rechtzeitig beim Rechtsanwalt eingegangen ist, ist der Schuldner nach hier vertretener Auffassung trotz Begleichung seiner Zahlungsschuld vor Anhängigkeit zur Übernahme aller durch das Gerichtsverfahren entstandenen Kosten verpflichtet. 301

Eine Erstattungspflicht in diesem Zeitrahmen erscheint als die adäquat ursächliche Folge der Säumigkeit des Miteigentümers, die Kosten sind als für die Rechtsverfolgung notwendig und angemessen und daher als erstattungspflichtig anzuerkennen. 302

Da die Gefahr besteht, dass Gerichte in Fällen einer Klagerücknahme möglicherweise vorschnell von dem allgemeinen Grundsatz ausgehen wollen, wonach derjenige, der eine Klage zurücknimmt, grundsätzlich auch die Prozesskosten zu tragen hat[1], ist zu empfehlen, schriftsätzlich ausführlich darzulegen, warum gerade für diesen Fall der Klagerücknahme dem Beklagten nach billigem Ermessen die Prozesskosten aufzuerlegen sind. 303

Vor diesem Hintergrund zeigt sich, wie wichtig es für jeden Verwalter ist, bei laufenden Beitreibungsverfahren den beauftragten Rechtsanwalt so schnell wie möglich über etwaige Zahlungseingänge zu informieren, damit nicht unnötige Kosten verursacht werden, für die der Verwalter dann möglicherweise selbst haften müsste. 304

d) Hausgeldvorauszahlung und Eigentümerwechsel

Findet nach Einleitung des Beitreibungsverfahrens wegen rückständiger Hausgeldvorauszahlungen, jedoch vor dem Beschluss über die Jahresabrechnung ein Eigentümerwechsel statt (Eigentumsumschreibung im Grundbuch), so hat das Ergebnis der Einzelabrechnung auf den Rechtsstreit keine Auswirkung, da sich die Beschlusswirkung der Jahresabrechnung nicht mehr gegen den ausgeschiedenen Miteigentümer richten kann. Es verbleibt daher bei der Forderung aus dem Wirtschaftsplan gegen den ehemaligen Miteigentümer. 305

---

1 Bärmann/Pick/*Merle*, WEG, 9. Aufl., § 47 Rz. 44 mit zahlreichen Hinweisen auf die Rechtsprechung in Fn. 9.

306 Sollte die **Vorauszahlung höher sein als das Abrechnungsergebnis**, ist der ausgeschiedene ehemalige Miteigentümer dennoch zur Zahlung der Vorauszahlung in voller Höhe verpflichtet. Denn zum einen entfaltet der (niedrigere) Abrechnungsbeschluss gegen ihn keine Wirkung mehr, Rechtsgrundlage für die Zahlungsverpflichtung bleibt ausschließlich der ehemalige Beschluss über die Wirtschaftsgeldvorauszahlung, und zum anderen kann sich der Umstand, dass sich ein Zahlungsschuldner in Verzug befunden hat, für ihn nicht plötzlich in den Vorteil einer Zahlungsreduzierung verkehren.

307 Die Vorauszahlung des ausgeschiedenen Eigentümers fließt in voller Höhe objektbezogen auf das Wohngeldkonto und begründet zu Gunsten des neuen Eigentümers ein Guthaben. Die Abwicklung eines sich daraus ergebenden Rückzahlungsanspruches bleibt dem Innenverhältnis zwischen Verkäufer und Erwerber vorbehalten und muss nach den im Erwerbsvertrag dafür vorgesehenen Regularien abgewickelt werden.

e) Sonderumlage und Eigentümerwechsel

308 Für die Beitreibung einer Sonderumlage kann nichts anderes gelten. Da der Beschluss über eine Sonderumlage inhaltlich nichts anderes darstellt als die Ergänzung des bisher beschlossenen Wirtschaftsplanes[1] verbleibt es bei der sich aus dem Sonderumlagenbeschluss ergebenden Vorauszahlungspflicht selbst dann, wenn die mit der Sonderumlage zu finanzierende Maßnahme bereits ausgeführt wird und die Kosten hierfür abgerechnet und in einer Jahreswirtschaftsabrechnung erfasst worden sind. Denn genauso wie die Jahresabrechnung dem Beschluss über den Wirtschaftsplan bestätigend und rechtsverstärkend hinzutritt und nur für den überschießenden Teil der Abrechnung einen neuen Schuldgrund schafft, so tritt ein Abrechnungsbeschluss in gleicher Weise rechtsverstärkend neben einen Beschluss über die Erhebung einer Sonderumlage, der nichts anderes darstellt als die Ergänzung des Wirtschaftsplans und der sich daraus ergebenden Vorauszahlungspflicht.

309 In Fällen eines **Eigentümerwechsels** ist dies von besonderer Bedeutung, da die Sonderumlage ungeachtet einer Jahresabrechnung weiterhin vom Voreigentümer eingefordert werden kann, solange dieser beim Eintritt der Zahlungsfälligkeit der im Grundbuch eingetragene Eigentümer gewesen ist.

7. Zahlung der Prozesskosten

310 Im Falle der Notwendigkeit von Wohngeldbeitreibungsverfahren hat der Verwalter für deren (Vor-)Finanzierung zu sorgen. Da die Prozesskosten

---

1 BGH, Beschl. v. 15. 6. 1989 – V ZB 22/88, BGHZ 108, 44 (47) = WE 1989, 197.

für Rechtsstreitigkeiten gem. § 43 WEG, soweit sie nach dem RVG als gesetzliche Vergütungsansprüche entstehen, gem. § 16 Abs. 8 WEG nicht zu den Kosten der laufenden Verwaltung im Sinne von § 16 Abs. 2 WEG gehören, ist der Verwalter auch nicht ohne weiteres berechtigt, Gerichts- und Rechtsanwaltskosten aus dem laufenden Konto der Gemeinschaft zu entnehmen. Die Legitimation des Verwalters hierzu muss durch Mehrheitsbeschluss geschaffen werden, kann aber auch bereits zum Inhalt des Verwaltervertrages gemacht werden.

Fehlt es an einer solchen Ermächtigung, so ist Eigentümergemeinschaften und ihren Verwaltern zu empfehlen, durch entsprechende Beschlussfassung rechtzeitig Vorsorge dafür zu treffen, dass bei etwa erforderlichen Beitreibungsverfahren der dafür notwendige finanzielle Handlungsspielraum besteht. Denn in den seltensten Fällen enthalten Wirtschaftspläne eine Sachkostenposition „Rechtskosten", obwohl es ordnungsgemäßer Verwaltung entspräche, wenn zugleich mit dem Wirtschaftsplan eine Sonderumlage zur Bevorschussung von Verfahrenskosten beschlossen würde[1]. Fehlt es also an einer solchen vorausplanenden Ansammlung von zweckgerichteten Geldmitteln, und ist der Verwalter auch nicht ermächtigt, dafür Gelder aus dem laufenden Konto der Gemeinschaft zu verwenden, wären dem Verwalter die Hände gebunden und es müsste ggf. in einer außerordentlichen Eigentümerversammlung eine Sonderumlage beschlossen werden, damit es nicht mangels Vorschusszahlungen zu Behinderungen von Beitreibungsverfahren kommt.

311

Ein Eigentümerbeschluss, den Verwalter zu ermächtigen, allfällige Prozesskosten aus dem laufenden Konto der Gemeinschaft zu bevorschussen, entspricht ordnungsgemäßer Verwaltung, sofern nach Ergehen der Gerichtskostenentscheidung eine entsprechende endgültige Kostenbelastung erfolgt[2].

312

Zu beachten ist dabei, dass die Entnahme von Gerichts- oder Rechtsanwaltskosten aus der Instandhaltungsrücklage unzulässig sein soll, da dies dem Sinn und Zweck der Instandhaltungsrückstellung widersprechen würde[3]. Ein den Verwalter hierzu dennoch legitimierender Mehrheitsbeschluss soll ordnungsgemäßer Verwaltung widersprechen und daher anfechtbar sein[4].

313

Es erscheint allerdings zweifelhaft, ob es einer Eigentümergemeinschaft versagt sein sollte, zur vorläufigen Vermeidung zusätzlicher finanzieller Belastung oder gar einer teuren Kreditaufnahme Mittel der Instandhaltungsrücklage kurzfristig „**leihweise**" einer anderweitigen Verwendung

314

---

1 BayObLG Beschl. v. 18. 3. 1993 – 2 Z BR 108/92, WuM 1993, 486; KG, Beschl. v. 5. 5. 1993 – 24 W 1146/93, WuM 1993, 426.
2 OLG Köln, Beschl. v. 17. 1. 1996 – 16 Wx 202/95, WuM 1996, 245.
3 Bärmann/Pick/*Merle*, WEG, 9. Aufl., § 21 Rz. 170.
4 BayObLG, Beschl. v. 5. 11. 1998 – 2 Z BR 146/98, NZM 1999, 275.

zuzuführen. Eine solch starre Zweckbindung, die einer Eigentümergemeinschaft die Möglichkeit verwehrt, sich vorübergehend aus vorhandenen Geldmitteln zwischenzufinanzieren, ohne dass diese Mittel endgültig dem Verwendungszweck der Instandhaltungsrücklage entzogen würden, ist abzulehnen[1]. Stattdessen ist eine Abwägung vorzunehmen, ob trotz der leihweisen Entnahme aus der Instandhaltungsrücklage noch eine „eiserne Reserve" erhalten bleibt, ob eine unmittelbar bevorstehende Instandsetzungsmaßnahme möglicherweise nicht mehr bezahlt werden könnte und eine Sonderumlage erforderlich machen würden und wie die Chancen stehen, die entliehenen Gelder ihrer Zweckbestimmung entsprechend wieder der Instandhaltungsrücklage zurückzuführen. Wird danach die Instandhaltungsrücklage nicht auf Dauer zweckentfremdet verwendet und unangemessen dezimiert, dann kann sie jedenfalls in angemessener Höhe vorübergehend auch für andere Zwecke verwendet werden[2].

8. Die gerichtliche Kostenentscheidung

a) Die Gerichtskosten

315 Nachdem heute die Streitigkeiten nach dem Wohnungseigentumsgesetz zu den bürgerlichen Rechtsstreiten der ZPO gehören, sind bei Klageerhebung die gerichtlichen Gebühren für das Verfahren im Allgemeinen gem. § 12 Abs. 1 GKG, d. h. nach Nr. 1210 VV GKG, zu entrichten, dies sind drei volle Gebühren nach dem Streitwert. Endet der Prozess durch einen Vergleich, fällt nur eine volle Gerichtsgebühr an, schließt der Rechtsstreit mit einer wie auch immer gearteten gerichtlichen Entscheidung ab (streitiges Endurteil, Versäumnisurteil, Kostenentscheidung), fallen drei volle Gebühren an.

b) Die Kosten anwaltlicher Vertretung

316 Die Kosten der anwaltlichen Vertretung, im FGG-Verfahren bisher als außergerichtliche Kosten bezeichnet, sind von demjenigen zu tragen, der im Rechtsstreit unterliegt. Dieser Grundsatz galt allerdings auch bereits bei Hausgeldbeitreibungsverfahren nach dem FGG; wonach in aller Regel die Erstattung der außergerichtlichen Kosten zu Lasten des säumigen Hausgeldschuldners angeordnet wurde. Es wäre unbillig gewesen, die Gemeinschaft mit Kosten zu belasten, die allein aufgrund des Zahlungsverzuges des Antragsgegners entstanden sind[3].

---

1 So Bärmann/Pick/*Merle*, WEG, 9. Aufl., § 21 Rz. 170; *Seuß* in PiG 18, S. 221 (238).
2 OLG München, Beschl. v. 20. 12. 2007 – 34 Wx 076/07, WuM 2008, 169ff.
3 OLG Frankfurt/Main, Beschl. v. 6. 11. 1979 – 20 W 628/79, OLGZ 1980, 82, 83; BayObLG, Beschl. v. 2. 4. 1992 – 2Z BR 10/92, WuM 1992, 329 (330).

Heute ist es nicht mehr erforderlich, auf diese Billigkeitserwägungen hinzuweisen, da die Kostenentscheidung des Gerichts gem. § 91 ff. ZPO erfolgt, d. h., über die Verpflichtung, die Gerichts- und Rechtsanwaltskosten zu tragen, ergeht automatisch eine einheitliche Entscheidung. 317

Für die Tatbestände, nach denen Rechtsanwaltsgebühren entstehen, gilt für WEG-Verfahren genau dasselbe wie für jeden anderen Zivilrechtsstreit. 318

Für das Einleiten einer Wohngeldklage entsteht eine 1,3 Verfahrensgebühr gem. Nr. 3100 VV, § 13 RVG, für die mündliche Verhandlung die Terminsgebühr nach Nr. 3104 VV, § 13 RVG und im Falle eines Vergleichsabschlusses die 1,0 Einigungsgebühr gem. Nr. 1003 VV, § 13 RVG. Neu in WEG-Verfahren ist die Möglichkeit, dass nunmehr Versäumnisurteile ergehen können. Für die nichtstreitige Verhandlung entsteht insoweit eine 0,5 Terminsgebühr nach Nr. 3105 **VV-RVG**.

Im Rechtsmittelverfahren, früher die sofortige Beschwerde, heute die Berufung zum Landgericht, entsteht eine erhöhte 1,6 Verfahrensgebühr gem. Nr. 3200 VV, § 13 RVG, die Terminsgebühr bleibt unverändert bei einem Satz von 1,2 gem. Nr. 3202 VV, § 13 RVG. 319

aa) Mehrfachvertretungsgebühr gem. 1008 VV-RVG

Bei Wohngeldklagen spielt die Mehrfachvertretungsgebühr nach Nr. 1008 VV, § 13 RVG (früher § 6 BRAGO) keine Rolle mehr. Seit der Entscheidung des Bundesgerichtshofes zur Teilrechtsfähigkeit von Eigentümergemeinschaften[1] ist die klagende Partei im Wohngeldprozess der Wohnungseigentümerverband als Inhaber der Wohngeldforderungen und nicht mehr die einzelnen Mitglieder des Verbandes. Damit ist Auftraggeber des Rechtsanwaltes der Verband und damit nur noch eine Partei, so dass für eine Berechnung der Erhöhungsgebühr kein Raum mehr bleibt. 320

Für die anwaltliche Vertretung ergeben sich daraus Honorarverluste, die als dramatisch bezeichnet werden können. Diese liegen im Titulierungsverfahren bei rund 44 %, bei Verfahren in der Zwangsvollstreckung bei 87 %. 321

bb) Berechnungsbeispiele

Musterberechnung für Titulierungsverfahren 322

Streitwert: Bis 1 200 Euro

---
1 BGH, Beschl. v. 2. 6. 2005 – V ZB 32/05, NZM 2005, 543 ff.

1,3 Verfahrensgebühr	110,50 Euro
2,0 Erhöhungsgebühr	170,00 Euro
1,2 Terminsgebühr	<u>102,00 Euro</u>
	382,50 Euro

Entfällt die Erhöhungsgebühr von 170 Euro, so verbleibt ein Resthonorar von 212,50 Euro, der Honoraranspruch vermindert sich um genau 44,4 %.

Durch den Wegfall der Erhöhungsgebühr, die nach RVG auf der Basis einer vollen Gebühr berechnet wird und nicht, wie nach der BRAGO, auf der Basis der Ausgangsgebühr, ist die Honorareinbuße derart einschneidend, dass Vollstreckungsverfahren wirtschaftlich kaum noch zu bearbeiten sind. Dies mag folgende Beispielsrechnung verdeutlichen:

Streitwert: 1 200 Euro

0,3 Vollstreckungsgebühr	25,50 Euro
2,0 Erhöhungsgebühr	<u>170,00 Euro</u>
	195,50 Euro

Nach Wegfall der Erhöhungsgebühr von 170 Euro verbleibt ein Resthonoraranspruch von 25,50 Euro, der Honorarverlust beträgt 87 %.

323 Anders verhält es sich bei Anfechtungsklagen, bei denen der anwaltliche Vertreter einer Eigentümergemeinschaft die Erhöhungsgebühr noch berechnen kann. Da sich Anfechtungsklagen nicht gegen den teilrechtsfähigen Verband, sondern gegen dessen einzelne Mitglieder richten, ist mit Ausnahme der Anfechtungskläger jeder Miteigentümer Partei auf Beklagtenseite und damit Mandant des Rechtsanwaltes, der die beklagte Eigentümergemeinschaft vertritt.

324 Die Mehrfachvertretungsgebühr betrifft nur die Verfahrensgebühr, nicht die Termins- oder Einigungsgebühr.

325 Die Erhöhung beträgt für jeden weiteren Auftraggeber 0,3 der vollen Gebühr und ist auf das Doppelte der vollen Gebühr zzgl. der Verfahrensgebühr selbst beschränkt. Dies bedeutet, dass bei insgesamt acht Auftraggebern die Erhöhungsmöglichkeit von 2,0 (das Doppelte der vollen Gebühr 1,0) ausgeschöpft ist.

326 **Berechnungsbeispiel**

Streitwert: bis 1 200 Euro

1,0 (volle) Gebühr	85,00 Euro

Für jeden weiteren Auftraggeber kann eine Erhöhung von 0,3 der vollen Gebühr = 25,50 Euro berechnet werden, bis die Höchstgrenze von 2,0 erreicht ist. Werden weitere sieben Mandanten vertreten, würde sich eine Erhöhung von 7 × 0,3 Erhöhungsgebühr errechnen, dies entspräche einer Erhöhungsgebühr von 2,1. Da die Erhöhung jedoch auf eine Höhe von 2,0 begrenzt ist, kann die Gebühr nicht mehr voll ausgeschöpft werden, es bleibt bei der Gesamterhöhung von 2,0 = 2 × 85 Euro = 170 Euro.

Der Betrag von 170 Euro ist der Verfahrensgebühr hinzuzurechnen.

Unschädlich für das Entstehen einer Erhöhungsgebühr ist, wenn der Verwalter namens und im Auftrage der Eigentümergemeinschaft das Mandat erteilt. Denn es ist nicht entscheidend, ob die einzelnen zu vertretenden Miteigentümer aufgrund einer einheitlichen Willensbildung an den Rechtsanwalt herangetreten sind. Ausschlaggebend ist vielmehr, dass der Verwalter im Namen aller beklagten Wohnungseigentümer auftritt, als deren Vertreter er mit Wirkung für und gegen diese handeln darf (§ 27 Abs. 2 Ziff. 2 WEG). Die Erhöhungsgebühr fällt ohne Rücksicht darauf an, ob durch die Vertretung mehrerer Wohnungseigentümer eine Mehrbelastung des Rechtsanwalts entsteht oder nicht[1]. 327

9. Mahnverfahren

Mit dem Rechtspflegevereinfachungsgesetz vom 17. 12. 1990 war seinerzeit ein neuer § 46a in das WEG eingefügt worden, um die Verfolgung von Zahlungsansprüchen im Wege des Mahnverfahrens zu eröffnen. Nachdem nunmehr das Wohnungseigentumsverfahren in die ZPO überführt wurde, gelten die Vorschriften für das Mahnverfahren gem. § 688 ff. ZPO unmittelbar auch für die sich aus dem WEG ergebenden Zahlungsansprüche jedweder Art. § 46a WEG a.F. konnte daher ersatzlos entfallen. 328

a) Form und Inhalt

Besonders hinzuweisen ist auf § 43 Nr. 6 WEG, wonach das Gericht für Mahnverfahren der Eigentümergemeinschaft als Antragstellerin ausschließlich zuständig ist, in dessen Bezirk das Grundstück liegt. Gem. § 43 Nr. 6 Satz 2 wurde die Anwendung von § 689 Abs. 2 ZPO ausgeschlossen, wonach bei der Ermittlung der ausschließlichen Zuständigkeit auf den allgemeinen Gerichtsstand des Antragstellers abgestellt wird und für den Fall, dass der Antragsteller im Inland keinen allgemeinen Gerichtsstand hat, die Zuständigkeit des Amtsgerichts Berlin-Schöneberg begründet wird. Da Wohnungseigentümergemeinschaften auch als teilrechtsfähiger Verband keinen allgemeinen Gerichtsstand, d.h. keinen „Sitz" im Sinne von § 17 Abs. 1 Satz 1 ZPO haben und deshalb möglicherweise auf den Geschäftssitz der Verwaltung hätte abgestellt 329

---

1 OLG Düsseldorf, Beschl. v. 17. 9. 1985 – 10 W 126/85, JurBüro 1986, 53 (54).

werden müssen, was bei überregional tätigen Verwaltern mit einem oft weit vom Objekt entfernt liegenden Geschäftssitz untauglich gewesen wäre, war die neue Regelung des § 43 Nr. 6 WEG erforderlich.

330 Sind durch Landesvorschriften gem. § 689 Abs. 3 ZPO zentrale Mahngerichte eingerichtet worden, dann gilt diese zentrale Zuständigkeit auch für Mahnanträge in Wohnungseigentumsverfahren.

331 Da das Amtsgericht unabhängig von der Streitwerthöhe für die Geltendmachung von Zahlungsansprüchen einer Eigentümergemeinschaft bei Binnenstreitigkeiten (Wohnungseigentümergemeinschaft gegen Miteigentümer oder amtierenden bzw. bereits ausgeschiedenen Verwalter) ausschließlich zuständig ist, ist im Mahnantrag für den Fall des Widerspruchs oder des Einspruchs an das zuständige Amtsgericht als Wohnungseigentumsgericht anzugeben. Wird sodann Widerspruch gegen den Mahnbescheid oder Einspruch gegen den Vollstreckungsbescheid eingelegt, so ist das Verfahren an das ausschließlich zuständige Amtsgericht abzugeben.

b) Gerichtskosten

332 War früher darauf zu achten, dass sich der Gerichtskostenvorschuss für das Mahnverfahren nach dem Gerichtskostengesetz (GKG) und im Falle der Durchführung eines streitigen Verfahrens nach der Kostenordnung (KostO) richtete, mithin eine umständliche Verrechnung von höheren Kosten des Mahnbescheides nach dem GKG auf die niedrigeren Verfahrenskosten nach der Kostenordnung vorzunehmen war, hat sich dies nun erledigt, weil Mahnverfahren und streitiges Verfahren einheitlich nach der ZPO abgewickelt werden und sich das Entstehen der Gerichtskosten einheitlich nach dem GKG richtet.

IV. Zwangsvollstreckung aus Zahlungstiteln

333 Ist ein Verwalter ermächtigt und beauftragt worden, Zahlungsrückstände von Miteigentümern gerichtlich beizutreiben, dann bezieht sich diese Ermächtigung auf den **Beitreibungsvorgang in seiner Gesamtheit**. Der Verwalter ist also nicht nur berechtigt, namens und im Auftrage der Eigentümergemeinschaft das wohnungseigentumsgerichtliche Beitreibungsverfahren einzuleiten, die Ermächtigung bezieht sich notwendigerweise auf alle Tätigkeiten, die bis zu einer rechtskräftigen Titulierung und nachfolgenden werthaltigen Realisierung rückständiger Hausgeldschulden erforderlich sind. Damit erfasst der Verwalterauftrag nicht nur die Durchführung von Rechtsmittelinstanzen, sondern die Ermächtigung des Verwalters schließt überdies alle erforderlichen Zwangsvollstreckungsmaßnahmen ein, ohne die der Auftrag, Zahlungsrückstände beizutreiben, nicht erfüllt werden könnte.

Die einem Verwalter im Verwaltervertrag oder per Mehrheitsbeschluss 334
erteilte Ermächtigung zur Beitreibung von Wohngeldrückständen bezieht sich ohne die Benennung einzelner Vollstreckungsmaßnahmen, die ergriffen werden dürfen, automatisch auf all diejenigen Vollstreckungsmöglichkeiten, die unmittelbar auf die Realisierung der Geldforderung gerichtet sind. Dazu gehören z.B. der Forderungseinzug durch Pfändungs- und Überweisungsbeschluss, die Mobiliarvollstreckung, die Vermögensoffenbarung und die Zwangsverwaltung.

Eines gesonderten Eigentümerbeschlusses bedarf es nach hiesiger Auffassung jedoch dann, wenn über die beabsichtige Forderungsrealisierung 335
hinaus gleichzeitig in die Eigentümerposition des Wohngeldschuldners eingegriffen werden soll, so z.B. durch ein Zwangsversteigerungsverfahren gem. § 10 Abs. 1 Nr. 2 ZVG. Da dieses Verfahren zusätzlich erhebliche Kosten verursacht (z.B. Einholung eines Verkehrswertgutachtens), ist jeder Verwalter gut beraten, sich für derartige Maßnahmen Rückendeckung der Gemeinschaft durch eine gesonderte Beschlussfassung zu holen.

Nicht abgedeckt von der Ermächtigung zur Wohngeldbeitreibung ist 336
auch die Einleitung des Wohnungsentziehungsverfahrens gem. § 18 Abs. 2 Nr. 2 WEG. Insoweit sieht § 18 Abs. 3 WEG ohnehin ausdrücklich einen qualifizierten Wohnungseigentümerbeschluss vor, der einer Mehrheit von mehr als der Hälfte der stimmberechtigten Wohnungseigentümer bedarf.

Auch das Abtrennen eines Sondereigentums von den Versorgungsleitungen ist von der allgemeinen Verwalterermächtigung zur Wohngeldbeitreibung nicht gedeckt und bedarf eines auf den Einzelfall bezogenen ausdrücklichen Mehrheitsbeschlusses (vgl. dazu bei Rz. 419 ff.: Versorgungssperre bei Hausgeldrückständen des Wohnungseigentümers). 337

Mit Ausnahme des Beschlusses über die Entziehung des Wohnungs- 338
eigentums bedürfen alle anderen Beschlüsse zur Ermächtigung der Titulierung von Wohngeldforderungen bzw. deren Realisierung nur der einfachen Mehrheit der in einer Eigentümerversammlung stimmberechtigten Miteigentümer.

Voraussetzung für eine jegliche Maßnahme der Zwangsvollstreckung 339
sind Vollstreckungstitel, Vollstreckungsklausel und Zustellung des Titels.

1. Vollstreckungsantrag

Da die Zwangsvollstreckung nur auf Antrag des Gläubigers stattfindet, 340
muss die Eigentümergemeinschaft, vertreten durch den Verwalter, einen solchen Antrag stellen. Wurde nach altem Recht darüber diskutiert, wer

Gläubiger im Zwangsvollstreckungsverfahren ist, wie dieser zu bezeichnen und an wen Zahlungen zu leisten sei, so spielt dies nach der Teilrechtsfähigkeit von Wohnungseigentümergemeinschaften keine Rolle mehr. Inhaber der Wohngeldansprüche ist heute der teilrechtsfähige Verband, vertreten durch den Verwalter. Als solcher tritt er als Kläger auf, ist Partei, zu seinen Gunsten wird der Anspruch tituliert. Der Beifügung einer Eigentümerliste bedarf es nicht mehr, genau so wenig wie noch Überlegungen dazu angestellt werden müssen, wer nach dem Ausscheiden eines Miteigentümers Inhaber der titulierten Forderung ist. Da die Rechtsstellung des Verbandes vom Bestand und der Zusammensetzung seiner Mitglieder unabhängig ist, kommt es auf all dies nicht mehr an.

2. Vollstreckungsmaßnahmen

341 War aus Zahlungsbeschlüssen, die vor dem Wohnungseigentumsgericht erwirkt wurden, bereits nach alter Rechtslage jede Zwangsvollstreckungsmaßnahme zulässig, die das Gesetz auch für jeden anderen im Zivilprozess ergangenen Zahlungstitel vorsah, ist dies heute nach Überführung des Wohnungseigentumsverfahrens in den Geltungsbereich der ZPO ohnehin keine Frage mehr. Für die Vollstreckung von Wohngeldtiteln sei an dieser Stelle nur auf solche Vollstreckungsmaßnahmen hingewiesen, die im Regelfall für eine Eigentümergemeinschaft besonders erfolgversprechend oder andererseits mit besonderen Schwierigkeiten verbunden sind.

a) Pfändungs- und Überweisungsbeschluss

342 Im Regelfall wird eine Bankverbindung des Wohngeldschuldners bekannt sein, in die mittels Pfändungs- und Überweisungsbeschluss hinein gepfändet werden kann. Auch wenn die Kontodeckung zur Erledigung der Wohngeldrückstände nicht ausreichend sein sollte, sind die mit der Pfändung verbundene Sperrwirkung und die sich für den Miteigentümer daraus ergebenden Unannehmlichkeiten oft so groß, dass der säumige Miteigentümer in aller Eile freiwillig für eine Erledigung des gegen ihn gerichteten Zahlungstitels Sorge trägt.

343 Bei der Einleitung von Zwangsvollstreckungsmaßnahmen sollte insbesondere daran gedacht werden, im Falle der Vermietung des Sondereigentums die **Mietzahlungen** zu **pfänden**. Durch den Zugriff auf die Mieterträge, die regelmäßig deutlich höher sind als die auf das Sondereigentum entfallende monatliche Wohngeldverpflichtung, lassen sich titulierte Rückstände schnell realisieren. Die Pfändung geht jedoch dann ins Leere, wenn die Mietzahlungen entweder bereits von anderer Seite vorrangig gepfändet oder aber vom Wohnungseigentümer abgetreten worden sind.

b) Zwangsverwaltung

Weithin unbekannt ist, dass gerade in Fällen, bei denen Mietzahlungen vorrangig gepfändet oder abgetreten worden sind, die Einleitung der Zwangsverwaltung weiterhelfen und den Zugriff auf Mieterträge des säumigen Wohngeldschuldners eröffnen kann, die ansonsten für die Eigentümergemeinschaft nicht erreichbar wären. 344

Hinzu kommt, dass der Verwalter meist nicht nur vor der Entscheidung steht, welche Vollstreckungsmaßnahmen er zur werthaltigen Realisierung eines Zahlungstitels ergreifen soll. Immer häufiger ist es nämlich nicht damit getan, einmal aufgelaufene und titulierte Wohngeldrückstände beizutreiben, ein oft aussichtsloses Unternehmen bei nachhaltig in Zahlungsschwierigkeiten geratenen Miteigentümern, es ist vielmehr zusätzlich dafür Sorge zu tragen, dass die Eigentümergemeinschaft **zukünftig keine** oder jedenfalls nur geringe weitere **Wohngeldausfälle** erleidet. 345

Jeder Verwalter sollte sich deshalb intensiv mit den Möglichkeiten auseinandersetzen, die die Durchführung eines Zwangsverwaltungsverfahrens für eine Eigentümergemeinschaft in dieser Hinsicht eröffnet, denn die Rechtsprechung verlangt von den Wohnungseigentumsverwaltern genaue Kenntnisse über den Einsatz dieser Zwangsvollstreckungsmaßnahme und hat Verwalter für Wohngeldausfälle, die durch rechtzeitige Einleitung der Zwangsverwaltung hätten vermieden werden können, bereits haftbar gemacht[1]. 346

aa) Auswirkungen der Zwangsverwaltung

Wird die Zwangsverwaltung während eines gegen den säumigen Miteigentümer laufenden Hausgeldbeitreibungsverfahrens angeordnet, so hat dies keine Auswirkungen auf die Verpflichtung des Eigentümers zur Zahlung der Bewirtschaftungskosten. Denn ein Wohnungseigentümer haftet mit seinem **gesamten Vermögen** auf die Hausgeldrückstände und nicht nur mit etwaigen Erträgen aus dem zwangsverwalteten Sondereigentum. Das Hausgeld kann also weiterhin gegenüber dem Sondereigentümer gerichtlich geltend gemacht werden[2]. 347

Gemäß § 148 Abs. 2 ZVG wird dem säumigen Miteigentümer durch die Anordnung der Zwangsverwaltung jedoch die Verwaltung und Nutzung seines Sondereigentums entzogen. Der bestellte Zwangsverwalter übernimmt insoweit die Rechtsstellung des Sondereigentümers, er ist **Partei kraft Amtes**[3]. Ein Zwangsverwalter ist gem. § 152 Abs. 1 ZVG verpflich- 348

---
1 OLG Hamburg, Beschl. v. 20. 1. 1993 – 2 Wx 53/91, OLGZ 1993, 431 = DWE 1993, 104 (109) = ZMR 1993, 342.
2 OLG Köln, Beschl. v. 11. 7. 1988 – 16 Wx 19/88, DWE 1989, 30 (31).
3 Zöller/*Vollkommer*, ZPO, 27. Aufl., § 51 Rz. 7.

tet, neben dem Sondereigentümer sämtliche während der Dauer des Zwangsverwaltungsverfahrens für das Sondereigentum fällig werdenden Wohngeldverpflichtungen zu erfüllen, sie sind als Ausgaben der Verwaltung gem. § 155 ZVG vorweg zu bestreiten[1].

349 Diese Verpflichtung beschränkt sich nicht nur auf die laufenden monatlichen Wohngeldvorauszahlungen entsprechend den beschlossenen Einzelwirtschaftsplänen[2], sie erfasst auch Nachzahlungen aus den von der Eigentümergemeinschaft beschlossenen Jahreswirtschaftsabrechnungen, soweit der Genehmigungsbeschluss nach Anordnung der Zwangsverwaltung ergeht[3], sowie Sonderumlagen aller Art, ja selbst die Umlage früherer Rückstände für das betroffene Sondereigentum, solange ein Beschluss, mit dem diese Rückstände auf alle Miteigentümer verteilt werden, nach Anordnung der Zwangsverwaltung gefasst wird[4].

350 Bei der Nachzahlung aus beschlossenen Jahresabrechnungen ist zu beachten, dass ein Zwangsverwalter nur verpflichtet ist, die sog. „echte Abrechnungsspitze" auszugleichen, d. h. also jenen Kostenmehrbetrag, der sich ergibt, wenn man von den für ein Sondereigentum im abgerechneten Wirtschaftsjahr entstandenen Gesamtkosten die Zahlungen in voller Höhe in Abzug bringt, die nach dem für dieses Wirtschaftsjahr geltenden Wirtschaftsplan hätten entrichtet werden müssen. Die Höhe der Nachzahlung ist also dadurch zu ermitteln, dass alle Wohngeldleistungen, die vor dem Abrechnungsbeschluss zur Zahlung fällig gewesen sind, vom Eigentümer aber nicht beglichen wurden, herausgerechnet werden müssen[5]. Auf die tatsächlich geleisteten Wohngeldvorauszahlungen des Eigentümers kommt es also bei der Berechnung der echten Abrechnungsspitze nicht an.

351 Für die Altschulden, d. h. für alle vor Anordnung der Zwangsverwaltung fällig gewordene Hausgeldlasten, bleibt weiterhin der bisherige Sondereigentümer alleiniger Schuldner.

352 In einem Beschluss vom 23. 9. 1999 hat der Bundesgerichtshof noch einmal bekräftigt, dass nur für den sich aus einer Jahreswirtschaftsabrechnung ergebenden Fehlbetrag eine originäre Schuld begründet wird, der die nach dem Wirtschaftsplan beschlossenen Vorschüsse übersteigt[6]. Der Beschluss über eine Jahreswirtschaftsabrechnung habe nämlich nur bestätigende oder verstärkende Wirkung des Beschlusses über den Wirtschaftsplan, der durch den Beschluss über die Jahresabrechnung weder

---

1 BayObLG, Beschl. v. 30. 4. 1999 – 2 Z BR 33/99, NZM 1999, 715.
2 OLG Hamburg, Beschl. v. 20. 1. 1993 – 2 Wx 53/91, OLGZ 1993, 431 = DWE 1993/104, 109 = ZMR 1993, 342.
3 BayObLG, Beschl. v. 14. 2. 1991 – 2Z 4/91, WuM 1991, 308; OLG Karlsruhe, Beschl. v. 10. 1. 1990 – 11 W 167/89, WuM 1990, 168 (169).
4 OLG Düsseldorf, Beschl. v. 10. 8. 1990 – 3 Wx 201/90, WuM 1990, 458 (459).
5 BayObLG, Beschl. v. 30. 4. 1999 – 2 BR 33/99, NZM 1999, 715.
6 BGH, Beschl. v. 23. 9. 1999 – V ZB 17/99, NZM 1999, 1101.

aufgehoben noch ersetzt würde. Tatsächlich habe deshalb der Beschluss über die Jahresabrechnung die Begründung einer Schuld in Höhe rückständiger Vorschüsse nach dem Wirtschaftsplan gar nicht zum Inhalt.

Bezahlt ein Zwangsverwalter **irrtümlich eine Nachzahlung** aus einer Jahresabrechnung, die nicht nur die echte Abrechnungsspitze darstellt, sondern in der festgestellten Höhe auch deswegen zustande gekommen ist, weil der Sondereigentümer vor Anordnung der Zwangsverwaltung die Hausgeldvorauszahlungen ganz oder teilweise nicht entrichtet hat, – also Altschulden, die vom Zwangsverwalter nicht zu übernehmen sind –, so ist die Eigentümergemeinschaft verpflichtet, den Betrag, der auf die Altschulden entfällt, an den Zwangsverwalter zurückzuzahlen[1]. 353

Jeder Verwalter ist also gehalten, im Falle der Verabschiedung einer Jahresabrechnung während laufender Zwangsverwaltung, für den Zwangsverwalter etwaige in einer Nachzahlung enthaltene **Altschulden heraus zu rechnen** und nur die echte Abrechnungsspitze zu verlangen. 354

Mit Ausnahme dieser Einschränkung bei Nachzahlungen aus Jahreswirtschaftsabrechnungen gilt jedoch: jedwede Zahlungsverpflichtung, die von einer Eigentümergemeinschaft nach Anordnung des Zwangsverwaltungsverfahrens erstmals durch Beschluss fällig gestellt wird und die vom Sondereigentümer hätte beglichen werden müssen, muss auch vom Zwangsverwalter an die Gemeinschaft bezahlt werden. 355

bb) Das vermietete Sondereigentum

Erzielt der Zwangsverwalter Mieteinnahmen, so stellt der Ausgleich der vorgenannten Zahlungsverpflichtungen gegenüber der Eigentümergemeinschaft im Regelfall keine Schwierigkeit dar. 356

Sämtliche **Mieteinnahmen** werden nämlich ab dem Zeitpunkt der Beschlagnahme des Sondereigentums durch den Zwangsverwalter **eingezogen**. Der gerichtliche Beschluss, mit dem das Zwangsverwaltungsverfahren angeordnet wird, gilt als Beschlagnahme des Grundstücks, durch die dem Wohnungseigentümer und Schuldner die Verwaltung des Grundstücks entzogen wird (§ 148 Abs. 2 ZVG). Die zur Erhaltung und ordnungsgemäßen Nutzung des Sondereigentums erforderlichen tatsächlichen und rechtlichen Verfügungen werden nur noch durch den Zwangsverwalter ausgeübt (§ 150 Abs. 1, § 152 ZVG). Gemäß § 155 Abs. 1 ZVG sind vom Zwangsverwalter die Ausgaben der Verwaltung aus den Nutzungen des Grundstücks (Wohnungseigentums) vorweg zu bestreiten, wozu die laufenden Hausgeldzahlungen gehören[2]. 357

---
1 BayObLG, Beschl. v. 30. 4. 1999 – 2Z BR 33/99, NZM 1999, 715.
2 OLG Hamburg, Beschl. v. 20. 1. 1993 – 2 Wx 53/91, WuM 1993, 300 = ZMR 1993, 342 = OLGZ 1993, 431; *Stöber*, ZVG, 17. Aufl., § 152 Rz. 16 Anm. 16.2a, § 155 Rz. 4 Anm. 4.2f.

358 Von besonderer Bedeutung für den betreibenden Gläubiger ist dabei **§ 1124 BGB**. Rechtsgeschäftliche Vorausverfügungen, also etwa die Abtretung der Miete durch den Sondereigentümer an einen dritten Gläubiger, behalten ihre Wirkung nur noch für den Monat, in dem die Beschlagnahme erfolgt, bzw. bei einer Beschlagnahme erst nach dem 15. eines Monats bis zum Ablauf des folgenden Kalendermonats. Sind Mieten gepfändet, so **setzt die Beschlagnahme** die **Pfändungswirkung außer Kraft**, die Mietpfändung ruht für die Dauer des Zwangsverwaltungsverfahrens und lebt erst mit dem Wegfall der Beschlagnahme wieder auf.

359 Die Zwangsverwaltung als Zwangsvollstreckungsmaßnahme zu wählen, ist also insbesondere dann sinnvoll, wenn im Falle einer Abtretung oder bereits erfolgten Pfändung vorhandene Mieteinnahmen dem Gläubigerzugriff entzogen sind, mithin ein nachrangiger Pfändungs- und Überweisungsbeschluss der Eigentümergemeinschaft ins Leere ginge. Zwar ermöglicht die Zwangsverwaltung nur dann die Realisierung titulierter Wohngeldrückstände, wenn nicht die laufenden Ausgaben der Zwangsverwaltung und die Ansprüche vorrangig zu bedienender dinglicher Gläubiger die vom Zwangsverwalter vereinnahmten Erträge aufzehren. Wichtiger aber ist, dass durch diese Maßnahme das vordringliche Anliegen einer Eigentümergemeinschaft erreicht werden kann, nämlich für die Zukunft Wohngeldausfälle in meist nicht abzusehender Höhe zu stoppen.

cc) Keine Erträge aus dem Sondereigentum

360 Es existieren aber auch Sachverhaltsvarianten, bei denen die Einleitung eines Zwangsverwaltungsverfahrens auf den ersten Blick problematisch erscheint, weil zumindest anfänglich keine Erträge erzielt werden können. Beispielhaft handelt es sich um folgende Fälle:

– Ein Sondereigentum ist noch nicht fertig gestellt

– Ein bezugsfertiges Sondereigentum steht leer

– Der Mieter eines Sondereigentums verweigert die Mietzahlung

– Das Sondereigentum wird vom Eigentümer selbst genutzt

In all diesen Fällen fehlt es an Einnahmen, die ein Zwangsverwalter verwalten und aus denen er als laufende Kosten der Zwangsverwaltung die auf das Sondereigentum entfallenden Wohngeldverpflichtungen erfüllen könnte.

361 In der Vergangenheit war in solchen Fällen die Zwangsverwaltung nicht möglich, weil ein entsprechender Antrag von den Gerichten mangels

Rechtsschutzbedürfnis zurückgewiesen wurde[1]. Diese Rechtsprechung ist ausdrücklich aufgegeben worden[2].

(1) Vorschusspflicht des betreibenden Gläubigers

Unabhängig davon, dass der Zwangsverwalter zunächst keine Einnahmen erzielt, deshalb auch keine Zahlungen an die Gläubiger der Zwangsverwaltung vornehmen und damit auch keine Wirtschaftsgelder an die Eigentümergemeinschaft entrichten kann, führt eine Besonderheit des Zwangsversteigerungsgesetzes dennoch dazu, dass Eigentümergemeinschaften auch bei fehlenden Erträgen des Sondereigentums durch die Einleitung eines Zwangsverwaltungsverfahrens zukünftige Wohngeldausfälle wenigstens zum Teil vermeiden können. Gem. § 161 Abs. 3 ZVG ist ein Zwangsverwaltungsverfahren nämlich aufzuheben, wenn bei fehlenden Einnahmen der das Verfahren betreibende Gläubiger nicht die Kostenvorschüsse an den Zwangsverwalter zahlt, die zur Begleichung der laufenden Kosten des Zwangsverwaltungsverfahrens erforderlich sind. Betreibt eine Eigentümergemeinschaft also das Zwangsverwaltungsverfahren in ein Sondereigentum, so ist sie bei fehlenden anderweitigen Einnahmen des Zwangsverwalters zuerst einmal selbst verpflichtet, die zur Deckung der laufenden Zwangsverwaltungskosten erforderlichen Vorschüsse zu leisten. Da es sich bei den Wohngeldzahlungen für das zwangsverwaltete Sondereigentum jedoch um laufende Kosten des Zwangsverwaltungsverfahrens handelt, hat der Zwangsverwalter alle Hausgeldverpflichtungen aus den erhaltenen Vorschüssen an die Eigentümergemeinschaft „zurückzuzahlen".

362

(2) Bevorrechtigte Rückerstattung von Zwangsverwaltungsvorschüssen

Sinn macht diese Verfahrensweise im Lichte von § 10 Abs. 1 Nr. 1 ZVG. Danach sind im Falle der Zwangsversteigerung aus dem Versteigerungserlös im ersten Rang unmittelbar nach den eigentlichen Verfahrenskosten (z. B. Kosten für Gericht und Wertgutachten) die Ansprüche eines die Zwangsverwaltung betreibenden Gläubigers auf Ersatz seiner Ausgaben zu befriedigen. Bei diesen Auslagen des betreibenden Gläubigers handelt es sich jedoch genau um jene Kostenvorschüsse, die eine Eigentümergemeinschaft an den Zwangsverwalter geleistet hat, damit dieser die Wohngeldverpflichtungen bedienen kann. Diese Vorschüsse müssen jedenfalls teilweise bevorrechtigt zurückgezahlt werden, bevor der erste dingliche Gläubiger bedacht wird (§ 10 Abs. 1 Nr. 4 ZVG), ja sogar bevor rückständige öffentliche Lasten befriedigt werden (§ 10 Abs. 1 Nr. 3 ZVG).

363

---

[1] LG Frankfurt/Main, Beschl. v. 18. 7. 1988 – 2/9 T 699/88, Rpfleger 1989, 35; LG Hechingen, Beschl. v. 8. 2. 1991 – 2 T 26/90, Rpfleger 1991, 430.
[2] LG Frankfurt/Main, Beschl. v. 13. 1. 1997 – 2/9 T 773/96, NZM 1998, 635.

364 Sind im Versteigerungsfalle entrichtete Vorschüsse gem. § 10 Abs. 1 Nr. 1 ZVG als Kosten der Zwangsverwaltung bevorrechtigt aus dem Versteigerungserlös zu befriedigen, wird die Auffassung vertreten, die an den Zwangsverwalter gezahlten Vorschüsse seien nur insoweit **bevorrechtigt** zu berücksichtigen, als sie **ausschließlich zur Werterhaltung** oder nötigen Verbesserung des Sondereigentums gedient und auch tatsächlich zu einer angemessenen Wertsteigerung geführt haben. Sei eine angemessene Wertsteigerung nicht erreicht, so bestehe das Vorrecht nicht[1].

365 So soll z.B. ein auf eine Sonderumlage für eine Sanierungsmaßnahme gezahlter Vorschuss dann nicht bevorrechtigt aus dem Versteigerungserlös zurückerstattet werden, wenn die Sanierung vor dem Ende der Zwangsverwaltung noch nicht durchgeführt worden ist[2].

366 Werden aus den entrichteten Zwangsverwaltungsvorschüssen im Wesentlichen die laufenden Bewirtschaftungskosten getragen, so soll dies nicht zur bevorrechtigten Befriedigung nach § 10 Abs. 1 Nr. 1 ZVG führen[3]. Verbrauchskosten für Wasser, Abwasser, Müllabfuhr, Strom und Heizung sollen grundsätzlich nicht unter das Vorrecht des § 10 Abs. 1 Nr. 1 ZVG fallen, und zwar auch dann nicht, wenn ihre vorschussweise Einzahlung in einem vorausgegangenen Zwangsverwaltungsverfahren angeordnet worden ist[4]. Nicht vorrangig aus dem Versteigerungserlös seien Zahlungen zu befriedigen, die für Allgemeinstrom, Heizung, Wasser/Abwasser, Wasserdruckerhöhungsanlage, Hauswart, Eigentümerhaftpflichtversicherung, Kontoführungsgebühren und Verwaltergebühren aufgewendet worden sind sowie die Instandhaltungsrücklage, soweit diese nicht während der Zwangsverwaltung für Reparaturen ausgegeben worden ist[5].

367 Um eine Bevorrechtigung gem. Rangklasse 1 zu erreichen, soll es nicht genügen, wenn Ausgaben des Zwangsverwalters dem zwangsverwalteten Sondereigentum nur mittelbar zugute kommen[6]. Notwendige Ausgaben im Sinne von § 10 Abs. 1 Nr. 1 ZVG seien nur solche, die (unmittelbar) der Substanzerhaltung dienen, d.h. sich auf konkrete Erhaltungsmaßnamen beziehen[7].

---

1 Dassler/Schiffhauer/Gerhardt/*Muth*, ZVG, 12. Aufl., § 10 Rz. 7; a.A. *Stöber*, ZVG, 17. Aufl., § 10 Rz. 2 Anm. 2.2.
2 OLG Köln, Urt. v. 28. 5. 1998 – 18 U 243/97, NZM 1999, 94.
3 LG Hamburg, Urt. v. 15. 12. 2000 – 303 O 288/00, ZMR 2001, 395 = InVo 2001, 185.
4 OLG Frankfurt/Main, Urt. v. 6. 3. 2002 – 23 U 150/01, NZM 2002, 627.
5 OLG Braunschweig, Urt. v. 15. 4. 2002 – 7 U 113/01, NZM 2002, 626.
6 *Stöber*, ZVG, 17. Aufl., § 152 Rz. 16 Anm. 16.4.; LG Mönchengladbach, Beschl. v. 16. 7. 1999 – 5 T 267/99, Rpfleger 2000, 80.
7 LG Frankfurt/Main, Urt. v. 28. 3. 2002 – 2 – 15 S 157/01, ZMR 2002, 977.

(3) Derzeit überwiegende Rechtsprechung

Die Diskussion, in welchem Umfange Vorschüsse, die von Eigentümergemeinschaften zur Bedienung von Hausgeldzahlungen entrichtet worden sind, bevorrechtigt zurückerstattet werden müssen, hat durch **zwei obergerichtliche Entscheidungen** eine für die Interessenlage der Eigentümergemeinschaft ungünstige Richtung erhalten. So haben die Oberlandesgerichte Braunschweig und Frankfurt/Main nach dem Verwendungszweck der einzelnen Bestandteile des Haugeldes differenziert und **nur einzelne Wohngeldbestandteile als werterhaltend** für das Sondereigentum und damit als bevorrechtigt im Sinne von § 10 Abs. 1 Ziffer 1 ZVG anerkannt[1]. 368

Aus dem Umstand allein, dass entsprechende Vorschüsse im Rahmen der Zwangsverwaltung gerichtlich angefordert wurden und dass der Zwangsverwalter auch verpflichtet war, die Wohngeldschuld für das von ihm verwaltete Objekt zu erfüllen, soll nicht geschlossen werden dürfen, dass es sich dabei um einen Vorschuss für Auslagen i. S. v. § 10 Abs. 1 Ziff. 1 ZVG handelt. Ob und in welchem Umfang es sich um einen bevorrechtigten Erhaltungsaufwand handelt, sei getrennt nach den einzelnen im Wohngeld enthaltenen Kostenpositionen zu beurteilen. 369

(4) Gegenmeinung

Als Gegenposition wird die Auffassung vertreten, dass die Aufwendungen für die laufende Bewirtschaftung in vollem Umfang der Erhaltung eines Wohnungseigentums unmittelbar oder mittelbar zugute kommen und daher das so genannte „Wohngeld", das aus Zwangsverwaltungskostenvorschüssen bestritten wird, in der Zwangsversteigerung vollumfänglich in Rangklasse 1 des § 10 Abs. 1 ZVG zu berücksichtigen ist, da alle Wohngelder der Erhaltung des Objektes dienen[2]. 370

Diese Auffassung hatte **ausdrücklich obergerichtliche Unterstützung** erhalten, wonach die Sicherstellung der ordnungsgemäßen Bewirtschaftung des Gemeinschaftseigentums während der Zeit der Zwangsverwaltung dem jeweiligen Sondereigentum zugute komme. Wenn nämlich die gemeinschaftlichen Anlagen nicht gepflegt und ordnungsgemäß gewartet 371

---

1 OLG Braunschweig, Urt. v. 15. 4. 2002 – 7 U 113/01, NZM 2002, 626; OLG Frankfurt/Main, Urt. v. 6. 3. 2002 – 23 U 150/01, NZM 2002, 627; *J-H. Schmidt*, NZM 2002, 847, der sich kritisch mit der Frage auseinandersetzt, welche Wohngeldbestandteile der Erhaltung und Verbesserung des Sondereigentums im Sinne von § 10 Abs. 1 Ziffer 1 ZVG dienen; insoweit differenzierend auch LG Augsburg, Beschl. v. 24. 10. 2000 – 4 T 3950/00, Rpfleger 2001, 92.
2 LG Aachen, Urt. v. 15. 9. 2000 – 9 O 134/00, ZMR 2002, 156; *Hauger* in Weitnauer, WEG, 8. Aufl., § 45 Rz. 15; Bärmann/*Pick*/Merle, WEG, 9. Aufl., § 16 Rz. 49; LG Frankfurt/Main, Beschl. v. 13. 1. 1997 – 2 – 09 T 773/96, NZM 1998, 635; *Wolicki*, Die Zwangsverwaltung von Sondereigentum, NZM 2000, 321 (324).

oder notwendige Erhaltungsmaßnahmen nicht durchgeführt würden, mindere dies auch den Wert der jeweiligen Sondereigentumseinheiten. Ob die mittels Wohngeld finanzierten Maßnahmen unmittelbar oder nur mittelbar dem Erhalt oder der Verbesserung des Grundstücks dienten, sei unerheblich. Eine derartige, im Einzelfall ohnehin nur schwer durchzuführende Differenzierung finde im Gesetz keine Stütze und erscheine auch orientiert am Zweck des § 10 Abs. 1 Nr. 1 ZVG nicht gerechtfertigt. Jede Ausgabe für Maßnahmen, die sich erfahrungsgemäß positiv auf den Wert des Grundstückes niederschlagen, komme den die Zwangsversteigerung betreibenden Gläubigern zugute. Dies sei bei laufenden Wohngeldern der Fall[1].

372 Dieser Auffassung ist der Vorzug zu geben, da es die in Literatur und Rechtsprechung vertretene Auffassung, dass Wohngelder, die aus Zwangsverwaltungsvorschüssen beglichen werden, nicht vollumfänglich als nützliche Aufwendungen der Erhaltung des Objektes im Sinne von § 10 Abs. 1 Nr. 1 ZVG dienen, bisher nicht vermocht hat, hierfür eine überzeugende Begründung anzuführen, und daher unverändert kritisch zu betrachten ist.

373 Gem. § 10 Abs. 1 Nr. 1 ZVG sind in der ersten Rangklasse sämtliche Ansprüche eines die Zwangsverwaltung betreibenden Gläubigers auf Ersatz seiner Ausgaben zur Erhaltung der Immobilie bevorrechtigt zu befriedigen[2].

374 Nach hier vertretener Auffassung gilt dies auch dann, wenn aus den Vorschüssen Wohngeldverpflichtungen aller Art erbracht wurden. Es kommt nämlich nicht darauf an, ob die Wohngeldzahlungen auch tatsächlich zu einer Wertverbesserung der Immobilie geführt haben oder gar ein Mehrwert noch bei der Versteigerung vorhanden ist[3]. Das Befriedigungsrecht mit Vorrang kann daher nicht auf einen Betrag beschränkt werden, um den das Grundstück zum Zeitpunkt der Zwangsversteigerung noch verbessert ist.

375 Entscheidend ist, dass **Wohngeldzahlungen** regelmäßig **in ihrer Gesamtheit der Bewirtschaftung** aller Sondereigentumseinheiten **dienen**, diesen entweder unmittelbar oder mittelbar zugute kommen und damit untrennbar mit deren Werterhalt verbunden sind, weshalb eine Differenzierung zwischen einzelnen Kostenpositionen nach Verwendungszweck als nicht geboten erscheint.

---

1 OLG Düsseldorf, Urt. v. 4. 10. 2002 – 14 U 93/02, NZM 2002, 1045 = WE 2003, 223.
2 *Hintzen*, Die Immobiliarzwangsvollstreckung in der Praxis, Rz. 1123; *Hauger*, PiG 30 (1989), S. 103 (104).
3 *Zeller/Stöber*, ZVG, 17. Aufl., § 10 Rz. 2 Anm. 2.2.

Die Rangordnung in der 1. Klasse wurde unter dem Gesichtspunkt der **nützlichen Verwendung** geschaffen, um dem die Zwangsverwaltung betreibenden Gläubiger Anspruch auf Ersatz bestimmter Verwaltungsausgaben einzuräumen[1]. 376

Nachdem schon in § 24 des Gesetzes über die Zwangsvollstreckung in Immobilien vom 13. Juli 1883 bestimmt war, dass diejenigen Ausgaben einer Zwangsverwaltung aus den bei der Zwangsversteigerung erzielten Kauferlösen vorab zu befriedigen waren, die vom betreibenden Gläubiger bis zum Zuschlag zur Erhaltung und nötigen Verbesserung des Grundstücks gemacht worden sind[2], gehören die Erhaltungsaufwendungen jedenfalls zu den für das Objekt erbrachten nützlichen Verwendungen, die auch Verwaltungskosten mit einschließen. Wenn aber das Vorrecht von § 10 Abs. 1 Nr. 1 ZVG auf dem Gesichtspunkt der nützlichen Verwendung beruht[3] und diese Ausgaben dann bevorrechtigt sind, wenn sie zur Erhaltung des Objekts verwendet worden sind, so ist der Erhaltungsaufwand als die Kosten zu definieren, die benötigt werden, um die Sache sowohl in dem Zustand zu erhalten, in dem sie sich befindet, als auch sie im Falle einer Verschlechterung wieder in den alten Zustand zu versetzen[4]. 377

Erhaltung im Sinne des Gesetzes **bedeutet** also **Verhinderung einer Verschlechterung, Beseitigung einer eingetretenen Verschlechterung** und **Bewahrung des Zustandes**, der für den bestimmungsgemäßen Gebrauch erforderlich ist[5]. Hierzu sind einzurechnen sämtliche Reparaturen, alle Kosten für gemeinschaftliche Einrichtungen, die Versorgung mit Heizung, Wasser, Gas und Strom in den gemeinschaftlichen Teilen, Bezahlung des Dienstpersonals und des Verwalters, Kauf- und Unterhaltungskosten für die notwendigen Utensilien der Reinigung, sämtliche Versicherungen sowie öffentliche Abgaben aller Art mit Ausnahme der Grundsteuer, die ohnehin von jedem einzelnen Eigentümer und nicht von der Eigentümergemeinschaft getragen wird[6]. Damit umfassen die Unterhaltungskosten mit wenigen Ausnahmen die Bewirtschaftungskosten eines Sondereigentums, die in diesem Sinne fraglos für die Erhaltung nützliche Verwendungen darstellen und nach dieser Definition unter Vorrecht des § 10 Abs. 1 Nr. 1 ZVG fallen. 378

---

1 *Hahn/Mugdan*, Die gesammelten Materialien zu Reichs-/Justizgesetzen, Denkschrift zu dem Entwurf eines Gesetzes über die Zwangsversteigerung und die Zwangsverwaltung nebst dem Entwurf eines Einführungsgesetzes, 5. Band 1897, S. 37.
2 Zit. in Entscheidungen des Reichsgerichts in Zivilsachen Band 17 Nr. 62 S. 273 (275).
3 So auch ausdrücklich OLG Köln, Urt. v. 28. 5. 1998 – 18 U 243/97, NZM 1999, 94.
4 Bärmann/*Pick*/Merle, WEG, 9. Aufl., § 16 Rz. 49.
5 Bärmann/*Pick*/Merle, WEG, 9. Aufl., § 16 Rz. 49.
6 Bärmann/*Pick*/Merle, WEG, 9. Aufl., § 16 Rz. 49.

379 Die Forderung, Aufwendungen dürften für das zwangsverwaltete Objekt nicht nur mittelbar bestimmt gewesen sein[1], überzeugt nicht. So sind z.B. auf die Instandhaltungsrücklage gezahlte und tatsächlich für Kosten einer Dachreparatur ausgegebene Vorschüsse nach h.M. als gem. Rangklasse 1 bevorrechtigte Ausgaben anzusehen. Warum jedoch die Reparatur eines Hochhausdaches als unmittelbare Verwendung auf eine im Erdgeschoss gelegene Einheit bezeichnet werden kann, wohingegen z.B. die Kosten eines Hauswartes, der sich um die Betriebsbereitschaft einer Wohnungseigentumsanlage kümmert und Vorsorge trifft, dass es nicht zu Schäden kommt (z.B. Funktionsfähigkeit der Heizungs- und Installationsanlagen), oder das Honorar des Verwalters, ohne den die Dachreparatur nicht veranlasst würde, als nur mittelbare Aufwendungen nicht bevorrechtigt sein sollen, ist bisher nicht schlüssig begründet worden. In allen Fällen geht es um den **unbeschadeten Bestand des Gemeinschaftseigentums**, und dies betrifft jedes Sondereigentum unmittelbar. Würde die Bewirtschaftung einer Wohnungseigentumsanlage unterlassen werden, und dies reicht vom Pflege- bis zum Reparaturaufwand, würde es sehr bald zu einem Substanzverfall kommen, an den sich unmittelbar ein Wertverfall anschließen würde[2]. Die angeblich nur mittelbaren Aufwendungen wären also, wenn sie fehlen, für einen unmittelbaren Wertverlust des Sondereigentums ursächlich, ein Ergebnis, das mit der Begründung, welche Ausgaben i.S.v. § 10 Abs. 1 Nr. 1 ZVG bevorrechtigt sein sollen, nicht im Einklang steht.

380 Dies trägt auch dem Einwand Rechnung, dass der dinglich gesicherte Gläubiger geschützt werden muss und seine Position nicht durch das Recht zur Vorabbefriedigung gem. § 10 Abs. 1 Nr. 1 ZVG ungebührlich ausgehöhlt werden darf. Da die Bewirtschaftung unmittelbar der Erhaltung des Objektes dient, wirkt sich dies unmittelbar zum Vorteil des dinglich gesicherten Gläubigers aus, der andernfalls mangels Bewirtschaftung eine dadurch verursachte Verschlechterung des Allgemeinzustandes des Objektes befürchten muss. Dies wiederum führt zu einem **Wertverlust** des Objektes und erhöht das Risiko des dinglich gesicherten Gläubigers, bei der Zwangsversteigerung ganz oder teilweise auszufallen.

381 Bei der Beratung von Wohnungseigentümergemeinschaften im Vorfeld der Entscheidung, ob ein Zwangsverwaltungsverfahren eingeleitet werden soll oder nicht, muss dementsprechend das finanzielle Risiko abgewogen werden, dass die Eigentümergemeinschaft einerseits aus eigenen Mitteln an den Zwangsverwalter Vorschüsse entrichtet, aus denen dieser die Hausgeldverpflichtungen für das zwangsverwaltete Objekt bedient, die jedoch andererseits im Falle der Verteilung des Versteigerungserlöses

---
1 *Stöber*, ZVG, 17. Aufl., § 152 Rz. 16 Anm. 16.4.
2 So ausdrücklich OLG Düsseldorf, Urt. v. 4.10.2002 – 14 U 93/02, NZN 2002, 977.

nur in eingeschränktem Maß aufgrund ihrer Bevorrechtigung gem. § 10 Abs. 1 Nr. 1 ZVG an die Eigentümergemeinschaft zurückfließen könnten, je nach dem, welcher obergerichtlichen Auffassung das Vollstreckungsgericht folgt.

Derzeit ist davon auszugehen, dass entsprechend der vorgenannten zahlenmäßig überwiegenden restriktiven ober- und instanzgerichtlichen Rechtsprechung nur die für **Reparaturen** tatsächlich aufgewendeten Mittel sowie die Kosten für die Gebäudeversicherungen gemäß § 10 Abs. 1 Ziffer 1 ZVG bevorrechtigt zurückerstattet werden. Allgemeinstrom nur insoweit, als er zum Betrieb objektschützender Geräte notwendig ist und um Heizung, soweit ihr Betrieb zur Verhinderung von Schimmelbildung und eines Einfrierens von Leitungen notwendig ist. 382

Nicht bevorrechtigt sollen alle übrigen Kosten der laufenden Bewirtschaftung sein, soweit ihr Einsatz als Erhaltungsaufwendungen im Einzelfall nicht besonders begründet werden kann[1]: 383

– Wasser/Abwasser,

– Kosten einer Wasserdruckerhöhungsanlage,

– Hauswart,

– Eigentümerhaftpflichtversicherung,

– Kontoführungsgebühren,

– Verwaltergebühren,

– Instandhaltungsrücklage, soweit sie nicht tatsächlich für Reparaturen ausgegeben worden ist,

– Müllabfuhr.

Die **Diskussion** hat vorläufig **durch** eine **Entscheidung des BGH** ihren **Abschluss gefunden**, wonach Ausgaben der Zwangsverwaltung nur dann den Vorrang vor Grundpfandrechten genießen, wenn von ihnen im Einzelfall eine objekterhaltende oder verbessernde Wirkung ausgeht[2]. Der BGH führt dazu aus, dass die laufenden Bewirtschaftungskosten einer Wohnungseigentumsanlage, zu deren Zahlung der Zwangsverwalter beigetragen hat, zwar Ausgaben der Verwaltung im Sinne von § 155 Abs. 2 ZVG darstellen, jedoch nicht den Vorrang des § 10 Abs. 1 Nr. 1 ZVG genießen, soweit sie nicht der Erhaltung oder Verbesserung des Versteigerungsobjektes dienen. Nur dann, wenn aus den Wohngeldvorschüssen Reparaturen am Sondereigentum oder andere Erhaltungs- oder Verbesserungsmaßnahmen „im engeren Sinne" durchgeführt worden seien, die 384

---

1 OLG Braunschweig, Urt. v. 15. 4. 2002 – 7 U 113/01, NZM 2002, 626; OLG Frankfurt/Main, Urt. v. 6. 3. 2002 – 23 U 150/01, NZM 2002, 627.
2 BGH, Urt. v. 10. 4. 2003, IX ZR 106/02, NZM 2003, 602 = DWE 2003, 59 = ZWE 2003, 264 mit Anm. *Demharter*.

dem Versteigerungsobjekt zugute gekommen sind, sei von einer Bevorrechtigung dieser Ausgaben im Sinne von § 10 Abs. 1 Nr. 1 ZVG auszugehen. Dies gelte z. B. für die Wohngeldvorschüsse insoweit, als sie für die Zahlung der Feuerversicherungsprämie verwandt werden, weil Leistungen der Feuerversicherung dem Objekt im Sinne von § 10 Abs. 1 Nr. 1 ZVG zugute kommen würden.

385 Bedauerlicherweise hat der BGH nicht in der wünschenswerten Klarheit dazu Stellung genommen, welche Kostenpositionen außer der Prämie für die Feuerversicherung als Aufwendungen angesehen werden können, die auf Erhaltungs- oder Verbesserungsmaßnahmen „im engeren Sinne" gerichtet sind, wie auch unklar bleibt, was nun genau unter Erhaltung „im engeren Sinne" zu verstehen ist.

386 Auch hat eine Auseinandersetzung mit der insoweit widerstreitenden vorzitierten obergerichtlichen Rechtsprechung leider nicht stattgefunden. Ungeklärt ist weiter geblieben, welchen Sachverhalt der BGH damit gemeint haben könnte, dass Wohngeldzuschüsse dann privilegiert erstattet würden, wenn mit ihnen Reparaturen am Sondereigentum des Schuldners durchgeführt worden sind. Da die Wohngeldvorauszahlungen regelmäßig an die Gemeinschaft zur Bewirtschaftung, Erhaltung und Instandsetzung nur des Gemeinschaftseigentums geleistet werden und für eine Eigentümergemeinschaft die Reparaturzuständigkeit für Sondereigentum gar nicht besteht, bleibt die Frage offen, wann Wohngeld jemals für Reparaturen am Sondereigentum verwendet werden könnte. Zu denken wäre in diesem Zusammenhang allenfalls an die Sondersituation, dass sich eine Eigentümergemeinschaft bezüglich eines im Sondereigentum aufgetretenen Schadens ersatzpflichtig gemacht hat, so dass Wohngelder der Gemeinschaft zur Reparatur eines Schadens am Sondereigentum verwendet werden müssen, oder der Zwangsverwalter selbst Reparaturen veranlassen muss.

387 Dessen ungeachtet ist der Anwalt in der Beratungspraxis gehalten, sich an der höchstrichterlichen Rechtsprechung zu orientieren. Auch wenn die Diskussion um die Bevorrechtigung von Zwangsverwaltungsvorschüssen gem. § 10 Abs. 1 Ziff. 1 ZVG damit nicht ihr Ende gefunden haben dürfte, kann Eigentümergemeinschaften jedenfalls bis auf weiteres nicht mehr empfohlen werden, die Zwangsverwaltung eines Sondereigentums allein in der Absicht zu betreiben, den Zwangsverwalter aus von der Eigentümergemeinschaft geleisteten Vorschüssen die Wohngeldvorauszahlungen leisten zu lassen, um sodann im Zwangsversteigerungsfalle aus dem Erlös diese Vorschüsse voll umfänglich bevorrechtigt zurückerstattet zu erhalten.

388 Unverändert empfehlenswert ist die Durchführung der Zwangsverwaltung dennoch bei den folgenden fünf **Fallgestaltungen, nicht jedoch bei Fallvariante Nr. 6**:

Fall Nr. 1: Das Sondereigentum ist noch nicht fertig gestellt

Bei stecken gebliebenem Innenausbau ist das Sondereigentum nicht nutzbar. In einem derartigen Fall macht die Einleitung der Zwangsverwaltung Sinn, da der Zwangsverwalter gehalten ist, das Sondereigentum baulich fertig zu stellen, um dadurch eine Ertrag bringende Verwertung überhaupt erst zu ermöglichen. Soweit von einer Eigentümergemeinschaft als der betreibenden Gläubigerin hierfür an den Zwangsverwalter Kostenvorschüsse entrichtet werden müssen, sind alle Beträge, die in die bauliche Fertigstellung des Sondereigentums fließen, gem. § 10 Abs. 1 Nr. 1 ZVG als Ausgaben, die zur Erhaltung oder nötigen Verbesserung des Grundstücks gedient haben, aus einem Zwangsversteigerungserlös bevorrechtigt zu befriedigen.

Fall Nr. 2: Leer stehendes Sondereigentum:

Weiterhin sinnvoll bleibt die Zwangsverwaltung bei **leer stehendem Sondereigentum**, da der Zwangsverwalter gehalten ist, auf eine Vermietung hinzuwirken und sodann aus den Mieteinnahmen wiederum die Wohngeldvorauszahlungen an die Gemeinschaft gezahlt werden können.

Fall Nr. 3: Abgetretene oder gepfändete Miete

Das Sondereigentum ist vermietet, die **Mieterträge** sind für die Gemeinschaft aber nicht erreichbar, weil sie entweder **abgetreten** oder vorrangig **gepfändet** sind. Hier durchbricht die Zwangsverwaltung sowohl die Abtretungs- als auch die Pfändungswirkungen (§ 1124 BGB), so dass der Zwangsverwalter in der Lage ist, aus den Mieteinnahmen auch die Wohngeldforderungen der Gemeinschaft zu bedienen.

Fall Nr. 4: Verweigerung der Mietzahlung

Zahlt ein Mieter zu Recht oder zu Unrecht die Miete nicht oder werden Mietminderungen vorgenommen, kann der Zwangsverwalter den Mieter gerichtlich auf Mietzahlung in Anspruch nehmen und dadurch klären lassen, ob dem Mieter irgendwelche Zurückbehaltungs-, Aufrechnungs- oder Minderungsrechte zustehen. Liegen Wohnungsmängel vor, die den Mietgebrauch beeinträchtigen, so dass ein Mieter zur Mietminderung berechtigt ist, kann der Zwangsverwalter die Mängel beseitigen lassen, um wieder die volle Miete zu erhalten. Sind zur Finanzierung dieser Mängelbeseitigungsarbeiten Vorschüsse der Gemeinschaft als betreibende Gläubigerin erforderlich, stellen die Mängelbeseitigungskosten jedenfalls Aufwendungen dar, die im Sinne der BGH-Rechtsprechung unmittelbar auf Erhaltungs- oder Verbesserungsmaßnahmen im engeren Sinne gerichtet sind, so dass solche Aufwendungen im Falle einer Zwangsversteigerung aus dem Erlös bevorrechtigt zu erstatten wären.

393 Fall Nr. 5: Instandhaltungs- und Reparaturaufwendungen am Gemeinschaftseigentum

Schließlich kann die Zwangsverwaltung trotz der neuen BGH-Rechtsprechung dann für eine Eigentümergemeinschaft vorteilhaft sein, wenn **erhebliche Instandhaltungs- und Reparaturaufwendungen** für das Gemeinschaftseigentum bevorstehen. Da derartige Ausgaben auch im Lichte der BGH-Entscheidung als Erhaltungs- oder Verbesserungsmaßnahmen „im engeren Sinne" anzusehen sein dürften, ist davon auszugehen, dass Vorschüsse der Gemeinschaft, soweit sie für solche Maßnahmen an den Zwangsverwalter gezahlt werden, der daraus wiederum Zahlungen an die Gemeinschaft entrichtet (z. B. Sonderumlagen für beschlossene Reparaturmaßnahmen), aus einem Versteigerungserlös bevorrechtigt zurückerstattet werden.

394 Fall Nr. 6: Vom Eigentümer selbst bewohntes Sondereigentum

Bewohnt der Eigentümer sein Sondereigentum selbst, dann ist **von einem Zwangsverwaltungsverfahren dringend abzuraten** (vgl. dazu ausführlich: Rz. 405 ff.).

395 Unabhängig von dem dargestellten Meinungsstreit ist jedoch zu beachten, dass bei einem Zwangsversteigerungsverfahren Erstattungsansprüche nur dann gem. § 10 Abs. 1 Ziff. 1 ZVG bevorrechtigt zurückerstattet werden, wenn die Zwangsverwaltung bis zum Zuschlag fortgedauert hat[1]. Für eine bevorrechtigte Erstattung geleisteter Vorschüsse ist überdies die rechtzeitige Anmeldung im Zwangsversteigerungsverfahren unter Angabe des beanspruchten Rangs, nämlich § 10 Abs. 1 Nr. 1 ZVG, notwendig. Die Anmeldung muss zur Rangwahrung spätestens im Versteigerungstermin vor der Aufforderung zur Abgabe von Geboten erfolgen (§§ 37 Nr. 4, 45 Abs. 1, 110, 114 ZVG)[2].

dd) Beendigung der Zwangsverwaltung

396 Die Zwangsverwaltung wird gem. § 161 Abs. 2 ZVG aufgehoben, wenn eine Befriedigung des betreibenden Gläubigers eingetreten ist, sowie gem. § 161 Abs. 3 ZVG, wenn durch den betreibenden Gläubiger die gerichtlich angeforderten Vorschusszahlungen nicht erbracht werden, oder der Zwangsverwaltungsantrag zurückgenommen wird und schließlich, wenn im Zwangsversteigerungsverfahren der Zuschlag rechtskräftig erteilt wurde. Die Zwangsverwaltung **endet** jedoch **nicht von selbst mit dem Zuschlag**, sondern muss durch Beschluss des Vollstreckungsgerichts besonders aufgehoben werden. Der Aufhebungsbeschluss wirkt sodann bei stattgefundener Zwangsversteigerung auf den Zeitpunkt der

---

1 LG Bochum, Beschl. v. 30. 6. 1994 – 7 T 506/94, Rpfleger 1994, 517.
2 *Stöber*, ZVG, 17. Aufl., § 10 Rz. 2 Anm. 2.7.

Wirksamkeit des Zuschlags zurück[1]. Die Tätigkeit des Zwangsverwalters ist damit allerdings noch nicht beendet, er muss das Verfahren erst noch abwickeln, d.h. seine Schlussabrechnung vorlegen, Überschüsse, die erwirtschaftet wurden, nach dem im Versteigerungsverfahren aufgestellten Teilungsplan auskehren oder nicht verbrauchte Vorschüsse an den Einzahler herausgeben. Ist das Zwangsverwaltungsverfahren beendet, hat das Vollstreckungsgericht das Grundbuchamt um sofortige Löschung des Zwangsverwaltungsvermerks zu ersuchen[2], eines gesonderten Antrages hierzu bedarf es nicht.

ee) Zwangsverwaltung mehrerer Grundstücke

Die Zwangsverwaltung mehrerer Grundstücke ist grundsätzlich für jedes Grundstück getrennt durchzuführen[3]. 397

Die dazu vertretene Gegenmeinung[4], die Zwangsverwaltung mehrerer Grundstücke desselben Schuldners müsste regelmäßig erst einmal als eine einheitliche Angelegenheit in einem Zwangsverwaltungsantrag zusammengefasst werden, auch wenn dann aus Zweckmäßigkeitsgründen meist eine spätere Trennung angebracht sei, verkennt, dass auch bei gleichartigen Zwangsvollstreckungsanträgen eine getrennte Antragstellung unter sachlichen Gesichtspunkten geboten ist. Dies ergibt sich bereits aus dem Umstand, dass mehrere Grundstücke im Regelfall nicht ein und dasselbe rechtliche und tatsächliche Schicksal teilen. Bei verschiedenartiger Nutzung eigenständiger Grundstücke oder Wohnungseigentumsrechte scheidet eine Verbindung verschiedener Zwangsverwaltungsverfahren ohnehin regelmäßig aus[5]. Vereinnahmung und Verwendung von Erträgnissen verschiedener Objekte sowie die Abrechnung hierüber sind zwingend getrennt durchzuführen, weil jedes Objekt nur für seine eigenen Belastungen haftet und diese nur aus seinen eigenen Erträgnissen befriedigt werden dürfen[6]. 398

Ob **ausnahmsweise** eine **Zusammenfassung** verschiedener Grundstücke in einem Zwangsverwaltungsantrag sachdienlich und damit geboten sein könnte, so z.B. bei der Überbauung mehrerer selbständiger Grundstücke mit einem einheitlichen Gebäude oder auch bei Vermietung mehrerer Einheiten an ein und denselben Mieter, der für die Objekte einen einheitlichen Gesamtmietzins entrichtet, erscheint zumindest höchst zweifelhaft. Denn auch in Fällen gemeinsamer Nutzung entstehen für je- 399

---

1 Stöber, ZVG, 17. Aufl., § 161 Rz. 2 Anm. 2.3c.
2 Stöber, ZVG, 17. Aufl., § 161 Rz. 2 Anm. 2.4.
3 Stöber, ZVG, 17. Aufl., § 146 Rz. 4 Anm. 4.4.m.
4 OLG Köln, Beschl. v. 27. 6. 1980 – 17 W 147/80, JurBüro 1981, 54.
5 Zeller/Stöber, ZVG, 17. Aufl., § 146 Rz. 4 Anm. 4.4.s.
6 Zeller/Stöber, ZVG, 17. Aufl., § 146 Rz. 4 Anm. 4.4.s.

des Grundstück getrennt eigenständige Lasten, so z. B. die Grundsteuer, für die jedes Objekt ausschließlich selbst einzustehen hat.

400 Sind bei gemeinschaftlich genutzten Grundstücken gar noch unterschiedliche Grundpfandgläubiger betroffen, muss ein einheitliches Verfahren von vornherein ausscheiden. Wie sollte bei getrennter Verwertung eines Grundstücks der Verfahrensverbund aufgelöst, der Grundpfandgläubiger befriedigt und das Zwangsverwaltungsverfahren nur bezüglich eines Verfahrensteiles beendet und sachgerecht abgerechnet werden? Die sachdienliche und damit gebotene Vorgehensweise bleibt daher auch bei gemeinschaftlicher Nutzung unterschiedlicher Grundstücke die getrennte Verfahrensführung bei ggf. anteiliger Umlage gemeinsam erwirtschafteter Erträge.

401 Sind für verschiedene Objekte unterschiedliche Verwaltungsmaßnahmen zu veranlassen, so ist eine gemeinsame Verfahrensführung ohnehin ausgeschlossen und gebietet deshalb ebenfalls eine getrennte Antragstellung. Besonders deutlich wird dies bei der Zwangsverwaltung mehrerer Wohnungseigentumsrechte: manche Einheiten sind vermietet, andere stehen leer. Ein leer stehendes Objekt kann sofort vermietet werden, wohingegen ein anderes möglicherweise der Renovierung oder gar der baulichen Fertigstellung bedarf. Für das eine Objekt werden Erträge erzielt, so dass ein Teilungsplan zu erstellen ist, für Wohnungen ohne Erträge müssen von dem betreibenden Gläubiger Vorschüsse zur Deckung der Verfahrenskosten angefordert werden. Für manche Objekte ist eine Prozesstätigkeit des Zwangsverwalters z. B. gegen Mieter erforderlich, oder es sind Gewährleistungsansprüche für Sondereigentum oder Gemeinschaftseigentum gegenüber dem Bauträger geltend zu machen. Für jedes Wohnungseigentumsrecht bedarf es der Zahlung meist unterschiedlich hoher Bewirtschaftungskosten. In aller Regel führt also jedes zwangsverwaltete Objekt sowohl ein wirtschaftliches als auch ein rechtliches Eigenleben, das einen Verfahrensverbund verbietet.

402 Nach alledem kommt es nicht darauf an, ob eine einheitliche Antragstellung rechtlich überhaupt möglich wäre, entscheidend ist, dass ein durch eine einheitliche Antragstellung geschaffener künstlicher Verfahrensverbund in all diesen Fällen als solcher gar nicht abgewickelt werden könnte, sondern eine sofortige Verfahrenstrennung durch das Gericht zur Folge haben würde.

403 Soll aus einem Zahlungstitel die Zwangsverwaltung betrieben werden, so ist es dazu nicht erforderlich, zuvor eine dingliche Grundbuchposition zu erwerben, z. B. durch Eintragung einer Zwangshypothek, oder gegen den Schuldner einen Duldungstitel zu erwirken. Der Zwangsverwaltungsantrag kann unmittelbar auf den vollstreckbaren Zahlungstitel gestützt werden.

ff) Erschwerte Verwertbarkeit des Objektes

Ist absehbar, dass ein Objekt nicht verwertbar ist, sei es durch freihändigen Verkauf, sei es durch Zwangsversteigerung, weil sich bei heruntergewirtschafteten Wohnanlagen, die zudem mit dem Ruf eines sozialen Brennpunktes belastet sind, weder ein Kaufinteressent noch ein Bieter im Zwangsversteigerungsverfahren findet, mithin ein Zwangsverwaltungsverfahren auf unabsehbare Dauer von der Eigentümergemeinschaft vorfinanziert werden müsste ohne Aussicht auf Realisierung der Vorschüsse mangels späterer Verwertung, so kann die Zwangsverwaltung nur dann empfohlen werden, wenn das Objekt leer steht und sich ein Zwangsverwalter um die Vermietung und damit um die Erzielung von Erträgen bemühen kann. 404

gg) Vom Eigentümer selbst bewohntes Objekt

Wird eine Einheit jedoch vom Eigentümer selbst bewohnt, so ist **höchste Vorsicht** geboten und von der Einleitung eines Zwangsverwaltungsverfahrens in aller Regel dringendst abzuraten. Wohnt der Schuldner zum Zeitpunkt der Beschlagnahme in seinem Sondereigentum, so sind ihm die für seinen Hausstand unentbehrlichen Räume zu belassen (§ 149 Abs. 1 ZVG). Für die nach § 149 Abs. 1 ZVG überlassenen Wohnräume braucht der Schuldner auch kein Entgelt an den Zwangsverwalter zu zahlen[1]. Auch wenn sich diese Befreiung nur auf die Nutzung des Sondereigentums selbst, nicht aber auf seine Bewirtschaftung erstreckt, der Schuldner also für Heizung, Wasser, Abwasser usw. selbst aufkommen müsste[2], ein Einzelbezug aber nicht möglich ist, weil z.B. in einer Wohnungseigentumsanlage eine zentrale Versorgung stattfindet, so entsprach es der bisherigen herrschenden Meinung, dass ein Schuldner dann, wenn er zwar zahlen könnte, aber nicht zahlen will, dadurch die Zwangsverwaltung gefährdet, so dass gegen ihn gem. § 149 Abs. 2 ZVG vorgegangen werden und eine zwangsweise Räumung des Sondereigentums und dessen Herausgabe an den Zwangsverwalter verlangt werden kann[3]. 405

---

1 *Stöber*, ZVG, 17. Aufl. § 149 Ziff. 2.3.
2 *Stöber*, ZVG, 17. Aufl. § 149 Ziff. 2.3.
3 LG Bremen, Beschl. v. 8. 9. 1955, MDR 1956, 48; AG Heilbronn, Beschl. v. 1. 9. 2003, Rpfleger 2004, 236; LG Zwickau, Beschl. v. 18. 2. 2004, Rpfleger 2004, 646; AG Schwäbisch Hall, Beschl. v. 3. 11. 2005, NZM 2006, 600; LG Dresden, Beschl. v. 28. 8. 2006, NZM 2006, 665; AG Offenbach, Beschl. v. 6. 2. 2007 – 7 L 37/05 n.v.; AG Heilbronn, Beschl. v. 6. 7. 2007 – 2 L 25/07 n.v.; *Stöber*, ZVG, 18. Aufl., § 149 Ziff. 2.3; *Haarmeyer/Wutzke/Förster/Hintzen*, Zwangsverwaltung, 3. Aufl., § 149 Rz. 9; *Hintzen/Wolf*, Zwangsvollstreckung, Zwangsversteigerung und Zwangsverwaltung, Rz. 13.126 auf S. 1123; *Waalke*, ZflR 2006, 606; *Göbel*, Zwangsvollstreckung, 2. Aufl. § 9 Rz. 19; *Deprè/Mayer*, Die Praxis der Zwangsverwaltung, 3. Aufl., S. 157, Rz. 471; **a.A.** LG Frankfurt/Main, Beschl. v. 17. 12. 2002 – 2-9 T 452/02 n.v.; *Drasdo*, NZM 2006, 765f.

406 Der BGH hat diese Diskussion vorläufig beendet, indem er gegen die herrschende Meinung entschieden hat, dass ein Wohnungseigentümer, der seine zwangsverwaltete Eigentumswohnung weiterhin nutzt, ohne Wohngeld zu bezahlen, weder das Wohnungseigentum noch die Zwangsverwaltung gefährdet, mithin ein Räumungsanspruch nach § 149 Abs. 2 ausscheidet[1]. Ist ein Zwangsverwalter nicht in der Lage, aus den Erträgen des verwalteten Objektes die Wohngeldverpflichtungen zu begleichen, so haben der das Zwangsverwaltungsverfahren betreibende Gläubiger dem Zwangsverwalter die notwendigen Beträge als Vorschüsse bereit zu stellen. Der Zwangsverwalter erhalte damit die finanzielle Ausstattung, um die ihm obliegende Zahlungsverpflichtungen zu erfüllen, wodurch eine Gefährdung des Wohnungseigentums des Schuldners bzw. des Zwangsverwaltungsverfahrens vermieden werde. Die sich aus der Vorschussleistung ergebende finanzielle Belastung der Eigentümergemeinschaft sei Folge deren Finanzausrüstung und –Struktur als betreibender Gläubigerin, für die der Schuldner grundsätzlich nicht verantwortlich sei. Der sich daraus ergebenden finanziellen Belastung einer Eigentümergemeinschaft könne durch ein Entziehungsverfahren gem. § 18 WEG oder durch eine Zwangsversteigerung gem. § 10 Abs. 1 Nr. 2 ZVG entgegengewirkt werden. Dass der Schuldner seinen Zahlungsverpflichtungen nicht entspreche, verteuere zwar die Zwangsverwaltung für den betreibenden Gläubiger, gefährde sie jedoch nicht. Die in Literatur und Rechtsprechung vertretene Auffassung habe zur Folge, dass einem Schuldner, der nicht nur die titulierte Forderung, sondern auch das laufende auf die von ihm genutzte Wohnung entfallende Wohngeld nicht bezahlen könne, der von § 149 Abs. 1 ZVG beabsichtigte Schutz nicht zugute käme und sich die besonders bedrängende Situation des Schuldners zum Vorteil des Gläubigers auswirke.

407 Die Begründung des BGH mag nicht zu überzeugen. So hat der BGH zuerst einmal nicht zwischen Schuldnern unterschieden, die aus finanzieller Not ihren Wohngeldverpflichtungen nicht nachkommen können, jedoch bemüht sind, ihre Verhältnisse zu ordnen, um baldmöglichst die Wohngeldzahlungen wieder aufnehmen zu können und solchen, die über ein ausreichendes Einkommen verfügen, um die Wohngelder zu bezahlen, dies aber vorsätzlich nicht tun wollen.

408 Da die Zwangsverwaltung ihre Regelung zum Teil in den allgemeinen Vorschriften für die Zwangsvollstreckung in Grundstücke findet, so handelt es sich nur darum, ihre Besonderheiten gegenüber der Zwangsversteigerung zu bestimmen. Beide Vollstreckungsmaßregeln haben den Grund und den Zweck gemein. Der Grund liegt in dem Recht des Gläubigers auf Befriedigung aus dem Grundstücke, der Zweck in der Herbei-

---

1 BGH, Beschl. v. 24. 1. 2008 – V ZB 99/07, WuM 2008, 171 = ZWE 2008, 148 = NZM 2008, 209.

führung der Befriedigung. Bei der Zwangsversteigerung ist die Umsetzung des Grundstückes in Geld, bei der Zwangsverwaltung die Erhebung der Einkünfte, durch welche die Befriedigung des Gläubigers vermittelt wird[1].

Die Intension des Gesetzgebers war es also, dass es einerseits die humane Rücksichtnahme verlange, dass ein Schuldner nicht sofort und ohne weiteres von seinem Grundstück vertrieben werden könne, er mithin zu schnell obdachlos werde. Dem unverschuldet in eine Notlage geratenen Schuldner sollte es vielmehr möglich sein, sich während der Zwangsverwaltungsphase finanziell zu erholen mit dem Ziel, so dann wieder vertragstreu werden zu können. Das unentgeltliche Wohnrecht war mithin eine dem Schuldner zugedachte Wohltat, beschränkt auf einen nur vorübergehenden Erholungszeitraum und auf eine zeitweilige kostenlose Erhaltung des Lebensmittelpunktes, jedoch ohne finanzielle Schädigung Dritter durch Abwälzung der Kosten für den Betrieb dieses Lebensmittelpunktes. Wird erkennbar, dass ein Schuldner die Schutzfunktion des Gesetzes vorsätzlich dazu ausnutzt, auf Dauer und nicht, wie vom Gesetzgeber vorgesehen, nur für eine Übergangsphase der finanziellen Erholung, sich seinen Wohngeldverpflichtungen zu entziehen und dabei alles tut, um diesen Zustand möglichst lange Aufrecht zu erhalten und gleichzeitig das Bestreben seiner Gläubiger, an diesem Zustand möglichst kurzfristig etwas zu verändern, nach Kräften erschwert, dann wird der Sinn und Schutzzweck des Gesetzes verfehlt. 409

Der Hinweis des BGH, dem könne durch ein Entziehungsverfahren nach § 18 WEG begegnet werden oder die offen stehenden Wohngeldforderungen seien in der Zwangsversteigerung gem. § 10 Abs. 1 Nr. 2 ZVG im Rang vor den Grundpfandrechtsgläubigern zu befriedigen, verkennt jedoch die praktischen Möglichkeiten dieser Rechtsbehelfe. 410

Das Entziehungsverfahren nach § 18 WEG, gemeinhin auch als „Zwangsverkauf" apostrophiert, stellt ein umständliches Verfahren und deshalb ein „stumpfes Schwert" im Kampf gegen Wohngelddauerschuldner dar. 411

Inwieweit die Möglichkeit, gem. § 10 Abs. 1 Nr. 2 ZVG vor dem rangbesten Grundbuchgläubiger die Zwangsversteigerung zu betreiben, zum gewünschten Ziel führt, einen dauersäumigen Wohnungseigentümer aus der Gemeinschaft zu entfernen, muss sich erst noch weisen. Es steht zu erwarten, dass erstrangig gesicherte Kreditinstitute Titel von Wohnungseigentümergemeinschaften, aus denen die bevorrechtigte Zwangsversteigerung betrieben wird, ablösen, um ihr Sicherungsobjekt nicht zu verlieren. Ob es überdies im Schuldnerinteresse liegt, das Sondereigentum zu 412

---

1 Amtl. Ausgabe des Entwurfes einer Grundbuchordnung und Entwurf eines Gesetzes betreffend die Zwangsvollstreckung in das unbewegliche Vermögen nebst Motiven von 1889, S. 322 zu Ziff. 2.

verlieren, anstelle es nur räumen und einer Ertragserzielung zugängig machen zu müssen, darf bezweifelt werden.

413 Weiterhin kann die Argumentation des BGH, es läge keine Gefährdung des Zwangsverwaltungsverfahrens vor, nicht überzeugen. Wenn nach der Definition des Gesetzgebers der Zweck eines Zwangsverwaltungsverfahrens in der Erhebung von Einkünften zur Befriedigung des betreibenden Gläubigers liegt, dann ist dieser Zweck des Zwangsverwaltungsverfahrens bereits dann gefährdet, wenn die Erhebung von Einkünften nicht möglich ist. Zwar ist einem selbst nutzenden Schuldner der unentgeltliche Besitz seines der Zwangsverwaltung unterliegenden Sondereigentums insoweit zu belassen, als er dieses zur Deckung seines Wohnbedarfs benötigt. Dies aber bedeutet nur, dass die Nutzung als solche unentgeltlich zu belassen ist, es heißt nicht, dass die mit der Nutzung verbundenen Verbrauchskosten ebenfalls nicht gezahlt werden müssten. § 149 Abs. 1 ZVG enthält also keinen Freibrief für einen Schuldner, sich auf Kosten anderer zu bereichern, indem er sein Sondereigentum auf Kosten der Miteigentümer zu seinem eigenen Vorteil bewirtschaftet. Wenn sich im Rahmen einer Zwangsverwaltung nicht mindestens die Erträge erzielen lassen, die zur Bewirtschaftung des Objektes erforderlich sind, dann stehen dem Zwangsverwalter erst einmal keine Mittel zur Verfügung, um die sich aus dem Zwangsverwaltungsverfahren ergebenden Zahlungsverpflichtungen zu bedienen. Bereits hierin liegt per se die Gefährdung des Zwangsverwaltungsverfahrens. Der Hinweis des BGH, dass ein betreibender Gläubiger zur Vorschussleistung verpflichtet sei, so dass ein Zwangsverwalter aus diesen Vorschüssen seine Zahlungsverpflichtungen erfüllen könne, verkennt, dass dies nur eine Möglichkeit ist, eine bereits eingetretene Gefährdungslage zu beseitigen und nicht, die Gefährdung als solche von Anfang an erst gar nicht entstehen zu lassen. Den Eintritt einer Gefährdung des Zwangsverwaltungsverfahrens durch fehlende Hausgeldzahlungen des selbst nutzenden Eigentümers in Abrede zu stellen, weil es Wege und Möglichkeiten gibt, diese Gefährdungslage nachträglich wieder zu beseitigen, ist ein Widerspruch in sich.

414 Letztendlich hat der BGH überdies verkannt, dass § 149 Abs. 1 ZVG einem Schuldner nur die unentgeltliche Nutzung seines Sondereigentums ermöglichen will, nicht aber die Bewirtschaftung dieses Sondereigentums auf Kosten anderer.

⊃ **Hinweis:**

415 Die Einleitung eines Zwangsverwaltungsverfahrens in Fällen, in denen eine Ertragserzielung zur Befriedigung der titulierten Forderung nicht zu erwarten ist, enthält zusätzlich das Risiko, dass die für das Zwangsverwaltungsverfahren aufgewendeten Kosten und Vorschüsse nicht als vom Schuldner zu erstattende notwendige Kosten der Zwangsvollstreckung angesehen werden und damit nicht am Kosten-

festsetzungsverfahren teilnehmen. Gem. § 788 Abs. 1 ZPO hat ein Schuldner nur die notwendigen Kosten der Zwangsvollstreckung zu tragen. Nur die notwendigen Kosten sind gem. § 788 Abs. 2, § 103 Abs. 2 ZPO der Festsetzung zugänglich. Um solche notwendigen Kosten handelt es sich jedoch dann nicht, wenn ein Schuldner die Wohnung selbst bewohnt und die Zwangsverwaltung von Anfang an keine Aussicht auf Erfolg habe[1].

Nach alledem muss nach der derzeit geltenden Rechtslage von der Zwangsverwaltung selbst genutzter Sondereigentumseinheiten **dringend abgeraten** werden.

hh) Rechtsgeschäftliche Veräußerung des zwangsverwalteten Objektes

Konnte früher noch die Einleitung eines Zwangsverwaltungsverfahrens empfohlen werden, um im Falle eines späteren freihändigen Verkaufs der Eigentumswohnung die Löschungsbewilligung dieser in Abt. II eingetragenen Belastung durch Ausgleich der titulierten Wohngeldrückstände „abkaufen" zu lassen (vgl. Anwaltshandbuch Wohnungseigentumsrecht, 1. Aufl., Teil 19, Rz. 350), so ist angesichts der dargestellten Schwierigkeiten bei selbstgenutzten Einheiten heute davon abzuraten. Stattdessen sollten Wohnungseigentümergemeinschaften auf die Möglichkeit der Eintragung von Sicherungshypotheken verwiesen werden, die die gleiche Funktion erfüllen. Da im Falle eines freihändigen Verkaufs das Eigentum regelmäßig lastenfrei zu übertragen ist, eine Eigentümergemeinschaft die Löschungsbewilligung für die von ihr veranlasste Sicherungshypothek jedoch vom Ausgleich der zugrunde liegenden Forderungen abhängig machen kann, werden verkaufswillige Eigentümer und zukünftige Erwerber gemeinsam bemüht sein, eine Befriedigung der Eigentümergemeinschaft herbeizuführen, um den beabsichtigten Wohnungskauf auch durchführen zu können.

c) Muster eines Zwangsverwaltungsantrages

Zwangsverwaltungsantrag

der Wohnungseigentümergemeinschaft X-Str. 3, Musterstadt, vertreten durch die Verwalterin, die Firma ..., diese wiederum vertreten durch den Geschäftsführer, geschäftsansässig ...

– Gläubigerin und Antragstellerin –

Verfahrensbevollmächtigter: Rechtsanwalt ...

gegen

---

[1] BGH, Beschl. v. 14. 4. 2005 – V ZB 5/05, WuM 2005, 416.

die Eheleute ...

– Schuldner und Antragsgegner –

Hiermit zeige ich an, dass ich die Eigentümergemeinschaft X-Str. in Y-Stadt, vertreten durch die Hausverwaltung ... anwaltlich vertrete. Entsprechende Bevollmächtigung wird ausdrücklich versichert.

Im Wohnungsgrundbuch von ... beim Amtsgericht ..., Band 10 Blatt 100 sind die Antragsgegner je zur ideellen Hälfte als Eigentümer des folgenden Wohnungseigentums eingetragen:

100/1000stel Miteigentumsanteil an dem Grundstück Gemarkung ..., Flur 1, Flurstück 1/11 in der Größe 100000 qm, verbunden mit dem Sondereigentum an der Wohnung Nr. 10 des Aufteilungsplanes.

Namens und in Vollmacht der antragstellenden Eigentümergemeinschaft **beantrage** ich,

unter Vorlage des entsprechenden Originaltitels wegen folgender persönlicher Ansprüche die Zwangsverwaltung über das vorstehend bezeichnete Wohnungseigentum anzuordnen:

Zahlungsanspruch aus dem Beschluss des Amtsgerichts ... vom 1. 2. 03, Aktenzeichen ...

Hauptforderung: ... Euro

Zzgl. ... % Zinsen aus ... Euro ab dem ...

Kosten für diesen Antrag:

Gegenstandswert: ... Euro

0,4 Verfahrensgeb. gem. Nr. 3311 Nr. 3 VV-RVG ... Euro[1]

0,4 Verfahrensgeb. gem. Nr. 3311 Nr. 4 VV-RVG ... Euro

Entgelt für Post- und Telekommunikationsdienstleistungen gem. Nr. 7002 VV-RVG ... Euro

Zwischensumme ... Euro

19 % Umsatzsteuer gem. Nr. 7008 VV-RVG ... Euro

Endsumme ... Euro

Es wird gebeten, eine dem Gericht bekannte und geeignete Person als Zwangsverwalter zu bestellen.

Rechtsanwalt

---

[1] Da regelmäßig der teilrechtsfähige Verband als Inhaber der Wohngeldforderung Partei des Vollstreckungstitels ist, entfällt die Mehrfachvertretungsgebühr gem. Nr. 1008 VV-RVG, ehemals § 6 BRAGO.

V. Versorgungssperre bei Hausgeldrückständen des Wohnungseigentümers

Bei einer wachsenden Zahl säumiger Eigentümer und in Einzelfällen erheblicher Zahlungsrückstände suchen immer mehr Gemeinschaften nach einem wirksamen Druckmittel, um den säumigen Miteigentümer zum Ausgleich seiner Rückstände zu bewegen. 419

Die anwaltliche Beratung von Eigentümergemeinschaften, die mit einer solchen „Notwehrmaßnahme" gegen einen chronisch säumigen Miteigentümer Druck ausüben wollen, bedarf differenzierter Überlegung. 420

Eine Möglichkeit, auf einen säumigen Miteigentümer Druck auszuüben, in der Hoffnung, diesen Eigentümer dadurch zur freiwilligen Zahlung der rückständigen Hausgelder zu bewegen, stellt die Unterbrechung der Versorgung des Sondereigentums mit Wasser und Heizenergie dar. 421

Seit der Entscheidung des KG vom 21. 5. 2001[1] war diese Thematik verstärkt zum Diskussionsgegenstand geworden, nachdem das OLG Köln noch im Jahr 2000 der Diskussion um die Versorgungsunterbrechung Einhalt geboten[2] und entschieden hatte, dass eine Wohnungseigentümergemeinschaft auch bei erheblichen Wohngeldrückständen eines Miteigentümers für die Vergangenheit nicht berechtigt sei, gegenüber dem Mieter des säumigen Wohnungseigentümers die Versorgung der vermieteten Räume mit Energie (Elektrizität, Wasser und Strom) bis zum Ausgleich der Rückstände zu unterbinden. 422

Dem gegenüber hatte das **Kammergericht** im Einklang mit der in Rechtsprechung und Literatur bisher überwiegend vertretenen Auffassung[3] entschieden, dass nicht nur gegenüber einem säumigen **Miteigentümer**, sondern **auch gegenüber dessen Mietern** die Versorgung mit Energie unterbrochen werden dürfe und **zusätzlich** einen **Anspruch** der Wohnungseigentümergemeinschaft gegen den Schuldner auf Gewährung **von Zutritt** zu seiner Wohnung zur Durchsetzung der Versorgungssperre bestätigt hat. Diese Auffassung hat das Kammergericht in einer Entscheidung 423

---

1 KG, Beschl. v. 21. 5. 2001 – 24 W 94/01, KGR 2001, 275 = WuM 2001, 456 = ZWE 2001, 497 = ZMR 2001, 1007 = MDR 2001, 1346 = NZM 2001, 761 = WE 4/2002, 6.
2 OLG Köln, Urt. v. 15. 3. 2000 – 2 U 74/99, OLGReport Köln 2000, 457 = NJW-RR 2001, 301 = NZM 2000, 1026 = WuM 2000, 488 = ZWE 2000, 543 = ZMR 2000, 639.
3 OLG Celle, Beschl. v. 9. 11. 1990 – 4 W 211/90, NJW-RR 1991, 1118 = DW 1991, 34 = WE 4/91, 107, BayObLG, Beschl. v. 16. 1. 1992 – BReg. 2Z 162/92, MDR 1992, 967 = WuM 1992, 207; OLG Hamm, Beschl. v. 11. 10. 1993 – 15 W 79/93, OLGZ 1994, 269 = MDR 1994, 163; Bärmann/Pick/*Merle*, WEG, 8. Aufl., § 28 Rz. 133; *Bub* in Staudinger, § 28 WEG Rz. 146; *Deckert*, WE 1999, 68; *Bielefeld*, ZWE 2000, 516.

im November 2001 noch einmal bekräftigt[1]. Das BayObLG hat überdies ausdrücklich entschieden, dass ein Eigentümerbeschluss über die Abtrennung von Versorgungsleitungen zur Wohnung eines säumigen Wohngeldschuldners nicht nichtig ist[2].

424 Die Verhängung einer Versorgungssperre gegen wohngeldsäumige Wohnungseigentümer ist auch unter Berücksichtigung des verfassungsrechtlichen Verhältnismäßigkeitsgebotes gerechtfertigt, wenn ein Wohnungseigentümer mit seinen laufenden Beitragspflichten im erheblichen Umfang in Verzug gerät. Dabei müssen wegen der Schwere des Eingriffs allerdings die Ansprüche der Wohnungseigentümergemeinschaft fällig sein und zweifelsfrei bestehen. Liegen diese Voraussetzungen vor, kann eine Versorgungssperre beschlossen und der Verwalter zu entsprechenden Maßnahmen ermächtigt werden, um die in der Wohnung des säumigen Wohngeldschuldners vorhandenen Leitungen von der zentralen Versorgung zu trennen [3]. Dabei empfiehlt es sich, über die Vornahme von Absperrvorrichtungen auch die tatbestandlichen Voraussetzungen mit aufzunehmen, die zur Beurteilung der Verhältnismäßigkeit und der Ordnungsgemäßheit der Ausübung eines Zurückbehaltungsrechtes an den Versorgungsleistungen erforderlich sind. Fehlt es an derartigen Feststellungen im Ursprungsbeschluss und wird der säumige Miteigentümer in einem Folgeprozess sodann auf Duldung des Wohnungszutritts zur Installation der Absperrvorrichtungen in Anspruch genommen, dann müsste in diesem zweiten Prozess trotz des bestandskräftigen Eigentümerbeschlusses über eine Versorgungssperre Feststellungen zu den tatsächlichen Voraussetzungen des Zurückbehaltungsrechtes und zur Verhältnismäßigkeit der begehrten Maßnahme getroffen werden[4].

425 Vor diesem Hintergrund sind Beschlüsse über eine Versorgungssperre sorgfältig vorzubereiten und mit umfangreichen Feststellungen für die Voraussetzungen auszustatten, mit denen die Verhältnismäßigkeit des Eingriffs begründet wird.

426 Die Frage der Zulässigkeit einer Versorgungssperre bedarf zusätzlich einer **Differenzierung** nach eigengenutztem Sondereigentum, zu Wohnzwecken vermietetem Sondereigentum und zum Zwecke der gewerblichen Nutzung vermieteten Teileigentums.

---

1 KG, Beschl. v. 26. 11. 2001 – 24 W 7/01, ZWE 2002, 182 = WuM 2002, 161 = NZM 2002, 221.
2 BayObLG, Beschl. v. 31. 3. 2004 – 2Z BR 224/03, NZM 2004, 556 = WuM 2004, 363 (364).
3 OLG Frankfurt/Main, Beschl. v. 21. 2. 2006 – 20 W 56/06, NZM 2006, 869 (870).
4 OLG München, Beschl. v. 23. 2. 2005 – 34 Wx 5/05, NZM 2005, 304.

1. Beschlussfassung als Maßnahme ordnungsgemäßer Verwaltung

Die Beschlussfassung zur Versorgungsunterbrechung muss ordnungsgemäßer Verwaltung entsprechen. Dies ist dann der Fall, wenn der Unterbrechungsbeschluss als „**ultima ratio**" eingesetzt werden soll und der Grundsatz der Verhältnismäßigkeit beachtet wird. Dabei sind folgende Kriterien zu beachten:

427

Checkliste Versorgungsunterbrechung

- Beschluss als Einzelfallmaßnahme,
- Titulierung eines ausreichend hohen Hausgeldrückstandes,
- Zwangsvollstreckung nicht aussichtsreich,
- Versorgungsunterbrechung beschränkt bis zum wesentlichen Ausgleich der Rückstände,
- im Verkaufsfalle Unterbrechung zeitlich beschränkt bis zur Eigentumsumschreibung auf den Erwerber,
- für den Fall der Zwangsversteigerung Unterbrechung zeitlich beschränkt bis zur Zuschlagserteilung.

429

Ergänzender sinnvoller Beschlussinhalt:
- Verwalterermächtigung, bei Anfechtung des Unterbrechungsbeschlusses einen Anwalt mit der Vertretung der Eigentümergemeinschaft zu beauftragen,
- Ermächtigung des Verwalters, im Falle der Zutrittsverweigerung einen Rechtsanwalt mit der Erwirkung eines Duldungstitels zu beauftragen,
- Regelung über die Finanzierung der Absperrmaßnahmen,
- Regelung über die Bevorschussung von Verfahrenskosten.

430

Nicht zu fordern ist, dass ein Unterbrechungsbeschluss zeitlich erst nach der Titulierung von Hausgeldrückständen und nach einem ergebnislosen Vollstreckungsversuch gefasst werden dürfte. Ist zum Zeitpunkt einer Eigentümerversammlung die nicht unerhebliche Säumigkeit eines Miteigentümers bereits bekannt, ohne dass bereits ein vollstreckbarer Zahlungstitel erwirkt oder gar ein Vollstreckungsversuch unternommen worden ist, so kann die Gemeinschaft bereits dennoch im Vorgriff den Verwalter zu entsprechenden Maßnahmen ermächtigen und deren Umsetzung an den Eintritt von Bedingungen knüpfen, so z.B. die rechtskräftige Titulierung der benannten Wohngeldrückstände. Müssten stattdessen zuerst die Wohngeldrückstände tituliert werden, dass sodann auf der nächsten Eigentümerversammlung der Absperrungsbeschluss gefasst werden dürfte, würde die Durchführung von Unterbrechungsmaßnahmen unzumutbar verzögert werden.

431

a) Einzelfallregelung

432 Die Beschlussfassung muss auf den jeweiligen Einzelfall gerichtet sein. Ein Vorratsbeschluss, in allen Fällen, bei denen bestimmte Voraussetzungen vorliegen, die Unterbrechung vorzunehmen, würde zu einem Automatismus führen, bei dem die Beachtung des Verhältnismäßigkeitsgrundsatzes und die jeweils vorzunehmende Abwägung zwischen den Interessen der Gemeinschaft und jenen des Miteigentümers nicht mehr gewährleistet wären.

433 Der Zulässigkeit des Beschlusses über eine Versorgungssperre kann nicht entgegen gehalten werden, dass § 18 Abs. 2 Satz 2 WEG als abschließende Spezialregelung entgegenstehe, wonach von einem Wohnungseigentümer die Veräußerung seines Wohnungseigentums verlangt werden kann, wenn er sich mit der Erfüllung seiner Verpflichtungen zu Lasten- und Kostentragung in Höhe eines bestimmten Betrages in Verzug befindet[1]. Ob zukünftig Beschlüsse über Absperrmaßnahmen überflüssig werden, nachdem § 10 Abs. 1 Nr. 2 ZVG Wohnungseigentümergemeinschaften die Möglichkeit eröffnet hat, aufgrund titulierter Wohngeldrückstände vor dem rangbesten Grundbuchgläubiger die Zwangsversteigerung in das Sondereigentum zu betreiben, bleibt abzuwarten. Dass die bevorrechtigte Möglichkeit zur Zwangsversteigerung tatsächlich den gewünschten Erfolg bringt, nämlich einen säumigen Miteigentümer aus der Gemeinschaft zu entfernen, darf bezweifelt werden, da anzunehmen ist, dass die Grundbuchgläubiger zur Erhaltung ihres Sicherungsobjektes eine Ablösung der Forderungen der Eigentümergemeinschaft anstreben werden.

b) Erhebliche Höhe der Hausgeldrückstände

434 Nur geringe rückständige Zahlungen rechtfertigen einen Unterbrechungsbeschluss nicht. Der unter Berücksichtigung der Folgewirkungen gebotenen Interessenabwägung entspricht nur eine beträchtliche Hausgeldschuld. Als Maßstab kann hier auch auf die **analoge Anwendung von § 18 Abs. 2 Satz 2 WEG** verwiesen werden, wonach Voraussetzung für die Entziehung des Wohnungseigentums ein Hausgeldrückstand in Höhe von **3 % des Einheitswertes** des Sondereigentums für eine Dauer von länger als 3 Monaten ist. Die Ansicht, dass ein Jahreshausgeldbetrag rückständig sein müsse, um eine Abtrennung zu rechtfertigen[2], eröffnet einerseits dem säumigen Wohngeldschuldner einen viel zu großen Spielraum, erhöht andererseits das Ausfallrisiko der Gemeinschaft erheblich und ist daher abzulehnen.

---

1 BayObLG, Beschl. v. 16. 1. 1992 – 2Z 162/91, WuM 1992, 207.
2 Bärmann/*Pick*/Merle, WEG, 9. Aufl., § 16 Rz. 113.

Sieht der BGH einen Hausgeldrückstand dann als erheblich an, wenn der Wohnungseigentümer mit mehr als sechs Monatsbeträgen säumig ist[1], hält das Oberlandesgericht Dresden den Beschluss über eine Versorgungssperre bereits dann für verhältnismäßig, wenn mindestens sechs Wohngeldvorauszahlungen tituliert worden sind[2].

435

Da zwischen dem Auflaufen von sechs Hausgeldrückständen, deren Titulierung, einem darauf folgenden fruchtlosen Vollstreckungsversuch, der Beschlussfassung über eine Versorgungssperre und deren Durchführung regelmäßig ganz erhebliche Zeiträume liegen, dürfen die Anforderungen an die Höhe eines Zahlungsrückstandes nicht überspannt werden. Die Titulierung eines Rückstandes von **sechs monatlichen Hausgeldvorauszahlungen** ist daher angemessen und ausreichend, um eine nachfolgende Versorgungssperre als verhältnismäßig anzuerkennen.

436

c) Titulierung der Rückstände

Denn nach Feststellung eines entsprechenden Zahlungsrückstandes bedarf es dessen Titulierung, eine Maßnahme, die im Regelfall mindestens drei Monate in Anspruch nimmt. Sollte der beklagte Wohngeldschuldner jedoch, wie so oft, aus Gründen des Zeitgewinns, Berufung einlegen, muss mit einem weiteren Zeitraum von vier bis sechs Monaten gerechnet werden, bis ein rechtskräftiger vollstreckbarer Zahlungstitel vorliegt. Aus einem vorläufig vollstreckbaren erstinstanzlichen Urteil wird eine Eigentümergemeinschaft in den seltensten Fällen die Vollstreckung betreiben, da dies in aller Regel eine vorherige Sicherheitsleistung voraussetzt, die eine Eigentümergemeinschaft im Zweifel bei ohnehin durch die ausbleibenden Wohngeldzahlungen beeinträchtigte Liquidität nur schwer wird erbringen können.

437

d) Ergebnisloser Vollstreckungsversuch

Des Weiteren wird gefordert, dass Versuche, die titulierten Forderungen zu vollstrecken, ergebnislos verlaufen sein müssen.

438

Auch hier sollten die Anforderungen nicht überspannt werden. Ein ergebnisloser Mobiliarvollstreckungsversuch muss insoweit ausreichend sein. Ist ein Miteigentümer bereits amtsbekannt pfandlos, bedarf es keines weiteren Vollstreckungsversuches mehr. Nicht erforderlich ist, dass ein Miteigentümer die eidesstattliche Versicherung abgegeben haben müsste.

---

1 BGH, Urt. v. 10. 6. 2005 – V ZR 235/04, NZM 2005, 626 (627).
2 OLG Dresden, Beschl. v. 12. 6. 2007 – 3 W 0082/07, ZMR 2008, 140 (141).

439 Liegen damit die Voraussetzungen für eine Versorgungssperre vor, fehlt es aber noch an einem entsprechenden Eigentümerbeschluss, müsste nun, um keine kostbare Zeit zu verlieren, eine außerordentliche Eigentümerversammlung einberufen werden, da die ordentliche Jahresversammlung nur in den seltensten Fällen ohnehin kurzfristig ansteht. Um diesen Zusatzaufwand zu vermeiden empfiehlt es sich, bereits vorsorglich dann den Absperrbeschluss unter der Bedingung des Eintrittes der entsprechenden Voraussetzungen fassen zu lassen, wenn das Zahlungsverhalten eines Miteigentümers erwarten lässt, dass die Gemeinschaft zu derartigen Mitteln wird greifen müssen.

e) Aufhebung der Unterbrechung

aa) Bei reduziertem Zahlungsrückstand

440 Um die Verhältnismäßigkeit des Eingriffs zu wahren, muss des Weiteren festgelegt werden, bei welcher Reduzierung des Rückstandes die Unterbrechung aufgehoben wird. Insoweit erscheint eine Grenze in Höhe eines dreimonatigen Hausgeldrückstandes als angemessen.

441 Die Aufhebung der Unterbrechung an eine prozentuale Rückführung nur des titulierten Hausgeldrückstandes zu knüpfen, empfiehlt sich nicht, da wegen des langen Verfahrensverlaufes bei weiterhin säumiger Zahlungsweise des Miteigentümers die nicht titulierten Rückstände oft höher sein können als die Hausgeldschuld, die tituliert worden ist und deretwegen die Zwangsvollstreckung betrieben wurde. Es sollte daher auf das **Gesamtzahlungsverhalten** des Eigentümers abgestellt werden. So erscheint es zulässig, die Aufhebung der Sanktion am Gesamtzahlungsverhalten eines Eigentümers zu orientieren und die Unterbrechung auch dann aufrecht zu erhalten, wenn zwar die titulierten Rückstände weitestgehend ausgeglichen sind, dafür jedoch aufgrund permanenter Zahlungssäumigkeit des Miteigentümers mindestens weitere drei Vorauszahlungsbeträge offen stehen. Hat ein säumiger Eigentümer allerdings zweckbestimmt alle titulierten Wohngeldrückstände erledigt, dann verfügt die Eigentümergemeinschaft über keinen Vollstreckungstitel mehr, der die Aufrechterhaltung der Versorgungssperre rechtfertigen könnte. Trotz weiterer, jedoch noch nicht titulierter Wohngeldrückstände müsste die Sperre aufgehoben werden. Aus diesem Grunde empfiehlt es sich, bei ständig weiterem säumigen Zahlungsverhalten eines Miteigentümers sofort um eine weitere Titulierung neuer Wohngeldrückstände bemüht zu sein, um nach Erledigung eines alten Titels die Aufrechterhaltung der Versorgungssperre auf eine neue Vollstreckungsgrundlage stützen zu können.

bb) Bei Eigentümerwechsel

Da sich die Maßnahme nur gegen den säumigen Miteigentümer richten darf, muss die Unterbrechung auf die Dauer seiner Eigentümerstellung beschränkt werden. Der Beschluss muss daher die Aufhebung der Versorgungsunterbrechung für den Fall der rechtsgeschäftlichen Veräußerung des Sondereigentums bis zum Zeitpunkt der Eigentumsumschreibung auf den Erwerber begrenzen[1].

cc) Bei Zuschlag in der Zwangsversteigerung

Das Gleiche gilt für die Zwangsversteigerung. Um hier eine **unzulässige Belastung des Ersteigerers** auszuschließen, muss die Beschlussfassung die Aufhebung der Unterbrechung zum Zeitpunkt der Zuschlagserteilung an den Ersteher enthalten.

Damit sind die notwendigen Bestandteile eines Beschlusses erfasst, so dass die Beschlussfassung dem Gebot ordnungsgemäßer Verwaltung entspricht[2].

e) Zusatzregelungen

Als sinnvolle Zusatzregelungen sollte jedoch an folgende Beschlussergänzungen gedacht werden:

aa) Anwaltsbeauftragung

Da ein Unterbrechungsbeschluss im Regelfall vom betroffenen Miteigentümer nicht widerspruchslos hingenommen, sondern angefochten wird, sollte der Verwalter vorsorglich ermächtigt werden, für diesen Fall einen Anwalt mit der Verteidigung des Beschlusses zu beauftragen.

bb) Duldungstitel

Sollten die Absperrmaßnahmen nicht im Bereich des Gemeinschaftseigentums durchgeführt werden können, sondern ist es dazu erforderlich, das Sondereigentum zu betreten, muss damit gerechnet werden, dass der Sondereigentümer den Zutritt verweigert. Der Verwalter sollte daher vorsorglich ermächtigt werden, für diesen Fall einen Rechtsanwalt zu beauftragen, der einen Duldungstitel erwirkt.

Soweit der Ausschluss eines Wohnungseigentümers von Versorgungsleistungen nur durch den Einbau von Absperrvorrichtungen möglich ist, stellt eine solche nur vorübergehende Maßnahme keine bauliche Ver-

---
1 BayObLG, Beschl. v. 16. 1. 1992 – 2Z 162/91, WuM 1992, 208 = MDR 1992, 967.
2 BayObLG, Beschl. v. 16. 1. 1992 – 2Z 162/91, WuM 1992, 207 = MDR 1992, 967.

änderung im Sinne von § 22 Abs. 1 WEG dar[1], denn bauliche Veränderungen im Sinne von § 22 Abs. 1 WEG sind nur auf Dauer angelegte gegenständliche Eingriffe in die Substanz des Gemeinschaftseigentums[2]. Angesichts des vorübergehenden Charakters der Maßnahme fehlt es mithin am dauerhaften Eingriff. Nach anderer Meinung liegt bereits deswegen keine bauliche Veränderung vor, weil es sich um eine Maßnahme zur Ermöglichung der Ausübung des dem Wohnungseigentümer zustehenden Zurückbehaltungsrechts nach § 273 BGB handelt[3].

cc) Verfahrenskosten

448 Schließlich und endlich können für die Absperrmaßnahmen und die Prozessführung nicht unerhebliche Kosten entstehen. Mangelt es der Eigentümergemeinschaft an entsprechender Liquidität, ist rechtzeitig an die Erhebung einer **Sonderumlage** zu denken, zumindest aber sollte im Rahmen eines Ergänzungsbeschlusses festgelegt werden, mit welchen vorhandenen Mitteln diese Kosten vom Verwalter bezahlt oder zumindest bevorschusst werden dürfen.

2. Beschlussvorschlag

449 Um all diesen Kriterien Rechnung zu tragen, bedarf es einer umfangreichen Beschlussformulierung, die wie folgt lauten könnte:

450 Der Verwalter wird ermächtigt, im Hinblick auf erhebliche Hausgeldrückstände des Miteigentümers ... die im Sondereigentum des Miteigentümers ... stehende Wohnung Nr. ... von der Wasserversorgung und der Versorgung mit Heizenergie durch geeignete Maßnahmen entweder im Bereich des Gemeinschafts- oder des Sondereigentums vorübergehend zu unterbrechen.

Voraussetzung für die Durchführung dieser Unterbrechungsmaßnahmen ist, dass der Miteigentümer in Höhe von mindestens sechs monatlichen Hausgeldvorauszahlungen im Rückstand ist, über einen derartigen Rückstand ein vollstreckbarer Titel vorliegt und dass mindestens ein ergebnisloser Vollstreckungsversuch gegen den säumigen Miteigentümer unternommen worden ist.

Die Versorgungsunterbrechung ist aufzuheben, wenn der Miteigentümer seine Zahlungsrückstände auf einen Betrag zurückgeführt hat, der weniger als drei monatliche Vorauszahlungen beträgt, wobei titulierte und nicht titulierte Rückstände zu berücksichtigen sind.

---

1 BayObLG, Beschl. v. 16. 1. 1992 – 2Z 162/91, WuM 1992, 207.
2 *Niedenführ/Kümme/Vandenhouten*, WEG, 8. Aufl., § 22 Rz. 11.
3 BayObLG, Beschl. v. 31. 3. 2004 – 2Z BR 224/03, NZM 2004, 556.

Im Falle einer rechtsgeschäftlichen Veräußerung des Sondereigentums ist die Unterbrechungsmaßnahme längstens bis zur Eigentumsumschreibung auf den Rechtsnachfolger befristet, im Falle einer Zwangsversteigerung bis zur Erteilung des Zuschlages an den Ersteher.

Der Verwalter wird ermächtigt, für den Fall der Anfechtung dieses Beschlusses einen Rechtsanwalt mit der Vertretung der Eigentümergemeinschaft zu beauftragen.

Sind Absperrmaßnahmen im Bereich des Sondereigentums des säumigen Miteigentümers vorzunehmen, wird der Verwalter für den Fall, dass der Miteigentümer den Zutritt zu seinem Sondereigentum verweigert, ermächtigt, namens und im Auftrage der Eigentümergemeinschaft einen Rechtsanwalt mit der Erwirkung eines Duldungstitels zu beauftragen.

Der Verwalter wird weiter ermächtigt, die für etwaige Absperrmaßnahmen erforderlichen Kosten aus der Instandhaltungsrücklage zu finanzieren und die für die Durchführung von Gerichtsverfahren notwendigen Kosten aus dem laufenden Konto der Gemeinschaft zu bevorschussen.

3. Versorgungssperre bei selbstgenutztem Sondereigentum

Im Verhältnis zum selbstnutzenden Miteigentümer kann nach alledem die Zulässigkeit einer Versorgungssperre mit der insoweit wohl herrschenden Meinung bejaht werden. Zwischen den Miteigentümern einer Eigentümergemeinschaft besteht ein gesetzliches Schuldverhältnis, das den Regelungen des WEG unterliegt[1]. Das WEG aber schafft die Grundlage für eine weit stärkere Bindung, eine strengere Verpflichtung und weitergehende Verantwortung der einzelnen Wohnungseigentümer untereinander, als dies bei einer reinen Bruchteilsgemeinschaft im Sinne von § 741 ff. BGB der Fall wäre. Alle Mitglieder einer Eigentumsgemeinschaft sind der Verpflichtung zur ordnungsgemäßen Verwaltung unterworfen, zu der auch die eigene pünktliche Erfüllung der Hausgeldzahlung gehört. Wird deshalb in einer Eigentümergemeinschaft in formell und inhaltlich korrekter Form mehrheitlich beschlossen, dass dem säumigen Miteigentümer als vertragsuntreuen Partner des sich aus dem Eigentümerverbund ergebenden gesetzlichen Schuldverhältnisses auf Kosten der Gemeinschaft keine weiteren Versorgungsleistungen mehr zu gewähren sind, dann handelt es sich insoweit um eine Gebrauchsregelung im Sinne von § 15 Abs. 1 WEG, die mit Stimmenmehrheit in einer Eigentümerversammlung beschlossen werden kann. Da ein solcher Mehrheitsbeschluss auch das säumige Mitglied der Eigentümergemeinschaft bindet, kann damit die Rechtsgrundlage für die Versorgungsunterbrechung gegenüber einem säumigen Miteigentümer geschaffen werden.

451

---

1 Bärmann/*Pick*/Merle, WEG, 9. Aufl., § 10 Rz. 27.

452 Liegen alle erforderlichen Voraussetzungen vor, d.h. die Titulierung von mindestens sechs rückständigen Wohngeldbeiträgen[1], wurde ein bestandskräftiger Beschluss über die Unterbrechung der Versorgungsleitungen gefasst und ist gegen den selbstnutzenden Eigentümer die Verpflichtung zur Duldung der Installation von Absperrvorrichtungen tituliert worden, dann bedarf es keines gesonderten Durchsuchungsbeschlusses mehr, um die Wohnung zu diesem Zwecke betreten zu dürfen[2]. Ist es erforderlich, zum Zwecke der Installation der Absperrvorrichtungen Fliesen zu beschädigen, so hat der Eigentümer dies hinzunehmen. Beschädigungen von Gegenständen des Sondereigentums, die unmittelbar mit dem Anbringen der Absperrvorrichtungen verbunden sind, sind vom Eigentümer zu dulden[3].

4. Versorgungssperre bei zu Wohnzwecken vermietetem Sondereigentum

453 Hatten sich die älteren Entscheidungen zur Versorgungsunterbrechung nur auf vom Wohnungseigentümer selbst genutztes Sondereigentum bezogen[4], wurde die Zulässigkeit der Versorgungsunterbrechung von vermieteten Wohnungen in der Folgezeit von der Rechtsprechung unterschiedlich bewertet[5].

454 Die Unterbrechung der Versorgungsleitungen bei zu Wohnzwecken vermietetem Sondereigentum erscheint nicht unbedenklich. Da ein Mieter nicht zur Sonderrechtgemeinschaft der Wohnungseigentümer zählt und ihm gegenüber als außenstehendem Dritten Beschlüsse der Gemeinschaft keine Wirkung entfalten, ist die mit Stimmenmehrheit beschlossene Versorgungssperre als Gebrauchsregelung gegenüber einem Mieter erst einmal bedeutungslos. Dessen ungeachtet können die Auswirkungen einer Versorgungssperre auch den Mieter treffen, da er sich hiergegen nur eingeschränkt wehren kann. So ist zu unterscheiden, ob die Einrichtungen zur Versorgungssperre innerhalb des Sondereigentums angebracht werden müssen, oder aber ob es möglich ist, außerhalb der betrof-

---

1 OLG Oldenburg, Beschl. v. 3. 1. 2005 – 5 W 151/04, ZMR 2005, 651.
2 BGH, Beschl. v. 10. 8. 2006 – I ZB 126/05, NZM 2006, 863.
3 OLG München, Beschl. v. 23. 2. 2005 – 34 Wx 005/05, ZMR 2005, 311.
4 OLG Celle, Beschl. v. 9. 11. 1990 – 4 W 211/90, NJW-RR 1991, 1118; BayObLG, Beschl. v. 16. 1. 1992 – 2Z 162/91, WuM 1992, 207; OLG Hamm, Beschl. v. 11. 10. 1993 – 15 W 79/93, MDR 1994, 163.
5 Dafür: KG, Beschl. v. 21. 5. 2001 – 24 W 94/01, WuM 2001, 456 = ZWE 2001, 497 = ZMR 2001, 1007 = MDR 2001, 1346 = NZM 2001, 761 = WE 4/2002, 6; KG, Beschl. v. 26. 11. 2001 – 24 W 7/01, NZM 2002, 221 = ZWE 2002, 182 = WuM 2002, 161; dagegen: OLG Köln, Urt. v. 15. 3. 2000 – 2 U 74/99, NZM 2000, 1026 = ZWE 2000, 543 = ZMR 2000, 639 = WuM 2000, 488.

fenen Wohnung im Bereich des Gemeinschaftseigentums die Leitungen zu kappen.

a) Absperrungen innerhalb des Sondereigentums

Müsste die vermietete Wohnung betreten werden, um die Absperrung vorzunehmen, so kann dies gegen den Willen des Mieters nicht durchgesetzt werden. Eine Wohnungseigentümergemeinschaft hat gegen den Mieter einer Eigentumswohnung keinen Anspruch auf Zutritt der Wohnung und Duldung des Absperrens der dort befindlichen Versorgungsanlagen im Falle des Verzugs des Wohnungseigentümers mit der Zahlung von Wohngeld[1]. 455

Die gegenteilige Auffassung[2], die unter Berufung auf die Rechtsprechung des BGH[3] einen Mieter für verpflichtet hält, das Anbringen von technischen Maßnahmen in seiner Wohnung zur Durchführung einer Versorgungssperre zu dulden, überzeugt nicht. Gestützt wird diese Auffassung auf die sicherlich zutreffende Meinung, dass eine Eigentümergemeinschaft auch gegen einen Mieter gem. § 1004 BGB einen Unterlassungsanspruch hat, wenn von der vermieteten Wohnung eine Störung der Gemeinschaftsinteressen ausgeht, der Mieter also als Zustandsstörer in Anspruch genommen werden kann. Entwickelt wurde diese Rechtsprechung ursprünglich an der Fallgestaltung, dass eine Wohnung für eine Nutzungsart vermietet wurde, die der in der Teilungserklärung enthaltenen Zweckbestimmung widersprach. Eine Zweckbestimmung wird als verdinglichte Gebrauchsregelung zum Inhalt des Sondereigentums, so dass ein Verstoß hiergegen jeden anderen Miteigentümer in seinem dinglichen Eigentumsrecht verletzt und jeder betroffene Eigentümer dementsprechend einen dinglichen Abwehranspruch aus § 1004 BGB mit absoluter Wirkung gegenüber jeden zweckwidrig Nutzenden geltend machen könnte[4]. Damit richtet sich der dingliche Abwehranspruch auch gegen einen Mieter, gegen den wegen der zweckbestimmungswidrigen Nutzung unmittelbar vorgegangen werden konnte. 456

In vergleichbarer Weise kann ein Mieter zur Duldung des Betretens seiner Wohnung und der Vornahme von Veränderungen verpflichtet der beeinträchtigende Zustand aufrecht erhalten wird. Notwendig ist dabei, dass der in Anspruch zu Nehmende die Quelle der Störung beherrscht, 457

---

1 KG, Beschl. v. 26. 1. 2006 – 8 U 208/05, NZM 2006, 297.
2 *Briesemeister*, Zur Durchsetzung einer Versorgungssperre gegen den Mieter eines Wohnungseigentümers durch die Wohnungseigentümergemeinschaft, ZMR 2007, 661 (664).
3 BGH, Urt. v. 1. 12. 2006 – V ZR 112/06, ZMR 2007, 188 f.
4 OLG München, Urt. v. 25. 2. 1992 – 25 U 3550/91, WuM 1992, 326 (327).

also die Möglichkeit zu deren Beseitigung hat[1]. Bei unerlaubten baulichen Veränderungen oder zweckbestimmungswidriger Nutzung wären diese Voraussetzungen erfüllt, da ein Mieter als unmittelbarer Besitzer einer Wohnung in der Lage wäre, die Beeinträchtigung zu beseitigen.

458 All dies gilt jedoch nicht für einen vom vermietenden Wohnungseigentümer verursachten Wohngeldrückstand. Hier ist es nicht der Zustand einer Wohnung, der das Eigentum eines Dritten oder dessen sonstige Interessen beeinträchtigt, es ist das säumige Zahlungsverhalten des Miteigentümers, das als solches nicht auf den Zustand der Wohnung oder die Art und Weise deren Nutzung einwirkt, mithin auch einen Mieter nicht zum Zustandsstörer machen kann. Dass ein Mieter freiwillig zur Abwendung einer Versorgungssperre die Wohngeldrückstände seines vermietenden Eigentümers ausgleichen könnte[2], ändert hieran nichts, weil ein Zahlungsrückstand unter keinem Gesichtspunkt eine vom Zustand des Sondereigentums ausgehende Störung darstellt.

459 Nach alledem ist der Entscheidung des Kammergerichts zu folgen[3], wonach keine Anspruchsgrundlage erkennbar ist, wonach ein Mieter verpflichtet wäre, das Betreten seiner Wohnung zur Installation von Vorrichtungen für das Absperren von Versorgungsanlagen zu dulden, nur weil der vermietende Wohnungseigentümer mit der Wohngeldzahlung in Verzug ist.

b) Absperrvorrichtungen im Gemeinschaftseigentum

460 Anders verhält es sich, wenn die Eigentümergemeinschaft in der Lage ist, die Absperrvorrichtungen im Bereich des Gemeinschaftseigentums anzubringen, ohne dazu das vermietete Sondereigentum betreten zu müssen. Ein Mieter kann hiergegen nicht einwenden, er sei im Besitz der Mietsache gestört. Eine fehlende Versorgung mit Wasser und Heizenergie stellt keine Besitzstörung dar, sondern lediglich eine Gebrauchsbeeinträchtigung[4]. Da der unmittelbare oder mittelbare Besitz des Mieters an der Mietsache weiterhin besteht, löst eine Versorgungssperre auch keine Besitzschutzansprüche aus.

---

1 BGH, Urt. v. 1. 12. 2006 – V ZR 112/06, ZMR 2007, 188 (189).
2 *Briesemeister*, Zur Durchsetzung einer Versorgungssperre gegen den Mieter eines Wohnungseigentümers durch die Wohnungseigentümergemeinschaft, ZMR 2007, 664.
3 KG, Beschl. v. 26. 1. 2006 – 8 U 208/05, NZM 2006, 297.
4 KG, Urt. v. 8. 7. 2004 – 12 W 21/04, NZM 2005, 65 (66).

5. Versorgungssperre bei gewerblich vermietetem Sondereigentum

Bei zu gewerblicher Nutzung vermietetem Teileigentum beschränkt sich die Diskussion der Zulässigkeit einer Versorgungssperre nicht auf die Frage von Besitzstörung und Gebrauchsbeeinträchtigung. Aufgrund zulässiger gewerblicher Nutzung steht einem Gewerberaummieter ein Abwehranspruch zu, den weder der vermietende Eigentümer noch ein Wohnraummieter für sich in Anspruch nehmen könnte: es handelt sich um einen deliktischen Unterlassungsanspruch gem. § 823 Abs. 1 BGB.

a) Eingriff in den eingerichteten und ausgeübten Gewerbebetrieb

Eine von der Wohnungseigentümergemeinschaft durchgeführte Versorgungssperre würde regelmäßig einen rechtswidrigen **Eingriff** in den **eingerichteten und ausgeübten Gewerbebetrieb** eines Mieters darstellen. Zwar soll sich die Druckwirkung einer Versorgungssperre gegen den mit Hausgeld säumigen Miteigentümer richten, da die Absperrmaßnahmen jedoch das vermietete Sondereigentum betreffen, wirkt die Stoßrichtung der Maßnahme in ihren praktischen Folgen ausschließlich gegen den gewerbetreibenden Mieter.

Für einen Eingriff in den eingerichteten und ausgeübten Gewerbebetrieb ist es erforderlich, dass die Eingriffshandlung zu einer tatsächlichen Behinderung oder Verhinderung der Gewerbeausübung führt[1].

Hierbei muss es sich um einen unmittelbaren Eingriff in den Bereich des Gewerbebetriebs handeln. Darunter sind solche Eingriffe zu verstehen, die gegen den Betrieb als solchen gerichtet, also betriebsbezogen sind und nicht vom Gewerbebetrieb ohne weiteres ablösbare Rechte oder Rechtsgüter betreffen[2].

Als betriebsbezogen sind dabei solche Beeinträchtigungen anzusehen, die die Grundlage des Betriebs bedrohen oder gerade den Funktionszusammenhang der Betriebsmittel aufheben oder die Betriebstätigkeit als solche in Frage stellen[3].

Die Unterbrechung von Versorgungsleistungen bei einem zu Gewerbezwecken vermieteten Sondereigentum führt genau zu diesem Ergebnis, da die Stoßrichtung der Versorgungssperre im Rahmen ihrer praktischen Umsetzung in den Gewerbebetrieb des Mieters gerichtet ist und vom Gewerbebetrieb nicht ohne weiteres ablösbare Rechte oder Rechtsgüter be-

---

1 MüKo/BGB, 3. Aufl., § 823 Rz. 490.
2 MüKo/BGB, 3. Aufl., § 823 Rz. 490.
3 MüKo/BGB, 3. Aufl., § 823 Rz. 490.

trifft[1]. Denn wer die Energie und die Wasserzufuhr blockiert, der beseitigt durch diesen direkten Eingriff in die Nutzbarkeit eines Sondereigentums jede Möglichkeit zur Gewerbeausführung, was zumindest zu Betriebsunterbrechungen, wenn nicht gar zur Betriebsstilllegung führt. Auch wenn dies ein nicht gewolltes Ergebnis des Eigentümerbeschlusses zur Versorgungsunterbrechung ist, so stellt es dennoch die unvermeidbare praktische Folge dar, so dass die eigentliche von der Eigentümergemeinschaft verfolgte Absicht, den säumigen Miteigentümer unter Druck zu setzen, der Betriebsbezogenheit des Eingriffs in den konkreten Gewerbebetrieb nicht entgegensteht. Ein zielgerichtetes Verhalten im finalen Sinne ist nämlich nicht erforderlich, da es ausreicht, wenn der Eingriff in seiner objektiven Stoßrichtung auf den Gewerbebetrieb als organische Einheit zielt oder sonst nach der Verkehrsauffassung als Störung der Grundlagen dieses Betriebes erscheint[2]. Als sonstiges Recht im Sinne von § 823 Abs. 1 BGB genießt daher das Recht am eingerichteten und ausgeübten Gewerbebetrieb **absoluten Schutz** gegenüber jedermann, so dass der Gewerberaummieter damit eine Rechtsposition innehält, die ein vermietender Sondereigentümer für sich nicht beanspruchen kann. Auch wenn also ein vermietender Wohnungseigentümer seinem Mieter nur die Nutzungsbefugnis verschaffen kann, die er selbst innehat, ergibt sich aus einer sodann (mit der Teilungserklärung zu vereinbarenden) gewerblichen Nutzung ein viel weitergehender Abwehranspruch gegen Störungen, als er vom vermietenden Wohnungseigentümer selbst geltend gemacht werden könnte.

467 Soweit die Auffassung vertreten wird, die Unterbrechung von Versorgungsleitungen stelle keinen betriebsbezogenen Eingriff dar[3], weil das regelmäßig dem Versorgungsunternehmen zustehende Eigentum betroffen sei, mithin bei Wohnungseigentumsanlagen das Gemeinschaftseigentum, so geht es nicht um die Eigentumsverletzung und sich daraus ergebende Abwehransprüche, sondern um das Schutzgut „Gewerbebetrieb", in den gezielt eingegriffen wird, wenn die für das Funktionieren des Gewerbebetriebes notwendige Versorgung verweigert wird, ohne dass dabei gleichzeitig auch ein Eigentumseingriff stattfinden würde.

b) Versorgungssperre bei dinglicher Wohnberechtigung

Ist ein Sondereigentum mit einem Wohnungsrecht als beschränkt persönliche Dienstbarkeit gem. § 1093 BGB belastet, so ist eine Eigentümer-

---

1 OLG Köln, Urt. v. 15. 3. 2000 – 2 U 74/99, NZM 2000, 1026 = ZWE 2000, 543 = ZMR 2000, 639 = WuM 2000, 488 = NJW-RR 2001, 301.
2 OLG Köln, Urt. v. 15. 3. 2000 – 2 U 74/99, NZM 2000, 1026 = ZWE 2000, 543 = ZMR 2000, 639 = WuM 2000, 488 = NJW-RR 2001, 301.
3 *Schaub* in Prütting/Wegen/Weinreich, BGB, 2. Aufl., § 823 Rz. 83; Erman/*Schiemann*, BGB, 12. Aufl., § 823 Rz. 63.

gemeinschaft auch in diesem Falle nicht gehindert, für das betreffende Sondereigentum eine Versorgungssperre zu beschließen und durchzusetzen[1].

Auch wenn sich ein Wohnungsberechtigter im Unterschied zum Mieter auf eine grundsätzlich gegenüber jedermann wirkende dingliche Rechtsposition stützen kann, reicht dieses beschränkt dingliche Recht nicht weiter, als das Recht des Eigentümers selbst, dem gegenüber jedoch eine Versorgungssperre zweifelsohne durchgesetzt werden kann. Der abweichenden Meinung des LG Berlin[2] kann nicht gefolgt werden, da sie im Widerspruch zu der Entscheidung des Kammergerichts steht, wonach durch Teilzahlungen in Höhe der auf die Versorgungsleistungen entfallenden Beträge das Zurückbehaltungsrecht einer Wohnungseigentümergemeinschaft an den Versorgungsleistungen nicht abgewendet werden kann[3].

468

c) Verbandszuständigkeit

In allen Fällen der Geltendmachung eines Zurückbehaltungsrechtes an Versorgungsleistungen durch Beschluss und Anbringung einer Versorgungssperre ist der teilrechtsfähige Wohnungseigentümerverband der Anspruchsinhaber und für die Abwehr der Sperre auch der Anspruchsgegner. Nachdem die Wohngeldansprüche dem Verband zustehen und nur von diesem geltend gemacht werden können, ist jede Maßnahme, die auf die Beitreibung von Wohngeldrückständen hinwirken soll, in gleicher Weise eine Angelegenheit des Verbandes. Da die Ausübung eines Zurückbehaltungsrechtes ein Druck- und Sicherungsmittel der Gemeinschaft darstellt[4], steht die Versorgungssperre als ein entsprechendes Druckmittel dem Verband zur Verfügung, genau so wie der Verband jede mögliche Zwangsvollstreckungsmaßnahme zur Realisierung seiner Forderungen in Anspruch nehmen kann.

469

d) Ergebnis

Als Zusammenfassung kann festgehalten werden, dass Eigentümergemeinschaften nur dann empfohlen werden kann, einen Beschluss zur Versorgungssperre zu fassen und durchzusetzen, wenn

470

– der säumige Wohnungseigentümer sein Sondereigentum selbst nutzt, unabhängig davon, ob die Absperrvorrichtungen innerhalb des Sonder-

---

1 **A. A.**: LG Berlin, Urt. v. 19. 6. 2007 – 53 T 51/07, Das Grundeigentum 2008, 207, das eine Versorgungssperre dann für unzulässig hält, wenn der Wohnungsberechtigte Zug um Zug die von ihm auf die Versorgungsleistungen gegenüber des Eigentümers geschuldete Gelder an die Eigentümergemeinschaft zahlt.
2 LG Berlin, Urt. v. 19. 6. 2007 – 53 T 51/07, Das Grundeigentum 2008, 207.
3 KG, Beschl. v. 8. 8. 2005 – 24 W 112/04, ZMR 2005, 905 (906).
4 BGH, Urt. v. 10. 6. 2005 – V ZR 235/04, ZMR 2005, 880 (881), Ziff. 2b).

eigentums oder im Bereich des Gemeinschaftseigentums angebracht werden müssen,

– das Sondereigentum zu Wohnzwecken vermietet ist, jedoch die Absperrvorrichtungen von außen im Bereich des Gemeinschaftseigentums angebracht werden können.

471 Nicht anzuraten ist der Beschluss einer Versorgungssperre, wenn

– ein Sondereigentum zu Wohnzwecken vermietet ist und die Absperrvorrichtungen innerhalb der Wohnung angebracht werden müssten, weil ein Mieter nicht verpflichtet werden kann, den Zutritt zu dulden,

– ein Sondereigentum zulässigerweise als Gewerberaum vermietet wurde, weil der Gewerberaummieter den Entzug der für seinen Betrieb notwendigen Versorgungsleistungen als unzulässigen Eingriff in seinen eingerichteten und ausgeübten Gewerbebetrieb abwehren kann.

VI. Zwangsversteigerung von Wohnungseigentum

472 Die Zwangsversteigerung des Wohnungseigentums regelt sich nach den Vorschriften über das Gesetz über die Zwangsversteigerung und Zwangsverwaltung (ZVG). § 864 ZPO bestimmt die Gegenstände der Immobiliarvollstreckung, § 866 ZPO besagt weitergehend, dass die Zwangsvollstreckung in ein Grundstück entweder durch Eintragung einer Sicherungshypothek für die Forderung oder durch Zwangsversteigerung oder durch Zwangsverwaltung erfolgt. Der Gläubiger kann dabei verlangen, dass jede der vorgenannten Zwangsvollstreckungsmaßnahmen allein oder neben den Übrigen ausgeführt wird. § 869 ZPO verweist bezüglich der Durchführung der Zwangsversteigerung und der Zwangsverwaltung auf das ZVG.

473 Zwangsversteigerungsverfahren spielten bislang in der Beratungspraxis für Wohnungseigentümergemeinschaften eher eine untergeordnete Rolle; sie hatten nur insoweit Einfluss auf die Wohnungseigentümergemeinschaft, als durch den Zuschlag ein bisheriger Eigentümer aus der Gemeinschaft ausschied und der Ersteher im Zwangsversteigerungsverfahren mit dem Zuschlag in die Gemeinschaft eintrat. Aufgrund der regelmäßigen Belastung des Wohnungseigentumsrechts mit Grundpfandrechten und deren Vorrang gegenüber persönlichen Ansprüchen etwa der Eigentümergemeinschaft waren deren Versuche, im Wege der Zwangsversteigerung ihre Ansprüche gegen säumige Miteigentümer geltend zu machen, kaum aussichtsreich. Dies und die Tatsache, dass Hausgeldansprüche bei vermögenslosen oder zahlungsunwilligen Wohnungseigentümern zunehmend nicht eintreibbar sind und von den anderen Miteigentümern mitgetragen werden müssen, haben den Gesetzgeber

veranlasst[1], im Zuge der WEG-Novelle auch einzelne Vorschriften des ZVG zu ändern.

Dass die Annahme des Gesetzgebers begründet ist, verdeutlicht das folgende Beispiel anhand der bis zum 30. 6. 2007 geltenden Rechtslage, dass das seinerzeitige Dilemma der Eigentümergemeinschaft bei dem Versuch der Durchsetzung ihrer Ansprüche im Zwangsversteigerungsverfahren verdeutlicht[2]: 474

Beispiel:
Der Miteigentümer S. schuldet der Eigentümergemeinschaft A-Straße 5 000 Euro aus den Wohngeldabrechnungen 2005 und 2006, die tituliert sind. Der Verkehrswert seiner Wohnung beträgt 110 000 Euro, der steuerliche Einheitswert beträgt 10 000 Euro. Im Grundbuch ist in Abteilung III/1 eingetragen eine Grundschuld über 100 000 Euro nebst 15 % Zinsen kalenderjährlich nachträglich fällig seit 1. 1. 2000 für die B-Bank. 475

Die Eigentümergemeinschaft beantragt im Mai 2007 – vor dem Inkrafttreten der WEG-Novelle – die Zwangsversteigerung wegen der titulierten Ansprüche aus der damals allein möglichen Rangklasse 5. Der Zwangsversteigerungsvermerk wird am 20. 5. 2007 in das Grundbuch eingetragen. Der Versteigerungstermin ist am 15. 11. 2007.

Das geringste Gebot berechnet sich wie folgt:

1.	Bestehen bleibende Rechte	
1.1.	Grundschuld III/1 zu 100 000 Euro nebst 15 % Zinsen seit 1. 1. 2000 (da dieses Recht in Rangklasse 4 fällt und daher bei Betreiben aus Rangklasse 5 zwingend bestehen bleiben muss)	
2.	Mindestbargebot	
2.1.	Verfahrenskosten (angenommen):	3 000 Euro
2.2.	Öffentliche Lasten (angenommen): (z.B. Grundsteuer)	1 000 Euro
2.3.	Laufende und für zwei Jahre rückständige angemeldete Zinsen des Rechts III/1:	
2.3.1.	Laufende Zinsen 1. 1. 2006 – 30. 11. 2007 (§ 47 ZVG):	(circa) 28 700 Euro
2.3.2.	Rückständige Zinsen 1. 4. 2004 – 31. 12. 2005:	(circa) 30 000 Euro
	Insgesamt	62 700 Euro

Ein Bieter muss damit mindestens 62 700 Euro bieten, um die Wohnung zu erwerben. Da das Recht III/1 aber bestehen bleibt und von dem Ersteher übernommen werden muss, beträgt sein Aufwand wirtschaftlich 162 700 Euro. Es ist daher bei dem Verkehrswert von nur als 110 000 Euro unwahrscheinlich, dass überhaupt Gebote abgegeben werden.

Selbst wenn Gebote abgegeben würden, stehen nur 62 700 Euro zur Verteilung, die im Teilungsplan wie folgt zu verteilen wären:

---
1 BT-Drs. 16/887, S. 43.
2 Vgl. *Mock*, Vollstreckung effektiv, 2008, 26 (30).

1.	Verfahrenskosten:	3 000 Euro
2.	Öffentliche Lasten:	1 000 Euro
3.	Laufende Zinsen 1. 1. 2006 – 30. 11. 2007:	28 700 Euro
4.	Rückständige Zinsen 1. 4. 2004 – 31. 12. 2005:	30 000 Euro
Insgesamt		62 700 Euro

Auf die Forderung der Eigentümergemeinschaft würden damit keine Zuteilungen vorgenommen, da der zur Verteilung stehende Betrag erschöpft ist.

476 Wichtigste Änderung im ZVG, um diesen Zustand zu beenden, ist in diesem Zusammenhang die Einführung eines **begrenzten Vorrechts** für Wohngeldansprüche der Eigentümergemeinschaft durch eine Änderung der Rangklasse 2 des § 10 Abs. 1 ZVG. Der Eigentümergemeinschaft wird damit die Möglichkeit geboten, in einem bereits anhängigen Zwangsversteigerungsverfahren ihre Forderungen mit größtmöglicher Aussicht auf Befriedigung geltend machen zu können.

477 Daneben hat der Gesetzgeber in der ebenfalls neu eingefügten Vorschrift des § 10 Abs. 3 ZVG der Eigentümergemeinschaft das Recht eingeräumt, selbständig gegen den säumigen Miteigentümer vorzugehen, ohne darauf warten zu müssen, dass ein anderer Gläubiger ein Zwangsversteigerungsverfahren gegen den Miteigentümer anhängig macht.

478 Während in der Vorauflage die Ausführungen zum Zwangsversteigerungsverfahren lediglich in allgemeiner Form erfolgten, sind nunmehr die Ausführungen konkret auf die Handlungsmöglichkeiten der Eigentümergemeinschaft im Rahmen der §§ 10 Abs. 1 Nr. 2 und 10 Abs. 3 ZVG abgestellt, namentlich auf die aktive Teilnahme an einem durch einen anderen Gläubiger anhängig gemachten Zwangsversteigerungsverfahren und die Beantragung des Zwangsversteigerungsverfahrens durch die Eigentümergemeinschaft selbst. Schematisch gesehen stehen der Eigentümergemeinschaft seit dem 1. 7. 2007 folgende Handlungsmöglichkeiten offen:

Handlungsmöglichkeiten der Eigentümergemeinschaft nach der WEG-Novelle 479

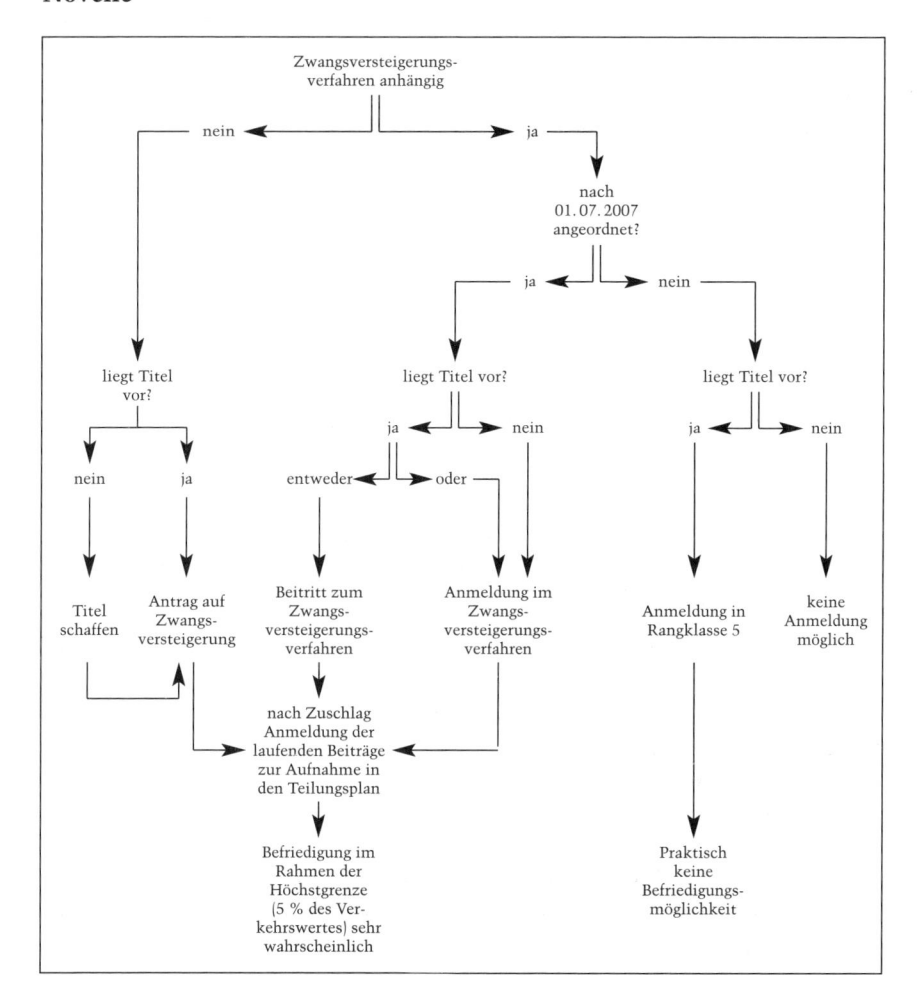

```
                    Zwangsversteigerungs-
                    verfahren anhängig
         nein ←─────────┴─────────→ ja
          │                          │
          │                         nach
          │                      01.07.2007
          │                      angeordnet?
          │                  ja ←────┴────→ nein
          │                   │              │
     liegt Titel         liegt Titel vor?  liegt Titel vor?
       vor?              ja ←──┴──→ nein   ja ←──┴──→ nein
      ja / nein            │        │       │          │
       │   │          entweder ←──┴──→ oder │          │
       ↓   ↓               ↓          ↓     ↓          ↓
     Titel  Antrag auf  Beitritt zum  Anmeldung im  Anmeldung in  keine
     schaffen Zwangs-   Zwangs-       Zwangs-       Rangklasse 5  Anmeldung
              versteigerung versteigerungs- versteigerungs-       möglich
                            verfahren       verfahren
                               ↓
                         nach Zuschlag
                         Anmeldung der
                         laufenden Beiträge
                         zur Aufnahme in
                         den Teilungsplan
                               ↓
                         Befriedigung im     Praktisch
                         Rahmen der          keine
                         Höchstgrenze        Befriedigungs-
                         (5 % des Ver-       möglichkeit
                         kehrswertes) sehr
                         wahrscheinlich
```

1. Wohnungs- und Teileigentum als Grundstücksbruchteil

Nach § 864 Abs. 2 ZPO findet die Zwangsvollstreckung nicht nur in 480 Grundstücke, sondern auch in Bruchteile eines Grundstücks statt. Grundstücksbruchteil im Sinne des § 864 Abs. 2 ZPO ist dabei auch das Wohnungs- und das Teileigentum nach dem WEG. Sie sind **echtes Grundstückseigentum**, das den näheren Regelungen durch das WEG unterliegt[1]. Diese Einordnung folgt daraus, dass Wohnungs- und Teileigentum gemäß § 1 WEG, Eigentum im Sinne des Eigentumsbegriffs des Bür-

---

1 *Stöber*, Einleitung 12.1 und 12.8; OLG Düsseldorf, MittBayNot 1963, 327 = MittRhNotK 1963, 565.

gerlichen Rechts nach § 903 BGB darstellt, über das der Wohnungs- oder Teileigentümer frei verfügen kann. Das Wohnungs- und Teileigentum unterliegt daher wie ein Grundstück der Zwangsvollstreckung in das unbewegliche Vermögen[1].

2. Übersicht: Gang des Zwangsversteigerungsverfahrens

481 Der Gang des Zwangsversteigerungsverfahrens ist stark formalisiert. Das nachstehende Schaubild gibt eine Übersicht über den Gang des Verfahrens:

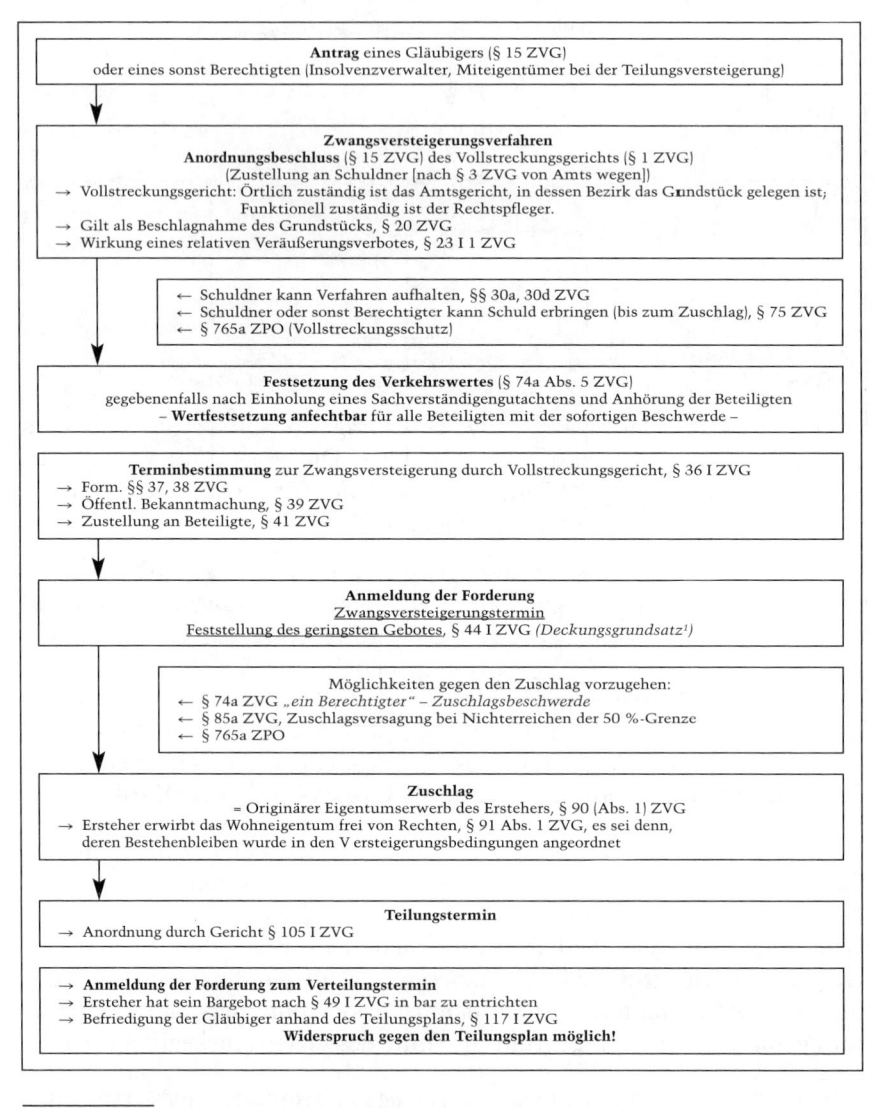

Antrag eines Gläubigers (§ 15 ZVG)
oder eines sonst Berechtigten (Insolvenzverwalter, Miteigentümer bei der Teilungsversteigerung)

↓

Zwangsversteigerungsverfahren
Anordnungsbeschluss (§ 15 ZVG) des Vollstreckungsgerichts (§ 1 ZVG)
(Zustellung an Schuldner [nach § 3 ZVG von Amts wegen])
→ Vollstreckungsgericht: Örtlich zuständig ist das Amtsgericht, in dessen Bezirk das Grundstück gelegen ist; Funktionell zuständig ist der Rechtspfleger.
→ Gilt als Beschlagnahme des Grundstücks, § 20 ZVG
→ Wirkung eines relativen Veräußerungsverbotes, § 23 I 1 ZVG

← Schuldner kann Verfahren aufhalten, §§ 30a, 30d ZVG
← Schuldner oder sonst Berechtigter kann Schuld erbringen (bis zum Zuschlag), § 75 ZVG
← § 765a ZPO (Vollstreckungsschutz)

↓

Festsetzung des Verkehrswertes (§ 74a Abs. 5 ZVG)
gegebenenfalls nach Einholung eines Sachverständigengutachtens und Anhörung der Beteiligten
– **Wertfestsetzung anfechtbar** für alle Beteiligten mit der sofortigen Beschwerde –

↓

Terminbestimmung zur Zwangsversteigerung durch Vollstreckungsgericht, § 36 I ZVG
→ Form. §§ 37, 38 ZVG
→ Öffentl. Bekanntmachung, § 39 ZVG
→ Zustellung an Beteiligte, § 41 ZVG

↓

Anmeldung der Forderung
Zwangsversteigerungstermin
Feststellung des geringsten Gebotes, § 44 I ZVG *(Deckungsgrundsatz[1])*

Möglichkeiten gegen den Zuschlag vorzugehen:
← § 74a ZVG „ein Berechtigter" – Zuschlagsbeschwerde
← § 85a ZVG, Zuschlagsversagung bei Nichterreichen der 50 %-Grenze
← § 765a ZPO

↓

Zuschlag
= Originärer Eigentumserwerb des Erstehers, § 90 (Abs. 1) ZVG
→ Ersteher erwirbt das Wohneigentum frei von Rechten, § 91 Abs. 1 ZVG, es sei denn, deren Bestehenbleiben wurde in den Versteigerungsbedingungen angeordnet

↓

Teilungstermin
→ Anordnung durch Gericht § 105 I ZVG

↓

→ **Anmeldung der Forderung zum Verteilungstermin**
→ Ersteher hat sein Bargebot nach § 49 I ZVG in bar zu entrichten
→ Befriedigung der Gläubiger anhand des Teilungsplans, § 117 I ZVG
Widerspruch gegen den Teilungsplan möglich!

---

1 Zöller/*Stöber*, ZPO, § 864 Rz. 1.

a) Antragserfordernis

Die Zwangsversteigerung wird niemals von Amts wegen, sondern immer nur auf **Antrag** angeordnet, § 15 ZVG. Zuständig ist bei dem Amtsgericht das Vollstreckungsgericht, in dessen Bezirk das Grundstück gelegen ist (§ 1 ZVG). Funktionell zuständig ist nach § 3 Nr. 1i RPflG der Rechtspfleger, dem die richterlichen Aufgaben in sämtlichen ZVG-Verfahren sowie in allen deren Verfahrensabschnitten übertragen sind. Dieser entscheidet selbständig und ist nur dem Gesetz unterworfen, § 9 RPflG.

482

Jeder Gläubiger, gleich ob er aus einem persönlichen oder aus einem dinglichen Titel berechtigt ist, kann den Antrag auf Zwangsversteigerung des Wohnungseigentums stellen. Er allein bestimmt Beginn, Art und Ausmaß des Vollstreckungszugriffs. Der Antrag auf Zwangsversteigerung unterliegt den allgemeinen Beschränkungen für Prozessanträge, er darf insbesondere nicht von einer Bedingung abhängig gemacht werden. Die Form des Antrages ist nicht vorgeschrieben, er kann daher auch mündlich oder telefonisch gestellt werden. Sichergestellt muss allerdings sein, dass der Antrag ernstlich gemeint ist. Dies ist grundsätzlich erst bei Einreichung der Vollstreckungsunterlagen anzunehmen.

483

Bei der **Auslegung** des Vollstreckungsantrages ist das Gericht an den Antrag des Gläubigers gebunden, dies folgt aus § 308 ZPO sowie der Tatsache, dass es sich bei dem Antrag auf Zwangsversteigerung um eine Prozesshandlung handelt. Den **Inhalt** des Antrages regelt § 16 ZVG, der als Ordnungsvorschrift („soll") ausgebildet ist. Die Verletzung der in § 16 Abs. 1 ZVG aufgestellten Formalien ist daher für die Wirksamkeit der Anordnung der Zwangsversteigerung ohne Einfluss[1].

484

Neben den besonderen Antragsvoraussetzungen des § 16 Abs. 1 ZVG müssen selbstverständlich die **allgemeinen Vollstreckungsvoraussetzungen**, nämlich Titel, Klausel und Zustellung vorliegen[2]. Daneben bestimmt § 16 Abs. 2 ZVG, dass die für den Beginn der Zwangsvollstreckung erforderlichen Urkunden dem Antrag beizufügen sind; dabei handelt es sich um etwaige Ergänzungsurkunden wie den Erbschein, die Vollmacht des Vertreters des Antragstellers und die Nachweise zur Glaubhaftmachung bisheriger Zwangsvollstreckungskosten; bei Zwangsvollstreckung gegen einen von mehreren Gesamtschuldnern ist der gegen diesen lautende Vollstreckungstitel dem Antrag beizufügen[3].

485

---

1 *Böttcher*, ZVG, §§ 15, 16 Rz. 8; RGZ 134, 56; *Steiner/Hagemann*, Zwangsversteigerung und Zwangsverwaltung, Rz. 21.
2 *Stöber*, § 15 Rz. 3.2.
3 Vgl. hierzu auch: *Stöber*, § 16 Rz. 4.2.

b) Eigentumsnachweis

486 Damit das Gericht auf einen Antrag nach § 16 ZVG hin die Zwangsversteigerung anordnet, verlangt § 17 ZVG, dass der im Antrag benannte Schuldner **Eigentümer** des Grundstückes oder Erbe des eingetragenen Eigentümers ist. Der **Nachweis**, dass der Schuldner Eigentümer des Grundstückes ist, kann dabei durch ein Zeugnis des Grundbuchamtes erfolgen[1]; gehören allerdings Vollstreckungsgericht und Grundbuchamt, wie regelmäßig demselben Amtsgericht an, so genügt die Bezugnahme auf das Grundbuch.

487 Nach § 17 Abs. 3 ZVG muss die Erbfolge durch Urkunden glaubhaft gemacht werden, soweit sie nicht bei dem Gericht offenkundig ist. Die Glaubhaftmachung erfolgt durch die Vorlage der Urkunden, wie sich aus § 17 Abs. 3 ZVG ergibt. Hierzu gehört in erster Linie der in Urschrift oder Ausfertigung vorzulegende Erbschein, der die widerlegbare Vermutung der Richtigkeit und Vollständigkeit seines Inhalts begründet (§ 2365 BGB). Genügen kann auch die Vorlage der Verfügung von Todes wegen, die in einer öffentlichen Urkunde enthalten ist, samt der Niederschrift über deren Eröffnung oder ein sonstiges Zeugnis, z.B. ein ausländisches, notarielles oder behördliches Zeugnis, notfalls in Verbindung mit einer eidesstattlichen Versicherung in Bezug auf die Echtheit der Urkunden. Andere Urkunden, insbesondere privatschriftliche Testamente, reichen zur Glaubhaftmachung der Erbfolge nur in absoluten Ausnahmefällen aus, da sie nicht wie der Erbschein die Rechtsvermutung ihrer Richtigkeit und Vollständigkeit begründen[2].

c) Die Rangklassen des § 10 ZVG

488 § 10 ZVG bildet die Grundlage aller Verfahren nach dem ZVG; er gilt unter anderem für die Berechnung des geringsten Gebots in der Versteigerung und für die Verteilung des Erlöses in der Zwangsversteigerung. Die Regelung ist zwingend und auch durch Vereinbarung der Beteiligten nicht abänderbar[3].

489 Die Rangordnung des § 10 ZVG bestimmt, dass jede folgende Klasse Nachrang nach der Vorausgehenden hat und erst dann Berücksichtigung findet, wenn sämtliche Ansprüche der vorausgehenden Rangklasse vollständig gedeckt sind. Für jeden Gläubiger ist es daher von ausschlaggebender Bedeutung, in welche Rangklasse seine Ansprüche einzuordnen sind. Je niedriger seine Rangklasse ist, desto höher sind die Chancen, dass er durch die Zwangsversteigerung Befriedigung aus dem Versteigerungserlös erlangt. Sind mehrere Ansprüche einer Rangklasse zugewie-

---
1 Dies hat durch einen beglaubigten Grundbuchauszug zu erfolgen.
2 *Stöber*, § 17 Rz. 4.2.
3 *Stöber*, § 10 Rz. 1.5.

sen, so werden die auf diese Rangklasse entfallenden Ansprüche nach dem Verhältnis ihrer Beträge berücksichtigt (§ 10 Abs. 1 ZVG).

In der Rangordnung des § 10 Abs. 1 ZVG nicht erwähnt sind die Kosten des Zwangsversteigerungsverfahrens. Die Verfahrenskosten sind immer vorrangig vor einer Verteilung auf die Rangklassen des § 10 Abs. 1 ZVG zu berücksichtigen[1], so dass von folgender Reihenfolge der Rechte auszugehen ist: 490

1. „Rangklasse 0"   Kosten des Zwangsversteigerungsverfahrens
2. Rangklasse 1   Vorschüsse im Zwangsverwaltungsverfahren
3. Rangklasse 1a   Feststellungskosten im Insolvenzverfahren, wenn ein Insolvenzverfahren über das Vermögen des Schuldners eröffnet ist, für die der Haftung unterfallenden beweglichen Gegenstände.
4. **Rangklasse 2**   **Begrenzte Ansprüche der Wohnungseigentümer und Rückgriffsansprüche einzelner Wohnungseigentümer**
5. Rangklasse 3   Öffentliche Grundstückslasten
6. Rangklasse 4   Dingliche Rechte
7. Rangklasse 5   Persönliche Ansprüche
8. Rangklasse 6   Relativ unwirksame dingliche Rechte
9. Rangklasse 7   Ältere Rückstände der Rangklasse 3
10. Rangklasse 8   Ältere Rückstände der Rangklasse 4

Bereits anhand dieser einfachen Übersicht wird deutlich, welche gravierenden Auswirkungen die Einführung des § 10 Abs. 1 Nr. 2 ZVG für die finanziellen Belange der Eigentümergemeinschaft im Zwangsversteigerungsverfahren hat. Ihren Ansprüchen gehen nur die Verfahrenskosten, die Vorschüsse in einem eventuell betriebenen Zwangsverwaltungsverfahren und die Feststellungskosten von 4 % des Wertes der der Haftung unterliegenden beweglichen Gegenstände der Immobilie in einem eventuell anhängigen Insolvenzverfahren gegen den Schuldner vor. 491

d) Das begrenzte Vorrecht des § 10 Abs. 1 Nr. 2 ZVG

§ 10 Abs. 1 Nr. 2 ZVG gewährt den Wohnungseigentümern nunmehr auch und gerade gegenüber den Grundpfandgläubigern ein Vorrecht für fällige Ansprüche gegen einen Miteigentümer auf Entrichtung der anteiligen Lasten und Kosten, anstelle der bisherigen Einordnung in Rangklasse 5 in Rangklasse 2 und damit vor den dinglichen Rechten insbesondere der Banken. 492

---

1 §§ 44 Abs. 1, 49 Abs. 1, 109 Abs.1 ZVG.

aa) Zeitliche Geltung

493 Die geänderte Vorschrift des § 10 Abs. 1 Nr. 2 ZVG ist nach § 62 Abs. 1 WEG auf alle nach dem 1. 7. 2007 bei Gericht anhängig geworden Zwangsversteigerungsverfahren anzuwenden. Anhängig wird ein Zwangsversteigerungsverfahren nach § 15 ZVG mit dem Eingang des Antrags bei Gericht. Daraus folgt zunächst, dass für alle **vor** dem 1. 7. 2007 anhängig gewordenen Zwangsversteigerungsverfahren das neue Vorrecht nicht zu berücksichtigen ist[1]. Andererseits ist in allen Verfahren, die **ab** dem 1. 7. 2007 anhängig geworden sind, das Vorrecht des § 10 Abs. 1 Nr. 2 ZVG für alle berücksichtigungsfähigen Rückstände des betroffenen Miteigentümers, auch soweit sie vor dem 1. 7. 2007 entstanden sind, gegeben [2].

bb) Berücksichtigungsfähige Ansprüche

494 Berücksichtigungsfähig sind in den ab 1. 7. 2007 anhängig gewordenen Verfahren nach § 10 Abs. 1 Nr. 2 Satz 2 ZVG die **laufenden Beträge und die rückständigen Beträge aus dem Jahr der Beschlagnahme und den letzten zwei Jahren** davor. Damit können in Verfahren, die zwischen dem 1. 7. und dem 31. 12. 2007 anhängig geworden sind, auch die Ansprüche im Rang des Vorrechts geltend gemacht werden, die in den Jahren 2005, 2006 und 2007 fällig geworden sind[3] und sich auf diesen Zeitraum beziehen. Ansprüche, die sich selbst bei Beschlussfassung innerhalb dieses Zeitrahmens auf einen davor liegenden Abrechnungszeitraum beziehen, sind hingegen nicht berücksichtigungsfähig[4].

495 Der Gesetzgeber hat sich in Zusammenhang mit laufenden und rückständigen Leistungen auf die Vorschrift des § 13 ZVG bezogen[5]. Nach dieser Vorschrift sind „laufende Beträge" des Hausgelds der letzte vor der Beschlagnahme fällig gewordene Betrag und der des Jahres, in dem die Beschlagnahme wirksam wurde, sowie die später fällig werdenden Beträge. Die zuvor fällig gewordenen Beträge sind danach „rückständig", wobei maximal zwei Jahre Berücksichtigung finden. Später fällig werdend sind damit alle Beträge, die ab der Anordnung des Zwangsversteigerungsverfahrens fällig werden zum Verteilungstermin. Diese müssen, damit sie bei der Verteilung berücksichtigt werden, gesondert vor dem Verteilungstermin angemeldet werden.

496 Dabei aber hat der Gesetzgeber wohl die Vorschrift des § 13 Abs. 4 Satz 2 ZVG übersehen. Wird betreffend eines Wohnungseigentums zuerst die

---
1 *Schneider*, ZfIR 2008, 161 (162); so auch: BGH, Beschl. v. 21. 2. 2008 – V ZB 123/07, MDR 2008, 588.
2 *Weis*, ZfIR 2007, 477 (481).
3 *Schneider*, ZfIR, 2008, 161 (162).
4 BT-Drs. 16/887, S. 45.
5 BT-Drs. 16/887, S. 45.

Zwangsverwaltung, dann die Zwangsversteigerung angeordnet und dauert die Zwangsverwaltung bis zur Beschlagnahme in der Zwangsversteigerung fort, so entscheidet auch für die Zwangsversteigerung der frühere Beschlagnahmezeitpunkt aus der Zwangsverwaltung. Tritt die Beschlagnahme in der Zwangsverwaltung[1] vor Jahresende ein, die der Zwangsversteigerung hingegen erst im neuen Jahr, so zieht dies für die Eigentümergemeinschaft erhebliche Vorteile nach sich, da für ein weiteres Jahr Ansprüche geltend gemacht werden können.

Der Gesetzgeber wollte in der Neuregelung des § 10 Abs. 1 Nr. 2 ZVG bei den Rückständen ausdrücklich auf das Kalenderjahr abstellen, damit die Jahresabrechnung, welche ebenfalls nach Kalenderjahren aufgestellt wird, und einen einheitlichen Betrag für das gesamte Kalenderjahr ausweist, direkt verwendet werden kann[2]. Damit aber hat er es in Kauf genommen, dass bei einer zuvor beantragten Zwangsverwaltung und der Wirksamkeit ihrer Beschlagnahme noch im Zeitpunkt der Beschlagnahme der Zwangsversteigerung, ein erheblich größerer Rückstand im Vorrecht geltend gemacht werden kann. Da die gleiche Situation auch dadurch hervorgerufen werden kann, dass das Eintragungsersuchen der Zwangsversteigerung oder die Zustellung des Anordnungsbeschlusses an den Schuldner noch im alten bzw. erst im neuen Jahr erfolgen, ist davon auszugehen, dass auch § 13 Abs. 4 Satz 2 ZVG zugunsten der Eigentümergemeinschaft anwendbar ist.

497

Die Wohltat des § 10 Abs. 1 Nr. 2 ZVG kommt nur für Ansprüche in Betracht, die aus dem **betreffenden Wohnungseigentum** herrühren (§ 10 Abs. 1 Nr. 2 Satz 1 ZVG spricht von den „daraus fälligen Ansprüchen"[3]). Es können also nur die Ansprüche im Rang des § 10 Abs. 1 Nr. 2 geltend gemacht werden, die sich auf das zu versteigernde Wohnungseigentum beziehen[4]. Ist der säumige Miteigentümer Eigentümer mehrerer Einheiten, so müssen die Ansprüche der Gemeinschaft in den jeweiligen Zwangsversteigerungsverfahren gesondert geltend gemacht werden.

498

Berücksichtigungsfähig sind zum einen die „**Beiträge zu den Lasten und Kosten des gemeinschaftlichen Eigentums oder des Sondereigentums, die nach den §§ 16 Abs. 2, 28 Abs. 2 und 5 WEG geschuldet werden**". Damit kann das Vorrecht des § 10 Abs. 1 Nr. 2 ZVG in Anspruch genom-

499

---

1 Durch Zustellung des die Zwangsverwaltung anordnenden Beschlusses an den Schuldner (§§ 22 Abs. 1, 27 Abs. 1, 146 Abs. 1 ZVG), Zugang des Eintragungsersuchens an das Grundbuchamt (§§ 22 Abs. 1, 146 Abs. 1 ZVG) oder durch Besitzerlangung durch den Zwangsverwalter (§ 151 Abs. 1 ZVG); der früheste Zeitpunkt ist entscheidend.
2 BT-Drs. 16/887, S. 45.
3 Nach *Köhler*, Das neue WEG, Rz. 730 soll der Zusatz „daraus" entbehrlich sein. Er dient allerdings der Eingrenzung der Beiträge auf das zu versteigernde Wohnungseigentum.
4 BT-Drs. 16/887, S. 45.

men werden für die Beiträge zu den Lasten und Kosten des Gemeinschaftseigentums und des Sondereigentums, soweit diese durch die Eigentümergemeinschaft abgerechnet werden und wirksam als Wirtschaftsplan, Sonderumlage oder Jahresabrechnung beschlossen wurden. Nicht umfasst sind lediglich Kosten des Sondereigentums, die durch Dritte gegenüber dem einzelnen Wohnungseigentümer abgerechnet werden[1].

500 Erfasst sind alle Ansprüche auf Tragung der Kosten des gemeinschaftlichen Eigentums wie beispielsweise Versicherungen, Anliegerbeiträge, Müllabfuhrgebühren und Straßenreinigungskosten und die Kosten der Instandhaltung und Instandsetzung, der sonstigen Verwaltung und des gemeinschaftlichen Gebrauchs des Gemeinschaftseigentums, wie Kosten der Heizung, der Wasserversorgung, des Allgemeinstroms, des Schornsteinfegers, des Hausmeisters, der Kontoführung[2], Beiträge zur Instandhaltungsrücklage oder zur Finanzierung eines Gerichtsprozesses[3].

501 Zum anderen sind die in der Praxis eher seltenen **Rückgriffsansprüche** einzelner Wohnungseigentümer gegen den Schuldner berücksichtigungsfähig. In der Gesetzesbegründung[4] findet sich insoweit der Hinweis auf eine Zweiergemeinschaft, in der kein Verwalter bestellt ist und in der wegen des gesetzlichen Kopfprinzips in § 25 Abs. 2 Satz 1 WEG keine Mehrheitsbeschlüsse möglich sind. In diesen Gemeinschaften muss dann einer der Wohnungseigentümer im Außenverhältnis in Vorlage treten und soll dementsprechend ebenfalls mit seinen daraus resultierenden Ansprüchen das Vorrecht in Anspruch nehmen können. Gleiches dürfte für den Fall gelten, dass ein Wohnungseigentümer eine Verbindlichkeit der Gemeinschaft im Wege der Notgeschäftsführung über seinen Haftungsanteil hinaus tilgt, um eine Einstellung etwa der Versorgung zu verhindern. Wegen des sich gegenüber dem Eigentümer, dessen Wohnungseigentum Gegenstand des Zwangsversteigerungsverfahrens ist, ergebenden anteiligen Anspruchs auf Aufwendungsersatz ist der vorleistende Eigentümer ebenfalls bevorrechtigt[5].

cc) Anspruchsinhaber

502 Zur Anmeldung ihrer Forderungen berechtigt sind ausschließlich die Eigentümergemeinschaft, diese ggf. handelnd durch den Verwalter des gemeinschaftlichen Eigentums, oder in dem Fall, dass ein einzelner Wohnungseigentümer Rückgriffsansprüche geltend macht, dieser selbst.

---

1 BT-Drs. 16/887, S. 44.
2 *Böhringer/Hintzen*, Rpfleger 2007, 356 (357 f.).
3 Niedenführ/Kümmel/*Vandenhouten-Kümmel*, Teil III B ZVG, S. 987 f., Rz. 65.
4 BT-Drs. 16/887, S. 44.
5 Niedenführ/Kümmel/*Vandenhouten-Kümmel*, Teil III B ZVG, S. 988, Rz. 66.

dd) Fälligkeit

Die im Vorrecht anzumeldenden Ansprüche müssen fällig sein. Die Voraussetzung der **Fälligkeit** ist nur zum Zweck der Klarstellung eingefügt worden und soll sicherstellen, dass keine Leistungen erfasst werden, über die die Eigentümergemeinschaft noch nicht beschlossen hat[1].

503

Berücksichtigung im Vorrecht erlangen die fälligen Beträge wiederkehrender Leistungen nur bis zum Zeitpunkt des Zuschlags, ab diesem Zeitpunkt trägt der Ersteher nach § 56 Abs. 2 ZVG die anfallenden Lasten.

504

ee) Umfang des Vorrechts

Das Vorrecht ist **nach oben** auf nicht mehr als 5 % des nach § 74a Abs. 5 ZVG festgesetzten Verkehrswertes begrenzt. Von dem Vorrecht umfasst werden nicht nur der eigentliche Anspruch, sondern auch eventuelle Nebenansprüche wie Zinsen und Kosten, auch die der Rechtsverfolgung, zusammen aber niemals mehr als 5 % des Verkehrswertes.

505

Der Verkehrswert allerdings ist zu Beginn des Versteigerungsverfahrens überhaupt nicht bekannt; er wird erst im Gang des Versteigerungsverfahrens regelmäßig auf der Grundlage eines von einem Sachverständigen erstellten Verkehrswertgutachtens durch das Gericht festgesetzt. Es stellt sich damit die Frage, wie denn Ansprüche im Vorrecht des § 10 Abs. 1 Nr. 2 ZVG geltend gemacht werden können, wenn deren Höchstbetrag noch überhaupt nicht feststeht, weil die Verkehrswertfestsetzung erst viel später im Lauf des Zwangsversteigerungsverfahrens erfolgt. Gerichtliche Entscheidungen zu dieser Fragestellung liegen bislang nicht vor. Zu empfehlen ist einstweilen, dass die Anspruchsbegrenzung durch abstrakten Hinweis[2] auf den Umfang des Vorrechts in der Anmeldung vorgenommen wird und zugleich die Erklärung des Einverständnisses dahin gehend, dass nach bestandskräftiger Wertfestsetzung ein eventuell die 5%-Grenze überschreitender Teil der Forderung in Rangklasse 5 des § 10 Abs. 1 ZVG eingeordnet wird[3].

506

Wegen der unmittelbaren Auswirkung auf ihre Rechtsposition muss die Eigentümergemeinschaft daran interessiert sein, dass der Verkehrswert so hoch wie möglich festgesetzt wird, um eine Ausschöpfung des Höchstrahmens des § 10 Abs. 1 Nr. 2 ZVG zu vermeiden. Viel stärker als bislang ist daher das Sachverständigengutachten im Rahmen der gerichtlichen Anhörung zu würdigen und Einwände umgehend geltend zu machen. Nötigenfalls ist die Anfechtung des Beschlusses des Gerichts über die Wertfestsetzung mit der sofortigen Beschwerde des § 74a Abs. 5

507

---

1 BT-Drs. 16/887, S. 45.
2 S. das nachstehend unter Rz. 521 abgedruckte Musterschreiben.
3 *Schneider*, ZfIR 2008, 161 (162).

Satz 1 ZVG in Betracht zu ziehen. Eine Anfechtung des Zuschlagsbeschlusses mit der Begründung, dass der Grundstückswert unrichtig festgesetzt sei, ist ausdrücklich ausgeschlossen[1]. Eine umgehende dezidierte Stellungnahme im Rahmen der Anhörung zu dem Sachverständigengutachten und der beabsichtigten Festsetzung des Verkehrswertes ist damit unumgänglich, wenn aufgrund von Zweifeln an den Sachverständigengutachten aber Aussichten bestehen, dass der Verkehrswert zu niedrig ermittelt wurde.

ff) Einzureichende Unterlagen

508 Ansprüche werden im Zwangsversteigerungsverfahren nur dann berücksichtigt, wenn sie sich entweder aus dem Grundbuch zum Zeitpunkt der Eintragung des Zwangsversteigerungsvermerks ergeben oder rechtzeitig angemeldet wurden. Für den Fall, dass ein Gläubiger der Feststellung der Rechte widerspricht, sind sie glaubhaft zu machen (§ 45 Abs. 1 ZVG).

509 Durch die WEG-Novelle wurde in § 45 ZVG ein neuer Absatz 3 eingefügt. Danach sind Ansprüche der Wohnungseigentümer, die im Rang des § 10 Abs. 1 Nr. 2 ZVG angemeldet werden, bereits bei der Anmeldung **immer glaubhaft** zu machen. Das Erfordernis der sofortigen Glaubhaftmachung wird damit begründet, dass ein Missbrauch bei einer, für die übrigen Verfahrensbeteiligten nicht ohne weiteres nachvollziehbaren Anmeldung und im Interesse der Verfahrensbeschleunigung Widersprüche anderer Beteiligter verhindert werden sollen[2].

510 Abstand genommen hat der Gesetzgeber von der Erwägung, die Glaubhaftmachung durch beglaubigte Abschriften über die gefassten Beschlüsse zu fordern, weil dann nahezu jede Beschlussfassung einer Gemeinschaft in finanzieller Hinsicht schon aus Vorsichtsgründen der Beglaubigung bedurft hätte[3].

511 Damit kann die Glaubhaftmachung durch einen eventuell bereits vorliegenden Titel gegen den säumigen Eigentümer[4] oder durch die Niederschrift der betreffenden Beschlüsse der Eigentümergemeinschaft einschließlich ihrer Anlagen erfolgen, § 45 Abs. 3 Satz 1 ZVG. Zusätzlich eröffnet die Vorschrift die Möglichkeit, dass die Glaubhaftmachung auch „in sonst geeigneter Weise" erfolgen kann. Die Glaubhaftmachung erfolgt dabei nach § 294 ZPO, also mit allen Beweismitteln und mit der eidesstattlichen Versicherung[5].

---

1 § 74a Abs. 5 Satz 4 ZVG.
2 BT-Drs. 16/887, S. 46.
3 BT-Drs. 16/887, S. 46.
4 Neben Urteilen und Beschlüssen kommen insoweit auch Vollstreckungsbescheide und Urkunden, in denen sich der Schuldner der sofortigen Zwangsvollstreckung nach § 794 Abs. 1 Nr. 5 ZPO unterworfen hat, in Betracht.
5 *Stöber*, § 45 Rz. 4.2.

Die einzureichenden Unterlagen müssen die Zahlungspflicht, die Art 512
und den Bezugszeitraum des Anspruchs und seine Fälligkeit ergeben
(§ 45 Abs. 3 Satz 2 ZVG). Damit soll der Rechtspfleger in die Lage versetzt werden zu prüfen, ob die geltend gemachten Beträge auch tatsächlich der Rangklasse 2 des § 10 Abs. 1 ZVG unterfallen[1].

Hat der Rechtspfleger Zweifel an der hinreichenden Glaubhaftmachung, 513
so hat er die Eigentümergemeinschaft von Amts wegen[2] zur Nachbesserung aufzufordern. Bleiben auch danach noch Zweifel bei dem Rechtspfleger bestehen, so wird er den Anspruch nicht in das geringste Gebot aufnehmen. Rechtsmittel gegen die Nichtaufnahme in das geringste Gebot bestehen ebenso wenig, wie Rechtsmittel von nachrangigen Gläubigern gegen die Aufnahme, da es sich bei der Entscheidung über die Aufnahme oder Nichtaufnahme in das geringste Gebot um eine unselbständige Zwischenentscheidung zur Vorbereitung des Zuschlags handelt[3],
§ 95 ZVG.

Sollte der Rechtspfleger damit den Anspruch der Eigentümergemein- 514
schaft nicht in das geringste Gebot aufnehmen, muss der Zuschlag selbst
wegen unrichtiger Feststellung des geringsten Gebots angefochten werden[4]. § 83 Nr. 1 ZVG besagt, dass der Zuschlag zu versagen ist, wenn unter anderem eine der Vorschriften über die Feststellung des geringsten
Gebots verletzt ist.

Auch im späteren Verlauf des Zwangsversteigerungsverfahrens kann 515
noch nach § 115 ZVG gegen den Teilungsplan Widerspruch mit der Folge
eingelegt werden[5], dass der streitige Betrag zu hinterlegen ist.

gg) Zeitpunkt der Anmeldungen

Anzumelden sind die Ansprüche der Gemeinschaft, wenn diese das Ver- 516
fahren nicht selbst beantragt hat, im Verfahrensgang **zwei Mal**, zunächst
zur Berücksichtigung im geringsten Gebot. Erforderlich ist im weiteren
Verfahrensgang vor dem Verteilungstermin nochmals eine Anmeldung
um die seit Anordnung des Zwangsversteigerungsverfahrens fällig gewordenen laufenden Beträge mitzuteilen. Dies beruht auf folgender gesetzlichen Regelung:

Der Verteilung der Teilungsmasse aus dem Vermögen des Schuldners 517
dient der Teilungsplan. Nach § 114 Abs. 1 Satz 1 ZVG sind in ihn die
Ansprüche aufzunehmen, die sich aus dem Grundbuch ergeben, andere

---

1 BT-Drucks. 16/887, S. 46.
2 *Stöber*, Rz. 399e.
3 *Stöber*, § 44 Rz. 10.
4 *Stöber*, § 45 Rz. 8.
5 *Stöber*, Rz. 399f.

Ansprüche aber nur dann, wenn sie **spätestens** im Verteilungstermin angemeldet werden[1].

518 Letzter Zeitpunkt für die Anmeldung zum eigentlichen Zwangsversteigerungsverfahren zur **Berücksichtigung im geringsten Gebot** ist der Versteigerungstermin und dort unmittelbar vor der Aufforderung des Gerichts zur Abgabe von Geboten, § 37 Nr. 4 ZVG. Es empfiehlt sich allerdings, dass die Ansprüche unmittelbar nach Bekanntwerden des Zwangsversteigerungsverfahrens angemeldet werden, da sonst die gesamte Prüfung der Anmeldung auf ihre Zulassung zur Feststellung zum geringsten Gebot im Termin erfolgen muss und sich dadurch die Wahrscheinlichkeit von Widersprüchen von anderen Beteiligten nur unnötig erhöht, außerdem werden im Termin selbst eventuelle Beanstandungen des Gerichts nur selten unmittelbar auszuräumen sein.

hh) Praktische Auswirkung der Gesetzesänderung

519 Der Beispielsfall sei dahin gehend abgewandelt, dass die B-Bank im August 2007 das Zwangsversteigerungsverfahren beantragt, der Zwangsversteigerungsvermerk wird am 20. 8. 2007 in das Grundbuch eingetragen.

Die Eigentümergemeinschaft meldet zu dem Versteigerungstermin am 15. 12. 2007 die fälligen Wohngeldansprüche in Höhe von 5 000 Euro an.

Das geringste Gebot errechnet sich nunmehr wie folgt:

1.	Bestehen bleibende Rechte:	Keine, da der bestrangige Gläubiger betreibt.
2.	Mindestgebot:	
	2.1. Verfahrenskosten (angenommen):	3 000 Euro
	2.2. Rückständige Hausgeldforderungen:	5 000 Euro
	Der angemeldete Betrag von 5 000 Euro liegt innerhalb der 5 %-Grenze (5 % von 110 000 Euro = 5 500 Euro).	
	2.3. Öffentliche Lasten:	1 000 Euro
		9 000 Euro

Der Zuschlag kann nach § 85a ZVG erst bei einem Gebot von mindestens 5/10 des Verkehrswertes, also 55 000 Euro erfolgen. Wirtschaftlich betrachtet kann ein Bieter das Objekt im Verkehrswert von 110 000 Euro zu 55 000 Euro erwerben, so dass davon auszugehen ist, dass entsprechende Gebote abgegeben werden.

520 Bereits bei einem Gebot von 55 000 Euro erlangt aber die Eigentümergemeinschaft vollständige Befriedigung, da ihrem Anspruch im Beispielsfall nur die Verfahrenskosten vorangehen.

---

1 Zum Verfahren im Einzelnen siehe unten Rz. 612 ff.

ii) Muster einer Forderungsanmeldung zum Zwangsversteigerungsverfahren

An das

Amtsgericht

Zwangsversteigerungen

In dem Zwangsversteigerungsverfahren
der B-Bank
gegen
den Miteigentümer S.

Aktenzeichen: 65 K 200/08

zeige ich hiermit die Vertretung der Eigentümergemeinschaft A-Str. an. Ich melde hiermit in dem Zwangsversteigerungsverfahren im Rang des § 10 Abs. 1 Nr. 2 ZVG den nachfolgenden Anspruch an:

... Euro rückständige Leistungen aus dem bestandskräftig beschlossenen Wirtschaftsplan für das Jahr ... fortlaufend bis zum Zuschlag in der Zwangsversteigerung,

... Euro Abrechnungsfehlbetrag aus der Wohngeldabrechnung des Jahres ...

... Euro anteilige Sonderumlage aus dem Beschluss über die Erhebung einer Sonderumlage in der Eigentümerversammlung vom ... sowie

... Euro Kosten meiner Inanspruchnahme

... Euro laufende Wohngeldforderungen in Höhe von derzeit ... Euro monatlich. Diese sind vorstehend geltend gemacht bis zum ..., zwei Wochen nach dem Versteigerungstermin.

Ich begrenze die Anmeldung bereits heute auf 5 % des von dem Gericht festzusetzenden Verkehrswertes und ersuche darum, dass mir das in Auftrag zu gebende Verkehrswertgutachten nach Eingang bei Gericht umgehend zur Stellungnahme zugeleitet wird. Weiterhin erkläre ich bereits heute mein Einverständnis damit, dass ein eventuell die 5%-ige Höchstgrenze übersteigender Teil der Gesamtforderung nach bestandskräftiger Verkehrswertfestsetzung im Rang des § 10 Abs. 1 Nr. 5 ZVG geltend gemacht wird.

Zum Zweck der Glaubhaftmachung überreiche ich das Protokoll der Eigentümerversammlung vom ... zu Tagesordnungspunkt ... mit dem Beschluss über den Wirtschaftsplan des Jahres .... nebst dem Einzelwirtschaftsplan betreffend der zur Zwangsversteigerung stehenden Einheit, das Protokoll der Eigentümerversammlung vom ... zu Tagesordnungspunkt ... mit dem Beschluss über die Abrechnung des Jahres ... nebst der Einzelabrechnung betreffend der zur Zwangsversteigerung stehenden Einheit, das Protokoll der Eigentümerversammlung vom ... zu Tagesordnungspunkt ... mit dem

Beschluss über die Erhebung einer Sonderumlage und das Aufforderungsschreiben des WEG-Verwalters an den Vollstreckungsschuldner vom ... sowie schließlich meine Gebührenrechnung vom ...

Rechtsanwalt

Anlagen

e) Eigentümergemeinschaft als betreibender Gläubiger

522 Bisher konnte bereits die Eigentümergemeinschaft gegen den säumigen Miteigentümer aufgrund erlangter Zahlungstitel auch selbst das Zwangsversteigerungsverfahren betreiben. In der Praxis aber hat diese Möglichkeit so gut wie keine Rolle gespielt, da regelmäßig den Ansprüchen der Eigentümergemeinschaft vorhergehende Ansprüche anderer Gläubiger vorhanden waren und damit keinerlei Zahlung auf die ausstehenden Forderungen erwartet und erlangt werden konnte. Von dem eigenständigen Zwangsversteigerungsverfahren der Eigentümergemeinschaft gegen den säumigen Zahler wurde daher nur in Ausnahmefällen als letztes Mittel Gebrauch gemacht, um den säumigen Miteigentümer „endlich los zu werden."

523 Das neu eingeführte Vorrecht des § 10 Abs. 1 Nr. 2 ZVG soll es der Eigentümergemeinschaft nun auch ermöglichen, dass sie mit Aussicht auf finanziellen Erfolg gegen den säumigen Miteigentümer vorgeht, ohne dass sie darauf warten muss, dass ein sonstiger Gläubiger des Miteigentümers das Zwangsversteigerungsverfahren betreibt[1].

524 Neben den zuvor im Einzelnen beschriebenen Voraussetzungen[2] müssen bei einem von der Eigentümergemeinschaft beantragten eigenständigen Zwangsversteigerungsverfahren **zusätzlich** diejenigen des § 10 Abs. 3 ZVG erfüllt sein.

aa) Mindestbetrag der Forderung

525 Wesentlich schwieriger noch als die Eingrenzung des Höchstbetrages der Forderung nach § 10 Abs. 1 Nr. 2 ZVG gestaltet sich die Frage, wann denn der **Mindestbetrag** des § 10 Abs. 3 Satz 1 ZVG erreicht ist. Die im Rang des § 10 Abs. 1 Nr. 2 ZVG geltend gemachten Beträge dürfen nicht nur die 5 % des festgesetzten Verkehrswertes nicht überschreiten, sondern müssen mindestens dem Verzugsbetrag des § 18 Abs. 2 Nr. 2 WEG erreichen, also 3 % des steuerlichen Einheitswertes der betroffenen Wohnung. Mit dieser Bestimmung soll verhindert werden, dass ein Wer-

---
1 BT-Drs. 16/887, S. 43.
2 Vgl. vorstehend Rz. 494 ff.

tungswiderspruch zu dem Entziehungsverfahren nach § 18 WEG auftritt[1].

Für den Fall, dass die Eigentümergemeinschaft selbst das Zwangsversteigerungsverfahren betreibt, wird sie sich vor die Schwierigkeit gestellt sehen, dass sie diese besondere Vollstreckungsvoraussetzung darzutun hat, dass die von ihr geltend gemachte Forderung 3 % des steuerlichen Einheitswerts übersteigt. Kenntnis von dem steuerlichen Einheitswert haben aber nur der säumige Miteigentümer selbst und die Bewertungsstelle des zuständigen Finanzamtes. Der säumige Miteigentümer wird kaum bereit sein, der gegen ihn vollstreckenden Eigentümergemeinschaft auch noch bei der Erfüllung der sie allein treffenden Nachweispflicht gegenüber dem Vollstreckungsgericht behilflich zu sein. Ein zwangsweise durchsetzbarer Anspruch der Gemeinschaft gegen den betreffenden Miteigentümer auf Herausgabe des Einheitswertbescheids oder nur Mitteilung des Einheitswerts steht der Eigentümergemeinschaft weder nach dem WEG noch nach dem ZVG zu.

525

Als Erkenntnismöglichkeit verbleibt damit nur die Bewertungsstelle des zuständigen Finanzamtes. Nach gängiger Praxis der Finanzverwaltung erteilt diese unter Hinweis auf das von ihr zu wahrende Steuergeheimnis (§ 30 AO) weder in den Verfahren nach § 18 WEG noch unter Hinweis auf § 10 Abs. 3 Satz 1 ZVG Auskünfte. § 30 Abs. 4 Nr. 2 AO bestimmt insoweit unmissverständlich, dass Auskünfte nur zulässig sind, wenn sie durch Gesetz ausdrücklich zugelassen sind. Zwar setzt § 10 Abs. 3 Satz 1 ZVG die Kenntnis von dem steuerlichen Einheitswert voraus, eine ausdrückliche Zulassung der Auskunftserteilung beinhaltet die Vorschrift allerdings nicht. Sehr wohl aber kann das Versteigerungsgericht bei dem entsprechenden Finanzamt die erforderliche Auskunft einholen. Für den Fall nämlich, dass der Einheitswert nicht nachgewiesen wird, ermächtigt § 54 Abs. 1 Satz 4 GKG das Gericht zur Auskunftseinholung; ausdrücklich bestimmt in dieser Norm ist, dass § 30 AO der Auskunftserteilung nicht entgegenstehe.

526

Das Bundesjustizministerium[2] hat insoweit eingeräumt, dass viel dafür spreche, in diesem Dilemma gesetzgeberisch tätig zu werden. Derzeit empfiehlt das Bundesjustizministerium, dass auf Vergleichswohnungen zurückgegriffen werde, außerdem sei die Grenze mit 3 % des Einheitswerts so niedrig festgesetzt, dass der aufgelaufene Verzugsbetrag in nahezu allen Fällen die Grenze wesentlich überschreite; „auf den genauen Einheitswert kommt es dann nicht mehr an". Vor einer derart pauschalisierten Betrachtung kann nur gewarnt werden, wenn die Eigentümergemeinschaft erfolgreich und kostenbewusst vorgehen will; diese Argu-

---
1 BT-Drs. 16/887, S. 45.
2 http://www.immobilienverwalter-nrw.de/portals/0/pdf/Schreiben_des_BMJ_20-1 1-2007.pdf.

mentation findet im Gesetz keinerlei Stütze. Das Zwangsversteigerungsverfahren ist im Interesse der reibungslosen Verfahrensabwicklung stark formalisiert; der Gläubiger selbst hat die Verfahrensvoraussetzungen darzutun und nachzuweisen. Es verbleibt damit nur die Möglichkeit, dass bis zum möglichen Erlass einer entsprechenden gesetzlichen Vorschrift mit dem zuständigen Rechtspfleger des Versteigerungsgerichts bereits vor Einreichung des Versteigerungsantrags Verbindung aufgenommen wird, um festzustellen, ob dieser sich der Ansicht des Bundesjustizministeriums anschließt und den Nachweis des Einheitswertes von Vergleichswohnungen oder gar die „Geringfügigkeitsargumentation" zum Nachweis der Erfüllung der besonderen Verfahrensvoraussetzung ausreichen lässt[1]. Ohne entsprechende vorherige Absprache riskiert die Eigentümergemeinschaft sonst die kostenpflichtige Zurückweisung des Vollstreckungsantrags.

527 Derzeit können nur folgende Ausweichmöglichkeiten aufgezeigt, und als Argumentationsgrundlage für ein Gespräch mit dem Rechtspfleger empfohlen werden:

(a) Vereinzelt haben Gerichte Einheitswertmitteilungen von demnächst zur Versteigerung gelangenden Wohnungen an WEG-Verwalter herausgegeben[2], damit diese im Weg des Vergleichs die Anspruchsvoraussetzung des § 10 Abs. 3 Satz 1 ZVG nachweisen konnten. Dabei wird allerdings das Steuergeheimnis des betreffenden dritten Wohnungseigentümers massiv verletzt.

(b) Die Vorlage des Einheitswertbescheids eines Miteigentümers in der gleichen Wohnanlage kann in Betracht gezogen werden, falls dessen Wohnung nach Größe, Lage und Zuschnitt vergleichbar ist[3]. Diese Lösung beruht auf einer entsprechenden Anwendung des § 10 Abs. 3 Satz 3 ZVG mit der Möglichkeit der Glaubhaftmachung für Art, Bezugszeitraum und Fälligkeit des Anspruchs, soweit sich dieser nicht aus dem Titel selbst ergibt. § 10 Abs. 3 Satz 1 ZVG hingegen verlangt den vollen Nachweis und gestattet lediglich hinsichtlich der Art und des Bezugszeitraums des Anspruchs sowie seiner Fälligkeit die Glaubhaftmachung in geeigneter Weise, wenn sie sich aus dem Titel nicht ergeben.

(c) Zu denken wäre daran, dass das Gericht die Entscheidung über den Versteigerungsantrag solange zurückstellt, bis die seitens des Gerichts eingeholte Auskunft über den steuerlichen Einheitswert vorliegt. Bedenken bestehen insoweit als die Auskunftseinholung durch

---

1 Viel spricht dafür, dass in dem stark formalisierten und formstrengen Zwangsversteigerungsverfahren derartige Argumente eher auf Unverständnis stoßen werden.
2 *Schneider*, ZfIR 2008, 161 (163).
3 Für diese Lösung: *Böhringer/Hintzen*, Rpfleger 2007, 356 (358 f.).

das Gericht bei dem Finanzamt nicht nur ein anhängiges, sondern ein in Gang gesetztes Versteigerungsverfahren voraussetzt[1]. Zum anderen treten die Beschlagnahmewirkungen erst mit Anordnung der Zwangsversteigerung und Eingang des Eintragungsersuchens bei dem Grundbuchamt oder der Zustellung des Anordnungsbeschlusses an den Schuldner ein. Die zeitlichen Nachteile dadurch, dass Forderungen wegen Verfristung nicht mehr im Rang des § 10 Abs. 1 Nr. 2 ZVG geltend gemacht werden können, hat allein die Eigentümergemeinschaft zu tragen, jedenfalls zu Jahresende dürfte ein solches Vorgehen von vornherein ausscheiden.

(d) Weiter besteht die Möglichkeit, dass die Ansprüche der Gemeinschaft zunächst im Rang des § 10 Abs. 1 Nr. 5 ZVG als persönliche Ansprüche geltend gemacht werden. Nach Vorliegen des Einheitswertes kann dann in die Rangklasse 2 umgewechselt werden, was einige Gerichte derzeit durch klarstellenden Beschluss zulassen. Sollte das Gericht hingegen ein Umwechseln nicht zulassen, muss wegen der gleichen Forderung dem eigenen Verfahren dann in der Rangklasse 2 beigetreten werden[2].

Der BGH[3] hat zu dieser Streitfrage bereits Stellung genommen und sich der Ansicht angeschlossen, dass die Eigentümergemeinschaft den steuerlichen Einheitswert konkret nachzuweisen habe. Es handele sich um eine Vollstreckungsvoraussetzung, die wie die übrigen Vollstreckungsvoraussetzungen nach § 16 Abs. 3 ZVG urkundlich nachzuweisen sei. Dies sei unter anderem deshalb zu fordern, weil die Wertgrenze des § 10 Abs. 3 Satz 3 ZVG nicht nur einen Wertungswiderspruch zum Entziehungsverfahren vermeide, sondern auch der Versteigerung von Wohnungseigentum wegen Bagatellforderungen entgegenwirke solle. Da die steuerliche Bewertung des Wohnungseigentums nicht zu einheitlichen Ergebnissen führen müsse, wäre es von zufälligen Umständen abhängig, ob die Wertgrenze des § 10 Abs. 3 Satz 3 ZVG erreicht werde, was dazu führe, dass auch mangels Aufklärbarkeit im Zwangsversteigerungsverfahren sich die Zulassung der Vorlage von Einheitswertbescheiden von vergleichbaren Wohnungen verbiete. Im Übrigen fehlt es nach Ansicht des BGH an einer Gesetzeslücke. Die Eigentümergemeinschaft – so der BGH weiter – könne jederzeit die Durchführung des Zwangsversteigerungsverfahrens aus der Rangklasse 5 beantragen und dann nach Vorlage des Einheitswertbescheides im Rahmen der Amtsermittlungen des Zwangsversteigerungsgerichts dem eigenen Verfahren in der Rangklasse 2 beitreten.

528

---
1 *Schneider*, ZfIR 2008, 161 (163).
2 Muster eines derartigen Beitrittsantrags nachstehend bei Rz. 549.
3 BGH, Beschl. v. 17. 4. 2008 – V ZB 13/08 = MietRB 2008, 206.

529 Der BGH übersieht allerdings in seiner Argumentation, dass seine Lösung mit Kosten verbunden ist, die das Vorrecht der Eigentümergemeinschaft schmälern, da die Kosten auch im Rang des § 10 Abs. 1 Nr. 2 ZVG geltend zu machen sind. Durch die Zulassung des Beitritts zum eigenen Verfahren wird nicht nur eine zusätzliche Gerichtsgebühr der Nr. 2210 GKG-KV in Höhe von Euro 50,00 ausgelöst[1]; sondern auch die Eigentümergemeinschaft zur besonders sorgfältigen Überwachung des Verfahrensablaufs des Zwangsversteigerungsverfahren gezwungen. Die Einholung der Auskunft über den steuerlichen Einheitswert durch das Gericht ist genauestens zu verfolgen, um gravierende Rechtsnachteile zu vermeiden. Es bleibt daher zu hoffen, dass nicht aufgrund dieser Entscheidung des BGH das Bundesministerium der Justiz die schon zugestandene Überarbeitungsbedürftigkeit der Regelung wieder fallen lässt, sondern kurzfristig die vom Gesetzgeber gewollte Privilegierung der Ansprüche der Eigentümergemeinschaft durch Modifizierung der Auskunftsberechtigung der Finanzverwaltung auch vollendet.

530 Bis zum Inkrafttreten einer solchen Regelung ist allerdings entsprechend der Vorgaben des Beschlusses des BGH zu verfahren. In dem nachfolgenden Muster[2] ist die Rechtslage nach dem Entscheid des BGH berücksichtigt durch zunächst Beantragung des Zwangsversteigerungsverfahrens in der Rangklasse 5 und nachfolgend den Beitritt zu diesem Verfahren in Rangklasse 2, sobald der steuerliche Einheitswert bekanntgegeben ist.

bb) Nachweis der Forderung

531 Während die Geltendmachung des Anspruchs der Eigentümergemeinschaft in einem durch Dritte betriebenen Zwangsversteigerungsverfahren hinsichtlich der anzumeldenden Ansprüche nach § 45 Abs. 3 ZVG die Vorlage der Niederschriften der Beschlüsse genügen lässt, setzt § 10 Abs. 3 Satz 2 ZVG bei einem durch die Eigentümergemeinschaft beantragten eigenständigen Zwangsversteigerungsverfahren die Vorlage eines (Zahlungs-)Titels voraus, aus dem die Verpflichtung des Schuldners zur Zahlung, die Art und der Bezugszeitraum des Anspruchs sowie seine Fälligkeit zu erkennen sind. Ein Duldungstitel, mit dem der säumige Miteigentümer wegen der zuvor gerichtlich festgestellten Zahlungspflicht zur Duldung der Zwangsvollstreckung in seinen Grundbesitz verurteilt wird, ist nicht erforderlich[3].

532 Die Titulierung des Zahlungsanspruchs kann sich ergeben aus einem Vollstreckungsbescheid, einem Urteil oder nach alter Rechtslage noch ergangenen Beschluss oder aus einer in Entsprechung des § 794 Abs. 1

---

1 Vgl. im Einzelnen nachstehend zu V.6.a)aa) bei Rz. 677.
2 Vgl. nachstehend zu V.2.e) gg) bei Rz. 548.
3 BT-Drs. 16/887, S. 46.

Nr. 5 ZPO errichteten Urkunde. Gerade im Mahnverfahren kann durch die Aufnahme in den Hauptforderungskatalog die entsprechende Forderungsart kenntlich gemacht werden. Dabei sind auch die Fälligkeitstermine im Hinblick auf die Regelung des § 10 Abs. 3 Satz 2 ZVG gleich bei Beantragung des Mahnbescheides mit anzugeben.

Bei den nach §§ 313a Abs. 1, 2 und 313b ZPO ergangenen Urteilen ergibt sich zwar die Verpflichtung des Schuldners zur Zahlung unmittelbar aus dem Titel, nicht aber die Art und der Bezugszeitraum des Anspruchs und seine Fälligkeit. Für diesen Fall sieht § 10 Abs. 3 Satz 3 ZVG vor, dass diese Voraussetzungen in sonst geeigneter Weise glaubhaft zu machen sind. In Betracht kommt dabei insbesondere die Vorlage einer Abschrift des Klageschriftsatzes[1]. 533

cc) Nichterreichen der Höchstgrenze des § 10 Abs. 1 Nr. 2 Satz 3 ZVG

Wegen der zugegebenermaßen geringen steuerlichen Einheitswerte werden die Eigentümergemeinschaften in die Lage versetzt, schon wegen verhältnismäßig geringer titulierter Ansprüche das Zwangsversteigerungsverfahren gegen den säumigen Miteigentümer zu betreiben. Angenommen sei eine Eigentumswohnung mit einem später festgesetzten Verkehrswert von Euro 150 000,00 und einem später ermittelten steuerlichen Einheitswert von 15 000 Euro. Die Gemeinschaft kann damit das Zwangsversteigerungsverfahren gegen den säumigen Miteigentümer bereits bei Vorliegen eines Zahlungstitels über 450 Euro (3 % von 15 000 Euro) betreiben; das Vorrecht des § 10 Abs. 1 Nr. 2 ZVG würde Ansprüche von 7 500 Euro (5 % von 150 000 Euro) privilegieren. Weiterhin sei anzunehmen, dass der säumige Miteigentümer auch die weiterhin fällig werdenden Hausgeldzahlungen nicht leistet. 534

Die Gemeinschaft wäre damit gezwungen, die nachträglich fällig werdenden Ansprüche „nachzutitulieren", um diesen den Vorrang des § 10 Abs. 1 Nr. 2 ZVG zugutekommen zu lassen[2]. Anders als bei umfänglich titulierten Grundschuldansprüchen findet ausdrücklich keine Erstreckung des Vorrechts auf alle nach der letzten Fälligkeit vor der Beschlagnahme fällig werdender Wohngeldansprüche statt[3]. In Betracht zu ziehen ist insoweit, dass bereits bei der Titulierung der rückständigen Wohngeldforderung zugleich auch die Titulierung der zukünftig fällig werdenden Leistungen auf der Grundlage des derzeit gültigen Wirtschaftsplans durch entsprechenden Antrag auf Verurteilung zu zukünftiger Leistung nach § 257 ZPO beantragt wird. Regelmäßig ist eine entsprechende Verurteilung aber nur zu erreichen, wenn der betreffende Miteigentümer bereits in der Vergangenheit mehrfach säumig gewesen ist. 535

---
1 BT-Drs. 16/887, S. 46.
2 So: *Derleder*, ZWE 2008, 13 (17).
3 *Schneider*, ZfIR 2008, 161 (164 f.).

536 Als **Ausweg** bietet sich folgende Überlegung an:

In dem ZVG findet sich keine Bestimmung, die besagen würde, dass ein Gläubiger wegen sämtlicher Ansprüche in einer Rangklasse die Zwangsversteigerung einheitlich betreiben muss[1]. Damit kann die Wohnungseigentümergemeinschaft die während des Zwangsversteigerungsverfahrens fällig werdenden und noch nicht titulierten Wohngeldforderungen im laufenden Verfahren unter Berücksichtigung des Höchstbetrages in der Rangklasse des § 10 Abs. 1 Nr. 2 ZVG nachträglich noch anmelden[2], und damit in das von ihr selbst angestrengte Verfahren einbeziehen. § 45 Abs. 3 Satz 1 ZVG ebenso wie § 114 Abs. 1 Satz 1 ZVG lassen diese Anmeldung unter erleichterten Voraussetzungen zu.

dd) Unterschreiten der Mindestgrenze im Verfahrensverlauf

537 Der regelmäßig geringe Betrag der Mindestforderung der Eigentümergemeinschaft mag auf den säumigen Wohnungseigentümer verlockend wirken, so könnte er beispielsweise nach Anordnung des Zwangsversteigerungsverfahrens einen so gewählten Betrag zahlen, damit die Mindestgrenze des § 10 Abs. 3 Satz 1 ZVG unterschritten wird. Damit aber wäre die Möglichkeit für ein Betreiben des Zwangsversteigerungsverfahrens aus dem Vorrang des § 10 Abs. 1 Nr. 2 ZVG genommen, die verbliebene Restforderung wäre im Rang des § 10 Abs. 1 Nr. 5 ZVG zu berücksichtigen.

538 Eine Regelung hierzu enthalten die neu gefassten Vorschriften des ZVG nicht; Ausführungen im Regierungsentwurf zum Gesetz zur Änderung des Wohnungseigentumsgesetzes und anderer Gesetze[3] finden sich nicht. Für den Bereich des Entziehungsverfahrens nach dem WEG bestimmt aber § 19 Abs. 2 WEG seit jeher, dass der betroffene Miteigentümer die Wirkungen des Entziehungsurteils nach § 19 Abs. 1 WEG nur dadurch abwenden kann, dass er die Verpflichtungen, wegen deren Nichterfüllung er verurteilt ist, einschließlich der Verpflichtung zum Ersatz der durch den Rechtsstreit und das Versteigerungsverfahren entstandenen Kosten, sowie die weiteren fälligen Verpflichtungen zur Kosten- und Lastentragung vollständig bis zum Versteigerungstermin erfüllt.

539 Der Gesetzgeber hat zur Begründung der Einführung der Mindestgrenze des § 10 Abs. 3 Satz 1 ZVG auf die Bestimmungen des Entziehungsverfahrens ausdrücklich auf die Vorschriften des § 18 Abs. 2 Nr. 2 WEG Bezug genommen[4]. Wenn er aber einen Gleichlauf zwischen dem Entziehungsverfahren und dem eigenständigen Zwangsversteigerungsverfahren

---

1 *Schneider*, ZfIR 2008, 161 (164).
2 *Stöber*, Rz. 399h.
3 BT-Drs. 16/887, S. 45.
4 BT-Drs. 16/887, S. 45.

der Gemeinschaft erreichen will, dann ist es sachgerecht, dass hinsichtlich des Absinkens der Forderung unter die Mindestgrenze die Wertungen des Entziehungsverfahrens herangezogen werden[1]. Damit kann der säumige Miteigentümer das einmal eingeleitete Zwangsversteigerungsverfahren nur durch vollständigen Ausgleich der titulierten Forderung, der Kosten des Zwangsversteigerungsverfahrens und der bis zum Zahlungszeitpunkt fälligen weiteren Verpflichtungen zur Kosten- und Lastentragung noch zu Fall bringen.

ee) Ablösung der Wohnungseigentümergemeinschaft durch andere Gläubiger

Der Gesetzgeber hat durchaus erkannt, dass er durch Schaffung des Vorrechts des § 10 Abs. 1 Nr. 2 ZVG massiv in die Rechte anderer Gläubiger eingreift[2]. Überraschenderweise wurde die Regelung im Gesetzgebungsverfahren durch die von ihr besonderes betroffenen Gläubiger gerade die Banken, nicht angegriffen[3]. 540

Nachrangig gesicherte Gläubiger können im Zuge der Versteigerung des Wohnungseigentums durch die Eigentümergemeinschaft ihre gesicherte Rechtsposition verlieren, dies ist insbesondere für die Kreditgeber des säumigen Miteigentümers ein schwerer Einschnitt; zu denken ist in diesem Zusammenhang aber auch an einen etwaigen Mieter des betroffenen Miteigentümers, dem als Folge des Zuschlags im Versteigerungsverfahren der Verlust seines Besitzrechts droht. 541

§ 268 BGB gewährt daher jedem, der Gefahr läuft durch eine Zwangsvollstreckungsmaßnahme ein Recht an einem Gegenstand zu verlieren (Grundpfandgläubiger) und dem Besitzer einer Sache, der durch Vollstreckungsmaßnahme Gefahr läuft, den Besitz zu verlieren (Mieter), ein Recht zur Befriedigung des Gläubigers. Dieses Recht besteht selbstverständlich auch in einem Zwangsversteigerungsverfahren, § 75 ZVG. Die das Zwangsversteigerungsverfahren betreibende Eigentümergemeinschaft kann ihre Ablösung nicht verhindern, der betroffene Miteigentümer kann sie durch einen Widerspruch nicht behindern[4]. Möglich ist die Ablösung jederzeit bis zur Verkündung des Zuschlags[5]. Mit der Ablösung geht die der Eigentümergemeinschaft zustehende Forderung mit allen Nebenrechten[6] auf den Ablösenden über. Der Ablösende erlangt die seitherige Rechtsstellung der Eigentümergemeinschaft und rückt zugleich 542

---

1 *Bräuer/Oppitz*, ZWE 2007, 326, 329; *Derleder*, ZWE 2008, 13 (15); *Schneider*, ZfIR 2008, 161 (164).
2 BT-Drs. 16/887, S. 44.
3 *Köhler*, Rz. 729.
4 *Stöber*, § 15 Rz. 20.1.
5 *Stöber*, § 15 Rz. 20.18.
6 Palandt/*Heinrichs*, § 268 Rz. 6.

auch in die Rangklasse 2 des § 10 Abs. 1 Nr. 2 ZVG ein[1]. Zwar ist weder im WEG noch im ZVG ausdrücklich bestimmt, dass der Ablösende auch im Fall des Versteigerungsverfahrens durch die Eigentümergemeinschaft in die Rangklasse 2 einrücke; bereits das Reichsgericht[2] hatte aber entschieden, dass ein Gläubiger der eine öffentliche Grundstückslast der Rangklasse 3 ablöst, mit der Ablösung auch die Rangklasse 3 erwerbe. Maßgeblich ist insoweit allein, dass auch das Recht der Eigentümergemeinschaft auf den Rang der Rangklasse 2 an deren Forderung und nicht an ihre Person oder Funktion gebunden ist[3].

543 Was auf den ersten Blick unproblematisch und im Interesse der Eigentümergemeinschaft eher erfreulich erscheint, kann dann zu erheblichen Schwierigkeiten führen, wenn der betroffene Miteigentümer nach der Ablösung weiterhin seine Zahlungsverpflichtungen gegenüber der Eigentümergemeinschaft nicht erfüllt. Es sind zwei Fälle denkbar, nämlich einerseits, dass das von der Eigentümergemeinschaft beantragte Zwangsversteigerungsverfahren noch fortdauert und andererseits, dass das ursprüngliche Zwangsversteigerungsverfahren ohne Zuschlagserteilung beendet wurde.

544 Ist das ursprüngliche Zwangsversteigerungsverfahren noch **nicht beendet**, so kann selbstverständlich die Eigentümergemeinschaft diesem Verfahren aufgrund eines titulierten Anspruchs, der mindestens 3 % des steuerlichen Einheitswerts übersteigt, wieder beitreten oder ihre neue Forderung anmelden. Der Gläubiger, der die Eigentümergemeinschaft zuvor abgelöst hat, hat aber nach dem oben Gesagten bezüglich der abgelösten Forderung in deren Höhe das Vorrecht des § 10 Abs. 1 Nr. 2 ZVG erlangt. Da der Gesamtbetrag des Forderungshöchstbetrages von 5 % des Verkehrswertes nicht aufgestockt werden kann[4], kann die Eigentümergemeinschaft mit ihrer neuen Forderung nur noch in Höhe des Differenzbetrages zwischen dem abgelösten Betrag und der Höchstgrenze den Rang 2 beanspruchen[5]. Der eventuell verbleibende Restbetrag der Forderung der Eigentümergemeinschaft kann nur in der Rangklasse 5 angemeldet werden. Diese auf den ersten Blick unangemessen erscheinende Aussage ist durchaus berechtigt, bedenkt man, dass die Eigentümergemeinschaft auch ohne erfolgte Ablösung maximal eine Forderung in Höhe von 5 % des Verkehrswertes hätte im Rang 2 geltend machen können.

545 Sollte neben dem ablösenden Gläubiger und der Eigentümergemeinschaft, diese in Höhe von maximal des in Rangklasse 2 noch zur Ver-

---

1 *Schneider*, ZfIR 2008, 161 (165).
2 RGZ 135, 25.
3 *Schneider*, ZfIR 2008, 161 (165).
4 *Schneider*, ZfIR 2008, 161 (165).
5 *Derleder*, ZMR 2008, 13 (16).

fügung stehenden Betrages, auch noch ein zum Rückgriff berechtigter Miteigentümer seine Rechte in der Rangklasse 2 geltend machen, so verdoppelt sich nicht etwa die Höchstgrenze. § 10 Abs. 1 Nr. 2 Satz 1 ZVG stellt klar, dass die Ansprüche der Eigentümergemeinschaft und des rückgriffsberechtigten Miteigentümers gleichen Rang haben. Bei Ranggleichheit sind nach § 10 Abs. 1 Satz 1, 2. Halbsatz ZVG die Rechte nach dem Verhältnis ihrer Beträge zu berücksichtigen.

Wenn das Zwangsversteigerungsverfahren hingegen nach Ablösung der Forderung der Eigentümergemeinschaft ohne Zuschlagserteilung **beendet** wurde, so sind bei einem späteren Verfahren die Voraussetzungen des § 10 Abs. 1 Nr. 2 ZVG auch erneut zu prüfen. Dem ablösenden Gläubiger stehen zwar auch in einem neuen Verfahren seine Rechte unter Einschluss des erworbenen Rangs zu, ob die abgelöste ursprüngliche Forderung der Eigentümergemeinschaft dann allerdings noch die zeitlichen Vorgaben des § 10 Abs. 1 Nr. 2 Satz 2 ZVG erfüllt, ist Frage des Einzelfalls. Jedenfalls haben in diesem neuen Verfahren die Forderungen des ablösenden Gläubigers und die Neuforderung der Eigentümergemeinschaft gleichen Rang bis zur Höchstgrenze von 5 % des Verkehrswertes der Wohnung und sind nach dem Verhältnis ihrer Beträge zu berücksichtigen. 546

ff) Praktische Auswirkungen

Im Beispielsfall beantragt die Eigentümergemeinschaft im August 2007 wegen der titulierten Hausgeldansprüche der Jahre 2005 und 2006 das Zwangsversteigerungsverfahren aus der neuen Rangklasse 2. Der Zwangsversteigerungsvermerk wird am 20. 8. 2007 in das Grundbuch eingetragen. 547

Der Antrag der Eigentümergemeinschaft ist zulässig, da sie aus einem titulierten Anspruch betreibt, die geltend gemachten Ansprüche die laufenden (2006) und rückständigen (2005) Beträge betreffen, die Mindestgrenze von 3 % des steuerlichen Einheitswerts (3 % von 10 000 Euro = 300 Euro) übersteigen und die Höchstgrenze von 5 % des Verkehrswertes (5 % von 110 000 Euro = 5 500 Euro) nicht übersteigen und damit insgesamt in Rangklasse 2 Berücksichtigung finden.

Das geringste Gebot errechnet sich wie folgt:
1. Bestehen bleibende Rechte: Keine, es betreibt der bestrangige Gläubiger
2. Mindestgebot
2.1. Verfahrenskosten (angenommen): 3 000 Euro

Erneut kann wegen der 5/10-Grenze der § 85a ZVG der Zuschlag erst bei einem Gebot von 55 000 Euro erteilt werden. Bereits bei einem solchen Gebot wird aber die Forderung der Eigentümergemeinschaft voll erfüllt, ihr gehen nur die Ansprüche hinsichtlich der Verfahrenskosten bei der Verteilung im Rang vor.

gg) Muster eines eigenständigen Versteigerungsantrags

Muster entsprechend BGH vom 17. 4. 2008, V ZB 13/08

548 **1. Schritt**: Antrag auf Anordnung der Zwangsversteigerung

An das

Amtsgericht/Vollstreckungsgericht

Zwangsversteigerungsantrag

Hiermit zeige ich an, dass die Eigentümergemeinschaft A-Str. anwaltlich durch mich vertreten wird. Meiner Mandantschaft stehen aus dem anliegend beigefügten Titel des Amtsgerichts in A-Stadt vom ... zu Aktenzeichen ... folgende Ansprüche zu:

... Euro rückständige Wohngeldforderungen aus dem Zeitraum vom ... bis ...

... Euro Abrechnungsfehlbetrag aus der Wohngeldabrechnung ...

... Euro Kosten meiner Inanspruchnahme

... Euro laufende Wohngeldforderungen in Höhe von derzeit ... Euro monatlich. Dieses sind vorstehend geltend gemacht bis zum ..., zwei Wochen nach dem Versteigerungstermins.

Der Schuldner ist als Wohnungseigentümer auf dem Grundstück ... in ..., ...-Straße im Wohnungsbuch von ... Bd. ... Bl. ... eingetragen. Einen (beglaubigten) Grundbuchauszug übergebe ich als Anlage (*bzw. Bezugnahme auf Grundbuch ausreichend, sofern dieses beim gleichen Gericht geführt wird*).

Aufgrund der **vorgenannten Ansprüche** der Wohnungseigentümergemeinschaft beantrage ich namens und mit Vollmacht des Gläubigers, die Zwangsversteigerung dieses Wohnungseigentums anzuordnen, zunächst im Rang des § 10 Abs. 1 Nr. 5 ZVG.

Die Antragstellerin beabsichtigt die Rechtsverfolgung in der Rangklasse 2 des § 10 Abs. 1 ZVG. Den entsprechenden Antrag kann sie derzeit nicht stellen, da ihr der steuerliche Einheitswert des zu versteigernden Wohnungseigentums nicht bekannt ist. Das Gericht wird daher ausdrücklich darum ersucht, dass es alsbald nach § 54 Abs. 1 Satz 4 GKG das zuständige Finanzamt um Vorlage des steuerlichen Einheitswertbescheids ersucht und diesen sodann umgehend den Antragstellern mitteilt. Diese werden nach Vorlage des steuerlichen Einheitswertbescheides bei Erreichen der Mindestgrenze des § 10 Abs. 3 Satz 3 ZVG den Beitritt zu dem hiermit beantragten Zwangsversteigerungsverfahren in der Rangklasse 2 des § 10 Abs. 1 ZVG beantragen (vgl. BGH v. 17. 4. 2008 – V ZB 13/08).

Rechtsanwalt

Anlagen

> **Muster entsprechend BGH vom 17. 4. 2008, V ZB 13/08**
>
> **2. Schritt**: Antrag auf Beitritt zum Zwangsversteigerungsverfahren
>
> An das
>
> Amtsgericht/Vollstreckungsgericht
>
> **Antrag auf Zulassung des Beitritts**
>
> In dem Zwangsversteigerungsverfahren
>
> der Eigentümergemeinschaft A-Str.
>
> gegen
>
> den Miteigentümer S
>
> – Aktenzeichen –
>
> hat das Gericht aufgrund diesseitigen Antrags vom … das Zwangsversteigerungsverfahren angeordnet. Nachdem inzwischen der steuerliche Einheitswert des zu versteigernden Wohnungseigentums mit … Euro ermittelt worden ist, **beantrage** ich hiermit wegen der bereits in der Antragsschrift vom … im Einzelnen aufgeführten Forderung die Zulassung des Beitritts zum Zwangsversteigerungsverfahren im Rang des **§ 10 Abs. 1 Nr. 2 ZVG**. Die geltend gemachte Forderung beträgt mehr als 3 % des steuerlichen Einheitswertes.
>
> Für die Forderung meiner Mandantschaft nehme ich nunmehr das Vorrecht des § 10 Abs. 1 Nr. 2 ZVG in Anspruch, begrenzt auf 5 % des von dem Gericht noch festzusetzenden Verkehrswertes. Ich begrenze den Beitritt bereits heute auf 5 % des von dem Gericht festzusetzenden Verkehrswertes und ersuche darum, dass mir das in Auftrag zu gebende Verkehrswertgutachten nach Eingang bei Gericht umgehend zur Stellungnahme zugeleitet wird. Weiterhin erkläre ich bereits heute mein Einverständnis damit, dass ein eventuell die 5%ige Höchstgrenze übersteigender Teil der Gesamtforderung nach bestandskräftiger Verkehrswertfestsetzung allein im Rang des § 10 Abs. 1 Nr. 5 ZVG geltend gemacht wird.
>
> Rechtsanwalt

hh) Der Beitritt zu bereits angeordneten Zwangsversteigerungsverfahren

Verfügt die Eigentümergemeinschaft bereits über einen Titel und ist ein Zwangsversteigerungsverfahren anhängig, dann steht ihr neben der Möglichkeit der Anmeldung ihrer Forderung in dem von dem Dritten betriebenen Zwangsversteigerungsverfahren auch die Möglichkeit des **Beitritts** zum Zwangsversteigerungsverfahren offen.

§ 27 Abs. 1 Satz 1 ZVG bestimmt, dass bei Stellung eines weiteren Zwangsversteigerungsantrags nach Anordnung eines Zwangsversteigerungsverfahrens statt des Erlasses eines neuerlichen Zwangsversteigerungsbeschlusses der Beitritt des Antragstellers zu dem bereits angeordneten Zwangsversteigerungsverfahren zugelassen wird. Da für ein zweites Zwangsvollstreckungsverfahren über den gleichen Gegenstand kein Raum ist, hat der Gesetzgeber in allen Zwangsversteigerungsverfahren mit Ausnahme der Insolvenzverwalterversteigerung den Beitritt weiterer Gläubiger zu dem bereits angeordneten Verfahren vorgesehen[1].

552 Für die Eigentümergemeinschaft kann es überlegenswert sein, dass sie statt der Anmeldung ihrer Forderung in einem anhängigen Zwangsversteigerungsverfahren diesem Verfahren beitritt, es also selbst mit betreibt. Dies vor dem Hintergrund, dass der betreibende Gläubiger und der Schuldner sich jederzeit über die Beendigung des Verfahrens abstimmen und durch Antragsrücknahme das Verfahren beenden können, ohne dass die Eigentümergemeinschaft in diesem Fall wegen ihrer Ansprüche befriedigt wird. Tritt sie hingegen dem Versteigerungsverfahren bei, hat sie dieselben Rechte, wie wenn auf ihren Antrag hin die Versteigerung angeordnet worden wäre, § 27 Abs. 2 ZVG. Will der Schuldner die Versteigerung seines Miteigentumsanteils verhindern, muss er nach zugelassenem Beitritt der Eigentümergemeinschaft auch mit dieser eine Regelung über die bestehenden Verbindlichkeiten finden.

553 Zulässig ist der Antrag auf Beitritt zum Zwangsversteigerungsverfahren nach dessen Anordnung bis zum Schluss der Versteigerung[2]. Erfolgt der Beitrittsantrag nach Erteilung des Zuschlags, so kann er nur auflösend bedingt zugelassen werden. Wird der Zuschlag rechtskräftig, ist der (bedingte) Beitritt rückwirkend unwirksam, sonst bleibt er voll wirksam. Zu empfehlen ist, dass möglichst frühzeitig der Antrag auf Zulassung des Beitritts gestellt wird, um frühzeitig die vollen Rechte des das Verfahren betreibenden Gläubigers in Anspruch nehmen zu können.

554 Erforderlich ist ein entsprechender Antrag eines Gläubigers auf Zulassung des Beitritts, wobei auch der schon betreibende Gläubiger diesen Antrag stellen kann[3], um beispielsweise seine Rechte auch aus einer anderen Rangklasse geltend zu machen. Für den Antrag gelten die gleichen Voraussetzungen wie für den eigentlichen Zwangsversteigerungsantrag[4]. Tritt ein Gläubiger einem Versteigerungsverfahren bei, nachdem bereits der Verkehrswert festgesetzt worden ist, ist ihm der Beschluss über die Verkehrswertfestsetzung zuzustellen. Selbst wenn die Verkehrswertfestsetzung gegenüber den anderen Beteiligten gegenüber bereits rechtskräf-

---

1 Stöber, § 27 Rz. 1.1.
2 Nach § 73 Abs. 2 ZBG somit bis zur Verkündung des letzten Gebots und dem Schluss der Versteigerung.
3 Stöber, § 27 Rz. 3.1.
4 Vgl. hierzu vorstehend unter bei Rz. 522 ff.

tig geworden ist, kann der Beitretende den Beschluss mit dem Rechtsmittel des § 74a Abs. 5 ZVG anfechten[1].

Hinzuweisen ist allerdings darauf, dass für den Beitritt ebenso wie für die Anordnung des Zwangsversteigerungsverfahrens eine Gebühr in Höhe von Euro 50,00 erhoben wird[2] und für die weiteren Gerichtskosten des Versteigerungsverfahren neben dem Schuldner auch die Antragsteller haften, während bei einer bloßen Anmeldung zu einem von einem Dritten Gläubiger betriebenen Zwangsversteigerungsverfahren keine Gerichtskosten anfallen. Der Vorteil, dass der Gang des Zwangsversteigerungsverfahrens mit bestimmt werden kann und verfahrensbeendende Absprachen ohne Einbeziehung der Eigentümergemeinschaft nicht möglich sind, macht dies aber sicherlich wett.

555

Muster eines Antrags auf Zulassung des Beitritts zu einem bereits anhängig gewordenen Zwangsversteigerungsverfahren

Amtsgericht/Vollstreckungsgericht

556

Beitrittsantrag

In dem Zwangsversteigerungsverfahren

der A-Bank

gegen

den Miteigentümber B

– 62 K 500/08 –

zeige ich an, dass die Eigentümergemeinschaft A-Str. anwaltlich durch mich vertreten wird. Meiner Mandantschaft stehen aus dem anliegend beigefügten Titel des Amtsgerichts in A-Stadt vom ... zu Aktenzeichen ... folgende Ansprüche zu:

... Euro rückständige Wohngeldforderungen aus dem Zeitraum vom – bis –

... Euro Abrechnungsfehlbetrag aus der Wohngeldabrechnung – –

... Euro Kosten meiner Inanspruchnahme

... Euro laufende Wohngeldforderungen in Höhe von derzeit ... Euro monatlich. Dieses sind vorstehend geltend gemacht bis zum ..., zwei Wochen nach dem Versteigerungstermins.

Aufgrund der **vorgenannten Ansprüche** der Wohnungseigentümergemeinschaft beantrage ich namens und mit Vollmacht des Gläubigers, den Beitritt

---

1 Stöber, § 27 Rz. 9.2.
2 GKG-KostVerz Nr. 2210.

aus dem Rang des § 10 Abs. 1 Nr. 2 ZVG zu dem bereits anhängigen Zwangsversteigerungsverfahren zuzulassen.

Für die Forderung meiner Mandantschaft nehme ich das Vorrecht des § 10 Abs. 1 Nr. 2 ZVG in Anspruch, begrenzt auf 5 % des von dem Gericht noch festzusetzenden Verkehrswertes. Ich begrenze die Anmeldung bereits heute auf 5 % des von dem Gericht festzusetzenden Verkehrswertes und ersuche darum, dass mir das in Auftrag zu gebende Verkehrswertgutachten nach Eingang bei Gericht umgehend zur Stellungnahme zugeleitet wird. Weiterhin erkläre ich bereits heute mein Einverständnis damit, dass ein eventuell die 5%-ige Höchstgrenze übersteigender Teil der Gesamtforderung nach bestandskräftiger Verkehrswertfestsetzung im Rang des § 10 Abs. 1 Nr. 5 ZVG geltend gemacht wird.

Rechtsanwalt

Anlagen

ii) Verhältnis zum Entziehungsverfahren nach § 18 WEG

557 Theoretisch kann die Eigentümergemeinschaft anstelle der Beantragung eines eigenständigen Zwangsversteigerungsverfahrens auch die Entziehung des Wohnungseigentums nach § 18 WEG betreiben. Ganz abgesehen davon, dass die Voraussetzungen des Entziehungsverfahrens wesentlich schwerer zu erfüllen sind[1], sollen die Ansprüche der Eigentümergemeinschaft in dem Einziehungsverfahren in der Rangklasse des § 10 Abs. 1 Nr. 5 ZVG zu befriedigen sein[2] und wären damit nachrangig zu grundbuchlich gesicherten Forderungen, die Inanspruchnahme der Rangklasse 2 ist nicht vorgesehen. Die Gemeinschaft würde drei Ränge verlieren.

558 Hiergegen ist zu Recht Kritik geäußert worden[3]. Tatsächlich scheint der Gesetzgeber die Funktion des § 10 Abs. 1 ZVG vollkommen falsch interpretiert zu haben. Nach Ansicht des Gesetzgebers[4] soll das Urteil, durch welches der Wohnungseigentümer zur Veräußerung seines Wohneigentums verurteilt wird, ein zur Zwangsversteigerung geeigneter Titel sein, der deshalb in der Rangklasse 5 vollstreckt werden könne, weil in dieser Rangklasse „alle Ansprüche der betreibenden Gläubiger, soweit sie nicht in einer der vorhergehenden Klassen zu befriedigen sind"[5], beinhaltet seien. Persönliche Forderungen an den Grundstückseigentümer, die kein Recht auf Befriedigung aus dem Grundstück beinhalten, sind jedenfalls

---

1 Zu den Voraussetzungen im Einzelnen vgl. *Köhler*, Rz. 269 ff.
2 BT-Drs. 16/887, S. 26.
3 Jennißen/*Heinemann*, § 19 Rz. 29.
4 BT-Drs. 16/887, S. 26.
5 BT-Drs. 16/887, S. 26.

nach bisherigem Rechtsverständnis überhaupt nicht rangfähig[1]. Das Entziehungsurteil aber gewährt keine wie auch immer geartete Befriedigung aus dem Grundstück, sondern verpflichtet den Wohnungseigentümer zur Veräußerung seines Wohnungseigentums. § 10 Abs. 1 Satz 1 ZVG aber wurde im Rahmen der WEG-Novelle nicht geändert; berücksichtigungsfähig sind daher weiter nur Ansprüche auf Befriedigung aus dem Grundstück.

Die Geltendmachung rückständiger Zahlungen im Wege des eigenständigen Zwangsversteigerungsverfahrens unter Ausnutzung des Vorrechts des § 10 Abs. 1 Nr. 2 ZVG wird daher immer, jedenfalls bis zur obergerichtlichen Klärung der von dem Gesetzgeber angenommenen Einordnung des Entziehungsanspruchs in Rangklasse 5, dem Einziehungsverfahren vorzuziehen sein.

f) Bestehenbleiben von Rechten

Der Gesetzgeber sah sich veranlasst in Zusammenhang mit den Änderungen in §§ 10 Abs. 1 Nr. 2, Abs. 3, 45 ZVG auch die Vorschrift des § 52 ZVG zu ergänzen. § 52 ZVG regelt, unter welchen Bedingungen Rechte im Grundbuch trotz Zuschlags bestehen bleiben. Grundsätzlich erlöschen mit dem Zuschlag in der Zwangsversteigerung die dem betreibenden Recht nachgehenden Rechte (§ 52 Abs. 1 Satz 2 ZVG), und zwar nicht nur Grundpfandrechte, sondern auch Dienstbarkeiten, die auf dem Grundstück als Ganzes lasten und Geh- und Fahrrechte, Leitungsrechte, Bebauungsverbote u. ä. zum Inhalt haben können. Wird aber bezüglich von Wohnungseigentum eine derartige Dienstbarkeit auch nur auf einem einzigen Wohnungsgrundbuch gelöscht, so muss sie bei allen anderen Wohnungseigentumsblättern ebenfalls als inhaltlich unzulässig gelöscht werden[2]. In der Praxis wird sich dadurch beholfen, dass auf Antrag eines Beteiligten abweichende Versteigerungsbedingungen vereinbart werden, die das Bestehenbleiben des Rechts vorsehen.

Der Gesetzgeber hat allerdings die Gefahr gesehen, dass bei der anzunehmenden Vielzahl von Versteigerungsverfahren, die aus dem Rang 2 betrieben werden, der Gang der Versteigerungsverfahren durch die notwendige Abstimmung unter den Beteiligten über das Bestehenbleiben der Dienstbarkeiten erheblich behindert würde[3]. Er hat daher in § 52 Abs. 2b) ZVG bestimmt, dass Dienstbarkeiten, die auf dem Grundstück als Ganzem lasten, dann bestehen bleiben, wenn mit dem Rang des § 10 Abs. 1 Nr. 2 ZVG in ein Wohnungseigentum vollstreckt wird, und der Dienstbarkeit kein anderes Recht der Rangklasse 4 vorgeht, aus dem die Versteigerung betrieben werden kann.

---
1 *Stöber*, § 10 Rz. 1.3.
2 OLG Frankfurt/Main, Beschl. v. 15. 1. 1979 – 6 W 160/78, Rpfleger 1979, 149.
3 BT-Drs. 16/887, S. 47.

g) Antragsrücknahme/Einstellung der Zwangsversteigerung

562 Dem Gläubiger steht es frei, seinen **Antrag** jederzeit **zurückzunehmen** (§ 29 ZVG) oder die Einstellung des Verfahrens zu bewilligen, allerdings nur unter der Einschränkung, dass dies bei einer dritten Einstellung wegen § 30 Abs. 1 Satz 3 ZVG als Rücknahme des Versteigerungsantrages zu bewerten ist.

563 Die Einstellung ermöglicht einen zeitlich befristeten Stillstand des Versteigerungsverfahrens. Da das Verfahren nur unterbrochen wird, Beschlagnahmewirkung und Versteigerungsvermerk bestehen bleiben und auch die laufenden Beträge wiederkehrender Leistungen weiter anwachsen, so dass sich die Rangstellung anderer Beteiligter verschlechtern kann, ist nur ein zweimalige Einstellung durch denselben Gläubiger zulässig.

564 Anzuordnen ist die Einstellung durch Beschluss. Betreiben mehrere Gläubiger das Zwangsversteigerungsverfahren, so kann zwar jeder von ihnen die Einstellung unabhängig von den anderen Gläubigern bewilligen, durch die Einstellung für einen Gläubiger wird der Fortgang des Verfahrens für die anderen Gläubiger nicht berührt. Würde allerdings die Eigentümergemeinschaft die Einstellung bewilligen, nicht hingegen ein anderer Gläubiger, so würden die Recht der Eigentümergemeinschaft nicht mehr in Rangklasse 2, sondern nur noch in Rangklasse 5 zu berücksichtigen sein[1].

Muster

565 Antrag auf Einstellung der Zwangsversteigerung – Gläubigerantrag

An das

Amtsgericht/Vollstreckungsgericht

Einstellungsantrag

In der Zwangsversteigerungssache

A ./. B

beantrage ich namens und in Vollmacht des Gläubigers die einstweilige Einstellung des Versteigerungsverfahrens.

Hierzu nehme ich Bezug auf die Einstellungsbewilligung des Gläubigers vom ...

Rechtsanwalt

---

1 *Stöber*, Handbuch, Rz. 188.

Muster

Antrag auf Einstellung der Zwangsversteigerung – Schuldnerantrag   566

An das

Amtsgericht/Vollstreckungsgericht

Einstellungsantrag

In der Zwangsversteigerungssache

A. /. B

beantrage ich namens und in Vollmacht des Schuldners, das am ... angeordnete Versteigerungsverfahren einstweilen bis zum ... einzustellen.

Begründung:

(z. B. die Aussicht, die Versteigerung vermeiden zu können [z. B. durch eigenhändigen Verkauf])

Rechtsanwalt

h) Mehrere Schuldner

Ist der Schuldner Eigentümer **mehrerer Wohnungs- und/oder Teileigentumseinheiten**, die bei demselben Gericht geführt werden, so kann die Versteigerung mehrerer Wohnungs- und/oder Teileigentumseinheiten in einem Verfahren erfolgen, wenn die Zwangsversteigerung entweder wegen einer Forderung gegen denselben Schuldner oder wegen eines an jedem der Grundstücke bestehenden Rechtes oder wegen einer Forderung betrieben wird, für die der Eigentümer gesamtschuldnerisch haftet. Das Vorrecht des § 10 Abs. 1 Nr. 2 ZVG kann aber nur für die aus dem jeweiligen Wohnungseigentum herrührenden Rückstände in Anspruch genommen werden. Bestehen betreffend des Weiteren Wohnungseigentums keine nach § 10 Abs. 1 Nr. 2 ZVG berücksichtigungsfähigen Rückstände, so sind die Rückstände des anderen Wohnungseigentums dort im Rang 5 des § 10 Abs. 1 ZVG anzumelden.   567

i) Grundbucheintrag

Liegen die Antragsvoraussetzungen vor, so hat das Gericht die Zwangsversteigerung anzuordnen und gemäß § 19 ZVG das Grundbuchamt um **Eintragung** der Anordnung der Zwangsversteigerung in das Grundbuch zu ersuchen. Das Vollstreckungsgericht ersucht das Grundbuchamt, das durch die Beschlagnahme bewirkte relative Veräußerungsverbot im Sinn von §§ 135 BGB, 23 ZVG im Grundbuch zu vermerken und damit zu verlautbaren. Die Eintragung schützt den Gläubiger davor, dass der beschlagnahmte Gegenstand sowie mithaftende bewegliche Sachen gut-   568 gläubig von Dritten noch erworben werden können[1]. Der Zwangsversteigerungs- und der Zwangsverwaltungsvermerk sind getrennt voneinander in der zweiten Abteilung des Grundbuchs als Lasten des Grundbesitzes einzutragen[2].

569 Nach erfolgter Eintragung macht das Grundbuchamt dem **Vollstreckungsgericht** hiervon **Mitteilung**, § 55 Abs. 1 GBO. Nach erfolgter Eintragung muss das Grundbuchamt dem Vollstreckungsgericht eine Grundbuchabschrift und Abschriften aller Urkunden übersenden sowie die Anschriften aller Beteiligten mitteilen, § 19 Abs. 2 ZVG. Hierdurch soll gewährleistet werden, dass das Vollstreckungsgericht zuverlässig von den, nach dem Grundbuchinhalt zu berücksichtigen Rechten Kenntnis erlangt und so die Rechte der eingetragenen Beteiligten wahren kann[3].

570 In dem von dem Zwangsversteigerungsgericht zu erlassenden **Anordnungsbeschluss** ist das Wohnungseigentum als Gegenstand der Zwangsvollstreckung genau zu bezeichnen, am zuverlässigsten entsprechend der Eintragung im Bestandsverzeichnis des Wohnungs- oder Teileigentumsgrundbuchs[4], das nach § 3 Abs. 1 WGV[5] zu führen ist. Durch den Anordnungsbeschluss wird das Grundstück zugunsten des Gläubigers beschlagnahmt.

j) Beschlagnahmewirkung

571 Die **Beschlagnahme** der Zwangsversteigerung umfasst diejenigen Gegenstände, auf welche sich bei einem Grundstück die Hypothek erstreckt. Dies sind neben dem Wohnungs- und Teileigentum selbst (§ 864 ZPO) auch die Bestandteile (etwa eine Etagenheizungsanlage[6]) und das Zubehör (z.B. Alarmanlage in Eigentumswohnung[7], Büroeinrichtung[8]) des Wohnungs- und Teileigentums, wie sich aus § 1120 BGB ergibt.

Als Bestandteil oder Zubehör eines Wohnungseigentums kommen insbesondere die Einbauküche, eventuell auch Einbauschränke in Betracht. Die Einordnung von Bestandteilen oder Zubehör als der Zwangsvollstreckung unterfallend ist zunächst bezüglich der Frage des Eigentumsübergangs nicht von Bedeutung, da nach §§ 20 Abs. 2, 90 ZVG in Verbindung mit §§ 1120 BGB, 55 ZVG das Wohnungseigentum sowie die wesentlichen Bestandteile und das Zubehör an den Ersteher übergehen. Nach

---

1 Dassler/Schiffhauer/Gerhardt/*Muth*, § 19 Rz. 1.
2 *Stöber*, § 19 Rz. 3.4.
3 Dassler/Schiffhauer/Gerhardt/*Muth*, § 19 Rz. 1.
4 *Stöber*, § 15 Rz. 45.2.
5 Wohnungsgrundbuchverfügung.
6 In Anlehnung an: BGH, Urt. v. 13. 3. 1970 – V ZR 71/67, BGHZ 53, 324.
7 OLG München, Urt. v. 3. 7. 1979 – 5 U 1851/79, MDR 1979, 934.
8 LG Berlin, Beschl. v. 7. 6. 1977 – 81 T 12/77, DGVZ 1977, 156.

§ 55 Abs. 2 ZVG erstreckt sich die Zwangsversteigerung aber auch auf „fremdes Zubehör", soweit deren Eigentümer nicht sein Recht nach § 37 Nr. 5 ZVG geltend gemacht hat. Insbesondere für die Vorbehaltsverkäufer kann daher ein Rechtsverlust mangels Wahrnehmung der Rechte eintreten. Bezüglich des beweglichen Zubehörs kann in einem gegen den Schuldner zusätzlich anhängigen Insolvenzverfahren dessen Insolvenzverwalter im Rang des § 10 Abs. 1 Nr. 1a ZVG den Feststellungskostenbeitrag von 4 % des Verkehrswertes dieser Gegenstände geltend machen.

Wesentliche Bestandteile im Sinne des Gesetzes können allerdings vom Eigentumsübergang auch durch Geltendmachung der Rechte nach § 37 Nr. 5 ZVG nicht ausgeschlossen werden[1]. Maßgeblich für die Beurteilung, ob ein Gegenstand wesentlicher Bestandteil eines Wohnungseigentums ist, ist die Verkehrsanschauung, diese bei Zugrundelegung einer natürlichen wirtschaftlichen Betrachtungsweise[2]. Die Verkehrsanschauung unterliegt danach örtlichen Besonderheiten, die bei der Einordnung zu berücksichtigen sind[3]. Indizien für die Beurteilung können die Art der Verbindung zur Eigentumswohnung sowie der Grad der Anpassung an die baulichen Gegebenheiten sein. Eine feste und dauerhafte Verbindung zwischen Zubehör in Form einer Einbauküche oder von Einbauschränken und Wohnungseigentum besteht regelmäßig nicht, da derartige Gegenstände in der Regel lediglich aufgehängt werden und sich leicht entfernen lassen. Soweit beispielsweise eine Einbauküche aus serienmäßigen Einzelteilen besteht, ohne dass eine spezielle Anpassung an die örtlichen baulichen Gegebenheiten erfolgt, handelt es sich um keinen wesentlichen Bestandteil. Wurden aber spezielle Einpassungen vorgenommen oder handelt es sich um eine Sonderanfertigung, so handelt es sich um einen wesentlichen Bestandteil[4]. Für den norddeutschen Raum ist die Eigenschaft einer Einbauküche als Zubehör des Wohnungseigentums angenommen worden[5], für Südbaden[6] und Nordbaden[7] sowie den OLG-Bezirk Düsseldorf[8] ist eine Einbauküche weder als wesentlicher Bestandteil noch als Zubehör angesehen worden.

572

---

1 *Stöber*, § 90 Rz. 2.5.
2 BGH, Urt. v. 25. 10. 1961 – V ZR 30/60, BGHZ 36, 46; BGH, Urt. v. 27. 6. 1973 – VIII ZR 201/72, BGHZ 61, 80.
3 OLG Zweibrücken, Urt. v. 11. 10. 1988 – 7 U 74/88, NJW-RR 1989, 84.
4 OLG Zweibrücken, Urt. v. 11. 10. 1988 – 7 U 74/88, NJW-RR 1989, 84; BFH, Urt. v. 1. 12. 1970 – VI R 358/69, DB 1971, 656; OLG Nürnberg, Urt. v. 15. 3. 1973 – 2 U 186/72, MDR 1973, 758.
5 BGH, Urt. v. 1. 2. 1990 – IX ZR 110/89, NJW-RR 90, 586.
6 OLG Karlsruhe, Urt. v. 12. 11. 1987 – 9 U 216/86, NJW-RR 1988, 459.
7 OLG Karlsruhe, Urt. v. 15. 3. 1985 – 15 U 86/84, NJW-RR 1986, 19.
8 OLG Düsseldorf, Urt. v. 19. 1. 1994 – 11 U 45/93, NJW-RR 1994, 1039.

k) Rechtsmittel des säumigen Schuldners

573 Der durch die Anordnung der Zwangsversteigerung betroffene Miteigentümer kann gegen die Anordnung des Zwangsversteigerungsverfahrens Rechtsmittel einlegen und sich auch sonst gegen die Zwangsversteigerung zur Wehr setzen.

aa) Leistungen des Schuldners

574 Der Schuldner kann selbstverständlich trotz Anordnung der Zwangsversteigerung die fällige Schuld der Eigentümergemeinschaft erfüllen. Dieses Recht steht ihm nach § 75 ZVG während der gesamten Dauer des Verfahrens bis zur Erteilung des Zuschlags zu.

575 Nach den obigen Ausführungen[1] hat er allerdings in entsprechender Anwendung des § 18 Abs. 2 Nr. 2 WEG nicht nur die eigentliche Forderung der Eigentümergemeinschaft, sondern auch die Kosten des Zwangsversteigerungsverfahrens und die bis zum Zahlungszeitpunkt weiter fällig gewordenen Verpflichtungen zur Kosten- und Lastentragung zu erfüllen.

576 Erfüllt er allerdings sämtliche zuvor genannten Forderungen vollständig, so ist das Zwangsversteigerungsverfahren insgesamt aufzuheben; es sei denn, dass zwischenzeitlich ein anderer Gläubiger des Miteigentümers wegen seiner Ansprüche gegen den Miteigentümer dem Verfahren beigetreten wäre. In diesem Fall scheidet die Eigentümergemeinschaft als Beteiligte des Zwangsversteigerungsverfahrens aus, das Verfahren wird ohne sie fortgesetzt.

bb) § 30a ZVG

Die Durchführung des Zwangsversteigerungsverfahrens stellt einen gravierenden Eingriff in die eigentumsrechtlich geschützte Position des Schuldners dar. § 30a ZVG ermöglicht es dem Schuldner, die Zwangsversteigerung auf die Dauer von höchstens sechs Monaten einstellen zu lassen, wenn die Aussicht besteht, dass durch die Einstellung die Versteigerung vermieden wird, und wenn die Einstellung nach den persönlichen und wirtschaftlichen Verhältnissen des Schuldners sowie nach der Art der Schuld der Billigkeit entspricht. § 30a ZVG enthält in seinem Absatz 1 die Tatbestandsmerkmale für die Einstellung auf Antrag des Schuldners, während Absatz 2 des § 30a die Tatbestandsmerkmale aufstellt, bei deren Vorliegen die Einstellung durch das Gericht abzulehnen ist. Zusätzlich räumt § 30a ZVG in seinen Absätzen 3 bis 5 dem Gericht die Möglichkeit ein, die Einstellung mit Auflagen zu versehen.

577 Die Einstellung des Zwangsversteigerungsverfahrens ist nach § 30a Abs. 1 ZVG dann anzuordnen, wenn die Aussicht besteht, dass durch die

---
[1] Vgl. oben bei Rz. 540 ff.

Einstellung die Versteigerung vermieden wird und die Einstellung nach den persönlichen und wirtschaftlichen Verhältnissen des Schuldners sowie nach der Art der Schuld der Billigkeit entspricht. Damit muss der Schuldner überhaupt noch sanierungsfähig sein[1]. Sanierungsfähig ist der Schuldner, wenn durch die Einstellung die Versteigerung voraussichtlich vermieden werden kann, wobei dieses Tatbestandsmerkmal auf die Einstellung des konkreten Verfahrens zu beziehen ist. Nicht erforderlich ist, dass durch die Einstellung jede Versteigerung für die Zukunft überhaupt vermieden wird. Der Schuldner muss aber dartun, dass es ihm möglich sein wird durch die Einstellung, den vollstreckenden Gläubiger zu befriedigen[2]. Vielfach begnügen sich die Schuldner bei entsprechenden Anträgen mit der Ausführung, dass ihnen ein Hinausschieben des Versteigerungstermins hilfreich sei. Dies jedoch ist nicht ausreichend, da ein reines Hinausschieben des Termins zur Zwangsversteigerung die Versteigerung selbst noch nicht vermeidet. Erforderlich ist vielmehr, dass es dem Schuldner voraussichtlich möglich ist, dass er in der Zeit der Einstellung die Zwangsversteigerung abwenden kann. Dabei hat der Schuldner die konkreten Umstände des Einzelfalles darzutun und glaubhaft zu machen; die in der Praxis vielfach anzutreffende bloßen Behauptungen, dass die Gewährung eines Kredites kurz bevorstehe oder der Schuldner sich um eine Umschuldung bemühe, sind nicht ausreichend[3].

Selbst wenn der Schuldner die Voraussetzungen für die Einstellung dargetan und ggf. glaubhaft gemacht hat, muss die Einstellung nach den persönlichen und wirtschaftlichen Verhältnissen sowie nach der Art der Schuld der Billigkeit entsprechen; der Schuldner muss also schutzwürdig sein. Zu den insoweit herangezogenen Kriterien zur Bestimmung der persönlichen Verhältnisse des Schuldners rechnen etwa seine sonstige Zuverlässigkeit, eventuelle Krankheiten, Arbeitslosigkeit, Scheidung und deren Folgen, Tod des Ehepartners sowie andere Familienereignisse[4]. Unter den wirtschaftlichen Verhältnissen des Schuldners sind alle Umstände zu verstehen, die in den allgemeinen wirtschaftlichen Verhältnissen begründet sind, die also außerhalb des Verantwortungsbereichs des Schuldners liegen. Dabei können auch individuelle Verhältnisse des Schuldners eine Rolle spielen, etwa die unverschuldete, nur vorübergehende wirtschaftliche oder finanzielle Bedrängnis oder Zahlungsschwierigkeiten bei dem Schuldner, die durch eigene Verluste in Insolvenzverfahren hervorgerufen sind. Es spielt keine Rolle, ob die persönlichen oder wirtschaftlichen Verhältnisse nur einen vorübergehenden Zustand betreffen oder es sich um Dauerumstände handelt. Bei der Abwägung ist auch zu berücksichtigen die Art der Schuld. Insbesondere bei

578

---
1 Stöber, § 30a Rz. 3.2.
2 Stöber, § 30a Rz. 3.2.
3 Stöber, § 30a Rz. 3.2.
4 Stöber, § 30a Rz. 3.3.

Verpflichtungen aus strafbarer oder unerlaubter Handlung sind die Voraussetzungen enger zu beurteilen als bei rein vertraglichen Ansprüchen.

579 Bezogen auf die Situation der Wohnungseigentümergemeinschaft kann dabei auch dem Umstand Rechnung getragen werden, dass die Wohnungseigentümergemeinschaft selbst ihre Verpflichtungen gegenüber Dritten zu erfüllen hat aber auch der Umstand, dass möglicherweise die Eigentümergemeinschaft dem Schuldner bereits durch Stundung oder Gewährung von Teilzahlungen entgegengekommen ist. Sollte die Eigentümergemeinschaft sich derart großzügig verhalten haben, spricht vieles dafür, dass eine Einstellung nicht mehr der Billigkeit entspricht, es dem Schuldner vielmehr auch durch das Entgegenkommen der Eigentümergemeinschaft nicht gelungen ist, seine finanzielle Situation auch nur so zu stabilisieren, dass er die Wohngeldforderungen wieder erfüllen könnte.

580 Die Einstellung kann auf maximal sechs Monate erfolgen, damit sind Einstellungen über einen kürzeren Zeitraum jederzeit zulässig.

581 Selbst wenn die Einstellung im konkreten Fall zulässig sein sollte, ist durch das Gericht zu prüfen, ob sie dem betreibenden Gläubiger unter Berücksichtigung seiner wirtschaftlichen Verhältnisse zuzumuten ist, insbesondere wenn ihm ein unverhältnismäßiger Nachteil entsteht. Dabei können wiederum Gesichtspunkte eine Rolle spielen wie die eigenen Verpflichtungen der Eigentümergemeinschaft gegenüber Dritten oder die Art und Weise, durch die der Schuldner säumig geworden ist[1], und beispielsweise auch, ob es sich um eine bereits wiederholte Säumigkeit handelt.

582 Seitens des Eigentümers ist unbedingt darauf zu dringen, das das Gericht, sollte es überhaupt eine Einstellung bewilligen, diese von der Erfüllung bestimmter Zahlungsverpflichtungen oder Auflagen abhängig macht. Sinn derartiger Regelungen ist insbesondere, dass ein weiteres Anwachsen der Gläubigerforderung, durch jedenfalls erfolgende Zahlung wiederkehrender Leistungen, vermieden wird[2]. Ordnet das Gericht auf entsprechende Anregung der Eigentümergemeinschaft an, dass zur Auflage jedenfalls die Zahlung wiederkehrender Leistungen des Gläubigerrechts gemacht wird, so wird die einstweilige Einstellung mit der Maßgabe angeordnet, dass sie außer Kraft tritt, wenn eine wiederkehrende Leistung nicht binnen zwei Wochen nach Eintritt der Fälligkeit bewirkt wird[3]. Da die Eigentümergemeinschaft in aller Regel ihre Ansprüche aus der neuen Rangklasse 2 des § 10 Abs. 1 ZVG betreiben wird und eigene Zahlungsverpflichtungen gegenüber Dritten zu erfüllen hat, wird es in aller Regel

---

1 *Stöber*, § 30a Rz. 5.2.
2 *Stöber*, § 30a Rz. 6.1.
3 *Stöber*, § 30a Rz. 6.2.

sachgerecht sein, dass die Einstellung mit der Auflage verbunden wird, dass die weiter fällig werdenden Wohngeldzahlungen während der Dauer der Einstellung durch den Schuldner vollständig zu erbringen sind.

Der Schuldner kann die einstweilige Einstellung nach § 30a ZVG nur innerhalb einer Notfrist von zwei Wochen beantragen, die mit der Zustellung der Verfügung, in der der Schuldner auf das Recht zur Stellung eines Einstellungsantrages, den Fristbeginn und die Rechtsfolgen eines fruchtlosen Fristablaufs hingewiesen wurde, beginnt. Die Frist kann weder verkürzt noch verlängert werden[1]; innerhalb der Frist ist lediglich der Antrag selbst zu stellen, die Begründung für den Antrag kann auch außerhalb der Frist nachgereicht werden[2].

583

Nach erfolgreicher einmaliger Einstellung kann der Schuldner gemäß § 30c ZVG die nochmalige Einstellung beantragen, es sei denn, dass die Einstellung dem Gläubiger unter Berücksichtigung seiner gesamten wirtschaftlichen Verhältnisse nicht zuzumuten ist. Bedenkt man, dass bereits eine einmalige Einstellung über einen Zeitraum von sechs Monaten der Eigentümergemeinschaft die Erfüllung ihrer gegen den Schuldner bestehenden Forderung hinausschiebt bei gleichzeitigem Fortbestand ihrer Verpflichtungen gegenüber Dritten, so wird ein Grund für eine zweite Einstellung kaum mehr zu finden sein. Dies gilt umso mehr, als die Forderung der Eigentümergemeinschaft im Verhältnis beispielsweise zu den Zahlungsverpflichtungen des betroffenen Miteigentümers aus den Grundpfandrechten verhältnismäßig gering ist und das Ausbleiben der seit langem fälligen Forderung die Eigentümergemeinschaft vor eigene ernste wirtschaftliche Schwierigkeiten stellen kann.

584

Eine mehr als zweimalige Einstellung des Zwangsversteigerungsverfahrens ist nicht möglich, darüber hinaus bestimmt § 30c Abs. 2 ZVG, dass nach einer zweiten Einstellung auch der allgemeine vollstreckungsrechtliche Rechtsbehelf des § 765a ZPO nicht mehr angewendet werden kann.

585

cc) § 30d ZVG

Während §§ 30a ff. ZVG dem Schuldner die Möglichkeit bieten, das Zwangsversteigerungsverfahren einstellen zu lassen, räumt § 30d ZVG nur einem Insolvenzverwalter das Recht ein, ein Zwangsversteigerungsverfahren einstellen zu lassen.

586

Gerät ein Miteigentümer nicht nur in Zahlungsschwierigkeiten, sondern sogar in Insolvenz, bedarf es nicht mehr der Überlegung, ob die Interessen des Schuldners gegenüber den berechtigten Interessen des Gläubigers

587

---
1 *Stöber*, § 30b Rz. 3.4.
2 *Stöber*, § 30b Rz. 3.5.

überwiegen oder nicht. § 30d ZVG stellt daher nicht mehr auf Billigkeitsgesichtspunkte ab, sondern nur noch auf rein formale Tatbestände.

588 Der Insolvenzverwalter kann danach die Einstellung des Zwangsversteigerungsverfahrens beantragen, wenn im eröffneten Insolvenzverfahren der Berichtstermin noch bevorsteht, das Grundstück nach dem Ergebnis des Berichtstermins im Insolvenzverfahren für eine Fortführung des Unternehmens oder für die Vorbereitung der Veräußerung eines Betriebes oder einer Gesamtheit von Gegenständen benötigt wird oder durch die Versteigerung die Durchführung eines vorgelegten Insolvenzplans gefährdet würde oder in sonstiger Weise durch die Versteigerung die angemessene Verwertung der Insolvenzmasse wesentlich erschwert würde. Selbst wenn diese Voraussetzungen vorliegen, so ist der Antrag durch das Versteigerungsgericht dann abzulehnen, wenn die einstweilige Einstellung dem Gläubiger unter Berücksichtigung seiner wirtschaftlichen Verhältnisse nicht zuzumuten ist.

589 Der Insolvenzverwalter kann naturgemäß nicht wie der Schuldner an die zeitliche Einschränkung zur Stellung des Einstellungsantrages gebunden werden. Der Insolvenzverwalter ist daher auch antragsberechtigt, wenn die Eröffnung des Insolvenzverfahrens erst nach Anordnung der Zwangsversteigerung oder Zulassung des Beitritts erfolgt ist und der Schuldner die Frist aus §§ 30a, 30c ZVG versäumt hat oder seine entsprechenden Anträge durch das Versteigerungsgericht abgewiesen worden sind[1].

590 Für die Praxis von Wohnungseigentümergemeinschaften kommen aus dem Katalog der Einstellungsgründe nach § 30d Abs. 1 ZVG nur die Nummern 1, 3 und 4 in Betracht, die Vorschrift des § 30d Abs. 1 Nr. 2 ZVG welche besagt, dass das Grundstück für die Fortführung des Unternehmens oder die Vorbereitung der Veräußerung eines Betriebes oder einer anderen Gesamtheit von Gegenständen benötigt wird, dürfte bei einer Eigentumswohnung nur bei gewerblicher Nutzung anzunehmen sein. Anders kann es sich verhalten, wenn ein Bauträger in Insolvenz gerät und der Insolvenzverwalter die Veräußerung der in der Masse befindlichen Wohnungen „en bloc" anstrebt.

591 Voraussetzung für die Einstellung des Verfahrens auf Antrag des Insolvenzverwalters ist nurmehr die Eröffnung des Insolvenzverfahrens über das Vermögen des Schuldners und außerdem entweder

592 – der Umstand, dass die Gläubigerversammlung, in der auf Grundlage des Berichts des Insolvenzverwalters über den Fortgang des Insolvenzverfahrens beschlossen wird[2], noch nicht stattgefunden hat. Hintergrund ist, dass in dem Berichtstermin die Gläubiger über die verschiedenen Möglichkeiten des Fortgangs des Insolvenzverfahrens unterrich-

---

1 *Stöber*, § 30d Rz. 2.2.
2 Berichtstermin, § 29 Abs. 1 Nr. 1 InsO.

tet werden und entscheiden, welche Möglichkeiten zur Abwicklung des Insolvenzverfahrens ergriffen werden sollen. Bis zu dem Berichtstermin ist daher auf Antrag des Insolvenzverwalters das Zwangsversteigerungsverfahren immer einzustellen, ohne dass es weiterer Erfordernisse bedürfte[1]. Da die Eigentümergemeinschaft mit ihrer Forderung gegen den säumigen Miteigentümer auch am Insolvenzverfahren teilnimmt, ist die Wahrnehmung des insolvenzrechtlichen Berichtstermins durch die Eigentümergemeinschaft angezeigt, um über die Möglichkeiten der Abwicklung des Insolvenzverfahrens unterrichtet zu sein und Einfluss auf die Entscheidung der Gläubiger zu nehmen, welche der aufgezeigten Möglichkeiten der Abwicklung des Insolvenzverfahrens wahrgenommen werden soll.

– Oder der Insolvenzverwalter kann den Einstellungsantrag auch damit begründen, dass bei Durchführung der Zwangsversteigerung die Durchführung eines vorgelegten Insolvenzplanes gefährdet würde. Die Vorschrift dient dazu, dass die Grundstücksveräußerung nicht ohne Rücksicht auf den vorgelegten Plan fortgesetzt und damit dem Insolvenzplan die Grundlage entzogen werden kann[2]. Gerade bei der Insolvenz eines Bauträgers kann es vorkommen, dass die Bestimmung des § 30d Abs. 1 Nr. 3 ZVG Bedeutung erlangt. Größere Bauvorhaben mit einem entsprechenden Anteil von noch im Eigenbestand des errichtenden Bauträgers stehenden Wohnungen können durchaus Gegenstand eines Insolvenzplanes sein. Wesentlich für die Eigentümergemeinschaft ist auch hier, dass sie mit ihrer Forderung im Rahmen des Insolvenzverfahrens teilnimmt und ihre Rechte im Berichtstermin und bei der Abstimmung über den Insolvenzplan wahrnimmt.

593

– Schließlich kann der Insolvenzverwalter die einstweilige Einstellung des Zwangsversteigerungsverfahrens auch beantragen, wenn durch die Versteigerung die angemessene Verwertung der Insolvenzmasse wesentlich erschwert würde. Dabei allerdings muss der Insolvenzverwalter konkrete Anhaltspunkte für eine bessere freihändige Verwertung dartun. Maßgeblich ist, ob bei einer sofortigen Versteigerung ein erheblich geringerer Wert zu erwarten ist als bei einer späteren Veräußerung. Die Verwertungsaussichten der anderweitigen Verwertung müssen wesentlich besser sein, wobei zu fordern ist, dass sämtliche bestimmenden Faktoren (voraussichtliche Dauer der freihändigen Verwertung bis dahin anfallende Lasten) dargetan und den Werten gegenübergestellt werden, die sich bei einer Versteigerung voraussichtlich ergeben werden[3].

594

---
1 *Stöber*, § 30d Rz. 2.3a.
2 *Stöber*, § 30d Rz. 2.3c.
3 *Stöber*, § 30d Rz. 2.3d.

595 Auch bei dem Einstellungsantrag des Insolvenzverwalters können besondere Gläubigerinteressen die Verfahrenseinstellung auf Antrag des Insolvenzverwalters ausschließen. Dabei sind die Interessen des vollstreckenden Gläubigers gegenüber denen der übrigen Insolvenzgläubiger abzuwägen, nicht etwa die Interessen des betreibenden Gläubigers gegenüber denen des Insolvenzschuldners. Dabei kann durchaus das Interesse eines einzelnen die Zwangsversteigerung betreibenden Gläubigers größer sein, weil er etwa die Versteigerung betreiben muss, um seinen eigenen Verpflichtungen gegenüber einem größeren Kreis schutzwürdiger anderer Gläubiger nachkommen zu können[1]. In der Regel allerdings haben die Interessen der Gläubiger des Insolvenzverfahrens, der Gesamtheit aller Gläubiger, das größere Gewicht gegenüber denen des das Zwangsversteigerungsverfahren betreibenden Gläubigers[2].

596 Auch bei der Einstellung auf Antrag eines Insolvenzverwalters erfolgt eine Kompensation des die Zwangsversteigerung betreibenden Gläubigers. Die einstweilige Einstellung auf Antrag des Insolvenzverwalters ist nur mit der Auflage anzuordnen, dass dem beitreibenden Gläubiger für die Zeit nach dem Berichtstermin im Insolvenzverfahren laufend die geschuldeten Zinsen binnen zwei Wochen nach Eintritt der Fälligkeit aus der Insolvenzmasse gezahlt werden. Etwas anderes gilt nach § 30e Abs. 3 ZVG nur dann, wenn nach der Höhe der Forderung sowie dem Wert und der sonstigen Belastung des Grundstücks nicht mit einer Befriedigung des Gläubigers aus dem Versteigerungserlös zu rechnen ist. Durch die neue Einordnung der Forderungen der Wohnungseigentümergemeinschaft in § 10 Abs. 1 Nr. 2 ZVG ist allerdings sichergestellt, dass die Eigentümergemeinschaft sehr wohl mit einer Befriedigung des Gläubigers aus dem Versteigerungserlös zu rechnen hat.

597 Unter den Zinsen im Sinn von § 30e Abs. 1 Satz 1 ZVG, sind nur die Zinszahlungen zu verstehen, die der Gläubiger aufgrund seines Rechtsverhältnisses mit dem Schuldner beanspruchen kann[3]. Dass unter dem Begriff der „Zinsen" im Sinn von § 30e Abs. 1 Satz 1 ZVG auch die fortlaufenden weiteren Lasten des Wohnungseigentums zu verstehen seien, ist nicht ersichtlich. In dem Regierungsentwurf zum seinerzeitigen § 188 InsO, hat der Gesetzgeber ausdrücklich klargestellt[4], dass zwar die Vorschrift des § 30e ZVG eine gewisse Entsprechung im § 30a Abs. 3 ZVG habe, im Folgenden jedoch abweichend ausgestaltet ist, als die für die Einstellung der Zwangsversteigerung im Insolvenzfall laufende Zahlungen an den Gläubiger des Zwangsversteigerungsverfahrens nicht vorgesehen seien. Die Eigentümergemeinschaft wird daher nicht mit Aus-

---

1 *Stöber*, § 30d Rz. 3.
2 OLG Braunschweig, Beschl. v. 5. 9. 1967 – 2 W 30/67, NJW 1968, 164.
3 BT-Drs. 12/2443, S. 177.
4 BT-Drs. 12/2443, S. 177.

sicht auf Erfolg geltend machen können, dass die Einstellung davon abhängig gemacht wird, dass in entsprechender Anwendung des § 30a Abs. 3 ZVG der Insolvenzverwalter die während der Einstellung fällig werdenden wiederkehrenden Leistungen binnen zwei Wochen nach Eintritt der Fälligkeit zu bewirken hat. Insoweit ist die Eigentümergemeinschaft vielmehr darauf angewiesen, dass sie die nach Eröffnung des Insolvenzverfahrens fällig werdenden wiederkehrenden Leistungen als Masseverbindlichkeiten (vgl. nachfolgend) geltend macht. Ein darüber hinausgehender Schutz der Eigentümergemeinschaft ist nicht vorgesehen. Andererseits ist die Eigentümergemeinschaft wegen der durch § 10 Abs. 1 Nr. 5 ZVG gesicherten Ansprüche sowohl zur abgesonderten Befriedigung hinsichtlich der vor als auch nach Insolvenzeröffnung fällig gewordenen Forderungen berechtigt (vgl. unten zu Rz. 775 ff.).

dd) § 765a ZPO

Die Vorschrift des § 765a ZPO ist nicht Auffangtatbestand für Fälle, in denen andere Schutzmöglichkeiten erschöpft sind[1], sondern neben § 30a ZVG nur in Ausnahmefällen anzuwenden. Der Antrag nach § 765a ZPO kann daher auch auf Gründe gestützt werden, die bereits im Einstellungsverfahren nach den §§ 30a ff. ZVG hätten geltend gemacht werden können. Ein besonderes Schutzbedürfnis für den Schuldner, dass die als Ausnahmevorschrift eng auszulegende Vorschrift des § 765a ZPO auch dann anzuwenden sein soll, wenn der Schuldner bereits nach anderen Bestimmungen ausreichend geschützt ist oder sich hätte schützen können, ist allerdings nicht anzuerkennen[2]. Er darf daher nicht dazu benutzt werden, um einen versäumten Antrag aus § 30a ZVG nachzuholen, andererseits ist nach Ablehnung der Einstellung aus § 30a ZVG immer noch ein Antrag aus § 765a ZPO möglich, ohne dass dafür völlig neue Gründe vorgetragen werden müssten[3].

598

l) Die Festsetzung des Verkehrswertes

Ist das Zwangsversteigerungsverfahren wirksam angeordnet, muss der Verkehrswert des zu versteigernden Wohnungseigentums festgesetzt werden. Der Verkehrswert ist nicht nur von Bedeutung für die Berechnung des Höchstbetrages der Forderung in Rangklasse 2 (vgl. o. Rz. 505), sondern insbesondere auch für die spätere Versteigerung selbst. Die Verkehrswertfestsetzung dient schließlich auch dazu, den Bietinteressenten, die regelmäßig anders als Käufer das zu versteigernde Objekt nicht zuvor selbst besichtigen und begutachten können, einen verlässlichen Anhaltspunkt für die Bestimmung ihres eigenen Gebots zu geben.

599

---
1 *Stöber*, Einleitung, Rz. 61.2.
2 *Stöber*, Einleitung, Rz. 61.2.
3 *Stöber*, Einleitung, Rz. 61.3.

600 § 74a Abs. 5 ZVG bestimmt, dass der Verkehrswert durch das Versteigerungsgericht festgelegt wird, nötigenfalls nach Einholung eines Sachverständigengutachtens. Kaum jemals wird ein Versteigerungsgericht den Verkehrswert einer Immobilie selbst ermitteln, in aller Regel beauftragen die Gerichte Sachverständige mit der Erstellung entsprechender Gutachten.

aa) Das Gutachten des Sachverständigen

601 Regelmäßig hat der Sachverständige sein Gutachten auf der Grundlage einer Besichtigung des betreffenden Objektes zu erstellen.

Manche Schuldner verweigern dem Sachverständigen den Zutritt zu ihrer Immobilie, um das Zwangsversteigerungsverfahren zu behindern.

602 Einen effektiven Rechtsschutz gegen den derartig obstruierenden Schuldner gibt es nicht, das Zwangsversteigerungsgericht kann weder für sich noch den Sachverständigen den Zutritt zum Objekt erzwingen[1]. Es ist allein Sache des Vollstreckungsschuldners, wem er den Zutritt zu seiner Immobilie gewährt. Auch über die Anordnung einer Zwangsverwaltung kann der Zutritt zu der Immobilie, gegebenenfalls in Anwesenheit des Zwangsverwalters nicht erzwungen werden[2]. Weigert sich der Schuldner, so muss der Sachverständige nach dem äußeren Anschein, den amtlichen Unterlagen und den sonst von ihm zu erlangenden weiteren Unterlagen sein Gutachten erstellen[3]. In diesem Fall hat allerdings auch der Schuldner das dadurch verursachte Risiko zu tragen. Erstellt der Sachverständige sein Gutachten nach Ansicht des Schuldners, der den Zutritt zu seiner Immobilie nicht gestattet hat, angeblich fehlerhaft, so kann der Schuldner die Unrichtigkeit der Wertfestsetzung nicht mit dem Argument begründen, dass der Zustand der Immobilie abweichend von dem nicht feststellbar und nicht überprüfbar gewesenen Zustand gewesen sein soll[4].

603 Die Bewertungsgrundsätze, die der Sachverständige zu beachten hat, ergeben sich aus der Wertermittlungsverordnung (WertV)[5]. Nach den Vorschriften der WertV hat der Sachverständige den Zustand des Grundstücks und dessen allgemeine Wertverhältnisse, den Zustand und die Entwicklung von Grund und Boden und alle weiteren Zustandsmerkmale zu erfassen und seiner Begutachtung zugrunde zu legen. Zentrale Vorschrift der Wertermittlung ist § 7 WertV, der vorschreibt, dass der Verkehrswert durch das Vergleichswertverfahren, das Ertragswertverfah-

---

1 BGH, NJW-RR 2003, 2825 (2827).
2 *Stöber*, § 74a Rz. 10.5.
3 LG Dortmund, Beschl. v. 20. 4. 2000 – 9 T 400/00, Rpfleger 2000, 466.
4 LG Dortmund, Beschl. v. 20. 4. 2000 – 9 T 400/00, Rpfleger 2000, 466.
5 WertV v. 6. 12. 1998, BGBl. I S. 2209.

ren, das Sachwertverfahren oder mehrere dieser Verfahren zu bestimmen ist[1].

bb) Anfechtung der Verkehrswertfestsetzung

Liegt das Gutachten des Sachverständigen vor, so hat es das Gericht den Beteiligten zur Stellungnahme zu übersenden. 604

Im Rahmen ihrer Stellungnahme können die Beteiligten Einwände gegen die Ermittlung des Verkehrswertes durch den Sachverständigen geltend machen, insbesondere vom Sachverständigen übersehene wertbildende Faktoren oder zu Unrecht bei der Verkehrswertermittlung berücksichtigte Faktoren. Dabei können sämtliche Umstände, die nach Ansicht der Beteiligten zur Bestimmung des Verkehrswertes von Bedeutung sind, herangeführt werden. Da sich ein Verkehrswert in der Regel nicht exakt ermitteln lässt, ist von wesentlicher Bedeutung, dass das Gutachten von richtig bewerteten Grundlagen ausgeht, sachkundig und frei von Widersprüchen ist und keine Verstöße gegen allgemein gültige Regeln der Verkehrswertfestsetzung erkennen lässt. Zu berücksichtigen sind in dem Gutachten insbesondere die Lage des Objektes, die Bodenbeschaffenheit, die Verkehrslage, der Anschluss an Versorgungsleitungen, die Gas-, Wasser-, Strom-, Fernwärmekanalisation, erfolgte Bebauung, Bauhindernisse sowie selbstverständlich der Zustand des Gebäudes und seiner Einrichtungen. Allerdings ist hier davor zu warnen, von subjektiven Wertvorstellungen auszugehen. 605

Nach Anhörung der Beteiligten wird sodann das Gericht den Verkehrswert von Amtswegen festsetzen und den Beschluss über die Festsetzung des Verkehrswertes den Beteiligten zustellen. Hat ein Beteiligter im Rahmen der Anhörung bereits Einwände gegen die Ausführung des Gutachtens des Sachverständigen geltend gemacht, so hat das Gericht sich bei der Verkehrswertfestsetzung mit diesen Ausführungen auseinanderzusetzen. Dabei kann das Gericht auch anordnen, dass der Sachverständige sich zu Einwendungen der Beteiligten äußert. 606

Selbst wenn das Gericht den Verkehrswert festgesetzt hat, so muss es bei Eintritt neuer Tatsachen, etwa Schäden durch Feuer, Wasser, Sturm, erheblichen Ausbesserungen am Gebäude, Ausführung von wertsteigernden Instandsetzungen, aber auch Änderungen der Bauleitplanung, den Beschluss über die Festsetzung des Verkehrswertes von Amtswegen abändern. 607

Der Verkehrswertfestsetzungsbeschluss ist mit der sofortigen Beschwerde anfechtbar. Zur Anfechtung berechtigt sind nur die Beteiligten, 608

---

1 Ein Muster eines Verkehrswertgutachtens zur Bestimmung eines Immobilienwertes findet sich unter www.ihr-bausachverstaendiger.de/verkehrswert.pdf.

insbesondere der betreibende und jeder beigetretene Gläubiger sowie der Vollstreckungsschuldner und gegebenenfalls dessen Insolvenzverwalter. Keinesfalls darf mit der Anfechtung des den Verkehrswert festsetzenden Beschlusses zugewartet werden, bis der Zuschlag erteilt oder versagt wird. Der Beschluss über den Zuschlag nämlich kann nach § 74a Abs. 5 Satz 4 ZVG nicht mit der Begründung, dass der Grundstückwert unrichtig festgesetzt sei, angefochten werden. Das Wertfestsetzungsverfahren ist als besonderes Verfahren mit einem eigenen Rechtsmittelzug ausgestaltet, der nicht umgangen werden kann.

m) Vorbereitung des Versteigerungstermins

609 Um den Termin zur Zwangsversteigerung bestimmen zu können, muss

– die wirksame Grundstücksbeschlagnahme erfolgt sein,

– die Mitteilung des Grundbuchamtes eingegangen sein,

– die Rechtskraft des die einstweilige Einstellung ablehnenden Beschlusses eingetreten sein oder

– die Frist zur Beantragung der einstweiligen Einstellung des Zwangsversteigerungsverfahrens von zwei Wochen abgelaufen sein

– die Überprüfung durchgeführt sein, dass aus dem Grundbuch ersichtliche entgegenstehende Rechte nicht vorhanden sind,

– das Wertfestsetzungsverfahren abgeschlossen sein

sowie

– der Schuldtitel des vollstreckenden Gläubigers vorliegen.

Sind diese Voraussetzungen erfüllt, so hat das Gericht von Amts wegen den Termin zur Zwangsversteigerung zu bestimmen.

aa) Inhalt der Terminsbestimmung

610 § 37 ZVG regelt den Inhalt der Terminsbestimmung. Bei Nichtbeachtung des Mindestinhaltes zur Terminsbestimmung muss ein bereits anberaumter Termin aufgehoben werden oder – sollte der Termin dennoch durchgeführt werden – der Zuschlag versagt werden. § 37 ZVG ist nicht bloße Ordnungsvorschrift, sondern soll vielmehr dazu dienen, dass all diejenigen, deren Rechte von dem Verfahren berührt werden, zur Wahrnehmung ihrer Rechte aufgefordert und mögliche Interessenten auf die Erwerbsmöglichkeit hingewiesen werden[1].

In der Terminsbestimmung ist zunächst das Grundstück genauestens zu bezeichnen, vorzugsweise unter Verwendung des Grundstücksbeschrie-

---

1 ZVG Handbuch, Rz. 218.

bes des Grundbuches und Angabe zwischenzeitlicher Änderungen der Beschaffenheit oder Nutzungsart. Daneben sind die genaue Terminszeit sowie der Ort der Versteigerung zu versehen mit dem Vermerk, dass die Versteigerung im Weg der Zwangsvollstreckung erfolgt anzugeben. Daneben sind die Beteiligten aufzufordern, aus dem Grundbuch zum Zeitpunkt der Eintragung des Versteigerungsvermerks nicht ersichtliche Rechte anzumelden und ggf. auch entgegenstehende Rechte geltend zu machen. Die Terminbestimmung hat daneben die Angabe des festgesetzten Grundstückswertes zu enthalten, zudem ist anzugeben, ob ggf. in einem früheren Versteigerungstermin der Zuschlag versagt worden ist.

Die Terminbestimmung ist öffentlich in dem für die Bekanntmachungen des Gerichtes bestimmten Blatt bekannt zu machen, und im Übrigen an die Gerichtstafel anzuheften. Zuzustellen ist die Terminbestimmung allen Beteiligten, darüber hinausgehend der Gemeindeverwaltung und anderen Stellen, die öffentliche Lasten einziehen[1], damit diese ihre Rechte wahrnehmen können.

bb) Anmeldung von Rechten

Angemeldet werden müssen Rechte und Ansprüche, die zur Zeit der Eintragung des Versteigerungsvermerkes aus dem Grundbuch nicht ersichtlich waren (§ 37 Nr. 4 ZVG). Hierzu gehören – sollte die Eigentümergemeinschaft das Verfahren nicht selbst betreiben – deren Ansprüche aus § 10 Abs. 1 Nr. 5 ZVG. Mit erfolgter Anmeldung erlangt ein Gläubiger die Stellung eines Beteiligten. Die Anmeldung ist wesentliche Voraussetzung dafür, dass das Recht im geringsten Gebot berücksichtigt wird[2], sowie für die Aufnahme in den Teilungsplan[3].

Anzumelden und glaubhaft zu machen[4] sind

aa) betreffend der bei der Eintragung des Versteigerungsvermerks im Grundbuch bereits eingetragenen Rechte:

– die aus dem Grundbuch nicht ersichtlichen Ansprüche, vornehmlich die Kosten der Kündigung und der die Befriedigung aus dem Grundstück bezweckenden Rechtsverfolgungskosten,

– Ansprüche auf rückständige wiederkehrende Leistungen,

– laufende und rückständige nicht eingetragene gesetzliche Zinsen, insbesondere Verzugs- und Prozesszinsen, dies insbesondere auch bei Zinsänderungen, Rangänderungen nach Eintragung des Versteigerungsvermerks

---
1 Teil II, Abschnitt 3, XI, Nr. 1 MiZI.
2 § 45 ZVG.
3 § 114 ZVG.
4 Sonst droht Rangverlust nach § 110 ZVG.

sowie

– Nebenleistungen, deren Fälligkeit sich nicht aus dem Grundbuch ergibt.

614 bb) betreffend der zur Zeit der Eintragung des Versteigerungsvermerks im Grundbuch nicht eingetragenen Rechte und Ansprüche mit Hauptforderungen, wiederkehrenden Leistungen und anderen Nebenleistungen sowie Kosten:

– der Anspruch des Zwangsverwaltungsgläubigers auf Auslagenersatz,

– die zur Insolvenzmasse zu ziehenden Ansprüche auf Ersatz der Kosten der Feststellung der beweglichen Gegenstände, auf die sich die Versteigerung erstreckt,

– **die Ansprüche der Eigentümergemeinschaft aus § 10 Abs. 1 Nr. 2 ZVG**,

– öffentliche Lasten,

– ohne Eintragung entstandener Rechte,

– ein zu Unrecht gelöschtes Recht,

– die erst nach dem Versteigerungsvermerk eingetragenen Rechte

sowie schließlich

– ein aus dem Grundbuch nicht ersichtlicher Vorrang vor einem anderen Recht oder Anspruch.

Der Anmeldepflicht unterliegen hingegen nicht:

– nicht eingetragene Rechte, die auch ohne Aufnahme in das geringste Gebot bestehen bleiben, insbesondere nach § 52 Abs. 2 ZVG,

– die vor dem Versteigerungsvermerk eingetragene Höchstbetragshypothek

sowie

– der Ersatzanspruch für ein erlöschendes Recht.

615 Grundsätzlich sind die angemeldeten Rechte nur dann glaubhaft zu machen, soweit dies von dem Gericht oder einem anderen Beteiligten verlangt wird oder nach Widerspruch anderer Verfahrensbeteiligter. Es ist trotzdem zu empfehlen, dass sämtliche Anmeldungen sofort glaubhaft gemacht werden; für die **Ansprüche der Eigentümergemeinschaft** nach § 10 Abs. 1 Nr. 2 ZVG ist die **Glaubhaftmachung** nach § 45 Abs. 3 ZVG **immer** vorzunehmen. Das Muster einer Anmeldung der Forderungen der Eigentümergemeinschaft ist weiter oben bei Rz. 640 abgedruckt.

n) Der Zwangsversteigerungstermin

Während bei einem freihändigen Verkauf von Grundbesitz die Parteien die Bedingungen ihrer Rechtsbeziehung im Einzelnen regeln, ist dies im Zwangsversteigerungsverfahren durch die Festlegung der Bedingungen und Wirkungen der Versteigerung durch das Gesetz, die nicht abänderbar sind[1], selbst wenn über die Änderung unter allen Beteiligten Einverständnis besteht, ersetzt. Im Einzelnen regeln die Versteigerungsbedingungen die Rechte und Pflichten des Erstehers und der Beteiligten, den Umfang des Versteigerungsgegenstandes, den Gefahrenübergang und das Rechtsverhältnis zu Mietern und Pächtern. Teil der Versteigerungsbedingungen sind die Vorschriften über die Feststellung des geringsten Gebots. Die im Einzelfall geltenden Versteigerungsbedingungen werden im Versteigerungstermin selbst festgestellt und durch Verlesen durch das Gericht bekanntgemacht.

616

Wesentlich für das Verständnis der Zwangsversteigerung ist der Deckungsgrundsatz. Dieser besagt, dass die Versteigerung nur unter Wahrung der dem betreibenden Gläubiger vorhergehenden Rechte ausgeführt werden darf. Verwirklicht wird dies dadurch, dass bei dem Ersteher alle dem betreibenden Gläubiger vorgehenden Grundpfandrechte bar abgefunden werden müssen (Deckungsprinzip), sowie dadurch, dass nötigenfalls der Ersteher die dem betreibenden Gläubiger vorhergehenden Rechte in Anrechnung auf den Kaufpreis zu übernehmen hat (Übernahmeprinzip).

617

aa) Das geringste Gebot

Bei der Versteigerung wird nur ein solches Gebot zugelassen, durch das die dem Anspruch des betreibenden Gläubigers vorgehenden (nicht etwa auch die gleichstehenden) Rechte sowie die aus dem Versteigerungserlös zu entnehmenden Kosten des Verfahrens gedeckt werden. Dies wird als das **geringste Gebot** bezeichnet. Es wird allein durch die Rangstelle des betreibenden Gläubigers bestimmt und errechnet sich der Höhe nach nur aus der Summe der dem betreibenden Gläubiger vorhergehenden Ansprüche; zum Grundstückswert steht es in keinerlei Beziehung. Vorrangige dingliche Rechte werden dadurch geschützt, dass sie mit der Hauptsache bestehen bleiben, also unverändert auf den Ersteher übergehen. Das geringste Gebot setzt sich damit aus dem bestehen bleibenden Rechten nach § 52 Abs. 1 ZVG und den durch Zahlung zu befriedigenden Ansprüchen, der in bar zu zahlende Anteil gemäß § 49 Abs. 1 ZVG, zusammen.

618

Durch Zahlung zu befriedigen sind ohne jegliche Anmeldung die aus dem Versteigerungserlös von Amts wegen zu entnehmenden Kosten des

619

---
1 § 59 ZVG.

Verfahrens, wozu auch ein von dem betreibenden Gläubiger gezahlter Kostenvorschuss gehört[1]. Daneben sind die in § 10 Abs. 1 Nr. 1 bis 3 ZVG bezeichneten Ansprüche, nämlich die Zwangsverwaltungsvorschüsse, die Feststellungskosten zur Insolvenzmasse, **die Ansprüche der Eigentümergemeinschaft**, die Ansprüche auf Entrichtung der öffentlichen Lasten nach § 10 Abs. 1 Nr. 3 ZVG sowie die Ansprüche aus denen dem Gläubiger rangmäßig vorhergehenden Rechten auf Kosten der Kündigung und der Befriedigung aus dem Grundstück bezweckenden Rechtsverfolgung sowie wiederkehrende Leistungen und andere Nebenleistungen zu berücksichtigen, soweit diese angemeldet wurden.

620 Bei der Aufstellung des geringsten Gebotes ist von der Rangstelle des betreibenden Gläubigers auszugehen, dessen Anspruch allerdings nicht im geringsten Gebot steht.

621 Die in das geringste Gebot aufzunehmenden Rechte an dem Grundstück und die anderen Ansprüche, die ein Recht auf Befriedigung aus dem Grundstück gewähren, werden bei der Feststellung des geringsten Gebots als bestehen bleibende Rechte oder bar zu zahlende Ansprüche berücksichtigt. Diese sind nach dem Inhalt des Grundbuchs insoweit, als sie zur Zeit der Eintragung des Versteigerungsvermerks aus dem Grundbuch ersichtlich waren, im Übrigen nur dann, wenn sie rechtzeitig angemeldet werden, zu berücksichtigen. Bei Rechten, die in das Grundbuch eingetragen sind, werden die laufenden Beträge der wiederkehrenden Leistungen von Amts wegen in das geringste Gebot aufgenommen.

622 Nach § 103 BGB wäre Endzeitpunkt für die Berücksichtigung laufender Beträge von regelmäßig wiederkehrenden Haupt- oder Nebenleistungen der Zeitpunkt des Zuschlags. Dieser Zeitpunkt steht aber bei Feststellung des geringsten Gebots und Beginn der Versteigerung noch überhaupt nicht fest. Nach § 47 ZVG sind daher für das geringste Gebot die wiederkehrenden Leistungen – insbesondere die Zinsen – bis zum Ablauf von zwei Wochen nach dem Versteigerungstermin zu berücksichtigen, wobei es nicht darauf ankommt, ob diese Ansprüche fällig sind oder nicht.

bb) Versteigerungsbedingungen

623 Die Versteigerungsbedingungen regeln den Umfang des Gegenstands der Versteigerung, die Rechte und Pflichten des Erstehers, insbesondere die Zahlung und Verzinsung des Bargebots, die Ersatzzahlung, die bestehen bleibenden Rechte, Schuldübernahmen und Fälligkeiten, den Gefahrenübergang und den Übergang der Nutzungen und Lasten sowie den Ausschluss der Gewährleistung, das Verhältnis des Erstehers zu Mietern und Pächtern und die Zuschlagskosten, daneben aber auch das Verfahren bei Versteigerung mehrerer Grundstücke, die Feststellung abweichender Be-

---

1 § 15 Abs. 1 GKG.

dienungen und die Möglichkeit der besonderen Versteigerung oder anderweitigen Verwertung.

Die Versteigerungsbedingungen werden im Versteigerungstermin selbst festgestellt und verlesen.

cc) Der Versteigerungstermin

Der Versteigerungstermin gliedert sich in drei Verfahrensabschnitte, nämlich den Aufruf der Sache bis zur Aufforderung zur Abgabe von Geboten, die Entgegennahme der Gebote und schließlich die Verhandlung über den Zuschlag. 624

Der Versteigerungstermin ist öffentlich, jedermann muss zugelassen werden[1]. Der Versteigerungstermin beginnt mit dem Aufruf der Sache, der im Protokoll festzuhalten ist. Zum Aufruf der Sache gehört die Feststellung der erschienenen Beteiligten sowie deren Vertreter, nicht jedoch der Bietinteressenten und der übrigen Anwesenden. Vertreter haben sich durch eine schriftliche Vollmacht auszuweisen und diese zu den Akten zu geben[2]. Im Anschluss hieran werden der wesentliche Inhalt des Grundbuchs, der das Verfahren betreibende Gläubiger und dessen Ansprüche, der Zeitpunkt der ersten Beschlagnahme, der festgesetzte Verkehrswert und sämtliche erfolgten Anmeldungen bekanntgemacht. 625

Danach erst werden das geringste Gebot sowie die gesetzlichen und etwaig abweichenden Versteigerungsbedingungen nach Anhörung der anwesenden Beteiligten festgestellt. Weiter bekannt zu machen ist vor der Aufforderung zur Abgabe von Geboten ein Hinweis auf die Grunderwerbssteuerpflicht des Erstehers und darauf, dass das Grundbuchamt erst dann um Eintragung ersucht werden kann, wenn die steuerliche Unbedenklichkeitsbescheinigung des Finanzamtes vorliegt. Schließlich ist durch das Gericht zur Vermeidung von Rechtsnachteilen nochmals gesondert auf die bevorstehende Ausschließung weiterer Anmeldungen ausdrücklich hinzuweisen; dies ist im Protokoll erneut zu vermerken. 626

Erst danach erfolgt die Aufforderung zur Abgabe von Geboten, der Zeitraum ist nunmehr auf 30 Minuten begrenzt. Der Beginn der Bietzeit ist mit Stunde und Minute im Protokoll festzuhalten. Nach Ablauf der Mindestbietzeit von 30 Minuten muss die Versteigerung so lange fortgesetzt werden, bis trotz entsprechender Aufforderung des Gerichts ein weiteres Gebot nicht mehr abgegeben wird. Das letzte Gebot, auch bezeichnet als **Meistgebot**, muss mit seinem Betrag und mit dem Namen des Bieters durch dreimaligen Aufruf verkündet werden. Die Anwesenden sollen dadurch auf die unmittelbar bevorstehende Beendigung der Versteigerung 627

---
1 § 169 GVG.
2 § 80 Abs. 1 ZPO.

hingewiesen werden. Wenn nach dreimaligem Aufruf des letzten Gebotes und entgegen der Aufforderung des Gerichtes ein weiteres Gebot nicht mehr abgegeben wird, ist der Schluss der Versteigerung zu verkünden. Dieser ist erneut nach Stunde und Minute zu protokollieren. Gebote danach werden nicht mehr angenommen.

628 Wird im Versteigerungstermin keinerlei Gebot abgegeben, so ist das Verfahren nach § 77 Abs. 1 ZVG einzustellen, damit es dem betreibenden Gläubiger ermöglicht wird, einen weiteren Termin zur Zwangsversteigerung zu beantragen. Verbleibt allerdings auch dieser ohne Ergebnis, so ist das Verfahren aufzuheben oder auf Antrag als Zwangsverwaltung fortzusetzen. Der entsprechende Einstellungsbeschluss ist im Termin zu verkünden und den Beteiligten zuzustellen, die ihn mit der sofortigen Beschwerde anfechten können.

Fortgesetzt wird das eingestellte Verfahren nur auf Antrag. Dieser Antrag ist innerhalb einer Frist von sechs Monaten nach Zustellung der entsprechenden Belehrung des Gerichtes zu stellen.

dd) Das Mindestgebot

629 Der Zuschlag kann nicht zu jedem Gebot erfolgen. § 74a ZVG soll die an dem Grundstück Berechtigten mit einem **Mindestgebot** schützen. Wenn das abgegebene Barmeistgebot zusammen mit den bestehen bleibenden Rechten unter $7/10$ des Grundstückswerts liegt, kann der Antrag auf Versagung des Zuschlags gestellt werden. Antragsberechtigt ist dabei jeder Berechtigte, dessen Anspruch ganz oder teilweise durch das abgegebene Meistgebot nicht gedeckt ist, aber bei einem Gebot in Höhe von $7/10$ des Grundstückswertes voraussichtlich gedeckt sein würde. Dieses Antragsrecht kommt jedem Beteiligten zu, auch denen mit Vorrangsansprüchen nach den Rangklassen 1 bis 3 des § 10 Abs. 1 ZVG. Für die Eigentümergemeinschaft wird sich das Problem selten stellen, dass diese die Versagung des Zuschlages wegen Nichterreichen der $7/10$-Grenze beantragen muss. Sie wird sich aber darauf einzustellen haben, dass insbesondere seitens der dinglichen Gläubiger entsprechende Anträge gestellt werden.

630 Die Eigentümergemeinschaft wird vielmehr zu überlegen haben, ob sie nicht dem Antrag eines nachrangigen Gläubigers auf Versagung des Zuschlages widerspricht. Dies kann sie in dem Fall, dass sie selbst das Verfahren betreibt und glaubhaft macht, dass ihr durch die Versagung des Zuschlages ein unverhältnismäßiger Nachteil erwachsen würde. Unter unverhältnismäßig wird jeder Nachteil verstanden, der dem Gläubiger durch den Aufschub der Befriedigung seiner Vollstreckungsforderungen einen unverhältnismäßigen Schaden zufügt, oder dem bei späterer Grundstückverwertung der Ausfall seiner Forderung drohen würde[1]. Der

---
1 ZVG Handbuch, Rz. 341.

Widerspruch kann nur bis zum Schluss der Verhandlung über den Zuschlag erklärt werden. Das Gericht hat über den Widerspruch durch Versagung des Zuschlags wegen nicht Erreichens der $^7/_{10}$-Grenze oder durch Erteilung des Zuschlages mit begründetem Beschluss zu entscheiden. Erteilt das Gericht den Zuschlag, so steht dem widersprechenden Gläubiger die sofortige Beschwerde gegen den Zuschlagsbeschluss zu. Entscheidet sich das Gericht für die Versagung des Zuschlages, hat es von Amts wegen sofort einen neuen Termin zu bestimmen.

Den Schutz vor der Verschleuderung der Immobilie dient auch § 85a Abs. 1 ZVG. Nach dieser Vorschrift darf ein Meistgebot unter dem halben Grundstückswert nicht zum Zuschlag führen, was immer von Amts wegen zu berücksichtigen ist. Zu versagen ist danach der Zuschlag, wenn das im ersten Versteigerungstermin erzielte Meistgebot unter Einbeziehung der nach den Versteigerungsbedingungen bestehen bleibenden Rechte, die Hälfte des Grundstückswerts nicht erreicht. Ein Widerspruchsrecht des Gläubigers gegen die Versagung des Zuschlages bei einem Meistgebot unter dem halben Grundstückswert gibt es im Gegensatz zur $^7/_{10}$-Grenze des § 74a Abs. 1 Satz 2 ZVG nicht. Vor Versagung des Zuschlages sind die anwesenden Beteiligten nach Schluss der Versteigerung zu hören. Wenn die Beteiligten die Versagung des Zuschlages nach § 85a Abs. 1 ZVG angeregt haben, das Gericht den Zuschlag jedoch erteilt, ist in den Gründen des Zuschlagsbeschlusses darzustellen, warum die $^5/_{10}$-Grenze des § 85a Abs. 1 ZVG nicht einschlägig ist. 631

Vielfach ist zu beobachten, dass der Versteigerungstermin ordnungsgemäß verläuft, das Meistgebot aber so niedrig ausfällt, dass es hinter dem erwarteten Betrag erheblich zurückbleibt. In diesem Fall ist nach § 85 Abs. 1 ZVG jeder Beteiligte, der bei Zuschlag auf das vorliegende Meistgebot einen Ausfall erleiden würde, nicht aber zu den nach § 74a Abs. 1 ZVG Antragsberechtigten gehört und sich zusätzlich zum Ersatz des durch die Versagung des Zuschlags entstehenden Schadens verpflichtet die Befugnis eingeräumt, die wiederholte Versteigerung des Grundstücks in einem neuen Termin zur Erzielung eines höheren Erlöses zu beantragen. 632

ee) Der Zuschlag

Der Zuschlag muss nach § 81 Abs. 1 ZVG dem Meistbietenden erteilt werden. Meistbietender ist, wer das höchste, wirksame Gebot abgegeben hat. Als Ersteher kommt auch die Gemeinschaft der Wohnungseigentümer in Betracht[1]. Im Rahmen der Zuschlagsentscheidung bleibt das ge- 633

---

1 OLG Celle, Beschl. v. 26. 2. 2008 – 4 W 213/07, NJW 2008, 1537; LG Frankenthal, Beschl. v. 3. 12. 2007 – 1 T 323/07, MittBayNot 2008, 128; LG Hannover, Beschl. v. 3. 7. 2007 – 3 T 35/07, ZMR 2007, 893.

meindliche gesetzliche Vorkaufsrecht nach §§ 24, 25 BauGB außer Betracht[1]. Die Entscheidung über den Zuschlag erfolgt durch Beschluss, in dem das Grundstück zu bezeichnen ist, der Ersteher nach Familienname, Vorname, Stand und Wohnort und Geburtsdatum aufzuführen ist, das Meistgebot benannt werden muss und die Versteigerungsbedingungen wiederholt werden. Der Zuschlagsbeschluss wird durch Verlesen verkündet, entweder im Versteigerungstermin oder in einem gesonderten, gleichfalls öffentlichen Verkündungstermin.

Zuzustellen ist der Zuschlagsbeschluss an den Ersteher und die Beteiligten, die weder im Versteigerungs- noch im Verkündungstermin erschienen waren (§ 88 ZVG). Der Zuschlagsbeschluss ist Vollstreckungsakt, mit ihm wird das Eigentum des Erstehers[2] unter Freistellung von allen nicht nach den Versteigerungsbedingungen bestehen bleibenden Rechten[3] begründet. Der Ersteher erwirbt das Eigentum originär, nicht etwa als Rechtsnachfolger des Schuldners[4]. Mit dem Zuschlag geht das Eigentum auf den Ersteher über, unabhängig von der Berichtigung des Bargebotes und der Grundbucheintragung des Erstehers[5], der Eigentumserwerb des Erstehers erfolgt auch an Gegenständen, auf die sich die Versteigerung erstreckt und bewirkt das Erlöschen der Rechte, die nicht nach den Versteigerungsbedingungen bestehen bleiben sollten. Außerdem bewirkt der Zuschlag den Gefahrenübergang, den Übergang der Nutzungen und Lasten, die Übernahme der persönlichen Schuld einer Hypothek, den Eintritt in bestehende Miet- und Pachtverhältnisse sowie die Kostenpflicht des Erstehers. Für den Ersteher ist der Zuschlagsbeschluss zugleich Vollstreckungstitel zur Durchsetzung seines Rechts zur Besitzergreifung, die Zwangsvollstreckung aus dem Zuschlagsbeschluss auf Räumung und Herausgabe gegen den Besitzer des Grundstücks kann vor der Rechtskraft des Zuschlagsbeschlusses ab seiner Wirksamkeit erfolgen. Mit dem Zuschlag schuldet der Ersteher der Gemeinschaft das Hausgeld und kann von dieser in Anspruch genommen werden (vgl. Rz. 665).

o) Die Verteilung des Versteigerungserlöses

634 Nach § 105 Abs. 1 ZVG ist die Verteilung des Erlöses von dem Zwangsversteigerungsgericht in einem nach Wirksamkeit des Zuschlages von Amts wegen anzuberaumenden Termins auszuführen. Die Rechtskraft

---

1 ZVG Handuch, Rz. 348.
2 § 90 ZVG.
3 § 91 Abs. 1 ZVG.
4 BGHZ 111, 14 (16).
5 Nach § 130 ZVG erfolgt die Grundbuchberichtigung erst nach Erlösverteilung; erst dann können auch vom Ersteher bewilligte Rechte nach Eintragung seines Eigentums eingetragen werden.

des Zuschlages ist für die Durchführung des Verteilungstermins nicht notwendig.

Des Verteilungstermins bedarf es, weil der Vollstreckungsschuldner durch den Zuschlag anstelle des verlorenen Eigentums am Wohnungseigentum die Forderung gegen den Ersteher auf Zahlung dessen Bargebots nebst den Zinsen auf das Bargebot erwirbt. Diese Forderung unterliegt aber der Beschlagnahme des Zwangsversteigerungsverfahrens, nicht der Vollstreckungsschuldner sondern allein das Vollstreckungsgericht kann über diese Teilungsmasse verfügen[1]. Ein Gläubiger des Vollstreckungsschuldners kann diese Masse nicht pfänden, ein gesetzlicher Forderungsübergang auf die Gläubiger des Vollstreckungsschuldners findet nicht statt. Das Vollstreckungsgericht nimmt die Zahlung des Erstehers in amtlicher Eigenschaft entgegen und leitet sie weiter[2]. Die Gläubiger werden also aus dem Vermögen des Vollstreckungsschuldners befriedigt, keinesfalls aus dem Vermögen des Erstehers, zu dem sie in keinerlei Rechtsbeziehung stehen[3]. 635

aa) Die Vorbereitung des Verteilungstermins

Der Verteilungstermin ist von dem Gericht zu bestimmen, eine besondere Ladung erfolgt nicht. Regelmäßig enthält allerdings die Bestimmung des Termins den Hinweis auf die Notwendigkeit der Anmeldung von Forderungen nach § 114 ZVG, auf die Ausführung des Teilungsplans nach § 117 ZVG, auf zulässige Vertretung und Notwendigkeit einer besonderen Geldempfangsvollmacht sowie das Erfordernis der Urkundenvorlage. Zugestellt wird die Terminbestimmung allen Beteiligten, sie soll auch an die Gerichtstafel angeheftet werden. 636

Regelmäßig wird das Versteigerungsgericht in Vorbereitung des Verteilungstermins in der Terminbestimmung auch gemäß § 106 ZVG die Beteiligten dazu auffordern, binnen zwei Wochen eine Berechnung ihrer Ansprüche einzureichen. Da es sich bei § 106 Satz 1 ZVG um eine „Kann"-Vorschrift handelt, entsteht keinerlei Rechtsnachteil durch Nichtbefolgung. Jede spätere Anmeldung ist daher ebenso wie die Änderung oder Ergänzung einer rechtzeitigen Anmeldung, bei der Aufstellung des endgültigen Teilungsplans zu berücksichtigen. Der von dem Gericht aufgestellte vorläufige Teilungsplan ist spätestens drei Tage vor dem Termin auf der Geschäftsstelle des Gerichtes zur Einsicht der Beteiligten niederzulegen[4]; den Beteiligten sind nach § 299 Abs. 1 ZPO auf Wunsch Abschriften zu erteilen. Die Bestimmungen in dem vorläufigen Teilungsplan sind allerdings nicht endgültig, sondern ausdrücklich nur vorläufig. 637

---
1 *Stöber*, § 114 Rz. 1 zu 1.4.
2 BGH, Urt. v. 31. 3. 1977 – VII ZR 336/75, BGHZ 68, 276 (278).
3 BGH, Urt. v. 31. 3. 1977 – VII ZR 336/75, BGHZ 68, 276 (278).
4 § 106 S. 2 ZVG.

638 Trotz der notwendigen Anmeldung der Forderung zur Feststellung des geringsten Gebots ist es unumgänglich, dass zur Berücksichtigung der Forderung im Verfahren der Verteilung des Versteigerungserlöses – zur Aufnahme in den Teilungsplan – diese **nochmals** angemeldet werden, und zwar insbesondere die während des Zwangsversteigerungsverfahrens fällig gewordenen Forderungen.

639 Die Anmeldung der Forderung zum Teilungsplan unterscheidet sich je nach Stellung des Gläubigers. Hat die Eigentümergemeinschaft das Zwangsversteigerungsverfahren beantragt oder ist sie einem bereits anhängig gewesenen Verfahren beigetreten, so gelten ihre Ansprüche als angemeldet, § 114 Abs. 1 Satz 2 ZVG. Dies gilt aber nicht für die laufenden Beträge wiederkehrender Leistungen – die seit Anordnung oder Beitritt fällig gewordenen Wohngeldzahlungen. Nach § 114 Abs. 2 ZVG brauchen nur solche laufenden Beträge nicht angemeldet zu werden, die sich aus dem Grundbuch ergeben. Die laufenden Beträge – das Wohngeld – ist dabei anzumelden bis zum Tag vor dem Zuschlag[1], weil ab dem Zuschlag der Ersteher nach § 56 ZVG die Kosten des Wohnungseigentums zu tragen hat.

Muster einer Anmeldung zur Aufnahme in den Teilungsplan im Fall des Beitritts oder der Beantragung des Versteigerungsverfahrens durch die Eigentümergemeinschaft

640 An das

Amtsgericht

– Zwangsversteigerungen –

In dem Zwangsversteigerungsverfahren

A

gegen

B

– Aktenzeichen –

hat meine Mandantin mit Schriftsatz vom … die Anordnung der Zwangsversteigerung beantragt (*alternativ:* den Beitritt zum Zwangsversteigerungsverfahren beantragt).

Gemäß § 114 Abs. 1 Satz 2 ZVG gelten die Ansprüche meiner Mandantin damit als angemeldet.

---

1 *Stöber*, § 10 Rz. 6.22.

Meine Mandantin hatte das Zwangsversteigerungsverfahren (*alternativ:* den Beitritt zum Zwangsversteigerungsverfahren) unter anderem beantragt wegen der laufenden Beträge im Rang des § 10 Abs. 1 Nr. 2 ZVG.

Diese Beträge beziffere ich bis zum gesetzlichen Endzeitpunkt nunmehr wie folgt:

Der Zuschlag wurde am ... erteilt. Die laufenden Beträge sind damit zu berechnen bis zum Tag vor dem Zuschlag, im vorliegenden Fall also bis zum ...

Im Zeitraum zwischen der Beantragung (*alternativ:* dem Beitritt) und dem Zuschlag wurden folgende Wohngeldzahlungen in der nachstehend bezeichneten Höhe fällig:

[im Einzelnen aufzuführen]

Die Entstehung der vorstehend im Einzelnen aufgeführten Forderungen ist nachgewiesen durch den bereits bei Antragstellung eingereichten Wirtschaftsplan vom ..., der auf der Eigentümerversammlung vom ... beschlossen worden war (*alternativ:* Während der Dauer des Verfahrens hat die Eigentümergemeinschaft in ihrer Versammlung vom ... seinen neuen Wirtschaftsplan beschlossen. Ablichtungen des Protokolls der Eigentümerversammlung vom ... und des Wirtschaftsplans sind anliegend beigefügt).

Zudem berechnen sich die in der Anmeldung enthaltenen Zinsansprüche ebenfalls bis zum Tag des Zuschlags wie folgt:

[im Einzelnen aufzuführen]

Rechtsanwalt

Hat die Eigentümergemeinschaft das Verfahren nicht selbst betrieben oder war sie keinem anhängigen Verfahren beigetreten, muss sie ihre Ansprüche insgesamt zur Aufnahme in den Teilungsplan anmelden.

Muster einer Anmeldung zur Aufnahme in den Teilungsplan im Fall der Anmeldung der Forderung in einem anhängig gewesenen Zwangsversteigerungsverfahren

An das Amtsgericht

– Zwangsversteigerungen –

In dem Zwangsversteigerungsverfahren

A

gegen

B

– Aktenzeichen –

melde ich die Forderung meiner Mandantin zur Aufnahme in den Teilungsplan im Rang des § 10 Abs. 1 Nr. 5 ZVG wie folgt an:

1) Hauptforderung

2) Zinsen berechnet ab dem ... bis zum Tag vor der Zuschlagserteilung:

... Euro

3) Kosten: ... Euro

4) Laufende Beträge: Der Zuschlag wurde am ... erteilt. Die laufenden Beträge sind damit zu berechnen bis zum Tag vor dem Zuschlag, im vorliegenden Fall also bis zum ...

Im Zeitraum zwischen der Beantragung und dem Zuschlag wurden folgende Wohngeldzahlungen in der nachstehend bezeichneten Höhe fällig:

[im Einzelnen aufzuführen]

Die Entstehung der vorstehend im Einzelnen aufgeführten Forderungen ist nachgewiesen durch den bereits bei Antragstellung eingereichten Wirtschaftsplan vom ..., der auf der Eigentümerversammlung vom .... beschlossen worden war.

Rechtsanwalt

bb) Der Verteilungstermin

642 Der Verteilungstermin selbst ist nicht öffentlich, er steht lediglich den Beteiligten offen. In dem Verteilungstermin ist der Teilungsplan aufzustellen, die Verhandlung über den Teilungsplan zu führen, festzustellen, dass oder in welcher Höhe teilweise das Bargebot vom Ersteher berichtigt wurde, die Entnahme der Kosten und die Planausführung sowie schließlich die Behandlung der Grundschuldbriefe und Vollstreckungstitel zu regeln. Über den Verteilungstermin ist ein Protokoll aufzunehmen.

cc) Der Teilungsplan

643 Der Teilungsplan ist Grundlage für die Erlösverteilung. Er wird im Verteilungstermin nach Anhörung der anwesenden Beteiligten aufgestellt. In der Praxis allerdings ist die Teilnahme von Beteiligten eher der Ausnahmefall. Der Teilungsplan gliedert sich in die Feststellung der Teilungsmasse, die Bezeichnung der bestehen bleibenden Rechte, die Feststellung der Schuldenmasse sowie die Zuteilung der vorhandenen Teilungsmasse auf die Ansprüche[1].

---

[1] Beispiel eines Teilungsplans im ZVG Handbuch, Rz. 414.

Verteilt wird der zu zahlende Versteigerungserlös einschließlich der Zinsen auf das Bargebot und etwaige Hinterlegungszinsen, der Erlös der Gegenstände, die ggf. nach § 65 ZVG gesondert versteigert oder anderweitig verwertet worden sind, der bare Betrag, den der Ersteher mit Wegfall einer nach den Versteigerungsbedingungen bestehen bleibenden Belastung zu zahlen hat, und ggf. beschlagnahmtes Versicherungsgeld, soweit es nach den Versteigerungsbedingungen vom Zuschlag ausgeschlossen und seine Einziehung unter Verrechnung der Masse angeordnet wurde. 644

Die Teilungsmasse ist als Versteigerungserlös Grundstücksersatz. Zinsen aus dem baren Meistgebot sind vom Tag des Wirksamwerdens des Zuschlags, bis zum Tag des Verteilungstermins zu zahlen. Schon vor dem Versteigerungstermin allerdings kann sich der Ersteher durch Hinterlegung[1] von seiner Verbindlichkeit befreien. 645

Im Teilungsplan sind die bestehen bleibenden Rechte nach § 113 Abs. 2 ZVG anzugeben, damit den Beteiligten die Gelegenheit gegeben wird, etwaige Einwendungen zu erheben, weil sich bei Wegfall eines Rechts das zu zahlende und zu verteilende Meistgebot erhöht. 646

Als Schuldenmasse sind im Teilungsplan die Kosten des Verfahrens, die Ansprüche, die durch Zahlung zu decken sind nach dem Inhalt des Grundbuchs, soweit ihr Höchstbetrag zur Zeit der Eintragung des Versteigerungsvermerks aus dem Grundbuch ersichtlich war festzustellen, im Übrigen nur dann, wenn sie spätestens in dem Verteilungstermin angemeldet sind. Laufende Beträge wiederkehrender Leistungen, die nach dem Inhalt des Grundbuchs zu entrichten sind, brauchen nicht angemeldet zu werden. Ebenso gelten die Ansprüche der Anordnungs- oder Beitrittsgläubiger als angemeldet, soweit sie sich aus dem Versteigerungsantrag ergeben. In der Schuldenmasse sind alle Ansprüche aufzuführen, mithin auch solche, zu deren Deckung kein Erlös vorhanden ist. 647

Mit der Zuteilung wird sodann der Erlös verteilt. Die Zuteilung zeigt auf, in welcher Höhe die Teilungsmasse (der Versteigerungserlös) auf die Ansprüche entfällt, die nach dem Abschnitt Schuldenmasse ein Recht auf Befriedigung aus dem Grundstück gewähren. Die Zuteilung ist nach dem Rang der Ansprüche vorzunehmen, der Ausfall der nicht zum Zuge kommenden Rechte wird nicht ausdrücklich dargestellt. 648

Ein eventueller Erlösüberschuss, der nach Deckung unverteilt bleibt, gebührt dem (ehemaligen) Grundstückseigentümer mit dem Zeitpunkt der Zuschlagserteilung. Er wird diesem allerdings nicht förmlich zugeteilt. Vielfach wird aber in dem Teilungsplan der dem Ersteher verbleibende Erlösüberschuss ausdrücklich festgehalten. 649

---

1 Nach den Vorschriften der Hinterlegungsordnung.

650 Über den Teilungsplan wird sofort mündlich verhandelt, sein gesamter Inhalt ist den Anwesenden bekannt zu geben. In dem Protokoll soll festgehalten werden, ob die anwesenden Beteiligten gegen die Erlösverteilung nach dem Plan Einwendungen vorbringen, und soll schriftlich eingereichte Widersprüche bekanntmachen.

dd) Die Anfechtung des Teilungsplans

651 Anfechtbar ist der Verteilungsplan als eine gerichtliche Entscheidung mit der sofortigen Beschwerde, nicht mit der Erinnerung. Die Beschwerdefrist beträgt zwei Wochen ab Planfeststellung im Verteilungstermin, sie endet mit der Planausführung durch die unbare Zahlung. Daneben ist der Teilungsplan mit dem Widerspruch nach §§ 115 Abs. 1 ZVG, 876 ZPO, wenn die Planänderung aus materiellen Gründen verlangt wird, angreifbar. Alle Einwendungen, die darauf beruhen, dass der nach den gesetzlichen Vorschriften formell ordnungsgemäß aufgestellte Teilungsplan nicht mit der materiellen Rechtslage übereinstimmt, sind mit dem Widerspruch geltend zu machen.

ee) Die Ausführung des Teilungsplans

652 Wenn ein Widerspruch nicht erhoben ist, ist der Teilungsplan auszuführen. Die Ausführung erfolgt durch unbare Zahlung an den oder die Berechtigten.

653 Nicht selten anzutreffen sind derzeit Fälle, in denen der Ersteher das Bargebot mit den Zinsen bis zum Verteilungstermin nicht entrichtet hat. In diesem Fall haben die Beteiligten Befriedigung aus der Forderung gegen ihn zu suchen, das Vollstreckungsgericht kann die Erfüllung der Zahlungspflicht durch den Ersteher nicht erzwingen.

654 Da als Grundstücksersatz der Anspruch auf Zahlung gegen den Ersteher auf Zahlung des baren Versteigerungserlöses noch dem bisherigen Eigentümer des Grundstücks zusteht, hat das Gericht gemäß § 118 Abs. 1 ZVG in Ausführung des Teilungsplans diese Forderung auf die Berechtigten zu übertragen. Mit der Forderung wird zugleich die Forderung eines mithaftenden Bürgen nach § 118 Abs. 1 ZVG übertragen. Die Forderungsübertragung hat als Akt der Zwangsvollstreckung den Charakter einer Überweisung im Sinne der ZPO[1]. Mit der Übertragung wird der Berechtigte neuer Forderungsgläubiger. Die übertragene Forderung ist gegen den Ersteher und jeden späteren Eigentümer vollstreckbar. Die Vollstreckung erfolgt auf der Grundlage der vollstreckbaren Ausfertigung des Zuschlagsbeschlusses, die Vollstreckungsklausel ist zu erteilen durch den Urkundsbeamten des Vollstreckungsgerichtes.

---

1 ZVG Handbuch, Rz. 470.

Eine Maßnahme der unmittelbaren Vollstreckung der übertragenen Forderung gegen den Ersteher in das Grundbuch ist die so genannte Wiederversteigerung nach § 133 ZVG. Dabei handelt es sich um ein „normales" Versteigerungsverfahren, bei der allerdings der Ersteher noch nicht eingetragener Grundstückeigentümer sein muss zum Zeitpunkt der Beantragung des Verfahrens, allerdings spätestens bei der Bestimmung des Versteigerungstermins und der weiteren Verfahrensdurchführung[1]. 655

Das Wiederversteigerungsverfahren ist ein neues Verfahren, bezüglich dessen ein neuer Versteigerungsvermerk, eine neue Beschlagnahme und eine neue Zustellung erfolgen muss. Auch die Beteiligten bestimmen sich neu, der frühere Eigentümer ist allerdings nicht Beteiligter. Die Anmeldungen für das geringste Gebot und für den Teilungsplan müssen neu und wiederum rechtzeitig erfolgen, Anmeldungen in dem vorausgegangenen Versteigerungsverfahren haben keine Wirkungen. 656

3. Der Ersteher in der Eigentümergemeinschaft

a) Bindung an getroffene Beschlüsse

Mit dem Zuschlag erwirbt der Ersteher das Eigentum an der versteigerten Immobilie. Ab diesem Zeitpunkt hat er die Lasten zu tragen und kann die ihm als Miteigentümer zustehenden Rechte geltend machen. 657

Der **Sondernachfolger** eines Wohnungseigentümers ist an die wirksam gefassten Eigentümerbeschlüsse auch dann gebunden, wenn sie vor seinem Eintritt in die Gemeinschaft der Wohnungseigentümer gefasst worden sind. Dies bestimmt ausdrücklich § 10 Abs. 3 WEG. Sondernachfolger in diesem Sinn ist auch derjenige, der das Wohnungseigentum im Wege der Zwangsvollstreckung erwirbt[2]. 658

b) Instandhaltungsrücklage als Gegenstand der Zwangsversteigerung

Der BGH hat in seinem Beschluss vom 2. 6. 2005 klargestellt, dass die Gemeinschaft der Wohnungseigentümer Träger des Vermögens, also auch der Instandhaltungsrücklage ist[3]. Auch die Instandhaltungsrücklage unterfällt dem Zuschlag in der Zwangsversteigerung, der **Ersteher** der Zwangsversteigerung wird daher automatisch **Berechtigter** an dem auf das ersteigerte Wohnungseigentum entfallenden Anteil an der Instandhaltungsrücklage[4]. 659

---

1 ZVG Handbuch, Rz. 565.
2 Weitnauer/*Lüke*, § 10 Rz. 34; BayObLG, Beschl. v. 10. 3. 1988 – BReg. 2 Z 123/87, WE 1988, 202.
3 BGH, Beschl. v. 2. 6. 2005 – V ZB 32/05, NJW 2005, 2061–2069.
4 Zum Meinungsstand vgl. Bärmann/Pick/*Merle*, § 21 Rz. 157.

c) Versteigerungsbeschränkungen

660 § 12 Abs. 1 WEG sieht vor, dass als Inhalt des Sondereigentums vereinbart werden kann, dass ein Wohnungseigentümer zur Veräußerung seines Wohnungseigentums der **Zustimmung anderer Wohnungseigentümer** oder eines Dritten bedarf. Eine solche Veräußerungsbeschränkung gilt auch für das Zwangsvollstreckungsverfahren, wie sich aus § 12 Abs. 3 Satz 2 WEG ergibt.

661 Sofern alle Wohnungseigentumsanteile eines Grundstücks versteigert werden, gilt die Veräußerungsbeschränkung des § 12 WEG nicht. Der Grund hierfür liegt darin, dass durch den Schutz des § 12 WEG die Wohnungseigentümer vor ungewollten Veränderungen geschützt sein sollen, bei einer Veräußerung aller Wohnungseigentumseinheiten kann dieser Schutz somit nicht mehr greifen[1].

662 Bei der Veräußerung oder Versteigerung einzelner Wohnungseigentumseinheiten findet § 12 WEG hingegen Anwendung, es sei denn, dass die Zwangsversteigerung durch Gläubiger aus der Rangklasse 3 (öffentliche Lasten des Grundstücks) des § 10 Abs. 1 ZVG betrieben wird[2]. Der Grund für die **Privilegierung** der Gläubiger der Rangklasse 3 des § 10 Abs. 1 ZVG liegt darin, dass deren Ansprüche auf dem ungeteilten Grundstück gelastet haben. Die Gläubiger der Rangklasse 3 des § 10 Abs. 1 ZVG können durch Aufteilung in Wohnungseigentumseinheiten nicht in ihrer dinglichen Berechtigung auf Zwangsvollstreckung in die nun haftenden Wohnungseigentumseinheiten mit Vereinbarung einer Veräußerungsbeschränkung beeinträchtigt werden[3].

663 Voraussetzung ist allerdings, dass das Veräußerungsverbot bereits **vor Eintragung der ersten dinglichen Gläubiger** wirksam vereinbart worden ist. Wird ein Veräußerungsverbot erst nach Eintragung erster dinglicher Gläubiger vereinbart, dann müssen diese der ihre Rechte massiv tangierenden Beschränkung ausdrücklich zustimmen[4]. Die Gläubiger, die nach Vereinbarung einer Veräußerungsbeschränkung eingetragen wurden, müssen hingegen die Veräußerungsbeschränkung gegen sich gelten lassen[5]. Liegt ein Veräußerungsverbot vor und ist die Gemeinschaft nicht bereit, ihre Zustimmung zu der Versteigerung zu erklären, so muss der die Zwangsversteigerung betreibende Gläubiger seine Rechte im Verfahren der freiwilligen Gerichtsbarkeit nach § 43 Abs. 1 Nr. 1 WEG geltend machen. Das Gericht kann dabei allerdings die fehlende Zustimmung nicht selbst ersetzen, sondern lediglich die Verpflichtung zur Zustim-

---

1 Bärmann/*Pick*/Merle, § 12 Rz. 26; Weitnauer/*Lüke*, § 12 Rz. 16.
2 *Stöber*, § 15 Rz. 45.5b.
3 *Stöber*, § 15 Rz. 45.5b.
4 *Stöber*, § 15 Rz. 45.5b; Bärmann/*Pick*/Merle, § 12 Rz. 25 (53).
5 *Stöber*, § 15 Rz. 45.5b.

mung aussprechen. Mit Rechtskraft der Entscheidung gilt die Zustimmung sodann gemäß §§ 45 Abs. 3 WEG, 894 ZPO als erteilt[1].

Liegt die Zustimmung bis zum Schluss der Versteigerung nicht vor, hindert dies die Durchführung des Zwangsversteigerungsverfahrens nicht. Es muss lediglich ein besonderer Verkündungstermin bestimmt werden, in welchem das Meistgebot dann verkündet wird[2]. 664

4. Pflichten des Erstehers im Verhältnis zur Eigentümergemeinschaft

Für die durch den Schuldner möglicherweise **nicht gezahlten Hausgeldansprüche** ist der **Ersteher nicht zahlungspflichtig**. Ein Sonderrechtsnachfolger hat grundsätzlich niemals für die Verbindlichkeiten seines Rechtsvorgängers einzustehen. Weder der rechtsgeschäftliche Erwerber noch der Ersteher einer Wohnungseigentumseinheit im Wege der Zwangsversteigerung, der durch Zuschlag Eigentümer wird, haften kraft Gesetzes für rückständige Hausgeldzahlungen[3]. 665

Es fragt sich allerdings, ob diese Grundsätze auch dann gelten, wenn die **Jahresabrechnung** durch die Eigentümergemeinschaft erst **nach dem Zuschlag** beschlossen wird. Grundsätzlich ist gegenüber der Eigentümergemeinschaft derjenige Schuldner der Kosten und Lasten, der im Zeitpunkt der Fälligkeit Grundstückseigentümer gewesen ist. Nach Zuschlag ist dies der Ersteher. Maßgeblich für die Fälligkeit ist der Beschluss der Wohnungseigentümerversammlung bzw. ein darin enthaltenes späteres Fälligkeitsdatum[4].

Soweit vor dem Zeitpunkt des Eigentumswechsels aufgrund eines beschlossenen Wirtschaftsplans Vorschüsse fällig geworden und nicht bezahlt worden sind, dürfen sie in der Jahresabrechnung nicht dem Erwerber belastet werden. Dieser haftet vielmehr nur für die Abrechnungsspitze[5]. 666

Problematisch ist, ob dies auch dann gilt, wenn die **Wohnungseigentümer vereinbart** haben, dass der **Erwerber** gesamtschuldnerisch für etwaige Rückstände des Verkäufers **haftet**. Eine solche Vereinbarung kann grundsätzlich wirksam getroffen werden, denn nach § 10 Abs. 1 Satz 2 WEG können die Wohnungseigentümer ihr Verhältnis untereinander 667

---

1 Bärmann/Pick/*Merle*, § 43 Rz. 23.
2 *Böttcher*, §§ 15, 16 Rz. 86.
3 BGH, Beschl. v. 22. 1. 1987 – V ZB 3/86, NJW 1987, 1638; BayObLG, Beschl. v. 13. 6. 1979 – 2 Z 50/78, Rpfleger 1979, 352.
4 BGH, Beschl. v. 18. 5. 1989 – V ZB 14/88, NJW 1989, 2697; BGH, Vorlagebeschl. v. 21. 4. 1988 – V ZB 10/87, NJW 1988, 1910.
5 S. BayObLG, Beschl. v. 30. 4. 1999 – 2 Z BR 33/99, InVO 1999, 365, m. w. N.

durch Vereinbarungen frei gestalten. Für den Fall, dass derartige Vereinbarungen in das Grundbuch eingetragen werden, wirken sie auch für den Sondernachfolger[1]. Dann fragt sich aber, ob der **Ersteher** in der Zwangsversteigerung als „**Erwerber**" zu betrachten ist. Der BGH[2] hat dies verneint. Nach Ansicht des BGH ist der Begriff der Veräußerung allgemein auf die **rechtsgeschäftlichen Übertragungen** unter Lebenden beschränkt und unterscheidet sich wesentlich von dem Eigentumsübergang kraft Gesetzes oder durch Zuschlag im Wege der Zwangsversteigerung[3].

668 Der von dem BGH vorgenommenen Auslegung ist zuzustimmen. Die rückständigen Verpflichtungen des Schuldners gegenüber der Gemeinschaft werden weder im geringsten Gebot noch sonst in den Versteigerungsbedingungen berücksichtigt. Die Höhe der Rückstände ist weder aus dem Grundbuch noch aus den von dem Gericht mitgeteilten Versteigerungsbedingungen ersichtlich. Auch kann der Verwalter des gemeinschaftlichen Eigentums vor Durchführung der Endabrechnung keine genaue Auskunft über die Höhe der Rückstände erteilen. Würde mit der Gegenmeinung zugelassen werden, dass eine Haftung des Erstehers eingreift, so würde dies automatisch zu geringeren Geboten führen, da jeder Interessent entsprechende Abschläge vornehmen würde oder unter Umständen sogar dazu, dass Interessenten abgehalten würden, überhaupt Gebote abzugeben. Nachdem das Zwangsversteigerungsverfahren der Realisierung der Rechte der Gläubiger des Schuldners dient, ist der ausweitenden Auslegung nicht zuzustimmen.

669 Manche Eigentümergemeinschaften haben daraufhin versucht **rechtsgeschäftlich** zu vereinbaren, dass neben dem Erwerber auch der Ersteher im Zwangsversteigerungsverfahren für Wohngeldrückstände des Voreigentümers haften soll. Eine solche Regelung allerdings **verstößt gegen** die zwingende Regelung des **§ 56 Satz 2 ZVG** und ist daher gemäß § 134 BGB **nichtig**[4]. § 56 Satz 2 ZVG stellt in den Grenzen des § 59 Abs. 1 ZVG zwingendes Recht dar. Gemäß § 59 Abs. 1 ZVG kann jeder Beteiligte eine von den gesetzlichen Vorschriften abweichende Feststellung des geringsten Gebotes in den Versteigerungsbedingungen verlangen. Zweck des § 59 ZVG ist es, einen möglichst hohen Versteigerungserlös zu erzielen[5]. Mit der Zielsetzung, möglichst hohe Versteigerungsergebnisse zu erzielen, ist es aber unvereinbar, eine Mithaftung des Erwerbers für Hausgeldrückstände zu vereinbaren. Selbst wenn man abweichende Versteigerungsbedingungen im Sinne von § 59 Abs. 1 ZVG für zulässig erachten wollte, so müssten derartige Versteigerungsbedingungen im eigentlichen Zwangsversteigerungsverfahren durch das Vollstreckungs-

---

1 § 5 Abs. 4, § 10 Abs. 2 WEG.
2 BGH, Beschl. v. 13. 10. 1983 – VII ZB 4/83, BGHZ 88, 302.
3 Ebenso bei OLG Köln, 2. ZS, Urt. v. 5. 11. 1975 – 2 U 41/75, ObLGZ 1976, 329.
4 BGH, Beschl. v. 22. 1. 1987 – V ZB 3/86, NJW 1987, 1638.
5 Steiner/*Storz*, § 59 Rz. 1.

gericht festgelegt werden[1]. Eine Einschränkung der Entscheidungsmacht des Vollstreckungsgerichtes durch Zuerkennung einer Entscheidungskompetenz der Wohnungseigentümergemeinschaft sieht das Gesetz nicht vor. Es besteht insoweit auch kein Bedürfnis, dieses Ergebnis aus wirtschaftlichen Gesichtspunkten zu korrigieren, da die Wohnungseigentümergemeinschaft im Fall des Zwangsversteigerungsverfahrens die Rückstände mit der Erteilung des Zuschlages genau berechnen kann und den säumigen *(früheren)* Eigentümer auf Zahlung in Anspruch nehmen kann bzw. bei rechtzeitiger Geltendmachung ihrer Ansprüche gegen den säumigen Miteigentümer sowieso die Priviligierung des § 10 Abs. 1 Nr. 2 ZVG in Anspruch nehmen kann.

Bezüglich der Zahlung von Sonderumlagen ist zu **differenzieren, wann der Beschluss** über die Zahlung **getroffen** wurde. Wurde der Beschluss vor dem Zuschlag getroffen und ist die Sonderumlage vor diesem Zeitpunkt fällig, so ist allein der Schuldner des Zwangsversteigerungsverfahrens zahlungspflichtig. Wurde der Beschluss allerdings nach Zuschlag gefasst und ist die Sonderumlage nach dem Zuschlag fällig, dann ist der Ersteher des Zwangsversteigerungsverfahrens Zahlungspflichtiger. Fraglich ist aber der Fall, dass der Beschluss vor dem Zuschlag gefasst, die Sonderumlage aufgrund der Fassung des Beschlusses erst nach dem Zuschlag fällig werden soll. Die ganz herrschende Meinung[2] stellt auf den Zeitpunkt der Fälligkeit der beschlossenen Leistungen ab. Dies steht im Einklang mit den §§ 103, 1108 BGB, die beide davon sprechen, dass die während der Dauer des Eigentums fällig werdenden Leistungen zu begleichen sind. Auch der BGH teilt diese Ansicht[3]. 670

5. Sonderformen des Zwangsversteigerungsverfahrens

Neben der auf Realisierung von Geldforderungen gerichteten Versteigerung von Wohnungseigentum sind im ZVG Sonderformen vorgesehen, auf die lediglich kurz einzugehen ist. 671

a) Teilungsversteigerung

Die Teilungsversteigerung nach den §§ 180 ff. ZVG dient dazu, eine an dem Wohnungseigentum bestehende Gemeinschaft auseinanderzusetzen. Da das Wohnungseigentum nicht in Natur teilbar ist, wird an seine Stelle durch die Teilungsversteigerung eine aufteilbare Geldsumme ge- 672

---

1 Ein wirtschaftlich benachteiligter sonstiger Verfahrensbeteiligter könnte dem widersprechen.
2 *Weitnauer*, § 16 Rz. 50; *Stöber*, § 56 Rz. 52.
3 BGH, Vorlagebeschl. v. 21. 4. 1988 – V ZB 10/87, NJW 1988, 1910; anderer Ansicht: *Müller*, S. 262.

setzt[1]. Für das Teilungsversteigerungsverfahren gelten grundsätzlich die Vorschriften des Zwangsversteigerungsverfahrens, soweit die §§ 181 bis 185 ZVG nichts anderes bestimmen[2]. Der wesentliche Unterschied des Teilungsversteigerungsverfahrens zum „Normalverfahren" besteht darin, dass nach § 181 Abs. 1 ZVG ein vollstreckbarer Titel nicht Voraussetzung für die Anordnung des Teilungsversteigerungsverfahrens ist. **Antragsberechtigt** für das Teilungsversteigerungsverfahren sind **alle Beteiligten der Bruchteilsgemeinschaft**, der **Erbengemeinschaft**, der **aufgelösten Gesellschaft** oder der **aufgelösten Gütergemeinschaft** sowie die sie vertretenden Personen[3]. Ein einzelnes Wohnungseigentum kann jederzeit im Wege der Teilungsversteigerung auseinandergesetzt werden[4]. Allerdings kann kein Wohnungseigentümer die Aufhebung der Gesamtgemeinschaft verlangen, wie sich aus § 11 Abs. 1 WEG ergibt. Ein Miteigentümer kann daher die Teilungsversteigerung sämtlicher Miteigentumsanteile der Eigentumswohnanlage nicht verlangen[5].

b) Insolvenzverwalterversteigerung

673 Als Sonderfall der Zwangsversteigerung ist vorgesehen, dass der Insolvenzverwalter des insolventen Eigentümers die Versteigerung des zur Insolvenzmasse gehörenden Wohnungseigentums herbeiführen kann. Die Insolvenzverwalterversteigerung läuft dabei nach den allgemeinen Regeln ab, soweit nicht die §§ 173 und 174 ZVG Sonderregelungen enthalten. Antragsberechtigt für die Insolvenzverwalterversteigerung ist allein der Insolvenzverwalter selbst, der nach den Regelungen der InsO das zur Insolvenzmasse gehörende Vermögen des Schuldners zu verwalten und zu verwerten hat. Dabei kann die Verwertung entweder durch **freihändigen Verkauf** oder durch die **Zwangsversteigerung** erfolgen. Die Zwangsversteigerung hat für den Insolvenzverwalter insoweit Vorteile, als Gewährleistungsansprüche in Zwangsversteigerungsverfahren ausgeschlossen sind[6], Vorkaufsrechte nicht ausgeübt werden können[7], mit der besonderen Feststellung des geringsten Gebotes nach § 174a ZVG auch ein hochbelastetes Grundstück sich verwerten lässt sowie Schadensersatzansprüche gegen den Insolvenzverwalter wegen eines vermeintlich zu niedrigen Verkaufserlöses ausgeschlossen sind.

674 In seiner **Entscheidungsmacht** ist der Insolvenzverwalter nach Beantragung des Versteigerungsverfahrens **nicht beschränkt**. § 173 Satz 1 ZVG besagt, dass der Anordnungsbeschluss bei der Verwalterversteigerung

---

1 *Storz*, Rz. A.3.2.1.
2 § 180 Abs. 1 ZVG.
3 *Stöber*, § 180 Rz. 3.2.
4 *Stöber*, § 180 Rz. 2.9.
5 *Böttcher*, § 180 Rz. 11.
6 § 56 S. 3 ZVG.
7 *Stöber*, § 81 Rz. 10.

nicht als Beschlagnahme des Grundstückes gilt. Jegliche freihändige Veräußerung bleibt daher möglich. Gleichfalls ist nicht erforderlich, dass der Insolvenzverwalter einen Vollstreckungstitel gegen die von ihm verwaltete Masse erwirkt. Verfahrensvoraussetzung ist lediglich, dass das Wohnungseigentum zur Insolvenzmasse gehört und dass der Schuldner des Insolvenzverfahrens als Grundstückseigentümer eingetragen ist.

6. Kosten des Zwangsversteigerungsverfahrens

Die Kosten für das Zwangsversteigerungsverfahren unterteilen sich einerseits in die Kosten des Vollstreckungsgerichts, anderseits in die Kosten der anwaltlichen Berater. 675

a) Gerichtskosten

Die Regelungen über die Gerichtskosten folgen aus § 1 GKG und dem Kostenverzeichnis zum GKG gemäß § 3 Abs. 2 GKG, Teil 2, Hauptabschnitt 2. 676
Dort sind die Kostenbestimmungen für die Gerichtsgebühren in Nummer 2210–2216 aufgeführt.

aa) Gebühr für Anordnung und Beitritt

Die Festgebühr für Anordnung und Beitritt zum Verfahren beträgt nach Nr. 2210 GKG-KV 50 Euro. Diese Gebühr wird für die Entscheidung über den Antrag auf Anordnung der Zwangsversteigerung oder Zulassung des Beitritts, ebenso bei dem Antrag des Insolvenzverwalters nach § 172 ZVG oder bei dem Antrag auf Teilungsversteigerung nach § 180 ZVG erhoben. Die Gebühr wird **für jeden Antragsteller gesondert** erhoben, erfolgt der Antrag durch Gesamtgläubiger, so liegt lediglich eine Antragstellung vor. Betrifft der Zwangsversteigerungsantrag mehrere Grundstücke oder Miteigentumsanteile, wird jedoch in einem einheitlichen Beschluss entschieden, entsteht die Gebühr nur einmal. Ausgelöst wird die Gebühr durch die Entscheidung über den Antrag. Wird neben der Zwangsversteigerung auch die Zwangsverwaltung beantragt, so fallen zwei Gebühren an, da zwei Entscheidungen getroffen werden (Vorbem. 2.2 zu GKG-KV). Kostenschuldner ist nach § 26 Abs. 1 GKG der Antragsteller, und insbesondere der Vollstreckungsschuldner nach § 29 Nr. 4 GKG, sofern sich aus § 54 GKG nichts anderes ergibt. 677

bb) Gebühr für das Versteigerungsverfahren

Die allgemeine Verfahrensgebühr beträgt nach **Nr. 2211 GKG-KV** die Hälfte des Gebührensatzes. Dieser ermäßigt sich auf ein Viertel, wenn das Verfahren vor Ablauf des Tages endet, an dem die Verfügung mit der 678

Bestimmung des ersten Versteigerungstermins unterschrieben wird[1]. Das Verfahren im Allgemeinen beginnt unmittelbar nach der Anordnung der Zwangsversteigerung, besondere Handlungen des Gerichts zur Verwirklichung der Gebührentatbestände sind daher nicht erforderlich. Wird der Anordnungsantrag abgewiesen, beginnt das Zwangsversteigerungsverfahren somit überhaupt nicht, so ist nur die Anordnungsgebühr zu zahlen. Geschäftswert für die Verfahrensgebühr ist der vom Gericht nach § 74a ZVG festgesetzte Verkehrswert. Wenn der Verkehrswert nicht festgesetzt wird, ist nach § 54 Abs. 1 Satz 2 GKG der steuerliche Einheitswert maßgebend. Kostenschuldner ist nach § 26 Abs. 1 GKG der Antragsteller, soweit die Gebühren nicht dem Erlös entnommen werden können, ferner die in § 29 GKG Genannten.

cc) Gebühr für den Versteigerungstermin

679 Nach Nr. 2213 des GKG-KV ist für die **Durchführung** des Versteigerungstermins eine halbe Gebühr zu zahlen. Diese Gebühr entsteht mit der Aufforderung zur Abgabe von Geboten, damit bereits gilt der Versteigerungstermin kostenrechtlich als abgehalten. Die Gebühr entsteht nicht, wenn der Zuschlag wegen der Bestimmungen der §§ 74a oder 85a ZVG versagt wird oder das Zwangsversteigerungsverfahren vor Gebotsaufforderung eingestellt wird. Kostenschuldner ist derselbe wie im Versteigerungsverfahren.

dd) Gebühr für Erteilung des Zuschlages

680 Nach Nr. 2214 des GKG-KV ist für die Erteilung des Zuschlages eine weitere hälftige Gebühr geschuldet. Die Gebühr entfällt, wenn der Zuschlagsbeschluss aufgehoben wird, sie entsteht jedoch, wenn nach Versagung des Zuschlages erst durch das **Beschwerdegericht** der **Zuschlag** erteilt wird. Eine Bietergemeinschaft gilt als ein Ersteher, so dass nach § 54 Abs. 5 Satz 2 GKG auch insoweit nur eine Gebühr zu zahlen ist. Geschäftswert für die Berechnung der Gebühr ist das Meistgebot, für welches der Zuschlag erteilt wird, jedoch ohne Zinsen, aber einschließlich des Wertes der bestehen bleibenden Rechte. Wenn das Gebot einem zur Befriedigung aus dem Grundstück Berechtigten erteilt wird, erhöht sich dieser Geschäftswert um den Betrag, in dessen Höhe der Ersteher nach § 114a ZVG als aus dem Grundstück befriedigt gilt[2]. Die Gebühr wird fällig mit der Verkündung des Zuschlagsbeschlusses, Kostenschuldner ist stets der Ersteher.

---

1 Nr. 2212 GKG-KV.
2 § 54 Abs. 2 GKG.

ee) Gebühr für das Verteilungsverfahren

Nach Nr. 2215 GKG-KV ist für das Verteilungsverfahren wiederum eine hälftige Gebühr fällig. Diese Gebühr deckt als **Pauschalgebühr** alle Tätigkeiten des Gerichts ab. Das Verteilungsverfahren beginnt nach § 105 Abs. 1 ZVG mit der Bestimmung des Verteilungstermins. Im außergerichtlichen Verteilungsverfahren nach §§ 143, 144 ZVG ermäßigt sich die Gebühr auf ein Viertel des Gebührensatzes[1]. Der Geschäftswert bestimmt sich nach dem Meistgebot ohne Zinsen, für welches der Zuschlag erteilt ist, einschließlich des Wertes der nach den Versteigerungsbedingungen bestehen bleibenden Rechte. Die Gebühr wird aus dem Erlös vorweg entnommen.

681

ff) Beispiel

Der Wert des Wohnungseigentums des Schuldners wurde auf 110 000 Euro festgesetzt. Im Versteigerungstermin wurden 80 000 Euro als Höchstgebot abgegeben.

682

Anordnung des Zwangsversteigerungsverfahrens: Festgebühr	50 Euro
Gebühr für Versteigerungsverfahren: Gebührensatz bei Gegenstandswert 110 000 Euro = 856 Euro: 0,5 Gebühr	428 Euro
Gebühr für Versteigerungstermin: 0,5 Gebühr	428 Euro
Gebühr für Erteilung des Zuschlags: Gebührensatz bei 80 000 Euro = 656 Euro: 0,5 Gebühr	328 Euro
Gebühr für Verteilungsverfahren: 0,5 Gebühr	328 Euro
Gesamtkosten Gericht:	1 562 Euro

b) Anwaltskosten

Die Gebühren des anwaltlichen Vertreters im Zwangsversteigerungsverfahren sind in §§ 2, 13 und 26 RVG in Verbindung mit Nummern 3311 und 3312 des RVG Vergütungsverzeichnisses (VVRVG) geregelt.

683

aa) Vertretung eines Beteiligten

Nach §§ 2, 13 RVG in Verbindung mit Nummer 3311 VVRVG entsteht jeweils eine 0,4-Gebühr.

684

– Für die Vertretung im Versteigerungsverfahren bis zur Einleitung des Verteilungsverfahrens.

---

1 Nr. 5219 GKG-KV.

– Für die Tätigkeit im Verfahren über Anträge auf einstweilige Einstellung oder Beschränkung der Zwangsvollstreckung nach einstweiliger Einstellung des Verfahrens sowie für Verhandlungen zwischen Gläubiger und Schuldner mit dem Ziel der Aufhebung des Verfahrens.

685 Für die Vertretung im Versteigerungstermin ist eine gesonderte 0,4-Gebühr nach §§ 2, 13 RVG in Verbindung mit Nummer 3312 VVRVG fällig, die durch die Wahrnehmung des Versteigerungstermines anfällt, und zwar unabhängig davon, ob ein oder mehrere Versteigerungstermine stattfinden. Eine besondere Tätigkeit ist insoweit nicht notwendig, es ist vielmehr die Anwesenheit im Termin nach dessen Aufruf erforderlich.

686 Für das Verteilungsverfahren ist nach §§ 2, 13 RVG in Verbindung mit Nummer 3311 VVRVG eine weitere Gebühr in Höhe von 0,4 vorgesehen. Diese Gebühr wird geschuldet für die Vertretung eines Beteiligten im gerichtlichen oder auch im außergerichtlichen Verteilungsverfahren; erforderlich ist, dass der anwaltliche Berater an dem Verteilungsverfahren mitwirkt, also eine Tätigkeit entwickelt, die irgendwie mit der Verteilung zusammenhängt. Die **Anwesenheit im Verteilungstermin** selbst ist zum Entstehen der Gebühr **nicht notwendig**, es ist allerdings die bloße Entgegennahme der Ladung zum Termin nicht ausreichend, wohl aber die Prüfung des Teilungsplanes.

687 Der Gegenstandswert, aus dem die vorgenannten Gebühren zu berechnen sind, richtet sich danach, wer vertreten wird. Für die Vertretung des Gläubigers oder eines anderen nach § 9 Nr. 1 und 2 ZVG Beteiligten bestimmt sich der Gegenstandswert nach § 26 Nr. 1 RVG nach dem Wert des dem Gläubiger oder dem Beteiligten zustehenden Rechts unter Einrechnung der Nebenforderungen wie Zinsen und Kosten[1].

688 Wird das Versteigerungsverfahren nur wegen einer **Teilforderung** betrieben, so bestimmt § 26 Nr. 1 RVG zweiter Halbsatz, dass der Teilbetrag nur dann maßgebend ist, wenn es sich um einen nach § 10 Abs. 1 Nr. 5 ZVG zu befriedigenden Anspruch handelt, also den Anspruch aus persönlichen Titeln des Gläubigers[2]. Bei Vertretung anderer Beteiligter, die Ansprüche aus den Rangklassen des § 10 Abs. 1 Nr. 1 bis 4 ZVG begehren, ist hingegen der volle Wert der dem Gläubiger oder dem Beteiligten zustehenden Rechte auch dann maßgebend, wenn die Zwangsversteigerung nur wegen einer Teilforderung betrieben wird. Bei Vertretung eines Beteiligten oder Gläubigers mit mehreren Forderungen sind die Werte zu addieren[3].

689 Bei der Berechnung des Gegenstandswertes sind die **Nebenkosten** nach § 26 Nr. 1 RVG dritter Halbsatz jeweils **mitzurechnen**. Insoweit handelt

---
1 Stöber, Rz. 787.
2 Stöber, Rz. 787.
3 Stöber, Rz. 788.

es sich um die Zinsen – *diese berechnet bis zum Erlass des Anordnungs- oder Beitrittsbeschlusses* – und die Kosten.

Bei Vertretung eines anderen Beteiligten[1] oder des Schuldners bestimmt § 26 Nr. 2 RVG, dass sich der Gegenstandswert nach dem **Wert des Objektes** bestimmt, auch wenn die Wertfestsetzung nach § 74a ZVG nicht erfolgt ist, im Verteilungsverfahren allerdings nach dem Wert des Erlöses. Bei Miteigentümern bzw. Mitberechtigten ist die Höhe ihres Anteils am Wert oder am Erlös maßgeblich. 690

Vertretung eines beteiligten Gläubigers:
Forderung in Höhe von 10 000 Euro + 600 Euro Zinsen = 10 600 Euro (Gegenstandswert)

Versteigerungsverfahrensgebühr: 0,4-Gebühr	210,40 Euro
Versteigerungstermingebühr: 0,4-Gebühr	210,40 Euro
Verteilungsverfahrensgebühr: 0,4-Gebühr	210,40 Euro
Gesamtkosten:	631,20 Euro

Vertretung des Schuldners:
Gegenstandswert = Wert des Objekts = 110 000 Euro

Versteigerungsverfahrensgebühr: 0,4-Gebühr	541,60 Euro
Versteigerungstermingebühr: 0,4-Gebühr	541,60 Euro
Verteilungsverfahrensgebühr: Gegenstandswert = Wert des Erlöses = 80 000 Euro 0,4-Gebühr	480,00 Euro
Gesamtkosten:	1 563,20 Euro

bb) Vertretung eines Bieters

Den Fall, dass der Rechtsanwalt einen Bieter vertritt, der nicht zugleich Beteiligter ist, regelt § 26 Nr. 3 RVG. Danach erhält der Rechtsanwalt die Gebühren nach §§ 2, 13 RVG in Verbindung mit Nummer 3312 in Höhe von 0,4. 691

Nicht abgegolten werden durch diese Gebühr **Verhandlungen vor dem Versteigerungstermin**, etwa mit einem Grundbuchberechtigten über das Bestehenbleiben oder den Erwerb seiner Rechte. Derartige Verhandlungen sind nach § 118 BRAGO gesondert zu vergüten. 692

Gegenstandswert für die Berechnung der Gebühren ist nach 26 Nr. 3 RVG der Betrag des höchsten für den Auftraggeber abgegebenen Gebotes; sofern kein Gebot abgegeben wurde, ist der Wert des Gegenstandes der 693

---

1 *Stöber*, Rz. 787.

Zwangsversteigerung maßgeblich. Die bestehen bleibenden Rechte sind dem Bargebot zuzurechnen[1].

Gegenstandswert = Betrag des höchsten für den Auftraggeber abgegebenen Gebots z. B. 75 000 Euro
Gebührensatz: 1 200 Euro
0,4-Gebühr   480,00 Euro

Gegenstandswert, sofern kein Gebot abgegeben wurde = Wert des Gegenstandes der Zwangsversteigerung = 110 000 Euro
Gebührensatz: 1 354 Euro   561,40 Euro
0,4-Gebühr

VII. Insolvenz des Wohnungseigentümers

695 Die Zahlen des Statistischen Bundesamtes[2] belegen es: Während sich bei den Unternehmensinsolvenzen seit dem Jahr 2005 eine Entspannung abzeichnet, nimmt die Zahl der Insolvenzen von Verbrauchern immer weiter zu: 2007 haben 105 238 Personen eine Verbraucherinsolvenz beantragt, 9,0 % mehr als im Vorjahr. Dagegen mussten 29 160 Unternehmen und damit 14,6 % weniger als im Vorjahr den Gang zum Insolvenzgericht antreten. Einschließlich der Insolvenzen anderer natürlicher Personen – das sind ehemals Selbständige und Gesellschafter größerer Unternehmen sowie der Nachlassinsolvenzen – meldeten die Gerichte 164 597 Insolvenzanträge. Damit hat sich die Zahl der Insolvenzanträge seit 1999 fast verfünffacht. Die erneute Änderung des Insolvenzrechts Ende 2001, die natürlichen Personen eine Stundung der Verfahrenskosten eröffnete, führte mit Beginn des Jahres 2002 zu einem regelrechten Andrang bei den Gerichten: Die Zahl der Verbraucherinsolvenzen stieg um 60 % auf 21 400. In den darauf folgenden Jahren drängten immer mehr Personen auf die Durchführung eines Insolvenzverfahrens. Dies hatte zur Folge, dass die Zuwachsraten bei den Verbraucherinsolvenzen in den folgenden Jahren bei über 40 % lagen. Im Jahr 2007 fiel der Anstieg mit 9 % allerdings deutlich schwächer aus.

696 Gegenstand der nachfolgenden Ausführungen sind Insolvenzverfahren über das Vermögen von Verbrauchern und ehemals Selbständigen, die die Erteilung der so genannten Restschuldbefreiung anstreben.

---

1 Gerold/Schmidt/von Eicken/*Madert*, BRAGO, § 68 Rz. 18.
2 http://www.destatis.de/jetspeed/portal/cms/Sites/destatis/Internet/DE/Content/Statistiken/UnternehmenGewerbeInsolvenzen/Insolvenzen/Aktuell,templateId=renderPrint.psml.

1. Das Restschuldbefreiungsverfahren

Nach der Insolvenzordnung (InsO) können grundsätzlich alle natürlichen Personen Restschuldbefreiung erlangen. Durch sie soll redlichen Schuldnern, also solchen, die unverschuldet in eine wirtschaftliche Notlage geraten und zahlungsunfähig geworden sind, die Möglichkeit gegeben werden, sich von ihren Schulden zu befreien und dadurch einen wirtschaftlichen Neuanfang zu machen. 697

Die Restschuldbefreiung setzt immer ein eröffnetes Insolvenzverfahren voraus, erst an dieses schließt sich dann das eigentliche Restschuldbefreiungsverfahren an. Das vorangehende Insolvenzverfahren kann entweder ein Regel- oder ein Verbraucherinsolvenzverfahren sein. Beide Wege führen zur Restschuldbefreiung, solange das Verfahren nicht nach § 207 InsO mangels Masse eingestellt werden muss. Das Verbraucherinsolvenzverfahren ist für diejenigen Schuldner vorgesehen, die keine selbständige wirtschaftliche Tätigkeit ausüben und auch in der Vergangenheit nicht ausgeübt haben. Diejenigen, die früher schon einmal selbständig waren, fallen nur ausnahmsweise dann unter die Regelungen des Verbraucherinsolvenzverfahrens, wenn gegen sie keine Forderungen mehr aus Arbeitsverhältnissen bestehen und ihre Vermögensverhältnisse im Übrigen überschaubar sind, d. h. wenn sie nur weniger als 20 Gläubiger haben. Die Regelungen über das Regel- oder das Verbraucherinsolvenzverfahren sind verbindlich. Der Schuldner kann nicht wählen, ob er das eine oder das andere Verfahren beantragen will. Für das Regel- und das Verbraucherinsolvenzverfahren gelten unterschiedliche Regelungen. 698

a) Das Verbraucherinsolvenzverfahren

Das Verbraucherinsolvenzverfahren ist in zwei Abschnitte gegliedert, nämlich das außergerichtliche Schuldenbereinigungsplanverfahren, an das sich das gerichtliche Insolvenzverfahren anschließt. Dieses ist wiederum in zwei Abschnitte gegliedert, das gerichtlichen Schuldenbereinigungsplanverfahren, wenn nicht das Gericht anordnet, hiervon abzusehen, und das vereinfachte Insolvenzverfahren. 699

aa) Das außergerichtliche Schuldenbereinigungsverfahren

Ist der Schuldner „Verbraucher" in dem oben dargestellten Sinn, geht dem gerichtlichen Insolvenzverfahren zwingend die Vorstufe des außergerichtliche Schuldenbereinigungsplanverfahrens voraus. Nach der Konzeption der InsO muss, bevor ein gerichtliches Insolvenzverfahren durchgeführt wird, untersucht werden, ob nicht einfacher und kostengünstiger ohne Gerichtsverfahren eine Einigung mit den Gläubigern über eine Schuldenbereinigung möglich ist. Ohne diesen außergerichtlichen Einigungsversuch ist ein Insolvenzantrag bei Gericht unzulässig. 700

701 Den außergerichtlichen Einigungsversuch kann ein Schuldner nicht alleine unternehmen, denn er soll hierbei fachkundige Unterstützung bekommen, um einen Vergleich (genannt Schuldenbereinigungsplan) zu formulieren. Deshalb muss er sich an eine geeignete Person oder Stelle wenden. In Betracht kommen dafür neben den Rechtsanwälten, Steuerberatern, Wirtschaftsprüfern und vereidigten Buchprüfern vor allem die staatlichen oder anerkannten Schuldnerberatungsstellen. Mit Hilfe dieser Person oder Stelle muss der Schuldner den Schuldenbereinigungsplan aufstellen.

702 Es ist in der Praxis festzustellen, dass Personen, die die Restschuldbefreiung anstreben, keine abschließende Kenntnis über die gegen sie bestehenden Forderungen der Gläubiger haben. § 305 Abs. 2 Satz 2 InsO bestimmt daher, dass die Gläubiger auf Aufforderung des Schuldners verpflichtet sind, auf ihre Kosten dem Schuldner zur Vorbereitung eines Forderungsverzeichnisses eine schriftliche Aufstellung ihrer gegen ihn gerichteten Forderung und deren Aufgliederung in Hauptforderung, Zinsen und Kosten zur Verfügung zu stellen. Diese Aufstellung muss von der Gemeinschaft der Wohnungseigentümer, vertreten durch den Verwalter, angefertigt werden, ohne dass die Gemeinschaft dem Schuldner dafür Kosten berechnen dürfte. Falls der Verwalter aufgrund seines Verwaltervertrages für solche Maßnahmen eine gesonderte Vergütung verlangen kann oder der Verwalter berechtigt ist, einen Rechtsanwalt mit der Forderungsaufstellung zu beauftragen, trägt die Gemeinschaft der Wohnungseigentümer die entstehenden Kosten gemeinschaftlich, ohne dass dem Schuldner diese Kosten später aufgebürdet werden können. Ob eine verwaltervertragliche Regelung, die für eine solche Forderungsaufstellung eine Vergütungsabrede enthält, ordnungsgemäßer Verwaltung entspricht, erscheint daher etwas zweifelhaft, der Vertrag sollte auf seine Wirksamkeit geprüft werden.

703 Aufgrund der so geschaffenen Gewissheit über die bestehenden Verbindlichkeiten und der Vermögens- und Einkommensverhältnisse muss der Schuldner seinen Gläubigern in dem Schuldenbereinigungsplan einen konkreten Vorschlag machen, wie die bestehenden Schulden bereinigt werden können, beispielsweise durch Ratenzahlung, Stundung, Erlass, Teilerlass o. Ä. Der Plan wird den Gläubigern zur Stellungnahme übersandt. Sind die Gläubiger mit diesem Vorschlag einverstanden, ist der Plan mit dem entsprechenden Inhalt vereinbart. Äußert sich ein Gläubiger zu dem vorgelegten Schuldenbereinigungsplan nicht, so stellt dies keine Zustimmung zu dem Plan dar. Der Schuldner muss nur noch das leisten, was im Plan vereinbart ist, nicht mehr die ursprünglichen Schulden. Kommt eine Einigung nicht zustande, stellt diejenige Person oder Stelle, die den Schuldner beraten hat, hierüber eine Bescheinigung aus (sogen. Abschlussbescheinigung). In diesem Falle muss dann das gericht-

liche Insolvenzverfahren beantragt werden, und zwar innerhalb einer Frist von sechs Monaten (§ 305 Abs. 1 Nr. 1 InsO).

bb) Das gerichtliche Schuldenbereinigungsverfahren

Unter Vorlage der Abschlussbescheinigung kann der Schuldner spätestens innerhalb von sechs Monaten nach Scheitern der außergerichtlichen Einigung bei dem zuständigen Insolvenzgericht den Antrag auf Eröffnung des Insolvenzverfahrens über sein Vermögen stellen. Dabei sind ausschließlich die von den Landesjustizverwaltungen herausgegebenen Formulare zu verwenden. 704

Zur Erlangung der Restschuldbefreiung ist erforderlich, dass der Schuldner mit seinem Antrag auf Eröffnung des Insolvenzverfahrens zugleich für die Dauer von sechs Jahren nach Eröffnung des Insolvenzverfahrens den pfändbaren Betrag seines Einkommens zugunsten der Gläubiger an einen Treuhänder abtritt. Daneben hat der Schuldner ein Vermögensverzeichnis, eine Vermögensübersicht und den weiteren (gerichtlichen) Schuldenbereinigungsplan vorzulegen. 705

Wenn die Gläubiger bereits den außergerichtlichen Schuldenbereinigungsplan abgelehnt haben, wird das Insolvenzgericht in aller Regel nicht nochmals einen gerichtlichen Schuldenbereinigungsversuch unternehmen, sondern gestützt auf § 306 Abs. 1 Satz 3 InsO von der Durchführung dieses Verfahrensabschnitts absehen, weil der neuerliche gerichtliche Schuldenbereinigungsversuch in der Regel aussichtslos ist. 706

Das gerichtliche Schuldenbereinigungsplanverfahren war deshalb in den Verfahrensablauf aufgenommen worden, weil der Gesetzgeber annahm, dass das Gericht weitergehende Möglichkeiten habe, einen Vergleich zustande zu bringen und insoweit die Kompetenz der Gerichte zur Herbeiführung des (gerichtlichen) Schuldenbereinigungsplans schuf. Das Gericht kann z.B. unter bestimmten Voraussetzungen über die Weigerung einzelner Gläubiger, die dem Plan nicht zustimmen, hinweggehen und deren Zustimmung ersetzen. Es kann auch die Einstellung von Zwangsvollstreckungsmaßnahmen anordnen. 707

Zu diesem Zweck wird den Gläubigern der gerichtliche Schuldenbereinigungsplan mit der Aufforderung zugestellt, hierzu Stellung zu nehmen. Schweigt ein Gläubiger auf diese Aufforderung, so gilt dies – anders als im außergerichtlichen Verfahren – als Zustimmung. Der Verwalter des gemeinschaftlichen Eigentums kann nicht ohne weiteres einem ist einem solchen Plan zuzustimmen, da es sich dabei um einen Verzicht auf Ansprüche handelt. Vielmehr muss er hier wohl die Eigentümergemeinschaft in einer Eigentümerversammlung über die Zustimmung zu dem Plan abstimmen lassen. Da ein Beschluss der Eigentümergemeinschaft in der Regel nicht innerhalb der gesetzten Frist vorliegt, muss der Ver- 708 walter um Verlängerung der Frist aufgrund dieser Problematik bitten. Sollte der Verwalter zur Geltendmachung von Ansprüchen berechtigt sein, so könnte er den Schuldenbereinigungsplan eventuell ablehnen.

709 Widersprechen Gläubiger dem Plan, kann das Gericht deren Zustimmung auf Antrag ersetzen, wenn die Mehrheit der übrigen Gläubiger nach Kopfzahl und Forderungshöhe dem Plan zugestimmt haben und die widersprechenden Gläubiger durch den Plan nicht unzulässig benachteiligt werden. Ein Plan, der entweder durch Zustimmung der Gläubiger oder mit Zustimmungsersetzung der widersprechenden Gläubiger angenommen wird, hat die Wirkung eines gerichtlichen Vergleichs.

710 Wenn von vornherein erkennbar ist, dass ein Plan keine Mehrheit unter den Gläubigern finden wird, kann das Gericht anordnen, dass auf dieses gerichtliche Schuldenbereinigungsplanverfahren verzichtet wird. Dann, oder wenn das gerichtliche Schuldenbereinigungsplanverfahren zwar durchgeführt, aber im Ergebnis doch erfolglos geblieben ist, wird über die Eröffnung des Insolvenzverfahrens entschieden.

cc) Das vereinfachte Insolvenzverfahren

711 Das Gericht muss vor der Verfahrenseröffnung prüfen, ob überhaupt genügend Vermögen des Schuldners („Masse") vorhanden ist, um das Verfahren durchführen zu können. Die Grundregel des § 26 Abs. 1 Satz 1 InsO gilt auch in den Verfahren auf Erlangung der Restschuldbefreiung. Aus der vorhandenen Masse müssen danach zumindest die Gebühren und Auslagen des Gerichts und die Vergütung des Treuhänders gedeckt werden können.

712 In der Vielzahl der Fälle erstreben aber Schuldner die Restschuldbefreiung, die über kein oder nur minimales Vermögen und Einkommen verfügen. Für diejenigen Schuldner, die über wenig oder gar kein Vermögen verfügen, sieht § 4a InsO die Möglichkeit vor, dass diesen die Kosten des Insolvenzverfahrens zunächst gestundet werden und sie diese erst später zurückzahlen. Wegen der die Landesjustizverwaltungen belastenden außerordentlich hohen Kosten der Verfahrenskostenstundung ist bereits eine weitere Änderung der Vorschrift in Planung[1].

713 Wird das Insolvenzverfahren eröffnet, wird in diesem Verfahren das pfändbare Vermögen des Schuldners durch den von dem Gericht bestell-

---

[1] Regierungsentwurf v. 22. 8. 2007 eines Gesetzes zur Entschuldung völlig mittelloser Personen und zur Änderung des Verbraucherinsolvenzverfahrens des BMJ, NZI 2007, Beilage zum Heft 3/2007. Nach dem Entwurf soll auch im Verbraucherinsolvenzverfahren bei völliger Mittellosigkeit die Eröffnung mangels Masse abgelehnt, auf das Insolvenzverfahren verzichtet und durch eine Offenbarungspflicht gegenüber dem Gerichtsvollzieher ersetzt und unmittelbar in das Restschuldbefreiungsverfahren übergeleitet werden.

ten Treuhänder verteilt. Insolvenzmasse ist das gesamte pfändbare Vermögen, das dem Schuldner zur Zeit der Eröffnung des Verfahrens gehört und das er während des Verfahrens erlangt.

Im Gegensatz zum Regelinsolvenzverfahren sind die Rechte des Treuhänders im vereinfachten Insolvenzverfahren eingeschränkt. Nachteilige Vermögensverfügungen des Schuldners oder der Gläubiger, die ansonsten der Insolvenzanfechtung durch den Insolvenzverwalter im Interesse aller Gläubiger zugänglich sind, sind nach § 313 Abs. 2 InsO nicht durch den Treuhänder, sondern durch jeden Insolvenzgläubiger anfechtbar. Die mit der Durchführung der Anfechtung entstandenen Kosten kann der die Anfechtung durchführende Gläubiger aus dem Erlangten vorweg entnehmen. Stattdessen kann die Gläubigerversammlung auch den Treuhänder oder einen Gläubiger mit der Anfechtung beauftragen. In diesem Fall kann der Gläubiger, der im Auftrag der Gläubigerversammlung die Anfechtung durchgeführt hat, seine Kosten, soweit sie nicht aus dem Erlangten gedeckt werden können, aus der Insolvenzmasse ersetzt verlangen. Soweit erkennbar, spielen aber Anfechtungen in den vereinfachten Insolvenzverfahren keine Rolle; die eingetretene Rechtsänderung durch ansonsten anfechtbare Rechtshandlungen wird von den Gläubigern in aller Regel hingenommen.

714

In dem vereinfachten Insolvenzverfahren ist der Treuhänder im Gegensatz zum Regelinsolvenzverfahren auch nicht zur Verwertung von Gegenständen berechtigt, an denen Pfandrechte oder Absonderungsrechte bestehen. § 313 Abs. 3 InsO bestimmt insoweit, dass allein der durch das Pfandrecht oder das Absonderungsrecht begünstigte Gläubiger zur Verwertung berechtigt ist. Nach der Gesetzesbegründung zur Änderung der Insolvenzordnung 2001[1] war jedoch gerade beabsichtigt, die Verwertung von Immobilien durch den Treuhänder zu ermöglichen[2]. Durch eine „doppelte Analogie" beziehungsweise „teleologische Reduktion" wird dieses Ergebnis erreicht[3]. Zu beachten ist, dass die Verwertung bei unbeweglichen Gegenständen jedoch nur zu Zwangsverwaltung oder Zwangsversteigerung berechtigt, nicht aber zu freihändigem Verkauf[4].

715

Ist das pfändbare Vermögen verteilt, wird das Insolvenzverfahren nach Abhaltung des Schlusstermins aufgehoben. Mit dieser Aufhebung des Verfahrens entscheidet das Gericht auch erstmals in der Frage der beantragten Restschuldbefreiung.

716

---

1 BT-Drs. 14/5680, S. 33.
2 *Uhlenbruck*/Vallender, InsO, § 313, Rz. 111; *Fuchs*, Räumungsschutz bei Wohnungseigentum im Verbraucherinsolvenzverfahren, 14. 7. 2005, S. 4, 5 (URL: http://delegibus.com/2005,6.pdf); vgl. auch *Schmidt/Nies*, Hamburger Kommentar, InsO, § 313 Rz. 9.
3 *Uhlenbruck*/Vallender, InsO, § 313 Rz. 111.
4 *Uhlenbruck*/Vallender, InsO, § 313 Rz. 112; *Braun/Buck*, InsO, § 313 Rz. 28.

b) Das Regelinsolvenzverfahren

717 Für diejenigen Schuldner, die nicht unter die Regelungen des Verbraucherinsolvenzverfahrens fallen, gelten statt der Regelungen über das vereinfachte Insolvenzverfahren diejenigen über das Regelinsolvenzverfahren.

718 Das oben zum Verbraucherinsolvenzverfahren Gesagte gilt ähnlich auch hier; nur gibt es beim Regelinsolvenzverfahren nicht das außergerichtliche und das gerichtliche Schuldenbereinigungsplanverfahren. Das Insolvenzgericht entscheidet vielmehr gleich mit dem Antrag über die Eröffnung des Verfahrens. Dafür ist das Regelinsolvenzverfahren aufwendiger und zumeist auch teurer, nicht zuletzt deshalb, weil der Insolvenzverwalter anders als im vereinfachten Verfahren zur Anfechtung und zur Verwertung der Gegenstände berechtigt ist, an denen Pfandrechte oder Absonderungsrechte bestehen.

719 Auch für das Regelinsolvenzverfahren gibt es für mittellose Schuldner die Möglichkeit der Verfahrenskostenstundung. Auch im Regelinsolvenzverfahren wird nach der Verteilung und mit der Aufhebung des Verfahrens über den Zugang des Schuldners zum eigentlichen Restschuldbefreiungsverfahren entschieden.

c) Die Restschuldbefreiung

720 Restschuldbefreiung können nach dem Gesetz nur „redliche Schuldner" erlangen. Wer beispielsweise wegen Bankrotts oder Gläubigerbenachteiligung strafrechtlich verurteilt worden ist, wird vom Gesetz ebenso wenig als redlich angesehen, wie derjenige, der vorsätzlich oder grob fahrlässig schriftlich unrichtige oder unvollständige Angaben über seine wirtschaftlichen Verhältnisse gemacht hat, um einen Kredit zu erhalten, Leistungen aus öffentlichen Mitteln zu beziehen (Sozialleistungen) oder Leistungen an öffentliche Kassen (Steuern) zu vermeiden. Unredlich ist nach dem Gesetz auch, wer während des Insolvenzverfahrens Auskunfts- oder Mitwirkungspflichten verletzt hat oder in den vorzulegenden Verzeichnissen seines Vermögens und seines Einkommens, seiner Gläubiger und der gegen ihn gerichteten Forderungen vorsätzlich oder grob fahrlässig unrichtige oder unvollständige Angaben gemacht hat.

721 Nach § 296 Abs. 1 Satz InsO kann die Restschuldbefreiung aber nur dann versagt werden, wenn neben dem objektiven Verstoß durch diesen zugleich die Befriedigung der Insolvenzgläubiger beeinträchtigt wird und den Schuldner an dem Verstoß ein Verschulden trifft. Für den Gläubiger, der einen Verstoß gegen eine Obliegenheit geltend machen will, ist zu beachten, dass der Antrag nur innerhalb eines Jahres nach Bekanntwerden des Verstoßes zulässig ist (§ 296 Abs. 1 Satz 2 InsO) und dass der Verstoß und der Zeitpunkt der Kenntniserlangung glaubhaft zu machen sind (§ 296 Abs. 1 Satz 3 InsO).

Liegen keine Versagungsgründe vor, „kündigt das Gericht mit der Aufhebung des Insolvenzverfahrens die Restschuldbefreiung an, anderenfalls versagt es diese". Mit der „Ankündigung" ist die Restschuldbefreiung noch nicht erteilt, der Schuldner muss sich vielmehr für den Zeitraum von sechs Jahren gerechnet ab dem Zeitpunkt der Eröffnung des Insolvenzverfahrens Pflichten unterwerfen, die dazu dienen sollen, den Gläubigern doch noch wenigstens einen Teil der Forderungen der Gläubiger zu befriedigen. Während der Dauer der Restschuldbefreiung hat der Treuhänder nur die Aufgabe der Einziehung der von der Abtretungserklärung umfassten Ansprüche; die Verwaltungs- und Verfügungsbefugnis über das ihm verbliebene und verbleibende Vermögen liegt allein bei dem Schuldner.

In dieser Wohlverhaltensperiode sind die Pflichten des Schuldners gesetzlich u. a. wie folgt umschrieben (§ 295 InsO):

– Der Schuldner hat eine angemessene Erwerbstätigkeit auszuüben, oder, wenn er ohne eine solche ist, sich um eine solche zu bemühen. Eine zumutbare Tätigkeit darf der Schuldner nicht ablehnen. Den pfändbaren Teil seines Einkommens hat er an einen Treuhänder abzutreten, der dieses Geld an die Gläubiger zu verteilen hat. Die Abtretung der pfändbaren Bezüge bezieht sich nicht nur auf Arbeitseinkommen, sondern auch Arbeitslosenunterstützung, pfändbare Renten- oder Sozialleistungen oder vergleichbare Einkünfte. Der Schuldner muss sich also für den Zeitraum der Wohlverhaltensperiode auf den pfändungsfreien Teil seines Einkommens beschränken. Als Anreiz für die Befolgung dieser Verpflichtung sind dem Schuldner nach § 292 Abs. 1 Satz 4 InsO nach Ablauf von vier Jahren seit der Aufhebung des Insolvenzverfahrens 10 % und nach fünf Jahren 15 % des eingezogenen Betrages auszukehren. Grundsätzlich kann der Schuldner während der Phase der Restschuldbefreiung auch selbständig wirtschaftlich tätig sein, dann muss er nach § 295 Abs. 2 InsO durch Zahlungen aus seinem Einkommen die Gläubiger so stellen, wie wenn er ein angemessenes Dienstverhältnis eingegangen wäre.

– Vermögen, das der Schuldner von Todes wegen oder mit Rücksicht auf ein künftiges Erbrecht erwirbt, muss er zur Hälfte des Wertes an den Treuhänder herausgeben.

– Der Schuldner hat eine Auskunftspflicht gegenüber dem Gericht und dem Treuhänder über einen Wechsel von Wohnsitz und Beschäftigungsstelle sowie über seine Bezüge und sein Vermögen. Er darf kein von der Abtretungserklärung erfasstes Einkommen oder durch Erbschaft ihm zugeflossenes Vermögen verheimlichen. Darüber hinaus muss er dem Insolvenzgericht und dem Treuhänder auf Verlangen Auskunft über seine Erwerbstätigkeit oder seine Bemühungen um eine solche, über seine Bezüge und sein Vermögen erteilen.

– Dem Schuldner ist es untersagt, dass er Zahlungen zur Befriedigung seiner Gläubiger an diese direkt leistet; entsprechende Zahlungen darf er nur an den Treuhänder leisten. Ihm ist es weiterhin verboten – gleich auf welche Art –, einem Insolvenzgläubiger einen Sondervorteil zu verschaffen. Jede derartige Vereinbarung ist nach § 294 Abs. 2 InsO nichtig.

724 Verstößt der Schuldner gegen eine dieser Pflichten schuldhaft, versagt das Gericht bereits während der Wohlverhaltensperiode die Restschuldbefreiung, wenn ein Gläubiger dies beantragt. Die Wohlverhaltensperiode wird dann abgebrochen und es gilt eine zehnjährige Sperrfrist für ein neues Restschuldbefreiungsverfahren. Nach § 290 Abs. 1 Ziffer 3 InsO ist die Restschuldbefreiung zu versagen, wenn in den letzten zehn Jahren vor dem Antrag auf Eröffnung des Insolvenzverfahrens oder nach diesem Antrag dem Schuldner Restschuldbefreiung erteilt oder nach §§ 296, 297 InsO versagt worden ist.

725 Wie bereits während des Insolvenzverfahrens sind auch während der Wohlverhaltensperiode Zwangsvollstreckungsmaßnahmen durch Insolvenzgläubiger unzulässig, § 294 Abs. 1 InsO. Das übrige während der Wohlverhaltensphase vom Schuldner erworbene Vermögen[1], steht dem Zugriff von Neugläubigern[2] offen, für die das Vollstreckungsverbot des § 294 Abs. 1 InsO nicht gilt. Dieser Zugriff steht grundsätzlich auch der Wohnungseigentümergemeinschaft zu, wenn nach Eröffnung des Insolvenzverfahrens Hausgeldschulden angefallen sind. Eine derartige Sicherstellung von Hausgeldschulden ist jedoch eher theoretischer Natur, da hier nur die Möglichkeit besteht, aus dem vollstreckungsfreien Vermögen – welches in der Regel äußerst gering ist – Befriedigung zu erlangen.

726 Am Ende der Wohlverhaltensperiode erteilt das Gericht dem Schuldner die Restschuldbefreiung, wenn er die ihn treffenden Pflichten erfüllt hat. Ihm sind damit die zum Zeitpunkt der Eröffnung des Insolvenzverfahrens bestehenden Schulden erlassen, ausgenommen davon bleiben Verbindlichkeiten aus einer vorsätzlich begangenen unerlaubten Handlung, aus Geldstrafen, Geldbußen sowie Zwangs- und Ordnungsgeldern sowie aus zinslosen Darlehen, die der Schuldner zur Begleichung der Kosten des Insolvenzverfahrens aufgenommen hat, § 302 InsO.

727 Von der Restschuldbefreiung werden alle zum Zeitpunkt der Eröffnung des Insolvenzverfahrens bestehenden Verbindlichkeiten erfasst, auch

---

[1] Etwa die von dem Schuldner nach § 295 Abs. 1 Nr. 2 InsO an den Treuhänder nicht herauszugebende Hälfte der Erbschaft oder die an den Schuldner nach dem Ende von vier Jahren abzuführenden Beträge nach § 292 Abs. 1 Satz 4 InsO; vgl. *Braun/Lang*, InsO, § 294 Rz. 3.
[2] Somit diejenigen Gläubiger, deren Forderungen erst nach Eröffnung des Insolvenzverfahrens entstanden sind.

wenn der Gläubiger seine Forderung nicht zur Insolvenztabelle angemeldet hat (§ 301 Abs. 1 Satz 2 InsO).

Schematisch kann das Verfahren zur Erlangung der Restschuldbefreiung für natürliche Personen wie folgt zusammenfassend dargestellt werden:

```
                       Restschuldbefreiung
                              ↑
                       Wohlverhaltensperiode
                              ↑
                  Ankündigung der Restschuldbefreiung
                     ↗                    ↖
    Regelinsolvenzverfahren      vereinfachtes Verbraucherinsolvenzverfahren
              ↑                              ↑
                                   (eventuell) gerichtliches
                                   Schuldenbereinigungsplanverfahren
                                              ↑
                                      außergerichtliches
                                   Schuldenbereinigungsplanverfahren
                                              ↑
         Selbständige                   Keine selbständige
      wirtschaftliche Tätigkeit      wirtschaftliche Tätigkeit
```

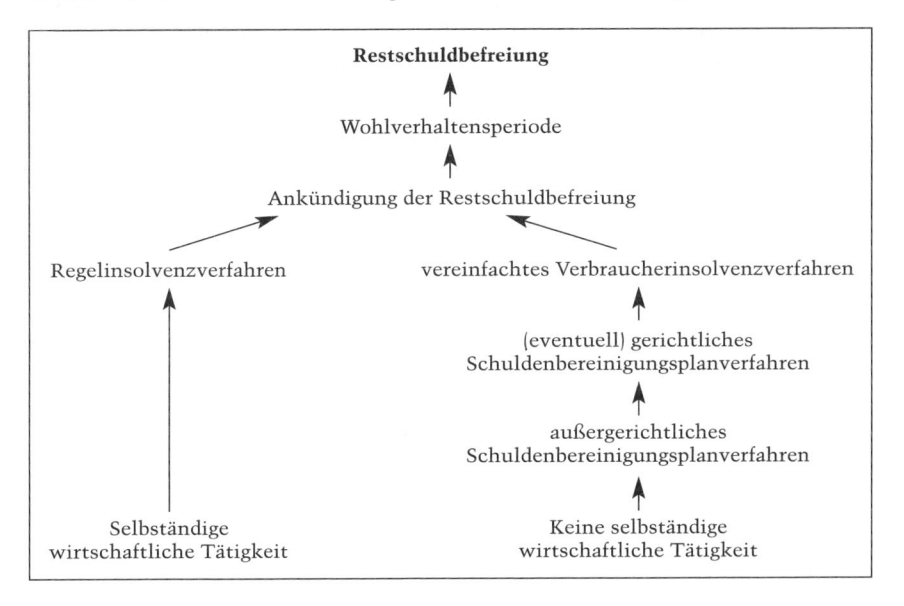

2. Wohnungs- und Teileigentum als Gegenstand der Insolvenzmasse

Als Vermögenswert des Schuldners ist das Wohnungs- und Teileigentum der Insolvenzmasse zugehörig und unterliegt wie jeder andere Massegegenstand der Verwertung durch den Insolvenzverwalter. Allerdings ist der Insolvenzverwalter durch die Besonderheiten des Wohnungseigentums insoweit gebunden, als auch er etwaige Beschränkungen aus der Gemeinschaftsordnung zu beachten hat. Danach gelten für den Insolvenzverwalter die von der Wohnungseigentümergemeinschaft getroffenen Vereinbarungen über Veräußerungsbeschränkungen (§ 12 WEG) ebenso, wie er die Unauflöslichkeit der Gemeinschaft nach § 11 WEG zu beachten hat und ihm selbst im Rahmen des Insolvenzverfahrens die Aufhebung der Wohnungseigentümergemeinschaft verwehrt ist.

3. Eintritt des Insolvenzverwalters in die Gemeinschaft der Wohnungseigentümer

Das Wohnungseigentum unterfällt als dem Schuldnervermögen zugehörig in die Insolvenzmasse (§ 35 InsO). Ab dem Zeitpunkt der Verfahrenseröffnung – nicht schon im vorläufigen Verfahren und auch nicht bei einem starken vorläufigen Insolvenzverwalter – gehen nach § 80 Abs. 1 InsO alle Verwaltungs- und Verfügungsbefugnisse bezüglich des Schuldnervermögens auf den Insolvenzverwalter über. Er nimmt fortan sämtliche Verwaltungs- und Verfügungsbefugnisse anstelle des Schuldners wahr, wobei sich die Tätigkeit des Insolvenzverwalters auf das Sondereigentum und die Ausübung der Mitgliedschaftsrechte in der Eigentümergemeinschaft erstreckt, während der WEG-Verwalter im Sinne des § 26 Abs. 1 WEG weiterhin das Gemeinschaftseigentum verwaltet, auch soweit es anteilsmäßig der Insolvenzmasse zuzurechnen ist.

a) Adressat der Einladung zur Eigentümerversammlung

731 Aufgrund des umfassenden Übergangs der Verwaltungs- und Verfügungsbefugnisse tritt der Insolvenzverwalter als Partei kraft Amtes auch in die Wohnungseigentümergemeinschaft ein und gehört damit in den Kreis der zu einer Eigentümerversammlung zwingend zu ladenden[1] Personen.

Nicht einheitlich beantwortet wird die Frage, ob neben dem in jedem Fall einzuladenden Insolvenzverwalter auch der „eigentliche" Wohnungseigentümer, der Schuldner, zu berücksichtigen sei. Während Niedenführ[2] unter Hinweis auf den ab Eröffnung des Insolvenzverfahrens eintretenden vollständigen Verlust der Befugnis des Schuldners, über sein Wohnungseigentum verfügen zu dürfen, eine Einladung des Eigentümers als nicht mehr erforderlich ansieht, stellt Jennißen[3] auf das – auch nach Eröffnung des Insolvenzverfahrens – kraft Mitgliedschaftsrechts des Wohnungseigentümers für diesen nicht entziehbar vorhandene Rede-, Teilnahme- und Antragsrecht in der Eigentümerversammlung ab. Daher ist nach dieser letztgenannten Ansicht ein Wohnungseigentümer auch dann zu laden, wenn ein so genannter Dritter, hier der Insolvenzverwalter, das Stimmrecht wahrnimmt.

b) Teilnahme- und Stimmrecht in der Eigentümerversammlung

732 Kraft des Übergangs der Verwaltungs- und Verfügungsbefugnisse auf den Insolvenzverwalter (§ 80 InsO) steht diesem das Recht zur Teilnahme an der Wohnungseigentümerversammlung zu. Ferner ist alleine der Insolvenzverwalter anstelle des Wohnungseigentümers stimmberechtigt.

733 Nur in dem Fall, dass die betroffene Wohnungseigentumseinheit durch den Insolvenzverwalter aus der Insolvenzmasse freigegeben wurde, geht das Stimmrecht wieder auf den Eigentümer über[4].

---

1 Jennißen/*Elzer*, WEG, § 24 Rz. 43 und 48; Niedenführ/*Kümmel*, WEG, § 24 Rz. 27.
2 Niedenführ/*Kümmel*, WEG, § 24 Rz. 27, m.w.N. zu gegenteiliger Ansicht.
3 Jennißen/*Elzer*, WEG, § 24 Rz. 43.
4 Niedenführ/*Kümmel*, WEG, § 25 Rz. 3.

Die in § 25 Abs. 5 WEG normierten Stimmverbote gelten – anders als in der Zwangsverwaltung – auch für den Insolvenzverwalter[1]. Er ist damit von der Beschlussfassung ausgeschlossen, wenn diese sich auf ein ihn unmittelbar betreffendes Rechtsgeschäft bezieht oder die Einleitung oder Erledigung eines Rechtsstreits zwischen ihm respektive dem Schuldner und den anderen Wohnungseigentümer zum Gegenstand hat[2] (§ 25 Abs. 5 1. und 2. Alternative WEG). Jedoch verliert der mit einem „Stimmverbot" belegte Eigentümer nicht die Befugnis, einen Beschluss, bei dem er nicht stimmberechtigt war, dennoch gerichtlich anfechten zu können[3].

734

4. Verwaltungsbefugnis des Insolvenzverwalters und Kostentragung

Mit dem Übergang der Verwaltungsbefugnis auf den Insolvenzverwalter fallen diesem die Aufgaben der ordnungsgemäßen Bewirtschaftung des Wohnungseigentums zu, wobei für die Regelung der finanziellen Belange zwischen laufenden und rückständigen – aus der Zeit vor Eröffnung des Insolvenzverfahrens herrührenden – Verbindlichkeiten zu unterscheiden ist. Dabei ist eine Einordnung in die Kategorien der InsO vorzunehmen.

735

Die InsO kennt Insolvenzforderungen nach § 38 InsO und bezeichnet damit persönliche Ansprüche gegen den Schuldner, die bereits **vor** Eröffnung des Insolvenzverfahrens entstanden, aber nicht notwendigerweise durchsetzbar geworden sind. Derartige Ansprüche müssen auf die Zahlung einer Geldsumme gerichtet oder nach § 45 InsO in eine Geldsumme umzurechnen sein[4].

736

Des Weiteren kennt die InsO so genannte Masseverbindlichkeiten, diese wiederum unterteilt nach „Kosten des Insolvenzverfahrens" (§ 54 InsO) und „sonstige Masseverbindlichkeiten" (§ 55 InsO).

737

Zu den Kosten des Verfahrens gehören nach der ausdrücklichen Aufzählung in § 54 InsO die Gerichtskosten, die Vergütung und Auslagen sowohl des vorläufigen Verwalters als auch des Insolvenzverwalters und des Gläubigerausschusses. Die Vorschrift hat – unter Hinzufügung von Ergänzungen – die Regelung des § 58 Nr. 1 KO inhaltlich übernommen[5].

738

Als sonstige Masseverbindlichkeiten im Sinn des § 55 InsO werden bezeichnet die Verbindlichkeiten, die durch Handlungen des Verwalters

---

1 Niedenführ/*Kümmel*, WEG, § 25 Rz. 26.
2 Niedenführ/*Kümmel*, WEG, § 25 Rz. 26.
3 Niedenführ/*Kümmel*, WEG, § 25 Rz. 32; Bärmann/Pick/*Merle*, WEG, § 25 Rz. 140.
4 *Braun/Bäuerle*, InsO, § 45 Rz. 1.
5 *Braun/Bäuerle*, InsO, § 54 Rz. 1.

oder in sonstiger Weise (§ 55 Abs. 1 Nr. 1 InsO), aus gegenseitigen Verträgen (§ 55 Abs. 1 Nr. 2 InsO) oder aus ungerechtfertigter Bereicherung (§ 55 Abs. 1 Nr. 3 InsO) entstanden sind. § 55 InsO fasst die früher in §§ 59 Abs. 1 Nr. 1,2 und 4 sowie § 58 Nr. 2 KO erwähnten Lebenssachverhalte zusammen, jedoch ohne die weiteren Konkursvorrechte der Konkursordnung zu übernehmen[1].

739 Die Einteilung von Forderungen als reine Insolvenzforderung oder Masseverbindlichkeit entscheidet letztlich über die Reihenfolge der Berücksichtigung als Gläubiger. Von nicht unerheblicher Bedeutung ist für den kraft Amtes in die Wohnungseigentümergemeinschaft eingetretenen Insolvenzverwalter die grundsätzliche Verpflichtung zur Zahlung von Hausgeld und Sonderumlagen als Insolvenzforderung oder als Masseverbindlichkeit.

a) Rückständige Hausgeldzahlungen

740 Hausgeldforderungen der Wohnungseigentümergemeinschaft gegen den Schuldner, die aus der Zeit **vor** Eröffnung des Insolvenzverfahrens herrühren, sind einfache Insolvenzforderungen nach § 38 InsO. Dies gilt auch dann, wenn erst nach Insolvenzeröffnung über die Hausgeldforderungen beschlossen wurde[2].

Dementsprechend sind diese Forderungen Insolvenzforderungen und damit zur Insolvenztabelle anzumelden.

b) Abrechnung von vor der Insolvenzeröffnung liegenden Wirtschaftsjahren nach Insolvenzeröffnung

741 Bei der Abrechnung von Wirtschaftsjahren, die vor Insolvenzeröffnung abgeschlossen sind, stellt sich die Frage, ob die zu leistenden Nachzahlungen Insolvenzforderungen oder Masseverbindlichkeiten sind.

742 Lediglich die Nachforderungen in Höhe der so genannten **Abrechnungsspitze**, das heißt des anteilig auf die einzelnen Wohnungseigentümer umgelegten Betrages, um den die mit dem Wirtschaftsplan beschlossenen Sollvorschüsse hinter den tatsächlich entstandenen Lasten und Kosten zurückbleiben, werden durch den Beschluss über die Jahresabrechnung erstmalig begründet[3]. Diese Rechtsprechung, die auch für den Bereich der Zwangsverwaltung gilt[4], führt dazu, dass **nicht der tatsächliche**

---

[1] Braun/*Bäuerle*, InsO, § 55 Rz. 1.
[2] AG Neukölln, Beschl. v. 23. 5. 2005 – 70 II 222/04 WEG, ZMR 2005, 659; vgl., noch zur Konkursordnung: BGH, Urt. v. 10. 3. 1994 – IX ZR 98/93, NJW 1994, 1866.
[3] BGH, Urt. v. 10. 3. 1994 – IX ZR 98/93, NJW 1994, 1866.
[4] OLG München, Beschl. v. 12. 3. 2007 – 34 Wx 114/06; im Anschluss an BayObLG, Beschl. v. 30. 4. 1999 – 2Z BR 33/99.

Fehlbetrag als Masseverbindlichkeit zu berichtigen ist, sondern nur der Fehlbetrag, der sich ergeben würde, wenn der Schuldner alle Vorauszahlungen geleistet hätte. Der übrige Fehlbetrag verbleibt bei der Eigentümergemeinschaft und ist gegebenenfalls durch Sonderumlage aufzubringen. Er ist als Insolvenzforderung zur Aufnahme in die Tabelle bei dem Insolvenzverwalter anzumelden.

c) Zahlungspflicht für Sonderumlagen bei Beschlussfassung vor Insolvenzeröffnung

Wurde noch vor Eröffnung des Insolvenzverfahrens von der Eigentümergemeinschaft eine Sonderumlage beschlossen, handelt es sich um eine einfache Insolvenzforderung nach § 38 InsO. Diese ist ebenfalls allein zur Tabelle anzumelden. 743

d) Zahlungspflicht für Sonderumlagen bei Beschlussfassung nach Insolvenzeröffnung

Die nach Insolvenzeröffnung im Innenverhältnis der Gemeinschaft entstehenden Kosten des Wohnungseigentums gelten als Masseverbindlichkeiten[1]. Zu diesen Kosten gehört auch die anteilsmäßige Verpflichtung des Insolvenzschuldners zum Ausgleich einer nach Insolvenzeröffnung beschlossenen Sonderumlage, selbst wenn diese den durch die säumigen Wohngeldzahlungen des Schuldners hervorgerufenen Einnahmeverlust betrifft[2]. Diese Sonderumlage stellt regelmäßig eine Masseverbindlichkeit dar. 744

e) Laufende Hausgeldzahlungen

Während im Geltungsbereich der KO laufende Hausgeldzahlungen grundsätzlich als so genannte Massekosten nach § 58 Nr. 2 KO anerkannt waren, hat die Rechtslage nach der InsO eine Verschlechterung der Qualität der Ansprüche der Wohnungseigentümer mit sich gebracht. **Wohngeldansprüche in der Insolvenz** über das Vermögen eines Wohnungseigentümers sind nur noch **sonstige Masseverbindlichkeiten** im Sinne von § 55 InsO. Als so genannte Hausbewirtschaftungskosten betreffen sie die Verwaltung der Masse[3] (§ 55 Abs. 1 Nr. 1 InsO). 745

---

1 BGH, Beschl. v. 15. 6. 1989 – V ZB 22/88 = NJW 1989, 3018; im Anschluss an BGH, Urt. v. 12. 3. 1986 – VIII ZR 64/85, NJW 1986, 3206.
2 *Weitnauer/Hauger*, WEG, § 16 Rz. 43.
3 Braun/*Bäuerle*, InsO, § 55 Rz. 8.

> **Muster**
> **zur Geltendmachung von Masseverbindlichkeiten (§ 55 InsO)**
>
> 746 Schreiben an den/die
>
> Insolvenzverwalter/in
>
> Insolvenzverfahren über das Vermögen des ...
>
> Amtsgericht ..., Aktenzeichen ... IN oder IK ...
>
> Geltendmachung der Masseforderung der WEG-Gemeinschaft, A-Str. ...
>
> Sehr geehrte/r ...,
>
> der Schuldner des oben genannten Insolvenzverfahrens ist Eigentümer einer Wohnung in der Wohnungseigentumsanlage A-Str. in ...
>
> Ein aktueller beglaubigter Grundbuchauszug liegt bei.
>
> Auf Grund dieser Eigentümerstellung fallen wegen § 16 Abs. 2 WEG auf das bezeichnete Wohnungseigentum monatlich ... Euro Wohngeld an. Hierüber hat die Wohnungseigentümergemeinschaft am ... beschlossen. Eine Abschrift des beschlossenen Wirtschaftsplans für die betroffene Wohnung übergebe ich als Anlage.
>
> Ich bitte Sie, diesen Betrag jeweils bis zum dritten eines jeden Monats auf die angegebenen Konten der Wohnungseigentümergemeinschaft als Masseverbindlichkeit zu begleichen.
>
> Mit freundlichen Grüßen

f) Hausgeld bei Masseunzulänglichkeit nach § 209 InsO

747 Die Insolvenzordnung hat als gesetzgeberisches Ziel die Absicht verfolgt, dass wesentlich mehr Insolvenzverfahren als früher eröffnet werden sollten. Technisch wurde dies dadurch erreicht, dass ein Insolvenzverfahren nach der Regelung in § 26 Abs. 1 InsO bereits dann zu eröffnen ist, wenn die Massekosten nach § 54 InsO gedeckt sind. Nach dem Rechtszustand unter Geltung der KO mussten neben den Massekosten auch wesentliche Teil der Masseverbindlichkeiten gedeckt sein (§ 58 Nr. 2 KO).

748 Durch die neue gesetzgeberische Definition ist der grundlegende Tatbestand, dass nämlich die Mehrzahl der Schuldner noch nicht einmal über die Beträge verfügt, die erforderlich sind um ein Insolvenzverfahren durchzuführen, nicht beseitigt worden. Noch immer besteht der Zustand, dass die vorgefundene Masse nicht ausreicht, um die mit ihrer Verwaltung zusammenhängenden Kosten, wie z.B. für die Inventarisierung, Zahlungen von Hausgeldern, die Abgabe rückständiger Steuererklärungen usw. zu erfüllen. Besonders augenfällig ist dieses Problem bei den

Verfahren, in denen natürliche Personen die Befreiung von ihren Verbindlichkeiten anstreben und schon zum Zeitpunkt vor Stellung des Insolvenzantrages ohne Vermögen und ohne pfändbares Einkommen sind. Gerade in den Fällen, die am ehesten auch Eigentümergemeinschaften betreffen können, wird sich daher besonders oft das Problem stellen, dass die bei dem Treuhänder oder Insolvenzverwalter vorhandene Masse nicht ausreichend ist, um unter anderem die Zahlungen auf das Hausgeld zu erbringen.

Stellt sich im Laufe des Verfahrens heraus, dass lediglich die Kosten des Insolvenzverfahrens gedeckt sind, die Insolvenzmasse aber zum Ausgleich sämtlicher Masseverbindlichkeiten (§ 55 InsO) nicht ausreicht, hat der Insolvenzverwalter dies dem Gericht mitzuteilen (Anzeige der Masseunzulänglichkeit, § 208 Abs. 1 InsO), die Verwertung der Masse fortzusetzen (§ 208 Abs. 3 InsO) und die Masseverbindlichkeiten zu tilgen, soweit die Masse reicht[1]. 749

In Abgrenzung zur Masseunzulänglichkeit liegt so genannte Massearmut gem. § 207 InsO vor, wenn selbst die Kosten des Insolvenzverfahrens nicht mehr von der Insolvenzmasse gedeckt sind[2]. 750

Das Gesetz gibt dem Insolvenzverwalter ausdrücklich vor, dass er nach Anzeige der Masseunzulänglichkeit die **Masseverbindlichkeiten** nach der Rangordnung des § 209 Abs. 1 und 2 InsO zu **berichtigen** hat, wobei zunächst alle Ansprüche einer Klasse vollständig befriedigt sein müssen, bevor eine Befriedigung der Ansprüche der nächsten Klasse zulässig ist[3]. 751

Zu berichtigen sind danach in der ersten Rangklasse die Kosten des Insolvenzverfahrens im Sinne von § 54 InsO, sodann in der zweiten Rangklasse die so genannten **Neumasseverbindlichkeiten** und in der dritten Rangklasse die **Altmasseverbindlichkeiten**, maßgeblich jeweils nach ihrem Entstehungszeitpunkt. 752

Maßgeblich für die **Abgrenzung** zwischen **Neu- und Altmasseverbindlichkeit** ist allein der Zeitpunkt, in dem die Masseverbindlichkeit begründet worden ist[4], also ob die Masseverbindlichkeit vor oder nach der Unzulänglichkeitsanzeige entstanden ist. Auf den Entstehungsgrund der Forderung kommt es dabei nicht an[5]. 753

Wohngeldforderungen, auch Forderungen über die Entrichtung der Vorauszahlungen, werden durch den Beschluss über den Wirtschaftsplan erstmals begründet. Die **vor Unzulänglichkeitsanzeige** bereits **fällig ge-** 754

---

1 Uhlenbruck/*Uhlenbruck*, InsO, § 208 Rz. 19.
2 Braun/Kießner, InsO, § 208 Rz. 4.
3 *Uhlenbruck*/*Uhlenbruck*, InsO, § 209 Rz. 7 ff.
4 BGH, Urt. v. 13. 4. 2006 – IX ZR 22/05, NZI 2006, 392.
5 BGH, Urt. v. 13. 4. 2006 – IX ZR 22/05, NZI 2006, 392; etwas missverständlich insoweit die Schlussfolgerung in *Braun*/*Kießner*, InsO, § 209 Rz. 31a.

wordenen **Wohngeldforderungen** sind daher **Altmasseverbindlichkeiten** nach § 209 Abs. 1 Nr. 3 InsO und somit erst an dritter und letzter Rangstelle zu befriedigen[1]. Wohngeldansprüche, die nach der Anzeige der Masseunzulänglichkeit fällig werden, könnten daher als Neumasseverbindlichkeit zu qualifizieren sein[2] und daher eine Rangverbesserung erfahren. Als Begründung hierfür wird die Entscheidung des BGH[3] für Mietverhältnisse herangezogen[4]. In diesem Fall hatte der BGH entschieden, dass der Insolvenzverwalter gehalten gewesen sei, alles zu unternehmen, um die weitere Inanspruchnahme wegen des Mietzinses zu verhindern. Dazu könnte dann folgerichtig gehören, dass der Insolvenzverwalter die betreffende Wohnungseigentumseinheit aus der Masse freizugeben habe[5]. Dagegen spricht allerdings, dass die Zahlungspflicht der Insolvenzmasse bereits durch die Beschlagnahme des schuldnerischen Vermögens durch die Eröffnung des Insolvenzverfahrens begründet worden ist. Der BGH[6] hat allerdings erneut darauf hingewiesen, dass es als Abgrenzungskriterium zwischen Alt- und Neumasseverbindlichkeit allein auf den Zeitpunkt ankommt, in dem der Rechtsgrund für die Masseverbindlichkeit geschaffen wurde[7]. Damit aber sind die nach Anzeige der Masseunzulänglichkeit fällig werdenden Wohngeldansprüche als Altmasseverbindlichkeiten zu qualifizieren[8].

g) Vollstreckungsverbot nach § 210 InsO

755 Erklärt der Insolvenzverwalter die Masseunzulänglichkeit, ist die Vollstreckung wegen einer Masseverbindlichkeit im Sinne des § 209 Abs. 1 Nr. 3 InsO unzulässig (§ 209 Abs. 1 Nr. 3 InsO). Das von Amts wegen zu beachtende Vollstreckungsverbot erfasst vom Wortlaut her nur so genannte Altmasseverbindlichkeiten[9]. Etwaige noch im Erkenntnisverfahren befindliche Leistungsklagen sind in Feststellungsklagen umzustellen, auch ein möglicher Kostenantrag ist in einen Antrag auf Feststellung der Zahlungspflicht abzuändern[10].

Vor diesem Hintergrund könnten Neumassegläubiger ihre titulierten Forderungen gegen die Masse zwangsweise durchsetzen. Doch gelten auch hinsichtlich der Vollstreckung von Neumasseverbindlichkeiten, sofern hierdurch die den absoluten Vorrang genießenden Verfahrenskos-

---

1 OLG Düsseldorf, Beschl. v. 28. 4. 2006 – I-3 Wx 299/05, NZI 2007, 50.
2 OLG Düsseldorf, Beschl. v. 28. 4. 2006 – I-3 Wx 299/05, NZI 2007, 50.
3 BGH, Urt. v. 3. 4. 2003 – IX ZR 101/02, NZI 2003, 369.
4 OLG Düsseldorf, Beschl. v. 28. 4. 2006 – I-3 Wx 299/05, NZI 2007, 50.
5 OLG Düsseldorf, Beschl. v. 28. 4. 2006 – I-3 Wx 299/05, NZI 2007, 50.
6 BGH, Urt. v. 13. 4. 2006 – IX ZR 22/05, NZI 2006, 392.
7 BGH, Urt. v. 13. 4. 2006 – IX ZR 22/05, NZI 2006, 392.
8 Braun/*Kießner*, InsO, § 209 Rz. 31a.
9 Braun/*Kießner*, InsO, § 210 Rz. 4.
10 Braun/*Kießner*, InsO, § 210 Rz. 7 m. w. N.

ten nicht mehr gedeckt wären, die Grundsätze der Vorschrift des § 210 InsO[1].

h) Haftung des Insolvenzverwalters nach § 61 InsO

Stellt sich bei Verteilung der Masse heraus, dass beispielsweise lediglich die in Rangklasse 1 des § 209 InsO genannten Ansprüche befriedigt werden können, so erleiden die Gläubiger der nachfolgenden Rangklassen Ausfall, für den sie nicht entschädigt werden. Damit aber stellt sich die Frage für die betreffenden Gläubiger, ob nicht der Insolvenzverwalter oder Treuhänder sie für ihren Rechtsverlust zu entschädigen hat.   756

Zwar normiert § 61 Satz 1 InsO eine Haftung des Insolvenzverwalters für die durch seine Rechtshandlung begründeten Masseverbindlichkeiten, wenn diese aus der Masse nicht voll beglichen werden können; dies gilt aber nicht für die dem Insolvenzverwalter aufgezwungenen Masseverbindlichkeiten, also solche, die ohne sein Zutun entstanden sind. Die Haftung entfällt nach § 61 Satz 2 InsO außerdem, wenn der Insolvenzverwalter den Entlastungsbeweis führt, dass er bei Begründung der Verbindlichkeiten nicht erkennen konnte, dass die Masse voraussichtlich zu ihrer Erfüllung nicht ausreichen werde.

Bei Dauerschuldverhältnissen besteht eine Haftung erst ab dem frühest möglichen Kündigungstermin unter Berücksichtigung einer angemessenen Einarbeitungszeit für den Verwalter, da bis zu diesem Stichtag die Entstehung der Verbindlichkeiten außerhalb des Einflusses des Verwalters lag und diese ihm insofern nicht zugerechnet werden können[2]. Das Wohngeld als Masseverbindlichkeit ist jedoch nicht durch den Insolvenzverwalter begründet, im Übrigen handelt es sich bei der Mitgliedschaftsbeziehung innerhalb der Eigentümergemeinschaft nicht um ein kündbares Dauerschuldverhältnis. Eine Haftung des Insolvenzverwalters nach § 61 InsO wird daher in Bezug auf Wohngelder regelmäßig nicht gegeben sein.   757

i) Freigabe durch den Insolvenzverwalter

Da die vorhandene Insolvenzmasse allein der Disposition des Insolvenzverwalters unterliegt, kann er Gegenstände, die für die Mehrung der Masse nicht geeignet sind, aus ihr freigeben[3].   758

Wenn der Insolvenzverwalter aber die in der Insolvenzmasse vorhandene Eigentumswohnung nicht durch Vermieten zur Mehrung der Masse ver-   759

---

1 BGH, Urt. v. 13. 4. 2006 – IX ZR 22/05, NZI 2006, 392; Braun/*Kießner*, InsO, § 210 Rz. 8 ff.
2 Braun/*Kind*, InsO, § 61 Rz. 4.
3 BGH, Urt. v. 21. 4. 2005 – IX ZR 281/03, ZIP 2005, 1034.

wenden kann, weil sie beispielsweise durch den Schuldner des Insolvenzverfahrens genutzt wird, ist teilweise angenommen worden, dass der Insolvenzverwalter der Eigentümergemeinschaft wegen der uneinbringlichen Hausgeldforderungen hafte, wenn er die Eigentumswohnung nicht aus der Masse freigegeben hat[1]. Dem ist allerdings nicht zu folgen.

760 Bei der Freigabe von in der Insolvenzmasse befindlichen Gegenständen handelt es sich nicht um eine haftungsbewehrte Pflicht des Insolvenzverwalters, die Dritte von ihm einfordern könnten. Es ist allein die Entscheidung des Insolvenzverwalters, ob er einen Gegenstand wieder der Verwaltungs- und Verfügungsbefugnis des Schuldners unterstellt[2]. Wenn aber kein Anspruch eines Dritten auf Freigabe besteht, dann kann aus der Unterlassung der Freigabe auch kein Schadensersatzanspruch abgeleitet werden[3]. Selbst wenn man mit dem OLG Düsseldorf einen Anspruch auf Freigabe anerkennen wollte, ist dennoch zu beachten, dass die Haftung des Insolvenzverwalters sich allein auf das negative Interesse bezieht[4]. Die Eigentümergemeinschaft wäre also so zu stellen, wie wenn der Insolvenzverwalter die Pflichtverletzung nicht begangen hätte, § 249 BGB. Seitens der Eigentümergemeinschaft müsste damit nachgewiesen werden, dass es bei Freigabe des Wohnungseigentums möglich gewesen wäre, die ausstehenden Hausgeldzahlungen von dem insolventen Schuldner selbst zu erlangen (z. B. durch Verwertung der Eigentumswohnung)[5]. Dies aber wird im Regelfall ausgeschlossen sein.

761 Durch die Freigabe der Eigentumswohnung aus dem Insolvenzbeschlag ändert sich die Rechtslage der Wohnungseigentümergemeinschaft nur unwesentlich.

762 Nach § 89 Abs. 1 InsO sind zwar während des Insolvenzverfahrens Zwangsvollstreckungen für einzelne Insolvenzgläubiger während der Dauer des Insolvenzverfahrens weder in die Insolvenzmasse noch in das sonstige Vermögen des Schuldners zulässig.

763 Da der Eigentümergemeinschaft in Form des § 10 Abs. 1 Nr. 2 ZVG aber ein Absonderungsrecht zusteht, gilt das Vollstreckungsverbot des § 89 Abs. 1 InsO wie bei allen insolvenzfesten Absonderungsrechten[6] nicht. Sie kann daher ihren Anspruch, der sich nunmehr wieder gegen den Schuldner richtet, nach Freigabe durch den Insolvenzverwalter weiter durchsetzen.

---

1 OLG Düsseldorf, Beschl. v. 28. 4. 2006 – I-3 Wx 299/05, NZI 2007, 50.
2 BGH, Urt. v. 21. 4. 2005 – IX ZR 281/03, ZIP 2005, 1034.
3 *Pape*, Haftungsbewehrte Pflicht des Insolvenzverwalters zur Freigabe von Wohnungseigentum?, ZfIR 2007, 817 (821).
4 BGH, Urt. v. 6. 5. 2004 – IX ZR 48/03, BGHZ 159, 104.
5 *Pape*, Haftungsbewehrte Pflicht des Insolvenzverwalters zur Freigabe von Wohnungseigentum?, ZfIR 2007, 817 (821).
6 MünchKommInsO/*Breuer*, § 89 Rz. 9.

j) Verkauf durch den Insolvenzverwalter

Bei den Insolvenzverfahren über das Vermögen von Selbständigen, ist der Insolvenzverwalter im Gegensatz zum Treuhänder in den Verbraucherinsolvenzverfahren auch zur freihändigen Veräußerung des Wohnungseigentums berechtigt. Im Hinblick auf eine bessere Verwertungsmöglichkeit treten vielfach die Grundpfandgläubiger an den Insolvenzverwalter heran, dass dieser an der freihändigen Verwertung des Wohnungseigentums mit dem Ziel des Verkaufs des Wohnungseigentums mitwirke. 764

Nach der wohnungseigentumsrechtlichen Rechtsprechung und Literatur haftet der Erwerber des Wohnungseigentums nicht für die Rückstände des vorherigen Eigentümers[1]. Nach der Fälligkeitstheorie hat der neue Eigentümer nur das zu bezahlen, was während seiner Zugehörigkeit zu der Eigentümergemeinschaft wirksam beschlossen und fällig wurde. 765

k) Zahlungspflicht aus Beschlüssen über die Kosten besonderer Aufwendungen (§ 22 WEG)

Wie vorstehend ausgeführt (vgl. oben Rz. 879 ff., 887 ff.), obliegen dem Insolvenzverwalter grundsätzlich Zahlungspflichten bezüglich des in der Insolvenzmasse befindlichen Wohnungseigentums. 766

Nach der Novellierung des Wohnungseigentumsgesetzes wurden durch § 22 Abs. 1 2. Halbsatz und Neueinfügung Absatz 2 WEG die Zustimmungserfordernisse bei der Umsetzung von baulichen Veränderungen und besonderen Aufwendungen am gemeinschaftlichen Eigentum, die über die ordnungsmäßige Instandhaltung oder Instandsetzung hinausgehen, gelockert; doch erscheint es für die Wohnungseigentümergemeinschaft dennoch ratsam, im Fall eines zahlungsschwachen oder schließlich zahlungsunfähigen, insolventen Miteigentümers eher zurückhaltend von den Abstimmungserleichterungen – so nach § 22 Abs. 2 WEG das Abrücken vom so genannten Allstimmigkeitsprinzip bei Modernisierungsmaßnahmen-Gebrauch zu machen, und dies aus folgendem Grund: 767

Sonderumlagen, die noch vor Eröffnung des Insolvenzverfahrens beschlossen wurden, sind nur einfache Insolvenzforderungen[2]. Demgegenüber gelten Sonderumlagen aufgrund von Beschlussfassungen nach Insolvenzeröffnung als Masseverbindlichkeiten[3]. 768

Gleichwohl besteht aber auch insoweit für die Eigentümergemeinschaft ein Risiko, die Forderung überhaupt realisieren zu können, da im Falle einer gem. § 208 InsO etwa notwendig werdenden Unzulänglichkeits- 769

---
1 Jennißen/*Jennißen*, WEG, § 16 Rz. 142.
2 Vgl. oben zu VIII 4c. Rz. 743.
3 Vgl. oben zu VIII 4d. Rz. 744.

anzeige[1], die Forderung eine nur drittrangige Befriedigung erfahren würde. Damit könnte es bei ungünstiger Entwicklung im Insolvenzverfahren zu einem vollständigen Ausfall der Forderung kommen. Dies wiederum führt letztlich wieder zu einer Höherbelastung der übrigen Wohnungseigentümer, die sodann – wenn auch anteilsmäßig – durch eine weitere Sonderumlage den „Ausfall" aufzufangen hätten.

5. Die Forderungsanmeldung im Insolvenzverfahren

770 Wie die vorstehenden Ausführungen zeigen, ist zunächst der Fälligkeitszeitpunkt der Forderungen der Eigentümergemeinschaft zu ermitteln, damit diese dann in der richtigen Einordnung – als Tabellenforderung oder als Masseverbindlichkeit – geltend gemacht werden können.

771 In einigen Fällen wird die Eigentümergemeinschaft von der Insolvenz des säumigen Zahlers nicht überrascht werden, sondern bereits im Vorfeld ihre Rechte gerichtlich gegenüber dem säumigen Zahler tituliert und gegebenenfalls bereits im Weg der Eintragung einer Sicherungshypothek wenigstens eine Sicherung erlangt haben oder durch Beantragung eines Zwangsversteigerungsverfahrens oder dem Beitritt zu einem solchen bereits Zwangsvollstreckungsmaßnahmen eingeleitet haben. Folgende Fallkonstellationen sind danach zu unterscheiden:

a) Eigentümergemeinschaft verfügt noch über keinen Titel

772 Wird die Eigentümergemeinschaft unvorbereitet von der Insolvenz des säumigen Miteigentümers überrascht und hat noch keinen Titel gegen ihn erstritten, folgt zunächst aus §§ 174 Abs. 1, 87, 38 InsO, dass die Eigentümergemeinschaft keinerlei Zahlungsklagen mehr gegen den säumigen Miteigentümer anhängig machen kann. § 87 InsO verbietet jegliche Rechtsverfolgung durch einen Insolvenzgläubiger außerhalb des Insolvenzverfahrens schlechthin[2], nach Eröffnung des Insolvenzverfahrens erhobene Klagen, die eine Insolvenzforderung betreffen, sind als unzulässig abzuweisen[3].

773 Hat die Eigentümergemeinschaft bereits eine Klage gegen den säumigen Miteigentümer erhoben über die noch nicht rechtskräftig entschieden ist, so wird diese gemäß § 240 ZPO durch die Eröffnung des Insolvenzverfahrens unterbrochen. Die der Klage zugrunde liegende Forderung ist, stattdessen zur Tabelle bei dem Insolvenzverwalter anzumelden. Die anhängige Klage sollte nach Anmeldung der Forderung zur Insolvenztabelle zunächst weder zurückgenommen noch in der Hauptsache für erledigt

---
1 Vgl. oben zu VIII 4f. Rz. 747.
2 BGH Beschl. v. 11. 11. 2004 – IX ZB 258/03, NZI 2005, 18.
3 MünchKommInsO/*Breuer*, § 87 Rz. 17.

erklärt werden. Bestreitet nämlich der Insolvenzverwalter bei der Forderungsprüfung die angemeldete Forderung der Eigentümergemeinschaft, so kann die unterbrochene Klage zur Beseitigung des Widerspruchs des Insolvenzverwalters wieder aufgenommen werden, dann allerdings umgestellt auf den Insolvenzverwalter und nunmehr gerichtet auf die Feststellung der Forderung zur Tabelle.

In den Verbraucherinsolvenzverfahren ist diese Regelung unproblematisch. In den Insolvenzverfahren, die durch Selbständige oder vormals Selbständige beantragt werden, ordnen die Insolvenzgerichte gelegentlich vorläufige Insolvenzverfahren an, um durch einen Sachverständigen überprüfen zu lassen, ob eine ausreichende Masse zur Deckung der Verfahrenskosten vorhanden ist oder ob dem Selbständigen oder vormals Selbständigen Kostenstundung gewährt werden muss. Die Eröffnung eines vorläufigen Insolvenzverfahrens mit der Bestellung des so genannten vorläufigen „schwachen" Insolvenzverwalters[1] unterbricht einen Rechtsstreit nicht. Nach dem Wortlaut des § 240 ZPO[2] unterbricht nur die Bestellung des vorläufigen „starken" Insolvenzverwalters[3] einen anhängigen Rechtsstreit. Die vor Eröffnung des Insolvenzverfahrens fällig gewordene Forderung ist daher zur Insolvenztabelle bei dem Insolvenzverwalter anzumelden. 774

aa) Absonderungsrecht aufgrund § 10 Abs. 1 Nr. 2 ZVG

An anderer Stelle (vgl. oben Rz. 492 ff.) ist umfangreich auf die Neuregelung des § 10 Abs. 1 Nr. 2 ZVG eingegangen worden, der ein Vorrecht für die fälligen Ansprüche auf Zahlung der Beiträge zu den Lasten und Kosten des gemeinschaftlichen Eigentums für die laufenden und die rückständigen Beträge aus dem Jahr der Beschlagnahme und den letzten zwei Jahren bis zum Höchstbetrag von 5 % des Verkehrswerts eingeführt hat. 775

Es ist überlegenswert, ob nicht aufgrund dieses durch § 10 Abs. 1 Nr. 2 ZVG geschaffenen Vorrechts in einem Zwangsversteigerungsverfahren sich auch die Rechtslage der Eigentümergemeinschaft dadurch verbessert hat, dass die Regelung des § 10 Abs. 1 Nr. 2 ZVG in der Insolvenz des säumigen Eigentümers ein Absonderungsrecht begründet, die Eigentümergemeinschaft also ihre Befriedigung trotz des andauernden Insolvenzverfahrens auch aus dem Wohnungseigentum erlangen kann. Ein Aussonderungsrecht ermöglicht es grundsätzlich, dass der berechtigte Gläubiger, seine Forderung in voller Höhe einschließlich der bestehenden 776

---

1 §§ 21 Abs. 2 Nr. 1, 22 Abs. 2 InsO.
2 § 240 Satz 2 ZPO ordnet die Unterbrechung des Rechtsstreits nur für den Fall an, dass die Verwaltungs- und Verfügungsbefugnis über das Vermögen des Schuldners auf den vorläufigen Insolvenzverwalter übergeht.
3 §§ 21 Abs. 2 Nr. 1, 22 Abs. 1 InsO.

Nebenforderungen, aus dem Verwertungserlös des Massegegenstandes, an dem das Absonderungsrecht besteht, befriedigen kann[1].

777 In der Insolvenz sind nach § 49 InsO absonderungsberechtigt bezüglich unbeweglicher Gegenstände die Gläubiger, denen ein Recht auf Befriedigung aus Gegenständen zusteht, die der Zwangsvollstreckung in das unbewegliche Vermögen unterliegen, und zwar nach dem Gesetz über die Zwangsversteigerung und Zwangsverwaltung[2]. Inhaber von Grundpfandrechten und Reallasten sind kraft dinglicher Berechtigung unabhängig von einer Beschlagnahme[3] immer zur abgesonderten Befriedigung berechtigt. Daneben sind aber auch zur Absonderung berechtigt die Gläubiger, denen kraft Gesetzes die Befugnis verliehen wird, sich aus dem Grundstück zu befriedigen.

778 Danach bestimmt sich nach § 10 Abs. 1 ZVG, wem ein Befriedigungsrecht aus unbeweglichen Gegenständen zusteht[4]. Da die Ansprüche der Eigentümergemeinschaft explizit in der Regelung des § 10 Abs. 1 Nr. 2 ZVG aufgeführt sind, steht der Eigentümergemeinschaft danach aber ein Recht auf abgesonderte Befriedigung aus dem betroffenen Wohnungseigentum zu[5]. Einschränkend ist anzumerken, dass dies nur für Insolvenzverfahren gelten kann, die nach dem Inkrafttreten der WEG-Novelle, also am 1. 7. 2007, angeordnet worden sind[6]. Dieses Absonderungsrecht besteht unabhängig davon, ob die Beschlagnahme im Zwangsversteigerungsverfahren bereits eingetreten ist oder nicht. Nur bei persönlichen Gläubigern, die aus einem schuldrechtlichen Titel die Zwangsversteigerung betreiben, setzt die Entstehung des Absonderungsrechtes die Beschlagnahme voraus, da bei persönlichen Forderungen erst die Beschlagnahme zur Haftung des Grundbesitzes führt[7].

779 Die Verfolgung der Rechte der Eigentümergemeinschaft aus § 10 Abs. 1 Nr. 2 ZVG bewirkt immer ein insolvenzrechtliches Absonderungsrecht.

---

1 Braun/*Bäuerle*, vor §§ 49–52 Rz. 1.
2 ZVG, in der Fassung der Bekanntmachung v. 20. 3. 1897 (RGBl. I S. 713) zuletzt geändert durch Gesetz v. 23. 11. 2007 (BGBl. I S. 2614) m. W. v. 30. 11. 2007.
3 § 20 Abs. 1 ZVG.
4 MünchKommInsO/*Ganter*, § 49 Rz. 45.
5 Braun/*Bäuerle*, InsO, § 49 Rz. 14, Fn. 5; MünchKommInsO/*Ganter*, § 49 Rz. 51 zur alten Rechtslage, in der statt der Ansprüche der Eigentümergemeinschaft noch die so genannten Litlohnansprüche in § 10 Abs. 1 Nr. 2 ZVG geregelt waren. Diese Ansprüche aber sind im Zug der WEG-Novelle ersatzlos gestrichen worden.
6 BGH, Beschl. v. 21. 2. 2008 – V ZB 123/07, MDR 2008, 588.
7 Braun/*Bäuerle*, InsO, § 49 Rz. 15.

bb) Forderungsanmeldung für den Ausfall

Steht der Eigentümergemeinschaft in Insolvenzverfahren, die nach dem 1. 7. 2007 angeordnet worden sind, ein Absonderungsrecht zu, so sind für die Bearbeitung folgende Besonderheiten zu berücksichtigen:

780

Neben der persönlichen Haftung des Insolvenzschuldners besteht auch die Haftung mit seinem Wohnungseigentum für die Forderungen der Eigentümergemeinschaft. Die Eigentümergemeinschaft hat danach die Wahl, welche ihrer Rechtsstellungen sie im Insolvenzverfahren geltend machen will. Will die Gemeinschaft nur die Forderung geltend machen, was sich nur in Ausnahmefällen empfehlen wird, so kann sie ihre Forderung in voller Höhe zur Insolvenztabelle anmelden und erhält auf ihre Forderung die volle Verteilungsquote. Auch dann, wenn dem Insolvenzverwalter das Absonderungsrecht bekannt ist, wird die Forderung von ihm vorbehaltlos festgestellt[1]. Die Eigentümergemeinschaft ist dann aber nicht berechtigt, ihre Forderung in einem Zwangsversteigerungsverfahren geltend zu machen.

Macht die Eigentümergemeinschaft hingegen zugleich das Absonderungsrecht geltend, so kann sie die Forderung als persönliche Forderung in voller Höhe **für den Ausfall** zur Tabelle anmelden. Dies bewirkt, dass die gesamte Forderung geprüft und „für den Ausfall" festgestellt wird. Aus der Anmeldung als Ausfallforderung folgt aber keine Beschränkung der Feststellung, die Rechtskraftwirkung des § 178 Abs. 3 InsO gilt für die gesamte Forderung[2].

781

**Muster
der Anmeldung einer Insolvenzforderung (§ 38 InsO) zur Insolvenztabelle für den Ausfall**

Schreiben an den/die

Insolvenzverwalter/in

Insolvenzverfahren über das Vermögen des ...

Amtsgericht ..., Aktenzeichen ... IN oder IK ...

Forderungsanmeldung der Eigentümergemeinschaft A-Str.

Sehr geehrte/r,

ich vertrete die Wohnungseigentümer der Wohnungseigentumsanlage A-Str. in ... gemäß anliegender Eigentümerliste.

782

---

1 Gottwald/*Gottwald*, Insolvenzrechtshandbuch, § 42 Rz. 64.
2 MünchKommInsO/*Ganter*, § 52 Rz. 19.

In dem genannten Insolvenzverfahren melde ich namens und in Vollmacht der Eigentümergemeinschaft folgende Forderungen für den Ausfall in Höhe von ... Euro (Gesamtforderung) zur Insolvenztabelle an:

... Euro aus Forderungen von rückständigen Wohngeldern der Monate ..., zuzüglich ... Euro Zinsen seit dem ..., ... Euro insgesamt.

Als Beleg der Fälligkeit der Forderungen liegt das Protokoll der Eigentümerversammlung vom ... sowie die Kopie der Jahresabrechnung bei.

Das Absonderungsrecht meiner Mandantin ergibt sich aus § 10 Abs. 1 Nr. 2 ZVG.

Mit freundlichen Grüßen

783 Die absonderungsberechtigte Eigentümergemeinschaft würde damit aber sowohl hinsichtlich ihrer persönlichen Forderung als auch durch die eventuelle Zuteilung in einem Zwangsversteigerungsverfahren Befriedigung erlangen. Auf die persönliche Forderung, die im Insolvenzverfahren angemeldet wurde, erhält die Eigentümergemeinschaft daher nur eine anteilmäßige Befriedigung in Höhe ihres Ausfalls im Zwangsversteigerungsverfahren oder wenn sie auf das Absonderungsrecht verzichtet, § 52 Satz 2 InsO.

cc) Nachweis des Ausfalls

784 Nach dem Wortlaut des § 50 Abs. 1 InsO wäre der Ausfall abweichend von § 367 Abs. 1 BGB zu berechnen. Aus dem im Zwangsversteigerungsverfahren erlangten Erlös wären zuerst die Hauptforderung, dann die Zinsen und zuletzt die Kosten zu befriedigen[1]. Trotz der missverständlichen Aufzählung in § 50 Abs. 1 InsO ist der absonderungsberechtigte Gläubiger in der Reihenfolge der §§ 367 Abs. 1, 497 Abs. 3 BGB zunächst wegen der Kosten, dann der Zinsen und erst zuletzt wegen der Hauptforderung zu befriedigen. Wie sich aus § 57 des Regierungsentwurfs zur Insolvenzordnung ergibt[2], hatte der Gesetzgeber bei Schaffung des § 50 Abs. 1 InsO ausdrücklich nicht die Absicht, dass von der Befriedigungsreihenfolge der §§ 367 Abs. 1, 497 Abs. 3 BGB abgerückt werde.

785 **Unbedingt** zu beachten ist, dass die Eigentümergemeinschaft es keineswegs bei der Anmeldung der Forderung für den Ausfall belassen darf. Der zur abgesonderten Befriedigung berechtigte Gläubiger erhält nämlich nur dann bei einer Verteilung der Insolvenzmasse, regelmäßig bei der Schlussverteilung, eine Zahlung auf seine Forderung, wenn er bis zum

---

1 Gottwald/*Gottwald*, Insolvenzrechtshandbuch, § 42 Rz. 67; *Uhlenbruck*, InsO, § 52 Rz. 8; aA: MünchKommInsO/*Ganter*, § 52 Rz. 28; Braun/*Bäuerle*, InsO, § 51 Rz. 23.
2 BT-Drs. 12/2443, S. 125.

Ablauf der **nur zweiwöchigen** Ausschlussfrist der §§ 190 Abs. 1, 189 Abs. 1 InsO nach der öffentlichen Bekanntmachung der zu berücksichtigenden Forderungen und des zur Verteilung stehenden Betrages seinen Ausfall nachweist oder auf das Absonderungsrecht verzichtet. In Insolvenzverfahren erfolgen aber zur Vereinfachung der Arbeitsabwicklung keine Zustellungen an die Gläubiger mehr, wie noch unter der Geltung der Konkursordnung. § 9 InsO bestimmt vielmehr, dass die öffentlichen Bekanntmachungen durch eine zentrale und länderübergreifende Veröffentlichung im Internet[1] erfolgt. Allein über die Veröffentlichung im Internet und durch regelmäßige Rücksprache mit dem Insolvenzverwalter oder Treuhänder oder durch regelmäßige Einsichtnahme in die Akten des Insolvenzgerichts kann daher der Verfahrensablauf verfolgt und rechtzeitig der Ausfall nachgewiesen werden.

Umgehend nach der Verwertung durch Zwangsversteigerung oder bei bekannt werden einer Verteilung oder der Anberaumung des Schlusstermins ist daher der Ausfall konkret nachzuweisen, der bloße Nachweis des Verkehrswertes des Wohnungseigentums ist niemals ausreichend[2].

786

**Muster
für den Nachweis des Ausfalls**

Schreiben an den/die

787

Insolvenzverwalter/in

Insolvenzverfahren über das Vermögen des ...

Amtsgericht ..., Aktenzeichen ... IN oder IK ...

Sehr geehrte/r,

in dem vorgenannten Insolvenzverfahren habe ich für die von mir vertretene Eigentümergemeinschaft A-Str. deren Forderung über ... Euro nebst Zinsen und Kosten angemeldet, die Sie in der Rangklasse 0, laufende Nummer ..., für den Ausfall festgestellt haben.

Ich teile mit, dass in dem Zwangsversteigerungsverfahren des Amtsgerichts ... am ... 2008 der Zuschlag erteilt und am ... 2008 der Teilungsplan auf-

---

1 www.insolvenzbekanntmachungen.de. Nach § 2 Abs. 1 Nr. 2 der Verordnung zu öffentlichen Bekanntmachungen im Insolvenzverfahren im Internet sind spätestens nach Ablauf von zwei Wochen nach der ersten Veröffentlichung Daten nur noch abrufbar, wenn mindestens der Familienname, die Firma, der Sitz oder Wohnort, das Aktenzeichen des Insolvenzgerichts oder die Registernummer und Sitz des Registergerichts angegeben werden. Es empfiehlt sich immer statt der voreingestellten „uneingeschränkten Suche" die „Detail-Suche" unter Angabe einer der obigen Angaben, des betreffenden Bundeslandes und des Insolvenzgerichts zu verwenden.
2 Gottwald/*Gottwald*, Insolvenzrechtshandbuch, § 42 Rz. 72.

gestellt und zwischenzeitlich ausgeführt wurde. Eine Abschrift des Teilungsplans füge ich Ihnen anliegend zum Nachweis des Ausfalls bei.

In dem Zwangsversteigerungsverfahren hat meine Mandantin volle Befriedigung für ihre Forderungen erlangt. Ich nehme daher für meine Mandantin die Forderungsanmeldung zurück und verzichte auf die weitere Teilnahme am Insolvenzverfahren.

alternativ

Auf die Forderung meiner Mandantin wurde ein nicht zur vollständigen Befriedigung der Forderung ausreichender Betrag in Höhe von Euro ... zugeteilt. Ich beziffere daher den Ausfall meiner Mandantin wie folgt:

a)	angemeldete Kostenforderung	... Euro
	hierauf erlangt	... Euro
	Ausfall meiner Mandantin	... Euro
b)	angemeldete Zinsforderung	... Euro
	hierauf erlangt	... Euro
	Ausfall meiner Mandantin	... Euro
c)	angemeldete Hauptforderung	... Euro
	hierauf erlangt	... Euro
	Ausfall meiner Mandantin	... Euro

Ich darf Sie bitten, die Forderungen, wegen der meine Mandantin keine Befriedigung im Zwangsversteigerungsverfahren erlangt hat, nunmehr unbedingt festzustellen.

Mit freundlichen Grüßen

788 Nach der von dem Insolvenzverwalter zu veranlassenden unbedingten Feststellung der verbliebenen Forderung wird sodann die Zuteilung der Quote im Insolvenzverfahren erfolgen. Für Forderungen, die nur für den Ausfall festgestellt sind und für die der Nachweis des Ausfalls nicht geführt ist, erfolgt **keinerlei** Zuteilung.

dd) Unbedingte Forderungsanmeldung

789 Sollte sich die Eigentümergemeinschaft dazu entschließen, von dem Recht aus § 10 Abs. 1 Nr. 2 ZVG keinen Gebrauch zu machen, so muss sie ihre Forderung unbedingt anmelden.

> **Muster
> einer unbedingten Forderungsanmeldung
> unter Verzicht auf das Absonderungsrecht**
>
> Schreiben an den/die
> Insolvenzverwalter/in
>
> **Insolvenzverfahren über das Vermögen des ...
> Amtsgericht ..., Aktenzeichen ... IN oder IK ...**
>
> Forderungsanmeldung der Eigentümergemeinschaft A-Str.
>
> Sehr geehrte/r,
>
> ich vertrete die Wohnungseigentümer der Wohnungseigentumsanlage A-Str. in ... gemäß anliegender Eigentümerliste.
>
> In dem genannten Insolvenzverfahren melde ich namens und in Vollmacht der Eigentümergemeinschaft folgende Forderungen für den Ausfall in Höhe von ... Euro (Gesamtforderung) zur Insolvenztabelle an:
>
> ... Euro aus Forderungen von rückständigen Wohngeldern der Monate ..., zuzüglich ... Euro Zinsen seit dem ..., ... Euro insgesamt.
>
> Als Beleg der Fälligkeit der Forderungen liegt das Protokoll der Eigentümerversammlung vom ... sowie die Kopie der Jahresabrechnung bei.
>
> Auf die Geltendmachung des Absonderungsrechts meiner Mandantin aus § 10 Abs. 1 Nr. 2 ZVG wird verzichtet.
>
> Mit freundlichen Grüßen

790

ee) Insolvenzverwalter bestreitet die Forderung

Bestreitet der Insolvenzverwalter die angemeldete Forderung ganz oder in Teilen so wird der Gläubiger hiervon durch Übersendung des beglaubigten Auszugs aus der Tabelle unterrichtet[1]. Zunächst sollte in diesem Fall bei dem Insolvenzverwalter nach dem Grund für das Bestreiten nachgefragt und versucht werden, eine Klärung herbeizuführen. Verweigert der Insolvenzverwalter auch weiterhin die Feststellung der Forderung, so muss sein Widerspruch durch Klage der Eigentümergemeinschaft auf Feststellung zur Tabelle nach den §§ 180 bis 185 InsO beseitigt werden, gegebenenfalls durch Wiederaufnahme eines durch Eröffnung des Insolvenzverfahrens unterbrochenen Rechtsstreites und Umstellung des Klageantrages auf Feststellung der Forderung zur Tabelle.

791

---

1 § 179 Abs. 3 Satz 1 InsO.

b) Eigentümergemeinschaft verfügt bereits über Titel

792 Auch Ansprüche, die bereits tituliert sind, müssen zur Aufnahme in die Insolvenztabelle angemeldet werden. Der einzige Unterschied in der insolvenzrechtlichen Abwicklung zu Forderungen, die noch nicht tituliert sind, besteht darin, dass im Fall des Bestreitens der Forderung durch den Insolvenzverwalter nicht die Eigentümergemeinschaft, sondern der Insolvenzverwalter seinen Widerspruch gerichtlich verfolgen muss[1].

Muster
einer Forderungsanmeldung bei titulierter Forderung für den Ausfall

793 Schreiben an den/die

Insolvenzverwalter/in

Insolvenzverfahren über das Vermögen des ...

Amtsgericht ..., Aktenzeichen ... IN oder IK ...

Forderungsanmeldung der Eigentümergemeinschaft A-Str.

Sehr geehrte/r,

ich vertrete die Wohnungseigentümer der Wohnungseigentumsanlage A-Str. in ... gemäß anliegender Eigentümerliste.

In dem genannten Insolvenzverfahren melde ich namens und in Vollmacht der Eigentümergemeinschaft folgende Forderungen für den Ausfall in Höhe von ... Euro (Gesamtforderung) zur Insolvenztabelle an:

... Euro aus Forderungen von rückständigen Wohngeldern der Monate ..., zuzüglich ... Euro Zinsen seit dem ..., ... Euro insgesamt.

Die Forderung ist bereits tituliert. Ich füge anliegend bei Ablichtung des rechtskräftigen Urteils des Amtsgerichts ... in ... vom ... zu Aktenzeichen ...

Das Absonderungsrecht meiner Mandantin ergibt sich aus § 10 Abs. 1 Nr. 2 ZVG.

Mit freundlichen Grüßen

---

c) Eigentümergemeinschaft vollstreckt bereits

794 Hat die Eigentümergemeinschaft bereits vor Beantragung des Insolvenzverfahrens durch den säumigen Miteigentümer einen Titel gegen diesen erlangt und betreibt die Vollstreckung aus diesem, sind neben dem Erfordernis der Anmeldung der Forderung zur Tabelle wiederum weitere Gesichtspunkte zu beachten.

---

1 § 179 Abs. 2 InsO.

aa) Rückschlagsperre nach § 88 InsO

Das Insolvenzverfahren dient der gleichmäßigen Befriedigung aller Gläubiger. Nur unter diesem Gesichtspunkt sind Regelungen der Insolvenzordnung zu verstehen, wie die Vorschrift des § 88 InsO, die besagt, dass die von einem Gläubiger des Schuldners im letzten Monat vor dem Antrag auf Eröffnung des Insolvenzverfahrens oder nach diesem Antrag durch Zwangsvollstreckung erlangten Sicherungen an dem zur Insolvenzmasse gehörenden Vermögen mit der Eröffnung des Insolvenzverfahrens unwirksam werden.

795

Wie vorstehend bereits ausgeführt (vgl. oben Rz. 775), führen Zwangsvollstreckungsmaßnahmen in das unbewegliche Vermögen zu einem Absonderungsrecht. Maßgeblicher Zeitpunkt für das Entstehen des Absonderungsrechts ist der Erlass des Beschlusses über die Anordnung der Zwangsversteigerung oder den Beitritt zu ihr[1]. Da § 80 Abs. 2 Satz 2 InsO die Vorschriften über die Wirkung der Beschlagnahme im Weg der Zwangsvollstreckung unberührt lässt, erlangt der Gläubiger das Absonderungsrecht, wenn die Beschlagnahme außerhalb der Monatsfrist erfolgt ist[2]. Gleiches gilt für die Eintragung einer Sicherungshypothek.

796

Bei den Verbraucherinsolvenzverfahren ist allerdings zu berücksichtigen, dass nach § 312 Abs. 1 Satz 2 InsO die Frist drei Monate beträgt, wenn das Insolvenzverfahren auf Antrag des Schuldners eröffnet wird. Selbst ein mangelhafter oder bei einem zuständigen Gericht gestellter Insolvenzantrag löst die Frist des § 88 InsO aus, wenn der Antrag letztendlich zur Eröffnung des Insolvenzverfahrens führt[3].

797

Hat beispielsweise die Eigentümergemeinschaft innerhalb des letzten Monats vor dem Antrag auf Eröffnung des Insolvenzverfahrens, von dem sie nicht notwendigerweise einmal Kenntnis gehabt haben muss, eine Sicherungshypothek in das Wohnungsgrundbuch eintragen lassen, so folgt aus § 88 InsO ohne Weiteres, dass die Zwangsvollstreckungsmaßnahme absolut unwirksam ist[4]. Die Unwirksamkeit ist schwebend, da sie bei Wegfall der Verfügungsbeschränkung des Schuldners, zum Beispiel bei Beendigung des Insolvenzverfahrens, entsprechend § 185 Abs. 2 Satz 1 2. Fall BGB nachträglich wieder entfallen kann[5]. Die durch Eröffnung des Insolvenzverfahrens unwirksam gewordene Sicherungshypothek kann daher, sollte sie im Grundbuch noch nicht gelöscht sein, mit Freigabe des Grundstücks aus dem Insolvenzbeschlag innerhalb der vorhandenen Buchposition ohne vorherige Löschung und Neueintragung wieder wirk-

798

---
1 §§ 20, 23 ZVG.
2 Braun/*Kroth*, InsO, § 88 Rz. 6.
3 Braun/*Kroth*, InsO, § 88 Rz. 7.
4 BGH, Urt. v. 19. 1. 2006 – IX ZR 232/04, ZIP 2006, 479 (480).
5 Braun/*Kroth*, InsO, § 88 Rz. 8.

sam werden, wenn die Voraussetzungen für eine Neubegründung der Sicherung im Weg der Zwangsvollstreckung dann noch bestehen[1].

bb) Anfechtung nach §§ 129 ff. InsO

799 Unter dem Blickwinkel der gemeinsamen Befriedigung aller Insolvenzgläubiger zu betrachten sind auch die Vorschriften über die Anfechtung von Rechtshandlungen durch den Insolvenzverwalter nach den §§ 129 ff. InsO.

800 Nach dem vorstehend Ausgeführten (vgl. oben Rz. 714) besteht die Gefahr der Anfechtung von Rechtshandlungen vor allem in Insolvenzverfahren von Selbständigen oder vormals Selbständigen, die das Regelinsolvenzverfahren zu durchlaufen haben. Der Anfechtung durch den Insolvenzverwalter eröffnet sind bei derartigen Regelinsolvenzverfahren über das Vermögen eines säumigen Miteigentümers nicht nur Zahlungen des Miteigentümers, die dieser in Entsprechung der Beschlusslage der Eigentümergemeinschaft innerhalb der letzten drei Monate vor dem Antrag auf Eröffnung des Insolvenzverfahrens geleistet hat, wenn er bereits zu diesem Zeitpunkt zahlungsunfähig war und die Eigentümergemeinschaft zu dieser Zeit die Zahlungsunfähigkeit kannte[2] und alle Zahlungen, die nach dem Antrag auf Eröffnung des Insolvenzverfahrens vorgenommen worden sind, wenn der Gläubiger zur Zeit der Handlung die Zahlungsunfähigkeit oder den Eröffnungsantrag kannte[3]. Verschärfend wirkt insoweit, dass nach § 130 Abs. 2 InsO der Kenntnis der Zahlungsunfähigkeit oder des Eröffnungsantrages die Kenntnis der Eigentümergemeinschaft oder ihres Verwalters gleichsteht, die zwingend auf die Zahlungsunfähigkeit oder den Eröffnungsantrag schließen lassen. Diese wird immer dann gegeben sein, wenn die Eigentümergemeinschaft zunächst bei dem säumigen Miteigentümer erfolglos vollstreckt hat, sich der säumige Miteigentümer dann aber doch zur Zahlung entschließt.

801 Neben der Anfechtung von kongruenten Rechtshandlungen, also solchen, auf die die Eigentümergemeinschaft Anspruch hatte, eröffnet § 131 InsO die Anfechtungsmöglichkeit für diejenigen Rechtshandlungen, auf die die Eigentümergemeinschaft keinen Anspruch hatte, so genannte inkongruente Deckung. Nach § 131 Abs. 1 InsO sind anfechtbar alle Rechtshandlungen, die einem Insolvenzgläubiger eine Sicherung oder Befriedigung gewährt oder ermöglicht hat, die er nicht oder nicht in der Art oder nicht zu der Zeit zu beanspruchen hatte. Eine Sicherung oder Befriedigung, die durch Zwangsvollstreckung erlangt wurde, ist immer inkongruent[4]. Selbst eine erfolgreiche Zwangsvollstreckung durch

---

1 BGH, Urt. v. 19. 1. 2006 – IX ZR 232/04, ZIP 2006, 479 (480).
2 § 130 Abs. 1 Nr. 1 InsO.
3 § 130 Abs. 1 Nr. 2 InsO.
4 Braun/*de Bra*, InsO, § 131 Rz. 13.

den Gerichtsvollzieher durch die Wegnahme des Geldes des Schuldners, für die § 815 Abs. 3 ZPO besagt, dass diese Wegnahme als Zahlung seitens des Schuldners zu gelten hat, ist anfechtbar[1].

Anfechtbar unter der Vorschrift des § 131 InsO sind:

802

– alle Handlungen im letzten Monat vor dem Antrag auf Eröffnung des Insolvenzverfahrens oder nach dem Antrag auf Eröffnung des Insolvenzverfahrens,

– alle Handlungen innerhalb des zweiten oder dritten Monats vor dem Eröffnungsantrag, wenn der Schuldner zur Zeit der Handlung zahlungsunfähig war und

– alle Handlungen innerhalb des zweiten und dritten Monats vor dem Eröffnungsantrag, wenn dem Gläubiger zur Zeit der Handlung bekannt war, dass sie die (anderen) Insolvenzgläubiger benachteilige.

Verschärfend wirkt bei der Anfechtung von Rechtshandlungen, bei denen dem Gläubiger zum Zeitpunkt der Handlung bekannt war, dass sie die Insolvenzgläubiger benachteilige, der Umstand, dass nach § 131 Abs. 2 Satz 1 InsO der Kenntnis der Benachteiligung der Insolvenzgläubiger die Kenntnis von Umständen gleichsteht, die zwingend auf die Benachteiligung schließen lassen.

803

Ohne „eigenes Verschulden" und ohne die Unterstellung jeglicher rechtswidrigen Absicht kann damit die Eigentümergemeinschaft Rechte, die sie kurz vor dem Antrag auf Eröffnung des Insolvenzverfahrens erlangt hat, wieder verlieren. Das Absonderungsrecht, das aus § 10 Abs. 1 Nr. 2 ZVG folgt, steht ihr allerdings immer anfechtungsfest zu.

804

cc) Auswirkungen der Insolvenzeröffnung auf bereits eingeleitete Zwangsversteigerungsverfahren

Ist zum Zeitpunkt der Eröffnung des Insolvenzverfahrens über das Vermögen des Schuldners ein Zwangsversteigerungsverfahren auf Antrag der Eigentümergemeinschaft oder eines anderen Berechtigten anhängig, so bleibt dieses nach § 80 Abs. 2 Satz 2 InsO wirksam und wird daher auch nicht gemäß § 240 ZPO unterbrochen[2]. Der Umschreibung eines vorliegenden Titels nach Eröffnung des Insolvenzverfahrens zur Fortsetzung der Zwangsversteigerung gegen den Insolvenzverwalter bedarf es nicht[3]. Auch bei Anordnung eines vorläufigen Insolvenzverfahrens nach dem Antrag auf Eröffnung des Insolvenzverfahrens eines Selbständigen oder vormals Selbständigen darf das Insolvenzgericht nach § 21 Abs. 2

805

---
1 BGH, Urt. v. 9. 9. 1997 – IX ZR 14/97, WM 1997, 2093.
2 Gottwald/*Gottwald*, Insolvenzrechtshandbuch, § 42 Rz. 75.
3 *Stöber*, NZI 1998, 105 (106).

Nr. 3 InsO die Zwangsvollstreckung in das unbewegliche Vermögen nicht als Sicherungsmaßnahme einstweilen einstellen.

dd) Zwangsvollstreckung wegen Masseverbindlichkeiten

806 Nach der Eröffnung des Insolvenzverfahrens kann ein Verfahren auf Zwangsversteigerung nur noch von Absonderungsberechtigten und Massegläubigern beantragt werden. Neben dem bestehenden Absonderungsrecht nach § 10 Abs. 1 Nr. 2 ZVG ist für die Rechtsbeziehung zwischen der Eigentümergemeinschaft und dem Insolvenzverwalter kennzeichnend, dass nach Insolvenzeröffnung die Forderungen der Eigentümergemeinschaft aus beschlossenen Wirtschaftsplänen den Charakter von Masseverbindlichkeiten haben, die Eigentümergemeinschaft somit zugleich Insolvenzgläubiger als auch Gläubiger einer Masseverbindlichkeit ist.

807 Einschränkend hinsichtlich Zwangsvollstreckungen wegen Masseverbindlichkeiten ist die Vorschrift des § 90 Abs. 1 InsO zu beachten. Danach dürfen Zwangsvollstreckungsmaßnahmen wegen Masseverbindlichkeiten, die nicht durch eine Rechtshandlung des Insolvenzverwalters begründet worden sind, auf die Dauer von sechs Monaten seit der Eröffnung des Insolvenzverfahrens nicht durchgeführt werden.

808 Durch die Vorschrift des § 90 InsO wollte der Gesetzgeber erreichen, dass der Insolvenzverwalter insbesondere in der Anfangsphase des eröffneten Insolvenzverfahrens davor geschützt ist, dass die Masse auseinander gerissen wird und damit im Ergebnis Sanierungsbemühungen erschwert oder vernichtet werden können, obwohl der Insolvenzverwalter die entsprechenden Forderungen der Gläubiger nicht begründet hat[1]. Bei den Masseverbindlichkeiten, die der Insolvenzverwalter nicht selbst begründet hat und die von ihm auch nicht verhindert werden können[2], wird dem Insolvenzverwalter damit ein auf sechs Monate seit Eröffnung des Insolvenzverfahrens befristeter Vollstreckungsschutz gewährt. Innerhalb dieses Zeitraums kann die Eigentümergemeinschaft ihre Forderungen gegen den Insolvenzverwalter, die nach Eröffnung des Insolvenzverfahrens fällig geworden sind, damit nicht im Weg der Zwangsversteigerung durchsetzen.

d) Aufrechnungsbefugnis

809 In Ausnahmefällen mag es vorkommen, dass dem säumigen Miteigentümer, der die Eröffnung des Insolvenzverfahrens über sein Vermögen beantragt hat, nach Abrechnung über den Wirtschaftsplan noch Zahlungs-

---

1 Braun/*Kroth*, InsO, § 90 Rz. 1.
2 Vgl. die Aufzählung in § 90 Abs. 2 Nr. 1–3 InsO.

ansprüche gegen die Eigentümergemeinschaft zustehen. In diesem Fall ist zu untersuchen, ob die Gemeinschaft nicht zur Aufrechnung gegenüber dem Insolvenzverwalter berechtigt ist. Die Vorschriften der §§ 95, 96 InsO modifizieren insoweit die Aufrechnungsregeln des BGB.

Vom Grundsatz her bestimmt § 94 InsO, dass die Aufrechnungsbefugnis des Insolvenzgläubigers gemäß §§ 387 ff. BGB grundsätzlich erhalten bleibt, auch wenn gegen den Schuldner ein Insolvenzverfahren eröffnet wurde. 810

Die Aufrechnungsbefugnis besteht, wenn die gesetzlichen Aufrechnungsvoraussetzungen **bei Eröffnung des Insolvenzverfahrens erfüllt** sind. Da die Regelung des § 94 InsO auf die Aufrechnungslage bei Eröffnung des Verfahrens abstellt, kann sie sogar noch nach Stellung des Insolvenzantrags während des Eröffnungsverfahrens begründet werden. Weder der Erlass des Vollstreckungsverbotes[1] noch das allgemeine Verfügungsverbot[2] führen über § 394 BGB zu einem Aufrechnungsverbot[3]. Häufig jedoch dürfte der Erwerb der Aufrechnungslage anfechtbar sein, so dass die Aufrechnung dann an § 96 Abs. 1 Nr. 3 InsO scheitern würde. 811

Aufrechnen kann allerdings nur derjenige Gläubiger, dessen eigene Forderung bei Verfahrenseröffnung fällig ist und wenn die zur Masse gehörende Forderung zu § 271 Abs. 2 BGB erfüllbar ist[4]. Wenn die Forderung der Eigentümergemeinschaft aus der Abrechnung des Wirtschaftsplans damit erst nach Eröffnung des Insolvenzverfahrens fällig wird, scheitert die Aufrechnung an § 95 Abs. 1 Satz 2 InsO. Nach dieser Vorschrift ist die Fiktion des § 41 Abs. 1 InsO, dass nicht fällige Forderungen als fällig gelten, außer Kraft gesetzt[5]. 812

e) Zusammenfassung

Zusammenfassend kann damit festgehalten werden, dass sich durch die Einfügung des § 10 Abs. 1 Nr. 2 ZVG die wirtschaftliche und rechtliche Stellung der Eigentümergemeinschaft auch in Insolvenzverfahren erheblich verbessert hat. Mehr denn je kommt es allerdings wegen der besonderen insolvenzrechtlichen Vorschriften darauf an, dass die Eigentümergemeinschaft mit der Geltendmachung ihrer Rechte gegenüber dem säumigen Miteigentümer umgehend beginnt, da sie nur dann den möglichen Rechtsbehelfen der InsO nicht ausgesetzt ist. Weiterhin wird für die Eigentümergemeinschaft in Zukunft auch im Insolvenzverfahren die kon- 813

---

1 § 21 Abs. 2 Nr. 3 InsO.
2 § 21 Abs. 2 Nr. 2 InsO.
3 OLG Rostock, Urt. v. 21. 8. 2003 – 1 U 197/01, ZIP 2003, 1805.
4 Gottwald/*Gottwald*, Insolvenzrechtshandbuch, § 45 Rz. 14.
5 Braun/*Kroth*, InsO, § 94 Rz. 18.

sequente Umsetzung der ihr durch § 10 Abs. 1 Nr. 2 ZVG eröffneten Möglichkeiten im Vordergrund der Praxis stehen. Bei konsequenter Rechtsverfolgung ermöglicht der maximal zur Verfügung stehende Rahmen von 5 % des Verkehrswertes der betreffenden Eigentumswohnung die Befriedigung wohl der Mehrzahl der Forderungen der Eigentümergemeinschaft.

6. Verfügungsbefugnis des Insolvenzverwalters

814 Gemäß § 80 InsO ist der Insolvenzverwalter berufen, über das zur Masse gehörende Vermögen des Schuldners zu verfügen.

a) Versteigerung durch den Insolvenzverwalter

815 Nach § 159 InsO hat der Insolvenzverwalter das zur Insolvenzmasse gehörende Vermögen zu verwerten. Grundstücke ebenso wie Wohnungseigentum werden durch freihändigen Verkauf oder durch Zwangsversteigerung verwertet, im Verbraucherinsolvenzverfahren allerdings ist ein freihändiger Verkauf durch den Treuhänder ausgeschlossen. Das besondere Zwangsversteigerungsverfahren des Insolvenzverwalters richtet sich nach §§ 165 InsO, 172 ff ZVG als Sonderform des Zwangsversteigerungsverfahrens. Danach kann der Insolvenzverwalter die Versteigerung des Wohnungseigentums, ohne dass ein entsprechender Titel vorliegen müsste, beantragen.

b) Versteigerung gegen den Insolvenzverwalter

816 Neben dem Insolvenzverwalter können aber auch Gläubiger die zwangsweise Verwertung der Immobilie während des laufenden Insolvenzverfahrens betreiben, allerdings nur insoweit, als ihnen ein Absonderungsrecht zusteht. § 49 InsO bestimmt, dass die Gläubiger, denen ein Recht auf Befriedigung aus Gegenständen zusteht, die der Zwangsvollstreckung in das unbewegliche Vermögen unterliegen, nach Maßgabe der Vorschriften des ZVG zur **abgesonderten Befriedigung** berechtigt sind. Auf die sich für die Eigentümergemeinschaft ergebenden Möglichkeiten im Rahmen des § 10 Abs. 1 Nr. 2 ZVG durch abgesonderte Befriedigung ist bereits vorstehend (vgl. oben Rz. 775) eingegangen worden.

c) Verfügungen nach Aufhebung der Insolvenz

817 Die Aufhebung des Insolvenzverfahrens kann durch Beendigung nach Schlussverteilung erfolgen oder aber durch Einstellung mangels Masse. Mit der Beendigung des Insolvenzverfahrens endet die Verpflichtung des Insolvenzverwalters des schuldnerischen Vermögens. Während der Restschuldbefreiung ist der Treuhänder, aufgrund der bei Verfahrenseröffnung unterzeichneten Abtretungserklärung des Schuldners, nur noch zur

Einziehung und Verteilung aber der Abtretungserklärung unterliegenden Ansprüche berechtigt (§ 292 Abs. 1 Satz 2 InsO).

aa) Schlussverteilung

Mit der Schlussverteilung wird die gesamte noch verfügbare Teilungsmasse an die Insolvenzgläubiger ausgezahlt[1], nachdem die Masseverbindlichkeiten berichtigt worden sind. 818

Sobald die Verwertung der Insolvenzmasse beendet ist, hat der Verwalter die Schlussverteilung des noch vorhandenen Verwertungserlöses an die Insolvenzgläubiger vorzunehmen. Dies ist grundsätzlich erst dann der Fall, wenn sämtliche Vermögensgegenstände liquidiert worden sind[2]. Vorher sind die Masseverbindlichkeiten zu bereinigen, oder wenigstens sicherzustellen und die Verwertungserlöse an die absonderungsberechtigten Gläubiger auszukehren, soweit der Verwalter Gegenstände, auf denen Absonderungsrechte ruhten, verwertet hat. Die Schlussverteilung darf nur mit Zustimmung des Insolvenzgerichtes vorgenommen werden (§ 196 Abs. 2 InsO). 819

Die Zustimmung des Insolvenzgerichtes ist von dem Insolvenzverwalter unter Einreichung von Schlussbericht, Schlussrechnung und Schlussverzeichnis zu beantragen. Die nach § 187 Abs. 3 Satz 2 InsO erforderliche Genehmigung des Gläubigerausschusses hat, soweit ein solcher bestellt wurde, der Verwalter ebenfalls einzuholen und dem Gericht nachzuweisen. 820

Der Schlussbericht muss einen Überblick über die gesamte Geschäftsführung des Verwalters geben, insbesondere also Auskunft darüber, wie die Masse gesichert, verwertet, bestehende Vertragsverhältnisse abgewickelt und Prozesse durchgeführt worden sind. Der Schlussbericht ist in formeller und materieller Sicht vom Insolvenzgericht zu überprüfen, wobei das Gericht allerdings nur die Rechtmäßigkeit, nicht die Zweckmäßigkeit des Verwalterhandelns prüft[3]. 821

Die Schlussrechnung in der Form einer Einnahmen-/Ausgabenrechnung genügt in all den Fällen, in denen der Schuldner weder nach handelsrechtlichen Vorschriften noch nach der Vorschrift des § 141 AO verpflichtet ist, Bücher zu führen und Abschlüsse zu erstellen[4]. Ist der Schuldner hingegen buchführungs- und abschlusspflichtig, so muss eine den allgemeinen Regeln entsprechende Schlussbilanz erstellt werden, die an die bisher erstellten Bilanzen anzuschließen hat[5]. 822

---

1 Gottwald/*Eickmann*, Insolvenzrechtshandbuch, § 49 Rz. 11.
2 Braun/*Kießner*, InsO, § 196 Rz. 6.
3 Gottwald/*Eickmann*, Insolvenzrechtshandbuch, § 65 Rz. 17.
4 Gottwald/*Eickmann*, Insolvenzrechtshandbuch, § 65 Rz. 23.
5 Gottwald/*Eickmann*, Insolvenzrechtshandbuch, § 65 Rz. 23.

823 Das Schlussverzeichnis enthält die bei der Verteilung zu berücksichtigenden Forderungen. Aufzunehmen sind alle festgestellten und unbedingten Forderungen, die streitig gebliebenen Forderungen, sofern Feststellungsklage erhoben (§ 189 InsO) oder Prozessaufnahme nachgewiesen ist (§ 180 Abs. 2 InsO), oder diese Forderungen bereits tituliert sind (§ 179 Abs. 2 InsO). Festgestellte auflösend bedingte Forderungen werden wie bedingte behandelt (§ 42 InsO), festgestellte aufschiebend bedingte werden wie unbedingte Forderungen behandelt (§ 191 InsO). Absonderungsberechtigte und verwertungsberechtigte Gläubiger sind aufzunehmen, sofern sie entweder auf das Absonderungsrecht gegenüber dem Verwalter verzichten, oder den bei der bereits durchgeführten Verwertung eingetretenen Ausfall nachweisen.

824 Mit dem von dem Gericht anzuberaumenden Schlusstermin und der darin erfolgenden Aufhebung des Insolvenzverfahrens endet die Verfügungsbefugnis des Insolvenzverwalters, sie geht wieder auf den Schuldner über. In der Wohlverhaltensphase wird der die Erteilung der Restschuldbefreiung Nachsuchende also nicht mehr durch die Verwaltungs- und Verfügungsbefugnis des Treuhänders oder Insolvenzverwalters eingeschränkt. Keinesfalls haftet der Treuhänder in dem Restschuldbefreiungsverfahren mit der aus der Pfändung des Arbeitseinkommens gebildeten Sondermasse für etwa wieder auftretende Zahlungsrückstände gegen den erneut wieder säumig werdenden Miteigentümer. Andererseits aber gilt das Vollstreckungsverbot des § 294 Abs. 1 InsO nur für die Insolvenzgläubiger, nicht hingegen für Neugläubiger[1]. Die Neugläubiger allerdings können nicht in die bei dem Treuhänder gebildete Masse vollstrecken, sondern nur in das sonstige Vermögen des Schuldners.

bb) Einstellung mangels Masse nach § 207 InsO

825 Reicht die Insolvenzmasse schon nicht mehr aus, um überhaupt noch die Kosten des Insolvenzverfahrens zu decken, ist das Insolvenzverfahren nach § 207 InsO „mangels Masse" einzustellen[2], sollten die Kosten des Verfahrens nicht nach § 4a InsO gestundet sein. Sollte keine Kostenstundung bewilligt worden sein, kann das zur Restschuldbefreiung führende Verfahren insgesamt nicht fortgesetzt werden.

7. Kosten der Vertretung im Insolvenzverfahren

826 Die §§ 2, 13 RVG in Verbindung mit Nummern 3313 – 3321 VVRVG regeln die Vergütung bei Vertretung des Schuldners oder eines Gläubigers vor Gericht.

---

1 MünchKommInsO/*Ehricke*, § 294 Rz. 21.
2 Braun/*Kießner*, InsO, § 207 WEG Rz. 1.

Nach § 39 Abs. 1 Nr. 2 InsO sind die dem Gläubiger durch die Tätigkeit des Rechtsanwaltes entstehenden Kosten nachrangig und können nur dann zur Tabelle angemeldet werden, wenn das Gericht dazu besonders auffordert (§ 174 Abs. 3 InsO). 827

a) Eröffnungsverfahren

Vertritt der Rechtsanwalt einen Schuldner im Eröffnungsverfahren, so steht ihm nach §§ 2, 13 RVG in Verbindung mit Nummer 3313 VVRVG eine Gebühr zu. Für die Tätigkeit auch im Verfahren über den Schuldenbereinigungsplan, erhöht sich die Gebühr auf 1,5 gemäß §§ 2, 13 RVG in Verbindung mit Nummer 3315; vertritt der Rechtsanwalt einen Gläubiger im Eröffnungsverfahren, so steht ihm nach §§ 2, 13 RVG in Verbindung mit Nummer 3314 VVRVG eine halbe Gebühr zu. Für die Tätigkeit, auch im Verfahren über den Schuldenbereinigungsplan, erhöht sich die Gebühr auf 1,0 gemäß §§ 2, 13 RVG in Verbindung mit Nummer 3316. 828

Berechnungsgrundlage ist im Falle der Vertretung des Schuldners die Insolvenzmasse (§ 23 Abs. 2 GKG), bei Vertretung eines Gläubigers dessen Forderung einschließlich Zinsen und sonstigen Kosten bis zur Insolvenzeröffnung (§ 23 Abs. 1 GKG). 829

b) Eröffnetes Verfahren

Für Tätigkeiten im eröffneten Insolvenzverfahren steht dem Anwalt nach §§ 2, 13 RVG in Verbindung mit Nummer 3317 VVRVG eine 1,0-Gebühr zu. Diese umfasst die gesamte Tätigkeit bis zum Abschluss des Verfahrens, also auch etwaige Forderungsanmeldungen, etc. Bei Vertretung eines Massegläubigers sind für die Abrechnung die §§ 2, 13 RVG in Verbindung mit Nummern 3100, 2300 VVRVG maßgeblich. 830

Der Gebührensatz ist bei der Vertretung eines Schuldners an der Insolvenzmasse, bei Vertretung eines Gläubigers an dessen Forderung einschließlich Zinsen und Kosten bis zur Insolvenzeröffnung zu bemessen[1].

c) Forderungsanmeldung

Für die Anmeldung einer Insolvenzforderung eines Gläubigers ohne weitergehende Tätigkeiten fällt eine 0,5 Gebühr, bemessen an der Höhe der Forderung und der Nebenkosten, an (§§ 2, 13 RVG in Verbindung mit Nummer 3320 VVRVG). 831

---

1 Gottwald/*Last*, § 125 Rz. 62 (63).

d) Restschuldbefreiungsverfahren

832 Für Tätigkeiten in Verfahren auf Versagung oder Widerruf der Restschuldbefreiung entsteht nach §§ 2, 13 RVG in Verbindung mit Nummer 3321 eine 0,5 Gebühr. Der Gegenstandswert bestimmt sich nach § 28 Abs. 2 RVG in Verbindung mit § 23 Abs. 3 Satz 2 RVG.

VIII. Betreuungsrechtliche Fragen in Zusammenhang mit dem WEG

833 Gemäß § 10 Abs. 1 WEG sind die Eigentümer Inhaber der Rechte und Pflichten bezüglich des Sondereigentums und des gemeinschaftlichen Eigentums[1].

834 Zu den Pflichten eines jeden Wohnungseigentümers gehört nach § 14 WEG die ordnungsgemäße Instandhaltung des Sondereigentums sowie das Minimieren jeglicher von seinem Sondereigentum ausgehender beeinträchtigender Auswirkungen auf andere Wohnungs- und Teileigentumseinheiten. Die ordnungsgemäße Instandhaltung des Sondereigentums schließt auch die unverzügliche Behebung von Defekten und Schäden ein, die zu einer Beeinträchtigung der anderen Wohnungs- und Teileigentumseinheiten führen könnten[2]. Ferner dürfen die im Sondereigentum ausgeübten Tätigkeiten und deren Wirkungen dem ordnungsgemäßen Gebrauch der anderen Wohnungs- und Teileigentumsrechte nicht entgegenstehen[3].

In Anbetracht dieser Pflichten, die sich stark auf das Sondereigentum anderer Wohnungseigentümer und das Gemeinschaftseigentum auswirken können, kann das Verhalten eines Mitglieds tiefgreifende rechtliche sowie wirtschaftliche Konsequenzen für die gesamte Gemeinschaft nach sich ziehen.

835 Ist beispielsweise ein Mitglied auf Grund einer psychischen Krankheit oder einer körperlichen, geistigen oder seelischen Behinderung, der Altersdemenz oder sonstigen endogenen sowie exogenen Krankheiten nicht in der Lage, seinen Pflichten der Wohnungseigentümergemeinschaft gegenüber nachzukommen, oder führt sein Verhalten zu nicht hinnehmbaren Beeinträchtigungen der Wohnungs- und Teileigentumsrechte anderer Wohnungseigentümer, so stellt sich für die Gemeinschaft die Frage, wie diesem entgegenzuwirken ist. Auch stellt sich die Frage, wer die Rechte und die Pflichten des betroffenen Wohnungseigentümers wahrnehmen und wer Ansprechpartner der Wohnungseigentümergemein-

---

1 *Röll/Sauren*, S.53.
2 Staudinger/*Kreuzer*, § 14 WEG Rz. 13.
3 Staudinger/*Kreuzer*, § 14 WEG Rz. 16.

schaft sein soll. Welche rechtlichen Schritte die Wohnungseigentümergemeinschaft einzuleiten berechtigt ist, um die durch die fehlende Mitwirkung des betroffenen Wohnungseigentümers auftretende Lücke aufzufüllen und eventuelle Beeinträchtigungen und Schäden zu verhindern, ergeben sich u. a. aus dem Betreuungsrecht.

1. Betreuung – Grundlagen und Übersicht

Grundsätzlich ist die Bestellung eines Betreuers nur für einen volljährigen Betreuungsbedürftigen möglich, § 1896 Abs. 1 Satz 1 BGB. Hat der Betroffene das siebzehnte, nicht jedoch das achtzehnte Lebensjahr vollendet, kann nach § 1908a BGB vorsorglich ein Betreuer bestellt werden, wenn bereits vor Eintritt der Volljährigkeit die Erforderlichkeit der Betreuerbestellung vorhersehbar ist; Wirksamkeit entfaltet die Bestellung allerdings erst mit Vollendung des achtzehnte Lebensjahres, § 1908a Satz 2 BGB. 836

Die Betreuungsbedürftigkeit i. S. d. § 1896 Abs. 1 Satz1 BGB ist i. d. R. gegeben, wenn der Betroffene unter einer psychischen Krankheit oder einer körperlichen, geistigen oder seelischen Behinderung leidet, auf Grund derer er nicht in der Lage ist, seine Angelegenheiten selbst zu erledigen. 837

Gemeint sind hiermit die anerkannten medizinischen sowie psychiatrischen Krankheitsbilder wie z. B. Depressionen, verschiedene Formen der Schizophrenie, die senile Demenz sowie dauerhafte Funktionsstörungen des Körpers.

Lediglich unangepasstes, von „normalem" menschlichem Sozialverhalten abweichendes Verhalten oder die Feststellung des „Altersstarrsinn[1]" scheiden als Grundlage für eine Betreuerbestellung aus. Ebenfalls rechtfertigen Abhängigkeitskrankheiten, wie z. B. Alkohol-, Medikamenten- und Drogenabhängigkeiten für sich allein die Betreuerbestellung nicht. Hierzu muss sich die Sucht bereits in einer psychischen Krankheit manifestiert haben[2], auf Grund derer ein Betreuungsbedarf bestehen könnte. 838

Die Betreuerbestellung kann nicht allein aufgrund des medizinischen Befunds erfolgen. Vielmehr muss die Krankheit bzw. Behinderung ursächlich für die Unfähigkeit des Betroffenen zur Besorgung eigener Angelegenheiten sein. 839

Eigene Angelegenheiten können sowohl rechtsgeschäftlicher als auch tatsächlicher Natur sein. Darunter fallen Angelegenheiten der Vermögenssorge ebenso wie der Personensorge. Ob die jeweilige Angelegenheit als solche anzusehen ist, entscheidet sich nach der konkreten Le- 840

---
1 BayObLG, Beschl. v. 2. 5. 2001 – 3Z BR 74/01, FamRZ 2001, 1558.
2 *Jürgens*, § 1896 Rz. 4.

benssituation, der sozialen Stellung sowie der bisherigen Lebensgestaltung des Betroffenen. Angelegenheiten, die der Betroffene üblicherweise selbst wahrzunehmen pflegte oder sonst wahrnehmen würde, und solche, die in seinem Interesse und zu seinem Wohl wahrgenommen werden müssen[1], gehören i. d. R. zu „seinen" Angelegenheiten i. S. d. § 1896 Abs. 1 BGB.

841 Von der Unfähigkeit zur Besorgung der eigenen Angelegenheiten kann in solchen Fällen nicht ausgegangen werden, in denen der Volljährige es zwar nicht vermag, seine Angelegenheiten persönlich zu besorgen, hierzu jedoch ausreichende Hilfe sachkundiger und nicht behinderter Personen in Anspruch nehmen kann[2].

2. Betreuungsanordnung durch das Gericht

842 Die sachliche Zuständigkeit für die Bestellung eines Betreuers liegt gem. § 35 FGG beim Vormundschaftsgericht. Örtlich zuständig ist nach § 65 Abs. 1 FGG das Vormundschaftsgericht, in dessen Bezirk der Betroffene seinen gewöhnlichen Aufenthaltsort hat. Bei den betreuungsrechtlichen Angelegenheiten besteht ein umfassender Richtervorbehalt, § 14 Abs. 1 Nr. 4 RPflG, so dass der Rechtspfleger bei der Einleitung der Betreuung nur in einigen wenigen Fällen funktionell zuständig ist, § 3 Nr. 2a RPflG.

843 Die Betreuungsanordnung durch das Gericht erfolgt grundsätzlich auf Antrag des Betroffenen hin. Liegt dem Vormundschaftsgericht ein entsprechender Antrag vor, erfolgt i. d. R. eine persönliche Anhörung des Betroffenen durch das Gericht.

844 Bei einem fremden Antrag holt das Gericht ein Sachverständigengutachten über die Notwendigkeit und den Umfang der Betreuung ein. Schließlich ordnet das Gericht durch Beschluss eine Betreuung an, sofern diese für erforderlich erachtet wird. In diesem Beschluss werden vom Vormundschaftsgericht der Aufgabenkreis und der Umfang der Vertretungsmacht des Betreuers festgelegt, § 69 Abs. 1 Nr. 2b FGG. Anschließend wird dem Betreuer gem. § 69b Abs. 2 FGG eine Urkunde erteilt, die ihm als Vertretungsausweis dienen soll. Die Anordnung erlangt Wirksamkeit erst mit der Bekanntgabe an den Betreuer, § 69a Abs. 3 Satz 1 FGG. Bei Gefahr in Verzug[3] kann das Gericht die Betreuungsanordnung auch für sofort wirksam erklären, § 69 Abs. 3 Satz 2 FGG oder aber im Wege einer einstweiligen Verfügung einen vorläufigen Betreuer bestellen.

---
1 BayObLG, Beschl. v. 22. 10. 1996 – 3Z BR 178/96, BtPrax 1997, 72.
2 BT-Drs.11/4528, S. 117; BayObLG, Beschl. v. 13. 12. 2000 – 3Z BR 353/00, NJWE-FER 2001, 151.
3 BayObLG, Beschl. v. 9. 4. 1997 – 3Z BR 75/97, 3Z BR 85/97, BayObLGZ 1997, 142, 145; BayObLG, Beschl. v. 21. 5. 1999 – 3Z BR 125/99, FamRZ 1999, 1611.

Wenn ein gesetzlicher Vertreter benötigt wird, z. B. bei der Führung von 845
Prozessen, ist die Betreuerbestellung ebenfalls erforderlich[1]. Hinsichtlich
der Prozessfähigkeit des Betreuten gelten die §§ 52, 53 ZPO. Danach
steht ein durch den Betreuer vertretener Betreuter einer nicht prozess-
fähigen Person gleich.

Nicht nur hinsichtlich des Umfangs der Betreuung ist der Erforderlich- 846
keitsgrundsatz zu beachten, sondern auch im Hinblick auf die Betre-
uungsdauer. Die Betreuung darf allein für den Zeitraum angeordnet werden, für den Anhand der zum Zeitpunkt der Anordnung vorliegenden Erkenntnisse eine unbedingte Erforderlichkeit besteht[2].

a) Anordnungsgrund

Das Vormundschaftsgericht bestellt einen Betreuer in solchen Fällen, in 847
denen aus Gründen der geistigen, seelischen oder körperlichen Behinderung ein Betreuungsbedarf besteht, der die Anordnung einer Betreuung
erforderlich macht. Für die Frage der Betreueranordnung ist die Geschäftsfähigkeit des Betroffenen unerheblich. Entscheidend ist vielmehr,
ob ein Betreuungsbedarf besteht. Dementsprechend darf ein Betreuer nur
für Aufgabenkreise bestellt werden, in denen eine Betreuung erforderlich
ist[3]. Der Betreuungsbedarf kann aktuell bestehen oder in absehbarer[4]
Zeit konkret zu erwarten sein. Eine „prophylaktische" Betreuerbestellung ist grundsätzlich nicht zulässig, es sei denn, der Betreuungsbedarf
tritt in regelmäßigen wiederkehrenden Abständen auf, so dass dies ein
sofortiges Einschreiten erforderlich machen würde[5].

b) Subsidiarität der Betreuungsanordnung

Die Bestellung eines Betreuers ist gem. § 1896 Ab. 2 Satz2 BGB gegen- 848
über anderen Hilfen subsidiär. Es wird daher durch das Vormundschaftsgericht zunächst festgestellt, ob die zu besorgenden Angelegenheiten
durch Hilfen von Familienangehörigen, Bekannten oder aber auch durch
Verbände oder die öffentliche Hand, insbesondere die sozialen Dienste[6]
ebenso gut wahrgenommen werden können wie durch einen Betreuer.
Diese vorrangig in Betracht zu ziehenden Hilfen sind jedoch dann nicht
ausreichend, wenn der Betroffene für die Erledigung seiner Angelegenheiten auf eine rechtsgeschäftliche Vertretung angewiesen ist. In diesem

---
1 BayObLG, Beschl. v. 7. 5. 1997 – 3Z BR 123/97, FamRZ 1998, 920.
2 OLG Köln, Beschl. v. 26. 8. 1997 – 16 Wx 137/97, NJWE-FER 1998, 226.
3 BayObLG, Beschl. v. 22. 12. 1994 – 3Z BR 250/94, BtPrax 1995, 64; BayObLG, Beschl. v. 15. 11. 1995 – 3Z BR 211/95, FamRZ 1996, 897; *Jürgens*, BtPrax 2002, 18.
4 Palandt/*Diederichsen*, § 1896 Rz. 10.
5 BayObLG, Beschl. v. 2. 4. 2003 – 3Z BR 52/03, BtPrax 2003, 176.
6 BT-Drucks. 11/4528, S.59.

Falle ist festzustellen, ob eine wirksame Bevollmächtigung oder eine Vorsorgevollmacht bereits vorliegt oder noch in die Wege geleitet werden kann, bevor die Bestellung eines Betreuers in Erwägung gezogen wird.

849 Liegt eine wirksam erteilte Generalvollmacht vor, ist die Bestellung eines Betreuers für rechtsgeschäftliches Handeln grundsätzlich ausgeschlossen[1]. Eine Ausnahme von diesem Grundsatz wird dann gemacht, wenn der Bevollmächtigte entweder nicht in der Lage ist, seine Aufgaben als Bevollmächtigter wahrzunehmen oder er die Wahrnehmung derselben verweigert[2]. Denkbar ist auch die Bestellung einer lediglich vorläufigen Betreuung, wenn Zweifel an der Wirksamkeit der Vollmacht gegeben sind[3].

850 In allen anderen Fällen einer wirksam erteilten Generalvollmacht kann allenfalls ein Betreuer, sog. Vollmachtsbetreuer, nach § 1896 Abs. 3 BGB bestellt werden, wenn trotz oder gerade wegen der wirksam erteilten Vollmachten ein konkreter Überwachungsbedarf besteht, weil z.B. Gefahren für das Vermögen des Betroffenen zu befürchten sind[4].

851 Bei einfachen Vollmachten kommt eine Betreuerbestellung für die Angelegenheiten in Betracht, die von der Vollmacht nicht gedeckt sind[5].

c) Vorsorgevollmacht

852 Die Vorsorgevollmacht ist gegenüber einer Betreuungsanordnung vorrangig. Liegt eine wirksam erteilte Vorsorgevollmacht seitens des Betreuungsbedürftigen vor, ist eine Betreuerbestellung entbehrlich[6]. Die Vorsorgevollmacht macht die Betreuerbestellung dann überflüssig, wenn die Vollmacht wirksam erteilt wurde und kein Widerruf erfolgt ist. Ferner ist erforderlich, dass der Bevollmächtigte bereit und in der Lage ist, seine Aufgaben wahrzunehmen und die Fürsorge zu gewährleisten[7]. Schließlich muss die Vorsorgevollmacht alle Angelegenheiten erfassen, für die ein Betreuungsbedürfnis besteht. Erfüllt die Vollmacht diese Voraussetzung nicht, so ist eine Betreuungsanordnung für die Angelegenheiten möglich, die eine Betreuung erforderlich machen und von der Vollmacht nicht umfasst sind. Zu beachten ist allerdings, dass die Vollmacht auch nachträglich, d.h. selbst nach Einleitung des Betreuungsverfahrens, erteilt werden kann. Gleiches gilt für die Erweiterung des Umfangs der

---

1 LG Frankfurt/Main, Beschl. v. 12. 8. 1993 – 2/9 T 506/93, FamRZ 1994, 125; LG Augsburg, Beschl. v. 1. 7. 1994 – 5 T 1471/93, BtPrax 1994, 176.
2 BayObLG, Beschl. v. 23. 3. 2004 – 3Z BR 265/03, FamRZ 2004, 1403.
3 BayObLG, Beschl. v. 2. 6. 2004 – 3Z BR 065/04, 3Z BR 65/04, FamRZ 2004, 1814.
4 BayObLG, Beschl. v. 14. 3. 2001 – 3Z BR 43/01, BtPrax 2001, 163.
5 OLG Köln, Beschl. v. 19. 3. 1999 – 16 Wx 30/99, FamRZ 2000, 188.
6 BT-Drucks. 11/4528, S.122.
7 *Schwab*, FamRZ 1992, 493 (496); *Walter*, Die Vorsorgevollmacht, S. 20.

Vorsorgevollmacht. In beiden genannten Fällen muss jedoch der Betroffene i. S. d. § 104 BGB zweifelsfrei geschäftsfähig sein.

d) Geschäftsfähigkeit – Geschäftsunfähigkeit

Die Betreuerbestellung setzt nach § 1896 Abs. 1 BGB nicht die Geschäftsunfähigkeit des Betroffenen voraus[1]. Auch für eine sonst[2] i. S. v. § 104 Nr. 2 BGB geschäftsfähige Person kann die Bestellung eines Betreuers für bestimmte, übermäßig komplexe Angelegenheiten in Frage kommen. Ausschlaggebend ist, dass bei dem Betroffenen, soweit es sich um diese bestimmte Angelegenheit handelt, aufgrund einer geistigen Störung Defizite der Willensbildung und Steuerfähigkeit vorliegen, so dass eine freie und unbeeinflusste Willensbildung nicht gewährleistet ist[3]. Betreuungsbedürftigkeit muss daher nicht zwangsläufig auf Geschäftsunfähigkeit schließen lassen. Vielmehr liegt die Schwelle der Betreuungsbedürftigkeit niedriger als die der Geschäftsunfähigkeit[4].

854

e) Kein Antragsrecht Dritter auf Anordnung einer Betreuung

Die Betreuerbestellung erfolgt entweder auf Antrag des Betroffenen selbst oder von Amts wegen, § 1896 Abs. 1 BGB.

855

Bei lediglich körperlich Behinderten muss der Antrag jedoch ausschließlich vom Betroffenen selbst ausgehen, § 1896 Abs. 1 Satz 3 BGB, es sei denn, der Betroffene ist nicht imstande seinen Willen kundzutun. Dies kann beispielsweise bei einer ab dem dritten Halswirbel gelähmten Person der Fall sein.

856

Im Falle einer psychischen Krankheit oder geistigen bzw. seelischen Behinderung ist nach § 1896 Abs. 1 BGB die Einrichtung einer Betreuung auch von Amts wegen möglich.

857

Die Geschäftsfähigkeit des betroffenen Antragstellers ist keine Voraussetzung für die Wirksamkeit seines Antrags. Gem. § 1896 Abs. 1 Satz 2 BGB kann auch ein geschäftsunfähiger Betroffener den Antrag stellen. Der Antrag wird mangels Erfordernis der Geschäftsfähigkeit nicht als Willenserklärung bewertet, sondern als bloße Verfahrenshandlung[5].

858

---

1 Vgl. BT-Drs. 11/4528, S. 60.
2 Die Rechtsprechung lehnt eine sog. relative Geschäftsunfähigkeit ab, *„dass eine Person für besonders schwierige wirtschaftliche Entscheidungen geschäftsunfähig, für einfachere jedoch geschäftsfähig wäre, ist nicht anzuerkennen"*, BayObLG, Beschl. v. 24. 11. 1988 – BReg 3 Z 149/88, NJW 1989, 1678; BGH, Urt. v. 14. 7. 1953 – V ZR 97/52, NJW 1953, 1342; BGH, Beschl. v. 19. 10. 1960 – V ZR 103/59, NJW 1961, 261.
3 BGH, Beschl. v. 20. 6. 1984 – IVa ZR 206/82, WM 1984, 1063 (1064).
4 Müller/*Baumbach*, § 1896 Rz. 13; Erman/*Holzhauer*, § 1896 Rz. 25 ff.
5 MünchKomm/*Schwab*, § 1896 Rz. 54.

859 Dritte, seien es Familienangehörige, Freunde oder Betreuungsbehörden, haben kein Antragsrecht. Ein von einem Dritten ausgegangener „Antrag" wird vom Vormundschaftsgericht als Anregung behandelt. Daraufhin wird der Sachverhalt vom Gericht ermittelt und gegebenenfalls ein Amtsverfahren auf Bestellung eines Betreuers eingeleitet. Bei der Frage der Betreuerbestellung ist allein auf das Wohl des Betroffenen abzustellen. Ein solches Recht, beim Vormundschaftsgericht Anträge einzubringen steht auch dem Verband, also der Gemeinschaft oder den einzelnen Wohnungseigentümern zu. In der Praxis ist die Ausübung dieses Rechts ratsam, da immer mehr Fälle auftreten, bei denen ein einzelner Eigentümer „verwahrlost" und nicht mehr aus eigener Kraft in der Lage ist seine Angelegenheiten zu ordnen.

860 Die Betreuerbestellung hat ihrem Zweck nach allein im Interesse des Betroffenen zu erfolgen. In Ausnahmefällen kann aber die Betreuerbestellung auch im ausschließlichen Drittinteresse angeordnet werden, wenn dies begründet ist. Begründet ist die Betreuerbestellung im Drittinteresse dann, wenn dem Dritten keine andere Möglichkeit zur Verfügung steht, seine Rechte dem Betroffenen gegenüber gerichtlich oder außergerichtlich zu verfolgen. Ebenfalls kann im Interesse eines Dritten die Betreuung angeordnet werden, wenn die Wirksamkeit von einseitig rechtsgestaltenden Willenserklärungen wie z.B. Anfechtung oder Kündigung wegen § 131 Abs. 1 BGB an der Geschäftsunfähigkeit des Betroffenen scheitern würde[1].

861 Die Bestellung eines Prozesspflegers nach § 57 ZPO wäre zwar für die prozessuale Interessenverfolgung eine Alternative, nicht jedoch bei außerprozessualer Gestaltung von Rechtsverhältnissen. Daher ist in oben genannten Fällen die Bestellung eines Betreuers im Drittinteresse unumgänglich.

„Anregung" zur Einrichtung einer Betreuung (Muster)[2]

862 An das

Amtsgericht

– Vormundschaftsgericht –

Anregung zur Einrichtung einer Betreuung

Wir, die Eigentümergemeinschaft XY-Str. 00, Ort, vertreten durch den Verwalter …X, regen an,

eine Betreuung für Frau/Herrn … geboren am … in … wohnhaft in …

---

[1] Baumbach/*Müller*, § 1896 Rz. 22; *Jürgens/Kröger/Marschner/Winterstein*, § 1896 Rz. 64.
[2] Grundsätzlich sind in jedem Amtsgericht entsprechende Formulare erhältlich.

einzurichten, mit dem Aufgabenkreis Vermögenssorge sowie Wohnungsangelegenheiten.

Begründung:

Der Betroffene ist seit ... Mitglied der Gemeinschaft. Er ist nicht mehr in der Lage, seinen Verpflichtungen der Eigentümergemeinschaft [XY] gegenüber ordnungsgemäß nachzukommen. In den letzten sechs Monaten weigerte er sich, das Hausgeld und sonstige anfallenden Kosten zu entrichten. Ferner ...

Herr ... lebt alleine und zurückgezogen. Uns sind weder Bekannte noch Verwandte des Betroffenen bekannt, an die wir uns wenden könnten. Es ist nicht abzusehen, dass der Betroffene seine Angelegenheiten wieder selbst regeln können wird, eine Betreuung ist notwendig, weil ...

Eile ist geboten, weil ...

Unterschrift

3. Anordnung des Einwilligungsvorbehalts nach § 1903 BGB

Ist zur Abwendung einer erheblichen Gefahr für die Person oder das Vermögen des Betreuten erforderlich, dass der Betreute in der Teilnahme am Rechtsverkehr Einschränkungen erfährt, ordnet das Vormundschaftsgericht nach § 1903 Abs. 1 Satz 1 BGB an, dass der Betreute zur wirksamen Abgabe einer Willenserklärung, die den Aufgabenkreis des Betreuers betrifft, dessen Einwilligung bedarf. Auf die Einwilligung sowie Wirksamkeit der Willenserklärung finden §§ 108 bis 113, 131 Abs. 2 und 210 BGB entsprechend Anwendung.

Die Anordnung eines Einwilligungsvorbehalts ist insbesondere dann erforderlich, wenn befürchtet wird, dass der Betreute durch die Abgabe von Willenserklärungen im Rechtsverkehr seiner Person oder seinem Vermögen Schäden zufügt. Die Gefahr muss objektiv und hinreichend konkret vorliegen und von erheblichem Umfang sein. Geringfügige Vermögensnachteile oder die abstrakte Möglichkeit einer Gefährdung rechtfertigen die Anordnung eines Einwilligungsvorbehalts nicht.

Die Anordnung eines Einwilligungsvorbehalts setzt ferner voraus, dass die Gefahr für die Rechtsgüter des Betreuten besteht; eine Gefahr für Dritte ist nicht ausreichend[1]. Die Anordnung dient allein dem Schutz des Betreuten, so dass, anders als die Anordnung der Betreuung, selbst in Ausnahmefällen eine Anordnung im Interesse Dritter, z.B. Gläubiger, nicht erfolgen darf[2].

---
1 BT-Drs.11/4528, S. 136.
2 Baumbach/*Müller*, Rz. 3.

866 Der Einwilligungsvorbehalt ist akzessorisch und setzt eine Betreuung voraus, die ihm zeitlich nicht zwingend vorzugehen hat. Die Betreuung und der Einwilligungsvorbehalt können vielmehr auch zeitgleich angeordnet werden[1]. Der Bestand des Einwilligungsvorbehalts hängt von dem der Betreuung ab. Er endet mit der Aufhebung der Betreuung.

867 Ist der Betreute auf Grund des Ablebens oder der Entlassung seines bisherigen Betreuers zeitweise betreuerlos, und muss in dieser Zeit zur Wirksamkeit eines unaufschiebbaren Rechtsgeschäfts eine Erklärung abgegeben werden, kann das Vormundschaftsgericht nach § 1846 BGB tätig werden[2].

Der Einwilligungsvorbehalt kann nur von Amts wegen angeordnet werden[3]. Ein Antragsrecht Dritter oder einer Behörde sind gesetzlich nicht vorgesehen. Selbst der Betroffene verfügt nicht über ein dem § 1896 Abs. 1 BGB entsprechendes Antragsrecht[4]. Wird dennoch ein entsprechender „Antrag" gestellt, kann das Gericht dies als Anregung zur Prüfung der Anordnung eines Einwilligungsvorbehalts von Amts wegen behandeln.

868 Die Anordnung eines Einwilligungsvorbehalts entfaltet keine Rückwirkung. Vor der Anordnung eines Einwilligungsvorbehalts abgegebene Willenserklärungen des Betreuten bedürfen auch dann nicht der Zustimmung seines Betreuers, wenn diese für die Rechtsgüter des Betreuten mit erheblichen Schäden verbunden sind. Mit der Anordnung eines Einwilligungsvorbehalts kann nur für die Zukunft, also ab der Wirksamkeit der Anordnung, Abhilfe geschaffen werden[5].

4. Rechtliche Stellung des Betreuers in der Gemeinschaft der Wohnungseigentümer

869 Mit der Bestellung des Betreuers entsteht ein gesetzliches Rechtsverhältnis, das den Betreuer berechtigt im Außenverhältnis gegenüber Dritten als gesetzlicher Vertreter des Betreuten zu fungieren. Die rechtliche Stellung des Betreuers in der Wohnungseigentümergemeinschaft ist vom Umfang seiner Vertretungsmacht und seines Aufgabenkreises, § 1902 BGB, abhängig und davon, ob ein Einwilligungsvorbehalt i.S.d. § 1903 BGB angeordnet worden ist.

870 Die Anordnung des Einwilligungsvorbehalts dient dem Zweck, die Teilnahme des Betreuten am Rechtsverkehr einzuschränken, indem die

---
1 BT-Drs.11/4528, S. 138.
2 *Bienwald*, § 1903 Rz. 11.
3 BT-Drs.11/4528, S. 137.
4 *Bienwald*, § 1903 Rz. 13.
5 *Bienwald*, § 1903 Rz. 23.

Wirksamkeit der von dem Betreuten angebahnten Rechtsgeschäfte an die Einwilligung seines Betreuers geknüpft wird. Der betreute Wohnungseigentümer kann daher gegenüber der Eigentümergemeinschaft Willenserklärungen abgeben, wirksam werden sie jedoch erst mit der Einwilligung des Betreuers, § 182 Abs. 1 BGB.

Der Betreuer hat die Befugnis zur Abgabe sowie Empfangnahme von Willenserklärungen und vertritt die Interessen des Betreuten der Gemeinschaft gegenüber[1]. Innerhalb seiner Vertretungsmacht muss er die Angelegenheiten des Betroffenen zu seinem Wohle wahrnehmen. 871

Als gesetzlicher Vertreter des betreuten Wohnungseigentümers ist der Betreuer innerhalb ihm übertragener Wirkungskreise Ansprechpartner der Wohnungseigentümergemeinschaft. Die Gemeinschaft kann sich wegen offener Forderungen gegen den betroffenen Wohnungseigentümer an seinen Betreuer wenden. Eine Klage der Wohnungseigentümergemeinschaft auf Hausgeld ist dann gegen den „Wohnungseigentümer XY, vertreten durch den Betreuer..." zu richten. Er ist als gesetzlicher Vertreter des betreuten Wohnungseigentümers verpflichtet, im Rahmen der „Vermögenssorge" gegen den Betreuten bestehende Forderungen zu erfüllen. Die Erfüllung ist aus den laufenden Einkünften und dem Vermögen des Betreuten zu bestreiten. Die Wohnungseigentümergemeinschaft ist daher auf die Mitwirkung des Betreuers stark angewiesen. 872

a) Befugnisse des Betreuers

Die Befugnisse des Betreuers werden vom Vormundschaftsgericht im Bestellungsbeschluss festgelegt und richten sich nach den Bedürfnissen des Betreuten, § 69 FGG. Der Betreuer darf ausschließlich im Rahmen der im Bestellungsbeschluss genannten Aufgabenkreise tätig werden. 873

Wird einem Wohnungseigentümer die Betreuung in Vermögensangelegenheiten angeordnet, sog. „Vermögenssorge", ist der Betreuer befugt, sämtliche das Vermögen des Betreuten betreffenden Angelegenheiten in die Hand zu nehmen. Zu diesen Angelegenheiten zählt auch die Verwaltung des Wohnungseigentums des Betroffenen. Der Betreuer hat zudem auch für Reinigung und Instandsetzung des Wohnungseigentums zu sorgen. Inhaber der Rechte und auch Pflichten aus dem Sondereigentum und dem gemeinschaftlichen Eigentum bleibt weiterhin der betroffene Wohnungseigentümer. Der Betreuer hat jedoch die Befugnis zur Ausübung der Rechte des Betreuten und zur Wahrnehmung seiner Pflichten aus seiner Stellung als Wohnungseigentümer. 874

---

1 MünchKomm/*Schwab*, § 1902 Rz. 4f.

875 Die Befugnisse des Betreuers sind auf Dritte nicht übertragbar. Dies widerspräche dem Grundsatz der persönlichen Betreuung[1]. Wenn das höchstpersönliche Handeln des Betreuers weder ausdrücklich durch das Gesetz vorgesehen ist, noch anderweitige gesetzliche Bestimmungen entgegenstehen, ist die Erteilung von Untervollmachten zulässig[2]. Die Untervollmacht darf lediglich für untergeordnete und überschaubare Verwaltungstätigkeiten erteilt werden. Der Betreuer ist dazu angehalten, den Bevollmächtigten zu überwachen. Ferner haftet der Betreuer für das Verschulden seines Bevollmächtigten.

b) Wirkungsweise einer Betreuung

876 Die Bestellung eines Betreuers hat grundsätzlich keinen Einfluss auf die Geschäftsfähigkeit oder die sog. natürliche Geschäftsunfähigkeit des Betreuten[3]. Für die Frage der Geschäftsfähigkeit des Betreuten ist allein § 104 BGB maßgebend. Die Betreuerbestellung bedeutet jedoch eine gewisse Einschränkung für die rechtsgeschäftliche Handlungskompetenz des Betreuten, soweit er i. S. d. § 104 BGB geschäftsunfähig ist.

Bei Geschäftsfähigkeit des Betreuten bleibt ihm jedoch seine rechtsgeschäftliche Handlungsfähigkeit trotz der Betreuerbestellung unbenommen, sofern ein Einwilligungsvorbehalt i. S. d. § 1903 BGB nicht angeordnet wurde.

877 Lediglich im Falle eines Einwilligungsvorbehalts nach § 1903 BGB, ist die Teilnahme des Betroffenen am Rechtsverkehr eingeschränkt und die Rechtswirksamkeit seiner rechtsgeschäftlichen Handlung an die Zustimmung seines Betreuers gebunden. Mit seiner Bestellung erwirbt der Betreuer die Stellung eines gesetzlichen Vertreters[4] i. S. d. § 164 ff. BGB. Auch im Falle der Geschäftsfähigkeit des Betreuten ist der Betreuer sein gesetzlicher Vertreter[5]. Er vertritt den Betreuten gerichtlich und außergerichtlich im Rahmen seines Aufgabenkreises und seiner Vertretungsmacht, § 1902 BGB. Mithin ist nach allgemeinen Vertretungsgrundsätzen das stellvertretende Handeln des Betreuers für den Betreuten nur insoweit verbindlich, als der Betreuer nach dem geltenden Offenkundigkeitsprinzip erkennbar im Namen des Betreuten handelt, § 164 Abs. 1 Satz 3 BGB.

---

1 OLG Dresden, Beschl. v. 13. 8. 2001 – 15 W 839/01, 15 W 0839/01, BtPrax 2001, 260; *Jürgens*, BtPrax 1994, 10; LG Frankfurt/Oder, Beschl. v. 14. 10. 1996 – 15 T 374/96, BtPrax 1997, 78.
2 MünchKomm/*Schramm*, § 167 Rz. 77; *Jürgens*, BtPrax 1994, 10; LG Frankfurt/Oder, Beschl. v. 14. 10. 1996 – 15 T 374/96, BtPrax 1997, 78; OLG Dresden, Beschl. v. 13. 8. 2001 – 15 W 839/01, 15 W 0839/01, BtPrax 2001, 260.
3 *Bienwald*, § 1896 Rz. 138.
4 *Bienwald*, § 1896 Rz. 135.
5 BT-Drs.11/4528, S. 135.

Der Betreuer hat gem. § 1901 Abs. 2, 3 BGB bei Wahrnehmung der Betreuungsangelegenheiten stets das Wohl und die Wünsche des Betreuten zu berücksichtigen. Der Umfang seiner Vertretungsmacht im Außenverhältnis bleibt jedoch von der Beachtung dieser Maxime unberührt, da die Bestimmungen des § 1902 Abs. 2, 3 BGB nur das Innenverhältnis von Betreuer und Betreutem betreffen. Handelt der Betreuer im Rahmen seiner Vertretungsmacht, jedoch entgegen der Wünsche des Betreuten, so bleibt seine Handlung rechtswirksam, sofern diese keinen Missbrauch seiner Vertretungsmacht darstellt[1].

c) Teilnahmerecht und Stimmrecht des Betreuers bzw. des Vertreters

Gemäß § 25 Abs. 1 WEG wird über Wohnungseigentümerangelegenheiten in einer Versammlung der Wohnungseigentümer durch Stimmenmehrheit entschieden. Zur Beteiligung an der Versammlung ist jeder Wohnungseigentümer berechtigt. Jeder Wohnungseigentümer hat ein Stimmrecht und kann durch die Ausübung seines Stimmrechts an Beschlüssen der Gemeinschaft mitwirken. Die Stimmabgabe stellt eine rechtsgeschäftliche Willenserklärung dar, auf die die allgemeinen Vorschriften des Bürgerlichen Gesetzbuches anwendbar sind. Die Übertragung des Stimmrechts auf einen Dritten ist nicht möglich[2]. Das Stimmrecht kann aber im Wege der rechtsgeschäftlichen Bevollmächtigung sowie durch gesetzliche Vertretung von einem Vertreter bzw. Betreuer des Wohnungseigentümers ausgeübt werden.

Ist ein Wohnungseigentümer i. S. d. § 104 BGB geschäftsunfähig, übt sein gesetzlicher Vertreter das Stimmrecht für ihn aus. Bei Betreuung unter Einwilligungsvorbehalt i. S. d. § 1903 BGB, wird das Stimmrecht durch den Betreuer des betroffenen Wohnungseigentümers ausgeübt. Der Betreuer in Vermögensangelegenheiten ist auf Grund der ihm gemäß §§ 1908i Abs. 1 Satz 1, 1793 BGB eingeräumten gesetzlichen Vertretung berechtigt, an Wohnungseigentümerversammlungen der Wohnungseigentümergemeinschaft teilzunehmen und im Rahmen einer derartigen Eigentümerversammlung im Namen des betreuten Wohnungseigentümers das Stimmrecht auszuüben sowie im Namen des Betreuten Anträge zu stellen[3].

Das Teilnahmerecht sowie die Befugnis des Betreuers, den unter Betreuung stehenden Wohnungseigentümer in der Wohnungseigentümerversammlung zu vertreten und seine Interessen wahrzunehmen, können nicht Gegenstand einer Vertretungsbeschränkung in der Teilungserklärung sein. Die Vertretungsbeschränkung in der Teilungserklärung erfasst

---
1 *Schwab*, FamRZ 1992, 493 (503).
2 Palandt/*Bassenge*, § 25 WEG Rz. 3.
3 AG Essen, Beschl. v. 8. 9. 1995 – 95 II 19/95, WuM 1995, 673.

nicht den Fall der gesetzlichen Vertretung eines unter Betreuung stehenden Wohnungseigentümers[1].

882 Auch im Falle einer rechtsgeschäftlich erteilten Vollmacht ist der Bevollmächtigte zur Teilnahme an der Versammlung und zur Ausübung des Stimmrechts im Namen des vertretenen Wohnungseigentümers befugt[2]. Es besteht zwar keine Formvorschrift hinsichtlich der rechtsgeschäftlich erteilten Vollmacht[3], der Versammlungsleiter der Gemeinschaft kann jedoch die Teilnahme an der Versammlung und die Gültigkeit der Stimmabgabe des Bevollmächtigten von der Vorlage einer Vollmachtsurkunde abhängig machen, wenn die Schriftform in der Gemeinschaftsordnung vorgeschrieben ist.

883 Gemäß § 69b Abs. 2 FGG erhält der Betreuer eine Urkunde über seine Bestellung, in der seine Aufgaben und Befugnisse enthalten sind. Der Versammlungsleiter ist auch hier berechtigt, vom Betreuer die Vorlage seiner vom Gericht ausgestellten Betreuerurkunde zu verlangen, wenn die Gemeinschaftsordnung eine solche Regelung vorsieht.

884 Wird der Betreuer bzw. der Bevollmächtigte trotz eines fehlenden schriftlichen Berechtigungsnachweises nicht zurückgewiesen, ist er teilnahmeberechtigt und seine Stimmabgabe verliert nicht die Wirksamkeit, sofern eine wirksame Bevollmächtigung bzw. Vertretungsmacht tatsächlich gegeben war[4].

d) Vorgehen gegen den Betreuer

885 Der Betreuer tritt gegenüber der Wohnungseigentümergemeinschaft als gesetzlicher Vertreter des betroffenen Wohnungseigentümers auf. Aufgrund seiner Stellung als gesetzlicher Vertreter des Betreuten, §§ 1902, 164ff. BGB, sind seine rechtsgeschäftliche Handlungen für den Betreuten verbindlich und gegenüber der Gemeinschaft zunächst rechtswirksam.

886 Verletzt der Betreuer seine Pflichten als gesetzlicher Vertreter des Betreuten, kann die Gemeinschaft gegen ihn rechtlich vorgehen, sofern die Pflichtverletzung das Außenverhältnis zur Gemeinschaft betrifft. Die Gemeinschaft hat jedoch keinen Rechtsanspruch im Sinne von § 20 Abs. 2 FGG auf das Einschreiten des Vormundschaftsgerichts gegenüber

---

1 AG Essen, Beschl. v. 8. 9. 1995 – 95 II 19/95, WuM 1995, 673.
2 BGH, Beschl. v. 11. 11. 1986 – V ZB 1/86, BGHZ 99, 90; BGH, Beschl. v. 29. 1. 1993 – V ZB 24/92, BGHZ 121, 236; BayObLG, Beschl. v. 11. 5. 1981 – BReg 2 Z 47/80, BayObLGZ 1981, 161; BayObLG, Beschl. v. 7. 7. 1981 – BReg 2 Z 54/80, BayObLGZ 1981, 220; OLG Düsseldorf, Beschl. v. 24. 5. 1995 – 3 Wx 17/95, NJW-RR 1995, 1294; OLG Zweibrücken, Beschl. v. 13. 6. 1986 – 3 W 98/86, ZMR 1986, 369.
3 Staudinger/*Bub*, § 25 WEG Rz. 188; Soergel/*Stürner*, § 25 WEG Rz. 3a.
4 AG Essen, Beschl. v. 8. 9. 1995 – 95 II 19/95, WuM 1995, 673.

dem Betreuer nach §§ 1908i, 1837 BGB. Es besteht kein Antragsrecht Dritter darauf, dass das Vormundschaftsgericht im Wege der Aufsicht gegen den Betreuer vorgeht[1]. Ein entsprechender Antrag der Gemeinschaft kann das Gericht lediglich dazu anregen, von seinem Aufsichtsrecht gegenüber dem Betreuer Gebrauch zu machen[2].

e) Beendigung der Betreuung

Die Betreuung endet i. d. R. mit dem Tod des Betreuten. Sie endet aber auch durch Aufhebung oder Entlassung des Betreuers, §§ 1908b, 1908d BGB. Nach § 1908d Abs. 1 Satz 1 BGB ist die Betreuung von Amts wegen zu beenden, wenn ihre Voraussetzungen, §§ 1896 Abs. 1 bis 3 BGB, nicht mehr vorliegen. 887

Die Aufhebung der Betreuung ist nach § 1908d Abs. 1 BGB auf Antrag des Betreuten anzuordnen, wenn die Betreuung ebenfalls auf seinen Antrag hin angeordnet wurde. Dies gilt dann nicht, wenn zugleich die Voraussetzungen für die Anordnung einer Betreuung von Amts wegen vorliegen. 888

Das Vormundschaftsgericht hat den Betreuer nach § 1908b Abs. 1 Satz 1 BGB von Amts wegen zu entlassen, wenn ein wichtiger Grund hierfür besteht. Ein wichtiger Grund i. S. d. Vorschrift ist z. B. die fehlende Eignung[3] des Betreuers zur Weiterführung der Betreuung, die bereits an der Vernachlässigung seiner Pflichten oder am längerfristigen Fernbleiben wegen Erkrankung liegen kann. 889

Der Betroffene seinerseits kann aber auch durch Antrag das Gericht zur Überprüfung der Betreuung veranlassen, § 1908d Abs. 2 BGB. Das Gericht ist auf Antrag des Betroffenen zur jederzeitigen Überprüfung der Betreuung verpflichtet. Ferner kann das Gericht auf Anregung Dritter das Überprüfungsverfahren einleiten. 890

f) Bauliche Veränderungen zugunsten unter Betreuung stehenden Miteigentümers

Hat ein Wohnungseigentümer auf Grund seiner körperlichen Behinderung ein berechtigtes Interesse an bestimmten baulichen Veränderungen am Gemeinschaftseigentum, so kann er oder sein (gesetzlicher) Vertreter einen entsprechenden Antrag gegenüber der Eigentümergemeinschaft stellen. 891

Gemäß § 22 Abs. 1 WEG bedürfen grundsätzlich alle baulichen Veränderungen der Zustimmung sämtlicher Wohnungseigentümer, wenn sie 892

---

1 OLG Zweibrücken, Beschl. v. 17. 2. 2003 – 3 W 23/03, Rpfleger 2003, 8.
2 OLG Zweibrücken, Beschl. v. 17. 2. 2003 – 3 W 23/03, Rpfleger 2003, 8.
3 BayObLG, Beschl. v. 4. 4. 2000 – 3Z BR 42/00, FamRZ 2000, 1183.

über die ordnungsgemäße Instandsetzung oder Instandhaltung des gemeinschaftlichen Eigentums hinausgehen. Die Einstimmigkeit ist jedoch entbehrlich, wenn in der Teilungserklärung ausdrücklich eine abweichende Mehrheit für ausreichend erklärt worden ist[1]. Ferner kann von der Einstimmigkeit abgesehen werden, wenn durch die angestrebte bauliche Veränderung keine Beeinträchtigung über das in § 14 Nr. 1 WEG bestimmte Maß hinaus zu befürchten ist[2]. Bauliche Maßnahmen, die einem körperlich behinderten Wohnungseigentümer ermöglichen, einen ungehinderten und barrierefreien Zugang zu seiner Wohnung zu haben, liegen i. d. R. im Rahmen des nach § 14 Nr. 1 WEG hinzunehmenden Beeinträchtigungsgrades[3]. Hierzu zählen beispielsweise der Bau einer behindertengerechten Rampe zur Schaffung eines Zugangs zum Haus oder zur Wohnung unter Benutzung eines Rollstuhls sowie der Einbau eines Treppenlifts, der die Begehbarkeit der Treppe weiterhin ausreichend gewährleistet[4].

893 Die Kosten einer zugunsten des betreuten Wohnungseigentümers beschlossenen baulichen Veränderung das Gemeinschaftseigentum betreffend, können nach § 16 Abs. 4 Satz 1 WEG durch einen Mehrheitsbeschluss abweichend von § 16 Abs. 2 WEG verteilt werden. Die abweichende Kostenverteilung muss dem Gebrauch bzw. der Gebrauchsmöglichkeit durch die Wohnungseigentümer gerecht werden[5]. Demnach können die Wohnungseigentümer zur Kostentragung verpflichtet werden, wenn sie auch hier den Nutzen bzw. die Nutzungsmöglichkeit haben[6]. Dies entspricht dem geltenden Recht und folgt aus dem normativen Zusammenhang zwischen Nutzungsmöglichkeit und Kostenbeteiligung in § 16 Abs. 3 WEG und dem Normzweck[7] des § 22 Abs. 1 Satz 2 WEG.

IX. Der Tod eines Wohnungseigentümers

1. Auswirkungen auf die Wohnungseigentümergemeinschaft

894 Von dem Tod eines ihrer Miteigentümer kann die Wohnungseigentümergemeinschaft in zweifacher Weise betroffen werden, nämlich einmal durch den Ausfall eines zahlenden Mitgliedes und andererseits durch

---

1 BayObLG, Beschl. v. 21. 9. 1995 – 2Z BR 62/95, WuM 1996, 787 = WE 1996, 395.
2 LG Erfurt Beschl. v. 19. 2. 2002 – 7 T 575/01, NZM 2003, 402 = NJW-RR 2003, 731.
3 AG Bielefeld, Beschl. v. 3. 12. 2003 – 5 II (WEG) 52/03, Wohnungseigentümer 2004, 104.
4 BayObLG, Beschl. v. 25. 9. 2003 – 2Z BR 161/03, FGPrax 2003, 261; OLG München, Beschl. v. 12. 7. 2005 – 32 Wx 51/05, NJW-RR 2005, 1324.
5 Palandt/*Bassenge*, § 16 Rz. 14.
6 MünchKomm/*Engelhardt*, § 16 WEG Rz. 12.
7 Staudinger/*Bub*, § 16 WEG Rz. 251 m. w. N.

den Eintritt eines neuen Mitglieds, über das sie nicht (mit-)bestimmen kann. Nach dem Grundsatz der Universalsukzession, der in § 1922 BGB seinen Ausdruck findet, geht mit dem Tod des Erblassers dessen gesamtes Vermögen, mit allen Rechten und Pflichten auf den Gesamtrechtsnachfolger, auf den oder die Erben, über. Der Erbe tritt damit vollständig in die Rechtsstellung des Erblassers ein. Auf Grund dieses Vonselbsterwerbs bedarf es keines besonderen Übertragungsvorgangs vom Erblasser auf den Erben.

Der erbrechtliche Vonselbsterwerb wirkt sich insofern auf die Eigentümergemeinschaft aus, als sie im Todesfalle eines Wohnungseigentümers am erbrechtlichen Übertragungsvorgang auf den Erben nicht beteiligt ist. Die Gemeinschaft erhält also ein neues Mitglied, ohne dass sie ihre eventuellen Einwände gegen die Person des Erben geltend machen könnte. Auch steht der Gemeinschaft kein Widerspruchsrecht zu. § 12 WEG, der die Veräußerungsbeschränkungen zugunsten der Wohnungseigentümergemeinschaft regelt, betrifft nur die rechtsgeschäftlichen, nicht aber die gesetzlichen Veräußerungsfälle[1]. 895

2. Schutz der Eigentümergemeinschaft vor Ausfällen

Aus § 16 Abs. 2 WEG ergibt sich für jeden Miteigentümer die Pflicht zur anteiligen Kostentragung, deren Höhe mit dem beschlossenen Wirtschaftsplan (Vorkalkulation) und der Jahresabrechnung festgelegt wird. Stirbt ein Wohnungseigentümer, so führt dies meist zu entsprechenden Zahlungsausfällen. Zwar tritt der Erbe bereits mit dem Tod des ausgefallenen Wohnungseigentümers rechtlich an dessen Stelle und haftet kraft Gesetzes (§ 1967 BGB) für seine Verbindlichkeiten. Dies schützt die Eigentümergemeinschaft aber nicht per se vor eventuellen Zahlungsausfällen. Es kommt häufig vor, dass entweder der Erbe selbst oder dem Erben der Erbfall unbekannt ist oder er sich schlichtweg nicht um den Nachlass kümmert. Der Zeitraum zwischen dem Erbfall und der Erbenermittlung sowie der eventuellen Erbschaftsannahme oder -ausschlagung kann für die Eigentümergemeinschaft eine lange Durststrecke bedeuten. Denn Zahlungen werden erst dann an die Gemeinschaft erfolgen, wenn Klarheit hinsichtlich der Person des Schuldners herrscht. In derartigen Fällen ist der Eigentümergemeinschaft mit dem erbrechtlichen „Vonselbsterwerb" herzlich wenig genutzt. 896

Die Gemeinschaft muss insoweit mit Bekanntwerden des Todes eines Eigentümers entsprechende Schritte prüfen und einleiten, um Zahlungsausfällen vorzubeugen. Steht der Gemeinschaft bereits ein Titel gegen den Erblasser zu, so kann sie diesen Titel gegen den Erben nach § 727 ZPO umschreiben lassen, da dieser für die von dem Erblasser begründe- 897

---

1 Bärmann/*Pick*/Merle, § 12 Rz. 58.

ten Verbindlichkeiten gem. § 1976 BGB haftet. Verfügt aber die Eigentümergemeinschaft nicht über einen solchen Titel, so muss sie ihren Schutz nötigenfalls durch die Bestellung eines Nachlasspflegers, §§ 1960 Abs. 3, 1961 BGB, gewährleisten[1].

3. Interesse der Gemeinschaft an alsbaldiger Rechtssicherheit

898 Vor der Erbschaftsannahme bzw. vor dem Ablauf der Ausschlagungsfrist ist der vorläufige Erbe nicht verpflichtet, sich um den Nachlass zu kümmern. Ihm drohen keine Schadensersatzansprüche der Nachlassgläubiger, wenn er den Nachlass nicht verwaltet. Selbst dann nicht, wenn aufgrund der ausgebliebenen Verwaltung der Nachlass vollständig untergeht. Der vorläufige Erbe soll nach Sinn und Zweck des § 1958 BGB *„nicht gezwungen sein, sich als Rechtsnachfolger des Erblassers zu verhalten"*[2].

899 Die Ausschlagungsfrist beträgt gemäß § 1944 Abs. 1 BGB grundsätzlich sechs Wochen. Sie beginnt mit positiver Kenntnis[3] vom Anfall und Grund der Berufung, § 1944 Abs. 2 Satz 1 BGB. Positive Kenntnis liegt vor, wenn der Erbe von den tatsächlichen und rechtlichen Umständen, m. a. W. vom Tod des Erblassers und von seiner Stellung als dessen Erbe und dem konkreten erbrechtlichen Tatbestand derart zuverlässig Kenntnis erlangt hat, dass von ihm vernünftigerweise erwartet werden kann, die Annahme oder Ausschlagung der Erbschaft in Erwägung zu ziehen[4].

900 Im Falle einer letztwilligen Verfügung beginnt die Ausschlagungsfrist nicht vor der Verkündung der Verfügung, § 1944 Abs. 2 Satz 2 BGB. Vor der Annahme bzw. dem Ablauf der Ausschlagungsfrist ist der vorläufige Erbe nicht einmal verpflichtet, Eigengläubiger[5] an der Vollstreckung in den Nachlass zu hindern. Er wäre lediglich einem Bereicherungsanspruch, jedoch keinem Ersatzanspruch des Nachlasses ausgesetzt[6]. Auch wenn der vorläufige Erbe zur Verwaltung des Nachlasses nicht verpflichtet ist, ist er nach den Vorschriften über die Geschäftsführung ohne Auftrag, §§ 677 ff. BGB zur Fürsorge für den Nachlass berechtigt.

901 Für die Wohnungseigentümergemeinschaft bedeutet diese Rechtslage eine erhöhte Rechtsunsicherheit. Einerseits hat sie in der Person des vor-

---

1 Ausführlicher zu den Schutzmaßnahmen seitens der Eigentümergemeinschaft unter Rz. 1021.
2 *Soergel/Stein*, § 1958 Rz. 1.
3 OLG Zweibrücken, Beschl. v. 23. 2. 2006 – 3 W 6/06, FamRZ 2006, 892.
4 BayObLG, Beschl. v. 26. 8. 1993 – 1Z BR 80/93, FamRZ 1994, 264; Palandt/*Edenhofer*, § 1944 Rz. 2.
5 *Das sind Gläubiger des Erben, deren Forderungen aus Verbindlichkeiten herrühren, die der Erbe vor dem Erbfall eingegangen ist und in keinem Zusammenhang mit dem Erbfall bzw. Nachlass stehen.*
6 MünchAnwaltshandbuch/*Siegmann*, § 23 Rz. 26.

läufigen Erben keinen Anspruchsgegner, gegen den sie ihre Ansprüche gerichtlich geltend machen könnte. Andererseits kann der vorläufige Erbe aufgrund der entsprechend anwendbaren Vorschriften über die Geschäftsführung ohne Auftrag hinsichtlich des Nachlasses Verpflichtungen gegenüber Dritten eingehen.

Des Weiteren hat die Eigentümergemeinschaft vor der Erbschaftsannahme weder die Möglichkeit, einen Arrest noch eine einstweilige Verfügung, §§ 916 ff. ZPO, gegen den „vorläufigen" Erben zu erreichen. Ein entsprechender Antrag wäre nach § 1958 BGB, § 926 ZPO unzulässig[1], da es vor der Erbschaftsannahme an der Prozessführungsbefugnis des „vorläufigen" Erben fehlt[2].

Da vor der Erbschaftsannahme Zwangsvollstreckungsmaßnahmen gegen den Erben ebenfalls unzulässig sind, § 778 ZPO, hat die Eigentümergemeinschaft ein starkes Interesse an der (Wieder-)Herstellung der Rechtssicherheit und Klärung des Verhältnisses innerhalb der Gemeinschaft.

4. Nachlassverbindlichkeiten und Rechtsnachfolgeschaft bei gesetzlicher und testamentarischer Erbfolge

Für die Gemeinschaft, die durch den Erwerb von Todes wegen unmittelbar betroffen ist, stellt sich regelmäßig die Frage, wer nach dem Tod für die rückständigen und zukünftigen Lasten des Wohnungseigentums aufkommt und wer dieses nach außen hin vertritt, also in den Eigentümerversammlungen das Stimmrecht auszuüben berechtigt ist.

Entscheidend für die Beantwortung dieser Fragen ist zunächst, wer Erbe des verstorbenen Wohnungseigentümers ist, § 1967 Abs. 1 BGB.

Ob eine gesetzliche oder testamentarische Erbfolge eingetreten ist, ist insoweit von nachrangiger Bedeutung, als der Erbe mit dem Tod des Wohnungseigentümers im Zuge der Gesamtrechtsnachfolge in dessen gesamte Rechts- und Pflichtenstellung eintritt, § 1942 Abs. 1 BGB.

Vielmehr spielt die Frage eine Rolle, ob es sich bei den Forderungen der Eigentümergemeinschaft um Nachlassverbindlichkeiten handelt und ob eine Erbschaftsannahme vorliegt.

a) Annahme der Erbschaft

Mit dem Erbfall tritt der gesetzlich oder testamentarisch berufene Erbe zunächst *lediglich* als vorläufiger Erbe in die gesamte Rechtsstellung des

---
1 Thomas/Putzo/*Reichold*, § 916 Rz. 6.
2 Staudinger/*Marotzke*, § 1958 Rz. 1 ff.; Soergel/*Stein*, § 1958 Rz. 2.

Erblassers ein, § 1942 Abs. 1 BGB. Erst wenn er die Erbschaft angenommen hat oder die Ausschlagungsfrist der §§ 1943, 1944 BGB abgelaufen ist, wird er zum endgültigen Erben und damit zum Träger der Verantwortung für den Nachlass.

907 Für die Wohnungseigentümergemeinschaft ist die Annahme der Erbschaft durch den Erben von besonderer Bedeutung, da vorher die gerichtliche Geltendmachung von Ansprüchen gegen den „Erben" nicht zulässig ist, § 1958 BGB. Erst die Annahme vermittelt den Nachlassgläubigern das Recht, den nunmehr endgültigen Erben für die Nachlassverbindlichkeiten in Anspruch zu nehmen.

b) Nachlassverbindlichkeiten

908 Nachlassverbindlichkeiten sind i. S. d. § 1967 Abs. 2 BGB neben den Erbfallschulden auch die so genannten Erblasserschulden. Während Erbfallschulden in der Person des Erbens und erst mit dem Erbfall entstehen, sind Erblasserschulden die „vom Erblasser herrührenden" vererblichen Schulden, welche gesetzliche, vertragliche und außervertragliche Verpflichtungen privatrechtlicher oder öffentlich-rechtlicher Natur sein können.

Zu den Erbfallschulden gehören neben den gegen den Erben gerichteten erbrechtlichen Ansprüchen auch die sog. Nachlasskosten- oder Nachlassverwaltungsschulden.

909 Hinsichtlich der Vererblichkeit der Erblasserschulden gilt der Grundsatz, dass alle vermögensrechtlichen Beziehungen des Erblassers auf seinen Erben übergehen. Ungeachtet dessen, ob es sich bei den Verpflichtungen um unfertige, noch werdende oder schwebende, oder aber bedingte, befristete oder künftige handelt, gehen sie alle auf den Erben über, sofern sie vererblich sind.

c) Kosten- und Lastentragung

910 Als Universalrechtsnachfolger des verstorbenen Wohnungseigentümers haftet sein Erbe für die bei seinem Eintritt in die Gemeinschaft laufenden und rückständigen Lastenanteile, die Kosten der Instandhaltung und Instandsetzung der gemeinschaftlichen Teile, der sonstigen Verwaltung der Gemeinschaft, sowie des Gebrauchs des gemeinschaftlichen Eigentums[1].

911 Schuldete der Erblasser der Wohnungseigentümergemeinschaft also auf Grund des Wirtschaftsplanes, einer Abrechnung oder einer beschlosse-

---

1 *Bub*, Finanz- und Rechnungswesen, S.129.

nen Sonderumlage Beträge (Hausgeld), sind diese ab dem Erbfall von dem Erben zu berichtigen[1].

Selbst Hausgeldschulden des Erblassers, die erst nach seinem Tod durch Beschluss der Eigentümergemeinschaft nach § 16 i.V.m. § 28 Abs. 5 WEG begründet werden, sind dann Nachlassverbindlichkeiten, wenn die Eigentumswohnung der Befriedigung der Nachlassgläubiger zugeführt wird[2]. Begründet wird dies damit, dass solche Hausgeldschulden ihrer Natur nach Ausgaben für die Verwaltung des Nachlasses und als solche Nachlassverbindlichkeiten darstellen[3]. Bleibt der Erbe selbst Eigentümer der Wohnung, so hat er nach § 16 Abs. 2 WEG die Verpflichtung, sich an den Kosten und Lasten (Hausgeld), die nach dem Erbfall fällig werden, zu beteiligen. Diese Verpflichtung folgt jedoch aus der erworbenen Eigentümerstellung und ist keine Nachlassverbindlichkeit. 912

Im Gegensatz zum Sonderrechtsnachfolger, der für Verbindlichkeiten seines Vorgängers ab dem Zeitpunkt der Eintragung im Grundbuch die Haftung trägt[4], besteht die Haftung des Erben als Rechtsnachfolger des Erblassers unabhängig von einer Eintragung; er haftet für die vor und nach Erbfall fällig werdenden Verpflichtungen, wie z.B. die Verpflichtung zur Nachzahlung von Hausgeld auf Grund der Jahresabrechnung[5]. Diese Verpflichtung stellt grundsätzlich eine Nachlassverbindlichkeit i.S.v. § 1967 Abs. 1 BGB dar[6]. Entschließt sich der Erbe dagegen, Eigentümer der Wohnung zu bleiben, rührt seine Haftung aus seiner Eigentümerstellung[7]. 913

Erhebt hingegen der Erbe die Einrede der Unzulänglichkeit, so werden auch die Hausgeldschulden, die aus Eigentümerbeschlüssen nach dem Erbfall herrühren, als Nachlassverbindlichkeit behandelt; mit der Konsequenz, dass hierfür der Erbe lediglich beschränkt haftbar ist[8]. 914

5. Möglichkeit der Haftungsbeschränkung

Grundsätzlich haftet der Erbe als Gesamtrechtsnachfolger für die Nachlassverbindlichkeiten des Erblassers unbeschränkt, § 1967 Abs. 1 BGB. 915

---

1 Bärmann/*Pick*/Merle, § 16, Rz. 104; *Köhler*, Vor- und Nacherbschaft bei der Verwaltung von Wohnungseigentum, ZWE 2007, 186.
2 Palandt/*Edenhofer*, § 1967 Rz. 5 m.w.N.
3 OLG Köln, Beschl. v. 18. 9. 1991 – 16 Wx 64/91, NJW-RR 1992, 460.
4 Bärmann/*Pick*, § 16 Rz. 31.
5 OLG Hamburg, Beschl. v. 12. 12. 1985 – 2 W 42/85, NJW-RR 1986, 177 = MDR 1986, 319.
6 Bärmann/*Pick*, § 16 Rz.31.
7 OLG Köln, Beschl. 18. 9. 1991 – 16 Wx 64/91, NJW-RR 1992, 460; OLG Stuttgart, Beschl. v. 9. 2. 1998 – 8 W 733/96, WE 1998, 383.
8 BayObLG, Beschl. v. 7. 10. 1999 – 2Z BR 73/99, BayObLGZ 99, 323 = WuM 2000, 203 = NZM 2000, 41 = ZWE 2000, 414 = NJW-RR 2000, 306.

Er haftet folglich nicht nur mit dem Nachlass, sondern auch mit dem eigenen Vermögen. Die Eigentümergemeinschaft kann mithin Befriedigung aus dem Nachlass und aus dem eigenen Vermögen des Erben verlangen. Dem Erben steht aber die Möglichkeit offen, sich gemäß § 780 Abs. 1 ZPO im Wege der Einrede Haftungsbeschränkung im Urteil vorbehalten zu lassen.

916 Ein solcher Vorbehalt hindert jedoch die Eigentümergemeinschaft nicht daran, wegen Nachlassverbindlichkeiten in das gesamte Vermögen des Erben, in den Nachlass wie in das Eigenvermögen, zu vollstrecken, § 781 ZPO.

917 Um die Vollstreckung auf den Nachlass zu beschränken, muss der Erbe die Nachlassverwaltung oder die Nachlassinsolvenz, § 1975 BGB, beantragen. Auf diesem Wege kann der Erbe nicht nur die künftige Vollstreckung in sein Eigenvermögen verhindern, vielmehr kann er wegen der Nachlassabsonderung selbst die bereits stattgefundene Vollstreckung rückgängig machen, §§ 784, 785 ZPO.

Ferner kann der Erbe die Beschränkbarkeit seiner Haftung im Wege der Dürftigkeitseinrede des § 1990 BGB und des Aufgebotsverfahrens, §§ 1970–1973 BGB, erreichen.

Die einzelnen Haftungsbeschränkungsmöglichkeiten werden nachfolgend näher dargestellt.

a) Antrag auf Nachlassverwaltung

918 Die Nachlassverwaltung bewirkt die endgültige Haftungsbeschränkung für Nachlassverbindlichkeiten und verhindert den Zugriff der Nachlassgläubiger auf das Eigenvermögen des Erben.

Die Anordnung der Nachlassverwaltung erfordert gemäß § 1981 Abs. 1, Abs. 2 Satz 1 BGB den Antrag seitens des Erben (Eigenantrag) oder Nachlassgläubigers (Fremdantrag). Dabei ist der Erbe bereits vor der Annahme der Erbschaft antragsbefugt[1]. Seine Antragsbefugnis ist zwar zeitlich unbegrenzt, nach § 2013 Abs. 1 Satz 1 BGB entfällt sie jedoch, wenn er bereits allgemein unbeschränkt haftet oder wenn über den Nachlass bereits das Insolvenzverfahren eröffnet wurde[2].

919 Miterben können den Antrag auf Anordnung der Nachlassverwaltung nur gemeinsam stellen, § 2062 BGB. Nimmt ein Miterbe nach der ge-

---

[1] MünchKomm/*Siegmann*, § 1981 Rz. 2; Soergel/*Stein*, § 1981 Rz. 3; Erman/*Schlüter*, § 1981 Rz. 2; **a.A.** Staudinger/*Marotzke*, § 1981 Rz. 1; Lang/Kuchinke, § 49 III 2a, denn im Falle der Ausschlagung müsste die Verwaltung wieder aufgehoben werden, wenn der nachberufene Erbe den Nachlass privat abwickeln will.
[2] *Hildebrand*, Die Nachlassverwaltung, S. 25 f.

meinschaftlichen Antragstellung seinen Antrag zurück, wird der gesamte Antrag gegenstandslos[1]. Des Weiteren besteht die Antragsberechtigung der Miterben lediglich bis zur Teilung des Nachlasses. Die Anordnung einer Nachlassverwaltung ist gemäß § 2062 Halbs. 2 BGB nach der Teilung ausgeschlossen.

Auch auf Antrag eines Nachlassgläubigers[2] (Fremdantrag) kann die Nachlassverwaltung angeordnet werden, § 1981 Abs. 2 Satz 1 BGB. Dies ist aber nur innerhalb von zwei Jahren seit Annahme der Erbschaft zulässig, § 1981 Abs. 2 Satz 2 BGB.

b) Antrag auf Nachlassinsolvenz

Wie sich aus § 11 Abs. 2 Nr. 2 InsO ergibt, kann über den Nachlass eines Verstorbenen die Nachlassinsolvenz als Sonderform des Insolvenzverfahrens eröffnet werden.

Der Erbe, auch der vorläufige, ist nach § 317 Abs. 1 InsO antragsbefugt. Die Antragsbefugnis entfällt auch nicht durch eine bestehende Nachlassverwaltung oder eine Testamentsvollstreckung. Der Erbe ist nicht nur befugt den Antrag zu stellen, vielmehr ist er hierzu verpflichtet, wenn er Kenntnis von der Zahlungsunfähigkeit oder Überschuldung des Nachlasses hat, § 1980 Abs. 1 BGB.

Kommt der Erbe dieser Pflicht trotz Kenntnis vom Eröffnungsgrund oder wegen fahrlässiger Unkenntnis nicht nach, so wird er den Nachlassgläubigern gegenüber zum Ersatz des daraus entstehenden Schadens verpflichtet, § 1980 Abs. 1 Satz 2, Abs. 2 Satz 1 BGB. Der Umfang des zu ersetzenden Schadens bemisst sich nach den allgemeinen Regeln des § 249 BGB[3]; er besteht in der Differenz zwischen dem tatsächlich erhaltenen Betrag und dem, was die Nachlassgläubiger erhalten hätten, wenn der Antrag rechtzeitig, also unverzüglich (§ 121 BGB), gestellt worden wäre.

Bei einer Erbengemeinschaft ist nicht erforderlich, dass alle Miterben den Antrag gemeinsam stellen. Jeder Miterbe ist für sich antragsberechtigt, § 317 Abs. 1 InsO. Der rechtzeitige Antrag eines einzelnen Miterben kommt allen Miterben zugute, so dass eine Haftung nur dann in Betracht kommt, wenn kein Miterbe den erforderlichen Antrag gestellt hat. Zum Schutz der Miterben vor unzeitiger Insolvenzeröffnung ist jedoch der Eröffnungsgrund analog zur Vorschrift des § 15 Abs. 2 InsO i.S.d. § 249 ZPO glaubhaft zu machen, wenn der Antrag nicht von allen Miterben gestellt wird. Die Miterben sind sodann zum Eröffnungsantrag anzuhören.

---

1 MünchProzessFormularbuch, S. III.3.
2 Hierauf wird im Abschnitt X.6. „Antrag auf Anordnung der Nachlassverwaltung" detailliert eingegangen Rz. 1021.
3 BGH, Urt. v. 11. 7. 1984 – IVa ZR 23/83, NJW 1985, 140 (141); Staudinger/*Marotzke*, § 1980 Rz. 16.

923 Schuldner des Nachlassinsolvenzverfahrens ist der Erbe, Gläubiger des Nachlassinsolvenzverfahrens sind lediglich die Gläubiger von Nachlassverbindlichkeiten, nicht die Eigengläubiger des Erben.

924 Die Eröffnung der Nachlassinsolvenz bewirkt eine Nachlasssonderung. Mithilfe der Nachlassinsolvenz kann der Erbe seine in Folge der Universalsukzession eingetretene unbeschränkte Haftung für Nachlassverbindlichkeiten wieder aufheben und auf das Nachlassvermögen beschränken. Im Gegensatz zur Nachlassverwaltung erfordert die Nachlassinsolvenz das Vorliegen einer Überschuldung oder jedenfalls der Zahlungsunfähigkeit des Nachlasses. Eine Überschuldung liegt vor, wenn die sich aus dem Gesamtbestand der Verbindlichkeiten ergebenden Verpflichtungen im Zeitpunkt der Insolvenzeröffnung den Wert des Nachlasses übersteigen[1].

925 Von der Zahlungsunfähigkeit ist die Rede, wenn die Erfüllung fälliger Zahlungspflichten nicht eintritt, weil der Schuldner z.B. dazu nicht in der Lage ist, oder er seine Zahlungen eingestellt hat, § 17 Abs. 2 InsO.

926 Nach § 320 InsO **kann** auch bei nur drohender, nicht erst bei bereits eingetretener Zahlungsunfähigkeit, Antrag auf Eröffnung des Nachlassinsolvenzverfahrens gestellt werden; jedoch nur vom Erben, dem Nachlassverwalter, dem Nachlasspfleger oder dem Testamentsvollstrecker, § 320 Satz 2 InsO. Der Grund für die Vorverlagerung der Antragsbefugnis besteht darin, dass zu einem früheren Zeitpunkt mutmaßlich ein werthaltigerer Nachlass für die Befriedigung sämtlicher Gläubiger zur Verfügung steht[2].

927 Die Insolvenzmasse wird durch den Vermögensbestand des Nachlasses gebildet, der im Zeitpunkt der Eröffnung des Nachlassinsolvenzverfahrens vorhanden ist. Hat der Erbe in der Zeit zwischen dem Erbfall und der Eröffnung des Nachlassinsolvenzverfahrens das Wohnungseigentum oder sonstige Gegenstände aus dem Nachlass veräußert, so sind diese der Insolvenzmasse nicht mehr zuzurechnen, es sei denn, die Veräußerung unterläge der besonderen Insolvenzanfechtung, §§ 129 ff. InsO. Für die Verfügungen vor der Annahme der Erbschaft gelten die Grundsätze der Geschäftsführung ohne Auftrag. Demnach hat der Erbe gemäß §§ 667, 668 BGB alles, was er durch Nachlassverfügungen erlangt hat, herauszugeben. Eine Surrogation findet insoweit statt, als das Erlangte mit Nachlassmitteln und durch ein sog. Nachlassverwaltungsgeschäft angeschafft wird[3]. Eine dingliche Surrogation findet nicht statt[4].

---

1 *Schlüter*, Erbrecht, Rz. 1134; BayObLG, Beschl. v. 11. 1. 1999 – 1Z BR 113/98, NJW-RR 1999, 590 (591).
2 Braun/*Bauch*, § 320 Rz. 11.
3 MünchAnwaltshandbuch, § 25 Rz.37.
4 BGH, Urt. v. 9. 11. 1966 – V ZR 176/63, BGHZ 46, 221, 222; Staudinger/*Marotzke*, Rz. 15; MünchKommInsO/*Siegmann*, § 315 Anh Rz. 30.

c) Erhebung der Dürftigkeitseinrede

Lohnt sich weder die Nachlassverwaltung noch die Eröffnung eines Insolvenzverfahrens, weil der Nachlass besonders dürftig ist, gewährt das Gesetz dem Erben das Recht, den Nachlass privat abzuwickeln und ihn selbst zu verwalten.

928

Um die Haftungsbeschränkung zu erreichen, muss der Erbe die Einrede der beschränkten Haftung bereits im Erkenntnisverfahren erheben, und sich somit die Haftungsbeschränkung im Urteil vorbehalten lassen, § 780 Abs. 1 ZPO. Auf diese Weise kann er die Gläubiger schon von Anfang an auf den Nachlass verweisen, § 1990 BGB. Erst im Zwangsvollstreckungsverfahren kann er die Vollstreckungsmaßnahmen in sein eigenes Vermögen abwenden, §§ 781, 785, 767 ZPO.

929

Bei der Befriedigung der Gläubiger ist der Erbe grundsätzlich nicht verpflichtet, eine bestimmte Reihenfolge einzuhalten. Er ist allein nach § 1991 Abs. 3, 4 BGB verpflichtet, Nachlassgläubiger mit einem rechtskräftigen Titel vor den anderen Nachlassgläubigern zu befriedigen. Ferner ist jeder Nachlassgläubiger, auch ein ausgeschlossener, im Verhältnis zu nachlassbeteiligten Gläubigern vorrangig zu befriedigen.

930

Was die Befriedigung der Eigengläubiger im Zuge der Dürftigkeitseinrede angeht, existieren keine gesetzlichen Regelungen.

Ein gesetzlicher Anhaltspunkt könnte aber darin gesehen werden, dass der Erben im Fall des § 1990 BGB selbst als Verwalter des dürftigen Nachlasses fungiert; er müsse deshalb wie ein Nachlassverwalter nach § 784 Abs. 2 ZPO vorgehen können[1]. Für eine analoge Anwendung des § 784 Abs. 2 ZPO bestehe kein Bedürfnis. Hat ein Eigengläubiger des Erben aus dem Nachlass Befriedigung erlangt, so ist der Erbe in Höhe der dadurch erloschenen Eigenverbindlichkeit auf Kosten des Nachlasses bereichert, dem deshalb ein Bereicherungsanspruch gegen den Erben erwächst, auf den die Nachlassgläubiger zugreifen können[2].

931

Erhebt der Erbe die Einrede der Dürftigkeit oder Unzulänglichkeit, so trifft ihn nach § 1990 Abs. 1 Satz 2 BGB die Pflicht, den Nachlass zum Zwecke der Befriedigung der Nachlassgläubiger im Wege der Zwangsvollstreckung herauszugeben. Seine Verpflichtung besteht m. a. W. in der Duldung der Vollstreckung in den Nachlass[3].

932

Die Dürftigkeitseinrede führt zwar zur Beschränkung seiner Haftung auf den Nachlass, befreit ihn jedoch nicht von der Pflicht, die Nachlassverwaltung ordnungsgemäß zu betreiben. Seine Verantwortung zur Verwaltung des Nachlasses besteht den Nachlassgläubigern gegenüber etwa so,

933

---

1 Staudinger/*Lehmann*, § 1990 Rz. 10.
2 *Strohal*, § 81 Fn. 12.
3 Staudinger/*Marotzke*, § 1990 Rz. 29; MünchKomm/*Siegmann*, § 1990 Rz. 13.

als hätte er die Nachlassverwaltung im Auftrag der Nachlassgläubiger ausgeführt[1], §§ 1991 Abs. 1, 1978, 1979 BGB. Der Erbe hat für ungeschmälerte Erhaltung des Nachlasses zu sorgen.

d) Antrag auf Aufgebotsverfahren

934 Das Aufgebotsverfahren, §§ 946 ff, 989 bis 1000 ZPO, verschafft dem Erben eine Übersicht über Nachlassgläubiger und ihre Forderungen. Gegenüber einzelnen Nachlassgläubigern kann er das Aufgebotsverfahren nach den Vorschriften der §§ 1970–1973 BGB beantragen, bzw. bei fünfjähriger Säumnis eines Gläubigers die spezielle Einrede aus § 1974 BGB erheben. Der Erbe ist allerdings nicht antragsberechtigt, wenn er allen Nachlassgläubigern gegenüber unbeschränkt haftet, § 991 Abs. 1 ZPO.

935 Zuständig für das Aufgebotsverfahren ist gemäß § 23 Nr. 2h GVG das Amtsgericht. Von der Seite des Gerichts erfolgt eine öffentliche Aufforderung zur Anmeldung von Ansprüchen und Rechten gegen den Antragsteller. Die öffentliche Bekanntmachung des Aufgebots geschieht durch Anheftung an die Gerichtstafel sowie durch einmalige Einrückung in den Bundesanzeiger, § 948 Abs. 1 ZPO.

936 Nachlassgläubiger haben ihre Forderungen unter Angabe des Gegenstandes und Grundes anzumelden, § 952 ZPO. Versäumt ein Nachlassgläubiger trotz Aufrufes, seine Forderung zu melden, wird er zurückgesetzt, § 946 Abs. 1 ZPO. Der Erbe kann dann gem. § 1973 BGB die Befriedigung des ausgeschlossenen Gläubigers verweigern, wenn der Nachlass durch die Befriedigung der nicht zurückgesetzten Gläubiger erschöpft ist. Der Erbe haftet ihm gegenüber nur noch mit der vorhandenen Bereicherung, § 1973 BGB. Mehrere ausgeschlossene Gläubiger kann der Erbe in beliebiger Reihenfolge befriedigen[2]. Im Verhältnis zu Vermächtnisnehmern, Pflichtteilberechtigten und Auflagebegünstigten sind jedoch die Forderungen der ausgeschlossenen Gläubiger vorrangig, § 1973 Abs. 1 Satz 2 BGB.

937 Gegenüber Vermächtnisnehmern und Auflagenbegünstigten kann sich der Erbe, sofern die Überschuldung des Nachlasses auf Vermächtnissen und/oder Auflagen beruht, auf die Nachlassüberschwerung nach § 1992 BGB berufen. Der Erbe ist jedoch nicht gezwungen, die Überschwerungseinrede zu erheben. Genauso gut kann er stattdessen die Eröffnung des Nachlassinsolvenzverfahrens beantragen. Macht der Erbe dem Vermächtnisgläubiger oder Auflagenberechtigten gegenüber die Überschwerungseinrede nicht geltend und befriedigt sie vorrangig, können auch ausgeschlossene Nachlassgläubiger die Erfüllung nach § 5 AnfG anfechten, da nach §§ 1973 Abs. 1 Satz 2, 1974 BGB Vermächtnisgläubiger und

---

1 Bamberger/Roth/*Lohmann*, § 1978 Rz. 4.
2 Bamberger/Roth/*Lohmann*, § 1973 Rz. 4.

Auflagenberechtigte bei der Befriedigung nachrangig zu berücksichtigen sind. Zudem haftet der Erbe den vorrangigen Gläubigern gegenüber auf den Ausfall.

Anmeldung einer Forderung im Aufgebotsverfahren (Muster)

An das

Amtsgericht

– Nachlassgericht –

Anmeldung der Forderung aus …

In der Nachlasssache …

melde ich namens und in Vollmacht meiner Mandantin folgende Forderung gegen den [Erben] … an:

Hausgeld aus … für den Zeitraum … in Höhe von … Euro.

Eine genaue Berechnung der Forderung ist der Anmeldung beigefügt.

Rechtsanwalt

938

---

6. Rechtsstellung des Erben in der Eigentümergemeinschaft

Der erbrechtliche Grundsatz des „Vonselbsterwerbs" und das Prinzip der Gesamtrechtsnachfolgeschaft, § 1922 BGB, kommen nicht nur hinsichtlich der Pflichten, sondern auch im Hinblick auf die Rechte des Erblassers zum Tragen. Mit dem Tode des Wohnungseigentümers geht somit seine Rechtsstellung in der Eigentümergemeinschaft auf seinen Erben über. Der Erbe ist mithin zur Ausübung aller sich aus der bisherigen Eigentümerposition des Erblassers entspringenden Rechte berechtigt.

939

a) Stimm- und Anfechtungsrecht

In der Zeit zwischen dem Erbfall bis zur Annahme und schließlich der Eintragung des Erben in das Grundbuch als neuer Eigentümer, steht das Stimmrecht in der Eigentümerversammlung dem Erben als dem wirklichen Wohnungseigentümer zu; er allein ist Träger des Stimmrechts[1]. Auch das **Anfechtungsrecht** des § 43 WEG steht gegen Beschlüsse von Eigentümerversammlungen, die nach dem Erbfall stattgefunden haben, allein dem Erben zu. Und zwar auch dann, wenn sich seine Eigentumsstellung noch nicht aus dem Grundbuch ergibt[2]. Denn anders als in den

940

---

1 Bärmann/Pick/*Merle*, § 25 Rz. 5.
2 Bärmann/Pick/*Merle*, § 43 Rz. 89.

Fällen des rechtsgeschäftlichen Erwerbs handelt es sich hierbei um einen gesetzlichen Vonselbsterwerb, der zu seiner Wirksamkeit nicht der Grundbucheintragung bedarf.

Soweit die Anfechtungsfrist des § 23 Abs. 4 Satz 2 WEG noch nicht abgelaufen ist, kann der Erbe auch Beschlüsse von Wohnungseigentümerversammlungen anfechten, die vor dem Erbfall gefasst worden sind[1].

b) Verfügungen des Rechtsnachfolgers

941 Bei der **Weiterveräußerung** des Wohnungseigentums durch den Erben ist § 12 Abs. 1 WEG in vollem Umfang anwendbar, da ansonsten der Normzweck unterlaufen würde. Eine Ausnahme gilt insoweit für den Erben des Erstveräußerers vor der Erstveräußerung, als der Normzweck nicht eingreift[2]. Darüber hinaus ist die Bestimmung des § 12 Abs. 1 WEG auch dann anwendbar, wenn eine Übereignung von Wohnungseigentum als Nachlassverbindlichkeit an einen Vermächtnisnehmer erfolgt[3], da dann der von § 12 Abs. 1 WEG vorausgesetzte rechtsgeschäftliche Veräußerungsvorgang vorliegt[4]. § 12 Abs. 1 WEG ist jedoch dann nicht anwendbar, wenn ein Miterbe über seinen Anteil am Nachlass verfügt, selbst wenn es sich bei diesem Anteil ausschließlich um Wohnungseigentum handelt[5]. Hingegen bedarf die Übertragung eines Wohnungseigentums im Rahmen der Auseinandersetzung von der Erbengemeinschaft auf einen der Miterben der Zustimmung nach § 12 WEG, wenn die Übertragung der Erfüllung eines Vermächtnisses[6] oder einer Teilungsanordnung dient[7].

7. Ausschlagung der Erbschaft

942 Schlägt hingegen der Erbe die Erbschaft aus, weil er sie beispielsweise für überschuldet hält, ist der „Erbe" niemals pflichtig geworden[8]. Pflichtig wird allein der, der die Erbschaft letztlich annimmt oder die Ausschlagungsfrist versäumt. Schlägt der vorläufige Erbe die Erbschaft aus, fällt sie rückwirkend auf den Zeitpunkt des Erbfalls demjenigen an, der, wenn der Ausschlagende im Zeitpunkt des Erbfalls nicht mehr gelebt hätte, berufen gewesen wäre, § 1953 Abs. 2 BGB.

---

1 OLG Frankfurt/Main, Beschl. v. 14. 4. 1992 – 20 W 202/91, NRW-RR 1992, 1170.
2 Bärmann/*Pick*/Merle, § 12 Rz. 6.
3 BayObLG, Beschl. v. 29. 1. 1982 – BReg 2 Z 50/81, Rpfleger 82, 177; *Hügel*, ZWE 2006, 174 (181).
4 Bärmann/*Pick*/Merle, § 12 Rz. 11; Erman/*Grziwotz*, § 12 WEG Rz. 4.
5 Bärmann/*Pick*/Merle, § 12 Rz. 22.
6 Für nähere Ausführungen wird auf Abschnitt VIII. „Besonderheiten beim Übergang auf einen Vermächtnisnehmer" Rz. 965 ff. verwiesen.
7 BayObLG, Beschl. v. 29. 1. 1982 – 2 Z 50/81, BayObLGZ 82, 46.
8 § 1953 Abs. 1 BGB.

Die Ausschlagungsfrist beträgt grundsätzlich sechs Wochen, § 1944 Abs. 1 BGB. Im Falle einer gesetzlichen Erbfolge beginnt die Ausschlagungsfrist zu laufen, sobald der gesetzliche Erbe vom Erbfall positive Kenntnis erlangt, § 1944 Abs. 2 Satz 1 BGB. Liegt eine letztwillige Verfügung, § 1937 BGB, vor, so ist die Verkündung der Verfügung für den Fristlauf maßgebend, § 1944 Abs. 2 Satz 2 BGB. 943

§ 1944 Abs. 3 BGB sieht eine Fristverlängerung auf sechs Monate vor, wenn der Erblasser seinen letzten Wohnsitz **ausschließlich** im Ausland hatte; hingegen ist der Sterbeort des Erblassers nicht maßgeblich[1]. Die Fristverlängerung des Abs. 3 kommt allerdings nicht zur Anwendung, wenn bei Doppelwohnsitz des Erblassers einer im Inland liegt[2]. Ebenfalls beträgt die Ausschlagungsfrist sechs Monate, wenn der Erbe seinen Aufenthalt bei Beginn der Frist im Ausland hatte. Eine Reise des Erben ist ausreichend[3]. 944

8. Besonderheiten beim Übergang auf eine Erbengemeinschaft

Steht das Erbe auf Grund gesetzlicher Erbfolge oder testamentarischer Bestimmung mehreren gemeinsam zu, entsteht kraft Gesetzes eine Erbengemeinschaft, § 2032 Abs. 1 BGB. Die Erbengemeinschaft als solche besitzt keine eigene Rechtspersönlichkeit; sie ist weder rechts- noch parteifähig[4]. 945

Sie ist gesetzlich, § 2042 Abs. 1 BGB, auf jederzeitige Auseinandersetzung ausgerichtet und ist daher nicht auf Dauer angelegt. Auf die Rechtsverhältnisse der Miterben untereinander sind neben den §§ 2038 ff. BGB aus dem Recht über die Gemeinschaft die §§ 743, 745, 746, 748 BGB anzuwenden, § 2038 Abs. 2 BGB.

a) Stimmrecht

Problematisch kann bereits die der Ausübung des Stimmrechts vorhergehende **ordnungsgemäße Einladung der Erbengemeinschaft** zu Wohnungseigentümerversammlungen sein. Das WEG kennt keine den Regelungen der §§ 69 Abs. 3 AktG und 18 Abs. 3 GmbHG entsprechende Regelung. Aus dem Fehlen einer solchen Regelung im WEG wird daher der 946

---

1 Palandt/*Edenhofer*, § 1944 Rz. 1; Staudinger/*Otte*, § 1944 Rz. 4.
2 Staudinger/*Otte*, § 1944 Rz. 4.
3 MünchKomm/*Leipold*, § 1944 Rz. 24.
4 BGH, Urt. v. 21. 12. 1988 – VIII ZR 277/87, NJW 1989, 2133, 2134 *("Die Erbengemeinschaft ist aber keine eigene Rechtspersönlichkeit und als solche nicht parteifähig. In einem Prozess unter Beteiligung der vollständigen Gemeinschaft sind deshalb die einzelnen Miterben selbst Partei mit der Folge, dass sie als einzelne prozessualen oder materiell-rechtlichen Einwendungen ausgesetzt sein oder solche geltend machen können.")*.

Schluss gezogen[1], dass mehrere Inhaber eines Wohnungseigentums gesetzlich zur Bestellung eines gemeinsamen Vertreters nicht verpflichtet sind, und dass der Verwalter des gemeinschaftlichen Eigentums die Einladung nebst Tagesordnung in entsprechender Form und entsprechender Frist jedem Mitinhaber eines Wohnungseigentums zusenden muss. Die Erbengemeinschaft allerdings kann in entsprechender Anwendung der §§ 69 Abs. 3 AktG bzw. 18 Abs. 3 GmbHG einen gemeinsamen Vertreter bestellen, der dann für die Zukunft als von der Erbengemeinschaft zur Entgegennahme der Einladungen und zur Ausübung des Stimmrechtes als bevollmächtigt anzusehen ist.

947 Im Gegensatz dazu verlangt § 25 Abs. 2 Satz 2 WEG, dass das **Stimmrecht** in der Wohnungseigentümerversammlung **nur einheitlich ausgeübt** werden darf. § 25 Abs. 2 Satz 2 WEG setzt voraus, dass der Miteigentumsanteil mehreren auf gleicher Ebene dinglich zugeordnet ist. Dies ist bei der Erbengemeinschaft unzweifelhaft gegeben[2]. In der Versammlung muss auf die übereinstimmende Ausübung des Stimmrechts durch die Miterben geachtet werden. Die Erbengemeinschaft kann dazu intern einen gemeinsamen Vertreter benennen, der die Stimme für die Miterben abgibt[3]. Innerhalb der Erbengemeinschaft ist bei der Festlegung des Abstimmungsverhaltens und der Benennung des Vertreters ein Mehrheitsbeschluss ausreichend. §§ 2038 Abs. 2, 745 BGB verlangen nämlich bei den Maßnahmen der ordnungsgemäßen Verwaltung, dass die Miterben nur mit Mehrheit zu beschließen brauchen. Die Vollmacht kann von den Miterben dabei sowohl in zeitlicher als auch in gegenständlicher Hinsicht beschränkt werden[4]. In der Eigentümerversammlung kann der Versammlungsleiter von dem für die Erbengemeinschaft Abstimmenden die Vorlage einer Vollmacht verlangen. Er ist hierzu nur dann nicht verpflichtet, wenn kein Zweifel an der Bevollmächtigung besteht oder geäußert wird. Kann die Bevollmächtigung auf Verlangen nicht nachgewiesen werden, kann der Versammlungsleiter den Bevollmächtigten von der Abstimmung ausschließen. Sofern die Miterben einem gemeinschaftlichen Vertreter eine Stimmrechtsvollmacht erteilt haben, und diesen damit gleichzeitig zur Ausübung des Teilnahmerechts ermächtigt haben, so ist nur der gemeinschaftliche Vertreter an der Eigentümerversammlung auch teilnahmeberechtigt[5]. Hat die Erbengemeinschaft keinen Bevollmächtigten bestellt, nimmt aber einer der Miterben an der Versammlung teil, so ist dieser zur Stimmrechtsabgabe nicht berechtigt[6]. Eine von dem einzelnen Miterben abgegebene Stimme

---
1 *Ziege*, NJW 1973, 2185.
2 Bärmann/Pick/*Merle*, § 25 Rz. 42, m.w.N.
3 BayObLG, Beschl. v. 31. 3. 1994 – 2Z BR 16/94, NJW-RR 1994, 1236.
4 Bärmann/Pick/*Merle*, § 25 Rz. 44.
5 Bärmann/Pick/*Merle*, § 24 Rz. 62; *Becker*, S. 110.
6 *Bornheimer*, S. 61.

ist daher unwirksam und darf vom Verwalter bzw. Versammlungsleiter nicht bei der Feststellung des Beschlussergebnisses berücksichtigt werden. Erscheinen alle Miterben auf der Eigentümerversammlung und stimmen nicht einheitlich ab, dann ist ihre Stimmabgabe insgesamt unwirksam[1].

b) Anfechtungsrecht

Wenn das Stimmrecht in der Eigentümerversammlung nur einheitlich ausgeübt werden kann, steht die Vermutung nahe, dass auch das **Anfechtungsrecht** nach § 43 Abs. 1 Nr. 4 WEG ebenfalls **nur einheitlich ausgeübt** werden kann[2]. Andererseits ist nicht zu verkennen, dass die von dem Gesetzgeber gewollten Erschwerungen innerhalb der Erbengemeinschaft selten zu einer kurzfristigen Reaktion der Miterben führen können. Wenn also die Mehrheit der Miterben nicht bereits einen gegenteiligen Beschluss gefasst hat, so ist jeder Miterbe im Rahmen der Notgeschäftsführung nach § 2038 Abs. 1 Satz 2 BGB berechtigt, ggf. aber auch verpflichtet, unaufschiebbare Notverwaltungsmaßnahmen zu ergreifen. In diesem Rahmen kann dann auch ein Miterbe zur Erhebung der Beschlussanfechtung nach § 43 Abs. 1 Nr. 4 WEG berechtigt sein[3]. Nämlich dann, wenn auf Grund der Kürze der zur Verfügung stehenden Zeit die Zustimmung der übrigen Miterben nicht zu erreichen ist und die Beschlussanfechtung der Erhaltung des Nachlasses dient[4].

948

c) Kosten- und Lastentragung

Bezüglich der Lastentragung bestimmt § 2058 BGB, dass sich der Anspruch gegen die Erbengemeinschaft als Gesamtschuldner richtet, § 421 BGB. Demnach haftet jeder Miterbe bis zur Teilung des Nachlasses für die gesamte Forderung der Eigentümergemeinschaft und nicht nur für denjenigen Teil der Forderung, der seiner Erbquote entspricht. Nach der Teilung des Nachlasses ist der einzelne Miterbe aber zur Kosten- und Lastentragung aus §§ 2038 Abs. 2, 748 BGB nur nach dem Verhältnis seiner Anteile an der Erbengemeinschaft verpflichtet.

949

d) Haftungsbeschränkung

Ist bei Miterben der Nachlass noch ungeteilt, so kann jeder die Nachlassgläubiger auf seinen Anteil am Nachlass verweisen und der Vollstreckung in sein Eigenvermögen widersprechen, § 2059 BGB, § 785 ZPO.

950

---

1 *Bornheimer*, S. 66.
2 *Becker*, S. 95 ff.
3 BayObLG, Beschl. v. 20. 5. 1998 – 2Z BR 25/98, ZMR 1998, 644 = WE 1999, 33 = NJW-RR 1999, 164 = WuM 1998, 747 = NZM 1999, 286; MünchKomm/*Dütz*, § 2038 Rz. 55.
4 Bärmann/Pick/*Merle*, § 43 Rz. 88.

Wird das besondere Verweigerungsrecht des § 2059 Abs. 1 BGB im Urteil nicht ausgesprochen, weil der Miterbe die Einrede der Haftungsbeschränkung nicht erhoben hat, kann er als Gesamtschuldner verurteilt werden. Die Einrede der Haftungsbeschränkung muss vom Miterben erhoben werden, damit er sich die Haftungsbeschränkung im Urteil vorbehalten lassen kann; die Einrede wird nicht von Amts wegen berücksichtigt.

e) Prozessuales

951 Die Erbengemeinschaft ist nicht rechtsfähig; sie ist bloße Gesamthandsgemeinschaft[1]. Sie kann daher vor Gericht nicht klagen oder verklagt werden, sondern der einzelne Miterbe ist zu verklagen oder kann klagen. So können alle einzelnen Erben, die Mitglieder der Erbengemeinschaft sind, als Gesamtschuldner verklagt werden.

9. Besonderheiten beim Übergang auf Vor- und Nacherben

952 Gemäß § 2100 BGB kann der Erblasser einen Erben in der Weise einsetzen, dass dieser erst Erbe wird (Nacherbe), nachdem zunächst ein anderer (Vorerbe) Erbe geworden ist. Die Vor- und Nacherbschaft bedürfen der Bestimmung durch Verfügung von Todes wegen; eine gesetzliche Vor- und Nacherbschaft ist dem BGB fremd.

953 Mit dem Eintritt des Erbfalls wird der Vorerbe Erbe des Erblassers. Folglich gehen das Vermögen und die Verbindlichkeiten des Erblassers auf ihn über, § 1922, 1967 BGB. Erst mit dem Nacherbfall verliert er seine Erbenstellung an den Nacherben, § 2139 BGB. Der Nacherbfall tritt i. d. R. mit dem Tode des Vorerben ein, es sei denn der Erblasser hat diesbezüglich etwas anderes bestimmt, § 2106 Abs. 1 BGB. Der Nacherbe besitzt bis zum Nacherbfall ein unentziehbares erbrechtliches Anwartschaftsrecht[2], das mit dem Nacherbfall zum Vollrecht erstarkt. Verstirbt der Nacherbe vor dem Nacherbfall, so vererbt er sein Nacherbenrecht, wie sich aus § 2108 Abs. 2 Satz 1 BGB ergibt.

954 Im Interesse des Nacherben ist der Vorerbe hinsichtlich seiner Verfügungen über den Nachlass einigen Beschränkungen unterworfen, §§ 2113–2115 BGB. Demnach sind Verfügungen über Grundstücke, Grundstücksrechte, unentgeltliche Verfügungen sowie Zwangsverfügungen gegen den Vorerben dem Nacherben gegenüber unwirksam, sofern diese zur Beeinträchtigung oder Vereitlung der Rechte des Nacherben führen würden und der Vorerbe bei ordnungsgemäßer Vermögensverwaltung das erkennen hätte müssen. Die Verfügungen sind zwar zunächst wirksam, verlieren jedoch ihre Wirksamkeit mit dem Eintritt des Nach-

---

1 BGH, Urt. v. 11. 9. 2002 – XII ZR 187/00, NJW 2002, 3389.
2 BGH, Urt. v. 9. 6. 1983 – IX ZR 41/82, BGHZ 87, 367.

erbfalls, sofern dadurch Rechte des Nacherben vereitelt oder beeinträchtigt worden sind.

Zum Schutz des Nacherben ist der **Vorerbe zur ordnungsgemäßen Verwaltung des Nachlasses** verpflichtet. Dies ist zusätzlich durch die Auskunftspflichten nach § 2127 BGB, die Pflicht zur Sicherheitsleistung nach § 2128 BGB und das Rechtsinstitut der dinglichen Surrogation des § 2111 BGB abgesichert und kann dem Nacherben nicht entzogen werden. Der Nacherbe hat aber seinerseits die Einwilligungspflicht hinsichtlich solcher Verfügungen des Vorerben, die zur ordnungsgemäßen Verwaltung sowie der Berichtigung von Nachlassverbindlichkeiten erforderlich sind, § 2120 Satz 1 BGB. 955

Mit dem Eintritt des Nacherbfalls wird der Vorerbe von der Haftung grundsätzlich befreit. Just in diesem Moment fällt die Erbschaft dem Nacherben an, § 2139 BGB. Der Nacherbe wird ohne weitere Übertragungsakte Eigentümer der Nachlassgegenstände und Schuldner der Nachlassverbindlichkeiten. 956

Der Nacherbe haftet ab diesem Zeitpunkt für die Nachlassverbindlichkeiten, § 1967 BGB. Hierzu gehören auch die vom Vorerben eingegangen Verpflichtungen, wenn sie aus der Sicht eines sorgfältigen Dritten zur ordnungsmäßigen Verwaltung des Nachlasses angezeigt gewesen sind. Denn allein solche eingegangene Verbindlichkeiten sind als Nachlassverbindlichkeit i. S. d. § 1967 BGB zu sehen[1], für die der Nacherbe beim Nacherbfall gerade stehen muss, § 2144 BGB.

a) Ausschlagungsrecht

Schlägt der Vorerbe das Erbe aus, fällt die Erbschaft auf den Nacherben, § 2102 Abs. 1 BGB. 957

Auch der Nacherbe ist seinerseits zur Ausschlagung berechtigt und zwar bereits mit dem Erbfall und nicht erst mit dem Nacherbfall. Schlägt der Nacherbe also aus, steigt der Vorerbe zum Vollerben auf, § 2142 Abs. 2 BGB. Schlagen alle beide das Erbe aus, so ist für die Feststellung des möglichen Rechtsnachfolgers entscheidend, wer zuletzt ausgeschlagen hat.

b) Stimmrecht

Bzgl. des Stimmrechtes ist die Zeit zwischen erstem Erbfall und die Zeit nach dem Nacherbfall zu unterscheiden. 958

In der **Zeit zwischen Erbfall und Nacherbfall** ist der Vorerbe rechtlich Eigentümer des Wohnungseigentums und damit stimmberechtigt[2]. Frag-

---
1 BGH, Urt. v. 10. 2. 1960 – V ZR 39/58, BGHZ 32, 60 = MDR 1973, 749.
2 Entspr. Stimmrecht des Erben, s. o. Rz. 940.

lich ist, ob das Stimmrecht direkt mit dem Nacherbfall auf den Nacherben übergeht, oder ob darüber hinaus die Eintragung ins Grundbuch erforderlich ist. Hier ist zu differenzieren:

959 Ist als Nacherbfall der Tod des Vorerben vorgesehen, so ist der Nacherbe ab dessen Todeszeitpunkt Eigentümer und Stimmberechtigter; ein solcher Nacherbfall steht einem „normalen" Erbfall gleich, es kann mithin nichts anderes gelten[1]. Stellt hingegen eine sonstige Bedingung zu Lebzeiten des Vorerben den Nacherbfall dar, so kann für den Übergang des Stimmrechts auf den Nacherben nichts anderes gelten wie beim rechtsgeschäftlichen Erwerb. Insofern ist die Grundbucheintragung abzuwarten, da der Vorerbe als eingetragener (!) Wohnungseigentümer den Verpflichtungen des § 16 Abs. 2 WEG ausgesetzt ist und daher auch weiterhin ein Mitwirkungsrecht (also Stimmrecht usw.) haben muss[2].

c) Kosten- und Lastentragung

960 Bzgl. der Zahllast treffen die Regelungen der §§ 2124 bis 2126 BGB Sonderregelungen. Grundsätzlich zahlungspflichtig ist der Nacherbe als der tatsächliche Eigentümer, dem schließlich auch die Nutzungen des Wohnungseigentums verbleiben. Die gewöhnlichen Erhaltungskosten hat allerdings der Vorerbe zu tragen, dies obliegt ihm nach § 2124 Abs. 1 BGB. Seinen Grund findet dies darin, dass ihm schließlich auch die Nutzungen des Nachlassgegenstandes zustehen. Außerordentliche Lasten, die als auf den „Stammwert" des Wohnungseigentums gelegt anzusehen sind, treffen hingegen den Nacherben, § 2126 BGB.

961 Zu den Erhaltungskosten gehören auch die gewöhnlichen Lasten der Erbschaft[3]. Gewöhnliche Lasten sind alle Aufwendungen für die gewöhnliche Unterhaltung, die Kosten zur Verhinderung eines Verfalles sowie für Reparaturen[4] und die üblichen Ausbesserungs- und Erhaltungskosten. Die Zahlung von Hausgeldern an die Wohnungseigentümergemeinschaft unterfällt der gewöhnlichen Last der Erbschaft, da die Zahlungen die Gemeinschaft zur gewöhnlichen Unterhaltung, zu den notwendigen Reparaturen und üblichen Ausbesserungen und Erneuerungen in Stand setzen.

962 Die **sonstigen Verwendungen** i. S. v. § 2124 Abs. 2 BGB hat der Vorerbe aus der Erbschaft zu bestreiten, soweit sie zum Zweck der Erhaltung der Erbschaft erforderlich sind[5]. Maßgeblich ist wie bei dem Auftragsverhält-

---

[1] Stimmrecht des Erben: Bärmann/Pick/*Merle*, § 25 Rz. 5.
[2] Entspr. rechtsgeschäftlicher Erwerb: BGH, Beschl. v. 1. 12. 1988 – V ZB 6/88, NJW 1989, 1087; Bärmann/Pick/*Merle*, § 25 Rz. 9.
[3] MünchKomm/*Grunsky*, § 2124 Rz. 2 m. w. N.
[4] Bärmann/*Pick*/Merle, § 16 Rz. 32.
[5] MünchKomm/*Grunsky*, § 2124 Rz. 5.

nis das gutgläubig ausgeübte Ermessen des Vorerben. Nicht erforderlich ist, dass die Verwendungen objektiv wirklich erforderlich waren.

Eine jährlich anfallende und erhobene Steuer ist im Jahr des Erb- und des Nacherbfalles zeitanteilig zwischen Vor- und Nacherben aufzuteilen. Entsprechendes gilt für Reparaturen, die zwar regelmäßig, aber in größeren Abständen anfallen[1]. Werden auf Grund von Abrechnung des Wirtschaftsplans Hausgeldnachzahlungen fällig, so sind sie ebenfalls bis zum Nacherbfall vom Vorerben zu begleichen. 963

Außerordentliche Lasten im Sinn von § 2126 BGB hat der Nacherbe selbst zu tragen, soweit sie den Stammwert betreffen.

d) Verfügungen des Vorerben

Der Vorerbe kann nur im Rahmen seiner rechtlichen Stellung über das Nachlassvermögen verfügen. Der Erblasser kann ihm nach § 2136 BGB Befreiung von den Verfügungsverboten des § 2113 Abs. 1 BGB (insbesondere: Verfügungen über ein zur Erbschaft gehörendes Grundstück oder Recht an einem Grundstück) erteilen. Macht der Erblasser hiervon keinen Gebrauch, kann der nicht befreite Vorerbe nur im Rahmen des § 2113 Abs. 1 BGB Verfügungen vornehmen. Eine Beeinträchtigung im Sinne von § 2113 Abs. 1 BGB ist nach rein rechtlichen Gesichtspunkten, nicht jedoch nach wirtschaftlichen Gesichtspunkten[2] zu beurteilen. Eine Beeinträchtigung des Nacherben liegt danach bei einer Verfügung durch den nicht befreiten Vorerben dann nicht vor, wenn die Verfügung lediglich der Erfüllung einer von dem Erblasser eingegangenen Verpflichtung, der Erfüllung eines Vermächtnisses oder der Befolgung der Teilungsanordnung des Erblassers dient oder die Zustimmung des Nacherben hierzu vorliegt. 964

10. Besonderheiten beim Übergang auf einen Vermächtnisnehmer

Die zuvor besprochenen Fälle des Übergangs von Wohnungseigentum an einen oder mehrere Erben zeichneten sich dadurch aus, dass mit dem Tod des Erblassers die dingliche Rechtsänderung sofort und unmittelbar eintrat. Demgegenüber definiert aber § 1939 BGB, dass das Vermächtnis einen Vermögensvorteil begründet, ohne dass der Vermächtnisnehmer zugleich Erbe wäre. Daher geht das Eigentum nicht mit dem Erbfall auf Grund von „Vonselbsterwerb" auf den Vermächtnisnehmer über. Er hat vielmehr einen Verschaffungsanspruch gegen den Erben, der nach § 2176 BGB mit dem Tod des Erblassers entsteht. Der Vermächtnisnehmer wird 965

---

1 MünchKomm/*Grunsky*, § 2124 Rz. 2.
2 Palandt/*Edenhofer*, § 2113 Rz. 5.

erst durch Übereignung und Auflassung entsprechend §§ 929 ff. bzw. §§ 873, 925 BGB Eigentümer des vermachten Gegenstands[1]. Demnach bedarf die Vermächtnisübertragung eines schuldrechtlichen Vertrags i. S. d. § 313 BGB sowie der Auflassung.

a) Anwendbarkeit des § 12 Abs. 1 WEG

966 Nach § 12 Abs. 1 WEG kann als Inhalt des Sondereigentums vereinbart werden, dass ein Wohnungseigentümer zur Veräußerung seines Wohnungseigentums der Zustimmung anderer Wohnungseigentümer oder eines Dritten bedarf.

967 Hat die Eigentümergemeinschaft eine solche Vereinbarung getroffen, bedarf die Veräußerung eines jeden Sondereigentums innerhalb der Gemeinschaft der Zustimmung anderer Wohnungseigentümer sowie ggf. eines Dritten. Dabei fällt nicht jede Eigentumsübertragung unter die vereinbarte Zustimmungsbedürftigkeit. Eigentumsübertragung im Wege der Erbfolge oder testamentarischen oder erbvertraglichen Regelungen bedürfen nicht der Zustimmung nach § 12 Abs. 1 WEG.

968 Zwar handelt es sich beim Vermächtnis ebenfalls um eine letztwillige Verfügung, dennoch ist die Eigentumsübertragung auf diesem Wege zustimmungsbedürftig. Denn der Vermächtnisvollzug bedarf eines schuldrechtlichen Vertrags i. S. d. § 311b BGB sowie der Auflassung, §§ 873, 925 BGB. Daher handelt es sich bei der Übertragung des Eigentums auf Grund der Verpflichtung aus letztwilliger Verfügung um eine rechtsgeschäftliche Veräußerung, die, wenn vorgesehen, zustimmungsbedürftig ist[2].

aa) Erteilung oder Versagung der Zustimmung

969 Nach dem Wortlaut des § 12 Abs. 1 WEG kommen als Zustimmungsberechtigte „andere" Wohnungseigentümer oder ein Dritter in Betracht. Häufig wird jedoch in der Teilungserklärung bzw. Gemeinschaftsordnung die Zustimmungsberechtigung dem Verwalter als „Dritte" übertragen.

970 Die Zustimmung kann sowohl dem Veräußerer, also dem Erben, als auch dem Erwerber, also dem Vermächtnisnehmer, gegenüber erteilt werden. Die Zustimmungserklärung ist aus Gründen der Nachweisbarkeit in öffentlich beglaubigter Form gegenüber dem Grundbuchamt zu erteilen, § 29 GBO. Ist allein der Verwalter Zustimmungsberechtigter, hat die Veräußerungszustimmung schriftlich und notariell zu erfolgen.

---

1 Palandt/*Edenhofer*, § 2174 Rz. 2.
2 BayObLG, Beschl. v. 29. 1. 1982 – BReg 2 Z 50/81, Rpfleger 1982, 177; BayObLG, Beschl. v. 9. 3. 1977 – BReg 2 Z 79/76, Rpfleger 1977, 173-174; Bärmann/*Pick*, § 12 Rz. 11.

Der Erbe und der Vermächtnisnehmer sind durch die Regelung des § 12 971
Abs. 1 WEG durchaus nicht der Willkür der Gemeinschaft oder des Verwalters ausgesetzt. Die Zustimmung darf nicht nach Belieben versagt werden. Eine Versagung darf nur aus wichtigem Grund erteilt werden, § 12 Abs. 2 WEG. Maßgebend für die Beurteilung, ob ein wichtiger Grund zur Versagung der Veräußerungszustimmung gegeben ist, ist allein die Person des Erwerbers, nicht der Veräußerer[1].

Ein wichtiger Grund liegt insbesondere vor, wenn die beabsichtigte Ver- 972
äußerung des Wohnungseigentums eine den gemeinschaftlichen Interessen zuwider laufende Gefahr darstellt, weil z. B. der Erwerber die eidesstattliche Versicherung abgegeben hat, zahlungsunfähig ist oder er in einer anderen Wohnungseigentümergemeinschaft stets das Hausgeld nicht bezahlt hat.

Für die Erteilung der Zustimmung oder Versagung ist keine bestimmte 973
Frist vorgeschrieben. Die Erteilung soll aber ohne schuldhaftes Zögern erfolgen.

bb) Vorgehen gegen die Versagung der Zustimmung

Bei Verweigerung der Zustimmung durch Gemeinschaftsmitglieder oder 974
Verwalter ist allein der Erbe (Veräußerer) aktivlegitimiert; dem Vermächtnisnehmer stehen hier keine Rechte zu[2]. Der Antrag auf Zustimmungserteilung ist stets gegen den Zustimmungsberechtigten (Eigentümergemeinschaft oder aber Verwalter[3]) zu richten.

Wird durch das Gericht festgestellt, dass die Zustimmung zu Unrecht 975
verweigert wurde, wird sie nicht gerichtlich ersetzt; der Zustimmungsberechtigte wird aber zur Erteilung der Zustimmung verpflichtet, § 894 ZPO[4].

cc) Schadensersatzanspruch des Erben

Wurde die Zustimmung zu Unrecht verweigert und ist hierdurch dem 976
Veräußerer (Erben) ein finanzieller Schaden entstanden, so kann er von dem Zustimmungsberechtigten nach den allgemeinen Vorschriften Schadensersatz verlangen[5].

---

1 OLG Köln, Urt. v. 15. 3. 1996 – 19 U 139/95, NJW-RR 1996, 1296 = WE 1996, 434.
2 Palandt/*Bassenge*, § 12 WEG Rz. 11.
3 BayObLG, Beschl. v. 9. 3. 1977 – BReg 2 Z 79/76 = MDR 1977, 670 („*Ist allein der Verwalter zustimmungsberechtigt, so ist der Antrag gegen ihn zu richten; die übrigen Wohnungseigentümer sind an dem Verfahren jedoch formell zu beteiligen.*")
4 BayObLG, Beschl. v. 9. 3. 1977 – BReg 2 Z 79/76, MDR 1977, 670.
5 BayObLG, Beschl. v. 29. 12. 1983 – 2 Z 18/83, Wohnungseigentümer 1984, 60–61.

b) Kosten- und Lastentragung

977 Der Vermächtnisnehmer ist nicht Erbe des verstorbenen Wohnungseigentümers; ihn treffen daher die mit dem Erbe verbundenen Verpflichtungen nicht. Er ist insoweit nicht Anspruchsgegner der Eigentümergemeinschaft für die Nachlassverbindlichkeiten (z. B. das rückständige Hausgeld).

978 Der Vermächtnisnehmer haftet nicht für Nachlassverbindlichkeiten, also beispielsweise auch nicht für Hausgeldrückstände, die der Erblasser hat anlaufen lassen. Diese sind durch den Erben aus dem sonstigen Nachlass zu berichtigen. Mit der Erfüllung des Vermächtnisanspruchs durch den Erben entsprechend §§ 873, 925 BGB wird der Vermächtnisnehmer Eigentümer und haftet erst ab Eigentumsübergang gemäß § 16 Abs. 2 WEG.

979 In der Zeit zwischen dem Erbfall und der Übereignung an den Vermächtnisnehmer haftet der Erbe als Eigentümer nach § 16 Abs. 2 WEG für die Lasten des Wohnungseigentums. Von dieser wesentlich zu strengen Haftung befreit den Erben die Vorschrift des § 2185 BGB; nach dieser Vorschrift kann der Erbe von dem Vermächtnisnehmer, nicht jedoch von der Eigentümergemeinschaft, die auf den Vermächtnisgegenstand gemachten Verwendungen zur Bestreitung von Lasten der Sache ersetzt verlangen.

980 Für **notwendige Verwendungen** kann der Beschwerte, im zu behandelnden Fall also der Erbe, grundsätzlich Ersatz verlangen, § 994 Abs. 1 Satz 1 BGB. § 995 BGB stellt klar, dass auch die Lasten notwendige Verwendungen im Sinn von § 994 darstellen. Als Lasten im Sinn von § 995 BGB wird der mit der Sache verbundene Zwang zu Leistungen verstanden[1]; für das Wohnungseigentum und die mit ihm verbundenen Lasten folgt dieser Zwang aus § 16 Abs. 2 WEG. Nach § 994 Abs. 1 Satz 2 BGB sind jedoch die gewöhnlichen Erhaltungskosten für die Zeit ausgeschlossen, für die dem Beschwerten die Nutzungen verbleiben. Dabei sind die gewöhnlichen Erhaltungskosten selbst dann nicht ersatzfähig, wenn der Beschwerte keine Nutzungen gezogen hat[2]. Gewöhnliche Erhaltungskosten sind wenigstens die der Erhaltung der Sache dienenden regelmäßig wiederkehrenden Ausgaben[3].

981 Ausgaben für die Unterhaltung des gemeinschaftlichen Wohnungseigentums sind solche, die notwendig sind, um die gemeinschaftliche Sache so zu erhalten, dass sie dem Gebrauch, für den sie bestimmt ist, dienen kann[4]. Als notwendige Ausgaben für die Erhaltung und für die Nutzung

---

1 MünchKomm/*Medicus*, § 995 Rz. 2.
2 MünchKomm/*Medicus*, § 994 Rz. 21 m. w. N.
3 MünchKomm/*Medicus*, § 994 Rz. 21, 22.
4 Bärmann/*Pick*/Merle, § 16 Rz. 30.

der gemeinschaftlichen Sache werden die Aufwendungen für die gewöhnliche Unterhaltung angesehen. Nicht nur diejenigen, die notwendig sind, um die Sachen in ihrem gegenwärtigen Zustand zu erhalten, sondern auch in jenem Zustand, in denen sie den Miteigentümern den Nutzen bringen, für den sie bestimmt sind. Ausgaben sind daher dann notwendig, wenn ohne sie die gemeinschaftliche Sache einem sicheren oder wahrscheinlichen Schaden ausgesetzt sein würde, der vorgesehenen Nutzung nicht dienen könnte oder diese schon beeinträchtigt wäre.

Daraus folgt, dass ein **Erstattungsanspruch des Erben gegenüber dem Vermächtnisnehmer** für Hausgeldzahlungen, Zahlungen in die Instandhaltungsrücklage und Sonderumlagen für die Zeit zwischen Erbfall und Erfüllung des Vermächtnisses besteht. 982

c) Stimm- und Anfechtungsrecht

Bis zur Übereignung steht dem Erben, nicht dem Vermächtnisnehmer, das Stimmrecht in allen Angelegenheiten der Wohnungseigentümergemeinschaft zu. Der Erbe ist bis zur Übereignung an den Vermächtnisnehmer Eigentümer und daher nach § 16 Abs. 2 WEG verpflichtet, die Kosten zu tragen. Ihm darf dann aber auch die Möglichkeit nicht genommen werden, durch die Ausübung seines Stimmrechts in die Verwaltung einzugreifen. Ab der Übereignung ist allein der Vermächtnisnehmer stimmberechtigt. 983

Es fragt sich, ob der **Vermächtnisnehmer** vor Erfüllung des Vermächtnisses dem Erben **Weisungen** zur Ausübung des Stimm- und Anfechtungsrechtes erteilen kann. Grundsätzlich ist der Erbe Eigentümer des Wohnungseigentums, gegen ihn besteht jedoch ein Anspruch des Vermächtnisnehmers nach § 2174 BGB auf Übereignung der vermachten Sache. Der Vermächtnisnehmer ist lediglich ein Nachlassgläubiger. Ein Weisungsrecht des Vermächtnisnehmers besteht in der Zeit bis zur Eigentumsverschaffung daher nicht, es sei denn, der Erbe beabsichtige, böswillig die Position des Vermächtnisnehmers zu verschlechtern. In diesem Fall wäre ein Anspruch nach Treu und Glauben auf Unterlassung beeinträchtigender Ausübung des Stimmrechtes gegeben[1]. 984

d) Ausschlagungsrecht des Vermächtnisnehmers

Die Ausschlagung von Vermächtnissen unterscheidet sich nicht grundlegend von der Erbschaftsausschlagung. Auch hier ist die Ausschlagung ausgeschlossen, wenn der Vermächtnisnehmer das Vermächtnis angenommen hat, § 2180 Abs. 1 BGB. 985

---

1 MünchKomm/*Schlichting*, § 2174 Rz. 7.

986 Im Gegensatz zur Ausschlagung einer Erbschaft, die gegenüber dem Nachlassgericht zu erklären ist, genügt für die Ausschlagung eines Vermächtnisses die formlose Erklärung gegenüber dem Beschwerten, dem Erben, § 2180 Abs. 2 BGB.

987 In Abweichung von der Regelung des § 1944 BGB für die Ausschlagung der Erbschaft ist für die Ausschlagung eines Vermächtnisses keine Ausschlagungsfrist vorgeschrieben.

11. Staatserbfolge, § 1936 BGB

988 Der Staat ist der letzte „Noterbe"[1], der die Erbfolge antreten muss, wenn der Erblasser weder (entfernte) Verwandte noch einen überlebenden Ehegatten hinterlassen hat noch eine letztwillige Verfügung vorhanden ist, § 1936 Abs. 1 Satz 1 BGB. Ob Verwandte, Ehegatte oder sonst ein vorrangiger Erbe vorhanden sind, ist „innerhalb einer den Umständen entsprechenden Frist" zu ermitteln, § 1964 Abs. 1 BGB. Steht fest, dass kein Erbe vorhanden ist, wird der Fiskus als gesetzlicher Erbe vermutet, § 1964 Abs. 2 BGB.

989 Ferner ist der Staat als gesetzlicher Erbe auch dann berufen, wenn ein Erbverzicht, § 2346 Abs. 1 Satz1 BGB, oder die Erbunwürdigkeit, § 2344 Abs. 1 BGB, des berufenen Erben vorliegt.

a) Träger des Erbrechts

990 Als Erbe ist der Fiskus des Bundesstaates berufen, in dem der Erblasser seinen letzten Wohnsitz hatte. Bestand der Wohnsitz des Erblassers hingegen in mehreren Bundesländern, erben diese entsprechend § 1936 Abs. 1 Satz 2 BGB zu gleichen Anteilen. War der Erblasser ein Deutscher, der keinem Bundesland angehörte, ist gem. § 1936 Abs. 2 BGB der Bundesfiskus gesetzlicher Erbberechtigter.

b) Rechtsstellung

991 Zweck der Staatserbfolge ist, herrenlose Nachlässe zu verhindern und für ihre Sicherung und Abwicklung zu sorgen. Aus diesem Zweck heraus ist der Staat zur Ausschlagung der Erbschaft nicht berechtigt. Ebenfalls hat er kein Recht auf sein Erbrecht zu verzichten. Schließlich kann der Fiskus nur unter Bestimmung eines anderen Erben für erbunwürdig erklärt werden.

c) Haftung für Nachlassverbindlichkeiten

992 Wie jeder anderer Erbe haftet auch der Fiskus für die Nachlassverbindlichkeiten des Erblassers nach § 1976 Abs. 1 BGB. Unter Berücksichti-

---

1 *Lange/Kuchinke*, S. 281.

gung seiner Stellung als Zwangserbe erfährt er allerdings hinsichtlich seiner Haftung eine abweichende Behandlung als der gewöhnliche Erbe. Zum einen ist nach § 780 Abs. 2 ZPO dem Fiskus die Haftungsbeschränkung kraft Gesetzes vorbehalten, zum anderen ist nach § 2011 BGB für den Staat keine Fristsetzung zur Inventarerrichtung vorgesehen. Ferner braucht er sein Erbrecht nicht nachzuweisen. Für ihn gilt die Erbenvermutung des § 1964 Abs. 2 BGB, auch wenn er keinen Erbschein für sich erwirkt hat. Die Erbenvermutung entfaltet allerdings im Verhältnis zu Dritten nicht die Wirkung eines Erbscheins, §§ 2366 ff BGB. Spätestens jedoch zur Eintragung in das Grundbuch benötigt auch der Fiskus einen Erbschein[1].

Im Übrigen gelten für den Fiskus dieselben Vorschriften wie für jeden anderen Erben auch.

12. Rechte der Eigentümergemeinschaft und Forderungsrealisierung

Mit der Neuregelung[2] des Wohnungseigentumsgesetzes in § 10 Abs. 1 und 6 WEG wurde der Gemeinschaft der Wohnungseigentümer die Rechtsfähigkeit verliehen. Vor der Entscheidung des BGH vom 2. 6. 2005[3] war im Außenverhältnis nicht die Eigentümergemeinschaft als solche, sondern die im Grundbuch eingetragenen einzelnen Wohnungseigentümer Träger von Rechten und Pflichten.

Gemäß § 10 Abs. 1 WEG sind grundsätzlich Inhaber der Rechte und Pflichten die einzelnen Wohnungseigentümer, insbesondere bezüglich des Sonder- und des Gemeinschaftseigentums.

In Absatz 6 des § 10 WEG weitet der Gesetzgeber die Rechtsfähigkeit der Eigentümergemeinschaft auf die *„gesamte Verwaltung"* des gemeinschaftlichen Eigentums aus[4]. Demgemäß kann die Eigentümergemeinschaft im Rahmen der Verwaltung des gemeinschaftlichen Eigentums sowohl gegenüber Dritten als auch den Wohnungseigentümern gegenüber Rechte erwerben und Pflichten eingehen. Die Rechtsfähigkeit der Gemeinschaft zeichnet sich auch dadurch aus, dass diese sodann die Inhaberin der begründeten Rechte und Pflichten ist und die Berechtigung zur Ausübung und Wahrnehmung gemeinschaftsbezogener Rechte und

---
1 OLG Frankfurt/Main, Beschl. v. 5. 9. 1983 – 20 W 515/83, MDR 1984, 145.
2 Grundlage der Neuregelung bildet der BGH, Beschl. v. 2. 6. 2005 [V ZB 32/05, NJW 2005, 2061], der die Wohnungseigentümergemeinschaft für rechtsfähig erklärt.
3 BGH, Beschl. v. 2. 6. 2005, BGHZ 163, 154 = MDR 2005, 1156 = NJW 2005, 2061.
4 *Röll/Sauren*, Handbuch für Wohnungseigentümer und Verwalter, 9. Aufl., Teil A, S. 6f. (*„Der Gesetzesbegründung ist zu entnehmen, dass diese meint, das Wohnungseigentum damit praktikabler zu gestalten".*)

Pflichten besitzt. Die Vorschrift garantiert weiterhin die prozessuale Rechtsfähigkeit der Wohnungseigentümergemeinschaft; sie kann vor Gericht als Klägerin und Beklagte auftreten.

995 Als rechtsfähige Gemeinschaft kann nunmehr die Wohnungseigentümergemeinschaft selbst ihre Forderungen gegen eins ihrer Mitglieder oder einen Dritten geltend machen. Stirbt ein Mitglied und sind Forderungen (Hausgeld) gegen dieses offen, so hat die Gemeinschaft die Möglichkeit, die ausstehenden Forderungen gegen den Rechtsnachfolger des Verstorbenen zu richten.

996 Für die Wahrung ihrer Interessen bzw. die Durchsetzung ihrer Forderungen stehen der Eigentümergemeinschaft verschiedene Möglichkeiten offen.

997 Steht der Gemeinschaft bereits ein Titel gegen den Erblasser zu, so kann sie diesen Titel gegen den Erben nach § 727 ZPO umschreiben lassen. Die Gemeinschaft hat ferner die Möglichkeit, einen bestehenden Titel in das ererbte Grundstück des Erben zu vollstrecken.

998 Macht die Gemeinschaft ihre Forderung dagegen erst nach dem Erbfall und vor der Erbschaftsannahme geltend, so kann sie ihre Forderung aufgrund des § 1958 BGB gerichtlich nicht gegen den vorläufigen Erben geltend machen. Sie hat in diesem Fall die Bestellung eines Nachlasspflegers zu betreiben, §§ 1960 Abs. 3, 1961 BGB.

999 In all diesen Fällen ist es erforderlich, dass der Tod des Wohnungseigentümers und somit der Erbfall als erwiesen gilt.

a) Antrag auf Erteilung einer Sterbeurkunde

1000 Für gewöhnlich wird das Nachlassgericht vom Tod des Erblassers durch Anzeige des Standesbeamten, Übersendung eines Todeserklärungsbeschlusses durch das Amtsgericht, durch Mitteilung einer Behörde oder eines Dritten in Kenntnis gesetzt. So bleibt der Eigentümergemeinschaft erspart, zwecks Durchsetzung ihrer Forderung einen Nachweis über den Tod des verstorbenen Mitglieds zu führen.

Ist aber dem zuständigen Nachlassgericht der Todesfall nicht bekannt, so muss die Eigentümergemeinschaft durch Vorlage einer Sterbeurkunde den Nachweis erbringen.

1001 Die Eigentümergemeinschaft muss bei dem Standesamt, in dessen Bezirk sich der Todesfall ereignet hat, die Sterbeurkunde beantragen; es genügt, ein entsprechendes Formular auszufüllen. Das Recht zur Beantragung hat der Gläubiger aus § 61 Abs 1, 3 PersStandsG. Hiernach besteht das Recht auf Einsicht in die Personenstandsbücher, auf Durchsicht dieser Bücher und auf Erteilung von Personenstandsurkunden allerdings nur dann, wenn die Eigentümergemeinschaft ein rechtliches Interesse glaubhaft machen kann. Ein rechtliches Interesse ist z.B. eine bestehende Forderung aufgrund des Wirtschaftsplans, einer Abrechnung oder einer beschlossenen Sonderumlage.

b) Antrag auf Erteilung eines Erbscheins

Während § 2353 BGB vorsieht, dass der Erbschein, das Dokument, das die Rechtsstellung des Erben bezeugt, nur durch den Erben beantragt werden kann, sieht § 792 ZPO insoweit vor, dass der Inhaber eines Titels zum Zwecke der Zwangsvollstreckung die Erteilung der erforderlichen Urkunden an Stelle des Schuldners beantragen kann.

Es müssen allerdings die Erbscheinerteilungsvoraussetzungen erfüllt sein. Der Gläubiger muss die Endgültigkeit der Erbenstellung des Erben darlegen. Diese liegt im Falle der Erbschaftsannahme durch den vorläufigen Erben oder mangels Ausschlagung nach Ablauf der Ausschlagungsfrist vor.

Der Antrag muss an das sachlich und örtlich zuständige Nachlassgericht gerichtet sein, § 2353 BGB, §§ 72, 73 FGG.

Erteilung eines Erbscheins auf Antrag des Gläubigers, § 792 ZPO (Muster)

An das

Amtsgericht

– Nachlassgericht –

Antrag auf Erteilung eines Erbscheins

In der Nachlasssache ...

beantrage ich namens und in Vollmacht meiner Mandantin ... die Erteilung eines Erbscheins, wonach der am ... in ... verstorbene ..., geboren am ... in ..., zuletzt wohnhaft in ..., von seinen beiden Söhnen B und C zu gleichen Teilen beerbt worden ist.

Begründung:

Der Erblasser ist gemäß der beiliegenden Sterbeurkunde des Standesamtes ... vom ... am ... in ... gestorben. Er besaß die deutsche Staatsangehörigkeit und war zuletzt wohnhaft in ...

Gemäß dem beigefügten vollstreckbaren Urteil des AG/LG ... vom ... war der Verstorbene Schuldner meiner Mandantin. Meine Mandantin erstrebt eine vollstreckbare Ausfertigung des Titels gegen den Erben gemäß § 727 ZPO. Für die Titelumschreibung gegen die Erben benötigt meine Mandantin einen auf den Namen der Söhne B und C lautenden Erbschein. Die Antragsberechtigung meiner Mandantin ergibt sich aus § 792 ZPO.

Zum Nachweis der erbrechtlichen Verhältnisse überreiche ich anliegend eine eidesstattliche Versicherung meiner Mandantin in notariell beglaubigter Form.

Die Herbeischaffung der erforderlichen Familienstandsurkunden bitte ich gemäß § 2358 BGB den Erben aufzugeben.

Rechtsanwalt

c) Antrag auf Erteilung einer titelumschreibenden Klausel, §§ 727–729 ZPO

1005 Steht der Gemeinschaft bereits ein Titel gegen den Erblasser zu, der nach §§ 325–327 ZPO auch für oder gegen andere als die Parteien wirkt, so kann sie diesen Titel auf den Namen des Erben nach § 727 ZPO umschreiben lassen. Dabei hat sie nach § 727 Abs. 1 ZPO die Rechtsnachfolge durch öffentliche oder öffentlich beglaubigte Urkunde nachzuweisen.

1006 Zuständig zur Erteilung der vollstreckbaren Ausfertigung, bei einem vom Gericht geschaffenen Titel, ist der Rechtspfleger, § 20 Nr. 12 RPflG; die Vorschrift geht insoweit § 724 Abs. 2 ZPO vor. Bei vom Notar verwahrten Urkunden liegt die Zuständigkeit beim verwahrenden Notar, § 797 Abs. 2 ZPO.

1007 Mangelt es der Eigentümergemeinschaft an notwendiger Information hinsichtlich der Person des Rechtsnachfolgers, so kann sie unter Berufung auf die bestehende Forderung Akteneinsicht beim zuständigen Nachlassgericht nach § 34 FGG auch zu dem Zweck beantragen, die Person des Erben oder gegebenenfalls des Testamentsvollstreckers in Erfahrung zu bringen.

1008 Für die Umschreibung von Titeln entstehen dem Gläubiger keine Gerichtsgebühren. Die Anwaltskosten für den Antrag auf Klauselumschreibung berechnen sich nach § 19 RVG.

aa) Zuständige Stelle in Nachlassangelegenheiten, §§ 72, 73 FGG

1009 Der Antrag auf Akteneinsicht ist an das sachlich und örtlich zuständige Nachlassgericht zu richten. Die Zuständigkeit richtet sich nach Wohnsitz und Staatsangehörigkeit des Erblassers. Dies gilt auch für die neuen Bundesländer, selbst wenn der Tod des Erblassers vor dem 3. 10. 1990 eingetreten ist und sein letzter Wohnsitz dem Beitrittsgebiet angehörte[1].

---

1 *Graf*, DtZ 1991, 370 (372).

Hatte der Erblasser seinen Wohnsitz in Deutschland, so ist das Amtsgericht, in dessen Bezirk der Erblasser seinen letzten Wohnsitz, hilfsweise, seinen letzten Aufenthaltsort hatte, §§ 72, 73 FGG, zuständig. Hatte der Erblasser dagegen keinen inländischen Wohnsitz, ist das Gericht, in dessen Bezirk der Erblasser zur Zeit des Erbfalls seinen Aufenthalt hatte, § 73 Abs. 1 Halbs. 2 FGG, das zuständige Gericht. 1010

Ist der Erblasser Deutscher gewesen und hatte zur Zeit des Erbfalls im Inland weder Wohnsitz noch Aufenthalt, so ist das Amtsgericht in Schöneberg in Berlin-Schöneberg, § 73 Abs. 2 Satz 1 FGG, für die Nachlassangelegenheiten zuständig. 1011

Für die Nachlassangelegenheiten eines ausländischen Erblassers, der zur Zeit des Erbfalls im Inland weder Aufenthalt noch Wohnsitz hatte, ist jedes Gericht zuständig, in dessen Bezirk sich die Nachlassgegenstände befinden, in Ansehung aller im Inlande befindlichen Nachlassgegenstände, § 73 Abs. 3 Satz 1 FGG. 1012

bb) Auskunftsansprüche gegenüber dem Nachlassgericht

Einsicht in die Gerichtsakten kann gemäß § 34 Abs. 1 FGG jedem gestattet werden, der ein diesbezüglich berechtigtes Interesse glaubhaft macht. Das geltend gemachte Interesse muss nicht zwingend auf bereits vorhandenen Rechten beruhen; es kann vielmehr auch tatsächlicher Art sein[1]. 1013

Ein berechtigtes Interesse an der Akteneinsicht ist bereits gegeben, wenn Kenntnis vom Akteninhalt für das künftige Verhalten des Antragstellers von Bedeutung sein kann[2]. 1014

Der Nachlassgläubiger kann regelmäßig ein solches Interesse glaubhaft machen, wenn er eine Forderung[3] gegen den Erblasser vorweist, die eine Nachlassverbindlichkeit darstellt. Der Anspruch auf Akteneinsicht ist allerdings beschränkt auf die Reichweite des glaubhaft gemachten Interesses.[4] So erhält der Nachlassgläubiger lediglich Einsicht in das vom Erben erstellte Nachlassverzeichnis[5], nicht jedoch in das eröffnete Testament, § 2264 BGB. 1015

---

1 BayObLG, Beschl. v. 23. 10. 1989 – BReg 1 a Z 58/89, FamRZ 1990, 430.
2 BGH, Beschl. v. 21. 9. 1993 – X ZB 31/92, NJW-RR 1994, 381; BayObLG, Beschl. v. 4. 1. 1995 – 1Z BR 167/94, BayObLG 95, 1.
3 BayObLG, Beschl. v. 13. 3. 1997 zitiert nach Firsching/*Graf*, Nachlassrecht, Rz. 3.59.
4 BayObLG, Beschl. v. 28. 10. 1996 – 1Z BR 214/96, NJW-RR 1997, 771.
5 BayObLG, Beschl. v. 28. 5. 1990 – BReg 1 a Z 54/89, FamRZ 1990, 1124.

1016 Neben der Einsichtnahme innerhalb der Räumlichkeiten des Gerichts besteht nach § 34 Abs. 1 Satz 2 FGG auch die Möglichkeit der Abschriftserteilung der in den Akten befindlichen Schriftstücke.

Antrag der Eigentümergemeinschaft auf Einsicht in die Nachlassakten (Muster)

1017 An das

Amtsgericht

– Nachlassgericht –

Antrag auf Einsicht in die Nachlassakten

In der Nachlasssache ...

beantrage ich namens und in Vollmacht meiner Mandantin ... Akteneinsicht.

Begründung:

Der zuletzt in ... wohnhafte E ist gemäß der beiliegenden Sterbeurkunde des Standesamtes ... vom ... am ... in ... gestorben.

Meine Mandantin ist gemäß dem beigefügten vollstreckbaren Urteil des AG/LG ... vom ... Forderungsgläubiger des Erblassers. Sie erstrebt eine vollstreckbare Ausfertigung des Titels gegen den Erben gemäß § 727 ZPO, gegebenenfalls gegen den Testamentsvollstrecker. Meiner Mandantin ist weder die Person des Erben, noch die des eventuellen Testamentsvollstreckers bekannt. Daher ist sie auf die Einsichtnahme der Nachlassakte angewiesen, um seine Forderung gegen den Rechtsnachfolger des Erblassers durchzusetzen.

Rechtsanwalt

Antrag der Eigentümergemeinschaft auf Umschreibung eines Titels auf den Erben oder den Nachlasspfleger (Muster)

1018 An das

Amtsgericht

– Nachlassgericht –

Antrag auf Umschreibung eines Titels

In Sachen ...

Az. ...

ist der Titelschuldner am ... gestorben. Er wurde von ... beerbt.

oder bei Nachlasspflegeschaft:

ist der Titelschuldner am ... gestorben. Die Erben sind unbekannt. Sie werden gesetzlich durch den Nachlasspfleger ... vertreten.

Ich überreiche die Ausfertigung des Urteils vom ..., Az. ... und beantrage namens und im Auftrag meiner Mandantin...eine vollstreckbare Ausfertigung gegen ...

oder bei Nachlasspflegeschaft:

eine vollstreckbare Ausfertigung gegen die unbekannten Erben des ... zu erteilen.

Eine Ausfertigung des Erbscheins vom ... füge ich gem. §§ 727, 417 ZPO bei.

oder bei Nachlasspflegeschaft:

Eine öffentlich beglaubigte Abschrift der Bestallungsurkunde vom ... füge ich bei.

Rechtsanwalt

d) Geltendmachung von Forderungen gegen die Erbengemeinschaft

Die Eigentümergemeinschaft kann ihre Forderungen nach Belieben gegen jeden Miterben (Gesamtschuldklage, § 2058 BGB) oder aber gegen die Erbengemeinschaft als solche richten (Gesamthandklage, § 2059 Abs. 2 BGB). Leistet einer der Miterben für die gesamte Gemeinschaft, so wächst ihm ein **interner Ausgleichsanspruch** in Höhe des seinen Erbteil übersteigenden Betrages zu[1].

Im Falle einer gerichtlichen Geltendmachung der Forderungen der Eigentümergemeinschaft gegen die Erbengemeinschaft richten sich die Gerichtskosten und Verfahrensgebühren nach Nr. 1201 KV-GKG.

1019

Aufforderungsschreiben der Eigentümergemeinschaft an die Erbengemeinschaft (Muster)

An

die Erbengemeinschaft [XY] ...

Aufforderung zur Begleichung von Nachlassverbindlichkeiten

in Nachlasssachen [...]

hiermit wird die Erbengemeinschaft [XY]/oder der Miterbe [XY] aufgefordert, die rückständigen Hausgeldzahlungen, stammend aus dem Jahr ..., an die Eigentümergemeinschaft [XY], ..., zu entrichten.

1020

---

1 BGH, Urt. v. 13. 4. 2000 – IX ZR 372/98, NJW 2000, 1944.

Die rückständigen Hausgeldzahlungen waren bereits vor dem Ableben des verstorbenen Eigentumsmitglieds, ..., geboren am ..., in ... aufgrund des am ... beschlossenen Wirtschaftsplans entstanden.

Die Auszahlung der rückständigen Wohnungsgelder ist bis zum ... auf das unten angegebene Bankkonto zu erfolgen.

Die Eigentümergemeinschaft [XY] behält sich vor, die erforderlichen rechtlichen Schritte im Falle des Ausbleibens der ausstehenden Zahlungen einzuleiten.

Mit freundlichen Grüßen

Eigentümergemeinschaft [XY]/, ... Verwalter

e) Antrag auf Anordnung der Nachlasspflegeschaft, §§ 1960, 1961 BGB

1021 Der Nachlassgläubiger kann aufgrund der Regelung des § 1958 BGB wegen einer Nachlassverbindlichkeit gegen den vorläufigen Erben gerichtlich nicht vorgehen, solange es nicht zu einer Erbschaftsannahme gekommen ist. Damit er während der möglicherweise erheblich langen Schwebezeit die Verfolgung seines Anspruchs weitertreiben kann, räumt ihm § 1961 BGB die Möglichkeit ein, die Bestellung eines Nachlasspflegers zu betreiben. Auf diesem Wege wird er in die Lage versetzt, seine Forderung prozessual gegen den Nachlasspfleger geltend zu machen.

1022 Zum Aufgabenkreis des Nachlasspflegers zählen hauptsächlich die Ermittlung der unbekannten Erben sowie die Sicherung und Erhaltung des Nachlasses[1]. Die Befriedigung der Nachlassgläubiger zählt zwar nicht zu den eigentlichen Aufgaben des Nachlasspflegers, im Einzelfall kann allerdings dies für die Erhaltung des Nachlasses erforderlich sein[2]. Eine erhaltende Maßnahme kann mitunter auch Zahlung von gemeinschaftlichen Lasten des Wohnungseigentums sein, da auf diese Weise sonst unausweichlich anfallende, noch höhere Kosten durch die gerichtliche Geltendmachung und Durchsetzung der Rechte der Eigentümergemeinschaft verhindert werden.

1023 Mit der Bestellung des Nachlasspflegers gewinnt die Eigentümergemeinschaft nicht nur die Möglichkeit der Verfolgung ihrer Forderungen, sondern auch einen Ansprechpartner in Sachen **Stimm- und Anfechtungsrecht**. Es ist der Nachlasspfleger, dem während der Dauer seines Amtes, in der Eigentümerversammlung sowohl das Stimm- als auch das Anfechtungsrecht als gesetzlicher Vertreter der unbekannten Erben zusteht[3].

---

1 Palandt/*Edenhofer*, § 1960 Rz. 11.
2 Firsching/*Graf*, Rz. 4.654 m.w.N.
3 Palandt/*Edenhofer*, § 1960 Rz. 15.

Antrag der Eigentümergemeinschaft auf Anordnung der Nachlasspflegschaft, §§ 1960, 1961 BGB (Muster)

An das

Amtsgericht

– Nachlassgericht –

Antrag auf Anordnung der Nachlasspflegschaft

In Nachlasssachen ...

beantrage ich namens und in Vollmacht meiner Mandantin die Anordnung der Nachlasspflegschaft gem. §§ 1960, 1961 BGB.

Begründung:

Ausweislich der beigefügten Sterbeurkunde des Standesamts ... vom ... verstarb der am ... in ... geborene mit letztem Wohnsitz in ... Die Erben des Verstorbenen sind zurzeit unbekannt.

Zum Nachlass gehört die Eigentumswohnung in ... Anmerkung: Es besteht ein besonderes Sicherungsbedürfnis, weil ... (näher auszuführen)

Rechtsanwalt

f) Inventarerrichtung

Die Errichtung des Inventars hat keine haftungsbeschränkende Wirkung. Für den Erben hat sie nach § 2009 BGB lediglich den Vorzug, dass für den Erben im Verhältnis zu den Nachlassgläubigern die Vermutung gilt, dass keine weiteren Nachlassgegenstände zur Zeit des Erbfalls vorhanden gewesen sind als die aufgelisteten.

Den Nachlassgläubigern hingegen ermöglicht sie die Übersicht über den Nachlassbestand und so die Entscheidung über die weitere Vorgehensweise, also darüber, ob sie einen Antrag auf Nachlassverwaltung oder Nachlassinsolvenz stellen.

Neben dem Erben und seinen Eigengläubigern sind auch Nachlassgläubiger berechtigt, unter Glaubhaftmachung ihrer Forderung die Inventarerrichtung zu beantragen, § 1994 Abs. 2 Satz 1 BGB. Der Antrag ist unter Benennung des Erben an das Nachlassgericht zu richten. Ist den Nachlassgläubigern der wirkliche Erbe nicht bekannt, so hat das Nachlassgericht den Erben von Amts wegen zu ermitteln, § 12 FGG. Das Nachlassgericht hat daraufhin dem Erben eine Frist zur Errichtung zu bestimmen, §§ 2009, 2006, 2005 BGB. Kommt der Erbe dieser Forderung nicht nach, verliert er das Recht Haftungsbeschränkung geltend zu machen, so dass er allen Gläubigern auch mit seinem Privatvermögen unbeschränkt haftet, § 1994 Abs. 1 Satz 2 BGB.

1028 Bei Miterben richtet sich der Antrag gegen alle; es genügt allerdings, wenn auch nur ein Miterbe der Frist zur Errichtung des Inventars nachkommt. Versäumen alle die gesetzte Frist, so haften sie nach der Teilung nicht zurückgesetzten Gläubigern als Gesamtschuldner, § 2058 BGB.

1029 Im Falle einer Ausschlagung ist der Antrag der Nachlassgläubiger zurückzuweisen[1].

Antrag der Eigentümergemeinschaft auf Inventarerrichtung (Muster)

1030 An das

Amtsgericht

– Nachlassgericht –

Antrag auf Setzung einer Inventarfrist

In Nachlasssachen ...

beantrage ich namens und in Vollmacht meiner Mandantin dem Erben des am ... verstorbenen ..., zuletzt wohnhaft in ... gem. § 1994 BGB eine Frist zur Errichtung des Inventars über den Nachlass des Erblassers zu setzen.

Begründung:

Dem Antragsteller steht gegen den Nachlass des am ... verstorbenen ... gemäß dem abschriftlich beigefügten Urteil des LG ... vom ... Az. ... eine ... Forderung über ... Euro zu. Erbe ist ... auf Grund eines privatschriftlichen Testaments des Erblassers. Ich beantrage die Beiziehung der Nachlass-Akten ... des Nachlassgerichts. Da der Erbe sich auf die Unzulänglichkeit des Nachlasses beruft, stelle ich den Antrag, ihm gem. § 1994 BGB Frist zur Errichtung des Inventars zu setzen. Nachlassverwaltung oder Nachlassinsolvenz sind nicht angeordnet.

Rechtsanwalt

g) Antrag auf Anordnung der Nachlassverwaltung und Vermerk im Grundbuch

1031 Die Nachlassverwaltung wird angeordnet als eine Nachlasspflegschaft mit dem Zweck und dem **Ziel** der **Befriedigung der Nachlassgläubiger**[2]. Da die Nachlassverwaltung gerade darauf ausgerichtet ist, die Nachlassgläubiger zu befriedigen, ist der Nachlassverwalter zur Tragung der gemeinschaftlichen Ausgaben Kraft seines Amtes berechtigt. Ihm steht

---

[1] BayObLG, Beschl. v. 26. 8. 1993 – 1Z BR 80/93, FamRZ 1994, 264.
[2] Firsching/*Graf*, Rz. 4.785.

auch das Stimmrecht in der Eigentümergemeinschaft zu, da auf ihn die Verwaltungs- und Verfügungsbefugnisse des Erben übergehen[1].

Durch die Anordnung der Nachlassverwaltung verliert der Erbe die Befugnis, den Nachlass zu verwalten und über Nachlassgegenstände zu verfügen, § 1984 Abs. 1 Satz1 BGB; § 80 InsO.

Die Nachlassverwaltung ist von dem zuständigen Nachlassgericht auf Antrag des Erben oder eines Nachlassgläubigers – also auch auf Antrag der Eigentümergemeinschaft – anzuordnen. Bei dem Antragsrecht der Nachlassgläubiger handelt es sich allerdings, im Gegenteil zum Antragsrecht des Erben, um ein sachlich und zeitlich beschränktes Recht. Zeitlich dürfen seit der Erbschaftsannahme nicht mehr als zwei Jahre vergangen sein, § 1981 Abs. 2 Satz 2 BGB. Sachlich besteht das Antragsrecht sofern die Gefahr besteht, dass durch das Verhalten des Erben die Gläubigerbefriedigung aus dem Nachlass unmöglich wird. Eine Gefährdung der Befriedigung der Nachlassgläubiger kann beispielsweise darin erblickt werden, dass der Erbe unbedacht und voreilig einzelne Gläubiger aus dem Nachlass befriedigt oder den Nachlass in Verwahrlosung geraten lässt. 1032

Eine beschränkte Haftbarkeit des Erben wird für die Anordnung der Nachlassverwaltung nicht vorausgesetzt[2]. Um die Gefährdung der Verwirklichung ihrer Forderungen gegen den Erben eines verstorbenen Wohnungseigentümers zu vermeiden, kann die Eigentümergemeinschaft ungeachtet der unbeschränkten Haftung des Erben, einen Antrag auf Anordnung der Nachlassverwaltung stellen. Für die Eigentümergemeinschaft ist die Nachlassverwaltung trotz unbeschränkter Haftung des Erben insofern sinnvoll, als auf diese Weise der Nachlass vor Zugriffen der Eigengläubiger des Erben geschützt wird und somit der Befriedigung der Gemeinschaft zugeführt werden kann. 1033

Der Antrag ist an das Amtsgericht zu richten, in dessen Bezirk der Erblasser seinen letzten Wohnsitz hatte, §§ 72, 73, 75 FGG, §§ 1962, 1981 BGB. 1034

Für die Anordnung der Nachlassverwaltung wird gemäß § 106 Abs. 1 KostO eine volle Gebühr erhoben, die mit der Anordnung fällig wird. Die Höhe der Gebühr richtet sich nach dem Wert des von der Verwaltung betroffenen Vermögens. Die Kosten des Verfahrens stellen eine Nachlassverbindlichkeit dar; hierfür hat mithin der Erbe aufzukommen, §§ 6, 106 KostO. Wird der Antrag abgelehnt, so wird von dem Antragsteller eine 1035

---

1 Bärmann/Pick/*Merle*, § 25 Rz. 26; Palandt/*Bassenge*, § 25 WEG Rz. 5 spricht von „Verwaltungsbefugte".
2 Im Falle einer unbeschränkten Haftung des Erben schließt § 2013 I 1 BGB ausdrücklich nur das Antragsrecht des Erben aus.

Viertelgebühr gemäß § 106 Abs. 2 Halbs. 1 KostO erhoben. Die Gebühren des Rechtsanwaltes berechnen sich nach Nrn. 3100, 3101 VV RVG.

Antrag der Eigentümergemeinschaft auf Anordnung der Nachlassverwaltung (Muster)

1036 An das

Amtsgericht

– Nachlassgericht –

Antrag auf Anordnung der Nachlassverwaltung

In der Nachlasssache

des am ... verstorbenen ..., mit letztem Wohnsitz in ... beantrage ich namens und in Vollmacht meiner Mandantin die Anordnung der Nachlassverwaltung.

Begründung:

Im Rechtsstreit des Antragsteller mit dem Erblasser vor dem ... Gericht ... erging unter dem Az. ... am ... zugunsten des Antragstellers gegen den Erblasser ein Versäumnisurteil. Danach ist der Erblasser zur Zahlung eines Betrags von ... Euro nebst Zinsen und Kosten verurteilt worden.

Laut dem vom – Nachlassgericht – ... am ... bestellten Nachlasspfleger, Az. ... haben sich bereits zahlreiche Gläubiger des Erblassers mit Forderungen und Schadensersatzansprüchen gemeldet.

Damit zunächst sichergestellt wird, dass der Nachlass für alle Gläubiger ausreicht, bevor einzelne Gläubiger des Erblassers befriedigt werden, ist die Nachlassverwaltung im Interesse der Nachlassgläubiger anzuordnen.

Ich beantrage daher namens meiner Mandantin, die Nachlassverwaltung anzuordnen.

Rechtsanwalt

h) Antrag auf Eröffnung des Nachlassinsolvenzverfahrens und Forderungsanmeldung

1037 Neben dem Erben sind nach § 317 Abs. 1 InsO auch Nachlassgläubiger berechtigt, die Eröffnung des Nachlassinsolvenzverfahrens zu beantragen. Die Antragsberechtigung besteht unabhängig davon, ob eine Erbschaftsannahme bereits stattgefunden hat, oder ob die Forderungen der Nachlassgläubiger i. S. d. § 324 InsO Masseverbindlichkeiten sind.

1038 Das Antragsrecht der Nachlassgläubiger ist allerdings an die Zweijahresfrist des § 319 InsO gebunden. Sind seit der Annahme der Erbschaft zwei

Jahre verstrichen, ist der Antrag der Nachlassgläubiger auf Eröffnung des Nachlassinsolvenzverfahrens unzulässig.

Nach der Eröffnung des Nachlassinsolvenzverfahrens hat die Eigentümergemeinschaft ihre Forderungen zur Tabelle anzumelden. In der Anmeldung ist der Forderungsgrund so anzugeben, dass der Insolvenzverwalter und ein Dritter die Anspruchsgrundlage der Forderung ohne weiteres erkennen können. Der Forderungsgrund ist auch in die Insolvenztabelle einzutragen, §§ 174 Abs. 2, 175 Satz 1 InsO. Wegen der Besonderheiten des Insolvenzverfahrens und der eventuell möglichen Geltendmachung eines Absonderungsrechts wird auf die gesonderten Ausführungen zur Insolvenz des Miteigentümers zur Rz. 775 ff. Bezug genommen.

Im Rahmen seiner gesetzlichen Befugnisse vertritt der Nachlassinsolvenzverwalter den Nachlass gerichtlich und außergerichtlich. Er wird entsprechend den Regelungen über die Regelinsolvenz bestellt, er kann abweichend von den Befugnissen des Regelinsolvenzverwalters auch einen Erbschein beantragen[1].

Nach der Eintragung kann der Insolvenzverwalter die Forderungen anerkennen oder bestreiten. Bestreitet er die Forderungen, so kann die Eigentümergemeinschaft gegen den Insolvenzverwalter auf Feststellung ihrer Forderungen zur Tabelle klagen, §§ 179 ff. InsO.

Die Kosten des Nachlassinsolvenzverfahrens werden nach den allgemeinen Kostenvorschriften für das Insolvenzverfahren, § 58 ff. GKG KV 2330 ff. berechnet. Kostenschuldner ist der Antragsteller. Ebenfalls ist er für die Gebühren und Auslagen gemäß § 50 Abs. 3 GKG sowie für die Forderungsanmeldung zur Tabelle zahlungspflichtig.

Die entstehenden Anwaltskosten für den Antrag auf Eröffnung des Insolvenzverfahrens berechnen sich nach § 28 RVG in Verbindung mit Nrn. 3314, 3316 VV RVG; die entstehenden Kosten für die Anmeldung der Forderung zur Insolvenztabelle berechnen sich nach § 28 RVG in Verbindung mit Nr. 3320 RVG VV.

Antrag der Eigentümergemeinschaft auf Eröffnung des Nachlassinsolvenzverfahrens (Muster)

An das

Amtsgericht

– Insolvenzgericht –

Antrag auf Eröffnung des Nachlassinsolvenzverfahrens

---

1 Gottwald/*Döbereiner*, § 110 Rz. 17.

In der Nachlasssache

des am ... verstorbenen ..., mit letztem Wohnsitz in ... beantrage ich namens und in Vollmacht meiner Mandantin, über den Nachlass [...] das Nachlassinsolvenzverfahren zu eröffnen.

Die Vollmacht füge ich bei.

Begründung:

Der Erblasser war von ... bis ... Wohnungseigentümer und Mitglied der Eigentümergemeinschaft [XY]. Aus diesem Verhältnis stehen der Gemeinschaft Forderungen von...Euro nebst Zinsen und Kosten zu. Den Nachweis füge ich als Anlage bei.

Den Angaben des Nachlassgerichts ... zufolge, Az. ... haben sich bereits zahlreiche Gläubiger des Erblassers mit Forderungen und Schadensersatzansprüchen gemeldet, von der Überschuldung des Nachlasses ist auszugehen.

Damit zunächst sichergestellt wird, dass die Nachlassgläubiger vorrangig befriedigt werden, bevor einzelne Gläubiger des Erblassers befriedigt werden, ist die Nachlassinsolvenz im Interesse der Nachlassgläubiger anzuordnen.

Ich beantrage daher namens meiner Mandantin

die Nachlassinsolvenz anzuordnen.

Rechtsanwalt

Anmeldung zur Nachlassinsolvenztabelle (Muster)

1045   Herrn Rechtsanwalt

Nachlassinsolvenzverwalter

über das Vermögen der Frau ...

Forderungsanmeldung der Eigentümergemeinschaft [XY] ...

Sehr geehrter Herr Kollege,

ich zeige an, dass ich die Eigentümergemeinschaft [XY], anwaltlich vertrete. Eine auf mich lautende Vollmacht füge ich bei.

Ich melde namens und in Vollmacht der Eigentümergemeinschaft [XY] ... folgende Forderung zur Nachlassinsolvenztabelle an:

Hausgeld aus ... in Höhe von ... Euro

Eine genaue Berechnung der Forderung ist der Anmeldung beigefügt.

Das Insolvenzgericht ... hat meine Mandantin mit Schreiben vom ..., ebenfalls als Anlage beigefügt, zur Anmeldung ihrer Forderungen aufgefordert.

Ich bitte hiermit um Übersendung einer Bestätigung über die Anerkennung der angemeldeten Forderung in voller Höhe.

Freundliche kollegiale Grüße

Rechtsanwalt

i) Anordnung einer Testamentsvollstreckung

Vielfach entspricht es dem Wunsch des Erblassers, dass ein Testamentsvollstrecker für die Umsetzung seiner letztwilligen Verfügung sorgt. Dessen Amt beginnt nach § 2202 Abs. 1 BGB nicht schon mit dem Erbfall, sondern erst zu dem Zeitpunkt, zu dem der Testamentsvollstrecker sein Amt annimmt. Grundsätzlich ist der von dem Erblasser berufene Testamentsvollstrecker zur Annahme des Amtes nicht verpflichtet, es sei denn, er hat sich gegenüber dem Erblasser oder dem Erben zur Annahme des Amtes bereits wirksam verpflichtet und ein entsprechendes Auftragsverhältnis begründet[1].

1046

In der Zeit zwischen dem Tod des Erblassers und der Annahme des Amtes als Testamentsvollstrecker gibt es niemanden, der berechtigterweise **notwendige Verwaltungsmaßnahmen** in Bezug auf das Wohnungseigentum treffen könnte[2]. Vielfach wird hierfür aber ein Bedarf bestehen. Für die Zeit der Testamentsvollstreckung ohne amtierenden Testamentsvollstrecker gilt es daher, im Bedarfsfall rasch eine Person zu finden, die die Interessen des Nachlasses bzw. die Interessen Dritter gegenüber dem Nachlass wahrnehmen kann[3]. Vorgeschlagen wird insoweit entweder die analoge Anwendung des § 1913 BGB, über den das Vormundschaftsgericht einen Pfleger für den „unbekannten Testamentsvollstrecker" ernennen könnte[4] oder die analoge Anwendung des § 1960 BGB, der die gerichtliche Sicherung des Nachlasses durch das Nachlassgericht vorsieht, wenn die Person des Erben ungewiss ist und ein aktuelles Handlungsbedürfnis besteht[5]. Gegen die gerichtliche Sicherung des Nachlasses durch das Nachlassgericht spricht, dass vorliegend keineswegs eine Unklarheit über den endgültigen Erben besteht, sondern nur der endgültige Testamentsvollstrecker noch nicht feststeht. Gegen die Lösung, dass das Vormundschaftsgericht einen Pfleger bestellen soll, spricht andererseits, dass die Zuständigkeit des Vormundschaftsgerichtes für Nachlassangelegenheiten schwerlich zu begründen ist. Es handelt sich letztlich um eine

1047

---
1 Haegele/*Winkler*, Rz. 102.
2 Haegele/*Winkler*, Rz. 111a.
3 Haegele/*Winkler*, Rz. 111a.
4 *Damrau*, S. 801.
5 *Bengel*/Reimann, Kap. 1 Rz. 15.

Frage der Nachlassregelung, für die ausschließlich das Nachlassgericht zuständig ist. Sachgerecht ist es mithin, für den vorliegenden Fall anzunehmen, dass das Nachlassgericht[1] von Amts wegen berechtigt ist, eine Pflegschaft auf Anregung eines Dritten zu bestellen, um für die Zeit zwischen Erbfall und vorliegender Annahmeerklärung des Testamentsvollstreckers einen Pfleger für den „unbekannten Testamentsvollstrecker" zu bestellen[2].

1048 Nach Annahme des Amtes durch den Testamentsvollstrecker obliegt ihm allein die ordnungsgemäße Verwaltung des Nachlasses. Hierzu zählt insbesondere die Zahlung der gemeinschaftlichen Lasten, da diese dem Erhalt des Wohnungseigentums und damit der ordnungsgemäßen Verwaltung des Nachlasses dienen. § 2205 BGB bestimmt, dass die Verwaltungs- und Verfügungsbefugnisse des Erben auf den Testamentsvollstrecker übergehen. Er kann daher zum Zwecke der ihm obliegenden Nachlassverwaltung alle aus der Mitgliedschaft eines Wohnungseigentums sich ergebenden Rechte wahrnehmen, insbesondere auch das Stimmrecht für ein zum Nachlass gehörendes Wohnungseigentum[3]; da dem Testamentsvollstrecker alle sich ergebenden Rechte eines Wohnungseigentümers während der Dauer der Verwaltung zustehen, steht im auch das Anfechtungsrecht zu[4].

Antrag der Eigentümergemeinschaft auf Anordnung der Nachlasspflegschaft bei „unbekanntem Testamentsvollstrecker" (Muster)

1049 An das

Amtsgericht

– Nachlassgericht –

Antrag auf Anordnung der Nachlasspflegschaft

In Nachlasssachen [...]

beantrage ich namens und in Vollmacht meiner Mandantin [Eigentümergemeinschaft] die Nachlasspflegschaft über den Nachlass des – bis zur Annahme des Amtes eines Testamentsvollstreckers, anzuordnen.

Begründung:

Die Antragsteller bilden eine Eigentümergemeinschaft, deren Mitglied der am ... in ... an seinem letzten Wohnort verstorbene X gewesen ist.

---

1 Haegele/*Winkler*, Rz. 111a.
2 Haegele/*Winkler*, Rz. 111a.
3 AG Essen, Beschl. v. 14. 7. 1995 – 95 II 5/95 WEG = NJW-RR 1996 79; Palandt/*Bassenge*, § 25 WEG Rz. 5.
4 Bärmann/Pick/*Merle*, § 25 Rz. 26.

Nach Informationen der Antragsteller hinterließ der Verstorbene eine Verfügung von Todes wegen/Testament. Hierin hat er seine Söhne A und B als Erben eingesetzt. Ferner hat er die Testamentsvollstreckung durch seinen Bekannten D als Testamentsvollstrecker verfügt.

Dieser hat sein Amt noch nicht angenommen. Auf Grund einer Auslandsreise des D ist mit einer baldigen Annahme auch nicht zu rechnen.

Eine Sicherung des Nachlasses/Die sofortige Testamentsvollstreckung ist jedoch auf Grund von ... dringend erforderlich.

Rechtsanwalt

j) Antrag auf Grundbuchberichtigung

Die Grundbuchberichtigung gewinnt für die Eigentümergemeinschaft Bedeutung, wenn sie einen gegen den Erben vollstreckbaren Titel oder eine Zwangssicherungshypothek in das Grundbuch eingetragen haben will. Die Berichtigung des Grundbuchs ist für die Eigentümergemeinschaft insofern wichtig, als sie dadurch die Vereitelung oder Verzögerung der Durchsetzung ihrer Forderung durch den Erben verhindern kann, der von sich heraus die Berichtigung nicht beantragt. 1050

Die Eigentümergemeinschaft kann gem. §§ 13 Abs. 1, 14 GBO die Berichtigung des Grundbuches dahingehend beantragen, dass der Erbe anstelle des Erblassers als Eigentümer eingetragen wird. Das Antragsrecht der Eigentümergemeinschaft besteht allerdings nur dann, wenn die Eintragung auf Grund des vollstreckbaren Titels ohne vorherige Berichtigung des Grundbuchs nicht erfolgen kann, § 39 Abs. 2, § 40 GBO. 1051

Die Berichtigung des Grundbuches bedarf weder der Zustimmung des Alleinerben noch der Erbengemeinschaft[1]. Der antragstellende Gläubiger muss allerdings den für die Berichtigung erforderlichen Unrichtigkeitsnachweis, § 22 Abs. 1 GBO erbringen. Dieser ist durch Vorlage des Erbscheins regelmäßig erbracht. Gerichtskosten und Gebühren für den Antrag auf Grundbuchberichtigung richten sich nach Nr. 1201 KV-GKG. Anwaltskosten berechnen sich nach § 19 RVG. 1052

Die Kosten des Nachlassinsolvenzverfahrens werden nach den allgemeinen Kostenvorschriften für das Insolvenzverfahren, § 58 ff. GKG, Nr. GKGKV 2330 ff. berechnet. Kostenschuldner ist der Antragsteller. Ebenfalls ist er für die Gebühren und Auslagen gemäß zahlungspflichtig. 1053

---

1 RG, Beschl. v. 16. 5. 1917 – V B 1/17, RGZ 90, 237.

Antrag der Eigentümergemeinschaft auf Grundbuchberichtigung (Muster)

1054 An das

Grundbuchamt ...

Im Grundbuch des Amtsgerichts ... Blatt ...

ist als Eigentümer des dort verzeichneten Grundbesitzes ... Stock, Gebäude Nr. ..., ... Straße in ... Herr ... eingetragen.

Der Wohnungseigentümer ist verstorben und ausweislich des Erbscheins des Amtsgerichts ... vom ... – Az. ... von seinem Sohn..., geboren am ..., wohnhaft in ...beerbt worden.

Unter Bezugnahme auf die Nachlassakte des Nachlassgerichts ..., Az.: ... beantrage ich, das vorbezeichnete Wohnungsgrundbuch dahingehend zu berichtigen, dass an Stelle des Verstorbenen sein vorgenannter Erbe als Eigentümer eingetragen wird.

Rechtsanwalt

Teil 17
Veräußerung von Wohnungseigentum

	Rz.
I. Die Veräußerungsbeschränkung gem. § 12 WEG	1
1. Wirksamkeit der Veräußerungsbeschränkung	3
a) Grundlagen zur Veräußerungsbeschränkung gem. § 12 WEG	
aa) Durchbrechung des Grundsatzes des § 137 BGB	4
bb) Vorrang der Verkehrsfähigkeit des Wohnungseigentums	5
cc) Grundsatz der restriktiven Auslegung	6
dd) Rechtsänderung durch die WEG-Novelle	7
b) Schuldrechtliche Wirksamkeit	8
aa) Formelle Wirksamkeit	9
bb) Materielle Wirksamkeit	12
(1) Vereinbarung erleichterter Zustimmungserfordernisse	14
(2) Vereinbarung erschwerter Zustimmungserfordernisse	17
(3) Vereinbarung sonstiger Verfügungsbeschränkungen	18
cc) Zustimmung der Grundpfandrechtsgläubiger	23
c) Dingliche Wirksamkeit	24
d) Aufhebung der Veräußerungsbeschränkung	26a
aa) Umfang der Beschlusskompetenz	26b
bb) Die erforderliche Beschlussmehrheit	26d
cc) Eintritt der Wirksamkeit der Aufhebung	26e
dd) Grundbuchfragen	26g
2. Vorliegen der Tatbestandsvoraussetzungen	27
a) Wohnungseigentümer	29
b) Veräußerung	31
c) Wohnungseigentum	32
d) Erwerber	33
e) Person des Zustimmungsberechtigten	34
aa) Beschlussfassung der Eigentümerversammlung	36
(1) Vereinbartes Vorschaltverfahren	37
(2) Freies Vorschaltverfahren	38
bb) Interessenkollision bei zustimmungsberechtigtem Verwalter	40
3. Ausübung des Zustimmungsvorbehalts	44
a) Prüfungs- und Informationspflichten	46
b) Erklärung der Zustimmung	50
aa) Erklärungsempfänger, Frist und Form	51
bb) Kosten	
(1) Sonderhonorar des Verwalters	53
(2) Notarkosten	55
cc) Bedingungsfeindlichkeit der Zustimmungserklärung	56
dd) Wirksamkeit der Zustimmung	57
(1) Zustimmung auf der Grundlage nichtiger Beschlüsse	58
(2) Zustimmung auf der Grundlage rechtswidriger Beschlüsse	59
c) Versagung der Zustimmung	62
aa) Die Person des Erwerbers als alleiniger Entscheidungsmaßstab	64

	Rz.		Rz.
bb) Der wichtige Grund		aa) Haftungsrisiko gegenüber dem Erwerber/Veräußerer	78
(1) Mangelnde finanzielle Leistungsfähigkeit des Erwerbers	65	bb) Haftungsrisiko gegenüber der Wohnungseigentümergemeinschaft	80
(2) Mangelnde persönliche Zuverlässigkeit des Erwerbers	66	cc) Besonderes Kostenrisiko	81
(3) Beabsichtigte zweck- oder vereinbarungswidrige Nutzung	67	b) Haftungsrisiken der Wohnungseigentümergemeinschaft	82
4. Rechtsfolgen unterbliebener Zustimmung	68	**II. Gestaltungsvorschläge**	
5. Ersetzung unterbliebener Zustimmung	72	1. Gestaltungsvorschlag Zustimmungsvorbehalt	83
a) Vorschaltverfahren	72	2. Alternativ: Informationspflicht- und Haftungsbestimmung	84
b) Wohnungseigentumsgerichtliches Verfahren	74		
6. Haftungsrisiken	77	3. Verpflichtungsklageantrag an das Wohnungseigentumsgericht	85
a) Haftungsrisiken des Verwalters	77		

I. Die Veräußerungsbeschränkung gem. § 12 WEG

1 Bei der **Veräußerung von Wohnungseigentum** ist vorrangig zu prüfen, ob eine Veräußerungsbeschränkung im Sinne des § 12 WEG zu beachten ist.

Die Veräußerungsbeschränkung bezieht **Dritte** in die Abwicklung des Erwerbsvorgangs ein, deren Interessen mit denen des Veräußerers oder Erwerbers regelmäßig nicht gleichgelagert sind. So entsteht oft **erhebliches Konfliktpotential**[1].

2 Die **Prüfung** eines solchen Konfliktfalls dürfte praktischerweise wie folgt abzulaufen haben:

---

1 Deckert/*Ott*, Die Eigentumswohnung, Loseblatt, Stand 5/2008, Grp. 3, Rz. 225.

Übersicht

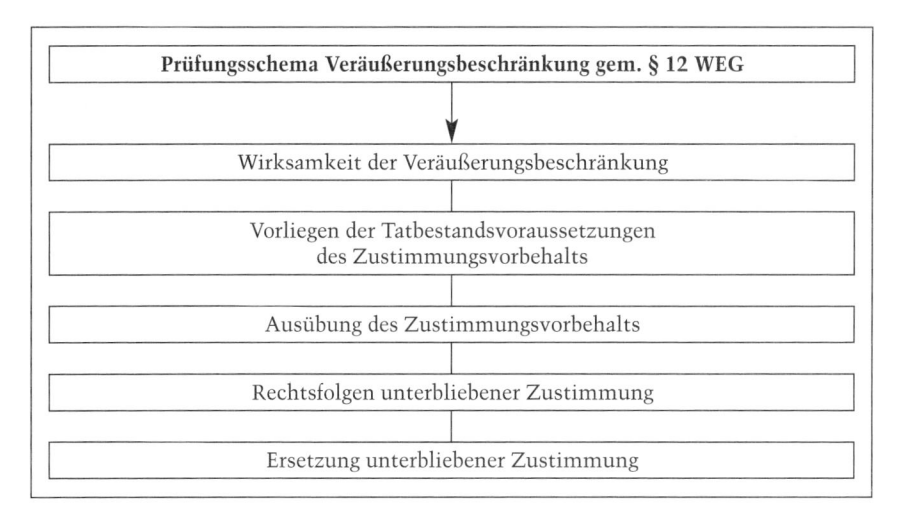

```
┌─────────────────────────────────────────────────────────────┐
│      Prüfungsschema Veräußerungsbeschränkung gem. § 12 WEG  │
│                              │                              │
│                              ▼                              │
│         Wirksamkeit der Veräußerungsbeschränkung            │
│                              │                              │
│         Vorliegen der Tatbestandsvoraussetzungen            │
│                des Zustimmungsvorbehalts                    │
│                              │                              │
│            Ausübung des Zustimmungsvorbehalts               │
│                              │                              │
│          Rechtsfolgen unterbliebener Zustimmung             │
│                              │                              │
│           Ersetzung unterbliebener Zustimmung               │
└─────────────────────────────────────────────────────────────┘
```

1. Wirksamkeit der Veräußerungsbeschränkung

Zunächst ist festzustellen, ob eine Veräußerungsbeschränkung im Sinne des § 12 WEG **schuldrechtlich und dinglich wirksam** besteht.

Übersicht

```
┌─────────────────────────────────────────────────────────────┐
│         Wirksamkeit der Veräußerungsbeschränkung            │
│                              │                              │
│                              ▼                              │
│      Grundlagen zur Veräußerungsbeschränkung gem. § 12 WEG  │
│                              │                              │
│                              ▼                              │
│   Schuldrechtliche Wirksamkeit der Veräußerungsbeschränkung │
│                    ┌─────────┴─────────┐                    │
│           Formelle Wirksamkeit   Materielle Wirksamkeit     │
│                    └─────────┬─────────┘                    │
│                              ▼                              │
│       Dingliche Wirksamkeit der Veräußerungsbeschränkung    │
│                              │                              │
│                              ▼                              │
│             Aufhebung der Veräußerungsbeschränkung          │
└─────────────────────────────────────────────────────────────┘
```

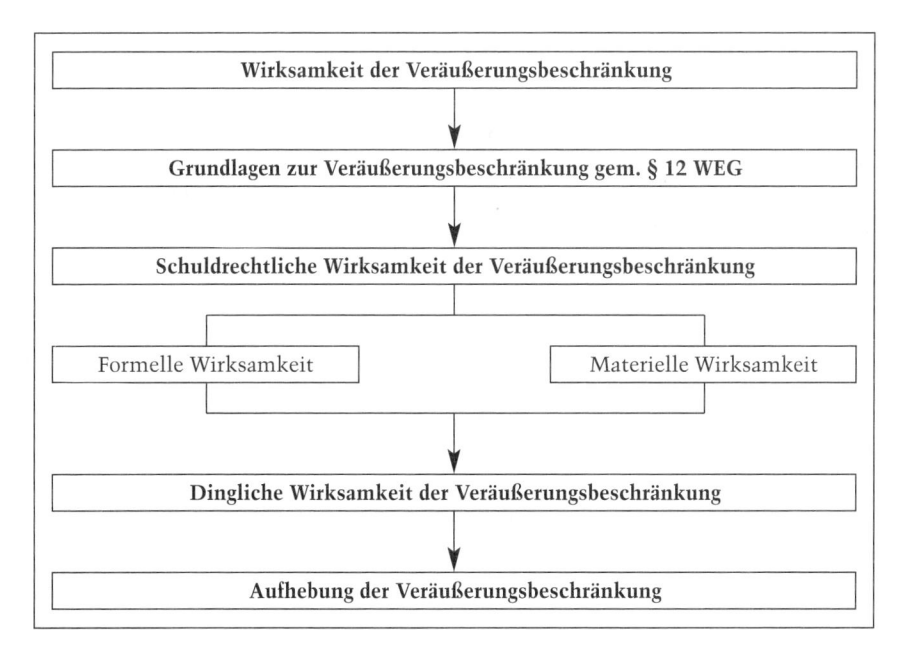

a) Grundlagen zur Veräußerungsbeschränkung gem. § 12 WEG

aa) Durchbrechung des Grundsatzes des § 137 BGB

4   Durch § 12 Abs. 1WEG wird die Option eröffnet, die Veräußerung des Wohnungseigentums unter einen **Zustimmungsvorbehalt** mit der **Folge schwebender Unwirksamkeit** des Grund- und Verfügungsgeschäfts gem. § 12 Abs. 3 S. 1 WEG zu stellen.

Dabei wird der in § 137 BGB verankerten Grundsatz, wonach die Verfügung über ein veräußerbares Recht mit Wirkung für Dritte nicht durch Rechtsgeschäft ausgeschlossen oder beschränkt werden kann, durchbrochen[1].

Dieser **Eingriff in die Eigentümerrechte** wird gemeinhin mit dem **berechtigten Interesse der übrigen Wohnungseigentümer** an der Erhaltung der sozialen und ökonomischen **Leistungsfähigkeit der Gemeinschaft** begründet[2].

bb) Vorrang der Verkehrsfähigkeit des Wohnungseigentums

5   Der **Durchbrechungstatbestand** des § 12 WEG ist jedoch so konzipiert, dass er den schützenswerten Belangen der Wohnungseigentümergemeinschaft dienen soll, ohne die freie Verfügbarkeit über das Wohnungseigentum wesentlich zu beschränken[3].

Dass dem Gesichtspunkt der **Verkehrsfähigkeit des Wohnungseigentums** der **Vorrang** eingeräumt ist, ergibt sich aus der Beschränkung des Anwendungsbereichs der Vorschrift in mehrfacher Hinsicht.

So ist die Vorschrift **dispositiv**, also im Gegensatz zu gesetzlichen Verfügungsbeschränkungen an den Vollzug eines schuldrechtlichen Grundgeschäfts gebunden. Zudem ist die Beschränkung nicht negativ als Verfügungsverbot, sondern als **Wirksamkeitsvorbehalt mit positiver Zustimmungsregelung** ausgebildet.

Ferner wird nur die Veräußerung, und damit ausdrücklich nicht jede Art der Verfügung über das Wohnungseigentum unter einen Zustimmungsvorbehalt gestellt, weshalb richtigerweise im Rahmen des § 12 WEG

---

1 Bärmann/*Pick*/Merle, § 12 Rz. 8; Deckert/*Gottschalg*, Die Eigentumswohnung, Loseblatt, Stand 5/2008, Grp. 4, Rz. 742; *Müller*, Praktische Fragen des Wohnungseigentums, 4. Aufl. 2004, Rz. 114; Weitnauer/*Lüke*, § 12 Rz. 1, 4.
2 BayObLG, Beschl. v. 14. 3. 1990 – BReg 1b Z 7/89, NJW-RR 1990, 657 = DRsp Nr. 1998/13114; BayObLG, Beschl. v. 1. 2. 1990 – BReg 2 Z 141/89, BayObLGZ 1990, 24 = DRsp Nr. 1998/13546; Bärmann/*Pick*/Merle, § 12 Rz. 1, 1a; Weitnauer/*Lüke*, § 12 Rz. 1.
3 BayObLG, Beschl. v. 16. 11. 1972 – BReg 2 Z 68/72, NJW 1973, 152; OLG Zweibrücken, Beschl. v. 18. 2. 1994 – 3 W 200/93, NJW-RR 1994, 1103; Weitnauer/*Lüke*, § 12 Rz. 1.

nicht von einer Veräußerungsbeschränkung, sondern vielmehr von einem **Zustimmungsvorbehalt** die Rede sein sollte[1].

cc) Grundsatz der restriktiven Auslegung

Dieser **Grundkonzeption** wird von Rechtsprechung und Literatur dadurch Rechnung getragen, dass der Inhalt von Veräußerungsbeschränkungen grundsätzlich **restriktiv** ausgelegt wird, insbesondere was den **Begriff der Veräußerung** und den Begriff des **wichtigen Versagungsgrundes** anbetrifft[2].

6

dd) Rechtsänderung durch die WEG-Novelle

Vom Instrument der Vereinbarung einer Veräußerungsbeschränkung gem. § 12 Abs. 1 WEG ist **häufig Gebrauch** gemacht worden.

7

Nicht zu verkennen ist die **Abwehrwirkung**, die ein Zustimmungsvorbehalt entfalten kann, wenn bereits bekannte „Störenfriede" (als Mitglied der Wohnungseigentümergemeinschaft, im Objekt wohnender Mieter oder Angehöriger eines Wohnungseigentümers) von der Gemeinschaft fernzuhalten sind. Ist der Erwerber bereits als „Berufsschuldner" oder sonst einschlägig in Erscheinung getreten, so wird eine Zustimmungsversagung Erfolg haben[3].

Die Anzahl dieser Fälle ist jedoch verhältnismäßig gering, weshalb die Erfahrungen der Praxis gezeigt haben, dass der mit dem Zustimmungsvorbehalt verfolgte Schutzzweck regelmäßig verfehlt wird und zu einem vermeidbaren **Verwaltungs- und Kostenaufwand** führt[4].

Für eine eingehende Prüfung der Person des Erwerbers bleibt dem Zustimmungspflichtigen regelmäßig kaum Zeit bzw. die **geeigneten Informationsquellen** für eine zuverlässige Prognose **fehlen**.

Vielmehr wird die Veräußerungsbeschränkung häufig zum Zankapfel zwischen Veräußerer bzw. Erwerber und der Gemeinschaft bzw. dem Verwalter, die oftmals den Zustimmungsvorbehalt unter Verkennung des erheblichen **Haftungsrisikos** als unzulässiges Druckmittel zur Regelung von Streitigkeiten missverstehen.

---

1 Bärmann/*Pick*/Merle, § 12 Rz. 11.
2 BGH, Beschl. v. 21. 2. 1991 – V ZB 13/90, BGHZ 37, 203 (209) = MDR 1991, 631 = NJW 1991, 1613 (1614); Hügel/*Scheel*, Rz. 1034 m.w.N.
3 BayObLG, Beschl. v. 31. 10. 2001 – 2Z BR 37/01, NZM 2002, 255 = BayObLGR 2002, 37; BayObLG, Beschl. v. 4. 6. 1998 – 2Z BR 19/98, NJW-RR 1999, 452.; OLG Düsseldorf, Beschl. v. 25. 4. 1997 – 3 Wx 576/96, ZMR 1997, 388 = DRsp Nr. 1998/19374; OLG Köln, Urt. v. 15. 3. 1996 – 19 U 139/95, NJW-RR 1996, 1296; OLG Zweibrücken, Beschl. v. 18. 2. 1994 – 3 W 200/93, NJW-RR 1994, 1103.
4 Deckert/*Elzer*, Die Eigentumswohnung, Loseblatt, Stand 5/2008, Grp. 3, Rz. 655.

Die im Zuge der Novellierung des Wohnungseigentumsrechts angefügte Bestimmung des § 12 Abs. 4 WEG ermöglicht daher die Aufhebung einer vereinbarten Veräußerungszustimmung im Wege des einfachen Mehrheitsbeschlusses[1].

Soweit eine Berechtigung des Zustimmungsvorbehalts darin gesehen wird, dass dem Verwalter eine **Informationsquelle** über die jeweilige **aktuelle Zusammensetzung der Eigentümergemeinschaft** erhalten bleibt, kann dies durch die Regelung einer entsprechenden Informationspflicht im Veräußerungsfall ebenso erreicht werden (vgl. Rn. 84)[2].

b) Schuldrechtliche Wirksamkeit

8   Gem. § 12 Abs. 1 WEG bedarf eine Veräußerungsbeschränkung eines wirksamen wohnungseigentumsrechtlichen **Grundgeschäfts**.

aa) Formelle Wirksamkeit

9   Dieses Kausalgeschäft wird im Zuge der **Begründung von Wohnungseigentum** durch den teilenden Eigentümer einseitig gem.

§ 8 WEG oder durch die Miteigentümer im Falle der vertraglichen Einräumung gem. § 3 WEG vorgenommen.

10 Soweit die Regelung des Gemeinschaftsverhältnisses bei der Begründung des Wohnungseigentums ohne Zustimmungsvorbehalt erfolgte, können die Wohnungseigentümer eine solche Regelung **nachträglich**, gem. § 12 Abs. 1 WEG i. V. m. § 10 Abs. 2 WEG aber nur in der Form einer **Vereinbarung** treffen.

11 Ein **Mehrheitsbeschluss** über die Begründung oder inhaltliche Änderung des Zustimmungsvorbehalts kann auch im Falle fehlender gerichtlicher Anfechtung mangels Beschlusskompetenz der Eigentümerversammlung nicht in Bestandskraft erwachsen, ist demnach nicht bloß rechtswidrig, sondern **nichtig**[3].

Beispiel:
Die Eigentümerversammlung beschließt mit Mehrheit, dass ab sofort die Veräußerung des Wohnungseigentums der Zustimmung des jeweiligen Verwalters bedürfe, die dieser nur aus wichtigem Grund versagen dürfe.

---

1 Gesetz zur Änderung des Wohnungseigentumsgesetzes und anderer Gesetze v. 26. 3. 2007, BGBl. I 2007, 370.
2 Deckert/*Gottschalg*, Die Eigentumswohnung, Loseblatt, Stand 5/2008, Grp. 4, Rz. 762; *Müller*, Praktische Fragen des Wohnungseigentums, 4. Aufl. 2004, Rz. 154.
3 BGH, Beschl. v. 20. 9. 2000 – V ZB 58/99, ZWE 2000, 518; Palandt/*Bassenge*, BGB, 67. Aufl. 2008, § 12 WEG Rz. 5.

Ein Eigentümer veräußert einige Zeit später sein Wohnungseigentum ohne den Verwalter auch nur zu informieren. Als dies bekannt wird, berufen sich die übrigen Wohnungseigentümer auf die Unwirksamkeit des Erwerbs wegen zwischenzeitlich eingetretener Bestandskraft des Mehrheitsbeschlusses.

Der Beschluss konnte mangels Beschlusskompetenz der Eigentümerversammlung nicht in Bestandskraft erwachsen, da Nichtigkeit vorliegt.

Die Veräußerung war zustimmungsfrei wirksam.

Nach § 12 Abs. 4 S. 1 WEG kann lediglich ein Mehrheitsbeschluss über die **Aufhebung** der Veräußerungsbeschränkung erfolgen; die **Einführung** einer Veräußerungsbeschränkung ist weiterhin nicht durch Beschluss möglich (weitere Einzelheiten Rz. 26a ff.).

bb) Materielle Wirksamkeit

Ist eine Veräußerungsbeschränkung vereinbart, wird in der Praxis regelmäßig die gesetzliche Regelung des § 12 WEG unter **Konkretisierung der Person des Zustimmungsberechtigten** lediglich wiederholt. In solchen Fällen ergeben sich hinsichtlich der materiell-rechtlichen Wirksamkeit eines formell ordnungsgemäß vereinbarten Zustimmungsvorbehalts regelmäßig keine Probleme. 12

Aufgrund des für § 12 Abs. 1 WEG geltenden Dispositionsgrundsatzes stellt sich aber die Frage, ob die Wohnungseigentümer nicht nur hinsichtlich des „Ob", sondern auch hinsichtlich des „Wie", also des **Inhalts der Veräußerungsbeschränkung**, dispositionsbefugt sind. 13

Die Vereinbarung einer vom vorgegebenen Inhalt des § 12 WEG **abweichenden Veräußerungsbeschränkung** kann sowohl im Sinne einer **Erleichterung**, als auch einer **Erschwerung** der Zustimmungsvoraussetzungen geschehen.

(1) Vereinbarung erleichterter Zustimmungserfordernisse

Aus dem **Grundsatz der Vertragsfreiheit** und dem in § 12 Abs. 2 WEG enthaltenen Gedanken, dass der Anspruch des Wohnungseigentümers auf Zustimmung zur Veräußerung über den Fall des bloßen Fehlens eines Versagungsgrundes hinaus ausdrücklich erweiterbar ist, folgt die **Zulässigkeit** von Regelungen, die gegenüber dem gesetzlichen Inhalt des § 12 WEG ein „Minus" beinhalten[1]. 14

---

1 Bärmann/*Pick*/Merle, § 12 Rz. 13; Deckert/*Elzer*, Die Eigentumswohnung, Loseblatt, Stand 5/2008, Grp. 3, Rz. 638.

Übersicht

- Demnach ist die **Vereinbarung eines Zustimmungsvorbehalts** nur für eine bestimmte Anzahl von Veräußerungsfällen oder die Freistellung bestimmter Veräußerungsfälle (Zwangsvollstreckung, Insolvenz) vom Zustimmungsvorbehalt ohne weiteres **möglich**[1].

- Auch kann die Erstreckung des Zustimmungsvorbehalts auf nur bestimmte Wohnungseigentumseinheiten[2] bzw. die Freistellung bestimmter Erwerber (Ehegatte, Verwandte, Verschwägerte)[3] vereinbart werden.

    Eine solche Privilegierung gilt indes nicht für eine GbR, auch wenn deren Mitglieder persönlich privilegiert wären[4].

- Regelmäßig wird die ansonsten zustimmungspflichtige Erstveräußerung des teilenden Eigentümers (Bauträgers/Aufteilers) freigestellt[5].

15 Auch wird häufig ein **sog. Vorschaltverfahren** im Falle einer Zustimmungsverweigerung des Verwalters durch Anrufung und Beschlussfassung der Eigentümerversammlung über die Erteilung der Zustimmung vereinbart[6].

16 Die Vereinbarung eines Zustimmungsvorbehalts nur für den Fall der Veräußerung eines bestimmtes Teils des Sondereigentums bei Freistellung der Veräußerung des Wohnungseigentums im übrigen, etwa für den Fall der Veräußerung nur eines Lager- oder Kellerraums, einer Garage oder ähnlichem, ist indes nicht zulässig. Nur was rechtlich selbständiger Teil des Wohnungseigentums und als solches selbständig veräußerbar ist, kann Gegenstand einer Veräußerungsbeschränkung sein[7].

(2) Vereinbarung erschwerter Zustimmungserfordernisse

17 Eine **Erschwerung** des Zustimmungsvorbehalts i. S. d. § 12 WEG wäre insbesondere durch die **Aufnahme** besonderer, mangels ausdrücklicher Erwähnung ansonsten **nicht als wichtig** anzusehender Versagungsgründe in die Vereinbarung oder gar einem Absehen vom Zustimmungsanspruch bei Fehlen eines Versagungsgrundes denkbar.

---

1 Jennißen/*Baumann*, WEG, 1. Aufl. 2008, § 12, Rz. 9.
2 Bärmann/*Pick*/Merle, § 12 Rz. 30; Weitnauer/*Lüke*, § 12 Rz. 6.
3 OLG Schleswig, Beschl. v. 14. 6. 1993 – 2 W 66/93, NJW-RR 1993, 1103; KG, Beschl. v. 28. 5. 1996 – 1 W 7520/95, NJW-RR 1997, 78 (79).
4 OLG München, Beschl. v. 12. 4. 2007 – 32 Wx 64/07, NZM 2007, 520.
5 OLG Köln, Beschl. v. 20. 1. 1992 – 2 Wx 2/92, NJW-RR 1992, 1430; KG, Beschl. v. 7. 6. 1988 – 1 W 6649/87, NJW-RR 1988, 1426; Bärmann/*Pick*/Merle, § 12 Rz. 6 m. w. N.; Deckert/*Gottschalg*, Die Eigentumswohnung, Loseblatt, Stand 5/2008, Grp. 4, Rz. 757 f., 771.
6 OLG Zweibrücken, Beschl. v. 18. 2. 1994 – 3 W 200/93, NJW-RR 1994, 1103; OLG Hamm, Beschl. v. 29. 9. 1992 – 15 W 199/92, NJW-RR 1993, 279; *Gottschalg*, FS Deckert, S. 161 (164).
7 Bärmann/*Pick*/Merle, § 12 Rz. 18 u. 29; Hügel/*Scheel*, Rz. 1040.

Zum Schutz der **Verkehrsfähigkeit des Wohnungseigentums** wird aus der durch § 12 Abs. 2 WEG ausdrücklich angeordneten Erweiterungsfähigkeit des Anspruchs des Wohnungseigentümers auf Zustimmung zur Veräußerung der **Umkehrschluss** gezogen, dass eine **Beschränkung des Zustimmungsanspruchs** über das Vorliegen eines wichtigen Versagungsgrundes hinaus **nicht zulässig** ist[1].

(3) Vereinbarung sonstiger Verfügungsbeschränkungen

Eine weitere Beschränkung der Verkehrsfähigkeit des Wohnungseigentums könnte durch die Vereinbarung einer Veräußerungsbeschränkung mit einem über den Inhalt des § 12 WEG **hinausgehenden Regelungsgehalt** versucht werden.

18

So etwa durch die Vereinbarung eines Zustimmungsvorbehalts auch für Fälle, die **keine Veräußerung i. S. d. § 12 WEG** darstellen.

Zur Sicherung der **Verkehrsfähigkeit des Wohnungseigentums** halten Rechtsprechung und Literatur jedoch § 12 Abs. 1 WEG insoweit für unabdingbar, als dass die gesetzliche Bestimmung lediglich die Beschränkung der **rechtsgeschäftlichen Veräußerung** des Wohnungseigentums an einen **Sonderrechtsnachfolger**, nicht aber darüber hinausgehend auch die Beschränkung **sonstiger Verfügungen** zulässt[2].

Gesetzliche Veräußerungsfälle (mit Ausnahme der in § 12 Abs. 3 S. 2 WEG ausdrücklich genannten) sind ebenso wenig erfasst, wie Verfügungen, die nicht Veräußerungen sind (wie Belastungen), sowie Verfügungen zugunsten Gesamtrechtsnachfolgern.

19

---

1 LG Frankfurt, Beschl. v. 14. 10. 1987 – 2/9 T 651/87, NJW-RR 1988, 598 (599); Bärmann/*Pick*/Merle, § 12 Rz. 32 u. 35; Jennißen/*Baumann*, WEG, 1. Aufl. 2008, § 12 Rz. 9, 40.
2 Bärmann/*Pick*/Merle, § 12 Rz. 11 u. 65; Jennißen/*Baumann*, WEG, 1. Aufl. 2008, § 12 Rz. 12. a. A.: BGH, Beschl. v. 17. 1. 1968 – V ZB 9/67, BGHZ 49, 250 (für den Fall der Unterteilung).

Übersicht

ja = Veräußerungsbeschränkungen wirksam nein = Veräußerungsbeschränkungen unwirksam
Belastungsbeschränkungen – nein[1]
(Bewilligung von [Auflassungs-]Vormerkungen, [Grund-]Dienstbarkeiten, Reallasten, Grundpfandrechte, Baulasten, etc.)
Gesellschaftsrechtliche Anwachsung, Verschmelzung – nein[2]
Grundpfandrechtsgläubiger – nein[3]
[Zustimmungsvorbehalt zugunsten Grundpfandrechtsgläubiger unwirksam aufgrund des gesetzlichen Verbots des § 1136 BGB]
Sondernutzungsrecht – ja[4]
[Übertragung Sondernutzungsrecht innerhalb der Wohnungseigentümergemeinschaft]
Testierbeschränkungen – nein[5]
Unterteilung des Wohnungseigentums – ja[6]
Vereinigung des Wohnungseigentums – ja
Öffentlich-rechtliche Verfügungen – nein[7]
[z. B.: Beschlagnahme oder Enteignung]

20 Von der Frage, welche Beschränkungen im Rahmen des Regelungsbereichs des § 12 WEG vereinbar sind, ist indes die Frage zu trennen, ob sonstige Gebrauchs-, Nutzungs- oder Verfügungsbeschränkungen vereinbart oder schuldrechtlich geregelt werden können[8].

Die Frage etwa der Beschränkung der Gebrauchsüberlassung durch Zustimmungsvorbehalte hat indes mit einer Veräußerungs- oder Verfügungsbeschränkung i. S. d. § 12 WEG nichts zu tun, da hierbei **weder eine Veräußerung, noch eine Verfügung** vorliegt[9].

---

1 Bärmann/*Pick*/Merle, § 12 Rz. 4 u. 11; Palandt/*Bassenge*, BGB, 67. Aufl. 2008, § 12 WEG Rz. 1.
2 Bärmann/*Pick*/Merle, § 12 Rz. 58; Hügel/*Scheel*, Rz. 1039.
3 Weitnauer/*Lüke*, § 12 Rz. 14; a. A.: Bärmann/*Pick*/Merle, § 12 Rz. 23.
4 Bärmann/Seuß/*Schmidt*, Rz. B. 19; *Hügel*/Scheel, Rz. 311.
5 BayObLG, Beschl. v. 29. 1. 1982 – BReg 2 Z 50/81, MDR 1982, 496; OLG Hamm, Beschl. v. 13. 9. 1979 – 15 W 209/79, MDR 1980, 56; Bärmann/*Pick*/Merle, § 12 Rz. 11.
6 BayObLG, Beschl. v. 7. 1. 1991 – BReg 2 Z 161/90, WE 1992, 52; Bärmann/*Pick*/Merle, § 12 Rz. 65.
7 Bärmann/*Pick*/Merle, § 12 Rz. 58.
8 OLG München, Beschl. v. 28. 9. 2006 – 32 Wx 115/06, ZMR 2006, 962; Jennißen/*Baumann*, WEG, 1. Aufl. 2008, § 12 Rz. 19 f.
9 *Deckert/Gottschalg*, Die Eigentumswohnung, Loseblatt, Stand 5/2008, Grp. 4, Rz. 760.

Die Beschränkung der Gebrauchsüberlassung des Sondereigentums fällt in den bereits durch **§§ 10, 15 WEG geregelten Bereich**[1], ist also grundsätzlich möglich. 21

Eine **Versagung der Zustimmung** ist aber auch hier nur bei **Vorliegen eines wichtigen Grundes** möglich[2].

Da § 12 Abs. 3 WEG nicht gilt, kann ein Zustimmungsvorbehalt allerdings nur schuldrechtliche Wirkung entfalten[3].

Ferner steht die h. M. für den Fall der Vereinbarung eines **Vorkaufsrechts** auf dem Standpunkt, dass es sich hierbei ebenfalls nicht um einen Fall des § 12 WEG handelt, sondern um eine **Belastung des Wohnungseigentums**[4]. 22

cc) Zustimmung der Grundpfandrechtsgläubiger

Aus den neu eingefügten Bestimmungen der §§ 5 Abs. 4, 12 Abs. 4 WEG folgt, dass eine Begründung, Änderung oder Aufhebung einer Veräußerungszustimmung einerseits nicht mehr der Zustimmung der Hypotheken-, Grund- oder Rentenschuldgläubiger sowie Reallastgläubiger bedarf, andererseits die Zustimmung sonstiger dinglicher Berechtigter gem. §§ 876, 877 BGB erforderlich ist[5]. 23

c) Dingliche Wirksamkeit

Die Eintragung der Veräußerungsbeschränkung als Inhalt des Sondereigentums in das Grundbuch ist **konstitutive Wirksamkeitsvoraussetzung**. 24

Richtiger Auffassung nach reicht es aus, wenn die Veräußerungsbeschränkung unter ausdrücklicher Nennung des Zustimmungsberechtigten sowie gegebenenfalls unter Hinweis auf besonders erfasste Veräußerungsgeschäfte, im Übrigen unter **Verweisung auf den Inhalt der Bewilligung** im Grundbuch eingetragen wird[6]. 25

---

1 BayObLG, Beschl. v. 10. 3. 1988 – BReg 2 Z 123/87, NJW-RR 1988, 1163; BayObLG, Beschl. v. 14. 9. 1987 – BReg 2 Z 38/87, NJW-RR 1988, 17; Bärmann/*Pick*/Merle, § 10 Rz. 47; § 12 Rz. 64, Weitnauer/*Lüke*, § 12 Rz. 4.
2 BayObLG, Beschl. v. 13. 2. 1992 – BReg 2 Z 163/91, WuM 1992, 278 = DRsp Nr. 1993/1487.
3 OLG München, Beschl. v. 20. 9. 2006 – 32 Wx 139/06, ZWE 2007, 109.
4 Weitnauer/*Lüke*, § 12 Rz. 17; a. A.: Bärmann/*Pick*/Merle, § 12 Rz. 62.
5 Palandt/*Bassenge*, BGB, 67. Aufl. 2008, § 5 WEG Rz. 12; Niedenführ/*Kümmel*/Vandenhouten, WEG, 8. Aufl. 2007, § 12 Rz. 29; Jennißen/*Dickersbach*, WEG, 1. Aufl. 2008, § 5 Rz. 73 f.
6 Zur Unbestimmtheit des Begriffs des „Haushaltsangehörigen": LG Duisburg, Beschl. v. 11. 9. 2006 – 7 T 211/06, ZMR 2006, 145; Bärmann/*Pick*/Merle, § 12 Rz. 16; Hügel/*Scheel*, Rz. 1035; Palandt/*Bassenge*, BGB, 67. Aufl. 2008, § 12 WEG Rz. 7; Weitnauer/*Lüke*, § 12 Rz. 8.

26 Fraglich ist, ob die **schuldrechtliche Wirksamkeit** der vereinbarten Veräußerungsbeschränkung im Verhältnis der Wohnungseigentümer untereinander von der Frage der **dinglichen Wirksamkeit** im Rechtsverkehr unberührt bleibt.

Beispiel:

Die Wohnungseigentümer vereinbaren anlässlich einer Vollversammlung die Geltung eines dem § 12 WEG entsprechenden Zustimmungsvorbehalts. Zu einer Eintragung des Inhalts der Vereinbarung im Grundbuch kommt es jedoch nicht. Die übrigen Wohnungseigentümer berufen sich gegenüber einem veräußernden Wohnungseigentümer darauf, dass die Vereinbarung auch mangels Grundbucheintragung schuldrechtlich ihm gegenüber gelte, da er die Vereinbarung mit getroffen habe.

Anders als im Anwendungsbereich der Bestimmung des § 10 Abs. 2 WEG, wonach die schuldrechtliche Wirksamkeit einer Vereinbarung im Verhältnis der beteiligten Wohnungseigentümer untereinander von einer Eintragung ins Grundbuch unabhängig ist, fehlt der Sonderbestimmung des § 12 Abs. 1 WEG ein solcher Hinweis, weshalb mangels Eintragung auch die **wohnungseigentumsrechtliche Wirksamkeit** im Verhältnis der beteiligten Eigentümer untereinander **fehlt**[1].

Gleichwohl kann die wohnungseigentumsrechtlich und dinglich unwirksame Vereinbarung einer Veräußerungsbeschränkung eine **schuldrechtliche Verpflichtung** der Beteiligten zu **Schadensersatz** oder Rückgewähr beinhalten. Der mangels grundbuchlicher Eintragung ebenfalls unwirksamen Vereinbarung der Wohnungseigentümer lag schließlich wiederum ein Kausalgeschäft zugrunde, welches die gegebenenfalls **schuldhaft verletzte Verpflichtung** zur wirksamen Vereinbarung einer Veräußerungsbeschränkung umfasste[2].

d) Aufhebung der Veräußerungsbeschränkung

26a Die Bestimmung des § 12 Abs. 4 S. 1 WEG begründet die Beschlusskompetenz der Wohnungseigentümer zur Aufhebung bestehender Veräußerungsbeschränkungen gem. § 12 Abs. 1 WEG.

aa) Umfang der Beschlusskompetenz

26b Die Beschlusskompetenz der Wohnungseigentümer ist gem. § 12 Abs. 4 S. 2 WEG unabdingbar und gilt insbesondere für bereits vor Inkrafttreten der Rechtsänderung bereits bestehende Vereinbarungen über Veräußerungsbeschränkungen[3]. Sie ermöglicht die vollständige, aber auch nur teilweise Aufhebung eines Zustimmungsvorbehalts[4].

---

1 Jennißen/*Baumann*, WEG, 1. Aufl. 2008, § 12 Rz. 8.
2 Bärmann/*Pick*/Merle, § 12, Rz. 16; Weitnauer/*Lüke*, § 12 Rz. 6.
3 *Hügel*/Elzer, Das neue WEG, § 4 Rz. 13.
4 Riecke/Schmid/*Schneider*, Fachanwaltskommentar Wohnungseigentumsrecht, 2. Aufl. 2008, § 12 Rz. 68i; Jennißen/*Baumann*, WEG, 1. Aufl. 2008, § 12 Rz. 60.

Nach herrschender Meinung besteht indes eine Beschlusskompetenz zur "Wiedereinführung" einer einmal aufgehobenen Veräußerungsbeschränkung, etwa durch Aufhebung des Aufhebungsbeschlusses, nicht, da die Einführung der Veräußerungsbeschränkung gem. § 12 Abs. 1 WEG der Vereinbarung bedarf[1]. Daher sollte der Entschluss, die Veräußerungsbestimmung aufzuheben, wohl bedacht sein. 26c

bb) Die erforderliche Beschlussmehrheit

Aus § 12 Abs. 4 S. 1 WEG folgt, dass der Aufhebungsbeschluss mit der einfachen Mehrheit der abgegebenen Stimmen gefasst wird. Dabei sind abweichend vom Kopfprinzip des § 25 Abs. 2 WEG vereinbarte Stimmrechtsschlüssel zu beachten, da sich die Unabdingbarkeit des § 12 Abs. 4 S. 2 WEG nur auf den Ausschluss oder die Beschränkung der Aufhebungskompetenz als solcher und nicht auf die mögliche inhaltliche Ausgestaltung des Abstimmungsverfahrens bezieht[2]. 26d

cc) Eintritt der Wirksamkeit der Aufhebung

Aus Wortlaut und Sinn der Bestimmung des § 12 Abs. 4 S. 3 WEG folgt, dass die Aufhebung der Veräußerungszustimmung bereits mit Verkündung des entsprechenden Beschlusses konstitutive Wirksamkeit erlangt[3]. 26e

Hieraus folgt indes, dass die Wirksamkeit der Aufhebung rückwirkend entfällt, sollte der Aufhebungsbeschluss infolge Anfechtung für ungültig erklärt oder dessen Nichtzustandekommen festgestellt werden. Schließlich ist die Verkündung eines rechtswidrigen (z. B. nicht mit ausreichender Mehrheit gefassten) sog. Zitterbeschlusses ebenso denkbar wie eine fehlerhafte Beschlussverkündung. 26f

Noch nicht abschließend geklärt ist die Frage, ob in diesen Fällen eine zwischenzeitliche Veräußerung wirksam ist. Dies ist für den Fall erfolgter Eintragung der Aufhebung im Grundbuch aus Gründen des Guten Glaubens, im Übrigen unter Vertrauensschutzgesichtspunkten zu bejahen[4].

---

1 Bärmann/Pick, WEG, 18. Aufl. 2007, § 12 Rz. 28; Riecke/Schmid/*Schneider*, Fachanwaltskommentar Wohnungseigentumsrecht, 2. Aufl. 2008, § 12 Rz. 68j; *Häublein*, ZMR 2007, 409 (414).
2 *Hügel*/Elzer, Das neue WEG, § 4 Rz. 12; Palandt/*Bassenge*, BGB, 67. Aufl. 2008, § 12 WEG Rz. 15; Riecke/Schmid/*Schneider*, Fachanwaltskommentar Wohnungseigentumsrecht, 2. Aufl. 2008, § 12 Rz. 68c; a.A.: *Häublein*, ZMR 2007, 409 (414).
3 *Hügel*/Elzer, Das neue WEG, § 4 Rz. 15.
4 Riecke/Schmid/*Schneider*, Fachanwaltskommentar Wohnungseigentumsrecht, 2. Aufl. 2008, § 12 Rz. 68f; Jennißen/*Baumann*, WEG, 1. Aufl. 2008, § 12 Rz. 65.

Um dies zu verhindern, sollte die Erhebung der Anfechtungs- oder Feststellungsklage mit dem Antrag auf Erlass einer Einstweiligen Verfügung verbunden werden, welche sowohl dem Verwalter (§ 43 Ziff. 3 WEG)[1] als auch den übrigen Wohnungseigentümern die Vollziehung des Beschlusses durch Löschung der Veräußerungsbeschränkung im Grundbuch für die Dauer des Hauptsacheverfahrens untersagt. Gegen eine bereits erfolgte grundbuchliche Löschung der Veräußerungsbeschränkung ist eine auf Eintragung des Widerspruchs gegen die unberechtigte Löschung der Veräußerungsbeschränkung im Grundbuch gerichtete Einstweilige Verfügung gem. §§ 899, 894 BGB zu beantragen[2].

dd) Grundbuchfragen

26g Richtig gesehen, handelt es sich bei der nicht zwingend vorgesehenen, aber dringend anzuratenden Eintragung der Aufhebung der Veräußerungsbeschränkung im Grundbuch um eine Grundbuchberichtigung i. S. d. § 22 GBO, weshalb Beschlusskompetenz besteht, auch die Durchführung der entsprechenden Löschung im Grundbuch durchzuführen[3].

Der erforderliche Nachweis kann gem. § 12 Abs. 4 S. 3 u. 4 WEG erleichtert durch die Vorlage des Beschlussprotokolls nebst den öffentlich beglaubigten Unterschriften des Versammlungsleiters sowie der mit unterzeichnenden Wohnungseigentümer bzw. Beiratsmitglieder geführt werden.

2. Vorliegen der Tatbestandsvoraussetzungen

27 Ist eine Veräußerungsbeschränkung i. S. d. § 12 WEG wirksam vereinbart, bleibt zu prüfen, ob deren **Tatbestandsvoraussetzungen** im vorliegenden Veräußerungsfall erfüllt sind.

28 Die Bestimmung des § 12 Abs. 1 WEG enthält **fünf Tatbestandsmerkmale**, die erfüllt sein müssen, damit ein Zustimmungsvorbehalt in Frage kommt:

---

[1] Riecke/Schmid/*Abramenko*, Fachanwaltskommentar Wohnungseigentumsrecht, 2. Aufl. 2008, § 43 Rz. 17.
[2] Erman/*Lorenz*, BGB, 12. Aufl. 2008, § 899 Rz. 5.
[3] Für Antragsrecht nur des einzelnen Wohnungseigentümers: Riecke/Schmid/ *Schneider*, Fachanwaltskommentar Wohnungseigentumsrecht, 2. Aufl. 2008, § 12 Rz. 68h.

Übersicht

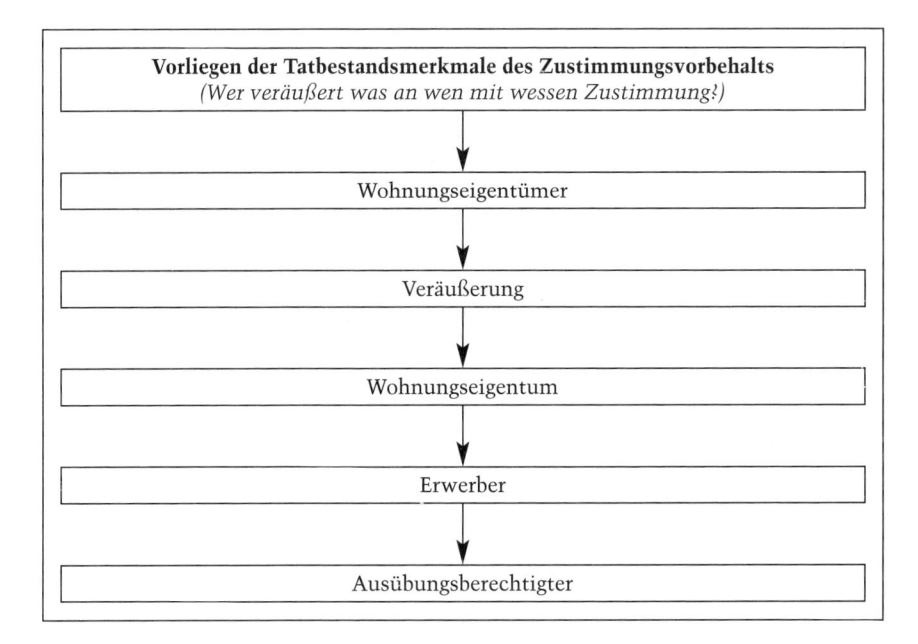

```
┌─────────────────────────────────────────────────────────┐
│  Vorliegen der Tatbestandsmerkmale des Zustimmungsvorbehalts │
│  (Wer veräußert was an wen mit wessen Zustimmung?)     │
└─────────────────────────────────────────────────────────┘
                            ↓
              ┌──────────────────────────┐
              │    Wohnungseigentümer    │
              └──────────────────────────┘
                            ↓
              ┌──────────────────────────┐
              │       Veräußerung        │
              └──────────────────────────┘
                            ↓
              ┌──────────────────────────┐
              │     Wohnungseigentum     │
              └──────────────────────────┘
                            ↓
              ┌──────────────────────────┐
              │         Erwerber         │
              └──────────────────────────┘
                            ↓
              ┌──────────────────────────┐
              │   Ausübungsberechtigter  │
              └──────────────────────────┘
```

a) Wohnungseigentümer

Gem. § 12 WEG gilt ein Zustimmungsvorbehalt für die Veräußerung durch einen **Wohnungseigentümer**.

Hier stellt sich die Frage, ob die jeweiligen Erstveräußerungen durch den aufteilenden Eigentümer (Bauträger) bzw. sonstige, vor der **Invollzugsetzung der Wohnungseigentümergemeinschaft**, also vor bzw. während des Bestehens der werdenden Wohnungseigentümergemeinschaft stattfindende Veräußerungen dem Anwendungsbereich des § 12 Abs. 1 WEG unterfallen.

Beispiel:

Der durch Auflassungsvormerkung gesicherte Erwerber einer im Bau befindlichen Eigentumswohnung will diese bereits weiterveräußern.

Die vorstehend unter Rn. 4 zur Rechtfertigung einer Veräußerungsbeschränkung angeführten Gründe setzen nach h.M. eine durch **Eintragung eines weiteren Eigentümers** im Grundbuch neben dem aufteilenden Eigentümer in Vollzug gesetzte Wohnungseigentümergemeinschaft als Schutzobjekt voraus[1].

---
1 Niedenführ/*Kümmel*/Vandenhouten, WEG, 8. Aufl. 2007, § 12 Rz. 2.

Für die Rechtsfigur der werdenden Wohnungseigentümergemeinschaft, erst recht für den Zeitraum vor deren Begründung, wird deshalb § 12 WEG einhellig als **nicht anwendbar** angesehen[1].

Wird allerdings der Zustimmungsvorbehalt durch Eintritt des ersten Erwerbers als eingetragener Eigentümer neben dem Bauträger in die Gemeinschaft wirksam, bedürfen dem Grundbuchamt vorliegende Eintragungsanträge gem. § 878 BGB der **Genehmigung**[2].

b) Veräußerung

31 Welche Erwerbsvorgänge im einzelnen unter das (oftmals ohne weitere Erläuterungen) in der Gemeinschaftsordnung verankerte Tatbestandsmerkmal der **Veräußerung des Wohnungseigentums** zu subsumieren sind, ist Gegenstand umfangreicher Rechtsprechung, die nachfolgend als Übersicht wiedergegeben wird.

Entscheidend ist, dass die Rechtsprechung den Begriff der Veräußerung i.S.d. § 12 WEG zur Abgrenzung von anderen Verfügungsformen als **rechtsgeschäftliche Übertragung des Wohnungseigentums an einen Sonderrechtsnachfolger** definiert[3].

Übersicht

ja = Veräußerungsfall i.S.d. § 12 WEG angenommen nein = Veräußerungsfall i.S.d. § 12 WEG verneint
Änderung des Miteigentumsanteils – ja[4]
Auflassungsvormerkung – nein[5]
Belastung des Miteigentumsanteils – nein[6] (Eintragung von: Baulasten, Dienstbarkeiten, Grunddienstbarkeiten, Grundpfandrechten, Reallasten, Vormerkungen etc.)
Beschlagnahme als Hoheitsakt – nein[7]
Bruchteilsübertragung – ja[8]

---

1 Deckert/*Gottschalg*, Die Eigentumswohnung, Loseblatt, Stand 5/2008, Grp. 4, Rz. 757.
2 BGH, Beschl. v. 21. 2. 1991 – V ZB 13/90, BGHZ 37, 203 (209) = MDR 1991, 631 = NJW 1991, 1613 (1614); OLG Hamm, Beschl. v. 7. 4. 1994 – 15 W 26/94, MDR 1994, 1008 = NJW-RR 1994, 975 (976).
3 Bärmann/*Pick*/Merle, § 12 Rz. 11, Hügel/*Scheel*, Rz. 1039, Weitnauer/*Lüke*, § 12 Rz. 2.
4 Bärmann/*Pick*/Merle, § 12 Rz. 2; Palandt/*Bassenge*, BGB, 67. Aufl. 2008, § 12 WEG Rz. 3; a.A.: BGH, Urt. v. 18. 6. 1976 – V ZR 156/75, MDR 1977, 41.
5 Bärmann/*Pick*/Merle, § 12 Rz. 4.
6 Bärmann/*Pick*/Merle, § 12 Rz. 4.
7 Bärmann/*Pick*/Merle, § 12 Rz. 58.
8 Niedenführ/*Kümmel*/Vandenhouten, WEG, 8. Aufl. 2007, § 12 Rz. 8.

Die Veräußerungsbeschränkung gem. § 12 WEG   Rz. 31 **Teil 17**

ja = Veräußerungsfall i.S.d. § 12 WEG angenommen nein = Veräußerungsfall i.S.d. § 12 WEG verneint
Einbringung in juristische Person oder Personengesellschaft – ja[1]
Entziehung des Wohnungseigentums – ja[2] (Zuschlag bei freiwilliger Versteigerung gem. §§ 18, 19, 53 ff. WEG a. F.)
Erbauseinandersetzung – nein[3] (Veräußerung zur Auseinandersetzung einer Erbengemeinschaft)
Erbauseinandersetzung – ja[4] (Veräußerung zum Vollzug einer Teilungsanordnung)
Erbauseinandersetzung – ja[5] (Veräußerung zum Vollzug eines Vermächtnisses)
Erbschaft – nein[6]
Erstveräußerung – ja[7] (durch den Bauträger nach Invollzugsetzung der WEG)
Erstveräußerung – ja[8] (nach Einräumung von Wohnungseigentum gem. § 3 WEG)
Erstveräußerung – ja[9] (durch den Erben des freigestellten Bauträgers/Aufteilers)
Gebrauchsüberlassung – nein[10]
Gesamtobjekt – nein[11] (Veräußerung im Ganzen)
Gesamtrechtsnachfolge wegen Erbgangs – nein[12]

---

1 Niedenführ/*Kümmel*/Vandenhouten, WEG, 8. Aufl. 2007, § 12 Rz. 9.
2 Bärmann/*Pick*/Merle, § 12 Rz. 52 zu alten Rechtslage; §§ 53 ff. WEG nunmehr aufgehoben, siehe: Zuschlag in der Zwangsversteigerung.
3 BayObLG, Beschl. v. 29. 1. 1982 – BReg 2 Z 50/81, MDR 1982, 496 = BayObLGZ 1982, 46 = Rpfleger 1982, 177; OLG Hamm, Beschl. v. 13. 9. 1979 – 15 W 209/79, MDR 1980, 56; KG, Beschl. v. 20. 6. 1978 – 1 W 31/78, Rpfleger1978, 382; OLG Celle, Beschl. v. 2. 7. 1974 – 4 Wx 10/74, Rpfleger 1974, 438.
4 BayObLG, Beschl. v. 29. 1. 1982 – BReg 2 Z 50/81, MDR 1982, 496 = BayObLGZ 1982, 46 = Rpfleger 1982, 177; Bärmann/*Pick*/Merle, § 12 Rz. 11.
5 BayObLG, Beschl. v. 29. 1. 1982 – BReg 2 Z 50/81, MDR 1982, 496 = BayObLGZ 1982, 46 = Rpfleger 1982, 177; Bärmann/*Pick*/Merle, § 12 Rz. 11.
6 Bärmann/*Pick*/Merle, § 12 Rz. 11.
7 BGH, Beschl. v. 21. 2. 1991 – V ZB 13/90, BGHZ 37, 203 (209) = MDR 1991, 631 = NJW 1991, 1613 (1614); BayObLG, Beschl. v. 9. 10. 1986 – BReg 2 Z 121/85, NJW-RR 1987, 270; OLG Köln, Beschl. v. 20. 1. 1992 – 2 Wx 2/92, NJW-RR 1992, 1430; OLG Frankfurt, Beschl. v. 12. 12. 1988 – 20 W 402/88, MDR 1989, 358 = NJW-RR 1989, 207; Bärmann/*Pick*/Merle, § 12 Rz. 6; Hügel/*Scheel*, Rz. 1044.
8 BayObLG, Beschl. v. 9. 10. 1986 – BReg 2 Z 121/85, BayObLGZ 1986, 380 = NJW-RR 1987, 270.
9 Bärmann/*Pick*, WEG, 18. Aufl. 2007, § 12 Rz. 9.
10 BayObLG, Beschl. v. 13. 2. 1992 – BReg 2 Z 163/91, WuM 1992, 278 = DRsp Nr. 1993/1487.
11 Riecke/Schmid/*Schneider*, Fachanwaltskommentar Wohnungseigentumsrecht, 2. Aufl. 2008, § 12 Rz. 34.
12 Bärmann/*Pick*/Merle, § 12 Rz. 11.

ja = Veräußerungsfall i.S.d. § 12 WEG angenommen nein = Veräußerungsfall i.S.d. § 12 WEG verneint
Gesellschaft bürgerlichen Rechts – ja[1] (Keine Privilegierung bei Veräußerung an Verwandte der Gesellschafter)
Gesellschaftsrechtliche Verschmelzung/Anwachsung – nein[2]
GmbH & Co. KG – ja[3] (Eigentumsübertragung auf Kommanditisten)
Grundpfandrechtsgläubiger – ja[4] (Veräußerung zur Abwendung der ansonsten stattfindenden zustimmungsfreien Zwangsversteigerung)
Gütergemeinschaft – nein[5]
Insolvenz – ja[6] (Veräußerung in der Insolvenz – siehe § 12 Abs. 3 S. 2 WEG)
Miteigentümer – ja[7]
Miterbe – nein[8] (Verfügung über Anteil am Nachlass)
Rechtsfähiger Verband der Wohnungseigentümer – nein[9]
Rückabwicklung wegen Vertragsaufhebung – ja[10]
Rückabwicklung wegen fehlerhaften Kausalgeschäfts – ja[11] (nach Anfechtung, Rücktrittserklärung, Rückauflassung, Wandlung etc.)
Schenkung – ja
Sondernutzungsrechtsübertragung – nein[12]
Tausch – ja[13] (Zuschlagung von Sondereigentum oder Miteigentum zu einer anderen Wohnungseigentumseinheit)

---

1 OLG München, Beschl. v. 12. 4. 2007 – 32 Wx 64/07, NZM 2007, 520.
2 Hügel/*Scheel*, Rz. 1039; Weitnauer/*Lüke*, § 12 Rz. 2.
3 OLG Hamm, Beschl. v. 28. 8. 2006 – 15 W 15/06, ZMR 2006, 212.
4 Riecke/Schmid/*Schneider*, Fachanwaltskommentar Wohnungseigentumsrecht, 2. Aufl. 2008, § 12 Rz. 33.
5 Riecke/Schmid/*Schneider*, Fachanwaltskommentar Wohnungseigentumsrecht, 2. Aufl. 2008, § 12 Rz. 36.
6 Niedenführ/*Kümmel*/Vandenhouten, WEG, 8. Aufl. 2007, § 12 Rz. 4.
7 Riecke/Schmid/*Schneider*, Fachanwaltskommentar Wohnungseigentumsrecht, 2. Aufl. 2008, § 12 Rz. 39.
8 BayObLG, Beschl. v. 29. 1. 1982 – BReg 2 Z 50/81, MDR 1982, 496; OLG Hamm, Beschl. v. 13. 9. 1979 – 15 W 209/79, MDR 1980, 56.
9 Riecke/Schmid/*Schneider*, Fachanwaltskommentar Wohnungseigentumsrecht, 2. Aufl. 2008, § 12 Rz. 55a; anders bei Erwerb in „fremder" WEG.
10 Weitnauer/*Lüke*, § 12 Rz. 2.
11 Bärmann/*Pick*/Merle, § 12 Rz. 7; Palandt/*Bassenge*, BGB, 67. Aufl. 2008, § 12 WEG Rz. 3; a. A.: Weitnauer/*Lüke*, § 12 Rz. 2.
12 Riecke/Schmid/*Schneider*, Fachanwaltskommentar Wohnungseigentumsrecht, 2. Aufl. 2008, § 12 Rz. 47.
13 Palandt/*Bassenge*, BGB, 67. Aufl. 2008, § 12 WEG Rz. 3; Niedenführ/*Kümmel*/Vandenhouten, WEG, 8. Aufl. 2007, § 12 Rz. 6.; a.A.: OLG Celle, Beschl. v. 29. 3. 1974 – 4 Wx 2/74, NJW 1974, 1909; Bärmann/*Pick*/Merle, § 12 Rz. 2.

ja = Veräußerungsfall i.S.d. § 12 WEG angenommen nein = Veräußerungsfall i.S.d. § 12 WEG verneint
Teilung gem. § 8 WEG – nein[1]
Unterteilung des Wohnungseigentums – nein[2]
Vereinigung von Wohnungseigentumseinheiten – nein[3]
Vermietung – nein[4]
Vertragsaufhebung mit Rückauflassung – ja[5]
Vorkaufsrecht – nein[6]
Vormerkung (siehe Belastungen) – nein
Zwangsvollstreckung – nein[7] (wenn Vollstreckungshandlung keine Veräußerung darstellt wie z.B.: Arrestvollziehung, Vollzug einstweilige Verfügung, Eintragung Sicherungshypothek, Anordnung der Zwangsverwaltung)
Zweitveräußerung – ja[8] (durch Bauträger nach rückabgewickelter Erstveräußerung)
Zuschlag in der Zwangsversteigerung – ja[9] (siehe § 12 Abs. 3 S. 2 WEG)

c) Wohnungseigentum

Ferner muss **Veräußerungsgegenstand das Wohnungseigentum** sein. 32

Auch die Veräußerung einer **Bruchteilsberechtigung** an einem Wohnungseigentum wird als tatbestandlich einschlägig angesehen[10].

Beispiel:

Die Eigentumsverhältnisse an der Tiefgarage eines Wohnungseigentumsobjekts sind dergestalt geregelt, dass das Sondereigentum an der gesamten Tiefgarage mit einem Miteigentumsanteil verbunden und die einzelnen Stellplätze als Bruchteilsberechtigung an diesem Miteigentumsanteil mit einem begrenzten Nutzungsrecht ausgebildet sind.

---

1 BGH, Beschl. v. 17. 1. 1968 – V ZB 9/67, BGHZ 49, 250. Bärmann/*Pick*/Merle, § 12 Rz. 59.
2 Heute h.M.: Bärmann/*Pick*/Merle, § 12 Rz. 11 u. 65; Hügel/*Scheel*, Rz. 1043. a.A. noch: BGH, Beschl. v. 17. 1. 1968 – V ZB 9/67, BGHZ 49, 250.
3 BayObLG, Beschl. v. 23. 3. 2000 – 2 Z BR 167/99, BayObLGR 2000, 74; KG, Beschl. v. 27. 6. 1989 – 1 W 2309/89, MDR 1989, 1101 = WE 1990, 22.
4 Bärmann/*Pick*/Merle, § 12 Rz. 64.
5 Deckert/*Gottschalg*, Die Eigentumswohnung, Loseblatt, Stand 5/2008, Grp. 4, Rz. 791.
6 Bärmann/*Pick*/Merle, § 12 Rz. 62.
7 Bärmann/*Pick*/Merle, § 12 Rz. 48.
8 KG, Beschl. v. 7. 6. 1988 – 1 W 6649/87, MDR 1988, 968 = NJW-RR 1988, 1426 = DRsp Nr. 1992/7301.
9 Bärmann/*Pick*, WEG, 18. Aufl. 2007, § 12 Rz. 21; Bärmann/*Pick*/Merle, § 12 Rz. 26; Palandt/*Bassenge*, BGB, 67. Aufl. 2008, § 12 WEG Rz. 11.
10 Bärmann/*Pick*/Merle, § 12 Rz. 29.

Veräußert einer der Bruchteilseigentümer „seinen" Stellplatz, so ist Zustimmungspflicht gegeben.

Die Anwendbarkeit eines vereinbarten Zustimmungsvorbehalts auf die isolierte Veräußerung eines **Sondernutzungsrechts** ist fraglich, da zum einen das Wohnungseigentum selbst nicht Gegenstand des Rechtsgeschäfts ist und zum anderen die Übertragung eines Sondernutzungsrechts nur im Kreise der Wohnungseigentümer erfolgen kann.

Nach h.M. wird daher die Veräußerung eines Sondernutzungsrechts nicht vom Schutzzweck des § 12 WEG umfasst und ist zustimmungsfrei möglich[1].

Analog § 12 WEG wird jedoch die vereinbarte Erstreckung einer Veräußerungsbeschränkung auf Sondernutzungsrechte für zulässig gehalten (vgl. hierzu Rz. 19)[2].

d) Erwerber

33 Nach herrschender Lehre und Rechtsprechung greift der Zustimmungsvorbehalt auch, wenn der **Erwerber bereits Wohnungseigentümer** oder Bruchteilsinhaber an einem Wohnungseigentum ist.

Auch wenn der Erwerber bereits Mitglied der Wohnungseigentümergemeinschaft ist, besteht ein berechtigtes Interesse der übrigen Wohnungseigentümer daran, im Fall des Vorliegens entsprechender Gründe einer **Verbreiterung der Position des Erwerbers** durch Zunahme seiner Miteigentums(Stimm-)Anteile entgegenzuwirken[3].

33a Erwirbt der **rechtsfähige Verband der Wohnungseigentümer** (§ 10 Abs. 6 WEG) Wohnungseigentum in der „eigenen" Anlage, was als möglich anzusehen ist, so greift ein vereinbartes Zustimmungserfordernis nicht ein, da die Wohnungseigentümergemeinschaft nicht vor sich selbst zu schützen ist[4].

---

1 BGH, Beschl. v. 24. 11. 1978 – V ZB 11/77, BGHZ 73, 145 (150) = NJW 1979, 548; *Bärmann/Pick*, WEG, 18. Aufl. 2007, § 15 Rz. 10; § 12 Rz. 25; Riecke/Schmid/ *Schneider*, Fachanwaltskommentar Wohnungseigentumsrecht, 2. Aufl. 2008, § 12 Rz. 47.
2 Bärmann/Seuß/*Schmidt*, Rz.B. 19; *Hügel*/Scheel, Rz. 311.
3 BayObLG, Beschl. v. 29. 1. 1982 – BReg 2 Z 50/81, MDR 1982, 496; Bärmann/ *Pick*/Merle, § 12 Rz. 62; Weitnauer/*Lüke*, § 12 Rz. 2.
4 OLG Celle, Beschl. v. 26. 2. 2008 – 4 W 213/07, ZMR 2008, 310; Riecke/Schmid/ *Schneider*, Fachanwaltskommentar Wohnungseigentumsrecht, 2. Aufl. 2008, § 12, Rz. 55a; anders bei Erwerb in „fremder" WEG.

e) Person des Zustimmungsberechtigten

Die Bestimmung des § 12 WEG lässt erheblichen Gestaltungsspielraum hinsichtlich der **Person des Zustimmungsberechtigten**, da nur von „anderen Wohnungseigentümern oder Dritten" die Rede ist.

34

Die Benennung bestimmter Wohnungseigentümer oder die jeweiliger Eigentümer bestimmter Wohnungseigentumseinheiten als Zustimmungsberechtigte ist ebenso möglich wie die Zustimmungsberechtigung der Wohnungseigentümer als **Gesamtheit**. Dann ist in der Eigentümerversammlung **Beschluss** zu fassen[1].

Unklar ist, wer als „**Dritter**" neben dem in der Praxis überwiegend benannten **Verwalter** als Zustimmungsberechtigter in Frage kommt[2].

35

Nach hier vertretener Auffassung kann dies jeder beliebige Dritte[3], nicht aber ein **Grundpfandrechtsgläubiger** (wegen § 1136 BGB) sein[4].

aa) Beschlussfassung der Eigentümerversammlung

Fraglich kann sein, ob die Eigentümergemeinschaft im Falle der **Übertragung der Zustimmungsberechtigung** auf den Verwalter abweichende Entscheidungen fällen kann.

36

(1) Vereinbartes Vorschaltverfahren

Die Wohnungseigentümer können **vereinbaren**, dass der zustimmungsberechtigte Verwalter die Eigentümerversammlung zur Frage der Veräußerungszustimmung um **Beschlussfassung** und Anweisung ersuchen bzw. der Veräußerer oder die Eigentümergemeinschaft die Entscheidung hierüber einseitig an sich ziehen kann[5].

37

Beispiel:
Die Gemeinschaftsordnung enthält folgende Regelung:
„Die Veräußerung des Wohnungseigentums bedarf der Zustimmung des jeweiligen Verwalters. Verweigert der Verwalter die Erteilung der Zustimmung, so ist der Veräußerer berechtigt, die Entscheidung der Eigentümerversammlung im Wege des Mehrheitsbeschlusses zu verlangen."

---

1 Bärmann/*Pick*/Merle, § 12 Rz. 13 u. 21; Weitnauer/*Lüke*, § 12 Rz. 12.
2 AG Osterholz-Scharmbeck, Urt. v. 30. 10. 2000 – 13 C 1178/99, NZM 2001, 201; Hügel/*Scheel*, Rz. 1041.
3 AG Osterholz-Scharmbeck, Urt. v. 30. 10. 2000 – 13 C 1178/99, NZM 2001, 201.
4 Weitnauer/*Lüke*, § 12 Rz. 14; a.A.: Bärmann/*Pick*, WEG, 18. Aufl. 2007, § 12 Rz. 8; Palandt/*Bassenge*, BGB, 67. Aufl. 2008, § 12 WEG Rz. 6.
5 Bärmann/*Pick*/Merle, § 12 Rz. 21.

(2) Freies Vorschaltverfahren

38 Auch ohne entsprechende Vereinbarung steht nach hier vertretener Auffassung der Wohnungseigentümergemeinschaft **im Innenverhältnis** eine vorrangiges **Weisungs- und Beschlussrecht** in dieser Frage zu[1].

Da der Verwalter die Zustimmungsbefugnis nur **treuhänderisch übertragen** erhält, geht der Gemeinschaft der Wohnungseigentümer, deren Schutz die Veräußerungsbeschränkung letztlich dienen soll, ihre originäre **Regelungskompetenz** nicht verloren[2].

39 Wird, wie überwiegend, die Bestimmung des § 12 WEG als **formale Ordnungsvorschrift** gesehen, ist die Übertragung der Zustimmungsberechtigung auf den Verwalter als Verfahrensregelung und nicht als endgültige Kompetenzübertragung zu sehen[3].

Der **Verwalter** kann daher seine eigene **Entscheidung** auch ohne ausdrückliche Vereinbarung **durch einen Mehrheitsbeschluss** der Eigentümerversammlung **ersetzen** lassen[4].

Die Eigentümerversammlung kann umgekehrt die Entscheidung über die Veräußerungszustimmung zum **Gegenstand** einer (positiven oder negativen) **Beschlussfassung** machen, die den Verwalter **bindet**[5].

Für den Fall, dass ein **Verwalter nicht bestellt** ist, müssen alle Wohnungseigentümer ihre Zustimmung in öffentlich beglaubigter Form erteilen[6].

Die Delegation der Zustimmungsbefugnis auf eine **Gruppe** von Wohnungseigentümern ist nicht möglich[7].

---

1 BGH, Beschl. v. 21. 12. 1995 – V ZB 4/94, BGHZ 131, 346 = MDR 1996, 787 = NJW 1996, 1216 = DWE 1996, 180 = DRsp Nr. 1996/19147; Bärmann/*Pick*/Merle, § 12 Rz. 21; a.A.: BayObLG, Beschl. v. 1. 2. 1990 – BReg 2 Z 141/89, BayObLGZ 1990, 24 = DRsp Nr. 1998/13546; MüKo/*Röll*, § 12 Rz. 9.
2 OLG Zweibrücken, Beschl. v. 18. 2. 1994 – 3 W 200/93, NJW-RR 1994, 1103; OLG Zweibrücken, Beschl. v. 16. 12. 1986 – 3 W 174/86, MDR 1987, 326 = NJW-RR 1987, 269; Jennißen/*Baumann*, WEG, 1. Aufl. 2008, § 12 Rz. 25f.
3 *Müller*, Praktische Fragen des Wohnungseigentums, 4. Aufl. 2004, Rz. 125.
4 OLG Hamm, Beschl. v. 14. 8. 2001 – 15 W 268/00, ZWE 2002, 42 (43); OLG Köln, Urt. v. 9. 7. 2001 – 16 Wx 134/01, DWE 2001, 103 = OLGReport 2002, 54 (55); OLG Köln, Beschl. v. 16. 1. 1984 – 16 Wx 76/83, OLGZ 1984, 162 (163).
5 Bärmann/*Pick*/Merle, § 12 Rz. 21; *Gottschalg*, FS Deckert, S. 161 (172); *Liessem*, NJW 1988, 1306.
6 LG Frankfurt/Main, Urt. v. 14. 11. 1995 – 2/14 O 101/95, NJW-RR 1996, 1080; Deckert/*Gottschalg*, Die Eigentumswohnung, Loseblatt, Stand 5/2008, Grp. 4, Rz. 751.
7 OLG Bremen, Beschl. v. 21. 12. 2001 – 3 W 62/01, ZWE 2002, 416 (417).

bb) Interessenkollision bei zustimmungsberechtigtem Verwalter

Ist der Verwalter zustimmungsberechtigt, sind weiter Fälle von **Interessenkollision** möglich, insbesondere dann, wenn der Verwalter **selbst veräußernder Wohnungseigentümer** ist oder im Zuge der Veräußerung von Wohnungseigentum als **Makler** tätig wird.

40

Dem Einwand, dass der Miteigentümer-Verwalter durch die Zustimmung zur eigenen Veräußerung ein verbotenes Insich-Geschäft gem.

41

§ 181 BGB schließe, begegnet die Rechtsprechung und herrschende Meinung mit dem formal-juristischen Argument, dass der Verwalter nicht als Vertreter der Wohnungseigentümer, sondern im eigenen Namen als deren **Treuhänder in verdeckter Stellvertretung** die Zustimmungserklärung wirksam abgeben könne[1].

Wird der Verwalter indes als Makler tätig, führt nach allgemeiner Auffassung der **Interessenkonflikt** zwischen **Provisionserwartung** des Makler-Verwalters und den von ihm wahrzunehmenden schutzwürdigen **Belangen der Gemeinschaft** dazu, dass dem Verwalter die Zustimmungsberechtigung fehlt[2].

42

In diesem Falle ist die Zustimmung des Verwalters durch **Eigentümerbeschluss** zu ersetzen[3].

Nach hier vertretener Auffassung gibt es allerdings keinen Grund, weshalb der selbst veräußernde Verwalter besser als der Makler-Verwalter behandelt werden sollte.

43

Mit der formaljuristischen Konstruktion fehlender Stellvertretung bei der Zustimmungserteilung wird die nicht von der Hand zu weisende Interessenkollision beim veräußernden Verwalter nicht ausgeräumt.

Dem Argument, dass ansonsten niemand vorhanden sei, der die Zustimmung erklären könne[4], kann mit der **Vorrangkompetenz** der Eigentümer-

---

1 KG, Beschl. v. 3. 2. 2004 – 1 W 244/033, NJW-RR 2004, 1161; BayObLG, Beschl. v. 7. 5. 1997 – 2Z BR 135/96, MDR 1997, 727 = NJW-RR 1998, 302 (303); BayObLG, Beschl. v. 26. 6. 1986 – BReg 2 Z 54/85, NJW-RR 1986, 1077 (1078); OLG Düsseldorf, Beschl. v. 22. 8. 1984 – 3 W 256/84, MDR 1985, 58 = NJW 1985, 390 = DRsp Nr. 1992/8134; OLG Saarbrücken, Beschl. v. 14. 11. 1998 – 5 W 251/88, DNotZ 1989, 439 = DRsp Nr. 1992/10075; Bärmann/*Pick*/Merle, § 12 Rz. 21; Hügel/*Scheel*, Rz. 1052; Weitnauer/*Lüke*, § 12 Rz. 12.
2 BGH, Urt. v. 26. 9. 1990 – IV ZR 226/89, BGHZ 112, 240 = NJW 1991, 168; BayObLG, Beschl. v. 7. 5. 1997 – 2Z BR 135/96, MDR 1997, 727 = NJW-RR 1998, 302 (303); HansOLG Hamburg, Urt. v. 24. 7. 2002 – 8 U 53/02, DWE 2002, 89; LG München I, Beschl. v. 4. 11. 1996 – 1 T 6685/96, NJW-RR 1997, 335; Hügel/*Scheel*, Rz. 1052.
3 Bärmann/*Pick*/Merle, § 12 Rz. 21.
4 MüKo/*Röll*, § 12 Rz. 6.

versammlung begegnet werden, wonach im Beschlusswege die Veräußerungszustimmung erteilt werden kann.

3. Ausübung des Zustimmungsvorbehalts

44 Sind die Tatbestandsvoraussetzungen eines wirksam vereinbarten Zustimmungsvorbehalts gegeben, ist weiter festzustellen, ob und wie die **Zustimmung zur Veräußerung** zu erklären ist.

Übersicht

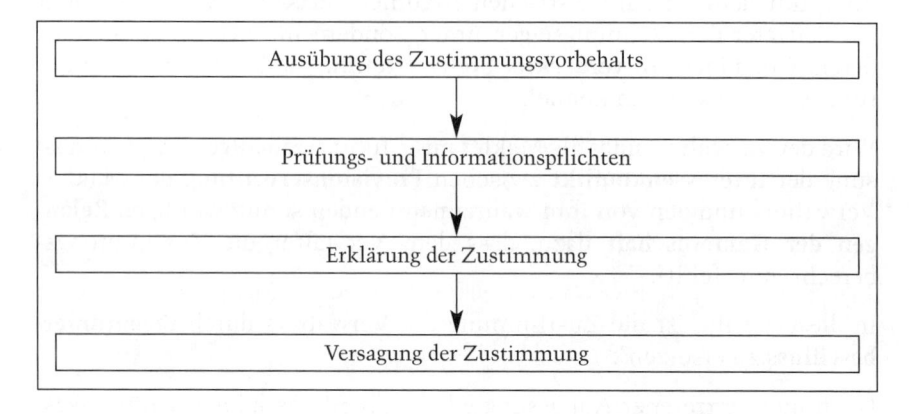

```
┌─────────────────────────────────────────────┐
│   Ausübung des Zustimmungsvorbehalts        │
└─────────────────────────────────────────────┘
                      ↓
┌─────────────────────────────────────────────┐
│   Prüfungs- und Informationspflichten       │
└─────────────────────────────────────────────┘
                      ↓
┌─────────────────────────────────────────────┐
│   Erklärung der Zustimmung                  │
└─────────────────────────────────────────────┘
                      ↓
┌─────────────────────────────────────────────┐
│   Versagung der Zustimmung                  │
└─────────────────────────────────────────────┘
```

45 Von entscheidender Bedeutung ist dabei, dass nach h. M. die Bestimmung des § 12 Abs. 2 S. 1 WEG **unabdingbar** ist, weshalb die Veräußerungszustimmung nur aus wichtigem Grunde versagt werden kann, der Veräußerer demnach einen **Anspruch auf Zustimmung** hat[1].

Ein solcher **wichtiger Grund** liegt vor, wenn konkret zu befürchten steht, dass durch die Veräußerung die **Solvenz** oder **Zusammensetzung** der **Wohnungseigentümergemeinschaft** nachteilig betroffen wird[2].

Hierbei ist **allein** auf die **Person des Erwerbers** abzustellen[3].

a) Prüfungs- und Informationspflichten

46 Grundlage der Entscheidung des Berechtigten über Erteilung oder Versagung der Zustimmung ist demnach eine auf der Grundlage zu beschaffender **Informationen** erfolgende **Prüfung der Person des Erwerbers**.

---

1 OLG München, Beschl. v. 20. 9. 2006 – 32 Wx 139/06, ZMR 2006, 961.
2 Bärmann/*Pick*/Merle, § 12 Rz. 32.
3 BayObLG, Beschl. v. 4. 1. 1995 – 2Z BR 114/94, DRsp Nr. 1995/3342.

Der **Veräußerer** (und nicht der Erwerber) ist dem Zustimmungsberechtigten aus dem Gemeinschaftsverhältnis zur **Mitwirkung bei der Informationsbeschaffung** verpflichtet[1]. 47

Da solche Erkundigungen in angemessener **kurzer Frist** einzuholen sind, können zeit- und kostenaufwendige Recherchen nicht verlangt werden[2]. 48

Zu leisten, zumal von einem zustimmungsberechtigten Verwalter als **Nebenpflicht aus dem Verwaltervertrag**, sind allerdings solche Nachforschungen, die unter Einschaltung des Veräußerers **zeitnah** und **ohne größeren Kostenaufwand** eine hinreichende Schlussfolgerung auf die wirtschaftlichen und persönlichen Verhältnisse des Erwerbers zulassen.

So wird der Zustimmungsberechtigte sich zumindest vorlegen lassen müssen: 49

Einen **Auszug aus dem Erwerbsvertrag**, der die Person von Veräußerer und Erwerber sowie den Veräußerungsgrund und -gegenstand erkennen lässt, ferner eine **Selbstauskunft** des Erwerbers[3].

Die z.B. online kurzfristig mögliche Einholung einer **Bonitätsauskunft** über die Person des Erwerbers durch eine Kreditschutzorganisation oder Auskunftei dürfte zudem angezeigt sein.

Die Forderung nach Vorlage eines polizeilichen Führungszeugnisses ist weder notwendig, noch zulässig[4].

Umstritten ist die Frage, ob zu der vom Veräußerer geschuldeten Auskunftserteilung auch die Offenlegung des gesamten Inhalts des Veräußerungsvertrags gehört[5]. 49a

Hierfür spricht, dass sich aus dem Inhalt des Vertrags im übrigen Indizien für ein zu erwartendes gemeinschaftsschädliches Verhalten des Er-

---

1 OLG Köln, Urt. v. 15. 3. 1996 – 19 U 139/95, NJW-RR 1996, 1296; KG Berlin, Beschl. v. 11. 10. 1989 – 24 W 4478/89, WuM 1989, 652; BayObLG, Beschl. v. 5. 7. 1982 – BReg 2 Z 63/81, DWE 1983, 26; Jennißen/*Baumann*, WEG, 1. Aufl. 2008, § 12 Rz. 38.
2 OLG Köln, Urt. v. 15. 3. 1996 – 19 U 139/95, NJW-RR 1996, 1296; BayObLG, Beschl. v. 29. 12. 1983 – BReg 2 Z 18/83, DWE 1984, 60; Deckert/*Gottschalg*, Die Eigentumswohnung, Loseblatt, Stand 5/2008, Grp. 4, Rz. 752; *Gottschalg*, FS Deckert, S. 161 (166).
3 OLG Köln, Urt. v. 15. 3. 1996 – 19 U 139/95, NJW-RR 1996, 1296; KG, Beschl. v. 17. 10. 1989 – 20 W 364/89, ZMR 1990, 188 = WE 1990, 86; Deckert/*Gottschalg*, Die Eigentumswohnung, Loseblatt, Stand 5/2008, Grp. 4, Rz. 752.
4 BayObLG, Beschl. v. 29. 12. 1983 – BReg 2 Z 18/83, DWE 1984, 60; Deckert/*Gottschalg*, Die Eigentumswohnung, Loseblatt, Stand 5/2008, Grp. 4, Rz. 752.
5 Niedenführ/*Kümmel*/Vandenhouten, WEG, 8. Aufl. 2007, § 12 Rz. 55; Riecke/Schmid/*Schneider*, Fachanwaltskommentar Wohnungseigentumsrecht, 2. Aufl. 2008, § 12 Rz. 75.

werbers ergeben können (z.B. Vornahme bauliche Veränderungen)[1]. Dagegen spricht nach hier vertretener Meinung, dass der Veräußerer zwar auskunftspflichtig, aber nicht „beweispflichtig" im Sinne einer umfassenden Ausforschung ist[2]. Hinzu kommt, dass der beurkundende Notar gem. §§ 12 BNotO, §§ 51, 52 BeurkG ohne Zustimmung der Vertragsparteien nicht berechtigt ist, Dritten (vollständige) Vertragsabschriften zu erteilen. Dass sich aus der Tatsache des Bestehens der Veräußerungsbeschränkung und dem Vollzugsinteresse der Vertragsparteien eine konkludente Zustimmung auch des Erwerbers zur Offenlegung des gesamten Vertragsinhalt ergibt, kann hiesiger Auffassung nach nicht ohne weiteres angenommen werden.

Anzuraten ist daher, durch Vereinbarung die Pflicht zur Vorlage des (gesamten) Veräußerungsvertrags zu regeln[3].

b) Erklärung der Zustimmung

50 Ergeben sich keine Anhaltspunkte für einen Versagungsgrund, ist der Berechtigte zur Erteilung der Zustimmung **verpflichtet**[4].

aa) Erklärungsempfänger, Frist und Form

51 Als **Erklärungsempfänger** kommen sowohl der Veräußerer als auch der Erwerber in Frage[5], wobei die Zustimmung auch schon vor Abschluss des Veräußerungsgeschäfts erklärt werden kann[6].

Die von der Rechtsprechung unter Berücksichtigung des Interesses der Vertragsparteien an einer zügigen Abwicklung als angemessen angesehen **Frist für die Entscheidung** über die Zustimmungserteilung ist denkbar knapp gehalten, teilweise wird von nur ein bis max. zwei Wochen ausgegangen[7] oder auf den Begriff der Unverzüglichkeit gem. § 121 Abs. 1 BGB verwiesen[8].

52 Die Erklärung der Veräußerungszustimmung ist **formfrei wirksam**, der Veräußerer hat allerdings Anspruch auf Erteilung der Zustimmungs-

---

1 *Liessem*, NJW 1998, 1306.
2 OLG Frankfurt/Main, Beschl. v. 19. 11. 1993 – 20 W 376/92, ZMR 1994, 124; Jennißen/*Baumann*, WEG, 1. Aufl. 2008, § 12 Rz. 39.
3 HansOLG Hamburg, Beschl. v. 28. 7. 2004 – 2 Wx 92/98, ZMR 2004, 850.
4 Jennißen/*Baumann*, WEG, 1. Aufl. 2008, § 12 Rz. 30.
5 Bärmann/*Pick*/Merle, § 12 Rz. 21.
6 Palandt/*Bassenge*, BGB, 67. Aufl. 2008, § 12 WEG Rz. 10.
7 BayObLG, Beschl. v. 29. 12. 1983 – BReg 2 Z 18/83, DWE 1984, 60; Niedenführ/*Kümmel*/Vandenhouten, WEG, 14. Aufl. 2007, § 12 Rz. 42; längere Frist, wenn der Veräußerer auch Zustimmung zum Vertragsinhalt begehrt: OLG Schleswig, Beschl. v. 12. 7. 2006 – 2 W 79/06, ZMR 2006, 964.
8 Riecke/Schmid/*Schneider*, Fachanwaltskommentar Wohnungseigentumsrecht, 2. Aufl. 2008, § 12 Rz. 91 m.w.N.

erklärung in **grundbuchamtlich verwendbarer Form** (§ 29 GBO), wobei im Falle der Verwalterzustimmung zusätzlich dessen Stellung gem. § 26 Abs. 4 WEG nachzuweisen ist[1].

Im Falle des Eigentümerbeschlusses ist das **Versammlungsprotokoll** mit den öffentlich beglaubigten (§ 20 GBO) Unterschriften gem. §§ 24 Abs. 6, 26 Abs. 3 WEG vorzulegen[2].

bb) Kosten

(1) Sonderhonorar des Verwalters

Wird dem Verwalter durch Vereinbarung die Zustimmungsbefugnis übertragen, so schuldet der Verwalter die zur Erteilung der Zustimmung durchzuführenden Maßnahmen dem rechtsfähigen Verband der Wohnungseigentümer als **Nebenpflicht aus dem Verwaltervertrag**, da das Zustimmungsverfahren der **Verwaltung des Gemeinschaftseigentums** dient. Für diese Tätigkeit lässt sich der Verwalter zulässigerweise regelmäßig verwaltervertraglich ein zusätzliches **Honorar** versprechen[3]. 53

Fehlt eine verwaltervertragliche Honorarvereinbarung, ist die Tätigkeit des Verwalters im Zusammenhang mit der Veräußerungszustimmung durch das **allgemeine Verwalterhonorar** abgegolten[4].

Aufgrund der Teil-Rechtsfähigkeit der Wohnungseigentümergemeinschaft gem. § 10 Abs. 6 WEG wird der Verwaltervertrag indes nicht mehr mit den einzelnen Wohnungseigentümern abgeschlossen, sondern mit dem rechtsfähigen Verband, der Gemeinschaft der Wohnungseigentümer. 54

Der einzelne Wohnungseigentümer ist demnach nicht Vertragspartner des Verwalters, weshalb eine verwaltervertragliche Zahlungspflicht des einzelnen Wohnungseigentümers nicht begründet werden kann.

Somit wird eine vertraglich vorgesehene Sondervergütung grundsätzlich vom Verband der Wohnungseigentümer geschuldet, wobei die Eigentümer im Zweifel im Innenverhältnis die Kosten nach Miteigentumsanteilen gem. § 16 Abs. 2 WEG tragen[5].

---

1 OLG Hamm, Beschl. v. 7. 4. 1989 – 15 W 513/88, NJW-RR 1989, 974.
2 BayObLG, Beschl. v. 12. 1. 1989 – BReg 2 Z 123/88, NJW-RR 1989, 526 = DRsp Nr. 1992/6806; Deckert/*Gottschalg*, Die Eigentumswohnung, Loseblatt, Stand 5/2008, Grp. 4, Rz. 758.
3 KG, Beschl. v. 20. 6. 1997 – 24 W 1783/97, NJW-RR 1997, 1231 (1232); KG, Beschl. v. 17. 5. 1989 – 24 W 1484/89, NJW-RR 1989, 975; OLG Hamm, Beschl. v. 19. 10. 2000 – 15 W 133/00, NZM 2001, 49 = NJW-RR 2001, 226 = DRsp Nr. 2001/119.
4 BayObLG, Beschl. v. 2. 4. 1992 – 2 Z BR 9/92, NJW-RR 1992, 978.
5 Niedenführ/*Kümmel*/Vandenhouten, WEG, 14. Aufl. 2007, § 12 Rz. 43.

Die oftmals gewünschte wirtschaftliche Belastung des Veräußerers mit den entstehenden Kosten lässt sich indes durch Mehrheitsbeschluss über einen entsprechend abweichenden Kostenverteilungsschlüssel gem. §§ 21 Abs. 7, 16 Abs. 3 WEG regeln[1].

Ein Anspruch gegen den Erwerber besteht mangels Rechtsbeziehung zwischen diesem und den Wohnungseigentümern bzw. dem Verwalter nicht[2].

(2) Notarkosten

55 Die für den Nachweis der Verwaltereigenschaft erforderlichen Unterschriftsbeglaubigungen gem. § 26 Abs. 4 WEG fallen als Kosten der Verwaltung des Gemeinschaftseigentums gem. § 16 Abs. 2 WEG allen Wohnungseigentümern zur Last. Fallen Notarkosten für die Beglaubigung der Zustimmungserklärung an, die nicht aufgrund schuldrechtlicher Vereinbarung von einer der Parteien des Erwerbsvertrags übernommen werden, so fallen auch diese, da durch den Zustimmungsvorbehalt veranlasst, der Gemeinschaft zur Last. Insofern gelten obige Ausführungen entsprechend.

cc) Bedingungsfeindlichkeit der Zustimmungserklärung

56 Da die Zustimmung aufgrund des zwingenden Charakters des § 12 Abs. 2 S. 1 WEG entweder zu erteilen oder aus wichtigem Grunde zu versagen ist, bleibt für **Bedingungen**, Befristungen, Auflagen oder sonstige Wirksamkeitsbeschränkungen der Zustimmungserklärung kein Raum[3].

Eine derartige Erklärung ist aus Gründen der Grundbuchklarheit und -bestimmtheit für Veräußerer und Erwerber auch **nutzlos** und kommt einer Verweigerung gleich[4].

dd) Wirksamkeit der Zustimmung

57 Sowohl die zur Zustimmung berechtigende Verwalterstellung als auch eine durch die Wohnungseigentümer selbst erklärte Zustimmung beruht

---

1 Deckert/*Elzer*, Die Eigentumswohnung, Loseblatt, Stand 5/2008, Grp. 3, Rz. 654; Jennißen/*Baumann*, WEG, 1. Aufl. 2008, § 12 Rz. 51.
2 KG, Beschl. v. 20. 6. 1997 – 24 W 1783/97, NJW-RR 1997, 1231 (1232); Deckert/ *Gottschalg*, Die Eigentumswohnung, Loseblatt, Stand 5/2008, Grp. 4, Rz. 759.
3 OLG Schleswig, Beschl. v. 12. 7. 2006 – 2 W 79/06, ZMR 2006, 964; OLG Hamm, Beschl. v. 3. 2. 1992 – 15 W 63/91, NJW-RR 1992, 785; BayObLG, Beschl. v. 29. 12. 1983 – BReg 2 Z 18/83, DWE 1984, 60; OLG Hamm, Beschl. v. 7. 4. 1989 – 15 W 513/88, NJW-RR 1989, 974; OLG Frankfurt/Main, Beschl. v. 19. 11. 1993 – 20 W 376/92, ZMR 1994, 124 = OLGReport 1994, 2;
4 OLG Hamm, Beschl. v. 3. 2. 1992 – 15 W 63/91, NJW-RR 1992, 785; KG, Beschl. v. 11. 10. 1989 – 24 W 4478/89, WM 1989, 652.

in der Regel auf einem **Eigentümerbeschluss**, dessen rechtliche **Bestandskraft fraglich** (Ungültigerklärung nach Anfechtung bzw. Feststellung der Nichtigkeit) sein kann.

(1) Zustimmung auf der Grundlage nichtiger Beschlüsse

Beruht der grundbuchliche Vollzug eines Erwerbs auf einer **Veräußerungszustimmung**, die auf der Grundlage eines nichtigen Eigentümerbeschlusses **vor Bekanntwerden** der Entscheidung des BGH vom 20. 9. 2000 erteilt wurde, so ist aus Gründen des Vertrauensschutzes von der **Wirksamkeit** des Erwerbs und der Richtigkeit des Grundbuchs auszugehen[1]. 58

Beispiel:

Die Eigentümerversammlung beschloss in der Vergangenheit mit Mehrheit, dass der in der Gemeinschaftsordnung vorgesehene Zustimmungsvorbehalt gem. § 12 WEG bei der Veräußerung des Wohnungseigentums nicht mehr gelten solle.

Im Vertrauen auf die nach früherer Rechtsmeinung eingetretene Bestandskraft dieses nicht angefochtenen Mehrheitsbeschlusses wurden eine Vielzahl von Wohnungseigentumseinheiten zustimmungsfrei veräußert.

Ein Wohnungseigentümer macht nun die Unwirksamkeit ex tunc dieser Veräußerungen wegen fehlender Beschlusskompetenz der Wohnungseigentümerversammlung geltend.

Beruht der grundbuchliche Vollzug eines Erwerbs allerdings auf einer Veräußerungszustimmung, die **nach Bekanntwerden** der Entscheidung des BGH vom 20. 9. 2000 auf der Grundlage eines nichtigen Eigentümerbeschlusses erteilt wurde, so ist die Zustimmungserklärung **unwirksam ex tunc** und das **Grundbuch unrichtig** geworden[2].

Beispiel:

Die Eigentümerversammlung beschloss in der Vergangenheit mit Mehrheit, dass die gemäß Gemeinschaftsordnung grundsätzlich erforderliche Zustimmung gem. § 12 WEG bei der Veräußerung des Wohnungseigentums dann nicht mehr gelten solle, wenn es sich um eine Veräußerung im Familienkreise handele.

In Unkenntnis der neuen Rechtsauffassung zur fehlenden Beschlusskompetenz der Eigentümerversammlung wird der Eigentumsübergang zustimmungsfrei eingetragen, da der Erwerber ein naher Verwandter des Veräußerers ist.

(2) Zustimmung auf der Grundlage rechtswidriger Beschlüsse

Auch im Falle der auf Anfechtung hin erfolgenden **Ungültigerklärung** eines nur rechtswidrigen Beschlusses stellt sich die Frage nach der Wirkung einer bereits erteilten Zustimmung. 59

---
[1] *Wenzel*, ZWE 2001, 226 (229).
[2] Bärmann/*Pick*/Merle, § 12 Rz. 46.

So kann der Bestellungsbeschluss des zustimmenden Verwalters auf Anfechtung hin für ungültig erklärt werden.

Beispiel:

Der Beschluss der Eigentümerversammlung über die Abwahl des bisherigen und die Neuwahl eines anderen Verwalters wird als rechtswidrig angefochten. Bis zur rechtskräftigen Ungültigerklärung des Abberufungs- bzw. Bestellungsbeschlusses vergehen Jahre. Zwischenzeitlich sind auf der Grundlage der von dem ungültig gewählten Verwalters erteilter Veräußerungszustimmungen mehrere Eigentümerwechsel durchgeführt worden.

60 Würde das Grundbuch wegen des ex tunc erfolgten Fortfalls der Verwalterstellung nachträglich unrichtig, so müsste das Grundbuchamt zukünftig neben dem **Nachweis der Verwaltereigenschaft** auch den Nachweis deren rechtlich gesicherten Fortbestands verlangen.

In letzter Konsequenz müsste im Falle der Beschlussanfechtung der grundbuchliche Eigentümerwechsel bis zur rechtskräftigen Entscheidung warten.

Richtiger Auffassung nach ist es aufgrund des formalen Charakters der Übertragung der Zustimmungsbefugnis auf den Verwalter erforderlich, aber auch **ausreichend**, dass im **Zeitpunkt des Zugangs der Zustimmungserklärung** die Verwaltereigenschaft gegeben ist[1].

61 Brisanter ist der Fall des nachträglich auf Anfechtung hin für ungültig erklärten **rechtswidrigen Eigentümerbeschlusses** über die Erklärung der Zustimmung.

Aufgrund der ex tunc-Wirkung der Ungültigerklärung ist in diesem Fall sowohl das dingliche, als auch das schuldrechtliche Veräußerungsgeschäft nach wie vor **schwebend unwirksam**, das Grundbuch gegebenenfalls unrichtig[2].

Da mangels Suspensivwirkung der Beschlussanfechtung die Zustimmung gleichwohl erklärt werden kann, sollte die Erhebung der Anfechtungsklage mit dem Antrag auf Erlass einer Einstweiligen Verfügung verbunden werden, welche dem Verwalter als Vollzugsorgan (§ 43 Ziff. 3 WEG) die Erteilung der Zustimmung für die Dauer des Hauptsacheverfahrens untersagt (vgl. hierzu Rz. 26f).

Litt der Zustimmungsbeschluss nur an formellen, nicht aber an inhaltlichen Mängeln (bestand also Anspruch auf Zustimmung), so steht dem Veräußerer nach wie vor der **Anspruch** auf Erteilung der Zustimmung zu.

---

1 OLG Hamm, Beschl. v. 8. 3. 2001 – 15 W 55/01, NJW-RR 2001, 1525; Hügel/Scheel, Rz. 1036.
2 Hügel/*Scheel*, Rz. 1037.

c) Versagung der Zustimmung

Nach h. M. ist die Bestimmung des § 12 Abs. 2 S. 1 WEG **zwingend**. Danach ist die Zustimmung zur Veräußerung zu erteilen, sofern kein wichtiger Grund entgegensteht[1].

Der **unbestimmte Rechtsbegriff**[2] des wichtigen Grundes ist aufgrund des Gesetzeszwecks und der zu Recht damit verbundenen restriktiven Auslegung der Bestimmungen des § 12 WEG durch die Rechtsprechung weitgehend definiert:

Nur die allein in der **Person des Erwerbers** durch konkrete Anhaltspunkte begründete Befürchtung, dass dieser aufgrund seiner **wirtschaftlichen** oder **persönlichen Verhältnisse** nicht Willens oder in der Lage ist, seinen **wesentlichen Pflichten als Wohnungseigentümer** nachzukommen, kann die Versagung der Zustimmung rechtfertigen[3].

Auf ein Verschulden kommt es dabei nicht an[4].

aa) Die Person des Erwerbers als alleiniger Entscheidungsmaßstab

Außerhalb der Person des Erwerbers liegende Umstände haben demnach **unberücksichtigt** zu bleiben[5]:

Übersicht

ja = Berücksichtigungen als Versagungsgrund möglich nein = Berücksichtigungen als Versagungsgrund nicht möglich
Bauliche Veränderung = nein[6] (Beabsichtigte Übernahme und Weiternutzung einer durch den Veräußerer geschaffenen baulichen Veränderung durch Erwerber)
Bauliche Veränderungen = ja[7] (Frühere ungenehmigte bauliche Veränderungen durch den eine weitere Sondereigentumseinheit hinzuerwerbenden Wohnungseigentümer)

---

1 Deckert/*Elzer*, Die Eigentumswohnung, Loseblatt, Stand 05/2008, Grp. 3, Rz. 638; *Gottschalg*, FS Deckert, S. 161 (164/165).
2 BayObLG, Beschl. v. 4. 1. 1995 – 2Z BR 114/94, DWE 1995, 15 = BayObLGR 1995, 27 = DRsp Nr. 1995/3342.
3 BayObLG, Beschl. v. 14. 3. 1990 – BReg 1b Z 7/89, NJW-RR 1990, 657; BayObLG, Beschl. v. 1. 2. 1990 – BReg 2 Z 141/89, BayObLGZ 1990, 24 = DRsp Nr. 1998/13546.
4 BayObLG, Beschl. v. 22. 10. 1993 – 2 Z BR 80/92, NJW-RR 1993, 280 (281); OLG Frankfurt/Main, Beschl. v. 15. 10. 1982 – 20 W 360/82, DWE 1983, 61.
5 BayObLG, Beschl. v. 22. 10. 1992 – 2 Z BR 80/92, NJW-RR 1993, 280 (281); OLG Hamm, Beschl. v. 29. 9. 1992 – 15 W 199/92, NJW-RR 1993, 279 (280).
6 HansOLG Hamburg, Beschl. v. 15. 4. 1994 – 2 Wx 92/93, DWE 1994, 148.
7 Deckert/*Deckert*, Die Eigentumswohnung, Loseblatt, Stand 5/2008, Grp. 4, Rz. 1564.

Teil 17 Rz. 65   Veräußerung von Wohnungseigentum

ja = Berücksichtigungen als Versagungsgrund möglich nein = Berücksichtigungen als Versagungsgrund nicht möglich
Bauordnungsrechtliche Gründe = nein[1]
Notarvertrag = nein[2] (Inhalt des Notarvertrags ist irrelevant)
Streitfragen in anderen Dingen mit dem Veräußerer – nein[3]
Verweigerung der Kostenübernahme = nein[4] (durch Erwerber oder Veräußerer, die Kosten der Zustimmung zu übernehmen)
Wohngeldrückstände des Veräußerers = nein[5]
Weigerung der Erwerbers, Wohngeld vorauszuzahlen = nein[6]

bb) Der wichtige Grund

In der Praxis können drei **Fallgruppen** unterschieden werden:

(1) Mangelnde finanzielle Leistungsfähigkeit des Erwerbers

65 Bestätigen sich **erhebliche Zweifel** an der **Solvenz des Erwerbers**, d. h. seiner Fähigkeit zukünftige Hausgeldzahlungen erbringen zu können, ist eine Zustimmungsverweigerung **zulässig**.

Übersicht

ja = Versagung der Zustimmung zulässig nein = Versagung der Zustimmung unzulässig
Briefkastenfirma = ja[7]
Eidesstattliche Versicherung durch Erwerber = ja[8]

---

1 BayObLG, Beschl. v. 25. 4. 1991 – BReg 2 Z 22/91, WE 1992, 142; Weitnauer/Weitnauer, § 12 Rz. 10.
2 BayObLG, Beschl. v. 29. 12. 1983 – BReg 2 Z 18/83, DWE 1984, 60; OLG Frankfurt/Main, Beschl. v. 19. 11. 1993 – 20 W 376/92, ZMR 1994, 124 = OLGReport 1994, 2.
3 KG, Beschl. v. 19. 9. 2001 – 24 W 147/01, ZWE 2002, 131 (132); OLG Hamm, Beschl. v. 3. 2. 1992 – 15 W 63/91, NJW-RR 1992, 785.
4 BayObLG, Beschl. v. 6. 10. 1986 – BReg 2 Z 88/85, MDR 1987, 57 = NJW-RR 1987, 80; KG, Beschl. v. 17. 5. 1989 – 24 W 1484/89, NJW-RR 1989, 975; OLG Hamm, Beschl. v. 7. 4. 1989 – 15 W 513/88, NJW-RR 1989, 974.
5 BayObLG, Beschl. v. 29. 12. 1983 – BReg 2 Z 18/83, DWE 1984, 60; LG Frankfurt/Main, Beschl. v. 14. 10. 1987, 2/9 T 651/87, NJW-RR 1988, 598 (599).
6 KG, Beschl. v. 11. 10. 1989 – 24 W 4478/89, WuM 1989, 652 = WE 1990, 86 = ZMR 1990, 68.
7 Riecke/Schmid/*Schneider*, Fachanwaltskommentar Wohnungseigentumsrecht, 2. Aufl. 2008, § 12 Rz. 120.
8 Bärmann/*Pick*/Merle, § 12 Rz. 32.

Die Veräußerungsbeschränkung gem. § 12 WEG   Rz. 66   **Teil 17**

	ja = Versagung der Zustimmung zulässig nein = Versagung der Zustimmung unzulässig
GmbH = nein[1] (keine mangelnde Leistungsfähigkeit nur aufgrund allgemeinen Insolvenz- und Haftungsrisikos einer GmbH)	
GmbH = ja[2] (wenn insolvenzgefährdet und unterkapitalisiert)	
Mietschulden = ja[3] (Erwerber hat als Mieter die Miete nicht/nicht pünktlich gezahlt)	
Minderjährige = ja[4] (ohne Einkommen und Vermögen als Erwerber)	
Verweigerung der Selbstauskunft durch Erwerber = nein[5] (Weigerung, eine Selbstauskunft zu erteilen, kann jedoch neben anderen Tatsachen Indiz fehlender Bonität sein)	
Weigerung, Wohngeld zu zahlen = ja (str.)[6] (Weigerung des Erwerbers, vor Eigentums-, aber nach Besitzübergang Wohngeld vorauszuzahlen)	
Wohngeldrückstände des Erwerbers = ja[7] (wenn schon Mitglied der WEG)	

(2) Mangelnde persönliche Zuverlässigkeit des Erwerbers

Ergeben sich **konkrete Anhaltspunkte** dafür, dass der Erwerber sich **grob gemeinschaftswidrig** verhalten wird, darf die Zustimmung ebenfalls verweigert werden.   66

Übersicht

	ja = Versagung der Zustimmung zulässig nein = Versagung der Zustimmung unzulässig
Ausländer = nein[8] (wegen kultureller Andersartigkeit)	
Bauliche Veränderungen durch Erwerber = ja[9] (Frühere ungenehmigte bauliche Veränderungen durch den eine weitere Sondereigentumseinheit hinzuerwerbenden Wohnungseigentümer)	

---

1 BayObLG, Beschl. v. 29. 6. 1988 – BReg 2 Z 164/87, NJW-RR 1988, 1425.
2 BayObLG, Beschl. v. 29. 6. 1988 – BReg 2 Z 164/87, NJW-RR 1988, 1425.
3 OLG Köln, Urt. v. 15. 3. 1996 – 19 U 139/95, NJW-RR 1996, 1296.
4 KG, Beschl. v. 11. 10. 1989 – 24 W 4478/89, WuM 1989, 652 = WE 1990, 86 = ZMR 1990, 68.
5 Deckert/*Deckert*, Die Eigentumswohnung, Loseblatt, Stand 5/2008, Grp. 4, Rz. 1584.
6 OLG Düsseldorf, Beschl. v. 25. 4. 1997 – 3 Wx 576/96, ZMR 1997, 388 = DRsp Nr. 1998/19374; a.A.: Deckert/*Deckert*, Die Eigentumswohnung, Loseblatt, Stand 5/2008, Grp. 4, Rz. 170 u. 1584.
7 Riecke/Schmid/*Schneider*, Fachanwaltskommentar Wohnungseigentumsrecht, 2. Aufl. 2008, § 12 Rz. 124.
8 *Röll/Sauren*, Rz. 382.
9 Niedenführ/*Kümmel*/Vandenhouten, WEG, 14. Aufl. 2007, § 12 Rz. 48.

Fritsch | 1607

ja = Versagung der Zustimmung zulässig nein = Versagung der Zustimmung unzulässig
Drohung mit Anzeigen durch Erwerber = ja[1] (für den Fall, dass Zustimmung nicht sofort erteilt werde)
Entziehung des Wohnungseigentums des Veräußerers = ja[2] (bei Wiederüberlassung durch Erwerber an Veräußerer, der zur Veräußerung des Wohnungseigentums gem. §§ 18, 19 WEG gezwungen wurde, durch Nießbrauch)
Gemeinschaftsschädliches Verhalten = ja[3] (wenn Erwerber schon Mitglied der WEG)
Provozierendes Verhalten des Lebensgefährten = ja[4] (wenn Lebensgefährte des Veräußerers, der die Wohnung erwerben und mit dem Veräußerer weiter gemeinsam nutzen soll, zuvor durch provozierendes, lärmendes und beleidigendes Verhalten immer wieder für Streit gesorgt hat)
Meinungsverschiedenheiten zwischen Erwerber und WEG = nein[5]
Mitgliedschaft in Sekte = ja
Soziale Homogenität der WEG = nein[6]
Streitsucht, Unfähigkeit, sich in die Gemeinschaft einzufügen = ja[7]
Verein als Erwerber = ja[8] (wenn Vorstand und Schatzmeister ehem. Miteigentümer sind, welche Hausgeldrückstände hatte, die gerichtlich beigetrieben werden mussten)

(3) Beabsichtigte zweck- oder vereinbarungswidrige Nutzung

67   Strebt der Erwerber eine **erkennbar zweck- oder vereinbarungswidrige Nutzung** des Erwerbsgegenstands an, die den Interessen der übrigen Wohnungseigentümer zuwiderläuft, ist die Zustimmung ebenfalls zu versagen.

---

1 OLG Düsseldorf, Beschl. v. 2. 10. 1996 – 3 Wx 240/96, NJW-RR 1997, 268; *Müller*, Praktische Fragen des Wohnungseigentums, Rz. 106.
2 BayObLG, Beschl. v. 4. 6. 1998 – 2Z BR 19/98, NJW-RR 1999, 452.
3 OLG Zweibrücken, Beschl. v. 8. 11. 2005 – 3 W 142/05, ZMR 2006, 219.
4 BayObLG, Beschl. v. 31. 10. 2001 – 2Z BR 37/01, NZM 2002, 255 = BayObLGR 2002, 37.
5 BayObLG, Beschl. v. 4. 1. 1995 – 2Z BR 114/94, DWE 1995, 15 = BayObLGR 1995, 27 = DRsp Nr. 1995/3342.
6 OLG Köln, 9. 7. 2001 – 16 Wx 134/01, DWE 2001, 103 = OLGReport 2002, 54 (55); Hügel/*Scheel*, Rz. 1045 u. 1049.
7 OLG Frankfurt/Main, Beschl. v. 27. 7. 2005 – 20 W 493/04, NZM 2006, 380; OLG Zweibrücken, Beschl. v. 18. 2. 1994 – 3 W 200/93, NJW-RR 1994, 1103; *Gottschlag*, FS Deckert, S. 161 (170); *Liessem*, NJW 1988, 1306.
8 AG Hannover, Beschl. v. 5. 3. 2002 – 71 II 29/02, NZM 2002, 991.

Übersicht

	ja = Versagung der Zustimmung zulässig nein = Versagung der Zustimmung unzulässig
Änderung der Nutzungsart = nein[1] (Wegfall bestimmter Nutzungsart bei Ersetzung durch eine erlaubte andere Nutzungsart)	
Änderung der Nutzungsart = ja[2] (Wegfall bestimmter Nutzungsart bei Ersetzung durch eine nicht erlaubte andere Nutzungsart)	
Bordellbetrieb = ja[3]	
Hausordnung = ja[4] (Erklärung des Erwerbers, er werde für die Nutzung die Hausordnung nicht anerkennen)	
Konkurrenzschutz – nein[5]	
Spielsalon (ungenehmigt) = ja[6]	
Überbelegung der Wohnung = ja[7] (Zur Frage, wann Überbelegung einer Sondereigentumseinheit vorliegen soll)[8]	

4. Rechtsfolgen unterbliebener Zustimmung

Solange die Veräußerungszustimmungserklärung dem Veräußerer oder Erwerber nicht **bedingungsfrei** zugeht, sind sowohl das schuldrechtliche, als auch das dingliche Veräußerungsgeschäft für jedermann **schwebend unwirksam**[9]. 68

Wird gleichwohl die Eigentumsumschreibung vollzogen, können die Wohnungseigentümer mehrheitlich **beschließen**, den Verwalter zu ermächtigen, den Veräußerer auf Geltendmachung seines **Grundbuchberichtigungsanspruchs** gem. § 894 BGB gegenüber dem Erwerber in Anspruch zu nehmen[10]. 69

Der Berichtigungsanspruch des § 894 BGB steht nämlich dem **Veräußerer**, und nicht der Gemeinschaft oder dem Verwalter zu[11].

---

1 BayObLG, Beschl. v. 16. 11. 1972 – BReg 2 Z 68/72, NJW 1973, 152.
2 OLG Düsseldorf, Beschl. v. 2. 10. 1996 – 3 Wx 240/96, NJW-RR 1997, 268.
3 *Gottschalg*, FS Deckert, S. 161 (169); *Müller*, Praktische Fragen des Wohnungseigentums, 4. Aufl. 2004, Rz. 145 f.
4 OLG Düsseldorf, Beschl. v. 5. 5. 1997 – 3 Wx 459/96, ZMR 1998, 45 = WuM 1997, 387.
5 OLG Frankfurt/Main, Beschl. v. 1. 2. 2007 – 20 W 8/06, MietRB 2007, 234.
6 *Gottschalg*, FS Deckert, S. 161 (169).
7 Bärmann/Seuß/*Schmidt*, Rz. B. 13.
8 OLG Frankfurt/Main, Beschl. v. 11. 5. 1994 – 20 W 216/94, OLGZ 1994, 532 = ZMR 1994, 378 = DWE 1994, 116; BayObLG, Beschl. v. 9. 2. 1994 – 2Z BR 7/94, NJW 1994, 1662 = DRsp Nr. 1994/1757; OLG Stuttgart, Beschl. v. 13. 8. 1992 – 8 W 219/92, NJW 1992, 3046 = ZMR 1992, 508.
9 Bärmann/*Pick*/Merle, § 12 Rz. 41; Deckert/*Elzer*, Die Eigentumswohnung, Loseblatt, Stand 5/2008, Grp. 3, Rz. 648.
10 OLG Hamm, Beschl. v. 14. 8. 2001 – 15 W 268/00, ZWE 2002, 42 (43).
11 OLG Hamm, Beschl. v. 8. 3. 2001 – 15 W 55/01, OLGReport 2001, 321.

70 Erfolgt eine **rechtmäßige Versagung** der Zustimmung, die auch durch Unterlassung der Erklärung binnen angemessener Frist erfolgen kann, so sind sowohl schuldrechtliches, als auch dingliches Veräußerungsgeschäft **endgültig unwirksam**[1].

Daher kann eine einmal ausdrücklich versagte Zustimmung nicht nachträglich für dieses Veräußerungsgeschäft erteilt werden[2].

71 Erfolgt eine **rechtswidrige Versagung** der Zustimmung, so bleiben sowohl schuldrechtliches, als auch dingliches Veräußerungsgeschäft **schwebend unwirksam**.

5. Ersetzung unterbliebener Zustimmung

a) Vorschaltverfahren

72 Ist ein sog. **Vorschaltverfahren** (Ersetzung der Zustimmung des Berechtigten durch Eigentümerbeschluss) vereinbart, so kann die Eigentümerversammlung die nicht erteilte Zustimmung im Wege des **Mehrheitsbeschlusses** erklären[3].

Ein solches Vorgehen ist nach hier vertretener Auffassung auch **ohne entsprechende Vereinbarung** möglich (vgl. Rz. 38 ff.). Der Veräußerer ist berechtigt, die Durchführung einer außerordentlichen Eigentümerversammlung zum Zwecke der Ersetzung der Zustimmung durch Eigentümerbeschluss zu verlangen (freiwilliges Vorschaltverfahren).

73 Fraglich ist, ob im Falle der **Versagung durch Eigentümerbeschluss** nur Rechtswidrigkeit (mit der Folge der Notwendigkeit der Beschlussanfechtung für den Veräußerer) oder Nichtigkeit vorliegt.

Nach nicht unbestrittener, aber richtiger Meinung ist die grundlose Versagung der Zustimmung aufgrund des **zwingenden Charakters** der Bestimmung des § 12 Abs. 2 S. 1 WEG **nichtig**[4].

Dies hat allerdings in der Praxis nicht die Folge, dass damit ohne weiteres der Weg zur Verpflichtungsklage gem. § 43 Ziff. 1 WEG, gerichtet auf Ersetzung der Zustimmung durch gerichtliche Entscheidung, geebnet wäre.

---

1 Bärmann/*Pick*/Merle, § 12 Rz. 43; Weitnauer/*Lüke*, § 12 Rz. 13.
2 OLG Hamm, Beschl. v. 29. 9. 1992 – 15 W 199/92, NJW-RR 1993, 279.
3 Bärmann/*Pick*/Merle, § 12 Rz. 21; *Gottschalg*, FS Deckert, S. 161 (168), a.A.: Niedenführ/*Kümmel*/Vandenhouten, WEG, 14. Aufl. 2007, § 12 WEG Rz. 48.
4 BayObLG, Beschl. v. 1. 2. 1990 – BReg 2 Z 141/89, BayObLGZ 1990, 24 = DRsp Nr. 1998/13546; OLG Hamm, Beschl. v. 29. 9. 1992 – 15 W 199/92, NJW-RR 1993, 279; Bärmann/*Pick*/Merle, § 12 Rz. 44; a.A.: Bärmann/*Pick*, § 12 Rz. 12 m.w.N.; *Müller*, Praktische Fragen des Wohnungseigentums, 4. Aufl. 2004, Rz. 127.

Da im Falle des Vorliegens eines wichtigen Grundes keine Beschlussnichtigkeit gegeben wäre, wird die **Verpflichtungsklage** nur mit Aussicht auf Erfolg und zügige Entscheidung geführt werden können, wenn fristgerecht Anfechtungsklage, verbunden mit einem **Antrag auf Feststellung der Beschlussnichtigkeit** gem. § 43 Ziff. 4 WEG erhoben wird[1].

b) Wohnungseigentumsgerichtliches Verfahren

Verweigert der Berechtigte die Veräußerungszustimmung, so kann der Veräußerer den zustimmungsberechtigten Eigentümer im **wohnungseigentumsgerichtlichen Klageverfahren** mit dem Antrag auf **Verpflichtung zur Erteilung der Zustimmungserklärung** gem. § 43 Ziff. 1 WEG, im Falle des zustimmungsberechtigten Verwalters gem. § 43 Ziff. 3 WEG, in Anspruch nehmen[2]. 74

Dabei trägt der Zustimmungspflichtige die **Darlegungs- und Beweislast** für das Vorliegen des Versagungsgrundes[3].

Für das Vorliegen des Versagungsgrundes kommt es auf die tatsächlichen Umstände im **Zeitpunkt der letzten mündlichen Verhandlung** an[4].

Für den Fall des vereinbarten **Vorschaltverfahrens** ist darauf abzustellen, ob die Eigentümerversammlung die Erklärungskompetenz an sich gezogen hat. Nur wenn dies geschah, sind die Wohnungseigentümer Beklagte, ansonsten bleibt der Verwalter passiv-legitimiert. Gleiches gilt im Falle des freiwilligen Vorschaltverfahrens. 75

Befasst sich die Gemeinschaft nicht mit der Zustimmungsfrage, so bleibt der Zustimmungsberechtigte Antragsgegner, da mangels Ersetzung seiner Zustimmung er nach wie vor zu deren Erklärung berechtigt und verpflichtet ist[5].

Mit Eintritt der Rechtskraft der obsiegenden Entscheidung gilt die Zustimmungserklärung als abgegeben (§ 894 ZPO)[6].

An dem wohnungseigentumsgerichtlichen Verfahren sind die übrigen Wohnungseigentümer gem. § 48 WEG zu beteiligen.

---

1 Bärmann/*Pick*, § 12 Rz. 12; Bärmann/Pick/*Merle*, § 43 Rz. 66.
2 Deckert/*Elzer*, Die Eigentumswohnung, Loseblatt, Stand 5/2008, Grp. 3, Rz. 649 ff.
3 OLG Zweibrücken, Beschl. v. 8. 11. 2005 – 3 W 142/05, ZMR 2006, 219; OLG Hamm, Beschl. v. 29. 9. 1992 – 15 W 199/92, NJW-RR 1993, 279; Palandt/*Bassenge*, BGB, 67. Aufl. 2008, § 12 WEG Rz. 11.
4 OLG Hamm, Beschl. v. 29. 9. 1992 – 15 W 199/92, NJW-RR 1993, 279.
5 OLG Zweibrücken, Beschl. v. 18. 2. 1994 – 3 W 200/93, NJW-RR 1994, 1103; Bärmann/*Pick*, WEG, 18. Aufl. 2007, § 12 Rz. 8.
6 OLG Zweibrücken, Beschl. v. 8. 11. 2005 – 3 W 142/05, ZMR 2006, 219.

76 Handelt es sich beim Zustimmungsberechtigten um einen **gemeinschaftsfremden Dritte**n, ist der Rechtsweg nach allgemeinen zivilprozessualen Grundsätzen eröffnet[1].

6. Haftungsrisiken

a) Haftungsrisiken des Verwalters

77 Das **Haftungsrisiko** des zustimmungsberechtigten Verwalters ist immens:

Innerhalb kürzester Zeit und bei regelmäßig mangelhafter Erkenntnislage hat sich der Verwalter darüber zu informieren, ob ein wichtiger Versagungsgrund in der Person des Erwerbers vorliegt.

Die Entscheidung, welche der Verwalter grundsätzlich in eigener Verantwortung trifft, kann **schwerwiegende finanzielle Folgen** haben.

aa) Haftungsrisiko gegenüber dem Erwerber/Veräußerer

78 Im Falle rechtswidriger Verzögerung oder Versagung der Zustimmungserklärung haftet der Verwalter dem Veräußerer aus Verwaltervertrag (der insoweit als Vertrag zugunsten des Erwerbers anzusehen ist) unter dem Gesichtspunkt des **Verzugs** bzw. der **Pflichtverletzung** auf **Schadens- bzw. Aufwendungsersatz**[2].

Beispiel:

Der um Veräußerungszustimmung ersuchte Verwalter verkennt, dass nur in der Person des Erwerbers vorliegende wichtige Gründe die Versagung der Zustimmung rechtfertigen.

Aufgrund der versagten Zustimmung übt der Erwerber des Wohnungseigentums ein ihm zustehendes Rücktrittsrecht aus.

Dabei sind schließen nur unvermeidbare Fehler oder fehlende Mitwirkung des Veräußerers das zu vermutende Verschulden des Verwalters aus[3].

Da keine Rechtsbeziehung zum Erwerber besteht, kommt ein unmittelbarer Anspruch hier allerdings nicht in Frage[4].

79 Eine weitere **Haftungsfalle** gegenüber dem Erwerber eröffnet sich bei ungefragter **Information des Kaufinteressenten**/Erwerbers durch den Ver-

---

1 Bärmann/*Pick*/Merle, § 12 Rz. 37.
2 BayObLG, Beschl. v. 22. 10. 1993 – 2 Z BR 80/92, NJW-RR 1993, 280 (281); LG Frankfurt, Urt. v. 15. 6. 1988 – 2/9 T 207/88, NJW-RR 1989, 15; Bärmann/*Pick*/Merle, § 12 Rz. 39.
3 OLG Düsseldorf, Beschl. v. 10. 5. 2005 – I-3 Wx 321/04, MietRB 2006, 14; OLG Hamburg, Beschl. v. 28. 7. 2004 – 2 Wx 92/98, MietRB 2005, 125.
4 Hügel/*Scheel*, Rz. 1055.

walter über nachteilige Umstände des Wohnungseigentumsobjekts oder nachteilige **Vertragsinhalte**.

Beispiel:

Der um Veräußerungszustimmung ersuchte Verwalter stellt nach Durchsicht des ihm vorgelegten Erwerbsvertrags fest, dass der Erwerber offenbar nicht ausreichend über sich bereits beschlossene und erst nach Eigentumsübergang auszuführende Instandsetzungsmaßnahme an gravierenden Baumängeln informiert wurde, deren Finanzierung noch nicht sichergestellt ist.

Der Verwalter legt diese Bedenken dem Erwerber offen, welcher daraufhin vom Erwerb Abstand nimmt.

Da sich die Prüfungs- und Informationspflicht des Verwalters nur auf Umstände in der Person des Erwerbers bezieht, überschreitet der Verwalter schuldhaft seine Kompetenzen und haftet dem Veräußerer auf etwa entstehenden Schaden[1].

bb) Haftungsrisiko gegenüber der Wohnungseigentümergemeinschaft

Die **rechtswidrige Zustimmung** kann ebenso einschneidende finanzielle Folgen haben, da die **Wohnungseigentümergemeinschaft** den Verwalter ebenso wegen **Verletzung der verwaltervertraglichen Sorgfaltspflichten** auf Schadensersatz in Anspruch nehmen kann[2].

80

Beispiel:

Der um Veräußerungszustimmung ersuchte Verwalter versäumt, die Bonität des Erwerbers zu prüfen. Alsbald als Eigentumsübergang auf den Erwerber laufen erhebliche Hausgeldrückstände auf, deren Beitreibung erfolglos erscheint.

cc) Besonderes Kostenrisiko

Eine weitere finanzielle Gefahr stellen die im Falle streitiger außergerichtlicher oder gerichtlicher Auseinandersetzung mitunter erheblichen **Streitwerte** dar, da der Berechnung der Anwalts- und Verfahrenskosten regelmäßig ca. 10 – 20 % des **Kaufpreises** des Veräußerungsgegenstandes zugrunde gelegt werden[3].

81

➲ **Hinweis:**

Der Geschäftswert einer Auseinandersetzung über die Verweigerung der Veräußerungszustimmung soll nach der neueren Rechtsprechung bei höheren Werten ca. 10 % des Kaufpreises/Verkehrswertes des

---

1 OLG Köln, Beschl. v. 4. 1. 1998 – 16 Wx 154/98, NZM 1999, 174; OLG Frankfurt/Main, Beschl. v. 19. 11. 1993 – 20 W 376/92, ZMR 1994, 124.
2 *Gottschalg*, FS Deckert, S. 161 (165).
3 KG, Beschl. v. 12. 1. 2007 – 11 W 15/06, NZM 2008, 47; Bärmann/*Pick*/Merle, § 12 Rz. 37 m.w.N.; Deckert/*Gottschalg*, Die Eigentumswohnung, Loseblatt, Stand 5/2008, Grp. 4, Rz. 756, 774.

Veräußerungsobjekts betragen[1], bei niedrigeren Werten ca. 20 %[2], wobei mangels Vorliegen besonderer Umstände wohl auf einen „Mittelwert" von ca. 15 %[3] zurückgegriffen werden soll. Unentgeltliche Übertragungen sollten entsprechend zu behandeln sein[4].

Die für den zustimmungsberechtigten Verwalter entstehenden **Verfahrenskosten** sind zudem **keine Verwaltungskosten** i.S.d. § 16 Abs. 2 WEG, also zumindest bis zur rechtskräftigen Entscheidung vom Verwalter zu tragen[5].

b) Haftungsrisiken der Wohnungseigentümergemeinschaft

82 Entsprechende Risiken tragen die Wohnungseigentümer, die rechtswidrig die vorbehaltene beschlussweise Veräußerungszustimmung verzögern oder verweigern[6].

II. Gestaltungsvorschläge

1. Gestaltungsvorschlag Zustimmungsvorbehalt

83 1. Die Veräußerung des Wohnungseigentums bedarf der Zustimmung der Verwalters in öffentlich beglaubigter Form.

2. Dies gilt nicht im Falle [alternativ]:

   a) der Veräußerung an Ehegatten, Lebenspartner nach LPartG, Verschwägerte, Verwandte in gerader Linie und Verwandte zweiten Grades in der Seitenlinie,

   b) der Veräußerung des Sondereigentums im Wege der Zwangsversteigerung oder durch den Insolvenzverwalter,

   c) der Veräußerung an einen Sondereigentümer des gleichen Sondereigentums oder einen anderen Sondereigentümer dieser Eigentümergemeinschaft,

---

1 BayObLG, Beschl. v. 1. 2. 1990 – 2 Z BR 141/89, BayObLGZ 1990, 24 (27) = DRsp Nr. 1998/13546; OLG Hamburg, Beschl. v. 15. 4. 1998 – 2 Wx 92/93, DWE 1994, 148; KG, Beschl. v. 11. 10. 1989 – 24 W 4478/89, WuM 1989, 652 = WE 1990, 86 = ZMR 1990, 68.
2 BayObLG, Beschl. v. 14. 3. 1990 – BReg 1b Z 7/89, NJW-RR 1990, 657.
3 BayObLG, Beschl. v. 4. 6. 1998 – 2Z BR 19/98, NZM 1998, 868 = ZMR 1998, 790; BayObLG, Beschl. v. 25. 6. 1997 – 2Z BR 50/97, NJW-RR 1997, 1307 = ZMR 1997, 604.
4 OLG Frankfurt/Main, Beschl. v. 13. 5. 1988 – 20 W 119/88, DWE 1988, 141.
5 *Gottschalg*, FS Deckert, S. 161 (168/169).
6 LG Frankfurt/Main, Beschl. v. 15. 6. 1988 – 2/9 T 297/88, MDR 1989, 68 (69); LG Konstanz, Beschl. v. 6. 6. 1984 – 1 T 49/83, WM 1985, 484; Bärmann/*Pick*/Merle, § 12 Rz. 39.

d) der Veräußerung an den Grundpfandrechtsgläubiger, wenn dieser das betreffende Sondereigentum zur Verwertung eines ihm an demselben zustehenden Grundpfandrechts erwirbt bzw. zuvor oder anlässlich der Zwangsversteigerung erworben hat,

e) der Erstveräußerung durch den teilenden Eigentümer.

3. Der Verwalter darf die Zustimmung nur wegen eines in der Person des Erwerbers liegenden wichtigen Grundes versagen. Erteilt der Verwalter die Zustimmung nicht binnen 14 Tagen, gerechnet ab dem Zugang des Zustimmungsverlangens des Veräußerers, so kann dieser einen Beschluss der Eigentümerversammlung herbeiführen, der den Verwalter zur Erteilung oder Versagung der Zustimmung verpflichtet.

4. Die Kosten für notarielle Beglaubigungen, die zur Erteilung der Zustimmung notwendig werden, sowie etwa verwaltervertraglich vereinbarte Vergütungen, die für die Erteilung der Zustimmung anfallen, hat der Veräußerer, mehrere als Gesamtschuldner, zu tragen.

2. Alternativ: Informationspflicht- und Haftungsbestimmung

1. Das Wohnungseigentum ist frei vererblich und veräußerlich.

2. Jeder Wohnungseigentümer ist verpflichtet, den Verwalter im Falle der Veräußerung über den Zeitpunkt des Besitzübergangs auf den Erwerber sowie über den Zeitpunkt des Eigentumswechsels unverzüglich unter Angabe des Erwerbers zu informieren.

3. Der Wohnungseigentümer haftet ungeachtet des Zeitpunkts des Eigentumsübergangs gesamtschuldnerisch neben dem Erwerber für dessen Verbindlichkeiten gegenüber der Wohnungseigentümergemeinschaft, die bis zur Erfüllung der Anzeige- und Informationspflicht gem. Ziff. 2 entstanden und fällig geworden sind.

3. Verpflichtungsklageantrag an das Wohnungseigentumsgericht

1. Die Beklagte, Verwalterin der Wohnungseigentümergemeinschaft [] in [], Fa. [], vertreten durch deren alleinvertretungsberechtigten Geschäftsführer, Herrn [], in [], wird verpflichtet, dem Kläger ihre Zustimmung zur Veräußerung dessen Wohnungs-/Teileigentums in o. g. Anlage, bezeichnet mit der Ziff. [] in dem Aufteilungsplan als Anlage zur Teilungserklärung, eingetragen im Grundbuch von [] des Amtsgerichts [], Grundbuchblattnummer [], an den Erwerber, Herrn [], gemäß Urkunde vom [] des Notars [] mit Amtssitz in [], UR-Nr.: [], zu erklären.

2. Der Beklagten werden die Kosten des Rechtsstreits auferlegt.

Stichwortverzeichnis

Die fetten gedruckten Zahlen verweisen auf die Teile, die darauffolgenden Zahlen auf die Randnummern innerhalb der Teile.

Abberufung des Verwalters s. Verwalter
Abdichtungsmaßnahmen
- bauliche Veränderung, Zustimmungserfordernis **8** 495
- Instandhaltungs-/setzungsanspruch **8** 159, 162

Abfallentsorgung
- Kostenverteilung **6** 198a

Abgeschlossener Raum
- Zweckbestimmung, Auslegung **9** 401

Abgeschlossenheitsbescheinigung 3 46

Abmahnung
- Entziehung d. Wohneigentums **10** 25 ff.
- Streitwert **10** 28
- Verwalter **11** 125 f., 128

Abnahme
- Gemeinschaftseigentum **12** 41, 44 ff.
- Sondereigentum **12** 41 ff.

Abrechnungsansprüche
- Aktivlegitimation **6** 274, 289, 307 ff.
- amtierender Verwalter **6** 270 ff.
- Anspruchsinhalt **6** 275 ff.
- ausgeschiedener Verwalter **6** 271, 314 ff.; **11** 172
- Auskunftsrecht **6** 281 f.
- Beweislastumkehr **6** 288
- Durchsetzung **6** 291 ff.
- Einsichtsrecht **6** 277 ff., 329
- Ersatzvornahme **6** 302
- Fälligkeit **6** 283, 321 ff.
- Fallkonstellationen **6** 270
- gesetzliche **6** 272
- Hauptleistungsanspruch **6** 275
- Klage, Erledigung **6** 292
- Klageantrag **6** 290
- Mahnung **6** 301
- Nachbesserungsanspruch **6** 284 ff.
- Nachbesserungsanspruch, g. ausgeschiedener Verwalter **6** 330 f.
- Nebenrechte **6** 276
- Passivlegitimation **6** 274
- Passivlegitimation, ausgeschiedener Verwalter **6** 314 ff.
- Primäransprüche **6** 272 ff., 314 ff.
- Scheinverwalter **6** 271, 341
- Schlechterfüllung, Schadensersatz **6** 304 f.
- Sekundäransprüche **6** 301 ff., 337 ff.
- Sekundäransprüche, Durchsetzung **6** 312 f.
- Teilerfüllung, Schadensersatz **6** 303
- Verjährung **6** 290, 311
- Verpflichtungsantrag **6** 287, 292
- vertragliche **6** 273
- Verzug **6** 301 ff.
- Vollstreckung **6** 295 ff., 313

Abrechnungsspitze 16 4 a ff.

Absperrungen
- bauliche Veränderung **9** 259

Abstellraum
- Zweckbestimmung, Auslegung **9** 401

Abstimmung s. Beschlussfassung; Mehrheitsbeschluss; Stimmabgabe; Stimmrecht; Versammlung

Abwasserhebeanlage
- Kostenverteilung **6** 64

Akteneinsicht
- Todesfall **16** 1009 ff., 1017

Aktivlegitimation; s.a. **Prozessführungsbefugnis**
- Abrechnungsansprüche **6** 274, 289, 307 ff.
- Eigentümergemeinschaft **8** 32
- Eigentümergemeinschaft, Änderung d. Teilungserklärung/Gemeinschaftsordnung **3** 30
- Entziehung d. Wohneigentums **10** 32
- Prozessstandschaft, gewillkürte **14** 117

Aktivprozess
- Eigentümergemeinschaft, Änderung d. Teilungserklärung/Gemeinschaftsordnung **3** 30
- Parteibezeichnung **14** 138 ff.
- Prozessführungsbefugnis **14** 116 ff.
- Verwaltermandat **1** 6

Allgemeine Geschäftsbedingungen
- Verwaltervertrag **11** 229

Amtsniederlegung
- Verwalter **11** 164

Anerkannte Regeln d. Technik – s.a. Stand d. Technik
- Baumaßnahmen **9** 175 f.

Anfechtung
- Beseitigungsbeschluss, nach baulicher Veränderung **9** 132
- einstweilige Verfügung s. dort
- Entziehungsbeschluss **10** 35 ff.
- Gebrauchsregelung, Beschluss **9** 404, 407 ff., 412

1617

[Anfechtung]
- gegenständliche Stimmrechtsbeschränkung 4 106
- Instandhaltung/-setzungsbeschluss 8 316 ff.
- Instandhaltungs/-setzungsbeschluss, Beschlussformulierung 8 319 f.
- Jahresabrechnungsbeschluss 6 253 ff.
- Mehrheitsbeschluss, bauliche Veränderungen 9 64 ff., 110
- Mehrheitsbeschluss, unbillige Benachteiligung 3 179 ff.
- Mehrheitsbeschluss, Unterschreiten d. Quorums 3 171
- Stimmabgabe 4 142
- Stimmabgabe, ungültige 4 245
- Teilnahme v. Nichtberechtigten, bei Versammlung 4 126
- Teilnahmerecht, Verletzung 4 127
- Verkehrswertfestsetzung 16 604 ff.
- Versteigerungserlös, Teilungsplan 16 651
- Verstoß g. Stimmrechtsverbot 4 197
- Verwalterabberufung 11 157 ff.
- Verwalterbestellung 11 67 ff.
- Verwaltung, nicht ordnungsgemäße 3 183 f.
- Wirtschaftsplanbeschluss 5 2 f., 90 ff.

Anfechtungsbefugnis
- Erben 16 940
- Erbengemeinschaft 16 948
- Jahresabrechnungsbeschluss 6 260 ff.
- Vermächtnisnehmer 16 984

Anfechtungsklage; s.a. Abrechnungsansprüche
- Begründungsfrist 14 162
- Begründungsfrist 14 195
- Beschlussanfechtung, Klageantrag 14 128
- Beschlussanfechtung, richtiger Beklagter 14 134
- Hausgeldnachzahlungen 16 38
- Klageantrag, Anforderungen 14 157 ff.
- Klagefrist 14 162, 179 ff.
- Mehrfachvertretungsgebühr 16 323
- mit Verpflichtungsantrag 14 161
- Schlichtungsverfahren 14 26
- Statthaftigkeit 14 101 f.
- Verhältnis zum PKH-Antrag 14 44
- Versammlungsprotokoll, Vorlage 14 239

Anpflanzungen
- bauliche Veränderung 9 243 ff.

Antenne
- bauliche Veränderung 8 495; 9 208 f., 272 ff.

Anwalt s.a. Klageschrift; Mandatsübernahme
- Beauftragung durch Verwalter 11 247, 333 ff.
- Gegenstandswert, Hinweispflicht 1 45
- Grundbuch, Einsichtnahme 1 29 ff.
- Hinweis, Erforderlichkeit d. Grundbucheintragung 3 14 f.
- Interessenkollision, Wohnungseigentümermandat 1 8
- Mandatsübernahme 1 1 ff.
- Prozessbevollmächtigte, Bezeichnung 14 145
- Teilnahme an Versammlung 4 121 ff.
- Vergütungsvereinbarung 11 333 ff.
- Versammlungsprotokolle, Durchsicht 1 27
- Versammlungsteilnahme 1 28
- Verwalterbestellung, Vorbereitung 2 3 ff.
- werdende Eigentümergemeinschaft 1 32
- Wirtschaftsplan, Erstellung/Prüfung 5 1 ff., 101 f.

Anwalt – Gebühren
- Deckungszusage 1 53
- Erhöhungsgebühr 1 5
- Hausgeldbeitreibung 16 141 ff.
- Insolvenzverfahren 16 826 ff.
- Kostenentscheidung 16 316 ff.
- Mehrfachvertretungsgebühr 16 320 ff.
- Terminsgebühr 16 318 f.
- Verbrauchereigenschaft 1 15
- Vereinbarung, Beratung 1 14 f.
- Verfahrensgebühr 16 318 f.
- Vergleichsgebühr 16 318
- Zwangsversteigerung 16 683 ff.

Anwaltsbüro
- (un-)zulässiger Gebrauch 9 375

Arbeiterwohnheim
- (un-)zulässiger Gebrauch 9 375

Architekturbüro
- (un-)zulässiger Gebrauch 9 375

Arztpraxis
- (un-)zulässiger Gebrauch 9 375

Aufgebotsverfahren
- Antrag 16 934 ff.
- Antragsmuster 16 938

Auflage
- Zustimmung, bauliche Veränderung 9 83 ff.

Aufrechnung
- Ausschluss 16 62
- Hausgeldforderung 16 57 ff.
- Hausgeldguthaben, Insolvenzfall 16 809 ff.

- Jahresabrechnung **6** 61, 157
- Sonderumlagen **8** 121

Aufstockung
- bauliche Veränderung **9** 227
- bauliche Veränderung, Zustimmungserfordernis **8** 495

Aufwendungsersatz
- primäre Mängelansprüche, Ausübungsbefugnis **12** 52 ff.
- Verwalter **11** 232

Aufzug
- bauliche Veränderung, Zustimmungserfordernis **8** 495

Ausbau, Folgekosten
- Kostenverteilung **6** 66

Ausbaurecht
- Teilungserklärung **9** 111
- Trittschallschutz **9** 325

Auskunftsrecht
- Auslagen eines Wohnungseigentümers **6**, 61
- bauliche Veränderung **9** 124, 129 ff.
- Beirat **15** 44
- Eigentümergemeinschaft ggü. Nachlassgericht **16** 1017 ff.
- Miteigentümer, Jahresabrechnung/Rechnungslegung **6** 281 ff.; **11** 338 ff.

Auslegung
- Beschluss, einstimmiger **3** 168
- Beschlüsse **4** 218
- Gebrauchsregelung **9** 382 f., 391
- Gemeinschaftsordnung **3** 19, 75 ff.
- Mehrheitsbeschluss, Gebrauchsregelung **9** 405
- Öffnungsklausel **3** 153
- Teilungserklärung **9** 99
- Veräußerungsbeschränkung **17** 6

Außenbeleuchtung
- bauliche Veränderung **9** 211

Außentreppe
- bauliche Veränderung **9** 212

Äußere Gestaltung
- bauliche Veränderung **9** 79 ff.
- Beschluss, zukünftige Gebäudegestaltung **8** 17

Aussiedlerheim
- (un-)zulässiger Gebrauch **9** 375

Balkon
- bauliche Veränderung **9** 213 ff., 228 ff.
- bauliche Veränderung, Zustimmungserfordernis **8** 495

Balkonbespannung
- bauliche Veränderung **9** 213

Balkontür
- bauliche Veränderung **9** 216

Ballettstudio
- (un-)zulässiger Gebrauch **9** 375

Bankverbindung
- Kontobestand, Herausgabe durch Vorverwalter **2** 53 ff., 74

Bankverbindung
- Kontounterlagen, Herausgabe **2** 50 ff.

Barmittel
- Verwalterpflichten **11** 298 ff.

Bauabzugsteuer 8 343 ff.

Baugenehmigung
- Einhaltungspflicht **9** 178
- Rechtsschutz g. Erteilung **9** 97
- Schwarzbau **9** 96
- Wirkung **9** 95

Bauliche Veränderungen
- Beseitigung, Leistungsklage **14** 168
- zugunsten Behinderter **16** 891 ff.
- Abgrenzung z. Ersterstellung **9** 22 ff.
- Abgrenzung z. Gebrauchsregelung **9** 32
- Abgrenzung z. Instandhaltung/-setzung **8** 452 ff.; **9** 28 f.
- Abgrenzung z. modernisierenden Instandsetzung **8** 12 ff.
- Abgrenzung z. Modernisierung **9** 30
- anerkannte Regeln d. Technik **9** 175 f.; s.a. Stand d. Technik
- Anpassung an d. Stand d. Technik **8** 15, 33 ff., 439
- Auskunftsanspruch **9** 128
- Baunormen **9** 177 f.
- Begriff **8** 435; **9** 16 ff.
- Beschluss **8** 34 f.
- Beschluss, zukünftige Gestaltung **8** 17
- Beschlusskompetenz **4** 216
- Beseitigungsanspruch **9** 124, 129 ff.
- Besitzeinräumungsanspruch **9** 124
- besondere Kostenverteilung **8** 143
- Einwirkungen auf Gemeinschaftseigentum **8** 99 ff.
- erstmalige Herstellung, Abgrenzung z. Wiederherstellung **8** 24 ff.
- fehlende Zustimmung, Ansprüche d. Miteigentümer **9** 123 ff.
- fehlende Zustimmung, Beseitigungsbeschluss **9** 129 ff.
- Folgekosten **8** 144 f.; **9** 180
- gesetzliche Regelungen, Abbedingung **9** 108
- Instandhaltungsrücklage, Mittelverwendung **6** 43
- Kostenverteilung, Änderung **3** 1
- Kostenverteilungschlüssel, grobe Unbilligkeit **3** 84 ff.
- Kostenverteilungsschlüssel **6** 197 f.
- Mandatsübernahme **9** 1 ff.

1619

[Bauliche Veränderungen]
- Maßnahmen i. Zshg. m. Kostenverteilung 9 33
- Maßnahmen-ABC 9 202 ff.
- Modernisierung 8 15, 33 ff., 439
- Musterverfahren 9 189
- Notgeschäftsführung 9 31
- öffentlich-rechtliche Vorschriften, Umsetzungsmaßnahmen 8 22 f.
- Rechtmäßigkeit, Checkliste 9 4
- Rücklagenverwendung, Auffüllungsanspruch 6 202
- Schadensersatzanspruch 9 125 f., 143
- Schadensersatzanspruch, Bauausführung 9 179 f.
- Sondernutzungsrecht 9 105, 112
- Sorgfaltspflichten 9 174 ff.
- Unterlassungsanspruch 9 128
- Vereinbarung, abweichende 8 36, 41; 9 105 ff.
- Verwalter, Vorbereitungsmaßnahmen 8 533 ff.
- WEG-Novelle 8 437
- Wiederherstellungsanspruch 9 124, 129 ff.; s.a. Rückbau
- Wirtschaftsplanansatz 5 36
- Zustimmung, Voraussetzungen 9 35 ff.
- Zustimmungserfordernis 8 437, 469, 481 ff.; 9 34; s.a. Miteigentümerzustimmung – bauliche Veränderung

Bauliche Veränderungen – Einzelfälle
- Absperrungen 9 259
- Anpflanzungen 9 243 ff.
- Antenne 9 208 f., 272 ff.
- Aufstockung 9 227
- Außenbeleuchtung 9 211
- Außentreppe 9 212
- Balkon/Terrasse 9 213 ff., 228 ff.
- Balkonbespannung 9 213
- Balkontür 9 216
- Behinderteneinrichtungen 9 304 f.
- Blumenkästen 9 218
- Dachausbau 9 219 ff.
- Dachfenster 9 226
- Dachgarten 9 228 ff.
- Deckendurchbruch 9 246
- Dunstabzug 9 233 f.
- Durchbruch 9 339 ff.
- Energieversorgung 9 306
- Entlüftung 9 233 f., 263
- Etagenaufstockung 9 227
- Fahrradständer 9 235, 260
- Fenster 9 226, 237 ff.
- Funkanlage 9 210
- Garderobe 9 242
- Garten 9 228 ff., 243 ff.
- Geräteschuppen 9 246
- Geruchsimmission 9 251 ff.
- Gitter 9 241
- Heizungsanlage 9 254
- Immissionen 9 251 ff., 266 ff., 302
- Innentreppe 9 225
- Installationen 9 254
- Kamin 9 226, 233, 256 f.
- Kfz-Stellplätze 9 258 ff.
- Klimaanlage 9 263
- Klingel 9 264
- Ladeneingang 9 265
- Lärmimmissionen 9 266 ff.
- Markise 9 213, 270
- Mobilfunkanlage 9 210
- Parabolantenne 9 272 ff.
- Reklame 9 349
- Rollladen 9 300 f.
- Schmutz 9 302
- Sichtschutz 9 354
- Sonnenkollektoren 9 306
- Spitzboden 9 219 ff.
- Stellplätze 9 258 ff.
- Treppen 9 212, 225
- Trittschallschutz 9 310 ff.
- Überwachungskamera 9 337 f.
- Wanddurchbruch 9 339 ff.
- Wäschespinne 9 348
- Werbeanlagen 9 349
- Wintergarten 9 213 ff.
- Wohnungseingangstür 9 351
- Zählerkasten 9 352
- Zaun 9 353 ff.

Bauliche Veränderungen – Gemeinschaftseigentum
- Abgrenzung z. Erstherstellung 9 22 ff.
- Abgrenzung z. Gebrauchsregelung 9 32
- Abgrenzung z. Instandhaltung/-setzung 9 28 f.
- Abgrenzung z. Modernisierung 9 30
- Abstimmung, Dokumentation 9 59
- allstimmiger Beschluss 8 458, 460 ff.
- anerkannte Regeln d. Technik 9 175 f.
- Anpassung v. Miteigentumsanteilen/Verteilungsschlüssel 9 92
- Auskunftsanspruch 9 128
- äußere Gestaltung 9 79 ff.
- Baugenehmigung 9 95 ff.
- Baunormen 9 177 f.
- Beratungssituationen 9 52 ff.
- Beschluss, Mindestanforderungen 9 61 ff.
- Beschlussfeststellung, Risiken 9 60
- Beseitigungsanspruch 8 503 ff.; 9 124, 129 ff.
- Besitzeinräumungsanspruch 9 124

- einstweiliger Rechtsschutz 8 479
- Ermessensspielraum, bei Ausführung 9 84
- fehlende, Beseitigungsbeschluss 9 129 ff.
- fehlende Zustimmung, Ansprüche d. Miteigentümer 9 123 ff.
- Folgekosten 9 180
- geringfügige Änderungen 9 67 ff.
- gesetzliche Regelungen, Abbedingung 9 108
- gesetzliche Regelungen, Erschwerungen 9 114 ff.
- Haftungsfreistellung, Eigentümergemeinschaft 9 89
- Kosten, unbillige Überwälzung 9 90
- Kostenbefreiung 8 496 ff.
- Kostenregelung, abweichende 9 88
- Kostenregelung, Wirkung ggü. Sonderrechtsnachfolger 9 88
- Kostenverteilung, Beschlussergebnis 9 59
- Maßnahmen i. Zshg. m. Kostenverteilung 9 33
- Maßnahmen-ABC 9 202 ff.
- Mehrhausanlagen, Zustimmungsregelungen 9 109
- Mehrheitsbeschluss 8 464 ff., 485 ff.
- Mehrheitsbeschluss, Anfechtung 9 64 ff., 110
- Mehrheitsbeschluss, Ungültigerklärung 8 470 ff.
- Musterverfahren 9 189
- Nachteil, Begriff 9 69
- Nachteil, Checkliste 9 71
- Nachteil, Eingriffsintensität 9 78
- Nachteil, Feststellung d. Erheblichkeit 9 74 ff.
- Nachteiligkeit, fehlende 9 67 ff.
- Nichtigkeitsfeststellungsantrag 8 480
- Notgeschäftsführung 9 31
- Nutzungsverbot 8 500 ff.
- Schadensersatzanspruch 9 125 f., 143
- Schadensersatzanspruch, Bauausführung 9 179 f.
- Schwarzbau 9 96
- Sondernutzungsrecht 9 13, 105, 112
- Sorgfaltspflichten 9 174 ff.
- Teilungserklärung, Ausbaurecht 9 111
- Teilungserklärung, Öffnungsklausel 9 109 f.
- Unterlassungsanspruch 9 128
- Unterlassungsantrag 8 478
- Veränderungsverbot 8 456
- Vereinbarung, abweichende 9 105 ff.
- Vereinbarung, Alternativen 8 456
- Verkehrssicherungspflicht 9 89
- Wiederherstellungsanspruch 9 124, 129 ff.; s.a. Rückbau
- Zustimmung unter Auflagen/Bedingungen 9 83 ff.
- Zustimmung unter Auflagen/Bedingungen, Checkliste 9 91
- Zustimmung, Absichtserklärung 9 94
- Zustimmung, Bindungswirkung 9 121 f.
- Zustimmung, bisherige Rechtslage 9 36 ff.
- Zustimmung, durch Verwalter/Beirat 9 117 ff.
- Zustimmung, Einholungsalternativen 9 53 ff.
- Zustimmung, gewerbliche Nutzung 9 113
- Zustimmung, neue Rechtslage 9 47 ff.
- Zustimmung, Widerruflichkeit 9 121 f.
- Zustimmungsanspruch, aufgrund früherer Gestattung 9 102
- Zustimmungsanspruch, aus Vereinbarung 9 98
- Zustimmungsanspruch, besondere Gründe 9 98 ff.
- Zustimmungsanspruch, Unterrichtungspflicht 9 101
- Zustimmungsanspruch, Verwirkung 9 102 f.
- Zustimmungserfordernis 9 34; s.a. Miteigentümerzustimmung – bauliche Veränderung
- Zustimmungserfordernis, abweichende Regelung 8 456 ff.
- Zustimmungserfordernis, Beispiele 8 494 ff.

Bauliche Veränderungen – Sondereigentum
- Beschränkung, durch Beschluss 8 450
- Beschränkung, durch Gesetz 8 443 ff.
- Beschränkung, durch Vereinbarung 8 448 f.
- Gewährleistungsansprüche 12 5 ff.; s.a. dort
- Maßnahmen-ABC 9 202 ff.
- Zustimmungserfordernisse 9 20 f.; s.a. Miteigentümerzustimmung – bauliche Veränderung

Baumängel s.a. Gewährleistungsansprüche
- nachträgliche 12 155 f., 167
- Primäransprüche 12 52 f.
- Sekundäransprüche 12 63 ff.
- Verwalterhaftung 11 381 ff.

Baunormen
- Gebrauchsregelung, nicht ordnungsgemäße 9 412

Bauträger
- Bauträgerverwalter, Haftung 12 175
- Gewährleistungsansprüche, selbst. Beweisverfahren 14 49
- Herausgabe von Unterlagen 2 43 ff.
- Jahresabrechnung, Übergang auf Verwalter 6 224 ff.
- Versammlungsteilnahme 4 82
- als Verwalter 11 25 f.

Bauträgervertrag
- Abnahme, Gemeinschaftseigentum 12 41, 44 ff.
- Abnahme, Sondereigentum 12 41 ff.
- Aufrechnung, Gewährleistungsansprüche 12 71, 152 ff.
- Bauabweichung/Sonderwünsche 12 110 ff.
- Gewährleistungsansprüche 12 6 f.; s.a. dort
- Gewährleistungsansprüche, einheitliche Ausübung 12 16
- Grundstückserwerb 12 6
- kaufrechtliche Ansprüche 12 113 ff.
- Nachzüglererwerb 12 94 ff.
- Nebenpflichten 12 82
- Neubauerrichtung 12 6 f.; s.a. Ersterrichtung
- primäre Mängelansprüche 12 52 ff.
- Rechtsnatur 12 5 ff.
- sanierte Gebäude 12 8
- sekundäre Mängelansprüche 12 63 ff.
- Sicherheiten, Rückgewähranspruch 12 78 ff.
- Unmöglichkeit d. Durchführung 12 81
- Vergleichsabschluss 12 72 ff.

Bauunterlagen
- Herausgabe 2 42 ff.

Bauwerksabdichtung
- bauliche Veränderung, Zustimmungserfordernis 8 495
- Instandhaltungs-/-setzungsanspruch 8 159, 162

Bedingung
- Entziehungsbeschluss 10 34
- Zustimmung, bauliche Veränderung 9 83 ff.

Befangenheitsantrag 14 265

Behinderteneinrichtungen
- bauliche Veränderung 9 304 f.; 16 891 ff.

Behinderung
- Betreuungsanordnung 16 842 ff. s.a. Betreuung
- einfache Vollmacht 16 851
- Generalvollmacht 16 849 f.
- Subsidiarität d. Betreuerbestellung 16 848 ff.
- Vorsorgevollmacht 16 852

Beiladung
- bei Prozessstandschaft 14 202
- bei Wohnungsverkauf während d. Verfahrens 14 203
- des Verwalters 14 201
- Erforderlichkeit 14 199 ff.
- fehlendes rechtliches Interesse 14 200
- nicht beteiligter Miteigentümer 14 144
- unterlassene, Rechtsmittel 14 207
- Wirkung 14 205 f.

Beirat
- Abberufung v. Mitgliedern 15 9
- Amtsniederlegung 15 8
- Annahmeerklärung 15 7
- Aufgaben, gesetzliche 15 25 ff.
- Aufgabenzuweisung, durch Beschluss 15 30 ff.
- Aufgabenzuweisung, durch Vereinbarung 15 29
- Aufwendungsersatz 15 44
- bauliche Veränderung, Zustimmung 9 117 ff.
- Beisitzer 15 10
- Beschluss 15 22
- Beschluss, rechtswidriger 15 23 f.
- Beschlusskompetenz, Jahresabrechnung 6 249 a
- Drittbeteiligung 15 14 f., 17 ff.
- Eignung 15 13 ff.
- Einrichtung 15 3 ff.
- Einrichtungsanspruch 15 3
- Einsichts-/Auskunftsrecht 15 44
- Entlastung 15 47 f.
- Gesellschaften 15 16
- Haftung 8 239 ff.
- Haftung ggü. Miteigentümer 15 49 f.
- Haftung, ggü. Verband 15 45
- Haftung, Zurechnung 15 59
- Haftungsbeschränkung 15 46
- Jahresabrechnung, Prüfung 6 221 ff.; s.a. dort
- Jahresabrechnung, Kompetenzübertragung 5 50 a; 6 249 a
- Mandatserteilung 1 10; 15 1 f.
- Mehrhausanlagen 15 11
- Mitwirkung bei Instandhaltungs-/-setzung 8 265
- Neubesetzung 15 9, 19 f.
- Nichteigentümer, Versammlungsteilnahme 4 81, 120
- Pflichtverletzung 15 59
- Rechtsbeziehung, z. einzelnen Miteigentümern 15 49 ff.

Stichwortverzeichnis

- Rechtsstellung **15** 41 ff.
- Streitschlichtung **14** 9 ff.
- Teileigentümer, Beiratsbeteiligung **15** 12
- Veräußerungszustimmung **15** 49 f.
- Vertretungsbefugnisse **15** 52 ff.
- Wahl **15** 4 ff.
- Wirtschaftsplan, Beschluss **5** 71 f.
- Zusammenarbeit mit Verwalter **11** 236
- Zusammenarbeit mit Verwalter, Störungen **11** 140
- Zusammensetzung **15** 10 ff.

Beiratsvorsitzender **15** 10, 21 f.
- Beschlussgegenstände, Bestimmungsrecht **4** 42
- Einberufungsbefugnis **4** 22 ff.
- Einberufungspflicht **4** 26 f.
- Einberufungsschreiben **4** 28

Beitritt **14** 219 f.

Belastungsverbot
- Eigentümer, Rechtsstellung **3** 175 ff.

Beleidigung
- unzulässiger Gebrauch **9** 367

Belüftung
- Gebrauchsregelung, ordnungsgemäße **9** 412

Beratungsgebühr
- Gemeinschaftsordnung/Teilungserklärung, Änderung **3** 58 ff.
- Höhe **1** 15
- Verbraucher **1** 15
- Vereinbarung **1** 14 f.

Berufung
- Berufungssumme **14** 303
- Frist/Form **14** 306
- Rechnungslegungsanspruch **7** 48 f.
- Statthaftigkeit **14** 299
- Zulässigkeit **14** 302 ff.
- Zulassung **14** 305
- Zuständigkeit **14** 300 f.

Beschimpfung
- unzulässiger Gebrauch **9** 367

Beschluss s.a. Mehrheitsbeschluss
- Abgrenzung z. Vereinbarung **3** 167 f.; **4** 219 ff.
- ablehnender, Ungültigerklärung **4** 250
- Ablehnung, unberechtigter Stimmrechtsausschluss **4** 198
- Anfechtbarkeit **4** 126 f., 145 ff.
- Anfechtbarkeit, Verstoß g. Stimmrechtsverbot **4** 197
- Anfechtbarkeit, Wirtschaftsplan **5** 2 f.
- Anfechtung, ungültige Stimmabgabe **4** 245
- Anfechtung, Wirtschaftsplan **5** 90 ff.
- Antragsrecht **4** 242
- Aufhebungsbeschluss **4** 234
- Ausführung, Instandhaltungs-/setzungsmaßnahmen **8** 322 ff.
- Auslegung **2** 62; **4** 218
- bauliche Veränderungen **8** 34 f.
- Beirat, Aufgabenzuweisung **15** 30 ff.
- Beschlussgegenstände, Bestimmung durch Unbefugten **4** 42
- Beschlussgegenstände, Bestimmungsrecht **4** 33 ff.
- Beschlussgegenstände, Bezeichnung **4** 43 ff., 50, 87
- besondere Kostenverteilung, bauliche Veränderung **8** 143
- besondere Kostenverteilung, Instandhaltung/-setzung **8** 132 ff.
- Durchführung, Verwalterpflichten **11** 275 ff.
- Einmann-Beschluss **4** 223 f.
- Einstimmigkeit, bauliche Veränderungen **8** 458, 460 ff.
- Entziehung d. Wohneigentums **10** 29 ff.
- Folgekosten, bauliche Veränderung **8** 144 f.
- Instandhaltung/-setzung **8** 11, 68 ff., 171
- Instandhaltung/-setzung, Beschlussmuster **8** 264, 287, 292, 319 f.
- Instandhaltung/-setzung, Kostenumlage **8** 6
- Jahresabschluss, Beschlussfassung **6** 233 ff.; s.a. Jahresabrechnung – Beschluss
- Kostenverteilung, Regelung **6** 62 a f.
- Mängel **4** 197 ff., 203 ff., 254 ff.
- Nichtbeschluss **4** 2, 255, 260 f.
- Nichtigkeit **4** 259
- Nichtigkeit, Stimmverbotsregelung **4** 181
- Parabolantennenanbringung, Muster **9** 297
- Prüfungskompetenz **4** 254
- Rechnungslegung **7** 22 ff., 26
- Rechtsnatur **4** 217 ff.
- Scheinbeschluss **4** 2, 260 f.
- Sonderumlagen **16** 16 ff.
- Versorgungssperre **16** 427 ff.
- Vorbereitung, Instandhaltungs-/setzungsmaßnahmen **8** 258 ff.
- Wirtschaftsplan **5** 59 ff., 69 ff.
- Zweitbeschluss **4** 225 ff.

Beschlussanfechtungsklage
- Erhöhungsgebühr (Mehrvertretungsgebühr) **1** 5

1623

Beschluss, vereinbarungsändernder
- Abgrenzung z. Vereinbarung 3 167f.; 4 219ff.
- Anfechtbarkeit 3 179ff.
- Eingriff in d. Kernbereich 3 175ff.
- Eintragungsbedürftigkeit 3 189
- Grundsatz ordnungsmäßiger Verwaltung 3 183f.
- inhaltliche Schranken 3 172ff.
- Kostenverteilungsschlüssel, grobe Unbilligkeit 3 78ff.
- Mehrheitserfordernisse, Gemeinschaftsordnungänderung 3 106ff.
- Nichtigkeit 3 173f., 178
- Nichtigkeit, fehlende sachliche Kompetenz 3 169ff.
- Öffnungsklausel s. dort
- Sittenwidrigkeit/Verstoß g. gesetzliches Verbot 3 173f.
- unbillige Benachteiligung, Anfechtbarkeit 3 179ff.
- Verhältnis z. Abänderungsanspruch 3 191f.
- WEG-Reform 3 73f., 104ff.
- Zustimmungserfordernis, Grundbuchgläubiger 3 185ff.

Beschlussfähigkeit 4 235ff.
- Feststellung 4 279f.

Beschlussfassung
- Abstimmungsergebnis 4 244ff.
- Abstimmungsergebnis, Feststellung 4 248ff.
- Abstimmungsverfahren 4 243
- Anfechtbarkeit, Stimmrechtsbeschränkung 4 106
- Beschlussantrag 4 241f.
- Beschlussantrag, Ablehnung 4 249f.
- Beschlussantrag, Erklärung d. Annahme 4 248
- Beschlussergebnis, Protokollierung 4 258ff.
- Beschlussergebnis, Verkündung 4 251ff.
- Beschlussergebnis, Verkündungsfehler 4 255ff.
- Beschlussfähigkeit 4 235ff.; s.a. dort
- Beschlussfähigkeit, Feststellung 4 279f.
- einstimmige, Abgrenzung z. Vereinbarung 3 168
- Einstimmigkeitsprinzip 4 208f.
- Einverständnis d. Teilnehmer, Protokollierung 4 4
- Enthaltungen 4 246
- Fehler 4 197ff., 203ff., 254ff., 258ff.
- Gewährleistungsansprüche 12 118ff.
- Instandhaltung/-setzung 8 293ff.
- Kopfprinzip 4 169

- Mängel 4 126f., 145ff.
- Mehrheitserfordernisse, Festlegung 3 154f.
- Mehrheitserfordernisse, Gemeinschaftsordnungsänderung 3 106ff.
- Mehrheitserfordernisse, Kostenverteilung 3 1
- Mehrheitsprinzip 4 209ff.
- Nichtbeschluss 4 255, 260f.
- Nichtigkeit 4 259
- Objektprinzip 4 170ff.
- ohne Versammlung 4 2
- Probeabstimmung 4 141
- Scheinbeschluss 4 2, 260f.
- Stimmbindungsvertrag 4 207
- Stimmrechtsmissbrauch 4 199ff.
- Teilnahme v. Nichtberechtigten, bei Versammlung 4 126
- Teilnahmerecht, Verletzung 4 127
- Vertragsprinzip 4 209
- Verwalterbestellung 11 36ff.; s.a. dort
- Vollversammlung 4 3
- Vorbereitung, Verwaltungsübernahme 2 71ff.
- Wertprinzip 4 170ff.
- Willensbildung, zulässige 4 208

Beschlussgegenstand
- Bestimmungsrecht 4 33ff.
- Bezeichnung, Einberufungsschreiben 4 43ff., 50, 87
- Stimmrechtsbeschränkung 4 100ff.

Beschlusskompetenz
- Abänderungsanspruch, Verhältnis z. Mehrheitsbeschluss 3 192
- bauliche Veränderungen 4 216
- besondere Nutzung d. Gemeinschaftseigentums, Kostenverteilung 3 133, 135
- Betriebskostenverteilung 3 120ff.
- Ermächtigungsgrundlage, sachliche Grenzen 3 169ff.
- erstmalige Herstellung 8 28ff.
- Gebrauchsregelungen 3 1; 4 214
- Gemeinschaftsordnung, Änderung 3 104ff.
- Gemeinschaftsordnung, Durchbrechung 3 114
- Gemeinschaftsordnung, Ergänzung 3 115
- gesetzliche 3 113ff., 131f.
- gesetzliche, Modifizierung 3 164
- Gewährleistungsansprüche, gemeinschaftsbezogene 12 16ff.
- Gewährleistungsansprüche, Schranken 12 28ff.
- Gewährleistungsansprüche, Vorschussanspruch 12 58

- Haustierhaltung 9 412
- Instandsetzung/-haltung 3 1
- Instandsetzung/-haltung, Kostenverteilung 3 126 ff.
- Jahresabrechnung 6 233 ff.
- kleiner Schadensersatz/Minderung 12 63 ff.
- Kostenlasten, Begründung durch Beschluss 3 137
- Kostenverteilung, Änderung 3 1
- Kostenverteilungsschlüssel, Änderung 3 113, 118 ff.
- kraft Vereinbarung 3 116, 133 ff.
- Mängel 3 169 ff.
- Öffnungsklausel 3 70, 100, 106 ff., 138 ff.
- Übersicht 3 1, 117
- Übertragung auf d. Beirat 6 249 a
- Vereinbarungsänderung 3 139
- Verwaltungsangelegenheiten 3 1
- Verwaltungskosten, Änderung d. Verteilung 3 124 f., 133, 136 f.
- Verwaltungsregelungen 4 215
- Willensbildung, zulässige 4 208
- Zahlungsmodalitäten 3 133 f.

Beschlusssammlung
- Eintragungen 4 258 c
- Maßgeblichkeit 3 190
- Verhältnis z. Niederschrift 4 290
- Versäumnisse d. Verwalters 11 139

Beschlussvorschläge
- Instandhaltung/-setzung 8 278 ff., 294 f.

Beschwer
- Rechnungslegungsanspruch 7 48 f.

Beseitigungsanspruch
- bauliche Veränderung 9 124, 129 ff.; s.a. Rückbau; Wiederherstellungsanspruch
- Klageantrag 9 190
- Zwangsvollstreckung 9 193 ff.

Beseitigungsbeschluss
- Anfechtung 9 132
- Anspruchsgrundlage, eigenständige 9 129 ff.
- inhaltliche Bestimmtheit 9 133

Besitzeinräumungsanspruch
- bauliche Veränderung 9 124

Bestandsverzeichnis
- Grundbuch 1 29 f.

Bestellung des Verwalters
- allgemein 11 1 ff.
- durch das Gericht 11 181 ff.

Betreuung
- Anordnungsgrund 16 847
- Anordnungsverfahren 16 842 ff.
- Anregung 16 862
- Antragsrecht 16 855 ff.

- bauliche Veränderung, zugunsten Behinderter 16 891 ff.
- Beendigung 16 887 ff.
- Betreuer, Berechtigungsnachweis 16 883 f.
- Betreuer, Befugnisse 16 873 ff.
- Betreuer, Pflichtverletzung 16 886
- Betreuer, Rechtsstellung 16 869 ff.
- Betreuer, Stimmrecht 16 879 f.
- Betreuer, Teilnahmerecht 16 881 f.
- Betreuungsbedürftigkeit 16 837 ff.
- Einwilligungsvorbehalt 16 863 ff., 870
- Geschäftsunfähigkeit 16 854
- Grundlagen 16 836 ff.
- Subsidiarität d. Betreuerbestellung 16 848 ff.
- Unfähigkeit z. Besorgung eigener Angelegenheiten 16 839 ff.
- von Amts wegen 16 855, 858
- Wirkungsweise 16 876 ff.

Betriebskosten s.a. Wirtschaftsplan
- Abgrenzung z. Instandhaltung/-setzung 3 127 ff.
- Begriff 3 121
- Gemeinschaftseigentum 3 121
- individuelle 3 123
- Sondereigentum 3 122
- Sonderumlagen 5 19 ff.
- Verteilung, Änderung 3 120 ff.
- Wirtschaftsplan 5 27

Beurkundung
- Änderung d. Teilungserklärung 3 12 f.

Beweisverfahren
- selbständiges 14 46 ff.

Beweislast
- Abrechnungsansprüche 6 288

BGB-Gesellschaft s.a. Personengesellschaft
- Eigentumsverhältnisse, Klärung 1 9
- Prozessführungsbefugnis 14 109; 1 9
- Stimmabgabe 4 144
- Teilungsversteigerung 16 672
- Verwalterbestellung/-tätigkeit 1 22; 11 4

Biergarten
- Gebrauchsregelung, ordnungsgemäße 9 412

Bistro
- Zweckbestimmung, Auslegung 9 401

Blumenkästen
- (un-)zulässiger Gebrauch 9 375
- bauliche Veränderung 9 218
- Gebrauchsregelung, ordnungsgemäße 9 412

Blumenladen
- (un-)zulässiger Gebrauch 9 375

1625

Stichwortverzeichnis

Boardinghouse
- (un-)zulässiger Gebrauch 9 375
Bordell
- (un-)zulässiger Gebrauch 9 375
Brandschutz
- Wand-/Deckendurchbruch 9 343
Bruchteilseigentum
- Prozessführungsbefugnis 14 109
Bruchteilsgemeinschaft
- Eigentumsverhältnisse, Klärung 1 9
- Stimmrechtsvertretung 4 158 f.
- Teilungsversteigerung 16 672
Büronutzung
- (un-)zulässiger Gebrauch 9 375
Büroraum
- Zweckbestimmung, Auslegung 9 401

Cafe
- Zweckbestimmung, Auslegung 9 401

Dachausbau
- bauliche Veränderung 9 219 ff.
Dachboden
- Zweckbestimmung, Auslegung 9 401
Dachfenster
- bauliche Veränderung 9 226
Dachgarten
- bauliche Veränderung 9 228 ff.
Datenschutz
- innerhalb der Gemeinschaft 1 41; 6 2
Dauerwohnrecht s. Wohnungsberechtigte
Deckendurchbruch
- bauliche Veränderung 9 246
Deckungszusage
- Einholung 1 52 ff.
- Gebühren 1 53
Delegierte 4 168
Deutsches Ständiges Schiedsgericht f. Wohnungseigentum e.V. 14 33 ff.
Dienstbarkeiten
- Bestehenbleiben, Zwangsversteigerung 16 560 f.
DIN 4109
- Trittschallschutz 9 315 ff.
Drogenberatungsstelle
- Zweckbestimmung, Auslegung 9 401
Dunstabzug
- bauliche Veränderung 9 233 f.
- bauliche Veränderung, Zustimmungserfordernis 8 495
Durchbruch
- bauliche Veränderung 9 339 ff.

Ehegatten
- Stimmabgabe, einheitliche 4 144
- Verwaltertätigkeit 1 23

Ehrverletzende Äußerungen
- Unterlassungsklage 14 65 f.
Eigentum
- Bruchteilseigentum 1 9
- Erbengemeinschaft 1 9
- ideelles 1 9
Eigentümer
- echter werdender 16 86
Eigentümergemeinschaft
- Abnahme, Gemeinschaftseigentum 12 41, 44 ff.
- Abnahme, Sondereigentum 12 41 ff.
- Akteneinsicht, Nachlassgericht 16 1009 ff., 1017
- Aktivlegitimation 8 32
- Ansprüche g. Miteigentümer, i.R.v. Instandhaltung 8 89 ff.
- Anspruchsberechtigung/-geltendmachung, Rückbau 9 134 ff., 143
- Anwaltsgebühren, Erhöhung 1 5
- Auflösung, Beschränkung 10 1
- Auskunftsantrag, ggü. Nachlassgericht 16 1013 ff.
- Auslagen einzelner Miteigentümer 6 61
- Bauträgersicherheiten, Rückgewähranspruch 12 78 ff.
- Beiladung 14 199 ff. s.a. dort
- Beweissicherung 14 46 ff. s.a. Selbständiges Beweisverfahren
- Duldungspflicht, Versorgungseinrichtungen 8 92
- Einberufungsbefugnis 4 29
- Entziehung d. Wohneigentums s. Wohneigentum – Entziehung
- Erbschein, Antrag 16 1002 ff.
- Ersatzzustellungsvertreter 1 42
- fehlender Verwalter, Vertretung 11 336
- Gemeinschaftseigentum, ausschließliche Betroffenheit 12 84
- Gesamtvertretungsberechtigung 14 245
- Gewährleistungsansprüche, Aufrechnung 12 71, 152 ff.
- Gewährleistungsansprüche, Beschlussfassung 12 118 ff.
- Gewährleistungsansprüche, Beschlusskompetenz 12 17 ff.
- Gewährleistungsansprüche, Betroffenheit beider Eigentumssphären 12 87 ff.
Eigentümergemeinschaft
- faktische 16 87 ff.
- Gewährleistungsansprüche, g. Bauträger 12 9 f.; s.a. Gemeinschaftsbezogenheit
- Gewährleistungsansprüche, Leistungsverweigerungsrecht 12 68 f., 152 ff.

- Gewährleistungsansprüche, Mittelverwendung **12** 145 ff.
- Gewährleistungsansprüche, Mitwirkungszwang **12** 138
- Gewährleistungsansprüche, Nachzüglerwerber **12** 94 ff.
- Gewährleistungsansprüche, Rechtsausübungsbefugnis **12** 14 ff.; s.a. Gemeinschaftsbezogenheit
- Gewährleistungsansprüche, Vergleichsabschluss **12** 72 ff.
- großer Schadensersatz, Ausübungsbefugnis **12** 66 ff.
- Haftungsfreistellung, bauliche Veränderung **9** 89
- Instandhaltung/-setzung, Versäumnisse **8** 202 ff.
- Inventarerrichtung **16** 1025 ff.
- Jahresabschluss, Beschlussfassung **6** 233 ff.; s.a. Jahresabrechnung – Beschluss
- kaufrechtliche Ansprüche **12** 113 ff.
- kleiner Schadensersatz/Minderung, Beschlusskompetenz **12** 63 ff.
- Mandatserteilung **1** 8 f.
- Mitverschulden **8** 242 ff.
- Nachlasspflegschaft **16** 1021 ff.
- primäre Mängelansprüche, Ausübungsbefugnis **12** 54 f.
- Prozessführungsbefugnis **16** 190 f.
- Prozesspartei, Bezeichnung **14** 138 ff.
- Rechnungslegungsanspruch **7** 17 ff.
- Rechtsverfolgungskosten **6** 89 ff.; s.a. dort
- Rücklagenbildung, Unterlassen **8** 81
- Rücktritt, Ausübungsbefugnis **12** 24, 66 ff.
- Sondereigentum, ausschließliche Betroffenheit **12** 85 f.
- Sterbeurkunde, Antrag **16** 1000 f.
- Teilrechtsfähigkeit **8** 63 f., 89; **12** 17; **13** 1 ff.
- Teilrechtsfähigkeit **14** 75
- Tod eines Miteigentümers **16** 894 f. s.a. Erbnachfolge; Todesfall
- Todesfall, Geltendmachung v. Forderungen **16** 1019 f.
- Todesfall, Rechtsstellung **16** 993 ff.
- Unmöglichkeit d. Bauträgervertrags **12** 81
- Versorgungssperre, Zuständigkeit **16** 469
- Versteigerung, Zustimmungsvorbehalt **16** 660 ff.
- Vertretungsbefugnisse d. Verwalters **8** 397 ff.
- Verwalterbestellung, Zuständigkeit **11** 10
- Verwaltung, Pflichten **8** 63 f.
- Zustimmungserklärung, Rechtsnatur **3** 47
- Zustimmungserteilung, nach Urkundenübersendung **3** 17, 26
- Zustimmungspflicht **3** 18 ff.; s.a. Zustimmungserklärung
- Zwangsversteigerung, Antragsrecht **16** 522 ff.

Eigentümergemeinschaft – Haftung
- Außenverhältnis **13** 8 ff.
- Gläubigerstellung **13** 6
- Haftungsmasse **13** 4, 6
- Rechtsprechungsübersicht **13** 18
- Teilrechtsfähigkeit **13** 1 ff.
- WEG-Novelle **13** 7 ff., 15 ff.

Eigentümergemeinschaft, werdende 1 32
- Einberufungsschreiben **4** 77, 116
- Gewährleistungsansprüche, Ausübungsbefugnis **12** 93
- Jahresabrechnung **6** 224 ff.
- Stimmrecht **4** 130 ff.

Eigentümerversammlung s. Versammlung

Eigentümerwechsel
- Gewährleistungsansprüche **12** 102 ff.
- Hausgeldforderung **16** 49 ff.; 77 ff.; 86 ff.; 115 ff.; 175 ff.
- Hausgeldforderung, Klage **16** 305 ff; 308 f.
- Hausgeldvorschuss **6** 166 ff.
- Jahresabrechnung **6** 166 ff.
- Versorgungssperre **16** 442
- Zivilprozess **14** 230 ff.

Eigentumsschutz
- bauliche Veränderung **9** 99 ff.

Einberufung
- Adressaten **4** 72 ff., 107 ff.; s.a. Teilnahmerecht
- Einladungsschreiben s. Einberufungsschreiben
- Einladungsschreiben, Beiratsvorsitzender **4** 28
- Feststellung d. Ordnungsmäßigkeit **4** 278
- Form **4** 48, 88
- Frist **4** 66 ff., 90
- Mängel **4** 30 f., 55, 65, 70 f., 83 f.
- Ort **4** 49, 56 ff.
- Zeitpunkt **4** 49, 61 ff., 89

Einberufungsbefugnis
- außerordentliche Versammlung **4** 13 ff.
- Beiratsvorsitzender **4** 22 ff.
- fehlende **4** 30 f.
- Insolvenzverwalter **16** 731

[Einberufungsbefugnis]
- Miteigentümer 4 29
- ordentliche Versammlung 4 12
- Scheinverwalter 4 9f., 24
- Verpflichtung 4 11ff.; s.a. Einberufungspflicht
- Verwalter 4 6ff.
- Weigerung d. Verwalters 4 25
- Wiederholungsversammlung 4 86

Einberufungsort
- Wiederholungsversammlung 4 90

Einberufungspflicht
- außerordentliche Versammlung 4 13ff.
- Beiratsvorsitzender 4 26f.
- Grundsatz ordnungsmäßiger Verwaltung 4 20
- Minderheitsverlangen 4 15ff.
- ordentliche Versammlung 4 12
- Wiederholungsversammlung 4 21

Einberufungsschreiben
- Adressaten 4 72ff., 91, 97ff.; s.a. Teilnahmerecht
- Beiratsvorsitzender 4 28
- Beschlussgegenstände, Bestimmungsrecht 4 33ff.
- Beschlussgegenstände, Bezeichnung 4 43ff., 50, 87
- Form 4 48, 88
- Inhalt 4 49f., 88
- Mängel 4 55, 65, 70f., 83f.
- Muster 4 54
- Ort 4 49, 56ff.
- Zeitpunkt 4 49, 61ff., 89
- Zugang 4 51ff.

Einbruchsicherung
- bauliche Veränderung, Zustimmungserfordernis 8 495
- Instandhaltung/-setzungsanspruch 8 161
- Überwachungskamera 9 337f.

Einladungsscheiben s. Einberufungsschreiben

Einmann-Beschluss 4 223f.

Einnahmen
- Jahresabrechnung 6 123

Einsichtsrecht
- Jahresabrechnung 6 277ff.
- Rechnungslegung 11 341ff.
- Versammlungsprotokoll 4 303
- Verwalter, Grundbuch 11 238
- Verwalter, Vorgängerunterlagen 6 329
- Verwaltungsunterlagen 11 341ff.

Einstweilige Verfügung
- Antrag 14 271
- Antrag, Zustellung 14 274
- Antragsmuster 14 275

- bauliche Veränderungen 8 479
- Glaubhaftmachung 14 270
- Verfügungsanspruch 14 268
- Verfügungsgrund 14 269
- Zuständigkeit 14 266
- Zweck 14 267
- Heizkosten, Verweigerung d. Ablesung 6 77
- Versammlung, Untersagungsantrag 4 31
- Verwalterbestellung 11 95ff.
- Zustimmungsverlangen 3 99

Eintragungsbewilligung
- Gemeinschaftsordnung, Änderung 3 98

Einzelabrechnung s. Jahresabrechnung – Einzelabrechnung

Einzugsermächtigung
- Hausgeldvorschuss 5 87ff.

Eisdiele
- Zweckbestimmung, Auslegung 9 401

Energieausweis 8 179ff.

Energiesparverordnung 8 175ff.
- Beschlussvorschlag 8 192

Energieversorgung
- bauliche Veränderung 9 306
- bauliche Veränderung, Zustimmungserfordernis 8 495
- Eigentümergemeinschaft, Duldungspflicht 8 92

Entlastung
- Verwalterhaftung 11 401ff.; s.a. Jahresabrechnung; Rechnungslegung

Entlüftung
- bauliche Veränderung 9 233f., 263

Entsorgungskosten
- Abwasserhebeanlage 6 64

Entziehungsklage
- Abmahnung 10 25ff.
- Klageantrag 14 173
- passive Prozessführungsbefugnis 14 136
- Prozessführungsbefugnis 14 130
- Statthaftigkeit 14 106
- Urteil 14 298
- Verhältnis z. Zwangsversteigerung 16 557ff.
- Verwaltervollmacht 16 336

Erben
- Hausgeld, Zahlungsverpflichtung 16 107f.

Erbengemeinschaft
- Anfechtungsbefugnis 16 948
- Eigentumsverhältnisse, Klärung 1 9
- Haftungsbeschränkung 16 950
- Hausgeldrückstand 16 1019f.
- Kostentragung 16 949
- Prozessführungsbefugnis 14 109
- Prozessführungsbefugnis 16 951

- Stimmabgabe, einheitliche **4** 144
- Stimmrecht **16** 946 f.
- Teilungsversteigerung **16** 672

Erbnachfolge
- Akteneinsicht **16** 1009 ff., 1017
- Aufgebotsverfahren **16** 934 ff.
- Auskunftsansprüche, ggü. Gericht **16** 1013 ff.
- Ausschlagung d. Erbschaft **16** 942 ff.
- Ausschlagungsfrist **16** 898 ff.
- Auswirkungen auf Eigentümergemeinschaft **16** 894 f.
- Dürftigkeitseinrede **16** 928 ff.
- Erben, Rechtsstellung **16** 939 ff.
- Erbengemeinschaft **16** 945 ff.
- Erbenhaftung **16** 910 ff.
- Erbenhaftung, Beschränkung **16** 915 ff.
- Erbschaftsannahme **16** 906 f.
- Grundbuchberichtigung **16** 1050 ff.
- Hausgeldrückstand, Erbengemeinschaft **16** 1019 f.
- Nacherbschaft **16** 952 ff.
- Nachlassinsolvenz **16** 921 ff., 1037 ff.
- Nachlassverbindlichkeiten **16** 908 f.
- Nachlassverwaltung **16** 918 ff., 1031 ff.
- Staatserbfolge **16** 988 ff.
- Testamentsvollstreckung **16** 1046 ff.
- Titelumschreibung, auf Erben **16** 897, 1005 ff.
- Verfügungsbeschränkung **16** 941
- Vorerbe, Verfügungen **16** 964

Erbschein
- Antragsrecht **16** 1002 ff.

Erhöhungsgebühr
- Mehrfachvertretung **16** 320 ff.
- Passivverfahren **1** 5
- Reduzierung nach Teilrechtsfähigkeit **16** 321 ff.

Erledigung d. Hauptsache
- Beispiele **14** 276
- einseitige Erledigungserklärung **14** 280
- Hausgeldklage **16** 293 ff.
- Rechtsmittel **14** 281
- übereinstimmende Erledigungserklärung **14** 278
- übereinstimmende Erledigungserklärung, teilweise **14** 279

Ersatzvornahme
- Rückbau **9** 185

Ersatzzustellungsvertreter 14 152 ff.
- Mandatsübernahme **1** 42

Ersterrichtung
- Abgrenzung z. baulichen Veränderung **9** 22 ff.
- Abnahme, Gemeinschaftseigentum **12** 41, 44 ff.
- Abnahme, Sondereigentum **12** 41 ff.
- abweichende **9** 25; **12** 110 ff.
- Erwerberwechsel **12** 102 ff.
- Gewährleistungsansprüche **12** 5 ff.; s.a. dort
- Gewährleistungsansprüche, Nachzüglerwerber **12** 94 ff.
- planwidrige **9** 26
- Unmöglichkeit d. Bauträgervertrags **12** 81

Erwerber
- Gewährleistungsansprüche, g. Bauträger **12** 9 ff.; s.a. Gemeinschaftsbezogenheit
- Gewährleistungsansprüche, Nachzüglerwerber **12** 94 ff.
- Gutglaubensschutz **3** 190
- Heizkostenverteilung **6** 75 f.
- Jahreseinzelabrechnung, Namensangabe **6** 199
- Stimmrecht **4** 130 ff.
- Veräußerungsbeschränkungen s. dort; s.a. Veräußerung – Zustimmung
- Versammlungsteilnahme **4** 76 f., 115 f.
- Wechsel, Gewährleistungsansprüche **12** 102 ff.

Etagenaufstockung
- bauliche Veränderung **9** 227

Eventualversammlung 4 92 ff.

Fahrradständer
- bauliche Veränderung **9** 235, 260

Fälligkeit
- Hausgeldzahlung **16** 126 ff.
- Jahresfälligkeit **16** 133
- Regelung, Beschlusskompetenz **3** 133 f.

Fassade
- bauliche Veränderung, Zustimmungserfordernis **8** 495

Fenster
- bauliche Veränderung **9** 226, 237 ff.
- Gebrauchsregelung, ordnungsgemäße **9** 412
- Kostenverteilung **6** 65

Feriengäste
- (un-)zulässiger Gebrauch **9** 375

Fernsprecheinrichtungen
- Eigentümergemeinschaft, Duldungspflicht **8** 92

Feststellungsklage
- Klageantrag **14** 172
- Klagefrist **14** 184
- Statthaftigkeit **14** 104 f.
- Verwaltervertragsklauseln, Unwirksamkeit **11** 230

Feuchtigkeitsschäden
- Beseitigungsverlangen **8** 159, 162

FGG
- Übergangsvorschriften **14** 3 ff.

Flur
- Zweckbestimmung, Auslegung **9** 401

Forderungen s.a. Hausgeldforderung; Jahresabrechnung
- Aufstellung, Jahresabrechnung **6** 56 ff.
- Forderungsausfälle, Jahresabrechnung **6** 60
- informatorische Unterlagen **6** 220

Formulierungsmuster
- Akteneinsicht, Nachlassgericht **16** 1017
- Aktivrubrum, Prozessstandschaft **14** 123
- Amtsniederlegung, Klage auf Rechnungslegung **11** 177
- Anfechtungsantrag, mit Verpflichtungsantrag **14** 161
- Auskunftsantrag, ggü. Nachlassgericht **16** 1018
- bauliche Veränderung, Ungültigerklärung d. Beschlusses **8** 473
- bauliche Veränderung, Unterlassungsantrag **8** 478
- Beschlussanfechtung, Klageantrag **14** 128
- Beschlussvorschläge, Verwaltungsübernahme **2** 72 ff.
- Betreuungsanordnung, Anregung **16** 862
- Einberufungsschreiben **4** 54
- Eintragungsantrag, Gläubigerzustimmung **3** 38
- Eintragungsbewilligung **3** 98
- Energiesparverordnung, Maßnahmenbeschluss **8** 192
- Entziehungsbeschluss **10** 34
- Erbschein, Antrag **16** 1004
- Folgekosten, bauliche Veränderung **8** 145
- Forderungsanmeldung **16** 790
- Forderungsanmeldung, Aufgebotsverfahren **16** 938
- Forderungsanmeldung, für den Ausfall **16** 780 ff.
- Forderungsanmeldung, zur Tabelle **16** 793
- Forderungsausfall, Nachweis **16** 787
- Grundbuchberichtigung, Todesfall **16** 1054
- Hausgeldrückstand, Erbengemeinschaft **16** 1020
- Hinweis, Erforderlichkeit d. Grundbucheintragung **3** 14 f.
- Instandhaltung/-setzung, Duldungsanspruch **8** 434
- Instandhaltungs-/setzungsbeschluss **8** 264, 287, 292, 319 f.
- Instandhaltungs-/setzungsbeschluss, Zahlungsermächtigung **8** 329
- Instandhaltungs-/setzungsbeschluss, Zutrittsermächtigung **8** 418
- Inventarerrichtung **16** 1030
- Jahresabrechnung **6** 269
- Jahresabrechnung, Beschluss **6** 233
- Klageschrift, Hausgeldforderung **16** 280 ff.
- Leistungsklage, Beseitigung baulicher Veränderungen **14** 168
- Leistungsklage, Gestaltungsantrag **14** 170 f.
- Leistungsklage, Zahlungsantrag **14** 164 f.
- Masseverbindlichkeiten, Geltendmachung **16** 746
- Mehrheitserfordernisse, Festlegung **3** 154 f.
- Mietvertrag, Verweisung auf Hausordnung **9** 477 f.
- Nachlassinsolvenz, Antrag **16** 1044
- Nachlasspflegschaft **16** 1024
- Nachlassverwaltung, Antrag **16** 1036
- Nichtigkeitsfeststellungsantrag **8** 480
- Öffnungsklausel, sachlich begrenzte **3** 151 f.
- Öffnungsklausel, sachlich unbegrenzte **3** 145
- Parabolantennenanbringung, Beschluss **9** 297
- Prozessstandschaft d. Verwalters **1** 7
- Rechnungslegung, Beschlussvorschlag **7** 26
- Rechnungslegung, Klageantrag **7** 44
- Rückbau, Klageantrag **9** 190
- Sondernutzungsrecht, Vereinbarungserfordernis **3** 149
- Teilnehmerliste **4** 279
- Testamentsvollstreckung, Antrag **16** 1049
- Urkundenübersendung, Zustimmungserteilung **3** 17, 26
- Urkundsprozess **14** 323
- Verpflichtungsantrag **14** 125, 131
- Versammlung, Einladungsschreiben **3** 8
- Versammlungsprotokoll **4** 299
- Versorgungssperre, Beschluss **16** 449 f.
- Verwalter, gerichtliche Bestellung **11** 193, 198
- Verwalterabberufung, Anfechtung **11** 159
- Verwalterabberufung, Beschluss **11** 112, 115 f.

- Verwalterabberufung, Klageantrag **11** 135
- Verwalterbestellung, Beschluss **11** 45 ff., 58
- Verwalterbestellung, Beschlussvorschlag **11** 33
- Verwalterbestellung, einstweilige Verfügung **11** 96
- Verwaltervertrag **11** 263 f.
- Verwaltervertragsklauseln, Unwirksamkeit **11** 230
- Vollmacht, Verwalter **11** 354
- Wiedereinsetzungsantrag **14** 190
- Wirtschaftsplan, Beschlussvorschlag **5** 56, 63
- Wirtschaftsplanvorlage, Antrag **5** 95, 98
- Zwangsversteigerung **16** 521, 548 f., 556, 565 f., 640 f.
- Zwangsverwaltungsantrag **16** 418

Fortsetzungsversammlung **4** 96

Freiberufliche Tätigkeit
- Zweckbestimmung, Auslegung **9** 401

Fremdkonto **11** 300

Friseursalon
- (un-)zulässiger Gebrauch **9** 375

Funkanlage
- bauliche Veränderung **9** 210

Funkeinrichtungen
- bauliche Veränderung, Zustimmungserfordernis **8** 495

Garage
- (un-)zulässiger Gebrauch **9** 375
- Zweckbestimmung, Auslegung **9** 401

Garderobe
- bauliche Veränderung **9** 242

Garten
- bauliche Veränderung **9** 228 ff., 243 ff.

Gartenanlage
- bauliche Veränderung, Zustimmungserfordernis **8** 495

Gästezimmer
- Zweckbestimmung, Auslegung **9** 401

Gastronomie s.a. Cafe; Eisdiele; Gaststätte; Imbiss

Gaststätte
- bauliche Veränderung, Zustimmungserfordernis **8** 495
- Gebrauchsregelung, ordnungsgemäße **9** 412
- Zweckbestimmung, Auslegung **9** 401

GbR s. BGB – Gesellschaft

Gebetshaus
- (un-)zulässiger Gebrauch **9** 375

Gebrauchsregelungen
- Abänderung **9** 384 f.
- Abgrenzung z. baulichen Veränderung **9** 32
- Auslegung **9** 382 f., 391
- Beschluss, Änderung **9** 406
- Beschluss, Auslegung **9** 405
- Beschluss, Nichtigkeit **9** 413 ff.
- Beschluss, Ungültigerklärung **9** 404
- Beschlussanfechtung, Gründe **9** 407 ff., 412
- Beschlussfassung **9** 403
- Beschlusskompetenz **4** 214
- Bindungswirkung, Rechtsnachfolge **9** 386 ff.
- Eingriff in dinglichen Kernbereich **9** 423
- Eingriff in Individualrechte **9** 422
- Gemeinschaftsordnung **9** 377 ff.
- gesetzliche Regelung **9** 361 ff.
- Hausfrieden **9** 411
- Hausordnung, dynamische Verweisung **9** 477 f.
- Inhaltskontrolle **9** 381
- Leistungsklage, Gestaltungsantrag **14** 170 f.
- Mandatsübernahme, Checkliste **9** 358
- Mehrheitsbeschluss **8** 99
- Mietvertrag, Hinweise **9** 473 ff.
- Mitgebrauch, Entzug **9** 420
- nicht ordnungsmäßige, Einzelfälle **9** 412
- ordnungsmäßige **9** 409 ff.
- ordnungsmäßige, Einzelfälle **9** 412
- Sittenwidrigkeit **9** 416
- Unbestimmtheit **9** 424
- Unmöglichkeit d. Durchführung **9** 425
- unzulässiger Gebrauch s. dort
- Vereinbarung, Abänderung durch Beschluss **9** 421
- Verstoß g. gesetzliches Verbot/zwingende Vorschriften **9** 418 f.
- Verwalterermächtigung **9** 426
- Widersprüchlichkeit **9** 389 ff.
- Zustandekommen **9** 379 f.
- Zustimmungsvorbehalt, Verwalter **9** 393 ff., 412
- Zweckbestimmung, Einzelfälle **9** 401
- Zweckbestimmung, in d. Teilungserklärung **9** 372 ff.
- Zweitbeschluss **9** 406

Gegenstandswert s.a. Streitwert
- Hinweispflicht, d. Anwalts **1** 45
- Zwangsversteigerung **16** 683 ff.

Geldflussprinzip **6** 14 ff., 21 ff.
- Durchbrechung **6** 35 ff., 38 ff.

Geldverwaltung **11** 298

Gemeinschaftsbezogenheit
- Ausübungsbefugnis, geborene **12** 20 f.
- Ausübungsbefugnis, gekorene **12** 22 ff.

1631

[Gemeinschaftsbezogenheit]
- Auswirkungen d. Mängel auf Eigentumssphären 12 87 ff.
- Bauträgersicherheiten, Rückgewähranspruch 12 78 ff.
- Beschlusskompetenz 12 16 ff.
- Beschlusskompetenz, Schranken 12 28 ff.
- Eigentümergemeinschaft, Teilrechtsfähigkeit 12 17
- primäre Mängelansprüche, Ausübungsbefugnis 12 52 ff.
- Rechtsprechungsgrundsätze 12 18, 27
- sekundäre Mängelansprüche, Ausübungsbefugnis 12 63 ff.
- WEG-Novelle 12 14 ff.

Gemeinschaftseigentum
- Abgrenzung z. Sondereigentum 8 400 ff.; 9 7 ff.
- Abnahme, v. Bauträger 12 41, 44 ff.
- Auslegung 3 19
- bauliche Veränderungen 8 451 ff.
- bauliche Veränderungen, Einwirkungen 8 99 ff.
- bauliche Veränderungen, Kostenverteilung 3 84 ff.
- Begriff 9 7
- Beschlussvorbehalt 3 1
- besondere Nutzung, Kostenverteilung 3 133, 135
- Betriebskostenverteilung 3 121
- Duldungspflicht, Instandhaltung/-setzung 8 91 ff.
- Durchbrechung 3 114
- Ergänzung, Beschlusskompetenz 3 115
- erstmalige Verwalterbestellung 11 19 ff.
- Erstverwaltervertrag 11 207 ff.
- Garten 9 249
- Gebrauchsregelungen 8 99; 9 377 f.; s.a. dort
- Gebrauchsregelungen, Gemeinschaftsordnung 9 377 ff.
- Gewährleistungsansprüche, ausschließliche Betroffenheit 12 84
- Gewährleistungsansprüche, Auswirkung auf Sondereigentum 12 88 ff.
- Gewährleistungsansprüche, g. Bauträger 12 11 ff.; s.a. dort
- Gewährleistungsansprüche, Leistungsverweigerungsrecht 12 68 f., 152 ff.
- Instandhaltung/-setzung 8 1 ff., 66 ff.; s.a. dort
- Instandhaltung/-setzung, Einwirkungen 8 99 ff.
- Instandhaltung/-setzung, Versäumnisse 8 202 ff.
- Kostenverteilung, Regelung 6 62 a f.
- Mitgebrauch 9 363
- Mitgebrauchsbeschränkung, Generalklausel 9 364 ff.
- Öffnungsklausel 3 70, 100, 106 ff., 138 ff.
- Rechtsstreitigkeiten, Vorschaltverfahren 14 9 ff.
- Schäden, selbst. Beweisverfahren 14 49, 51 ff.
- Schiedsklausel 14 28 ff., 37 ff.
- Sondernutzungsrecht 9 12
- Stimmverbote, Regelung 4 181 f.
- unzulässiger Gebrauch s. dort
- unzulässiger Gebrauch, Nachbarrechte 9 462 ff.
- Verkehrssicherungspflicht 9 89
- Verwaltung, Pflichten 8 42 ff., 63 f., 65

Gemeinschaftsgelder
- Verwaltung 11 298

Gemeinschaftsordnung
- Begriff 1 18

Gemeinschaftsordnung – Änderung
- Abgeschlossenheitsbescheinigung 3 46
- Ablauf, Übersicht 3 66 ff.
- Anspruch, Prüfungsschema 3 95
- Anspruch, Verhältnis z. Mehrheitsbeschluss 3 191 f.
- Anspruch, Voraussetzungen 3 18 ff., 70 ff.
- Auslegung 3 75 ff.
- bauliche Veränderungen, Kostenverteilung 3 1
- behördliche Genehmigung 3 46
- Beschlusskompetenz 3 104 ff., 113 ff.
- Beschlussmängel 3 169 ff.
- Beurkundung 3 13
- Checkliste 3 112
- einstweiliger Rechtsschutz 3 99
- gerichtliche Durchsetzung 3 96 ff.
- Gerichtsentscheidung, Abänderung 3 103
- Grundbucheintragung 3 5, 14 f.
- Grundbuchgläubiger, Zustimmung 3 31 ff.
- Instandsetzung/-haltung, Kostenverteilung 3 1
- Kosten 3 57 ff.
- Kostenverteilung 3 1; s.a. Kostenverteilung – Änderung
- Mehrheitsentscheidung, Zulässigkeit 3 106, 110 ff.
- Öffnungsklausel 3 70, 100, 106 ff., 138 ff.
- Organisationskompetenz 3 3 f.
- Rechtsschutzbedürfnis 3 100
- sachenrechtliche Zuordnung 3 1 ff.; s.a. Zustimmungserklärung

- Unbedenklichkeitsbescheinigung 3 46
- Versammlungsvorbereitung 3 6 ff.
- Vormerkung 3 51 ff.
- WEG-Reform 3 73 f., 104 ff.
- Wirksamwerden 3 49 f.
- Zustimmungsersetzung, gerichtliche 3 27 ff., 44 f.
- Zustimmungspflicht 3 18 ff.

Gemeinschaftsraum
- Zweckbestimmung, Auslegung 9 401

Genehmigungspflichten
- Wirtschaftsplan 5 73

Geräteschuppen
- bauliche Veränderung 9 246

Gericht – s.a. Urteil; Zivilprozess; Zuständigkeit
- Zuständigkeit, Klageverfahren 1. Instanz 14 54 f.
- Zuständigkeit, Schadensersatzansprüche 8 199 ff.

Gerichtskosten s.a. Rechtsverfolgungskosten
- Kostenentscheidung 16 315
- Zwangsversteigerung 16 676 ff.

Gerichtskostenvorschuss 14 247; 16 263 f.
- Mahnverfahren 16 332

Geruchsimmission
- bauliche Veränderung 9 251 ff.
- (un-)zulässiger Gebrauch 9 375

Gesamtabrechnung s. Jahresabrechnung
- Gesamtabrechnung

Gesamthandsgemeinschaften
- Stimmabgabe, einheitliche 4 144

Gesamtschuldner
- teilender/werdender Eigentümer 16 104 ff.

Geschäftsfähigkeit
- Entziehung d. Wohneigentums 10 3

Geschäftsführung ohne Auftrag
- durch Verwalter 8 380 ff.
- Haftung 8 373 ff.
- Irrtum über Notfall 8 367 ff.
- Missbrauch 8 376 ff.
- Pflichtenkreis d. Verwalters 8 363 ff.
- Vertretungsbefugnisse d. Verwalters 8 390 ff.
- Voraussetzungen 8 362 ff.

Geschäftsordnungsmaßnahmen
- Versammlungsvorsitz 4 271 ff.

Geschäftsraum
- Zweckbestimmung, Auslegung 9 401

Geschäftsunfähigkeit
- Betreuungsanordnung 16 854
- Stimmrechtsvertretung 4 160

Geschäftswert s.a. Streitwert
- Hinweispflicht, d. Anwalts 1 45

- Wirtschaftsplan, Anfechtung
- Zwangsversteigerung 16 676 ff.

Gesetzliche Vertreter
- Prozessführungsbefugnis 14 108

Gestaltungsurteil
- Wirtschaftsplan 8 107

Getränkeautomat
- Gebrauchsregelung, nicht ordnungsgemäße 9 412

Gewährleistungsansprüche
- Abnahme, Gemeinschaftseigentum 12 41, 44 ff.
- Abnahme, Sondereigentum 12 41 ff.
- anwendbares Vertragsrecht 12 5 ff.
- Aufrechnungsbefugnis 12 71, 152 ff.
- Aufwendungsersatz 12 52 ff.
- Ausübungsbefugnis, geborene 12 20 f.
- Ausübungsbefugnis, gekorene 12 22 ff.
- Ausübungsbefugnis, Rangverhältnis 12 34 ff.
- Ausübungsbefugnis, Sondernutzungsrecht 12 91 f.
- Bauabweichung/Sonderwünsche 12 110 ff.
- Baumängel, Verwalterhaftung 11 381 ff.
- Beschlussfassung 12 118 ff.
- Beschlusskompetenz, Schranken 12 28 ff.
- Betroffenheit beider Eigentumssphären 12 87 ff.
- Eigentümerwechsel 12 102 ff.
- einheitliche Ausübung 12 16
- Ersatzvornahme, Beschlusskompetenz 12 58
- Erwerb v. Bauträger 12 5 ff.
- Erwerb v. Bauträger, Anspruchsinhaber 12 9 ff.; s.a. Gemeinschaftsbezogenheit
- Finanzierung/Kostenverteilung 12 139 ff.
- gegen Bauträger, selbst. Beweisverfahren 14 49
- Geltendmachung 8 48, 173
- Geltendmachung, Rechtsausübungsbefugnis 12 14 ff.
- Gemeinschaftsbezogenheit 12 15 ff.; s.a. dort
- Gemeinschaftseigentum, ausschließliche Betroffenheit 12 84
- Gläubigermehrheit 12 55 ff., 64
- großer Schadensersatz, Ausübungsbefugnis 12 66 ff.
- kleiner Schadensersatz/Minderung, Beschlusskompetenz 12 63 ff.
- Leistungsverweigerungsrecht 12 68 f., 152 ff.
- Mahnung 12 53

1633

[Gewährleistungsansprüche]
- Mandatsübernahme 12 1 ff.
- Mittelverwendung 12 145 ff.
- Mitwirkungszwang 12 138
- Nacherfüllung 12 52 ff.
- nachträgliche Baumängel 12 155 f., 167
- Nachzüglererwerb 12 94 ff.
- Rücktritt, Ausübungsbefugnis 12 24, 66 ff.
- selbständiges Beweisverfahren 14 46 ff.
- Sondereigentum, ausschließliche Betroffenheit 12 85 f.
- Vergleichsabschluss 12 72 ff.
- Verwalterpflichten 12 157 ff.
- Vorschussanspruch 12 52 ff.
- werdende Eigentümergemeinschaft 12 93

Gewerbe
- Zweckbestimmung, Auslegung 9 401

Gewerberäume
- Versorgungssperre 16 461 ff.

Gewerbliche Nutzung
- (un-)zulässiger Gebrauch 9 375
- Zustimmung z. baulichen Veränderungen 9 113
- Zweckbestimmung, Auslegung 9 401

Gewillkürte Prozessstandschaft
- Verwalter 1 7

Girokonto
- Jahresabrechnung 6 213 ff.
- Musterabrechnung 6 269
- Verwalterpflichten 11 298 ff.

Gitter
- bauliche Veränderung 9 241

Glasschäden
- Kostenverteilung 6 67

Gläubigermehrheit
- Gewährleistungsansprüche, Geltendmachung 12 55 ff., 64

Grillen
- Gebrauchsregelung, nicht ordnungsgemäße 9 412
- (un-)zulässiger Gebrauch 9 375

Grundbesitzerhaftung
- Verwalter 8 45

Grundbuch
- Abteilungen 1 31 ff.; 2 9 ff.
- Anlage zur Klageschrift 14 238
- Einsicht, bei Mandatsübernahme 1 29 ff.
- Einsicht, bei Verwaltungsübernahme 2 4 ff.
- Einsichtsrecht, d. Verwalters 11 238
- Eintragung, Zwangsversteigerungsverfahren 16 568 ff.
- Kosten, Änderungseintragung 3 59, 52

- Kostentragungsregelung, bauliche Veränderung 9 88
- Prüfung, Verwaltungsübernahme 2 3 ff.
- Todesfall, Berichtigung 16 1050 ff.
- Unschädlichkeitszeugnis 3 36, 38

Grundbucheintragung
- Änderung d. sachenrechtlichen Zuordnung 3 5, 14 f.
- Eintragungsbestand, Erwerber 3 190
- Eintragungsbewilligung 3 98
- fehlende, Öffnungsklausel 3 158 f.
- vereinbarungsändernde Beschlüsse 3 189
- Vereinbarungsänderung 3 156
- Zwangsversteigerung 10 39

Grundbuchgläubiger
- Begriff 3 39 ff.
- Unschädlichkeitszeugnis 3 36, 38
- Versammlungsteilnahme 4 82, 118
- Zustimmung, Kosten 3 64 f.
- Zustimmung, Rechtsänderungen 3 31 ff.
- Zustimmungserfordernis 3 185 ff.; 17 23
- Zustimmungserfordernis, Öffnungsklausel 3 160 ff.

Grunderwerbsteuer
- Instandhaltungsrücklage 8 79

Grundpfandrecht s. Grundbuchgläubiger

Grünfläche
- Gebrauchsregelung, ordnungsgemäße 9 412

Grünstempel
- Teilungsplan 1 19

Gütergemeinschaft
- Teilungsversteigerung 16 672

Gutes Wohnhaus
- Zweckbestimmung, Auslegung 9 401

Güteverhandlung 14 22

Gutgläubiger Erwerb
- Vertrauen auf Grundbuchbestand 3 190

Gymnastikstudio
- Zweckbestimmung, Auslegung 9 401

Haftpflichtversicherung – Eigentümergemeinschaft
- Mitversicherung des Verwalters 2 17, 28

Haftung – Eigentümergemeinschaft
- Verkehrssicherungspflicht 9 89

Haftung
- des Erben 16 910 ff.
- des Insolvenzverwalters 16 756 f.
- des Verwalters 11 355 ff.; s.a. Verwalter – Haftung

Haftung – Wohnungseigentümer
- nach Miteigentumsanteilen 13 8 ff.
- teilschuldnerische Außenhaftung 13 8 ff.

Hausbesitzererklärung 11 310

Hausflur
- (un-)zulässiger Gebrauch 9 375

Hausfrieden
- Wahrung 9 411

Hausgeld
- Fälligkeitsregelung 16 126
- Guthaben 16 153
- Guthaben, Alteigentümer 16 306 f.
- Guthaben, Insolvenzfall 16 809 ff.
- Zahlungsverpflichtung d. Sondereigentümers 16 5 ff., 72 ff.

Hausgeldansprüche
- Ersteher, Pflichtenstellung 16 665 ff.
- Fälligstellung, Beitreibung 16 211 ff.
- Masseunzulänglichkeit 16 747 ff.
- Masseverbindlichkeiten 16 745 f.
- Verjährung 16 175 ff.

Hausgeldforderung s.a. Ergänzung zu „gerichtliche Beitreibung"
- Aktivlegitimation 14 120
- Aufrechnung 16 57 ff.
- Beitreibungskosten, Geringhaltung 16 140 ff.
- Bucheigentümer 16 84 f.
- Dauerwohn-/nutzungsberechtigte 16 112
- Eigentümer, Falschbezeichnung 16 48
- Eigentümerwechsel 16 49 ff., 77 ff., 86 ff., 115 ff., 175 ff.
- Einwände, nach Bestandskraft 16 63 ff.
- Erben 16 107 f.
- Fälligstellung, Beitreibung 16 211 ff.
- gerichtliche Beitreibung 16 185 ff.
- insolventer Miteigentümer 16 124 f.
- Jahresbetrag, Fälligstellung 16 133 ff.
- Leistungsklage, Zahlungsantrag 14 164 f.
- Mahnung 16 157
- Mahnverfahren 14 15
- Mandatsübernahme 16 1 ff.
- Massezugehörigkeit 16 740 ff.
- Nießbraucher 16 111
- Scheineigentümer 16 82 f.
- Schlichtungsverfahren 14 13 ff.
- Streitwert 16 141 ff.
- Todesfall, Geltendmachung 16 1019 f.
- Treuhänder 16 114
- Urkundsprozess 14 318 ff. s.a. dort
- Verfallklausel 16 136 f.
- Verjährung 16 175 ff.
- Vermächtnisnehmer 16 109 f.
- Versorgungssperre 16 419 ff. s.a. dort
- Versteigerungserwerber 16 115 ff.
- Verzugszinsen 16 168 ff., 184
- Vorschaltverfahren 14 9 ff.
- werdender Eigentümer 16 86 ff.
- Wohnungsberechtigte 16 113
- Zahlungsschuldner 16 72 ff.
- Zwangsverwaltung 16 122 f., 344 ff.
- Zwangsvollstreckung 14 330 ff.; 16 341 ff.

Hausgeldforderung – Klage
- Abrechnungsunterlagen 16 246
- Anlagen 16 244 ff.
- Antrag 14 164 f.; 16 225 ff.
- Checkliste, Klageschrift 16 265 ff.
- Eigentümerwechsel, während d. Verfahrens 16 305 ff., 308 f.
- Erfüllungseinwand 16 253 ff.
- Erledigung d. Hauptsache 16 293 ff.
- g. ausgeschiedenen Eigentümer 16 203 f.
- Gerichtskostenvorschuss 16 263 f.
- Klageantrag 16 225 ff.
- Klagebegründung 16 238 ff.
- Klageschrift 16 205 ff.
- Kostenanträge 16 233 ff.
- Kostenentscheidung 16 315 ff.
- Mahnverfahren 16 328 ff.
- Musterklageschrift 16 280 ff.
- neuer Abrechnungssaldo, während d. Verfahrens 16 282 ff.
- Prozessführungsbefugnis 16 185 ff.
- Prozesskosten, Bereitstellung 16 310 ff.
- Sachverhaltsdarstellung 16 242
- Sicherungshypothek 16 417
- Sonderumlage, Eigentümerwechsel 16 308 f.
- Sonderumlagen, Klageschrift 16 247 ff.
- Teilzahlungen, während d. Verfahrens 16 289 ff.
- Versammlungsprotokoll, Vorlage 16 245
- Versäumnisurteil 16 231
- vorläufige Vollstreckbarkeit 16 229
- Zahlung, vor Anhängigkeit 16 297 ff.
- Zahlung, zw. An-/Rechtshängigkeit 16 295 f.
- Zinsen, Geltendmachung 16 260
- Zuständigkeit 16 197 ff.
- Zwangsversteigerung 16 472 ff.
- Zwangsverwaltung 16 344 ff. s.a. dort
- Zwangsvollstreckung 16 333 ff.
- Zwangsvollstreckung, bevorrechtigte Ansprüche 16 360 ff., 476 ff., 492 ff., 775 ff.

Hausgeldnachzahlungen
- Altschulden 16 41 f.
- aufgrund Wirtschaftsplan 16 27 ff.
- aus Jahresabrechnung 16 32 ff.

[Hausgeldnachzahlungen]
- Beschluss, nichtiger 16 53
- Beschluss, über Einzelabrechnung 16 33 ff., 151 f.
- Beschluss, über Gesamtabrechnung 16 33, 151
- Einwand sachfremder Mittelverwendung 16 43 f.
- Einwände, nach Bestandskraft 16 63 ff.
- Erfüllungseinwand 16 45 ff.
- Fälligkeit 16 151 f.
- fehlerhafte Abrechnung 16 38 ff.
- Verzug 16 156 ff.
- Verzugszinsen 16 168 ff., 184
- aus Vorjahren 16 41 f.
- Zurückbehaltungsrecht 16 54 ff.

Hausgeldvorschuss; s.a. Jahresabrechnung; Wirtschaftsplan
- Aufrechnung 6 157 ff.
- Ausfälle, Sonderumlage 6 181
- Eigentümerwechsel 6 166 ff.
- Einzelabrechnung 6 152 ff.
- Einzelabrechnung, Guthaben 16 153
- Einzugsermächtigung 5 87 ff.
- Fälligkeit 16 127 ff.
- Fälligkeitsregelung 5 80 ff.
- Festlegungsdauer 16 12 ff.
- Geltungsdauer 5 76 ff.
- Höhe 16 131 f.
- Höhe, Beibehaltung 5 58
- Höhe, Festlegung 5 21
- Insolvenz 6 170
- Instandhaltung/-setzungsmaßnahmen 8 107 ff.
- Jahresabrechnung, falscher Ausweis 6 234 a
- Jahresbetrag, Fälligstellung 16 133 ff.
- Lastschriftverfahren, Ermächtigung 11 243
- Mahnung 11 246
- monatlicher Turnus 16 128 ff.
- Notgeschäftsführung 6 160 ff.
- pauschaler 5 26
- Rubrum 13 3 f.
- Rückstände, Rücklagenverwendung 6 48
- Sonderumlagen 6 171 ff.; s.a. dort
- Stundung 5 82 ff.
- uneinbringlicher, Jahresabrechnung 6 60
- Verfallklausel 16 136 ff.
- Verrechnung m. Auslagen 6 61
- Vertragsstrafe" 5 86 f.
- Verzugsregelung 5 86 ff.
- Vorschussliste 5 38
- Wirtschaftsplan 16 8 ff.
- Zwangsversteigerungserwerb 6 169
- Zwangsverwaltung 6 170

Haushaltsnahe Dienstleistungen
- Jahresabrechnung 6 123 a

Hausmeisterraum
- Gebrauchsregelung, ordnungsgemäße 9 412

Hausmeisterwohnung
- Zweckbestimmung, Auslegung 9 401

Hausordnung
- dynamische Verweisung, Mietvertrag 9 477 f.
- Verwalterpflichten 11 282 f.

Hausrecht 4 281

Haustierhaltung
- Gebrauchsregelung, Nichtigkeit 9 417
- Gebrauchsregelung, Ordnungsmäßigkeit 9 412
- (un-)zulässiger Gebrauch 9 375

Haustür
- Gebrauchsregelung, nicht ordnungsgemäße 9 412

Heizkosten
- Kostenverteilung nach Wohnfläche 6 189 ff.

Heizkostenabrechnung
- Ablesung, Verweigerung 6 77
- Heizkörperstilllegung 6 68
- neu eintretende Eigentümer 6 75 f.
- Nutzerwechsel 6 69
- Ölbestand 6 52 ff.
- Ölverbrauch 6 51 ff.
- Regelungsbefugnisse 6 72 f.
- verbrauchsabhängige Abrechnung 6 70
- Verbrauchserfassungsgeräte, fehlerhafte 6 78
- Verbrauchserfassungskosten 6 71 ff.

Heizkostenabrechnung – Jahresabrechnung
- Heizkostenverordnung 6 49 f.
- nach Verbrauch 6 51 ff.

Heizungsanlage
- bauliche Veränderung 9 254
- bauliche Veränderung, Zustimmungserfordernis 8 495

Herausgabe von Unterlagen
- Beschlussvorschlag 2 73

Heizungskeller
- Gebrauchsregelung, ordnungsgemäße 9 412

Hobbyraum
- Zweckbestimmung, Auslegung 9 401

Hoffläche
- Gebrauchsregelung, ordnungsgemäße 9 412

Hundehaltung
- Gebrauchsregelung, Nichtigkeit 9 417

- Gebrauchsregelung, ordnungsgemäße 9 412

Imbiss
- Zweckbestimmung, Auslegung 9 401

Immissionen
- bauliche Veränderung 9 251 ff., 266 ff., 302

Innentreppe
- bauliche Veränderung 9 225

Insichgeschäft s. Selbstkontrahieren

Insolvenz
- Absonderungsrecht, bzgl. bevorrechtigter Ansprüche 16 775 ff., 806, 816
- Aufhebung d. Verfahrens 16 817
- Aufrechnung mit Guthaben 16 809 ff.
- Einstellung mangels Masse 16 747 ff., 817, 825
- Forderungsanmeldung 16 770 ff., 789 f.
- Forderungsanmeldung, für den Ausfall 16 780 ff.
- Forderungsanmeldung, zur Tabelle 16 792 f.
- Forderungsausfall, Nachweis 16 787 f.
- Freigabe d. Insolvenzmasse 16 758 ff.
- Hausgeldvorschuss, Abrechnung 6 170
- Insolvenzanfechtung 16 799 ff.
- Insolvenzforderungen 16 735 ff., 768
- Masseunzulänglichkeit 16 747 ff.
- Masseverbindlichkeiten 16 735 ff., 745 f., 807 f.
- Massezugehörigkeit, Hausgeldforderungen 16 740 ff.
- Massezugehörigkeit, Wohneigentum 16 729
- Miteigentümer, Hausgeldlasten 16 124 f.
- Nachlassinsolvenz 16 921 ff., 1037 ff.
- Rechtsanwaltsgebühren 16 826 ff.
- Regelinsolvenzverfahren 16 717 ff.
- Restschuldbefreiungsverfahren 16 697 ff.
- Rückschlagsperre 16 795 ff.
- Schlussverteilung 16 818 ff.
- Sonderumlagen 16 766 ff.
- Verbraucherinsolvenzverfahren 16 699 ff.
- Verwertung d. Wohneigentums 16 764 f.
- Vollstreckungsverbot 16 755
- Zwangsversteigerung, Einleitung durch Gläubiger 16 816
- Zwangsversteigerung, Einleitung durch Verwalter 16 815
- Zwangsversteigerungsverfahren, eingeleitetes 16 805 ff.

Insolvenzverwalter
- Bestreiten angemeldeter Forderungen 16 791
- Freigabe d. Insolvenzmasse 16 758 ff.
- Haftung 16 756 f.
- Insolvenzanfechtung 16 799 ff.
- Prozessführungsbefugnis 14 111
- Rechtsstellung 16 730 ff.
- Sonderumlagen 16 766 ff.
- Stimmrecht 4 135
- Verfügungsbefugnis 16 814 ff.
- Versammlungsteilnahme 4 78, 117
- Verwaltungsbefugnis 16 735 ff.
- Verwertung d. Eigentums 16 673 f.
- Verwertung d. Wohneigentums 16 764 f.
- Zwangsversteigerung, Einleitung 16 815
- Zwangsversteigerung, Einstellung 16 586 ff.

Installationen
- bauliche Veränderung 9 254

Instandhaltung s.a. Gewährleistungsansprüche
- Abgrenzung z. baulichen Veränderung 8 452 ff.; 9 28 f.
- Abgrenzung z. Betriebskosten 3 127 ff.
- Änderung, Beschlusskompetenz 3 126 ff.
- Anspruch, Geltendmachung 8 69 ff.
- Anspruch, Verjährung/Verwirkung 8 165
- Auftragsvergabe 8 330 ff.
- Ausführungskompetenz 8 73 ff., 122, 171 ff.
- Ausführungsmaßnahmen 8 322 ff.
- bauliche Veränderung, Folgekosten 9 180
- Begriff 8 3
- Beirat, Mitwirkung 8 265
- Duldungsanspruch/-pflicht 8 91 ff., 411 ff., 434
- Eigentümergemeinschaft, Ansprüche g. Miteigentümer 8 89 ff.
- Eigentümergemeinschaft, Pflichten 8 63 f., 148 ff.
- Einwirkung auf Sondereigentum 8 91 ff.
- Einwirkungen auf Gemeinschaftseigentum 8 99 ff.
- Einwirkungen auf Sondereigentum 8 400 ff.
- Energiesparverordnung 8 175 ff.
- Fenster 9 238
- Feuchtigkeitsschäden 8 159
- Gemeinschaftseigentum 8 1 ff., 66 ff.
- Handlungsspielraum 8 75
- kaufmännische Kontrolle 8 58 ff.

[Instandhaltung]
- Kostenermittlung 8 270 ff.
- Kostenregelung 8 6
- Kostenverlagerung auf Sondereigentümer 8 7 f.
- Kostenverteilung, abweichende 8 132 ff.
- Kostenverteilung, Änderung 3 1
- Mehrhausanlagen 8 9
- Miteigentümer, Haftungsfreistellung 8 250 ff.
- Miteigentümer, Pflichten 8 65, 66 ff.
- Mitwirkungspflichten/-ansprüche 8 67 ff., 149 f., 415
- nachträgliche Baumängel 12 155 f., 167
- Negativbeschluss, Anfechtung 8 151
- Notgeschäftsführung 8 350 ff.; 11 296 f.
- Notwendigkeit, Prüfung 8 158
- öffentlich-rechtliche Vorschriften, Umsetzungsmaßnahmen 8 22 f.
- Primäransprüche d. Miteigentümer 8 146 ff.
- Problemkonstellationen 8 2
- Rücklagenbildung 8 78 ff.
- Sachverständigenbeauftragung 8 49
- Sekundäransprüche d. Miteigentümer 8 193 ff.
- Sekundäransprüche, Verletzung d. Sondereigentums 8 422 ff.
- Sondereigentum 8 65
- Sonderumlagen 8 113 ff.
- technische Kontrolle 8 43 ff., 259 f.
- Übertragung auf Miteigentümer 8 122 ff.
- Versäumnisse, Schadensersatzpflichten 8 202 ff.
- Verwalter, Pflichten 8 42 ff., 171 ff.
- Verwalterhaftung 11 381 ff.
- Verwalterpflichten 11 284 ff.
- Verzögerungsrisiko 8 231
- Vier-Augen-Prinzip 8 75
- Wohnungszutritt, Zulässigkeit 8 405 ff., 416 ff.
- Zahlungsanspruch 8 107 ff.
- Zweck 8 1

Instandhaltung – Beschluss 8 68 ff.
- Anfechtungsgefahr, Beschlussformulierung 8 319 f.
- Auftragsvergabe 8 304 ff.
- Beschlussvorschlag, Muster 8 264
- Beschlussvorschläge 8 278 ff., 294 f.
- Ergebnisverkündung 8 321
- Erörterung 8 293 ff.
- Finanzierung 8 301 ff.
- Finanzierung, Beschlussmuster 8 287
- Inhalt 8 171

- Maßnahmenfestlegung 8 297 ff.
- Mehrheitserfordernisse 8 11
- Nichtigkeit 8 77
- Sonderhonorar 8 309 ff.
- Sonderumlage, Beschlussmuster 8 292
- Ungültigerklärung 8 76
- Vorbereitung, durch d. Verwalter 8 258 ff.
- vorsorgliche, für d. Anfechtungsfall 8 316 ff.
- Wohnungszutritt, Ermächtigung 8 418
- Zahlungsermächtigung 8 329

Instandhaltungsrücklage
- Auffüllungsanspruch 6 202
- Aufstockung, Sonderumlage 6 47
- Darstellung 6 43, 200 ff.
- Entnahme, bauliche Veränderung 6 43
- Entnahme, Hausgeldausfälle 6 48
- Entnahme, Wahlrecht d. Eigentümer 6 201
- Ersteher, Rechtsstellung 16 659
- Finanzanlagen 6 209; 8 88
- Grunderwerbsteuer 8 79
- Höhe 6 40 ff.
- Mehrhausanlagen 6 212; 8 84
- Musterabrechnung 6 269
- Soll-Rücklage 6 40 ff., 207
- Sonderumlagen 8 81, 87
- Versäumnis 8 81
- Verwaltungsvermögen 8 78
- Verwendung 8 82 ff.
- Wascheinrichtungen 6 210
- Zahlungen, Rechtsgrund 8 81
- Zahlungen, steuerliche Behandlung 8 80
- Zinsen 6 206, 211
- Zweck 6 39, 200

Instandsetzung s.a. Gewährleistungsansprüche
- Abgrenzung z. baulichen Veränderung 8 12 ff., 452 ff.; 9 28 f.
- Abgrenzung z. Betriebskosten 3 127 ff.
- Abgrenzung z. Modernisierung 8 15
- Änderung, Beschlusskompetenz 3 126 ff.
- Anpassung an d. Stand d. Technik 8 15, 20 f.; s.a. Stand d. Technik
- Anspruch, Geltendmachung 8 69 ff.
- Anspruch, Verjährung/Verwirkung 8 165
- Auftragsvergabe 8 330 ff.
- Ausführungskompetenz 8 73 ff., 122, 171 ff.
- Ausführungsmaßnahmen 8 322 ff.
- bauliche Veränderung, Folgekosten 9 180

- Begriff **8** 3
- Beirat, Mitwirkung **8** 265
- Duldungsanspruch/-pflicht **8** 91 ff., 411 ff., 434
- Eigentümergemeinschaft, Ansprüche g. Miteigentümer **8** 89 ff.
- Eigentümergemeinschaft, Pflichten **8** 63 f., 148 ff.
- Einwirkungen auf Sondereigentum **8** 91 ff., 400 ff.
- Einwirkungen auf Gemeinschaftseigentum **8** 99 ff.
- Energiesparverordnung **8** 175 ff.
- erstmalige Herstellung, Abgrenzung z. Wiederherstellung **8** 24 ff.
- Fenster **9** 238
- Feuchtigkeitsschäden **8** 159
- Gemeinschaftseigentum **8** 1 ff., 66 ff.
- kaufmännische Kontrolle **8** 58 ff.
- Kostenermittlung **8** 270 ff.
- Kostenregelung **8** 6
- Kostenverlagerung auf Sondereigentümer **8** 7 f.
- Kostenverteilung, abweichende **8** 132 ff.
- Kostenverteilung, Änderung **3** 1
- Mehrhausanlagen **8** 9
- Miteigentümer, Haftungsfreistellung **8** 250 ff.
- Miteigentümer, Pflichten **8** 65, 66 ff.
- Mitwirkungspflichten/-ansprüche **8** 67 ff., 149 f., 415
- modernisierende **8** 12 ff.; **9** 28
- nachträgliche Baumängel **12** 155 f., 167
- Negativbeschluss, Anfechtung **8** 151
- Notgeschäftsführung **8** 350 ff.; **11** 296 f.
- Notwendigkeit, Prüfung **8** 158
- öffentlich-rechtliche Vorschriften, Umsetzungsmaßnahmen **8** 22 f.
- Primäransprüche d. Miteigentümer **8** 146 ff.
- Problemkonstellationen **8** 2
- Rücklagenbildung **8** 78 ff.
- Sachverständigenbeauftragung **8** 49
- Sekundäransprüche d. Miteigentümer **8** 193 ff.
- Sekundäransprüche, Verletzung d. Sondereigentums **8** 422 ff.
- Sondereigentum **8** 65
- Sonderumlagen **8** 113 ff.
- technische Kontrolle **8** 43 ff., 259 f.
- Übertragung auf Miteigentümer **8** 122 ff.
- Versäumnisse, Schadensersatzpflichten **8** 202 ff.
- Verwalter, Pflichten **8** 42 ff., 171 ff.
- Verwalterhaftung **11** 381 ff.
- Verwalterpflichten **11** 284 ff.
- Verzögerungsrisiko **8** 231
- Vier-Augen-Prinzip **8** 75
- Wohnungszutritt, Zulässigkeit **8** 405 ff., 416 ff.
- Zahlungsanspruch **8** 107 ff.
- Zweck **8** 1

Instandsetzung – Beschluss 8 68 ff.
- Anfechtungsgefahr, Beschlussformulierung **8** 319 f.
- Auftragsvergabe **8** 304 ff.
- Beschlussvorschlag, Muster **8** 264
- Beschlussvorschläge **8** 278 ff., 294 f.
- Ergebnisverkündung **8** 321
- Erörterung **8** 293 ff.
- Finanzierung **8** 301 ff.
- Finanzierung, Beschlussmuster **8** 287
- Inhalt **8** 171
- Maßnahmenfestlegung **8** 297 ff.
- Mehrheitserfordernisse **8** 11
- Nichtigkeit **8** 77
- Sonderhonorar **8** 309 ff.
- Sonderumlage, Beschlussmuster **8** 292
- Ungültigerklärung **8** 76
- Vorbereitung, durch d. Verwalter **8** 258 ff.
- vorsorgliche, für d. Anfechtungsfall **8** 316 ff.
- Wohnungszutritt, Ermächtigung **8** 418
- Zahlungsermächtigung **8** 329

Interessenkollision
- für Verwalter **1** 4

Inventarerrichtung 16 1025 ff.

Jahresabrechnung s. Hausgeldforderung – Klage
- Abrechnungszeitraum, Angabe **6** 10
- Abrechnungszeitraum, Festlegung **6** 18 ff.
- Altschulden **16** 41 f.
- Ansprüche d. Miteigentümer **6** 270 ff.
- Anspruchsinhalt **6** 275 ff.
- Auskunftsrecht **6** 281 f.
- Bauliche Veränderungen **6** 197
- Beschluss, nichtiger **16** 53
- Beschluss, über Einzelabrechnung **16** 33 ff., 151 f.
- Beschluss, über Gesamtabrechnung **16** 33, 151
- Bestandteile **6** 6 ff., 13
- Eigentümer, Falschbezeichnung **16** 48
- Einsichtnahme, neuer Verwalter **6** 329
- Einsichtsrecht **6** 277 ff.
- Ersatzvornahme **6** 302
- Ersteller, Namensangabe **6** 8 f.

1639

[Jahresabrechnung]
- Erstellungspflicht, ausgeschiedener Verwalter 6 318 ff.
- Fälligkeit 6 283, 321 ff.
- Forderungen, Verbindlichkeiten 6 56 ff.
- Geldflussprinzip 6 14 ff., 21 ff.
- Genehmigungsfiktion 6 238
- Girokonto, Darstellung 6 213 ff.
- Hausgeldnachzahlungen 16 32 ff.
- informatorische Unterlagen 6 220
- Instandhaltungsrücklage 6 200 ff.
- Lager-Streit 6 4 ff., 21 ff.
- Mahnung 6 301
- Miteigentümer, Falschbezeichnung 6 11
- Musterabrechnung 6 269
- Nachbesserungsanspruch 6 284 ff.
- Nachbesserungsanspruch, g. ausgeschiedenen Verwalter 6 330 f.
- Nebenrechte 6 276
- Nichterfüllung s.a. Abrechnungsansprüche
- Ölbestand 6 52 ff.
- Objekt, Angabe 6 10
- Rechnungsabgrenzung 6 4 f., 21 ff.
- Rechtmäßigkeitsprüfung, maßgeblicher Zeitpunkt 6 12
- Rechtsvorgänger 6 11
- Saldenliste 6 127 ff.
- Schlechterfüllung, Schadensersatz 6 304 f.
- Teilerfüllung, Schadensersatz 6 303
- Übergang v. Bauträger auf Verwalter 6 224 ff.
- unberechtigte Ausgaben 6 15 ff.
- Verhältnis z. Wirtschaftsplan 5 42 ff.
- Verbindlichkeiten 6 56
- Verwaltername 6 9
- Verzug 6 301 ff.
- Wirkung 16 176
- Zeitraum 6 18 f.
- -Zweitbeschluss 6 250 ff.

Jahresabrechnung – Beschluss
- Anfechtung 6 253 ff.

Jahresabrechnung – Beschluss
- Anfechtungsbefugnis 6 260 ff.
- Bestandskraft 6 234 a
- Genehmigungsfiktion 6 238 ff.
- gerichtliche Ersetzung 6 263
- Hausgeldvorschuss, falscher Ausweis 6 234 a
- Inhalt 6 233 ff.
- Kompetenzübertragung auf d. Beirat 6 249 a
- Mehrhausanlagen 6 88, 237
- Nachschieben von Unterlagen 6 12

- unter Vorbehalt d. Unrichtigkeit 6 235 f.
- Zweitbeschluss 6 250 ff.

Jahresabrechnung – Einzelabrechnung
- Abfallgebühren 6 198 a
- Belegeinsicht 6 142 ff.
- Eigentümerwechsel 6 166 ff.; **16** 49
- Einsichtnahme, sämtlicher Abrechnungen 6 140 f.
- falsche Eigentümerbezeichnung **16** 48
- Grundsätze 6 124 ff.
- Hausgeldvorschuss 6 152 ff.
- Kabelanschlussgebühren 6 198 a
- Kostenverteilung nach Wohnfläche 6 189 ff.
- Kostenverteilungsschlüssel 6 182 ff.; s.a. dort
- Miteigentümer, Namensangabe 6 199
- Musterabrechnung 6 269
- Notgeschäftsführung 6 160 ff.
- Saldenliste 6 130, 135 ff.
- Sonderumlagen 6 171 ff.
- Übersendung 6 127 ff.
- Übersendung, sämtlicher Abrechnungen 6 129 ff.
- Verteilungsschlüssel 6 126
- Vorjahressalden 6 149 ff.
- Wasserverbrauch, Einzelerfassung 6 186 ff.

Jahresabrechnung – Gesamtabrechnung
- Abrechnungsperiode 6 18 ff.
- Abwasserhebeanlage 6 64
- Aufteilung in Kostenpositionen 6 113 ff.
- Ausbau, Folgekosten 6 66
- Auslagen d. Miteigentümer 6 61
- Außentüren 6 65
- Einnahmen-Ausweis 6 123
- Erfüllungseinwand **16** 45
- Forderungs-/Verbindlichkeitenaufstellung 6 56 ff.
- Geldflussprinzip 6 14 ff., 21 ff.
- Geldflussprinzip, Durchbrechung 6 35 ff., 38 ff.
- Glasschäden 6 67
- Hausgeldforderungen, uneinbringliche 6 60
- haushaltsnahe Dienstleistungen 6 123 a
- Heizkosten 6 68
- Heizkostenabrechnung 6 49 ff.
- Instandhaltungsrücklage 6 39 ff.
- Kaltwasserversorgung 6 82 ff.
- Kostenverteilung, Grundsätze 6 62 f.
- Leerstand 6 79
- Mehrhausanlagen 6 87 f.
- Musterabrechnung 6 269
- nicht fertiggestellte Wohnungen 6 80

- Rechnungsabgrenzung 6 21 ff.
- Rechtsverfolgungskosten 6 89 ff.; s.a. dort
- Rückstände aus Vorjahren 16 41
- sachfremde Ausgaben 16 43
- Sonderumlagen 6 45 ff.
- Thermostatventile 6 81
- Umsatzsteuer 6 120 ff.
- Versicherungsschäden, Selbstbehalt 6 119
- Warmwasserversorgung 6 68 ff.

Jahresabrechnung – Prüfung
- Beirat 6 221 ff.
- Einzelabrechnungen, sämtlicher Eigentümer 6 129 ff.
- Girokonto, Darstellung 6 213
- maßgeblicher Zeitpunkt 6 12

Juristische Personen
- Stimmrechtsvertretung 4 162
- Versammlungsvorsitzender 4 264
- als Verwalter 11 5 f.

Kabelanschluss
- bauliche Veränderung, Zustimmungserfordernis 8 495
- Eigentümergemeinschaft, Duldungspflicht 8 92

Kabelanschlussgebühren
- Kostenverteilung 6 198 a

Kaltwasserversorgung
- Kostenverteilung 6 82 ff.

Kamin
- bauliche Veränderung 9 226, 233, 256 f.
- (un-)zulässiger Gebrauch 9 375

Kammer
- Zweckbestimmung, Auslegung 9 401

Kaution
- Hausgeldvorschüsse 5 86

Kegelbahn
- Zweckbestimmung, Auslegung 9 401

Keller
- Gebrauchsregelung, Ordnungsmäßigkeit 9 412
- (un-)zulässiger Gebrauch 9 375

Kellerraum
- Zweckbestimmung, Auslegung 9 401

KfZ-Stellplätze
- (un-)zulässiger Gebrauch 9 375
- bauliche Veränderung 9 258 ff.
- Gebrauchsregelung, Ordnungsmäßigkeit 9 412

Kindertagesstätte
- Zweckbestimmung, Auslegung 9 401

Kinderwagen
- Gebrauchsregelung, nicht ordnungsgemäße 9 412

Kiosk
- Zweckbestimmung, Auslegung 9 401

Klageänderung
- nachträgliche objektive Klagehäufung 14 210
- neuer Abrechnungssaldo 16 282 ff.
- Verfahren 14 209
- Zulässigkeit 14 208

Klageart
- Statthaftigkeit 14 100 ff.

Klagebefugnis s.a. Prozessführungsbefugnis; Prozessstandschaft

Klageerweiterung
- auf weitere Beklagte 14 221 f.

Klagefrist
- andere Klagearten 14 184
- Begründungsfrist 14 195 f.
- Beschlussanfechtung 14 179 ff.
- Beschlussanfechtung, PKH-Antrag 14 44
- Fristwahrung 14 185 f.
- Versäumnis, unverschuldete 14 188 f.
- Wiedereinsetzung 14 187 ff.

Klagerücknahme 14 211

Klageschrift s.a. Formulierungsmuster
- Abschriften 14 240
- Aktivrubrum, Muster 14 123
- Anfechtungsantrag, mit Verpflichtungsantrag 14 161
- Anfechtungsklage, Antrag 14 157 ff.
- Anlagen 14 235 ff.
- Begründung 14 193 ff.; 16 238 ff.
- Begründungsfrist 14 162
- Begründungsfrist 14 195 f.
- Beibringungsgrundsatz 14 193 f.
- Beschlussanfechtung, Klageantrag 14 128, 134
- Beweisangebote 14 197
- Checkliste, Hausgeldforderung 16 265 ff.
- Entziehungsklage 14 173
- Feststellungsklage 14 172
- Grundbuchauszug 14 238
- Hausgeld, zukünftige Ansprüche 16 211 ff.
- Hausgeldrückstände 16 209 f.
- Klageantrag, Anforderungen 14 155 ff.
- Klageantrag, Hausgeldforderung 16 225 ff.
- Kostenanträge 14 175
- Kostenanträge 16 233 ff.
- Leistungsklage, Abgabe v. Willenserklärungen 14 167
- Leistungsklage, Beseitigung baulicher Veränderungen 14 168
- Leistungklage, Gestaltungsantrag 14 170 f.

[Klageschrift]
- Leistungsklage, Herausgabeantrag 14 166
- Leistungsklage, Zahlungsantrag 14 164 f.
- Miteigentümerliste 14 124, 141 ff., 236
- Muster, Hausgeldforderung 16 280 ff.
- Neben-/Zwischenentscheidungen, Antrag 14 175
- Parteibezeichnung 14 137 ff.
- Prozessbevollmächtigte 14 145
- Prozesskostenhilfeantrag 14 175
- Prozessstandschaft d. Verwalters 1 7
- Sonderumlagen 16 247 ff.
- Stufenklage 14 174
- Teilungserklärung/Gemeinschaftsordnung 14 237
- Unterlassungsantrag 14 169
- Verpflichtungsantrag, Muster 14 125, 131
- vorläufige Vollstreckbarkeit 16 229 ff.
- WEG-Reform 16 205 ff.
- Zustellung 14 241 ff. s.a. Zustellungen

Klimaanlage
- bauliche Veränderung 9 263
- Gebrauchsregelung, ordnungsgemäße 9 412

Klingel
- bauliche Veränderung 9 264

Konto
- Kontobestand, Herausgabe durch Vorverwalter 2 53 ff., 74
- Unterlagen, Herausgabe durch Vorverwalter 2 50 ff.

Kopfprinzip 4 169
- Abdingbarkeit 4 170
- Mitberechtigung, mehrfache 4 178 f.
- Verbindung/Teilung v. Wohnungseigentum 4 175

Kosten
- Gemeinschaftsordnung/Teilungserklärung, Änderung 3 57 ff.

Kostenentscheidung
- Anfechtung 14 294
- anwendbare Vorschriften 14 290
- Gerichtskosten 16 315
- Hausgeldklage 16 315 ff.
- Kostentragung d. Verwalters 14 292 f.
- nach billigem Ermessen 14 291
- Rechtsanwaltskosten 16 316 ff.

Kostenverteilung s.a. Jahresabrechnung – Einzelabrechnung
- Abfallgebühren 6 198 a
- Ablesung, Verweigerung 6 77
- Abwasserhebeanlage 6 64
- Ausbau, Folgekosten 6 66
- Außentüren 6 65
- bauliche Veränderung 9 59
- bauliche Veränderung, abweichende Regelung 9 88
- bauliche Veränderung, unbillige Überwälzung 9 90
- Beschluss, abweichender 6 62 a f.
- besondere, bauliche Veränderungen 8 143
- besondere, Instandhaltung/-setzung 8 132 ff.
- Folgekosten, bauliche Veränderung 8 144 f.
- Gewährleistungsansprüche 12 139 ff.
- Glasschäden 6 67
- Grundsätze 6 62 f.
- Heizkörperstilllegung 6 68
- Heizkosten, Nutzerwechsel 6 69
- Instandhaltung/-setzung 8 6
- Kabelanschlussgebühren 6 198 a
- Kaltwasserversorgung 6 82 ff.
- Leerstand 6 79
- Modernisierung 8 521 ff.
- nicht fertiggestellte Wohnungen 6 80
- Sonderumlagen 16 22 ff.
- Stand der Technik 8 521 ff.
- Thermostatventile 6 81
- Umsetzungsmaßnahmen, Abgrenzung z. baulichen Veränderung 9 33
- verbrauchsabhängige Abrechnung 6 70
- Verbrauchserfassungsgeräte, fehlerhafte 6 78
- Verbrauchserfassungskosten 6 71 ff.
- Verlagerung auf Sondereigentümer 8 7 f.
- Verwaltervergütung 11 259
- Warmwasserversorgung 6 68 ff.
- Wasserverbrauch, Einzelerfassung 6 186 ff.
- Wasserversorgung, nach Wohnfläche 6 189 ff.
- Wirtschaftseinheiten/Blockbildung 8 108 f.

Kostenverteilung – Änderung
- bauliche Veränderungen 3 1
- Beschluss, Zulässigkeit 3 1
- Instandsetzung/-haltung 3 1
- Mehrheitserfordernisse 3 1
- Versammlungsvorbereitung 3 6 ff.

Kostenverteilungsschlüssel
- Abfallgebühren 6 198 a
- Änderung, Beschlusskompetenz 3 113, 118 f.
- Änderung, unbillige Benachteiligung 3 179 ff.

- Änderungsbegehren, eigene Risikosphäre **3** 89 ff.
- Angabe in d. Jahresabrechnung **6** 184 f.
- Angabe, in Einzelabrechnung **6** 126
- Anpassung, bauliche Veränderung **9** 92
- bauliche Veränderungen **6** 197 f.
- Belastungsschlüssel **6** 186 ff.
- besondere Nutzung d. Gemeinschaftseigentums **3** 133, 135
- Betriebskosten **3** 120 ff.
- grobe Unbilligkeit **3** 78 ff.
- grobe Unbilligkeit, Prüfungsschema **3** 95
- Grundsätze **6** 182 f.
- Instandsetzung/-haltung **3** 126 ff.
- Kabelanschlussgebühren **6** 198 a
- Kosten d. Sondereigentums **6** 198 a
- Kosten nicht ordnungsgemäßer Verwaltung **6** 197 f.
- Kostenverteilung nach Wohnfläche **6** 189 ff.
- Mehrbelastung Einzelner, langfristiger Ausgleich **3** 93 f.
- Musterabrechnung **6** 269
- Verwaltervergütung **6** 194 ff.
- Verwaltungskosten **3** 124 f.
- Vollwartungsverträge **3** 130
- Wasserverbrauch, Einzelerfassung **6** 186 ff.
- Wirtschaftsplan **5** 29 ff.

Laden
- Zweckbestimmung, Auslegung **9** 401

Ladeneingang
- bauliche Veränderung **9** 265

Ladenlokal
- Zweckbestimmung, Auslegung **9** 401

Ladenöffnungszeiten
- Zweckbestimmung, Auslegung **9** 401

Ladenwohnung
- Zweckbestimmung, Auslegung **9** 401

Lagerraum
- Zweckbestimmung, Auslegung **9** 401

Lärmimmissionen
- bauliche Veränderung **9** 266 ff.
- (un-)zulässiger Gebrauch **9** 366, 375

Lastschrift
- Hausgeldvorschuss **5** 87 ff.

Lastschriftverfahren
- Ermächtigung **11** 243

Leerstand
- Kostenverteilung **6** 79
- (un-)zulässiger Gebrauch **9** 375

Leistungsklage s.a. Hausgeldforderung – Klage
- Abgabe v. Willenserklärungen **14** 167
- Beseitigung baulicher Veränderungen **14** 168
- Gestaltungsantrag **14** 170 f.
- Hausgeldforderung **14** 163 ff.
- Herausgabeantrag **14** 166
- Kostenanträge **16** 233 ff.
- Statthaftigkeit **14** 103
- Unterlassungsantrag **14** 169
- Zahlungsklage, Schlichtungsverfahren **14** 13 ff.

Leistungsverweigerungsrecht
- Gewährleistungsansprüche, Ausübungsbefugnis **12** 68 f., 152 ff.

Mahnung
- Hausgeldforderung **16** 157

Mahnverfahren
- Gerichtskostenvorschuss **16** 332
- Zahlungsklage, Schlichtungsverfahren **14** 15
- Zulässigkeit **16** 328
- Zuständigkeit **16** 329

Makler
- Versammlungsteilnahme **4** 82

Mandatsübernahme **1** 1 ff.; s.a. Prozessbevollmächtigter
- Abrechnungsansprüche **6** 270 ff.
- Änderung v. Teilungserklärung/Gemeinschaftsordnung **3** 1 ff.
- bauliche Veränderung, Beratungssituationen **9** 52 ff.
- bauliche Veränderung, Checkliste **9** 4
- bauliche Veränderung, Rechtmäßigkeit **9** 1 ff.
- Beauftragung durch Beirat **15** 1 f.
- Beiratsmandat **1** 10
- Deckungszusage **1** 52 ff.
- Eigentümerkonflikte **9** 1 ff.
- Eigentumsverhältnisse, Klärung **1** 9
- Einberufung, Beratung **4** 1
- Entziehung d. Wohneigentums **10** 3
- Ersatzzustellungsvertreter **1** 42
- Erwerb v. Bauträger, Baumängel **12** 1 ff.
- Gebrauchsregelungen, Beschlussanfechtung **9** 357 ff.
- Gebührenvereinbarung **1** 14 f.
- Gegenstandswert, Hinweispflicht **1** 45
- Gemeinschaftsordnung, Änderung **3** 110 ff.
- Grundbuch, Einsichtnahme **1** 29 ff.
- Hausgeldausfälle **16** 1 ff. s.a. Hausgeldforderung
- Hinweise, an Mandanten **1** 39 ff.
- Interessenkollision, d. Anwalts **1** 8
- Jahresabrechnung, Prüfung **6** 1

1643

Stichwortverzeichnis

[Mandatsübernahme]
- Konstellationen 1 2ff.
- laufender Prozess 1 38
- Miteigentümerliste 1 40f.
- Nießbraucher 1 11
- Öffnungsklausel 3 144ff.
- Rechtsschutzversicherung 1 52ff.
- Streitwertvereinbarung 1 46ff., 56
- Unterlagen, Anforderung 1 16ff.
- unzulässiger Gebrauch, Abwehransprüche 9 360
- Versammlungsprotokolle, Durchsicht 1 27
- Versammlungsteilnahme 1 28
- Versorgungssperre 16 419ff.
- Verwalter, Abberufung 11 127ff.
- Verwaltermandat 1 3ff.
- Verwaltermandat, Erstbestellung 2 1ff.
- werdende Eigentümergemeinschaft 1 32
- Wirtschaftsplan, Erstellung/Prüfung 5 1ff., 101f.
- Wohnungseigentümer-Mandat 1 8f.
- Zwangsverwaltung 16 360ff., 388ff.

Markise
- bauliche Veränderung 9 213, 270

Mehrhausanlage s.a. Wohnanlage
- bauliche Veränderung, Zustimmungsregelungen 9 109
- Instandhaltung/-setzung 8 9
- Instandhaltungsrücklage 6 212; 8 84
- Jahresabrechnung, Beschluss 6 237
- Jahresabrechnung, getrennte 6 87f.
- Teilversammlung 4 100ff.
- Verwalter, mehrere 1 24
- Wirtschaftsplan, Beschluss 5 70
- Beirat 15 11

Mehrheitsbeschluss
- Abgrenzung z. Vereinbarung 3 167f.
- Anfechtbarkeit 3 179ff.
- Anpassung an d. Stand d. Technik 8 439; s.a. Stand d. Technik
- Aufhebung v. Verfügungsbeschränkungen 17 26aff.
- bauliche Veränderungen 4 216; 8 37ff.
- bauliche Veränderungen, Abstimmungsergebnis 9 59
- bauliche Veränderungen, Anfechtung 9 64ff., 110
- bauliche Veränderungen, Beschlussanforderungen 9 61ff.
- bauliche Veränderungen, Zulässigkeit 8 464ff.
- Bedeutung 4 210f.
- Beseitigungsbeschluss, Anfechtung 9 132

- Beseitigungsbeschluss, bauliche Veränderung 9 129ff.
- Beseitigungsbeschluss, inhaltliche Bestimmtheit 9 133
- besondere Kostenverteilung, bauliche Veränderung 8 143
- besondere Kostenverteilung, Instandhaltung/-setzung 8 132ff.
- doppelt qualifizierter 3 1; 8 37ff., 138, 530
- doppelt qualifizierter, Mängel 8 139ff.
- Eingriff in d. Kernbereich 3 175ff.
- Eintragungsbedürftigkeit 3 189
- Entziehung d. Wohneigentums 10 29ff.
- Erforderlichkeit, bauliche Veränderung 9 55
- Folgekosten, bauliche Veränderung 8 144f.
- Gebrauchsregelung 8 99
- Gebrauchsregelung, Nichtigkeit 9 413ff.
- Gebrauchsregelung, Ordnungsmäßigkeit 9 402ff.
- Gewährleistungsansprüche, Beschlussfassung 12 121ff.
- Grundsatz ordnungsmäßiger Verwaltung 3 183f.
- inhaltliche Schranken 3 172ff.
- Instandhaltung/-setzung 8 11, 68ff.
- Instandhaltung/-setzung, Kostenumlage 8 6
- Minderheitsverlangen 4 16
- Modernisierung 8 439
- Nichtigkeit 3 173f., 178; 4 214
- Öffnungsklausel 3 154f.
- qualifizierter 3 171
- Quorum, Anfechtung 3 171
- Quorum, Festlegung 3 154
- Risiken, bauliche Veränderung 9 59f.
- Sittenwidrigkeit/Verstoß g. gesetzliches Verbot 3 173f.
- unbillige Benachteiligung, Anfechtbarkeit 3 179ff.
- vereinbarungsändernder s.a. Beschluss, vereinbarungsändernder
- Verhältnis z. Abänderungsanspruch 3 191f.
- Verwalterbestellung 11 27ff.; s.a. dort
- Verwaltungsregelungen 4 215
- Zulässigkeit 4 208
- Zustimmungserfordernis, Grundbuchgläubiger 3 185ff.

Mehrfachvertretungsgebühr s. Erhöhungsgebühr

Mieter
- Anspruchsberechtigung/-geltendmachung, Rückbau 9 135

- bauliche Veränderung, Zustimmungsanspruch **9** 100
- unzulässiger Gebrauch **9** 435 ff., 444 f.
- Versammlungsteilnahme **4** 82
- Vertragsformulierung, Gebrauchsregelungen **9** 473 ff.
- Wiederherstellungsverpflichtung **9** 148 ff.

Mietpool-Verwalter
- Rechnungslegung **7** 9

Mietverhältnis
- Entziehung d. Wohneigentums **10** 23, 50
- Gebrauchsregelung, Ordnungsmäßigkeit **9** 412
- Hausordnung, dynamische Verweisung **9** 477 f.
- Vertragsformulierung, Gebrauchsregelungen **9** 473 ff.
- Zustimmungsvorbehalt, Verwalter **9** 400

Minderheitenschutz
- bauliche Veränderungen **8** 37 ff.

Minderheitsquorum
- Abstimmungsergebnis **4** 16
- Beschlussgegenstände, Bestimmungsrecht **4** 36
- Einberufungsverlangen **4** 15 ff.
- Festlegung **4** 19

Minderjährige
- Stimmrechtsvertretung **4** 160
- Vertretung **3** 16

Minderung
- Beschlusskompetenz **12** 63 ff.

Miteigentum – Entziehung
- Klage, Statthaftigkeit **14** 106

Miteigentümer
- Abänderungsanspruch, Verhältnis z. Mehrheitsbeschluss **3** 191 f.
- Abnahme, Gemeinschaftseigentum **12** 41, 44 ff.
- Abnahme, Sondereigentum **12** 41 ff.
- Änderungsanspruch, Voraussetzungen **3** 18 ff.
- Anspruchsberechtigung/-geltendmachung, Rückbau **9** 134 ff.
- Antragsrecht **4** 242
- ausgeschiedene, Kostenbeteiligung **6** 111
- ausgeschiedene, Zahlungsansprüche **14** 80
- Auskunftsrecht, Jahresabrechnung **6** 281 f.
- Auslagen, für d. Gemeinschaft **6** 61
- Bauabweichung/Sonderwünsche **12** 110 ff.
- bauliche Veränderung, Beseitigungsanspruch **8** 503 ff.
- bauliche Veränderung, Kostenbefreiung **8** 496 ff.
- bauliche Veränderung, Zustimmungserfordernis **8** 437, 469, 481 ff., 494 ff.; s.a. dort
- Bauträgersicherheiten, Rückgewähranspruch **12** 78 ff.
- Beiladung **14** 199 ff. s.a. dort
- Beiladung, nicht Beteiligter **14** 144
- Belastungsverbot **3** 175 ff.
- Belegeinsicht **6** 142 ff.
- Beschlussgegenstände, Bestimmungsrecht **4** 40 f.
- Betreten d. Wohnung, Instandhaltung/-setzung **8** 405 ff., 416 ff.
- betreuungsrechtliche Fragen s. dort
- Betriebskostenverteilung **3** 120 ff.
- Bucheigentümer **16** 84 f.
- Duldungspflicht, Instandhaltung/-setzung **8** 91 ff.
- Duldungspflicht, Instandhaltung/-setzung **8** 411 ff., 434
- Einberufungsbefugnis **4** 29
- Eingriff in d. Kernbereich **3** 175 ff.
- Einsicht, Jahresabrechnung **6** 277 ff.
- Einsichtnahme, Jahresabrechnung **6** 329
- Einsichtnahme, sämtlicher Abrechnungen **6** 129 ff.
- Einsichtsrecht **11** 341 ff.
- Eintragungsbewilligung **3** 98
- Einzelabrechnung s. Jahresabrechnung – Einzelabrechnung
- Entziehung d. Wohneigentums s. Wohneigentum – Entziehung
- Erstherstellung, planwidrige **9** 26
- Gemeinschaftseigentum, ausschließliche Betroffenheit **12** 84
- Geschäftsführung ohne Auftrag **8** 362 ff.; s.a. dort
- Gewährleistungsansprüche, Aufrechnung **12** 71, 152 ff.
- Gewährleistungsansprüche, Betroffenheit beider Eigentumssphären **12** 87 ff.
- Gewährleistungsansprüche, Leistungsverweigerungsrecht **12** 68 f., 152 ff.
- Gewährleistungsansprüche, Mitwirkungszwang **12** 138
- Gewährleistungsansprüche, Nachzüglerwerber **12** 94 ff.
- Gewährleistungsansprüche, Rechtsausübungsbefugnis **12** 14 ff.; s.a. Gemeinschaftsbezogenheit
- Gewährleistungsansprüche, Vergleichsabschluss **12** 72 ff.

1645

[Miteigentümer]
- Gläubigermehrheit **12** 55 ff., 64
- großer Schadensersatz, Ausübungsbefugnis **12** 66 ff.
- Grundbuchbestand **3** 190
- Insolvenz, Hausgeldlasten **16** 124 f.
- Instandhaltung, Übertragung auf Miteigentümer **8** 122 ff.
- Instandhaltung/-setzung, Einwirkungen auf Sondereigentum **8** 400 ff.
- Instandhaltung/-setzung, Schadensersatzanspruch **8** 193 ff.
- Instandhaltung/-setzungsanspruch, g. Gemeinschaft **8** 148 ff.
- Instandhaltung/-setzungsanspruch, g. Verwalter **8** 171 ff.
- Jahresabrechnung, Ansprüche **6** 270 ff.
- Jahresabrechnung, Prüfung **6** 221, 270; s.a. dort
- Jahresabschluss, Beschlussfassung **6** 233 ff.; s.a. Jahresabrechnung – Beschluss
- Jahreseinzelabrechnung, Namensangabe **6** 199
- kaufrechtliche Ansprüche **12** 113 ff.
- kleiner Schadensersatz/Minderung, Beschlusskompetenz **12** 63 ff.
- Kostenmehrbelastung, langfristiger Ausgleich **3** 93 ff.
- Kostenverteilung, Mehrbelastung **3** 93 f.
- Mandatserteilung **1** 8 f.
- Minderheitsverlangen, Versammlungseinberufung **4** 15 ff.
- Miteigentumsanteile, Festlegung **3** 79 f.; s.a. dort
- Mitwirkungspflichten, Instandhaltung/-setzung **8** 415
- Mitwirkungspflichten/-ansprüche **8** 67 ff., 149 f.
- Notgeschäftsführung **8** 350 ff.; s.a. dort
- primäre Mängelansprüche, Ausübungsbefugnis **12** 52 ff.
- Prozessführungsbefugnis **16** 196
- Rechnungslegungsanspruch **7** 17 ff., 28 f.
- Risikosphäre, Kostenverteilungsschlüssel **3** 89 ff.
- Rücklagenverwendung, Auffüllungsanspruch **6** 202
- Rücklagenverwendung, Wahlrecht **6** 201
- Rücksichtnahme-/Duldungspflicht, gesteigerte **3** 24
- Rücksichtnahmegebot **9** 364 ff.
- Rücktritt v. Bauträgervertrag, Ausübungskompetenz **12** 24
- Rücktritt, Ausübungsbefugnis **12** 24, 66 ff.
- Scheineigentümer **16** 82 f.
- Sondereigentum, ausschließliche Betroffenheit **12** 85 f.
- Sondereigentumsschäden, selbst. Beweisverfahren **14** 50
- Teilnahmerecht **4** 72 ff., 97 ff., 109 ff.
- Tod, Auswirkungen auf Gemeinschaft **16** 894 f. s.a. Erbnachfolge; Todesfall
- Treuepflicht **3** 19 ff., 72
- Unmöglichkeit d. Bauträgervertrags **12** 81
- Verfügungsbeschränkungen, Zwangsversteigerung **16** 660 ff.
- Verhältnis z. Verwalter **11** 1 ff.; s.a. Verwalter – Aufgaben/-Haftung
- Versammlung, Teilnahme v. Beratern **4** 121 ff.
- Versammlung, Untersagungsantrag **4** 31
- Vertretungsbefugnisse d. Verwalters **8** 390 ff.
- Wechsel, Gewährleistungsansprüche **12** 102 ff.
- Wechsel, Hausgeldforderungen **16** 49 ff., 77 ff., 86 ff., 115 ff., 175 ff.
- Wechsel, Jahresabrechnung **6** 166 ff.
- Wechsel, Prozessauswirkungen **14** 230 ff.
- werdender **16** 86 ff.
- Wiederherstellungsverpflichtung **9** 144 ff.
- Wirtschaftsplan, Erstellungsanspruch **5** 95 ff.
- Zahlungspflicht, Instandhaltung/-setzung **8** 107 ff.
- Zahlungsverzug **10** 4, 12 ff.
- Zustimmungspflicht **3** 18 ff.; s.a. Zustimmungserklärung

Miteigentümer – Haftung
- anteilige **8** 62
- Außenverhältnis **13** 8 ff.
- Auswirkungen d. Teilrechtsfähigkeit **13** 5
- Entziehung d. Wohneigentums **10** 53
- Haftungsfreistellung **8** 250 ff.
- Mitverschulden **8** 242 ff.
- Pflichtverletzung, schwere **10** 4, 13 f.
- Pflichtverletzung, wiederholte **10** 4 ff.
- Rechtsprechungsübersicht **13** 18

Miteigentümerliste
- Einreichung **14** 236
- Einreichung, bei Klage **14** 124, 141 ff.
- Herausgabeanspruch **1** 40 f.

- Verwalterpflichten 11 345 ff.
Miteigentümerzustimmung – bauliche Veränderung
- Absichtserklärung 9 94
- Abstimmung, Dokumentation 9 59
- Anspruch, aufgrund früherer Gestattung 9 102
- Anspruch, aus Vereinbarung 9 98
- Anspruch, besondere Gründe 9 98 ff.
- Anspruch, Unterrichtungspflicht 9 101
- Anspruch, Verwirkung 9 102 f.
- Auflagen/Bedingungen 9 83 ff.
- Auflagen/Bedingungen, Checkliste 9 91
- Ausführungsermessen 9 84
- äußere Gestaltung 9 79 ff.
- Baugenehmigung 9 95 ff.
- Beratungssituationen 9 52 ff.
- Beschluss, Mindestanforderungen 9 61 ff.
- Beschlussfeststellung, Risiken 9 60
- Bindungswirkung, Rechtsnachfolge 9 121 f.
- bisherige Rechtslage 9 36 ff.
- Einholungsalternativen, Vor-/Nachteile 9 53 ff.
- fehlende Zustimmung, Beseitigungsbeschluss 9 129 ff.
- fehlende, Anspruchsgrundlagen/-inhalt 9 123 ff.
- fehlende, Auskunftsanspruch 9 128
- fehlende, Beseitigungsanspruch 9 124, 129 ff.
- fehlende, Besitzeinräumungsanspruch 9 124

Miteigentümerzustimmung – bauliche Veränderung
- fehlende, Folgekosten 9 180
- fehlende, Schadensersatzanspruch 9 125 f., 143
- fehlende, Unterlassungsanspruch 9 128
- fehlende, Wiederherstellungsanspruch 9 124, 129 ff.; s.a. Rückbau
- geringfügige Änderungen 9 67 ff.
- gesetzliche Regelungen, Abbedingung 9 108
- gesetzliche Regelungen, Erschwerungen 9 114 ff.
- gewerbliche Nutzung 9 113
- Mehrhausanlagen, abweichende Vereinbarung 9 109
- Mehrheitsbeschluss, Anfechtung 9 64 ff., 110
- Nachteil, Begriff 9 69
- Nachteil, Checkliste 9 71
- Nachteil, Eingriffsintensität 9 78
- Nachteil, Feststellung d. Erheblichkeit 9 74 ff.
- Nachteiligkeit, fehlende 9 67 ff.
- neue Rechtslage 9 47 ff.
- Schwarzbau 9 96
- Sondereigentum 9 20 f.
- Sondernutzungsrecht 9 12 f., 105, 112
- Teilungserklärung, Öffnungsklausel 9 109 f.
- Vereinbarung, abweichende 9 105 ff.
- Verwalter/Beirat, Zustimmungskompetenz 9 117 ff.
- Voraussetzungen 9 35 ff.
- Widerruflichkeit 9 121 f.

Miteigentumsanteile
- Anpassung, bauliche Veränderung 9 92
- bauliche Veränderungen, Kostenverteilung 3 84 ff.
- Gewährleistungsansprüche, g. Bauträger 12 11 ff.
- noch zu errichtende Gebäudeteile 3 81 ff.
- unsachgemäße Festlegung 3 79 f.

Mitgebrauch s.a. Gebrauchsregelungen; Unzulässiger Gebrauch
- Berechtigung 9 363
- Einschränkung, Generalklausel 9 364 ff.
- Entzug, Gebrauchsregelung 9 420

Mitverschulden
- Eigentümergemeinschaft 8 242 ff.
- Miteigentümer 8 234, 242 ff.
- Verwalter 8 236

Mobilfunkanlage
- bauliche Veränderung 9 210

Modernisierung
- Abgrenzung z. baulichen Veränderung 9 30
- Abgrenzung z. Instandsetzung 8 15
- Anspruch 8 527 f.
- Begriff 8 510
- Kostenverteilung 8 521 ff.
- Mehrheitsbeschluss 8 439, 529 ff.
- Schutz d. Eigenart 8 516 f.
- Unbilligkeit 8 516 f.
- Voraussetzungen 8 511 ff.

Müllschlucker
- Gebrauchsregelung, nicht ordnungsgemäße 9 412

Mülltonnenplatz
- bauliche Veränderung, Zustimmungserfordernis 8 495

Mülltonnenraum
- Gebrauchsregelung, nicht ordnungsgemäße 9 412

1647

Musizieren
- Gebrauchsregelung, Nichtigkeit 9 417
- Gebrauchsregelung, Ordnungsmäßigkeit 9 412
- (un-)zulässiger Gebrauch 9 375

Nachbarrechte
- bauliche Veränderung, Abdingbarkeit d. gesetzlichen Regelung 9 108
- Notgeschäftsführung 8 361
- Unterlassungsanspruch, unzulässiger Gebrauch 9 462 ff.
- unzulässiger Gebrauch, Ausgleichsanspruch 9 472

Nacherbschaft 16 952 ff.

Nacherfüllung
- primäre Mängelansprüche, Ausübungsbefugnis 12 52 ff.

Nachlass
- Aufgebotsverfahren 16 934 ff.
- Ausschlagung d. Erbschaft 16 942 ff.
- Dürftigkeitseinrede 16 928 ff.
- Erbenhaftung 16 910 ff.
- Erbschaftsannahme 16 906 f.
- Inventarerrichtung 16 1025 ff.
- Nachlassinsolvenz 16 921 ff.
- Nachlasspflegschaft 16 1021 ff.
- Nachlassverbindlichkeiten 16 908 f.
- Nachlassverwaltung 16 918 ff.
- Testamentsvollstreckung 16 1046 ff.
- Vermächtnisnehmer 16 965 ff.

Nachlassinsolvenz 16 921 ff., 1037 ff.
Nachlasspflegschaft 16 1021 ff.
Nachlassverwalter
- Prozessführungsbefugnis 14 111
- Stimmrecht 4 138
- Teilnahmerecht 4 117

Nachlassverwaltung
- Antrag 16 918 ff., 1031 ff.

Nachzüglererwerb 12 94 ff.

Nichtigkeit
- Gebrauchsregelung 9 413 ff.

Nichtigkeitsfeststellungsantrag
- bauliche Veränderungen 8 480

Nießbrauch
- Klageberechtigung 14 110
- Hausgeld, Zahlungsverpflichtung 16 111
- Mandatserteilung 1 11
- Prozessstandschaft, gewillkürte 1 11
- Stimmrecht 4 139
- Versammlungsteilnahme 4 79, 118

Notar
- Änderung d. Teilungserklärung/Gemeinschaftsordnung 3 11 ff.

Notgeschäftsführung 6 160 ff.

- bauliche Veränderungen 9 31
- durch Verwalter 8 380 ff.
- irrtümliche Annahme 8 367 ff.
- Nachbarrechte 8 361
- Selbstständiges Beweisverfahren 8 360
- Vertretungsbefugnisse d. Verwalters 8 390 ff.
- Verwalterpflichten 11 296 f.
- Voraussetzungen 8 353 ff.
- Zulässigkeit 8 350 ff.

Nutzungsrecht
- Klageberechtigung 14 110

Nutzungsregelung s. Gebrauchsregelung

Objektprinzip 4 170 ff.
- Mitberechtigung, mehrfache 4 180
- Verbindung/Teilung v. Wohnungseigentum 4 176

Öffentlich-rechtliche Vorschriften
- Gebrauchsregelung, nicht ordnungsgemäße 9 412
- Gebrauchsregelung, Nichtigkeit 9 419
- Umsetzungsmaßnahmen, Behandlung 8 22 f.

Öffnungsklausel
- Auslegung 3 153
- Bestimmtheitsgrundsatz 3 140 ff.
- Eintragung, fehlende 3 158 f.
- Eintragungsbedürftigkeit v. Beschlüssen 3 156
- Gemeinschaftsordnung, Änderung 3 70, 100, 106 ff., 138 ff.
- Gemeinschaftsordnungsänderung, Grundbuchgläubiger 3 185 ff.
- Gestaltungsvarianten 3 144 ff.
- konstitutive 3 164
- Mehrheitsbeschluss, bauliche Veränderungen 9 109 f.
- Mehrheitserfordernisse, Festlegung 3 154 f.
- modifizierende 3 164
- nachträgliche Vereinbarung 3 157
- Nichtgebrauch, durch Vereinbarung 3 168
- sachlich begrenzte 3 150 ff.
- sachlich unbegrenzte 3 144 ff.
- Sondernutzungsrecht, Vereinbarungserfordernis 3 143, 148 f.
- verdeckte 3 165
- Zulässigkeit 3 108, 139
- Zustimmungserfordernis, Grundbuchgläubiger 3 160 ff.

Parabolantenne
- bauliche Veränderung 9 272 ff.
- Beschluss, Muster 9 297

Parteibezeichnung 14 137 ff.
Parteiwechsel
– Beitritt 14 219 f.
– Beklagtenwechsel 14 217 f.
– gesetzlicher 14 213
– gewillkürter 14 214
Parteiwechsel
– Klägerwechsel 14 215 f.
Partyraum
– Zweckbestimmung, Auslegung 9 401
Passivlegitimation
– Abrechnungsansprüche 6 274
– ausgeschiedener Verwalter 6 314 ff.
– Klageverfahren 14 131 ff.
Passivprozess
– Erhöhungsgebühr (Mehrvertretungsgebühr) 1 5
– Parteibezeichnung 14 138 ff.
– richtiger Beklagter 14 131 ff.
– Verwaltermandat 1 4 f.
Personengesellschaft
– Stimmabgabe 4 144, 161
– Versammlungsvorsitzender 4 264
– als Verwalter 11 5 f.
Pflegeheim
– (un-)zulässiger Gebrauch 9 375
Pizzaservice
– Zweckbestimmung, Auslegung 9 401
Polizeistation
– (un-)zulässiger Gebrauch 9 375
Praxis s.a. Arztpraxis; Freiberufliche Tätigkeit; Tierarztpraxis
– Zweckbestimmung, Auslegung 9 401
Prostitution
– (un-)zulässiger Gebrauch 9 375
Prozessbevollmächtigte
– Klageschrift 14 145
– Kostenerstattung, Begrenzung 14 315 ff.
– Nachweis 14 235
– Prüfung d. Klage 14 248
– Vertretung d. Beklagten 14 248 f.
Prozessführungsbefugnis s. Prozessstandschaft, gewillkürte
– Bedeutung 14 107
– BGB-Gesellschaft 14 109
– Bruchteilseigentum 14 109
– Entziehungsklage 14 130, 136
– Erbengemeinschaft 14 109
– Erbengemeinschaft 16 951
– gesetzliche 14 111
– gesetzliche Vertreter 14 108
– gewillkürte
– Leistungsklage, Hausgeldforderung 16 185 ff.
– Nießbrauch 14 110

– Nutzungsrecht 14 110
– Passivprozess, richtiger Beklagter 14 131 ff.
– Sondereigentum 14 115
– Verfahren nach § 43 Nr. 1 WEG 14 125, 131
– Verfahren nach § 43 Nr. 2 WEG 14 126, 132
– Verfahren nach § 43 Nr. 3 WEG 14 127, 133
– Verfahren nach § 43 Nr. 4 WEG 14 128, 134
– Verfahren nach § 43 Nr. 5 WEG 14 129, 135
– Verwalter 14 112 ff.
Prozesskosten s.a. Kostenentscheidung
– Bereitstellung 16 310 ff.
– Einziehungsverfahren 6 92 ff.
– Erhöhungsgebühr 1 5
– Gerichtskosten 16 315
– Gerichtskostenvorschuss 14 247, 263 f.
– Hausgeldbeitreibung 16 141 ff.
– Kostenanträge 14 175
– Kostentragung d. Verwalters 14 292 f.
– Rechtsanwaltskosten 16 316 ff.
– Verfahren nach § 43 WEG 6 95 ff.
– Verfahrenskosten, Verwalterhaftung 11 362 ff.
Prozesskostenhilfe
– Klageschrift 14 175
– maßgebliche wirtschaftliche Verhältnisse 14 42 f.
– Rechtsmittel 14 45
– Verhältnis zur Klagefrist 14 44
Prozessstandschaft, gewillkürte
– Aktivprozess 14 116 ff.
Prozessstandschaft, gewillkürte
– Beiladung 14 202
– Nießbraucher 1 11
– Prozesskostenhilfeantrag 14 43
– Verwalter 1 7
– Verwalterwechsel 14 225
– Wiederherstellungsanspruch 9 135
– Zwangsvollstreckung 14 341 f.
Psychische Belastung
– Betreuungsanordnung 16 842 ff. s.a. Betreuung
– einfache Vollmacht 16 851
– Generalvollmacht 16 849 f.
– Subsidiarität d. Betreuerbestellung 16 848 ff.
– unzulässiger Gebrauch 9 367
– Vorsorgevollmacht 16 852
Rauchen
– (un-)zulässiger Gebrauch 9 375

Räumungsfrist
- Entziehung d. Wohneigentums 10 49

Reallastgläubiger
- Begriff 3 40

Rechnungsabgrenzung
- Gesamtabrechnung 6 21 ff.
- offene Verbindlichkeiten 6 21
- Vereinbarung, abweichende 6 36 f.
- Versicherungsprämien 6 22
- Zulässigkeit 6 4 f., 21 ff.

Rechnungslegung
- Amtsniederlegung 11 173 ff.
- Amtsniederlegung, Klageantrag 11 177
- Anspruchsinhaber 7 3, 17 ff., 21 f.
- Auskunftserteilung 11 338 ff.
- Berufungsbeschwer 7 48 f.
- Beschluss 7 22 ff.
- Beschlussvorschlag 7 26
- Beschlussvorschlag, bei Verwaltungsübernahme 2 72
- Checkliste 7 15
- Durchsetzung 7 38 ff.
- Einsichtnahme, Gewährung 11 341 ff.
- Erfüllung 7 10 ff.
- Fälligkeit 7 4 f., 33 ff.
- fehlerhafte 7 10 ff., 46
- gerichtliche Erzwingung 7 29
- Individualanspruch 7 18 f., 28 f.
- Inhalt 7 6 ff.
- Klageantrag 7 44
- missbräuchliches Verlangen 7 27
- Ort 7 36 f.
- Pflicht 7 3, 30 ff.
- Schuldner 7 30 ff.
- Streitwert 7 47
- Teilidentität mit Jahresabrechnung 7 6
- Unberechtigte Ausgaben 7 8
- Übergabe an einen Wohnungseigentümer 7 21
- Unzulässige Rechtsausübung 27
- Vergütung für Rechungslegung 7 35
- Versäumnisse d. Verwalters 11 146 ff.
- Verwalterpflichten 11 337 ff.
- Weigerung 7 45
- Zwangsvollstreckung 7 38 ff.

Rechtsanwalt s.a. Anwalt

Rechtsnachfolge s.a. Erbnachfolge
- bauliche Veränderung, Bindungswirkung 9 88, 103
- Gebrauchsregelung, Bindungswirkung 9 386 ff.
- Wiederherstellungsverpflichtung 9 145 ff.
- Zustimmung z. baulichen Veränderungen 9 121 f.

Rechtsschutzbedürfnis
- Abänderungsanspruch, Verhältnis z. Mehrheitsbeschluss 3 191
- Gemeinschaftsordnung, Änderung 3 100
- Geschäftsordnungsmaßnahmen 4 274

Rechtsschutzversicherung
- Deckungszusage 1 52 ff.
- Streitwertvereinbarung 1 56
- Versicherungsumfang, Klärung 1 55

Rechtsstreitigkeiten s.a. Prozesskosten; Rechtsverfolgungskosten; Zivilprozess
- Aktivansprüche, Geltendmachung 11 319 ff.
- mit Bauträger, selbst. Beweisverfahren 14 49
- Eigentümergemeinschaft, Änderung d. Teilungserklärung/Gemeinschaftsordnung 3 30
- mit einzelnen Miteigentümern, selbst. Beweisverfahren 14 50
- Jahresabrechnungsbeschluss, gerichtliche Ersetzung 6 263
- Passivansprüche, Abwehr 11 323 ff.
- Prozesskostenhilfe 14 41 ff.
- Prozessführung durch Verwalter nach Abberufung 2 63 ff.
- schiedsgerichtliches Verfahren 14 28 ff.
- selbständiges Beweisverfahren 14 46 ff.; s.a. dort
- Übergangsvorschriften 14 3 ff.
- ungerechtfertigtes Stimmverbot 4 198
- Versammlung, Untersagungsantrag 4 31
- Vertretungsbefugnis 8 391 ff., 397 ff.
- mit Verwalter, selbst. Beweisverfahren 14 51
- Vorschaltverfahren 14 9 ff.
- WEG-Reform 14 1 ff.
- Wirtschaftsplan, gerichtliche Beschlussersetzung 5 74

Rechtsverfolgungskosten s.a. Anwalt – Gebühren; Prozesskosten
- Beteiligung d. Verwalter 6 108 ff.
- Kosten d. Eigentümerinformation 6 112
- Kostentragung d. Verwalters 14 292 f.
- Miteigentümer, ausgeschiedene 6 111
- Streitigkeiten mit Dritten 6 89 ff.
- Wirtschaftsplanansatz 5 35

Rederecht 4 108
- Beeinträchtigung 4 126 f.

Regelinsolvenzverfahren 16 717 ff.
- Wohlverhaltensperiode 16 722 ff.

Reinigung, chemische
- Zweckbestimmung, Auslegung 9 401

Reklame
- bauliche Veränderung 9 349
- Gebrauchsregelung, nicht ordnungsgemäße 9 412
- (un-)zulässiger Gebrauch 9 375

Restschuldbefreiungsverfahren; s.a. Insolvenz
- Rechtsanwaltsgebühren 16 832
- Regelinsolvenz 16 717 ff.
- Verbraucherinsolvenz 16 699 ff.
- Versagung 16 721
- Wohlverhaltensperiode 16 722 ff.

Revision
- Frist/Form 14 310
- Nichtzulassungsbeschwerde 14 309
- Zulassung 14 308
- Zuständigkeit 14 307

Richter
- Ablehnung wg. Befangenheit 14 265

Rollladen
- bauliche Veränderung 9 300 f.

Rollstuhl
- Gebrauchsregelung, Nichtigkeit 9 417

Rubrum
- Hausgeldantrag 13 3 f.

Rückbau
- Anspruchsberechtigung/-geltendmachung 9 134 ff.
- Anspruchsgegner 9 144 ff.
- Anspruchsgrundlage 9 123 f.
- Anspruchsverjährung 9 152 ff.
- Anspruchsverwirkung 9 162 ff.
- Beseitigungsbeschluss, Anfechtung 9 132
- Beseitigungsbeschluss, Anspruchsgrundlage 9 129 ff.
- Beseitigungsbeschluss, inhaltliche Bestimmtheit 9 133
- Ersatzvornahme 9 185
- Klage, Beitritt 9 187
- Klage, Zuständigkeit 9 183 ff.
- Klageantrag 9 190
- Leistungsklage, Beseitigung baulicher Veränderungen 14 168
- Mietverhältnis 9 148 ff.
- Musterverfahren 9 189
- Nichtdurchsetzbarkeit, Folgen 9 172
- Prozessführung durch Verwalter 9 188
- Rechtsmissbrauch 9 166 ff.
- Rechtsnachfolger 9 145 ff.
- Störer 9 144 ff.
- Zwangsvollstreckung 9 193 ff.

Rücklagen
- Instandhaltungsrücklage 6 39 ff.; s.a. dort
- Sonderumlagen 6 171 ff.; s.a. dort

Rücksichtnahmegebot
- Generalklausel 9 364 ff.
- Nachteil, Begriff 9 365 ff.

Rücktritt
- Bauträgervertrag, Ausübungsbefugnis 12 24, 66 ff.

Ruhezeiten
- Gebrauchsregelung, ordnungsgemäße 9 412

Rundfunkempfangsanlagen
- bauliche Veränderung, Zustimmungserfordernis 8 495
- Eigentümergemeinschaft, Duldungspflicht 8 92

Sachverständige
- Beauftragung, Verwalter 8 49

Saldenliste
- Jahresabrechnung 6 127

Sauna
- Gebrauchsregelung, ordnungsgemäße 9 412
- Zweckbestimmung, Auslegung 9 401

Schadensersatzanspruch
- Abrechnungsansprüche 6 301 ff., 337 ff.
- bauliche Veränderung, Anspruchsgrundlagen 9 125 ff.
- Baumaßnahmen 9 179 f.
- Gericht, Zuständigkeit 8 199 ff.
- großer, Gewährleistungsansprüche 12 66 ff.
- Grundsätze 8 194 ff.
- Instandhaltung/-setzung 8 193 ff.
- Instandhaltung/-setzung, Einwirkungen auf Sondereigentum 8 422 ff.
- kleiner, Gewährleistungsansprüche 12 63 ff.
- Rücktritt v. Bauträgervertrag, Ausübungskompetenz 12 24
- unzulässiger Gebrauch 9 466 ff.

Schallschutz s. Lärmimmissionen; Trittschallschutz
- bauliche Veränderung, Zustimmungserfordernis 8 495

Scheinverwalter 4 9 f., 24
- Abrechnungsansprüche d. Eigentümer 6 271, 341

Schiedsgerichtliches Verfahren
- Deutsches Ständiges Schiedsgericht f. Wohnungseigentum e.V. 14 33 f.
- Schiedsklausel 14 31 f., 37 ff.
- Statthaftigkeit 14 28 ff.
- Verfahrensablauf 14 34 ff.

Schiedsklausel 14 28 ff.

Schlechterfüllung (Verwalterpflichten)
- Haftungsfälle 11 375

Schlichtungsstelle
- Vorschaltverfahren 14 9

Schlichtungsvereinbarung
- in Gemeinschaftsordnung 1 18

Schlichtungsverfahren
- Anfechtungsklage 14 26
- Zahlungsklage 14 13 ff.

Schmutz
- bauliche Veränderung 9 302

Schwimmbad
- Zweckbestimmung, Auslegung 9 401

Selbstbehalt (Versicherung)
- Abrechnung 6 119

Selbständiges Beweisverfahren
- Fallkonstellationen 14 48 ff.
- Kosten 14 52 f.
- Notgeschäftsführung 8 360
- primäre Mängelansprüche, Ausübungsbefugnis 12 54
- rechtliches Interesse 14 47
- Verjährungshemmung 14 46

Selbstkontrahierungsverbot
- Verwalter 11 241

Sexshop
- (un-)zulässiger Gebrauch 9 375
- Zweckbestimmung, Auslegung 9 401

Sicherungshypothek
- zwangsverwaltetes Objekt 16 417

Sicherheitsleistung
- Hausgeldvorschüsse 5 86

Sichtschutz
- bauliche Veränderung 9 354

Sittenwidrigkeit
- Gebrauchsregelung, Nichtigkeit 9 416

Sondereigentum
- Abgrenzung z. Gemeinschaftseigentum 8 400 ff.; 9 8 ff.
- Abnahme, v. Bauträger 12 41 ff.
- abweichende Miteigentumsanteile 3 79 f.
- bauliche Veränderungen 8 441 ff.
- bauliche Veränderungen, Kostenverteilung 3 84 ff.
- Begriff 9 8
- Betriebskostenverteilung 3 122 f.
- Duldungspflicht, Instandhaltung/-setzung 8 91 ff.
- Gebrauch 9 362
- Gebrauchsbeschränkung, Generalklausel 9 364 ff.
- Gebrauchsregelungen s. dort
- Gebrauchsregelungen, Gemeinschaftsordnung 9 377 ff.
- Gewährleistungsansprüche, ausschließliche Betroffenheit 12 85 f.
- Gewährleistungsansprüche, Auswirkung auf Gemeinschaftseigentum 12 87
- Gewährleistungsansprüche, g. Bauträger 12 11 ff.
- Hausgeld, Zahlungsverpflichtung 16 5 ff., 72 ff.
- Instandhaltung 8 65
- Instandhaltung/-setzung, Einwirkungen 8 400 ff.
- Instandhaltung/-setzung, Kostenumlage 8 7 f.
- Instandhaltung/-setzung, Schäden 8 202 ff.
- Instandhaltung/-setzung, Schadensersatzanspruch 8 422 ff.
- Kostenverteilung 6 198 a
- neuerstelltes, Wirtschaftsplanansatz 5 37
- Neuschaffung 3 5
- noch zu errichtende Gebäudeteile 3 81 ff.
- Prozessführungsbefugnis 14 115
- Schäden, selbst. Beweisverfahren 14 50
- unzulässiger Gebrauch s. dort
- unzulässiger Gebrauch, Nachbarrechte 9 462 ff.
- Zwangsverwaltung s. dort
- Zweckbestimmung, in d. Teilungserklärung 9 372 ff.

Sondernutzungsrecht
- Änderung 3 5
- bauliche Veränderung, Gestattung 9 105, 112
- bauliche Veränderungen 9 13
- Begriff 9 12
- Duldungspflicht, Instandhaltung/-setzung 8 91 ff.
- Eigentümer, Eingriff in Rechtsstellung 3 175 ff.
- Einräumung, Zustimmungserfordernis d. Grundbuchgläubiger 3 31 ff.
- Gewährleistungsansprüche, Ausübungsbefugnis 12 91 f.
- Vereinbarungserfordernis 3 143, 148 f.

Sonderumlagen
- Abrechnung 6 171
- Aufrechnungsverbot 8 121
- Aufstockung d. Instandhaltungsrücklage 6 47
- Beitreibung, Klageschrift 16 247 ff.
- Berechnung 5 25
- Beschluss 16 16 ff.
- Eigentümerwechsel, während d. Prozesses 16 308 f.
- Einwände, nach Bestandskraft 16 65 ff.

- Fälligkeit **16** 154 f.
- Finanzierungslücke **5** 19 f.
- Gewährleistungsansprüche **12** 139 ff.
- Hausgeldausfälle **6** 48, 181
- Insolvenzforderungen **16** 768
- Instandhaltung/-setzung, Beschlussmuster **8** 292
- Instandhaltung/-setzungsmaßnahmen **8** 113 ff.
- Jahresabrechnung, Behandlung **6** 171 ff.
- Rücklagenbildung **8** 81, 87
- Verteilung **16** 22 ff.
- Zulässigkeit **5** 19 ff.; **6** 45

Sonnenkollektoren
- bauliche Veränderung **9** 306
- bauliche Veränderung, Zustimmungserfordernis **8** 495

Sonnenstudio
- Zweckbestimmung, Auslegung **9** 401

Sozialversicherungspflicht
- Prüfung durch Verwalter **2** 70

Speicher
- Zweckbestimmung, Auslegung **9** 401

Spielhalle
- Zweckbestimmung, Auslegung **9** 401

Spielplatz
- Gebrauchsregelung, ordnungsgemäße **9** 412

Spitzboden
- (un-)zulässiger Gebrauch **9** 375

Spitzboden
- bauliche Veränderung **9** 219 ff.
- Zweckbestimmung, Auslegung **9** 401

Sportverein
- Zweckbestimmung, Auslegung **9** 401

Stand d. Technik
- Abgrenzung z. Instandsetzung **8** 15, 20 f.
- anerkannte Regeln d. Technik **9** 175 f.
- Anpassung, Mehrheitsbeschluss **8** 439
- Begriff **8** 515
- Kostenverteilung **8** 521 ff.
- Mehrheitsbeschluss **8** 529 ff.
- unbillige Maßnahmen **8** 516 f.

Statik
- Wand-/Deckendurchbruch **9** 343

Stellplätze
- (un-)zulässiger Gebrauch **9** 375
- bauliche Veränderung **9** 258 ff.
- Gebrauchsregelung, Ordnungsmäßigkeit **9** 412

Sterbeurkunde
- Beantragung **16** 1000 f.

Steuerberaterbüro
- (un-)zulässiger Gebrauch **9** 375

Stimmabgabe **4** 141 ff.
- Anfechtung **4** 142
- Ausübung im eigenen Namen **4** 144
- Enthaltungen **4** 246
- Kopfprinzip **4** 169
- Mehrstimmrecht, einheitliche Ausübung **4** 143
- Objektprinzip **4** 170 ff.
- Personenmehrheiten **4** 144, 161 f.
- Probeabstimmung **4** 141
- Rechtsnatur **4** 142
- Stimmbindungsvertrag **4** 207
- Stimmrechtsmissbrauch **4** 199 ff.
- Stimmrechtsvertretung s. dort
- ungültige **4** 245
- Wertigkeit **4** 169 ff.; s.a. Beschlussfassung
- Wertprinzip **4** 170 ff.

Stimmbindungsvertrag **4** 207

Stimmkraft
- Kopfprinzip **4** 169

Stimmkraft
- Mitberechtigung, mehrfache **4** 178 ff.
- Objektprinzip **4** 170 ff.
- Verbindung/Teilung v. Wohnungseigentum **4** 174 ff.
- Wertprinzip **4** 170 ff.

Stimmrecht
- Beschränkung nach Beschlussgegenstand **4** 100 ff.
- Betreuer **16** 879 f.
- dinglich Berechtigte **4** 139 f.
- Dritter **4** 130 ff.
- Eigentümergemeinschaft **4** 129 a
- Erben **16** 940
- Erbengemeinschaft **16** 946 f.
- Erwerber **4** 130 ff.
- Gewährleistungsansprüche, Beschlussfassung **12** 121 ff.
- Insolvenzverwalter **4** 135
- Insolvenzverwalter **16** 732 ff.
- Missbrauch **4** 199 ff.
- Mitberechtigung, mehrfache **4** 178 ff.
- Miteigentümer **4** 129
- Nachlassverwalter **4** 138
- Rechtsnatur **4** 128
- Stimmbindungsvertrag **4** 207
- Testamentsvollstrecker **4** 138
- Verbindung/Teilung v. Wohnungseigentum **4** 174 ff.
- Vermächtnisnehmer **16** 983 f.
- Verwalterbestellung **11** 36 ff.
- Verwaltungsbefugte **4** 134 ff.
- Vor-/Nacherbe **16** 958 f.
- werdende Eigentümer **4** 130 ff.
- Zwangsverwalter **4** 136 f.

1653

Stimmrecht – Ausschluss
– Gewährleistungsansprüche, Beschlussfassung 12 121 ff.
– Nichtbeachtung 4 197 f.
– Stimmverbote, gesetzliche 4 183 ff.
– ungerechtfertigter 4 198
– Wirkung 4 189 ff.
– Wirkung, bei mittelbarer Betroffenheit 4 193
– Wirkung, bei Stimmrechtsvertretung 4 194 ff.
– Wirkung, ggü. Mitberechtigten 4 192
– Zulässigkeit 4 181 f.
Stimmrechtsbeschränkung
– gegenständliche, Teilversammlung 4 100 ff.
Stimmrechtsvertretung
– Ausübung im eigenen Namen 4 144
– automatisierte 4 156
– Beschränkung 4 163 ff.
– Bruchteilsgemeinschaft 4 158 f.
– Delegierte 4 168
– durch Verwalter 4 146, 156
– Erlöschen, Dauervollmacht 4 155
– Geschäftsunfähigkeit 4 160
– gesetzliche 4 160 ff.
– Gruppenvertretung 4 147
– juristische Personen 4 162
– Minderjährige 4 160
– Nachweis 4 149 ff., 159
– rechtsgeschäftliche 4 145 ff.
– Stimmrechtsausschluss, Wirkung 4 194 ff.
– Teilnahmerecht 4 113 f.
– Untervollmacht 4 157
– Vertretungsmacht 4 153, 163 ff.
– Vertretungsmacht, fehlende 4 145 a
– Vollmacht, Widerruf 4 154 f.
– Vollmachtserteilung 4 148
– weisungswidrige Stimmabgabe 4 145
Stimmverbot s.a. Stimmrecht – Ausschluss
– gesetzliche 4 183 ff.
– Modifikation 4 181 f.
Störer
– Entziehung d. Wohneigentums s. Wohneigentum – Entziehung
– Haftung 10 53
– unzulässiger Gebrauch 9 434 ff.; s.a. dort
– Wiederherstellungsverpflichtung 9 144 ff.; s.a. Beseitigungsanspruch; Wiederherstellungsanspruch
Streitschlichtung
– schiedsgerichtliches Verfahren 14 28 ff.
– Vorschaltverfahren 14 9 ff.

– Zahlungsklage, Schlichtungsverfahren 14 13 ff.
Streitverkündung
– Anwendungsbereich 14 176
– Voraussetzungen 14 177
– Wirkung 14 178
Streitwert
– Abmahnung 10 28
– anwendbare Vorschriften 14 311
– bezifferter Klageantrag 14 312
– Entziehungsbeschluss, Anfechtung 10 38
– Hausgeldbeitreibung 16 141 ff.
– Hinweispflicht, d. Anwalts 1 45
– Rechnungslegungsanspruch 7 47
– unbezifferter Klageantrag 14 313 f.
– Wirtschaftsplan, Anfechtung
Streitwertvereinbarung 1 46 ff.; 11 333
– Rechtsschutzversicherung 1 56
Stufenklage
– Klageantrag 14 174
Swingerclub
– (un-)zulässiger Gebrauch 9 375

Tagesordnung
– Beschlussgegenstände, Bestimmungsrecht 4 33 ff.
– Beschlussgegenstände, Bezeichnung 4 43 ff., 50, 87
– besondere Punkte 4 35
– durch Unbefugten 4 42
– Grundsatz ordnungsmäßiger Verwaltung 4 37
– Minderheitenquorum 4 36
– regelmäßig wiederkehrende Punkte 4 34
Tanzcafe
– Zweckbestimmung, Auslegung 9 401
Teileigentum
– Beiratsbeteiligung 15 12
– „nicht zu Wohnzwecken" 9 401
Teilnahmerecht
– aktive Teilnahme 4 108
– Bauträger 4 82
– Beiratsmitglied, Nichteigentümer 4 81, 120
– Berater/Rechtsbeistände einzelner Eigentümer 4 121 ff.
– Betreuer 16 881 f.
– dinglich Berechtigte 4 79, 118
– Dritter 4 76 ff., 112 ff.
– Erwerber 4 76 f., 115 f.
– Grundbuchgläubiger 4 82, 118
– Inhalt 4 107 f.
– Insolvenzverwalter 16 732 ff.
– Makler 4 82

Stichwortverzeichnis

- Mieter **4** 82
- Miteigentümer **4** 72 ff., 97 ff., 109 ff.
- Miteigentümer, nicht eingetragene **4** 75, 115
- Nachlassverwalter **4** 117
- passive Teilnahme **4** 108
- Rederecht **4** 108
- Stimmrechtsvertreter **4** 113 f.
- Teilversammlung **4** 97 ff.
- Testamentsvollstrecker **4** 117
- Vereinbarung **4** 125
- Verletzung **4** 127
- Verwalter **4** 80, 119
- Verwaltungsbefugte **4** 78, 117
- werdende Eigentümergemeinschaft **4** 77, 116
- Wiederholungsversammlung **4** 91

Teilnehmerliste 4 279

Teilrechtsfähigkeit 12 17; **13** 1 ff.
- Auswirkungen auf Gläubiger d. Gemeinschaft **13** 6
- Auswirkungen auf Miteigentümer **13** 5
- Auswirkungen auf Verwalter **13** 3
- Rechtsprechungsübersicht **13** 18
- Rubrum **13** 3
- Teilbereiche **13** 4
- Titel, Altfälle **14** 335 ff.
- Verband, Wohngeldansprüche **16** 190
- Verband, Wohngeldklage **16** 191
- Verfahren nach § 43 Nr. 2 WEG **14** 75
- WEG-Novelle **13** 7 ff.

Teilungserklärung
- Ausbaurecht **9** 111
- Auslegung **9** 99
- Begriff **1** 17
- Maßgeblichkeit, Ersterstellung **9** 24
- Öffnungsklausel **3** 110
- Verwalterbestellung **11** 16 ff.
- Zweckbestimmung **9** 372 ff.

Teilungserklärung – Änderung 9 106 f.
- Abgeschlossenheitsbescheinigung **3** 46
- Ablauf, Übersicht **3** 66 ff.
- Änderung, Versammlungsvorbereitung **3** 6 ff.
- behördliche Genehmigung **3** 46
- Beurkundung **3** 12 f.
- Grundbucheintragung **3** 5, 14 f.
- Grundbuchgläubigerzustimmung **3** 31 ff.
- Kosten **3** 57 ff.
- Organisationskompetenz **3** 3 f.
- sachenrechtliche Zuordnung **3** 1 ff.; s.a. Zustimmungserklärung
- Unbedenklichkeitsbescheinigung **3** 46
- Vormerkung **3** 51 ff.
- Wirksamwerden **3** 49 f.
- Zustimmungsanspruch, Voraussetzung **3** 72
- Zustimmungsersetzung, gerichtliche **3** 27 ff., 44 f.
- Zustimmungspflicht **3** 18 ff.

Teilungsplan
- Begriff **1** 19
- „Grünstempel" **1** 19

Teilungsversteigerung 16 672

Teilversammlung
- Stimmrechtsbeschränkung **4** 100 ff.
- Vereinbarung **4** 98

Testamentsvollstrecker
- Prozessführungsbefugnis **14** 111
- Stimmrecht **4** 138
- Teilnahmerecht **4** 117

Testamentsvollstreckung 16 1046 ff.

Thermostatventile
- Kostenverteilung **6** 81

Tierarztpraxis
- (un-)zulässiger Gebrauch **9** 375

Titel s. Zwangsvollstreckung
- Berichtigung **14** 340
- Umschreibung auf Erben **16** 897, 1005 ff.
- Umschreibung, auf die Gemeinschaft **14** 337 f.

Todesfall
- Akteneinsicht **16** 1009 ff., 1017
- Aufgebotsverfahren **16** 934 ff.
- Auskunftsansprüche, ggü. Gericht **16** 1013 ff.
- Ausschlagung d. Erbschaft **16** 942 ff.
- Ausschlagungsfrist **16** 898 ff.
- Auswirkungen auf Eigentümergemeinschaft **16** 894 f.
- Dürftigkeitseinrede **16** 928 ff.
- Eigentümergemeinschaft, Rechtsstellung **16** 993 ff.
- Erben, Rechtsstellung **16** 939 ff.
- Erbengemeinschaft **16** 945 ff.
- Erbenhaftung **16** 910 ff.
- Erbenhaftung, Beschränkung **16** 915 ff.
- Erbschaftsannahme **16** 906 f.
- Erbschein, Antrag **16** 1002 ff.
- Grundbuchberichtigung **16** 1050 ff.
- Hausgeldrückstand, Erbengemeinschaft **16** 1019 f.
- Inventarerrichtung **16** 1025 ff.
- Inventarerrichtung, Antragsmuster **16** 1030
- Nachlassinsolvenz **16** 921 ff., 1037 ff.
- Nachlasspflegschaft **16** 1021 ff.
- Nachlasspflegschaft, Antragsmuster **16** 1024
- Nachlassverbindlichkeiten **16** 908 f.

[Todesfall]
- Nachlassverwaltung 16 918 ff., 1031 ff.
- Schutz vor Ausfällen 16 896 f.
- Staatserbfolge 16 988 ff.
- Sterbeurkunde, Antrag 16 1000 f.
- Testamentsvollstreckung 16 1046 ff.
- Titelumschreibung 16 897, 1005 ff.
- Verfügungen d. Rechtsnachfolgers 16 941
- Vermächtnisnehmer 16 965 ff.
- Vorerbe, Verfügungen 16 964
- Vorerbschaft 16 952 ff.

Trampelpfad
- (un-)zulässiger Gebrauch 9 375

Treppen
- bauliche Veränderung 9 212, 225

Treu und Glauben
- bauliche Veränderung, Zustimmungsanspruch 9 99
- Zustimmungspflicht 3 21 ff.

Treuepflicht
- ggü. Gemeinschaft, Zustimmungspflicht 3 19 ff., 72

Treuhänder
- Hausgeld, Zahlungsverpflichtung 16 114

Trittschallschutz
- bauliche Veränderung 9 310 ff.
- Instandhaltung/-setzungsanspruch 8 166
- (un-)zulässiger Gebrauch 9 375

Türen
- Kostenverteilung 6 65

Überbelegung
- (un-)zulässiger Gebrauch 9 375
- Gefahr 9 344

Überwachungskamera
- bauliche Veränderung 9 337 f.

Umsatzsteuer
- Jahresabrechnung 6 120 ff.

Unbedenklichkeitsbescheinigung 3 46
Unberechtigte Ausgaben 7 8
Uneinbringliche Forderungen 6 60
Ungerechtfertigte Bereicherung
- unzulässiger Gebrauch 9 471

Ungültigerklärung
- Instandhaltung/-setzung, Beschluss 8 76
- Mehrheitsbeschluss, bauliche Veränderungen 8 470 ff.
- Mehrheitsbeschluss, Gebrauchsregelung 9 404

Unmöglichkeit
- Bauträgervertrag 12 81
- Gebrauchsregelungen 9 425

Unschädlichkeitszeugnis 3 36, 38
- Kosten 3 65

Unterlassungsantrag 14 169
- bauliche Veränderung 8 478; 9 128
- unzulässiger Gebrauch 9 443 ff.

Unterlassungsklage
- Antrag 14 169

Untervollmacht
- Stimmrechtsvertretung 4 157

Unzulässiger Gebrauch
- Abwehransprüche, Berechtigte 9 428 ff.
- Abwehransprüche, Gegner 9 434 ff.
- Abwehransprüche, Nachbarrecht 9 462 ff.
- Abwehransprüche, Rechtsgrundlage 9 427
- Abwehransprüche, Verjährung 9 447
- Abwehransprüche, Verwirkung 9 448 ff.
- Abwehransprüche, Vollstreckung 9 459 ff.
- Androhung v. Ordnungsmitteln 9 446
- Ausgleichsanspruch, Nachbarrechte 9 472
- Bereicherungsanspruch 9 471
- Einzelfälle 9 375
- Generalklausel 9 364 ff.
- Geräuschimmissionen 9 366
- Klageantrag 9 443 ff.
- Leistungsklage, Gestaltungsantrag 14 170 f.
- Mandatsübernahme, Checkliste 9 360
- Mieter/Nutzungsberechtigte 9 435 ff., 444 f.
- Mietvertrag, Hinweise 9 473 ff.
- Nachteil, Begriff 9 365 ff.
- psychische Beeinträchtigungen 9 367
- Schadensersatz 9 466 ff.
- Verhinderungsmaßnahmen 9 465
- Vermeidbarkeit 9 369 ff.
- Zweckbestimmung, Einzelfälle 9 401
- Zweckbestimmung, in d. Teilungserklärung 9 372 ff.

Urkundsprozess
- Hausgeldforderung 14 163
- Musterklage 14 323
- Voraussetzungen 14 320 ff.
- Vorteil 14 319

Urteil
- Berufungszulassung 14 305
- Entziehungsurteil 14 298
- I. Instanz 14 289
- Kostenentscheidung 14 290 ff.
- Rechtskrafterstreckung 14 296
- vorläufige Vollstreckbarkeit 14 295
- Wirkungen 14 296 ff.

Veräußerung – Zustimmung
- Bedingungsfeindlichkeit 17 56
- Beiratsbeteiligung 15 49 f.
- Berechtigte 17 34 ff.
- Beschränkung anderer Verfügungen 17 18 ff.
- Erklärungsempfänger 17 51
- erleichterte Zustimmungsbedingungen 17 14 ff.
- erschwerte Zustimmungsbedingungen 17 17
- Ersetzung 17 72 ff.
- Erteilung 17 44 ff.
- Erteilung, Form 17 52
- Erwerber, Voraussetzungen 17 33
- Gestaltungsvorschläge 17 83 ff.
- Haftungsrisiken 17 77 ff.
- Notarkosten 17 55
- Todesfall 16 941, 966 ff.
- Veräußerung, Vorliegen 17 31 ff.
- Versagung 17 62 ff.
- Versagung, Haftung 17 77 ff.
- Versagungsgrund, Schema 17 64 f., 66 f.
- Verwalterermächtigung, Kosten 17 53 f.
- Voraussetzungen 17 27 ff.
- Voraussetzungen, Schema 17 28
- Wirksamkeit 17 57 ff.
- Zwangsversteigerung 16 660 ff.

Veräußerungsbeschränkung
- Aufhebung 17 26 a ff.
- Beschränkung anderer Verfügungen 17 18 ff.
- formelle Wirksamkeit 17 9 ff.
- Gestaltungsvorschläge 17 83 ff.
- Grundlagen 17 1 ff.
- materielle Wirksamkeit 17 12 ff.
- Prüfungsschema 17 2
- Prüfungsschema, Wirksamkeit 17 3
- Todesfall 16 941
- Veräußerung, Vorliegen 17 18 ff., 31 ff.
- Vereinbarung, Auslegung 17 6
- Vermächtnisnehmer 16 966 ff.
- versus Verkehrsfähigkeit 17 5
- Vorschaltverfahren 17 15, 72 f.
- WEG-Reform 17 7
- Wirksamkeit, dingliche 17 24 ff.
- Wirksamkeit, schuldrechtliche 17 8 ff.
- Zustimmung, Grundpfandrechtsgläubiger 17 23
- Zwangsversteigerung 16 660 ff.

Verbindlichkeiten s.a. Jahresabrechnung
- Aufstellung, Jahresabrechnung 6 56 f.
- informatorische Unterlagen 6 220

Verbraucher
- Beratungsgebühr 1 15

Verbraucherinsolvenzverfahren
- außergerichtliches Schuldenbereinigungsverfahren 16 700 ff.
- Eröffnungsantrag 16 704 ff.
- Restschuldbefreiung 16 697 f., 720 ff.
- vereinfachtes Verfahren 16 711 ff.
- Wohlverhaltensperiode 16 722 ff.

Verbrauchserfassung s. Heizkostenabrechnung; Wasserversorgung

Vereinbarung s.a. Öffnungsklausel
- Abgrenzung z. Beschluss 3 167 f.; 4 219 ff.
- Änderung s.a. Beschluss, vereinbarungsändernder; Zustimmungserklärung
- Änderung, Beschlusskompetenz 3 139
- Änderung, Mehrheitserfordernisse 3 154 f.
- Aufrechnung, Ausschluss 16 62
- außerordentliche Versammlung 4 14
- bauliche Veränderungen 8 36
- bauliche Veränderungen, Erleichterung 9 109 ff.
- bauliche Veränderungen, Erschwerung 9 114 ff.
- bauliche Veränderungen, Zulässigkeit 8 456 ff.
- bauliche Veränderungen, Zustimmungsanspruch 9 98
- Beirat, Aufgabenzuweisung 15 29
- beschlussersetzende 3 168
- Beschlusskompetenz, Erweiterung 3 116, 133 ff.
- Beurkundungserfordernis 3 12 f.
- Einberufungsfrist 4 69
- Einstimmigkeitsprinzip 3 167
- Erforderlichkeit 3 1; 4 208, 212
- Gebrauchsregelung, Abänderung durch Beschluss 9 421
- Gebrauchsregelungen 4 214; 9 377 ff.; s.a. dort
- Grundbuchbestand 3 190
- Grundbucheintragung 3 5, 14 f.
- Minderheitenquorum 4 19
- Minderjährige 3 16
- Rechnungsabgrenzung 6 36 f.
- Rechtsstreitigkeiten, Vorschaltverfahren 14 9 ff.
- Rücklagenbildung 8 81
- Schiedsklausel 14 28 ff., 37 ff.
- schriftliche Zustimmung 3 17, 26
- Stimmrechtswertigkeit 4 170 ff.
- Stimmverbote, Regelung 4 181 f.
- Teilnahmerecht 4 125
- Teilversammlung 4 98
- Veräußerungsbeschränkung s. dort
- Versammlungsort 4 58

1657

[Vereinbarung]
- Vertragsprinzip 3 70
- Wirtschaftsplanaufstellung 5 4
- zukünftige Gestaltung, bauliche Veränderung 8 17
- Zurückbehaltungsrecht, Ausschluss 16 62
- Zustimmungspflicht 3 18 ff.; s.a. Zustimmungserklärung

Vereinsstrafe 5 86 a f.

Verfallsklausel 16 136

Vergleich
- Gewährleistungsansprüche 12 72 ff.
- Rechtsnatur 14 283
- Vergleichsgebühr 16 318
- Voraussetzungen 14 284 f.
- Wirkungen 14 286
- Zulässigkeit 14 282

Verjährung
- Abrechnung, Sekundäransprüche 6 311
- Abrechnungsansprüche 6 290, 311; 16 178
- Hausgeldforderung 16 175 ff.
- Hemmung, selbständiges Beweisverfahren 14 46
- Instandhaltung/-setzungsanspruch 8 165
- Unterlassungsanspruch, unzulässiger Gebrauch 9 447
- Wiederherstellungsanspruch 9 152 ff.

Verkehrssicherungspflicht
- Gemeinschaftseigentum 9 89
- Verwalterhaftung 11 408 ff.

Verkehrswert
- Festsetzung, Zwangsversteigerungsverfahren 16 599 ff.

Verkündung
- deklaratorische Bedeutung 4 252
- fehlerhafte 4 256 f.
- konstitutive Bedeutung 4 253 ff.
- Mängel d. Beschlusses 4 254 ff.
- Unterlassen 4 254 a, 255

Vermächtnisnehmer
- Ausschlagungsrecht 16 985 ff.
- Hausgeld, Zahlungsverpflichtung 16 109 f.
- Kostentragung 16 977 ff.
- Rechtsstellung 16 965
- Stimm-/Anfechtungsrecht 16 983 f.
- Verfügungsbeschränkung 16 966 ff.

Vermietung
- Gebrauchsregelung, Ordnungsmäßigkeit 9 412
- Vertragsformulierung, Gebrauchsregelungen 9 473 ff.

- Zustimmungsvorbehalt, Verwalter 9 400

Verpflichtungsklage
- Abrechnungsansprüche 6 287, 292
- Antragsmuster 14 125, 131
- Begründung 14 162
- Rechnungslegung, Klageantrag 7 44
- Verbindung mit Anfechtungsklage 14 161

Versammlung
- Absage/Weigerung 4 25
- Abstimmung, Instandhaltung/-setzungsmaßnahmen 8 293 ff.
- Abstimmungsergebnis 4 244 ff.
- Abstimmungsergebnis, Feststellung 4 248 ff.
- Abstimmungspflicht 4 288
- Abstimmungsverfahren 4 243
- Anwesenheitsrecht 4 108; s.a. Teilnahmerecht
- Aufzeichnung 4 277
- außerordentliche 4 13 ff.
- bauliche Veränderung, Abstimmungsergebnis 9 59
- Berater/Rechtsbeistände einzelner Eigentümer 4 121 ff.
- Beschlussantrag 4 241 f.
- Beschlussantrag, Ablehnung 4 249 f.
- Beschlussantrag, Erklärung d. Annahme 4 248
- Beschlussergebnis, Protokollierung 4 258 ff.
- Beschlussergebnis, Verkündung 4 251 ff.
- Beschlussergebnis, Verkündungsfehler 4 255 ff.
- Beschlussfähigkeit 4 235 ff.
- Beschlussfähigkeit, Feststellung 4 279 f.
- Beschlussunfähigkeit 4 21
- Delegiertenversammlung 4 168
- Diskussion, Beendigung 4 286
- Diskussion, Unterbrechung 4 287
- Durchführung 4 262 ff.; s.a. Versammlungsvorsitzender
- Einberufung s. dort
- Einladungsschreiben 3 8
- Enthaltungen 4 246
- Eröffnung 4 275
- Eventualversammlung 4 92 ff.
- Fortsetzungsversammlung 4 96
- Hausrecht 4 281
- Kopfprinzip 4 169
- Mängel 4 126 f.
- Mehrhausanlage 4 100 ff.
- Minderheitsverlangen 4 15 ff.

Stichwortverzeichnis

- Niederschrift s. Versammlungsprotokoll
- Objektprinzip 4 170 ff.
- ordentliche 4 12
- ordnungsmäßige Verwaltung, Einberufungsgrund 4 20
- Probeabstimmung 4 141
- Protokoll, Checkliste 3 9
- Protokollführer 4 276
- Prüfung d. Einberufung 4 278
- Rederecht 4 108; s.a. Teilnahmerecht
- Redezeitbeschränkung 4 284
- Stimmbindungsvertrag 4 207
- Stimmrechtsmissbrauch 4 199 ff.
- Tagesordnungspunkt, Aufruf 4 282
- Tagesordnungspunkt, Reihenfolge 4 282
- Teilnahme v. Nichtberechtigten 4 126
- Teilnahme, Anwalt 1 28
- Teilnahmeberechtigte 4 72 ff., 107 ff.; s.a. Teilnahmerecht
- Teilnahmerecht, Verletzung 4 127
- Teilnehmerliste 4 279
- Teilversammlung 4 98 ff.; s.a. dort
- Untersagung 4 31
- Vertagung/Auflösung 4 289
- Verwalter, Abberufung 11 111, 130 ff.
- Verwalterbestellung 11 27 ff.; s.a. dort
- Vollversammlung 4 3
- Vorbereitung, Instandhaltung/-setzungsmaßnahmen 8 258 ff.
- Wertprinzip 4 170 ff.
- Wiederholungsversammlung 4 21, 85 ff.; s.a. dort
- Wort, Entzug 4 285
- Wort, Erteilung 4 283
- Zeitpunkt 4 49, 61 ff., 89

Versammlung – Einberufung
- Insolvenzverwalter 16 731

Versammlung – Teilnahme
- Betreuer 16 881 f.
- Insolvenzverwalter 16 732 ff.

Versammlungsort 4 49, 56 ff.
- Vereinbarung 4 58
- Verkehrsüblichkeit/Zumutbarkeit 4 59 f.

Versammlungsprotokoll
- Aufbewahrungspflicht 4 302
- Berichtigung 4 304 ff.
- Beschlussergebnis 4 258 ff.
- Beweiskraft 4 298
- Checkliste 3 9
- Durchsicht, bei Mandatsübernahme 1 27
- Einsichtsrecht 4 303
- Einverständnis mit Beschlussfassung 4 4

- Erstellungsfrist 4 300
- Erstellungsfrist, Versäumung 4 308
- Erstellungspflicht 4 290
- Erstellungsverpflichteter 4 291
- Form 4 292 ff.
- Inhalt 4 296 f.
- Mängel 4 304 ff.
- Muster 4 299
- Protokollführer 4 258 ff., 276, 291
- Unterlassen 4 308
- Verhältnis z. Beschlusssammlung 4 290
- Versendungspflicht 4 301

Versammlungsvorsitzender
- Abdingbarkeit 4 266 f.
- Abstimmungsergebnis, Ermittlung 4 244
- Abstimmungspflicht 4 288
- Abstimmungsverfahren, Festlegung 4 243
- Aufgaben 4 269 ff.
- Aufzeichnung d. Versammlung 4 277
- Berechtigte 4 262 ff.
- Beschlussfähigkeit, Feststellung 4 238, 279 f.
- Diskussion, Beendigung 4 286
- Diskussion, Unterbrechung 4 287
- Diskussionsleitung 4 282 ff.
- Fehlen 4 268
- Hausrecht 4 281
- Leitungs-/Ordnungsbefugnis 4 271 ff.
- Protokollführer, Bestimmung 4 276
- Prüfung d. Einberufung 4 278
- Prüfungskompetenz 4 254
- Redezeitbeschränkung 4 284
- Tagesordnungspunkt, Aufruf 4 282
- Tagesordnungspunkt, Reihenfolge 4 282
- Unterlassen d. Verkündung 4 254 a, 255
- Verkündung, Beschlussergebnis 4 251 ff.
- Verkündung, fehlerhafte 4 256 f.
- Versammlung, Vertagung/Auflösung 4 289
- Versammlungseröffnung 4 275
- Wort, Entzug 4 285
- Wort, Erteilung 4 283

Versicherungen
- Mitversicherung des Verwalters 2 17
- Prüfung, Verwaltungsübernahme 2 27 ff.
- verdeckte Provisionen 11 142
- Wert 1914 2 28

Versicherungsprämien
- Rechnungsabgrenzung 6 22

1659

Versicherungsschaden
- Entschädigung, Auskehrung 8 235
- Selbstbehalt 6 119

Versorgungssperre
- Aufhebungsgründe 16 440 ff.
- Beschlussfassung 16 427 ff.
- Beschlussfassung, Checkliste 16 429 f.
- Beschlussfassung, Muster 16 449 f.
- Duldungstitel 16 446 f., 455 ff.
- Eigentümerwechsel 16 442
- Höhe d. Rückstands 16 434 ff.
- Mandatsübernahme 16 419 ff.
- selbst bewohntes Objekt 16 451 f.
- Titulierung 16 437
- Verbandszuständigkeit 16 469
- Verfahrenskosten 16 448
- vermietetes Gewerbeobjekt 16 461 ff.
- vermietetes Wohnobjekt 16 453 ff.
- Verwaltervollmacht 16 337
- Vollstreckungsversuch 16 438 f.
- Wohnungsberechtigte 16 468 f.
- Zulässigkeit 16 422 ff.

Verstoß g. gesetzliches Verbot
- Gebrauchsregelung, Nichtigkeit 9 418

Vertreter
- Ersatzzustellungsvertreter 14 152 ff.
- Prozessführungsbefugnis 14 108
- Zustellungsvertreter 14 146 ff.

Vertragsstrafe 5 86 a f.

Vertretung
- Beirat, Bevollmächtigung 15 52 ff.
- gesetzliche, Betreuer s. Betreuung
- gesetzliche, Stimmrecht 4 160 ff.
- Minderjährige 3 16
- Notfall, Verwalterstellung 8 390 ff.
- rechtsgeschäftliche, Stimmrecht 4 145 ff.

Vertretungsbefugnis
- fehlender Verwalter 11 336
- Hausgeldantrag 13 3 f.
- Rechtsstreitigkeiten 11 319 ff.
- Verwalter 1 6; 11 271 ff.; s.a. dort
- Vollmachtsurkunde 11 351 ff.

Verwalter
- Abrechnungsansprüche 6 270 ff.
- Aktivrubrum, Muster 14 123
- Amtsniederlegung 11 164 ff.
- Amtsniederlegung, Pflichten 11 172 ff.
- Antragsrecht 4 242
- ausgeschiedender, Abrechnungsansprüche 6 271, 314 ff.
- ausgeschiedener, Jahresabrechnungerstellung 6 318 ff.
- ausgeschiedener, Passivlegitimation 6 314 ff.
- ausgeschiedener, Pflichten 11 172 ff.
- ausgeschiedener, Rechte 6 329, 332 ff.
- Ausscheiden, Zeitpunkt 6 318 ff.
- Auswirkungen d. Teilrechtsfähigkeit 13 3
- Beiladung 14 201 f.
- Beweissicherung durch Eigentümergemeinschaft 14 51
- BGB-Gesellschaft 1 22
- Eheleute 1 23
- Entlastung 11 401 ff.
- Erforderlichkeit 11 1
- Ersatzzustellungsvertreter 14 152 ff.
- Erstverwalter, Problematik 11 150 ff.
- faktischer 11 266; 14 83
- fehlender 11 181 ff.
- fehlender, Vertretung d. Gemeinschaft 11 336
- gerichtliche Bestellung 11 190 ff.
- gerichtlicher, Einberufungsbefugnis 4 8
- gerichtlicher, Rechtsstellung 11 202 f.
- Interessenkollision 14 115, 148 ff.
- Interessenkollision, Mandatserteilung 1 4
- mehrere 1 24
- Mietpool-Verwalter 7 9
- Nachweis d. Rechtsstellung 11 348 ff.
- Organstellung 9 188
- Passivprozess, Prozessführungsbefugnis 14 112 ff., 131 ff.
- Prozessführungsbefugnis 14 112 ff.
- Prozessführungsbefugnis 16 192 ff.
- Prozesskosten, Auferlegung 14 292 f.
- Prozessstandschaft, gewillkürte 1 7
- Prozessstandschaft, gewillkürte 14 116 ff.
- Prozessstandschaft, Zwangsvollstreckung 14 341 f.
- Rechtsverfolgungskosten, Beteiligung 6 108 ff.
- Scheinverwalter 4 9, 24; 6 271, 341; 11 265
- verdeckte Provisionen 11 142
- Vermögensverhältnisse 11 144
- Vertretungsbefugnis, Mandatserteilung 1 3 ff.
- Vertretungsbefugnis, Notfall 8 390 ff.
- Vertretungsbefugnis, Rechtsstreitigkeiten 8 391 ff., 397 ff.
- Vertretungsbefugnis, Regelungsbedarf 11 271
- Vollmacht, Muster 11 354
- Vollmachtsurkunde 11 351 ff.
- Voraussetzungen, persönliche 11 2 ff.
- Vorstrafen 11 143
- Wechsel, Prozessauswirkungen 14 223 ff.
- Zustellungsvertreter 14 146 ff.

Stichwortverzeichnis

Verwalter – Abberufung
- Abmahnung 11 125f., 128
- Amtsniederlegung 11 164ff.
- aus wichtigem Grund 11 108ff.
- Beirat, Beteiligung 11 132
- Beschluss, Muster 11 112, 115f.
- Beschlussanfechtung 11 157ff.
- Beschlussanfechtung, Muster 11 159
- Erstverwalter, Problematik 11 150ff.
- Frist 11 124
- Gründe, Einzelfälle 11 139ff.
- Klage, Muster 11 135
- ohne wichtigen Grund 11 102ff.
- Prozessführung nach Abberufung 2 63ff.
- Verhältnis z. Vertragskündigung 11 104, 119ff.
- Versammlung, Einberufung 11 111, 130f.
- Versammlung, Einberufungsverweigerung 11 132ff.
- Verwalterneuwahl 11 129
- Weiterführung von Rechtsstreitigkeiten 2 63ff.

Verwalter – Aufgaben
- Abstimmung mit d. Beirat 8 265
- Abwehr v. Rechtsnachteilen 11 307ff.
- Aktivansprüche, Geltendmachung 11 319ff.
- Anspruchsberechtigung/-geltendmachung, Rückbau 9 138, 140ff.
- Anwaltsgebühren, Erhöhung 1 5
- Auskunftserteilung 11 338ff.
- bauliche Veränderung, Vorbereitungsmaßnahmen 8 533ff.
- bauliche Veränderung, Zustimmung 9 117ff.
- Baumängel, anfängliche 12 163ff.
- Baumängel, nachträgliche 12 167
- Beschlüsse, Durchführung 11 275ff.
- Beschlussgegenstände, Bestimmungsrecht 4 33ff.
- Beschlussgegenstände, Bezeichnung 4 43ff., 50
- Beschlusssammlung, Versäumnisse 11 139
- Beschlussvorbereitung, Ersttätigkeit 2 71ff.
- Delegation 11 7ff., 145
- Eigentümerliste 11 345ff.
- Einberufung, Weigerung 4 25
- Einberufungsbefugnis 4 6ff.
- Einberufungspflicht 4 11ff.
- Einsichtnahme, Gewährung 11 341ff.
- Empfangsberechtigung 11 311ff.
- Erstbegehung 2 16ff.
- Fristwahrung, Maßnahmen 11 307ff.
- Gebrauchsregelung, Ermächtigung 9 426
- Gelder, Verwaltung 11 298ff.
- Gewährleistungsansprüche, Geltendmachung 8 48, 173
- Gewährleistungsansprüche, Handlungspflicht 12 157ff.
- Hausbesitzererklärung 11 310
- Hausordnung 11 282f.
- Instandhaltung/-setzung, Ausführungskompetenz 8 73ff., 122, 171ff.
- Instandhaltung/-setzung, Beschlussfassung 8 293ff.
- Instandhaltung/-setzung, Beschlussvorschlag z. Finanzierung 8 283ff.
- Instandhaltung/-setzung, Beschlussvorschlag z. Sache 8 278ff.
- Instandhaltung/-setzung, Einwirkungen auf Sondereigentum 8 416ff.
- Instandhaltung/-setzung, Handlungsspielraum 8 74ff.
- Instandhaltung/-setzung, kaufmännische Kontrolle 8 58ff.
- Instandhaltung/-setzung, Kostenermittlung 8 270ff.
- Instandhaltung/-setzung, Prüfung d. Beschlussvoraussetzungen 8 273ff.
- Instandhaltung/-setzung, technische Kontrolle 8 43ff.
- Instandhaltung/-setzungsanspruch d. Miteigentümer 8 171ff.
- Instandhaltung/-setzungsbeschluss, Ausführung 8 322ff.
- Instandhaltung/-setzungsbeschluss, Vorbereitung 8 258ff.
- Instandhaltungsmaßnahmen 11 284ff.
- Jahresabrechnung, Erstellung 6 1ff.; s.a. dort
- Jahresabrechnung, Übernahme v. Bauträger 6 224ff.
- Jahresabrechnung, Zuordnung 6 8f.
- Jahresabschluss, Beschlussfassung 6 233ff.; s.a. Jahresabrechnung – Beschluss
- Kontobestand, Herausgabe durch Vorverwalter 2 53ff., 74
- Mandatserteilung 1 3ff.
- Notgeschäftsführung 11 296f.
- Notgeschäftsführung/Geschäftsführung ohne Auftrag 8 380ff.
- Organisation, Änderung Eigentumsverhältnisse 3 3f.
- Passivansprüche, Abwehr 11 323ff.
- Prozessführung 9 188
- Rechnungslegung 7 1ff.; 11 337; s.a. dort

1661

[Verwalter – Aufgaben]
- Rechnungswesen, Versäumnisse 11 146 ff.
- Rechtsgrundlage 11 270 ff.
- Sachverständigenbeauftragung 8 49
- technische Kontrolle 8 259 f.
- Übernahmevorbereitung 2 3 ff.
- Unterlagen s.a. Verwaltungsunterlagen
- Unterlagen, Herausgabe durch Vorverwalter 2 31 ff., 40 f., 73
- Versammlungsprotokoll 4 258 ff.
- Versammlungsteilnahme 4 80, 119
- Versammlungsvorsitz 4 262 ff.
- Wirtschaftsplanaufstellung 5 1 ff.; s.a. dort
- Zustimmungsvorbehalt, Haustierhaltung 9 412
- Zustimmungsvorbehalt, konkrete Nutzung 9 393 ff.

Verwalter – Bestellung
- Anfechtung 11 67 ff.
- Anfechtung, nach Amtszeit 11 86
- Anfechtung, Rechtsfolgen 11 87 ff.
- Anfechtungsgründe 11 74 ff.
- Annahme durch d. Verwalter 11 14 f.
- Beschluss, Formulierungsmuster 11 45 ff., 58
- Beschluss, Inhalt 11 43 ff.
- Beschluss, Mehrheitserfordernisse 11 40 ff.
- Beschlussfassung 11 36 ff.
- Beschlussfassung, Vorbereitung 11 27 ff.
- Beschlussvorbereitung, Ersttätigkeit 2 71 ff.
- Beschlussvorschlag, Formulierungsmuster 11 33
- BGB-Gesellschaft 1 22
- durch Beschluss 11 27 ff.
- durch Teilungserklärung 11 16 ff.
- einstweiliger Rechtsschutz 11 95 ff.
- Erstbegehung 2 16 ff.
- erstmalige 11 19 ff.
- Gesellschaften 11 4 ff.
- Laufzeit 11 54 ff.
- Mehrhausanlage 1 24
- Nichtigkeitsklage 11 66
- Personenmehrheiten 1 23 ff.
- Übernahmevorbereitung 2 3 ff.
- Unterlagen, Herausgabe durch Vorverwalter 2 31 ff., 73
- Unterlagen, Prüfung 2 58 ff.
- Verhältnis z. Verwaltervertrag 11 11 ff., 206
- Verlängerungsklausel 11 58
- Versammlungsablauf, Hinweise 11 51 ff.
- Versicherungen, Prüfung 2 27 ff.
- Verstoß gg. § 26 Abs. 2 WEG 1 25
- Voraussetzungen, persönliche 11 2 ff.
- Wiederbestellung, Nichtigkeit 1 25
- Wiederwahl 11 60 ff.
- Zuständigkeit 11 10

Verwalter – Haftung
- Baumängel 11 381 ff.
- Bauträgerverwalter 12 175
- Beratungsfehler 8 223
- Beschlussfassung 11 375 ff.
- Beschränkung 8 225, 250 ff.; 11 239
- Einzelfälle 11 375 ff.
- Energiesparverordnung 8 187 f.
- Entlastung 11 401 ff.
- Erfüllungsgehilfe 8 218, 237 f.
- fehlender Vertrag 11 269
- Gebäudezustand, Kontrolle 8 45
- Geltendmachung 8 227 f.
- Gewährleistungsansprüche, Pflichtverletzung 12 168 ff.
- Gewährleistungsrechte, Versäumnis 8 221
- Grundbesitzerhaftung 8 45
- Grundlagen 11 355 ff.
- Grundsätze 8 216 ff.
- Haftungsfreistellung 8 250 ff.
- Instandhaltungsmaßnahmen 11 381 ff.
- Jahresabrechnung, Erstellung 6 1 ff.
- Mietausfälle 8 220
- Mitverschulden 8 236
- Mitverschulden d. Miteigentümer 8 234, 242
- Mitversicherung in Eigentümerhaftpflicht 2 17, 28
- Rechtsirrtum 8 231
- Umfang 8 226, 248 f.
- unberechtigte Ausgaben 7 8
- Veräußerungszustimmung, Versagung 17 77 ff.
- Verfahrenskosten 11 362 ff.
- Verhältnis z. Entlastung 8 224
- Verjährungsregelungen 11 249
- Verkehrssicherungspflichtverletzung 11 408 ff.
- Versammlung 11 375 ff.
- Vertragsverletzung 8 222
- Verzögerungsrisiko 8 231

Verwalter – Vergütung
- Aufwendungsersatz 11 232
- Erhöhung 11 258
- Fälligkeit 11 254
- fehlender Vertrag 11 267
- Höhe 11 255
- Kostenverteilung 6 194 ff.
- Mehraufwandspauschale, Beschluss 3 137

- Nichterfüllung durch Verwalter 11 260f.
- Rechnungslegung 7 35
- Schlechterfüllung 11 262
- Schuldner 11 253
- Sonderhonorar 8 309ff.
- Sondervergütung 11 234, 237, 246, 248, 256
- Stundenlohn 11 255
- Transparenzgebot 11 257
- Umlage 11 259

Verwaltervertrag
- Anwaltsbeauftragung 11 247, 333ff.
- Auftragsvergabe 11 231
- Beirat, Zusammenarbeit 11 236
- Betretungsrecht 11 235
- Erstverwalter 11 207ff.
- fehlender 11 265
- Grundbucheinsicht 11 238
- Haftung, Verjährung 11 249
- Haftungsbeschränkung 11 239
- Inhaltskontrolle 11 224ff.
- Klauseln, Klageantrag 11 230
- Klauseln, problematische 11 231ff.
- Kündigung, Verhältnis z. Abberufung 11 104, 119ff.
- Ladung, Versammlung 11 244
- Lastschriftverfahren, Ermächtigung 11 243
- Laufzeit 11 245
- Muster 11 263f.
- Nichterfüllung, Vergütung 11 260f.
- Rechtsnatur 7 2
- Rechtsnatur 11 204
- Schlechterfüllung, Vergütung 11 262
- Selbstkontrahierung 11 241
- Sondervergütung 11 234, 237, 246, 248
- Transparenzgebot 11 257
- Verhältnis z. Bestellung 11 11ff., 206
- Vertragspartner 11 204
- Vertragsschluss 11 210ff.
- Vertretungsbefugnis, Gerichtsverfahren 11 251

Verwaltervollmacht
- Entziehungsverfahren 16 336
- Versorgungssperre 16 337
- Zwangsversteigerung 16 335
- Zwangsvollstreckung 16 334

Verwaltung s.a. Wirtschaftsplan
- Gemeinschaftseigentum 8 42ff., 63f., 65
- ordnungsgemäße, Gestaltungsklage 14 170f.
- Regelungen, Beschlusskompetenz 4 215

Verwaltung, ordnungsmäßige
- Beschlussgegenstände, Bestimmungsrecht 4 37
- Einberufungsgrund 4 20
- Geschäftsordnungsmaßnahmen 4 271ff.
- Grundsatz ordnungsmäßiger Verwaltung 3 183f.
- Instandhaltungsrücklage 6 200
- Rücklagenbildung 6 39
- Verstöße, Kostenverteilung 6 197f.
- Wirtschaftsplan 5 21

Verwaltungsbeirat s. Beirat

Verwaltungskosten
- Verteilung, Änderung 3 124f., 133, 136f.; s.a. Kostenverteilung

Verwaltungsunterlagen
- Bauunterlagen, Herausgabe 2 42ff.
- Beschlussvorschlag, bei Verwaltungsübernahme 2 73
- Einsicht, bei Mandatsübernahme 1 16ff.
- Herausgabepflicht, d. Vorverwalters 2 31f., 40f., 73
- Kontounterlagen 2 50ff.
- Prüfung, Verwaltungsübernahme 2 58ff.
- wichtige 2 36

Verwaltungsübernahme
- Grundbucheinsicht 2 4ff.

Verwandte
- Rücksichtnahme-/Duldungspflicht, gesteigerte 3 24

Verwirkung
- Instandhaltung/-setzungsanspruch 8 165
- Unterlassungsanspruch, unzulässiger Gebrauch 9 448ff.
- Wiederherstellungsanspruch 9 162ff.

Verzug
- Bauträger 12 53
- Hausgeldforderung 16 156ff.
- Regelung, Beschlusskompetenz 3 133f.
- Zahlungspflichten, Miteigentümer 10 4, 12ff.

Verzugszinsen
- Hausgeldforderung 16 168ff., 184

Videothek
- Zweckbestimmung, Auslegung 9 401

Videoüberwachung
- bauliche Veränderung, Zustimmungserfordernis 8 495

Vollmacht s.a. Stimmrechtsvertretung; Vertretung; Verwalter
- Mandatserteilung 1 3ff.
- Prozessvollmacht 14 235

1663

[Vollmacht]
- Unfähigkeit z. Besorgung eigener Angelegenheiten 16 848 ff.
- Untervollmacht 4 157

Vollversammlung
- Beschlussfassung 4 3

Vollwartungsverträge
- Kostenverteilung 3 130

Vorerbschaft 16 952 ff.

Vorfälligkeitsregelung 16 134

Vorläufige Vollstreckbarkeit 14 295
- Leistungsklage, Hausgeldforderung 16 229 ff.

Vormerkung
- Gemeinschaftsordnung/Teilungserklärung, Änderung 3 51 ff.

Vormundschaftsgericht
- Betreuungsanordnung 16 842 ff. s.a. Betreuung

Vorschaltverfahren
- Veräußerungsbeschränkungen 17 15, 72 f.
- Vereinbarung 14 9 ff.

Vorschussanspruch
- Hausgeld s. Hausgeldvorschuss
- primäre Mängelansprüche, Ausübungsbefugnis 12 52 ff.

Vorsorgevollmacht 16 852

Wanddurchbruch
- bauliche Veränderung 9 339 ff., 343
- bauliche Veränderung, Zustimmungserfordernis 8 495

Warmwasserversorgung
- Kostenverteilung 6 68 ff.

Wascheinrichtungen
- Einnahmen, Verwendung 6 210
- Gebrauchsregelung, ordnungsgemäße 9 412

Wäschespinne
- bauliche Veränderung 9 348
- (un-)zulässiger Gebrauch 9 375

Wäschetrocknung
- Gebrauchsregelung, nicht ordnungsgemäße 9 412

Waschraum
- Gebrauchsregelung, Ordnungsmäßigkeit 9 412

Waschsalon
- Zweckbestimmung, Auslegung 9 401

Wasserschaden
- Pflichten des Verwalters 11 295

Wasserversorgung
- Kaltwasserversorgung 6 82 ff.
- Kostenverteilung nach Wohnfläche 6 189 ff.

- Warmwasserversorgung 6 68 ff.
- Wasserzähler, eigener 6 186 ff.

Weinkeller
- Zweckbestimmung, Auslegung 9 401

Werbeanlagen
- bauliche Veränderung 9 349

Werbeschilder s. Reklame

Werbungskosten
- Instandhaltungsrücklage 8 80

Werkraum
- Zweckbestimmung, Auslegung 9 401

Wert 1914
- Versicherungswert, Gebäudeversicherung 2 28

Wertprinzip 4 170 ff.
- Mitberechtigung, mehrfache 4 180
- Verbindung/Teilung v. Wohnungseigentum 4 177

Wiedereinsetzung in d. vorigen Stand
- Antragsmuster 14 190
- Entscheidung 14 191
- Rechtsbehelf 14 192
- Voraussetzungen 14 187 ff.

Wiederherstellungsanspruch
- Anspruchsgegner 9 144 ff.
- bauliche Veränderung 9 124, 129 ff.
- Berechtigte 9 134 ff.
- Beseitigungsbeschluss, Anfechtung 9 132
- Beseitigungsbeschluss, Anspruchsgrundlage 9 129 ff.
- Beseitigungsbeschluss, inhaltliche Bestimmtheit 9 133
- Ersatzvornahme 9 185
- Geltendmachung 9 134 ff.
- Klage, Beitritt 9 187
- Klage, Zuständigkeit 9 183 ff.
- Klageantrag 9 190
- Mietverhältnis 9 148 ff.
- Musterverfahren 9 189
- Nichtdurchsetzbarkeit, Folgen 9 172
- Prozessführung durch Verwalter 9 188
- Rechtsmissbrauch 9 166 ff.
- Rechtsnachfolger 9 145 ff.
- Verjährung 9 152 ff.
- Verwirkung 9 162 ff.
- Zwangsvollstreckung 9 193 ff.

Wiederholungsversammlung
- Adressaten 4 91
- Beschlussgegenstände, Bezeichnung 4 87
- Einberufungsbefugnis 4 86
- Form/Inhalt 4 88
- Frist 4 90
- Ort/Zeit 4 90

Stichwortverzeichnis

Willenserklärung
- Abgabe, Leistungsklage 14 167

Wintergarten
- bauliche Veränderung 9 213 ff.

Wirtschaftseinheiten
- Bildung 8 108 f.

Wirtschaftsjahr
- Abrechnungsperiode 6 18 ff.
- Abweichung 6 19 f.
- Festlegung 5 67 f.

Wirtschaftsplan s. Hausgeldforderung – Klage
- Abberufung des Verwalters bei Fehlern 5 19
- Anfechtung (Rechtsschutzbedürfnis) 5 23
- Abrechnungsbeschluss, Wirkung 16 176
- Aufbau 5 26 ff.
- Aufstellungsverpflichteter 5 4, 59
- bauliche Veränderungen 5 36
- Beiratsbeschluss 5 71
- Beschluss, Anfechtung 5 2 f., 90 ff.
- Beschluss, gerichtliche Ersetzung 5 74
- Beschluss, Gesamtgemeinschaft 5 69
- Beschluss, Inhalt 5 75 ff.
- Beschluss, Mehrhausanlage 5 70
- Beschluss, Übertragung an Beirat 5 71 f.
- Beschluss, Zeitpunkt 5 59 ff.
- Beschluss-/Genehmigungsfiktion 5 73
- Beschlussvorschlag 5 56, 63
- BetriebskostenVO 5 27
- Bindungswirkung 5 12 ff.
- Einnahmen-Ausweis 5 39 ff.
- Einzelkosten, Aufstellung 5 34 ff.
- Einzelwirtschaftspläne 5 34
- Einzugsermächtigung 5 87 ff.
- Ermächtigungsfunktion 5 9 ff.
- Erstellungspflicht, Anspruch d. einzelnen Miteigentümers 5 95 ff.
- Fälligkeitsregelung 5 80 ff.
- Feststellung durch Gericht 5 53
- Finanzierungsfunktion 5 6 ff.
- Geltungsdauer 5 76 f.; 16 12 ff.
- Gesamtkosten/-lasten, Prognose 5 28
- Gestaltungsurteil 8 107
- Gültigkeitsdauer, Hausgeldvorschuss 16 12 ff.
- Hausgeldnachzahlungen 16 27 ff.
- Hausgeldvorschuss 16 8 ff.
- Instandhaltung/-setzungsmaßnahmen 8 107 ff.
- Instandhaltungsrücklage, Höhe 6 40 ff.
- Kompetenzübertragung auf Beirat 5 71
- Kontrollfunktion 5 9 ff.
- Liquiditätsumlage 5 19 ff.
- neuhergestelltes Sondereigentum 5 37
- Prognoseinstrument 5 17 ff.
- Rechnungsabgrenzungen 5 7
- Rechtsverfolgungskosten 5 35
- Rücklagenbildung 8 81
- Sonderumlage 5 19, 24 f.
- Turnus 5 4, 59
- unterjährige Veränderungen 5 24
- Verhältnis z. Jahresabrechnung 5 42 ff.
- Verstoß g. Grundsatz d. ordnungsgemäßen Verwaltung 5 21
- Verteilungsschlüssel 5 29 ff.
- Vorlage 5 59 ff.
- Vorlage, Beschlussvorschlag 5 95, 98
- Vorratspositionen 5 7
- Vorschussliste 5 38
- Wirtschaftsjahr, Festlegung 5 67 f.
- Zweck 5 5 ff.

Wohnanlage s.a. Mehrhausanlage
- äußere Gestaltung, bauliche Veränderung 9 79 ff.
- Erstbegehung, neuer Verwalter 2 16 ff.
- Schutz d. Eigenart 8 516 f.
- Versicherungen, Prüfung 2 27 ff.

Wohnfläche
- Begriff 6 190 ff.

Wohnnutzung s.a. Gebrauchsregelung; Zweckbestimmung#9
- Zweckbestimmung, Einzelfälle 9 401

Wohnung, nicht fertig gestellte
- erstmalige Herstellung, Abgrenzung z. Wiederherstellung 8 24 ff.
- Kostenverteilung 6 80

Wohnungsberechtigte
- Stimmrecht 4 140

Wohnungsberechtigte
- Versammlungsteilnahme 4 79, 118

Wohnungseigentum
- Betreten d. Wohnung, Instandhaltung/-setzung 8 405 ff., 416 ff.
- betreuungsrechtliche Fragen s. dort
- Ersterrichtung 12 6 f.
- Ersterrichtung, Abgrenzung z. baulichen Veränderung 9 22 ff.
- Ersterrichtung, Abgrenzung z. Wiederherstellung 8 24 ff.
- Ersterrichtung, abweichende 9 25
- Ersterrichtung, planwidrige 9 26
- Erwerb v. Bauträger, Gewährleistung 12 5 ff.; s.a. Gewährleistungsansprüche
- Mitberechtigung, mehrfache 4 178 ff.
- sanierte Gebäude 12 8
- Schutz d. Eigenart 8 516 f.
- Todesfall, Verfügungsbeschränkung 16 941, 966 ff.

1665

[Wohnungseigentum]
- Veräußerung, Zustimmungserteilung s. dort
- Veräußerungsbeschränkung s. dort
- Verbindung/Teilung, Stimmrecht 4 170 ff.
- Versteigerung, Zustimmungsvorbehalt 16 660 ff.
- Wiederherstellungspflicht 8 152
- Wirtschaftseinheiten 8 108 f.

Wohnungseigentum -Entziehung
- Abmahnung 10 25 ff.
- Abwägung 10 15 ff.
- Abwendung, durch Zahlung 10 12 c, 52
- Aktivlegitimation 10 32
- Beschluss 10 29 ff.
- Beschluss, Inhalt 10 33 f.
- Beweislast 10 47
- Grundkonstellation 10 2 f.
- Klage 14 106, 130, 136, 173, 298
- Klageschrift 10 42 ff.
- Kosten 10 28, 51
- Mietverhältnis 10 23, 50
- Nachschieben v. Gründen 10 21
- Pflichtenverletzung, schwere 10 4, 13 f.
- Pflichtenverletzung, wiederholte 10 4 ff.
- Räumungsfrist 10 49
- Rechtsschutz 10 35 ff.
- Störer, Eigentümermehrzahl 10 22
- Störer, Haftung 10 53
- Urteil 10 48
- Urteil, Wirkung 10 48, 53; 14 298
- Verfahren 10 25 ff., 40 ff.
- Verhältnis z. anderen Ansprüchen 10 23
- Verhinderung, Grundschuldenbelastung 10 24
- Voraussetzungen, materielle 10 4 ff.
- Zahlungsverzug 10 4, 12 ff.
- Zwangsversteigerung 10 54
- Zwangsversteigerung, Eintragung 10 39

Wohnungseigentümer s. Miteigentümer
Wohnungseigentümergemeinschaft s. Eigentümergemeinschaft
Wohnungseigentümerversammlung s. Versammlung

Wohnungseingangstür
- bauliche Veränderung 9 351

Wohnungsrecht s. Wohnungsberechtigte
- Hausgeld, Zahlungsverpflichtung 16 112 f.
- Versorgungssperre 16 468 f.

Zählerkasten
- bauliche Veränderung 9 352

Zählerraum
- Gebrauchsregelung, ordnungsgemäße 9 412

Zahlungsverkehr
- Fälligkeitsregelung 3 133 f.
- Verzugsregelung 3 133 f.

Zaun
- bauliche Veränderung 9 353 ff.

Zinsen
- Instandhaltungsrücklage 6 206, 211

Zivilprozess s.a. Hausgeldforderung – Klage; s.a. Prozesskosten; Rechtsverfolgungskosten
- Aktivlegitimation 14 117
- Aktivrubrum, Muster 14 123
- Anfechtungsklage, Antrag 14 157 ff.
- anhängiger, Mandatsübernahme 1 38
- anhängiger, Übernahme durch neuen Verwalter 2 75 f.
- Aussetzung 14 257 ff.
- Beibringungsgrundsatz 14 193 f.
- Beiladung 14 198 ff.
- Beiladung, nicht beteiligte Miteigentümer 14 144
- Beitritt 14 219 f.
- Beitritt, Rückbauklage 9 187
- Berufung 14 299 ff.
- Beweisangebote 14 197
- Eigentümerwechsel 14 230 ff.
- Einstweilige Verfügung 14 266 ff. s.a. dort
- Endentscheidungen, I. Instanz 14 289
- Entziehungsurteil 14 298
- Erledigung d. Hauptsache 14 276 ff. s.a. dort
- Ersatzzustellungsvertreter 14 152 ff.
- Gerichtsentscheidung, Abänderung 3 103
- Gerichtskostenvorschuss 14 247
- Gerichtskostenvorschuss 16 263 f.
- Klageänderung 14 208 ff. s.a. dort
- Klageantrag, Anforderungen 14 155 ff.
- Klageanträge s. Klageschrift
- Klageart, Statthaftigkeit 14 100 ff.
- Klageerweiterung 14 221 f.
- Klagefrist 14 179 ff.
- Klagerücknahme 14 211
- Klageschrift, Anlagen 14 235 ff.
- Kostenentscheidung 14 290 ff.
- Kostenerstattung, Begrenzung 14 315 ff.
- Leistungsklage, Antrag 14 163 ff.
- Miteigentümerliste 14 124, 141 ff.
- Parteibezeichnung 14 137 ff.
- Parteiwechsel 14 212 ff.
- Passivprozess, Prozessführungsbefugnis 14 112 ff., 131 ff.

- Prozessbevollmächtigte, Bezeichnung **14** 145
- Prozessbevollmächtigung, Nachweis **14** 235
- Prozessführung durch Verwalter **9** 188
- Prozessführungsbefugnis **16** 185 ff.
- Prozessführungsbefugnis **14** 107 ff.
- Prozesshindernis, Schlichtungsverfahren **14** 13 ff.
- Prozesskostenhilfe **14** 41 ff.
- Prozessstandschaft, gewillkürte **1** 7, 11
- Rechtsschutzbedürfnis **3** 100
- Revision **14** 307 ff.
- Richterablehnung **14** 265
- Ruhen **14** 262 ff.
- selbständiges Beweisverfahren **14** 46 ff. s.a. dort
- Streitverkündung **14** 176 ff.
- Streitwert **14** 311 ff. s.a. dort
- Trennung v. Verfahren **14** 250 ff.
- Übergangsvorschriften **14** 3 ff.
- Unterbrechung **14** 260 f.
- Urkundsprozess **14** 318 ff.
- Urteil, Arten **14** 289
- Urteil, vorläufige Vollstreckbarkeit **14** 295
- Urteil, Wirkung **14** 296 ff.
- Verbindung v. Verfahren **14** 254 ff.
- Verfahrenshindernis, Vorschaltverfahren **14** 9 ff.
- Vergleich **14** 282 ff.
- Vertretung d. Beklagten **14** 248 f.
- Vertretungsbefugnis **8** 397 ff.
- Vertretungsbefugnis, Notgeschäftsführung **8** 391 ff.
- Vertretungsbefugnis, Vertragsregelung **11** 251
- Verwalterwechsel **14** 223 ff.
- WEG-Reform **14** 1 ff.
- Wiedereinsetzung in d. vorigen Stand **14** 187 ff.
- Zuständigkeit **14** 54 ff.
- Zuständigkeit, § 43 Nr. 1 WEG **14** 57 ff.
- Zuständigkeit, § 43 Nr. 2 WEG **14** 75 ff.
- Zuständigkeit, § 43 Nr. 3 WEG **14** 82 ff.
- Zuständigkeit, § 43 Nr. 4 WEG **14** 89 ff.
- Zuständigkeit, § 43 Nr. 5 WEG **14** 94 ff.
- Zuständigkeit, § 43 Nr. 6 WEG **14** 97 ff.
- Zustellungsvertreter **14** 146 ff.

Zufahrt
- Zweckbestimmung, Auslegung **9** 401

Zurückbehaltungsrecht
- Ausschluss **6** 158; **16** 62
- Hausgeldnachzahlungen **16** 54 ff.

Zuständigkeit
- Berufung **14** 300 f.
- Klageverfahren, I. Instanz **14** 54 ff.
- Leistungsklage, Hausgeldforderung **16** 197 ff.
- örtliche **14** 54
- Schadensersatzansprüche **8** 199 ff.
- Verfahren nach § 43 Nr. 1 WEG **14** 57 ff.
- Verfahren nach § 43 Nr. 2 WEG **14** 75 ff.
- Verfahren nach § 43 Nr. 3 WEG **14** 82 ff.
- Verfahren nach § 43 Nr. 4 WEG **14** 89 ff.
- Verfahren nach § 43 Nr. 5 WEG **14** 94 ff.
- Verfahren nach § 43 Nr. 6 WEG **14** 97 ff.

Zustellung
- Ersatzzustellungsvertreter **1** 42; **14** 152 ff.
- Empfangsberechtigung **11** 311 ff.
- Klage **14** 241 ff.
- Verfügungsantrag **14** 274
- Zustellungsvertreter **14** 146 ff.
- Zwangsvollstreckungstitel **14** 328

Zustellungsvertreter **14** 146 ff.
- Ersatzzustellungsvertreter **14** 152 ff.
- fehlender **14** 244
- Klagezustellung **14** 241 ff.

Zustimmungserklärung s.a. Veräußerung
- Zustimmung
- Ablauf, Übersicht **3** 66 ff.
- Anspruch, Voraussetzungen **3** 18 ff., 70 ff.
- Aufforderungsschreiben, d. Notars **3** 17, 26
- beeinträchtigter Eigentümer, fehlende **3** 178
- Beurkundungserfordernis **3** 12 f.
- Bindungswirkung **3** 48
- Eigentumsverhältnisse, Veränderung **3** 1 ff.
- einstweiliger Rechtsschutz **3** 99
- Ersetzung, gerichtliche **3** 27 ff., 44 f.
- Gemeinschaftsordnung, Änderung **3** 1 ff.
- gerichtliche Durchsetzung **3** 96 ff.
- Gerichtsentscheidung, Abänderung **3** 103

[Zustimmungserklärung]
- Grundbucheintragung 3 5, 14 f.
- Grundbuchgläubiger 3 31 ff., 185 ff.
- Kosten 3 63
- Nachholung 3 9, 17
- Öffnungsklausel 3 70, 100, 106 ff., 138 ff.
- Rechtsnatur 3 16, 47
- Rechtsschutzbedürfnis 3 100
- Sondernutzungsrecht, Einräumung 3 5, 31 ff.
- Unschädlichkeitszeugnis 3 36, 38
- Zustimmungspflicht 3 18 ff.

Zwangssicherungshypothek 14 333

Zwangsversteigerung
- Antrag 16 482 ff.
- Antragsmuster 16 548
- Antragsrücknahme 16 562
- Anwaltsgebühren 16 683 ff.
- Befriedigungsvorrecht 14 331
- Beitritt, im laufenden Verfahren 16 550 ff.
- Beitritt, Muster 16 549
- Beitrittszulassungsantrag, Muster 16 556
- Beschlagnahmewirkung 16 571 f.
- Betreibung durch Eigentümergemeinschaft 16 522 ff.
- bevorrechtigte Ansprüche 16 476 ff., 492 ff.
- Dienstbarkeiten, Bestehenbleiben 16 560 f.
- durch Insolvenzgläubiger 16 816
- durch Insolvenzverwalter 16 815
- Eigentumsnachweis 16 486 f.
- Einstellung d. Verfahrens 16 563 f.; 573 ff.
- Einstellung d. Verfahrens, Antragsmuster 16 565 f.
- Eintragung 10 39
- Entziehung d. Wohneigentums 10 54
- Ersteher, Pflichtenstellung 16 665 ff.
- Ersteher, Rechtsstellung 16 657 ff.
- Erwerber, Hausgeldlasten 16 115 ff.
- Forderungsablösung durch andere Gläubiger 16 540 ff.
- Forderungsanmeldung, Muster 16 521
- Forderungsnachweis 16 531 ff.
- Gegenstandswert 16 683 ff.
- Gerichtskosten 16 676 ff.
- geringstes Gebot 16 618 ff.
- Grundbucheintragung 16 568 ff.
- Höchstgrenze, Nichterreichen 16 534 ff.
- Insolvenzeröffnung, Auswirkung 16 805 ff.
- mehrere Schuldner 16 567

- Mindestforderungsbetrag 16 525 ff.
- Mindestforderungsbetrag, Unterschreiten im Verfahren 16 537 ff.
- Mindestgebot 16 629 ff.
- Rangklassen 16 488 ff.
- Rechtsmittel, d. Schuldners 16 573 ff.
- Rechtsmittel, Insolvenzverwalter 16 586 ff.
- Sonderformen 16 671 ff.
- Teilungsplan 16 643 ff.
- Teilungsplan, Anfechtung 16 651
- Teilungsplan, Ausführung 16 652 ff.
- Veräußerungsbeschränkungen 16 660 ff.
- Verfahrensgang, Übersicht 16 481
- Verhältnis z. Entziehungsverfahren 16 557 ff.
- Verkehrswertfestsetzung 16 599 ff.
- Verkehrswertfestsetzung, Anfechtung 16 604 ff.
- Versteigerungsbedingungen 16 623
- Versteigerungstermin, Durchführung 16 616 ff., 624 ff.
- Versteigerungstermin, Vorbereitung 16 609 ff.
- Verteilung, Aufnahmeantrag 16 640 f.
- Verteilung, d. Erlöses 16 634 ff.
- Verteilungstermin 16 636 ff., 642
- Verwaltervollmacht 16 335
- Vollstreckungsschutzantrag 16 598
- WEG-Reform 16 473 ff., 519 f.
- Zuschlag 16 633

Zwangsversteigerungserwerb
- Hausgeldvorschuss, Abrechnung 6 169

Zwangsverwalter
- Prozessführungsbefugnis 14 111
- Stimmrecht 4 136 f.
- Versammlungsteilnahme 4 78, 117

Zwangsverwaltung
- Anordnungsbefugnis 14 332
- Antragsmuster 16 418
- Auswirkungen 16 347 ff.
- Beendigung 16 396
- bevorrechtigte Ansprüche 16 360 ff.
- ertragloses Sondereigentum 16 360 ff.
- freihändiger Verkauf 16 417
- Hausgeld, Zahlungsverpflichtung 16 122 f.
- Hausgeldvorschuss, Abrechnung 6 170
- mehrerer Grundstücke 16 397 ff.
- Mieterträge, Zugriff 16 344, 356 ff.
- Rechtsschutzbedürfnis 16 360 ff.
- selbst bewohntes Objekt 16 394 f., 405 ff.
- Sicherungshypothek 16 417
- Verwertbarkeit, erschwerte 16 404
- Zielsetzung 16 344 ff., 388 ff.

Zwangsvollstreckung
- Abrechnungsansprüche 6 295 ff., 313
- allgemeine Vollstreckungsvoraussetzungen 14 325 ff.
- bevorrechtigte Ansprüche 16 360 ff., 476 ff., 492 ff., 775 ff.
- Erbschein, Antrag 16 1002 ff.
- erfolglose, Versorgungssperre 16 438 f.
- Geldforderungen 16 333 ff.
- Handlungen/Unterlassen/Willenserklärung 14 334
- Handlungsmöglichkeiten, Übersicht 16 479
- Hausgeldansprüche, Rangstelle 14 331
- in bewegliches Vermögen 14 329
- in unbewegliches Vermögen 14 330 ff.
- Insolvenz, Rückschlagsperre 16 795 ff.
- Klausel 14 327
- Masseverbindlichkeiten 16 807 f.
- Pfändungs-/Überweisungsbeschluss 16 342 f.
- Prozessentscheidung, vorläufige Vollstreckbarkeit 14 295
- Prozessstandschaft d. Verwalter 14 341 f.
- Rechnungslegung 7 38 ff.
- Rückbau 9 193 ff.
- Titel 14 326
- Titel, Altfälle 14 335 ff.
- Titelumschreibung, auf Erben 16 897, 1005 ff.
- Titelumschreibung, auf die Gemeinschaft 14 337
- Unterlassungsanspruch, unzulässiger Gebrauch 9 446, 459 ff.
- Verwaltervollmacht 16 334
- Vollstreckungsantrag 16 340
- Vollstreckungsmaßnahmen 16 341 ff.
- Vollstreckungsschutzantrag 16 598
- Vollstreckungsverbot, Insolvenz 16 755
- wg. Geldforderungen 14 329 ff.
- Zustellung v. Titel/Klausel 14 328
- Zwangssicherungshypothek 14 333
- Zwangsversteigerung 14 331
- Zwangsverwaltung 14 332

Zweckbestimmung
- Einzelfälle 9 401
- Gemeinschaftsordnung 9 377 ff.
- Mehrheitsbeschluss 9 402 ff.
- Mietvertragsformulierung, Gebrauchsregelungen 9 473 ff.
- Teilungserklärung 9 372 ff.
- unzulässiger Gebrauch 9 364 ff.; s.a. dort
- unzulässiger Gebrauch, Einzelfälle 9 375

Zweitbeschluss
- besondere Kostenverteilung, Instandhaltung/-setzung 8 141
- Gebrauchsregelung 9 406
- Jahresabrechnung 6 250 ff.
- Typen 4 228 ff.
- Zulässigkeit 4 225 ff.

Zwischenfeststellungsklage
- Klageantrag 14 172

Notizen

Notizen

Notizen

Notizen

Notizen

Köhler/Bassenge (Hrsg.), **Anwalts-Handbuch Wohnungseigentumsrecht**, 2. Auflage

- Hinweise und Anregungen: _____
_____
_____
_____
_____
_____

- Auf Seite _____ Teil _____ Rz. _____ Zeile _____ von oben/unten

muss es statt _____
_____
_____

richtig heißen _____
_____
_____

Köhler/Bassenge (Hrsg.), **Anwalts-Handbuch Wohnungseigentumsrecht**, 2. Auflage

- Hinweise und Anregungen: _____
_____
_____
_____
_____
_____

- Auf Seite _____ Teil _____ Rz. _____ Zeile _____ von oben/unten

muss es statt _____
_____
_____

richtig heißen _____
_____
_____

Absender

_____
_____
_____
_____

Antwortkarte

Informationen unter **www.otto-schmidt.de**

So können Sie uns auch erreichen:
lektorat@otto-schmidt.de

Wichtig: Bitte immer den Titel des Werkes angeben!

Verlag Dr. Otto Schmidt KG
Lektorat
Gustav-Heinemann-Ufer 58
50968 Köln

Absender

_____
_____
_____
_____

Antwortkarte

Informationen unter **www.otto-schmidt.de**

So können Sie uns auch erreichen:
lektorat@otto-schmidt.de

Wichtig: Bitte immer den Titel des Werkes angeben!

Verlag Dr. Otto Schmidt KG
Lektorat
Gustav-Heinemann-Ufer 58
50968 Köln